Buchenverjüngung im Neuwied:
went Ah Enge Ulme beteiligt 120

D1641295

Bergahorn 24
Erle 154

Ellenberg
Vegetation Mitteleuropas mit den Alpen

Heinz Ellenberg

Vegetation Mitteleuropas mit den Alpen
in ökologischer Sicht

Zweite, völlig neu bearbeitete Auflage
499 Abbildungen
und 130 Tabellen

Verlag Eugen Ulmer Stuttgart

HEINZ ELLENBERG, 1913 in Harburg/Elbe geboren. 1932 bis 1938 Studium der Botanik, Zoologie, Chemie und Geologie in Montpellier (Frankr.), Heidelberg, Hannover und Göttingen. Promotion zum Dr. rer. nat 1938. Einflußreichste Lehrer R. TÜXEN, J. BRAUN-BLANQUET, F. FIRBAS und H. WALTER. Habilitation 1948 in Stuttgart-Hohenheim, ab 1953 apl. Prof. in Hamburg, ab 1958 Direktor des Geobotanischen Instituts der E.T.H., Stiftung Rübel, in Zürich; seit 1966 o. Prof. und Direktor des Systematisch-Geobotanischen Instituts der Universität Göttingen.

Dr. agr. h.c. 1974 (München), Dr. rer. nat. h.c. 1976 (Zagreb); Ehrenmitglied der Tschechoslow. Akademie der Wissenschaften, der British Ecological Society, Floristisch-Soziologischen Arbeitsgemeinschaft, Bayer. Botanischen Gesellschaft u.a. Vereinigungen; Mitglied der Göttinger Akademie der Wissenschaften und Korrespondierendes Mitglied zahlreicher Akademien des In- und Auslandes. Mitherausgeber der "Progress in Botany" (Heidelberg–New York usw.), Oecologia Plantarum (Montpellier), Phytocoenologia (Stuttgart) und anderer Zeitschriften. Koordinator des „Sollingprojektes" und der „Floristischen Kartierung der BRD im Rahmen Mitteleuropas", Mitglied der Senatskommission für Umweltforschung der Deutschen Forschungsgemeinschaft.

Arbeitsgebiete: Vegetationsökologie Mittel- und Südosteuropas und des südamerikanischen Andenhochlandes; experimentelle Ökologie, insbesondere Konkurrenzforschung; Ökosystemforschung; Anwendungen der Ökologie in Land- und Forstwirtschaft, Landes- und Entwicklungsplanung. Mitplanung des Internationalen Biologischen Programms (1959–72) und des UNESCO-Programms „Der Mensch und die Biosphäre", Forschungsreisen in europäischen Ländern (einschließlich Islands), Kleinasien, Peru, Ecuador, Bolivien, Chile, Argentinien und anderen Ländern.

CIP-Kurztitelaufnahme der Deutschen Bibliothek

Ellenberg, Heinz:
Vegetation Mitteleuropas mit den Alpen in ökologischer Sicht / Heinz Ellenberg. – 2., völlig neu bearb. Aufl. – Stuttgart: Ulmer, 1978.
ISBN 3-8001-3418-7

© 1963, 1978 Eugen Ulmer GmbH & Co.
Gerokstraße 19, Stuttgart
Printed in Germany
Einbandgestaltung: A. Krugmann, Stuttgart
Gesamtherstellung: Passavia GmbH Passau

Meiner Lebens- und Arbeitsgefährtin
Charlotte
im Gedenken an unsere
Renate †5.3.1978

Vorwort

Zur 1. Auflage[1])

Die Aufgabe, einen Band über die Vegetation Mitteleuropas zu schreiben, habe ich nur zögernd übernommen und wiederholt daran gezweifelt, ob ich sie würde durchführen können. Denn das darzustellende Gebiet, vom Salzstrand der Nordsee bis zu den Firngipfeln der Alpen reichend, ist so vielgestaltig und die Zahl der darüber vorliegenden Arbeiten so groß, daß kein einzelner mehr die Fülle gleichmäßig zu übersehen vermag.

Wenn ich mich trotzdem an diese Aufgabe gewagt habe, so leitete mich dabei die Hoffnung, eine Lücke in der Reihe unserer Lehrbücher ausfüllen zu können. Denn von vornherein war klar, daß kausale Fragen und Ergebnisse von ökologischen Arbeiten im Vordergrund stehen sollten, die in der Literatur weit zerstreut sind und nur erst teilweise zusammenfassend ausgewertet wurden. Über die Systematik und Charakteristik der Pflanzengesellschaften hingegen kann man sich heute schon an Hand einiger guter Übersichten unterrichten, von denen nur die Veröffentlichungen von BRAUN-BLANQUET (1948/50), TÜXEN (1937, 1950a, 1955a, 1967a, 1974b), F. RUNGE (1966, 1969), OBERDORFER (1957, 1977), OBERDORFER u. Mitarb. (1967), TH. MÜLLER und OBERDORFER (1974), PASSARGE (1964), PASSARGE und HOFMANN (1968), sowie von SZAFER und ZARZYCKI (1972), HOLUB u. Mitarb, (1967), MAYER (1974), BORZA (1963), SOÓ(1960–64), HORVAT, GLAVAČ und ELLENBERG (1974) als Beispiele genannt seien. Diese enthalten zwar knapp gefaßte Angaben über die Standorte der durch ihre kennzeichnende Artenkombination umrissenen Vegetationseinheiten. Sie können aber nicht auf die ökologischen, räumlichen, genetischen und historischen Zusammenhänge näher eingehen, die hier betont werden sollen.

Freilich ist eine derartige Betrachtung nicht möglich, ohne von der floristisch-systematischen Gliederung der Pflanzengesellschaften auszugehen. Denn jede ökologische Aussage verliert an Wert für die Vegetationskunde, wenn sie sich nicht auf bestimmte Vegetationstypen bezieht. Leider weichen aber die bisher veröffentlichten systematischen Übersichten in vielen Einzelheiten und z. T. auch in den übergeordneten Begriffen voneinander ab, weil die Einteilung und Ordnung der Pflanzengesellschaften noch im Fluß ist oder doch immer wieder in Bewegung gerät, und weil die Gesichtspunkte der Autoren teilweise verschieden waren. So mußte ich mich damit begnügen, genauere systematische Überblicke nur als Beispiele anzuführen und im übrigen bei den Verbänden haltzumachen, obwohl die niedrigeren und großenteils nur lokal gültigen Vegetationseinheiten viel stärker standortsbezogen sind als die umfassenden.

Großen Wert habe ich auf anschauliche Abbildungen gelegt und mich bemüht, auch dem Nichtfachmann Probleme und Ergebnisse der vegetationskundlichen Forschung nahezubringen. Doch muß eine ausreichende Pflanzenkenntnis vorausgesetzt werden, denn die erwähnten Arten auch nur kurz zu beschreiben, hätte den Rahmen dieses Bandes gesprengt. Raummangel verbietet es außerdem, stets die deutschen Namen beizugeben, wenn Pflanzen im Text genannt oder in Listen zusammengestellt werden. Der mit den wissenschaftlichen Namen nicht vertraute Leser sei auf das alphabetische

---

[1]) Etwas gekürzt und in den Literaturangaben z.T. ergänzt.

Register am Schluß des Bandes oder auf eine gute Flora verwiesen, z.B. auf die Pflanzensoziologische Exkursionsflora von OBERDORFER (3. Aufl. 1970) oder die bekannten Floren von SCHMEIL-FITSCHEN (73. Aufl., Heidelberg 1972) und ROTHMALER (weitergeführt von MEUSEL und SCHUBERT 1972).

In der Nomenklatur der Phanerogamen und Gefäßkryptogamen folgen wir dem neuesten Verzeichnis von EHRENDORFER (1973). Die Namen der übrigen Kryptogamen richten sich nach der Moosflora für Südwestdeutschland von BERTSCH (2. Aufl. 1959) und meist nach der Flechtenflora von POELT (1969). Auch bei den in diesen Floren nicht erwähnten Arten sowie bei Algen und Pilzen wurden die Autorennamen nur im Register zu den wissenschaftlichen Namen hinzugefügt. Die Bezeichnungen von Bodentypen und -horizonten entsprechen möglichst den Richtlinien der Arbeitsgemeinschaft Bodenkunde (KOHL 1971).

Um Platz zu sparen, konnten Fragen, die für mehrere Vegetationseinheiten oder Landschaften gelten, nicht wiederholt erörtert werden. Ein umfangreiches Register der ökologischen und vegetationskundlichen Begriffe möge das Nachschlagen erleichtern und auf Zusammenhänge aufmerksam machen, auf die der Text nicht ausdrücklich hinweist. Vollständigkeit war auch beim Schriftenverzeichnis nicht erreichbar. Es strebt lediglich an, die im Text zitierten und anderen zu Rate gezogenen Veröffentlichungen zu nennen und ist nicht sachlich gegliedert, sondern durchlaufend alphabetisch geordnet, weil viele Arbeiten sonst mehrfach hätten genannt werden müssen.

Absichtlich erhielten manche Abschnitte ein größeres Gewicht als andere, deren Bedeutung an und für sich ebenso groß gewesen wäre. Wälder, Flußauen, Moore, Marschen und Dünen sowie Heiden und einige Grünlandgesellschaften wird man ausführlicher behandelt finden als die übrigen Formationen, weil über sie zwar viele Einzelarbeiten, aber keine Mitteleuropa betreffenden und ökologisch orientierten Übersichten vorliegen. Außerdem hielt ich es für besser, wenigstens stellenweise in die Tiefe zu gehen, als überall gleichmäßig nahe der Oberfläche zu bleiben.

Am knappsten habe ich den landschaftlichen Zusammenhang der Vegetationseinheiten angedeutet; denn eine genügend anschauliche Schilderung der Pflanzendecke aller Gegenden Mitteleuropas würde einen eigenen Band füllen und aus dem Bereich der Geobotanik zu sehr in den der Vegetationsgeographie (im Sinne von SCHMITHÜSEN 1959, 1968) hinübergreifen. Kürze war hier um so mehr vertretbar, als die vom Verlag Fischer (Jena und Stuttgart) betreuten Vegetationsmonographien größerer und kleinerer Gebiete sowie FIRBAS' (1952a) konzentrierte, vegetationsgeschichtlich orientierte Literaturzusammenfassung ja leicht greifbar sind.

Möge dieser Band trotz seiner Mängel ein Bild von der Vielfalt des mitteleuropäischen Pflanzenkleides und eine Vorstellung von ihren Ursachen und ihrem Werden geben! Möge er darüber hinaus der Geobotanik neue Freunde gewinnen! Denn es bedarf noch vieler Bearbeiter, um die Kenntnislücken zu schließen, auf die wir bei fast jeder der angeschnittenen Fragen stoßen. Für ergänzende und berichtigende Hinweise werde ich immer dankbar sein.

Zürich, Ostern 1962 und 1. August 1963　　　　　　　　　　　　　Heinz Ellenberg

Zur 2. Auflage

Vierzehn Jahre sind seit dem ersten Erscheinen dieses Buches vergangen, und seit sieben Jahren ist es vergriffen. Inzwischen nahmen Vegetationskunde und Ökologie einen erfreulichen Aufschwung, und manche Wissenslücke konnte geschlossen werden. Umweltprobleme werden heute in den Massenmedien erörtert und als Regierungsprogramme ernstgenommen. Ökologische Grundlagen und ökologische Betrachtungsweise fordert man nicht nur für die Landesplanung und Landschaftsgestaltung, sondern auch für die Erziehung in allen Schul- und Hochschulstufen. Interdisziplinäre Gemeinschaftsarbeiten wie das „Internationale Biologische Programm" (s. ELLENBERG 1966, 1971, 1973b) und das UNESCO-Programm „Der Mensch und die Biosphäre" brachten und bringen neue Erkenntnisse, namentlich auf dem Gebiet der Ökosystemforschung, die 1963 in deutschsprachigen Ländern noch wenig beachtet wurde. Fast unübersehbar schwoll aber inzwischen auch die Flut pflanzensoziologischer Beschreibungen und neuer Klassifikationsvorschläge an.

Dieser Entwicklung versucht die nun vorliegende 2. Auflage gerecht zu werden, ohne den Charakter des Buches und die Hauptzüge seines Aufbaues abzuwandeln. Um Raum für Neues zu gewinnen, wurden manche Darstellungen gekürzt oder ganz weggelassen. Ähnlich wurde mit den Literaturangaben verfahren, zumal mehrere inzwischen erschienene Bände der von R. TÜXEN herausgegebenen vegetationskundlichen Bibliographien (Excerpta Botanica, Sekt. B, Sociologica, s. auch DIERSCHKE 1967) zur Verfügung stehen. In Fragen der pflanzensoziologischen Systematik verhielt ich mich bewußt konservativ, um die Übersicht zu wahren und um der Internationalen Arbeitsgemeinschaft für Vegetationskunde nicht vorzugreifen, die einen „Prodromus der Pflanzengesellschaften Europas" vorbereitet und damit einen klärenden Ausgleich anstrebt (DIERSCHKE 1971, TÜXEN 1973 u.a.) Mit ERICH OBERDORFER, der mir freundschaftlich Einblick in Manuskriptteile der Neuauflage seiner „Pflanzengesellschaften Südwestdeutschlands" ermöglichte, und vielen anderen bin ich darin einig, daß wir der „Inflation der höheren Vegetationseinheiten" (S. PIGNATTI mdl.) mit allen Kräften entgegenwirken sollten. In sehr erfreulicher Weise wuchs die Zahl sorgfältiger Vegetationsmonographien größerer und kleinerer Teilräume Mitteleuropas, die man vor allem beim Vorbereiten von Exkursionen begrüßen wird. Da es unmöglich erschien, sie alle im Text zu zitieren, wurden Literaturhinweise in einem Anhang zusammengestellt. Dieser möge als Ausgleich dafür dienen, daß geographische Abwandlungen wichtiger und in vielen Gegenden studierter Vegetationseinheiten nicht so differenziert behandelt werden konnten wie in der 1. Auflage.

Die Vegetationstabellen sind ausführlicher erläutert als in der 1. Auflage, weil es erfahrungsgemäß dem damit nicht Vertrauten schwerfällt, sie zu „lesen". Mit einfachen Bestandesaufnahmen beginnend, gehen die Beispiele schrittweise zu „synthetischen" Tabellen über, in denen Vegetationseinheiten zusammengestellt sind. Um den geographischen Wandel verwandter Einheiten vor Augen zu führen, werden sie in einigen Fällen quer durch Mitteleuropa miteinander verglichen.

Viele Vegetationstabellen sind außerdem ökologisch interpretiert, und zwar anhand von „Zeigerwerten" der einzelnen Arten und von den aus diesen für jede Einheit errechneten Durchschnittszahlen (s. Abschnitt B I 4). Solche formelhaften Kurzbezeichnungen sollen keine Messungen ersetzen, sondern Wiederholungen vermeiden helfen und rasch einen Überblick über wichtige Standortsbeziehungen geben, wenn genauere Daten noch fehlen. Wie an einigen Beispielen deutlich wird, stehen die „mittleren Faktorenzahlen" in befriedigender bis enger Korrelation zu Meßwerten, soweit sich diese auf Standortsfaktoren beziehen, die für das Zustandekommen der Artenkombination wesentlich sind. Um zu zeigen, was die Faktorenzahlen auszusagen vermögen, wurden sie zur ökologischen Interpretation einiger bereits in der 1. Auflage gebrachten Vegetationstabellen, d.h. von bereits bekannten Beispielen, benutzt, obwohl es möglich gewesen wäre, diese ganz oder teilweise durch neuere Beispiele zu ersetzen. Völlig unverändert blieb aber keine Tabelle und auch kaum eine der Strichzeichnungen.

Um Tabellen und Text zu entlasten und das „Bestimmen" von Pflanzengesellschaften zu erleichtern, habe ich die systematische Übersicht der Vegetationseinheiten am Schluß des Buches nicht nur auf einen neuen, mir vertretbar erscheinenden Stand gebracht, sondern auch durch Listen von Charakterarten ergänzt.

Neu ist auch die autökologische Kennzeichnung nahezu aller im Register aufgeführten Pflanzenarten. Zahlengruppen geben Auskunft über ihr „ökologisches Verhalten" gegenüber dem Lichtgenuß, der Wärme, der Kontinentalität des Klimas sowie der Feuchtigkeit, dem Säuregrad und dem Stickstoffangebot des Bodens. Die Ziffern gelten vorwiegend für das westliche Mitteleuropa, wo die Verbreitungsamplitude der Arten bisher am besten untersucht wurde.

Der Tendenz der inzwischen erschienenen Literatur und den Neigungen des Verfassers gemäß, vergrößerte sich somit das Schwergewicht sowohl der Autökologie als auch der Synökologie. Mehr noch als zuvor bestimmt die kausale Vegetationskunde den Charakter des Buches, obwohl die dynamischen und historischen Aspekte uneingeschränkt gewahrt blieben. Dieser Entwicklung entspricht der kürzere Untertitel „in ökologischer Sicht".

Wie bei der 1. Auflage halfen mir meine Frau sowie zahlreiche Mitarbeiter und Kollegen durch kritische Hinweise, Ratschläge oder tätige Mitwirkung. Ihnen allen sei auch hier herzlich gedankt, namentlich Herrn Dr. W. HOFMANN, Schweinfurt, der sich die Mühe ausführlicher Vorschläge zu mehreren Abschnitten machte und mich darin bestärkte, die ökologischen und geographischen Aspekte nicht einzuschränken. Viele Zeichnungen wurden von Frau Brigitte LIEBUSCH neu gestaltet und verbessert und die meisten Tabellen und Manuskriptseiten von Frau Anneliese SCHMIDT ins Reine geschrieben. Das Register besorgte großenteils meine Frau. Anregungen verdanke ich außerdem meinen Studenten sowie einigen eifrigen Lesern, die mich im übrigen baten, „nicht zuviel zu ändern." Ich habe mich jedenfalls bemüht, das Buch trotz erhöhter „Informationsdichte" auch für den Nichtfachmann lesbar zu halten.

Besonders dankbar bin ich Herrn ROLAND ULMER und seinen Mitarbeitern – namentlich Herrn D. KLEINSCHROT – für die verständnisvolle Geduld, mit der sie das neue Manuskript erwarteten, und für die Sorgfalt, mit der sie es herausbrachten.

Göttingen, 1. August 1976 und Sommer 1978   Heinz Ellenberg

Inhaltsverzeichnis

Vorwort zur 1. Auflage 6
Vorwort zur 2. Auflage 8

A Einführender Überblick

I Die Vegetation Mitteleuropas im allgemeinen
1 Klimatische und vegetationskundliche Lage Mitteleuropas 19
2 Bedeutung der Florengeschichte für die Vegetation Mitteleuropas 24
3 Wuchsweisen und Bautypen der mitteleuropäischen Pflanzenarten 30
   a Lebensformen 30
   b Innere Rhythmen 32
   c Morphologisch-anatomischer Bau 33

II Entstehung der heutigen Pflanzendecke unter Einfluß des Menschen
1 Die Vegetation Mitteleuropas als Ergebnis jahrtausendelanger Geschichte 34
2 Wirkungen der extensiven Weide- und Holznutzung auf die Pflanzendecke 38
   a Auflichtung und Zerstörung des Waldes 38
   b Ausbreitung von Weideunkräutern 43
   c Bodenverschlechterung infolge extensiver Wirtschaft 45
3 Vom Niederwald zur modernen Forstwirtschaft 49
   a Nieder- und Mittelwald 49
   b Hochwaldwirtschaft 54
4 Entwicklung des Ackerbaues und der Unkrautgesellschaften 55
   a Vorindustrielle Landwirtschaft 55
   b Auswirkungen der Technisierung auf Extensivweiden und Äcker 57
5 Entstehung der Wiesen und Intensivweiden 59
   a Streuewiesen und Fettwiesen 59
   b Stand- und Mähumtriebsweiden 61
6 Auswirkungen technischer Maßnahmen auf die Pflanzendecke 62
   a Eingriffe in den Wasserhaushalt der Landschaft 62
   b Umweltbelastung durch die Industriegesellschaft 65
7 Pflanzen, Tiere und Menschen als Partner von Ökosystemen 69

B Naturnahe Wälder und Gebüsche

I Allgemeines über die Wälder Mitteleuropas
1 Räumliche Großgliederung der Vegetation 73
   a Zonale, extrazonale und azonale Vegetation 73
   b Höhenstufen der Waldvegetation 76
   c Nässe- und Trockengrenzen des Waldes 77
2 Lebensbereiche der wichtigen Baumarten 79
   a Flächenanteile einiger Laub- und Nadelbäume 79
   b Verhalten der Baumarten ohne und mit Konkurrenten 80
   c Klimabedingte Abwandlungen des Baumarten-Gleichgewichts 84
3 Lebensbedingungen und Verhalten des Waldunterwuchses 88
   a Lebensbedingungen im Innern von Laub- und Nadelwäldern 88
   b Verhalten der Sträucher in mitteleuropäischen Laubwäldern 94
   c Einfluß edaphischer Faktoren auf das Artengefüge am Waldboden 95
4 Ökologisches Verhalten und ökologische Gruppierung der Pflanzenarten 98
   a Indikatorwert für bestimmte Standortsfaktoren 98
   b Standörtliche Bewertung von Pflanzengesellschaften mit Hilfe von Faktorenzahlen . 104

5 Bemerkungen zur Klassifikation der Pflanzengesellschaften 105
  a Haupteinheiten des pflanzensoziologischen Systems 105
  b Mittel zur standortsgerechten Feingliederung der Vegetation 107

II Buchen- und Buchenmischwälder
1 Edellaubwälder Mitteleuropas und Hauptgruppen der Rotbuchenwälder 110
  a Die Ordnung der Edellaubwälder 110
  b Gliederung der Buchenwälder 112
2 Buchenwälder auf Rendzinen und Pararendzinen 114
  a Frische Kalkbuchenwälder 114
  b Bärlauchreiche Buchenwälder 125
  c Seggen-Trockenhangbuchenwälder 129
  d Krautschichtfreie Kalkbuchenwälder 134
  e Eiben- und Blaugras-Steilhangbuchenwälder 134
  f Montane Tannen-Kalkbuchenwälder 138
  g Subalpine Bergahorn-Buchenwälder 143
3 Buchen- und Buchenmischwälder auf reichen bis mittleren Braunerden 147
  a Braunmull-Buchenwälder und verwandte Gesellschaften 147
  b „Feuchte" Buchenmischwälder 152
  c Farnreiche Buchen- und Buchenmischwälder 155
  d Waldschwingelreiche Buchenwälder 158
4 Buchen- und Eichen-Buchenwälder auf starksauren Böden 159
  a Moderbuchenwälder im Vergleich zu anderen Buchenwaldgesellschaften 159
  b Klimabedingte Ausbildungen von Moder-Buchen- und Eichen-Buchenwäldern 165
  c Bodensaure Buchenwälder über Kalkgesteinen 173
  d Ernährungsbedingungen in verschiedenen Buchenwaldgesellschaften 174
  e Auswirkungen der Düngung in bodensauren Buchenwäldern 185
  f Bioelement-Kreisläufe in Laubwäldern, besonders im Hainsimsen-Buchenwald 188
  g Transpiration, Photosynthese und Stoffproduktion des Hainsimsen-Buchenwaldes
    im Vergleich zu anderen Pflanzenbeständen 192

III Übrige Laubmischwälder außerhalb der Flußauen und Moore
1 Ahorn- und eschenreiche Mischwälder 197
  a Standörtliche Gliederung der Ahorn- und Eschenwälder 197
  b Eschen-Ahorn-Schatthangwälder 199
  c Ahorn-Eschen-Hangfußwälder 201
  d Eschen-Bachrinnenwälder 203
2 Lindenmischwälder 203
  a Lindenmischwälder im Alpenbereich 203
  b Lindenmischwälder außerhalb der Alpen 205
3 Eichen-Hainbuchenwälder 207
  a Eichenmischwälder Mitteleuropas im Überblick 207
  b Linden-Hainbuchenwälder außerhalb des Buchenareals 212
  c Eichen-Hainbuchenwälder relativ trockener Standorte innerhalb des Buchenareals . 213
  d Mehr oder minder rotbuchenreiche Eichen-Hainbuchenwälder 218
  e Bodenfeuchte Eichen-Hainbuchenwälder 220
  f Eichen-Hainbuchenwälder im Gefälle des Bodensäuregrades 223
  g Einflüsse von Helligkeit und Wärme auf das Artenmosaik 229
  h Verhalten der Feuchtigkeitszeiger 234
  i Zur Tierwelt der mitteleuropäischen Wälder,
    insbesondere der Eichen-Hainbuchenwälder 237
4 Wärmeliebende Eichenmischwälder 240
  a „Relikte" submediterraner Flaumeichenwälder und kontinentaler Steppenwälder .. 240
  b Wärmeliebende Eichenmischwälder im west-östlichen Klima- und Florengefälle ... 244
  c Subkontinentale Fingerkraut-Eichenmischwälder 249
  d Zur Tierwelt der Eichenmischwälder 251
5 Bodensaure Eichenmischwälder 251
  a Birken-Eichenwälder und verwandte Gesellschaften in Mitteleuropa 251
  b Die Böden der Birken-Eichenwälder, insbesondere in Nordwest-Deutschland 258
  c Bodensaure Eichenwälder und Kastanien-Buschwälder im südlichen Mitteleuropa .. 261

IV Nadelwälder und nadelbaum-beherrschte Mischwälder

1 Allgemeiner Überblick 265
   a Rolle der Nadelbäume in den Wäldern Mitteleuropas 265
   b Zur systematischen Gliederung der Nadelwald-Gesellschaften 270
2 Weißtannenwälder 272
   a Sonderstellung der Tannenwälder 272
   b Tannenwald-Gesellschaften der Alpen und des Alpenvorlandes 275
   c Tannenwälder der Mittelgebirge und des Flachlandes 280
   d Lebensrhythmus von Tannen- und Fichtenmischwäldern 283
3 Fichtenwälder 285
   a Natürliche Verbreitung und Standorte der Fichtenwälder in Mitteleuropa 285
   b Montane und subalpine Fichtenwälder 289
   c Zur Rolle der Fichte in tieferen Lagen 294
   d Standortsbedingungen der verschiedenen Fichtenwald-Gesellschaften 295
4 Subalpine Lärchen-Arven- und Lärchenwälder 299
   a Lebensbedingungen der Lärche und Arve in den Zentralalpen 299
   b Lärchen-Arvenwälder in den Alpen und in der Tatra 307
   c Lärchenwälder in den südlichen Alpen 310
5 Bergkiefernbestände außerhalb der Moore 311
   a Gesellschaften der aufrechten Bergkiefern 311
   b Latschengebüsche unter verschiedenen Standortsbedingungen 314
6 Kiefernwälder außerhalb der Moore und Flußauen 316
   a Standörtliche Gruppen von Kiefernwäldern in Mitteleuropa 316
   b Wald- und Schwarzföhren-Gesellschaften im Alpenraum 322
   c Sandkiefernwälder des nördl. Flachlandes im Vergleich zu Birken-Eichenwäldern .. 325

V Gehölzvegetation der Flußauen und Sümpfe

1 Flußauen und ihre Vegetation 332
   a Lebensbedingungen und Pflanzenformationen in Flußauen 332
   b Dynamik der Auenvegetation 344
   c Tamarisken-, Sanddorn- und Grauweidengebüsche an Gebirgsflüssen 349
   d Korbweidengebüsche, Silberweidenwälder und pappelreiche Auenwälder 351
   e Grauerlenauen im Gebirge und im Vorland 354
   f Bach-Eschen-Erlenwälder und Erlen-Eschenwälder 355
   g Eschenreiche Bestände in Hartholzauen 361
   h Eichen-, ulmen- und rotbuchenreiche Hartholzauen 362
   i Kiefern und andere Nadelhölzer in Flußauen 365
   j Stromtäler als Wanderwege der Pflanzen 368
2 Bruchwälder und verwandte Gesellschaften 372
   a Wesen und Entstehung der Bruchwälder 372
   b Schwarzerlenbrücher 375
   c Birken-, Kiefern- und Fichtenbrücher 377
   d Sauerstoff- und Basengehalt des Wassers in Bruchwaldtorfen 379

C Andere vorwiegend naturnahe Formationen

I Vegetation des Süßwassers, seiner Ufer und Quellen

1 Stillwasser und ihre Verlandung 384
   a Ernährungsökologische Gewässertypen 384
   b Vegetationsabfolgen in verschiedenen Stillgewässern 389
   c Unterwasserwiesen oligotropher und eutropher Seen 393
   d Wurzelnde Schwimmblattgesellschaften 396
   e Wasserlinsendecken und andere freischwimmende Gesellschaften 400
   f Röhrichte nicht verbrackter Stillwasser 402
   g Großseggenrieder 406
2 Pflanzengesellschaften des fließenden Wassers 411
   a Röhrichte im Tidebereich der Nordseezuflüsse 411
   b Wasser- und Ufergesellschaften der eigentlichen Fließgewässer 414

    c Auswirkungen der Verschmutzung auf die Süßwasser-Vegetation 418
3 Quellfluren und Quellsümpfe 420

II **Waldfreie Nieder- und Zwischenmoore im Vergleich zu anderen Moortypen**
1 Übersicht über die Moorvegetation Mitteleuropas 421
    a Physiognomisch-ökologische Moortypen 421
    b Zur soziologischen Systematik waldfeindlicher Moore und Sümpfe 427
2 Natürliche und anthropogene Kleinseggenrieder 427
    a Kalkreiche Kleinseggen- und Kleinbinsenrieder 427
    b Bodensaure Kleinseggenrieder 430
3 Zwischenmoore und ihre Problematik 431
    a Waldfreie Zwischenmoore 431
    b Zur soziologischen Stellung der „Übergangs-Waldmoore" 433

III **Hochmoore und mit diesen verbundene Gesellschaften**
1 Eigentliche Hochmoore 436
    a Bedingungen für die Entstehung von Hochmooren 436
    b Verteilung und Entwicklung der Vegetation auf echten Hochmooren 441
    c Vegetation der Schlenken und Kolke 447
    d Vegetation der Bulte, Stränge und Randgehänge 449
2 Andere Hochmoortypen 452
    a Ozeanische, subkontinentale und subalpine waldfreie Hochmoore 452
    b Subkontinentale Waldhochmoore 455
3 Kultivierung von Hochmooren und ihre Auswirkung 457
    a Kultivierungsverfahren in Vergangenheit und Gegenwart 457
    b Verheidung und Bewaldung entwässerter Hochmoore 458
4 Bau und Lebensbedingungen der Hochmoor-Phanerogamen 461
    a „Xeromorphie" und Ernährung 461
    b Kleinklima der Hochmoore 463

IV **Seemarschen und Salzstellen des Binnenlandes**
1 Salzpflanzengesellschaften des Meeresstrandes 465
    a Herkunft der Halophyten 465
    b Lebensbedingungen im Watt 467
    c Lebensgemeinschaften unterhalb der Mittelhochwasserlinie 470
    d Quellerwatt und Andelrasen 472
    e Strandnelkenrasen und andere Außendeichswiesen 480
    f Einfluß des Menschen auf die Marschbildung 481
2 Salz- und Brackwasser-Gesellschaften der Ostseeküste 482
    a Besonderheiten der Salzvegetation an der Ostsee 482
    b Besiedlung eines schlickreichen Neulandes in der Ostsee 484
    c Vegetationsabfolge und Lebensbedingungen auf sandigem Neuland 485
3 Salzstellen des Binnenlandes 487
    a Verbreitungsgebiete halophiler Vegetation in Europa 487
    b Salzvegetation des mitteleuropäischen Binnenlandes 487

V **Dünen und ihre Vegetationsabfolgen**
1 Küstendünen 490
    a Bedingungen der Dünenbildung und -zerstörung 490
    b Spülsäume, Primärdünen und Weißdünen 495
    c Graudünen und ihre weitere Entwicklung 499
    d Buschdünen und Dünenwälder 503
2 Vegetationslose Wanderdünen 506
    a Entstehung der Wanderdünen 506
    b Vegetationsabfolge auf „Gegenwällen" 507
3 Binnendünen 508
    a Entstehung und Verbreitung der Binnendünen 508
    b Silbergrasfluren und Strauchflechtendecken 509

VI Vegetation oberhalb der alpinen Waldgrenze

1 Einführender Überblick 516
 a Vegetationsstufung im Hochgebirge 516
 b Die Flora der alpinen und nivalen Stufe und ihre Geschichte 518
 c Wald- und Baumgrenze als Beginn des alpinen Bereichs 520
 d Lebensbedingungen und Vegetationsmosaike in der subalpinen Stufe 526
 e Das Klima der alpinen Stufe und seine lokalen Abwandlungen 528
 f Boden- und Vegetationsentwicklung in der alpinen Stufe 535
 g Standörtliche und systematische Gliederung der alpinen Vegetation 537
2 Subalpin-alpine Rasen auf Karbonatgesteinen 545
 a Blaugras-Horstseggenhalden 545
 b Polsterseggenrasen und Silberwurzteppiche an extremen Standorten 548
 c Nacktried-Windecken 549
 d Rostseggenrasen und andere mesophile Kalkrasen 550
3 Alpine und subalpine Rasen auf sauren Böden 551
 a Krummseggenrasen 551
 b Buntschwingelhalden und ähnliche bodensaure Gesellschaften 554
 c Borstgrasrasen 554
4 Zwergstrauchheiden der unteren alpinen und der subalpinen Stufe 555
 a Alpenazaleen-Windheide 555
 b Krähenbeer-Rauschbeerheide 559
 c Alpenrosenheiden 560
5 Schneetälchen und verwandte Gesellschaften 562
 a Moosreiche Schneetälchen 562
 b Krautweiden-Schneetälchen 564
 c Schneetälchen auf Kalkuntergrund 566
6 Subalpin-alpine Niedermoore und Quellfluren 567
 a Braunseggen-Niedermoore und die Verlandung saurer Stillwasser 567
 b Kalkholde Kleinseggen- und Kleinbinsenrieder 569
 c Moosreiche Quellfluren 569
7 Hochstaudenfluren und Grünerlengebüsche 571
 a Subalpine und alpine Hochstaudenfluren 571
 b Vieh- und Wild-Lägerfluren 573
 c Grünerlengebüsche als Ausstrahlungen der subalpinen Stufe 574
 d Subalpine Reitgrasrasen 576
8 Besiedlung von Schutthalden und Gletschervorfeldern 576
 a Karbonat- und Silikatschuttfluren und ihre weitere Entwicklung 576
 b Besiedlung junger Moränen in der alpinen und subalpinen Stufe 581
9 Vegetation der Felsen und Steinblöcke 589
 a Felsspaltenbesiedler 589
 b Flechtenüberzüge und „Tintenstriche" 595

VII Pflanzenleben im Bereich des ewigen Schnees

1 Grenze und Gliederung der nivalen Stufe 599
 a Klimatische und orographische Schneegrenze 599
 b Gliederung und Formationscharakter der Nivalstufe 601
2 Besonderheiten der nivalen Standorte und Pflanzengesellschaften 603
 a Mehr oder minder bodenvage Rasenfragmente 603
 b Nivale Gesteinsfluren 604
 c Sonstige Vegetationstypen der Nivalstufe 604
 d Höchststeigende Pflanzenarten Mitteleuropas 604
 e Verbreitungsmittel der Nivalflora 606
 f Photosynthese und Stoffhaushalt einiger Nivalpflanzen 607

VIII Zur Epiphyten-Vegetation Mitteleuropas

1 Allgemeines 610
2 Übersicht der Algen-, Flechten- und Moosgesellschaften 611

D Großenteils vom Menschen mitgeschaffene und erhaltene Formationen

I Trocken- und Halbtrockenrasen der collinen bis montanen Stufe

1 Allgemeiner Überblick 615
   a Ökologische und soziologische Übersicht 615
   b Jahreszeitliche Aspekte der relativ trockenen Magerrasen 620
2 Nährstoff- und Basenversorgung der bodentrockenen Magerrasen 622
   a Nährstoffversorgung und Biomassen-Produktion 622
   b Mehr oder minder karbonatreiche Trocken- und Halbtrockenrasen 624
3 Klimatische Abwandlungen der Kalkmagerrasen 626
   a Auswirkungen des Kontinentalitäts-Gefälles 626
   b Lokal- und mikroklimatische Gegensätze in Trespenrasen 630
   c Blaugrashalden als dealpine Gesellschaften 634
4 Auswirkungen der Gründigkeit und Krönung des Bodens 635
   a Felsheiden und ihre Pionierstadien 635
   b Trocken- und Halbtrockenrasen auf Skelettböden 636
   c Sandtrockenrasen verschiedener Standorte 637
5 Wirtschaftsbedingte Verschiebungen im Artengefüge 638
   a Gemähte und beweidete Rasen 638
   b Entstehung steppenähnlicher Rasen auf Brachäckern 641
   c Auswirkungen des Rasenbrennens und chemischer Unkrautbekämpfung 642
   d Sukzessionen nach dem Aufhören menschlicher Eingriffe 643
6 Untersuchungen über den Wasserfaktor in Trocken- und Halbtrockenrasen 645
   a Verhalten der Arten in Trockenperioden 645
   b Konkurrenzkraft der Aufrechten Trespe unter verschiedenen Bedingungen 651
7 Rasen auf schwermetallreichen Böden 657
   a Wesen und Entstehung der Schwermetall-Vegetation 657
   b Soziologische Gliederung der Schwermetallfluren 660
   c Auswirkungen von Schwermetall-Immissionen auf die Pflanzendecke 661

II Zwergstrauchheiden und Triften auf starksauren Böden

1 Allgemeines über die Heiden des Tief- und Berglandes 662
   a Entstehung und Vernichtung der Heiden 662
   b Zur Systematik der Zwergstrauch- und Borstgrasheiden 666
2 Von Natur aus baumarme Zwergstrauchheiden im Nordwesten 667
   a Glockenheide-Sumpfheiden in Meeresnähe 667
   b Windharte Krähenbeerheiden an der Nordseeküste 672
3 Wirtschaftsbedingte Heiden des Flachlandes 674
   a Trockene Sandheiden und ihre Böden 674
   b Feuchte Sandheiden und Lehmheiden 679
   c Lebensrhythmus und Erhaltungsbedingungen der Sandheiden 681
4 Heiden und Borstgrasrasen im Bergland 687
   a Strauchige Bergheiden und Borstgrasrasen 687
   b Alpenrosenheiden der subalpinen Stufe 690

III Naturferne Forsten und Lichtungsfluren

1 „Forstgesellschaften" im Vergleich zu naturnahen Waldgesellschaften 691
   a Vegetationskundliche Gliederung von Kunstforsten 691
   b Kiefernforsten auf Sand- und Kalksteinböden 693
   c Fichtenforsten und sonstige Nadelholzforsten 698
   d Laubholzforsten, Pappelanpflanzungen und Robinienbestände 702
   e Auswirkungen von Nadelholz-Monokulturen auf Standorte von Laubwäldern 702
   f Auswirkungen der Forstdüngung auf die Bodenvegetation 707
2 Vegetation der Waldlichtungen und Waldbrandflächen 708
   a Werden und Vergehen der Waldlichtungs-Vegetation 708
   b Lichtungs-Krautfluren und -Gebüsche 713

IV Waldmäntel, Gebüsche, Hecken und deren Krautsäume

1 Strauchreiche Formationen unterhalb der subalpinen Stufe 714
   a Entstehung und Wesen der Laubholz-Gesträuche 714
   b Waldmantel und Waldsaum 717
   c Pflanzengesellschaften der Gesträuche Mitteleuropas 718
2 Krautsäume von Wäldern und Gebüschen 720
   a Wärmebedürftige, trockenheitsertragende Krautsäume 720
   b Nitrat- und luftfeuchtebedürftige Krautsäume 724

V Futterwiesen und Streuewiesen

1 Allgemeiner Überblick über das Kulturgrünland 725
   a Viehweide und Mahd als Standortsfaktoren 725
   b Übersicht über die Wiesengesellschaften Mitteleuropas 729
2 Glatthaferwiesen von der submontanen Stufe bis ins Flachland 733
   a Glatthaferwiesen und ihre kleinräumigen Abwandlungen 733
   b Geographische Variabilität der Glatthaferwiesen und ihrer Untereinheiten 737
3 Glatthafer- und Goldhaferwiesen im Bergland 745
   a Abwandlungen der Glatthaferwiesen mit zunehmender Meereshöhe 745
   b Montane und subalpine Goldhaferwiesen 748
4 Gedüngte Feuchtwiesen und verwandte Gesellschaften 751
   a Kohldistelwiesen und andere Futterwiesen basenreicher Feuchtböden 751
   b Futterwiesen basenarmer Naßböden 754
   c Brenndoldenwiesen östlicher Stromtäler 755
   d Binsen- und Simsen-Quellsumpfwiesen 756
5 Pfeifengras-Streuewiesen und verwandte Staudenfluren 756
   a Pfeifengraswiesen verschiedener Standorte 756
   b Zur Erhaltung der Streuewiesen 760
   c Mädesüß-Uferfluren und ähnliche Gesellschaften 760
6 Standort und Konkurrenz in ihrer Wirkung auf die Artenkombination 762
   a Ergebnisse von Kultur- und Düngungsversuchen 762
   b Zur Ökologie der Pfeifengraswiesen 770
7 Herkunft der Grünlandflora und Entstehung von Wiesengesellschaften 773
   a Die mitteleuropäische Flora als Grundlage der Wiesenbildung 773
   b Zeitbedarf für die Neubildung von Wiesengesellschaften 776

VI Düngeweiden, Tritt- und Flutrasen

1 Intensivweiden 779
   a Weidelgras-Weißkleeweiden und moderne Umtriebs-Mähweiden 779
   b Experimentelle Untersuchungen in Weidelgras-Weißkleeweiden 784
   c Horstrotschwingel-Weißkleeweiden des Berglandes 786
   d Milchkrautweiden des Hochgebirges 788
2 Tritt- und Flutrasen 788
   a Vegetation betretener Wege und Plätze 788
   b Kriechrasen zeitweilig überfluteter Standorte 792

VII Vom Menschen beeinflußte Ufer- und Schlammbodenfluren

1 Kurzlebige Zwergbinsen-Gesellschaften auf wechselnassen Böden 794
   a Areal und Verbreitungsmittel der Teichschlamm-Zwergpflanzen 794
   b Einzelne Zwergpflanzen-Gesellschaften Mitteleuropas 797
2 Nitrophile Uferfluren stehender und fließender Gewässer 799
   a Halbruderale Zweizahnfluren 799
   b Mehr oder minder naturnahe Flußmeldenfluren 801

VIII Ruderalfluren trockenerer Böden

1 Sommer- und winterannuelle Ruderalfluren 803
   a Entstehung und Entwicklung der Ruderalfluren 803
   b Kurzlebige Ruderalfluren auf Trümmern und Schuttplätzen der Städte 806
   c Kurzlebige Ruderalfluren in Dörfern und vor Kalksteinhöhlen 807

2 Ausdauernde Ruderalfluren 808
　a Wärmeliebende Distel- und Natterkopffluren 808
　b Beifußgestrüppe und andere Klettenfluren 810
　c Subalpin-alpine Ruderalfluren 811

IX Unkrautfluren der Äcker, Gärten und Weinberge
　1 Allgemeines über die Unkräuter auf bearbeiteten Böden 812
　　a Herkunft und Wuchsformen der Unkräuter 812
　　b Unkrautgemeinschaften als gesetzmäßig entstandene Artenkombinationen 816
　2 Ackerunkraut-Gesellschaften und ihre Standorte 820
　　a Unkrautfluren der Winter- und Sommerfrüchte 820
　　b Ursachen des Aspektwechsels zwischen Halm- und Hackunkrautfluren 821
　　c Unkrautfluren und Bodenreaktion 825
　　d Einflüsse der Durchlüftung des Bodens auf die Artenkombination 827
　　e Auswirkungen der Stickstoffzufuhr und anderer Düngungsmaßnahmen 830
　　f Auswirkungen der modernen Unkrautbekämpfung auf das Artengefüge 831
　　g Unkrautgemeinschaften der Gärten und Weinberge 833

X Vegetationsentwicklung auf Brachland
　1 Sukzessionen auf Ackerbrachen 833
　　a Sozialbrache als Problem der Landschaftspflege und Vegetationskunde 833
　　b Sukzessionsphasen auf brachliegendem Pflugland 834
　2 Sukzessionen auf Grünlandbrachen 838
　　a Vegetationsabfolge auf ungenutzten Wiesen 838
　　b Sukzessionen auf ehemaligen Weiden 839

E Übersichten und Register

I Schriftenverzeichnis 843
II Hinweise auf Vegetationsdarstellungen interessanter Gebiete 897
III Übersicht der Vegetationseinheiten und Arten 900
　1 System der Pflanzengesellschaften mit Charakterarten 900
　2 Verzeichnis der erwähnten Arten, ihrer Zeigerwerte und Lebensformen 912
　　a Erläuterungen 912
　　b Artenregister 915
IV Sachregister 955

In KAPITÄLCHEN gesetzte Autorennamen (mit oder ohne Jahreszahl) verweisen auf das Schriftenverzeichnis.

Wissenschaftliche Namen von Pflanzen und Pflanzengesellschaften sind in der Regel *kursiv* gesetzt.

In den Vegetationstabellen bedeuten gerade Ziffern Mengenangaben für einen Einzelbestand (d.h. die nach der Skala von BRAUN-BLANQUET geschätzten Deckungsgradstufen 1–5). *Kursive* Ziffern *1–5* bedeuten Stetigkeitsklassen innerhalb einer Vegetationseinheit (d.h. den Prozentsatz der Einzelbestände, in denen die betr. Pflanzenart vorkommt: *1* = 0–20%, *2* = 21–40% usw.). Diese Schreibweise wurde statt der üblichen römischen Ziffern I–V gewählt, um Platz zu sparen und die Übersicht zu erleichtern. **Halbfette** Stetigkeitsziffern **1–5** heben Arten hervor, die öfters in großer Menge auftreten.

A Einführender Überblick

I Die Vegetation Mitteleuropas im allgemeinen
1 Klimatische und vegetationskundliche Lage Mitteleuropas

Unter Mitteleuropa verstehen wir hier einen Bereich, wie er großenteils auf der Vegetationsübersicht in Abbildung 1 umrissen ist. Er umfaßt vor allem die Bundesrepublik Deutschland und die Deutsche Demokratische Republik, aber auch Polen, die Tschechoslowakei, Österreich, die Schweiz, Luxemburg und Dänemark sowie Teile der angrenzenden Länder. Dieser zentrale Bereich Europas gehört der nördlichen gemäßigten Zone an und wird vom 50. Breitengrad annähernd halbiert. Sein Klima zeichnet

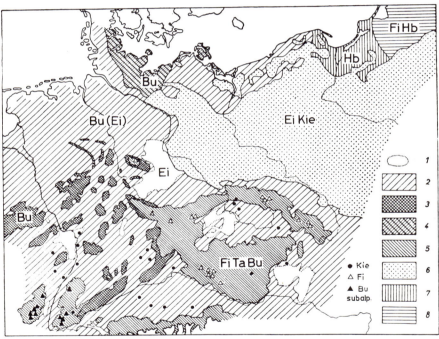

Abb. 1. Naturnahe Großgliederung der Vegetation Mitteleuropas ohne die Alpen um Christi Geburt, d. h. vor stärkeren Eingriffen des Menschen. Aufgrund pollenanalytischer Untersuchungen entworfen von FIRBAS (1949), aus WALTER und STRAKA (1970), etwas verändert. Im vorliegenden Buch werden außerdem die südlich anschließenden Alpen behandelt (s. Abb. 3–6).
1 = Trockengebiete unter 500 mm Niederschlag, mit Eichenmischwäldern und wenig Rotbuche. 2 = Tieflagen mit Rotbuchen-Mischwäldern, z.T. mit starker Beteiligung der Eichen; an der Nordseeküste viel Schwarzerle; dicke Punkte = Kiefer lokal vorherrschend.
3 = niedrige Mittelgebirge mit Rotbuche, meist ohne Nadelhölzer. 4 = Moränengebiete mit Rotbuche, kiefernarm. 5 = Buchenwald-Berglagen mit Tanne und (oder) Fichte (weiße Dreiecke); schwarze Dreiecke = subalpiner Buchenwald.
6 = Sandbodengebiete, in denen Kiefern vorherrschen, z.T. mit Eichen und anderen Laubhölzern. 7 = Laubmischwald-Gebiete mit viel Hainbuche. 8 wie 7, außerdem mit Fichte.
Flußauen, Moore und andere Sonderstandorte sind nicht ausgeschieden.

sich dementsprechend durch den Wechsel von einem mäßig warmen, frostfreien Sommer zu einem mehr oder minder kalten Winter aus, der für die meisten Gewächse monatelange Ruhe bedeutet. Die Gegensätze beider Jahreszeiten werden durch die Lage Mitteleuropas zwischen dem ozeanischen Westen und dem zunehmend kontinentalen Osten Europas (Abb. 2) so weit ausgeglichen, daß die Lufttemperaturen im Sommer selten 30 °C übersteigen und im Winter nur ausnahmsweise unter −20 °C sinken. Darüber hinaus bewirkt diese Lage, daß die Übergangszeiten im Frühling und Herbst verhältnismäßig ausgedehnt sind und die Wachstumsperiode für viele Pflanzen entscheidend verlängern. Günstig für die Vegetation Mitteleuropas ist außerdem der Umstand, daß zyklonale Regen zu allen Jahreszeiten fallen können (s. WALTER 1971). Längeren Dürreperioden ist sie daher niemals oder nur in seltenen Katastrophenjahren (z.B. 1947 und 1949, auch 1971 und 1973) ausgesetzt.

Ein solches Klima fördert allgemein den Baumwuchs. Mitteleuropa wäre deshalb ein eintöniges Waldland, wenn nicht der Mensch das bunte Mosaik der Äcker und Heiden, Wiesen oder Weiden geschaffen und den Wald im Laufe von Jahrtausenden immer mehr zurückgedrängt hätte. Nur die salzigen Marschen und die windbewegten Dünen an der Küste, manche übernassen und nährstoffarmen Moore, einige Felsschroffen, Steinschutthalden und Lawinenbahnen in den Gebirgen sowie die Höhen oberhalb der klimatischen Baumgrenze würden auch dann waldfrei bleiben, wenn sich die Bäume ungehemmt entwickeln dürften (Abb. 1 und 3). Überall sonst würden sich diese vermöge ihres hohen Wuchses schließlich gegen ihre Konkurrenten durchsetzen. Selbst auf den mageren Sandheiden Nordwestdeutschlands, die man noch um die Jahrhundertwende für waldfeindlich hielt, sind inzwischen allenthalben Aufforstungen gelun-

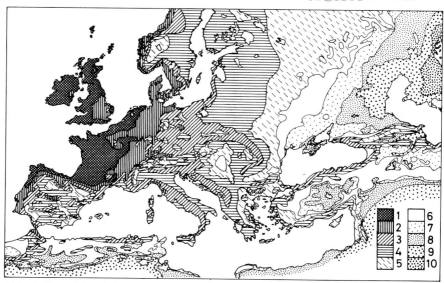

Abb. 2. Ozeanitätsgefälle in Europa, am Artengefüge der Gefäßpflanzenflora gemessen. Nach einer farbigen Karte von JÄGER (1968), aus HORVAT, GLAVAČ und ELLENBERG 1974.
1 = Ozeanische und subozeanische Arten sehr zahlreich; 2 = weniger zahlreich; 3 = bis zur Ostgrenze vieler subozeanischer Arten, subkontinentale Arten ± stark beteiligt; 4 = zahlreiche subkont. und einzelne kontinentale, aber noch suboz. Arten; 5 = letztes Ausklingen suboz. Arten, noch viele Arten der Breitlaubgehölze.
6 = viele weit verbreitete kontinentale Arten; Steppenwald-Arten vorherrschend; 7–9 = kont. Arten zunehmend zahlreich, mehr und mehr Wüstenpflanzen; 10 = vorherrschend kont. Wüstenpflanzen.

gen und haben die letzten Zweifel am Waldcharakter der Naturlandschaft beseitigt. Dasselbe gilt für die „Steppenheiden" der süd-mitteleuropäischen Kalkgebirge, die fast alle mehr oder minder rasch verbuscht sind, wo man sie nicht mehr beweidete oder abbrannte.

Unter den in Europa vorkommenden Baumarten begünstigt das mitteleuropäische Klima sommergrüne Laubhölzer mit mesomorphen Blättern und mäßig geschützten Winterknospen, z. B. Rotbuche *(Fagus sylvatica)* und Stieleiche *(Quercus robur)*. Von KÖPPEN wird es geradezu als „Buchenklima" bezeichnet, das allerdings auch ganz Westeuropa einschließlich Südengland umfaßt.

Während der Westen und die Mitte Europas in ihrem Klima- und Vegetationscharakter durch allmähliche Übergänge eng miteinander verbunden sind, ist der kontinentale Nordosten schärfer und augenfälliger abgesetzt. Kältere Winter schaden hier den Knospen der meisten Laubbäume, und Spätfröste vernichten nicht selten ihre frisch ausgetriebenen Blätter oder ihre Blüten. Auch der größeren Lufttrockenheit im Sommer sind ihre zarteren Blätter weniger gewachsen als die xeromorph gebauten Nadeln von Fichte *(Picea abies)* oder Kiefer *(Pinus sylvestris)*. So werden die immergrünen Nadelbäume hier den winterkahlen Laubhölzern im natürlichen Konkurrenzkampf überlegen, während sie in Mitteleuropa ihre heutige Vorherrschaft nur der hegenden Hand des Forstmannes verdanken.

Der wirksamste Faktor des kontinentalen Klimas, der die immergrünen Nadelhölzer gegenüber den alljährlich ihr Laub erneuernden Bäumen begünstigt, ist aber die Kürze der Vegetationsperiode. Sie bestimmt auch im Norden die natürliche Grenze des mitteleuropäischen Laubwaldgebietes, insbesondere in Südschweden und Südnorwegen, wo die letzten Vorposten der Buchenwälder auf nährstoffreichen Böden in die boreale Nadelwaldregion vordringen. Ein ähnlicher Wechsel von Klima und Vegetation wie an der Nordgrenze Mitteleuropas ist beim Aufstieg in die Gebirge zu beobachten, soweit diese hoch genug aus der Laubwaldstufe emporragen (Abb. 3–5).

Die breiten und hohen Mauern der Alpen erheben sich ungefähr dort, wo der Übergang des mitteleuropäischen Klimas in das sommertrockene submediterrane Klima Südeuropas beginnen würde. Nur westlich der Alpen, also bereits im atlantisch-submediterranen Bereich, und östlich derselben, d. h. in recht kontinentaler Lage, vollzieht sich dieser Übergang allmählich. Er leitet zu Gebieten mit milderen Wintern und wärmeren Sommern über, in denen Dürreperioden nicht selten mehrere Wochen andauern. Dort ziehen sich deshalb die Rotbuche und deren Begleiter in kühlere und feuchtere Berglagen zurück und räumen trockenheits-resistenteren Laubbäumen das Feld, z. B. der Flaumeiche *(Quercus pubescens)*, Zerreiche *(Qu. cerris)*, Mannaesche *(Fraxinus ornus)* und Orient-Hainbuche *(Carpinus orientalis)*. Nahe der Mittelmeerküste, wo die Nachbarschaft des warmen Wassers scharfe Winterfröste verhindert, wird die laubwerfende Waldvegetation schließlich durch eine immergrüne abgelöst. Die hier von Natur aus herrschenden, wenn auch heute seltenen mediterranen Hartlaubbäume, namentlich die Steineiche *(Quercus ilex)*, sind zwar frostempfindlicher als viele sommergrüne Laubhölzer, können aber die Dürre der wärmsten Monate besser überstehen, die für das Klima des Mittelmeergebietes so charakteristisch ist (s. hierzu HORVAT, GLAVAČ u. ELLENBERG 1974).

Fast überall grenzt also das Waldland Mitteleuropa an Gebiete, deren Klima ebenfalls Waldwuchs ermöglicht. Lediglich im Südosten nehmen die Niederschläge so sehr ab, daß sich eine Waldsteppenzone anschließt, die in die südrussischen Steppen überleitet. Ausstrahlungen der Vegetation dieser von Natur aus waldfreien Gebiete lassen sich bis weit nach Mitteleuropa hinein verfolgen und sind namentlich in den trockenen

Beckenlandschaften am Neusiedler See bei Wien, in Böhmen und Mähren sowie im Regenschatten des Harzes tonangebend. Wie PASSARGE (1953 a), WENDELBERGER (1954) und andere nachwiesen, könnten hier jedoch unter den heutigen Klimabedingungen überall Bäume gedeihen. Das darf man auch aus der Karte von E. JÄGER (1968, Abb. 2) schließen, die das Kontinentalitäts-Gefälle in Europa mit florengeographischen Mitteln kennzeichnet.

Abb. 4 gestattet einen genaueren Überblick über den Alpenbereich, in dem Klimatypen ozeanischen und kontinentalen, borealen und submediterranen Charakters einander begegnen und in mannigfacher Weise durchdringen. Außerdem werden sie mit steigender Höhe über dem Meere abgewandelt, von den relativ warmen Vorhügeln bis hinauf zu den ewig verschneiten Gipfeln. Einige Klimadiagramme veranschaulichen den Gang der Monatsmitteltemperaturen sowie der durchschnittlichen Monatssummen der Niederschläge an kennzeichnenden Stationen. Die Beziehungen zwischen den in Abb. 4a dargestellten Klimatypen und der von Natur aus herrschenden Waldvegetation werden in Abb. 4b und 5 angedeutet, deren Koordinaten den Jahresmittelwerten der Temperatur und der Niederschläge entsprechen. Wie die Höhenstufung der natürlichen Vegetation in Mitteleuropa von West nach Ost und von Nord nach Süd variiert, zeigen die Querschnitte in Abb. 6.

Dieser klimatologische und vegetationskundliche Rundblick läßt erkennen, daß Mitteleuropa kein scharf umrissenes Gebiet ist, sondern nach allen Seiten, besonders nach Westen und Osten, gleitend in Nachbarräume übergeht, eine Tatsache, die ja auch in kultureller und wirtschaftlicher Hinsicht für Mitteleuropa charakteristisch ist. Trotzdem besitzt es eine unverwechselbare Eigenart, die man aus der Kenntnis der Grenzgebiete allein nicht erschließen könnte.

Abb. 3 (nächste Seite!).
Heutige potentielle natürliche Vegetation Mitteleuropas mit den Alpen, am Beispiel Niederösterreichs. Nach einer farbigen Karte von WAGNER (1972), etwas verändert. Fast überall in Mitteleuropa würden von Natur aus Wälder vorherrschen.

ZONALE VEGETATION[1]

Colline Stufe
1. Wärmeliebende Eichenmischwälder; heute fast waldlos; viel Weinbau
2. wie 1, außerdem Eichen-Hainbuchenwälder

Submontane Stufe
3. wie 1, Eichen-Hainbuchenwälder, heute großenteils Kulturland
4. Eichen-Hainbuchenwälder mit viel Rotbuche; großenteils Kulturland

Montane Stufe
5. Rotbuchenwälder, z.T. in Nadelforsten verwandelt; viel Grünland
6. Fichten-Tannen-Rotbuchen-Bergmischwälder auf Karbonatgestein; großenteils als solche erhalten
7. Tannen-Fichtenwälder der Innenalpen, auf reicherem Boden als 8, z.T. in Kulturland verwandelt
8. Fichtenwälder der Innenalpen auf saurem Gestein

Subalpine Stufe
9. Lärchen-Arven(Zirben)-Wald, heute z.T. Weideland
10. Latschengebüsch, meist auf Karbonatgestein, wenig Weideland
11. Grünerlengebüsch, meist auf saurem Gestein, viel Weideland

Alpine Stufe
12. Alpine Rasen u.a., auf Karbonatgestein
13. wie 12, auf saurem Gestein

AZONALE VEGETATION[1]

Trockenstandorte
14. Sanddünen mit Eichen-Mischwäldern u.a.
15. Schwarzkiefernwälder auf Karbonatgestein
16. Schneeheide-Waldkiefernwälder auf Dolomit, Serpentin u.ä.
17. Montane Kiefernwälder auf saurem Gestein
18. Sanddorn-Kiefernwälder und Eichen-Kiefernwälder auf trockenen Schotterflächen, heute meist Kiefernforsten
19. Colline bodensaure Eichen-Kiefernwälder

Feuchtstandorte
20. Flußauen mit Weich- und Hartholzwäldern, z.T. kultiviert
21. Schilfgürtel des Neusiedler Sees und benachbarter Lacken, sowie Salzvegetation in deren Umgebung
22. Niedermoore, großenteils in Kulturwiesen übergeführt
23. Hochmoore, heute z.T. entwässert

Die Karte, im ungefähren Maßstab 1:2 Millionen, reicht etwa von Passau bis Bratislava und von České Budějovice (Budweis) bis Graz.

---

[1]) Diese Begriffe werden in Abschnitt B I 1 a erklärt.

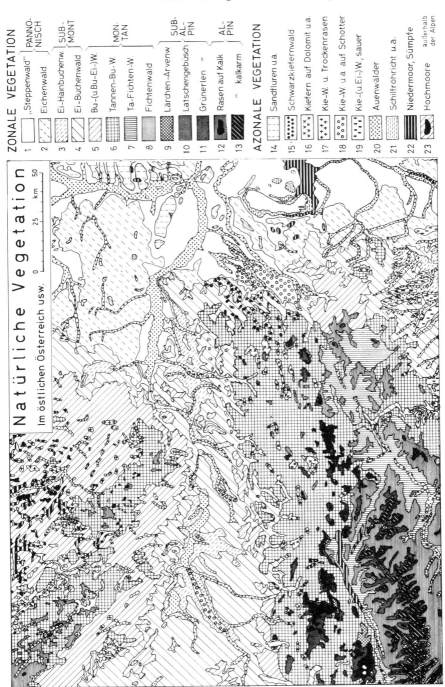

KLIMATYPEN

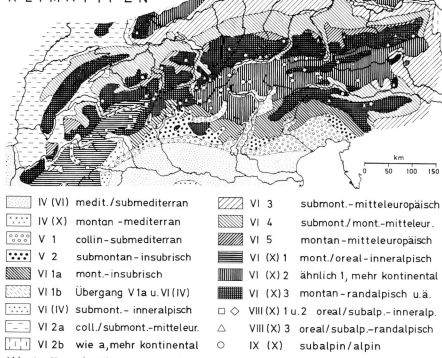

IV (VI)	medit./submediterran	
IV (X)	montan-mediterran	
V 1	collin-submediterran	
V 2	submontan-insubrisch	
VI 1a	mont.-insubrisch	
VI 1b	Übergang V 1a u. VI (IV)	
VI (IV)	submont.-inneralpisch	
VI 2a	coll./submont.-mitteleur.	
VI 2b	wie a, mehr kontinental	
VI 3	submont.-mitteleuropäisch	
VI 4	submont./mont.-mitteleur.	
VI 5	montan-mitteleuropäisch	
VI (X) 1	mont./oreal-inneralpisch	
VI (X) 2	ähnlich 1, mehr kontinental	
VI (X) 3	montan-randalpisch u.ä.	
VIII (X) 1 u. 2	oreal/subalp.-inneralp.	
VIII (X) 3	oreal/subalp.-randalpisch	
IX (X)	subalpin/alpin	

Abb. 4a. Karte der Klimatypen im Alpenbereich als Beispiel für Mitteleuropa. Nach REHDER (1965), etwas verändert. Die römischen Ziffern bedeuten Klimatypen entsprechend dem Klimadiagramm-Weltatlas von WALTER und LIETH (1967). Weitere Erläuterungen in Abb. 4b. Die mediterranen Klimatypen (IV) liegen außerhalb Mitteleuropas.

2 Bedeutung der Florengeschichte für die Vegetation Mitteleuropas

Nordamerika, Europa und Asien bilden ein einziges Florenreich, die Holarktis, weil sie pflanzengeographisch nur wenig voneinander abweichen. Europa nimmt nur insofern eine Sonderstellung ein, als seine Gehölzflora im Vergleich zu Nordamerika und Ostasien ärmer an Gattungen und Arten ist. Infolge der wiederholten Vereisungen sind zahlreiche kälteempfindliche Pflanzen ausgestorben, insbesondere Baumarten, die hier in der wärmeren Tertiärzeit noch verbreitet waren. Während diese in Amerika unbehindert durch Meere in südlichere Breiten ausweichen und später wieder einwandern konnten, stellte sich ihnen in Europa fast überall das Mittelmeer entgegen.

Abweichend von der früher herrschenden (und noch in Abb. 4 der 1. Auflage wiedergegebenen) Ansicht waren die Lebensbedingungen während der Kaltzeiten selbst auf der Balkanhalbinsel, in Italien und im südlichen Spanien so hart, daß keine der heute in Mitteleuropa vorkommenden Waldgesellschaften dort hätte überdauern können (BEUG 1967, ŠERCELJ 1970, FRENZEL 1964, 1968). Die Rotbuche hat zwar nach FRITZ (1970) in den Interglazialzeiten wieder nach Mitteleuropa vorstoßen können. Während der Glazialzeiten starben aber alle Bäume aus. Das Klima war wesentlich kontinentaler als heute und begünstigte Kältesteppen. Krautige Pflanzen und niedrige

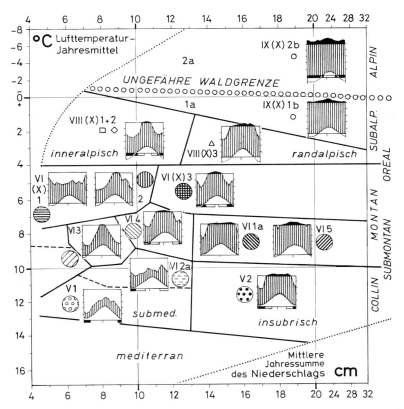

Abb. 4b. Ungefähre Niederschlags- und Temperaturbereiche der wichtigsten Klimatypen, die in der Karte 4a dargestellt sind. In Anlehnung an eine Stationsübersicht von REHDER (1965) sowie an Diagramme von WALTER und LIETH (1967) mit einigen Ergänzungen im montanen bis alpinen Bereich.
In jedem Klimadiagramm folgt die untere Grenze der schraffierten Fläche dem Gang der Monatsmittel der Lufttemperatur von Januar bis Dezember (ein Teilstrich der Ordinate = 10 °C), die obere Grenze dem Gang der Monatssummen der Niederschläge (ein Teilstrich = 20 mm, oberhalb 100 mm auf $^1/_{10}$ reduziert und schwarz dargestellt). Je größer die schraffierte und besonders die schwarze Fläche, desto humider ist das Klima. Die vereinfachten Klimadiagramme beziehen sich auf folgende Stationen (vgl. Abb. 5!):

V 1 *collin-submediterran,* mit Flaumeiche und anderen Trockenheit ertragenden „Sommergrünen" und viel Edelkastanie (Bolzano, 292 m); V 2 *collin bis submontan-insubrisch,* niederschlagsreich, mit wärmeliebenden Birken-Eichenwäldern und Edelkastanien (Lugano, 276 m).
VI 2a *collin bis submontan-mitteleuropäisch,* leicht submediterran getönt, mit Rotbuche und Eichen-Hainbuchenwäldern (Dijon, 315 m); VI 3 *submontan-mitteleuropäisch,* mehr oder minder subkontinental getönt, mit Rotbuche und Eichenmischwäldern (Leoben, 540 m); VI 4 *submontan bis montan-mitteleuropäisch,* mit artenreichen Rotbuchenwäldern (Zürich, 569 m); VI 1a *montan bis submontan-mitteleuropäisch,* insubrisch getönt, vorwiegend Rotbuche (Faido, 759 m); VI 5 *montan-mitteleuropäisch,* mit Rotbuche und wenig Nadelhölzern (Schwyz, 567 m).
VI(X) 1 *montan bis oreal-inneralpisch (subkontinental),* submediterran getönt, mit Waldkiefer, Lärche und vorwiegend Fichte (Montana, 1453 m); VI(X) 2 *montan-inneralpisch (kontinental),* mit vorwiegend Fichte (Heiligenblut, 1378 m); VI(X) 3 *montan-zwischenalpisch bis randalpisch,* mit Fichten-Tannen-Buchenmischwäldern (Mittenwald, 910 m).
VIII(X) 1 + 2 *oreal bis subalpin-inneralpisch* (kontinental), mit Lärchen, Arven und Fichten (Davos, 1561 m); VIII(X) 3 *oreal bis subalpin-randalpisch,* mit vorwiegend Fichten (Splügen, 1500 m).
IX(X) 1 *subalpin-waldgrenznah,* inneralpisch mit Lärche-Arve (1 a), zwischen- und randalpisch mit Fichte (1 b, Rigi, 1775 m); IX(X) 2 *alpin-inneralpisch* (2 a) bzw. -randalpisch (2 b, Säntis, 2500 m).

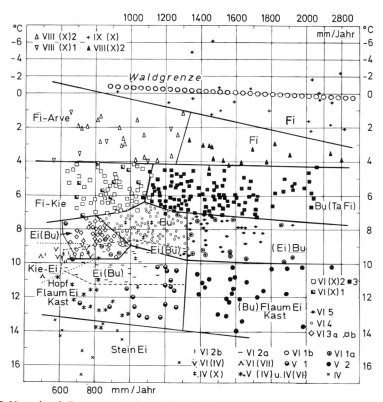

Abb. 5. Herrschende Baumarten in der natürlichen Vegetation des Alpenbereichs sowie Lage der für Abb. 4b herangezogenen meteorologischen Stationen im Koordinatensystem von Jahresniederschlag (Abszisse) und Jahresmittel der Lufttemperatur (Ordinate). Nach REHDER (1965), verändert. Die Bezifferung entspricht den Klimatypen in Abb. 4.
Arve = Zirbe *(Pinus cembra)*, Fi = Fichte *(Picea abies)*, Kie = Waldkiefer *(Pinus sylvestris)*, Ta = Tanne *(Abies alba)*, Bu = Rotbuche *(Fagus sylvatica)*, Ei = Stiel- und Traubeneiche *(Quercus robur* u. *petraea)*, Flaum Ei = Flaumeiche *(Quercus pubescens*, submediterran), Stein Ei = Steineiche *(Quercus ilex*, mediterran), Hopf = Hopfenbuche *(Ostrya carpinifolia*, submediterran), Kast = Edelkastanie *(Castanea sativa)*.

Holzgewächse litten darunter anscheinend weniger stark als die Bäume, oder sie vermochten leichter wieder aus ihren Refugien zurückzuwandern. Jedenfalls ist die Gesamtartenzahl vergleichbarer Gebiete im östlichen Nordamerika nicht größer als in Mitteleuropa einschließlich der Alpen und deren Vorland (d. h. ebenfalls an die 4000 Gefäßpflanzenarten), während das Verhältnis der Baumarten etwa 120:50 beträgt (siehe Tab. 1).

Dieses Mißverhältnis darf man nach SCHROEDER (1974) jedoch nicht nur historisch deuten. Auch das gegenwärtige Klima spielt dabei eine Rolle, und zwar insofern, als die Sommer in vergleichbaren Vegetationsgebieten Nordamerikas wärmer sind als in Mitteleuropa, das durchschnittlich 10 Breitengrade nördlicher liegt. Dementsprechend fehlen bei uns gerade die subtropischen Gattungen und Arten (Tab. 1), die nur bei ausreichender Sommerwärme raschwüchsig genug sind, um sich gegen Baumarten des gemäßigten Klimas behaupten zu können. In botanischen Gärten gegen deren Konkur-

Bedeutung der Florengeschichte für die Vegetation Mitteleuropas   27

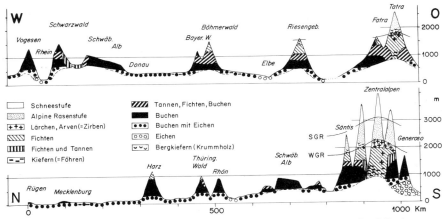

☐ Schneestufe	▨ Tannen, Fichten, Buchen
▦ Alpine Rasenstufe	■ Buchen
+++ Lärchen, Arven (= Zirben)	••• Buchen mit Eichen
⧄ Fichten	○○○ Eichen
⫽ Fichten und Tannen	⌄⌄⌄ Bergkiefern (Krummholz)
⸺ Kiefern (= Föhren)	

Abb. 6. Schematisierte Querschnitte durch die natürlichen Vegetationsstufen Mitteleuropas ungefähr von West nach Ost und von Nord nach Süd.
Die Buche tritt nur in ozeanisch getöntem Klima hervor, die Nadelhölzer in mehr kontinentalem Klima, also auch im Innern der Alpen. Die meisten Stufengrenzen steigen mit abnehmender geogr. Breite und zunehmender Massenerhebung an. WGR = Waldgrenze, SGR = Schneegrenze. Die Tanne ist auch in der potentiellen natürlichen Vegetation der Vogesen vertreten, nicht dagegen die Fichte.

Tab. 1. Zahl der Arten in den Baumgattungen des sommergrünen Laubmischwald-Gebiets im östlichen Nordamerika (linke Ziffer) und in Mitteleuropa (rechte Ziffer). Nach Karten von Schmucker (1942) und anderen Quellen

Laubbäume

7:5	Acer	2:0	Amelanchier (St)
3:2	Alnus	1:0	Aralia
5:2	Betula	1:0	Asinima
1:1	Carpinus	6:0	Carya
2:2	Crataegus	2:0	Castanea (SEur)
1:1	Fagus	1:0	Catalpa
4:2	Fraxinus	2:0	Celtis (SEur)
2:1	Ilex	1:0	Cercis (SEur)
1:1	Malus	1:0	Diospyros
5:3	Populus	1:0	Gleditschia
5:3	Prunus	1:0	Gymnocladus
0:1	Pyrus*	2:0	Illicium
20:4	Quercus	2:0	Juglans (SEur)
4:8	Salix*	1:0	Liquidambar
1:4	Sorbus*	1:0	Liriodendron
2:2	Tilia	2:0	Magnolia
3:3	Ulmus	1:0	Morus
66:45		2:0	Nyssa
		1:0	Ostrya (SEur)
		1:0	Platanus (SEur)
		1:0	Ptelea
		1:0	Robinia (subspont.)
		4:0	Rhus
		1:0	Sassafras
		1:0	Zanthoxylon
		40:0	

106 : 45
östl. Nordam. : Mitteleuropa

Nadelbäume

1:1	Abies	1:0	Chamaecyparis
1:1	Larix	1:0	Juniperus (St, SEur)
3:1	Picea	1:0	Taxodium
7:4	Pinus	1:0	Thuja
1:1	Taxus	1:0	Tsuga
13:8		5:0	

18 : 8
östl. Nordam. : Mitteleuropa

(St)   = als Strauch auch in Mitteleuropa
(SEur)   = in Südeuropa als Baum vertreten
(subspont.) = im südöstlichen Mitteleuropa sich subspontan ausbreitend
*   = Gattungen, die in Mitteleuropa artenreicher sind als im östlichen Nordamerika

Tab. 2. Gefäßpflanzen mit mitteleuropäischem Areal-Schwergewicht.
Nach Angaben von Walter und Straka (1970) und anderen

eigentlich mitteleuropäische Arten	mit etwas weiterer Verbreitung
a Laubwald	
1. Bäume	
Acer pseudoplatanus	Acer campestre
Carpinus betulus	A. platanoides
Fagus sylvatica	Alnus glutinosa (Bruchwald)
Prunus avium	Fraxinus excelsior
Quercus petraea	Quercus robur
Tilia platyphyllos	Salix fragilis (Aue)
Taxus baccata	Tilia cordata
	Ulmus glabra
2. Sträucher und Lianen	
Hedera helix	* Clematis vitalba
* Rosa coriifolia	* Cornus sanguinea
* R. obtusifolia	Corylus avellana
* R. rubiginosa	Crataegus laevigata
* R. villosa	Euonymus europaea
Rubus hirtus	* Rosa canina
	R. corymbifera
3. Krautige und Zwergsträucher	
Allium ursinum	Actaea spicata
Arum maculatum	Ajuga reptans
Cephalanthera damasonium	Alliaria petiolata
Circaea intermedia	* Aquilegia vulgaris
Corydalis cava	Anemone nemorosa ssp. nemorosa
C. intermedia	A. ranunculoides
Dentaria bulbifera	Asarum europaeum
Festuca heterophylla	* Betonica officinalis
Galium sylvaticum	Campanula latifolia
Hordelymus europaeus	* C. patula
Hypericum montanum	Carex digitata ssp. digitata
Lathyrus linifolius	C. montana s. str.
Luzula luzuloides	C. remota ssp. remota
L. sylvatica	Cephalanthera longifolia
Lysimachia nemorum	C. rubra
Melica uniflora	* Genista germanica
* Melittis melissophyllum	* G. tinctoria
Mycelis muralis	Hepatica nobilis
Petasites albus	Lamiastrum galeobdolon
Phyteuma spicatum	Lathraea squamaria
Veronica montana	Lathyrus vernus
Vinca minor	Lunaria rediviva
Viola reichenbachiana	Mercurialis perennis
	Neottia nidus-avis
	* Orchis mascula
	Plantanthera chlorantha
	Pulmonaria officinalis
	Ranunculus ficaria
	R. lanuginosus
	* Serratula tinctoria
	Stachys sylvatica
	Stellaria holostea
	St. nemorum
	Thalictrum aquilegifolium (Aue)
	Viola riviniana

* = stärker lichtbedürftig

Tab. 2, Fortsetzung

eigentlich mitteleuropäische	mit etwas weiterer Verbreitung
	b Wald-Lichtungen
	1. Sträucher
Rubus sulcatus	*Sambucus nigra*
	2. Krautige
Atropa belladonna	*Arctium minus*
Dipsacus pilosus	*A. nemorosum*
Epilobium lamyi	*Cardamine amara*
Hydrocotyle vulgaris (Bruchwald)	*Carex divulsa*
	C. hirta
	Centaurium erythraea
	Cirsium oleraceum (Bruchw., Aue)
	Dipsacus fullonum
	Eupatorium cannabinum (Bruchwald)
	Lysimachia nummularia (Bruchwald)
	Petasites hybridus (Aue)
	Rorippa sylvestris
	Rumex obtusifolius
	R. sanguineus
	Sedum telephium
	Senecio sylvaticus
	Silene dioica
	Symphytum officinale
	c Wald-Säume
Agrimonia procera	*Aethusa cynapium*
Allium scorodoprasum	*Allium oleraceum*
A. vineale	*Anthericum ramosum*
Saxifraga granulata	*Chaerophyllum temulum*
Trifolium ochroleucon	*Galium mollugo*
	Knautia arvensis
	d Felsen und Dünen
Corynephorus canescens (Dü)	*Cardaminopsis arenosa*
Sedum sexangulare	*Hieracium piloselloides* (Schotter)
	e Magerrasen
Carlina vulgaris (c)	*Anthyllis vulneraria* s. str. (c) (f)
Dianthus armeria (c)	*Briza media* (f)
Hypochoeris radicata (f)	*Centaurea jacea* (f)
Ononis repens (f)	*Cerastium semidecandrum*
Orchis morio (f)	*Euphorbia cyparissias*
	Helianthemum nummularium
	Hieracium pilosella
	Orchis ustulata
	Orobanche caryophyllacea (Paras.)
	Plantago lanceolata (f)
	Prunella grandiflora
	Ranunculus bulbosus (f)
	Salvia pratensis (f)
	Selinum carvifolia (c)
	Thymus pulegioides
	Veronica teucrium
	f Düngerasen
	Arrhenatherum elatius[1]
[1] von submediterran-montanen Steinschutthalden stammend (c), (e), (f) = zu den betreffenden Gruppen überleitend	*Cynosurus cristatus* (e)
	Pimpinella major (c)

renz geschützt, gedeihen fast alle diese Exoten auch in Mitteleuropa, denn die Winter sind hier infolge des mildernden Einflusses vom Golfstrom nicht kälter als in ihrer nordamerikanischen Heimat.

Abgesehen von den Bäumen ist die Flora Mitteleuropas nicht nur relativ artenreich, sondern auch recht eigenständig. Zahlreiche Sippen sind auf Mitteleuropa beschränkt und haben dort ihr Verbreitungs-Schwergewicht (Tab. 2). Bezeichnenderweise sind dies aber fast aussschließlich Waldpflanzen oder doch solche, die im Waldschatten zu gedeihen vermögen. Daneben spielen Arten der Waldlichtungen und Kahlschläge eine so große Rolle, daß man sich vorstellen darf, in den einstigen Urwäldern Mitteleuropas habe es immer wieder kleine Lichtungen gegeben, seien diese nun durch Überalterung der Bäume, Windbruch oder Blitzzündungen entstanden.

Da Mitteleuropa während der letzten Eiszeit völlig waldfrei war und das Klima sich nur allmählich dem heutigen annäherte, sind alle Waldgemeinschaften hier verhältnismäßig jung (s. auch LANG 1967, WALTER u. STRAKA 1970 u. SUKOPP 1972). Selbst dort, wo sich ähnliche Vegetationstypen bis ins Pliozän zurückverfolgen lassen, mußten sie sich nach den Kaltzeiten jeweils neu konstituieren (K.-D. JÄGER 1967). Die Rotbuche wanderte aus ihren südlichen Refugien erst als einer der letzten Waldbäume wieder ein; sie spielt jene beherrschende Rolle, in der sie uns heute entgegentritt, noch nicht länger als rund 3000 bis 4000 Jahre, d. h. nicht mehr als etwa 30–60 Baumgenerationen hindurch. Immerhin hat diese Zeitspanne ausgereicht, um sie überall in Mitteleuropa an die ihr zusagenden Standorte gelangen und mehr oder minder ausgeglichene Gesellschaften bilden zu lassen. Viele der von ihr besiedelten Böden sind zudem wesentlich älter, und auch zahlreiche Arten des Unterwuchses waren sehr wahrscheinlich bereits vor ihr da. Die Organismen, die heute in einer Gemeinschaft zusammenleben, können also ganz verschiedene Schicksale gehabt haben und sind auch in Zukunft nicht untrennbar miteinander verbunden.

3 Wuchsweisen und Bautypen der mitteleuropäischen Pflanzenarten

a Lebensformen

Sommergrüne Laubbäume sind zwar die konkurrenzfähigsten Lebensformen der mitteleuropäischen Flora und würden deshalb in der natürlichen Pflanzendecke vorherrschen. An der mehr als 3500 Phanerogamen und noch viel zahlreichere Kryptogamen umfassenden Florenliste Mitteleuropas jedoch haben Bäume (Phanerophyten im Sinne von RAUNKIAER, s. ELLENBERG u. MUELLER-DOMBOIS 1966a und Tab. 3) nur einen

Tab. 3. Lebensformen-Spektrum von 1760 Gefäßpflanzenarten Mitteleuropas.
Berechnet nach Angaben von Ellenberg (1974); in Prozent der Gesamtzahl

2,9	P	Phanerophyten (Bäume)		
4,0	N	Nanophanerophyten (Sträucher)	9,6	Holzige
2,7	Z	holzige Chamaephyten (Zwergsträucher)		
6,1	C	Krautige Chamaephyten (Knospen über der Erde)		
50,7	H	Hemikryptophyten (Knospen an Erdoberfläche)	56,8	sichtbar ausdauernde Krautige
12,0	G	Geophyten (unterirdisch Überdauernde)		
17,4	T	Therophyten (Kurzlebige)	29,4	verschwindende Krautige
4,2	A	Hydrophyten (unter Wasser Überdauernde)	4,2	Wasserpflanzen

bescheidenen Anteil. Auch die Sträucher (Nanophanerophyten) machen nicht einmal 5% derselben aus, obwohl sie in lichten Wäldern reichlich vertreten sind.

Weitaus die meisten Arten, die sich am Aufbau mitteleuropäischer Pflanzengemeinschaften beteiligen, haben niedrigen Wuchs und gehören entweder zu den Hemikryptophyten, Geophyten, Chamaephyten bzw. Therophyten oder aber zu den adnaten (wurzellosen) Formen. Hieraus darf man folgern, daß viele von diesen bescheideneren Gewächsen seit langem günstige Lebensbedingungen in Mitteleuropa gefunden haben und daß sie die Unbilden der Eiszeiten besser überdauerten als die hochwüchsigen Holzpflanzen. Die meisten der einjährigen Kräuter (Therophyten) und wahrscheinlich auch manche Rasenpflanzen sind allerdings erst durch den Menschen eingeschleppt worden und könnten sich unter natürlichen Verhältnissen in Mitteleuropa nicht behaupten. Die Lebensformen der in diesem Buch erwähnten Pflanzenarten sind im Register angegeben (Abschnitt E III).

Besonders gut sind die Hemikryptophyten an den Klimarhythmus Mitteleuropas angepaßt, indem ihre Erneuerungsknospen in unmittelbarer Nähe des Erdbodens, also in der Regel vom Schnee geschützt, überwintern. Bei manchen Arten, z. B. bei den Horstgräsern *(Hemikryptophyta cespitosa)*, werden die Knospen von vorjährigen Blättern so dick eingehüllt, daß sie eines Schneeschutzes kaum bedürfen. In milden Wintern bleiben ihre Blätter sogar ganz oder teilweise grün. Wie schon RAUNKIAER nachwies, machen Hemikryptophyten mehr als die Hälfte der mitteleuropäischen Gefäßpflanzenflora aus (s. Tab. 3). Er spricht deshalb von dem „Hemikryptophyten-Klima" Mitteleuropas, obwohl dieser florenstatistisch gewonnene Begriff zu falschen Vorstellungen über die natürliche Vegetation führen kann. Denn ökologisch betrachtet, haben nur manche Steppen und Hochgebirgslagen ein Hemikryptophyten-Klima. Trotzdem darf man diese Lebensformengruppe als bezeichnend für die Vegetation Mitteleuropas ansehen, zumal sie heute in den Wiesen und Weiden und in manchen ebenfalls von Menschen geschaffenen Heiden großflächig vorherrscht.

Am besten von allen Lebensformen schützen sich die in der Erde überdauernden Geophyten gegen Winterkälte und Sommertrockenheit. Sie sind deshalb in den kontinentalen Steppen und im Mediterrangebiet häufig. In Mitteleuropa können sie sich nur dort ausbreiten, wo ihnen Hemikryptophyten mit ihrer in der Regel viel längeren Blattandauer nicht überlegen sind. Das ist vor allem in Laubwäldern auf fruchtbaren Böden der Fall, wo ein dichtes Blätterdach im Sommer allen Unterwuchs durch seinen Schatten behindert. Im Frühjahr dagegen kann das Licht lange und stark genug auf den Boden dringen, um raschwüchsigen Geophyten mit niedrigem Temperaturoptimum ihre volle Entwicklung zu ermöglichen (Abb. 113). Unter natürlichen Verhältnissen würden solche Wald-Geophyten in Mitteleuropa häufig vorkommen. Heute treten sie zurück, weil die fruchtbaren Böden großenteils entwaldet wurden, und weil die Wälder auf ärmeren Böden lichter und deshalb meistens reicher an Hemikryptophyten sind.

Eine verhältnismäßig geringe Rolle in der mitteleuropäischen Flora spielen die Chamaephyten, d. h. Zwergsträucher (2,7%) oder Kräuter (6,1%), deren Knospen zwar selten höher als 25 cm über dem Erdboden liegen, aber doch frei der Winterkälte und -trockenheit ausgesetzt sind, falls sie keinen Schneeschutz genießen. Daher sind sie einerseits in schneereichen Berglagen und andererseits in wintermilden atlantischen Gebieten stärker entwickelt als im eigentlichen Mitteleuropa. Besonders gilt dies von einigen Ericaceen wie *Calluna vulgaris* oder *Erica tetralix*, die ihre Knospen kaum verhüllen und obendrein immergrüne Blätter haben, also gegen Frosttrocknis empfindlich sind.

In der Kulturlandschaft Mitteleuropas bedecken heute kurzlebige Pflanzen (Therophyten, 17,4% der Flora) die größten Flächen, obgleich sie unter natürlichen Verhältnissen kaum irgendwo hervortreten und in manchen Formationen gänzlich fehlen würden. Sowohl unsere meisten Feldfrüchte als auch viele ihrer lästigen Begleiter stammen aus Steppen oder Halbwüsten mit waldfeindlichen Klimaten.

Auf die übrigen Lebensformen, insbesondere auf diejenigen der Kryptogamen, wollen wir erst bei der Besprechung bestimmter Pflanzengesellschaften eingehen. Lediglich eine für die mitteleuropäischen Wälder allgemein charakteristische Tatsache sei schon hier hervorgehoben: An den auf Baumästen und Stämmen haftenden Epiphyten-Gemeinschaften beteiligen sich niemals Gefäßpflanzen, sondern stets nur niedere Pflanzen, namentlich Krusten- und Blattflechten sowie einige Protococcalen (Luftalgen). Höhere Pflanzen ertragen die epiphytische Lebensweise nur in den frostfreien und mindestens während eines halben Jahres sehr luftfeuchten Klimaten der subtropischen und tropischen Montanstufe sowie mancher tropischer Niederungen.

Zusammenfassend sei festgehalten, daß das Klima Mitteleuropas Wälder aus sommergrünen Bäumen begünstigt, die keine Gefäß-Epiphyten tragen und deren Unterwuchs vorwiegend aus frühlingsgrünen Geophyten oder sommergrünen bis teilimmergrünen Hemikryptophyten gebildet wird, während Chamaephyten zurücktreten.

b Innere Rhythmen

Wie schon DIELS (1918) durch Überwinterungskulturen im Gewächshaus bewiesen hat, entspricht der winterlichen Ruheperiode bei den meisten Pflanzen unserer Flora ein „innerer" Rhythmus. Auch wenn sie nicht durch Kälte (oder Trockenheit) gezwungen werden, verlieren sie ihre Blätter alljährlich und lassen sich einige Wochen oder Monate lang nur schwer bewegen, wieder auszutreiben. Besonders schwierig ist es, die Winterruhe der Buche vorzeitig zu brechen; sie ist also ein echter Vertreter des mitteleuropäischen Klimabereichs. Aber auch die meisten anderen laubwechselnden Holzarten und zahlreiche krautige Pflanzen haben eine autonome Ruheperiode, die durch den Klimarhythmus nur reguliert, aber nicht verursacht wird (V. u. I. KÁRPÁTI 1961).

Bei den krautigen ausdauernden Laubwaldpflanzen unterscheidet DIELS drei Typen von wesentlich verschiedener rhythmischer Beschaffenheit:
1. periodische Arten mit harmonischer, endogener Ruhezeit *(Polygonatum-Typ)*,
2. Periodische Arten mit teilweise erzwungener Ruhezeit *(Leucojum-Typ)* und
3. aperiodische Arten mit gänzlich erzwungener Ruhezeit *(Galium odoratum-Typ)*.

Zu der letzten Gruppe gehören Arten mit tropischer oder subtropischer Verwandtschaft, die keine speichernden Organe ausbilden und im Gewächshaus jahrelang ununterbrochen weitergrünen, z. B. *Mercurialis perennis* und andere Euphorbiaceen, sowie *Galium*-Arten und andere Rubiaceen.

Die Vertreter des *Leucojum*-Typs sind großenteils Zwiebel- oder Knollengeophyten, die aus dem winterlichen Mediterrangebiet stammen, wie *Gagea, Scilla* und *Arum,* vor allem aber viele Liliaceen, Amaryllidaceen und Orchidaceen. Sie machen im Gewächshaus nur eine Ruheperiode von wenigen Wochen durch, um dann erneut auszutreiben.

Die meisten Laubwaldpflanzen mit speichernden Rhizomen oder anderen Organen gehören dagegen zum *Polygonatum*-Typ, dessen Ruheperiode im Gewächshaus nur unwesentlich verkürzt werden kann. Es handelt sich vor allem um Arten mit mitteleuropäischer oder eurasischer Verbreitung und holarktischer Verwandtschaft, wie *Anemone nemorosa, Convallaria, Corydalis* und *Dentaria.*

Auf fruchtbaren Böden kommen in unseren Laubwäldern Angehörige aller drei Gruppen gemeinsam vor, ohne daß man sagen könnte, eine von ihnen sei besonders konkurrenzfähig.

Wahrscheinlich ist die mit den Jahreszeiten wechselnde Tageslänge eine der Außenbedingungen, von denen der Entwicklungsrhythmus vieler Arten beeinflußt oder gesteuert wird. Das gilt auch für den sehr ausgeprägten Jahresgang der Frostresistenz, auf den wir in den Abschnitten B III 3 und B IV 4 zurückkommen werden.

c Morphologisch-anatomischer Bau

Neben dem Entwicklungsrhythmus der Pflanzenarten gibt auch ihr morphologisch-anatomischer Bau allgemeine Aufschlüsse über die Lebensbedingungen in Mitteleuropa (ELLENBERG 1974). Wie aus Tab. 4 hervorgeht, herrschen mesomorphe Arten bei weitem vor, d. h. Planzen, deren Bau keine besonderen Anpassungsmerkmale aufweist.

Zartblättrige, hygromorphe Arten (z. B. *Oxalis* oder manche Farne), die bei geringer Luftfeuchte rasch vertrocknen und deshalb auf Halbschatten oder Schatten angewiesen sind, machen nur 8,5% der Gesamtflora aus.

Noch seltener sind mehr oder minder sukkulente Arten, die in ihren Blättern Wasser speichern und damit Trockenzeiten überdauern. Da sie nur langsam wachsen, werden sie von den meisten Arten der mitteleuropäischen Flora rasch überschattet und vermögen sich nur an seltenen Extremstandorten zu halten, beispielsweise die *Sedum*- und *Sempervivum*-Arten.

Zeitweilig trockene Standorte werden in Mitteleuropa in erster Linie von skleromorphen (mehr oder minder versteiften) Arten besiedelt, die ihre Transpiration bei Wassermangel stärker als andere einschränken können, weil sie eine dicke Kutikula und eine kräftige Epidermis besitzen. In Zeiten ausreichender Wasserversorgung erlauben ihre zahlreichen Spaltöffnungen jedoch einen lebhaften Gaswechsel, wobei der unvermeidliche Wasserverlust durch ein leistungsfähiges Blattadernetz und kräftige Leitbündel sowie durch ein relativ ausgedehntes Wurzelwerk wettgemacht wird. Skleromorph gebaute Gefäßpflanzen (wie *Bromus erectus*, *Carlina*-Arten und die meisten Immergrünen) beteiligen sich mit fast 20% an der Gesamtflora. Bei manchen Pflanzen der Hochmoore und anderer nährstoffarmer Standorte handelt es sich wohl meistens um Peinomorphe (d.h. hungerbedingt Skleromorphe; s. Abschnitt C III 4a). Zahlreiche Arten stehen hinsichtlich ihres Baues zwischen Mesomorphen und Skleromorphen, wie überhaupt die Grenzen der hier besprochenen Gruppen fließend und schon durch kleinräumige Standorts-Unterschiede verschiebbar sind.

Auch zwischen Skleromorphen und Helomorphen, d. h. an das Leben an sumpfigen Standorten angepaßten Arten, bestehen alle Übergänge. Gemeinsam sind den letzteren mehr oder minder große, lufterfüllte Hohlräume in den unterirdischen Organen (sog. Lakunen, Aerenchym). Über 13% der Gefäßpflanzen Mitteleuropas, insbesondere viele Cyperaceen und Gräser, zeigen dieses Merkmal ständig, andere nur in sauerstoffarmem Substrat oder niemals.

Tab. 4. Spektrum des anatomisch-morphologischen Baus von 1760 Gefäßpflanzenarten Mitteleuropas.
Berechnet nach Angaben von Ellenberg (1974); in Prozent der Gesamtzahl

1,6	su	blattsukkulente	21,1	an zeitweilige **Trockenheit** angepaßte
19,5	sk	skleromorphe		
53,5	m	mesomorphe	53,5	„normal" gebaute (zwischen sk und hg stehende)
8,5	hg	hygromorphe	8,5	**zart** gebaute, leicht vertrocknende
13,1	he	helomorphe	16,9	an **Nässe** bzw. Leben im Wasser angepaßte
3,8	hd	hydromorphe		

Am stärksten ist das Aerenchym bei <u>Hydromorphen</u> (Wasserpflanzen) ausgebildet, deren Organe lange Zeit oder dauernd unter Wasser leben, beispielsweise bei See- oder Teichrosen *(Nymphaea, Nuphar)*, Laichkräutern *(Potamogeton)* oder Tausendblatt *(Myriophyllum)*.

II Entstehung der heutigen Pflanzendecke unter Einfluß des Menschen

1 Die Vegetation Mitteleuropas als Ergebnis jahrtausendelanger Geschichte

Das Bild der natürlichen Vegetation Mitteleuropas, insbesondere seiner Wälder, wurde absichtlich bisher nur so weit ausgeführt, wie sich heute alle Autoren darüber einig sind. Ihre Meinungen weichen bereits auseinander, wenn wir sie nach dem Grad der Waldfreiheit bestimmter Trockengebiete, Heiden und Moore oder gar nach dem Mischungsverhältnis verschiedener Baumarten befragen, und würden sich bei Einzelzügen im Artenmosaik der Pflanzengesellschaften überhaupt nicht mehr decken. Dies liegt nicht zuletzt daran, daß Mitteleuropa eine <u>alte Kulturlandschaft</u> ist, und daß hier buchstäblich kein Fleckchen unverändert seinen Naturzustand bewahren konnte.

Menschenwerk sind nicht nur die scharfen Grenzen zwischen Kunstforsten, Weiden, Wiesen und Äckern, die heute für Mitteleuropa so charakteristisch sind (Abb. 7). Auch dort, wo man an das Walten reiner Naturkräfte glauben möchte, hatte der Mensch seine Hand oft im Spiele. Viele sogenannte „Urwälder", z. B. der Neuenburger Urwald und der Hasbruch bei Bremen, zeigen Spuren ehemaliger Nutzung. Gerade ihre knorrigen, weitausladenden Baumgestalten, die uns so urwüchsig anmuten, erwiesen sich als Folgen früherer Beweidung mit Rindern, Pferden und Schweinen, die das Unterholz vernichteten und den Wald lockerten (Abb. 8 u. 9). Seit man diese Bestände schont, schießen dicht an dicht Schatthölzer in die Höhe und übergipfeln die breitkronigen

Abb. 7. Heutige Kulturlandschaft Mitteleuropas: Blick vom Schwäbischen Wald in die Hohenloher Ebene bei Schwäb. Hall. Im Vordergrund Tannen-Buchenwald, Kahlschlag und Fichtenforst. Im Mittelgrund kleine Dörfer und einzelne Höfe mit Obstwiesen, Äckern und Grünland. Rechts Erlen an einem Bachlauf, die in ihrer parkartigen Verteilung an die mittelalterliche Weidelandschaft erinnern.

Eichen und Altbuchen. Im Hinblick auf die Baumformen geben die schlankstämmigen, durch Konkurrenz emporgetriebenen Hochwälder der modernen Forstwirtschaft wahrscheinlich eine besser zutreffende Vorstellung von der Natur mitteleuropäischer Wälder als solche vermeintlichen Urwälder und andere unter Naturschutz stehende ehemalige Weidewälder.

Abb. 8. Urtümlich anmutender Eichen-Weidewald nahe der Sababurg nördlich Kassel vor etwa 50 Jahren. Auf den offenen Flächen sind inzwischen Büsche und Bäume hochgekommen, soweit sie nicht öfters gemäht wurden. Phot. HUECK.

Abb. 9. Gemischte Viehherde beim Weiden in einem Fichten-Kiefernwald westlich von Narva. Nahezu alle Wälder Mitteleuropas, auch Laubwälder, wurden früher in gleicher Weise genutzt und teilweise noch rascher gelichtet.

Mit der Vegetation änderten sich unter dem Einfluß des Menschen auch die von ihr besiedelten Böden und das von ihr abhängige Kleinklima, so daß wir heute gar nicht mehr die ursprünglichen Standorte vor uns haben. Schon allein aus diesem Grunde ist eine einwandfreie Rekonstruktion der „Urlandschaft", in die einst die ersten Siedler einzogen, heute kaum noch möglich. Sie ist es umso weniger, als der Beginn des menschlichen Einwirkens in den einzelnen Gegenden Mitteleuropas zeitlich verschieden liegt und nirgends mehr genau festgestellt werden kann.

Bereits unmittelbar nach dem Rückzuge des Inlandeises sind Jäger erschienen, die aber wohl noch nirgends nachhaltig in das Kräftespiel der wieder einwandernden Waldpflanzen eingegriffen haben. Mit stärkeren Einflüssen müssen wir erst seit dem Ende der mittleren Steinzeit rechnen, als die Besiedlung dichter und die Wirtschaftsweise bäuerlich wurde (JANKUHN 1969). Während der jüngeren Steinzeit (etwa 4500 bis 1800 v.Chr., s. Abb. 10) waren z.B. in Nordwestdeutschland und in einigen Lößgebieten Mittel- und Süddeutschlands schon zahlreiche Bauern ansässig. Sie trieben Ackerbau und züchteten Rinder, Schweine, Schafe, Ziegen und ab etwa 2000 v.Chr. auch Pferde. Sehr wahrscheinlich ließen sie ihr Vieh frei in den Wäldern der Umgebung weiden, wie dies noch heute in extensiv bewirtschafteten Gegenden der Erde, z.B. auf der Balkanhalbinsel, vorkommt und im Mittelalter nahezu allgemein in Europa üblich war (s. Abschnitt 2 u. Abb. 9). Auch das absichtlich oder ungewollt auf Baumbestände übergreifende Abbrennen von Weideflächen und das Roden mit Hilfe von Feuer dürfte schon früh zur Vernichtung von Wäldern beigetragen haben, besonders in den zeitweilig sehr trockenen und windigen Föhntälern der Alpen (GRABHERR 1934 u. 1936, WINKLER 1943) und in den niederschlagsarmen Nadelholzgebieten des Nordostens (KUJALA 1926). Natürliche Waldbrände sind in Mitteleuropa nach BAUMGARTNER u. Mitarb. (1967) im Gegensatz zu Fennoskandien und Nordamerika äußerst selten. Durch Blitz ausgelöste machen z.B. in Bayern heute nur 1% aus, in Finnland dagegen 69% und in den USA 12%.

Im Laufe der Bronze- und Eisenzeit vergrößerte sich der waldfrei gehaltene Siedlungsraum nicht sehr beträchtlich, griff aber hier und dort auf schwerere Böden über. Die mit Eisen verstärkte Pflugschar erschloß immer mehr Ackerland, wenn auch nach HERZ (1962) der Holzpflug in manchen Gegenden noch bis vor 200 Jahren benutzt wurde. Zu nasse Flächen verstand man bereits durch Netze von Gräben zu entwässern. Mit Sicheln konnte man nicht nur das Getreide besser ernten, sondern auch Grasland schneiden, und die ersten, noch einschürigen Wiesen sind wohl in der Eisenzeit entstanden.

In den dicht besetzten Altsiedel-Landschaften Mitteleuropas mag bereits um Christi Geburt kein Waldstück mehr bestanden haben, das nicht gelegentlich vom Menschen und seinem Vieh durchstreift wurde. Zwischen den mehr oder minder offenen Gebieten dehnten sich aber immer noch riesige, geschlossene Waldungen. Besonders intensiv waren damals die von den Römern besetzten Landstriche durchsiedelt. Spuren ihrer Gutshöfe findet man heute, z.B. westlich von Stuttgart, nicht selten inmitten ganz „natürlich" aussehender Bauernwälder. Aber auch in den außerrömischen Teilen Mitteleuropas, besonders in Gegenden mit sandigen Böden, war der Ackerbau stellenweise weiter verbreitet als heute. Davon zeugen die schmalen, stark gewölbten Beete eisenzeitlicher und germanischer Hochäcker, auf die man überraschend oft in abgelegenen Wäldern oder Heiden stößt, z.B. im Knyphauser Wald (nördliches Oldenburg), auf der ostfriesischen Geest, in den Buchenwäldern der Umgebung von Göttingen und auf der Münchener Schotterebene.

Manche alten Kulturflächen dürfte der Wald bereits während der Völkerwanderung

Die Vegetation Mitteleuropas als Ergebnis jahrtausendelanger Geschichte

zurückerobert haben. Doch bedeuteten diese bewegten Jahrhunderte im allgemeinen nur eine kurze Erholungspause für die naturnahe Vegetation. Denn nun begannen die planmäßigen Erschließungen des Mittelalters. Entschieden stießen Neusiedler in die großen Waldungen vor, die bis dahin höchstens randlich durch Weidebetrieb beeinflußt waren, und begannen mit deren Zerstörung. Bald erschienen Rinderherden auf den höchsten Gipfeln der Mittelgebirge, z.B. auf dem Feldberg im Schwarzwald, und lichteten den Wald besonders rasch dort, wo er ohnehin mit Wind und Kälte zu kämpfen hatte.

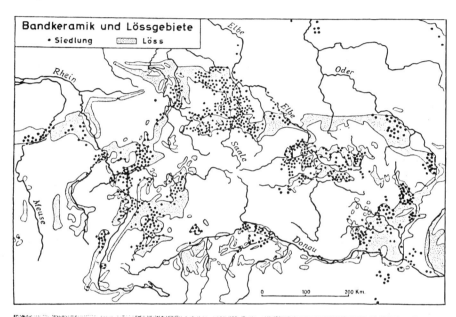

Abb. 10. In der jüngeren Steinzeit konzentrierte sich die bäuerliche Besiedlung und Waldzerstörung auf Tieflagen mit Löß- oder Sandböden (im Norden).
Oben: Flächen mit mächtigem Löß und Siedlungen der jungsteinzeitlichen Bandkeramik in Mitteleuropa. Nach CLARK aus JANKUHN (1969), etwas verändert.
Unten: Rekonstruktion eines bandkeramischen Dorfes (vor etwa 4000 Jahren) bei Geleen in den südlichen Niederlanden. Nach WATERBOLK aus JANKUHN (1969). Die umgebenden Wälder sind durch Beweidung gelockert.

Ihr größtes Ausmaß erreichte die Waldverwüstung in der Neuzeit, als Industrien das Kohlenbrennen förderten und dafür Buchenholz bevorzugten, und als Bergwerke, Salinen und Glashütten heute kaum mehr vorstellbare Massen von Holz verfeuerten (s. z. B. Winkler 1933, Grossmann 1934 u. Aust 1937). Sogar der Pottaschebedarf der Glashütten wurde durch das „Aschenbrennen" aus dem Walde gedeckt. Etwa zur gleichen Zeit entwickelte sich jedoch eine geordnete Forstwirtschaft, die viele früher verödete Flächen wieder mit Bäumen bepflanzte und die bäuerlichen Waldnutzungsformen nach und nach verdrängte. Da sie oft Nadelhölzer bevorzugte, wo von Natur aus Laubholz wachsen würde, schuf sie künstliche Bestände, die eine eigene Vegetationsentwicklung auslösten.

Schon dieser kurze Rückblick lehrt, daß es unmöglich ist, aus den heute vorgefundenen Pflanzengemeinschaften ohne weiteres auf den Naturzustand der Vegetation zu schließen. Vor allem aber zeigt er, daß es nicht genügt, die gegenwärtigen Wirtschaftsmethoden in Forst und Flur zu kennen, wenn man die heutige Vegetation kausal verstehen möchte. Zumindest im Hinblick auf die Wälder und Heiden, aber auch auf viele Grünlandflächen und Moore, ist es nötig, sich frühere Wirtschaftsweisen und ihre Auswirkungen stets vor Augen zu halten. Da sie im allgemeinen viel zu wenig bekannt sind, seien sie hier ausführlich behandelt. Erst danach werden wir wieder auf die natürliche Vegetation zurückkommen und versuchen, ein genaueres Bild von ihr zu entwerfen.

2 Wirkungen der extensiven Weide- und Holznutzung auf die Pflanzendecke

a Auflichtung und Zerstörung des Waldes

In Breitenwirkung und Andauer ist keine Maßnahme des Menschen mit der extensiven und den Wald einbeziehenden Weidewirtschaft zu vergleichen. Obwohl sie bis vor etwa 200 Jahren nahezu allgemein in Mitteleuropa herrschte und einst die Hauptnutzung des Waldes war, kann man sie heute nur noch an wenigen Stellen studieren (Grossmann 1927, Mathey 1900, Steen 1958, Mager 1961, Hesmer u. Schroeder 1963, Cate 1972).

Gute, wenn auch etwas einseitige Gelegenheiten dazu bieten vor allem die Naturschutzparke in der Lüneburger Heide und in den Niederlanden sowie einige Naturschutzgebiete in Mittel- und Süddeutschland, in denen man Schafherden für die Erhaltung des alten Landschaftszustandes sorgen läßt. Großviehhaltung auf mehr oder minder bewaldeten Gemeinweiden oder privaten Almen kann man noch an vielen Orten der Alpen kennenlernen (Abb. 11). Leider liegen diese aber fast alle in der Nadelwaldstufe und lassen sich nicht mit den typischen Laubwaldgebieten Mitteleuropas vergleichen. Wir müssen schon ins Baltikum (Abb. 9), in die östlichen Teile Polens, nach Jugoslawien oder in die Südalpen gehen, also Grenzbereiche der mitteleuropäischen Region aufsuchen, um eine richtige Vorstellung von der extensiven Weidewirtschaft in Laubmischwäldern zu gewinnen. Ergänzend können wir manche kleinen Waldabschnitte betrachten, die im norddeutschen Flachlande gelegentlich in umzäunte Grasweiden einbezogen wurden, z. B. im zentralen Banngebiet des Sachsenwaldes (Abb. 12).

Die vom Bauern und seinem Vieh ausgelöste Sukzession führt in allen Gebieten vom dichtgeschlossenen Walde über parkartige Stadien zu freier Trift, wobei der Boden in zunehmendem Maße mitverändert wird (Abb. 15).

Dringen Rinder, Pferde oder gar Schafe in einen bis dahin nicht beweideten Hochwald ein, der vorwiegend aus Schatthölzern besteht, so finden sie dort nur wenig

Abb. 11. Waldreste in einer von Natur aus waldbeherrschten Gebirgslandschaft. Fichtengruppen blieben nur an den steilsten und steinigsten Stellen der beweideten Abhänge erhalten, z.B. am Widderstein bei Schröcken im Kleinen Walsertal.

Abb. 12a. Ziegen (und Rinder) fressen gern Laubholz und klettern sogar an Bäumen empor. Zeichnung nach einer im Louvre ausgestellten gravierten Muschelschale, etwa 2500 v.Chr., Tello, Vorderasien; nat. Gr.
b. Weidewald im Banngebiet des Sachsenwaldes bei Hamburg. Links vom Zaun weiden Kühe; rechts davon konnten sich Jungbäume und Sträucher entwickeln, seit das Vieh ausgeschlossen wurde.

Nahrung. Sie können die Kronen der Bäume nicht erreichen, Unterholz ist meistens nur spärlich vorhanden, und der Boden bietet kaum Futter, zumal die Frühlingsgeophyten, die meisten Farne und viele andere typische Waldkräuter für Haustiere giftig oder ungenießbar sind (GRADMANN 1950). Sie irren suchend umher, bis sie an lichtere Stellen kommen, die ja auch im Naturwalde durch das Umstürzen überalterter Baumriesen entstehen können. Hier setzen sie den Jungbäumen und Sträuchern zu und vernichten fast alle Baumkeimlinge. Wälder, deren Baumschichten aus Eichen oder anderen Lichthölzern bestehen, sind in der Regel unterholzreicher und bieten dem Vieh daher von vornherein mehr Futter. Zunächst sind es aber auch hier Holzgewächse, die das weidende Vieh im Walde befrißt.

Wer nur die moderne Grünlandwirtschaft kennt, wird dies kaum für möglich halten. In manchen Gebirgen Europas, im westlichen Rußland oder in den Birkenwäldern des Nordens jedoch ist die Vorliebe des Viehes für junge Baumtriebe und knospenreiche Zweige durchaus bekannt. BROCKMANN-JEROSCH (1936) hat den „Futter- und Speiselaubbäumen" der Schweiz eine eigene Schrift gewidmet und schildert, wie man einst durch Schneiteln, d. h. durch wiederholtes Abschneiden beblätterter Schößlinge, einen wesentlichen Teil des Winterfutters für das Großvieh gewann (Abb. 13). An diese Sitte erinnert die Bezeichnung „Laube" für regengeschützte, aber luftoffene Vorbauten des Hauses, in denen das geschnittene Laub zum Trocknen aufgehängt wurde (BROCKMANN-JEROSCH 1936, GUYAN 1955). Nach TROELS-SMITH (1955) wurden wegen des geringen Nährwertes etwa 1000 Bündel Laubheu pro Kuh und Halbjahr benötigt. Zum Schneiteln eignet sich am besten die Esche, die nach LÜDI (1955) schon in der Bronzezeit das meiste Laubheu lieferte. Ihr wissenschaftlicher Name *Fraxinus* ist vom lateinischen frangere = brechen abgeleitet (GLÄSSER 1969). In vielen Alpentälern wird sie noch heute in alter Weise genutzt, weil man ihrem Laube eine diätetische Wirkung zuspricht. Die Ulmenarten waren ebenfalls sehr beliebt; außerdem wurden Birken, Linden, Ahorne, Haseln und viele andere Laubhölzer verwendet. Auch der Name der Hainbuche erinnert an frühere Zeiten; *Carpinus* konnte man rupfen (= carpere). Zu Streuezwecken schneitelte man in den Alpen auch Nadelhölzer, z.B. Fichten und Lärchen.

Abb. 13. Zum Gewinnen von „Laubheu" häufig geschneitelte Eschen *(Fraxinus excelsior)* bei Winklern in Kärnten vor etwa 50 Jahren. Die verkrüppelten Stämme sind von Moosen überwuchert. Phot. HUECK.

Buchen und Eichen dienten zwar selten als Laubheu, wurden aber zu allen Jahreszeiten vom weidenden Vieh befressen. Denn einstmals ließ man das Vieh möglichst auch den ganzen Winter über im Freien weiden, und dann war es vorwiegend auf die Knospen und jungen Zweige der Laubbäume und -sträucher angewiesen. Dadurch entstanden Verbißformen vieler Bäume, namentlich der Rotbuchen, wie wir sie auch heute noch in unseren Mittelgebirgen sehen können.

Ohne es zu wollen, traf der Mensch mit seinen Viehherden nach und nach eine Auslese unter den Bäumen zugunsten derjenigen Arten, die ungern oder gar nicht gefressen werden oder aber – wie Fichte und Kiefer – nur in den wenigen Wochen zu leiden haben, in denen ihre Triebe noch jung und harzfrei sind. Von den Nadelhölzern wird die Weißtanne am raschesten durch Verbiß ausgemerzt, weil sie nur an der Spitze neue Triebe bildet. Ihres giftigen und wohl auch unangenehm riechenden Laubes wegen meistens gemieden werden die in montanen und boreal-kontinentalen Lagen vorkommenden Grauerlen *(Alnus incana)*. Diese bilden noch heute in Weißrußland, Litauen, Lettland und Estland, aber stellenweise auch in den Alpen Reinbestände, die das Vieh selten berührt und die nachweislich aus ehemaligen Fichtenwäldern entstanden sind. Unter den Gymnospermen wird vor allem der Wacholder *(Juniperus communis)* von allen Vieharten verschont, weil sie seine spitzen Nadeln scheuen. Als „Weideunkraut" hat er sich sowohl auf armen Sandböden als auch auf Kalkböden weithin ausbreiten können, weil er zwar sehr lichtbedürftig, aber bodenvag ist (s. Abb. 18 und 27).

Während die Futterlaubbäume mehr und mehr verschwanden und in Siedlungsnähe schließlich als Schneitelhölzer gehegt und gepflanzt werden mußten, wurden Nichtfutterbäume relativ häufiger. Eine Zwischenstellung nahmen in Mitteleuropa die Eichen ein. Ihre Blätter und Zweige wurden zwar wegen ihres Gerbstoffgehaltes weniger gern gefressen als die der Buchen und anderer Großlaubbäume. Doch stellten ihren Früchten und Keimlingen die Schweine mit Vorliebe nach, die früher ebenfalls auf Waldweide getrieben wurden. In der Nähe der Dörfer mußte man deshalb im späteren Mittelalter Eichen anpflanzen, wenn man sich genügend Mastfutter für die Schweine sichern wollte. Kartoffeln, Rüben oder andere Futterfrüchte wurden damals ja noch nicht angebaut.

Schon zur Römerzeit unterschied man nach GROSSMANN (1927) „silvae glandiferae", d.h. Wälder, in denen Schweine mit Eicheln und Bucheckern gemästet werden können, und „silvae vulgaris pascuae", also gewöhnliche Weidewälder. Dicht geschlossene Buchenhochwälder oder Eichenmischwälder eignen sich recht gut als Mastwälder. Doch sind lockere Bestände ergiebiger, weil sie fast jedes Jahr reichlich Samen ansetzen. Lichte Eichenhaine galten früher als Wälder von höchstem Werte, zumal sie auch das beste Bauholz lieferten.

In ihrer extensivsten Form schädigt die Waldweide lediglich den Jungwuchs der Bäume. Allein dadurch bewirkt sie jedoch mit der Zeit eine Auflichtung des Waldes, weil Lücken der Baumschicht nicht mehr geschlossen werden. Alle offenen Plätze aber bedeuten bessere Futteraussichten für das blattfressende Vieh. Denn hier können sich lichtbedürftige Kräuter und Gräser ansiedeln, von denen viele Arten einen größeren Nährwert besitzen als die eigentlichen Waldbegleiter. So ist den Hirten die Vergrasung sehr willkommen, und sie beschleunigen sie, wo sie nur können. In der Nähe der Siedlungen geschieht das ohnehin durch Schlagen von Bau- und Brennholz, zu dem jeder an der „Gemeinen Mark" Beteiligte uneingeschränkt berechtigt ist. Solange der Wald noch vorherrscht und keine Holzknappheit droht, hilft man in entfernteren Bezirken wohl auch durch Ringeln der Bäume (d.h. Unterbrechen des Assimilatstro-

42   Entstehung der heutigen Pflanzendecke unter Einfluß des Menschen

mes zu den Wurzeln, was nach wenigen Jahren zum Absterben führt) sowie durch Brennen nach, so daß sich die Landschaft bald an vielen Orten parkartig lichtet. Die verbleibenden Bäume nehmen breite Kronenformen an und beasten sich oft bis herab zum Erdboden (Abb. 8). Alle vom Vieh gern befressenen Bäume freilich erscheinen in einer durch die Reichweite der Tiere bestimmten Höhe parallel zur Bodenoberfläche wie abgeschoren (Abb. 27a). Die ursprünglichen Waldpflanzen müssen in den Schatten solcher Restbäume zurückweichen und alle stärker belichteten Flächen den Hemikryptophyten und Chamaephyten der Weiden und Heiden überlassen. Nach und nach breiten sich die Pflanzengemeinschaften des Freilandes immer mehr aus, bis sie auf großen Flächen zu Alleinherrschern werden (s. Abb. 26 und 27).

Die Geschwindigkeit, mit der die Waldzerstörung voranschreitet, ist in erster Linie von der Intensität abhängig, mit der Weide, Brand und Holzschlag betrieben werden. In der Regel sinkt sie mit zunehmender Entfernung von der Siedlung, doch spielt es auch eine Rolle, ob der betreffende Waldteil bequem zugänglich ist oder nicht. Steile oder sehr steinige Hänge bleiben oft beträchtlich länger bewaldet als ebene Lagen (Abb. 11), und man findet dort stellenweise noch heute urwaldartige Reste, z.B. den Rotwald bei Lunz oder die Derborance im Wallis. Endlich spricht die Widerstandskraft der Baumarten mit, die spezifisch verschieden ist und die bei gleicher Art von den jeweiligen Standortsbedingungen abhängt. Auf trockenen und mageren Böden stokkende Wälder vergrasen oder verheiden meistens rascher als solche auf fruchtbaren Böden mit günstigem Wasserhaushalt.

Je nach dem Grad und der Dauer des menschlichen Einflusses und je nach den Standortverhältnissen wechseln also in extensiv beweideten Gegenden offene Triften mit gebuschten oder parkartigen Strichen, gelockerten Baumbeständen und eigentlichen Wäldern ab (Abb. 7 u. 14). Stellen wir uns nun noch hier und dort ein Dorf oder eine Gehöftgruppe sowie Äcker und Gärten vor, die durch Hecken, Mauern oder

Abb. 14. Parkartige Weidelandschaft nördlich des Vierwaldstättersees bei Küßnacht vor etwa 150 Jahren. Kolorierte Umrißradierung von Peter Birmann im Kupferstichkabinett Basel. Bäume und Büsche hielten sich in ebenen Lagen nur im Schutze von Steinblöcken oder an nassen Stellen.

Zäune gegen das frei umherschweifende Vieh geschützt sind, so haben wir ein allgemeines Bild Mitteleuropas vor uns, wie es mehr als zwei Jahrtausende hindurch gültig war.

Besser als die wenigen im Gelände noch erhaltenen Reste erinnern an diesen alten Landschaftszustand zahlreiche Gemälde und Graphiken aus früheren Jahrhunderten. Auf den Bildern der Romantiker kehren die einsamen Heiden und die gedrungenen Baumgestalten der Allmendweiden, einzeln oder zu Gruppen vereinigt, häufig wieder, weil sie als Ausdruck ungekünstelter Natur galten. In Form des „Englischen Parks" bestimmte dieses Naturideal auch den europäischen Gartengeschmack vieler Jahrzehnte. Auf Bildern der Zeichner und Maler jener Epoche fehlen als Staffage selten die Viehherden und Hirten, die unbewußten Schöpfer solcher landschaftlichen Reize (Abb. 14). Viele Jagdbilder mit bunt daherstürmenden Reitern und Hunden geben uns zugleich einen Begriff von der Offenheit damaliger „Wälder" und von der Weiträumigkeit dieser extensiv genutzten einstigen Kulturlandschaft (s. auch Abb. 15).

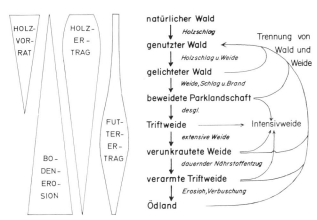

Abb. 15. Extensive Holz- und Weidewirtschaft schaden nicht nur dem Wald, sondern auch seinem Boden, der durch Nährstoffentzug und gesteigerte Erosion zunehmend verarmt. Die Trennung von Wald und Weide, die heute in Mitteleuropa fast überall vollzogen ist, führt wieder zu höherem Holzertrag und ermöglicht zugleich intensivere, ertragreichere Bewirtschaftung des Grünlandes.

b Ausbreitung von Weideunkräutern

Die durch die frühere Vieh- und Holzwirtschaft ausgelöste Vegetations- und Landschaftsentwicklung hört keineswegs bei der Vergrasung oder Verheidung ehemals vom Wald bestandener Flächen auf. Schon in den parkartigen Stadien begünstigt das Vieh die Ausbreitung oder Neuansiedlung von „Weideunkräutern", von denen bisher nur einige Bäume und der Wacholder genannt wurden. Auf ausreichend basenhaltigen Böden ist die Schlehe (*Prunus spinosa*, Abb. 16) ein noch lästigeres Weideunkraut als *Juniperus*. Denn sie vermag sich durch Wurzelschößlinge nach allen Seiten auszubreiten und ist durch ihre kräftigen Sproßdornen selbst gegen die sehr zudringlichen Schafe und Ziegen genügend geschützt, um sich allmählich durchsetzen zu können. Rosen, Weißdorn und andere bestachelte oder bedornte Sträucher werden von den Hirten weniger gefürchtet. Unter den bewehrten Zwergsträuchern der mitteleuropäischen Flora sind *Ononis spinosa, Genista germanica* und *G. anglica* als Beispiele zu nennen,

Abb. 16. Infolge extensiver Schafweide mit Schlehen verbuschter Halbtrockenrasen auf flachgründigem Kalkboden bei Mönsheim, Krs. Leonberg. Die Eichen im Hintergrund wurden als Bauholz geschont.

unter den Kräutern die meisten Distelarten *(Cirsium, Carduus, Carlina)* und die Gattung *Eryngium*.

Doch können auch viele unbestachelte Kräuter als Weideunkräuter auftreten, weil sie ätherische Öle oder andere dem Vieh unangenehme Stoffe enthalten. Zu ersteren gehören beispielsweise Labiaten, wie die *Thymus-, Teucrium-* und *Mentha*-Arten, zu den letzteren die meisten Ranunculaceen, Euphorbiaceen, Gentianaceen und Liliaceen. Manche Gräser und grasartige Pflanzen werden nur deshalb vom Vieh verschmäht, weil sie zeitweilig oder dauernd zu hart oder aber zu wenig schmackhaft sind. Diese zahlenmäßig stärkste Gruppe umfaßt viele Binsen- und Seggenarten *(Juncus, Carex* u. a.) sowie das Borstgras *(Nardus stricta)*, ein besonders auf den Alpenweiden sehr gefürchtetes Unkraut. Farne und Moose haben sämtlich als Weideunkräuter zu gelten; doch sind nur die hochwüchsigen Farne lästig, vor allem der Adlerfarn *(Pteridium aquilinum)*.

Wie zuerst KLAPP (1938, 1957/58) klar erkannt hat, wird die Selektion zugunsten der Weideunkräuter durch „Unterbeweidung" gefördert, d. h. dadurch, daß zumindest bei Beginn des Weideganges mehr Futter vorhanden ist, als die Herden benötigen. Wenn das Vieh dagegen – wie in der modernen Umtriebsweide – durch Futtermangel von vornherein gezwungen wird, alles nur irgendwie Genießbare abzufressen, verbeißt oder zertritt es auch die weniger beliebten Arten (Abb. 28).

Bei extensivem Weidebetrieb herrscht stets Unterbeweidung, besonders in Zeiten geringerer Siedlungsdichte. Am raschesten breiten sich die Weideunkräuter aus, wenn die Zahl der Weidetiere vorübergehend abnimmt, wie das als Folge von Kriegen, Seuchen, Wirtschaftskrisen oder Wanderungen früher nicht selten der Fall war. Denn nun kann ja das verbleibende Vieh noch freier wählen, und die Hirten sind weniger als sonst darauf bedacht, die Unkräuter durch Schlagen und Brennen kurz zu halten.

c *Bodenverschlechterung infolge extensiver Wirtschaft*

Durch fortschreitende Verunkrautung wurden die Allmendweiden im Laufe der Jahrhunderte immer futterärmer. Ihre Ergiebigkeit verringerte sich aber außerdem durch die auf den waldfreien Flächen eintretende Verschlechterung des Bodens. Da auch dieser Vorgang von großem Einfluß auf die heutigen Vegetationsverhältnisse in Mitteleuropa war, wollen wir ihn ebenfalls ausführlich behandeln. Wir müssen dabei geneigte und ebene Böden getrennt betrachten.

In hängigem Gelände wird durch Auflichtung der Wälder und durch den Tritt des Viehs die Bodenerosion verstärkt und stellenweise verhängnisvoll beschleunigt. Vom Vieh öfters begangene Hänge kann man schon von weitem an einer charakteristischen Form der Bodenzerstörung erkennen. Herdentiere pflegen an Hängen etwa in Höhenlinie hintereinander auf Pfaden zu laufen, die sie selber austreten. Da sie sich dabei entweder etwas aufwärts oder abwärts bewegen, entsteht schon nach wenigen Jahrzehnten ein spitzwinkliges Netzwerk von solchen Viehsteigen. In Fallinie betrachtet, ergeben die Pfade ein treppenartiges Profil und werden deshalb auch als „Viehtreppen" bezeichnet (Abb. 17).

Abb. 17. Das Netz der treppenartigen Weidepfade an den Trockenrasen-Hängen des Kyffhäusers war vor etwa 50 Jahren noch deutlich erkennbar. Infolge von Verletzungen der Grasnarbe wurde der Zechsteingips bei Regengüssen stellenweise erodiert. Trotz zeitweiliger Trockenheit gedeihen Bäume und Büsche sowohl am Sonnhang als auch am Schatthang (vorn). Sie könnten hier fast überall einen – wenn auch stellenweise sehr lichten – Wald bilden. Phot. HUECK.

In den Alpen und manchen Mittelgebirgen sind heute noch ausgedehnte Hänge in der beschriebenen Weise gemustert. Doch fehlen Viehtreppen auch auf hängigen Weiden des übrigen Europa und anderer Erdteile nicht. Die Steige selbst sind oft pflanzenfrei und ihr Boden ist durch Tritt stark verdichtet. Bei Regengüssen läuft deshalb das meiste Wasser oberflächlich ab, nimmt überall Feinerde mit und vertieft die Pfade stellenweise zu Rinnen. Zwischen den Pfaden findet man in regelmäßigem Wechsel drei Kleinstandorte, auf denen sich mehr oder minder verschiedene Pflanzengemeinschaften bilden: Die Ränder der Steige sind relativ feucht, aber stark betreten; ihre Außenkanten trocknen am stärksten aus, werden aber seltener befressen als die ebenfalls kaum betretenen „normalen" Hangstücke.

In ebener Lage sieht man den meisten Böden ihre durch den Weidebetrieb erlittenen Veränderungen oberflächlich kaum an, obwohl diese nicht weniger nachhaltig zu sein brauchen. Sobald Waldböden vergrasen oder verheiden und den Regenfällen stärker ausgesetzt sind als zuvor, wird nämlich die Auswaschung von leicht löslichen Salzen und von Kalk beschleunigt. Auf Böden, die von vornherein kalkarm waren oder stark ausgelaugt wurden, siedeln sich Pflanzengemeinschaften wie die *Calluna*-Heiden an (Abb. 18), aus deren Streu sich ein saurer Rohhumus bildet. Dieser bewirkt eine Podsolierung, d. h. eine fortschreitende Tonzerstörung und Mineralstoffverarmung im Oberboden (s. Abschnitt D II 3 a). Extrem versauerte Podsole entstanden vor allem auf den verheideten Sandflächen des Altdiluviums, die von Dänemark über Nordwestdeutschland bis nach Belgien hinein verbreitet sind und schon sehr früh besiedelt wurden. Wie Tüxen (1933, 1957) nachwies, findet man unter den Bleichsand- und Orterde-Horizonten solcher Heidepodsole aber noch Reste der einstigen, kaum podsolierten Waldböden, kann also ihre Geschichte unmittelbar am Profilschnitt ablesen.

Die außerordentlich starke Verarmung der Heidepodsole und vieler Rasenböden in Mitteleuropa ist aber nicht allein die Folge der nur mittelbar vom Menschen veranlaß-

Abb. 18. Schnuckenherden weiden wieder auf der trockenen Sandheide im Naturschutzgebiet bei Wilsede. Im Hintergrund Wacholder, die im Gegensatz zu anderen Holzarten von den Schafen kaum verbissen werden.

ten Weiterentwicklung der Böden. Sie ist vor allem das Ergebnis seiner unmittelbaren Eingriffe in ihren Stoffhaushalt. Nachweislich seit der Eisenzeit, wahrscheinlich aber auch schon vorher, entfernten die Bauern aus Wäldern und Heiden einen Teil der Bestandesabfälle, um damit ihre Äcker zu düngen. Durch dieses „Streurechen" oder „Plaggenhauen" entzogen sie dem natürlichen Kreisläufe viel mehr Mineralstoffe als durch bloße Holzentnahme (Abb. 19) und trugen dadurch mehr zur Entbasung des Bodens bei als die Niederschläge. In der Regel brachten sie die auf der Allmende gewonnenen Pflanzen- und Humusmassen nicht sogleich auf den Acker, sondern benutzten sie zunächst als Streu für das Vieh, das sie einzupferchen und seit der Eisenzeit während des Winters in Gebäuden oder doch unter Dächern aufzustallen pflegten.

Abb. 19. So wurden bis vor etwa 50 Jahren in der Lüneburger Heide „Plaggen" (Placken, Heidesoden) gehauen. Phot. BACKHAUS.
Mit einer besonderen Hacke (und einer kleinen Harke) löste man den Zwergstrauchbestand samt Streu- und Rohhumusdecke und einem Teil des Bleichsandes ab. Die Plaggen stapelte man auf dem Hof und verwendete sie in erster Linie als Stallstreu während des Winters. Da der Plaggenhieb etwa alle 15–20 Jahre wiederholt wurde, verhinderte er das Aufkommen von Büschen und Bäumen und bewahrte die Heidesträucher vor Überalterung.

Mit der Streu wird dem Walde vor allem Stickstoff entzogen, wie schon HORNSBERGER (1905) klar erkannt hat und ONNO (1969) durch Streunutzungs-Versuche im Wiener Wald zeigte (s. Tab. 5). EHWALD (1957) berechnete, daß der Stickstoffentzug durch Streunutzung dem einer halben bis vollen Roggenernte gleichkommt. Nach WITTICH (1951, 1954) werden außerdem die für die Fruchtbarkeit so wichtigen Bodenorganismen vermindert, denen in erster Linie die frische Substanz und weniger der ältere Humus als Energiequelle dient. Infolgedessen sinkt die Wuchsleistung des Waldes beträchtlich (Abb. 20).

Extensiv beweidete Wälder, Rasen und Heiden leiden jedoch auch ohne Mitwirkung des Ackerbaus unter unablässigem Stoffentzug, nur daß dieser nicht so offensicht-

Tab. 5. **Nährstoff-Entzug durch einmalige Laubstreu-Nutzung im Wienerwald.**
Nach Untersuchungen von Onno (1969); Mittelwerte von je 5 Proben, auf kg/ha umgerechnet

Waldgesellschaft und Baumarten	Entzug an Nährstoffen (in kg/ha)					Entzug an trockener Streu (kg/ha)
	N	P_2O_5	K_2O	CaO	MgO	
Querco-Carpinetum[1])						
Trauben- u. Zerreiche, Hainbuche	42	5	13	100	13	3570
Buche u. Fichte	71	15	34	174	36	6830
Querco-Carpinetum luzuletosum[2])						
Eichen, Hainb., Kastanie, Tanne	30	4	9	98	14	3800
Abieti-Fagetum						
Buche	60	4	18	151	29	5830
Buche, Hainbuche, Schwarzkiefer	60	7	15	143	21	7350

[1]) „*Primula-Galium odoratum*-Typ", auf relativ fruchtbarem Standort.
[2]) auf relativ armem Standort.

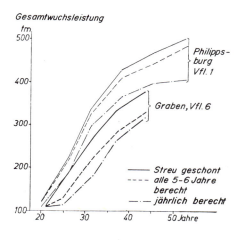

Abb. 20. Streunutzung verringert die Wuchsleistung der Waldbäume, z.B. der Kiefern auf zwei Versuchsflächen in der Oberrheinebene, weil ihnen Nährstoffe entzogen werden. Das gilt sowohl für relativ gute Böden (Versuchsfläche 1) als auch für schlechte (Fläche 6) und bei jedem Bestandsalter. Nach MITSCHERLICH (1955), verändert.

lich und weniger rasch erfolgt. Die hochgelegenen Weideflächen in den Alpen bilden heute hierfür die besten Beispiele. Das Vieh pflegt zum Wiederkäuen bestimmte ebene Stellen oder flache Kuppen aufzusuchen, oder es wird an Melkplätzen zusammengetrieben und lagert sich dort. Durch seinen Kot entstehen an solchen Orten zunächst üppig-dunkelgrüne Grasbestände und schließlich sogenannte Lägerfluren, die durch ihre großblättrigen, mastigen Nitrat-Pflanzen schon von weitem auffallen. Was hier an Nährstoffen vergeudet wird, stammt von den hängigen Weideflächen, auf denen das Vieh selten oder nie verweilt. Ähnliche Lägerfluren gab es früher auch in tieferen Lagen, z.B. im „Irrendorfer Hardt" auf der Schwäbischen Alb oder im Wietzenbruch bei Celle. Man kann sich vorstellen, daß der üppige Pflanzenwuchs an solchen „natürlichen" Dungstellen einst Anlaß zur Erfindung der Düngerwirtschaft gab.

Sicher ist aber, daß der weitaus überwiegende Teil der mitteleuropäischen Böden mehr oder minder stark durch Stoffentzug und Bodenauswaschung verarmt war, als sich im ausgehenden Mittelalter die moderne Forst- und Landwirtschaft zu entwickeln begann. Während der arbeits- und düngerintensivere Ackerbau auf den von ihm neu übernommenen Flächen längst wieder bessere Voraussetzungen zur Pflanzenproduktion geschaffen hat, ist unsere Grünlandwirtschaft und besonders unser Waldbau noch immer mit diesem Erbe vergangener Jahrtausende belastet.

Von wenigen Ausnahmen abgesehen, müssen wir überall in Mitteleuropa damit rechnen, daß die heutigen Waldböden ärmer sind, als sie es von Natur aus wären. Wo sie nicht durch Bodenerosion „geköpft" wurden, sind sie durch Stoffentzug weniger fruchtbar und basenärmer, also auch saurer geworden. Vor allem wären die leichten Böden des sandigen Flachlandes und der Sandsteingebirge beträchtlich weniger podsoliert, als wir sie heute vorfinden. Auf diese Umstände kann nicht nachdrücklich genug hingewiesen werden, weil sie die Pflanzendecke Mitteleuropas wesentlich stärker mitgestaltet haben, als es den meisten heute bewußt ist.

3 Vom Niederwald zur modernen Forstwirtschaft

a Nieder- und Mittelwald

Zu Beginn der im vorigen Abschnitt geschilderten Entwicklung war der Wald ein Feind der Menschen, der ihr Kulturland beengte und ihrem Vieh wenig Futter bot. Am Ende derselben war auf großen Flächen nicht nur die Macht des Waldes gebrochen, sondern auch sein Segen vergeudet. „Regellose Nutzung und uneingeschränkte Weide verdarben den Wald. Was blieb, verdiente vielfach nicht mehr diesen Namen" (BACKMUND 1941, s. Abb. 21). Man litt unter Bau- und Brennholzmangel, und die Bodenverwüstung führte zu beängstigender Futterknappheit. Bewirtschaftung des Holz- und Grünlandes war das einzige Mittel, die Lebensgrundlage zu erhalten und wieder zu vergrößern.

Solange das Vieh in der ganzen Feldmark frei umherlaufen kann und nur von Äckern und Gärten ausgeschlossen bleibt, hindert es überall den Nachwuchs der Holzpflanzen. Es verbeißt auch die jungen Schößlinge, die sich an den Stümpfen abgeschlagener Laubbäume bilden. Eine wiederholte Nutzung dieser Stockausschläge ist also nur dort möglich, wo das Vieh seltener hinkommt, d. h. in abgelegenen oder durch ihre Steilheit weniger zugänglichen Geländeteilen. Hier entstanden vermutlich die ersten „Niederwälder" (in Norddeutschland auch „Stühbüsche" und in Jütland „Kratts" genannt), die man in etwa 15–25jährigem Turnus abschlug, um Brennholz zu gewinnen (Abb. 22). Die Holzausbeute ließ sich sichern, wenn Hirten das Vieh während der ersten Jahre nach dem Schlag fernhielten oder wenn man Erdwälle und Gräben, Dornverhaue oder Zäune zu ständigem Schutz errichtete.

Nach HAUSRATH (1907) gab es schon im 13. Jahrhundert einzelne Niederwälder. Ein großer Teil von ihnen ist aber jünger und erst in der Neuzeit durch übermäßige Brennholznutzung aus Hoch- oder Mittelwäldern hervorgegangen. Andere Niederwälder verdanken ihre Entstehung dem extensiven Brandfeldbau, bei dem einige Jahre Ackerbau mit sich wieder bebuschendem „Wildland" abwechselten (SCHMITHÜSEN 1934).

Noch heute kann man solche Niederwälder, die primitivste Form planmäßiger Holznutzung, an den Steilhängen des Mosel- und Rheintales, im Schwarzwald und in anderen bergigen Landschaften Mittel- und Westeuropas studieren, in denen der Wald von den Bauern allein bewirtschaftet wird. Im 18. und 19. Jahrhundert trug nach SCHMITHÜSEN (1934) besonders die Gewinnung von Gerberlohe aus Eichenrinde zur Erhaltung der Niederwälder bei. In der Umgebung von Hirschhorn im Odenwald, dem einstigen Zentrum des deutschen Eichenrindenhandels, waren noch vor kurzem Lohschäler am Werk.

Die einzelnen Baumarten sind dem Niederwaldbetrieb in sehr verschiedener Weise

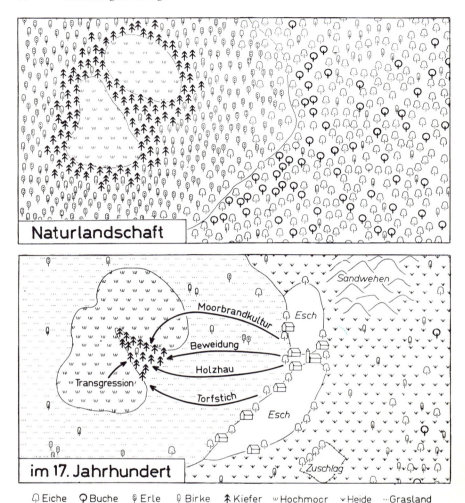

Abb. 21. Im altdiluvialen, sandigen Flachland vernichtete die bäuerliche Wirtschaft des Mittelalters und der frühen Neuzeit die natürlichen Wälder nahezu restlos. Nach einer halbschematischen Darstellung von HESMER und SCHROEDER (1963), verändert.

Oben: Naturlandschaft mit zwei kleinen Hochmooren (links), die von Kiefern-, Birken- und Erlenbruchwald umgeben sind. Letzterer geht (in der Mitte) in feuchten Eichen-Hainbuchenwald über, der für Dorfanlagen bevorzugt wurde. Auf Moränenboden weiter rechts Buchen-Eichenwald und auf Sand Birken-Eichenwald.

Unten: Weitgehend entwaldete Landschaft mit Wiesen, Heiden und Dünen, die durch Übernutzung der Heide entstanden. Die alten Äcker (Esch) liegen auf dem besten Boden. Das Hochmoor blieb ungenutzt und dehnte sich aus. Dadurch und vor allem durch menschliche Einflüsse (Pfeile!) schwanden die Relikt-Kiefernwälder.

gewachsen. Nahezu unbegrenzt vermögen ihn Hainbuche, Linde, Ahorn und Esche sowie unter den Sträuchern die Hasel zu ertragen. An nassen Standorten tun es ihnen die Erlen und einige Weidenarten gleich. Weniger ausschlagfreudig sind bereits die Eichen-, Ulmen- und Pappelarten, die Birke, die Vogelkirsche und andere Wildobstbäume sowie viele Sträucher. Noch geringer ist das Stockausschlagvermögen der

Abb. 22. Niederwald bei Duderstadt im Eichsfeld im Jahre 1933 (*Stellario-Carpinetum typicum* auf tiefgründiger Braunerde anstelle eines *Melico-Fagetum*).

Rotbuche, die deshalb in dem „Haubergsbetrieb" der früheren Jahrhunderte gegenüber der Hainbuche und Eiche und anderen vorher genannten Arten immer mehr zurücktrat (MEISEL-JAHN 1955 a). Sie hält sich in Niederwäldern nur bei Umtriebszeiten von mehr als 30 Jahren, zumal sie sich dann teilweise aus Samen verjüngen kann.

Verglichen mit den Nadelhölzern, z. B. der Kiefer und der Tanne, ist die Buche aber noch sehr ausschlagfreudig. Denn bei den ersteren genügt in der Regel einmaliges Abhauen, um sie zu töten. Nur wenn man bei Fichten und Tannen einen Teil des Stammes mit einigen Zweigen stehen läßt, richten diese sich auf und bilden kandelaberartige Formen. In Grenzgebieten der Nadelwaldregion, z. B. in Polen und Westrußland, besonders aber in den Alpen und anderen Gebirgen Mitteleuropas, hat der Niederwaldbetrieb in unnatürlichem Maße das Laubholz begünstigt (WINKLER 1933 u. a.).

Niederwälder waren ehemals in Mitteleuropa bis in die Neuzeit hinein weit häufiger, als man sich dies heute vorzustellen vermag. Nur alte Stümpfe oder am Grunde gekrümmte Stämme erinnern heute noch daran, daß man viele einstige Niederwälder einfach dadurch in Hochwälder überführte, daß man sie „durchwachsen" ließ.

Um sich neben dem Brennholz auch ausreichendes Bauholz zu sichern, entschlossen sich im Mittelalter viele Gemeinden dazu, einzelne Bäume als „Überhälter" vom kurzfristigen Umtrieb auszunehmen. Dabei bevorzugten sie allgemein die Eiche, die ja nicht nur der Schweinemast diente, sondern auch das Hauptmaterial der früher üblichen Fachwerk- oder Riegelbauten lieferte (Abb. 23). In derartigen „Mittelwäldern" wurde die Rotbuche also bewußt benachteiligt, zumal sie auch als Möbel- und Stellmacherholz wenig Wert besitzt. Hainbuche und Hasel dagegen gediehen relativ noch

52 Entstehung der heutigen Pflanzendecke unter Einfluß des Menschen

Abb. 23. Eichen-Hainbuchen-Mittelwald bei Duderstadt im Jahre 1933. Die „Hauschicht" ist frisch geschlagen worden. Die meisten Überhälter sind Traubeneichen (*Stellario-Carpinetum*, wie Abb. 22).

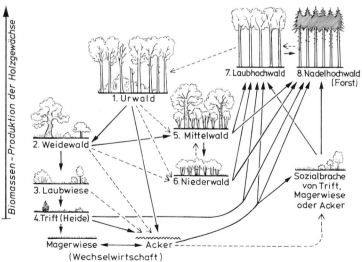

Abb. 24. Umwandlung des Urwaldes durch Weide-, Acker- und Waldwirtschaft auf lehmüberdecktem Kalkboden (brauner Rendzina) in der submontanen Stufe Mitteleuropas (Kalkbuchenwald). Die Pflanzenbestände bei den Bewirtschaftungsformen 1–8 sind in Tab. 6 näher beschrieben.

Vom Niederwald zur modernen Forstwirtschaft 53

Tab. 6. Einfluß der Bewirtschaftungsweise auf die Artenkombination im Kalkbuchenwald-Bereich. Halbschematisch und vereinfacht. Der forstlich bewirtschaftete Buchen-Hochwald (Nr. 7) entspricht weitgehend dem naturnahen Wald (Nr. 1). Die bäuerlichen Wirtschaftsweisen bewirken eine Auflichtung durch Beweidung (Nr. 2 – 4) oder öfteren Holzschlag (Nr. 5 und 6)

Holzgewächse Nr.	1	2 3 4	5 6	7 8	Krautige Nr.	1	2 3 4	5 6	7 8
Laubbäume:					Waldpflanzen:				
Fagus sylvatica	●	◉ ○		●	Anemone nemorosa	◉	◉○	◉○	○
Fraxinus excelsior	○	◉○	◉◉	○	Galium odoratum	●	○○	○○	●○
Acer pseudoplatanus	○	○	○○	○	Lamiastrum galeobdolon	●	○○	○○	●○
Quercus robur	○	○●	●○		Mercurialis perennis	●	○	○○	○●
Carpinus betulus		◉●○	○●		Carex sylvatica	○	○	○○	○○
Tilia cordata		○○	○●		Hordelymus europaeus	○	○	○○	○○
Ulmus glabra	○	○ ○	○○		Dryopteris filix-mas	○			○○
Betula pendula		○○	○○		Säurezeiger				○
Prunus avium			○		Schattenmoose				●
Nadelbäume:					Halbschattenpflanzen:				
Picea abies				●	Vinca minor		○○○	○○	○
Pinus sylvestris				○	Stellaria holostea		○○●	○●	
Sträucher:					Aegopodium podograria		○○●	○○	
Lonicera xylosteum	○	○	○	○	Dactylis glomerata	○	◉●○	○●	○○
Sambucus racemosa L	○		○	○●	Brachypodium pinnatum		○●○	○○	
Salix caprea L		○○	●○	○○	Freilandpflanzen:				
Corylus avellana	○	○●○	●●	○	Festuca ovina u.a. Gräser		●○	○○	
Cornus sanguinea		○○○	○○		Cirsium acaule		○●	○	
Crataegus spec.		○●●	○○	○○	Euphorbia cyparissias		○●	●○	
Prunus spinosa		●●○	○○		Hieracium pilosella u.a.		○●	○	
andere Laubsträucher		◉●○	○	○	Lichtungspflanzen:				
Nadelstrauch:					Atropa belladonna L		○	○	○○
Juniperus communis			○◉		sonstige L		● ○	○○	◉●

1 Urwald bzw. naturnaher Wald
2 Beweideter Wald
3 Viehweide mit Büschen und Baumgruppen
4 Offene Viehweide (Halbtrockenrasen)
5 Mittelwald (mit Eichen-Überhältern)
6 Niederwald
7 Buchen-Hochwald ⎫ Forstwirtschaft
8 Fichten-Pflanzwald ⎭

● sehr häufig, ○ häufig, ◉ mäßig häufig, ○ hier und dort, ○ selten; L auf Lichtungen

besser als in Niederwäldern, weil sie nicht nur den wiederholten Brennholzschlag, sondern auch den Halbschatten der Eichenkronen gut ertragen können (Abb. 23).

Zur Schonung der Stockausschläge mußte im Mittelwalde ebenso wie im Niederwalde für einige Jahre jegliche Beweidung unterbleiben. Wie HAUSRATH (1907) betont, war es aber möglich, durch Aneinanderreihen der Jahresschläge stets einen verhältnismäßig großen und zusammenhängenden Teil des Waldes dem Vieh zu überlassen.

Der streng geregelte Mittelwaldbetrieb entstand vor allem in den dicht besiedelten, fruchtbaren Lößgebieten Mitteleuropas, in denen das Holz schon früh knapp wurde. In diesen Gegenden trifft das oben gezeichnete allgemeine Bild der mittelalterlichen Landschaft nur für Flurteile zu, die wegen ihrer siedlungsfernen Lage oder ihrer wenig fruchtbaren Böden weiterhin extensiv bewirtschaftet wurden. In Landschaften mit großen Haufendörfern blieben die Mittelwälder als altbewährte Form genossenschaftlicher Nutzung am längsten erhalten und waren dort oft noch bis ins 20. Jahrhundert hinein in vollem Betrieb. Wer solche lichtkronigen Bauernwälder mit eng geschlossenen Hochwäldern auf ähnlichen Standorten vergleicht, wird außer den augenfälligen Gegensätzen in der Baumschicht auch Unterschiede im Artengefüge der Krautschicht feststellen. Sie ist in den Mittelwäldern artenreicher und enthält viele lichtliebende

Pflanzen, die ihr Dasein den regelmäßig erfolgenden Brennholzschlägen verdanken. Diese Lichtungszeiger verschwinden allmählich, wenn man den Mittelwald zum Hochwald durchwachsen läßt. Doch erinnern manche von ihnen, namentlich einige Gräser, noch lange an den früheren Zustand (s. Abb. 24 u. Tab. 6).

b Hochwaldwirtschaft

Die moderne Forstwirtschaft bevorzugt Hochwälder, weil sie ergiebiger sind und mehr Wertholz liefern als die alten Bauernwälder. Seit ihren Anfängen im 16. Jahrhundert, vor allem aber seit dem großen Aufschwung, den sie im vorigen Jahrhundert durch die „Trennung von Wald und Weide" sowie durch allgemeine Rationalisierung der Wirtschaft erhielt, neigt sie dazu, Monokulturen zu schaffen und die naturgegebene Vielfalt der Baumarten und Pflanzengemeinschaften zu vereinheitlichen. Trotzdem darf man – wie dies schon in Abschnitt 2a betont wurde – den Einfluß der Forstwirtschaft nicht schlechthin als naturwidrig ansehen. Nur wo sie Nadelhölzer einführte, schuf sie in den ehemaligen Laubholzgebieten Mitteleuropas ganz neue und noch unausgeglichene Pflanzenkombinationen. Wo Laubhölzer belassen blieben, entstanden beim Übergang zur Hochwaldwirtschaft dagegen recht naturnahe Waldbilder (s. Abb. 24 u. 25).

Im Verhältnis zu den tiefgreifenden Veränderungen, die durch Umstellung vom Nieder- oder Mittelwald auf den Hochwald, vom Laubwald auf den Nadelforst oder gar von der bäuerlichen Allmendwirtschaft auf reine Forstnutzung bewirkt werden, modifizieren die verschiedenen technischen Verfahren des modernen Forstbetriebes das Artengefüge der Pflanzenbestände nur wenig.

Der „Plenterbetrieb" (von plündern = ungeregelt nutzen), der durch Herausnehmen einzelner Stämme eine unterbrechungsfreie Andauer des Hochwaldzustandes anstrebt, und vor allem die verschiedenen Formen des weniger arbeitsaufwendigen „Femelschlages", bei dem kleine Gruppen von Bäumen gleichzeitig entfernt werden, kommen den Verhältnissen in Naturwäldern am nächsten. Als anderes Extrem steht ihnen der „Kahlschlagbetrieb" gegenüber, in dem auf relativ größerer Fläche eine Folge ökologisch sehr verschiedener Zustände rhythmisch wiederholt wird: Unmittelbar nach dem Kahlhieb breiten sich lichtbedürftige annuelle Arten aus, die durch Verletzungen des Bodens und besonders durch verstärkte Stickstoff-Mineralisation in seiner Humusdecke gefördert werden. Gräser, mehrjährige Kräuter oder Halbsträucher, wie Himbeeren und Brombeeren, übernehmen in den folgenden Jahren die Herrschaft. Sie werden aber

Abb. 25. Der einst im mitteleuropäischen Tiefland so verbreitete Eichen-Hainbuchenwald wird nur noch an wenigen Stellen als Mittelwald bewirtschaftet (Mitte hinten). Seine Hauschicht „wächst durch" und wird zum hainbuchenreichen Hochwald, in dem die Rotbuche schließlich wieder zur Herrschaft gelangt (rechts hinten). Häufig wird der Laubmischbestand durch Nadelholz ersetzt, z. B. durch einen Tannenforst (links hinten) oder durch Fichten-Pflanzungen (auf dem Kahlschlag vorn). 1950 bei Leonberg.

ihrerseits bald durch die inzwischen gekeimten oder gepflanzten Baumarten ersetzt. Spontan treten in der Regel zunächst raschwüchsige, aber meist nur kurzlebige Pioniere hervor, z.B. Holunder, Birken, Aspen, Weiden oder Erlen. Doch werden diese schließlich von langlebigen Bäumen verdrängt, d.h. in den meisten Fällen heute von der angepflanzten Fichte. Im Hochgebirge, insbesondere in der Schweiz, ist der Kahlschlagbetrieb heute verboten, weil er die Lawinengefahr erhöht und andere schädliche Folgen hat. In anderen Teilen Mitteleuropas ist er aber weiterhin üblich, wenn auch in vielfach abgewandelten Formen (Saumschlag, Lochhieb u. dgl.). Auf weitere Einzelheiten sei erst bei der Besprechung bestimmter Forst- und Kahlschlaggesellschaften eingegangen (s. Abschnitt D III).

4 Entwicklung des Ackerbaues und der Unkrautgesellschaften

a Vorindustrielle Landwirtschaft

Der Ackerbau in Mitteleuropa ist mehr als 5000 Jahre alt und hat sich, wie wir bereits sahen, in enger Verbindung mit der Viehwirtschaft entwickelt. Beide Wirtschaftsformen kamen von Kleinasien über die Balkanhalbinsel nach Mitteleuropa, das zu einem sekundären Zentrum wurde (JANKUHN 1969). Aus klimatischen Gründen konnte hier der Ackerbau frühestens gegen Ende des Boreals beginnen, d.h. erst zu einer Zeit, als der Wald längst wieder in Mitteleuropa eingewandert war. Es ist zwar nicht ausgeschlossen, daß einzelne Gegenden vom Menschen und seinem Vieh bis zum Beginn eines primitiven Feldbaus waldfrei erhalten wurden; doch mußten die meisten Äcker zweifellos auf ehemaligem Waldboden angelegt werden (KRZYMOWSKI 1939, NIETSCH 1939, FIRBAS 1949 u.a.).

Diesen Vorgang darf man sich für die Stein- und Bronzezeit aber wohl kaum als eine planmäßige Rodung von dichten Hochwäldern vorstellen, wie sie seit dem Mittelalter bei Waldsiedlern in der alten und neuen Welt üblich ist. Vielmehr wird man bereits vergraste oder verheidete Plätze vorgezogen haben. Die isolierte und in der Feldmark verstreute Lage vieler der bereits erwähnten Hochäcker spricht durchaus dafür. Eine große Rolle spielte anfangs wohl auch die Brandfeld-Wirtschaft, die dem Wanderfeldbau in den Tropenwäldern ähnelte (shifting cultivation). Sie hatte den Vorteil, daß durch den Brand Nährstoffe freigesetzt wurden (s. ROMELL 1967).

Obwohl es sicher ist, daß die meisten in prähistorischer Zeit beackerten Flächen auch heute noch unter dem Pfluge liegen, werden diese doch erst seit höchstens zwei Jahrhunderten Jahr für Jahr mit Feldfrüchten bestellt. Bis in die Neuzeit hinein herrschte die Dreifelderwirtschaft, die sich während des Mittelalters über fast alle Teile Mitteleuropas ausbreitete und nur für höhere Berglagen sowie für manche sandigen und mit Plaggen gedüngten Böden des nordwestlichen Flachlandes nicht geeignet war. Auf den letzteren entwickelte sich ein „ewiger Roggenbau" im Wechsel mit Brache. In der Dreifelderwirtschaft lösten sich bekanntlich Wintergetreide, Sommergetreide und Brachland in dreijährigem Turnus ab (Abb. 26).

Wesentlich für diese Anbauform war der „Flurzwang", der rechtlich sicherte, daß alle Äcker einer „Zelge" gleichmäßig behandelt wurden, obwohl sie verschiedenen Besitzern gehörten. Der Grund für diesen Zwang bestand nicht so sehr darin, daß noch kein genügend fein verästeltes Feldwegesystem vorhanden war. Er beruhte vielmehr auf der Gepflogenheit, das Ackerland so oft und so lange wie möglich in die allgemeine Weide mit einzubeziehen. Nur in der Zeit von der Feldbestellung bis zur ersten Bestockung des Getreides sowie vom Beginn des Schossens bis zur Ernte wurde die Umzäunung der betreffenden Zelge geschlossen. Dieser Zaun bestand häufig aus den

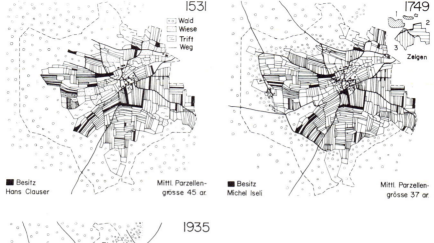

Abb. 26. Entwicklung eines mitteleuropäischen Haufendorfes mit früherer Dreifelderwirtschaft (Grafenried im Kanton Bern). Nach farbigen Karten von ZRYD, vereinfacht.

Die zu einem und demselben Hofe gehörenden Parzellen vor und nach der Feldumlegung sind schwarz gezeichnet. Auf der Karte von 1749 oben rechts ist die Einteilung des Ackerlandes in 3 Zelgen verkleinert wiedergegeben, die vom frühen Mittelalter bis zum Jahre 1935 galt. Der Wald wurde mehr und mehr zurückgedrängt, blieb aber als Brenn- und Bauholzlieferant am Rande der Dorfflur erhalten.

Dornhölzern, die in der Allmende als Weideunkräuter geschlagen worden waren, und war stellenweise auch durch Mauern, Erdwälle oder lebende Hecken ersetzt. Letztere bevorzugte man besonders im nördlichen und westlichen Mitteleuropa (siehe JESSEN 1937). Sie werden in Norddeutschland als „Knicks" bezeichnet, weil man sie durch Knicken junger Laubholzstämme undurchdringlich machte. Oft pflanzte man die Knicks auf Wälle aus Rasensoden und bewirtschaftete sie wie Nieder- oder Mittelwälder. Mit Hilfe solcher Umhegungen mußten auch die von einzelnen Bauern in der gemeinen Mark angelegten Äcker, die sog. „Kämpe", gegen das Vieh geschützt werden, sowie alle Waldstücke und sonstigen Flurteile, die man von der allgemeinen Weide ausschließen wollte (s. Abb. 428). Diesem Zweck dienten Knicks schon in vorgermanischer Zeit, z. B. in Westfalen.

Das junge Winter- und Sommergetreide war ein beliebtes Viehfutter und wurde relativ wenig geschädigt, wenn der Weidegang vorm Schossen aufhörte. Er vermehrte sogar die Bestockung und half Unkräuter bekämpfen. Die Unkraut-Gemeinschaften der Äcker müssen damals viel reicher an ausdauernden Arten, besonders an Gräsern, gewesen sein als heute. Denn sie wurden nur zweimal im Verlaufe von drei Jahren durch das Pflügen und niemals durch Hacken gestört, und die Ackerkrume wurde mit den primitiveren Geräten nur flach und lückenhaft umgebrochen. Das Getreide war nicht so hoch und dicht und beschattete die Unkräuter weniger als heute. Zudem konnten sich ausdauernde und regenerationsfähige Pflanzen während der Brache immer wieder erholen. Die Brachweide dürfte infolgedessen trotz ihrer kurzen Dauer das Artengefüge der Unkraut-Gemeinschaften wesentlich mitbestimmt und es rasenähnlich gemacht haben. Seit der „Verbesserung" der alten Dreifelderwirtschaft im 18. und 19. Jahrhundert durch Anbau von Kartoffeln, Rüben und anderen Hackfrüchten auf der ehemaligen „Brachzelge" und seit der Einführung komplizierterer Fruchtfolgen herrschen dagegen annuelle Unkräuter vor. Wenn man ein Ackerstück brach liegen läßt, muß man daher länger als ein Jahr warten, bis es sich von selbst berast. Durch die moderne Herbizidanwendung ist die Verunkrautung der Äcker quantitativ stark zurückgegangen und hat sich auch qualitativ erneut geändert (s. Abschnitt D IX 2).

In weit stärkerem Maße, als das heute der Fall ist, entsprachen die früheren Standortsbedingungen auf dem Ackerlande denjenigen der Grassteppen im kontinentalen Südosteuropa, wo viele unserer Ackerunkräuter beheimatet sind. Arten wie *Falcaria vulgaris, Conringia orientalis, Caucalis platycarpos* und *Adonis aestivalis,* die einst als echte Steppenvertreter nach Mitteleuropa eingewandert sein müssen, sind gegenwärtig nur noch auf schlecht bewirtschafteten Äckern zu finden. Die meisten Unkräuter unserer heutigen Gärten, Weinberge und häufig bearbeiteten, gut gedüngten Hackfruchtäcker, z. B. *Stellaria media, Poa annua* oder *Chenopodium album,* entstammen dagegen den nitratreichen Spülsäumen der Meeresküste oder der Flußufer sowie anderen Standorten der Flußauen und nährstoffreichen Sumpflandschaften.

Die mittelalterliche Dreifelderwirtschaft hat sich nicht zuletzt deshalb so sehr verbreitet und so lange gehalten, weil sie die übliche extensive Allmendweide mit dem Ackerbau zum Vorteil beider Wirtschaftszweige zu verbinden wußte. Die Brache bedeutete ja nicht nur ein „Ausruhen" des Bodens, sondern auch eine Düngung durch das weidende und nachts auf der Brachzelge eingepferchte Vieh, das seinerseits hier besonders eiweißreiches Futter fand.

Eine solche Verknüpfung von Vieh- und Ackerwirtschaft dürfte im Prinzip viel älter sein als die Dreifelderwirtschaft, ja vielleicht schon zu Beginn des Ackerbaues in Mitteleuropa bestanden haben. Sie würde auch die Erklärung dafür bieten, daß die Ackerunkräuter in die sehr zerstreut liegenden Äcker der isolierten Siedlungen relativ rasch einwanderten und daß so viele der Unkrautarten in fast allen Teilen Mitteleuropas vertreten sind. Weidendes Vieh transportiert bekanntlich zahlreiche Samen, und zwar auch von solchen Pflanzen, die keine besonderen Hafteinrichtungen besitzen und deren Samen den Magen-Darmkanal der Tiere nicht in keimfähigem Zustand passieren. Wie schon DARWIN feststellte, sind viele Samen und Früchte in den Erd- und Kotkrusten enthalten, die an den Hufen oder am Fell festkleben (s. auch Abschnitt D VI 2a). In diesem Zusammenhange ist besonders hervorzuheben, daß bis etwa 1950 im südlichen Mitteleuropa alljährlich ausgedehnte Wanderungen von Schafherden stattfanden. Wanderschäfer von der Schwäbischen Alb oder gar von den Schotterheiden Oberbayerns überwinterten mit ihren Herden in der warmen Oberrheinebene. Sie hatten jedoch zunehmend unter der Schwierigkeit zu leiden, daß sie nicht mehr frei über die Stoppeln und Wintersaaten ziehen durften.

b   Auswirkungen der Technisierung auf Extensivweiden und Äcker

Zu einem selbständigen und für den Ackerbau nicht mehr notwendigen Betriebszweig geworden, brach die Schafhaltung zusammen, als sie durch billige Wolleinfuhren aus Übersee ihre Rentabilität verlor. Sogar die dänischen, norddeutschen und niederländischen Heiden, die einst Tausende von Schafherden ernährt und die Fruchtbarkeit der Äcker durch ihre Plaggen gewährleistet hatten, waren nun plötzlich zu wertlosem Ödland geworden. Bald ahnte kaum einer der Bauern mehr, daß seine Vorfahren einst um das Besitz- und Nutzrecht auf solchen Heiden gekämpft hatten. Das gleiche gilt für die Hutungen der Schwäbischen Alb, die Grinden des Schwarzwaldes oder ähnliche ehemals beweidete „Ödflächen" Mitteleuropas. Sie blieben liegen, bebuschten sich hier und dort spontan oder wurden aufgeforstet und entwickelten sich schließlich wieder zu baumreichen Landschaften. Freilich ist deren Charakter heute meistens anders, als er von Natur aus gewesen sein mag. Wo Bodengüte und Lage es zuließen, wurden Teile der einstigen Heiden und Magerrasen in die Ackerflur einbezogen, die sich nun in manchen Gegenden Mitteleuropas rasch ausdehnte. Denn die mineralischen Dünger machten auch stark verarmte Böden wieder ertragreich.

In vielen Mittelgebirgsgegenden, beispielsweise auf der Schwäbischen Alb und auf den Randhöhen des Schweizer Mittellandes, ist allerdings im Gegenteil eine Einschränkung der früheren Ackerfläche zu beobachten, und zwar dort, wo einst die durch Erbteilung wachsende Bevölkerungsdichte dazu gezwungen hatte, auch stark hängige, steinige und trockene Böden der Allmende umzubrechen. Die durch reichlichere Düngung und bessere Pflege rasch ansteigenden Erträge der Äcker auf fruchtbaren Standorten machten es seit der Jahrhundertwende möglich, solche wenig ergiebigen Böden wieder aufzugeben. Sie vergrasten, wenn man weiterhin Schafweide betrieb, oder sie wurden aufgeforstet (s. Abb. 24 u. 414). Doch erinnern vielerorts die Grenzfurchen oder die durch Erosion und Pflügen entstandenen Hangstufen an die ehemalige Beackerung, die im übrigen oft auch heute noch an der Artenkombination der darauf entstandenen Grünland- und Forstgesellschaften zu erkennen ist. Im Alpenvorland und besonders in der nordwestlichen Randzone der Alpen ging die rückläufige Entwicklung schließlich so weit, daß der Ackerbau ganz zugunsten der Grünlandwirtschaft aufgegeben wurde. Dies hängt einerseits mit dem Niederschlagsreichtum zusammen, der den Graswuchs und die Milchviehhaltung fördert, und andererseits mit der modernen Verkehrsentwicklung, die den Betrieben erlaubt, die Selbstversorgung mit Ackerfrüchten aufzugeben.

In jüngster Zeit erleben wir einen ungeahnten und raschen Rückgang des Ackerbaues wie auch der Grünlandwirtschaft, weil Kleinbetriebe unrentabel wurden und weil sich die Landwirtschaft unter erschwerten Bedingungen, z. B. im montanen Klima oder auf entwässerten Mooren, überhaupt nicht mehr lohnt. In der Nähe großer Städte bleiben sogar beste Ackerböden unbewirtschaftet und verfallen der „Sozialbrache" (s. Abschnitt D X). Die Offenhaltung solcher Flächen wird zu einem Problem für die Landschaftspflege und damit auch für die Vegetationskunde und Ökologie, denen sich hier Möglichkeiten bieten, die natürliche Rückentwicklung (die sekundäre progressive Sukzession) zum Walde hin zu studieren. Fast überall schicken sich Holzgewächse an, das einst verlorene Gelände zurückzuerobern.

Zugleich wird die Bewirtschaftung der verbleibenden Ackerflächen und Sonderkulturen immer intensiver und naturferner. Trotzdem ist es bisher nicht gelungen, die Unkräuter gänzlich auszurotten und deren Gesellschaften wesentlich zu ändern (s. Abschnitt D IX). Nur mengenmäßig treten sie immer mehr zurück, sogar in rückständigen Kleinwirtschaften.

5 Entstehung der Wiesen und Intensivweiden

a Streuewiesen und Fettwiesen

Während Viehweiden in Mitteleuropa schon sehr alt sind, entstanden Wiesen mit den zum Mähen nötigen Werkzeugen erst verhältnismäßig spät. Zur Bronzezeit kannte man wohl Sicheln, verwendete sie aber nur für die Getreideernte und noch nicht zum Mähen von Wiesen. In der Nordschweiz beispielsweise fanden sich nach LÜDI (1955) in ausgegrabenen Siedlungen überraschend wenige Reste von Gramineen, dagegen sehr viele von Eschen-Laubheu. SCHIMPER, GRAEBNER und andere ältere Forscher haben zwar angenommen, daß sich wiesenähnliche Gesellschaften auch von Natur aus bilden könnten, und zwar in den Flußauen durch baumzerstörenden Eisgang. Aber schon GRADMANN (1932) hat ihre Begründungen überzeugend widerlegt und nachgewiesen, daß auch in der Nähe großer Ströme von Natur aus Wälder wachsen würden. Unter den viel ungünstigeren Klimabedingungen der russischen Taiga sind sie sogar heute noch anzutreffen. „Ohne Sense und Heuernte keine Wiesenflora", dieser schon hundert Jahre alte Satz SCHLATTERS gilt für ganz Mitteleuropa, wenn man von den Salzwiesen der Seemarschen und den alpinen Matten absieht.

Die Wiesenwirtschaft entwickelte sich auf den verschiedensten Standorten aus dem extensiven Weidebetrieb heraus. Noch um 1800 gab es nach BACKMUND (1941) solche „Forstwiesen" im Alpenvorland, und bis heute blieben sie in manchen Naturschutzgebieten, z. B. im „Irrendorfer Hardt" auf der Schwäbischen Alb, erhalten (Abb. 27 a). In Schweden nennt man sie „Laubwiesen", und SJÖRS (1954) widmete ihnen eine gründliche ökologische Studie (Abb. 27 b u. c). In der Schweiz unterschied man „Studmatten", d. h. zwischen Bäumen gemähte Flächen, von den eigentlichen Waldweiden oder „Wytweiden". Vielleicht hat man sich schon lange, bevor man Sicheln kannte, durch Rupfen einen Teil des Winterfutters für das Vieh gesichert (STAMM 1938). Aber diese Form der Heuwerbung unterscheidet sich in ihrem Einfluß auf den Pflanzenbestand nicht sehr von dem Verbiß durch weidendes Vieh. Erst die Mahd, d. h. der für sämtliche Arten gleichzeitig erfolgende und fast alle assimilierenden Organe plötzlich vernichtende Schnitt, wirkt wesentlich anders als die allmähliche Auslese durch Tiere. Sie bedeutet gewissermaßen gleiche Startbedingungen für alle Partner und begünstigt rasch- und hochwüchsige Arten, sofern sie regenerationsfähig sind.

Sicher waren die ersten Wiesen einschürig, entsprachen also etwa den im Alpenvorland hier und dort noch vorhandenen „Streuewiesen", die man erst spät im Jahre schneidet, wenn sie bereits strohig geworden sind (s. Abschnitt D V 1 a). Sie liegen meist in nassen Niederungen, die vom Weidevieh gemieden werden und keiner Einzäunung bedürfen.

Wiesen auf trockeneren Böden sind verhältnismäßig jung; insbesondere gilt dies für die „Fettwiesen", die einer Düngung als Ersatz für den häufigen Stoffentzug bedürfen. Ohne Düngung konnten diese nur im Überschwemmungsbereich der Flüsse entstehen, wo ihnen nährstoffreiche Sedimente zugeführt werden. Allerdings muß die natürliche Vegetation solcher Auelehmböden, ein sehr wüchsiger Laubwald, zuvor durch den Menschen und sein Weidevieh vernichtet worden sein. Als weitere Vorbedingung muß sodann das Vieh wieder ferngehalten werden, denn nur bei reiner Mähewirtschaft entstehen eigentliche Wiesengemeinschaften. Es ist deshalb kaum zu verwundern, daß der bis um die Mitte des 20. Jahrhunderts so verbreitete und beliebte Typus der zwei- und mehrschürigen Fettwiesen nicht älter ist als etwa tausend Jahre (SUKOPP 1969). Diese Zeitspanne genügte freilich, um eine Pflanzenkombination entstehen zu lassen, die sich heute durch besonders viele Charakterarten auszeichnet und darin den natur-

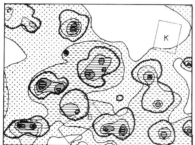 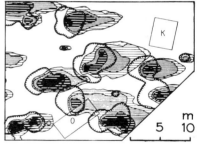

Abb. 27 a. Beweidete „Laubwiese" *(Mesobromion)* mit Hainbuchen und einzelnen Rotbuchen auf der Schwäbischen Alb nördlich Zwiefalten. Wacholder und Schlehen machen sich als Weideunkräuter breit.

Abb. 27 b und c. Am Boden einer Birken-Laubwiese in Südschweden wechselt der Lichtgenuß auf kleinem Raum und in kurzer Zeit. (Je dunkler die Schraffur, desto geringer die relative Beleuchtungsstärke.) Nach Sjörs (1954), Ausschnitte.
Die Zahnlinien bedeuten die senkrechte Projektion des Kronenumrisses der Bäume. Süden liegt links, ähnlich wie in Abb. 27 a.
b) Diffuse Lichtverteilung bei bedecktem Himmel (19./20. 6. 1949, mittags).
c) Scharfer Schattenwurf bei Sonne kurz vor deren Höchststand (21. 7. 1949, 50,5°). Die eingezeichneten Rechtecke sind Probeflächen.

näheren Gesellschaften keineswegs nachsteht. Infolge moderner Wirtschaftsmethoden, namentlich der Rotationsweide, wird er neuerdings immer rascher zurückgedrängt und droht ganz zu verschwinden. Ihn unter Naturschutz zu stellen, wie z. B. Hundt (1963) fordert, ist also gar nicht so abwegig, wie dies zunächst erscheinen mag.

b Stand- und Mähumtriebsweiden

Die allgemeine Intensivierung der Landwirtschaft in den letzten 100–150 Jahren brachte endlich auch im Weidebetrieb eine tiefgreifende Umstellung. Die altüberkommenen Hutungsrechte wurden abgelöst und die gemeine Mark in private Besitzstücke aufgeteilt oder als Gemeindeforst bewirtschaftet. In den relativ niederschlagsarmen Teilen Mitteleuropas, z. B. im östlichen und südlichen Harzvorland, in der Oberrheinebene und im württembergischen Unterland, ging man dazu über, das Rindvieh sowie die Pferde und Schweine vorwiegend im Stalle zu füttern. Außer den Resten früherer Schafweiden gab es hier bis vor einem Jahrzehnt kaum noch Weiden, d. h. Pflanzengesellschaften, die vorwiegend als Weideland genutzt werden und deren Artenkombination sich in charakteristischer Weise von der der Wiesen unterscheidet. Umgekehrt bestand in den küstennahen Gegenden und am Alpenrand die Tendenz, alles Grünland mit Ausnahme des sumpfigen in ständige Weidenutzung zu nehmen und die Weidefläche durch Bodenentwässerung immer mehr zu vergrößern. Hier verbreiteten sich infolgedessen die Pflanzengesellschaften der Fettweiden, die sich auf den Marschböden an der Nordsee schon seit dem Mittelalter hatten entwickeln können.

Allgemein kannte man zunächst nur die Betriebsform der „Standweide", die bis etwa 1960 vorherrschte. Man beläßt das Rindvieh vom Beginn bis zum Ende der Vegetationsperiode, d. h. etwa von April bis Oktober, auf einer und derselben Futterfläche und stallt es nur während der ungünstigen Jahreszeit ein. Im Gegensatz zur früheren Allmendweide wird das Vieh auf der Standweide durch Zäune oder Gräben eingeschlossen, so daß die Gärten, Äcker, Forsten und anderen Teile der übrigen Feldmark nun nicht länger mehr gegen unerwünschten Viehverbiß geschützt zu werden brauchen. Da der Kot der weidenden Tiere dem Grünland während der günstigen Jahreszeit restlos wieder zugute kommt, müssen lediglich die durch die Milch und den Körper der Tiere sowie durch Denitrifikation und Bodenauswaschung entstehenden Stoffverluste ersetzt werden. Der allgemeine Düngungszustand solcher Standweiden ist deshalb recht gut, jedenfalls wesentlich besser als derjenige der oben geschilderten Triftweiden.

Neben der besseren Ernährung prägen sich in der Artenkombination der Rinder-Standweiden aber noch zwei weitere für sie kennzeichnende Eigenschaften aus (vgl. Abb. 28): Sie sind zwar ärmer an Unkräutern als die früheren Allmenden, enthalten aber doch Disteln und andere typische Weideunkräuter, weil das Vieh im Frühsommer mehr Futter vorfindet, als es braucht, und dementsprechend auslesen kann. Besonders auffallend sind die sogenannten Geilstellen, d. h. durch Rinderexkremente verunreinigte Rasenflecken, die von den Rindern gemieden werden, und die deshalb ungestört zu dunkelgrünen Grasbuckeln emporwachsen, während der Rasen zwischen ihnen bis

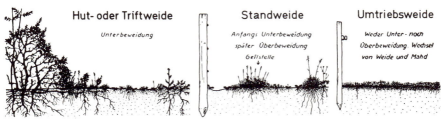

Abb. 28. Extensive Triftweide begünstigt die Weideunkräuter viel stärker als die intensivere Standweide oder gar als die moderne Umtriebs-Mähweide. Nach ELLENBERG (1952).

gegen Ende der Vegetationsperiode ganz kurz abgefressen und teilweise sogar durch Tritt zerstört wird. Da Pferde die durch Rinder verursachten Geilstellen befressen und umgekehrt, kann man diese ungünstige Entwicklung bis zu einem gewissen Grade durch Mischungen der Vieharten verhindern.

Neuerdings strebt die Grünlandwirtschaft an, die Nachteile der Standweide durch wiederholtes Abmähen, also durch Mäh-Weide-Betrieb, zu vermeiden. Das Ideal stellt die sogenannte Umtriebsweide oder Rotations-Mähweide dar, die eine Unterteilung der gesamten Weidefläche in 8–12 Teile vorsieht. Jede Koppel wird nur wenige Tage lang, aber mit sämtlichem Vieh zur selben Zeit, beweidet, bis sie gleichmäßig kurzgefressen ist. Während nacheinander die übrigen Koppeln mit Vieh beschickt werden, kann sich das zuerst beweidete Teilstück wochenlang erholen und gleicht darin einer Wiese. Um die Verunkrautung gänzlich zu vermeiden, wird es obendrein hin und wieder gemäht. Bei einer solchen Behandlung setzen sich nur wenige Gräser und Leguminosen durch und bilden die „langweiligste" Gemeinschaft, die ein Vegetationskundler sich denken kann.

6 Auswirkungen technischer Maßnahmen auf die Pflanzendecke

a Eingriffe in den Wasserhaushalt der Landschaft

Die Mannigfaltigkeit der im Laufe der Geschichte entstandenen und heute noch nebeneinander vorkommenden Grünlandformen wurde noch dadurch vermehrt, daß der Mensch in den Wasserhaushalt der natürlichen Moore, Marschen, Naßböden und Flußauen eingriff.

Keines der für das nördliche Mitteleuropa und das Alpenvorland so charakteristischen großflächigen Moore hat heute noch seinen ursprünglichen Wasserspiegel. Um die Moortypen des mitteleuropäischen Flachlandes zu studieren, sind wir daher auf wenige kleine Restbeispiele oder auf Regenerationskomplexe teilweise abgetorfter Moore angewiesen. Wir werden ausführlich darauf zurückkommen und auch die Schicksale dieser Moore erst näher besprechen, wenn wir uns die Pflanzengesellschaften der verschiedenen Moortypen genauer vorstellen können (s. Abschnitte C II u. III).

Allgemein sei nur hervorgehoben, daß Moore zwar Bestandteile der Allmende waren, als Weideland aber in ihrem Naturzustand nicht in Frage kamen. Denn sie waren wegen ihrer Nässe kaum zugänglich, und wo sie betretbar waren, boten sie schlechtes Futter. Als erste wurden die nährstoffreichen Erlenbrücher in die Nutzung einbezogen, und zwar dort, wo sie in dorfnahen Flußtälern vorkamen. Hier lieferten die ausschlagskräftigen Bäume willkommenes Brennholz, und nach Vernichtung des Waldes entstanden Seggengesellschaften, deren Bedeutung für die Entwicklung der Mähwiesen bereits geschildert wurde.

Mit zunehmender Holzknappheit begann man stellenweise, den Torf auszubeuten, in der Regel jedoch mit geringem Erfolg. Denn der leicht zugängliche Niedermoortorf ist meistens zu mineralstoffreich und brennt schlecht. Der wertvolle ältere Moostorf der Hochmoore dagegen sitzt tief und kann erst nach beträchtlicher Entwässerung abgebaut werden. Die Zerstörung der Moore ist daher ein Werk der Neuzeit und besonders der letzten 250 Jahre, in denen die Moorkultivierung technisch entwickelt wurde. Pioniere der Moorentwässerung und der Brennstoffnutzung waren die Niederländer. Im niedersächsischen Flachland, einem der moorreichsten Gebiete Europas, sind bis vor etwa 10 Jahren nahezu alle Moore entwässert worden (Abb. 29). Inzwischen fielen manche Moorkulturen wieder brach, weil sich die Grünlandwirtschaft heute kaum mehr lohnt.

Auswirkungen technischer Maßnahmen auf die Pflanzendecke 63

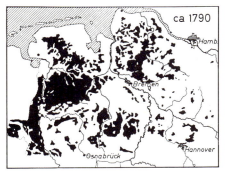 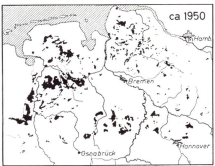

Abb. 29. Schwinden des „Moorödlands" vom Ende des 18. bis in die Mitte des 20. Jahrhunderts, vor allem durch Kultivierung der Hochmoore, im nördlichen Niedersachsen. Nach BADEN (1961), aus OVERBECK (1975), verändert.

Von Holland und Westfriesland ging auch die Eindeichung der Marschen in den großen Flußmündungen und an der Nordseeküste aus, die schon im 11. Jahrhundert begann (s. BEEKMANN 1932). Trotz ihrer tiefgreifenden Folgen für den Vegetationscharakter soll sie erst im Abschnitt C IV 1 geschildert werden, weil sie nur einen einzigen Landschaftsraum betrifft und weil sie nur bei genauer Kenntnis der Umweltbedingungen und Pflanzengesellschaften in den Salzmarschen verstanden werden kann.

Von allgemeiner Bedeutung für fast alle Teile Mitteleuropas waren die Eingriffe des Menschen in den Wasserhaushalt der großen Flußsysteme. Sie begannen schon sehr früh, wirkten aber zunächst ganz indirekt, und zwar durch die allmähliche Auflichtung und Beweidung des Waldes. Diese veränderte den Abfluß der Niederschläge und verstärkte die Bodenerosion. Wie in Abschnitt B V 1 belegt werden wird, nahm die Sedimentation von Auelehm im Wesertal erst um die Römerzeit einen beträchtlichen Umfang an, als durch Ausweitung des Ackerbaues große Teile der lößbedeckten Hügel im Einzugsgebiet dieses Flusses waldfrei geworden waren. Vorher herrschten in der Weseraue Kiesböden und gaben ihr einen völlig anderen Charakter als heute. Eine ähnliche Entwicklung machten fast alle größeren Stromtäler Mitteleuropas durch. Außerdem wurde die Wasserführung der Flüsse ungleichmäßiger, weil die Schneeschmelze in offenem Gelände schneller erfolgt und Starkregen auf dem durch Beweidung verdichteten Boden rascher abfließen als unter Wald. Hierdurch sowie durch Begradigung der Flüsse stieg die Transportkraft des Wassers, so daß es sein Bett vertiefte und den Grundwasserspiegel im Tal immer tiefer absenkte. Die Auelehme wurden schließlich zu Standorten, die zwar noch gelegentlich überschwemmt, aber überhaupt nicht mehr vom Grundwasser beeinflußt werden (Abb. 30). Eine solche Wandlung hat HÜGIN (1962) am Beispiel des südlichen Oberrheins dargestellt, der aus tektonischen Gründen in einer Schotterlandschaft fließt (Abb. 31). Was am Ende aus einem Flußtal und seiner Umgebung wird, wenn sie in den Bereich industrieller Ballungen geraten, haben SUKOPP und Mitarbeiter (1973, s. Abb. 32) eindringlich vorgeführt.

Die Anlage von Entwässerungsgräben und die Begradigung mäandrierender Wasserläufe im Einzugsgebiet von Bächen und Flüssen beschleunigte den Abfluß großer und plötzlich fallender Niederschlagsmengen oft so sehr, daß im Unterlauf größere Überschwemmungen eintraten als vorher. Im Nordsee-Küstenland wurden diese noch dadurch verstärkt, daß der eingedeichte und entwässerte Boden sackte. Infolge

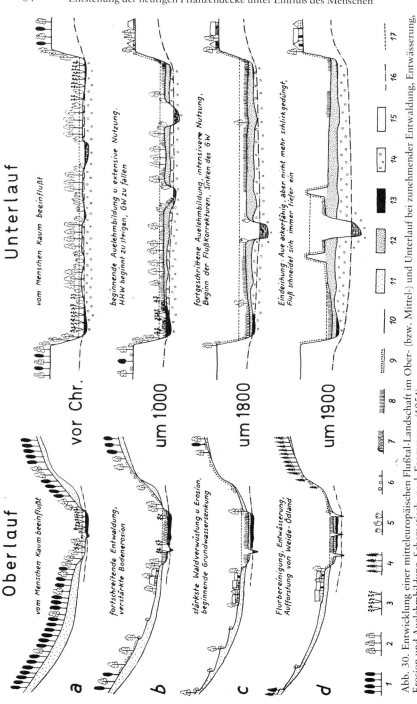

Abb. 30. Entwicklung einer mitteleuropäischen Flußtal-Landschaft im Ober- (bzw. Mittel-) und Unterlauf bei zunehmender Entwaldung, Entwässerung, Erosion und Auelehmbildung. Schematisch, nach ELLENBERG (1954).
1 = Buchenwald, 2 = Eichen- u. a. Laubmischwälder, 3 = Erlenbruch, 4 = Nadelholz-Aufforstungen, 5 = Weidengebüsch, 6 = sonstige Gebüsche, 7 = Naßwiesen, 8 = Frischwiesen, 9 = Trockenwiesen, 10 = Äcker; 11 = Lößlehm, 12 = Auelehm, 13 = Moor, 14 = Kies, 15 = andere Bodenarten; 16 = mittlerer Grundwasserstand, 17 = mittlere Hochwasserhöhe. Die Signaturen 1–9 sind nicht maßstabsgerecht, die Bodenprofile 11–14 stark überhöht.

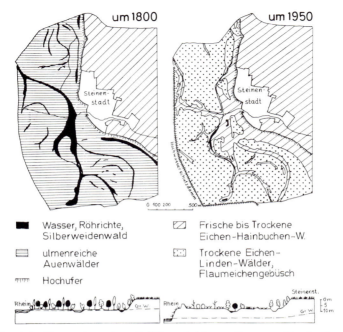

Abb. 31. Oberrhein-Ebene mit starkem Gefälle und Schotter-Untergrund in der Aue vor und nach den Flußkorrektionen des 19. Jahrhunderts. Nach REICHELT (1966).
Die vereinfachten Kärtchen stellen die potentielle natürliche Vegetation (in Anlehnung an HÜGIN) dar. Nach der Grundwassersenkung wurde die schottrige Aue trockener als die lehmbedeckte Hochterrasse, so daß die Auenwälder abstarben und nur noch trockenheitsertragende Eichen-Lindenmischwälder und Flaumeichen-Gebüsche gedeihen können. Das Ausmaß der Wassersenkung und die reale Vegetation ist in den schematischen Querschnitten angedeutet.

schlechter Vorflut entstanden am Rande der ostfriesischen Seemarsch gegen die sandige Geest mehrere solcher Vernässungsgebiete.

Entwässerungen und Flußregulierungen, Eindeichungen und Moorkultivierungen, Waldverminderung und zunehmender Ackerbau führten jedoch im großen und ganzen dazu, daß die mitteleuropäische Wirtschaftslandschaft immer „dürreempfindlicher" wurde. Wie SCHMITHÜSEN (1950) betont, kamen außergewöhnlich trockene Sommer, ähnlich dem des Jahres 1947, auch in früheren Jahrhunderten vor. Sie schadeten aber weniger, weil damals der Wasservorrat im Boden größer und der Wasserverbrauch durch die extensiv bewirtschafteten Wälder und Weiden sowie die schlecht gedüngten Äcker geringer war als heute. Die Ackerwirtschaft ist außerdem dadurch dürreanfälliger geworden, daß sie immer leistungsfähigere, aber zugleich empfindlichere Zuchtsorten von Halm- und Hackfrüchten bevorzugte. Moderne Forsten leiden in Dürrezeiten mehr als die einstigen Natur- oder Weidewälder, zumindest dort, wo flachwurzelnde Fichten an die Stelle tiefwurzelnder Eichen und anderer Laubhölzer traten.

b   Umweltbelastung durch die Industriegesellschaft

Seit der Mitte unseres Jahrhunderts, in steigendem Maße seit etwa zehn Jahren, werden die Beziehungen der Pflanzen, Tiere und Menschen zu ihrer Umwelt durch Belastungen gestört, die direkt oder indirekt von der modernen Industriegesellschaft

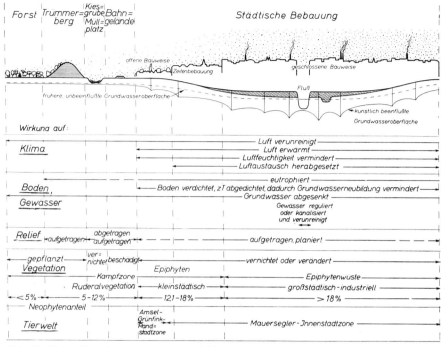

Abb. 32. Einige Veränderungen von Umweltfaktoren, Vegetation und Tierwelt durch die Entstehung einer Großstadt in einer Ebene mit kleinem Fluß (z. B. Berlin). Nach SUKOPP (1968), verändert.

Als weitere Wirkungen auf die Vegetation wären etwa zu nennen: Schädigung vieler immergrüner Gehölze (bes. Nadelbäume) durch Staub; Versalzungsschäden an Straßenbäumen infolge winterlicher Streusalzgaben; Absterben von Bäumen durch Verletzung des Wurzelwerks durch Erdbauten oder durch Asphaltierung der Erdoberfläche (Sauerstoffmangel); aber auch Erhöhung der Artenzahl durch wechselndes Nebeneinander mehr oder minder stark vom Menschen beeinflußter und noch naturnaher Vegetation; Schutz frostempfindlicher Arten vor plötzlichen Spätfrösten; längere Vegetationsperiode. Mithin sind nicht alle Veränderungen ungünstig für die Pflanzenwelt!

ausgelöst wurden. Wälder, Moore, Flüsse und Seen, Dörfer mit ihren Wirtschaftsflächen, Städte mit ihrem vielfältigen Umland und Wirkungsbereich, ja, die gesamte Biosphäre der Erde mit all ihren Lebensgemeinschaften werden hiervon in Mitleidenschaft gezogen. Bei dieser verhängnisvollen Entwicklung zeichnen sich drei Tendenzen ab, die die Ökologie vor neue und dringende Aufgaben stellen:
1. Faktoren, die früher mit geringer Intensität wirkten und vernachläßigt werden konnten, erreichen jetzt so große Ausmaße, daß sie zahlreiche Lebewesen und oft auch Menschen gefährden (z. B. der Phosphat- und Ammoniumgehalt der Gewässer oder der Kohlenmonoxid- und Schwefeldioxidgehalt der Luft).
2. Neue, erst vom Menschen geschaffene Faktoren treten hinzu (beispielsweise das DDT und andere Biozide oder schwer zersetzbare Kunststoffe).
3. Die Auswirkungen einiger Faktoren, die sich bisher in räumlich engen Grenzen hielten, nehmen überlokale bis weltweite Dimensionen an (z. B. führen die SO_2-Emissionen von west- und mitteleuropäischen Heizungsanlagen im Süden Schwedens und Norwegens durch Zufuhr von Schwefelsäure in kalkarmen Bächen zum

Sterben von Forellen und in Wäldern zu Ertragsminderungen, die – wenn man sie kapitalisiert – auf Milliardenbeträge geschätzt werden; s. Abb. 33 a u. b sowie 34).

Manche dieser Faktoren richten zwar im Augenblick keinen feststellbaren Schaden an, machen sich aber nach jahre- bis jahrzehntelanger Akkumulation bemerkbar, z. B. die Erhöhung des Bleigehaltes von Grünlandbeständen in der Nähe von Autostraßen. Die Folgen solcher Belastungen richtig einzuschätzen, wird dadurch erschwert, daß nicht jede für sich isoliert wirkt, sondern sie sich kombinieren und dabei gegenseitig steigern können. Zu komplexen Erscheinungen werden sie vor allem dadurch, daß sie die Menschen und anderen Organismen niemals nur als Einzelwesen betreffen, son-

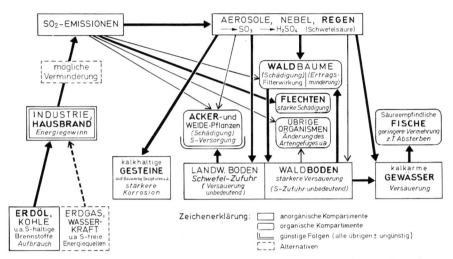

Abb. 33 a. Die Belastung der Biosphäre mit Schwefeldioxid wirkt sich – je nach Wetterlage – bis in mehrere Hundert Kilometer Entfernung sowohl auf land- und forstwirtschaftliche Ökosysteme als auch auf Gewässer und Gesteine aus. Die Hauptfolgen sind *kursiv* geschrieben; günstige Alternativen sind gestrichelt umrandet.

Versauerung des Waldbodens kann eine Ertragsminderung bewirken; sie ist aber nicht immer nur eine Folge von SO_2-Zufuhr. In Südskandinavien beispielsweise wirkte sich die vor einigen Jahrzehnten durchgeführte Trennung von Wald und Weide in dichterem Kronenschluß der Wälder und stärkerer Ansammlung von saurem Rohhumus aus. Der Boden und das aus den Wäldern abfließende Wasser sind infolgedessen ohnehin saurer geworden.

Abb. 33b. Durch Schwefeldioxid-Immissionen in die Luft wurde das Niederschlagswasser schwefelreicher und saurer, selbst auf dem Schauinsland im Schwarzwald; es regnet zeitweilig verdünnte Schwefelsäure! Die niedrigsten pH-Werte ergeben sich durchschnittlich im Winter und Vorfrühling, wenn viel geheizt wird. Nach RÖNICKE und KLOKKOW (1974), etwas verändert.

Das Jahresmittel des pH-Wertes von Regenwasser ist von etwa 5,5 im Jahre 1950 auf weniger als 4,5 im Jahre 1975 gefallen, und es sinkt weiterhin. Aus Baumkronen herabtropfendes Regenwasser löst zusätzliche Säuremengen, die sich an Blättern und Zweigen niedergeschlagen haben, und erreicht pH-Werte unter 3, im Stammablauf sogar unter 2 (nach ZÜST, Vortrag, 4. 10. 1977).

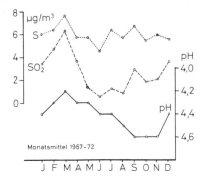

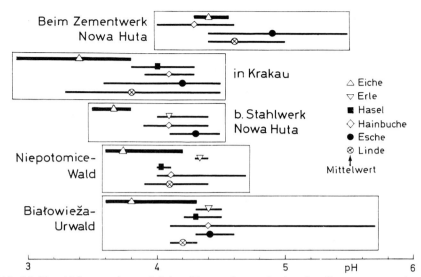

Abb. 34. Verschiebungen des natürlichen Säuregrades von Borken derselben Baumarten durch saure Immissionen (in besiedelter Landschaft, aus einem Stahlwerk sowie in der Stadt Krakau) und durch Kalkstaub (in der Nähe eines Zementwerkes) in Polen. Nach GRODZINSKA (1970), etwas verändert.

dern stets auch die gesamten Ökosysteme (s. Abschnitt 7), denen diese angehören. Sie können z. B. die Kreisläufe des Kohlenstoffs, des Wassers, der Nährstoffe oder sonstiger Elemente verändern oder aber die Weitergabe gebundener Energie in den Nahrungsnetzen beeinträchtigen, die die grünen Pflanzen mit den verschiedensten Tieren und Mikroorganismen verbinden.

Die Auswirkungen von Umweltbelastungen zu beurteilen, ist in vielen Fällen nur durch interdisziplinäre Ökosystemforschung möglich (s. ELLENBERG 1973a). Bei dieser können und sollten auf Umweltbeziehungen und Kausalzusammenhänge ausgerichtete Vegetationskundler mitwirken, gerade, wenn sie sich bewußt sind und bleiben, daß der Mensch schon seit Jahrtausenden seine Umwelt veränderte.

Immer wieder störte dieser „überorganische Faktor" (im Sinne THIENEMANNS) das natürliche oder von ihm selbst veranlaßte Gleichgewicht. Dadurch erhöhte er die Diversität der Landschaft Mitteleuropas in manchen Gegenden um ein Vielfaches. Diese spiegelt sich z. B. in den Artenzahlen wider, die bei der floristischen Kartierung Südniedersachsens auf Quadraten von 5 × 5 km Größe mit verschiedener Vegetation gefunden wurden (Tab. 7, s. auch ELLENBERG, HAEUPLER u. HAMANN 1966). In den naturnächsten, d. h. fast ganz von Hochwald bewachsenen Grundfeldern gedeihen viel weniger Pflanzenarten als in solchen mit einem Mosaik von ungleich bewirtschafteten Wäldern, Heiden, Magerrasen und anderem Grünland sowie von Unkraut- und Ruderalfluren, die ihr Dasein nahezu ganz dem Menschen verdanken. Diese Mannigfaltigkeit empfinden wir mit Recht als schön und sollten sie entgegen der Uniformierungstendenz unserer Zeit zu erhalten, ja zu vermehren suchen, wo es irgend möglich ist. Schon aus den einleitenden Abschnitten dürfte deutlich geworden sein, daß Erhalten in diesem Zusammenhange nicht strengen Schutz, sondern Aufrechterhaltung von menschlichen Einwirkungen als den entscheidenden Umweltfaktoren bedeutet.

Tab. 7. **Florenmannigfaltigkeit bei zunehmendem Einfluß des Menschen auf die Landschaft** in Südniedersachsen. Nach Angaben von Haeupler (1974): Mindestzahlen der Gefäßpflanzen-Arten pro Meßtischblatt-Quadrat (etwa 5 × 5 km)[1])

Landschafts-Charakter in Südniedersachsen		Sandiges Flachland	Basenarmes Hügelland	Basenreiches Hügelland
Artenzahl pro 5 × 5 km	Obergrenze	151–250, 251–350, 351–450, 451–550, 551–650, 651–750, 751–850	151–250, 251–350, 351–450, 451–550, 551–650, 651–750, 751–850	151–250, 251–350, 351–450, 451–550, 551–650, 651–750, 751–850
	Untergrenze			
I Nahezu reine **Wald**gebiete		○ ○	● ⊙	⊙
II Aufgelockerte Waldgebiete (mit kleinen Siedlungen)		⊙ ●	● ○	⊙
III Vielfältige **Dorf**landschaften (mit Magerrasen, Hecken, Wald u.a.)		⊙ ⊙	● ○	● ● ○
IV Wie III, aber mit Kleinstädten		○ ○	⊙ ◉	○ ●
V Randzonen von **Groß**städten (mit Resten von I – III)		⊙ ○ ○		⊙ ◉
VI Nahezu reine **Acker**baugebiete		◉	○ ○	○ ◉ ◉

[1]) Zahl der Beispiele von 5 × 5 km²-Flächen: ○ 1, ⊙ 2, ◉ 3, ● 4, ● 5 und mehr

Auch im Kampf gegen die zunehmende Wasser- und Luftverschmutzung – der letzten Endes ein ökonomisches und politisches Problem ist – kann der ökologisch orientierte Vegetationskundler wirksame Hilfe leisten. Viele Pflanzen und Pflanzengesellschaften sind empfindliche Indikatoren, die bereits reagieren, bevor der Mensch den Verschmutzungsgrad als lästig empfindet (s. z.B. Abschnitte C I 2 c u. VIII sowie Abb. 32).

Auf solche ökologischen und physiologischen Zusammenhänge sowie auf Fragen nach den Ursachen des Artengefüges werden wir immer wieder zurückkommen. Die ordnende Übersicht über das System der Pflanzengesellschaften dagegen wollen wir nach Möglichkeit beschränken, und zwar auf jenes Mindestmaß, das zum Verständnis der Vegetation und zur Verständigung über die Bauelemente ihres wechselvollen Mosaiks notwendig ist.

7 Pflanzen, Tiere und Menschen als Partner von Ökosystemen

Was wir bereits über die Vegetation Mitteleuropas sowie über die vielfältigen Folgen der Umweltbelastungen wissen, legt eine allgemeine Schlußfolgerung nahe: Pflanzen und ihre Gemeinschaften stehen in engem funktionalem Zusammenhang mit Tieren und Menschen sowie mit ihrer gemeinsamen Umwelt. Wo die Pflanzen auch wachsen mögen, sind sie Komponenten eines übergeordneten Wirkungsgefüges, eines Ökosystems (im Sinne von TANSLEY) oder einer Geobiozönose (im Sinne von SUKACHEV). Abb. 35 soll uns dieses Eingefügtsein in ein zwar offenes, aber sich doch bis zu einem gewissen Grade selbst regulierendes und erhaltendes System veranschaulichen. Es gilt für sämtliche von Photoautotrophen beherrschten Ökosysteme und damit für alle Pflanzengesellschaften, die in diesem Buche behandelt werden.

Autotrophe Pflanzen spielen in einem solchen System die zentrale Rolle, denn sie binden die von der Sonne eingestrahlte Energie und überführen sie in chemische

Energie. In Form lebender oder abgestorbener organischer Substanzen wird sie an Tiere und Mikroorganismen weitergegeben, sowie an höhere Pflanzen, soweit diese sich ebenfalls heterotroph ernähren. Für den Pflanzenbestand ist die Tätigkeit derjenigen Mikroorganismen von entscheidender Bedeutung, die die organischen Reste schließlich wieder mineralisieren, d.h. die darin enthaltenen Nährstoffe den Pflanzen erneut zuführen und das übrige in CO_2 und H_2O zerlegen. Meist wird diese Zersetzungs-Leistung vorbereitet von saprophagen Tieren, die die toten organischen Substanzen zunächst zerkleinern (s. Abb. 90, 91 u. 129).

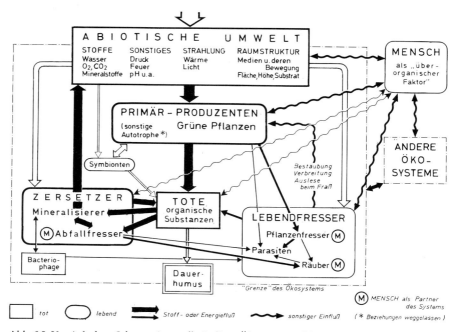

Abb. 35. Vereinfachtes Schema eines vollständigen Ökosystems (d.h. eines sich weitgehend selbst regulierenden Wirkungsgefüges von Lebewesen und Umwelt), beispielsweise eines Waldes, einer Wiese oder eines Sees.

Alle Lebewesen hängen von der jeweils gegebenen abiotischen Umwelt ab, insbesondere von Wärme, Wasser und chemischen sowie mechanisch wirksamen Faktoren.

Die grünen Pflanzen verwandeln als „Primärproduzenten" Lichtenergie in chemische Energie, von der alle „sekundären Produzenten", d.h. Mikroorganismen, Tiere und Menschen zehren.

Für das „Gleichgewicht" im Ökosystem sind vor allem die „Zersetzer" (= Reduzenten = Abbauer) maßgebend, seien es Bodentiere, Pilze oder Bakterien, die von abgestorbenen Pflanzenteilen oder Tieren leben. Sie verhindern, daß sich diese Reste unbegrenzt anhäufen, indem sie sie remineralisieren. Nur ein kleiner Teil der alljährlich erzeugten organischen Substanz wird schließlich in „Dauerhumus" verwandelt und geht dem Nährstoffkreislauf verloren.

Tiere, die sich von lebenden Pflanzen ernähren (Phytophage = Herbivore), oder „Räuber" (= Zoophage = Carnivore), die lebenden Tieren nachstellen, haben für die Selbstregulation des Ökosystems eine geringere Bedeutung, als man noch vor einigen Jahren annahm. Ihre Populationen werden in erster Linie von den Umweltfaktoren, von Parasiten sowie durch innere (physische und psychische) Hemmnisse, oder aber vom Menschen, kontrolliert.

Der Mensch fügt sich als Phytophager, Zoophager oder Pantophager (Allesfresser) in die Nahrungsketten ein oder gestaltet sie zu seinen Gunsten, z.B. indem er Holz schlägt oder Streu entnimmt. Er kann aber auch als „überorganischer Faktor" wirken, d.h. jeden Teil des Ökosystems bewußt oder unbewußt beeinflussen. In welchem Maße dies der Fall war und ist, haben die vorhergehenden Abschnitte gezeigt. Er trägt auch in Zukunft große Verantwortung für das dynamische Gleichgewicht in fast allen Ökosystemen.

Wo beide Organismengruppen nicht oder kaum zu existieren vermögen, z.B. in dauernd vernäßtem, sauerstoffarmem Boden, häuft sich die tote organische Substanz an und bildet Mudde, Torf oder andere Humusansammlungen (Abb. 133). Diese Auflageschicht überdeckt den Mineralboden und macht ihn schließlich für die Wurzeln unzugänglich, verändert also das ganze System. Auch in den nicht torfbildenden Ökosystemen bestehen Rückwirkungen der Organismen auf ihre Umweltbedingungen. Man denke nur an das Innenklima dichter Pflanzenbestände, das die eigenen Nachkommen oft hemmt, aber im Schatten existenzfähigen Arten eine gegen die Konkurrenz von Lichtpflanzen geschützte Lebensstätte bietet.

Das Recht und die Möglichkeit, Pflanzen aus den Ökosystemen betrachtend und experimentell herauszulösen, verschafft uns in erster Linie die autotrophe Rolle der meisten Gewächse. Hinzu kommt die Tatsache, daß die Pflanzenbestände ortsgebunden und leichter zu studieren sind als Tiere. Zumindest in Mitteleuropa sind die Pflanzenarten und ihre Gesellschaften außerdem weit besser bekannt als die übrigen Partner der Ökosysteme. Sachliche und praktische Gründe gestatten und empfehlen es also, die Vegetation in den Vordergrund zu stellen und das sie tragende und miterhaltende System nur in Fällen heranzuziehen, in denen es ebenfalls bekannt ist. Das trifft z.B. für manche Ökosysteme des Wassers und der Meeresküsten zu, neuerdings aber auch für manche Wälder und andere Landökosysteme (ELLENBERG 1973b).

Bei der bisher intensivsten ökologischen Gemeinschaftsarbeit in Mitteleuropa, dem Sollingprojekt der Deutschen Forschungsgemeinschaft (ELLENBERG 1967, 1971), zeichnet sich in der Synthese ein Ergebnis ab, das möglicherweise Allgemeinbedeutung hat. M. RUNGE (1973), der die von zahlreichen Mitarbeitern an diesem Projekt und von ihm selbst erhobenen Daten über die jährliche Stoffproduktion zusammenstellte und deren Energiegehalt analysierte, fand, daß die jährliche Energiebindung durch die Netto-Photosynthese der verschiedensten Pflanzenbestände auf gleichem Boden und unter gleichen allgemeinklimatischen Bedingungen annähernd gleich groß ist (Abb. 36). Wenn man den gesamten Zuwachs, also auch die methodisch z.T. sehr schwer

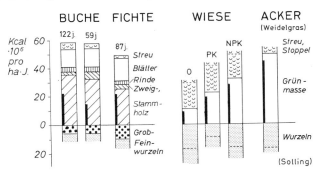

Abb. 36. Auf gleichem Boden und in gleichem Klima verwandeln die verschiedenartigsten Pflanzenbestände annähernd gleich große Anteile der eingestrahlten Energie durch Photosynthese in chemische Energie. In Kilogramm-Kalorien pro Hektar und Jahr ausgedrückt, ist daher die Netto-Primärproduktion unter gleichen Klima- und Bodenbedingungen ungefähr gleich groß, einerlei ob es sich z.B. um Rotbuchenwälder verschiedenen Alters, um Fichtenforsten, um unterschiedlich gedüngte Wiesen oder um einen stark gedüngten Grasacker handelt (im Solling, etwa 50 km nw von Göttingen). Nach Daten von RUNGE (1973), aus ELLENBERG (1976).
In unterirdische Organe werden von baumbeherrschten Ökosystemen weniger Assimilate eingebaut als von krautigen, insbesondere von ungedüngten Wiesen (0), denen alljährlich Nährstoffe entzogen werden. Der nutzbare Anteil an der oberirdischen Produktion (schwarzer Balken) ist am größten bei vollgedüngten Acker- und Wiesenflächen sowie bei Fichtenbeständen.

erfaßbare Produktion der unterirdischen Organe, berücksichtigt, beträgt die Energiebindung von Buchenwäldern und Fichtenforsten verschiedenen Alters sowie von unterschiedlich gedüngten Wiesen und einem Weidelgrasacker jeweils ungefähr 80 Millionen Kilokalorien pro Hektar und Jahr, d. h. rund 1% der eingestrahlten Gesamtenergie oder 1,4% des auf die Vegetationsperiode entfallenden Anteils (= 3,1% der photosynthetisch wirksamen Strahlung).

Falls dies kein Zufallsergebnis ist, hieße es, daß die jährliche Energiebindung durch die Photosynthese grüner Pflanzenbestände eine vom Allgemeinklima und Boden abhängige, also standortsgebundene, aber nicht von der Vegetationsformation bestimmte Größe wäre. Ob niedrige oder hohe, ob vorwiegend oberirdisch oder vorwiegend unterirdisch entwickelte Pflanzenbestände, ob naturnahe Wälder oder ihre vom Menschen mitgeschaffenen Ersatzgesellschaften, sie alle würden energetisch etwa das gleiche leisten, wenn sie nur dicht geschlossen, also mit Pflanzen „gesättigt" sind. Hinsichtlich der oberirdischen Produktion ist jedoch im Solling der Buchenwald, d. h. das naturnächste Ökosystem, am leitungfähigsten. Ihm kommt nur der maximal gedüngte Acker nahe. Schon der Fichtenbestand leistet oberirdisch weniger, wenn auch das vom Forstmann geerntete Holz mehr „Festmeter" bringt, weil es ein größeres Volumen pro Gewichtseinheit hat als bei der Buche. Am wenigsten Pflanzenenergie, die genutzt, d. h. in diesem Falle gemäht werden kann, produziert die ungedüngte Wiese. Ihr Ökosystem ist verarmt, weil ihr ja immer wieder Nährstoffe entzogen wurden, die nicht – wie im Walde – über die Streu wieder in den Kreislauf zurückflossen. Die Magerwiese weicht dem Energieentzug insofern aus, als sie einen Großteil der Assimilate unter der Erdoberfläche zum Aufbau von Wurzeln und Rhizomen verbraucht und dort auch, für die menschliche Nutzung unzugänglich, speichert. Ein höherer Prozentsatz der Pflanzensubstanz, als man früher annahm, verwandelt sich übrigens auch bei Wiesen in tote Streu und nimmt Teil am biologischen Kreislauf.

Die Ökosystemforschung – von Limnologen wie THIENEMANN und WOLTERECK begonnen (s. ELLLENBERG 1973 b) – steht noch immer in der Jugendphase ihrer Entwicklung. Vielleicht führt sie einmal dazu, daß alle Vegetationseinheiten als Ökosysteme betrachtet und verstanden werden können und daß die heutige Hierarchie der Pflanzengesellschaften in einer übergeordneten Hierarchie der Ökosysteme aufgeht. Ob ein solches Ziel überhaupt erreichbar ist, wissen wir noch nicht. Aber man sollte es im Auge behalten, auch wenn man „nur" die Vegetation betrachtet.

B Naturnahe Wälder und Gebüsche

I Allgemeines über die Wälder Mitteleuropas

1 Räumliche Großgliederung der Vegetation

a Zonale, extrazonale und azonale Vegetation

Von Natur aus ist Mitteleuropa, wie wir eingangs sahen, ein fast lückenloses Waldland. Die heutigen Pflanzenbestände sind mehr oder minder stark vom Menschen mitgestaltete „Ersatzgesellschaften". Obwohl diese den größten Teil der Fläche einnehmen, wollen wir bei der Betrachtung einzelner Vegetationseinheiten mit den Wäldern beginnen, und zwar mit möglichst naturnahen Gesellschaften, weil sie als klarste Ausprägungen der Standortsbedingungen gelten dürfen. Wir werden jeweils versuchen, uns ein Bild von dem heutigen „potentiellen natürlichen" Zustand der Vegetation zu machen. Mit TÜXEN (1956) verstehen wir darunter das Artengefüge, das sich unter den gegenwärtigen Umweltbedingungen ausbilden würde, wenn der Mensch überhaupt nicht mehr eingriffe und die Vegetation Zeit fände, sich bis zu ihrem Endzustand zu entwickeln. Dieses konstruierte Bild hilft uns am ehesten, einen Überblick über die Fülle der verschiedenen „realen" Pflanzenkombinationen zu gewinnen.

Je nach den Klima- und Bodenbedingungen ist das Endstadium der natürlichen Vegetationsentwicklung verschieden. Auf Böden, die weder vom Grundwasser durchnäßt noch überschwemmt werden und auch sonst keine extremen Eigenschaften (z.B. primäre Nährstoffarmut) zeigen, wird die Pflanzendecke zu einem Ausdruck des Allgemeinklimas, das in der betreffenden Gegend oder Zone herrscht. Man spricht daher von zonalen Gesellschaften oder „klimatischen Klimaxgesellschaften" (Klimax heißt eigentlich Leiter oder Endstufe einer Leiter).

Durch lokale Gegebenheiten wird das Allgemeinklima abgewandelt, insbesondere durch das Relief. Auf Süd- bis Westhängen stellen sich Pflanzengesellschaften ein, die mehr Wärme benötigen und mehr Trockenheit ertragen als die zonalen. In der Regel handelt es sich um Artenkombinationen, die in einem südlich oder südöstlich anschließenden Vegetationsgebiet zonal sind. Ihr Auftreten in Mitteleuropa wird dann als extrazonal bezeichnet. Entsprechendes gilt für lokalklimatisch kühlere Standorte mit mehr oder minder stark boreal getönten Artenkombinationen. Solche kleinflächigen Vegetationseinheiten kann man auf Übersichtskarten (wie Abb. 1 und 3) nicht darstellen, und noch weniger ist es möglich, in diesen Karten vom Boden abhängige Besonderheiten auszudrücken.

In Flußauen und auf nassen Böden kann sich die zonale Vegetation nicht einstellen, weil ihre Partner dort großenteils nicht zu gedeihen vermögen. Hier bilden sich besondere Endstadien aus, die BRAUN-BLANQUET (1928, 1964) „Dauergesellschaften" nannte. Diese Bezeichnung ist wenig glücklich, weil die zonale Vegetation ja ebenso dauerhaft, wenn nicht sogar dauerhafter ist als z.B. die Endstadien der Vegetations-Sukzession in Flußauen (s. Abb. 186 u. 3). Wir sprechen daher besser von azonaler Vegetation, d.h. von Pflanzenkombinationen, die in mehreren Zonen mit verschiedenem Allgemeinklima in ungefähr gleicher Form auftreten, weil sie von den gleichen extremen Bodenfaktoren geprägt werden. Allerdings sind sie keineswegs vom Allgemeinklima unabhängig und wandeln sich mit diesem, wenn auch weniger stark und offensichtlich als die zonalen Einheiten. Die Naturvegetation der Gewässer, Dünen, Felsen und anderer Sonderstandorte ist ebenfalls großenteils als azonal anzusehen.

Zonale, azonale und extrazonale Pflanzengesellschaften bilden in jeder Landschaft ein Mosaik, das man am besten durch die – in der Regel flächenmäßig bei weitem vorherrschende – zonale Vegetation charakterisieren kann. Früher glaubte man sogar annehmen zu dürfen, daß die azonalen und extrazonalen Gesellschaften letzten Endes ebenfalls der zonalen Klimax zustrebten. Diese „Monoklimaxtheorie" darf heute als widerlegt gelten, obwohl sie immer noch von einigen Pflanzensoziologen vertreten wird. Entgegen der früher auch bei Bodenkundlern herrschenden Ansicht strebt z.B. die Verlandung eines Sees (s. Abschnitt B V 2a) nicht einem Eichen- oder Buchenwald zu, wie er auf Mineralböden in der Umgebung des Sees herrscht, sondern bleibt beim Erlenbruchwald stehen. Dieser ist nicht in der Lage, den Boden weiter über den Grundwasserspiegel aufzuhöhen und weicht nur dann der nässeempfindlichen zonalen Vegetation, wenn der Wasserspiegel gesenkt wird.

In den letzten Jahrzehnten hat sich sogar die Auffassung durchgesetzt, daß auch die zonale Vegetation nicht ein einziges, homogenes Endstadium darstellt, sondern eine Gruppe von mehreren floristisch und physiognomisch recht verschiedenen Gesellschaften. Von vornherein verläuft die Entwicklung auf tiefgründigen, tonhaltigen Lockerböden (z.B. auf Moränenlehm oder Löß) anders als auf Karbonatgesteinen (z.B. auf fast reinem Kalk oder Dolomit) und auch anders als auf quarzreichem Ausgangsmaterial (z.B. auf Sandstein oder diluvialem Sand). Silikatische Gesteine (z.B. Granite, Gneise und kristalline Schiefer) zerfallen und verhalten sich dann ähnlich wie Lehme. Aus tiefgründigen Lehmen oder Silikatgesteinen entstehen schließlich Braunerden oder Parabraunerden, aus Karbonatgesteinen Rendzinen und aus Sanden wie Sandsteinen saure Braunerden oder podsolige Braunerden. Tonreiche Mergel entwickeln sich ebenfalls in besonderer Weise, nämlich zu Pelosolen (s. MÜCKENHAUSEN 1977, KOHL 1971); sie sind jedoch so selten, daß man sie vernachlässigen darf.

Den Unterschieden in der natürlichen Bodenentwicklung entsprechen solche in der Vegetation. Wo verschiedene Ausgangsgesteine vorhanden sind, kann man mithin in einem gegebenen Allgemeinklima nebeneinander zumindest drei zonale Pflanzengesellschaften bzw. Klimaxgesellschaften erwarten: Die zonale Karbonatvegetation, die zonale Lehmvegetation und die zonale Sandvegetation sind verschieden und bilden erst gemeinsam die zonale Vegetation. In Anlehnung an den von TÜXEN und DIEMONT (1937) geprägten Begriff „Klimaxgruppe" kann man von der „zonalen Vegetationsgruppe" sprechen. Sie erkannten als erste klar, daß es beispielsweise in Nordwestdeutschland keine Monoklimax gibt, sondern mehrere verschiedene Klimaxgesellschaften auf den Hauptsubstraten der Bodenbildung. In Nordwestdeutschland sind dies drei, nämlich Buchenwälder auf Kalk, Eichen-Buchenwälder auf Lehm und buchenärmere Birken-Eichenwälder auf reinem Sand.

Entsprechende zonale Vegetationsgruppen gibt es in anderen Teilen Mitteleuropas, und zwar nicht nur im Tiefland, sondern auch in jeder klimatischen Vegetationsstufe der Gebirge (s. Abschnitt b). Die natürlichen Vegetationsverhältnisse Mitteleuropas werden durch diese Erkenntnis zwar weniger rasch, aber deutlicher überschaubar. Abb. 37 mag helfen, einen ersten Überblick über sie zu gewinnen und die soeben diskutierten Begriffe nebeneinander vor Augen zu führen.

Der allgemeine Teil dieser Abbildung enthält eine knappe, ohne nähere Erläuterung verständliche Kennzeichnung der wichtigsten Standorteigenschaften. Besonders hingewiesen sei lediglich auf die „Humusformen unter Laubwald", weil diese die ernährungsökologischen Besonderheiten der Böden auf die kürzestmögliche Formel bringen (vgl. hierzu KOHL 1971 und Abb. 88–94):

Räumliche Großgliederung der Vegetation 75

ALLGEMEIN	ZONAL			EXTRA-ZONAL		AZONAL			
KURZ-BEZEICHNUNG	SAND S	LEHM L	KALK K	SCHATT-HANG	SONN-HANG	FLUSSAUE	DÜNE	BRUCH	MOOR	SEE
Ausgangs-gesteine	Sand (silikatarm) Sandstein u.a.	Löß Moräne Silikat-gesteine	Kalkstein Dolomit	S L K S L K		Aue-lehm bis Fein-sand	Flug-sand	(Torf)	(Torf)	(Wasser)
Reife Bodentypen	stark saure Braunerde	Parabr.-u. Braunerde	Rendzina			Vega	Ranker Podsol	Carr	Hoch-moor Nieder-moor	
Humusform unter Laubwald	Moder	Mull	Mull	Mod Mull	Mod Mull	Mull	Mör	Mor Br.-torf	ol mes eu ol mes eu	Trophiegrad

Std.-char.: ±SUBOZEANISCH | ±KONTINENTAL

oligotroph
mesotroph
eutroph
gehölzfrei

HÖHENSTUFE:
- subalpin: Fi | AhFiBu | AhBu | Fi | (Fi)AhBu | — | — | — | —
- montan: TaFiBu | TaBu | (Ta)Bu | Fi/Ta | Bu(Fi)Ta | (Kie)(Ta)Bu | — | — | (Bi) Fi | (Fi) TaFi | (Fi) BergKie
- submontan: EiBu | (Ei)Bu | Bu | Bu/Ta | (Kie) EiBu | Ei (Esche) | — | Fi (Kie)Bi | Fi (Kie)Schwarz-erle Bi | Fi BergKie
- collin-planar: BuEi | EiBu | (Ei)Bu | Li u. (Bu) | (Kie) Submedit. Ei-Mischw. | (Ulm) Ei | Grün-erle | (Kie) Ei | (Kie)(Bi) Schwarz-erle Bi | (Kie)(Bi)

HÖHENSTUFE:
- montan: (Bu)(Ta)Fi | (Bu)TaFi | (Fi)TaBu | Fi | (Kie)TaFi | Fi (Esche) | Grau-erle | (Kie)Kie | (Kie) Fi | Fi BergKie
- submontan: EiBuKie | KieFiEiBu | EiBu | Fi Kie Bu | Kie FiTaBu | Kie Ei | Wei (Esche) | Kie | (Bi)(Bi) Fi Kie Schwarz-erle | (Kie) Kie
- collin-planar: (Ei)Kie | LiEiHb | EiHb | (Bu) Ei FiHb Kie | Kie kontin. Ei-Mischw. | Wei (Ulm) Ei | Wei | Kie | (Bi)(Bi) Kie Schwarz-erle | Kie

Ah=Bergahorn, Bi=Moorbirke, Bu=Rotbuche, Ei=Eichen, Fi=Fichte, Kie=Waldkiefer, Hb=Hainbuche, Li=Linden, Ta=Weißtanne, Wei=Weiden

Abb. 37. Herrschende Baumarten in der zonalen, extrazonalen und azonalen Vegetation von der Ebene bis ins Gebirge im westlichen (subozeanischen) und östlichen (mehr oder minder kontinentalen) Bereich Mitteleuropas. (Erläuterung im Text).

a) <u>Mull</u> besteht aus Ton-Humus-Komplexen in Krümelform und kennzeichnet fruchtbare Böden mit ausreichender Basensättigung, guter Durchlüftung und hoher biologischer Aktivität. (Die Krümel sind nichts anderes als verschieden alter Regenwurmkot.)
b) <u>Moder</u> nennt man einen stark zersetzten und „tätigen" Auflagehumus, der zwar von Tieren durchlebt, aber nicht in den Boden eingearbeitet ist. Er enthält daher nur wenige mineralische Bestandteile. In der Regel reagiert er stark sauer, ist aber noch nährstoff-, insbesondere stickstoffreich.
c) <u>Mör</u> (dänisch, eigentlich Mør) oder Rohhumus ist ein kaum zersetzter Auflagehumus, in dem wenige Tiere leben und der auch unter den Pflanzen nur von Spezialisten besiedelt werden kann.
d) <u>Bruchwaldtorf</u> ist zeitweilig durchnäßt und luftarm, ernährungsbiologisch aber in vieler Hinsicht mit Mull vergleichbar.
e) <u>Niedermoortorf</u> ist noch nasser, aber ebenfalls mehr oder minder nährstoffreich.
g) <u>Hochmoortorf</u> ist extrem sauer und nährstoffarm, also der ungünstigste aller humosen Wurzelböden.
Bei Bruchwaldböden, Mooren und Gewässern drückt man die Ernährungsbedingungen meistens durch drei Trophiegrade aus: <u>oligotroph</u> (nährstoffarm), <u>mesotroph</u> (mittelmäßig) und <u>eutroph</u> (nährstoffreich). Diese für aquatische und semiterrestrische Ökosysteme geprägten Begriffe auf terrestrische zu übertragen, wäre nicht sinnvoll, weil z.B. saure Braunerden unter natürlichen Verhältnissen keineswegs nährstoffarm sind. Man dürfte das erste Glied der zonalen Bodenreihe also nicht oligotroph nennen, sondern müßte es als mesotroph einstufen. Die übrigen bodenkundlichen und ökologischen Ausdrücke in Abb. 37 sind für das Verständnis des folgenden Abschnitts nicht absolut erforderlich. Sie sollen später erläutert werden.

b Höhenstufen der Waldvegetation

Aus Abb. 37 geht hervor, wie sich das Mosaik der zonalen, extrazonalen und azonalen Vegetation mit der Höhe über dem Meere ändert. Für den Überblick genügt es zunächst, die (wahrscheinlich) von Natur aus vorherrschenden Baumarten zu nennen. Da sich die zonale Vegetation aller Höhenstufen mit dem Kontinentalitätsgrad des Klimas ändert, wurde die Darstellung für den Südwesten (oberer Teil von Abb. 37) und für den Osten Mitteleuropas (unterer Teil) getrennt ausgeführt. In beiden Bereichen können wir zumindest vier Höhenstufen der Waldvegetation unterscheiden (s. auch Abb. 1, 3 u. 5):

1. Tieflagen mit relativ hohen Durchschnittstemperaturen, aber geringen Niederschlägen begünstigen allgemein die Eichen und in kontinentalem Klima auf Sandböden und saurem Bruchwaldtorf die Kiefer. Das gilt namentlich für die <u>planaren,</u> d.h. weithin ebenen Lagen, in denen sich extrazonale Vegetation kaum ansiedeln kann. Tiefgelegene Hügelländer – die man als <u>collin</u> bezeichnet – bieten dagegen mannigfache Möglichkeiten zur Ausbildung von extrazonalen Pflanzengesellschaften. Hier findet man entweder submediterrane artenreiche Eichenmischwälder oder relativ stark kontinental geprägte Gesellschaften.

2. Die <u>submontane,</u> zur montanen überleitende Stufe beginnt im nördlichen Mitteleuropa schon bei etwa 200 bis 300 m Meereshöhe, im südlichen erst bei 500 bis 600 m. Ihre Waldvegetation ist meistens buchenreich, selbst im Osten Mitteleuropas, soweit dieser noch zum Areal von *Fagus sylvatica* gehört.

3. <u>Montan</u> werden Klima und Vegetation dort, wo die Durchschnittstemperatur um mindestens 3°C geringer ist als in den Tieflagen, aber das nächtliche Abfließen von Kaltluft zu deutlicher Temperaturumkehr, d.h. zu geringer Frostgefahr führt. Die Untergrenze dieser Stufe liegt bei etwa 500 m (im Norden) bis 900 m ü. M. Auch hier herrscht in der zonalen und extrazonalen Vegetation fast überall die Rotbuche, mischt sich jedoch stärker mit Nadelhölzern als in der submontanen Stufe. An azonalen Standorten ist der Gegensatz zu den beiden tieferen Stufen ebenfalls

augenfällig. In den Flußauen werden die Eichen und Silberweiden des Tieflandes meistens von der Grauerle abgelöst. In Wäldern auf meso- bis eutrophen Torfböden treten Nadelhölzer an die Stelle von Schwarzerlen. Der obere Teil der Bergstufe, der häufig wolkenreicher ist als die Lagen darunter und darüber, kann als oreal (hochmontan) abgesondert werden.

4. Die subalpine Stufe ist gekennzeichnet durch zunehmende Ungunst des Klimas für die meisten Baumarten und für den Wald überhaupt. Nach oben findet sie mit der klimatischen Waldgrenze einen augenfälligen Abschluß, auf den wir in Abschnitt C VI eingehen werden. Laubhölzer, namentlich Buchen, setzen sich in der subalpinen Stufe nur noch auf den besten Böden und bei relativ ozeanischem Allgemeinklima durch (s. Abb. 42).

In der montanen und subalpinen Stufe findet man horizontale oder wenig geneigte Flächen, auf deren Böden sich zonale Vegetation einstellen könnte, verhältnismäßig selten. Extrazonale Gesellschaften oder doch lokalklimatisch bedingte Abwandlungen der zonalen Vegetation sind weitaus häufiger. Dies veranlaßte TÜXEN, von einem „Schwarm" zonaler Gesellschaften (bzw. einem „Klimaxschwarm") zu sprechen. Beispiele für solche lokalklimatischen Mosaike der potentiellen natürlichen Vegetation sind in Abb. 84 wiedergegeben, und zwar für je eine idealisierte Bergkuppe mit kalkreichem und kalkarmem Gestein.

Trotz dieser lokalen Mannigfaltigkeit hat jede Vegetationsstufe unverkennbare, durchgehende Charakterzüge, die sich vor allem im Artengefüge der Baumschicht äußern. Da dieses überhaupt ein Schlüssel zum Verständnis der Waldvegetation Mitteleuropas ist, wollen wir auf sein Zustandekommen näher eingehen. Dabei konzentrieren wir uns anfangs auf die Laubwälder der submontanen Stufe im westlichen Mitteleuropa, nicht zuletzt deshalb, weil von hier zahlreiche ökologische Untersuchungen vorliegen.

c *Nässe- und Trockengrenzen des Waldes*

Wälder würden zwar in der potentiellen natürlichen Vegetation unterhalb der klimatischen Waldgrenze weit größere Flächen bedecken als in der heutigen Kulturlandschaft. Doch gibt es selbst in der Naturlandschaft Grenzen, die der Wald nicht zu überschreiten vermag.

Die auffälligste ökologische Schranke, die man auch heute noch an vielen Beispielen studieren kann, ist die Nässegrenze des Waldes (s. Abb. 38 oben). Sie wird vor allem durch den Sauerstoffmangel verursacht, der in dauernd wasserdurchtränkten humusreichem Boden herrscht (s. Abschnitt B V 2 d).

Trotz des humiden Klimas, das für das westliche Mitteleuropa charakteristisch ist, kommt jedoch der Wald stellenweise auch hier an eine natürliche Trockengrenze. Das ist dort der Fall, wo über festem Gestein die wasserhaltende Feinerdedecke zu dünn wird (s. Abb. 38 unten). Während der gelegentlich auftretenden Trockenperioden dörrt diese völlig aus und hat auch in feuchteren Zeiten einen so stark wechselnden Wasserhaushalt, daß keine Bäume hochkommen. Die Trockenheitsgrenze ist also edaphisch, nicht klimatisch bedingt. Durch Flachgründigkeit waldfeindliche Standorte sind in Mitteleuropa stets eng begrenzt und von niedrigem Gebüsch sowie von kümmerlichem Buschwald umgeben, der infolge Wassermangels im Herbst oft schon mehrere Wochen früher vergilbt als die Wälder auf tiefgründigen Böden. Im südlichen Mitteleuropa wird die Trockenfront des Waldes in der Regel nicht von Laubhölzern, sondern von Kiefern gehalten, sei es von der Waldkiefer *(Pinus sylvestris)* oder der nach KÜNSTLE und MITSCHERLICH (1977) noch dürrefesteren Schwarzkiefer *(Pinus nigra)*, oder aber

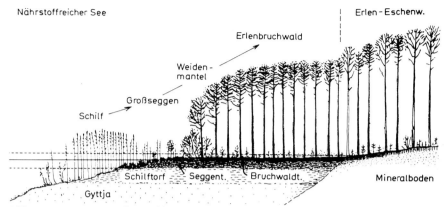

Abb. 38a. Nässegrenze des Waldes an einem nährstoffreichen See. Nach ELLENBERG (1966), verändert.
Durch Bildung von Schlamm (Gyttja) oder Torfen tragen die Uferpflanzen zur Verlandung des Sees bei, so daß die von der Schwarzerle gehaltene Nässefront allmählich seewärts vorrückt. Über den Schwankungsbereich des Wassers hinaus wird kein Torf gebildet; der Erlenbuchwald stellt daher das Endstatium der Verlandung dar. Auf dem anschließenden Mineralboden staffeln sich die Waldgesellschaften nach der Dauer des Grundwassereinflusses. Der Erlen-Eschenwald leitet zum Eichen-Hainbuchenwald und zum Buchenmischwald über. (Die im Wasserbereich liegenden Teile des Querschnitts sind überhöht dargestellt.)

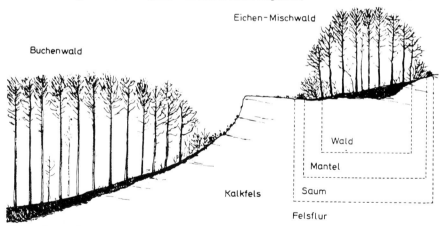

Abb. 38b. Trockengrenzen des Waldes kommen selbst in dem dauernd humiden Klima Mitteleuropas zustande, und zwar dadurch, daß die Feinerde über Felsgrund zu wenig Wasservorräte zu halten vermag, mit denen die Bäume während gelegentlich vorkommender Trockenperioden überleben könnten.
Nach ELLENBERG (1966), etwas verändert. Rotbuchenwälder erfordern mehr als etwa 20 cm Feinerde, Eichenmischwälder sind etwas genügsamer. Im Übergang zwischen Wald und nahezu pflanzenfreiem Fels bilden Sträucher einen „Waldmantel" und krautige Pflanzen dessen „Saum". (Die Feinerde-Mächtigkeit ist zehnfach überhöht dargestellt.)

von der nur in den westlichen Alpen vorkommenden Aufrechten Bergkiefer *(Pinus rotundata)*.

An allen natürlichen Waldgrenzen herrscht in der Regel nur eine einzige Baumart, einerlei, ob diese Grenze durch Kälte, Trockenheit oder Nässe gesetzt wird. Die bereits genannten Beispiele lassen aber erkennen, daß je nach den sonstigen Lebensbedingun-

2 Lebensbereiche der wichtigen Baumarten

a Flächenanteile einiger Laub- und Nadelbäume

Trotz jahrtausendelanger Einwirkungen des Menschen ist Mitteleuropa auch heute noch waldreich. Nur Nordeuropa und das nördliche Osteuropa sind stärker bewaldet, alle übrigen Teile des Kontinents dagegen weniger. Aufs ganze gesehen, bedecken Wälder und Forsten zwar nur etwa $^1/_4$ der Fläche Mitteleuropas, doch können sie in manchen gebirgigen Gegenden mehr als die Hälfte ausmachen. Deutschland, Polen, die Tschechoslowakei, Österreich und die Schweiz besitzen zusammen mehr als 250 000 km² forstliche Nutzfläche, von der heute weniger als 2% als Niederwälder und unter 1% als Mittelwälder bewirtschaftet werden (s. Tab. 8). Der größte Teil ist Hochwald, doch darf kaum ein Drittel der mitteleuropäischen Baumbestände als naturnah gelten. Naturferne Forsten herrschen vor allem im nördlichen Flachland, im Harz, in Teilen der Sudeten und im Alpenvorland.

Neben der Rotbuche, deren große Bedeutung für die mitteleuropäische Vegetation schon mehrfach hervorgehoben wurde, erreichen nur wenige Laubholzarten nennenswerte Flächenanteile (Tab. 8). Durch die moderne Forstwirtschaft wird seit mehr als 150 Jahren an Stelle der Laubhölzer die Fichte gefördert, die ursprünglich nur in den Gebirgen eine Rolle spielte. Bei Ödlandaufforstungen wurde die Waldkiefer bevorzugt. Auch ihr Anteil wächst immer mehr, während alle übrigen Nadelholzarten nur kleine Flächen einnehmen.

Tab. 8. Anteile wichtiger Baumarten an der Waldfläche einiger Länder. Nach verschiedenen Quellen; abgerundet

Länder:	Nieder-lande	Deutschland BRD	DDR	Polen	Tsche-choslo-wakei	Öster-reich	Schweiz
Waldfläche in %	7	28	27	24	34	36	27
Auf einen Einwohner entfallen ha Wald	0,02	0,13	0,17	0,3	0,4	0,5	0,19
Nadelbäume:	**86**	**69**	**79**	**88**	**69**	**85**	**70**
Fichte (*Picea abies*)	+	42	25	9	49	58	40
Kiefern[1]) (*Pinus sylvestris* u.a.) Lärche (*Larix decidua*)	60	27	54	76	15	20	10
Tanne (*Abies alba*)	+	+	+	3	5	7	20
Exoten[2]) und Rest	26	+	+	+	+	+	+
Laubbäume:	**14**	**31**	**21**	**12**	**31**	**15**	**30**
Buche (*Fagus sylvatica*)	2	23	12	3	16	10	25
Eichen (*Quercus robur* u. *petraea*)	9	8	5	4	6	2	+
Weichhölzer	2	+	4	3	2	2	+
Rest	1	+	+	2	7	1	5

[1]) Die Kiefernarten werden nur für Österreich getrennt angegeben: Waldföhre 10%, Bergföhre, Schwarzföhre und Zirbe (*Pinus mugo, nigra* u. *cembra*) je 1%. Die Lärche erreicht hier 7%.
[2]) In Holland besonders Japanlärche und Douglasie.

b Verhalten der Baumarten ohne und mit Konkurrenten

Von den wenigen Baumarten, die sich in Mitteleuropa am Waldaufbau beteiligen, sind die physiologischen Eigenschaften und das Verhalten im Konkurrenzkampfe durch forstliche Arbeiten so gut bekannt geworden, daß wir sie hier in einer Reihe von Ökogrammen übersichtlich darstellen können (Abb. 39). Diese beziehen sich jeweils

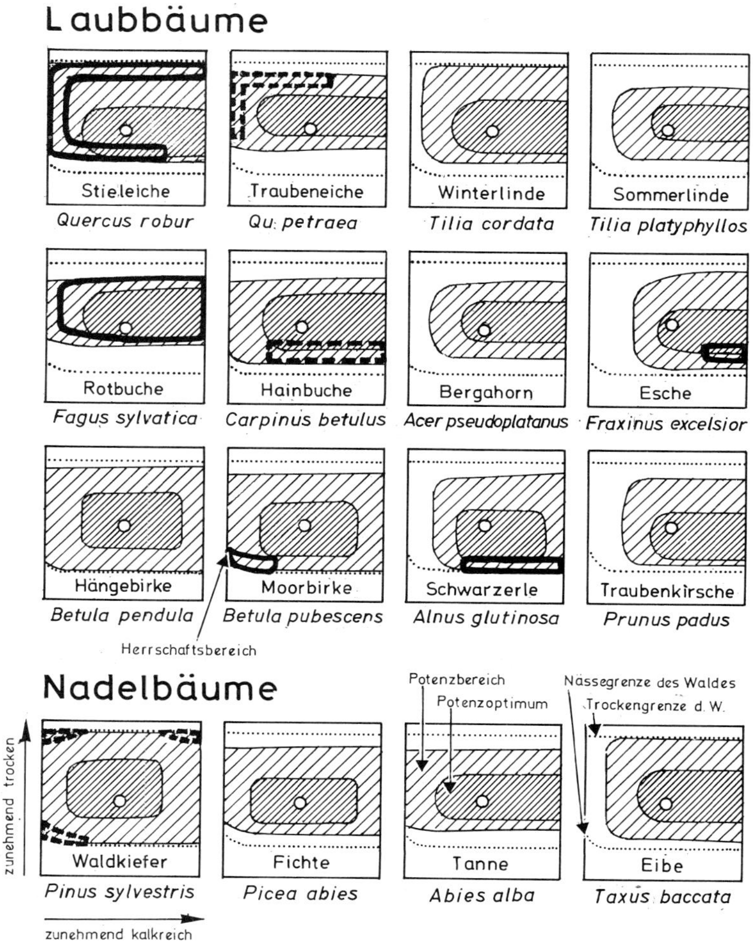

Laubbäume

Stieleiche	Traubeneiche	Winterlinde	Sommerlinde
Quercus robur	*Qu. petraea*	*Tilia cordata*	*Tilia platyphyllos*
Rotbuche	Hainbuche	Bergahorn	Esche
Fagus sylvatica	*Carpinus betulus*	*Acer pseudoplatanus*	*Fraxinus excelsior*
Hängebirke	Moorbirke	Schwarzerle	Traubenkirsche
Betula pendula	*Betula pubescens*	*Alnus glutinosa*	*Prunus padus*

Herrschaftsbereich

Nadelbäume

Potenzbereich
Potenzoptimum
Nässegrenze des Waldes
Trockengrenze d. W.

Waldkiefer	Fichte	Tanne	Eibe
Pinus sylvestris	*Picea abies*	*Abies alba*	*Taxus baccata*

zunehmend trocken
zunehmend kalkreich

Abb. 39. Feuchtigkeits- und Säurebereich wichtiger Baumarten Mitteleuropas in der submontanen Stufe bei gemäßigt-subozeanischem Klima.

Weit schraffiert = physiologische Amplitude (oder „Potenzbereich"), eng schraffiert = physiologischer Optimalbereich („Potenzoptimum"); dick umrandet = Bereich, in dem die betr. Baumart bei natürlichem Konkurrenzkampf mehr oder minder stark zur Herrschaft gelangt („Existenzoptimum"); gestrichelt umrandet = Existenzoptimum wird mit anderen Baumarten geteilt bzw. (bei *Pinus*) gilt nur für das südliche und östliche Mitteleuropa.

Für jedes der Ökogramme gibt die Ordinate die Feuchtigkeit des Standortes an (vom offenen Wasser über mittelfeuchten Boden bis zum sonnenexponierten und flachgründigen, sehr trockenen Fels, vgl. Abb. 38). Die Abszisse reicht von sehr sauren bis zu kalkreichen Böden. Oberhalb der oberen punktierten Linie ist es für Wald zu trocken, unterhalb der unteren zu naß. Bei mittleren (durch den kleinen Kreis bezeichneten) Verhältnissen gedeihen alle Baumarten gut, aber nur die Rotbuche kann sich hier durchsetzen.

auf die Gesamtspecies, berücksichtigen also die einzelnen – ökologisch noch viel zu wenig erforschten – Lokalrassen nicht.

In einem begrenzten, klimatisch einheitlichen Gebiet sind es vor allem Bodeneigenschaften, die über Wuchsmöglichkeit und Leistung der Baumarten entscheiden, insbesondere die Feuchtigkeit und der Nährstoffreichtum des Bodens, der im großen und ganzen mit seinem Basengehalte parallel geht. Diese beiden wichtigen Faktoren sind bei den Ökogrammen in Abb. 39 und bei ähnlichen Darstellungen in den folgenden Abschnitten als Koordinaten benutzt worden. Von unten nach oben gelesen, umfaßt jedes Diagramm den Bereich von offenem Wasser über sehr nasse, nasse, feuchte, mäßig feuchte und frische Standorte bis zu den flachgründigen und deshalb sogar in dem humiden Klima Mitteleuropas zeitweilig sehr trockenen. Von links nach rechts staffeln sich die Standorte entsprechend dem zunehmenden Basenreichtum von sehr sauren und meist stickstoffarmen bis zu kalkreichen.

Die Ökogramme in Abb. 39 gelten für ein gemäßigt subozeanisches Klima, wie es für große Teile Mitteleuropas kennzeichnend ist, und innerhalb desselben für die submontane Höhenstufe. Nur auf den nassesten Standorten einerseits und auf extrem flachgründigen, leicht austrocknenden Felsböden andererseits findet der Baumwuchs unter diesen Bedingungen eine absolute Grenze; sie ist in den Ökogrammen durch Punktlinien angedeutet. Die „Potenzgrenzen" jeder der in Abb. 39 berücksichtigten Baumarten sind durch dünne Linien dargestellt. Ihr physiologischer Optimalbereich, in dem sie bei forstlicher Pflege, also nötigenfalls unter Ausschluß von Konkurrenten, ihre höchste Wuchsleistung erzielen, ist dichter schraffiert als ihre gesamte physiologische Amplitude, ihr Potenzbereich.

Schon ein flüchtiger Blick auf die Diagramme läßt erkennen, daß bei „mittleren" Verhältnissen, d. h. bei mäßiger Feuchtigkeit und mäßigem Basenreichtum des Bodens, sämtliche Baumarten gut gedeihen, und daß sich ihre physiologischen Optimalbereiche mehr oder minder weit überschneiden. Im natürlichen Konkurrenzkampfe können sich aber nur diejenigen durchsetzen, die auf dem betreffenden Standort rasch große Wuchshöhe und ein relativ hohes Alter erreichen (Tab. 9). Von diesen wiederum sind die stärker Schatten ertragenden und spendenden „Schattholzarten" wettbewerbsfähiger als die „Lichtholzarten" (Tab. 9). Unter den Schattholzarten bleiben Rotbuche und Tanne allen anderen Bäumen überlegen, vorausgesetzt, daß ihnen die Boden- und Klimabedingungen zusagen. Zwischen beiden entscheidet vor allem ihre Wachstumsgeschwindigkeit in der Jugend, und in dieser Hinsicht ist die Rotbuche unter den relativ milden Klimaverhältnissen der submontanen Stufe gegenüber der Tanne entschieden im Vorteil (s. Abb. 150).

Aus ihrem eigenen Optimalbereich kann die Rotbuche alle übrigen Baumarten ganz oder fast ganz verdrängen. Nur die Esche sowie Spitz- und Bergahorn haben wegen ihres noch rascheren Jugendwachstums Aussicht, neben ihr hochzukommen. Deshalb findet man diese Arten den naturnahen Buchenbeständen vereinzelt beigemischt. Zur Herrschaft kommen sie aber nur dort, wo die Buche durch zeitweilige Bodennässe gehemmt wird und der Boden zugleich so fruchtbar ist, daß diese anspruchsvolleren Baumarten gut gedeihen. Ihrerseits drängen sie die Schwarzerle, die hier ihr Wachstumsoptimum hätte, auf die nassesten, anmoorigen oder moorigen Standorte ab. Dort, also nahe ihrer eigenen physiologischen Nässegrenze, gelangt diese raschwüchsige, aber kurzlebige Erlenart zu unbestrittener Alleinherrschaft (Abb. 38–40).

Birken, insbesondere Moorbirken, können nur auf basenarmen Naßböden hervortreten, weil hier alle anderen Bäume noch schlechter gedeihen. Als Pionierhölzern, deren Samen leicht vom Winde verweht werden und sogar auf magersten Böden zu

Tab. 9. Einige für die Konkurrenzfähigkeit wichtige Eigenschaften mitteleuropäischer Baumarten.
Maximale Höhe und maximale Lebensdauer auf günstigen Standorten; Fähigkeit, als Bestand Schatten zu erzeugen (B) und als Jungwuchs Schatten zu ertragen (J), sowie Empfindlichkeit gegen Dürrezeiten im Sommer, Spätfrost im Frühjahr (Sp.) und Winterfrost (W.). Nach verschiedenen Quellen und eigenen Beobachtungen[2])

m	Artname und Lebensdauer[1])		Schatt. B J	Empfindlichk. Dürre Sp. W.	m	Artname und Lebensdauer		Schatt. B J	Empfindlichk. Dürre Sp. W.
>60	Abies alba	N	● ●	◉ ● ◉	<30	Pinus cembra	N	O ◉	O O O
	Picea abies	N	O ◉	● ◉ ⊙		Tilia cordata		O O	⊙ ◉ O
>40	Pinus nigra	N	◉ O	O O O		Acer platanoides		O O	◉ ◉ O
	P. sylvestris	N	O O	O O O		Ulnus glabra		O O	◉ ⊙ O
	Larix decidua	N	O ( )	● ◉ ⊙		U. laevis		O O	O ● O
	Quercus petraea		◉ ⊙	◉ ◉ O		Prunus avium		◉ O	◉ ⊙ O
	Q. robur		⊙ ⊙	O ◉ ◉		Quercus pubescens		⊙ O	⊙ O O
	Fagus sylvatica		● ●	O ● O		Sorbus torminalis		◉ O	⊙ O O
<40	Tilia platyphyllos		O O	◉ ◉ O		Pinus mugo (Baum)	N	● ( )	O O O
	Ulmus minor		◉ O	O ⊙ O		*Carpinus betulus*		● ●	◉ ◉ ◉
	Acer pseudoplatanus		O O	◉ ◉ ◉		*Salix alba*		⊙ O	● O ⊙
	Castanea sativa		◉ ◉	⊙ ● ●		*Alnus glutinosa*		◉ ◉	● ◉ ◉
	Sorbus domestica		O O	◉ O O	<20	Taxus baccata	N	● O	⊙ O ●
	Fraxinus excelsior		◉ O	● O O		Sorbus aria		◉ ⊙	⊙ ◉ ◉
	Quercus cerris		⊙ ⊙	⊙ O O		Malus sylvestris		⊙ O	◉ O O
	Populus nigra		⊙ ◉	● ⊙ ◉		*Ostrya carpinifolia*		O O	◉ ● ◉
	P. alba		⊙ ◉	O ⊙ O		*Acer campestre*		◉ O	◉ O O
	P. tremula (i. Osten)		O ◉	O O ⊙		*Prunus padus*		◉ ◉	O ◉ ◉
	Betula pendula (”)		O O	● O ⊙		*Pyrus communis*		⊙ O	◉ O O
	B. pubescens (”)		O O	● O ⊙		*Sorbus aucuparia*		⊙ ◉	⊙ ⊙ ⊙
						Salix fragilis		⊙ O	● ⊙ ⊙
						Alnus incana (<50 J.)		◉ ⊙	● ⊙ O

[1]) Im Bestand **langlebige** (> 400 J.), mittelebige (150 – 400 J.) und *kurzlebige* (< 150 J.) Arten. Freistehende Bäume werden z.T. älter. N = Nadelhölzer
[2]) ● sehr groß, O groß, ◉ mittelmäßig, ⊙ gering, ○ sehr gering, ( ) äußerst gering

keimen vermögen, bietet sich aber beiden Birkenarten immer wieder die Chance, hier und dort auch auf trockeneren Standorten Fuß zu fassen.

Andere Lichtholzarten sind langlebiger als die Birken (Tab. 9). Namentlich die Eichen bleiben durch diese Eigenschaft auf vielen Standorten vertreten, die der Buche nicht zusagen. Der Anteil der Eichen am natürlichen Walde der submontanen Stufe wird umso größer, je ärmer und trockener oder je nasser der Standort ist, vorausgesetzt, daß die Eichen dort überhaupt noch zu gedeihen vermögen. Dementsprechend gibt es Trockenheit ertragende, an die Basenversorgung aber hohe Ansprüche stellende Eichenmischwälder (die sogenannten wärmeliebenden Eichenmischwälder), Trockenheit und zugleich Säure ertragende Eichenmischwälder (die trockenen Birken-Eichenwälder) und „bodenfeuchte" Eichenmischwälder. Auch die letzteren kommen sowohl auf basenarmen Standorten (feuchte Birken-Eichenwälder) als auch auf basenreicheren (feuchte Eichen-Hainbuchenwälder) vor.

Ist das Klima feucht und zugleich warm genug – wie das in der submontanen Stufe durchaus der Fall ist, – so gedeihen auf fast allen Böden Laubbäume, die den Nadelbäumen überlegen bleiben. Nur nahe der Existenzgrenze des Waldes überhaupt kommt die große Genügsamkeit der Kiefer zur Auswirkung, und dies einerseits auf sehr trockenen und kalkreichen bis basenarmen Standorten, und andererseits am Rande der nährstoffarmen Hochmoore (Abb. 40).

Neben Wasserversorgung, Ernährung und Wärme spielen andere Faktoren beim Konkurrenzkampf der Bäume unter natürlichen Verhältnissen in der Regel nur unter-

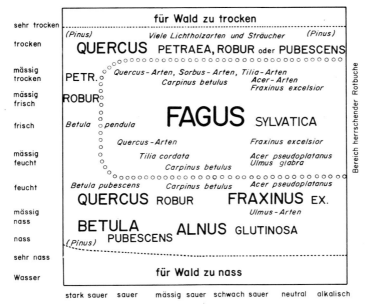

Abb. 40. Ökogramm der in der submontanen Stufe Mitteleuropas bei gemäßigt-subozeanischem Klima auf ungleich feuchten und basenhaltigen Böden waldbildenden Baumarten. Die Größe der Schrift drückt ungefähr den Grad der Beteiligung an der Baumschicht aus, wie er als Ergebnis des natürlichen Konkurrenzkampfes zu erwarten wäre (vgl. Abb. 39). Eingeklammert = nur in manchen Gebieten.

geordnete Rollen. Zuweilen fällt die Entscheidung nicht zwischen den miteinander aufwachsenden Individuen und Arten, sondern erst bei deren Fortpflanzung. Als Beispiel möge die sonst so erfolgreiche Rotbuche dienen. Ebenso wie viele andere Baumarten, fruchtet sie nicht in jedem Jahr (Abb. 41), denn sie verbraucht zu einem vollen Samenertrag nach GÄUMANN (1935, s. auch BURSCHEL 1966) etwa $2/3$ aller im Jahre mobilisierten Kohlenhydrate. An ungünstigen Standorten vermag sie diesen Stoffaufwand nur in großen Zeitabständen zu leisten. Allein eine „Vollmast" führt aber zu reichlichem Buchenaufschlag. Bei Halb-, Viertel- oder gar „Sprengmast", d. h. beim Fruchten vereinzelter Bäume, werden nach WATT (1923) fast alle Bucheckern bis zur Keimungszeit im Frühjahr von Mäusen und anderen Nagern, Wildschweinen und Vögeln aufgefressen. Auch nach erfolgreicher Keimung sind die jungen Buchen von vielen Gefahren bedroht. Durch die Keimlingskrankheit sowie durch Wildverbiß, Mäuse- und Käferfraß und Hagel fielen nach BURSCHEL, HUSS und KALBHENN z. B. im Jahre 1961 $1/3$ bis $2/3$ der Jungpflänzchen aus. Werden nun obendrein die Blüten und jungen Früchte zwar reichlich gebildet, aber durch Spätfröste oder Sommerdürren vernichtet, wie sie in kontinentalem Klima öfters eintreten, so können Jahrzehnte vergehen, bis eine Naturverjüngung eintritt. In diesen Zusammenhängen muß man die Hauptursache dafür sehen, daß die Buche an ihrer Ostgrenze trotz guten Wachstums so plötzlich haltmacht (STEFFEN 1931, s. auch WACHTER 1964 u. VILMOS 1965). In der submontanen Stufe Zentraleuropas steht aber weder die Buche noch eine andere einheimische Baumart unter so extremen Bedingungen. Hier wird daher der Wettbewerb fast immer in der vegetativen Phase, besonders in der Jugend, ausgetragen.

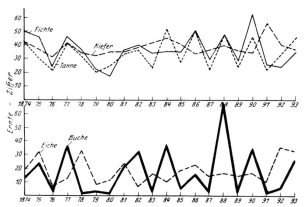

Abb. 41. Der Samenertrag der Rotbuche *(Fagus sylvatica)* schwankt von Jahr zu Jahr stärker als derjenige anderer Baumarten und ist in manchen Jahren gleich Null. Nach SCHWAPPACH aus DENGLER (1930). Die „Ernte-Ziffer" bedeutet Prozente des maximal möglichen Samenertrages.

Allen Baumarten kommt in ihrem Lebenskampf zugute, daß sie selbst innerhalb eines kleinen Bestandes phänologisch, genetisch und ökologisch variieren. Besonders in den Grenzbereichen ihrer Areale und in größerer Meereshöhe gibt es Standortsrassen. Schon in Belgien lassen sich z. B. bei der Buche Subpopulationen unterscheiden (GALOUX 1966). Solche Variabilität vergrößert die Amplitude der Gesamtpopulation, verwischt aber nicht die Unterschiede zwischen den Arten (s. KALELA 1937).

Das Ergebnis des Konkurrenzkampfes der Bäume stellt Abb. 40 für die submontane Stufe in großen Zügen dar. In diesem Ökogramm wurden nur die in der jeweils obersten Baumschicht herrschenden sowie einige wichtige beigemischte Arten genannt. Vergleicht man es mit den Ökogrammen der einzelnen Baumarten in Abb. 39, so veranschaulicht es recht gut, daß sich nur die Rotbuche und allenfalls auch noch Bergahorn und Esche in ihrem physiologischen Optimalbereich zu behaupten vermögen, während alle anderen Baumarten mit außeroptimalen Bodenverhältnissen vorlieb nehmen müssen. Die Zusammensetzung unserer Wälder im Naturzustand ist also keineswegs eine einfache Funktion ihrer anorganischen Umwelt, sondern in viel stärkerem Maße noch das Ergebnis des Wettbewerbs der klimatisch möglichen Baumarten um Licht, Wasser, Nährstoffe und andere raumgebundene Lebensbedingungen.

Greift der Forstmann in diesen Konkurrenzkampf ein, indem er die wirtschaftlich unerwünschten Arten bei der Verjüngung oder bei Durchforstungen ausmerzt, so kann er Kiefern, Eichen und andere sonst unterdrückte Baumarten auf physiologisch optimalen Standorten fördern und hier mit ihnen wesentlich höhere Leistungen erzielen als an Standorten, an denen die betreffenden Bäume von Natur aus herrschen.

Die in Abb. 40 gegebene Übersicht der wichtigsten natürlichen Baumartenkombinationen in der submontanen Stufe Mitteleuropas umfaßt nur Standorte, die außerhalb von Flußauen liegen. Im Überschwemmungsbereich der größeren Wasserläufe herrschen so sehr abweichende Feuchtigkeits- und Ernährungsbedingungen, daß diese gesondert behandelt werden müssen (Abschnitt B V).

c *Klimabedingte Abwandlungen des Baumarten-Gleichgewichts*

Steigt man von der submontanen Stufe in die montane empor, so sieht man die Kampfkraft der Buche eher noch zunehmen, während diejenige der Eiche und anderer wärmebedürftigerer Bäume mehr und mehr nachläßt. Die auffälligste Veränderung ist aber in vielen Gebirgen Mitteleuropas das Hervortreten der Tanne, die gewissermaßen die Rolle der Eiche übernimmt, indem sie sich auf allen für die Buche nicht optimalen Standorten durchsetzt (s. Abb. 42). Solche „nadelbaumfördernden" Gesteinsunterlagen, um einen Ausdruck KUOCHS (1954) zu gebrauchen, sind in erster Linie kalkarme und zum Wasserstau neigende Gesteine. Die trockensten Standorte bleiben auch in der montanen Stufe der Kiefer vorbehalten, kommen allerdings nur noch sehr kleinflächig vor. Im nassen Bereich verlieren Schwarzerlen und Birken in der Bergstufe an Bedeutung, während sich Fichten, Tannen und auf den basenärmsten Naßböden auch Kiefern breitmachen (Abb. 37).

In der oberen montanen und in der subalpinen Stufe der meisten mitteleuropäischen Gebirge (mit Ausnahme einiger im Südwesten gelegener) muß die Buche ihre herrschende Rolle an die Fichte oder andere Nadelbäume abtreten, die den langen und kalten Wintern besser gewachsen sind als dieser in den Tieflagen so allmächtige Baum (Tab. 9).

Auch nach unten hin nimmt die Konkurrenztüchtigkeit der Buche ab und ist in der collinen Stufe, die im südlichen Mitteleuropa auch als „Weinbaustufe" bezeichnet wird, merklich geringer als in der montanen und submontanen. Das liegt vor allem an den in warmen Tieflagen häufiger auftretenden Trockenperioden, die der Buche mehr zusetzen als den Eichen und den meist mit diesen vergesellschafteten Baumarten (Tab. 9). In manchen Beckenlandschaften, in denen während klarer Strahlungsnächte Kaltluft zusammenläuft, kommen noch Spätfröste hinzu, die der früher austreibenden Buche gewöhnlich mehr schaden als den Eichen (Tab. 9). Reine Rotbuchenwälder gibt es deshalb in der Naturlandschaft der collinen Stufe nur ausnahmsweise, z.B. an schattigen Hängen, deren Klima dem submontanen ähnelt.

Die geschilderte Höhenstufung kann man am besten durch die auf „mittleren" Böden von Natur aus vorherrschenden Baumarten kennzeichnen (s. Abb. 6). Die vollständige Serie findet man z.B. in den nördlichen Kalkalpen. Sie gilt allerdings nicht für ganz Mitteleuropa, sondern wird durch das Allgemeinklima und die Florengeschichte in verschiedener Weise abgewandelt. Im stark ozeanischen Südwesten, beispielsweise in den Vogesen, tritt die Fichte zurück oder fehlt sogar ganz. Im nördlichen Mitteleuropa fällt die Tanne als Konkurrent der Buche aus und wird teilweise durch die Fichte ersetzt, z.B. im Harz und im östlichen Thüringerwald. Noch ärmer ist die Baumartengarnitur im Nordwesten, unter dessen stärker ozeanischen Klimabedingungen die Kiefer von Natur aus fehlt oder sich nur noch an Moorrändern hält. Im kontinentalen Osten, z.B. im südlichen Polen, sind zwar noch alle Baumarten vorhanden, doch wird die Rotbuche sowohl in Tief- als auch in Hochlagen unterdrückt, weil sie den häufigen Trockenperioden und den scharfen Winterfrösten nicht standhält. Nur in der submontanen und besonders in der montanen Stufe, also in dem relativ „ozeanischen" Bereich der Wolkennebel, ist sie hier kampfkräftig genug, um sich auf guten Böden durchzusetzen. In den Längstälern der inneren Alpen, deren Klima noch trockener und „kontinentaler" ist, gewinnen die Nadelhölzer vollends die Oberhand und herrschen von der untersten Stufe bis an die Baumgrenze (Abb. 42). Hinsichtlich der natürlichen Höhenstufung der herrschenden Baumarten kann man Mitteleuropa also in mehrere Zonen einteilen (Abb. 43). Diese verzahnen sich in den Alpen auf so kleinem Raume, daß man sie am besten in einem schematischen Querschnitt übersieht (Abb. 42a).

Wie aus dem unteren Teil von Abb. 6 hervorgeht, ist nicht nur die Abfolge der herrschenden Baumarten, sondern auch die Höhenlage der Stufengrenzen in Mitteleu-

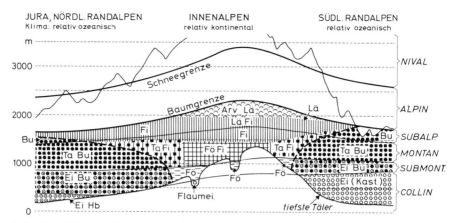

Abb. 42a. Schematischer und vereinfachter Querschnitt durch die mittleren Alpen (etwa vom westlichen Schweizer Jura bis ins Tessin), mit Angabe der Höhenstufen und der auf mittleren Standorten von Natur aus herrschenden Baumarten. Teilweise in Anlehnung an KUOCH (1954) und ELLENBERG (1966).

Schneegrenze, Baum- bzw. Waldgrenze und die Grenzen zwischen submontaner, montaner und alpiner Stufe steigen zum Alpeninneren hin an, vor allem infolge der Massenerhebung und des strahlungsreicheren, kontinental getönten Klimas. Scharfe Winter- und Spätfröste sowie Trockenheit schließen hier die Tanne und noch mehr die Rotbuche und viele Laubhölzer aus. Die Waldgrenze wird in den Innenalpen von der Lärche und Arve oder im Süden von der Lärche allein gebildet.

Im Gegensatz zu den von Nadelwäldern beherrschten Innenalpen sind sowohl die südlichen als auch die nördlichen Randalpen laubholzreich. In den nördlichen bildet meist die Fichte die Waldgrenze, in den südlichen dagegen die Buche, die in allen ozeanischen Gebirgen Europas eine große Rolle spielt (vgl. Abb. 6).

ropa von Gebirge zu Gebirge verschieden. Mit abnehmender geographischer Breite steigen die Höhengrenzen in der Regel an, weil die Wärme im Durchschnitt zunimmt und die Vegetationsperiode in gleicher Höhenlage länger dauert (s. Abschnitt I b). Aber auch mit zunehmender Kontinentalität des Klimas heben sich manche Stufengrenzen, besonders die oberen, ohne daß die Jahresmittel der Temperatur höher und die Vegetationszeiten länger zu werden brauchen. Dies hängt in erster Linie mit der geringeren Bewölkung, also mit der stärkeren Einstrahlung und größeren Sommerwärme zusammen, durch die sich das strahlungsreichere, wenn auch in Temperatur und Feuchtigkeit wechselvollere Binnenlandklima sowie das zentralalpine Klima gegenüber dem wolkenreicheren Klima der Gebirgsrandlagen und der Küstengebiete auszeichnet. Auf die übrigen Ursachen und den Komplex ihrer Wirkungen werden wir erst bei der Besprechung der subalpinen Arven-Lärchenwälder und der alpinen Baum- und Schneegrenze eingehen.

Dieser Überblick über die Verteilung der wichtigsten Baumarten Mitteleuropas und das sie verursachende Zusammenspiel von Standortfaktoren und Konkurrenz wurde absichtlich knapp gehalten, um die großen Züge im naturnahen Waldbilde klarer hervortreten zu lassen. Die folgenden Abschnitte werden uns mehr und mehr mit Einzelzügen des Baumartengefüges und auch mit den übrigen Partnern der Waldgemeinschaften vertraut machen.

3 Lebensbedingungen und Verhalten des Waldunterwuchses

a *Lebensbedingungen im Inneren von Laub- und Nadelwäldern*

In unserem Überblick über die Waldzonen und -stufen Mitteleuropas haben wir bisher nur die Bäume berücksichtigt, weil sie die eigentlichen Erbauer der Waldgemeinschaf-

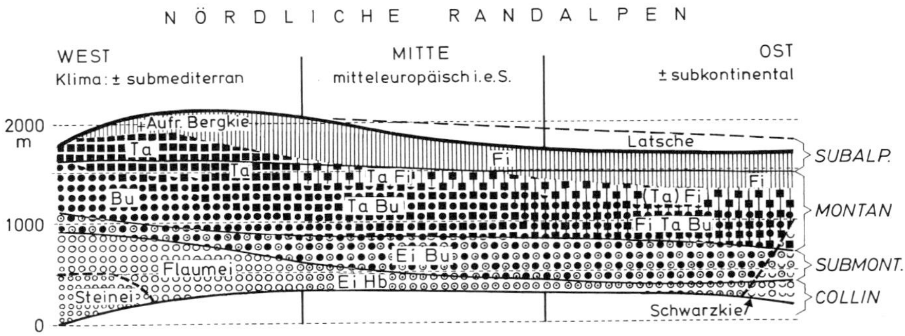

Abb. 42 b. Schematischer und stark vereinfachter Längsschnitt durch die nördlichen Randalpen von den submediterranen französischen Alpen bis zu den österreichischen Ostalpen. In Anlehnung an WAGNER (1966). Im mittleren Abschnitt ist die Höhenstufung der Vegetation „mitteleuropäisch" und entspricht der auf Abb. 42 a dargestellten.

Infolge des zunehmend wärmeren Allgemeinklimas steigen die Stufengrenzen nach Südwesten hin etwas an. Die stärkste Veränderung vollzieht sich jedoch in den collinen Tieflagen, wo an die Stelle der mesophilen Buchen-Eichen-Hainbuchen-Mischwälder submediterrane, stärker trockenheitsertragende Flaumeichen-Mischwälder und schließlich mediterrane immergrüne Hartlaubwälder mit Steineiche *(Quercus ilex)* treten, die der zunehmenden Sommertrockenheit besser gewachsen sind (s. auch Abb. 4). Nur in der Wolkenstufe herrschen hier Rotbuchen, in den höheren Lagen dagegen Tannen, Fichten oder Aufrechte Bergkiefern *(Pinus rotundata)*, weil das Klima im Sommer oft zu trocken für die Buche ist.

Auch nach Osten hin nimmt die Bedeutung der Nadelhölzer im Bereich der Randalpen zu, hier jedoch sowohl in den tieferen als auch in den höheren Lagen. Namentlich die Fichte wird konkurrenzkräftiger, weil das Allgemeinklima sogar in den niederschlagsreichen Randketten mehr und mehr kontinental getönt ist. Am Südostrand der Alpen spielt stellenweise die Schwarzkiefer *(Pinus nigra)* eine Rolle (s. Abschnitt B IV 6 b). Auch die südlich-kontinentale Zerreiche *(Quercus cerris)* tritt hier und dort hervor.

Ein Längsschnitt durch die Innenalpen würde fast überall Nadelwälder zeigen, mit Ausnahme der Westalpen, wo Flaumeichen- und Hartlaubwälder auch in den inneren Tälern vordringen. (Die Vorposten der Flaumeichen sind im Querschnitt durch die Schweizer Alpen angedeutet, s. Abb. 42 a.) Über der submediterran-collinen Stufe folgt in den westlichen Zentralalpen eine montane Waldkiefern *(Pinus sylvestris)*-Stufe, darüber subalpiner Lärchen- oder Lärchen-Arvenwald. In den mittleren Innenalpen schiebt sich die Fichte zwischen die Kiefern- und die Lärchen-Arvenstufe ein und herrscht in den Ostalpen auch an den zentralen Massiven bis zur Waldgrenze.

ten sind. Ihr Unterwuchs ist gegen die Wirkungen des Außenklimas mehr oder minder abgeschirmt und lebt in einem Bestandesklima, dem längst nicht alle Pflanzen Mitteleuropas gewachsen sind. Gegenüber dem Freiland zeichnet sich das Waldinnere vor allem durch folgende Eigenschaften aus:

1. Die Beleuchtungsstärke ist – zumindest in der warmen Jahreszeit – mehr oder minder beträchtlich gedämpft. Pflanzen, die volles oder nur wenig geschwächtes Licht zur Photosynthese benötigen, verhungern deshalb im Waldschatten. Sogar für manche „Waldpflanzen" reicht die Beleuchtungsstärke stellen- oder zeitweise nicht aus (Abb. 117). Andererseits werden die schattenertragenden Arten hier vor lichtbedürftigen Konkurrenten bewahrt, also indirekt begünstigt.

2. Das Kronendach hemmt den Wärmeaustausch mit der freien Atmosphäre, so daß die Boden- und Lufttemperaturen im Tages- wie im Jahreslaufe weniger stark schwanken als unter freiem Himmel (Abb. 44).

3. Den ausgeglicheneren Temperaturen entsprechen geringere Schwankungen der Luftfeuchtigkeit, jedenfalls was die Maxima und Minima in längeren Zeiträumen anbetrifft (s. Abb. 433). Das Bestandesklima ist also sowohl im Wärme- wie im Wasserhaushalt „ozeanischer" getönt als dasjenige der Umgebung. Die Unterwuchsgemeinschaften sprechen infolgedessen nicht so deutlich auf den Grad der Kontinentalität des Allgemeinklimas an, wie dies bei der Baumschicht der Fall ist.

4. Der Wasserhaushalt des Unterwuchses bleibt auch dadurch weniger aufwendig, daß die Windgeschwindigkeit im Walde stets geringer ist als im Freilande. Waldbodenpflanzen sind daher auf gleichem Boden und unter gleichem Allgemeinklima stärker hygromorph (bzw. weniger xeromorph) gebaut als Freilandpflanzen (Abb. 45).

5. An Sonnentagen sind aber die kurzfristigen Schwankungen der Bestrahlung und damit auch der Luftfeuchtigkeit für Waldbodenpflanzen beträchtlich größer als für Freilandgewächse, ein Umstand, den man sich gewöhnlich nicht klarmacht. Beim Vorüberwandern eines größeren Sonnenfleckens kann die Beleuchtungsstärke bis auf über 80% derjenigen des Freilandes anwachsen, während sie normalerweise nur etwa 1–10% davon beträgt (s. auch Abb. 58). Diese starke Besonnung läßt die Temperatur und das Sättigungsdefizit der Luft in der Nähe des Waldbodens rasch ansteigen und kann für empfindliche Pflanzen, z. B. für manche Farne, zum begrenzenden Faktor werden (s. Abb. 75).

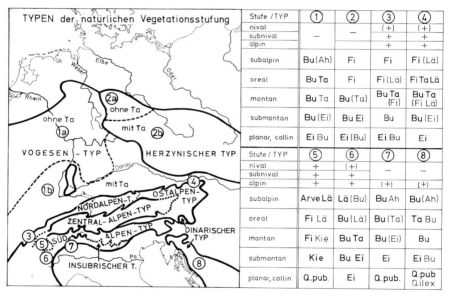

Abb. 43. Die natürliche Höhenstufung der Vegetation ist fast in jedem Gebirge anders, läßt sich aber typisieren. In Mitteleuropa kann man 7 Typen und einige Untertypen unterscheiden. Nach HAEUPLER, verändert.

6. Ein Teil der Niederschläge wird durch das Kronendach abgefangen, und zwar je nach Baumarten, Alter und Dichte des Bestandes und je nach Stärke, Form und Dauer der Niederschläge in verschieden großem Prozentsatz (Tab. 23). Diese Interzeption wirkt sich in ozeanischen Tieflandern in der Regel särker aus als im Gebirge oder in kontinentalen Gebieten, wo die Niederschläge häufiger in Form von Platzregen fallen.

7. Die Baumschicht konkurriert mit dem Unterwuchs um Wasser und Nährstoffe, weil beide den Oberboden dicht durchwurzeln. Häufig ist nicht Lichtmangel, sondern Wasserentzug die Ursache dafür, daß Baumkeimlinge am Waldboden absterben oder wasserbedürftige krautige Pflanzen sich nicht kräftig entwickeln können.

8. Andererseits sorgen die Bäume dafür, daß den flachwurzelnden Pflanzen Stoffe aus dem Unterboden zugute kommen. Denn sie nehmen diese mit ihren tiefreichenden Wurzeln auf und bringen sie als Streu in den Kreislauf, an dem sich Bodentiere, Pilze und Bakterien beteiligen (Abb. 115, s. auch Tab. 22).

9. Durch die Blattstreu als solche werden manche Pflanzen am Waldboden geschädigt, sei es dadurch, daß ihre Assimilationsorgane zugedeckt werden (z. B. viele Moose), oder dadurch, daß toxische Substanzen aus der Streu in ihren Wurzelbereich gelangen.

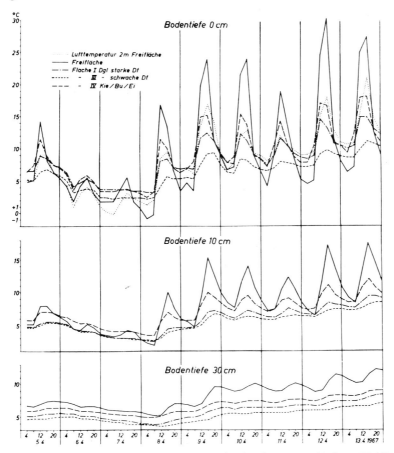

Abb. 44. Tagesgänge der Bodentemperaturen im Freiland und unter verschiedenen Waldbeständen zur Zeit der raschen Erwärmung im Frühjahr (5.–13. April 1967). Nach MITSCHERLICH und KÜNSTLE (1970).
Auf einem Kahlschlag (Freifläche) sind die täglichen Schwankungen am größten, besonders an der Bodenoberfläche, aber auch in 10 und 30 cm Tiefe. Unter Laubmischwald (Fläche IV, Kiefer-Rotbuche-Eiche) vor dem Laubaustrieb schwanken die Temperaturen stärker und erwärmt sich der Boden rascher als unter immergrünem Nadelwald, besonders wo dieser sehr dicht ist (Fläche III, Douglasie, schwache Durchforstung).

Ergänzend sei bemerkt, daß sich die Reihenfolge der Probeflächen im Laufe des Sommers ändern kann. Von Ende Oktober bis Anfang Februar bleibt aber der Boden im Laubmischwald wärmer als in allen übrigen Flächen, auch im Kahlschlag. Nach MITSCHERLICH und KÜNSTLE liegt dies in erster Linie an der isolierenden Laubstreudecke.

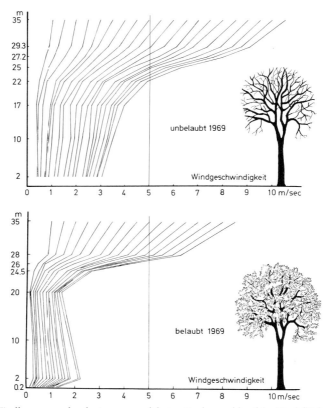

Abb. 45. Windbremsung durch einen ausgedehnten Buchenwald auf der Hochfläche des Sollings. Nach KIESE (1972), verändert.
Die Gradienten verschieben sich mit der Windgeschwindigkeit, die oberhalb des Waldes herrscht, behalten aber ihre charakteristische Gestalt. Stets ist es in Bodennähe am wenigsten windig. Im Vergleich zu einem Meßpunkt 5 m über den höchsten Zweigen verringert das belaubte Kronendach die Windgeschwindigkeit auf etwa $1/6$, das unbelaubte nur auf $1/2$ bis $1/3$.

Die Intensität dieser Einflüsse auf den Unterwuchs ist aber je nach dem Artengefüge und der Dichte des Kronendaches recht verschieden. Als Hauptgegensätze stehen einander Laub- und Nadelwälder gegenüber:

a) Sommergrüne Laubbäume – nur diese spielen in Mitteleuropa eine Rolle – belauben sich erst einige Wochen später, als ihr Unterwuchs ergrünt (Abb. 46). Im Frühling genießt dieser also eine Weile viel mehr Licht und Wärme als in der Zeit der vollen Belaubung, und auch im Herbst und Winter können manche Pflanzen die auf etwa 50% reduzierte Einstrahlung nutzen (Abb. 118). In den immergrünen Nadelwäldern dagegen ändert sich die Beschattung durch das Kronendach nur mit dem Sonnenstande, ist also in den kühleren Jahreszeiten eher geringer als im Sommer. Infolgedessen sind Laubwälder in der Regel reich an Frühlingsblühern, Nadelwälder dagegen an Sommerpflanzen.

b) Eine Wirkung auf den Unterwuchs könnte man auch dem Umstande zuschreiben, daß das durch die Kronen dringende Licht unter Laubbäumen eine andere spektrale

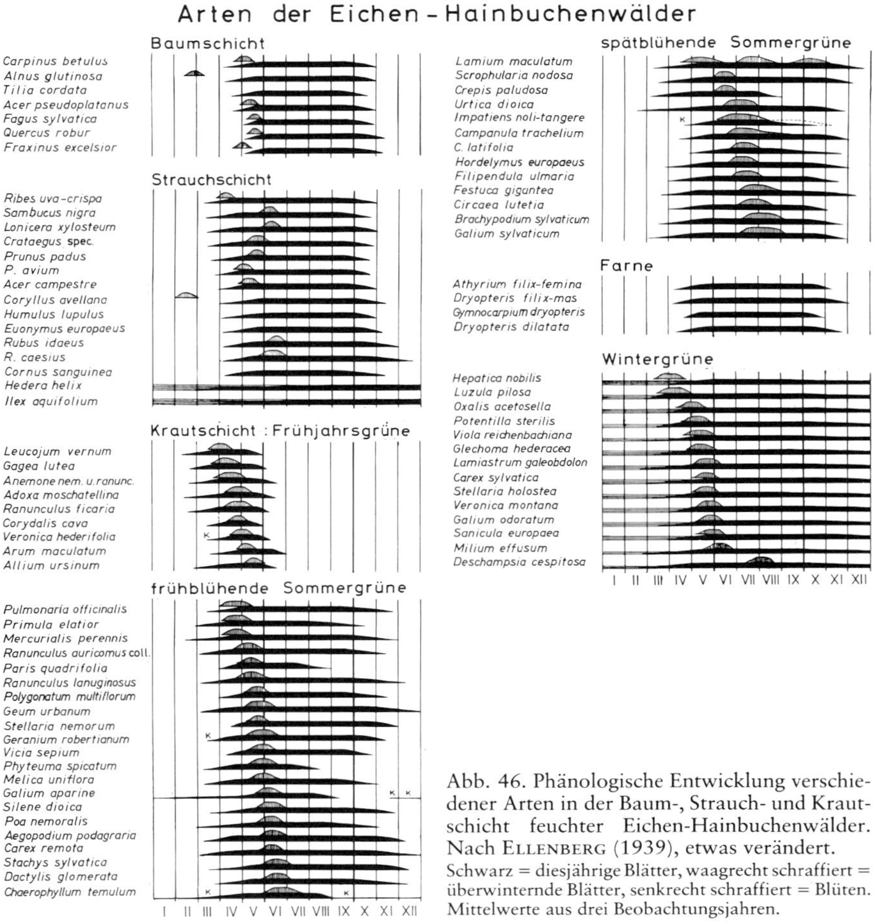

Arten der Eichen-Hainbuchenwälder

Baumschicht

Carpinus betulus
Alnus glutinosa
Tilia cordata
Acer pseudoplatanus
Fagus sylvatica
Quercus robur
Fraxinus excelsior

Strauchschicht

Ribes uva-crispa
Sambucus nigra
Lonicera xylosteum
Crataegus spec.
Prunus padus
P. avium
Acer campestre
Corylus avellana
Humulus lupulus
Euonymus europaeus
Rubus idaeus
R. caesius
Cornus sanguinea
Hedera helix
Ilex aquifolium

Krautschicht: Frühjahrsgrüne

Leucojum vernum
Gagea lutea
Anemone nem. u. ranunc.
Adoxa moschatellina
Ranunculus ficaria
Corydalis cava
Veronica hederifolia
Arum maculatum
Allium ursinum

frühblühende Sommergrüne

Pulmonaria officinalis
Primula elatior
Mercurialis perennis
Ranunculus auricomus coll.
Paris quadrifolia
Ranunculus lanuginosus
Polygonatum multiflorum
Geum urbanum
Stellaria nemorum
Geranium robertianum
Vicia sepium
Phyteuma spicatum
Melica uniflora
Galium aparine
Silene dioica
Poa nemoralis
Aegopodium podagraria
Carex remota
Stachys sylvatica
Dactylis glomerata
Chaerophyllum temulum

spätblühende Sommergrüne

Lamium maculatum
Scrophularia nodosa
Crepis paludosa
Urtica dioica
Impatiens noli-tangere
Campanula trachelium
C. latifolia
Hordelymus europaeus
Filipendula ulmaria
Festuca gigantea
Circaea lutetia
Brachypodium sylvaticum
Galium sylvaticum

Farne

Athyrium filix-femina
Dryopteris filix-mas
Gymnocarpium dryopteris
Dryopteris dilatata

Wintergrüne

Hepatica nobilis
Luzula pilosa
Oxalis acetosella
Potentilla sterilis
Viola reichenbachiana
Glechoma hederacea
Lamiastrum galeobdolon
Carex sylvatica
Stellaria holostea
Veronica montana
Galium odoratum
Sanicula europaea
Milium effusum
Deschampsia cespitosa

Abb. 46. Phänologische Entwicklung verschiedener Arten in der Baum-, Strauch- und Krautschicht feuchter Eichen-Hainbuchenwälder. Nach ELLENBERG (1939), etwas verändert. Schwarz = diesjährige Blätter, waagrecht schraffiert = überwinternde Blätter, senkrecht schraffiert = Blüten. Mittelwerte aus drei Beobachtungsjahren.

Zusammensetzung aufweist als unter Nadelbäumen (KNUCHEL 1914). Doch ist immer noch nicht entschieden, ob dieser Faktor sich physiologisch stark genug auswirkt, um den Konkurrenzkampf der Pflanzen am Waldboden entscheidend zu beeinflussen.

c) Wie die Lichtabschirmung ist auch die Interzeption der Niederschläge durch Nadelbaumkronen gleichmäßiger als durch Laubbaumkronen. Bei Laubbäumen, namentlich bei der glattrindigen Rotbuche, läuft ein Teil des Niederschlags am Stamm ab und bewirkt eine lokale Vernässung sowie eine stärkere Versauerung, wo er den Boden erreicht (Abb. 79). Bei Nadelbäumen, insbesondere bei der Fichte, hingegen ist der Stammablauf nahezu gleich Null (Tab. 23).

d) Die Streu der Laubbäume besteht im Gegensatz zu derjenigen der Nadelbäume großenteils aus breitflächigen Blättern und fällt innerhalb weniger Herbstwochen, also nahezu gleichzeitig ab. Sie deckt infolgedessen Moose und andere niedrige und langsam wachsende Pflanzen alljährlich, und zwar gerade in der lichtreichsten Jahreszeit, vollständig zu und erstickt sie, während die in weniger kurzem Zeitraum abfallenden

(Abb. 47) und viel schmaleren Nadeln der Coniferen von Moosen und Flechten überwachsen werden können. Laubwälder sind deshalb in der Regel moosarm, Nadelwälder dagegen moosreich. Ausnahmen machen einerseits die sehr schlechtwüchsigen und lichten Laubwälder, deren Streu den Boden nicht vollständig deckt, und andererseits die üppig gedeihenden Laubwälder auf sehr tätigen Böden, deren Streudecke rasch zersetzt wird. An offenen Waldrändern oder an frei exponierten Südwest- und Westhängen kann auch der Wind stellenweise das Laub entfernen und Kleinstandorte für Moose schaffen (s. Tab. 18).

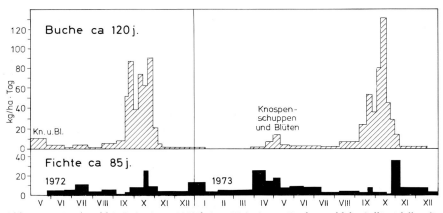

Abb. 47. Im Laubwald (z. B. in einem 120jährigen Hainsimsen-Buchenwald des Sollings) fallen die abgestorbenen Blätter am Ende der Vegetationsperiode innerhalb weniger Wochen. Aber auch immergrüner Nadelwald (z. B. ein Fichtenaltbestand des Sollings) zeigt eine Rhythmik im Abwerfen seiner Nadeln, die nach etwa 6–12jähriger Funktionsdauer absterben. Nach Angaben von HELLER (z. T. unveröff.).

e) In chemischer Hinsicht ist die Nadelstreu der immergrünen Coniferen, namentlich der Fichte und der Kiefernarten, ungünstiger als die Streu der Laubbäume. Sie enthält mehr Lignin und Harze und zersetzt sich deshalb langsamer, so daß sie leichter Anlaß zur Bildung von Moder und Rohhumus gibt. Lärche und Tanne stehen in dieser Hinsicht den Laubhölzern nahe, und unter den letzteren verhält sich die Rotbuche am „nadelholzähnlichsten" (s. Abb. 48). Mit der Bildung einer ungünstigen Decke von Auflagehumus hängt es in erster Linie zusammen, daß auf natürlichen Laubholzstandorten angepflanzte Fichten oder Kiefern sehr bald die Bodenflora verändern und Arten begünstigen, die ihr Verbreitungsschwergewicht in natürlichen Nadelwäldern haben (vgl. Abschnitt IV).

f) Infolge des verschiedenen Bestandesklimas und der ungleichen Humusbeschaffenheit unterscheiden sich Laub- und Nadelwälder auch in ihrer Pilzflora, und zwar sowohl qualitativ als auch quantitativ.

g) Das gleiche gilt für die übrigen Organismen der Wald-Lebensgemeinschaften, namentlich für die in und am Boden lebenden Tiere.

Unter den Nadelbäumen wie unter den Laubbäumen gibt es Arten, deren Jungwuchs viel Schatten verträgt und die im Altbestand wenig Licht auf den Boden dringen lassen; dies sind extreme Schattholzarten, wie *Fagus* und *Abies*. Das entgegengesetzte Extrem nennt man Lichtholzarten, z. B. *Betula* und *Pinus sylvestris*. Die meisten Baumarten lassen sich dazwischen einreihen. Allerdings gibt es Arten wie die Eibe *(Taxus)*, die

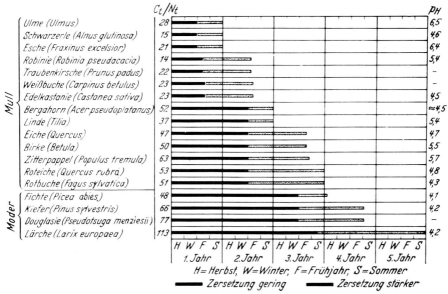

Abb. 48. Durchschnittliche Dauer des natürlichen Abbaus der Blattstreu verschiedener Laub- und Nadelhölzer unter vergleichbaren Bedingungen, d.h auf einer mittleren Braunerde. Die Ziffern links bedeuten das C/N-Verhältnis in der frischen Streu, die Ziffern rechts deren pH-Wert. Nach SCHEFFER und ULRICH (1960), etwas verändert.

zwar sehr wenig lichtdurchlässig sind, als Jungpflanze aber mehr Licht benötigen als z.B. *Abies* (HANSEN mdl.). Eigentlich sollte man also stärker differenzieren, als das in der Regel geschieht (s. jedoch Tab. 9). Das ungleiche Verhalten der verschiedenen Arten modifiziert die unter 1 bis 9 und a bis g umrissenen Wirkungen, und zwar grob gesagt in folgender Weise:

α) Lichtholzarten wie Eiche und Kiefer schaffen ein „freilandähnlicheres" Bestandesklima. Nur auf sehr fruchtbaren Böden kommt unter ihnen so viel Unterholz und Strauchwerk hoch, daß dieses auf die Bodenpflanzen wie ein Schattholzbestand wirkt (s. Abb. 50).

β) Der Gegensatz von Laub- und Nadelhölzern ist bei Lichtholzarten weniger stark ausgeprägt als bei Schatthölzern. Auf Standorten mit geringer Produktionskraft kann der Unterwuchs z.B. eines reinen Eichenbestandes oder gar eines Birkenbestandes unter sehr ähnlichen Bedingungen leben wie derjenige eines Kiefernwaldes. Vor allem betrifft das die Moose (Punkt d), die sich in Laubwäldern in der Regel um so häufiger ansiedeln, je lichter diese sind. Infolgedessen gibt es in Mitteleuropa fast keine Bodenpflanzenarten, die ausschließlich in Nadelwäldern zu finden wären, eine Tatsache, die deren systematische Gliederung sehr erschwert. An stark schattende Laubholzbestände gebundene Arten, insbesondere Geophyten, sind dagegen zahlreicher. Als Beispiele sind vor allem viele Charakterarten der Klasse *Querco-Fagetea* (Edellaubwälder und -gebüsche) und der dieser untergeordneten Einheiten zu nennen (s. Abschnitt E III).

Es bedarf kaum eines Hinweises, daß Mischbestände von Laub- und Nadelhölzern zwischen den unter a bis g gekennzeichneten Extremen vermitteln. In der Natur sind allerdings Mischwälder mit etwa gleichen Anteilen von Laub- und Nadelbäumen recht selten. Viel häufiger ist zu beobachten, daß entweder eine oder mehrere Laubholzarten vorherrschen und Nadelhölzer nur einzeln beigemischt sind, oder aber daß das Umgekehrte der Fall ist. Vor allem bei Schatthölzern scheint dies zuzutreffen, während man bei Lichthölzern schon eher gleitende Reihen von Übergängen zwischen laub- und nadelbaumbeherrschten Beständen findet.

Abschließend sei betont, daß man im Unterwuchs der mitteleuropäischen Wälder keine einzige höhere Pflanzenart gefunden hat, die ausnahmslos an eine bestimmte Baumart gebunden wäre. Es gibt also keine obligaten „Buchenbegleiter", „Kiefernbegleiter" oder dergleichen. KNAPP (1958 a) hat diese den Pflanzensoziologen seit langem bekannte Tatsache an einem breiten statistischen Material bestätigt. Wo solche Bindungen vorzuliegen scheinen, handelt es sich wohl stets um indirekte Zusammenhänge von lokaler Gültigkeit, insbesondere um Bindungen an ein Bestandesklima, das in dem betreffenden Gebiet nur eine bestimmte Baumart zu schaffen vermag, oder um Bindungen an besondere Bodenverhältnisse, die hier nur in einem einzigen Waldtyp vorkommen. Eine direkte, chemisch begründete Abhängigkeit hat sich offenbar lediglich zwischen einigen Baumgattungen und ihren Mykorrhizapilzen herausgebildet, z.B. zwischen *Larix*-Arten und *Boletus elegans* oder zwischen *Betula*-Arten und *Boletus scaber*.

b   Verhalten der Sträucher in mitteleuropäischen Laubwäldern

Die uns bereits geläufige Darstellungsweise sei in Abb. 49 benutzt, um auch die Standortbereiche von etwa 50 Straucharten, die in mitteleuropäischen Wäldern eine Rolle spielen, überschaubar und mit denen der Baumarten vergleichbar zu machen. Die Namen sind durchweg an die linke und obere Kante der durch Rechtecke umrissenen Amplituden gerückt worden, um die geringste Qualität und die geringste Feuchtigkeit des Bodens anzudeuten, bei der die betreffenden Arten noch öfters in Laubwäldern zu finden sind. Fast alle Arten kommen also auch auf basenreicheren und feuchteren Böden vor.

Man erkennt mit einem Blick, daß die sauren Standorte besonders arm an Straucharten sind. Die meisten Straucharten haben hinsichtlich des Säuregrades eine weite Amplitude vom mäßig sauren bis in den alkalischen Bereich. Der Wacholder *(Juniperus communis)* verhält sich ähnlich wie die Waldkiefer, ist also als bodenvage, aber lichtbedürftige Pflanze vor allem auf trockenen Kalkböden sowie auf trockenen und feuchten Sauerhumusböden zu treffen. Auch *Sorbus aucuparia* besiedelt einen großen, in Abb. 49 kaum darstellbaren Bereich.

Die meisten Sträucher haben nicht nur ihr Wachstums-, sondern auch ihr Verbreitungsoptimum außerhalb des Waldschattens, d.h. am sonnigen Waldrand oder in Hecken und Gebüschen. Sie werden deshalb neuerdings besonderen Verbänden und Ordnungen von Gebüschgesellschaften zugeteilt, auf die wir noch zurückkommen werden (Abschnitt D IV 1). Wenn sie trotzdem auch in eigentlichen Wäldern anzutreffen sind, so darf dies teilweise auf die Nieder- oder Mittelwaldwirtschaft und auf die Waldweide früherer Jahrhunderte zurückgeführt werden, durch die ja die Wälder mehr oder minder stark und lange aufgelichtet wurden.

Eigentliche „Waldsträucher", d.h. Arten, die im Waldschatten besser gedeihen als im Freiland, gibt es überhaupt nicht. Einige Arten ertragen ihn allerdings recht gut und sind in Wäldern häufiger zu finden als bei voller Besonnung. Dies gilt namentlich für die in Abb. 49 mit einem Sternchen versehenen niedrigen Sträucher *Lonicera xylosteum, Daphne mezereum, Ribes uva-crispa, Viburnum opulus, Rubus caesius* und *Ribes alpinum*.

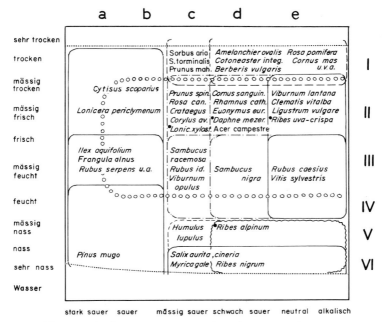

Abb. 49. Ungefährer Feuchtigkeits- und Säurebereich wichtiger Straucharten, einiger niedriger Bäume sowie der Lianen in submontanen Laubwäldern und Gebüschen Mitteleuropas (vgl. Abb. Abb. 52). Die mit dicken Punkten bezeichneten bevorzugen den Halbschatten, dürfen mithin als Waldpflanzen gelten.

Nicht berücksichtigt sind die vorwiegend in Flußauen vorkommenden Arten (z.B. *Salix purpurea, viminalis* und *eleagnos, Myricaria germanica* oder *Hippophaë rhamnoides*) sowie Arten mit sehr weiter Amplitude (z.B. *Juniperus communis* und *Sorbus aucuparia*). Auch fast alle *Rubus*- und *Rosa*-Arten bleiben außer Betracht. Für Trockenheitszeiger reichte der Platz nicht aus; hier wären außerdem zu nennen: *Rubus canescens, ulmifolius* u.a., *Coronilla emerus, Colutea arborescens, Clematis recta* u.a.; als Kiefern-Begleiter: *Chamaecytisus ratisbonensis, Lembotropis nigricans* und *Rhamnus saxatilis*; im Südwesten: *Buxus sempervirens*.

c Einflüsse edaphischer Faktoren auf das Artengefüge am Waldboden

Während das Allgemeinklima nur „gedämpft" auf den Waldunterwuchs einzuwirken vermag, ist er von der Beschaffenheit des Bodens unmittelbar abhängig. Bevor wir auf diese Beziehungen im einzelnen eingehen, sei auch hier zunächst in allgemeinerer Form der Kausalzusammenhang angedeutet, der sie bewirkt. Nimmt man die Flora eines Gebietes, d.h. ihren Gesamtbestand an Arten und anderen Pflanzensippen, als gegeben hin, und setzt man voraus, daß alle Sippen genügend Zeit hatten, sich an dem betrachteten Orte einzufinden und miteinander in Wettbewerb zu treten, so entscheiden vor allem folgende Faktoren über das Artengefüge im Unterwuchs eines naturnahen Waldes:
1. das bereits im vorigen Abschnitt besprochene Bestandesklima, insbesondere Lichtgenuß und Wärme,
2. die Beschaffenheit des Bodens, namentlich sein Angebot an Nährstoffen und an aufnehmbarem Wasser, oder bei übermäßigem Wassergehalt seine Durchlüftung und damit die Sauerstoffversorgung der Wurzeln. Der in so vielen Arbeiten untersuchte Säuregrad des Bodens dagegen spielt an sich keine ausschlaggebende Rolle

(ELLENBERG 1958). Er darf nur als Symptom für die allgemeinen Ernährungsbedingungen angesehen werden, insbesondere für die Stickstoffversorgung, deren Messung viel umständlicher ist (Abb. 86),
3. der Verbiß durch Waldtiere, vor allem durch Reh- und Rotwild, das bestimmte Arten bevorzugt schädigt und andere niemals oder selten anrührt (s. KLÖTZLI 1965).

Alle diese Faktoren schwanken im Laufe des Jahres und innerhalb gewisser Grenzen auch von Jahr zu Jahr. Das erschwert die Analyse der Abhängigkeitsbeziehungen, weil man entweder nur Augenblickswerte miteinander vergleichen kann, denen viel Zufälliges anhaftet, oder aber jahrelang Daten sammeln muß, und diese dann doch nur für wenige ausgewählte Stellen gültig sind.

Hinzu kommt, daß nicht jeder Faktor einzeln für sich wirkt, sondern daß es für die Pflanzen auf das Zusammenspiel aller lebenswichtigen Faktoren ankommt. So ist es beispielsweise unmöglich, die „Lichtgenuß-Minima" bestimmter Pflanzenarten im Walde schlechthin anzugeben, wie dies noch WIESNER (1907) und andere ältere Autoren anstrebten. Denn die Minima hängen zwar von der Beschaffenheit des Baumbestandes und den allgemeinen Strahlungsbedingungen ab, die man bei kleinräumigen Untersuchungen in relativ engen und vergleichbaren Grenzen halten kann. Sie werden aber auch von der Wasserversorgung und besonders von der Bodenfruchtbarkeit beeinflußt. Wie aus Abb. 50 hervorgeht, sinkt der minimale Lichtgenuß einer und derselben Krautschichtpflanze unter sonst vergleichbaren Bedingungen mit steigendem Basenreichtum des Bodens erheblich ab. *Stellaria holostea* z. B. braucht zum Gedeihen auf stark saurem Boden mehr als 10mal so viel Licht wie auf neutralem. Ihr Organismus ist also auf „guten" Böden leistungsfähiger, was sich übrigens auch in ihrem Assimilathaushalt und in ihrem anatomischen Bau bemerkbar macht. Für die Bäume hat das schon HESSELMAN (1917) erkannt und betont, daß man nur auf

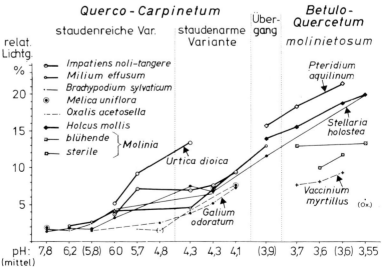

Abb. 50. Je saurer der Boden, desto schlechter ist in der Regel die Stickstoff-Versorgung und desto größer der Lichtanspruch einer und derselben Pflanzenart. Nach ELLENBERG (1939), verändert. Dargestellt ist der durchschnittliche relative Lichtgenuß nach jeweils zahlreichen Messungen in bodenfeuchten Eichenmischwald-Gesellschaften Nordwestdeutschlands. Abszisse: Jahresdurchschnitt der pH-Werte ihrer Oberböden.

gleichen Standorten feststellen kann, ob eine Art mehr oder weniger Schatten erträgt als eine andere.

Am meisten aber wird die kausale Analyse der Waldgemeinschaften dadurch kompliziert, daß in der Natur keine Pflanze wie bei einem physiologischen Experiment isoliert für sich lebt. Sie muß vielmehr mit ihren Artgenossen und mit zahlreichen anderen Arten konkurrieren, die ihre Umwelt wesentlich verändern. Auch am Waldboden können nur wenige kampfkräftige Arten ihren physiologisch optimalen Standortsbereich behaupten. Die meisten anderen müssen sich, ähnlich wie z. B. die Kiefer, mit einem Teil desselben oder aber gar mit außeroptimalen Lebensbedingungen begnügen, unter denen ihnen keine anderen Pflanzen den Platz streitig machen.

Als Beispiele mögen die Beziehungen einiger Arten, die in Rotbuchenwäldern des südlichen Mitteleuropa vorkommen, zu dem leicht kontrollierbaren Säuregrad des Bodens dienen. *Carex alba* ist ein guter „Kalkzeiger" und erweist sich auch in Reinkultur bei abgestuften pH-Werten und sonst günstigen Bedingungen als alkaliphil (SEBALD 1956, s. Abb. 51). *Mercurialis perennis* könnte bei niedrigeren pH-Werten leben, als sie tatsächlich in der Natur vorkommt. Ihr Optimalbereich wird ihr aber von keinem

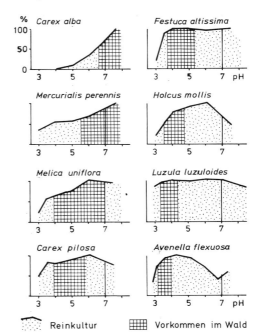

Abb. 51. Verhalten einiger Pflanzenarten gegenüber dem Bodensäuregrad in Reinkultur und unter dem natürlichen Konkurrenzdruck in der Krautschicht südwest-mitteleuropäischer Buchenwälder. Physiologische Amplitude (dicke Kurven und punktierter Bereich) nach SEBALD (1956), ökologische Amplitude in südwestdeutschen und schweizerischen Buchenwäldern (kreuzschraffierter Bereich) nach eigenen Messungen.

Konkurrenten streitig gemacht. Das ist dagegen bei *Carex pilosa* bereits der Fall, und mehr noch bei manchen ausgesprochenen „Säurezeigern", z. B. bei *Avenella flexuosa* (s. Abb. 51 u. 94). *Luzula luzuloides* hat in bezug auf den pH-Wert des Bodens in Reinkultur eine außerordentlich weite Amplitude, ist also potentiell bodenvag. In Wäldern findet man sie jedoch fast immer nur auf recht sauren Böden, und nur ganz ausnahmsweise einmal auf Kalkunterlage. Man darf sie also zwar als Säurezeiger gebrauchen, nicht jedoch als säureliebend bezeichnen; sie ist acidotolerant, nicht acidophil.

Entsprechendes gilt auch für viele andere Arten und im Hinblick auf andere Faktoren, z. B. auf die Wasserversorgung. Das heißt, es gibt wohl mehr oder minder feuchtigkeitsbedürftige, nicht aber im physiologischen Sinne „trockenheitsliebende" Arten. Bei fast allen Trockenheitszeigern handelt es sich um Verdrängte oder aber um wärmebedürftige Pflanzen, die die Trockenheit eines ihnen temperaturklimatisch zusagenden Standortes in Kauf nehmen.

Alle diese Umstände erschweren die kausale Analyse bestimmter Waldgemeinschaften so sehr, daß wir sie bisher nur bruchstückhaft überblicken. Wir müssen uns in den meisten Fällen mit statistischen Ermittlungen von Korrelationen zwischen dem mehr oder minder üppigen Auftreten bestimmter Arten, Artengruppen oder Gesellschaften einerseits und bestimmten Faktoren, Bodentypen oder Gesamtstandortstypen andererseits begnügen. Dabei sollten wir uns stets bewußt bleiben, daß solche statistischen „Koinzidenzen" nur den Anfang und das Ende der Kausalkette, die über das Artengefüge entscheidet, und nicht diese selbst aufdecken. Wir kennen wohl den Schwerpunkt des Vorkommens vieler Pflanzenarten, wissen aber ohne experimentelle Prüfung nichts über ihre „Ansprüche". Leider wird dies im Sprachgebrauch der Ökologen wie der Pflanzensoziologen und Floristen immer noch nicht gebührend berücksichtigt.

4 Ökologisches Verhalten und ökologische Gruppierung der Pflanzenarten

a Indikatorwert für bestimmte Standortsfaktoren

Das unter dem Druck zahlreicher Wettbewerber in der Pflanzendecke zustandegekommene Verbreitungsmuster, das sog. „ökologische Verhalten", ist heute für die Waldbodenpflanzen, aber auch für die meisten übrigen Arten der mitteleuropäischen Flora recht gut bekannt. ELLENBERG (1974) konnte daher wagen, einen Überblick der „Zeigerwerte" von mehr als 1750 Gefäßpflanzenarten zu geben, und zwar im Hinblick auf die Bodenfeuchtigkeit, die Bodenreaktion und die Versorgung mit Mineralstickstoff sowie den Salz- und Schwermetallgehalt des Bodens. Außerdem berücksichtigte er ihr Verhalten zu klimatischen Faktoren, nämlich zur Wärme, zum Kontinentalitätsgrad des Klimas und zur relativen Beleuchtungsstärke, die entscheidenden Einfluß auf das Kleinmosaik der Pflanzen am Waldboden hat. Auf diese Zusammenstellung werden wir öfters zurückgreifen, nicht nur bei der Besprechung von Waldgesellschaften, sondern auch von anderen Pflanzenformationen. Es würde jedoch zuviel Raum beanspruchen, hier im einzelnen auf die Zeigerwerte einzugehen. Wir begnügen uns damit, im Register der in diesem Buche erwähnten Pflanzenarten Kurzformeln des ökologischen Verhaltens zu zitieren und zwar in zwei Dreiergruppen von Ziffern, deren Bedeutung im Abschnitt E III 3 ausführlich erläutert wird. Hier sei nur das Prinzip erläutert, soweit es für das Verständnis der Angaben in den folgenden Abschnitten erforderlich ist.

Das ökologische Verhalten gegenüber einem bestimmten Standortsfaktor wird jeweils durch eine Ziffer in einer neunstufigen Skala ausgedrückt, wobei die 1 sehr geringe Werte des betreffenden Faktors und die 9 sehr hohe bezeichnet. Ein × statt der Ziffer bedeutet indifferentes Verhalten, d.h. eine weite Amplitude gegenüber dem betreffenden Faktor oder ungleiche Verbreitungsschwerpunkte in verschiedenen Gegenden Mitteleuropas. (Hierin sowie in der Verwendung einer mehr als fünfstufigen Skala weichen die ökologischen Kurzformeln von früheren Zusammenstellungen ab, insbesondere von ELLENBERG 1950, 1952 u. 1963.)

Die erste Dreiergruppe bezieht sich auf klimatische Faktoren, und zwar:
L = Lichtzahl, d.h. das Vorkommen im Gefälle von sehr geringer Beleuchtungsstärke (1) bis zum ungeminderten Licht des Freilandes (9).

T = Temperaturzahl, d.h. das Vorkommen im Wärmegefälle von der arktischen Zone bzw. der alpinen Stufe (1) bis ins Tiefland mit mediterran getöntem Klima (9).
K = Kontinentalitätszahl, d.h. das Verbreitungsschwergewicht im Kontinentalitätsgefälle von der Atlantikküste (1) bis ins Innere Eurasiens (9).
Die zweite Dreiergruppe betrifft wichtige Bodenfaktoren:
F = Feuchtezahl, d.h. das Vorkommen im Gefälle vom flachgründig-trockenen Felshang (1) bis zum nassen Sumpfboden (9). Drei anschließende Stufen (10-12) bezeichnen Verbreitungsschwerpunkte im flachen bis tiefen Wasser.
R = Reaktionszahl, d.h. das Vorkommen im Gefälle von extrem sauren (1) bis zu kalkreichen Substraten (9).
N = Stickstoffzahl, d.h. Verbreitungsschwerpunkte bei sehr geringer (1) bis zu übermäßiger (9) Versorgung mit Mineralstickstoff (NH_4 und NO_3).

Als Beispiele mögen vier recht verschiedene Waldbodenpflanzen dienen. Die Bergsegge (*Carex montana*, 554 – 453) ist am häufigsten im Halbschatten lichter Wälder (L 5) bei mäßiger Wärme, d.h. in der submontanen Stufe Mitteleuropas (T 5), und bei subozeanischem Klimacharakter (K 4). Konkurrenzfähig ist sie hier vor allem auf relativ trockenen Böden (F 4), die nicht extrem sauer (R 5), aber meist stickstoffarm sind (N 3).

Die Goldnessel (*Lamiastrum galeobdolon*, 3×5 – 575) hat hinsichtlich der Wärme ein viel weiteres Verbreitungsgebiet (T ×), zeigt im West-Ost-Gefälle ein intermediäres Verhalten (K 5) und erträgt mehr Schatten (L 3). Sie meidet trockene wie nasse Böden (F 5) und geht weniger weit in den sauren sowie in den stickstoffarmen Bereich als die Bergsegge (R 7, N 5).

Als Frühlingsgeophyt hält sich der Hohle Lerchensporn (*Corydalis cava*, 364 – 688) an Stellen, die im Sommer stark beschattet, also von anderen Waldbodenpflanzen nur schütter besetzt sind; doch kann er auch außerhalb des Waldes, z.B. auf Obstwiesen, gedeihen (L 3). Wie *Carex montana* ist er außerdem subozeanisch (K 4), aber überwiegend in Tieflagen verbreitet (T 6). Er bevorzugt nährstoffreiche (N 8) meist kalkhaltige (R 8), mäßig feuchte (F 6) Mullböden und kann daher als ausgesprochener Fruchtbarkeitszeiger gelten.

Das Scheidige Wollgras (*Eriophorum vaginatum*, 7××– 821) dagegen ist ein klimavager (T ×, K ×), lichtbedürftiger (L 7) Nässezeiger (F 8), der mit sauren (R 2) und sehr armen Böden (N 1) vorlieb nimmt.

Für die übrigen wichtigen Pflanzenarten Mitteleuropas findet man entsprechende Kurzformeln im Artenregister (E III 2), um den Text zu entlasten. Überfliegt man dieses Verzeichnis, so erkennt man, daß kaum eine Art einer anderen in ihrem ökologischen Verhalten vollkommen gleicht. Immerhin entdeckt man aber Pflanzen mit ähnlichem Verhalten. Diese kann man zu „ökologischen Gruppen" zusammenfassen, für die zwei Beispiele angeführt seien:

1. Sumpffarn-Gruppe (*Thelypteris*-Gruppe)

	L T K	F R N		
Calamagrostis canescens	6 4 5	– 9 5 5	*Osmunda regalis*	5 6 2 – 8 5 5
Carex elongata	4 4 3	– 9 7 6	*Thelypteris palustris*	5 × × – 8 5 6
Carex laevigata	4 5 1	– 9 5 ?		

Diese Gruppe umfaßt Nässezeiger (F 8–9), die auf sehr sauren sowie auf stickstoffarmen Böden fehlen, aber auch sehr reiche Böden meiden (R 5–7, N 5–6). Sie sind Halbschattenpflanzen (L 4–6), und zwar vorwiegend in mäßig warmen Klimalagen (T 4–6). Am meisten weichen sie hinsichtlich der Kontinentalität auseinander. *Carex laevigata* ist eine der wenigen euozeanischen Arten (K 1), die nach Mitteleuropa Vorposten aussenden; auch *Osmunda* darf als ozeanisch (K 2) gelten, während die übrigen Arten ihr Schwergewicht weiter im Osten haben (K 3–5) oder als indifferent bezeichnet werden müssen (K ×). Meist sind die Arten der Sumpffarn-Gruppe mit der Schwarzerle vergesellschaftet und kennzeichnen den Erlenbruchwald *(Alnetum glutinosae)*.

2. Erdseggen-Gruppe (*Carex humilis*-Gruppe)

	L T K	F R N		
Anthericum liliago	7 5 4	– 3 5 2	*Dictamnus albus*	7 8 4 – 2 8 2
Carex humilis	7 5 5	– 3 8 3	*Geranium sanguineum*	7 5 4 – 3 8 3
Coronilla emerus	7 6 4	– 3 9 2	*Peucedanum cervaria*	7 6 4 – 3 7 3

Allgemeines über die Wälder Mitteleuropas

Tab. 10. Ökologische Gruppen von Bodenpflanzen in mitteleuropäischen Laubwäldern.
Vereinfachte Zusammenstellung nach Ellenberg (1963)

Das Schwergewicht der Artengruppen liegt jeweils auf folgenden Standorten:

I Zeitweilig austrocknende Böden

a–b sauer und verhagert Cladonia-Gruppe	c mäßig sauer Carex montana-Gr.	d–e ± kalkreich Carex humilis-Gr.
F *Cladonia*-Arten *Carex arenaria* (auf Sand) M *Dicranum spurium* *Hieracium umbellatum* M *Polytrichum juniperinum*	*Astragalus glycyphyllos* *Betonica officinalis* *Campanula persicifolia* *Carex digitata* (IIc) *C. montana* *Convallaria majalis* (IIc) *Hypericum montanum* *Melica nutans* (IIc) *Melittis melissophyllum* *Polygonatum odoratum* *Silene nutans* M *Thuidium abietinum*	*Anthericum* spec. (Ic) *Brachypodium pinnatum* (Ic) *Buglossoides purpurocaer.* (IId) M *Camptothecium lutescens* *Carex humilis* *Coronilla emerus* *Dictamnus albus* *Geranium sanguineum* *Peucedanum cervaria* M *Rhytidium rugosum* *Viola hirta* *Vincetoxicum hirundinaria*

II Mäßig trockene bis mäßig feuchte Böden

a sehr sauer Vaccinium myrtillus-Gr.	c weniger sauer Anemone nemorosa-Gr.	d basenreicher Lamiastrum-Gr.
Calluna vulgaris (Ia) M *Campylopus flexuosus* M *Dicranum scoparium* M *D. undulatum* M *Hypnum cupressiforme* M *Leucobryum glaucum* (Ia) *Melampyrum pratense* *Nardus stricta* M *Pleuozium schreberi* *Vaccinium myrtillus* *V. vitis-idaea* b sauer Avenella-Gruppe *Anthoxanthum odoratum* *Avenella flexuosa* (IIc) *Carex pilulifera* *Cytisus scoparius* (atl.) M *Dicranella heteromalla* M *Ditrichum pallidum* *Festuca ovina* (Ia) *Galium harcynicum* (atl.) *Holus mollis* *Lathyrus linifolius* (IIc) *Luzula luzuloides* M *Plagiothecium denticulatum* M *Polytrichum formosum* *Solidago virgaurea* (IIc) *Teucrium scorodonia* (atl.) *Trientalis europaea* *Veronica officinalis* (IIc)	*Anemone nemorosa* M *Atrichum undulatum* M *Brachythecium velutinum* *Carex pilosa* *C. umbrosa* *Dactylis polygama* *Epilobium montanum* *Euphorbia amygdaloides* M *Eurhynchium striatum* *Festuca altissima* (IIb) M *Fissidens bryoides* *Galium odoratum* *G. sylvaticum* *Hedera helix* *Hieracium sylvaticum* (Ic) M *Isothecium viviparum* *Luzula pilosa* (IIb) *Melica uniflora* *Milium effusum* M *Mnium affine* M *M. rostratum* *Moehringia trinervia* *Neottia nidus-avis* *Phyteuma spicatum* *Poa nemoralis* *Potentilla sterilis* *Prenanthes purpurea* (IIb) *Stellaria holostea* *Vicia sepium* *Viola reichenbachiana*	M *Anomodon attenuatus* *Asarum europaeum* (IIId) *Brachypodium sylvaticum* *Bromus ramosus* *Campanula trachelium* (IIId) *Carex sylvatica* *Epipactis helleborine* M *Eurhynchium swartzii* M *Fissidens taxifolius* (IIId) *Geum urbanum* *Hepatica nobilis* (Ic) *Hordelymus europaeus* *Impatiens parviflora* *Lamiastrum galeobdolon* *Lathyrus vernus* (Ic) *Lilium martagon* (Ic) *Melampyrum nemorosum* *Mercurialis perennis* (Ie) *Paris quadrifolia* (IIId) *Polygonatum multiflorum* *Primula elatior* (IIId) *Pulmonaria officinalis* *Sanicula europaea* *Vinca minor* e kalkreich Cephalanthera-Gr. *Carex alba* *Cephalanthera rubra* *C. damasonium* M *Ctenidium molluscum* *Cypripedium calceolus* (Id) M *Encalypta contorta* *Helleborus foetidus* (Id) *Primula veris* (Id) M *Tortella tortuosa*

Tab. 10, Fortsetzung

III Mäßig feuchte bis feuchte Böden

a sehr sauer
Blechnum-Gruppe

M *Bazzania trilobata*
Blechnum spicant
Huperzia selago
Lycopodium annotinum
M *Ptilidium ciliare*
M *Ptilium crista-castrensis*

b sauer
Pteridium-Gruppe

Dryopteris carthusiana
Galeopsis tetrahit (IIc)
Hylocomium splendens (IIc)
Luzula sylvatica
Mycelis muralis (IIc)
M *Plagiothecium undulatum*
Pteridium aquilinum
M *Rhytidiadelphus loreus*
M *Rh. triquetrus* (IIc)

c weniger sauer
Ajuga-Gruppe

Agropyron caninum (IIId)
Ajuga reptans
Athyrium filix-femina
M *Brachythecium rutabulum*
M *Bryum erythrocarpum*
M *Cirriphyllum piliferum*
Deschampsia cespitosa
Festuca gigantea (IVc)
Geranium robertianum
Glechoma hederacea (IIId)
Lysimachia nemorum
Oxalis acetosella (IIIb)
Scrophularia nodosa

d basenreicher
Ficaria-Gruppe

Adoxa moschatellina
Arum maculatum (IIIe)
Circaea lutetiana
Gagea spathacea (IIIe)
Listera ovata
M *Mnium undulatum*
Ranunculus auricomus
R. ficaria
Scilla bifolia (IIIe)
Stachys sylvatica

e kalkreich
Corydalis-Gruppe

Aegopodium podagraria (IVd)
Allium ursinum (IVd)
Anemone ranunculoides
Corydalis cava
C. solida
Gagea lutea
Leucojum vernum
Rubus caesius (IVd)

IV Feuchte bis mäßig nasse Böden

a–b ± sauer
Molinia caerulea-Gruppe

Erica tetralix (atlant.)
Molinia caerulea
Potentilla erecta

c weniger sauer
Carex remota-Gruppe

Carex remota
Equisetum sylvaticum
Galium aparine (IVd)
Impatiens noli-tangere (IVd)
Lamium maculatum (IVd)
Silene dioica (IVd)
Stellaria nemorum (IVd)
Urtica dioica (IIId)
Veronica montana

d–e ± basenreich
Carex pendula-Gruppe

Astrantia major
Carex pendula
C. strigosa (atl.)
Chaerophyllum hirsutum
Chrysosplenium alternifolium
Ch. oppositifolium
Circaea alpina
C. intermedia
Equisetum maximum (Vd)
Petasites albus

V Mäßig nasse bis nasse Böden

a–b ± sauer
Vaccinium uliginosum-Gr.

Ledum palustre (kontin.)
M *Polytrichum commune*
M *Sphagnum acutifolium*
M *S. cymbifolium* (Vc)
Vaccinium uliginosum

c weniger sauer
Filipendula-Gruppe

Angelica sylvestris
Cardamine pratensis
M *Climacium dendroides*
Cirsium palustre
Filipendula ulmaria
Juncus effusus (Vb)
Lysimachia vulgaris (Vb)
Lythrum salicaria
Poa trivialis
Ranunculus repens
Valeriana dioica (Vb)

d–e ± basenreich
Carex acutiformis-Gr.

Carex acutiformis
M *Chrysohypnum stellatum*
Cirsium oleraceum
Crepis paludosa
Geum rivale
Phalaris arundinacea
Scirpus sylvaticus
Symphytum officinale
M *Trichocolea tomentella*
Valeriana officinalis

Tab. 10, Fortsetzung

VI Nasse Böden

a sehr sauer
Eriophorum vaginatum-Gr.

Andromeda polifolia
Aulacomnium palustre (VIb)
Eriophorum vaginatum
M *Polytrichum strictum*
M *Sphagnum fuscum*
M *S. magellanicum*
Trichophorum cespitosum
Vaccinium oxycoccus (VIb)

b sauer
Potentilla palustris-Gr.

Carex nigra
C. rostrata
Eriophorum angustifolium
Hydrocotyle vulgaris
Potentilla palustris
M *Sphagnum cuspidatum*
M *S. recurvum*
M *S. squarrosum*
Viola palustris

c weniger sauer
Thelypteris palustris-Gr.

Calamagrostis canescens
Carex elongata
C. laevigata
Osmunda regalis (Vb)
Thelypteris palustris

d–e basenreicher
Caltha-Gruppe

M *Acrocladium cuspidatum*
Caltha palustris
Equisetum fluviatile
Galium palustre
Iris pseudacorus (Vd)
Lycopus europaeus
Peucedanum palustre
Scutellaria galericulata
Solanum dulcamara

A – F An Sonderstandorten vorkommende Gruppen

A luftfeucht, ± sauer
Gymnocarpium-Gr.

Aruncus sylvester (IIIc)
Dryopteris dilatata
D. filix-mas (IIc)
Gymnocarpium dryopteris
Thelypteris limbosperma
Th. phegopteris

B luftfeucht, ± basenreich
Lunaria-Gruppe

Actaea spicata (IIIc)
Gymnocarpium robertianum
Lunaria rediviva
Phyllitis scolopendrium
Polystichum aculeatum

C hochmontan, schneereich
Adenostyles-Gruppe

Adenostyles alliariae
Athyrium distentifolium
Cicerbita alpina
Rumex alpestris
Streptopus amplexifolius

D wechseltrocken, tonig
Carex flacca-Gruppe

Calamagrostis varia (G)
Carex flacca
Molinia arundinacea (IV)

E wechselfeucht
Carex brizoides-Gruppe

Carex brizoides
C. leporina

F nitratreich
Alliaria-Gruppe

Alliaria petiolata
Anthriscus sylvestris
Chaerophyllum temulum
Chelidonium majus
Veronica hederifolia
Viola odorata

G kalkreich, dealpin
Sesleria-Gruppe

Aster bellidiastrum
Carduus defloratus
Carex ornithopoda
Sesleria varia (Ie)
Thesium alpinum

(Fortsetzung des Textes von S. 99:)

Hier handelt es sich um ausgesprochene Trockenheitszeiger, die mit geringer Stickstoff-Versorgung vorlieb nehmen und mehr oder minder stark an Kalkböden gebunden sind. Als Halblichtpflanzen bevorzugen sie den Rand von Laubwäldern oder Gebüschen, den sogenannten „Saum", finden sich aber auch im Inneren lichter Bestände. Ihre Areale sind subozeanisch bis intermediär und haben Schwergewichte im Süden Mitteleuropas.

Diese und andere ökologische Gruppen, die in Laubwaldgesellschaften Mitteleuropas auftreten, wurden bereits in der 1. Auflage dieses Buches gefaßt, als die in Abschnitt E III zusammengestellten Faktorenzahlen noch nicht vollständig vorlagen. Um Platz zu sparen, sind sie in Tab. 10 ohne Angabe der ökologischen Kurzformeln aufgeführt. Ihre Feuchtigkeits- und Säureamplitude ist in Abb. 52 annähernd umrissen.

Wie aus dem Ökogramm hervorgeht, ist die Amplitude der krautigen Arten in der Regel enger als die der Baumarten. Das dürfte nicht zuletzt eine Folge davon sein, daß in der Krautschicht der Wälder eine mindestens zehnmal so große Zahl von Arten miteinander konkurriert als in der Baumschicht. Ohne Wettbewerber würden die meisten von diesen Arten an fast allen Waldstandorten Mitteleuropas leben können, wenn auch mit unterschiedlicher Vitalität. Nicht nur die Trockenheitszeiger, sondern auch fast alle übrigen Gruppen haben ihre physiologischen Optima bei mittleren Feuchtigkeits-, Säure- und Nährstoff- Bedingungen, ähnlich wie dies für die Waldbäume in Abb. 39 dargestellt wurde. Ihre konkurrenzbedingten Verbreitungsschwergewichte in den Waldbeständen Mitteleuropas, d. h. ihre ökologischen Optima, weichen oft beträchtlich von diesen potentiellen Wachstumsoptima ab.

Der Wettbewerb unter den Arten am Waldboden wird noch dadurch verstärkt, daß sich die Bäume und Sträucher sowie deren Jungwuchs an ihm beteiligen. Das Gegeneinander der Arten und Individuen führt zu einem labilen Gleichgewicht, das schon

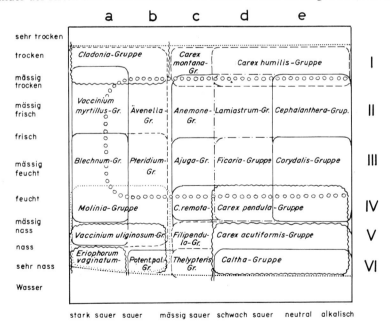

Abb. 52. Ungefährer Feuchtigkeits- und Säurebereich der ökologischen Gruppen von krautigen Pflanzen, Moosen und Flechten in submontanen Laubwäldern Mitteleuropas (vgl. die Zusammenstellung der Artengruppen in Tab. 10).
Für die Gruppen I bis VI ist jeweils die obere Grenze der Feuchte-Amplitude dargestellt, für die Gruppe I sowie gemeinsam für die Gruppen II-IV auch die untere Grenze. Hinsichtlich des Bodensäuregrades ist bei den Untergruppen a und b die rechte Grenze betont worden, bei den Untergruppen c, d und e die linke (d. h. gegen höhere Säuregrade gerichtete). Die weitesten Amplituden haben also die *Anemone*- und die *Ajuga*-Gruppe, die engsten dagegen die *Eriophorum vaginatum*-Gruppe und andere Nässezeiger.
Der Herrschaftsbereich der Rotbuche ist wie in Abb. 40 mit einer Reihe von kleinen Kreisen umrissen.

durch geringfügige Änderungen einiger Faktoren verschoben werden kann. Daher spiegelt das Artengefüge der Krautschicht die Standortsbedingungen in den feinsten Abwandlungen wider. Es bietet die besten Anhaltspunkte für die Gliederung und Abgrenzung von Waldgesellschaften. Diesen Umstand haben sich die Pflanzensoziologen in Mitteleuropa umso mehr zunutze gemacht, als hier die Baumschicht oft stärker durch Eingriffe des Menschen geprägt wurde als durch den natürlichen Konkurrenzkampf der Arten.

b Standörtliche Bewertung von Pflanzengesellschaften mit Hilfe von Faktorenzahlen

Bevor wir auf die pflanzensoziologische Systematik und deren Probleme in Mitteleuropa eingehen und auf einzelne Pflanzengesellschaften zu sprechen kommen, sei kurz dargelegt, in welcher Weise die soeben erläuterten Indikatorwerte für die ökologische Beurteilung von Pflanzengesellschaften nutzbar gemacht werden können. Hierbei dienen uns die Wälder wiederum nur als für Mitteleuropa wichtige Beispiele, an denen allgemeine, auch für Moore, Heiden, Wiesen und andere Formationen gültige Fragen gut erörtert werden können.

Von Extremen abgesehen, besteht keine Pflanzengesellschaft nur aus einer einzigen ökologischen Artgruppe; stets sind mehrere an ihrem Aufbau beteiligt. Schon diese Kombination von Artgruppen kann daher Aufschluß über die Umweltbedingungen des Gesamtbestandes geben. Objektiver und genauer wird die Beurteilung der Standortsfaktoren jedoch, wenn man jede an dem Pflanzenbestand beteiligte Art in ihrer ökologischen Besonderheit berücksichtigt. Dadurch wird sowohl eine standörtliche Gesamtbewertung als auch die Bewertung im Hinblick auf einen bestimmten Einzelfaktor möglich (vgl. zum Folgenden Tab. 11, insbesondere Nr. 1).

Der einfachste Weg, das ökologische Verhalten aller Partner eines Pflanzenbestandes zur Standortsindikation zu benutzen, ist die Berechnung von durchschnittlichen Faktorenzahlen, z. B. einer „mittleren Feuchtezahl". In diese Rechnung gehen die Feuchtezahlen aller Arten ein, die im Register (E III 2) mit einer Ziffer und nicht mit × bewertet wurden. Bei Wäldern bezieht man nur den Unterwuchs in die Rechnung ein, weil die Bäume teilweise in einer ganz anderen Umwelt leben als die Pflanzen unter ihrem Kronendach. Als mittlere Feuchtezahl ergibt sich in unserem Beispiel F 5,1; d. h. der Buchenbestand lebt auf einem frischen (mittelfeuchten) bis feuchten Boden. Die meisten und häufigsten Arten kommen vorwiegend auf mittelfeuchten Böden vor (F 5). Manche Arten neigen in ihrem ökologischen Verhalten zu nasseren Standorten (F 6), einzelne aber auch zu trockeneren (F 4).

In entsprechender Weise kann man aus derselben Vegetationsaufnahme die mittleren Lichtzahlen, Temperaturzahlen usw. berechnen und deren Spannen andeuten. Derartige Kurzformeln sind in Abschnitt E III für zahlreiche Pflanzengesellschaften angeführt und vergleichbar gemacht worden. Um Mittelwerte und Amplituden jeweils zweier wichtiger Faktorenzahlen zu veranschaulichen, kann man sie in ein Koordinatensystem eintragen und erhält dann Ökogramme ähnlich den bereits in Abschnitt B I 3 a und b verwendeten, z. B. ein „F-R-Ökogramm" oder ein „T-K-Ökogramm". Solche Ökogramme haben den Vorteil, daß man die Zeigerwerte mehrerer Pflanzengesellschaften miteinander vergleichen kann.

Bei solchen Darstellungen und den ihnen zugrundeliegenden Berechnungen muß man sich klar darüber bleiben, daß sie die natürliche Mannigfaltigkeit des Pflanzenverhaltens nur annähernd zu erfassen und nur vergröbert wiederzugeben vermögen. Trotzdem bieten sie eine Handhabe, um die Größenordnung wichtiger Standortsfaktoren abzuschätzen, soweit diese im Artengefüge der Pflanzengemeinschaften zum Ausdruck kommt. Da die Berechnung mittlerer Faktorenzahlen aus Vegetationsaufnahmen (Listen von Pflanzenbeständen mit Artmächtigkeitsangaben oder anderen Mengenangaben) aufgrund der Angaben im Artenregister (oder bei ELLENBERG 1974) jedem Nichtfachmann möglich ist, bietet sie ihm außerdem eine Hilfe beim ökologischen Bewerten von Pflanzenbeständen.

Ein Programm für die elektronische Verarbeitung der ökologischen Faktorenzahlen hat kürzlich SPATZ (1976) erarbeitet. Mit diesem wurden auch die in Abschnitt E III zusammengestellten Mittelwerte berechnet, und zwar aufgrund von repräsentativen Vegetationstabellen. Die Ökospektren beziehen sich also jeweils nicht auf einen Einzelbestand, sondern auf den Durchschnitt aller Bestände, die zu der betreffenden Vegetationseinheit gehören. Sie geben eine von Zufälligkeiten unabhängige Vorstellung von der ökologischen Position dieser Einheit. Allerdings stehen und fallen sie mit der systematischen Fassung der betreffenden Vegetationseinheit, während das aus einer einzelnen Vegetationsaufnahme berechnete Ökospektrum von klassifikatorischen Erwägungen unabhängig bleibt und lediglich den Stand der Kenntnis vom ökologischen Verhalten der Arten widerspiegelt.

5 Bemerkungen zur Klassifikation der Pflanzengesellschaften

a Haupteinheiten des pflanzensoziologischen Systems

Im Gegensatz zu Nordamerika, der Sowjetunion und vielen anderen Bereichen der Erde, wo im Verhältnis zur Fläche erst wenige Untersuchungen vorliegen, leidet die Vegetationskunde in Mitteleuropa eher an einem Zuviel an Detailinformationen. Schon bei der 1. Auflage dieses Buches war die Flut der Aufnahmen, Tabellen und lokalen Beschreibungen kaum noch zu übersehen, und inzwischen sind über hunderttausend Aufnahmen und einige Tausende von Publikationen hinzugekommen. Das Bemühen vieler Autoren um eine immer feinere Gliederung der Vegetation und eine immer bessere Anpassung des Systems an die örtlichen Standortsgegebenheiten ist unter diesen Umständen nur zu verstehen. Darüber droht jedoch zuweilen die Übersicht verlorenzugehen, die ja das vornehmste Ziel jeder Klassifikation bleiben sollte.

Wir können hier nicht das Für und Wider verschiedener Lösungsversuche und noch weniger die weitläufige Literatur ausbreiten, müssen aber einen gangbaren Weg durch die Vielfalt der mitteleuropäischen Vegetation und ihrer Standortsbeziehungen finden. Was die Haupteinheiten anbetrifft, die Klassen und Ordnungen sowie teilweise auch die Verbände und Unterverbände, bleiben wir möglichst konservativ, weil die von verschiedener Seite vorgeschlagenen Erhöhungen der Rangstufen keine allgemein überzeugenden Vorteile brachten. Hinsichtlich der Assoziationen und rangtieferen Einheiten passen wir uns den jeweiligen Autoren an, bedienen uns also fallweise verschiedener Hilfsmittel (die in Abschnitt b kurz dargestellt werden sollen).

Die einzige vollständige und auf breitem Material beruhende, relativ neue Übersicht aller Vegetationseinheiten eines beträchtlichen Teiles von Mitteleuropa ist immer noch die von OBERDORFER (1957). Mit Ergänzungen und einigen Neufassungen wurde sie von OBERDORFER und Mitarbeitern (1967) auf größere Bereiche ausgedehnt. Wenige, aber wichtige Änderungen gab derselbe Autor außerdem (1970) in Form einer Liste bekannt. Dieser entspricht die gemeinsam mit anderen Autoren vorbereitete Neuauflage seiner „Pflanzengesellschaften Süddeutschlands", deren bereits fertige Teile möglichst berücksichtigt wurden, zumindest in Abschnitt E III 2. Wir halten uns hier im wesentlichen an dieses System, zumal es ein Kerngebiet Mitteleuropas umfaßt, an dem sowohl die Alpen und verschiedene Mittelgebirge als auch Tieflagen und xerotherme Hänge Anteil haben. Nur die Pflanzengesellschaften der Meeresküsten und der nordosteuropäischen Ebenen mußten nach anderen Quellen ergänzt werden.

Ihres Umfanges wegen wird unsere Zusammenstellung der übergeordneten Vegetationseinheiten Mitteleuropas als Anhang beigefügt (Abschnitt E III). Sie weicht insofern von dem üblichen pflanzensoziologischen System ab, als jeweils mehrere Klassen zu geographisch-standörtlichen Gruppen vereinigt wurden, beispielsweise „Salzwasser- und Meerstrand-Vegetation", „Steinfluren und alpine Rasen" oder „Nadelwälder und verwandte Gesellschaften." Diese Gruppierungen haben rein praktische Anlässe, nämlich die insgesamt 45 obersten Einheiten für den Nichtfachmann übersichtlicher zu machen, sie zugleich aber auch in eine computergerechte Dezimalklassifikation einzubeziehen (ELLENBERG 1974).

Bis zu den Verbänden hinab sind in Abschnitt E III auch die Charakterarten aufgeführt, d. h. die Arten, die fast ausschließlich oder doch vorzugsweise in der betreffenden Einheit auftreten. Bei vielen Verbänden und manchen Ordnungen, ja selbst bei einigen Klassen, sind dies jeweils nur wenige Arten. Eine stärkere Unterteilung der höheren Einheiten ist demnach kaum möglich, wenn man nicht das „Charakterartenprinzip" BRAUN-BLANQUETS ganz aufgeben und nur mit Differentialarten oder anderen Hilfsmitteln arbeiten will. Dieses Prinzip verhindert die unübersichtliche Aufsplitterung und sollte deshalb bis zu den Verbänden hin unbedingt bejaht werden.

Nach solchen Überlegungen muß man den größten Teil der Laubwälder Mitteleuropas zu einer Vegetationsklasse zusammenfassen, den Edellaubmischwäldern im weitesten Sinne *(Querco-Fagetea)*. Deren Abgrenzung von der Klasse der bodensauren Eichenmischwälder *(Quercetea robori-petraeae)* ist schwierig, weil zahlreiche Übergänge zu dieser auf das ozeanische Westeuropa konzentrierten Klasse bestehen. Auch zur Klasse der Erlenbruchwälder *(Alnetea glutinosae)* vermitteln Zwischenglieder, obwohl sie floristisch wie ökologisch eine Sonderstellung einnimmt.

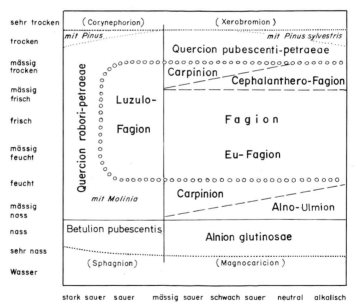

Abb. 53. Ungefährer Feuchtigkeits- und Säurebereich der Verbände und Unterverbände mitteleuropäischer Laubwaldgesellschaften (vgl. Abb. 40, 49 und 52).

Der Verband der Buchenwälder *(Fagion)* gliedert sich in den mesophilen Unterverband der „eigentlichen" Buchenwälder *(Eu-Fagion)*, den stärker säureertragenden der Hainsimsen-Buchenwälder *(Luzulo-Fagion)* und den auf relativ trockene und kalkhaltige Hänge beschränkten der Seggenbuchwälder (auch Orchideen-Buchenwälder genannt, *Cephalanthero-Fagion*). Noch trockenere Standorte besiedeln Gesellschaften des Verbandes der wärmeliebenden Eichen-Mischwälder *(Quercion pubescenti-petraeae)*, der die Trockengrenze des Waldes auf flachgründigen, steinigen Böden bildet. Im stark sauren Bereich wird diese Grenze von Vertretern der artenarmen Birken-Eichenwälder *(Quercion robori-petraeae)* eingenommen, von denen andere („mit *Molinia*") auch feuchte bis nasse Rohhumusböden besiedeln. Basenreichere Feuchtböden, aber auch relativ trockene Standorte bleiben den Eichen-Hainbuchenwäldern (Verband *Carpinion*) überlassen.

Ein stärker nässeertragender Unterverband *(Alno-Ulmion,* Grauerlen-, Ulmen- und Eschen-Mischwälder) des *Carpinion* leitet zu den Erlenbruchwäldern *(Alnion glutinosa)* über. Gemeinsam mit den Birkenbruchwäldern *(Betulion pubescentis,* Unterverband der bodensauren Nadelwälder, *Vaccinio-Piceion)* halten diese die Nässefront des Waldes.

Entsprechendes gilt von den Wäldern und Gebüschen der oft überfluteten Flußauen, der Klasse der Weidenwälder und Gebüsche *(Salicetea purpureae)*.

Unklar ist die Zuordnung der Birkenbruchwälder, die auf sehr sauren Naßböden an die Stelle von Erlenbruchwäldern treten (s. Abschnitt B V 2 c). Ihr Artengefüge hat so viel Ähnlichkeit mit dem der bodensauren Nadelwälder *(Vaccinio-Piceetea)*, daß sie meist zu dieser Klasse gestellt werden, obwohl sie, zumindest im westlichen Mitteleuropa, keine oder nur wenige Nadelbäume enthalten. Allenfalls kann man sie als besonderen Unterverband *(Betulion pubescentis)* innerhalb des Verbandes *Vaccinio-Piceion* fassen. Für das Verständnis der Vegetation Mitteleuropas ist ihre systematische Zuordnung jedoch unwesentlich, zumal sie nur verschwindend kleine Flächen einnehmen. Auf die systematische Gliederung der Nadelwälder wollen wir erst nach Besprechung der Klassen *Querco-Fagetea* und *Quercetea robori-petraeae* eingehen.

Manche Autoren, namentlich JAKUCS und andere südeuropäische, erheben heute die Ordnung der trockenheitsertragenden Eichenmischwälder *(Quercetalia pubescenti-petraeae)* in den Rang einer Klasse, weil aus den wärmeren Teilen Europas zahlreiche Gesellschaften dieses Verwandtschaftskreises bekannt wurden. Hierdurch wird eine Gliederung in mehrere Verbände und einige Ordnungen möglich (s. HORVAT, GLAVAČ u. ELLENBERG 1974). Von letzteren strahlt jedoch nur eine einzige nach Mitteleuropa herein, die mit der Ordnung der hier heimischen Edellaubwälder *(Fagetalia)* durch Übergänge verbunden ist. Aus mitteleuropäischer Sicht ist es daher gleichgültig, welcher Klasse man die Eichenmischwälder der warmtrockenen Standorte zuordnet.

In Abschnitt E III sind die Klassen und Ordnungen tunlichst nach der „soziologischen Progression" (d. h. nach zunehmender Kompliziertheit ihres Lebensformen-Gefüges) angeordnet, wie dies seit BRAUN-BLANQUET (1928, 1964) üblich ist. Die Wälder, namentlich die für Mitteleuropa so kennzeichnenden Laubwälder, stehen daher am Ende des Systems, und die Nadelwälder sowie alle übrigen Gesellschaften vor ihnen. Im Text wählen wir eine andere Reihenfolge, die im wesentlichen der Übersicht in Abschnitt A I entspricht und den historischen und ökologischen Zusammenhängen besser gerecht wird.

Für die submontane Stufe im westlichen Mitteleuropa gibt das Ökogramm in Abb. 53 eine Übersicht der Verbände und Unterverbände von Waldgesellschaften.

b Mittel zur standortsgerechten Feingliederung der Vegetation

Klassen und Ordnungen, ja sogar Verbände und Unterverbände sind verhältnismäßig umfassende Einheiten, wenn man die floristische und ökologische Variabilität der Pflanzenbestände betrachtet, die ihnen zuzuordnen sind. Sowohl der praktische Forstmann oder Planer als auch der Landschaftsökologe oder der Vegetationskundler selbst wünscht sich oft enger gefaßte, stärker standortsbezogene Einheiten, ohne die Überschau einbüßen zu müssen. Grundsätzlich gibt es hier drei Hilfsmittel, die einander ähnlicher sind, als sie auf den ersten Blick erscheinen:
– soziologische Artengruppen (Charakterarten, Differentialarten),
– soziologisch-ökologische Artengruppen (ökologisch interpretierte Differentialarten),
– ökologische Artengruppen (s. Abschnitt I 4 a).

Soziologische Artengruppen gewinnt man durch tabellarischen Vergleich von Vegetationsaufnahmen, wie er von BRAUN-BLANQUET (1928, 1964), ELLENBERG (1956), MUELLER-DOMBOIS und ELLENBERG (1974) und anderen eingehend beschrieben wurde. Dabei ergeben sich Gruppen von Differentialarten (Unterscheidungsarten, Trennarten), die innerhalb des verfügbaren Aufnahmematerials auf einen verschieden großen Teil desselben beschränkt sind. Kommen sie außerhalb der von ihnen besiedelten Pflanzenbestände nicht oder nur selten vor, so darf man sie als deren Charakterarten, d. h. als eindeutige Erkennungsmerkmale ansehen.

Das im vorigen Abschnitt als so vorteilhaft dargestellte „Charakterartenprinzip" läßt sich aber für die Grundeinheiten des pflanzensoziologischen Systems, die Assoziationen, kaum noch anwenden, weil deren Zahl sehr groß geworden ist. Die Wahrscheinlichkeit, auch nur eine einzige gute, für große Teile Mitteleuropas gültige Charakterart zu finden, ist gerade bei Waldgesellschaften auf „mittleren" Standorten sehr gering. Stellt man zur Bedingung (mit OBERDORFER, mdl.),

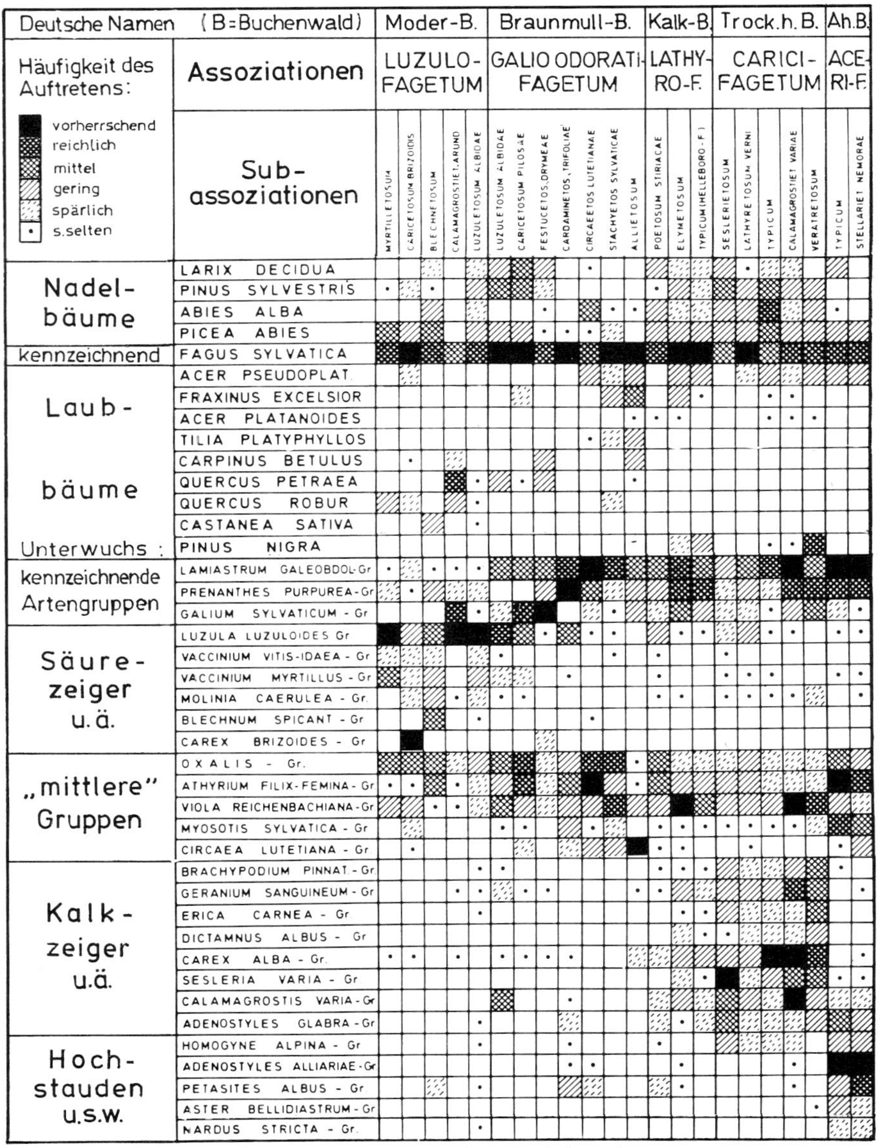

Abb. 54. Kombinationen der Baumarten und soziologisch-ökologischen Artengruppen in ostalpinen Buchenwaldgesellschaften. Nach MAYER (1974), etwas verändert.

Die Moder- oder Hainsimsen-Buchenwälder *(Luzulo-Fagetum)* besiedeln saure Böden. Auf den ärmsten herrscht die Heidelbeere *(Subassoziation myrtilletosum)*, auf zugleich staunassen das Seegras (= Zittergrassegge, *caricetosum brizoides*); die übrigen drei Subassoziationen sind im großen und ganzen nach zunehmendem Nährstoffreichtum des Bodens geordnet.

Das gilt auch für die Reihe der Braunmull- oder Waldmeister-Buchenwälder *(Galio odorati-Fagetum)*; die Subassoziationen *circaeetosum* und *stachyetosum* sind bodenfeucht; der Bärlauch-Buchenwald *(allietosum)* leitet zu den Frischen Kalkbuchenwäldern *(Lathyro-Fagetum)* über, bei denen drei Subassoziationen unterschieden werden.

daß jede Assoziation mindestens eine Charakterart haben müsse, so wird man nur noch auf sehr trockenen, nassen, salzreichen oder in anderer Richtung extremen Standorten gute Assoziationen finden und große Waldflächen „in einen Topf werfen" müssen. Um dies zu vermeiden, begnügen wir uns bei der floristischen Kennzeichnung einer Assoziation (innerhalb des an Charakterarten erkannten Verbandes) mit dem Vorhandensein einer eindeutigen Kombination verschiedener Gruppen von Differentialarten. Dasselbe Mittel wird ohnehin seit langem benutzt, um Subassoziationen und Varianten auszuscheiden (Mehrere Tabellen in diesem Buch geben hierfür Beispiele).

Das „Differentialartenprinzip" führt aber leicht zur Fassung zahlreicher, lediglich lokal gültiger Assoziationen, wenn man es nicht zurückhaltend handhabt. Um dabei nicht nur auf „systematischen Takt" angewiesen zu sein, kann man objektive Kriterien heranziehen, die freilich willkürlich fixiert werden müssen. Beispielsweise kann man einen „Präsenz-Gemeinschaftskoeffizienten" zwischen 33 und 50% fordern (ELLENBERG 1956) oder verlangen, daß weniger als die Hälfte der „Stetenkombination" auch in ähnlichen Gesellschaften vorkommt (ELLENBERG u. KLÖTZLI 1972). Solche Entscheidungshilfen können freilich die Erfahrung eines geübten Pflanzensoziologen nicht ersetzen.

Differentialarten kann man lediglich durch tabellarischen Vergleich oder neuerdings mit Hilfe des Computers gewinnen, d.h. ohne Rücksicht auf ihre Standortsbeziehungen. Doch lassen sie sich durchaus auch als Zeiger für bestimmte Umweltgegebenheiten interpretieren. Damit ist ein Schritt zur Erarbeitung von „soziologisch-ökologischen" Gruppen getan, d.h. von Arten, die oft gemeinsam auftreten, und deren Verhalten zu Bodeneigenschaften, zur Hangexposition, zur Höhenlage und anderen Faktoren durch vergleichende Beobachtungen im Gelände erschlossen wurden. Dieses Hilfsmittel spricht nicht zuletzt den Praktiker an und wird seit etwa 30 Jahren bei der forstlichen Standortskartierung verwendet, vor allem in Baden-Württemberg durch SCHLENKER und seine Mitarbeiter. Sie sprechen allerdings von „ökologischen" Gruppen und rechtfertigen diesen Namen immer mehr durch Messung wichtiger Standortsfaktoren und ökophysiologische Kulturversuche (SCHÖNHAR 1952, 1953, 1954, SCHÖNNAMSGRUBER 1959, BOGNER 1968, EVERS, SCHÖPFER und MIKLOSS 1968 und andere).

Als Hauptinstrumente der Klassifikation von Wäldern und anderen Pflanzengesellschaften wurden soziologisch-ökologische Gruppen namentlich von SCAMONI und PASSARGE (1959), SCAMONI (1960 u.a.), PASSARGE (1964, 1968), PASSARGE und HOFMANN (1964) sowie von MAYER (1974) und anderen verwendet. Da dieses Verfahren sehr flexibel ist und an und für sich keine Rangkriterien bietet, führt es oft zur Unterscheidung zahlreicher, mehr oder minder lokal gültiger Kleinassoziationen, die schwer zu überschauen sind. Vermeidet man eine derartige Aufsplitterung, so gelangt man zu einer Hierarchie von Vegetationseinheiten, die der rein soziologisch gewonnenen weitgehend entspricht und diese bestätigt. Das mag die in Abb. 54 wiedergegebene Gliederung der Buchenwälder zeigen, die MAYER (1974) im Ostalpenraum vornahm. Von seinen insgesamt 50 soziologisch-ökologischen Gruppen zog er hierbei weniger als 32 heran, von denen in Abb. 54 zur Platzersparnis einige seltener auftretende weggelassen wurden.

Mit soziologisch-ökologischen Artengruppen ist es möglich, gleichzeitig der edaphischen, oreographischen und klimatischen Variabilität einer Assoziation in ihrem gesamten Verbreitungsgebiet gerecht zu werden, d.h. ihren Wandel mit der Bodenbeschaffenheit, der Meereshöhe und dem Allgemeinklima auszudrücken. OBERDORFER schlug in diesem Zusammenhange vor, folgende Bezeichnungen auseinanderzuhalten:
– Subassoziation für edaphische Besonderheiten,
– Form für höhenbedingte,
– Rasse für allgemeinklimatisch-arealkundliche Ausbildungen.

Ökologische Artengruppen im engeren Sinne werden durch schrittweise Analyse des ökologischen Verhaltens der Arten, also ganz ohne pflanzensoziologische Hilfsmittel i.e.S. erarbeitet. Das bereits in Abschnitt 14a geschilderte Verfahren wurde von ELLENBERG (1950, 1952a) an Ackerunkräutern und Grünlandpflanzen entwickelt. Durch die Kombination verschieden häufiger ökologischer Gruppen kann man Vegetationseinheiten in entsprechender Weise kennzeichnen, wie dies in Abb. 52 mit soziologisch-ökologischen Gruppen geschah. In jedem Falle gelangt

---

Fortsetzung zu Abb. 54

Zu den Trockenhang-Buchenwäldern *(Carici-Fagetum)* gehört auch der Blaugras-Buchenwald *(seslerietosum)*; die nach dem Bunten Reitgras bzw. nach dem Germer benannten Trockenhang-Buchenwälder *(calamagrostietosum variae* bzw. *veratretosum)* sind hochmontan.
Die subalpinen Ahorn-Buchenwälder *(Aceri-Fagetum)* besiedeln ebenfalls kalkreiche, aber feuchtere Standorte. Erläuterungen zu den Artengruppen findet man teilweise in Tab. 10.

man aber ebenfalls zu Einheiten von räumlich begrenzter Gültigkeit, weil die zugrunde liegenden Gruppierungen keine unveränderlichen Bausteine darstellen, sondern geographisch variieren. Je nach den in Wettbewerb tretenden übrigen Arten kann sich ja das ökologische Verhalten einer Art oder mehrerer Arten innerhalb der Gruppe beträchtlich verschieben. Hinsichtlich des Gültigkeitsbereiches der Klassifikation bieten also weder ökologische noch soziologisch-ökologische Gruppen wesentliche Vorteile gegenüber rein soziologischen. Wie schon DUVIGNEAUD (1946) betonte, läßt sich aber die kleinräumige Variabilität der Pflanzendecke mit Hilfe ökologisch definierter Artengruppen leichter vorstellbar und weniger umständlich beschreiben.

Eine überraschende Bestätigung erfuhren die ökologischen Artengruppen kürzlich durch HAEUPLER (1974), der die Daten der floristischen Kartierung Südniedersachsens elektronisch auswertete. Mit Hilfe des Computers ordnete er die Pflanzenarten objektiv nach der Ähnlichkeit ihrer im 5 × 5-km-Raster als Punktkarten dargestellten Verbreitungsbilder. Dabei erhielt er Gruppen von Arten, die weitgehend den von ELLENBERG in der 1. Auflage gebrachten ökologischen Gruppierungen von Waldpflanzen entsprechen (s. Tab. 10). Pflanzen, die einander im Verhalten gegenüber wichtigen Standortsfaktoren ähneln, haben also auch eine recht gut übereinstimmende Verbreitung, und diese kommt bereits in einem verhältnismäßig groben Punktraster genügend genau zum Ausdruck.

Wenn ökologische, pflanzensoziologische und arealgeographische Verfahren zu annähernd gleichen Ergebnissen gelangen, muß es sich bei den Gruppierungen der Arten um Grunderscheinungen in der Pflanzendecke handeln. Wir haben sie daher vor der Beschreibung einzelner Vegetationseinheiten besprochen und werden immer wieder auf sie zurückkommen.

Bei der Behandlung der Buchenwälder Mitteleuropas im folgenden Abschnitt legen wir eine Gliederung zugrunde, die der in Abb. 54 wiedergegebenen zumindest in den Haupteinheiten ähnlich ist. Diese entsprechen den Verbänden bzw. Unterverbänden des auf Charakterarten basierenden bisherigen Systems (s. Abschnitt E III) und erscheinen zugleich ökologisch sinnvoll. Sie ergeben sich außerdem aus der Kombination der steten Arten, zu der ELLENBERG und KLÖTZLI (1972) durch Vergleich zahlreicher schweizerischer Waldbestände mit Hilfe von Sichtlochkarten kamen. Klassifikation von Naturobjekten ist und bleibt zwar eine Angelegenheit erfahrungsgeprägten Ermessens. Doch dürfen wir eine auf so vielen verschiedenen Wegen gewonnene Einteilung wohl als relativ „gesichert" ansehen.

II Buchen- und Buchenmischwälder

1 Edellaubwälder Mitteleuropas und Hauptgruppen der Rotbuchenwälder

a Die Ordnung der Edellaubwälder

Der größte Teil der Laubwälder Mitteleuropas gehört zur Ordnung der Edellaubwälder *(Fagetalia),* d.h. der Wälder, in denen Baumarten der Gattungen *Acer, Carpinus, Fagus, Fraxinus, Tilia* und *Ulmus* sowie andere „anspruchsvolle" Arten vorherrschen. Die zahlreichen Charakterarten dieser umfassenden Einheit sind in Abschnitt E III 2 aufgeführt. Sie haben sich an den Lebensrhythmus im sommergrünen Laubwalde angepaßt und verlangen einen verhältnismäßig nährstoffreichen Boden, der weder stark austrocknet noch längere Zeit unter Wasser steht (Abb. 38). Im einzelnen ist ihre ökologische Amplitude aber verschieden (s. Abschnitt E III 2).

Standortskundlich sind die *Fagetalia* ein recht vager Begriff. Außer echten Podsolen und extremen Naßböden findet man unter Gesellschaften dieser Ordnung fast alle Waldbodentypen Mitteleuropas. Auch ihre klimatische Amplitude ist weit. Das Jahresmittel der Lufttemperatur kann zwischen etwa 12 und 4°C liegen, wenn nur die Winterkälte nicht allzu groß ist. Die Niederschlagsmengen variieren im Jahresdurchschnitt zwischen rund 400 und 2000 mm. Enger ist der Bereich der Verbände (Abb. 53):

a) Die Buchen- und Buchenmischwälder *(Fagion)* meiden mehr als andere *Fagetalia*-Gesellschaften Trockenheit und Bodennässe und sind relativ frostempfindlich.
b) Ahorn- und Linden- Mischwälder *(Tilio-Acerion)* besiedeln schattige Hänge, Steinschutthalden und andere Sonderstandorte im Bereich der Buchenwälder und werden stellenweise auch von der Esche beherrscht.
c) Die hainbuchenreichen Laubmischwälder *(Carpinion)* gehen besonders nach der trockenen, nassen und kontinentalen Richtung über das *Fagion* hinaus, steigen aber nicht so hoch ins Gebirge.
d) Eschen- und erlenreiche Laubmischwälder *(Alno-Ulmion)* bedürfen einer zusätzlichen Wasserversorgung durch Grundwasser oder Überflutungen.

Als umfangreichster und für Mitteleuropa besonders kennzeichnender Verband sei zunächst das *Fagion* mit seinen Unterverbänden, Assoziationen und einigen seiner rangtieferen Einheiten ausführlich besprochen.

Da die Rotbuche auf allen nicht zu nassen, nicht zu trockenen, nicht übermäßig nährstoffreichen und nicht zu kalten Standorten den anderen Baumarten Mitteleuropas auf die Dauer überlegen bleibt, kommt sie unter den verschiedensten Bedingungen zur Herrschaft. Ihr Wachstumsoptimum liegt in der unteren Bergstufe; doch bildet sie auch im Hügelland und in den meisten Tiefebenen eigene Gesellschaften, an denen die dort heimischen wärmebedürftigeren Baumarten nur untergeordnet beteiligt sind. Andererseits steigt sie im Gebirge hoch empor und hält im südwestlichen Mitteleuropa sogar stellenweise die klimatische Baumgrenze.

In der mittleren und oberen Montanstufe muß sie auf großen Flächen der Weißtanne *(Abies alba)* Raum gönnen, deren Lebensansprüche trotz mancher Gegensätze so ähnlich sind, daß sie von den meisten Autoren als Charakterart des Buchenwald-Verbandes angesehen wird. Je nach der Breiten- und Höhenlage, dem Ozeanitätsgrad des Klimas, der Bodenbeschaffenheit und der Hangexposition kann das Mischungsverhältnis beider Baumarten recht verschieden sein. Reine oder fast reine Tannenwälder werden hier sowohl aus physiognomischen, ökologischen und floristischen als auch aus forstwirtschaftlichen Gründen von den Buchen- und Tannen-Buchenwäldern abgetrennt und in engerem Anschluß an die übrigen Nadelwald-Gesellschaften behandelt (Abschnitt B IV).

Tanne wie Buche gedeihen auf allen Gesteinsunterlagen, wenn auch das Schwergewicht der Buche auf Kalkböden zu liegen scheint. Sogar auf Niedermoortorf kann *Fagus* bis 25 m erreichen, wenn das Grundwasser nicht zu hoch steht. Innerhalb einer weiten Spanne sind weder Säuregrad noch Humuszustand des Bodens entscheidende Faktoren für das Vorhandensein oder Fehlen beider Baumarten. Beide findet man zudem an Hängen aller Richtungen sowie in Ebenen und Mulden, die der Buche jedoch nur dort zusagen, wo weder Staunässe noch Überflutungen ihre Wurzelatmung behindern. Von der Rendzina und Pararendzina über verschiedene Braunerden und Parabraunerden bis zum Podsol sind fast alle terrestrischen Bodentypen unter entsprechenden Buchenwaldtypen zu finden. Auch gleyartige Veränderungen sind namentlich in den Parabraunerden und podsoligen Böden nicht selten. Nur echte Gleyböden und sonstige Naßböden sowie die meisten Aueböden besiedelt die Buche nicht, so lange diese ihren natürlichen Wasserhaushalt haben.

Abgesehen von Sonderstandorten, von den höheren Lagen der Alpen und von deren niederschlagsarmen und winterkalten inneren Tälern wäre also die Rotbuche in Mitteleuropa unter natürlichen Verhältnissen beinahe allgegenwärtig. Teilweise mit der Tanne zusammen, würde sie auf etwa zwei Dritteln der Fläche vorherrschen. Obwohl Buchen- und Buchenmischwälder dem Ackerbau oder der Grünlandwirtschaft haben weichen müssen, und obwohl die Buche „die von der Forstwirtschaft ... am meisten zurückgedrängte Hauptholzart" ist (HESMER 1936), gibt es auch heute noch zahlreiche Buchenbestände.

b Gliederung der Buchenwälder

Nahezu sämtliche von Natur aus buchenbeherrschten Gesellschaften sowie ein Teil der tannen- und ahornreichen Wälder werden von den meisten Autoren heute zum Verbande der Rotbuchenwälder *(Fagion)* zusammengefaßt. Außer *Fagus sylvatica* selbst kennt man heute keine einzige gute und zugleich stete, für ganz Mitteleuropa gültige Charakterart dieses Verbandes mehr (s. Abschnitt E III). Ziemlich treu sind ihm nur die Zahnwurz-*(Dentaria-)*Arten, die aber alle recht selten und auf „bessere" Standorte beschränkt sind, und von denen die meisten nur im südlichen Mitteleuropa vorkommen.

Die Verbreitung des *Fagion* deckt sich daher im großen und ganzen mit derjenigen von *Fagus sylvatica,* zumal diese bis an ihre Ost-, Nord- und Nordwestgrenze in Europa erstaunlich kräftige Hochwälder bildet und auch dort noch dominieren kann, wo sie vom subalpinen Klima zum Krüppelwuchs gezwungen wird. Das Schwergewicht ihres Verbreitungsgebietes liegt im Westen und Südwesten Mitteleuropas. Die Weißtanne greift nirgends wesentlich über dieses Areal hinaus und konzentriert sich innerhalb desselben auf die montane Höhenstufe.

Die Zahl der Assoziationen, Subassoziationen, Varianten, Rassen oder sonstigen Untereinheiten der Buchenwald-Gesellschaften, die bisher beschrieben wurden, ist außerordentlich groß. Ihre Vielfalt läßt sich umso schwerer übersehen, als standörtlich verschiedene Einheiten öfters mit gleichlautenden Namen belegt oder umgekehrt ein und derselbe Typus nicht selten verschieden benannt wurde. Im Rahmen dieses Buches werden wir uns auf die Assoziationen und einige Subassoziationen beschränken müssen und dabei diejenigen in den Vordergrund stellen, die weit verbreitet oder im Hinblick auf ihre Standortsverhältnisse bemerkenswert sind.

Wegen seines großen Umfanges wird der Buchenwald-Verband heute in Unterverbände eingeteilt, die sich mehr oder minder gut mit standortsbedingten Gesellschafts-Gruppen decken (s. W. u. A. MATUSZKIEWICZ 1973, OBERDORFER 1970, PASSARGE 1965, PETERMANN 1970, ROISIN 1961, SOÓ 1964b, TANGHE 1970 u. a.):

1. Besonders scharf von den übrigen gesondert stehen die Buchenwälder stark saurer Böden, die man meistens im Unterverband der Hainsimsen-Buchenwälder *(Luzulo-Fagion)* vereinigt. Man kann sie auch Sauerhumus-Buchenwälder (wie in der 1. Auflage dieses Buches) oder Moderbuchenwälder nennen, weil ihr Boden stets eine Decke von saurem, modrigem Humus trägt – einerlei, ob es sich um saure Braunerden, Parabraunerden, Ranker oder sonstige Typen handelt (Abschnitt 4a).
2. Die meisten Buchenwälder stocken auf Böden, deren Humus in Form von Mull vorliegt (s. Abschnitt B I 1a). Als deutscher Name für den sie umfassenden Unterverband *Eu-Fagion* bietet sich daher Mullbuchenwälder an. Viele Autoren sprechen von Waldmeister-Buchenwäldern (*Galio odorati-Fagion,* früher *Aperulo-Fagion*). Innerhalb der Mullbuchenwälder kann man eine Gruppe von Gesellschaften auf Rendzinen (die sog. Frischen Kalkbuchenwälder, s. Abschnitt 2) und eine solche auf Braunerden unterscheiden (die Braunmullbuchenwälder, Abschnitt 3).
3. Während die beiden vorigen Unterverbände Standorte ohne lokalklimatische Besonderheiten und mit „normalem" Wasserhaushalt besiedeln, ertragen die Orchideen-Buchenwälder *(Cephalanthero-Fagion)* größere Trockenheit. Da diese in der Regel die Folge steiler Hanglage ist, und da Seggen eine auffallende Rolle im

Unterwuchs spielen, gebraucht man auch Bezeichnungen wie Seggen-Hangbuchenwälder und Steilhang-Buchenwälder. Ökologisch eindeutig ist nur der Name Trokkenhang-Kalkbuchenwälder oder kürzer Trockenbuchenwälder (Abschnitt 2c).
4. Die subalpinen Buchenwälder in den Gebirgen Südwest-Mitteleuropas haben manche Arten mit den bergahornreichen Schatthangwäldern gemeinsam. Man stellt sie zum Unterverband der Bergahorn-Buchenwälder *(Aceri-Fagion)* oder Hochlagenbuchenwälder (Abschnitt 2h).

In den Gesellschaften aller vier Unterverbände kann die Weißtanne eine gewisse, aber immer nur untergeordnete Rolle spielen, besonders in der montanen Stufe. Bestände, in denen dieser Nadelbaum von Natur aus vorherrscht, werden erst in Abschnitt B IV 2 besprochen, einerlei, ob man sie noch zu einem besonderen Unterverband des *Fagion* oder lieber zu einer besonderen Einheit zusammenfaßt.

Den Standortsunterschieden der vier Unterverbände des *Fagion* (s. Abb. 53) entspricht das Vorhandensein oder Fehlen von Zeigerpflanzen-Gruppen, die man als Differentialarten der Unterverbände ansehen kann. Der U.V. *Luzulo-Fagion* zeichnet sich durch Säurezeiger aus, während ihm viele „anspruchsvollere" Arten abgehen, so daß die zu ihm gehörigen Gesellschaften meistens artenärmer sind als die übrigen Buchenwälder. Das *Cephalanthero-Fagion* wird positiv durch Trockenheit ertragende Pflanzen, negativ durch das Zurücktreten trockenheitsempfindlicher, meso- bis hygromorpher Arten gekennzeichnet. Die sowohl im Hinblick auf die Nährstoffe als auch auf den Wasserzustand anspruchsvollen Laubwaldpflanzen häufen sich in den Buchenwald-Gesellschaften des *Eu-Fagion* (= *Asperulo-Fagion* = *Galio odorati-Fagion*). Das subalpine *Aceri-Fagion* unterscheidet sich von den drei montanen bis kollinen Unterverbänden durch großblättrige Hochstauden, die an stickstoffreichen, halbschattigen Orten und besonders in höheren Gebirgslagen hervortreten.

In arealgeographischer Hinsicht setzt sich der mitteleuropäische Buchenwald nach den Angaben bei ROTHMALER (1972) in erster Linie aus süd- bis mitteleuropäisch verbreiteten Arten zusammen, die wie die Buche selbst einen mehr oder minder ausgesprochen montanen Charakter und subatlantische bis zentraleuropäische Verbreitungstendenz aufweisen. Außerdem beteiligen sich an seinem Aufbau boreomeridionale, d.h. in großen Teilen der nördlichen gemäßigten Zone anzutreffende Waldpflanzen, deren Schwergewicht aber – wie bei *Galium odoratum* und *Anemone nemorosa* – ebenfalls mehr in der Nähe der Ozeane liegt. Einige Arten kommen bis in die Tropen hinein vor (*Sanicula europaea* noch im Usambara-Gebirge) oder entstammen tropischen Verwandtschaftskreisen (wie *Ilex aquifolium*). Arealgeographisch unterscheiden sich die stark bodensauren Buchenwälder nicht wesentlich von den weniger bodensauren; denn auch viele „Säurezeiger", z.B. *Luzula luzuloides* und *Avenella flexuosa*, zeigen ähnliche Verbreitungstendenzen. Dies sollte ein Grund mehr sein, sie nicht von den übrigen Buchenwäldern durch klufttiefe systematische Unterschiede zu trennen, wie dies beispielsweise DOING KRAFT und WESTHOFF (1959), SCAMONI und PASSARGE (1969) oder PASSARGE und HOFMANN (1968) tun.

Um ein anschauliches Bild von den verschiedenen Buchenwäldern und ihren Lebensbedingungen in Mitteleuropa zu gewinnen, beginnen wir mit der Beschreibung einzelner Beispiele. Jede Gesellschaft wollen wir zunächst in demjenigen Gebiete Mitteleuropas betrachten, in welchem sie am besten entwickelt ist oder ihre größte Mannigfaltigkeit zeigt. Von diesem „Kerngebiet" ausgehend, werden wir zum Schluß jedes Abschnittes das gesamte Verbreitungsgebiet der betreffenden Gesellschaft zu überblicken versuchen und dabei kurz auf – wirkliche oder scheinbare – Änderungen in ihren Standortsbeziehungen und auf arealgeographische Abwandlungen in ihrem Artengefüge, also auf ihre „geographischen Rassen" hinweisen (s. KRAL, MAYER u. ZUKRIGL 1975 u. a.).

Im Mittelpunkt der Darstellung sollen jeweils die Ergebnisse ökologischer Untersuchungen stehen, soweit solche für die betreffende Gesellschaft oder vergleichbare Einheiten vorliegen. Dabei wollen wir uns bemühen, diejenigen Faktoren zu erfassen, von welchen ihr Artengefüge in erster Linie abhängt, und die Wirkungsweise dieser Faktoren aufzuklären.

2 Buchenwälder auf Rendzinen und Pararendzinen

a Frische Kalkbuchenwälder

Schön entwickelte naturnahe Buchenwälder findet man heute in Mitteleuropa vor allem an den Hängen der Kalkgebirge. Im Schweizerischen, Schwäbischen und Fränkischen Jura, auf den Kalkbergen Mitteldeutschlands, Südpolens und der Tschechoslo-

Abb. 55. Strauchschichtarmer Buchen-Hallenwald auf Kalkboden im Schweizer Jura (Lebern). An einer lichteren Stelle Buchenverjüngung. Die epiphytischen Flechten sind hier noch nicht verschwunden, im Gegensatz zu den meisten Wäldern im mittleren und nördlichen Mitteleuropa, wo die Luftverschmutzung mit Schwefeldioxid heute das für Flechten erträgliche Maß übersteigt.

wakei sowie in der montanen Stufe der nördlichen und südlichen Kalkalpen und der Karpaten blieben sie in großer Ausdehnung erhalten, weil ihre Standorte landwirtschaftlich schwer zu nutzen sind, die Buche aber gut gedeiht und sich auch ohne Zutun des Menschen freudig verjüngt. Mit den „Kalkbuchenwäldern" wollen wir deshalb die Besprechung der Buchenwälder Mitteleuropas beginnen, und zwar mit denen des Schweizer Jura. Dieser liegt nahe dem Schwerpunkt des europäischen Rotbuchenareales und ragt fast bis zur klimatischen Waldgrenze auf. Wir können uns dabei auf die vorbildlichen Bearbeitungen von MOOR und BACH sowie von J.L. RICHARD und anderen stützen, die zahlreiche von *Fagus sylvatica* beherrschte Assoziationen unterscheiden.

Als typischen Buchenwald *(Fagetum sylvaticae)* schlechthin bezeichnet MOOR eine Gesellschaft, die ökologisch etwa in der Mitte zwischen den übrigen Buchenwäldern steht und keine floristischen Besonderheiten aufweist. GRADMANN nannte ihn schon 1898 bei seiner klassischen Beschreibung des Schwäbischen Jura den „normalen Buchenhochwald". Solche Namen gelten aber nur, wenn man lediglich die Buchenwälder auf kalkreichen Böden vor Augen hat und von den Buchenwäldern auf sauren Böden, insbesondere auf Silikatgesteinen, absieht. Die letzteren nehmen in Mitteleuropa heute noch große Flächen ein und wären von Natur aus sogar weiter verbreitet als die Kalkbuchenwälder. Wir sprechen deshalb besser ausdrücklich vom typischen Kalkbuchenwald. Da die meisten Trockenhang-Buchenwälder (s. Tab. 12) ebenfalls Kalkbuchenwälder sind, unser Beispiel aber auf normalfeuchten („frischen") Böden stockt, ist erst die Bezeichnung „frischer Kalkbuchenwald" hinreichend eindeutig.

Um ein klares Bild vom Aufbau und vom Artengefüge des frischen Kalkbuchenwaldes zu gewinnen, greifen wir zwei konkrete Beispiele aus der Tabelle MOORS (1952) heraus, von denen das erste im Frühjahr und das zweite im Spätsommer aufgenommen wurde. Außerdem unterscheiden sich die beiden in Tab. 11 vereinigten Listen durch Angaben über Alter, Höhe und Dichte des Baumbestandes sowie über die Hangrichtung und -neigung. Zusammengenommen enthalten bereits diese beiden Aufnahmen nahezu alle Arten, die in den typischen Kalkbuchenwäldern des Schweizer Jura in mittleren Höhenlagen häufig anzutreffen sind. Die fehlenden wurden durch einen Punkt (.) bezeichnet, so daß Tab. 11 zugleich eine Vorstellung von der „normalen charakteristischen Artenkombination" des abstrakten Assoziationstypus vermittelt.

Um mit der ökologischen Auswertung von Vegetationsaufnahmen vertraut zu werden, besprechen wir diese ersten Beispiele ausführlicher, als es bei den übrigen Gesellschaften möglich sein wird. Ähnlich den meisten von der Rotbuche beherrschten Waldgemeinschaften sind unsere beiden Bestände ausgesprochene „Hallenwälder". Wie die Säulen einer gotischen Hallenkirche streben die glattrindigen, silbergrauen Stämme schlank empor und wölben mit ihren bogig ausladenden Ästen ein gleichmäßig hohes Laubdach (Abb. 55). Im Dämmerlicht des jüngeren, dicht geschlossenen Bestandes (Nr. 1) kamen weder Sträucher noch Jungbäume auf, so daß der Blick fast unbehindert in die Tiefe des Waldes schweifen kann. Auch das Mosaik der Kräuter, Gräser und Seggen am Boden dieses einförmigen Bestandes wird selten so kräftig, daß es die goldbraune Laubstreudecke lückenlos übergrünt. Selbst in dem 120jährigen Altholz (Nr. 2), das im sogenannten Samenschlag ausgelichtet wurde, bleibt der hallenartige Eindruck bestehen, obwohl der Buchennachwuchs unter den Kronenlücken kleinere und größere Gruppen bildet (Abb. 55 und 56).

Erst wenn man die Altbäume fällt, wächst das Jungholz rasch zu wahren Dickichten heran. Solche artenarmen Dickungen erschweren oft das Kartieren von Buchenwaldgesellschaften und erscheinen begreiflicherweise nicht in pflanzensoziologischen Tabel-

Tab. 11. Zwei Beispiele des Frischen Kalkbuchenwaldes im Schweizer Jura. Aus Moor (1951); Zeigerwerte für die Bodenfeuchte (F) und die Bodenreaktion (R) nach Ellenberg (1974)[1]

Laufende Nr.:	1	2	F	R	Laufende Nr.:		1	2	F	R
Aufnahme-Monat	6	9			**Frühblühende Hemikryptophyt:**					
Höhe über dem Meer (10 m)	80	77			O *Asarum europaeum*	m, a	2	1	6	8
Exposition	s	ono	Feuchtezahl (F)	Reaktionszahl (R)	O *Phyteuma spicatum*	m	1	2	5	X
Hangneigung (%)	20	75			O *Lathyrus vernus*	a	1	1	4	7
					O *Viola reichenbachiana*	m	1	+	5	7
Alter der Bäume (Jahre)	40	120			K *Carex sylvatica*	m	1	+	5	7
Höhe der Bäume	15	28			*Ajuga reptans*	m, a	2	+	6	X
Kronenschluß (%)	95	70			K *Carex digitata*	m	+		4	X
Bäume:					O *Galium odoratum*	a	·			X
V *Fagus sylvatica*	5	4	–	–	O *Pulmonaria officinalis*	m, a	·	+	5	8
V *Abies alba*	1	1	–	–	*Oxalis acetosella*	a		1	6	4
O *Acer pseudoplatanus*	1	1	–	–	**Später blühende Hemikryptoph.:**					
K *Fraxinus excelsior*	+		–	–	V *Festuca altissima*		2	2	5	3
Baumjungwuchs:					V *Prenanthes purpurea*		+	2	5	X
V *Fagus sylvatica*	1	3	5	X	*Bromus ramosus benekenii*		+	1	5	8
V *Abies alba*	1	1	X	X	*Vicia sepium*	m	+	+	5	7
K *Fraxinus excelsior*	1	1	X	7	O *Potentilla sterilis*	a	+		5	6
O *Ulmus glabra*	+	+	7	X	O *Dryopteris filix-mas*			2	5	5
K *Acer platanoides*	+	+	X	X	O *Euphorbia amygdaloides*	m?		1	5	7
O *A. pseudoplatanus*	+		6	X	V *Polystichum aculeatum*	S		1	6	6
Sorbus aria		+	4	7	V *Hordelymus europaeus*		+		5	7
Sträucher (meist Frühblüher):					O *Epilobium montanum*		+		5	6
K *Lonicera xylosteum*	+	+	5	7	*Fragaria vesca*	a	+		5	X
Daphne laureola	+	+	4	8	*Hieracium sylvaticum*		+		5	5
K *D. mezereum*	+	·	5	7	*Solidago virgaurea*		+		5	X
K *Corylus avellana*	·	+	X	X	*Athyrium filix-femina*		+		7	X
Viburnum opulus	·	+	7	7	*Senecio nemorensis fuchsii*			1	5	X
V. lantana	·	+	4	8	**Berechnungen von mF und mR:**					
Rubus spec.		1	–	–			4	5	5	
Geophyten (meist Frühblüher):					Zahl der bewerteten	{	5	18	22	
O *Mercurialis perennis*	m, a	3	+	X	7	Arten in Feuchtestufe		6	4	7
K *Anemone nemorosa*	m	2	·	X	X		7	2	4	
O *Polygonatum multiflorum*	a	1	+	5	6			20	20	
O *Paris quadrifolia*	a	+	+	6	7	Produkte aus Feuchte-		90	110	
O *Arum maculatum*	a	+	1	7	7	stufe und Artenzahl		24	42	
V *Dentaria heptaphylla*	m?	2	1	5	8			14	28	
V *D. pentaphyllos*	m?	1		5	7	Summe der Produkte		148	200	
O *Neottia nidus-avis*		+		5	7	Summe der bewerteten Arten		29	38	
K *Epipactis helleborine*		+		5	7					
O *Lilium martagon*	m	+		4	7	mittlere **Feuchtezahl**		5,1	5,3	
K *Melica nutans*	a	+		4	7					
Carex flacca			+	6	8			3	1	1
V *Cephalanthera damasonium*			+	4	7			4	–	1
O *Allium ursinum*	m		+	6	7	Zahl der bewerteten	{	5	–	2
Sonstige Kräuter:						Arten in Reaktionsstufe		6	2	3
O *Lamiastrum galeobdolon*	m, a	1	2	5	7			7	15	16
K *Hedera helix* (steril)	a	1	2	5	X			8	4	7
Geranium robertianum	m		+	X	X					
Gesamtzahl der außerdem vorkommenden „Zufälligen"		3	5	–	–	mittlere **Reaktionszahl**		6,9	6,8	

Buchenwälder auf Rendzinen und Pararendzinen 117

Abb. 56. Buchenwald im Winter, Ende Februar aufgenommen. Neuschnee läßt die Schattenzweige einzelner jüngerer Buchen und den Jungwuchs hervortreten. Die Krautschicht ist völlig zugedeckt und hat kaum noch Temperaturen unter 0 °C auszuhalten.

len. Sie stellen aber eine charakteristische Lebensphase der Buchenwälder dar, durch die viele Arten der lichteren Laubmischwälder ausgemerzt werden. Nach den Durchforstungen sprießt am Waldboden bald wieder ein lockeres Blätterwerk, sei es, daß sich einzelne nahezu verhungerte Überlebende mit ihren Wurzelstöcken oder Ausläufern ausbreiten, oder daß sich die von geschäftigen Ameisen immer wieder herbeigetragenen Samen myrmekochorer Arten endlich über das Keimlingsstadium hinausentwickeln. Es ist also kein Zufall, daß wir in Buchenwäldern vorwiegend Myrmekochoren (m) oder aber zu starker vegetativer Ausbreitung befähigte Arten (a) finden, und daß manche in Buchenwäldern besonders häufig auftretende Pflanzen, z.B. *Mercurialis perennis* und *Melica uniflora* (Abb. 57), beide Eigenschaften vereinigen.

Einer der Gründe, weshalb der Buchenjungwuchs den Kräutern viel mehr Licht entzieht als das Altholz, ist darin zu suchen, daß die den Boden überwandernden Sonnenflecken kleiner und seltener sind (vgl. Abb. 58). Außerdem begrünt sich das

Erläuterungen zu Tab. 11

---

[1]) Bedeutung der Buchstaben **vor** den Pflanzennamen: V = Verbandscharakterart *(Fagion)*, O = Ordnungscharakterart *(Fagetalia)*, K = Klassencharakterart *(Querco-Fagetea)*; **hinter** den Pflanzennamen: m = myrmekochore, a = vegetativ sich ausbreitende Art.
 Die **Ziffern** in den senkrechten Spalten Nr. 1 und 2 bedeuten die Menge nach Braun-Blanquet: 5 = mehr als $3/4$ der Fläche deckend, 4 = $3/4 - 1/2$, 3 = $1/2 - 1/4$, 2 = $1/4 - 1/20$, 1 = weniger als $1/20$, + = nur spärlich vorkommend. Der Punkt bedeutet: in ähnlichen Beständen vorkommend, aber in der betreffenden Aufnahme fehlend. Die Zeigerwerte sind in Abschnitt B I 4 erläutert. Die mittlere Feuchtezahl und die mittlere Reaktionszahl wurden ohne Rücksicht auf die Menge berechnet.

118 Buchen- und Buchenmischwälder

Unterholz im Frühjahr zeitiger als die höheren Bäume und behält im Herbst nicht selten einen Teil seiner trockenen Blätter, während die Bäume in den oberen Schichten ihr Laub rascher verlieren und den dann noch beblätterten Kräutern eine Zeit erhöhter Assimilation gönnen.

Dickungen, Stangenhölzer, geschlossene und zur Verjüngung gelichtete Altbestände wechseln heute nach dem Willen der Förster miteinander ab. Aber auch in unberührten

Abb. 57. Krautschicht eines Kalkbuchenwaldes im Schweizer Jura, Ende Mai aufgenommen.
Mercurialis perennis (vorn rechts) ist bereits verblüht, *Galium odoratum* (deckend) hat Knospen. *Dentaria pentaphyllos* blüht voll und deutet wie die vereinzelten Blätter von *Allium ursinum* (links) auf reichliche Feuchtigkeit, zumindest im Frühjahr.

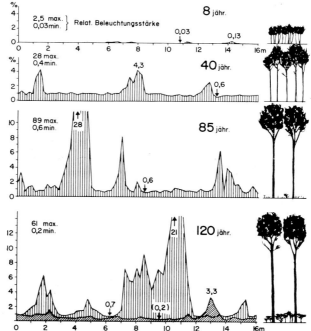

Abb. 58. Verteilung der relativen Beleuchtungsstärke am Boden einer Buchen-Dickung, eines Stangenholzes, eines Baumholzes und eines Altholzes.
Messungen an einem wolkenlosen Mittag in Abständen von 20 cm längs einer westöstlichen Linie von 16 m Länge, Anfang September 1960. Schräg schraffiert = unter der Buchen-Verjüngung.

Buchen-Urwäldern wirkt ein entsprechender Rhythmus. Das zeigen die Aufnahmen und Transekte, die MAYER (1971) aus einem früher sehr schwer zugänglichen und deshalb fast ungestört erhaltenen Buchenwald bei Dobra in Niederösterreich mitteilte (Abb. 59). Ähnlich wie in anderen Urwaldresten der gemäßigten Zone kann man folgende Entwicklungsphasen unterscheiden, die einander zeitlich ablösen und räumlich ein unregelmäßiges Mosaik bilden:
1. Die Optimalphase kräftigsten Baumwachstumes zeichnet sich durch dichte Jungwüchse und Stangenhölzer aus, kann aber stellenweise schon hallenartig sein.
2. Die Terminalphase ist ein Hallenwald mit vorherrschenden Starkhölzern und nimmt die größten Flächen ein.

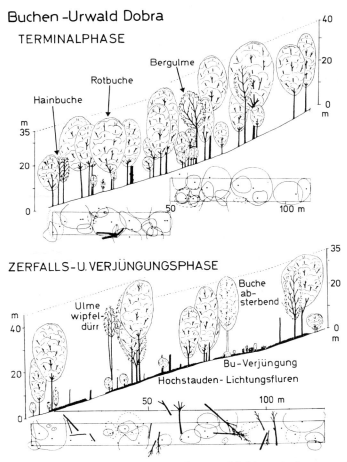

Abb. 59. Transekte im Buchen-Urwald Dobra/Niederösterreich (*Dentario-Fagetum* auf Braunerde), die den Zerfall des Buchen-Altholzes und die Verjüngung zeigen. Nach MAYER (1971), etwas verändert.
Auf kleinen Lücken sind schon in der Terminalphase Gruppen von Jungbuchen herangewachsen. Beim Zerfall des Altbestandes kommen Lichtungsfluren mit Hochstauden auf. Bald nimmt die flächenhafte Buchen-Verjüngung zu.

3. In der Zerfallsphase sterben die Altbäume ab und brechen zusammen, und zwar in drei Schritten:
   a) Beim Beginn der Z. stehen einzelne Bäume als Leichen und gestatten bereits stärkeren Krautwuchs und beginnende Verjüngung.
   b) Diese setzt in der fortgeschrittenen Z. richtig ein, weil viele Bäume gleichzeitig ausfallen.
   c) Die abschließende Z. besteht in einem gruppen- oder horstweisen Zusammenbruch des ganzen Bestandes. Nitrophile Lichtungskräuter gedeihen üppig (s. Abschnitte A I 2 u. D III 2), aber auch Gruppen von Jungbäumen.
4. Die Verjüngungsphase beginnt in 3 c, teilweise aber schon in 3 a.
   a) Anfangs spielen Ahorn, Ulmen und Eschen eine große Rolle, wenn auch Buche schon beteiligt ist.
   b) In der fortgeschrittenen V. setzt sich die Buche immer mehr durch und strebt der Optimalphase (1) zu.

Die große Ähnlichkeit von Urwald und Wirtschaftswald macht es verständlich, daß im Buchenbereich die ursprüngliche wie die heutige potentielle Vegetation ganz oder nahezu ganz von der Rotbuche beherrscht wird (SCHROEDER 1963). Wegen der länger dauernden Lichtungsphasen sind im Urwald nach den Messungen von ROLLER (1965) die Temperaturschwankungen am Boden größer als im bewirtschafteten Hochwald. Auch das Feuchteklima ist weniger ausgeglichen, obwohl der Wind durch großflächig gleichaltrigen Hochwald freier hindurchstreichen kann.

Schilderungen von Buchen-Urwäldern in den Kleinen Karpaten (ZLATNÍK 1935) und auf der Balkanhalbinsel (MARKGRAF 1931, K.M. MÜLLER 1929, WRABER 1952, LEIBUNDGUT 1959) hatten schon früher nahegelegt, die Phasen 1–4 auch für Mitteleuropa anzunehmen. Als gesichert darf gelten, daß die Rotbuche zur Bildung strauchschichtarmer Hallenwälder neigt, in denen knapp 60jährige bis weit über 100jährige Bäume ein ziemlich gleichmäßig hohes Kronendach tragen. Wo die überalterten Bäume einzeln absterben, kommt gruppenweise oder auf der ganzen Fläche der Buchenjungwuchs auf, der in jedem „Mastjahr", also etwa alle drei bis acht Jahre, reichlich keimt, aber im dicht geschlossenen Walde durch Lichtmangel sowie durch die Wurzelkonkurrenz der Altbäume und durch Schädlinge zugrunde geht. Die Natur arbeitet also ganz ähnlich wie der Förster im sogenannten „Dunkelschlagverfahren", bei dem durch Vorverjüngung reine, gleichwüchsige Bestände entstehen. Durch den sog. „Schleimfluß" sterben auch im Wirtschaftswald einzelne Buchen ab und begünstigen lichtliebende Arten (F. RUNGE 1969b). Größere, durch Sturmwurf entstandene Lücken im Urwald besiedeln sich in dem von H. MAYER (1971) beschriebenen Beispiel mit üppigen und konkurrenzstarken Lichtungspflanzen, ähnlich wie die Kahlschläge in unseren Nadelholzforsten. Es dauert lange, bis hier die Buche wieder Fuß fassen kann. Wo der Forstmann auf Buchen-Naturverjüngung Wert legt, vermeidet er daher umfangreiche Kahlhiebe.

Natürlicher und bewirtschafteter Buchenhochwald haben mithin mehr gemeinsam, als man zunächst glauben möchte. Sie stimmen auch darin überein, daß sie im Gegensatz zu anderen Waldtypen arm an Bodenmoosen sind. Diesen wird der plötzliche und starke Laubfall im Herbst zum Verhängnis, der den Boden in 3–8facher Schicht mit breiten und schwer zersetzlichen Blättern überstreut. Selbst auf den tätigsten Böden wird diese moosfeindliche Decke nicht bis zum Frühjahrsbeginn so weit abgebaut, daß der Boden wieder bloßläge (s. Abb. 48). Moose können sich deshalb im Buchenwalde nur auf den Steinen oder Holzresten ansiedeln, die aus dem Laubteppich herausragen. Dort bilden sie Kleingemeinschaften, die mit der übrigen Buchenwaldgesellschaft nur wenig zusammenhängen und bei pflanzensoziologischen Aufnahmen meistens unbeachtet bleiben. Auch die Moose auf den Wurzelhälsen der Bäume und die Flechtenkrusten oder Algenkrusten an ihren glatten Stämmen (s. Abb. 55) besiedeln Sonderstandorte und werden getrennt aufgenommen (s. Abschnitt CVIII), obwohl sie als ein charakteristisches Merkmal der Buchenwälder in der nebelreichen Montanstufe gelten dürfen.

Betrachten wir nach diesem physiognomischen Überblick nunmehr das Artengefüge der in Tab. 11 zusammengestellten Kalkbuchenwälder im einzelnen, so sehen wir, daß die Buche zwar vorherrscht, aber doch manche Vertreter anderer Baumarten duldet. Im Schweizer Jura fehlt selten die Weißtanne, die sich im frischen Kalkbuchenwalde allerdings niemals in größeren Gruppen durchzusetzen vermag, wenn ihr der Forstmann nicht frühzeitig hilft. Auch Bergahorn und Esche sind einzelstammweise beigemischt. Spitzahorn, Ulme und andere Bäume dagegen vermögen mit der Buche nicht Schritt zu halten und finden sich allenfalls im Unterwuchs, wenn Samenspender in der Nähe stehen.

Echte Sträucher sind selbst im ausgeholzten Altbestande sehr spärlich, weil bei stärkerem Lichteinfall sogleich die Jungbuchen zum Zuge kommen und alles überwachsen. Die eigentlichen Straucharten gedeihen deshalb im typischen Kalkbuchenwalde so kümmerlich, daß man sie anfangs ganz übersieht. Immerhin kann man Arten wie *Lonicera xylosteum* und *Daphne mezereum* im typischen Kalkbuchenwalde fast regelmäßig finden. Der Seidelbast öffnet seine rosa Blüten schon Ende Februar oder im März, ist aber auch dann so unscheinbar, daß ihn sein süßer Duft leichter verrät als seine Farbe.

Am Boden unseres Kalkbuchenwaldes herrschen im Frühjahrsaspekt Geophyten und andere Frühblüher. Manche von diesen vergilben bald, nachdem das Buchendach sommerdunkel geworden ist, z.B. *Anemone nemorosa* und *Arum maculatum*. Die meisten behalten aber auch im Sommer ihre Blätter oder entfalten sie erst dann richtig, beispielsweise *Mercurialis perennis* und *Melica nutans*. Sie verhalten sich also, was ihren Entwicklungsrhythmus anbetrifft, ebenso wie die „frühblühenden Hemikryptophyten", etwa wie *Carex sylvatica* und *Lathyrus vernus*. Für viele Hemikryptophyten, die sich erst nach der Belaubung der Buchen richtig entwickeln, ist der Bestand Nr. 1 zu dunkel. Sie sind deshalb in unserem zweiten Beispiel stärker vertreten, dessen Kronenschluß nur etwa 70% beträgt. Bezeichnenderweise wurde hier auch die einzige einjährige Pflanze notiert, die sich im typischen Kalkbuchenwalde gelegentlich entwickeln kann, nämlich *Geranium robertianum*. Nur wenige Arten überdauern den Winter mit grünen Blättern. Neben fakultativ Wintergrünen wie *Galium odoratum* und *Polystichum* sind lediglich *Lamiastrum galeobdolon*, der einzige Chamaephyt, und der am Boden kriechende Efeu *(Hedera helix)* zu finden, beide allerdings mit hoher Stetigkeit.

Keine der in Tab. 11 aufgeführten Pflanzen kann als Charakterart des frischen Kalkbuchenwaldes gelten. Alle kommen auch in anderen Assoziationen vor, zumindest in anderen Buchenwäldern. Trotz des Fehlens eigentlicher Kennarten und der geringen Zahl guter Verbandscharakterarten (V) ist aber der frische Kalkbuchenwald floristisch genügend gekennzeichnet, um als eigene Assoziation angesehen werden zu können. Neben dem guten Gedeihen der Buche muß man vor allem die große Zahl anspruchsvoller „Mullbodenpflanzen" beachten. Fast alle in Tab. 9 genannten krautigen Pflanzen gehören nämlich zu den säuremeidenden ökologischen Gruppen, mit Ausnahme von *Oxalis acetosella, Festuca altissima* und *Prenanthes purpurea*, die auch auf Moderböden übergreifen.

Hinsichtlich ihres Wasserhaushaltes sind nahezu sämtliche Arten als mesophil zu bezeichnen. *Melica nutans* und *Carex digitata* ertragen öfters eintretende Trockenheit, und es dürfte kein Zufall sein, daß sie nur im Bestand Nr. 1 vorkommen. Denn dieser biedelt einen sanften Südhang und neigt damit auch standörtlich zu den Seggen-Buchenwäldern trockener Kalkhänge hin (s. Abschn. c). Der in steilerer Ostnordostlage entwickelte Bestand Nr. 2 dagegen beherbergt einige meso- bis hygromorphe, gegen Trockenheit verhältnismäßig empfindliche und deshalb vorwiegend an schattigen Plätzen gedeihende Arten, z. B. den Bärlauch und den Sauerklee. Dieser Unterschied kommt auch in dem Verhältnis der ökologischen Gruppen zum Ausdruck.

Der typische Kalkbuchenwald ist also, streng genommen, keine ganz einheitliche Gesellschaft. Dabei stellen die in Tab. 11 wiedergegebenen beiden Aufnahmen nicht einmal Extreme dar. Absichtlich wurden aus den 35 von MOOR (1952) veröffentlichten Listen nur „mittlere" Beispiele ausgewählt, insbesondere was die Höhenlage anbetrifft, die sich ähnlich wie die Feuchtigkeit und die Bodenreaktion mehr oder minder deutlich im Artengefüge abzeichnet.

Alle solche floristischen Abweichungen sind sehr wahrscheinlich durch Standortsunterschiede bedingt, also nicht „zufällig". Sie kommen in jeder Assoziation vor und hindern uns nicht, gewisse Typen aufzustellen und über ganz Mitteleuropa zu verfolgen. Doch führen sie uns vor Augen, wie variabel vegetationskundliche Typen sind, und wie viele Wesenszüge der konkreten Einzelbestände durch Abstraktion verloren gehen. Will man die entscheidenden Standortsbedingungen nennen, unter denen sich der typische Kalkbuchenwald entwickelt, so kann man in Anlehnung an MOOR (1952) und BACH (1950) folgende Geländefaktoren hervorheben:

Bedingungen für alle mehr oder minder reinen Rotbuchenwälder:
1. Lage in Mitteleuropa, d. h.
 innerhalb des Areals der Rotbuche und der meisten mitteleuropäischen Waldpflanzen; Klima mäßig warm, subozeanisch bis schwach subkontinental.
2. Submontane (bis montane) Stufe
 oder entsprechendes Hangklima in tieferer Lage, d. h. keine scharfen Winter- und Frühjahrsfröste;
 relativ hohe Niederschläge,
 keine längeren Trockenperioden.
3. Kein Grund- oder Hangwassereinfluß, d. h.
 keine zeitweilige oder dauernde Durchnässung und damit Luftarmut des Wurzelraumes.
4. Naturnahe Bewirtschaftung, d. h.
 keine starke Begünstigung anderer Baumarten,
 keine häufigen Auflichtungen.

Bedingungen für Kalkbuchenwälder:
5. Durchlässige Kalkunterlage, d. h.
 mäßig bis gut drainierter Unterboden,
 reichliche Basenversorgung, zumindest der Tiefwurzler,
 neutrale (schwach saure bis schwach basische) Reaktion.

Bedingungen für den frischen Kalkbuchenwald:
6. Stabiler Boden, d. h.
 keine nennenswerte Abtragung oder Aufschüttung trotz Hanglage,
 oberflächliche Entkalkung.
7. Skelettreicher Boden mit mäßigem Tongehalt, d. h.
 von Kalksteinen bis zur Oberfläche durchsetzt,
 mittlere wasserhaltende Kraft.

Meist handelt es sich um Böden vom Typus der Rendzina im Sinne von KUBIËNA (1953) und KOHL (1971), nicht von BACH (1950) und MOOR (1952), die wie PALLMANN vom „Humuskarbonatboden" sprechen. Häufig ist die Rendzina verbraunt, d. h. in der Feinerde kalkarm und braunerdeähnlich, doch gibt es auch typische Kalkbuchenwälder, die auf nichtverbraunter Mullrendzina stocken. Das Kalkgestein kann bereits in wenigen dm Tiefe anstehen, aber auch durch mehr oder minder mächtigen, skelettreichen, seit langer Zeit ruhenden Hangschutt oder durch eine dünne Schicht von Lößlehm überdeckt sein. In jedem Falle ist der Wurzelraum der Buchen und ihrer Trabanten durchschnittlich nur 20–30 cm mächtig, während einzelne Wurzeln bis 2 m tief in den Unterboden oder in Gesteinsspalten eindringen (Abb. 60).

Derartige Rendzinen reagieren bis in Oberflächennähe neutral oder höchstens schwach sauer und können als mäßig nährstoffreich gelten. Ihre Nitrifikation ist stetig, aber nicht sehr stark (ELLENBERG 1964, GRIMME 1975). Ein Wasserstau im Bodenprofil wurde niemals, auch nicht bei Schneeschmelze oder bei starken Gewittergüssen, beobachtet, weil das feinporige Schwammgefüge des basenreichen Mulls stabil bleibt und sehr aufnahmefähig ist. In Trockenjahren kann kurzfristig Wassermangel eintreten, wie z.B. im Spätsommer 1973 bei Göttingen beobachtet wurde (Abb. 63). Auf großen Flächen im frischen Kalkbuchenwald welkten *Mercurialis perennis, Galium odoratum, Asarum europaeum* und andere Kräuter, obwohl sie den osmotischen Wert ihres Zellsaftes beträchtlich erhöht hatten. Für die Buche selbst dürfte die Wasserversorgung wohl immer gewährleistet bleiben, weil ihre Wurzeln die Reserven in tieferen Schichten nutzen können.

Das floristische und ökologische Bild des frischen Kalkbuchenwaldes, das wir uns bisher verschafft haben, gilt in den Grundzügen für große Teile Mitteleuropas und Westeuropas, ja auch für manche Randbereiche im Norden und Süden. Ein Rundblick mit einigen Stichproben möge dies vor Augen führen und zugleich als Beispiel dienen für viele andere Pflanzengesellschaften, auf die wir noch weniger eingehen können. Vollständigkeit kann ohnehin nicht das Ziel eines Buches sein, das ein Verständnis sämtlicher Vegetationstypen eines großen und gut untersuchten Raumes vermitteln möchte.

Der frische Kalkbuchenwald ist nach KUOCH (1954) nicht nur im Schweizer Jura, sondern auch in den nördlichen Alpenketten eine der häufigsten Waldgesellschaften der unteren Montanstufe (600–900 m). Er kommt dort auf Kalkgesteinen aller Art, aber auch auf Molasse und kalkreichen Moränen in den verschiedensten Hanglagen vor und weicht in seinem Artengefüge kaum von den

Abb. 60. Mullrendzina auf Muschelkalk, unter Kalkbuchenwald entstanden (Ohmgebirge bei Duderstadt). Der nur etwa 25 cm mächtige Oberboden ist dicht durchwurzelt; einzelne Baumwurzeln dringen bis über 2 m tief in Spalten vor.

aus dem Jura beschriebenen Beständen ab. In den südlich daran anschließenden, von Kuoch als „Zwischenalpen" bezeichneten Schweizer Alpentälern ist er zwar an schattigen Hängen hier und dort noch zu finden, wird aber rasch seltener, und zwar in dem Maße, wie das Klima in den trockenen und „kontinentalen" inneralpinen Charakter annimmt. Auch in den nördlichen Randketten der Alpen entsprechen die Wälder auf vergleichbaren Kalkböden umso weniger dem Typus des Kalkbuchenwaldes, je weniger ozeanisch das Allgemeinklima wird. In der Gegend der Chiemgauer und Kitzbüheler Alpen beispielsweise klingt er zum Gebirgsinneren hin schneller aus als in der Schweiz (Mayer 1974) und wird durch nadelholzreichere Gesellschaften ersetzt. Eine „subatlantische" Verbreitungstendenz des frischen Kalkbuchenwaldes ist also auch in den Alpen unverkennbar (s. Abb. 42).

Die südostalpinen Buchenwälder leiten zu den illyrischen (nw-balkanischen) über, von denen I. Horvat (mdl.) einmal sagte, daß sie in ihrer Artenfülle die Urbilder der Buchenwälder Mitteleuropas seien. Neben den auch bei uns in Kalkbuchenwäldern vorkommenden Arten findet man in der Strauchschicht Immergrüne wie *Rhamnus fallax* und *Ruscus hypoglossum* und in der Krautschicht illyrische Stauden, z.B. *Omphalodes verna* und *Lamium orvala,* die man weiter im Norden ihrer schönen Blüten wegen in Gärten kultiviert (s. Horvat, Glavac und Ellenberg 1974).

Für die Gebiete nördlich der Alpen ist es typisch, daß die hier nach der Eiszeit neu entstandenen Buchenwald-Gemeinschaften verhältnismäßig artenarm und eintönig sind. Deshalb gingen wir bei unserer Darstellung bewußt nicht von dem illyrischen Mannigfaltigkeitszentrum, sondern vom nordwestlichen und mittleren Alpenvorland aus, das als sekundäres Zentrum zwar weniger artenreich, aber für Mitteleuropa repräsentativ ist.

Reist man vom Schweizerischen Jura oder vom Westteil der Schwäbischen Alb aus in nördlicher Richtung, so sieht man die Kalkbuchenwälder floristisch mehr und mehr verarmen. Vor allem fällt die Weißtanne als zwar untergeordneter, aber doch kennzeichnender Partner aus. Die subatlantisch-mediterrane *Daphne laureola* fehlt schon auf dem Schwäbischen Jura, ebenso wie manche im Alpenbereich häufigen montanen Arten, z.B. *Lonicera alpigena, L. nigra* und *Veronica urticifolia,* werden ebenfalls rasch selten. Als einziger neuer, allerdings kräftiger Konkurrent tritt das Einblütige Perlgras *(Melica uniflora)* hinzu, das die alpennahen Buchenwälder meidet. Im großen und ganzen aber bleibt das Artengefüge des frischen Kalkbuchenwaldes auf ähnlichen Standorten erstaunlich konstant. Noch in der Eifel und auf den Randbergen des nordwestdeutschen Flachlandes gibt es Bestände, die den Beispielen in Tab. 11 durchaus an die Seite gestellt werden dürfen. Insbesondere gilt dies von der perlgrasarmen „typischen" Variante der „krautreichen Kalkbuchenwälder", die Rühl (1960) von der Kalk-Eifel, der Briloner und Paderborner Hochfläche, dem Osning, dem Weser- und Innerste-Bergland, dem Vorlande des Solling, dem Göttinger Walde und sogar dem Elm (östlich Braunschweig) belegt.

Wie die von Moor und Bach untersuchten Bestände stocken auch die nordwestdeutschen auf ziemlich flachgründigen Rendzinen, die meist verbraunt und nicht übermäßig tonhaltig sind. In einigen Profilen konnte Diemont (1938) dünne Decken von Lößlehm nachweisen, die einen Übergang zu braunerdeartiger Bodenbildung verursachten und sich auch in niedrigeren p_H-Werten und geringeren Porenvolumen zu erkennen gaben. Sie tragen in der Regel Bestände, die ärmer an „anspruchsvollen" Arten sind. Aber selbst die flachgründigsten und von Fremddecken freien Verwitterungsböden zeigen in Nordwestdeutschland nahe der Bodenoberfläche eine saurere Reaktion als im Schweizer Jura (p_H 5,7–7,4, im Mittel 6,3). Diese schon von Diemont erkannte Tatsache darf man wohl mit dem stärker ozeanischen Charakter des Klimas in Verbindung bringen.

Die typische Variante seines Waldgersten-Buchenwaldes fand Diemont in dem verhältnismäßig feuchten Allgemeinklima des Weserberglandes ausschließlich an Süd-, Südwest- oder Westhängen, also in lokalklimatisch trockener und der Bodenauswaschung förderlicher Lage. Die im nordöstlichen Harzvorland verbreitete „östliche Variante" dagegen bevorzugt schwach geneigte Schatthänge. In dem noch niederschlagsärmeren Thüringischen Muschelkalkgebiet um Meiningen besiedelt eine ähnliche Gesellschaft, die G. Hofmann (1959) „Waldgersten-Bergahorn-Buchenwald" nennt, nur Unterhänge oder Hangmulden in Nord- und Nordostlage, und auch diese nur dort, wo auf dem Wellenkalk eine feuchtigkeitshaltende Staublehmdecke liegt.

Der frische Kalkbuchenwald, der in mäßig subozeanischem Klima als natürliches Endstadium der Vegetationsentwicklung auf submontanen bis montanen Kalkböden in ebener Lage sowie in allen Hangexpositionen großflächig verbreitet ist, wird also in solchen Grenzlagen zu einem mehr oder minder ausgeprägten Spezialisten. In feuchterem Klima kann er sich nur an relativ trockenen, in regenärmerem dagegen lediglich an besonders feuchten Orten halten. Er bietet damit ein schönes Beispiel für das von H. u. E. Walter (1953) ausgesprochene „Gesetz der relativen Standortskonstanz".

Als letzte Ausläufer des frischen Kalkbuchenwaldes gegen den kälteren Norden hin sind einige von WATT (1934), TANSLEY (1939) und anderen aus Südost-England und von LINDQUIST (1931) und PASSARGE (1965) aus Südschweden beschriebene Bestände aufzufassen. Auch auf den Kreidekalken Rügens gibt es entsprechende Buchenwald-Gesellschaften. Auf kalkreichen, jungen Moränenböden sowie auf basenreichem Basalt oder anderen Gesteinen, die zu Braunerden hoher Sättigung mit einem der Rendzina ähnlichen Mullhorizont verwittern, können sich in entsprechendem Klima Buchenwälder entwickeln, die dem hier beschriebenen Kalkbuchenwald ähneln. Auch in den Voralpen ist das *Fagetum typicum* im Sinne MOORS (1952) nach KUOCH (1954) nicht nur auf Kalkgesteine im engeren Sinne beschränkt. Die Bezeichnung „Kalkbuchenwald" darf man also nicht auf die geologische Unterlage beziehen, sondern auf den Basenzustand des Wurzelbereiches der Krautschicht. Das geht auch aus der Gliederung des „*Cardamino bulbiferae-Fagetum*" hervor, das LOHMEYER (1962) aus dem nördlichen Rheinischen Schiefergebirge beschrieb. Wir werden noch sehen, daß über Kalkgesteinen auch ausgesprochen bodensaure Buchenwaldgesellschaften vorkommen, und zwar dort, wo eine völlig entkalkte Lehmdecke sie vom Kalkuntergrund isoliert (s. Abschnitt B II 4 c).

In Westeuropa, vor allem in Mittelfrankreich, bedecken Kalkbuchenwälder oder nahe verwandte Gesellschaften große Flächen, z. B. in den südlichen Cevennen, in der südlichen Dauphiné und in der Auvergne. Entspricht ihr Artengefüge im Französischen Jura noch demjenigen im Schweizerischen, so gesellen sich weiter im Westen und Süden atlantische und submediterrane Florenelemente hinzu, besonders in den Pyrenäen und in Spanien (RIVAS MARTINEZ 1964). Wie in Südfrankreich und auf der Balkanhalbinsel, so treten auch in Italien die Buchenwälder mit submediterranen Flaumeichen-Mischwäldern in Kontakt und sind hier sehr artenreich.

Von Polen aus gesehen, hat A. MATUSZKIEWICZ (1958) den Versuch unternommen, sämtliche Buchenwald-Gesellschaften geographisch zu differenzieren. Für die Kalkbuchenwälder ergibt sich daraus unter anderem, daß man eine karpatische Gruppe (MATUSZKIEWICZ bezeichnet sie als *Fagetum carpaticum*) von allen übrigen abtrennen kann. Diese enthalten „östliche" Unterscheidungsarten.

Ob es ratsamer ist, auf Grund solcher arealgeographischer Besonderheiten mehrere standörtlich und dementsprechend auch floristisch recht verschiedene Buchenwald-Gesellschaften zu einer „Gebietsassoziation" zusammenzufassen, oder aber eine auf bestimmte Standorte beschränkte Assoziation in geographische Rassen zu gliedern, bleibt dahingestellt. Beide Auffassungen wurden und werden auch heute noch von zahlreichen Autoren mit guten Gründen mehr oder weniger extrem vertreten. Wenn wir hier durchweg den letzteren Weg beschreiten, so heißt das nicht, daß der erstere unrichtig sei. Überblickt man Mitteleuropa als Ganzes und versucht dabei, vor allem die ursächlichen Beziehungen zwischen Vegetation und Standort zu erkennen, so liegt es jedoch nahe, möglichst wenige und ökologisch gut verständliche Typen zu unterscheiden und diese über ihr gesamtes Areal zu verfolgen. Diese Meinung teilen heute zahlreiche Pflanzensoziologen, z. B. TÜXEN (1960), OBERDORFER und Mitarbeiter (1967), KRAL, MAYER u. ZUKRIGL (1975) und BRAUN-BLANQUET (1964).

b Bärlauchreiche Buchenwälder

Aus verschiedenen Gegenden Mitteleuropas sind Kalkbuchenwälder beschrieben worden, die sich durch ungewöhnlichen Reichtum an Frühlings-Geophyten, namentlich an Bärlauch *(Allium ursinum)* und anderen Arten der *Corydalis*-Gruppe, auszeichnen. Diese raschlebigen, außerordentlich nährstoffbedürftigen und gegen Austrocknung empfindlichen Kräuter kommen nicht nur in Buchenwäldern vor, sondern bilden auch in manchen Ahorn-, Eschen-, Eichen- oder Ulmen-Mischwäldern dichte Bestände, vorausgesetzt, daß deren Böden ihren hohen Ansprüchen genügen. Man darf sie also nirgends als Charakterarten von Assoziationen, wohl aber als sehr auffällige Differentialarten besonderer Untereinheiten werten. Wir beschränken uns hier auf die bärlauchreiche Untergesellschaft des frischen Kalkbuchenwaldes (s. Abb. 61) sowie auf eine entsprechende Ausbildung des reichen Braunmullbuchenwaldes (Tab. 14).

Ihr Verbreitungszentrum haben die geophytenreichen Buchenwälder zweifellos in

126 Buchen- und Buchenmischwälder

Abb. 61. Bärlauch-Buchenwald an einem Schatthang im Schweizer Jura (Lebern). *Allium ursinum* entwickelt sich im Frühjahr auf dem tiefgründigen Kalkboden zu dichten Beständen. Während der übrigen Jahreszeiten kann sich *Galium odoratum* ausdehnen.

den niederschlagsreichen Teilen des nordwestdeutschen Berglandes, wo sie DIEMONT (1938) eingehend studierte, und überhaupt im westlichen Mitteleuropa. Die Bärlauch-Untergesellschaft zeigt also eine noch ausgeprägtere ozeanische Tendenz als der reine Kalkbuchenwald.

Im Gegensatz zu der typischen Assoziation deckt die Krautschicht im Bärlauch-Buchenwalde den Boden bereits im zeitigen Frühjahr mit üppigem Blattwerk fast lückenlos zu. In den von DIEMONT aufgenommenen Beständen herrscht entweder der Hohle Lerchensporn mit seinen hellkarminroten oder weißen Blütentrauben und seinen feinzerschlitzten, zarten Blättern, oder der Bärlauch mit breitlanzettlichen, glänzenden Blättern und weißen Sterndolden. Erst bei genauerem Hinsehen entdeckt man die Gelbe Anemone, die in Nordwestdeutschland nur wenigen Bärlauch-Buchenwäldern fehlt, den von Blumenfreunden fast ausgerotteten Märzbecher, den ebenfalls seltenen Gelbstern oder das Moschuskraut. Das Scharbokskraut und der Aronstab, der auch im typischen Kalkbuchenwald gelegentlich auftritt, sowie die indifferente Weiße Anemone vervollständigen das Mosaik der Frühblüher. Zwischen diesen zerstreut können zwar fast alle krautigen Pflanzen des typischen Kalkbuchenwaldes ebenfalls auftreten, doch gehen sie besonders zu Anfang der Vegetationsperiode in der Fülle der Geophyten nahezu unter. Sträucher findet man eher noch seltener als in der typischen Gesellschaft, weil die Buchen offensichtlich ein noch schattigeres Blätterdach bilden.

Bald nachdem sich dieses vollständig geschlossen hat, vergilben und verschwinden *Allium, Corydalis, Leucojum, Gagea* und *Ranunculus ficaria* fast ebenso rasch, wie sie nach der Schneeschmelze aufgetaucht sind, und die sterbenden Blätter des Bärlauches verströmen weithin ihren Zwiebelduft. Es wäre aber falsch, anzunehmen, daß dieser rasche Verfall nur eine Folge des Lichtmangels sei. Denn an wenig beschatteten Standorten, z. B. in ungepflegten Wiesen, in denen sich namentlich Scharbokskraut und Lerchensporn jahrzehntelang zu halten vermögen, sieht man ihre Blätter gleichzeitig oder sogar noch früher vergilben als im Walde. Das Absterben der Blätter wird also offenbar durch die zunehmende Erwärmung der bodennahen Schichten ausgelöst. Nur *Arum* behält seine Blätter länger als die übrigen Geophyten und gibt sich damit als Vertreter einer vorwiegend tropischen Familie zu erkennen.

In den zwei bis drei Monaten aktiven Lebens müssen die extremen Frühlings-Geophyten nicht nur Blätter, Blüten und Früchte oder Brutknospen ausbilden, sondern außerdem in ihren Zwiebeln, Knollen oder Rhizomen genügende Mengen Nährstoffe ansammeln, die ihnen einen erfolgreichen Start im nächsten Vorfrühling gewährleisten. Diese intensive Stoffproduktion ist nur auf sehr fruchtbaren Böden möglich, wobei es anscheinend weniger auf den Kalkgehalt als auf die Stickstofflieferung ankommt. Überall, wo Vertreter der *Corydalis*-Gruppe gedeihen, findet man jedenfalls lockere und sehr tätige Mullböden, die zumindest im Frühjahr niemals austrocknen, aber auch nicht übermäßig naß werden. Beide Extreme des Wasserzustandes würden nicht nur die Stoffaufnahme der Wurzeln, sondern auch die Nitrifikation hemmen, und es ist durchaus denkbar, daß die letztere der ausschlaggebende Faktor ist.

Wie schon GRADMANN (1898, 1950) feststellte, sind die meisten Geophyten des Bärlauch-Buchenwaldes myrmekochor. Obwohl *Allium ursinum* wie andere Liliaceen nach P. MÜLLER (1955) ein Elaiosom besitzt, wird er aber nach SCHMUCKER und DRUDE (1934) nicht durch Ameisen verbreitet. Für den Ferntransport seiner Samen bleibt er auf größere Tiere (und auf Menschen) angewiesen, an deren Füßen feuchter Lehm mit vereinzelten Samen kleben bleibt. Da dieser Zufall nur höchst selten eintritt, nimmt es kaum wunder, daß *Allium* so eigenartig fleckenweise verteilt ist, wie SCHMUCKER und DRUDE dies von der Muschelkalk-Hochfläche östlich Göttingen durch eine sehr genaue Kartenaufnahme belegen. Interessant ist in diesem Zusammenhange die Beobachtung KLÖTZLIS im Schweizer Mittelland, daß Waldgesellschaften auf frischen, fruchtbaren Mullböden, zu denen auch der Bärlauch-Buchenwald gehört, ausgesprochene „Äsungszentren" des Rehwildes darstellen. Es besucht diese regelmäßig und häufig, um dort unter anderem junge Eschen, manche eiweißreichen Kräuter sowie die Knospen und Blüten von *Lilium martagon* zu befressen, die den Böcken als Aphrodisiacum dienen. Durch weniger reiche Waldgesellschaften dagegen wechselt das Rehwild fast ohne Aufenthalt hindurch zum nächsten Zentrum, eine Gewohnheit, die die Wahrscheinlichkeit des Übertragens von Pflanzensamen zweifellos erhöht. Als Verbreitungsmittel der Bärlauchsamen kommt auch fließendes Wasser in Frage, allerdings weniger für den Bärlauch-Buchenwald als für die an Hangfüßen und in Mulden entwickelten Ahorn-Eschenwälder (Abschnitt III 1 c) und manche Hartholz-Auenwälder, in denen *Allium ursinum* zuweilen ebenfalls häufig auftritt.

Die Schwierigkeiten bei seiner Fernverbreitung macht der Bärlauch durch massenhafte Produktion sehr keimkräftiger Samen wett. SCHMUCKER und DRUDE zählten auf 1 m^2 mehr als 9000, die von 63 Pflanzen in 156 Dolden produziert worden waren. Zwischen diesen größeren *Allium*-Individuen befanden sich 331 mittelgroße und 1903 kleine, erst im Frühjahr gekeimte. Durch seine große Fertilität und durch seine von FÜLLEKRUG (1971) nachgewiesene vegetative Vermehrung mit Hilfe von Nebenzwiebeln vermag sich also *Allium ursinum* überall dort in dichten Herden zu halten und langsam konzentrisch auszubreiten, wo er einmal Fuß gefaßt hat und wo ihm die Standortsbedingungen zusagen. Günstige Lebensmöglichkeiten findet er nur auf sehr nährstoffreichen und im Frühjahr gut durchfeuchteten, aber niemals vernäßten Böden, die außerdem, wie ELLENBERG (1939) betont, so locker sein müssen, daß sich seine Zwiebeln vermöge ihrer kontraktilen Adventivwurzeln alljährlich tiefer verlagern können.

Wie LINDQUIST (1931) meint, stören üppige Herden von *Allium ursinum* die Entwicklung anderer Pflanzenarten teils durch ihren dichten Blattschluß, teils aber auch dadurch, daß ihre Stengel und Blätter mitten in der Vegetationsperiode plötzlich zusammensinken. Dabei spielen aber auch Hemmstoffe eine Rolle, die durch die Zersetzung der oberirdischen Teile freiwerden (LANGE u. KANZOW 1965). Infolgedessen ist die *Allium*-Fazies des Bärlauch-Buchenwaldes immer besonders arm an krautigen Partnern sowie an jungen Holzpflanzen. Hierfür könnte auch die keimungshemmende Wirkung absterbender *Allium*-Wurzeln mitverantwortlich sein, auf die GRIMME (mdl.) bei Kulturversuchen aufmerksam wurde.

Wir sind auf die Biologie von *Allium ursinum* nicht nur deshalb näher eingegangen, weil er ein auffälliger Bestandteil der Bärlauch-Buchenwälder ist, sondern weil er als Beispiel für die vielfältigen Wechselbeziehungen gelten kann, die innerhalb der Lebensgemeinschaft Wald wirksam sind. Leider wissen wir noch immer viel zu wenig von ihnen.

Nachdem sich die Frühlings-Geophyten zurückgezogen haben, ist zwar die Krautschicht mehr oder minder lückenhaft, doch in ihrer Artenzusammensetzung dem frischen Kalkbuchenwalde so ähnlich, daß man den Bärlauch-Buchenwald im Spätsommer kaum von diesem zu unterscheiden vermag. Im Gegensatz zum typischen Kalkbuchenwalde treten allerdings Trockenheitszeiger nicht einmal vereinzelt auf. Statt ihrer sind hier und dort gewisse Arten zu finden, deren Optimum auf relativ feuchten Standorten liegt und die außerdem als Nitratzeiger gelten dürfen, z. B. *Stachys sylvatica, Impatiens noli-tangere, Circaea lutetiana* oder *Urtica dioica*. Ausgesprochene Nässezeiger trifft man aber niemals. Trotz Fehlens eingehender Untersuchungen über den Wasserhaushalt der Bärlauch-Buchenwälder können wir mithin folgende Standortsmerkmale als gegenüber dem typischen Kalkbuchenwalde entscheidende Faktoren herausstellen:

Größere Feuchtigkeit, jedoch keine Stau- oder Grundnässe,
größerer Nährstoffreichtum des Oberbodens,
ausgesprochene Lockerheit des Mullbodens, zumindest in den oberen 10–20 cm.

So sehr sich die Krautschichten verschiedener Bestände des Bärlauch-Buchenwaldes ähneln, so ungleich kann die Leistung und der Wuchs der Buche sein. Diese zunächst überraschende Tatsache hängt damit zusammen, daß sich die anspruchsvollen Frühlings-Geophyten bei geeignetem Lokalklima sowohl auf Rendzinen als auch auf tiefgründigen Braunerden oder auf jungen kolluvialen Lehmen halten können. DIEMONT unterscheidet deshalb „flachgründige" und „tiefgründige" Ausbildungsformen der Bärlauch-Buchenwälder.

Selbst unter dem relativ feuchten Klima Nordwestdeutschlands sind *Allium*-Buchenwälder meistens nur an Schatthängen gut ausgebildet. Lediglich vom Teutoburger Walde, einem weit nach Nordwesten vorgeschobenen Ausläufer des mitteleuropäischen Berglandes, beschreibt DIEMONT einige Bestände, die an west- oder südgerichteten Hängen gedeihen. Ähnliche Beobachtungen kann man in Belgien machen. Nur in Randzonen Mitteleuropas zu Westeuropa darf man also den Bärlauch-Buchenwald allenfalls als Klimax auf Kalkverwitterungsböden ansprechen. In der Regel tritt er als Dauergesellschaft an lokalklimatisch feuchten Hängen auf und hat als solche auch in den Kalkgebirgen mit relativ ozeanischem Klima immer nur eine beschränkte Verbreitung. Im Osten und Süden Mitteleuropas zieht er sich immer mehr auf luftfeuchte Sonderstandorte zurück oder fehlt ganz, wo nicht das Allgemeinklima an dasjenige im westlichen Mitteleuropa erinnert.

Hinsichtlich des Bodensäuregrades hat *Allium ursinum* eine weitere Amplitude als *Corydalis, Leucojum* und *Gagea*. Gut entwickelte Bestände fanden LINDQUIST (1931), DIEMONT (1938), ELLENBERG (1939) und MOOR (1952) noch bei p_H-Werten zwischen 5 und 5,5, während z. B. *Corydalis cava* fast ausschließlich bei neutraler bis alkalischer Reaktion gedeiht (p_H über 6,5). Nur an die Wasserversorgung scheint *Allium* größere Ansprüche zu stellen als die *Corydalis*-Arten, tritt der Bärlauch doch auf zunehmend trockenen Standorten nicht selten rascher zurück als *Corydalis cava* oder gar als *Corydalis solida*. Im ganzen gesehen, kennzeichnet mithin *Allium ursinum* die besonderen Standortsverhältnisse des Bärlauch-Buchenwaldes am besten.

c *Seggen-Trockenhangbuchenwälder*

Während der typische Kalkbuchenwald und besonders der Bärlauch-Buchenwald trockene Hanglagen und niederschlagsarme Gebiete meidet, gibt es andere, an Kalkunterlage gebundene Buchenwaldgesellschaften in Mitteleuropa, die gerade hier ihr Optimum haben. Mit MOOR (1952, 1972) kann man sie „Seggen-Buchenwälder" oder „Seggen-Trockenhangbuchenwälder" *(Carici-Fagetum)* nennen (Abb. 62), da sie immer nur an Hängen charakteristisch entwickelt sind. Andere Autoren, z. B. OBERDORFER (1957), ziehen den Namen „Orchideen-Buchenwälder" *(Cephalanthero-Fagetum, Cephalanthero-Fagion)* vor. Beide Bezeichnungen sind gleich treffend, wie wir noch sehen werden, beide können aber auch falsche Vorstellungen erwecken, wenn sie allzu wörtlich genommen werden.

Abb. 62. Strauchreicher Seggen-Trockenhangbuchenwald auf kalkhaltigem Molasse-Sandstein in Südexposition (Sihlwald bei Zürich). Vorherrschend *Carex montana* und *Brachypodium sylvaticum* (breitere Blätter!).

In dem für das westliche Mitteleuropa außerordentlich warmen und trockenen Klima des von kalkreichem Löß bedeckten Kaiserstuhls inmitten der Oberrheinischen Tiefebene konnte sich der Seggen-Hangbuchenwald besonders gut ausbilden. Er nimmt hier nach ROCHOW (1951) nicht weniger als ein Drittel der Waldfläche ein und ist in allen Hanglagen, auch in relativ schattiger Nord- und Ostexposition, zu finden. Sogar an Südhängen, auf denen heute wärmeliebende Eichengebüsche stocken, würden sich nach Ansicht dieser Autorin bei ungestörter Entwicklung Seggen-Buchenwälder einstellen, vorausgesetzt, daß noch Löß die Hänge überkleidet. ROCHOW gibt ihrem „*Fagetum caricetosum digitatae*" den bezeichnenden deutschen Namen „Strauch-Buchenwald". Denn was diesen Buchenwaldtyp von allen anderen auf den ersten Blick unterscheidet, ist sein Reichtum an Sträuchern und an Baumjungwuchs, der unter den verhältnismäßig lockeren Buchenkronen noch ausreichend Licht findet. Gegen vorübergehende Trockenheit unempfindliche, aber kalkbedürftige Arten sind bemerkenswert reichlich vertreten, namentlich *Sorbus aria*, *Ligustrum vulgare* und *Viburnum lantana*, deren Blätter teilweise den Winter über grün bleiben. Auch *Rosa arvensis* eignet sich als Differentialart gegenüber den anderen Buchenwäldern (SCHLÜTER 1963). Der Seggen-Hangbuchenwald ist also kein Hallenwald und steht physiognomisch wie floristisch den „wärmeliebenden" Eichenmischwäldern nahe. Von Natur aus herrscht aber in ihm die Rotbuche, die zwar nur mittelmäßige Stammformen und Leistungen zeigt, aber allen anderen Baumarten überlegen bleibt. Einzeln sind Traubeneiche, Bergahorn, Linde und andere Licht- oder Halbschatthölzer eingestreut. Stellenweise kann die Esche kleine Gruppen bilden, doch bleibt auch sie der Buche untergeordnet (s. Tab. 12).

Da die Luftfeuchtigkeit an den Standorten der Seggen-Hangbuchenwälder häufig sehr gering ist, fehlen epiphytische Moose an den Stämmen der Bäume so gut wie ganz. Auch Rindenflechten-Gesellschaften, wie das *Graphidetum* und das *Candelarietum*, sind nach WILMANNS (1958) nur kümmerlich ausgebildet.

Neben der Strauchschicht fallen im Unterwuchs einige Seggen und Gräser auf, von denen die meisten ebenfalls recht widerstandsfähig gegen zeitweilige Austrocknung ihres Boden- und Luftraumes sind. Das häufige Vorkommen von *Carex digitata, flacca* und *montana* läßt die in der Schweiz übliche Bezeichnung Seggen-Buchenwald, die sich eigentlich auf *Carex alba* bezieht, auch für den Kaiserstuhl berechtigt erscheinen. Dieser deutsche Name führt nur insofern irre, als im nördlichen Alpenvorland ein Tieflagen-Buchenwald mit vorherrschender *Carex pilosa* vorkommt, der mehr oder minder ebene und weniger trockenheitsgefährdete Böden einnimmt als der Seggen-Buchenwald in dem hier gemeinten Sinne.

Bemerkenswert ist es übrigens, daß die Stetigkeit der Seggenarten und der Orchideen in den Hangbuchenwäldern annähernd miteinander parallel geht, oder mit anderen Worten ausgedrückt, daß beide Pflanzengruppen in gleicher Weise durch die besonderen Standortsbedingungen begünstigt werden. Augenfälliger als die meist nur vereinzelt wachsenden Orchideen ist im Unterwuchs mancher Seggen-Buchenwälder das gesellige Maiglöckchen *(Convallaria majalis)*, das kaum irgendwo sonst so früh und so reichlich blüht wie hier. Es herrscht in der Regel an windexponierten, etwas verhagerten Stellen. Die Gesellschaften des *Cephalanthero-Fagion* lassen sich aber auch negativ kennzeichnen, und zwar durch das Fehlen breitblättriger, meso- bis hygrophiler Kräuter. Sie bilden also eine einheitliche Gruppe, die ökologisch gerechtfertigt erscheint.

MOOR (1972) betrachtet den Seggen-Trockenhangbuchenwald, den er in 15 Subassoziationen gliedert, im Schweizer Jura als „Klimaxassoziation der Submontanstufe". Tatsächlich kommt er dort in allen Hanglagen vor (s. auch ELLENBERG u. KLÖTZLI

Tab. 12. Seggen-Trockenhang-Buchenwald und ökologische Bewertung seines Unterwuchses. Nach 17 Aufnahmen aus dem Kaiserstuhl von M. von Rochow (1951) an 5 – 20° geneigten Hängen aller Expositionen in der submontanen Stufe (330 – 460 m ü.M.); ökologische Bewertung nach Ellenberg (1974)[1])

	S	F	R	N	Sn	Sn·N		S	F	R	N	Sn	Sn·N
Baumschicht:							**Krautschicht:**						
Fagus sylvatica	5						Orchideen						
Acer campestre	5						Neottia nidus-avis	5	5	7	5	5	25
Quercus petraea	3						Cephalanthera rubra	4	4	8	3	4	12
Sorbus aria	2						Epipactis helleborine	3	5	7	5	3	15
Fraxinus excelsior	2						Cephalanthera damas.	2	4	7	4	2	8
Acer pseudoplatanus	1						Seggen und Gräser						
Prunus avium	1						Carex digitata	5	4	×	3	5	15
Tilia cordata	1						Melica nutans	4	4	7	3	4	12
L Hedera helix	3						Carex flacca	4	6	8	2	4	8
							C. montana	3	4	5	3	3	9
Strauchschicht:							Brachypodium sylv.	3	5	6	6	3	18
Ligustrum vulgare	5	×	8	×			Bromus benekenii	2	5	8	5	2	10
Viburnum lantana	5	4	8	5	5	25	Carex alba	1	×	8	2	1	2
Fagus sylvatica	5	5	×	×			Übrige Kräuter						
Cornus sanguinea	5	×	8	×			Convallaria majalis	5	4	×	4	5	20
Lonicera xylosteum	5	5	7	×			Euphorbia amygdal.	5	4	7	5	5	25
Rosa arvensis	5	5	7	5	5	25	Viola reichenbachiana	5	×	8	×		
Daphne mezereum	5	5	7	5	5	25	Galium sylvaticum	3	4	7	5	3	15
Sorbus aria	4	4	7	3	4	12	Vicia sepium	3	5	7	5	3	15
Corylus avellana	4	×	×	×			Solidago virgaurea	3	5	×	5	3	15
Crataegus monogyna	4	4	8	3	4	12	Vincetoxicum hirund.	2	3	7	3	2	6
Acer pseudoplatanus	3	6	×	7	3	21	Anemone nemorosa	2	×	×	×		
Prunus avium	3	5	7	5	3	15	Pulmonaria obscura	2	6	8	7	2	14
Berberis vulgaris	3	4	8	3	3	9	Sanicula europaea	2	5	8	6	2	12
Viburnum opulus	3	7	7	6	3	18	Fragaria vesca	2	5	×	6	2	12
Quercus petraea	2	5	×	×			Angelica sylvestris	2	8	×	×		
Fraxinus excelsior	2	×	7	7	2	14	L Tamus communis	2	5	8	6	2	12
Tilia cordata	2	×	×	5	2	10	Berechnungs-Beispiel (mN):						
Sorbus torminalis	2	4	7	4	2	8	Summen der Spalten	–	–	–	–	113	512
Coronilla emerus	2	3	9	2	2	4	Σ Sn·N : Σ Sn = mN	–	–	–	–	4,5	
Rubus spec.	2	–	–	–			Mittl. Feuchtezahl (mF)	–	4,8				
Acer campestre	1	5	7	6	1	6	,, Reaktionszahl (mR)	–		7,4			
L Hedera helix	5	5	×	×			,, Stickstoffzahl (mN)	–			4,5	–	–
L Clematis vitalba	4	5	7	7	4	28							

[1]) Die *kursiven* Ziffern in dieser Tabelle (sowie in vielen folgenden Tabellen) bezeichnen die Stetigkeit *(S)* der Arten nach fünf Klassen: *5* = in mehr als 80% der aufgenommenen Bestände vorkommend (d.h. im vorliegenden Beispiel in mindestens 15 von den 17 Aufnahmen), *4* = in 60 – 80%, *3* = in 40 – 60%, *2* = in 20 – 40% und *1* = in weniger als 20% der Aufnahmen. (Arten der letzten Klasse sind größtenteils weggelassen worden, um Platz zu sparen.) L = Lianen.

Die Ziffern in den Spalten F, R und N sind die Zeigerwerte aller Arten in der Strauch- und Krautschicht, u.z. für die Bodenfeuchte, die Bodenreaktion und die Stickstoff-Ernährung jeweils in einer neungradigen Skala (s. Abschnitte B I 4 und E III): 1 = sehr niedrig bis 9 = sehr hoch; × = indifferent. Die letzten beiden Spalten veranschaulichen die Berechnung der durchschnittlichen Zeigerwerte aus der Stetigkeits-Tabelle am Beispiel der mittleren Stickstoffzahl (mN): Die Stetigkeit jeder im Hinblick auf N nicht indifferenten Art (Spalte *Sn*) wird mit der N-Zahl der betreffenden Art multipliziert. Die Summe dieser Produkte (Σ Sn·N) wird durch die Summe der Stetigkeiten der bewerteten Arten (Σ Sn) dividiert.

Nach den aus seinem Artengefüge berechneten **mittleren Faktorenzahlen** zu urteilen, besiedelt der Seggen-Hangbuchenwald Böden, die etwas trockener sind als der Durchschnitt (5,0) der mitteleuropäischen Böden (mF = 4,8). Ihr Kalkgehalt ist in der Regel hoch (mR = 7,4), ihr Stickstoff-Angebot dagegen relativ gering (mN = 4,5). Für Bestände an Sonnhängen ist mN oft sogar kleiner als 4,0 (vgl. Tab. 19, 1 a).

1972), aber ausschließlich an Hängen. Deshalb sehen ihn die meisten Autoren als Dauergesellschaft im Sinne BRAUN-BLANQUETS an. Er bildet nirgends das Endstadium der Vegetationsentwicklung auf ausgereiften und nicht durch Erosion gestörten, mehr oder minder ebenen Böden. In ebener bis schwach geneigter Lage würden Löß-, Kalkschutt- und Mergelböden, die hauptsächlichen Substrate der Seggen-Buchenwälder, ziemlich rasch entkalkt werden. Außerdem ginge ihnen kein Niederschlagswasser durch oberflächlichen Abfluß verloren, so daß ihr Wurzelraum besser mit Wasser versorgt wäre als in Hanglagen. Bei größerer Feuchtigkeit des Bodens aber würde das Kronendach der Buchen dichter und die Konkurrenzfähigkeit vieler Kräuter des frischen Kalkbuchenwaldes größer werden, so daß sich die lichtliebenden Sträucher und die langsamwüchsigen Seggen und Orchideen nicht mehr zu behaupten vermöchten. Deshalb bleibt der Seggen-Trockenhangbuchenwald tatsächlich auf hängige und oft zugleich lokalklimatisch trockene Lagen beschränkt.

Entscheidender Standortsfaktor ist nach J.-L. RICHARD (1961) die in der Vegetationszeit verfügbare Wassermenge, die in dem hängigen und lockeren, kalkreichen Boden (BACH 1950) oft begrenzt ist. Beträchtliche Mengen von Kalkflaum, die sich im gesamten Profil aus dem Sickerwasser abgesetzt haben, deuten darauf hin, daß der Boden öfters austrocknet. Der Standort des *Carici-Fagetum* ist also ziemlich wechseltrocken. Deshalb kann die Streu trotz ihres Basenreichtums und ihrer bunt gemischten Herkunft von zahlreichen Baum-, Strauch- und Krautarten nicht innerhalb eines Jahres restlos abgebaut werden und bleibt als geschlossene, die Erosion hemmende Decke liegen. Stellenweise bilden sich sogar Nester von sogenanntem Trockenmoder, die wahrscheinlich die Ansiedlung der Orchideen begünstigen. MÜCKENHAUSEN (1970) spricht daher von „Kalkmoder-Rendzina" als häufigem Bodentyp unter Seggen-Trockenhangbuchenwäldern. Doch kommen nach MOLL (1959) auch normale Mull-Rendzina, verbraunte Rendzina und lehmige Kalkstein-Braunerde vor. Auf Löß, kalkreichen Molasse-Sandsteinen und Mergeln bestockt der Seggen-Buchenwald Pararendzinen verschiedenen Entwicklungsgrades. Entscheidend ist also nicht der Typus des Bodens und sein Entwicklungstand, sondern sein Wasserhaushalt (s. Abb. 63).

Selbst bei mäßigem bis fehlendem Kalkgehalt reagiert die Feinerde nach übereinstimmenden Angaben von zahlreichen älteren Autoren sowie von WINTERHOFF (1965), GADOW (1975) und GRIMME (1975) stets neutral, d. h. der p_H-Wert liegt über 6 oder sogar über 7. Genauere Untersuchungen über die p_H-Werte und die Wurzelschichtung im Boden eines *Cephalanthero-Fagetum* führte LÖTSCHERT (1952) am Westfuß des Odenwaldes in nur 185 m Meereshöhe durch. Auf kleinstem Raume (4 m²) sind in der artenreichen Krautschicht nicht weniger als 5 Orchideen (*Cephalanthera damasonium*, *longifolia* und *rubra* sowie *Epipactis helleborine* und *Neottia nidus-avis*) neben dem dominierenden Maiglöckchen vertreten. Die p_H-Werte liegen hier sämtlich über 7 (7.09–7.39). Interessante Kleinstandorte bilden übrigens auch die modernen Baumstubben und Modernester, die nach KNORRE (1974) oft feuchter sind als ihre Umgebung und daher z.B. Asseln und Mollusken einen Unterschlupf gewähren. In dem öfters austrocknenden Mineralboden ist die Fauna dagegen ärmer als bei anderen Buchenwald-Gesellschaften; beispielsweise fehlt der Rote Regenwurm (*Lumbricus rubellus*, s. RABELER 1962).

Das C/N-Verhältnis der bisher untersuchten Profile spricht für gute Stickstoffernährung, wenigstens in den Zeiten, in denen die Stoffaufnahme der Pflanzen nicht durch Trockenheit gehemmt wird. Das ist nach GRIMME (s. Abb. 63) von Jahr zu Jahr verschieden. Während die höheren Pflanzen, insbesondere die relativ flach wurzelnden Arten der Krautschicht, in der Nähe des permanenten Welkeprozentes kein Wasser mehr aufnehmen, bleiben die Mikroorganismen aktiv (WETSCHAAR 1968), so daß sich ungenutzte Nitrate im Boden anreichern.

Trockenjahre können für die Phanerogamen zu Katastrophen werden, wie sich z. B. während der Jahre 1945–1950 im Schweizer Jura (J.-L. RICHARD 1961) und im Spätsommer 1971 an der Lengdener Burg bei Göttingen beobachten ließ. Sämtliche krautigen Pflanzen des Unterwuchses welkten in diesem (nicht einmal extrem ausgebildeten) Seggen-Hangbuchenwald, Trockenheitszeiger wie *Vincetoxicum hirundinaria* nicht ausgenommen. Bäume und Sträucher vergilbten vorzeitig, während sie im benachbarten typischen Kalkbuchenwald sowie im Bärlauch-Buchenwald bis zur Herbstzeit grün blieben. Die Bäume werden in Trockenjahren weniger stark geschädigt, weil sie tiefer wurzeln. Das mag der Grund sein, weshalb die gegen Trockenheit empfindliche Buche an solchen Standorten aushält, jedenfalls in der submontanen und montanen Stufe. In tieferen Lagen muß sie entsprechende Hanglagen dem „wärmelie-

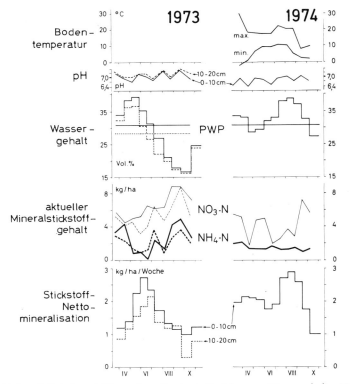

Abb. 63. Stickstoff-Gehalt und -Nettomineralisation in Beziehung zu Wassergehalt, pH-Wert und Temperatur einer Rendzina unter Trockenhang-Buchenwald *(Carici-Fagetum elymetosum)* bei Göttingen. Nach GRIMME (1975), etwas verändert.

In der flachgründigen Hangrendzina ist der Wasserzustand ein entscheidender Faktor, auch für die N-Nettomineralisation. Diese folgt daher weitgehend dem Wassergehalt des jeweiligen Horizonts und war im trockenen Spätsommer 1973 besonders niedrig. Da aber auch die Wurzeltätigkeit durch Trockenheit gehemmt wird, sammelt sich in Trockenperioden viel Mineralstickstoff an. Im Trockenjahr 1973 geschah dies sogar in Form von Ammonium (NH_4), weil auch die Nitrifikanten gehemmt waren. Bei besserer Wasserversorgung verringert sich der NH_4-Gehalt (und ist in der Rendzina eines Frischen Kalkbuchenwaldes, die hier nicht dargestellt ist, oftmals gleich Null).

benden" und noch stärkere Trockenheit ertragenden Eichenmischwald überlassen (s. Abschnitt III 4).

Seggen-Hangbuchenwälder haben ihr Verbreitungsschwergewicht im südwestlichen Mitteleuropa, vor allem im Schweizer Jura und im Kaiserstuhl. Nach Norden werden sie artenärmer und seltener. *Cephalanthera damasonium*, die dem Unterverband den Namen gab, fehlt im Nordwesten ganz.

d Krautschichtfreie Kalkbuchenwälder

Kurz erwähnt seien noch die von manchen Autoren beschriebenen „nackten" Buchenwälder („*Fagetum nudum*", Literaturübersicht bei SLAVÍKOVÁ 1958). Meist handelt es sich um gutwüchsige Buchenreinbestände auf kalk- oder gipsreichem Boden in Gegenden mit verhältnismäßig trockenem Klima, z. B. am Rande des mitteldeutschen und des innerböhmischen Trockengebietes, oder auf verkarsteten und dadurch bodentrockenen Standorten. Man kann diese krautschichtfreien Kalkbuchenwälder am ehesten an die Seggen-Buchenwälder anschließen.

Übereinstimmend beobachteten alle Autoren, daß die Wurzeln der Buche die oberen Bodenschichten außerordentlich dicht durchflechten. Wie SLAVÍKOVÁ nachwies, entziehen sie damit dem Boden so viel Wasser, daß keine Jungbäume oder krautigen Pflanzen mehr zu gedeihen vermögen. Flächen von 1 m² Größe, die am Boden solcher Wälder durch tiefe Einschnitte isoliert worden waren, blieben dagegen wesentlich feuchter, weil die Buchenwurzeln aus ihnen kein Wasser mehr entnehmen konnten. Sie wurden bald von Kräutern *(Galeopsis pubescens, Galium odoratum, Mycelis muralis)* besiedelt, die im Laufe von 3 Jahren einen Deckungsgrad von 80% erreichten. Offensichtlich litten diese Kräuter nicht unter Lichtmangel. Vor dem Durchschneiden der Baumwurzeln wurden sie also höchstwahrscheinlich durch Wassermangel ferngehalten. Schon WATT und FRASER (1933) haben jedoch gegen einen solchen Schluß Bedenken angemeldet. Sie weisen darauf hin, daß durch Zersetzung getöteter Baumwurzeln die Stickstoffversorgung der Kräuter wesentlich gesteigert wird, und daß besser ernährte Pflanzen ein niedrigeres Lichtgenuß-Minimum haben. In dem von SLAVÍKOVÁ untersuchten Falle spielt die bessere Wasserversorgung aber wohl doch eine Rolle, weil es sich um einen recht trockenen Standort handelt. Infolge der zeitweilig starken Austrocknung des Oberbodens wird die Laubstreu im *Fagetum nudum* nicht mehr vollständig von Tieren verarbeitet, so daß sich mächtige Schichten von sogenanntem Buchen-Tangelmoder ansammeln können.

Die unterwuchsfreien Kalkbuchenwälder zeugen eindringlich von der Kampfkraft der Buche auf basenreichen Böden. Man darf sie nicht mit den auf sauren Böden gelegentlich anzutreffenden krautschicht- und verjüngungsfreien Beständen verwechseln, in denen die Buche anstelle eines Buchen-Eichenmischwaldes künstlich zur Dominanz gebracht wurde. Dickungen und Stangenhölzer können in allen Buchenwaldgesellschaften vorübergehend „nackt" sein, sogar auf Böden, die sich bei wachsendem Bestandesalter dicht begrünen. Im richtigen *Fagetum nudum* dagegen bleiben auch Altbestände unterwuchsfrei, wenn man sie nicht sehr stark auslichtet oder die Buchenwurzeln stellenweise durch Bodenbearbeitung unterbricht.

e Eiben- und Blaugras-Steilhangbuchenwälder

„Als ausgesprochener Spezialist kühler Mergelsteilhänge" wurde von ETTER (1947), BACH (1950) und MOOR (1952) aus dem Jura und Alpenvorland ein Eiben-Steilhangbuchenwald *(„Taxo-Fagetum")* beschrieben. Dieser steht zwar den bisher besprochenen Seggen-Trockenhangbuchenwäldern und den Blaugras-Buchenwäldern *(Seslerio-*

Fagetum) floristisch und ökologisch nahe, macht aber physiognomisch einen völlig anderen Eindruck. Unter dem mehr oder minder geschlossenen Schirm der Buchen bildet die Eibe eine zweite, düstere Baumschicht. In der Schweiz, dem eibenreichsten Gebiet Mitteleuropas, erreicht selbst die größte von diesen knorrigen Gestalten nach VOGLER (1904) nur 15 m Höhe, aber einen Brusthöhen-Umfang von 3,60 m. Solche Veteranen sind nicht viel älter als 300 Jahre, d. h. jünger, als man nach der Dicke der Stämme meinen möchte.

Werden die Eiben im Unterholz zahlreich, so lassen sie keinerlei Sträucher aufkommen, und auch für krautige Pflanzen und Moose ist es in ihrem tiefen Schatten fast überall zu dunkel. Eine Krautschicht kann sich nur dort entwickeln, wo die Baumschicht gestört und künstlich gelichtet wurde (Abb. 64). Artenlisten von solchen Beständen sind dementsprechend heterogen, während diejenigen von unbeeinflußten Waldstücken meistens nur sehr wenige Arten enthalten. Es ist deshalb schwer, ein klares Bild von der floristischen Zusammensetzung der Eiben-Steilhangbuchenwälder zu gewinnen. Fast alle darin auftretenden Arten können auch im *Seslerio-Fagetum* vorkommen. Sehr wahrscheinlich handelt es sich gar nicht um eine besondere, in sich einheitliche Assoziation, sondern um *Taxus*-Fazies verschiedener Gesellschaften.

Eine wesentliche Vorbedingung für gutes Gedeihen der Eibe ist es, daß die obere Baumschicht genügend Licht durchläßt; denn *Taxus baccata* erträgt gar nicht so viel Schatten, wie gewöhnlich angenommen wird (GRÜNIG mdl.). Sie ist sogar keineswegs lichtscheu und gedeiht außerhalb des Buchenwaldes an steilen, sonnexponierten Felsen recht gut. Wegen ihres langsamen Wuchses und ihrer geringen Konkurrenzkraft vermochte sie sich in den stärker vom Menschen beeinflußten Berglandschaften, z. B. am Hohenstein im Süntel, überhaupt nur noch an unzugänglichen Felswänden zu halten. Sie macht dort – ganz entgegen ihrer physiologischen Tendenz – den Eindruck einer „xerophilen" Art.

Buchenwälder oder Nadelholzmischwälder mit Eiben gibt es auf kalkreichen Standorten hier und dort in ganz Mitteleuropa mit Ausnahme der Gebiete mit stark konti-

Abb. 64. Eiben-Steilhangbuchenwald auf Molassemergel im Sihlwald bei Zürich. Eine Krautschicht kann sich nur außerhalb des Schattens von *Taxus* entwickeln.

nental getöntem Klima. Aus der gründlichen Untersuchung G. HOFMANNS (1958a) über die eibenreichen Waldgesellschaften Mitteldeutschlands geht hervor, daß *Taxus baccata* auch in Seggen-Hangbuchenwäldern reichlich gedeihen kann. In bodensauren Buchenwäldern sowie in anderen Waldgesellschaften tritt sie dagegen nur sporadisch auf. Doch gibt es nach MAYER (1974) auch Silikat-Steilhang-Eiben-Buchenwälder.

Eibenholz war früher für Bogen und Armbrüste sowie für Schnitzarbeiten sehr begehrt und wurde z.B. von der Schweiz nach England exportiert. Mit dieser Wertschätzung könnte es zusammenhängen, daß *Taxus* besonders häufig in der Nähe alter Städte und Burgen zu finden ist, wo sie schon früh geschützt wurde. Wahrscheinlich wäre die Eibe in Europa viel häufiger, als sie es heute ist, und käme in den verschiedensten Waldgesellschaften vor, wenn sie im Mittelalter nicht „vogelfrei" geblieben wäre. Nach SCHARFETTER (1938) gingen alljährlich Zehntausende von Stämmen nach Nürnberg, dem Hauptmarkte. 1689 gab es in den Ostalpen keine schlagbaren Eiben mehr. Sie tauchten hier erst wieder als Zierbäume in den Barockgärten auf. Ein weiterer Anlaß für die Vernichtung der Eibe in vielen Waldgebieten ist wohl in der Giftigkeit ihres Laubes für Pferde zu suchen. Überall, wohin man mit diesen Zugtieren zur Holzbringung kam, wurde die Eibe seit jeher von den Fuhrleuten weggeschnitten. Auch ihre Beschränkung auf steile Hänge könnte hiermit zusammenhängen. Doch macht KLÖTZLI (1965) einen weiteren Grund hierfür wahrscheinlich. Für Rehe ist die Eibe nämlich keineswegs giftig, sondern im Gegenteil die als Futter beliebteste Baumart. Ihr Jungwuchs wird daher an den für Rehe zugänglichen Stellen immer wieder verbissen und kann sich nur an Steilhängen normal entwickeln.

Der Hauptgrund für den Rückgang der Eibe muß aber wohl mit AVERDIEK (1971) in der Lichtkonkurrenz von Hainbuche, Buche und anderen raschwüchsigen Schatthölzern gesehen werden, die sie von allen „besseren" Standorten verdrängen. *Taxus* hatte sich im Postglazial vor diesen Laubbäumen ausgebreitet und war in Mitteleuropa einst viel häufiger (WILLERDING 1968). Seit dem Atlantikum wurde sie seltener, besonders aber seit dem Mittelalter, und findet sich heute nur noch an relativ extremen Standorten, wo sie ihre volle Kraft nicht entfalten kann. Daß sie eher schattige Plätze vorzieht, liegt nach ROTTENBURG und KOEPPNER (1972) wohl vor allem an der Empfindlichkeit ihrer Nadeln gegen Lufttrockenheit. Diese schließen ihre Spalten bei zunehmendem Sättigungsdefizit, das ja auch bei Besonnung eintritt, viel früher und öfter als die Weißtanne.

Während Hänge aus weichen Mergel-, Löß- oder Kalkschuttböden meistens von Seggen- oder Eiben-Buchenwäldern besiedelt werden, gedeihen auf ähnlich trockenen Hängen aus festen Kalk- oder Dolomitgesteinen häufig <u>blaugrasreiche Buchenwälder</u>. Diese stehen zwar dem *Carici-Fagetum* nahe, müssen aber als eigene Gesellschaften aufgefaßt werden.

Ihr Bild wird ganz beherrscht durch das schon Ende Februar oder im März blühende Blaugras *(Sesleria varia)*, das die spärliche Feinerde in den Spalten oder im Grobschutt des Karbonatgesteines mit seinem dichten Wurzelwerk festhält und treppenartig staut (Abb. 65). Sträucher sind im Gegensatz zum *Carici-Fagetum* selten, obwohl sich die Kronen der langsam und knorrig wachsenden Buchen hier noch weniger dicht zusammenschließen als dort. Offenbar fehlt es den Holzgewächsen an Wurzelraum und damit an Wasserreserven, denen sie in tiefgründigeren Böden bis in die humusarmen unteren Schichten hinein unbehindert nachgehen. Die Wuchsleistung der Buche ist denn auch im *Carici-Fagetum* wesentlich besser als im *Seslerio-Fagetum,* das MEUSEL (1939, 1942) treffend als „Blaugras-Krüppelbuchenwald" bezeichnet (vgl. RÜHL 1960).

Sesleria varia hat ihr Verbreitungszentrum in den Alpen, wo sie besonders über der Baumgrenze auf basenreichen Böden dominieren kann und als Feinerdestauer an Hängen eine große Bedeutung erlangt. Obwohl viele dieser alpinen Blaugrashalden sonn- und windexponiert sind und früh ausapern, erträgt *Sesleria* die Kälte des Gebirgswinters ohne Schaden. Es ist also sicher falsch, diese Grasart als „wärmeliebend" zu bezeichnen, wie das im pflanzensoziologischen Schrifttum zuweilen geschieht. Sie ist nur sehr lichtbedürftig und erträgt zeitweilige Trockenheit.

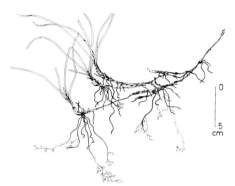

Abb. 65. Das Blaugras *(Sesleria varia)* vermag mit seinen zähen Ausläufern und Wurzeln Kalkschotter zu halten und Feinerde zu stauen. Nach SCHUBERT (1963).

Freilich sind auch in dieser Hinsicht Grenzen gesetzt. Am Kyffhäuser und südlichen Harzrand z. B. zieht sie sich auf die steilen Schatthänge zurück (MEUSEL 1939), weil ihr die Sonnhänge in diesem niederschlagsarmen Gebiet offenbar zu trocken sind. In den weiter westlich gelegenen, niederschlagsreicheren Kalk- und Dolomitbergen dagegen, z. B. an der Werra und Weser, im Süntel, im Sauerland und in der Kalkeifel, findet man nach RÜHL (1960) Blaugras-Buchenwälder und sogar baumfreie Blaugrashalden auch an stark besonnten Hängen. Offenbar ist nicht die Niederschlagsmenge als solche, sondern die Wasserbilanz entscheidend für das Hervortreten oder Fehlen von *Sesleria*. Sonst würde sie sich in den noch niederschlagsreicheren nördlichen Voralpen nicht wiederum auf absonnige Lagen zurückziehen. Hier findet sie Schutz gegen den aus Süden wehenden, stark austrocknenden Föhnwind. Auch auf den alpennahen Randhöhen des Schweizerischen Jura bleibt das Blaugras auf Nordlagen beschränkt, während es in alpenferneren Teilen desselben (MOOR 1952) und gar im Schwäbischen und Fränkischen Jura (K. KUHN 1937, OBERDORFER 1957) an Kalksteilhängen aller Himmelsrichtungen vorkommen kann.

Die Blaugras-Buchenwälder der Sonn- und Schatthänge sehen zwar auf den ersten Blick recht ähnlich aus, unterscheiden sich aber durch ihre Artenzusammensetzung. An den luftfeuchteren Schatthängen können sich zahlreiche Moose entwickeln. MOOR (1952) trennt dementsprechend ein *Seslerio-Fagetum hylocomietosum* von einem *Seslerio-Fagetum anthericetosum* ab. Der moosreiche Blaugras-Buchenwald enthält „Fichtenwald-Begleiter" als Differentialarten, nämlich:

Orthilia secunda	M	*Hylocomium splendens*
Festuca altissima	M	*Rhytidiadelphus triquetrus*
Luzula sylvatica	M	*Dicranum scoparium.*
Vaccinium myrtillus		

Sowohl die vier Phanerogamen als auch die drei Moose bevorzugen Humusdecken, die sich an Kalkhängen nur bei großer Luftfeuchtigkeit und auch bei dieser nur fleckenweise ansammeln. Ein solcher Auflagehumus reagiert nach MOOR und nach eigenen Messungen neutral (pH oft über 7 und nie unter 6.0). Es handelt sich also nach neuerer Auffassung der Bodenkundler nicht um

„Rohhumus", sondern um „Rendzinamoder" (FRANZ 1960) oder sogar um „Tangelhumus", der sich nach SCHEFFER und ULRICH (1960) auch unter Buche bilden kann. Im unteren Teil geht er allmählich in Mull über und ist wesentlich günstiger beschaffen als der stark sauer reagierende eigentliche Rohhumus.

An Sonnhängen fehlt die Humusauflage unter dem Blaugras-Buchenwald völlig, und die Rendzina ist nur schwach bis mäßig entwickelt. Selbstverständlich reagiert auch hier der Boden wegen seines hohen Kalkgehaltes neutral (nach MOOR pH 6,5–7,3). Der graslilienreiche Blaugras-Buchenwald der Sonnhänge zeichnet sich durch Vertreter trockener Kiefern- oder Laubmischwald-Gesellschaften aus, z. B.:

Anthericum ramosum   *Amelanchier ovalis*
Helleborus foetidus   *Origanum vulgare.*
Polygonatum odoratum

In Gegenden Mitteleuropas, die weniger reich an Niederschlägen und zugleich an Föhnwinden sind als der alpennahe Jura, prägen sich die Expositionsunterschiede im Artengefüge des *Seslerio-Fagetum* nicht so stark aus wie hier.

Blaugras-Buchenwälder gibt es an flachgründigen Kalk-Steilhängen in dem gesamten mitteleuropäischen Verbreitungsgebiet von *Sesleria varia,* auch auf Rügen und in Polen, der Tschechoslowakei und Ungarn. Man kann alle diese Wuchsorte als Ausläufer des alpinen und alpennahen Hauptgebietes, ja als Relikte eines in kühleren und waldärmeren Zeiten größeren Areales auffassen.

THORN (1958) bringt diese Ansicht in Anlehnung an MEUSEL durch die Bezeichnung „dealpin" zum Ausdruck, die man sowohl auf das Blaugras selbst als auch auf die von ihm beherrschten Rasen- und Buchenwald-Gesellschaften anwenden kann. Bemerkenswert ist, daß sich andere dealpine Arten ebenfalls an den Blaugras-Buchenwald und an Blaugras-Halden halten, z. B. *Aster bellidiastrum, Carduus defloratus* und *Thesium alpinum.* Diese sind ebenso wenig „wärmeliebend" wie *Sesleria.* Auch das *Seslerio-Fagetum* als ganzes darf keineswegs als wärmeliebend gelten. Steigen doch beide von MOOR (1952) im Schweizer Jura unterschiedenen Untergesellschaften bis etwa 1200 m Meereshöhe, also bis in die kühlere Montanstufe, empor.

f   Montane Tannen-Kalkbuchenwälder

Fast alle Buchenwaldgesellschaften wandeln sich mit zunehmender Meereshöhe und sind nur innerhalb gewisser Stufengrenzen „typisch" ausgebildet. Die absolute Vorherrschaft hat die Rotbuche meist nur in der unteren und mittleren montanen Stufe, zumal ihre Wuchsleistung in enger negativer Korrelation zur Höhenlage steht (MANIL 1963 u. a.). Auch im Mosaik der Bodenpflanzen tritt ein Wandel ein, den z. B. GLAVAČ und BOHN (1971) am Vogelsberg unter gleichmäßig herrschender Buche sehr genau verfolgt haben.

In der oberen Montanstufe bilden sich im Verbreitungsgebiet der Tanne auf nicht zu armen Böden vor allem Tannen-Buchenwälder aus, in denen die Fichte keine große Rolle spielt. Der Wechsel von nahezu reinen Buchenbeständen zu nadelholzreicheren vollzieht sich in den nördlichen Kalkalpen besonders deutlich, schärfer jedenfalls als etwa im Jura. Wir wollen uns deshalb zunächst an die von KUOCH (1954) mitgeteilten Beispiele halten. Vergleichbare Gesellschaften beschrieb MAYER (1974) von den österreichischen Kalkalpen (s. auch ELLENBERG u. KLÖTZLI 1972 und Abb. 54 u. 67).

Kalkunterlage wirkt in der oberen Montanstufe der nördlichen Voralpen (etwa 900–1250 m) durchaus „laubbaumfördernd" und begünstigt die Buche immer noch so sehr, daß sie die natürliche Vorherrschaft behält. Auf allen weniger kalkreichen Böden dagegen kommt hier die Tanne stärker zum Zuge. KUOCH unterscheidet dementsprechend in den von ihm beschriebenen Subassoziationen des Tannen-Buchenwaldes

(Abieti-Fagetum) jeweils eine „*Fagus*-Variante" und eine „*Abies*-Variante". Wir beschränken uns hier auf die erstere, also auf den „Tannen-Kalkbuchenwald" (Abb. 66).

Diese Gesellschaft stockt auf gleichen Rendzinen oder verbraunten Rendzinen wie der typische Kalkbuchenwald und bevorzugt ebenfalls schwach geneigte Hänge, ohne an eine bestimmte Exposition gebunden zu sein. Außer durch die stärkere Beteiligung von Tanne und Fichte unterscheidet sie sich physiognomisch und floristisch kaum von den reinen oder nahezu reinen Kalkbuchenwäldern. Sträucher treten eher noch weniger hervor, auch Buchenverjüngung sieht man seltener, was mit den seltener eintretenden Samenjahren und überhaupt damit zusammenhängt, daß die Lebensbedingungen für die Buche in der oberen Montanstufe nicht mehr optimal sind. In der Krautschicht kommt die größere Höhenlage durch montane und subalpine Pflanzen zum Ausdruck, beispielsweise durch *Petasites albus, Adenostyles alliariae* und *Ranunculus aconitifolius*. Aber keine dieser Arten wird im Tannen-Kalkbuchenwalde so stet, daß man sie als Differentialart verwenden könnte, und keine fehlt in den Buchenwäldern der tieferen Lagen gänzlich.

Mit der Beteiligung der Tanne und besonders der Fichte hängt es zusammen, daß Bodenmoose durch die Streu des noch immer sehr wuchskräftigen Hallenwaldes nicht

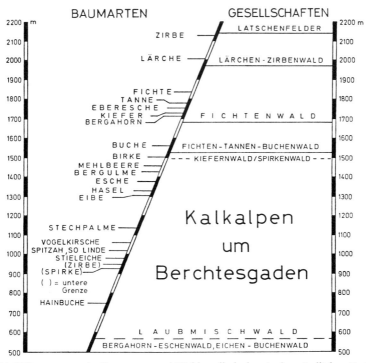

Abb. 66. Höhengrenzen der Baumarten und Waldgesellschaften in den nördlichen Zwischenalpen auf Kalk, schematisiert. Den breitesten Gürtel nimmt hier der Fichten-Tannen-Buchen-Bergmischwald ein (600–1500 m ü. M.) Nach KÖSTLER und MAYER (1970), etwas verändert.
Die meisten Baumarten steigen höher als die von ihnen beherrschten Waldgesellschaften; nur die Rotbuche ist bis in die Nähe ihrer absoluten Grenze bestandbildend. Lichtholzarten wie Kiefer *(Pinus sylvestris)* und Spirke (= Aufrechte Bergkiefer, *Pinus rotundata*) kommen nur auf nährstoffarmen Sonderstandorten zur Dominanz. Von den Laubbäumen des Bergmischwaldes steigt der Bergahorn am höchsten.

so restlos unterdrückt werden wie in reinen Buchenbeständen. *Fissidens taxifolius* fehlt selten, und sogar säureertragende, Auflagehumus bevorzugende Arten sind hier und dort zu finden, z. B. *Hylocomium splendens, Rhytidiadelphus triquetrus* und *Dicranum scoparium*. Sie siedeln auf kleinen Nestern von Moder, deren pH-Wert nach von mir vorgenommenen Stichproben selten unter 6 liegt.

Abb. 67. Tannen-Kalkbuchenwald *(Abieti-Fagetum)* am Nordhang des Lebern im Schweizer Jura. Die Tanne beteiligt sich an der Baumschicht nur vereinzelt, obwohl sie mehr Schatten erträgt als die Buche. Vorn *Festuca altissima*.

Erst bei künstlicher Begünstigung der Fichte werden die Bodenmoose häufiger. Durch die früher und z. T. auch heute noch übliche Waldweide wurde die Fichte gefördert, weil sie in der Jugend weniger unter Viehverbiß zu leiden hat als Tanne und Buche. Infolgedessen findet man heute in der oberen Montanstufe sogar auf flachgründigen Kalkböden nicht selten reine Fichtenbestände, wo von Natur aus Buche und Tanne tonangebend wären. Überhaupt erschweren die wirtschaftlichen Eingriffe in den Gebirgen Mitteleuropas oftmals die Beurteilung des natürlichen Baumartengefüges. Es gehört deshalb zu den besonderen Verdiensten KUOCHS und MOORS, die Rolle der Rotbuche neben Tanne und Fichte in den Alpen und im Jura klar herausgearbeitet zu haben.

Tannen-Buchenwälder wurden von zahlreichen Autoren aus den verschiedensten Teilen Mitteleuropas beschrieben, vor allem aus den Alpen (s. MAYER 1974 u. a.). In den Sudeten kommen sie zwischen 500 und 1000 m Höhe vor, im Bayerischen Walde von 400 bis 900 m, im östlichen Schwarzwald von 500 bis 900 m und in der nordwestlichen Schwäbischen Alb von 600 bis über 1000 m. Doch ist nur ein kleiner Teil dieser Gesellschaften mit dem von MOOR geprägten Begriff des *Abieti-Fagetum* identisch. Er bezieht sich ursprünglich nur auf tannendurchsetzte Buchenwälder über Kalkgestein. Doch verdienen auch Gesellschaften auf sauren Böden einen solchen Namen. Wie groß die standörtliche und floristische Mannigfaltigkeit der Tannen-Buchenmischwälder ist, geht eindringlich aus der von ZUKRIGL (1973) sowie von MAYER (1974) für die östlichen Randalpen erarbeiteten Gliederung hervor (Abb. 68, s. auch Tab. 13). Zu den bodenbedingten Abwandlungen kommen noch klimatische, insbesondere durch das Kontinentalitäts-Gefälle bewirkte (Abb. 69).

In den niederösterreichischen Kalkalpen haben ZUKRIGL, ECKHARDT und NATHER (1963) zwei Buchen-Tannen-Fichten-Urwälder studiert, den berühmten „Rothwald" am Südostabhang des Dürrensteins (940–1480 m) und den „Neuwald" (rund 1000 m). Je nach den wechselnden Bodenverhältnissen dominieren im Rothwald Buchen (auf Rendzinen), Weißtannen (z. T. auf tieferen Böden) oder Fichten (auf Blockhalden). Im Neuwald, dessen Boden großenteils einen Parabraunerde-Gley in mächtigem Lehm darstellt, herrschen gewaltige Tannen vor. Die Verteilung der Hauptbaumarten in der montanen Stufe folgt also auch im Kleinen und unter Urwald-Bedingungen der KUOCHschen Regel. Im Lebensrhythmus ähneln diese Urwälder teils dem reinen Buchenwald (Abschnitt 2 a), teils den Nadelholz-Urwäldern (Abschnitt IV 2 d). Bei den Fichten und Tannen ist die häufigste Todesursache der Windwurf. Die Buchen sind vorwiegend unterständig und weniger dem Wind ausgesetzt, werden aber hier und dort mitgerissen. Die meisten sterben stehend und brechen, vom Schwamm zermürbt, zusammen.

Tannen-Kalkbuchenwälder gibt es in allen Gebirgen mit gemäßigt-subozeanischem Montanklima, die innerhalb des Areals von *Abies alba* liegen, z. B. auch in den

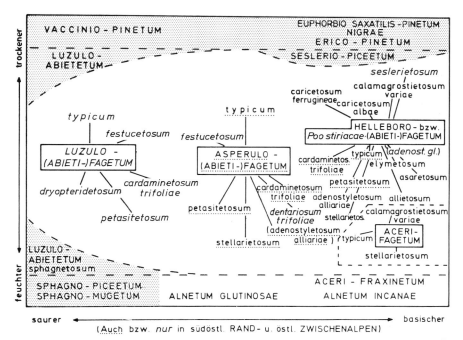

Abb. 68. Ökogramm der montanen Fichten-Tannen-Buchenwälder und ihrer Kontaktgesellschaften am östlichen bis südöstlichen Alpenrand. Nach ZUKRIGL (1973), etwas verändert.
Saure Gesteine fehlen in den östlichen Randalpen fast ganz, kommen aber weiter im Inneren (in den östlichen Zwischenalpen) sowie in den südöstlichen Randalpen vor. Der Standortsbereich reiner Nadelholz-Gesellschaften ist punktiert. Das „*Asperulo-(Abieti-)Fragetum*" müßte heute *Galio odorati-(A.-)F.* heißen. Dieser Braunmull-Tannen-Buchenwald ist die zentrale Waldgesellschaft in der montanen Stufe, ähnlich wie der Braunmull-Buchenwald in den tieferen Lagen.

Buchen- und Buchenmischwälder

Tab. 13. Montane bis subalpine Urwälder aus Rotbuchen, Tannen und Fichten im Rothwald bei Lunz, niederösterreichische Kalkalpen. Nach Tabellen von Zukrigl, Eckhart und Nather (1963); ökologische Bewertung nach Ellenberg (1974, s. auch Abschnitt B I 4 und Tab. 12)

Laufende Nr.:	1	2	3	4	5			Laufende Nr.:	1	2	3	4	5	L	T	R
Höhenlage der Aufnahmen (m ü.M.)	960–1080	1100–1290	1120–1250	1320–1430	1270–1500	Ökologische Bewertung L T R		Krautschicht, Fortsetzung								
								Adenostyles glabra	5	5	5	5	3	6	2	8
							F	Helleborus niger	2	3	4	5	5	3	5	8
								Deschampsia cespitosa	2	3	5	5	5	6	X	X
							E	Calamagrostis varia	1	5	1	5	5	7	3	8
							a	Valeriana tripteris	1	4	2	5	5	7	X	8
								Mycelis muralis	1	5	2	4	4	4	5	X
Baumschicht:								Luzula sylvatica	1	3	2	5	5	4	4	2
F Fagus sylvatica	5	5	5	5	5		F	Euphorbia amygdaloides				4	5	4	5	7
P Abies alba	5	5	5	5	1		h	Adenostyles alliariae	2		2	5	4	6	3	X
Picea abies	5	5	5	5	5			Melica nutans	1	3	4	5	4	X	7	X
Acer pseudoplatanus	4	4	5	5	4		F	Phyteuma spicatum	1	2	2	5	2	X	X	X
Ulmus glabra	1	1	2	1				Veratrum album	2	3		4	3	7	X	X
Strauchschicht:								Ranunculus nemorosus	1	3	1	3	4	6	X	6
h Rosa pendulina	3	3	3	3	2	6 4 7	a	Moehringia muscosa	1	2	2	1	4	3	5	9
F Daphne mezereum	3	3	2	5	5	4 X 7	h	Saxifraga rotundifolia	1		1	3	3	5	X	8
F Lonicera alpigena	2	1	1	2	4	3 4 8		Polystichum lonchitis	1	1	1	2	4	6	2	8
F Rubus hirtus	1	1	1			5 6 5	a	Aster bellidiastrum	1	1	1	1		3	7	8
Sorbus aucuparia			1	4	5	6 X 4		Knautia dipsacifolia		3	1	4	5	X	3	X
Lonicera nigra	1	1			4	3 3 5		Hieracium sylvaticum	2		4	4	4	X	5	
Krautschicht:							F	Galium sylvaticum	2	1	1	2	5	5	7	
F Gymnocarp. dryopteris K	4	1	1			3 3 4		Poa nemoralis	1	1	1	5	5	X	5	
P Blechnum spicant K	2	2	1			3 3 2		Galium austriacum	1	1	1	4		—	—	—
F Cardamine trifolia	5	3	1	1		3 4 8		Veronica chamaedrys	1	1	2	2		6	X	X
F Sanicula europaea	4	3	2	2		4 5 8	E	Erica herbacea	2		2	1	7	X		
F Viola reichenbachiana	4	4	3	2		4 5 7		Geranium robertianum			3	1	1	4	X	X
F Athyrium filix-femina K	5	2	4	3		4 X X	P	Homogyne alpina		1	2	2	6	4	4	
F Carex sylvatica	4	3	4	3		2 5 7	a	Valeriana montana	1		2	2	8	X	9	
F Galium odoratum	4	2	5	5		2 5 X		Carex ornithopoda	1		2	2	6	X	9	
F Dryopteris filix-mas	3	2	2	2		3 X 5	h	Cicerbita alpina	1		3		6	3	X	
F Polystichum lobatum K	4	1	2	2		3 6 6	F	Lilium martagon	2		1		5	X	7	
F Epilobium montanum	2		4	1		4 X 6	F	Euphorbia dulcis	1		3		4	5	8	
Lysimachia nemorum			2	3		2 5 7	P	Luzula luzulina			3		3	3	X	
Veronica officinalis	1	1	2	2		5 X 2	a	Carex ferruginea	1		4	2	8	2	8	
Polypodium vulgare K	2		1	2		5 X 2		Aconitum neomontanum			4	1	—	—	—	
Dryopteris carthusiana K	4		1	1		5 X 4	h	Viola biflora			4	2	4	3	7	
P Lycopodium annotinum K	4		1	1		3 4 3		Ranunculus montanus			3	1	6	3	8	
Oxalis acetosella	5	4	5	5	4	1 X 4	a	Carduus defloratus	1		3	4	7	X	8	
Vaccinium myrtillus	5	4	4	4	5	5 X 2		Primula elatior		1	4	4	6	X	7	
F Lamiastrum galeobdolon	5	2	5	5	3	3 X 7	a	Arabis ciliata			3	2	9	2	9	
F Prenanthes purpurea	4	2	4	5	2	4 4 X		Astrantia major			2	6	4	8		
F Dentaria enneaphyllos	4	4	3	5	4	4 4 7	E	Cirsium erisithales			2	3	6	?	8	
F Polygonatum verticillatum	4	4	2	4	4	4 4 4		Senecio abrotanifolius			2	5	7	3	7	
F Paris quadrifolia	4	2	4	5	2	3 X 7	a	Campanula scheuchzeri			3	4	8	2	X	
Solidago virgaurea	3	5	4	4	5	5 X X	a	Leucanthem. maximum			5	9	X	X		
F Mercurialis perennis	3	3	3	4	4	2 5 7	F	Melampyrum sylvaticum	1		1	3	4	X	2	
l Senecio fuchsii	3	2	4	4	3	7 X X		Rubus saxatilis			3	4	X	X		
l Fragaria vesca	1	4	2	2	3	7 X X		Vaccinium vitis-idaea	1		3	5	X	2		
P Huperzia selago K	3	1	1	1	2	4 3 3	a	Phleum hirsutum			3	8	3	7		
a Asplenium viride	2	1	1	2	3	— — —	a	Poa alpina			3	7	X	X		
Carex digitata	1	3	2	2	1	3 5 X										
a Gymnocarp. robertian. K	1	1	1	2	1	5 4 8										

F = Charakterarten der Buchenwälder (*Fagion*), F = der Edellaubwälder (*Fagetalia*), P = der bodensauren Nadelwälder (*Vaccinio-Piceion* usw.), E = der Kalk-Föhrenwälder (*Erico-Pinion*), l = Lichtungspflanzen, h = Arten der Hochstaudenfluren, a = der Steinfluren und alpinen Rasen. K hinter dem Namen = Kryptogame (Farne und Bärlappe).

Bemerkenswert erscheint die Armut des Urwaldes an Sträuchern und sein Reichtum an Farngewächsen. Moose und Flechten siedeln nur auf Steinen, totem Holz oder Bäumen; sie wurden nicht mit aufgenommen.

Gebirgen Kroatiens und Sloweniens, die hier außer Betracht bleiben müssen (s. HORVAT, GLAVAČ u. ELLENBERG 1974). In diesen illyrischen Kalkgebirgen, in den Südalpen, im Jura und in den Vogesen werden sie nach oben hin nicht etwa von reinen Tannenbeständen oder Tannen-Fichtenwäldern abgelöst, wie man wohl erwarten möchte. Überraschenderweise sieht man beim Höherwandern vielmehr die Buche mit anderen Laubhölzern erneut die Herrschaft antreten. Diesen subalpinen Kalk-Buchenmischwäldern sei wegen ihrer ökologischen Eigenart ein besonderer Abschnitt eingeräumt, obwohl sie in Mitteleuropa nur in wenigen, südwestlich gelegenen Gebirgen gut entwickelt sind und in den Kalkgebirgen des mediterranen und submediterranen Raumes eine viel größere Bedeutung erlangen.

g Subalpine Bergahorn-Buchenwälder

In wintermilden, aber schneereichen Gebirgen Europas bilden nicht Nadel-, sondern Laubhölzer die obere Baumgrenze. Auf den vom Golfstrom erwärmten Randhöhen Skandinaviens sind es Birken *(Betula tortuosa)*, im submediterranen und mediterranatlantischen Bereich dagegen Rotbuchen (Abb. 42) und in den Vogesen, im westlichen

---

Erläuterungen zu Tab. 13

Gesellschaften und Böden	Ökologische Bewertung:	mL	mT	mR
Nr. 1–3: **Montane Kalk-Tannen-Buchenwälder**, in denen *Abies* große Höhen und Massen erreicht, die niedrigere *Fagus* aber meist dominiert. *Picea* und *Acer* sind stets, doch nur in geringer Menge beigemischt.				
1: in Muldenlage auf tonigem Kalkstein-Braunlehm („*Cardamine trifolia-Galium odoratum-Oxalis-Myrtillus*-Mosaikkomplex"),		3,9	4,0	5,7
2: an 25–40° geneigten Hängen mit ± tiefgründiger Rendzina („*Calamagrostis varia-Helleborus-Adenostyles glabra*-Typ"),		4,6	4,1	6,3
3: desgl. an meist weniger als 30° steilen Hängen („*Adenostyles glabra-Galium odoratum*-Typ"), besonders buchenreich.		4,2	4,2	6,1
Nr. 4: **Hochmontaner Kalk-Tannen-Buchenwald** an 15–40° geneigten Hängen auf ± tiefgründiger Rendzina („*Helleborus-Adenostyles-Luzula sylvatica*-Typ"), oft noch mit viel Buche.		4,7	3,9	6,9
Nr. 5: **Subalpiner Kalk-Fichtenwald** an 20–35° steilen Hängen auf Rendzina („Fichtentyp der Waldgrenze").		5,1	3,6	6,5

Der im „Rothwald" erhaltene Urwaldrest stockt an mehr oder minder steilen blockreichen Kalksteinhängen. Kalkbedürftige Arten mischen sich daher mit mehr oder minder säuretoleranten, die hier und dort schwer zersetzbare Nadelstreu, umgeworfenes Holz oder Nester von entkalkter toniger Feinerde begünstigt werden. In Muldenlage und an seichten Hängen überdeckt diese größere Flächen („Terra fusca") und begünstigt Säurezeiger. Die Gesellschaften Nr. 1 und 3 haben daher die niedrigsten mittleren Reaktionszahlen. Die größere wasserhaltende Kraft solcher Lehmdecken fördert jedoch den Baumwuchs, und der dichtere Kronenschluß erhöht den Anteil schattentragender Arten (mittlere Lichtzahlen nur 3,9 bzw. 4,2). Doch fehlen lichtbedürftige Arten, insbesondere Hochstauden (h) und Waldlichtungsbewohner (l), auch in Nr. 1 und 3 nicht, weil durch das Zusammenbrechen alter Bäume Lücken entstehen. An Steilhängen genießen sogar Freilandpflanzen genügend Licht (a), vor allem nahe der Waldgrenze (Nr. 5), wo der Fichtenbestand von Natur aus lückig ist.
Mit der Höhe über dem Meere nehmen wärmebedürftige Arten (T 6 und 5) zugunsten solcher Arten ab, die mit einer kürzeren Vegetationsperiode auskommen (T 4, 3 und 2). Doch fällt die mittlere Temperaturzahl nicht kontinuierlich, sondern ist in Einheit Nr. 3 (1120–1250 m ü.M.) höher als in der tiefer (960–1080 m) gelegenen Nr. 1. Hier macht sich die „warme Hangzone" bemerkbar, die durch nächtliches Abfließen kalter Luft entsteht. Nach den Messungen von Zukrigl u. Mitarb. (mit Hilfe der Rohrzucker-Inversions-Methode) liegt diese gerade zwischen 1100 und 1250 m. Selbstverständlich ist mT in hochmontaner und subalpiner Lage (Nr. 4 und 5) niedriger.
Systematisch gesehen, gehören alle Gesellschaften des Rothwaldes zur Ordnung der Edellaubwälder *(Fagetalia)*, und die Tannen-Buchenwälder eindeutig zum *Fagion*-Verband. Trotz der starken Beteiligung von Nadelhölzern spielen *Vaccinio-Piceetalia-* bzw. *Vaccinio-Piceion-*Arten kaum eine Rolle. Um der endgültigen Zuordnung der beschriebenen Einheiten zu bestimmten Ta-Bu- bzw. Fi-Assoziationen nicht vorzugreifen, haben sich die Autoren damit begnügt, sie nach Unterwuchs-Typen provisorisch zu benennen.

Jura sowie stellenweise in den Westalpen und einigen anderen mitteleuropäischen Gebirgen Bergahorn und Rotbuche zusammen.

Die Gründe, weshalb hier laubwerfende Bäume von der Konkurrenz der Nadelhölzer befreit bleiben, die ihnen in stärker kontinental getöntem, also winterkälterem Klima so eindrucksvoll überlegen sind, lassen sich nur schwer fassen und sind sicher sehr komplex. Da seit meinen Deutungsversuchen in der 1. Auflage keine klärenden Ergebnisse bekannt wurden, verzichte ich hier auf die erneute Erörterung dieser Frage. Eine wesentliche Rolle spielt m. E. die Empfindlichkeit aller immergrünen Nadelhölzer gegen Pilze, die auf oder in den Nadeln parasitieren (s. auch MAYER 1976). Schneeschimmel (z. B. *Herpotrichia nigra*), die ein niedriges Temperaturoptimum haben, befallen die Nadelbaum-Jungpflanzen unter der Schneedecke besonders stark in milden Wintern, d. h. bei ozeanischem Klima in fast jedem Winter. Sie töten viele Nadeln und oft ganze Zweige ab, schwächen also die immergrünen Coniferen im Wettbewerb mit winterkahlen Baumarten. In warmem Klima sind viele Laubhölzer den Coniferen in der Jugend außerdem durch rascheres Wachstum überlegen. In Hochlagen mit ozeanischem Klima ist häufig die Belastung durch Schnee und Rauhreif so groß, daß Nadelhölzer, wie die Tanne, zugunsten der regenerationskräftigeren Buchen und anderen Laubhölzer zurücktreten müssen (s. PFADENHAUER 1973).

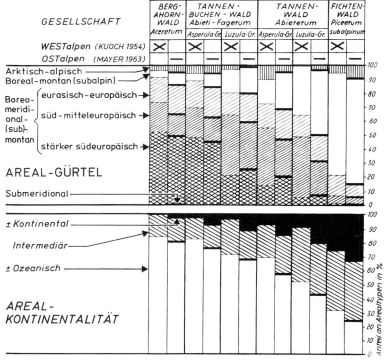

Abb. 69. Vergleichbare Waldgesellschaften in den westlichen und östlichen Alpen haben verschiedene Arealtypen-Spektren. Im Osten ist sowohl bei Laubwäldern als auch bei Mischwäldern und reinen Nadelwäldern der Anteil borealer und kontinentaler Arten größer als im Westen. Nach MAYER (1968), etwas verändert. (Statt *Asperula* lies *Galium odoratum*).

Die subalpinen Laubwälder geben sich schon physiognomisch als besondere Formation zu erkennen. Ob die Buche allein herrscht oder sich mit Bergahorn und anderen Laubhölzern an der Baumschicht mischt, stets zeigen die Stämme im *Aceri-Fagetum* eine „Säbelform", die an ihr Jugendschicksal erinnert. Die meist mehr als 1 m, ja bis 3 m mächtige Schneedecke rutscht langsam talab und drückt die Stämmchen zu Boden, solange sie sich noch biegen lassen (LENZ 1967). Erst wenn sie stark genug geworden sind, um dem Schneedruck zu widerstehen, beginnen sie, gerade emporzuwachsen, behalten aber eine gekrümmte Stammbasis. Ähnliche Waldbilder können zwar durch Niederwaldwirtschaft entstehen; doch weist die Krümmung der Stämme im subalpinen Walde einheitlich hangabwärts und ist auch viel ausgeprägter als bei Stockausschlägen. Die Bäume bleiben bis ins Alter meist weniger als 15–20 m hoch und gedeihen hier trotz günstiger Bodenverhältnisse keineswegs optimal. Natürliche Vor-

Abb. 70. Hochstauden in einem subalpinen Bergahorn-Buchenwald am Weißenstein (Schweizer Jura) im Frühjahr. Außer *Acer pseudoplatanus* und *Fagus sylvatica* in der Strauchschicht *Lonicera nigra* und *alpigena* sowie *Rosa pendulina*. In der Krautschicht *Adenostyles alliariae, Athyrium filix-femina, Cicerbita alpina* u. a. Infolge der hohen Luftfeuchtigkeit herrschen unter den Rinden-Epiphyten Moose.

herrschaft und gute Wuchsleistung im forstwirtschaftlichen Sinne sind also selbst bei einer so kampfkräftigen Baumart wie der Buche nicht immer miteinander gekoppelt. Im unteren Teil der subalpinen Buchenstufe hat MOOR Baumhöhen bis zu 28 m und bessere Stammformen festgestellt. In der Nähe der natürlichen Waldgrenze oder bei Beweidung nehmen die Bäume gedrungene und krüppelige Formen an und werden auf exponierten Kuppen auch vom Winde geschoren, z. B. auf dem Feldberg im Schwarzwald und auf dem Belchen in den Vogesen.

Hohe Luftfeuchtigkeit und häufiger Nebel zusammen mit dem langsamen Wuchs der Bäume begünstigen epiphytische Flechten, die die Äste und Stämme oft dicht überkleiden und nur im Bereich der winterlichen Schneedecke, also nach unten hin, seltener werden. Im übrigen ist aber die Bedeutung des Nebelniederschlags für das Artengefüge der Bergwälder geringer, als man annehmen möchte (vgl. KERFOOT 1968 u. KÄMMER 1974).

Durch Beweidung wird die Fichte gegenüber der Buche begünstigt, besonders auf windigen und schneearmen Kuppen, auf denen sie vielleicht auch von Natur aus stärker vertreten wäre. Die Tanne kommt im subalpinen Buchenwalde nur vereinzelt vor und wird erst im Übergang zum montanen Tannen-Kalkbuchenwald häufiger.

Die mächtige Schneedecke schützt den Boden in der Regel so lange vor Frost, bis die Lufttemperaturen auch nachts nicht mehr unter 0° sinken. Infolgedessen ist sein Tier- und Bakterienleben für Meereshöhen über 1200 bis 1300 m ungewöhnlich reich entwickelt und nach dem Schwinden des Schnees sofort sehr aktiv. Noch lange sorgen außerdem abschmelzende Schneereste auch bei trockenem Wetter für gleichbleibende Durchfeuchtung und ungehemmte Nitrifikation in den oberen Bodenschichten, so daß sich großblättrige, mehr oder minder hygromorphe Nitratpflanzen kräftig entwickeln können (Abb. 70). Diese subalpinen, erst spät zur Blüte gelangenden Hochstauden haben ihr Optimum in leicht wasserzügigen Mulden unmittelbar oberhalb der Waldgrenze, wo sie nicht mehr von Bäumen beschattet werden und das Klima noch nicht so rauh ist wie in der eigentlichen alpinen Stufe. In den Bergahorn-Buchenwald dringen sie ein, weil dieser ein viel weniger dichtes Blätterwerk ausbildet als die montanen und collinen Buchen- und Buchenmischwälder. Beträgt doch der relative Lichtgenuß für die Hochstauden des subalpinen Laubwaldes meistens mehr als 15%, während die „eigentlichen" Buchenwaldpflanzen im Sommer mit weniger als 5% vorlieb nehmen müssen.

Die folgenden Hochstauden treten nach MOOR (1952) in dem subalpinen Bergahorn-Buchenwald *(Aceri-Fagetum)* des Schweizer Jura regelmäßig auf und können als lokale Charakterarten (C) oder als Differentialarten gegenüber den anderen Buchenwald-Gesellschaft gelten:

C *Rumex alpestris*
C *Cicerbita alpina*
C *Anthriscus sylvestris* var. *alpestris*
 Veratrum album
 Thalictrum aquilegiifolium
 Campanula rhomboidalis (selten).

Üppig entwickelt sind außerdem nitrophile Arten wie:
 Ranunculus aconitifolius
 Ranunculus lanuginosus
 Petasites albus
 Adenostyles alliariae
 Adenostyles glabra

Doch fehlt auch kaum eine der in Tab. 11 aufgeführten Arten des frischen Kalkbuchenwaldes. So sehr die Baumschicht an Wuchskraft eingebüßt hat, so üppig und artenreich ist also die Krautschicht in den subalpinen Buchenwäldern entwickelt.

Das *Aceri-Fagetum* ist nicht nur im Schweizer Jura (1150–1600 m) und in den Schweizer Voralpen (1200–1750 m), sondern auch in den Bayerischen Alpen (1200–1450 m), im Böhmerwald (960–1190 m) und im westlichen Hochschwarzwald (1050–1300 m) verbreitet und außerdem auf den Basaltkuppen der Rhön und den höchsten Erhebungen des Sauerlandes (HABER 1966) vorhanden. Schon in dem weniger milden Klima des Ostschwarzwaldes wird es nach OBERDORFER (1957) durch einen subalpinen Fichtenwald *(Galio-Piceetum)* abgelöst. Es ist keineswegs auf Kalkgesteine beschränkt und ziemlich unabhängig von der Bodenunterlage, wenn diese nur nicht allzu basenarm ist. Auch scheint es an keine besondere Hangneigung oder -richtung gebunden zu sein. Entscheidend für seine Ausbildung sind vielmehr die Wirkungen eines ozeanisch getönten und schneereichen subalpinen Klimas. Während es in den mehr östlich gelegenen Gebirgen nur an lokal schneereichen Stellen und in frischen Mulden vorkommt, ist es in den westlichen Kalkalpen und im westlichen Hochschwarzwald, besonders aber in den Vogesen und im westlichen Jura, die beherrschende Klimaxgesellschaft der subalpinen Stufe.

Je nach den lokalen Standortsverhältnissen ändert sich das Artengefüge des *Aceri-Fagetum* ziemlich stark. So kann man nach OBERDORFER (1957) in den Vogesen, im Schwarzwald und in den nördlichen Voralpen eine relativ trockene, eine mittlere und eine feuchtere Subassoziation und in jeder derselben mehrere Varianten unterscheiden. Hervorgehoben sei, daß es außerdem einen subalpinen Bärlauch-Buchenwald gibt, der nach MOOR stets nur wenige Hochstauden enthält. Auf mittelkiesigen Geröllhalden unterhalb von Kalkfelsgraten kommt im Schweizer Jura ein Höhenvikariant des Linden-Buchenwaldes vor, das *Adenostylo-Fagetum* (MOOR 1970, s. auch Abschnitt III 2 b).

In mancher Hinsicht ist der subalpine Buchenwald mit den ahornreichen Schluchtwäldern und anderen Laubwaldgesellschaften an luftfeuchten Sonderstandorten verwandt. Wir werden auf diese Einheiten zurückkommen, uns aber zunächst noch mit anderen Buchenwald-Gesellschaften befassen.

3 Buchen- und Buchenmischwälder auf reichen bis mittleren Braunerden

a *Braunmull-Buchenwälder und verwandte Gesellschaften*

Nicht alle Buchenwaldgesellschaften in Kalkgebirgen darf man als Kalkbuchenwälder bezeichnen. Oft lagert eine mehr oder minder mächtige Decke von braunem Lößlehm oder anderem verhältnismäßig karbonatarmem Material über dem weißen, klüftigen Kalkgestein und bewirkt einen auffallenden Wechsel im Artenmosaik am Waldboden sowie meistens auch eine bessere Wüchsigkeit der Baumschicht. Der Wurzelraum in solchen Braunerden oder braunen Rendzinen über Kalk ist nicht nur saurer, sondern besitzt auch eine größere wasserhaltende Kraft als der geringmächtige, steinige Oberboden typischer Mullrendzinen. Infolgedessen verschwinden Kalk- und Trockenheitszeiger, während säuretolerante Arten mit höheren Wasseransprüchen an ihre Stelle treten (s. Tab. 14). Doch gehören auch diese Artenkombinationen noch zu den Mullbuchenwäldern, d. h. zum Unterverbande *Eu-Fagion*.

Die leistungsfähigsten Buchenwälder Mitteleuropas stocken auf tiefgründigen Braunerden oder Parabraunerden, die weder kalkreich noch podsolig verändert sind (Abb. 71). Da sich solche Böden hervorragend für den Ackerbau eignen, haben wir nur selten Gelegenheit, naturnahe Wälder auf ihnen zu studieren. Das war auch der Grund, weshalb wir die Schilderung der Buchenwälder mit den Gesellschaften auf Kalkböden begannen, die noch heute viel Wald tragen.

Braunerden und ähnliche Böden entstehen aus Lehmen verschiedener geologischer Herkunft oder aus kristallinen Gesteinen (s. Abschnitt B I 1 a) und sind dementsprechend reich an Silikaten. TÜXEN, OBERDORFER und andere nennen die auf ihnen stockenden Fageten deshalb kurz „Silikatbuchenwälder". Da aber auch die von säureliebenden Hainsimsen-Buchenwäldern (s. Abschnitt 4 a) besiedelten Sandsteine, quarzreichen Schiefer und Sande nicht frei von Silikaten (d. h. von kristallinen Bestandteilen außer Quarz) sind, führt dieser Name häufig zu Mißverständnissen. Die in der 1. Auflage von mir verwendete Bezeichnung „Braunerdebuchenwälder" ist ebensowenig ideal. Sie betont zwar in eindeutiger Weise, daß diese Gesellschaften zwischen den auf Rendzinen und Pararendzinen entwickelten Kalkbuchenwäldern auf der einen und den extrem bodensauren Buchenwäldern auf der anderen Seite stehen. Doch stocken Sauerhumus- bzw. Moder-Buchenwälder oft ebenfalls auf Braunerden oder Parabraunerden, wenn auch auf sehr basenarmen oder podsolig veränderten. Unmißverständlich ist nur die etwas längere Bezeichnung „Braunerde-Mullbuchenwälder". Als Kurzform verwenden wir im folgenden meist den Namen „Braunmull-Buchenwälder". In ökologischer wie in pflanzensoziologischer Hinsicht stehen diese Gesellschaf-

Abb. 71. Braunmullbuchenwald auf Moränenlehm im Sihlwald bei Zürich. *Athyrium filix-femina, Milium effusum, Galium odoratum, Lamiastrum galeobdolon* und junge Buchen sind zu erkennen.

ten zwischen den Extremen (s. Abb. 37 u. Abschnitt B II 4 d). Man könnte sie daher auch „mittlere Buchenwälder" nennen.

Leider bereitet die pflanzensoziologische Bezeichnung dieser zentralen Gruppe von Buchenwäldern ebenfalls Schwierigkeiten. Sie gehören zum Unterverband der Waldmeister-Buchenwälder *(Eu-Fagion, Galio odorati-Fagion)*, ebenso wie die frischen Kalkbuchenwälder. Von diesen unterscheiden sie sich, wie schon eingangs gesagt, durch eine geringere Zahl von Kalkzeigern und durch stärkeres Hervortreten von säureertragenden und trockenheitsempfindlichen Arten. Sie lassen sich also durch ihre Artenkombination eindeutig kennzeichnen (s. Tab. 14). Doch gibt es keine einzige Art, die nicht entweder auch in Kalkbuchenwäldern oder aber auch in Moderbuchenwäldern vorkäme und einen eindeutigen Namen abgeben könnte. In einem solchen nomenklatorischen Dilemma befindet sich der Pflanzensoziologe bei fast allen ökologisch in der Mitte stehenden Gesellschaften. Nicht zuletzt deshalb geben wir hier standörtlichen Bezeichnungen oft den Vorzug vor pflanzensoziologischen.

OBERDORFER (1957) beschreibt die Braunmull-Buchenwälder Süddeutschlands im Anschluß an KNAPP (1942) als Perlgras-Buchenwälder *(Melico-Fagetum)*. Dieser Name ist insofern gut gewählt, als das Einblütige Perlgras in Buchenwäldern auf Braunerden mittlerer Qualität häufig ist und oft große Flächen übergrünt. Doch kommt es nicht selten auch in Kalkbuchenwäldern vor und veranlaßte andere Autoren (z. B. RÜHL 1960), kräuterarme Ausbildungen des Kalkbuchen-

Tab. 14. Braunmull-Buchenwälder in NW-, SW- und NO-Mitteleuropa auf basenreichen bis -armen Böden. Nach Tabellen von Winterhoff (1962), Frehner (1963) und Sokolowski (1966)

Laufende Nr.:	1	2	3	4	5	6	7	8	9	Laufende Nr.:	1	2	3	4	5	6	7	8	9
Gebiet¹)	W	S	W	S	W	S	W	S	O		W	S	W	S	W	S	W	S	O
Baumschicht:										Krautsch., Fortsetzung:									
Fagus sylvatica	5	5	5	5	5	5	5	5		± Anspruchsvolle									
Acer campestre	1	1		3						Primula elatior	3	5	1	3			2	1	
Quercus robur	1	4			2					Stachys sylvatica		5	2	1			2	4	
Acer platanoides	3	2	3	2	1					Geranium robertian.		5	1	2				5	
Ulmus glabra	2	4	1	5	1					Circaea lutetiana		5			1		1	5	
Fraxinus excelsior	4	5	4	5	3	1				Sanicula europaea	1	2			3		1	1	
Acer pseudoplatanus	2	5	4	4	1	2				Ranunc. ficaria	1	3			1		1	1	
Prunus avium	1	4	1	4		2			1	Lilium martagon	1	2	2	2				1	
Carpinus betulus	1	5			4	1	4		3	Asarum europaeum		5			2			4	
Tilia cordata			2		2		2		1	Hordelym. europaeus		5			2			3	
Betula pendula			1			3	1		1	Polygonat. verticillat.	3				2			2	
Quercus petraea			2		5		4	4		Dentaria bulbifera	1				1			1	
Larix decidua N			1		3		2		1	Lysimachia nem.					1			5	
Pinus sylvestris N			2		3		3		5	Paris quadrifolia	1	5			5			4	3
Abies alba N			4		3		5		3	Pulmon. off. + obs.	1	5			5	3			2
Picea abies N			4		4		5		1	Aegopod. podagraria	1	3			2			1	2
Strauchschicht:										Geum urbanum		2			2			3	7
Prunus spinosa			2		3					Stellaria holostea	2				4				5
Tamus communis			2		3					Artengrundstock mit									
Clematis vitalba			2		4					weiter Amplitude									
Viburnum lantana			4		5					Anemone nemor.	5	4	3	5	5	4	5	5	5
Cornus sanguinea			4		5	1				Galium odoratum	3	5	4	5	4	5	2	4	5
Ligustrum vulgare			5		5					Viola reich. + riv.	4	5	2	5	4	5	1	5	5
Rosa arvensis			5		5	1				Lamiastrum galeob.	5	5	3	5	5	3	2		5
Euonymus europaeus			3		4		2			Phyteuma spicatum	3	5			5	5		4	3
Daphne mezereum	2	5	2	4	2				3	Oxalis acetosella	2	3	2	2	5	5	2	4	5
Viburnum opulus		5	1	5	1	3			1	Dryopt. filix-mas	3	4	2	3	3	5	2	4	5
Sambucus racemosa		1			3				1	Polygonat. multiflor.	4	5	1	5				3	3
Rubus idaeus			2		5		2			Ajuga reptans		5			4	1	5	1	2
R. tereticaulis			4		4		5			Vicia sepium	4	2	1	5	2	1		2	2
Ilex aquifolium			3		3		3			Carex digitata					4	1	3	1	2
Crataegus spec.	4	5	2	5	1	1	2			Epilobium mont.		2			2	2		4	2
Lonicera xylosteum	1	5		5		3				Poa nemoralis	1				2	3	1	3	2
Corylus avellana		3		4	1	3			3	Festuca gigantea		2			1		5		1
Sorbus aucuparia					1		1	4	1	2	Melica nutans		1			4			1	3
Lonicera periclym.					2		2	1	2	Hedera helix	3	5	3	5	3	5	5	5	
Sambucus nigra					1			4	1	Carex sylvatica	3	5	1	5	5	5	2	3	
Krautschicht:										Deschamps. cespitosa	3	5			1		5	2	5	1
Anspruchsvolle										Fragaria vesca	1	4			4	1	5	1	2
Allium ursinum		5		5	1					Brachypod. sylv.	2	4	1	5	1	2	1		
Ranunc. auricomus		5								Lathyrus vernus	4	4			3	2			
Glechoma hederacea			4							Campanula trachelium	2		1	3			1	1	
Carex pendula			4							Galium sylvaticum	2				2	1	1	2	2
Hepatica nobilis	4		1							Epipact. helleborine	1		1	1	1	2			2
Arum maculatum		5	5	5	3					Neottia nidus-avis			2			3		1	1
Mercurialis perennis	4	5	5	5	5	1				Melica uniflora	3		1		4			3	1
Euphorb. amygd.	2	4	3	3	1					Dactylis aschers.	3		1		2			5	
Bromus rac. + benek.	1	2	1	4						Prenanthes purpurea					2			3	3
Anemone ranunc.	5		5							Potentilla sterilis					3	2	2	1	
Euphorb. dulcis		5		4						Carex flacca					2		4	2	1
Melittis melissophyll.		1		5															

¹) W = im nordwestlichen Mitteleuropa (Göttinger Wald); nach Tabellen von Winterhoff (1962),
S = im südwestlichen M. (westlicher Teil des Kanton Aargau); nach Tabellen von Frehner (1963),
O = im nordöstlichen M. (Reservat Debowo nahe der *Fagus*-Ostgrenze); nach Sokolowski (1966).
Einige wenig stete Arten wurden weggelassen. Die Moosliste ist in Spalte 9 lückenhaft.

Tab. 14, Fortsetzung

Laufende Nr.:	1	2	3	4	5	6	7	8	9
Krautsch., Fortsetzung:									
± Säureertragende									
Hieracium sylvat.					1	5	1	5	5 5
Solidago virgaurea	1	2			3	1	5	4	5
Athyrium fil.-femina	3	1			5	5	2	5	4
Milium effusum	1	2	1	2	5	5	5	2	4 5
Mycelis muralis	1	1	1	1	1	5	3	3	4
Luzula pilosa	1	2			1	5	5	4	5 4
Scrophularia nodosa				1		2	4	1	5 2
Galeopsis tetrahit			1	1	1	4		2	2
Majanthemum bifol.					2		2		3
Luzula sylvatica					2		2		3
Cephalanth. damason.					3			1	
Luzula luzuloides					1	1	5	5	5
Vaccin. myrtillus							3	1	5
Veronica officinalis							3	4	3
Carex pilulifera							2	2	2
Pteridium aquilinum				1			3		5
Carex brizoides							4		3
Galium rotundifolium							3		2
Moehringia trinervia							4	1	2 1
Dryopt. carthusiana							5		2 4
Carex pilosa							2		2 2

Laufende Nr.:	1	2	3	4	5	6	7	8	9
Moosschicht:									
Ctenidium molluscum	2		2						
Eurhynch. swartzii	1	1					3	1	
Mnium undulatum							1	3	
Fissidens taxifolius	5	1	5	2	1				1
Eurhynch. striatum	1	5			5	1	5	1	5
Brachyth. velutinum	1	1			1	1	1	3	2
Atrichum undulatum	3		1		5	5	5	5	2 1
Polytrich. formosum	1					3	5	5	5 2 1
Thuidium tamariscin.	2	1				5	3	4	
Plagiochila asplen.	1						1	3	2
Hylocom. splendens					1	3		2	
Hypnum cupress.					2		2	5	5
Dicranella heteromal.						4		5	4
Mnium punctatum						2			
Dicranum scoparium							1	3	2
Isopterig. elegans									5
Cephaloz. bicuspidata									5
Mnium hornum									4
Pohlia nutans									4
Calypogeia fissa									4
Diphysc. foliosum								3	1
Lepidozia reptans								3	

Nr. 1 u. 2: **Bärlauch-Buchenwälder** auf braunem Lehm über Kalk, relativ basenreich (zum Bärlauch-Kalkbuchenwald überleitend):
    1 W : Bärlauch-Perlgras-Buchenwald („*Melico-Fagetum hordelymetosum, Mercurialis*-Variante, *Allium ursinum*-Fazies", Tab. I 2 a bei Winterhoff),
    2 S : Bärlauch-Lungenkraut-Buchenwald („*Pulmonario-Fagetum allietosum*", Tab. 5 b von Frehner).

Nr. 3 u. 4: **Reiche Braunmull-Buchenwälder**; wie 1 u. 2, aber weniger frühjahrsfeucht (zum Frischen Kalkbuchenwald überleitend):
    3 W : Bingelkraut-Perlgras-Buchenwald („*Melico-Fagetum typicum, Mercurialis*-Variante, typische Subvariante", Tab. II 3 b bei Winterhoff),
    4 S : Typischer Lungenkraut-Buchenwald („*Pulmonario-Fagetum typicum*", Tab. 5 a bei Frehner).

Nr. 5 u. 6: **Mittlere Braunmull-Buchenwälder** auf tiefgründigem, mäßigsaurem Lehm (häufigste Form des eigentlichen Braunmull-Buchenwaldes):
    5 W : Waldhirsen-Perlgras-Buchenwald („*Melico-Fagetum typicum, Milium*-Variante, *Dicranella*-Subvariante", Tab. II 1 a bei Winterhoff),
    6 S : Typischer Seegras-Buchenwald („*Melico-Fagetum* bzw. *Carici brizoidi-Fagetum asperuletosum*, typische Variante", Tab. 1 a bei Frehner).

Nr. 7 u. 8: **Arme Braunmull-Buchenwälder** auf tiefgründigem, starksaurem Lehm (zum Moder-Buchenwald überleitend):
    7 W : Hainsimsen-Perlgras-Buchenwald (bei Winterhoff abweichend von der heutigen Ansicht als „Hainsimsen-Buchenwald" gefaßt: „*Luzulo-Fagetum typicum*, moosreiche Variante", Tab. VIII, I 1),
    8 S : Hainsimsen-Seegras-Buchenwald („*Melico-Fagetum* bzw. *Carici brizoidi-Fagetum luzuletosum*", Tab. 1 d bei Frehner).

Nr. 9 O: **Mittlerer Braunmull-Buchenwald** nahe der **Rotbuchen-Ostgrenze** auf Jungmoränen-Lehm (nach einer Tabelle mit 21 Aufnahmen von Sokolowski).

Über das gesamte Verbreitungsgebiet der submontanen bis montanen Lehm-Buchenwälder hinweg wird ihr Artengefüge in erster Linie von Bodeneigenschaften bestimmt, insbesondere vom Basenreichtum und der mit diesem verbundenen Stickstoff-Versorgung. Zwischen typischen Kalkbuchenwäldern und typischen Moderbuchenwäldern gibt es demgemäß zahlreiche Abstufungen. Der Typus der Braunmull-Buchenwälder wird am besten durch die Spalten Nr. 5, 6 und 9 veranschaulicht.

Regionale Unterschiede prägen sich ebenfalls deutlich aus, z.B. in der Beteiligung der Nadelhölzer (**N**). Im Nordwesten spielen *Asarum*, *Hordelymus* und *Melica uniflora* eine bedeutende Rolle.

waldes, die auf Rendzinen stocken, relativ geringe Wuchsleistungen zeigen und auch sonst mit den Silikatbuchenwäldern wenig gemein haben, ebenfalls als Perlgras-Buchenwälder zu bezeichnen. In den standörtlich sehr ähnlichen Silikatbuchenwäldern des Alpenvorlandes fehlt *Melica uniflora*, namentlich im Schweizer Mittelland, wo Braunmull-Buchenwälder von ETTER (1943, 1947) unter verschiedenen Namen beschrieben und später von FREHNER (1963) als Seegras-Buchenwälder *(Carici brizoidis-Fagetum)* bezeichnet wurden. Autoren im deutschen Alpenvorland ziehen neuerdings den Namen Waldmeister-Buchenwald *(Galio odorati-Fagetum,* früher *Asperulo-Fagetum)* vor, z.B. OBERDORFER (1970). In diesen drei Bezeichnungen kommt zum Ausdruck, daß es klimabedingte Rassen des Braunmull-Buchenwaldes gibt, zumindest eine nordwestliche (mit viel *Melica*), die von den Ardennen (DETHIOUX 1969) bis nach Dänemark (SISSINGH 1970) auf geeigneten Böden häufig ist und bei Eberswalde in der DDR ausklingt (SCAMONI 1967b), eine südwestliche (mit *Carex brizoides*) und eine „typische" im zentralen bis östlichen Mitteleuropa. *Galium odoratum*, das für letztere im Namen bevorzugt wird, kommt in allen dreien, aber auch in Kalkbuchenwäldern und anderen Gesellschaften vor. Wahrscheinlich kann man noch weitere klimatische Rassen des Braunmull-Buchenwaldes unterscheiden; beispielsweise dürfte auch der Wimperseggen-Buchenwald in diese Gruppe gehören, der ein Verbreitungsschwergewicht im südlichen Mitteleuropa hat, aber bis in die Nordostschweiz und nach Oberhessen (STREITZ 1968) hineinstrahlt. Als montanen Braunmull-Buchenwald beschrieb FREHNER (1963, s. auch ELLENBERG u. KLÖTZLI 1972) im Schweizer Mittelland einen Flatterhirsen-Buchenwald *(Milio-Fagetum),* in dem auffallend viel Fichten vorkommen. Auch dieser Name sagt wenig und kann genauso gut für eine relativ artenarme Ausbildung des entsprechenden Perlgras-Buchenwaldes gebraucht werden (z.B. BURRICHTER 1973). Um Mißverständnisse zu vermeiden, sollte man bei den deutschen Namen zusätzlich ökologische Begriffe verwenden, also beispielsweise vom Perlgras-Braunmull-Buchenwald und vom Perlgras-Kalkbuchenwald sprechen.

Nährstoffversorgung, Wasserhaushalt und Durchlüftung sind in Braunerden mittlerer Sättigung vom Tiefland bis in die montane Stufe bei subatlantischem bis mäßig subkontinentalem Klima so günstig, daß sämtliche Baumarten auf ihnen bei entsprechender Pflege gut gedeihen (s. Abschnitt B I 1). Im natürlichen Kräftespiel bleibt aber die Rotbuche Siegerin, zumal sie sich auf solchen Standorten ausgezeichnet verjüngt. Trotzdem sind die Braunmull-Buchenwälder erst verhältnismäßig spät als echte Fageten und als selbständige Assoziationen erkannt worden.

Ebenso wie die meisten anderen Fageten sind die Braunmull-Buchenwälder strauch- und moosarme Hallenwälder. Tab. 14 gibt Beispiele aus verschiedenen Gegenden Mitteleuropas wieder. Da die Buche kräftiger gedeiht und einen dunkleren Schirm bildet als in Moderbuchenwäldern *(Luzulo-Fagion),* können Eichen seltener hochkommen. Häufig beigemischt sind dagegen Esche, Berg- und Spitzahorn. Im Unterwuchs von Altholzbeständen findet man stets mehrere der folgenden Mullbodenpflanzen:

Anemone nemorosa *Lamiastrum galeobdolon*
Athyrium filix-femina *Luzula pilosa*
Brachypodium sylvaticum *Lysimachia nemorum*
Carex sylvatica *Milium effusum*
Dryopteris filix-mas *Phyteuma spicatum*
Galium odoratum *Polygonatum multiflorum*
Hedera helix *Viola reichenbachiana*

Anspruchsvollere Mullzeiger, die sich erst bei höherem Kalkgehalt ausbreiten können, treten ganz oder fast ganz zurück. Einige von diesen sind geradezu als „negative" Differentialarten für die Abgrenzung ärmerer Braunerde-Mullbuchenwälder gegen Kalkbuchenwälder brauchbar, z.B.:

Allium ursinum *Mercurialis perennis*
Arum maculatum *Pulmonaria officinalis*
Corydalis-Arten *Sanicula europaea*
Dentaria-Arten *Stachys sylvatica*

Diese Arten kommen nur in einer relativ reichen Ausbildungsform des Braunmull-Buchenwaldes vor, die auf Braunerden hoher Sättigung zu finden ist. Sie wurde von SCAMONI (1960) aus dem Jungmoränengebiet der DDR als *Melico-Fagetum pulmonarietosum* beschrieben und von FREH-

NER (1963) in den Assoziationsrang erhoben *(Pulmonario-Fagetum)*, zumal sie im Schweizer Mittelland eine große Rolle spielt.

Tab. 14 bringt außerdem Beispiele von Braunmull-Buchenwäldern auf sehr tiefgründigen und relativ sauren Böden. Diese leiten zu den Moderbuchenwäldern über (B II 4), z. B. der schon erwähnte Flatterhirsen-Buchenwald der Schweiz oder der Hainsimsen-Perlgras-Buchenwald *(Melico-Fagetum luzuletosum)* Nordwestdeutschlands. Sie enthalten in geringer Menge Säurezeiger, beispielsweise:

Luzula luzuloides   M *Polytrichum formosum*
Carex pilulifera

Die bestausgebildeten Perlgras-Buchenwälder findet man im westlichen Mitteleuropa sowie auf der baltischen Jungmoräne von Dänemark bis nach Pommern. Sogar unmittelbar an der Ostgrenze der Rotbuche im ehemaligen Ostpreußen gibt es prächtige Bestände, die den weiter westlich gelegenen Braunmull-Buchenwäldern recht ähnlich sind (siehe die letzte Spalte in Tab. 14). Schon MARKGRAF (1932), HARTMANN (1933) und andere haben den baltischen Perlgras-Buchenwald als von Natur aus rotbuchenbeherrscht erkannt. SCAMONI (1960) würdigte seine Bedeutung für die Ostsee-Randgebiete. Gründliche Untersuchungen liegen auch aus dem nördlichsten Teil seines großen Verbreitungsgebietes vor, aus Dänemark und Südschweden (LINDQUIST 1931, s. auch PASSARGE 1965). Auf die Lebensbedingungen des *Melico-Fagetum* wollen wir erst in einem rückschauenden Vergleich mit anderen Buchenwaldgesellschaften eingehen.

Im Alpenvorland und im östlichen Mitteleuropa kommen Braunmull-Buchenwälder vor, denen große und fast reine Herden der Wimpersegge *(Carex pilosa)* ein parkartiges Aussehen geben. Diese Cyperacee breitet sich mit ihren Rhizomen rasch nach allen Seiten hin aus. Sie gedeiht besonders üppig in Eichen-Hainbuchenwäldern und hat eine deutlich subkontinentale Verbreitungstendenz. Selbst noch im westlichen Zipfel ihres Areals, z. B. im Kreuzlinger und Neuwilener Wald (südlich Konstanz am Bodensee), bildet sie Quadratkilometer große Bestände, in denen nur wenige andere krautige Pflanzen hochkommen (s. Abb. 113).

Im südwestlichen Mitteleuropa geht der typische Braunmull-Buchenwald wie der Kalkbuchenwald mit zunehmender Meereshöhe in eine tannenreiche Gesellschaft über. Sie ähnelt dem Tannen-Kalkbuchenwald und soll hier deshalb nicht näher besprochen werden.

b „Feuchte" Buchenmischwälder

Wie dem typischen Kalkbuchenwalde als stärker feuchtigkeitsbedürftige Untergesellschaft der Bärlauch-Buchenwald entspricht, so ist auch dem Braunerde-Mullbuchenwald eine „feuchtere" Gesellschaft zuzuordnen. Sie wurde unter verschiedenen Namen beschrieben, z. B. als *Melico-Fagetum circaeetosum* oder *athyrietosum* (OBERDORFER 1957), als *Fraxino-Fagetum* (PASSARGE 1959a), aber auch als *Querco-Carpinetum elymetosum* oder *asperuletosum* (TÜXEN 1937, ELLENBERG 1939). In diesen Namen prägen sich nicht nur Standortsunterschiede, sondern auch Auffassungsgegensätze aus: Manche Autoren sehen die mäßig feuchten Untergesellschaften noch als echte Buchenwälder an, andere halten sie für buchenreiche Eichen-Hainbuchenwälder. In Nordwestdeutschland hat sich die deutsche Bezeichnung „Feuchter Buchenmischwald" durchgesetzt, in der die starke Beteiligung der Buche deutlich zum Ausdruck kommt. Diese Waldgesellschaft steht im Wasserhaushalt zwischen den typischen Braunerde-Buchenwäldern, die auf Böden ohne nennenswerte Vergleyung stocken, und den später zu besprechenden feuchten Eichen-Hainbuchenwäldern, deren zeitweilig sehr nasse Gleyböden der Buche nicht mehr zusagen (s. Abb. 38 u. 72). Im Hinblick auf den Boden sollte man daher den „feuchten" besser als „mäßig feuchten" (oder „frischen") Buchenmischwald bezeichnen.

Das Bodenprofil der frischen Buchenmischwälder weist dementsprechend in der oberen, von der Buche dicht durchwurzelten, 30–50 cm mächtigen Schicht noch reinen Braunerdecharakter auf, zeichnet sich aber in den tieferen Schichten durch mehr oder minder deutliche Rostflecken und hellere Reduktionszonen, d. h. durch gleyartige Veränderungen aus (Abb. 110). Je nach dem Grad des Wasserübermaßes im Unterboden kann man den Bodentyp als schwach bis stark gleyartige Braunerde, als Braunerde-Stagnogley oder als Braunerde-Grundwassergley ansprechen.

Die größere Feuchtigkeit des Standortes gibt einigen gegen Trockenheit empfindlichen Arten so gute Lebensmöglichkeiten, wie sie sie sonst in Buchenwäldern mit Ausnahme des Bärlauch-Buchenwaldes und einiger montaner bis subalpiner Gesellschaften kaum finden. Als Feuchtigkeitsanzeiger sind hervorzuheben (s. Abb. 72):

Circaea lutetiana   *Impatiens noli-tangere*
Stachys sylvatica   *Stellaria nemorum*
Urtica dioica   *Veronica montana*
Festuca gigantea   *Carex remota*

Auch *Lysimachia nemorum, Ajuga reptans* und *Geranium robertianum* sind zahlreicher und üppiger vertreten als in den nicht so bodenfeuchten Buchenwaldtypen. Diese Arten dürfen nicht nur als Zeiger für eine gewisse Bodenfeuchtigkeit, sondern großenteils auch als Nitratzeiger gelten. Sie deuten also zugleich auf bessere Nährstoffversorgung hin, und es dürfte kein Zufall sein, daß sie auch im Bärlauch-Buchenwald in ähnlicher Weise hervortreten. Die meisten von diesen Arten sind zartblättrig und werden wohl auch durch die erhöhte Luftfeuchtigkeit begünstigt, die in bodenfeuchten Wäldern herrscht (s. Abb. 75).

Einer der wenigen Therophyten unserer Wälder, das Springkraut *(Impatiens noli-tangere)*, bringt im frischen Buchenmischwalde zum Ausdruck, wie die Feuchtigkeitsverhältnisse von Jahr zu Jahr wechseln. Ist das Frühjahr regnerisch und der Sommer wolkenreich, so keimt und entwickelt es sich in riesiger Menge und greift auch auf

Abb. 72. Das zartblättrige Rührmichnichtan *(Impatiens noli-tangere)* und der ebenfalls leicht welkende Waldziest *(Stachys sylvatica)* im „feuchten" Buchenmischwald (= Springkraut-Buchenmischwald, s. Abb. 75).

benachbarte, sonst trockenere Standorte über. SCHMUCKER und DRUDE (1934) zählten bei Göttingen am 7.5.33 nicht weniger als 995 Keimlinge auf 1 m². Am 14.8. standen auf gleicher Fläche immer noch 135 erwachsene Pflanzen, die einander dicht bedrängten. Zu große Feuchtigkeit schadet aber dem Springkraut, weil es von Mehltau (*Sphaerotheca humili* var. *fuliginosa*) befallen wird und keine Samen ansetzt. Auf trockenen Böden kommt es ebenfalls nicht oder kaum zur Fruchtreife. Beginnt es doch schon auf genügend wasserhaltigem Boden zu welken, wenn es länger als einige Minuten von der Sonne getroffen wird. Es verhält sich in dieser Hinsicht ähnlich wie die hygromorph gebauten Farne (s. Abschnitt c). In der Baumschicht kommt die größere Feuchtigkeit des Standortes dadurch zum Ausdruck, daß die Esche reichlich beigemengt ist und in der Verjüngungsphase eine große Rolle spielt. Deshalb sprechen PASSARGE (1959) und SCAMONI (1960) vom *Fraxino-Fagetum (balticum)*.

Solche frischen Buchenmischwälder sind im baltischen Jungmoränengebiet und überhaupt auf den Geschiebelehmen Norddeutschlands sehr verbreitet. Im altdiluvialen nordwestdeutschen, holländischen und belgischen Flachland gelten sie als die relativ besten Buchenstandorte. Alle trockeneren Böden sind hier stärker ausgewaschen worden, also basen- und nährstoffärmer, während die nasseren nicht mehr für die Rotbuche in Frage kommen. Im frischen Buchenmischwald des Stadtwalds von Brüssel wird *Fagus* mehr als 45 m hoch, gedeiht hier also auch absolut besser als in allen „eigentlichen" Buchenwald-Gesellschaften.

In der submontanen und montanen Stufe der Mittelgebirge gibt es Buchenwälder auf mäßigfeuchten Braunerden seltener, weil die entsprechenden Standorte fehlen oder nur kleine Flächen einnehmen. In dem von JAHN (1952) kartierten Hilsbergland bedecken sie aber ausgedehnte Mergelgebiete.

Abb. 73. Seegras-Buchenwald auf etwas staunasser Braunerde im Moränenlehm des Schweizer Mittellandes. Die kleinen hellen Flecken sind die Blütenstände von *Carex brizoides*, die großen junge Bergahorne. Im Hintergrund angepflanzte Fichtengruppe.

Auf einigen ziemlich staunassen und basenarmen lehmigen Hochflächen des Alpenvorlandes und der südlichen Mittelgebirge kommt eine verwandte Buchenwaldgesellschaft vor, der das Seegras *(Carex brizoides)* ihr besonderes Gepräge gibt (Abb. 73). Vor allem in seichten Mulden kann diese Segge unter Buchen oder Nadelhölzern auffallend große und gedrängte, gekämmtem Lockenhaar vergleichbare Reinbestände bilden. Wie HAUFF (1937) auf der Schwäbischen Alb feststellte, sind diese oft durch Mitwirken des Menschen zustande gekommen, und zwar dadurch, daß *Carex brizoides* bis um die Mitte des 20. Jahrhunderts von Zeit zu Zeit gemäht wurde, um es als Ersatz für echtes Seegras *(Zostera marina)* zu Matratzenfüllungen zu verarbeiten. Ähnlich den in Abschnitt a erwähnten *Carex pilosa*-reichen Buchenwäldern haben die Seegras-Buchenwälder eine mehr südliche Verbreitung und fehlen im Nordwesten Mitteleuropas, besonders im Küstengebiet. Diese Tendenz ist bei den Wimperseggen-Buchenwäldern stärker ausgeprägt als bei den Seegras-Buchenwäldern.

c *Farnreiche Buchen- und Buchenmischwälder*

In Braunmull-Buchenwäldern und standörtlich verwandten Gesellschaften trifft man an steilen Schatthängen mit luftfeuchtem Klima zuweilen auf erstaunlich üppige und dichte Herden von Farnen. Großwedelige Horste des Schild-, Wurm- und Frauenfarns *(Dryopteris dilatata, D. filix-mas, Athyrium filix-femina,* Abb. 74), aber auch seltenere Farnarten wie *Polystichum aculeatum* und *Thelypteris limbosperma*, können darin vorherrschen. An anderen Stellen breiten sich niedrigere und zartere Verwandte aus, z.B. der herdenbildende geophytische Eichenfarn, dessen wissenschaftlicher Name in letzter Zeit verwirrend oft wechselte *(Gymnocarpium dryopteris = Dryopteris linnaeana = Aspidium dryopteris).* Wie kommen derartige Farnherden am Boden von

Abb. 74. Krautschicht eines Farn-Buchenmischwaldes im Schweizer Mittelland: *Athyrium filix-femina* (rechts von der Mitte), *Dryopteris dilatata* (links und rechts), *Gymnocarpium dryopteris* (links und Mitte) mit *Prenanthes purpurea* (links) und als Säurezeiger *Maianthemum bifolium* (Mitte). Die Farne fliehen nicht das Licht, sondern länger anhaltende Lufttrockenheit.

Hochwäldern zustande, und warum fehlen sie an anderen, auf den ersten Blick ähnlich erscheinenden Hangstandorten? Offenbar müssen mehrere Faktoren zusammenwirken.

Unerläßliche Voraussetzung scheint eine gewisse Basenarmut und die damit verbundene Neigung zur Ansammlung von moderigem Auflagehumus zu sein, der die Entwicklung der Farnprothallien begünstigt. Jedenfalls bilden sich Farnherden auf tätigen Mullböden, auf denen die Vorkeime öfters austrocknen oder von Tieren gefressen werden können, viel seltener als auf saurem, aber lockerem Moder. Unter keiner der zahlreichen bisher untersuchten farnreichen Waldgesellschaften beträgt die Reaktion des Oberbodens mehr als pH 5,5–6 (s. Tab. 15). Im Gegenteil nähert sich der Säuregrad oft dem der Podsole, obwohl die Bodenprofile durchweg Merkmale von Braunerden geringer Sättigung oder von Rankern (Humus-Silikatböden) zeigen. ELLENBERG (1939) stellte fest, daß der pH-Wert des Oberbodens unter einem Farn-Buchenmischwalde im südlichen Niedersachsen monatelang niedriger als pH 4 blieb (vgl. Tab. 15). Im Jahreslauf hielt er sich aber stets höher als derjenige von Rohhumusböden (vgl. Abb. 114).

Tab. 15. Bodensäuregrade unter Farn-Buchenwäldern im nördlichen Mitteleuropa. Nach verschiedenen Quellen. Halbfette Ziffern bedeuten Mittelwerte

		1 Südschweden	2 Teutoburger Wald	3 Leine-Weserbergland	4 Beispiel in 3, Jahresschwankung
Laubstreu	O_L		4,8–**5,3**–5,9	4,7–**5,2**–6,0	
Oberboden	A_h	4,5–**4,8**–5,2	3,6–**4,4**–5,5	4,1–**4,4**–5,6	3,8–**4,2**–4,6
	A_b		3,9–**4,4**–5,8	4,0–**4,5**–5,7	3,6–**4,0**–4,4
Unterboden	B_v	4,5–**4,8**–5,2	4,3–**4,7**–6,3	4,4–**4,9**–6,5	3,7–**4,0**–4,3
	B/C_v		4,7–**4,9**–6,8	4,7–**5,1**–6,9	3,8–**4,1**–4,4
Fremdgestein	D		5,3–**5,8**–7,7	5,8–**6,3**–7,5	

1 Je 7–8 Messungen in wäßriger Lösung. Nach Lindquist (1931).
2 u. 3 Je 20–30 Messungen in wäßriger Lösung. Nach Diemont (1938).
4 Minimal-, Mittel- und Maximalwerte während des Jahres 1937 für eine Probefläche am Nordabhang des Süntel. Nach Ellenberg (1939). Diese Werte wurden in homogener wäßriger Suspension gemessen und erscheinen daher niedriger, entsprechen aber eher den Verhältnissen im Boden (s. Ellenberg 1958).
Bei 2–4 handelt es sich um tiefgründigen entkalkten Löß in Schatthanglage, meist über Kalkgestein.

Eine modrige, mehr oder minder saure Humusdecke darf also wohl als notwendige Bedingung für das Entstehen von Farnherden gelten. Sie ist aber keine hinreichende. Denn es gibt ja viele Waldbestände mit Moderböden, auf denen keine oder nur wenige Farne gedeihen. Wichtiger noch ist ein für die hygromorphen oder hygro- bis mesomorphen Farne günstiges Bestandesklima. Sie bevorzugen absonnige NE-, N- und NW-Hänge. Doch „lieben" sie, wie LUNDEGÅRDH (1954) betonte, keineswegs den Schatten. Vielmehr entwickeln sie sich nur in relativ lichten Althölzern, wo sie etwa 5 bis 25% der Freilandhelligkeit genießen. Stets meiden sie jedoch direkte Besonnung, weil diese die Luftfeuchtigkeit verringert und die Wasserabgabe der mehr oder minder zarten und nicht genügend gegen kutikuläre Transpiration geschützten Blattspreiten leicht über das erträgliche Maß erhöhen kann. Schon größere Sonnenflecken bringen

Gymnocarpium dryopteris, aber auch *Athyrium* und andere Farne rasch zum Welken. Je häufiger solche „Trockenheitswellen" über den Bodenbewuchs hinwandern und je mehr sie die relative Luftfeuchtigkeit erniedrigen, desto geringer wird die Konkurrenzkraft der zarten Farne gegenüber Kräutern oder Gräsern mit derberen Blättern. Wie ausgeglichen der Wasserhaushalt der Farne in einem Farn-Buchenmischwalde ist, geht aus den Messungen von ELLENBERG (1939) hervor. Er fand, daß der Boden zwar zu keiner Jahreszeit übermäßig naß wurde, aber immer so feucht blieb, daß seine Saugspannung 2 atm. niemals überschritt (Abb. 123).

Das Kleinklima im Farn-Buchenwald und in einigen diesem nahestehenden Buchenwald-Gesellschaften wurde von HARTMANN, VAN EIMERN und JAHN (1959) sehr gründlich in der montanen Stufe des Harzes untersucht. Üppige Farnherden gedeihen nur dort, wo der Boden selten oder gar nicht von direkter Sonnenstrahlung getroffen werden kann. Typische Tagesgänge der Lufttemperatur, des Dampfdrucks und der relativen Feuchtigkeit gibt Abb. 75 wieder, und zwar für drei Meßpunkte. Im Perlgras-Buchenwald am Südosthang steigt die Lufttemperatur höher und sinken Dampfdruck und relative Feuchte tiefer als in einem schattig engen Tal und im Farn-Buchenwald am Nordhang. Dementsprechend ist auch die (in Höhe der Krautschicht gemessene) Evaporation hier geringer.

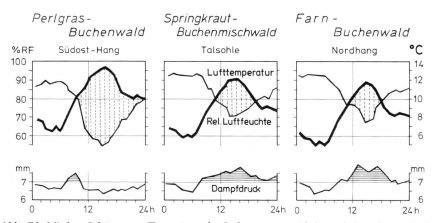

Abb. 75. Mittlere Schönwetter-Tagesgänge der Lufttemperatur (dick) und der relativen Luftfeuchtigkeit (dünn) sowie des Wasserdampf-Partialdrucks der Luft in 40 cm Höhe über dem Boden von drei Buchenwald-Gesellschaften bei Wieda im Südharz (14.–16.9.1953). Nach Angaben von HARTMANN, van EIMERN und JAHN (1959).
Im Farn-Buchenwald an einem Schatthang bleibt die Luft am kühlsten und feuchtesten. Der bodenfeuchte Springkraut-Buchenmischwald auf der Talsohle ähnelt ihm im Mikroklima. Der absolute Wassergehalt der Luft ist hier sogar größer. In der zonalen Waldgesellschaft, dem Perlgras-Buchenwald an einem schwach geneigten Südosthang, leiden hygromorph gebaute Kräuter dagegen zeitweilig unter Lufttrockenheit.

Als Sommerpflanzen, deren Spreiten sich im Frühjahr erst entrollen, wenn die Buchen schon fast vollständig belaubt sind, ist es den Farnen anscheinend ziemlich gleichgültig, ob Laub- oder Nadelhölzer den Baumbestand bilden, und ob Buche und Tanne wesentlich daran beteiligt sind oder nicht. Die Baumschicht muß nur einerseits soviel Licht auf den Boden gelangen lassen, daß die Farne gut gedeihen können, andererseits aber doch so wenig, daß raschwüchsige Lichtkräuter oder Sträucher und Jungbäume in ihrer Entwicklung gehemmt werden.

Farn-Buchenwälder und Farn-Buchenmischwälder kommen hier und dort in allen Gegenden und Höhenstufen vor, in denen Buchenwälder verbreitet sind, besonders aber im relativ ozeanischen Nordwesten Mitteleuropas. In der subalpinen Stufe trifft man auf farnreiche Buchenmischwälder, die als Untereinheiten des Ahorn-Buchenwaldes aufzufassen sind. Neben den von tieferen Lagen her bekannten Farnen gedeihen im subalpinen Farn-Ahorn-Buchenwald vor allem *Athyrium distentifolium* und *Thelypteris limbosperma*.

d Waldschwingelreiche Buchenwälder

Was den Humuszustand und den Basenreichtum des Bodens anbetrifft, gibt es zwischen den Braunmull-Buchenwäldern und den anschließend zu besprechenden säureliebenden Moder-Buchenwäldern alle Übergänge. Einige der intermediären Typen fallen dadurch auf, daß in ihnen der Waldschwingel vorherrscht. Um Verwechslungen mit Kalkbuchenwäldern und Tannen-Kalkbuchenwäldern zu vermeiden, in denen ebenfalls *Festuca altissima* hervortritt, könnte man die bodensauren Typen als Waldschwingel-Silikatbuchenwälder oder Waldschwingel-Braunerdebuchenwälder bezeichnen. Sie sind sowohl in den mitteleuropäischen Gebirgen, z. B. im Harz und im Fichtelgebirge, als auch im baltischen Jungmoränengebiet zu finden, scheinen aber in jedem Falle ozeanisch getöntes Klima zu bevorzugen (s. auch Abb. 99). SAMEK und JAVÚREK (1964) beschrieben einen artenreichen Waldschwingel-Buchenwald als *Festuco-Fagetum* aus der Montanstufe tschechoslowakischer Gebirge, deren Klima noch deutlich ozeanische Züge aufweist.

Da Waldschwingel-Buchenwälder meist nur kleine Flächen einnehmen, wollen wir hier nicht näher auf sie eingehen. Auf den Moränenhügeln des östlichen Schleswig-Holstein sowie im Elm, im Harz und in anderen Mittelgebirgen gewinnt man den Eindruck, daß sich *Festuca altissima* (Abb. 99) besonders dort wohlfühlt, wo der Wind das von exponierten West- und Südhängen fortgewirbelte Buchenfallaub ablagert. Die dadurch entstandenen mächtigen Moderpakete durchspinnt der Waldschwingel mit seinem feinen Wurzelwerk, ohne tiefer in den Mineralboden einzudringen. Seine kräftigen Horste mit ihren kniehohen Blättern und hüfthohen Blütenhalmen lassen sich daher überraschend leicht vom Boden abheben. Er wächst gewissermaßen in einem natürlichen Blattkompost und gedeiht darauf so üppig, daß er in mäßig gelichteten Althölzern mehrere Ar große Flächen wie in einer gärtnerischen Reinkultur Horst an Horst besetzt hält und der Buchen-Naturverjüngung ernstliche Schwierigkeiten bereitet. Die biologische Aktivität und die CO_2-Abgabe des Bodens ist nach LÖTSCHERT (1963) in der Waldschwingel-Fazies besonders groß. In der Rhizosphäre von *Festuca altissima* leben Bakterien, die den Stickstoff der Luft binden, also den Nährstoffumsatz bereichern (REMACLE 1975).

Auf Braunerden der montanen Stufe im Verbreitungsgebiet von *Abies alba* gibt es Waldschwingel-Tannen-Braunerdebuchenwälder, die den eben besprochenen nahestehen. Sie müssen von den Waldschwingel-Tannen-Kalkbuchenwäldern (s. Abschnitt B II 2f) unterschieden werden, mit denen sie außer der hier und dort auftretenden *Festuca altissima* und der Beteiligung der Tanne an der Baumschicht kaum etwas verbindet (s. Abb. 67).

Trotz der erstaunlich großen Aktivität im Oberboden stehen die Waldschwingel-Braunerdebuchenwälder in chemischer und in floristischer Hinsicht den Hainsimsen-Buchenwäldern nahe, die wir im nächsten Abschnitt behandeln wollen. Das geht z. B. aus den Analysen NOIRFALISES (1956) hervor; er unterschied mehrere Varianten, die in Tab. 16 in gleitender Reihe wiedergegeben sind, und bestimmte in deren Oberboden den pH-Wert und das C/N-Verhältnis. Die reiche Variante des Waldschwingel-Buchenwaldes stockt in den Ardennen auf Böden, deren pH-Wert über 4 liegt und deren

Tab. 16. **Bodenreaktion und C/N-Verhältnis unter Waldschwingel-, Hainsimsen- und Heidelbeer-Buchenwäldern** in den Ardennen. Nach Angaben von Noirfalise (1956)

Gesellschaften	**Braunmull**-Buchenwälder		**Moder**-Buchenwälder		
	Waldschwingel-Buchenwald		Hainsimsen-Buchenwald		Heidelbeer-Buchenwald
	Milium-Variante (relativ reich)	typische Variante	*Oxalis*-Variante (relativ reich)	typische Variante	
pH (H$_2$O)[1])					
Moder-Auflage (O$_F$)	fehlt	fehlt	schwach	3,4–**3,6**–4,0	3,4–**3,7**–4,0
Oberboden (A$_h$), oben	4,1–**4,2**–4,5	3,7–**3,9**–4,2	3,5–**4,0**–4,3	3,6–**3,7**–4,0	3,5–**3,9**–4,2
ca. 15 cm	4,2–**4,4**–4,5	3,9–**4,4**–4,7	3,9–**4,4**–4,2	4,3–**4,4**–4,8	4,0–**4,5**–5,1
C/N					
Moder-Auflage (O$_F$)	fehlt	fehlt	schwach	14,5–**20,4**	17,1–**22,4**
Oberboden (A$_h$), oben	11,0–**11,4**	14,4–**18,7**	10,4–**15,7**	13,9–**19,0**	15,0–**23,2**
ca. 15 cm	10,9–**12,1**	12,4–**17,8**	12,8–**12,9**	14,8–**16,6**	15,7–**18,4**

[1]) Halbfette Ziffern bedeuten Mittelwerte.

C/N-Verhältnis noch demjenigen der Mullböden entspricht. Die typische Variante zeigt mit etwas niedrigeren pH-Werten im Oberboden und einem weiteren C/N-Verhältnis weniger günstige Ernährungsbedingungen an. Diese Meßergebnisse überschneiden sich mit denen für die „bessere" Variante des Hainsimsen-Buchenwaldes, dessen typische Variante bereits einen sehr sauren Auflagehumus mit ungünstigem C/N-Verhältnis besiedelt. Heidelbeer- und drahtschmielenreiche Buchenwälder sind hinsichtlich des Stickstoffaktors noch schlechter gestellt, während sie sich in den pH-Werten ihrer Böden kaum von den anderen bodensauren Buchenwäldern unterscheiden.

4 Buchen- und Eichen-Buchenwälder auf starksauren Böden

a Moderbuchenwälder im Vergleich zu anderen Buchenwaldgesellschaften

Gesellschaften des Unterverbandes *Luzulo-Fagion*, d. h. artenarme acidophile Rotbuchenwälder, gedeihen auf basenarmen Silikatgesteinen, z. B. auf Graniten und Gneisen, Sandsteinen oder Tonschiefern, sowie auf lehmigen und sandigen Ablagerungen des Diluviums, vorausgesetzt, daß diese ein gewisses Mindestmaß an Schluff oder Ton (d. h. an nährstoff-adsorbierenden Feinbestandteilen) enthalten, und daß das Klima der Buche günstig ist (Abb. 76). In dem heute noch buchenreichsten Kreise Deutschlands, Uslar im Weserbergland, dessen Gesamtfläche nach HESMER noch 1936 zu 28,2 % mit Buchen bestockt war, aber auch im Harz, im Thüringer Walde und in ähnlichen Berglandschaften, herrschen solche bodensauren Buchenwaldtypen bei weitem vor. OBERDORFER (1957) bezeichnet den von einzelnen Eichen durchsetzten bodensauren Rotbuchenwald mit Recht als „die wichtigste klimabedingte und oft landschaftsbeherrschende Waldform der mitteleuropäischen Tieflagen". Sie wurde deshalb in den Mittelpunkt des bisher umfassendsten Projekts zur Erforschung von Land-Ökosystemen gestellt, des „Sollingprojekts" der Deutschen Forschungsgemeinschaft (ELLENBERG 1971, s. auch Abschnitt d).

Die meisten Flächen, auf denen solche Wälder das natürliche Endstadium der Vegetationsentwicklung bilden würden, sind jedoch längst in landwirtschaftliche Kultur genommen oder während der letzten 150 Jahre mit Fichten und anderen Nadelhölzern aufgeforstet worden. Vor allem in den mehr östlich gelegenen Mittelgebirgen, z. B. im Erz- und Fichtelgebirge und in den Sudeten, griff diese „Verfichtung" immer mehr um sich, weil die Buche, einstmals der wichtigste Brennholzlieferant für Hausbedarf und Industrie, an Wert verlor, und weil die zur Zelluloseherstellung begehrten Nadelhölzer bei forstlicher Pflege rascher Erträge lieferten als die bodenständige Buche.

Abb. 76. Hainsimsen-Eichen-Buchenwald im Olsberger Wald südöstlich Basel mit *Luzula luzuloides* (Mitte) und *Oxalis acetosella* (vorn).

Von dieser Umstellung auf Nadelhölzer blieben unsere Kalkgebirge, namentlich die Jurahöhen von Franken bis in die Schweiz hinein, großenteils verschont; denn die flachwurzelnde Fichte gedeiht hier zumindest an den Hängen schlecht. Der Oberboden über dem durchlässigen Kalkgestein wird für sie zeitweilig zu trocken, während sich die Rotbuche mit ihrem tiefer hinabdringenden Wurzelwerk aus den Gesteinsspalten mit Wasser versorgt. Hinzu kommt, daß die früher übliche extensive Waldnutzung, insbesondere das Streurechen, den kalkreichen Böden sowie den Mull-Braunerden weniger schadete als den mit einer Moderschicht bedeckten Silikatböden. Für die Aufforstung und intensivere Bewirtschaftung ausgehungerter oder oberflächlich versauerter Böden eignen sich Fichte und Kiefer besser als die Buche. Auf solchen Standorten wurden sie deshalb bereits vor 150 Jahren begünstigt, als man Buchenholz noch in großen Mengen brauchte (BACKMUND 1941).

Die Entwicklung der Forstwirtschaft gab also der oft geäußerten Meinung, die Rotbuche sei ein „Kalkbaum", scheinbar immer mehr recht. Begünstigt wurde diese Ansicht aber vor allem durch einige in den dreißiger Jahren erschienene Arbeiten von Pflanzensoziologen, die bei der Fassung ihrer Vegetationseinheiten in erster Linie nach Charakterarten fragten. In den artenreichen Kalkbuchenwäldern lassen sich zahlreiche Arten finden, die hier ihren Verbreitungsschwerpunkt haben und als Kennarten des *Fagion*-Verbandes gelten dürfen. In den viel artenärmeren bodensauren Buchenwäldern aber sucht man solche Kennarten vergeblich. Alle „Säurezeiger", die sich unter herrschender Rotbuche zu halten vermögen, kommen vielmehr auch in Eichenmischwäldern, Föhrenbeständen und anderen acidoklinen Pflanzengesellschaften vor, ja sind dort großenteils besser entwickelt, weil sie mehr Licht genießen. Dieser Mangel an Charakterarten veranlaßte viele Autoren bis etwa 1945, die bodensauren Buchenbestände zumindest in den tieferen Lagen als Kunstprodukte anzusehen, also anzunehmen, daß die Buche in natürlichen Birken-Eichenwäldern oder Eichen-Hainbuchenwäldern erst durch den Forstmann zur Dominanz gebracht worden sei. Nur Buchenwälder, die noch einige der in Abschnitt E III genannten *Fagion*- oder *Fagetalia*-Arten enthielten, galten als „echte" Fageten. Demgegenüber betonte schon HESMER (1932, 1936) mit guten historischen, vegetationsgeschichtlichen und ökologischen Gründen, daß es auch auf stark sauren Böden natürliche Rotbuchengesellschaften gebe. Heute zweifelt niemand mehr an dieser Auffassung; auch die pflanzensoziologische Nomenklatur hat ihr in den letzten Jahren immer mehr Rechnung getragen.

Was die bodensauren Buchenwälder mit Kalkbuchenwäldern und anderen Fageten gemeinsam haben, ist ihre durch das Vorherrschen von *Fagus* bedingte Physiognomie und Lichtökologie (s. Abb. 55, 61, 71 u. 77). Sie bilden straucharme Hallenwälder, in denen nur an gelichteten Stellen Buchenjungwuchs hochkommt. Auch eine Moosschicht fehlt in der Regel oder tritt nur an kleinräumigen Standorten hervor, z. B. an west- bis südgerichteten Hängen oder Waldrändern. Abgesehen von solchen ungünstigen „ausgehagerten" Stellen sind die Wuchsformen und Leistungen der Buche nicht geringer als in vergleichbaren Einheiten der Kalkbuchenwälder. Für das Gedeihen von *Fagus* scheint also der Wasserhaushalt des Bodens, der unter gleichem Klima in erster Linie von seiner Tiefgründigkeit und seiner Textur abhängt, wichtiger zu sein als seine chemischen Eigenschaften.

Abb. 77. Drahtschmielen-Buchenwald auf Grundmoräne mit Decksand bei Schwerin (Mecklenburg). Vorn links *Milium effusum*. *Avenella flexuosa* herrscht vor, bleibt aber meist steril. Auf dem rohhumusähnlichen Moder findet man wenig Buchenverjüngung und keine Sträucher!

Schon ein flüchtiger Blick auf die Bodenflora genügt aber, um zu erkennen, daß diese Eigenschaften für den Unterwuchs eine umso größere Rolle spielen. Denn kaum eine der in den Kalkbuchenwäldern vorkommenden Arten gedeiht auch in den bodensauren. Nur in den „besseren" Varianten trifft man hier und dort einmal etwas anspruchsvollere Arten, z. B.:

Anemone nemorosa   *Milium effusum*
Galium odoratum   *Luzula pilosa*
Moehringia trinervia   M *Atrichum undulatum*

Etwas weiter greifen schon einige gegen den Bodensäuregrad nahezu indifferente Arten über, namentlich:

Oxalis acetosella   *Dryopteris carthusiana*
Solidago virgaurea   *Hieracium sylvaticum*

Die Vorherrschaft haben jedoch überall ausgesprochene Säurezeiger, die freilich – ebenso wie die Rotbuche selbst – nicht unbedingt als säureliebend gelten dürfen. Fast keinem alten Rotbuchenbestand auf stark saurem Boden fehlen Arten wie:

Avenella flexuosa   *Pteridium aquilinum*
Vaccinium myrtillus   M *Dicranella heteromalla*
Carex pilulifera   M *Polytrichum formosum*
Veronica officinalis

wenn auch die Gefäßpflanzen aus Lichtmangel oft nur kümmerlich gedeihen und selten zum Fruchten kommen. Im mittleren und südlichen Mitteleuropa treten fast regelmäßig einige säureertragende Arten hinzu, die zwar wie die vorige Gruppe auch in montane Nadelwälder übergreifen, aber in collinen Lagen und besonders im nördlichen Tiefland selten sind, insbesondere:

Luzula luzuloides (= *nemorosa*, = *albida*)
Calamagrostis arundinacea

Die Bäume und viele krautige Pflanzen der Sauerhumus-Buchenwälder leben in Symbiose mit Mykorrhizapilzen. Es ist also wohl kein Zufall, daß die „anspruchsvollen" Arten, die von Mullböden auf die Moder- und Rohhumusböden übergreifen, zu den Flachwurzlern gehören oder ihr Wurzelwerk umso flacher streichen lassen, je schlechter die Humusform des Bodens und je niedriger sein pH-Wert ist (Abb. 78). Eine zusätzliche Versauerung, z. B. durch das an Buchenstämmen herablaufende, infolge

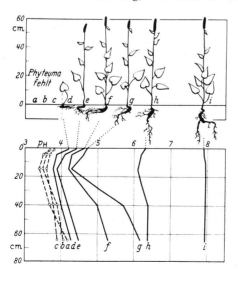

Abb. 78. Abhängigkeit der Wurzellage von *Phyteuma spicatum* vom Oberbodenzustand, der im pH-Jahresmittelwert zum Ausdruck kommt. Nach ELLENBERG (1958).

a–c *Betulo-Quercetum molinietosum*, d–i verschiedene Untergesellschaften des *Stellario-Carpinetum*, meist buchenreich. Die unterschiedliche Lage der Rübe kommt dadurch zustande, daß sich die Hauptwurzeln schon vor ihrer Verdickung mehr oder minder eng an die nährstoffreicheren Bodenhorizonte halten. Bei stark sauren Böden sind dies nur die obersten Zentimeter des Profils, denen durch Streuzersetzung Basen zugeführt werden.

Luftverschmutzung zunehmend saure Niederschlagswasser, schaltet diese anspruchsvolleren Arten rasch ganz aus (s. Abb. 79). Säurezeiger mit weiter pH-Amplitude, wie die Hainsimse (*Luzula luzuloides,* Abb. 76 u. 51), werden dann sogar im Braunmull-Buchenwald stellenweise konkurrenzfähig.

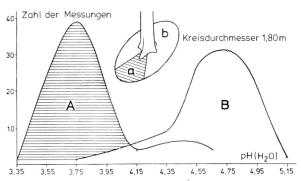

Abb. 79. Versauerung des Oberbodens durch Stammabfluß-Wasser in einem mäßig sauren Braunmull-Buchenwald *(Melico-Fagetum luzuletosum)*. Nach GLAVAČ, KRAUSE und STRAUB (1971), verändert. Nach ZÜST (1977 mdl.) kann der pH-Wert des an Buchenstämmen ablaufenden Wassers auf unter 2 sinken (vgl. Abb. 33).

Die günstigere Beschaffenheit der obersten Bodenschichten, die ja durch die alljährlich anfallende Laubstreu „gedüngt" werden, geht schon aus den p_H-Profilen der Böden hervor, von denen Abb. 78 und Tab. 16 einige Beispiele enthalten. Fast stets ist der Mineralboden unter dem Auflagehumus und der Humusstoffschicht, also in 10–20 cm Tiefe, am sauersten, während die pH-Werte sowohl nach oben als nach unten hin ansteigen. Doch zeigt der Unterboden in der Regel ebenfalls saure bis stark saure Reaktion. Obwohl die Bäume mit ihrer Streu im bodensauren Buchenwalde günstig auf die Beschaffenheit des Oberbodens einwirken, genügt der Basengehalt des Buchenlaubes hier in der Regel nicht, um seine restlose Zersetzung im Lauf eines Jahres zu bewirken. Infolgedessen reichert sich ein Auflagehumus an, der nur von Arthropoden zerkleinert, nicht aber von Regenwürmern mit mineralischen Bestandteilen tieferer Schichten vermischt und zu Mull verarbeitet wird. Da sich nach ZUCK (1952) und anderen die großen, für die Bildung von Ton-Humuskomplexen so wichtigen Regenwurmarten auf sandigen Böden nur schlecht entwickeln, kommt es hier besonders leicht zur Bildung von Auflagehumus, vor allem von Moderdecken.

An und für sich sind diese für den Baumwuchs noch kein Nachteil. Denn alle Bäume, auch die Buchen, werden durch Wurzelpilze in die Lage versetzt, den Sauerhumus zu nutzen. Ja, sie konzentrieren hier einen großen Teil ihres feinen Wurzelwerks und werden dadurch zu scharfen Konkurrenten für die ebenfalls flachwurzelnde Krautschicht und für ihren eigenen Nachwuchs. Eine so flach wurzelnde Baumschicht wird aber empfindlicher gegen zeitweilige Austrocknung des Oberbodens, so daß ihre Leistung auf lokalklimatisch trockenen Standorten unter sonst vergleichbaren Bedingungen rascher nachläßt als auf basenreichen, tiefgründig humosen Böden. Da auch der Nährstoffumsatz, insbesondere die Stickstoff-Mineralisation, auf die Moderdecke und die oberste, stark humose Mineralbodenschicht konzentriert ist (s. Abb. 80), verarmte der Boden durch die früher übliche Streugewinnung rascher als in Mullbuchenwäldern (s. auch Abb. 20).

Wo der Stoffkreislauf des bodensauren Buchenwaldes geschlossen bleibt, also nicht durch Streuentnahme oder starke Beweidung beraubt wird, genügen die geringen Basenvorräte von Sandsteinen und sauren Schiefern, um die Bildung von echtem Rohhumus (Mör) zu verhindern. Es bleibt bei einer moderigen Humusform, kommt also nicht zur Podsolierung, die ja nur durch Rohhumus ausgelöst wird. Naturnahe bodensaure Buchenwälder stocken deshalb in der Regel auf zwar basenarmen, aber nicht oder nur schwach podsolig veränderten Braunerden oder Parabraunerden. Unter vielen Beständen findet man die humussaure Auswaschung des Oberbodens jedoch weiter fortgeschritten, weil sie früher beweidet wurden und teilweise verheidet waren. Nur mit Hilfe des Menschen konnten sich Drahtschmiele, Heidelbeere oder gar Heidekraut, d. h. an Rohhumusböden gut angepaßte Lichtpflanzen, unter Buchen so sehr breitmachen, wie wir dies noch heute in siedlungsnahen Wäldern häufig sehen (Abb. 77).

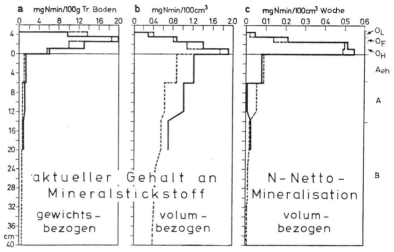

Abb. 80. Mineralstickstoff-Gehalt und Stickstoff-Nettomineralisation im Bodenprofil des Moderbuchenwaldes im Solling. Nach RUNGE (1974), etwas verändert.
Bezogen auf das Gewicht der Bodenproben ist der Gehalt an pflanzenaufnehmbarem Stickstoff (NH_4 und NO_3) am größten in der Fermentationsschicht (O_F), bezogen auf das Bodenvolumen dagegen in der Humusstoffschicht (O_H), die von der Buche und den Kräutern besonders dicht durchwurzelt wird. Hier ist auch die Mineralisation, d. h. die ständige N-Nachlieferung am lebhaftesten.

Auf kalkarmen altdiluvialen Deckenschottern des Irchel, des Stadler Berges und ähnlicher Plateauberge der nordöstlichen Schweiz sind die bodensauren Buchenwälder durch Niederwaldwirtschaft in vergangenen Jahrhunderten teilweise so sehr aufgelichtet und verhagert worden, daß sie heute den Eindruck von Birken-Eichenwäldern machen (vgl. Abschnitt B III, 5). BRAUN-BLANQUET (1932) hat sie dementsprechend als „*Quercetum medioeuropaeum*" zum *Quercion robori-petraeae* gestellt. Im Rahmen Mitteleuropas gesehen, muß man die meisten von diesen heidelbeerreichen Eichen-Buchen-Mischwaldbeständen der Schweiz und überhaupt des südlichen Mitteleuropa aber dem *Luzulo-Fagetum* OBERDORFERS zurechnen. Überall setzt sich in ihnen seit ihrer Überführung in Hochwälder die Buche durch. Doch erreicht hier die Traubeneiche, ähnlich wie im Spessart, bei forstlicher Pflege wegen ihres feinringigen Holzes hohen Wert. Es ist daher gerechtfertigt, auf Standorten des *Luzulo-Fagetum* weiterhin die Eiche zu begünstigen und einen „Pseudo-Birken-Eichenwald" zu erhalten.
Nach SCHMITT (1936) verjüngt sich die Buche in Heidelbeer- und Drahtschmielenbeständen des Hochspessarts sehr schlecht. Durchschnittlich fand er in solchen nur 14 Jungbuchen auf $100 m^2$, im *Luzulo-Fagetum milietosum*, der besten Ausbildungsform des Hainsimsen-Buchenwaldes, dagegen 382. Dieser Unterschied kann nicht durch den Säuregrad des Bodens und auch nicht durch dessen Textur erklärt werden; denn beide Waldtypen gleichen einander hierin weitgehend. Die Hauptursache ist in der Rohhumusdecke zu suchen, die unter *Vaccinium* bis zu 10 cm mächtig sein kann. SCHMITT beobachtete, daß die Wurzeln der Baumkeimlinge häufig

verdorren, bevor sie den Mineralboden erreichen. Im Spessart ist die Witterung während des Frühjahres gewöhnlich recht trocken, und der Rohhumus gibt einen großen Teil seines Wasservorrats nicht an Pflanzenwurzeln ab. Hinzu kommt, daß die Wurzeln der Bäume, Zwergsträucher und krautigen Pflanzen in der relativ nährstoffreichen Humusauflage ein derart dichtes Geflecht bilden, daß sie ihr in Mangelzeiten sehr rasch das Wasser entziehen und für Baumkeimlinge zu gefährlichen Wettbewerbern werden.

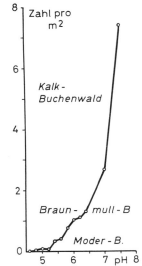

Abb. 81. Buchenverjüngung bei verschiedenem pH-Wert des Bodens in südschwedischen Buchenwäldern. Ordinate: Zahl der 2–15jährigen Jungpflanzen pro 100 m². Nach LINDQUIST (1931), etwas verändert.

Je trockener das Klima, desto schlechter sind also die Aussichten der Buche, sich in heidelbeer- und drahtschmielenreichen Gesellschaften zu verjüngen, und desto größer wird die Chance für genügsamere Baumarten, namentlich für Eichen und Kiefern, sich neben dieser sonst so unduldsamen Schattholzart auf die Dauer zu behaupten. Bei gleicher Feuchtigkeit und Wärme hängt die Buchenverjüngung vor allem vom Humuszustand und von den Ernährungsbedingungen ab, wie sie annähernd im pH-Wert zum Ausdruck kommen (Abb. 81).

b Klimabedingte Ausbildungen von Moder-Buchen- und -Eichen-Buchenwäldern

Bodensaure Buchenwälder treten im ganzen Areal der Rotbuche in Mittel- und Nordeuropa auf, ohne daß sich ihr Artengefüge wesentlich wandelt. Der Faktor „Sauerhumus" ist von so durchschlagender Wirkung, daß sich großklimatische Einflüsse weniger bemerkbar machen. Immerhin zeigen sich aber gewisse Unterschiede, die z.T. florengeographischer, z.T. ökologischer Natur sind. Entsprechend den Klimabedingungen kann man die Moderbuchenwälder Mitteleuropas in 5 große Gruppen einteilen, nämlich:

1. eine <u>montan-submontane</u> Gruppe von reinen Buchenwäldern, die als typisch für das *Luzulo-Fagion* gelten kann (Hainsimsen-Buchenwälder, *Luzulo-Fagetum,* (Abb. 82),
2. eine <u>submontan-colline</u> Gruppe von Eichen-Buchenmischwäldern, in denen namentlich *Quercus petraea* gut gedeiht und eine hohe Qualität erreicht, ohne allerdings von Natur aus die Herrschaft antreten zu können. (Traubeneichen-Buchenwälder, früher von OBERDORFER als *Melampyro-Fagetum* bezeichnet, aber neuerdings (1970) ebenfalls zum *Luzulo-Fagetum* gestellt, Abb. 132),

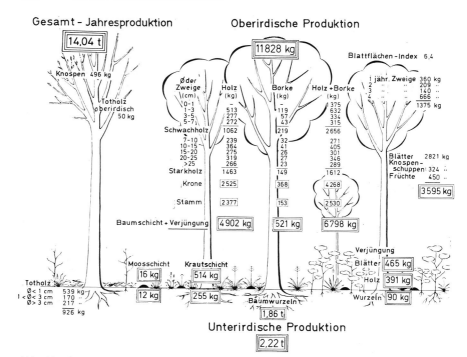

Abb. 82. Phytomassen-Produktion eines montanen Moderbuchenwaldes *(Luzulo-Fagetum)* in den belgischen Ardennen, auf verschiedene Kompartimente aufgeteilt. Alle Angaben in Tonnen bzw. Kilogramm Trockensubstanz pro Hektar und Jahr. Nach DUVIGNEAUD und KESTEMONT (1977), verändert.

Die oberirdische Gesamt-Produktion beträgt rund das Sechsfache der unterirdischen. Daran ist vor allem die Baumschicht beteiligt, während die Strauch-, Kraut- und Moosschicht jeweils unbedeutende Beiträge leisten.

3. eine nordmitteleuropäisch-planare, im diluvialen Flachland verbreitete Gruppe, die der zweiten ähnlich ist, aber floristisch verarmt erscheint und teilweise noch stärker zu den bodensauren Birken-Eichenwäldern hinneigt (von PASSARGE als *Periclymeno-Fagetum* und von LOHMEYER und TÜXEN als *Fago-Quercetum* zum Verbande *Quercion robori-petraeae* gestellt, Abb. 77),
4. eine insubrisch-montane bis submontane Gruppe, die in den niederschlagsreichen und warmen Südalpen, z. B. im Tessin, an die Stelle der unter 1 genannten Gruppe tritt. (Von ELLENBERG und KLÖTZLI 1972 als *Luzulo niveae-Fagetum* abgesondert, s. Abb. 83),
5. eine südmitteleuropäisch-montane bis hochmontane Gruppe mit natürlichem Anteil von Tanne oder Fichte, die zu den Nadelwäldern der Gebirge überleitet (bodensaure Tannen-Buchenwälder, die noch wenig untersucht sind und teilweise zum *Luzulo sylvaticae-Fagetum* im Sinne von ELLENBERG u. KLÖTZLI 1972 gehören).

Als floristische Besonderheiten der 5. Gruppe können eine Reihe von Arten gelten, die ihr Schwergewicht in Nadelwäldern haben, z. B.:

M *Sphagnum quinquefarium*
   u. a. *Sphagnum*-Arten
M *Bazzania trilobata*
M *Plagiothecium undulatum*
M *P. denticulatum.*

Abb. 83. Verbreitung der mitteleuropäischen Hainsimse *(Luzula luzuloides)* und der ähnlichen, aber mehr auf südwestliche Gebirge beschränkten Schneesimse *(L. nivea)*. Nach GENSAC (1970).

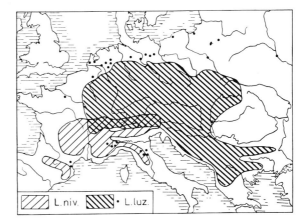

Auffallenderweise sind dies Moose, die unter Nadelbäumen gut zu gedeihen vermögen. Die künstliche Förderung der Nadelhölzer in tieferen Lagen verwischt leider die Grenzen zwischen den Gruppen, weil sich die meisten Moose auch in künstlichen Nadelholzbeständen ansiedeln.

Die 1., 2. und 5. Gruppe zeichnen sich gegenüber der 3. und 4. durch mehr oder minder reichliches Vorkommen von *Luzula luzuloides* aus. In Wäldern der 1. und 5. Gruppe haben auch *Calamagrostis arundinacea*, *Poa chaixii* und andere montane Arten ihr Schwergewicht, während sie der 2. und 3. Gruppe fast ganz fehlen. In letzteren beiden treten Arten hervor, die wohl in die bodensauren Eichenwälder, nicht aber in die montanen Nadelwälder übergreifen, beispielsweise:

Melampyrum pratense
Lathyrus linifolius
Frangula alnus

mit mehr atlantischer Verbreitung:
Lonicera periclymenum
Hypericum pulchrum

Im nordwestlichen und westlichen Mitteleuropa ist die 3. Gruppe durch alle Übergänge mit buchenarmen Eichenwäldern verbunden und seit Jahrhunderten so stark vom Menschen beeinflußt worden, daß die natürliche Grenze zwischen *Quercion robori-petraeae* und *Luzulo-Fagion* hier kaum noch zu ziehen ist.

Bodensaure Buchenwälder ohne *Luzula luzuloides*, *Luzula sylvatica* und andere montane Arten kommen nach KLIX und KRAUSCH (1958) auch in der Niederlausitz vor, die bisher als nahezu buchenfrei galt. Die Autoren konnten durch Orts- und Flurnamen und andere historische Hilfsmittel nachweisen, daß die Buche in dieser Heidelandschaft früher sehr verbreitet gewesen sein muß.

Neben der geographischen Breite und der Höhenstufung prägt sich die Ozeanität des Klimas nur undeutlich im Artengefüge der bodensauren Buchenwälder aus. Ozeanische Elemente, z. B. *Galium harcynicum* und *Cytisus scoparius*, fehlen zwar im Osten ganz. Sie sind aber auch im Westen nicht regelmäßig in Buchenwäldern anzutreffen, weil sie im Schatten nicht zu gedeihen vermögen. Bemerkenswert ist das Verhalten von *Luzula sylvatica* (= *maxima*), die offensichtlich sehr luftfeuchte Standorte bevorzugt und *Luzula luzuloides* von solchen ganz verdrängen kann. In Gebirgen mit ozeanisch getöntem Klima, z. B. in den Vogesen, im Schwarzwald und in den niederschlagsreichen Randketten der Alpen, ist sie daher häufiger als in weiter östlich gelegenen Mittelgebirgen und in den Innenalpen. Auch in Schleswig-Holstein, Dänemark und im westlichen Norwegen gibt es noch Buchenwälder mit *Luzula sylvatica*, während diese in dem kontinentaleren Klima Südschwedens nirgends mehr zu finden sind.

Von der Schweiz bis nach Südschweden und von den Ardennen bis zu den Karpaten kann man Moderbuchenwälder mit fast gleicher Artenzusammensetzung antreffen. Wenige hundert Schritte an einer einzigen Bergkuppe genügen aber, um die erstaunliche Vielfalt ihrer lokalklimatischen Abwandlungen vor Augen zu führen. Obwohl die Hainsimsen-Buchenwälder sehr artenarm sind, kann man je nach Exposition und Neigung der Hänge einen ganzen „Schwarm" von Subassoziationen und Varianten

unterscheiden (s. Abb. 84). Fast an jedem buchenbestandenen Sandstein- oder Schieferberge sind einige der folgenden Ausbildungsformen zu finden:
a) Der typische Hainsimsen-Buchenwald siedelt gewöhnlich auf flachen Kuppen oder an seichten Schatthängen.
b) Eine reichere Untergesellschaft (meist *Luzulo-Fagetum milietosum* genannt), bevorzugt Schatthänge und leitet zu den dort herrschenden Braunerde-Mullbuchenwäldern über.
c) Eine ärmere Untergesellschaft mit Heidelbeere tritt an Süd- und Westhängen umso mehr hervor, je trockener das Kleinklima ist und je stärker der Baumbestand durch Niederwaldwirtschaft degradiert wurde.
d) An Südwesthängen und auf windexponierten Kuppen mischen sich Eichen zwischen die unter Trockenheit und Nährstoffarmut leidenden Buchen. In diesem Traubeneichen-Buchenwalde beherrschen die Säurezeiger, darunter auch viele Moose, vollends das Feld.
e) Strauchflechten und Besenheide *(Calluna vulgaris)* weisen auf stark verhagerte Stellen hin, an denen die Buche nur noch wenig konkurrenzfähig ist. In der collinen Stufe kann das *Fago-Quercetum* sogar durch einen Birken-Eichenwald (*Betulo-Quercetum*, s. Abschnitt B III 5) abgelöst werden.

Mehr oder minder vollständig trifft man diese Serie in den meisten kalkarmen Gebirgen Mitteleuropas, z. B. in den Ardennen (NOIRFALISE 1956, TANGHE 1970), im Sauerland (F. RUNGE 1950), im Schweizer Mittelland (FREHNER 1963, ELLENBERG u. KLÖTZLI 1972), im Harz und seinem Vorland (TÜXEN 1954a) und im Thüringer Walde (SCHLÜTER 1959). Für das Hilsbergland hat JAHN (1952) die Verteilung der Buchenwaldgesellschaften an einem kegelförmig gedachten

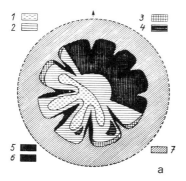 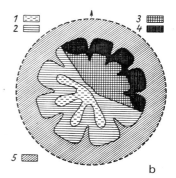

Abb. 84. An einem Kegelberg aus Silikatgestein (a) oder Kalkgestein (b) bilden sich je nach Hanglage verschiedene Buchenwald-Gesellschaften aus. Schematische Darstellung der „Gesellschafts-Schwärme" im Hilsbergland, nach JAHN (1952), etwas verändert.

a auf **Silikat**gestein
1. Weißmoos-Buchenwald – verhagert
2. Hainsimsen- " – relativ trocken
3. Armer Kraut- " – Hangfuß[1]
4. Waldreitgras- " – Laubzufuhr[1]
5. Farn- " – rel. luftfeucht
6. Waldschwingel- " – starke Zufuhr
7. Eichen-Hainbuchenwald – feuchter Talboden

b auf **Kalk**gestein
1. Maiglöckchen-Buchenwald
2. Gras- "
3. Reicher Kraut- "
4. desgl. mit Waldziest
5. Feuchter Buchenmischwald

---

[1] auf basenarmem Boden machen sich geringe Stoffzufuhren durch Hangfußlage oder durch verwehtes Fallaub stärker bemerkbar als auf Kalk.

Silikatberge schematisch dargestellt (Abb. 84a). In ähnlicher Weise hängen auch die Kalkbuchenwälder vom Lokalklima der Hänge ab (Abb. 84b). Die windexponierten Rücken und Grate in Südwestlage sind auf Kalkbergen ebenfalls am trockensten und tragen in dem niederschlagsreichen Klima des Hilsgebietes einen an die Seggen-Hangbuchenwälder erinnernden „Maiglöckchen-Buchenwald".

Die in den Abbildungen 84a und b dargestellte reliefbedingte Verteilung der Waldgesellschaften auf Silikat- und Kalkgesteinen ist keine reine Klimafunktion. Stets spielt auch der Nährstoffhaushalt dabei eine Rolle. Alle Rücken und Oberhänge sind nämlich Aushagerungsstandorte oder „Verlustlagen", denen das oberflächlich abfließende Niederschlagswasser sowie der die Laubstreu wegtragende Wind Stoffe entführt (s. KRAUSE 1957a, FREHNER 1963). Was ihnen verloren geht, kommt den Hangfüßen, Mulden und anderen Anreicherungsstandorten oder „Zufuhrlagen" zugute.

Tab. 17 mag eine Vorstellung vom Artengefüge der Gesellschaften auf kalkarmem Substrat geben, die SCHLÜTER in Höhen zwischen 520 und 650m am NW-Abfall des Thüringer Waldes aufnahm. Im großen und ganzen bilden die Bestände 1-8 eine ökologische Reihe nach ihrer Wasserversorgung und damit zugleich nach dem Basengehalt und Humuszustand ihrer Böden. Nr. 1 stammt von dem verhältnismäßig trockensten Standort, einem 40° nach S geneigten Porphyrhang. Nr. 8 hat den relativ günstigsten Wasserhaushalt, denn es handelt sich um einen etwas lehmigeren Verwitterungsboden des Rotliegenden in NW-Exposition. Die übrigen Bestände kann man dazwischen einordnen, jedenfalls nach ihrer Artenkombination. Sie stocken sämtlich auf Glimmerschiefer, der kolloidarme Böden liefert.

Einen ähnlichen Schwarm von Buchen- und Eichenwaldgesellschaften studierte TÜXEN (1954a) am Großen und Kleinen Burgberg bei Bad Harzburg. Er konnte durch Messungen der Evaporation in der Höhe der Krautschicht sowie der Maximal- und Minimal-Temperaturen unter der Laubdecke zeigen, daß die von ihm unterschiedenen Einheiten tatsächlich eine ökologische Reihe bilden (vgl. Tab. 18). Die Verdunstung ist unter dem hohen und dichten Schirm der Buchen in seinem Perlgras-Buchenwald nur etwa halb so groß wie im lichten und niedrigen Eichen-Birkenwald, wo sich die voll besonnte Bodenoberfläche bis auf 50° erwärmen kann. Wegen der geringen Stoffproduktion, vor allem aber infolge der Verwehung durch den Wind, ist die Laubstreudecke in den ärmeren Waldtypen wesentlich dünner als in den reicheren und fehlt in manchen von ihnen ganz (letzte Spalte von Tab. 18).

Streumangel, d.h. Verarmung des Stoffkreislaufes, darf als entscheidende Ursache dafür gelten, daß die Südwesthänge kalkarmer Gebirge oft so kümmerliche Wälder tragen. Wo der Wind freien Zugang hat, wirkt er auf den Waldboden wie ein Streurechen. Schon während des Laubfalles wirbelt er einen Teil der toten Blätter fort und entfernt die übrigen im Herbst oder im Frühjahr, solange kein Schnee den Boden schützt. An steilen Hängen schwemmen auch heftige Regenfälle einen Teil des Laubes fort. In jedem Falle verarmt der Oberboden an Basen. Außerdem kann er von Moosen besiedelt werden, die in den nicht durchwehten Buchenbeständen von toten Blättern am Aufkommen gehindert werden. Viele der hier gedeihenden Moose sind Rohhumusbildner, namentlich dichtpolstrige Arten, wie *Leucobryum glaucum* und *Dicranum scoparium*, oder zu lockeren Decken verbundene, wie *Pleurozium schreberi* und *Hylocomium splendens*. Basenmangel sowie die häufige Austrocknung durch den Wind hemmen aber die Humuszersetzung. Mit dieser Ursachenkette ist die auf den ersten Blick paradox erscheinende Tatsache zu erklären, daß in Buchenwäldern (und überhaupt in winterkahlen Laubwäldern) gerade dort am meisten Auflagehumus entsteht, wo ein großer Teil der Baumstreu alljährlich verloren geht. Man darf dem Buchenlaube

Buchen- und Buchenmischwälder

Tab. 17. Beispiele bodensaurer Buchen-Eichenwälder und Buchenwälder an Hängen im nordwestlichen Thüringer Wald. Nach Aufnahmen von Schlüter (1959)

	Laufende Nr.[1]	1	2	3	4	5	6	7	8	Ökologisches Verhalten der Arten		
	Höhe (m ü.M.)	540	520	580	590	650	530	600	550			
	Exposition des Hanges	S	SW	NO	OSO	S	O	NO	NW			
	Neigung in Grad	40	25	10	30	15	10	5	15			
	Grundgestein { P = Porphyr, S = Glimmerschiefer, R = Rotliegendes }	P	S	S	S	S	S	S	R			
	Gesamtdeckung (%) d. Baumschicht (B)	50	70	80	80	60	80	80	70			
	,, ,, ,, Strauchschicht (Str.)	15	+	2	+	+	15	+	+			
	,, ,, ,, Krautschicht (Kr)	70	80	80	70	40	90	40	60			
	,, ,, ,, Moosschicht (M)	40	5	2	2	2	2	–	–	F	R	N
B	*Quercus petraea*	4	3							–	–	–
	Fagus sylvatica		2	5	5	4	5	5	4	–	–	–
Str	*Quercus petraea*	2	+							5	X	X
	Picea abies	1			+		+			X	X	X
	Sorbus aucuparia	+	+	+		+	+	+		X	4	X
	Fagus sylvatica		+	+	+		2	1	2	5	X	X
	Rubus idaeus			+			2		+	5	X	8
	Acer pseudoplatanus							+	+	6	X	7
Kr, M a	*Calluna vulgaris*	1								X	1	1
M	*Polytrichum juniperinum*	1								3	2	1
M	*Pleurozium schreberi*	1								X	1	1
M	*Cladonia* spec.	+								X	1	1
b	*Melampyrum pratense*	2	+							X	3	3
M	*Leucobryum glaucum*	3	+							4	1	2
c	*Vaccinium myrtillus*	3	4	+	2		+			X	2	2
	Avenella flexuosa	3	1	4	3	2	1		+	X	2	3
M	*Polytrichum formosum*	2		+	+		+			X	2	3
M	*Dicranum scoparium*	1			+					X	1	2
M	*Dicranella heteromalla*		+		+	+				4	2	2
M	*Pohlia nutans*		+		+	+				X	X	3
d	*Luzula luzuloides*		+	+	+	3	1	+	1	X	3	4
	Calamagrostis arundinacea		+	+	+	+	4		+	5	4	5
e	*Oxalis acetosella*			1	+	+	2	2	2	6	4	7
	Dryopteris carthusiana				+		+	+		X	4	3
	Epilobium angustifolium			+	+°		+°			5	3	8
	Carex pilulifera				+	+				5	3	5
	Veronica officinalis					+				4	2	4
	Polygonatum verticillatum					+				5	X	5
f	*Anemone nemorosa*						+	1		X	X	X
	Athyrium filix-femina						+	+		7	X	6
	Gymnocarpium dryopteris						1			6	4	5
g	*Milium effusum*							+	+	5	5	5
	Carex sylvatica							+	(+)	5	7	5
	Lamiastrum galeobdolon							2		5	7	5
	Moehringia trinervia							+		5	6	7
h	*Luzula sylvatica*							3		6	2	7
	Poa chaixii							1		5	3	4
	Mycelis muralis							+		5	X	6

[1]) Erläuterungen auf der nächsten Seite unten!)

Tab. 18. **Waldgesellschaften und Standortsverhältnisse am Burgberg bei Bad Harzburg.**
Nach Angaben von Tüxen (1954)

Waldgesellschaften Nr.[1])	Messungen vom 11.−23.5.1953:	Piche-Evapor. (ccm)	Temp. Max. (°C)	Baumhöhe (m)	Laubstreudecke[2])
Birken-Eichenwald (ehemaliger Niederwald)					
1 *Betulo-Quercetum petraeae*, *Cladonia*-Variante		51	50	9−10	1
Moder-Buchenwälder					
2 *Luzulo-Fagetum cladonietosum*, *Vaccinium*-Fazies		40,6	−	−	−
3 ,, ,, ,, typische Variante		35	−	19−20	1,8
4 *Luzulo-Fagetum typicum*, *Luzula sylvatica*-Var.		31,7	32	23−25	3,3
Braunmull-Buchenwälder					
5 *Melico-Fagetum*, *Luzula luzuloides*-Subass.		32,3	21	28−29	4,5
6 ,, ,, typische Subassoziation		25,4	21	26−28	4,2

[1]) Nr. 1 entspricht der Nr. 1 in Tab. 17, Nr. 3 der Nr. 2, Nr. 4 der Nr. 5, Nr. 5 etwa der Nr. 7. Nr. 1−4 sind mehr oder weniger stark windexponiert und verhagert.
[2]) Durchschnittswerte von Schätzungen: 1 = alles Laub weggeweht, 2 = nur noch wenig vorhanden, 3 = mäßig viel, 4 = viel, 5 = sehr viel vorhanden.

an kalkarmen Standorten also nicht schlechthin ungünstigen Einfluß auf den Boden zuschreiben.

Wo auch der Auflagehumus durch mechanische Faktoren immer wieder entfernt wird, z. B. in Bachanrissen und an Waldwegen, siedeln auf dem sauren lehmigen Erdboden anspruchsvollere Moosrasen, die PHILIPPI (1963) einem eigenen Verband zuordnet *(Dicranellion heteromallae)*. Artenreiche Moosgesellschaften bilden sich in Moderbuchenwäldern außerdem auf morschem Holz (PHILIPPI 1965, s. auch Abb. 85).

Starke Einstrahlung und rascher Wasserabfluß machen die Südwest-, West- und Südhänge zu verhältnismäßig trockenen und warmen Standorten. Der Wärme- und

Erläuterungen zu Tab. 17

Namen der Gesellschaften nach Schlüter und ökologische Bewertung nach Ellenberg (1974)

					Hanglage		mF	mR	mN
1 *Melampyro-Fagetum*, typische Variante, *Calluna*-Subvar.					S	40°	4,0	1,8	2,0
2 ,, ,, ,, ,, typische ,,					SW	25°	4,8	2,6	3,1
3 *Luzulo-Fagetum myrtilletosum*, *Avenella*-Variante					NO	10°	5,2	3,1	4,5
4 ,, ,, ,, typische ,,					OSO	30°	5,0	2,3	4,5
5 ,, ,, *typicum*, typische Variante					S	15°	4,8	3,0	4,2
6 ,, ,, ,, *Calamagrostis*-Variante					O	10°	5,6	3,2	4,7
7 ,, ,, *milietosum*, typische Variante					NO	5°	5,5	5,0	5,3
8 ,, ,, ,, *Poa chaixii*-Variante, *Luzula sylvatica*-Subvar.					NW	15°	5,3	3,8	5,1

Der steile Porphyr-Hang in Südlage (Nr. 1) ist am stärksten verhagert; dementsprechend sind die mittlere Feuchtezahl (mF), die mittlere Reaktionszahl (mR) und die mittlere Stickstoffzahl (mN) hier am geringsten. Günstige Bedingungen bietet der Nordosthang nahe der Glimmerschiefer-Kuppe (Nr. 7). Die übrigen Standorte ordnen sich in verschiedener Weise dazwischen ein. In Südlage (Nr. 1, 2 und 5) sind stets einige Trockenheitszeiger, in Nord- und Ostlage einige Feuchtigkeitszeiger vertreten.

Wasserhaushalt des oben beschriebenen Schwarms von Sauerhumus- Buchen- und Eichenwäldern entspricht ungefähr dem des Seggen-Trockenhangbuchenwaldes, des Blaugras-Buchenwaldes oder gar des „Wärmeliebenden Eichenmischwaldes" (s. Abschnitt B III 4 b), die auf kalkreichen Gesteinen ähnliche Hanglagen einnehmen. Trotzdem würde es niemandem einfallen, auch die bodensauren Sonnhangwälder als „wärmeliebend" und als „xerophil" zu bezeichnen. Denn es ist bekannt, daß fast alle ihre Arten zum borealen Florenelement gehören und sowohl in Nordeuropa als auch in den Hochgebirgen die Kältegrenze des Waldes überschreiten. Den parallelen Gesellschaf-

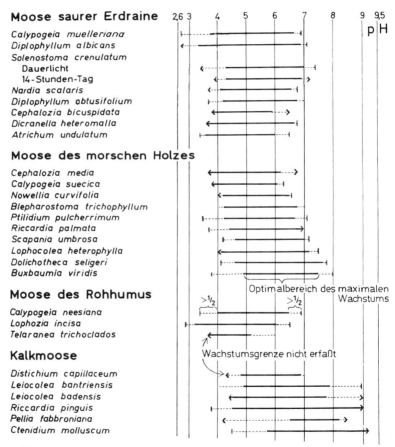

Abb. 85. Ähnlich wie die meisten Blütenpflanzenarten vermögen auch viele Moosarten innerhalb einer sehr weiten pH-Spanne zu gedeihen. Nach PHILIPPI (1966), etwas verändert.

Sowohl bei den in der Natur auf sauren Substraten vorkommenden Moosen als auch bei den Kalkmoosen umfaßt der physiologische Optimalbereich mehrere pH-Einheiten und – von wenigen Ausnahmen abgesehen – zumindest die Spanne von pH 4.5 bis 6.5. Der Bereich, in dem die Wachstumsrate immerhin noch mehr als die Hälfte der maximalen beträgt, überschreitet oft vier pH-Einheiten. Dies gilt aber nur für das physiologische Verhalten (in Einzel- oder Reinkultur). Die ökologische pH-Spanne (unter Einfluß zahlreicher Konkurrenten in der Natur) ist bedeutend enger.
Die im Hainsimsen-Buchenwald vorkommenden Moose auf morschem Holz, Rohhumus oder saurer, von Laubstreu entblößter Erde verhalten sich ohne und mit Konkurrenten ähnlich wie die Hainsimse selbst (*Luzula luzuloides*, s. Abb. 51).

ten auf Kalkböden und ihren Partnern, z.B. *Sesleria varia,* die mehr Kälte erträgt als *Vaccinium myrtillus,* wird dagegen immer wieder nachgesagt, sie liebten Wärme und Trockenheit. Richtig ist es, die Waldgesellschaften kalkarmer wie kalkreicher Sonnhänge als Asyle von Lichtpflanzen anzusehen, die unter stark schattenden Baumkronen nicht zu leben vermögen. Für alle Sonnhang-Buchenwälder gilt außerdem, daß sie relativ viele Trockenheitszeiger beherbergen (s. Tab. 12 u. 17). Die an den ausgehagerten Hängen vorkommenden Moose sind an Wechseltrockenheit angepaßt, nach CHALON u. Mitarb. (1977) z.B. *Leucobryum glaucum.*

In dichtgeschlossenen Buchenhochwäldern, wie sie HARTMANN, VAN EIMERN und JAHN (1959) an anderen Stellen des Harzes klimatologisch durchforschten, bleiben die Gegensätze des Bestandesklimas in verschiedenen Hanglagen wesentlich geringer als in den von TÜXEN (1954a) untersuchten, teilweise recht lichten Beständen. Gutwüchsige, nicht durch extensive Nutzung degradierte Hainsimsen-Buchenwälder und andere Buchenwaldgesellschaften bilden auch an steilen Sonnhängen ein viel dichteres und gleichmäßigeres Kronendach aus, unter dem die Krautschicht das Kleinklima nur „gedämpft" zu spüren bekommt. Trotzdem ergaben sich auch hier deutliche Beziehungen der Vegetationstypen zu den in Krautschichthöhe gemessenen meteorologischen Elementen, z.B. zur Gesamtstrahlung, zum täglichen Temperaturgang, zur relativen Luftfeuchtigkeit und zur Evaporation (s. Abb. 75).

Standortsbedingungen, unter denen sich das lichthungrige *Vaccinium mytillus* im Buchenwalde ansiedeln und behaupten kann, sind in der Naturlandschaft sicher nur auf sehr kleinen Flächen verwirklicht. Aber selbst ganz abgelegene „Inseln" inmitten reicherer Standorte besiedelt die Heidelbeere rasch, weil sie von Vögeln verbreitet wird. Nach K.W. SCHMIDT (1957) keimen ihre Samen nur, wenn sie den Vogeldarm passiert haben. Auch Hasen und Rehe beteiligen sich nach P. MÜLLER (1955) an ihrer Verbreitung, zumal die letzteren neben mineralstoffreichem Futter stets auch holziges benötigen. Waldgesellschaften mit viel *Vaccinium* bilden deshalb nach KLÖTZLI (1965) ein weiteres „Äsungszentrum" für das Rehwild, auf dessen Vorliebe für Gesellschaften auf stickstoffreichen Standorten bereits hingewiesen wurde.

c Bodensaure Buchenwälder über Kalkgesteinen

Überraschend mag es sein, daß auch auf einigen Kalkgebirgen Mitteleuropas ausgedehnte Bestände von bodensauren Buchenwäldern vorkommen. Sie finden sich aber nur dort, wo entkalkte Lehme das Kalkgestein in mindestens 40–80 cm dicker Schicht überlagern. Auf den Hochflächen des Fränkischen und Schwäbischen Jura, die seit der Kreidezeit niemals vom Meere überspült wurden, handelt es sich um Verwitterungsrückstände der in diesem langen Zeitraum von kohlensäurehaltigem Sickerwasser aufgelösten mächtigen Weißjura-Schichten. Nach HAUFF (1937) enthalten diese bis zu 8% tonige oder sandige Bestandteile und stellenweise auch Feuersteinknollen, die aus Kieselskeletten von Tieren entstanden sind. Andere Kalkberge, z.B. im Weser- und Leinebergland, sind hier und dort von Lößlehm überdeckt, dessen ursprünglicher Kalkgehalt längst vom Sickerwasser ausgewaschen wurde. Im alpennahen Schweizer Jura, besonders in seinem westlichen Teil, hinterließen rißeiszeitliche Gletscher sandige Moränendecken, auf denen MOOR (1952), J.L. RICHARD (1961) und andere Autoren bodensaure Buchenwälder feststellten. Auch in Südost-England gibt es derartige auf sauren Lehmen über Kalkgesteinen stockende Wälder (TANSLEY 1939).

Als erster hat HAUFF (1937) die bodensauren Buchenwälder der Kalkgebirge klar in ihrer Sonderstellung erkannt und mustergültig ökologisch sowie historisch untersucht. Er wies vor allem nach, daß es sich um echte Buchenwälder handelt, die den bekannten

Kalkbuchenwäldern der Schwäbischen Alb ebenbürtig gegenüberstehen und nicht als Kunstprodukte abgetan werden dürfen. Indem er seine Aufnahmen nach den pH-Werten des Bodens zu einer ökologischen Reihe ordnete, zeigte er außerdem, daß das Artengefüge der Krautschicht ein Ausdruck dieses Faktors oder der mit ihm zusammenhängenden Standortseigenschaften ist (s. auch ELLENBERG 1963).

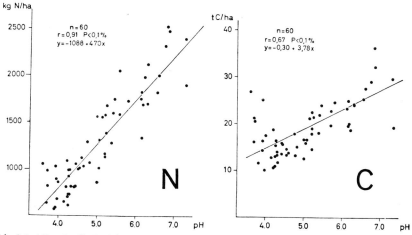

Abb. 86. a) Eng ist die Beziehung zwischen dem Gehalt an Gesamtstickstoff und dem pH-Wert im humosen Oberboden verschiedener Buchenwald-Gesellschaften in der Umgebung von Göttingen. b) Eine weniger enge Korrelation ergibt sich zwischen dem Gehalt an organisch gebundenem Kohlenstoff und dem pH-Wert derselben Böden; a und b nach W. SCHMIDT (1970). Die (hier nicht dargestellten) C/N-Werte stehen ebenfalls in nur loser Beziehung zum pH-Wert.

Namentlich der Stickstoffgehalt des Bodens kann nach W. SCHMIDT (1970) unter sonst vergleichbaren Bedingungen eng mit dem Säuregrad korreliert sein (s. Abb. 86). Eine gewisse, wenn auch weniger gute Beziehung besteht zum C/N-Verhältnis des Bodens. Diese deutet sich bereits in den Tabellen 16, 19 und 25 an. Das C/N-Verhältnis im Humus steigt, d. h. sein N-Gehalt sinkt, mit sinkendem pH-Wert. Gleichsinnig mit der mittleren Stickstoffzahl der Pflanzenbestände ändert sich daher auch die mittlere Reaktionszahl (s. Tab. 17), die recht gut dem mittleren pH-Wert des Bodens entspricht (Abb. 88).

d Ernährungsbedingungen in verschiedenen Buchenwaldgesellschaften

Frische Kalkbuchenwälder, Braunmullbuchenwälder und Moderbuchenwälder bilden im Hinblick auf die chemischen und manche physikalischen Bodeneigenschaften eine ökologische Reihe. Das ging schon aus den Messungen von NOIRFALISE (s. Abschnitt c) sowie aus den Studien HAUFFS über die Buchenwälder auf mehr oder minder sauren Böden der Schwäbischen Alb hervor. Rückblickend wollen wir diese Reihe nun einmal genauer betrachten. Wir lassen dabei alle Gesellschaften fort, die Sonderstandorte besiedeln und nirgends großflächig als Klimax auftreten. Für submontane (und montane) Lagen in den Mittelgebirgen nördlich der Alpen besteht diese Reihe im wesentlichen aus 7 Gliedern:

Waldgesellschaften	Bodentypen
1. Frischer Kalkbuchenwald *Lathyro-Fagetum*	Rendzina und verbraunte Rendzina
2. Reicher Braunmullbuchenwald (*Galio odorati-* *Fagetum pulmonarietosum*)	Braunerde hoher Sättigung
3. Typischer Braunmullbuchenwald *Galio odorati-Fagetum (typicum)*	Parabraunerde (oder Braunerde) mittlerer Sättigung
4. Armer Braunmullbuchenwald *Galio odorati-Fagetum polytrichetosum*	Parabraunerde (oder Braunerde) geringer Sättigung
5. Reicher Moderbuchenwald *Luzulo-Fagetum milietosum*	wie 4, stärker versauert
6. Typischer Moderbuchenwald *Luzulo-Fagetum (typicum)*	schwach podsolige Braunerde oder stark versauerte Parabraunerde
7. Armer Moderbuchenwald *Luzulo-Fagetum vaccinietosum*	podsolige Braunerde oder Parabraunerde, ausnahmsweise auch Podsol.

Von 1 nach 7 ändert sich das Verhältnis der ökologischen Gruppen des Unterwuchses in der auf Abb. 87 dargestellten Weise. Einige haben ihr Schwergewicht am Anfang, andere in der Mitte und wieder andere am Ende der Reihe. In gleichem Sinne stufen sich die Baumarten ab, die der Buche beigemischt sind.

Diese floristischen Unterschiede sind Ausdruck der Standortsverhältnisse. Kalkgehalt und p_H-Wert nehmen im großen und ganzen ab. Dementsprechend ändert sich die Humusform vom basenreichen Rendzinamull über die verschiedenen Sättigungsstufen des Braunerdemulls zum sauren Moder, ja zum stark sauren Rohhumus. Die biologi-

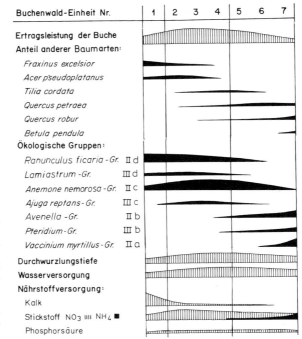

Abb. 87. Floristisches und ökologisches Gefälle in der Reihe der Buchenwald-Gesellschaften, schematisch.
1. Frischer Kalkbuchenwald
2. Reicher Braunmullbuchenwald
3. Typischer Braunmullbuchenwald
4. Armer Braunmullbuchenwald
5. Reicher Moderbuchenwald
6. Typischer Moderbuchenwald
7. Armer Moderbuchenwald
Die Bezeichnung der ökologischen Artengruppen entspricht Tab. 10 und Abb. 52.

sche Aktivität des Bodens, insbesondere die Tätigkeit der Regenwürmer, wird nach der sauren Seite hin immer geringer. Manche Faktoren sind aber nicht zu Beginn der Reihe am günstigsten, sondern in der Stufe 2—4, also bei den Braunerden. Dazu gehören z. B. Mineralstickstoff-Nachlieferung und Wasserversorgung, zwei für die Ertragsfähigkeit der Standorte ausschlaggebende Faktoren. Rendzinen sind in der Regel durchlässiger und werden weniger tief von Wurzeln aufgeschlossen als die tiefgründig-lehmigen Braunerden. Moder- und Braunmull-Buchenwälder unterscheiden sich im Wasserhaushalt weniger, um so stärker aber in den Ernährungsverhältnissen.

Das in Abb. 87 nur grob skizzierte Gefälle der Standortsfaktoren wollen wir nun näher kennzeichnen, soweit es die bis heute vorliegenden Schriften zulassen. Wir konzentrieren uns dabei im wesentlichen auf die chemischen und biologischen Zusammenhänge.

Zwischen dem Artengefüge von Buchen- bzw. Eichen-Buchenwäldern und den p_H-Werten ihres Oberbodens bestehen nach SCHÖNHAR (1952), W. SCHMIDT (1970) und anderen Autoren sehr enge Beziehungen (Abb. 88). Die 22 bei Stuttgart untersuchten Beispiele ergeben eine Korrelationskurve, die man benutzen kann, um aus der Vegetation annähernd den p_H-Wert abzulesen. Auf der Ordinate in Abb. 88 ist die „mittlere Reaktionszahl" abgetragen. SCHÖNHAR erhielt sie, indem er in einer Aufnahmeliste der Krautschicht jede Pflanzenart mit ihrer Gruppenziffer versah (s. Artenregister!) und den Durchschnitt dieser Ziffern errechnete. Jeder p_H-Wert auf der Abszisse bedeutet ein Jahresmittel aus zahlreichen Bestimmungen in demselben Boden. Einmalige p_H-Messungen hätten eine weit größere Streuung ergeben, weil der Säuregrad im Laufe der Jahreszeiten ziemlich stark und unregelmäßig schwankt. (Näheres hierüber in Abschnitt B III 2 f).

Wie aus Abb. 88 hervorgeht, bilden die Moderbuchenwälder (bzw. „bodensauren Eichen-Buchenwälder"), die armen Braunerdebuchenwälder („typischen Eichen-Buchenwälder"), die reicheren Braunerdebuchenwälder und die Kalkbuchenwälder des württembergischen Unterlandes tatsächlich eine gleitende Reihe mit allen denkbaren Übergängen. Solche klaren Beziehungen zwischen Vegetation und Bodenreaktion erhält man aber nur unter einheitlichen Klimabedingungen; denn die Wasserstoffio-

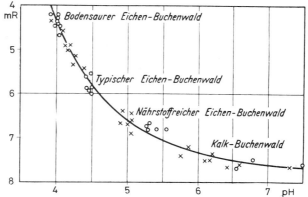

Abb. 88. Beziehungen zwischen der aus dem Artengefüge des Unterwuchses berechneten „mittleren Reaktionszahl" (mR, s. Abschnitt BI 4) und dem Jahresmittel des pH-Wertes in südwestdeutschen Buchenwaldgesellschaften bei Stuttgart. Nach SCHÖNHAR (1952), verändert (9-stufige R-Skala).

nenkonzentration wirkt innerhalb der p_H-Spanne der Buchenwälder nur mittelbar auf die Pflanzen ein. Sie ist lediglich als ein „Symptom" für den Fruchtbarkeitszustand des Bodens zu werten. Dieser aber hängt in erster Linie von den Bodenorganismen und von der Humusform ab, die sich durch deren Tätigkeit herausbildete (s. Abb. 89).

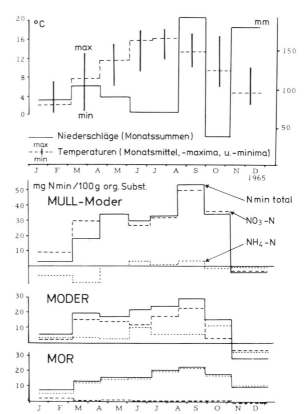

Abb. 89. Mull, Moder und Rohhumus (Mor, sprich Mör) unterscheiden sich bei vergleichbaren Bedingungen wesentlich in ihrer biologischen Aktivität, die sich unter anderem in der Stickstoff-Mineralisation auswirkt. Dieser Unterschied wird deutlich, wenn man die in 6 Wochen mineralisierte N-Menge auf das Trokkengewicht der organischen Substanz bezieht. Nach LEMÉE (1966, Buchenwälder im Forêt de Fontainebleau), etwas verändert.

Die Mineralisationsleistung folgt im großen und ganzen der Temperatur, wird aber durch Trockenheit gehemmt. Im basenreichen Mull wird überwiegend Nitrat angeboten, im Mor fast nur Ammonium, im Moder beides.

Im Moder sind die Keimzahlen der Bakterien sowie der Pilze, bezogen auf die organische Substanz, ähnlich hoch wie im Mull. Erst in einem sehr sauren Rohhumus (Mor) finden die Bakterien weniger günstige Bedingungen. Hinsichtlich der Pilze gibt Abb. 90 insofern eine falsche Vorstellung von der Besatzdichte, als eine Pilzspore oder -hyphe ja eine viel größere Biomasse darstellt als eine einzelne Bakterienzelle. Der Abbau der Laubstreu sowie der Holzreste wird in allen Waldgesellschaften in erster Linie von Pilzen besorgt, im Moderbuchenwald wie im Braunmull- und Kalkbuchwald. Dementsprechend erreichen die Pilze eine sehr hohe Biomasse, die allerdings unter der Streudecke und im Boden verborgen bleibt. Die Fruchtkörper der Pilze sind nur ein kleiner Teil davon. Entgegen der herrschenden Meinung sind Pilze in schwachsauren bis basischen Waldböden keineswegs weniger aktiv und artenreich als in starksauren. Nach BOHUS und BAROS (1967) verteilen sich die Pilzarten vielmehr über die gesamte pH-Skala und lassen sich ebenso wie die höheren Pflanzen in „Reaktionsgruppen" einteilen (s. Abschnitt B I 4 a). CARBIENER, OURISSON und BERNARD (1975)

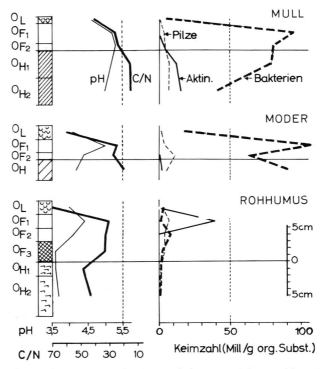

Abb. 90. Abstufungen des pH-Wertes, des C/N-Verhältnisses und der Anzahl von Bakterien und Pilzen in den oberen Horizonten einer mäßig sauren, einer sauren und einer sehr sauren Braunerde unter entsprechenden Buchenwald-Gesellschaften. Nach Angaben von F. H. MEYER (1959).
Die waagerechten Linien bezeichnen die Grenzen zwischen organischer Auflage und Mineralboden. Im Mull und Moder leben relativ viele Bakterien, im Rohhumus (Mor), der stickstoffarm und sehr sauer ist, dagegen nur wenige. Die Keimzahl der Pilze ist in den drei Böden etwa die gleiche, ebenso ihre Biomasse. Pilze werden in den ärmeren Böden also nur relativ, nicht absolut begünstigt.

betonen zwar, daß Gesellschaften des *Luzulo-Fagion* am pilzreichsten seien, besonders in mittleren Höhenlagen. Doch nennen sie auch für Waldgesellschaften auf basenreicheren Böden eine ganze Reihe von charakteristischen Arten.

Für die Bildung von Pilzwurzeln, insbesondere von Ektomykorrhizen, ist neutraler bis schwachsaurer Mull nach F. MEYER (1974) wesentlich günstiger als starksaurer und nährstoffarmer Rohhumus, wie er z.B. auf Heidepodsolen vorkommt (s. Abschnitt D II 3 a). Moder nimmt auch in dieser Hinsicht eine Zwischenstellung ein. Im Moderbuchenwald des Solling fand GÖTTSCHE an *Fagus* zahlreiche sehr unterschiedliche Mykorrhizen, die er nach anatomischen Merkmalen 5 „Hauptgattungen" zuteilt; auf den ersten Blick lassen sich nur braune, weiße und schwarze unterscheiden. Die Mykorrhizen sind wesentlich am Abbau der alljährlich anfallenden Laubstreu beteiligt (s. Abb. 47). In Mullböden wird diese Streu großenteils von Würmern und anderen Tieren in den Boden eingearbeitet (Abb. 91). Daher verteilt sich die Mineralisation der organisch gebundenen Nährstoffe auf den gesamten Oberboden, d. h. auf eine mindestens 20–30 cm mächtige Schicht. In stark sauren Böden sind die Tiere weniger aktiv, so daß sich die Streureste auf der Oberfläche ansammeln (Abb. 80). Hier konzentrieren

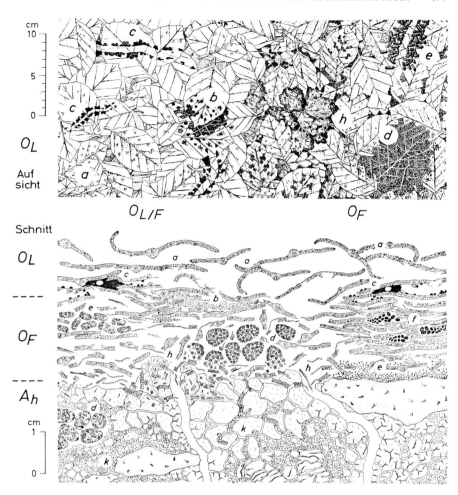

Abb. 91. Verarbeitung von Buchen-Laubstreu in einem biologisch sehr aktiven Mullboden (Braunerde aus Löß und Basalt im Vogelsberg). Um die vollständige „Garnitur" der tierischen Leistungsgruppen zu zeigen, sind im Profilschnitt (unten) Dünnschliffbilder teilweise verschiedenen Maßstabs zusammengedrängt. Vorm Zeichnen der Aufsicht (oben) wurde die Laubstreu teilweise entfernt, und zwar in der linken Hälfte bis zum Grenzbereich zwischen O_L (Streuschicht) und O_F (Fermentationsschicht), in der rechten Hälfte bis auf die O_F-Schicht. Nach ZACHARIAE (1965), etwas verändert.

a: L-Blätter mit Fraßspuren und Kot von großen Collembolen; b: Fraßbild und Kot von kleinen Dipterenlarven; c: Losung und Koströhre (im Schnitt) von *Dendrobaena;*
d in der Mitte des Schnitts: Losung von großen Diplopoden, die sich von F-Laub ernähren; d links: Losungsballen von Tipulidenlarven aus F-Resten, die im Mineralboden (A_h = Humusstoffschicht) abgesetzt wurden; d im rechten Teil der Aufsicht: Fraßbild und Losung von Bibionidenlarven; e in Aufsicht rechts und im Schnitt links: *Dendrobaena*-Losung aus Arthropodenkot und F-Resten; e rechts: Enchytraeen-Losung aus Arthropodenkot und F-Resten, über einem Stein gegen Regenwürmer geschützt und deshalb angereichert; f: Paket wenig zersetzter Blätter mit Kot von minierenden Phtiracariden;
h im Schnitt: Schächte von *Lumbricus terestris;* h in der Aufsicht: Kotmassen von *Lumbricus,* aus der A_h-Schicht herausragend; j: *Allobophora*-Kotmasse; k: Bohrgänge und Losung von Enchytraeen, links in älteren *Lumbricus*-Exkrementen.

sich daher auch die Wurzeln der Bäume. In der Fermentationsschicht (O_F) eines Rohhumus über Podsol zählte F. MEYER (1974) nicht weniger als 45 600 Wurzelspitzen der Buche pro 100 ccm Humus, in dem gleichen Volumen eines Braunmulls dagegen nur 500. Moder steht nach den Untersuchungen von GÖTTSCHE (1972) wiederum zwischen den Extremen. Im Boden des Hainsimsen-Buchenwaldes sind die Feinwurzeln der Buche außerordentlich aktiv, allerdings mit jahreszeitlich schwankender Intensität (Abb. 92). Ihr jährlicher Biomassen-Zuwachs beträgt mindestens 1500

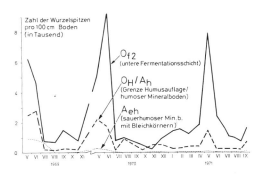

Abb. 92. Schwankungen der Durchwurzlungs-Intensität im Laufe von drei Jahren im Oberboden eines Moder-Buchenwaldes *(Luzulo-Fagetum,* s. Abb. 76) im Solling. Nach GÖTTSCHE (1972), etwas verändert.
Die Zahl der lebenden Wurzelspitzen pro Deziliter Boden ist allgemein während des Laubaustriebs im Frühjahr am größten. Bei der extrem sauren Moderbraunerde konzentrieren sie sich zu allen Jahreszeiten in der Humusauflage, besonders in der O_{F2}-Schicht, in der sich die Mineralisation alter Laubstreulagen am raschesten vollzieht. In dem schwach gebleichten oberen Eluvialhorizont (A_{eh}), d.h. in den oberen Zentimetern des Mineralbodens, finden sich nur noch sehr wenige Wurzelspitzen, weil das Nährstoffangebot viel geringer ist (s. Abb. 78 u. 80).

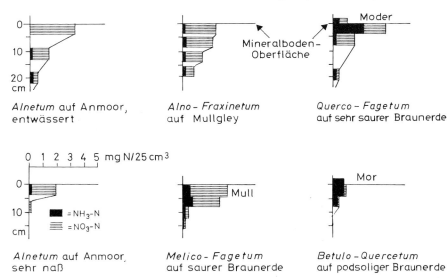

Abb. 93. Vertikale Verteilung und Form des Mineralstickstoff-Angebots verschiedener Laubwaldböden bei Salem/Holstein. Nach RUNGE (1965), verändert (vgl. Abb. 80).
Mullböden und nicht zu nasse Anmoorböden liefern in erster Linie Nitrat, und die tieferen Schichten beteiligen sich mehr oder minder wesentlich an der N-Versorgung. Nur in Zeiten völliger Durchnässung (d.h. Luftarmut) wird Ammonium nicht oxidiert. Nasse, zeitweilig wasserbedeckte Böden *(Alnetum)* liefern wenig Mineralstickstoff, weil ein großer Teil durch Denitrifikation verloren geht.
In stark sauren Böden mit Moder-*(Querco-Fagetum)* bzw. Rohhumusdecke *(Betulo-Quercetum)* ist der Ammonium-Anteil groß bis sehr groß; die Nachlieferung von Mineralstickstoff ist aber nur in den sauersten Böden wesentlich geringer als in Mullböden.

kg/ha, d. h. etwa halb soviel wie die jährlich gebildete Blattmasse. Diese große Wurzelproduktion ist nicht zuletzt eine Folge des dauernden Nährstoffangebots durch die mineralisierenden Mikroorganismen.

Von der Aktivität der Mikroorganismen im Boden ist vor allem die Stickstoff-Versorgung der Waldpflanzen abhängig. Eiweiß zersetzende Bakterien und Pilze mineralisieren die Blattstreu, die abgestorbenen Wurzeln und andere tote organische Stoffe und setzen den darin enthaltenen Stickstoff in Form von Ammonium (NH_4) frei, das direkt von den höheren Pflanzen aufgenommen werden kann. In den Böden der Kalkbuchenwälder und der meisten Braunmullbuchenwälder wird das NH_4 nahezu restlos zu Nitrat (NO_3) oxidiert, das für die meisten Pflanzen ebenfalls als Stickstoffquelle geeignet ist (s. Tab. 19 u. Abb. 93). Nur einige wenige Arten, z. B. die Heidelbeere *(Vaccinium myrtillus)* und die Besenheide *(Calluna vulgaris)*, vermögen nach LEE u. Mitarb. (1975) in ihren Zellen nicht genügend Nitratreduktase bereitzustellen, um größere Mengen von NO_3 zu der für den Eiweißaufbau nötigen Aminogruppe ($-NH_2$) zu reduzieren. Nach BOGNER (1966), EVERS (1964) und anderen bevorzugen solche Arten die Böden der Moderbuchenwälder oder andere starksaure Böden (s. Abb. 94). Denn in diesen wird der Mineralstickstoff zumindest teilweise in Form von NH_4 angeboten, weil die nitrifizierenden Bakterien (*Nitrosomonas* und *Nitrobacter*) bei sehr niedrigen pH-Werten nicht aktiv sind (WEBER und GAINEY 1962). Immerhin kann aber selbst in den sauersten Waldböden eine relativ große Menge an Nitrat entstehen (KRIEBITZSCH 1975), in Mitteleuropa zumindest während des Sommers (RUNGE 1973) und in tropischen Tiefländern ganzjährig (DE RHAM 1970). Man muß also annehmen, daß neben den bekannten Nitrifikanten noch andere Mikroorganismen zur Nitratbildung befähigt sind. Wahrscheinlich handelt es sich nicht um Bakterien, sondern um Pilze, die zwar weniger rasch arbeiten, aber im Boden in so viel größerer Masse leben, daß ihre Leistung ins Gewicht fällt (s. DOXTANDER u. ALEXANDER 1966 u. a.).

Ebenso wie die höheren Pflanzen benötigen die meisten Mikroorganismen NH_4 oder NO_3. Durch radioaktive Markierung des N konnte JANNSON (1958) zeigen, daß sie den Pflanzenwurzeln in der Aneignung des Mineralstickstoffs sogar überlegen sind. Im Boden steht den höheren Pflanzen daher nur der Überschuß an NH_4 bzw. NO_3 zur Verfügung, die sogenannte „Stickstoff-Nettomineralisation". Mit einer von ZÖTTL (1960) eingeführten und von ELLENBERG (1964), RUNGE (1970) und GERLACH (1973) entwickelten Bebrütungs-Methode läßt sich diese unter Freilandbedingungen in ihrer natürlichen Größenordnung bestimmen (s. auch Abb. 63). Gewöhnlich gibt man Jahressummen an, die unter Berücksichtigung der wichtigsten Bodenhorizonte pro Hektar und Jahr berechnet werden. Für den Moderbuchenwald im Solling beispielsweise (Nr. 4 in Tab. 19) ist das so ermittelte N-Angebot nur wenig größer als die vom Pflanzenbestand aufgenommene N-Menge, die von ULRICH und MAYER (1973, s. Tab. 20) durch chemische Analyse des Biomassen-Zuwachses bestimmt wurde.

Wir sind also heute in der Lage, die Stickstoff-Versorgung der Pflanzengesellschaften sowohl quantitativ als auch qualitativ annähernd richtig zu beurteilen, obwohl die NH_4- bzw. NO_3-Nachlieferung im Boden ein komplizierter mikrobieller Prozeß ist. Für die hier betrachtete ökologische Reihe von Buchenwald-Gesellschaften faßt Tab. 19 einige der bisher vorliegenden Ergebnisse zusammen. Die höchsten Jahressummen, nämlich bis zu 238 bzw. 157 kg N pro Hektar, ergaben sich für den Braunmullbuchenwald auf tiefgründigem Lehmboden in günstiger Klimalage und in relativ feuchten bzw. hinsichtlich der Niederschläge „normalen" Jahren. Rund 200 kg N/ha/J entsprechen einer guten Ackerdüngung, d. h. der N-Menge, die der Bauer seinem Boden mit der Ernte entzieht und ihm wieder zuführen muß. Im Walde bewirkt das natürliche

182 Buchen- und Buchenmischwälder

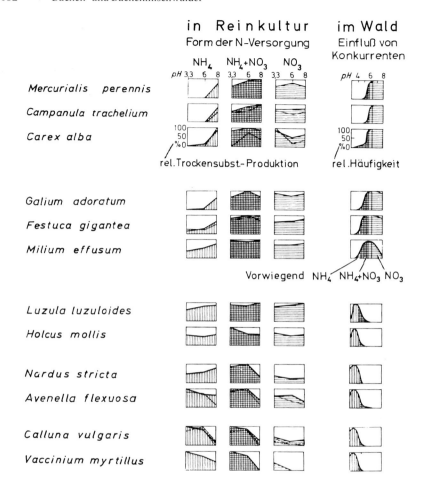

Abb. 94. Verhalten einiger Pflanzenarten in Topfkultur bei Versorgung mit gleichen Stickstoffmengen in Form von Ammonium (NH_4), Nitrat (NO_3) oder NH_4 und NO_3 (gemischt) jeweils bei verschiedenem Säuregrad des Bodens, verglichen mit dem Verhalten dieser Arten im natürlichen Wettbewerb am Waldboden. Teilweise nach Angaben von BOGNER (1966) aus ELLENBERG (1968), verändert.

Bei den Reinkulturen dient die Trockensubstanz-Produktion als Maß für das Gedeihen, und zwar jeweils in Prozent der maximalen Produktion der betr. Species. (Die Doppellinie bezieht sich auf eine zweite Versuchsreihe). Im Wald ist die Stetigkeit (in %) als Relativmaß benutzt.

Alle Arten gedeihen in Reinkultur bei gemischter N-Ernährung am besten. Bingelkraut, Nesselblättrige Glokkenblume und Weiße Segge können NH_4 nur bei neutraler bis alkalischer Bodenreaktion verwerten, während sie mit NO_3 unabhängig vom pH-Wert gleich gut gedeihen. Sie meiden in der Natur stark saure Böden, in denen vorwiegend NH_4 angeboten wird.

Waldmeister, Riesenschwingel und Flatterhirse verhalten sich bei reinem NO_3-Angebot sowie bei gemischter Ernährung ähnlich, können NH_4 aber auch bei saurer Reaktion verwerten. Sie haben ihr natürliches Schwergewicht auf mittleren Böden, zumal sie von stark sauren wie alkalischen durch Konkurrenten verdrängt werden.

Besenheide und Heidelbeere verhalten sich umgekehrt wie die erste Gruppe. Sie können NO_3 kaum oder gar nicht verwerten, zumindest nicht bei alkalischer Reaktion. Hainsimse und Weiches Honiggras sowie Borstgras und Drahtschmiele vermitteln schrittweise zwischen der Waldmeister- und der Besenheide-Gruppe. Im natürlichen Wettbewerb werden sie auf die sauersten Böden beschränkt.

„Recycling" eine Selbstversorgung in gleicher Größenordnung, die dem Baumbestand eine bleibend hohe Wuchsleistung ermöglicht. Bei ungünstigem Klima, z.B. in den höheren Berglagen, ist diese Selbstversorgung geringer, weil auch die Stickstoff-Mineralisation von tiefen Temperaturen gehemmt und durch die Kürze der Vegetationsperiode eingeschränkt wird. Im Harz beträgt daher die N-Nachlieferung im Braunmullbuchenwald nur noch etwa 19–77 kg/ha/Jahr. Doch kommt es auch hier noch zu fast 100%iger Nitrifikation, weil diese selbst bei Temperaturen um 0 °C nicht unterbunden wird (SEIFERT 1962).

Bei vergleichbarem Allgemeinklima ist die N-Versorgung der frischen Kalkbuchenwälder schlechter als die der Braunmullbuchenwälder (s. Tab. 19), und zwar vor allem dort, wo die Feinerde nur 10–20 cm mächtig ist. Möglicherweise hängt dies nicht nur mit der geringen Mächtigkeit der biologisch aktiven Schicht zusammen, sondern auch

Tab. 19. Jährliches Mineralstickstoff-Angebot in Kalk-, Braunmull- und Moder-Buchenwäldern; wo nicht anders vermerkt, in der Umgebung von Göttingen. Nach Angaben von Grimme (1975), v. Gadow (1975), M. Runge (1974) und Van Praag u. Mitarb. (1973), aus Ellenberg 1977. Die Maxima für jede Gesellschaft sind halbfett gesetzt. Die Spannen beziehen sich auf mehrere Probeflächen

Waldgesellschaften und Bodentypen Jahr: Feuchte:	Netto-Mineralisation (kgN/ha/J.)			Nitrifikationsgrad[1])
	1972 normal	1973 trocken	1974 feucht	
1. Seggen-Trockenhang-Buchenwälder				
a an Sonnhängen:				
Carici-Fagetum primuletosum, Rendzina	–	10- 45	8- 67	V
„ „ *typicum*, flachgr. „	28	–	32	V
„ „ „ normale „	–	–	**89**	V
b an Schatthang:				
Carici-Fagetum actaeetosum, Rendzina	–	–	**94**	V
2. Frische Kalkbuchenwälder				
a Waldgersten-Buchenwald:				
Lathyro-Fagetum[2]) *hordelymetosum*, Rendzina	80-145	–	**148**	V
„ „ „ mittelgründige „	–	115-128	**113-187**	V
„ „ „ Braunerde über Kalk	–	82	**142**	V
b Bärlauch-Buchenwald:				
Lathyro-Fagetum allietosum, braune Rendzina	–	124	**195**	IV
3. Braunmull-Buchenwälder				
a Perlgras-Buchenwälder am Meißner:				
Melico-Fagetum typicum, mächtige Braunerde	144-157	–	**188-238**	V
„ „ „ flachgründige „	59- 78	–	**66- 70**	V
b desgl. im Harz (obere Montanstufe):				
Melico-Fagetum typicum, flachgründige Braunerde	19- 77	–	24- ?	V
4. Moder-Buchenwälder				
Hainsimsen-Buchenwald, sehr saure Braunerde		(1968)	(1967)	
Luzulo-Fagetum im Solling[3])	–	ca. 80	ca. **130**	III
„ „ in den belgischen Ardennen[4])	107			?

[1]) V = mehr als 90% des Mineralstickstoffs wird als NO_3 angeboten, IV = 75–90%, III = 50–75%, II = 25–50%, I = 5–25%, 0 = < 5%.
[2]) Von Winterhoff (1963), auf dessen Darstellung die übrigen Namen zurückgehen, als *Melico-Fagetum hordelymetosum* bezeichnet.
[3]) Errechnet aus den von Runge (1974) publizierten Abbildungen. Er gibt nur den Durchschnittswert beider Jahre an (112,5), und bezeichnet diesen als „überhöht" durch den Mischeffekt.
[4]) April 1972 bis April 1973.

mit dem äußerst niedrigen primären Ammoniumgehalt des Kalkgesteins. Nach WLOTZKA (1962) sind in 1 t Kalk nur 70 g NH_3-N enthalten, in 1 t Sandstein dagegen 135 und in tonigen Gesteinen mehr als 500 g.

In Hanglagen wird die Tätigkeit der mineralisierenden Mikroorganismen öfters durch Trockenheit gehemmt. Daher sind die Seggen-Hangbuchenwälder von allen Buchenwald-Gesellschaften am schlechtesten mit Stickstoff versorgt (s. auch Abschnitt B II 2 c und Abb. 63). In Dürrejahren kann hier die N-Nettomineralisation sogar unter dicht geschlossenen Buchenbeständen auf 45 kg und weniger fallen. Bei aufgelichteten und durch Verwehung des Fallaubs verhagerten Beständen sinkt sie noch tiefer.

Die N-Versorgung der Moderbuchenwälder scheint in derselben Größenordnung zu liegen wie die der frischen Kalkbuchenwälder. Im Durchschnitt der Jahre 1967 und 1968 kam RUNGE (1974) auf 112 kg/ha/Jahr. Für Moderbuchenwälder in den Ardennen ermittelten VAN PRAAG u. Mitarb. (1973) ebenfalls Mineralstickstoff-Angebote um 100 kg. (In ähnlichem Bereich bewegen sich einige von ELLENBERG noch nicht veröffentlichte Ergebnisse aus der Schweiz.) Im Moderbuchenwald erreicht der Nitrifikationsgrad (im Sinne von BÜCKING 1972, s. auch Tab. 19) jedoch niemals 100%; d. h. ein beträchtlicher Teil des Mineralstickstoffs wird als NH_4 angeboten. Nach RUNGE (1974) ist das besonders im oberen Auflagehumus der Fall. Im O_L und O_{F1} war die NO_3-Bildung sogar fast gleich Null; im O_{F2} des Hainsimsen-Buchenwaldes betrug der Jahresdurchschnitt 19% und im OH 76%. In den mineralischen Horizonten des von RUNGE untersuchten Bodens entstand dagegen stets NO_3, obwohl die pH-Werte zeitweilig bis auf 3,0 hinabsanken.

Wie bereits angedeutet, begünstigt das hohe NH_4-Angebot im Auflagehumus „Ammoniumpflanzen", die weniger gut gedeihen, wenn ihnen nur NO_3 angeboten wird (s. Abb. 94). Nach den Gefäßversuchen von BOGNER (1966) sind dies vor allem *Vaccinium myrtillus, Calluna vulgaris* und *Avenella flexuosa*. Durch Verpflanzung von *Avenella* und anderen Arten in verschiedene Buchenwald-Gesellschaften konnte ZARZYCKI (1968) bestätigen, daß der Form des N-Angebots offenbar eine große ökologische Bedeutung zukommt (s. auch EVERS 1964). Wahrscheinlich sind viele Säurezeiger solche „Ammoniumpflanzen" und verhalten sich gegenüber dem pH-Wert an und für sich indifferent. Umgekehrt dürfte es sich bei den Kalkzeigern großenteils um „Nitratpflanzen" handeln, die nur bei mehr oder minder reinem NO_3-Angebot, d.h. bei hohem Nitrifikationsgrad, konkurrenzfähig bleiben. In Abb. 94 sind *Mercurialis perennis, Campanula trachelium* und *Carex alba* als solche ausgewiesen. Der Umstand, daß der natürliche Anteil der NO_3- und NH_4-Nachlieferung in den Böden der Kalk-, Braunmull- und Moderbuchenwälder verschieden groß ist, kommt den Ansprüchen der Waldpflanzen also sehr entgegen.

Optimale Ernährungsbedingungen herrschen für die Buche nicht auf Rendzinen oder Pararendzinen, sondern auf Braunerden von mäßig saurer Reaktion, die reichlich Mineralstickstoff nachliefern. Podsolige Braunerden und Podsole sind wiederum ungünstiger, besonders hinsichtlich der Stickstoffversorgung. Mit anderen Worten heißt dies, daß die Buche in den Braunmull-Buchenwäldern am ehesten zu hohen Wuchsleistungen befähigt ist, was die forstliche Erfahrung durchaus bestätigt.

Die „Besserstellung" der Silikatbuchenwälder gegenüber den Kalkbuchenwäldern wird noch dadurch erhöht, daß die Wasserversorgung auf tiefgründigen Braunerden im Durchschnitt und vor allem in Trockenperioden reichlicher ist als auf den flachgründigeren Rendzinen. In dieser Hinsicht sind sogar die meisten Podsole noch günstiger als Rendzinen und Pararendzinen, weil sie ebenfalls tief durchwurzelt werden können und weil sie kolloidärmer sind, also nur wenig Wasser zurückhalten.

e Auswirkungen der Düngung in bodensauren Buchenwäldern

Der experimentelle Beweis dafür, daß sich Mullbuchenwälder und bodensaure Buchenwälder vor allem durch chemische Eigenschaften ihrer Böden unterscheiden und weniger durch deren physikalische Beschaffenheit, insbesondere nicht durch ihren Wasserhaushalt, wurde durch mehrere Düngungsversuche geliefert. Einer der aufschlußreichsten war der von GRABHERR (1942a) mitgeteilte im Stadtwald von Hannoversch Münden. Ein 130-jähriger Hainsimsen-Buchenwald mit wenig Eiche (den GRABHERR als *Querco-Carpinetum luzuletosum* bezeichnet) wurde hier teils unbeeinflußt gelassen, teils mit KP, CaK, CaP oder CaKP gedüngt. Außerdem wurde die bei dieser Düngung nötige Bodenbearbeitung auf Vergleichsparzellen ohne Düngung durchgeführt. Der insgesamt 14.5 ha große Versuch umfaßt mehrere Wiederholungen und liegt auf einer flachen Bausandsteinkuppe in 280 m Höhe, also noch in der submontanen Stufe.

Nach 13 (bzw. für die Kalidüngung nach 10) Jahren ergaben die pflanzensoziologischen Aufnahmen GRABHERRS, daß die Bodenflora durch die Bearbeitung allein nur wenig geändert worden war, dagegen auf die Düngung stark angesprochen hatte (vgl. Tab. 20). Auf den Volldüngungsparzellen war infolge dieses einmaligen Eingriffes in den Stoffhaushalt eine Bodenvegetation entstanden, die der des typischen Braunmullbuchenwaldes *(Melico-Fagetum)* weitgehend entspricht. Allerdings waren noch viele „Kahlschlagpflanzen" vorhanden, die in ungestörten Buchenwäldern fehlen, hier aber offenbar durch plötzliche Steigerung der Nitrifikation gefördert worden waren. Erstaunlich rasch hatte sich die Waldbodenflora auf die neuen Bedingungen eingestellt. Zwar lagen Wuchsorte der betreffenden Arten in der Nähe. Aber sie mußten doch größere oder kleinere Strecken zurücklegen und mit Hilfe von Ameisen und anderen Tieren oder mit Hilfe des Windes wandern. Möglicherweise waren aber viele von ihnen als Samen längst gegenwärtig, und nur Bodenungunst, Wurzelkonkurrenz oder andere Ursachen hatten bis zum Beginn des Versuches eine Ansiedlung verhindert.

Beim Transport der Samen könnte das Rehwild eine besondere Rolle gespielt haben. GRABHERR beobachtete nämlich, daß dieses die Kräuter und den Baumjungwuchs auf den gedüngten Parzellen mit Vorliebe äste und sich dabei vor allem die mineralsalzreichen Arten auswählte. Es hatte also allen Anlaß, die gedüngten Flächen immer wieder aufzusuchen.

Betrachtet man die von GRABHERR übernommenen Daten genauer, so fällt auf, daß sich die meisten „Säurezeiger" keineswegs sofort nach der Kalkung zurückzogen, sondern im Gegenteil zunächst üppiger gediehen als auf den ungekalkten Parzellen. Nur dort, wo sich die übrigen Kräuter sehr kräftig entwickelten, namentlich auf den voll gedüngten Parzellen, wichen die Säurezeiger zurück. 10–13 Jahre genügten aber noch nicht, sie ganz zu verdrängen, zumal der Eingriff, der die übrigen Arten förderte, nicht wiederholt wurde.

Die Wirkung der einmaligen Düngung ist offensichtlich nicht so rasch abgeklungen, wie man dies nach den Erfahrungen bei Grünland- und Felddüngungsversuchen erwarten würde. Der Grund hierfür ist in der Tatsache zu suchen, daß den landwirtschaftlich genutzten Flächen alljährlich mit der Ernte große Stoffmengen entzogen werden, während der Stoffkreislauf beim Waldboden geschlossen bleibt. Einmal bereichert, kann er also lange, womöglich sogar für alle Zukunft, mit dem erhöhten Kapital arbeiten. So erklärt es sich auch, daß sich nach Aufforstungen von Ackerböden die frühere Düngung oft noch in der zweiten Bestandesgeneration deutlich im Wuchs und im Artengefüge auswirkt, wie ELLENBERG (1969) im Knyphauser Walde nördlich von

Buchen- und Buchenmischwälder

Tab. 20. Auswirkungen einer Differenz-Düngung auf einen rel. bodenfeuchten Moderbuchenwald *(Luzulo-Fagetum)* auf Bausandstein-Verwitterungsboden bei Hann. Münden. Nach Vegetationsaufnahmen von Grabherr (1942)[1])

Lfd. Nr.:	1	2	3	4	5	6
Düngung bzw. Behandlung[2])	unv.	barb.	KP	CaK	CaP	CaPK
Baumschicht						
Fagus sylvatica, 120 j.	5	5	5	5	5	5
Quercus petraea	1	1	1	3	3	2
Baumjungwuchs						
Fagus sylvatica	5	5	5	5	5	5
Sorbus aucuparia	3	3	5	4	2	4
Fraxinus excelsior	1	2	5	5	5	5
Acer pseudoplatanus	1	2	4	5	1	4
Quercus petraea		3	3	4	2	4
Picea abies	1		3	3	5	4
Pinus sylvestris	1					
Larix decidua		2				
Sträucher						
Rubus idaeus	2	2	5	4	5	5
Sambucus racemosa		3	5	5	5	4
Frangula alnus			3	2	1	2
Ribes uva-crispa	1			2	1	1
Salix caprea					2	2
Rubus spec.					1	1
Krautschicht						
Vaccinium myrtillus	3					
Teucrium scorodonia	1	1				
↓[3]) Veronica montana	1	1				
Avenella flexuosa	5	5	4	2	3	4
Majanthemum bifolium	5			2	2	2
Luzula luzuloides	5	5	5	5	5	5
Carex leporina	1	5	4	4	1	3
Carex pallescens	2	4	3	3	5	3
Agrostis tenuis	3	5	4	4	3	5
↓ Poa nemoralis	2	3	2	2	1	2
↓ Carex remota	1	2		2	2	2
Oxalis acetosella	2		5	4	3	5
Dryopteris carthusiana	1	3	3	5	4	4
Digitalis purpurea[4])	2°	4°	5	5	5	5
Stellaria media	2°	4°	4	5	5	5
Epilobium angustifol.	2°	2	4°	5	5	5
Galeopsis tetrahit	1°	2	4	5	5	5
Moehringia trinervia	1°	5	5	4	4	4
Taraxacum officinale	1		1	1	3	2
↑ Juncus effusus			2	4	3	3
Deschampsia cespitosa	1		4	3	2	4
Urtica dioica	1°			4	5	3
↑ Hieracium laevigatum						2
Scrophularia nodosa		5	5	5	5	5
Carex sylvatica		4	4	4	4	4
Mycelis muralis		5	4	5	5	5

Lfd. Nr.:	1	2	3	4	5	6
↑ Galium harcynicum				2	1	1
Epilobium montanum				2	4	5	5
Milium effusum				2	3	3	3
Calamagrostis epigeios				5		3
Festuca gigantea				3		2
↑ Festuca altissima				5	3	4
Galium odoratum				5	5	4
↓ Stachys sylvatica				3	2	1
↑ Holcus mollis				3	4	4
Circaea lutetiana				2	4	3
Stellaria nemorum				2	3	2
Dactylis glomerata				2	3	2
Senecio fuchsii				2	3	2
Athyrium filix-femina				3	3	4
Geum urbanum						2
↑ Rumex acetosella					4	3
Veronica chamaedrys					4	4
Rumex sanguineus					2	2
Galium aparine					2	2
Ranunculus acris					1	1
Hieracium pilosella					1	1
Senecio sylvaticus					2°	4°
Lapsana communis					2	3
Poa annua					1	2
Vicia sepium						2
Stellaria holostea						2
Phyteuma spicatum						2
Viola reichenbachiana						2
Melica uniflora						2
Moosschicht						
Dicranella heteromalla	5	3	3	3	2	2
Cladonia squamosa	5	5	5	2	3	4
Leucobryum glaucum	2	3	2		2	1
Dicranum scoparium	5	4	4	4	4	4
Polytrichum formosum	5	5	5	4	5	5
Atrichum undulatum	1		3	3	4	2

[1]) Die kursiven Ziffern bedeuten die Stetigkeit in mehreren Aufnahmen von gleichbehandelten Parzellen. **Halbfett** = oft mit großer Menge auftretend.

[2]) Bearbeitung 2–6 mit Hermannschem Waldpflug (März 1927). Düngung je ha (einmalig im April 1927) Ca = 3000 kg Branntkalk (davon CaO 52%) P = 606 kg Thomasmehl (= 97 kg P_2O_5) K = 30 kg Kali (42% K_2O, erst April 1933). In KP (3) geringe Kalkung einbegriffen, weil Thomasmehl etwa 40% CaO enthält. Flächengröße 0,69 ha, 3 Wiederholungen.

[3]) ↓ ↑ müßte dem ökologischen Verhalten nach in einer tieferen bzw. höheren Gruppe stehen.

[4]) ° bedeutet reduzierte Vitalität.

Oldenburg nachwies. Bei acker- oder weidewirtschaftlicher Nutzung wäre derselbe Boden ohne weitere Stoffzufuhr längst unfruchtbar geworden (s. Abb. 414).

In der Trockensubstanz der von GRABHERR auf den gedüngten Parzellen entnommenen Pflanzen ist tatsächlich noch nach mehr als einem Jahrzehnt ein erhöhter K_2O-, P_2O_5- und CaO-Gehalt nachzuweisen, sogar bei einer und derselben Art (vgl. Tab. 21). Diese Analysen sprechen dafür, daß die Nährstoff-Mangelanzeiger keine Nährstoff-Flieher zu sein brauchen. Sogar *Luzula luzuloides* und *Avenella flexuosa* haben auf den gedüngten Flächen mehr K_2O, CaO und P_2O_5 aufgenommen als auf den ungedüngten.

Tab. 21. Einige ökologische Kenngrößen zu dem in Tab. 20 dargestellten Düngungsversuch, der einen Moderbuchenwald weitgehend in einen Braunmull-Buchenwald umwandelte. Größtenteils nach Angaben von Grabherr (1942). Einige Höchstwerte halbfett.

Kenngrößen	Kontrolle Nr. 1	Bearbeitet (einmalig mit Waldpflug)				
		2 unged.	3 KP	4 CaK	5 CaP	6 CaPK
Errechnete Faktorenzahlen[1])						
mittlere Feuchtezahl (mF)	5,4	5,3	5,4	5,4	5,4	5,4
mittlere Reaktionszahl (mR)	3,1	3,7	4,1	4,3	**4,4**	4,3
mittlere Stickstoffzahl (mN)	3,9	4,6	5,1	**5,6**	**5,6**	5,4
Bodenanalysen (leider ohne Nr. 1)						
pH (H_2O) -pH (KCl)						
Humusauflage (O_H)	–	4,1-3,5	4,2-3,7	4,1-3,7	4,2-3,6	4,1-3,6
Mineralboden (A_h)	–	3,9-3,9	4,1-4,2	4,1-4,2	4,0-4,0	4,0-4,1
Nährstoffe						
mg in 100 g Trockenboden N total		130	130	140	150	**160**
g/l in 10% HCl-Auszug P_2O_5		74	81	76	71	79
K_2O		35	35	40	41	39
CaO		30	33	68	**72**	69
Pflanzenanalysen (Beispiele, ohne Nr. 1)						
Buchen-Jungpflanzen *(Fagus)*						
Asche		2,8	3,0	3,2	3,3	**3,7**
N total		0,90	**1,23**	1,12	1,12	1,12
g in 100 g Trockensubstanz P_2O_5		**0,40**	0,35	0,32	0,38	**0,40**
K_2O		**0,49**	0,46	0,46	0,47	0,47
CaO		0,63	0,77	0,85	0,85	**1,07**
Hainsimse *(Luzula luzuloides)*						
Asche		7,4	7,1	**7,8**	7,0	6,8
N total		1,49	1,53	1,57	**1,61**	**1,61**
g in 100 g Trockensubstanz P_2O_5		0,25	0,42	0,36	**0,46**	0,45
K_2O		1,76	2,10	1,98	**2,15**	**2,15**
CaO		0,63	0,63	0,80	0,70	**0,84**
Roter Fingerhut *(Digitalis purpurea)*						
Asche		10,1	14,7	14,1	13,6	**16,2**
N total		1,90	**2,24**	2,17	2,02	1,94
g in 100 g Trockensubstanz P_2O_5		0,47	0,43	0,61	0,49	**0,69**
K_2O		2,20	4,05	4,10	**4,41**	3,58
CaO		1,45	1,87	1,87	**2,18**	2,13

[1]) Nach dem an Tab. 12 erläuterten Verfahren. Die Bewertung der Arten ist im Register (Abschnitt E III) zu finden.

Allerdings enthalten die „anspruchsvollen" Arten, z.B. *Stellaria media* und *Digitalis purpurea*, meist höhere Prozentsätze an diesen Stoffen in ihrer Trockensubstanz als die Mangelzeiger, obwohl beide Artengruppen in demselben Boden wurzeln. Diese Tatsache konnten SCHÖNNAMSGRUBER (1959) sowie DUVIGNEAUD und DENAEYER-DE SMET (1962) an umfangreichem Analysenmaterial bestätigen.

Wie die Pflanzenanalysen GRABHERRS weiterhin beweisen, haben die meisten Bäume und Kräuter aus den gedüngten Böden relativ mehr Stickstoff aufnehmen können als aus den ungedüngten, obwohl ihnen nur Kalk, Kali und Phosphor und gar kein Stickstoff zugeführt wurde. Wahrscheinlich wurden durch die Düngung und Bodenbearbeitung zugleich auch die Voraussetzungen für die Nitrifikation verbessert. Für diese Annahme spricht auch die Tatsache, daß Stickstoffzeiger wie *Urtica dioica, Senecio sylvaticus, Stellaria nemorum* und *Epilobium angustifolium* auf den mit Ca versehenen Parzellen hervortraten. Aus dem Gehalt krautiger Pflanzen an N, P, K und Ca kann man jedoch nicht ohne weiteres Schlüsse auf die Bodenbeschaffenheit ziehen, weil sich selbst dicht nebeneinander wachsende Arten stark in den Amplituden ihrer Mineralstoffgehalte unterscheiden (s. DUVIGNEAUD u. DENAYER-DE SMET 1970).

Vergleicht man endlich die p_H-Werte der verschieden behandelten Böden miteinander, so überrascht es, daß sie nahezu völlig übereinstimmen. Für eine Erniedrigung des Säuregrades reichte also die einmalige Kalkung nicht aus, und sie war offensichtlich auch gar nicht notwendig, um den Versuchserfolg zu ermöglichen. Wir dürfen hierin eine Bestätigung dafür sehen, daß der Säuregrad des Bodens als solcher sowie sein Ca-Gehalt innerhalb weiter Grenzen für das Leben der höheren Pflanzen keine entscheidenden Rollen spielen, vorausgesetzt, daß ihre Nährstoffversorgung gut ist (ELLENBERG 1958). Erhöht man diese bei einem sauren und zugleich armen Boden durch Düngung von N, P und K oder nur von N, so reagieren die Bäume (BURSCHEL 1966, HOLSTEINER-JÖRGENSEN 1971) und ihr Unterwuchs rasch, auch wenn man nicht kalkt.

Die hier erörterten Beziehungen zwischen Bodeneigenschaften und Bodenflora gelten nicht nur für Rotbuchenwälder, sondern auch für viele andere Laubmischwälder, auf die wir in den folgenden Abschnitten eingehen wollen. Da *Fagus* bei ausreichender Feuchtigkeit und Wärme in chemischer Hinsicht eine sehr weite Standortsamplitude hat, können die von ihr beherrschten Waldgesellschaften gewissermaßen als Modellbeispiele für die Lebensmöglichkeiten in mesophilen Laubwäldern Mitteleuropas dienen.

f Bioelement-Kreisläufe in Laubwäldern, besonders im Hainsimsen-Buchenwald

Während wir über die Bedeutung des Bodensäuregrades für verschiedene Waldgesellschaften seit langem gut unterrichtet sind und neuerdings auch ihre Versorgung mit Stickstoff beurteilen können, wissen wir über die Rolle anderer Bioelemente immer noch zu wenig. Unter den Hauptnährstoffen scheint der Phosphor den meisten mitteleuropäischen Waldgesellschaften, insbesondere den Buchenwäldern, in ausreichendem Maße zur Verfügung zu stehen. Jedenfalls fand W. SCHMIDT (1970) keine Korrelation zwischen dem Artengefüge zahlreicher, sehr unterschiedlicher Waldbestände in der Umgebung von Göttingen und dem Phosphorgehalt ihrer Böden. Sowohl unter Kalkbuchenwäldern als auch unter Braunmull- und Moderbuchenwäldern variiert das Angebot an „pflanzenaufnehmbarer" Phosphorsäure von relativ niedrigen bis zu außergewöhnlich hohen Werten (die durch frühere menschliche Besiedlung oder durch Fluchtburgen im Wald verursacht wurden). Dies Ergebnis erhielt W. SCHMIDT mit jeder der von ihm angewandten Bestimmungsmethoden; trotz der Unsicherheit in der Beurteilung der Phosphorversorgung, die bei Waldböden immer noch herrscht, darf es also als gesichert gelten. Kreisläufe des Phosphors, des Stickstoffs sowie zahlreicher anderer Bioelemente wurden seit 1966 vor allem im Rahmen des „Internationalen Biologischen Programms" verfolgt. Der Hainsimsen-Buchenwald im Solling gehört auch in dieser Hinsicht zu den bestuntersuchten Land-Ökosystemen und mag als Beispiel dienen, das aber wohl in mancher Hinsicht auch auf andere Waldgesellschaften übertragen werden darf. ULRICH und MAYER (1973) verfolgten hier den Umsatz aller wichtigen Bioelemente im Laufe eines Jahres (s. Tab. 22). Zumindest im Hinblick auf die Zufuhr aus der Luft (durch die Niederschläge, Zeile a) dürften ihre Daten auch für die übrigen Buchenwald-Gesellschaften in Süd-Niedersachsen zutreffen (s. hierzu STEINHARDT 1973 und MUHLE 1974).

Tab. 22. Jahresbilanz der Bioelementflüsse für einen Moderbuchenwald im Solling.
Nach Ulrich und R. Mayer (1973); alle Zahlen in kg/ha/Jahr, teilweise abgerundet. Wichtige bzw. hohe Werte halbfett, niedrige Werte kursiv

	Element:	Na	K	Ca	Mg	Fe	Mn	N	P	Cl	S
a	im Freiland-Niederschlag	7,3	2,0	12,4	1,8	1,2	0,2	23,9	0,5	17,8	24,8
b	in der Kronentraufe	11,3	18,1	26,6	3,5	1,5	2,8	22,5	0,6	**38,0**	**40,8**
c	im Stammablauf	2,3	7,5	5,8	0,7	0,3	0,9	2,6	0,0	6,5	16,5
d	in der Streu	*0,9*	21,9	15,0	1,5	2,0	6,6	**53,0**	4,3	*0,8*	*3,2*
e	a + b + c + d = Boden-Input	14,5	**47,5**	**47,4**	5,6	3,8	10,3	**78,1**	**4,9**	45,3	**60,5**
f	im Perkolationswasser der Humusschicht	12,9	40,4	39,8	4,7	1,3	6,5	**76,8**	**4,8**	38,3	43,9
g	„ „ in 50 cm Tiefe	6,7	2,3	14,3	2,0	*0,1*	4,1	5,8	*0,0*	36,5	12,5
h	„ „ in 100 cm Tiefe	8,8	1,6	14,1	2,4	*0,1*	4,3	6,2	*0,0*	28,6	19,8
i	e − h = Aufnahme durch die **Pflanzen**	5,7	**45,9**	33,3	3,2	3,7	6,0	**71,9**	**4,9**	27,5	35,8
j	b + c − a = Umsatz durch Auswaschung	6,3	23,6	20,0	2,4	0,6	3,5	1,2	0,1	26,7	32,5
k	j + d = gesamter **Umsatz**	7,2	**45,5**	35,0	3,8	2,6	10,1	**54,2**	4,4	27,5	35,7
l	j in % von k	87	52	57	60	30	30	*2*	*0*	**97**	**91**
m	i in % von e	39	**97**	70	57	**98**	58	**92**	**100**	61	59

zu j: d.h. Auswaschung der von den Bäumen ausgeschiedenen oder aus der Luft aufgefangenen Stoffe.
zu k: ohne den Umsatz durch abgestorbene Feinwurzeln, der beträchtlich sein dürfte, aber nicht erfaßt werden konnte.(Auch die Ziffern in Zeile i sind aus diesem Grunde zu klein.)

Stickstoff wird heute in beträchtlicher Menge mit den Niederschlägen eingebracht (nämlich mit rund 24 kg pro Hektar und Jahr), und zwar vor allem in Form von NH_3 (bzw. NH_4) und NO_3. Ein großer Teil davon ist die Folge der Luftverschmutzung durch Verbrennung fossiler organischer Stoffe, die gebundenen Stickstoff enthalten. (Aus Mooranalysen weiß man, daß die N-Zufuhr vor Beginn des Industriezeitalters nur etwa 6–8 kg/ha/J betrug, s. Abschnitt C III 1 a). Durch Haus- und Industriebrand gelangen außerdem große Mengen von Schwefel als SO_2 in die Luft und tragen auf dem Wege über Aerosole als Schwefelsäure zur Bodenversauerung bei (Abb. 33 u. 79). Das mit dem Niederschlag zugeführte Kochsalz (Na und Cl) ist jedoch ein Naturprodukt. Es wird mit versprühter Meeresgischt von Stürmen weit landeinwärts verfrachtet. In Küstennähe sind die Salzzufuhren viel größer; gemessen am Natrium betragen sie beispielsweise im Meathorp Wood nahe der mittelenglischen Küste 175 kg/ha/Jahr, wovon 125 kg in Aerosolen durch das Kronendach aufgefangen werden (WHITE u. TURNER 1970). Auch Magnesium wird dort in höheren Mengen niedergeschlagen, nämlich 23 kg gegenüber rund 4 kg im Solling. Die Zufuhr von Calcium ist dagegen im Meathorp Wood geringer als im Solling (13 kg gegenüber rund 32 kg), weil dieses in erster Linie aus aufgewirbeltem Staub stammt, also ein „Inlandsprodukt" ist. S, Cl und Na werden im Hainsimsen-Buchenwald des Solling und wohl auch in anderen Waldgesellschaften Mitteleuropas großenteils durch Auswaschung des Kronendachs umgesetzt (nämlich zu 91, 97 bzw. 87%, s. Zeile l in Tab. 22 u. Abb. 95). N und P dagegen beteiligen sich an dieser Form des Umsatzes so gut wie nicht.

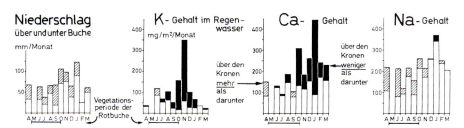

Abb. 95. Monatliche Kalium-, Calcium- und Natrium-Zufuhr durch Niederschläge über und unter einem Rotbuchen-Kronendach in einem belgischen Laubmischwald auf Kalk (Virelles-Chimay, April 1964 bis März 1965; vom Mai liegen keine Messungen vor). Nach DENAYER-DE SMET (1966).
Ein Teil des Niederschlags wird durch die Kronen zurückgehalten (linke Blockserie, schraffiert). Trotzdem gelangt mehr Kalium und Calcium mit dem durchtropfenden Niederschlag auf den Boden, als über den Kronen mit dem Regen zugeführt wird, besonders in der kühlen Jahreszeit. K und Ca werden vor allem von den älteren Blättern und den Zweigen ausgeschieden. Jedenfalls kann es sich nicht nur um zugeführten Staub handeln, der vom Regen abgewaschen wird; sonst würden sich beim leicht löslichen Natrium ähnliche Verhältnisse ergeben. (Unter Eichenkronen war die K- und Ca-Zufuhr mit dem Niederschlag sogar während aller Monate des Jahres 1964/65 größer als über dem Kronendach).

Mit den Hauptnährstoffen N, P und K geht der Waldbestand äußerst sparsam um. Die Pflanzen nehmen fast alles auf, was in den Boden gelangt (Zeile m in Tab. 22). Nur ein geringer Teil von diesen Hauptnährstoffen verläßt daher den Wurzelraum mit dem Wasser, das den Boden durchsickert (Zeile h), nämlich nur 6,2 kg N, 0 kg P und 1,6 kg K. Wie BÜCKING (1975) fand, sind die Nährstoffgehalte von Gewässern, die aus Buntsandstein-Waldgebieten kommen, dementsprechend gering. In Keuper- und Jura-Waldlandschaften dagegen kann der NO_3-Gehalt der Bäche bis über 20 m/l steigen. Beim Kalium, das ja leicht löslich ist, überrascht es besonders, wie gering die Auswaschungsverluste sind. K wird in erster Linie in den Blättern gebraucht und spielt unter anderem bei der schnellen Regulation der Spaltöffnungen eine Rolle, hilft also die beim Gaswechsel unvermeidbaren Wasserverluste minimieren. In relativ großer Menge wird es von den Blättern ausgeschieden und gelangt mit den durch das Kronendach tropfenden und am Stamm ablaufenden Niederschlägen (Zeilen b und c, s. auch Abb. 96) in den Boden.

In diesem Zusammenhang sei auf Berechnungen von PRENZEL (1976, unveröff.) hingewiesen, der die von den Pflanzen aufgenommenen Nährstoffmengen zu den Konzentrationen derselben Stoffe im Bodenwasser und zu den transpirierten Wassermengen in Beziehung setzte. N, P, K und Ca werden in stärkerem Maße aufgenommen, als es einem bloßen Massentransport der Bodenlösung mit dem Transpirationsstrom entspräche. Um sich diese bedeutenden Nährstoffe anzueignen, müssen die Buchenwurzeln also beträchtliche Energie aufwenden (und dementsprechend kräftig atmen). Gegen die Aufnahme von Na, Cl und Al (und wahrscheinlich auch von anderen in höherer Konzentration giftigen Stoffen) wehren sich die Pflanzen aktiv, d.h. ebenfalls unter Energieeinsatz, und nehmen sie in geringerem Maße auf, als sie in der Bodenlösung angeboten werden. Nur bei S, Fe und Mg entsprechen die aufgenommenen Mengen etwa einem Massenfluß der Bodenlösung mit dem Transpirationsstrom. Doch werden auch diese Bioelemente von den Wurzeln nicht passiv absorbiert.

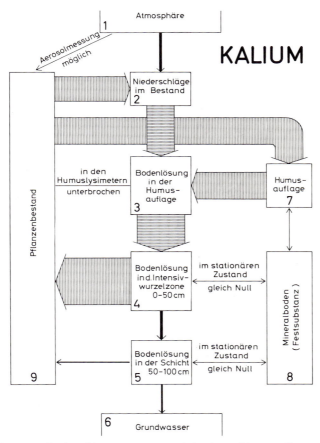

Abb. 96. Kalium-Kreislauf im Ökosystem eines Moderbuchenwaldes im Solling. Nach Angaben von ULRICH und R. MAYER (1973). Die Breite der Pfeile entspricht der Stärke des K-Flusses.
1. Aus der Atmosphäre wird mit den Niederschlägen nur wenig K zugeführt (2 kg/ha · Jahr). 2. Der Niederschlag im Bestand ist dagegen überraschend reich an K (26 kg/ha · Jahr), weil die Blätter der Bäume K ausscheiden. 3. Etwa ebensoviel K gelangt in die Bodenlösung durch Mineralisation der Humusauflage (7).
4. Aus der „Intensivwurzelzone" (die hier bis 50 cm gerechnet wird, obwohl die Hauptmasse der Feinwurzeln auf die oberen 10–20 cm beschränkt ist) nehmen die Bäume und anderen Gefäßpflanzen (9) so begierig das K auf (46 kg/ha · Jahr), daß es trotz seiner Leichtlöslichkeit kaum in tiefere Schichten (5) oder gar ins Grundwasser (6) gelangt. Der Austausch von K mit der festen Substanz des Bodens (8) ist gering; er wird hier gleich Null gesetzt.

g Transpiration, Photosynthese und Stoffproduktion des Hainsimsen-Buchenwaldes im Vergleich zu anderen Pflanzenbeständen

Der Transpirationsstrom, mit dem der eben betrachtete Buchenbestand die Nährstoffe in so unterschiedlicher Menge aufnimmt und in die Blätter transportiert, beträgt nach BENECKE (1976, s. Tab. 23) durchschnittlich weniger als 280 mm pro Jahr. Das sind zwar nur 26,5% der im Solling fallenden Niederschläge, aber immerhin 2,8 Millionen Liter pro Hektar und Jahr. Im gleichen Zeitraum produziert der Buchenbestand nach HELLER (s. Tab. 24) netto mindestens 11 000 kg Trockensubstanz. Während 1 kg Trockensubstanz durch die Netto-Photosynthese aufgebaut wird, gehen dem Buchenbestand durch Transpiration durchschnittlich etwa 180 Liter (= kg) Wasser verloren. Dieser „Transpirations-Koeffizient" ist zwar beträchtlich, aber doch erstaunlich gering, wenn man ihn mit demjenigen unserer Kulturpflanzen vergleicht. Weizen beispielsweise braucht nach Tab. 63 durchschnittlich etwa 540 l, um 1 kg Trockensubstanz aufzubauen. Selbst beim Mais, der als C_4-Pflanze das Kohlendioxid der Luft besser auszunutzen vermag und deshalb seine Spaltöffnungen weniger weit und weniger lange offenzuhalten braucht, ergibt sich ein Transpirations-Koeffizient um 370. Die Rotbuche arbeitet also etwa doppelt so rationell, obwohl ihr Photosynthese-Apparat nur den C_3-Weg zuläßt.

Im Prinzip gilt dies auch für andere Baumarten, z. B. Kiefer und Fichte, für die Transpirations-Koeffizienten von 300 bzw. 230 ermittelt wurden (LARCHER 1976). Die Fichte ist im Solling etwas anspruchsvoller als die Buche und verbraucht etwa 220 l pro kg erzeugter Trockensubstanz.

Tab. 23. **Wasserbilanz eines Hainsimsen-Buchenwaldes und eines Fichtenforstes im Solling** für die Jahre 1968 bis 1972. Nach Angaben von Benecke (Vortrag 1976). Buchenaltholz ca. 115–120jähr., Fichten-Pflanzwald ca. 90jähr., an gleichem Standort, d.h. 500 m ü.M., auf starksaurer Moder-Braunerde in Löß über mittlerem Buntsandstein [1])

Jahr	FN mm	NB mm		ET mm	S mm	Δ R Boden mm	Δ Sn Schnee mm	I mm	I %	IET mm	IET %
1968 (Mai– Dez.)	746,1	Bu	639,1	254,4	382,5	+ 16,8	+19	107,0	14,3	361,4	48,4
		Fi	529,9	362,8	145,8	+ 2,3	+19	216,2	30,0	579	77,6
1969	1064,0	Bu	912,0	307,0	582,9	– 9,8	+32,0	152,0	14,3	459,0	43,1
		Fi	743,7	383,9	368,9	– 10,1	+ 1,0	320,3	30,1	704,2	66,2
1970	1479,1	Bu	1206,3	261,0	972,6	+ 23,7	–51	272,8	18,4	533,8	36,1
		Fi	1152,6	260,6	890,5	+ 21,6	–21	326,5	22,1	586,9	39,7
1971	809,7	Bu	622,7	311,0	303,9	+ 7,8	0,0	187,0	23,1	498,0	61,5
		Fi	555,3	310,5	232,2	+ 12,6	0,0	254,4	31,4	564,9	69,8
1972	910,4	Bu	716,0	245,0	343,0	+128,2	0,0	194,4	21,3	439,4	48,3
		Fi	605,0	307,2	308,4	– 10,5	0,0	305,5	33,5	612,7	67,3
Mittel (ohne 1968)	1065,8	Bu	864,3	281,0	550,6			201,6	18,9	482,6	45,3
		Fi	764,2	315,6	450,0			301,7	28,3	617,2	57,9

[1]) FN = Freiland-Niederschlag, NB = Niederschlag im Bestand, ET = Evapotranspiration, S = Sickerwasser, Δ R Boden = Rücklage für das nächste Jahr, Δ Sn Schnee = Zufuhr durch Schneeschmelze bzw. Verlust durch Schnee-Verdunstung, I = Interzeption, IET = I + ET = Wasserabgabe.

Tab. 24. Transpirations-Koeffizienten von Buchen- und Fichten-Beständen 1969 − 1972 in Solling. Nach Angaben von Heller (1977, unveröff.) berechnet[1])

Bestand: a - e in t/ha · Jahr	Rotbuche (115 − 120jähr.)				Fichte (ca. 90jähr.)			
Jahr:	1969	1970	1971	1972	1969	1970	1971	1972
Netto-Primärproduktion								
a Blätter bzw. Nadeln	3,46	4,38	3,45	3,59	2,67	2,68	2,67	2,70
b Stämme, Äste, Zweige	9,00	3,09	8,35	6,76	6,75	3,96	5,03	5,36
c Wurzeln >5 mm Durchm.	0,82	0,26	0,75	0,69	2,55	1,59	1,97	2,09
d gesamt (ohne Feinwurzeln)	13,28	7,73	12,55	10,94	11,97	8,23	9,67	10,15
e Evapotranspiration (ET)	3070	2610	3110	2450	3839	2606	3105	3072
Transpirations-Koeffizient								
f e : d	230	340	250	225	320	315	320	305
g e : (d + 3 t Feinwurzeln)	190	245	200	175	255	230	245	235
h (e − 300 t) : (d + 3 t)	170	215	180	**155**	235	**205**	220	210
h' Durchschnitt 1969 - 1972	180				220			

[1]) Der Transpirationskoeffizient gibt an, wieviel Liter Wasser eine Pflanze transpiriert, während sie 1 kg Trockensubstanz erzeugt. Hier wurde er pro Jahr in t pro t berechnet.

a - d Relativ genaue Ermittlungen, aber ohne Feinwurzeln, deren Jahresproduktion etwa in der Größenordnung derjenigen der Blätter bzw. Nadeln liegen dürfte.

e Relativ genaue Ermittlungen (s. Tab. 23 ET), jedoch ohne Trennung von Transpiration und Evaporation. Diese ist bei waldbestandenen Böden gering und dürfte kaum mehr als 10% von ET betragen.

f - h Auf 5 abgerundet; f ist sicher zu hoch, weil die Feinwurzeln nicht berücksichtigt und die Evaporation nicht abgezogen wurde. Bei g wurde der Feinwurzelzuwachs in allen Fällen mit 3 t/ha · Jahr in Rechnung gesetzt. Bei h wurde außerdem e in allen Fällen um 300 t vermindert.

h' Im Durchschnitt der Jahre ergeben sich bei dieser Näherungsrechnung Transpirations-Koeffizienten, die den von Larcher (1976) angegebenen, physiologisch ermittelten Werten nahekommen (Buche 170, Fichte 230). Das relativ niederschlagsreiche und kühle Jahr 1970 war hinsichtlich des Transp.-Koeff. für die Buche besonders ungünstig, für die Fichte dagegen günstig. Größten Holzzuwachs und größte Netto-Primärproduktion erzielten beide Baumarten im Jahre 1969, d.h. bei durchschnittlichen Niederschlägen (s. Tab. 23).

Auf welche Weise die Buche ihre bewundernswerte Leistung vollbringt, lassen die Gaswechsel-Messungen von SCHULZE (1970) ahnen. Je nach der Beleuchtungsstärke, der Luftfeuchtigkeit und der CO_2-Konzentration regulieren die Blätter die Weite ihrer Spaltöffnungen rasch, so daß sie sich jeder Veränderung dieser Faktoren sogleich anpassen (s. Abb. 97). Außerdem ist die Photosynthese der dünnen, d.h. mit wenig Substanz gebauten Schattenblätter der Buche, auf ihr Trockengewicht bezogen, ebenso effektiv wie die der Sonnenblätter. Infolgedessen vermag die Buche das Sonnenlicht besser auszunutzen als z.B. die Stieleiche, die nur etwa drei Blattschichten ausbildet, während bei der Buche zu 3 Schichten von Sonnenblättern noch mindestens 3–4 Schichten von Schattenblättern hinzukommen. Die Stoffproduktion des Unterwuchses ist im Buchenwalde dementsprechend unbedeutend (EBER 1971) und darf vernachlässigt werden, während sie in Eichenmischwäldern beträchtlich sein kann (s. Abb. 82 u. 131).

In dem relativ feuchten Klima des Solling, das in rund 500 m Höhe bereits montane Züge zeigt, wird die Photosyntheseleistung nur selten durch Wassermangel begrenzt. Auch die Wärme reicht meistens für die Photosynthese aus, zumal deren Nettobetrag zwischen etwa 8 und 24 °C nahezu optimal sein kann, wenn die übrigen Faktoren günstig bleiben. Dagegen fehlt es sehr oft am Licht, um die rechnerisch mögliche maximale Netto-Photosynthese zu erreichen (SCHULZE 1970). Das gilt insbesondere

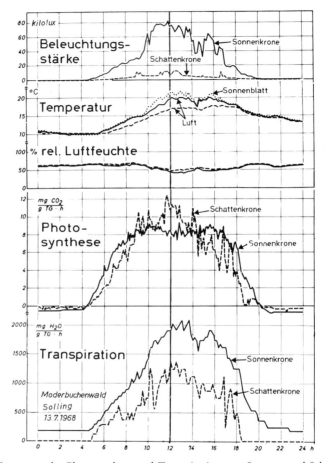

Abb. 97. Tagesgang der Photosynthese und Transpiration von Sonnen- und Schattenblättern einer Rotbuche im *Luzulo-Fagetum* an einem schönen Sommertag, im Vergleich zum Tagesgang der Beleuchtungsstärke sowie der Temperatur und der Luftfeuchtigkeit in den Meßkammern. Nach SCHULZE (1970).

Auf das Trockengewicht der Blätter bezogen, ist die Photosyntheseleistung der Schattenkrone gleich groß wie die der Sonnenkrone, obwohl sie nur etwa ein Zehntel so viel Licht genießt. Wenn die Schattenblätter von Sonnenflecken getroffen werden, assimilieren sie sogar mehr CO_2 als die dauernd voll lichtexponierten Blätter. Sonnenblätter erreichen ihre Lichtsättigung bei etwa 35 bis 40 Kilolux, Schattenblätter schon bei weniger als 10 Kilolux.

Da die Transpiration, ebenfalls auf das Blatttrockengewicht bezogen, bei Schattenblättern nur rund halb so groß ist wie bei Sonnenblättern, arbeiten sie rationeller als diese. Oder anders ausgedrückt: Je größer der Anteil der Schattenblätter am Kronendach, desto größer ist die Netto-Primärproduktion bei gleichem Wasserverbrauch. Die Transpiration erhöht sich mit steigender Temperatur und sinkender Luftfeuchte; sie ist dementsprechend nachmittags größer als vormittags.

(Die Temperatur und die Luftfeuchte wurden in der Meßkammer, den Außenbedingungen entsprechend, automatisch reguliert. Sie entsprachen also weitgehend den natürlichen Verhältnissen. Der Lichtgenuß war durch das Plexiglas-Gehäuse der Kammer etwas abgeschwächt.)

für ein so wolkenreiches Klima, wie es im Solling herrscht, dürfte aber für weite Teile Mitteleuropas ebenfalls zutreffen. Denn selbst in den strahlungsreichen Zentralalpen fand schon CARTELLIERI (1940), daß Lichtmangel häufig der die Photosyntheseleistung begrenzende Faktor ist.

Einschränkend wirken aber außerdem manche Standortsfaktoren, die nicht so kurzfristigen Schwankungen unterworfen sind wie das Licht und die Witterung. Insbesondere die Ernährung mit Stickstoff, mit der die Chlorophyllmenge und die Blattfläche eines Pflanzenbestandes pro überschirmter Bodenfläche (der Blattflächenindex) steigen, dürfte die Effektivität der Photosynthese mitbestimmen. Dagegen scheint das Artengefüge eines Bestandes unwesentlich zu sein, vorausgesetzt, daß sich sein Blattwerk unter den jeweiligen Bedingungen maximal entfalten konnte. Jedenfalls zeigte sich im Sollingprojekt, daß Buchen- und Fichtenbestände, aber auch Wiesen und ein Weidelgrasacker, jährlich etwa gleiche Mengen an Kalorien in ihrem Jahreszuwachs festlegen. Sie nutzen die Lichtenergie also mit annähernd gleicher Effektivität aus (RUNGE 1972, s. Abb. 36). Dies trifft allerdings nur zu, wenn man auch den – teilweise nur schwer bestimmbaren – unterirdischen Zuwachs in den Vergleich mit einbezieht.

Der unterirdische Anteil an der Netto-Primärproduktion ist bei der Buche am geringsten (s. auch Abb. 82). Dieser Baum investiert einen besonders hohen Anteil seiner Assimilate im Zuwachs seiner Äste, Zweige und Blätter, d.h. in der Mehrung seiner Konkurrenzkraft durch Beschattung anderer Pflanzen. Die Fichte steht der Buche in dieser Hinsicht nach; ihr Jahreszuwachs konzentriert sich mehr auf den geraden Stamm, der vom Menschen besser genutzt werden kann. Ihre forstliche Ertragsleistung ist daher unter sonst vergleichbaren Umständen größer als die der Buche, obwohl diese einen höheren oberirdischen Biomassenzuwachs hat (s. Abb. 36). Hinsichtlich der Verteilung von ober- und unterirdischer Produktion reichte im Solling an den Buchenwald nur ein Bestand von einjährigem Weidelgras *(Lolium multiflorum)* heran, der bestens bearbeitet und gedüngt wurde, um die unter den gegebenen Boden- und Klimabedingungen maximale Pflanzenproduktionen zu erzielen.

Nach RUNGE (1972) nutzen alle im Solling untersuchten Pflanzenbestände für ihre Netto-Photosynthese etwa 1% der Globalstrahlung pro Jahr oder 1,4% pro Vegetationsperiode. Da von der Gesamtstrahlung nur knapp die Hälfte photosynthetisch wirksam ist, darf man die Effektivität der Lichtausnutzung für die Netto-Primärproduktion mit durchschnittlich etwa 3% ansetzen. Kurzfristig kann diese unter günstigen Bedingungen bis auf etwa 12% steigen, wie RUETZ (1973) für den Rotschwingel *(Festuca rubra)* in den Wiesen des Solling nachwies. Für Moderbuchenwälder in den belgischen Ardennen fand NANSON (1962) mit anderen Methoden eine ähnliche Größenordnung. Von der eingestrahlten Energie nutzten diese Wälder im Mittel 1,23 (0,93–1,51) % pro Jahr oder 1,95 (1,48–2,40) % in der Vegetationsperiode. Wesentlich höhere Durchschnittsquoten pro Jahr wurden bisher nur in einigen gut ernährten Zuckerrohrfeldern, Schilfröhrichten und tropischen Wäldern gemessen. Der Moderbuchenwald und die übrigen Pflanzenbestände im Solling sind also durchaus effektiv. Sie dürften in dieser Hinsicht für Mitteleuropa annähernd durchschnittliche Verhältnisse verkörpern.

Der weitaus größte Teil der einfallenden Strahlung wird von den Land-Ökosystemen jedoch nicht zur Photosynthese genutzt, sondern für den Wasserumsatz verbraucht oder als fühlbare Wärme an die Luft abgegeben (s. BAUMGARTNER 1967 u. Abb. 98). 45,3% der Niederschläge, die der Buchenbestand im Solling durchschnittlich empfängt, verdunsten wieder, und zwar vor allem durch Transpiration sowie durch Interzeption (I = 18,9%, s. Tab. 23). Beim Fichtenbestand ist die Gesamtverdunstung sogar noch größer (IET = 57,9%), und macht die Interzeption mehr als ein Viertel der Niederschlagsmenge aus (I = 28,3%). Das hängt vor allem mit der großen Gesamtoberfläche der Fichten zusammen, an deren Zweigen die Nadeln bis zu 12 Jahren lang sitzen bleiben (s. Tab. 107). Die Oberfläche eines Fichtenbestandes übersteigt das 25fache der überschirmten Bodenfläche, während es der Buchenbestand im Sommer nur auf das 16–17fache und im Winter auf weniger als das 10fache bringt. Für den Buchenwald selbst hat dies übrigens den Vorteil, daß er weniger unter Luftverschmutzung leidet (KELLER 1968 a u. a.) und daß er schweflige Säure und andere Schadstoffe in geringerem Maße aus der Luft ausfiltert, also auch weniger zur Versauerung des Bodens beiträgt. Nur in Stammnähe ist diese beträchtlich (s. Abb. 79).

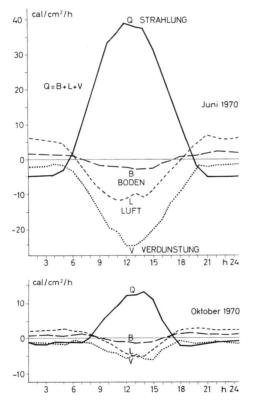

Abb. 98. Strahlungsbilanz eines Buchen-Altbestandes im Solling während der Vegetationsperiode (Juni 1970) und nach deren Ende (Oktober 1970). Nach KIESE (1972), etwas verändert.
Von der gesamten Einstrahlung (Q) wird der größte Teil durch Verdunstung (V) von Wasser verbraucht, besonders im Sommer, wenn die stomatäre Transpiration groß ist. Auch nachts bewirkt die Verdunstung von Pflanzen- und Bodenoberflächen einen gewissen Wärmeverbrauch. Die fühlbare Erwärmung der Luft (L) und die Erwärmung des Bodens (B) tagsüber bzw. der umgekehrte Vorgang nachts sind weitere, mehr oder weniger wichtige Posten der Strahlungsbilanz. Zur Photosynthese werden höchstens wenige Prozent der Einstrahlung verwertet (vgl. Tab. 30).

Schon aus den wenigen Andeutungen geht hervor, wie eng in einem Waldökosystem Strahlungs-, Wasser- und Stoffumsatz zusammenhängen und in wie vielerlei Hinsicht Buchenwälder konkurrenzwirksame Vorteile genießen. Leider liegen noch zu wenige Ergebnisse von Ökosystemforschungen vor, um solche Aussagen quantitativ absichern und verschiedene Waldgesellschaften miteinander vergleichen zu können. Der weltweite Überblick von RODIN und BASILEVICH (1967) über die Produktion und den Stoffkreislauf in terrestrischen Ökosystemen bringt hierfür ungenügende vegetationskundliche Daten. Die kürzlich von DUVIGNEAUD und KESTEMONT (1977) zusammengefaßten Untersuchungen an Moderbuchenwäldern und Fichtenforsten in den belgischen Ardennen bestätigen jedoch großenteils die im Solling gewonnenen Erfahrungen. Außerdem zeigen sie, daß sich andere Laubwaldgesellschaften nicht nur im Artengefüge, sondern auch im Stoff- und Energieumsatz von den Buchenwäldern unterscheiden. Wir werden hierauf im Abschnitt B III 3h zurückkommen.

III Übrige Laubmischwälder außerhalb der Flußauen und Moore

1 Ahorn- und eschenreiche Mischwälder

a Standörtliche Gliederung der Ahorn- und Eschenwälder

Räumlich, ökologisch und floristisch in engster Beziehung zu den Buchenwäldern stehen manche Mischwälder, die von Ahornarten *(Acer pseudoplatanus, A. platanoides)* und anderen breitlaubigen Edelhölzern *(Tilia platyphyllos, Ulmus glabra)* oder von der Esche *(Fraxinus excelsior)* beherrscht werden (SCHLÜTER 1967, MOOR 1975). Vor allem die eschenreichen Waldgesellschaften gehören zu den produktivsten in Mitteleuropa; aber auch die übrigen sind in der Regel raschwüchsig, weil sich ihre Standorte durch hohe Nährstoffangebote auszeichnen. Obwohl hier die Rotbuche an und für sich gut gedeiht, wird sie von Esche und Bergahorn und z. T. auch von Bergulme, Spitzahorn und Sommerlinde schon in der Jugend übergipfelt.

Trotz des Zurücktretens der Buche und selbstverständlich auch der Eichen und anderer Lichthölzer weist aber der Unterwuchs der Ahorn- und Eschenmischwälder viele Gemeinsamkeiten mit dem der Rotbuchenwälder sowie der Eichen-Hainbuchenwälder auf, die in Abschnitt III 4 besprochen werden sollen. Manche floristische Verwandtschaft besteht außerdem zu den Hartholz-Auenwäldern (Abschnitt V 1 f–h). Die systematische Abgrenzung dieser drei Gruppen von Laubwaldgesellschaften bereitet Schwierigkeiten, die dazu führten, daß die buchenarmen Edellaub-Mischwälder im Laufe der Zeit wechselnden Verbänden zugeteilt wurden. An ihrer Zugehörigkeit zur Ordnung *Fagetalia* und damit zur Klasse *Querco-Fagetea* wurde jedoch niemals gezweifelt.

Außerhalb des Überschwemmungsbereiches von Flüssen, den wir wegen seiner ökologischen Sonderstellung in Abschnitt V als Ganzes behandeln und zunächst nicht in Betracht ziehen wollen, können sich ahorn- und eschenreiche Edellaub-Mischwälder an recht verschiedenen Standorten entwickeln:

1. Nordwest- bis ostgerichtete Steilhänge oder Schluchten mit feinerdearmen, aber stark humosen, mehr oder minder basenreichen Fels- oder Steinschuttböden begünstigen in der submontanen bis montanen Stufe den Eschen-Ahorn-Schatthangwald (*Aceri-Fraxinetum* im Sinne von TÜXEN 1937; nach MOOR 1952 besser als *Phyllitido-Aceretum* zu bezeichnen). Der häufig für diese Waldgesellschaft verwendete Name „Schluchtwald" führt insofern irre, als sie nicht nur in Schluchten, sondern auch an freien Hängen typisch ausgebildet sein kann (s. MAYER 1969 u. GADOW 1975, u. Abb. 99).
2. Auf den mit fruchtbarem Auelehm erfüllten Sohlen schattiger Kerbtäler, die ökologisch zwischen 1 und 3 stehen, gedeiht selbst in kalkarmen Gebirgen wie dem Harz der Lerchensporn-Eschen-Ahorn-Talsohlenwald (*Corydali-Aceretum*, s. HOFMANN 1965 u. GADOW 1975), der floristisch an den Lärchensporn-Eichen-Hainbuchenwald und den Bärlauch-Buchenwald erinnert. Wegen seiner Seltenheit gehen wir auf ihn nicht ein.
3. Auf kolluvialen, tiefgründigen Hangfußböden, die sehr nährstoffreich und zumindest im Frühjahr frisch bis feucht sind, findet in der collinen bis submontanen Stufe

ein Ahorn-Eschen-Hangfußwald (*Aceri-Fraxinetum* im Sinne von ETTER 1947) üppige Lebensbedingungen, besonders in den niederschlagsreichen Randalpen und alpennahen Gebirgen (s. auch PFADENHAUER 1969).
4. Entlang schmaler, in Lehm eingekerbter Bachrinnen, deren Hänge nicht überflutet, aber zuweilen unterspült und durch Rutschung erneuert werden, sowie auf entsprechenden Böden in quelligen Hangnischen gedeiht in submontanen oder planaren Buchengebieten der Eschen-Bachrinnenwald (Bach-Eschenwald, *Carici remotae-Fraxinetum* verschiedener Autoren, s. Abb. 102).

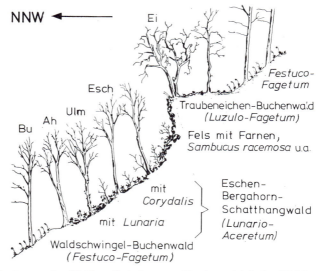

Abb. 99. Zonierung der Waldgesellschaften am Nordwestabfall des Thüringer Waldes in 470–520 m Höhe, d.h. in der unteren Buchenstufe, am Gömingenstein auf Glimmerschiefer. Nach SCHLÜTER (1959), verändert.
Der Eschen-Ahorn-Schatthangwald bevorzugt hier Hangmulden, die lokal Zufuhren von Wasser und Nährstoffen erhalten. Obwohl das Grundgestein kalkarm ist, gedeiht infolgedessen der anspruchsvolle Lerchensporn *(Corydalis cava)* in einer besonderen Fazies des fragmentarisch ausgebildeten Mondviolen-Eschen-Ahornwaldes.
Der Felssporn ist eine ausgesprochene „Verlustlage", so daß sich hier nur ein stark bodensaurer Eichen-Buchenwald ansiedeln konnte. Der übrige Hang erhält gelegentliche Stoffzufuhren durch Fallaub, das von stärker windexponierten Stellen hierher verweht wird (vgl. Abb. 84). Deshalb konnte sich der Waldschwingel *(Festuca altissima)* ausbreiten.

In den letztgenannten herrscht gewöhnlich *Fraxinus excelsior,* freilich oft nur auf einem wenige Meter breiten Streifen. Auch im Ahorn-Eschen-Hangfußwald gibt meist die Esche den Ton an, mischt sich aber mit anderen Baumarten. An steilen Schatthängen gewinnt nicht selten *Acer pseudoplatanus* die Oberhand, ohne jedoch die Esche und andere Bäume, vor allem *Ulmus glabra,* auszuschließen. Die Artenlisten der Schatthang- und Hangfußwälder haben auch im Unterwuchs viel miteinander gemeinsam. Im älteren Schrifttum (z.B. in der gründlichen Literaturübersicht von J. und M. BARTSCH 1952) trennte man sie daher noch nicht voneinander. Heute vereinigt man die beiden Assoziationen in einem und demselben Unterverband (*Acerion* nach OBERDORFER 1957, 1970, oder *Tilio-Acerion*). Den Eschen-Bachrinnenwald dagegen stellt man lieber zu den Auenwäldern (s. Abschnitt V 1 g), obwohl ihn vieles mit den beiden anderen Edellaubwald-Gesellschaften verbindet.

Allen vier Standorten ist hohe Luftfeuchtigkeit, dauernd gute Wasserversorgung und eine gewisse Unstabilität des Bodens gemeinsam. Die Böden werden zeitweilig und stellenweise von Niederschlags-, Bach-, <u>Quell- oder Hangdruckwasser durchsickert</u> oder von Grundwasser durchfeuchtet, jedoch ohne daß der gesamte Wurzelraum sauerstoffarm würde. In chemischer Hinsicht zeichnen sich die Standorte durch Reichtum an Basen (aber nicht unbedingt an Kalk, s. TANGHE 1970) sowie an Nährstoffen aus, besonders an Nitrat. Diese werden teils mit dem Wasser, teils mit hangabwärts rieselnder Feinerde herangeführt oder durch Bodenrutschungen erschlossen, vor allem aber durch die günstigen Lebensbedingungen für Bodentiere und Bakterien, also durch hohe biologische Aktivität, zumindest in den oberen Bodenschichten, gewährleistet.

Dementsprechend findet man in fast allen Ahorn- und Eschen-Mischwäldern zahlreiche großblättrige und raschwachsende, mehr oder minder hygromorphe und nitrophile Kräuter, z. B. *Urtica dioica, Aegopodium podagraria, Silene dioica* und *Impatiens noli-tangere,* die mit ähnlicher Üppigkeit nur in schlickgedüngten Auenwäldern oder in subalpinen Hochstaudenfluren gedeihen. Auch der nitrophile Holunder *(Sambucus nigra)* fehlt selten. Da die Laubstreu innerhalb weniger Monate abgebaut wird, können sich Bodenmoose reichlich entwickeln, und zwar ausgesprochene Mullbodenbewohner wie *Mnium undulatum* und manche *Eurhynchium-* und *Fissidens-*Arten. Die hohe Luftfeuchtigkeit begünstigt außerdem rinden- und steinbewohnende Moose, deren schwellende Polster zu den physiognomischen Merkmalen aller Schluchtwälder und vieler Eschenmischwälder gehören.

b Eschen-Ahorn-Schatthangwälder

Die Eschen-Ahorn-Schatthangwälder sind floristisch und ökologisch am besten untersucht worden und seien deshalb zuerst besprochen. Sie stehen in engem Kontakt mit Kalk- oder Braunerde-Mullbuchenwäldern und sind ihnen floristisch ähnlich. Physiognomisch heben sie sich jedoch durch ihr buntes Baumartengemisch und ihren wechselvoll gruppierten Unterwuchs auf den ersten Blick von den eintönigen Hallenwäldern ab. Meistens herrscht der Bergahorn, dessen Verbreitungsgebiet allerdings größer ist als das der Schluchtwald-Gesellschaften. In warmen Lagen kann auch die Sommerlinde dominieren, die wie der Bergahorn nach SCHMITHÜSEN (1948) besonders dürreempfindlich ist. Andere Laubhölzer mischen sich in verschiedenen Mengen bei, während Nadelhölzer auf dem rutschenden Boden nur selten Fuß fassen oder aber im Kampf mit den schnellwüchsigen Edellaubbäumen verkümmern. In der Krautschicht fallen Hochstauden oder üppige Farne zuerst ins Auge (s. Abb. 99), darunter auch die Charakterarten:

>   *Lunaria rediviva*   *Polystichum aculeatum*
>   *Actaea spicata*   *Phyllitis scolopendrium*
>   *Gymnocarpium robertianum*

Phyllitis und *Gymnocarpium* sind eigentlich Besiedler offener, aber nicht besonnter Felsen oder Steinhalden und können als Relikte aus Pioniergesellschaften gelten (s. hierzu besonders MOOR 1975, der aus dem Schweizer Jura zahlreiche Schluchtwald-Gesellschaften beschreibt, und OBERDORFER 1957).

GADOW (1975) hat das Bestandesklima in verschiedenen Eschen-Ahorn-Schatthangwäldern gemessen und mit dem in Buchenwald-Gesellschaften verglichen. Die Tagesgänge lassen erkennen, daß die Extreme der Luft- und Bodentemperatur sowie der Luftfeuchte in den ersteren geringer sind. Auffallend niedrig bleibt in den Schatthangwäldern die Evaporation, die als Maß für die Anspannung des Wasserhaushaltes der Pflanzen gelten darf. Hauptursache hierfür ist die Windgeschwindigkeit, die an den nördlich bis östlich gerichteten Hängen während der Vegetationsperiode meist sehr gering ist, weil West- bis Südwinde vorherrschen. In schluchtartig engen Tälern ist das Lokalklima zwar noch feuchter, aber nicht grundsätzlich anders als an freien sonnabgewandten Schatthängen. An diesen finden daher die Charakterarten der „Schluchtwälder", namentlich das Silberblatt *(Lunaria)* und die Farne, durchaus ähnliche Lebensbedingungen.

Das trifft in noch stärkerem Maße für die Bodenverhältnisse zu, die nach GADOW als die vor allem entscheidenden Faktoren angesehen werden müssen. In keiner Waldgesellschaft Mitteleuropas außerhalb der Flußauen ist die Nitrat-Nachlieferung so hoch und während der gesamten Vegetationsperiode so gleichmäßig wie im Eschen-Ahorn-Schatthangwald. Dies liegt nicht zuletzt an der gleichbleibend großen, aber niemals übermäßigen Feuchtigkeit des Bodens, dessen Wurzelraum niemals hohe Saugspannungen erreicht, selbst nicht in ausgesprochenen Trockenjahren, die in den meisten Waldböden das permanente Welkeprozent überschreiten lassen. Je nach Standort und Witterung lag das N-Angebot in Probeflächen am Meißner zwischen 147 und 204, im Harz zwischen 168 und 377 kg/ha·Jahr. Mehr als 300 kg Stickstoff pro Hektar und Jahr bedeuten für den Landwirt eine weit überdurchschnittliche Versorgung mit diesem wichtigen Nährstoff. Sehr hohe N-Mineralisations-Leistungen fand KOVÁCS (1968) auch im *Phyllitido-Aceretum* des Matra-Gebirges in Ungarn. Der natürliche Stoffkreislauf ist also in manchen Schatthangwäldern außerordentlich rege. Das gilt wahrscheinlich auch für den Phosphor und andere Nährstoffe, die GADOW nicht näher untersucht hat. Wie schon BACH (1952) fand er in den Böden dieser Waldgesellschaft

Abb. 100. Ahorn-Eschen-Hangfußwald *(Aceri-Fraxinetum typicum)* mit vorherrschendem Bingelkraut *(Mercurialis perennis)* im Frühsommer an der Nordabdachung des Blauen, nnw Zürich.

niemals extreme pH-Werte, wenn auch großenteils niedrigere als im Schweizer Jura. Der günstige Basenzustand der Schatthangböden mag mit dazu beitragen, daß sie trotz ihres geringen Feinerdereichtums eine hohe Pflanzenproduktion ermöglichen.

Als subalpine Parallele zum *Phyllitido-Aceretum* sei das *Sorbo-Aceretum* erwähnt, das im südlichen Schweizer Jura stellenweise bis an die Waldgrenze aufsteigt (RICHARD 1968a, s. ELLENBERG u. KLÖTZLI 1972). Ebenfalls hochmontan ist das *Asperulo taurinae-Aceretum*, das WINTELER (1927, ELLENBERG u. KLÖTZLI 1972) aus den nördlichen Schweizer Randalpen beschrieben hat (s. auch Abschnitt 2).

c *Ahorn-Eschen-Hangfußwälder*

Große Produktivität zeichnet auch die Ahorn-Eschenmischwälder aus, die auf den fruchtbaren Feinerde-Ansammlungen an Hangfüßen siedeln. Nach ETTER (1947) sind sie beispielsweise in der weiteren Umgebung von Zürich optimal entwickelt und nehmen in dem niemals als Mittel- oder Niederwald bewirtschafteten Sihlwald große Flächen ein. Insbesondere der feuchte Ahorn-Eschenwald *(Aceri-Fraxinetum cariceto-sum pendulae)*, der den bodenfeuchten Eichen-Hainbuchenwäldern (s. Abschnitt III 3 e) nahesteht und diese in niederschlagsreichen Lagen (1300–1600 mm) ablöst, ist hier sehr verbreitet. „Mit üppig wucherndem Krautteppich und ungestümem Baumwachstum" ist dieser Waldtyp „einer der produktivsten der Schweiz" (1947, s. Abb. 100). Seine Bäume brauchen nur etwa ²/₃ der Zeit, um zu der gleichen Höhe emporzuwachsen wie im benachbarten Braunerde-Mullbuchenwald, und sie erreichen schon mit 100 Jahren Mittelhöhen von 35 m (Abb. 101, s. ETTER 1949). Allerdings ist die Qualität des so rasch gewachsenen Holzes nur mäßig, und zwar sowohl bei den natürlichen Baumarten als auch bei der Fichte und anderen künstlich eingebrachten Coniferen.

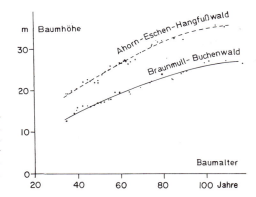

Abb. 101. Im Höhenwachstum der Bäume übertrifft der Hangfuß-Ahorn-Eschenwald *(Aceri-Fraxinetum)* den zonalen Buchenwald bei weitem. Jeder Punkt bedeutet die mittlere Höhe von 20-Bäume-Gruppen des Oberstandes. Nach ETTER (1949), etwas verändert.

Im Unterwuchs herrscht häufig der Bärlauch *(Allium ursinum)* oder ein Gemisch aus anderen Kräutern mit hohem Nährstoffbedarf. Nach ELLENBERG (1964) ist die Stickstoff-Nachlieferung sehr gut, selbst in den tieferen, zeitweilig vernäßten Bodenschichten. Bei nässebedingtem Sauerstoffmangel wird das Ammonium nicht vollständig zu Nitrat oxidiert.

Die schon von GRADMANN (1898, 1950) untersuchten „Kleebwälder" der Schwäbischen Alb sind dem *Aceri-Fraxinetum* ETTERS teilweise recht ähnlich, entsprechen aber mehr der Subassoziation *corydaletosum*, die MOOR aus dem Schweizer Jura beschrieben hat. Typische Ahorn-Eschenwälder sind offenbar an mild-ozeanisches und zugleich regenreiches Klima gebunden. Ein solches herrscht auch in der insubrischen Schweiz, und manche der von ZOLLER (1960) sowie von

ELLENBERG und KLÖTZLI (1972) aus dem Tessin beschriebenen eschenreichen Hangwälder stehen dieser Gesellschaft nahe. Nach SEIBERT (1969) ersetzt der eschenreiche Hangfußwald in den kühlen und niederschlagsreichen Tallagen Bayerns den an wärmeres Klima gebundenen Eichen-Hainbuchen-Mischwald *(Galio-Carpinetum)*.

Im mittleren und nördlichen Mitteleuropa findet man stellenweise ebenfalls Ahorn-Eschen-Hangfußwälder, wenn auch weniger gut ausgeprägt (SCHLÜTER 1967). In manchen Trockentälern der Mittelgebirge, beispielsweise östlich von Göttingen, wurden sie früher nur noch nicht als etwas Besonderes erkannt und beschrieben. Meist stellte man sie zu den Eschen-Ahorn-Schatthangwäldern (Abschnitt b) oder zu den „Feuchten Eichen-Hainbuchenwäldern", die gleichfalls eschenreich sein können (s. Abschnitt III 3 e). Auch in Belgien kommen Aceri-Fraxineten vor, die mit Braunerde-Mullbuchenwäldern eng verbunden sind (TANGHE 1970).

Im jungdiluvialen baltischen Moränenhügelland, besonders in Mecklenburg, gibt es Hänge mit großer nachschaffender Kraft. SCAMONI (1960) hat hier „Eschen-Hangwälder" *(Adoxo-Aceretum)* angetroffen, die er als eine artenärmere baltische Regionalgesellschaft der Ahorn-Eschenwälder auffaßt. In dieser sind nitrophile Stauden mit anspruchsvollen Frühlingsgeophyten kombiniert, ähnlich wie dies in den bereits erwähnten Kleebwäldern der Fall ist.

Abb. 102. Eschen-Bachrinnenwald *(Carici-Fraxinetum–* im Sihlwald bei Zürich an einem Bach in Jungmoränen-Lehm. Viel *Carex pendula* (Sommeraspekt). Im Hintergrund Braunmullbuchenwald.

d Eschen-Bachrinnenwälder

Die bachbegleitenden Eschenwälder wurden schon von W. Koch (1926) klar als besondere Assoziationen *(Carici remotae-Fraxinetum)* erkannt und seither aus vielen Gebieten des westlichen und nördlichen Mitteleuropa sowie aus Westeuropa beschrieben. Oft sind sie nur fragmentarisch ausgebildet und verzahnen sich mit den Buchenwaldgesellschaften, durch die sie sich als schmale und stellenweise unterbrochene Bänder hindurchziehen (Abb. 102).

Kästner (1941) zweifelte überhaupt an ihrer Existenz und faßte die nassen Quellhorizonte und Bachufer als baumlose Quellfluren auf, die von den unmittelbar daneben auf trockenerem Mineralgrund stockenden Bäumen nur überschattet werden. Diese „Laubwaldsümpfe" *(Caricetum remotae)* Kästners sind jedoch an den Waldschatten gebunden und würden sich in voller Sonne anders entwickeln. Zudem trifft Kästners Kritik nur für die nassen Ausbildungsformen des Bach-Eschenwaldes zu, während die normalen auf Mullgleyböden stocken.

Die Esche ist in diesen Gesellschaften stets der häufigste Baum, und andere Baumarten, auch Sträucher, sind auffallend selten. In nassen Beständen gesellt sich die Schwarzerle hinzu und deutet den Übergang zu Auen- und Sumpfwäldern an. *Carex remota* fehlt fast nie und gedeiht hier besonders üppig. Auf basenreichen Böden kann *Carex pendula* prächtige, weit ausladende Horste bilden (Abb. 102). In manchen Jahren keimt das zarte Springkraut *(Impatiens noli-tangere)* zu dichten Herden empor. Auf Quellnässe deuten die vorzeitlich anmutenden Bestände unseres größten Schachtelhalmes *(Equisetum telmateia)* und das Milzkraut *(Chrysosplenium alternifolium)*. *Carex strigosa*, die von den meisten Autoren als zwar seltene, aber treue Charakterart angesehen wird, darf nach Rühl (1959) nur im Siebengebirge bei Bonn als natürlicher Bestandteil der Bach-Eschenwälder gelten. In den meisten anderen Gegenden bevorzugt sie Wagenspuren, Wegränder und andere erst vom Menschen geschaffene Wuchsorte.

Noirfalise (1952) gliedert die Seggen-Eschenwälder in mehrere geographische Ausbildungsformen. Optimal sind sie im nördlich-atlantischen Europa, also auch in Nordfrankreich und Südengland, entwickelt. Das Areal des ostbaltischen Eschen-Bachrinnenwaldes reicht bis an die Memel. Im Oberrheingebiet, im Schweizer Mittelland und in den Pyrenäen ist der atlantische Seggen-Eschenwald nur inselartig vertreten. Wie das *Aceri-Fraxinetum* scheint also das *Carici-Fraxinetum* an ozeanisches Klima gebunden, jedoch in seinen klimatischen und edaphischen Ansprüchen weniger wählerisch zu sein. Leider liegen aber für diese schon so häufig beschriebene Gesellschaft noch immer keine Messungen der entscheidenden Standortsfaktoren vor.

2 Lindenmischwälder

a Lindenmischwälder im Alpenbereich

Zu den Eschen-Ahorn-Mischwäldern der dauernd luftfeuchten Steilhänge bilden lindenreiche Mischwälder an manchen ebenfalls steinigen, aber trockeneren Hängen ein reizvolles Gegenstück. Meist herrscht in ihnen die Winterlinde *(Tilia cordata)*, doch können alle im vorigen Abschnitt genannten Edellaubhölzer ebenfalls eine Rolle spielen. Am besten ausgebildet sind solche Linden-Steilhangwälder im „nordalpinen Föhn- und Seenbezirk", insbesondere an den Kalk- und Nagelfluhfelsen oberhalb des Walensees und des Vierwaldstättersees in der Schweiz. Auch hier nehmen sie stets nur kleine Flächen ein, sind aber floristisch, ökologisch und vegetationsgeschichtlich so bemerkenswert, daß wir sie nicht übergehen dürfen. Trepp (1947) widmete diesen variablen und mit benachbarten Wald- und Busch-Assoziationen durch Übergänge verbundenen Gesellschaften eine vorbildliche Monographie.

Die meisten Bestände seines *Asperulo-Tilietum* (er nennt es „*Tilieto-Asperuletum taurinae*") beherbergen Arten der wärmeliebenden Eichenmischwälder *(Quercetalia pubescenti-petraeae)*, aber auch Vertreter der soeben besprochenen Ahornmischwälder und anderer *Fagetalia*-Gesellschaften. Systematisch stehen sie also zwischen beiden Ordnungen. TREPP zögerte, sie einer derselben zuzuteilen; heute neigt man eher zu einem Zusammenschluß mit den ahornreichen Einheiten im Verband *Tilio-Acerion* der Ordnung *Fagetalia*. Als für die Nordschweiz und angrenzende Alpenteile gültige Charakterarten der Linden-Steilhangwälder sind zu nennen:

Tilia cordata (häufig)   *Euonymus latifolia*
Tilia platyphyllos (seltener)   *Staphylea pinnata*
     Asperula taurina

Neben Winterlinde, Sommerlinde und Spitzahorn *(Acer platanoides)* beteiligen sich an der Baumschicht fast regelmäßig Eschen und Bergulmen, seltener auch andere Laubhölzer.

Seine „südlich" anmutende Artenfülle verdankt der wärmeliebende Lindenmischwald dem Zusammentreffen folgender natürlicher Standortsfaktoren: Große Niederschlagsmenge und Einstrahlungswärme im Sommer, infolge häufiger Föhnwinde warme Winter- und Frühjahrsmonate (Abb. 103 und 104) und zeitweilig sehr hohe

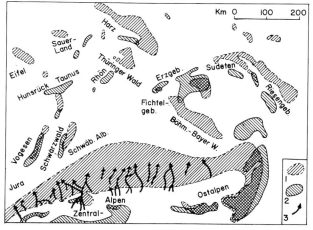

Abb. 103. Föhngebiete Mitteleuropas bei Südweststörmung (1, am häufigsten auftretend) und bei Nordweststörmung (2). 3 = wichtige Föhntäler. Nach FLOHN (1954), etwas verändert.

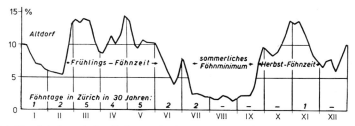

Abb. 104. Häufigkeit typischer Föhntage in einem ausgesprochenen Föhntal (Altdorf) und im Alpenvorland (Zürich). Nach SCHÜEPP aus FURRER (1958), verändert.
Die Kurve für Altdorf drückt die Zahl der Föhntage in % der Gesamtzahl der Tage aus, und zwar in Pentademitteln für den Zeitraum von 30 Jahren. Während dieser Zeit gab es in Zürich insgesamt nur 22 „typische" Föhntage, wenn auch häufig Föhnstimmung.

Tab. 25. **Jährliches Mineralstickstoff-Angebot in buchenfreien Laubwäldern des Tessin.**
Nach Angaben von Antonietti (1968), aus Ellenberg (1977), verändert; vgl. Tab. 19

Waldgesellschaften und Bodentypen Jahr: Feuchtigkeit:	Netto-Mineralis. (kgN/ha/J.)		Nitrifi-kations-grad
	1965 normal	1966 feucht	
1. Wärmeliebende Laubmischwälder auf Kalk[1])			
Submediterrane Mannaeschen-Mischw., Rendzina			
„*Helleboro-Fraxinetum orni typicum*", mittelgr.	66 – 90	81 – 108	V
„ „ *asteretosum*", flachgründig	58	62	V
2. Mäßig wärmel. Laubmischw. auf saurem Gestein[2])			1965
a Eschen-Ulmen-Mischwald, reiche Braunerde			
„*Erisithalo-Ulmetum fraxinetosum orni*"	77 – 106	56 – 86	V, IV
„ „ *aegopodietosum*" (kühler)	29 – 44	31 – 42	V, IV
b Eschen-Eichen-Mischwald, ärmere Braunerde			
„*Querco-Fraxinetum cytisetosum scoparii*"[3])	115	98	III
„ „ *typicum*" (eichenreich)	26 – 58	24 – 37	II – III
3. Mäßig wärmeliebende Birken-Eichenwälder[4])			
Insubrische Birken-Eichenwälder			1965
„*Betulo-Quercetum typicum*", arme Braunerde	81	64	II, III
„ „ *vaccinietosum*", starksauer	40	40	I, III

[1]) Zum Verband *Orno-Ostryon* gehörend, aber den mitteleuropäischen nahestehend.
[2]) Mit den mitteleuropäischen Eichen-Hainbuchenwäldern vergleichbar und wie diese zum Verband *Carpinion* gestellt.
[3]) Reich an Leguminosen (Besenginster), deshalb für eine arme Braunerde ungewöhnlich hohe Mineralstickstoff-Nachlieferung.
[4]) Den mitteleuropäischen Birken-Eichenwäldern ähnlich, aber mit einigen submediterranen Arten; längere Vegetationsperiode.

Lufttrockenheit, durch Seespiegelung vermehrter Lichtgenuß, ausreichende Feuchtigkeit im Wurzelraum sowie Basenreichtum und nachschaffende Kraft des unstabilen Bodens. Daneben spielte aber wohl auch die jahrhundertelange Bewirtschaftung als Niederwald eine Rolle, die den lichthungrigen Lindenjungwuchs sogar an Stellen mit tiefgründigem Boden vor der Konkurrenz der Buche bewahrte. Da eine solche Faktoren-Kombination nur in wenigen nordalpinen und insubrischen Föhntälern verwirklicht ist (Abb. 103), gibt es wärmeliebende Lindenmischwälder im übrigen Mitteleuropa gar nicht oder nur in artenärmerer Form.

Ökologisch sind die Lindenmischwälder in ihrem Hauptverbreitungsgebiet noch nicht näher untersucht worden. In der Größenordnung der Stickstoffernährung dürften sie den „mäßig wärmeliebenden Laubmischwäldern" im Tessin entsprechen, an deren Baumschicht auf saurem Gestein auch Linden von Natur aus beteiligt wären (s. Tab. 25, Nr. 2). Im Vergleich zu den Buchenwäldern (Tab. 19) sind diese mittelgut bis gut versorgt, und zwar überwiegend mit Nitrat, obwohl die Böden nach ANTONIETTI (1968) recht niedrige pH-Werte aufweisen. Das Mikroklima in solchen Mischwäldern wechselt zwischen gleichmäßig hoher Luftfeuchte an trüben Tagen und trockener Mittagshitze, aber geringer Nachtkühle bei klarem Wetter.

b Lindenmischwälder außerhalb der Alpen

Lindenreiche Wälder kommen auch außerhalb der Alpen vor, nehmen aber nirgends große Flächen ein. Die Winterlinde gewinnt überall an Raum, wo die Rotbuche geschwächt ist, sei es durch natürliche Faktoren oder durch den Menschen. Sie verhält sich in dieser Hinsicht wie die Hainbuche (s. Abschnitt B I 2 b) und weicht der Buche sowohl auf trockene als auch auf feuchte Standorte aus. Doch ist *Tilia cordata* lichtbedürftiger als *Carpinus* und kann sich daher auf basen- und nährstoffärmeren Böden leichter durchsetzen als auf reicheren, auf denen alle beteiligten Baumarten zu dichterem Kronenschluß neigen. Die schönsten Beispiele hierfür gibt es wiederum unter lokalem Föhneinfluß, z. B. östlich des Harzes (Abb. 105). In relativ kontinental getönten Teilen des mitteleuropäischen Tieflandes spielt die Winterlinde im Fingerkraut-Eichenmischwald *(Potentillo-Quercetum)* sowie im Linden-Hainbuchenwald *(Tilio-Carpinetum,* s. Abschnitte 4c und 3 b) eine bedeutende Rolle, sowie in Gesellschaften, die zwischen den Edellaubwäldern *(Querco-Fagetea)* und den bodensauren Eichenwäldern *(Quercetea robori-petraeae)* stehen. Doch gibt es auch Lindenmischwälder auf Kalkgestein, die an das *Asperulo taurinae-Tilietum* erinnern.

Einen Linden-Schutthaldenwald hat z.B. KELLER (1974) vom Schaffhauser Randen beschrieben und die Analogie durch den Namen „*Asperulo odorati-Tilietum*" ausgedrückt (heute müßte es *Galio odorati-T.* heißen). An ähnlichen Standorten in der Tschechoslowakei unterscheiden NEUHÄUSL und NEUHÄUSLOVÁ (1968b) innerhalb des *Tilio-Acerion* zwei Lindenmischwald-Assoziationen, das *Cynancho-Tilietum* an trockenen und sonnigen und das *Aceri-Tilietum* an schattigen Schutthängen. Aus der weiteren Umgebung von Göttingen machte WINTERHOFF (1965) mit entsprechenden Gesellschaften bekannt.

Einen Bestand im Werrabergland bezog GRIMME (1975) vergleichsweise in seine ökologischen Untersuchungen an Seggen-Trockenhangbuchenwäldern ein (s. Abschnitt II 2 c). Dieser Lindenmischwald siedelt in sehr steiler Ostexposition auf einem Kalksteinboden, der zwar feinerdearm, aber von einer mehr als 10 cm mächtigen Moderschicht bedeckt ist. Die Mineralstickstoff-Nachlieferung ist hier überraschend gut (137 kg/ha·J.) und auch die Wasserversorgung nicht so schlecht, wie man annehmen möchte. Das Fehlen der Rotbuche dürfte also kaum auf Nährstoff- oder Wassermangel zurückzuführen sein. Vielleicht spielen auch hier menschliche Einwirkungen mit, ähnlich wie bei manchen Lindenwäldern der Schweiz.

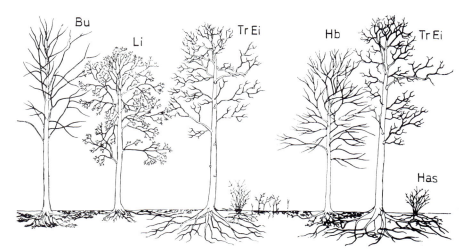

Abb. 105. Halbschematisches Profil durch einen mitteldeutschen Eichen-Linden-Mischwald bei Halle (Saale). Von links nach rechts: Rotbuche, Winterlinde, Traubeneiche, Hasel, Eichen- und Lindenverjüngung, Hainbuche, Traubeneiche, Hasel. Das Wurzelwerk ist doppelt übertieft gezeichnet. Nach MEUSEL (1952).

Doch gibt es sogar an der Nordgrenze Mitteleuropas noch Lindenmischwälder, die man als natürlich ansehen muß. Im Altmoränengebiet Südwest-Dänemarks hat IVERSEN (1958) *Tilia cordata*-Bestände studiert, die nach seinen pollenanalytischen Untersuchungen bis in die jüngere Steinzeit zurückreichen. Hier handelt es sich allerdings nicht um eine mehr oder minder basiphile Steilhangvegetation, sondern um Gesellschaften von wenigen säureertragenden Arten, die einen ziemlich grundwassernahen, ebenen Boden besiedeln. Die einzige Ähnlichkeit mit der von GRIMME untersuchten Rendzina besteht in einer mächtigen Moderauflage. Es ist nicht ausgeschlossen, daß diese in beiden Fällen die Ansiedlung von *Fagus* verhinderte.

Im Gegensatz zur Winterlinde bevorzugt die Sommerlinde *(Tilia platyphyllos)* reiche Böden und meidet trockene Standorte; sie vergesellschaftet sich deshalb vor allem mit Bergahorn, Bergulme und Esche in verschiedenen Einheiten des Verbandes *Tilio-Acerion,* die bereits in Abschnitt 1 besprochen wurden. An Übergangs-Standorten verträgt sie sich sogar recht gut mit der Rotbuche, z. B. in dem von MOOR (1952) beschriebenen Linden-Buchenwald *(Tilio-Fagetum)* des Schweizer Juras. In allen diesen Gesellschaften begegnet sie auch der Winterlinde; sie hat also lediglich eine engere ökologische Amplitude als diese.

3 Eichen-Hainbuchenwälder

a Eichenmischwälder Mitteleuropas im Überblick

Nächst der Rotbuche sind die Eichen die wichtigsten waldbildenden Laubbäume Mitteleuropas, und zwar sowohl in der Natur- als auch in der Kulturlandschaft. Die moderne Forstwirtschaft drängt sie zwar immer mehr zurück, weil sie zu langsam Ertrag bringen. Aber die bäuerliche Wirtschaft vergangener Jahrhunderte hatte sie – wie bereits im Abschnitt A II ausgeführt – so sehr gefördert, daß sie in den dichtbesiedelten Tiefländern noch immer eine große Rolle spielen (Tab. 8).

Von altersher war der Westen, vor allem der Nordwesten Mitteleuropas der eigentliche Eichenbereich und ist es noch heute, obwohl der Nieder- und Schälwaldbetrieb, der hier vorherrschte, bald der Vergangenheit angehören wird. Hier hat die Buche nach FIRBAS (1949) auch in der Nachwärmezeit, also noch vor Beginn stärkerer menschlicher Einwirkungen, niemals überhand gewinnen können. Im übrigen Mitteleuropa halten sich die Eichen vorwiegend an die wärmeren Talbecken und Tiefländer und steigen nirgends so hoch ins Gebirge empor wie die Buche, weder waldbildend noch als Einzelbäume.

In den meisten Statistiken werden unsere beiden häufigsten Eichenarten nicht unterschieden, weil die Stieleiche *(Quercus robur = pedunculata)* und die Traubeneiche *(Q. petraea = sessiliflora)* einander in mancher Hinsicht ähneln. Die Traubeneiche bevorzugt jedoch eher mildes oder montan getöntes Klima und widersteht Winter- wie Spätfrösten unter gleichen Bedingungen schlechter als die Stieleiche. Auch nährstoffarme, nasse Standorte erträgt sie weniger gut, kommt aber mit etwas geringerer Beleuchtung aus. Sie ist also in ihrem ökologischen Verhalten „buchenähnlicher" als die Stieleiche; doch kommt diese Tendenz nur in Grenzlagen klar zum Ausdruck, z. B. im kontinentalen Osten, in den *Quercus robur* viel weiter vorstößt als *Q. petraea,* und in den Flußauen, die von der Traubeneiche ebenso wie von der Buche fast ganz gemieden werden. In großen Teilen Mitteleuropas kann man aber beide Eichenarten nebeneinander und zuweilen sogar miteinander bastardiert antreffen.

Die der Traubeneiche systematisch nahestehende und mit ihr durch viele intermediäre Formen verbundene Flaumeiche *(Quercus pubescens)* setzt sich in ökologischer

Hinsicht von den beiden anderen Eichen deutlich ab, indem sie – als Vorposten der submediterranen Vegetation – nur an außergewöhnlich trockenen und warmen Standorten zu finden ist. Im nördlichen Flachland hat sie nur bei Bellinchen an der Oder einen vorgeschobenen Posten (auf den sie wahrscheinlich erst im vorigen Jahrhundert durch Einfuhr von Saatgut gelangte).

Was alle drei Eichen gemeinsam auszeichnet, ist ihre soziologische Rolle im Walde. Sie brauchen in der Jugend viel Licht und gönnen es im Alter ihrem Unterwuchs (vgl. Tab. 9). Fast immer sind Eichenwälder deshalb reich an Mischholzarten, die sich unter den lockeren Kronen entwickeln können. Reine Eichenbestände gibt es in der Natur nur auf den ärmsten Waldböden. Da die mitwüchsigen Baumarten meist kurzlebiger sind als die mehrere Jahrhunderte hindurch standfeste Eiche (Tab. 9), lösen sie sich unter ihrem Schirm in rascherer Generationsfolge ab. Dieser „natürliche Umtrieb" wird in der Mittelwaldwirtschaft nachgeahmt (s. Abschnitt A II 3 a), allerdings in kürzeren Zeiträumen und mit plötzlicher Auflichtung größerer Flächen. Dadurch werden andere Lichtholzarten und vor allem Sträucher sehr begünstigt, die in urwaldartigen Eichenbeständen fast ganz fehlen.

Im natürlichen Konkurrenzkampf sind die Eichen der ebenso hochwüchsigen Rotbuche und anderen hohen Schatt- und Halbschattbäumen zwar an Dauer überlegen, vermögen sich aber nicht oder doch nur ausnahmsweise in deren Schatten zu verjüngen. Wie schon in Abschnitt B I 2 b angedeutet, können sie sich deshalb nur dort wesentlich am Waldaufbau beteiligen, wo ihre Wettbewerber, namentlich die Buchen, behindert werden. Dies ist in Mitteleuropa vor allem an vier Standorten der Fall:

1. An warmtrockenen Standorten ist die Macht der Eichen unbestritten. In kontinental getöntem oder föhnreichem Klima kann sich ihnen die Waldkiefer zugesellen. Mit zahlreichen wärmeliebenden oder trockenheitsertragenden Halbschattpflanzen bilden diese Lichtbäume Gesellschaften, die zur Ordnung *Quercetalia pubescenti-petraeae* gehören (s. Abschnitt B III 4).
2. Auf sehr nährstoffarmen und stark versauerten Böden treten Stiel- und Traubeneichen zu Gesellschaften zusammen, die floristisch den atlantischen Heiden nahestehen (Ordnung *Quercetalia robori-petraeae,* Abschnitt 5).
3. Nährstoffreichere, aber feuchte bis nasse oder zeitweilig überschwemmte Böden begünstigen die Stieleiche. Doch trifft sie hier auf zahlreiche anspruchsvolle und ebenfalls Nässe ertragende Baumarten und baut mit ihnen Mischwälder auf, die floristisch den Buchenwäldern nahestehen. Sie werden mit diesen meistens in der Ordnung *Fagetalia* vereinigt, aber dem Verbande der Hainbuchenmischwälder *(Carpinion)* zugeteilt (s. Abb. 53 u. Abschnitt 3 e).
4. Wo das Klima die Rotbuche ausschließt oder stark behindert, haben die Eichen Chancen, sich sogar auf Böden durchzusetzen, die nährstoffreich und nicht vernäßt, also „buchenfähig" wären (Abschnitt 3 b, Abb. 106).

Auch hier spielen Hainbuchen *(Carpinus betulus)* eine große Rolle, so daß man diese Eichenmischwälder ebenfalls größtenteils zum *Carpinion* stellt. Man muß aber unterscheiden, ob es sich um Gesellschaften außerhalb des Rotbuchenareals handelt, das ja von der Hainbuche sowohl nach Osten als auch nach Süden überschritten wird, oder ob lokalklimatische Gründe innerhalb des Machtbereichs der Buche zur Entstehung von Eichen-Hainbuchen-Mischwäldern führten. Die letzteren entsprechen floristisch den unter 3 genannten Gesellschaften, die ersteren enthalten je nach ihrer Lage nordöstliche, südöstliche oder submediterrane Florenelemente.

Da die *Carpinion*-Gesellschaften den Rotbuchenwäldern sowie den Ahorn-, Eschen- und Linden-Mischwäldern nahestehen, wollen wir diese zuerst besprechen. Sie bieten

Abb. 106. Rotbuchenfreier Linden-Hainbuchen-Urwald *(Tilio-Carpinetum)* mit Fichte bei Białowieża im nordöstlichen Polen. Man erkennt *Quercus robur, Carpinus betulus* und *Picea abies*. Im dichten Urwald fehlt eine Strauchschicht. Sein Bodenbewuchs erinnert an den der Braunmullbuchenwälder.

ein Musterbeispiel für die geographische Gliederung eines über große Teile der mitteleuropäischen Tieflagen verbreiteten Waldverbandes. Von Osten nach Westen folgen aufeinander:
a) Linden-Hainbuchen-Mischwälder *(Tilio-Carpinetum)* außerhalb des Rotbuchenareals, meist mit *Quercus robur* und *petraea, Tilia cordata* und *Acer platanoides*, sowie im Nordosten mit der Fichte *(Picea abies)* und anderen borealen Arten (s. Abschnitt b),
b) Waldlabkraut-Eichen-Hainbuchenwälder *(Galio-Carpinetum)* westlich anschließend, in den subkontinentalen Teilen des Buchenareals, die sich durch relativ trocken-warme Sommer auszeichnen (Abschnitt c),
c) Sternmieren-Eichen-Hainbuchenwälder *(Stellario-Carpinetum)* in kühlerem und stärker ozeanischem Klima, die klassischen Vorbilder der früher als „Eichen-Hainbuchenwälder" *(Querco-Carpinetum)* bezeichneten *Carpinion*-Gesellschaften (Abschnitte c usw.),
d) Waldhyazinthen-Eichen-Hainbuchenwälder *(Endymio-Carpinetum)* in Westeuropa, die sich durch ozeanische Arten unterscheiden (s. NOIRFALISE 1968, 1969) und außerhalb Mitteleuropas liegen.
Zwischen diesen Assoziationen vermitteln mannigfache Übergänge. Mit steigender Meereshöhe verzahnen sie sich außerdem mit verschiedenen Rotbuchengesellschaften; und überall gibt es lokale, durch Bodenunterschiede bedingte Abwandlungen, ähnlich

Übrige Laubmischwälder außerhalb der Flußauen und Moore

Tab. 26. Linden- und Eichen-Hainbuchenwälder auf schwach und stark vom Grundwasser beeinflußten Böden in verschiedenen Gegenden Mitteleuropas. Erläuterung nächste Seite!

Gesellschaft Nr.:	1		2		3		4		5	Gesellschaft Nr.:	1		2		3		4		5
Bodenfeuchte:	m	f	m	f	m	f	m	f	f	Bodenfeuchte:	m	f	m	f	m	f	m	f	f
Bewirtschaftung:	natur-nah				± stark gelichtet					Bewirtschaftung:	natur-nah				± stark gelichtet				
Baumschicht										Weit Verbr., Fortsetzung:									
Carpinus betulus	5	5	5	5	5	5	5	5	4	b Milium effusum	4	3	5	4	3	4	3	1	2
Fraxinus excelsior	4	5	2	3	2	4	3	5		Lamiastrum galeobd.	5	5	5	4	5	2	1	3	5
Acer platanoides	5	5	2	3	2		1	2	1	Stellaria holostea	5	5	5	5	4	5			
Tilia cordata	5	5			1	4	1	4	4	5	Oxalis acetosella	5	4	3	3	2	2	1	2	4
Quercus robur	5	4	5	5	2	5			4	Geum urbanum	2	4	2	3	2	2	1	2	5
Ulmus glabra	3	3					1	1	1	Pulmonaria off. u.obsc.	2	3	3	1	4	2	4	3	5
Prunus padus			1	3	4	2		·		Carex sylvatica	1	2	3	1	2	1	3	4	1
ö Picea abies	5	5							1	Geranium robertianum	4	4	1	1	2	1		3	4
Fagus sylvatica			5		3		3	5		Ranunculus ficaria	1		5	1	3	1		4	3
Acer pseudoplatanus			1	2	4	2		2		Galium odoratum	5	5					3	3	1
Acer campestre					1	1	5	4		Hepatica nobilis	5	5	2				·	1	4
Quercus petraea						4	5	3	2	Ajuga reptans	4	4		·	2	2	2	1	3
L Prunus avium							4	4	1	Maianthemum bifolium	4	5	1	1	3	2			3
Abies (gepflanzt)							4	3		Adoxa moschatellina	1	1	2	4	3	3		·	4
L Robinia (gepflanzt)							2	2		Moehringia trinervia	1	1	1		3	5		·	5
Ls Sorbus torminalis							2			Paris quadrifolia	4	3		·	1			4	1
Ls Sorbus aria							2			Sanicula europaea	3	2		·	1		1	3	1
Pinus (gepflanzt)									4	Phyteuma spicatum	1				2		4	1	1
										Mercurialis perennis			1		·	2	3	1	1
										Scrophularia nodosa					1	4	4	·	4
Strauchschicht										Festuca altissima	1	1	2						
Corylus avellana	4	5		2	3	4	2	4	5	Aegopodium podagrar.	5	5		·	3	2		·	5
Euonymus europaea	1	2	2	2	2	2	3	3	3	Asarum europaeum	4	5			2			·	3
Rubus idaeus	3	3	1	4	2	3	·	·	3	Lathyrus vernus	3	4			1			·	1
Sorbus aucuparia	2	3	1	2	1	1	·	·	3	Dryopteris carthusiana	4	5		·			1	·	2
Viburnum opulus			1	2	2	1		2	·	Dryopteris filix-mas	3	3		·					
Daphne mezereum	2	2	·			1	1	1		Carex digitata	3	2					3	2	3
Crataegus spec.			1	4	3	2	3	1	2	Differenzierende Arten:									
L Cornus sanguinea			1	2	1	2	4	4	2	c Ranunculus lanuginos.	4	5					·		
L Sambucus nigra					2	4	2		2	ö Ranunculus cassubicus	4	5							
Lonicera xylosteum					·	·	2	4	3	ö Equisetum pratense	4	5							2
a Lonicera periclymenum							2		1	Dentaria bulbifera	4	5							
a Ilex aquifolium					·		3		2	Gymnocarpium dryopt.	4	3							
L Rosa spec.					2	1	5		3	(ö) Carex pilosa	4	3							1
Ls Ligustrum vulgare							4	4		d L Brachypodium sylvat.	1			2	2	4	5	5	2
Ls Viburnum lantana							4	2		Hedera helix			5	4	1	1	5	5	
L Berberis vulgaris							2		1	Melica uniflora				4			4	3	
ö Euonymus verrucosa									4	L Poa nemoralis			2	4	5	5	2	2	3
Krautschicht										L Dactylis glomerata	·	·	3	2	4	4		1	1
Feuchtigkeitszeiger:										L Rubus spec.	·	·	5	2	2	2	2	2	2
a Athyrium filix-femina	3	4	1	1	1	2		1		e L Fragaria vesca	·	·			2	3	5	3	3
Stachys sylvatica	2	4	1	2		5		2		L Vicia sepium	·	·				3	4	1	
Circaea lutetiana	1	3	1	2		2	2		1	L Melica nutans	·	·			2	3	2	3	4
Impatiens noli-tangere	2	4	1	·		2	·	1		L Convallaria majalis	·	·			3		2	4	2
Festuca gigantea	2	3	1	2	1	4		·	3	L Galium sylv. u. schultes.	·	·			2	2	5	4	4
Glechoma hederacea	1	3		1		2	·	·	3	L Veronica chamaedrys	·	·			2		2	1	4
Urtica dioica	4	5	3	1	3	4		·	4	L Vinca minor					1		1	2	
Stellaria nemorum	3	4								L Campanula trachelium	·				1		3	2	5
Carex remota			2		1	2	1			L Lilium martagon									
L Deschampsia cespitosa			2	3	2	4	3	2		Luzula pilosa			·		2	1	3		2
Carex brizoides								3		Hieracium sylvaticum					1		3		
Weit Verbreitete:										L Galium aparine							2	5	
b Viola reichenb. u. riv.	5	5	5	2	4	5	4	5	3	L Galeopsis tetrahit							2	3	
Polygonatum multifl.	5	4	4	5	5	2	3	4	3										
Anemone nemorosa	3	3	5	5	5	4	5	5	5										

Tab. 26, Fortsetzung

Gesellschaft Nr.: Bodenfeuchte:	1 m f	2 m f	3 m f	4 m f	5 f	Gesellschaft Nr.: Bodenfeuchte:	1 m f	2 m f	3 m f	4 m f	5 f
Diff. Arten, Fortsetzung:						Diff. Arten, Fortsetzung:					
f L *Potentilla sterilis*				4 3		g *Stellaria media*					4
L *Euphorbia amygdal.*				4 2		*Falliopa dumetorum*					4
L *Solidago virgaurea*	·			3 1	·	*Lysimachia nummular.*					3
L *Carex montana*	·			3		*Galeopsis pubescens*					3
L *Carex flacca*				3 1		*Chelidonium majus*					3
L *Valeriana officin.* coll.				3 1		*Lapsana communis*					3
L *Carex ornithopoda*				3		*Viola mirabilis*					3
Primula elatior			·	2 3							
Listera ovata				3							

L = stärker lichtbedürftig
w = westlicher Verbreitungsschwerpunkt
ö = östlicher „
s = südlicher Verbreitungsschwerpunkt
· = im Gebiet in ähnlichen Gesellschaften auftretend

Erläuterungen

Die Spalten 1 – 4 enthalten jeweils eine Gesellschaft auf frischen bis **mäßigfeuchten** (m) und eine auf sehr **feuchten** (f) Böden einer und derselben Gegend.

Naturnahe, dauernd hochwaldartige Bestände:

Nr. 1: **Linden-Hainbuchenwälder im Urwald** von Białowieża. Nach A. u. W. Matuszkiewicz (1954, S. 42/43),
 1m: Typischer Linden-Hainbuchen-Mischwald (*Tilio-Carpinetum typicum*) mit nicht durchnäßtem Oberboden,
 1f : Feuchter Li-Hb-Mischwald (*T.-C. stachyetosum*) mit häufig vom Grundwasser durchnäßtem Boden.
Nr. 2: **Sternmieren-Eichen-Hainbuchenwälder** im Stadtwald von Hannover. Nach Lohmeyer (1951, S. 52 u. 58),
 2m: Buchenreicher Sternmieren-Ei-Hb-Wald (*Stellario-Carpinetum asperuletosum*) auf Böden wie 1m,
 2f : Feuchter Sternmieren-Ei-Hb-Wald (*St.-C. stachyetosum*) auf Böden wie 1f.

Vom Menschen häufig gelichtete, mittel- oder niederwaldartige Bestände:

Nr. 3: **Sternmieren-Eichen-Hainbuchenwälder** im Trockengebiet östlich des Harzes. Nach Passarge (1953, S. 11 u. 45),
 3m: Lungenkraut-Traubeneichen-Hainbuchenwald („*Pulmonaria*-Traubenei.-Hb-Wald") auf Böden ähnlich Nr. 1m,
 3f : Waldziest-Stieleichen-Hainbuchenwald („*Stachys*-Stielei.-Hb-Wald") auf Böden ähnlich Nr. 1f.
Nr. 4: **Labkraut-Eichen-Hainbuchenwälder der Oberrheinebene.** Nach Oberdorfer (1957, S. 424 a u. b.)
 4m: Typischer Labkraut-Ei-Hb-Wald (*Galio-Carpinetum*, reine Ausbildungsform) auf Böden, die zuweilen austrocknen,
 4f : Feuchter Labkraut-Ei-Hb-Wald (*G.-C. circaeetosum*) auf oft durchnäßten Böden.
Nr. 5: **Linden-Hainbuchenwald** in Mittelpolen (*Tilio-Carpinetum*, „*Galeobdolon*-Variante"). Nach W. u. A. Matuczkiewicz (1956, Forstamt Ruda bei Puławy, Tab. 7) auf überwiegend feuchten Böden.

Einige wenig stete Arten wurden weggelassen. Alle Tabellen stammen aus den 50er Jahren, als die jahrhundertelangen Bewirtschaftungs-Unterschiede sich noch deutlich auswirkten.
a – g = Arten mit verschiedenem Verhalten innerhalb der Linden- bzw. Eichen-Hainbuchenwälder.

wie wir sie bei den Buchenwäldern kennengelernt haben. Trotzdem ist das Ost-Westgefälle im Flach- und Hügelland deutlich am Artengefüge abzulesen (s. Tab. 26). Weniger kontinuierlich vollzieht sich der Wandel von Norden nach Süden, weil die Gebirge Klimariegel darstellen.

Im östlichen Mitteleuropa bilden unter anderen folgende Gesellschaften eine zunehmend artenreiche Kette:
a) Linden-Hainbuchenmischwälder mit borealen Arten, namentlich *Picea*,
e) desgl. ohne boreale Arten, z.B. in den Tallagen der südpolnischen und tschechoslowakischen Gebirge bis in etwa 500–600 m Meereshöhe,

f) Primel-Eichen-Hainbuchenwälder *(Primulo veris-Carpinetum)* im pannonischen Tiefland Südmährens und Nordungarns (NEUHÄUSL u. NEUHÄUSLOVÁ 1968), ebenfalls ohne *Fagus*,
g) Waldsteinia-Eichen-Hainbuchenwald (*Querco-Carpinetum waldsteinietosum*, JAKUCS u. JURKO 1967) im slowakisch-ungarischen Karst, also schon innerhalb des Buchenareals,
h) Illyrische Eichen-Hainbuchenwälder (*Querco-Carpinetum illyricum*, s. HORVAT, GLAVAČ u. ELLENBERG 1974), die man auch Hundszahn-Ei.-Hb.wälder *(Erythronio-Carpinetum)* nennen könnte, in den Tieflagen des kroatischen Binnenlandes,
i) Mösische Eichen-Hainbuchenwälder (*Querco-Carpinetum moesiacum*, s. HORVAT usw.) in den entsprechenden Tieflagen weiter südlich bis zur Südgrenze von *Carpinus;* wie g innerhalb des *Fagus*-Bereichs.

Im Westen Mitteleuropas beobachtet man eine stärker ozeanisch getönte Abstufung, z. B.:
c) Sternmieren-Eichen-Hainbuchenwälder der nördlichen Tiefebene, teilweise auch im südlichen Bergland,
b) Waldlabkraut-Eichen-Hainbuchenwälder in den wärmeren und trockeneren Tieflagen, z. B. in Mainfranken und in der Oberrheinebene, bis südlich Basel und um Genf,
j) Hainbuchen-Hopfenbuchenwald (*Carpino betuli-Ostryetum*, s. ELLENBERG u. KLÖTZLI 1972) in der insubrischen Schweiz und im angrenzenden Italien,
k) noch stärker submediterrane *Carpinion*-Gesellschaften im Apennin, wo sie sich nahe der Südgrenze von *Carpinus* zwischen die montane Buchenstufe und die mediterranen Tieflagen einschalten (OBERDORFER 1968), wie j ohne Rotbuche.

Weiteren *Carpinion*-Gesellschaften begegnet man auf dem Wege nach Spanien und Portugal, nach England und nach Süd- bis Mittelschweden. Doch können wir auf diese hier ebenso wenig eingehen wie auf die Einheiten d und f-k.

Um uns mit Hainbuchenmischwäldern im Naturzustand vertraut zu machen, wenden wir uns zunächst nach Nordosten. In allen übrigen Gebieten mit *Carpinion*-Wäldern ist die dörfliche Besiedlung dichter und der anthropo-zoogene Einfluß dementsprechend größer, ja teilweise ausschlaggebend für ihr Artengefüge.

b Linden-Hainbuchenwälder außerhalb des Buchenareals

Eine einzigartige Möglichkeit, naturnahe Eichen-Hainbuchen-Mischwälder kennenzulernen, bietet der im buchenfreien Teile des polnischen Flachlandes nordöstlich Białystok gelegene, mehr als 4000 ha große Urwald von Białowieża. Er gehört zu den bestdurchforschten Waldreservaten Mitteleuropas. Etwa zur Hälfte besteht er aus Laubmischwäldern, die auf mehr oder minder grundwassernahen Lehmböden stokken. In wechselndem Mosaik werden diese von mächtigen Eichen, Ahornen, Linden und Hainbuchen beherrscht. Höhere und meist sandige Flächen werden von Kiefern-, Kiefern-Eichen- oder Fichten-Mischwäldern eingenommen. An nasseren Standorten sind Auenwälder und Moore zu finden.

Wir folgen hier der Darstellung von A. und W. MATUSZKIEWICZ (1954), die das gesamte Reservat pflanzensoziologisch kartierten und das ältere Schrifttum zusammenfaßten (s. auch FALIŃSKI 1968). Bei den Edellaub-Mischwäldern unterscheiden sie vor allem drei Subassoziationen des Linden-Eichen-Hainbuchenwaldes *(Tilio-Carpinetum)*, eine auf relativ trockenen, sandigeren Böden *(carietosum pilosae)*, eine „typische" und eine auf grundwassernäheren Böden *(stachyetosum sylvaticae)*. Zusammengefaßte Tabellen von den beiden letzteren sind in den Spalten 1 a und 1 b der Tab. 26 wiedergegeben. Was in diesen Stetigkeitslisten nicht zum Ausdruck kommt, sind die Mengenverhältnisse der Arten. Die Stieleiche fehlt zwar fast nirgends, hat aber nur einen verschwindend geringen Anteil an dem etwa 20–30 m hohen, dicht geschlossenen Kronendach. Am häufigsten sind darin Hainbuche und Spitzahorn sowie andere Schatt- und Halbschatthölzer. Einzelne Fichten erinnern daran, daß dieser Wald bereits im nördlichen *Picea*-Areal liegt. Wer die seit mindestens 60 Jahren ungestörten Hainbuchenmischwälder betritt, ist überrascht, wie dunkel sie sind. Außer an den Stellen, an denen zusammenbrechende alte Bäume mehr Licht auf den Boden dringen lassen, fehlen Sträucher so gut wie ganz (Abb. 106). Die Krautschicht erinnert so sehr an einen Mull-Buchenwald, daß man sich kaum wundert, auch Charakterarten des *Fagion*-Verbandes zu finden, z.B. *Dentaria bulbifera*.

Überspitzt gesagt, ist der Eichen-Linden-Ahorn-Hainbuchen-Mischwald des Ostens also ein „Buchenwald ohne Buche". Die Beteiligung der Fichte, die hier und dort mehr als 10 m über das Laubdach emporragt, ist für mitteleuropäische Laubmischwälder nichts Außergewöhnliches. Beispielsweise in den Sudeten, im östlichen Alpenvorland und in den Bergmischwäldern der östlichen Kalkalpen, aber auch im westlichen Ostpreußen, ist sie ebenfalls die Regel. Überall wirkt sie sich in ungefähr gleicher Weise auf die Bodenflora aus. Das relativ häufige Vorkommen von Moderzeigern (wie *Gymnocarpium dryopteris* und *Dryopteris carthusiana*) inmitten so vieler ausgesprochener Mullbodenpflanzen (s. Tab. 26) ist auf den Einfluß der Fichten-Nadelstreu zurückzuführen.

Nach den Untersuchungen von PIGOTT (1975) über die natürliche Regeneration der Baumarten im Urwald von Białowieża trägt das *Tilio-Carpinetum* seinen Namen mit Recht. *Tilia cordata* hat sich seit 1923 so stark gruppenweise verjüngt, daß sie in Zukunft eine größere Rolle spielen wird. *Carpinus* wird zwar zurückgehen, verjüngt sich aber doch in genügendem Maße. Auch Fichten und Kiefern findet man hier und dort in allen Altersklassen. Von der Eiche *(Quercus robur)* fehlt jedoch schon seit etwa 50 Jahren fast jeder Jungwuchs, so daß man in absehbarer Zeit nicht mehr von einem „Eichen-Hainbuchenwald" wird sprechen können.

Eichen-Linden-Ahorn-Mischwälder ähnlich den hier beschriebenen kommen auch in Masuren (PASSARGE 1964b) sowie bis weit nach Mittelrußland und in die nördliche Ukraine hinein vor. Wie in Białowieża ist das Klima in diesen östlichen, von Natur aus völlig rotbuchenfreien Eichen-Hainbuchen-Gebieten ziemlich trocken und sommerwarm. Die durchschnittliche Jahressumme der Niederschläge übersteigt 550 mm kaum, sinkt aber auch nicht unter 400 mm, und die Mitteltemperaturen des Juli liegen meist über 18° C. Die Trockenheit der warmen Jahreszeit wird durch Gewitterregen gemildert, die das für die kontinentalen Teile Europas charakteristische Sommermaximum der Niederschläge ergeben.

Weiter im Süden Polens, vor allem in den Vorbergen der Tatra, verschwinden *Picea abies, Rubus saxatilis, Trientalis europaea* und andere boreale Arten aus den Hainbuchenmischwäldern. Man kann sie als Unterscheidungsarten des nordöstlichen Fichten-Linden-Hainbuchenwaldes gegen den mitteleuropäischen typischen Linden-Hainbuchenwald verwenden (s. NEUHÄUSLOVÁ-NOVOTNÁ u. NEUHÄUSL 1971, SZAFER u. ZARZYCKI 1972 u.a.). Er läßt sich in zahlreiche Untereinheiten gliedern, die z.B. KORNAŚ (1968) aus den polnischen Karpaten beschrieben hat. Ein Teil derselben enthält auch schon *Fagus sylvatica* und geht in die Buchenstufe über. Noch stärker ist der *Fagion*-Einfluß im Haarseggen-Eichen-Hainbuchenwald (*Carici pilosae-Carpinetum*, s. NEUHÄUSLOVÁ-NOVOTNÁ u. NEUHÄUSL 1971) südlich der Tatra, der schon ganz im Rotbuchenareal liegt.

c   *Eichen-Hainbuchenwälder relativ trockener Standorte innerhalb des Buchenareals*

Gebiete mit einem „Eichen-Hainbuchen-Trockenklima" ähnlich den soeben besprochenen gibt es inselartig auch im zentralen und westlichen Mitteleuropa, wo die Rotbuche vorkommt, z.B. im Regenschatten des Harzes (Station Magdeburg in Tab. 27, Gruppe 15), des Riesengebirges (Liegnitz), der Rhön und des Spessarts, in Innerböhmen, in Südmähren, im Wiener Becken und in der Oberrheinischen Tiefebene bis in die Gegend von Basel (Mainz und Colmar). Andeutungsweise ist es auch in einigen kleineren Tälern ausgebildet, z.B. um Würzburg herum (Abb. 107). Sein größter Herrschaftsbereich in Mitteleuropa liegt aber im mittleren und östlichen polnischen Flachland und strahlt von dort in die Weichselniederung bis in die Nähe von Danzig und über Poznan (Tab. 27) hinaus bis an die Oder, sowie bis nach

Tab. 27. Auf die natürliche Rolle der Rotbuche bezogene Klimadaten mitteleurop. Stationen.
Zusammengefaßter Auszug aus Tabellen von Ellenberg (1963)

	I Höhe ü. M. (m)	II Temperatur im Juli (°C)	III Niederschläge im Jahr (mm)	IV Quotient 1000·II:III
Subalpiner Buchenwald				< 10
1. Alpen nahe der Waldgrenze	1670–1780	9,9–13,6	1670–1780	6 – 7,5
2. Vogesen, Sudeten, Harz	1150–1395	10,0–13,3	1140–1930	6 –10
Buchen-Tannenwald				um 10
3. Schweizer Alpen und Jura	1090–1100	14,6–14,9	1340–1530	9,5–11
4. Bayerische Alpen, Schwarzwald	910–1025	14,0–15,5	1030–1660	8,5–14
Buchenwald (mit ± Nadelhölzern)				10–20
5. Schweizer Randalpen	725– 955	15,6–16,5	1165–1585	10 –13,5
6. Höheres Schweizer Mittelland	450– 570	17,4–18,4	920–1150	16 –19,5
7. Schwarzwald, Schwäb. Alb u.a.	695– 910	13,7–15,5	930–1510	10,5–15,5
8. Erzgebirge, Sudeten				
Buchenwald mit Eichen u.a.				20–30
9. Tieferes Schweizer Mittelland	275– 420	17,4–19,5	780– 890	21,5–23
10. Südwest- und Westdeutschland	120– 400	17,0–19,5	610– 840	23 –28
11. Nordwestdeutschland	10– 60	13,3–16,8	720– 790	21 –22,5
12. Nördliche DDR, Nordwestpolen	5– 75	16,7–17,7	610– 750	20 –28
Eichenmischwald (± ohne Buche)				> 30
13. Zentralalpen-Täler (mit Kiefer)	540– 550	19,3–19,5	540– 640	30,5–36
14. Oberrheinebene, Maintal	95– 190	18,3–20,1	480– 550	33 –42
15. Mitteldeutsch-poln. Trockengebiet	60– 130	18,0–18,6	500– 520	34,5–36,5

Berücksichtigte Stationen: 1: Mte. Generoso, Rigi; 2: Gr. Belchen, Glatzer Schneeberg, Brocken; 3: Göschenen, Wildhaus, Sainte-Croix; 4: Mittenwald, Höchenschwandt, Todtnauberg; 5: Heiden, Affoltern (Emm.), Marsens, Seewies; 6: Zürich, Bruus, Bern; 7: Freudenstadt, Böttingen, Klausthal, Schneifel; 8: Altenburg, Schreiberhau; 9: Diessenhofen, Kreuzlingen, Basel, Genf, Aigle; 10: Freiburg i.Br., Heidelberg, Stuttgart-Hohenheim, Göttingen; 11: Münster i.W., Elsfleth, Flensburg; 12: Görlitz, Köslin, Swinemünde, Neustrelitz; 13: Sitten, Siders; 14: Colmar, Mainz, Kitzingen; 15: Magdeburg, Posen, Liegnitz. (Die Namen der Orte entsprechen den verwendeten Literaturquellen).

Westthüringen hinein. Soweit es in den genannten und klimatisch ähnlichen Bereichen *Carpinion*-Wälder gibt, gehören diese größtenteils zur Assoziation der Labkraut-Eichen-Hainbuchenwälder (*Galio-Carpinetum*, s. SCHLÜTER 1968, W. HOFMANN 1966, 1968, TH. MÜLLER 1967, 1968, KLÖTZLI 1968, OBERDORFER 1970 u. v. a.). Sie lassen sich nach MÜLLER sogar in Südwestdeutschland, einem „ausgesprochenen optimalen Rotbuchengebiet", von den Rotbuchenwäldern unterscheiden, namentlich durch die Kennarten des *Carpinion*-Verbandes:

Carpinus betulus   *Carex umbrosa*
Prunus avium   *Dactylis polygama*
Rosa arvensis   *Potentilla sterilis*
Stellaria holostea   *Ranunculus auricomus* u. a.

Als *Galio-Carpinetum* erkennt man sie an relativ wärmeliebenden Arten, die im *Stellario-Carpinetum* nicht vorkommen, z.B.:

Sorbus torminalis   *Convallaria majalis*
S. domestica   *Carex montana*
Ligustrum vulgare   *Festuca heterophylla* u. a.

Das in Abschnitt a ebenfalls bereits kurz charakterisierte *Stellario-Carpinetum* ist dagegen nur durch das Fehlen dieser Differentialarten zu unterscheiden (s. auch LOHMEYER 1967 u. 1970). Es

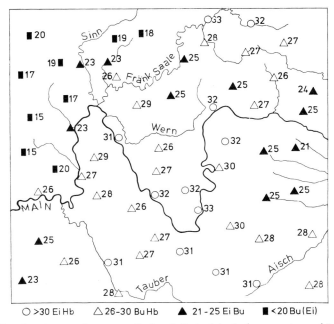

Abb. 107. Der Quotient aus dem tausendfachen Julimittel der Lufttemperatur und Jahresniederschlag (Q, siehe Tab. 27) entspricht in Mainfranken recht gut dem Baumartenverhältnis in naturnahen Wäldern. Nach HOFFMANN (1968).
Nur in den trockensten und wärmsten Landschaften (Q > 30) kommen auf mittleren Standorten vorwiegend rotbuchenarme Eichen-Hainbuchenwälder vor. Auch die Bereiche mit Q 21–30 sind heute „Eichen-Hainbuchen-Gebiete", weil es leicht war, die von Natur aus herrschende Rotbuche zurückzudrängen, z.B. auf der Fränkischen Platte, im östlichen Bauland und im südlichen Steigerwald. Im Spessart, in der Südrhön und den höchsten Lagen des Nordsteigerwaldes herrscht die Buche absolut vor, duldet aber noch Mischhölzer wie die Eichen (Q 15–20). Die Gebiete zwischen diesen Extremen (Q 21–25) vermitteln auch hinsichtlich der Rolle von Eiche, Hainbuche und Rotbuche, die hier aber schon sehr vital ist.

besitzt lediglich die Verbands-Charakterarten und wurde nach einer derselben, der Hain-Sternmiere, benannt, obwohl diese auch im *Galio-Carpinetum* auftritt. Tab. 26 faßt Beispiele beider Gesellschaften zusammen und gestattet einen Vergleich mit dem bereits besprochenen *Tilio-Carpinetum piceetosum* des Urwaldes von Białowieża (Nr. 1 a u. b). Das *Stellario-Carpinetum* des jahrhundertelang naturnah bewirtschafteten Stadtwaldes von Hannover ist diesem noch überraschend ähnlich und wurde deshalb unmittelbar daneben gesetzt (Nr. 2 a u. b). Nr. 3 und 4 geben Beispiele des *Galio-Carpinetum* aus dem mitteldeutschen Trockengebiet bzw. der Oberrheinischen Tiefebene wieder, und zwar wie in den vorhergehenden Fällen jeweils Bestände ohne (a) und mit (b) Grundwassereinfluß im Boden. In der DDR und der BRD treten einige mehr „westlich" verbreitete Arten hervor, die im östlichen Polen überhaupt fehlen, z.B. *Lonicera xylosteum, L. periclymenum* (subatlantisch), *Hedera helix, Melica uniflora* und *Galium sylvaticum*. Das milde Klima der Rheinebene begünstigt außerdem „wärmeliebende" Elemente, wie *Ligustrum vulgare* und *Viburnum lantana*. Ein großer Teil der in Tab. 26 mit den Listen Nr. 4a und b neu hinzugekommenen Arten wäre aber ihrer Gesamtverbreitung nach durchaus im Białowieżaer Urwald zu erwarten. Sie fehlen diesem nur deshalb, weil er ihnen zu dunkel ist. Als Stütze dieser Ansicht sei eine von W. und A. MATUSKIEWICZ (1956a) veröffentlichte Liste aus dem Lehrrevier „Ruda" im östlichen Mittelpolen angefügt, wo Eichen-Hainbuchenwälder auf nicht oder kaum vom Grundwasser beeinflußten Standorten vorkommen (Nr. 5a). Diese durch Holzschlag und frühere Waldweide stark gelichteten Bestände haben zahlreiche Arten mit den weit entfernten Wäldern des östlichen Harzvorlandes und der Rheinebene gemeinsam, die man in dem viel näher gelegenen Białowieżaer Walde vergeblich sucht oder nur vereinzelt findet, z.B. *Crataegus, Cornus sanguinea* und andere Sträucher, Gräser wie *Poa nemoralis, Dactylis* und *Deschampsia cespitosa*, sowie andere Halbschatten- bis Halblichtpflanzen, beispielsweise *Rubus*-Arten, *Fragaria vesca, Convallaria majalis, Veronica chamaedrys* und *Galium aparine* (siehe auch Abb. 116).

Aus dem tabellarischen Vergleich ergibt sich also, daß die vom Menschen genutzten Eichen-Hainbuchenwälder viel mehr lichtbedürftige Pflanzen und überhaupt mehr Arten enthalten als ungenutzte, und daß sie floristisch den Rotbuchenwäldern weniger ähneln als diese. Was wir heute in Mitteleuropa an Querco-Carpineten zu sehen bekommen, sind fast ausschließlich solche durch Nutzung veränderten Bestände, und bewirtschaftete Eichen-Hainbuchenwälder weichen stärker von ihrem Naturzustand ab als bewirtschaftete Rotbuchen-Hochwälder von natürlichen Hochwäldern. Das gilt besonders für die zahlreichen Eichen-Hainbuchenwälder, die aus Gegenden beschrieben wurden, in denen die Rotbuche infolge höherer Niederschläge eine größere Rolle spielt als in den Trockengebieten.

Bevor wir aber auf diese eingehen, sei noch die Frage erörtert, warum die sonst in Mitteleuropa so konkurrenzkräftige Rotbuche in den „echten" Eichen-Hainbuchenwäldern kampfschwach ist. Offenbar spielen hier klimatische Ursachen die Hauptrolle. Denn die Spanne der grundwasserfreien Bodentypen, die von Eichen-Hainbuchenwäldern besiedelt werden können, ist im großen und ganzen dieselbe, wie wir sie bereits von den Rotbuchenwäldern her kennen (s. Abschnitt B II 4d).

Sobald die Niederschläge am Rande der mitteleuropäischen Trockeninseln etwa 550 mm übersteigen, wagt sich *Fagus* hervor (s. Tab. 27, Nr. 9–12, u. Abb. 107). Nennenswerte Anteile erreicht sie freilich erst dort, wo zugleich die Sommertemperaturen niedriger liegen, also die Verdunstung im allgemeinen geringer sein dürfte und der Wasservorrat der Böden weniger rasch erschöpft wird.

Um das Zusammenspiel von Niederschlägen und Sommertemperaturen in einer leicht zu ermittelnden Zahl auszudrücken, kann man das Juli-Temperaturmittel durch die Jahres-Niederschlagsmenge dividieren (zweckmäßigerweise multipliziert man mit 1000, um eine ein- bis zweistellige Zahl zu erhalten). Die für die Rotbuche in Mitteleuropa entscheidende Grenze liegt dann bei etwa 30 (s. Spalte IV in Tab. 27). Sinkt unser Quotient unter 15, so bleiben die „wärmeliebenden" Laubhölzer ganz zurück und überlassen es der Buche und den sie begleitenden Nadelhölzern allein, natürliche Wälder zu bilden. Schon im Spessart, dessen Traubeneichen wegen ihrer Holzqualität berühmt sind, bedürfen diese der Hilfe des Forstmannes, weil sie hier in ihrer Jugend langsamer wachsen als die Buchen. In tieferen, d. h. wärmeren und trockeneren Lagen, sind die Eichen dagegen bis ins 40. Jahr vor- oder gleichwüchsig.

Zunehmende Feuchtigkeit des Klimas fördert also die Rotbuche, während Trockenheit sie stärker hemmt als die Hainbuche, die Linde, die Eichen und andere Edellaubhölzer. Das gleiche zeigt sich, wenn wir diese stärker lichtliebenden Bäume bis in Gegenden südlich der Alpen verfolgen. Hier steigen sie unter die Grenze des Buchen-Tannen-Gürtels in den Bereich des submediterranen, ausgesprochen sommertrockenen Klimas hinab, während die Rotbuche an die montane Wolkenstufe gebunden bleibt. In den Gebirgen des Mediterrangebietes ist die untere Grenze der Buche ganz sicher durch Trockenheit während der Hauptvegetationszeit bedingt, also nicht durch tiefe Winter- und Frühjahrstemperaturen, die meistens als entscheidende Ursache für die Ostgrenze der Buche angesehen werden.

Die Stationen der echten Eichen-Hainbuchen-Gebiete (14 u. 15 in Tab. 27) sind im Winter gar nicht wesentlich kälter als die echten Rotbuchengebiete (1–12). Das trifft auch dann zu, wenn man nicht die Mitteltemperaturen des kältesten Monats, sondern seine mittleren oder absoluten Minima vergleicht. Diese sind im Westen Mitteleuropas fast ebenso niedrig wie im Osten und lassen keine deutliche Abhängigkeit von der Entfernung zur Küste oder der Höhenlage im Gebirge erkennen, weil die lokalklimatische Lage der Meßstationen nicht vergleichbar ist. Deshalb wurden sie der besseren Übersicht halber aus Tab. 27 fortgelassen. Tatsächlich unterscheiden sich unsere beiden Buchen kaum in ihrer Resistenz gegen tiefe Wintertemperaturen. Das zeigte sich vor allem bei einigen älteren Beobachtungen an der Nordost- und Nordgrenze der Rotbuche.

TIMM (1930), ZIOBROWSKI (1933) und VAARAMA (1941) konnten z. B. beobachten, daß *Carpinus* unter ungewöhnlich scharfen Frösten stärker litt als *Fagus* und als viele andere Laubholzarten. GROSS (1935) neigt sogar zu der Ansicht, daß die Hainbuche im Döhlauer Wald im ehemaligen Ostpreußen seit 200 Jahren deshalb von der Rotbuche verdrängt wurde, weil sie einer Kette von strengen Wintern weniger gewachsen war als diese. Durch physiologische Experimente zeigte TILL (1956), daß *Fagus*- und *Carpinus*-Zweige bei etwa gleich tiefen Temperaturen absterben und daß ihre Frosthärte annähernd dem gleichen Jahresrhythmus unterliegt (Abb. 108). Nur Spätfröste erträgt die Hainbuche relativ besser als die Rotbuche, weil sie früher und rascher austreibt als diese und deshalb bereits derberes Laub besitzt, wenn nach einer längeren Warmwetterperiode die so gefürchteten Nachtfröste kommen. Wird die Hainbuche aber doch einmal geschädigt, so regeneriert sie sich leichter als die Rotbuche, die ja überhaupt ein geringeres Ausschlagsvermögen besitzt als viele andere Laubhölzer. Wenn man sie in den ost-mitteleuropäischen Eichen-Hainbuchen-Gebieten anpflanzt, wird sie deshalb nicht selten ein Opfer der hier recht häufigen Spätfröste, z. B. im Park des Jagdschlosses Białowieża, wo einige freistehende Bäumchen durch häufige Austriebsschäden völlig verkrüppelt sind. Spätfröste vernichteten nach GROSS (1935) in Ostpreußen häufig die Blüten oder jungen Früchte von *Fagus,* so daß hier nur alle 10–15 Jahre einmal eine Vollmast möglich ist. Auch in Südskandinavien wird nach LINDQUIST (1931) die Existenz der Buche durch Frostschäden an ihren Früchten bedroht. Doch gibt es in Mitteleuropa auch Gebiete, die sich keineswegs durch erhöhte Spätfrostgefahr auszeichnen, und die trotzdem von Natur aus buchenfrei oder buchenarm sind. Die im Regenschatten der Vogesen liegende südwestliche Oberrheinische Tiefebene, insbesondere die Gegend von Colmar, ist ein gutes Beispiel hierfür. Sie ist nach ISSLER (1942) zu trocken für *Fagus*.

Die entscheidende Ursache für die Kampfuntüchtigkeit der Rotbuche in echten Eichen-Hainbuchen-Landschaften dürfte also meistens in der Frühjahrs- oder Sommertrockenheit liegen. Es ist ja jedem Forstmann bekannt, daß Buchen-Naturverjüngung in niederschlagsreichem Klima leichter aufkommt als in regenarmem und lufttrockenem. Nach WATT (1923) keimen die verhältnismäßig großen Samen der Rotbuche nur, wenn sie längere Zeit von einem Wasserfilm umgeben sind. Die wesentlich kleineren Samen der Hainbuche dürften weniger wasserbedürftig sein. Auch die heranwachsenden Keimlinge von *Fagus* brauchen viel Wasser. Sie gehen deshalb auf trockenen Standorten nach SLAVÍKOVÁ (1958) meistens durch Wurzelkonkurrenz der Altbäume zugrunde, und es ist wohl kein Zufall, daß sich das in Abschnitt B II 2 d kurz besprochene „*Fagetum nudum*" nur am Rande von Trockengebieten ausbildet. In den für Mitteleuropa außergewöhnlich niederschlagsreichen nördlichen Voralpen und deren Vorland dagegen, z. B. in der Umgebung von Zürich (Tab. 27, 6), verjüngt sich die Rotbuche schon unter verhältnismäßig dichtem Schirm ohne Schwierigkeit. Sogar auf stark sauren Böden, auf deren Humusdecke die Naturverjüngung von *Fagus* in trockenen Gegenden selten gelingt, gehen hier alle Samen auf „wie Unkraut".

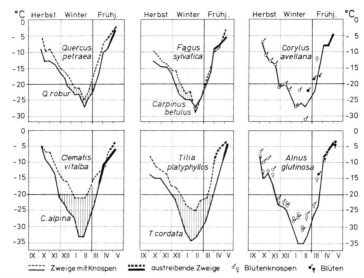

Abb. 108. Die Frosthärte von Bäumen und Sträuchern verstärkt sich vom Oktober (1953) bis zum Jahresende und wird dann wieder geringer. Besonders empfindlich sind die frisch austreibenden Zweige im Frühjahr. Nach TILL (1956), verändert.

d Mehr oder minder rotbuchenreiche Eichen-Hainbuchenwälder

Schon MEUSEL (1955) wies auf die allmähliche Änderung hin, die unsere Laubmischwälder beim schrittweisen Übergang vom buchenfreundlichen Montanklima zum buchenfeindlichen Trockenklima erfahren, und zwar am Beispiel der bodensauren Waldgesellschaften des Harzes und seines östlichen Vorlandes.

Bei etwa 500 m ü. M. im Unterharz ist der uns bereits bekannte Hainsimsen-Buchenwald (*Luzulo-Fagetum*) gut ausgebildet. Auf vergleichbarem Boden im vorgelagerten niedrigeren Bergland gewinnt die Traubeneiche an Einfluß und tritt die Hainbuche mit Sträuchern und Kräutern hinzu. Nach dem natürlichen Mischungsverhältnis der Hauptbäume nennt MEUSEL diese Gesellschaft „*Luzula-Querco-Fagetum*", betont also die Rotbuche als den immer noch herrschenden Baum. Im Zentrum des mitteldeutschen Trockengebietes, nördlich von Halle, dagegen fehlt die Rotbuche heute und überläßt es der Hainbuche und der Linde, die Baumschicht zu bilden (Abb. 105). Sogar die Hainbuche erscheint auf saurem Boden durch das warmtrockene Klima geschwächt und fehlt stellenweise. MEUSEL spricht vom *Calamagrostis-Querco-Tilietum*", weil *Calamagrostis arundinacea* im extremen Trockenklima offenbar besser gedeiht als *Luzula luzuloides*. Das starke Hervortreten trockenheitsertragender Lichtpflanzen dürfte teils auf die Niederschlagsarmut ihrer Wuchsorte zurückzuführen sein, teils auf die häufige Nutzung der Baumschicht; gehört doch das östliche Harzvorland von alters her zu den dichtest besiedelten Landschaften Mitteleuropas.

Ähnlich wie in der von MEUSEL behandelten Reihe läßt sich auch auf basenreicheren Böden beobachten, daß die Rotbuche bis an den Rand der eigentlichen Trockengebiete vordringt, und daß ihr Anteil am natürlichen Waldaufbau dabei nicht kontinuierlich abnimmt, sondern erst in der Nähe ihrer absoluten Grenze plötzlich absinkt. Im Bereich des „Übergangsklimas" vermag die Buche also noch eine verhältnismäßig große Rolle zu spielen, wenn der Mensch sie nicht daran hindert. Diese jedem Forstmann geläufige Tatsache wurde früher von vielen Pflanzensoziologen ebenso wenig beachtet wie die klimatisch bedingten Unterschiede zwischen reinen und mehr oder minder buchenreichen Eichen-Hainbuchenwäldern.

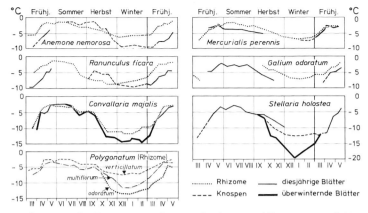

Abb. 109. Jahresgang der Frostresistenz bei verschiedenen Waldkräutern. Nach TILL (1956), verändert.

Die unterirdischen Organe sind viel empfindlicher als die oberirdischen, zeigen aber ebenfalls einen jahreszeitlichen Resistenz-Rhythmus. Bei Schneebedeckung sinken die Temperaturen im Boden kaum unter 0 °C, vor allem in der montanen Stufe, wo die Schneedecke mächtig und dauerhaft ist. Die Rhizome des montanen *Polygonum verticillatum* sind dementsprechend am wenigsten frostresistent (s. auch Abb. 165).

Die Labilität der Baumartenverhältnisse in der breiten klimatischen Übergangszone zwischen reinen Eichen-Hainbuchenwäldern und reinen Buchenwäldern machte es möglich, daß sich die Wirtschaftsform des Mittelwaldes mit seinen Eichen-Überhältern und seiner Hauschicht aus Hainbuchen, Haseln, Ahorn, Eschen, Linden und anderen ausschlagfähigen Laubhölzern über große Teile Mitteleuropas ausdehnte, auch in Gebiete hinein, die nach Aktenbelegen oder pollenanalytischen Befunden früher sicher buchenbeherrscht waren. Nach ETTER (1943) sind die Begriffe „Eichen-Hagebuchenwald" und „Mittelwald" in der Schweiz geradezu identisch, wenn man von den wenigen Mittelwäldern absieht, die auf der Grundlage von wärmeliebenden oder bodensauren Eichenmischwäldern entstanden sind. Im Kanton Bern und im westlichen Teil des Kantons Aargau, deren Wälder immer hochwaldartig genutzt wurden, gibt es nach STAMM (1938) kaum Beispiele von Eichen-Hagebuchenwäldern, während in den östlich und westlich davon gelegenen Teilen des Schweizer Alpenvorlandes, z. B. im Kanton Zürich (N. KUHN 1967), durch die Mittelwaldwirtschaft überall Eichen-Hainbuchenwälder oder doch Eichenmischwälder entstanden sind. Nordwestlich von Zürich (Heitersberg bei Dietikon) stiegen solche sogar bis 780 m ü. M. hinauf (s. auch Abb. 23 u. 113).

In Gebieten, deren Klima sowohl Rotbuchen als auch die meisten anderen Laubhölzer gedeihen läßt, hatte und hat es also der Mensch in der Hand, den einen oder den anderen das Übergewicht zu geben. Sogar die Umtriebszeit des Niederwaldes bzw. der Hauschicht im Mittelwalde kann sich zugunsten oder zuungunsten bestimmter Baumarten auswirken. So gewinnen nach BROUILLARD (1911, s. auch SEIBERT 1966) bei 10–12jährigem Umtrieb echte Sträucher die Oberhand. Bei 18–20jährigem gelangen Eichen zur Herrschaft, deren junge Stämme und Äste nach dem Abhauen freudig wieder austreiben. Wird alle 20–30 Jahre geschlagen – wie das in Mittelwäldern üblich war – so hat die als Brennholz besonders geschätzte Hainbuche Zeit, Eichen und andere Lichthölzer durch ihren Schatten zurückzudrängen. Bei mehr als 30jährigem Umtrieb vermag sich bereits die Rotbuche zu behaupten, die zwar dann kaum noch aus dem Stock ausschlägt, aber vorher Früchte hat erzeugen können und nun ihre schattenfesten Sämlinge ins Feld führt. Weißtannen und andere Nadelhölzer, die überhaupt keine Stockausschläge bilden, können im Nieder- und Mittelwalde nur als geschonte Überhälter existieren. Gewollt oder unbewußt ist hier also im Konkurrenzkampf der Bäume der Axtschlag des Menschen das „Zünglein an der Waage".

Nur in der Nähe der Trockengrenze der Rotbuche kann es dazu kommen, daß sie in dicht besiedelten Gebieten ganz ausgerottet wird. Sie verträgt hier den Mittel- und Niederwaldbetrieb noch schlechter als in feuchteren Gegenden, zumal das Klima in den kleinen Waldresten, die noch inmitten der offenen Feldlandschaft erhalten blieben, trockener und „kontinentaler" geworden ist als im geschlossenen Naturwalde. Das Trockengebiet im östlichen Harzvorland beispielsweise ist nach pollenanalytischen Befunden einst nicht so frei von *Fagus* gewesen, wie wir es heute kennen (PASSARGE 1953 a). Unter den jetzigen Bedingungen muß es aber als eine „echte" Eichen-Hainbuchenlandschaft gelten, vor allem in dem zeitweilig sehr lufttrockenen Föhnbereich (s. Abb. 103).

Was hier für das Harzvorland und für das Schweizer Mittelland erörtert wurde, gilt in ähnlicher Weise auch für andere Gebiete Europas, die ein „Übergangsklima" und mehr oder minder buchenfähige Eichen-Hainbuchenwälder haben, z.B. in der Slowakei (MAGIC 1968) und in Kroatien (HORVAT, GLAVAČ u. ELLENBERG 1974). Nur unter solchen Verhältnissen konnte die Frage: Eichen-Hainbuchenwald oder Buchenwald? überhaupt zu einem Problem werden.

Die „Eichen-Hainbuchenwald-Frage" wurde in der 1. Auflage eingehend erörtert. Sie darf heute in folgender Weise beantwortet werden: Auf grundwasserfreien Braunerden sind zwischen den reinen Buchenwäldern der montanen oder der oberen submontanen Stufe und den mit Sicherheit buchenfreien Laubmischwäldern der mitteleuropäischen Trockengebiete alle Übergänge möglich. Die Zwischenglieder bilden aber keine gleichmäßig gleitende Reihe. Vielmehr bewirkt die Buche, sobald sie stark genug ist, sich in der oberen Baumschicht zu behaupten, so tiefgreifende Veränderungen im Bestandesklima und im natürlichen Artengefüge, daß dadurch besondere Gesellschaften entstehen. Es erscheint deshalb zweckmäßig, diese rotbuchenreichen Eichen-Hainbuchenwälder bzw. „eichenfähigen" Rotbuchenwälder als eigene Gruppe aufzufassen und von beiden Extremen abzutrennen. Das ist mit floristischen Mitteln allein nicht immer möglich, weil die Grenzen durch menschliche Einflüsse, insbesondere durch Mittelwaldwirtschaft, verschoben und verschärft wurden.

Eine großzügige experimentelle Prüfung dieser Ansicht hat die moderne Forstwirtschaft unbeabsichtigt dadurch eingeleitet, daß sie vom Mittel- und Niederwaldbetrieb fast überall in Mitteleuropa zum Hochwaldbetrieb überging. Leider ist aber zu befürchten, daß in nahezu sämtliche Wälder auf fruchtbaren Braunerden standortsfremde Nadelhölzer eingebracht und dadurch die natürlichen Konkurrenzverhältnisse in andere Richtung verschoben werden. Nirgends wäre es deshalb dringender, Waldreservate für naturwissenschaftliche Studien zu schaffen als in Eichen-Hainbuchenwäldern, die innerhalb des Buchenareals liegen.

e Bodenfeuchte Eichen-Hainbuchenwälder

In den weniger trockenen Tieflagen Mitteleuropas, insbesondere im Bereich des Klima-Quotienten zwischen 20 und 30 (s. Tab. 27), ist die Rotbuche überall als mögliche Konkurrentin mit im Spiele. Aber auch hier gibt es von Natur aus rotbuchenfreie Eichen-Hainbuchenwälder. Wie schon in Abschnitt B I 2 ausgeführt, sagen *Fagus* zeitweilig oder dauernd nasse Böden nicht zu, vermutlich, weil ihre Wurzelatmung zu sehr behindert wird. Auch ihre Samen leiden, wie WATT (1923) betont, unter dem mit Nässe verbundenen Sauerstoffmangel und faulen leicht auf vernäßten Böden. Der Hainbuche, der Stieleiche, der Esche und den Ahornarten dagegen macht die Nässe weniger aus, wenn nur ihre Nährstoffversorgung gesichert ist, so daß auf mineralischen Naßböden, insbesondere auf Mullgley (Abb. 110), ganz ähnliche Baumarten-

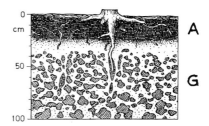

Abb. 110. Mullgley unter einem buchenfreien feuchten Eichen-Hainbuchenwald. Nach ELLENBERG (1937), etwas verändert.
Gegen den humusreichen Mull des Oberbodens (A) setzt sich ziemlich scharf der Gleyhorizont (G) ab, der sich im Schwankungsbereich des Grundwassers ausbildete. Seine Grundfarbe ist hellgrau mit einem Stich ins Bläuliche oder Grünliche, der von zweiwertigen (reduzierten) Eisenoxidhydraten herrührt. Leuchtend rostige Flecken (schraffiert) entstanden durch Oxidation, bei der wahrscheinlich Bakterien mitwirkten.

kombinationen entstehen können wie auf den Braunerden der Trockengebiete. Solche „feuchten" Eichen-Hainbuchenwälder sind im nordwestdeutschen Flachland besonders gut entwickelt und wurden hier von TÜXEN und seinen Schülern gründlich studiert. Außerdem ist ihr Vorkommen von vielen anderen Autoren aus den verschiedensten Teilen Mitteleuropas belegt worden. Das von OBERDORFER (1957) aus dem Oberrheingebiet beschriebene *Galio-Carpinetum circaeetosum* besiedelt anscheinend nicht so nasse Böden. Die Rotbuche findet hier sogar bessere Lebensbedingungen als auf trockeneren Standorten (s. Tab. 26, 4b), zumal es sich um einen überwiegend sandigen Boden handelt. In kolloidreicheren Böden wird *Fagus* schon beeinträchtigt, wenn der Grundwasserspiegel mehr als 3 Monate lang 50 cm oder weniger von der Bodenoberfläche entfernt bleibt (Abb. 111).

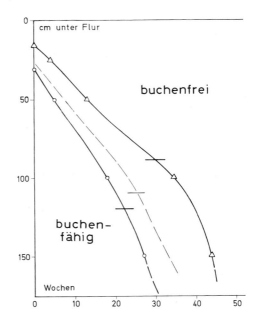

Abb. 111. „Grundwasserstands-Dauerlinien" (eigentlich Überschreitungsdauer-Linien) von buchenfähigen und buchenfreien Lehmböden des Schweizer Mittellandes. Nach KLÖTZLI (1968), etwas verändert.
Jeder Punkt auf einer solchen Dauerlinie gibt für eine bestimmte Bodentiefe (Ordinate) die Zeitdauer in Wochen pro Jahr (Abszisse) an, während derer der Grundwasserspiegel mindestens bis hierhin reicht.
Unter feuchtem Buchenmischwald („buchenfähig") beispielsweise steht das Grundwasser nur etwa 5 Wochen lang in 50 cm Tiefe oder höher und weniger als etwa 5 Monate (20 Wochen) lang in 100 cm Tiefe. Wenn der Grundwasserspiegel 3 Monate (12 Wochen) oder länger bis 50 cm ansteigt, kann die Rotbuche nicht mehr gedeihen. Dies gilt nur für Lehmböden, in denen sich über dem Grundwasserspiegel ein „Kapillarsaum" (d.h. eine wasserdurchtränkte, luftarme Zone) von mehreren Dezimetern Mächtigkeit ausbildet.

Übrige Laubmischwälder außerhalb der Flußauen und Moore

Schwierig ist die Abgrenzung der bodenfeuchten Eichen-Hainbuchenwälder von den Ahorn-Eschen-Hangfußwäldern (s. Abschnitt B III, 1 c) sowie von manchen Hartholz-Auenwäldern (s. Abschnitt B V 1 g). Das Artengefüge dieser drei Waldgesellschaften ist so ähnlich, daß manche Autoren sie zu einem Verbande *(Alno-Ulmion)*, den bodenfeuchten Edellaub-Mischwäldern, zusammenfassen. Andere vereinigen die Eichen-Hainbuchenwälder bodenfeuchter mit denen trockenerer Standorte im Verband *Carpinion*, so wie das hier geschieht. Hauptgründe dafür sind die häufige Vorherrschaft der Hainbuche und das Fehlen ständiger Nährstoffzufuhr, sei sie kolluvial oder alluvial, die sich in einem höheren Anteil von Stickstoffzeigern bemerkbar macht. Gute Charakterarten für die Gesamtheit der Eichen-Hainbuchenwälder gibt es außer *Carpinus* nicht, und auch diese ist nicht ganz treu.

Doch ist es erstaunlich, wie wenig die Liste des Sternmieren-Eichen-Hainbuchenwaldes in der „Eilenriede" bei Hannover (Tab. 26, 2 b) von der bereits besprochenen Liste aus dem Białowieżaer Urwald (Nr. 1 b) abweicht, obwohl sich Nordwestdeutschland und Ostpolen im Allgemeinklima wesentlich unterscheiden. In beiden Gesellschaften bildet die Hainbuche mit anderen Halbschatthölzern dichte Bestände, aus denen einzelne alte Stieleichen herausragen. Nur die Fichte fehlt im nordwestdeutschen Eichen-Hainbuchenwald und die Linde ist seltener, während Berg- und Feldahorn dafür eintreten und die Traubenkirsche üppiger gedeiht. Beide Gesellschaften stimmen darin überein, daß Sträucher und Jungbäume unter Lichtmangel leiden, Frühlingskräuter hohe Stetigkeiten erreichen (Abb. 112) und Moose meistens erstickt werden. Großenteils sind auch dieselben Feuchtigkeitszeiger vertreten, z.B. *Carex remota*, *Festuca gigantea* und *Stachys sylvatica*. Sogar darin ähneln sich beide Artenlisten, daß ausgesprochene „Lichtpflanzen" keine große Rolle spielen, wenn auch einzelne von ihnen in der Eilenriede bei Hannover höhere Stetigkeit erlangen als in Białowieża.

Abb. 112. Anemonen-Teppich am Boden eines feuchten Eichen-Hainbuchenwaldes *(Stellario-Carpinetum stachyetosum)* in der Eilenriede bei Hannover, Frühlingsgeophyten wie *Anemone nemorosa* können sich dort am besten entfalten, wo keine Hemikryptophyten den Boden mit ihrem Blattwerk überdecken, weil es diesen nach der Belaubung der Bäume zu schattig ist.

Die auffallenden Gemeinsamkeiten beruhen sehr wahrscheinlich einmal darauf, daß die Böden der Eilenriede denen von Białowieża ähnlich sind; handelt es sich doch in beiden Fällen um altdiluviale Grundmoränen oder schwach lehmige Talsande, die teilweise von Bächen umgelagert wurden, und aus denen das Grundwasser echte Gleye entstehen ließ. Als wesentliche Ursache kommt aber der Umstand hinzu, daß die Eilenriede nur sehr wenig vom Menschen beeinflußt wurde – am wenigsten von allen Eichen-Hainbuchenwäldern im Tiefland westlich der Oder. Dieser etwa 650 ha große alte Stadtwald wurde nämlich im Zentrum seines Nordteils schon seit dem Mittelalter nicht mehr beweidet und nur zur Bauholzgewinnung, also plenterartig und sehr schonend, genutzt. Wie im Białowieżaer Urwald fanden daher stark lichtbedürftige Pflanzen nur selten einmal Entwicklungsmöglichkeiten, – mit Ausnahme der Eiche, die wie überall im Mittelalter und in der frühen Neuzeit, besonderen Schutz genoß.

Trotz zeitweiliger Begünstigung der Eiche haben sich aber allenthalben, wo der Oberboden mehr als 20–30 cm dauernd durchlüfteten Wurzelraum bietet, Buchen ansiedeln und zu prächtigen Stämmen entwickeln können. Während man einen solchen Niveauunterschied im Urwald von Białowieża kaum an einem Artenwechsel ablesen kann, drängt er sich in der Eilenriede geradezu auf und ist mühelos zu kartieren (s. ELLENBERG 1970). Sobald die Buche die Oberhand gewinnt, baut sie die uns schon vertrauten weiträumigen Säulenhallen auf, in denen sich lichtgenügsame, herdenbildende Arten wie *Anemone nemorosa*, *Galium odoratum* und *Melica uniflora* ausbreiten können (s. Tab. 26, 2a und Abb. 117). Stieleiche und Hainbuche sind zwar noch in fast jeder Aufnahme LOHMEYERS (1951) enthalten, aber stets nur mit geringen Mengen.

Steigt die Bodenoberfläche in der Eilenriede noch höher über den Grundwasserspiegel an, so ändert sich zwar das Artengefüge der Krautschicht, doch erhält die Buche ihre Herrschaft aufrecht. LOHMEYER unterscheidet mit abnehmendem Grundwassereinfluß krautreiche, waldschwingelreiche und maiglöckchenreiche Buchenmischwälder (s. Abschnitt B II 3 b). Nur auf den sandigsten und trockensten Standorten gönnt die Buche der Eiche so viel Raum, daß Birken-Eichenwälder entstehen können (s. Abschnitt B III 5 b). Die letzteren dürften etwa den Kiefernwaldgesellschaften der sandigen Rücken im Białowieżaer Urwalde entsprechen, von denen zu Beginn des Abschnitts a kurz die Rede war.

Das Beispiel der Eilenriede bestätigt somit die bereits allgemein ausgesprochene Regel, daß die Baumarten des Eichen-Hainbuchen-Mischwaldes in einem dem Typus 9–12 in Tab. 27 entsprechenden Klima auf allen nicht zu nassen und nicht zu armen Standorten von der Rotbuche bedrängt werden. Wie groß die Rolle der letzteren unter natürlichen Verhältnissen wäre, läßt sich schwer entscheiden. Die Einflüsse des Menschen setzten in diesen Landschaften meistens schon sehr früh ein, und man muß selbst in heute völlig naturnah erscheinenden Beständen mit ihnen rechnen.

f Eichen-Hainbuchenwälder im Gefälle des Bodensäuregrades

Wie die Reihe der Rotbuchenwälder, so ist auch die Reihe der Eichen-Hainbuchen-Mischwälder gleitend. Es gibt viele Bestände, die nach ihrem Artengefüge zwischen den hier hervorgehobenen Haupttypen stehen, ebenso, wie auch zwischen Rendzinen, Braunerden (bzw. Parabraunerden) und podsoligen Braunerden intermediäre Bodentypen vorkommen. Da wir die Reihe der Rotbuchenwälder und der sie bedingenden Bodeneigenschaften ausführlich besprochen haben, können wir uns hier mit dem Hinweis begnügen, daß die Verhältnisse in der parallelen Eichen-Hainbuchenwald-Reihe durchaus vergleichbar sind.

Erschwert wird die Übersicht über die zahlreichen in der Literatur behandelten Eichen-Hainbuchenwälder vor allem dadurch, daß ihr Artengefüge stärker als das der Rotbuchenwälder auf klimatische und florengeschichtliche Unterschiede anspricht. Dies mag nicht zuletzt damit zusammenhängen, daß die stark genutzten Eichen-Hainbuchenwälder verhältnismäßig licht, also gegen das Allgemeinklima nicht so stark abgeschirmt sind wie die schattigen Buchenhallen.

Von den echten Eichen-Hainbuchenwäldern der trocken-kontinentalen Tiefländer zu den echten Buchenwäldern der submontanen und montanen Berglagen gibt es ebenfalls gleitende Übergänge. Die in Mitteleuropa möglichen edaphischen und klimatischen Querverbindungen zwischen den Laubwaldgesellschaften der nicht grundwasserbeeinflußten und nicht zu basenarmen Böden kann man in dem folgenden Schema ausdrücken:

Basenreichtum zunehmend →

Humidität abnehmend ↓	reine	Moder-, Braunmull-, Kalk-Rotbuchenwälder
	rotbuchenreiche	Moder-, Braunmull-, Kalk-Eichen-Hainbuchen-Wälder
	reine	Moder-, Braunmull-, Kalk-Eichen-Hainbuchen-Wälder

Moder-Eichen-Hainbuchenwälder wurden meist unter dem Namen *Querco-Carpinetum luzuletosum* beschrieben, z. B. von TÜXEN (1937) und ETTER (1943). Heute müßten sie entweder als *Stellario-* oder als *Galio-Carpinetum luzuletosum* angesprochen werden (s. Abschnitt a). Braun-

Abb. 113. Spätfrühlings-Aspekt eines alten Eichen-Hainbuchen-Mittelwaldes auf Mullgley südlich Kreuzlingen am Bodensee. *Quercus robur* und *Fagus* (hinten links) als Überhälter des ehemaligen Mittelwaldes, *Carpinus* aus Stockausschlägen der früheren Hauschicht. Am Boden bildet *Carex pilosa* ausgedehnte Teppiche.

mull-Eichen-Hainbuchenwälder erhielten die verschiedensten Bezeichnungen, zumal sie in fast allen Teilen Europas vorkommen (Abb. 113). Da sie ihrer Artenzusammensetzung nach eine Mittelstellung einnehmen, also weder Säure- noch Kalkzeiger enthalten, sprechen TÜXEN (1937) und viele andere Autoren vom *Qu.-C. typicum* (s. Tab. 26, 2a).

Kalk-Eichen-Hainbuchenwälder, die ebenfalls verschiedene Namen tragen, sind seltener als die übrigen Untergesellschaften, weil die Kalkgesteine in den mitteleuropäischen Tieflagen größenteils von Löß, Moränen oder anderen lehmigen Feinerden überdeckt sind (s. G. HOFMANN 1963 u. PASSARGE u. HOFMANN 1968b). Meistens findet man Kalk-Eichen-Hainbuchenwälder in der unteren, mittelwaldartig bewirtschafteten Randzone ausgedehnter Buchenhänge. Ihre Bodenflora entspricht weitgehend derjenigen des frischen Kalk-Buchenwaldes, enthält aber mehr wärme- und lichtliebende Arten. Nach Überführung der Mittelwälder in Hochwälder verschwinden diese, und die Rotbuche übernimmt meistens die Herrschaft in der Baumschicht. Wahrscheinlich handelt es sich bei fast allen Kalk-Eichen-Hainbuchenwäldern um wirtschaftsbedingte Abwandlungen von Kalk-Buchenwäldern.

Alle Standortsfaktoren in unseren europäischen Waldgesellschaften sind dem Rhythmus der Jahreszeiten unterworfen, nicht nur der Lichtgenuß, die Wärme und die Wasserversorgung, sondern auch manche chemischen Faktoren, ja sogar der pH-Wert des Bodens. Denn diese Faktoren hängen mit der Tätigkeit der Mikroorganismen und Wurzeln im Boden zusammen und werden außerdem direkt vom Rhythmus des Temperatur- und Feuchtigkeitsganges beeinflußt. Am Beispiel der Eichen-Hainbuchenwälder wurden diese Vorgänge eingehend untersucht. Deshalb seien sie hier besprochen, obwohl sie für andere Formationen ebenfalls zutreffen.

Wie Abb. 114 zeigt, schwanken die pH-Werte aller Bodenhorizonte unter sämtlichen daraufhin untersuchten Waldgesellschaften im Laufe des Jahres um mindestens einige Zehntel pH, ja um mehr als eine pH-Einheit. Diese Schwankungen sind nicht etwa Folgen örtlicher Unterschiede im Boden, der natürlich nicht immer an genau derselben

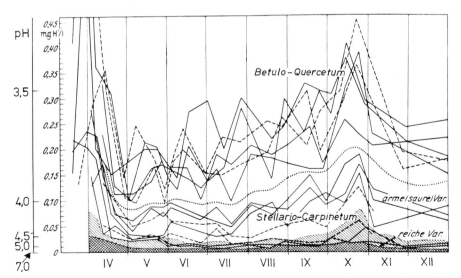

Abb. 114. Jahresgang (1937) des Säuregrades (gemessen in mg Wasserstoffionen pro Liter und in pH) im Oberboden mehrerer Birken-Eichenwälder (oberhalb der punktierten Linie) sowie staudenarmer Eichen-Hainbuchenwälder („arme Variante"). Die Kurven für staudenreiche Eichen-Hainbuchenwälder („reiche Variante") sind in der entlogarithmierten Skala des Bodensäuregrades nicht darstellbar. Sie bewegen sich in dem gekreuzt schraffierten Bereich und gelegentlich in dem schräg schraffierten. Nach ELLENBERG (1939), verändert.

Stelle entnommen werden kann. Vielmehr wurden diese und andere mit der Meßmethodik verbundene Fehlerquellen sorgfältig ausgeschaltet. Inzwischen kamen zahlreiche Autoren zu ähnlichen Resultaten (s. ELLENBERG 1958). Auch in den Böden anderer Pflanzengesellschaften ergaben sich pH-Schwankungen mehr oder minder großen Ausmaßes. LÖTSCHERT und ULLRICH (1961) wiesen nach, daß die jahreszeitlichen Schwankungen des pH-Wertes unter den verschiedensten Pflanzengesellschaften, nicht nur unter Laubmischwäldern, parallel verlaufen können. Als Hauptursache dieser zumindest in begrenzten Gebieten synchronen Schwankungen hat sich in den letzten Jahren die Schwefelsäure-Zufuhr mit den Niederschlägen erwiesen (RÖNICKE u. KLOCKOW 1974). Infolge von SO_2-Emissionen aus Wohnhäusern und Industrien kann der pH-Wert des Regens unter 4, ja bis auf 3.3, fallen (OTTAR 1972). Dies von den meisten Autoren beobachtete Absinken der pH-Werte nach Niederschlägen (bzw. mit ansteigendem Wassergehalt) erklärt sich hierdurch zwanglos. Daneben mögen anaerobe Stoffwechselvorgänge der Mikroorganismen eine Rolle spielen, die man früher glaubte in erster Linie dafür verantwortlich machen zu müssen (s. die zusammenfassende Darstellung von ELLENBERG 1958 sowie Abb. 33, 34 u. 79).

In Anbetracht solcher Schwankungen kann man nur Jahreskurven des pH-Wertes oder Jahresmittelwerte oder allenfalls einmalige, aber gleichzeitig erfolgte Messungen des pH-Wertes einwandfrei miteinander vergleichen. Tut man dies, so sieht man, daß sich sogar recht ähnliche Standorte sauber voneinander trennen lassen, während die übliche Messung an zahlreichen, über längere Zeiträume verteilten Einzelproben Streuungsbereiche des pH-Wertes ergibt, die einander weit überschneiden. Die Böden der „armen" feuchten Eichen-Hainbuchenwälder beispielsweise (Abb. 114) waren während des ganzen Jahres 1937 saurer als die „reichen", und die pH-Werte der Rohhumusböden von Birken-Eichenwäldern lagen stets noch tiefer.

Man darf nach diesen Erfahrungen annehmen, daß die Beziehungen zwischen dem Artengefüge der Waldbodenflora und dem Bodensäuregrad sehr eng sind. Das kommt unter anderem in der Tatsache zum Ausdruck, daß die pH-Jahresmittel in recht guter Korrelation zu dem Anteil anspruchsvoller Tiefwurzler an der Krautschicht der Eichen-Hainbuchenwälder (ELLENBERG 1939) oder zu der aus dem Pflanzenbestand errechneten „durchschnittlichen Reaktionszahl" stehen (Abb. 88).

Solche Korrelationen sind nur dann einigermaßen eng, wenn man sie innerhalb nahe verwandter Pflanzengesellschaften betrachtet. Sowie man klimatisch oder edaphisch und damit auch floristisch stark abweichende Gemeinschaften miteinander vergleicht, zeigt sich, daß der pH-Wert gar nicht als solcher, sondern erst im Zusammenspiel mit vielen anderen Standortsfaktoren wirksam ist, also bestenfalls als eines der „Symptome" für die Bodenfruchtbarkeit angesehen werden darf. Weniger indirekt wirken sich wahrscheinlich die biologische Aktivität des Bodens (Abb. 90) und der Humuszustand aus, die unter sonst vergleichbaren Verhältnissen deutliche Beziehungen zum pH-Wert zeigen und bereits im Hinblick auf die Buchenwälder näher besprochen wurden (s. Abschnitte B II 4 d–f).

In den sandigen Böden des niederländisch-norddeutschen Altdiluviums hängen die soeben besprochenen chemischen Faktoren oft sehr eng mit der Beschaffenheit und dem Stande des Grundwassers zusammen. Bei gleichem mittleren Abstand des Wasserspiegels von der Bodenoberfläche ist der Basengehalt des Grundwassers entscheidend, insbesondere die sogenannte Karbonathärte (Tab. 28). Wo diese hoch ist, herrschen anspruchsvolle Tiefwurzler in der Krautschicht der Eichen-Hainbuchenwälder. Ist die Härte des Wassers geringer als etwa 2, so gedeihen statt der Eichen-Hainbuchenwälder stark säureertragende Birken-Eichenwälder (s. Abschnitt 5). Kalkreiches Grundwasser

Tab. 28. **Kalkgehalt des Grundwassers unter Eichen-Hainbuchen- und Birken-Eichenwäldern** im Vorland des niedersächsischen Berg- und Hügellandes. Nach Angaben von Ellenberg (1939). Durchschnittswerte mehrerer Bestimmungen zu verschiedenen Jahreszeiten in 1—3 Probeflächen je Gesellschaft

Gesellschaften	Karbonathärte (in 10 mg CaO/Liter)				
Reiche Eichen-Hainbuchenwälder					
Stellario-Carpinetum corydaletosum	12,8				
,, ,, *stachyetosum*		10,9	6,7		
Armer Eichen-Hainbuchenwald					
(artenarme Variante des *St.-C. stachyetosum*)				5,0	2,0
Birken-Eichenwälder					
(*Betulo-Quercetum molinietosum*)					1,5 0,9 0,7

„düngt" gewissermaßen den Sandboden von unten her mit Basen. Wird es abgesenkt, so versauern die oberen Bodenhorizonte. HARTMANN (1941) konnte diese Tendenz schon wenige Jahre nach einer Entwässerung an der Zunahme der Säurezeiger ablesen.

Diese rasche Reaktion wird verständlich, wenn man bedenkt, daß der von den Baumwurzeln im grundwasserbeeinflußten Unterboden aufgenommene Kalk großenteils mit der Laubstreu auf die Oberfläche gelangt und von den Bodenorganismen in den Wurzelraum der Kräuter eingearbeitet wird (s. Abb. 78 u. 115). Wie aus Tab. 29 hervorgeht, ist das Laub der meisten Baumarten des Eichen-Hainbuchenwaldes verhältnismäßig basenreich und leicht zersetzbar. Wenn man es beispielsweise auf die Nadelstreu eines angepflanzten Fichtenbestandes aufbringt, erhöht es den pH-Wert der über dem Mineralboden liegenden Humusschicht schon in 6 Jahren beträchtlich. Linden- und Ahorn-Laubstreu ist in dieser Hinsicht besonders günstig und hebt sogar den pH-Wert eines Eichen-Hainbuchenwald-Bodens, während die Eiche ganz am Schluß der von LEIBUNDGUT (1953) durchgeführten Versuchsreihe steht. Dies liegt in erster Linie an dem hohen Tanningehalt der Eichenstreu, der mineralisierende Pilze daran hindert, sie rasch zu besiedeln.

Letzten Endes äußern sich die Ernährungsbedingungen eines Waldbestandes in seiner Stoffproduktion. Da man diese bei Bäumen nur durch langjährige Meßreihen

Tab. 29. **Einfluß der Streu verschiedener Laubbäume auf den Säuregrad der Humusstoffschicht** unter einem Eichen-Hainbuchenwald *(Querco-Carpinetum aretosum)* und einem Fichtenforst bei Zürich. Nach Angaben von Leibundgut (1953). U = unbehandelt, L = 6 Jahre hintereinander mit Laubstreu überschichtet (350 g Trockensubstanz pro m^2, d.h. etwas mehr als der mittlere natürliche Streueanfall)

Streue liefernde Baumart	Eichen-Hainbuchenwald pH-Verschiebung U → L	Differenz	Fichtenforst nach Ei-Hb pH-Verschiebung U → L	Differenz	Bemerkungen
Winterlinde	6,5 → 7,0	0,5	5,2 → 6,5	1,3	stärkste Verbesserung, bes. unter Fi
Bergahorn	6,1 → 6,7	0,6	5,2 → 6,2	1,0	
Bergulme	7,0 → 7,5	0,5	5,3 → 6,1	0,8	ebenfalls gesicherte Verbesserung
Esche	6,0 → 6,5	0,5	5,3 → 6,1	0,8	
Rotbuche	5,8 → 6,6	0,7	5,5 → 6,2	0,7	
Schwarzerle	6,3 → 6,8	0,5	5,4 → 5,7	0,3	geringer, nicht gesicherter Einfluß
Hainbuche	6,1 → 6,3	0,2	5,6 → 5,8	0,2	
Stieleiche	6,5 → 6,6	0,1	5,1 → 5,3	0,2	

erfassen kann, hat ELLENBERG (1939) die jährlich produzierte Blattfläche als relativen Maßstab benutzt. Letztere kann man bestimmen, wenn man in windruhigen Beständen unmittelbar nach der Entlaubung im Herbst alle frisch gefallenen Blätter von mehreren 1 m² großen Probeflächen aufsammelt und planimetriert. Auf diese Weise gewonnene Stichproben in verschiedenen Gesellschaften ergaben nach ELLENBERG (1963), daß feuchte Eichen-Hainbuchenwälder je nach Bodengüte etwa das 6- bis 9fache ihrer Standfläche an (einseitig gemessener) Blattfläche ausbilden, oder mit anderen Worten, daß sich von den obersten Baumkronen bis herab zu den Sträuchern durchschnittlich 6 bis 9 Blätter senkrecht übereinander befinden. Dieser „Blattflächenindex" ist überra-

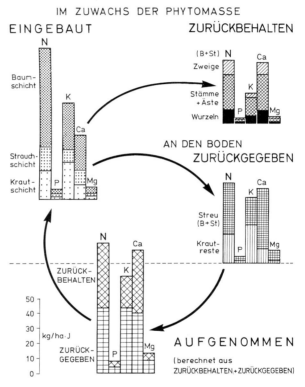

Abb. 115. Jährlicher Nährstoffumsatz in einem Eichen-Hainbuchen-Mittelwald mit Hasel-Unterholz im südöstlichen Belgien. Nach Angaben von DUVIGNEAUD und DENAYER-DE SMET (1967).

Im jährlichen Netto-Zuwachs der Phytomasse pro Hektar befanden sich 103 kg N, 66 kg K, 44 kg Ca und geringere Mengen von Mg und P. Diese während der Vegetationsperiode „eingebauten" Elemente werden nur teilweise „zurückbehalten", und zwar im Zuwachs der Holzpflanzen einschließlich der unterirdischen Organe („Wurzeln"), an denen mit geringen Mengen auch die Krautschicht beteiligt ist. Mit der „Streu" (d.h. mit toten Blättern, Holzresten und sonstigen Abfällen) wird ein großer Teil der Nährstoffe wieder an den Boden „zurückgegeben".

Die vom Pflanzenbestand „aufgenommene" Nährstoffmenge kann man nur ungefähr berechnen, und zwar als Summe der „zurückbehaltenen" und „zurückgegebenen" Mengen. Beim Stickstoff sind dies 99 kg pro Hektar und Jahr. Da nur 55 kg N wieder in den Boden gelangen, müssen 44 kg aus anderen Quellen stammen, z.B. aus der Mineralisation im Boden vorhandener organischer Stoffe, aus dem mit dem Regen aus der Luft zugeführten Ammonium und Nitrat (etwa 20 kg N) und aus der Luftstickstoff-Bindung von Mikroorganismen (vgl. Tab. 22).

schend groß, wenn man bedenkt, daß der Kronenschluß in Eichen-Hainbuchenwäldern niemals 100% beträgt. Anscheinend ist er standortsgebunden, also ziemlich unabhängig von dem jeweiligen Artengefüge der Baum- und Strauchschicht. In reinen Buchenbeständen entfaltet *Fagus* die maximal mögliche Blattfläche ganz oder fast ganz allein, gönnt also dem Unterwuchs nur verschwindend kleine Anteile. Die Eichen dagegen bilden sogar in Reinbeständen eine Gesamtblattfläche aus, die nicht mehr als das 6fache der von ihnen überschirmten Bodenfläche beträgt. Auf den relativ fruchtbaren Böden der Eichen-Hainbuchenwälder bleibt daher stets noch genügend Licht für die Blätter der unter und neben ihnen wachsenden Holzgewächse. Den Anteil der Kräuter an der Blattfläche kann man in natürlich dicht geschlossenen Beständen von Eichen-Hainbuchen- und Buchenwäldern vernachlässigen, weil sie die Bodenfläche nur teilweise überdecken.

g Einflüsse von Helligkeit und Wärme auf das Artenmosaik

Eichen-Hainbuchenwälder gelten mit Recht als besonders vollkommene und vielseitige, „hoch organisierte" Lebensgemeinschaften und haben deshalb immer wieder Ökologen angezogen. Die meisten Autoren befaßten sich mit den Lebensbedingungen des Unterwuchses, ohne sich mit dem Zustandekommen der Baumartenkombinationen auseinanderzusetzen. Das gilt nicht nur im Hinblick auf den schon besprochenen pH-Wert und den Nährstoffgehalt des Bodens, sondern auch auf die Bodenfeuchte (Abschnitt h) und die Verteilung der Beleuchtungsstärke am Waldboden (s. Abb. 116).

Wie sich das Gefüge der Baumschicht auf den Wettbewerb der krautigen Pflanzen und auf ihre Produktionsbedingungen auswirkt, kann man am besten an „Lichtkarten" ablesen, die im Sommer aufgenommen wurden. Alle in Abb. 117 zusammenge-

Abb. 116. Harter Wechsel von dunklen und hellen Stellen am Boden eines Eichen-Hainbuchenwaldes *(Stellario-Carpinetum corydaletosum)* mit viel *Corylus* in der Leineaue bei Garbsen (nw Hannover). Unter den hohen Stauden links herrschen Brennesseln vor (Sommeraspekt).

230   Übrige Laubmischwälder außerhalb der Flußauen und Moore

stellten Beispiele geben die relative Beleuchtungsstärke bei gleichmäßig bedecktem Himmel wieder, um nicht ein Augenblicksbild in der Verteilung der Sonnenflecken am Waldboden, sondern annähernd den durchschnittlichen Lichteinfall festzuhalten. Wie auch TURNER (1958) und EBER (1972) feststellten, schwankt die relative Beleuchtungs-

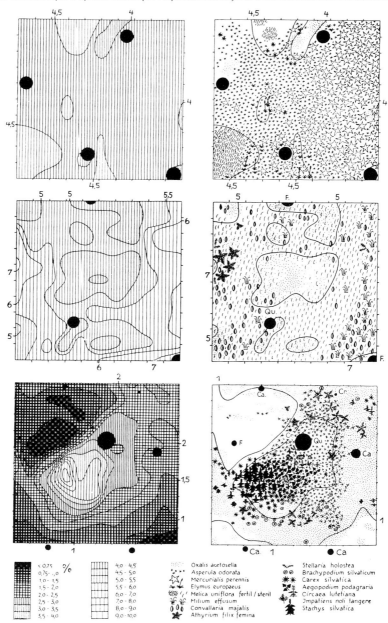

stärke bei bedecktem Himmel im Laufe eines Tages wenig. Vergleicht man die Karten der relativen Helligkeit bei überwiegend diffuser Einstrahlung mit dem jeweils rechts daneben abgebildeten Mosaik der Waldbodenpflanzen, so sieht man, daß die Beleuchtungsstärke für viele dieser niedrigen Gewächse ein daseinsbegrenzender Faktor sein muß. Lichtanspruchsvolle, meist hochwüchsige Arten, zu denen auch die Farne gehören, findet man nur an den hellsten Stellen, bescheidenere wie den Waldmeister auch an dunkleren. Der Sauerklee begnügt sich sogar mit etwa 1% des vollen Freilandlichtes und fehlt nur im tiefen Schatten höherer Kräuter und dichtlaubiger Sträucher und Jungbäume. Selbst diese Arten haben an den relativ dunklen Stellen bei geschlossenem Kronendach oft keine positive Stoffbilanz. Ohne den „Lichtkomfort", den sie vor der Belaubung im Frühjahr genießen, könnten sie nach GORSHINA (1975) nicht durchhalten (s. auch Abb. 46 u. 118).

Wie verschieden sich ein mehrschichtiger Eichen-Mittelwald, ein eichendurchsetzter Buchenhochwald und ein reiner Buchenbestand auf den Lichtgenuß ihres Unterwuchses auswirken, erkennt man, wenn man die drei untereinander stehenden Kartenpaare in Abb. 117 miteinander vergleicht. Am Boden der Buchenhalle wechselt die Beleuchtungsstärke nur um wenige Prozent. Die Lichtverteilung wäre noch eintöniger, wenn nicht einzelne Altbäume herausgeschlagen worden wären, um die Buchenverjüngung einzuleiten. Perlgras und Waldgerste machen sich bereits den stellenweise erhöhten Lichteinfall zunutze. Etwas unruhiger ist das Mosaik der Krautschicht im Eichen-Buchenwalde, dessen Kronendach weniger gleichförmig ist und mehr Licht auf den Boden gelangen läßt. Infolgedessen herrschen Gräser und Maiglöckchen vor, solange sie nicht von aufkeimendem Buchenjungwuchs verdrängt werden. In dem haselreichen Eichen-Hainbuchen-Mittelwalde kommen die Kräuter nur dort in den Genuß der von den Eichenkronen durchgelassenen Lichtmenge, wo diese nicht von niedrigeren Bäumen und Sträuchern abgefangen wird (Abb. 116). Je nach der Verteilung des Unterholzes wechselt die Beleuchtungsstärke hier kleinräumig und um große Beträge, so daß unweit voneinander lichtanspruchsvolle und genügsame Arten gedeihen. Man kann sich leicht vorstellen, daß wiederholter Brennholzaushieb die Lichtpflanzen fördern, ein fortgesetztes Hochwachsen des Unterholzes sie dagegen hemmen und schließlich ganz aushungern würde.

Während das Schlagen der Hauschicht im Mittelwalde einen etwa 20- bis 30jährigen Rhythmus von Lichtfülle und Walddunkel zur Folge hatte, schuf die früher so verbreitete Waldweide außerdem stabile „Lichtoasen", die sich schließlich zu Rasenplätzen ausweiteten. Wie aufgelockert damals viele unserer Laubmischwälder gewesen sein müssen, können wir uns beim Anblick der von SJÖRS (1954) aufgenommenen Lichtkarten von einer schwedischen Laubwiese vorstellen (Abb. 27). Seine Aufnahmen veranschaulichen zugleich die jedem Photographen bekannte Erscheinung, daß die Lichtverteilung bei Sonne „härter" ist als bei vorwiegend diffuser Einstrahlung. Da aber die Schatten wandern, ist die Lichtmenge, die der Bodenbewuchs im Laufe

---

Abb. 117. Verteilung der relativen Beleuchtungsstärke (links) und der Pflanzenarten in der Krautschicht (rechts) auf 10 × 10 m großen Probeflächen in einem Kalkbuchenwald (oben), einem frischen Buchenmischwald (Mitte) und einem feuchten Eichen-Hainbuchenwald (unten) bei Hannover. Nach ELLENBERG (1939).
Statt „*Asperula odorata*" lies *Galium odoratum*, statt „*Elymus*" *Hordelymus europaeus*. Die großen dunklen Punkte sind die Standflächen von Bäumen, und zwar von *Fagus* (F., im obersten Quadrat alle), *Quercus robur* (Qu.), *Carpinus betulus* (Ca.) und *Corylus* (Cr.). Die Beleuchtungsstärke ist in % des Freilandlichtes angegeben, z.T. auch am Rande der Kärtchen. Sie wurde an den Kreuzungspunkten eines 1 m-Netzes gemessen und interpoliert.

längerer Zeiträume genießt, doch nicht so kraß verschieden. Wie EBER (1972) nachwies, gibt die bei bedecktem Himmel aufgenommene Karte den durchschnittlichen Lichtgenuß der Bodenpflanzen am besten wieder.

Der jährliche Verlauf der Einstrahlung sowie manche Tagesgänge wurden in einem Kalk-Sternmieren-Eichen-Hainbuchenwald bei Vireilles-Bleimont in Belgien während des Internationalen Biologischen Programms besonders genau gemessen und bilanziert (SCHNOCK 1967a u. b, GRULOIS 1968a u. b, s. Abb. 118). Ein Großteil der in den Waldbestand gelangenden Energie wird bei der Transpiration der Pflanzen umgesetzt.

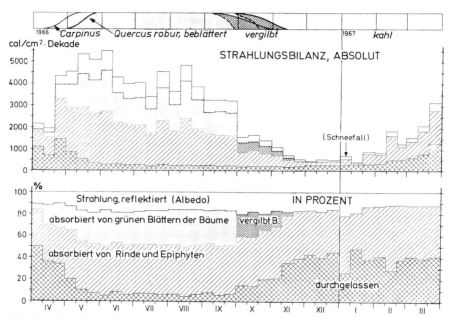

Abb. 118. Strahlungsbilanz eines Eichen-Hainbuchenwaldes auf Kalk in Belgien (Virelles-Blaimont), in Dekadensummen aufgrund kontinuierlicher Messungen dargestellt. Nach GRULOIS (1968), etwas verändert.

Von der Gesamtstrahlung wird zu allen Jahreszeiten ein kleiner Teil reflektiert; nur nach Schneefall ist diese sog. Albedo größer als 20%. Das Laubdach absorbiert während der Vegetationszeit rund 30% der Strahlung, die je nach Bewölkungsgrad von Dekade zu Dekade schwankt. Im Winter wie im Sommer absorbieren die Zweige, Äste und Stämme mit ihren epiphytischen Flechten einen überraschend großen Teil der Strahlung, absolut genommen allerdings im Winter wenig. Die Krautschicht lebt von der durchgelassenen Strahlung, die im Winter absolut etwa gleich groß, prozentual aber viel höher ist als im Sommer (s. auch Abb. 46, 50 u. 98).

Auch die rein physikalische Verdunstung des durch Interzeption im Bestand aufgehaltenen Wassers sowie des Wassers in der Streuschicht und im Boden machen einen nennenswerten Betrag aus. Am wenigsten Energie verbraucht die Photosynthese, nämlich nur etwa 1% der Gesamtstrahlung pro Jahr oder weniger als 4% der photosynthetisch verwertbaren Strahlung während der Vegetationsperiode (s. auch Tab. 30).

Nicht nur das Licht, sondern auch die Wärme wird durch das Laubdach der Bäume und Sträucher gedämpft. Infolgedessen herrschen am und im Waldboden ausgeglichene Temperaturen. Selbst in dem schneearmen belgischen Hügelland kühlt sich der

Tab. 30. **Tageswerte der Strahlungsbilanz eines Eichen-Hainbuchenwaldes im Sommer** (12. 7. 1967) in Belgien. Nach Grulois (1968). Der Energieverbrauch durch Photosynthese wurde nicht berücksichtigt. Er macht etwa 2% der Gesamtstrahlung aus.

Wärmefluß	cal cm^{-2} · d^{-1}	in % von Q
Netto-Strahlungsbilanz (Q)	308 543	100
Verbrauch an latenter Wärme für Verdunstung (V)	− 205 053	66,6
Austausch fühlbarer Wärme durch Konvektion (K)	− 81 270	26,5
Wärmefluß in den Boden	− 15 312	5,1
,, in die Biomasse	− 3 299	1,2
,, in die Bestandesluft	− 1 392	0,6

Boden von 5 cm Tiefe abwärts niemals unter 0° C ab, auch wenn die Luft im Freiland wesentlich kälter wird. Daher überrascht es kaum, daß die Frosthärte der Zwiebeln, Knollen und Rhizome, die den Winter überdauern, nur wenige Grade unter Null beträgt (s. Abb. 109). Die zarten oberirdischen Organe der Frühlingspflanzen dagegen sind wesentlich resistenter und können noch unter −5 bis −10° C überleben – eine bei Kälteeinbrüchen wesentliche Eigenschaft (TILL 1956). Auch für die Bäume sind milde Bodentemperaturen im Winter lebenswichtig; denn sie verlieren selbst im entlaubten Zustand durch ihre Rinde Wasser und müssen dieses mit den Wurzeln nachliefern.

Die meisten Baumarten, namentlich die Hainbuche, beginnen im Frühjahr erst dann auszutreiben, wenn sich der Boden in 5–20 cm Tiefe auf 6–7° C erwärmt hat und die Wurzeln verstärkt Wasser aufnehmen können (SCHNOCK 1967a, s. auch ELLENBERG 1939). Im Sommer übersteigt die Bodentemperatur 10–15° C nur für kurze Zeit. Die Wurzeln und sämtliche Bodenorganismen leben also ständig in einem relativ kühlen Milieu, vor allem dort, wo selten direkte Strahlung auf den Waldboden dringt.

Je stärker die Sonneneinstrahlung, desto trockener ist die Luft in der Umgebung der Pflanzen am Waldboden (Abb. 119). Wahrscheinlich spielt dieser Faktor immer mit, wenn die Arten um ungleich helle Stellen konkurrieren. Die erhöhte Verdunstung wird

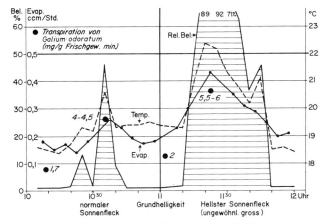

Abb. 119. Beim Vorüberwandern von Sonnenflecken am Waldboden steigen mit der relativen Beleuchtungsstärke (schraffiert) auch Temperatur und Evaporation im Bereich der Krautschicht plötzlich an. Die Transpiration von *Galium odoratum* (dicke Punkte), die bei der „Grundhelligkeit" von 1–2% nur etwa 2 mg/g Frischgewicht/min beträgt, wird dadurch vervielfacht. Nach Messungen am 22. September 1959 in einem frischen Buchenmischwald bei Zürich.

234   Übrige Laubmischwälder außerhalb der Flußauen und Moore

allerdings teilweise dadurch wettgemacht, daß der Boden in Lichtungen weniger dicht von Baumwurzeln durchwoben ist und daß ihm deshalb in Trockenzeiten weniger Wasser entzogen wird. Kleine Lichtungen sind für empfindliche Arten oft der günstigste Standort, und es dürfte kein Zufall sein, daß man dort am ehesten die „Feuchtigkeitszeiger" antrifft, die schon von TÜXEN (1937) benutzt wurden, um die bodenfeuchten Eichen-Hainbuchenwälder von den bodentrockenen zu differenzieren.

h   Verhalten der Feuchtigkeitszeiger

In nahezu allen *Carpinion*-Gesellschaften gibt es Untereinheiten, die auf hochanstehendes Grundwasser oder auf gestautes Bodenwasser, also auf höhere Bodenfeuchtigkeit hinweisen. Als Differentialarten und damit als Indikatoren relativ besserer Wasserversorgung dienen überwiegend zartblättrige Pflanzen wie Frauenfarn *(Athyrium filix-femina)*, Rührmichnichtan *(Impatiens noli-tangere)*, große Brennessel *(Urtica dioica)*, Hexenkraut *(Circaea lutetiana)* oder Waldziest *(Stachys sylvatica)*.

In dem ungewöhnlich trockenen Spätsommer 1937 hatte ELLENBERG (1939) Gelegenheit, das Verhalten dieser Feuchtigkeitszeiger gegenüber der Bodensaugspannung (dem Wasserpotential)[1] zu studieren (Abb. 120). Schon wenn der Boden 5–7 atm.

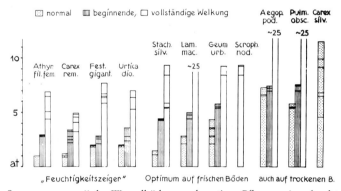

Abb. 120. „Saugspannungen" der Wurzelböden von krautigen Pflanzen eines feuchten Eichen-Hainbuchenwaldes während des ungewöhnlich trockenen Septembers 1937. Die „Feuchtigkeitszeiger" welken bereits bei Saugspannungen, bei denen Arten wie *Pulmonaria obscura* noch normal aussehen. Nach ELLENBERG (1939).

Saugspannung erreicht, erschlaffen die Blätter von *Athyrium filix-femina, Carex remota, Festuca gigantea* und auch *Urtica dioica*, während *Aegopodium podagraria, Pulmonaria obscura* und sonstige weitverbreitete Waldpflanzen noch ganz normal turgeszent bleiben. *Stachys sylvatica* (Abb. 121), *Lamium maculatum, Geum urbanum* und andere weniger ausgeprägte Feuchtigkeitszeiger stehen in der Mitte zwischen beiden Gruppen. Was *Stachys sylvatica* anbetrifft, wurden diese Befunde durch Messungen der Blattsaugspannungen bestätigt, die REHDER (1960) im trockenen Spätsommer 1959 in einem buchenreichen Eichen-Hainbuchenwald bei Zürich durchführte. Die Potentiale der Blätter vollturgeszenter Pflanzen waren immer niedriger als 10 atm. und betrugen meist nur 5–6 atm. Beim Welken stieg ihre Saugspannung bis auf 11–12 atm. und hatte 15 bis mehr als 20 atm. erreicht, wenn sie völlig erschlafft waren.

---

[1] Innerhalb der Spanne 0–20 entspricht 1 atm. Saugspannung annähernd − 1 bar Wasserpotential.

Abb. 121. Von zunehmend feuchten Standorten stammende Individuen von *Stachys sylvatica* zur Zeit der in Abb. 120 dargestellten Untersuchungen. Bei den stark gewelkten muß die Wasserversorgung auch schon vorher schlecht gewesen sein.

Viele Waldbodenpflanzen beginnen also in Trockenperioden bereits zu welken, bevor das permanente Welkungsprozent des Bodens erreicht ist. Dieses entspricht durchschnittlich einer Saugspannung von etwa 15 atm. In der Regel ist aber weder die Oberfläche des Wurzelwerks noch der Leitbündelquerschnitt groß genug, um das durch Transpiration in den warmen Tagesstunden verloren gehende Wasser zu ersetzen. Die von ELLENBERG und REHDER beobachteten Welkungserscheinungen beruhten also wohl großenteils auf mangelndem Nachleitungsvermögen der gegen kutikulären Wasserverlust wenig geschützten Pflanzen. Nach den Messungen von PISEK und BERGER (1938, s. Abb. 122) ist die kutikuläre Transpiration abgeschnittener Sprosse von Waldschattenpflanzen in den meisten Fällen größer als diejenige der Lichtpflanzen. Höchstwerte erreicht sie bezeichnenderweise bei *Impatiens noli-tangere,* dem empfindlichsten und am stärksten hygromorphen Feuchtigkeitszeiger unter den von beiden Autoren untersuchten Arten (s. Abb. 72).

Die eigentlichen Feuchtigkeitszeiger sind auf einem Waldboden um so zahlreicher vertreten, je seltener dieser austrocknet. In den 5 oberen Beispielen der Abb. 123, die mehrere dieser Arten aufweisen, stieg die Bodensaugspannung im Laufe des Jahres 1937 niemals über 5 atm. In den Beständen Nr. 9 und 10, deren Oberböden monatelang über die 3 atm.-Grenze austrockneten, fehlen sie ganz oder fast ganz. Nur *Urtica dioica* hält sich im Bestand Nr. 9, vermutlich, weil sie regenerationsfähiger ist als die anderen Feuchtigkeitszeiger.

Es mag überraschen, daß der zuletzt erwähnte Bestand auf dem relativ „nassesten" Boden, einem Anmoor, stockt. Hier steigt das Grundwasser zeitweilig bis an die Oberfläche und zwingt die meisten Pflanzen, flach zu wurzeln, weil der Boden nur in den oberen 20 cm gut durchlüftet und reichlich belebt ist. In normalen Jahren erwächst ihnen daraus kein Nachteil. In Jahren mit tiefem Grundwasserstand aber wird der Wasservorrat ihres Wurzelraumes um so rascher erschöpft. Dementsprechend erreichen die Feuchtigkeitszeiger im „nassen Eichen-Hainbuchenwald" *(Querco-Carpinetum filipenduletosum)* nach den von TÜXEN (1937) und ELLENBERG (1939) mitgeteil-

236 Übrige Laubmischwälder außerhalb der Flußauen und Moore

ten Listen eine geringere Stetigkeit als im *Querco-Carpinetum stachyetosum*. Es ist also ein Irrtum, anzunehmen, daß zeitweilig nasse Böden stets „feuchter" seien als weniger stark vom Grundwasser beeinflußte. Im Gegenteil erwiesen sich die von einem Farn-Buchenmischwald besiedelte, völlig grund- und stauwasserfreie Lößlehm-Braunerde (Nr. 1) und die tiefgründige, schwach gleyartige Braunerde des feuchten Buchenmischwaldes (Nr. 2) als die in Trockenjahren für empfindliche Pflanzen sichersten Standorte.

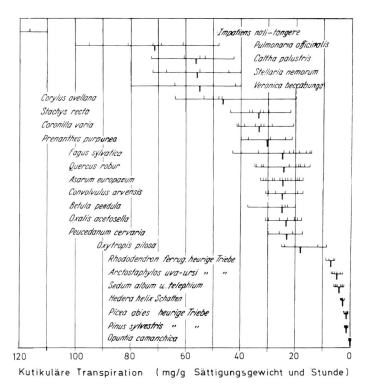

Abb. 122. Kutikuläre Transpiration abgeschnittener Sprosse von Schattenpflanzen (oben) und Lichtpflanzen (unten). Die Mittelwerte der durch einen waagerechten Strich verbundenen Einzelmessungen sind dick markiert. Nach PISEK und BERGER (1938), etwas verändert.

Die Wahrscheinlichkeit, daß für Waldbodenpflanzen in Mitteleuropa Wassermangel eintritt, ist im Frühjahr in der Regel viel geringer als im späteren Sommer. Es dürfte also kein Zufall sein, daß die Arten, die sich am besten als Feuchtigkeitszeiger eignen, ausgesprochene Sommerpflanzen sind. Sie entwickeln sich erst nach der Belaubung der Bäume (s. Abb. 46) und bleiben mit Ausnahme von *Impatiens noli-tangere* noch nach dem herbstlichen Blattfall bis zu den ersten Frösten grün. Die Frühjahrspflanzen sieht man in Eichen-Hainbuchenwäldern nicht einmal bei voller Besonnung welken, weil sie offenbar stets ausreichend mit Wasser versorgt sind (Abb. 123) und weil die Verdunstungsbedingungen um diese Jahreszeit allenfalls an steileren Sonnhängen extrem werden. Tatsächlich sind die schnellebigen Geophyten an Süd- und Südwesthängen unter sonst gleichen Bedingungen seltener als an sonnabgewandten Hängen. Die

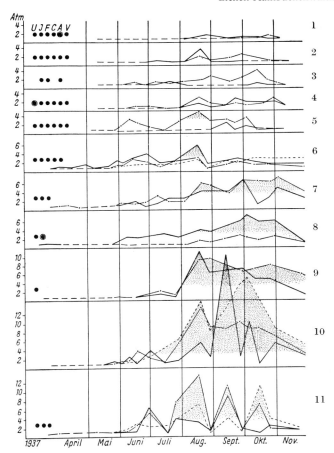

Abb. 123. Jahresgang der Saugspannung im Wurzelboden und Auftreten von Feuchtigkeitszeigern in 11 Laubmischwäldern Nordwest-Deutschlands. Nach ELLENBERG (1939).
Dick ausgezogene Kurve: oberer A-Horizont, dünn ausgezogen mit Punkten: unterer A-Horizont, gestrichelt: Gleyhorizont oder B-Horizont. Langgestrichelt: Werte unter 1 atm., punktierte Fläche: über 3 atm.
U = *Urtica dioica*, I = *Impatiens noli-tangere*, F = *Festuca gigantea*, C = *Carex remota*, A = *Athyrium filix-femina*, V = *Veronica montana*. Dicke Punkte: vorhanden, mit Kreis herum: üppig gediehen. Bei dem Beispiel Nr. 11 handelt es sich um einen kürzlich entwässerten Bestand. Die übrigen sind nach zunehmender „Feuchtigkeit" ihrer Standorte geordnet.

Frühlingsgeophyten unserer sommergrünen Laubwälder werden daher mit Recht als Zeichen für „Frühjahrsfrische" des Bodens und für mehr oder minder schattige Lagen gewertet.

i Zur Tierwelt der mitteleuropäischen Laubwälder, insbesondere der Eichen-Hainbuchenwälder

Waldbestände beherbergen und ernähren eine Fülle verschiedener Tierarten, vom Großwild bis zum Einzeller. Manche von diesen bevorzugen bestimmte Pflanzengesellschaften, sei es, weil sie nur dort ihre Nahrungspflanzen finden, weil ihnen das Bestandesklima zusagt, oder weil sie von den Bodeneigenschaften und anderen Stand-

238 Übrige Laubmischwälder außerhalb der Flußauen und Moore

Tab. 31. Charakteristische Tierarten-Kombinationen in Buchen- und Eichenwäldern Nordwest-Deutschlands. Nach Lohmeyer und Rabeler (1965), verändert[1])

Tierfamilien

Ca	*Carabidae*	Laufkäfer
Ch	*Chrysomelidae*	Blattkäfer
Cu	*Curculionidae*	Rüsselkäfer
D	*Dolichopodidae*	Langbeinfliegen
E	*Elateridae*	Schnellkäfer
L	*Lumbricidae*	Regenwürmer
Mi	*Miridae*	Weichwanzen
My	*Myrmicinae*	Knotenameisen
N	*Nabidae*	Sichelwanzen
O	*Orthoptera*	Geradflügler
St	*Staphylinidae*	Kurzflügler
T	*Tipulidae*	Schnaken

Waldgesellschaften

Tierarten Bestand Nr.	Wärmeliebender Eichenmischw. 1	Trockenhang-Buchenwälder Blaugras-Hang-Bu. 2	Trockenhang-Buchenwälder 3	Trockenhang-Buchenwälder Seggen-Hang-Bu. 4	Mull-Buchenwälder Frischer Kalk-Buchenw. 5	Mull-Buchenwälder 6	Mull-Buchenwälder Reicher Braunmull-Bu. 7	Mull-Buchenwälder 8	Mull-Buchenwälder Bärlauch-Buchenwald 9	Mull-Buchenwälder Farn-Bräunmull-Bu. 10	Eichen-Hainbuchenw. Frischer Buchenmischw. 11	Eichen-Hainbuchenw. 12	Eichen-Hainbuchenw. Feuchter Eichen-Hainb. 13	Eichen-Hainbuchenw. 14	Moder-Buchenwald 15
T *Limonia modesta* Wied.	4.4	2.2	5.9	2.3	1.4	3.16	3.36	3.5	2.4	2.4	5.18	6.17	3.11	2.7	1
Mi *Stenodema laevigatum* L.	3.13	3.18	3.9	2.3	2.2	3.16	3.30	2.13	2.5	3.4	3.7	3.6	1.3	2.5	1
Mi *Lygus pratensis* L.	2.4	4.6	2.2	2.6	1	3.3	2.3	2.6	3.8	2.7	2.4	1		2.2	1
N *Nabis pseudoferus* Rem.	2.2	3.3	4.4		1	3.4	1	1	1	1	2.3	1.3		1	1.4
Ca *Abax ater* Vill.	2.2		2.2	1		3.4	1	2.2	2.2	1		1	1.2		2.2
Cu *Phyllobius argentatus* Mg.			1	3.8	1.2	1	4.19	3.5	5.14	3.16	3.12	5.9	3.3	2.5	1.4	2.3
Cu *Rhynchaenus fagi* L.	4.6	5.11	6.25	2.6	4.11	2.5	1.5	6.59	7.89	3.42	2.2		1		4.55
Ca *Abax ovalis* Dft.	3.3	1.3		2.2	2.4	3.5	2.2	1	3.5	2.3					
E *Athous haemorrhoidalis* F.	1		2.2	1.2	3.7	2.5		1	3.8		1				1
Ca *Pterostichus madidus* Fbr.	3.5	2.2	2.2	3.4				1	4.6	1					1
T *Limonia maculata* Mg.			3.4	2.2			3.3	4.9					1.4		
Ca *Molops elatus* Fbr.			1	2.2	1	1.3		1							
E *Agriotes pilosus* Panz.			1	1	1			1							
E *Athous vittatus* Fabr.					1	5.11	1	1.3	2.6	2.3	4.24	3.3	1.2	2.8	1
T *Tipula scripta* Mg.					1	2.2	1.2				2.2	2.2	1	2.2	2.2
L *Allolobophora caliginosa* (Sav.)			1		3.4	5.10		2.14	3.6	4.16	6.17	4.4	5.13	1	
Cu *Apion flavipes* Payk.					1	3.4				2.2	1	1	1		
E *Athous subfuscus* Müll.						1	2.4	2.5	2.19	3.3	1.2	1.4	1.2		3.14
St *Philonthus decorus* Grav.						3.3	1	3.3	2.4		8.15	4.7	4.4	2.3	
L *Lumbricus rubellus* Hoffm.								2.4	3.3	1	2.2	6.13	3.6	4.11	3.9	3.4
Ca *Pterost. oblongopunctatus* F.								3.7	1	1	1	5.8	1	2.6	2.2
My *Leptothorax nylanderi* (F.)	8.88	3.49	3.9	6.80											
E *Limonius parvulus* Panz.	2.2	2.2	1	1											
Cu *Brachysomus echinatus* Bonsd.	1.2	1	1	1.3											
St *Anthobius sorbi* Gyll.	2.5		2.5												
O *Ectobius sylvestris* Poda.	2.2			1.2											
Ch *Hermaeophaga mercurialis* F.	1			1	4.12	3.8		2.2							
E *Agriotes acuminatus* Steph.					2.3	1		1		2.3	1				
Ca *Trichotichnus laevicollis* St.								2.2	4.7	2.14	3.6		1		1
Ca *Pterostichus metallicus* Fbr.									1	3.3	2.2		1		1
Ca *Nebria brevicollis* Flor.											1.2	2.2	2.2	1	
Mi *Phytocoris longipennis* L.											1	1	2.2	3.12	
D *Campsicnemus curvipes* Wied.											1	1	1	1	
Cu *Coeliodes erythroleucus* Gm.											2.2	1	1		
Mi *Cyllecoris histrionicus* L.									1.2		1	1	1		
Cu *Ceutorrhynchus rugulosus* Hbst.					1						2.2	1	1		

[1]) Die Ziffer vor dem Punkt bedeutet die Zahl positiver Stichproben (maximal 8 pro Jahr), die Zahl dahinter die Höchstzahl der gefundenen Individuen. Eine 1 bedeutet den einmaligen Fund eines einzigen Individuums. Viele weitere Arten wurden weggelassen.
Erläuterung der Bestandes-Nummern auf der nächsten Seite.

ortsbedingungen begünstigt werden, von denen auch die Artenkombination der betreffenden Pflanzengesellschaft geprägt wird. Oft kommt es den Tieren allerdings nicht auf das floristische Gefüge als solches an, sondern auf bestimmte räumliche Strukturen, z. B. den Wechsel von hohem und niedrigem Baumbestand, dichtem Unterholz u. dgl. Es ist ihnen dann einerlei, ob diese Strukturen von Laub- oder Nadelbäumen, geschweige denn von bestimmten Species, gebildet werden. Häufig umfaßt ihr Lebensraum mehrere ganz verschiedene Vegetationsformationen, z. B. Wald und Rasen oder See. Nicht selten reagieren die Tiere auch auf Boden- oder Klimafaktoren, die für die Pflanzengesellschaften weniger von Bedeutung sind und deshalb in der systematischen Gliederung nicht vorrangig zum Ausdruck kommen.

Trotzdem bedienen sich Tiersoziologen gern der pflanzensoziologischen Einheiten, um ökologisch weitgehend definierbare Probeflächen zu gewinnen (z. B. RABELER 1962). Die „Aufnahme" des Artenbestandes ist ja für sie ungleich schwieriger als für den Pflanzenkenner, weil die Tiere in der Regel artenreicher und dynamischer auftreten und sich weniger leicht bestimmen und quantitativ erfassen lassen. Um wenigstens mit einigen Artenlisten anzudeuten, daß die von uns bisher betrachteten Waldgesellschaften eigentlich Lebensgemeinschaften sind und oft recht gut durch Tierarten charakterisiert werden können, sei auf Tab. 31 verwiesen. Sie wurde von LOHMEYER und RABELER (1965), d. h. von einem Pflanzen- und einem Tiersoziologen, im Weserbergland erarbeitet und stellt nur einen Ausschnitt aus umfangreicherem Material dar. Im großen und ganzen nach zunehmender Bodenfeuchte geordnet, vereinigt Tab. 31 mehrere Buchenwälder mit Eichen-Hainbuchenwäldern und einem der wärmeliebenden Eichenmischwälder (die wir im nächsten Abschnitt behandeln wollen).

Allen diesen Waldgesellschaften gemeinsam ist eine Gruppe von Tierarten, die sich wie die Charakterpflanzen der Klasse *Querco-Fagetea* verhalten, z. B. die Schnecke *Limonia modesta*, der Laufkäfer *Abax ater* und der Marienkäfer *Phyllobius argentatus*, der allerdings Buchen bevorzugt. Eine der Ordnung der Edellaubwälder *Fagetalia* entsprechende Gruppe gibt es ebenso wenig wie eine auf Buchenwälder *(Fagion)* beschränkte, zumindest was die von RABELER bearbeiteten Tiergruppen anbetrifft. Vielmehr ergab sich eine Gruppe von Differentialarten, die wie der Buchen-Springfüßler *(Rhynchaenus fagi)* feuchtere Standorte meidet. Sie verbindet die Buchenwälder mit dem Eichenmischwald, während eine andere Gruppe den bodentrockenen Gesellschaf-

---

Erläuterungen zu Tab. 31

Nr. 1: Elsbeeren-Eichenwald (**Buglossoido-Quercetum** = „*Querco-Lithospermetum*") bei Beverungen (östl. Westfalen); nordwest-deutsche, verarmte Form.

Nr. 2 − 4: Trockenhang-Buchenwälder (**Carici-Fagetum**); nw-deutsche, verarmte Form,
2: Blaugras-Hangbuchenwald („*C.-F. seslerietosum*") bei Höxter,
3 u. 4: Seggen-Trockenhang-Buchenwald („*C.-F. typicum*") bei Beverungen.

Nr. 5 − 10: Mullbuchenwälder (**Melico-Fagetum** i.w.S.),
5 u. 6: Frischer Kalkbuchenwald („*M.-F. elymetosum*") bei Beverungen
7 u. 8: Reicher Braunmullbuchenwald („*M.-F. typicum*") bei Rehburg (nahe dem Steinhuder Meer) und Neuenheerse (östl. Westfalen),
9: Bärlauch-Buchenwald („*M.-F. allietosum*") bei Herste (östl. Westfalen),
10: Farn-Braunmullbuchenwald („„*M.-F. dryopteridetosum*") bei Neuenheerse.

Nr. 11 − 14: Eichen-Hainbuchenwälder i.w.S. (**Stellario-Carpinetum**) auf feuchten Böden,
11 u. 12: Frischer Buchenmischwald (Buchenreicher Eichen-Hainbuchenwald, „*St.-C. asperuletosum*") bei Wiedensahl und Rehburg,
13 u. 14: Feuchter Eichen-Hainbuchenwald („*St.-C. athyrietosum*") in der Gegend zwischen Minden und Steinhuder Meer.

Nr. 15: Hainsimsen-Moderbuchenwald (**Luzulo-Fagetum**) bei Neuenheerse.

ten fehlt und dem Rest der Bestände gemeinsam ist. Hierzu gehören namentlich die Regenwürmer *Allolobophora* und *Lumbricus*. Einige Trockenheits- und Kalkzeiger (wie *Leptothorax nylanderi*) greifen von dem Steinsamen-Eichenmischwald auf die Seggen-Trockenhangbuchenwälder über. An die bodenfeuchten Mischwälder gebunden erscheinen dagegen die von *Nebria brevicollis*, einem Laufkäfer, angeführten Arten. Der Moderbuchenwald *(Luzulo-Fagetum)* ist auch im Hinblick auf die Tiere artenarm und ohne eigentliche Besonderheiten, soweit man dies aus dem einen angeführten Beispiel schließen darf. Die entsprechende Gesellschaft im Solling hat nach FUNKE (1973) ein recht ähnliches Artengefüge.

Man kann also die behandelten Waldgesellschaften nicht nur floristisch, sondern auch faunistisch unterscheiden. Die differenzierenden Tiere gruppieren sich aber nicht völlig parallel zu den Pflanzen, sondern reagieren in unserer Beispielsreihe stärker auf den Wasserfaktor als auf das Artengefüge des Baumbestandes. Da es sich um Tiere handelt, die zeitweilig oder ganz im Boden leben, ist dies kaum überraschend. Manche bleiben nach LOHMEYER und RABELER (1969) auch als Imagines in der Streuschicht, z.B. die Laufkäfer *Philonthus decorus*. Andere bevorzugen als erwachsene Käfer die Krautschicht (z.B. *Apion flavipes*) oder auch die Strauchschicht bzw. den Baumjungwuchs, z.B. die Schnellkäfer *Athous subfuscus* und *guttatus*) und die ziemlich standortsvage *Limonia modesta*.

Tab. 31 möge lediglich den Ausblick in ein weites Arbeitsfeld öffnen. Auch in der Soziologie der Tiere sind Bestandesaufnahmen und -vergleiche die ersten Schritte, um die Mannigfaltigkeit der Artenkombinationen zu sichten und um ein tieferes ökologisches Verständnis vorbereiten zu helfen.

4 Wärmeliebende Eichenmischwälder

a „Relikte" submediterraner Flaumeichenwälder und kontinentaler Steppenwälder

Die Entwicklungszentren der sogenannten wärmeliebenden Eichenmischwälder *(Quercetalia pubescenti-petraeae)* sowie ihre Refugien während der Eiszeiten liegen außerhalb Mitteleuropas, in der submediterranen Zone der Balkanländer (s. HORVAT, GLAVAČ u. ELLENBERG 1974) und Südfrankreichs (s. BRAUN-BLANQUET, ROUSSINE u. NÈGRE 1951) oder noch weiter südlich. Von dorther wanderten ihre Vertreter nach der Birken-Kiefern- und Kiefern-Haselzeit wieder in unser Gebiet ein. Sie dehnten sich in der postglazialen Wärmezeit auf fast allen Böden aus und stiegen bis in größere Höhen empor als heute (WALTER u. STRAKA 1970). Sobald jedoch Fichte, Hainbuche, Tanne, Rotbuche und andere Schatt- und Halbschatthölzer das Land eroberten, drängten sie den lichten Eichenmischwald auf die für sie ungünstigen Trockenstandorte zurück, auf denen nicht einmal der Eichen-Hainbuchenwald Fuß fassen konnte.

Wärmeliebende Eichenmischwälder finden wir daher in Mitteleuropa heute nur noch inselartig an den trockensten Sonnhängen auf meist flachgründigen, aber kalkreichen oder doch basenhaltigen Böden (Abb. 124). Das besonders niederschlagsarme Oberelsaß südlich von Colmar macht nach ISSLER (1937, 1942) insofern eine Ausnahme, als dort Flaumeichen auch in der Ebene gedeihen. Allerdings stocken diese auf ungewöhnlich durchlässigen, kalkreichen Schottern und machen auf tiefgründigeren Lehmböden Eichen-Hainbuchenwäldern Platz. Sie sind also auch hier eine extrazonale Dauergesellschaft und keine zonale Klimaxvegetation wie im submediterranen Bereich, beispielsweise in der nördlichen und mittleren Provence.

Die von *Quercus pubescens* beherrschten Eichenmischwälder gelten bei uns als Musterbeispiele für vegetationsgeschichtliche „Relikte". Unter ihrem lichten Schirm

Abb. 124. Wärmeliebender Eichenmischwald und „Steppenheide" am Lopper südlich von Luzern. Je nach Mächtigkeit und Verteilung der Feinerde ist der südexponierte Kalkfels entweder nur von Krustenflechten, Moosen und vereinzelten Rasenpflanzen oder von Sträuchern und Bäumen (vorwiegend Eichen) besiedelt. Am Rande der Gehölze entwickelte sich stellenweise ein „Saum" aus Kräutern und Gräsern.

konnte sich eine bunte Fülle mediterraner, submediterraner und zum Teil auch aus dem Südosten Europas stammender Seltenheiten erhalten, zu denen seit langem die Floristen pilgern. Das Wort Relikt darf aber nicht zu der Vorstellung verleiten, in der postglazialen Wärmezeit hätten alle Wälder ähnlich ausgesehen wie diese krummwüchsigen, lückigen Bestände, deren floristischer Reichtum in umgekehrtem Verhältnis zu ihrem wirtschaftlichen Werte steht. Sie besiedeln ja extreme Standorte, die auch in der postglazialen Wärmezeit nur eine verhältnismäßig kümmerliche Pflanzendecke trugen, während sich die Wälder auf den besseren Böden bald so dicht schlossen, daß sie der Massenausbreitung der Hasel ein Ende setzen konnten. Es wäre falsch, sich vorzustellen, daß die Flaumeiche einst überall bis an die Grenzen ihres heutigen Areals geherrscht habe. Denn schon in der Wärmezeit waren die beiden anderen Eichen und außerdem Linden und Ulmen verbreitet, die auf guten Standorten besser gedeihen und rascher wachsen als die weniger dürreempfindliche, aber auch langsamere Flaumeiche.

An manchen Orten hat möglicherweise der Mensch zur Erhaltung und Weiterausbreitung der lichtliebenden und konkurrenzschwachen Arten beigetragen. Jedenfalls liegen die meisten „Steppenheidewälder", wie sie GRADMANN (1898, 1950) einst nannte, in altbesiedelten Landschaften. Schon seit Jahrhunderten wurden sie in Südfrankreich, Jugoslawien und anderen Kerngebieten, aber auch in Mitteleuropa, als

Niederwälder genutzt oder von Zeit zu Zeit abgebrannt, um Schafen, Ziegen und anderen Haustieren mehr Weideflächen zu öffnen. Die verhältnismäßig artenarmen Vorposten der wärmeliebenden Eichengebüsche an nordwestdeutschen Kalksteinhängen hält RÜHL (1960) z. T. sogar für degradierte Buchenwälder. Doch hat es an Felsen, Steilhalden und anderen schwer zugänglichen Stellen auch hier einst von Natur aus lichte und sonnendurchwärmte Buschwälder gegeben, die als Ausbreitungszentren für die sekundäre xerotherme Vegetation gedient haben.

Während die Arten der submediterranen Eichenmischwälder, teils über Südfrankreich, teils von der Balkanhalbinsel kommend, die Alpen umwanderten und manche von ihnen auch über die niedrigen Pässe der Alpen nach Norden gelangten, drangen aus dem Südosten und Osten Europas die Steppen und Steppenwälder in das wärmer werdende Mitteleuropa vor. Ihre Gesellschaften bestehen ebenfalls aus Partnern, die viel Licht zum Gedeihen benötigen und längere Trockenperioden zu ertragen vermögen. Sie stimmen also in wesentlichen ökologischen Eigenschaften mit den Arten submediterraner Herkunft überein, nur daß sie großenteils weniger kälteempfindlich sein dürften. Manche von diesen kontinentalen Elementen gelangten bis in die Rheinebene, ja bis ins Wallis und nach Südfrankreich, und mischten sich dort unter die submediterranen Pflanzenbestände. Am südlichen Harzrand, am Kyffhäuser (Abb. 17) und in vielen süd- bis ostwärts davon gelegenen Landschaften hat die Flora der Sonnhänge sogar vorwiegend „Waldsteppencharakter", worauf MEUSEL (1935, 1939) nachdrücklich aufmerksam machte. Noch stärker ausgeprägt ist dieser in den inneren Alpentälern, deren Föhrenwälder nach E. SCHMID (1936) großenteils aus Elementen des „*Pulsatilla*-Waldsteppengürtels" bestehen (s. auch BRAUN-BLANQUET 1961).

Statt von „Waldsteppe" sollte man in solchen Fällen jedoch besser von „Steppenwald" sprechen (HORVAT, GLAVAČ u. ELLENBERG 1974). Dieser Begriff ist etwa gleichbedeutend mit „wärmeliebender Mischwald". Als Waldsteppe bezeichnen die sowjetischen Geobotaniker eine parkartige Übergangslandschaft zwischen geschlossenem Wald und offener Steppe (s. WALTER 1974), die nach FUNK (1927) und späteren Autoren auch in Osteuropa teilweise anthropo-zoogen ist. Als minimale Wassermenge, die von geschlossenen Waldbeständen in Trockengebieten der gemäßigten Zone durch Transpiration verbraucht wird, nennt ZELNIKER (1968) etwa 100 mm bei Niederschlägen von rund 400 mm. Nur wo diese Menge sichergestellt ist, können lückenlose Waldbestände existieren – oder anders ausgedrückt: Das heutige Allgemeinklima Mitteleuropas läßt auch in den warmen Tieflagen überall Waldwuchs zu.

Die „Waldsteppeninseln", die MEUSEL (1939), WENDELBERGER (1954) und andere aus dem mittleren bis südöstlichen Mitteleuropa beschrieben, und die „Steppenheiden" der Schwäbischen und Fränkischen Alb, die GRADMANN (1898, 1950) so unübertrefflich geschildert hat, stellen kleinräumige Mosaike von offenen Trockenrasen, Gebüschen und lichten Wäldern dar (Abb. 124, 125). In allen drei Formationen kommen mehr oder minder zahlreiche „Waldsteppenelemente" vor, d. h. Arten, die man auch in den osteuropäischen Übergangsbereichen zwischen Wald und Steppe findet. Sie beherbergen zwar viele Pflanzenarten, die in Mitteleuropa einst weiter verbreitet gewesen sein müssen, als hier noch ein Übergangsklima zwischen Kältesteppe und Wald herrschte. Diese Arten leben aber in unseren Steppenheiden heute in ganz anderen Pflanzenkombinationen und auch unter anderen Standortsbedingungen, als sie sie in der postglazialen Wärmezeit auf den fruchtbaren Böden der großen Zwischengebiete antrafen.

Auch in bodentypologischer Hinsicht haben die Steppenheiden und „Waldsteppen-

Abb. 125. Winter in den Pollauer Bergen (Tschechoslowakei) mit lichtem, wärmeliebendem Eichenmischwald und mehr oder minder felsigem Trockenrasen. Der Schnee bleibt nicht lange liegen, schützt also auch nicht gegen Bodenfrost. Phot. ZLATNIK.

inseln" Mitteleuropas nichts mit den ukrainischen Steppen gemeinsam. In Osteuropa herrschen tiefgründig-humose Schwarzerden, die zu den von Natur aus nährstoffreichsten Bodentypen Europas gehören. Degradierte Reste von solchen kommen zwar auch in Mitteleuropa vor, z. B. im Trockengebiet östlich des Harzes, im Wiener Becken und – als letzte Ausklänge gegen Westen – im Strohgäu nordöstlich von Stuttgart, in der nordwestlichen Oberrheinebene und im Mittelgebirgsvorland östlich von Hildesheim. Aber auf diesen Schwarzerden würde heute dichter Wald wachsen, wenn die Bauern ihm den Platz gönnten. Während der Nacheiszeit waren hier tatsächlich Wälder wieder eingewandert und vorhanden, als Menschen einzugreifen begannen. Das stellte HAVINGA (1972) sogar für den pannonischen Teil Niederösterreichs fest, d. h. für den klimatisch „steppennächsten" Teil Mitteleuropas. Heute reicht das Bodenwasser in den Lockersedimenten des Wiener Raumes für den Baumwuchs ohne Frage aus (GRUBER 1973 u. a., s. Abb. 126).

Die Steppenheiden unserer Kalkgebirge, die Gebüschfragmente und Rasen an den Gipshängen des Kyffhäuser und andere „Waldsteppen" Mitteleuropas dagegen stokken auf den flachgründigsten und magersten Böden, die es in den betreffenden Gegenden gibt. Meist handelt es sich um schwachentwickelte oder durch Erosion „geköpfte" Rendzinen (Abb. 124) und Pararendzinen, deren dünne Krume an steilen Sonnhängen zeitweilig stark austrocknet. Wo sich jedoch zwischen Felsblöcken Feinerde ansammelte oder wo Spalten tiefer ins Gestein dringen, finden Busch- oder Baumwurzeln ausreichend Wasser, um regenarme Zeiten zu überdauern. Nach MILTHORPE (1975) leiden die kleineren Pflanzen bei Wassermangel zuerst und können sterben, während

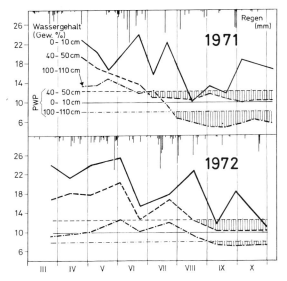

Abb. 126. Der Wassergehalt einer Lößbraunerde unter Eichen-Hainbuchenwald im buchenfreien Trockengebiet südlich von Wien sinkt in den tieferen Schichten von Juli oder August an unter das permanente Welkeprozent (PWP). Doch steht den Bäumen im Frühling und Frühsommer wieder genügend Wasser zur Verfügung, und der Oberboden wird sogar während des Sommers öfters von Niederschlägen durchfeuchtet. Nach GRUBER (1973), verändert.

das Wachstum und die Transpiration der tiefer wurzelnden Holzgewächse fast unbehindert weiterlaufen. Offene Trockenrasen können sich in Mitteleuropa also von Natur aus nur dort halten, wo der Boden für den Wald- und Strauchwuchs zu flachgründig ist. Sie sind hier nicht oder doch nicht in erster Linie klimatisch bedingt, während dies bei den Rasenflächen der östlichen Steppen zutrifft. Wahrscheinlich würden Trockenrasen unter völlig natürlichen Verhältnissen in Mitteleuropa noch viel kleinere Flächen behaupten, als sie heute einnehmen. Überall, wo Schafe oder Ziegen und ihre Hirten hingelangen konnten, erweiterten diese die natürlichen Lichtungen. Felsen und Steilhänge, die ihnen unzugänglich blieben, sind noch heute erstaunlich dicht bebuscht oder gar bewaldet, z.B. manche Kalkfelsen im Durchbruchstal der Donau durch die Schwäbische Alb.

Nach dem Aufhören der Beweidung und des Niederwaldbetriebs schlossen sich manche Steppenheiden mehr und mehr, indem die Baumgruppen höher und dunkler wurden und die Gebüsche in die Rasenflächen vordrangen. Der Lebensraum der lichthungrigen Gewächse wurde also immer enger, und der Naturschutz steht hier heute vor der paradoxen Aufgabe, daß er die floristischen Kostbarkeiten nur zu erhalten vermag, wenn er sie gegen die natürliche Sukzession schützt. Sogar in manchen „Steppenreservaten" Polens breiteten sich nach MEDWECKA-KORNAŚ (1960) Gebüsche aus, sobald man sie unter strengen Schutz stellte. Doch gibt es auch Steppenheiden wie am Hohentwiel, in denen die Verteilung von Busch und Rasen seit Menschengedenken konstant geblieben ist, sei es, weil dies Mosaik durch ungleiche Tiefgründigkeit des Bodens verursacht wird, oder weil Rehe und andere Wildtiere die Rolle des von Zeit zu Zeit hindurchstreifenden Weideviehes übernehmen, oder aus anderen, noch unbekannten Gründen (s. TH. MÜLLER 1966).

b   Wärmeliebende Eichenmischwälder im west-östlichen Klima- und Florengefälle

Wie man auch über die Entstehung und den Grad der Natürlichkeit der Steppenheiden oder „Waldsteppeninseln", insbesondere der lichten Mischwälder in ihnen, denken mag, sie gehören jedenfalls zu den floristisch reizvollsten und reichhaltigsten in ganz

Mitteleuropa. Keine Gruppe von Waldgesellschaften ist so eigenartig – im wahrsten Sinne des Wortes – wie die wärmeliebenden Eichenmischwälder. Sie werden gewöhnlich zur Ordnung *Quercetalia pubescenti-petraeae* oder zu einer Klasse entsprechenden Namens (JAKUCS 1961b) zusammengefaßt. An Charakterarten fehlt es diesen Einheiten nicht (s. Tab. 32).

Das Schwergewicht der wärmeliebenden Eichenmischwälder liegt in Südosteuropa, wo auch die Flaumeiche (*Quercus pubescens*, s. Abb. 127) häufig ist und sich am Aufbau zahlreicher Waldgesellschaften beteiligt. Hier herrscht ein stärker kontinental getöntes Klima als in Mitteleuropa und im westlichen Südeuropa (s. HORVAT, GLAVAČ u. ELLENBERG 1974).

Die genannte Ordnung ist in Mitteleuropa vor allem durch den Verband *Quercion pubescenti-petraeae* vertreten, dessen Hauptareal in Südfrankreich liegt. In den warmen und niederschlagsreichen südlichen Alpentälern findet man auf Kalkböden Mannaeschen-Hopfenbuchenwälder, die zu dem illyrischen *Orno-Ostryon* gehören. Auf diesen Verband wollen wir hier wegen seines geringen Flächenanteils in Mitteleuropa nicht näher eingehen (Literatur bei HORVAT, GLAVAČ u. ELLENBERG 1974). Die übrigen Verbände sind südost- und osteuropäisch und müssen hier ganz außer Betracht bleiben. Innerhalb des *Quercion pubescenti-petraeae* kann man fünf Gruppen von Gesellschaften unterscheiden, die für Mitteleuropa von Bedeutung sind:

1. stark <u>submediterran-subatlantisch</u> geprägte Einstrahlungen in das südwestliche Alpenvorland (z.B. das *Buxo-Quercetum* in der Westschweiz),
2. eigentlich <u>mitteleuropäische</u> wärmeliebende Eichenmischwälder an mehr oder minder basenreichen Sonnhängen oder ähnlichen Standorten, an denen es der Rotbuche zu trocken ist (z.B. das sog. *Lithospermo-Quercetum* = *Buglossoido-Quercetum*),

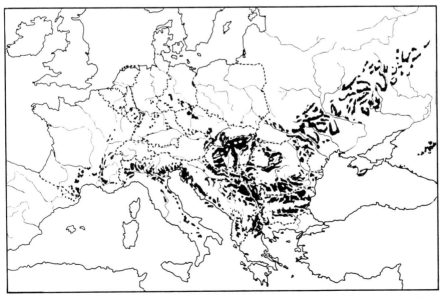

Abb. 127. Verbreitung der Flaumeiche *(Quercus pubescens)* in Europa. Ihr Schwergewicht liegt im Süden und Osten, also außerhalb Mitteleuropas. Nach JAKUCS, etwas verändert. Die Ländergrenzen sind gestrichelt.

246   Übrige Laubmischwälder außerhalb der Flußauen und Moore

Tab. 32. Gefügewandel wärmeliebender Eichenmischwälder von Südfrankreich bis Mittelpolen

Gesellschaft Nr.:	1	2	3	4	5	6	T	K
Bäume und Sträucher:								
OQ *Quercus pubescens*	5	4	5				8	3
Q. petraea		5	3	5	5	4	6	5
Q. robur			2	2	2	4	6	X
Pinus sylvestris			3		2	5	X	7
A K *Buxus sempervirens*	5						8	4
Cytisus sessilifolius	4						8	3
Lonicera etrusca	3						9	X
OP *Cotinus coggygria*	3						8	4
K *Ribes alpinum*	4						4	4
VQ *Acer opalus* (B)	5	1					8	4
OF *Tilia platyphyllos* (B)	2	4					5	2
OP *Clematis vitalba* (Liane)	2	3					7	3
B K *Amelanchier ovalis*	5	2	2				7	4
K *Coronilla emerus*	4	3	3				6	4
OQ *Sorbus domestica* (B)	4	1	3				7	4
OP *Prunus mahaleb*	3	1	1				5	4
K *Acer campestre* (B)	2	3	4	5			7	4
OF *Fraxinus excelsior* (B)	1	3		4			5	3
K *Crataegus* spec.	1	5	5	5			X	X
C *Sorbus aria* (B)	5	5	5		1		5	2
OP *Viburnum lantana*	4	5	5		4		5	2
OP *Cornus sanguinea*	2	5	5	5	3		5	4
K *Lonicera xylosteum*	3	4	4	4	5		5	4
OF *Fagus sylvatica* (B)	3			4	2		5	2
DOQ *Sorbus torminalis* (B)	3	5	4	5	4	1	6	4
OP *Ligustrum vulgare*	2	5	5	4	4	1	6	3
OP *Berberis vulgaris*	·	3	3		1	1	6	4
K *Corylus avellana*	4	4	1	5	4	3	5	3
OP *Rhamnus catharticus*	3	3	4	2		2	5	5
OP *Prunus spinosa*	2	3	1	3	4	2	5	5
Juniperus communis	3	5	1	·	1	2	X	X
E,F *Pyrus communis* (B)		4	1		1	3	6	5
OF *Carpinus betulus* (B)		2		3	4	3	6	4
OP *Rosa canina*		4	5		2	3	5	3
K *Malus sylvestris* (B)				4		2	5	3
H s *Sorbus aucuparia* (B)						4	X	X
Betula pendula (B)						3	X	X
s *Frangula alnus*						3	X	5
Verbreitete krautige Arten:								
d *Primula veris*	2	3	5	5	2	3	X	3
OQ *Campanula persicifolia*	3	5	3	5	3	5	5	4
T *Polygonatum odoratum*	5	4	3	4	3	4	5	5
OQ *Lathyrus niger*	2	2		3	5	4	6	4
T *Peucedanum cervaria*	2	5	1		3	2	6	4
T *Geranium sanguineum*	2	5	2	1	5	3	5	4
K *Hypericum montanum*	4	5			2	4	6	4
T *Trifolium alpestre*	3	3	·		4	4	5	4
OQ *Melittis melissophyllum*	5	5	3			1	6	2
T *Trifolium rubens*	3	4	·			1	6	4
T *T. medium*	2	5	·		2	3	5	3
T *Clinopodium vulgare*	3		·		3	4	5	3
Brachypodium pinnat.	1	3	5		5	2	5	5
Poa nemoralis	2	1		2	4	2	X	5
Betonica officinalis	3		1	2	3	4	6	5
OF *Hieracium sylvaticum*	4	2			4	3	X	3
Convallaria majalis	2	1	2	3	3	4	X	3
Fragaria vesca	4	3	1	2		5	X	5
OF *Viola reichenbachiana*	3	1		4	3	3	5	4
OF *Lathyrus vernus*	1	4		3		2	X	4

Gesellschaft Nr.:	1	2	3	4	5	6	T	K
Differenzierende krautige Arten:								
a T *Lathyrus latifolius*	3						8	4
Rubia peregrina	3						9	3
OP *Coronilla coronata*		3					6	4
T *Thesium bavarum*		3					6	4
OF *Euphorbia dulcis*	4	3	·				5	2
OQ *Arabis pauciflora*	3	1	·				7	4
b *Teucrium chamaedrys*	4	4	1				6	4
VQ *Helleborus foetidus*	5	3	2				6	2
T *Inula conyza*	1	2		4			6	2
K *Hepatica nobilis*	2			4			6	4
OF *Stellaria holostea*	3			4			6	3
K *Melica uniflora*	3			5			5	2
K *Campanula trachelium*	3		·	5			5	3
c OQ *Tanacetum corymbosum*	5	5	3	4	2		6	5
Hedera helix	3	5	5	2	3		5	2
K *Buglossoides purpuroc.*	2	2		4	2		7	4
T *Bupleurum falcatum*	1	1		3	1		6	6
OF *Galium sylvaticum*			2	4	1		5	4
e *Vincetoxicum hirundin.*		4	3	4	1	2	5	5
T *Viola hirta*		3	5	5	4	1	5	5
T *Origanum vulgare*		3	1	4	2	2	X	3
Euphorbia cyparissias		·	3	·	3	4	3	X	4
K *Melica nutans*		·	3	·	3	1	3	X	3
K *Brachypodium sylvatic.*			3		4		2	5	3
K *Viola mirabilis*		·	3	·	3		1		3
K *Carex montana*			2	4	4	4	3	5	4
T *Silene nutans*			2	·	3	3	2	5	5
T *Anthericum ramosum*			3	1		4	3	5	4
Solidago virgaurea			4		3	4	X	X
s *Melampyrum pratense*					2	3	X	3
Carex humilis			3	1		2	5	5
f T *Fragaria viridis*		·	4	1	1		5	5
Arabis hirsuta			4				5	3
OF *Dactylis polygama*			4	4			5	4
Fallopia dumetorum					2		5	4
Dactylis glomerata			3	1	3		X	3
g VQ *Potentilla alba*	1	·		3	4		6	5
VQ *Pulmonaria angustifolia*				5	2		6	4
Ranunculus polyanthem.				2	3		5	5
Serratula tinctoria				4	3		6	5
Anthoxanthum odorat.				5	3		X	3
Festuca ovina				4	4		X	X
Luzula pilosa				3	4		X	3
OF *Festuca heterophylla*				3	2		5	5
Veronica chamaedrys				1	5		X	3
s *V. officinalis*				2	4		X	3
s *Pleurozium schreberi*(M)				1	4		X	X
OFs *Calamagrostis arundin.*				1	3		5	4
h s *Pteridium aquilinum*					4		5	5
Achillea millefolium					4		X	X
Pimpinella saxifraga					4		X	5
Vicia cassubica					·	3	6	4

	1	2	3	4	5	6		
Zahl der Baum- u. Strauch-arten pro Einzelbestand	20	19	14	13	10	10		
Stetigkeits-Summen								
Eichenmischwälder	40	33	23	17	22	17	OVQ	
Edellaubwälder	24	21	0	35	30	16	OF	
Laubwälder u. Gebüsche	37	37	23	42	16	18	K	
Gebüsche	29	28	31	19	16	8	OP	
Krautsäume	25	38	13	31	35	30	T	

3. **subkontinentale** Eichenmischwälder auf relativ basenarmen, trockenen, meist ebenen Böden im östlichen Mitteleuropa, die zu den stark bodensauren Birken-Eichenwäldern überleiten (z. B. das *Potentillo albae-Quercetum*),
4. **inneralpine,** kontinental getönte und meist von Föhren beherrschte Mischwälder (z. B. das „*Pino-Cytisetum*"),
5. **südalpine** (z. B. insubrische Eichenmischwälder, die zunächst außer Betracht bleiben sollen).

Im Gegensatz zu den übrigen Einheiten hat das *Cytiso-Pinetum* nur lokale Bedeutung und nimmt auch in seinem Verbreitungsgebiet nur sehr kleine Flächen ein (BRAUN-BLANQUET 1961); es kann hier übergangen werden. Um die zweite Gruppe richtig zu verstehen, muß man sie mit dem *Buxo-Quercetum* vergleichen, wie es im Optimal- und Herkunftsraum unserer Flaumeichengebüsche, in Südfrankreich, entwickelt ist.

Tab. 32 gibt daher in Spalte 1 eine Liste wieder, die von BRAUN-BLANQUET u. Mitarb. (1951) für das südliche Valentinois zusammengestellt wurde. Die buchsbaumreichen Flaumeichen-Gesellschaften werden hier sämtlich als Niederwälder mit nur 15–30jährigem Umtrieb bewirtschaftet, würden aber bei ungestörtem Wachstum Hochwälder bilden.

Erläuterungen zu Tab. 32

	mT	mK
Nr. 1: **Buchsbaum-Flaumeichen-Buschwald** im nördlichen Südfrankreich (*Buxo-Quercetum*). Nach Braun-Blanquet u. Mitarb. (1951, S. 247, „*Querco-Buxetum cotinetosum*")	6,0	3,4
Nr. 2 – 4: **Elsbeeren-Eichenmischwald** in relativ ozeanischen Bereichen Mitteleuropas (*Buglossoido-Quercetum?*)		
2: in der Nordschweiz. Nach Braun-Blanquet (1932, S. 16, „*Lithospermo-Quercetum*"),	5,6	3,7
3: im südlichen Elsaß. Nach Issler aus Oberdorfer (1957, S. 534, „*Lithospermo-Quercetum collinum*"). Der Name ist irreführend, weil *Buglossoides purpurocaerulea* (= *Lithospermum p.*) im Gebiet fehlt!	5,5	3,7
4: im südlichen Nordwest-Deutschland. Nach Tüxen (1937, S. 138, „*Lith.-Querc.*")	5,5	3,7
Nr. 5 u. 6: **Fingerkraut-Eichenmischwald** in relativ kontinentalen Bereichen Mitteleuropas (*Potentillo-Quercetum*),		
5: in der nördlichen Oberrheinischen Tiefebene. Nach Oberdorfer (1957, S. 530, „*Pot.-Querc.*")	5,4	4,0
6: im polnischen Flachland. Nach W. u. A. Matuszkiewicz (1956, S. 45, „*Querco-Potentilletum albae*").	5,4	4,1

K = Klassenkennarten (*Querco-Fagetea*), OF = Kennarten der Edellaubwälder (*Fagetalia*), OQ und VQ = Kennarten der Ordnung und des Verbandes der „wärmeliebenden" Eichenmischwälder (*Quercetalia* und *Quercion pubescenti-petraeae*), OP = Kennarten der Gebüsche und Waldmantel-Gesträuche (*Prunetalia*), T = Kennarten der Krautsäume von Gebüschen und Wäldern (*Trifolio-Geranietea*, vgl. Abschnitt D IV). s = Säurezeiger i.w.S.
Jede „**Stetigkeits-Summe**" ist durch Addition der Stetigkeitszahlen für eine Kennarten-Gruppe in einer Spalte der vorliegenden Tabelle entstanden. Da die weniger steten Arten aus Platzmangel weggelassen wurden, weicht diese Summe von der vollständigen Summe ab; doch stehen die in den Einheiten 1 – 6 errechneten Summen annähernd im richtigen Verhältnis zueinander. Nr. 1 ist besonders reich an „Eichenmischwaldpflanzen" (VQ, OQ), aber auch an Arten, die viel Licht benötigen und durch Holzschlag und Weide begünstigt werden (OP, T). In Nr. 4 überwiegen bereits Arten der Edellaubwälder (OF), weil das Klima nahe der Nordgrenze der Eichenmischwälder zu feucht ist. In Nr. 3 fehlen diese dagegen ganz, vor allem wegen des niederschlagsarmen Klimas im Regenschatten der Vogesen. Der auf trockenen ebenen Böden stockende Fingerkraut-Eichenwald enthält einige Säurezeiger und einige Arten mit ozeanischer Verbreitung.

T = Temperaturzahl (siehe Abschnitte B I 4 und E III): 9 extremer Wärmezeiger, 8 zu 7 vermittelnd, 7 Wärmezeiger, 6 zu 5 vermittelnd, 5 Mäßigwärmezeiger. K = Kontinentalitätszahl: hier zwischen 7 (relativ kontinental verbreitet) und 2 (relativ stark ozeanisch) variierend.

A – H Gruppen von differenzierenden Arten unter den Holzgewächsen, a – h parallele Gruppen unter den Krautigen. Die Zahl der in einer einzelnen Aufnahme vertretenen Holzarten wurde aus den Originaltabellen berechnet. Sie fällt von 20 im *Buxo-Quercetum* auf 10 im *Potentillo-Quercetum*.

Wie das *Buxo-Quercetum* ist auch das *Buglossoido-Quercetum* sehr reich an frostempfindlichen Holzarten. Das gilt insbesondere für die dem südfranzösischen Zentrum am nächsten gelegenen Sonnhänge des westlichen Schweizer Jura (Spalte 2 in Tab. 32). Als einzige Waldgesellschaft in Mitteleuropa läßt uns dieser wärmeliebende Eichenbusch die Holzartenfülle der Subtropen ahnen. Doch fehlen ihm bereits *Buxus sempervirens, Lonicera etrusca* und andere Immergrüne, die im typischen *Buxo-Quercetum* auch physiognomisch an den mediterranen Hartlaubwald erinnern. Außerhalb von Buschwäldern kommt *Buxus sempervirens* sogar noch im Schweizer Jura hier und dort an steilen Kalkhängen vor.

Je weiter wir vom Schweizer Jura nach Norden und nach Nordosten vorschreiten, desto mehr verarmt das *Lithospermo-Quercetum,* und zwar sowohl an Bäumen und Sträuchern als auch an krautigen Charakterarten des Verbandes und der Ordnung der wärmeliebenden Eichenmischwälder (vgl. die Spalten 1–5 in Tab. 32). Ihr Verlust wird durch die wenigen neu hinzutretenden Arten mit östlicher Verbreitung nicht aufgewogen. Im Oberelsaß (Nr. 3) fehlt sogar *Buglossoides,* dem es dort nach ISSLER (1942) schon zu trocken ist. Überhaupt hat sich der von BRAUN-BLANQUET (1932) geprägte Name „*Querco-Lithospermetum*" später als nicht sehr glücklich erwiesen, weil der Steinsame auch in anderen Waldgesellschaften vorkommt und sich am besten in trockenen Eichen-Hainbuchenwäldern entwickelt (s. auch ELLENBERG u. KLÖTZLI 1972). Immerhin gibt aber die eingebürgerte wissenschaftliche Bezeichnung eine richtige ökologische Vorstellung von diesen bereits „gemäßigten" und mit vielen mitteleuropäischen und einigen östlichen Elementen durchzusetzen wärmeliebenden Eichenwäldern Mitteleuropas.

An den steilen Sonnhängen der im linksrheinischen Berglande vorkommenden Kalkinseln klingt die Gesellschaft nordwärts schrittweise aus, bleibt aber, wie SCHWICKERATH (1958) in seinem Überblick zeigt, nach Westen hin immer noch verzahnt mit dem submediterran-atlantischen *Buxo-Quercetum*. Diese Anklänge hören im südlichen Niedersachsen und im angrenzenden mitteldeutschen Berglande ganz auf (FÖRSTER 1968 a u. b). Auch *Quercus pubescens* kommt hier kaum noch vor (s. Spalte 4 in Tab. 32). Man kann sich angesichts der floristisch so viel ärmeren Bestände fragen, ob man es überhaupt noch mit einem *Lithospermo-Quercetum* im ursprünglichen Sinne zu tun habe. Doch läßt sich der Anschluß durch eine lückenlose Kette von Zwischenbeständen gut begründen (s. auch HARTMANN u. JAHN 1967).

Ganz isoliert steht hingegen das subspontane Flaumeichen-Vorkommen von Bellinchen am Rande des Oder-Urstromtales 60 km südwestlich von Stettin. Die hier von *Quercus pubescens* und den beiden anderen Eichen gebildeten Buschgesellschaften fassen W. und A. MATUSZKIEWICZ (1956b) zu einer besonderen Assoziation zusammen, die sie „*Querco-Lithospermetum subboreale*" nennen. Sie erscheint nicht nur als verarmter Ausläufer submediterraner Gesellschaften wie die nordwestdeutschen Bestände, sondern ist zugleich um viele Arten reicher, die in den Wiesensteppen Osteuropas vorkommen. Heute darf als gesichert gelten, daß die Flaumeiche im Odergebiet gepflanzt wurde, also kein Bestandteil der Naturlandschaft wäre.

Während die submediterrane Tönung der Eichenmischwälder von Südwesten nach Nordosten immer mehr abklingt und im nördlichen Mitteleuropa kaum noch wahrnehmbar ist, mehren sich von Westen nach Osten die kontinentalen Anklänge. Schon in der Oberrheinebene und im fränkischen Raum begegnet man dem Weißen Fingerkraut *(Potentilla alba)* und anderen Arten mit subkontinentalem Arealschwergewicht, die den Eichenmischwäldern im östlichen Mitteleuropa und in der Ukraine eigen sind.

Gründliche Untersuchungen der Lebensbedingungen in wärmeliebenden Eichenmischwäldern Mitteleuropas fehlen merkwürdigerweise immer noch. Aus dem Tessin, also aus dem südalpinen Randbereich (s. Abb. 138), liegen jedoch aufschlußreiche Messungen von ANTONIETTI (1968) vor. Der auf die hier seltenen Rendzinen beschränkte „Mannaeschen-Mischwald" (s. Tab. 25, Nr. 1) hat ausgesprochen submediterranen Charakter, nicht nur was seine Artengarnitur, sondern auch was sein Bestandesklima anbetrifft. Mit Nährstoffen, namentlich mit Stickstoff, ist er überraschend gut versorgt, jedenfalls in nicht zu trockenen Jahren. Seine geringe Stoffproduktion dürfte vor allem eine Folge sommerlichen Wassermangels sein, der selbst im niederschlagsreichen Insubrien oft schon im Frühjahr eintreten kann.

c *Subkontinentale Fingerkraut-Eichenmischwälder*

Dem an Südhänge gebundenen, wahrhaft thermophilen *Lithospermo-Quercetum* steht das *Potentillo-Quercetum* trotz mancher floristischer Ähnlichkeit fremd gegenüber (Tab. 32, Nr. 5 u. 6). Der Fingerkraut-Eichenmischwald ist meistens kräftiger im Wuchs und stockt auf tiefgründigen, mehr oder weniger ebenen, schluffigen bis lehmigen Sandböden mit relativ großer Wasserkapazität (MRÁZ 1958). Solche Böden sind an und für sich nicht wärmer als diejenigen der im gleichen Gebiet verbreiteten Eichen-Hainbuchenwälder. Sie sind nur nährstoffärmer, handelt es sich doch meistens um sandige Parabraunerden oder Braunerden geringer Sättigung. Ihr Baumbewuchs ist weniger dicht geschlossen und reicher an genügsamen Lichtholzarten als derjenige der Eichen-Hainbuchenwälder. Infolgedessen genießt die Krautschicht verhältnismäßig

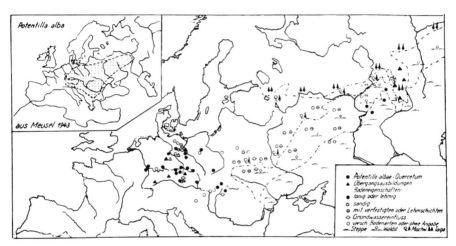

Abb. 128. Verbreitung von *Potentilla alba* und vom *Potentillo-Quercetum* in Europa. Am Rande der östlichen Steppen bevorzugt der Fingerkraut-Eichenmischwald leichte Böden (die z. T. lehmige Stauschichten oder Grundwasser aufweisen), in den westlichen und nördlichen Waldgebieten dagegen schwere. Nach MRÁZ (1958), Ausschnitt.

viel mehr Licht und eingestrahlte Wärme. Nur aus diesen bestandesklimatischen Gründen konnten sich im *Potentillo-Quercetum* zahlreiche „wärmeliebende" Arten ansiedeln, zumal die meisten Bestände früher beweidet und dadurch noch mehr aufgelichtet wurden. ZOLYOMI (mdl.) hält die in Mitteleuropa vorkommenden Fingerkraut-Eichenwälder überhaupt großenteils für anthropo-zoogen. Nur in Waldsteppengebieten, z.B. im ungarischen Tiefland, darf man sie als zonale Vegetation ansehen. Ein unfreiwilliger experimenteller Beweis für diese Ansicht ergab sich in dem ehemals recht typischen Fingerkraut-Eichenmischwald südwestlich von Białowieża (außerhalb des Nationalparks) in Polen. Seit dieser unter Naturschutz steht, haben sich Hainbuchen und andere Schatten ertragende Arten im Unterholz dermaßen breitgemacht, daß die xerothermen Elemente nahezu verschwunden sind. Um sie nicht restlos zu verlieren, beseitigt man diesen störenden Unterwuchs von Zeit zu Zeit, wenigstens in einem Teil des Reservats; doch ist man sich klar darüber, daß es besser wäre, außerdem die Schafweide wieder einzuführen (FALIŃSKI bei einer Führung 1976).

250 Übrige Laubmischwälder außerhalb der Flußauen und Moore

Streng genommen handelt es sich bei dem *Potentillo-Quercetum* des östlichen Flachlandes also gar nicht um eine besonders „wärmeliebende" Waldgesellschaft, wie sie das *Buglossoido-Quercetum* tatsächlich darstellt. Die in beiden Gesellschaften vorkommenden Arten müssen in erster Linie als lichtliebend und ziemlich trockenheitsertragend angesehen werden. Nur die submediterranen Elemente, die wir in den Listen 1–4 schrittweise verschwinden sahen, können großenteils als besonders wärmebedürftig oder aber als frostempfindlich gelten. Die häufig der Ordnung *Quercetalia pubescenti-petraeae* beigelegte Bezeichnung „wärmeliebende" Eichenmischwälder trifft nur insofern auch für den Fingerkraut-Eichenmischwald zu, als er ebenso wie die anderen Gesellschaften dieser Ordnung nicht in kühle Gebirgslagen emporsteigt. In diesem weiteren Sinne würde aber auch der Eichen-Hainbuchenwald das Beiwort „wärmeliebend" verdienen (s. Abb. 3 u. 43).

Da das *Potentillo-Quercetum* vorwiegend ebene Böden besiedelt, die keiner Erosion unterliegen, sind diese trotz der Niederschlagsarmut ihres Verbreitungsgebietes meistens oberflächlich entkalkt, reagieren also mäßig sauer, während die Böden der Lithospermo-Querceten fast stets neutrale oder gar alkalische Reaktion aufweisen.

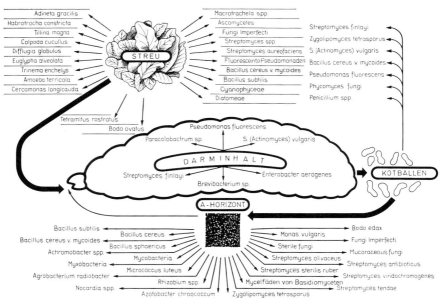

Abb. 129. Lebensgemeinschaften von niederen Tieren und Pflanzen in Verbindung mit einer streufressenden Fliegenlarve *(Bibio marci)*, die 18–26 mm lang und 2,5 mm breit wird, in einem lichten Eichenmischwald auf Rendzina. Nach SZABO (1974), etwas verändert.
Die Fliegen wandern in Schwärmen und sterben nach der Eiablage im Frühsommer. 35–40 Tage später schlüpfen aus den Eihaufen Larven, die sich in erster Linie von der Blattstreu (saprophag) ernähren, aber Allesfresser sind, d. h. außerdem lebende Blätter und Wurzeln (phyllophag und rhizophag), Kot (coprophag) sowie verschiedene Tiere (zoophag) verzehren. Sie tragen wesentlich zur raschen Bildung von Feinmull bei, der vorwiegend aus ihren Kotballen entsteht (s. auch Abb. 91).
Schon im Darmtrakt leben zahlreiche Bakterien, die auch im Kot gute Lebensbedingungen finden, zusammen mit niederen Pilzen *(Phycomycetes, Penicillium)*. Am Streuabbau beteiligen sich diese und andere Mikroorganismen ebenfalls, gemeinsam mit Protozoen usw. (links von der Streu).
Im unteren Teil der Abbildung ist die Lebensgemeinschaft im Mullhorizont der Rendzina angedeutet. Autotrophe Organismen (Diatomeen, Blaualgen) spielen auf der Streu nur eine geringe Rolle, sind aber der Vollständigkeit halber erwähnt.

Dementsprechend kommen im Fingerkraut-Eichenmischwald zahlreiche Säurezeiger („s" in Tab. 32) vor, die man als Differentialarten gegen das *Buglossoido-Quercetum* benutzen kann. Doch sind auch in den auf kalkreichen Böden stockenden Eichenmischwäldern hin und wieder einige „Säurezeiger" zu finden, z.B. *Melampyrum pratense*. Es handelt sich hier um Pflanzen, die – wie manche andere vorwiegend auf sauren Böden verbreiteten Arten – eigentlich den hohen Säuregrad oder den geringen Kalkgehalt gar nicht lieben, sondern ihn nur gut ertragen. Der Grund, weshalb sie sowohl auf Sauerhumusböden als auch auf trockenen und humusarmen Kalkböden vorkommen, ist vor allem darin zu suchen, daß sie auf lichtreiche und trotzdem nur locker besiedelte Standorte angewiesen sind.

MRÁZ (1958, s. Abb. 128) hat die Verbreitung des Fingerkraut-Eichenmischwaldes in Europa kartographisch dargestellt. Seine Übersicht läßt deutlich erkennen, daß diese Gesellschaft in ihrem osteuropäischen Kerngebiet tiefgründige und leichte Lockerböden bevorzugt. In der Oberrheinebene und anderen Randgebieten dagegen besiedelt sie auch schwere, wechseltrockene Mergel, auf denen die Arten der Edellaub-Mischwälder *(Fagetalia)* nur wenig konkurrenzkräftig sind.

Entscheidend ist hier wohl in jedem Falle der Wasserfaktor. KAŻMIERCZAKOVA (1971) konnte während des trockenen Frühsommers 1967 im polnischen Hügelland feststellen, daß *Stellaria holostea* und *Galium odoratum*, d.h. typische Vertreter der Eichen-Hainbuchen- und Buchenwälder, in ihrer Produktion beeinträchtigt wurden, während Arten der Ordnung *Quercetalia pubescenti-petraeae* besser durchhielten. Wegen des größeren Lichteinfalls ist die Jahresproduktion der Krautschicht im *Potentillo-Quercetum* höher als in dem damit verglichenen *Tilio-Carpinetum*, nämlich 3,5 gegenüber 2,1 t/ha. In vieler Hinsicht dürfen wir uns NEUHÄUSL und NEUHÄUSLOVÁ-NOVOTNÁ (1969) anschließen, die den Fingerkraut-Eichenmischwald und andere Laubwälder im östlichen Teil der tschechischen Elbeebene untersuchten. Sie betonen, daß das *Potentillo-Quercetum* im pH-Wert, Kalkgehalt und anderen Bodeneigenschaf-

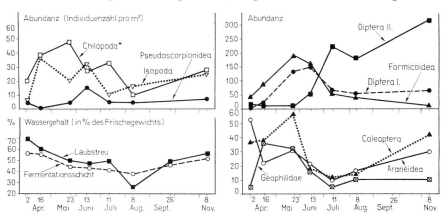

Abb. 130. Jahreszeitliche Schwankungen der Populationsdichte wichtiger Arthropodengruppen am Boden eines lichten, strauchreichen Eichenmischwaldes im nordungarischen Trockengebiet, 50 km südöstlich von Wien. Nach SZABO (1974), verändert.
Viele Gruppen haben ihr Abundanz-Optimum im Frühsommer, wenn die Temperatur steigt und der Waldhumus noch feucht ist. Das gilt namentlich für die Hundertfüßler *(Chilopoda* einschließlich der *Geophilidae*, die links nicht berücksichtigt sind), die Käfer *(Coleoptera)*, die Ameisen *(Formicoidea)* und manche Zweiflügler *(Diptera* I). Im Winter besonders häufig sind die Bibioniden-Larven *(Diptera* II), die sich wesentlich am Streuabbau beteiligen (siehe Abb. 74).

ten, aber auch im Artengefüge zwischen dem Eichen-Hainbuchenwald *(Galio-Carpinetum typicum)* und den bodensauren Eichenmischwäldern (insbesondere dem *Luzulo-Quercetum*) stehe. Die „xerothermen" Elemente deuten jedoch darauf hin, daß das *Potentillo-Quercetum* in seiner Wasserversorgung schlechter gestellt ist als die beiden übrigen Gesellschaften.

d Zur Tierwelt der Eichenmischwälder

So oft die wärmeliebenden Eichenmischwälder Mitteleuropas floristisch und pflanzensoziologisch studiert wurden, so selten waren sie Gegenstand ökologischer Untersuchungen. Vor allem fehlen Daten, die ihren Wasserhaushalt im Vergleich zu anderen Waldgesellschaften zu beurteilen gestatten, insbesondere während Trockenjahren, die wahrscheinlich über das Artengefüge der Baum- und Strauchschicht wie auch der Krautschicht entscheiden. Die auf den Abbildungen 63 und 123 dargestellten Jahresgänge der Bodenfeuchte in Seggen-, Buchen- und in Eichen-Hainbuchenwäldern lassen zumindest erkennen, daß schon in feinerdereicheren Böden und bei feuchterem Klima zeitweilig Wassermangel eintreten kann (s. auch Abb. 38).

Überall, wo sich Bäume und Sträucher zu halten vermögen, siedeln sich in ihrem Schutze Pflanzen und Tiere an, die bei voller Besonnung nicht konkurrenzfähig sind oder überhaupt nicht zu existieren vermögen. Das gilt namentlich für Dipteren-Larven und andere Bodentiere, die von der Laubstreu leben und deren Abbau beschleunigen (Abb. 129). Zwar leiden auch viele von diesen Tieren sowie die mit ihnen vergesellschafteten Mikroorganismen unter der sommerlichen Trockenheit; doch steigt ihre Populationsdichte nach SZABO (1974, s. Abb. 130) im Herbst wieder an.

Beide Abbildungen lassen ahnen, wie viele verschiedene Lebensformen und Arten am Aufbau einer Laubwaldgesellschaft beteiligt sind, zumindest dort, wo der Boden nicht zu basen- und nährstoffarm ist. Grundsätzlich gilt dies für alle Gesellschaften der Klasse *Querco-Fagetea*, d. h. auch für andere Laubmischwälder und für Buchenwälder (s. Abb. 89–92 u. Tab. 31).

5 Bodensaure Eichenmischwälder

a Birken-Eichenwälder und verwandte Gesellschaften in Mitteleuropa

Schon die subkontinentalen Fingerkraut-Eichenmischwälder, die wir in Abschnitt 4 c kennenlernten, beherbergen viele Säurezeiger und andere lichthungrige, aber sonst genügsame Pflanzenarten. Neben diesen gedeihen aber immer noch einige anspruchsvollere Vertreter der Ordnungen *Quercetalia pubescenti-petraeae* oder *Fagetalia*, denen der relativ hohe Silikatgehalt des anlehmigen oder gar mergeligen Bodens zugute kommt. Auf den Talsanden der älteren Eiszeiten, auf den ausgelaugten Vorschüttsanden (Sandern) der letzten Vereisung und auf anderen kolloidarmen Sandablagerungen im nördlichen Tiefland Mitteleuropas sucht man dagegen vergeblich nach ihnen. Diese seit jeher wenig fruchtbaren Quarzsande zeichnen sich durch eine stark acidophile oder doch säureertragende Flora aus. In der Baumschicht setzt sich unter den mehr kontinentalen Klimabedingungen des östlichen Mitteleuropa die Waldkiefer durch (s. Abschnitt IV 6 c), während im Westen Eichen die Oberhand gewinnen und lichte, ausgesprochen bodensaure Mischwälder bilden.

Aus Nordwestdeutschland und den angrenzenden Gebieten wurden diese als Birken-Eichenwälder *(Betulo-Quercetum)* bzw. „Eichen-Birkenwälder" (TÜXEN 1930) beschrieben. Birken spielen in ihnen neben den Eichen zumindest als Pioniere eine Rolle, indem ihre leicht vom Winde verwehten Samen nach Brand, Holzschlag oder anderen Störungen massenhaft aufkeimen und einen „Vorwald" bilden. Die schwerfrüchtigen Eichen dagegen können erst mit Hilfe von Vögeln einwandern, die sich in den lichten Birkengehölzen niederlassen. Aber die langlebigen Eichen setzen sich schließlich durch und unterdrücken die Birken, die einander in kürzeren Zeiträumen ablösen. In der Altersphase des Birken-Eichenwaldes halten sich nur noch der bescheidene Faulbaum *(Frangula alnus)*, die Eberesche *(Sorbus aucuparia)* und im westlichen Mitteleuropa die Stechpalme *(Ilex aquifolium)*. Die Zitterpappel *(Populus tremula)*, die sich nach OVINGTON (1963) durch hohe Samenproduktion auszeichnet, kann auf etwas besseren Böden zuweilen wie die Birke als Pionier auftreten.

Für Ahornarten, Hainbuche und andere anspruchsvolle Schatt- und Halbschatthölzer ist der Boden zu wenig ergiebig. Man findet höchstens Kümmerexemplare von ihnen, die deutlich darauf hinweisen, daß Nährstoff- und Basenarmut ihre sonst so große Konkurrenzkraft hier entscheidend mindern. Die saure Humusdecke des mehr oder weniger stark podsoligen Bodens behindert außerdem ihre Verjüngung.

Da Bäume und Sträucher nur mäßig gedeihen und viel Licht auf den Boden gelangen lassen, ist der Bodenbewuchs als einzige Schicht im Birken-Eichenwalde oft dicht geschlossen und kräftig entwickelt. Stellenweise bilden die hüft- bis brusthohen Wedel des Adlerfarns *(Pteridium aquilinum)* ein besonderes Stockwerk, in dessen Schatten kaum noch andere Arten gedeihen (Abb. 131). Daneben herrschen Zwergsträucher wie *Vaccinium vitis-idaea* und *Calluna vulgaris* sowie einige Gräser, namentlich *Avenella flexuosa* und *Holcus mollis* (Tab. 33). Dikotyle Kräuter sind selten und auffallend

Abb. 131. Feuchter Birken-Eichenwald *(Betulo-Quercetum molinietosum)* bei Haste östlich von Hannover im Hochsommer mit lichtem Bestand von *Quercus petraea*, einer lockeren Strauchschicht *(Frangula alnus)*, Gruppen von Adlerfarn *(Pteridium aquilinum)* und einer Bodendecke aus *Molinia caerulae* und *Vaccinium myrtillus*.

Tab. 33. West-Ost-Gefälle im Artengefüge bodensaurer Eichen- und Kiefern-Mischwälder
auf altdiluvialen Sanden des nord-mitteleuropäischen Flachlands. Nach verschiedenen Autoren[1])

Gesellschaft Nr.:	1	2	3	4	5	6	7	K	R
Baumarten-Kombination: (B = Buche, E = Eiche, F = Fichte, K = Kiefer)	(B) E		(B) E K	E K	E · K		F E K		
Baumschicht (auch in Str.)									
L *Fagus sylvatica*	·	3	1	2				2	X
Quercus robur	5	5	5	1	5	3	5	X	X
Betula pendula	5	5	5	3	3	1	5	X	X
Populus tremula	2	2		1		1	2	5	X
Quercus petraea			5	2		5		2	X
N *Pinus sylvestris*			5	5	5	5	5	6	X
N *Picea abies*							5	7	X
Strauchschicht									
L *Ilex aquifolium*	1	2						2	4
L *Lonicera periclymenum*	3	4						2	3
L *Rubus* spec. (2. Art)	5	3	1		(3)			X	X
L *Cytisus scoparius*	2	·		2				2	3
Juniperus communis	1	3		2	5	3	·	X	X
Sorbus aucuparia	5	4	3	3	2	4	4	X	4
Frangula alnus	5	4	2		1	5	3	5	2
L *Tilia cordata*					2	4	4	X	4
L *Acer platanoides*					1	4	4	X	4
Corylus avellana						3		3	X
Berberis vulgaris						3	4	8	5
Euonymus verrucosa							3	8	7
Carpinus betulus							5	4	X
Chamaecytisus ratisbon.							4	6	X
Krautschicht									
L *Teucrium scorodonia*	3	·						2	2
L *Hieracium umbellatum*	4	1						X	4
L *Galium harcynicum*	2	3						2	2
L *Corydalis claviculata*	·	1						1	3
L *Hypericum pulchrum*	·	1						2	3
L *Polypodium vulgare*	1	2	1					3	2
L *Holcus mollis*	·	4		2				2	2
L *Avenella flexuosa*	5	5	5	3				2	2
L *Genista pilosa*	1	1	4	1				4	2
L *Hieracium lachenalii*	3	·	1		3			X	4
Carex pilulifera	2	3	3		3			2	3
Anthoxanthum odorat.			2	5	5			3	5
Agrostis tenuis	5	3		3	2	3		3	3
Luzula multiflora	4		3	5	3			X	5
Rumex acetosella	1		2	2				3	2
Melampyrum pratense	4	3		2	5	4	5	3	3
Pteridium aquilinum	3	3	1		5	3		3	3
Calluna vulgaris	4	3	5	5	5	3	1	3	1
Vaccinium myrtillus	3	3	5	5	5	5	5	5	2
Solidago virgaurea				5	3	5		X	X
Maianthenum bifolium	2	1	1			4	4	6	3
Potentilla erecta			1	2	1	4		3	X

Gesellschaft Nr.:	1	2	3	4	5	6	7	K	R
Festuca ovina	2	3	5	5	5			X	X
Luzula pilosa		4	·	5	5	5		3	5
Dryopt. carthusiana			4	1		1		3	4
Scorzonera humilis			2	1	5	·	4	5	5
Danthonia decumbens			2		5			2	3
N *Viscum album laxum*					3			3	—
Lycopodium clavatum					3		2	3	2
Hieracium pilosella					4	2	2	3	X
N *Vaccinium vitis-idaea*					3	5	5	5	2
Pyrola chlorantha					2	2	1	5	5
N *Chimaphila umbellata*					2	5	1	5	6	5
Fragaria vesca					2	2	4	5	X
Genista tinctoria					4			3	4
W *Anthericum ramosum*						4		4	7
W *Peucedanum oreoselinum*						5	1	4	4
W *Polygonatum odoratum*						4	2	2	5	7
N *Calamagrostis arundinacea*						3	1	5	5
Convallaria majalis			1			2	4	5	3	X
N *Trientalis europaea*			1			1	4	5	7	3
Melica nutans							3	3	7
Carex ericetorum						1	3	7	X
Veronica officinalis			1			1	3	2	3	2
N *Rubus saxatilis*				1			4	4	7	X
Carex digitata						5		4	X
Oxalis acetosella					1		1	4	3	X
N *Orthilia secunda*							1	4	3	X
N *Monotropa hypopitys*							1	4	5	4
N *Goodyera repens*								5	7	4
Molinia caerulea								4	3
Viola canina							3	3	3
Moosschicht									
L *Hypnum cupressiforme*	4	3						—	X
L *Aulacomnium androgynum*	1	1						—	2
Leucobryum glaucum	2	2	1	1	1			—	1
Polytrichum formosum	5	3		2		5	2	—	2
Dicranum scoparium	5	4	3	4	1	1	3	—	1
Pleurozium schreberi	5	3	5	5	5	5	5	—	1
N *Dicranum undulatum*	1		5	5	5	5	5	—	1
N *Hylocomium splendens*	1			4	5	4	5	—	X
Scleropodium purum						3		—	5
Mnium rostratum							4	—	5
N *Ptilium crista-castrensis*							5	—	5

Stetigkeits-Summen	L	35	34	13	8	—	6	8
	N	2	1	11	24	31	31	58

mittlere Kontinentalitätszahl	3,2 3,0	3,5 3,6	4,0 4,3	4,7

mittlere Reaktionszahl	2,5 2,3	2,5 2,5	3,7 3,2	3,3

[1]) Arten, die nur in einer Einheit mit Stetigkeit unter 2 vorkommen, wurden weggelassen. Die Moose konnten bei der Berechnung der „mittleren Kontinentalitätszahl" nicht berücksichtigt werden.

Nr. 1 u. 2: **Birken-Stieleichenwald** (*Betulo-Quercetum typicum*), **euozeanisch** bis subozeanisch,
    1: in den mittleren und südlichen Niederlanden. Nach Meijer-Drees (1936, S. 105),
    2: im nordwestlichen Niedersachsen. Nach Tüxen (1937, S. 128), auf extremen Standorten.

Nr. 3 u. 4: **Kiefern-Eichenwald mit Buche** (*Pino-Quercetum*), **subozeanisch**,
    3: in Brandenburg (nördl. Havelland). Nach Passarge (1957, S. 93, „*Myrtillo-Pinetum*"),
    4: im westlichen Polen. Nach Preising (1943, S. 26, „*Dicrano-Pinetum eupteridetosum*").

kleinblättrig, z.B. *Melampyrum pratense, Trientalis europaea* und *Galium harcynicum*. Das queckenähnlich wuchernde und sehr lichtbedürftige Honiggras *(Holcus mollis)* kann als (lokale) Charakterart des Birken-Eichenwaldes gelten, der im übrigen nur wenige eigene Arten besitzt (s. Abb. 135). Fast alle Säurezeiger kommen auch in anderen acidotoleranten Waldgesellschaften vor, namentlich in natürlichen Nadelwäldern oder in bodensauren Buchenwäldern. Nur einige hochwüchsige und sehr lichthungrige Habichtskräuter sind dem Birken-Eichenwalde ziemlich treu, z.B. *Hieracium laevigatum, H. sabaudum* und Unterarten von *H. umbellatum*. Sie treten jedoch nur selten auf und fehlen den meisten Beständen ganz.

Moose werden in Birken-Eichenwäldern zwar ebenso wie in anderen Laubwäldern durch die Blattstreu behindert. Diese deckt aber den Boden alljährlich höchstens in vierfacher Schicht (ELLENBERG 1939 u. 1963) und fällt infolge des freieren Windzutritts unregelmäßig. Außerdem wird ein Teil der toten Blätter zunächst von den Zwergsträuchern und Kräutern aufgehalten, so daß sich säureertragende Moose, wie *Polytrichum formosum, Hypnum cupressiforme, Pleurozium schreberi* und *Scleropodium purum*, mehr oder minder reichlich entwickeln können. Auch unter diesen findet sich keine einzige gute Charakterart des Birken-Eichenwaldes.

Trotz des Mangels an treuen Arten sind aber die Birken-Eichenwälder leicht als solche zu erkennen und von anderen Waldgesellschaften zu unterscheiden, und zwar an der großen Zahl der Säurezeiger einschließlich der Moose sowie an dem Vorherrschen der Eichen und dem Zurücktreten von Schattholzarten, vorausgesetzt, daß dieses natürliche Ursachen hat.

Viele Birken-Eichenwaldbestände des nordwestlichen und westlichen Mitteleuropa sind jedoch erst durch jahrhundertelange Niederwaldwirtschaft so schattholzarm geworden, wie wir sie heute vorfinden (Abb. 132). Sie würden von Natur aus zum Teil recht rotbuchenreich sein und müssen in solchen Fällen als degradierte bodensaure Buchenwälder *(Avenello-Fagetum,* s. Abschnitt B II 4a) oder Buchen-Eichenwälder *(Fago-Quercetum)* gelten. In der unteren montanen Stufe des Siegerlandes hat MEISEL-JAHN (1955 a) dies für die sogenannten „Hauberge" mit Sicherheit nachgewiesen. Im französischen, holländisch-belgischen und nordwestdeutsch-jütländischen Flachland kann die Rolle der Buche auf den unfruchtbaren Standorten des Birken-Eichenwaldes nach den von FIRBAS (1949, 1952) erörterten pollenanalytischen Befunden ebenfalls nicht so ganz gering gewesen sein.

Was das Studium der Birken-Eichenwälder im Flachlande besonders erschwert, ist der Umstand, daß sie einst sämtlich durch frühere Beweidung, Streunutzung und Holzraubwirtschaft gelichtet und nahezu restlos verheidet waren. Als die moderne Forstwirtschaft begann, lohnte es sich nicht mehr, sie zu Hochwäldern auswachsen zu lassen. Man forstete die verlichteten Flächen wieder auf und zog dabei die leicht zu kultivierende, raschwüchsige und wirtschaftlich wertvollere Kiefer den Eichen vor. Um

---

Erläuterungen zu Tab. 33, Fortsetzung

Nr. 5 u. 6: **Eichen-Kiefernwald** ohne Buche („*Pino-Quercetum*", besser *Querco-Pinetum*),
    5: zwischen Warthe und Weichsel. Nach Preising (1943, S. 32, „*D.-P. typicum*"),
    6: im mittelöstlichen Polen (Puławy). Nach W. u. A. Matuszkiewicz (1956, Tab. 4, „*Pino-Quercetum berberidetosum*, Var. von *Dicranum undulatum*").

Nr. 7: **Fichten-Eichen-Kiefernwald** im Urwald von Białowieża, **subkontinental**.
    Nach A. u. W. Matuszkiewicz (1954, S. 52, „*Pino-Vaccinietum myrtilli*").

L = Säureertragende Laubwaldpflanzen,
N = Säureertragende Nadelwaldpflanzen,
W = „Wärmeliebende" Arten.

Abb. 132. Trockener Birken-Eichenwald („*Quercetum medioeuropaeum*" bzw. „*Betulo-Quercetum helveticum*"), der durch Niederwaldbetrieb aus Moderbuchenwald *(Luzulo-Fagetum)* entstanden ist; nahe der Hochflächenkante des Stadler Berges nnw Zürich. Aus Stockausschlägen hervorgegangene *Quercus petraea*, einzelne *Fagus* und viel *Vaccinium myrtillus* im Frühjahrsaspekt.

sich ein Bild von den ehemals weitflächig herrschenden Birken-Eichenwäldern zu machen, stehen daher heute nur noch verschwindend kleine Laubwaldreste zur Verfügung.

In Nordwestdeutschland beispielsweise, aus dem TÜXEN (1930, 1937) erstmals das typische „*Querco-Betuletum*" beschrieben hat, ist es heute nicht mehr möglich, auf trockenen Sandböden auch nur einen einzigen Bestand zu finden, der den Anforderungen an eine gute Aufnahmefläche entspräche. Lediglich auf feuchten Böden gibt es hier noch einigermaßen naturnahe und stellenweise sogar recht ausgedehnte bodensaure Eichenmischwälder (Abb. 131). Unsere Vorstellung vom Birken-Eichenwalde ist daher in erster Linie an dieser „feuchten" Subassoziation entwickelt worden und infolgedessen einseitig.

Die Birken-Eichenwälder des nördlichen Belgien, der Niederlande und Nordwestdeutschlands sind artenärmer als alle anderen Laubwaldgesellschaften Mitteleuropas und überhaupt recht dürftig entwickelt. Einen Eindruck von ihrem Gefüge mögen die in Tab. 33 zusammengestellten Aufnahmen geben. Bevor wir jedoch auf einzelne Gesellschaften eingehen, sei ein Überblick über die bisher aus Mitteleuropa bekannten bodensauren Eichenmischwälder versucht. In den Tieflagen kann man drei Gruppen von reinen Laubmischwäldern unterscheiden:

1. Subatlantische Birken-Eichenwälder (*Betulo-Quercetum* i.e.S.) schließen an das große westeuropäische Verbreitungsgebiet bodensaurer Eichenwälder an und sind insbesondere für das nordwestliche Mitteleuropa kennzeichnend.

2. Im südlichen Zentraleuropa sind stark bodensaure Eichenwälder (*„Quercetum medioeuropaeum"*) selten und wohl überwiegend anthropo-zoogen. Von Natur aus wären sie reich an *Fagus*. In warmen Hanglagen finden sich Übergänge zur nächsten Gruppe (Abb. 132).
3. Insubrische Birken-Flaumeichenwälder (*„Betulo-Quercetum insubricum"* u.a.) kommen im regenreichen Tessin und ähnlichen Landschaften vor und enthalten submediterrane Arten. Größtenteils wurden sie durch Edelkastanien-Niederwälder ersetzt (Abb. 136).

Bei jedem der drei Typen, vor allem bei dem 2. und 3., gibt es montane Ausbildungen, die durch Hainsimsen (*Luzula luzuloides* bzw. *L. nivea*, Abb. 83) und weitere vorwiegend im Bergland verbreitete Arten ausgezeichnet sind. Außerdem kann man bei jedem der drei Typen im Tiefland und z.T. auch in Berglagen Subassoziationen unterscheiden, die nach der Bodenfeuchtigkeit abgestuft sind:
a) eine typische (irreführenderweise auch „trockene" genannt), die bei Nr. 1 und 3 sehr selten zu finden, bei Nr. 2 dagegen die Regel ist,
b) eine wechselfeuchte, die insbesondere bei Nr. 2 und 3 auftritt,
c) eine feuchte (z.B. *Betulo-Quercetum molinietosum*), die bei Nr. 1 absolut vorherrscht und bei Nr. 2 nicht selten vorkommt (Abb. 131),
d) eine nasse, die bisher nur bei Nr. 1 als Einheit gefaßt wurde (*B.-Q. alnetosum*, BURRICHTER 1973), aber gelegentlich auch bei Nr. 3 beobachtet wurde.

Außer diesen reinen Laubwäldern kann man in Mitteleuropa zunehmend kiefernreiche treffen, und zwar, wenn man von den Bereichen 1 und 2 nach Osten, d.h. in stärker kontinental getöntes Klima vorschreitet. In solchem Gefälle lassen sich zumindest vier Stufen erkennen:
– subatlantische reine Laubwälder wie die zuvor genannten,
– Eichenwälder mit wenig Kiefern im Übergangsbereich, der etwa östlich der Elbe beginnt (z.B. *Betulo-Quercetum pinetosum*, s. MIKYŠKA 1963),
– subkontinentale Eichen-Kiefernwälder *(Pino-Quercetum)*, in denen *Pinus sylvestris* eine große Rolle spielen kann, z.B. in der nördlichen DDR (MÜLLER-STOLL u. KRAUSCH 1968) und in Nordpolen,
– reine Kiefernwälder (s. Abschnitt B IV 6).

In jeder dieser vier klimabedingten Gruppen lassen sich Feuchtigkeitsstufen unterscheiden, zumindest die Stufen a und c. Die Mannigfaltigkeit der bodensauren Waldgesellschaften ist also fast ebenso groß wie die der Wälder auf reicherem Boden. Wegen ihrer Artenarmut fällt es jedoch schwer, genügend allgemeingültige Charakter- und Differentialarten für die vorwiegend vom Allgemeinklima geprägten Einheiten zu finden. In einem eng begrenzten und klimatisch einheitlichen Gebiet dagegen kann man die durch die Bodenfeuchte bedingten Untereinheiten deutlich erkennen und leicht kartieren.

Die Vielfalt der bodensauren Eichenmischwälder wird noch dadurch vergrößert, daß alle denkbaren Übergänge zu den besser ernährten, aber ebenfalls bodensauren Eichen-Hainbuchenwäldern und Moder-Buchenwäldern vorkommen. Auf etwas kolloid- und silikatreicheren Sanden ist beispielsweise in Nordwestdeutschland die Traubeneiche *(Quercus petraea)* häufiger als die Stieleiche, und mit ihr treten oft etwas „anspruchsvollere" Kräuter hervor, namentlich:

Oxalis acetosella   *Lathyrus linifolius (= montanus)*
Convallaria majalis   *Solidago virgaurea*
Teucrium scorodonia

Mit Hilfe solcher Differentialarten trennte TÜXEN (1937) die Gruppe der „Traubeneichen-Birkenwälder" von der Gruppe der „Stieleichen-Birkenwälder". Doch kann auch die Stieleiche in Beständen herrschen, in denen die oben genannten Arten reichlich vorkommen, und umgekehrt kann die Traubeneiche ohne sie hervortreten. An Birken-Eichenwäldern, in denen neben diesen Differentialarten auch einige *Fagetalia*-Arten vorkommen, hat die Buche wahrscheinlich einen größeren Anteil, ja dürfte von Natur aus in ihnen vorherrschen. TÜXEN (1956b) bezeichnete sie deshalb als *Fago-Quercetum* (Buchen-Eichenwald). Der Name *Querco-Fagetum* würde die natürlichen Dominanz-Verhältnisse wohl noch besser zum Ausdruck bringen (s. Abschnitt B II 4b).

Das Kerngebiet der Birken-Eichenwälder liegt im nördlichen Frankreich und überhaupt im atlantischen bis subatlantischen Nordwesteuropa. Hier besiedeln sie nicht nur Quarzsande, sondern auch Sandsteine, Granite und andere kristalline Gesteine, Tonschiefer und sandige, oberflächlich podsolierte Lehmdecken (TÜXEN u. DIEMONT 1937). Ähnliche Gesellschaften des *Quercion robori-petraeae*-Verbandes kommen in nordwestlichen Portugal (TÜXEN u. OBERDORFER 1958) und auf den Britischen Inseln bis ins mittlere Schottland vor (TANSLEY 1939). In den küstennahen Bereichen Frankreichs enthalten sie zahlreiche atlantische und submediterranatlantische Florenelemente, z. B.:

    Erica cinerea   *Luzula forsteri*
    Ruscus aculeatus   *Peucedanum parisiense*
                 Scilla non-scripta

Die Birken-Eichenwälder Nordwest- und Westdeutschlands beherbergen nur noch wenige subatlantische Arten, insbesondere:

    Ilex aquifolium   *Galium harcynicum*
    Lonicera periclymenum   *Corydalis claviculata*
    Cytisus scoparius   M *Aulacomnium androgynum*

Da diese Arten weit nach Mitteleuropa hineingreifen und die *Erica cinerea*-Gruppe den holländischen, nordwestdeutschen und jütländischen Eichen-Birkenwäldern fehlt, läßt sich aber rechtfertigen, die mitteleuropäischen Birken-Eichenwälder als besondere Gesellschaftsgruppe aufzufassen.

Der größte mitteleuropäische Bereich, in dem Birken-Eichenwälder die potentielle natürliche Vegetation bilden, ist zweifellos das nordwestdeutsche altdiluviale Flachland. Wie schon erwähnt, gibt es hier zwar keine typischen Birken-Eichenwälder mehr, weil alle in Heiden oder später in Kiefernforsten verwandelt oder aber zu Ackerland gerodet wurden. Dafür sind aber um so mehr gute Beispiele des „Feuchten Eichen-Birkenwaldes" *(Betulo-Quercetum molinietosum)* zu finden. Dieser enthält drei leicht erkennbare Feuchtezeiger:

    Betula pubescens   *Molinia caerulea*
    Erica tetralix

Dieselben Differentialarten trifft man auch in den Kiefern- oder Fichtenforsten, die an seine Stelle gesetzt wurden. Ausgedehnte Flächen, auf denen von Natur aus der *Molinia*-Birken-Eichenwald stocken würde, werden als Viehweiden genutzt, weil sie sich gut zur Anlage von Grasland eignen. Heute geht man mehr und mehr dazu über, den Boden zu drainieren und ackerbaulich zu nutzen, weil der Oberboden humusreich ist, also mehr Kolloide enthält als der Boden der typischen Subassoziation.

b *Die Böden der Birken-Eichenwälder, insbesondere in Nordwest-Deutschland*

Eichenbeherrschte Gesellschaften des *Quercion robori-petraeae*-Verbandes sind in Mitteleuropa an ein relativ mildes und humides Klima gebunden. Sie bevorzugen subatlantische Tieflagen und steigen nur ausnahmsweise in die montane Stufe empor (s. NOIRFALISE u. SOUGNEZ 1956). Im nordwestlichen Tiefland stocken nicht verheidete, typische Birken-Eichenwälder auf sandigen Parabraunerden oder Braunerden geringster Sättigung, die aber nicht oder nur schwach podsoliert sind. Die ohnehin kaum vorhandenen Tonteilchen werden vom einsickernden Regenwasser aus dem

Oberboden fast restlos in die unteren Schichten geschlemmt und setzen sich dort an den Schichtfugen des einst von Schmelzwässern oder vom Winde unstetig abgelagerten Sandes ab. In ungeschichteten Sanden entstehen unregelmäßige Bänke, und zwar nach Versuchen von B. MEYER (mdl.) durch die Stauwirkung von Luftpolstern, die sich in den tieferen Sandschichten bilden. Man kann die Verlagerung künstlich und ziemlich rasch erzeugen. Damit dürfte die Ansicht K. JÄGERS (1970), sie hätte nach dem Spätglazial nicht mehr stattfinden können, wohl widerlegt sein. Im Profilanschnitt lassen sich die kolloidreicheren Bänke als ockerbraune, $^{1}/_{2}$–3 cm dicke Bänder erkennen, die mehr oder minder waagerecht verlaufen, sich aber stellenweise auch unregelmäßig verzweigen oder infolge späterer Störungen miteinander verbinden (Abb 133). Solche Bänder-Parabraunerden sind unter trockenen Birken-Eichenwäldern (sowie unter den standörtlich entsprechenden Kiefernwäldern Osteuropas und unter dem *Periclymeno-Fagetum* der baltischen Jungmoräne) fast regelmäßig anzutreffen und wurden von TÜXEN (1930, 1957) eingehend studiert und beschrieben. Nach KUBIËNA (mdl.) bestehen manche der braunen Bänke aus Resten tertiärer, später verlagerter Bodenbildungen oder aus schluffig-tonigen Flußabsätzen, also jedenfalls aus primär silikatreicherem Material, das teilweise an Ort und Stelle verlehmte.

Links: Parabraunerde mit kompaktem braunem Bt-Horizont unter buchenreichem Braunmull-Buchenwald *(Melico-Fagetum)*; Mitte: Übergangsprofil mit groben braunen Bänken unter Eichen-Buchenwald *(Fago-Quercetum)*; rechts: feingebänderte Podsol-Parabraunerde unter Birken-Eichenwald *(Betulo-Quercetum typicum)*.

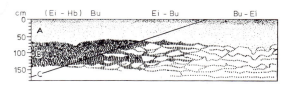

Abb. 133. Gleitende Reihe der Bodenprofile unter Laubwäldern Nordwestdeutschlands bei Überlagerung von glaziofluvialem Quarzsand (unterhalb und rechts der schrägen Linie) durch Lößlehm, halbschematisch. Nach TÜXEN und DIEMONT (1937), etwas verändert.

Wie TÜXEN ebenfalls schon frühzeitig erkannte, ist der Traubeneichen-Buchenwald *(Fago-Quercetum)* an Böden gebunden, deren Profil mächtigere braune Bänke aufweist als dasjenige des typischen Birken-Eichenwaldes (Abb. 133). Solche „grobgebankte" Parabraunerde-Böden sind silikatreicher, also fruchtbarer, als die „feingebänderten". Sie verheideten auch weniger rasch und wurden, wenn sie schließlich doch von der Heide erobert waren, weniger stark podsoliert. Zum größten Teil liegen sie heute unter dem Pfluge, während die Böden des Birken-Eichenwaldes jahrhundertelang verheidet waren und heute ausgedehnte Kiefernforsten tragen. Die Bodenprofile der feuchten Birken-Eichenwälder zeigen einen völlig anderen Aufbau. Ihre oberen Horizonte sind humusreicher und meist auch weniger mächtig als diejenigen der eben besprochenen Böden, und in den wasserbeeinflußten Schichten fallen weißlichgraue und rostigbraune Flecken oder Streifen sowie kleine dunkelrostfarbene bis blauschwarze Konkretionen auf, die im Wechsel von Vernässung und mehr oder minder weitgehender Austrocknung entstanden sind. Solche Böden kann man als Modergleye oder, wenn sie infolge früherer Verheidung stärker podsoliert sind, als Gleypodsole bezeichnen (Abb. 134). Sie unterscheiden sich von den nährstoffreicheren Mullgleyen (s. Abschnitt B III 3 e) nur durch die Beschaffenheit ihres Oberbodens, insbesondere durch das Vorhandensein von Auflagehumus und durch fehlende Krümelung, und nicht durch Merkmale des Gleyhorizontes, obwohl die Ursache für die verschiedene Ausbildung der oberen Horizonte in dem mehr oder minder großen

Basenreichtum des Grundwassers zu suchen ist (DIETRICH 1958; s. Tab. 28 und Abb. 134).

Alle Eichenmischwälder des *Quercion robori-petraeae* stimmen darin überein, daß ihre Wurzelräume außerordentlich sauer reagieren (Abb. 114 u. 78) und p_H-Werte aufweisen, die an die unter *Calluna*-Heiden und auf Hochmooren gemessenen heranreichen. Wie Abb. 114 am Beispiel dreier feuchter Eichen-Birkenwaldbestände zeigt, sind die jahreszeitlichen Schwankungen des Bodensäuregrades auch beim *Betulo-Quercetum* sehr beträchtlich. Dies liegt nach ELLENBERG (1939) in erster Linie daran, daß die Pufferung solcher Böden außerordentlich gering ist. Jedes Mehr an Basen oder Säuren, seien sie nun an Ort und Stelle erzeugt oder durch Niederschläge herangeführt (s. Abb. 33a u. b), bewirkt sogleich eine Verschiebung des p_H-Wertes.

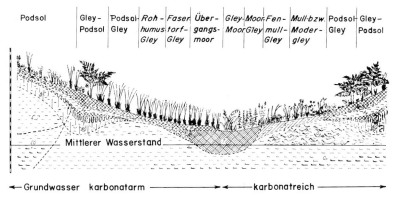

Abb. 134. Ideale Abfolge der Waldbodentypen auf Sand mit verschieden hoch anstehendem karbonatarmem bzw. -reichem Grundwasser im nordostdeutschen Diluvialgebiet. Nach DIETRICH 1958), etwas verändert.
Entsprechende Waldgesellschaften: Podsol = Eichen-Kiefernwald, Gleypodsol bis Rohhumusgley = Pfeifengras-Eichen-Kiefernwald bzw. Pfeifengras-Birken-Eichenwald, Fasertorfgley und Übergangsmoor = Kiefern-Birkenbruch, Gleymoor = Erlenbruch, Moorgley = Eschen-Erlenwald, Fenmullgley = Feuchter Eichen-Hainbuchenwald, Mull- bzw. Modergley = frischer Buchenmischwald mit Kiefer.

Das über das Pflanzenleben in bodensauren Buchenwäldern Gesagte gilt also in noch stärkerem Maße für die bodensauren Eichenwälder: Hier gedeihen nur Pflanzen, die sich mit dem hohen Säuregrad und der Nitratarmut des Bodens abzufinden vermögen. Wie die in Abb. 135 dargestellten Untersuchungen an *Holcus mollis* erweisen, sind die Arten z. T. durchaus in der Lage, auf reicheren Böden zu gedeihen. Von den sauersten wird *Holcus* durch die weniger anspruchsvolle *Avenella flexuosa* verdrängt (Abb. 135 b, vgl. auch Abb. 51).

Fast alle Partner der Birken-Eichenwälder leben in Symbiose mit Mykorrhizapilzen, und auch die saprophytische Pilzflora ist recht arten- und individuenreich. Der Therophyt *Melampyrum pratense* entwickelt sich als Halbschmarotzer auf Kosten von Gramineenwurzeln. Die Arten des Birken-Eichenwaldes sind also nahezu ausnahmslos Ernährungsspezialisten. Sie gedeihen in Anbetracht der Armut ihres Wurzelraumes erstaunlich gut. Auf die Bodenfläche bezogen, ist ihre Stoffproduktion freilich insgesamt geringer als in allen anderen Waldgesellschaften Mitteleuropas mit ähnlich günstigem Wasserhaushalt.

Die extreme Basen- und Nährstoffarmut ihrer Böden rückte die „Eichen-Birkenwäl-

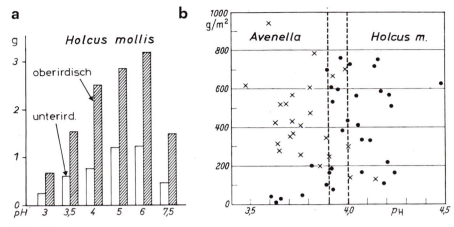

Abb. 135.
a) Das physiologische pH-Optimum von *Holcus mollis* liegt bei etwa 6, gemessen am Trockengewicht der oberirdischen wie der unterirdischen Organe je Gefäß. Nach Versuchen von SEBALD (1955). In der Natur wird das Honiggras von Böden mit pH-Werten über 4,5 durch zahlreiche Arten verdrängt (siehe b).
b) Konkurrenzbedingte pH-Grenze zwischen Drahtschmiele und Weichem Honiggras in einem bodensauren Eichenwald in England. Nach Angaben von JOWETT und SCURFIELD (1952) aus ELLENBERG (1958).
Die Ertragsleistung (in g Frischgewicht pro m² Bodenfläche) von *Holcus mollis* ist unterhalb von pH 3,9 so gering, daß *Avenella flexuosa* nicht behindert wird. Oberhalb von pH 4,0 wird dieses schmalblättrige Gras von dem breitblättrigen Honiggras unterdrückt, obwohl sein physiologisches Optimum ebenfalls noch höher liegt.

der" während der Zeit von 1928 bis 1943 in den Mittelpunkt von Auseinandersetzungen über die Klimaxfrage in Mitteleuropa (s. 1. Auflage, S. 244–246). Da diese heute als beantwortet gelten darf (s. Abschnitt B I 1 a), verzichten wir hier auf eine Diskussion. Als Endstadium der Vegetationsentwicklung gilt der trockene Birken-Eichenwald heute nur noch auf Sandböden, die von vornherein extrem silikatarm waren. Lehm- oder Kalkböden können im mitteleuropäischen Klima niemals so stark verarmen, daß sie den „Birken-Eichenböden" gleichen, und begünstigen dementsprechend anspruchsvollere, insbesondere rotbuchenreiche Schlußgesellschaften (s. Abb. 37).

c *Bodensaure Eichenwälder und Kastanien-Buschwälder im südlichen Mitteleuropa*

Ganz im Süden Mitteleuropas, in den Tieflagen der insubrischen Randalpen, gibt es ausgesprochen bodensaure Eichenmischwälder, die den westdeutschen ähneln, aber einige stärker wärmeliebende Arten enthalten, beispielsweise:

Castanea sativa   *Molinia arundinacea*
Quercus pubescens   *Phyteuma betonicifolium*

Diese „insubrischen Eichen-Birkenwälder" oder Birken-Flaumeichenwälder sind in der Römerzeit oder im Laufe des Mittelalters größtenteils in Edelkastanien-Niederwälder verwandelt worden, die als „Palinen" die Pfähle für den Weinbau lieferten (Abb. 136). Unter verschiedenen Namen wurden sie aus dem Tessin beschrieben, wo es sehr kalkarme Gesteine gibt und das Klima ausgesprochen ozeanisch getönt ist (ELLENBERG u. REHDER 1962, ANTONIETTI 1968, ELLENBERG u. KLÖTZLI 1972). Sie sind in

Mitteleuropa die einzigen nicht von Grundwasser beeinflußten Birken-Eichenwälder, die relativ große Flächen bedecken. Obwohl sie an mehr oder minder steilen Berghängen stocken, entspricht ihr Artengefüge jedoch mehr dem des oben beschriebenen feuchten Birken-Eichenwaldes, in dem *Betula pubescens* und andere Feuchtigkeitszeiger eine Rolle spielen. Diese werden hier durch die hohen Niederschläge begünstigt, die nach BLASER (1973) sogar in stark hängiger Lage Böden mit mehrere Dezimeter mächtigen, humusreichen Schichten (Krypto-Humuspodsole) entstehen lassen und an basenreicheren Hängen die Schwarzerle *(Alnus glutinosa)* konkurrenzfähig machen.

Birken-Eichenwälder sind mithin für Mitteleuropa eigentlich eine Randerscheinung. Wo in den zentralen Teilen Mitteleuropas überhaupt noch bodensaure Eichenmischwälder vorkommen, faßt man sie nach dem Vorgange BRAUN-BLANQUETS (1932) zu einer besonderen Assoziation zusammen, dem *Quercetum medioeuropaeum*.

Diese gehört zu der bereits gekennzeichneten Gruppe der Traubeneichenwälder. Es fehlen ihr aber die in Abschnitt a genannten subatlantischen Arten großenteils, während sie sich andererseits durch:

Chamaespartium sagittale *Potentilla sterilis*
Genista germanica

und andere etwas stärker nach Osten ausgreifende Arten auszeichnet. In vielen Beständen sucht man die seltenen Ginsterarten allerdings vergeblich, so daß das *Quercetum medioeuropaenum* gegenüber dem *Betulo-Quercetum (boreoatlanticum)* mehr negativ charakterisiert ist. Unter dem Eindruck der Verhältnisse in der Tschechoslowakei schlugen NEUHÄUSL und NEUHÄUSLOVÁ-NOVOTNÁ (1967) vor, das *Quercetum medioeuropaeum* in *Luzulo-Quercetum* umzubenennen, weil die montane Hainsimse oft in ihm auftritt. Doch gibt es auch im ozeanischen Nordwesten montane Eichenwälder, die diesen Namen verdienen (s. NOIRFALISE u. SOUGNEZ 1956).

Das als insubrisch bezeichnete Vegetationsgebiet (Abb. 138) liegt am Südrande Mitteleuropas und hat nach ZOLLER und KLEIBER (1971) seit der postglazialen Wärmezeit zunehmend submediterrane Züge angenommen. Obwohl das Mosaik seiner Pflanzengesellschaften ökologisch sehr reizvoll ist und wiederholt untersucht wurde (s. Tab. 25 u. Abb. 139 sowie die Übersicht von ELLENBERG u. KLÖTZLI 1972), können wir hier nicht verweilen. Im Hinblick auf die Gebiete nördlich der Alpen aufschluß-

Abb. 136. Edelkastanien-Niederwald („palina") mit *Pteridium aquilinum, Vaccinium myrtillus* und *Molinia caerulea* auf dem Standort des insubrischen Birken-Flaumeichenwaldes bei Losone im Tessin.

Abb. 137. Edelkastanien-Fruchthain („selva") mit *Fraxinus*-Jungwuchs und anspruchsvollen Kräutern auf dem Standort des insubrischen Edellaub-Mischwaldes bei Sigirino im Tessin vor dem Befall mit Kastanienkrebs. Diese Gesellschaft gehört zum *Carpinion*-Verband und hat außer der Edelkastanie kaum etwas mit dem auf Abb. 136 dargestellten Birken-Eichenwald gemeinsam.

reich sind die vielfältigen Übergänge zwischen extrem acidophilen Laubmischwäldern, die eindeutig zum *Quercion robori-petraeae* gehören, und anspruchsvolleren Gesellschaften, die man zur Ordnung *Fagetalia*, und zwar zum Verband *Carpinion*, stellen muß, obwohl die Hainbuche hier keine große Rolle spielt. ZOLLER (1961), der als erster auf die „besseren" Standorte im Tessin aufmerksam machte, hält Esche *(Fraxinus excelsior)* und Schwarzerle *(Alnus glutinosa)* neben den Eichen für die hier von Natur aus herrschenden Baumarten. Wie die Birken-Eichenwälder wurden auch diese Edellaubmischwälder großenteils durch Kastanien-Anpflanzungen ersetzt (Abb. 137). Die schönsten Fruchthaine („Selven") stocken gerade auf den relativ nährstoffreichen Standorten, z.B. auf dem Boden des Eschen-Ulmen-Mischwaldes und des Eschen-Eichen-Mischwaldes (s. Tab. 25, Nr. 2a und b).

Während des Mittelalters und der frühen Neuzeit bildete die von den Etruskern und Römern eingeführte und von den Germanen zunächst vernachlässigte Edelkastanie *(Castanea sativa)* eine wichtige Grundlage der Landwirtschaft Insubriens. Sie lieferte nicht nur Pfähle für den Weinbau und fast alles Brenn- und Bauholz, sondern auch Laubstreu, die in den Selven zusammengerecht wurde. Durch Schneiteln ihrer Schößlinge gewann man Winterfutter für die Ziegen und Rinder (s. Abschnitt A II 2a). Ihre mehligen Früchte, die man durch Räuchern lagerfähig machte, dienten zur Brotbereitung und als Schweinefutter. Seit etwa 100 Jahren nahm die Bedeutung dieser Nutzungsformen in dem Maße ab, wie der Landbau und der Fremdenverkehr intensiviert wurden. Die Selven verwilderten, und die Palinen gingen in Hochwälder über. Seit 1930 trägt der Kastanienkrebs, ein aus Japan stammender und über Nordamerika nach Italien eingeschleppter Pilz *(Endothia parasitica)*, zum Niedergang der Kastanienwirtschaft immer mehr bei. Er dringt durch Rindenverletzungen ins Kambium ein, wo er nicht bekämpft werden kann, und läßt zunächst den Ast und bald auch den Baum absterben. Die aufgepfropften Edelreiser werden wohl alle dem Schädling zum Opfer fallen, während sich die Wildlinge in den Niederwäldern aus dem Stock regenerieren. Während man in Italien Nadelhölzer *(Pinus strobus)* oder Pappeln an die Stelle ausgeräumter Kastanienhaine setzt, strebt man in der Schweiz mit LEIBUNDGUT (1962) naturnahe Laubmischwälder an, die dem vertrauten Landschaftsbild entsprechen und weniger anfällig gegen Brände sind, die in Trockenperioden eine weitere Gefahr für die Wälder Insubriens bleiben.

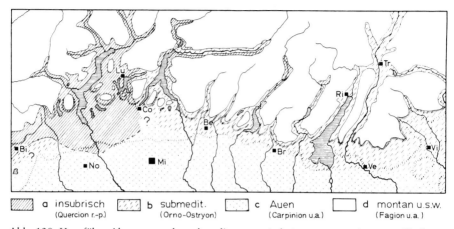

Abb. 138. Ungefähre Abgrenzung der submediterranen (relativ sommertrockenen und kalkreichen) von den insubrischen (sehr niederschlagsreichen und vorwiegend bodensauren) warmen Tieflagen am Südalpenrand in der Schweiz und in Oberitalien. Nach OBERDORFER (1964); vgl. Abb. 5!

Im „insubrischen" Bereich herrschen von Natur aus Birken-Eichenwälder mit Flaumeichen und anderen wärmeliebenden Arten (Verband *Quercion robori-petraeae*, a), die größtenteils durch Edelkastanien ersetzt wurden. Der „submediterrane" Bereich (b) hat weniger saure Böden und ist dementsprechend mannigfaltiger und reicher an submediterranen Elementen, unter denen Mannaesche *(Fraxinus ornus)* und Hopfenbuche *(Ostrya carpinifolia, Orno-Ostryon)* eine Rolle spielen.

Die vorgelagerte, aus Flußsedimenten aufgebaute Ebene (c) hat ein ebenfalls submediterran getöntes Klima, aber tiefgründige Böden, die überall kultiviert wurden. In der potentiellen natürlichen Vegetation herrschen hier wahrscheinlich Laubmischwälder mitteleuropäischen Gepräges *(Carpinion, Alno-Ulmion)*. In den unteren Stufen der Berglagen (d) dominiert in der Naturlandschaft überall die Rotbuche *(Fagion)*.

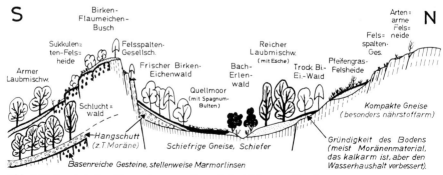

Abb. 139. Insubrisches Vegetationsmosaik am Beispiel der Rundhöcker-Landschaft nördlich von Ascona; geraffte Darstellung der Beziehungen zu Gesteinsbeschaffenheit, Bodengründigkeit, Relief und Exposition. Nach HOFER (1967), verändert.

Nicht dargestellt sind Schatthänge mit mehr oder minder reichen Laubmischwäldern, die viel Schwarzerle enthalten. Alle Laubmischwälder gehören zum *Carpinion*-Verband, alle Birken-Eichenwälder zum *Quercion robori-petraeae*.

IV Nadelwälder und nadelbaum-beherrschte Mischwälder

1 Allgemeiner Überblick

a Rolle der Nadelbäume in den Wäldern Mitteleuropas

Mitteleuropa ist von Natur aus ein Laubwaldland, in dem Nadelhölzer nur an Sonderstandorten und in den nordöstlichen Randgebieten eine Rolle spielen (Abb. 140). Zwar können Tanne, Fichte, Kiefer und Lärche fast überall gedeihen, wo Laubbäume wachsen (s. Abb. 39), und die Waldkiefer hat sogar die weiteste physiologische Amplitude von allen heimischen Baumarten. Doch sind die Nadelhölzer in großen Teilen Mitteleuropas nur zur Dominanz zu bringen, wenn man sie gegen die Konkurrenz der Rotbuche und anderer Edellaubhölzer, ja auch der Eiche schützt, die sich zumindest in den relativ ozeanischen Klimabereichen ebenfalls kräftiger verjüngt. Unter der Hand des Forstmannes erbringen die Coniferen aber rascheren Ertrag und wachsen verhältnismäßig gut. Darüber hinaus gilt fast überall die Regel, daß die Nadelbaumarten auf Laubwaldstandorten wesentlich mehr produzieren als in den natürlichen Nadelwaldgesellschaften (s. Abb. 416).

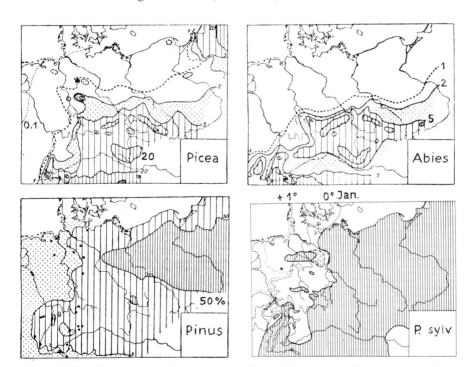

Abb. 140. Übersichten zur natürlichen Verteilung der Nadelhölzer in Mitteleuropa außerhalb der Alpen. Nach FIRBAS (1949), etwas verändert.

Fichte *(Picea abies)* und Tanne *(Abies alba)* erreichten in der Nachwärmezeit, d.h. noch vor Eingriffen des Menschen, höchste Pollenprozente in den Alpen und in den Mittelgebirgen, griffen aber im östlichen Mitteleuropa auch aufs Flachland über. (Im Nordosten handelt es sich um eine boreale Fichtenrasse).

Die Kiefern *(Pinus* spec.) konzentrierten sich schon damals auf das nordöstliche Flachland. Die natürliche Verbreitung von *Pinus sylvestris* (nach DENGLER) findet ihre äußerste Grenze im westlichen und nördlichen Mitteleuropa ungefähr in dem Raum, in dem heute die Januar-Mitteltemperaturen 0 bis +1°C betragen.

Bevor wir die Gründe erörtern, warum die Coniferen im freien Wettbewerb so viel weniger erfolgreich sind, wollen wir uns über die natürliche Verteilung der Baumarten in Mitteleuropa einen genaueren Überblick verschaffen, als er uns in den einleitenden Abschnitten A I und B I möglich war. Hierbei können uns die Quer- und Längsprofile in den Abbildungen 6, 42 und 43, die ökologischen Diagramme in den Abbildungen 4, 5, 37, 40, 68, 69 und 178 sowie die Karten in Abb. 1–3, 21 und 138 dienen. Mit verschiedenen Mitteln führen diese vor Augen, daß die ökologische Rolle der Rotbuche in der subozeanischen Submontanstufe am größten ist und sowohl mit zu- und abnehmender Höhe als auch mit zunehmender Kontinentalität geringer wird. Das Gefälle der Laubwaldgesellschaften auf frischen bis feuchten Böden der planaren Stufe wurde bereits in Abschnitt B III 3 behandelt. In fast allen anderen Fällen sind Coniferenarten die Nutznießer der verminderten Konkurrenzkraft der Rotbuche. Auf „mittleren" Standorten, d. h. bei guter Wasser-, Sauerstoff- und Nährstoff-Versorgung, mischt sich die Buche in den höheren Lagen der Randalpen mit der Weißtanne *(Abies alba)*. In den Zwischenalpen kommt die Tanne zur Vorherrschaft, die ihr nur auf sehr basenarmen Böden sowie in der Nähe der klimatischen Waldgrenze von der Fichte *(Picea abies)* streitig gemacht wird. Die lichtbedürftigere Fichte ihrerseits kann auf mittleren Böden nur zur Dominanz kommen, wo auch die Tanne aus klimatischen Gründen zurücktritt, d. h. in den inneralpinen Tälern sowie in der subalpinen Stufe, soweit deren Klima nicht ebenfalls kontinental oder aber ausgesprochen ozeanisch ist.

Kiefern bzw. Föhren gelangen nur in Schwächebereichen aller übrigen Baumarten zu nennenswerten Anteilen am Waldbild. Ein solcher Bereich liegt für die Arve bzw. Zirbe *(Pinus cembra)* in der hochmontanen und subalpinen Stufe der Zentralalpen, wo auch die Lärche *(Larix decidua)* als Pionier zum Zuge kommt. Die Waldföhre *(Pinus sylvestris)* bevorzugt tiefere Lagen und herrscht in den tiefsten, relativ trocken-warmen inneralpinen Tälern sowie auf allen zeitweilig trockenen Böden außerhalb des stärker ozeanischen Allgemeinklimas. Größte Flächen bedecken natürliche Kiefernwälder auf armen Sandböden der östlichen Tiefebene. Im Bereich der alpinen Waldgrenze bilden oft Latschen (niederliegende Formen von *Pinus mugo*) ausgedehnte Gehölze, die freilich nur noch floristisch, nicht mehr physiognomisch zu den Wäldern zu rechnen sind.

Die aufrechte Bergföhre spielt nur in der montanen bis subalpinen Stufe der westlichen Alpen eine gewisse Rolle, die in den zitierten Abbildungen nicht zum Ausdruck kommt. Überhaupt nicht erwähnt wird darin die Eibe *(Taxus baccata)*, die als Laubwaldbegleiter bereits in Abschnitt B II 2 e behandelt wurde (s. aber Abb. 39).

Das in Abb. 40 dargestellte subozeanisch-submontane Diagramm gilt für das Berg- und Hügelland von der Nordabdachung der Alpen bis an dessen Nordrand sowie für die Jungmoränenlandschaften von Schleswig-Holstein bis Mecklenburg, d. h. für mehr als ein Drittel der Fläche Mitteleuropas. Es darf als besonders repräsentativ für Zentraleuropa gelten und wurde deshalb der Besprechung der Laubwaldgesellschaften zugrundegelegt. Nur im nordöstlichen Tiefland – und auch dort nur auf sehr armen Sand- oder Sumpfböden – spielten Nadelhölzer von der frühen Nacheiszeit bis heute eine landschaftsbeherrschende Rolle (s. Abb. 140). Aufs Ganze gesehen, ist mithin der Anteil der Coniferen an der Naturlandschaft Mitteleuropas wirklich recht gering, auch wenn man berücksichtigt, daß sie – einzeln oder in Gruppen beigemischt – in kaum einem Laubwald der Bergstufen und des nordöstlichen Tieflandes fehlen würden.

Schon in der einleitenden Charakteristik der Vegetation Mitteleuropas (Abschnitt A I 1) wurden Ursachenkomplexe angedeutet, die den Nadelholzarten Konkurrenz-vorteile verschaffen. Sie sind sowohl im Klimacharakter als auch in Bodeneigenschaf-

ten zu suchen, wenn wir die biotischen Faktoren, insbesondere die Einflüsse des Menschen, zunächst außer Betracht lassen. Auch von den Besonderheiten der einzelnen Baumarten wollen wir zunächst absehen; allgemein dürfen wir festhalten:
1. Je kontinentaler der Klimacharakter, desto höher ist der Nadelholzanteil unter sonst vergleichbaren Bedingungen. Ob hierbei die schärferen Winterfröste, die – zumindest in den Alpentälern – größere Spätfrostgefahr, die geringere Bewölkung und die damit verbundene stärkere Einstrahlung, der rasche Übergang zwischen Winter und Sommer, die zeitweilig größere Trockenheit oder andere Faktoren ausschlaggebend sind, läßt sich nicht ohne weiteres entscheiden und soll später erwogen werden. Wahrscheinlich wirken mehrere Faktoren zusammen, und möglicherweise sind sie nur indirekt von Bedeutung, indem sie z.B. Schädlinge daran hindern, den jungen Nadelbäumen zuzusetzen.
2. Je kürzer die Vegetationsperiode, desto mehr kommen bei vergleichbarem Klima- und Bodencharakter die Nadelhölzer zum Zuge, allerdings mit Ausnahme der subalpinen Stufe in den stark ozeanischen Teilen der Randalpen und ähnlicher Mittelgebirge, z.B. der Vogesen. In manchen mitteleuropäischen Bergländern kann man die montane und oreale Stufe geradezu als Nadelwaldstufe und die tieferen Lagen als Laubholzstufen ansprechen. Doch darf man diese Feststellung nicht verallgemeinern, wie das häufig geschieht. Abb. 42 und 43 zeigen deutlich, daß die montanen Stufen bei ozeanischer Klimatönung buchenreich sind, und daß unter kontinentalen Bedingungen auch die Tieflagen mehr oder minder ausschließlich von Nadelwald beherrscht werden.
3. Je basenärmer der Boden, desto größer ist bei gleichem Klima die Rolle der Coniferen, namentlich der Fichte und Waldkiefer, obwohl keine derselben als acidophil gelten darf.
4. Diese Tendenz ist um so stärker ausgeprägt, je nasser der Boden ist. Insbesondere Staunässe begünstigt bei Basenmangel auch die Tanne im Wettbewerb mit Laubhölzern. Am Rande von stark sauren Hochmooren gibt es sogar im ozeanischen nordwestlichen Flachland Vorposten von Kiefern und Fichten, die hier zwar kümmerlich, aber fast ohne Konkurrenten gedeihen (s. Abb. 21).
5. Je trockener der Boden, desto stärker tritt unter sonst vergleichbaren Bedingungen die Waldkiefer (bzw. in höheren Lagen die Bergkiefer) hervor. Flachgründige Gesteinsböden, stark wechseltrockene Mergel und durchlässige, kolloidarme Sande und Kiese sind die Standorte, auf denen auch in Laubwaldgebieten am ehesten natürliche Kiefernvorkommen zu erwarten sind.

Bei den unter 3–5 genannten Bodenfaktoren sind die eigentlichen Ursachen für die Begünstigung der Nadelhölzer ebenso wenig offensichtlich wie bei den Klimaeigenschaften (1 und 2). Doch darf man hervorheben, daß die Begünstigung fast immer nur relativ ist, d.h. in Konkurrenzvorteilen besteht. Absolut genommen wirken die genannten Faktoren eher hemmend auf die Produktivität der Nadelhölzer, wenn auch in geringerem Maße als auf die der beteiligten Laubhölzer.

Wenn wir Nadel- und Laubbäume miteinander vergleichen, müssen wir uns außerdem stets bewußt sein, daß beides keine einheitlichen Gruppen sind, sondern daß jede einzelne Art ihre physiologischen und ökologischen Eigenheiten hat. Wie schon aus Tab. 9 hervorging, gibt es sowohl unter den Coniferen als auch unter den immergrünen und den sommergrünen Laubbäumen Lichthölzer, Schatthölzer und Dazwischenstehende. Tab. 34 führt dies anhand von experimentell gewonnenen Daten noch deutlicher vor Augen. Unter Sommerbedingungen (20 °C) erreichen Waldkiefern *(Pinus sylvestris)* die Kompensation der Atmung durch die Photosynthese erst bei einem

Lichtgenuß von über 1000 Lux (1,0–5,0 Kilolux). Auch die Fichte *(Picea abies)* braucht in der Regel mehr als 800–1000 Lux für die Netto-Photosynthese. Ähnlich verhalten sich einige immergrüne subtropische Laubbäume, z. B. *Melia azedarach, Ficus retusa* und *Prunus laurocerasus,* sowie manche mitteleuropäischen Laubhölzer (in Tab. 34 die Zwergbirke und die Schwarzpappel). In jeder der drei Gruppen stehen aber auch Arten mit sehr niedrigen Kompensationspunkten, beispielsweise *Taxus* und *Abies* unter den Nadelhölzern, *Myrica rubra* und *Fagus sylvatica* unter den Laubhölzern. Hinsichtlich der Lichtsättigung, d. h. der Fähigkeit, starke Beleuchtung für die Photosynthese auszunutzen, unterscheiden sich Sonnen- und Schattenblätter einer und derselben Pflanze oft stärker als verschiedene Arten. Hohe und niedrige Werte kommen in jeder der drei Gruppen vor.

Tab. 34. **Kardinalwerte des Lichtes und der Temperatur für die Photosynthese einiger Holzgewächse.** Nach Literatur-Zusammenstellungen von Larcher (1969) u.a.

Baum- und Strauchartten	Licht (Kilolux) bei 20 °C Kompens.	Licht Sättigung	Temperatur (°C) Untere Kompens. (Winter)	Untere Kompens. (Sommer)	Optimum (Sommer)	Obere K.[1] (Sommer)	Bemerkungen
Sommergrüne Laubh.							
Betula nana	2,3	40	–	–	17	–	Lichtholz
Populus nigra	0,8	15	–	–	–	–	
Quercus petraea	0,5	15	–	–	–	–	
Q. pubescens	0,35	>50	–	–	23	45	
Fagus sylvatica	0,3–0,5	>10– 40	–	–5	20–22	43	Schattholz
Immergrüne Laubh.							
Melia azedarach	1,4	30	–	–	–	–	Lichtholz
Ficus retusa	1,0	20	–	–	28	–	
Prunus laurocerasus	0,8	–	–6	–4	25	42	
Olea europaea	0,6	>50	–8	–	18	48	
Quercus ilex	0,6	30	–4	–	15	42	
Myrica rubra	0,4	40	–	–	20	–	Schattholz
Nadelbäume							
Pinus sylvestris	1,0–5,0	20– 60	–6, –7	–4	–	37	Lichtholz
Picea abies	1,0–2,0	>30– 70	–5, –7	–4	12–18	34–37	
Pinus cembra	0,2–0,7	18–>30	–5	–	12–18	36	
Abies alba	0,3–0,6	4–>20	–7	–3	14–20	38	} Schatthölzer
Taxus baccata	0,3	–	–8	–5	20	41	

[1] Untere Kompens. = Tieftemperatur-Kompensationspunkt,
  Obere Kompens. = Hochtemperatur-Kompensationspunkt.

Die Temperaturen, bei denen die Kardinalwerte des Lichtes für die Photosynthese erreicht werden, sind bei allen in Tab. 34 angeführten Arten annähernd dieselben. Überraschenderweise haben sogar Arten, die in warmen Klimaten zuhause sind, kaum höhere Temperatur-Minima und -Optima als die Arve *(Pinus cembra),* die in die rauhen Hochlagen der Alpen emporsteigt. Für eine noch größere Zahl von Arten sei dies mit Abb. 141 veranschaulicht, deren Temperaturdaten sämtlich bei 10 Kilolux, d. h. bei einer mittleren, in der Natur häufig vorkommenden Beleuchtungsstärke, gewonnen wurden. Immergrüne wie sommergrüne Baumarten, ja selbst alpine Kräuter sind einander so ähnlich, daß z. B. die Eibe weitgehend dem Ölbaum oder die Rotbuche dem Gletscher-Hahnenfuß *(Ranunculus glacialis)* entspricht und auch Fichte und Arve ihnen kaum nachstehen. Die sommergrüne Flaumeiche *(Quercus pubescens)* ist sogar wärmebedürftiger als die immergrüne mediterrane Steineiche *(Qu. ilex).* Eindringlicher als mit Tab. 34 und Abb. 141 könnte kaum demonstriert werden, daß die physiologischen Amplituden der meisten Arten sehr weit sind (s. Abb. 39), und daß ihre Verteilung in der Natur nur aus dem Wettbewerb erklärt werden kann, dessen Erfolg vom Zusammenwirken zahlreicher innerer und äußerer Faktoren abhängt und vom Menschen leicht zu beeinflussen war und ist.

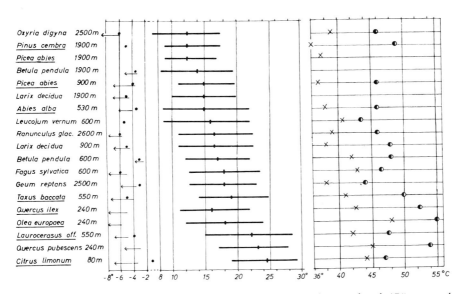

Abb. 141. Optimaler und gesamter Temperaturbereich der Netto-Photosynthese bei Bäumen und Kräutern verschieden warmer Standorte, unter vergleichbaren Bedingungen gemessen. Nach PISEK u. Mitarb. (1969), etwas verändert.
Der Optimalbereich (dicke waagerechte Linie) wurde bei 10000 Lux (= 0,1 cal/cm² min) gemessen. Die Proben von *Quercus pubescens, Qu. ilex, Olea europaea* und *Citrus limonum* stammten vom Gardasee, die übrigen aus verschiedenen Höhenlagen der Umgebung von Innsbruck.
Immergrüne (Namen unterstrichen) und sommergrüne Bäume sowie Arten des Hochgebirges *(Geum reptans, Ranunculus glacialis)* und der warmen Tieflagen *(Qu. ilex, Olea)* unterscheiden sich nur wenig. Bei 15–20°C vermögen alle gut zu assimilieren, über 25°C nur einige wärmeliebende.
Das sommerliche Temperaturminimum der Photosynthese (dicker Punkt links) und die Frostresistenz (d. h. die Temperatur, bei der die Hälfte der Assimilationsorgane irreversibel geschädigt wird; Spitze der Pfeile) liegen bei allen Arten unter 0°C. Auch in der Hitzeresistenz (halbgefüllte Kreise) unterscheiden sich die Arten wenig, während die Temperaturmaxima der Photosynthese (Kreuze) bei mediterranen und submediterranen Arten z. T. etwas höher sind als bei den übrigen.

Da die meisten Nadelholzarten immergrün sind, vermögen sie das Frühjahr und den Spätherbst besser zur Photosynthese auszunutzen als die laubwerfenden Bäume (s. Abb. 142). Diesem Vorzug steht jedoch der Nachteil gegenüber, daß ihre Nadeln dauernd (bzw. jede von diesen mehrere Jahre lang) den Unbilden der Witterung, dem Angriff von pflanzlichen und tierischen Schädlingen und der in den letzten Jahrzehnten zunehmenden Luftverschmutzung ausgesetzt sind. Gerade diese ungünstigen Einflüsse beeinträchtigen die Nadelbäume oft entscheidend in ihrem Wettbewerb mit Laubbäumen. Wie wir noch sehen werden, sind sie in der Jugend besonders anfällig gegen Schädlinge, zumal ihre Nadeln dann eine dünnere Kutikula und eine weniger skleromorphe Struktur haben als in den Sonnenkronen der höheren Bäume.

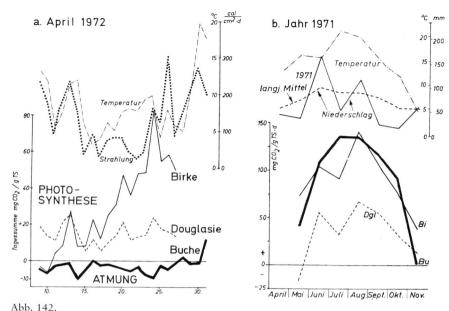

Abb. 142.
a Tagessummen der Netto-Photosynthese bzw. -Atmung (negative Werte) von Birke, Rotbuche und Douglasie (als Beispiel eines immergrünen Nadelholzes) im Vergleich zur Zirkum-Globalstrahlung. Nach KÜNSTLE und MITSCHERLICH (1975), verändert.
Bei der Douglasie ist die Winterruhe im April längst vorüber; die Netto-Photosynthese ihrer zweijährigen Triebe schwankt entsprechend der Einstrahlung. Die Hängebirke hat am 10. 4. schon teilweise entfaltete Blätter, die rasch größer werden und mehr leisten; auch bei ihrer Photosynthese ist der Einfluß der Strahlungsintensität zu erkennen. Die Knospen der Buche öffnen sich erst am 24.4., d.h. nachdem die Bodentemperatur 7–8 °C überschritten hat (s. Abb. 44); die Atmung der Knospen steigt und fällt mit der Temperatur.

b Monatsmittel der Tages-Netto-Photosynthese derselben Baumarten im Vergleich zu Temperatur und Niederschlag. Quelle wie bei a (Maßstab der Netto-Photosynthese halb so groß wie bei a!).
Mai und Juli 1971 waren sehr trocken, so daß die Douglasie keine oder nur geringe Photosynthese-Überschüsse erzielte. Die Buche reagierte am wenigsten empfindlich und folgte in ihrer Photosynthese mehr der Temperatur (bzw. der hier nicht dargestellten Einstrahlung); ihre Vegetationsperiode ist kürzer als bei der Birke, im Herbst wie im Frühjahr.

b Zur systematischen Gliederung der Nadelwald-Gesellschaften

Da die nadelholzreichen Waldgesellschaften in Mitteleuropa von untergeordneter Bedeutung sind, wollen wir sie nicht so ausführlich besprechen wie die Laubwaldgesellschaften, an denen zugleich manche allgemeinen Fragen erörtert wurden. Weitere Gründe für solche Zurückhaltung liegen darin, daß – von Ausnahmen abgesehen – verhältnismäßig wenige ökologische Untersuchungen über Nadelwälder Mitteleuropas publiziert wurden, und daß ihre pflanzensoziologische Gliederung trotz vieler neuer Arbeiten noch nicht zu einem weithin anerkannten Abschluß gekommen ist (z.B. OBERDORFER 1957, 1970, HARTMANN u. JAHN 1967, MAYER 1974, ELLENBERG u. KLÖTZLI 1972, GENSAC 1967, G. HOFMANN 1969, PASSARGE 1971).

Die Schwierigkeiten in der Klassifikation wiederum sind nicht zuletzt im Wesen der von Nadelhölzern beherrschten Waldgesellschaften begründet: Wie wir sahen, dominieren Nadelhölzer in Mitteleuropa von Natur aus nur in den ökologischen Rand- oder

Ausschlußbereichen der Laubhölzer, d. h. meist unter extremen und heterogenen Bedingungen. Das Kräfteverhältnis beider Gruppen von Baumarten verschiebt sich mit dem Allgemein- und Lokalklima sowie mit den Bodenverhältnissen in mannigfaltiger Weise und oft auf kleinem Raume. Ein edaphisch gleicher Standort kann z. B. in einem Tal der Zwischenalpen einen montanen Tannen-Buchenwald, im Nachbartal einen reinen Tannenwald oder Fichten-Tannenwald und in einem weiter alpeneinwärts gelegenen Tal schon einen montanen Fichtenwald tragen. Wo aber Coniferen zur Vorherrschaft gelangten, wirken sie durch ihre schwer zersetzbare Nadelstreu homogenisierend auf den Bodencharakter, und zwar in der Regel durch den Aufbau einer sauren Humusauflage. In dieser können sogar über anstehendem Kalkgestein Säurezeiger gedeihen. Doch sind diese Säurezeiger keineswegs für die Nadelwaldgesellschaften charakteristisch, sondern kommen fast ausnahmslos auch in bodensauren Laubwäldern, Heiden oder Rasen vor. Besonders von den Gesellschaften der Hainsimsen-Buchenwälder *(Luzulo-Fagion)* und der Birken-Eichenwälder *(Quercetalia robori-petraeae)* ist die Abgrenzung daher sehr schwierig.

Wenn der Mensch den Wettbewerb von Laub- und Nadelhölzern zugunsten der letzteren entscheidet, können auch in natürlichen Laubwaldgebieten Artenkombinationen entstehen, die sich kaum oder gar nicht von denen natürlicher Nadelwälder unterscheiden. Das ist vor allem in den „intermediären" Klimabereichen der Fall, zumal wenn dort der menschliche Einfluß schon früh einsetzte. Eine befriedigende Abgrenzung ist hier nicht auf floristischer Basis, sondern nur durch Untersuchungen der Waldgeschichte möglich, und diese sind zeitraubend und oft nicht genügend genau zu lokalisieren. Wo rein floristisch-pflanzensoziologische Gliederungen von nadelholzreichen Waldbeständen unbefriedigend bleiben, nimmt man jedoch bewußt oder unbewußt ökologische und historische Kriterien zu Hilfe, selbst dann, wenn man diese nur nach Beobachtungen und allgemeinen Erfahrungen beurteilen kann. Verbindliche Lösungen sind bei solchem Vorgehen kaum zu erwarten, zumal sich die natürliche Rolle der einzelnen Nadelbaumarten in den verschiedenen Teilen Mitteleuropas verschiebt und die Erfahrungsbasis der Bearbeiter dementsprechend wechselt.

In Anbetracht dieser erschwerenden Umstände werden wir die nadelholzreichen Gesellschaften so weit wie möglich aus ökologischer Sicht behandeln und Vollständigkeit in der Erwähnung aller bisher beschriebener Assoziationen, Subassoziationen und Varianten noch weniger anstreben als bei den Laubwäldern. Nach dem Artengefüge wie nach den Standortsbedingungen kann man die Nadelwald-Gesellschaften Mitteleuropas grob in drei große Gruppen einteilen:

1. auf <u>stark sauren</u> Böden mit mächtiger Rohhumusdecke verbreitete, meist von Fichte oder Waldkiefer beherrschte Heidelbeer-Nadelwälder (Klasse und Ordnung *Vaccinio-Piceetea, Vaccinio-Piceetalia*),
2. auf <u>kalkreichem</u> Gestein in relativ trockener Klimalage ausgebildete Schneeheide-Föhrenwälder *(Erico-Pinetea, Erico-Pinetalia)*,
3. relativ gut mit Nährstoffen wie mit Wasser versorgte, vor allem von Tanne oder Fichte beherrschte <u>„buchenwaldverwandte"</u> Nadelwälder (die nach dem Artengefüge ihres Unterwuchses zur Ordnung *Fagetalia* gestellt werden müssen, aber aus klimatischen Gründen weder *Fagus* noch andere Edellaubhölzer enthalten).

Die erstgenannte Klasse ist in allen Höhenstufen anzutreffen, bedeckt aber im nördlichen und östlichen Europa viel größere Flächen als in Mitteleuropa. Die zweite hat ihr Verbreitungszentrum in den Kalkalpen und ist auf Sonderstandorte beschränkt. Die dritte Gruppe ist für die Zentral- und Zwischenalpen charakteristisch, aber auch außerhalb derselben hier und dort zu finden. Sie bereitet pflanzensoziologisch-systematisch die größten Schwierigkeiten; doch werden wir die Besprechung mit ihren wichtigsten Vertretern beginnen, den Weißtannenwäldern, die relativ wenig problematisch sind.

2 Weißtannenwälder

a Sonderstellung der Tannenwälder

Die von der Weißtanne *(Abies alba)* beherrschten Gesellschaften nehmen eine Sonderstellung ein, die es nahelegt, sie vor den übrigen Nadelwäldern zu behandeln: Das Areal dieser Baumart ist nahezu ganz auf Mitteleuropa und einige klimatisch entsprechende Gebirge des submediterranen Europa beschränkt, während Kiefern, Fichten, Lärchen und Arven ihr Schwergewicht im Norden und Osten unseres Kontinentes oder gar im nördlichen Asien haben und nur mit verhältnismäßig kleinen Ausläufern ihres Areals nach Mitteleuropa hereingreifen. Außerdem hat die Weißtanne viele Beziehungen zur Rotbuche und bildet mit *Fagus* so häufig Mischbestände, daß sie von den meisten Autoren als Charakterbaum des *Fagion*-Verbandes oder der Ordnung *Fagetalia* angesehen wird. Überhaupt verhält sie sich von allen Coniferen Mitteleuropas am "laubholzähnlichsten", obwohl sie – im Gegensatz zur Lärche – ihre dunklen Nadeln im Winter nicht verliert und im Wuchs eher der Fichte ähnelt (Abb. 143).

Trotz der floristischen Verwandtschaft mit dem *Fagion* haben wir aber die von *Abies alba* beherrschten Wälder nicht bereits im Anschluß an die Buchen- und Tannen-Buchenwälder betrachtet, sondern bis zur Besprechung aller Nadelwälder zurückgestellt. Abgesehen davon, daß sich das besondere Wesen der Tannenwälder am besten im Vergleich mit den Fichtenwäldern erkennen läßt, waren hierfür folgende Gründe maßgebend:

1. Weißtannenwälder haben ein wesentlich enger begrenztes Verbreitungsgebiet als Buchenwälder. Die Tanne begleitet zwar innerhalb ihres Areales mehr oder minder regelmäßig die Buche und steigt stellenweise sogar in die Eichenstufe hinab. Aufs Ganze gesehen sind Buche und Tanne aber doch nur lose miteinander verbunden. Die Areale der Fichte und der Tanne ähneln einander im mitteleuropäischen Bereich viel mehr als dem der Buche, indem beide eine ausgesprochen montane Verbreitungstendenz zeigen und besonders in den Ostalpen und in den östlichen Mittelgebirgen fast immer vereint auftreten.
2. In der Höhenstufung der Wälder vermittelt die Tanne oft zwischen Buche und Fichte (s. Abb. 4–6, 42 u. 43).
3. Auch im Hinblick auf den Kontinentalitätsgrad des Klimas nimmt die Tanne eine Mittelstellung zwischen Buche und Fichte ein. So besiedelt sie z.B. die relativ kontinentale Baar im Regenschatten des Südschwarzwaldes und manche bereits von der Buche wegen zu großer Kontinentalität gemiedenen inneren Alpentäler.
4. Tannenwälder ähneln den Fichtenwäldern physiognomisch und lichtökologisch so sehr, daß ein unbefangener Betrachter sie zunächst vereinigen und beide als "schattige Nadelwälder" ansprechen würde.
5. Laubholzfreie Tannenwälder sind recht arm an Frühlingsblühern und anderen Buchenwaldpflanzen, dagegen reich an sommergrünen Arten und an Moosen, die von Nadelstreu weniger behindert werden als von Laubstreu (s. Abschnitt B II 2a). Tannenwälder stehen also auch in dieser Hinsicht den übrigen Nadelwäldern nahe.
6. Fichten sind in tannenreichen Wäldern meistens ebenfalls vertreten und begünstigen die "Nadelwaldpflanzen" noch mehr.
7. Das Artengefüge bodensaurer Tannenwälder ist dem der Fichtenwälder oft so

ähnlich, daß sie von manchen Autoren mit diesen vereinigt und trotz herrschender *Abies* als Piceeten beschrieben, d. h. zur Klasse *Vaccinio-Piceetea* gestellt wurden.
8. Tannenwälder stehen auch in forstwirtschaftlicher Hinsicht anderen Nadelwäldern näher als den Laubwäldern.

Mit diesen Begründungen ist zugleich manches über die Natur und die Verbreitung der Tannenwälder ausgesagt, was über die Darstellungen in den Abbildungen 37, 42 und 43 hinausgeht. Reine oder doch nahezu reine Tannenwälder kommen unter natürlichen Verhältnissen nur dort zustande, wo die Rotbuche durch übermäßige Bodennässe oder aber durch Trockenheit, Kürze der Vegetationsperiode, scharfe

Abb. 143. Plenterbetrieb in einem Hang-Fichten-Tannenwald auf Eisen-Humuspodsol an der Nordabdachung des Pilatus bei Luzern (Schwarzenberg).
Rechts eine alte Tanne mit Moosen (*Hypnum cupressiforme* u. a.) als Epiphyten. Im Unterwuchs vorwiegend Heidelbeere und Tannen-Jungwuchs; vorn rechts eine Fichte.

Winterfröste oder andere Faktoren im Wettbewerb behindert ist, wo aber die Weißtanne noch so kräftig gedeiht, daß sie den übrigen Baumarten gewachsen bleibt. Beide Bedingungen treffen auf drei Gruppen von Standorten zusammen:
A. in subkontinental getöntem Klima auf mehr oder minder basenreichen Böden, und zwar in planarer bis montaner Höhenlage,
B. in montanem bis subalpinem, niederschlagsreichem Klima auf tonigen oder kalkarmen, „nadelholzfördernden" Böden,
C. auf staunassen, sauren Böden in niederschlagreichem Submontan- oder Montanklima.

Die unter A genannten subkontinentalen Tannenwälder stehen den Buchenwäldern floristisch am nächsten, obwohl ihnen die Buche selbst aus klimatischen Gründen fehlt. Sie gehören zweifellos zur Ordnung *Fagetalia* und zum *Fagion* und werden von manchen Autoren in dem Unterverbande *Galio-Abietion* vereinigt. Auch die montanen Tannenwälder (B) kann man systematisch großenteils hier einreihen. Bei manchen staunassen und zugleich recht bodensauren Tannenwäldern (C) muß man sich allerdings fragen, ob sie nicht besser zu der acidophilen Ordnung *Piceetalia* zu stellen wären, selbst wenn man *Abies alba* für eine gute *Fagion*-Charakterart hält. Doch sind auch diese Tannenwaldtypen durch zahlreiche Zwischenstufen mit *Fagion*-Gesellschaften verbunden, wie wir im nächsten Abschnitt sehen werden.

Abb. 144. Plateau-Tannenwald auf saurem, staunassem Rißmoränenlehm bei Roggwil im Schweizer Mittelland, etwa 500 m ü. M.
Auf der Lichtung vorherrschend „Seegras" *(Carex brizoides)*, vorn *Dryopteris carthusiana, D. filix-mas* und *Oxalis acetosella*. Starker Moosbehang (vorwiegend *Hypnum cupressiforme*) an den alten Tannenstämmen. Die Fichte verjüngt sich schlechter als die Tanne.

Oft genügen schon geringe Eingriffe des Menschen, z. B. planmäßige Plenter- oder Femelschlag-Wirtschaft, um die Tanne der Buche auch an Standorten überlegen zu machen, wo sie von Natur aus nicht dominieren würde. Es ist daher heute im Einzelfalle oft schwer zu unterscheiden, ob man es mit natürlichen Tannenwäldern oder mit ursprünglich buchenreicheren Mischwäldern zu tun hat, in denen die Tanne begünstigt wurde.

b Tannenwald-Gesellschaften der Alpen und des Alpenvorlandes

Die ausgedehntesten Weißtannenwälder findet man heute auf der Balkanhalbinsel (FUKAREK 1964) und in den Alpen, vor allem in der Schweiz. Hier wurden sie von KUOCH (1954) sowie von BACH, KUOCH und IBERG (1954), FREHNER (1963) und anderen gründlich studiert. Neuerdings sind sie von GENSAC (1967, 1970), MAYER (1974), ELLENBERG und KLÖTZLI (1972), HORVAT, GLAVAČ und ELLENBERG (1974) in Übersichten dargestellt und teilweise weiter gegliedert worden. Wie auch in den übrigen Teilen Mitteleuropas, besiedeln die Weißtannenwälder in den Alpen sowie auf der Balkanhalbinsel recht verschiedene Standorte, von den niederschlagsreichen Außenketten der Alpen bis zu den trockenen Zentralalpen und von kalkreichen Rendzinen über Braunerden verschiedener Sättigungsstufen bis zu mehr oder minder stark podsolierten oder vergleyten Böden. Ebenso wie die Buchenwälder sind sie infolgedessen floristisch sehr mannigfaltig, obwohl die düsteren Kronen und hellen Stämme der Weißtanne und ihr schattenfester, breitkroniger Nachwuchs überall recht ähnliche Waldbilder entstehen lassen.

Tab. 35 mag einen Begriff von dieser Mannigfaltigkeit geben. Sie gestattet es, die 6 in der Schweiz am meisten verbreiteten Tannenwaldgesellschaften miteinander und mit einem dort ebenfalls häufigen Fichtenwaldtyp zu vergleichen.

Die ersten drei Spalten stellen zusammenfassende Listen von drei Varianten des sogenannten Plateau-Tannenwaldes (*Querco-Abietetum*, Abb. 144) dar, eines staunassen Typs (C), der auf

Abb. 145. Rippenfarn *(Blechnum spicant)* und Heidelbeere in der Krautschicht eines Plateau-Tannenwaldes (vgl. Abb. 127 und 131).

Tab. 35. Submontan-montane Plateau- und Hang-Tannenwälder auf basenarmen und -reichen Böden sowie ein subalpiner Fichtenwald in der Schweiz. Nach Tabellen von Kuoch (1954)

Gesellschaft Nr.:	1	2	3	4	5	6	7	Gesellschaft Nr.:	1	2	3	4	5	6	7	T	F	R
Gesellschafts-Gruppen Erläuterung nächste Seite	mont. Plateau-Ta			mont. Hang-Ta			subalp. Fi	Faktorenzahlen T F R										
Baumschicht								in Tannenwäldern:										
F Abies alba	5	5	5	5	5	5	1	Mycelis muralis	3	4		3	3	3		5	5	X
P Picea abies	5	5	5	5	5	5	5	Galium rotundifolium	4	4		2	2	4		5	5	5
F Fagus sylvatica	5	5	5	3	1	1		Goodyera repens	2	1	3	1	1			X	4	X
F Acer pseudoplatanus	4	3	2	2				nicht in Hang-Tannenwäldern:										
P Larix decidua				1	2	2		Carex pilulifera	2	5	4					4	5	3
Pinus sylvestris					2	1		Luzula pilosa	2	5	2					X	X	5
Strauchschicht								Dryopteris carthusiana	2	1	5					X	X	4
Rubus fruticosus	5	5	4					X X X	Thelypt. limbosperma	4	1	2				4	4	6	3
Ilex aquifolium	1	2	1					5 5 4	Blechnum spicant	3	3	4				5	3	6	2
F Sambucus racemosa	1	3	2	4	2	2		4 5 5	P Lycopod. annotinum	3	2	4				3	4	6	3
Lonicera nigra	3	3	1		1	1	1	3 5 5	Säurezeiger:										
Sorbus aria	2	2	1	2	2	2	1	5 4 7	Vaccinium myrtillus	5	5	5	3	4	4	5	X X 2
Rubus idaeus	4	5	3	5	3	3	2	X 5 X	Luzula sylvatica	5	3	1	4	4	4	4	4 6 2
Sorbus aucuparia	5	5	5	3	4	5		X X X	Veronica officinalis	2	2		2	3	4		X X 2
Rosa pendulina	2			2	2	2	3	4 5 7	Avenella flexuosa	1	1	2		1	4	5	X X X
Corylus avellana	1			3	2	2		5 X X	P Listera cordata	1	1					3	X 7 2
F Lonicera alpigena				4	1			4 6 8	P Vaccinium vitis-idaea	1	2	2				5	X 4 2
Lonicera xylosteum				1	3	1		5 5 7	P Melampyrum sylvat.	1	1		4	5	5		X 5 2
Salix appendiculata							3	3 6 8	P Orthilia secunda	1	1		2	5	3		X 5 X
Krautschicht									Luzula nivea				5	4	4		5 4 3
Feuchtigkeitszeiger:									montane Arten:										
Lysimachia nemorum	5							5 7 7	Calamagrostis varia				2	3	1		3 5 8
F Carex remota	3		1					5 8 X	Adenostyles glabra				3	1			2 7 8
Chaerophyll. hirsutum	3							3 8 X	Valeriana trypteris				5	4	3	2	X 5 8
Equisetum sylvaticum	4						3	4 7 3	Knautia dipsacifolia				3	3	3	2	3 6 X
Ranunculus aconitifol.	3						1	3 8 5	weitere Kalkzeiger:										
Sonstige Anspruchsvolle:									E Carex digitata				3	5		1	5 4 X
F Primula elatior	3							X 6 7	E Carex alba				2	4			5 X 8
Epipactis helleborine	3							5 5 X	F Neottia nidus-avis				3	4	1		5 5 7
Orchis maculata				2			2	X 4 8	Hepatica nobilis				2	3	1		6 4 7
Ajuga reptans	3	1		2			1	X 6 X	Aster bellidiastrum				2	3	1		3 7 8
Homogyne alpina	4	1		1	1	1	5	4 6 4	Melica nutans				2	3	1	1	X 4 7
F Sanicula europaea	5	1		2	1			5 5 8	Campanula cochleariif.				1	3			X X 8
F Carex sylvatica	5	2		2	1			5 5 7	E Polygala chamaebuxus					3	1		X 3 8
F Viola reichenbachiana	4	3		3	3	1		5 5 7	E Epipactis atrorubens					3	1		X 3 8
F Phyteuma spicatum	4	3		5	3	4	1	X 5 X	Ranunculus nemoros.					3	3		X 5 6
F Ranuncul. lanuginosus	2			3	1			X 6 7	weitere Säureertragende:										
F Epilobium montanum	3			3	1	2		X 5 6	Saxifraga cuneifolia				2	1	4		X X 3
F Galium odoratum	3			5	1	2		5 5 X	Polypodium vulgare				1	1	4		X X X
F Polygonatum verticill.	3	1		4	1	1		4 5 4	P Calamagrostis villosa					1	1	5	4 7 2
F Petasites albus	3			5	3	2	2	X 6 X	P Melampyrum sylvat.							4	X 5 2
Geranium robertian.	2	1		3	1			X X X	Potentilla erecta							4	X X X
F Lamiastrum galeobd.	2	1		4	1			X 5 7	**Moosschicht**										
F Paris quadrifolia	1	1		3	2			X 6 7	Mnium affine	2	3	1					6
F Dryopteris filix-mas	2	2		5	3	3	1	X 5 5	Thuidium tamarisc.	5	5	5	2			2	X
F Veronica urticifolia	4	2		5	5	5	2	4 5 7	Rhytidiad. loreus	5	5	5		1	1	5	2
Fragaria vesca	4	3		5	4	4	1	X 5 X	Polytrichum formos.	5	5	5	3	1	1	5	2
F Gymnocarp. dryopt.	2			3	2	2	2	3 6 4	Eurynchium striatum	5	5	5	5	3	3		7
± Indifferente:									Plagiochila asplenioid.	3	3	5	4	3	2	3	X
Dryopteris dilatata	5	5	5	4	1	2	5	X 6 X	Rhytidiad. triquetrus	5	4	5	5	5	5	5	4
Solidago virgaurea	4	2	1	5	4	4	2	X 5 X	Hylocom. splendens	5	5	5	5	5	5	5	X
F Prenanthes purpurea	5	4	1	5	4	4	4	4 5 X	Hypnum cupressif.	1	3	3	1	2	2	1	X
Athyrium filix-femina	5	5	2	5	3	1	3	X 7 X	Ptilium crista-castr.	2	4	5	2	1	2	5	3
Hieracium sylvaticum	5	5	2	5	5	5	4	X X 5	Pleurozium schreberi	2	2	3	2	2	2	5	1
Oxalis acetosella	5	5	4	5	4	4	4	X 6 X	Mnium spinosum				3	4	4	1	X
Maianthemum bifol.	5	5	4	2	4	2	2	X X 3	Sphagn. acutifol.-Gr.	1	2	3				3	2
									P Bazzania trilobata			5				1	2
									P Plagiothec. undulat.	2	1					4	2
									P Hylocom. umbratum							1	2
									Stetigkeitssummen:										
									Bu-Ta (Fagetalia)	73	40	16	77	48	43	12	F
									Fi (Vacc.-Piceetalia)	16	14	16	12	19	17	32	P
									Kie (Erico-Pinetalia)	–	–	–	5	14	5	1	E

mehr oder minder kalkarmen, ebenen oder schattseits geneigten Lehmböden in der montanen Stufe der „Voralpen" (Außenketten), insbesondere auf Molasseunterlage in 930–1300 m Höhe, zu finden ist. Die Spalten 4–6 beziehen sich auf den „echten Tannenwald" (*Abietetum albae*, Gruppe B, Abb. 143), den man auch Hangtannenwald nennen könnte, weil er im Gegensatz zum *Querco-Abietetum* stets auf geneigten Böden stockt. Er gedeiht optimal in den „Zwischenalpen", also in der niederschlagsärmeren Übergangszone zu den ausgesprochen kontinentalen Hochalpen, z. B. im Wallis. Hier ist die Rotbuche bereits konkurrenzschwach oder kommt gar nicht mehr vor, während die Fichte als Mischholzart der Tannenwälder an Bedeutung gewinnt. Auch der Hangtannenwald ist montan und steigt an Schatthängen von etwa 1000 bis 1500 m und an Sonnhängen von 1200 bis 1700 m empor.

Innerhalb der beiden Dreiergruppen in Tab. 35 sind die Untergesellschaften bzw. Varianten so angeordnet, daß die „buchenwaldähnlichste" links und die „fichtenwaldähnlichste" rechts von dem Typus der betreffenden Assoziation steht. Vor Spalte 1 könnte man sich zum Vergleich einen reinen Buchenwald, etwa den Kalkbuchenwald (s. Tab. 11) oder einen reichen Braunerdebuchenwald (s. Tab. 14), gesetzt denken. Einen tannenarmen Fichtenwaldtyp, der in den Vor- und Zwischenalpen verbreitet ist, gibt Spalte 7 wieder. Er möge den Vergleich nach der anderen Richtung hin erleichtern.

Die einzelnen Arten sind in Tab. 35 so weit wie möglich nach ihrem ökologischen Verhalten, und zwar nach Schichten getrennt, gruppiert worden. Als Differentialarten geeignete Species wurden durch Umrandung der Stetigkeitsziffern hervorgehoben. In allen 6 Abieteten dominiert die Weißtanne, während die Fichte in ihnen zwar sehr stetig, aber nur in geringer Menge auftritt. Der Plateau-Tannenwald enthält außerdem fast immer einzelne Rotbuchen, die ja im Voralpenbereich auf weniger staunassen Böden häufig vorkommen. Auch der Bergahorn ist hier vertreten, besonders auf den relativ fruchtbaren und tonreichen Böden der *Lysimachia*-Variante (Nr. 1). An den trockenen Standorten der Hangtannenwälder konnten sich dagegen hier und dort Lärchen oder Waldkiefern behaupten, deren eigentliche Domäne in den inneralpinen Trockentälern liegt.

In allen Weißtannenwäldern ist die Moosschicht üppig und artenreich (Abb. 146), und auch andere Sauerhumus-Bewohner, z. B. *Vaccinium myrtillus, Luzula sylvatica* und *Maianthemum bifolium,* gedeihen gut (Abb. 143, 145). In den „reicheren" Tannenwald-Gesellschaften (Nr. 1 und 2 sowie 4 und 5 in Tab. 35) wachsen sie unmittelbar neben anspruchsvollen Arten wie *Sanicula europaea, Carex sylvatica* und *Lamiastrum galeobdolon.* Eine solche Artkombination wäre in Laubwäldern ganz unmöglich.

Erläuterungen zu Tab. 35

	mT
Nr. 1 – 3: **Montane Plateau-Tannenwälder** („*Myrtillo-Abietetum*", Tab. 7, am nördlichen Alpenrand (von Frehner 1963 als „*Querco-Abietetum*" bezeichnet),	
1: Reicher Braunerde-Plateau-Tannenwald („*Lysimachia*-Variante"),	4,0
2: Armer Braunerde-Plateau-Tannenwald („typische Variante"),	4,3
3: Gleypodsol-Plateau-Tannenwald („*Bazzania*-Variante", früher „*Bazzanio-Piceetum*"),	4,0
Nr. 4 – 6: **Montane Hang-Tannenwälder** („*Abietetum*", Tab. 10b u. a) in den nördlichen Randalpen (hätte den Namen „*Myrtillo-Abietetum*" eher verdient),	
4: Waldschwingel-Hang-Tannenwald („*A.-festucetosum*"),	4,3
5: Seggen-Hang-Tannenwald („*A. melampyretosum, Carex*-Variante") auf Kalk,	4,4
6: Steinbrech-Hang-Tannenwald („*A. melampyretosum, Saxifraga*-Variante") auf kalkarmem Gestein.	4,3
Nr. 7: **Subalpiner Fichtenwald** („*Piceetum subalpinum sphagnetosum*", Tab. 11) in den nördlichen Randalpen (zum Vergleich!)	3,8

Einige Arten, die in keiner Einheit nennenswerte Stetigkeit erlangen, wurden weggelassen. Die **Stetigkeitssummen** wurden wie bei Tab. 32 berechnet. Sie zeigen, daß die Tannenwälder systematisch an die buchenreichen Laubwälder (Ordnung *Fagetalia*) angeschlossen werden müssen. Nur im Peitschmoos-Plateau-Tannenwald (Nr. 3), der auf sehr saurem Gleypodsol stockt, erreichen die Kennarten der bodensauren Nadelwälder (*Vaccinio-Piceetalia*) gleiche Stetigkeit. Letztere überwiegen dagegen im Subalpinen Fichtenwald (Nr. 7). Der an kalkreichen Hängen wachsende Seggen-Hang-Tannenwald (Nr. 5) steht dem Seggen-Trockenhang-Buchenwald nahe (s. Abschnitt B II 2 c). Er zeichnet sich durch einige Arten der Schneeheide-Föhrenwälder (*Erico-Pinetalia*, s. Abschnitt B IV 6 b) aus. Die **Faktorenzahlen** sind in den Abschnitten B I 4 und E III erläutert: T = Temperaturzahl, F = Feuchtezahl, R = Reaktionszahl. Bei den Moosen konnte nur die R-Zahl angegeben werden. Die „ökologische Konstitution" der in der Tabelle unterschiedenen Artengruppen läßt sich durch die Faktorenzahlen überblicken. Als Durchschnittswerte wurden nur die mittleren Temperaturzahlen (mT) berechnet (s. o.). In ihnen kommt die Höhenstufung zum Ausdruck.

Abb. 146. Moosschicht eines Plateau-Tannenwaldes mit *Bazzania trilobata* (links) und *Hylocomium splendens* (Mitte und rechts) sowie Keimlingen von *Picea* (vorn links) und *Abies* (Mitte).

Sie wird hier durch den Auflagehumus bewirkt, der sich aus der Nadelstreu und aus vermoderndem Holz bildet und besonders unter einzelnen Fichten nesterweise anreichert. In dieser sauren Auflage breiten die Humusspezialisten ihr Wurzelwerk flach aus, während die Mullbewohner tiefere Bodenschichten erschließen.

Wie nahe die „ärmeren" Abieteten (Nr. 3 und 6) mit Piceeten verwandt sind, mag daraus hervorgehen, daß beim Hinzufügen der Liste des *Piceetum subalpinum* in Tab. 35 nicht mehr als vier Arten neu aufgeführt zu werden brauchten, nämlich *Salix appendiculata*, eine besondere Subspecies von *Melampyrum sylvaticum*, *Potentilla erecta* und *Hylocomium umbratum*, von denen die letztere als Charakterart des *Piceion*-Verbandes gilt. Alle übrigen Sauerhumuspflanzen waren bereits in den Listen der bodensauren Tannenwälder vertreten. Dagegen haben die Abieteten – und zwar auch die ärmsten – eine Reihe von Arten vor den Piceeten voraus, die auf bessere Ernährungsbedingungen schließen lassen, vor allem *Sambucus racemosa*, *Mycelis muralis*, *Veronica officinalis* und *Eurhynchium striatum*. Man kann diese als lokale Differentialarten gegenüber den Piceeten verwenden.

Als Charakterarten der Tannenwälder kommen nur die Weißtanne selbst und allenfalls *Galium rotundifolium* in Frage, das eine merkwürdige, in den Ursachen noch nicht geklärte Affinität zur Tanne zeigt und sich auch inmitten reiner Laubholzreviere unter gepflanzten Weißtannen sehr bald einfindet, jedoch auch in reinen Fichtenwäldern vorkommt. Alle übrigen „anspruchsvollen" Arten haben ihr Optimum in Laubwäldern und können nur die Zuordnung vieler Abieteten zu den *Fagetalia* rechtfertigen, nicht aber als Assoziations-Charakterarten gelten.

Schon aus den wenigen Beispielen in Tab. 35 geht hervor, daß sich Boden- und Klimaverhältnisse im Artengefüge der Nadelwälder ebenso deutlich widerspiegeln, wie wir dies bereits bei den Laubwäldern, insbesondere bei den Buchenwäldern, sahen. Weitere Artengruppen, durch die sich die in Tab. 35 zusammengestellten Tannenwald-Gesellschaften unterscheiden, sind durch Umrandungen kenntlich gemacht worden. Wir können hier leider nicht auf alle Einzelheiten eingehen und müssen es uns auch versagen, die übrigen aus der Schweiz beschriebenen Tannenwald-Gesellschaften ausführlich zu behandeln.

Erwähnt sei nur, daß es im Jura und in den Voralpen einen „Schachtelhalm-Tannenwald" *(Equiseto-Abietetum)* gibt, den schon MOOR (1952) erkannt hat. Dieser beherbergt teilweise die gleichen Feuchtigkeitszeiger wie KUOCHS *Lysimachia*-Variante des Plateau-Tannenwaldes (Nr. 1), steht aber im übrigen dem *Aceri-Fraxinetum* floristisch und ökologisch nahe. Er besiedelt ständig feuchten, fruchtbaren Hanglehm in der oberen montanen Stufe und enthält als einziger Tannenwald auch regelmäßig Eschen, jedenfalls auf kalkreicher Unterlage.

Dem subalpinen Ahorn-Buchenwald des Schweizer Jura und der übrigen Gebirge mit mild-ozeanischem Klima entspricht nach KUOCH (1954) in der subalpinen Stufe der Vor- und Zwischenalpen ein „Hochstauden-Tannenwald" *(Adenostylo-Abietetum)*, der sich ebenfalls durch üppiges Gedeihen großblättriger nitrophiler Hochstauden auszeichnet. Die Tanne erleidet in dieser waldgrenznahen Gesellschaft öfters Schnee- und Frostschäden, regeneriert sich aber gut. Neben den anspruchsvollen Hochstauden treten viele acidokline Arten auf, z.B. *Vaccinium myrtillus, Luzula luzulina, Saxifraga cuneifolia, Melampyrum sylvaticum* ssp. und viele der uns bereits bekannten Moose.

In gleicher Höhenlage wie der Hochstauden-Tannenwald der nördlichen Randalpen, d.h. zwischen etwa 1400 und 1750 m, kommen in den Tessiner Bergen nördlich des Lago Maggiore „Alpenrosen-Tannenwälder" vor, die vom Echten Tannenwald zu den Lärchenbeständen an der oberen Waldgrenze überleiten (vgl. Abb. 144). Hier dringen die subalpinen *Rhododendron*-Zwerggesträuche, die ihr Schwergewicht in den zentralalpinen Lärchen-Arvenwäldern und in einem schmalen Gürtel oberhalb derselben haben (vgl. Abschnitt 4), ausnahmsweise bis in Wälder der *Fagetalia* hinab. Vermutlich wurde die Verzahnung von Wäldern und Bergheiden durch die in den südlichen Alpentälern noch allgemein verbreitete Waldweide besonders begünstigt.

Dieser keineswegs vollständige Überblick über die verschiedenen Tannenwald-Gesellschaften der Schweiz mag genügen, um eine Vorstellung von ihrer standörtlichen Variabilität zu geben. In den übrigen Teilen der Alpen und in anderen tannenreichen Gebirgen ist die Gliederung der Tannenwald-Gesellschaften in manchen Zügen ähnlich wie in der Schweiz, in anderen aber abweichend.

Wie die sehr detaillierte Übersicht von MAYER (1974) zeigt, sind die Tannenwälder in den östlichen Alpen fast durchweg fichtenreicher. Mit Ausnahme des auf nährstoff-

Tab. 36. **Fichten-Tannenwälder der östl. Zwischenalpen im Gefälle von Bodenfeuchte und -säure.** Assoziationen ungefähr nach dem Säuregrad des Bodens (1–3), Subassoziationen nach der Bodenfeuchte (A, von mäßig trocken bis naß) und anderen Faktoren geordnet. In Anlehnung an Mayer (1974)

1 Silikat-Hainsimsen- Fi-Ta-Wald **Luzulo-Abietetum**	2 Mäßig bodensaurer Sauerklee-Fi-Ta-Wald **Oxali-Abietetum**	3 Karbonat-Alpendost- Fi-Ta-Wald **Adenostylo glabrae-Abietetum**
A - *myrtilletosum*	–	- *caricetosum albae*
- *luzuletosum niveae*	- *festucetosum altissimae*	–
–	- *hordelymetosum*	- *pyroletosum*
- *typicum*	- *cardaminetosum trifoliae*	- *typicum*
- *blechnetosum*	- *luzuletosum sylvaticae*	- *myrtilletosum*
–	- *dryopteridetosum*	–
–	- *aruncetosum*	- *caricetosum austroalpinae*
- *sphagnetosum*	- *petasitetosum*	–
	- *myosotietosum*	
B auf Blockschutt:	- *polypodietosum*	- *asplenietosum*
in Schluchten:	–	- *phyllitietosum*
C - *rhododendretosum* (Alpenrosen-Ta-W. der Südalpen-Tieflagen)	- *myrtilletosum* (Plateau-Ta-W.)	–
–	- *equisetetosum* (Schachtelhalm-Ta-W.)	
–	- *adenostyletosum* (Hochstauden-Ta-W.)	

C = Subassoziationen, die etwa den von Kuoch (1954) in der Schweiz unterschiedenen Assoziationen entsprechen.

reiche, frische Standorte beschränkten „Zahnwurz-Tannenwaldes" *(Dentario-Abietetum)* spricht MAYER deshalb von „Fichten-Tannenwäldern", wenn er sie auch systematisch als *„Abietetum"* einstuft. Seine drei Assoziationen spiegeln den Basenreichtum des Bodens wider, während zahlreiche Untergesellschaften Abstufungen nach zunehmender Bodenfeuchtigkeit ausdrücken oder auf klimatische Besonderheiten hinweisen (s. Abb. 54 u. 69).

Die in Tab. 36 nebeneinander gestellten Untereinheiten der drei Assoziationen lassen sich nicht genau parallelisieren, zumal sie in ihrer vertikalen und horizontalen Verbreitung voneinander abweichen und auch sonst manche Eigenarten haben. Diese im einzelnen zu beschreiben, würde hier zu viel Raum beanspruchen. Unsere Tabelle soll nur zeigen, daß sich die tannenreichen Wälder der Ostalpen offenbar in ähnlicher Weise ökologisch und floristisch gliedern lassen wie die Buchenwälder in den stärker ozeanisch getönten Teilen Mitteleuropas (s. Abb. 53) oder die Eichen-Hainbuchenwälder im nördlichen Flachland (s. Abschnitt B III 3).

c *Tannenwälder der Mittelgebirge und des Flachlandes*

Bodensaure Tannenwälder und „mittlere" Tannenwälder kommen außerhalb der Alpen und ihres Vorlandes im gesamten Areal der Weißtanne vor und wurden von zahlreichen Autoren beschrieben. An Zusammenfassungen seien nur OBERDORFER (1957) für Süddeutschland, SZAFER und ZARZYCKI (1972) für Polen, ZLATNÍK (1958) für die Tschechoslowakei und HORVAT, GLAVAČ und ELLENBERG (1973) für die nördliche Balkanhalbinsel genannt.

Auch Kalktannenwälder sind aus verschiedenen Mittelgebirgen bekannt geworden, namentlich aus dem Schweizer Jura (MOOR 1952), der südwestlichen Schwäbischen Alb und dem Fränkischen Jura (OBERDORFER 1957), den tschechoslowakischen Mittelgebirgen (ZLATNÍK 1958) und den Karpaten, besonders aus der Tatra (ZLATNÍK 1961). Am schönsten sind tannenreiche Mischwaldgesellschaften in den slowenischen und kroatischen sowie in den übrigen balkanischen Kalkgebieten entwickelt, die außerhalb des von uns betrachteten Raumes liegen.

Während die meisten tannenreichen Wälder der zentral- und südosteuropäischen Mittelgebirge den im vorigen Abschnitt aus der Schweiz oder aus Österreich beschriebenen zumindest standörtlich ähneln, kommen im östlichen Schwarzwaldvorland, auf der Muschelkalk-Hochfläche der Baar, Gesellschaften von ganz eigenartigem Gepräge vor. REINHOLD (1956) hat historisch nachgewiesen, daß in dieser verhältnismäßig trockenen und kühlen, von Spätfrösten heimgesuchten montanen Beckenlandschaft weder die Buche noch die Fichte, sondern die Weißtanne der von Natur aus herrschende Baum wäre. Im schwarzwaldnahen Teil der Baar fehlt die Buche sogar ganz, obwohl die Höhenlage (etwa 750 bis 850 m) für sie optimal wäre. Je nachdem, ob es sich um relativ trockene oder um mehr feucht-kühle Böden handelt, mischen sich Waldkiefer oder Fichte mit der Tanne.

Diese von OBERDORFER als *Piceo-Abietetum* bezeichneten Kalktannenwälder stehen dem Seggen-Hangbuchenwald und damit dem *Cephalanthero-Fagion* noch näher als die Kalktannenwälder der Zwischenalpen. Besonders ihre grasreiche Subassoziation *(brachypodietosum),* deren Bestände früher teilweise beweidet und mit Halbtrockenrasen durchsetzt gewesen sein mögen, enthalten viele der uns im Abschnitt II 2 c vertraut gewordenen Seggen-, Orchideen- und Straucharten. Der Kalktannenwald der Baar ist mithin als eine montan-subkontinentale Parallele zum Seggen-Buchenwald aufzufassen. Auf tonigen Böden zwischen Wutach und Eyach, also etwas weiter nördlich, kommen Tannen-Mischwälder vor, die stärker acidophilen Charakter haben *(Pyrolo-Abietetum,* s. STOFFLER 1975).

Mit der Fähigkeit der Weißtanne, kontinentale Klimabedingungen besser zu ertragen als die Rotbuche, dürfte es auch zusammenhängen, daß sie in den am weitesten nach Norden und Osten vorgeschobenen Teilen ihres Areales, südöstlich von Warschau, in die Ebene hinabzusteigen vermag (s. Abb. 140). Sie gedeiht hier noch ausgezeichnet, während *Fagus* schon weiter südlich Halt macht und erst in den Waldreservaten der Lysa Gora neben *Abies* eine Rolle spielt. In der polnischen Ebene trifft sich die Tanne mit der Eiche wie im Schweizer Mittellande, wenn auch aus ganz anderen Gründen, und wird zu einem mehr oder minder hervortretenden Bestandteil buchenfreier Eichen-Hainbuchenwälder. Doch kann sie sogar auf recht basenreichen Böden fast reine Bestände bilden. Diese müssen als natürliche Abieteten gelten, obwohl ihnen viele Arten der montanen Tannenwälder fehlen.

Wie in den Gebirgen des südlichen und östlichen Mitteleuropa geht die Weißtanne aber auch im polnischen Tiefland nur unwesentlich über die Grenze der Rotbuche hinaus. Wie FIRBAS (1949), SZAFER und ZARZYCKI (1972) und andere betonen, trafen nach der Eiszeit beide Baumarten an der Nordgrenze der Weißtanne ungefähr gleichzeitig ein. Es geht also nicht an, diese Grenze durch unvollendete oder in bereits buchenbeherrschten Wäldern steckengebliebene Wanderung zu erklären.

Bemerkenswert ist jedoch, daß *Abies alba* fast überall, wo sie innerhalb des nach Norden und Westen so viel weiter vorstoßenden Buchenareals angepflanzt wurde, recht gut gedieh und z.T. bessere Leistungen vollbringt als in der oberen Tannenstufe der Gebirge. In Ostpreußen sowie bei Aurich in Ostfriesland erreichten angepflanzte Weißtannen mehr als 40 m Höhe. Zumindest im westlichen und nördlichen Mitteleuropa und in den wärmeren Lagen der Mittelgebirge müßte die Tanne aber im natürlichen Konkurrenzkampfe der Rotbuche weichen. Diese wächst hier in der Jugend rascher und erreicht nach MAYER (1974) ein höheres Alter (200–250 Jahre) als die Tanne und andere Nadelhölzer (100–180). In montanen, kühleren Lagen kehrt sich das Verhältnis um, indem die Coniferen 400–500 Jahre alt werden und die Buche übergipfeln, die auch hier kaum älter als 300 Jahre wird. Für diese Unterschiede im Wuchsverhalten muß man wohl die Sommertemperaturen und die Länge der Vegetationsperiode verantwortlich machen.

Die Höhengrenze und die Kontinentalitätsgrenze der Tannenwälder dürften dagegen mit den Wintertemperaturen in Zusammenhang stehen. Abieteten finden sich nach DENGLER (1912) selten in Gebieten, deren Januar-Temperaturmittel tiefer als $-3,5°C$ liegt. Doch gibt es in den Westkarpaten noch bei Werten von $-6°C$ gut entwickelte Tannenbestände, und auch in den Schweizer Alpen verzeichnen manche Stationen der oberen Tannenstufe tiefere Januarmittel als $-3,5°C$ (s. Abb. 147). In kalten Wintern wie 1928/29 ertrug *Abies alba* sogar $-40°C$ ohne Schaden. Im Wettbewerb mit der Fichte, die wesentlich tiefere Temperaturen aushält und weiter in den kontinentalen Osten und in den kalten Norden Europas vorstößt als die Tanne, dürften die Wintertemperaturen aber doch von Bedeutung sein. Jedenfalls zeigt Abb. 147, daß in den inneralpinen Längstälern mit montanem Fichtenwald und in der subalpinen Fichtenstufe Januarmittel zwischen -4 und $-8°C$ gemessen wurden, während die Tanne in der Umgebung von Stationen vorherrscht, die nur $-1,7$ bis $-4,9°C$ verzeichnen. In Lagen mit höheren Januar-Temperaturmitteln als etwa $-2,5°C$ kommt *Abies* nur noch auf staunassen Böden gegen die Buche auf, deren Verhältnis zu den anderen Laubhölzern wir bereits erörtert haben.

Während *Abies alba* durch Anpflanzungen in ganz Mitteleuropa und bis nach Südschweden über ihre natürlichen Grenzen hinaus verbreitet wurde, ist sie in fast allen Teilen ihres eigentlichen Areales heute in mehr oder minder raschem Rückgang begriffen (s. SCHMID und ZEIDLER 1953 und die von diesen zitierte Literatur). Dessen Ursachen sind komplex und bis heute ebenso wenig befriedigend geklärt wie die Ursachen der natürlichen Nordgrenze von *Abies alba*. Meist ist die Fichte Nutznießer dieses Rückganges, sei es, weil sie durch frühere Waldweide und durch den in den letzten Jahrzehnten auf ein Vielfaches gesteigerten Wildverbiß weniger geschädigt wurde als Buche und Tanne, oder sei es, weil sie durch Kahlschlagbetrieb begünstigt wird. Die Weißtanne verjüngt sich nämlich am besten bei Plenterwirtschaft, weil sie in der Jugend viel Schatten verträgt und jahrzehntelang unter Beleuchtungsverhältnissen auszuharren vermag, bei denen die Fichte verhungert (MAYER 1960). VINŠ (1964) gibt jedoch zu bedenken, daß auch die Tannen-Verjüngung in unseren Wäldern häufig unter Lichtmangel leidet. Nur 2% der keimfähigen Samen entwickeln sich im Plateau-Tannenwald zu Jungpflanzen.

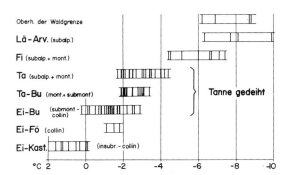

Abb. 147. Januar-Mitteltemperaturen von Schweizer meteorologischen Stationen in verschiedenen Vegetationsstufen.
Jeder dünne senkrechte Strich entspricht einer Station, jeder dicke mehreren Stationen. *Abies alba* fehlt bei weniger als −5 °C und bei über 0 °C.

Der vom Menschen ausgelöste Rückgang der Tanne wurde wahrscheinlich durch natürliche Faktoren beschleunigt. Doch weiß man über diese noch nichts Sicheres, wie überhaupt die ökologische Erforschung der Tannenwälder und Tannenmischwälder immer noch in den Anfängen steckt. Die Untersuchungen von PFADENHAUER (1971) über die Änderung der Standortsfaktoren an den Grenzen verschiedener Tannenwald-Gesellschaften im Schweizer Mittelland geben über die Ursachen des stellenweise auch hier zu beobachtenden Tannenschwundes keinen Aufschluß, zumal sie ganz andere Ziele hatten.

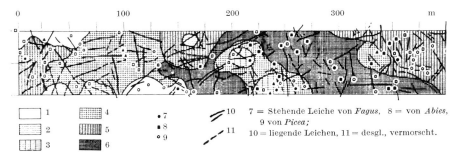

Abb. 148. Mosaik der Entwicklungsphasen eines urwaldartigen Tannenmischwaldes (Reservat Perućica) in Jugoslawien. Nach LEIBUNDGUT (1959), Ausschnitt.
1 = Verjüngungsphase, 2 = Jungbestand, 3 und 4 = Zerfallsphasen, 5 = Plenterphase, 6 = Optimalphase.

d Lebensrhythmus von Tannen- und Fichtenmischwäldern

Die meisten tannenreichen Bestände sind wie die übrigen Wälder Mitteleuropas mehr oder minder stark durch bäuerliche Wirtschaftsformen oder durch die Nutzungs- und Verjüngungsmethoden der modernen Forstwirtschaft beeinflußt worden. Im Südosten Europas und vereinzelt auch in den Alpen, im Bayrisch-Böhmischen Walde und in den Bergen der Slowakei gibt es aber urwaldähnliche Reservate. Sie wurden vor allem vom forstlichen Standpunkt aus studiert. In Jugoslawien hat LEIBUNDGUT (1959) den berühmten Urwald von Peručica (Abb. 148) mit verfeinerten, auf die Dynamik der Baumbestände ausgerichteten Methoden sorgfältig aufgenommen.

Wie schon RUBNER (1926) betonte, ist es falsch, sich solche Urwälder gewissermaßen als natürliche Plenterwälder vorzustellen. Eher gleichen sie dem Femelwalde, also

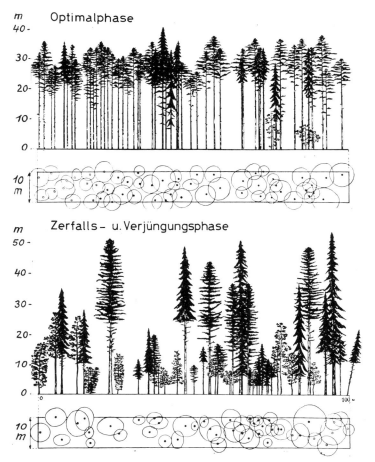

Abb. 149. Oben: Optimalphase eines Buchen-Fichten-Tannen-Urwaldes im Klekovača-Massiv (Dinarische Alpen). Die Bäume sind großenteils etwa gleichaltrig (160–180j., maximal 200j.) und wahrscheinlich nach Windwurf aufgekommen.
Unten: Zerfallsphase des gleichen Urwaldes. Im Unterwuchs neben Tannen und Fichten viele Buchen. Nach TREGUBOV (1941), etwas verändert.

einer Betriebsform des Dauerwaldes, bei der die Stämme gruppenweise gefällt werden. LEIBUNDGUT unterscheidet eine Reihe von „Phasen", die der Buchen-Fichten-Tannenmischwald nacheinander durchlebt, und die sich mosaikartig nebeneinander beobachten lassen (Abb. 148). In der Optimalphase bilden Altholzbestände ein gleichmäßig geschlossenes und sehr dunkles Kronendach, an dem sich Stämme recht verschiedenen, jedoch stets über 100 Jahre betragenden Alters beteiligen (Abb. 149). In der Zerfallsphase sterben zunächst einzelne und dann zahlreiche Stämme ab, wobei vorübergehend plenterwaldartige Bilder entstehen können (Abb. 149). Oft aber bricht der gelichtete, altersschwache Bestand bei Sturm, Schneedruck, Insektenkalamitäten oder Feuer plötzlich zusammen, so daß die Verjüngung auf größeren Flächen gleichmäßig in Gang kommt („Verjüngungsphase", Abb. 149). Entstehen dabei offene Flächen, ohne daß sich die Schatthölzer vorher ausreichend verjüngen konnten, so kommen zunächst Pionierwälder aus raschlebigen Lichthölzern wie Birken, Aspen oder Weiden auf, deren flugfähige Samen sozusagen allgegenwärtig sind. Diese Pioniere werden aber sehr bald wieder von Schatthölzern abgelöst, die unter ihnen keimten oder schon von vornherein vorhanden waren und schließlich zu einer neuen Optimalphase emporwachsen. Nur in der Optimalphase herrschen in der Regel Weißtannen vor, während sich Laubhölzer, namentlich die Rotbuche, stärker an den Verjüngungsphasen beteiligen. Wo die Buche gedeiht, wächst sie in der Jugend meist rascher als Tanne und Fichte und gewinnt dadurch zumindest vorübergehend die Oberhand (s. Abb. 150).

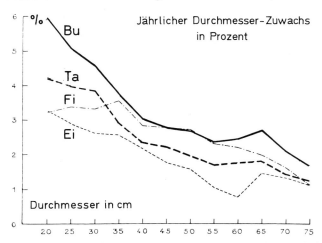

Abb. 150. Durchschnittlicher jährlicher Zuwachs (1950–1957, in % des Brusthöhendurchmessers) von *Fagus, Abies, Picea* und *Quercus* in Mischwäldern der unteren Montanstufe im Schweizer Jura bei Neuenburg. Hier ist die Buche vorwüchsig, besonders in der Jugend. Nach DE COULON (1959), etwas verändert.

Ein ähnlicher Phasenwechsel läßt sich nach HARTL (1967) in der Derborence beobachten, einem schwer zugänglichen Seitental des Wallis, wo auf Kalkunterlage ein urwaldartiger Alpendost-Tannenmischwald erhalten blieb *(Adenostylo-Abietetum)*. In der Zerfallsphase ist dieser reich an Arten, auch an solchen der Ordnung *Fagetalia*. Die Optimalphase ist dagegen so dunkel, daß kaum Unterwuchs aufkommt und stellenweise nur Moosteppiche (*Mnium spinulosum* u. a.) ausgebreitet sind. Die Derborence ist auch insofern bemerkenswert, als sie nahe der Trockengrenze von *Abies* gegen die

Innenalpen hin und recht isoliert liegt. MARCET (1971) konnte nachweisen, daß die Walliser „Trockentannen" dürreresistenter sind als Herkünfte aus den niederschlagsreicheren Randalpen.

Im Unterwuchs naturnaher Tannenmischwälder spielen nicht selten Fichten eine auffallend große Rolle, besonders dort, wo viel Totholz liegt. Übereinstimmend wird von vielen Beobachtern berichtet, daß sich die Fichte im Gegensatz zur Tanne und Buche in großer Zahl auf den vermodernden Baumleichen ansiedelt und deshalb später in Reihen und „auf Stelzen" steht (vgl. besonders EICHRODT 1969). Dadurch entgeht sie der Konkurrenz von Gräsern, Hochstauden und Zwergsträuchern, vor allem aber der Wurzelkonkurrenz von Altbäumen sowie von jungen Buchen und Tannen, die zwar mehr Schatten ertragen als sie, aber auf dem ligninreichen, mageren Substrat nur schlecht zu gedeihen vermögen. Da sich das tote Holz in kühlem Klima nur langsam zersetzt, sind liegende Baumleichen ein charakteristisches Merkmal der montanen Urwälder, die dadurch der Fichte immer wieder Ansiedlungsmöglichkeiten bieten. Im wärmeren Tiefland dagegen verwesen Holzreste viel rascher, so daß man z.B. im Urwald von Białowieża zwar hier und dort einzelne, erst vor kurzem abgestorbene Fichten, Kiefern oder auch Laubbäume noch stehend antrifft, aber nur Bruchstücke ihrer vermorschten Äste und nur ausnahmsweise auch Stämme am Boden liegen sieht. Im tropischen Regenwald gehören umgefallene Baumleichen sogar zu den großen Ausnahmen, weil hier alle Pflanzenreste außerordentlich rasch abgebaut werden (ELLENBERG 1959). Nur wo gesunde Bäume vom Sturmwind geworfen oder vom Menschen gefällt wurden, sind auch hier einmal liegende Leichen zu finden. Wir dürfen unsere an nadelholzreichen europäischen Gebirgsurwäldern entwickelten Vorstellungen also nicht auf die Urwälder anderer Standorte übertragen.

Die Weißtanne verjüngt sich nach Untersuchungen von ROUSSEAU (1960) in den Vogesen am besten auf Böden mit üppiger Moosschicht und mit einer Humusauflage, während die Jungpflanzen auf Mullböden von ebenfalls saurer Reaktion meistens absterben. Wie ROUSSEAU experimentell klären konnte, werden sie hier durch austauschbares Mangan geschädigt, das infolge der raschen Streuzersetzung oberflächlich angereichert wird und in Trockenzeiten toxisch wirkt.

Einige Autoren, z.B. MAYER (1960), beobachteten in Fichten-Tannen-Mischbeständen einen „Baumartenwechsel": Die Tanne verjüngt sich besonders reichlich unter älteren Fichten und umgekehrt (s. auch ELLENBERG 1963). Die Ursachen dieser mancherorts sehr auffälligen, aber nicht überall auftretenden Erscheinung sind immer noch unklar.

3 Fichtenwälder

a Natürliche Verbreitung und Standorte der Fichtenwälder in Mitteleuropa

Obwohl die Fichte nach der Eiszeit in viele Teile Mitteleuropas einwanderte, bevor ihre stärksten Konkurrenten, Tanne und Buche, dort eintrafen (s. WALTER u. STRAKA 1970), drang sie nicht einmal zur Zeit ihrer größten Massenentfaltung, der mittleren Wärmezeit, über ihre heutige Arealgrenze beträchtlich nach Westen vor. Erst die moderne Forstwirtschaft hat sie auch in den stärker ozeanischen Gebirgen Mitteleuropas, im Schweizer Mittelland und sogar in manchen Flachlandsrevieren zu einer der häufigsten Nutzholzarten gemacht und damit zugleich bewiesen, daß ihre Westgrenze keine absolute ist. Nach H.G. KOCH (1958) erreicht die Fichte ihre größte Produktionsleistung stets unterhalb der natürlichen Fichtenstufe, im Thüringer Wald z.B. in etwa 600 m Meereshöhe. Ihr Zuwachs hört allerdings in Küstennähe schon im Alter von 70–80 Jahren auf. Auch wird sie in Tieflagen leichter von Rotfäulepilzen und anderen Schädlingen befallen, weil weitringiges Holz anfälliger ist als das langsam gewachsene und viel festere in den höheren Gebirgslagen. Doch fruchtet sie reichlich, und ihre Samen sind gut keimfähig. Daß es trotzdem schlecht gelingt, sie in Kunstfor-

Abb. 151. Subalpiner Fichtenwald nahe der Waldgrenze am Hohen Ifen im Kleinen Walsertal. Darüber Legföhren-Gürtel, der sich auf dem verkarsteten Kalk in Gruppen auflöst.

Abb. 152. Subalpiner Fichtenwald mit einzelnen Lärchen *(Piceetum subalpinum vaccinietosum vitis-idaeae)* im Unterengadin bei Ramosch am Fuße einer Blockhalde.

sten „natürlich" zu verjüngen, liegt in erster Linie an der Konkurrenz der standortsgemäßen Baumarten. Schon die Bäume des Eichenmischwaldes – Eichen, Linden und Ulmen – müssen im Verein mit den seit der mittleren Wärmezeit herrschenden Klimabedingungen in der Lage gewesen sein, die Fichte an ihrem weiteren Vordringen zu hindern. Wie das geschehen konnte, ist noch ungeklärt.

Im Nordosten dürfte die Niederschlagsarmut des polnisch-ostdeutschen Binnenlandes entscheidend mitgewirkt haben, denn die Fichte meidet in ihrem gesamten Verbreitungsgebiet allzu trockene Standorte und leidet als Flachwurzler in Trockenjahren mehr als andere Baumarten. In den übrigen Teilen Mitteleuropas, mit Ausnahme einiger Trockeninseln, ist aber das Klima feucht genug für die Fichte. Hier muß die nach Westen zunehmende Ozeanität in Betracht gezogen werden, insbesondere die geringe Winterkälte und die lange Dauer des Frühlings. Beide Faktoren begünstigen die Laubhölzer, während die Fichte weder Vorteile aus ihrer Kältefestigkeit noch aus ihrer (z.B. von MICHAEL 1966 nachgewiesenen) Widerstandsfähigkeit gegen Frosttrocknis oder aus dem Dauerbesitze ihrer Nadeln ziehen kann. Je kürzer dagegen die Vegetationsperiode ist und je plötzlicher diese beginnt, desto größer wird ihre Überlegenheit, weil sie nach MOKROSS (1973) schon nach wenigen warmen Tagen aus ihrer Winterruhe erwacht und CO_2 zu assimilieren vermag, während die winterkahlen Laubhölzer erst ihre Blattflächen entfalten müssen. Kontinentales Klima hemmt daher die meisten Laubhölzer, deren kräftigeres Jugendwachstum in ozeanischem Klima der Fichte unter natürlichen Konkurrenzbedingungen wahrscheinlich zum Verhängnis wird. Seit Buche und Tanne mit im Spiele sind, die bei günstigem Klima rascher emporschießen (Abb. 150) und außerdem mehr Schatten vertragen, haben sie die Fichte vollends auf die relativ kältesten und kontinentalsten Lagen oder auf Böden zurückgedrängt, die ihnen aus anderen Gründen nicht zusagen. Natürliche Fichtenwälder finden wir deshalb in Mitteleuropa unter recht verschiedenen Bedingungen (vgl. hierzu Abb. 6, 42, 140, sowie 151–160):

A. als zonale Vegetation auf Gesteinen aller Art:
1. In der unteren <u>subalpinen</u> Stufe der Karpaten und Alpen (mit Ausnahme der relativ ozeanischen nordwestlichen und südlichen Randketten) sowie der Mittelgebirge östlich der Linie Harz–Frankenwald (Abb. 151),
2. in der montanen Stufe der relativ <u>kontinentalen</u> inneren Alpentäler, deren Klima für Buche und Tanne zu kontinental ist (Abb. 153).

Abb. 153. Montaner Fichtenwald auf Kalkgestein am Ifen im Kleinen Walsertal, mit *Cyclamen purpurascens*.

B. auf örtlich begrenzten Sonderstandorten:
1. auf ruhenden Blockhalden (Abb. 152), auf schmalen Felsbändern und ausnahmsweise auch auf Karrenfeldern, selbst in Gebirgen, die keine natürliche Fichtenstufe aufweisen (Abb. 154),
2. in Kaltlufttälern und Dolinen der montanen bis hochmontanen Stufe, soweit die darin häufig auftretenden Spätfröste nicht auch die Fichte ausschließen (Abb. 155),
3. auf „Eiskellern" der montanen Stufe, d. h. auf schattigen, feinerdefreien Blockhalden, in deren Hohlräumen kalte Luft abfließt und durch ihre ungünstigen Wirkungen auf den Baumwuchs lichtliebende, kälteertragende nordische und alpine Arten begünstigt (Krüppelfichten-Gesellschaften, Abb. 160),
4. an Hochmoorrändern in der montanen Stufe kalkarmer Gebirge sowie im Alpenvorland und im altdiluvialen Flachland (Abb. 218),
5. an manchen feuchten Standorten in mehr oder minder kühlem und kontinentalem Klima, z.B. in nicht mehr überschwemmten Flußauen und feuchten Mulden der montanen Stufe, besonders in den inneren Alpentälern, aber auch in weiter östlich gelegenen Mittelgebirgen und andeutungsweise bereits im Schwarzwald (Abb. 159 u. 211).

Je nach dem Basenreichtum des Substrats neigen die unter A 1 und 2 sowie B 1 und 2 genannten Fichtenwälder entweder zur Ordnung *Fagetalia* oder *Vaccinio-Piceetalia*,

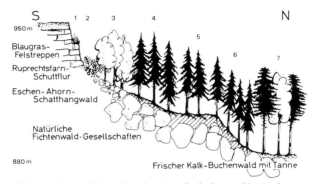

Abb. 154. Natürliche Fichtenwälder und andere Gesellschaften auf Steinschutt am Nordhang der Hohen Steige in der Schwäbischen Alp. Nach TH. MÜLLER (1975).
1. *Laserpitio-Seslerietum*, 2. *Gymnocarpietum robertiani*, 3. *Fraxino-Aceretum lunarietosum* und *phyllitidetosum*, 4. *Asplenio-Piceetum typicum*, 5. *Bazzanio-Piceetum*, 6. *A.-P. bazzanietosum*, 7. *Lathyro-Fagetum* mit *Abies*.

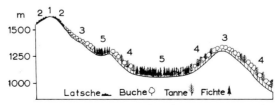

Abb. 155. In dem frostreichen, relativ kontinentalen Klima einer Karst-Doline Kroatiens gedeiht nur Fichtenwald (5). Nach HORVAT aus ELLENBERG (1963).
An den weniger frostgefährdeten Hängen herrscht die Rotbuche bis zur Waldgrenze (3), über der sich ein mehr oder minder breiter Gürtel mit niederliegender Bergföhre anschließt (2). In extremen Kaltluftlöchern (die hier nicht dargestellt sind) löst diese die Fichte ab. Die Weißtanne mischt sich der Buche in der oberen montanen Stufe bei und kommt auf Schutthalden, aber auch im Übergang zum Dolinen-Fichtenwald zur Dominanz (4).

doch herrschen die stark acidophilen Gesellschaften der letzteren flächenmäßig bei weitem vor. Auch die unter B 3 und 4 angeführten seltenen Gesellschaften gehören hierher, während die fichtenreichen Auenwälder (B 5) systematisch den benachbarten Laubwaldgesellschaften nahestehen.

Einzeln oder gruppenweise ist die Fichte außerdem zahlreichen Gesellschaften der Ordnung *Fagetalia* beigemischt, so weit diese in Gebieten mit relativ kontinentalem Klima liegen, namentlich:

a) Eichen-Hainbuchenwäldern östlich der Rotbuchengrenze (s. Abschnitt III 3 b u. Abb. 1),

b) montanen Tannen-Buchenwäldern und Tannenwäldern (s. Abschnitte II 2 f und IV 2 b),

c) kontinental-planaren und montanen Kiefernwäldern (s. Abschnitt IV 6).

Wir wollen hier nur die unter A genannten, allgemeinklimatisch bedingten Fichtenwälder näher besprechen, weil die „Spezialisten" eine sehr beschränkte Verbreitung haben und trotz der vielseitigen Probleme, die sie bieten, bisher außer den Eiskeller-Besiedlern (B 3) und subalpinen Beständen ökologisch wenig untersucht wurden.

Die Fichtenwälder in Skandinavien und im nordöstlichen Eurasien kamen nach Firbas (1949) aus letzteiszeitlichen Refugien, die weiter östlich lagen als diejenigen der herzynisch-karpatischen und alpisch-südosteuropäischen Fichtenwälder. Da beide Fichtenwald-Großräume seit langem keine Verbindung mehr miteinander hatten, enthalten sie morphologisch und ökologisch sehr verschiedene Fichtenrassen. Auch lassen sich die borealen Fichtenwälder standörtlich und floristisch nur bedingt mit den Fichtenwäldern der mitteleuropäischen Gebirge vergleichen, obwohl sie manche Ähnlichkeiten aufweisen. Aus diesen Gründen wollen wir bei deren Betrachtung nicht von dem riesigen borealen Verbreitungsgebiet, sondern von den Alpen ausgehen, die heute zweifellos das Mannigfaltigkeitszentrum der mitteleuropäischen Fichtenwald-Gesellschaften darstellen.

b Montane und subalpine Fichtenwälder

Die Variationsbreite der Fichtenwald-Gesellschaften lernen wir ebenfalls am raschesten kennen, wenn wir sie in einer Übersichtstabelle miteinander vergleichen. Wie aus Tab. 37 hervorgeht, unterscheiden sich die Piceeten der Schweizer Alpen in ähnlicher Weise wie die in Tab. 35 zusammengestellten Abieteten: Kalk-Fichtenwälder mit zahlreichen anspruchsvollen Arten stehen artenärmeren gegenüber, in denen sich Rohhumuszeiger häufen.

Die montanen Piceeten (Nr. 1 und 2 in Tab. 37) der zentral- und zwischenalpinen Trockentäler besiedeln Höhenlagen und Böden, die in den äußeren Alpentälern von Abieteten oder gar von Abieti-Fageten und Fageten eingenommen werden. Das kontinentale Klima im Alpeninneren läßt aber nur die Fichte zu, die hier auf Kalk- wie auf Urgesteinsböden Fuß faßte.

Unter dem Schutz ihrer Kronen, der die Extreme des Allgemeinklimas dämpft, können sich auf basenreicher Unterlage viele krautige Pflanzen halten, die in Tannen- und Laubmischwäldern beheimatet sind, insbesondere die ganze in Tab. 37 von *Galium rotundifolium* angeführte Gruppe. Diese Arten machen es leicht, einen frischen montanen Fichtenwald („*Piceetum montanum galietosum*", Abb. 153) von einem trockenen („*P. m. melicetosum*") zu unterscheiden. Ersterer findet sich in den weniger extrem kontinentalen, niederschlagsreicheren Gebirgsteilen, z.B. in den Rheintälern und im westlichen Wallis, und enthält hier stellenweise einzelne Tannen oder sogar Buchen. Deshalb nennen Ellenberg und Klötzli (1972) ihn „Labkraut-

Fichten-Tannenwald" *(Galio-Abietetum)* und stellen ihn zur Ordnung *Fagetalia*. Die meisten hygro- bis mesophilen Laubmischwaldpflanzen meiden den trockenen montanen Fichtenwald des Engadins und anderer Trockentäler ganz, auch auf relativ basenreichen und lehmigen Böden; nur wenige trockenheitsertragende Arten treten an ihre

Tab. 37. **Montane und subalpine Fichtenwälder der Schweizer Zentralalpen.**
Nach Braun-Blanquet, Pallmann und Bach (1954), Auswahl

Gesellschaft Nr.:		1	2	3	4	Gesellschaft Nr.:		1	2	3	4
Vegetationsstufe		mont.		subalp.		O *Melampyrum pratense*		1	2	1	
Klima f = relativ feucht						*Carex ornithopoda*		3	2		2
t = relativ trocken		f	t	f	t	c 1-2, V *Hieracium lachenalii*		2	1		2
						c 1-2, V *Aquilegia atrata*		3	3	1	3
Baumschicht						*Fragaria vesca*		5	5	3	2
V *Picea abies*		5	5	5	5	Q *Maianthemum bifolium*		3	5	3	3
d 2, V *Larix decidua*			2	3	4	*Luzula pilosa*		3	3	2	3
d 2 *Pinus sylvestris*		2				*Oxalis acetosella*		5	5	5	5
V *Pinus cembra*				2	2	O *Hieracium sylvaticum*		5	5	5	5
E *Pinus sylv. engadinensis*					2	O *Orthilia secunda*		5	5	5	5
						V *Melampyrum sylvaticum*		5	5	5	5
Strauchschicht[1])						c 3-4, V *Luzula luzulina*		3	1	3	1
F d 1 *Abies alba* (Keimlinge)		4				V *Luzula sylv.* var. *sieberi*		1	1	1	2
Q *Lonicera xylosteum*		2	2			*Solidago virgaurea*		3	3	2	5
d 2 *Berberis vulgaris*				2		d 2, O *Rubus saxatilis*		2	3	3	5
Sorbus aucuparia		5	3	4	4	O *Vaccinium vitis-idaea*		1	5	5	5
c 3-4 *Lonicera nigra*		1		3	2	O *Vaccinium myrtillus*		3	3	5	5
V *Lonicera caerulea*		1		1	1	O *Homogyne alpina*		1	2	5	4
O *Rosa pendulina*		2		1	3	F *Luzula luzuloides*		2		3	4
Krautschicht						c 3-4, V *Lycopodium annotinum*		1	1	5	3
F c 1-2 *Galium rotundifolium*		5				c 3-4, V *Moneses uniflora*		2		5	3
F *Veronica urticifolia*		5	2	1	3	*Gymnocarpium dryopt.*		2		5	2
Q *Carex digitata*		5	2			V *Linnaea borealis*			1	5	4
Veronica officinalis		5	2	1	1	*Dryopteris carthusiana*				3	
F *Athyrium filix-femina*		4				c 3-4, V *Listera cordata*				4	1
F *Dryopteris filix-mas*		4		1		V *Coralliorhiza trifida*				2	1
F d 1 *Prenanthes purpurea*		4	1	1	2	V *Calamagrostis villosa*				5	5
d 1 *Ajuga reptans*		3				*Avenella flexuosa*				3	4
d 1 *Lysimachia nemorum*		3				d 2 *Clematis alpina*			2	2	5
d 1 *Orchis maculata*		3				*Geranium sylvaticum*				2	4
F d 1 *Carex sylvatica*		3				**Moosschicht**					
F d 1 *Sanicula europaea*		3				d 1 *Eurhynchium striatum*		5			
F d 1 *Neottia nidus-avis*		3				*Plagiochila asplenioides*		5	2		2
Q d 1 *Brachypodium sylvat.*		3				*Polytrichum formosum*		4			1
Deschampsia cespitosa		3				c 1-2 *Catharinaea hausknechtii*		2			
Geranium robertianum		3				*Hylocomium splendens*		5	5	5	5
F *Dryopteris dilatata*		3				*Rhytidiadelphus triquetr.*		5	5	5	5
O *Huperzia selago*		3				*Cladonia pyxidata*		2	2	2	2
F c 1 *Circaea alpina*		1				*Dicranum scoparium*		4	4	4	4
Q d 2 *Melica nutans*		1	5			*Pleurozium schreberi*		2	4	5	5
Q d 2 *Hepatica nobilis*		1	4			*Peltigera canina*		2			3
d 2 *Knautia dipsacifolia*			5		2	c 3-4, V *Ptilium crista-castrensis*		1	1	3	
d 2 *Goodyera repens*			4	2	2	V *Peltigera aphtosa*			1	5	4
F *Viola reichenbachiana*		5	4			*Cladonia furcata*			2	4	1
Mycelis muralis		5	4			*Lophozia lycopodioides*			1	2	1
E *Carex alba*		4	5			V *Mnium spinosum*			1	2	2
Campanula rotundifolia		3	4			*Cetraria islandica*			2	2	3
E *Polygala chamaebuxus*		2	3			*Hypnum cupressiforme*		1			3
Luzula nivea		2	3								
E *Erica herbacea*		1	2								
Ranunculus nemorosus		3	2								

[1]) Die Jungpflanzen der in der Baumschicht genannten Bäume sowie einige wenig stete Arten in der Kraut- und Moosschicht wurden fortgelassen

Stelle, darunter *Melica nutans*. Der „Perlgras-Fichtenwald" (*P. m. melicetosum* oder *Melico-Piceetum*) ist daher zur Ordnung *Vaccinio-Piceetalia* zu rechnen. Von der Niederschlagsarmut mancher inneralpiner Täler gibt Abb. 4b eine Vorstellung. Man versteht, daß die Fichte hier nicht mehr so gut gedeiht wie im Bereich des Labkraut-Fichten-Tannenwaldes. Die Perlgras-Fichtenwälder sind im Engadin so licht, daß Lärchen und Waldkiefern (namentlich *Pinus sylvestris* subsp. *engadinensis*) neben der Fichte hochkommen und daß geringe Nachhilfe genügt, um diese Lichtholzarten vollends zur Herrschaft zu bringen. In der Nähe der großen Engadiner und Walliser Dörfer, die noch in der montanen Fichtenstufe liegen, sieht man daher oft grasreiche Lärchenhaine, die von den Bauern mehr geschätzt werden als Fichtenwälder, weil sie gutes Holz liefern, ohne die Viehweide zu beeinträchtigen.

In den zentralalpinen Fichtentälern herrschen basenarme Gesteine vor, auf denen „anspruchsvolle" Arten überhaupt fehlen. Soweit es sich um trockene Hänge handelt, entwickelten sich auf ihnen ebenfalls Perlgras-Fichtenwälder. Bei besserer Wasserversorgung tritt ein „mittlerer" Fichtenwald an ihre Stelle, der früher nicht vom „*Piceetum montanum melicetosum*" unterschieden wurde. ELLENBERG und KLÖTZLI (1972) stellen diesen mesophil-acidophilen, in der montanen Stufe sehr häufigen Waldtyp als „Ehrenpreis-Fichtenwald" (*Veronico urticifoliae-Piceetum*), d.h. als besondere Assoziation, heraus. Man kann sie als Sauerboden-Parallele zum montanen Labkraut-Fichten-Tannenwald auffassen.

Im Gegensatz zu den montanen Fichtenwäldern beherbergen die subalpinen („*Piceetum subalpinum*", Spalten 3 und 4 Tab. 37) in der Regel nur wenige Arten, die aber dafür mit größerer Stetigkeit und z.T. auch in großer Menge auftreten, z.B. *Oxalis acetosella, Vaccinium myrtillus, V. vitis-idaea, Calamagrostis villosa* und *Hylocomium splendens* (Abb. 156). Solche monotonen Fichtenwälder sind auch außerhalb der Alpen sehr verbreitet. Sie gedeihen nur kümmerlich und haben unter den rauhen Wintern zu leiden (Abb. 157). In der Tatra und in manchen Mittelgebirgen gesellt sich die Karpaten-Birke (*Betula carpatica = oycoviensis*) als Pionier hinzu. In den Alpen

---

Erläuterungen zu Tab. 37

Nr. 1 u. 2: **Montane** Fichtenwälder
    1: Labkraut-Fichtenwald („*Piceetum montanum galietosum, Eurhynchium striatum-Picea*-Variante"),
    2: Perlgras-Fichtenwald („*P.-m. melicetosum, Carex alba*-Variante").
Nr. 3 u. 4: **Subalpine** Fichtenwälder
    3: Heidelbeer-Fichtenwald („*Piceetum subalpinum myrtilletosum, Linnaea*-Variante"),
    4: Preißelbeer-Fichtenwald („*P. s. vaccinietosum, Peltigera-Hylocomium*-Variante").

Gruppen von Arten in der Kraut- und Moosschicht, die sich zu den vier Gesellschaften ähnlich verhalten, wurden durch waagerechte Striche abgetrennt und teilweise durch Umrandung der Stetigkeitsziffern hervorgehoben.

  c 1–2 = Charakterart des *Piceetum montanum* (Spalte 1 u. 2)
  c 3–4 = Charakterart des *Piceetum subalpinum* (Spalte 3 u. 4)
  d 1 usw. = Differentialarten der Subassoziationen
  V = Verbandscharakterart *Vaccinio-Piceion*
  O = Ordnungs- und Klassencharakterart *Vaccinio-Piceetalia*.
} nach Braun-Blanquet und Mitarbeitern

  E = Charakterart von Schneeheide-Kiefernwäldern (*Erico-Pinetea* usw.)
  F = Charakterart von Edellaubwäldern (*Fagion* usw.)
  Q = Klassencharakterart der Laubwälder (*Querco-Fagetea*)

Die Gesellschaften Nr. 1 u. 2 enthalten mehr Charakterarten von **Laubwäldern** (sowie von Schneeheide-Kiefernwäldern) als von Fichtenwäldern. Sie sollten deshalb zur Ordnung *Fagetalia* gestellt werden (s. Ellenberg u. Klötzli 1972).

Ein bodenfeuchter subalpiner Fichtenwald („*Piceetum subalpinum sphagnetosum*") ist in Tab. 35 unter Nr. 7 aufgeführt.

292   Nadelwälder und nadelbaum-beherrschte Mischwälder

macht sich die Zunahme der Kontinentalität von den Randketten zu den zentralen Massiven auch in der subalpinen Stufe bemerkbar. Ähnlich wie beim montanen Fichtenwald kann man dementsprechend eine klimatisch „feuchtere" und eine „trockenere" Subassoziation unterscheiden, die allerdings jede nur wenige gute Differentialarten haben.

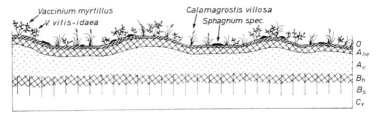

Abb. 156. Kleinmosaik am Podsolboden eines naturnahen Reitgras-Beerstrauch-Fichtenwaldes *(Calamagrostio-Piceetum)* im Hochharz. Nach STÖCKER und BERGMANN (1975), etwas verändert.

Das Mikrorelief ist durch kryoturbate Überformung des Untergrundes während der Späteiszeit entstanden. Von den Buckeln fließt Regenwasser ab und macht sie nährstoffärmer; sie sind vorwiegend von Vaccinien besiedelt. Den Mulden werden – wenn auch in kleinem Maße – Nährstoffe zugeführt, so daß sich hier anspruchsvollere Arten, namentlich das Reitgras, ausbreiten können. Wald-Torfmoose wachsen in dem niederschlagsreichen Klima des Harzes auf allen Kleinstandorten.
O = Rohhumusdecke, A_{he} = humoser Bleichsand, A_e = aschgrauer Bleichhorizont, B_h = Humus-Orterde, B_s = Eisen-Orterde, C_v = verwitterndes basenarmes Grundgestein.

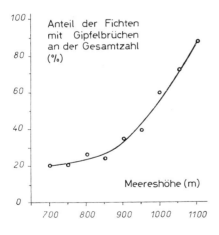

Abb. 157. In höheren Lagen wächst die Fichte *(Picea abies)* in den tschechoslowakischen Gebirgen zwar relativ besser als die Rotbuche. Sie wird jedoch ebenfalls durch das zunehmend kalte Klima geschädigt. Rauhreif, Schneelast und Sturmwind verursachen Gipfelabbrüche. Nach KADLUS (1967).

Auf staunassen Böden treten in allen bodensauren Fichtenwäldern Sphagnen und andere Feuchtigkeitszeiger auf, besonders im subalpinen Bereich. Den Torfmoos-Fichtenwald („*Piceetum subalpinum sphagnetosum*", *Sphagno-Piceetum*) haben wir bereits in Tab. 35, Spalte 7, kennengelernt. Er ist auf den niederschlagsreichen Randhöhen der Alpen häufig anzutreffen.

Den subalpinen und montanen Fichtenwald-Gesellschaften der Schweizer Alpen entsprechen recht ähnliche in den weiter östlich gelegenen Alpenteilen. Im Gegensatz zu den Buchen- und Tannenwäldern treten in den Fichtenwäldern nur wenige Arten von südöstlicher und südlicher Verbreitung neu hinzu, und auch diese nur auf basenreichen Böden, z. B. *Aposeris foetida, Helleborus niger, Cardamine trifoliata* und *Aremonia agrimonoides*. Dagegen fehlen den ostalpinen Fichtenwäldern einige ozeanische Elemente (s. PIGNATTI-WIKUS 1959 u. a.). Auf kalkarmen Gesteinen der slovenischen Ostalpen ist ein Waldsimsen-Fichtenwald *(Luzulo sylvaticae-Piceetum)* weit verbreitet, den WRABER (1963) gründlich beschrieben hat. Er ähnelt den weiter westlich vorkommenden Gesellschaften.

Wie bei den Tannenwäldern unterscheidet MAYER (1974) auch bei den Fichtenwäldern der Ostalpen zahlreiche Assoziationen und Subassoziationen. Diese bilden in der montanen Stufe weitgehend Parallelen zu den in Tab. 36 aufgeführten Einheiten. Sein „Montaner Karbonat-Alpendost-Fichtenwald mit Labkraut" *(Adenostylo glabrae-Piceetum montanum galietosum)* entspricht dem oben behandelten „Labkraut-Fichten-Tannenwald" *(Galio-Abietetum)* der Schweiz und sein „Montaner Sauerklee-Fichtenwald mit Perlgras" *(Oxali-Piceetum montanum melicetosum)* dem *Melico-Piceetum*. Da die von MAYER (1974) erarbeitete Synopsis aller Waldgesellschaften der Ostalpen leicht greifbar ist, begnügen wir uns mit diesen Hinweisen. Sie berücksichtigt auch die Fichtenwälder Norditaliens, die PIGNATTI (1970) zusammenfassend darstellte. Für den mitteleuropäischen Gebirgsraum nördlich der Alpen geben HARTMANN und JAHN (1967) einen mit zahlreichen Aufnahmen belegten Überblick, auf den ebenfalls nur verwiesen sei. Hier spielen Reitgras-Fichtenwälder *(Calamagrostio villosae-Piceetum)* eine bedeutende Rolle.

Ähnlich wie bei den Rotbuchenwäldern, den Eichen-Hainbuchen-Mischwäldern und den Tannenwäldern könnte man auch bei den Fichtenwäldern im Hinblick auf den Säuregrad und den Humuszustand des Bodens sowie auf das diesem entsprechende Artengefüge drei Gruppen von Gesellschaften unterscheiden: Rohhumus-, Moder- und Mullmoder-Fichtenwälder. Diese lassen sich aber schwerer gegeneinander abgrenzen. Auf keinen Fall sollte man ihnen den systematischen Rang von Verbänden zusprechen, wie dies PASSARGE (1971) vorschlug. Die Fichtenwälder auf kalkarmen und -reichen Böden sind einander vor allem deshalb so ähnlich, weil die Fichten-Nadelstreu nur langsam abgebaut wird (s. Abb. 48). Sogar auf Mullrendzinen bleibt eine Moderdecke bestehen, die Säurezeiger begünstigt. Dieser trägt die Bezeichnung „Mullmoder-Fichtenwälder" Rechnung.

In subalpinen Fichtenwäldern gibt es mehrere Urwaldreservate, die uns Eindrücke vom Naturzustand solcher relativ artenarmer Waldgesellschaften vermitteln. Eines der schönsten liegt in den Zentralalpen auf Verrucano-Grobgeröll, der Urwald Scatlé in der Graubündener Gemeinde Breil/Brigels. Nach HARTL (1967) handelt es sich um ein *Piceetum subalpinum myrtilletosum* mit Rohhumus. Auf dem relativ armen und trockenen Boden wird die Fichte 300 bis 650 Jahre alt, wie HILLGARTNER (1971) bei ertragskundlichen Untersuchungen feststellte. Stellenweise ergaben sich beachtliche Zuwächse und Vorräte. Je nach Höhenlage (1580 bis 2015 m) dauert die Jugendphase dieses Heidelbeer-Fichtenwaldes 80 bis 130 Jahre. Die Optimalphase hält sich 200 bis 260 Jahre; sie ist meist einschichtig und recht dicht. Alters- und Zerfallsphase zusammen dauern noch einmal ebenso lange (100 bis 160 und 50 bis 100 Jahre), so daß von Ansamung bis Ansamung rund 300 bis 500 Jahre vergehen können. Der von MAYER (1966, s. auch 1976) analysierte subalpine Lärchen-Fichten-Urwald *(Piceetum subalpinum luzuletosum luzuloidis)* am Lasaberg im österreichischen Lungau steht am Beginn seiner Optimalphase und tendiert ebenfalls zur Einschichtigkeit. Da er etwas tiefer liegt (1650 m), ist seine Vitalität größer als in den meisten subalpinen Wäldern. Auch der dichtgeschlossene, schlankstämmige Bestand spricht eher dafür, ihn als montanen Fichtenwald aufzufassen.

Anschauliche Beispiele für die natürliche Entstehung und Zerstörung junger Fichtenwälder in Sukzessionsreihen auf Dolomitschutt bieten sich auf dem Wimbachgries in den Berchtesgadener Kalkalpen (MAYER, SCHLESINGER u. THIELE 1967). Offenbar vermag die Fichte relativ rasch auf Rohböden Fuß zu fassen.

c Zur Rolle der Fichte in tieferen Lagen

Als beigemischte Baumart ist die Fichte von Natur aus bis weit ins Tiefland hinein verbreitet. Das gilt nicht nur für Nordosteuropa (Abb. 140 u. 158), sondern für ganz Mitteleuropa mit Ausnahme eines schmalen Küstensaumes im Nordwesten und einiger Trockengebiete im Zentrum und Südosten. Auf konkurrenzarmen Sonderstandorten, z. B. an Hochmoorrändern, in sauren Bruchwäldern und auf staunassen Plateauböden, kann sie in der submontanen und planaren Stufe sogar zur Herrschaft gelangen. Schon DENGLER (1912) erkannte solche weit gegen das Meer vorgeschobenen Fichteninseln im nordwestdeutschen Flachland, die später von FIRBAS (1949, 1952a), HESMER und SCHROEDER (1963) und anderen bestätigt wurden. GROSSER (1956b) wies sie überzeugend in der Lausitz nach. Für das westliche Harzvorland bei Westerhof gelang kürzlich SCHROEDER (1973) der Nachweis eines isolierten submontanen Vorkommens. Im Schweizer Mittelland hat die Fichte vor allem in den sehr wüchsigen Tannenwäldern auf sauren, staunassen rißeiszeitlichen Hochflächen ein Heimatrecht (s. Abschnitt 2b). Je mehr man im Alpenvorland nach Osten kommt, desto größer wird der natürliche Fichtenanteil auf den verschiedensten Standorten. Selbst in der Tschechoslowakei stieg *Picea* einst viel weiter in die warmen Becken hinab, als man früher annahm (Abb. 159). Wie MÁLEK (1961) nachwies, fehlte sie dort nur in einem kleinen Teile Innerböhmens und in der großen slowakischen Theiss-Donau-Niederung. Besonders häufig und regelmäßig tritt sie aber in den Laubwäldern und Laub-Nadelmischwäldern der unteren Hänge und der Täler in den Ostalpen auf, ähnlich wie die ebenfalls von TSCHERMAK (1935a und b) untersuchte Lärche und die Tanne (s. auch MAYER 1974).

Der Grund, weshalb diese Nadelhölzer aus den Waldungen der Tieflagen bis zum Beginn der neuzeitlichen Aufforstungen fast verschwunden waren, ist mit STAMM (1938) und anderen in der Nieder- und Mittelwaldwirtschaft des Mittelalters und der frühen Neuzeit sowie in dem mehr als zwei Jahrtausende lang üblichen Schneitelbetrieb zu suchen (s. Abschnitt A II 2). Alle Nadelbäume sind diesen häufigen Beschädigungen weniger gewachsen als die meisten Laubhölzer. Sie wurden daher in den dicht besiedelten Tieflagen nahezu ausgerottet.

Die für das südwestliche Mitteleuropa so natürlich anmutende klare Absonderung der planaren bis submontanen reinen Laubwaldstufen von den montanen bis subalpi-

Abb. 158. Von Natur aus fichtenreicher Mischwald auf lehmigem Jungmoränenboden im südlichen Estland, der durch Beweidung laubholzärmer geworden, gelichtet und vergrast ist. Im Vordergrund erkennt man *Dryopteris filix-mas*.

nen Stufen mit ihrem mehr oder minder großen Coniferenanteil ist also erst durch Mithilfe des Menschen zustande gekommen und verhältnismäßig jung. Seit etwa zwei Jahrhunderten ist eine rückläufige Entwicklung im Gange, die nun in vielen Gegenden, insbesondere auf armen Böden, schon längst den natürlichen Prozentsatz der Fichten und anderer Nadelbäume überboten hat (s. Abschnitt D III 1).

Abb. 159. Schachtelhalm-Fichtenmischwald auf nährstoffreichem Gleyboden des Böhmisch-Mährischen Höhenzuges, 550 m ü. M. *Equisetum sylvaticum* und *Vaccinium myrtillus* herrschen vor. Phot. ILTIS-SCHULZ.

d Standortsbedingungen in verschiedenen Fichtenwald-Gesellschaften

Nahezu überall, wo die Fichte in Reinbeständen wächst, schafft sie mit ihrem immergrünen Kronendach und mit ihrer schwer zersetzbaren Nadelstreu die Voraussetzungen dafür, daß sich säureertragende Moose und Zwergsträucher sowie Sauerklee ausbreiten, von denen der letztere in keiner anderen Gesellschaft so häufig und regelmäßig auftritt wie hier. Ihre gleichförmige Physiognomie darf uns aber nicht darüber hinwegtäuschen, daß die Standortsbedingungen der natürlichen Fichtenwaldgesellschaften keineswegs einheitlich sind. Die einzelnen Assoziationen und Subassoziationen unterscheiden sich besonders in den klimatischen Lebensbereichen, die wir bereits bei der Besprechung der Tabelle 37 umrissen haben.

Während diese vier Gesellschaften als gute Klimaindikatoren gelten können, besiedelt eine jede von ihnen recht verschiedene Bodentypen. BRAUN-BLANQUET, PALLMANN und BACH (1954) fanden z.B. das „*Piceetum subalpinum myrtilletosum*" auf mehr oder minder weit entwickelten Eisenpodsolen, aber auch auf Rankern („Humussilikatböden") und Rendzinen („Humuskarbonatböden") ungleicher Ausprägung. Die oft wiederholte Gleichung „*Piceetum* = Podsolboden" stimmt also keineswegs. Gemeinsam ist allen Bodenprofilen nur eine Humusauflage, die sie, um mit PALLMANN zu sprechen, als Standorte analog macht. Die durchschnittliche Mächtigkeit dieser Humusdecke nimmt mit zunehmender Bodentrockenheit ab. Auf manchen Rendzinen handelt es sich hierbei nicht um echten Rohhumus, sondern um Tangelhumus im Sinne von KUBIËNA (1953), der nach unten in Mull übergeht und keine Podsolierung auszulösen vermag. Er reagiert dementsprechend weniger sauer als der eigentliche Rohhumus (Mor), der sich unter Fichten vor allem auf silikat- und kalkarmen, quarzreichen Böden ausbildet. Nur die obersten, rein organogenen Horizonte sind also in allen Piceeten genetisch und ökologisch gleichwertig, während die tieferen Horizonte je nach geologischer Herkunft, Höhenlage, Exposition und Alter des Bodens mehr oder minder stark voneinander abweichen. Übrigens kommt es keineswegs auf die Fichte und ihre natürlichen Partner als Streulieferanten an; andere Coniferen sowie Ericaceen und Moose können unter gleichen klimatischen und geologischen Bedingungen biologisch gleichwertige Humusauflagen schaffen. Gemeinsam ist ihren Rotteprodukten vor allem ein sehr weites, also für den Stickstoffkreislauf ungünstiges C/N-Verhältnis (30 bis über 40, s. Abb. 48).

Tatsächlich ist die Stickstoff-Mineralisation in solchen Humusauflagen gering. Nach EHRHARDT (1960) nimmt sie in Fichtenbeständen mit der Meereshöhe ab und ist im subalpinen Bereich am geringsten. Trotzdem fand STÖCKER (1968) in dem stark sauren Rohhumus von subalpinen „Karpatenbirken-Fichtenwäldern" des Oberharzes überraschend große Mengen von Ammonium. Diese reichern sich hier an, weil die Bäume bei der fast dauernd herrschenden niedrigen Bodentemperatur nur wenig Wasser und darin gelöste Nährstoffe aufnehmen können, während die Ammonifikation relativ weniger stark gehemmt wird. Stickstoff ist unter solchen Bedingungen also sicher kein Minimumfaktor; eher gilt dies für die Wärme, obwohl es Fichtenwald-Gesellschaften gibt, die daran noch größeren Mangel leiden.

Gemeint sind die Krüppelfichtenwälder auf „Eiskellern" (B 3 in Abschnitt a), die als ökologisches Kuriosum gelten dürfen. Im Creux du Van im Schweizer Jura hat J. L. RICHARD (1961, s. Abb. 160) an einem Beispiel das Mikroklima zwei Jahre hindurch verfolgt und mit dem eines Block-Fichtenwaldes und eines Tannen-Buchenwaldes in etwa derselben Höhenlage verglichen. Obwohl alle drei Gesellschaften an Nordhängen stocken und die Lufttemperatur in dem lichten Zwergfichtenbestand während der Vegetationsperiode höher war als im Blockfichtenwald oder gar im schattigen Laubmischwald, blieben die Bodentemperaturen im kaltluftdurchströmten Grobschutt stets

Abb. 160. Felsabsturz und Grobschutthalde des Creux du Van im Schweizer Jura. Auf der Halde Bergföhren-Krüppelfichtenbestände, die durch Feinerdearmut und Kaltluftaustritt verursacht werden (vgl. Tab. 38). Auf dem Plateau und am oberen Hang Buchen- und Buchen-Tannenwald.

sehr niedrig (Tab. 38). In 160 cm Tiefe stiegen sie unter dem Bergföhren-Krüppelfichtenbestande in der Fußzone der Blockhalde sogar während des Sommers niemals über +2° C. Geschützt durch die Schneedecke, glichen sich die Unterschiede der drei Standorte während des Winters dagegen aus. Nicht die Tiefsttemperatur in Luft und Boden, sondern der dauernd gering bleibende Wärmegenuß der Wurzeln, deren Wasser- und Stoffaufnahme dadurch behindert wird, ist hier also der entscheidende Faktor. Er schließt Buche und Tanne aus und läßt die Fichte verzwergen, so daß die Bergföhre und manche alpinen und subalpinen Arten im Unterwuchs konkurrenzfähig werden.

Tab. 38. Luft- und Bodentemperaturen im Tannen-Buchenwald, Block-Fichtenwald und Krüppelfichtenwald am Rande bzw. im kaltluftgefährdeten Inneren des Creux du Van während der Jahre 1958 und 1959. Nach Angaben von J.-L. Richard (1961). Wo nicht anders vermerkt, bedeuten die Ziffern °C

Gesellschaft	Meereshöhe (m)	Meßstelle und Höhe bzw. Tiefe (cm)	Jahresmittel (1958+59)	Sommermittel (15.V.–15.X.)	Wintermittel (15.X.–15.V.)	Extremwerte der Temperatur	
						Maximum	Minimum
Tannen-Buchenwald („Abieti-Fagetum")	1220	Luft +100 A_1 −5 C −130	7,8 4,7 4,1	14,8 9,7 7,2	2,7 1,1 1,9	– 13,5 9,5	– −4,0 −2,2
Block-Fichtenwald („Asplenio-Piceetum")	1190	Luft +100 OH −5 C −140	7,9 2,9 0,4	15,7 8,2 2,1	2,3 −0,9 −0,8	– 12,0 2,7	– −2,5 −2,5
Krüppelfichten-Bergföhrenwald („Lycopodio-Mugetum")	1190	Luft +100 OH −5 C −160	6,8 1,2 −1,5	16,8 5,3 −1,0	2,8 −1,8 −1,9	– 8,2 2,0	– −3,0 −2,5

Temperaturen unter Null Grad sind halbfett gesetzt, Höchstwerte der Lufttemperatur eingerahmt

Kaltluftführende Blockhalden sind auch in anderen Gegenden Mitteleuropas beobachtet worden, zumal sie durch das engbegrenzte Vorkommen borealer oder alpiner Pflanzen in tieferen Lagen schon früh die Aufmerksamkeit von Floristen erweckten (Literaturüberblick von FURRER 1966 sowie Hinweise von WILMANNS 1971). Stets tragen sie eine azonale Vegetation.

Wo niedrige Temperaturen sie nicht daran hindern, nimmt die Fichte – wie fast alle höheren Pflanzen – begierig Stickstoff auf, und zwar sowohl in Form von Ammonium als auch von Nitrat (TAMM 1975). Nach STREBEL (1960), TAMM (1965, 1975) und vielen anderen Autoren wird dadurch die Produktivität der Fichte beträchtlich gesteigert. Bei hoher Lichtintensität (40000 Lux) fand KELLER (1971), daß schlecht mit Stickstoff ernährte Jungfichten unter vergleichbaren Bedingungen nur etwa $^1/_3$ so viel CO_2 assimilieren wie gut ernährte. Zwar steigt auch die Atmung von Sproß und Wurzeln sowie die Transpiration. Trotzdem transpirieren stickstoffreiche Nadeln ökonomischer. Je besser die N-Ernährung, desto mehr Schattenblätter werden gebildet und desto mehr Nadeljahrgänge bleiben erhalten, so daß auch der Blattflächenindex steigt (vgl. Abschnitt D III 1). Wie PINEAU (1968) nachwies, sind die Nadeln gut ernährter Fichten im Winter aktiver als N-Mangel leidende. Andererseits sind sie aber auch weniger frosthart (TAMM 1975).

Es bedarf kaum eines Hinweises, daß die Bodenflora der Fichtenwälder ebenfalls auf den Stickstoff-Faktor anspricht. Nach KARPOV (1975) sowie TRESKIN, ABRAZHKO und KARPOV (1975) entscheidet er in erster Linie über das Konkurrenzgeschehen am Waldboden, ähnlich wie in den Laubwäldern, die wir ausführlich behandelt haben. Auch die Bodenfauna und damit die Streuzersetzung und Humusbildung wird von ihm mitgeprägt (WITTICH 1963). Bei guter N-Versorgung auf genügend basenreichem Boden kann sich sogar mullartiger Moder bilden, und zwar unter lebhafter Beteiligung von Regenwürmern. Diese fressen, wie ZACHARIAE (1967) beobachtete, keine frisch gefallene Nadelstreu, sondern nur 2–3 Jahre am Boden lagernde. Erst wenn Bakterien eine Zersetzung eingeleitet haben, wird die Fichten-Nadelstreu von *Lumbricus*-Arten verschluckt und zerkleinert. In ihrer Zellstruktur unverändert, wird sie in Kotballen wieder ausgeschieden. Sogar in biologisch wenig aktiven Podsolböden findet aber ein gewisser Humusumsatz statt. Beispielsweise konnten TAMM und HOLMEN (1967) mit der C^{14}-Methode nachweisen, daß der B_h-Horizont unter schwedischen Nadelwäldern maximal 1260 ± 60 Jahre alt ist und daß ein ständiger Humusumbau in diesem Horizont stattfindet.

Im Gegensatz zum Stickstoff bewirkte Phosphor bei Düngungsversuchen in Fichtenwäldern kaum eine Ertragssteigerung (HOLSTENER-JØRGENSEN 1970, TAMM 1975 u. a.) Dieser für die Fruchtbarkeit von Gewässern so entscheidende Nährstoff (s. Abschnitt C I 1) ist also wohl meistens in ausreichender Menge vorhanden, ähnlich wie bei den von SCHMIDT (1970) untersuchten Buchenwäldern.

Von den häufigen Bodenpflanzen der Fichtenwälder ist die Heidelbeere *(Vaccinium myrtillus)* ökologisch am besten untersucht worden. Anders als die Fichte kann sie Stickstoff nur in Form von NH_4 verwerten, weil sie keine Nitrat-Reduktase zu bilden vermag (s. Abschnitt B II 4 d). Außerdem ist sie wesentlich frostempfindlicher und bedarf des Schneeschutzes (s. Abb. 161). In schneearmen Wintern ging sie nach HAVAS

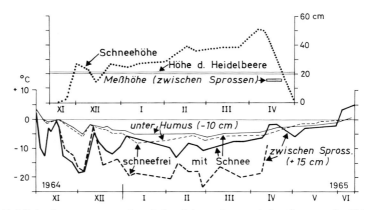

Abb. 161. Minimaltemperaturen mit und ohne Schneeschutz zwischen Sprossen der Heidelbeere *(Vaccinium myrtillus)* und in der durchwurzelten Rohhumusdecke. Nach HAVAS (1965), verändert.

(1965) oberirdisch großenteils zugrunde, teilweise wohl infolge von Frosttrocknis. Allerdings vermag sie bei tiefen Temperaturen noch Wasser aufzunehmen, und ihre Sprosse können sich sogar aus dem Schnee versorgen (HAVAS 1971). Beim Siebenstern *(Trientalis)*, der in Europa eine ausgesprochen boreale Verbreitungstendenz hat und in den Fichtenwäldern der Alpen nur wenige Vorposten besitzt, sind niedrige Nachttemperaturen geradezu eine Voraussetzung für ausreichende Biomassenproduktion (ANDERSON und LOUCKS 1973). In der Krautschicht gibt es also Spezialisten, denen die ungünstigen Bedingungen zusagen, unter denen die meisten Fichtenwald-Gesellschaften leben.

Bei den zahlreichen Pilzen der Fichtenwälder findet man manche Mykorrhiza-Bildner, die mehr oder minder streng auf *Picea abies* angewiesen sind. Andere zeigen enge oder lose Bindungen an Arve, Lärche, Bergföhre, Grünerle oder Birke, die HORAK (1963) in subalpinen Wäldern Graubündens ebenfalls daraufhin untersuchte. Eine breitere Einbeziehung der Pilze wäre bei vegetationskundlichen Untersuchungen der Nadelwälder sicher besonders lohnend.

4 Subalpine Lärchen-Arvenwälder und Lärchenwälder

a Lebensbedingungen der Lärche und Arve in den Zentralalpen

In den Voralpen und an den Hängen der inneren Alpentäler steigt der subalpine Fichtenwald bis zu Höhen zwischen etwa 1700 und 1900 m hinauf, in denen das Jahresmittel der Temperatur nur noch etwa 1,5° C beträgt (s. Abb. 151, 66 u. 162). Einzelne Fichten fristen ihr Leben zwar in noch höheren Lagen, und Krüppel halten unter Schneeschutz sogar bei über 2400 m Höhe aus. Wo aber oberhalb der genannten Grenze, d. h. in der oberen subalpinen Stufe, überhaupt noch Wälder zu gedeihen vermögen, herrschen in ihnen gewöhnlich Lärchen *(Larix decidua)* oder Arven (*Pinus cembra*, Abb. 163), die in Österreich Zirben genannt werden. In dem Kontinentalklima der inneralpinen Nadelholzzone haben diese beiden Abkömmlinge sibirischer Formenkreise die Baumgrenze bis auf über 2200, ja stellenweise bis auf 2450 m emporgehoben (s. Abschnitt C VI 1 c, Abb. 42).

Unempfindlichkeit gegen scharfe Fröste ist eine der Voraussetzungen für diese bewundernswerte Leistung. Denn in den langen Wintermonaten fällt die Temperatur nicht selten unter −20° C, ja unter −30° C. Die Lärche entgeht den Gefahren der kalten Jahreszeit dadurch, daß sie − als einziger unserer Nadelbäume − ihre Assimilationsor-

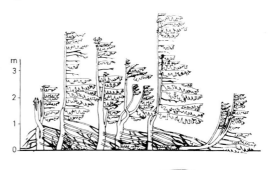

Abb. 162. Vom Eisgebläse zu Fahnen geschorene Fichten an einem steilen Nordwesthang in der tschechoslowakischen Tatra. Solche Waldvorposten vermehren sich in dem sie umgebenden Latschengebüsch vegetativ, indem vom Schnee niedergedrückte Äste sich bewurzeln. Nach MYCZKOWSKI (1973), etwas verändert.

Abb. 163. Durchweidete Arvenbestände im Aletschwald oberhalb Brig. Auf den Lichtungen Alpenrosenheiden *(Rhododendron ferrugineum)*. Der alte Arvenstamm vorn weist Brandschäden auf.

gane vorher abwirft. Ein endogener Rhythmus veranlaßt sie schon sehr zeitig im Frühherbst, ihre zarten Blätter zu verfärben und ihre Knospen für den Winter zu rüsten. Verpflanzt man Höhenlärchen in die Ebene, so behalten sie (nach KALELAS zusammenfassender Darstellung derartiger Versuche) diesen Rhythmus bei und treiben auch viel später aus als Tieflandrassen. Werden dagegen die letzteren in das rauhe subalpine Klima verpflanzt, so wird ihnen ihre Neigung, früh auszutreiben und die Vegetationsperiode spät abzuschließen, oftmals zum Verhängnis. Ihre Blätter fallen Spätfrösten im Frühjahr oder Frühfrösten im Herbst zum Opfer, und auch ihre Knospen scheinen weniger winterhart zu sein als die der subalpinen Rassen.

Die Arve *(Pinus cembra)* weicht nicht wie die Lärche den Unbilden des Winters aus, sondern trotzt ihnen mit immergrünen Nadeln. In abgehärtetem Zustand vermögen diese während des Hochwinters Kältegrade von mehr als $-40°C$ ohne Schaden zu ertragen (Abb. 165). Ihre Nadeln sind dann „eisbeständig", d. h. frosthart, ohne daß der Gefrierpunkt ihrer Nadeln erheblich sinkt (LARCHER 1963). Ebenso wie bei fast allen Pflanzenarten unserer Breiten, schwankt aber ihre Frosthärte im Laufe des Jahres. Im Juli beträgt sie am natürlichen Standort nur noch wenige Grad unter Null, und auch Exemplare, die vorher eine Zeitlang an Kälte gewöhnt wurden, erreichen nach PISEK (1950) ihre winterliche Resistenz im Sommer nicht. Offenbar hängt dieser Rhythmus der Frosthärte bei der Arve ebenso wie der Belaubungsrhythmus bei der Lärche von inneren Faktoren ab. Denn die Frostresistenz wird bereits einige Wochen vor Eintritt schärferer Fröste erhöht und beginnt im Februar unabhängig von den jeweils herrschenden Wärmeverhältnissen wieder abzunehmen, sogar bei Trieben, die von Schnee bedeckt bleiben und dort unter sehr gleichmäßigen Temperaturbedingungen nahe dem Nullpunkt leben. Sehr wahrscheinlich hängen die Variationen der Frosthärte nicht so sehr mit dem Zuckergehalt und mit dem osmotischen Wert des Zellsaftes zusammen,

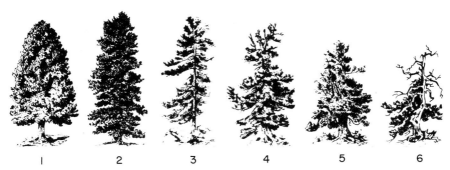

Abb. 164. Wuchsformen der Arve oder Zirbe *(Pinus cembra)* von der unteren Montanstufe bis zur Waldgrenze. Nach JUGOWIZ (1908), verändert.
1 = freistehend auf gedüngter Weide (1080 m ü. M.), 2 = freistehend in sturmgeschützter Südostlage (1650 m), 3 = im Mischbestand mit Fichte (1350 m), 4 = mit Lärche in sturmgefährdeter Nordwestlage (1650 m), 5 = freistehend in ähnlicher Lage wie 4, 6 = in der obersten Kampfzone (2050 m).

der nach ULMER (1937) keine klaren Beziehungen zu ihr zeigt, als vielmehr mit der Viskosität des Plasmas. Diese ist bei *Pinus cembra* im Hochwinter sehr groß, während der Wassergehalt ein Minimum erreicht. Das Zellinnere friert nach TRANQUILLINI (1958) überhaupt niemals vollkommen durch, sondern erstarrt bei zunehmender Abkühlung etappenweise bis zu etwa 50%. Der Jahresrhythmus der Frosthärte wird vor allem von der Tageslänge gesteuert, wie durch Kulturen bei gleichmäßig hoher Temperatur im Gewächshaus gezeigt werden konnte (s. Abb. 165).

Unter Temperaturbedingungen, die für die Arve noch keine Gefahr bedeuten, würden viele Pflanzen ihres Unterwuchses zugrunde gehen. Selbst die Alpenrose erreicht nach ULMER (1937) höchstens eine Frosthärte von $-28°C$, obwohl sie noch über die letzten Vorposten der Arve hinaus bis in den unteren Teil der alpinen Stufe emporzusteigen vermag. Dort wächst sie aber nur an Stellen, wo sie sicheren Schneeschutz genießt. Wird der Schnee vom Winde fortgeblasen oder wird von vornherein nicht genügend Schnee abgelagert, so erfrieren ihre Triebe oder gehen an Frosttrocknis zugrunde (Abb. 334). Im Lärchen-Arvenwalde des Engadins fanden PALLMANN und HAFFTER (1933) *Rhododendron ferrugineum* stets nur außerhalb des Kronenbereiches von Altbäumen, die einen großen Teil des ohnehin geringen Schneeniederschlags zurückhielten, gut entwickelt, d. h. dort, wo die winterlichen Schneehöhen über 70 cm betrugen. Ähnlich empfindlich wie die Alpenrose sind auch die meisten anderen immergrünen Zwergsträucher im Lärchen-Arvenwalde.

Trotz ihrer immergrünen Nadeln hat die Arve in der oberen subalpinen Stufe eine fast ebenso kurze Vegetationsperiode wie die Lärche. Das geht sehr schön aus den Meßreihen von TURNER (1958) hervor, der ihren Gaswechsel in der Nähe der Baumgrenze bei Innsbruck über ein ganzes Jahr verfolgte (vgl. auch TRANQUILLINI u. MACHLEBNER 1971 sowie Abb. 165). Im Winter bleiben die Spalten ihrer durch dicke Kutikula geschützten Nadeln geschlossen und vor zu großer Wasserabgabe bewahrt. Die trotzdem eintretenden geringen Transpirationsverluste können durch die Wasseraufnahme tiefstreichender Wurzeln ersetzt werden, denn unter dem Schnee friert höchstens der Oberboden durch. Selbst an schönen Tagen bleiben die Spaltöffnungen geschlossen, so daß nur das durch Atmung entstandene Kohlendioxyd assimiliert werden kann. Während dieser Zeit ist die Chlorophyllmenge oft so gering, daß die

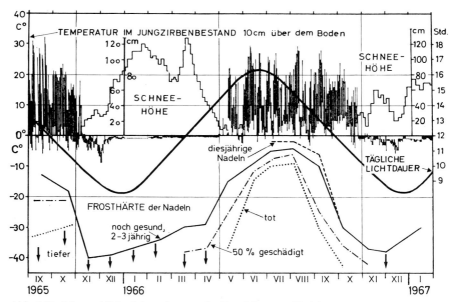

Abb. 165. Jahreszeitliche Schwankungen der Frosthärte von Nadeln einer jungen Arve *(Pinus cembra)* auf dem Patscherkofel (2000 m ü. M.) in Beziehung zur Lufttemperatur, zur Höhe der Schneebedeckung und zur Photoperiode. Nach SCHWARZ (1968 und 1970), kombiniert.

Die Frosthärte ist Anfang August am geringsten. Diesjährige Nadeln bleiben dann nur bei −2 °C und weniger unbeschädigt, zwei- bis dreijährige Nadeln bei −4°. Schon bei −6° erfrieren 50% der älteren Nadeln und bei −9° alle.

Im November und Dezember sind die gleichen Nadeln sehr frostresistent und können Temperaturen unter −40 °C ertragen. Ihre frühzeitige Abhärtung ermöglicht es ihnen, den Einbruch starker Fröste auch ohne Schneeschutz zu ertragen. Wenn der Schnee im April und Mai abtaut, ist ihre Frosthärte nur noch halb so groß wie zu Winteranfang. Außergewöhnlich harte Spätfröste können ihnen daher zum Verhängnis werden. (Die tiefsten Lufttemperaturen in 2 m Höhe wurden allerdings 1966 wie 1967 mit −24 °C im Januar gemessen).

Die Schwankungen der Frostresistenz entsprechen im großen und ganzen denen der Tageslänge (genauer: der täglichen Lichtdauer), so daß die Pflanze unabhängig von der wechselnden Witterung auf die kommende Jahreszeit vorbereitet wird. Kälteperioden verstärken die Frostresistenz, Wärmeperioden die Verweichlichung.

Nadeln gelblichgrün erscheinen. Erst wenn die Temperaturen auch nachts nicht mehr tief sinken, erwachen die Nadeln aus ihrer Winterruhe. Sobald dann auch die oberen Wurzeln wieder tätig sein können, steigt der Gasaustausch rasch. Sein Maximum erreicht er aber erst im Juli, und schon im September führen Nachtfröste zu baldiger Umstellung auf den winterlichen Sparbetrieb. Wenn die Vegetationsperiode auch nur wenige Wochen länger und die Temperatur nur um ein geringes höher ist, steigt die Produktionsrate und damit die Jahrringbreite subalpiner Bäume merklich an (Abb. 166). Bei ausreichender Wärme (s. Abb. 66) ist aber auch für sie die Helligkeit der begrenzende Faktor für die Photosynthese, ähnlich wie für die Bäume tieferer Lagen (s. Abb. 167 u. 97).

Da günstige Bedingungen selten länger als drei Monate im Jahr herrschen, kann der Zuwachs nicht groß sein, und es vergehen mindestens 100 Jahre, bis eine Arve in der oberen subalpinen Stufe 10 m Höhe erreicht. Ihr Holz ist dementsprechend engringig und widerstandsfähig gegen Schädlinge. Deshalb kann sie sehr alt werden – HESS (1942) hat im Aletschreservat mehrfach über 1000 Jahresringe gezählt – und schließlich doch zu ehrfurchtgebietender Größe heranwachsen. Die Lärche wächst etwas

Abb. 166. Der Zuwachs subalpiner Bäume hängt stark von der Wärme der Vegetationsperiode ab. Daher folgt die Jahrringbreite von Arven und Lärchen annähernd dem Gang der mittleren Sommertemperatur. Nach KÖSTLER und MAYER (1970), verändert.
Die Temperaturmessungen beziehen sich auf wesentlich größere Meereshöhe. Unten eine durchschnittliche Jahrringbreitenfolge für den gleichen Zeitraum.

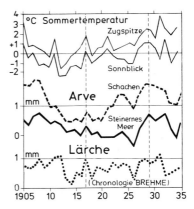

rascher und wird selten älter als 300 bis 400 (maximal 700) Jahre, erreicht aber ebenfalls Höhen von etwa 25 m. Beide Bäume gedeihen in wärmerem Klima wesentlich besser und gleichmäßiger, auch wenn es sich um dieselbe Rasse handelt. Von der Lärche ist das jedem bekannt, weil sie sogar in collinen und planaren Lagen angebaut wurde und in den Innenalpen auch von Natur aus als vereinzeltes Mischholz bis in die Täler hinabsteigt. Aber auch die Arve bildet in tieferen Lagen prächtige, dichte Kronen aus und hat dort kaum noch Ähnlichkeit mit den romantischen Gestalten, die ihr von Wind, Kälte und Blitz an ihren hochgelegenen Wuchsorten aufgezwungen werden (Abb. 164). In der Jugend wächst die Lärche unter subalpinen Klimabedingungen ebenfalls langsam, so langsam, wie man es sich nach ihren Leistungen in tieferen Lagen kaum vorstellen kann.

Selbst für das Oberengadin, eines der lärchenreichsten Gebiete Mitteleuropas, kommt AUER (1947) nach seinen vielseitigen Untersuchungen zu dem Schluß, daß

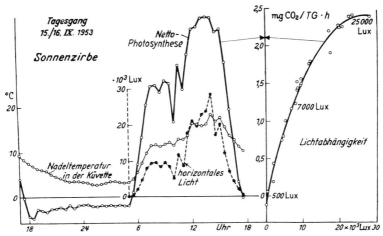

Abb. 167. Die Netto-Photosynthese der Arve *(Pinus cembra)* ist – bei ausreichender Temperatur – in erster Linie von der Beleuchtungsstärke abhängig und schwankt daher mit dieser im Tageslauf. Lichtsättigung wird erst bei etwa 25000 Lux erreicht, einer Helligkeit, die am 16.IX.53 nur einmal kurze Zeit überschritten wurde. Nach TRANQUILLINI (1955), etwas verändert.

Larix decidua hier „nirgends unter optimalen Wachstumsverhältnissen steht". Ebenso wie die Arve vermag sie die dortigen rauhen Klimabedingungen nur besser zu ertragen als alle anderen Baumarten, die ihr in wärmerem Klima überlegen wären. Der Lärchen-Arvenwald unserer Hochgebirge ist also ein eindrucksvolles Beispiel dafür, daß auch die beherrschenden Arten mancher Pflanzengesellschaften nur dort zum Zuge kommen, wo sie gerade noch zu existieren und sich fortzupflanzen vermögen. Der von vielen älteren Autoren unternommene Versuch, aus dem Verbreitungsgebiet einer Baumart auf seine Umweltansprüche zu schließen, mußte daher bei solchen „verdrängten" Holzarten zu sehr unbefriedigenden Ergebnissen führen.

Im Hinblick auf die Bodenansprüche der Lärche ergab sich durch Tschermaks (1935 a) gründliche Erhebungen mit Sicherheit, daß sie weder Kalk noch Urgestein bevorzugt und auf allen Unterlagen zu gedeihen vermag, wenn die sonstigen Bedingungen für sie erträglich sind. Auch die Arve ist, wie Tschermak (1935 b) und Furrer (1955) betonen, vollkommen bodenvag, obwohl man sie in den Schweizer Alpen vorwiegend auf kalkarmen Gesteinen findet. Ihre „Vorliebe" für dieses Substrat wird dadurch vorgetäuscht, daß ihr Hauptverbreitungsgebiet in den inneren Alpen liegt, und daß diese größtenteils aus Urgestein bestehen. In den Dolomiten, im Schweizer Nationalpark und in anderen Teilen der Innenalpen gibt es jedoch recht schöne Arvenbestände auch auf karbonatreicher Unterlage.

Der Grund, weshalb es der Arve und Lärche nur im Alpeninneren und nicht auch in den Voralpen gelang, eine besondere Waldstufe aufzubauen, ist in dem Kontinentalitätsgrad des Klimas zu suchen, und zwar besonders in den sommerlichen Strahlungsverhältnissen. Wie schon Tschermak (1935 a) feststellte, können die Niederschläge im Lebensbereich der Lärche außerordentlich stark variieren. Sie gedeiht z.B. an dem regenärmsten Orte der Schweiz, bei Grächen (513 mm Jahresdurchschnitt), aber auch im oberen Tessin, wo mehr als 2000 mm verzeichnet werden (s. Abb. 175). Beide Gebiete stimmen darin überein, daß sie wolkenarm sind und daß sie sich infolgedessen während der Sommermonate rasch und relativ stark erwärmen. Vor allem der Mai ist auch im Tessin sonnig, weil die meisten Niederschläge im Herbst und im Vorfrühling fallen. Die nördlichen Voralpen dagegen werden im Sommer häufig und lange von Wolken beschattet, während ihre Gipfel im Winter über die Hochnebeldecke emporragen und ebenso starken Strahlungsfrösten ausgesetzt sind wie die Innenalpen. In den Randalpen haben also die Bäume ähnlich harte Winter zu erdulden wie in den kontinentalen Zentralalpen, genießen aber nicht den Ausgleich größerer Sommerwärme. Infolgedessen können sie die kurze Vegetationsperiode weniger intensiv zum Stoffgewinn nutzen. Oberhalb der Fichtengrenze vermögen daher auf den Voralpen auch Arven und Lärchen nur noch in einem schmalen Gürtel zu existieren. Tatsächlich befanden sich hier einst Arvenhaine. Sie sind aber nach Rikli (1909) längst bis auf wenige Reste zu Bauholz oder Möbeln verarbeitet worden. Auf die Bedeutung des Klimacharakters für die Lage der alpinen Baumgrenze werden wir später noch einmal zurückkommen (Abschnitt C VI 1 c).

Gleichen sich Lärche und Arve in ihrer Fähigkeit, das kontinental getönte Subalpinklima auszunutzen und verschieden kalkreiche Böden zu besiedeln, so spielen sie für den Aufbau des Lärchen-Arvenwaldes doch eine geradezu entgegengesetzte Rolle. Man kann sie in dieser Hinsicht mit Birke und Eiche im *Betulo-Quercetum* vergleichen: Die lichtfrohe Lärche ist ein ausgesprochener Pionier, die stärker schattenertragende und länger lebende Arve ein Baum der Optimal- und Altersphase. Lärchensamen werden leicht vom Winde verweht und keimen am besten auf Rohböden. Nach Experimenten Auers (1947) wird der Keimungserfolg schon von Humus- und Moosdecken behindert, die mehr als 2 cm mächtig sind, und zwar nicht aus chemischen Gründen, sondern weil die schwachen Keimpflänzchen meistens vertrocknen, bevor ihre (höchstens 0,5–2,7 cm langen) Wurzeln bis zum Mineralgrund durchgedrungen sind. Die Arve dagegen erzeugt schwere Nüsse (mit einem Tausendkorn-Gewicht von 250–270 g, gegenüber 3–6 g bei der Lärche), die nur dann aus dem Kronenbereich des Mutterbaumes hinausgelangen, wenn sie von Tannenhähern, Spechten, Eichhörnchen oder anderen Lebewesen verschleppt werden oder an nackten Felshängen hinabgleiten (s. auch HOLTMEIER 1969). Die Tiere fressen aber einen großen Teil der Samen, so daß nur bei „Vollmast", d. h. alle 5–10 Jahre, eine Verjüngungschance besteht. Die Samen führen genügend Nährstoffe mit sich, um eine kräftige, 5–10 cm tief reichende Keimwurzel zu bilden. Häufig laufen mehrere Samen aus einem Zapfen nahe beieinander auf (bis zu 10 auf 5 cm^2) und sind dadurch gegen andere junge Holzpflanzen noch konkurrenzfähiger. Auch Kräutern und Gräsern, die ihnen Wasser entziehen, sind die jungen Arven besser gewachsen als die anfangs sehr schwächlichen Lärchensämlinge. Von letzteren gehen daher die meisten wieder zugrunde, auch wenn sie zunächst keimen konnten (s. Tab. 39). Gleichmäßige Feuchtigkeit ist für die Keimung der Lärche umso notwendiger, als ihre Samen von einer wasserabweisenden Wachsschicht überzogen sind und nur langsam quellen. Dasselbe ist nach AUER (1947) übrigens auch bei *Picea abies* der Fall, während *Pinus sylvestris* schon bei vorübergehender Feuchtigkeit zur Quellung und Keimung gelangt, weil ihre Samen unbehindert Wasser aufnehmen können. Die Keimung von Lärchen- und Fichtensamen wird dadurch erleichtert, daß diese im Spätherbst und Frühwinter häufig vom Winde über die rauhe Schneedecke gedriftet und dabei angeritzt werden, so daß sie sich an fern vom Mutterbaum gelegenen Orten rascher entwickeln können als unbeschädigt zu Boden gesunkene Samen im Bestande selbst.

Tab. 39. **Keimung und Keimlingstod bei der Lärche** in verschiedenem Bodenbewuchs. Nach Auer (1947)

Bodenvegetation[1]) (in Versuchsgefäßen, die gut beleuchtet und mit Wasser versorgt wurden)	Keimungsrate (%)	Überlebende Pflänzchen		(in % der gesäten Samen)
		(in % der gekeimten) nach		
		105 Tagen	170 Tagen	
ohne (Rohboden)	64	*77*	*73*	47
Moosdecke	55	*83*	*82*	45
Moose und Kräuter	45	*91*	*0*	0
dichte Krautschicht	43	*2*	*0*	0

[1]) Je dichter und je höher der vorhandene Bewuchs, desto weniger Samen keimen und desto rascher erliegen die gekeimten der Konkurrenz.

Ist die Lärche einerseits auf beständige Feuchtigkeit angewiesen, wenn unbeschädigte Samen auflaufen und Fuß fassen sollen, so wird derselbe Faktor andererseits den jungen Pflänzchen häufig zum Verhängnis. Bei hoher Luftfeuchtigkeit verholzen sie nämlich langsamer als in trockener Umgebung (s. Tab. 40) und fallen Pilzen leichter zum Opfer, während Arven, die im feuchten Medium einer Moosdecke keimten, viel rascher erstarken und deshalb nur selten verpilzen. Da Lufttrockenheit die Verholzung fördert, ist sie bei Lärchensämlingen an besonnten Standorten stärker als an beschatteten (AUER 1947). Dieser Umstand dürfte wesentlich dazu beitragen, daß sich Lärchen an Sonnhängen reichlicher entwickeln als an Schatthängen, wo man in ungestörten Beständen meistens die Arve vorherrschen sieht.

Einem immer noch wiederholten Irrtum muß in diesem Zusammenhange entgegengetreten werden. Aus der Tatsache, daß man junge Arven in bereits geschlossenen Vorholzbeständen und in alten Wäldern relativ häufiger antrifft als auf offenen Flächen, wurde von vielen Autoren geschlossen, daß *Pinus cembra* eine Humusdecke zum Keimen benötige. Auf Gletschervorfeldern, die in der Nähe von samentragenden Arvenbeständen liegen, z.B. unterhalb des Aletschwaldes oder im nordöstlichen Teil des Morteratsch-Vorfeldes, kann man jedoch Arven finden, die gleichzeitig mit Lärchen auf dem fast humusfreien Rohboden aufgekommen sind (Abb. 356). Ihre schweren Samen haben nur viel seltener Gelegenheit, solche Plätze rasch zu erreichen. BRAUN-BLANQUET (1951, 1964) wies darauf hin, daß auf jungen und noch recht

Tab. 40. Geschwindigkeit der Verholzung von Lärchenkeimlingen
bei verschiedenem Bestandesklima. Nach Angaben von Auer (1947)

Bodendecke[1]) (unter natürlichen Bedingungen)	Zahl der verholzten Keimlinge in % der Zahl der vorhandenen					
	Zahl der Tage seit der Keimung					
	56	62	68	75	83	105
1. Rohhumus ohne Bewuchs	–	50	92	96	100	100
2. Mineralischer Rohboden	–	20	88	92	97	100
3. Moosdecke *(Polytrichum)*	–	–	28	80	78	96
4. Zwergsträucher	–	–	15	42	54	90
5. Lockerer Rasen mit Moosen	–	–	–	10	25	96

[1]) Wenn die Keimlinge das nötige Alter erreicht haben, tritt die Verholzung um so rascher ein, je trockener die Luft ist. Über (1) und (2) herrschen öfter hohe Temperaturen und Sättigungsdefizite als über (3) bis (5), zumal in (4) und (5) der Wind gebremst wird.

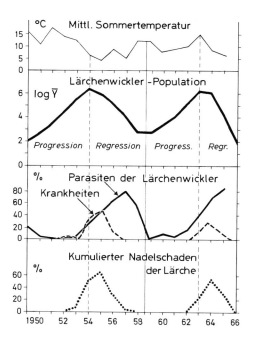

Abb. 168. Vorzeitiges Vergilben der Lärchen in der subalpinen Stufe der zentralen und südlichen Alpen wird meist durch den Lärchenwickler (*Zeiraphera diniana* Guen.) verursacht.
Dessen (in logarithmischem Maßstab dargestellte) Gradation erreicht etwa alle zehn Jahre ein verheerendes Ausmaß. Sie steht in keiner erkennbaren Beziehung zu klimatischen Faktoren, z.B. zur Temperatur, oder zu Sonnenflecken-Perioden. Auch Räuber-Populationen üben keine nachweisbare Kontrolle aus. Die Regressionen der Lärchenwickler-Population werden vielmehr durch Krankheiten und durch Parasiten bewirkt. Deren Populationen schwinden nach dem Minimum der Lärchenwickler in so starkem Maße, daß eine erneute Progression dieser Schädlinge möglich wird. Nach AUER (1969), verändert.

humusarmen Moränen des Morteratschgletschers schon in 150 Jahren richtige Alpenrosen-Arvenwälder entstehen konnten. Lärchenbestände sind also durchaus keine unumgänglich notwendigen Vorstadien der Arvenwälder, wenn sie auch meistens deren Entwicklung einleiten.

Reine Lärchenwälder sind in der Natur selten, weil sie im Verbreitungsgebiet der Arve über kurz oder lang von dieser unterwandert und schließlich verdrängt werden. Wo Lärchen im Hochgebirge großflächig vorherrschen, stehen sie außerdem unter der Gefahr, vom Lärchenwickler befallen zu werden und vorzeitig ihre Nadeln zu verlieren (s. Abb. 168). Gründliche Untersuchungen dieser Kalamität in der Schweiz führten zu dem über den Spezialfall hinaus bedeutenden Ergebnis, daß das Massenauftreten der gefräßigen Raupen weder durch Raubinsekten oder Vögel noch durch Klimafaktoren gesteuert wird, sondern in erster Linie durch Krankheiten (also innere Faktoren) und durch Parasiten.

Wir haben uns bei dem Zustandekommen und Schicksal der Lärchen- und Arvenwälder so lange aufgehalten, weil über keine Waldgemeinschaft so viele exakte Untersuchungen vorliegen, und weil es lehrreich ist, sich einmal die Schwierigkeiten zu vergegenwärtigen, mit denen die Bäume im Hochgebirge zu kämpfen haben. Bedenkt man nun noch, daß Gemsen und Hirsche junge Lärchen und Arven mit Vorliebe befressen, daß Altbäume häufig vom Blitz zerspalten und vom Sturm umgeworfen werden, und daß vor allem der Mensch mit Axt, Feuer und Vieh seit Jahrhunderten keine Schonung der Bäume im Bereich seiner Alpweiden kannte, so verweilt man achtungsvoll vor solchen Zeugen pflanzlicher Lebenskraft.

b Lärchen-Arvenwälder in den Alpen und in der Tatra

Die ausgedehntesten und beststudierten Lärchen-Arvenwälder findet man im oberen Rhone- und Inntal, besonders im Oberengadin. Wir greifen einige Aufnahmen aus der klassischen Arbeit von PALLMANN und HAFFTER (1933) heraus, um uns auch die Mengenverhältnisse der Arten vergegenwärtigen zu können.

In Anlehnung an BRAUN-BLANQUET bezeichnen diese Autoren den Lärchen-Arvenwald als „*Rhodoreto-Vaccinietum cembretosum*" (Nr. 1 in Tab. 41) und stellen diesem ein „*Rh.-V. extrasylvaticum*" (Nr. 3) gegenüber. Sie halten also den Unterwuchs, eine schneeschutzbedürftige Ericaceen-Heide, für das wesentliche Element dieser Gesellschaft und sehen in den Bäumen nur zusätzlich auftretende Partner. Da die Arve auch in einer grasreichen Untergesellschaft, dem *Rh.-V. calamagrostietosum"* (Nr. 2), vorkommt, kann sie nicht einmal als Differentialart des „*cembretosum*" gewertet werden. Diese schon auf SCHRÖTER (1926) zurückgehende Anschauung trägt dem Umstande Rechnung, daß die Lärchen-Arvengehölze meistens parkartig locker sind und die Entwicklung der lichtbedürftigen Alpenrosen kaum behindern. Von Natur aus sind die Lärchen-Arvenwälder aber nur unmittelbar an der oberen Waldgrenze so licht, wie wir sie heute meistens antreffen. Schon wenig unterhalb dieser Grenze vermögen sie sich dichter zu schließen, wenn Mensch und Vieh sie nicht daran hindern. Das sieht man beispielsweise im Aletschwald oberhalb von Brig, den der große Gletscher und die steilen Felswände in seiner Umgebung schwer zugänglich machten. Hier ist *Rhododendron ferrugineum* selten und kommt im Schatten der Bäume kaum zur Blüte, während sich das weniger lichthungrige *Vaccinium myrtillus* ausbreiten konnte. Die Heidelbeere herrscht im Aletschwald schon seit Menschengedenken und fruchtet so reichlich, daß sie den Bewohnern von Riederalp zu einer wertvollen Einnahme- und Nahrungsquelle wurde als Holzschlag und Weide. Fast wäre die Errichtung des Aletschreservates gescheitert, weil die Gemeinde ihre Heidelbeernutzung nicht aufgeben wollte. Derartige an *Rhododendron* arme und an *Vaccinium* reiche Arven-Altholzbestände gibt es auch sonst hier und dort, z. B. an dem Ort der Aufnahme Nr. 1 in Tab. 41. Sie stellen das Endstadium der natürlichen Entwicklung dar, in dem auch die Lärche kaum noch beteiligt ist. Der Lärchen-Arvenwald sollte also besser als *„Larici-Cembretum"* (nach ELLENBERG 1963) oder als *Larici-Pinetum cembrae* (nach OBERDORFER 1970) bezeichnet werden.

In den Ostalpen hat MAYER (1974) die Lärchen-Arvenwälder stärker gegliedert. Er unterscheidet eine Assoziation auf karbonatarmen Gesteinen („Silikat-Lärchen-Zirbenwald", *Larici-Cembretum*) und eine auf Karbonatgesteinen („Karbonat-Lä.-Zi.-wald", *Larici-Cembretum rhododendretosum hirsuti*). Nur bei ersterer kam es schon zur Ausbildung schattiger, dicht geschlossener Bestände, und zwar entweder
– mit Heidelbeere *(myrtilletosum)* oder
– mit Hainsimse *(luzuletosum)*.

Tab. 41. **Einzelbestände von subalpinen Lärchen-Arvenwäldern und einer Rostalpenrosenheide** im Oberengadin nahe der Waldgrenze. Ausgewählte Beispiele aus den Tabellen von Pallmann und Haffter (1933) mit Hinweisen auf die übrigen Bestände[1])

Bestand Nr.:	1	2	3	L	Bestand Nr.:	1	2	3	L	Bestand Nr.:	1	2	3
Bäume:					Krautige, Fortsetzung:					**Moose:**			
C *Pinus cembra*	3	1		(5)	O *Hierac. sylvatic.* ssp.	(+)	·	·	4	*Brachythecium starkei*	+		
Larix decidua	1	2		(8)	*Peucedan. ostruthium*	(+)	·	+	6	*Pleurozium schreberi*	4	3	2
Sträucher:					*Anthox. odoratum*	·	+	+	X	*Hylocomium splend.*	2	1	1
C *Lonicera caerulea*	2	1	+	5	V *Melampyr. sylvatic.*	·	+	+	4	*Rhytidiad. triquetrus*	+	3	+
V *L. nigra*	+			3	*Solid. v.* ssp. *minuta*	·	+	+	4	*Dicranum scoparium*	+	+	+
O *Rosa pendulina*	(+)	+		6	*Dryopt. carthusiana*	·	·	+	5	*D. muehlenbeckii*	+	+	+
Zwergsträucher:					O *Huperzia selago*	·	·	+	4	*Lophozia lycopod.*	+	1	1
O *Vaccinium myrtillus*	5	3	2	5	V *Lycopod. annotinum*	·	·	+	3	*Polytrich. formosum*	+	+	
O *V. vitis-idaea*	1	+	+	5	*Viola biflora*	·	·	+	4	*P. alpinum*			
C *Linnaea borealis*	(+)	1		5	*Polystichum lonchit.*	·	·	+	6	*P. juniperinum*			+
C *Rhodod. ferrugineum*	·		4	7	*Avenochloa versicolor*	·	·	+	9	**Flechten:**			
O *Vaccin. uliginosum*		2		6	*Veratr. a.* var. *viride*	·	·	+	8	V *Peltigera aphtosa*	(+)		1
Loiseleuria procumb.			+	9	*Potentilla aurea*	·	·	+	8	*Cetraria islandica*		1	+
V *Empetrum hermaphr.*			+	8	V *Hier. alp.* ssp. *halleri*	·	·	+	8	*Cladonia pyxidata*	+	+	
O *Juniper. c.* ssp. *alpina*			+	9	*Galium pumilum*	·	·	+	7	*C. sylvatica*	·		+
Krautige:					*Campan. scheuchzeri*	·	·	+	8	V *C. gracil.* var. *elongata*			+
V *Calamagr. villosa*	2	5	+	6	*Diphasium alpinum*			+	8				
Avenella flexuosa	+	2	1	6	*Ligustic. mutellina*			+	7	mittlere Lichtzahl mL	3,6		
C *Luzula s.* ssp. *sieberi*	+	1	·	3	*Phyteuma hemisph.*			+	8	(berechnet nach den vor-	5,0		
O *Homogyne alpina*	(+)	1	+	6	*Arnica montana*			+	9	handenen Arten, d.h. oh-	6,4		
V *Luzula luzulina*	+	·		3	*Juncus trifidus*			+	8	ne Berücksichtigung ihrer			
Oxalis acetosella	1	1	+	1	*Cardamine resedifolia*			+	8	Menge und der außerhalb vorkommenden Arten.)			

[1]) Nr. 1: **Heidelbeer-Lärchen-Arvenwald** („*Rhododendro-Vaccinietum cembretosum*") am Südufer des Campfersees, 1820 m, NW 25°.
Nr. 2: **Reitgras-Lärchen-Arvenwald** („*Rh.-Vacc. calamagrostietosum*") oberhalb Lejmarsh, 1870 m, NNW 30°.
Nr. 3: **Rostalpenrosenheide** („*Rh.-Vacc. extrasylvaticum*") am Osthang des Piz Albana, 2225 m, NNO 30°.
Systematische Bewertung der Arten:
C = Charakterart des *Rhododendro-Vaccinietum*   O = Ordnungscharakterart *Vaccinio-Piceetalia*
V = Verbandscharakterart *Vaccinio-Piceion*

Die Ziffern in den Spalten 1 – 3 bedeuten Mengen (+ bis 5), die eingeklammerten Kreuze das Vorkommen in der Nähe der Aufnahmefläche, die Punkte das Vorkommen in anderen Aufnahmen derselben Subassoziation.
L = Lichtzahl (s. Abschnitte B I 4 und E III); nur für die Gefäßpflanzen angegeben. Die lichtbedürftigen Pflanzen nehmen von Nr. 1 bis Nr. 3 stark zu; doch gedeihen in ihrem Schutz auch schattentragende. Die Bäume wurden in die Berechnung der mittleren Lichtzahl nicht mit einbezogen.

Nr. 1 und 2 weichen so sehr von Nr. 3 ab, daß sie besser als besondere Assoziation (*Larici-Cembretum* oder *Larici-Pinetum cembrae*) zu betrachten sind.

Die meisten Bestände sind mehr oder minder aufgelichtet; je nach dem Unterwuchs gibt es auf saurem Gestein Subassoziationen

- mit Rostroter Alpenrose *(rhododendretosum ferruginei)*,
- mit Wolligem Reitgras *(calamagrostietosum villosae*, an steilen Hängen),
- mit Latsche *(„mugetosum")*,
- mit Zwergwacholder *(juniperetosum)*.

Die „typische Ausbildung" des Karbonat-Lärchen-Zirbenwaldes ist reich an Wimper-Alpenrose; auch seine „Latschen-Ausbildung" ist häufig. Auf karbonatreicher wie auf armer Unterlage kann man noch außerdem eine Untergesellschaft

- mit Hochstauden und Grünerle *(Alnus viridis)*

finden, die durch zusätzliche Feuchtigkeit bedingt wird und zu den Grünerlen-Gebüschen überleitet (s. Abschnitt (VI 7 c). Bei übermäßiger Bodennässe und Kalkarmut entsteht ein

- Torfmoos-Zirben-Moorrandwald *(sphagnetosum)*.

Wo silikatische Blockhalden von Bäumen besiedelt werden konnten, gedeiht der

- Lärchen-Zirben-Blockwald *(cladonietosum)*.

In den Randbezirken des zentralalpinen Lärchen-Arvenbereiches, besonders im südlichen, fehlt *Pinus cembra*. MAYER erhebt auch diese verarmten Ausbildungen in den Rang einer besonderen Assoziation („Lärchenwald", *Laricetum*). Sie ist nicht selten als Blockwald ausgebildet *(asplenietosum)*. Verkarstete Plateaus, aber auch flachgründige Hänge, werden vom Karbonat-Alpenrosen-Lärchenwald *(rhododendretosum hirsuti)* besiedelt.

Das Areal der Lärchen-Arvenwälder entspricht etwa dem der mitteleuropäischen Arvenrasse, die von der nordasiatischen deutlich unterschieden ist. Sie kommen also hauptsächlich in den inneren Alpen vor und nehmen hier die obere subalpine Stufe ein, über deren Höhengrenzen Abb. 42 und 6 Auskunft geben. In den Karpaten, besonders in der Hohen Tatra, sind die Lärchen-Arvenwälder nur noch fragmentarisch ausgebildet (SZAFER u. ZARZYCKI 1972 u.a.). Durch rücksichtslose Ausdehnung der Alpwirtschaft wurden sie in den östlichen Karpaten sogar gänzlich vernichtet (SOÓ 1930). Alle isolierten Vorkommen in Mitteleuropa hingen einst mit einem und demselben glazialen Verbreitungsgebiet zusammen, das sich von den Südostalpen in die Niederungen der Balkanhalbinsel hinein erstreckte. In der ungarischen Tiefebene wurden nach SCHARFETTER (1938) und ZÓLYOMI (1953) Großreste und hohe Pollenprozente von Lärchen, Arven und einigen Begleitpflanzen gefunden, was auf das einstige Vorkommen des *Larici-Cembretum* auf diesen heute so gänzlich anderen Standorten schließen läßt. Ob hier bereits *Rhododendron ferrugineum* dazugehörte, erscheint freilich zweifelhaft. Die Alpenrosen wanderten in der Nacheiszeit erst verhältnismäßig spät in ihr heutiges Wohngebiet ein (ZOLLER 1960 u.a.), und es ist durchaus möglich, daß sie zunächst nur oberhalb des Waldes baumfreie Heidegürtel bildeten und in diesen erst eindrangen, als er im Laufe der letzten 2000 Jahre allmählich aufgelichtet wurde (s. Abb. 319).

Seit man die Bedeutung der Lärchen-Arvenwälder als Schutzwälder gegen Lawinen erkannt hat und die Bestände schont, hat sich *Pinus cembra* rasch vermehrt und ist im Oberengadin und in einigen anderen Zentralalpentälern heute bereits so häufig geworden, daß man erwägen muß, wie man die forstwirtschaftlich eher erwünschte Lärche gegen sie schützen kann. Man empfiehlt zu diesem Zwecke vor allem, nicht mehr einzelstammweise zu plentern, sondern im Femelschlagverfahren größere Lichtungen zu öffnen, auf denen sich die Lärche ansiedeln kann. Die Wirksamkeit dieser Maßnahme wird noch erhöht, wenn man in den selten eintretenden guten Samenjahren die Humusdecke und die pflanzlichen Konkurrenten beseitigt, also künstliche Rohböden als Keimbette der Lärchensamen schafft. Gerade in den standörtlich wertvollsten

Revieren spielen natürliche Katastrophen, die dasselbe bewirken würden, z.B. Windwurf von Altbäumen, Lawinen, Murgänge und Feuer aus Blitzzündung, nur eine geringe Rolle. An Sonnhängen rät AUER sogar, die Viehweide beizubehalten und das Großvieh nur so lange auszuschließen, bis die wachsenden Lärchenbestände nicht mehr von ihm geschädigt werden. Man ist hier also mit allen Mitteln bestrebt, die natürliche Waldentwicklung im Stadium eines überalterten Vorwaldes anzuhalten und nur die ausgesprochenen Schutzwälder so arvenreich werden zu lassen, wie es dem natürlichen Reife- und Altersstadium des Lärchen-Arvenwaldes entspricht.

c *Lärchenwälder in den südlichen Alpen*

In den subalpinen Höhen einiger Kalk- und Silikatmassive der südlichen Ostalpen bis hin zu den Seealpen fehlt die Arve von Natur aus. Auch die Fichte tritt hier zurück, die in den nördlichen Randalpen eine so große Rolle spielt und meist die Waldgrenze hält. So wird die gegen zeitweilige Trockenheit weniger empfindliche Lärche in den Berglagen dort zum herrschenden Baum, wo auch in den tiefen Tälern die Vegetation bereits durch den Rhythmus des Mittelmeerklimas geprägt wird. Diese subalpinen Lärchenwälder wurden erst spät als besondere Gesellschaften beschrieben, zumal sie in vielem an die Lärchen-Arvenwälder der Zentralalpen erinnern und als arvenfreie Ausbildungen derselben aufgefaßt werden können. Da sie jedoch floristisch wie ökologisch manche „südlichen" Züge zeigen, stellt MAYER (1974) die „Karbonat-Lärchenwälder" (die man kürzer Kalklärchenwälder nennen könnte) als eigene Assoziation heraus. Er unterscheidet in den südlichen Ostalpen folgende Subassoziationen:

– Kalk-Alpenrosen-Lärchenwald *(Laricetum rhododendretosum hirsuti)*
– Kalk-Lärchen-Blockwald *(Laricetum asplenietosum)*
– Kalk-Zwergalpenrosen-Lärchen-Steilhangbestockungen *(L. rhodothamnetosum)*
– Natürlicher Kalk-Lärchen-Wiesenwald *(Laricetum luzuletosum sylvaticae)*.

Nur die erstgenannte Gesellschaft darf als zonal gelten, während die übrigen Dauergesellschaften auf Sonderstandorten darstellen. Sie bildet auf vielen Kalkplateaus 1600–1800 m ü.M. wirkliche Wälder von 20–25 m Höhe, die aber so viel Licht durchlassen, daß die Wimper-Alpenrose am Boden zur Herrschaft gelangen kann. Blockreiche Bergstürze werden zunächst von Latschen besiedelt, und der aufkommende Lärchenbestand bleibt locker. An felsigen, steilen Schatthängen steigt die Lärche bis auf 800 m hinab, d.h. bis in den Bereich der dunklen Tannen- oder Buchenwälder, weil sie hier auf so steinigem Boden keine überlegenen Konkurrenten findet.

Auf ruhenden Hartkalk-Schutthalden in steiler Schattlage bildeten sich unter herrschenden Lärchen stellenweise zusammenhängende Moder-Auflagen, die einen rasenartigen Unterwuchs ermöglichen. Neben *Luzula sylvatica* und *L. luzulina* herrschen hier z.B. *Calamagrostis villosa, Sesleria varia, Festuca rubra, Carex ferruginea* und *C. firma*. Nur am Fuße der mehrhundertjährigen Lärchen finden Sauerhumusbewohner wie *Vaccinium vitis-idaea, V. myrtillus* und *Lycopodium annotinum* geeignete Kleinstandorte. Einen urwaldartigen Rest solcher Bestände hat MAYER bereits 1957 an der Hochkönig-Nordseite in den Salzburger Kalkalpen aufgenommen. Diese natürlichen Lärchen-Wiesenwälder dürfen nicht mit den dorfnahen Lärchenwiesen verwechselt werden, die in der Nähe vieler inneralpiner Dörfer durch Mahd, Weide und Begünstigung der Lärche aus fichtenreichen Wäldern entstanden sind, und zwar sowohl auf karbonatreichen als auch auf sauren Gesteinen (PUTZER 1967). Die subalpinen Lärchenwälder auf Silikatgestein in den westlicheren Südalpen sind noch nicht näher studiert worden.

5 Bergkiefernbestände außerhalb der Moore

a Gesellschaften der aufrechten Bergkiefern

In der oberen subalpinen Stufe der Alpen wird der Lärchen-Arvenwald stellenweise durch Bergkieferngesellschaften ersetzt[1]). Westlich der Linie Bodensee–Comersee beteiligen sich daran vor allem aufrecht wachsende Formen von *Pinus mugo* (= *P. montana* grex *arborea* Tubeuf = *P. rotundata*), die in den Westalpen und Pyrenäen allein die Art vertreten. In den Ostalpen, Karpaten, Dinariden und anderen östlichen Hochgebirgen dagegen bilden niederliegende Formen (*Pinus mugo* s. str. = *P. montana* grex *prostrata* Tubeuf) mehr oder minder ausgedehnte Gebüsche oberhalb der Waldgrenze, die hier meistens von *Picea* oder *Fagus* gehalten wird. Sowohl die geradstämmigen „Spirken" (Abb. 169) als auch die erblich krummwüchsigen Legföhren oder „Latschen" (Abb. 170) sind bodenvag. Als konkurrenzschwache Lichthölzer müssen sie überall mit nährstoffarmen Standorten vorlieb nehmen, die ihnen die anspruchsvolleren Baumarten übrig lassen.

---

[1]) Im südlichen Mitteleuropa nennt man die Kiefern (*Pinus*-Arten) gewöhnlich Föhren, Fohren oder Forchen, im niederdeutschen Sprachgebiet auch Fuhren. Mit Ausnahme der Kapitel- und Tabellen-Überschriften verwenden wir hier die Bezeichnungen Kiefer und Föhre synonym, insbesondere, wenn von Gesellschaften die Rede ist, die nur in den Alpen und ihren Randgebieten vorkommen und deshalb in der Literatur meist Föhrenwälder genannt werden.

Abb. 169. Aufrechte Bergföhren im Pfeifengras-Föhrenwald *(Molinio-Pinetum)* auf Molassemergel am Albisrükken bei Zürich. Durch Rutschung entsteht immer wieder nackter Boden. Dichter Rasen und niedrige Baumgruppen wechseln damit ab. Anstelle von *Pinus mugo* kann auch *P. sylvestris* herrschen. Phot. Furrer.

Tab. 42. Kiefern- und Bergkiefernwälder in verschiedener Höhenlage über Karbonatgesteinen

Laufende Nr.:	1	2	3	4	5	6	T	R
Herrschende Baumarten: (S = Schwarz-, W = Wald-, E = Engadin-, B = Bergkiefer)	S	W		E	B			
Höhenlage von (100 m)	7	6	6	18	15	18		
bis (100 m)	12	17	9	21	23	21		
Bäume (auch in Strauchsch.):								
E *Pinus nigra*	5						7	9
P. sylvestris	2	5	5				×	×
P *P. sylv.* ssp. *engadinensis*				4	1			
P *P. mugo (arborea)*				4	5	5	3	×
P *P. cembra*	3	5	2	1	2	1	2	4
Larix decidua	1	1		2	2	2	×	×
Strauchschicht:								
Q *Cotoneaster tomentosus*	4						5	9
Q *Amelanchier ovalis*	4	4		1			7	×
Juniperus communis	4	5	5				×	×
Q *Sorbus aria*	4	2	5				5	7
Q *Acer pseudoplatanus*	3		5				×	×
Q *Berberis vulgaris*	1	4	2	2			6	8
Q *Corylus avellana*		3					5	×
Q *Viburnum lantana*		4	5				5	8
Q *Ligustrum vulgare*		2	4				6	8
Q *Fagus sylvatica*			3				5	×
Populus tremula			3				5	×
Q *Salix caprea*							×	7
Sorbus chamae-mespilus		1		1	1	4	3	8
Juniperus intermedia				4	?			
P *J. comm.* ssp. *alpina*					4	2	2	7
Krautschicht:								
Genista pilosa	5						5	2
Carduus crass. ssp. *glaucus*	5							
Scabiosa lucida	4						3	8
Galium austriacum	4							
Q *Cyclamen purpurascens*	4						6	9
Valeriana tripteris	4						×	8
Campanula cespitosa	4						2	8
Globularia cordifolia	4		1				×	9
Vicia cracca ssp. *gerardii*		2						
E *Thesium rostratum*		2					6	9
E *Pyrola chlorantha*		1					5	5
Brachypodium pinnatum		4	4	1			5	7
Prunella grandiflora		3	5				×	8
Anthericum ramosum		3	5				5	7
P *Goodyera repens*		4	3				×	×
W *Lathyrus pratensis*		3	4				5	7
W *Molinia arundinacea*		1	5				5	×
W *Succisa pratensis*			5				5	×
W *Gymnadenia conopsea*			5				×	8
Galium verum			5				5	7
Scabiosa columbaria			5				5	8
Potentilla erecta			4				×	×
Trifolium montanum			4				×	8
Carex flacca		1	5		1		5	8
Knautia dipsacifolia			5	1	2		3	×
Pteridium aquilinum			1	4			5	3
E *Calamagrostis varia*	5	4	5				3	8
Campanula rotundifolia	4	4	3				×	×
Buphthalmum salicifolium	4	2	4				5	9
Teucrium chamaedrys	3	3	3				6	8
Carex humilis		4	1				5	8

Laufende Nr.:	1	2	3	4	5	6	T	R
E *Saponaria ocymoides*				5			4	9
Leontod. hisp. var. *crispat.*				4			–	–
Hieracium bupleuroides				3			×	9
Ephrasia salisburgensis				3			×	8
Laserp. kr. ssp. *gaudinii*				5	2		–	–
Biscutella laevigata				4	3		×	7
Leucanthemum maxim.				4	3		×	×
Centaurea scabiosa var.				4	2		×	8
P *Arctostaphylos uva-ursi*				3	2		3	×
E *Crepis alpestris*				2	2		×	8
Campanula cochleariifolia					1	5	×	×
E *Daphne striata*					4	5	2	3	8
Valeriana montana					2	3	×	9
Dryas octopetala					2	4	×	8
P *Homogyne alpina*					4	5	4	4
Vaccinium myrtillus			1		3	4	×	2
P *V. uliginosum*					2	5	×	1
P *Pyrola rotundifolia*					3	4	×	5
P *Luzula sylv.* ssp. *sieberi*					2	4	3	2
P *Calamagrostis villosa*					2	2	4	2
P *Moneses uniflora*					2	1	×	4
E *Rhododendron hirsutum*					1	5	×	7
E *Rh. intermedium*						2	×	6
P *Arctostaphylos alpina*						5	3	×
Campanula rapunculoides	3			3			6	8
Thesium alpinum	3			2	1		3	×
E *Coronilla vaginalis*	3			3	1		5	9
Teucrium montanum	4	3		3			7	9
Leontodon incanus	4	2		3	2		×	9
Hippocrepis comosa	4	3	4				5	7
Thymus serpyllum ssp.	4	2	3	4				
Euphorbia cyparissias	3	2	4	4			×	×
Galium lucidum	3	4	1	2			×	8
E *Polygala chamaebuxus*	5	5	5	5	4		×	8
E *Epipactis atrorubens*	2	5	5	5	2		×	8
Lotus corniculatus	4	4	5	4	5		×	7
Carduus defloratus	4	2	2	5	3		×	8
Phyteuma orbiculare	4		2	1	2		3	8
Carlina acaulis	3	2		4	3		×	×
Sesleria varia	5	2	3	5	5	5	×	8
Carex ornithopoda	4	2	3	3	3	4	×	9
P *Orthilia secunda*	1	2	1	1	4	5	×	×
E *Erica herbacea*	5	5	4	5	5	5	×	8
Hieracium bifidum		5	2	3	5	3	×	8
H. sylvaticum ssp.							–	–
E *Gymnadenia odoratissima*		2	3	4	3	1	×	9
E *Carex alba*		3		2	5	3	5	8
Melampyrum pratense ssp.		4		1	4	2	–	–
P *M. sylvaticum*		3		1	2	2	×	2
P *Vaccinium vitis-idaea*		3		1	5	4	×	2
Moosschicht:								
Rhytidium rugosum	4						–	8
Ctenidium molluscum	1		4				–	8
Scleropodium purum		2	3				–	5
Tortella tortuosa	4	3		4	3	3	–	×
Hylocomium splendens		4	4		3	5	–	×
Rhytidiadelphus triquetrus		4	3		3	4	–	4
Dicranum scoparium		3	2		3	4	–	4
Pleurozium schreberi		4	2		4		–	1
Cetraria islandica					5	5	–	2

Abb. 170. Latschengebüsch
(Pinus mugo) mit *Rhodendron hirsutum* auf Kalk oberhalb der Baumgrenze am Hohen Ifen, etwa 1850 m ü. M.

Bestände aufrechter Bergföhren können 8–20 m hoch werden, genießen also im Gegensatz zu den Legföhrengebüschen während des größten Teiles ihres individuellen Lebens keinen Schneeschutz. Sie wurden vor allem im Schweizer Nationalpark, wo sie den größten Teil der heutigen Waldfläche ausmachen, von BRAUN-BLANQUET, PALLMANN und BACH (1954) pflanzensoziologisch, bodenkundlich und mikroklimatologisch untersucht. Unter Hinweis auf diese ausführliche Arbeit und ihre Literaturzitate

Erläuterungen zu Tab. 42

E = Arten der Schneeheide-Föhrenwälder (*Erico-Pinetalia, Erico-Pinion*)
P = Arten der Bodensauren Fichten- und Kiefernwälder (*Vaccinio-Piceetalia*),
Q = Arten der Laubwälder (*Querco-Fagetea*),
W = Wiesenpflanzen, insbesondere Arten der Pfeifengraswiesen (*Molinio-Arrhenatheretea, Molinion*),
T = Temperaturzahl, R = Reaktionszahl, nach Ellenberg (1974). (Manche niederen Taxa konnten nicht bewertet werden). Einige Arten mit geringer Stetigkeit wurden weggelassen.

	Ökologische Bewertung:	mT	(mRg)	mRgm[1]
Nr. 1:	**Schwarzföhrenwald** des Ostalpen-Randes (*Chamaebuxo-Pinetum nigrae*), nach Knapp 1944;	4,8	(7,9)	7,9
Nr. 2:	**Schneeheide-Föhrenwald** (*Erico-Pinetum*) in Graubünden, nach Braun-Blanquet, Pallmann und Bach (1954)	5,1	(7,5)	6,9
Nr. 3:	**Pfeifengras-Föhrenwald** (*Molinio-Pinetum*) des nordostschweizerischen Alpenrandes, nach Etter (1947);	4,8	(7,6)	7,3
Nr. 4:	**Erdseggen-Engadinerföhrenwald** (*Carici-Pinetum engadinensis*) im Schweizer Nationalpark, nach Braun-Blanquet u. Mitarb. (1954);	4,2	(8,0)	8,0
Nr. 5:	**Schneeheide-Bergföhrenwald** (*Erico-Mugetum*) im Oberengadin, nach Braun-Blanquet u. Mitarb. (1954);	3,4	(6,6)	5,8
Nr. 6:	**Wimperalpenrosen-Bergföhrenwald** (*Rhododendro hirsuti-Mugetum*), wie Nr. 5.	3,3	(5,7)	5,2

[1] mT = mittlere Temperaturzahl, die mit steigender Höhe über dem Meere in der Regel abnimmt (s. auch Tab. 13). Bei gleicher Höhe ist es in den inneralpinen Tälern wärmer (vgl. Nr. 2 mit Nr. 1 und Nr. 3). An Trockenstandorten im Schweizer Nationalpark erreicht mT daher noch in mehr als 1800 m Höhe Werte über 4.
(mRg) = mittlere Reaktionszahl, nur unter Berücksichtigung der Gefäßpflanzen berechnet;
mRgm = desgl. unter Einschluß der Moosschicht berechnet.

Die Arten der Schneeheide-Föhrenwälder (E) sind großenteils Kalkzeiger und überwiegen in den tieferen Lagen. Die säureertragenden Nadelwaldpflanzen spielen erst in größerer Höhe eine Rolle.
Der Schwarzföhrenwald (Nr. 1) und der von einer Subspezies der Waldföhre beherrschte Engadinerföhrenwald (Nr. 4) leben in einem besonders trockenen Klima, in dem sich über Kalk kaum ein Auflagehumus bildet. In kühlerem und feuchterem Klima wird der Oberboden rascher kalkarm und humusreich, so daß Säurezeiger, vor allem Moose, fußfassen können. Daher ist mRgm hier niedriger als (mRg).
Der Pfeifengras-Föhrenwald (Nr. 3), der auf rutschigem Mergelboden siedelt, ist reich an Laubwaldpflanzen (Q). Da seine Baumschicht unstabil ist, haben in ihm einige Pflanzen der Magerwiesen (W) und Halbtrockenrasen (viele der übrigen Arten) ihre natürliche Heimat.

können wir uns hier auf einige allgemein interessante Zusammenhänge beschränken (s. auch KURTH, WEIDMANN u. THOMMEN 1960 sowie MAYER 1976).

Die meisten Bergföhrenwälder des Schweizer Nationalparks sind sekundär und manche von ihnen entstanden wahrscheinlich erst nach der Zerstörung ursprünglicher Lärchen-Arvenwälder. Schon die seit dem Mittelalter betriebene Eisenverhüttung in der Gegend des Ofenpasses sowie die Köhlerei erforderten große Holzmengen. Im 17. Jahrhundert wurde außerdem der gesamte Restbestand an die Saline Hall in Tirol verkauft und – soweit zugänglich – rücksichtslos kahlgeschlagen. Mit aufgestautem Wasser des Spöls und seiner ebenfalls wenig Wasser führenden Nebenbäche konnte das Holz dann im Frühjahr in den Inn hinabgeflößt werden. Ein Teil der Wälder im Schweizer Nationalpark ist früher auch Bränden zum Opfer gefallen, deren Spuren sich noch heute in den Bodenprofilen nachweisen lassen. Jedenfalls sind die meisten Bergföhrengehölze auffallend gleichaltrig und verhältnismäßig artenarm, haben also noch den Charakter von Pionierwäldern.

Doch darf man wohl nicht alle diese eintönigen *Pinus mugo*-Wälder als Produkte menschlicher Eingriffe ansehen. Bei den für alpine Verhältnisse außergewöhnlich geringen Niederschlägen (900 mm in rund 2000 m Höhe bei Buffalora!) und der Unfruchtbarkeit der vorherrschenden Dolomitböden hat es hier sehr wahrscheinlich auch schon vor den menschlichen Eingriffen ausgedehnte Bergföhrenbestände gegeben. Daß sich ihre Weiterentwicklung zum Lärchen-Arvenwald seit der Gründung des Parkes im Jahre 1914 nicht rascher vollzog, wurde zum Teil durch die übergroße Zahl von Gemsen, Hirschen und Rehen verursacht, deren Fraßspuren ein aufmerksamer Beobachter fast allenthalben entdeckt. Diese Tiere fressen Arven lieber als Bergföhren, halten also die Entwicklung zum Klimaxwalde auf. Indirekt fördern sie außerdem im Unterwuchs Arten wie *Erica herbacea, Sesleria varia, Polygala chamaebuxus* und *Carex humilis,* die sie verschmähen.

Abb. 171. Durch eine Schneebrettkatastrophe 1952 zerstörte subalpine und montane Fichtenwälder oberhalb Zernez. Links eine regelmäßig von Lawinen befahrene Rinne. Die Waldgrenze wird von Lärchen- und Arvenbeständen gebildet, die durch Beweidung zunehmend aufgelichtet worden waren und die Schneemassen nicht mehr zu halten vermochten. Phot. LÜDI.

Entgegen den Erwartungen mancher Besucher bietet also der Schweizer Nationalpark in der subalpinen Stufe alles andere als unberührte Urnatur. Er gestattet aber wie kaum ein anderer Ort in den Alpen, die Entwicklungsstadien und standörtlichen Ausbildungsformen der Bergföhrenwälder zu studieren. BRAUN-BLANQUET und Mitarbeiter unterscheiden in der subalpinen Stufe (zwischen etwa 1600 und 2200 m) vor allem zwei Gesellschaften, den Schneeheide-Bergföhrenwald *(Erico-Pinetum mugi)* der lokalklimatisch wärmeren Hänge und den Steinrosen-Bergföhrenwald *(Rhododendro hirsuti-Pinetum mugi)* der ausgesprochen kalten und schneereichen Lagen (s. Tab. 42, Nr. 5 und 6). Jede derselben gliedern sie in mehrere Subassoziationen und Varianten, die auf feinere Unterschiede im Wasser- und Wärmehaushalt ansprechen.

Mit dem Schneeheide-Bergföhrenwald nahe verwandt ist der Erdseggen-Engadinerföhrenwald *(Carici humili-Pinetum engadinensis)*, der von einer Subspezis der Waldföhre beherrscht wird (Nr. 4 in Tab. 42). Er besiedelt im Schweizer Nationalpark und in dessen Umgebung die wärmsten, früh ausapernden Hänge und läßt diese durch seine glatten, gelbroten und schlankaufstrebenden Stämme aus dem düsteren Bergföhrengestrüpp hervorleuchten. Er leitet zu den Schneeheide-Föhrenwäldern der montanen Stufe über, die wir in Abschnitt 6 b besprechen wollen.

b Latschengebüsche unter verschiedenen Standortsbedingungen

Häufiger als Bestände von aufrechten Bergföhren sind in den mitteleuropäischen Hochgebirgen Legföhrengebüsche, die nur selten über 3 m hoch werden (Abb. 170). Vor allem in den kalk- und dolomitreichen Teilen der Ostalpen, aber auch der Karpaten, überkleiden sie ausgedehnte Hänge, so daß sie oft für basiphil gehalten werden. Sie sind aber keineswegs an Kalk gebunden und können an den verschiedensten Standorten vorkommen, die nur darin übereinstimmen, daß sie zwar baumfeindlich sind, aber noch von Gebüschen besiedelt werden können. Als Gründe für das Fehlen von Bäumen kommen in Frage:
1. zu kalte Wintertemperaturen, vor denen die Latschen durch eine Schneedecke geschützt bleiben, und zwar:
   a) oberhalb der alpinen Baumgrenze (Abb. 170 und 316),
   b) unterhalb derselben in Karstdolinen und tiefen, abflußlosen Mulden, in denen sich kalte Luft ansammelt (Höhenstufenumkehr, ähnlich wie in Abb. 155).

Abb. 172. Von einer Lawine im Frühjahr 1951 zu Tal gerissene Fichten unterhalb Stuben am Arlberg. Dahinter Legföhren auf der fast alljährlich von Lawinen überfahrenen Fläche.

2. zu mächtige und zu spät abschmelzende Schneeansammlungen unterhalb der Waldgrenze, z.B. am Rande von Lawinenbahnen und an der Leeseite von Berggraten, wenn diese Standorte für die Latsche nicht zu naß sind (Abb. 348).
3. zu heftiger Wind, der Bäume nicht hochkommen läßt (nur sehr kleinräumig auf stark exponierten Kuppen wirksam).
4. zu wenig Feinerde über glattem Fels
   a) auf eisgeschliffenen Rundhöckern und an Felskanten,
   b) auf groben Blöcken, z.B. im Bergsturzgelände.
5. zu nasser und zugleich nährstoffarmer Wurzelraum am Rande von Hochmooren und auf Bulten derselben (s. Abschnitt C III 1, besonders Abb. 249).
6. Wiederholte Vernichtung von Bäumen, und zwar:
   a) durch Lawinen oder Schneebretter (Abb. 171 und 172),
   b) durch Steinschläge und Murgänge (selten),
   c) durch Abholzen, also durch menschlichen Einfluß.

Oft wirken mehrere dieser Faktoren zusammen, z.B. der 1. und 2., der 3. und 6. oder der 2. und 4. Die übrigen Lebensbedingungen können recht ungleich sein, vor allem die edaphischen und in den Fällen 4–6 auch die klimatischen. Die auf den ersten Blick so einheitlich wirkenden Latschengebüsche beherbergen infolgedessen einen recht verschiedenartigen Unterwuchs, zumal sie teilweise auch vom Vieh durchstreift werden. In manchen Gegenden erinnern sie in ihrem Artengefüge an Schneeheide-Föhrenwälder oder an Steinrosen-Bergföhrengesellschaften, in anderen an Lärchen-Arvenwälder, an subalpine Fichten- oder Buchenwälder, in wieder anderen an *Rhododendron*-Heiden oder Hochstaudenbestände, häufig aber auch an alpine oder montane Rasen oder an andere Kontaktgesellschaften. Die Mannigfaltigkeit wird noch dadurch erhöht, daß Latschen auch als Weideunkräuter auftreten, d.h. sich auf anthropogenen Rasen oder Heiden ausbreiten. Immerhin kann man die meisten der auf sauren Substraten angesiedelten Latschengesellschaften in die Ordnung *Vaccinio-Picetalia* einreihen, weil ihre Nadelstreu annähernd gleiche Bedingungen schafft, wie sie in Nadelwäldern herrschen. Deshalb wurden sie im Anschluß an die subalpinen Fichten- und Lärchen-Arvenwälder erwähnt.

Mit diesen allgemeinen Hinweisen wollen wir uns hier begnügen und keine Beispiele im einzelnen besprechen, zumal eine umfassende pflanzensoziologische Bearbeitung bisher noch nicht versucht wurde. Bei der Diskussion über die alpine Baumgrenze (Abschnitt C VI 1 c) und bei der Behandlung der subalpinen Grünerlengebüsche (C VI 7 c) werden wir auf die Legföhrenformation zurückkommen.

6 Kiefernwälder außerhalb der Moore und Flußauen

a Standörtliche Gruppen von Kiefernwäldern in Mitteleuropa

Trotz oder gerade wegen ihrer bescheidenen Lebensansprüche ist unsere gewöhnliche Waldkiefer (Föhre, Forche, *Pinus sylvestris*) Herrscherin und Partnerin verschiedenartigster Pflanzengesellschaften geworden (s. Abb. 173 und 140). In der Vielfalt der von ihr besiedelten Standorte übertrifft sie alle anderen Baumarten Mitteleuropas, auch ihre soeben besprochenen Verwandten im Hochgebirge. Vom Rande der Tundra im hohen Norden und von der alpinen Waldgrenze, an der krüppelige Vorposten noch bei 2250 m Höhe ü.M. ausharren, bis zu den wärmsten Tälern der Innenalpen, von den ausgelaugten Sanden Nordosteuropas bis zu den Kalkschottern des Alpenvorlandes, von föhngedörrten Felsgraten über frühjahrsfeuchte, aber sommertrockene Mergelhänge bis zu schwammnassen Hochmooren, überall finden Kiefern ein sonniges Plätz-

Abb. 173. Natürlicher Sandkiefernwald *(Dicrano-Pinetum)* in Masuren mit reichlicher Naturverjüngung und einzelnen Wacholdern als Zeugen früherer Beweidung.

chen oder eine wenig umstrittene Lücke, um sich mit ihren weit fliegenden und rasch keimenden Samen anzusiedeln und trotz ihrer lichten Kronen auch zu behaupten.

Dieser standörtlichen Vielfalt entspricht eine Fülle von Wuchsformen – seien es nun erbliche Varietäten, Rassen und Ökotypen oder nur umweltbedingte Modifikationen –, vom fichtenschlanken Riesen mit über 30 m hohem, gleichmäßig astreinem Stamm bis zum pilzbreiten, runzligen Zwerg, dem man seine 150 oder gar 300 Jahre auf den ersten Blick kaum glauben möchte. In wintermildem Klima herrschen gedrungene Rassen, in winterkaltem, kontinentalerem sind aufstrebende häufiger. Nach KALELA (1937), der die vielen bereits durchgeführten experimentellen Herkunftsvergleiche überschaubar machte, stehen jedoch die Populationen wegen des weiten Pollenfluges über ganz Europa in vielseitigem Austausch, so daß man nur in Ausnahmefällen bestimmte Wuchsrassen mit bestimmten Standorten fest verbunden findet.

In stark ozeanisch getöntem Klima, z. B. in Holland und Nordwestdeutschland oder in den insubrischen Randalpen, kann sich die Kiefer selbst auf den ärmsten Böden nicht gegen die Birken und Eichen behaupten, die hier den natürlichen Vorrang haben. Trotzdem ist sie in großen Teilen des niedersächsischen Flachlandes zur landschaftsbeherrschenden Baumart geworden, weil sie bei Heideaufforstungen bevorzugt wurde. Wegen ihres raschen Wuchses und ihres industriell gut verwertbaren Holzes wurde sie auch in anderen Teilen Mitteleuropas neben der Fichte zum Liebling der Forstwirtschaft. Erst durch diese erhielt sie die Möglichkeit, auf physiologisch optimalen Standorten zu beweisen, zu welch hohen Wuchsleistungen sie fähig ist (s. Abb. 39).

In ihrem Hauptareal, dem großräumigen nordeuropäisch-sibirischen Nadelwaldgebiet (Taiga), bewährt sich die Kiefer besonders als Pionier nach Waldbränden, wie sie hier in manchen Dürrejahren durch Blitzzündung entstehen. In der Fichtenzone westlich des Urals beispielsweise stellte KORTSCHAGIN (zit. nach WALTER 1974) fest, daß Kiefernbestände jeweils gleichaltrig sind und in den Jahren 1715, 1765, 1790, 1825 und 1895 gekeimt sein müssen. Ähnliche Beobachtungen wurden auch in Skandinavien (z. B. im Muddus-Nationalpark, Schweden) sowie in den naturnahen Nadelwaldbereichen Nordamerikas gemacht. Hier brachte die strikte Brandbekämpfung durch gut organisierte Fallschirmspringer („smoke jumpers") in den letzten beiden Jahrzehnten den Naturschutz in eine prekäre Lage, weil sie den Weiterbestand lichter Kiefernwälder und ihrer vielfältigen Fauna gefährdet. Denn seither gibt es keine frischen Brandflächen mehr, auf denen die leichten Kiefernsamen rasch anfliegen und erfolgreich keimen können, ohne daß sie durch mächtige Humusauflagen oder durch schattende Konkurrenten behindert würden. Samenbäume bleiben bei solchen Bränden in genügender Zahl übrig, weil *Pinus sylvestris* und ihre Verwandten eine dicke Borke bilden, die besonders im Alter einen wirksamen Schutz gegen Bodenlauffeuer bietet. Die lockere, harzreiche Nadelstreu und das sperrige Totholz am Boden von Kiefernbeständen begünstigen die Zündung und Ausbreitung von Feuern in Dürreperioden so sehr, daß sogar in dem relativ humiden Klima Nordwestdeutschlands Kiefernforsten oft großflächig abbrennen, z. B. im Jahre 1975, dessen Sommer im Norden sehr trocken war. Je mehr Laubhölzer den Nadelwäldern beigemengt werden, desto geringer wird die Brandgefahr, desto geringer aber auch die Chance der Kiefern, sich bevorzugt zu verjüngen.

Auf sehr nährstoffarmen und zugleich trockenen (oder übermäßig nassen) Böden in weniger ozeanischem Klima, vor allem im nordöstlichen Mitteleuropa und auf entsprechenden Standorten im borealen Nadelholzgebiet, gibt es jedoch überhaupt keine Baumarten, die für die Waldkiefer zu gefährlichen Konkurrenten werden könnten. Hier herrscht sie von Natur aus, wenn sie auch nur kümmerlich gedeiht, und hier bedarf es keiner Brände, um ihren Herrschaftsbereich zu erhalten. Das zeigt sich z. B. in einem von HUSE (1965) genau aufgenommenen Kiefern-Urwald, den die in Abb. 174 wiedergegebenen Transekte veranschaulichen. Jugend-, Optimal-, Alters-, Zerfalls- und Verjüngungsphasen wechseln zeitlich und räumlich in ähnlicher Weise miteinander ab, wie wir dies bereits bei Buchen- und Tannen-Urwäldern kennenlernten (Abb. 59, 148 u. 149). Dieser Wechsel bedeutet zugleich ein Alternieren zwischen einer Phase intensiver Phytomassen-Produktion und einer solchen geringer Produktivität, aber gesteigerter Reproduktion, wie es nach KRAUKLIS (1975) für viele boreale Wälder typisch ist. Er ist ein Mittel der Selbstregulation und gewährleistet, großflächig gesehen, die Stabilität auch artenarmer Ökosysteme.

Die Vielfalt der von der Waldkiefer besiedelten Standorte, ihre Duldsamkeit gegen lichtliebende Freilandpflanzen und nicht zuletzt auch ihre Begünstigung durch den Menschen machen die Unterscheidung und systematische Ordnung von Kiefernwaldgesellschaften zu einer besonders schwierigen Aufgabe, die in Mitteleuropa bis heute noch nicht befriedigend gelöst ist. Gerade die weit verbreiteten Gesellschaften besitzen kaum eigene Charakterarten, weil sich Partner der verschiedensten Wald-, Moor- und Rasengesellschaften in ihnen treffen, ohne eine ausschließliche Bindung mit der Kiefer einzugehen. Manche unserer Trockenrasen- und Feuchtwiesenpflanzen (*Festuco-Brometea* und *Molinietalia*, s. Abschnitt E III) haben allerdings ihre natürliche Heimstätte in lichten Föhrenwäldern (Abb. 169). Sie dürfen also zur floristischen Kennzeichnung dieser Wälder mit herangezogen werden, obwohl sie in unbeschatteten Trockenrasen und Wiesen besser gedeihen. In manchen Föhrengesellschaften des Alpenraumes begegnen sich Vertreter der lichtreichen Höhen oberhalb der Waldgrenze mit solchen der

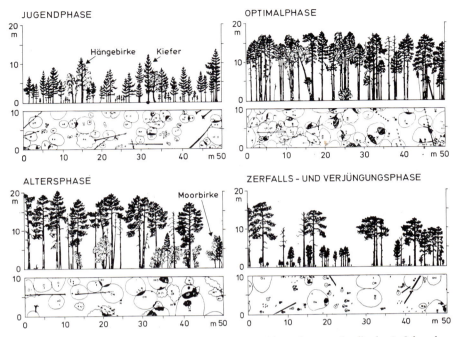

Abb. 174. Die Entwicklungsphasen eines Kiefern-Urwaldes auf armem Sandboden in Schweden entsprechen denen anderer Waldgesellschaften (vgl. Abb. 59, 148 u. 149). Die Kiefer ist zur Verjüngung also keinesfalls auf Brände angewiesen. Nach Huse (1965), verändert.

warmen Niederungen, ja der submediterranen Florenregion. Beide Artengruppen vereinigen sich so regelmäßig miteinander, daß man diese Extravaganz geradezu als Kennzeichen bestimmter Gesellschaften ansehen darf (s. Tab. 42).

In Anlehnung an Braun-Blanquet (1961), W. Matuszkiewicz (1962), Passarge (1963a), Poldini (1969), Sokołowski (1970), Ellenberg und Klötzli (1972), Mayer (1974) und andere kann man die von *Pinus sylvestris* beherrschten Gesellschaften Mitteleuropas standörtlich und floristisch in 7 Gruppen einteilen, die ebensovielen Verbänden entsprechen:

1. Steppen-Föhrenwälder der wärmsten Lagen in den inneralpinen Trockentälern (*Pulsatillo-Pinetea,* in Mitteleuropa selten und nur fragmentarisch), d.h. in ausgesprochen kontinentalem, regenarmem Klima (s. Abb. 175, 42, 320 u. 321),
2. wärmeliebende Eichen-Kiefernmischwälder der collinen Stufe und niederschlagsarmer Teile des nordöstlichen Flachlandes (*Quercion pubescenti-petraeae,* bereits in den Abschnitten III 3 a und 4 a erwähnt),
3. Pfeifengras-Mergelhang-Föhrenwälder wechseltrockener Mergelhänge der submontanen bis montanen Stufe in Alpennähe (*Molinio-Pinetum,* teilweise zum *Erico-Pinion,* teilweise zum *Molinion* gehörig, s. Abb. 177),
4. Schneeheide-Föhrenwälder mehr oder minder kalkreicher Trockenhänge und Schotterflächen in submontaner bis hochmontaner Lage (*Erico-Pinion,* s. Abb. 176),
5. bodensaure Sandkiefernwälder der subkontinentalen nordöstlichen Diluvialland-

schaften *(Dicrano-Pinion)*, von denen es auch bodenfeuchte Einheiten gibt *(molinietosum*, s. Abb. 183),
6. Dünen-Kiefernwälder als Endstadien der natürlichen Dünenfixierung (*Corynephorion, Koelerion albescentis* oder *Koelerion glaucae*, teilweise auch *Dicrano-Pinion*, s. Abschnitt C V 1 d),
7. Kiefern-Moor- und Bruchwälder der Hochmoorränder und Waldhochmoore sowie kalkarmer Sümpfe in subkontinentalem Klima (*Sphagnion fusci*, teilweise *Dicrano-Pinion*, s. Abschnitte C III 1 und 2, B V 2 d).

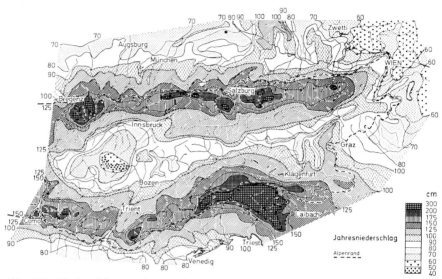

Abb. 175. Die Randalpen sind wesentlich niederschlagsreicher als die Innenalpen, besonders wenn man den Vergleich auf bestimmte Höhenlagen beschränkt: Mittlere Jahressummen der Niederschläge in der unteren montanen Stufe (bis 1000 m ü. M.) des Ostalpenraumes sowie im submontanen und planaren Vorland. Nach Mayer (1974), etwas verändert.

In Höhen über 1000 m fallen auch in den Innenalpen mehr Niederschläge, als auf der Karte (z. B. nordwestl. von Bozen) verzeichnet sind (vgl. Abb. 5, 36 und 320).

Abb. 176. Schneeheide-Föhrenwald *(Erico-Pinetum)* auf Rendzina an einem Sonnhang des Inntals unterhalb Innsbruck. Schon im Februar ist der Schnee bis auf wenige Reste verschwunden. *Pinus sylvestris, Sesleria varia* und *Erica herbacea* (= *carnea*) bilden lockere Bestände.

Die 1. Gruppe hat eine ausgeprägte Sonderstellung, ist aber durch Übergänge mit der 2. verbunden. Die Pfeifengras-Föhrenwälder (3) vermitteln zu den Feuchtwiesen *(Molinion)*, verzahnen sich aber auch mit bodentrockenen Buchenwäldern *(Carici-Fagetum)*. Floristisch sehr gut charakterisiert sind die Schneeheide-Föhrenwälder (4). Bodensaure Sandkiefernwälder (5) entsprechen standörtlich den Birken-Eichenwäldern und gehen von Osten nach Westen schrittweise in diese über. Die Dünen-Kiefernwälder (6) schließen sich an sie an, enthalten aber noch mehr oder minder zahlreiche Arten der offenen Dünenrasen, und sollen erst als Endglieder der Dünenentwicklung besprochen werden. Auch die mehr oder minder bodennassen Kiefernwälder (7) sind nur als Endstadien von Sukzessionen zu verstehen, die wir in ihrem natürlichen Zusammenhange behandeln wollen.

Vor allem die vier erstgenannten Gruppen von Gesellschaften hatten GAMS (1930) und viele andere Autoren (bis etwa 1950) vor Augen, wenn sie von „Reliktföhrenwäldern" sprachen. Ähnlich wie die wärmeliebenden Eichengebüsche sind auch diese lichten Waldbestände Erhaltungsstätten konkurrenzschwacher und schattenfliehen-

Abb. 177. Lichter Pfeifengras-Föhrenwald *(Molinio-Pinetum)* auf Mergeln oberhalb des Einganges zur Aareschlucht bei Innertkirchen. An steilen und steinigen Stellen Übergang zur Blaugrashalde, an tiefgründigen und ruhenden zum wärmeliebenden Eichenmischwald.

der Pflanzenarten, die man als Zeugen von einstmals weiter verbreiteten Vegetationstypen ansehen kann. KORSHINSKIJ, der Schöpfer des Reliktbegriffs (zit. nach GAMS 1930), dachte ursprünglich an Wälder der Tertiärzeit, deren Arten in den nicht vergletscherten Gebieten die Eiszeiten überdauerten. Fast alle in Mitteleuropa als Reliktföhrenwälder angesprochenen Bestände stocken aber auf einst vergletscherten Böden, und alle haben sich nach der letzten Eiszeit an zuvor waldfreien Extremstandorten neu bilden müssen, sind also keine Reliktwälder im wörtlichen Sinne. Viele dieser *Pinus*-Gesellschaften konnten sich erst in jüngster Zeit unter dem Einfluß des Menschen weiter ausbreiten, z.B. die Föhrenwälder im Wallis und Engadin sowie die Bergföhrenbestände im Schweizer Nationalpark (BRAUN-BLANQUET, PALLMANN u. BACH 1954). Von den Sandkiefernwäldern der Oberrheinischen Tiefebene betont OBERDORFER (1957), daß ihr Areal durch Waldweide und Feldaufforstungen auf Kosten von Eichen-Hainbuchenwäldern und Orchideen-Buchenwäldern sehr erweitert wurde. Auch solche sekundären Bestände wurden im Laufe der Jahrhunderte zu Erhaltungsstätten lichtbedürftiger, aber sonst anspruchsloser Steppen- und Mediterranpflanzen.

Floristisch sind die 4 Typen von „Reliktföhrenwäldern" zwar recht verschieden, doch stehen sie einander näher als den Sand- und Moorkiefernwäldern. Letztere könnte man als „Sauerhumus-Kiefernwälder" zusammenfassen, weil sie auf sehr sauren Substraten siedeln und nur acidotolerante und acidophile Arten beherbergen. Die bodensauren Sand-Kiefernwälder und besonders die Hochmoor-Kiefernwälder verdienten übrigens den Namen Reliktföhrenwälder in gewisser Hinsicht ebenfalls, obwohl ihn niemand gebraucht. Denn auch sie wurden von Fichte und Buche auf Spezialstandorte gedrängt, wo sie zum Refugium von konkurrenzschwachen, einst im mitteleuropäischen Flachland häufigen Arten wurden. Nur handelt es sich hier nicht um mediterran-submediterrane oder südöstliche Florenelemente, sondern um nordische und alpische (z.B. *Linnaea borealis* und manche Pyrolaceen).

Wir lassen die systematischen Fragen zunächst offen und vergegenwärtigen uns einige Beispiele von Kiefernwäldern aus dem Alpenraum und aus dem nordostdeutsch-polnischen Flachland, d.h. aus den beiden von Natur aus kiefernreichsten Landschaften Mitteleuropas.

b Wald- und Schwarzföhren-Gesellschaften im Alpenraum

In den inneralpischen Trockentälern herrschen Waldföhren auf den verschiedensten Standorten der collinen bis montanen Stufe. Dementsprechend wechselt das Artengefüge der von ihnen gebildeten Gesellschaften viel stärker, als man auf den ersten Blick annehmen möchte. Das gilt sogar für karbonatarme Gesteine, wie aus Tab. 43 hervorgeht. Auch auf solchen gedeihen „Steppenheide-Föhrenwälder", d.h. lichte, sonndurchglühte Bestände, in denen sich zahlreiche Trockenpflanzen ansiedeln konnten. Großartige Beispiele bieten die breiten und tiefen Längstäler der Westalpen: Briançonnais, Maurienne und Tarantaise, wo sie GENSAC (1968) beschrieben hat. Doch ziehen sich „Föhrentäler" auch durch die zentralen und östlichen Alpen bis hin zum Vintschgau. BRAUN-BLANQUET (1961) widmete ihnen eine Monographie, in der auch die übrige Vegetation und die artenreiche Flora dieser warm-kontinentalen Standorte behandelt werden. Da diese leicht zugänglich ist, verzichten wir hier auf eine Beschreibung. Berühmte Beipiele bietet der Pfynwald oberhalb Siders (Sion) im mittleren Wallis, ein altes Bergsturzgebiet, an dessen trockensten Hängen sich *Euphrasia viscosa* und andere Arten mediterraner Herkunft mit *Carex humilis, Teucrium chamaedrys* und anderen weit verbreiteten Trockenheitszeigern mischen.

Tab. 43. **Waldföhren-Assoziationen der Zentralalpen auf nicht vernäßten Böden, sowie Schneeheide-Assoziationen der Südostalpen.** In Anlehnung an Mayer (1974)[1])

Bodenreaktion:	starksauer	mäßigsauer	neutral bis alkalisch	
Höhenstufe:				
Montan	Saurer Erdseggen-Föhrenwald	Mäßigsaurer Schneeheide-Föhrenwald	Karbonat-Schneeheide-Föhrenwald	Karbonat-Erdseggen-Föhrenwald
	Antherico (liliaginis-) Pinetum	*Vaccinio-Pinetum*	*Erico-Pinetum*	*Carici humilis-Pinetum*
Submontan	Saurer Stieleichen-Föhrenwald		[Hopfenbuchen-Schwarzföhrenwald	
	Pino-Quercetum roboris		*Ostryo-Pinetum nigrae*]	
Collin	Tragant-Steppenheide-Föhrenwald	Hauhechel-Steppenheide-Föhrenwald	Flaumeichen- [Schwarzföhren-] Steppenheide-Föhrenwald	
	Astragalo-Pinetum	*Ononido-Pinetum*	*Cotino-Quercetum* [mit *Pinus nigra*]	

[1]) Jede der Assoziationen ist in mehrere Untereinheiten gegliedert, das *Vaccinio-Pinetum* z.B. neben der typischen, weit verbreiteten Ausbildung in die auf Sonderstandorten vorkommenden Subassoziationen *myrtilletosum, rhododendretosum ferruginei, piceetosum, vaccinietosum (vitis-idaeae), callunetosum* und *cladonietosum*.

Aus den ebenfalls niederschlagsarmen und relativ „kontinentalen" Innenalpen Österreichs wurden einige Steppenheide-Föhrenwälder beschrieben (s. Abb. 175 u. Tab. 43). Auch hier wird die kümmerliche Baumschicht auf mehr oder minder sauren Böden von *Pinus sylvestris* gebildet.

Steigt man an den Südhängen in den zentralalpinen Föhrentälern höher hinauf, so sieht man steinige Böden immer wieder mit Kiefern locker besetzt, während tiefgründigere und frischere Standorte schattige Fichten- oder gar Tannenwälder tragen. *Pinus sylvestris* nimmt hier zwar schlankere Formen an als in dem noch trockeneren Steppen-Föhrenwald, bleibt aber niedrig, wächst langsam und entzieht dem Unter- und Zwischenwuchs nur wenig Licht. Solche submontanen und montanen Trockenstandorte sind das Reich des Schneeheide-Föhrenwaldes (*Erico-Pinetum*, Abb. 176). Liste Nr. 2 in Tab. 42 faßt Bestände aus Graubünden zusammen, wo diese Gesellschaft ebenfalls verbreitet ist. Die Schneeheide *(Erica herbacea = carnea)* fällt jedem Besucher der Innenalpen auf, weil ihre im Herbst nahezu fertig ausgebildeten Blüten an den früh aperen Hängen oft schon im Januar oder Februar von der Sonne gerötet werden. Wie in der unteren alpinen Stufe (s. Abschnitt b) vergesellschaftet sie sich stets mit anderen Frühblühern, namentlich mit *Sesleria varia, Carex ornithopoda* und *Polygala chamaebuxus*. Trockenrasenpflanzen der tieferen Lagen sowie *Calamagrostis varia* sind aber ebenfalls zahlreich vertreten, während sie beim Aufstieg in die subalpine Stufe mit der Waldkiefer mehr und mehr zurückbleiben (vgl. Nr. 2 mit Nr. 4–6 in Tab. 42).

In den extrem regenarmen Vispertälern und an Sonnhängen mancher anderer Zentralalpentäler kann der montane und subalpine Fichtengürtel völlig ausfallen. Die Schneeheide-Föhrenwälder verzahnen sich an solchen Trockenhängen unmittelbar mit den subalpinen Lärchen-Arvenwäldern, die hier etwas tiefer herabsteigen. Besonders großflächig und typisch sind Erico-Pineten auf Dolomit, Serpentin und schwer verwitternden Gesteinen ausgebildet. Auf Serpentin kommen sie nach EGGLER (1955) auch in der Steiermark vor. Überhaupt sind Schneeheide-Föhrenwälder in der Montanstufe der östlichen Zentralalpen häufig, besonders auf karbonatreichen Böden (s. Tab. 43). Auf mäßig sauren Böden herrscht zwar noch *Erica herbacea,* mischt sich aber mit Säurezeigern, wie wir sie aus Fichtenwäldern und anderen bodensauren Nadelwaldgesellschaften kennen. Vielfältige Übergangsstufen zwischen typischen Schneeheide-Föhrenwäldern und verschiedenen Sauerboden-Föhrenwäldern fand SCHWEINGRUBER (1974) auch am Vierwaldstätter See und im Berner Oberland.

Ausstrahlungen des submontanen *Erico-Pinion* gelangen nach OBERDORFER bis an den Rand der Oberrheinischen Tiefebene und in das oberbayerische Alpenvorland, also ungefähr so weit, wie sich der Föhnwind noch bemerkbar macht (s. Abb. 103). Weiter nördlich verbindet sich die Gruppe der dealpinen Arten (*Sesleria, Carduus defloratus* usw., vgl. Abschnitt B II 2 e) meistens mit der Rotbuche. Nur *Erica carnea, Polygala chamaebuxus* und wenige andere Arten bleiben auch in größerer Entfernung von den Alpen ziemlich eng an die Föhre gebunden, z. B. auf den mageren Serpentinböden Nordbayerns, deren Föhrenwälder, z. B. nach GAUCKLERS (1954) Schilderungen, zweifellos zum *Erico-Pinion* gehören. Wo ZÖTTL (1952b) im bayerischen Alpenvorland Schneeheide-Föhrenwälder fand, sind sie auf kalkreiche, extrem felsige Steilhänge beschränkt, und hier auf die trockensten Süd- bis Westlagen.

Auf den Randbergen der Südostalpen hat die Schwarzföhre *(Pinus nigra)* Heimatrecht, die durch Aufforstungen über ganz Mitteleuropa verbreitet wurde. In der Kultur wie in der Natur bevorzugt sie kalkreiche Böden. In ihrem südostalpinen Verbreitungsgebiet konzentriert sie sich nach WENDELBERGER (1963a) auf die submontane und colline Stufe zwischen etwa 300 und 700 m Meereshöhe, vermag sich hier aber im natürlichen Wettbewerb nur an wind- und sonnexponierten Hängen gegen die Laubbäume der wärmeliebenden Mischwälder durchzusetzen. Wo sie auch in geschützterer und schattigerer Lage dominiert, kann man nach WENDELBERGER (1977 mdl.) sicher sein, daß der Forstmann seine Hand im Spiele hatte. Vielleicht kommen reine Schwarzföhrenwälder in der Naturlandschaft Mitteleuropas gar nicht vor. MAYER (1974, s. Tab. 43) spricht jedenfalls in der collinen Stufe vom Flaumeichen-Steppenheide-Schwarzföhrenwald, weil zumindest in der Strauchschicht Elemente des *Quercion pubescenti-petraeae* bzw. des *Orno-Ostryon* vertreten sind. In Südosteuropa, dem Hauptverbreitungsgebiet von *Pinus nigra,* kommen nach HORVAT, GLAVAČ und ELLENBERG (1974) aber auch Schneeheide-Schwarzföhrenwälder vor, in denen Laubwaldpflanzen so gut wie ganz fehlen.

Systematisch gesehen, stehen die Steppenheide-Föhrenwälder den submediterranen Laubmischwäldern näher als den kontinentalen Kiefernwäldern Osteuropas. Ihrer Sonderstellung wird man wohl am besten gerecht, wenn man sie als Vertreter einer eigenen Klasse betrachtet.

Die Schneeheide-Föhrenwälder sind floristisch ebenfalls so eigenständig, daß man ihnen eine besondere Klasse einräumt (*Erico-Pinetea* mit der einzigen Ordnung *Erico-Pinetalia* und dem einzigen Verband *Erico-Pinion*). Zwischen den *Erico-Pinetea* und den *Vaccinio-Piceetea* gibt es jedoch je nach dem pH-Wert des Bodens zahlreiche Übergänge, zumal *Erica herbacea* sehr säuretolerant ist und bei trockenem Klima sogar in Gesellschaften des acidophilen Verbandes *Dicrano-Pinion* auftreten kann (s. Abschnitt c).

Die größten Schwierigkeiten bereitet die systematische Zuordnung der dritten Gruppe von mehr oder minder basiphilen Föhrenwäldern, der Pfeifengras-Föhrenwälder *(Molinio-Pinetum),* denen wir uns jetzt zuwenden wollen. Wie bereits aus dem Beispiel in Liste 3 der Tab. 42 hervorgeht, mischen sich in einem Pfeifengras-Föhrenwald mindestens drei Pflanzengruppen, nämlich Arten der Schneeheide-Föhrenwälder (E), der Laubmischwälder (*Querco-Fagetea,* Q) und der Kalk-Magerwiesen (W).

Auf weichen Tonmergeln im regenreichen Alpenrandbereich, dem typischen Standort der Pfeifengras-Föhrenwälder, findet *Pinus sylvestris* aber noch schlechtere Wachstumsbedingungen als an steinigen Hängen. Solche Böden saugen sich immer wieder voll Wasser, so daß die Wurzeln nicht genügend Sauerstoff finden und nahe der Oberfläche bleiben. In sommerlichen Trockenperioden dörrt der Oberboden aber aus und setzt seinen schütteren Bewuchs unter Wasserstreß. Wo Hangrutschungen oder Rinnenerosion eine tiefergreifende Verwitterung des Mergels verhindert, bilden sich daher sehr lichte und bunte Mosaike von Kiefern-Gruppen und staudenreichen Hochgras-Rasen aus (Abb. 177). Je nach dem Grad der zeitweiligen Vernässung des Mergels herrschen darin entweder die gleichen Trockenrasenpflanzen wie im Schneeheide-Föhrenwald oder aber Wechselfeuchtigkeitszeiger wie *Molinia arundinacea, Succisa pratensis* und andere Arten der Wiesenordnung *Molinietalia,* von denen Liste 3 in Tab. 42 eine große Zahl nennt (s. auch Abschnitt D V 5 a). Im Karwendelgebirge wurde *Molinia* nach GRABHERR (1936) auch durch Brände begünstigt, die früher an solchen Hängen oft ausbrachen.

ETTER und REHDER (1962) haben den Pfeifengras-Föhrenwald vom Südostrand des Schweizer Mittellandes, also von Molassemergeln in der submontanen Stufe, beschrieben und in Untereinheiten gegliedert. Eine ähnliche grasreiche Föhrengesellschaft kommt an den Mergelsteilhängen des Schweizer Jura bis in die obere Montane Stufe hinauf vor und enthält dort nach ZOLLER (1951) eine noch größere Zahl alpiner Arten, z. B. *Carex sempervirens.*

Aber selbst in der nur 660–750 m hoch gelegenen „Fallätsche" am Üetliberg westlich Zürich halten sich nach FABIJANOWSKI (1950) und DAFIS (1962) mehrere Arten, die ihre Hauptverbreitung in der subalpinen und alpinen Stufe haben. Da sie an dem wiederholt nachrutschenden Mergelsteilhang immer wieder offene Plätze fanden, konnten sie sich hier seit der letzten Eiszeit erhalten, obwohl die ganze Umgebung dicht bewaldet ist. In diesem Falle handelt es sich also unzweifelhaft um Relikte der letzten Eiszeit. FABIJANOWSKI hat die zyklischen Sukzessionen, die beim nackten Mergel beginnen und stellenweise bis zum geschlossenen Pfeifengras-Föhrenwald hinführen, durch kleinräumige Aufnahmen erfaßt. Die einzelnen Stadien, vor allem aber die verschiedenen Hanglagen, zeichnen sich durch sehr ungleiches Mikroklima aus, so daß das Nebeneinander der gegensätzlichsten ökologischen Artengruppen und die ungewöhnliche Länge der Aufnahmelisten von Molinio-Pineten durchaus verständlich wird.

Wie REHDER (1962) am Beispiel des ebenfalls zum Uetliberg gehörenden Girstel darlegte, gibt es sowohl floristisch als auch standörtlich alle Übergänge zwischen dem Pfeifengras-Föhrenwald und dem in der Nähe vorkommenden Seggen-Trockenhang-Buchenwald (*Carici-Fagetum,* s. Abschnitt B II 2 c u. Abb. 177), also einem reinen Laubwald. Die Kiefer kann sich nur dort durchsetzen, wo der Standort für die meisten Bäume Mitteleuropas ungünstig ist (s. Abb. 40).

c *Sandkiefernwälder des nördlichen Flachlandes im Vergleich zu Birken-Eichenwäldern*

Im Gegensatz zu den meisten Gesellschaften des *Erico-Pinion* stocken sämtliche Einheiten des *Dicrano-Pinion* auf sauren bis stark sauren Böden (s. Tab. 33). Trotzdem erzeugen sie großenteils mehr Holzmasse als diese, weil ihre Böden tiefgründiger sind und den Bäumen größere Wasserreserven bieten. Meistens handelt es sich um silikatarme Sande verschiedener Herkunft, vor allem um altdiluviale Talsande und Flugsanddecken mit tiefliegendem Grundwasserspiegel.

Betrachten wir die natürliche Waldvegetation auf solchen Standorten, indem wir von Holland über Nordwestdeutschland und Brandenburg bis ins östliche Polen vorschreiten, so sehen wir, daß der Anteil der Kiefer mit zunehmender Kontinentalität

326 Nadelwälder und nadelbaum-beherrschte Mischwälder

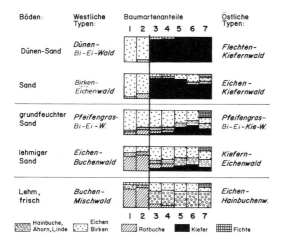

Abb. 178. Ungefährer Anteil der Kiefer und anderer Baumarten am Aufbau natürlicher Wälder auf Böden zunehmenden Lehmgehaltes im altdiluvialen Flachland von Holland bis Ostpolen. Die Ziffern beziehen sich auf die Gebiete in Tab. 33.

ansteigt (Abb. 140 u. 178). Wie Tab. 33 zeigt, ändert sich in diesem Klimagefälle aber auch das Artengefüge der Strauch-, Kraut- und Moosschicht.

In Holland und Westdeutschland (Listen 1 u. 2) herrscht der Birken-Eichenwald, den wir in Abschnitt B III 5 a besprochen haben. Nur in ihm kommen subatlantische Florenelemente reichlich vor. Sie können in der von uns verfolgten Reihe als Zeiger für „Laubwaldbedingungen" (L in Tab. 33) gelten. Ebenso wie die Niederschläge östlich der Elbe rasch von über 650 mm auf unter 550 mm sinken, verschwinden auch die subatlantischen Arten ziemlich plötzlich. Zugleich müssen die zwar immer noch stetig vertretenen Eichen der Kiefer die Herrschaft überlassen (Abb. 179 u. 180).

In dem niederschlagsarmen Nordhavelland bildet sich auf armen, trockenen Sanden bereits ein natürlicher Eichen-Kiefernwald aus (Liste 3). Flächenmäßig spielt dieser Waldtyp keine Rolle, weil die meisten Standorte des Nordhavellandes etwas nährstoff-

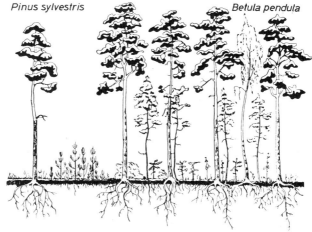

Abb. 179. Schichtenbau und Verjüngung eines natürlichen Kiefernwaldes in Polen. Nach PAWŁOWSKI (1959).

reicher oder grundfeuchter sind und die Eiche stärker begünstigen. Bemerkenswert ist, daß sich weder acidotolerante Laubwaldelemente noch „Nadelwaldpflanzen" (N) mit kontinentalem Verbreitungsschwergewicht in nennenswertem Maße an dem Aufbau der havelländischen Kiefernmischwälder beteiligen. Wie PASSARGE (1957c) im einzelnen ausführt, herrscht aber innerhalb seines Arbeitsgebietes ein starkes Florengefälle.

Rechts der Oder ist der Prozentsatz der „östlichen" Arten auf vergleichbaren Standorten bereits erheblich größer (Liste 4). Wir befinden uns hier im Bereich des märkischen Eichen-Kiefernwaldes, was aus dem gelegentlichen Auftreten von *Holcus mollis, Avenella flexuosa* und *Genista pilosa* sowie von *Cytisus scoparius* und *Fagus* geschlossen werden darf. Weiter ostwärts fehlt die Buche ganz, doch kommt es auch hier nicht zur Bildung völlig laubholzfreier Kiefernbestände.

Selbst im mittleren und östlichen Polen behauptet zumindest *Quercus robur* eine Begleiterrolle. Die überwiegend reinen Kiefernforsten, die in den altdiluvialen Sandbodenrevieren heute die Regel sind, müssen nach allem, was wir über die Waldgeschichte wissen (s. besonders FIRBAS 1949 und 1952 sowie SCAMONI 1960), als Kunstprodukte gelten.

Abb. 180. Querschnitte durch die Kraut- und Moosschicht eines Eichen-Kiefernwaldes *(Pino-Quercetum)* auf schottrigem Sandboden der Schaabe (Rügen). Nach MEUSEL (1952).
Unten von links nach rechts: *Goodyera repens*, darunter Kiefernwurzeln, *Carex arenaria, Pyrola chlorantha, Calluna vulgaris* und *Avenella flexuosa*. Oben: *Goodyera, Monotropa hypopitys, Moneses uniflora* und *Chimaphila umbellata*. Nur *Goodyera, Calluna* und *Avenella* wurzeln vorwiegend in der Rohhumusschicht (II).

Der typische Eichen-Kiefernwald des Warthe-Weichsel-Raumes (Liste 5) kann in seinen Bodenverhältnissen noch vorbehaltlos mit den bisher besprochenen Gesellschaften verglichen werden. Er stockt also wie der Birken-Eichenwald auf quarzreichen Sanden mit mehr oder minder deutlich „feingebändertem" Profil (s. Abschnitt III 5 b) ohne nennenswerten Grundwassereinfluß. Die Listen Nr. 6 und 7 sind leider in dieser Hinsicht nicht mehr ganz vergleichbar, weil der Boden unter dem bei Puławy aufgenommenen mittel-ostpolnischen Eichen-Kiefernwald etwas reicher und unter dem Fichten-Eichen-Kiefernwald im Urwald von Białowieża außerdem noch etwas feuchter ist. Das geht aus Profilbeschreibungen der in Tab. 33 zitierten Autoren hervor, kann aber auch am Artengefüge abgelesen werden. In Liste Nr. 6 kommen z. B. *Tilia cordata, Corylus avellana, Carex digitata* und *Melica nutans* neu hinzu, und in Liste 7 ist *Molinia caerulea* mit hoher Stetigkeit verzeichnet. Leider stehen aber keine besser vergleichbaren Beispiele zur Verfügung, und das wesentliche, den rein subkontinentalen Charakter des Artengefüges, zeigen auch diese.

Wie schon in Abschnitt III 3 b erwähnt, liegt der Urwald von Białowieża im Bereich des Fichtenareals, während die Listen 1 bis 6 keine Fichte aufweisen. *Picea* erreicht zwar – ähnlich wie *Fagus* im Westen – auf armen Sandböden nur geringe Anteile an den Beständen (Abb. 181), läßt aber den Prozentsatz der Nadelwaldelemente sprunghaft hinaufschnellen, weil sie eine wirksamere Humusdecke aufbaut als *Pinus sylvestris*. Trotz des Hinzutretens der Fichte kann sich die Stieleiche im Urwald von Białowieża halten, was wir als weiteren Beweis dafür nehmen dürfen, daß es auf den bisher besprochenen Flachlandstandorten Mitteleuropas von Natur aus reine Nadelwälder nirgends gibt.

Überblickt man Tab. 33 einmal im ganzen, so ist man erstaunt, wie gering die floristische Ähnlichkeit zwischen den Birken-Eichenwäldern des Westens und den Eichen-Kiefernwäldern des Ostens ist. Obwohl doch beide Gruppen von Gesellschaften auf sehr ähnlichen Böden siedeln, haben sie nur einige wenige gesellschaftsvage Säurezeiger miteinander gemeinsam. Diese genügen nicht, um das *Quercion roboripetraeae* und das *Dicrano-Pinion* systematisch zusammenzufügen. Noch weniger wäre ein solcher Zusammenschluß physiognomisch und arealgeographisch zu rechtfertigen. Die bodensauren Eichenwälder bilden vielmehr eine eigene Klasse *(Quercetea roboripetraeae)*, deren Verbreitungsschwergewicht im atlantischen Westeuropa liegt und die dem *Quercus robur-Calluna*-Gürtel E. SCHMIDS (1936) entspricht. Die bodensauren

Abb. 181. Fichten-Kiefernwald im nordöstlichen Polen auf jungdiluvialem, silikatreichem Sandboden. *Pinus sylvestris* erreicht hohe Bonität, während *Picea abies* unterständig bleibt. Am Boden herrscht *Vaccinium myrtillus*.

Kiefernmischwälder dagegen gehören zur Klasse der eurosibirischen Nadelwälder (*Vaccinio-Piceetea*).

In den subkontinentalen Trockengebieten zwischen Elbe und Weichsel hängt der Anteil der Kiefer am Aufbau der natürlichen Wälder von Eigenschaften des Bodens ab, insbesondere von seinem Silikat- und Kolloidgehalt und von seiner Wasserführung, während sein p_H-Wert und Kalkgehalt von untergeordneter Bedeutung zu sein scheinen.

„Normale" grundwasserfreie Moränen- und Talsande werden von den bereits behandelten Eichen-Kiefernwäldern (Tab. 33, Listen 3–5) eingenommen. Hier muß die Kiefer die Eiche als Partnerin dulden. Je höher der Silikatgehalt des Sandes, desto kräftiger gedeiht die Eiche. Nach KUNDLER (1956, siehe Abb. 182) sind mittelkörnige Sande gewöhnlich silikatärmer als grobe und feinkörnige und dementsprechend günstiger für den Wettbewerb der Kiefer. Vor allem aber hängt der Nährstoffgehalt der Sande von ihrem geologischen Alter ab, wie KUNDLER zeigen konnte. Je weiter man im ost-mitteleuropäischen diluvialen Flachland nach Norden kommt, desto jünger werden die eiszeitlichen Ablagerungen und desto geringer wird mithin die Wahrscheinlichkeit, daß man auf Sanden noch von Natur aus kiefernbeherrschte Wälder findet. Die Konkurrenzkraft der Laubhölzer nimmt in Richtung auf die Ostsee um so mehr zu, als auch das Klima ozeanischer wird. In südnördlicher Richtung ist hier ein ähnliches Kontinentalitätsgefälle wirksam wie das oben besprochene ost-westliche (s. Abb. 140).

Liegt der Wurzelraum des Waldes im Schwankungsbereich des Grundwassers, so hat es die Kiefer sogar in den niederschlagsärmsten Teilen des diluvialen Flachlandes und auf silikatarmen Sanden schwer, sich gegen die Eiche durchzusetzen. Pfeifengras-

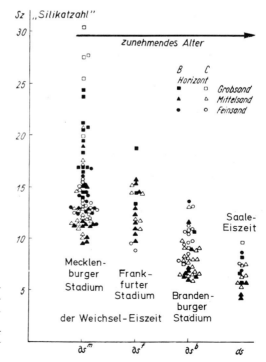

Abb. 182. Silikatgehalt von Hochflächensanden verschiedener Vereisungsstadien im nordostdeutschen Tiefland. Nach KUNDLER (1956), verändert. Je älter der diluviale Sand, desto ärmer ist er an Silikaten. Die Silikatzahl (Sz), ein Relativwert, wurde mikroskopisch bestimmt.

Birken-Eichenwälder reichen daher viel weiter nach Osten als typische Birken-Eichenwälder. Sie nehmen zwar die Kiefer als Partnerin auf, wenn sie in der Nähe vorkommt. Die reinen Kiefernbestände mit *Molinia,* die man häufig antrifft, sind aber Produkte der Forstwirtschaft (s. Abb. 183). In Abb. 178 ist das natürliche Kräfteverhältnis der Baumarten auf verschieden reichen Böden im West-Ostgefälle des Allgemeinklimas wiedergegeben.

Mit dem Tongehalt des Sandbodens steigt die Wettbewerbsfähigkeit der Laubhölzer unter sonst vergleichbaren Bedingungen ebenfalls an. Je lehmiger der Wurzelbereich, desto mehr setzt sich im Westen und Norden die Rotbuche und im Osten die Hainbuche mit ihren Begleitern durch. Von fruchtbaren Braunerden verdrängen diese Schatt- und Halbschatthölzer die Kiefer ganz. Hier und auf grundwassernahen nährstoffreichen Standorten ist *Pinus sylvestris* um so mehr im Nachteil, als sie nach PASSARGE (1953b) leichter vom Kiefernbaumschwamm *(Trametes pini)* bzw. von Stockfäuleerregern befallen wird.

Je nach Bodengüte und Kontinentalitätsgrad herrschen also im diluvialen Flachland des nördlichen Mitteleuropa entweder Kiefern oder Eichen oder anspruchsvollere Laubhölzer im natürlichen Waldbilde vor. Es ist schwierig, diese gleitenden Verhältnisse im pflanzensoziologischen System auszudrücken, zumal der Mensch in oft nicht klar erkennbarer Weise in sie eingegriffen und damit auch das Artengleichgewicht im Waldunterwuchs verschoben hat.

Nach PASSARGE (1958a) verhalten sich manche krautige Pflanzen in dem klimatischen West-Ostgefälle gegenüber der Nährstoff- und Wasserversorgung merkwürdig verschieden. *Luzula pilosa* beispielsweise ist im atlantischen Westen sehr selten und hier so anspruchsvoll, daß sie nur in feuchten Eichen-Hainbuchenwäldern gedeiht. In

Abb. 183. Kiefernreicher Pfeifengras-Birken-Eichenwald (im westlichen Polen), in dem die Kiefer vom Forstmann zur Dominanz gebracht wurde. *Molinia caerulea* tritt besonders an lichten Stellen hervor, z.B. auf dem verheideten Kahlschlag.

Polen gilt sie dagegen als eine der häufigsten Waldpflanzen und bevorzugt die ärmeren Standorte, insbesondere den Pfeifengras-Birken-Stieleichenwald mit Kiefern. Gerade umgekehrt ist der Efeu in Holland und Nordwestdeutschland ziemlich bodenvag, zieht sich aber weiter ostwärts in den feuchten Eichen-Hainbuchenbald zurück. Möglicherweise spielt hierbei seine Empfindlichkeit gegen Winterfröste eine Rolle, während die Hainsimse wahrscheinlich in erster Linie auf die Humusbeschaffenheit und die relative Beleuchtungsstärke reagiert und wohl auch mehr von Konkurrenten abhängig ist.

Ähnlich wie bei *Hedera* ändert sich die „soziologische Amplitude" aber auch bei *Moehringia trinervia*, während sich mit *Luzula pilosa* Arten wie *Maianthemum bifolium, Hepatica nobilis* und *Carex digitata* vergleichen lassen, d.h. ebenfalls recht verschiedene Pflanzentypen. Eine nähere ökologische und vor allem eine experimentelle Bearbeitung dieser interessanten Befunde steht leider noch immer aus.

Neben den bisher betrachteten reinen oder gemischten Kiefernwäldern gibt es im nördlichen Mitteleuropa zahlreiche andere, die wir hier aber nicht sämtlich erwähnen oder gar näher besprechen können. In Mecklenburg und Pommern z.B. kommen Buchen-Kiefernwälder vor (SCAMONI 1960), eine Kombination, die in Mitteleuropa selten ist. Zwischen der Lysa Gora und Warschau, wo die Tanne in die Ebene hinabsteigt, mischen sich Waldkiefer und Tanne, was schon PREISING (1943) zur Ausscheidung einer besonderen Assoziation, des Tannen-Kiefernmischwaldes, veranlaßt hat. Auch mit manchen anderen bereits behandelten Gesellschaften gibt es Verzahnungen, die man annähernd von diesen her verstehen kann.

In verschiedenen Kiefernwald-Gesellschaften des nordost-mitteleuropäischen Flachlandes ist *Juniperus communis* so häufig, daß man geradezu von einem „Wacholder-Kiefernwald" sprechen möchte (Abb. 184). Einzeln oder truppweise besetzt dieser

Adbb. 184. „Wacholder-Kiefernwald" südwestlich von Białystok im östlichen Polen. *Juniperus* verbreitete sich als Weideunkraut; auch der am Boden herrschende Schafschwingel *(Festuca ovina)* wurde durch Beweidung gefördert.

immergrüne Nadelstrauch unter dem lichten Kiefernschirm oft weite Flächen, die von einem harten Rasen nur dürftig überkleidet werden. Solche Waldbilder entstanden durch die früher übliche und stellenweise sogar heute noch geübte Beweidung mit Schafen, Ziegen und anderen Haustieren. Deren Verbiß, Tritt und Dung zerstörten die Zwergsträucher und Moose und ließen Schafschwingel, Straußgras und andere Pflanzen der Magerrasen in den Wald eindringen. Im Lauf der Jahrhunderte merzten die Weidetiere auch Eichen und andere Laubhölzer aus, während sie die Jungpflanzen des Wacholders ungeschoren ließen. Nur im Schutze größerer Wacholdergruppen konnten sich die ursprünglichen Gesellschaftspartner halten oder wieder ansiedeln. „Wacholder-Kiefernwälder" bildeten sich vor allem in der Nähe größerer Siedlungen in Brandenburg, Polen und im ehemaligen Ostpreußen aus. Auf den Flugsanden der Oberrheinischen Tiefebene trifft man sie ebenfalls noch hier und dort. Sie sind das subkontinentale Gegenstück zur subatlantischen *Calluna*-Heide Nordwestdeutschlands und werden wie diese von der modernen Forstwirtschaft nach und nach verdrängt. Übrigens kommen auch in Schneeheide-Föhrenwäldern wacholderreiche Ausbildungsformen vor, z.B. im Inntal zwischen Landeck und Innsbruck. Bei diesen handelt es sich ebenfalls nicht um besondere Assoziationen, sondern nur um wirtschaftsbedingte Fazies der jeweils standortsgemäßen Vegetationseinheit.

V Gehölzvegetation der Flußauen und Sümpfe

1 Flußauen und ihre Vegetation

a *Lebensbedingungen und Pflanzenformationen in Flußauen*

Bei der Darstellung der Waldgesellschaften Mitteleuropas haben wir die Auenwälder bisher nicht berücksichtigt, obwohl manche von ihnen den bereits besprochenen Eichen-Hainbuchenwäldern und Ahorn-Eschenwäldern recht ähnlich sind, und auch Schneeheide-Föhrenwälder und andere Waldtypen trockener Böden in enger Verbindung mit Flußauen vorkommen. Wir verstehen diese Wälder aber besser, wenn wir sie als Endglieder von ökologischen Reihen sowie von dynamischen Vorgängen betrachten, die alle in Flußauen lebenden Pflanzenformationen miteinander verbinden (s. Abb. 185 und Tab. 44 sowie Abb. 186).

So verschieden die Pflanzengesellschaften der Auen im Aussehen und im Artengefüge auch sein mögen, sie hängen oder hingen sämtlich von der Wasserführung des Flusses ab. Je nach Lage des Flußabschnittes schwankt die Durchflußmenge um etwa das Fünf- bis Fünfzigfache, obwohl es in Mitteleuropa keine regelmäßig eintretenden Trockenperioden gibt. Bei minimalen Wasserständen ist nur ein kleiner Teil des Flußbettes ausgefüllt. Bei Spitzenhochwassern dagegen steht vorübergehend die ganze Aue unter Wasser. Nur so weit überhaupt einmal Überschwemmungen reichen, rechnen wir die Pflanzengesellschaften und Böden zur Flußaue. Wo das nicht oder nicht mehr der Fall ist, macht sich das Fehlen dieses beherrschenden ökologischen Faktors früher oder später im Artengefüge bemerkbar.

Da die Schneeschmelze in den Hochgebirgen viel später einsetzt als in niedrigeren Lagen, führen die von dort gespeisten Flüsse in der Regel während der Monate Juni oder Juli am meisten Wasser (Abb. 187). Deshalb gibt es in hochgebirgsnahen Flußauen meistens keine Wiesen, sondern nur Viehweiden oder Wälder, deren Nutzung durch das Sommerhochwasser weniger gestört wird. Bei Mittelgebirgsflüssen dagegen, besonders im westlichen Europa mit seinen relativ milden und schneearmen Wintern, ist die normale Hochwasserwelle um diese Zeit schon längst abgeklungen, so daß man

Abb. 185. Wilde Isar bei Icking/Wolfratshausen. In der kiesigen Aue am Alpenrand teilt sich der rasch strömende Fluß in zahlreiche Arme und verändert seinen Lauf bei jedem Hochwasser. Dadurch schafft er Standorte für die verschiedensten Pflanzengesellschaften, von der Schotterflur bis zum Wald, die kleinräumig und oft auch kurzzeitig miteinander wechseln. Phot. HEERING.

beispielsweise an der unteren Ems, Weser, Elbe und Oder ausgedehnten Wiesenbau betreiben kann und die Auenwälder schon seit langem fast restlos in Grünland verwandelt hat. Je weiter nach Osten, desto längere Zeit frieren die Flüsse im Winter zu, und desto länger führen sie im Frühjahr Treibeis, das bei Hochwasser manche Zerstörungen am Ufer anrichtet. Je nach der Lage des Einzugsgebietes ist also der Rhythmus im Heben und Senken des Wasserspiegels verschieden, wenn auch überall einmal von ungewöhnlichen Starkregen katastrophale Überschwemmungen ausgelöst werden können. So stieg z. B. in der Pupplinger Au oberhalb München nach SEIBERT (1958) am 13. Sept. 1956, also in einer Zeit, in der die Isar sonst wenig Wasser führt, der Wasserspiegel in 24 Stunden um 2,80 m und fiel in wenigen Tagen wieder auf das vorherige Niveau zurück.

Solchen wechselnden und teilweise völlig unberechenbaren Bedingungen sind alle Pflanzen und Pflanzengesellschaften ausgeliefert, die in der Flußaue leben. Die meisten von ihnen sind fähig, eine zeitweilige Überflutung ohne Dauerschaden zu überstehen oder sich nach einer solchen rasch zu regenerieren. Viele vermögen außerdem längere Trockenperioden auszuhalten, indem sie entweder dem absinkenden Grundwasser mit ihren Wurzeln folgen oder ihre Wasserabgabe einschränken. Gerade den Pflanzen der Flußaue können Trockenperioden unter Umständen mehr schaden als die normalen Überschwemmungen.

Die Unsicherheit des Lebensraumes wird aber teilweise wieder wettgemacht durch die besondere Gunst der Ernährungsbedingungen, durch die sich die Flußaue vor allen

Tab. 44. Übersicht der Morphologie und Vegetation mitteleuropäischer Flußauen von den Alpen bis zur Nordsee, schematisiert (vgl. Abb. 171 und 172)

FLUSS-ABSCHNITT	ALPENTÄLER	ALPEN-VORLAND	FLACHLAND	NORDSEE-MÜNDUNG
Morphologie allgemein	meist Ober- oder Mittellauf überwiegend Erosion	meist Mittellauf z.T. Unterlauf Erosion und Sedimentation	Unterlauf überwiegend Sedimentation	Mündungslauf (Aestuar) überwiegend Sedimentation
Strömung	rasch	mittel	langsam	Richtung wechselnd, langsam
Hauptsediment	Kies	Sand	Lehm	Schlick u. Sand
Hochwasserzeiten im Jahresgang	Sommer	Frühsommer, auch Winter	Winter selten Sommer	Winter
im Tagesgang	kurz nach Mittag	–	–	2 mal täglich
Ursache von Sommerhochwassern	Schnee- und Gletscherschmelze	wie links, teilweise wie rechts	außergewöhnliche Starkregen	wie links, außerdem Sturmfluten
Gestalt des Laufes	viele kleine Rinnen	mehrere Arme, mäßig mäandrierend	wenige Arme, aber viele weite Schlingen	breite Trichtermündung, auf Schwemmland Priele
Bezirke mit Stillwasser-Verlandung	fehlen	selten (große Altläufe)	zahlreich (Altläufe)	fehlen
Vegetation (hoch) Stufung ↓ (tief)	– Grauerlen oder Grünerlen Buschweiden Kräuter	Hartholzwald Grauerlen oder Baumweiden Flußröhricht Annuelle	Hartholzwald – Baumweiden Flußröhricht Annuelle	Hartholzwald – Baumweiden Tideröhricht –
im Flußbett	*Chondrilletum*	*Polygono-Chenopodietum* und (oder) *Polygono-Bidentetum*		–
unterer Auenrand	*Chondrilletum*	*Agropyro-Rumicion*-Gesellschaften		*Bolboschoenetum maritimi*
Übergangszone	*Salici-Myricarietum*	*Phalaridetum*	*Phalaridetum*, auch *Phragnitetum*	Tide-*Phragmitetum*, auch *Phalaridetum*
Weichholzaue, Weiden	*Salicetum elaeagno-daphnoides*	*Salicetum triandro-viminalis* und *Salicetum albo-fragilis, Populetum*		desgl. aber ohne Pappeln
Grauerlen	*Calamagrosti-Alnetum incanae*	*Equiseto-Alnetum incanae*	–	–
Hartholzaue, unten	–	*Ulmetum* u.a. Mischwälder		desgl.,
oben	–	*Ulmo-Quercetum*		ohne Ulmen
in Altläufen	–	stellenweise wie rechts	Verlandungsreihe zum *Alnetum glutinosae*	stellenweise wie links

Flußauen und ihre Vegetation 335

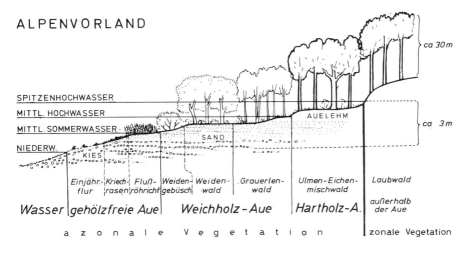

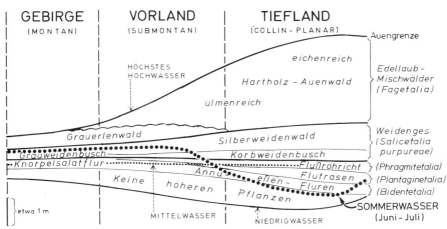

Abb. 186. Oben: Schematischer Querschnitt durch die vollständige Serie der Auenvegetation am Mittellauf eines Flusses im Alpenvorland. Der Grauerlenwald kann auf gleichem Niveau liegen wie der Weidenwald.
Unten: Schematischer Längsschnitt durch die Vegetationsabfolge in Flußauen von den Alpentälern bis ins küstennahe Tiefland in Beziehung zum Jahresmittel (dünn punktiert) und Sommermittel (dick punktiert) sowie zur Schwankungshöhe des Wasserstandes.

anderen Standortskomplexen auszeichnet (Abb. 188). Jede Überflutung teilt dem Boden Nährsalze und Sinkstoffe mit, die seine Fruchtbarkeit erhöhen, so daß man geradezu von einer natürlichen Düngung sprechen kann. Am stärksten ist diese dort, wo sich „Spülsäume" absetzen, d. h. bei höchstem Wasserstande Pflanzen- und Tierreste angeschwemmt werden. Solche Ablagerungen sind meistens stark eiweißhaltig und so gut durchfeuchtet, daß sie rasch mineralisiert werden. Kaum ein anderer Standort der Naturlandschaft ist deshalb so reich an Nitraten wie ein derartiger Spülsaum in den ersten Jahren nach seiner Ablagerung. Da das Getreibsel die von ihm überdeckten Gräser und Kräuter nicht selten vorübergehend erstickt, finden auch lichtliebende und raschlebige annuelle Nitratpflanzen, deren Samen oft mitangespült werden, hier eine so gute Entwicklungsmöglichkeit wie sonst nirgends in der Naturlandschaft.

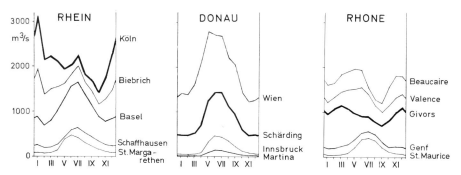

Abb. 187. Veränderung des Abflußregimes von den Schweizer Alpen bis ins Tiefland. Nach HELLER (1969), verändert.

Die Donau entspringt zwar im Mittelgebirge, erhält aber das meiste Wasser aus den Alpen. Bis unterhalb Wien sind Hochwasser durchschnittlich im Sommer zu erwarten, d. h. zur Zeit der stärksten Gletscher- und Schneeschmelze im Hochgebirge ("Gletscherregime").
Beim Rhein überwiegt das Gletscherregime bis Basel, wird weiter unterhalb aber mehr und mehr vom "ozeanischen Regenregime" des niedrigen Berglandes und der mitteleuropäischen Tieflagen abgelöst.
Bis zum Ausfluß des Genfersees macht sich auch in der Rhone das Hochgebirge bemerkbar, von dort ab aber in steigendem Maße das "mediterrane Regenregime" mit ausgesprochenen Minima im Spätsommer.
Die großen Ströme im Osten Mitteleuropas (hier nicht dargestellt) werden vom "Schneeregime der Ebene" geprägt, d. h. von starken Hochwassern im Frühling (April/Mai).

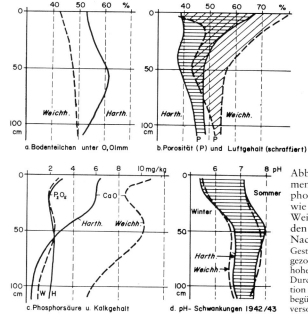

Abb. 188. Textur (a), Porenvolumen und Luftgehalt (b), Phosphorsäure- und Kalkgehalt (c) sowie pH-Werte (d) von Böden der Weichholz- und Hartholzstufe in den Marchauen bei Strážnice. Nach MEZERA (1956), verändert. Gestrichelt = *Populo-Salicetum*, ausgezogen = *Querco-Ulmetum*. Der hohe Anteil feiner Partikel, die gute Durchlüftung und die neutrale Reaktion sowie die Zufuhr von Sedimenten begünstigen außerdem die Stickstoffversorgung der Pflanzen.

Je höher das Niveau des Bodens über dem mittleren Flußwasserstande liegt, desto seltener werden die Pflanzengesellschaften durch Überflutungen geschädigt und desto länger dauert ihre ungestörte Vegetationsperiode. Andererseits wird aber die durch das Hochwasser bewirkte Stoffzufuhr geringer und der durchschnittliche Abstand der Bodenoberfläche vom Grundwasser größer. Die günstigsten Lebensbedingungen für krautige Pflanzen und flachwurzelnde Holzgewächse herrschen deshalb jeweils in der Mitte der in Abb. 186 a und b dargestellten ökologischen Reihen.

Solche Reihen sind in Wirklichkeit nirgends so vollständig und regelmäßig ausgebildet, wie sie auf schematischen Darstellungen erscheinen. Diese erleichtern nur die Übersicht über die wechselvollen Standortsverhältnisse, die der Fluß durch Erosion, Sedimentation und Bettverlagerung schafft. Wie aus Abb. 186 hervorgeht, lassen sich die Formationen der Flußauen für den mitteleuropäischen Bereich nicht in einem einzigen Schnitt vereinigen. Bei einem im Gebirge entspringenden Fluß muß man vielmehr in Anlehnung an MOOR (1958) mindestens 5 Abschnitte unterscheiden (s. Tab. 44):

1. Der Quellauf ist schmal und kerbt sich je nach seiner Lage zur Erosionsbasis mehr oder minder rasch in das Gestein ein. Er wird zwar streckenweise von hygrophilen Staudenfluren oder anderen Nässe ertragenden Gesellschaften begleitet, bildet aber nur vor Felsschwellen oder anderen Hindernissen kleine Auen aus.

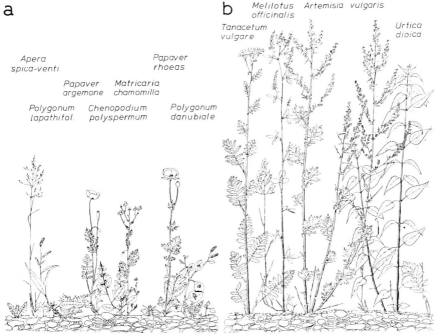

Abb. 189. Pioniervegetation auf einer jungen Kiesbank, die über das Mittelwasser der Ahr aufragt (halbschematisch). Nach LOHMEYER (1971), verändert.
a Im ersten Jahr herrschen Therophyten, die großenteils auch als Ackerunkräuter auftreten. Mehrjährige Arten sind schon vorhanden, treten aber nicht hervor.
b Ein Jahr später bestimmen zwei- und mehrjährige Stauden den Aspekt; *Agrostis stolonifera* bleibt im Unterstand.

2. Auch am Oberlauf kann die Aue fehlen, doch begleitet sie ihn meistens als ein schmales Band. Das rasch strömende Wasser setzt vorwiegend Kies und höchstens Sand ab und überflutet die Aue nur flach. Selbst mitten im Flußbett können sich auf erhabenen Kiesbänken Sträucher ansiedeln, die allerdings sehr wurzelaktiv und regenerationsfähig sein müssen. Die etwas höher gelegenen Auen werden von flachwurzelnden Weichhölzern, insbesondere von Grauerlen, gehalten.

3. Am Mittellauf, der in den größeren Gebirgstälern oder am Gebirgsrande beginnt, kann man außer dem Flußbett bereits eine „Weichholzaue" und eine „Hartholzaue" unterscheiden. Wir werden ausführlicher auf diese drei Auestufen, ihre Pflanzengesellschaften und deren Lebensbedingungen eingehen.

4. Der Unterlauf hat ein Gefälle von meist weniger als 0,3‰, mäandriert deshalb noch stärker und schafft sich eine Aue mit vorwiegend feinkörnigen Ablagerungen. Die Auestufen ähneln denen des Mittellaufes, unterscheiden sich aber durch das Fehlen der auf hohe Sommerwasserstände angewiesenen Grauerlen und durch häufigeres Vorkommen von ruhigen Altläufen, die seenartig verlanden.

5. Besondere Lebensbedingungen herrschen im Mündungslauf der Flüsse. Wo sich ihr Wasser in Seen oder Meeresteile mit wenig schwankendem Wasserspiegel ergießt, bilden sie unter natürlichen Verhältnissen ein breites Delta aus, in dem Röhrichte und Weiden-Auenwälder fruchtbare Schlickstandorte finden. Die in die Nordsee mündenden Flüsse dagegen werden im Rhythmus von Flut und Ebbe zweimal täglich aufgestaut. Hier kann kein Delta entstehen; Trichtermündungen (Ästuare) ziehen sich flußaufwärts weit in das Land hinein. Noch bei Hamburg z.B. beträgt der durchschnittliche tägliche Tidehub etwa 2 m und der maximale 8 m, so daß hier die Röhrichte unter ganz besonderen Verhältnissen leben und sich annuelle Pflanzen im Flußbett überhaupt nicht zu entwickeln vermögen.

Die Stufenfolge der Formationen, die von der Flußmitte bis zum Rande der Aue aufeinander folgen, ist in der mittleren und unteren Laufstrecke am vollständigsten, also in dem Bereich, in dem der Fluß mehr sedimentiert als erodiert.

Abb. 190. Flußröhricht (Phalaridetum) am kiesigen Ufer der Aare; davor Fragmente des Flechtstraußgras-Rasens (Agrostis stolonifera) und im trocken gefallenen Flußbett Annuelle (Polygonum lapathifolium).

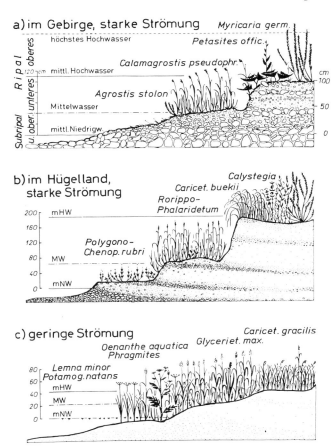

Abb. 191. Flußufer-Bewuchs bei verschieden starker Strömung und Wasserspiegelschwankung, an Beispielen des Studený (a) mit nivalem Abflußregime in der Hohen Tatra sowie des Adler-Unterlaufs (b, c) im niedrigen Bergland Nordostböhmens. Nach KOPECKY (1969), verändert.

a) Infolge der Schneeschmelze im hohen Gebirge führt der transportkräftige Gebirgsfluß im Frühsommer am meisten Wasser. Das „Subripal" (unterhalb des Mittelwasserspiegels) ist deshalb nahezu pflanzenleer. Nur im „oberen Ripal" siedeln sich Kriechrasen an (mit *Agrostis stolonifera, Barbaraea vulgaris* und *Juncus articulatus*). Der Ufer-Reitgrasrasen *(Calamagrostietum pseudophragmitis)*, eine nur im kontinentalen Südosten Mitteleuropas vorkommende Gesellschaft, überzieht kiesige Sandbänke im „unteren Ripal", wo auch schon Tamarisken *(Myricaria germanica)* Fuß fassen können. Als Saum der *Myricaria-Salix incana*-Gebüsche gibt es oft ausgedehnte Pestwurzfluren (vorwiegend mit *Petasites officinalis*).

b) Der Prallhang des Flusses muß starker Strömung und Wasserspiegelschwankung standhalten. Der Bereich des Niedrigwassers und darunter bleiben infolgedessen vegetationslos. Auf zeitweilig wasserfreien Bänken siedeln Annuelle *(Polygonum lapathifolium* u. *danubiale, Chenopodium rubrum* u. a.). Das Rohrglanzgras-Röhricht bietet einen gewissen Uferschutz. Die Banater Segge *(Carex buekii)* bildet am wenig überfluteten Uferrand eine eigene, nur im südöstlichen Mitteleuropa vorkommende Gesellschaft. Diese tritt zurück, wo Weidengebüsch das Ufer säumt, und von „Schleiergesellschaften" (mit *Calystegia sepium, Cuscuta*-Arten u. a.) überwuchert ist.

c) Oberhalb einer Kraftwerk-Staustufe erinnert die Vegetations-Zonierung an einen flachen See: 1. Wasserlinsen-Decke und fragmentarische Seerosen-Gesellschaft, Schilfröhricht mit Wasserfenchel und einer Randzone aus Blumenbinse *(Butomus umbellatus)*, Schwadenröhricht *(Glycerietum maximae)*, Schlankseggenried *(Caricetum gracilis)* mit *Phalaris*.

340 Gehölzvegetation der Flußauen und Sümpfe

a) Im eigentlichen Flußbett, d. h. in dem bei mittlerem Wasserstand vom Fluß erfüllten Teil des Gerinnes, können sich hier nirgends ausdauernde Landpflanzen halten. Auch unter den Wasserpflanzen fehlen die höher organisierten meistens ganz.

b) In dem oft überfluteten, zeitweilig aber recht trockenen amphibischen Uferbereich siedeln sich in den Flußabschnitten 3 und 4 verschiedene Kräuter an, von denen aber nur die raschlebigen Annuellen bis zur Samenreife gelangen (Abb. 189). Vor allem sind es *Chenopodium*- und *Polygonum*-Arten, die hier zwischen Schottern oder auf grobem, aber nährstoffreichem Sand voll besonnte und konkurrenzfreie Plätze finden. Auf dem schlickreicheren Uferstreifen der Unterläufe spielen auch *Bidens*-Arten eine Rolle, wie hier überhaupt die Annuellenfluren besser entwickelt sind als am Mittellauf, dessen Uferbänke ja oft erst im August trocken fallen. Im Übergang zur nächsthöheren Zone breiten sich hier und dort raschwüchsige Gräser oder grasähnliche Pflanzen in niedrigen Teppichen aus, die aber ebenso wie die vereinzelten Kräuter im tieferen Flußbett von Jahr zu Jahr ungleich häufig auftreten und bei anhaltend hohem Wasserstande gar nicht zur Entwicklung kommen.

c) Erst oberhalb einer gewissen Grenze der Überflutungsdauer fassen hochwüchsige Gräser oder grasartige Pflanzen Fuß, die fähig sind, sich mit einem dichten Geflecht von Rhizomen im Boden zu verankern und vegetativ auszubreiten (Abb. 190, 191). Am Mittellaufe und teilweise auch am Unterlaufe der Flüsse herrscht in diesem Flußröhricht das Rohrglanzgras *(Phalaris arundinacea),* dessen schlaffe Halme es im Gegensatz zum starr aufrechten Schilf *(Phragmites australis)* vertragen, öfter von der Strömung geknickt zu werden. An stark beanspruchten Uferstrecken fehlt aber auch das *Phalaridetum,* und nur an ruhigen Stellen bildet es breite, lückenlose Gürtel. Die Entwicklung der einzelnen Siedlungen des Flußröhrichts geht oftmals von Rasenstücken aus, die das Hochwasser ans Ufer spülte, ist also mehr oder minder vom Zufall abhängig.

Abb. 192. Purpurweiden-Gebüsch *(Salicetum purpureae)* und Fragmente des Flußröhrichts *(Phalaridetum)* auf einer übersandeten Kiesbank in der Enns (im Gesäuse unterhalb Admont) bei Niedrigwasser im September. Vorn rechts Weidenkeimlinge (vorwiegend *Salix alba*) aus Samen, die im Juni angespült wurden.

d) Auf gleiche Weise siedeln sich zuweilen auch die ersten Pioniere des Auenwaldes an, zu denen vor allem buschige und sehr raschwüchsige Weidenarten gehören, z. B. *Salix purpurea* und *S. triandra* (Abb. 192). Eine generative Vermehrung gelingt diesem Weidengebüsch nicht in jedem Jahre, obwohl es viele flug- und schwimmfähige Samen erzeugt. Denn Weidensamen bleiben nur wenige Tage keimfähig und laufen nur auf nassem, aber nicht überflutetem Boden auf. Die Keimlinge brauchen zu ihrer Entwicklung außerdem viel Licht, können sich also meistens nicht in einem schon vorhandenen dichten Röhricht ansiedeln.

e) Nur auf breiten und zugleich niedrigen Kies- oder Sandbänken kann das Weidengebüsch einmal größere Flächen einnehmen. Sonst bildet es einen schmalen Saum, der den Übergang vom Röhricht oder vom kaum bewachsenen Ufer zu dem auf etwas höherem Niveau stockenden Weichholz-Auenwald vermittelt. Wie der Name sagt, besteht diese in keiner natürlichen Flußaue fehlende Formation aus Bäumen, deren rasch gewachsenes Holz wenig haltbar und verhältnismäßig leicht ist (Abb. 193).

Abb. 193. Silberweiden-„Urwald", d. h. der erste Baumbestand, der sich auf einer nach 1940 neu entstandenen und bis zur Aufnahme im Jahre 1963 nicht gestörten Aareinsel ansiedelte. Vorherrschend *Salix rubens (S. alba × fragilis)* und *S. alba*; im Unterwuchs vorn *Festuca gigantea* und *Urtica dioica*, hinten *Phalaris arundinacea* erkennbar.

Namentlich einige schöne Weidenarten, wie *Salix alba, S. fragilis* und deren Bastard *S. rubens* sowie *S. triandra,* sind im Weichholz-Auenwald über ganz Mitteleuropa mit Ausnahme der Gebirge verbreitet. In montanen Lagen und im Vorland der Hochgebirge, d.h. im Bereich der regelmäßig eintretenden Sommerhochwasser, werden die etwas höher gelegenen Teile der Weichholz-Aue von der Grauerle *(Alnus incana)* beherrscht (Abb. 194). Welche Rolle die Pappeln, insbesondere *Populus nigra* und *P. alba,* in den Weichholz-Auenwäldern Mitteleuropas von Natur aus spielen, kann man heute kaum noch entscheiden (s. Abschnitt B V 1 d).

f) Die höchste Stufe innerhalb des Überschwemmungsbereiches am Mittel- und Unterlauf der Flüsse nimmt in der Naturlandschaft eine Waldformation ein, die man wegen ihres Reichtums an kräftigen, dauerhaften Baumarten treffend als Hartholzaue bezeichnet (Abb. 195). Sie wird nur bei außergewöhnlichen Hochwässern überflutet und ist deshalb auch in ihrem Unterwuchs „waldähnlicher" als die Weichholzaue, in der sich an lichten Stellen noch viele Röhrichtpflanzen und andere wenig schattenertragende, also waldfremde, Stauden und Gräser zu halten vermögen. Da die Hartholzauen nur selten überschwemmt werden und ihr Boden sehr fruchtbar ist, wurden sie auch im Gebirgsvorland großenteils gerodet und in landwirtschaftliche Kultur genommen. Die meisten heute noch vorhandenen Waldreste sind von der Esche beherrscht, die bereits im Übergangsbereich zwischen der Weich- und Hartholzstufe gut gedeiht. In den oberen Teilen der Hartholzaue spielen Ulmenarten *(Ulmus glabra, U. laevis)* und die Stieleiche eine Rolle, während die sonst so kampfkräftige Buche nur unter ganz besonderen Umständen einmal innerhalb des Überschwemmungsbereiches von Flüssen vorkommt (s. Abschnitt B V 1 h).

Abb. 194. Grauerlen-Auenwald am Inn bei Strada im Spätherbst. Hochwasser hat den Sand und Kies zerfurcht und Teile des Erlenbestandes losgerissen und verschwemmt (Blick stromaufwärts bei ziemlich niedrigem Wasserstand).

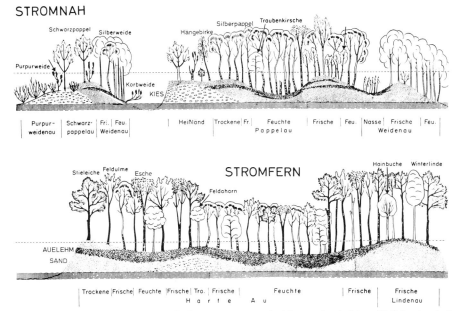

Abb. 195. Naturnahe Waldgesellschaften vom Donauufer bis zum landseitigen Teil der Aue bei Wien, halbschematisch; darunter die in Österreich üblichen Namen der Einheiten. Nach MARGL (1971), etwas verändert.

Als „Heißländ" werden hoch aufgeworfene Kiesbänke mit dünner Feinerdedecke bezeichnet, auf denen die Bäume das Grundwasser meist nicht mehr erreichen. Hier siedeln sich zunächst Purpurweiden *(Salix purpurea)*, aber auch gegen Trockenheit resistentere Filzweiden *(S. eleagnos)* und Schwarzpappeln *(Populus nigra)* an. Später folgen Hängebirken *(Betula pendula)* und Eichen *(Quercus robur)* sowie auf weniger trockenen Standorten Mischwälder mit Eiche und Winterlinde *(Tilia cordata)*.

Auf mehr oder minder sandigen bis schluffigen Böden, die meist auch von vornherein niedriger lagen, folgen dem Purpurweiden- oder Korbweiden-Gebüsch *(S. viminalis)* ein „frischer" oder „feuchter" Weiden-Auenwald (mit Silberweide, *S. alba*) und ein „frischer" oder „feuchter" Pappel-Auenwald (mit vorwiegender Silberpappel, *P. alba*). Die Hartholz-Auenwälder („Harte Au"), die sich schließlich einstellen, sind ebenfalls je nach der Bodenfeuchte verschieden zusammengesetzt. Mit wechselnden Anteilen herrschen hier Feldulme *(Ulmus minor)*, Esche *(Fraxinus excelsior)* oder auch Silberpappel und Eiche. Im Unterwuchs weist unter anderen die Traubenkirsche *(Prunus padus)* auf feuchte Standorte hin.

Die im Gebirge so häufige Grauerle *(Alnus incana)* ist bei Wien schon selten. Sie läßt sich ebenso wenig einem bestimmten Auenniveau zuordnen wie die meisten übrigen Baumarten. Als Flachwurzlerin meidet sie im regenarmen Tiefland aber kiesige Auenböden (vgl. Abb. 201).

g) Da der Fluß bei Hochwasser an seinen Ufern mehr Sedimente ablagert als in größerer Entfernung davon, entstehen in seiner Nähe relativ trockene Standorte, zumal sich der Grundwasserspiegel bei Niedrigwasser zum Fluß hin senkt. Je weiter vom Strombett entfernt, desto größer sind die Wasserstandsschwankungen im Boden. Am Rande der Aue steht das Grundwasser meist ganz nahe an der Bodenoberfläche, weil es vom Hochufer und von dessen höher gelegener Umgebung her gespeist wird. Vor allem in den während des Spätglazials ausgeräumten, für die heutigen Flüsse viel zu breiten Tälern ist das der Fall. Hier bildeten sich stellenweise recht ausgedehnte Randvermoorungen, deren Pflanzendecke der Niedermoorvegetation außerhalb der Flußauen entspricht (siehe Abschnitt V 2).

h) An die Aue grenzen nicht überflutete Gestade an, deren natürliche Vegetation von der bereits besprochenen zonalen Vegetation gebildet wird.

i) Sämtliche großen Stromauen Mitteleuropas sind in ältere Schotterterrassen eingetieft, die während der Vereisungen, in den Zwischeneiszeiten oder in der frühen Nacheiszeit einmal Auen waren. Ihre heutige Vegetation unterscheidet sich zwar meistens deutlich von der zonalen, erinnert aber in der Regel auch nur wenig an diejenige der Flußauen, ja steht oft in krassem Gegensatz zu dieser. Ihre kiesigen oder grobsandigen, durchlässigen Böden trocknen nicht selten aus und dulden nur einen kümmerlichen und lichten Bewuchs. In Alpennähe herrschen auf solchen Schotterterrassen besondere Typen der Schneeheide-Föhrenwälder.

Diese allgemeine Schilderung der Vegetationsabstufung am Ober-, Mittel- und Unterlauf der Ströme gilt nicht nur für Mitteleuropa, sondern in den Grundzügen auch für alle anderen von Natur aus mit Laubwäldern bedeckten humiden Gebiete der Erde, insbesondere für die breiten Flußauen im Bereich des tropischen Regenwaldes. Die bei Niedrigwasser trocken fallenden Sandbänke und Altlaufbetten des oberen Amazonas und seiner Nebenflüsse beispielsweise werden alljährlich neu von locker verteilten Therophyten besiedelt (b), und an den Uferböschungen hält sich ein dichter Rasen, der unserem Flußröhricht entspricht (c). Weidenähnliche Gebüsche (d) bilden an Gleitufern den ersten Waldmantel, der rasch von großblättrigen Weichhölzern (e) abgelöst wird, die ökologisch etwa unseren Grauerlen entsprechen. Auf den höheren, selten überfluteten Teilen der Aue herrschen hohe und schattholzreiche Hartholz-Auenwälder (f), die den Regenwäldern der „festen Erde" außerhalb der Flußaue bereits physiognomisch ähneln, aber floristisch von ihnen abweichen (s. ELLENBERG 1959).

b Dynamik der Auenvegetation

In den Tropen wie in Mitteleuropa unterliegt die Flußaue ständigem Wandel. An Prallhängen unterspült der Fluß den von ihm selbst einst aufgeschichteten Auenwaldboden und reißt Hochwälder in die Tiefe. Auf dem seichtabfallenden Innenufer der Flußschlingen dagegen kann sich der Übergang von den Annuellenfluren des Flußbettes über die Grassäume und Weichholzbestände bis zu den hohen Auenwäldern in breiten Streifen vollziehen. Der Fluß pendelt bald hier, bald dort in seiner weiten Aue, wirft nieder oder baut auf in immer wiederholtem Wechsel. Diese in den Feuchttropen und anderen dünn besiedelten Waldlandschaften der Erde noch gut zu beobachtende Dynamik steht in scharfem Gegensatz zu der relativen Stabilität der Naturlandschaft außerhalb der Flußauen. In Mitteleuropa hat schon längst der Wasserbauingenieur die Flüsse in Zucht genommen, so daß ihre Erosions- und Sedimentationsarbeit nur noch an wenigen Stellen der natürlichen entspricht. Insbesondere die Hartholzauen sind durch Begradigung und Eindämmung der Flüsse sehr in Mitleidenschaft gezogen worden (Abb. 30–32). Deshalb kann die Grundfrage, die sich beim Betrachten der Vegetationsstufungen in Flußauen aufdrängt, in Mitteleuropa kaum noch mit Sicherheit beantwortet werden: Ist die offene Annuellenflur mit der Hartholzaue durch eine schrittweise erfolgende Entwicklung verbunden, oder ist die oben besprochene Reihe der Vegetationsformation nur Ausdruck eines räumlichen Nebeneinanders von Standorten, die der Fluß gleichzeitig zu schaffen vermag? Kürzer ausgedrückt: Handelt es sich um eine Sukzession oder um eine Zonierung?

SIEGRIST (1913) und andere Pioniere der Flußauenforschung, aber auch SEIBERT (1958) und manche jüngeren Autoren, vertreten die erstere Ansicht, obwohl sie einräumen, daß neben echten Sukzessionen langfristig stabile Zonenbildungen nicht selten sind. MOOR (1958) sieht fast überall Zonierungen, und wie er sind viele Vegetationskundler gegenüber den auf den ersten Blick so klaren und überzeugenden Sukzessionsdiagrammen skeptisch geworden.

Fest steht jedenfalls, daß nackte Böden, die der Fluß neu aufschüttete oder in plötzlich abgeschnittenen Schlingen hinterließ, sehr rasch von Pflanzen besiedelt werden. Für die Pupplinger Au südlich von München konnte SEIBERT durch den Vergleich von Luftbildern sogar nachweisen, daß sich ein aus Grauerlen bestehender Weichholz-Auenwald in nur 34 Jahren auf vorher vegetationsfreiem Boden einstellte (s. Abb. 196). Diese erstaunlich schnelle Entwicklung begann zweifellos mit einer ähnlichen Therophytenflur, wie sie sich in den alljährlich trockenfallenden Teilen des Flußbettes ansiedelt. Doch folgte ihr nicht schrittweise ein Röhricht, dann ein Weidengebüsch, dann ein Weidenwald und erst dann der Grauerlen-Bestand, sondern die Grauerle trat schon nach wenigen Jahren die Herrschaft an, weil die Oberfläche der Kiesbank so hoch über dem mittleren Flußwasserspiegel lag, daß dort ein *Alnetum incanae* von vornherein Fuß fassen konnte. Auf ähnliche Weise entstehen zuweilen Silberweidenwälder auf frischen Sandinseln in Tieflandsströmen. Schon nach 20–25 Jahren können sie 12–15 m Höhe erreichen, wie MOOR (1958) für das Schweizer Mittelland angab und HELLER (1969) nachwies. *Salix alba* (oder *rubens*) keimt in solchen Fällen gleichzeitig mit *Bidens-* und *Polygonum-*Arten, gehört also bereits zu den ersten Ansiedlern. Diese Beispiele sind also nur scheinbare Bestätigungen der „Sukzessionshypothese" und sprechen bei näherer Betrachtung gegen sie (s. Abb. 193).

Wie Beobachtungen an tropischen Wildflüssen lehren, erfolgen die Niveauänderungen in Flußauen meistens sehr plötzlich, nämlich durch die reißende Strömung bei starkem Hochwasser. Die dabei in wenigen Tagen oder Wochen geschaffenen Oberflächenformen bleiben erhalten, wenn das Wasser wieder fällt, und begrünen sich dann je nach ihrer Lage zum Grundwasser in verschiedener Weise. Bei der nächsten Überflutung können solche erst vor kurzem geschaffenen Böden mitsamt den Anfangsstadien ihrer Pflanzendecke wieder völlig vernichtet oder sprunghaft in andere Standorte umgewandelt werden. Es ist aber auch durchaus möglich, daß sie längere Zeit erhalten

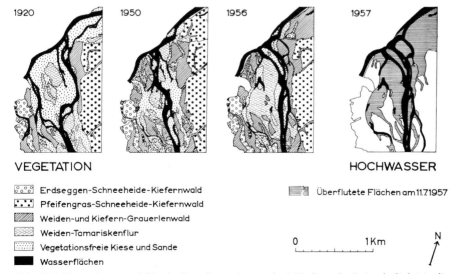

Abb. 196. Vegetationswandel in der Pupplinger Au vor der Mündung der Loisach (links) in die Isar von 1930 bis 1956. Unten rechts sind die bei starkem Sommerhochwasser unter den heutigen Bedingungen überfluteten Flächen dargestellt. Nach SEIBERT (1958), verändert.

bleiben und dann den Pflanzengemeinschaften, die auf ihnen günstige Lebensbedingungen finden, eine ungestörte Ausprägung gewährleisten. In jedem Falle ist es der Fluß, der die Verteilung und die Abfolge der Pflanzengesellschaften bestimmt. Die Vegetation selber trägt dazu in diesen niedrigen Stufen nur wenig bei und baut nicht etwa Schritt für Schritt den Boden auf, indem sie Jahr für Jahr eine neue Erdschicht festhält, sondern besiedelt die plötzlich neugeschaffenen Standorte ziemlich gleichzeitig, aber mit verschiedenen „Startbedingungen". Die dann einsetzenden Neulandbesiedlungen sind zwar natürliche Sukzessionen, finden aber in ähnlicher Formationsfolge auch auf nicht überflutetem Neuland statt. Sie sind mithin kein Beweis für den genetischen Zusammenhang der Auenformationen. Für die tiefgelegenen Stufen der Aue haben also in der Regel wohl die Verfechter der „Zonierungshypothese" recht.

Lediglich die beiden letzten Glieder in der Flußauen-Reihe, die Weichholz- und die Hartholz-Aue, dürften in manchen Fällen durch Sukzession miteinander verbunden sein, zumindest dort, wo sich die Wasserführung des Flusses über längere Zeit in gleichen Grenzen hält. Denn normalerweise ist der Fluß nicht imstande, Kies- oder Sandbänke so hoch aufzuschütten, daß sie von vornherein das Niveau der Hartholzaue haben. Erst nach und nach erhöht er den Boden, indem er bei Überflutungen Schichten von Sinkstoffen absetzt. Je höher die Bodenoberfläche bereits über den mittleren Flußwasserspiegel angestiegen ist, desto seltener und seichter wird sie überflutet und desto langsamer strömt dann das Wasser, besonders wenn es durch dichte Pflanzenbestände gebremst wird. Infolgedessen finden immer feinere Sinkstoffe Zeit, sich abzusetzen. Im Profilanschnitt zeigt der Boden der Hartholzaue, daß die tieferen, wenig über Mittelwasser liegenden Schichten meistens sehr grobsandig oder gar kiesig sind und in der Regel die für rasch strömendes Wasser typische Kreuzschichtung aufweisen (Abb. 191). Im oberen Teil des Profils dagegen wird die Bodenart feinkörniger, d. h. sandig, schluffig oder lehmig-tonig, und die Lagerung zugleich ziemlich regelmäßig horizontal. Unter typischen Hartholz-Auenwäldern ist der oberste Horizont aber stets ungeschichtet, weil die Bodenaufhöhung immer langsamer erfolgte und im Laufe der Jahrzehnte eine allenfalls vorhanden gewesene Schichtung längst von den Wurzeln der Bäume und Waldkräuter und besonders von den Regenwürmern wieder zerstört wurde. Regenwürmer vermögen im Boden der Auenwälder zu leben, weil während der nur wenige Wochen oder Tage andauernden Überflutungen niemals die gesamte Luft aus dem Boden verdrängt wird. Die Bodenprofile der Hartholz-Auenwälder beweisen mit ihrer Schichtenabfolge, daß eine allmähliche Sukzession stattfand, allerdings keine durch die Vegetation allein bewirkte (autogene), sondern eine durch die Sedimentation des Flusses geförderte (auto-allogene).

Beim Studium solcher Aueböden muß man jedoch bedenken, daß ein Wechsel von diskordant gelagertem Kies zu feinkörnigem „Auelehm", wie ihn Abb. 191 zeigt, nicht selten durch geologische und siedlungsgeschichtliche Vorgänge mitverursacht wurde. Die Flußkiese des mitteleuropäischen Flachlandes sind meistens bereits im Diluvium abgelagert worden, während der Auelehm großenteils erst in historischer Zeit, und zwar nach Beginn der Waldrodung und der dadurch ausgelösten stärkeren Bodenerosion im Einzugsgebiet der Flüsse, entstand (Abb. 30 u. 197). Immerhin dürfte die Auelehmbildung auch in diesem Falle mit einer Sukzession von der Weichholz- zur Hartholzaue einhergegangen sein.

Viele Hartholz-Auenwälder freilich stocken heute lediglich deshalb an der Stelle von Weiden- oder Erlenauen, weil der Spiegel des Flusses und des von diesem abhängigen Grundwassers abgesenkt wurde. Wenn der Fluß nach einer künstlichen Begradigung seines Laufes oder aus natürlichen Ursachen sein Bett vertieft, so gerät die Bodenoberfläche in das nur selten oder kaum noch überschwemmte Niveau der Hartholzaue. Ja, der Wasserstand kann so tief absinken, daß die ehemalige Weichholzaue schließlich überhaupt nicht mehr überschwemmt wird. Wegen der Durchlässigkeit und Trockenheit ihres in der Regel feinerdearmen Bodens wird sich dann eine dürreertragende Gesellschaft, etwa ein Kiefernwald oder ein Auen-Birken-Eichenwald, ansiedeln (s. Abb. 195 u. 31).

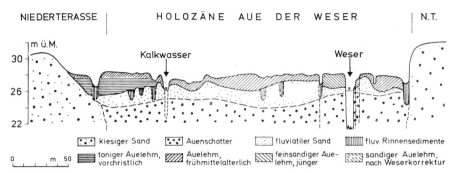

Abb. 197. Querschnitt durch das Wesertal bei Wellie (oberhalb Nienburg) mit verschieden alten Auelehmdecken. Nach STRAUTZ (1959), etwas verändert.
Der größte Teil des Auelehms stammt aus dem Frühmittelalter. Nur am Rande der Aue wurden auch schon in vorchristlicher Zeit tonige Auelehme abgelagert. Jüngere Auelehme finden sich in Flußnähe, insbesondere die seit der Flußkorrektur abgelagerten.

Zusammenfassend kann man sagen, daß die Aufeinanderfolge verschiedener Formationen und Gesellschaften, die man in Flußauen feststellt, unterschiedliche Beweggründe haben kann. Um die Auenvegetation richtig zu verstehen, sollte man folgende Vorgänge unterscheiden:
1. Vegetationsabfolgen bei langfristig gleichbleibendem Wasserregime, insbesondere bei unveränderter Höhenlage von Mittelhochwasser, Mittelwasser und Mittelniedrigwasser, und zwar:
a) Besiedlung von Neuland, das vom Fluß (oder vom Menschen) aufgeworfen oder durch Abtrag neu geschaffen wurde. Auf dieser zunächst vegetationslosen Fläche findet eine echte Entwicklung, eine für den betreffenden Standort primäre autogene Sukzession statt, die meistens überstürzt verläuft, weil Samen oder andere entwicklungsfähige Teile der die Schlußgesellschaft aufbauenden Arten von vornherein zugegen sind.
b) plötzliche Standorts- und Vegetations-Überlagerung, indem eine Pflanzengesellschaft auf niedrigem Bodenniveau bei einem Katastrophenhochwasser so hoch von Bodenmassen zugedeckt wird, daß nur noch einzelne Arten als Relikte weiterexistieren können, im übrigen aber eine Neulandbesiedlung wie bei a einsetzt (besonders häufig im Flußbett des Oberlaufes).
c) allmähliche Standorts- und Vegetations-Überlagerung, d. h. Sedimentierung von Sand oder Schlick bei normalen Überflutungen infolge der Strömungsruhe, die der vorhandene Pflanzenbestand erzeugt (auto-allogene Sukzession).
2. Vegetationsabfolgen bei Änderung des Wasserregimes, insbesondere durch Senkung der Mittel- und Niedrigwasserstände.
a) allmähliche Standortsänderung infolge fortschreitender Erosion, klimatisch bedingter Veränderung der Wasserzuführung oder dergleichen. Bei dieser rein allogenen

Sukzession wirkt die Vegetation nicht als treibende Kraft, sondern wird nur gezwungen, sich nach und nach auf die geänderten Lebensbedingungen umzustellen.

b) plötzliche Standortsänderung, meist durch menschliche Eingriffe in den Wasserhaushalt, z.B. durch Bau von Hochwasserdämmen oder Staustufen, aber zuweilen auch durch Naturereignisse ausgelöst. Bei solchen für die Vegetation in jedem Falle katastrophalen Änderungen werden manche Partner sofort ausgeschaltet, andere erst nach Ansiedlung von Konkurrenten verdrängt, die den neuen Standortsbedingungen besser gewachsen sind.

Durch die unter 1. genannten Vorgänge kann sich mehr oder weniger rasch das Schlußstadium der eigentlichen Auensukzession einstellen, z.B. ein Grauerlenwald oder ein Hartholz-Auenwald. Durch sie allein wird das klimatische Endstadium der Vegetation in der betreffenden Gegend (die zonale Vegetation, s. Abschnitt B I 1 a) aber niemals erreicht, weil der Wurzelraum im Einflußbereich der Hochwässer bleibt, auch wenn die Bodenoberfläche schließlich von diesem kaum noch überschwemmt wird.

Abb. 198. Kiesaue eines Hochgebirgsflusses in der montanen Stufe (Wimbachtal im Berchtesgadener Land mit Blick auf die Palvenhörner). Vorn rechts *Chondrilletum,* in der Mitte rechts *Salicetum eleagno-daphnoidis.*

Außerdem besteht bei unverändertem Wasserregime immer die Möglichkeit, daß der Fluß das schon erreichte Endstadium wieder durch Erosion zerstört. Im Prinzip ist also die Sukzession innerhalb der Flußauen zyklisch. Nur die zweite Gruppe von Vorgängen kann darüber hinaus die Entwicklung zur zonalen Vegetation auslösen. Doch hat diese dann nichts mehr mit den Sukzessionen innerhalb der Flußaue zu tun und sollte ganz getrennt davon betrachtet werden.

Langdauernde geologische Veränderungen, natürliche Bettverlagerungen und ständige Erosion des Flusses bewirken zusammen mit menschlichen Eingriffen, daß unsere Flußauen noch heute Landschaftsräume mit großer Boden- und Vegetationsdynamik sind (Abb. 185). Etwas von der Unberechenbarkeit des Naturstromes ist ihnen geblieben, und gerade diese macht das Studium der letzten Reste naturnaher Vegetation innerhalb des Hochwasserbereiches so reizvoll.

c *Tamarisken-, Sanddorn- und Grauweidengebüsche an Gebirgsflüssen*

Unsere Gebirgsflüsse zerteilen ihr kiesiges Bett in zahlreiche Rinnen und schildförmige Buckel, die sie im Sommer rauschend überströmen (Abb. 198). Soweit sie von Gletschern oder großen abschmelzenden Schneefeldern gespeist werden, schwankt ihr Wasserstand in den warmen Monaten täglich um mehrere dm. Auch ihre Temperatur schwankt im Tagesrhythmus um mehrere °Cels. (Abb. 199), bleibt aber im Mittel unter derjenigen der Luft. Nur im Winter ist auch das Gebirgsflußwasser weniger kalt als der Luftraum, während die Ströme des Vorlandes und der Tiefebenen zu allen Jahreszeiten im Monatsdurchschnitt wärmer bleiben als ihre Umgebung.

Zwischen dem tiefsten Pegelstand der Gebirgsflüsse im Januar und dem Hochstand im Juli beträgt die Differenz selten mehr als 2 m, also wesentlich weniger als für die

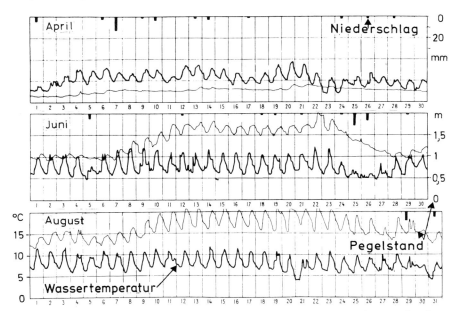

Abb. 199. Tagesschwankungen des Pegelstandes und der Wassertemperatur der von Gletschern gespeisten Visp bei Stalden (700 m ü. M.) im April, Juni und August 1919. Nach LÜTSCHG (1928), verändert. Die hängenden Blöcke bedeuten die Niederschläge bei Saas-Fee/Zermatt in mm.

Flachlandsflüsse (Abb. 186). Bei Hochwasser wälzen sich aber gewaltige Wassermassen über die ganze Aue rasch dahin, die mehr als $^1/_{1000}$, ja bis zu $^1/_3$ des Volumens an Schlamm und Steinen mit sich reißen und in wechselnden Formen ablagern können.

Kein Wunder, daß der größte Teil des Bettes pflanzenleer bleibt, zumal die Vegetationsperiode nach dem Rückgang der Sommer-Hochwässer kurz und kühl ist. Trotzdem siedeln sich auf den Kiesrücken sowie in deren Strömungsschatten, wo sich feiner Sand und Schluff ablagern können, einzelne Pflanzen an. Meist handelt es sich zunächst um „Alpenschwemmlinge", also um alpine und subalpine Arten, die als Samen oder als ganze Pflanzen vom Wasser herbeigetragen wurden. Sie bilden in der montanen Stufe die lockere und unbeständige Alpenknorpelsalat-Kiesbettflur *(Chondrilletum chondrilloidis)*, die mit der subalpinen Bach-Weidenröschenflur *(Epilobietum fleischeri)* verwandt ist.

Neben der namengebenden Charakterart, einer ostalpinen Komposite, und *Epilobium fleischeri* sind *Gypsophila repens* und *Saxifraga paniculata* häufig vertreten. Beide Gesellschaften gehören zur Klasse der Kalkschutt- und Schotterfluren *(Thlaspietalia rotundifolii)*, die durch basiphile Rohbodenbesiedler wie *Linaria alpina, Hutchinsia alpina* und *Rumex scutatus* zusammengehalten wird. Die unbeständigen alpinen Schwemmlinge haben nur geringen Einfluß auf die weitere Entwicklung, weil sie den Auenrohboden nicht zu festigen vermögen (s. Abschnitt C VI 8 a).

Häufig keimt die Tamariske *(Myricaria germanica)* im *Chondrilletum*, so daß sie deshalb oft zu dieser Gesellschaft gezählt wird. Doch kann sie sich hier nach MOOR (1958) auf die Dauer noch nicht halten, während Weidenarten, Sanddorn und Grauerle oft schon Fuß fassen. Aber auch diese Holzgewächse gedeihen besser auf einem etwas höheren Niveau, auf dem ihre Keimlinge weniger oft überspült werden. Meistens scheint der niedrige Weiden-Tamariskenbusch *(Salici-Myricarietum)* zwischen Kräuterflur und höherem Weidengebüsch zu vermitteln. MOOR betont, daß sich diese Gesellschaft nur auf Schluff und nicht auf grobem Sand oder Kies ansiedle (vgl. Abb. 200). *Myricaria, Salix purpurea* (in der zierlichen alpigenen Varietät *gracilis*) und *Salix eleagnos* vermögen sich im Kies mit tiefen und kräftigen Pfahlwurzeln zu verankern, die sich nach JENÍK (1955) etwa in Höhe des Frühlings- und Herbstgrundwassers waagerecht verzweigen. Die Dotterweide *(S. daphnoides)* dürfte in dieser Gesellschaft eine ähnliche Wuchsform haben. Alle drei Pioniere sind nicht nur strömungs- und

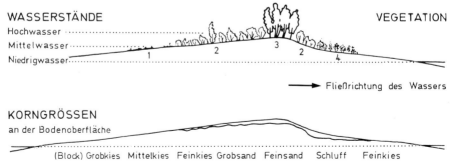

Abb. 200. Verteilung der Korngrößen und der Vegetationseinheiten auf einer Flußinsel in der montanen Stufe der Alpen. Nach MOOR (1958).
1 = Alpenknorpelsalat-Kiesbettflur *(Chondrilletum)*, 2 = Grauweiden-Sanddornbusch *(Salicetum elaeagnodaphnoidis)*, 3 = Grauerlenwald *(Calamagrosti-Alnetum incanae)*, 4 = Weiden-Tamariskenbusch *(Salici-Myricarietum)*.

überschüttungsfest, sondern ertragen – besonders in den südlichen Alpentälern – auch noch Brennholzschlag und Ziegenweide.

Wo die Kiesbänke etwas höher über Mittelwasser aufragen, folgt auf den Weiden-Tamariskenbusch in den Alpen gewöhnlich bald der Grauweiden-Sanddornbusch *(Salicetum eleagno-daphnoidis),* eine der auffälligsten und deshalb schon früh beschriebenen Gesellschaften der Alpenflußtäler. Der sparrige, zähe, silberblättrige Sanddorn mit seinen weithin kriechenden Wurzelausläufern und seinen orangeroten, vitaminreichen, schwimmfähigen Früchten ist ein ausgesprochener Pionier auf kalkreichen Rohböden und lebt als solcher auch in ganz anderen Gesellschaften, z. B. in einem *Salix arenaria-Hippophaë*-Gebüsch auf den Dünen von Nordseeinseln. Seine Symbiose mit stickstoffbindenden Wurzelknöllchen-Aktinomyceten macht ihn vom Humus oder Schlick, den von Bakterien mineralisierten Stickstoffquellen anderer Pflanzen, unabhängig (Wuchsform s. Abb. 201).

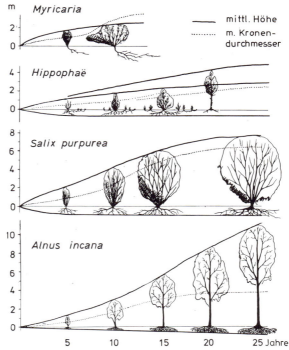

Abb. 201. Entwicklungsverlauf bei Tamariske, Sanddorn, Purpurweide und Grauerle im Inntal, etwa 700 m ü. M. Nach SCHIECHTL (1958), verändert. *Myricaria germanica* verankert sich tief im Schotter der reißenden Gebirgswasser und lebt als Individuum nicht viel länger als 10 Jahre. *Alnus incana* als anderes Extrem entwickelt sich in der Jugend langsamer, lebt aber mehr als 50 Jahre; sie wurzelt außerordentlich flach und intensiv in dem feinkörnigen Oberboden auf höherem Niveau der Aue. *Hippophaë rhamnoides* vermehrt sich durch Wurzelbrut.

Die von der Knorpelsalatflur, vom Weiden-Tamariskenbusch und von der Sanddorn-Weidengesellschaft besiedelten Schotterböden sind in der Regel sehr humusarm und müssen als Kalk-Rohauböden (Rambla) bezeichnet werden. Selbst in Tälern mit vorherrschendem Urgestein ist das Wasser meistens so kalkreich, daß der Boden alkalisch oder doch neutral reagiert.

d *Korbweidengebüsche, Silberweidenwälder und pappelreiche Auenwälder*

Die Grauweiden-Sanddorngebüsche der schotterreichen Alpentäler begleiten die Flüsse nicht bis in die submontane Stufe hinab. Zwar begegnet man einzelnen ihrer Arten auch im Tiefland, *Salix eleagnos* sogar als bis zu 20 m hohem Baum (MÜLLER und GÖRS 1958). Sobald aber die Strömung nicht mehr so reißend ist und vorwiegend Sand und Schluff an den Ufern abgelagert werden, haben die Aueböden genügend wasserhaltende Kraft, um anspruchsvollere, hochwüchsige und gegen Trockenheit empfindliche Weidenarten gedeihen zu lassen. Die Mandelweide *(Salix triandra)* tritt hinzu, die Purpurweide herrscht in ihrer normalen, weniger niedrigen Form und bildet mit den anderen schmalblättrigen Weidenarten und ihrem Bastard mit der Mandelweide zusammen dichte Gebüsche. Schließlich finden wir ein Mandelweiden-Korbweidengebüsch *(Salicetum triandro-viminalis)*, in dem kaum noch montane oder gar subalpine Arten vorkommen. Dieses begleitet die Flüsse bis ins meernahe Tiefland (s. Abb. 186).

In dem typischen Mandelweiden-Korbweidengebüsch sieht MOOR nur eine „Mantelgesellschaft", d.h. eine Gebüschformation, die zwischen dem eigentlichen Beherrscher der oft überschwemmten Tieflandauen, dem Silberweidenwald *(Salicetum albae)*, und dem für Holzpflanzen unzugänglichen Flußbett vermittelt. Tatsächlich siedelt sich die Silberweide mit der Purpurweide und anderen Arten schon auf den niedrigsten Uferbänken an, auf denen überhaupt Weiden Fuß fassen können (s. Abb. 193). Aber erst auf den etwas höher gelegenen, nicht mehr so oft und rasch überströmten und deshalb feinkörnigeren Aueböden wächst sie zu jenem prächtigen, über 20 m hohen und auch breit ausladenden Baume heran, der den mitteleuropäischen Flußauen ihren besonderen Reiz verleiht. Als die höchste und langlebigste aller Weidenarten herrscht *Salix alba* allein oder allenfalls zusammen mit ihrem Bastard *Salix rubens* (s. Abb. 193 u. 195). Die reine Form der Bruchweide *(S. fragilis)*, die oft als Charakterart angeführt wird, tritt nur in den Auen kleiner Flüsse mit kalkarmen Schottern hervor. Das Wasser der größeren Ströme ist fast überall basenreich.

Die in Flußauen siedelnden Weidenarten haben schmale Blätter, die dem strömenden Wasser wenig Widerstand entgegensetzen. Ihre Stämme und Zweige sind zumindest in der Jugend sehr biegsam und regenerieren sich nach Beschädigungen durch Flußgeschiebe oder durch Eisschollen leicht. *Salix viminalis, triandra, alba* und wohl auch andere Arten haben außerdem die Fähigkeit, nach Aufschürfung der Rinde erneut zu blühen und zu fruchten. Solche – wohl durch den Wundreiz ausgelöste – generative Vermehrung findet vereinzelt sogar noch im August statt, also mehrere Monate nach der normalen Frühjahrsblüte.

Nahezu sämtliche *Salix*-Arten bilden miteinander Bastarde, die sich großenteils schwer bestimmen lassen. Da diese nicht selten mit denjenigen Elternarten verwechselt werden, zu denen sie am stärksten hinneigen, geben die meisten bisher veröffentlichten Vegetationstabellen kein richtiges Bild von dieser genetischen Vielfalt. Wie MANG (mdl.) bei Uferpflanzungen beobachten konnte, sind die Bastarde oft wuchskräftiger und widerstandsfähiger gegen Beschädigungen oder sonstige Unbilden als ihre Stammformen. Auch bei Pappelpflanzungen zieht man ja Kreuzungsprodukte wegen ihrer größeren Leistungsfähigkeit den reinen Arten vor. Es ist auffallend, wie sehr sich die bastardierungsfreudigen *Salix*- und *Populus*-Arten gerade in der Weichholzaue häufen, d.h. auf den am meisten „gefährdeten" und Zufällen ausgelieferten Waldstandorten Mitteleuropas.

Eine heute kaum noch zu klärende Frage ist die nach dem natürlichen Anteil der Schwarzpappel *(Populus nigra)* an den Silberweiden-Auenwäldern. Nur im südöstlichen Mitteleuropa ist sie sicher einheimisch, doch wurde sie bis in die Nähe der Nord- und Ostseeküste überall angepflanzt. Oft handelt es sich allerdings um Hybriden, die unter dem Namen Kanada- oder Amerikaner-Pappel zusammengefaßt werden. Während die Schwarzpappeln an und für sich windhart sind und in den Seemarschen sogar zum Windschutz um die Häuser angepflanzt werden, leiden sie in den überschwemmten Flußauen unter den Stürmen, die im meernahen Flachland recht heftig werden können. Wenn ihr Wurzelraum völlig wasserdurchtränkt ist, werden sie vom Wind leicht umgeworfen, so daß hier selten eine Pappel in der Weichholzaue ihre volle Höhe erreicht. Ob aus diesem oder aus einem anderen Grunde, jedenfalls fehlt die Schwarzpappel höchstwahrscheinlich in den Flußauen des nordwestlichen Tieflandes von Natur aus ganz. TÜXEN (1955a) nennt die nordwestdeutsche Weichholzaue deshalb nicht mehr *Salici-Populetum,* wie das in älteren Schriften geschah, sondern *Salicetum albo-fragilis.* Im Osten Mitteleuropas, z.B. an der Weichsel und an der unteren Donau, ist *Populus nigra* aber sicher ein natürlicher Partner der Silberweide. MATUSZKIEWICZ und BOROWIK (1957) sowie JURKO (1958) u.a. sprechen also mit Recht vom Pappel-Weidenwald. Beispiele aus der Tschechoslowakei sind in Tab. 45, Nr. 1–5, zusammengestellt.

Im Gegensatz zu den Weiden, die im Wasser Adventivwurzeln bilden, werden Pappeln und andere Baumarten durch Überflutungen beeinträchtigt (s. Abb. 202). Die vorübergehende Ertragseinbuße wird aber durch die Düngung wettgemacht, die das Hochwasser mit seinen Sinkstoffen bewirkt.

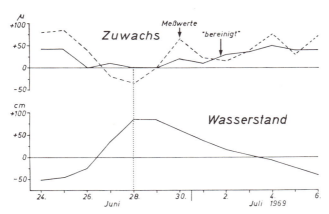

Abb. 202. Überflutungen während der Vegetationszeit bewirken bei den meisten Auenwald-Bäumen Wachstums-Stockungen, z.B. an Pappeln. Nach KERN (1970), etwas verändert.
Da die Messung des täglichen Dickenwachstums Fehlerquellen hat (z.B. Borkenquellung), wurden die Werte „bereinigt", d.h. gleitende Mittel gebildet. (35jährige Pappel-Hybriden im Überschwemmungsbereich des Rheins.)

Ein noch geringeres Heimatrecht in Mitteleuropa als die Schwarzpappel hat die Silberpappel *(Populus alba).* Sie ist in den Hartholzauen des submediterranen Europa zu Hause *(Populion albae)* und rückte von dorther bis in die großen Stromtäler des Donautieflandes vor (JURKO 1958). Angepflanzt und subspontan verbreitet, bezeichnet sie bei uns gewöhnlich trockenere Standorte als die Schwarzpappel (s. Abb. 195). Über den Unterwuchs der Silberweidenauen ist wenig Bestimmtes zu sagen, zumal sie sich fast nirgends mehr im naturnahen Zustand befinden und durch niederwaldartige Nutzung oft stark ausgelichtet wurden. Arealgeographisch betrachtet, sind die Silberweiden- und Silberweiden-Pappelauen auffallend reich an Kosmopoliten und an Adventiven, also an „Allerweltspflanzen", die zu ruderaler Verbreitung neigen. Europäische und mitteleuropäische Arten, die in anderen Waldgesellschaften den Ton angeben, oder Elemente aus besonderen Klimagebieten (z. B. mediterrane oder kontinentale), treten dagegen sehr zurück.

Je nach ihrer Lage zum mittleren Wasserspiegel, nach ihrer Entfernung vom Flußlauf, nach Grundwasserstand und Bodenart finden sich unter Silberweiden- bzw. Pappel-Silberweiden-Mischbeständen ökologisch recht ungleiche Pflanzengruppen ein. Diese gestatten es, mehrere Untergesellschaften und Varianten zu unterscheiden, auf die wir hier jedoch nicht eingehen können (s. Tab. 45 sowie WENDELBERGER-ZELINKA 1952 und HORVAT, GLAVAČ u. ELLENBERG 1974).

Silberweidenauen sind an den Strömen Mitteleuropas sehr verbreitet und können als charakteristischer Bestandteil seiner Naturlandschaft in der planaren, collinen und submontanen Stufe gelten. Im äußersten Nordosten Mitteleuropas, im Vorland seiner Hochgebirge und besonders in den Alpen haben die Baumweiden aber einen recht kräftigen Konkurrenten in Gestalt der Grauerle, die in kalkreichen Auen hier fast überall aufkeimen kann.

e Grauerlenauen im Gebirge und im Vorland

In den Auen der Gebirgsflüsse löst die Grauerle den Sanddorn und die buschförmigen Weidenarten ab, die ihr nicht selten durch allmähliche Anhäufung von Sand oder Kies den Boden bereiten. *Alnus incana* schattet so stark, daß alle diese lichtliebenden Pioniere zugrunde gehen. Außerdem erreicht sie mehr als 10–15 m Höhe, während *Hippophaë* und *Salix purpurea* in den Gebirgstälern meist nicht über 3 m hinauskommen (Abb. 201). Durch Tiefereinschneiden des Flusses wird der montane Grauerlen-Auwald *(Alnetum incanae)* rasch zur Herrschaft gebracht, und zwar auch auf Böden, auf denen sich noch nicht viel mehr Humus ansammeln konnte als unter dem Sanddorn-Weidenbusch (Abb. 194). Wie *Hippophaë* besitzt aber *Alnus* Wurzelknöllchen und kann sich den Stickstoff der Luft zunutze machen.

In Tälern des inneralpinen Nadelholzbereiches ist der Grauerlen-Auwald die einzige natürliche Laubwaldgesellschaft. Da er wegen der sommerlichen Überflutungen sowie wegen seiner Bedeutung als Uferschutz großenteils erhalten blieb, wurde er zum Versammlungsort fast aller hier noch vorkommenden Laubwaldpflanzen *(Fagetalia)*, insbesondere der feuchtigkeitsliebenden oder nässeertragenden unter ihnen. So findet man in den Grauerlenauen überraschend viele Bekannte aus den feuchten Eichen-Hainbuchenwäldern und Ahorn-Eschenwäldern, z. B. *Fraxinus excelsior, Sambucus nigra, Euonymus europaea, Viburnum opulus, Rubus caesius, Festuca gigantea, Stachys sylvatica, Circaea lutetiana, Scrophularia nodosa, Impatiens noli-tangere* und *Aegopodium podagraria*. Manche dieser Arten können als lokale Charakterarten des *Alnetum incanae* gelten, weil weit und breit keine verwandten *Fagetalia*-Gesellschaften vorkommen. Allgemeingültige Charakterarten hat dagegen der montane Grauerlen-Auwald kaum, wenn man nicht *Alnus incana* selbst als solche ansieht.

Obwohl dem Boden des Grauerlenwaldes durch Überschwemmungen kaum Stickstoff zugeführt wird, muß er recht nitratreich sein, weil immer ein Teil der knöllchentragenden Wurzeln abstirbt und sich zersetzt. Jedenfalls darf man nicht nur viele der schon genannten Sträucher und Kräuter als nitrophil ansprechen, sondern auch andere stetig vertretene, z. B. *Prunus padus, Agropyron caninum, Geranium robertianum, Urtica dioica, Galeopsis tetrahit, Solanum dulcamara* und *Carduus crispus*.

Grauerlen-Auwälder sind die einzigen Gesellschaften der montanen Auen, die mit dem Fluß in fast gleichbleibender Gestalt und ähnlicher Artzusammensetzung bis weit ins Vorland hinausziehen (s. Abb. 186). Ihre jeweilige Höhenlage kann man nach MÜLLER und GÖRS aber recht gut an gewissen Unterscheidungsarten ablesen, die zu dem Artengrundstock hinzutreten oder verschwinden. Im Württembergischen Oberland sind dies z. B.:

für die hochmontane Form:	für die submontane Form:
Sorbus aucuparia	*Ulmus*-Arten
Crepis paludosa	*Populus alba*
Viola biflora	*Ranunculus ficaria*
Ranunculus aconitifolius	*Arum maculatum*
Geranium sylvaticum	*Allium ursinum*
u. a. subalpine Hochstauden	u. a. Arten der *Corydalis*-Gruppe

MOOR (1958) bezeichnet den montanen Grauerlen-Auenwald der Schweiz als *Calamagrosti-Alnetum* und den submontanen als *Equiseto-Alnetum*.

Die Gründe, warum Grauerlenauen nicht auch an den Unterläufen der Flüsse auftreten, sind noch ungeklärt. Wahrscheinlich spielt der Zeitraum der Hochwasser eine entscheidende Rolle. Liegt dieser im Sommer, weil der Fluß von Schmelzwässern aus dem Hochgebirge gespeist wird, so wird die verhältnismäßig flach wurzelnde Grauerle ausreichend mit Wasser versorgt. Treten die Hochwasser schon im Vorfrühling und Frühling oder zu sehr unregelmäßigen Zeiten auf, werden die anpassungsfähigeren Weiden im Konkurrenzkampf begünstigt.

Das Niveau, auf dem die Grauerle am Mittellauf zur Herrschaft gelangt, ist ungefähr dasselbe wie beim Weidenauwald, den wir bereits kennengelernt haben. Jedenfalls ist es nach HELLER (1963) durchaus nicht immer so viel höher, wie dies auf schematischen Darstellungen angenommen wird. Ja, in den Donauauen bei Wallsee kann es nach WENDELBERGER-ZELINKA (1952) sogar tiefer liegen. Manchmal entscheidet der Zufall der ersten Ansiedlung, welche Weichholzart zunächst zur Herrschaft kommt. Die gut schwimmenden Samen der Erle bleiben verhältnismäßig lange keimfähig und entwickeln sich auch noch, wenn sie mit Treibsel einige Zeit nach der Fruchtreife abgesetzt werden. Da ihre Reife aber gerade in die Zeit fällt, in der die Wasserführung der Alpenflüsse zurückzugehen beginnt, findet *Alnus* auf dem dann freiwerdenden Neuland günstige Startbedingungen. Die Weiden dagegen, namentlich die als Konkurrenten von *Alnus* in Frage kommenden *Salix alba, S. fragilis* und deren Hybriden, fruchten meist schon im Juni, wenn die Alpenflüsse noch keine Uferbänke und niedrigen Inseln freigeben. Zudem geht die Keimkraft ihrer Samen in wenigen Tagen verloren, so daß sie weder einen langen Wassertransport noch längeres Liegenbleiben überstehen. Am besten keimen sie auf den gerade wasserfrei gewordenen Schlick- und Sandbänken, wenn ihre Samen bei schönem Wetter durch den Wind dorthin verfrachtet wurden (s. Abb. 192). Es leuchtet ein, daß ihnen der Flußunterlauf diese Chance öfter einmal bietet als der Mittel- und Oberlauf. Für *Salix alba* und *S. fragilis* bleiben die montanen Flußauen wohl aber auch wegen Wärmemangels oder großer Winterkälte unbesiedelbar, denn sie steigen in den Alpen nur bis etwa 900 bzw. 800 m ü. M.

Weiden- wie Erlenbestände wirken strömungsbremsend und dadurch besonders in Ufernähe als Sedimentfänger (s. Abb. 194). Ihr Boden ist infolgedessen in den oberen Teilen oft recht jung und nicht selten noch deutlich geschichtet. Zuweilen findet man auch begrabene Humushorizonte. Typologisch ist der Boden dieser Weichholzauen als grauer Kalkauboden (Auenrendzina, Kalkpaternia) anzusprechen, die meist alkalisch bis neutral reagiert und außer gelegentlich auftretenden Rostflecken noch keine Brauntöne aufweist.

f Bach-Eschen-Erlenwälder und Erlen-Eschenwälder

Der Unterwuchs der meisten Grauerlen-Auenwälder hat ausgesprochenen Laubmischwald-Charakter. Vereinzelt sind auch bereits Harthölzer der Ordnung *Fagetalia* vertreten, namentlich die Esche. Aber erst an der Grenze der submontanen Stufe wird *Fraxinus excelsior* so kräftig, daß sie zur Vorherrschaft gelangt. Wo der Boden tiefgründig und feinerbereich ist, treten auch Ulmen (*Ulmus minor* und *laevis*) hinzu. MÜLLER und GÖRS (1958) haben den allmählichen Übergang zum Grauerlen-Eschenwald anschaulich geschildert, und zwar an den Beispielen des Iller- und des Argentales. Schon im mittleren Abschnitt dieser Flüsse verschwinden die hochmontanen Stauden. Aber erst im Mündungsbereich ist die Vegetationsperiode so lang, daß sich Frühjahrs-Geophyten vor den sommerlichen Hochwässern voll entwickeln und den Aspekt der Auenwälder bestimmen können.

Außerhalb des Alpenbereichs mischt sich statt der Grauerle die Schwarzerle *(Alnus glutinosa)* mit der Esche. Als Bachufer-Festiger ist sie der Grauerle und der Esche überlegen, weil sie Sauerstoffmangel besser erträgt und ihre Wurzeln tief in den Grundwasserbereich hineinsendet (s. Abschnitt 2 d). Im Bach-Eschen-Erlenwald (Abb. 203 u. 205), der von LOHMEYER (1957) zuerst als besondere Gesellschaft erkannt wurde, gedeiht die Schwarzerle besser als im Erlenbruch, obwohl sie dort unbestritten herrscht (s. Abschnitt 2 b).

Die wissenschaftliche Bezeichnung *Stellario-Alnetum glutinosae* für den Bach-Eschen-Erlenwald ist daher berechtigt, aber trotzdem nicht treffend. Sie berücksichtigt die Esche nicht und verleitet zu der Vorstellung, es handle sich um eine Gesellschaft des *Alnion*-Verbandes. Arten der Edellaubmischwälder herrschen hier aber ebenso wie in den Grauerlenauen, so daß kein Zweifel über die Zuordnung zum *Alno-Ulmion (Fagetalia)* bestehen kann. Als Charakterart kommt nach TÜXEN und OHBA (1975) nur *Stellaria nemorum* in Frage, die kurzfristige Überflutungen gut verträgt, aber sehr nährstoffbedürftig ist. Vom *Stellario-Alnetum* trennen sie neuerdings ein

Abb. 203. Der bachbegleitende Eschen-Schwarzerlenwald *(Stellario-Alnetum,* mit *Fraxinus excelsior, Alnus glutinosa* und *Acer pseudoplatanus*) blieb oft erhalten, z. B. im südlichen Schwarzwald. Die höher gelegenen Auenwälder wurden dagegen meist in Wiesen verwandelt (montanes *Arrhenatheretum*).

Ribo-Alnetum ab, das sich durch *Ribes rubrum* kennzeichnen läßt. Dieser Quell-Erlenwald bevorzugt Wasseraustritte in Hangmulden oder auch torfige Stellen, die ebenfalls kaum überflutet werden. Aus dem schleswig-holsteinischen Jungmoränengebiet hat MÖLLER eine ähnliche Gesellschaft als „*Cardamine amara*-Erlenwald" beschrieben. Im Bergland außerhalb der Alpen wird der Hainsimsen-Erlenwald von montanen Gesellschaften abgelöst (z.B. vom *Chaerophyllo-Alnetum glutinosae*), die als Parallele zum *Alnetum incanae* gelten dürfen (s. auch RÜHL 1964).

Wo die Ufer der Bäche oder kleinen Flüsse so niedrig sind, daß sie öfters überschwemmt und mit Sinkstoffen gedüngt werden, breitet sich vor den Gehölzrändern die Pestwurz-Uferflur mit ihrem üppigen Blattwerk aus (s. Abb. 204 u. 205). Oft dringt *Petasites hybridus* auch in den Uferwald aus Grau- oder Schwarzerlen ein. Deshalb

Abb. 204. Pestwurz-Uferflur im montanen Schwarzwassertal (Kleines Walsertal). *Petasites paradoxus* und *Cirsium oleraceum* (vorn).

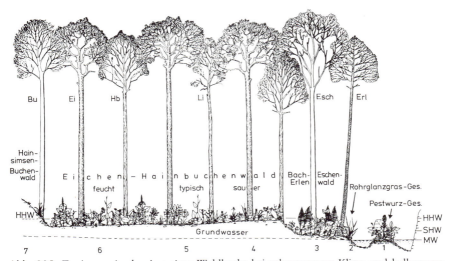

Abb. 205. Zonierung in der Aue eines Waldbachs bei submontanem Klima und kalkarmem Gestein (Mittellauf des Bröl-Baches in der Eifel). Nach LOHMEYER (1970), etwas verändert.
1. *Aegopodio-Petasitetum*, Pioniergesellschaft auf Schotterbänken oder -ufern; 2. *Phalaris arundinacea*-Röhricht; 3. *Stellario-Alnetum glutinosae*, oft überfluteter Auenwald mit *Stellaria nemorum* (ganz links), *Aegopodium podagraria*, *Athyrium filix-femina* u. a.
4–6. *Stellario-Carpinetum* mit *Stellaria holostea* (ganz rechts). 4. *St.-C. periclymenetosum* (mit Wald-Heckenkirsche) auf relativ trockenen und basenarmen Standorten, mit *Luzula pilosa*, *Maianthemum bifolium* u. a.; 5. *Q.-C. typicum*, auf mittleren Standorten, mit *Polygonatum multiflorum*, *Vinca minor* u. a.; 6. *Q.-C. stachyetosum*, auf grundwassernahem und relativ basenreichem Boden, mit *Stachys sylvatica*, *Primula elatior* u. a.;
7. *Luzulo-Fagetum* außerhalb des Auen- und Grundwasserbereichs, mit *Luzula luzuloides*.

Tab. 45. Weiden-, Pappel-, Ulmen- und Eichen-Auenwälder der Tieflagen in der Tschechoslowakei.
Nach Tabellen von Mráz und Šika (1965), verändert

Gesellschaft Nr.:	1	2	3	4	5	6	7	8	9	10
Baumschicht:										
Salix alba	4	4	3	1	1	3				
Populus nigra +	3	5								
americana	3	5	4	4	4	3	3	3	1	1
Alnus glutinosa	3	4	5	4	3	5	3	4	2	1
Q *Ulmus minor*	3	3		5	4	5	5	5	3	3
F *Fraxinus excelsior*										
(kult.)			2	2	5	4	4	4	4	5
Q *Acer campestre*			2	1	3	5	5	4	4	5
Quercus robur			2	3	4	4	3	5	5	5
F *Tilia cordata*			2	1	3	3	5	5	5	5
F *Carpinus betulus*					2	1	2	2	2	4
Strauchschicht:										
Humulus lupulus	3	1	2	2	3					
(Liane)										
Sambucus nigra	1	1		5	4	3	3	2		
F *Prunus padus*										
(z.T. Baum)	3	2	3	5	5	5	5	5	4	2
Q *Euonymus europaea*		2	2	3	2	2	2	3	2	1
Q *Cornus sanguinea*			3	3		2	4	1	2	
Q *Crataegus* spec.					1		4	3	1	
Krautschicht:										
Bidens tripartita	3									
P *Lycopus europaeus*	3									
w *Galium uliginosum*	3									
P *Alisma plantago-aqu.*	3									
Polygonum amphibium	3									
P *Glyceria maxima*	4	2								
Polygonum hydropiper	4	4								
Solanum dulcamara	3	3								
P *Carex gracilis*	4	2	2							
P *C. riparia*	4	2	2							
Caltha palustris	3	1	2							
P *Mentha aquatica*	3	2	2							
P *Scutellaria galericulata*	3	1	2							
w *Myosotis palustris*	4	2	4							
w *Stachys palustris*	4	3	2							
P *Iris pseudacorus*	5	5	3	1		1				
w *Lythrum salicaria*	4	3	5	1						
w *Lysimachia vulgaris*	5	4	5	1	1		1			
Ranunculus repens	5	5	4	1		1				2
F *Stellaria nemorum*	2		2	4						
Rumex obtusifolius	4	3	2	4						
Galeopsis tetrahit	4	1	2	2	2					
F *Impatiens noli-tangere*	3	3	3	3	3	1				
P *Poa palustris*	5	3	3	3	3	2				
P *Phalaris arundinacea*	5	5	4	5	3	2				2
w *Alopecurus pratensis*	2	1		2		3				
Impatiens parviflora	3	3	3	4	5	3	1	3		
Urtica dioica	5	5	5	5	5	5	5	4	1	
w *Poa trivialis*	2	3	4	4	3	5	1	3		
F *Rumex sanguineus*	2	1	3	2		3	2	3		

Gesellschaft Nr.:	1	2	3	4	5	6	7	8	9	10
Alliaria petiolata	4	3	3	5	5	5	5	3	4	
w *Angelica sylvestris*	3	4	3	2	2	1	2	1	2	
F *Agropyron caninum*	2		2	3	2	2	3	3	5	
w *Taraxacum officinale*	2	1	2			1		2	3	
Rubus caesius	5	5	5	5	5	4	5	2	3	2
Symphytum officinale	5	3	5	4	1	2	2	1	5	2
Q *Glechoma hederacea*	3	4	5	5	4	5	5	5	5	4
Galium aparine	4	3	4	5	5	5	5	4	5	3
w *Lysimachia nummularia*	3	3	5	1	2	2	2	2	3	2
Deschampsia cespitosa	3	3	5	3	2	5	4	3	4	5
w *Filipendula ulmaria*	3	3	5	4	3	4	2	3	3	2
F *Geum urbanum*	1	1	5	4	4	5	5	4	3	1
F *Festuca gigantea*	2	1	3	5	3	4	5	4	3	2
Ranunculus ficaria	1	1	2	2	2	4	2	3		2
Silene dioica	1		3	3	3	3	3	2	2	1
Veronica hederifolia	1		3	1	2	4	1	4	2	1
Q *Moehringia trinervia*		2	4		1	3	1	3	2	
w *Heracleum sphondylium*			2	3	2	1		2	3	1
F *Milium effusum*			2	2		1	2		2	3
Q *Aegopodium podagraria*			2	4	5	5	5	5	5	5
w *Dactylis glomerata*			2	4	3	4	5	5	5	4
Veronica chamaedrys			4		1	3	4	3	5	5
F *Scrophularia nodosa*			2		1	1	2	1	5	4
Q *Campanula trachelium*			2		1	2	2	2	5	4
F *Circaea lutetiana*			2	1	3	2	2	1		
Lamium maculatum			2	2	1	4	4	3	2	
w *Anthriscus sylvestris*				4	4	4	3	3	4	
Omphalodes scorpioides				1		5	3	5		
F *Adoxa moschatellina*				2		2		4		
Allium scorodoprasum					1	3	1	2	3	
F *Paris quadrifolia*					1	3	2	2	2	
F *Corydalis cava*					1	1	4	2	4	1
F *Stachys sylvatica*						1	3	3	3	1
Q *Anemone nemorosa*							3	1	3	4	2
Q *A. ranunculoides*							3	1	3	4	2
Q *Brachypodium sylvaticum*								2	2	4	5	5
Poa nemoralis							2	1	1	5	5
F *Gagea lutea*							3	1	4	1	
F *Viola reichenbachiana*							1	3	3	3	4
Ajuga reptans							2	4	3	4	3
F *Stellaria holostea*						1	1		4	2	2
F *Pulmonaria officinalis*									3	1	1
F *Carex brizoides*							1		3	1
F *Lathyrus vernus*									1	3	3
Hypericum hirsutum									1	3	2
F *Melampyrum nemorosum*											2	2
Ornithogalum umbellatum									1		3
w *Lathyrus pratensis*										3

P = Röhricht- und Seggenried-Pflanzen (*Phragnitetea*)
Q = Laubwaldpflanzen (*Querco-Fagetea*)
F = Edellaubwald-Pflanzen (*Fagetalia*)
w = in Wiesen verbreitete Arten

wird diese auffällige und als Uferschutz ebenfalls bedeutsame, aber ökologisch noch wenig untersuchte Gesellschaft hier erwähnt.

Mit den Bach- und Quell-Eschen-Erlenwäldern floristisch verwandt ist der Schwarzerlen-Eschenwald (*Alno-Fraxinetum*, früher auch nach der Traubenkirsche *Pruno-Fraxinetum* genannt). Dieser kann jedoch auch außerhalb der Bach- oder Flußauen große Flächen einnehmen. Er herrscht beispielsweise im Spreewald, dem bedeutendsten Erlenwaldgebiet Mitteleuropas, dessen Vegetation von KRAUSCH (1960) sowie von SCAMONI (1954) und PASSARGE (1956) ausführlich geschildert wurde. Wie aus Tab. 46, Spalte 4–6 hervorgeht, vermittelt der Erlen-Eschenwald mit verschiedenen Subassoziationen zwischen dem noch nasseren Erlenbruchwald und dem feuchten Eichen-Hainbuchenwald, der die nur wenige dm höheren Rücken und Ränder dieser breiten Niederung einnehmen würde, aber großenteils landwirtschaftlicher Nutzung wich. Im Erlen-Eschenwald strebt *Alnus glutinosa* in 90–100 Jahren bis über 30 m Höhe empor, muß aber diesen Optimalstandort mit der Esche teilen. Ihre Stämme sind so tannenschlank und vollholzig, daß man sie zum Bau von Blockhäusern verwendete, also wie Nadelhölzer behandelte.

In manchen Flußauen mischt sich die Schwarzerle unter die Gehölze des Pappel-Weidenwaldes, und zwar dort, wo das Überschwemmungswasser nur noch wenige Sedimente heranbringt. Als Beispiel möge Spalte 3 in Tab. 45 dienen. Die Artenkombination dieses „Nelkwurz-Pappel-Weidenwaldes" mit meist vorherrschender Schwarzerle erinnert sehr an die des Erlen-Eschenwaldes (insbesondere an Nr. 5 in Tab. 46). Wie in allen bisher erwähnten Schwarzerlen-Mischwäldern findet man in ihm eine Krautschicht aus hohen Gräsern und Seggen sowie aus dünnblättrigen Dicotylen, die ebenfalls zugleich Feuchtigkeit und Stickstoff lieben. Nach den Analysen von DUVIGNEAUD und DENAYER-DE SMET (1970) sind diese Arten fast durchweg sehr reich an Stickstoff,

Erläuterungen zu Tab. 45

	Mittlere Feuchtezahl:
Nr. 1 – 3: **Pappel-Weiden-Auenwald** *(Salici-Populetum)*; relativ häufig überflutet;	
1: mit Großseggen *(„magnocaricetosum")*; nasseste Ausbildung, meist mit herrschender Silberweide;	7,6
2: typisch *(typicum)*; oft mit herrschender Schwarzpappel bzw. gepflanzten Hybriden *(Populus americana)*,	7,3
3: mit Nelkwurz *(„geosum")*; oft mit herrschender Schwarzerle, zu Nr. 4 und 5 überleitend.	6,8
Nr. 4 u. 5: **Schwarzpappel-Auenwald** *(„Sambuco-Populetum")*; weniger oft überflutet als Nr. 1 – 3;	
4: mit Hain-Sternmiere *(„stellarietosum nemorae")*; noch relativ naß, meist mit herrschenden Pappeln,	6,5
5: typisch *(typicum)*; meist mit herrschender Feldulme oder (gepflanzter) Esche.	6,4
Nr. 6 – 8: **Ulmen-Auenwald** *(„Omphalodo-Ulmetum"*, nach dem Gedenkemein genannt); reich an *Fagetalia*-Arten;	
6: mit Silberweide *(„salicetosum")*; meist mit Schwarzerle; Ulme oder Esche (gepflanzt) herrschend,	6,3
7: typisch *(typicum)*; meist mit herrschender Ulme und viel Traubenkirsche	6,1
8: mit Lungenkraut *(„pulmonarietosum")*; mit herrschender Ulme, zu Nr. 9 und 10 überleitend.	5,8
Nr. 9 u.10: **Ulmen-Eichen-Auenwald** *(Ulmo-Quercetum)*; nur selten überflutet, vorwiegend *Fagetalia*-Arten;	
9: mit Wiesenkerbel *(„anthriscetosum")*; relativ licht und mit Wiesenpflanzen,	5,8
10: typisch *(typicum)*; dichter Auenwald mit herrschender Eiche, den Eichen-Hainbuchenwäldern nahestehend.	5,7

Arten, die in keiner Gesellschaft mit größerer Stetigkeit als 2 (= bis 40% der Aufnahmen) vorkommen wurden großenteils weggelassen. Bei Arten, die oft einen hohen Deckungsgrad erreichen, wurde die Stetigkeitsziffer halbfett gedruckt.

Tab. 46. Erlen- und eschenreiche Bruchwälder und Sumpfauenwälder im oberen Spreewald auf Böden mit stufenweise abnehmendem Vernässungsgrad. Nach Tabellen von Passarge (1956)

Gesellschaft Nr.:	1	2	3	4	5	6	F	N
Baumschicht								
Alnus glutinosa	5	5	5	5	5	5	9	= X
Prunus padus		4	5	5	5	5	8	= 6
Ulmus laevis		3	5	5	5	5	8	= 7
Fraxinus excelsior			5	5	5	5	X	7
Quercus robur			2	5	5	5	X	X
Acer pseudoplatanus					4		6	7
Tilia cordata					2		X	5
Strauchschicht								
Salix cinerea	5						9 ~ 4	
Salix pentandra	5						8 ~ 4	
Frangula alnus	2	5	5				7 ~ X	
Humulus lupulus	4	5	5	5	4	3	8	= 8
Rubus idaeus		2	3	5	5	3	5	8
Ribes nigrum		1	1	3	3		9	= 5
Viburnum opulus			2	2	1	2	X	6
Sambucus nigra				3	5	3	5	9
Euonymus europaea				2	4	5	5	5
Ribes rubrum						3	8	6
Krautschicht								
Phragmites australis	4						10~ 5	
Rumex hydrolapathum	5						10	7
Mentha aquatica	5						9	= 4
Ranunculus lingua	3						10	7
Acorus calamus	3						10	7
Bidens tripartita	3						8	= 8
Carex elata	5	4	5				10~ 4	
Solanum dulcamara	5	5	2	1			8 ~ 8	
Thelypteris palustris	4	5	5	2			8	6
Calamagrostis canescens	4	4	5	3	2		9 ~ 5	
Lysimachia thyrsiflora		5	5				9	= 3
Carex vesicaria		2	3				9	= 5
Dryopteris carthusiana		2	4				X	3
Peucedanum palustre	5	5	1	4			9	= 4
Galium palustre	3	5	5	4			9	= 4
Scutellaria galericulata	2	2	2	3			9	= 6
Glyceria maxima	5			4			10~ 7	
Lysimachia vulgaris	3	4	4	4	2		8 ~ X	
Lythrum salicaria	5	5	5	3	2		8	= X
Stachys palustris	4	3	5	4	2		7 ~ 7	
Carex riparia	3	4	3	3	2		9	= 4
Lycopus europaeus	2	5	5	5	2		9	= 7
Calystegia sepium	5	5	5	5	3		6	9
Symphytum officinale	5	5	5	5	3		8	8
Iris pseudacorus	5	5	5	4			10	7
Carex acutiformis	4	5	5	5	4		9 ~ 5	
Phalaris arundinacea	3	1	5	5	4	4	8	= 7

Gesellschaft Nr.:	1	2	3	4	5	6	F	N
Caltha palustris	1	1	3	5			8	= X
Juncus effusus		1	3	4			7 ~ 3	
Carex elongata		2	5	5	2		9 ~ 6	
Cirsium palustre		3	4	5	5		8 ~ 3	
Impatiens noli-tangere		5	5	5	5	4	7	6
Urtica dioica		2	4	5	5	5	6	8
Rubus fruticosus			4	3	4	4	—	—
Deschampsia cespitosa			3	5	5	5	7 ~ 3	
Filipendula ulmaria				4	5	4	8	4
Angelica sylvestris				4	3		8	X
Valeriana officinalis				4	1		8 ~ 5	
Myosoton aquaticum				5	4		8	= 8
Cirsium oleraceum				4	3		7	5
Rumex sanguineus				3		2	8	7
Galium aparine				5	5	5	X	8
Festuca gigantea				5	5	5	7	6
Geum urbanum				5	5	5	5	5
Ranunculus ficaria				5	5	5	7	5
Poa trivialis				5	5	5	7	7
Lamium maculatum				5	3	4	5	5
Circaea lutetiana				4	3	3	6	7
Glechoma hederacea				5	5	5	6	7
Geranium robertianum				4	4	5	X	7
Moehringia trinervia				3	5	5	5	7
Galeopsis tetrahit				3	4	5	5	7
Anemone nemorosa					3	4	X	X
Brachypodium sylvatic.					2	5	5	6
Stachys sylvatica					1	3	7	7
Milium effusum						5	5	5
Anthriscus sylvestris						4	5	8
Fallopia dumetorum						4	5	6
Moosschicht								
Calliergon spec.		2	4					
Eurhynchium spec.				5	4	5		
Mnium undulatum					2	3		
Atrichum undulatum						3		

	1	2	3	4	5	6		
ungef. höchst. Grundwst. (cm)	—	>0	—	>0±0	50			
„ tiefster Grundwst. „	—	90	—	—150	150			
„ Torfmächtigkeit (cm)	—	50	—	—100	0			
„ Schlickmächtigkeit (cm)	—	—	—	— 25	+			

Stetigkeitssummen
| Überflutungszeiger | 36 | 41 | 38 | 45 | 31 | 7 | = |
| Wechselfeuchtezeiger | 46 | 35 | 46 | 40 | 20 | 5 | ~ |

| mittlere Feuchtezahl | 8,7 | 8,2 | 8,0 | 7,5 | 7,0 | 6,0 | mF |

Nr. 1: **Erlen-Grauweidengebüsch** auf grobem, wenig mächtigem Torf („Alnus-Salix cinereia-Ass., Subass. von Rumex hydrolapathum"). mF
  8,7

Nr. 2 u. 3: **Erlen-Bruchwald** (Carici elongatae-Alnetum),
  2: „Normaler" E.-B. (Subass. von Symphytum officinale), auf normalem Feintorf,   8,2
  3: Eschenreicher E.-B. (Variante von Phalaris) auf mächtiger u. stärker zersetzter Torfdecke. 8,0

Nr. 4 u. 5: **Erlen-Eschenwald** (Pruno-Fraxinetum),
  4: Nasser E.-E. („Subass. von Iris pseudacorus"), auf etwas schlickigem Torf,   7,5
  5: Eichen-E.-E. („Variante von Quercus robur"), auf Torf mit Schlickdecke.   7,0

Nr. 6: **Eichen-Eschenwald** („Pruno-Fraxinetum typicum"), auf lehmigem Sand mit Schlickdecke am Rande der Niederung.   6,0
(Nr. 1 − 3 sind Bruchwälder, Nr. 5 u. 6 Auenwälder, Nr. 4 steht dazwischen)
Einige wenig stete Arten wurden weggelassen.

aber arm an Kalium. Obwohl keine Charakterarten im strengen Sinne darunter sind, gestattet die Bodenflora eine klare Differenzierung von den Erlenbruchwäldern oder den eigentlichen Weidenauwäldern einerseits und von Hartholzauwäldern oder sonstigen selten vernäßten Laubmischwäldern andererseits.

Die meisten Schwarzerlenbestände, die man heute in Mitteleuropa antrifft, entsprechen ökologisch dem *Alno-Fraxinetum,* auch wenn sie ursprünglich reine Erlenbrücher darstellten und noch heute keine anderen Baumarten enthalten. Schon eine geringe Entwässerung genügt, um die Esche und andere Vertreter der Edellaubmischwälder konkurrenzfähig zu machen. Feuchtwiesen, die man nicht mehr nutzt und seit einigen Jahrzehnten gern mit Schwarzerlen aufforstet, entwickeln sich ebenfalls zum *Alno-Fraxinetum.* Doch dauert es lange, bis eigentliche Waldpflanzen einwandern und die Artenkombination an die des natürlichen Erlen-Eschenwaldes angleichen.

g Eschenreiche Bestände in Hartholzauen

Wo die Esche in Flußauen größere Bestände bildet, kann man sicher sein, daß man sich außerhalb des häufig überschwemmten Bereichs der Weichholzauen befindet (s. Abb. 186 u. 195). In der slowakischen Donauniederung, dem einzigen Gebiet Mitteleuropas, in dem Hartholzauen noch unter einigermaßen natürlichen Verhältnissen leben, bezeichnen eschenreiche Wälder nach JURKO (1958) die mittlere von drei Stufen:
– die untere enthält noch Pappeln und andere Weichhölzer *(Fraxino-Populetum),*
– in der mittleren dominierenden Ulmen und Eschen *(Ulmo-Fraxinetum),*
– die obere wird von Stieleichen beherrscht *(Ulmo-Quercetum convallarietosum).*

Die letzte vermittelt zu den wärmeliebenden Eichenmischwäldern außerhalb der Aue (*Ulmo-Quercetum caricetosum albae* und *buglossoidetosum*). Auch auf der Balkanhalbinsel gibt es eschenreiche Auenwälder, in denen allerdings die Schmalblatt-Esche *(Fraxinus parvifolia)* vorherrscht (s. HORVAT, GLAVAČ und ELLENBERG 1974).

Ob man das in relativ kontinentalen Teilen Europas gewonnene Bild der natürlichen Auenlandschaften auch auf das westliche Mitteleuropa übertragen darf, ist neuerdings zweifelhaft geworden. STREITZ (1967) weist in seiner Untersuchung des „Bestockungswandels in Laubwaldgesellschaften des Rhein-Main-Tieflandes und der Hessischen Rheinebene" nach, daß *Fraxinus excelsior* in den letzten 150 Jahren durch Saat und Pflanzung weit über das natürliche Vorkommen hinaus gefördert wurde. „Der Hartholzaue *(Fraxino-Ulmetum)* fehlte sie ursprünglich ganz, während sie heute mit über 40% der Holzbodenfläche an erster Stelle steht" (S. 165). Nach STREITZ wären die natürlichen Hauptbaumarten der Hartholzauen hier zweifellos die Stieleiche und die Flatterulme *(Ulmus laevis).* Als Nebenbaumarten kämen *Populus alba, Pyrus malus, Acer pseudoplatanus, A. campestre* und wohl auch *Alnus glutinosa* in Frage, nicht aber *Fraxinus excelsior.*

Wenn diese Ansicht richtig ist, wären sämtliche bisher beschriebenen Eschen- oder Eschen-Ulmen-Auenwälder zumindest im Oberrheingebiet als „Forstgesellschaften"

Erläuterungen zu Tab. 46

F Feuchtezahl, = Überflutungszeiger, ~ Wechselfeuchtezeiger, N Stickstoffzahl.
Die **Stetigkeitssummen** für = und ~ wurden in gleicher Weise errechnet, wie dies in Tab. 12 erläutert ist (u.z. ohne Berücksichtigung der Baumschicht). F, N und mittlere Feuchtezahl sind in den Abschnitten B I 4 und E III näher erläutert (mF wurde ohne die Baumschicht berechnet). Nach dem Artengefüge und nach der mittleren Feuchtezahl zu urteilen, entspricht Nr. 5 etwa der oft von Schwarzerle beherrschten Einheit Nr. 3 in Tab. 45. Nr. 6 entspricht ziemlich gut dem typischen Ulmen-Auenwald mit viel Traubenkirsche (Nr. 7 in Tab. 45).

anzusehen (s. Abschnitt D III). Weitere forst- und waldgeschichtliche Untersuchungen erscheinen zur Klärung dringend erwünscht. Diese müßten auch in Betracht ziehen, daß in Küstennähe (und im westlichen Europa) Eschen neben Ulmen und Eichen stets eine relativ große Rolle gespielt haben, z. B. an der unteren Ems (BEHRE 1970). Ökologisch ist es schwer einzusehen, warum sich die Esche im Südosten und im Nordwesten in den Flußauen behaupten, im Zwischenbereich aber gar nicht in sie eindringen konnte. Möglicherweise schadete ihr im Rheingebiet der hohe Grundwasserstand, der hier vor den Flußkorrektionen geherrscht haben muß. Jedenfalls führte die Anhebung des Grundwasserspiegels um 60–80 cm durch Aufstau der Donau bei Offingen zum vorzeitigen Absterben vieler Eschen (SEIBERT 1975).

h   Eichen-, ulmen- und rotbuchenreiche Hartholzauen

Im gebirgsfernen nördlichen Mitteleuropa, wo die Ströme gewöhnlich nur im Winter und Vorfrühling Hochwasser führen und der Grundwasserspiegel unter der Hartholzaue während des Sommers recht tief liegt, ist die Stieleiche der von Natur aus herrschende Auenwaldbaum. Zwar gibt es hier nur noch wenige Reste von Hartholz-Auenwäldern, aber diese wenigen zeigen das eindeutig. Ulmen-Eschen-Eichen-Auenwälder oder reine Eichen-Auenwälder beschreiben z. B. CARBIENER (1970) vom elsässischen Oberrhein, SCHWICKERATH (1951a) von der Erft im Bezirk Aachen, TRAUTMANN und LOHMEYER (1960) von der mittleren Ems, ELLENBERG (1939) von der Leine und Innerste in der Gegend von Hannover, PASSARGE (1956a) von der Elbe und MEUSEL (1953) von der Saale. Im äußersten Nordwesten, an der Ems, fehlen die Ulmen in

Abb. 206. Altwasser des Rheins an der Reisinsel bei Mannheim mit Seerosen-Gesellschaft, Schilfröhricht und Hartholz-Auenwäldern mit Eichen, Ulmen und Eschen *(„Fraxino-Ulmetum")* im Juni. Phot. Landesbildstelle Baden.

diesen Auenwäldern ganz, während sie im mitteldeutschen Trockengebiet stark hervortreten. Aufs Ganze gesehen, herrscht aber auch dort die Stieleiche in den Hartholzauen. Da manche Eichen-Auenwälder früher als Mittelwälder genutzt wurden, erinnern sie im Aussehen und in ihrem Artengefüge sehr an feuchte Eichen-Hainbuchenwälder (s. Abb. 206 u. 207).

Alle Hartholz-Auenwälder stocken auf tiefgründigen und mehr oder minder lehmigen, meist deutlich braungefärbten Böden vom Typus des braunen Auebodens (Braune Vega). Das braune Material ist nicht an Ort und Stelle verwittert, sondern wurde im Einzugsgebiet der Flüsse von Braunerden abgespült und in den breiten Auen des Unterlaufes wieder abgesetzt (allochthone Vega). Da sich die Bodenerosion mit zunehmender Rodung und Beackerung ehemaliger Waldböden verstärkte, ist ein großer Teil der braunen Auelehme verhältnismäßig jung. Im Wesertal bei Hameln z. B. wurde der meiste Lehm über Siedlungsresten aus der Römerzeit abgelagert (s. Abb. 30). STRAUTZ (1959) wies nach, daß im unteren Wesertal stellenweise schon vorher reine lößartige Auelehme zum Absatz kamen und den glazialen und frühpostglazialen Kies bereits vor mehr als 2000 Jahren zu überdecken begannen (s. Abb. 197). Mit zunehmender Siedlungsdichte wurde jedoch die Auelehmbildung mehr und mehr beschleunigt. Auch im Leinetal bildeten sich mächtige Auelehmdecken erst seit der Eisenzeit (FIRBAS u. WILLERDING 1965, s. auch OELKERS 1970). Im Flußgebiet der Elbe darf die Auelehmbildung ebenso wie im Weser- und Leinetal als ein natürlicher Vorgang angesehen werden, der vom Menschen nur verstärkt wurde (STRAUTZ 1962).

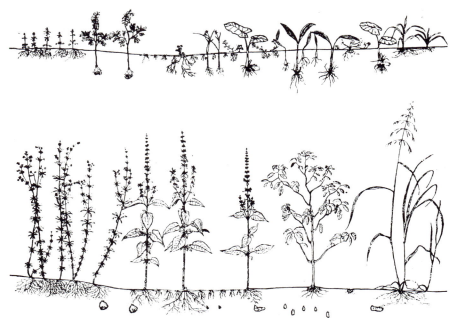

Abb. 207. Frühlings- und Hochsommeraspekt der Krautschicht in einem Ulmen-Eichen-Auenwald des östlichen Harzvorlandes. Nach MEUSEL (1951), Ausschnitte.
Oben: *Galium aparine, Corydalis cava, Stachys sylvatica, Gagea lutea, Veronica hederifolia, Arum maculatum, Allium ursinum, Ranunculus ficaria, Milium effusum.*
Unten: *Galium, Stachys, Impatiens noli-tangere, Milium.*

Dies gilt freilich nur, wenn in dem Einzugsgebiet des Flusses Lößlehm oder andere feinkörnige Bodenarten anstehen. Bei der Ems ist das im Gegensatz zu Erft, Rhein, Weser, Leine, Oker und anderen nordwestdeutschen Flüssen nicht der Fall, und so sind ihre Auen vorwiegend sandig. Solche durchlässigen Böden fallen nach jedem Winterhochwasser relativ rasch wieder trocken und bleiben nicht noch lange bis ins Frühjahr hinein naß, wie das bei tonigen Aueböden der Fall ist. So konnte sich hier nach TRAUTMANN und LOHMEYER (1960) noch innerhalb des Hochwasserbereiches die Rotbuche ansiedeln, die sonst nur selten in Flußauen anzutreffen ist und geradezu als auenfliehend gilt. Wie Abb. 208 zeigt, lassen sich an der mittleren Ems sogar eine ganze Reihe von Buchenmischwald-Gesellschaften unterscheiden, die mehr oder minder gut den Braunerde-Buchenmischwäldern der Altmoränenböden entsprechen. Je häufiger diese Buchen-Auenwälder überschwemmt werden, desto nährstoff- und kolloidreicher ist ihr Boden, und desto mehr anspruchsvolle und feuchtigkeitsbedürftige Arten gedeihen in ihnen. Außer diesen Buchen-Auenwäldern gibt es in der sandigen Emsaue auch Eichen- und Weiden-Auenwälder, und zwar auf entsprechend tieferem Niveau. In den vom Fluß abgetrennten Altarmen entstanden Schwarzerlen-Bruchwälder, auf die wir erst in Abschnitt V 2 eingehen wollen.

Wie gefährlich die Flußaue für Rotbuchen ist, selbst wenn sie dort, wie an der mittleren Ems, jahrzehntelang gut gedeihen, zeigte sich nach dem außergewöhnlichen, anhaltenden Hochwasser, das im Juli 1956 eintrat. Bald nach dieser Katastrophe gingen zahlreiche Buchen im Überschwemmungsbereich ein, und zwar Individuen aller Altersstufen. Ihre Blätter verfärbten sich und ihre Rinde starb am Stammfuß ab. Später platzte sie und es traten Sekundärschädlinge auf, die wohl mit dazu beitrugen, viele Bäume zugrunde zu richten. Andere Bäume erholten sich teilweise oder ganz wieder, so daß nicht sämtliche Buchen ausgerottet wurden und die Aussicht besteht, daß sich die stellenweise recht üppige Naturverjüngung weiter entwickeln wird. Die Ursache dieses Buchensterbens lag sehr wahrscheinlich darin, daß die aktiv lebenden Feinwurzeln der Buche den während der Überflutung längere Zeit herrschenden Luftmangel nicht ertragen haben und abstarben. Jedenfalls war es entscheidend, daß das verhängnisvolle Hochwasser mitten in der Vegetationsperiode eintrat und länger als eine Woche

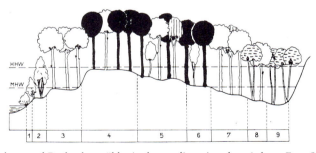

Abb. 208. Eichen- und Rotbuchenwälder in der sandigen Aue der mittleren Ems. Schematischer Querschnitt vom Flußufer bis zum Rand der diluvialen Terrasse (rechts).

Das ungewöhnliche Sommerhochwasser von 1956, das zum Buchensterben führte, erreichte nur etwa die Mitte zwischen Mittelhochwasser und höchstem Hochwasser. Nach TRAUTMANN und LOHMEYER (1960), etwas verändert.

1 = Korbweidenbusch, 2 = Weidenwald, 3 = Reiner Eichen-Auenwald, 4 = Artenarmer Buchenmischwald und Braunmull-Buchenwald mit *Lonicera periclymenum*, 5 = Reiner *Circaea*-Buchenmischwald und Reiner Braunmull-Buchenwald, 6 = *Glechoma*-Ausbildungen von 5, 7 = *Impatiens*-reicher Eichen-Auenwald, 8 = Erlen-Eichen-Auenwald, 9 = Erlenbruchwald. Schwarz = *Fagus*, schraffiert = *Fraxinus*, gestrichelt = *Alnus glutinosa*.

dauerte. Die bisherigen Sommerhochwässer dauerten nur wenige Tage und wurden, ebenso wie die normalen Winterhochwässer, jahrzehntelang ohne Schaden überstanden, auch wenn der Pegel noch höher anstieg als 1956.

Dieses ungewöhnliche Naturexperiment erwies sich mithin als höchst aufschlußreich für die Ökologie der Rotbuche. Nur ein Fluß des schnee- und niederschlagsarmen nordwestlichen Flachlandes mit kleinem Einzugsgebiet wie die Ems, bei dem Sommerhochwässer eine große Ausnahme sind, macht der Buche nicht schon nach wenigen Jahren den Garaus, wenn sie sich in seiner sandigen Aue befindet. In den Hartholzauen vieler kleinerer Flüsse und Bäche des westfälischen Münsterlandes mit ähnlichem Wasserregime wie die Ems ist *Fagus* nach WATTENDORF (1964) ebenfalls zu finden, besonders in eschen- und ulmenreichen Beständen. Diese werden im Winter regelmäßig und im Sommer gelegentlich und stets nur kurzfristig überschwemmt. Beides schadet der Rotbuche offenbar nicht.

Unter den Baumarten, die in den höheren Teilen der mitteleuropäischen Flußauen vorkommen, stellt *Fagus sylvatica* hinsichtlich des Jahrganges der Wasserstände das eine Extrem dar, während *Alnus incana* das andere verkörpert. Die Buche vermag nur Winterhochwässer zu ertragen und wird durch ungewöhnliche Sommerhochwässer getötet. Die Weißerle dagegen wird gerade umgekehrt durch das Ausbleiben sommerlicher Hochwässer gefährdet und gedeiht nur in Gebieten, in denen diese normalerweise eintreten. Die übrigen Bäume stehen teils der Buche, teils der Grauerle näher oder verhalten sich wie die Esche mehr oder minder indifferent.

Ähnlich wie die Rotbuche und die im folgenden Abschnitt zu besprechenden Nadelhölzer ertragen auch manche Sträucher und krautigen Waldpflanzen Überflutungen normalerweise nicht. Von der Donau bei Wallsee seien als Beispiele die folgenden Arten genannt, die WENDELBERGER-ZELINKA (1952) wohl an den Hängen oberhalb der Aue und teilweise auch auf Viehrettungshügeln, nicht aber auf dem Niveau der Aue antraf:

Berberis vulgaris	*Lathyrus vernus*
Viburnum lantana	*Galium odoratum*
Daphne mezereum	*Mercurialis perennis*
Euphorbia amygdaloides	*Galium sylvaticum*

Nach TRAUTMANN und LOHMEYER (1960) fehlen diese Arten auch in den buchenreichen Auenwäldern an der Ems, obwohl zumindest die drei letztgenannten in der Umgebung vorkommen. Der Anschluß der Grauerlen- und Hartholzauenwälder an die Ordnung *Fagetalia* darf also nicht zu der Vorstellung verleiten, daß deren Charakterarten sämtlich in Flußauen gedeihen könnten.

i Kiefern und andere Nadelhölzer in Flußauen

Ähnlich wie die Rotbuche können auch die Nadelhölzer nur unter außergewöhnlichen Umständen einmal zu Auenwaldbäumen werden. Länger andauernde Überflutungen scheint keine unserer Coniferen vertragen zu können, selbst die Kiefer nicht, obwohl sie sehr nasse, aber nicht überschwemmte Hochmoorböden zu besiedeln vermag. In manchen gebirgsnahen Flußauen stellt die Kiefer im Gegenteil ihre Fähigkeit unter Beweis, auf sehr trockenen und nährstoffarmen Standorten auszuharren. Kiefern-Trockenauenwälder *(Dorycnio-Pinetum)* finden wir nämlich nur auf den sehr durchlässigen Kalkschotterböden einiger Flußtäler in den Alpen oder im nördlichen Alpenrandgebiet, z.B. im Rheintal oberhalb von Chur und an der Isar etwa 30 km südlich von München. In der „Pupplinger Au", einem Naturschutzgebiet an der Isar oberhalb der Loisachmündung, hat sie SEIBERT (1958) eingehend untersucht.

Eigentlich verdienen es diese kümmerlichen Föhrenheiden auf den flußnahen Kalkschotterfeldern gar nicht, als Auenwälder bezeichnet zu werden. Denn sie sind nur dort gut ausgebildet, wo sie entweder überhaupt nicht mehr oder nur in Ausnahmejahren einmal für 1 bis 2 Tage vom Hochwasser erreicht werden. Der Grundwasserspiegel liegt in den feinerdearmen Schottern des Unterbodens gewöhnlich tiefer als 1,5 m und wird nur selten mehr als 1 m unter die Oberfläche gehoben, ist also allenfalls für die Kiefern, nicht aber mehr für ihren Unterwuchs erreichbar. Sowohl die trockenheitsertragende Begleitflora als auch die gedrungenen Baumgestalten erinnern sehr an die in Abschnitt IV 6 b besprochenen Schneeheide-Föhrenwälder (Abb. 209). Wie diese Gesellschaften der trockenen Kalk-, Dolomit- oder Mergelhänge gehören die Kiefern-Trockenauenwälder zum Verbande *Erico-Pinion*.

Abb. 209. Pfeifengras-Schneeheide-Kiefernwald *(Dorycnio-Pinetum molinietosum)* auf einer Kalkschotterterrasse im Isartal unterhalb Mittenwald. Durch Beweidung und Lichtungen mit trockenen Pfeifengraswiesen und Halbtrockenrasen entstanden.

SEIBERT unterscheidet in der Pupplinger Au zwei Gesellschaften, die hier beide großflächig verbreitet sind (Abb. 210, s. auch Abb. 196). Der Erdseggen-Schneeheide-Kiefernwald *(Dorycnio-Pinetum caricetosum humilis)* besiedelt die feinerdeärmsten Kiesböden und erinnert in seinem Artengefüge an den Erdseggen-Engadinerföhrenwald der Zentralalpen. Auf sandüberdeckten Schottern bildete sich in gleicher Lage zum Fluß- und Grundwasserspiegel der Pfeifengras-Kiefernauenwald *(D.-P. molinietosum)* aus, der dem Pfeifengras-Föhrenwald auf den Mergelsteilhängen des Schweizer Alpenvorlandes ähnelt. *Molinia arundinacea* bewährt sich auch hier als Zeiger für extrem Wechsel zwischen Feuchtigkeit und Trockenheit in kalkreichen Mineralböden. Die Kiefer ist in diesen Flußterrassen-Kiefernwäldern sowie in den noch trockeneren Kiefernheiden der breiten Kalkschotterflächen im bayerischen Alpenvorland der von Natur aus herrschende Baum (FIRBAS 1952).

Wie aus den von SEIBERT mitgeteilten Pegeldaten hervorgeht, sank der Grundwasser- und Flußwasserspiegel im Bereich der Pupplinger Au seit 1900 um durchschnittlich etwa 1,10 m. Nur Spitzenhochwasser erreichen noch fast ihre alte Höhe, beeinflussen aber den Wasserhaushalt der Pflanzengesellschaften wegen ihres episodischen Auftretens kaum. Dem raschen Absinken des Grundwassers ist es zuzuschreiben, daß hier die Pioniergesellschaften unmittelbar von Kiefernwäldern abgelöst wurden und daß dabei sogar die bucklige Oberfläche des Flußbettes erhalten blieb (Abb. 210). Bei gleichbleibenden Mittelwasserständen wäre dieses Kleinrelief nach und nach durch

Hochwassersedimente eingeebnet worden, und auch die Grauerle hätte hier wohl ihre gewöhnliche Rolle als Beherrscherin der oberen Stufe von Gebirgsflußauen übernommen. Technische Eingriffe in den Wasserhaushalt der Isar beschleunigten den natürlichen Erosionsprozeß, der in vielen mitteleuropäischen Stromtälern als Folge allmählich abnehmender Wasserführung oder von Flußbegradigungen zu beobachten ist. In der Umgebung der Pupplinger Au führte er zur Ausbildung von 3 bis 4 je etwa 1–1,5 m hohen alluvialen Terrassenstufen, die heute nicht mehr überflutet werden. Diese älteren Schotterterrassen tragen ebenfalls Schneeheide-Kiefernwälder, soweit sie nicht landwirtschaftlich genutzt werden.

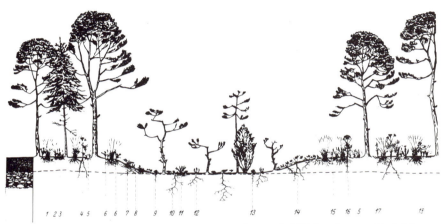

Abb. 210. Vegetationsprofil aus den Schotterauen der Isar bei Wolfratshausen. Nach MEUSEL (1940).
Auf mächtigen Kalksanden links und rechts Pfeifengras-Schneeheide-Kiefernwald mit Rasen von *Molinia* (1), *Calamagrostis varia* (2) und *Brachypodium pinnatum* (5) sowie mit *Gymnadenia conopsea* (3), *Laserpitium latifolium* (4), *Linum viscosum* (6), *Cypripedium calceolus* (15), *Pleurospermum austriacum* (16), *Epipactis palustris* (17) und *Astrantia major* (18).
In der Mitte auf Grobschottern eines alten Flußarmes schlechtwüchsiger Erdseggen-Schneeheide-Kiefernwald mit Wacholdern sowie Zwergstrauchfluren mit *Dryas octopetala* (10), *Thesium rostratum* (11), *Dorycnium germanicum* (12) und *Leontodon incanus* (9 und 13). In der Übergangszone: *Festuca amethystina* (7), *Erica herbacea* (8) und *Daphne striata* (14).

Die meisten Kiefern-Trockenauenwälder sind recht licht und hier und dort von größeren Grasflächen unterbrochen, auf denen *Bromus erectus, Molinia* oder andere trockenheitsertragende Gräser herrschen. Dieses parkartige Landschaftsbild entstand durch Streunutzung, die stellenweise auch heute noch üblich ist und nach SEIBERT früher mehr einbrachte als der Holzschlag. Außerdem wirkte die Schaf- und Ziegenweide mit, die auf den Schotterebenen und in den alten Schotterauen Oberbayerns ehemals sehr verbreitet war. Seit dem Aufhören der extensiven Bewirtschaftung schließen sich die Kiefernbestände mehr und mehr, so daß man befürchten muß, daß viele seltene Rasenpflanzen zugrunde gehen werden.
Die Fichte ist nirgends ein Auenwaldbaum. Wenn manche Autoren bei der Beschreibung montaner Nadelwälder von „Fichtenauenwäldern" sprechen, so meinen sie damit keine Wälder im Überflutungsbereich von Flüssen, sondern Gesellschaften, die sich in breiten Mulden oder auf Terrassenresten heute tief eingeschnittener Wasserläufe ausgebildet haben und Feuchtigkeitszeiger wie *Equisetum sylvaticum* enthalten (s. Abb. 159). In oft überschwemmte Flußauen dringt *Picea abies* höchstens einmal von

den benachbarten Talhängen aus ein, wenn sie dort vorherrscht (s. Abb. 211). Wie MONDINO (1963) mit Recht hervorhebt, darf man Fichtenwälder nicht als Endstadium der Entwicklung von Flußauen ansehen. Schon die „Sukzession" von Grauerlen- zu Kiefernauenwäldern ist oft nur hypothetisch, weil beide von vornherein verschiedene Standorte besiedeln, und eine Weiterführung zum Fichtenwald ist nur nach Absenkung des Wasserspiegels möglich.

Abb. 211. Fichten und teilweise absterbende Grauerlen bei Strada auf dem trockensten Teil einer Inninsel, der auch von den höchsten Hochwassern kaum mehr überflutet wird, weil sich der Fluß tiefer eingeschnitten hat. Obwohl von Flußarmen umgeben, liegt der Standort der Fichten schon außerhalb der Aue.

j Stromtäler als Wanderwege der Pflanzen

In der waldbeherrschten Naturlandschaft Mitteleuropas, aber auch in der heutigen Kulturlandschaft, bilden die Flußtäler bevorzugte Einwanderungswege für Pflanzen, die in anderen Vegetationsstufen oder in anderen Florengebieten beheimatet sind (TÜXEN 1950b). Mehrere Besonderheiten der flußnahen Standorte wirken hierbei zusammen:

1. die Transportleistung des fließenden Wassers, das Samen, Brutknospen oder andere Diasporen, aber auch ganze Pflanzen oder Rasenstücke verschwemmt;
2. die geringe Konkurrenz auf den zunächst nackten Uferstreifen oder sonstigen zeitweilig überfluteten Stellen;

3. die Neulandbildung durch Hochwässer, die in Gestalt von Uferabbrüchen, Sandbänken, Getreibselwällen und dgl. immer wieder nackte Bodenflächen schaffen;
4. gute Wasserversorgung und Ernährung, die es an solchen Plätzen auch anspruchsvollen Arten gestatten, sich rasch zu entfalten;
5. die Transportleistung der am Fluß lebenden Tiere, insbesondere der Ufervögel, die mit dem an Füßen, Schnäbeln und Gefieder haftenden Schlamm kleinere Samen auch flußaufwärts verfrachten können. (Anders ist eine „Aufwärtswanderung", von der öfters gesprochen wird, bei nicht flugfähigen Samen kaum denkbar.)

Alle 5 Faktoren sind am wirksamsten nahe dem Ufer des hin- und herpendelnden Flusses. Denn die weiter entfernt und höher liegenden Teile der Aue, die von Natur aus mehr oder minder dicht bewaldet wären, verringern die Wucht und die Transportkraft des Hochwassers. Auch das Treibeis, das an Terrassenkanten den Rasen aufschürft und dadurch ziemlich trockene Standorte vorübergehend vegetationsfrei macht, könnte in einer waldbewachsenen natürlichen Aue keine zusammenhängenden Wanderstraßen fernab vom Flußufer offenhalten.

Drei Gruppen von Pflanzen sind es in erster Linie, die sich mit Hilfe der Flüsse viel weiter und rascher verbreiten, als ihnen dies auf andere Weise möglich wäre: Die schon in Abschnitt c erwähnten Gebirgsschwemmlinge, manche kurzlebigen Nitratpflanzen und viele ausdauernde Gartenflüchtlinge, die sich mehr und mehr bei uns einbürgern.

Mit den Alpenflüssen gelangen einzelne alpine und subalpine Pflanzen immer wieder weit ins Vorland hinaus und gedeihen dort trotz des warmen Klimas und trotz der Überschwemmungen z. T. recht gut, ein Beweis dafür, daß sie nur durch den dichten und hohen Bewuchs der montanen und collinen Stufe daran gehindert werden, unterhalb ihrer natürlichen Region festen Fuß zu fassen. *Gypsophila repens* z. B. wanderte mit der Isar bis Landshut und Landau, mit der Iller bis Ulm, mit dem Rhein bis Speyer, mit dem Tessin bis Bellinzona und mit dem Isonzo bis südlich Görz, also bis in die Nähe der Adria. *Campanula cochleariifolia* fand man vor 1918 am Rhein vereinzelt hinunter bis nach Ottenheim (155 m) und an der Sacra bis zum Gardasee. Im Vorland der Hohen Tatra erreichen die Wanderungen der Hochgebirgspflanzen zwar nicht solches Ausmaß wie im Alpenvorland, weil das Einzugsgebiet der Flüsse in der subalpinen und alpinen Stufe kleiner ist. Sie wurden hier aber von WALAS (1938) mustergültig untersucht und dargestellt (vgl. Abb. 212).

Vorwiegend sind es Pflanzen der alpinen Geröllfelder und der subalpinen Hochstauden- und Quellfluren, die im Spätfrühling und im Frühsommer mit den Hochwassern zu Tal wandern. Obwohl diese Arten großenteils anemochor sind und keine speziellen Einrichtungen für den Wassertransport besitzen, spielt der Wind für ihre Verfrachtung ins Tiefland kaum eine Rolle. Die kleinen Samen von *Saxifraga aizoides* beispielsweise schwimmen nach HEGI 17 Tage an der Oberfläche und können sich 38 Tage ohne Schaden im Wasser aufhalten, zumal wenn dessen Temperatur niedrig ist. Andere Arten gehen zwar rascher zugrunde, doch haben auch sie Chancen, weit zu wandern, weil die Gebirgsflüsse rasch fließen. Die durchschnittliche Geschwindigkeit der Alpenflüsse beträgt etwa 2,25 m/sec, genügt also, um die Pflanzen in 24 Stunden 200 km fortzutragen. Manche Arten keimen schon während des Transportes und lassen sich als fertige Keimlinge nieder. Andere wandern auch als erwachsene, vom Hochwasser losgerissene Pflanzen, doch dürfte dieser Fall selten sein.

Die Samen oder lebensfähigen Teile der Flußschwemmlinge werden vom sinkenden Hochwasser an sandigen Gleithängen oder auf Schotterbänken abgesetzt. Ein Jahr nach der großen Überschwemmung vom Sommer 1934 beispielsweise fand WALAS auf neugebildeten Schotterbänken *Arabis alpina, Poa alpina* und andere sonst nur im

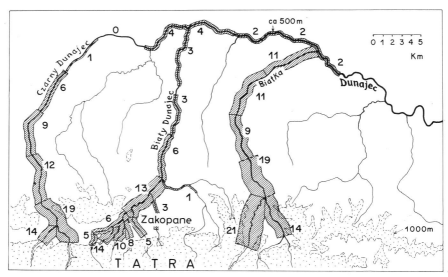

Abb. 212. Zahl der alpinen „Schwemmlinge" in den Flußbetten am Nordabfall der Hohen Tatra. Die Artenzahl pro Talabschnitt ist durch die Breite der schraffierten Streifen auch optisch ausgedrückt. Nach WALAS (1938), etwas verändert.

Hochgebirge anzutreffende Arten. Unter günstigen Bedingungen halten sich solche Schwemmlinge oft jahrzehntelang, zumal manche von ihnen eine erstaunliche Lebenskraft haben und auch in botanischen Gärten freudig gedeihen. Im Freien verschwinden sie jedoch bald wieder, weil sie von Tieflandspflanzen überwuchert werden, weil der Fluß ihren Wuchsort durch Erosion zerstört (oder weil sie von Botanikern entdeckt und gesammelt werden!) Sie sind also auf ständigen „Nachschub" aus dem Gebirge oder von günstigen Zwischenstandorten aus angewiesen. Wird dieser durch Staustufen unterbunden, erlischt einer ihrer Fundorte nach dem andern.

Die zweite Gruppe der Stromtalwanderer legt nicht so große Strecken zurück wie die Gebirgsschwemmlinge, ist dafür aber zahlreicher anzutreffen. Manche einjährigen Nitratpflanzen, die heute in Mitteleuropa auf Äckern, Schuttplätzen und anderen Ruderalstellen weit verbreitet sind, haben ihre natürlichen Standorte wahrscheinlich auf Uferbänken, die nicht von ausdauernden Arten besiedelt werden können (s. Abb. 189 u. 190).

Die bei weitem auffälligste und zugleich jüngste Gruppe von Stromtalwanderern besteht aus einer ständig wachsenden Zahl von Gartenflüchtlingen, die sich alle durch hohen Wuchs und großen Licht- und Nährstoffbedarf auszeichnen. Vor allem handelt es sich um ausdauernde, brusthohe bis über mannshohe Stauden der Compositen-Gattungen *Aster, Solidago, Helianthus* und *Rudbeckia*, die aus Nordamerika stammen und teilweise schon vor ein bis drei Jahrhunderten als Zierpflanzen in europäische Gärten gebracht wurden. Sie verwilderten zunächst auf Schutthaufen und ähnlichen Plätzen, bald aber auch in Flußauen, besonders dort, wo diese nicht mehr anhaltend überschwemmt werden. In erster Linie faßten sie auf Spülsäumen und in Lichtungen der Weiden- oder Grauerlenauen Fuß und verdrängten die dort bodenständigen Hochstauden, z. B. *Urtica dioica* und *Senecio fluviatilis*. Untereinander machen sie sich teilweise heftig Konkurrenz und behaupten sich durch vegetative Ausbreitung oft sehr hartnäckig auf dem zufällig zuerst besetzten Platze. Offensichtlich spielt überhaupt der Zufall bei ihrer Verbreitung noch eine große Rolle. Aber sie werden mehr und mehr zu festen Bestandteilen unserer Vegetation und lassen uns die Neubildung von Pflanzengesellschaften miterleben.

Die oft als Fasanenfutter angesäte und in vielen Gegenden Mitteleuropas bereits eingebürgerte *Solidago canadensis* besetzt in zunehmendem Maße auch Brachland außerhalb der Flußauen (s. Abschnitt D X 1 b). In Schweizer Tälern hat sich *S. gigantea* nach MOOR überall breit gemacht, und auch *S. graminifolia* ist trotz ihrer geringen Kampfkraft stellenweise schon recht häufig. Seit THELLUNG im Jahre 1913 seinen Schlüssel zum Bestimmen der in Mitteleuropa kultivierten und verwilderten *Aster*- und *Helianthus*-Arten herausgab, haben sich weitere Arten eingestellt. Neben diesen und anderen nordamerikanischen Compositen treten aus Asien stammende Neuankömmlinge noch zurück, z. B. der japanische Windenknöterich *(Reynoutria japonica)* und die ostindische *Impatiens glandulifera,* nach der MOOR eine von der Schweiz bis in die Tschechoslowakei verbreitete Assoziation benannte *(Impatienti-Solidaginetum,* s. auch KOPECKÝ 1967). Die Ausbreitung von *Solidago canadensis, S. gigantea* und *Helianthus tuberosus* in Württemberg haben B. u. K. RÜDENAUER und SEYBOLD (1974) durch Punktkarten genau belegt. Hiernach sind nur die beiden letztgenannten auf Flußauen konzentriert. Die Kanadische Goldrute ist auf dem besten Wege, ein allgemeines Unkraut der Sozialbrachen (oder deren Schmuck?) zu werden.

Da die adventiven und neophytischen Staudendickichte in unseren Flußauen mehr und mehr von offenen Plätzen Besitz ergreifen und vor allem die Aufforstungen erschweren, werden sie lästig. So reizvoll es für den Ökologen sein mag, das weitere Schicksal dieser neuen Gesellschaftspartner unter möglichst ungestörten Verhältnissen zu beobachten, sollte auch er mithelfen, sie zu bekämpfen. Eine einfache Methode ist der Lichtentzug; wie MOOR beobachtete, bleiben die meisten Arten im Schatten steril, beginnen zu kümmern und weichen schließlich ganz. Man muß den Bäumen also nur am Anfang eine Starthilfe geben, indem man die Stauden abmäht und die toten Massen am Boden ausbreitet, um den Nachwuchs zu ersticken. Nach guten Erfahrungen, die man in Nordamerika machte, erwägt ZWÖLFER (1974) Möglichkeiten für eine biologische Bekämpfung der Goldruten.

Manche der adventiven und einige einheimische Hochstauden unserer Flußtäler wurden früher als Charakterarten der Flußweidengebüsche oder Weidenauenwälder angesehen, weil sie an lichten Stellen derselben häufig vorkommen. Wie TÜXEN (1950a) klar erkannt hat, bilden sie aber unabhängige, wenn auch recht unbeständige schattenfliehende Gesellschaften, die man heute zum Verband *Calystegion* zusammenfaßt. Der deutsche Name „Schleiergesellschaften" trifft besonders auf das *Cuscuto-Calystegietum* zu, das sich an Stauden und niedrigen Büschen emporwindet und sie im Spätsommer wie ein Schleier überzieht. In fast allen Flußtälern des südöstlichen Mitteleuropa hat sich *Echinocystis lobata* in solchen Gesellschaften ausgebreitet, eine Cucurbitacee aus dem nordöstlichen Nordamerika. Als Trägerin des Gurken-Mosaikvirus wurde sie genau verfolgt (s. SLAVÍK u. LHOTSKÁ 1967).

Bisher sprachen wir nur von den Wanderschicksalen einzelner Arten, denn ganze Lebensgemeinschaften kann der Fluß nicht transportieren. In gewisser Hinsicht sind aber alle Pflanzengesellschaften der Flußaue zu wandern gezwungen. Solange der Strom ungebändigt ist, zerstört er Kräuterfluren, Röhrichte, Gebüsche und Wälder und hilft sie an anderen Stellen wieder aufbauen. Die in den überschwemmten Auen lebenden Arten und Gemeinschaften werden also immer wieder genötigt und müssen in der Lage sein, neue Wuchsorte zu erobern.

372 Gehölzvegetation der Flußauen und Sümpfe

2 Bruchwälder und verwandte Gesellschaften

a Wesen und Entstehung der Bruchwälder

Bei unseren Streifzügen durch die Vegetation der Flußauen Mitteleuropas haben wir bisher nur selten schwarzerlenreiche Wälder berührt, obwohl diese in den großen Urstromtälern des nördlichen diluvialen Flachlandes von Natur aus große Flächen einnehmen (s. Abb. 30) und früher oft als Auenwälder beschrieben wurden. Mehrere Gründe ließen diese Zurückhaltung ratsam erscheinen:

1. sind die wenigsten der von *Alnus glutinosa* gebildeten Wälder echte Auenwälder, die regelmäßig von Flußwasser überschwemmt und mit mineralischen Sedimenten versorgt werden; eine Ausnahme macht nur der Eschen-Erlenwald an Bachufern (s. Abschnitt 1 f).
2. entstanden und entstehen zwar viele Schwärzerlen-Gesellschaften in Flußauen, insbesondere in abgeschnittenen Flußarmen und in den vernäßten Randzonen breiter Täler, doch sind sie keineswegs an diese gebunden. Auch an Seen und Teichen, die nur von kleinen Rinnsalen oder vom Grundwasser gespeist werden, kann *Alnus glutinosa* Uferwälder bilden;
3. ist die systematische und ökologische Stellung der verschiedenartigen Schwarzerlenwälder Mitteleuropas nur zu überblicken, wenn man das „eigentliche" *Alnetum glutinosae* kennt (s. Abb. 213).

Dieser Schwarzerlenwald aber ist ein <u>Bruchwald</u> und kein Auenwald und unterscheidet sich wie alle Bruchwälder von dem letzteren in einigen wesentlichen Standortsbedingungen:

a) Bruchwälder leben auf Böden, in denen das <u>Grundwasser dauernd nahe der Oberfläche</u> steht. Die Schwankungen des Wasserspiegels betragen nur ausnahmsweise

Abb. 213. Nasser Erlenbruchwald *(Carici elongatae-Alnetum)* im Frühjahr am Rande eines Teiches bei Chorin. Auf dem Wasser im Vordergrund schwimmen Knospenschuppen und anderer organischer Detritus. Phot. Hueck.

mehr als 1 m und sind in der Regel geringer (Abb. 214), während bei Auenwäldern das Gegenteil der Fall ist.

b) Bruchwaldböden werden gewöhnlich nur im zeitigen Frühjahr überschwemmt, wenn der Schnee in ihrer näheren Umgebung schmilzt. Sie bleiben dann aber ziemlich lange naß, während Aueböden schon wenige Tage oder Wochen nach ihrer Überflutung trockenfallen.

c) Die Überschwemmungen bringen den echten Bruchwäldern nur wenig oder gar keinen Sand und Schlick, tragen also nicht durch anorganische Sedimente zur Aufhöhung und zur chemischen Bereicherung ihres Bodens bei. Wo dies doch der Fall ist, nähert sich das Artengefüge mehr oder minder deutlich einer der bereits beschriebenen Auenwaldgesellschaften.

d) Echte Bruchwälder stocken auf mindestens 10–20 cm Bruchwaldtorf (s. Abb. 38), d.h. auf einem von ihnen selbst erzeugten, vorwiegend organischen Oberboden. Typische Auenwälder sind dagegen an mineralische Sedimente gebunden.

In der Natur kann man alle denkbaren Übergänge zwischen Bruchwäldern und Auenwäldern finden, außerdem trifft man auf Zwischenstufen, die zu den Waldgesellschaften der nicht überfluteten mineralischen Naßböden überleiten, z.B. zu feuchten Eichen-Hainbuchenwäldern, feuchten Birken-Eichenwäldern (s. Abb. 116 und 131) oder Bach-Eschenwäldern.

Während Auenwälder stets auf verhältnismäßig basenreichem Substrat stocken,

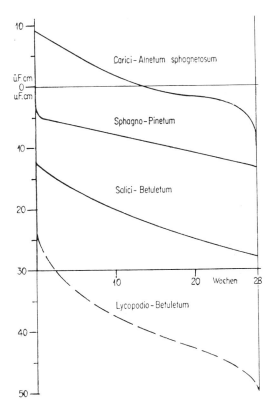

Abb. 214. „Grundwasser-Dauerlinien" einiger Bruchwald-Gesellschaften im Schweizer Mittelland (vgl. Abb. 111). Nach KLÖTZLI (1975). Im Torfmoos-Erlenbruch beispielsweise verweilte das Grundwasser insgesamt 13 Wochen nahe der Bodenoberfläche oder darüber, überflutete diese aber niemals höher als 8 cm. Am tiefsten stand es im Boden des Bärlapp-Birkenbruchs und schwankte hier relativ am stärksten, absolut aber ebenfalls nur wenig, nämlich zwischen 25 und 50 cm Tiefe. Der Weiden-Birkenbruch sowie der Torfmoos-Kiefernbruch, der bereits an einen Hochmoor-Randwald erinnert, ordnen sich zwischen diesen Extremen ein.

weil in Mitteleuropa sogar „Urgesteinsflüsse" immer wieder kalkhaltige Sedimente und Hydroxylionen mitbringen, können Bruchwälder auf sehr sauren Substraten vorkommen. Der Erlenbruchwald (Abb. 213) verlangt zwar einen gewissen Kalkgehalt des Grundwassers und erhält auch aus seiner Umgebung Basenzufuhren durch das ihm oberflächlich zufließende Regen- und Schneeschmelzwasser. Wo solche Zuflüsse aber ausbleiben und auch das Grundwasser kalkarm ist, kann nur ein recht saurer und nährstoffarmer Torf entstehen, auf dem die Erle nicht gedeiht. Sie macht hier der Moorbirke oder der genügsamen Kiefer Platz (s. Abb. 216 und 217), kann sich aber unter intermediären Bedingungen auch mit ihnen mischen. Dadurch wird die Zahl der Erlenwaldtypen noch vermehrt.

Diese natürliche Mannigfaltigkeit steigerte der Mensch durch vielerlei Eingriffe, vor allem durch Wasserstandssenkungen, die aus echten Bruchwäldern Eschen-Erlenmischwälder, feuchte Eichen-Hainbuchenwälder und schließlich vom Grundwasser unabhängige Waldgesellschaften entstehen ließen. Die früher übliche niederwaldartige Nutzung der ausschlagfreudigen Schwarzerle begünstigte lichtliebende Pflanzen der Naßwiesen und Röhrichte, die sich sonst in ihnen nicht so gut oder gar nicht hätten halten können. Manche *Alnus glutinosa*-Bestände freilich sind vor allem deshalb reich an Grünlandpflanzen, weil sie auf wertlos gewordenen Streuwiesen aufgeforstet wurden oder sich dort nach dem Aufhören der Mahd von selber einstellten. Auch auf teilweise abgetorften Mooren findet man zuweilen solche bruchwaldähnlichen Forstgesellschaften.

Alle „echten" Bruchwälder stocken auf organischen Naßböden, und zwar auf Torfen. Über das mittlere Niveau des Grundwasserspiegels kann der Bruchwaldtorf normalerweise nicht emporwachsen, weil er bei Luftzutritt mehr oder minder rasch zersetzt wird. Nur wo das Grundwasser extrem sauer ist, bleibt die Tätigkeit der torfabbauenden Mikroorganismen so gehemmt, daß sich eine rohhumusartige Auflage und schließlich – unter Mithilfe bestimmter Sphagnen – ein Hochmoor bilden kann. Auf diesen Sonderfall werden wir in Abschnitt C III 1 zurückkommen; er gehört in Mitteleuropa heute zu den seltenen Ausnahmen (s. auch Abb. 259).

Gräbt oder bohrt man tiefer in den Boden hinein, so findet man häufig unter dem Bruchwaldtorf, der sich durch Holz- und Zapfenreste sowie durch hohen Zersetzungsgrad auszeichnet, „tote" Torfschichten, die von Seggen oder von Schilfbeständen gebildet wurden und teilweise noch deren Wurzeln, Scheiden oder zusammengedrückte Rhizome enthalten (Abb. 38). In solchen Fällen darf man den Bruchwald als Endstadium einer „Verlandungsreihe", einer echten Vegetationsentwicklung, betrachten. Die als Musterbeispiel einer solchen Sukzession häufig abgebildete vollständige Serie der Verlandung eines Sees beginnt mit einer Gyttja (Mudde) aus anorganischem Schlamm mit Pflanzen- und Tierresten, der mehrere dm Schilftorf und Seggentorf folgen. Nur die obersten 2–3 dm Torf kann der Bruchwald selber bilden, wenn der durchschnittliche Wasserstand während des ganzen Verlandungsvorganges unverändert blieb. Doch nicht alle Bruchwaldböden zeigen diese ideale Abfolge.

Oft ist der Bruchwaldtorf mächtiger, weil tektonische Senkungen oder andere natürliche Ursachen zu einem allmählichen Ansteigen des Wasserspiegels im Verhältnis zum mineralischen Untergrund führte. In den jungdiluvialen Urstromtälern Norddeutschlands und Polens, z.B. im unteren Elbtal, stieg der Grundwasserspiegel, weil der Fluß seine Ufer und sein Bett durch Sedimente allmählich aufhöhte, aber nicht das ganze, für ihn viel zu breite Tal damit ausfüllen konnte. Unsere größten Bruchwaldgebiete und mächtigsten Niedermoor-Torflager entstanden auf diese oder ähnliche Weise, also nicht durch Verlandung von Seen.

Nicht selten deuten die Profile solcher Urstromtal-Moore darauf hin, daß der sedimentierende Fluß zeitweilig in ihre Nähe rückte, und daß „Auenwaldbedingungen" und „Bruchwaldbedingungen" miteinander abwechselten. Während also viele Bruchwälder auf „verlängerten" Torfserien stocken, bildeten sich andere in flachen, versumpfenden Mulden oder an seicht auslaufenden Rändern von Seen auf unvollständigen Serien. Stellenweise ist die Torflage über dem mineralischen Untergrund nur knapp 20 cm mächtig, ohne daß die Artenzusammensetzung der Bruchwälder wesentlich anders zu sein braucht als auf Torfschichten, die viele Meter mächtig sind. Denn die meisten Wurzeln streichen außerordentlich flach und hängen in erster Linie von der Lage und dem Schwankungsbereich des Grundwassers ab, die in beiden Fällen annähernd gleich sein können.

Daß man viele Bruchwälder als relativ stabile Endstadien der Vegetationsentwicklung ansehen muß, ist offensichtlich. Unter gleichbleibenden Bedingungen entwickeln sich die Bruchwälder nicht weiter zur zonalen Vegetation. Nur wenn der Wasserspiegel abgesenkt, also ihr Standort entscheidend verändert wird, ist eine solche Abfolge möglich.

b Schwarzerlenbrücher

Die eigentlichen Erlenbruchwälder leben auf so extrem nassen Böden, daß die meisten Laubwaldpflanzen nicht in ihnen gedeihen können. Sie stehen deshalb systematisch sehr isoliert und bilden eine besondere Ordnung *(Alnetalia glutinosae)*, obwohl diese nur wenige Assoziationen umfaßt, die alle einem einzigen Verbande *(Alnion glutinosae)* zugerechnet werden müssen. Wie *Alnus glutinosa* selbst ist dieser in Europa weit verbreitet (s. Abb. 215). Als Ordnungs- und Verbandscharakterarten sind nach BODEUX (1955) zu nennen:

Alnus glutinosa   *Lycopus europaeus*
Salix cinerea   *Calamagrostis canescens*
Salix aurita   *Solanum dulcamara*
Salix pentandra   M *Sphagnum squarrosum*
Ribes nigrum   M *Trichocolea tomentella*
Ribes spicatum

BODEUX hat die schwierige Aufgabe, den „echten" Erlenbruchwald aus den vielen bisher beschriebenen erlenreichen Waldgesellschaften herauszuschälen, durch Verarbeitung der gesamten europäischen Literatur recht glücklich gelöst. Von 547 Bestandsaufnahmen erwiesen sich nur 187 als genügend rein. Sie ließen sich 4 Assoziationen zuteilen (vgl. Abb. 215), und zwar:
1. dem mitteleuropäischen Erlenbruch *(Carici elongatae-Alnetum medioeuropaeum)*,
2. dem westeuropäischen Erlenbruch *(Carici laevigatae- Alnetum)*, das noch in der Eifel und nach OBERDORFER (1957) auch noch im westlichen Oberrheingebiet vorkommt,
3. dem nordosteuropäischen Erlenbruch *(Carici elongatae- Alnetum boreale)*, das in den ostbaltischen Ländern bis nach Südfinnland verbreitet ist,
4. dem osteuropäischen Erlenbruch Ostpolens und Westrußlands, das dem mitteleuropäischen Erlenbruch sehr nahe steht. Im Gegensatz zu BODEAUX fassen es MATUSZKIEWICZ und H. und I. TRACYK (1958) daher nicht als eigene Assoziation *(Dryopteri cristatae-Alnetum)*, sondern ebenfalls nur als Subassoziation *(Carici elongatae-Alnetum dryopteridetosum cristatae)* auf. Man könnte diese auch geographisch bezeichnen (*C. el.-A. orientale*, s. Abb. 215).

Zwar hat keine dieser Assoziationen eigene Charakterarten, doch kann man die

Verbandscharakterarten jeweils lokal als solche ansehen, weil sich die Gesellschaften räumlich nahezu ausschließen. Ihre geographischen Unterschiede kommen in den Differentialarten zum Ausdruck:

Die *Carex laevigata*-Gruppe ist auf die westliche Assoziation beschränkt und greift höchstens vereinzelt nach Osten über (Abb. 215, 2):

    Carex laevigata   *Valeriana procurrens*
    Osmunda regalis   *Scutellaria minor*

Allen übrigen Assoziationen ist die *Carex elongata*-Gruppe gemeinsam:

    Carex elongata   *Carex vesicaria*
    Thelypteris palustris   *Geum rivale*
    Peucedanum palustre   M *Rhytidiadelphus triquetrus*
    Rubus idaeus

Am nordosteuropäischen Erlenbruch sind stets auch die Fichte und einige ihrer Begleiter beteiligt, insbesonders die *Picea*-Gruppe (Abb. 215, 3):

    Picea abies   *Orthilia secunda*
    Rubus saxatilis   (*Carex tenella*)

Das osteuropäische *Alnetum* ist am schlechtesten differenziert, nämlich nur durch *Dryopteris cristata*, die zudem nur in etwa der Hälfte der Bestände überhaupt vorkommt. Es wäre daher besser, den Vorschlägen von SCHWICKERATH (1942) sowie von MÜLLER und GÖRS (1958) zu folgen und konsequent alle lediglich durch geographische Differentialarten trennbaren Gesellschaften als „Rassen" einer und derselben Assoziation bzw. Subassoziation zu bezeichnen. Dann würden sämtliche Erlenbruchwälder Europas einer einzigen, in klassischer Weise durch mehrere Charakterarten gekennzeichneten Assoziation angehören, und es käme bereits in der systematischen Fassung zum Ausdruck, daß die Erlenbruchwälder in den verschiedenen Teilen unseres Kontinents unter sehr ähnlichen Bedingungen leben. Die große Bodennässe und die

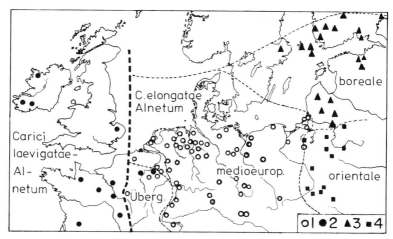

Abb. 215. Als azonale Gesellschaften sind die Erlenbruchwälder Europas einander so ähnlich, daß man nur zwei Assoziationen unterscheiden kann, das atlantische *Carici laevigatae-Alnetum glutinosae* und das subatlantische bis subkontinentale *Carici elongatae-Alnetum glutinosae*. Mitteleuropa zeichnet sich jedoch durch eine eigene Subassoziation des letzteren aus (*medioeuropaeum*). Eine mehr kontinentale und eine nordöstliche schließen sich an (*orientale* und *boreale*). Nach BODEUX (1955) sowie MATUSZKIEWICZ und TRACZYK (1958), verändert.

hohe Luftfeuchtigkeit im Bestandesinneren zusammen mit der günstigen Nährstoffversorgung lassen alle anderen Faktoren so sehr zurücktreten, daß das Artengefüge der Erlenbruchwälder von der Biskaya bis nach Weißrußland und von Kroatien bis nach Finnland im wesentlichen gleich bleibt. Es gibt im Tiefland keine einzige Waldgesellschaft, die so wenig auf die Variationen des Allgemeinklimas anspricht wie diese. Die Erlenbruchwälder sind mithin Musterbeispiele für azonale Vegetationseinheiten (s. Abschnitt B I 1 a) und werden in dieser Hinsicht nur von den Wasserpflanzen-Gesellschaften übertroffen.

c *Birken-, Kiefern- und Fichtenbrücher*

Erlenbrücher und andere von der Schwarzerle beherrschte Gesellschaften deuten stets auf Basenreichtum des Grundwassers hin. Wird ein gewisses Minimum desselben (etwa 0,1 mg CaO/l) unterschritten, so kann *Alnus glutinosa* nicht mehr mit *Betula pubescens* oder *Pinus sylvestris* konkurrieren. Bei ziemlich gleichem Wasserhaushalt tritt also infolge Basenmangels ein Birken- oder Kiefernbruchwald an die Stelle des Erlenbruchwaldes (Abb. 214). Welcher dieser beiden genügsamen Bäume die Herrschaft erlangt, hängt vom Klima ab. Im Nordwesten ist es die Moorbirke, im kontinentalen Osten die Kiefer. Im Gebirge und im Nordosten Mitteleuropas kann die Fichte als natürliche Mischholzart hinzutreten. Alle basenarmen Bruchwaldtypen stimmen aber in so vielen ökologischen und floristischen Eigenschaften überein, daß wir sie hier zusammen behandeln wollen.

Die Baumschicht gedeiht in den bodensauren Bruchwäldern nur schlecht und ist locker. Trotz reichlichen Lichtes können sich in ihnen aber nur vereinzelte Sträucher entwickeln, und zwar nur säure- und nässeertragende Arten wie *Frangula alnus* und *Sorbus aucuparia*. Lediglich der Bodenbewuchs ist üppig und besteht aus wenig

Abb. 216. Birkenbruch mit Fichten im Übergang zu einem armen Erlenbruch (dahinter) bei Riga im Vorfrühling. Der Torf ist bis nahe an die Oberfläche von stagnierendem Wasser durchtränkt.

schattenertragenden Zwergsträuchern, wie *Vaccinium uliginosum, V. myrtillus* und *V. vitis-idaea,* und aus hygrophilen Moosen.

Einen bemerkenswert großen Anteil am Aufbau basenarmer Bruchwälder haben boreale Arten. Die bereits genannten holzigen und krautigen Pflanzen gehören sämtlich zu diesem Florenelement. Auch *Trientalis europaea, Lycopodium annotinum* und andere Partner der Birken- und Kiefernbrücher haben ihr Verbreitungsschwergewicht im Norden und Osten Eurasiens. Es wäre aber voreilig, aus solcher Ansammlung borealer Elemente auf besondere Kälte des Standortes zu schließen. Bisher sind keine Messungen bekannt geworden, die den Beweis für diese Annahme erbringen. Der Hauptgrund für das Ausharren nordischer Gäste inmitten „südlicherer" Vegetation dürfte vielmehr in der geringen Konkurrenz auf diesen naßsauren Standorten zu suchen sein, die für die meisten Pflanzen unzugänglich bleiben. Die mächtige Rohhumusdecke sagt den borealen Arten außerdem besonders zu.

Auf der Pommerschen Seenplatte und in Nordostpolen kommen Birken- und Kiefernbrücher oft auf engem Raum nebeneinander vor. Nach W. MATUSZKIEVICZ (1963) bevorzugt das *Betuletum pubescentis* flache, meist kleine Mulden, die nur 20–60 cm Torfauflage oder lediglich Anmoorboden haben. Das *Vaccinio uliginosi-Pinetum* dagegen stockt oft auf über 1 m Torf, und zwar in großen Senken. Schwergewichtig verteilen sich die Arten in folgender Weise:

Vorwiegend im Birkenbruch:
Betula pubescens
Frangula alnus
Dryopteris carthusiana
Trientalis europaea
Oxalis acetosella
M *Polytrichum commune*

Vorwiegend im Kiefernbruch:
Pinus sylvestris
Ledum palustre
Vaccinium uliginosum
Calluna vulgaris
Eriophorum vaginatum
Andromeda polifolia
M *Aulacomnium palustre*

Doch können alle diese Pflanzen auch in den Nachbartyp übergreifen. In der westkassubischen Küstenregion tritt neben dem kontinentalen Sumpfporst *(Ledum palustre)* der subatlantische Gagel *(Myrica gale)* auf, wie WOJTERSKI (1963, s. Abb. 217) hervorhebt.

Zwischen den Kiefernbrüchern, den Randwäldern sonst baumloser Hochmoore oder den Kiefernbeständen auf Waldhochmooren (s. Abschnitte CIII 1 b und 2 b) gibt es alle Übergänge. Vermutlich sind diese von MATUSZKIEWICZ bei dem soeben bespro-

Abb. 217. Sumpfporst-Kiefernbruch *(Ledo-Pinetum)* im Randsumpf eines Hochmoores bei Riga. Vorn rechts erkennt man *Ledum palustre,* in der Mitte *Chamaedaphne calyculata.*

chenen Vergleich teilweise miterfaßt worden; daher könnte sich die häufig größere Torfmächtigkeit im Vergleich zum Birkenbruch erklären.

Fichtenbruchwälder stehen häufig ebenfalls in Verbindung mit Hochmooren, indem sie zwischen diesen und den Wäldern auf mineralischem Untergrund (s. Abb. 218) oder einem im Randsumpf vorkommenden Erlenbruch vermitteln (Abb. 250). Solche Fichtenbrücher beschreibt z. B. SOKOŁOWSKI (1967) aus dem Urwald von Białowieża als *Sphagno girgensohnii-Piceetum typicum*. Man trifft sie dort aber häufig auch im Kontakt mit Kiefernwäldern auf sehr sauren Sandböden mit hohem Grundwasserstand *(Vaccinio myrtilli-Pinetum molinietosum)*. An nasseren und etwas nährstoffreicheren Stellen in diesen bodenfeuchten Kiefernwäldern gedeiht eine *Pinus*-reiche Subassoziation des Fichtenbruchwaldes *(dryopteridetosum)*. Die Ursachen, warum in manchen Bruchwäldern *Picea abies* zur Dominanz kommt, sind wahrscheinlich vor allem klimatische. Fichtenbrücher sind in erster Linie eine Erscheinung der montanen bis subalpinen Stufe in den Gebirgen sowie in den hoch liegenden Teilen des Alpenvorlandes, z. B. in Oberbayern. Doch zeigt gerade das Beispiel des Białowieżaer Waldes, daß sie auch in tieferen Lagen vorkommen, und zwar im Nordosten Mitteleuropas, d. h. im Randbereich zu den ausgedehnten Fichtenwaldgebieten der borealen Zone. Eingemischt in Birkenbrücher tritt die Fichte aber auch noch weit im subozeanischen Westen auf, z. B. in Nordwestdeutschland, wo sie nach HESMER und SCHROEDER (1968) gerade hier spontane Flachland-Wuchsorte besitzt.

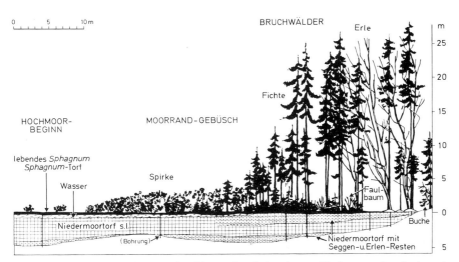

Abb. 218. Erlen- und Fichten-Bruchwälder am Rand eines jungen Hochmoores im oberbayerischen Alpenvorland. Der *Sphagnum*-Torf schwimmt auf einem Wasserkissen. Nach KAULE und PFADENHAUER (1973), etwas verändert.

d Sauerstoff- und Basengehalt des Wassers in Bruchwaldtorfen

Wo sich ein Bach durch arme Birken- und Kiefernbruchwälder hindurchschlängelt oder eine Quelle den nährstoffarmen Torf durchbricht, säumen Erlen das bewegte Wasser, und üppige Kräuter treten an die Stelle der genügsamen Sauerhumuspflanzen. „Ziehendes" Grundwasser und oberflächlich rasch abfließende Überschwemmungen scheinen Vorbedingungen für gutes Gedeihen der Schwarzerle zu sein, während Moorbirken und Kiefern mit stagnierendem Wasser vorlieb nehmen. Oft wird der Sauerstoffgehalt als entscheidend für die günstige Wirkung bewegten Bodenwassers angesehen, ohne daß diese Meinung bisher durch einwandfreie Messungen unterbaut worden wäre.

Der Sauerstoffgehalt offener natürlicher Wasseransammlungen ist nahe der Oberfläche stets sehr groß, einerlei, ob es sich um rasch strömende Bäche und Flüsse oder um stillstehende, aber hin und wieder vom Wind gekräuselte Seen und Tümpel handelt, und ob das Wasser basenreich und klar oder durch saure Humusstoffe braungefärbt ist (Tab. 47). Grundwasser, das aus dem Torfboden reicher oder armer Bruchwälder in frisch gegrabenen Löchern zusammenläuft, enthält viel weniger Sauerstoff, ist aber niemals sauerstoff-frei, nicht einmal in den ärmsten Übergangsmooren. In Grundwasserbrunnen nimmt der Sauerstoffgehalt von der Oberfläche bis zum Grunde des darin stehenden Wassers ab und sinkt bei hohem Humussäuregehalt und großer Mächtigkeit der Wassersäule auf Null. Alle in Gruben und Brunnen nahe der Oberfläche entnommenen Wasserproben standen aber zumindest einige Minuten oder Stunden mit atmosphärischer Luft in Berührung und konnten daraus Sauerstoff aufnehmen. Sie geben deshalb keinen Aufschluß über die Beschaffenheit des Grundwassers im ungestörten, durchwurzelten Torf.

Proben des im Torf befindlichen Wassers enthalten sämtlich keinen Sauerstoff, und zwar weder unter reichem noch unter armem Bruchwald. Nur ganz nahe der Oberfläche oder in unmittelbarer Nähe von Quellen und rasch strömenden Bächen (sowie in humusfreien Kies- und Sandschichten) ist Sauerstoff im Grundwasser nachweisbar.

Tab. 47. **Sauerstoffgehalt von Oberflächen- und Grundwasser unter verschiedenen Bedingungen.** Nach Angaben von Hesselman (1910) aus Schweden

Herkunft der Probe	O_2 gehalt (cm^3/l) Pr.[1]	ges.[2]	Temp. (°C)	Herkunft der Probe	O_2 gehalt (cm^3/l) Pr.[1]	ges.[2]	Temp. (°C)
Flußwasser				**Armer Fichtensumpf** (mit stagnierendem Wasser)			
nahe der Oberfläche	7,4	7,7	10				
nahe dem Grund	6,8	7,7	10	*Tümpel*wasser	6,1	8,0	8
Lagg eines Hochmoors				*Loch*, frisch in Torf gegraben	2,6	8,0	8
nahe der Oberfläche	7,2	7,7	10				
Reicher Fichtensumpf (an einem Quellbach)				Grundwasserbrunnen (aus Holz), nahe der Oberfläche	0,4-0,8	8,0	8
*Quell*wasser	5,0	8,3	7	desgl. am Grund des Brunnens	0 -0,4	8,2	6- 7
Loch, das mit Bach verbunden ist	2,9	8,0	8				
frisch in Torf gegraben	1,4	7,7	10	In reichem und armem Fichtensumpf			
Grundwasserbrunnen (aus Holz), nahe der Oberfläche	2,0	8,2	7	**Wasser im Torf**[3] (aus 20 cm Tiefe heraufgesogen)			
desgl. am Grund des Brunnens	0,7	8,4	6		0	7,3-8,2	7-12

[1] bei der Probeentnahme; **halbfette** Ziffer = nahezu gesättigt; *kursive* = sauerstoffarm.
[2] gesättigt durch Umrühren an der Luft.
[3] zahlreiche Proben, aus unterschiedlichen Sumpfböden langsam herausgesogen, ohne daß das Wasser mit Luft in Berührung kommen konnte. Wasser im Torf ist also stets frei von Sauerstoff!

Auf wasserdurchtränkten Torfböden gleich welcher Art wird die Sauerstoff-Versorgung der Wurzeln also zum entscheidenden Minimumfaktor, dem die Pflanzen durch eine „innere" Durchlüftung begegnen müssen. Der Sauerstoff-Zuleitung aus oberirdischen Organen dienende Systeme von Interzellularen in der Wurzelrinde findet man in Mitteleuropa lediglich bei krautigen Pflanzen. Nur diese echten Helophyten vermögen im dauernd wasserdurchtränkten Boden, ja auf dem Grunde von Seen zu wurzeln. Mit Ausnahme von der Schwarzerle und einigen Flußauen-Weiden können sich unsere Holzpflanzen dagegen auf Torf wie auf Mineralboden erst dann ansiedeln, wenn dieser während der Vegetationsperiode vom Grundwasser freigegeben wird, sei es auch nur bis zu etwa 10 oder 20 cm Tiefe. Da die Bruchwälder in Mitteleuropa gewöhnlich nur im Winter und Frühjahr, also während der Ruhezeit unserer Bäume, unter Wasser liegen, schadet der dann herrschende Sauerstoffmangel den Wurzeln kaum.

Die Wurzeln unserer Schwarzerle sind auffallend weich und enthalten nach KÖSTLER, BRUCKNER und BIBELRIETHER (1968) viel Luft im Xylem. Über große Lentizellen in der Rinde des unteren Stammabschnittes steht diese mit der Außenluft in Verbindung. Überflutungen von einigen Dezimetern Höhe kann die Erle daher recht lange ertragen. Sobald das Wasser im Sommer über die obersten Lentizellen emporsteigt, geht sie jedoch nach 1–2 Wochen zugrunde. Manche Weidenarten (z. B. *Salix alba*) haben ebenfalls ein teilweise lufthaltiges Xylem. Sie bilden bei Überflutungen rasch Adventivwurzeln, die sich aus dem Oberflächenwasser mit Sauerstoff versorgen – ähnlich wie die Pneumatophoren tropischer Sumpf- und Mangrovebäume. Infolgedessen vermögen sie hohe Wasserstände viele Wochen, ja Monate lang zu überleben. Solche Weidenarten sowie Schwarzerlen wurzeln nach LOHMEYER und KRAUSE (1974) auch an Bachufern bis tief ins Grundwasser hinein und festigen dadurch die Ufer. Andere Auenbäume dagegen (z. B. *Quercus robur*, *Fraxinus excelsior* und *Populus*-Arten) machen mit ihren Wurzeln oberhalb des mittleren Sommerwasserstandes halt und sind am Ufer nicht standfest.

Der Hauptgrund, warum das in Torf oder stark humosem Boden stehende bzw. langsam fließende Wasser keinen Sauerstoff enthält, ist darin zu suchen, daß der Humus und die im Oberboden lebenden Mikroorganismen ihn aufzehren (s. Abb. 219). Schon HESSELMAN (1910) bewies dies durch recht einfache Versuche, die leider wenig beachtet wurden. Er füllte Mull- und Torfproben verschiedener Beschaffenheit zusammen mit luftgesättigtem Wasser in gut verschlossene Flaschen und be-

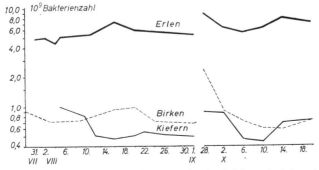

Abb. 219. Erlenbruchwald-Torf ist viel stärker von Bakterien belebt und wird rascher zersetzt als die organischen Ablagerungen in Birken- und Kiefernbruchwäldern. Nach HABER (1965), etwas verändert. Die Individuendichte dient nur als Relativmaß.

stimmte den Sauerstoffgehalt des Wassers nach einiger Zeit. Nach 3 Tagen war aller oder fast aller Sauerstoff verbraucht, und zwar sowohl von kalkreichem Mull und von Torf aus gutwüchsigen Bruchwäldern als auch von dem wenig fruchtbaren Torf der ärmeren Bestände (Tab. 47). Die Humusproben und Torfe absorbierten den Sauerstoff kaum weniger stark, wenn sie vorher sterilisiert worden waren. Es muß sich demnach vorwiegend um eine rein chemische Bindung gehandelt haben.

Grundwasser, das einige Zeit mit Torf oder humusreichem Boden in Berührung kommt, verliert also seinen Sauerstoff. Auch wenn es nicht stagniert, sondern mit mäßiger Geschwindigkeit strömt, wird es den Wurzeln bald nach seinem Eintritt in ein solches absorbierendes Medium keinen Sauerstoff mehr vermitteln können.

Der günstige Einfluß bewegten Grundwassers auf die Moor- und Bruchwaldvegetation muß andere Ursachen haben. Nach dem heutigen Stand der Kenntnisse sind sie in seinem Gehalt an gelösten Mineralstoffen, besonders an Basen, zu suchen. Diese neutralisieren die durch anaerob lebende Organismen erzeugten Säuren und beugen der Versauerung des Torfes vor. Erlenbruch-Torf ist infolgedessen stets weniger sauer als Birkenbruch-Torf, dem weder oberflächlich noch unterirdisch Wasser zufließt. Dementsprechend ist er reicher an Bakterien (Abb. 219) und enthält sogar zahlreiche Regenwürmer, die hier leben können, sobald das Grundwasser den Oberboden freigibt (Abb. 220). Die Aktivität der Bodenorganismen ist so groß, daß Erlentorf kaum noch Pflanzenstrukturen erkennen läßt.

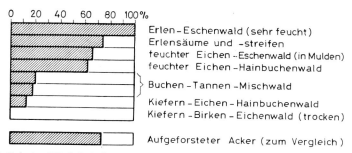

Abb. 220. Relative Häufigkeit der Regenwürmer in Bodenproben aus schwarzerlenreichen und anderen Waldgesellschaften Bayerns. Nach RONDE (1951), verändert.

Für die bereits in Abschnitt c vertretene Ansicht, daß der Basengehalt des Bodenwassers von entscheidender Bedeutung für die Bruch- und Moorvegetation ist, spricht vor allem die Tatsache, daß Erlenbruchwälder und andere eutrophe Gesellschaften stellenweise auch bei völligem Stillstand des Grundwassers gedeihen. Das ist z.B. in kleinen abflußlosen Mulden junger Endmoränen der Fall, deren Boden noch viel Kalk enthält. Solange die Regen- und Schneeschmelzwässer dem in diesen Mulden entstehenden Torf noch genügend Basen zuführen, leben hier Erlenbruchwälder oder Verlandungsgesellschaften, die deren Entstehung vorbereiten. Weitere Beweise wurden durch Düngungsversuche auf mineralstoffarmen Übergangs- und *Sphagnum*-Torfen geliefert. McVEAN (1959) konnte auf hochmoorähnlichem Torf nach Bestreuen mit Rohphosphat erfolgreich Schwarzerlen aus Saaten erziehen. RAABE (1954) verfolgte in Holstein eine Sukzession auf Hochmoor- und Birkenbruchwaldtorf, die sogar ohne jede Anpflanzung zum *Alnetum* führte. Sie wurde nach und nach durch Abwässer bewirkt, die dem Hochmoor aus der besiedelten Umgebung zuflossen. In beiden Fällen blieb das Grundwasser vor und nach den Eingriffen unbeweglich.

In Quellmooren, die rasch vom Wasser durchströmt werden, konnten ARMSTRONG und BOATMAN (1967) Sauerstoff bis in 16–18 cm Tiefe nachweisen, im Niedermoor nur bis 6 cm (und zwar durch Messung des Redoxpotentials). Das Pfeifengras *(Molinia caerulea)* wuchs dementsprechend verschieden üppig. Dichte Bestände von grasähnlichen oder krautigen Helophyten tragen durch das Aerenchym ihrer Wurzeln (s. Abschnitt A I 3 c) zur Durchlüftung des Oberbodens bei und bewirken z. B. die Oxidation von zweiwertigem Eisen. Leider sind Geschwindigkeit und Sauerstoffgehalt des Grundwassers in Erlenbrüchern und anderen Bruchwaldgesellschaften Mitteleuropas bisher weder vergleichend noch experimentell untersucht worden. So muß die Frage, ob hier neben der Mineralstoffzufuhr nicht vielleicht doch der Sauerstoffgehalt für das Zustandekommen „reicher" und gutwüchsiger Moorwälder wesentlich ist, immer noch offen bleiben. Ein indirekter Hinweis auf die Sauerstoffarmut von Bruchwaldböden darf in der von BLUME u. Mitarb. (1975) belegten Tatsache gesehen werden, daß in ihren Oberschichten der Stickstoff meist nur in Form von NH_4 verfügbar ist.

C Andere vorwiegend naturnahe Formationen

I Vegetation des Süßwassers, seiner Ufer und Quellen

1 Stillwasser und ihre Verlandung

a Ernährungsökologische Gewässertypen

Pflanzengesellschaften stillstehender und fließender Gewässer haben wir bereits auf dem Wege zu den Bruchwäldern (Abschnitt B V 2a) und beim Überblicken der Flußauen (Abschnitt B V 1a) gestreift. Nun wollen wir sie näher betrachten, ohne allerdings lange bei ihnen zu verweilen. Denn seit den klassischen Arbeiten von THIENEMANN, NAUMANN, RUTTNER und anderen hat sich die Limnologie längst zu einer eigenen Wissenschaft entwickelt. Die Fülle der Abhandlungen ist schon fast unübersehbar geworden. Wichtige Schriften findet man in den Lehrbüchern von THIENEMANN (1925, 1956), GESSNER (1956), RUTTNER (1962) SCHWERDTFEGER (1975) u.a. zusammengestellt. Wir können uns hier weitere Hinweise ersparen.

Abb. 221. Verlandung eines eutrophen Altwassers der Reuß im Schweizer Mittelland. Die herrschende Schwimmblattpflanze ist *Nuphar lutea,* deren Blätter im Mittelgrund teilweise über das Wasser emporstehen. Von den Röhrichtpflanzen steigt *Schoenoplectus lacustris* am tiefsten hinab. Vorn Algenwatten, *Hydrocharis morsus-ranae* und *Glyceria maxima,* die eine zusätzliche Nährstoffzufuhr (Eutrophierung) anzeigen. Am hinteren Ufer Gürtel von *Phragmites* und *Alnus glutinosa.*

Im folgenden werden wir uns auf die Phanerogamen und großwüchsigen grünen Kryptogamen, also auf die in Ufernähe wachsenden Pflanzen, konzentrieren. Diese taten die meisten Limnologen nur kurz ab, während sie dem für den Nahrungskreislauf der Gewässer so wichtigen Plankton sowie den Tieren und sonstigen heterotrophen Organismen um so mehr Aufmerksamkeit schenkten.

Einer der Hauptgründe, weshalb Seen mehr als andere Lebensstätten zum Studium ihrer Organismen-Gemeinschaften reizten, liegt darin, daß sie verhältnismäßig scharf umgrenzte Ökosysteme sind (ELLENBERG 1973 b). Von den grünen Schwebern bis zu den Raubfischen lassen sich die Nahrungsketten lückenlos verfolgen. Als allgemeine Ergebnisse solcher Untersuchungen seien hier zwei Tatsachen hervorgehoben, die für die Beständigkeit der Biozönosen wichtig sind: Die von den Plankton-Algen hinterlassenen organischen Substanzen werden auch in Partikelform großenteils von Bakterien mineralisiert, also den lebenden Algen verfügbar gemacht, bevor sie zu Boden sinken (J. OVERBECK 1970). Und die grünen Makrophyten, d. h. höhere Pflanzen und große Algen, werden nur selten im lebenden Zustand gefressen (THIENEMANN 1956). Die Wassertiere ernähren sich vorwiegend von den toten Resten dieser Pflanzen oder vom Plankton. Selbst Schnecken weiden nur die Algenüberzüge ab, die sich auf Stengeln und Blättern von Phanerogamen oder auf makroskopischen Algenthalli ansiedeln. Die über der Oberfläche erscheinenden Schwimmblätter von Seerosen und anderen Wasserpflanzen oder die Riesenhalme des Röhrichts weisen ebenfalls nur selten Fraßspuren auf, bevor sie im Herbst absterben und die Vorräte an organischer Substanz um eine neue Schicht vermehren.

Nur der Mensch stört diesen Kreislauf gelegentlich oder regelmäßig, wenn er etwa das Schilf im Sommer und nicht erst im Winter abmäht oder seinem Weidevieh Zugang zur seichten Uferzone verschafft. Indem die Tiere die jungen Schößlinge im Frühjahr verbeißen und zertreten, bewirken sie, daß das Röhricht seinen grünen Gürtel erst außerhalb ihrer Reichweite um das Wasser legt und die seichtere Uferzone pflanzenleer läßt. Dadurch wird hier die organogene Bodenbildung langsamer. Andererseits bereichert der Mensch die organischen und anorganischen Nährstoffmengen in Bächen, Flüssen und Seen, indem er Abwässer in sie einleitet oder in ihrer Umgebung Felder und Wiesen düngt. Infolgedessen wächst die Produktionskraft der Gewässer viel schneller, als dies von Natur aus der Fall wäre. Im letzten Jahrzehnt trug diese beschleunigte

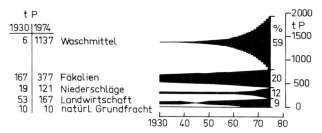

Abb. 222. Der wichtigste Faktor bei der rasch zunehmenden Nährstoff-Anreicherung in unseren Gewässern (der sog. Eutrophierung) ist der Phosphor. Die Herkunft der Phosphor-Zufuhren wurde für den Bodensee-Obersee von 1930 bis 1974 ermittelt. Nach WAGNER (1976) aus ELSTER (1977).
Die Primärproduktion in aquatischen Ökosystemen ist in erster Linie durch den verfügbaren Phosphor begrenzt. Seit etwa 1950 wird dieser Mangel-Nährstoff vielen Seen in beschleunigt steigendem Maße zugeführt, so daß ursprünglich oligotrophe Seen, wie der Bodensee-Obersee, zunehmend rasch eutrophiert werden. Hierbei spielen phosphorhaltige Waschmittel die weitaus größte Rolle.

„Eutrophierung" wesentlich dazu bei, die heutige Umweltkrise heraufzubeschwören (s. Abb. 222).

Jeder neu entstandene See, Teich, Graben oder sonstige Wasserlauf entwickelt sich aber auch von Natur aus mehr oder minder rasch von einer nährstoffarmen zu einer nährstoffreichen Lebensstätte, vom oligotrophen zum eutrophen Typus (s. Tab. 48). Mineralische Nährstoffe, insbesondere die Stickstoff- und Phosphorverbindungen, von denen die Produktivität der grünen Pflanzen abhängt, gelangen erst nach und nach mit den Zuflüssen ins Wasser. Dementsprechend erzeugen die Pflanzen im oligotrophen Gewässer nur wenig organische Substanz, während sie im eutrophen alljährlich so große Mengen hervorbringen, daß sie dessen Ufer sichtlich verlanden lassen. Sowohl kalkreiche als auch kalkarme Wasseransammlungen können anfänglich oligotrophe Biotope darstellen. NAUMANN (1927) und andere vereinigten sie deshalb zu einem Typus. In Tab. 48 wurden sie jedoch getrennt, weil sie sich als Pflanzenstandorte und als Landschaftsbestandteile wesentlich unterscheiden. Die Oligotrophie kalkreicher Seen hängt nach GESSNER (1939) nicht zuletzt damit zusammen, daß sie selbst bei stetiger Zufuhr von Phosphor arm an diesem Nährstoff bleiben. Denn als Tricalziumphosphat ist der Phosphor bei Gegenwart von Calciumcarbonat nur in minimalen Mengen pflanzenaufnehmbar. Kalkreiche und kalkarme Seen unterscheiden sich als Lebensstätten nicht nur für höhere Pflanzen, sondern auch für Plankton- und Bodenalgen. Das geht bereits aus den Artenzahlen hervor, die in Abb. 223 zusammengestellt und nach den Spannen der pH-Werte geordnet sind. Kalkreich-oligotrophe Seen haben zwar eine geringe Primärproduktion, doch ist an dieser eine Fülle von Algenarten beteiligt.

Tab. 48. **Allgemeine Kennzeichen der Haupttypen von stehenden Binnengewässern.** In Anlehnung an Naumann u.a.

Typus	Wasserfarbe	Sichttiefe	pH	mg/l N	mg/l P_2O_5	Bodentyp	Ufergestalt	Verbreitung in Mitteleuropa
1. **oligotroph-kalkreich**[1])	blau bis grünlich	sehr groß	>7,5	Sp.	0	Kalkgyttja oder Seekreide-Propedon[3])	meist steil	Kalkgebirge und deren Vorland
2. **eutroph**	schmutzig grau bis blaugrün	gering bis mäßig	≥7	>1	>0,5	Sapropel, in Uferzone Gyttja *Rasche Verlandung*	flache Bank	Moränen- und Lößlehmgebiete; auch sonst häufig[2])
3. **oligotroph-kalkarm**[1])	grünlich bis bräunlich	groß	<7 >4,5	Spuren		Gyttja oder oder Propedon[3])	meist steil	Silikatgebirge, kalkarme Sandgebiete[4])
4. **dystroph**	gelblich bis tiefbraun	sehr gering	<5	0	<0,5	Dygyttja oder Dy (Torfschlamm) *Schwingrasen*	flach	Hochmoor- und Sauerhumus-Gebiete[5])

[1]) Der oligotrophe Typus wurde hier in einen kalkreichen und einen kalkarmen aufgeteilt, weil diese sich pflanzenökologisch sehr unterscheiden. *Alle Typen sind durch Übergänge miteinander verbunden*, besonders 1 mit 2 und 3 mit 2 (mesotroph) sowie 3 mit 4.
[2]) Durch Zufuhr von Abwässern und Dungstoffen mehr und mehr auch aus oligotrophen und dystrophen Gewässern entstehend.
[3]) d.h. Unterwasser-Rohboden, arm an organischer Substanz (Franz 1960).
[4]) Große Seen mit starkem Wasserdurchfluß auch im Moränengelände, z.B. im Hochgebirgsvorland.
[5]) In Mitteleuropa selten und nur bei schmalen Kolken, Tümpeln und Torfstichen in reiner Form verwirklicht. Übergänge zum karbonatarm-oligotrophen Typ sind dagegen häufig und kommen auch in der subalpinen Stufe vor.

Mit ÅBERG und RODHE (1942, zit. bei ELSTER 1963) kann man die Trophie eines Gewässers auch als „Intensität und Art der Versorgung ... mit organischer Substanz" definieren. Diese ist bei oligotrophen Gewässern gering und bei eutrophen groß. Eutrophierung besteht vor allem in einer Zufuhr von gelösten Nährstoffen, kann aber auch durch Eintrag organischer Reste erfolgen, die im Gewässer mineralisiert werden. Je größer die Primärproduktion oder die Zufuhr organischer Substanzen, desto mehr

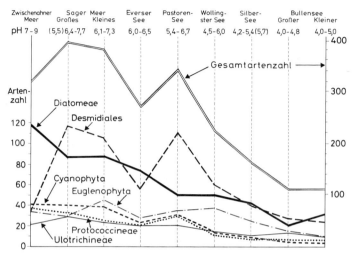

Abb. 223. In den Seen um Bremen sinkt die Zahl der Arten innerhalb der meisten Algengruppen mit dem pH-Wert des Wassers. Insbesondere die Zahl der Diatomeen nimmt vom alkalischen Zwischenahner Meer bis zu den stark sauren Bullenseen stetig ab. Nach BEHRE (1956), verändert.

heterotrophe Mikroorganismen und Tiere vermögen sich zu ernähren. Da sie alle Sauerstoff verbrauchen, kann man den Trophiegrad eines Sees auch an seinem „Sauerstoffprofil" ablesen (s. Abb. 224).

Als dritten Haupttypus kennt man in der Limnologie das dystrophe Gewässer. Es ist durch saure Humusstoffe bräunlich gefärbt, die nicht in ihm selber produziert, sondern aus den Rohhumusdecken umgebender Wälder und Heiden herausgespült wurden oder aus dem Torf von Hochmooren (Abschnitt C III) stammen. Solche stark sauren Torfschlamm-Gewässer sind vor allem in Fennoskandien verbreitet und kommen in Mitteleuropa nur selten und meist nur als sekundäre Bildungen vor, z. B. als Torfstiche oder Moorgräben. Der Titisee, ein Stausee im südlichen Hochschwarzwald, hatte früher dystrophen Charakter, weil er ein Hochmoor überdeckte und in einem Tal mit bodensauren Fichtenwäldern liegt (Abb. 224). Im Sauerstoffgehalt des Wassers stand er zwischen oligotrophen Seen, die bis in große Tiefe sauerstoffreich bleiben, und eutrophen, in denen während der Vegetationsperiode viel Sauerstoff verbraucht wird.

Alle drei (bzw. vier) Typen kann man sowohl bei stillstehenden als auch bei fließenden Gewässern unterscheiden, sofern diese nicht mehr oder minder stark salzhaltig sind. Statt in einer längeren Beschreibung seien ihre Eigenschaften in Tab. 48 verglichen. Selbstverständlich sind die Typen durch Übergänge miteinander verbunden. Im Alpenvorland z. B. kommen häufig kalkreich-mesotrophe Wasserläufe und Seen (d. h. mäßig nährstoffreiche Kalk-Klarwasserseen) vor, während im nordwestdeutschen

Altdiluvialgebiet kalkarm-mesotrophe oder dystroph-oligotrophe Flachseen, Teiche, Tümpel und Bäche neben oligotrophen zu finden sind. Im Bereich von Sauerhumus-Buchenwäldern und edaphisch entsprechenden Eichenmischwäldern oder Nadelholzgesellschaften Mitteleuropas ist der Unterboden meistens noch so mineralstoffreich, daß die erodierenden Bäche allenfalls oligotrophen, aber keinen dystrophen Charakter annehmen.

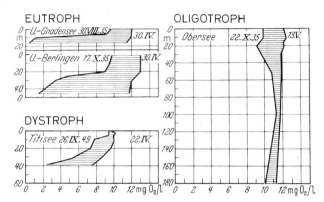

Abb. 224. Sauerstoff-Profile zu Beginn (April/Mai) und zum Ende (Aug. bis Okt.) der Vegetationsperiode in Seen verschiedener Trophiestufe vor 1950, d.h. bevor die rasche anthropogene Eutrophierung einsetzte. Nach ELSTER (1962), verändert.

In den relativ flachen *eutrophen* Seen wird der im Frühjahr reichliche Sauerstoff während der Sommerstagnation weitgehend verbraucht, besonders in der Nähe des schlammigen Seegrundes, wo zahlreiche Tiere und Bakterien leben.

Der *oligotrophe* See dagegen bleibt bis in große Tiefe klar und sauerstoffreich, weil die Photosynthese durch grüne Algen den Verbrauch durch heterotrophe Organismen überwiegt.

Der *dystrophe* See enthält so viel sauren Humus (der von nährstoffarmen Mooren und Bruchwäldern seiner Umgebung hereingeschwemmt wurde), daß schon im Frühjahr ein erhöhter Sauerstoff-Verbrauch durch Zersetzung dieser organischen Stoffe stattfindet. Wegen der ungünstigen Lebensbedingungen ist aber die Zahl der Tiere und Mikroorganismen relativ gering, so daß ein dystropher See am Ende der Sommerstagnation O_2-reicher ist als ein eutropher.

Heute sind alle als Beispiele gewählten Seen nährstoffreicher als 1935 bzw. 1949. Der Titisee wurde zum Speicherbecken ausgebaut und durch hochgepumptes warmes Rheinwasser besonders stark eutrophiert.

Die in Tab. 48 gekennzeichneten vier Haupttypen beziehen sich lediglich auf Binnengewässer, deren Salzgehalt ein für Glykophyten zuträgliches Höchstmaß nicht überschreitet. Auch Brack- oder Salzgewässer können oligotroph, mesotroph oder eutroph sein. Ausgesprochen kalkarm oder sauerhumusreich sind sie dagegen nie. Wir werden die Vegetation des Brackwassers teilweise im Anschluß an die Süßwasserröhrichte, vor allem aber als Randerscheinung der Meere besprechen. Salz- und Süßwasser-Ökosysteme unterscheiden sich auch insofern, als in letzteren zahlreiche Blaualgen den Luftstickstoff binden, während das im Seewasser nur stellenweise der Fall ist (NEES u. Mitarb. 1963). Im Gegensatz zum Phosphor darf daher Stickstoff in unseren Binnengewässern selten als Mangelelement gelten (s. FETH 1966 und OVERBECK 1972). Nach EL-AYOUTY (1966) ist die N-Fixierung durch Cyanophyceen besonders lebhaft auf überstauten Böden und im Randbereich der Gewässer.

Wie schon LOHHAMMAR (1938), LUMIALA (1945) und andere zu bedenken gaben, gilt die zunächst für das freie Wasser aufgestellte Typologie NAUMANNS für die uns hier in erster Linie interessierenden Uferregionen nur mit Vorbehalten. Denn infolge wechselnder Bodenverhältnisse und Zuflüsse sowie durch ungleich starken Wasseraustausch können einzelne Teile eines und desselben Gewässers verschiedene Trophiegrade annehmen. Es ist daher nicht zu erwarten, daß sich die Verbreitung bestimmter Vegetationseinheiten immer mit derjenigen der limnologischen Typen deckt, zumal das Leben der Ufervegetation ebensosehr von den Spiegelschwankungen und den seitlichen Bewegungen des Wassers abhängt wie von seinem Nährstoffreichtum. Trotzdem ist es auch für den Vegetationskundler nützlich, sich den Trophiegrad des von ihm studierten Wasserstandortes und seinen Zusammenhang mit dem Gewässerganzen zu vergegenwärtigen.

b Vegetationsabfolgen in verschiedenen Stillgewässern

Höhere Pflanzen und grüne Kryptogamen können weder im salzarmen noch im salzreichen Wasser leben, wenn sie nicht genügend Licht für die Photosynthese empfangen. Dieses sinkt in eutrophen und dystrophen Gewässern oft schon in weniger als 2 m Tiefe unter das Minimum. Aber auch in oligotrophen nimmt es zum Grunde hin ab, so daß in ihnen von etwa 50 m Tiefe abwärts völlige Dunkelheit herrscht.

Von den im Boden wurzelnden oder an ihm haftenden Pflanzen steigen diejenigen am tiefsten hinab, welche ständig unter Wasser zu leben vermögen, z. B. die Characeen und Moose der kalkreichen Klarwasserseen oder die Braun- und Rotalgen des Meeres. Auch einige Phanerogamen halten sich noch viele Meter tief unter der Oberfläche, etwa Arten der Gattungen *Zostera* im Salzwasser (Abschnitt IV 1 c), *Zannichellia* und *Ruppia* im Brackwasser und *Potamogeton* im Süßwasser. Die meisten höheren Pflanzen erscheinen aber zumindest zeitweilig an oder über der Wasseroberfläche, und sei es auch nur, um zu blühen (wie *Potamogeton nantans*). Im Landschaftsbild treten sie erst hervor, wenn ihre Assimilationsorgane großenteils an der Luft verharren (Abb. 221). Teilweise in Anlehnung an Heijny (1960) und andere, können wir bei ihnen folgende standortsbezogenen Wuchsformen unterscheiden:

I. Freischwimmende Wasserpflanzen
 1. Unter Wasser Freischwimmende,
   die höchstens ihre generativen Organe über den Wasserspiegel emporstrecken (z. B. Grünalgen-Arten, *Utricularia*-Arten, s. Abb. 228 u. 232)
 2. An der Oberfläche Freischwimmende,
   deren Blätter großenteils mit der Luft im Austausch stehen oder dies doch wenigstens zeitweilig tun (z. B. *Salvinia*-, *Lemna*- und *Stratiotes*-Arten, Abb. 232).

II. Am oder im Boden haftende Wasserpflanzen (eigentliche Hydrophyten)
 1. Gänzlich unter Wasser Assimilierende, z. B. *Zannichellia*, Abb. 225
 2. Teils unter, teils über Wasser Assimilierende,
   deren Blätter entweder an der Oberfläche schwimmen oder unter dieser verharren und meist auch einen Wechsel beider Zustände ertragen (z. B. *Nuphar*- und *Nymphaea*-Arten, Abb. 221).

III. Uferpflanzen (litorale Helophyten)
 1. Unter Wasser assimilationsfähig Bleibende;
   eine kleine Gruppe von Röhricht-Pflanzen, die weit in Gewässer vorzudringen vermag (z. B. *Schoenoplectus lacustris, Equisetum fluviatile*, Abb. 233 u. 256)
 2. Nur über Wasser Assimilierende,
   deren Blätter unter Wasser zugrunde gehen (die meisten Röhrichtpflanzen, z. B. *Phragmites*).

IV. Sumpfpflanzen (eigentliche Helophyten),
   deren Wurzelboden viele Wochen oder Monate nicht vom Wasser bedeckt ist, die aber z. T. auch längere Überflutungen vertragen. Sie gehören bereits zu den Landpflanzen.
 1. Unter Wasser assimilationsfähig Bleibende
   (z. B. *Polygonum amphibium*, Abb. 479)
 2. Nur über Wasser Assimilierende;
   die meisten Pflanzen der Seggenrieder (z. B. *Carex elata, Carex gracilis*, Abb. 234, 237).

Wie bereits GLÜCK (1934 u. a.) durch Beobachtungen an gestörten Wuchsorten und durch Kulturversuche zeigte, sind die meisten Arten hinsichtlich des Lebensraumes am oder im Wasser ziemlich plastisch, so daß man sie mehreren der obigen Gruppen zuteilen könnte. Unter dem Druck der Konkurrenten bleiben sie aber in der Natur doch großenteils auf eine der Gruppen beschränkt.

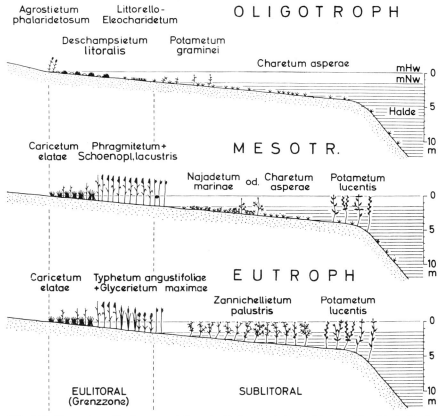

Abb. 225. Vegetations-Zonierung an Ufern des Bodensees bei verschiedener Trophie (halbschematisch). Der Bodensee hat Hochwasser im Frühsommer, d. h. nach der Schneeschmelze in den Alpen, und war ehemals mehr oder minder oligotroph. Nach LANG (1967), etwas verändert.

a) An kiesigen Stellen, die noch *oligotroph* geblieben sind, gibt es keinen Schilfgürtel. Die mittlere Hochwasserlinie wird durch einen Spülsaum mit Straußgras-Kriechrasen oder kümmerlichem Rohrglanzgras markiert. Die seltene Strandschmielen-Gesellschaft (s. Abb. 227) und der Strandlings-Rasen sind nur zeitweilig vom Wasser bedeckt. Auch die Wasserpflanzen-Gesellschaften gedeihen nur kümmerlich.

b) Unter *mesotrophen* Bedingungen, wie sie für die meisten Uferstrecken heute gegeben sind, wird der Rasen der Armleuchteralgen *(Charetum asperae)* teilweise durch Nixkrautrasen *(Najadetum)* oder in tieferem Wasser von Laichkräutern bedrängt („*Potametum*" ist die Kurzform von „*Potamogetonetum*"). Am Strand ist der breite Schilfgürtel kennzeichnend, mit Vorposten von Teichbinse *(Schoenoplectus lacustris)*. Das *Phragmitetum* steht im Herbst trocken und bildet keinen Torf. Auch das anschließende Steifseggenried *(Caricetum elatae)* ist den Wasserschwankungen gewachsen. Ein Spülsaum kann sich bei ungestörtem Uferbewuchs ebenso wenig ablagern wie am eutrophen Strand.

c) Bei *Eutrophierung* durch Abwasser-Zuflüsse wird das Schilf teilweise durch Wasserschwaden oder Rohrkolben verdrängt. Den Flachwasserbereich überwuchert eine Teichfaden-Gesellschaft, und die lichtbedürftigen Armleuchteralgen verschwinden ganz.

Da sich die einzelnen Lebensformen verschieden weit in das Wasser hinab und hinaus zu wagen vermögen, staffeln sie sich gewöhnlich am Ufer zu Gürteln, in eutrophen Süßwasserseen beispielsweise (Abb. 221 und 225):

a) Characeen-Rasen *(Charion asperae)*,
b) Laichkraut-Unterwasserwiesen *(Potamogetonion)*,
c) Schwimmblattgesellschaften *(Nymphaeion)*,
d) Schwimmpflanzendecken *(Lemnion)*
   (nur stellenweise, zwischen c und e in ruhigem Wasser schwimmend),
e) Röhrichte *(Phragmition)*,
f) Großseggenrieder *(Magnocaricion)*,
g) Schwarzerlenbrücher *(Alnion glutinosae)* als Endstadien der Verlandung.

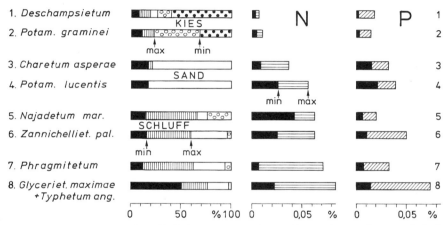

Abb. 226. Bodenart und Nährstoffgehalt unter einigen der in Abb. 225 dargestellten Gesellschaften. Nach Angaben von Lang (1967).
Links Korngrößenspektrum, Mitte Gesamt-Stickstoffgehalt, rechts Gesamt-Phosphorgehalt in Prozent des Boden-Trockengewichts. Das rechte Ende des schwarzen Blockes gibt jeweils den niedrigsten, das rechte Ende des schraffierten Blockes den höchsten gemessenen Prozentwert von 2–6 Probeflächen wieder, und zwar bei der Korngrößenanalyse für Schluff (zwischen Sand und Ton). Der Gehalt an Kies ist in entgegengesetzter Richtung abgetragen. Die meisten Böden bestehen vorwiegend aus Sand, und ihr Tongehalt ist sehr gering.
Die Gesellschaften der oligotrophen Ufer (1 u. 2) wurzeln in Kiesboden, der äußerst arm an N und P ist. Alle übrigen Böden sind reicher an feinen Bestandteilen und Nährstoffen. Das *Phragmitetum* (7) stellt sich schon auf ziemlich armen Böden ein, findet sich jedoch auch auf reichen. Die besten Bodenbedingungen werden von den Gesellschaften der eutrophen Vegetationszonierung angezeigt (6 u. 8). Auffallend stickstoffreich sind die Böden des *Najadetum marinae* (5).
Der (hier nicht dargestellte) C-Gehalt variiert ungefähr wie der N-Gehalt; der Ca-Gehalt ist überall hoch.

In kalkreichem oligotrophem Wasser erscheint diese Abfolge ähnlich, aber verarmt. Schwimmpflanzendecken fehlen in der Regel; dagegen sind die Unterwasserwiesen, insbesondere die submersen Characeen-Rasen am Boden des klaren Wassers, üppig und großflächig entwickelt.

Kalkarmen oligotrophen Stillgewässern mangeln die Schwimmpflanzendecken ebenfalls fast ganz, und die im Boden wurzelnden Schwimmblatt- und Röhrichtgesellschaften sind spärlich entwickelt. Auf ihrem klaren und humusarmen Grunde breiten sich grasförmige Phanerogamen aus, so daß sich folgende Gürtelung ergibt (Abb. 225 bis 227):

a) Moos- oder Algenrasen (können fehlen),
b) Unterwasserrasen (*Isoëtion* oder andere),
c) Schwimmblattgesellschaften (*Nymphaeion*, verarmt oder fehlend),
d) Röhrichte (*Phragmition,* meist mit a und b verzahnt, vgl. Abb. 228),
e) Seggenrieder (armes *Magnocaricion* oder Kleinseggengesellschaften, z.B. *Caricetum lasiocarpae*),
f) Arme Erlen-, Birken- oder Nadelholzbrücher als Endstadien (kein Hochmoor!).

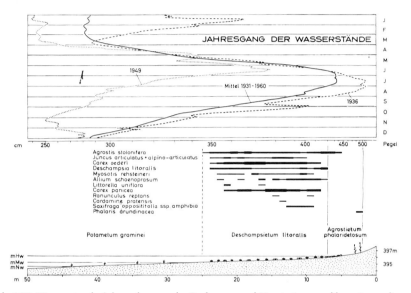

Abb. 227. Wasserstands-Schwankungen des Bodensees und Vegetationsprofil an einem oligotrophen Kiesufer bei Konstanz-Eichhorn (vgl. Abb. 225). Nach LANG (1967), etwas verändert.

Gänzlich abweichende Pflanzengesellschaften entstehen in den dystrophen Gewässern (Abb. 229):

a) Flutende Torfmoosgesellschaften *(Sphagno-Utricularion),*
b) Schlenken-Torfmoosrasen (*Rhynchosporion albae* oder andere),
c) Torfmoos-Bulte (*Sphagnion fusci* oder andere),
d) Hochmoor.

Wegen ihres engen Zusammenhanges mit der Hochmoorvegetation werden wir diese erst in Abschnitt C III besprechen.

Die hier zunächst nur in großen Zügen angedeuteten Gürtelungen sind teilweise Zonierungen, teilweise Sukzessionsreihen. In den oligotrophen und selbst in den mesotrophen Stillwassern bleiben sie mehr oder minder stabil, wenn sich nicht die Wasserstände oder die Wassereigenschaften grundlegend ändern (RUNGE 1969 u.a.). Auch in den dystrophen Moorkolken verharren sie oft jahrzehnte- bis jahrhundertelang ohne wesentliche Verschiebungen (s. Abb. 265). Nur in eutrophen Gewässern

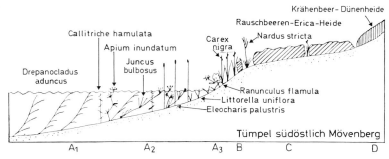

Abb. 228. Vegetations-Zonierung an einem sauren oligotrophen Tümpel zwischen Heidedünen auf Sylt. Der Heidehumus aus dem umgebenden *Ericetum tetralicis* macht das Wasser etwas dystroph. Nach JESCHKE (1963), verändert. (Statt *flamula* lies *flammula*).

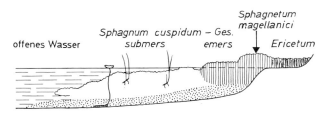

Abb. 229. Langsame Verlandung eines dystrophen Heidetümpels (Blankes Flat bei Vesbeck nördl. Hanover). Nach TÜXEN (1958).
In der untergetauchten *Sphagnum cuspidatum*-Gesellschaft wächst *Eriophorum angustifolium* und kümmerliche *Nymphaea alba*. Schilf und Seggen fehlen. Punktiert = Mudde.

sind sie stets Ausdruck einer von den Pflanzenbeständen bewirkten mehr oder minder raschen Verlandung.

c Unterwasserwiesen oligotropher und eutropher Seen

Die meisten Wasserpflanzengesellschaften bestehen aus verhältnismäßig wenigen Arten. Sie leben unter extremen Bedingungen, denen nicht viele höhere Pflanzen gewachsen sind. Diese wenigen aber haben die Chance, sich massenhaft zu entfalten, weil sie anfangs kaum auf Konkurrenten stoßen. Der Zufall der ersten Ansiedlung entscheidet oft darüber, welche Art der gleichen Wuchsform zur Herrschaft gelangt. Sie verhindert dann, daß andere Fuß fassen. In Wasserpflanzengesellschaften lösen sich daher die Fazies mosaikartig ab, ohne daß immer standörtliche Gründe dafür verantwortlich gemacht werden könnten. Die Liste der begleitenden Arten wechselt von Ort zu Ort so sehr, daß nur wenige von ihnen eine nennenswerte Stetigkeit erreichen (s. z. B. Tab. 49). In der Tatsache, daß Wasserpflanzen-Gesellschaften nur selten rein und vollständig entwickelt sind, sieht TÜXEN (1975) einen der Hauptgründe, weshalb es bisher noch kein allgemein anerkanntes System gibt.

Das gilt auch für die Unterwasserwiesen oligotropher Seen, zumal sich in ihnen manche konkurrenzschwachen Reliktpflanzen zu halten vermochten. Diese haben ihr Verbreitungszentrum in boreal-subatlantischen Gebieten und sind besonders in Südschweden von LILLIEROTH (1950), MALMER (1960–62) und anderen Autoren und in Dänemark von IVERSEN (1929) studiert worden. Seit W. KOCH (1926) faßt man sie im

Tab. 49. **Wurzelnde und freischwimmende Wasserpflanzen-Gesellschaften in Ost-Niedersachsen** sowie zwei Schwimmfarn-Gesellschaften aus dem südlichen Mitteleuropa. Nach Tabellen von Weber-Oldecop (1969) sowie Th. Müller und Görs (1960)[1])

Gesellschafts-Klasse:	Pot.		Lemnetea													
Laufende Nr.:	1	2	3	4	5	6	7	8	9	10	11	12				
Alkalinität[2]) niedrig (bis 1,5)	0,7		1,5				1,5				–	–	Ökologische Bewertung			
mittelmäßig	2,4		3,3				1,8				–	–				
				3,6				(3,0)			–	–				
hoch (über 4,0)						4,6				4,6	–	–				
Trophie (oligo-, meso-, eutroph)	o	e	m	e	e	e	m	e	e	e	e	e	T	R	N	
Myriophyllum alternifolium	4												X	3	3	P arm
N Nuphar lutea	5	5											X	6	X	
P Potamogeton obtusifolius	5	2	2										5	6	4	P arm
P P. alpinus	2	1	1	1									–	–	–	P arm?
N Hottonia palustris	4	1	5	3									6	5	4	P arm
H Stratiotes aloides	3	1	1	3							1		7	7	6	P arm
N Utricularia australis	4	1	1	1			2						6	5	4	P arm
L Riccia fluitans (M)			1	3			5						–	–	–	P arm
N Myriophyllum verticillatum		1	4	3				3					6	6	7	
Callitriche hamulata		1	2	1					4				–	–	–	
H Hydrocharis morus-ranae	4	2	5	5		2	4	5			3	3	6	6	5	
L Lemna trisulca	5	3	5	4	1		4	5		2	3	2	X	7	6	
Po Ranunculus peltatus	5	2	4	2	5								–	–	–	
N Potamogeton natans	4	5	4	2	2	2							4	7	6	
P P. crispus		4	2		5	5							5	7	6	
Po Elodea canadensis	5	2	4	5	4	2		5		2			6	X	7	
P Callitriche platycarpa f. natans	5	3	3	2	4	3	2	5	5	2			–	–	–	
L Spirodela polyrrhiza	5	5	5	5	5	5	5	5		5	3	2	6	X	7	
L Lemna minor	5	5	5	5	5	5	5	5	5	5	2	1	X	X	X	
Po Potamogeton friesii	2	2	1		5	5				4			X	6	6	P reich?
Ceratophyllum demersum	5	4		3	5	5		5					7	8	8	P reich
L Lemna gibba			3	3	5	5				5			6	7	8	P reich
Po Myriophyllum spicatum			2		2	3	3						X	8	X	
P Potamogeton pectinatus			1		4	2				2			X	7	7	
P P. pusillus			1		2	3				1			5	7	8	P reich
H Utricularia vulgaris			1										X	6	6	
N Nymphaea alba			1										X	7	7	
N Polygonum amphibium f. natans			1								1	1	X	X	7	
P Potamogeton lucens			1									1	X	7	8	P reich?
Glyceria fluitans					5	5							X	X	7	
Sium latifolium					2	2							X	7	8	
Oenanthe aquatica					1	1							6	7	6	
Butomus umbellatus					2	3							X	X	8	P reich
Alisma plantago					1	2							X	X	8	
L Ricciocarpus natans (M)							2						–	–	–	P arm
Po Montia fontana									2				4	5	4	
Nasturtium officinale									2				4	7	7	
Zannichellia palustris									2				X	7	6	
L Salvinia natans											4	2	8	7	7	P reich?
L Azolla filiculoides												5	9	X	8	P reich

[1]) L = Arten der Wasserlinsen-Decken (*Lemnetea, Lemnion*),
    H = Arten der Froschbiß-Schwimmdecken (*Lemnetea, Hydrocharition*),
    P = Arten der Laichkraut-Gesellschaften (*Potamogetonion*, Po = *Potamogetonetalia*),
    N = Arten der Seerosen-Gesellschaften (*Nymphaeion, Potamogetonetalia*).
[2]) Säurebindungsvermögen des Wassers, durch Titrieren von 100 cm Wasser mit n/10 HCl bestimmt. Mittelwerte der Amplituden, die Weber-Oldecop (1969) für jede Gesellschaft graphisch darstellte.

Verbande der Strandlingsgesellschaften *(Littorellion)* zusammen, dem nach der Gliederung von MÜLLER und GÖRS (1960) folgende Charakterarten eigen sind:

Apium inundatum *Littorella uniflora*
Deschampsia setacea *Myriophyllum alternifolium*
Echinodorus ranunculoides *Ranunculus flammula* ssp. *reptans*
Elatine hexandra *Ranunculus trichophyllus* ssp. *confusus*
Elisma natans

Sie besiedeln klare, saure und nährstoffarme, selten tief gefrierende Stillwasser mit dauernd oder zumindest in den Sommermonaten überschwemmten Uferzonen und

Erläuterungen zu Tab. 49

T = Temperaturzahl, R = Reaktionszahl, N = Stickstoffzahl nach Ellenberg (1974), Erläuterung in Abschnitt B II 4 und E III. Von einigen Arten ist das ökologische Verhalten noch nicht genügend bekannt.

Gesellschaften (Nr. 1 – 10 in Ost-Niedersachsen)	Ökol. Bewertung:	mT	mR	mN
Nr. 1 u. 2: **Teichrosen**-Gesellschaften *(Myriophyllo-Nupharetum;* Verband *Nymphaeion),* vorwiegend im Boden wurzelnd:				
1: Stumpfblattlaichkraut-Teichrosen-Ges. *(Potamogeton obtusifolius-Nuphar*-Ges.), nährstoffarm,		5,9	6,0	5,5
2: Typische Tausendblatt-Teichrosen-Ges. *(Myriophyllo-Nupharetum),* relativ nährstoffreich.		5,7	6,8	6,5
Nr. 3 – 6: **Schwimmpflanzen**-Ges. *(Hydrocharition* u.a.), die teilweise im Boden wurzeln:				
3: Wasserfeder-Ges. *(Hottonietum)* ziemlich nährstoffarmer Flachwasser, z.T. beschattet,		5,7	6,2	6,0
4: Froschbiß-Schwimmdecke *(Hydrocharitetum),*		6,1	6,5	6,5
5: Wasserhahnenfuß-Stillwasser-Ges. *(Ranunculetum peltati)*		5,5	6,9	7,0
6: Hornblatt-Ges. *(Ceratophylletum demersi)* stark verschmutzter Flachwasser.		5,5	7,0	7,1
Nr. 7 – 10: **Wasserlinsen**-Decken und andere Ges. frei schwimmender Pflanzen *(Lemnion):*				
7: Schwimmlebermoos-Ges. *(Riccietum fluitantis),*		6,0	6,2	5,8
8: Teichlinsen-Schwimmdecke *(Lemno-Spirodeletum),*		6,0	6,7	6,4
9: Artenarme Wasserlinsendecke („*Lemnetum minoris*"),		5,7	7,1	6,7
10: Buckellinsen-Schwimmdecke *(Lemnetum gibbae).*		5,9	6,7	7,0
Nr. 11 u. 12: **Schwimmfarn**-Decken (in Baden-Württemberg), ausgesprochen wärmeliebend (zum *Lemnion):*				
11: Teichlinsen-Schwimmfarndecke *(Spirodelo-Salvinietum),*		6,8	7,6	6,3
12: Wasserlinsen-Algenfarndecke *(Lemno-Azolletum).*		7,6	7,1	7,1

Stillwasser sind im Jahresdurchschnitt meist wärmer als die Böden ihrer Umgebung. Dementsprechend können in ihnen Pflanzen mit höheren Wärmeansprüchen leben als z.B. in den submontanen und planaren Buchenwäldern; sie heben die mittleren Temperaturzahlen selbst im östlichen Niedersachsen beträchtlich über 5. Relativ wärmeliebend sind hier die Froschbiß-, die Schwimmlebermoos- und die Teichlinsen-Schwimmdecke (Nr. 4, 7 und 8). In den wärmeren Teilen Südwest-Deutschlands gedeihen Schwimmfarn-Decken, die bereits submediterranen Charakter haben (Nr. 11 und 12).

Mit der Alkalinität des Wassers steigen im großen und ganzen auch die mittleren Reaktionszahlen der Pflanzengesellschaften. Eine noch engere Korrelation ergibt sich jedoch zu den mittleren Stickstoffzahlen, die – mit Vorbehalten – als Ausdruck des Trophiegrades gelten dürfen. Der für letzteren eigentlich entscheidende Gehalt an pflanzenaufnehmbarer Phosphorsäure wurde von Weber-Oldecop nicht erfaßt. Es darf jedoch als gesichert gelten, daß die Gesellschaften Nr. 1, 3 und 7 relativ reines Wasser besiedeln, während die Einheiten Nr. 6 und 10 (und wohl auch 12) einen hohen Verschmutzungsgrad anzeigen. Arten, die sich nach Weber-Oldecop (1969), Wiegleb (mdl.) und eigenen Beobachtungen nur in relativ phosphorarmem Wasser zu halten vermögen, sind im rechten Teil der Tabelle mit „P arm", die Verschmutzungszeiger dagegen mit „P reich" bezeichnet.

sandigem oder kiesigem Grunde. Solche Standorte gibt es in Mitteleuropa vor allem im Bereich des nordwestlichen Altdiluviums. Das von TÜXEN (1937) gefaßte *Isoëto-Lobelietum,* der Brachsenkraut-Lobelien-Tümpel, ist im Birken-Eichenwaldgebiet Nordwestdeutschlands, der Niederlande und Dänemarks, aber auch im nördlichen Polen und in der Lausitz nicht selten. Als dessen kennzeichnende Arten gelten *Lobelia dortmanna, Isoëtes lacustris* und *I. tenella.* Gegen die Alpen und nach Südosten hin klingen die Gesellschaften des *Litorellion* nach und nach aus.

Die Gründe, warum die Brachsenkrautwiesen trotz der großen Transparenz des Wassers nur bis zu Tiefen von etwa 1,2–1,7 m hinabsteigen, sind noch nicht untersucht worden. *Isoëtes lacustris, Litorella lacustris* und *Lobelia dortmanna* leben zwar in sauren Gewässern, sind aber gegen alkalische Reaktion nicht empfindlich und konnten von ROLL (1939) monatelang in kalkreichem Wasser kultiviert werden, das aus einem eutrophen See stammte. Daß sie in der Natur an den Ufern nährstoffreicher Seen fehlen (BEHRE 1956 u. a.), liegt zweifellos daran, daß ihnen die kräftiger wachsenden Schwimmblatt- und Röhrichtpflanzen das Licht wegnehmen. Außerdem vertragen sie wahrscheinlich den Algenaufwuchs nicht auf die Dauer, der sich hier auf allen untergetauchten Organen ansiedelt.

Unverschmutzte kalkreiche Seen, Kiesgruben und dgl. sind am Grunde oft mit dichten Rasen von Armleuchteralgen (*Chara-* und *Nitella-*Arten) ausgekleidet. Deren Neigung, „unter sich zu bleiben", war für KRAUSE (1969) eines der Fundamente für seine Hierarchie der Characeen-Gesellschaften. Es ist bemerkenswert, wie eng diese mit der landschaftsökologischen Gliederung der Rheinebene zusammenhängen. Das soziologische Verhalten der übrigen makroskopischen Algen in Binnengewässern, besonders in deren Litoral, hat BEHRE (1966) zusammenfassend besprochen.

d Wurzelnde Schwimmblattgesellschaften

Haben die Unterwasserwiesen den Seeboden durch Gyttja-Bildung genügend aufgehöht oder ist das Gewässer von vornherein flach genug, so können sich Wasserpflanzen mit schwimmenden Blättern ansiedeln. Je üppiger diese gedeihen, desto mehr unterdrücken sie die Rasenpflanzen am Boden, weil sie ihnen nicht nur das Licht entziehen, sondern sie außerdem alljährlich mit ihren in Fäulnis übergehenden Resten bedecken. Nährstoffreiche Gewässer zeichnen sich deshalb durch einen besonders rein entwickelten Schwimmblatt-Gürtel aus, während in den extrem kalkarm-oligotrophen Brachsenkrautrasen bis an den Rand des Wassers vordringen.

Die im *Nymphaeion* vereinigten Schwimmblatt-Assoziationen gehören zu den am besten bekannten Wasserpflanzengesellschaften. Sie sind in Mitteleuropa auch heute noch häufig, obwohl viele Altwasser in den Flußtälern und viele sonstige Stillwasser trockengelegt wurden. Deshalb sei ihr Artengefüge hier an Hand einer Tabelle besprochen.

Wie Tab. 49 auf den ersten Blick erkennen läßt, sind sämtliche Schwimmblattgesellschaften artenarm. Lediglich die als charakteristisch angesehenen Spezies treten durch hohe Stetigkeit hervor, weil die Aufnahmen nach ihnen ausgewählt wurden. Nur sie erreichen in manchen Beständen Deckungsgrade von mehr als 50%, stellen also die Dominanten dar.

Die häufigste und zugleich artenreichste Schwimmblattgesellschaft Mitteleuropas ist die Tausendblatt-Teichrosen-Gesellschaft, das *Myriophyllo-Nupharetum* (Tab. 49, Nr. 9, siehe auch Abb. 221). Sie enthält neben der Gelben Teichrose die großblütige Weiße Seerose, die der ersteren in seichtem Wasser überlegen ist. Bis 3 oder 4 und selbst 5 Meter Tiefe kann sie aber nicht hinabsteigen, weil sie nicht wie *Nuphar* Unterwasserblätter (sog. „Salatblätter") auszubilden vermag. Aus demselben Grunde erweist sich die gelbe Mummel in Seen mit stark schwankendem Spiegel sowie in langsam fließenden Gewässern als die Überlegene, vorausgesetzt, daß ihr genügend Nährstoffe zur Verfügung stehen. Neben einer der beiden oder beiden Nymphaeaceen findet man fast regelmäßig das Schwimm-Laichkraut, das Quirlige Tausenblatt und das Auftauchende Hornblatt.

Um das ökologische und soziologische Verhalten der Wasserpflanzen zu verstehen, ist es wie bei kaum einer anderen Pflanzengruppe nötig, den Bau und die Funktion ihrer Organe zu kennen. Das sei hier nur mit einigen Beispielen angedeutet.

Seerosen transpirieren nach GESSNER (1951) zwar etwas weniger als manche Helophyten, aber ebensoviel oder mehr als die meisten Landpflanzen. Interessant ist, daß sie das oberseits abgegebene Wasser durch Hydathoden an der Blattunterseite aufnehmen oder durch Wurzeldruck aus ihrem Rhizom nachgeliefert bekommen. Sie beziehen es also nicht durch aktive Saugung aus Sproß und Wurzeln, wie das bei den meisten Pflanzen der Fall ist. Wird das Blatt der Seerose abgeschnitten und seine Spreite aus dem Wasser herausgenommen, so welkt es, auch wenn sein Stiel ins Wasser taucht. In Verbindung mit dem Rhizom bleibt es aber frisch, wenn die Luft nicht allzu trocken ist. Infolgedessen können Nymphaeaceen-Blätter ohne Schaden allmählich von der schwimmenden in die luftumgebene Form übergehen, wenn einmal der Wasserspiegel vorübergehend zu sehr sinkt (s. Abb. 217). Viele andere Wasserpflanzen, besonders solche mit untergetauchten Blättern, vertrocknen dann rasch.

Der Zusammenhang der Seerosenblätter mit ihrem Rhizom ist für sie nicht nur deshalb wichtig, weil er ihre Wasserversorgung garantiert und sie an ihrem Orte hält. Er gewährleistet auch eine bessere Nährstoffversorgung. Das Oberflächenwasser fast aller Seen, auch der eutrophen, ist nach GESSNER (1956, s. auch BURCKHARDT u. BURGSDORF 1962) viel ärmer an Nährstoffen, insbesondere an löslichen Phosphaten, als die sauerstoffarme obere Bodenschicht. Mit dieser Eigenart der Nährstoffverteilung dürfte zusammenhängen, daß freischwimmende Pflanzen (siehe Tab. 49) in oligotrophen Gewässern fehlen und nur in verschmutzten, übermäßig nährstoffreichen üppig gedeihen.

Durch ein System von Interzellularen, das den Seerosenblättern wie fast allen Wasserpflanzen Auftrieb verleiht und auch den Stengel durchzieht, versorgen sie ihrerseits die im Boden haftenden Wurzeln mit Sauerstoff, so daß diese sich besser entwickeln und die Pflanze festhalten können (WILLIAMS u. BARBER 1961). Wasser- und Sumpfpflanzen haben nach ARMSTRONG (1975) fast alle eine wirksamere innere Durchlüftung als Landpflanzen. Die Wurzelstöcke der Seerosen sind so luftreich, daß sie, aus dem Boden gerissen, leicht auf dem Wasser schwimmen und so verfrachtet werden können. Sie vermögen aber nur weiterzuleben, wenn sie auf nassem Boden abgesetzt werden und dort festwurzeln, bevor sie wieder überflutet werden. Für die normale Verbreitung der Seerosen und ähnlich gebauter Wasserpflanzen dürfte also diese vegetative Form wohl kaum eine Rolle spielen.

Die Samen von *Nuphar* und *Nymphaea* werden zwar nach GLÜCK (1934) ebenfalls eine zeitlang durch die lufthaltigen, schwammig-gallertigen Fruchtblätter schwimmend erhalten, sinken aber nach deren Verfaulen zu Boden. Ähnlich verhält es sich mit den Samen bzw. Früchten der meisten Wasserpflanzen, z.B. von *Potamogeton-, Ranunculus-* und *Najas-*Arten. Bei anderen sind die Samen von vornherein schwerer als Wasser, z.B. bei *Hippuris, Myriophyllum* und *Trapa*. Hiermit dürfte es zusammenhängen, daß die drei letztgenannten Gattungen eigentümlich lückenhaft verbreitet sind, jedoch an den Orten ihres Auftretens in Massen zu erscheinen pflegen.

Manche Wasserpflanzen vermehren und verbreiten sich auch durch ihre Überwinterungsknospen (sog. Turionen), während die Mutterachse zugrunde geht, z.B. *Hydrocharis morsus-ranae*, *Myriophyllum verticillatum*, alle *Utricularia*-Arten und viele grasblättrige Laichkräuter (*Potamogeton obtusifolius, pusillus* usw., s. Abb. 230).

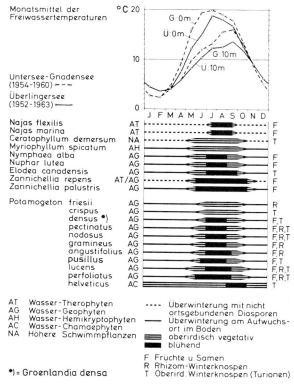

Abb. 230. Phänologische Entwicklung und Lebensformen der höheren Wasserpflanzen im Bodensee in Beziehung zu den Wassertemperaturen. Nach LANG (1967), etwas verändert. *Zannichellia repens* ist eine Subspecies von *Z. palustris*.

Das häufigste und das über große Entfernungen hinweg wirksamste Transportmittel für Samen oder vegetative Teile von Wasserpflanzen sind jedoch Wasser- und Sumpfvögel, z.B. Enten (s. Tab. 50). Sie tragen buchstäblich dazu bei, daß die Pflanzengesellschaften der Feuchtbiotope über ganz Europa, ja über die Erde hinweg, unter gleichen Standortsbedingungen floristisch so einheitlich sind wie sonst keine anderen Vegetationstypen. Außerdem bewirken sie, daß neu geschaffene Wuchsorte rasch erobert und von einer nahezu vollständigen Artengarnitur besiedelt werden.

Das von MÜLLER und GÖRS (1960, s. ELLENBERG 1963) zusammengestellte europäische Aufnahmematerial des *Myriophyllo-Nupharetum* stammt aus Südfrankreich, dem Oberrheingebiet, Oberschwaben, Niederbayern, dem westsächsischen Hügelland, dem Elbe-Elstergebiet, Holstein, Mecklenburg, der Uckermark und Neumark, dem Oberspreewald, aus Schlesien und der Umgebung von Stockholm. Es wurde von vielen Autoren erhoben, die wir hier ebensowenig nennen können wie bei den folgenden Wasserpflanzen-Gesellschaften, und es könnte leicht durch weiteres vermehrt werden, z.B. aus dem Schweizer Mittelland und Westdeutschland (s. auch Tab. 49).

Detaillierte Beschreibungen der Wasserpflanzen-Gesellschaften legten unter anderen HILBIG (1971a), JESCHKE (1963), KNAPP und STOFFERS (1962), LANG (1967b, 1968), PHILIPPI (1969), SCHROTT (1974) und WEBER-OLDECOP (1969) vor. Was die nährstoffreichen Gewässer anbe-

Tab. 50. **Von Enten gefressene und verbreitete Samen aus verschiedenen Pflanzengesellschaften.**
Nach Feststellungen von Olney (1963–1967) aus Gillham (1970), verändert

Wasserpflanzen	Sumpfpflanzen	Ruderal- und Kulturpflanzen
Ceratophyllum demersum	*Alopecurus geniculatus*	*Atriplex patula*
Hippuris vulgaris	*Cirisium palustre*	*Bromus sterilis*
Myriophyllum-Arten	*Eleocharis palustris*	*Chenopodium album*
Potamogeton, viele Arten	*Galium palustre*	*Galium aparine*
Ranunculus aquatilis	*Juncus inflexus* u.a. Arten	*Hordeum distichon*
Ruppia-Arten	*Polygonum amphibium*	(Gerste)
	P. hydropiper, nodosum u.a.	*Triticum aestivum*
Röhrichtpflanzen	*Ranunculus repens*	(Weizen)
Bolboschoenus maritimus	*Rumex conglomeratus*	u.a.
Glyceria fluitans	*Taraxacum palustre*	
Phalaris arundinacea		Holzgewächse
Phragmites australis	Sonstige Rasenpflanzen	*Alnus glutinosa*
Schoenoplectus lacustris	*Carex hirta* u.a. Arten	*Betula*-Arten
Sparganium-Arten	*Holcus lanatus*	*Crataegus monogyna*
	Lolium multiflorum	*Quercus*-Arten
Salzpflanzen	*Medicago lupulina*	*Rosa*-Arten
Armeria maritima	*Phleum pratense*	*Rubus*-Arten
Salicornia-Arten	*Poa trivialis* u.a. Arten	*Sambucus nigra*
Suaeda maritima		u.a.

trifft, stimmen sie in den Grundzügen mit Müller und Görs überein. Die von Den Hartog und Segal (1964) vorgeschlagene Klassifikation enthält zwar eine Fülle höherer Einheiten, läßt sich aber auf die einfachere Gliederung zurückführen.

Eutrophes Stillwasser nicht zu kühler Lagen bildet also in ganz Mitteleuropa und darüber hinaus einen sehr einheitlichen Standort für die Arten des Schwimmpflanzengürtels.

In wärmeren, meist ziemlich flachen Seen und Altwässern tritt die Wassernuß *(Trapa natans)* hervor. Sie war in der postglazialen Wärmezeit weiter nach Norden hin verbreitet als heute (Walter u. Straka 1970). Ihre harten, mit Widerhaken versehenen Nüsse dienten ehemals als Nahrungsmittel und wurden – ähnlich wie die Haselnüsse – mit besonderen hölzernen Stoßgeräten zerkleinert (Apinis 1940). Nach den experimentell-ökologischen Untersuchungen von Apinis keimen die Samen der gewöhnlichen Wassernuß, *Trapa natans* ssp. *natans* (L) Schinz, bei Temperaturen von über 12°C, aber erst nach einer bis etwa Dezember dauernden Ruhe- und Nachreifeperiode mit geringer Wärme (1,5–10°C). Sinkt die Temperatur unter −8 bis −10°C, so verlieren sie rasch ihre Keimfähigkeit. Sie keimen auch im Dunkeln und in sauerstoffarmem Medium, also z.B. im Schlamm, und zwar am schnellsten bei alkalischer Reaktion. Merkwürdigerweise wird die Jungpflanze aber kalkempfindlich und verträgt p_H-Werte über 7,9 ebensowenig wie solche unter 4. Das Entwicklungsoptimum liegt zwischen p_H 5 und 7. Solche Bedingungen treffen am ehesten in subkontinentalem und zugleich warmgemäßigtem Klima zusammen, z.B. in den Balkanländern. Dort haben die Wassernußgesellschaften heute ihren Verbreitungsschwerpunkt und erreichen ihre größte Mannigfaltigkeit (Tab. 49, Nr. 8), besonders in Ungarn. Apinis untersuchte sie hingegen an ihrer Nordgrenze in Lettland. Für Mitteleuropa dürften die Altwässer der Oberrheinischen Tiefebene als günstigste Lebensorte gelten, besonders der nördliche Teil dieses Gebietes, der sich auch sonst durch subkontinentale Einstrahlungen auszeichnet.

In montanem, kühlerem Klima verarmen die Teichrosen-Gesellschaften, zumal dort das Wasser meistens nährstoffärmer ist. Die flachen Seen im Alpenvorland enthalten großenteils eine Gesellschaft der weißen Zwerg-Seerose *(Nymphaeëtum minoris).*

Während sich die Schwimmblatt-Gesellschaften der eutrophen und relativ warmen Stillwasser durch *Ceratophyllum demersum* auszeichnen, tritt in den nährstoffärmeren *Potamogeton natans* oder *P. obtusifolius* mit *Myriophyllum alternifolium* hervor (s. Nr. 1 in Tab. 49). In sauren und nur etwa 50–100 cm tiefen Moortümpeln oder Torfstichen mit dyartigem Torfschlamm bildet das Schwimmende Laichkraut mit dem Übersehenen Wasserschlauch *(Utricularia australis)* sehr artenarme Gesellschaften. Diese haben mit den üppigen Seerosenteichen, von denen wir bei der Betrachtung der Tabelle ausgingen, kaum noch etwas gemein.

e *Wasserlinsendecken und andere freischwimmende Gesellschaften*

An der Oberfläche von Altwässern, Teichen, Tümpeln und Seebuchten breiten sich im Windschutz freischwimmende Wasserpflanzen aus, die sich auf stärker bewegtem Wasser nicht zu Gesellschaften zusammenschließen können. Je nährstoffreicher das Wasser, desto üppiger wuchern diese Schwimmpflanzendecken, die im übrigen ziemlich unabhängig von der Wasserbeschaffenheit sind (KLOSE 1963). Den Wasserlinsendecken (Klasse *Lemnetea*) hat TÜXEN (1974b) eine Monographie gewidmet, die auch die gesamte Literatur auswertet. Innerhalb der Ordnung *Lemnetalia* unterscheidet er zwei Verbände und zahlreiche Assoziationen, die alle nur durch die jeweils vorherrschende Wasserlinsen- oder Sternlebermoos-Art charakterisiert sind. Im Gefälle des Basen- und Humusgehaltes sowie der Tiefe der Gewässer ergibt sich folgende Übersicht:

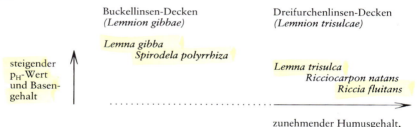

Ein „*Lemnetum minoris*", wie es früher beschrieben wurde, gibt es nach TÜXEN nicht, weil die Kleine Wasserlinse in allen *Lemnetalia*-Gesellschaften auftreten kann und nur in gerade entstehenden oder in verarmten Gesellschaften allein herrscht. Buckellinsen-Decken *(Lemnetum gibbae)* und Teichlinsen-Decken *(Spirodeletum)* füllen oft die Lücken zwischen den Schwimmblättern des *Myriophyllo-Nupharetum* aus, so daß man sie nur aufgrund ihrer anderen Lebensform von diesem trennen kann. Im Wasser schwebende oder auf ihm schwimmende Lebermoose *(Ricciocarpetum* und *Riccietum)* leben im Halbschatten zwischen Röhrichthalmen oder in Lücken überfluteter Großseggenrieder, also in flachem und relativ humusreichem Wasser. Die Dreifurchenlinsen-Decke *(Lemnetum trisulcae)* vermittelt zwischen diesen und den anspruchsvolleren Gesellschaften.

Alle freischwimmenden Wasserpflanzen sind wärmebedürftig und bevorzugen lange eisfrei bleibendes Wasser. Daher sind *Lemnetea*-Gesellschaften am reichsten im atlantischen und submediterranen Europa und strahlen nach Mitteleuropa, ärmer werdend, mehr oder minder weit hinein. Nur *Lemna minor* erreicht im Gebirge mehr als 1000 m ü. M. In der milden Oberrheinebene und anderen warmen Beckenlandschaften gesellen sich dagegen Farne tropischer Abkunft zu den bescheideneren Wasserlinsen, namentlich der Schwimmfarn *(Salvinia natans)* und der seltenere Algenfarn *(Azolla filiculoides,* s. z. B. PHILIPPI 1969). Diese Farne sowie die Wasserlinsen und Riccien sind an ihr flottierendes Dasein gut angepaßt und haben viele abgeleitete Merkmale, sind also phylogenetisch keineswegs primitiv. Nur die von ihnen gebildeten Gesellschaften gelten wegen ihrer einfachen Struktur und ihrer Unbeständigkeit als primitiv und werden gewöhnlich an den Anfang des pflanzensoziologischen Systems gestellt (s. Abschnitt E III u. Nr. 11 u. 12 in Tab. 49).

Die geringe Größe und das rasche Wachstum der Schwimmpflanzen verlockte zu zahlreichen Experimenten, von denen einige über das Konkurrenzverhalten Aufschluß geben. Nach HARPER (1961, s. Abb. 231) hat *Spirodela polyrhiza* an und für sich eine bedeutendere Stoffproduktion pro Einheit Wasserfläche als *Lemna gibba*. Trotzdem setzt sich letztere in Mischkulturen durch, weil sie sich etwas über der Wasseroberfläche erhebt und die großenteils im Wasser flutende *Spirodela* ausdunkelt. CATWORTHY und HARPER (1962) bezogen auch *Lemna minor* und *Salvinia natans* in ihre Versuche mit ein. In Reinkultur hatte *Lemna minor* den schnellsten Massenzuwachs von allen Arten. Ihre Häufigkeit und ihr relativ großes Areal wird dadurch verständlich. In Mischkultur wird sie jedoch von jeder der drei anderen Arten unterdrückt und muß in der Wasserlinsendecke den Lückenbüßer spielen. Bei ausreichender Wärme ist *Salvinia* allen anderen überlegen, weil sie mit ihren beblätterten Stengeln fest zusammenhängende und dichte Gruppen zu bilden vermag. Das entgegengesetzte Extrem ist die ebenfalls wärmeliebende und in Mitteleuropa seltene wurzellose Zwerglinse (*Wolffia arrhiza*, Abb. 231). Sie wurde von WOŁEK (1974) mit den übrigen Wasserlinsen verglichen und erwies sich in allen Kombinationen als die Schwächere. Vielleicht ist sie deshalb so wenig an der Bildung von Wasserlinsen-Gesellschaften beteiligt. Allelopathische Einflüsse, die man bei Schwimmpflanzen leicht testen kann, spielen nach WOŁEK gegenüber den morphologischen und physiologischen Eigenschaften der Partner nur eine sehr untergeordnete Rolle im Konkurrenzkampf.

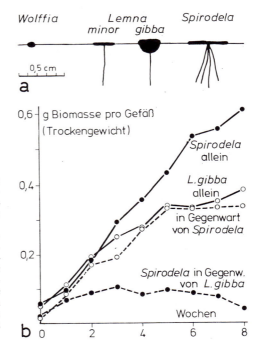

Abb. 231.
a) Gestaltvergleich der Wasserlinsen: *Wolffia arrhiza* (wurzellos), *Lemna*-Arten (eine Wurzel) und *Spirodela polyrrhiza* (viele Wurzeln). Nach WOLEK (1974), verändert.
b) In Reinkultur wächst *Lemna gibba* weniger kräftig als *Spirodela*. In Mischkultur vermag *L. gibba* trotzdem *Spirodela* zu unterdrücken, weil sie mit ihren größeren Luftkammern ein wenig höher auf der Wasseroberfläche schwimmt und sich bei begrenztem Raum über *Spirodela* schiebt. Nach CLATWORTHY (1960) aus HARPER (1961), etwas verändert.

Flottierende Makrophyten sind den Wasserlinsen und Wasserfarnen überall dort überlegen, wo sie sich entwickeln können. Beim Froschbiß *(Hydrocharis morsus-ranae)* und bei der Krebsschere *(Stratiotes aloides)* ist das in nährstoffreichen seichten Flußaltwässern und Teichen des Tieflandes der Fall (Abb. 232). Oft vermengt sich die Krebsscheren-Froschbiß-Gesellschaft *(Hydrocharitetum morsus-ranae)* mit dem *Myriophyllo-Nupharetum* oder einer anderen am Boden wurzelnden Schwimmblatt-Gesellschaft so innig, daß man sie schwer von dieser trennen kann. Bei starkem Bootsverkehr werden die Blätter der fest verankerten Pflanzen geschädigt oder abgerissen. Die freischwimmenden Krebsscheren hingegen weichen nur auseinander und rücken wieder zusammen. Schließlich werden sie zu Alleinherrschern, wie das früher z.B. in den Kanälen des Havellandes zu beobachten war.

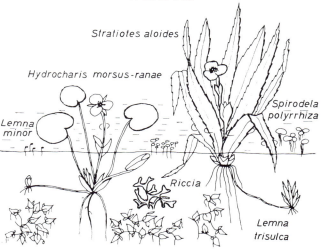

Abb. 232. Schichtung in Schwimmpflanzen-Gesellschaften, insbesondere in der Froschbiß-Krebsscheren-Schwimmdecke *(Hydrochari-Stratiotetum)*. Nach WEBER-OLDEKOP (1969), etwas verändert. (Der Blick auf die Wasseroberfläche ist in der Perspektive übertrieben.)

f Röhrichte nicht verbrackter Stillwasser

Hoch aus dem Wasser aufragende Röhrichtpflanzen werden den unter oder nahe der Oberfläche bleibenden Wassergewächsen überlegen, sobald sie dichtere Bestände bilden und das Licht abfangen. Dazu ist das Schilf *(Phragmites australis)* von etwa 1,2 bis 2 m mittlerer Wassertiefe an in der Lage. Vereinzelt rücken seine weißen, röhrenförmigen Ausläufer im Bodenschlamm noch mindestens 1 m tiefer vor. Doch gelangen deren Schößlinge nicht mehr zu voller Kraft und erstarken erst, wenn die Verlandung weiter vorschreitet. Die äußerste Grenze der Schilfherden ist fast immer absolut, d.h. physiologisch bedingt und nicht durch Konkurrenten erzwungen; denn *Phragmites* ist die kampfkräftigste Art unter allen mitteleuropäischen Wasserpflanzen, gewissermaßen das, was die Rotbuche unter den Landpflanzen darstellt. Seine ökologische und soziologische Amplitude ist ebenfalls groß und reicht nach KRAUSCH (1965 c) von kalk-oligotrophen und sauer-oligotrophen bis zu eutrophen Gewässern und von großer Wassertiefe bis zu Böden, die zeitweilig über dem Wasserspiegel liegen. PIETSCH (1965) fand Schilf, Rohrkolben *(Typha latifolia)* und andere Röhrichtgewächse sogar in einem Tagebau-See des Lausitzer Braunkohlenreviers bei p_H 2,9–3,0.

Dementsprechend mannigfaltig sind seine Vergesellschaftungen, über die außer den genannten Arbeiten eine reiche Literatur vorliegt (z.B. BALÁTOVÁ-TULÁČKOVÁ 1963, HILBIG 1971a, WEISSER 1970). Die standörtliche Variabilität und die Aspekte der Schilfgesellschaften (Ordnung *Phragmitetalia*) sind aber über weite Gebiete Europas hinweg ähnlich, von Spanien (BELLOT-RODRIGUEZ 1964) bis nach Finnland (EUROLA 1965) und bis ins Donaudelta (KRAUSCH 1965b) mit den größten zusammenhängenden Beständen. Sogar im Hochland Südwestjapans stellten HORIKAWA u. Mitarb. (1959) Parallelen fest.

In ruhigen Seen bildet die Teichbinse *(Schoenoplectus lacustris)* noch vor dem Schilfe Pioniertrupps des Röhrichts (s. Abb. 221, 233), weil ihre grünen Stengel weiter assimilieren, wenn sie bei hohen Wasserständen überstaut werden. Ihre unter dem Boden kriechenden schwarzen Rhizome sollen sogar stellenweise 5 m Tiefe erreichen. Bei starkem Wellenschlag stellt die Teichbinse keine Vorposten, weil ihre von schwammigem Mark erfüllten Stengel weniger knickfest sind als die ligninreichen, durch Kieselsäure versteiften Rohrhalme. Das Schilf sowie die Rohrkolben-Arten sind ihrer Struktur nach Helophyten, deren oberirdische Teile stark xeromorph werden (GEYER 1964) und ähnlich wie Landpflanzen transpirieren (KROLIKOWSKA 1975).

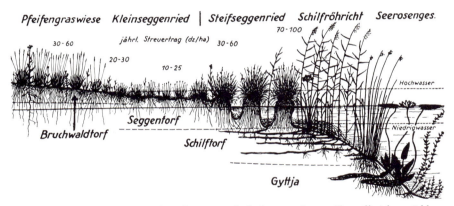

Abb. 233. Häufige Zonierung der Pflanzengesellschaften an einem nährstoffreichen süddeutschen See nach Vernichtung des Waldes. Nach ELLENBERG (1952).
Seerosengesellschaft, Schilfröhricht und Steifseggenried sind noch naturnah, während Kleinseggenried und Pfeifengraswiese durch regelmäßige Mahd an Stelle von Erlenbruch und Erlen-Eschenwald oder feuchtem Eichen-Hainbuchenwald erhalten werden. Die Ertragsdepression im Bereich der nicht gedüngten Streuwiesen, insbesondere des Kleinseggenrieds, ist vor allem eine Folge der durch Luftmangel in dem dauernd durchnäßten Boden begünstigten Denitrifikation.

Wo *Phragmites* gut gedeiht, erhebt es sich bis zu 3,5 m über die Wasseroberfläche und reduziert das Licht bis auf weniger als 1% der vollen Beleuchtungsstärke (F.H. MEYER 1957). Es duldet daher die in Tab. 51 aufgeführten Ordnungs- und Verbandscharakterarten meistens nur in geringer Zahl neben sich. Als einzige Ausnahmen können die beiden Rohrkolbenarten hier und dort zur Herrschaft gelangen, und zwar in nährstoffreich-schlammigen, ruhigen Buchten oder Flachseen, die in manchen Jahren trockenfallen. *Typha* verjüngt sich viel erfolgreicher durch Samen als *Phragmites* und kann deshalb nackten Schlamm von vornherein in dichten Rasen besetzen.

Für das vegetativ so kräftige Schilf dagegen ist die generative Vermehrung eine „schwache Stelle". Es erzeugt zwar nach HÜRLIMANN (1951) reichlich Samen, die in

Tab. 51. Übersicht der Röhrichte und Großseggenrieder und ihrer Charakterarten.
Nach Tüxen, Preising, Oberdorfer und anderen Autoren

Charakterarten der Klasse und Ordnung der **Röhrichte und Großseggenrieder** (Phragmitetea, Phragmitetalia):

Acorus calamus	*Poa palustris* (4)
Alisma plantago-aquatica	A *Sagittaria sagittifolia* (1)
Equisetum fluviatile	*Schoenoplectus mucronatus*
Iris pseudacorus	*Sch. tabernaemontani* (2)

Charakterarten der vier Verbände:

1. Echte Röhrichte (Phragmition)	3. Bach-Röhrichte (Sparganio-Glycerion)	4. Großseggenrieder (Magnocaricion)
Butomus umbellatus	*Apium nodiflorum*	A *Carex appropinquata*
Eleocharis palustris (K)	A *Berula erecta*	*C. distans*
A *Glyceria maxima*	*Epilobium parviflorum*	A *C. paniculata*
Hippuris vulgaris	*E. roseum* (?)	A *C. pseudocyperus*
Oenanthe aquatica (K)	*Glyceria fluitans*	A *C. riparia*
A *Phragmites australis* (K)	*G. plicata*	A *C. vescaria*
Ranunculus lingua	*Nasturtium officinale*	A *C. vulpina* (?)
Rorippa amphibia	*Scrophularia umbrosa*	*Cicuta virosa*
Rumex aquaticus (K)	*Veronica anagallis-aquatica*	*Cyperus longus*
R. hydrolapathum	*V. beccabunga*	*Eleocharis uniglumis*
A *Schoenoplectus lacustris*		*Galium palustre*
Sium latifolium (?)		*Oenanthe fistulosa*
Sparganium emersum (K)		*Peucedanum palustre*
Sp. erect. ssp. *polyedrum* (K)		*Scutellaria galericulata*
A *Typha angustifolia*		*Teucrium scordium*
A *T. latifolia*		
		4a im Unterverband Caricion elatae:
2. Strandbinsen-Röhrichte (Bolboschoenion)*)	1/4 Zwischen Röhrichten und Großseggenriedern stehend:	A *Carex elata*
		A *C. rostrata*
A *Bolboschoenus maritimus*		*Lysimachia thyrsiflora*
Schoenoplectus americanus	A *Cladium mariscus*	*Senecio paludosus*
Sch. triquetrus	A *Phalaris arundinacea* (K)	
		4b UV Caricion gracilis:
		A *Carex gracilis*

A = Charakterart einer Gesellschaft (meist Assoziation), die nach dieser (in der Regel vorherrschenden) Art benannt wurde.
(K) = wird von manchen Autoren als Klassen-Charakterart gewertet.
(1) usw. = könnte auch als Charakterart in dem betr. Verband gelten.
*) wird neuerdings noch stärker von den übrigen Röhrichten abgesondert.

ihren Spelzen verbleiben und vom Winde ähnlich weit verfrachtet werden wie die lang behaarten Samen von *Typha*. Doch kann Verpilzung (*Claviceps microcephala* nach LUTHER 1950) die Fruchtreife verhindern, und die Keimfähigkeit der Samen ist nach BITTMANN (1953) oft sehr gering. Sie werden nicht vor Ende Februar reif und bleiben noch bis Ende April an den toten Halmen der Mutterpflanze. Da sie tagelang auf dem Wasser schwimmen können und zum Keimen volles Licht, gleichmäßige Feuchtigkeit und viel Sauerstoff benötigen, ist ihre Ansiedlungschance am größten in Spülsäumen an nackten Ufern. Dort entdeckt man gelegentlich Jungpflanzen von *Phragmites*, und von dort her rückt es mit seinen Ausläufern seewärts vor. Mancher breite Schilfgürtel mag so von einer einzigen erfolgreichen Keimung ausgegangen sein.

Am raschesten läuft der Same bei hohen Temperaturen auf (27–36° C nach HÜRLIMANN). Das vegetative Wachstum beginnt erst bei Temperaturen von etwa 8–10°, so daß die jungen Schößlinge im Frühjahr nur zögernd erscheinen, wenn Wälder und

Wiesen längst ergrünt sind. In wasserfreien Versuchstanks wurde es nach DYKYJOVÁ u. Mitarb. (1971) im Januar schon bei −8,7° getötet und ertrug im März nur −0,8° (*Typha latifolia* und *Schoenoplectus lacustris* verhielten sich ähnlich). *Phragmites* und andere Röhrichtgewächse brauchen jedoch eine gewisse Zeit der Winterruhe, um sich normal entwickeln zu können (DYKYJOVÁ u. Mitarb. 1972). Sein Wärmebedürfnis setzt dem Schilf im südlichen Fennoskandien und in der montanen Stufe der mitteleuropäischen Gebirge eine deutliche Grenze, während es noch in den Subtropen gut gedeiht und weltweit verbreitet ist.

Über die Produktionsleistung von Schilfröhrichten geben zahlreiche Arbeiten Auskunft. SIEGHARDT (1973) fand am Neusiedler See, daß *Phragmites* mit seinem jährlichen oberirdischen Trockengewichts-Zuwachs von etwa 17 t/ha an ein Weizenfeld heranreicht und dabei rund 5% der photosynthetisch aktiven Strahlung ausnutzt. Je dichter der Bestand, desto höher ist die Produktivität; sie wird also see- wie landwärts geringer (ONDOK 1970). Zuverlässige Durchschnittswerte zu geben, ist allerdings schwer, weil die Ertragsleistung von Jahr zu Jahr mit der Witterung wechselt; in England fanden MASON und BRYANT (1975) beispielsweise 1972 10,8 t/ha, 1973 dagegen nur 5,5 t/ha. Im Litoral des relativ nährstoffarmen Plattensees produziert *Phragmites* nur 0,05−0,3 t/ha (I. u. V. KÁRPÁTI 1971). Im Donaudelta entspricht seine Leistungsfähigkeit etwa der im Neusiedler See festgestellten; hier wird es intensiv genutzt, um Zellstoff zu gewinnen. Nach RUDESCU (Diskussionsbemerkung am 8. 9. 1970) mäht man es dort seit über 100 Jahren, ohne daß eine Abnahme der Produktivität zu verzeichnen ist. Das liegt zumindest teilweise an der Stoffökonomie des Schilfs, das im Herbst (vor der Mahd) etwa ²/₃ seiner Biomasse und einen großen Teil der Bioelemente in die Rhizome verlagert (SIEGHARDT 1973, WESTLAKE 1975), die nach DYKYJOVÁ u. HRADECKÁ (1976) zu allen Jahreszeiten etwas mehr N, P und K enthalten als Stengel und Blätter. Im Donaudelta kommt noch hinzu, daß sich hier „seit 5000 Jahren die aus Mitteleuropa ausgewaschenen Nährstoffe sammeln" (RUDESCU).

In gewisser Hinsicht stellt das Schilfröhricht eine natürliche Monokultur dar, denn *Phragmites* kann auf vielen Quadratkilometern herrschen, ohne daß man eine andere ähnlich hohe Pflanze sähe. Doch ist das Schilf an der Primärproduktion eines mäßig eutrophen Fischteiches in Südböhmen nach STRAŠKRABA (1963) nur zu 70% beteiligt. 21% leistet der Algenaufwuchs an seinen untergetauchten Stengeln und 7% das Phytoplankton im beschatteten Wasser. Im Neusiedler See hat der untergetaucht schwimmende Wasserschlauch *(Utricularia vulgaris)* noch einen gewissen Anteil an der Primärproduktion (MAIER 1973). Trotz solcher Partner darf man das Röhricht als eine artenarme Lebensgemeinschaft bezeichnen. In der Regel ist diese überraschend stabil, hat sie doch im Neusiedler See schon mehrfach das völlige Austrocknen des Seebeckens überstanden. An wechselnden Stellen brechen allerdings kleine, etwa kreisrunde Partien des Bestandes zusammen und sterben ab, besonders dort, wo die Rhizome ein sehr dichtes Geflecht bilden. Diese sog. „Lacken" kann man in gewisser Hinsicht mit den Lichtungen vergleichen, die durch das Absterben alter Baumgruppen im Urwald entstehen. Unter natürlichen Verhältnissen schließen sie sich schon nach wenigen Jahren wieder. Ob bei der Lückenbildung im Schilfröhricht selbsterzeugte Giftstoffe mitspielen, weiß man noch nicht. Für *Typha latifolia* konnte MC NAUGHTON (1968) deren Wirksamkeit nachweisen, allerdings nur während der Keimungs- und Jugendphase.

Größere und rasch um sich greifende Lücken entstehen neuerdings immer häufiger im Schilfgürtel stadtnaher oder vom Tourismus stark belasteter Seen (SUKOPP u.

Mitarb. 1975). Außer Wasserstands-Senkungen sind die Hauptursachen hierfür mechanische Einwirkungen, z.B. durch Schiffs- und Bootsverkehr, Strudelbildung an Uferbauten, Badebetrieb sowie durch abgelagertes Schwemmgut und durch Algenwatten, die infolge Eutrophierung stärker wuchern und bei Sturm gegen das Schilf geworfen werden. Diese Faktoren wirken sich vor allem dadurch schädlich aus, daß die anfangs noch weichen Halme abknicken und der innere Sauerstoff-Zustrom zu den Rhizomen unterbrochen wird, so daß diese absterben und verfaulen. KLÖTZLI (1971) macht außerdem die durch bessere Ernährung bewirkte geringere Ausbildung des Sklerenchyms verantwortlich dafür, daß manche Röhrichte gegen mechanische Schäden anfälliger sind als früher. KLÖTZLI und ZÜST (1973) fanden im Frischboden zusammenbrechender Bestände ungewöhnlich viel Mineralstickstoff. Durch Schutzzäune gegen Algenwatten und angespültes Material konnten sie das Schilfsterben mehr oder minder gut verhindern.

Neben *Phragmites* treten alle anderen Röhrichtgewächse an Bedeutung zurück, jedenfalls in den meisten Stillwasserseen. Bei starker Eutrophierung wird der Wasserschwaden *(Glyceria maxima)* begünstigt, obwohl er eine geringere Höhe erreicht (LANG 1967b). Das Wasserschwaden-Röhricht *(Glycerietum maximae)* ist in der Regel ebenfalls ein unduldsamer Reinbestand; es ähnelt dem *Phragmitetum* nach WESTLAKE (1966) auch darin, daß es mehr als die Hälfte seiner Netto-Photosynthese im Jahresdurchschnitt unterirdisch investiert und die höchste Biomasse im Spätsommer erreicht.

Der Igelkolben *(Sparganium erectum)* gehört zwar zu den höchstproduktiven Pflanzen der gemäßigten Zone (DYKYJOVÁ u. ONDOK 1973), bildet aber keine dichten Bestände und erreicht selten mehr als 1 m Höhe. Er spielt daher in Röhrichten nur eine untergeordnete Rolle und leitet zu den Großseggenriedern über, die wir als nächstes besprechen wollen. Eine Sonderstellung nimmt das Schwertried-Röhricht *(Cladietum marisci)* ein, das nur auf kalkreichem Boden wächst und geringe Nährstoffansprüche stellt, aber keine großen Wasserstands-Schwankungen verträgt. Nach der Literatur-Diskussion von GÖRS (1975) darf man die typische Subassoziation zum *Phragmition* stellen, während die übrigen Untergesellschaften stark zum *Magnocaricion* neigen. In der frühen Nacheiszeit, als die Seen Mitteleuropas noch großenteils kalk-oligotroph waren, erreichte das *Cladietum* seine größte Ausbreitung (HAFSTEN 1965). Namentlich die *Sphagnum palustre*-Variante darf man mit GÖRS als „lebende Fossilgesellschaft" ansehen. Das Schwertried ist gegen hohe Wasserstände empfindlich und stirbt nach V. M. CONVAY (1937) wegen Sauerstoffmangels, wenn man es unter Wasser abschneidet. Es ist also noch empfindlicher als das Schilf und als Konkurrent so schwach, daß es an vielen Stellen seines weltweiten Areals immer mehr verschwindet.

g Großseggenrieder

Die alljährlich absterbenden Röhrichtpflanzen höhen den Seegrund immer mehr mit organischen Resten auf. Im ruhigen Wasser zwischen den Halmen sinken außerdem Tonteilchen und organische Kolloide zu Boden und helfen ihn festigen. Der auf diese Weise emporwachsende Wurzelboden fällt schließlich im Spätherbst immer öfter trocken und bietet weniger wasserbedürftigen, aber gegen Überschwemmung empfindlicheren Pflanzen geeignete Standorte. So sieht man denn landeinwärts die Schilfhalme niedriger und lichter werden und hohen Seggenarten und ihren Begleitern Platz machen (Abb. 233).

Diese Seggenrieder haben aber noch so viele Arten mit dem Röhricht gemeinsam, daß man sie zu derselben Ordnung und Klasse *(Phragmitetalia, Phragmitetea)* stellt.

Sie bilden nur einen besonderen Verband innerhalb derselben (Tab. 51), der sich neben den *Carex*-Arten vor allem durch eine an Überflutungen angepaßte Unterart von *Galium palustre* und durch *Poa palustris* auszeichnet.

Je nach Höhe und Dauer der Überstauung mit Wasser und je nach dessen Beschaffenheit haben die Großseggenrieder ein verschiedenes Artengefüge. In der Regel kommt jeweils eine bestimmte Seggenart zur Dominanz, die auch als Charakterart gelten kann.

Die größten Spiegelschwankungen erträgt das Steifseggenried *(Caricetum elatae)*, das an den Seen des Alpenvorlandes und Südosteuropas noch heute breite Ufersäume einnimmt und früher als Streulieferant geschätzt wurde. In Ungarn gedeiht es auch an Standorten, wo das Wasser wenig schwankt und lange Zeit an oder etwas über dem Blattgrund der Seggen steht (KOVÁCS 1968). Durch seine bis zu 1,2 m Höhe säulenförmig emporwachsenden Horste (Abb. 233) fällt es auch jedem Nichtbotaniker auf, und mancher wird schon bei hohem Wasserstand im Frühsommer, von Bult zu Bult springend, erfahren haben, daß sogar die äußersten Vorposten noch einen Menschen zu tragen vermögen (Abb. 234). Im Herbst kann man trockenen Fußes zwischen ihnen

Abb. 234. Steifseggenried *(Caricetum elatae)* bei hohem Wasserstande im Spätfrühling in einem alten Torfstich bei Stadel (nördl. Zürich). Die Schwäne zerstörten den aufkommenden Schilfgürtel.

Abb. 235. Im Frühwinter stehen die säulenförmigen Horste der Steifsegge wie dicke Palmen auf dem trocken gefallenen Teichboden bei Blitzenreute (Oberschwaben). Das Schilf gedeiht nur kümmerlich zwischen ihnen.

hindurchgehen und sehen, daß sie großenteils aus den Wurzeln und Blattscheiden der Steifsegge bestehen (Abb. 235). Landwärts schließen sich die Bulte dichter und dichter zusammen, bis nur noch kleine kolkartige Lücken bleiben. In diesem fortgeschrittenen Verlandungsstadium mähte der Bauer früher mit Vorliebe seine Streu und erhielt es dadurch. Unter natürlichen Verhältnissen wäre es längst von Schwarzerlen und Grauweiden besetzt und würde sich ziemlich rasch zum Erlenbruch weiterentwickeln (Abb. 236, s. ELLENBERG u. KLÖTZLI 1967).

Abb. 236. Die Schwarzerle stellt sich schon im Großseggenried ein. *Sparganium erectum, Eleocharis palustris, Festuca pratensis, Ranunculus flammula* und *Galium palustre* sind erkennbar. Phot. ILTIS-SCHULZ.

Im nordöstlichen Mitteleuropa ist das *Caricetum elatae* selten und wird meist durch das Schlankseggenried *(Caricetum gracilis)* ersetzt. Die namengebende Segge bildet keine Bulte, sondern gleichmäßige Rasen, die mit ihren vom Winde ausgerichteten, gebogenen Blättern von weitem an ein Fell erinnern. Nur vom Vieh zertretene Schlankseggenrieder werden bultig. In der Regel sind sie im Frühjahr überschwemmt und im Sommer weniger naß als Steifseggenrieder, doch kann sich das Verhältnis auch umkehren (vgl. BALÁTOVÁ-TULÁČKOVÁ 1957 und KOVÁCS 1968, s. Abb. 237).

Die Produktivität des Schlankseggenrieds erreicht zwar nicht ganz die der leistungsfähigsten Röhrichte, dürfte aber im Mittel ungefähr gleich hoch sein. In Polen fand BARADZIEJ (1974) eine oberirdische Netto-Primärproduktion von 5,5 t/ha/Jahr; Bestände mit viel *Iris pseudacorus* erreichten sogar 8 t. Nach GORHAM (1974) ist die oberirdische Biomasse von Großseggenriedern, die ja stets gut mit Wasser versorgt sind, in mittleren und nördlichen Breiten eng mit der Sommertemperatur korreliert. Die Extreme sind fast 15 t/ha im relativ warmen Tiefland und 2 t/ha in der montanen Stufe oder in der subarktischen Zone. Diese Zahlen dürften allerdings wohl nur für relativ nährstoffreiche Standorte gelten, deren organischer Oberboden biologisch aktiv ist (s. AMBROŽ u. BALÁTOVÁ-TULÁČKOVÁ 1968).

Im Schwankungsbereich oligotroph-kalkarmer bis mäßig dystropher Seen gedeihen nur lockere und niedrige Seggenrasen, in denen vor allem die blaugrüne Schnabelsegge *(Carex rostrata)* vorherrscht. Das Schnabelseggenried findet man sogar in Kolken und Randsümpfen von Hochmooren, wo ein Schilfröhricht aus Nährstoffmangel ganz fehlt.

Außer den drei genannten Großseggen-Gesellschaften sind aus Mitteleuropa zahlreiche weitere beschrieben worden, die sich einem der beiden neuerdings ausgesonder-

Abb. 237. Großflächiges Schlankseggenried *(Caricetum gracilis)*, das fast nur aus der namengebenden Segge und einigen Schilfhalmen besteht, im Billetal östl. Hamburg.

ten Unterverbände zuordnen lassen, nämlich den Steifseggenriedern i.w.S. *(Caricion elatae)* oder den Schlankseggenriedern i.w.S. (*Caricion gracilis,* s. Tab. 51). Diese Gruppierung ist floristisch insofern gerechtfertigt, als der erstgenannte Unterverband zahlreiche besondere Arten enthält, z. B.:

    Carex rostrata   *Peucedanum palustre*
    C. lasiocarpa   *Potentilla palustris*
    C. diandra   *Menyanthes trifoliata*
    C. paniculata

Den U.V. *Caricion gracilis* dagegen kann man nur durch die namengebende Segge sowie durch das Fehlen dieser Arten und das Zurücktreten von *Carex elata* kennzeichnen. Die ökologischen Ursachen der Differenzierung und die für die einzelnen Gesellschaften entscheidenden Standortsfaktoren sind dagegen nicht auf den ersten Blick zu erkennen, zumal offenbar in beiden Unterverbänden relativ stark nässeliebende und weniger nässebedürftige Gesellschaften vorkommen. Die Unterschiede sind vor allem in chemischen Faktoren zu suchen, insbesondere in der Nährstoff- und Basenversorgung, und teilweise wohl auch in klimatischen Bedingungen. Das wird durch Tab. 52 nahegelegt, in der mittlere „Stickstoff-, Reaktions- und Feuchtezahlen" sowie „Temperatur- und Kontinentalitätszahlen" zusammengestellt sind. Sie wurden nach den kürzlich von BÁLATOVÁ-TULÁČKOVÁ (1976) aus der südlichen Slowakei vorgelegten Tabellen berechnet (und zwar in der in Abschnitt B I 4b geschilderten Weise, unter Berücksichtigung von Stetigkeit und Menge der beteiligten Arten).

Alle in Tab. 52 aufgeführten Seggenrieder des U.V. *Caricion elatae* haben relativ niedrige mittlere N-Zahlen, enthalten also überwiegend Arten, die nur bei schlechter Stickstoff-Versorgung konkurrenzfähig sind. Das gilt fast durchweg für die oben genannten Differentialarten. Am schlechtesten ernährt werden offenbar das Drahtseggenried (*Caricetum diandrae*, mN 3,5), das Schwarzschopfseggenried (*C. appropinquatae*, mN 3,6) und das Schnabelseggenried (*C. rostratae*, mN 4,3). Im Schnabel- und Drahtseggenried konzentrieren sich außerdem die Säurezeiger (mR 4,4 bzw. 5,2). Den Gesellschaften des U.V. *Caricion gracilis* dagegen fehlen ausgesprochene Zeiger für Stickstoffmangel und für niedrige pH-Werte, so daß die N-Zahlen der betreffenden Bestände im Mittel höher sind als 5,1 und die mittleren Reaktionszahlen sogar meist 6,0 überschreiten. Das Rispenseggenried *(Caricetum paniculatae)* neigt in dieser Hinsicht zum *Caricion gracilis*, das Blasenseggenried *(Caricetum vesicariae)* dagegen zum *Caricion elatae*.

Tab. 52. Ökologische Bewertung der Großseggen-Gesellschaften in der Marchebene, südliche Slowakei. Mittelwerte, berechnet aus Tabellen von Balátová-Tuláčková (1976)[1])

Unterverbände Assoziationen Subassoziationen	Mittlere Faktorenzahlen[1]) N	R	F	T	K	%[2]) Wf.	Tab. Nr.[3])
UV Caricion elatae (= *rostratae*)							
Caricetum rostratae	⌐4,3¬	⌐4,4¬	9,3	⌐4,8¬	3,8	30	3
Caricetum diandrae	3,5	⌐5,2¬	8,7	⌐4,6¬	4,7	25	5
Caricetum appropinquatae	⌐3,6¬	5,9	8,6	4,9	4,0	31	6
Caricetum elatae Suba. 1	5,1	5,7	9,7	5,1	⌐3,5¬	38	2 a
,, ,, ,, 2	4,9	5,9	9,1	5,1	⌐3,5¬	42	2 b
,, ,, ,, 3	4,4	5,6	9,0	5,1	⌐3,6¬	43	2 c
Caricetum paniculatae	4,8	6,6	8,7	5,1	3,8	21	7
UV Caricion gracilis							
Caricetum ripariae Suba. 1	5,2	6,6	9,7	5,9	⌐3,5¬	⌐11¬	9 a
,, ,, ,, 2	5,4	6,9	9,3	6,0	3,8	⌐13¬	9 b
,, ,, ,, 3	5,2	6,8	9,3	5,8	3,9	⌐15¬	9 c
Caricetum vesicariae	5,2	5,8	9,0	⌐4,8¬	4,0	22	10
Caricetum gracilis	5,3	6,5	8,7	5,0	4,7	24	11
Caricetum vulpinae	**6,1**	**7,0**	⌐8,3¬	5,4	4,3	39	12
Caricetum distichae	5,0	6,6	⌐8,2¬	5,1	4,5	28	13
Phalaridetum	**6,2**	6,9	8,5	5,2	4,3	28	8

[1]) Halbfett = relativ hohe Werte, umrandet = relativ niedrige Werte. Berechnet nach Ellenberg (1974).
N = mittlere Stickstoffzahl (von 1 = nur N-Mangelzeiger bis 9 = N-Reichtumszeiger),
R = mittlere Reaktionszahl (von 1 = nur Säurezeiger bis 9 = Kalkzeiger),
F = mittlere Feuchtezahl (von 1 = nur Trockenheitszeiger über 9 = vorwiegend Nässezeiger bis 12 = nur in relativ tiefem Wasser lebende Arten),
T = mittlere Temperaturzahl (von 1 = nur Kälteertragende bis 9 = nur sehr Wärmebedürftige),
K = mittlere Kontinentalitätszahl (von 1 = nur ozeanische Arten bis 9 = nur kontinentale Arten).

Diese mittleren Zeigerwertzahlen wurden jeweils unter Berücksichtigung aller bewerteten Arten und ihrer Mengen als Durchschnittswerte aus allen Aufnahmen einer Tabelle berechnet, und zwar von Spatz und Mitarbeitern mit Hilfe eines von ihnen entwickelten Computer-Programms (s. auch Abschnitte B I 4 und E III).

[2]) Anteile der Wechselfeuchtigkeits-Zeiger (nach Ellenberg 1974) an der Gesamtartenzahl.

[3]) in dem Buch von Balátová-Tuláčková (1976). Die von der Autorin im Mai 1963 und im Mai 1964 vorgenommenen stichprobenhaften Messungen einiger Bodenfaktoren ergaben nur teilweise ein klares Bild der Standortsverhältnisse, zumal die Zählungen von Mikroorganismen und die Messung der „nitrifizierenden Kraft" auf das Bodengewicht und nicht auf die Fläche (kg/ha) bezogen wurden.
Am stärksten unterschieden sich die Unterverbände im Calzium-Gehalt des Wassers: Für die Gesellschaften des UV *Caricion elatae* (bzw. *rostratae*) ergaben sich stets niedrige Werte (20 − 68 mg/l Ca), für die des UV *Caricion gracilis* dagegen hohe (108 − 416 mg/l Ca). In den pH-Werten des Bodens (B) und des Wassers (W) kam diese Tendenz nur bei einzelnen Gesellschaften zum Ausdruck:

UV *Caricion elatae*   B 4,7 − 7,6   W 5,1 − 7,1   (*Caricetum rostratae* B 4,7   W 5,1)
UV *Caricion gracilis* B 6,3 − 7,6   W 6,6 − 7,1

Innerhalb beider Unterverbände gibt es Gesellschaften, die fast ständig unter Wasser stehen, d.h. deren Feuchtezahl im Mittel 9.0 übersteigt. Vor allem trifft dies für die jeweils „nasseste" Subassoziation der Steifseggenrieder und der Uferseggenrieder zu (mF 9,7). Die letzteren unterscheiden sich von den Steifseggenriedern außer im Nährstoffhaushalt vor allem in den Schwankungs-Amplituden der Bodenfeuchtigkeit, die in den Prozentanteilen der „Wechselfeuchte-Zeiger" zum Ausdruck kommen. Bei ersteren machen diese im Mittel 11–15 % aus, bei letzteren dagegen 38–43 %. Relativ am wenigsten naß sind die Standorte des Fuchsseggenrieds (*Caricetum vulpinae*, mF 8,3) und der Gesellschaft der Zweizeiligen Segge (*Caricetum distichae*), die schon zu den Feuchtwiesen überleitet. Das artenarme Rohrglanzgras-Röhricht *(Phalaridetum)* nimmt vollends eine Sonderstellung ein. Diese mit Nährstoffen bestversorgte Flußufer-Gesellschaft wird deshalb von den meisten Autoren nicht mit den Großseggenriedern vereinigt (vgl. Abschnitt C I 2 b).

Aufschlußreich sind auch die klimatischen Beziehungen, die sich in den mittleren Faktorenzahlen widerspiegeln. Als einzige Großseggen-Gesellschaften sind die Uferseggenrieder *(Caricetum ripariae)* verhältnismäßig wärmeliebend (mT 5,8 bis 6,0) und dementsprechend im Norden Mitteleuropas seltener als im Süden. Weiter in kühle Gebiete vorzudringen vermögen dagegen Gesellschaften wie das *Caricetum diandrae, rostratae* und *vesicariae* (mT 4,6–4,8). Relativ frostempfindlich und reich an Arten mit ozeanischem Verbreitungsschwergewicht sind vor allem die Steifseggenrieder *(Caricetum elatae,* mK 3,5–3,6) und die Uferseggenrieder (mK 3,5–3,9). Im Gegensatz dazu haben sowohl das Schlankseggenried als auch das Drahtseggenried überraschend hohe Kontinentalitätszahlen (mK 4,7). Hinsichtlich der Klimazahlen sowie der Feuchtezahlen kommen aber Maximal- und Minimalwerte in beiden Unterverbänden vor. Wie schon oben betont, unterscheiden sich diese also wahrscheinlich vor allem in ihrer Nährstoff-Versorgung, über die leider noch keine vergleichbaren Meßdaten vorliegen.

Bemerkenswert ist die Tatsache, daß alle in Tab. 52 angeführten Gesellschaften auf relativ engem Raume im Süden der Tschechoslowakei zusammen vorkommen (oder vorkamen, denn inzwischen wurden die geplanten Entwässerungen durchgeführt). Im Bereich der Großseggenrieder kann dieses Gebiet geradezu als Modell für Mitteleuropa dienen. Die Unterschiede in der Stickstoff-Versorgung und im Wasserregime ergaben sich vor allem durch ungleich starke Flußwasser-Zufuhren. Manche klimatische Besonderheiten lassen sich wohl auf die Lage im Gelände zurückführen.

2 Pflanzengesellschaften des fließenden Wassers

a Röhrichte im Tidebereich der Nordseezuflüsse

Ganz außergewöhnliche Lebensbedingungen herrschen an den der Nordsee zufließenden Strömen Mitteleuropas, so weit sie noch von Ebbe und Flut beeinflußt werden. Im Bereich solcher Ästuare bilden Röhrichte die äußersten Vorposten der höheren Pflanzenwelt. Deshalb seien diese Standorte und ihre Pflanzengesellschaften im Anschluß an die übrigen Gesellschaften der *Phragmitetalia* kurz besprochen. Dem größten Süßwasser-Tidegebiet Europas, dem Biesbosch in Niederländisch-Brabant, hat ZONNEVELD (1960) eine vorbildliche Monographie gewidmet. In Deutschland befaßten sich KÖTTER (1961) und F.H. MEYER (1957) mit den Pflanzengesellschaften an der Unterelbe.

In den Flußästuaren staut die Flutwelle der Nordsee das Wasser täglich zweimal so sehr an, daß der Strom „kentert", d.h. aufwärts gerichtet wird. Salziges Seewasser kann aber nur den unteren Teil des Mündungsbereiches verbracken, weil der Ebbstrom es nach 6 Stunden wieder mit hinausnimmt und darin noch vom Fluß unterstützt wird. Schon von Glückstadt an aufwärts bleibt beispielsweise in der Elbe das Wasser stets „süß". Doch unterliegt der Flußspiegel täglichen Schwankungen, die noch bei Hamburg durchschnittlich etwa 2 m betragen (Abb. 238). Durch Nordweststürme und Springtiden bzw. durch ablandige Winde und Nipptiden erhöht sich hier die Amplitude der Wasserstände auf rund 8 m.

Unter diesen Bedingungen ist *Phragmites* durchaus lebensfähig. Ja, es bildet nirgends üppigere Bestände als in den Ästuaren, weil deren Boden überaus schlick- und nährstoffreich ist und zu den Standorten mit höchstem Stickstoffangebot von ganz Mitteleuropa gehört (F. H. MEYER 1957). Das Schilf kann ihn in der Regel erst besiedeln, wenn er weniger als $^1/_2$ m unter Mitteltidehochwasser liegt, d. h. mehrere Stunden täglich trockenfällt. Dann halten sich sogar Regenwürmer und andere aërobe Tiere im Schlickboden, weil das Flutwasser keine Zeit findet, alle Luft aus seinen Poren zu verdrängen (Abb. 239).

Bevor und während das Schilf im Frühjahr emporsprießt, nutzen auch niedrigere Pflanzen den fruchtbaren Wurzelgrund. Die Sumpfdotterblume entfaltet sich zu nie gesehener Pracht und Höhe (1 m!, Abb. 240), und das ebenfalls gelb blühende Scharbokskraut (Ranunculus ficaria) deckt den Boden wie in einem Auenwalde. Ähnlich einem Waldbaume zwingt das Schilf diese Frühblüher aber schließlich, aus Lichtmangel zu verhungern oder dahinzuvegetieren. Das Dotterblumen-Schilfröhricht unterscheidet sich mithin in vieler Hinsicht vom Schilfröhricht der Seen und Teiche. Bemerkenswert erscheint, daß sich in den Röhrichten und landwärts angrenzenden Gesellschaften des Elbe-Ästuars eine endemische Art hat herausbilden können: Deschampsia wibeliana. Sie unterscheidet sich nach WEIHE und REESE (1968) durch frühere Blütezeit sowie durch morphologische und anatomische Merkmale von D. cespitosa.

Tiefer als die Schilfbestände wagt sich in den Flußästuaren nur das Strandbinsen-Röhricht (Bolboschoenetum maritimi, Abb. 241) vor. Es wird oft fälschlich als „Brackwasserröhricht" bezeichnet, lebt aber, wie KÖTTER nachwies, auch in unversalztem Wasser. Nur die Tidebewegung des Wasserspiegels gehört in den Ästuaren zu seinen erhaltenden Standortsbedingungen. Ohne diese wäre es weder gegen Phragmites noch gegen die Schwimmblatt-Pflanzen konkurrenzfähig, die sich seinen Wuchsort bei weniger schwankendem Wasserstande teilen würden.

Neben der Strandbinse können auch noch andere mittelhohe Cyperaceen Herden bilden, vor allem die Meergrüne Binse (Schoenoplectus tabernaemontani). Etwa 1,20 m unter Mitteltidehochwasser macht selbst das Bolboschoenetum maritimi halt.

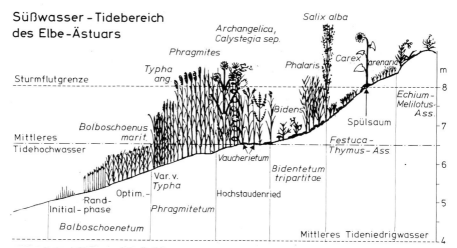

Abb. 238. Zonierung der Sandufervegetation im Süßwasser-Tidebreich an der Elbe unterhalb von Hamburg, halbschematisch und z. T. nicht maßstabsgerecht. Nach KÖTTER (1961), verändert.
Bei Tidehochwasser lagert sich so viel organisches Material ab, daß nitrophile Algen (Vaucheria), annuelle Ruderalpflanzen (z.B. Bidens-Arten) und feuchtigkeitsliebende Hochstaudenrieder gedeihen. Oberhalb MTh herrscht jedoch, von vereinzelten Spülsäumen abgesehen, mehr oder minder großer Nährstoffmangel.

Pflanzengesellschaften des fließenden Wassers   413

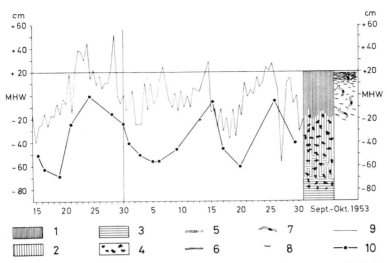

Abb. 239. Hochwasserstände, Grundwasserstände, Luftgehalt und Regenwurmtätigkeit im Boden eines Tideröhrichts im Biesbosch (Rheinmündungsdelta). Nach ZONNEVELD (1960), etwas verändert.
1 = gut durchlüftet und stark humos, 2 = noch durchlüftet, 3 = reduziert (nicht durchlüftet), 4 = Rostflecken, 5 = *Lumbricus*, 6 = *Dendrobaena*, 7 = *Allolobophora*, 8 = Enchytraeidae, 9 = Hochwasserstand außerhalb des Bodens, 10 = Grundwasserstand (Sept.–Okt. 1953). Da die Überflutungen nur begrenzte Zeit dauern, entweicht die für Regenwürmer lebensnotwendige Luft nicht völlig aus dem Boden.

Abb. 240. Üppige Sumpfdotterblume *(Caltha palustris)* im Süßwasser-Tideröhricht auf der Elbinsel Schweinesand bei Blankenese. Vorn *Phalaris arundinacea*, hinten *Typha angustifolia*.

Abb. 241. Strandsimsenröhricht *(Bolboschoenetum maritimi)* im Süßwasser-Tidebereich der aus Baggergut aufgeschütteten Elbinsel Neßsand bei Blankenese. In der Mitte vorn *Schoenoplectus tabernaemontani;* hinten *Phalaris*-Gruppen und *Phragmites*-Herden am höheren Ufer.

Seerosen oder andere Schwimmblatt-Pflanzen sind den mechanischen Beanspruchungen des täglichen Strömungswechsels und des großen Tidehubs ebensowenig gewachsen wie submerse Laichkräuter, Characeen u. dgl. Auch frei flottierende Pflanzen vermögen sich nirgends zu halten, zumal die nordseenahen Gebiete häufig von heftigen Stürmen heimgesucht werden.

Welche Rolle das Strandbinsen- und Schilfröhricht für die Entstehung und Festigung neuen Marschlandes spielen, mag aus dem anschaulichen Schema ZONNEVELDS hervorgehen (Abb. 242). Es berücksichtigt zugleich die Veränderungen, die durch Deichbau und Entwässerung sowie durch Mahd, Weide und Ackernutzung eintreten können. Im übrigen sei auf Abschnitt C IV verwiesen, in dem wir uns mit der Marschenbildung am offenen Meere näher beschäftigen werden.

Eine besondere Form der Strandbinse ist salztolerant und besiedelt auch Brackwasser, einerlei, ob dessen Spiegel stark und oft schwankt oder nicht. Gegenüber dem Salzgehalt ist sie resistenter als das Schilfröhricht (BORHIDI 1970 u. a.), obwohl auch *Phragmites* mäßig verbracktes Wasser ohne Schaden erträgt. Hier handelt es sich ebenfalls um einen salztoleranten Ökotyp, der sich nach den jahrelangen Kulturversuchen von DYKYJOVÁ (1971) auch auf gleichem Boden von dem aufrechten Normaltyp des Schilfs durch seinen kriechenden Wuchs unterscheidet.

Landeinwärts schließt sich an den Schilfgürtel im Süßwasser-Tidebereich statt eines Großseggenriedes gewöhnlich ein Rohrglanzgras-Röhricht oder eine Spülsaumflur und endlich ein Weiden-Auenwald an. Auf diese Gesellschaften sind wir teils bereits bei der Besprechung der Flußauen eingegangen, teils werden wir auf sie zurückkommen. Hier wollen wir uns zunächst noch anderen Lebensstätten und Pflanzengesellschaften zuwenden, die in fließenden Gewässern Mitteleuropas und an ihren Ufern Beachtung verdienen.

b Wasser- und Ufergesellschaften der eigentlichen Fließgewässer

Fließgewässer bieten zwar den in ihnen lebenden Organismen mehr Nährstoffe und mehr Sauerstoff als Stillwasser von der gleichen Beschaffenheit. Sie führen ja diese Stoffe ständig neu heran und lassen selbst bei geringen Konzentrationen selten einen Mangel aufkommen. An und für sich ist aber die Strömung ein „extremes, lebensfeindliches Milieu", um mit THIENEMANN zu sprechen. Nur wenige Pflanzen und Tiere sind ihr gewachsen. In den „lenitischen Biotopen" der Bäche und Flüsse, d. h. in den wenig

Pflanzengesellschaften des fließenden Wassers   415

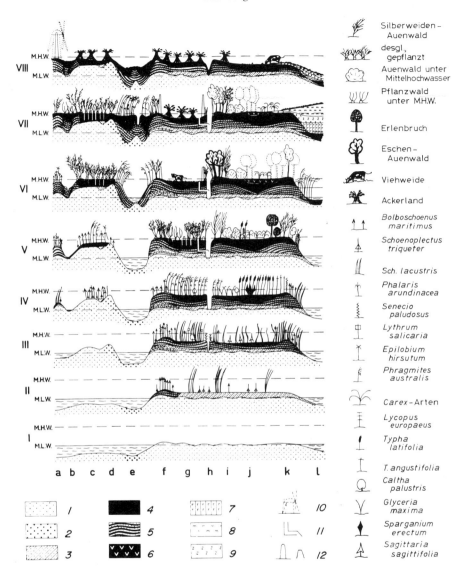

Abb. 242. Landzuwachs und Vegetations-Abfolge in einem Süßwasser-Gezeitendelta (Brabantscher Biesbosch, schematisch). Nach Zonneveld (1960), etwas verändert.
1 = mittelfeiner Sand, 2 = Grobsand, 3 = toniger Sand, 4 = Ton („Klei"), 5 = Wechsel von Sand- und Kleilagen, 6 = mooriger Klei, 7 = Schilftorf, 8 = *Sphagnum*-Torf, 9 = Seggentorf, 10 = Mühle zum Entwässern, 11 = Düker, 12 = hoher und niedriger Deich.
M. H. W. = Mittel-Tidehochwasser, M. L. W. = Mittel-Tideniedrigwasser, I-V = Landzuwachs bis M. H. W. e = offener Flußarm, h = Kanal, l = abgeschnittener, vermoorender Flußarm. VI f–g = mit Sommerdeichen, VII = mit Winterdeichen, VIII = nach Eindeichung des Gesamtgebietes (Die Bodenschichten sacken in ungleichem Maße).

416 Vegetation des Süßwassers, seiner Ufer und Quellen

durchströmten Buchten und Gleithangzonen, siedeln viel mehr Arten als in den „lotischen", den Orten starker Bewegung. Die wenigen, die sich hier zu halten vermögen, entgehen aber der Konkurrenz der anderen (HASLAM 1975).

ROLL (1938) zeigte an Beispielen, wie verschieden sich die Wasserpflanzen in einem und demselben Bache auf diese gegensätzlichen Lebensbezirke verteilen. Stille Partien ähneln in ihrer Vegetation den eutrophen Seen, rasch durchströmte sind leer oder von ganz anderen Formationen besetzt (Abb. 243–245).

Abb. 243. Wasserhahnenfuß-Gesellschaft im Abflußbach eines Teiches nördlich von Brünn. *Ranunculus aquatilis* und *Glyceria fluitans*. Phot. SCHULZ.

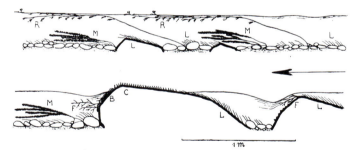

Abb. 244. Strömungsbedingte Verteilung der Pflanzen in einem Gebirgsfluß mit steinigem Bett (Ourthe in den Ardennen). Nach VANDEN BERGHEN (1953).
R = *Ranunculus aquatilis*, M = *Myriophyllum* (geringere Strömung!), L = *Lemanea* (Rotalge), F = *Fontinalis*, B = *Brachythecium rivulare*, C = *Cinclidotus fontinaloides* (F, B u. C Moose).

Die in Abschnitt 1b auf Grund der Lage ihrer Assimilationsorgane unterschiedenen Typen von Wasserpflanzen kommen auch in oder an Fließgewässern vor. Doch sind sie hier großenteils durch besondere Arten oder durch strömungsfeste Formen, Varietäten oder Subspezies vertreten. Nicht wenige Pflanzen, die im Stillwasser runde oder doch verhältnismäßig breite Blätter zeigen, vermögen in strömendem Medium lang dahinflutende, grasähnliche „Riemenblätter" auszubilden, z.B. das Pfeilkraut (*Sagittaria sagittifolia* f. *vallisneriifolia*, siehe auch Abb. 243) und folgende Arten:

In rasch bewegtem Wasser Schleswig-Holsteins lebende:

    Höhere Pflanzen: Algen (A) und Moose (M):
      Butomus umbellatus f. *submersus*   A *Cladophora glomerata*
      Glyceria fluitans f. *submersa*   A *Hildenbrandia rivularis*
      Potamogeton nodosus   A *Hydrurus* spec.
      Ranunculus trichophyllus   M *Hygramblystegium irriguum*
      Sium erectum f. *submersum*   M *Rhynchostegium rusciforme*

Nur bei geringerer Strömung (zwischen 13 und 70 cm/sec.) gedeihende:

      Elodea canadensis   *Potamogeton crispus*
      Glyceria maxima f. *submersa*   *P. lucens*
      Lysimachia nummularia f. *submersa* *P. nitens*
      Phalaris arundinacea f. *submersa*   *P. perfoliatus*
      Sparganium erectum f. *submersum*

Einen Überblick über die Pflanzengesellschaften der fließenden Gewässer im Vergleich zu denen der stehenden gab WEBER-OLDECOP (1969) am Beispiel des östlichen Niedersachsen. 1977 entwickelte er eine Fließgewässertypologie für ganz Niedersachsen auf floristisch-soziologischer Grundlage. Unter Hereinnahme ökologischer Kriterien wurde diese von WIEGLEB (1977) teilweise abgewandelt.

An steinigen Bach- und Flußufern sowie an Blöcken, die zeitweilig aus dem Wasser herausragen, gruppieren sich Flechten und Moose zu eigenen Gesellschaften. Die Abb. 245 und 246 müssen genügen, um auf diese wenigstens hinzuweisen.

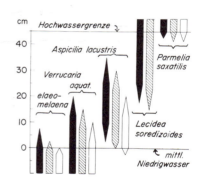

Abb. 245. Vertikale Amplitude einiger charakteristischer Flechten auf Steinen in einem Bach im Taunus in Abhängigkeit von den Wasserstands-Schwankungen und von der Beschattung. Nach RIED (1960). Schwarz = in tiefem Waldschatten (Grünschatten), schraffiert = im Halbschatten (Blauschatten), umrandet = in der Sonne. *Verrucaria aquat.* = *aquatilis*.

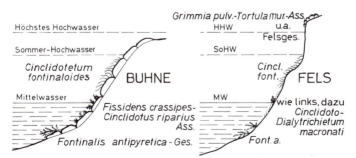

Abb. 246. Zonierung der Wassermoos-Gesellschaften am Moselufer mit natürlichem Fels (rechts) und an einem Steindamm (links), halbschematisch. Nach HÜBSCHMANN (1967), verändert. Zwischen Sommerhochwasser und höchstem Hochwasser sind die Lebensbedingungen für Moose sehr ungünstig. Bis zur Sommerwasserhöhe werden neue Substrate jedoch rasch besiedelt.

c Auswirkungen der Verschmutzung auf die Süßwasser-Vegetation

Fließwasser wie Stillwasser unterliegen heute zunehmendem Einfluß von Chemikalien und organischen Substanzen, die mit Abwässern aus Haushalten, Bauernhöfen und Industrien mehr oder minder unvollkommen geklärt in sie hineingelangen. Die dadurch bewirkte Eutrophierung wurde bereits in Abschnitt C I 1 a erörtert. Sie führte zu raschen und teilweise katastrophalen Verschiebungen im Artengefüge aller zum Ökosystem verbundenen Organismen, insbesondere auch der Pflanzengesellschaften. In vielen Fällen bedeutete sie eine Verarmung an Arten bei gleichzeitiger Steigerung der Primärproduktion. Die abgestorbenen Reste der Pflanzen sowie die mit den Abwässern zugeführten organischen Substanzen begünstigten saprophytische Mikroorganismen sowie saprophage Tiere (s. Abb. 247, vgl. auch Abb. 35). Solche Umstellungen lassen sich zur Beurteilung der Wassergüte verwenden, zumindest nach dem relativ groben „Saprobiensystem" von LIEBMANN (1962).

Sehr empfindlich reagieren auch manche höhere Pflanzen, insbesondere die untergetaucht lebenden. Ein Zeiger für reines, aber kalkreiches Fließwasser sind beispielsweise die Armleuchteralge *Chara hispida* und das Bunte Laichkraut (*Potamogeton coloratus,* s. Tab. 53 u. Abb. 248). Die durch das letztere charakterisierte Klarbach-Gesellschaft war früher im nördlichen Alpenvorland und im Schweizer Mittelland sehr häufig, ist aber im Laufe der letzten beiden Jahrzehnte bereits zu einer Seltenheit geworden. Statt ihrer dehnte sich die Gesellschaft des flutenden Hahnenfußes *(Ranunculetum fluitantis)* aus, die in den norddeutschen Bächen und Flüßchen schon seit einiger Zeit tonangebend ist (s. WIEGLEB 1976). Nach den Messungen von KOHLER muß man als entscheidenden Faktor die Konzentration an NH_4 ansehen, während der NO_3-Gehalt des Wassers auch in *Potamogeton coloratus*-Bächen sehr hoch sein kann. Tatsächlich gelangt Ammonium in großen Mengen mit dem Abwasser in die Vorfluter, vor allem aus Siedlungen und aus viehwirtschaftlichen Betrieben, die den Naturdünger nicht mehr nutzen. Durch Verpflanzungs-Experimente konnten KOHLER und Mitar-

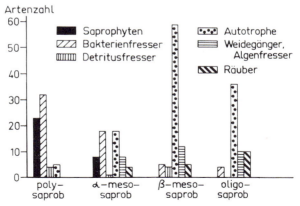

Abb. 247. Zahlenverhältnis der Ernährungstypen im Saprobiensystem nach LIEBMANN (1962), aus ELSTER (1966), etwas verändert.

In stark verschmutztem (polysaprobem) Wasser leben vor allem Saprophyten und Detritusfresser, die sich von toten organischen Substanzen ernähren, sowie Tiere, die Bakterien und andere Saprophyten fressen. (Die Artenzahlen haben nur relativen Wert).
In sauberen (oligosaproben) Gewässern überwiegen die Autotrophen, insbesondere die grünen Algen, von denen eine Kette von Konsumenten lebt. In nährstoffreichen, aber nicht mit organischen Stoffen belasteten Gewässern (β-mesosaprob) finden die Primärproduzenten die günstigsten Lebensbedingungen.

beiter (s. Abb. 248) beweisen, daß _Potamogeton coloratus_ direkt geschädigt und nicht durch Konkurrenten verdrängt wird. Das Dichtblättrige Laichkraut *(Groenlandia densa)* ist weniger anfällig gegen NH_4-Einwirkungen und findet sich vorwiegend in mäßig verschmutztem Flußwasser (Tab. 53), stirbt aber im Laufe von Monaten ebenfalls ab, wenn man es in stärker belastete Abschnitte desselben Flusses pflanzt.

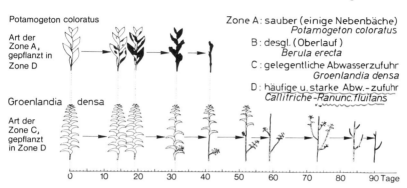

Abb. 248. Schädigung von Laichkrautarten nach dem Umpflanzen in stärker verschmutzte Zonen desselben Flusses (Moosach in Oberbayern). Nach KOHLER, ZELTNER und BUSSE (1972), etwas verändert.
Mit den Abwässern werden Ammonium und Phosphate zugeführt, besonders in Zone D, die in der Stadt Freising beginnt. Erhöhte Ammonium-Zufuhren bewirken auch in Versuchsaquarien ähnliche Schwarzfärbungs- und Absterbe-Erscheinungen. Beim Umpflanzen in saubere Zonen der Moosach (B, 18–14,5 km oberhalb Freising) und zweier Nebenbäche (A) blieben dieselben Laichkrautarten gesund.

Tab. 53. Ökologische Reihe nach steigender Ammonium-Konzentration des Wassers in der Moosach. Nach Kohler 1976, mscr., verändert; einige seltene Arten weggelassen

Mittelwerte des Ammoniumgehalts (0,01 mg NH_4/l)	3	5	6	8	9	12	13	18	22	24	40	111
Floristisch-ökologische Flußzonen	A	B	B	C	C	D	D	D	C?	D	D	D
Pogamogeton coloratus	●											
Chara hispida (Alge)	●	—										
Mentha aquatica f. *submersa*	○	○	○	○								
Sparganium emersum + *erectum*	○		—	—	○							
Groenlandia densa				○	○							
Potamogeton natans var. *prolixus*				—	○							
Hippuris vulgaris				—	○							
Schoenoplectus lacustris f. *fluitans*					○							
Callitriche obtusangula (pal. agg.)					○	○	○	●	○	●	●	●
Ranunculus fluitans + × *trichophyllus*				○	●	○	●	●	●	●	●	●
Zannichellia palustris ssp. *repens*				—	○	○	—	○				
Potamogeton crispus						○	○	—				
Potamogeton pectinatus		○	—	—	○	○	○	—	○			
Berula erecta f. *submersa*	○	○	●	●	○	○	○	○		●	●	
Fontinalis antipyretica (Moos)	○			—	○	—	○				●	
Ranunculus trichophyllus		○	—	○	—			○		○	○	
Agrostis stolonifera f. *submersa*		○	—	—	—	—	—	○		○	○	○
Elodea canadensis		○	—	—	—	—	—	○			●	
Veronica anagallis-aquatica		—	—	—	—	—	—	○		—		○
Nasturtium officinale				—	○	—	—	○		○	○	○
Phalaris arundinacea, submers	○	—	—	—	○	—	—	○		○	○	○

A = sauber, kalkreich; B = schwach, C = stärker, D = stark durch Abwasser belastet
— selten, ○ verbreitet, ● häufig

Als besonders resistent gegen Abwasser-Belastung von Fließgewässern erwiesen sich manche Wasserstern-Arten *(Callitriche)*. Da diese aber schwer zu bestimmen sind, eignen sie sich weniger gut als Indikatoren. Immerhin darf man ein reichliches Auftreten der Gattung bereits als Verschmutzungszeiger werten. Oft stellt sie die letzten höheren Wasserpflanzen, die noch in unseren Bächen ausharren (s. GRUBE 1974).

In Stillwassern dürfen die auf der Wasseroberfläche schwimmenden Wasserlinsenarten fast durchweg als Verschmutzungszeiger gelten, namentlich die Buckellinse *(Lemna gibba)* und die kleine Wasserlinse (*L. minor*, s. Tab. 49). Den Zeigerwert der wurzelnden und freischwimmenden Wasserpflanzen-Gesellschaften stehender Gewässer haben wir bereits in den Abschnitten 1 c und e erörtert. Da außer Abwässern auch zahlreiche natürliche chemische und physikalische Faktoren auf deren Artengefüge einwirken, ist es schwer, eindeutige Verschmutzungszeiger herauszuarbeiten. WEBER-OLDECOP (1969) und WIEGLEB (1976) kamen daher trotz ihrer breit angelegten und gründlichen Untersuchungen nur zu recht groben Gruppierungen.

Beide fanden jedoch relativ enge Korrelationen zwischen dem Artengefüge von Stillwasser-Gesellschaften und der Alkalinität bzw. der damit eng verbundenen elektrischen Leitfähigkeit des Wassers. Unter sonst vergleichbaren Verhältnissen geht dieser Faktor annähernd mit dem Grad der Belastung durch Abwässer parallel, die ja nicht nur organisches Material und Pflanzennährstoffe, sondern auch Basen mit sich führen. WIEGLEB faßt seine Erfahrungen in einer ökologischen Kurzcharakteristik zahlreicher Arten zusammen. Hohen Zeigerwert spricht er folgenden Gesellschaften zu:

– *Lemnetum gibbae* für phosphat- und mineralstickstoffreiche, insbesondere ammoniumreiche Gewässer,
– *Ceratophylletum demersi* für nitratreiche,
– *Zannichellietum* für sehr calciumreiche, phosphatbeeinflußte,
– *Hottonietum* und *Stratiotetum* für kohlendioxidreiche Gewässer, die arm an N und P sind und in denen keine überhöhten pH-Werte vorkommen,
– *Potamogeton lucens*-Gesellschaft für ammoniumarme,
– *Juncus bulbosus-Sphagnum*-Ges. für sehr saure, bikarbonatfreie Moor- und Tagebaugewässer.

3 Quellfluren und Quellsümpfe

Die Quellen unserer Bäche und Flüsse zeichnen sich durch eine sehr vielgestaltige Gruppe von Pflanzengesellschaften aus, die man als Quellfluren zusammenzufassen pflegt.

Sie bieten die gleichmäßigsten Lebensbedingungen, die im mitteleuropäischen Klima überhaupt möglich sind, denn sommers und winters herrscht in ihnen annähernd dieselbe Temperatur, die dem Jahresdurchschnitt der Lufttemperatur in der betreffenden Gegend entspricht oder etwas darüber liegt. Auch die Beschaffenheit des Wassers schwankt wenig, wenn man von den Karstquellen absieht, die überhaupt eine Sonderstellung einnehmen.

Da das Quellwasser in der warmen Jahreszeit ziemlich kühl und in der kalten verhältnismäßig warm bleibt und niemals gefriert, treffen sich in ihm kaltstenotherme, alpin-arktische oder subalpin-boreale Organismen mit frostempfindlichen atlantischen oder gar submediterranen. Hydrobiologen und Pflanzensoziologen haben sich wiederholt mit diesen reizvollen Biotopen befaßt.

Nach der Art des Wasseraustritts unterscheidet man seit THIENEMANN (1922) folgende Typen von Quellen:
1. Rheokrenen oder Sturzquellen, deren Wasser aus waagerechten oder fallenden Schichten sofort zu Tal eilt. Ihre Vegetation ähnelt mehr oder minder derjenigen der Bäche.

2. Limnokrenen, d.h. Tümpelquellen oder Quellbecken, die sich von unten her mit Wasser füllen. Besonders die großen Karstwasseraustritte haben als Pflanzenstandorte Ähnlichkeit mit oligotrophen Stillwassern entsprechenden Kalkgehaltes.
3. Helokrenen oder Sickerquellen, deren Wasser durch das Erdreich sickert und einen Quellsumpf bildet. Diese vegetationskundlich interessanteste Form trägt gewöhnlich verschiedene Pflanzengesellschaften, die sich gürtel- oder streifenartig um die nässesten Stellen ordnen. An ihrem Rande leiten sie zur Sumpf- und Moorvegetation über.

Mehr als bei den Stillwassern entscheidet beim Quellwasser der Kalkgehalt über das Artengefüge der in ihm lebenden Pflanzenbestände. Als extreme Gruppen stehen einander gegenüber:
a) Weichwasserquellen, die chemisch an saure oligotrophe Seen erinnern,
b) Hartwasserquellen, in denen Kohlendioxid assimilierende Pflanzen Tuffe bilden.

Bei den Sickerquellen, aber auch bei breit austretenden Sturzquellen, entsprechen diesen beiden chemischen Typen jeweils sehr charakteristische Paare von Vegetationseinheiten, nämlich:

	a Kalkarm	b Kalkreich
Überrieselte Quellflur	Weichwasser-Quellfluren *Cardamino-Montion*	Quelltuff-Fluren *Cratoneurion commutati*
Durchfeuchteter Quellsumpf	Saure Kleinseggenrieder *Caricetalia nigrae* *Caricion canescenti-nigrae*	Kalk-Kleinseggenrieder *Tofieldietalia* *Caricion davallianae*

Mit diesen Andeutungen müssen und dürfen wir uns hier begnügen, weil eine umfassende Monographie der Quellvegetation Mitteleuropas einschließlich der Alpen vorliegt (MAAS 1959). Vor allem die Pflanzengesellschaften der Quellen und Quellbäche im Flachland schildert MAAS ausführlich, indem er von seinen eigenen Untersuchungen in den Niederlanden ausgeht.

Während die Quellfluren im außeralpinen Mitteleuropa nur selten in Erscheinung treten, bilden sie in den Alpen oberhalb der Waldgrenze wesentliche Bestandteile der Pflanzendecke. Wir wollen sie deshalb erst im Zusammenhang mit der Hochgebirgsvegetation näher kennenlernen, zumal sie sich oft mit den alpinen Urwiesen und Schuttfluren vermischen (siehe Abschnitt C VI 1 g u. 6 c).

Die Kleinseggenrieder der Quellsümpfe verdanken ihre Erhaltung größtenteils dem Menschen. Wenn er sie nicht gelegentlich oder alljährlich abmähte, würden sie von *Phragmites* überwachsen oder von Weidengebüsch und Bruchwaldbäumen gänzlich verdrängt. Zudem erinnern sie sehr an die Vegetation der Flach- und Zwischenmoore, mit der sie floristisch nahe verwandt sind. Deshalb werden wir bei der Besprechung der Moore und Wiesen wieder auf sie zurückkommen.

II Waldfreie Nieder- und Zwischenmoore im Vergleich zu anderen Moortypen

1 Übersicht über die Moorvegetation Mitteleuropas

a Physiognomisch-ökologische Moortypen

Moore sind vegetationsbedeckte Lagerstätten von Torfen, d.h. von mineralarmen Humusansammlungen, die zumindest während ihrer Entstehung wasserdurchtränkt waren und aus Mangel an Sauerstoff nicht stärker zersetzt werden konnten. Diese organischen Restmassen stammen entweder von Pflanzengesellschaften, die den heutigen ähneln, oder von früheren Vegetationsstadien, die bei der Verlandung von Gewässern oder bei der allmählichen Versumpfung mineralischer Böden vorangingen. Entwässerte Moore tragen Pflanzenbestände, die keinen Torf bilden und nur noch teilweise oder gar nicht mehr an die natürliche Moorflora erinnern.

Da die meisten Moore Mitteleuropas kultiviert oder doch vom Menschen beeinflußt worden sind, ist ihr ursprünglicher Zustand oft nur noch anhand von Bodenprofilen zu rekonstruieren. Je nach den Entstehungsbedingungen und dem Alter der Moore sind Abfolge, Mächtigkeit und Beschaffenheit der Torfschichten so verschieden, daß sie kaum in Regeln gebracht werden können (OVERBECK 1975). Nur mit Vorbehalten darf die heutige Vegetation als Indikator des von ihr besiedelten Torfprofiles verwendet werden. Denn ihr Artengefüge hängt in erster Linie von den jahreszeitlichen Schwankungen des Wasserstandes sowie von den chemischen Eigenschaften des Wassers ab, das ihren verhältnismäßig geringmächtigen Wurzelraum durchfeuchtet.

Die Lebensbedingungen der augenblicklich vorhandenen Pflanzendecke wechseln von Moor zu Moor und können auch innerhalb eines und desselben Moorkomplexes recht ungleich sein. Dementsprechend sind unsere Moore physiognomisch und floristisch außerordentlich mannigfaltig. Als Endstadien der Vegetationsentwicklung treten in vielen von ihnen Wälder auf. Diese „Bruchwälder" haben wir bereits in Abschnitt B V 2 besprochen. Auch die meisten „Grasmoore" lernten wir schon kennen, und zwar in Gestalt von Röhrichten, Seggenriedern und ähnlichen Gesellschaften der Stillwasserufer (Abschnitt C I 1 f u. g). Auf die von Zwergsträuchern beherrschten „Heidemoore" werden wir in Abschnitt D II 2 a zurückkommen. Große Flächen wurden einst von „Moosmooren" überwachsen, denen ein eigener Hauptabschnitt (C III) eingeräumt sei, weil sie seit Jahrzehnten gründlich studiert wurden und einen ganz eigenen Charakter haben. Eine physiognomisch-ökologische Übersicht der Moortypen gibt Tab. 54.

Die gehölzfreien Gras- und Moosmoore könnte man im engeren Sinne als Moore bezeichnen; denn Bruchwälder werden von Laien oft nicht als Moore angesprochen und stocken, wie wir bereits sahen, durchaus nicht immer auf mächtigen Torfprofilen. Ebenso wie manche Moorheiden und Seggenrieder leiten sie zu den Anmooren über, d.h. zu sehr humusreichen mineralischen Naßböden mit entsprechend intermediärer Vegetation.

Da die Moore Produkte von Pflanzengesellschaften sind, läge es nahe, sie nach diesen zu benennen. Befriedigend ist eine pflanzensoziologische Charakterisierung aber nur bei Mooren im Naturzustand, und auch bei diesen stößt sie auf Schwierigkeiten. In den meisten Mooren leben mehrere bis zahlreiche Gesellschaften ungleichen systematischen Ranges nebeneinander. Da sie sich in Form von mosaikartigen Komplexen oder gürtelähnlichen Zonen zu höheren Ganzheiten zusammenfügen, erleichtert eine der vegetationskundlichen übergeordnete, genetisch-ökologische Moortypologie den Überblick.

Seit Beginn der Moorkultivierungen unterscheidet man Niedermoore und Hochmoore, deren Gegensatz besonders im nordseenahen Tiefland und im Alpenvorland in die Augen springt (s. Abb. 249 u. 250). Die Oberfläche eines Nieder- oder Flachmoores folgt derjenigen des Grundwassers, ist also im großen und ganzen horizontal. Das Hochmoor wölbt sich mehr oder minder deutlich über seine Umgebung empor und schafft sich einen „mooreigenen" Wasserspiegel. Daher läßt es sich leichter entwässern als ein Niedermoor, das gegen seine Randzone niemals eine natürliche Vorflut besitzt. Flachmoore werden großenteils vom Grundwasser gespeist und konnten deshalb sogar in den trockensten Teilen Mitteleuropas, z. B. im Regenschatten des Harzes, entstehen.

Tab. 54. Übersicht der Moortypen und ihrer Pflanzengesellschaften

Moortypen	Niedermoore (und diesen nahestehende Anmoore)			Zwischenmoore	Hochmoore
	eutroph	kalkreich-oligotroph	kalkarm-oligotroph	(oligotroph bis dystroph)	(dystroph)
Torfeigenschaften:					
pH-Wert d. Torfs	ca. 4,5–7,5	über 7,0	ca. 3,5–5,0	ca. 3,5–4,5	ca. 3,0–4,2
Kalkgehalt	mäßig bis groß	sehr groß (Seekreide)	gering	sehr gering	äußerst gering
Gehalt an sonst. Mineralstoffen	groß	gering bis mäßig	gering	sehr gering	äußerst gering
Stickstoff-Versorgung	gut bis sehr gut	schlecht bis mäßig	mäßig bis schlecht	sehr schlecht	äußerst schlecht
durchschnittl. Zersetzungsgrad	sehr stark bis mäßig	mäßig (bis stark)	mäßig (bis stark)	gering bis mäßig	sehr gering
herrschende Wuchsformen: Bäume und Büsche	**Erlenbruch** *Alnetum glutinosae* Weiden-Faulbaumgebüsch *Frangulo-Salicetum*	selten	Birken-Erlenbruch Fichten-Erlenbruch u.ä. intermediäre Gesellschaften	**Birkenbruch** im Westen *Betuletum pubescentis* Kiefernbruch im Osten *Ledo-Pinetum* u.a.	**Waldhochmoor** im Osten *Sphagnetum pinetosum* Hochmoor-Randwald, Moorkiefern-gebüsch
Zwergsträucher	–	–	–	Glockenheide-Moor *Ericetum tetralicis* (nur im Nordwesten)	Zwergstrauchbulte *Erica-* bzw. *Calluna*-Stadien
Hohe Gräser	**Schilfröhricht**, *Phragmitetum* u.a		–	(Pfeifengras-Stadien nach Entwässerung und Brand)	
Hohe Grasähnliche	**Steifseggenried** *Caricetum elatae* **Schlankseggenried** *Caricetum gracilis*	Schneidenried *Cladietum marisci*	**Schnabelseggenried** *Caricetum rostratae*	Fadenseggenried *Caricetum lasiocarpae*	–
Niedrige Grasähnliche	–	Kopfbinsenried *Schoenetum nigricantis* Kalk-Kleinseggenried *Caricetum davallianae*	Saures Kleinseggenried *Caricetum can.-nigrae*	Schnabelried-Gesellschaften *Rhynchosporetum*	Rasensimsen-Moor *Trichophorum-Sphagnum*-Ges. im Westen
Rasenbildende Moose	–	Braunmoosreiche Gesellsch. (*Drepanocladus-*, *Calliergon-* Arten oder andere Hypnaceen, auch Bryaceen u.a. Nicht-Sphagnen) in Mitteleuropa nur fragmentarisch		Torfmoos-Schlenken *Scheuchzerietum* u.a. Gesellschaften mit *Sphagnum cuspidatum recurvum* u.ä.	Torfmoos-Bulte *Sphagnetum papillosi* im Westen *Sphagnetum magellanici Sphagnetum fusci* i. Osten

Hochmoore dagegen sind allein auf die Niederschläge angewiesen. Sie bilden sich dadurch, daß gewisse *Sphagnum*-Arten in großen, schwammartigen Polstern über das allgemeine Grundwasserniveau emporwuchern. Unter welchen Bedingungen dies möglich ist, werden wir in Abschnitt C III 1a erörtern. Erst dann werden wir die verschiedenen Ausbildungsformen von Hochmooren verstehen können, die in Mitteleuropa vorkommen. Hier seien nur die Haupttypen kurz gekennzeichnet, wie sie zuerst OSVALD (1925) im Hinblick auf ganz Europa aufgestellt hat. Von extrem ozeanischem bis zu relativ kontinentalem Klima vorschreitend, kann man nach OVERBECK (1975) fünf abnehmend waldfeindliche Hochmoortypen unterscheiden:

1. Terrainbedeckendes Moor,
2. Flach-Hochmoor,
3. Plateau-Hochmoor,
4. Kermi- oder Schild-Hochmoor,
5. Waldhochmoor.

Das Plateau-Hochmoor wird auch „echtes Hochmoor" genannt. Es ist in Mitteleuropa von Natur aus am häufigsten, besonders im Bereich der von Rotbuchen beherrschten Wälder. Im Tiefland wölbt es sich je nach Größe bis zu mehreren Metern

Abb. 249. Blick vom Randgehänge eines Hochmoores in Oberbayern (mit Bergföhren, Zwergsträuchern und Scheidigem Wollgras) auf die nasse, zwischen- und niedermoorartige Randzone und auf Bruchwälder in der Umgebung.

über eine nassere Randzone empor, in der sich das vom Hochmoor abfließende Wasser sammelt und mit dem „Mineralbodenwasser" der Umgebung zusammentrifft (s. Abb. 249). Dementsprechend hat dieser nach schwedischem Vorbild als „Lagg" bezeichnete Randsumpf Niedermoorcharakter. Auch Gebirgshochmoore haben öfters einen Randsumpf, und zwar sowohl in Mulden und an Hängen als auch auf ebenen Flächen (s. Abb. 264). Der größte Teil des eigentlichen Hochmoores ist im Naturzustande unbewaldet. Nur sein zum Lagg hin besser drainiertes „Randgehänge" trägt mehr oder minder geschlossene Baumbestände.

In dem zeitweilig recht trockenen Klima der kontinentalen Teile Mitteleuropas können Bäume auch mitten auf Hochmooren Fuß fassen. Das bewaldete Randgehänge dehnt sich gewissermaßen so weit aus, bis das ganze Moor zu einem Waldhochmoor wird (Abb. 275). Sehr feuchtes und sommerkühles Klima dagegen bewirkt, daß sich überhaupt keine Bäume mehr auf dem Hochmoor ansiedeln, und begünstigt die Bildung terrainbedeckender, alles überwuchernder Hochmoore. Sie kommen in Mitteleuropa nur andeutungsweise und nur in montanen bis subalpinen Lagen vor. Auch der (ohnehin schwer zu fassende) Typus des Flach-Hochmoores findet sich hier kaum. In Südschweden soll er sich nach Osvald vom eigentlichen Hochmoor vor allem dadurch unterscheiden, daß ein Lagg fehlt. Mehr oder minder sumpfige Heiden der Umgebung gehen ohne eine im Gelände hervortretende Grenze in das baumfreie Hochmoor über. Auf das Kermi-Hochmoor, das dem Plateau-Hochmoor nahesteht, aber tiefe, konzentrisch angeordnete Wasserschlenken besitzt, kommen wir in Abschnitt C III 2 a zu sprechen. Dieser Typ hat sein Verbreitungszentrum nordöstlich von Mitteleuropa.

Gleichzeitig mit Osvald empfahl v. Post (1925) eine einfachere Moortypologie, der man oft in der Literatur begegnet. Alle Niedermoore und die noch zu besprechenden Zwischenmoore bezeichnet er als „topogen", weil sie von Grundwasser-Ansammlungen und damit von der Geländegestalt abhängen. Echte Hochmoore sind dagegen „ombrogen", d. h. vom Regenwasser abhängig. Niedermoore kann man auch als „soligen" (bodenbedingt) bezeichnen.

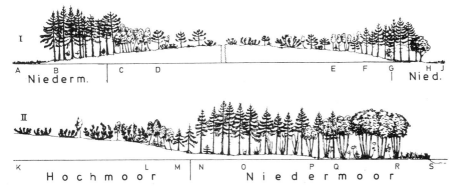

Abb. 250. Halbschematische Schnitte durch ein alpennahes Hochmoor mit anschließendem Niedermoor südlich des Chiemsees. Nach Leiningen (1907), etwas verändert.
I: A-B = anthropogene Wiese auf Mineralboden; B-C = Fichten- und Kiefernbruch im Übergang zum Hochmoor-Randwald; C-D und E-F = Randgehänge des Hochmoores mit Birken; D-E = Hochmoor mit Kiefern, Birken und (im Zentrum) Bergkiefern; F-G = Übergang zum Bruchwald; G-H = Fichten- und Erlenbruch; H-J = Seggenried (G-J = Niedermoor).
II: K-L = Hochmoor mit Bergkiefern und Birken; L-M = Birkenrandgehänge; N-O = Fichtenbruch; O-Q = Übergang zum Erlenbruch; Q-R = Erlenbruch; R-S = Verlandungsvegetation eines Sees (N-S = Niedermoor im weiten Sinn, d. h. einschließlich der Bruchwälder).

Hoch- und Niedermoore unterscheiden sich in ökologischer Hinsicht vor allem durch ihren Gehalt an Nährstoffen und an Basen und infolgedessen meist auch in dem leicht meßbaren pH-Wert des im Torf stehenden Wassers (s. Abb. 251 u. 252).

Niedermoore und Hochmoore sind nicht scharf voneinander getrennt, sondern gehen sowohl zeitlich als auch räumlich ineinander über. Man spricht deshalb von „Übergangsmooren", wenn man die Sukzession betonen will, oder von Zwischenmooren, wenn man die vegetationskundlich-ökologische Mittelstellung bezeichnen

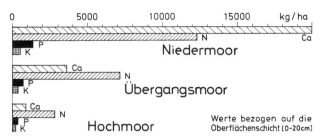

Abb. 251. Gesamtmenge der Nährstoffe in einem Hektar Nieder-, Übergangs- und Hochmoor. (Die pflanzenaufnehmbare Menge ist bei Phosphorsäure und besonders bei Stickstoff wesentlich geringer). Nach Angaben von BRÜNE (1948).

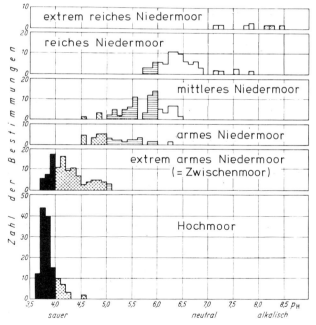

Abb. 252. Reaktion des Wassers in verschiedenen Moorböden Schwedens, vom eutrophen und kalkreichen Niedermoor über oligotrophes Zwischenmoor bis zum extrem oligotrophen Hochmoor. Die Signaturen fassen pH-Bereiche zusammen. Nach SJÖRS (1950) verändert.

möchte. Wir bevorzugen hier den zweiten Weg, zumal die genetische Verbindung oft schwer zu beweisen und nur selten im Gelände ohne weiteres zu erkennen ist. Auf nährstoffarmem Naßboden kann sich ein Zwischenmoor sogar primär, d. h. ohne vorangehendes Niedermoorstadium, entwickeln.

b Zur soziologischen Systematik baumarmer Moore und Sümpfe

In Mooren und Sümpfen, deren Oberböden zu naß für guten Baumwuchs oder die aus anderen Gründen baumarm sind, findet man eine Fülle verschiedenartiger Pflanzengesellschaften. Man kann diese nach OBERDORFER (1977) zu 6 Ordnungen zusammenfassen, die 3 Klassen zugeteilt werden:

Hoch- und Heidemoore (*Oxycocco-Sphagnetea*)	Heidemoore Westeuropas (*Erico-Sphagnetalia*) Hochmoorartige Gesellschaften (*Sphagnetalia fusci*)
Zwischenmoore und Kleinseggenrieder einschließlich der Hochmoorschlenken (*Scheuchzerio-Caricetea*)	Schlenken und Zwischenmoore (*Scheuchzerietalia*) Bodensaure Kleinseggenrieder (*Caricetalia nigrae*) Kalk-Kleinseggenrieder (*Tofieldietalia*)
Großseggenrieder und Röhrichte (*Phragmitetea, Phragmitetalia*)	bereits in den Abschnitten C I 1 f und g behandelt

Die wichtigsten mitteleuropäischen Verbände und Assoziationen innerhalb der 5 zuerst genannten Ordnungen sind in Tab. 55 und teilweise auch in Tab. 54 erwähnt. Wir werden sie in den folgenden Abschnitten besprechen, aber nur auf die Vegetation der Hochmoore (*Sphagnetalia fusci* und *Scheuchzerietalia*) näher eingehen.

2 Natürliche und anthropogene Kleinseggenrieder

a Kalkreiche Kleinseggen- und Kleinsimsenrieder

Die meisten kalkreichen oder doch nicht extrem sauren gehölzfreien Flachmoore haben wir bereits als Glieder von Verlandungsreihen oder Quellvegetations-Komplexen kennengelernt. Auf diese Weise ließ sich ihre genetische Stellung und ihre standörtliche Eigenart besser herausarbeiten, als wenn wir die Niedermoore wie eine geschlossene Gruppe behandelt hätten. Tab. 54 mag die Rückschau erleichtern und überblicken helfen, welche systematischen Einheiten zur Niedermoorvegetation gehören. Die bewaldeten Flachmoore oder moorähnlichen Wälder, die wir bereits in Abschnitt B V 2 kennenlernten, sind in Tab. 54 mit angeführt, um den Vergleich zu erleichtern und alle Vegetationseinheiten zu nennen, die in Mitteleuropa unter den Begriff „Moor" fallen.

An die Stelle von Bruchwäldern traten im Laufe der Zeit nicht selten Rasengesellschaften, die durch gelegentliche Mahd vor der Wiederbewaldung geschützt, aber sonst kaum vom Menschen beeinflußt werden. Sie zeichnen sich durch das Vorherrschen von niedrigen Seggen, Binsen, Simsen oder Wollgräsern aus und können als Kleinseggenrieder oder Kleinsimsenrieder bezeichnet werden (Abb. 253). Der Mangel an raschlebigen Konkurrenten macht sie zu Refugien vieler seltener Helophyten der mitteleuropäischen Flora. Insbesondere gilt dies von den Kalk-Kleinseggenriedern (*Tofieldietalia*, s. Tab. 55).

Ihre natürlichen Standorte haben diese unscheinbaren, aber ökologisch wie floristisch reizvollen halbnatürlichen Flachmoorgesellschaften an Sumpfquellen (Helokre-

Tab. 55. **Systematische Übersicht von Hoch-, Zwischen- und Niedermoor-Gesellschaften** nach verschiedenen Autoren. Die Namen werden großenteils in der heutigen Schreibweise wiedergegeben. GROSSBUCHSTABEN = Klassen, **halbfette** Schrift = Ordnungen

Braun-Blanquet (1950 u.a.) Schweizer Zentralalpen	Tüxen (1955) Nordwestdeutschland	Oberdorfer (1957) Süddeutschland	Deutsche Bezeichnungen (zu Oberdorfer)
OXYCOCCO-SPHAGNETEA	OXYCOCCO-SPHAGNETEA	OXYCOCCO-SPHAGNETEA	HOCH- und HEIDE-MOORE
Sphagno-Ericetalia	**Erico-Sphagnetalia**	**Erico-Sphagnetalia**	Westeurop. Heidemoore
Ericion tetralicis	*Ericion tetralicis* *Ericetum tetralicis* *Sphagnetum papillosi* *Sph. magellanici*	*Ericion tetralicis*	Erica-Moore u. Anmoore
		Trichophorion cespitosi *Junco-Trichophoretum*	westeuropäische Rasenbinsenmoore
Ledetalia palustris	**Sphagnetalia fusci**	**Ledetalia palustris**	Eurosibir. Hochmoorbulte
Sphagnion fusci	*Sphagnion fusci*	*Sphagnion fusci* unter anderen Ass.:	Europ. Hochmoorbulte
Sphagnetum magellanici *Sphagnetum fusci*	„*Trichophoro-Sphagnetum fusci*"	*Sphagnetum magellanici* *Sphagnetum fusci*	rote Hochmoorbulte braune Hochmoorbulte
SCHEUCHZERIO-CARICETEA	SCHEUCHZERIO-CARICETEA	SCHEUCHZERIO-CARICETEA	ZWISCHEN- u. NIEDER-MOORE
Scheuchzerietalia	**Scheuchzerietalia**	**Scheuchzerietalia**	Schwingrasen-, Schlenken und Zwischenmoore
„*Stygio-Caricion limosae*" *Caricetum limosae* *Rhynchosporetum*	*Rhynchosporion* *Scheuchzerietum* *Rhynchosporetum albae* *Caricetum lasiocarpae*	*Rhynchosporion* *Caricetum limosae* *Rhynchosporetum albae* *Eriophorion gracilis* *Caricetum lasiocarpae*	Schlenken Schlammseggen-Schlenke Schnabelried-Schlenke Nord. Kleinseggenmoore Fadenseggen-Sumpf
Caricetalia nigrae	**Caricetalia nigrae**	**Caricetalia nigrae**	Bodensaure Seggensümpfe
Caricion nigrae	*Caricion canescenti-nigrae* mehrer Assoziationen	*Caricion canescenti-nigrae* *Carex canescens*-Ass.-Gr. *Carex nigra*-Ass.-Gr. *Eriophorum scheuchzeri*-Ass.-Gr.	Mitteleurop. Braunseggen-Sümpfe Grauseggen-Sümpfe Braunseggen-Sümpfe Kopfwollgras-Sümpfe (alpin)
Caricetalia davallianae		**Tofieldietalia**	Kalk-Seggensümpfe
Caricion davallianae *Caricetum davallianae*	*Caricion davallianae*	*Caricion davallianae* *Carex davalliana*-Ass.-Gr.	Europ. Davallseggen-S. Davallseggen-Quellsümpfe
Schoenetum nigricantis	*Schoenetum nigricantis* u.a. Assoziationen	*Schoenus*-Ass.-Gr. u.a. Assoziationen	Kopfbinsen-Sümpfe
Caricion bicolori-atrofuscae			(Seggensümpfe der Zentralalpen)

nen) der subalpinen Stufe. Hier sind sie daher am reichsten entwickelt (s. Abschnitt C VI 6). Den durch Mahd entstandenen und erhaltenen Kleinseggenriedern tieferer Lagen fehlen die subalpinen und alpinen Arten. Statt ihrer treten fast regelmäßig einige Wiesenpflanzen, z. B. Pfeifengras und Teufelsabbiß, hinzu, die aber erst nach Senkung des Wasserspiegels zur Herrschaft gelangen, und die zu eigentlichen Wiesengesellschaften *(Molinio-Arrhenatheretea)* überleiten.

Abb. 253. Kalk-Kleinseggenried mit *Eriophorum latifolium* im Anschluß an ein Schlankseggenried *(Caricetum gracilis,* glänzende Blätter) und an den Schilfgürtel eines Teiches im Rottal östl. Crailsheim.

Im Alpenvorland, beispielsweise an breiten Flachufern des Bodensees, kommt eine besondere Gesellschaft der *Tofieldietalia* vor, der schon ZOBRIST (1935) eine Monographie widmete, das Kopfbinsenried *(Schoenetum nigricantis).* Die nassesten Ausbildungen dieses sumpfigen Magerrasens sind sicher baumfeindlich, vermitteln also zu den von Natur aus waldfreien Niedermooren. Auch das Davallseggenried *(Caricetum davallianae)* ist wahrscheinlich stellenweise so naß, daß keine Bäume auf ihm Fuß fassen können, jedenfalls unmittelbar am Rande von Quellen mit starken Tuffablagerungen. Kalk-Kleinseggenrieder nehmen stets nur kleine Flächen ein und sind außerhalb der Alpen nur im südlichen Mitteleuropa zu finden. Dem relativ ozeanischen eigentlichen *Caricetum davallianae* entsprechen weiter im Osten verwandte Gesellschaften, deren Verbreitung MORAVEC auf einer Karte dargestellt hat (s. Abb. 254).

Alle Gesellschaften der Kalk-Seggensümpfe sind wirtschaftlich ziemlich wertlos, denn sie liefern nur geringe Erträge (s. Abb. 233) und eignen sich höchstens als Streuewiesen. Deshalb wurden sie großenteils entwässert und in ertragreiche Futterwiesen verwandelt. Etwas besseres Futter bieten die kalkarmen Seggenrieder, die aber ebenfalls nur wenig produzieren und mehr und mehr durch Melioration oder Wiederbewaldung verschwunden sind.

b Bodensaure Kleinseggenrieder

Den gut oder übermäßig mit Kalk versorgten Kleinseggenriedern stehen physiognomisch recht ähnliche, aber floristisch grundverschiedene gegenüber, deren Artengefüge auf Kalkmangel hindeutet. Diese sauren Kleinseggenrieder *(Caricetalia nigrae)* beherbergen weniger Arten als die meisten Gesellschaften der *Tofieldietalia*. Sie haben ihr Verbreitungsschwergewicht im nordwestlichen Flachland, kommen aber auch im

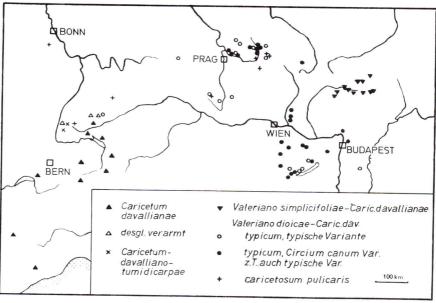

Abb. 254. Verbreitung von Davallseggen-Gesellschaften (Kalk-Kleinseggenriedern) in Mitteleuropa, nach der Gliederung von MORAVEC (1966), verändert. Manche der östlichen Gesellschaften greifen nach Westen über. Das eigentliche *Caricetum davallianae* ist auf den Südwesten Mitteleuropas beschränkt.

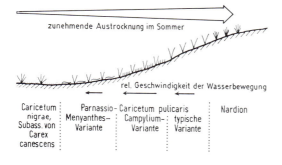

Abb. 255. Niedermoor-Gesellschaften an einem basenarmen Quellhang im Gneisgebiet des Südschwarzwaldes (schematisch). Nach PHILIPPI (1963), etwas verändert. Die Sumpfherzblatt-Flohseggen-Gesellschaft (Mitte) bildet sich bei mehr oder minder starker Grundwasser-Bewegung aus, während das Braunseggenried (links) auf dem Talboden stagnierendes saures Grundwasser erträgt. Der Borstgrasrasen (rechts) ist vom Grundwasser unabhängig und trocknet im Sommer zeitweilig aus.

südlichen Mitteleuropa einschließlich der Alpen vor, beispielsweise das Braunseggenried (*Caricetum nigrae = fuscae*, s. Abb. 255).

Sind schon die Kalk-Kleinseggenrieder sehr nährstoffarm (s. Tab. 56 u. Abschnitt C VI 6), so gilt dies für die Gesellschaften auf gleich nassen, aber sauren Böden in verstärktem Maße. Sie vermitteln zu den Zwischenmooren, ja, werden von manchen Autoren bereits teilweise zu diesen gerechnet.

Tab. 56. **Jährliches Mineralstickstoff-Angebot in Kleinseggenriedern und Quellsümpfen** der Nordschweiz. Nach Angaben von Yerly (1970), aus Ellenberg (1977); vgl. Tab. 19 und 118

Pflanzengesellschaften und Böden	Netto-Mineralisation (kgN/ha/J.)	Nitrifikationsgrad
1. Bodensaure Kleinseggenrieder		
a Braunseggenrasen (*Caricetum canescenti-nigrae*)	0 – 2	I
b Rasensimsenried (*Tomenthypno-Trichophoretum*), montan	0 – 1	II
2. Kalk-Kleinseggenrieder		
a Davallseggen-Quellsumpf (*Caricetum davallianae*) b. Zürich	0 – 5	II
desgl. in der Westschweiz, montan	1 – 5	II
desgl., subalpin (*Caricetum ferrugineo-davallianae*)	2	II
b Kopfseggenried (*Schoenetum ferruginei*)	0 – 40[1])	IV – V

[1]) Die höheren Werte beziehen sich auf Bestände, die seit langer Zeit nicht mehr gemäht wurden, und in denen der Stickstoffkreislauf über den mikrobiellen Streuabbau in Gang kam. Früher wurde das Mähgut als Stallstreu benutzt, diente also der Ackerdüngung.

3 Zwischenmoore und ihre Problematik

a Waldfreie Zwischenmoore

Waldfreie Zwischenmoore sind extrem oligotrophe bis mäßig dystrophe Moore, die morphologisch noch zu den Niedermooren gehören, aber oft in enger Nachbarschaft von Hochmooren zu finden sind und teilweise auch genetisch zu diesen hinführen. Vom pflanzensoziologischen wie vom moorkundlichen Standpunkte aus haben zuerst PAUL und LUTZ (1941) eine Klärung des bis dahin recht verschieden gehandhabten und umgrenzten Zwischenmoor-Begriffes versucht. Ihnen folgen wir hier im wesentlichen.

Die meisten der von PAUL und LUTZ aus dem Alpenvorland beschriebenen waldfreien Zwischenmoore gehören wie die sauren Kleinseggenrieder zur Klasse *Scheuchzerio-Caricetea*, innerhalb derselben aber zur Ordnung *Scheuchzerietalia*, deren Verbreitungsschwergewicht in Nordeuropa liegt. Sie umgreift sowohl Hochmoorschlenken, die zum *Rhynchosporion* zusammengefaßt werden (s. Tab. 55), als auch die Zwischenmoorgesellschaften par excellence, die in keinem richtigen Hochmoor-Randsumpf fehlen. Sie werden in einem eigenen Verbande vereinigt, dem vorwiegend in Fennoskandien verbreiteten *Eriophorion gracilis*.

Die in Mitteleuropa häufigste Gesellschaft dieses Zwischenmoor-Verbandes, der Fadenseggen-Sumpf *(Caricetum lasiocarpae)*, bildet mit dem weitmaschigen Rhizomnetz und den schmalen, leicht bogig geneigten, bis über kniehohen Blättern der namengebenden Art einen lockeren Rasen von ganz besonderem Gepräge (s. Tab. 51 u. Abb. 256). Zusammen mit wenigen Partnern besiedelt sie nicht nur Hochmoor-Randsümpfe, sondern auch nährstoffarme, flache Weiher, und ist an zusagenden Standorten bis nach Ungarn hinein verbreitet (Kovács 1962a, dort auch die mitteleuropäische Literatur).

Nicht nur in den Fadenseggen-Schwingrasen, sondern auch in anderen Zwischenmoor-Gesellschaften stellen oft Moose die größte Phytomasse. In Rasensimsen-Quellmooren *(Chrysohypno-Trichophoretum)* beispielsweise sind dies Astmoose, besonders in den relativ nassen Subassoziationen (s. Abb. 257).

Wie die Blumenbinsen-Schlenken *(Scheuchzerietum palustris)* und die Schnabelsimsen-Schlenken *(Rhynchosporetum)* der Hochmoore, Torfstiche und abgeplaggten Moorheiden ist der Fadenseggen-Sumpf absolut baumfrei. Nur in seinen trockensten Ausbildungsformen, die erst durch Entwässerung entstanden sind, können sich Moorweiden, Moorbirken und andere Bäume oder Sträucher der oligotrophen Sumpfwälder ansiedeln.

Das gleiche gilt für Zwischenmoor-Gesellschaften, die reicher an Torfmoosen sind

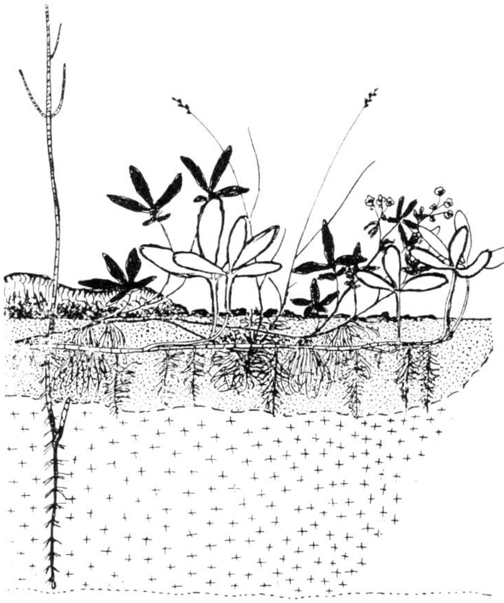

Abb. 256. Schwingrasen mit *Equisetum fluviatile, Menyanthes trifoliata, Potentilla palustris* und *Carex diandra (Caricetum lasiocarpae)*. Nach Vanden Berghen (1952).

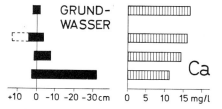

1. Scorpidio-Utricularietum
2. Chrysohypno-Trichophoretum
   a. utricularietosum
   b. typicum
   c. rhynchosporetosum albae

Abb. 257. Moosreiche Quell-Zwischenmoore leben meist auf gleichmäßig wasserdurchtränktem Boden (s. auch Abb. 255). Nach Angaben von Rybníček (1964).
In der Wasserschlauch-Gesellschaft (1) hält sich der Grundwasserspiegel stets unmittelbar an der Bodenoberfläche, im Rasensimsen-Moor (2) schwankt er kaum stärker, mit Ausnahme der Schnabelriet-Subassoziation (2c). Der Calcium-Gehalt des Wassers nimmt in dieser Reihe ab.

und den Hochmooren noch näher stehen als die bisher besprochenen. Die in Tab. 57 zusammengestellten Listen der *Sphagnum parvifolium*-Gesellschaften in den nicht emporgewölbten Teilen des Sonnenberger Moores im Harz sind zwar artenreicher, aber den echten Hochmoor-Gesellschaften schon recht ähnlich. Nach den sorgfältigen Untersuchungen von JENSEN (1960) gehen sie bei zunehmender Entfernung von den Hangquellen im oberen Teil des Moores (s. Abb. 258), d. h. bei abnehmender Versorgung mit Mineralstoffen, schrittweise in den eigentlichen Hochmoorkomplex über. Sie sind also Zwischenmoore im wörtlichen Sinne; doch kann man sie auch als oligotrophe Niedermoore betrachten, wie dies JENSEN tut, um den Begriff Zwischenmoor zu vermeiden.

Tab. 57. Zwischen- und Hochmoorgesellschaften auf dem Sonnenberger Moor im Harz, etwa 800 m ü.M. Nach Tabellen von Jensen (1960)[1])

Laufende Nr.:	Zwisch. 1 2 3	Hoch. 4 5	Laufende Nr.:	Zwisch. 1 2 3	Hoch. 4 5
Durchgehende Arten:			**Unterscheidungsarten:**		
Eriophorum vaginatum	5 5 5	5 5	*Molinia caerulea*	5	
Vaccinium oxycoccus	5 5 5	5 5	*Trientalis europaea*	4	
M *Sphagnum magellanicum*	5 5 5	3 4	*Eriophorum angustifolium*	3 5	
M *S. rubellum*	3 4 4	5 5	M *Polytrichum commune*	2 2	
M *Aulacomnium palustre*	2 4 3	4 1	M *Sphagnum apiculatum*	1 2	
Drosera rotundifolia	1 1	1 1	M *S. parvifolium*	5 5 5	
Calluna vulgaris	3	4 5	*Vaccinium uliginosum*	1 2 2	
Andromeda polifolia	1 3 2	5 5	M *Calliergon stramineum*	1 1	
Trichophorum cespitosum	2 1 1	3 4	*Empetrum nigrum*	1 4 5	5
			M *Polytrichum strictum*	5 4 5	2

Nr. 1–3: **Zwischenmoor**-Gesellschaften, von Jensen als Niedermoor bezeichnet, aber derselben Assoziation zugeordnet wie die Hochmoore (*Sphagnetum magellanici-rubelli sphagnetosum parvifolii*);
  1: *Molinia*-Variante; mesotroph (an der Grenze zur Oligotrophie), quellig,
  2: *Eriophorum*-Variante; mäßig oligotroph, naß,
  3: typische Variante; oligotroph, weniger naß als 1 und 2.
Nr. 4–5: **Hochmoor**-Gesellschaften (*Sphagnetum magellanici-rubelli typicum*);
  4: *Empetrum*-Variante; sehr oligotroph, im übrigen wie 3 und 5,
  5: typische Variante; extrem oligotroph, stark torfbildend.
Arten mit sehr geringer Stetigkeit wurden weggelassen.

---

[1]) Die Moorbildung begann hier etwa um 1600 v. Chr. und führte zu Torfmächtigkeiten von 3–3,5 m (maximal 5,4 m). Nr. 1 liegt im oberen Teil, nahe einer Quelle am Fuß des Bruchberges, die zwar sehr saures, aber mineralstoffhaltiges Wasser spendet. Nr. 1–5 bilden auf seicht abfallender Mooroberfläche eine Reihe nach abnehmender Mineralstoff-Zufuhr, ohne daß sich der pH-Wert wesentlich ändert (um 4). Nr. 5 liegt topographisch am tiefsten (s. Abb. 258). *Sphagnum magellanicum* und *rubellum* wachsen, ebenso wie die meisten übrigen durchgehenden Arten, in Nr. 1 am kräftigsten. Sie bilden hier aber keinen Hochmoortorf, weil ihre Reste rasch zersetzt werden. Die Unterscheidungsarten können als „Mineralbodenwasser-Zeiger" abgestuften Grades gelten.

b Zur soziologischen Stellung der „Übergangs-Waldmoore"

Nach dem Bestimmungsschlüssel der Böden von KUBIËNA (1953) müßte man die waldfreien Zwischenmoore bei den subaquatischen Humusbildungen, also bei den Niedermooren (Fen) unterbringen. Nur die bewaldeten Zwischenmoore erkennt er als besondere Gruppe an. Diese „Übergangs-Waldmoore" (Carr) rechnet er wie die Hochmoore bereits zu den semiterrestrischen Bildungen, weil ihre oberste Humusdecke kaum oder gar nicht mehr vom Grundwasser beeinflußt wird. Wir haben diese Sauerhumus-Sumpfwälder bereits im Abschnitt B V 2 c behandelt und mit den mehr oder minder eutrophen Erlenbrüchern verglichen. Lutz und Mitarbeitern (1957) verdanken wir eine vielseitige Untersuchung oberbayerischer Übergangs-Moorwälder, bei der auch mikrobiologische und tiersoziologische Fragen behandelt wurden.

Pflanzensoziologisch gesehen, bilden die Übergangs-Moorwälder keine einheitliche Gruppe. Subozeanische Birkenbruchwälder muß man an die Birken-Eichenwälder anschließen, so weit sie nicht einfach als Birken-Stadien der Hochmoorgesellschaften aufzufassen sind. Die Kiefernbruchwälder mit Sumpfporst dagegen kann man teils bei den bodensauren Kiefernwäldern und teils bei den Hochmoorwäldern *(Sphagnion fusci)* einreihen. Den Ökologen befriedigt diese Aufspaltung einer bodenkundlich so einheitlichen Gruppe zwar nicht. Immerhin bringt sie aber die dynamische Tendenz einzelner Bestände besser zum Ausdruck. Denn längst nicht alle „Übergangs-Moorwälder" gehen wirklich in Hochmoore über (s. Abb. 259).

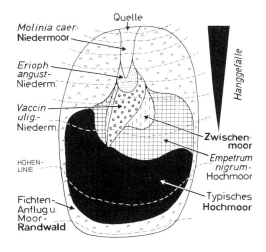

Abb. 258. Schema eines ombro-soligenen Moores mit Nieder-, Zwischen- und Hochmoor-Komplexen in der hochmontanen Fichtenstufe des Harzes (z. B. des Sonnenberger Moores an der Südabdachung des Großen Bruchbergs). Nach Jensen (1961), verändert. Die über undurchlässigen Quarziten entspringende Quelle war Anlaß der Vermoorung, die also soligen, d. h. durch Bodenvernässung, begann. Obwohl das Quellwasser sehr sauer (pH unter 4) und nährstoffarm ist, führt es noch immer so viele Mineralstoffe zu, daß das Moor im oberen Teil gerade noch Niedermoor-Charakter hat. Hangab wird das Wasser immer ärmer und am Ende ganz oligotroph. Aus dem Pfeifengras-Niedermoor (mit *Molinia caerulea*) wird ein Wollgras-Niedermoor (mit *Eriophorum angustifolium*) und schließlich ein Rauschbeeren-Niedermoor (mit *Vaccinium uliginosum*), das man bereits als Zwischenmoor bezeichnen könnte. Auf jeden Fall verdient der anschließende (von Jensen „Übergangs-Niedermoor" genannte) Streifen diesen Namen.

Im unteren Teil ist das Moor seit langer Zeit rein ombrogen, d. h. vom Regen versorgt. Im Krähenbeeren-Komplex erhält es noch gelegentlich Zuflüsse von „Mineralbodenwasser", das etwas anspruchsvollere Pflanzen begünstigt, im typischen Hochmoor nicht mehr. Da die Niederschläge in den letzten Jahren mehr und mehr Nährstoffe (besonders Stickstoff und Calcium) mitbringen, dehnt sich der Krähenbeeren-Komplex neuerdings aus. Das Hochmoor könnte also seinen oligotrophen Charakter verlieren.

Abb. 259. Entwicklung eines Hochmoores im nordwestdeutschen Flachland, halbschematisch. Nach einer farbigen Darstellung von Overbeck.
1-3 = Späteiszeit: 1 = Waldlose ältere Tundrenzeit (etwa bis 10000 v.Chr.), 2 = Birken-Kiefernwald der Alleröd-Wärmeschwankung (etwa 10000–9000 v.Chr.), 3 = Park-Tundrenzeit (bis etwa 8000 v.Chr.).
4-6 = Wärmezeit der Nacheiszeit: 4 = Boreal (etwa 6800–5500 v.Chr.) mit reicher Verlandungsvegetation und dichtem Wald; 5 = Atlantikum (5500–2500 v.Chr.), größere Wärme und höhere Niederschläge führen zur Hochmoorbildung; 6 = Subboreal (etwa 2500–600 v.Chr.), älterer, wollgras- und heidereicher „Schwarztorf", Beginn der Buchenausbreitung.
7-8 = Nachwärmezeit (Subatlantikum): 7 = „Weißtorf"-Bildung und starke Wölbung; 8 = Gewaltsames Ende des natürlichen Wachstums durch Entwässerung und Torfstich seit dem 17. Jahrhundert.
Die Profile sind überhöht und die Bäume nicht maßstabgerecht.

Zwischenmoore und ihre Problematik 435

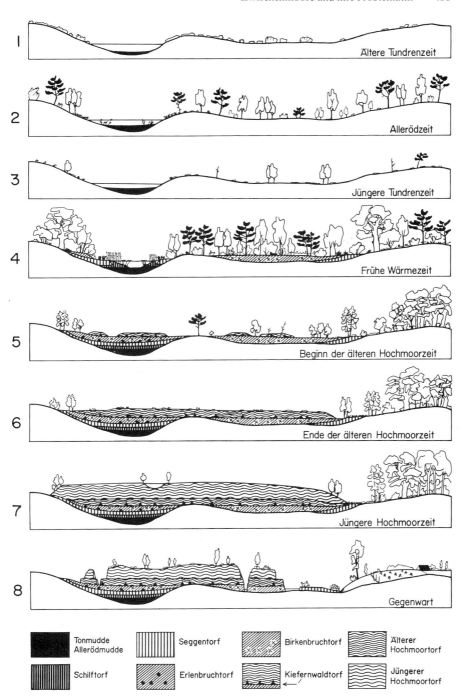

III Hochmoore und mit diesen verbundene Gesellschaften

1 Eigentliche Hochmoore

a Bedingungen für die Entstehung von Hochmooren

In der waldbeherrschten Naturlandschaft Mitteleuropas bilden die baumarmen Hochmoore eine Welt für sich, sowohl im Hinblick auf ihre Entstehung, ihren Haushalt und ihren Artenbestand, als auch auf ihre landschaftliche Eigenart.

Leider wird es gerade in den moorreichsten Gegenden, den flachen Küstenlandschaften, immer schwieriger, noch „lebende" Hochmoore zu studieren, weil sie bis auf verschwindend kleine Reste kultiviert oder doch entwässert wurden. Man muß schon in Mittelgebirge wie den Harz, das Hohe Venn, die Rhön, den Schwarzwald und das Riesengebirge emporsteigen, oder abgelegene Teile des Alpenvorlandes aufsuchen, um sich einen anschaulichen Begriff von diesem einst so verbreiteten Vegetationstyp machen zu können. Die Baumfeindlichkeit und die Ausbreitungskraft der Flachlands-Hochmoore und ihre stille, einsame Schönheit wird man sich jedoch nur dann richtig vorstellen, wenn man außerdem einige der großen Moore im subborealen Nadelwaldgebiet, z.B. in Estland, Finnland oder Schweden, kennengelernt hat und auf ihnen – streckenweise von Bult zu Bult springend – viele Kilometer weit gewandert ist (s. Abb. 260 u. 261).

Noch zur Zeit GRISEBACHS (1846) gab es solche unberührten Riesenmoore auch bei uns. „An der hannoverisch-holländischen Grenze habe ich", so schreibt er, „zwischen Hesepertwist und Ruetenbrock das pfadlose Moor von Bourtange überschreitend, einen Punct besucht, wo wie auf hohem Meere der ebene Horizont von einer runden Kreislinie umschlossen ward und kein Baum, kein Strauch, keine Hütte, kein Gegenstand von eines Kindes Höhe auf der scheinbar unendlichen Einöde sich abgrenzte. Auch die entlegenen Ansiedlungen, die, in Birkengehölzen verborgen, lange Zeit noch wie blaue Inseln in weiter Ferne erscheinen, sinken zuletzt unter diesen freien Horizont herab." Heute müssen wir froh sein, daß in der nordwestdeutsch-niederländischen Tiefebene wenigstens einige kleine Moore für wissenschaftliche Studien erhalten blieben, z.B. das Große und das Weiße Moor bei Kirchwalsede im Kreise Rotenburg/Hann. (JAHNS 1962.)

Jedes echte Hochmoor ist ein Mikrokosmos, der diesen Namen viel eher verdient als etwa ein See. Denn sein Wasser verdankt es nur den Niederschlägen, und seine

Abb. 260. Kleinräumiges Mosaik von *Sphagnum fuscum*-Bulten und *Sph. balticum*-Schlenken kurz nach der Schneeschmelze im Frühjahr auf einem Hochmoor bei Riga in Estland. Die Kolke im Hintergrund sind noch eisbedeckt und alle Bulten enthalten bis nahe an die Oberfläche reichende Eiskerne. Am Ufer der Kolke einzelne bis 6 m hohe Kiefern.

Eigentliche Hochmoore

Abb. 261. Versumpfter Kiefernwald im Ausdehnungsbereich eines großen Wasserscheiden-Hochmoores in Estland, südwestlich von Narwa. Die toten Stämme stocken in vergleytem, sandigem Podsolboden, das lebende Bäumchen links dagegen in der nassen, rasch anwachsenden Torfauflage.

Nährstoffe werden gleichfalls aus der Luft herangeführt, während alle anderen Moortypen ebenso wie die Gewässer auf Zuflüsse aus dem Grund- und Oberflächenwasser der Umgebung angewiesen sind. Die Gestalt der von „Mineralbodenwasser" (Du Rietz 1954) abhängigen Moore paßt sich dem Grund- und Quellwasserspiegel an und ist deshalb mehr oder weniger „flach". Das typische Hochmoor dagegen liegt wie ein breiter Kuchen über einem verlandeten See oder über versumpftem Mineralboden (Abb. 259) und bildet einen „mooreigenen", vom Grundwasser der Umgebung völlig unabhängigen Wasserspiegel aus. Das ist auch dort der Fall, wo sich das Hochmoor noch nicht deutlich sichtbar über seine Ränder emporwölbt, so daß es zunächst nur an seiner eigenartigen Vegetation als solches erkannt werden kann.

Diese Unabhängigkeit im Wasser- und Nährstoffhaushalt verdankt das Hochmoor dem besonderen Bau und der Genügsamkeit einiger *Sphagnum*-Arten. Torfmoose wie *Sphagnum cuspidatum, recurvum, magellanicum, rubellum* und *fuscum* vermögen in ihren Hyalinzellen und zwischen Blättern, Ästen und Stämmchen das 10- bis 20fache ihres Volumens an Wasser zu speichern und mehrere cm über den Wasserspiegel kapillar emporzuheben. Um verhältnismäßig üppig gedeihen zu können, brauchen sie bei ausreichender Wasserversorgung erstaunlich wenig Nährstoffe. Diese konzentrieren sich nach Rudolph und Brehm (1966) kapillar in den wachsenden Köpfchen, die am stärksten der Verdunstung ausgesetzt sind. Da ihre Spitzen unbegrenzt emporstreben, sterben die älteren Teile der Moosstämmchen aus Licht- und Luftmangel ab. Diese toten Reste knicken um und werden durch das Gewicht der emporwachsenden Moosrasen zusammengedrückt (s. Abb. 262), zersetzen sich jedoch kaum, weil torfabbauende Mikroorganismen bei der in nassen *Sphagnum*-Rasen herrschenden Sauerstoff- und Basenarmut nur schlecht gedeihen (Burgeff 1961, Abb. 262c). Infolgedessen behalten auch die tieferen Schichten der Torfmoospolster ihre lockere, schwammartige Struktur und wirken noch in vertorftem Zustand als Wasserträger für die an ihrer Oberfläche lebenden Sphagnen und deren Begleiter. Von den aus ihnen hervorgegangenen Torfmassen getragen, steigen die feuchten Moospolster schließlich mehrere Meter über die ursprüngliche Bodenoberfläche empor. Die maximale Mächtigkeit älterer Hochmoore schwankt je nach ihrer Größe in der Regel zwischen 2 und 5 m, doch wurden auch schon mehr als 10 m gemessen (s. Abb. 263).

Nicht alle *Sphagnum*-Arten besitzen die Fähigkeit zur Hochmoorbildung, und es wäre falsch, sogleich auf den Beginn einer solchen zu schließen, wenn man in Wäldern,

Heiden oder Rasen irgendwelche Torfmoose findet. *Sphagnum squarrosum, palustre* und *girgensohnii* beispielsweise sind zwar sehr ähnlich gebaut wie die echten Hochmoorsphagnen, stellen aber größere Anforderungen an ihre Nährstoffversorgung. *Sphagnum compactum* bildet stets niedrige und feste Polster, die nur auf nacktem, durch Erosion oder durch Plaggenhieb bloßgelegtem oder auf schwach entwässertem Torf gedeihen und auf kräftig wachsenden Hochmooren nicht mit den übrigen Sphagnen konkurrieren können.

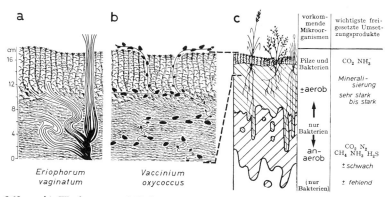

Abb. 262. a, b) Wachstum und Einbettungsweise von Torfmoosen und höheren Pflanzen, halbschematisch. (a Scheidiges Wollgras, b Moosbeere). Nach GROSSE-BRAUCKMANN (1963), verändert.
c) Profilgliederung in einem wachsenden Hochmoor; schematisch, kleinerer Maßstab. Nach GROSSE-BRAUCKMANN und PUFFE (1964), verändert.
Die wachsenden Sphagnen sind grün; absterbende Teile vergilben und legen sich waagerecht. Die oberen Schichten sind noch sauerstoffhaltig und stark von aeroben Mikroorganismen durchlebt, die eine gewisse Humifizierung (Braunfärbung!) und eine Mineralisierung der leicht zersetzbaren Bestandteile bewirken. Schon in wenigen Dezimetern Tiefe ist der junge Torf dauernd wasserdurchtränkt und frei von Sauerstoff (Schwefelwasserstoff-Geruch beim Aufgraben!).

Der aus Hochmoorsphagnen gebildete schwammartige Moorkuchen kann nur dort kräftig in die Höhe und Breite wachsen, wo bestimmte klimatische, morphologische und edaphische Bedingungen erfüllt sind.

Erste Voraussetzung ist ein gemäßigt humides Klima, d.h. ausreichende Versorgung mit Niederschlägen und geringe Verdunstung. Zu hohe und heftige Niederschläge und übermäßige Feuchtigkeit sind dem Wachstum der Sphagnen abträglich. Gerade die am kräftigsten über den mooreigenen Wasserspiegel emporstrebenden „Bultmoose" (namentlich *Sphagnum magellanicum* und *fuscum*) können nicht gedeihen, wenn sie immer wieder längere Zeit unter Wasser gesetzt werden. „Echte" Hochmoore (Plateau- und Kermi-Moore) sind deshalb vor allem in subozeanischem und montanem Klima entstanden, d.h. in Südschweden, Südwestfinnland und in den weiter südlich gelegenen Randländern der Ostsee, im nordwestdeutsch-niederländischen Flachland, auf den meisten Mittelgebirgen Zentraleuropas, im nördlichen Alpenvorland und in der montanen bis hochmontanen Stufe der randlichen Alpenketten.

Gutwüchsige Hochmoore gibt es in den Nordalpen nach GAMS (1962) nur bis etwa 500–800 m über dem Meere. In den Zentralalpen liegt diese Grenze wegen der größeren sommerlichen Einstrahlung wesentlich höher, nämlich zwischen 1000 und 1600 m. Ausreichende Wärme und Dauer der Vegetationsperiode ist also eine zweite wichtige Bedingung für die Entstehung von Hochmooren.

Alle hochmoorreichen Gegenden haben aber ein relativ kühles Klima. Diese Tatsache scheint dem eben Gesagten sowie dem experimentellen Befund zu widersprechen, daß Wärme das Wachstum der Torfmoose fördert. In Trockenperioden, wie sie in den wärmeren Teilen Europas immer wieder auftreten, begünstigen hohe Temperaturen aber die Zersetzung des Torfes und hemmen zugleich die Entwicklung der Sphagnen, indem sie die relative Luftfeuchtigkeit herabsetzen. Deshalb fehlen typische *Sphagnum*-Hochmoore in den warm-kontinentalen Beckenlandschaften des Ostens und Südostens. Auch in dem ausgesprochen sommertrockenen submediterranen und mediterranen Klima Südeuropas kommt es nicht zur Hochmoorbildung, selbst dort nicht, wo die Jahressumme des Niederschlags weit über 1000 mm beträgt. Kühles Klima begünstigt die Hochmoorbildung also in erster Linie indirekt, indem es eine höhere und gleichmäßigere Luftfeuchtigkeit mit sich bringt. Je kälter und je kürzer jedoch die Vegetationsperiode ist, desto geringer ist der Gesamtzuwachs der Moore. Oberhalb der Waldgrenze in den Gebirgen sowie in dem ausgeprägt borealen Klima des nördli-

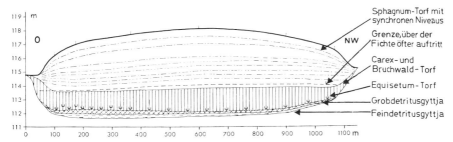

Abb. 263. Entwicklung eines echten Hochmoores (Plateau-Hochmoores) über einem Bruchwald im südlichen Finnland. Nach AARTOLAHTI (1965), etwas verändert. In ähnlicher Weise wuchsen viele Hochmoore im nordwestdeutschen Flachland.

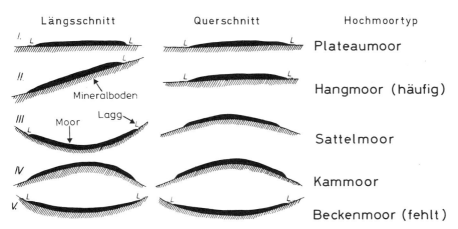

Abb. 264. Ausbildungsformen von montanen Hochmooren des Harzes in schematischen Quer- und Längsprofilen. Nach HUECK (1928), etwas verändert.
I = Plateaumoor (einige kleine, ausgesprochen uhrglasförmig gewölbte Moore), II = Hangmoor (zahlreiche Beispiele; vorwiegend bergab wachsend), III = Sattelmoor (Wasserscheidenmoor, Ursprung von Wasserläufen; mehrere Beispiele), IV = Kamm-Moor (Wasserscheidenmoor ohne jede Mineralbodenwasserzufuhr, z.B. großes Moor auf dem Bruchberg), V = Beckenmoor (kommt im Harz nicht vor).

chen Skandinavien findet man infolgedessen keine eigentlichen Hochmoore mehr. Als wachstumshemmende Faktoren kommen hier zu der mangelnden Wärme noch die großen Schmelzwassermengen und die durch häufiges Gefrieren und Wiederauftauen verursachten Bodenbewegungen hinzu. Diese führen zur Bildung der Inseln und Stränge in den sogenannten „Aapamooren" Nordskandinaviens und Nordfinnlands.

Nach der Eiszeit konnten Hochmoore in Mitteleuropa erst zu wachsen beginnen, als das Klima warm und regenreich genug geworden war, d. h. im „Atlantikum" (etwa 5500 bis 2500 v. Chr.). Vorher bildeten sich nur Mudden (Gyttjen), Flachmoor- und Bruchwaldtorfe (Abb. 259). POP (1964) hält es für erwiesen, daß *Sphagnum*-Hochmoore geologisch sehr junge Erscheinungen sind und sich zumindest in Europa erstmalig im Laufe der Nacheiszeit bildeten. Weder aus den Zwischeneiszeiten noch aus dem Tertiär oder älteren Perioden gibt es Torfreste, die einwandfrei diesem oligotrophen Moortypus zuzuordnen wären. Während des Höhepunktes der postglazialen Wärmezeit war es etwas wärmer als heute (s. Abb. 319). Damals entstanden Hochmoore in noch größerer Meereshöhe und viel weiter nördlich, als das gegenwärtig möglich wäre. Diese subalpinen und alpinen bzw. subpolaren Moore wachsen nirgends mehr, sondern werden im Gegenteil durch Frost, Schneedruck, Wasser und Wind mehr und mehr abgebaut (s. Abschnitt III 2 a).

In einem kühl-gemäßigten und humiden Klima kann jede lokale Vernässung Anlaß zur Bildung von „Versumpfungs-Hochmooren" geben, vorausgesetzt, daß das Wasser stagniert und basenarm ist. Sogar kalkreiche Flachmoore und kräftig wachsende Wälder auf nährstoffreichem Mineralboden wurden unter solchen Bedingungen schließlich von Hochmooren überwuchert (Abb. 259 und 261). In trockenerem Klima dagegen, z.B. in der Mark Brandenburg und in Polen, entstanden lediglich „Verlandungs-Hochmoore", und auch diese nur aus sehr kalkarmen und humusreichen (dystrophen) Stillwassern. Den meisten großen Hochmooren kann man ihren Ursprung heute nicht mehr ansehen, und es sind zahlreiche Bohrungen notwendig, um ihre Entstehungsgeschichte zu rekonstruieren.

Ausreichende Wärme und Feuchtigkeit sind zweifellos notwendige Bedingungen für die Entstehung von *Sphagnum*-Hochmooren. Jedoch sind sie allein noch nicht hinreichend. Entscheidend für den Beginn der Hochmoorbildung ist vielmehr in jedem Falle die große Mineralstoffarmut des die Moose durchtränkenden Wassers (DU RIETZ 1954), also ein für die meisten Pflanzen ungünstiger Faktor. Er bewirkt, daß die sehr lichtbedürftigen Sphagnen fast konkurrenzlos herrschen können und weder von dichtbeblätterten Bäumen, Sträuchern oder krautigen Pflanzen überschattet oder mit Streu überdeckt, noch von anfangs rascher wachsenden Moosen verdrängt werden.

Vergrößert man den Kalk- und Nährstoffgehalt eines noch nicht entwässerten Hochmoortorfes künstlich, so siedelt sich auf ihm ein Birken-Kiefern-Bruchwald an, wie dies RAABE (1954) an einem durch Siedlungsnähe eutrophierten Hochmoor in Schleswig-Holstein nachweisen konnte. Bei gleicher Wasserversorgung genügt also die größere Stoffzufuhr, um die Torfbildung von Sphagnen zu hemmen. Diese Hemmung hat im wesentlichen zwei Ursachen, die in schwer übersehbarer Weise zusammenwirken: Die allgemeine Eutrophierung fördert hochwüchsige und stark schattende Niedermoor- und Bruchwaldpflanzen. Außerdem regt sie die Zersetzung der abgestorbenen Zellen der Sphagnen sowie der tieferen Torfschichten durch Mikroorganismen an und zerstört dadurch den fest zusammenhängenden Schwamm aus *Sphagnum*-Resten, der das nährstoffarme Hochmoor befähigt, über seine Umgebung emporzuwachsen.

Umgekehrt kann das Ausbleiben mineralstoffreicher Wasserzuflüsse in einem Flachmoor oder Bruchwald dazu führen, daß sich die Hochmoorsphagnen auszubreiten beginnen, und zwar umso mehr, je größer der Anteil des Niederschlagswassers an der Versorgung der oberen Bodenschichten wird. Derartige Vorgänge werden in großem Ausmaße durch tektonisch bedingte Verschiebungen der Wasserscheiden veranlaßt, wie sie beispielsweise noch heute im nordöstlichen Estland zu beobachten sind und früher auch im Bereich der Nordseeküste stattgefunden haben (SCHÜTTE 1939). In genügend humidem Klima entstehen auf flachen und versumpften Wasserscheiden besonders rein ausgeprägte Hochmoore, weil dort von vornherein nur wenig oder gar kein Wasser aus der Umgebung zufließt (s. Abb. 261).

Eine bisher wenig beachtete Bedingung für das Wachstum von Sphagnen, die allerdings in der Natur an allen Wuchsorten dieser Moose, d. h. nicht nur auf Hochmooren, gegeben zu sein scheint, hat BURGEFF (1956, 1961) aufgezeigt: Steril aufgezogene *Sphagna* gedeihen nicht. Sie bedürfen wie die Ericaceen einer Symbiose mit Pilzen, und zwar mit freilebenden *Mortierella*-Arten oder mit einem im Hochmoor weit verbreiteten perithecienbildenden *Penicillium*. Das Hochmoorwachstum ist also vor allem das Ergebnis des Zusammenwirkens verschiedener oligotraphenter (d. h. mit geringer Nährstoffversorgung auskommender) Kryptogamen.

Die zur Hochmoorbildung befähigten Sphagnen sind übrigens durchaus nicht auf das Hochmoor beschränkt; sonst könnte dieses ja gar nicht aus Niedermoor entstehen. Man findet sie häufig auch in Zwischenmooren, die sich regelmäßig im Randbereich größerer Hochmoore ausbilden, d. h. dort, wo das vom erhöhten Moorkomplex abfließende Niederschlagswasser mit demjenigen zusammentrifft, das aus dem Boden der Umgebung mehr Basen und Nährstoffe mitbringt. Diese nasse Randzone („Lagg", siehe Abb. 249 und 264) haben wir bereits in Abschnitt C II 1 a als notwendigen Bestandteil eines Plateau- oder Kermi-Hochmoores kennengelernt. Bei Wasserscheiden-Hochmooren, die von Vernässungen auf einer Hochfläche ausgingen und bis an den Rand derselben vordrangen, kann sie jedoch fehlen. Hochmoore, die sich in breiten Mulden oder im weithin ebenen Gelände seitlich ausdehnen, schieben ihre nasse Randzone vor sich her (Abb. 264). Das gestaute Wasser erstickt die Wälder in der Umgebung des Moores, indem es den Sauerstoff aus ihrem Wurzelraum verdrängt (Abb. 261). So können selbst fruchtbare Böden versumpfen, auf denen an und für sich niemals ein *Sphagnum*-Moor hätte entstehen können.

Bevor man auf ein typisches Hochmoor gelangt, hat man mithin in der Regel eine mehr oder minder vernäßte, nieder- oder zwischenmoorartige Randniederung zu durchwaten. Auf dem Hochmoor selbst kann man bei trockenem Wetter sogar in Halbschuhen umhergehen, ohne nasse Füße zu bekommen. Man muß dabei nur die Pflanzengesellschaften beachten, die das Mosaik von trockeneren und feuchteren Kleinstandorten deutlich hervortreten lassen.

b   Verteilung und Entwicklung der Vegetation auf echten Hochmooren

Auf einem typisch emporgewölbten Hochmoor bilden sich in der Regel mehrere Komplexe von Standorten aus, deren Vegetation sich schon physiognomisch deutlich unterscheidet.

Bei größeren lebenden Hochmooren ist das Zentrum am nassesten, weil das Niederschlagswasser von diesem aus nur sehr langsam oder gar nicht zum Rande hin ablaufen kann. Hier entstehen meist zahlreiche „Schlenken", d. h. wassererfüllte oder doch stärker wasserdurchtränkte, seichte Dellen, deren lebhaft grüne Sphagnen und spärliche, meist grasartige Phanerogamen an die Vegetation der Zwischenmoore erinnern. Selten sind diese Schlenken mehr als einige Meter breit und mehr als einige Dezimeter tief (Abb. 270).

Mosaikartig wechseln mit ihnen höhere, kissenförmige Buckel von 0,5–3 m Durchmesser ab, die aus rötlichen, braunen oder gelblichen Sphagnen gebildet werden. Jeder dieser „Bulte" stellt gewissermaßen ein Hochmoor im kleinen dar. Je nach seiner Lage zum mooreigenen Wasserspiegel wird er entweder von horstig wachsenden Wollgräsern oder Simsen oder aber von Zwergsträuchern besiedelt, die ihre Hauptverbreitung in Heiden haben (Abb. 249). Offensichtlich können manche dieser Phanerogamen erst Fuß fassen, wenn ihr Wurzelraum nicht mehr dauernd wasserdurchtränkt ist, sondern zeitweilig durchlüftet wird.

Die früher allgemein verbreitete Ansicht, daß Schlenken und Bulte in dem zentralen Regenerationskomplex des Moores nicht nur räumlich, sondern auch zeitlich miteinander abwechseln, hat sich in den meisten Fällen als irrig erwiesen. Durch genaue Beobachtungen und Analysen von Torfprofilen haben WALKER (1961), JENSEN (1961), OVERBECK (1962, 1975), EUROLA (1962), CASPARIE (1969) und andere fast gleichzeitig und unabhängig voneinander nachgewiesen, daß ein solcher Wechsel zu den Ausnahmen gehört. Was einmal ein Bult war, bleibt Jahrhunderte hindurch ein Bult, und was eine Schlenke war, bleibt eine Schlenke, so daß das Mosaik aus beiden Kleinformen in vielen Mooren mehr oder minder gleichmäßig emporwächst (s. Abb. 265). Stellen- und zeitweise gab es jedoch auch eine zyklische Sukzession mit mehrfachem Wechsel von Bulten und Schlenken an einem und demselben Punkt, nach TOLONEN (1966) z.B. im südfinnischen Hochmoor Varrassuo während eines Abschnittes des Atlantikums.

Im Profilschnitt von Plateau- und Flach-Hochmooren beobachtet man nicht selten

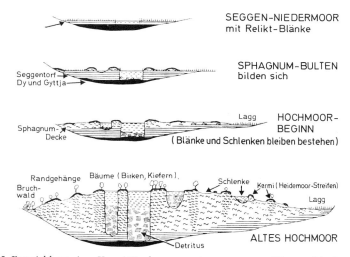

Abb. 265. Entwicklung eines Kermi-Hochmoores mit permanenten Wasserschlenken, wie es im nordöstlichen Randgebiet Mitteleuropas verbreitet ist, schematisch. Nach AARIO (1932) aus EUROLA (1962), verändert. Die Schlenken zwischen den Kermi nennt man auch Flarke.

Das schildförmig emporgewölbte Moor ist durch konzentrisch angeordnete, quer zum Gefälle lang gestreckte Wasserschlenken gegliedert, die mit erhöhten *Sphagnum fuscum*-Rücken abwechseln. Auf diesen „Strängen" (finnisch Kermi) können Zwergsträucher (*Calluna, Rubus chamaemorus* u.a.) und eine kümmerliche Bäume wachsen, namentlich Moorbirken oder Kiefern. Schon AARIO wußte, daß die meisten Schlenken, ebenso wie die Restseen (Blänken), über Jahrhunderte bestehen bleiben, also nicht in zyklischer Sukzession mit den Bulten (bzw. den langgestreckten Kermi) abwechseln. Derart tiefe und dauernde, wassererfüllte Schlenken bilden sich – zumindest teilweise – infolge der starken winterlichen Vereisung. Sie fehlen im wintermilden Tiefland des nordwestlichen Mitteleuropa (vgl. Abb. 266, 268 u. 269).

Eigentliche Hochmoore 443

ein großflächiges Sichablösen von „Verjüngungsphasen", d. h. Zeiten raschen Mooswachstums und geringer Zersetzung, mit „Reifungsphasen", in denen die Mooroberfläche ziemlich stabil bleibt und der Torf stärker zersetzt wird. CASPARIE (s. Abb. 266) erklärt dies mit örtlichen Änderungen im Abfluß von der Mooroberfläche. Der Wechsel im Humifizierungsgrad muß also nicht unbedingt klimatisch bedingt sein, wie man früher oft annahm (s. auch OVERBECK 1961, 1975).

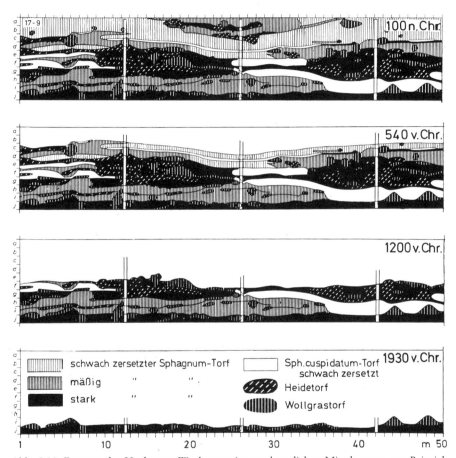

Abb. 266. Etappen des Hochmoor-Wachstums im nordwestlichen Mitteleuropa, am Beispiel eines genau analysierten Schnitts von 50 m Länge bei Emmen (Niederlande) dargestellt. Das Wachstum erfolgte unregelmäßig und jedenfalls nicht im zyklischen Wechsel von Bulten und Schlenken. Nach CASPARIE (1969), verändert.
Um die Zeitfolge zu verdeutlichen, ist eine und dieselbe Profilwand in Abständen von rund 640–730 Jahren gezeichnet worden (die Zwischenetappen wurden weggelassen). Über dem ältesten, stark zersetzten und dunklen *Sphagnum*-Torf begann sich ab etwa 1550 v. Chr. stellenweise heller *Sph. cuspidatum*-Schlenkentorf auszubreiten. An anderen Stellen der Profilwand herrschen von unten bis oben stärker zersetzte und heide- oder wollgrasreiche Torfe vor, bis etwa 600 v. Chr. eine allgemeine Vernässung einsetzte. Diese führte zur großflächigen und raschen Überwachsung mit schwach zersetztem und relativ hellem *Sphagnum*-Torf (dem sog. Weißtorf). Die später als 100 n. Chr. gebildeten Schichten sind nicht dargestellt, weil sie gestört wurden. Dauernde und tiefe, wassererfüllte Schlenken, wie sie für sog. Kermi-Moore kennzeichnend sind, fehlen hier (vgl. Abb. 265).

Der Zuwachs der *Sphagnum*-Polster läßt sich am einfachsten an manchen Blütenpflanzen ablesen, die in ihnen wurzeln und die ersticken würden, wenn sie nicht alljährlich ihr Rhizom höher lagerten oder eine neue Blattrosette bildeten (BERTSCH 1925, s. Abb. 262 a, b). Je nach den Wachstumsbedingungen ergeben sich Beträge bis zu mehreren Zentimetern pro Jahr. Durch den Druck der darüber emporwachsenden wassererfüllten Pflanzenmasse werden aber die toten Reste der Sphagnen schließlich auf einen kleinen Bruchteil ihrer ursprünglichen Mächtigkeit zusammengepreßt und dabei meistens von der vertikalen in die horizontale Lage gebracht. Aus der Gesamtmächtigkeit und dem Alter größerer Hochmoore ergeben sich für den Torf Zuwachsraten von höchstens Millimeterbeträgen pro Jahr.

In einem Profilschnitt durch wachsendes Hochmoor kann man nach BURGEFF (1961, s. Abb. 247 c) gewöhnlich vier Schichten unterscheiden: Die oberste ist grün, besteht aus lebenden Sphagnen und ist dicht von Wurzeln durchzogen. Diese reichen auch noch in die nächste, die graue hinein, in der die Sphagnen absterben und zusammensinken. Darunter folgt eine braune oder schwarze Schicht, deren Färbung BURGEFF zum Teil auf Melaninbildung und zum Teil auf Oxidation von Ligninen und Gerbstoffen, also auf Bildung von Huminsäuren, zurückführt. Die vierte und unterste Zone ist gelb und reich an Schwefelwasserstoff, der sich durch seinen Geruch sowie durch Schwärzung versilberter Stäbe bemerkbar macht, die man in das Moor hineinstößt. Ihre Obergrenze ist unter Schlenken schärfer als unter Bulten und unter Baumbeständen sehr unregelmäßig. Da sie völlig frei von Sauerstoff ist, enthält sie keine lebenden Mykorrhizapilze mehr. Der Schwefelwasserstoff entsteht durch Eiweißgärung.

Mit Ausnahme der nassesten Schlenken durchziehen Ericaceen-Wurzeln die *Sphagnum*-Polster im oberen, dem Luftsauerstoff zugänglichen Teile außerordentlich dicht, und deren pilzliche Symbionten sind allgegenwärtig. Sie haben große Bedeutung für den Abbau der sterbenden Sphagnen, indem sie Pektinstoffe und auch Teile der Zellulose angreifen. Außer ihnen leben in den oberen durchlüfteten Schichten der Sphagneten aërobe Bakterien, die durch die Pilze im Wachstum gefördert werden. Sie beteiligen sich offenbar am Eiweißabbau.

Schreitet man vom Zentrum eines lebenden Plateau-Hochmoores auf dessen Rand zu, so sieht man die Zahl und Größe der Schlenken immer mehr abnehmen, bis schließlich die Pflanzengesellschaft der Heidebulte auf größeren Flächen vorherrscht. Einige höhere Bulte sind reich an Flechten (Abb. 270); stellenweise haben sich sogar Birken oder Kiefern angesiedelt, die allerdings nur sehr kümmerlich gedeihen und z. T. in 100 Jahren noch keinen Meter Höhe erreicht haben. Eine solche Kombination von heideartigen Pflanzenbeständen wird als „Stillstandskomplex" bezeichnet (s. OVERBECK 1975 u.a.). Zur Ruhe kommt hier das Hochmoorwachstum wohl vor allem dadurch, daß ein Teil des Regen- und Schneeschmelzwassers infolge des stärkeren Gefälles vom Moore abfließt, also nicht für Trockenperioden gespeichert werden kann. Wo sich das ablaufende Wasser in den Torf einschneidet, entstehen zuweilen „Erosionskomplexe" mit nassen Rinnen und deren stärker drainierten Ufern, die den Baumwuchs sichtlich begünstigen (Abb. 249). Den vom Wasser zerfurchten, zeitweilig aber austrocknenden Torf kann der Wind angreifen und stellenweise wannenartig erodieren. Das ist aber nur auf einigen Mooren der Fall, die auch im Zentrum nicht mehr leben.

Der trockenste Teil eines Hochmoores ist sein „Randgehänge", das zum Lagg hin ziemlich steil abfällt und außerdem hier und dort von tiefen Abflußrinnen durchfurcht wird. Hier kann sich ein verhältnismäßig dichter Wald aus Birken oder Kiefern ansiedeln, der mit seinen kräftigen Baumgestalten und seinem zwergstrauchreichen Unterwuchs an die Bruchwälder auf sauren Böden erinnert und nur noch wenige Arten mit den *Sphagnum*-reichen Gesellschaften der übrigen Komplexe gemein hat.

Die Abflußrinnen großer Hochmoore, die schon im Innern derselben entspringen und zeitweilig viel Wasser führen, nehmen ähnlich wie der Lagg den Charakter von Zwischen- oder Niedermooren an. Sie werden mit einem schwedischen Wort als „Rüllen" bezeichnet.

Mit Ausnahme ihres Randgehänges sind viele Plateau-Hochmoore völlig baumfrei, jedenfalls solange ihre zentrale Fläche noch großenteils im Wachstum begriffen ist. Auf manchen von ihnen sieht man aber mitten in der weithin überschaubaren Hochfläche einige gedrungene Birken oder Kiefern in Reihen oder Gruppen stehen, die gern als Orientierungsmarken benutzt werden. Immer stocken diese Bäume neben ungewöhnlich großen und tiefen Schlenken oder kleinen Teichen, die tief in die Torfmasse des Moores hinabreichen und von bräunlichem Wasser und dunklem Schlamm erfüllt sind (Abb. 265). Solche Hochmoorkolke schließen sich in der Regel nicht, während das Moor emporwächst. Ihre Ufer haben großenteils Bultcharakter und sind bei vorherrschenden Südwestwinden meistens an der Nord- und Ostseite durch den Wellenschlag übersteilt (Abb. 267). Da der Regen von solchen Steilufern leicht zum Kolk hin abfließen kann, sind sie verhältnismäßig trocken und bieten ähnlich wie das Randgehänge des Moores Bäumen eine zwar bescheidene, aber sichere Existenzmöglichkeit. Einzelne im Moorzentrum liegende Kolke sind oft dadurch entstanden, daß der wasserdurchtränkte Hochmoorkuchen breiartig nach mehreren Richtungen auseinanderwich. In Verlandungshochmooren sind die Kolke als Restseen zu deuten, aber auch in Versumpfungsmooren bezeichnen sie zuweilen Stellen, unter denen einst Seen lagen, die erst spät in die oligotrophe Moorbildung einbezogen wurden. Manche Kolke liegen auch an Stellen, an denen sich der feste Untergrund des Moores am höchsten erhebt. Die Entstehung der Kolke kann also ganz verschiedene Ursachen haben.

Abb. 267. Großer dystropher Hochmoorkolk im Wildseemoor bei Kaltenbronn (Schwarzwald).
Am windgeschützten Ufer vorn Wollgras-Schwingrasen (*Eriophorum angustifolium* und *Sphagnum cuspidatum*) und flutendes *Sphagnum cuspidatum*. Das gegenüberliegende Ufer ist durch Wellenschlag erodiert und nur von *Carex rostrata* schmal gesäumt. Der Bergföhren-Moorwald tritt hier unmittelbar heran. Im Hintergrund Fichtenbruch.

Auf den östlichen Mittelgebirgen sowie in Skandinavien und im Baltikum, also in relativ frostreichen Klimaten, trifft man auf den Hochmooren nicht selten größere Gruppen von mehr oder minder langgestreckten und in parallele Reihen geordneten kleineren Kolken, oder besser gesagt, tiefen und ausdauernden Schlenken, die mit der sonst geschlossenen Moorfläche abwechseln (Abb. 268 u. 269). Sie liegen in 1–4 m breiten Rinnen mit schlenkenähnlicher Vegetation, den „Flarken", die durch 0,5–5 m breite, erhabene „Stränge" (finnisch Kermi) voneinander geschieden werden. Solche „Flarkkomplexe" sind typisch für viele der relativ stark emporgewölbten Schild- oder Kermi-Hochmoore im südlichen Skandinavien, im mittleren und südlichen Finnland, in den baltischen Sowjetrepubliken und in den angrenzenden Teilen Weißrußlands sowie in Polen (s. Abb. 265, 268 u. 269).

Abb. 268. Flarkkomplex eines Hochmoores bei Riga kurz nach der Schneeschmelze im Frühjahr (vgl. Abb. 269). An den südexponierten Ufern taut das Eis zuerst.

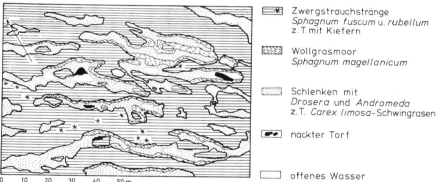

Abb. 269. Flarkkomplex eines Hochmoores im Memeldelta. Nach HUECK (1934), verändert.

In älteren Flarkkomplexen wurden die offenen Wasserflächen längst von Schwingrasen überwachsen oder von Schlenken-Gesellschaften restlos aufgefüllt. Solche Flarke tragen stellenweise sogar kleine, offensichtlich im Wachstum begriffene Bulte. Man muß sich aber hüten, diese jungen *Sphagnum*-Bulte mit den gänzlich verheideten und teilweise sogar von Bäumen besiedelten Strängen genetisch in Verbindung zu bringen. Beim Wachstum eines Plateau-Hochmoores entstehen niemals Bulte von solcher Höhe und Trockenheit. Die auf manchen Strängen ausgebildeten flechtenreichen und völlig *Sphagnum*-freien Heidegesellschaften ähneln vielmehr ökologisch und vegetationssystematisch den Heiden auf Mineralböden oder den Wäldern des Moorrandgehänges. Sie sind wie diese als natürlich entstandene Beispiele für die vom Menschen in so großem Ausmaße geschaffenen Entwässerungsstadien der Hochmoore anzusehen.

Wahrscheinlich hat bei der Entstehung der Flarkkomplexe Solifluktion mitgewirkt. Jedenfalls finden sich die ausgedehntesten und bestausgebildeten Komplexe dieser Art auf Hochmooren, die starken Winterfrösten und häufigem Frostwechsel ausgesetzt sind. Den heute kultivierten großen Mooren im wintermilden Bereich der Nordseeküste scheinen sie gefehlt zu haben, und auch im Harz, im Schwarzwald und in anderen westlichen Mittelgebirgen waren sie im Gegensatz zum Riesengebirge und anderen kontinentalen Silikatgebirgen wohl niemals typisch ausgebildet.

c *Vegetation der Schlenken und Kolke*

Durch den Wechsel von Bulten und Schlenken, Flarken und Strängen, erodierten und örtlich drainierten Stellen bietet jedes lebende Hochmoor ein so mannigfaltiges und kleinräumiges Mosaik von Standorten und Lebensgemeinschaften wie kaum eine andere Pflanzenformation der Erde. Diese Variationen werden aber nur von etwa 30 Phanerogamen- und einer ebenfalls begrenzten Zahl von Moos- und Flechtenarten gebildet, von denen nur je etwa ein Drittel häufig auftritt. Die extrem oligotrophen Lebensbedingungen des Hochmoores, auf die wir in Abschnitt 4 noch näher eingehen werden, treffen also eine scharfe Auslese (Tab. 57 u. 58).

Man kann die auf Hochmooren vorkommenden Pflanzenkombinationen am besten überblicken, wenn man sie zunächst nach abnehmendem Wasserüberschuß in eine Stufenfolge ordnet. Wie aus dem vorigen Abschnitt hervorgeht, sind aber längst nicht alle Stufen dieser ökologischen Reihe durch Entwicklung miteinander verbunden. Man darf sie also nicht ohne weiteres als durchgehende Sukzessionsreihe deuten, so sehr das nahezuliegen scheint.

A. Die Kolke und die längere Zeit wassergefüllten Schlenken beherbergen interessante Planktongesellschaften aus Desmidiaceen, Kieselalgen und anderen genügsamen Kleinorganismen, auf die wir hier nicht näher eingehen können. Sie wurden namentlich von HÖFLER (1951), LOUB u. Mitarb. (1954) und FETZMANN (1956, 1961) studiert und von REDINGER (1934) ökologisch untersucht. Größere Algenformen und höhere Wasserpflanzen fehlen meistens. Nur große Kolke und manche wassererfüllten Torfstiche sind nährstoffreich genug, um einigen Vertretern der Kleinigelkolben-Wasserschlauch-Gesellschaft (*Sparganium minimum- Utricularia intermedia-* Ass.) oder gar der weißen Seerose das Leben zu ermöglichen.

B. Die Verlandung solcher humusbrauner, stark saurer Moorgewässer wird nicht von höheren Pflanzen wie die der nährstoffreicheren Seen, sondern von Sphagnen eingeleitet, die Schwingrasen bilden (Abb. 229 und 256) und von Phanerogamen mit lang hinstreichenden Rhizomen durchwebt werden können (in der folgenden Liste mit R bezeichnet). Häufige Arten dieser Blumenbinsen-Schwingrasen (*Scheuchzerietum palustris*, von manchen Autoren auch als *Caricetum limosae* bezeichnet) sind folgende (s. auch Abb. 270):

Moose:
Sphagnum cuspidatum f. *submersum*
Sphagnum recurvum var. *majus*
Sphagnum dusenii
Drepanocladus fluitans
Cephalozia fluitans

Phanerogamen:
Eriophorum angustifolium (R)
Rhynchospora alba
Menyanthes trifoliata (R)
Carex rostrata (R, nur an Seen)
Scheuchzeria palustris (R)
Carex limosa (R)

Die letzteren beiden gelten als lokale Charakterarten, sind aber seltener anzutreffen. Sie haben subarktische Verbreitung und fehlen heute im nordwestlichen Flachlande fast ganz. Wo sie vorkommen, findet man sie gewöhnlich in ausgedehnten, wenn auch

Tab. 58. **Gefäßpflanzen-, Moos- und Flechtenarten auf Hochmooren des nw-dtsch. Flachlandes.**
Nach Angaben von K. Müller (1965) zusammengestellt. W = nur im Westen, O = im Osten, NO = im Nordosten. Alle Arten kommen auch außerhalb von Hochmooren vor!

Gefäßpflanzen (20)	Moose (39) (L = Lebermoos)	Flechten (22)
Bulte:		
häufig: *Calluna vulgaris* *Eriophorum vaginatum*	*Sphagnum rubellum* *Polytrichum strictum*	*Cladonia floerkeana* *C. chlorophaea*
öfters: *Pinus sylvestris* (Krüppel) *Trichophorum* *cespitosum* (W u. montan)	*Sphagnum parvifolium* *S. acutifolium* *S. molle* *Dicranum bonjeani* *D. bergeri* *Leucobryum glaucum* *Pleurozium schreberi* *Hypnum ericetorum* L *Campylopus piriformis* L *Lophozia ventricosa* L *Mylia anomala* L *Calypogeia muelleriana*	*Cladonia bacillaris* *C. incrassata* *C. pleurosa* *C. cornutoradiata* *C. fimbriata* *C. crispata* *C. glauca* *C. sylvatica* *C. mitis* *Hypogymnia physodes* (Epiphyt)
selten: *Ledum palustre* (O)	*Sphagnum fuscum* *S. plumulosum* *S. imbricatum*[1]) *Dicranum scoparium* *D. undulatum* L *Calypogeia neesiana*	*Cladonia macilenta* *C. gracilis* *C. pityrea* *C. rangiferina* *C. tenuis*
Bulte und Schlenken:		
häufig: *Andromeda polifolia* *Erica tetralix* *Vaccinium oxycoccus* *Eriophorum angustifolium* *Narthecium ossifragum* (W) *Drosera rotundifolia*	*Sphagnum magellanicum* *Aulacomnium palustre* L *Odontoschisma sphagni*	*Cladonia impexa* *C. squamosa*
öfters: *Empetrum nigrum* *Drosera intermedia*	*Pohlia nutans* *Sphagnum apiculatum* L *Cephaloziella elachista* L *Gymnocolea inflata* L *Cephalozia connivens* L *Calypogeia sphagnicola*	*Cladonia degenerans* *C. uncialis*
selten: *Rubus chamaemorus* (NO) *Dactylorchis maculata*		*Cladonia verticillata*
Schlenken:		
häufig: *Rhynchospora alba*	*Sphagnum cuspidatum* *S. papillosum* *S. tenellum* *Cladopodiella fluitans* L *Cephalozia macrostachya*	
öfters: *Drosera anglica*	*Sphagnum pulchrum* L *Telaranea setacea* L *Cephalozia lammersiana*	
selten: *Rhynchospora fusca* *Carex limosa* *Scheuchzeria palustris*[1])	*Sphagnum balticum* *S. compactum*	
Kolke und Rüllen:		
außerdem 11 Arten	außerdem 8 Arten	

[1]) Früher wesentlich häufiger.

lockeren Beständen. Sie ertragen hohe Säuregrade und dauernde Vernässung und sind in dieser Hinsicht vielen anderen – in der Ernährung ebenfalls genügsamen – Kleinseggen und Kleinbinsen überlegen.

C. In dauernd wassergefüllten, aber seichten Schlenken bilden die Sphagnen keine flutenden Decken, sondern füllen das Wasser vom Grunde her aus (s. Abb. 270, 271). In der Regel sind solche Schlenken artenärmer und nur mit Vorbehalt dem *Scheuchzerietum* anzuschließen, dessen typische Bestände in Flarken, im Lagg und an Ufern dystropher Seen, also in dauerhafteren Wasseransammlungen, zu suchen sind.

Ist die Schlenke restlos von Sphagnen ausgefüllt oder die schwimmende Pflanzendecke tieferer Kolke sehr mächtig und tragfähig geworden, so wachsen die Moosstämmchen über die Wasseroberfläche empor, indem sie sich gegenseitig stützen. *Sphagnum cuspidatum* geht dann in die Form *elatum* über. Nun können bereits bultbildende Sphagnen und andere Pflanzen zwischen ihnen Fuß fassen, die das dauernde Untergetauchtsein nicht ertragen, beispielsweise *Sphagnum magellanicum, Sph. rubellum, Drosera rotundifolia* und *Vaccinium oxycoccus*.

D. Manche nur zeitweilig wassergefüllten Schlenken, die im Wachstumskomplex mit den Bulten abwechseln, sind flacher als die soeben besprochenen Schlenken und haben einen verhältnismäßig festen Boden. Während der Schneeschmelze und bei Regenfällen sind solche Schlenken naß, trocknen aber im Sommer öfters aus, so daß sie vom Wind erodiert werden können. Sie sind der typische Standort der Schnabelried-Schlenkengesellschaft *(Rhynchosporetum albae)*, die in ähnlicher Zusammensetzung auch auf abgeplaggtem Torf oder anmoorigen Heideböden zu finden ist (Abschnitt D II 2 a). Den nackten Torf überzieht oft eine rötlichbraune Jochalge *(Zygogonium ericetorum)* wie ein Tuch. Sphagnen sind kaum noch vorhanden und finden sich nur in den länger mit Wasser gefüllten Dellen (vor allem *Sph. cuspidatum* und *subsecundum*). Auf dem entblößten Torf aber siedeln Pflanzen, die bei Nässe keimen und bei häufigem Feuchtigkeitswechsel zu leben vermögen, namentlich:

> *Rhynchospora alba* und *fusca*   *Drosera intermedia*
> *Lycopodiella inundata*

Daneben sind *Eriophorum angustifolium* und *Molinia caerulea* (im Nordwesten) oder *Eriophorum vaginatum* und andere auf Bulten übergreifende Pflanzen anzutreffen (Abb. 270).

d Vegetation der Bulte, Stränge und Randgehänge

Die wichtigste Bultgesellschaft der Hochmoore und damit deren eigentliche Charaktergesellschaft ist die „bunte Torfmoos-Gesellschaft" (*Sphagnetum magellanici*, Tab. 57). Ihr deutscher Name erinnert daran, daß sich die meisten ihrer Sphagnen im Laufe der Vegetationsperiode mehr oder minder stark rot verfärben (s. Abb. 283). Sie wird vorwiegend von *Sphagnum magellanicum (= medium)* und *S. rubellum* aufgebaut, denen sich weitere Moosarten anschließen (s. Tab. 57 u. 58, Abb. 270 u. 271). Lebermoose durchziehen deren lockere, feuchte Rasen, z.B. *Odontoschisma sphagni, Campylopus piriformis* und *Mylia anomala*.

Je nach der Höhe der Bultoberfläche über dem mooreigenen Wasserspiegel kann man verschiedene Untergesellschaften oder Stadien des *Sphagnetum magellanici* unterscheiden, die sich vor allem durch die Farbe ihrer Moose und ihren Bestand an Phanerogamen voneinander abheben. Sie setzen die ökologische Reihe fort, die wir im vorigen Abschnitt zu besprechen begannen. Wie aus Abb. 270 hervorgeht, gibt es aber nicht nur eine einzige Reihe, sondern schon in einem und demselben Moor deren mehrere, je nachdem ob man sich in der Mitte des Moores oder am Rande befindet oder ob eine größere Blänke in der Nähe ist. Hierin spiegeln sich vor allem Unterschiede im Wasserhaushalt sowie in der Zufuhr von Nährstoffen wider. Wir müssen uns mit dem in Abb. 270 genauer dargestellten Beispiel begnügen und können im übrigen nur die wesentlichen Züge in solchem Kleinmosaik hervorheben.

E. Im Randbereich der Bulte mischen sich Schlenken- und Bultpflanzen. Unter den Torfmoosen sind meist noch *Sphagnum cuspidatum, apiculatum, pulchrum* oder andere grün bzw. gelblich gefärbte Arten tonangebend. An Phaerogamen treten nur Sonnentau *(Drosera rotundifolia)* und grasähnliche Pflanzen auf, die auch in den Schlenken gedeihen. Zwergsträucher fassen erst zaghaft Fuß, sind aber individuenreicher, als man auf den ersten Blick bemerkt, namentlich die Rosmarinheide *(Andromeda polifolia)*.

F. Als Kranz um den Fuß höherer Bulte legt zuweilen sich das *Sphagnetum magellanici sphagnetosum rubelli* herum, in dem die genannte zarte und tiefrote, gegen Lichtmangel wie Nässe empfindliche Torfmoosart vorherrscht. Es vermittelt zwischen E und G und kann auch fehlen oder durch andere Übergangs-Gesellschaften vertreten werden.

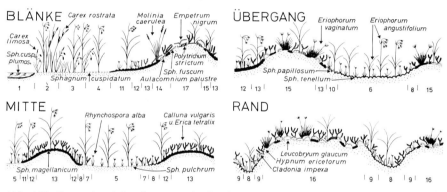

Abb. 270. Vegetations-Mosaike in verschieden feuchten Zonen der Esterweger Dose, ehemals einem der größten Hochmoore Nordwestdeutschlands. Nach JAHNS (1969), verändert. Jeder der vier schematischen Schnitte ist 6 m lang und stark überhöht.
In der MITTE des Moores wechseln *Sphagnum pulchrum*-Schnabelriet-Schlenken mit flachen *Sph. magellanicum*-Heide-Bulten. In einem Teil des Zentrums gab es bei ungestörtem Wasserhaushalt des Moores die sog. BLÄNKEN, d. h. dystrophe Tümpel, an deren etwas nährstoffreicherem Rand „Niedermoorpflanzen" wie die Schnabel- und die Schlammsegge, das Pfeifengras, die Krähenbeere sowie relativ anspruchsvolle Moose vorkamen.
In der trockenen, vom ablaufenden Oberflächenwasser drainierten RANDzone fehlten auch schon früher eigentliche Schlenken; auf den oft austrocknenden Bulten finden Wechseltrockenheits-Zeiger genügend Licht, z. B. das Weißmoos, das Heide-Astmoos und Strauchflechten.
Ein breiter ÜBERGANGSbereich zeigt intermediäre Verhältnisse, aber auch besonderen Charakter. Beispielsweise werden hier die Schlenken von *Sphagnum tenellum (= molluscum)* gebildet, und an ihrem Rand hielt sich stellenweise das ehemals moorbeherrschende *Sph. papillosum*. Die Ziffern verweisen auf die wissenschaftlichen Namen der zahlreichen Pflanzengesellschaften, die hier einmal als Beispiele angeführt seien:
1 = *Sphagnetum cuspidato-obesi*; 2 = *Cuspidato-Scheuchzerietum, Carex*-Subass.; 3 = desgl., typ. Subass.; 4 = *Sphagnum cuspidatum-Eriophorum angustifolium*-Ges.; 5 = *Rhynchosporetum sphagnetosum cuspidati*, typ. Var., *Sphagnum pulchrum*-reiche Ausbildung; 6 = desgl., *Sphagnum tenellum*-reiche Ausbildung; 7 = desgl., Var. v. *Erica tetralix*, typ. Subvar., *Sphagnum pulchrum*-reiche Ausbildung; 8 = desgl., *Sphagnum tenellum*-reiche Ausbildung; 9 = desgl., Var. v. *Erica tetralix, Cladonia*-Subvar., *Sphagnum tenellum*-reiche Ausbildung; 10 = *Sphagnetum papillosi*, Subass. v. *Rhynchospora alba*; 11 = *Sphagnetum magellanici*, Subass. v. *Rhynchospora alba*, typ. Var.; 12 = desgl., Var. v. *Calluna vulgaris*; 13 = desgl., typ. Subass., Var. v. *Calluna vulgaris*; 14 = desgl., Subass. v. *Aulacomnium palustre*, Var. v. *Empetrum nigrum*; 15 = desgl., Var. v. *Eriophorum vaginatum*, typ. Subvar.; 16 = desgl., Subvar. v. *Cladonia impexa*; 17 = *Sphagnetum fusci*, Ausbildung v. *Aulacomnium palustre*.

G. Das typische *Sphagnetum magellanici* ist durch das dickblättrige namengebende Torfmoos bräunlich- oder grünlichrot gefärbt und schon 10–30 cm über den Wasserspiegel der benachbarten Schlenken emporgewachsen. Es enthält sowohl die Phanerogamen der vorhergehenden als auch der folgenden Untergesellschaften. Die Zwergsträucher sind jedoch nicht so kräftig entwickelt wie auf den noch höheren Bulten und behindern die Torfmoose kaum in ihrem Wachstum. Im Osten Mitteleuropas sowie in manchen Gebirgen wird *Sphagnum magellanicum* meistens durch das leuchtend braune *S. fuscum* ersetzt (s. Tab. 57), das aber auch schon auf manchen Bulten subozeanischer Moore zu finden ist (Abb. 270).

H. Zeitweilige Austrocknung des Oberbodens bringt die Zwergsträucher, stellenweise auch das dunkelgrüne *Polytrichum strictum* zur Herrschaft. Die Besenheide *(Calluna vulgaris)* fehlt so gut wie niemals. Im Nordwesten tritt *Erica tetralix* hinzu. Bei etwas besserer Mineralstoffzufuhr kann auch die Krähenbeere *(Empetrum nigrum)* gedeihen. Die Bultmoose sind zwar noch vorhanden, leiden aber unter Beschattung und öfters auch unter Wassermangel.

I. Die höchsten Bulte sowie Stränge und trockene Ränder von Erosionsrinnen nimmt das *Sphagnetum magellanici vaccinietosum* ein, das ganz von Zwergsträuchern beherrscht wird und oft auch Bäume enthält. In ihm können sich säureertragende Heide- und Waldmoose (z.B. *Leucobryum glaucum*) und manche Flechtenarten (s. Tab. 58)

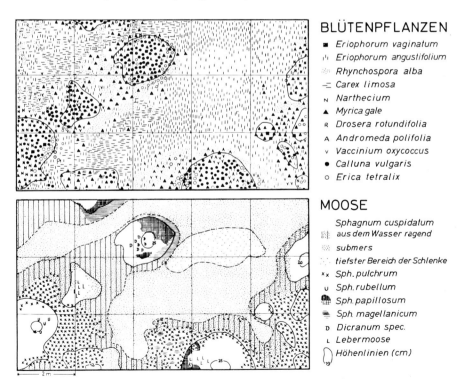

Abb. 271. Kartierungen der Blütenpflanzen und Moose eines 6 × 10 m großen Ausschnittes vom westlichen Ahlenmoor, südlich der Niederelbe. Nach KLAUS MÜLLER (1965), verändert (vgl. die Schnitte durch die Esterweger Dose, Abb. 270).

neben und auf den Torfmoosen ansiedeln. Es leitet zu den bruchwaldähnlichen Gesellschaften der Randgehänge und der teilweise entwässerten Hochmoore über, zumal einzelne Baumkrüppel in ihm hochkommen. Außer den drei unter H genannten trifft man an Zwergsträuchern:

> Vaccinium uliginosum
>   (mehr im Gebirge und im Norden)
> Vaccinium-vitis-idaea
> Vaccinium-myrtillus
>
> Ledum palustre
>   (im Osten und Norden)
> Myrica gale (im Nordwesten)
> Betula nana (seltenes Glazialrelikt, erst im Norden häufiger)

An Baumarten kommen vor (s. Abb. 249, 250, 260):

> Betula pubescens
> Pinus sylvestris (var. „turfosa",
>   in tieferen Lagen)
>
> Pinus mugo (im Gebirge und
>   im Alpenvorland)
> Picea abies (im Gebirge;
>   stark kümmernd)

In ihrem Schatten und unter der Nadelstreu ersticken die Torfmoose oft ganz, so daß man im Zweifel ist, ob man den Bestand noch zum *Sphagnetum* oder bereits zu einer Bruchwald-Gesellschaft rechnen soll (s. Abschn. B V 2 c).

Tab. 59. **Grundwasserstands-Bereich von Sphagnum-Beständen auf Hochmooren**[1]) des nw-deutschen Flachlandes. Nach K. Müller (1965)

Bulte:	Grundwasserstand (cm)	Schlenken:	Grundwasserstand (cm)
Sphagnum fuscum (selten)	< 19 – 33 – > 46	*S. papillosum*	0 – 15 – 28
S. acutifolium	25 – 37 – 50	*S. apiculatum*	0 – 15 – > 30
S. rubellum (häufig)	7 – 29 – 50	*S. balticum* (selten)	0 – 13 – 26
S. imbricatum (s. selten)	< 20 – 28 – > 36	*S. pulchrum*	0 – 14 – 27
S. magellanicum (s. häufig, auch in Schlenken)	5 – 27 – 49	*S. tenellum* (häufig)	0 – 12 – 23
		S. cuspidatum (s. häufig)	< + 15 – 5 – 24

[1]) d.h. geringster, mittlerer und größter Abstand des mooreigenen Wasserspiegels von der Oberfläche. < + 15 bedeutet: bis zu 15 cm hoch von Wasser bedeckt.

Der wesentliche Faktor, von dem das Artengefüge in den Schlenken- und Bultstadien eines Hochmoores abhängt, ist der Abstand des mooreigenen Wasserspiegels von der Oberfläche (s. Tab. 59). Von den unter E bis I erwähnten Torfmoosarten können nur *Sphagnum cuspidatum* und in geringerem Maße *S. tenellum* untergetaucht weiterwachsen. Alle eigentlichen Bultmoose müssen zumindest ihre Köpfe über der Wasseroberfläche behalten, auch *S. magellanicum,* das sich durch die weiteste Amplitude auszeichnet, und *S. rubellum,* das in F dominiert. Vorübergehende Wassertiefstände ertragen alle Bultbewohner besser als Überflutungen (s. Abb. 278). Im Stadium I kann der Wasserspiegel sogar zeitweilig um mehr als 1 m absinken, ohne daß dadurch das Artengefüge gestört würde.

2 Andere Hochmoortypen

a *Ozeanische, subkontinentale und subalpine waldfreie Hochmoore*

Bei der Schilderung der echten Hochmoore und ihrer Vegetation mußte wiederholt auf Unterschiede im geographischen Verhalten der Arten hingewiesen werden. Je mehr man sich aus dem nordwestdeutschen Flachland und aus der montanen Stufe der mitteleuropäischen Gebirge entfernt, desto auffälliger werden diese Abweichungen, bis sie schließlich so groß sind, daß sie die Unterscheidung besonderer Assoziationen und Verbände erfordern. Bei der geringen Zahl von Arten, die überhaupt auf Hochmooren vorkommen, ist es allerdings weniger das Vorhandensein neuer Charakterarten als vielmehr das Hervortreten oder Fehlen von Differentialarten, das die Aufstellung neuer Einheiten rechtfertigt.

Das *Sphagnetum magellanici*, die kennzeichnende Bultgesellschaft echter Hochmoore, wird sowohl im Westen als auch im Nordwesten und in der hochmontan-subalpinen Stufe der Gebirge von anderen Gesellschaften abgelöst, auf die wir hier nur kurz hinweisen können. Die geographische Variabilität der Schlenken-Gesellschaften ist geringer, so daß wir sie ganz übergehen dürfen.

Im westlichen Mitteleuropa, z.B. auf dem Hohen Venn, treten das *Sphagnetum imbricati* und das *Sphagnetum papillosi* (Abb. 274, vgl. auch Abb. 270) teilweise an die Stelle des *Sphagnetum magellanici*. Beide Gesellschaften ertragen oder fordern größere Nässe und sind nur in Gebieten mit geringer Schneebedeckung und kurzen, milden Wintern verbreitet.

Das im Osten und Norden häufige *Sphagnum fuscum* (Tab. 58) ähnelt *Sphagnum rubellum*, ist aber rein braun gefärbt. Es kann lange und kalte Winter ertragen und ist anscheinend auch gegen zeitweilige Austrocknung widerstandsfähiger als die Moose des *Sphagnetum magellanici*. Seine borealen Begleiter, namentlich die Moltebeere (*Rubus chamaemorus*) und die nordische Krähenbeere (*Empetrum hermaphroditum*) finden sich bereits im ehemaligen Ostpreußen und in den baltischen Ländern häufig, fehlen aber den an *Sphagnum fuscum* reichen subkontinentalen Gebirgs- und Flachlandsmooren Mitteleuropas. Das *Sphagnetum fusci* bildet oft sehr steile Bulten, an deren Zustandekommen wohl auch Frosthebung beteiligt ist. Die atlantischen Torfmoosgesellschaften dagegen wölben sich nur selten zu hohen Bulten empor (vgl. Abb. 272, 273, 260 u. 265).

Abb. 272. Subatlantisches, völlig baumfreies Rasensimsen-Hochmoor: Die bis zu 13 m mächtige „Esterweger Dose" zwischen Emsland und Oldenburg vor etwa 50 Jahren, d.h. vor ihrer Entwässerung. Die hellen Horste auf den flachen Bulten sind *Narthecium ossifragum*, die dunklen *Calluna vulgaris*. In den Schlenken, z.B. vorn links und rechts, *Rhynchospora alba*. Phot. TÜXEN.

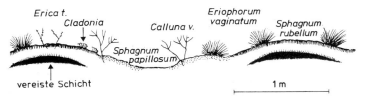

Abb. 273. Schematischer Schnitt durch *Sphagnum papillosum*-Bulte eines atlantischen Hochmoores in den Ardennen. Die Eislinsen wurden nach mehrtägigem Tauwetter am 27. Dez. 1949 festgestellt. Sie sind viel weniger dauerhaft und werden weniger mächtig als in subkontinentalen Hochmooren. Nach VANDEN BERGHEN (1951).

Den hochmontanen und subalpinen Mooren des Riesengebirges und anderer hoher Mittelgebirge fehlen zwar die in ihrer Region verbreiteten *Sphagnum*-Gesellschaften nicht ganz (Abb. 258, 273 u. Tab. 57). Doch spielen diese nur eine untergeordnete Rolle, während die Rasensimse (*Trichophorum cespitosum* ssp. *austriacum*, im Westen ssp. *germanicum*) die mehr oder minder ebenen Mooroberflächen weithin beherrscht und im Herbst einheitlich gelbbraun färbt. Solche Rasensimsen-Moore *(Trichophoretum cespitosi)* wachsen heute nicht mehr, sei es aus klimatischen Gründen, sei es, weil ihr Wasserhaushalt künstlich verändert wurde. Nach ISSLER (1942) hat die Simse auf dem Tanneck-Hochmoor in den Vogesen, dessen Fläche sie heute ganz bedeckt, noch vor hundert Jahren nur am Rande kleine Rasen gebildet. In ähnlicher Weise wurden viele *Sphagnum*-Moore des Schwarzwaldes (J. u. M. BARTSCH 1940) und des Hohen Venn (SCHWICKERATH 1944) infolge Wasserentzuges von *Trichophorum cespitosum* erobert.

Die Rasensimsen-Gesellschaft wird durch Entwässerung des Moores aber nur indirekt gefördert. Denn sie ist sehr wasserbedürftig und gelangt nur in niederschlagsreichen und luftfeuchten Lagen zur Ausbildung (Abb. 270), während sie von den meisten Hochmooren des niederschlagsärmeren Flachlandes nach deren Entwässerung rasch

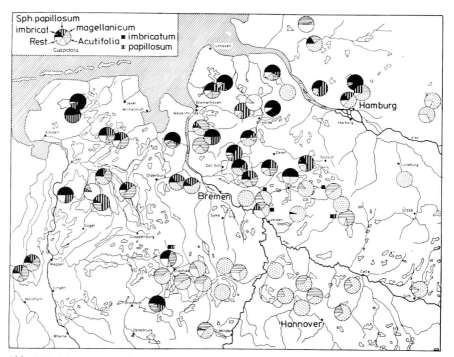

Abb. 274. Moore in Nordwest-Deutschland und Zusammensetzung des jüngeren *Sphagnum*-Torfes (des sog. Weißtorfes) der Hochmoore, soweit davon Analysen vorliegen. Nach OVERBECK (1975), etwas verändert.

Im westlichen und nördlichen Flachland waren früher *Sphagnum imbricatum* und *Sph. papillosum* die hauptsächlichen Torfbildner. In den Pflanzengesellschaften an der heutigen Mooroberfläche spielen diese kaum noch eine Rolle, sondern es dominieren – wie schon früher im Osten und Süden – Arten der Gruppe *Acutifolia* (*Sph. rubellum, Sph. fuscum* u. a.) sowie *Sph. magellanicum* (vgl. Abb. 245 u. 246).

verschwindet. *Trichophorum cespitosum* und *Sphagnum compactum,* sein häufiger Trabant, gedeihen am besten auf mehr oder minder entblößtem und vorübergehend austrocknendem, aber immer wieder vernäßtem Torf, auf dem sie von rasch wachsenden Bultmoosen nicht mehr überwuchert werden können.

Das *Trichophoretum cespitosi* des Hohen Venn und anderer westlicher Hochmoorgebiete gehört übrigens nach SCHWICKERATH nicht mehr zur Ordnung der Hochmoorgesellschaften *(Sphagnetalia fusci),* sondern mit den anmoorigen atlantischen *Erica*-Heiden zur Ordnung *Erico-Sphagnetalia,* die man ihrer Armut an Sphagnen wegen wohl besser *Ericetalia tetralicis* nennen würde (vgl. Abschnitt D II 2 a).

Optimal entwickelt und von Natur aus über große Flächen verbreitet findet man Rasensimsen-Moore im atlantischen Nordwesteuropa, z. B. in Westengland. Schottland und Irland. Einige Beispiele aus Nordirland hat MORRISON (1959) beschrieben. Der bestuntersuchte Moorkomplex Nordwestdeutschlands, das von JENSEN (1961) genau kartierte Sonnenberger Moor im Oberharz, ist zwar in seinen oligotrophen Teilen ebenfalls reich an Rasensimse (Abb. 258). Doch steht es im Vegetationscharakter den Plateau-Hochmooren näher als den terrainbedeckenden Hochmooren in Nordwesteuropa (s. Tab. 57).

b Subkontinentale Waldhochmoore

Während in den subatlantischen terrainbedeckenden Mooren das Wachstum der *Sphagnum*-Bulte unter häufiger Durchnässung leidet, wird es in den Waldhochmooren der relativ kontinentalen Gebiete Nordosteuropas von öfter eintretenden Trockenperioden aufgehalten. Man darf sich diese bruchwaldähnlichen Moore (s. Abb. 275) aus echten Hochmooren gedanklich dadurch ableiten, daß man sich das bewaldete Randgehänge über das ganze Moor ausgedehnt vorstellt. Manche von ihnen sind tatsächlich auf diese Weise, d. h. durch oberflächliche Austrocknung ehemals nicht baumfähiger Komplexe, entstanden.

Waldhochmoore sind im mitteleuropäischen Raum zwar nicht typisch ausgebildet, aber doch hier und dort zu finden, vor allem in Brandenburg, Polen und der Slowakei sowie in Teilen des Alpenvorlandes (Abb. 250). Ihre westlichsten Vorposten finden sich in Südost-Holstein (Salemer Moor bei Ratzeburg, s. LÖTSCHERT 1964) und im nordöstlichen Niedersachsen (Maujahnskuhle bei Lüchow). Oft sind sie aus der Verlandung dystropher Seen hervorgegangen (vgl. Abschnitt C I 1). Ihre Hauptfläche ist im Gegensatz zu dem baumfreien Zentrum echter Hochmoore mehr oder minder

Abb. 275. Kontinentales Waldhochmoor in Polesien mit herrschender *Pinus sylvestris* und einer Zwergstrauchschicht mit *Ledum palustre* und *Chamaedaphne calyculata.*

locker mit Kiefern oder Birken bestockt. Diese wachsen nur langsam und bilden nur ausnahmsweise ein geschlossenes Kronendach, geben dem Moore aber doch ein waldähnliches Aussehen. Im Flachlande ist durchweg *Pinus sylvestris* var. *turfosa* die herrschende Baumart, begleitet und stellenweise ersetzt durch die Moorbirke. Den Mooren der oberbayerischen Hochebene geben Bergkiefern *(Pinus mugo)* ein düsteres Aussehen, und zwar aufrechte Formen in den randlichen Teilen und niederliegende im Innern (Abb. 250, s. LUTZ 1956).

Die Ursache für das bessere Gedeihen von Bäumen auf den Waldhochmooren ist zweifellos in den länger dauernden und stärker ausgeprägten Trockenperioden des relativ kontinentalen Klimas zu suchen. Sie bewirken eine bessere Durchlüftung der oberen Torfschichten und begünstigen dadurch das Wachstum der Baumwurzeln und ihrer Mykorrhiza. Das schüttere Kronendach des Moorwaldes seinerseits beeinträchtigt das Gedeihen der Sphagnen weniger, als dies unter gleichen Verhältnissen in einem strahlungsärmeren Klima der Fall wäre. Ja, die leichte Beschattung dürfte sich oftmals günstig für die Sphagnen auswirken, indem sie ein extremes Absinken der Luftfeuchtigkeit verhindert. Auch das Heidekraut *(Calluna vulgaris)* verhält sich ja im atlantischen Westen wie eine lichthungrige Freilandpflanze, während es im Osten nur unter lockerem Schirm von Kiefern größere Bestände zu bilden vermag.

Die ökologischen Probleme, die das Waldhochmoor aufgibt, sind mit diesen Erörterungen aber noch nicht gelöst. Auf den meisten Waldhochmooren findet man heute so wenig Sphagnen, daß man sich kaum vorzustellen vermag, wie sie überhaupt einmal in die Höhe wachsen konnten. Sie sind zwar in der Mitte nicht emporgewölbt, doch weisen die größeren von ihnen mehrere Meter *Sphagnum*-Torf auf, wenn dieser auch stärker zersetzt und dunkler ist als der „jüngere Moostorf" (vgl. Abb. 266) der echten Hochmoore und meistens mehr Wollgras- und Baumreste enthält. Ist das Klima heute trockener als früher? Hat der Mensch das Wachstum der meisten Waldhochmoore zum Erliegen gebracht? Oder hat vielmehr KULCZYNSKI (1949) recht, der einen regelmäßigen Wechsel zwischen einer baumärmeren Vernässungs- und Wachstumsphase und einer waldgünstigen Austrocknungsphase in der Entwicklung der Waldhochmoore annimmt? Die Untersuchungen von MÜLLER-STOLL und GRUHL (1959) am Moosfenn bei Potsdam bestätigen die letztere Ansicht. Gegenwärtig treten auf den meisten Waldhochmooren schlenkenartige Pflanzenbestände aber nur in der Nähe von Restseen auf. Nirgends ist auf ihnen jenes kleinräumige Mosaik von Bulten und Schlenken zu finden, das den Wachstumskomplex der echten Hochmoore auszeichnet. Aus den zwischenmoorähnlichen Schwingrasen am Seeufer entwickelt sich zunächst ein ziemlich nasses Wollgras-Stadium, das lange andauern und große Flächen einnehmen kann und noch keinen Baumwuchs zuläßt. Systematisch ist es wohl als nasse Untergesellschaft des *Eriophoro-Sphagnetum recurvi* aufzufassen. Durch das massenhafte Auftreten von *Eriophorum vaginatum*, dessen weiße Samenhaarbüschel im Sommer weithin leuchten und dessen kampfkräftige Horste im Herbst grün bleiben, ist es schon von weitem auffällig.

Dies Wollgrasmoor kann in einen Wollgras-Kiefernwald oder Wollgras-Birkenwald übergehen, dessen Unterwuchs noch eine sehr ähnliche Zusammensetzung hat. Weniger nasse Stellen nimmt ein Zwergstrauch-Kiefernwald mit viel *Ledum palustre* ein, der von Kiefernbruchwäldern schwer zu unterscheiden ist (Abb. 217). Zuweilen begegnet man abgestorbenen Kiefernbeständen auf so nassem Torf, daß sie darauf nicht hätten gedeihen können. Diese beweisen, daß auch noch auf den heutigen Waldhochmooren Vernässungsphasen eintreten können.

Nach STEFFEN (1931), LÖTSCHERT (1964), OVERBECK (1975) und anderen verdanken viele der in Mitteleuropa anzutreffenden Waldhochmoore ihren heutigen Zustand beabsichtigten oder unbeabsichtigten Eingriffen des Menschen, die teilweise sehr lange zurückliegen können. In einem relativ trockenen Klima genügen oft schon Entwässerungen in der Umgebung des Moores, um das Wachstum der ohnehin am Rande ihrer Existenzmöglichkeit lebenden Hochmoorsphagnen zum Erliegen zu bringen. Waldhochmoore und echte Hochmoore kommen in Ostpreußen oft nahe nebeneinander, also unter gleichen Klimabedingungen, vor, und zwar sowohl in Küstennähe als auch in relativ kontinentaler Lage. Viele Hochmoore im westlichen Mitteleuropa und im Alpenvorland, die noch vor wenigen Jahrzehnten völlig waldfrei waren, weisen heute eine den östlichen Waldhochmooren ähnliche Vegetation auf. Hier handelt es sich zweifellos um Auswirkungen von Entwässerungen, die das Wachstum nahezu aller Flachlandshochmoore zum Stillstand gebracht haben.

3 Kultivierung von Hochmooren und ihre Auswirkung

a Kultivierungsverfahren in Vergangenheit und Gegenwart

Mit der wirtschaftlichen Nutzung der großen küstennahen Hochmoore begann man in den Niederlanden schon im 16. Jahrhundert, und zwar zunächst, um den Torf für Städte und Industrien als Brennmaterial zu gewinnen. Ein Kanal für die Torfkähne wurde als Hauptvorfluter der Entwässerungsgräben und als Achse der „Fehnkolonie" ausgebaut, die den abgetorften Moorgrund landwirtschaftlich nutzte. Auch in Nordwestdeutschland entstanden, besonders von der Stadt Emden ausgehend, solche Fehnsiedlungen.

In Mooren, die von größeren Orten weit entfernt lagen, lohnte sich jedoch der Torfabbau nicht. Hier entwickelte sich zunächst die extensive Brandkultur, die darin bestand, daß man das mäßig entwässerte Moor oberflächlich abbrannte und in die Torfasche Buchweizen oder andere anspruchslose Feldfrüchte säte. Durch diesen Raubbau wurden viele große Hochmoore zerstört, weil sie sich wegen ihrer erhöhten Lage ohne großen Aufwand entwässern ließen. Die wiederholten Brände verhinderten eine Bewaldung, so daß die Moore ihre Weite zunächst behielten. Torfstiche wurden nur in der Nähe größerer Dörfer angelegt, die dort ihren Eigenbedarf deckten, und zwar meistens am Rande der Hochmoore, wo deren Wasserspiegel am tiefsten gesenkt werden konnte (s. Abb. 276).

Abb. 276. Torfstich in einem oberbayerischen Hochmoor. Der wenig zersetzte obere „Weißtorf" wird in die Grube geworfen (links), während der zum Brennen besser geeignete, stärker zersetzte „Schwarztorf" ziegelförmig ausgestochen, zum Trocknen ausgebreitet (rechts) und zum Nachtrocknen aufgestapelt wird (rechts hinten). Der Sphagnum-Torf ist so undurchlässig, daß es Tage dauert, bis die Grube voll Wasser gelaufen ist. Im Hintergrund Pfeifengras- und Birken-Stadium.

Im 19. und 20. Jahrhundert aber wurden diese wenig ergiebigen Nutzungsformen von der planmäßigen „deutschen Hochmoorkultur" abgelöst, die heute den Landschaftscharakter der meisten nordwestdeutschen Moore bestimmt. Man legte auf der zwar entwässerten, aber nicht abgetorften Oberfläche der Hochmoore Höfe an – meistens locker an Straßen aufgereiht – und trieb einen recht ertragreichen Ackerbau auf dem gekalkten und mit Mineraldünger versehenen Torf. Von der Kalkung ist man heute abgekommen, weil sie die Zersetzung des lockeren Moostorfes zu sehr beschleunigt und damit zu einer ungünstigen Struktur der Ackerkrume führt. Nach den Erfahrungen der Moorversuchsstation in Bremen kann man selbst bei p_H 3,5 noch Weizen ernten, wenn man die Felder nur immer reichlich mit Nährstoffen versieht (ELLENBERG 1958). Die Häuser der alten Moorkolonien sind heute von hohen Birken, Eschen oder Kiefern umgeben, und auch an den Straßen wachsen kräftige Bäume. Häufig merkt man nur noch an der infolge ungleichmäßiger Sackung des Torfes eigentümlich welligen Oberfläche, daß man von dem festen Sandgrund der Geest auf ein ehemaliges Hochmoor gekommen ist. Die Sackung großer Moorkörper kann übrigens mehrere Meter betragen, ein Zeichen, wie wasserreich der schwammige *Sphagnum*-Torf einst war, als seine Bildner noch lebten.

In der gegenwärtigen weltwirtschaftlichen Situation sind Grünlandbetriebe auf entwässertem Hochmoor unrentabel und teilweise aufgegeben worden (s. Abschnitte D X 1a u. 2a). Man erwägt daher eine Aufforstung oder andere Nutzungsarten. Vielleicht gelingt es sogar, bei einigen nicht zu sehr vom Menschen veränderten Mooren nach dem Zuwerfen der Entwässerungsgräben wieder ein Hochmoorwachstum in Gang zu bringen.

b   Verheidung und Bewaldung entwässerter Hochmoore

Reste der ehemaligen Pflanzendecke findet man in vielen kultivierten Mooren überhaupt nicht mehr. Nur in einigen Torfstichen entwickeln sich noch schlenkenähnliche Stadien mit viel *Eriophorum vaginatum* oder wohl auch einmal einige *Sphagnum ma-*

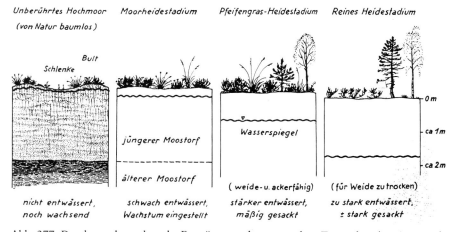

Abb. 277. Durch zunehmend starke Entwässerung hervorgerufene Zustandsstufen eines nordwestdeutschen Hochmoores, halbschematisch. Nach ELLENBERG (1954), etwas verändert.
Schon eine geringe Absenkung des moorigenen Wasserspiegels genügt, um das Wachstum der Sphagnen zu hemmen und Zwergsträucher sowie andere „Bultpflanzen" zu begünstigen. Bei tieferer Entwässerung können Bäume gedeihen. Der Torf sackt, wenn er nicht mehr wasserdurchtränkt ist.

gellanicum-Bulte. Die alte Oberfläche des Moores verheidet wenige Jahre nach ihrer Entwässerung, bedeckt sich also mit einer bultähnlichen Vegetation oder gar mit einer reinen *Calluna*-Heide. Sie würde sich mit Birken und Kiefern und schließlich auch mit Eichen (und zwar einem *Betulo-Quercetum molinietosum*) bewalden, wenn der Mensch dies auf die Dauer zuließe. Nach Brand dehnt sich auf den Moorheiden *Molinia caerulea* aus, deren Horste sich rascher regenerieren als die Zwergsträucher (Abb. 277).

Da manche Hochmoore bisher zwar entwässert, aber nicht in intensive Kultur genommen wurden, entwickelten sich auf ihnen die verschiedensten Heide-, Rasen- oder Bewaldungsstadien. Leider bieten sie nur einen eintönigen Ersatz für die bunte Mannigfaltigkeit der unberührten Hochmoore, deren Leben schon nach einer geringfügigen Absenkung des mooreigenen Wasserspiegels unwiederbringlich erstirbt (Abb. 277 u. 278). Unter natürlichen Verhältnissen kommt es zwar in trockenen Sommern ebenfalls zu Wachstums-Stockungen, weil der mooreigene Wasserspiegel zu tief sinkt (s. z. B. Abb. 278). Doch erholen sich die Sphagnen in regenreichen Zeiten wieder und wachsen in feuchtwarmen Jahren um so üppiger.

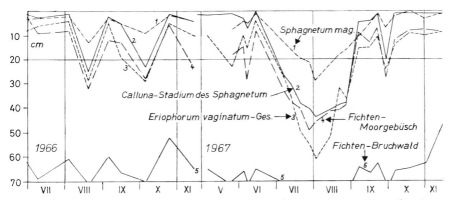

Abb. 278. Der Wasserspiegel schwankt in Hochmooren auch von Natur aus. Gegenüber einem normalen Jahr (1966) kann er in einem relativ trockenen Jahr (1967) so stark absinken, daß die Torfmoose ausbleiben und nicht weiterwachsen (montanes Moor im Thüringer Wald). Nach SCHLÜTER (1970), verändert.
1. Im Primärstadium der Torfmoos-Gesellschaften *(Sphagnetum magellanici)* am Rande eines Tümpels bleibt der mooreigene Wasserspiegel meistens nahe der Oberfläche. Wenn er ausnahmsweise tiefer als 20 cm absinkt, trocknen die Sphagnen ab und werden hell, weil sich die Hyalinzellen mit Luft füllen („Bleichmoos"); 2. Zwergsträucher (z. B. *Calluna vulgaris*) fassen im *Sphagnetum* Fuß, wo der Wasserspiegel öfters tiefer sinkt; 3. Scheidenwollgras-Heiden *(Eriophorum vaginatum-*Ges.) weisen auf stärker wechselnasse Standorte hin. 4. Unter solchen Bedingungen können auch schon Fichten-Gebüsche hochkommen, gedeihen aber schlecht *(Piceo-Vaccinietum uliginosi);* 5. Fichtenbruchwald bildet sich nur aus, wo das Wasser niemals längere Zeit nahe der Bodenoberfläche steht (der Bestand am Rennsteig ist allerdings etwas entwässert worden).

Interessant ist das Verhalten der verschiedenen *Sphagnum*-Arten auf den ehemaligen Bulten und in den Schlenken des Wachstumskomplexes, wenn diesem nach und nach das Wasser entzogen wird (Abb. 279). Zuerst sterben die Schlenken-Sphagnen ab, weil sie nur lockere Rasen bilden, der trockenen Luft leichten Zutritt gewähren und vergleichsweise stark transpirieren (Abb. 280). Am längsten halten sich die dichten Bultsphagnen, und zwar besonders unmittelbar unterhalb der Kuppe des Bultes, wo sie das von dieser abfließende Regen- und Schmelzwasser stauen und im Halbschatten der Zwergsträucher leben können, also nicht unmittelbar den Sonnenstrahlen ausgesetzt sind. Infolge des tiefen Wasserstandes im Boden verlangsamt sich der Zuwachs aller Sphagnen schon bei geringer Entwässerung so sehr (Abb. 281), daß das Wachstum des Hochmoores rasch aufhört. Abb. 280 und 281 geben zugleich eine Vorstellung von den Ursachen, warum die *Sphagnum*-Arten auch beim natürlichen Hochmoorwachstum schon bei geringen Unterschieden in der Wasserversorgung einander ablösen.

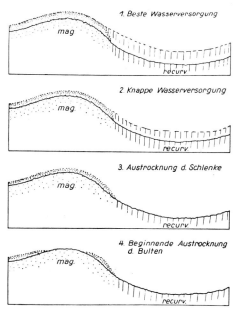

Abb. 279. Bei zunehmender Austrocknung eines Hochmoores stellen zunächst die Schlenkenmoose ihr Wachstum ein *(Sphagnum recurvum)*. Auf den Bulten hält sich *Sphagnum magellanicum* im Randbereich, dem das von der Kuppe ablaufende Regenwasser zugute kommt. Nach OVERBECK und HAPPACH (1957).

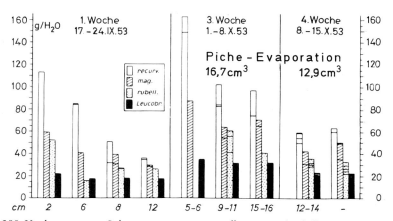

Abb. 280. Verdunstung von *Sphagnum recurvum, magellanicum* und *rubellum* sowie von *Leucobryum glaucum* während jeweils einer Woche in freistehenden Versuchsgefäßen bei Wasserständen von 2–14 cm unter der Oberfläche der Moosrasen. Ganz rechts ohne stehendes Wasser im Gefäß. Querstriche der Säulen = Einzelversuche. Nach OVERBECK und HAPPACH (1957), verändert.

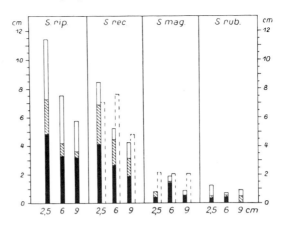

Abb. 281. Längenwachstum von *Sphagnum*-Arten in Kulturgefäßen bei einem Wasserstand von 2,5 sowie 6 und 9 cm unter der Oberfläche der Moosrasen. Nach OVERBECK und HAPPACH (1957). Schwarz = Zuwachs vom 22.7. bis 23.8., schraffiert = bis 23.9., weiß = bis 21.10.1954. Sämtliche Gefäße im Freien, aber durch ein Glasdach gegen Regen geschützt. Gestrichelte Kolonne = frei dem Regen ausgesetzt. *Sphagnum riparium, recurvum, magellanicum* und *rubellum*.

4 Bau und Lebensbedingungen der Hochmoor-Phanerogamen

a „Xeromorphie" und Ernährung

Während die Sphagnen leiden und sterben, wenn ein Hochmoor entwässert wird, gedeihen die Phanerogamen um so kräftiger. Immer höher emporwachsende und tiefer wurzelnde Pflanzenarten erobern den besser durchlüfteten Torfboden, bis schließlich ein Wald entsteht, wenn ihn der Mensch nicht daran hindert (Abb. 277).

Zugleich ändert sich der Bautyp der herrschenden Arten in auffälliger Weise. Auf dem nassen Moore haben nur die unterirdischen Organe vieler Schlenkenpflanzen die für Sumpfgewächse typischen Eigenschaften, z.B. große lufterfüllte Interzellularräume in der Rinde und verhältnismäßig dünne Leitungsbahnen. Die oberirdischen Teile der meisten Hochmoor-Phanerogamen dagegen erinnern eher an Charakterpflanzen sehr wasserarmer Standorte, beispielsweise der Trockenrasen und Steppen. Sie sind „xeromorph", obwohl sie auf nassem Boden oder gar im Wasser stehen. Die auf den entwässerten Hochmooren herrschenden Arten dagegen sind weniger xeromorph, ja mesomorph, zeigen also relativ größere Blattflächen, weniger Spaltöffnungen pro Flächeneinheit, dünnere Epidermis und Kutikula, ein weniger dichtes Blattadernetz, geringere relative Leitflächen im Stengel und andere auf bessere Wasserversorgung abgestimmt erscheinende Baumerkmale, obgleich sie im Verhältnis viel weniger Wasser zur Verfügung haben.

Dieses Paradoxon hat Physiologen und Ökologen seit SCHIMPERS Theorie von der „physiologischen Trockenheit der Hochmoore" lebhaft beschäftigt (s. besonders FIRBAS 1931 und OVERBECK 1975). Heute wissen wir, daß die Xeromorphie weder mit der Kälte des Moorwassers noch mit seinem Gehalt an sauren Humusstoffen zusammenhängt, sondern vor allem von der Nährstoffarmut der Hochmoorstandorte verursacht wird. Es handelt sich m.a.W. nicht um Xeromorphosen, sondern um „Peinomorphosen" (durch Hunger bedingte Bauveränderungen). Nach MÜLLER-STOLL (1947) und anderen sind Pflanzen, die bei Stickstoffmangel kultiviert wurden, stärker xeromorph als solche, die unter sonst gleichen Bedingungen bei guter Stickstoffernährung aufwuchsen (Abb. 282). Bei *Andromeda polifolia* erzielte SIMONIS (1948) die stärksten Xeromorphiegrade sogar an naß und stickstoffarm aufgezogenen Pflanzen und nicht bei den Kombinationen trocken-stickstoffarm oder trocken-stickstoffreich. Dieser

Befund steht im Einklang damit, daß die Phaerogamen der Schlenken oft stärker peinomorph sind als diejenigen der Bulte.

Tatsächlich bilden lebende Hochmoore nährstoffarme, und zwar vor allem phosphor- und stickstoffarme Standorte. Das hat mehrere Gründe, die sich in ihrer für die höheren Pflanzen nachteiligen Wirkung gegenseitig steigern: Einmal erhält das Hochmoor keine Nährstoffe aus dem Boden, weil es ihn in mächtigem Paket überlagert und auch keine seitlichen Zuflüsse von „Mineralbodenwasser" auf seine Oberfläche gelangen. Zweitens werden die in den wachsenden Sphagnen festgelegten Nährstoffmengen nur in geringem Maße für die übrigen Pflanzen nutzbar, weil nicht genügend freilebende Mikroorganismen existieren können, die sie mineralisieren (BURGEFF 1961). Die Phanerogamen des Hochmoores haben daher fast ausnahmslos Mykorrhizen, die ihnen den ohnehin geringen Eiweißgehalt der toten Pflanzensubstanzen nutzbar machen, und diese entwickeln sich in durchlüftetem Boden besser als in nassem. Als dritter Grund für die Armut des lebenden Hochmoores an pflanzenaufnehmbarem Stickstoff kommt sein hochanstehender eigener Wasserspiegel hinzu, der den Wurzelraum mancher Phanerogamen, insbesondere der Bäume, einengt. Möglicherweise spielt die Nässe zusammen mit dem hohen Säuregrad des Hochmoores noch in einem vierten Zusammenhang eine Rolle, und zwar dadurch, daß sie den Abbau der spärlichen Eiweißmengen hemmt, die mit dem Pollen höherer Pflanzen und anderem organischem Staub oder mit Tierleichen auf das Hochmoor gelangen. Die Sonnentau-Arten, die diese Stickstoffquelle direkt ausnutzen können, sind bezeichnenderweise die einzigen mehr oder minder mesomorphen Phanerogamen der nassen *Sphagnum*-Gesellschaften. Endlich muß man sich vergegenwärtigen, daß ja die in den lebenden Pflanzen angesammelten Nährstoffe nicht wie bei einem Walde wieder nahezu restlos in den Wurzelbereich zurückgelangen, sondern infolge des Höhenwachstums bei einem Hochmoor teilweise als „totes Kapital" in den tieferen Schichten liegen bleiben. Der ohnehin magere Stoffkreislauf ist also für die Hochmoor-Lebensgemeinschaften nicht einmal geschlossen, sondern auf ständige Zufuhr angewiesen.

Diese Zufuhr erfolgt aus der Luft, und zwar mit dem eiweißhaltigen Blütenpollen und anderem organischen Staub, aber vor allem mit den Niederschlägen, die das in der

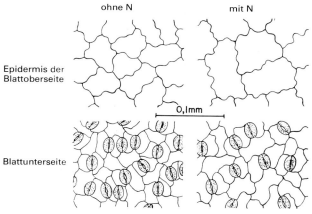

Abb. 282. Einfluß einer Stickstoffdüngung (Ammonsulfat) auf die Blattstruktur der Moosbeere *(Vaccinium oxycoccus)*. Ohne N ist die Struktur peinomorph, mit N stärker mesomorph. Nach MÜLLER-STOLL (1947), aus ELLENBERG (1963).

Luft enthaltene Ammoniak und andere Stickstoffverbindungen in gelöster Form auf die Bodenoberfläche bringen. Früher belief sich die auf diese Weise erfolgende „Düngung" in Mitteleuropa durchschnittlich auf etwa 6 kg pro Hektar und Jahr, und in Nordeuropa auf noch weniger. Seit etwa 1950 stiegen diese Zufuhren infolge von Luftverunreinigungen immer rascher an und betrugen 1972 im Solling jährlich etwa 20 kg/ha. Es ist zu befürchten, daß durch diese unvermeidliche Eutrophierung auch die letzten noch „lebenden" Hochmoore Mitteleuropas ihren extrem oligotrophen Charakter verlieren und ihr Höhenwachstum einstellen werden, zumal der Verbrauch an stickstoffhaltigen fossilen Brennstoffen und damit die Konzentration des NH_3 und der NO_x-Verbindungen in der Luft weiterhin steigt. Der Mineralstickstoffgehalt der Sphagnumdecke ist nach BRANDT (unveröff.) dementsprechend hoch.

In manchen Hochmooren, z. B. auf dem Harz, stieg in den letzten Jahrzehnten auch der Gehalt an Calcium – zweifellos infolge der Immissionen durch Zement- und Gipswerke am Harzrand. Der eigentliche Mangelfaktor dürfte der Phosphor sein, der nur in geringen Mengen über die Luft zugeführt werden kann. Untersuchungen hierüber stehen aber m. W. noch aus.

Der peinomorphe Bau der typischen Hochmoor-Phanerogamen setzt sie in die Lage, selbst an trockenen Tagen die Spalten offen zu halten, also gleichmäßig zu transpirieren und durch reichlichen Wassernachschub den geringen Mineralstoffgehalt des Moores bis zu einem Grade wettzumachen (s. FIRBAS 1931). Andererseits erlaubt ihnen ihre kräftige Kutikula und ihr guter Spaltenschluß, übermäßige Transpirationsverluste zu vermeiden, wenn ihr Wurzelraum ausnahmsweise einmal stark ausgetrocknet oder aber tief gefroren ist, was in schneearmen Wintern durchaus vorkommen kann.

b Kleinklima der Hochmoore

Bis weit in den Sommer hinein bleibt der aus lockeren Torfmoosen gebildete Boden gefroren oder doch sehr kalt (Abb. 273). Das liegt an der relativ großen Eismasse, die in ihm enthalten ist, wenn sein Wasser erst einmal unter den Nullpunkt abgekühlt wurde. Außerdem wirkt dabei die geringe Wärmeleitfähigkeit der obersten *Sphagnum*-Polster mit, die sofort eintritt, wenn deren zahlreiche Hohlräume nicht mehr von Wasser, sondern von Luft erfüllt sind. Infolgedessen fühlen sich die oberen Zentimeter eines *Sphagnum*-Bultes bei mittäglicher Einstrahlung im Frühjahr schon sehr warm an, während man in 10–20 cm Tiefe noch Eis findet. Selbst im Juni oder Juli können die Temperaturen in dieser Tiefe noch unter 10 °C, ja nahe an 0 °C liegen. Niedrige Temperaturen und krasser Temperaturwechsel hemmen aber, wie FIRBAS (1931) zeigte, die Wasseraufnahme der Hochmoor-Phanerogamen kaum, während andere Arten der mitteleuropäischen Flora, insbesondere Waldpflanzen, empfindlich darauf reagieren.

Entwässerter Hochmoortorf ist wegen seines hohen Luftgehaltes ein außerordentlich schlechter Wärmeleiter. Infolgedessen hält er die Winterkälte in seinen tieferen Schichten besonders lange, obwohl sich das Keimbett der Pflanzen bei Besonnung rasch erwärmt. In klaren Strahlungsnächten kommt es infolge der geringen Wärmenachleitung aus dem Unterboden leicht zu Bodenfrösten. Kultivierte Hochmoore sind deshalb, vom Landwirt her gesehen, besonders „kalte" Standorte und für frostempfindliche Feldfrüchte und Obstarten nicht geeignet. In der Umgebung solcher Moore wirkt sich ihr ungünstiger Wärmehaushalt so sehr aus, daß beispielsweise Aurich und andere zwischen entwässerten Hochmooren liegende Orte Nordwestdeutschlands trotz Küstennähe ein überraschend nachtkaltes Klima haben (s. Tab. 60).

Tab. 60. Einfluß entwässerter Hochmoore auf die Minima der Lufttemperatur zu verschiedenen Jahreszeiten in Niedersachsen. Langjährige Monatsmittel der täglichen Minima, nach „Mitteilungen des Reichsamtes für Wetterdienst" (1939), in °Cels.

Monate	Nordseeküste		**Hochmoorgebiete**		Binnenland	
	Borkum	Wilhelmshaven	Aurich	Bremervörde	Bremen	Hildesheim
Januar	0,0	− 1,1	− 1,8	− 2,4	− 1,3	− 2,0
April	4,6	3,7	2,7	2,0	3,6	3,4
Juli	14,3	13,0	11,5	11,3	13,0	12,5
Oktober	8,0	6,7	5,3	4,6	6,2	5,7

Die Hochmoorgebiete sind zu allen Jahreszeiten am kältesten!

Mit der kleinklimatischen Eigenart der Hochmoore hängt zweifellos auch ihr besonderer Reichtum an borealen Pflanzen zusammen, der freilich auch durch den extrem sauren Humus gefördert wird. Das nordische Element vertreten vor allem *Scheuchzeria palustris, Rhynchospora alba, Trichophorum cespitosum,* die *Drosera-* und *Vaccinium-*Arten, *Andromeda polifolia, Ledum palustre* und *Chamaedaphne calyculata.* Frostempfindliche Arten mit atlantischer Verbreitung, wie *Erica tetralix, Myrica gale* und *Narthecium ossifragum,* kommen nur auf den torfmoosärmeren, nasseren und weniger ausgeprägt bultigen Mooren des Nordwestens vor, also auf Moorböden, die seltener eine für den Wärmehaushalt ungünstige lufterfüllte Oberschicht ausbilden.

Verhältnismäßig „kontinental" ist das Kleinklima über oberflächlich abgetrockneten Torfmoospolstern auch insofern, als sich die Luft über ihnen bei Sonneneinstrah-

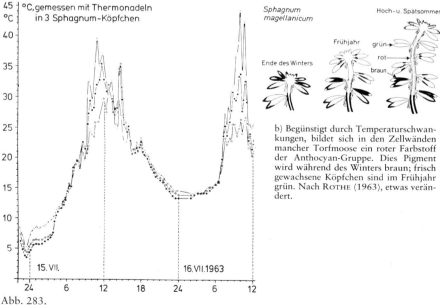

Abb. 283.
a) In den Köpfchen von Torfmoosen *(Sphagnum magellanicum)* schwankt die Temperatur beträchtlich (vgl. Abb. 267). Nach Messungen von RUDOLPH im Kaltenbrunner Moor (Schleswig), aus OVERBECK (1975), verändert.

b) Begünstigt durch Temperaturschwankungen, bildet sich in den Zellwänden mancher Torfmoose ein roter Farbstoff der Anthocyan-Gruppe. Dies Pigment wird während des Winters braun; frisch gewachsene Köpfchen sind im Frühjahr grün. Nach ROTHE (1963), etwas verändert.

lung rasch und stark erwärmt. Über freiem Hochmoor bleibt die Verdunstung deshalb nur etwa 20–30% geringer als an Felshängen und anderen Trockenstandorten (FIRBAS 1931).

Durch den scharfen Temperaturwechsel wird die Rotfärbung mancher Sphagnen ausgelöst, die nach RUDOLPH (1963) in einer Anreicherung besonderer Anthozyane in den Zellwänden besteht. Intensiv wird diese Verfärbung im Spätsommer und Herbst, wenn auf dem Hochmoor bereits allnächtlich Frostwechsel eintreten (s. Abb. 283), während sich die Bodentemperaturen in seiner Umgebung noch über dem Gefrierpunkt halten.

In verschiedenster Hinsicht ist mithin der Standort der Hochmoorpflanzen extrem. Nur ihr besonderer Bau und ihre Genügsamkeit setzen sie in die Lage, außerhalb des Lebensbereiches unserer meisten Arten auf den Hochmooren Freiplätze zu behaupten.

IV Seemarschen und Salzstellen des Binnenlandes

1 Salzpflanzengesellschaften des Meeresstrandes

a Herkunft der Halophyten

Die Halophyten und ihre artenarmen Lebensgemeinschaften im Kampfbereich zwischen Land und Meer haben schon früh und immer wieder Floristen, Physiologen, Ökologen und Pflanzensoziologen angezogen. Eine reiche Literatur (s. hierzu ADRIANI 1958, BEEFTING 1968 u. CHAPMAN 1975) läßt uns ihre extremen Daseinsbedingungen und die Ursachen ihres ökologischen Verhaltens recht gut übersehen, wenn auch noch viele Fragen offenbleiben. Deshalb wollen wir sie hier gründlich behandeln, zumal die Meeresküsten jenseits der Deiche zu den wenigen Landschaften gehören, in denen wir bei uns noch ungebändigte Natur erleben können. Eine ausführlichere Darstellung rechtfertigt sich außerdem dadurch, daß die Wattenküste an der deutschen Nordsee-

Abb. 284. Die Hallig Langeneß in Nordfriesland ist der Nordsee frei ausgesetzt und gibt teilweise eine Vorstellung von der natürlichen Marschvegetation. Phot. Landesbildstelle Hamburg, etwa 1950.

Vorn links ein oft überfluteter Andelrasen mit einem Priel; am Ufer des größeren Priels dahinter Wermutgestrüpp. Der Hauptteil der Insel ist von beweidetem Strandnelkenrasen bedeckt. Vor Sturmfluten finden Mensch und Vieh Zuflucht auf der Warft, einem künstlichen Erdhügel, an dessen Böschungen ein kaum noch salzbeeinflußter Weidelgrasrasen wächst.

bucht zu den ausgedehntesten der ganzen Erde gehört (LINKE 1939). Von dem durchweg mehrere km und maximal 17 km breiten Gezeitensockel der Nordsee ist allerdings nur ein kleiner Teil als Lebensraum für höhere Pflanzen geeignet, und zwar auf der einen Seite die Kette der Inseln, die das Watt gegen das offene Meer schützen, und auf der anderen die anwachsende Marsch, die sich als ein schmales und oft unterbrochenes Band vor den Schaudeichen der Küste hinzieht. Einige unbedeichte Inseln vor der nordfriesischen Küste, die sogenannten Halligen (Abb. 284), sind Zeugen des einst weit ausgedehnten fruchtbaren Marschlandes, das in den Sturmfluten der frühen Neuzeit unterging.

Wenn auch nicht so großflächig wie an der Nordsee, so gibt es doch Salzmarschen von sehr ähnlichem Aussehen und mit entsprechenden Lebensbedingungen an vielen Meeresküsten der gemäßigten Zone. Als Beispiele seien nur die Strand-Salzwiesen von Ost-Hokkaido (MIYAWAKI u. OHBA 1965) und Nord-Kyushu in Japan (UMEZU 1964) sowie die Marschen von North Carolina in den USA genannt (ADAMS 1963). Wie in allen extremen Lebensräumen, so gedeihen auch an der Meeresküste nur wenige Gefäßpflanzenarten, diese aber oft in großer Menge (s. Abb. 285).

Das Entstehungszentrum der salzertragenden Phanerogamen liegt wahrscheinlich nicht in Mitteleuropa. In den Niederungen und Salzpfannen der asiatischen Halbwüsten und Steppen und in den kontinentalen Trockenlandschaften anderer Erdteile sowie an den warmen Lagunenküsten des Mittelmeeres findet man ihre artenreiche Verwandtschaft. Von den etwa 30 großenteils ausdauernden Soden-*(Suaeda-)*Arten beispielsweise wächst an der Nord- und Ostsee nur eine einzige, und diese ist annuell. Der Queller (*Salicornia europaea* als Sammelart), unser wichtigster Verlandungspionier, ist ebenfalls Therophyt und (mit einigen neuerdings unterschiedenen Kleinarten) letzter Ausläufer einer schon in Südwesteuropa mit mehreren perennierenden Arten vertretenen Gattungsgruppe. Offenbar vertragen die meisten mediterranen Salzpflanzen, namentlich die Chenopodiaceen unter ihnen, unseren harten Winter nicht. Die Annuellen überdauern ihn in Form von Samen, die bei *Salicornia* erst im April keimen. Winterfröste und die zusätzliche Anspannung des Wasserhaushaltes durch diese dürf-

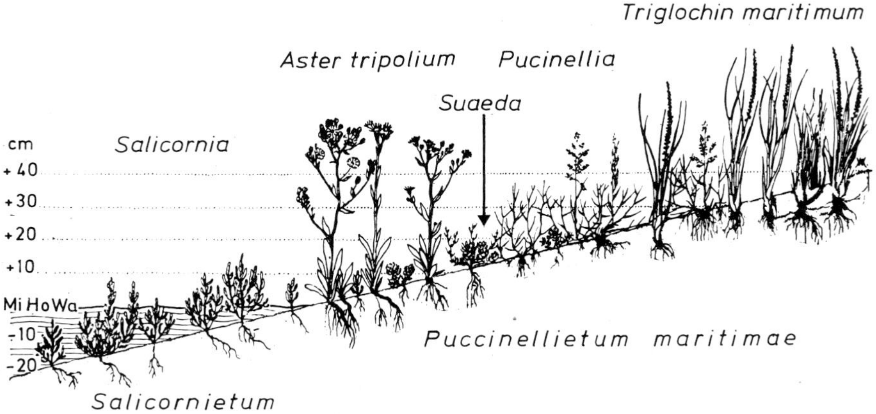

Abb. 285. Zonierung der Landpflanzen am Meeresstrand in Abhängigkeit von der Lage zur mittleren Hochwasserlinie. Nach MEYER aus SCHÜTTE (1939), verändert.

Bis etwa 30 cm unter Mittel-Tidehochwasser dringt der Queller (*Salicornia*) vor; Salzaster (*Aster tripolium*) und Salzmelde (*Suaeda maritima*) unterschreiten MHW kaum; Andel (*Puccinellia maritima*) und Meerstrandsdreizack (*Triglochin maritimum*) machen schon höher Halt.

ten auch die Hauptursache dafür sein, daß die Meeresküsten der gemäßigten Zone keinen Mangrovegürtel tragen. Bei unseren krautigen Halophyten ist die Frostresistenz in der Regel groß und vom Salz-Zucker-Verhältnis unabhängig (KAPPEN u. ULLRICH 1970).

Die salzresistenten Strandpflanzen werden durch Meeresströmungen und Vögel weltweit verschleppt. Wie wirksam Zugvögel für ihre Verbreitung sorgen, zeigt sich an den „Salzstellen" des Binnenlandes, auf die wir in einem besonderen Abschnitt eingehen wollen. Neugeschaffene und ganz isoliert liegende Salzaustritte werden in erstaunlich kurzer Zeit von fast allen halophilen Arten besiedelt, die dort überhaupt gedeihen können (s. AELLEN in HEGI III, 2, 2. Aufl.) Verglichen mit der terrestrischen Salzflora Mitteleuropas ist die marine reicher an Arten und Lebensformen, vor allem, was die Kryptogamen anbetrifft (GESSNER 1957, SCHWENKE 1969). Doch wollen wir auf die Pflanzengemeinschaften des Meeres hier nur kurz eingehen. Sie haben vor allem insofern für uns Bedeutung, als sie die überraschend große Fruchtbarkeit des Watts und der aus ihm entstandenen Seemarschen und Dünen erklären helfen.

b Lebensbedingungen im Watt

Sämtliche Land-Halophyten sind extreme Lichtpflanzen und können sich nur in offenem Gelände entwickeln, wo sie nicht von anderen Pflanzen überschattet werden. Konkurrentenarme Standorte bieten sich ihnen in der europäischen Naturlandschaft nirgends in so großem Ausmaße wie an den flachen Gezeitenküsten; denn Abbruch und Anlandung hören im Bereich von Ebbe und Flut niemals auf, wenn auch das Meer nur bei landwärts gerichteten Stürmen auffällige Neubildungen hinterläßt. Dies gilt sowohl für die strömungs- und windoffenen „Außenküsten" als auch für die ruhigeren „Innenküsten".

Dem täglich zweimaligen Wechsel zwischen Überflutung und Wasserfreiheit des Bodens sind nur besonders ausgerüstete Organismen gewachsen. Wie auf allen extremen Standorten findet man hier deshalb nur wenige Arten, diese aber in ungeheurer Individuenzahl. Sowohl oberhalb als auch unterhalb der mittleren Hochwassergrenze nimmt die Zahl der dort existenzfähigen Pflanzen- und Tierarten mit steigender Entfernung von dieser ökologisch bedeutsamen Linie in der Regel zu. Um das zu verstehen, müssen wir uns mit der Tide näher vertraut machen.

Der durchschnittliche Tidehub, d. h. der Abstand vom Mittelniedrigwasser (MNW) zum Mittelhochwasser (MHW), beträgt an der deutschen Nordseeküste etwa 1.5–3.75 m (Abb. 286). Er ist in Buchten wie dem Jadebusen und dem Dollart und in den Mündungstrichtern der Flüsse am größten, weil hier das auflaufende Wasser eingeengt und gestaut wird. Zur Zeit der Springtide, d. h. wenn sich die Anziehungskraft von Mond und Sonne summieren, ist das Hochwasser (Springhochwasser SpHW) um etwa $^{1}/_{4}$ m höher und das Niedrigwasser um etwa ebenso viel tiefer. Bei Nipptide verkleinert sich die Amplitude entsprechend. Weststürme können die Gezeitenwelle um mehrere m heben, während Oststürme sie bis zu 2 m senken. Der maximale Tidehub beträgt deshalb mehr als das Doppelte des normalen (Abb. 286). Beide Extreme werden vielen Organismen zum Verhängnis.

Am schwierigsten ist es, dauernd im MHW-Bereich zu leben, wo die Trockenliegezeit (TZ) ebenso lange dauert wie die Wasserbedeckungszeit (WZ). Landorganismen werden hier durch das Wasser gefährdet, Wasserorganismen hingegen durch das stundenlange Fehlen ihres Elements. Ist überdies noch der Wellenschlag stark und der Boden unstabil, so bleibt diese Zone fast frei von Lebewesen. Am sandigen Außenstrand beginnen daher die Land-Phanerogamen erst 0.5–1 m über MHW Fuß zu fassen und geben den Sand auf breiter Fläche zunächst dem Winde preis. Am Innenstrand jedoch steigen sie bis unter MHW hinab und verhindern selbst an sandigen Küsten Flugsandbildungen, weil die Wattoberfläche nur selten austrocknet.

Als Watt bezeichnet man gewöhnlich das Übergangsgebiet zwischen Meer und Land, soweit es bei MHW unter Wasser kommt und bei MNW trockenfällt. LINKE (1939) definiert es genauer als den Gezeitenschelf, d. h. die als Ganzes nur sanft abfallende Fläche, die vor dem direkten Einfluß des Meeres geschützt liegt, und rechnet es von SpHW bis SpNW. Nur bei Stürmen herrscht über dem Watt starker Wellenschlag, während das Flutwasser normalerweise fast lautlos und ohne Brandung aufläuft. Bei Ebbe, d. h. in der Zeit zwischen Hoch- und Niedrigwasser, sammelt sich das Wasser in zahllosen mäandrierenden Prielen, die seicht beginnen und, sich vereinigend, breiter und tiefer werden, bis sie ein sogenanntes „Tief" bilden, d. h. einen Wattstrom, der auch bei Niedrigwasser niemals trockenfällt. Hinter jeder größeren ostfriesischen

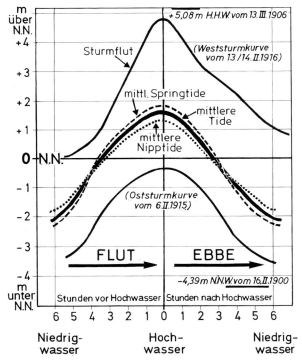

Abb. 286. Mittlere und extreme Meeresspiegel-Schwankung in Wilhelmshaven mit den an der Nordseeküste üblichen Bezeichnungen. Nach SCHÜTTE (1939), verändert.

Flut nennt man nicht den Höchststand, sondern das (etwa 6 Stunden dauernde) Steigen des Spiegels vom Niedrigwasser zum Hochwasser; Ebbe ist der umgekehrte Vorgang. Beide bilden ein „Tide." Der mittlere „Tidehub" beträgt bei Wilhelmshaven 3,59 (von 2,1 m unter „Normal Null" bis 1,5 m über N.N.). Bei Springtide (d. h. wenn sich die Anziehungskraft von Mond und Sonne addieren) vergrößert sich diese Spanne, bei Nipptide verringert sie sich. Weststürme drücken das Meer in den Jadebusen hinein und führen zu Sturmfluten, besonders bei Springtide. Oststürme bewirken das Gegenteil; die maximale Meeresspiegel-Schwankung beträgt daher mehr als 9 m.

Die ökologisch wichtigste Pegelmarke für die Wattvegetation ist das „mittlere Tidehochwasser" (M.T.H.), auch „Mittelhochwasser" (Mi. Ho. Wa., s. Abb. 285) genannt. Sie liegt nicht bei Normal Null, sondern 1,54 m darüber.

Insel gibt es eine Wasserscheide des Prielsystems, auf der man während der Trockenliegezeit ziemlich unbehindert zum Festland wandern oder fahren kann.

Das Watt ist zwar nur für verhältnismäßig wenige Pflanzen und Tiere besiedelbar, für diese aber ein außerordentlich günstiger Lebensraum. Wasser und Boden enthalten große Mengen organischer Substanz (Tab. 61) und damit Stickstoff und Phosphor. GESSNER (1940) fand in den Pfützen des Schlickwatts bei Husum 80 bis 100mg P/m^3 Wasser, im Bereich des Sandwatts dagegen nur 20–40. Die meisten Wattböden sind außerdem reich an Kalk (Tab. 61), der vor allem in Form von zerriebenen Muschel- und Schneckenschalen („Schill") vorliegt. Der Nährstoffgehalt des Watts steigert sich im großen und ganzen landeinwärts, weil die Transportkraft der andringenden Flut in dieser Richtung nachläßt und die feineren Bodenarten reicher an organischem Material sind (Tab. 61). Dementsprechend kann man ein Sandwatt und ein Schlickwatt unterscheiden, das auch die Schlicksandflächen mitumfaßt.

Tab. 61. Korngrößen-Verteilung, Kalkgehalt und organische Substanz in Wattböden der Nordseeküste. Nach Angaben von Linke (1939)[1])

Wattbodenart	Sand	Schlick-sand	Schlick	Wattbodenart		Sand	Schlick-sand	Schlick
Korngrößen-Fraktionen				**Kalk**gehalt, min.		0	0	3,5
Grobsand > 1 mm	0,5	<0,5	–	„	mittel	2,6	6,7	**10,6**
Sand 1,0 − 0,1	71	24	8	„	max.	8,5	13,3	**21,5**
Grobschluff 0,1 − 0,05	24	49	23	**Organ. Subst.**, min.		0	0	3,5
Schluff 0,05 − 0,01	2	17,5	42	„	„ mittel	1,6	4,3	**9,5**
Feinstes < 0,01 mm	2,5	>9	27	„	„ max.	5,5	12,6	**21,5**

[1]) Durchschnitts- bzw. Extremwerte von jeweils sehr zahlreichen Proben aus dem Bereich des Jadebusens. Ziffern abgerundet, Prozente des Trockengewichts.

Wie aber gelangten nun die großen Mengen organischer Substanzen und Nährstoffe in das Wattenmeer? Zum überwiegenden Teil dürften die organischen Sinkstoffe aus dem Meere stammen. Sie konnten sich im Wattenmeer sammeln, weil es durch einen Inselsaum geschützt und weithin flach ist. Die meisten Umlagerungen bleiben kleinräumig und auf das Watt beschränkt. Das zeigt sich nach BROCKMANN (1935) auch in der üppigen Planktonflora, deren Diatomeen und Peridineen und sonstigen Familien vorwiegend durch watteigene Formen vertreten sind. Sie bilden die Hauptnahrung der vielen Bodentiere des Watts und damit eine der Quellen für die lebende und tote organische Substanz, die im Watt angereichert ist.

Doch diese Quelle allein kann die Riesenmasse von Humus und dessen Rohstoffen nicht geliefert haben, die sich im Wattwasser und Schlick befinden. Beträchtlicher ist schon die Zufuhr durch die Flüsse, die in das Wattenmeer münden und bereits vor der anthropogenen Verschmutzung ständig totes organisches Material sowie Organismen heranbrachten, die im Salzwasser absterben. Die größten Mengen stammen aber wohl aus der Photosyntheseleistung von Phanerogamen. Im Jadebusen sind es nach LINKE (1939) in erster Linie die Reste von Mooren, die sich einst außerhalb des Salzwasserbereiches bildeten und durch Meereseinbrüche teilweise weit bis in die tiefere Nordsee hineingerieten. Diese fossile und außermarine Quelle der organischen Substanzen ist aber doch wohl nur von örtlicher Bedeutung. Ständig arbeitende Hauptproduzenten sind die Seegrasfelder (*Zostera*-Gesellschaften) im Seichtwasser am Außenrande des Wattenschelfs, auf die wir noch zurückkommen werden. In den dänischen Fjorden soll der organische Detritus zu 57% aus Resten von *Zostera* bestehen (s. GESSNER 1957).

Auch vor der belgischen und holländischen Küste gibt es nach DIEREN (1934) riesige *Zostera*-Felder. Ihre abgestorbenen Teile werden vom Meere ostwärts, also ins Watt der deutschen Bucht hinein, verfrachtet. In der südlichen Nordsee, wo *Zostera marina*-Wiesen „nur" etwa 100 000 ha einnehmen, bringen sie rund 0,5 Millionen t Trockenmasse hervor. Pro ha und Jahr erzeugen die Wiesen der Flachsee also mehr als die meisten Mähwiesen des Festlandes (durchschnittlich 50 dz/ha gegenüber 25–50 dz/ha Trockensubstanz). Ihre hohe Leistung dürfte vor allem eine Folge davon sein, daß das Wattwasser ungewöhnlich reich ist an Mineralstickstoff, Phosphor und anderen Nährstoffen, und daß diese den *Zostera*-Wiesen mit dem Ebbstrom als „Gegenleistung" des Watts zugute kommen. Da ein großer Teil der Seegrasblätter jährlich vom Meer zerrieben und mit der auflaufenden Flut ins Watt geschwemmt wird, ist die Photosynthese der *Zostera*-Arten als die wichtigste Aufbauleistung im Stoffkreislauf des Wattenmeeres anzusehen. Durch die zunehmende Verschmutzung der Flüsse mit organischem Material und mit Pflanzennährstoffen wird die Fruchtbarkeit des küstennahen Flachmeeres noch ständig vergrößert.

Über dem Watt wirbelt das Meerwasser bei seinen Bewegungen so viel anorganische Sinkstoffe und organischen Detritus auf, daß man oft schon durch eine 20 cm hohe Schicht den Boden nicht mehr sehen kann. Die Oberfläche des Wattwassers erscheint schmutzig graublau bis braungrau und bezeichnet für den vom Meere Kommenden schon von weitem den Beginn der Untiefen. Nach Messungen von LINKE (1939) kann ein Liter solchen Wassers bereits bei Windstille bis zu 0,93 g trockene Sinkstoffe enthalten. Bei Wellenbewegung und am Saum der auflaufenden Flut steigert sich dieser Betrag auf ein Vielfaches. Im Fahrwasser von Wilhelmshaven fand LINKE in einer Glasröhre, die vom 4. bis 28. September 50 cm unter Niedrigwasser angebracht war, 20 cm Sediment. Er berechnet daraus, daß eine Sedimentierung von 3 m pro Jahr möglich wäre.

An Material zur Landbildung fehlt es dem Wattwasser also nicht. Die Schwebstoffe müssen sich nur zu Boden setzen können und dürfen vom Ebbstrom nicht wieder mitgenommen werden.

c *Lebensgemeinschaften unterhalb der Mittelhochwasserlinie*

Die Organismengemeinschaften des Watts sorgen in verschiedener Weise für die Sedimentation und Festigung des Schlicks. Eine wesentliche Rolle spielen dabei die zahlreichen planktonfressenden Muscheln (z.B. *Mytilus, Ostrea, Scrobicularia, Macoma, Cardium*), Würmer (z.B. *Arenicola marina*) und Krebse *(Corophium)*. Mit den verdaulichen Schwebstoffen nehmen diese Tiere viele ungenießbare auf und scheiden sie als Kotballen oder -röllchen von hoher Strömungsstabilität wieder aus. Die Röhren oder Gänge, die sie in den Schlick oder Sand graben, lockern und gefährden nicht etwa die Bodenoberfläche, wie noch SCHÜTTE glaubte. Dadurch daß in den vorher ständig durchnäßten Boden während der Trockenliegezeit Luft eindringen kann, werden die Röhrenwände oxidiert und verfestigt. WOHLENBERG (1937) vergleicht die U-Röhrchen des Schlickkrebses geradezu mit den Stäben im Eisenbeton.

Noch größere Bedeutung haben nach seinen Beobachtungen die Blaualgen- und Diatomeen-Überzüge, die sich auf dem Schlickwatt bilden und es stellenweise so schleimig machen, daß man darauf ausgleiten kann (KÖNIG 1972). Sobald sich bei Überflutung auf dieser Schicht Sedimente ablagern, wandern die Algen phototaktisch an die Oberfläche und bilden dort während der TZ eine zusammenhängende Schleimhülle. Diese Decke schützt das neue Sediment gegen Erosion, indem sie es verklebt und glättet. Bei lang anhaltender Trockenheit, wie sie bei Ostwindwetter eintreten kann, schützt diese Schleimschicht den Schlick außerdem gegen Wasserverluste und Trokkenrißbildung. Wo die Diatomeen gut gedeihen, behindern sie allerdings den kleinen Schlickkrebs und zwingen ihn, in tiefer gelegene, länger wasserbedeckte (für die Algen wohl zu lichtarme) Teile des Watts auszuwandern. Ihrerseits werden die Diatomeen-Überzüge von Schnecken *(Hydrobia, Littorina)* abgeweidet, deren Kotpillen zur Sedimentbildung beitragen.

Höhere Pflanzen spielen für die Schlicksedimentation und damit für die Anlandung erst dort eine Rolle, wo sie in dichten Beständen wachsen können. Nur in solchen kommt das sie überflutende Wasser zur Ruhe. Das ist einerseits bei MNW oder tiefer der Fall, andererseits oberhalb MNW. Im tieferen Bereich sind „Seegräser" *(Zostera-*Arten) die wichtigsten Rasenbildner).

Zostera-Gesellschaften gedeihen bei Trockenliegezeiten von 2–3 Std. oder weniger. Deshalb findet man sie meistens in einer tieferen Zone als die Diatomeen oder die zeitweilig im Frühjahr auftretenden *Enteromorpha*-Arten des Schlickwatts. Doch können sie sich hier und dort auch im höheren Watt halten, und zwar in kleinen Dellen, in denen das Wasser länger stehen bleibt (Abb. 287).

Geht man im Watt seewärts, so gelangt man nach GESSNER (1957) in der Regel zunächst in eine Zwergseegras-Zone. Bei abnehmender Trockenliegezeit wird *Zostera noltii* abgelöst durch *Z. marina* var. *stenophylla*. Diese ist mit ihren längeren und breiteren Blättern konkurrenzkräftiger, aber empfindlicher gegen Austrocknung. Unter MNW siedelt neben ihr vereinzelt auch schon die typische Form von *Zostera marina,* das echte Seegras. Doch fehlen die letztgenannten Arten in manchen Wattgebieten ganz. Im Jadebusen z. B. fand LINKE bei einer Kartierung der Lebensgemeinschaften nur *Zostera noltii.*

Mit *Zostera noltii* ist zuweilen eine blasenfreie Form von *Fucus vesiculosus* vergesellschaftet, die WOHLENBERG *Fucus mytili* nennt. Sie benutzt Miesmuscheln zum Festhaften und vermag sich auf diese Weise in dem steinfreien Watt zu halten. Solche Siedlungen sind aber sehr unbeständig, weil sie leicht vom Sturm verschlagen werden. Die tief im Schlick oder Sand wurzelnden *Zostera*-Arten dagegen vermögen sich dauernd zu behaupten.

Abb. 287. Zwerg-Seegras *(Zostera noltii)* bedeckt das Sandwatt zwischen einzelnen Quellerpflanzen *(Salicornia dolichostachya)* etwa 40 cm unter mittl. Tidehochwasser. Die hellen Häufchen stammen vom Sandwurm *(Arenicola marina).* Phot. WOHLENBERG.

Ausgedehnte Seegraswiesen *(Zosteretum marinae)* sind nach TÜXEN (1974b) strömungsempfindlich und siedeln deshalb auf Wasserscheiden oder in ruhigen Buchten etwa 0,5–3 m unter Mittelniedrigwasser, d. h. außerhalb des eigentlichen Watts. Hier ist das Wasser längst nicht mehr so trübe wie über dem höheren Schlickwatt, weil bei Flut freies Meerwasser zufließt. Infolge des größeren Lichtgenusses ist die Stoffproduktion der Seegraswiesen wesentlich höher als die der Zwergseegras- und Braunalgengesellschaften. Ihre Bedeutung für den Stoffhaushalt des Watts wurde bereits in Abschnitt b gewürdigt.

Erwähnt sei noch ein im Watt hier und dort anzutreffender Unterwasserrasen, obwohl er für den Haushalt des Watts sicher unwesentlich ist. Die Meersaldenwiese *(Ruppietum maritimae)* liebt etwa 20–100 cm tiefes, ziemlich klares und ruhiges Wasser, das sie hier und dort in Tümpeln findet. Es kann große Schwankungen des Salzgehalts vertragen (nach TÜXEN 1974b 0,5–64‰ Cl'). An der Ostsee kommt der *Ruppion*-Verband sogar mit drei Gesellschaften vor (LINDNER 1974).

d Quellerwatt und Andelrasen

Wandert man im Watt mit der hereindringenden Flut landwärts, so begegnet man frühestens 40–25 cm unterhalb des Mittelhochwasserniveaus den ersten Landpflanzen, vereinzelten Exemplaren des stammsukkulenten Quellers *(Salicornia*, Abb. 288). Wie IVERSEN (1936), WILLI CHRISTIANSEN (1955) und andere betonen, handelt es sich stets um die polyploide Kleinart *(S. dolichostachya*, s. Abb. 288, 289), die auf nasseren Standorten zu gedeihen vermag als die stärker verzweigte diploide Form *(S. europaea* i. e. S.). Ältere Autoren hielten *S. dolichostachya* für Jungpflanzen der normalen Form.

Abb. 288. Einzelne Quellerpflanzen *(Salicornia dolichostachya)* auf stark überströmtem, nacktem Watt, etwa 30 bis 40 cm unter MTHW, fördern die Anlandung nicht, sondern begünstigen die Bildung von kleinen Kolken. Phot. WOHLENBERG.

Doch konnte schon WOHLENBERG (1931) beobachten, daß beide Kleinarten gleichzeitig keimen, wenn sich die Wattoberfläche im Frühjahr genügend erwärmt hat, und daß sie von vornherein verschieden wachsen. Samen beider Salicornien werden zu Millionen vom Meerwasser angespült und teilweise auch, an der Unterseite von Eisschollen haftend, von Sturmfluten weiter landeinwärts getragen. Im tiefliegenden Quellerwatt *(Salicornietum dolichostachyae)* setzt sich die namengebende Art durch und ist hier unter natürlichen Verhältnissen die einzige höhere Pflanze (Abb. 288).

Abb. 289. Aus den im Herbst und Winter überschlickten Samentaschen einer abgestorbenen Quellerpflanze laufen im April zahlreiche Keimlinge auf. Phot. WOHLENBERG.

Heute herrscht stellenweise das seit 1927 an der Westküste Schleswig-Holsteins angepflanzte Schlickgras *(Spartina townsendii,* s. KOLUMBE 1931 u. Abb. 290). Dieses auffallend hohe, breitblättrige und ausdauernde Gras ist ein wahrscheinlich an der englischen Küste spontan entstandener amphidiploider Bastard (RANWELL 1972). Die Polyploiden erweisen sich an der Meeresküste mithin als außergewöhnlich resistent. Zur Anlandung trägt *Spartina* in der Deutschen Bucht weniger bei, als man sich erhoffte. Denn ihre Horste bleiben in der Kampfzone des Watts isoliert und vergrößern die erodierende Kraft des Ebbstroms, indem sie ihn einengen. Unerwarteterweise

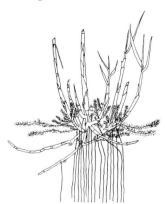

Abb. 290. Das Schlickgras *(Spartina townsendii)* mit Rhizomen, stark verzweigten, zeitweilig flutenden, stoffaufnehmenden Oberflächenwurzeln und der Befestigung dienenden Tiefenwurzeln (wie die oberirdischen Teile abgeschnitten). Nach OLIVER, aus ELLENBERG (1963).

machte sich *Spartina* außerdem auf den höher gelegenen Wattwiesen Nordfrieslands breit und verringerte deren wirtschaftlichen Wert. In der Leybucht der Insel Norderney dagegen fördern *Spartina* und *Salicornia* die Schlicksedimentation in ungefähr gleicher Weise (MICHAELIS, Vortrag 9.11.74). An der englischen Küste stirbt das Schlickgras sogar ab, wenn keine Sedimente zugeführt werden (GOODMANN 1960). Warum es sich in verschiedenen Teilen seines Verbreitungsgebietes so ungleich verhält, ist noch ungeklärt. Vielleicht spielt der Tidehub eine Rolle, der sich in Richtung auf den Ärmelkanal ständig vergrößert.

Im reinen *Salicornietum dolichostachyae* kann man eine Initialphase unterscheiden, in der die Quellerpflanzen nur wenig Fläche bedecken (Abb. 288), und eine Optimalphase, in der sie sich rasenähnlich zusammenschließen (Abb. 291). Diese beginnt etwa 30 cm unter der Mittelhochwasserlinie. In der Abbauphase dringen weitere Halophyten ein, z.B. *Aster tripolium* und *Puccinellia maritima* (Abb. 292) sowie *Salicornia europaea*.

Einzeln stehende Quellerpflanzen begünstigen die Schlicksedimentation entgegen der weitverbreiteten Ansicht noch nicht. Sie wachsen nur ausnahmsweise auf kleinen Hügelchen, wie man sie früher als typisch annahm. Viel öfter sieht man um jedes Pflänzchen einen winzigen Kolk, aus dem der Ebbstrom den noch nicht verfestigten Schlick herauswirbelte (Abb. 288). Erst wo die Quellerpflanzen zu einem bis mehreren Hundert pro m² beisammenstehen, kommt das Wasser in Bodennähe zur Ruhe (WOHLENBERG 1931). Vor allem die mit dem Flutsaum herangetragenen Koträllchen der Wattkrebse und anderer Bewohner der vorgelagerten nackten Schlickflächen setzen sich hier in gleichmäßiger Schicht ab. Um rascher Land zu gewinnen, kann man in geeigneter Höhenlage gleichmäßige Quellerwiesen durch Ansaat begründen. Die Aufhöhung des Wattbodens erfolgt in den Quellerrasen ganz passiv. Sie durchwurzeln die neuen Sedimente nicht. Erst ausdauernde Pflanzen festigen den Wattboden, indem sie aufgelagerte Schichten mit ihren Ausläufern und Wurzeln durchspinnen. Sie schützen den Boden außerdem vor den winterlichen Sturmfluten, während der Queller im Herbst abstirbt und ein halbes Jahr lang außer Aktion bleibt (Abb. 289).

Der leistungsfähigste Marschbildner ist das <u>Andelgras</u> *(Puccinellia maritima)*. Sobald der Wattboden bis etwa 20 cm unter Mittelhochwasser aufgeschlickt wurde, kann

Abb. 291. Auf den Queller folgend, bildet der Andel *(Puccinellia maritima)* einen mehr oder minder dichten Rasen etwa 15 cm unter bis rund 25 cm über Mittel-Hochwasser – hier im Landgewinnungsbereich vor der nordfriesischen Küste entlang einer Lahnung; kurz vor Hochwasser aufgenommen.

dieses durch seine etwas blaugrüne Färbung auffallende Gras Fuß fassen. Meist tritt es aber erst etwas oberhalb hervor (Abb. 291). Im nächsten Jahr behauptet es seinen Platz gegen die kurzlebige *Salicornia* und dehnt seinen dichten Rasen, nach allen Seiten

Tab. 62. Sukzession in Salzmarsch-Gesellschaften auf der unbedeichten Vogelinsel Tritschen, 30 km nördl. Cuxhaven, von 1970 bis 1974. Nach Dauerquadrat-Aufnahmen von A. Schwabe (1975) neu zusammengestellt

a	Gesellschaften etwa bei Mittel-Tidehochwasser	Salicornietum → Puccinelliet.					Puccinellietum Initial → Opt.					Puccinelliet. Opt. → Degener.				
	Dauerquadrat Nr.	1					7					8				
	Bodenaufhöhung (cm)				3					3						2
	Jahr 197	0	1	2	3	4	0	1	2	3	4	0	1	2	3	4
	Vegetationsbedeck. (%)	20	60	75	80	85	80	85	90	95	95	95	100	100	100	100
	Artenzahl	1	1	2	4	4	5	6	5	6	6	7	9	9	9	9
	Salicornia dolichostach.	2	4	4	4	2	3	3	2	2	2	2	+	1	+	+
	Puccinellia maritima			+	2	4	3	3	4	5	5	4	3	2	2	2
	Spartina townsendii				+	+	+	+	+	1	+					
	Suaeda maritima				r	r	+	+	+	1	+	1	1	1	+	+
	Aster tripolium						+	+	1	+	+	1	2	2	2	+
	Spergularia media							+		+	+	1	1	2	+	1
	Glaux maritima											2	3	3	3	2
	Festuca litoralis*											1	2	3	4	4
	Plantago maritima												+	+	1	+
	Triglochin maritimum												+	+	+	+
	mittlere Salzzahl (mS)	3,0	3,0	3,0	3,0	3,0	2,9	2,8	2,9	2,8	2,8	2,5	2,2	2,1	2,0	1,9
	mittl. Feuchtezahl (mF)	9,0	9,0	8,8	8,6	8,4	8,5	8,3	8,3	8,2	8,2	7,7	7,4	7,3	7,2	7,1
	mF der Jahre 1970–74			8,8					8,3					7,3		

b	Gesellschaften über Mittel-Tidehochwasser	Juncetum gerardii Init. → Degen.					Juncet. ger. Opt. → Degen.					Artemisietum → Juncet. ger.				
	Dauerquadrat Nr.	11					12					9				
	Bodenaufhöhung (cm)					5					7					3
	Jahr 197	0	1	2	3	4	0	1	2	3	4	0	1	2	3	4
	Vegetationsbedeck. (%)	100	100	100	100	100	100	100	100	100	100	100	100	100	100	95
	Artenzahl	13	12	7	8	8	8	7	7	10	6	9	6	5	7	6
	Salicornia dolichostach.	1	r			(r°)										
	Puccinellia maritima	1	1													
	Suaeda maritima	r	+													
	Aster tripolium	1	1	1	1	+	+°									
	Spergularia media	1	1	r								+				
	Glaux maritima	3	3	2	2	3	1	2	1	1		1	1	2	1	+
	Festuca litoralis*	+	2	4	5	5	1	3	3	5	4	1	2	3	5	4
	Plantago maritima	1	1	1	2	1	1	1	1	+	2	r			1	+
	Triglochin maritimum				r	r	+	1	1	+	+					
	Odontites litoralis*				r		3	3	2	2					+	
	Agrostis maritima*	1	2	2	+	1	2	2	3	1	+	2	2	2	2	3
	Juncus gerardii	2	2	2	+	+	3	2	2	1	+	1	2	3	2	2
	Parapholis strigosa	2	2													
	Atriplex hastatum	r														
	Artemisia maritima											4	4	2	2	1
	Centaurium pulchellum											+	+			
	mittlere Salzzahl (mS)	2,1	1,9	1,5	1,5	1,5	1,5	1,4	1,4	1,3	1,4	1,3	1,3	1,4	1,3	1,3
	mittl. Feuchtezahl (mF)	7,2	7,1	6,6	6,5	6,8 (6,6)	6,4	6,2	6,2	6,2	6,4	6,1	6,0	6,2	6,1	6,2
				6,8					6,3					6,1		

Außerdem kommen mit geringer Menge vor: Nr. 11, 1970: *Spergularia marina*; Nr. 12, 1973: *Centaurium* litorale, Sagina nodosa, Plantago major*; Nr. 12, 1974: *Sonchus maritimus*; Nr. 9, 1970: *Bryum pallens*. Mengenangaben in der Skala von Braun-Blanquet (s. Tab. 11); r = sehr selten, (r°) = außerhalb der eigentlichen Probefläche, sehr selten und mit reduzierter Vitalität.

Die mittleren Faktorenzahlen (mS, mF) wurden nur nach dem Vorhandensein der Arten, also ohne Rücksicht auf ihre Menge, berechnet (s. Abschnitt B I 4; Bewertung der einzelnen Arten bei Ellenberg 1974 und in Abschnitt E III). Hinsichtlich des Salzfaktors können nur vier Indikatorgrade unterschieden werden: 3 = stets salzzeigend, 2 = meist salzzeigend, 1 = salzertragend, aber auf salzarmen Böden häufiger als auf salzreichen, 0 = salzmeidend.

wachsend und bei jeder Überflutung Sedimente fangend, zu einem flachen Buckel aus. Auf diesem geraten seine Blätter nur noch kurze Zeit unter Wasser und können fast ungehindert assimilieren. Dementsprechend ist die Zuwachsleistung des Andels beträchtlich; nach STÄHLIN und BOMMER (1958) kann sie den Ertrag einer guten Futterwiese erreichen. Doch darf man dies nicht verallgemeinern, denn die intraspezifische Mannigfaltigkeit von *Puccinellia* ist groß (DREYLING 1973).

Sturmfluten schaffen gröberes Material heran, das den Andelrasen zuweilen fast handhoch überdeckt. Es erstickt ihn aber nur selten, weil er es mit seinen neuen Trieben durchstoßen und in seinen Wurzelraum einbeziehen kann. Doch siedeln sich auf stark überschlickten oder durch Spülsäume bedeckten Stellen gern *Salicornia europaea* und *Suaeda maritima* an. Infolge der Aufhöhung wird der Standort für weniger überflutungsfeste Arten immer günstiger (vgl. Tab. 62). Der Andelrasen leitet somit vom Watt zur Marsch über und bezeichnet die obere Grenze des Watts (Abb. 291 und 292). Er ist wirtschaftlich von unschätzbarem Wert, nicht nur als Anlander, sondern auch als Futterfläche für die im Außendeichsland weidenden Schafe. Außerdem liefert er, wie alle gut ernährten Grasbestände, ein sehr eiweißreiches Heu.

Abb. 292. Strandaster *(Aster tripolium)* im Andelrasen, etwa 20 cm über Mittel-Hochwasser. Phot. WOHLENBERG.

Der Queller tritt im *Puccinellietum* mehr und mehr zurück, weil sich seine lichthungrigen Keimlinge nirgends frei zu entwickeln vermögen. An und für sich könnte er auf noch wesentlich höherem Niveau gedeihen, soweit es dort nicht bereits zu trocken ist. Man findet ihn gelegentlich bis zu 1 m über MHW an Stellen, die durch Ausstechen von Grasboden vorübergehend von ihrer geschlossenen Pflanzendecke entblößt wurden. Hier ist er nur in der verzweigten Form *(Salicornia europaea i.e.S.)* vertreten. Am üppigsten entwickelt er sich nach SCHREITLING (1959) an Ackerrainen der neu eingedeichten Marsch, wo er überhaupt nicht mehr vom Meere überflutet wird und wo der Boden allmählich aussüßt. Die Grenzen der Queller-Gesellschaften gegen die Andelwiese sind also sicher konkurrenzbedingt.

Salicornia ist eine der wenigen Gattungen des Außendeichslandes, die man mit einem gewissen Recht als salzliebend bezeichnen kann. Ihre Samen keimen nach MONTFORT und BRANDRUP (1927) optimal bei einer Salzkonzentration, die etwa der halben des Meerwassers entspricht (Abb. 293), nach UNGAR (1962) jedoch im Süßwasser. In der Natur läuft sie am besten auf, wenn der Wattboden durch einen Regen ausgesüßt wurde. Schon KELLER (1925) wies aber nach, daß der Queller bei Zugabe von NaCl besser gedeiht und „dürreresistenter" wird als ohne diese. Man kann *Salicornia europaea* nach SCHRATZ (1934) noch in 15 %iger Lösung, d.h. bei 4–5facher Meerwasserkonzentration, kultivieren. Die Fähigkeit, hohe Salzkonzentrationen zu ertra-

Abb. 293. Keimungsrate von Halophyten und Glycophyten bei abgestufter Seesalzkonzentration. Nach MONTFORT und BRANDRUP aus STOCKER (1928), etwas verändert.
Für *Salicornia europaea* liegt das Optimum bei Konzentrationen, die ¹/₂ bis ³/₄ des Nordseewassers entsprechen, für *Aster tripolium* dagegen ebenso wie beim Mais im Süßwasser.

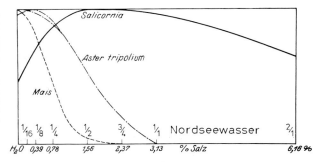

gen, kommt ihr besonders auf weniger oft oder gar nicht überfluteten Standorten zustatten, die im Sommer einen Teil ihres Wassers verlieren, so daß die Bodenlösung sehr konzentriert wird (Abb. 294).

Der Queller wächst jedoch nur, wenn diese Lösung in genügender Menge nachgeliefert wird, denn er transpiriert im Gegensatz zu anderen Sukkulenten fast so lebhaft wie manche mesomorphe Landpflanze (STOCKER 1925). Seine Sprosse haben zahlreiche Spaltöffnungen pro Flächeneinheit und nur eine schwache Kutikula. Seine Sukkulenz hängt damit zusammen, daß er das aus dem Boden aufgenommene Salz nicht ausscheidet, sondern im Zellsaft speichert. Deshalb wächst sein Sukkulenzgrad im Laufe des Jahres; an salzarmen Standorten ist er von vornherein geringer als an salzreichen. Wie bei anderen Halophyten wird sein Transpirationskoeffizient mit steigender NaCl-Konzentration erniedrigt (ÖNAL 1971). Wenn *Salicornia* in einer kochsalzfreien Nährlösung wurzelt, verbraucht sie nach Tab. 63 etwa 500 ccm Wasser, um 1 g Trockensubstanz zu erzeugen, verhält sich also ähnlich wie der Weizen und andere mesophytische Kulturpflanzen. Bei einer Salzkonzentration, die der des Meerwassers nahekommt, verbraucht sie dagegen weniger als die Hälfte, geht also ähnlich rationell mit dem Wasser um wie die Rotbuche und andere Bäume (s. Abschnitt B II 4 g). Besonders haushälterisch in dieser Hinsicht ist das Salzkraut *(Salsola kali)*, dessen Transpirations-Koeffizient schon bei 1%iger Lösung zu den niedrigsten gehört, die je gemessen

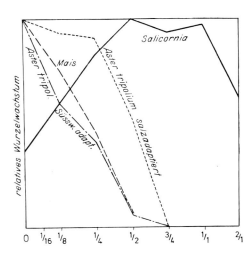

Abb. 294. Wurzelwachstum von Halophyten und Glykophyten in Seesalzlösungen verschiedener Konzentration. Nach MONTFORT und BRANDRUP aus STOCKER (1928), etwas verändert.
¹/₁ = 3,1% Seesalz. Mais ist ein Glykophyt, *Aster tripolium* ein fakultativer, *Salicornia* ein „echter" Halophyt.

Tab. 63. Transpirations-Koeffizienten[1]) von Halophyten bei abgestufter Salzkonzentration. Nach Versuchen von Önal (1971). Einige Vergleichsdaten für Glykophyten nach Larcher (1976)[2])

Halophyten (C_3)	Na-Cl-Konzentration in der Nährlösung					Glykophyten (zum Vergleich)			
	0,0	0,5	1,0	2,0	3,0 %	C_3-Kräuter:		Bäume (C_3):	
						Reis	680	Eiche	340
Salicornia europaea	512	–	271	239	200	Sonnenblume	600	Birke	320
						Weizen	540	Buche	170
Suaeda maritima	591	426	356	–	–	C_4-Kräuter:			
Spergularia salina	600	526	504	–	–	Mais	370	Kiefer	300
						Hirse	300	Fichte	230
Salsola kali	345	142	132	–	–	Portulak	280	Douglasie	170

[1]) g transpiriertes Wasser pro g produzierter Trockensubstanz.
[2]) C_3-Pflanzen benutzen bei der Dunkelreaktion der Photosynthese nur Ribulose-1,5-diphosphat als CO_2-Akzeptor. C_4-Pflanzen benutzen außerdem Phosphoenolpyruvat und entziehen der Luft CO_2 bis zu einer 2–4 mal niedrigeren Konzentration; sie brauchen ihre Stomata daher weniger weit zu öffnen und verlieren bei gleicher Stoffproduktion weniger Wasser. Manche C_3-Pflanzen können aber ebenfalls relativ sparsam mit dem Wasser umgehen, z.B. Bäume und Salzpflanzen.

wurden. Hier handelt es sich um einen Besiedler von Spülsäumen am Sandstrand, der zeitweilig austrocknen kann (s. Abschnitt C V 1 b).

Auch die Strandaster *(Aster tripolium)* ist an stark salzigen, täglich vom Meerwasser erreichten Standorten ausgesprochen sukkulent. An salzarmen sind ihre Blätter flach und fast mesomorph gebaut. Nach physiologischen Untersuchungen von MONTFORT und BRANDRUP (1927) sowie von SCHRATZ (1934) liegt ihr Keimungs- und Wachstumsoptimum bei sehr niedrigen Salzkonzentrationen. Schon bei 0,5–1% hört die anfängliche Förderung auf, und bei höheren Konzentrationen als derjenigen des Meerwassers (3,2%) wird *Aster* bereits geschädigt (Abb. 293 und 294). Trotzdem findet man die Strandaster am häufigsten an der unteren Grenze des Andelrasens gegen das Quellerwatt hin (Abb. 285). Ihr Verhalten in der Natur steht also im Widerspruch zur physiologischen Tendenz, wie schon IVERSEN (1936) nachdrücklich feststellte. Nahe der MHW-Linie wächst sie wohl vor allem deshalb, weil sie an dichter berasten Orten nicht aufkommen kann, und weil die Salzkonzentration bei häufiger Überflutung geringer ist als auf der etwas höher liegenden Marsch. Da sie wie eine Sumpfpflanze in Wurzeln, Stengeln und Blättern Luftkammern ausbildet, machen ihr häufige Überflutungen und durchnäßte Böden nichts aus. IVERSEN vergleicht sie geradezu mit Mangrovepflanzen, so schwammig und luftreich kann ihre Wurzel- und Stengelrinde werden. Dieser Bau ermöglicht es ihr, bis an die Grenze ihrer Salztoleranz ins Watt vorzudringen. Ihr gelegentliches Vorkommen auf Spülsäumen und an schwach versalzten halbruderalen Orten dagegen entspricht ihrem physiologischen Optimum. Hier müssen sie ihr aber mechanische Faktoren zunächst Raum schaffen.

Ausgeprägte Anpassungen an das Leben im Gezeitenrhythmus zeigten sich beim Andel *(Puccinellia maritima);* sie bestehen aber wohl auch bei anderen Pflanzen des Watts und der Außenmarsch. In Reinkulturen verschiedener Andel-Herkünfte wandelten WEIHE und DREYLING (1970) die Überflutungsdauer (WZ und TZ) ab. Optimale Stoffproduktion wurde stets bei dem natürlichen Rhythmus erzielt (s. auch Abb. 295).

An den Beispielen von Queller, Andel und Strandaster wird wieder einmal deutlich, wie verschieden die Gründe sein können, aus denen sich Gesellschaftspartner auf gleichem Standorte treffen, und wie sehr ihre Verbreitung in der Natur konkurrenzbedingt ist. Ähnliche Zusammenhänge zwischen Salzkonzentration und Sukkulenz wie bei *Salicornia* und *Aster tripolium* hat man auch bei anderen Landhalophyten beobachtet, z.B. bei *Armeria maritima* und *Plantago maritima*. Die meisten von ihnen stimmen mit dem Queller jedoch auch darin überein, daß ihre Samen nach zeitweiligem Aufenthalt in Salzwasser besser keimen als ohne diese Einwirkung, oder daß doch ihre Keimfähigkeit durch Meerwasser nicht so stark beeinträchtigt wird wie bei Glykophyten (UNGAR, 1962 u. a.). Dieses für Watt- und Marschpflanzen sehr zweckmäßige Verhalten wurde z. B. bei *Puccinellia maritima, Aster tripolium, Glaux maritima, Plantago maritima, Spergula maritima, Suaeda maritima* und anderen beobachtet. Vielleicht mit Ausnahme einiger Kleinarten von *Salicornia* liegt aber das Keimungs- und Wachstumsoptimum aller unserer Landhalophyten im Süßwasser oder bei sehr geringer Salzkonzentration (Abb. 293 und 294). Überhaupt gibt es nach KREEB (1965) viele ökophysiologische Parallelen zwischen den Glykophyten und den – größtenteils fakultativen – Halophyten. Die salzresistente Plasmastruktur beschränkt aber die Stoffproduktion und damit die Wettbewerbsfähigkeit (NEUWOHNER 1938). Nur durch die größere Konkurrenzkraft vieler nicht salzertragender Pflanzen sind die Halophyten auf stark salzhaltige Böden beschränkt worden (CHAPMAN 1975, GOLDSMITH 1973).

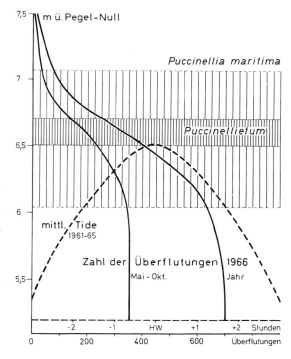

Abb. 295. Höhen-Amplitude des Vorkommens einzelner Andel-Pflanzen (*Puccinellia maritima*, weit schraffiert) und des beweideten Andelrasens (*Puccinellietum maritimae*, eng schraffiert) im Gefälle von Überflutungsdauer und -häufigkeit in der Eidermündung. Zum Vergleich diente die mittlere Tidekurve sowie die Zahl der Überflutungen während einer Vegetationsperiode (Mai bis Oktober 1966) und während eines Jahres. Nach WEIHE und DREYLING (1970), verändert.

Für diese Ansicht sprechen auch die Beobachtungen SCHREITLINGS in einigen neu-eingedeichten Kögen Nordfrieslands, in denen der Halophytenrasen ausnahmsweise einige Jahre lang ungestört blieb. Wo er nicht gedüngt wurde, dort behaupteten seine Partner ihren Platz auch nach völliger Aussüßung des Bodens. Erst bei normaler Bewirtschaftung und Düngung wurden sie durch rascher wachsende glykophytische Wiesenpflanzen verdrängt. Umgekehrt vermögen nichthalophile Pflanzengesellschaften nur kurzfristige Überflutungen mit Meerwasser zu überdauern, z. B. einen Deichbruch, nach dem der Boden in wenigen Monaten wieder aussüßt (WOHLENBERG 1963).

Die artenarmen Phanerogamenbestände der obersten Wattzone nehmen im System der Pflanzengesellschaften eine sehr isolierte Stellung ein. Die Quellerfluren gehören zum *Thero-Salicornion*, die Andelwiesen zum *Puccinellion maritimae,* das von TÜXEN (1974b) neuerdings „*Salicornion ramosissimae*" genannt wird. Beide kann man zur Ordnung *Thero-Salicornietalia* zusammenfassen, die als einzige in Mitteleuropa die Klasse *Thero-Salicornietea* vertritt. Weitere *Thero-Salicornietalia*-Gesellschaften werden in Abschnitt 2a behandelt.

e Strandnelkenrasen und andere Außendeichswiesen

Je mehr der ehemalige Wattboden über Springhochwasser aufgehöht wird, desto öfter kann er vom Regen durchsickert und vorübergehend entsalzt werden. Diese Aussüßung wird noch dadurch begünstigt, daß die von Sturmfluten abgelagerten Schichten weniger feinkörnig sind als die Sedimente der normalen Flut. Infolgedessen nehmen Arten, die nur mäßige Salzkonzentrationen ertragen, auf dem anwachsenden Marschland immer mehr Raum ein. Der Andel hat ihnen zwar den Boden bereitet, wird aber von ihnen überschattet und bald ganz verdrängt. Er ist nur dort konkurrenzfähig, wo seine vergleichsweise sehr hohe Salztoleranz zur Geltung kommt (Abb. 296). Vermutlich spielt auch sein höherer Wasserbedarf bzw. seine geringere Dürreresistenz eine Rolle.

Die wichtigste Gesellschaft des mehr als etwa 25 cm über dem Mittelhochwasser der Nordsee beginnenden, aber noch von Sturmfluten erreichten Marschlandes ist der Strandnelkenrasen *(Armerietum maritimae).* Man kann ihn auf manchen Außengroden und Halligen (Abb. 284) der nordfriesischen Küste und in dem wattseitigen Marschvorland der Düneninseln gut studieren. Er wird auch als Salzschwingelrasen bezeichnet, denn die schwach sukkulenten Formen des Rotschwingels *(Festuca rubra*

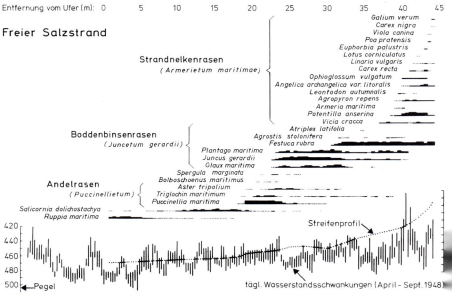

Abb. 296. Zonierung der Rasenpflanzen am frei der Brandung ausgesetzten Salzstrand der schwedischen Westküste. Nach GILLNER (1960), verändert.

45 m langes Streifenprofil, dessen Bodenoberfläche die Punktlinie höhengerecht wiedergibt. Der Wuchsort von *Galium verum* beispielsweise wurde 1948 nur einmal überflutet, der von *Puccinellia maritima* an 120–140 Tagen.

ssp. *litoralis)* und des Ausläufer-Straußgrases *(Agrostis stolonifera* var. *maritima)* herrschen in ihm bei weitem vor. Auch die an den Boden gedrückten Blattrosetten der Strandnelke *(Armeria maritima)* und die stark sukkulenten Blätter des Strandwegerichs *(Plantago maritima)* sehen grasähnlich aus. Die übrigen in Abb. 296 und in Tab. 62 aufgeführten Arten spielen nur eine untergeordnete Rolle in der Gesellschaft, sind aber z. T. als Charakterarten hervorzuheben. Schon von weitem fällt der Strandnelkenrasen durch seinen Blütenreichtum auf. Im Mai übertupft ihn das Zartrosa der *Armeria*-Köpfchen, im Juli das helle Lila der Wickel von *Limonium vulgare*. Die Fruchtstände beider Arten überragen den dichten sattgrünen Rasen noch lange, wenn er nicht im Juli gemäht wird. Die meisten übrigen Partner bleiben unscheinbar, auch wenn sie so häufig beigemischt sind wie *Glaux maritima*.

Soweit im Marschwiesengelände noch Priele in Funktion sind, werden sie stellenweise von hohen nitrophilen und zugleich salzertragenden Stauden begleitet, namentlich von der silbergrauen *Artemisia maritima* und der gelblichgrünen *Halimione portulacoides*. Auch *Limonium vulgare* und *Cochlearia anglica* sind in dem Strand-Wermutgestrüpp *(Artemisietum maritimae,* Abb. 284) viel reichlicher vertreten als in der typischen Strandnelkenwiese. Diese fragmentarische Spülsaum-Gesellschaft stockt auf etwas erhöhten, sandigeren Wällen, die bei Sturmfluten am Rande der Priele abgelagert wurden. Mitgebrachte Pflanzen- und Tierleichen und die lockere Struktur der Spülsäume begünstigen die Nitrifikation. Ähnliche Gesellschaften kommen auch im Übergang von Inseldünen zum Marschlande vor, z. B. auf Wangeroog (KLEMENT 1953). Hier überwiegen aber meistens schon die nitrophilen Arten.

Sieht man von dem Bewuchs der Spülsäume ab, so stellt die Salzschwingelwiese das produktionsbiologische Optimum des Außendeichslandes dar. Mit weiter zunehmender Aufhöhung verringert sich die Fruchtbarkeit der Böden, weil humusarmer, im Profilschnitt durch seine helle Farbe auffallender Sand abgelagert wird. Wenn schlickbringende Überflutungen ausbleiben, sind die vom Rasen gebildeten Humus-Zwischenlagen nur dünn. Infolgedessen nähert sich das Außendeichsgrünland im Artengefüge und Habitus mehr und mehr den Sandtrockenrasen (Abschnitt CV 1 c). Trifft man im Profil mehr als etwa 20–30 cm mächtige reine Sandschichten, so kann man sicher sein, daß es sich um aufgewehten oder vom Meer auf kurze Strecke verschwemmten Dünensand handelt. Solche Übergangsbildungen findet man vielfach am Fuße der Inseldünen (s. Abschnitt CV 1 a u. Abb. 303).

Im pflanzensoziologischen System gehören alle Varianten des *Armerietum maritimae* und des *Artemisietum maritimae* zum Verbande *Armerion maritimae* (Tab. 62). Dieser hat sein Verbreitungsschwergewicht an den Gezeitenküsten. Viele Arten verbinden ihn aber mit den Brackwasserrasen der Ostseeküste und standörtlich entsprechenden Gesellschaften der Nordseeinseln und des Binnenlandes, die man im *Juncion maritimi* zusammenfaßt. *Juncion* und *Armerion* bilden die Ordnung *Juncetalia maritimi* (vgl. Tab. 62).

Im „wechselhalinen Grenzbereich" zwischen Salzrasen und Düngeweiden lebt an Stellen, wo der dichte Graswuchs durch Tritt oder auf andere Weise mechanisch gestört wurde, eine Gruppe von Gesellschaften, in denen das Strand-Mastkraut *(Sagina maritima)* eine Rolle spielt. Diese vorwiegend aus unscheinbaren Annuellen gebildeten, kleinflächigen Assoziationen faßten TÜXEN und WESTHOFF (1963) zu einer selbständigen Klasse zusammen *(Saginetea)*.

Bevor wir auf die Salzbinsenwiesen außerhalb des Nordseebereiches eingehen, wollen wir uns noch kurz den Einfluß des Menschen auf die Vegetationsabfolge am Rande des Wattenmeeres vergegenwärtigen.

f Einfluß des Menschen auf die Marschbildung

Vor Beginn der Deichbauten an der Nordseeküste konnten die Sturmfluten weit ins Landesinnere vordringen. Sie stauten sich nirgends an einengenden Hindernissen, wie sie die heutigen Deiche darstellen. Der maximale Tidehub war damals also sehr wahrscheinlich geringer. Um die Wohnplätze sturmflutsicher zu machen, erhöhte man sie mit Viehexkrementen und Marschklei zu kleinen Hügeln, den Wurten oder Warften (Körber-Grone 1967). Solche im übrigen ungeschützten Marschsiedlungen sind heute nur noch auf manchen Halligen der nordfriesischen Küste zu finden (Abb. 284).

Von Holland ausgehend, wurde der „goldene Ring" der Deiche in der Zeit von etwa 1000 bis 1200 n. Chr. geschlossen. Das gesicherte, fruchtbare Land konnte durch Siele entwässert werden, die sich bei Ebbe öffneten und bei andringendem Hochwasser von selber wieder schlossen. Doch der entwässerte Boden sackte zusammen, so daß seine Oberfläche großenteils unter MHW zu liegen kam. Um ihn wirksamer entwässern zu können, mußte man Pumpen einsetzen. Vor der Erfindung stärkerer Maschinen bediente man sich zu diesem Zwecke der für Holland und Friesland einst so charakteristischen Windmühlen.

Vom 14. Jahrhundert an ereigneten sich wiederholt katastrophale Deichbrüche, deren Ursachen noch nicht restlos geklärt sind. Seit den faszinierenden Darlegungen von Schütte (1939 und dort zitierte frühere Arbeiten) machte man vor allem eine tektonische Senkung der Küste dafür verantwortlich. Diese ist jedoch an der deutschen Nordseeküste „feinmeßtechnisch nicht nachweisbar" (Gronwald 1953). Vielmehr wirkten die Erhöhung des Tidehubs durch die Deiche und die Sackung des bedeichten Landes in verhängnisvoller Weise zusammen. Deichbrüche gab es in früheren Zeiten oft, weil die Dämme viel schwächer und steiler waren als heute. Sie führten aber nur dort zu dauernden Landverlusten, wo inzwischen gesackte Flächen unter Wasser gerieten. Siedlungsreste, Pflugfurchen, Viehspuren und Wurzelhorizonte von salzempfindlichen Pflanzen, die man heute unter MHW im Watt findet, sind also nicht unbedingt als Beweise für eine allgemeine Küstensenkung oder eine tektonische Schollenkippung zu werten. Ältere Küstensenkungen sind dagegen mit Sicherheit nachgewiesen, z.B. eine steinzeitliche, die dazu führte, daß heute auf dem Boden der Nordsee weit außerhalb des Watts Torfmoore zu finden sind.

Starke Entwässerung von Marschland, das schon vor Jahrhunderten eingedeicht wurde und heute von der Küste weit entfernt liegt, kann ungewollt zur Versalzung des Grundwassers führen, weil das Süßwasser-Gegengewicht wegfällt und Meerwasser durch den sandigen Untergrund nachdrückt. Im größten Koog Nordfrieslands, dem Gotteskoog, der 1562 noch ein Watt mit Halligen war, hat Eggers (1969) einen solchen Fall mit Hilfe von Vegetationskarten und Bodenanalysen genau studiert. Salzpflanzen reagierten sehr rasch auf die veränderten Bedingungen.

2 Salz- und Brackwasser-Gesellschaften der Ostseeküste

a Besonderheiten der Salzvegetation an der Ostsee

Die Ostsee war noch in der Litorinazeit eine der Nordsee ähnliche Meeresbucht. Heute ist sie durch die dänischen Inseln so sehr vom Atlantik abgeriegelt, daß der Tidehub schon im Kattegat auf durchschnittlich 30 cm zurückgeht und bei Rügen nur noch etwa 10 cm beträgt. Zugleich sinkt der Salzgehalt von den Sunden bis zu den entfernteren und durch Oder, Weichsel, Memel und andere Zuflüsse ausgesüßten Teilen bis in die Spanne des Brackwassers hinab. Vor allem im Bereich der Sunde schwankt er beträchtlich, je nachdem, ob infolge der allgemeinen Wind- und Meereszirkulation der Zustrom aus dem Atlantik oder der Abfluß aus der Ostsee überwiegt. Gillner (1960), der die Vegetation und ihre Lebensbedingungen an der schwedischen Westküste gründlich untersuchte, gibt auch zu dieser Frage eine zusammenfassende Übersicht.

Machen sich die Gezeiten in der Ostsee kaum noch bemerkbar, so bleibt ihr Spiegel doch nicht dauernd in gleicher Höhe. Jahreszeitliche Schwankungen, die sich auch in der Nordsee auswirken, treten in der Ostsee um so deutlicher hervor. Das Zurückweichen des Meereswassers im Frühjahr begünstigt die Keimung der Salicornien und anderer Pioniere. Sein Ansteigen im Sommer wirkt sich auf ihren Wasserhaushalt günstig aus. Im Herbst und Winter richten Stürme die meisten Zerstörungen an. Oststürme lassen den Meeresspiegel in den Förden (Fjorden) an der dänischen und schleswig-holsteinischen Ostküste beträchtlich steigen und jagen das Salzwasser weit landeinwärts, während Westwetter die Süßwasserzuflüsse zur Geltung kommen läßt. Die maximale Amplitude der Pegelstände beträgt bei Flensburg immerhin 2,5 m.

Flachküsten mit dem für die Ernährung der Strandpflanzen so wesentlichen Schlick gibt es infolgedessen im westlichen Teil der Ostsee häufiger als im östlichen. Besonders bei manchen Inseln, z.B. um Fehmarn und Hiddensee, ist er ähnlich beschaffen wie im Wattenmeer. Einem solchen dürfte er auch großenteils seine Entstehung verdanken, d.h. teilweise als fossil bis subfossil anzusehen sein.

Da das Ostseewasser durchschnittlich viel klarer ist als das besonders im Watt oft stark getrübte Nordseewasser, sind die am Meeresboden wurzelnden Algen- und Phanerogamen-Gesellschaften artenreicher und stärker gegliedert und steigen auch in größere Tiefen hinab. Sie wurden z.B. von KORNAŚ, PANCER und BRZYSKI (1960) in der Danziger und von SCHWENKE (1964, 1969) in der Kieler Bucht eingehend studiert.

Alles in allem zeigen die Lebensbedingungen der Küstenorganismen an der Ostsee ein West-Ostgefälle von mehr nordseeähnlichem Gepräge bis zum Charakter eines Brackwassersees hin. Diesem ökologischen Gefälle entspricht ein Gefälle im Artengefüge, in der Zonierung und in der Flächenausdehnung der vom Salz beeinflußten Vegetation. An der Westküste Schwedens (GILLNER 1960) gleichen die Pflanzengesellschaften und ihre Abfolgen denen der südlichen Nordsee noch in erstaunlichem Maße. Wegen der raschen Landhebung treten hier allerdings Wälder nahe an das Meer heran. Einige nordische Arten und Rasengesellschaften leiten zu der mehr boreal getönten Strandvegetation Norwegens über (Abb. 296).

An der Schlei (STEINFÜHRER 1945), auf dem Graswarder bei Heiligenhafen (SCHMEISKY 1974) und auf der Insel Fehmarn (RAABE 1950) kommen ebenfalls noch fast alle Arten und Gesellschaften vor, die wir in der deutschen Nordseebucht kennenlernten. Wie RAABE an vielen Beispielen zeigte, stehen hier aber manche Artenkombinationen bereits an der Ostgrenze bzw. Südostgrenze ihrer Verbreitung. Während am Kattegat das *Salicornietum dolichostachyae* noch große Flächen einnimmt und das *Puccinellietum maritimae* mit scharfer unterer Grenze ans offene Meer hinabsteigt, ist das reine Quellerwatt auf Fehmarn überhaupt nicht mehr und die Andelwiese nur an kleinen, durch Mensch oder Vieh offengehaltenen Stellen vertreten. Statt ihrer übernimmt das *Bolboschoenetum maritimi*, d.h. ein Brackwasserröhricht, die Wasserfront und steigt bis unter Mittelwasser hinab (Tab. 51). An dieses schließt sich landwärts ein Meerbinsenrasen *(Juncetum maritimi)* an, der im Gegensatz zu der ähnlichen Gesellschaft auf den ostfriesischen Inseln bereits einige kaum salzertragende Arten enthält. Beide Gesellschaften sind zwar stellenweise durch Vieh und Mensch gestört, treten aber häufig auf, während sie in GILLNERS Karten nur vereinzelt zu finden sind.

Den breitesten Raum nehmen am Ostseestrande die etwas höher gelegenen, nur selten überfluteten Strandbinsenweiden *(Juncetum gerardii)* ein. (Abb. 297). Wie SCHMEISKY (1974) durch Einzäunung von Probeflächen auf dem Graswarder bei Heiligenhafen beweisen konnte, ist die Artenkombination dieser schwach halophilen Gesellschaft unter dauernder Selektion durch das Weidevieh entstanden. Überläßt man sie sich selbst, so kommen Rotschwingel, Andel und an feuchten Stellen Schilfrohr zur Herrschaft und unterdrücken die Strandbinse und ihre Trabanten. Auch bei reiner Mähwirtschaft gehen die im *Juncetum gerardii* vorherrschenden Weideunkräuter zurück. Es ist also richtiger, von Strandbinsenweiden zu sprechen, statt von -wiesen, wie dies bisher üblich war.

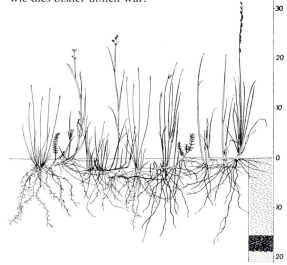

Abb. 297. Schnitt durch eine Salzbinsenweide *(Juncetum gerardii eleocharidetosum)* auf der Halbinsel Darß an der Ostsee. Nach FUKAREK (1961). Von links nach rechts: *Eleocharis quinqueflora, Glaux maritima, Juncus articulatus, E. qu., Blysmus compressus, G. m., Blysmus rufus, Triglochin palustre.*

Man kann zahlreiche Subassoziationen und Varianten des *Juncetum gerardii* unterscheiden, die denen der Nordseeküste zwar ähneln, aber nicht gleichen (FUKAREK 1961). Sandige Spülsäume findet man auch auf Fehmarn und an der schleswig-holsteinischen Küste von Wermutgestrüpp besiedelt, in dem aber nach RAABE eine salzertragende Varietät vorherrscht. Auch diese Gesellschaft klingt nach Osten hin aus, obwohl *Artemisia maritima* noch bis Memel vereinzelt auftritt.

In allen Salicornieten, die von Fehmarn, Rügen und anderen Stränden der Ostsee beschrieben wurden, herrscht *Salicornia europaea* i. e. S. (s. Abschn. 1 d). Wie GILLNER ausführlich beschreibt, siedeln diese verzweigten Quellerformen an relativ begrenzten Stellen, die nur selten vom Meerwasser überflutet werden und entweder durch mechanische Faktoren oder durch zu hohe Salzkonzentration pflanzenfrei wurden. Nach GILLNER kann *Salicornia* am weitesten gegen diese lokalen Salzwüsten vordringen; auch *Suaeda maritima*, die Meerstrands-Sode oder Salzmelde, vermag hier zu leben. Diese artenarme Soden-Quellergesellschaft darf nicht mit dem *Salicornietum dolichostachyae* verwechselt werden, das stets nasse Standorte besiedelt.

b *Besiedlung eines schlickreichen Neulandes in der Ostsee*

Die wattähnlichsten Lebensbedingungen fanden die Strandpflanzen im Ostseegebiet vorübergehend auf der 1945 neuangespülten Schlickinsel Bock südwestlich Hiddensee (VODERBERG u. FRÖDE 1958, 1967, s. auch ELLENBERG 1963). Auf dem pflanzenleeren Boden stellten sich ab 1946 allenthalben Quellerpflanzen ein (die beiden Kleinarten wurden noch nicht unterschieden). Sie hielten sich am längsten in der nassen Strandzone, während sie an höheren Stellen vom *Puccinellietum maritimae* oder von Arten des *Juncetum gerardii* verdrängt wurden. Auch die Andelwiesen erreichten auf Bock eine für den Ostseebereich ungewöhnliche Üppigkeit. Vielleicht spielte hierbei die fehlende Beweidung sowie die gute Ernährung durch den frisch angespülten Schlick eine entscheidende Rolle. Die Fruchtbarkeit des Wattenmeeres fehlt ja dem Ostseestrande normalerweise fast ganz. Sie wurde hier aus fossilem Baggergut, allerdings nur für kurze Zeit, aktiviert.

Auch sonst ist die Insel Bock für das Verständnis der Meerstrandvegetation von großer Bedeutung. Sie wurde explosionsartig rasch besiedelt, weil offenbar keimfähige Samen massenhaft im Meerwasser schweben und auf solchem Neuland schon kurz nach seiner Entstehung abgelagert werden. Besser hätte die Wirksamkeit dieses Verbreitungsmittels nicht demonstriert werden können. Die meisten Ankömmlinge fanden sich anfangs auf allen Niveaus der Insel ein. Sie wurden erst später durch Konkurrenten auf ihren heutigen Platz verwiesen. Auch in dieser Hinsicht war die Insel Bock ein lehrreiches Großexperiment. Auf fruchtbaren Böden setzten sich die konkurrenzfähigen Arten sehr rasch durch. Schon nach wenigen Jahren bildeten sich Gleichgewichte heraus, so daß VODERBERG (1955) bereits im 10. Jahre nach der Anspülung die meisten Salzpflanzengesellschaften typisch ausgebildet fand. Aber auch Beispiele für neue Schlickanlandung zeigten sich am Strande. Die Sukzession vom *Puccinellietum* bis zum *Juncetum gerardii* (oder ähnlichen Gesellschaften) vollzog sich stellenweise in wenigen Jahren. Heute wird außerdem immer deutlicher, daß Holzpflanzen auf allen jenen Teilen der Insel Fuß fassen können, die nicht dauernd versalzt sind. Wo der Tidehub gering ist, kann also der natürliche Wald nahe an die Küste herantreten.

Auf Bock gibt es nicht so viele verschiedene Standorte wie auf der von FRÖDE (1950) und anderen gründlich studierten Insel Hiddensee. Hier sind allerdings auch diluviale Böden und kulturbeeinflußte Gesellschaften vorhanden. Die Strandvegetation der neuen Insel steht derjenigen der alten Nachbarinsel heute schon an Mannigfaltigkeit kaum nach.

Auch auf der Halbinsel Darß gibt es noch gutausgebildete Salzpflanzengesellschaften (Monographie von FUKAREK 1961). Doch verarmen diese immer mehr, je weiter östlich man sie an der Küste des Baltischen Meeres aufsucht. Dieses Florengefälle darf nicht – wie man es früher unbedenklich tat – auf historische Gründe zurückgeführt werden. Das Beispiel der jungen Insel Bock stützt vielmehr die Ansicht, daß die heutigen Lebensbedingungen und Verbreitungsmittel zur Erklärung des Gesellschafts- und Artenmosaiks am Strande der Ostsee ausreichen.

c *Vegetationsabfolge und Lebensbedingungen auf sandigem Neuland*

Erinnern die Sukzessionen auf der Schlickinsel Bock eher an die Verhältnisse am Rande des Nordseewatts, so bietet das Naturschutzgebiet „Graswarder" vor Heiligenhafen Gelegenheit, eine für die Ostseeküste typische Vegetationsabfolge zu studieren. Aus dem längs der Küste verdrifteten Sand- und Feinkies-Material bilden sich hier von Zeit zu Zeit neue „Haken", d.h. Sandwälle, die sich hinter eine Nehrung lagern. Jeder jüngere Haken wölbt sich im Verhältnis zum Ostseewasser höher auf als die älteren und wird daher auch weniger stark überflutet, wenn Ost- oder Nordstürme Hochwasser bringen.

Am Fuße der ältesten Haken hat sich trotz dauernden Kontakts mit dem Brackwasser bis zu mehr als 1 m Torf ablagern können, der wahrscheinlich vorwiegend von Schilfröhrichten gebildet wurde. In einem nicht mehr beweideten, eingezäunten Teil findet man noch heute solche Brackwasserröhrichte und anschließend üppige Rotschwingelrasen. Wo Vieh weiden kann, staffeln sich jedoch kurzrasige Gesellschaften, die denen auf manchen Nordseeinseln ähneln. Am häufig mit Salzwasser durchtränkten Hangfuß dominiert der Andel *(Puccinellia maritima)*. Darüber erkennt man verschiedene Untergesellschaften der Salzbinsenweide *(Juncetum gerardii)*, in denen *Festuca rubra* eine mehr oder minder große Rolle spielt. Die jüngsten Rücken sind so hoch, daß hier Glykophyten vorherrschen, namentlich *Lolium perenne*.

SCHMEISKY (1974) hat dieses kleinräumige Nebeneinander verschiedener Vegetationseinheiten kartiert und ökologisch untersucht. Als Maß der Versalzung nahm er den Chloridgehalt des Bodenwassers (s. Abb. 298). Dieser schwankt mit der Jahreszeit und von Jahr zu Jahr, steht aber in sichtbarer Beziehung zum Artengefüge der Rasengesellschaften und erweist sich somit als der beherrschende Faktor.

Unerwartet hoch ist das Stickstoffangebot dieser zeitweilig versalzten und vernäßten Böden. Nach ZIMMEK (1975, s. auch ELLENBERG 1977) beginnt die N-Mineralisation verhältnismäßig spät im Jahr, wohl hauptsächlich infolge der niedrigen Bodentemperaturen. Im Laufe der Vegetationsperiode werden jedoch unter mittelfeuchtem *Festuca rubra*-Rasen 177 kg N/ha als Nitrat akkumuliert, und zwar sowohl in beweideten wie in unbeweideten Parzellen. In den feuchteren Untergesellschaften des *Juncetum gerardii* erbringt die Stickstoff-Nettomineralisation immerhin auch noch über 75 kg/ha · J (ebenfalls großenteils in Form von NO_3). Im *Puccinellietum* beträgt sie nur noch 24–31 kg N, wobei infolge Sauerstoffmangels NH_4 vorherrscht. Nach den kritischen Untersuchungen von GERLACH (1978) zur Methodik solcher Mineralisations-Bestim-

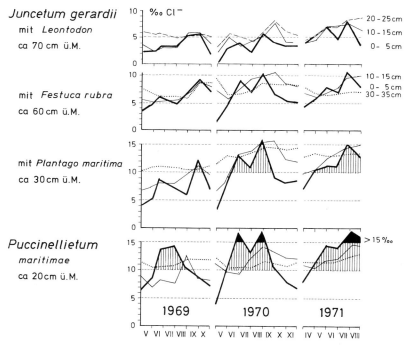

Abb. 298. Jahresgänge des Chloridgehaltes im Bodenwasser unter beweideten Rasengesellschaften auf einem Strandwall bei Heiligenhafen/Ostsee, wo sich Ebbe und Flut kaum mehr bemerkbar machen. Nach SCHMEISKY (1974), etwas verändert.

Vom Andelrasen *(Puccinellietum)*, dessen Oberfläche nur 20 cm über Mittelwasser liegt, über verschiedene Untergesellschaften der Boddenbinsenweide *(Juncetum gerardii)* bis zum Rücken des sandigkiesigen Strandwalles nimmt der Salzeinfluß so sehr ab, daß hier eine nahezu glykophytische Gesellschaft (*Lolium perenne*-Trittrasen) gedeihen kann.

Im Jahre 1969 waren alle Böden chloridärmer als in den folgenden Jahren, besonders nachdem im Herbst 1970 sogar der Wallrücken überspült wurde. Im Laufe jedes Jahres schwankt der Chloridgehalt beträchtlich, vor allem in der obersten Bodenschicht. In der Regel steigt die Salinität in Trockenperioden, während ergiebige Regenfälle den Boden mehr oder minder stark aussüßen. Fast alljährlich ist solche Aussüßung vorübergehend auch im Sommer zu beobachten.

mungen entsprechen auch die in Naßböden gewonnenen Werte annähernd den von den Pflanzen aufgenommenen N-Mengen.

Sehr wahrscheinlich stammt ein großer Teil des in den Ökosystemen des Graswarders umlaufenden Stickstoffs aus dem Kot von Möwen, die hier zu Hunderten brüten und immer wieder rasten (s. auch Abschnitt D II 3 c). Schon im Boden des jüngsten Strandwalls haben sich nach HOPPE (1972) 2800–3900 kg organisch gebundenen Stickstoffs angesammelt. Da dieser Wall weniger als 100 Jahre alt ist, betrug die jährliche N-Zufuhr also mehr als 28–39 kg N. In den Böden der einige Jahrhunderte alten Strandwälle befinden sich bis in 36 cm Tiefe zwischen 8300 und 17 200 kg N, was auf Zufuhren in mindestens der gleichen Größenordnung schließen läßt. Die „Naturdüngung" bewirkt, daß der Pflanzenbestand der von den Bauern niemals gedüngten Rinderweiden auf dem Graswarder einer Fettweide entspricht, wie wir sie in Abschnitt D VI 1 a kennenlernen werden.

3 Salzstellen des Binnenlandes

a Verbreitungsgebiete halophiler Vegetation in Europa

Von der Nord- und Ostsee her strahlen die Salz- und Brackwassergesellschaften in das nördliche und westliche Mitteleuropa aus. Sie sind dort an natürliche oder künstlich geschaffene Salzquellen gebunden, die im Raume von Halle–Halberstadt–Merseburg ein besonders großes Ausmaß erreichen. Auf dem geologisch älteren baltisch-russischen Kontinentalschild fehlen sie, weil dort die petrographischen und tektonischen Voraussetzungen nicht gegeben sind: mesozoische, salzreiche Sedimente und tertiäre Sattelbildungen.

Je weiter südlich und südöstlich die binnenländischen Salzstellen liegen, desto mehr weicht ihre Flora von derjenigen der Küsten ab, und desto artenreicher wird sie. WENDELBERGER (1950) unterschied dementsprechend 4 außermediterrane Hauptgebiete mit Salzvegetation, nämlich: 1. die Meeresküsten, 2. Binnensalzstellen Zentraleuropas, 3. den pannonischen Raum und 4. Rumänien. In den ersteren beiden überwiegen die über weite Räume verbreiteten, mehr oder minder klimavagen Halophyten (kosmopolitische, eurasiatische cirumpolare), im dritten und vierten dagegen die Pflanzen der trocken-warmen Kontinentalräume. Auch endemische Arten konnten sich in diesen Berträumen des tertiären Tethysmeeres ausbilden. Die Küstenvegetation besitzt dagegen atlantische Elemente, die Rumänien nicht erreichen. In den pannonisch-balkanischen Gebieten kommen vor allem Arten zur Dominanz, die den dortigen hohen Soda-Anteilen an der Bodenverbrackung gewachsen sind. An der Nord- und Ostseeküste und im nördlichen Mitteleuropa spielt nur das Kochsalz eine Rolle.

Als Sodapflanze darf z. B. *Suaeda maritima* gelten. Am Neusiedler See hält sie sich auch an Stellen, die im Sommer ganz weiß schimmern von ausgeblühtem Gipsschnee. *Salicornia europaea* dagegen behagen diese extremen Verhältnisse nach WENDELBERGER offensichtlich nicht. Sie tritt nur sporadisch auf, und zwar vorwiegend an weniger sodareichen, aber vom Menschen künstlich offengehaltenen Stellen. Unter diesen extremeren Bedingungen sind also *Salicornia* und *Suaeda* nicht zu einer Assoziation miteinander verbunden, wie das an salzreichen Trockenstandorten der Ost- und Nordseeküste der Fall ist.

b Salzvegetation des mitteleuropäischen Binnenlandes

An den Salzstellen des deutschen und polnischen Binnenlandes sind Gesellschaften ausgebildet, die in ähnlicher Artenzusammensetzung auch an der Nord- und Ostseeküste vorkommen. Die Beispiele in Tab. 65 bilden eine ökologische Reihe. Häufig handelt es sich um Rasengesellschaften, die an die Strandbinsenweiden *(Juncetum gerardii)* erinnern und vorwiegend aus zwar salztoleranten, aber nicht eigentlich halophilen Sippen gebildet werden. Wo das salzhaltige Wasser hoch genug steht, gedeihen Brackwasserröhrichte wie das *Bolboschoenetum maritimi* (s. Abschnitt C I 2 a u. Abb. 238). Der Übergang zu den normalen Wiesen- oder Weidegesellschaften der Umgebung vollzieht sich schrittweise und spiegelt den abnehmenden Salzgehalt des Bodens deutlich wider (Tab. 64).

Tab. 64. Salzkonzentrations- und Vegetationsgefälle im Rasen bei Artern/Unstrut.
Nach Altehage und Rossmann (1940)

Nr.	1	2	3	4	5
Vegetationsbedeckung (%)	0	70	90	100	100
NaCl-Konzentration der Bodenlösung (%)	13,8	9,7	5,4	3,5	2,5
Salicornia europaea		5	2	3	+
Sueda maritima		+	5	3	
Halimione portulacoides			+	2	1
Puccinellia distans				+	4
Spergularia media				+	1
Artemisia maritima					+
Aster tripolium					1

Probeentnahme in 2–10 cm Tiefe am 12.10.1934.

Tab. 65. Salzkonzentration unter einer Reihe von Rasengesellschaften in Hessen.
Nach Krisch (1967), verändert. Cl (‰ des Boden-Trockengewichts)

Zonierung der Gesellschaften	Orte: Merkers	Dorndorf	Kieselbach	Zonierung der Gesellschaften	Orte: Merkers	Dorndorf	Kieselbach
Vegetationsloser Boden	41,1*	28,8	21,1	*Atriplex hastata*-Rasen	16,0	6,7 5,5	
Spergularia marina-Flur	18,4	18,9	13,6	*Agropyron repens*-Herde	6,4		4,8
Triglochin maritimum-Rasen			11,0	*Agropyron repens*-Rasen	1,9	3,1	
Agrostis stolonifera-Rasen		7,2	6,4	*Agropyron repens-Agrostis stolonifera*-Rasen		1,2	

*Probe Ende August 1964 entnommen, alle anderen Anfang Oktober 1964.

Einen systematischen Überblick über die zahlreichen bisher beschriebenen Assoziationen und Untereinheiten müssen wir uns hier versagen. Es sei nur auf einige neuere Veröffentlichungen aus verschiedenen Gebieten Mitteleuropas hingewiesen. Salzwiesen in der Treene-Niederung bei Sollbrück in Schleswig-Holstein entdeckte RAABE (1965). Ein wechselvolles Kleinmosaik von Salzpflanzen-Gesellschaften und ihren Böden analysierten GLAHN und J. TÜXEN (1963). Unter den Grünlandgesellschaften des Ziese-Urstromtals in Ost-Mecklenburg fand SUCCOW (1967, s. auch Abb. 480) eine Reihe von mehr oder minder halophilen.

KRISCH (1968, s. auch Tab. 65) studierte die Gesellschaften und Versalzungsgrade, die sich seit etwa 1930 unter dem Einfluß der Kaliindustrie in der Werraaue bei Bad Salzungen herausgebildet haben. Unter einer Wiese mit *Juncus gerardii, Triglochin maritimum* und *Glaux maritima* sind hier nach STEUBING und DAPPER (1964) allein in den oberen 10 cm des Bodens 9,4 to NaCl/ha konzentriert. In den (38 to/ha wiegenden) Wurzeln des Bestandes befinden sich 2,1 to NaCl/ha, in der oberirdischen Biomasse (19,8 to/ha) dagegen nur 0,21 kg NaCl/ha. Die Sprosse und Blätter sind also wesentlich salzärmer als das Wurzelwerk.

Im Grenzbereich Mitteleuropas zur pannonischen Tiefebene, z.B. in der südlichen Tschechoslowakei (VICHEREK 1965), im österreichischen Marchfeld (WENDELBERGER 1964) und am Neusiedler See (STOCKER 1960) haben die halophilen Gesellschaften ein völlig anderes Gepräge. Man muß sie als Ausstrahlungen Südosteuropas betrachten, dessen Vegetation kürzlich von HORVAT, GLAVAČ und ELLENBERG (1974) zusammenfassend dargestellt wurde.

Die meisten Partner der kontinentalen, zeitweilig bodentrockenen Salzpflanzen-Ge-

Tab. 66. Wuchsmerkmale und Zellsaft-Eigenschaften bei verschiedenem Salzgehalt des Bodens. Nach Angaben von Weissenböck (1969)

Standort:		salzreich	salzärmer	salzarm (Garten)	Bemerkungen
Salzgehalt im Boden (in g/100 g TB)	Cl Na	0,03 0,30	0,01 0,17	0,005 0,03	
Wuchsmerkmale:					
Aster tripolium					
Höhe (cm)	H	5 −20	20 −30	30 −40	
Blattlänge (cm)	L	1 − 3	3 − 6	10 −12	
Blattbreite (cm)	B	0,5− 1	0,8− 1,2	1,5− 2	auf Salzboden
Blattfläche (cm^2)	F	1 − 4	4 − 8	15	sukkulent,
Artemisia maritima	H	8 −15	10 −20	30 −40	auf Gartenboden mesomorph
(Blatt stark zerteilt)	L	5 − 8	7 − 9	8 −10	
	(B)	2 − 3	3	3 − 5	
Plantago maritima	L	9 −12	10 −13	10 −13	stets mäßig
(niederliegend)	B	0,3− 0,4	0,3− 0,4	0,3− 0,4	sukkulent
Lepidium crassifolium[1])	H	5 −10	10 −15	3 − 7	auf Salzboden
	L	2 − 4	5 − 6	1,2− 1,5	sukkulent,
	B	1,5− 2	2 − 3	0,4− 0,6	auf Gartenboden
	F	2 − 4	8 −11	0,8− 0,9	peinomorph
Zellsaft-Eigenschaften:					
Aster					
Na/K-Verhältnis	Na/K	3,23	3,36	0,07	niedriger
Osmotischer Wert (atm)	π*	30	27	14,3	Na-Bedarf
Artemisia maritima	Na/K	−	3,10	0,09	
	π*	−	30	12,2	
Plantago maritima	Na/k	8,30	7,13	0,22	
	π*	27	25,4	9,9	
Lepidium crassifolium[1])	Na/K	12,00	1,80	0,54	hoher
	π*	32,9	22,2	15,5	Na-Bedarf
im Bodenextrakt unter *L. c.*	Na/K	1,76	1,70	0,23	

[1]) *Lepidium c.* ist ein obligater Halophyt im Sinne von Weissenböck; die übrigen Arten sind fakultative Halophyten.

sellschaften sind ebenso wenig obligatorische Halophyten wie fast alle Pflanzen der Meeresstrände. Bei den Kulturversuchen von WEISSENBÖCK (1969, s. Tab. 66) wuchsen beispielsweise *Aster tripolium, Artemisia maritima* und *Plantago maritima* auf salzarmem Gartenboden wesentlich besser als auf Salzboden (was vor allem in der Wuchshöhe und in der Blattfläche pro Individuum zum Ausdruck kam). Sie akkumulierten am Gartenstandort auch nur wenig Kochsalz, so daß das Na/K-Verhältnis im Zellsaft sowie der osmotische Wert niedrig blieben. Die Fettblattkresse *(Lepidium crassifolium)* dagegen benötigt offenbar das Natrium (und wohl auch das Chlor) so sehr, daß sie sogar dem Gartenboden hohe Mengen entzog. Sie gedieh hier nur schlecht und bildete keine sukkulenten, sondern harte Blätter aus (die WEISSENBÖCK als „peinomorph" bezeichnet, weil sie durch einen Ernährungsmangel zustande kamen, vgl. Abschnitt C III 4 a). Ihr Wuchsoptimum liegt auf salzhaltigem, wenn auch nicht auf ihrem angestammten, salzreichen Boden. Hier handelt es sich also um einen der wenigen wirklich obligaten Halophyten. Es erscheint reizvoll, die übrigen Partner der kontinentalen Salzfluren in gleicher Weise durchzutesten.

V Dünen und ihre Vegetationsabfolgen

1 Küstendünen

a Bedingungen der Dünenbildung und -zerstörung

Dünen können nur dort entstehen, wo der Wind über nackte Sandflächen hinwegstreicht. Bevor nach der Eiszeit der Wald wieder in Mitteleuropa einwanderte, gab es solche Sandfelder auch im Binnenlande. Heute findet man sie fast nur noch an der Meeresküste.

Ständiger Sandnachschub, die zweite Voraussetzung für jede Dünenbildung, ist vor allem an seichten „Außenküsten" der Nord- und Ostsee gewährleistet. Hier wandert der Sand quer zu der Hauptströmung in breiten Wellen oder „Haken" auf den Strand zu. Alle feineren Bestandteile des Ausgangsmaterials werden dabei herausgespült und setzen sich erst im Wattenmeer oder in ruhigen Buchten, also an den „Innenküsten", ab. Die Brandung wirft den mäßig grobkörnigen Sand (Durchmesser 0,25–1 mm) bis über Mittelhochwasser auf und vermischt ihn mit zerriebenen und heilen Muschelschalen, Pflanzen- und Tierleichen und anderem Getreibsel.

Bei schönem Wetter oder heftiger Luftbewegung trocknet die oberste Schicht des Sandes rasch aus. Man sieht ihn in langen Streifen mit dem Winde landeinwärts stieben, sobald die Windgeschwindigkeit etwa 6 m/sec (= 4 Beaufort) übersteigt (WIEMANN u. DOMKE 1967). An stürmischen Sommertagen kann er bis zum Kapillarsaum des salzigen Grundwassers abgetragen werden. So entsteht ein mehr oder minder breiter, ganz allmählich ansteigender Sandstrand, über den nur die Sturmfluten hinwegbranden.

In Trockenperioden und bei strandparalleler Windrichtung können sich auf dieser Sandfläche Barchane bilden, d. h. vegetationslose Sicheldünen, wie sie für Wüsten charakteristisch sind. DIEREN (1934) beobachtete sie zuweilen an der holländischen Küste als kleine, unbeständige Gebilde, die nichts mit den riesigen Wanderdünen zu tun haben, die sich im humiden Klima nur nach Zerstörung der Pflanzendecke großer Dünenfelder bilden können. Meistens gleitet aber der trockene Sand nur in dünner Schicht über die durch Rippelmarken gemusterte Strandebene dahin.

Zur Ruhe kommt er erst im Windschatten von Hindernissen, z. B. hinter angespültem Strandgut, aber auch hinter jeder Pflanze, die sich anzusiedeln vermochte. Nur werden die auf diese Weise angesammelten „Zungendünen" selten höher als wenige cm oder dm. Nur einige kräftige und gesellig wachsende Gräser sind in der Lage, höhere und dauerhafte, sturmflutsichere Dünen aufzubauen, indem sie mit den von ihnen beruhigten Wehsanden Schicht für Schicht emporsteigen.

Der erfolgreichste Dünenbildner ist der Strandhafer (Abb. 299). Binsenquecke und Strandroggen sowie einige wenige andere Arten bereiten seine Arbeit vor. Wie schon WARMING (1907) und REINKE (1903, 1912) erkannten, sind diese Pflanzen nicht nur in der Lage, den Sand zwischen den Stengeln anzusammeln und mit ihrem dichten Wurzelwerk zu festigen, sondern vermögen ihn auch wieder zu durchwachsen, wenn sie bei Stürmen von ausnahmsweise hohen Sandschichten überdeckt werden (s. Abb. 299 u. 300). Wie wir noch sehen werden, benötigen sie sogar die Sandzufuhr, um normal zu gedeihen.

Um zu veranschaulichen, in welchem Maße der Wind durch Strandhaferdünen abgebremst wird, bedienen wir uns der von Lux (1964, s. Tab. 67) auf Sylt aus zahlreichen Messungen ermittelten Relativzahlen. Schon auf dem Kamm der Weißdüne wird die Windgeschwindigkeit zwischen *Ammophila*-Horsten auf ⅓ herabgemindert.

Abb. 299. Strandhaferdünen (Weißdünen) an der Ostseeküste. Vorn links junge, rasch emporwachsende Dünenkuppe, rechts hinten ältere, teilweise vom Sturm zerstörte, bei der die Stillstandslagen als härtere Bänke erkennbar sind.

Tab. 67. **Relative Windgeschwindigkeit am Strand und auf Weißdünen verschiedener Exposition.** Nach Messungen von Lux (1964) auf Sylt, in % des höchsten Mittelwertes am flachen Strand

Meßort	offener Strand	Strandhaferbestände *(Ammophiletum)*				
		am Luvhang	auf dem Kamm	am Leehang offen	dicht	am Leefuß
50 cm über dem Boden	100	103	81	69	75	73
10 cm über dem Boden	85	60	33	42	18	50

Dünen und ihre Vegetationsabfolgen

An der Formung und weiteren Entwicklung der Dünen beteiligen sich verschiedene Pflanzengesellschaften. Wo der Strand noch ungestört ist, ordnen sie sich in sehr charakteristischer Abfolge zonenweise hintereinander. Diese großenteils sukzessionsbedingte Zonierung ist an der Nord- und Ostsee prinzipiell die gleiche, weil die Unterschiede im Salzgehalt des Meerwassers für die eigentlichen Dünen keine Rolle mehr spielen.

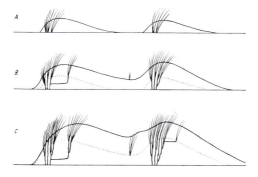

Abb. 300. Entwicklung von Strandhaferdünen, schematisch. *Ammophila* bildet bei Übersandung Rhizom-Stockwerke. Nach PAUL (1944).

Wie Abb. 301 schematisierend zeigt, liegt auf der ebenen, unbewachsenen Strandfläche gewöhnlich ein stellenweise mit annuellen Nitrophyten bewachsener Spülsaum. Weiter landeinwärts bilden Binsenquecke und Strandroggen niedrige Primärdünen. Durch Ansiedlung des Strandhafers gehen diese in steilkuppige Weißdünen über, die sich zu einem Wall zusammenschließen und bis über 10 m Höhe anwachsen können. weiter landeinwärts, wo der Sand zur Ruhe kommt, entstehen humusreichere Graudünen, in deren Pflanzendecke niedrige Gräser und zahlreiche Kräuter vorherrschen und auch Moospolster gedeihen können. Verheiden diese älteren Dünen, so spricht man von Braundünen. An der Leeseite des Weißdünenwalles gibt es nicht selten Buschdünen, die auch aus Dünentälern kuppig aufwachsen können. Bewaldet sind die küstennahen Dünen heute in der Regel nicht. Wie wir noch sehen werden, könnte aber auf den Grau-, Braun- und Buschdünen allmählich ein Wald aufkommen.

An den meisten Festlandküsten und auf den Nehrungen bleibt die Strandlinie ziemlich stabil. Infolge des dauernden Sandnachschubs wachsen hier die Weißdünen zu mächtigen Wällen empor, immer wieder vom Strandhafer und seinen Begleitern gefestigt, wobei der Mensch heute durch Pflanzung nachhilft. Je höher diese „Haldendünen" werden, desto leichter kann sie aber der Sturm angreifen. Hier und dort sieht man frische, muschelförmige Windanrisse, die sich rasch zungenartig erweitern (Abb. 302 D u. E). Von den Rändern her werden sie zwar wieder durch die Vegetation gefestigt, an der Spitze der Zungen aber wandert der Sand zu rasch, als daß sie Fuß fassen könnte. Die vorherrschenden West- bis Südwestwinde ziehen diese Zungen zu langen Mulden mit parabelförmigem Randwall aus. Ganze Scharen von Parabeln verschiedenen Alters und Ausmaßes sind schließlich gemeinsam auf der Wanderschaft, sich teilweise vereinigend oder störend (Abb. 302 E). Die Haldendüne löst sich in „Parabeldünenfelder" auf. Landeinwärts können diese zu größerer Höhe anschwellen als der küstennahe Weißdünenwall. Unter natürlichen Verhältnissen bleiben aber die Außenhänge der Parabeldünen bewachsen. Früher oder später werden sie von der Vegetation ganz zur Ruhe gebracht, wenn sich ihr Scheitel totgelaufen hat. Die Pflanzengesellschaften der Parabeldünenfelder haben selten Weißdünencharakter. Ihr Bewuchs entspricht vielmehr der Graudüne, Buschdüne oder anderen älteren Stadien. Unter natürlichen Verhältnissen wird sie am Ende vom Wald erobert.

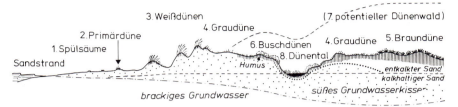

Abb. 301. Vegetations-Abfolge an einer Dünenküste der Nordsee, schematisch. Ohne Einwirkung von Mensch und Vieh würde sich zumindest das Dünental und die Braundüne (Heidedüne), wahrscheinlich aber auch die Graudüne, bewalden oder doch bebuschen (vgl. Abb. 293). Von den ruhenden Graudünen an schreitet die Entkalkung des Bodens rasch fort. Unter größeren Dünen-Komplexen kann man salzarmes Grundwasser gewinnen, das sich aus eingesickerten Niederschlägen bildete und als „Kissen" auf dem schwereren salzigen Grundwasser ruht.

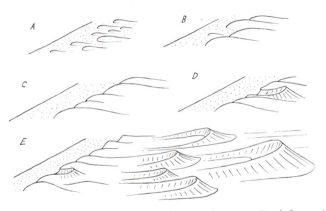

Abb. 302. Schema der Dünenentwicklung und der Entstehung von Parabeln an einer quer zur Hauptwindrichtung verlaufenden Küste. Nach PAUL (1944).
Einzelne auf dem Strand entstehende Primärdünen (A) vereinigen sich (B). Wind und Meer gleichen Unregelmäßigkeiten aus, so daß ein geschlossener Wall entsteht (C). In diesem treten Windrisse auf (D), die sich vergrößern und in Form von Parabeldünen landeinwärts wandern (E).

Nur wo der Mensch die Pflanzendecke zerstört, gerät der Flugsand erneut in Bewegung. Ja, bei katastrophalen Eingriffen können sich die Sandmassen zu vegetationslosen Wanderdünen aufhäufen, wie auf der Łeba-Nehrung und der kurischen Nehrung. Wahrscheinlich sind auch viele Parabeldünenfelder durch Mitwirken des Menschen entstanden, wurden sie doch gerade im 16. und 17. Jahrhundert, als die achtlose Übernutzung der Küstendünen ihren Höhepunkt erreichte, in Holland und Dänemark zu einer „wahren Landplage" (WARMING).

Von der normalen Abfolge der Dünenformen und ihres Bewuchses gibt es viele Ausnahmen. Oft fehlen einzelne Stadien, oft auch mehrere. Nicht selten sieht man zahlreiche gleichgestaltete, niedrige Wälle hintereinander, deren Bewuchs auf zunehmendes Alter deutet. Sie sind Zeugen progressiver Strandverschiebungen, sei es infolge tektonischer Bewegungen oder starker Sandanschwemmung, z. B. auf der Halbinsel Darß (FUKAREK 1961). Hierbei kommt es selten zu Windanrissen und zur Bildung von

Parabeldünen, weil sich neue Primär- und Weißdünen vor die älteren lagern und eine übermäßige Sandzufuhr verhindern.

An vielen Sandstränden, z. B. an der Westseite der ostfriesischen Nordseeinseln und an manchen Abschnitten der Ostseeküste, ist die Dünenserie unvollständig. Weißdünen, Graudünen oder noch ältere Stadien liegen unmittelbar am Ufer (Abb. 309). Hier zerstören Meer und Wind, was sie einst aufbauen halfen, und verfrachten den Sand an weniger exponierte Stellen. Dort kann er erneut zur Dünenbildung beitragen, so daß die Inseln langsam, aber stetig ostwärts wandern (Abb. 303). Einige Inseln verschwanden in historischer Zeit gänzlich, während andere emporwuchsen und sich zusehends vergrößerten, z. B. die „Vogelinseln" Memmert und Scharhörn (TÜXEN u. BÖCKELMANN 1957). Wie im Watt und in den Flußauen, so herrscht auch an den Dünenküsten ein ständiges Werden und Vergehen, wenn der Mensch nicht kostspielige Schutzbauten errichtet.

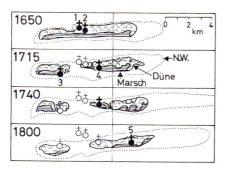
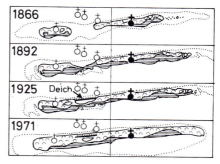

Abb. 303. Die Nordseeinsel Juist im Wechselspiel von Dünen-Aufbau und -Zerstörung seit 1650. Nach einer käuflichen Darstellung und nach topogr. Karten, vereinfacht.

An den untergegangenen Kirchen läßt sich die Süd- und Ostwanderung der Insel ablesen. Durch die Schutzbauten im 20. Jahrhundert vergrößerte und stabilisierte sich nicht nur das Dünengelände, sondern auch der bei Niedrigwasser (N. W.) trockenfallende Sockel. Ein durch einen Deich gegen Sturmfluten geschützter Süßwassersee, der „Hammer", bezeichnet noch heute den früheren Inseldurchbruch.

Marschbildung war stets nur im Schutz gegen den direkten Zugriff des Meeres möglich. Stellenweise wurde die Marsch von Dünen überlagert.

Die Dünenlandschaften werden dadurch noch mannigfaltiger, daß sich bei Meereseinbrüchen oder tiefen Windanrissen mehr oder minder breite Täler bilden. Solche Rinnen können bis zum Kapillarsaum des Grundwassers hinab ausgeblasen werden. Geschieht das in trockenen Sommern, also bei tiefem Grundwasserstand, so füllen sich die Dellen später zeitweilig mit Wasser, ja sie vermooren (Abb. 301, s. auch 228).

Am Sandstrande des Meeres und in den Dünen sind die Standortsverhältnisse räumlich und zeitlich wechselvoll. Von nährstoffreichen zu äußerst armen, von nassen zu sehr trockenen, von schnell veränderten zu ruhenden Orten gibt es alle Übergänge. Hinzu kommt ungleicher Salzreichtum und eine Reihe von anthropogenen Faktoren, z. B. Beweidung und Anpflanzung. Auch das arealgeographische und klimatische Gefälle von West nach Ost wirkt sich auf die Vegetation der Dünen aus. Wenige Jahrzehnte genügten z. B. nach den Kartenvergleichen von STRAKA (1963, s. auch JESCHKE 1962) im Nordteil der Insel Sylt, um das Mosaik der Dünen- und Strandgesellschaften umzumodeln. Nirgends wird die Dynamik der Vegetation stärker sichtbar als an den Marsch- und Dünenküsten der Meere (RANWELL 1972).

Das bunte Vielerlei der Pflanzengesellschaften im einzelnen zu schildern, fehlt hier der Raum. Wir wollen uns auf die Hauptstadien des natürlichen Dünenaufbaus und der weiteren Entwicklung beschränken und dabei versuchen, den entscheidenden Faktoren nachzugehen.

b Spülsäume, Primärdünen und Weißdünen

Am Sandstrande Fuß zu fassen, ist für die meisten Pflanzen schwierig. Zwar wirft das Meer immer wieder Samen ans Land, die in dieses riesige Reservoir hineingeweht oder -geschwemmt wurden. Aber längst nicht alle überstehen einen langen Aufenthalt im Salzwasser. Sie sind auf die Transportkraft des Windes, der Vögel oder des Menschen angewiesen.

Nach den bei DIEREN (1934) zitierten Autoren keimten jedoch Wattbesiedler wie *Salicornia* und *Puccinellia* nach 36tägigem Liegen in Salzwasser unvermindert gut. Auch Strandgräser wie *Agropyron junceum* und *Atriplex litoralis* erwiesen sich als resistent. Bei *Cakile maritima* erhöhte sich sogar die Keimfähigkeit von 57 auf 100%. Selbst die anemochoren Samen von *Senecio vulgaris* blieben in Salzlösungen monatelang keimfähig.

Die genannten und einige vermutlich gleichfalls salzresistente Arten findet man häufig auf den Flutmarken des Sandstrandes. Sie keimen dort erst im Spätfrühling, wenn sich der Boden stark erwärmt, entwickeln sich dann aber rasch. Denn in den mit Sand vermischten „modernden Tangbeeten" herrscht eine lebhafte Nitrifikation. Besonders die annuellen Spülsaumbesiedler sind ausgesprochen nitrophil und dabei salztolerant, wie z. B. *Cakile maritima*. Nach dieser Crucifere nannte TÜXEN (1950a) eine Vegetationsklasse *(Cakiletea)*, die eine große Zahl von Spülsaumfluren der Meeresküsten umfaßt. Einige unserer Gartenunkräuter sind vielleicht in ihnen beheimatet, z.B. *Senecio vulgaris* und *Tripleurospermum*. Doch handelt es sich an der Küste um besondere Formen oder Varietäten. Als Charakterarten dieser Klasse von unbeständigen und meist nur fragmentarisch ausgebildeten Therophytengesellschaften (und der Ordnung *Cakiletalia maritimae*) gelten (Abb. 304):

Cakile maritima
Salsola kali var. *polysarca*
Atriplex hastata subvar. *salina* und *oppositifolia*

Tripleurospermum maritimum f. *litoralis*
Polygonum aviculare var. *litorale*

Nach der Fruchtreife im Frühherbst sterben diese Pflanzen großenteils ab und entgehen so den Wintersturmfluten. Vielleicht finden ihre Samen in neuen Spülsäumen

Abb. 304. Die Arten der Spülsaum-Gesellschaft *(Atriplicetum litoralis)* wurzeln nur in dem gut durchlüfteten und stickstoffreichen Oberboden, d. h. bis zu etwa 8 cm Tiefe. Nach FUKAREK (1961).
Von links nach rechts: *Cakile maritima, Chenopodium glaucum, Atriplex hastata, Salsola kali, Atriplex litoralis.*

günstige Entwicklungsbedingungen. Die *Cakiletalia*-Gesellschaften sind also recht wenig stabil, bilden sich aber immer wieder neu. Zur Entstehung von Dünen tragen sie nur ausnahmsweise bei, und zwar nur dann, wenn sich die Strandquecke *(Agropyron junceum)* in ihnen ansiedeln und behaupten konnte. Ihre Samen werden wie die von *Cakile, Salsola* usw. von Wind und Meer verdriftet und keimen in Flutmarken (PIJL 1969). Außerhalb der lockeren und nährstoffreichen Spülsäume sind die Keimungsbedingungen für fast alle Pflanzen schlechter. Denn der reine Sand trocknet oberflächlich oft und rasch aus. Nur in Wagen- oder Trittspuren sah DIEREN häufiger einmal Keimlinge der Binsenquecke und vermutete wohl mit Recht, daß sie hier ein günstigeres, windruhigeres Kleinklima fanden. Die meisten Keimlinge werden jedoch bei Sturmfluten von der Brandung wieder fortgespült. Nur wo sich die Wellen totlaufen, besteht die Chance des Überdauerns.

Hat *Agropyron junceum* erst einmal mit seinen Wurzeln das Grundwasser erreicht und begonnen, den Sand weithin zu durchspinnen, so sammeln seine biegsamen Halme den Sand mit seinen Rhizonen zu breiten und flachen Kleindünen. *Honkenya peploides* beteiligt sich zuweilen dabei. Man möchte dieser halbsukkulenten, niedrigen Pflanze kaum zutrauen, daß sie den Sand so kräftig durchwurzelt, wie das STEUBING (1949) auf Hiddensee feststellte (Abb. 305). Mehrere Jahre hindurch hatte das von ihr untersuchte Exemplar in dem aufgelagerten Sand immer wieder ein neues Wurzelstockwerk gebildet, sich verankernd und den Sand bindend. Hier und dort gesellt sich *Elymus arenarius* zu den Pionieren der Primärdünen. Deshalb wird das *Agropyretum juncei* älterer Autoren neuerdings *Elymo-Agropyretum* genannt. Der Strandroggen ist ein ziemlich breitblättriges und nitrophiles Gras, das auch an halbruderalen Standorten sowie auf niedrigen Weißdünen gedeiht (Tab. 68 und Abb. 306).

Der Strandhafer *(Ammophila arenaria)* vermag in der Regel erst auf mehr als 1 m hohen Primärdünen Fuß zu fassen, denn er verträgt nur geringe Salzkonzentration im Wurzelraum. Da das Grundwasser unter dem flachen Sandstrand und den Vordünen

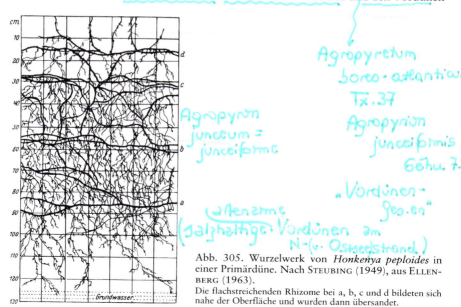

Abb. 305. Wurzelwerk von *Honkenya peploides* in einer Primärdüne. Nach STEUBING (1949), aus ELLENBERG (1963).
Die flachstreichenden Rhizome bei a, b, c und d bildeten sich nahe der Oberfläche und wurden dann übersandet.

noch Kochsalz enthält (Abb. 301), kann er hier erst gedeihen, wenn sich in der erhöhten Primärdüne ein kleines „Süßwasserkissen" gebildet hat. An den salzärmeren Küsten der östlichen Ostsee steigt er bis an den Flachstrand hinab und ersetzt dort *Agropyron* von vornherein in seiner Rolle als Dünenbildner.

Während *Agropyron junceum* und auch *Elymus* verhältnismäßig wenige und niedrige Halme pro Flächeneinheit aufweisen (Abb. 306), wächst der Strandhafer in dichteren und höheren Beständen (Abb. 299). So unterdrückt er seine Wegbereiter bald, zumal er den Sand rascher sammelt. Steilwandig steigt die junge Weißdüne empor, von seinem dichten Rhizom- und Wurzelgeflecht zusammengehalten. Das *Elymo-Ammophiletum* ist artenreicher als die Primärdüne (Tab. 68). Einige der neu Hinzutretenden erwiesen sich als wenig salztolerant, z. B. *Ammophila baltica* und *Lathyrus maritimus*.

Tab. 68. Primär-, Weiß- und Graudünen der ostfriesischen Inseln. Nach Angaben von Tüxen (1937) u.a.[1]) Ökologische Bewertung nach Ellenberg (1974, s. Abschnitt B I 4)

Dünen-Formation:	P.	W.		Gr.		F	R	Dünen-Formation:	P.	W.		Gr.		F	R
Laufende Nr.:	1	2	3	4	5			Laufende Nr.:	1	2	3	4	5		
Gräser und Grasartige:								Cg *Hierac. umb.* f. *armeriaef.*				4	2	–	–
Cp *Agropyron junceum*	5	1				7	7	*Silene otites*				3	1	2	7
A *Elymus arenarius*	3	3	3			6	7	F *Myosotis stricta*				3	2	3	4
Cw *Ammophila baltica*		3	1			4	X	F *Saxifraga tridactylites*				2	1	2	7
Cw *Ammophila arenaria*		5	5	5	4	4	X	G *Vicia lathyroides*				2	1	2	3
Festuca rubra ssp. *arenar.*	3		5	5	4	4	7	*Erophila verna*				4	2	4	X
Corynephorus canescens			4	5	4	3	3	*Galium mollugo*				5	3	5	X
Carex arenaria			2	5	5	4	2	Cg *Viola tricolor* ssp. *curtisii*				5	4	3	5
F *Phleum arenarium*				5	2	2	7	F *Cerastium semidecandrum*				4	4	4	X
G *Koeleria glauca*				5	5	3	7	Cg *Lotus cornicul.* f. *crassifol.*				5	5	4	7
Luzula campestris				2	5	4	3	*Sedum acre*				3	3	2	X
Aira praecox					4	3	2	F *Trifolium arvense*				2	2	2	2
Übrige Phanerogamen:								*Rumex acetosella*					3	5	2
Cp *Honkenya peploides*	4					6	7	4 *Galium verum* f. *litorale*					3	4	7
Sonchus arvensis f.	2	1	3			5	7	*Rubus caesius*					3	7	7
Cw *Eryngium maritimum*	1	3	1			4	7	Moose und Flechten:							
Cw *Hierac. umb.* f. *linariifol.*		3	3			–	–	*Syntrichia ruralis* f. *rur.*				5	2	–	–
A *Oenothera parviflora*		2	3			3	X	*Cetraria aculeata*				3	2	–	–
Cw *Lathyrus maritimus*		2	3			4	7	*Peltigera rufescens*				2	3	–	–
Hypochoeris radicata			3	4	2	5	4	*Brachythecium albicans*				2	4	–	–
F *Jasione montana*			3	4	3	3	3	F *Cladonia furcata*					3	–	–
Viola canina var.			2	3	4	4	3	*Cladonia fimbriata*					3	–	–

	mF	mR
Nr. 1: **Primärdüne**, Strandqueckendüne (*Elymo-Agropyretum juncei*).	5,7	7,0
Nr. 2 u. 3: **Weißdüne**, Strandhaferdüne (*Elymo-Ammophiletum*);		
2: typisch, d.h. relativ jung (*E.-A. typicum*),	4,5	7,0
3: Rotschwingel-Strandhaferdüne (*E.-A. festucetosum arenariae*).	3,8	5,4
Nr. 4 u. 5: **Graudüne**, Silbergras-Stranddüne („*Corynephoretum maritimum*");		
4: typisch, d.h. noch etwas windbewegt (*C. m. typicum*),	3,3	5,0
5: kryptogamenreich, ruhend und humusreicher („Subass. von *Brachythecium albicans*").	3,7	4,7

Nr. 1 wird noch von Grundwasser beeinflußt (mF 5,7); die höheren Dünen sind trockener und von mehr oder minder xerotoleranten Arten besiedelt (mF 4,5 bis 3,3). Nr. 5 genießt besseren Windschutz und einen Boden von höherer Wasserkapazität (mF 3,7). Die zunehmende Entbasung kommt in den mR-Zahlen der Pflanzenbestände gut zum Ausdruck.

---

[1]) Gp, Cw, Cg = lokale Charakterarten der Primär-, Weiß- und Graudünen, A = Ordnungscharakterarten der Strandhaferdünen (*Ammophiletalia*), G = Verbandscharakterarten der Schillergrasrasen (*Koelerion glaucae*), F = Ordnungscharakterarten der Sand-Trockenrasen (*Festuco-Sedetalia*). Einige Arten mit geringer Stetigkeit wurden weggelassen.

Abb. 306. Primärdüne an der Ostseeküste mit *Elymus arenarius* und *Sonchus arvensis*.

Stranddünenpflanzen wie *Agropyron junceum, Elymus arenarius* und *Ammophila arenaria* sind so weitgehend an das Leben auf Seedünen angepaßt, daß sie die ständige Sandzufuhr vom Strande her zu normalem Gedeihen benötigen. DIEREN u. a. beobachteten wiederholt, daß diese Pflanzen zu kümmern beginnen, sobald sie nicht mehr alljährlich mehrmals von frischem Sande bedeckt werden. Während sie normalerweise rasch wachsen und chlorophyllreich sind, werden sie ohne strandbürtigen Sand gelblich und schmalblättrig. Auf küstenfernen Dünen gedeihen sie schlecht, auch wo diese noch kalkreich sind. Andererseits findet man sie auf ausnahmsweise kalkarmen, aber strandnahen Weißdünen recht üppig gedeihend. Wie HOPE-SIMPSON und JEFFRIES (1966) feststellten, steigt die Wuchskraft von *Ammophila* (und auch von *Corynephorus*), wenn nach Übersandung neue Wurzeln gebildet werden. In dem kalkreichen und nährstoffreichen Lößboden des Göttinger Neuen Botanischen Gartens wachsen die Dünengräser jedoch kräftig und ohne nachzulassen, obwohl keine Bodenbewegung stattfindet. Auf Dünen leiden sie beim Ausbleiben der Sandzufuhr unter Mangel an Nährstoffen, z. B. an Stickstoff, Kali und Phosphor. Diese liefert ihnen das mit dem Wattsande herangewehte organische Material. Nach LUX (1964) enthält eine 40 cm mächtige Seesanddecke von Natur aus so viel P_2O_5 und K_2O, wie für eine mittlere Düngung von Kulturgrünland nötig wäre. Ein Teil der günstig wirkenden Stoffe mag auch aus dem vom Winde versprühten Seesalz stammen (VAN DER VALK 1974). Besonders groß scheint der Stickstoffbedarf des Strandhafers zu sein. Selbst auf Seesand herangezogene Pflanzen wurden frischer grün und blühten stärker, wenn LUX sie mit N gedüngt hatte.

Unter den Psammophyten stellen die genannten Arten und wohl auch ihre Gesellschaftspartner eutraphente Typen dar. Das zeigt sich in ihren relativ raschen Zuwachsleistungen. Selbst an frostfreien Wintertagen sind diese größer als bei Arten, die auch Binnendünen besiedeln. Auf Küstendünen werden die genügsameren Typen erst konkurrenzfähig, wo die Stoffzufuhr unterbleibt und ein allgemeines Hungerdasein beginnt. Der besondere Charakter der Küstendünenvegetation beruht also sehr wahrscheinlich ebenso wie die Fruchtbarkeit des Watts letzten Endes auf der Leistung von Meeresorganismen.

Der Wind vermittelt Nährstoffe und baut salzarme Sandböden auf, erschwert aber doch die Lebensbedingungen auf den Küstendünen. Denn alle oberirdischen Organe werden von ihm hin- und hergezerrt und durch Sandschliff gefährdet. In der Nähe der Meeresbrandung werden sie außerdem zeitweilig mit so viel Salz besprüht, daß sich auf ihnen Krusten absetzen. Beide Faktoren schädigen oder töten die meisten meso- bis hygromorphen Pflanzen. Wie MARTIN (1959) an nordamerikanischen Strandpflanzen experimentell nachwies, sind xeromorphe Arten in der Regel resistenter. Kaum ein Pflanzenorgan aber ist so elastisch und so salzabweisend zugleich wie das Rollblatt von *Ammophila*. Seine Xeromorphie dürfte jedoch nicht nur aus diesen Gründen positiven Selektionswert haben. Zwar steht dem tiefwurzelnden Strandhafer an den atlantischen Küsten Wasser reichlich zur Verfügung. Doch sind die Schwankungen der Temperatur und der Luftfeuchtigkeit an seinem windexponierten Standort beträchtlich (Abb. 307).

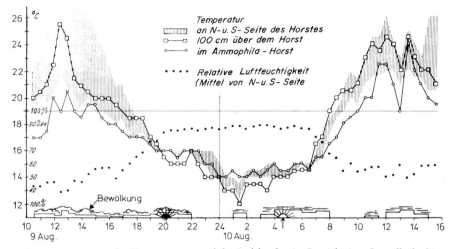

Abb. 307. Tagesgang der Temperaturen und der Luftfeuchte im Bereich einer Strandhaferdüne auf der Insel Terschelling. Unten: Bewölkung, Sonnenunter- und -aufgang. Nach HEERDT und MÖRZER BRUIJNS (1960).

Im *Elymo-Ammophiletum* bezeichnet der besonders nährstoffbedürftige *Elymus* gewöhnlich die niedrigeren und seenäheren Dünen, also frühe Entwicklungsstadien. *Ammophila arenaria* herrscht auf den hohen Weißdünen. Oft gesellt sich ihr *Ammophila baltica* bei, ein Bastard zwischen *A. arenaria* und *Calamagrostis epigeios*. Als charakteristische Arten sind auch *Eryngium maritimum, Oenothera ammophila* und *Lathyrus maritimus* zu nennen. Trotz der guten Ernährung ist aber die typische *Ammophila*-Düne artenarm, weil die Sandverwehungen für die meisten Pflanzen zu stark sind. Erst im Übergang zur Graudüne nimmt die Artenzahl entschieden zu.

c Graudünen und ihre weitere Entwicklung

Spülsäume, Primärdünen und Weißdünen sind eutrophe Standorte. Doch wird die zusätzliche Ernährung bereits in dieser Reihe Schritt für Schritt geringer. Bei den strandferneren, nur noch selten übersandeten Dünen sinkt sie praktisch auf Null. Nun erst machen sich die ungünstigen Eigenschaften kolloidarmer Sande bemerkbar: sie werden leicht vom Sickerwasser ausgelaugt, adsorbieren wenig Nährstoffe und haben eine geringe Wasserkapazität. Mit zunehmender Humusansammlung wird ihre wasser- und nährstoffhaltende Kraft später wieder größer. Das Minimum der Bodenfruchtbarkeit liegt deshalb im Bereich der Graudünen.

Die Entwicklung der Weißdüne zur Graudüne dauert länger als die der Primärdüne zur Weißdüne. Letztere vollzieht sich oft in wenigen Jahren. Schon der erste Schritt auf die Graudüne hin dauert etwa 10 bis 20 Jahre. Zunächst harren die Partner des *Elymo-Ammophiletum* noch aus. Sie werden aber von dem Sand-Rotschwingel *(Festuca rubra* ssp. *arenaria)* und anderen niedrigen Rasenbildnern unterwandert, so daß Deckungsgrad und Artenzahl beim *Elymo-Ammophiletum festucetosum arenariae* größer sind als bei der typischen Gesellschaft (Tab. 68 und Abb. 308).

Doch allmählich kümmern der Strandhafer und sein Gefolge immer mehr. Solange der Sand noch Kalk enthält, können in dem Kleingras-Dünenrasen zahlreiche Arten leben, die bei niedrigen p_H-Werten ihre Konkurrenzkraft verlieren. Er erinnert dadurch an die Trocken- und Halbtrockenrasen der Ordnung *Brometalia* (Abschnitt D I) und wird zu derselben Klasse *(Festuco-Brometea)* gestellt wie diese.

Die meisten Autoren rechnen ihn heute zum Verband der Schillergrasfluren *(Koelerion glaucae)* innerhalb der Ordnung *Festuco-Sedetalia* (Tab. 68). Zeitweilig wurden sie auch mit den

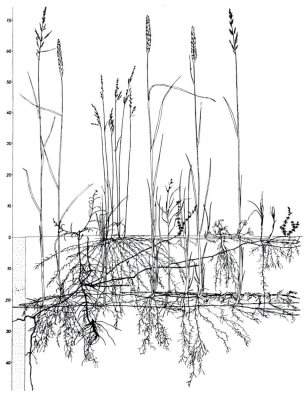

Abb. 308. Querschnitt durch einen Graudünenrasen auf dem Darß *(Elymo-Ammophiletum festucetosum)*. Nach FUKAREK (1961).
Von links nach rechts: *Calamagrostis epigejos, Ammophila baltica, Hieracium umbellatum stenophyllum, Festuca rubra arenaria, A. b., Carex arenaria, Galium verum, A. b., Viola tricolor curtisii* usw. An der Lage der Rhizome läßt sich eine Übersandung ablesen.

stärker bodensauren Silbergrasfluren *(Corynephorion)* vereinigt. Tatsächlich trifft man alle Übergänge zwischen eindeutigen *Koelerion-* und eindeutigen *Corynephorion*-Gesellschaften. Silbergrasfluren vermögen sehr kalkarme Flugsande zu besiedeln und sie bei Störungen wieder zur Ruhe zu bringen. Man findet sie deshalb vor allem in den Windanrissen älterer Dünen. Doch treten sie in Fragmenten überall auf, wo der Boden vorübergehend gestört wurde. Als ausgesprochen atlantische Gesellschaftsgruppe findet man sie vor allem auf den ostfriesischen Seedünen. Hier können sie in breiter Front unmittelbar an das *Elymo-Ammophiletum* anschließen. TÜXEN (1956b) beschreibt die Seedünen-Silbergrasfluren als *Violo-Corynephoretum maritimum* (im *Corynephorion*). Wie aus Tab. 68 hervorgeht, enthalten aber auch sie so viele Arten des *Koelerion* und der *Festuco-Sedetalia*, daß es wohl besser wäre, sie nicht mit den ausgesprochen oligotraphenten und artenarmen Corynephoreten der Binnendünen (Abschnitt 3b) zu vereinigen.

Erst wenn sich die Weißdüne zur Graudüne entwickelt, beginnt der p_H-Wert im Bereich der Küstenvegetation eine Rolle zu spielen. In den Schlickböden des Außendeichslandes und im seenahen Sand ist die Reaktion neutral oder schwach alkalisch. Da das Meerwasser selbst basenreich und gut gepuffert ist, gilt diese Regel sogar dort, wo die Ablagerungen von vornherein wenig Kalk enthielten. Schon SALISBURY (1922) hat gezeigt, wie die Reaktion des Oberbodens mit steigendem Dünenalter immer saurer wird (s. Tab. 69). Sie ist als leicht erfaßbares Symptom für die allgemeine Nährsalzverarmung und die Anreicherung von sauren Humusstoffen anzusehen. An und für sich bedeuten ja p_H-Werte um 6 oder 5 herum für die meisten Land-Phanerogamen noch keine unübersteiglichen Schranken, sondern eher günstige Wachstumsbedingungen.

Tab. 69. **Säuregrad und Basensättigung in den oberen Bodenschichten von Küstendünen.** Nach Angaben von Wiemann und Domke (1967, Spiekeroog) sowie Steubing und Westhoff (1966, niederländische Küste). V = V-Wert, d.h. Basensättigung des Bodens

Dünentyp	Gesellschaft		pH (H_2O)-Wert Spiekeroog	Niederlande	V%	Bemerkungen
Embryonaldüne	*Elymo-Agropyretum,*	Initialphase	6,7–8,3	7,6	97,7	basenreich
,,	,, ,,	Optimalphase	6,0–9,0			
Weißdüne,						
primär	*Elymo-Ammophiletum typicum*		6,7–8,6	7,6	93,5	
sekundär	,, ,, ,,			7,4	84,3	
Weiß/Graudüne	,, ,,	festucetosum	6,7–7,8	6,8	76,2	zunehmende Entbasung
Graudüne	*Tortulo-Phleetum jasionietosum*		5,1–6,7			
,,	*Violo-Corynephoretum*			6,3	71,6	
,,	Ausblasungen in älteren Dünen		5,0–6,2			
Braundüne	*Polypodio-Empetretum*			4,6	38,8	basenarm
,,	*Empetro-Callunetum*			4,6	35,5	

Im Schillergrasrasen wie im Silbergrasrasen herrschen statt der wuchsstarken Rhizom-Geophyten Hemikryptophyten, die den Sand nur in verhältnismäßig flacher Schicht, aber nach allen Seiten mit ihren Wurzeln durchziehen (Abb. 312). Daneben gedeihen aber auch Arten mit tiefreichender Pfahlwurzel gut, z.B. Korbblütler wie *Leontodon saxatilis*. Alle Partner der Kleingras-Dünenrasen sind mehr oder minder xeromorph, was vor allem mit dem Stickstoffmangel und den mechanischen Beanspruchungen durch den Wind zusammenhängen dürfte. Pflanzenaufnehmbares Wasser ist auch im Boden der Graudünen stets vorhanden, wenn man von den oberen cm absieht. Zeitweilig jedoch steigt die Evaporation über dem von der Sonne erhitzten Sande erheblich. Auf den Weißdünen ist sie aber noch größer, weil dort der Wind freieren Zutritt hat und die Sonne den Boden stärker erhitzt (Abb. 307).

Auch für die ruhende Düne bleibt der Wind ein wesentlicher Standortsfaktor, zumal jede Verletzung des lockeren Pflanzennetzes den lose geschichteten Sand erneut in Bewegung bringen kann. Sind solche Verletzungen häufig, so siedeln sich vor allem Silbergras-Horste an und die Sandsegge rückt wieder vor. Strandhafer findet sich dagegen nur ausnahmsweise von selbst ein, vermutlich, weil ihm die Nährstoffzufuhr von See her fehlt.

Kryptogamen können sich auf den Küstendünen erst im Schutze der Kleingrasrasen halten. Weder Flechten noch Moose vertragen es, rascher vom Winde verschüttet zu werden, als sie emporwachsen. Am ehesten sind orthotrope und dichtrasige Laubmoose in der Lage, den Sand zu durchwachsen. Wie schon WARMING (1907) zeigte, binden sie den Sand mit ihren Rhizoiden. Auf den jüngeren Graudünen bildet nach KOPPE (1969) das Sternmoos *(Syntrichia ruralis)* häufig ausgedehnte Räschen (Tab. 68). Auf stärker entkalktem ist vor allem *Rhacomitrium canescens* anzutreffen. Beide tragen wesentlich zur Humusbildung auf den Dünen bei. Weniger leistungsfähig sind in dieser Hinsicht die Strauchflechten (*Cladonia*- und *Cetraria*-Arten), die sich hier und dort im Gefolge von Silbergrasfluren auf sehr trockenem, aber ruhendem Sand einstellen. Da sie sich auf Binnendünen häufiger entwickeln als auf Seedünen, wollen wir diese eigenartigen Pflanzenvereine erst im Abschnitt 3 b besprechen.

Werden ältere Dünen erneut vom Winde angerissen, so beteiligt sich häufig die Krähenbeere *(Empetrum nigrum)* an der Sandbindung, denn sie verträgt nach LÖTSCHERT (1968) recht gut eine allmähliche Überschüttung. Auf diese Weise entstehen schließlich Krähenbeerheiden, die wir in Abschnitt D II 2b im Vergleich zu anderen Zwergstrauchheiden besprechen werden.

Ruht die Graudüne längere Zeit unter dichtem Rasen- und Moosbewuchs, so reichert sich im Oberboden immer mehr Humus an und hilft den Sand binden. Infolgedessen können sich Pflanzen ansiedeln, die nur eine schwache oder gar keine Übersandung mehr vertragen. *Calluna* und andere Rohhumuszeiger breiten sich erst auf gänzlich ruhenden Dünen aus. Wie die niedrigen Rasenbildner werden sie durch Schafweide begünstigt, die früher auch im Dünengelände allgemein üblich war.

Auf alten Teilen der ostfriesischen Inseln und auf den nordfriesischen Inseln ist in der Nähe der Siedlungen ein Rasentyp verbreitet, der in die Reihe der Kleingras-Dünenrasen in mehrfacher Hinsicht nicht ganz hineinpaßt. Sein verhältnismäßig hoher Ertrag als Schafweide und seine ausgeglichene Beschaffenheit sind Folgen früherer Beackerung und Humuszufuhr durch Düngung. TÜXEN (1956c) nennt diesen an Sandstraußgras, Schafschwingel und Gelbem Labkraut reichen Rasen neuerdings *Agrostieto- Poetum humilis* (früher *Festuca capillata-Galium litorale*-Ass.). Auffallenderweise fehlen ihm alle eigentlichen Seedünengräser, namentlich die sonst überall verbreiteten *Festuca rubra arenaria* und *Ammophila arenaria*. Als ehemaliges Ackerunkraut ist *Rumex acetosella* häufig. Auch *Trifolium arvense* und *Achillea millefolium* dürfen als Brachlandrelikte gelten. Als natürliches Stadium der Dünensukzession darf man die *Agrostis- Poa humilis*-Ass. also nicht auffassen.

Durch wiederholte mineralische Düngung von Weiß- und Graudünen-Gesellschaften im nördlichen Devonshire erzielte WILLIS (1963) auffallende Veränderungen. Die durchschnittliche Höhe und Biomasse nahm in zwei Jahren erheblich zu, und Rasengräser wie *Festuca rubra* und *Poa pratensis* dehnten sich auf Kosten der übrigen Phanerogamen sowie der Moose aus. Graudünenrasen werden also entscheidend durch den von Natur aus herrschenden Nährstoffmangel geprägt. Der Strandhafer *(Ammophila arenaria)* erwies sich als besonders düngerdankbar und wurde nicht verdrängt. Im Gegensatz zu den Hauptnährstoffen hatten übrigens Spurenelemente keine erkennbare Auswirkung auf die Vegetation. Zu ähnlichen Ergebnissen kamen PEMADASA und LOWELL (1974) im Hinblick auf frühlingsannuelle Zwerggräser und

-kräuter, wie *Aira caryophyllea, A. praecox* und *Erophila verna,* die in den schütteren Graudünenrasen ihr flüchtiges Dasein fristen. Sie wachsen erheblich besser, wenn man sie mit N oder P düngt, und am besten mit NP. Kalidüngung bewirkt dagegen keine Veränderungen, weil K wahrscheinlich mit versprühter Meeresgischt in genügender Menge nachgeliefert wird.

Überblicken wir noch einmal die von Gramineen beherrschten Gesellschaften der Küstendünen, so ergibt sich das in Abb. 301 wiedergegebene Sukzessionsschema. Die mutmaßliche Weiterentwicklung zum Naturwald und die Entstehung der Buschdünen, die wir anschließend besprechen wollen, sind darin bereits berücksichtigt worden.

d Buschdünen und Dünenwälder

Auf den west- und ostfriesischen Inseln geht das *Elymo-Ammophiletum* häufig unmittelbar in eine sandanhäufende Buschgesellschaft über. Dieser Sanddorn-Dünenweiden-Busch *(Hippophaë-Salicetum arenariae)* besiedelt vor allem die Leehänge der schmalen Weißdünenrücken (s. die instruktiven Vegetationskarten von Baltrum, TÜXEN 1956c, und Spiekeroog, WIEMANN und DOMKE 1967). Im Windschutz wird der Sanddorn bis zu 2 m hoch, während die Dünen-Kriechweide selten mehr als Kniehöhe erreicht. Sie ist aber wind- und übersandungsfester als ihr Partner und wagt sich bis auf die höchsten Kuppen vor, die sie selber bilden hilft. Dort sehen ihre Zweige oft wie geschoren aus und sterben in trockenen Jahren ab.

Der Sanddorn *(Hippophaë rhamnoides)* hat sein Arealschwergewicht in Zentralasien und eher im kontinentalen Südosten Europas als an der atlantischen und baltischen Küste (s. auch Abschnitt B V 1 c). Nach PEARSON und ROGERS (1962) können sowohl die Sanddornsträucher als auch ihre Früchte tiefe Temperaturen gut überstehen, eine Fähigkeit, derer sie auf den Stranddünen nicht bedürfen. Hier ist die konkurrenzarme Pioniersituation zweifellos der entscheidende Ansiedlungsgrund. Hinzu kommt ein ausreichender Kalkgehalt des Sandes, der hier ebenfalls gegeben ist. Obwohl zweihäusig, erobert der Sanddorn außerordentlich rasch alle ihm zusagenden Plätze, weil er von Vögeln verbreitet wird und nach Darmpassage zu 95–100% keimt. Bevorzugt entwickelt sich *Hippophaë* in Dünentälern, in denen er mit seiner Pfahlwurzel das Grundwasser erreicht. Wo er auf höheren Dünen wächst, fand STOCKER (1970) außer dem oberen Wurzelstockwerk stets ein unteres, das sich in der Dauerfeuchte des Kapillarsaums ausgebreitet hatte.

Sanddorn-Kriechweidengebüsche stehen fast immer mit Dünentälern in Verbindung und gehen dort in feuchte Kriechweidengebüsche über (s. Abb. 301). BRAUN-BLANQUET und DE LEEUW (1936) beschrieben solche von der westfriesischen Insel Ameland als *Acrocladio- Salicetum arenariae. Acrocladium cuspidatum, Drepanocladus*-Arten, *Hydrocotyle* und andere Nässezeiger deuten darauf hin, daß das (nicht salzhaltige) Grundwasser durchschnittlich nur etwa 45–50 cm und zeitweilig noch dichter unter der Oberfläche des stark humosen bis anmoorigen Sandbodens steht. *Hippophaë* ist hier nur noch ausnahmsweise zu finden, und auch sonst hat diese floristisch sehr wechselvolle Gesellschaft kaum noch etwas mit der Buschdüne gemein. Trotzdem hängen beide von *Salix repens* var. *arenaria* beherrschten Gesellschaften wohl in den meisten Fällen genetisch eng zusammen.

Wie PAUL (1953) auf der Kurischen Nehrung nachwies, keimt *Salix repens* mit Vorliebe auf durchfeuchtetem, aber nacktem Sand. In niedrigen Dünengebieten gibt es solche Standorte nur in den frisch ausgeblasenen Tälern. Am Fuße größerer Dünen, in denen sich aus dem versickerten Niederschlagswasser Grundwasser bilden kann, wird die Ansiedlung von *Salix* außerdem durch Fließsandaustritte begünstigt. Auch *Juncus balticus,* den BRAUN-BLANQUET und DE LEEUW als häufigen Begleiter der feuchten Kriechweidengebüsche erwähnen, siedelt sich auf der Kurischen Nehrung mit Vorliebe in solchen Triebsandstreifen an. Da die Kriechweide Sandüberschüttungen leicht durchwächst, bildet sie Dünen, die bis zu 10 m hoch werden können und ihren grundwassernahen Ursprung nicht mehr ahnen lassen. Man muß PAUL also wohl recht geben, wenn er die Buschdünen im Gegensatz zu BRAUN-BLANQUET und DE LEEUW nicht als Stadium der normalen Dünensukzession ansieht.

Junge Sanddorn-Weidenbüsche deuten darauf hin, daß der Dünensand noch nicht oder höchstens oberflächlich entkalkt wurde. Ihre Begleiter erinnern an die Kleingras-Gesellschaften der Graudünen. Der ruhende Sand wird jedoch bald ausgelaugt und im Halbschatten der Büsche von säureholden Waldmoosen wie *Dicranum scoparium, Hylocomium splendens,* vor allem aber von *Hypnum cupressiforme* besiedelt. Auch größere Sauerhumuspflanzen stellen sich ein, z.B. *Polypodium vulgare, Pyrola rotundifolia* (var. *arenaria* Koch), *Veronica officinalis* und *Hieracium umbellatum.* Das so entstandene Tüpfelfarn-Dünenweidengestrüpp *(Polypodio- Salicetum arenariae)* stellt TÜXEN (1952, 1956b) zu der Ordnung der Schlehenhecken und -gebüsche *(Prunetalia spinosae).* An Sonnhängen der ostfriesischen Inseldünen findet man eine weniger säureholde Ausbildung des Sandweidengebüsches, das Dünenrosen-Gestrüpp (*Rosa spinosissima- Salix arenaria*-Ass.).

Da die ostfriesischen Inseln relativ rasch von Westen nach Osten wanderten, sind ihre Dünen alle noch verhältnismäßig jung (SCHÜTTE 1939, GESSNER 1957, TÜXEN 1956c u. a., s. Abb. 303). Zudem waren diese Inseln im Verhältnis zu ihrer Größe stets dicht besiedelt, so daß sich hier noch nirgends eine Weiterentwicklung vom Dünenbusch zu eigentlichen Wäldern anbahnen konnte. Auf holländischen Dünen dagegen lassen sich nach WESTHOFF (1950) zahlreiche Gesellschaften unterscheiden, an denen Busch- und Baumarten beteiligt sind. Die Entwicklung tendiert hier auf trockenen Dünensanden zu bodensauren Eichenwäldern („*Quercetum atlanticum loniceretosum*" und „*convallarietosum*" im *Quercion robori-petraeae*).

In den weiter östlich gelegenen Dünengebieten, insbesondere an der Ostseeküste, begegnet man immer häufiger der Waldkiefer. *Pinus sylvestris* wurde zwar seit Anfang

Abb. 309. Windgeschorene Kiefern und Kiefern-Anpflanzungen auf einer alten Düne an der polnischen Ostseeküste. Das Meer hat die Düne teilweise abgebrochen, und Stürme haben den Flugsand erneut in Bewegung gebracht (im Mittelgrund), so daß sich Silbergras-Pionierrasen ansiedeln konnten.

des 19. Jahrhunderts häufig angepflanzt. Doch wäre sie hier wahrscheinlich auch in der Naturlandschaft vertreten (vgl. Abschnitt B IV 6 c). Als windgeformte Krüppel wagen sich die Kiefern bis auf die Kämme der seenahen Altdünen vor (Abb. 309). Östlich der Odermündung werden Kiefernwälder nach WOJTERSKI (1964 a u. b) sogar zur zonalen Vegetation auf dem teilweise sehr ausgedehnten alten Dünengelände an der südlichen Ostseeküste. Viele der von ihm unterschiedenen Gesellschaften sind reich an Krähenbeere *(Empetrum nigrum)* und unterscheiden sich dadurch von den weiter landeinwärts gelegenen Kiefernwäldern (vgl. Abb. 310 u. Abschnitt B IV 6 c).

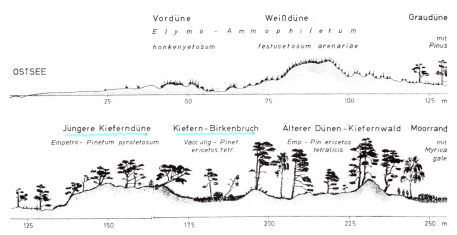

Abb. 310. Transekt durch eine Dünenserie mit Krähenbeer-Kiefernwäldern am polnischen Ostseestrand. Nach WOJTERSKI (1964), etwas verändert.
Im Vergleich zu den Nordseedünen (Abb. 301) sind die Dünenrasen artenärmer und weniger mannigfaltig. Die Kiefer leitet sehr bald eine Bewaldung ein, die subkontinentalen Charakter hat. In Küstennähe spielen aber noch ozeanische Arten (wie *Erica tetralix* und *Myrica gale*) eine überraschend große Rolle. Aus der Zerstörung ähnlicher Dünenwälder gingen die hohen Wanderdünen der Kurischen Nehrung und der Łeba-Nehrung hervor (s. Abb. 311).

Es ist häufig daran gezweifelt worden, daß sich die Küstendünen von Natur aus bewalden könnten. Angesichts der vielen gelungenen Aufforstungsversuche wird aber heute kaum noch bestritten, daß trotz der heftigen Winde ein Baumwuchs möglich sei. Man weiß auch, daß auf norwegischen Schären Birken bis nahe an das windgepeitschte, salzübersprühte Ufer vorrücken und in Stromlinienform ansteigende Wäldchen bilden (WASSÉN 1965). Hier aber stocken sie auf festem Grund, während auf den Dünen die Flugsandgefahr als ungünstiger Faktor hinzukommt. Die Baumarmut der Küstendünen auf den Nordseeinseln gibt doch zu denken, auch wenn DIEREN (1934) nach seinen gründlichen historischen Studien zu dem Schluß kommt, die Baumfreiheit der Dünen sei „überhaupt ein Wahn".
Letzten Endes könnte das Problem nur in einem von Mensch, Vieh und Wild unbeeinflußten Großreservat gelöst werden, wie es zur Zeit noch keines gibt, das schon genügend lange unter Schutz steht. Nach Erfahrungen auf der Łeba-Nehrung (unter Führung von WOJTERSKI, 1976) würde dieses Experiment sehr wahrscheinlich zugunsten des Waldes ausfallen, obwohl es auch dort sehr windig ist. Man darf freilich nicht erwarten, daß sich die Bäume gleichzeitig auf der ganzen Fläche einstellen. Als Kernräume der natürlichen Dünenbewaldung kommen sowohl an der Nordsee als auch an

der Ostsee die feuchten Dellen und Täler in Frage. Je nach Nässegrad und Basenreichtum des Bodens finden hier Schwarzerlen, Birken, Eichen oder andere Laubhölzer und im kontinentalen Klima auch Kiefern günstige Startbedingungen. Im Windschutz der höheren Dünen könnten sie sicher aufwachsen. Im Alter aber würden sie ihrerseits die Sandmassen gegen den Wind schützen. Infolgedessen könnten nun auch auf den trockeneren Dünensanden Bäume leichter Fuß fassen als auf der freien Gras- oder Buschdüne. Doch nur, wo der Mensch dieses Aufbauwerk der Natur nicht immer wieder störte, könnte sie es vollenden.

2 Vegetationslose Wanderdünen

a Entstehung der Wanderdünen

Im Mittelalter und in der frühen Neuzeit nahmen Holznutzung und Beweidung auch in den Dünenlandschaften an der Nord- und Ostseeküste derart erschreckende Ausmaße an, daß sie zur Entstehung wüstenhafter Wanderdünen führten. Auf der Kurischen Nehrung, dem größten Wanderdünengebiet Europas, wurden sie von PAUL (1944, 1953) gründlich untersucht. Aus Platzgründen müssen wir es uns hier versagen, so ausführlich auf seine Erkenntnisse einzugehen, wie dies in der 1. Auflage geschah. Im Prinzip gelten sie auch für andere, leichter erreichbare Wanderdünenfelder, z.B. auf der Łeba-Nehrung in Polen (s. Abb. 311).

Die Kette der vor 200–250 Jahren entfesselten Sandmassen ist auf der Kurischen Nehrung über 80 km lang und 400–800 m breit. Im Durchschnitt erreichen die kahlen Dünen 35 m und maximal sogar 70 m Höhe, während bewachsene Stranddünen nur ausnahmsweise 25 m übersteigen. Soweit die kahlen Dünenberge nicht bereits wieder festgelegt wurden, wandern sie jährlich 3–12 m ostwärts und hinterlassen eine weithin ziemlich ebene, nur wenige m über dem Meeresspiegel liegende Wanderbahn, die „Palve". Denn aller nicht durchfeuchtete und nicht von Pflanzen zur Ruhe gebrachte Sand wird an dem etwa 4–12° geneigten W-Hang der Riesendünen

Abb. 311. Der Leehang der großen Wanderdüne auf der Łeba-Nehrung erstickt den Erlenbruchwald am Rande des Haffs und beengt sogar den Schilfgürtel.

emporgetrieben und am O-Hang unter einem Winkel von 30–35° hinabgeschüttet. Im Laufe der Zeit tendierten einzelne besonders sandreiche, über benachbarte Schwächestellen emporragende Teile der Dünenkette mehr und mehr dahin, sich als Barchane selbständig zu machen. Doch gelang es gerade bei diesen zuerst, sie wieder zu bändigen.

Bis ins 17. Jahrhundert hinein bedeckte geschlossener Wald den größten Teil der Kurischen Nehrung (Abb. 310). Er stockte auf alten Parabeldünenfeldern, von denen noch einige nicht von den Wanderdünen verschüttete Reste zu sehen sind. Als eindrucksvolle Waldzeugen treten an der Luvseite der Großdünen Humushorizonte zutage. Selbst an den heute aufgeforsteten Hängen fallen diese alten Waldböden bereits von weitem auf, und zwar durch sichtlich besseren Wuchs der Kiefern. Meist liegen mehrere Waldböden in unregelmäßiger Folge übereinander, durch helle, bis zu mehreren Metern mächtige Sandlagen getrennt. Diese Bodenhorizonte erzählen einen wesentlichen Teil der wechselvollen Dünengeschichte.

Noch in der ersten Hälfte des 19. Jahrhunderts war die Kurische Nehrung ein einziges Sandfeld. Die wandernden Dünen begruben Dörfer und Kulturland, ja, sie drohten den Hafen von Memel und das Haff zu versanden. Um zunächst die Zufuhr weiteren Sandes zu unterbinden, baute man an der Außenküste mit Hilfe von Strandhaferpflanzungen einen geschlossenen Dünenwall auf, die sog. Vordüne. *Ammophila* verbreitete sich aber nicht auf der Nehrung, ebenso wenig *Elymus arenarius*. Beide hielten sich vorwiegend an der Küste, d.h. im Bereich frischer Sandanwehungen. Nur bei sehr starker Verschüttung wächst der Strandhafer ausnahmsweise auch weiter im Inneren. So fand ihn PAUL stellenweise auf dem Kamm der Wanderdünen. Auch auf den weniger hohen, aber ebenfalls eindrucksvollen Wanderdünen im Łeba-Reservat kann er sich stellenweise behaupten. Angepflanzter Strandhafer gedeiht auf dem nährstoffarmen Sande in der Regel so schlecht, daß er lediglich als mechanisches Hindernis zu dessen Festigung beiträgt.

Die niedrigen Gräser der Silbergras- und Sandschwingelrasen, die man allenthalben auf der von der Wanderdüne wieder freigegebenen Palvenfläche findet, wachsen zwar trotz Nährstoffmangels recht gut, ertragen aber keine rasche Versandung. Um die wandernden Berge zu bändigen, blieb daher nichts anderes übrig, als ihre Luvhänge durch Gitternetze von Reisigzäunen, also durch tote Hindernisse, festzulegen, in deren Lücken man Wald- oder Bergföhren pflanzte. Inzwischen wurde ein großer Teil der Düne auf diese Weise zur Ruhe gebracht, und auch die Palve ist fast durchgehend aufgeforstet worden. Man darf diese Wiederbewaldung als einen weiteren Beweis dafür werten, daß weder Wind noch Flugsand den Baumwuchs an der Küste unmöglich machen (s. Abb. 309).

b Vegetationsabfolge auf „Gegenwällen"

Unter Naturschutz gestellt, wandern aber immer noch einige der großen Dünen ostwärts, auf der Łeba-Nehrung z.B. durchschnittlich 6 m pro Jahr. Dabei entsteht auf der Kurischen Nehrung an ihrem Westfuß ein System von sog. „Gegenwällen". In der 300–900 m breiten Zone, die die Düne seit Beginn ihrer Wanderung wieder freigab, folgen einander etwa 20 parallele Sandwälle von 0,5–2 m Höhe. Ihr Bewuchs fixiert den Sand, der bei Ostwind von der großen Düne heruntergeweht wird – deshalb der Name Gegenwall. Da es PAUL mit verschiedenen Methoden gelang, das Alter der Gegenwälle zu bestimmen, bieten sie eine einzigartige Möglichkeit, die Geschwindigkeit der Graudünen-Sukzession zu ermessen.

Zur Ausbildung eines *Festuca rubra arenaria*-Stadiums braucht es hier mehr als 3, aber weniger als 15 Jahre. Ein Küsten-*Corynephoretum* bildet sich etwa in 25–30 Jahren optimal aus. Moose und Flechten finden sich niemals als Pioniere ein. Erst nach einigen weiteren Jahrzehnten, wenn der Sand ganz zur Ruhe gekommen ist, decken Flechten stellenweise mehr als 25% der Oberfläche. Sandanrisse, die durch mechanische Verletzungen ausgelöst wurden, begünstigen in den verschiedensten Bewuchsstadien *Carex arenaria* mit ihren langen Rhizomen. Beweidung oder starker Wildverbiß können zu einem Schafschwingelrasen führen. Doch trifft man diese artenreiche Gesellschaft nur auf den ältesten, mehr als 75 Jahre alten Gegenwällen.

Im ganzen gesehen, verläuft also die Sukzession auf den nährstoffarmen Flugsanden recht langsam. Unter den weniger oligotrophen Bedingungen des Meeresstrandes dagegen dauert es nach übereinstimmenden Beobachtungen von REINKE (1903), WARMING (1907), TÜXEN u. BÖCKELMANN (1957) u. a. nur wenige Jahrzehnte, bis sich auf vorher nacktem Strande Weißdünen mit optimalem *Elymo-Ammophiletum* entwickeln.

Junge Holzpflanzen als Waldpioniere fand PAUL auf den Gegenwällen so gut wie gar nicht. Immerhin ist es bemerkenswert, daß sich Kiefernsämlinge vor allem in Flechtenrasen einstellten. Man darf sie wohl als Vorposten eines Flechten-Kiefernwaldes ansehen, der ja auf älteren Dünen im östlichen Mittel- und Nordeuropa ein natürliches Endstadium der Vegetationsentwicklung bilden kann (s. Abschnitt B IV 6 a und c).

Ähnliche Gegenwälle auf der Wanderbahn von größeren Dünen gibt es auch auf der Łeba-Nehrung und auf Sylt, freilich in viel kleinerem Ausmaße und weniger klar als solche erkennbar.

3 Binnendünen

a Entstehung und Verbreitung der Binnendünen

Ältere, von der Seesandzufuhr abgeschnittene Küstendünen sind eigentlich schon zu Binnendünen geworden. Die Parabeldünen, die viele hundert Meter weit ins Hinterland hineinwanderten, unterscheiden sich in ihren Formen nicht mehr von denen tiefer landeinwärts gelegener Sandfelder. Teilweise können sie sogar das gleiche Alter und eine sehr ähnliche Vegetation aufweisen. Trotzdem schien es geraten, sie in ihrem Zusammenhang mit der Meeresküste zu betrachten.

Die Trennung von Küsten- und Binnendünen ist auch floristisch gerechtfertigt. Denn selbst auf den ältesten, bereits entkalkten und von der Frischsandzufuhr völlig abgeriegelten Seedünen findet man noch vereinzelt Arten, die auf Küstennähe hindeuten und dem Binnenlande fehlen. All die vielen Species, Subspecies, Varietäten oder Formen mit den wissenschaftlichen Namen „maritima", „litoralis" u. dgl. und den deutschen Vorsilben „Strand-", „Meerstrands-" oder ähnlich lautenden wären hier zu nennen (Beispiele in Tab. 68). Die Samen dieser Strandpflanzen werden in so großer Zahl ins Hinterland verfrachtet, daß sie dort immer wieder einmal aufkommen und in den Vegetationsaufnahmen notiert werden. Nur *Ammophila* ist kein eindeutiger „Küstenzeiger" mehr, weil sie oft auf Binnendünen verpflanzt wurde. Sie gedieh hier aber nirgends auf die Dauer, auch nicht in den kalkreichen Sanden der Oberrheinischen Tiefebene.

Die meisten Binnendünen sind bereits während der Würmeiszeit oder im frühen Postglazial entstanden. Jedenfalls stammt ihr Material aus jener Zeit. Im nördlichen Flachland, dessen Urströme wenig Kalk mitbringen konnten, waren sie von vornherein kalk- und nährstoffarm. Größere Binnendünenlandschaften liegen in der Regel am östlichen bzw. nordöstlichen Rande der diluvialen Stromtäler, z. B. an der Ems, Weser, Aller, Elbe, Oder, Netze und Weichsel. Lehrreiche Naturschutzgebiete, in denen noch heute der Sand fliegt, gibt es unter anderen östlich von Warschau.

Die Flugsande des Binnenlandes stammen aus den breiten Schmelzwasserströmen, die einst allsommerlich für Nachschub sorgten. Mit den herrschenden W- und SW-

Winden wanderten die groben Sande über die nicht mehr überschwemmten Terrassen und breiteten sich teilweise auch auf angrenzenden Moränen aus, während sich der feinere Schluff erst in größerer Entfernung als „Flottsand", „Flottlehm" oder Löß ablagerte. Viele dieser alten Sandfelder sind weithin eben, also nicht mit Hilfe von festigender Vegetation zu Dünenwällen aufgewachsen. Die markantesten Dünenwälle, die wir heute finden, entstanden großenteils erst im Mittelalter, als der Mensch sie ungewollt wieder in Bewegung setzte. Entwaldung und Schafweide waren die Hauptursachen dieser erneuten Sandverstäubungen. Noch vor wenigen Jahrzehnten konnte man die Bildung von Wehsanden aus Schaftriften im Emsland und in anderen Heidegegenden beobachten. Im Heidepark bei Wilsede sind sie – freilich in sehr kleinem Ausmaße – heute noch im Gange.

In der breiten Oberrheinischen Tiefebene gibt es ebenfalls ausgedehnte Dünenfelder, insbesondere im mittleren und nördlichen Teil derselben, östlich des Rheins und südlich des Mains („Mainzer Sand"). Im Gegensatz zu den Dünen des altdiluvialen Flachlandes im Norden Mitteleuropas sind die Sande hier aber kalkreicher, weil das Ausgangsmaterial mehr Kalk enthielt und weil dessen Auswaschung noch nicht so weit fortgeschritten ist. Dieser Gegensatz macht sich in der Vegetation so sehr bemerkbar, daß wir beide Gebiete getrennt betrachten müssen. Verglichen mit den Küstendünen der ostfriesischen Inseln oder gar mit den nordwestdeutschen Binnendünen ist die Dünenvegetation der Rheinebene rasenähnlicher und artenreicher. Wir wollen sie deshalb erst im Abschnitt D I 4 c behandeln.

Die dritte dünenreiche Landschaft Mitteleuropas, das Marchfeld, hat wie die Rheinebene verhältnismäßig junge und kalkreiche Sande, floristisch aber bereits ausgesprochen südöstliches Gepräge. Die Binnendünenvegetation Nordostdeutschlands steht der nordwestdeutschen nahe, doch fehlen ihr einige atlantische Elemente. Sie vermittelt zu den weniger oligotrophen und stärker kontinentalen Dünengesellschaften, wie sie etwa bei Warschau beschrieben wurden (JURASZEK 1928). Da es unmöglich ist, im Rahmen dieses Buches auf alle Abwandlungen einzugehen, wollen wir nur die nordwestdeutschen Binnendünen genauer betrachten.

b Silbergrasfluren und Strauchflechtendecken

Die Sande der Binnendünen im diluvialen Flachland sind bis in große Tiefe entkalkt und reagieren mäßig bis stark sauer. Ihre p_H-Werte liegen nach Messungen von KRIEGER (1937) zwischen 3,2 und 4,6, d. h. in demselben Bereich wie bei den bodensauren Wäldern und Heiden. Nährstoffe enthielten diese Dünenböden von vornherein sehr wenig. Infolge ihrer Kolloidarmut sind sie sehr durchlässig. Wenn sie unbeschattet daliegen, trocknen sie zudem an ihrer Oberfläche rasch aus und werden leicht Spiele des Windes. Einer solchen Häufung ungünstiger Wachstumsfaktoren sind kaum mehr als etwa 25 Phanerogamenarten Mitteleuropas gewachsen. Trotzdem sehen wir gerade höhere Pflanzen den nackten Sand als erste besiedeln und nicht etwa Flechten oder Moose, wie man früher fälschlich annahm. Die langsamwüchsigen Kryptogamen stellen zwar geringe Ansprüche, brauchen aber ruhende Substrate, um sich entwickeln zu können, z. B. Felsen, Findlinge, entblößten Rohhumus oder windgeschützt daliegenden Sand. Im entblößten, vom Winde gerollten und entführten Wehsand vermögen sie ebensowenig zu gedeihen wie an Orten mit stärkerer Sandanschüttung. TÜXEN (1928) hat dies als erster klar erkannt und die Sukzession auf nordwestdeutschen Binnendünen übersichtlich dargestellt.

In offenem, aber nicht zu stark bewegtem Flugsand keimen die vom Winde mitgebrachten Samen von *Corynephorus canescens,* wenn es im Spätsommer oder Frühjahr längere Zeit geregnet hat und der Sand bis zur Oberfläche durchfeuchtet ist. Die jungen graugrünen, borstenblättrigen Horste häufen den wandernden Sand zu kleinen Bukkeln an, in denen sie sich mehr und mehr bestocken. Zugleich senden sie ihr intensives Wurzelwerk nach allen Richtungen bis in mehr als 50 cm Tiefe (Abb. 312), so daß sie gut verankert sind und Wasser und Nährstoffe aus einem großen Bodenvolumen schöpfen können. Erst im nächsten Jahre stäuben sie aus ihren silberweißen Rispen zahlreiche Samen aus, und viele davon keimen in der Nähe der Mutterpflanze.

Nach drei Jahren kann der Silbergrasrasen bereits so dicht geworden sein, daß in ihm sogar gegenüber Verwehung empfindliche Arten Fuß fassen. *Corynephorus* degeneriert dagegen, anscheinend nicht nur infolge zunehmender Konkurrenz, sondern auch,

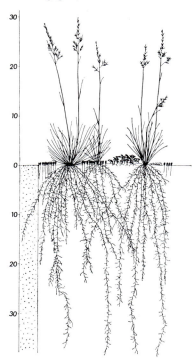

Abb. 312. Querschnitt durch eine flechtenreiche Silbergrasflur *(Corynephoretum canescentis cladonietosum)* auf dem Darß. Nach FUKAREK (1961). Von links nach rechts: *Polytrichum piliferum, Corynephorus canescens, Cladonia sylvatica, C. c., Cladonia foliacea, P. p.* In älteren Beständen derselben Gesellschaft herrschen Flechten vor.

Tab. 70. **Auswirkungen verschiedener Düngung auf Silbergras-Reinkulturen in Dünen.** Nach Versuchen von Lux (1964) auf Sylt

Corynephorus: Düngungsstufe	Zahl der Horste (auf 12,5 m^2)	Deckungsgrad in % der Fläche	in % von ungedüngt	Halmlänge der 5 kräftigsten Horste	Bemerkungen
ungedüngt	123–143	5,7– 6,2	100	6,7– 7,0	
PK	219–220	6,7– 7,4	109–121	5,5– 7,8	
NK	225–231	12,5–14,2	202–231	9,8–11,6	
NP	288–322	15,4–22,0	250–331	11,5–14,8	Stickstoff ist der wirksamste Nährstoff
NPK	295–365	**15,8–18,0**	256–292	12,6–13,6	
NPKCa	348–366	15,5–18,0	251–292	11,0–12,2	

weil er ähnlich wie *Ammophila* bei reichlicherer Sandzufuhr kräftiger gedeiht. Auch hier handelt es sich um eine Ernährungsfrage, wie Lux (1964, s. Tab. 70) durch Differenzdüngungsversuche auf Graudünensand an Reinsaaten von *Corynephorus* zeigen konnte. Am besten gedeiht das Silbergras bei Volldüngung (NPK), und zwar gleichgültig ob mit oder ohne Kalk. Stickstoff und Phosphorsäure wirken offenbar stärker fördernd als Kali.

Schon in der Initialphase der Silbergrasflur *(Spergulo-Corynephoretum)* des subatlantischen Binnenlandes können einige weitere Phanerogamen vorkommen, namentlich die Frühlings-Therophyten *Spergula vernalis* und *Teesdalia nudicaulis*. Diese kleinen, rasch Samen erzeugenden Flachwurzler sind im submediterran-atlantischen Küstengebiet beheimatet und geben den *Corynephorion*-Gesellschaften des nordwestdeutschen Binnenlandes ein ozeanisches Gepräge (Tab. 71). An ausdauernden Arten treten vor allem *Carex arenaria* und *Rumex acetosella* auf, deren Samen ebenfalls vom Winde herangetragen und durch leichte Übersandung eingebettet werden. Von den Rändern frischer Anrisse ausgehend, ist die Sandsegge in der Lage, ihre Rhizome in 10–20 cm Tiefe, d. h. in einer selten ganz austrocknenden, aber noch lockeren und gut durchlüfteten Sandschicht, voranzutreiben, während die obersten Lagen des Sandes oftmals völlig austrocknen und gerade in warmen Sommermonaten für Pflanzen

Tab. 71. **Silbergrasrasen und Strauchflechtendecken auf Binnendünen Nordwest-Deutschlands.**
Nach Tabellen von Tüxen (1937); ökologische Bewertung nach Ellenberg (1974)[2]

	Laufende Nr.:	1	2	3	F	R	N		Laufende Nr.:	1	2	3
	Gräser und Seggen:								**Moose und Flechten**[1]			
	Corynephorus canescens	5	5	3	3	3	2		*Polytrichum piliferum*	5		4
	Carex arenaria	4	2	1	4	2	2		*Cetraria aculeata*	3	2	5
	Agrostis canina	1	4	2	X	3	2	Cc	*C. aculeata* f. *muricata*		1	2
Da	*Festuca ovina* s. str.?		3	3	–	–	–		*Cladonia mitis*	3		3
									C. impexa		2	4
	Übrige Phanerogamen:							Cc	*C. uncialis*			4
Cs	*Spergula morisonii*	5	4	3	2	X	2		*C. gracilis*			4
Cs	*Teesdalea nudicaulis*	3	5	1	3	1	1	Cc	*C. fimbriata*			4
	Hypochoeris glabra	2			3	2	1					
	Jasione montana	2	3		3	3	2	[1] Außerdem in Nr. 3: *Cladonia furcata, floerkeana, glauca, chlorophaea, squamosa, destricta* u.a., *Dicranum scoparium*.			
Cs	*Filago minima*	1	3		2	4	1	
	Rumex acetosella	4	5	2	5	2	2	
Da	*Hypochoeris radicata*		4		5	4	3	[2] vgl. Tab. 68; s. auch Abschnitt B I 4! Die Moose und Flechten wurden nicht berücksichtigt, weil deren Bewertung noch zu lückenhaft ist.			
Da	*Hieracium pilosella*		4		4	X	2	
	Calluna vulgaris			2	X	1	1	

	mF	mR	mN
Nr. 1 u. 2: **Silbergras-Binnendünen** (*Spergulo-Corynephoretum*);			
1: Silbergras-Pionierflur (*Sp.-C. typicum*) auf bewegtem Sand,	3,2	2,3	1,8
2: Straußgras-Silbergrasrasen (*Sp.-C. agrostietosum*) auf ruhendem und ± humosem Sand.	3,5	2,7	2,0
Nr. 3: **Strauchflechten-Dünendecke** („*Sp.-C. cladonietosum*", besser als selbständige Assoziation: *Cetrario-Cladonietum*) auf ruhendem, sehr trockenem und nährstoffarmem Sand.	< 3,2	< 2,1	< 1,8

Cs = lokale Charakterarten des *Spergulo-Corynephoretum*,
Da = Differentialarten des *Sp.-C. agrostietosum*,
Cc = lokale Charakterarten des *Cetrario-Cladonietum*; viele weitere Flechten sind als Differentialarten gegenüber den Silbergras-Gesellschaften zu werten.

Die Sonderstellung der Strauchflechtendecken kommt auch in den extrem niedrigen mittleren Feuchte-, Reaktions- und Stickstoffzahlen zum Ausdruck. Diese wären noch geringer, wenn nicht nur die Phanerogamen, sondern auch die Kryptogamen in die Berechnung hätten mit einbezogen werden können.

unbesiedelbar werden. Nur vereinzelt finden sich auch Rosettenpflanzen ein, z. B. *Hypochoeris glabra.*

Corynephorus canescens hat zwar eine mitteleuropäische Gesamtverbreitung, ist aber innerhalb seines Areals nur auf lockeren Sandböden von mehr oder minder stark saurer Reaktion zu finden. Auch in Kulturversuchen wächst er am besten auf saurem Sand, kann aber nach PAUL und RICHARD (1968) ohne Konkurrenten auch auf kalkreichem Sand, ja sogar auf kalkhaltigem Lehm gedeihen. Auch *Rumex acetosella* vermag auf allen Böden gleichmäßig gut zu wachsen und wird nur durch Wettbewerber auf arme Sande abgedrängt. In Neuseeland, wo die Zahl der konkurrenzfähigen Pflanzensippen geringer ist, wurde unser kleiner Sauerampfer dagegen zu einem lästigen Weideunkraut.

Ähnlich wie viele andere mitteleuropäische Pflanzenarten hat *Corynephorus* eine subozeanisch-ozeanische Verbreitungstendenz. Diese bringen BERGER-LANDEFELDT und SUKOPP (1965) mit dem anatomischen Bau des Silbergrases in Zusammenhang. Es fehlen ihm alle Einrichtungen, die ihm ein Leben bei erschwerter Wasserversorgung gestatten, mit Ausnahme eines ausgedehnten und sehr intensiven Wurzelwerks (s. Abb. 312). Da Silbergrasrasen nur einen kleinen Teil der Fläche decken (s. Tab. 71) und der oberflächlich rasch abtrocknende Sand die weitere Wasserabgabe aus dem Boden behindert, bleiben ihnen im meernahen Klima stets genügend Wasservorräte zur Verfügung. Selbst an Schönwettertagen ist die Transpiration gering, wenn man sie auf die Bodenfläche bezieht (400–800 g/m² · Tag), und benötigt nur $^1/_8$–$^1/_4$ der eingestrahlten Energie (Abb. 313).

Nicht alle Silbergrasrasen leiten eine Primärentwicklung auf Rohboden, d. h. auf

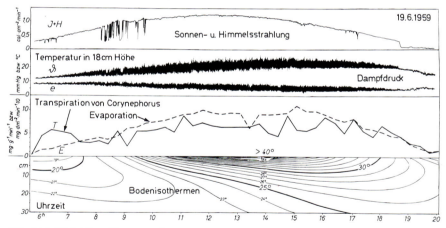

Abb. 313. Kleinklima-Tagesgang bei Sonnenwetter in einem Silbergrasrasen *(Corynephoretum)* auf armem Dünensand bei Berlin-Wannsee. Nach BERGER-LANDEFELDT und SUKOPP (1965), etwas verändert.

Die Lufttemperatur nahe der Bestandes-Oberfläche (18 cm über dem Boden) folgt im großen und ganzen der Einstrahlung (Sonnen- plus Himmelsstrahlung), schwankt aber infolge von Turbulenzen kurzfristig sehr stark auf und ab. Das gleiche gilt für die Luftfeuchtigkeit, hier gemessen am Dampfdruck des Wassers. Der nur schütter bewachsene Boden erwärmt sich rasch und erreicht an der Oberfläche trotz seiner hellen Farbe über 40°C.

Die Evaporation einer grünen Löschpapierscheibe (E) sowie die Transpiration (T) von *Corynephorus* konnten nicht fortlaufend registriert, sondern nur in größeren Abständen gemessen werden. Die hohen Werte von T am frühen Morgen sind wahrscheinlich durch anhaftenden Tau bedingt. Im übrigen lassen sich die Schwankungen im einzelnen nicht erklären.

humusfreiem Sand ein. Häufig besiedeln sie auch ehemalige Wald- oder Heideböden, die bereits reich an saurem Humus waren, als sie durch Zerstörung ihrer Pflanzendecke in Bewegung gerieten. Die Sukzession zu dichteren Formationen verläuft auf solchen reiferen Böden rascher.

Im optimal entwickelten Silbergrasrasen können sich weitere Gräser ausbreiten, namentlich eine xeromorphe Form von *Agrostis canina* sowie *Festuca ovina* ssp. *vulgaris*. *Hypochoeris radicata, Hieracium pilosella, Jasione montana* und andere in mageren Trockenrasen verbreitete Pflanzen deuten an, daß der lockere Hundsstrauß-gras-Silbergrasrasen (*Corynephoretum agrostietosum caninae*, Tab. 71) in einen Sand-Halbtrockenrasen übergehen kann (s. Abschnitt D I 4 c). Doch bildet sich ein solcher nur dort typisch aus, wo weidende Schafe die Rasenpflanzen begünstigen und Holzgewächse fernhalten. Dauert der Einfluß weidender Tiere an, so verheidet der Rasen schließlich, indem *Calluna* mehr und mehr eindringt. Alle diese Sukzessionsstadien sind ökologisch durch Nährstoffmangel charakterisiert. Insbesondere ist der Phosphorsäurevorrat des Sandbodens gering; dieser Mangel kann nach ATKINSON (1973) auch dadurch nicht ausgeglichen werden, daß der Phosphor in den Gras- und Heidegesellschaften der Dünen sehr schnell umgesetzt wird.

Die ungestörte Weiterentwicklung kann über ein Sandbirken-Stadium zum Birken-Eichenwald führen. Östlich der Elbe beteiligt sich *Pinus sylvestris* als Pionier eines mehr oder minder kiefernreichen Dünenwaldes. Seit die Kiefer in den nordwestdeutschen Heiden angepflanzt wird, ist sie auch hier der beste Dünenbesiedler und -festiger geworden. Neue Windanrisse verzögern aber die Bewaldung und lassen die Entwicklung wieder von vorne beginnen, besonders dort, wo Vieh oder Mensch den schütter berasten Wehsand immer wieder freilegen. Nach HESMER und SCHROEDER (1963) gab es im Amt Meppen (Emsland) um 1780 165 km^2 offene Sandwehen. Etwa 7,5% der Fläche dieses Verwaltungsbezirkes war also durch übermäßige Schafweide zum Standort von Silbergrasfluren geworden. Heute blieben davon nur noch verschwindende Reste übrig.

Doch selbst auf Flächen, deren Pflanzendecke gar nicht mehr verletzt wurde, bleiben manche Flugsande jahrzehntelang frei von Jungbäumen, und zwar dort, wo Strauchflechten den Boden decken. Stellenweise sind diese von braunen Cetrarien und grauen, olivgrünen oder bräunlichgrauen Cladonien beherrschten Kryptogamenrasen nur wenige Quadratzentimeter oder Quadratmeter groß. Sie differenzieren eine Degenerationsphase der Silbergrasflur, das *Corynephoretum cladonietosum,* von den übrigen Untergesellschaften (Tab. 71 und Abb. 312). Im östlichen Nordwestdeutschland und in Brandenburg können die Strauchflechtendecken aber viele Ar flachwelligen Dünengeländes fast lückenlos überkleiden. Dem Ökologen bieten sie ein reizvolles, noch nicht gelöstes Problem: Was gibt den kaum daumenhohen Zwergen die Kraft, sich trotz des waldgünstigen Allgemeinklimas gegen den Andrang der Gräser, Seggen, Kräuter, Sträucher und Bäume so hartnäckig zu behaupten?

Der hohe Säuregrad und die geringe Pufferkraft des Sandes (KRIEGER 1937), seine Humus- und Nährstoffarmut und seine mehr oder minder grobe Textur kommen als Ursachen nicht in Frage. Denn diese Faktoren haben unter den in der Nähe liegenden Rasen- und Waldbeständen die gleiche Größenordnung. Auch Expositionsunterschiede können keine entscheidende Rolle spielen, weil man Flechtrasen auf flachen Rücken und an seichten Hängen aller Richtungen findet. Nur an steileren Schatthängen und in Mulden fehlen sie gewöhnlich, und diese Beobachtung lenkt uns auf den Wasserhaushalt der Strauchflechten-Standorte. Obwohl es im subatlantischen bis subkontinentalen Klima Mitteleuropas zu jeder Jahreszeit regnen kann, treten doch im Frühjahr,

Sommer und Herbst immer wieder einmal Trockenperioden auf. Nur wenige Stunden nach einem Regen aber haben Sonne und Wind den Sand oberflächlich abgetrocknet. Keimende Samen verdorren dann in dieser Schicht, wenn sie nicht bereits die feuchtbleibenden tieferen Horizonte erwurzelt haben. Die Flechten aber siedeln sich unschwer auch auf häufig austrocknendem Boden an. Bruchstücke ihrer bei Trockenheit leicht splitternden Thalli werden vom Wind herangewirbelt und bleiben an windstillen Plätzen liegen. Hier wachsen sie bei dem nächsten Regen unverzüglich weiter. Sie vermögen auch den Tau zu nutzen, der sich nur oberflächlich niederschlägt und der deshalb den Samen und Keimlingen der Phanerogamen kaum zugute kommt. Ja, schon vor Erreichen des Taupunktes quellen die Flechten in feuchter Luft und erwachen zu aktivem Leben, wie MÄGDEFRAU und WUTZ (1951) nachwiesen. Bei klarem Strahlungswetter könnte der Tau ein wichtiger Faktor im Konkurrenzkampf mit den Phanerogamen sein. Für die Flechten überbrückt er die wasserarme Zeit, während er den höheren Pflanzen weniger nützt.

Die entscheidenden Waffen im Kampf der Strauchflechten gegen Phanerogamen, Moose und Baum-Mykorrhizen dürften jedoch toxische Stoffe sein, die z.B. von den Cladonien ausgeschieden werden. Unabhängig voneinander fanden dies kürzlich BROWN und MIKOLA (1975) und FABISZEWSKI (1975), allerdings an anderen Arten und Gesellschaften als den hier betrachteten.

In den nordwestdeutschen Flechtenheiden beobachtete schon TÜXEN, daß sich Wagenspuren im folgenden Sommer durch dichtgekeimtes Silbergras abzeichnen. Von Lücken ausgehend, dringen zuweilen auch Sandseggen und andere Rasenpflanzen in die Flechtendecke ein. Im Gestrüpp der kleinen Strauchflechten selbst keimt nach KRIEGER und PAUL am besten die Kiefer, deren Same sehr rasch aufläuft und deshalb auf nackten Rohhumusdecken leichter zur Entwicklung kommt als andere Bäume. So wird der Strauchflechtenverein doch schließlich einmal überwachsen und verdrängt. Lichtmangel vermögen die von KRIEGER untersuchten *Cetraria*- und *Cladonia*-Arten kaum zu ertragen.

Nach den Beobachtungen KRIEGERS siedeln sich Strauchflechten oft nicht direkt auf dem unbewachsenen Dünensande, sondern auf Polstern von *Polytrichum piliferum* an. Dieses Moos verträgt leichte Übersandung und findet sich dementsprechend als erste auffällige Kryptogame schon im optimalen *Corynephoretum* ein. Solange ihre Polster jährlich 0,5–2 cm hoch vom Flugsand überrieselt werden, gedeihen sie ungehindert und wachsen etagenförmig in die Höhe. Bleibt der Sand aus, so gewinnen Strauchflechten, namentlich *Cetraria aculeata,* leicht die Oberhand und ersticken das Moos, indem sie sich schnell ausbreiten. Ihre lose aufliegenden, sparrigen Thalli werden von den Moosstengeln mit emporgehoben und nur selten durchwachsen. Auch hierbei könnten allelopathische Wirkungen eine Rolle spielen. Kaninchen fördern das Weiterwachsen von Dünenmoosen (insbesondere von *Syntrichia ruralis,* nach BONNET, Vortrag 9.4.74) indirekt dadurch, daß sie die Strauchflechten mit Vorliebe befressen.

Wie SOMMER (1970, 1971) mit Recht betont, werden Flechtenrasen von ökologisch verschiedenen Gruppen gebildet, von denen hier die eine, dort die andere vorherrscht: Der Rentierflechtenrasen (mit *Cladonia mitis, arbuscula, impexa, rangiferina* u. ä.) ist besonders empfindlich gegen Tritt und braucht volles Licht. Eine weniger lichtbedürftige Gruppe *(C. furcata, verticillata, uncialis, gracilis, squamosa)* vermittelt zu den braunfrüchtigen, mehr bodenbedeckenden Flechtenrasen *(C. coniocraea, chlorophaea, subulata, ochrochlora, degenerans* u.ä.), die den stärksten menschlichen Einfluß vertragen. Rotfrüchtige Cladonien *(C. floerkeana, pleurota, macilenta)* sind nur von kleinsträumiger Bedeutung und in ihrem Verhalten unklar.

Allen Strauchflechten-Gesellschaften Mitteleuropas ist in ökologischer Hinsicht gemeinsam, daß sie sich auf öfter austrocknenden und für höhere Pflanzen vorübergehend schwer besiedelbaren, oligotrophen Standorten entwickeln können. Sie halten sich nur dort für längere Zeit, wo sie nicht beschädigt oder zugeschüttet und auch nicht beschattet werden. Konstant sind sie vor allem in mäßig ozeanischem bis subkontinentalem Klima bei geringer Niederschlagshöhe. In regenreichen Gebirgen fehlen sie auf

Abb. 314. Höhenstufung der Vegetation im Unterengadin unterhalb Zernez.
Rechts oberhalb der Kirche inneralpine Trockenrasen und Föhrenwälder. An den Urgesteinshängen im Mittelgrund montaner und subalpiner Fichtenwald, von Felsen und Lawinenzügen unterbrochen. Auf den Terrassenresten Goldhaferwiesen. Der Inn wird durch das mit Grauerlen bewachsene Schotterdelta eines Seitenbaches abgelenkt. Im Hintergrund links Waldgrenze und alpine Rasenstufe auf Urgestein, in der Mitte schroffe Hänge des Piz Linard, der wie der Piz Buin (rechts) in die nivale Stufe aufragt.

edaphisch ähnlichen Standorten, z.B. auf entblößtem Heidehumus. Anscheinend kommt hier ihre Fähigkeit, Trockenperioden ohne Schaden zu überstehen, nicht genügend zur Geltung. Gegen die üppig wuchernden Moose und höheren Pflanzen vermögen sie sich unter solchen Umständen nicht durchzusetzen.

VI Vegetation oberhalb der alpinen Waldgrenze

1 Einführender Überblick

a Vegetationsstufung im Hochgebirge

In den niederen Lagen Mitteleuropas bilden Salzwiesen, Dünenrasen, Hochmoore, Seggen-Flachmoore und Röhrichte das einzige von Natur aus waldfreie Grünland. Erst oberhalb der Kältegrenze des Waldes können sich rasenbildende Hemikryptophyten und Chamaephyten oder lichtliebende Kryptogamen auf allen Böden entfalten, vorausgesetzt, daß ihnen Schnee und Frost genügend Zeit dazu lassen. In bunter Artenfülle und kleinräumig wechselnden Gemeinschaften besiedeln sie die verschiedensten Standorte dieser alpinen Stufe.

Mit zunehmender Höhe über dem Meere werden hier die meisten klimatischen Lebensbedingungen immer ungünstiger (Abb. 314 und 315). Wiesenähnliche, d.h. aus dicht wachsenden krautigen Pflanzen bestehende Formationen, gibt es vor allem in der mittleren oder eigentlichen alpinen Stufe (Abb. 316). Im Übergang zu den subalpinen Krummholz- oder Kampfwaldgesellschaften wird ein mehr oder minder breiter Gürtel von Zwergsträuchern beherrscht. Man darf ihn als untere alpine Stufe bezeichnen. Nach oben hin lösen sich die geschlossenen Rasenflächen in Gruppen von Inseln auf, die sich schließlich zwischen steinigen Schutthalden und Felsen verlieren. Wie Abb. 316 schematisch veranschaulicht, kann man diese Übergangsgürtel teils als obere

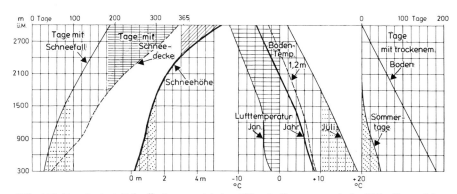

Abb. 315. Durchschnittliche Änderung wichtiger Klimabedingungen mit der Höhe überm Meer in den östlichen Zwischenalpen. Nach HARDER, LAUSCHER und STEINHAUSER aus TURNER (1970), abgeändert.
Günstige Bereiche sind durch Punktierung, ungünstige durch Schraffur hervorgehoben. In 1800 m Höhe überm Meer beispielsweise (d.h. nahe der Waldgrenze) fällt im Mittel an 100 Tagen Schnee, harrt die Schneedecke etwa ein halbes Jahr aus und erreicht eine Mächtigkeit von mehr als 1,5 m. Das Mittel der Lufttemperatur im Januar liegt hier durchschnittlich bei −6 °C, das des Jahres unter +2 °C und das des Juli um +10 °C. Sommertage (mit Lufttemperaturmitteln über 25 °C) kommen in solcher Höhenlage im Mittel nicht mehr vor, und die Bodenoberfläche ist durchschnittlich nur an einem Viertel der Tage abgetrocknet.
Das Jahresmittel der Bodentemperatur in 1,2 m Tiefe entspricht nur in Meeresspiegelhöhe ungefähr dem Jahresdurchschnitt der Lufttemperatur. Infolge des besseren Schneeschutzes weicht es mit steigender Höhe immer mehr nach der positiven Seite hin ab, 1800 m ü.M. beispielsweise schon um 2 °C.

alpine Stufe, teils als subnivale Stufe auffassen. Für die letztere ist charakteristisch, daß Phanerogamen zwar noch in zahlreichen Arten, aber selten in geschlossenen Beständen auftreten.

Dort, wo die Schnee-Niederschläge auf ebener Fläche im Durchschnitt der Jahre das Abschmelzen übertreffen, beginnt die nivale Stufe. Deren untere Grenze schwankt mit Exposition, Hangneigung und anderen lokalklimatischen Faktoren und ist im Gelände nicht genau festzulegen. Auch die untere Grenze der alpinen Stufe ist im einzelnen schwer zu bestimmen. Mensch und Vieh haben diese Linie an vielen Orten verwischt und das Areal der alpinen Rasen talwärts oft um mehrere hundert Meter ausgeweitet.

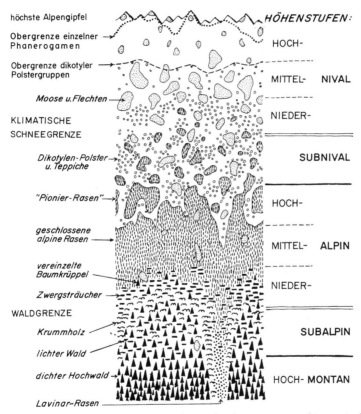

Abb. 316. Höhenstufung des Formations-Mosaiks von der oberen montanen bis zur nivalen Stufe der Alpen (schematisch). Rechts ist eine Hangrinne angedeutet, in der alljährlich Lawinen zu Tal fahren (vgl. hierzu Abb. 317). Teilweise in Anlehnung an REISIGL und PITSCHMANN (1958).

Doch auch unter natürlichen Umständen reichen baumfreie Grünlandstreifen von der alpinen bis in die montane Stufe hinab. Neben den von Bächen erodierten Rinnen und ihren Schuttfächern (Abb. 348) sind es die schmalen Lawinenbahnen, die das Waldkleid vieler Talhänge in Abständen von etwa hundert bis zu tausend Metern aufschlitzen (Abb. 171, 172 und 317, s. JENÍK 1958a). Sie vermitteln zwischen den krautigen Formationen des Hochgebirges und den Weiden und Wiesen, die der

Abb. 317. Lawinenbahnen im subalpinen Fichtenwald am Schatthang des Steinwassertales unterhalb des Sustenpasses im Spätsommer. Natürliche Lavinar-Wiesen und Krummholzbestände.

Mensch in tieferen Lagen an die Stelle von Wäldern setzte. Die Lavinar-Wiesen der Bergwaldstufe dürfen zugleich als wichtige Heimstätten der Flora des Kultur- und Halbkultur-Grünlandes gelten (s. Abschnitt D V 7). Alpine Arten weichen hier der Konkurrenzkraft wärmebedürftigerer, aber ebenfalls lichtliebender Gewächse, denen die Wucht der fast jedes Jahr niederdonnernden Lawinen die schattenden Bäume fernhält.

b Die Flora der alpinen und nivalen Stufe und ihre Geschichte

Viel tiefer als in den Lawinenbahnen steigen einzelne alpine Pflanzensippen mit Wildbächen (s. Abschnitt B V 1 i) und an Felsschroffen in die milderen Waldstufen hinab (s. Tab. 72). *Saxifraga aizoides, Linaria alpina* und einige andere blühen und fruchten hier sogar recht gut, ein Zeichen, daß sie nicht physiologisch, sondern nur durch ihre Konkurrenzschwäche an das Höhenleben gebunden sind. Die meisten Alpenpflanzen verlieren hingegen im Tiefland ihre charakteristische Gestalt oder gedeihen gar nicht. Das Edelweiß *(Leontopodium alpinum)* z.B. schießt im Garten üppiger empor und bildet einen weniger dichten Haarpelz aus, macht also seinem Namen keine Ehre mehr. Umgekehrt werden Pflanzen der Tieflagen, wie *Taraxacum officinale* und *Leontodon hispidus,* um so gedrungener und zugleich intensiver gefärbt, je höher sie sich emporwagen.

Tatsächlich handelt es sich bei solchen Abwandlungen von Spezies, die durch alle Höhenstufen verbreitet sind, in den seltensten Fällen um bloße Modifikationen. In der Regel sind es vielmehr erblich verschiedene Ökotypen, Rassen oder gar höhere Taxa, die einen wesentlichen Teil ihrer Merkmale auch unter Tieflandsbedingungen beibehalten. Die Pflanzenwelt der alpinen Stufe ist also stärker eigenständig, als man nach den Spezies-Listen der Taschenfloren annehmen möchte. In den kritischen Florenwerken dagegen tragen zahlreiche Formen, Varietäten oder Subspezies den Namen „*alpinus*" oder „*nivalis*". Teilweise darf man diese enggefaßten Taxa als Charakterarten bestimmter alpiner Assoziationen ansprechen.

Neben modifizierten oder erblich gesonderten Formen von rund 400 Tieflands-Phanerogamen leben in der alpinen Stufe etwa ebenso viele eigentliche Hochgebirgspflanzen. Sie sind großenteils in den Gebirgen Asiens, in den Pyrenäen oder in mediterranen Gebirgen beheimatet und schon im Tertiär aus Tieflandssippen hervorgegangen.

Viele von den oberhalb der Waldgrenze verbreiteten Sippen findet man zwar gelegentlich in tieferen Lagen (Tab. 72), doch vermehren sie sich hier kaum und treten nur dort zeitweilig auf, wo der Nachschub von Samen oder anderen Verbreitungseinheiten aus ihrem höher gelegenen permanenten Verbreitungsbereich gewährleistet ist. Dies kann man aus dem „Elevationseffekt" (im Sinne von STEENIS) schließen, d. h. aus der Höhendifferenz zwischen dem niedrigsten Einzelgipfel, auf dem eine Spezies innerhalb ihres Areals nicht mehr vorkommt, und dem tiefstgelegenen Einzelvorkommen dieser Spezies in größeren und höheren Bergkomplexen. Wie Tab. 72 zeigt, beträgt der Elevationseffekt mindestens einige hundert Meter und kann bei manchen Arten über 1000 m ausmachen.

Das in unseren Hochgebirgen ebenfalls reichlich vertretene arktisch-alpische Element erinnert an die Hoch- und Spätglazialzeit, als in Mitteleuropa Tundren herrsch-

Tab. 72. **Beispiele für den „Elevations-Effekt" bei Alpenpflanzen in der Schweiz.** Nach Angaben von W. Backhuys (1968)

Art	Höhenspanne[1]) der Art (m ü.M.) Max. Min.	Niedrigster isolierter Berg ohne die Art[2]) (m ü.M.)	Elevations-Effekt[3]) (abgerundet, m)	Bemerkungen
Tanacetum alpinum	3300 — 330	1902	1550	⎫
Campanula cenisia	3300 — 1164	2765	1450	⎪
Saxifraga biflora	3200 — 1200	2578	1350	⎬ Aus den Alpen
Achillea nana	3400 — 1450	2545	1100	⎪ oft in tiefere
Soldanella pusilla	2900 — 1020	1949	900	⎬ Lagen
Geum reptans	3600 — 1600	2444	850	⎪ Verschleppte
Trisetum spicatum	3700 — 1524	2353	800	⎪
Ranunculus glacialis	3600 — 1400	2231	800	⎭
Loiseleuria procumbens	3300 — 1350	1784	400	
Eritrichium nanum	3500 — 1640	2045	400	
Salix reticulata	3400 — 920	1317	400	
Chamorchis alpina	3700 — 1500	1762	250	

[1]) in der gesamten Schweiz, nach Herbarbelegen.
[2]) d.h. niedrigster dem Alpenmassiv vorgelagerter Einzelberg, an dem die betreffende Art innerhalb des Areals nicht mehr vorkommt.
[3]) im Sinne von van Steenis, d.h. Differenz zwischen der Minimalhöhe, bis zu der die Art von hohen Gebirgsstöcken herabsteigt (oder vor dem Bau von Staubecken herabstieg), und der Höhe des niedrigsten isolierten Berges, auf dem die Art fehlt. (Die Ziffern wurden wegen der Lückenhaftigkeit der Herbarbelege stark abgerundet).

ten. Im ganzen gesehen ist die Flora der Alpen und anderer großenteils vergletschert gewesener Hochgebirge noch recht jung und enthält nur wenige endemische Arten. Das gilt sogar für die an Felsen bis hoch über die Schneegrenze hinaufkletternden Flechten, wie POELT (1963) betonte. Nur einzelne Teile der Südalpen sind reicher an Endemiten (s. Abb. 363) und ähneln in dieser Hinsicht schon den Gebirgen der Balkanhalbinsel, über die HORVAT, GLAVAČ und ELLENBERG (1974) zusammenfassend berichten. Hier und in den südlichen Randalpen blieben größere Gebirgsstöcke ständig eisfrei, und viele Pflanzen und Tiere überdauerten sogar die Rißeiszeit, in der die Gletscher in den Zentralalpen einen fast ununterbrochenen Eisschild bildeten und mit ihren Zungen weit ins Vorland hinabreichten. Manche Relikte haben sich später von ihren Überdauerungsorten aus nur wenig verbreiten können und weisen als seltene Klein-Endemiten noch heute auf diese hin, z. B. *Saxifraga tombaeensis* und *S. vandelii* in den Insubirischen Alpen oder *Veronica lutea* und *Phyteuma sieberi* im Gebiet der Karnischen Alpen (weitere Beispiele bei PITSCHMANN, REISIGL u. SCHIECHTL 1959, SUTTER 1969 u. a., s. Abb. 363). Andere sind in großen Teilen der Ostalpen verbreitet, beispielsweise *Thlaspi alpestre, Rhodothamnus chamaecistus, Senecio carniolicus, Gentiana pannonica* und *Potentilla clusiana*. Auf Rückwanderung von Westen her deutet dagegen das Areal von *Senecio incanus, Gentiana purpurea, Potentilla grandiflora, Trifolium thalii, T. alpinum, Plantago alpina* und einigen anderen, auch in den Pyrenäen auftretenden Arten (s. hierzu MERXMÜLLER u. POELT 1954 u. a.). Im großen und ganzen ist aber die Pflanzendecke der Alpen florengeschichtlich weniger differenziert als standörtlich.

Im Vergleich zu den Alpen sind die Tatra und andere hohe Gebirge Mitteleuropas artenärmer. Auch viele Pflanzengesellschaften findet man in den Alpen besser ausgebildet; sie erscheinen auf den isoliert über die Waldgrenze aufragenden Gipfeln der übrigen Gebirge nur in verarmten Parallelen. Deshalb beschränken wir uns hier auf die Alpen und verweisen den speziell Interessierten auf die gründlichen Monographien von SZAFER und seinen Mitarbeitern (1972) sowie von PAWŁOWSKI und Mitarbeitern (1928). Ebenso wenig können wir hier auf die alpinen Elemente in der Vegetation des Jurabogens, der Vogesen, des Schwarzwaldes, des Bayerisch-Böhmischen Waldes, des Riesengebirges und anderer Mittelgebirge eingehen.

c Wald- und Baumgrenze als Beginn des alpinen Bereichs

Die klimatische Grenze des Baumwuchses in unseren Gebirgen ist zu allen Jahreszeiten eine markante Landschaftsscheide (Abb. 317 und 316). Als Bäume dürfen in diesem Zusammenhang alle Holzpflanzen gelten, die an den meisten Standorten über die mittlere Schneehöhe emporwachsen und dann den Wetterunbilden des Winters frei ausgesetzt sind.

Eine bestimmte Grenzhöhe läßt sich nicht angeben, doch ist es berechtigt, im Hochgebirge schon einen 2 m hohen Stamm als „Baum" anzusprechen, wie z. B. HOLTMEIER (1967) bestätigt. Andere Autoren nehmen Minimalwerte von 5 oder 8 m an und kommen dementsprechend zu abweichenden Grenzziehungen. Noch schwieriger ist es, für subalpine Bedingungen den Begriff „Wald" einwandfrei zu definieren. Nach JENÍK und LOKVENC (1962), die sich ihrerseits auf VINCENT stützen, sollte der Baumbestand einen Kronenschluß von 50% oder mehr haben, über 5 m hoch sein und zumindest 1 Ar bestocken. Auch diese Richtwerte sind eher zu hoch angesetzt und würden selbst manches Waldstück im Tiefland seines Namens berauben. Bei gleichmäßiger Durchwurzelung der Zwischenflächen kann man sogar noch bei 30–40% Kronenschluß von Wald sprechen, wenn auch von einem „offenen" (ELLENBERG u. MUELLER-DOMBOIS 1967b).

Gewöhnlich unterscheidet man eine Waldgrenze, an der geschlossene Bestände von zahlreichen Baumindividuen haltmachen, und eine Baumgrenze, bis zu der freistehen-

de Bäume emporsteigen. Unter Schneeschutz oder an sonnexponierten Felsen wagen sich vereinzelte Arven, Lärchen oder Fichten zwar noch höher hinauf, aber nur als langsam wachsende Zwerge. Die Verbindungslinie ihrer obersten Posten nennt man Krüppelgrenze. Diese Grenzen, namentlich die Wald- und Baumgrenze, sind entweder natürlich oder vorwiegend vom Menschen und seinem Vieh gesetzt. Je nach der vorherrschenden Ursache kann man bei den natürlichen Grenzen in Anlehnung an KÖSTLER und MAYER (1970) unterscheiden:
– allgemeinklimatische (klimatische Wald- bzw. Baumgrenze i.e.S.),
– lokalklimatische (z.B. durch Schneeanhäufung, Wind, Kaltluftansammlung u.ä. bedingte),
– edaphische (z.B. durch plattigen Fels, Grobblockschutt und nasses Moor gesetzte),
– orographische (durch Lawinenbahn, Felswand, Bachanriß o. dgl. gegebene).

CARBIENER (1963, 1964) nimmt an, daß die Waldgrenze stellenweise auch durch Kryoturbation (d.h. wechselndes Gefrieren und Auftauen des Bodens) zustande käme, z.B. in den Vogesen. Doch darf dies nicht als gesichert gelten, zumal in vielen Gebirgen der Erde beobachtet wurde, daß Frostbewegungen der Böden erst nach anthropo-zoogener Entwaldung einsetzten, und zwar sogar mehrere 100 m unterhalb der klimatischen Waldgrenze, nach HAGEDORN (1969) z.B. in Griechenland.

Es ist eine alte Streitfrage der Pflanzengeographen, ob der Wald unter natürlichen Bedingungen von einer gewissen Höhe ab geschlossen haltmacht, oder ob er sich in Einzelbäume auflöst, so daß man über der klimatischen Waldgrenze noch eine klimatische Baumgrenze feststellen kann. SCHRÖTER (1926) und viele andere Forscher vor und nach ihm neigen zu der letzteren Ansicht, und das heutige Landschaftsbild in den Alpen, in der Tatra und in den übrigen europäischen Hochgebirgen gibt ihnen recht (Abb. 318 und 151). SCHARFETTER (1938) und eine wachsende Zahl jüngerer Autoren dagegen sehen in diesem Zustand eine Folge schlechter Bodenverhältnisse oder extensiver Vieh- und Holzwirtschaft (s. Abschnitt A II 2): Wo ein Baum wächst, könnten neben ihm weitere wachsen, wenn der Mensch und seine Tiere es zuließen, vorausgesetzt, daß der Boden genügend tiefgründig ist. Das Allgemeinklima wechselt nicht so plötzlich, daß es in unmittelbarer Nähe eines mehrere Meter hohen, jahrhundertelang lebenden Baumes bereits zu rauh für den Baumwuchs wäre. Daher löst sich der Wald an seiner klimatischen Grenze wohl in kleineren Gruppen auf, nicht aber in isolierte Stämme, zumal diese unter härterem Kleinklima zu leiden hätten als viele sich gegenseitig schützende und zum Waldrand hin niedriger werdende Individuen. Nur an felsigen Hängen, z.B. in verkarstetem Kalk, können die Bäume auch in der Natur nur vereinzelt hochkommen, weil zu wenig feinerdereiche Spalten vorhanden sind und weil die Humusbildung nahe der Waldgrenze zu langsam erfolgt, als daß sie – wie weiter unten am Hang – die steinigen Zwischenflächen einzubeziehen vermöchte. Die klimatische Waldgrenze und die klimatische Baumgrenze wären nach dieser Auffassung identisch.

Beobachtungen in wenig vom Menschen beeinflußten Gebirgen, z.B. in Norwegen und in dem argentinischen Nationalpark Nahuel Huapí, sprechen für die SCHARFETTER'sche Ansicht (s. Abb. 318). Die Waldbäume, z.B. *Nothofagus pumilio,* werden hier mit zunehmender Meereshöhe niedriger und bilden gegen die alpine Stufe eine fast geschlossene Front (s. auch NEUWINGER 1967). Nur in der Nähe von San Carlos de Bariloche und einigen anderen Siedlungen sieht man ähnliche Bilder wie in den Alpen, weil sich hier Axt, Vieh und Feuer seit einigen Jahrzehnten ebenso in den Wald hineingefressen haben wie in Europa seit Jahrhunderten. Erst durch den Einfluß des Menschen rückten Wald- und Baumgrenze auseinander (s. Abb. 318). An nicht zu steilen Hängen mit tiefgründigem Boden gibt es auch in den Alpen hier und dort noch

522　Vegetation oberhalb der alpinen Waldgrenze

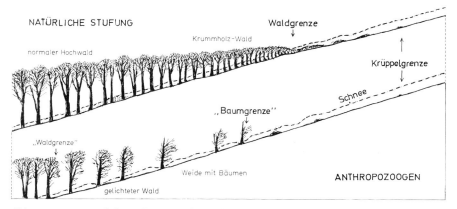

Abb. 318. Die natürliche Kältegrenze des Waldes in den Anden bei etwa 40° S. Br. (gemäßigte Zone) ist im Gegensatz zu der in den Alpen großenteils noch im Naturzustand. An der Waldgrenze im argentinischen Nationalpark Nahuel Huapí wird die Südbuche *(Nothofagus pumilio)* immer niedriger, bildet aber noch als Krüppel dichte Bestände. Erst nach Holzschlag und Beweidung kann man auch hier eine „Baumgrenze" von einer „Waldgrenze" unterscheiden. Nach ELLENBERG (1966).

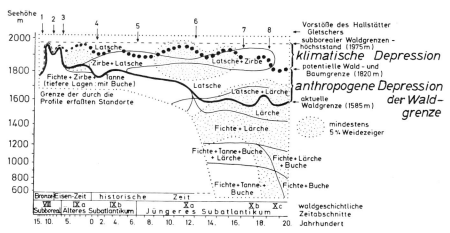

Abb. 319. Vom Klima und vom Menschen verursachte Veränderungen der Waldgrenze seit etwa 1500 v. Chr. am Plateau und Nordabfall des Dachsteinmassivs, beurteilt aufgrund pollenanalytischer Untersuchungen von Mooren. Nach KRAL (1971), etwas verändert.
Seehöhen- und Zeitskala sind logarithmisch! Die klimatische Waldgrenze lag in der mittleren Wärmezeit (Atlanticum, etwa 3000 v. Chr., hier nicht dargestellt!) etwa 2200 m ü. M. und sank seither mit Schwankungen langsam tiefer. Nach ihrem Hochstand in der Bronzezeit (1975 m) erreichte die natürliche Waldgrenze mehrfach wieder Höhen über 1950 m, auch im Mittelalter. In kühleren Perioden zog sich der Wald an den Hängen zurück, und der Hallstätter Gletscher rückte vor (Pfeile oben). Seit Beginn der Eisenzeit wurde die Waldgrenze durch Holzschlag und Weide herabgedrückt bis auf unter 1600 m. Im Pollendiagramm erkennt man die anthropo-zoogene Waldvernichtung am höheren Anteil von Nichtbaumpollen, insbesondere von „Weidezeigern".
In den subalpinen Wäldern herrschten vor dem Eingreifen des Menschen Fichten, Arven (= Zirben) und Weißtannen. Die Lärche als lichtliebender Pionier wurde erst später häufig und stieg immer weiter in die Täler hinab. Große Ausdehnung erfuhr auch das Bergföhren-Gebüsch (Latsche), das von Natur aus nur einen schmalen Gürtel oberhalb des Arven-Mischwaldes bildet. In den tieferen Lagen wurde die Tanne zugunsten der Fichte fast ausgerottet und auch die Rotbuche zurückgedrängt.

geschlossene und scharfe Waldgrenzen, z. B. stellenweise im Oberen Engadin (HOLTMEIER 1967), auf der linken Talseite des Sertig (NÄGELI 1969), im Tiroler Radurschtal (KÖSTLER u. MAYER 1970) und Kaunertal (TRANQUILLINI 1967). „Bei ausgeglichenem Relief, besseren Standorten und unterdurchschnittlichem Almweideeinfluß decken sich auch in den Ostalpen Wald- und Baumgrenze über weite Strecken" (MAYER 1975).

Infolge anthropo-zoogener Einwirkungen wurde die Waldgrenze beispielsweise in Tirol durchschnittlich um 208 m herabgedrückt (maximal 220–400 m, FRIEDEL 1967). Wie KRAL (1971, s. Abb. 319) am Dachsteinmassiv zeigte, haben jedoch nicht nur Mensch und Vieh, sondern auch Klimaschwankungen auf die Höhenlage der Waldgrenze gewirkt. Die aktuelle Waldgrenze liegt dort heute etwa 235 m tiefer als die klimabedingte potentielle. Die Alpenrosenheiden, die sich besonders in den Randalpen zwischen der Wald- und Baumgrenze ausdehnen und stellenweise noch über diese emporsteigen, werden von LÜDI (1921) und den meisten jüngeren Autoren als Waldzeugen gedeutet. Wahrscheinlich waren die subalpinen Wälder einst fast überall bis an ihre obere Grenze ziemlich dicht geschlossen und nur von Bach- und Lawinenrinnen unterbrochen, so wie dies aus Abb. 316 und 317 hervorgeht. Pollen der alpinen *Rhododendron*-Arten findet man nach ZOLLER (1960) in Moorablagerungen erst aus verhältnismäßig später Zeit, als der Mensch längst begonnen hatte, die Alpen wirtschaftlich zu erschließen.

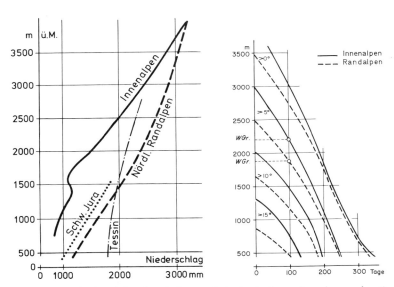

Abb. 320. Das Klima der Randalpen ist relativ ozeanisch, das der Innenalpen dagegen kontinental getönt, d.h. in gleicher Meereshöhe niederschlagsärmer, aber strahlungsreicher (s. auch Abb. 321).
a) Die Zunahme der Niederschläge mit steigender Höhe über dem Meere ist in den nördlichen Randalpen und im Schweizer Jura anfangs wesentlich größer als in den Innenalpen. Oberhalb 3500 m sind die Niederschlagsmengen aber überall ungefähr gleich hoch. Im insubrischen Tessin zeichnen sich nur die Tieflagen durch ungewöhnlich hohe Niederschlagsmengen aus. Nach UTTINGER aus NÄGELI (1969), verändert (vgl. Abb. 4).
b) Zahl der Tage mit Temperaturmitteln über 15°, 10°, 5° und 0°C in den Schweizer Innenalpen und in den nördlichen Randalpen, nach Monatsmitteln interpoliert. An der Waldgrenze gibt es etwa 100 Tage mit Temperaturmitteln über 5°, und zwar sowohl in den Randalpen (bei etwa 1800 m) als auch in den Innenalpen (bei etwa 2200 m).

Vegetation oberhalb der alpinen Waldgrenze

Mit den natürlichen Ursachen der Höhengrenze des Waldes haben sich zahlreiche Forscher beschäftigt, neuerdings vor allem mit ökophysiologischer Fragestellung (z. B. TRANQUILLINI, PISEK, LARCHER, TURNER, KELLER u. a.). Schon BROCKMANN-JEROSCH (1913) und FURRER (1923) erkannten klar, daß man nicht einzelne Faktoren für sie verantwortlich machen dürfe, sondern den gesamten Klimacharakter. In den kontinental getönten Innenalpen und in der zentralen Tatra steigen die Bäume viel höher als in den Randalpen (Abb. 6 und 42). Dieser Satz gilt auch dann, wenn man nur eine einzige Baumart betrachtet, z. B. die Fichte, die ja in allen Teilen der Alpen vorkommt. Auch im nördlichen Eurasien und in Amerika wird der Wald offensichtlich durch kontinentale Klimaverhältnisse begünstigt und reicht unter diesen weiter nach Norden und steigt höher ins Gebirge empor als in Meeresnähe (s. besonders HERMES 1955).

Sehr wahrscheinlich spielen hierbei die Temperaturen im Sommer während der hellen Tagesstunden eine entscheidende Rolle. Wie Abb. 320 veranschaulicht, ist die Zahl der Tage mit Temperaturmitteln über 10°C, d. h. mit vorwiegend günstigen Photosynthesebedingungen, bei gleicher Meereshöhe in den Zentralalpen wesentlich größer als in den Randalpen. Entsprechendes gilt für die Andauer von Temperaturmitteln über 5°C. Diese Verlängerung der Vegetationsperiode ist teilweise durch die größere Massenerhebung, vor allem aber durch die längere Sonnenscheindauer in dem wolkenärmeren Kontinentalklima zu erklären (Abb. 321). Sie begünstigt das Wachs-

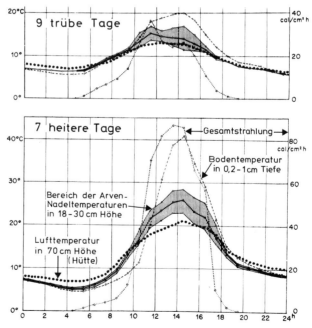

Abb. 321. An sonnigen Tagen, wie sie in den Innenalpen die Regel sind, schwanken die Luft-, Pflanzen- und Boden-Temperaturen viel stärker als bei wolkigem Wetter, wie es in den Randalpen vorherrscht. Dieser Unterschied zwischen mehr kontinentalen und mehr ozeanischen Klimabedingungen wirkt sich besonders auf den Wärmegenuß der Bäume aus. Nach TURNER aus NÄGELI (1969), etwas verändert.
Die Messungen erfolgten im August 1953 in der Nähe der Waldgrenze am Patscherkofel bei Innsbruck an gleichbleibenden Meßstellen.

tum der Bäume, insbesondere auch das Ausreifen der neuen Jahrestriebe und ihrer Nadeln bzw. ihrer Knospen, falls es sich um laubwerfende Bäume handelt. Bei der Fichte z.B. dauert es nach Lange und Schulze (1966) schon unter montanen Bedingungen drei Monate, bis die kutikularen Zellwandschichten junger Nadeln ihre endgültige Dicke erreicht haben. Von diesem Ausreifen hängt das Schicksal der Bäume im Winter ab, wie als erster Michaelis (1932–1934) betonte. Mangelhaft ausgebildete, nicht durch dicke Epidermis und Kutikula geschützte Organe vertrocknen besonders im Spätwinter, wenn die Sonne sie erwärmt, während die Wurzeln aus der gefrorenen Erde kein Wasser aufnehmen können.

Überhaupt dürfte die spätwinterliche Erschwerung der Wasserbilanz und die Frosttrocknis in Schönwetterperioden bei gefrorenem Boden oder vereisten Leitbahnen die eigentlich entscheidende Ursache für das plötzliche Haltmachen der Bäume sein, das ja in scheinbarem Widerspruch steht zu der allmählichen Änderung des Allgemeinklimas mit steigender Höhe über dem Meere (Tranquillini 1967, Larcher 1963a, s. Abb. 315).

Eindrucksvoll gehen diese Zusammenhänge aus den Messungen von Tranquillini (1957) an der Waldgrenze auf dem Patscherkofel bei Innsbruck hervor (Tab. 73). Die Nadeln junger, unter Schnee überwinternder Arven haben einen relativ hohen Wassergehalt und einen niedrigen osmotischen Wert. Wo ihre Krone über den Schnee aufragt, ist der osmotische Wert größer und der Wassergehalt geringer. Bei einem alten Baum bleibt die Wasserbilanz an demselben Orte günstiger, weil seine Wurzeln in dauernd frostfreie Bodentiefen hinabreichen. Der an der obersten Baumgrenze stehende Jungbaum weist Ende Februar, d.h. am Ende des Hochwinters, einen osmotischen Wert und einen Wassergehalt auf, der dem tödlichen Maximum bzw. Minimum bereits recht nahe kommt. In noch etwas größerer Meereshöhe wären die Nadeln noch weniger widerstandsfähig und würden im sonnigen Spätwinter vertrocknen.

Tranquillini und Machl-Ebner (1971) fanden, daß intakte Zweige der Arve an der Waldgrenze längere Zeit in Winterruhe verharren, die wohl mit Veränderungen des Plasmas zusammenhängt. Ihre Photosynthese ist gehemmt und reicht in der kältesten Zeit nicht einmal zur Kompensation der Lichtatmung aus. Wenn man solche Zweige in die Wärme holt, dauert es viele Tage, bis sie aktiv werden. In der submontanen Stufe

Tab. 73. **Wassergehalte und osmotische Werte von Nadeln junger und alter Arven**
(Pinus cembra) Ende Februar, d.h. nach Überstehen des Hochwinters, am Patscherkofel bei Innsbruck. Nach Angaben von Tranquillini (1957)

Höhenlage:	Unterhalb der **Waldgrenze**			an der **Baumgrenze**
Nadeln:	im Schnee[1])	überm Schnee		überm Schnee
Baumalter:	jung	alt[2])	jung	jung
Minimaler Wassergehalt der Nadeln (in % des Trockengewichts)	155	ca. 125	115	78 (unter 70 letal!)[3])
Maximaler osmotischer Wert (π^*, in atm.)	23	26,5	30	42,5

[1]) Im Schnee sind die Nadeln zwar gegen Wasserverluste geschützt, aber in Gefahr, wegen zu hoher Luftfeuchtigkeit von Pilzen befallen werden.

[2]) Der Altbaum hatte mehr Wasser zur Verfügung als der Jungbaum, weil er tiefer wurzelte und der Boden nur bis zu etwa 35 cm Tiefe gefroren war.

[3]) Irreversible Schäden treten von etwa 70% an abwärts ein.

des Schweizer Mittellandes dagegen bleibt die Photosyntheseleistung junger Arven nach Versuchen von KELLER (1970) während des ganzen Winters beachtlich hoch.

Als sehr zweckmäßig erscheint die von SCHWARZ (1970) experimentell gefundene Abhängigkeit der Frosthärte bei Arven und Alpenrosen von der Tageslänge (Abb. 165). In Anbetracht des häufigen Witterungswechsels im Hochgebirge ist eine photoperiodisch induzierte Frostresistenz sicherer als eine nur temperaturgesteuerte. Die Frosthärte der jungen Triebe wird nach M. MOSER (1967) durch bessere Ernährung erhöht bzw. rascher erreicht. Deshalb könnte sogar die ektotrophe Mykorrhiza für das Durchhalten der Bäume an ihrer Kältegrenze eine mitentscheidende Rolle spielen. Wahrscheinlich gelten ähnliche Zusammenhänge auch für andere Baumarten, die bisher weniger gründlich oder noch gar nicht untersucht worden sind. Bei allen dürfte es auf das Zusammenwirken von günstigen Wachstumsbedingungen im Sommer und Frosttrocknis im Winter ankommen. Bestätigt wurde dies kürzlich für die Fichte, die nach TRANQUILLINI (1974) mindestens drei Monate voller Aktivität benötigt, um an der Baumgrenze überleben zu können. Die kutikuläre Transpiration ihrer Keimlinge ist eine Funktion des Entwicklungszustandes, den diese zu Beginn des Winters erreicht haben.

Physiognomisch und ökologisch muß man die Baum- bzw. Waldgrenze als den Beginn der alpinen Stufe bezeichnen. Floristisch und soziologisch bedeutet aber erst die obere Krummholzgrenze einen tiefen Einschnitt; denn bis zu dieser steigen die nur im Schatten oder Halbschatten konkurrenzfähigen Waldpflanzen empor. Ja, viele von ihnen findet man sogar noch in den Zwergstrauchgruppen, die sich in schneereichen Mulden bis zu 300 m über die Baumgrenze hinaufwagen.

Schrittweise werden die Lebensbedingungen mit zunehmender Meereshöhe immer ungünstiger (Abb. 315, 320). Ohne Willkür kann man hier nirgends Grenzen ziehen, zumal die Teilstücke im Mosaik der Pflanzengesellschaften und ihrer Standorte kleiner und kleiner werden und die Dichte des Vegetationsteppichs vor allem von der Gründigkeit und Stabilität des Bodens sowie von der Verteilung des Schnees, und damit von den Windverhältnissen abhängt.

d Lebensbedingungen und Vegetationsmosaike in der subalpinen Stufe

Schon unterhalb der Baumgrenze beginnt der Wald um seine Existenz zu kämpfen, und wem die Extremstellung der Hochgebirge beim Durchsteigen der montanen Waldgürtel noch nicht bewußt geworden ist, der spürt sie spätestens in der subalpinen Stufe.

Einerlei, ob Laubbäume wie Buche und Bergahorn, oder ob Fichte, Arve und andere Nadelhölzer die natürliche Höhengrenze des Waldes bilden, die subalpinen Wälder erreichen eine geringere Wuchshöhe, und Nadelwälder haben ein lückigeres Kronendach als die unter günstigeren Wärmebedingungen lebenden Wälder der tieferen Stufen (s. Abb. 151 u. 152). Die meisten Bäume sind bis zum Erdboden hinab beastet und lassen zwischen sich Raum für Flecken von Zwergstrauchheide oder Grasland (s. auch Abschnitt B IV 4). Offenbar leidet der Jungwuchs hier stärker unter dem Verbiß von Haus- und Wildtieren und vermag die Lücken weniger rasch zu schließen als in wärmeren Lagen. Wo der subalpine Wald gänzlich vom Menschen unberührt ist, bleibt er jedoch auf genügend tiefgründigem Boden bis an seine klimatische Höhengrenze erstaunlich dicht geschlossen. Das kann man sowohl in den südamerikanischen Anden (Abb. 318) als auch noch stellenweise in den Alpen beobachten (s. MAYER 1975).

Zu den Unbilden, unter denen der subalpine Wald zu leiden hat, gehört die Belastung durch Rauhreif und Schnee (Abb. 157). Bruchschäden im Kronenbereich sind daher eher Regel als Ausnahme, vor allem bei den immergrünen Nadelhölzern. Kurzästige, sehr schlanke Formen (Abb. 317) werden weniger davon betroffen und bilden in den meisten Gebirgen sowie im subpolaren Bereich auffällig adaptierte Populationen. Bei der Wiederaufforstung der Hochlagen des Harzes und anderer infolge früheren Bergbaues entwaldeter Mittelgebirge verwendete man jedoch vorwiegend langastige Tieflandsrassen, weil man vor einem Jahrhundert noch nicht die Bedeutung ökologischer Rassen erkannt hatte. Diese breitkronigen Bäume leiden unter den rauhen Winterbedingungen in besonderem Maße und stehen deshalb auch lückiger, als es in dem ursprünglichen Wald der Fall gewesen sein dürfte (HEYNERT 1964, FIEDLER u. NEBE 1969 u. a.).

Wo sich in hohen Gebirgen der Wald lichtet – sei es aus natürlichen oder aus anthropo-zoogenen Ursachen – beginnt der Schnee noch in einer anderen Hinsicht zu einem entscheidenden ökologischen Faktor zu werden. Von den oft heftigen Winden wird er schon während des Fallens verweht und im Schutze von Geländekanten, Bodenwellen, Steinen, Gebüschgruppen, Bäumen oder anderen Hindernissen aufgehäuft, während er an windgefegten Stellen gar nicht oder nur in dünner Decke liegen bleibt (Abb. 328). Sowohl seine Schutzwirkung gegen Kälte und Transpirationsverluste als auch seine ungünstigen Einflüsse auf die Pflanzen, über die in Abschnitt e) ausführlich die Rede sein wird, wechseln infolgedessen auf so kleinem Raume, daß auch die Vegetation ein Mosaik verschiedener Gesellschaftsfragmente bildet. Diese verteilen sich jedoch nicht regellos, sondern bilden ein charakteristisches, häufig wiederkehrendes Mosaik, für das Abb. 324 und 317 einige Beispiele geben (s. auch WAGNER 1965, 1970).

In einem solchen Mosaik verzahnen sich Lebensbedingungen, die eher den montanen entsprechen, mit solchen der alpinen Stufe. Es ist daher kein Wunder, daß Pflanzenarten und -gesellschaften beider Stufen an dem Mosaik beteiligt sind. Unter natürlichen Verhältnissen überwiegt allerdings der montane Floren- und Vegetationscharakter zumindest flächenmäßig bei weitem.

Die einzelnen Gesellschaften in diesem Mosaik haben wir teilweise bereits im Zusammenhang mit anderen Waldgesellschaften besprochen, nämlich:
– subalpine Ahorn-Buchenwälder (Abschnitt B II 2g),
– subalpine Fichtenwälder (B IV 3 b),
– subalpine Lärchen-Arvenwälder (B IV 4),
– subalpine Legföhrengebüsche (B IV 5 b).
Die übrigen kommen auch in der alpinen Stufe vor und sind besser zu verstehen, wenn man sie im Zusammenhang mit dieser betrachtet, insbesondere:
– subalpine Grünerlengebüsche (C VI 7 c),
– subalpin-niederalpine Zwergstrauchheiden (C VI 4),
– subalpin-alpine Rasen (C VI 2 u. 3),
– subalpin-alpine Staudenfluren (C VI 7),
– hochmontane bis niederalpine Quellsümpfe und Flachmoore (C VI 6),
– montane bis alpine Steinschuttfluren (C VI 8),
– montane bis alpine Felsspaltenfluren (C VI 9 a),
– subalpine bis nivale Kryptogamengesellschaften, namentlich Flechtenüberzüge auf Steinen (C VI 9 b).
Gesellschaftsmosaike sind für die subalpine Stufe nicht nur in den Alpen charakteristisch, sondern auch in weniger ausgedehnten und hohen Gebirgen, z. B. in der Tatra (HORAK 1971), im Harz (STÖCKER 1967) und im Schweizer Jura (J. L. RICHARD 1968).

Wo der Schnee in der subalpinen Stufe mehrere Meter mächtig wird und im Frühsommer nicht rasch abschmilzt, verhindert er lokal die Ansiedlung von Bäumen.

Soweit es sich um Coniferen handelt, wirken hierbei Schneeschimmelpilze entscheidend mit. In besonders schneereichen Gebirgen, z. B. in der Küstenkordillere der nordwestlichen USA und in Teilen der Allgäuer Alpen (KNAPP 1960) sowie in Japan (OGASAHARA 1964), löst sich der Wald an seiner klimatischen Grenze in Gruppen auf, die sich nach FONDA und BLISS (1969) nur in außergewöhnlich niederschlagsarmen und warmen Jahren randlich durch Verjüngung ausdehnen. Isoliert an der Obergrenze des Baumwuchses stehende Bäume gibt es jedoch in solchen Gebirgen auf genügend tiefgründigen Böden von Natur aus ebenso wenig wie in Gebirgen mit „normalen" Schneeverhältnissen. Man sollte daher auch hier nicht von einer Baumgrenze, sondern allenfalls von einer „Baumgruppengrenze" sprechen. Solche Baumgruppen entstehen oft nicht aus Samen, sondern durch Ausläuferbildung, zu der (nach KUOCH u. AMIET 1970 u. a.) auch Fichten und andere Nadelhölzer befähigt sind.

Dolinen, d. h. mehr oder minder große Einfalltrichter, wie sie sich in Kalk- oder Gipsgebirgen bilden, stellen in der subalpinen Stufe nicht nur Schneesammler, sondern auch Kaltluftsammler dar. Ihr Klima ist daher in besonderem Maße baumfeindlich und begünstigt alpine Pflanzengesellschaften auch schon weit unterhalb der Waldgrenze (s. GENSAC 1968 u. a.).

Besondere ökologische Probleme bietet die Aufforstung der ehemals durch Alpwirtschaft entwaldeten Hochlagen in der Nähe der klimatischen Waldgrenze. Dieser z. B. für den Lawinenschutz wichtigen Aufgabe verdanken wir zahlreiche wissenschaftliche Untersuchungen, die das Verständnis der subalpinen Vegetation sowie der alpinen Wald- und Baumgrenze in letzter Zeit rasch vertieft haben. Als Beispiele genannt seien nur die Arbeiten von AULITZKI (1962, 1963, 1965), HAMPEL (1963), STERN (1965) und den von diesen zitierten älteren Autoren.

Da das Lokal- und Mikroklima und ihr Wechsel in dem subalpinen Vegetationsmosaik eine ausschlaggebende Rolle für den Erfolg von Anpflanzungen nahe der allgemeinklimatischen Grenze des Waldwuchses spielt, widmen sich einige großangelegte Dauermeßprogramme gerade den früher vernachlässigten Klimabedingungen auf kleinstem Raum. Hier sei nur auf die vorbildlichen Untersuchungsreihen im Engadiner Dischmatal (NÄGELI 1969, TURNER 1970) und bei Obergurgl in Tirol hingewiesen (FRIEDEL 1967, AULITZKI 1962 usw.). Diese Messungen, Kartierungen und sonstigen Aufnahmen geben auch über die Verhältnisse in der alpinen Stufe Aufschluß, die wir im folgenden Abschnitt näher besprechen wollen.

e *Das Klima der alpinen Stufe und seine lokalen Abwandlungen*

Um die Eigenart der alpinen Vegetation zu verstehen, müssen wir uns vor allem die Klimabedingungen vergegenwärtigen, unter denen sie leben muß. Sie wurden seit SCHRÖTER (1926) von zahlreichen Autoren erörtert, neuerdings z. B. von FLACH (1963, 1967), WINKLER (1963), REHDER (1965) und TURNER (1970). Abb. 315 mag den Überblick erleichtern; das alpine Klima zeigt vor allem die folgenden Charakterzüge:

1. Beherrschender Umweltfaktor ist die kurze Vegetationszeit (Abb. 320b). Eine um 100 m größere Meereshöhe bedeutet durchschnittlich eine Verkürzung der Wachstumsperiode um 6–7 Tage. Tagesmitteltemperaturen von mindestens 5°C, bei denen noch viele Holzgewächse Stoffgewinne erzielen, werden z. B. in den Schweizer Alpen in 1000 m Höhe ü. M. an 195–210 Tagen des Jahres erreicht, in 2000 m dagegen nur an 85–120 Tagen (s. Abb. 320b).

2. Die Vegetationsperiode ist aber nicht nur kürzer, sondern auch kälter als in tieferen Lagen, jedenfalls, was die Lufttemperaturen 2 m über dem Erdboden und im Schatten anbetrifft. Hinzu kommt, daß der in manchen Alpentälern so wirksame Föhn

oberhalb der Waldgrenze noch nicht warm ist und nur Schäden verursachen, aber weder die Temperatur heben noch die Schneeschmelze beschleunigen kann. Mit steigender Höhe über dem Meere nimmt außerdem die geländeklimatische Bedeutung des Bergschattens zu, weil die Unterschiede zwischen Luft- und Bodentemperaturen wachsen (BÖHM 1966).

3. Die bodennahe Luftschicht erwärmt sich bei Sonneneinstrahlung stärker, als man nach den niedrigen Lufttemperaturen erwarten möchte (Abb. 322, 323, s. AULITZKI 1961). Wegen der geringeren Luftdichte ist die Einstrahlung viel intensiver als in tieferen Lagen. Niedrige Gewächse leben daher in einem besonders günstigen Mikroklima. Vor allem gilt dies für Spaliersträucher wie *Salix retusa* und *Dryas octopetala*, die sich an Felsen oder Steine anschmiegen. An dunklen Bodenoberflächen kann die Temperatur allerdings bis über 65°C steigen und Hitzeschäden an Keimlingen und Jungpflanzen verursachen (KRONFUSS 1972).

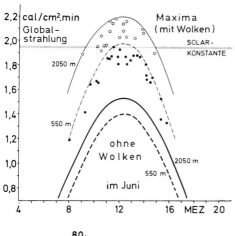

Abb. 322. Die Globalstrahlung im Hochgebirge (Stillberg bei Davos, ausgezogene Kurven) kann bei Sonnenwetter mit weißen Wolken (dünne Kurve) etwa 10% höher werden als die Solarkonstante (d. h. die außerhalb der Erdatmosphäre senkrecht einfallende Sonneneinstrahlung). An wolkenfreien Tagen ist die Globalstrahlung selbst in der reinen Luft der Hochlagen viel geringer (dicke Kurven). In Tieflagen (bei Zürich, gestrichelte Kurven) ist sie unter vergleichbaren Bedingungen stets niedriger als im Gebirge. Nach TURNER (1970), verändert.

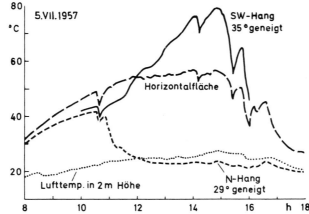

Abb. 323. Temperatur-Tagesgang in 1 cm Bodentiefe bei verschiedener Exposition im Bereich der Waldgrenze bei Obergurgl (Ötztal, 2000 m ü. M.) im Vergleich zur Lufttemperatur in 2 m Höhe über der Horizontalfläche. Nach TURNER (1970), etwas verändert. Ein nackter dunkler Boden am Sonnenhang erreicht 80°C!

4. In der dünnen Luft der großen Höhen ist die nächtliche Ausstrahlung ebenfalls groß. Deshalb kommt es in der alpinen Stufe häufiger zu Nachtfrösten als in geringerer Meereshöhe. Besonders in den Frühjahrs- und Herbstmonaten ist das alpine Klima ein ausgeprägtes Frostwechselklima. Während der Vegetationsperiode bewirken die tiefen Nachttemperaturen, daß nur ein geringer Teil der assimilierten Substanz durch Atmung verloren geht und daß nur wenig Assimilationszucker in Stärke umgewandelt wird. Der relativ hohe Zuckergehalt aber erhöht die Kälteresistenz der Blätter und fördert die Anthocyan-Bildung. Zahlreiche Alpenpflanzen sind daher bläulich oder violett überlaufen und verfärben sich im Herbst schön bunt. Da der Boden nachts wärmer bleibt als die Luft (Abb. 321), sieht man nirgends so häufig guttierende Pflanzen wie im Hochgebirge (FREY-WYSSLING 1941).

5. Viele Standorte sind in den Frostwechselzeiten noch von Schnee geschützt. Die Mächtigkeit der Schneedecke schwankt von Ort zu Ort sehr, weil der Wind nur durch die Gestalt des Geländes und kaum durch dessen Bewuchs gebremst wird. Mulden bleiben daher lange unter hohem Schnee liegen, während Kuppen viel früher ausapern oder sogar schneefrei überwintern (Abb. 324). Das Mosaik der Pflanzengesellschaften spiegelt infolgedessen das Mosaik der Schneedauer treulich wider (Abb. 325). In den waldreicheren Stufen kommt es nur selten zu Schneeverwehungen diesen Ausmaßes, weil Bäume und Büsche den Wind bremsen.

6. Unter einer isolierenden Schneedecke von mehr als 50 cm Mächtigkeit sinkt die Temperatur selten tiefer als 0°C (RÜBEL 1912 u. a., Abb. 165). Sogar frostempfindliche Gewächse können in ihrem Schutze den ganzen Winter über aushalten. Dringt genügend Licht auf den Boden, so bleiben die Pflanzen grün und können zeitweilig CO_2

Abb. 324. Relief, Schneeverteilung und Bodenbeschaffenheit lassen die Vegetation der alpinen Stufe auf kleinem Raume wechseln (s. auch Abb. 328).
Nahe der Stuttgarter Hütte in den Lechtaler Alpen findet man Rasen auf flach- bis tiefgründigen Kalkböden (z.B. vorn rechts) und auf mehr oder minder kalkarmen Böden. In manchen Rinnen und Hangfuß-Mulden bleibt der Schnee bis Anfang August liegen. Sonnexponierte Hänge apern dagegen schon im April aus, und windgefegte Grate bleiben schneefrei. Nur auf Verebnungen und in breiten Tälern können sich homogene Rasengesellschaften ausbilden.

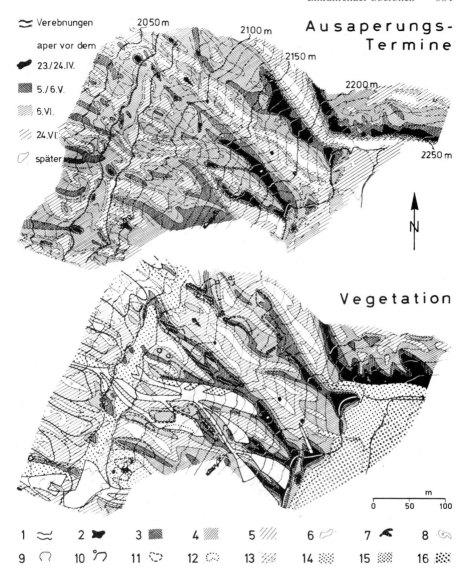

Abb. 325. Im Waldgrenzbereich und in der alpinen Stufe hängt die Verteilung der Pflanzengesellschaften wesentlich von der Andauer der Schneebedeckung ab. Eine Karte der Ausaperungstermine stimmt daher weitgehend mit der Vegetationskarte überein. Nach FRIEDEL aus AULITZKY (1961), verändert.
Oben: Interpolierte Karte der Ausaperungstermine oberhalb der Waldgrenze bei Obergurgl (2050–2250 m).
Unten: Vereinfachte Vegetationskarte des oben dargestellten Geländeausschnittes. 1 = Verebnungen, 2 = Flechten-Windheiden, 3 = Alpenazaleen-Windheiden, 4 = Rauschbeerheiden, 5 = Alpenrosen-Heidelbeerheiden, 6 = dichte Alpenrosenheiden, 7 = Legföhren, 8 = Lücken im Alpenrosengestrüpp des subalpinen Waldes, 9 = Schuttvegetation, 10 = alte Arvenbestände, 11 = junge Arven, 12 = junge Lärchen, 13 = offenes Pionier-Alpenrosengesträuch mit *Rhacomitrium canescens*, 14 = Flächen mit Bodenüberhitzung, 15 = Flächen mit Bodenverdichtung, 16 = Krummseggenrasen (mittelalpin).

assimilieren, zumal der Schnee sehr porös ist und den Gasaustausch wenig hemmt. Je nach der Beschaffenheit des Schnees läßt eine 20 cm mächtige Decke noch etwa 2–20% der vollen Strahlung durch (Abb. 341). Bei mehr als 30 cm Schneebedeckung sinkt der durchschnittliche Lichtgenuß oft unter 1%. Doch kann nach F. B. SALISBURY (1975) noch durch 200 cm mächtigen Schnee Licht hindurchdringen, und zwar vor allem blaues, das die Chlorophyllbildung anregt und die Keimung mancher Arten stimuliert. Auf jeden Fall sind die Blätter unter dem Schnee vor Frosttrocknis geschützt, durch die sie an aperen Stellen rasch vergilben oder sogar absterben (s. Abschnitt c). In den alpinen Rasen überwintern daher mehr Arten in grünem oder doch bleichgrünem Zustande als in den Wiesen des durchschnittlich viel wärmeren Tieflandes, von denen der Schnee oft mitten im Winter zeitweilig verschwindet. Wie schon RÜBEL erkannte, sind also die meisten alpinen Rasen „immergrün". Dank diesem Umstande können sich Steinböcke und Gemsen an Orten mit wenigen Dezimetern Schneedecke den ganzen Winter hindurch Frischnahrung hervorscharren.

7. Da der Schnee großenteils erst wegschmilzt, wenn die Sonne schon sommerlich hoch steht, genießen die alpinen Pflanzen gleich zu Beginn ihrer Vegetationsperiode beträchtliche Wärmemengen. Ihre Photosynthese ist bereits knapp nach dem Ausapern normal, weil ihre Blätter durch Schneebedeckung – auch wenn sie lange dauert – kaum geschädigt werden (CARTELLIERI 1940, BRZOSKA 1972). Trotzdem brauchen die meisten Arten nach ROMPEL (1928) mindestens 3–4 Wochen Aperzeit, bis sie aufblühen; denn sie wachsen langsam (s. Punkt 3 und 11). Unmittelbar nach der Schneeschmelze entfalten nur Arten wie *Crocus albiflorus* und die Soldanellen (Abb. 436 u. 340) ihre vorher ausgebildeten Blüten.

8. Für die meisten Pflanzen bietet das alpine Klima stärker wechselnde Bedingungen als das montane Klima, jedenfalls, was die Temperaturen anbetrifft (s. die Punkte 3, 4 und 7 u. Abb. 360). Der Übergang vom Winter zum Sommer vollzieht sich sogar in den relativ ozeanischen Randalpen so plötzlich, wie dies im Tiefland nur bei extrem kontinentalem Klima der Fall ist, z.B. im westlichen Sibirien. Im Gegensatz zum kontinentalen Tieflandsklima können allerdings im Hochgebirge mitten im Sommer zyklonal bedingte Kälteeinbrüche eintreten, die zu Schneefällen und Frösten führen.

9. Von Sonderstandorten (Punkt 10) abgesehen, erleiden die alpinen Pflanzen selten Wassermangel; denn die Niederschläge nehmen am gleichen Ort mit steigender Höhe bis etwa 3000 m ü.M. zu. Fast alle Feinerdeböden über der Waldgrenze enthalten im Frühjahr so viele Wasserreserven, daß diese für die ganze Vegetationsperiode ausreichen. In regenarmen Zeiten bedeutet der abschmelzende Schnee für viele Pflanzengesellschaften eine zusätzliche Wasserquelle.

10. An schneearmen und schneefreien Standorten wird die Wasserbilanz der Pflanzen durch heftigen Wind und durch starke Erwärmung zeitweilig sehr angespannt, zumal, wenn der Wurzelraum noch gefroren ist (s. auch TRANQUILLINI 1970). Früh ausapernde oder ständig apere Flächen bieten daher auch im Hinblick auf den Wasserhaushalt eher „kontinentale" Lebensbedingungen. So ist es verständlich, daß unsere Hochgebirgsflora zumindest in den höheren Taxa und in den Lebensformen manche Beziehungen zur Flora der winterkalten Steppen Eurasiens aufweist. Auch im Sommer gibt es oberhalb der Waldgrenze auf kleinem Raum große Unterschiede in der Windgeschwindigkeit. Diese wirken sich auf die Stoffproduktion der Pflanzen aus (s. Abb. 336). *Rhododendron ferrugineum* reagiert nach CALDWELL (1970) schon auf Winde von unter 1 m/sec Geschwindigkeit mit Bewegungen seiner Stomata und schließt diese selbst bei guter Wasserversorgung, wenn sich die Luft mit mehr als 1,5 m/sec bewegt.

11. Da im Hochgebirge das Licht relativ stark und reich an ultravioletten Strahlen

ist, sind die meisten Pflanzen gedrungener als in tieferen Lagen. Die Hauptursache ihres geringen Streckungswachstums liegt aber wohl darin, daß die Wärme mit der Entfernung vom Erdboden sehr rasch abnimmt und daß die Temperaturen nachts tief sinken (Abb. 321). Die intensive Einstrahlung im zentralalpinen Spätwinter führt nach TURNER und TRANQUILLINI (1961) selbst bei der xeromorphen Arve zur Chlorophyllzerstörung und Teilschädigung in sonnenexponierten Nadeln. Entgegen der verbreiteten Ansicht ist jedoch die Lichtintensität in alpinen Höhen keineswegs immer übermäßig groß. Bei Versuchen von CARTELLIERI (1940), W. MOSER (1973), BRZOSKA (1973) und anderen erwies sich vielmehr das Licht nicht selten als begrenzender Faktor für die Photosynthese (Abb. 368), besonders an wolkigen Tagen.

12. Der bereits in den Punkten 3 und 4 erwähnte Temperaturwechsel beschleunigt die physikalische Verwitterung und bewirkt zeitweilige Solifunktion. Dieses Bodenfließen wird durch übermäßige Wasserzufuhr bei der Schneeschmelze noch gefördert (Abb. 326). Nach J. SCHMID (1955) finden zwar in allen Klimastufen Mitteleuropas Frostbewegungen des Bodens statt. Doch nehmen diese in den Hochgebirgen viel größere Ausmaße an, und die langsamer wachsende Vegetation vermag die Feinerde an Hängen oft nicht mehr festzuhalten. Die durchnäßte oberste Bodenschicht fließt zeitweilig hangab und wird von „Rasengirlanden" gestaut, deren Entstehung in den Alpen kürzlich von THOMASER (1967) und – mit monographischer Gründlichkeit – von ZUBER (1968, s. Abb. 327a) studiert, aber auch in den Vogesen untersucht wurde (CARBIENER 1970, Abb. 327b). Zusammen mit der großen Reliefenergie unserer jungen Gebirge sorgt also das alpine und subalpine Klima dafür, daß viele Standorte mechanisch instabil bleiben. Nur auf eng begrenzten Flächen konnte der Boden seit der Eiszeit ungestört reifen.

Abb. 326. Solifluktions-Erscheinungen an Moränenhängen im oberen Fimbertal (Silvrettagebiet) in der unteren alpinen Stufe. Die horizontalen, nicht buckeligen Stellen werden von Sumpfrasen, insbesondere von Braunseggenriedern, eingenommen. Im Bereich der Buckel herrschen Borstgrasrasen. Bei ihrer Ausbildung hat Weidevieh mitgewirkt.

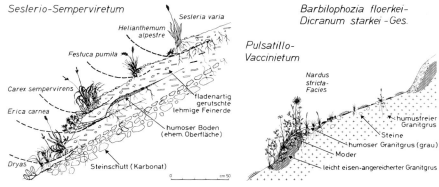

ZENTRALALPEN   VOGESEN

Abb. 327. Links: Durch Solifluktion bilden sich an kalkhaltigen Moränenhängen Vegetations-Girlanden, die jeweils die Stirn eines gerutschten oder rutschenden Bodenfladens besiedeln. Nach ZUBER (1968), etwas verändert.
Zur Bewegung des Bodens kommt es besonders im Frühjahr, wenn er vom Schmelzwasser durchtränkt ist. Pionierstadien des *Seslerio-Semperviretum* in der oberen subalpinen Stufe des Schweizer Nationalparks.
Rechts: Auch auf saurem Substrat entstehen durch Solifluktion in der subalpinen Stufe Vegetations-Girlanden, z. B. auf Granit in den Vogesen. Nach CARBIENER (1970), verändert.
An der Girlandenstirn siedeln *Vaccinium myrtillus, Luzula desvauxii* und *Pulsatilla alpina* mit dichter Moosschicht, auf der Zungenfläche Pioniermoose sowie im Übergang zur Stirn Borstgras und andere Gefäßpflanzen.

13. Zu den mechanischen Unbilden, denen die Vegetation ausgesetzt ist, gehört auch der Schneeschliff. An aperen Stellen und an der Oberfläche des Schnees wirken die harten Eiskristalle wie Schleifpulver, wenn der Sturm sie vor sich hertreibt. Dadurch werden die Zweige oberhalb der Schneedecke geschädigt oder vernichtet, während die vom Schnee geschützten zu einem dichten grünen Tisch zusammenschließen (Abb. 162). Die Windgeschwindigkeit und vor allem die Sturmhäufigkeit ist im Hochgebirge weit größer als im Tiefland, selbst wenn man die Meeresküste zum Vergleich heranzieht. Nach GEIGER (1950) beträgt die an westdeutschen Stationen gemessene mittlere Windgeschwindigkeit in Küstennähe 4,8 m/sec, im Binnenland 3,6 und auf Berggipfeln 7,9 m/sec. Stürme (>17 m/sec) machen in der gleichen Reihenfolge 1,4, 0,3 und 10,6% aus. Nicht alle tischförmig wachsenden oder 0,5–1,5 m über dem Erdboden geschundenen Bäume, die man im Hochgebirge findet, darf man jedoch als Opfer klimatischer Unbilden ansehen. Oft ist Viehverbiß die erste oder gar die alleinige Ursache solcher Schäden, wie die Diskussion zwischen HOLTMEIER (1967, 1968), TURNER (1970) und anderen erneut bewußt werden ließ.

14. Rutschungen des Schnees, Schneebretter und Lawinen schädigen vor allem hochwüchsige Holzpflanzen. Indirekt begünstigen sie dadurch die niedrigeren Gewächse der alpinen Stufe (Abb. 317, 171 u. 172).

Manche der in den Punkten 1–14 erwähnten Klimaeigenschaften treffen auch für die Tundren nördlich der polaren Waldgrenze in Skandinavien zu, namentlich Nr. 1, 5, 6 und 7 (IVES u. BARRY 1974, vgl. auch Abb. 315). Doch ist die Luft dort nicht so dünn wie im Hochgebirge, so daß die Ein- und Ausstrahlung (3 und 4) weniger intensiv wirkt und das Licht nicht so reich an ultravioletten Strahlen ist (11). Dafür dauert aber im Sommer die Einstrahlung länger an, so daß es nachts seltener zu Frösten kommt. Dennoch ist der Wärmeunterschied zwischen Sommer und Winter im hohen Norden geringer als in den Alpen, weil die Sonne dauernd tiefer steht und den Boden, von steilen Südhängen abgesehen, weniger stark bestrahlen kann. Trotz wesentlich geringerer Niederschläge leiden die Pflanzen in der Tundra nur selten unter Wassermangel (9). Im Gegenteil, wegen des flachen Reliefs, des Wasserstaues auf dem dauernd gefrorenen Unterboden und der schwächeren Verdunstung gibt es hier viel mehr versumpfte Flächen als in den jungen Hochgebirgen. Es ist daher kein Wunder, daß die Flora und Vegetation steiniger und bergiger Tundren mehr an die der Alpen erinnert als diejenige der weiten Ebenen.

Die Unterschiede zwischen dem alpinen und dem arktischen Klima kommen vor allem darin zum Ausdruck, daß Dauerfrost in den mitteleuropäischen Gebirgen äußerst selten, im hohen Norden jedoch die Regel ist. Wegen des steilen Sonnenstandes und der stärkeren Einstrahlung im Winter sowie der nächtlichen Temperaturumkehr bleiben die Böden der alpinen Stufe im Mittel um mehrere Grade wärmer als die Luft. Da die Schneedecke im Hochgebirge durchschnittlich 2–8mal mächtiger wird als in der Tundra, ist der Boden zudem gegen Kälteeinbrüche besser geschützt (s. auch Abb. 165 u. 161). Nur am Grunde schattiger Kaltluftlöcher (Dolinen) und in lockeren Schutthalden, in denen kühle Luft abfließt, bildet sich ein mächtiges Bodeneis und kann auch im Sommer erhalten bleiben.

Staunässe und Kälte im Wurzelboden hemmen den Humusabbau und die Stickstoff-Mineralisation. Infolgedessen sind anmoorige Bildungen mit xeromorphen Helophyten, niedrige Zwergstrauchheiden und Flechtenfluren in der Arktis viel häufiger als in den Alpen und ähnlichen Hochgebirgen. Auch Moose stehen in der Tundra unter besonders günstigen Bedingungen, zumal sie auch außerhalb der Vegetationsperiode günstige Tage auszunutzen vermögen (OECHEL u. SVEINBJÖRNSSON 1975). Dürftige Strauchflechtenteppiche (*Cladonia*- und *Cetraria*-Gesellschaften) gibt es in den mitteleuropäischen Hochgebirgen nur an windgefegten Stellen. An Normalstandorten herrschen in der alpinen Stufe mesomorphe Wiesenpflanzen, die höhere Ansprüche an die Stickstoffernährung stellen als die xeromorphen Gewächse (s. besonders REHDER 1970).

Vermutlich trägt der günstigere Nährstoffhaushalt neben dem höheren Wärmegenuß wesentlich dazu bei, die alpine Vegetation so viel üppiger erscheinen zu lassen als die arktische. Vergleichende Untersuchungen zu dieser Frage stehen aber noch aus. Studiert wurde nur die düngende Wirkung des organischen und anorganischen Staubes, der im Schnee enthalten ist und sich mit dem Schmelzwasser in Mulden sammelt (Abschnitt 5). Sie gehört ebenfalls weniger zu den klimatischen als zu den edaphischen Faktoren, auf die wir im folgenden Abschnitt eingehen wollen.

f Boden- und Vegetationsentwicklung in der alpinen Stufe

Bodenabtrag durch Wasser und Wind, Gletscherbewegungen, Bodenfließen in Frostwechselzeiten, Schuttrutschungen, Felsstürze, Murgänge (d. h. Ströme wasserdurchtränkter Feinerde) und andere Umlagerungsprozesse sind in so jungen Hochgebirgen wie den Alpen und Karpaten überaus wirksam. Je höher man steigt, desto mehr bestimmen Felsen und Schutthalden das Landschaftsbild, besonders in den Zonen mit durchlässigem und durch Frostwirkung leicht in Bruchstücke zerfallendem Kalk- und Dolomitgestein (Abb. 329, 331 u. 359).

An vielen Stellen der alpinen Stufe kann man daher Anfänge der Vegetations- und Bodenentwicklung studieren. Reife und stabile Endstadien hingegen sind selten, weil man ruhende Hänge oder völlig ebene Böden nur ausnahmsweise antrifft. Trotzdem oder gerade deshalb ist die Frage nach der Endstufe der natürlichen Vegetationsentwicklung (Klimax) für die alpine Stufe immer wieder erörtert worden. Um sie richtig zu verstehen, müssen wir uns mit den Besonderheiten der Bodenbildung in der alpinen Stufe vertraut machen.

Wie aus dem vorigen Abschnitt hervorgeht, ist das Allgemeinklima dieser Stufe niederschlagsreich und zugleich kühl, also humid. Alle Böden werden von Sickerwässern ausgewaschen und verarmen an leicht löslichen Salzen, z. B. an Karbonaten. Da die Zersetzung organischer Abfälle länger als ein halbes Jahr gänzlich ruht, sammeln sich diese an. Aus schwer zersetzlicher, ligninreicher Streu bildet sich auf saurer Unterlage Moder und schließlich stark saurer Rohhumus (Mor), auf Kalkgestein dagegen der ähnlich aussehende, aber nur schwach sauer bis neutral reagierende Tangelhumus (KUBIËNA 1948).

Auf anstehendem Fels oder groben Geschieben reichert sich der Humus in Spalten, über Vorsprüngen oder in kleinen Mulden an, d. h. überall dort, wo sich Blatt- oder Strauchflechten und Moose oder gar Phanerogamen ansiedeln können. Wegen der geringen Stoffproduktion alpiner Pflanzengesellschaften wächst die Humusdecke aber nur langsam. Überhaupt braucht die chemische Bodenbildung im Gegensatz zum physikalischen Gesteinszerfall unter hochalpinen Bedingungen sehr große Zeiträume. Auf kompakten Gesteinen ist sie bisher kaum über das Stadium des Protorankers (auf Silikat) bzw. der Protorendzina (auf Kalk) hinausgekommen. Auch auf Gesteinsschutthalden ist die Entwicklung selten weiter gegangen, soweit diese in der Spät- und Nacheiszeit entstanden sind und von vornherein arm an sandigen und tonigen Bestandteilen waren.

Nur in Moränendecken und kolluvialen Feinerdeansammlungen (an Hangfüßen) sowie in Dellen verkarsteter Plateaus und an ähnlichen Orten trifft man auf fortgeschrittene Bodenbildungen. Diese dürfen aber strenggenommen nicht als autochthon und somit nicht als Endstadien gelten, die sich auf der ganzen Fläche gleichmäßig einstellen würden. In den Zentralalpen sind manche Feinerdedecken sogar als Reste tertiärer Bodenbildungen anzusehen, z. B. die auf Kreidekalken nicht seltenen Roterden. Stellenweise überziehen derartige <u>feinerdereiche Fremddecken</u> den anstehenden Fels nur als dünner, lückenhafter Schleier. Man kann sie auf den ersten Blick schwer von Verwitterungsmaterial unterscheiden, das an Ort und Stelle entstanden ist. Nur bei genauer Untersuchung entdeckt man z. B. kleine Geschiebe oder Minerale, die nicht aus dem „gewachsenen" Fels stammen können. Auf solchen „Moränenschleiern" verläuft die Vegetations- und Bodenentwicklung von vornherein anders als auf nacktem Fels; denn sie bieten viel bessere Ernährungsbedingungen und haben einen günstigeren Wasserhaushalt. Deshalb werden sie in der Regel auch nicht zuerst von Flechten und Moosen, sondern gleich von Phanerogamen besiedelt.

Wie das Ausgangsmaterial kann auch der Verlauf der Bodenbildung im Hochgebirge von Ort zu Ort recht verschieden sein. Man muß sich diese Tatsache vergegenwärtigen, wenn man von dem räumlichen Nebeneinander verschiedener Bodenzustände und Pflanzengesellschaften auf ein zeitliches Nacheinander schließen möchte. Wie eng in der alpinen Stufe die Zusammenhänge zwischen der Beschaffenheit des Bodens und der Artenkombination seiner Pflanzendecke sind, haben vor allem BRAUN-BLANQUET und JENNY (1926) nachgewiesen. Ihre Darstellung der ineinander übergreifenden p_H-Amplituden des „*Firmetum*", „*Elynetum*" und „*Curvuletum*", d. h. des Polsterseggen-Pionierrasens auf Kalk, des Nacktriedrasens auf mäßig saurem Boden und des stark säureertragenden Krummseggenrasens (s. Abschnitte 2b, c u. 3a), ist klassisch geworden.

Schon WŁODEK, STRZEMIEŃSKI und RALSKI (1931) zweifelten aber (für die Tatra) daran, daß es sich hier um eine Sukzessionsreihe handelt, die an einem und demselben

Orte vom Anfang bis zum Ende durchlaufen werden könnte. Sie fanden nämlich Granit- und Quarzsplitter im Wurzelboden acidophiler Rasen über Kalkgestein; ein Zeichen, daß diese Feinerde vom Eis herantransportiert worden und nicht aus dem Kalk entstanden ist. SZAFER (1924) sprach in anderem Zusammenhang geradezu von „schwimmenden Granitdecken" über dem Kalkmassiv der Tatra. ELLENBERG (1953a) kam für die nördlichen Kalkalpen zu ähnlichen Ergebnissen wie WŁODEK u. Mitarbeiter. Es ist bis heute kein Fall bekannt geworden, in dem ein acidophiler Krummseggenrasen über reinem Karbonatgestein anzutreffen wäre, ohne daß sich eine Moränendecke oder eine räumlich begrenzte kolluviale Lehmschicht dazwischen schaltete. Rohhumusauflagen werden in der alpinen Stufe niemals so mächtig, daß sie allein genügen, um die chemische Wirkung von kalkreichem Unterboden auf die Vegetation auszuschalten. Im übrigen befinden sich viele nach der geologischen Karte auf Kalk stockende Krummseggenrasen in Wirklichkeit auf Tonschieferbänken oder anderen, von vornherein zur Bildung kalkarmer Feinerden neigenden Schichten. Die oft wiederholte Annahme, daß sich im ganzen Bereich der alpinen Stufe ein und dieselbe Klimaxgesellschaft einstellen würde, darf also nicht mehr als berechtigt gelten, zumal sich die entsprechende Hypothese für die montane, colline und planare Stufe als unhaltbar erwiesen hat. Aus dem räumlichen Nebeneinander von Bodenzuständen, die man in eine gleitende Reihe bringen kann, darf man auch in den Alpen nicht ohne besondere Vorsicht auf ein zeitliches Nacheinander schließen (WAGNER 1965).

Infolge der großen Reliefenergie und der äußerst aktiven physikalischen Verwitterung sind die Anfangsstadien der Bodenbildung im Hochgebirge viel stärker voneinander verschieden als im Tiefland. Da obendrein die Bodenbildung langsamer verläuft, ist die Wahrscheinlichkeit noch geringer als in wärmerem Klima, daß sie auf allen Substraten zu einem und demselben Endstadium führt, bevor wieder eine allgemeine Klimaänderung eintritt. Auch aus diesem Grunde ziehen wir es wie WAGNER (1958) und andere vor, die Vegetation der Karbonatgesteine, d.h. der Kalke, Dolomite, Mergel oder anderen basenreiche Böden liefernden Bildungen, und die Vegetation der karbonatarmen Unterlagen in der alpinen Stufe getrennt zu behandeln.

g Standörtliche und systematische Gliederung der alpinen Vegetation

Frost, Eis, Schnee, Wasser, Sonne und Wind schufen und schaffen in der alpinen Stufe zahlreiche Kleinstandorte, deren Vielfalt durch Böden und Relief sowie den Menschen und seine Weidetiere noch vermehrt wird. Um den Überblick zu erleichtern, sei in Abb. 328 versucht, die wichtigsten, immer wiederkehrenden Bestandteile in diesem wechselvollen Mosaik in einem halbschematischen Querschnitt darzustellen.

Wer zum ersten Male über die Baumgrenze in die freie Bergwelt emporsteigt, ist verwirrt von der Fülle unbekannter Pflanzenformen und -gemeinschaften, die sich hier – so nahe der Grenze des Lebens! – behauptet. Als Vegetationskundler wird er gut daran tun, sich zunächst an die wenigen Artenkombinationen zu halten, die man scharf von ihrer Umgebung unterscheiden kann. Rutschende Steinhalden und ruhende Rasenflecken bergen wenige gemeinsame Arten. Auch die feuchtkühle Mulde, die der Schnee noch im Juli freizugeben zögert, trennt man leicht von der früher ausgeaperten Blumenflur. Es ist kein Zufall, daß solche „Schneetälchen" zu den ersten Pflanzengesellschaften gehören, die überhaupt klar als besondere Einheiten erkannt wurden. HOPPE hat sie schon 1799 aus den Berchtesgadener Alpen geschildert (siehe Abschn. 5).

Gleitende Übergänge zwischen verschiedenen Vegetationsflecken sind aber in der alpinen Stufe häufiger als scharfe Grenzen und „reine" Gesellschaften. Sie erschweren den Überblick, so lange man nicht genügend Erfahrung und außerdem den Mut besitzt,

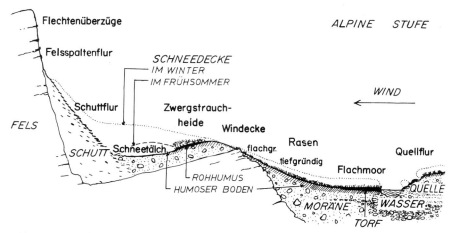

Abb. 328. Charakteristische Vegetationsformationen und deren Böden sowie die Dauer und Höhe der Schneedecke in der alpinen Stufe (halbschematisch). Je nach dem Basengehalt des Bodens werden die Formationen durch verschiedene Pflanzengesellschaften vertreten (s. Tab. 94 und folgende).

das Vielerlei sinnvoll zu vereinfachen. Mehr als anderswo bedarf es hier der kundigen Führung, wenn man nicht nur die schönen Einzelpflanzen bewundern, sondern darüber hinaus auch das Mosaik der Pflanzengemeinschaften verstehen lernen möchte.

Die Hauptzüge der heutigen Vegetationsgliederung gehen auf SCHRÖTER und die Generation seiner Schüler zurück, namentlich auf BROCKMANN-JEROSCH, RÜBEL, BRAUN-BLANQUET, LÜDI, GAMS und E. SCHMID. Wir folgen hier vor allem BRAUN-BLANQUET, der 1948 bis 1950 (und 1969) eine Übersicht über die Pflanzengesellschaften Graubündens veröffentlichte.

Fast alle Pflanzengesellschaften der alpinen Stufe zeichnen sich, in auffallendem Gegensatz zu denen tieferer Lagen, durch eine große Zahl von Charakterarten aus. Das gilt nicht nur für die übergeordneten Einheiten, insbesondere die Verbände, sondern auch für die einzelnen Assoziationen, so daß es oft möglich ist, diese allein an den auf sie beschränkten oder in ihnen am besten entwickelten Arten zu erkennen. Im Tiefland dagegen muß man gewöhnlich die gesamte Artenkombination berücksichtigen, um einen Pflanzenbestand eindeutig einer bestimmten Assoziation zuordnen zu können. Nur auf sehr trockenen, sehr nassen oder in anderer Hinsicht extremen Standorten sind auch hier die Gesellschaften gut charakterisiert. Was in den wärmeren Klimaten die Ausnahme ist, wird also in dem harten Klima oberhalb der Waldgrenze zur Regel. Hier besiedelt gewissermaßen jeder Pflanzenbestand einen Extremstandort, auch wenn sein Boden tiefgründig und ohne Besonderheiten ist.

Der Reichtum der alpinen Vegetation an Charakterarten, die in tieferen Lagen nicht konkurrenzfähig sind, mag wesentlich dazu beigetragen haben, daß BRAUN-BLANQUET sein Vegetationssystem auf dem „Treueprinzip" begründete, während die Geobotaniker in Gebieten mit weniger Sonderstandorten und relativ ärmerer Flora, z.B. im nördlichen, westlichen und östlichen Europa, das Vorherrschen bestimmter Arten oder andere Kriterien in den Vordergrund rückten (s. MÜLLER-DOMBOIS und ELLENBERG 1974). Um die floristische Sonderstellung der alpinen Pflanzengesellschaften zu betonen, werden wir in den meisten der folgenden Tabellen keine Listen mit Stetigkeitsan-

Tab. 74. Übersicht der Formationen und der höheren Gesellschaftseinheiten in der alpinen Stufe. Vorwiegend in Anlehnung an Braun-Blanquet (1948/50)

Hauptformationen	Pflanzengesellschaften auf KARBONATgestein	Pflanzengesellschaften auf KarbonatARMEM Gestein [1])
1 **Fels-Flechtenüberzüge** *Epipetrea*	Karbonatfels-Flechtenüberz. *Xero-Verrucarietalia*	Silikatfels-Flechtenüberzüge *Rhizocarpetalia*
2 **Felsspaltenfluren** *Asplenietea*	Karbonat-Felsspaltenfluren *Potentilletalia caulescentis*	Silikat-Felsspaltenfluren *Androsacetalia vandellii*
3 **Steinschuttfluren** *Thlaspietea rotundifolii*	Karbonat-Schuttfluren *Thlaspietalia rotundifolii* *Thlaspion rotundifolii*	Silikat-Schuttfluren *Androsacetalia alpinae*
4 **Schneebodenrasen** *Salicetea herbaceae*	basenreiche Schneebodenrasen *Arabidetalia coeruleae*	Sauerboden-Schneetälchen *Salicetalia herbaceae*
5 **Alpine Rasen** (Alpenmatten, Urwiesen)	Karbonat-Alpenmatten *Elyno-Seslerietea* *Seslerietalia variae*	Sauerboden-Alpenmatten *Caricetea curvulae* *Caricetalia curvulae*
a) auf flachgründig. Boden	Blaugrashalden u.ä. *Seslerion variae*	Buntschwingel-Halden *Festucion variae* (bis montan)
b) auf tiefgründig. Boden	Rostseggenrasen u.a. *Caricion ferrugineae* Nacktried-Windecken	Krummseggenrasen [2]) *Caricion curvulae* (nur alpin)
6 **Windgefegte Stellen**	*Oxytropi-Elynion*	Gramsheide-Teppiche [3]) *Loiseleurio-Vaccinion*
7 **Zwergstrauchheiden** [4]) (subalpin-tiefalpin) *Vaccinio-Piceetea*	Alpenbärentrauben-Heide *Arctostaphylos alpina*-Ges. Wimperalpenrosen-Heide *Rhododendron hirsut.*-Ges. Zwergwacholder-Heiden *Juniperus alpina*-Ges.	Krähenbeer-Heide *Empetro-Vaccinietum* Rostalpenrosen-Heide *Rhododendro-Vaccinietum*
8 **Niedermoore** u.ä. *Scheuchzerio-Caricetea*	Kalk-Kleinseggenrieder *Caricetalia davallianae*	Saure Kleinseggenrieder *Caricetalia nigrae*
9 **Quellfluren** *Montio-Cardaminetea*	Kalk-Quellfluren *Cratoneurion commutati*	Weichwasser-Quellfluren *Montio-Cardaminion*

[1]) Es gibt auch intermediäre Böden und Pflanzengesellschaften, besonders bei den Steinschuttfluren und Rasen.
[2]) Hierher gehören auch die alpinen Borstgrasrasen („*Nardetum*").
[3]) Keine Rasen und auch keine eigentlichen Zwergstrauchheiden, sondern Spalierstrauchheiden.
[4]) Werden wegen vieler gemeinsamer Rohhumuspflanzen mit den Nadelwäldern vereinigt; Systematik noch nicht befriedigend geklärt.

gaben, sondern Übersichten der Charakterarten-Hierarchie geben (s. besonders Tab. 75, 78, 79, 81–84).

Die meisten Klassen, Ordnungen oder Verbände der BRAUN-BLANQUET'schen Übersicht decken sich mit den physiognomisch-ökologisch gefaßten Formationen älterer Autoren. Da sich der mit der Alpenflora noch nicht Vertraute die großen Standortsgruppen leichter vorstellen kann als eine Hierarchie unbekannter Charakterarten, gehen wir von den in Abb. 328 veranschaulichten und in Tab. 74 pflanzensoziologisch näher erläuterten ökologischen Begriffen aus. Die einzelnen Formationen und ihre wirtschaftsbedingten Abwandlungen lassen sich übrigens verhältnismäßig sicher im Luftbild unterscheiden, wie HAEFNER (1963) am Beispiel eines „Photoschlüssels" für die Landschaft um Davos gezeigt hat.

Jede der in Tab. 74 aufgeführten Formationsgruppen ist in Gesellschaftsreihen

Tab. 75. Übersicht alpiner Rasengesellschaften und ihrer Charakterarten.
Nach Angaben von Braun-Blanquet (1948/50), Oberdorfer (1957) und anderen[1])

Alpine Rasen:	Karbonat-Alpenmatten	Sauerboden-Alpenmatten
Klassen:	Elyno-Seslerietea	Caricetea curvulae[2])

	l *Astragalus alpinus*
	    g *Carex ornith.* var. *elongata*
	    g *C. rupestris*
	        Dryas octopetala
	        Gentiana nivalis
	        Saxifraga adscendens
	        u.a. „Kalkpflanzen"
		Antennaria dioica
		          ssp. *borealis*
		        Arnica montana var. *alpina*
		        Botrychium lunaria (?)
		    g *Juncus trifidus*
		    g *Luzula spadicea*

In den Alpen vertretene **Ordnungen:**	Seslerietalia variae	Caricetalia curvulae[2])

	Acinos alpinus
	        Alchemilla hoppeana
	    l *Anthyllis alpestris*
	        Arabis ciliata
	        Astragalus frigidus
	        Bupleurum ranunculoides
	        Carduus defloratus
	        Gentiana verna
	          var. *compacta*
	    l *Hedysarum hedysaroides*
	        Helianthemum nummular.
	          ssp. *grandiflorum*
	    p *Pedicularis verticillata*
	        Phyteuma orbiculare
	        Polygala alpestris
	        Pulsatilla alpina
	        Scabiosa lucida
		Achillea moschata
		    g *Agrostis rupestris*
		        Armeria alpina
		 D g *Carex curvula* ssp. *eucurvula*
		        Gentiana acaulis
		    g *Koeleria hirsuta*
		        Laserpitium halleri
		        Minuartia recurva
		        M. sedoides
		        Phyteuma hemisphaericum
		        Poa violacea
		        Primula integrifolia
		        Pulsatilla apiifolia
		        Ranunculus pyrenaeus
		    l *Trifolium alpinum*
		        Veronica bellidioides
		        u.a. „Säurezeiger"

Verbände auf **ruhenden Böden**, relativ spät ausapernd:	Caricion ferrugineae (alpin-subalpin)	Caricion curvulae[2]) (alpin-nival)

	Astrantia major (?)
	    g *Carex capillaris*
	 D g *C. ferruginea*
	    p *Pedicularis foliosa*
	    g *Phleum hirsutum*
		Androsace obtusifolia
		    p *Euphrasia minima*
		    g *Juncus jacquinii*
		        Leontodon helveticus (?)
		        Silene exscapa (?)

Assoziationen:	**Rostseggenrasen** *Caricetum ferrugineae* **Violettschwingelrasen** *Festuco-Trifolietum thalii*	**Hallers Schwingelrasen** *Festucetum halleri* **Krummseggenrasen** *Caricetum curvulae*[2])
Verbände subalpin-alpiner Rasen an **flachgründigen Hängen**, früh ausapernd	Seslerion variae[3])	Festucion variae[3]) (in den Nordalpen selten)

	g *Carex atrata*
	        Gentiana orbicularis
	        Globularia nudicaulis
	        Helianthemum alpestre
	        Leontopodium alpinum
	        Ranunculus thora
		Bupleurum stellatum
		    p *Euphrasia alpina*
		    p *E. pulchella*
		        Potentilla grandiflora

Assoziationen:	**Polsterseggen-Pionierrasen** *Caricetum firmae* **Blaugras-Horstseggenhalde** *Seslerio-Caricetum sempervirentis*	**Buntschwingelhalde** *Festucetum variae*

Tab. 75, Fortsetzung

Alpine Rasen:	Karbonat-Alpenmatten	Sauerboden-Alpenheiden[4])

Verbände auf windgefegten Buckeln u.ä., selten schneebedeckt:	Oxytropi-Elynion[5])
	
	    Antennaria carpatica
	g *Carex capill.* var. *minima*
	    Cerastium alpinum
	    Draba siliquosa
	D g *Elyna myosuroides*
	    Gentianella tenella
	    Pulsatilla vernalis
	    Saussurea alpina (?)
		Loiseleurio-Vaccinion[4])
		(zur Klasse Vaccinio-Piceetea)
		
		D *Loiseleuria procumbens*
		  f *Alectoria nigricans*
		  f *A. ochroleuca*
		  f *Cetraria crispa*
		  f *C. cucullata*
		  f *C. nivalis*

Assoziationen:	**Nacktried-Windecke** *Elynetum (alpinum)*	**Gamsheide-Windteppich**[4]) *Cetrario-Loiseleurietum*

[1]) In dieser Tabelle und einigen der folgenden Übersichten sind nur die für die Alpen gültigen Charakterarten der Klassen, Ordnungen und Verbände sowie einiger Assoziationen aufgeführt, nicht dagegen „Begleiter", die in zahlreichen verschiedenen Gesellschaften auftreten. Viele dieser Begleiter, z.B. *Campanula scheuchzeri, Crepis aurea, Plantago alpina, Poa alpina, Polygonum viviparum, Soldanella alpina* und *Selaginella selaginoides,* sind mehr oder minder streng auf die alpine und subalpine Stufe beschränkt. Sie helfen also mit, die Vegetation des Hochgebirges als etwas Besonderes zu kennzeichnen.
g = Gräser und Grasartige, l = Leguminosen, p = Halbparasiten, f = Flechten, m = Moose.

[2]) Die alpinen Sauerbodenmatten gehen in der subalpinen Stufe in Borstgrasrasen (*Nardion*) über und haben manche Säurezeiger mit diesen gemeinsam.

[3]) Die namengebenden Gräser, das Blaugras (*Sesleria varia*) bzw. der Buntschwingel (*Festuca varia*) kommen auch in anderen Gesellschaften vor (s. z.B. Abschnitt B II 2 e); sie können deshalb weder in den Verbänden noch in den übergeordneten Einheiten als Charakterarten gelten. Allenfalls darf man sie als Charakterarten der Blaugras-Horstseggenhalde bzw. der Buntschwingelhalde ansehen, weil sie hier meistens vorherrschen. Ähnliches gilt von der Horstsegge (*Carex sempervirens*).

[4]) Die sauren Zwergstrauchheiden sind floristisch näher mit den Nadelwäldern verwandt als mit den alpinen Rasen. Der Gamsheide-Windteppich bildet aber in vieler Hinsicht eine ökologische Parallele zur Nacktried-Windecke.

[5]) Wird neuerdings als eigene, in der ganzen Holarktis verbreitete Klasse aufgefaßt.

kalkreicher (bzw. karbonatreicher, basischer bis schwach saurer) und kalkarmer (bzw. saurer) Substrate unterteilt. Bei den Gesteinsfluren, Rasen und Sümpfen lassen sich die Gesellschaften auf Kalk und Urgestein floristisch gut unterscheiden. In Hochstaudenfluren und Zwergstrauchheiden prägen sich die Gesteinsarten weniger deutlich aus; denn die Zwergsträucher erzeugen isolierende Humusdecken und wurzeln vorwiegend in diesen. Auch die Hochstaudenfluren und Grünerlengebüsche sind von ihrem Unterboden ziemlich unabhängig, und zwar weil ihnen durch rieselndes Wasser zeitweilig Nährstoffe zugeführt werden. Bei Quellfluren und Flachmooren kommt es nicht so sehr auf die Beschaffenheit des unter ihnen anstehenden Gesteins als vielmehr auf den Karbonatreichtum des sie speisenden Wassers an. Da auch Tab. 75 und 77–82 in gleicher Weise unterteilt wurden wie Tab. 74, kann man die Pflanzengesellschaften der karbonatreichen und der sauren Böden jeweils gesondert überblicken, während dies bei der üblichen systematischen Anordnung nicht möglich wäre. Außerdem sind die durch Wasserhaushalt, Aperzeit und andere Faktoren bewirkten, einander entsprechenden Vegetationstypen auf Kalk- und Nichtkalk-Unterlage leichter miteinander zu vergleichen.

Die in Abb. 328 dargestellte Standortsreihe besteht also eigentlich aus zwei parallelen Reihen mit vikariierenden Pflanzengesellschaften. Die „Kalkreihe" besiedelt nicht

542   Vegetation oberhalb der alpinen Waldgrenze

nur reine Karbonatgesteine, z. B. dysgeogene Malmkalke und Dolomite, sondern auch Mergel und Jungmoränen, soweit diese noch bis zur Oberfläche karbonatreich sind. Die zweite Reihe hält sich an basenarme Gesteine wie Granite, Gneise, Sandsteine, kalkfreie Schiefer und entkalkte Moränen.

Rein ausgebildet findet man beide Vegetationsreihen selbstverständlich nur auf extremen Gesteinsarten. Von manchen Autoren, z. B. von ZOLLITSCH (1966), werden neuerdings Gesellschaften mit ausgeprägter Mittelstellung als eigene Einheiten aufgefaßt. Zwischen den karbonatreichen und den karbonatarmen Substraten vermittelt eine Gruppe von zwar karbonathaltigen, aber erdig verwitternden Mergeln und kalkhaltigen Schiefern. Da auf diesen weichen Unterlagen feinerdereiche Böden häufiger sind als auf kompakten Gesteinen, überwiegen in ihrer Pflanzendecke dicht geschlossene Rasen, die hohe Ansprüche an ihre Wasser- und Nährstoffversorgung stellen (s. Abb. 329). Infolgedessen gehören sie zu den almwirtschaftlich wertvollsten Substraten und stehen schon lange unter dem Einfluß von Vieh und Mensch. Trotz ihres besonderen Charakters wollen wir sie aber in den Übersichten nicht als eine dritte Gruppe behandeln. Man versteht ihre Vegetation recht gut, wenn man die der beiden extremen Substratgruppen kennt. Viele von dorther vertraute Pflanzenarten und -gesellschaften kommen auch auf Mergeln und basenreichen Schiefern vor. Sie nehmen hier nur abweichende Flächenanteile ein und gehen häufiger in düngerabhängige Rasengesellschaften über (s. Abschnitt D VI 1 c).

Kalkgehalt und Säuregrad des Wurzelbodens haben in der alpinen Stufe offensichtlich eine größere Bedeutung für den Pflanzenwuchs als in der subalpinen oder montanen Stufe oder gar in noch wärmerer Lage. Womit dies zusammenhängt, ist noch nicht restlos abgeklärt (vgl. ELLENBERG 1958 u. GIGON 1971). Sicher ist nicht die chemische Beschaffenheit des Gesteins oder die Bodenreaktion als solche der entscheidende

Abb. 329. Weiche Mergel mit guten Almrasen und schroffe Dolomithänge mit Schutthalden und Waldresten am Widderstein (2536 m) im Kleinen Walsertal. Phot. METZ.

Faktor. Sie wirkt vielmehr indirekt. Auch die Feuchtigkeit und Erwärmbarkeit der Böden, also physikalische Faktoren, dürften keine ausschlaggebende Rolle spielen, denn kalkzeigende wie säurezeigende Pflanzenarten haben eine viel weiter reichende klimatische Amplitude, als sie den mikroklimatischen Unterschieden zwischen benachbarten Kalk- und Silikatgesteinen entspricht.

Eine gewisse Bedeutung könnte die ungleich große wasserhaltende Kraft der karbonatreichen und karbonatarmen Gesteine haben. Im ganzen gesehen sind Kalk- und Dolomitgebirge bodentrockener als Silikatgebirge. Sie haben mehr senkrechte Spalten, in denen das Wasser versickert, und sie neigen stärker zur Bildung von Felswänden und feinerdearmen Schutthalden, weil das gefrierende Spaltenwasser immer wieder Steine lossprengt (Abb. 349). Gesteinsschuttfluren und flachgründige Rasen herrschen daher vor, während wasserbedürftigere Rasengesellschaften, feuchte Schneetälchen, Quellfluren und Moore relativ selten auftreten. Auch Flechtenüberzüge und Felsspaltenfluren trifft man in Kalk- und Dolomitgebieten seltener als in den kalkarmen Gebirgsteilen, weil diese langsamwüchsigen Gemeinschaften längere Zeit für ihre Ausbildung benötigen, als die rasch abwitternden Felsoberflächen unverändert bestehen bleiben. Das gegensätzliche Artengefüge von Rasengesellschaften auf Kalk- und Silikat-Verwitterungsböden erklärt sich aber aus den soeben hervorgehobenen Besonderheiten der Karbonatgesteine nicht, denn die Rasen besiedeln verhältnismäßig feinerdereiche und wenig geneigte Böden.

Um die seit WAHLENBERG (1813), UNGER (1836) und SENDTNER (1860) immer wieder lebhaft diskutierte Frage nach den Ursachen der auffälligen Verschiedenheit von Kalk- und Urgesteinsrasen in der alpinen Stufe beantworten zu helfen, führte GIGON (1971) Verpflanzungsexperimente und Topfkulturen durch. Hierfür wählte er eine 2355 m ü. M. liegende Alpweide oberhalb Davos aus, auf der kalkreiche und saure Böden in gleicher Sonnhanglage unmittelbar aneinander grenzen.

Er pflanzte z. B. das Blaugras *(Sesleria varia)*, ein für subalpine und alpine Kalkrasen typisches Gras, auf den kalkarmen Boden, auf dem das Borstgras *(Nardus stricta)* dominierte, und umgekehrt. Wurden die Böden zuvor von allen Pflanzen gesäubert, also die Konkurrenten ausgeschaltet, so wuchsen beide Arten auch auf dem für sie fremden Substrat weiter (s. Abb. 330). Nach dem Umsetzen erlitten allerdings alle Versuchspflanzen zunächst eine Wachstumsstockung, auch die zur Kontrolle in ihren angestammten Boden eingesetzten. Diese Depression war wohl in erster Linie eine Folge der Verminderung des Wurzelwerks, die beim Abschütteln möglichst sämtlicher Bodenreste eingetreten war. Während *Sesleria* auf dem sauren Boden in den folgenden Jahren fast ebenso gut gedieh wie auf dem kalkreichen, begann *Nardus* auf dem letzteren zu kümmern und gelblich (chlorotisch) zu werden. Das Borstgras litt also unter Eisenmangel, der bei „säureliebenden" Arten auf Kalkboden auch in wärmerem Klima häufig zu beobachten ist. Daß die Unfähigkeit, aus karbonatreichem Substrat genügend Eisen aufzunehmen, hierbei eine entscheidende Rolle spielt, kann man leicht dadurch beweisen, daß man Eisen in Chelatform (in kolloidaler Lösung) zugibt. Die Chlorose verschwindet dann und die vorher kümmernden Pflanzen wachsen offensichtlich besser.

Ähnlich wie *Sesleria* und *Nardus* verhielten sich auch andere Arten von Kalk- und Silikatpflanzen. Um seine Ergebnisse zu sichern, führte GIGON Kulturen mit denselben Arten und Böden unter besser kontrollierbaren Bedingungen bei Zürich, etwa 550 m ü. M. durch. Hierbei zog er die Arten in Reinbeständen und paarweise gemischt heran, und zwar in rechteckigen, eng aneinandergestellten Töpfen, um den „Randeffekt" auszuschließen. Wie aus Abb. 330 hervorgeht, wuchsen alle Arten auf dem ihnen fremden Boden in Reinkultur mehr oder minder gut weiter. In Mischkultur zeigte sich aber sehr bald die Überlegenheit der Kalkpflanzen auf Kalkboden und der Silikatpflanzen auf saurem Boden.

Nach den Kulturversuchen von BOGNER (1966) mit Waldpflanzen war zu vermuten, daß die Form, in der den Pflanzen Stickstoff angeboten wird, für ihr verschiedenes Gedeihen auf Boden ungleichen Säuregrades mitverantwortlich sein könnte (s. Abschnitt B II 4 d). Nach REHDER (1970) entsteht in den sauren Böden subalpiner und alpiner Borstgrasrasen nur Ammonium, in den Kalkböden der Blaugrasrasen dagegen Nitrat. (Trotz tiefer Temperaturen ist die Nitrifikation in alpinen Höhen noch durchaus aktiv, wie auch LABRONE und LASCOMBES 1971 fanden.) Nitratdüngung erwies sich jedoch bei den Topfkulturen von GIGON als für *Nardus* keineswegs schädlich, und auch Ammonium konnte Kalk- wie Säurezeigern auf beiden Böden ohne Nachteil geboten werden. Im Gegenteil, alle Arten, besonders aber die Gräser, wurden durch die Zufuhr von Mineralstickstoff gefördert (s. Abb. 330). Dieses Resultat ist auch insofern bemerkenswert, als namentlich das Borstgras ein „düngerfliehender" Magerkeitszeiger ist (ELLENBERG 1974), und als auch die übrigen in GIGONs Versuch geprüften Pflanzen bei starker Düngung aus den alpinen Weiden verschwinden.

Letzten Endes spielt also die Konkurrenz für das Verhalten der subalpinen und alpinen Rasenpflanzen eine ähnlich ausschlaggebende Rolle wie für die Wiesen- und Waldpflanzen oder die Ackerunkräuter des Tieflandes, mit denen schon früher experimentiert wurde (s. Abschnitte B I 2 b, D I 6 b u. V 6). Hervorzuheben ist die von

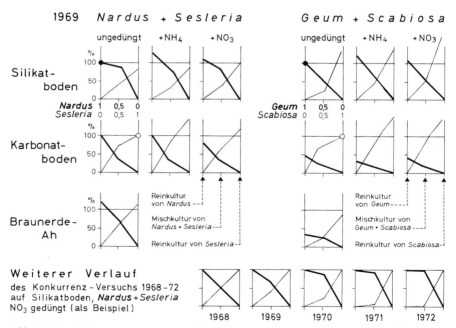

Abb. 330. Bei Kulturversuchen wachsen Säurezeiger wie *Nardus* und *Geum* auch auf Karbonatboden und Kalkzeiger wie *Sesleria* und *Scabiosa* auf starksaurem Silikatboden. In Mischkulturen verdrängen sie sich jedoch gegenseitig schon während eines Jahres merklich und nach vier Jahren vollständig. (Näheres im Text). Nach GIGON (1971), verändert.
An den Ordinaten sind die relativen Erträge pro Topf abgetragen.

GIGON erwiesene Tatsache, daß für die Verteilung der alpinen Rasenpflanzen das Verhalten der Sauerbodenpflanzen, z.B. des Borstgrases, ausschlaggebend ist. Von dem ihnen zusagenden sauren Boden verdrängen sie die Kalkpflanzen, die hier ohne diese Wettbewerber durchaus gedeihen würden. Auf karbonatreichem Boden ist die Wuchskraft der Sauerbodenpflanzen so geschwächt, daß sie auch ohne Konkurrenten mit der Zeit eingehen, selbst dort, wo sie sich zunächst erfolgreich angesiedelt haben. Für die Keimung der von GIGON geprüften Arten spielt nämlich der Kalkgehalt bzw. der Säuregrad des Substrats keine Rolle. Erst beim späteren Wachstum entscheidet sich ihr Schicksal.

So ausgesprochen empfindlich wie die bisher erwähnten Versuchspflanzen reagieren nun freilich durchaus nicht sämtliche Arten der subalpinen Kalk- und Sauerbodenrasen. Die meisten erweisen sich dem aufmerksamen Beobachter schon in der Natur als ziemlich bodenvag (s. ELLENBERG 1974). GIGON fand viele Arten der alpinen Kalkrasen noch auf Böden von pH um 5,5, in denen – schon aus chemischen Gründen – kein Karbonat vorkommen kann.

Diese allgemeine Erörterung des Verhaltens der Kalk- und Säurezeiger erschien notwendig, um die nun folgende Schilderung alpiner Pflanzengesellschaften auf karbonatreichen und karbonatarmen Substraten von Wiederholungen zu entlasten. Da Rasenformationen für die alpine Stufe besonders charakteristisch sind, beginnen wir mit diesen. Dann wenden wir uns den Schneetälchen und Zwergstrauchheiden zu, die man häufig mit den Rasengesellschaften verzahnt findet. Aus gleichen Gründen seien Flachmoore, Quellfluren und Hochstaudenfluren angeschlossen. Erst wenn man alle diese Gesellschaften kennt, kann man die Sukzessionen verstehen, die von jungen Moränen, von Naßböden, vom rutschenden Gesteinsschutt und vom nackten Felsen ausgehen. Die Gesteinsschuttfluren behandeln wir auch deshalb zum Schluß, weil sie in der nivalen Stufe, die wir anschließend kennenlernen wollen, ihre größte Verbreitung haben.

2 Subalpin-alpine Rasen auf Karbonatgesteinen

a Blaugras-Horstseggenhalden

In den östlichen Alpen bestehen die Außenketten vorwiegend aus Kalken oder Dolomiten und die zentralen Teile aus Urgestein. Etwa von der Schweizer Grenze ab westlich ist die Gliederung nicht mehr so übersichtlich. Karbonatgesteine bilden hier auch in den Innenalpen große Komplexe, z.B. in dem (nach BAER 1962) bereits mehr als 50 Jahre lang gründlich untersuchten Schweizer Nationalpark, und kalkarme Gesteine durchsetzen die kalkreichen Randalpen.

Überall, wo in der alpinen Stufe Kalkböden anstehen, begegnet man den buntblumigen und artenreichen Blaugras-Horstseggenhalden (Abb. 331), die den Bergwanderer immer wieder in Begeisterung versetzen (SCHÖNFELDER 1970). Das gilt auch für andere Hochgebirge Mitteleuropas, z.B. für die Hohe Tatra und die Karpaten (SZAFER u. Mitarb. 1972, ZLATNIK 1928, BELDIE 1967, HORVAT, GLAVAČ u. ELLENBERG 1974 u.a.). Neben den auf Urgestein herrschenden Krummseggenrasen sind die Blaugras-Horstseggenhalden (*Sesleria varia-Carex sempervirens*-Ass., kurz *Seslerio-Sempervi-retum*) deshalb die ausgedehntesten Naturrasen der alpinen Stufe. Beide „Urwiesen" charakterisieren den Hochalpenbereich gut; denn in den Gebirgen des hohen Nordens und in den arktischen Tundren fehlen sie. Dort sind zwar noch manche ihrer Partner vertreten, doch vergesellschaften sich diese mit anderen Arten.

Arktische wie alpine Kalkrasen gehören zur Klasse *Elyno-Seslerietea*, deren Charak-

Abb. 331. Polsterseggen-Pionierrasen *(Caricetum firmae)* auf Kalkfels, treppige Blaugrashalde *(Seslerio-Semperviretum)* und dicht geschlossener Rostseggenrasen *(Caricetum ferrugineae,* vorn links) im Kleinen Walsertal (nördliche Kalkalpen).

terarten in Tab. 75 aufgeführt sind. In Mitteleuropa ist nur die Ordnung *Seslerietalia variae* vertreten, deren zahlreiche Kennarten Tab. 75 ebenfalls nennt. Da das Blaugras in vielen Gesellschaften vorherrscht, kann es in keiner Einheit als Charakterart gelten. Dazu ist seine ökologische Amplitude viel zu weit; kommt es doch sogar in Buchenwäldern und Kalkfelshalden der submontanen Stufe vor (Abschnitt B II 2e). Nur wenige „dealpine" Elemente begleiten es bis dorthin, während die übrige Artenkombination kaum noch an die alpinen Blaugrashalden erinnert.

Mit den in Abschnitt b zu besprechenden alpinen Polsterseggenrasen haben die Blaugras-Horstseggenrasen so zahlreiche Arten gemeinsam, daß man sie zu einem Verbande zusammenschließen muß, dem *Seslerion variae.* Wie man heute in mehreren Naturschutzgebieten beobachten kann, entwickelt sich das Edelweiß *(Leontopodium alpinum)* von Natur aus in beiden Gesellschaften gut. Auf felsige Standorte mußte es sich nur deshalb zurückziehen, weil es in den Rasen leichter erreichbar war und vom Menschen ausgerottet wurde. Lokal kann es als Charakterart des *Seslerio-Semperviretum* gelten. Als weitere Kennarten desselben nennt BRAUN-BLANQUET *Oxytropis montana* (die aber auf Schutthalden häufiger ist als in solchen Rasen) und *Pedicularis rostrato-capitata* neben einigen Seltenheiten.

Von den Verbands- und Ordnungs-Kennarten fallen vor allem die gelbblühenden (*Helianthemum grandiflorum* und *alpestre, Anthyllis alpestris*) auf. Mit verschiedenen Blautönen mischen sich Enziane, Kugelblumen *(Globularia),* Teufelskrallen *(Phyteuma orbiculare)* und andere Kräuter unter sie, während rote Farben nur von wenigen Charakterpflanzen gezeigt werden, z. B. von *Carduus defloratus* und *Pedicularis verticillata.* Letztere sendet als Halbschmarotzer Haustorien in die Zentralzylinder von Gras- und Seggenwurzeln und nutzt vor allem das Wasser. *Sesleria varia* und *Carex sempervirens* sind zwar dem *Seslerio-Semperviretum* wenig treu, haben aber einen großen Bauwert für die nach ihnen benannte Gesellschaft. Mit ihrem intensiven

Wurzelwerk sammeln Blaugras und Horstsegge an steinigen Steilhängen die Feinerde (Abb. 65) und verlangsamen die Erosion. Im *Seslerio-Semperviretum* ist nach LÜDI (1948), THOMASER (1967), ZUBER (1968, s. Abb. 327) und anderen sowohl das Schneefließen als auch das Bodenfließen besonders augenfällig. Dem Frost und der Sonne ist es lange Zeit ausgesetzt, weil es in der Regel früh ausapert. Eine zeitweilige Austrocknung des Oberbodens, wie sie an steilen Sonnhängen immer einmal eintreten kann, überstehen die beiden herrschenden Arten ohne nachhaltigen Schaden. *Erica herbacea (= carnea)*, die Schneeheide, sowie *Polygala chamaebuxus* und *Carex humilis* scheinen in dieser Hinsicht besonders resistent zu sein. Sie sind in den Blaugrashalden der trockenen Zentralalpen, z. B. im Schweizer Nationalpark, stärker vertreten als in denen der feuchteren Randketten.

Da die herrschenden Arten als Feinerdefänger wirken, sind Blaugrashalden stets ein wenig treppig. Auf den mehr oder minder ebenen und kaum beschatteten Kleinterrassen können sich konkurrenzschwache Partner ansiedeln. Deshalb sind die Seslerio-Sempervireten so artenreich und wechselvoll in ihrem Gefüge. Durch weidende Tiere werden die Treppenstufen stellenweise zu Steigen ausgetreten und die Böden immer wieder verletzt. Vor allem aber sorgen Frostwechsel und Bodennässe nach der Schneeschmelze im Mai oder Juni und zum Teil auch im Herbst dafür, daß immer wieder einzelne Rasenstückchen abrutschen und nackten Boden freigeben. Solche Solifluktionserscheinungen kann man in Mitteleuropa nirgends besser studieren als im Schweizer Nationalpark, z.B. am Munt La Schera und im Val dal Botsch (s. Abb. 327). Der stauende Rasen bildet hier ein weitmaschiges Netz von Girlanden, das nur auf feinerdereichen Böden entsteht und keineswegs als typisch für die Blaugras-Horstseggenhalde gelten darf.

Je stärker Solifluktion und Erosion wirken, desto mehr entspricht der Boden der alpinen Blaugrashalde dem Typus der Proto-Pararendzina oder der Protorendzina. Ruhende und dichter geschlossene Rasen erzeugen eine Mullrendzina (ZÖTTL 1966, s. Abb. 60). Wegen ihres günstigeren Wasserhaushaltes sind sie bereits von Vertretern des Rostseggenrasens durchsetzt (Abschnitt c). In den nördlichen Kalkalpen sieht man derartige Durchdringungen nicht selten, während man in den Zentralalpen mehr dem Typus der Assoziation oder aber der Subassoziation *caricetosum humilis* begegnet.

Manche Dolomitmassive haben sich mit mächtigen Schutthalden umgeben, die bis tief in die subalpine Stufe hinabreichen. Soweit das *Seslerio-Semperviretum* auf ihnen Fuß fassen konnte, steigt es mit ihnen in die wärmeren Lagen hinab. Die hochmontanen und subalpinen Blaugrashalden des Jura erinnern an die der Alpen und leiten zu den bereits erwähnten submontan-montanen Blaugras-Gesellschaften der zentraleuropäischen Kalkberge über (J. L. RICHARD 1972 u. a.).

Im insubrischen Bereich der südlichen Randalpen wurde von SUTTER (1962, 1969) ein zur Ordnung *Seslerietalia* gehöriger besonderer Verband von Kalkrasen, das *Caricion austroalpinae*, beschrieben. Dessen zwischen Comersee und Mt. Grappa vorkommende vier Assoziationen zeichnen sich durch zahlreiche endemische Sippen aus. In den Karpaten werden die *Seslerion variae*-Gesellschaften durch nahe verwandte Einheiten des „*Seslerion bielzii*" vertreten, die PAWŁOWSKI (1935, 1959) nach einer endemischen Varietät des Blaugrases benannt und näher beschrieben hat.

Größere unbewachsene Flächen vermögen die Hauptpartner des *Seslerio-Semperviretum* nicht ohne Hilfe von Pionieren zu besiedeln, die wir im nächsten Abschnitt besprechen wollen. Auf skelettreichem Karbonatboden der hohen Gipfel siedelt eine verarmte Subassoziation des *Seslerio-Semperviretum,* in der *Festuca pumila* oder *Silene acaulis* dominieren.

b Polsterseggen und Silberwurzteppiche an extremen Standorten

Auf früh ausaperndem und daher Wind und Kälte frei ausgesetztem Kalkgestein kann sich die Blaugrashalde nicht richtig ausbilden, auch wenn *Sesleria* und manche ihrer Partner noch dem extremen Lokalklima trotzen (Abb. 331 und 332). Hier bewähren sich die harten immergrünen Halbkugelpolster von *Carex firma* am besten, die nach REHDER (1976) ihre abgestorbenen Teile durchwurzeln. In den südlichen Alpen tritt auf trockenem Karbonatfels die noch weniger dürreempfindliche *Carex mucronata* an ihre Stelle.

Diese offene und langsam wachsende Vorpostengesellschaft hat schon KERNER VON MARILAUN (1863) beschrieben und gewürdigt. Als Charakterarten können *Carex firma* und andere niedrige Rosetten- oder Polsterbildner, z. B. *Gentiana clusii, Saxifraga caesia, Crepis kerneri* und *Chamorchis alpina,* gelten. Das *Caricetum firmae* (kurz *Firmetum*) ist auf vielen Kalk- und Dolomitgipfeln zu finden, aber oft nur fragmentarisch ausgebildet. Bei Solifluktion ist es nicht wurzelaktiv genug, um wie das *Seslerio-Semperviretum* Girlanden bilden zu können; es wird daher passiv mitgerissen (ZUBER 1968).

Auf steinigen Kalkböden ist das *Caricetum firmae* aber meist eine Dauergesellschaft, die sich wegen extremer Feinerdearmut und Trockenheit nicht zu geschlossenen Rasen weiterentwickeln kann und jahrhundertelang fast unverändert ausharrt. Es wäre also falsch, sie schlechthin als Pionier einer Sukzessionsreihe anzusehen. Doch findet man auf weniger exponierten, aber noch jungen Kalkrohböden auch *Carex firma*-Bestände, die eine mehr oder minder rasche Berasung vorbereiten. Übrigens ist die Polstersegge keineswegs „trockenheitsliebend", sondern kann sogar auf nassen Böden wachsen. Auf tiefgründigen und gleichwohl basenhaltigen Böden verzahnt sich der Polsterseg-

Abb. 332. Polsterseggenrasen (*Caricetum firmae,* links), windgefegte Nacktriedkanten *(Elynetum),* fragmentarische Blaugrasrasen *(Seslerio-Semperviretum,* rechts) und Anfang August noch schnee-erfüllte Mulden auf dem Schrattenkalk des Ifen (Kl. Walsertal) in etwa 2100 m Höhe.

genrasen mit dem Nacktriedrasen, ohne daß man hier stets von einer Sukzession sprechen dürfte (s. Abschnitt 1 e).

Als Pionier des *Caricetum firmae* und des *Seslerio-Semperviretum* wirkt häufig die Silberwurz *(Dryas octopetala).* Dieser zählebige, auch in der Subarktis vorkommende Kleinstrauch verankert sich tief in Felsspalten oder in Schutt und überdeckt die Steine spalierartig. Seine absterbenden Blätter tragen zur Bildung einer Protorendzina bei, die auch von anderen Phanerogamen besiedelt werden kann.

c Nacktried-Windecken

Der Nacktriedrasen *(Elynetum)* vermag windexponierte und trockene Standorte zu besiedeln wie das *Caricetum firmae,* vorausgesetzt, daß der Boden feinerdereich ist und einen guten Wurzelgrund bietet (Abb. 332). Durch seine leuchtend braune Farbe fällt das hartstengelige, dichte Herden bildende Nacktried *(Elyna myosuroides)* schon von weitem auf.

Zu den Charakterarten des *Elynetum* zählt BRAUN-BLANQUET unter anderen *Carex atrata, Dianthus glacialis, Potentilla nivea,* aber auch *Erigeron uniflorus* und *Saussurea alpina,* also Arten, die weit in sonstige alpine und subalpine Rasen übergreifen. Das Nacktried selbst kann nur als Klassen-Kennart gelten, weil es auch in der Arktis und Subarktis weit verbreitet ist und dort verwandte Gesellschaften bildet.

Oft siedelt das *Elynetum* an Windkanten oder Windecken, d. h. auf scharf hervortretenden Hangrippen oder am sturmexponierten Rande größerer Rasenflächen. Durch Eisgebläse sind diese Rasenkanten nicht selten ausgehöhlt wie die Uferkehlen eines Flusses oder Sees. Die wurzelverfilzte Narbe hängt über und leistet der Erosion hartnäckigeren Widerstand als die Feinerde darunter. Solche Windkanten entstehen wohl meistens durch Verletzungen einer ehemals geschlossenen Grasnarbe, sei es infolge Solifluktion, Erdrutsches, Trittes oder künstlichen Anschnittes. Die aus dem Unterboden herausgeblasene Feinerde wird teilweise vom *Elyna*-Rasen aufgefangen und wieder festgelegt. Als Neubesiedler und Festiger windgepeitschter Rohboden-Kuppen spielt *Elyna* kaum eine Rolle. Meist ist ihre Leistung lediglich defensiv, und nicht wenige Elyneten muß man als Dauergesellschaften oder als Abbaustadien von Rasengesellschaften ansehen, die einst unter weniger extremen Bedingungen entstanden sind.

Die Verdunstung an den exponierten Nacktried-Windecken ist nach LÜDI (1948) stets höher als an normalen Sonnhängen oder gar in schattiger Lage, selbst an Tagen mit geringer bis mäßiger Windstärke. Durch Verdunstungskühle führt die heftigere Luftbewegung dazu, daß nachts bzw. frühmorgens an den Windecken mehr Tau fällt als an weniger exponierten Standorten. Ähnlich wie bei kontinentalen Steppenrasen ist der Wasserhaushalt des *Elynetum* morgens weniger angespannt als nachmittags.

Dem kontinentalen Kleinklima solcher Nacktried-Standorte entspricht nach MEUSEL (1952b) und E. SCHMID (1961) die große Zahl altaisch-alpiner Arten, die sich hier zu halten vermögen (z. B. *Draba fladnizensis* und *Oxytropis montana*). Wie *Elyna* hat diese Gesellschaft ihr Ausbreitungszentrum in den südsibirischen Gebirgen. MEUSEL weist übrigens darauf hin, daß *Elyna* nicht an tiefgründige Böden gebunden ist, sondern auch felsige Grate besiedelt, vor allem solche aus mäßig kalkhaltigem Gestein. Auf niedrigen Randhöhen der nördlichen Kalkalpen mischt sie sich an solchen Standorten mit Elementen der Steppenheiden (vgl. Abschnitt B III 4 und D I 2).

Großflächige Nacktriedrasen findet man auf Island und im nördlichen Norwegen sogar wenig über Meereshöhe, und zwar an Hangfüßen, von denen im Winter die ohnehin dünne Schneedecke fortgeblasen wird. Hier liegt ein weiterer Schwerpunkt ihrer Verbreitung. Ob das Fehlen der Schneedecke eine notwendige Lebensbedingung für *Elyna* ist oder von ihr nur besser überstanden wird als von anderen Rasenbildnern, die an schneegeschützten Standorten überlegene Wettbewerber sind, ist experimentell noch nicht untersucht worden.

d Rostseggenrasen und andere mesophile Kalkrasen

Dichte und wuchskräftige Rasen, die das Mähen lohnen und den Namen „Urwiesen" zu Recht verdienen, gibt es auf kalkreichen Gesteinen in der alpinen Stufe nur dort, wo eine Reihe günstiger Bedingungen zusammentreffen. Das Klima muß niederschlags- und wolkenreich und der Boden so tiefgründig sein, daß er im Sommer nie austrocknet. Unter trockenerem Klima können schattige Lage und eine gewisse Wasserzügigkeit des Bodens diese Bedingungen teilweise ersetzen. In jedem Falle darf der Schnee den Rasen erst freigeben, wenn keine scharfen Fröste mehr zu erwarten sind; er darf ihn aber auch nicht so lange decken, daß die ohnehin kurze Sommerzeit nicht mehr voll zur Photosynthese genutzt werden kann. Diese Voraussetzungen sind nur an schwach geneigten Hängen oder in Hangmulden gegeben, und auch hier nur im unteren Teil der alpinen Stufe sowie an waldfreien Stellen der subalpinen Stufe. Am ehesten findet man sie in den mehr ozeanisch getönten Randalpen verwirklicht (Abb. 331). Hier liegt daher der optimale Entfaltungsbereich aller in diesem Abschnitt zu besprechenden Gesellschaften. Auch im südlichen Schweizer Jura sind sie stellenweise, wenn auch fragmentarisch, anzutreffen.

Wie aus Tab. 75 hervorgeht, stellt man die Wildheuwiesen kalkreicher Böden ebenso wie das *Seslerio-Semperviretum* zur Ordnung *Seslerietalia*. Man faßt sie aber zu einem eigenen Verbande zusammen, dem *Caricion ferrugineae*. Der typische Rostseggenrasen *(Caricetum ferrugineae)* wurde von LÜDI (1921, 1936) im Lauterbrunnental und auf der Schynigen Platte im Berner Oberland eingehend untersucht. *Carex ferruginea* bildet mit ihren flachstreichenden Rhizomen und ihren langen, wie gekämmte Haare hangabwärts gebogenen Blättern einen dichten und üppigen Rasen. Ähnlich der Blaugrashalde beherbergt aber auch der Rostseggenrasen viele buntblühende Arten. Unter diesen sind die zahlreichen Leguminosen bemerkenswert, namentlich die Verbandskennarten *Hedysarum hedysaroides, Astragalus alpinus, A. frigidus* und *Lathyrus laevigatus*. Der hohe Wuchs und die breiten Blätter mesomorpher Kräuter wie *Astrantia major, Centaurea montana* und *Anemone narcissiflora* dürfen als Zeichen günstigen Wasserhaushaltes und reichlicher Nährstoffversorgung gelten. Nach REHDER (1970) ist allerdings die jährliche Mineralstickstoff-Produktion des Oberbodens nicht größer als unter Blaugras-Horstseggenrasen und Nacktriedrasen (s. Tab. 76). Die hohe Primärproduktion von *Carex ferruginea* (s. GÖKÇEOĞLU 1975) beruht wohl in erster Linie auf der besseren Wasserversorgung.

Stellenweise geht der Rostseggenrasen in die noch üppigeren Hochstaudenfluren über (Abschnitt 7a). *Dactylis glomerata* und *Pimpinella major* deuten die Beziehungen zu den Goldhafer-Fettwiesen der tieferen Lagen (Abschnitt D V 3 b) an.

In den Zentralalpen ist diese anspruchsvolle Hangwiese nur selten und fragmentarisch ausgebildet und fehlt z.B. im Schweizer Nationalpark, einem der trockensten Alpengebiete, fast ganz. Gut entwickelte Bestände findet man dagegen in den regenreichsten Außenketten der Alpen, aber auch hier nicht auf durchlässigen, reinen Karbonatgesteinen, sondern auf Bündnerschiefern und ähnlichen, zu weichen Verwitterungsformen neigenden Gesteinen.

Auf solchen tiefgründigen Standorten schalten sich zwischen die immer ziemlich bodenfeuchten Rostseggenrasen und die stets recht trockenen Blaugrashalden intermediäre Rasengesellschaften ein. Aus den nördlichen Schweizer Alpen wurden sie als

Tab. 76. Mineralstickstoff-Angebot bei alpinen und subalpinen Pflanzengesellschaften.
Nach Rehder (1970)

* = Extensiv beweidete Flächen		*kursiv* = Ertrag um 3 t/ha	
** = Häufig vom Vieh aufgesuchte Flächen		**halbfett** = Ertrag > 5 t/ha	

N-Versorgungs-Klassen N-Jahresangebot (kg/ha)	I Bis ca. 25	II Bis ca. 50	III Bis ca. 100	IV Bis ca. 250
Meist flachgründige, kalkreiche Böden	Seslerietum I (flachgr.)	Firmetum	Elynetum**	
↓		*Seslerietum I* (tiefgr.)	*Seslerietum II**	
	*Car. ferrug. I**	*Caricetum ferrugineae II***		*Poetum***
	Rhod.-Mugetum			
Meist tiefgründige, z.T. entkalkte Böden		*Nardetum**		**Rumicetum***
	Rhod.-Vaccinietum			**Alnetum vir.**

Violettschwingelrasen (*Festuca violacea-Trifolium thalii*-Ass., Tab. 75) beschrieben. Sie stehen den Milchkrautweiden nahe (Abschnitt D VI 1 c) und gehen bei intensiver Bewirtschaftung in diese über. In der Regel werden oder wurden sie beweidet und nur an schwer zugänglichen Stellen, ähnlich wie die Rostseggenrasen, als sog. „Wildheuplanken" gemäht.

Der Boden dieser Violettschwingelweiden hat den Charakter einer tiefgründigen verbraunten Rendzina oder Pararendzina, ja kann an Braunerde erinnern und auch etwas vergleyt sein. Häufig reagiert der Oberboden nicht mehr neutral, sondern schwach sauer. Demgemäß findet man nicht selten einzelne Säurezeiger, beispielsweise *Geum montanum, Potentilla aurea, Gentiana acaulis, Leontodon helveticus* und *Ligusticum mutellina*, die von den Urgesteinsrasen herübergreifen. In ihrer Mittelstellung zwischen Kalk- und Sauerboden-Gesellschaften entsprechen die Violettschwingelrasen also den Braunmull-Buchenwäldern (Abschnitt B II 3 a) der Tieflagen Mitteleuropas. Sie sind nur relativ seltener als diese, weil bei der großen Reliefenergie in den alpinen Hochlagen tiefgründige Böden mittleren Basenzustandes eher zu den Ausnahmen gehören.

Sowohl Violettschwingel- als auch Rostseggenrasen sind heute, wie so viele ehemals geschätzte Pflanzengesellschaften des Hochgebirges, in großen Teilen der Alpen wirtschaftlich wertlos geworden. Mäht man sie nicht mehr, so bildet das abgestorbene Blatt- und Halmwerk eine Gleitbahn, auf der Schneemassen abrutschen können. Nicht selten reißen diese dann eingefrorene Stengel oder inzwischen angesiedelte Jungbäume und den von diesen durchwurzelten Oberboden mit. Das Aufhören der Almwirtschaft kann daher zu erhöhter Lawinen- und Erosionsgefahr führen (Abb. 498, s. LAATSCH u. GROTTENTHALER 1973 u. SPATZ 1975).

3 Alpine und subalpine Rasen auf sauren Böden

a Krummseggenrasen

Auf Urgestein und anderen kalkarmen Unterlagen bilden sich in der Regel zwar nährstoffarme, aber weniger trockene Böden als an klimatisch vergleichbaren Standorten über Karbonatgesteinen. Mit Ausnahme der nackten Felsen und höheren Gipfel tragen daher die sauren Gesteine der alpinen Stufe gewöhnlich eine zusammenhängende Pflanzendecke.

Abgesehen von der zwergstrauch- und borstgrasreichen Übergangszone zwischen der subalpinen und alpinen Stufe ist hier fast überall die Krummsegge *(Carex curvula)* der kräftigste Rasenbildner. Ihre olivbraunen, niemals frischgrünen und an der lockig gedrehten Spitze fast immer abgestorbenen (von dem Ascomyceten *Pleospora elynae* besiedelten) Blätter geben den Bergrücken und sanften Hängen jenes eintönige und dürftige Gepräge, an dem man das *Caricetum curvulae* (kurz *Curvuletum,* S. Abb. 333) schon von weitem erkennt. Es ist nur selten von Vieh belebt, weil sogar die genügsamen Schafe und Ziegen nicht immer ausreichendes Futter auf ihm finden.

Nach TREPP (1950) beträgt der Futterwert des Krummseggenrasens nicht mehr als etwa 3,6% von dem des Violettschwingelrasens. Nur der Wert des Polsterseggenrasens ist noch geringer (1,2%), während der Blaugras-Horstseggenrasen mit durchschnittlich 27,8% als wesentlich besser beurteilt werden muß. Diese Zahlen bieten zwar nur einen ungefähren und relativen Anhalt, denn sie wurden aus geschätzten Daten berechnet und variieren von Bestand zu Bestand; in der Größenordnung dürften sie aber zutreffen. Sie machen es begreiflich, daß die Almweide auf Mergeln und Schiefern viel intensiver betrieben werden kann als auf kristallinen oder karbonatischen Hartgesteinen (vgl. Abb. 329 und 324).

Der Krummseggenrasen ist für die Alpen besonders kennzeichnend, fehlt er doch sowohl im hohen Norden als auch in der Tatra und in den Gebirgen der Balkanhalbinsel. Er wird dort durch andere Gesellschaften der Ordnung *Caricetalia curvulae* ersetzt. Die Rolle der Krummsegge übernehmen teilweise *Juncus trifidus* und *Oreochloa disticha,* z.B. im „*Trifido-Distichetum*" der Tatra (PAWŁOWSKI 1935). In den Alpen führen diese Arten neben der allmächtigen *Carex curvula* ein bescheideneres Dasein.

Nur zaghaft beleben Blüten den stets herbstlich gefärbten Teppich. Am auffälligsten

Abb. 333. Krummseggenrasen *(Caricetum curvulae)* auf gneisreichem Moränenboden am Sustenpaß. Vorn links *Vaccinium uliginosum* und *Loiseleuria procumbens.*

ist noch das Gelb von *Leontodon helveticus, Arnica montana, Potentilla aurea* und *Senecio incanus* ssp. *carniolicus* oder von dem winzigen, aber in großer Zahl aufkeimenden annuellen Halbschmarotzer *Euphrasia minima* var. *minor. Veronica bellidioides, Phyteuma*-Arten und *Campanula barbata* tupfen dunkles und blasses Blau dazwischen.

Alle Partner des Krummseggenrasens und der verwandten Gesellschaften vermögen stark saure Bodenreaktion zu ertragen und ihren Stickstoffbedarf aus Rohhumus zu decken. Das gilt sowohl für die in Tab. 75 aufgeführten Klassen-, Ordnungs- und Verbands-Kennarten als auch für *Carex curcula* selbst. Nach GILOMEN (1937) muß man eine Urgesteins-Krummsegge (ssp. *curvula*, p_H 4–6,8) und eine vorwiegend in den westlichen Alpen verbreitete Kalk-Krummsegge (ssp. *rosae*, p_H 5,8–8,6) unterscheiden.

Das typische *Curvuletum* enthält nach BRAUN-BLANQUET *Oreochloa disticha, Potentilla frigida, Hieracium glanduliferum* und andere Charakterarten sowie Differentialarten wie *Ligusticum mutellinoides* und *Gnaphalium supinum*, die ein gewisses Mindestmaß an Feuchtigkeit verlangen. Wo der Wind frei hinzutreten kann und den Schnee öfters wegbläst, wird der Rasen lückig und noch niedriger, so daß sich Zwergsträucher und Flechten der Azaleen-Windheide (Abschnitt 4, s. Abb. 328) ansiedeln können. Im flechtenreichen *Curvuletum cetrarietosum* dominieren diese, namentlich *Cetraria islandica* var. *crispa, C. cucullata, Thamnolia vermicularis* und *Alectoria ochroleuca.* An tiefgründigeren oder etwas kalkreicheren Stellen kann *Elyna myosuroides* zur Herrschaft gelangen.

Am häufigsten mischt sich das *Curvuletum* mit dem *Salicetum herbaceae* (Abschnitt 5 b), und zwar überall dort, wo in Mulden der Schnee länger liegenbleibt und die Bildung von Schneetälchen einleitet. Namentlich *Luzula alpino-pilosa, Polygonum viviparum* und *Salix herbacea* und andere Vertreter der Schneebodenrasen sind Trennarten dieses feuchten Krummseggenrasens.

Als weit verbreitete Rasengesellschaften der alpinen Stufe waren die Krummseggenrasen mehrfach Gegenstand eingehender ökologischer Untersuchungen (RÜBEL 1912 u. 1922, BRAUN-BLANQUET u. JENNY 1926, BRAUN-BLANQUET 1948, OBERDORFER 1959, REHDER 1970 u. a.). Diese ergaben im wesentlichen folgendes:

Obwohl *Carex curvula* sogar mit ihrer Urgesteins-Subspezies gelegentlich auf neutrale Böden übergreift, findet man das *Caricetum curvulae* stets nur auf sauren Substraten. Seine obere Humusschicht hat selten einen p_H-Wert über 5,5 und meist einen solchen um 4 herum.

Trotzdem gedeiht der Krummseggenrasen keineswegs nur auf reifen Sauerhumusböden. Oft handelt es sich um junge, von vornherein sehr kalkarme Ranker. Auch auf Pararendzinen wurde er gelegentlich angetroffen, wenn diese oberflächlich entkalkt waren. Humusdecken von mehr als 3–5 cm Mächtigkeit gehören aber zu den Ausnahmen. In den seltenen Fällen, in denen einmal größere Humusansammlungen gefunden wurden, handelt es sich wahrscheinlich um subfossile Anmoor- oder Moorbildungen. Unter dem wenig produzierenden typischen *Curvuletum* selbst könnte eine derart mächtige Rohhumusdecke ebensowenig entstehen wie unter der bodenfeuchten Subassoziation, denn auch die Schneeböden und ihre Randzonen sind überraschend humusarm (s. Abschnitt 5 a).

Bleichsand- und Orterdehorizonte bilden sich im alpinen Klima nicht, weil die Durchschlämmung des Bodens mit Niederschlagswasser zu kurzfristig und zu schwach ist. Erst unter Wäldern und Heiden der subalpinen Stufe und noch tieferer Lagen findet man die typischen Humus-Eisenpodsole mit ihrer kaffeebraunen Orterdeschicht.

Wie schon in Abschnitt 1 f erörtert, findet man Krummseggenrasen gelegentlich über Karbonatgesteinen, aber nur dort, wo diese von einer isolierenden Feinerdeschicht überdeckt sind. Man darf ihn daher ebenso wenig als Klimaxgesellschaft der gesamten alpinen Stufe ansehen wie beispielsweise den Birken-Eichen-Wald als Klimax im Tiefland. Auf karbonatarmen Böden in der eigentlichen alpinen Stufe stellt das *Curvuletum* aber mit Sicherheit das Endstadium der Vegetationsentwicklung dar.

Gut ausgebildete Curvuleten findet man nur in der mittleren und oberen alpinen Stufe, d. h. in großer Meereshöhe. Im unteren Teil der alpinen Stufe der Zentralalpen geht das *Caricetum curvulae* auf tiefgründigen Böden in eine nahestehende, sehr variable Assoziation über, das *Festucetum halleri*. Da deren Verbreitung sowohl vertikal als auch horizontal recht beschränkt ist, sei sie hier nur erwähnt. Anscheinend bildet sie eine Sauerboden-Parallele zu dem eher kalkholden *Festuco-Trifolietum thalii* (Abschnitt 2 d). Doch kann man wegen der ungleichen physikalischen Bodenbedingungen *Caricetalia curvulae*- und *Seslerietalia*-Gesellschaften nicht streng miteinander parallelisieren. Das gilt auch für die Buntschwingel- und Blaugrashalden.

b Buntschwingelhalden und ähnliche bodensaure Grashalden

Lückige Rasentreppen wie die für die Kalkalpen so charakteristischen Blaugrashalden gibt es auf sauren Gesteinen viel seltener, nicht zuletzt, weil diese tonärmer sind und weniger zum „Fließen" neigen. Am ehesten trifft man sie noch in den südlichen und zentralen Alpenketten, d. h. in Gegenden, wo steile Sonnhänge zumindest zeitweilig stark austrocknen. Ausgedehnte Halden dieser Art untersuchte schon BROCKMANN-JEROSCH (1907) im Puschlav.

Hier ist der Buntschwingel *(Festuca varia)* verbreitet, ein feinerdestauendes Horstgras, das von weitem gesehen an *Sesleria varia* erinnert. In der Nähe erkennt man aber, daß der Buntschwingel keine *Poa*-ähnlichen, breiten Blätter wie das Blaugras besitzt, sondern nadelspitze und harte Rollblätter, an denen sich Mensch und Vieh verletzen können. Die Blätter sind zudem so glatt, daß man von einer Buntschwingelhalde ohne randgenagelte Schuhe leicht abgleitet, während man auf den physiognomisch ähnlichen Blaugrastreppen wirklich wie auf Treppen hinauf- und hinuntersteigen kann.

BRAUN-BLANQUET unterscheidet innerhalb der *Caricetalia curvulae* einen besonderen Verband, das *Festucion variae* (Tab. 75). Die wichtigste alpine bis subalpine Assoziation desselben ist die relativ trockene und nur mäßig bodensaure Buntschwingelhalde *(Festucetum variae)*. Sie hat außer dem Buntschwingel selbst nur wenige und seltene Charakterarten. Da der Buntschwingel ähnlich wie das Blaugras von den alpinen Höhen bis in die Täler (d. h. von etwa 2800 bis 800 m) hinabsteigt und in jeder Klimastufe mit anderen Partnern zusammentrifft, sind seine Gesellschaften heterogen. Durch seine große Konkurrenzkraft schließt er allerdings die meisten Arten aus und duldet nur recht eintönige Kombinationen.

Am häufigsten ist die Horstsegge *(Carex sempervirens)* mit ihm vergesellschaftet. Auch in dieser Hinsicht stellt also die Buntschwingelhalde eine Parallele zur Blaugras-Horstseggenhalde dar. In den nördlichen Alpenteilen, denen *Festuca varia* fehlt, kann *Carex sempervirens* auf kalkarmen Halden dominieren und ebenfalls Treppenrasen bilden. In den bereits besprochenen Blaugras-Horstseggenrasen auf Karbonatgestein bezeichnet *Carex sempervirens* relativ feinerdereiche Standorte und ist dort nicht selten mit Säurezeigern vergesellschaftet (LÜDI 1948). Im ökologischen Verhalten steht sie also zwischen *Sesleria varia* und *Festuca varia*. Durchdringungen von *Festucion variae* und *Seslerion variae* sind auf intermediären Böden nicht selten.

An steilen Buntschwingel-, Horstseggen- oder Blaugrashalden bilden sich häufig Lawinen. Der hinabsausende Schnee erweitert den Lebensraum dieser lichtliebenden Gesellschaften stellenweise bis in die montane Stufe hinab. Ein Vergleich der Treppenrasen auf verschiedenen Gesteinen, in verschiedenen Höhenlagen und in verschiedenen Alpenteilen wäre floristisch wie ökologisch sehr aufschlußreich, ist aber bisher immer noch nicht durchgeführt worden.

c Borstgrasrasen

In den bodensauren Rasen der unteren alpinen sowie der subalpinen Stufe gelangt das Borstgras *(Nardus stricta)* so sehr zur Vorherrschaft, daß man geradezu von einem Borstgrasgürtel sprechen könnte. Vor allem in den regenreichen Randalpen und auf stark beweideten Almen ist *Nardus* eine der häufigsten Pflanzen (Abb. 417 und 324). Die Krummsegge weicht hier dem Borstgras wohl vor allem deshalb, weil sie weniger rasch wächst und ihre Überlegenheit im Ertragen von Kälte und Trockenheit nicht zur

Geltung bringen kann. Vom Vieh wird das Borstgras zudem noch weniger gern gefressen als die Krummsegge, so daß *Nardus* auch als Weideunkraut begünstigt wird.

Auf extensiv beweideten Rasen kalkarmer Böden ist das Borstgras infolgedessen eine der erfolgreichsten Pflanzen, und zwar nicht nur in subalpinen bis alpinen Höhen, sondern auch auf den niedrigeren europäischen Gebirgen und stellenweise noch in den Heidegebieten der Ebene (Abschnitt D II 4 a). Überall bildet es physiognomisch ähnliche, artenarme und „nichtssagende", floristisch schlecht charakterisierbare Bestände. Wie bereits in Abschnitt 1 g erörtert, meidet es jedoch kalkreiche Böden, weil es hier unter Störungen seines Nährstoffhaushalts, insbesondere unter Eisenmangel leidet (s. auch Abb. 330).

OBERDORFER (1959) unterscheidet in den Alpen folgende bodensauren Rasengesellschaften, die jeweils bestimmten Höhenstufen der Klimaxvegetation entsprechen:

alpin:	*Curvuletum s. l.*	Krummseggenstufe
tiefalpin:	*Curvulo-Nardetum*	Zwergstrauchstufe
subalpin:	*Aveno-Nardetum s. l.*	Lärchen-Arvenstufe
hochmontan:	*Nardetum alpigenum*	Fichtenstufe

Außer der erstgenannten muß man diese Gesellschaften zum Verband *Nardion* und zur Ordnung *Nardetalia* stellen, d. h. mit den Zwergstrauchheiden der Tieflagen zu einer Klasse vereinigen (*Nardo-Callunetea*).

Infolge der Beweidung dringt *Nardus* auch in andere Gesellschaften der subalpinen und alpinen Stufe ein, die nicht zu den *Caricetea curvulae* gehören, z. B. in Schneetälchen und in Kleinseggenmoore (Abb. 255). Das Borstgras ist also ein Ubiquist, vorausgesetzt daß die anderen Arten durch Viehverbiß geschwächt werden. Man darf sich durch die Dominanz von *Nardus stricta* nicht täuschen lassen und muß versuchen, die jeweiligen Pflanzenkombinationen auf ihren natürlichen Zustand zurückzuführen. Meist ist dies anhand von vereinzelten Charakterarten der vom Borstgras unterdrückten oder überfremdeten Gesellschaften noch möglich, wie AICHINGER (1957) an den verschiedensten Beispielen zeigte.

Gleichgültig wie die Borstgrasrasen entstanden sein mögen, alle lassen sich durch Düngung nach und nach in „bessere" Weiden überführen, obwohl *Nardus*, wie wir im Abschnitt 1 f sahen, auf bessere Nährstoffversorgung an und für sich positiv reagiert. Rascher gelingt die Melioration, wenn man die Weide außerdem eine Weile schont und sie nur mäht. Es kommt also vor allem darauf an, Futtergräser und Kräuter zu begünstigen, die das Borstgras durch ihren Schatten behindern. Im Grenzbereich der alpinen und subalpinen Stufe sind dies namentlich *Festuca nigrescens* (= *ruba fallax*), *Phleum alpinum, Poa alpina, Trifolium pratense* und *Leontodon hispidus*. Über eine Subassoziation *trifolietosum* geht dann das typische Hochgebirgs-*Nardetum* in eine „Milchkrautweide" über. Diese werden wir im Zusammenhang mit anderen Halbkulturrasen in Abschnitt D VI 1 d näher besprechen.

4 Zwergstrauchheiden der unteren alpinen und der subalpinen Stufe

a Alpenazaleen-Windheide

Von den Holzgewächsen Mitteleuropas können sich in der eigentlichen alpinen Stufe nur wenige Zwergsträucher halten, z.B. niedrige *Salix*-Arten, *Dryas octopetala* und *Loiseleuria procumbens*. Aber auch diese sind hier nur auf Sonderstandorten vor der Konkurrenz krautiger Pflanzen sicher, deren Blattwerk sie im Sommer überschattet.

Lediglich in einem schmalen Übergangsgürtel vom subalpinen zum alpinen Klimabereich gedeihen noch kräftige Zwergsträucher wie *Juniperus nana* oder die *Rhodo-*

dendron- und *Vaccinium*-Arten, die sich der Kräuter besser erwehren können. Physiognomisch sind hier zwei Gruppen von Zwergstrauchgesellschaften leicht zu unterscheiden: niederliegende Alpenazaleen-Teppiche und fuß- bis kniehohe eigentliche Zwerggesträuche. Sie entsprechen zwei Extremen der Schneebedeckung (s. Abb. 334 und 335): Die Alpenazalee ist wind- und kältehart und gedeiht auch ohne Schneeschutz. Nach LARCHER (1953) erträgt sie Temperaturen bis zu −40°C, ähnlich wie Fichte, Arve und Bergföhre. Ebenso frosthart sind unter den immergrünen Zwergsträuchern nur *Juniperus nana* und *Arctostaphylos uva-ursi*. Alle anderen, insbesondere Ericaceen, erfrieren dagegen, wenn sie nicht vom Schnee verhüllt bleiben (Abb. 161). Auch *Loiseleuria* und die mit ihr vergesellschafteten Vaccinien meiden extrem kontinentale Gebiete mit Frösten unter −40°C, haben also eine eher ozeanische Verbreitungstendenz. Von den *Vaccinium*-Arten steigt *V. uliginosum* am höchsten und steht in ihrem Verhalten *Loiseleuria* nahe. Mikroklimatisch entspricht die Alpenazaleen-Windheide oder der „Gamsheideteppich" *(Loiseleurietum)* aber dem ebenso windharten *Elynetum* und dem *Caricetum firmae* der weniger sauren Böden (s. Tab. 74).

Solche Standorte sind im Winter wie im Sommer zeitweilig sehr trocken. Für das Überdauern der Pflanzen in der warmen Jahreszeit dürfte der häufig eintretende Taufall wichtig sein, wie ihn z.B LÜDI (1948) an „Windecken" der Schynigen Platte feststellte (Abschnitt 2c). Das Rollblatt von *Loiseleuria* vermag flüssiges Wasser rasch aufzusaugen, weil die beiden behaarten, schwach kutinisierten Rinnen an seiner Unter-

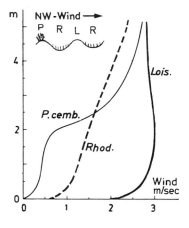

Abb. 334. Abhängigkeit der mittleren Windgeschwindigkeit vom Kleinrelief im Bereich der Waldgrenze am Stillberg bei Davos (2150 m ü.M.). Nach TURNER (1970), etwas verändert.

Über Geländerippen ist die Windgeschwindigkeit besonders groß, wenn sie mit niedriger Gamsheide *(Loiseleurietum)* bewachsen sind. Im Winter bleibt hier kein schützender Schnee liegen; die Windbartflechte *(Alectoria ochroleuca)* weist auf die trocken-kalten Bedingungen hin. Eine 2 m hohe Arve *(Pinus cembra)* bremst die Luftbewegung in Bodennähe nahezu völlig ab. In einer 5 m tiefen Geländemulde, nur 15 m von der Windheide entfernt, genießt ein *Rhododendron*-Gebüsch (*Rh. ferrugineum* und *Calamagrostis villosa*) erheblichen Windschutz (und im Winter dementsprechend hohe und langdauernde Schneebedeckung).

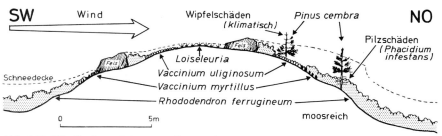

Abb. 335. Windbedingte Schneeverteilung und Zonierung der Zwergstrauch-Gesellschaften an einer Hangrippe nahe der Baumgrenze im Oberengadin, halbschematisch. Nach HOLTMEIER (1971), verändert (vgl. Abb. 334).

seite zur Blattspitze hin in Kapillaren zusammenlaufen. LARCHER (1957) beobachtete, daß das Blatt der Gamsheide auch aus frischgefallenem, nassem Schnee Wasser aufnimmt. Obwohl sie ihre Transpiration besser als andere Zwergsträucher einschränken kann, ist sie in Frostwechselzeiten unbedingt auf Schmelzwasser angewiesen, um der Frosttrocknis zu widerstehen. Sie kann dieses nicht nur mit ihren Blättern, sondern auch mit zahlreichen sproßbürtigen Wurzeln aufnehmen. Tatsächlich bevorzugt das *Loiseleurietum* zwar windgefegte, aber doch wenig geneigte Orte, an denen sich stellenweise Wasser sammeln kann. Ja, einzelne Exemplare von *Loiseleuria* trifft man zuweilen in feuchten Schneetälchen, wo sie ebenfalls vor der Konkurrenz hochwüchsiger Pflanzen bewahrt bleiben. Spaliere, die über größere Steinplatten hinweggreifen, zeigen öfters Trockenschäden. Auf Humus liegende bleiben dagegen gesund, weil sich dieser mit Regen, Nebel und Tau oder mit seitlich herzufließendem Schmelzwasser vollsaugt und seinen Vorrat an die dicht an ihn gepreßten Blätter weitergibt. Von einer solchen Wasserzufuhr profitieren auch die in der Gamsheide häufig auftretenden Blatt- und Strauchflechten.

Da apere Stellen im Winter oft besonnt und erwärmt werden, verlieren hier die oberirdisch lebenden Organe höherer Pflanzen relativ viel Energie durch Atmung. *Loiseleuria* ist auch diesem Streß gewachsen, indem sie sich nach LARCHER, SCHMIDT und TECHAGER 1973 durch starke Fettspeicherung und hohe Brennwerte (bis 5820 cal/g Trockensubstanz) auszeichnet (s. auch Tab. 77). Ihre Stoffproduktion am natürlichen Standort in der unteren alpinen Stufe des Patscherkofel ist jedoch infolge der

Tab. 77. Phytomassen-Vorrat und -Produktion sowie Energiegehalt in subalpinen und alpinen Zwergstrauchheiden am Patscherkofel. Nach Angaben von L. Schmidt (1974; abgerundete Mittelwerte der Jahre 1970–72

	Vaccinium-Heide[1])	*Loiseleuria*-Heide[1])	*Loiseleurietum*[2])		*Vaccinium*-Heide[1])	*Loiseleuria*-Heide[1])	*Loiseleurietum*[2])
Höhe ü.M. (m)	1980	2000	2150		1980	2000	2150
Phytomassen-Vorrat (t/ha)				Energiegehalt (Kcal/g) Zwergsträucher:			
oberirdisch				*Vaccinium*-Arten	5,0–5,2	–	5,2
lebende Teile	10,5	11	8	*Calluna*	–	5,3	–
tote Teile	2,5	1	0,7	*Loiseleuria*	5,6	5,8	5,7
unterirdisch				Krautige:			
lebende Teile	25	22	8	*Avenella flexuosa*	4,7	–	–
tote Teile	15	6	0,6	*Antennaria* spec.	–	–	4,7
Streu	8,5	11	9,3	*Primula minima*	–	–	4,9
lebende Phytomasse insgesamt	35,5	33	16	Unterirdische Pflanzenteile	5,2	5,3	5,3
Nettoproduktion (oberirdisch)				Moose: *Pleurozium schreberi*	–	4,5	–
Jahresproduktion (t/ha · y)	4,8	3,2	1,1	Flechten: *Cetaria islandica*	4,2	4,3	4,3
– desgl., in % der lebenden Phytomasse	13,5	9,6	6,9	*Alectoria ochroleuca*	–	4,4	4,4
Nettoproduktionsrate pro Tag (g/m² · d)	1,3	0,9	0,3	*Thamnolia vermicularis*	–	–	4,6

[1]) Ersatzgesellschaften von *sub*alpinen Wäldern; dichte Bestände.
[2]) Natürlich gehölzfreie *alpine* Windheide; den Boden nicht voll deckend.

dort herrschenden harten Bedingungen sehr gering, nämlich nur 1,1 t pro Hektar und Jahr. Schon 150 m tiefer, in der subalpinen Stufe, leisten *Loiseleuria*-Bestände das Dreifache und Heidelbeerheiden (*Vaccinium myrtillus-uliginosa*-Bestände, s. Tab. 77) das Vierfache. Hier handelt es sich aber um anthropo-zoogene Gesellschaften, die unter natürlichen Verhältnissen dem Lärchen-Arvenwald weichen müßten. Hinsichtlich der lebenden Phytomasse sind die subalpinen Heiden dem alpinen *Loiseleurietum* nur doppelt überlegen (Tab. 77), weil die Alpenazalee sehr langlebig ist.

Man findet im *Loiseleurietum* dieselben Flechtenarten wieder wie im *Elynetum cetrarietosum*. Die übrigen Begleiter von *Loiseleuria* haben aber mit denen des Nacktriedrasens kaum etwas gemein. Es handelt sich vielmehr um halbschattenertragende Rohhumuspflanzen wie *Vaccinium uliginosum, V. vitis-idea, V. myrtillus, Empetrum hermaphroditum* und *Huperzia selago*. Wenn auch kümmernd und windverzaust, mischen sich diese Arten häufig in die Azaleenheiden. Deren Artenlisten werden dadurch denjenigen anderer Zwergstrauchheiden sowie der bodensauren Nadelwälder ähnlich, so daß BRAUN-BLANQUET sie zu einer und derselben Ordnung stellt (vgl. Tab. 74). Das floristische Gliederungsprinzip führt hier also zu einer vom physiognomisch-ökologischen Standpunkte aus absurd erscheinenden Konsequenz: Windgepeitschte Spaliere oberhalb der klimatischen Baumgrenze werden mit Hochwäldern vereinigt, die bis ins Tiefland hinab verbreitet sind. Nur auf der Rangstufe der Verbände (*Loiseleurio-Vaccinion* und *Vaccinio-Piceion*) kann man sie floristisch unterscheiden.

GAMS (1927), KLEMENT (1955) und andere legen dagegen das Hauptgewicht bei der systematischen Zuordnung der Azaleen-Windheide auf die Flechtenvereine. Sie fassen die windharten Strauchflechten-Gesellschaften zu selbständigen Assoziationen zusammen *(Thamnolietum vermicularis)*. Diese bevorzugen zwar den von höheren Pflanzen erzeugten Rohhumus als Substrat, sind aber im übrigen von ihnen unabhängig und können sowohl Elyneten und Curvuleten als auch Loiseleurieten durchsetzen oder ablösen. Als Charakterarten seines *Thamnolietum* nennt KLEMENT:

Alectoria ochroleuca *Thamnolia vermicularis*
A. nigricans *Dufourea madreporiformis*

Das *Thamnolietum* gehört als einzige Assoziation zum Verband alpiner und boreal-kontinentaler Erdflechten-Gesellschaften *(Cetrarion nivalis)* mit den Kennarten

Cetraria cucullata *C. hiascens*
C. nivalis

Alle Flechtengesellschaften auf sterilen Böden und Baumstümpfen vereinigt KLEMENT in der Klasse und Ordnung *Epigaeetea lichenosa* bzw. *Epigaeetalia*. Deren Charakterarten kommen auch in Strauchflechtenheiden des mitteleuropäischen Tieflandes vor, z.B. in dem *Cladonietum mitis* der entkalkten Dünensande (Abschnitt C V 3 b). Genannt seien:

Cladonia alpestris *C. bellidiflora*
C. elongata *Sphaerophorus bulbosus*
C. ecmocyna *Stereocaulon paschale*

Wenn man den Auffassungen der Kryptogamen-Soziologen folgt, bleibt freilich die Frage offen, wo man die *Loiseleuria*-Teppiche mit ihren wenigen phanerogamen Begleitern systematisch anschließen soll. Wenn man höhere Pflanzen und Kryptogamen nicht so scharf trennte, wie dies KLEMENT tut, könnte man etwa von einer *Loiseleuria-Alectoria ochroleuca*-Assoziation sprechen. Da in dieser Gesellschaft die Flechtenarten sowohl der Zahl als auch der Menge nach vorherrschen, wäre sie am besten dem *Cetrarion nivalis* anzuschließen. Ihre ökologische Verwandtschaft mit den Flechtentundren des Nordens käme dadurch gut zum Ausdruck.

Wo in der unteren alpinen Stufe durch Frostwechsel und Viehtritt ein Mosaik von kleinen Buckeln (Thufur) entstanden ist, nehmen Flechtenheiden und *Loiseleuria*-Teppiche die exponierten Kuppen ein. In dem kleinräumigen Mosaik, das schon BOLLETER (1920) beschrieb, wechseln sie mit *Rhododendron*- und *Calluna*-Heiden ab, die in den Rinnen Windschutz finden (s. Abb. 326 u. 327).

Alpenazaleen-Windheiden überdecken selten so große Flächen wie z.B. auf der Koralpe am Südstrand der Alpen. Meistens findet man sie nur kleinräumig entwikkelt. Schon der Windschatten eines Steines kann Rasenpflanzen oder höhere Zwergsträucher begünstigen. Deshalb gibt es alle Übergänge von fast reinen Flechtenrasen mit wenig *Loiseleuria* über geschlossene *Loiseleuria*-Teppiche bis zu typischen Krummseggen- oder Borstgrasrasen und Nacktried-Windecken, in denen hier und dort Zwergsträucher, aber kaum noch Flechten enthalten sind.

Alle diese Artenkombinationen erzeugen Rohhumusdecken von hohem Säuregrad und sehr ungünstigem Wasserhaushalt. Gemeinsam ist ihren Standorten außerdem, daß sie früh ausapern und nur ausnahmsweise einmal längere Zeit vom Schnee geschützt sind. In der subalpinen Stufe klingt diese extreme Spezialistengesellschaft sehr bald aus, zumal sich hier der Schnee infolge besseren Windschutzes gleichmäßiger verteilt. Andererseits ist ihr auch nach oben hin eine Grenze gesetzt, weil Dauer und Höhe der Schneedecke in dieser Richtung allgemein zunehmen. Außerdem können sich Alpenazaleen und Strauchflechten nur auf einer ruhenden, nicht durch Erosion und Solifluktion immer wieder gestörten Bodenoberfläche ausbreiten. Sie wachsen sehr langsam und brauchen Jahre, um den Boden zu überkleiden und das charakteristische Kleinmosaik der Alpenazaleen-Windheiden auszubilden.

b Krähenbeer-Rauschbeerheide

Viele Arten der Alpenazaleen-Teppiche kommen auch in den Krähenbeer-Rauschbeerheiden *(Empetro-Vaccinietum)* der subalpinen und unteren alpinen Stufe sowie der nordischen Tundren vor, obwohl diese im Winter vom Schnee verhüllt bleiben und sich deshalb zu richtigen Zwerggesträuchen entwickeln können. Meist sind die Rauschbeerheiden so kleinflächig ausgebildet und werden so stark beweidet, daß man sie schwer von den Borstgras- oder Krummseggenrasen abtrennen kann (Abb. 335).

Wer aus dem nördlichen Mitteleuropa kommt, ist zunächst erstaunt, die ihm aus nassen Birkenbrüchern und Hochmoor-Randwäldern bekannte Rauschbeere *(Vaccinium uliginosum)* im Hochgebirge an relativ trockenen Plätzen ebenfalls kräftig entwickelt zu finden. Sie wird hier zwar selten höher als 20–30 cm, fruchtet aber reichlich und breitet sich auf sauren Böden auch vegetativ rasch aus. So muß man bald einsehen, daß ihre eigentlichen Entfaltungsräume oberhalb der Waldgrenze und in der nordischen Tundra zu suchen sind. Als die spätglaziale Tundra im mitteleuropäischen Tiefland von Wäldern erobert wurde, hat sich die Rauschbeere in lichte Moorbirkenbestände zurückgezogen und von ihrer noch lichtbedürftigeren Partnerin, der nordischen Krähenbeere *(Empetrum hermaphroditum)*, getrennt. Nur auf den höheren Mittelgebirgen, z.B. auf der Brockenkuppe (s. SCHUBERT 1960 u. STÖCKER 1965a) findet man noch Relikte dieses borealen und alpinen Zwergstrauches.

Über die chemische Beschaffenheit des Bodens unter subalpinen Krähenbeer-Rauschbeerheiden sind wir dank den Arbeiten von PALLMANN und HAFFTER (1933) sowie von LÜDI (1948) recht gut orientiert. Im Oberengadin stockt das *Empetro-Vaccinietum* über kristalliner Unterlage auf echtem Rohhumus, dessen p_H-Werte zwischen 3,5 und 4,8 schwanken und häufig weniger als 4 betragen. Nach LÜDI kommt die Krähenbeer-Rauschbeerheide auch auf karbonathaltigen Substraten, z.B. auf den schiefrigen Doggerkalken der Schynigen Platte, vor. Im Gegensatz zur sonnigen Blaugras-Horstseggenhalde ist sie hier auf die steilen Schatthänge beschränkt, deren kühlfeuchtes Kleinklima die Anhäufung von Auflagehumus begünstigt. Dieser kann 30–50 cm mächtig werden und ist nicht selten mit Kalkstückchen durchsetzt und reich an Nährstoffen. Seine p_H-Werte liegen aber um 4,5 herum. Vereinzelte Relikte der kalkholden Pioniervegetation, z. B. *Sesleria varia, Dryas* und *Salix retusa*, deuten auf die günstigere Humusbeschaffenheit hin. Der schattigen Lage entsprechend bleibt der Humus während des ganzen Jahres feucht bis naß, obwohl er recht locker und durchlässig ist. Über den Wasserhaushalt des *Empetro-Vaccinietum* auf sonnigen Urgesteinshängen wissen wir leider immer noch nichts. Er wäre im Vergleich zu norddeutschen Moorstandorten von *Vaccinium uliginosum* besonders interessant.

In seiner Monographie der subalpinen Zwergstrauchgesellschaften im Einzugsgebiet der Aare unterscheidet SCHWEINGRUBER (1972) allein für das Berner Oberland 5 Assoziationen mit jeweils 1–3 Subassoziationen, deren jede in bis zu 10 Varianten oder Ausbildungsformen gegliedert wird. Diese Vegetationseinheiten spiegeln vor allem lokalklimatische, aber auch edaphische und anthropo-zoogene Standortsbedingungen wider. Wenn wir außer den Krähenbeer-Rauschbeerheiden auch die bereits in Abschnitt B IV 5 b kurz besprochenen Latschenbestände sowie die selteneren Zwergwacholderheiden und die im folgenden Abschnitt zu behandelnden Alpenrosenheiden heranziehen, ergibt sich die folgende Übersicht. Die zwischen etwa 1600 und 2200 m Meereshöhe vorkommenden Gesellschaften bevorzugen verschiedene Hangexpositionen:

Vorwiegend in Schattlagen:
1. Krähenbeer-Rauschbeerheiden
   Empetro-Vaccinietum
   – *sphagnetosum*
   – *hylocomietosum*
   – *cetrarietosum*

3. Wimperalpenrosen-Latschengebüsch
   Rhododendro hirsuti-Mugetum
   – *salicetosum retusae*
   – *globularietosum*

5. Rostalpenrosenheide *)
   Rhododendro-Vaccinietum
   – *seslerietosum*

Vorwiegend in Sonnlagen:
2. Zwergwacholderheide *)
   Junipero-Arctostaphyletum
   – *callunetosum*

4. Schneeheide-Latschengebüsch
   Erico-Mugetum
   – *rhamnetosum*
   – *rhytidiadelphetosum*

In allen Expositionen:
5. *Rhododendro-Vaccinietum*
   – *typicum*
   – *leucobryetosum*

*) wirtschaftlich bedingt (Weideunkräuter!)

Die subalpinen Beerstrauchheiden isolierter Mittelgebirge, z. B. die von STÖCKER (1965 b) im Oberharz untersuchten Gesellschaften, enthalten nur wenig oder gar kein *Vaccinium uliginosum* und ähneln eher den Gebirgs-Grasheiden kontinentalerer Gebiete, z. B. dem von JENÍK (1961) beschriebenen *Cetrario-Festucetum supinae*.

c Alpenrosenheiden

Wegen ihrer roten Blütenpracht werden die Alpenrosenheiden viel mehr beachtet als die übrigen Zwergstrauchgesellschaften im Waldgrenzbereich. Sie gelten aber zu Unrecht als Vertreter der alpinen Vegetation, denn sie gehören eigentlich der subalpinen Stufe an und wagen sich nur in gutem Schneeschutz mit Vorposten über die Baumgrenze empor. Deshalb haben wir sie bereits in Abschnitt B IV 4b behandelt. Da die baumfreien *Rhododendron*-Heiden großenteils anthropo-zoogen sind, werden wir außerdem in Abschnitt D II 4b auf sie zurückkommen.

Von den Ersatzgesellschaften des subalpinen Waldes reichen die *Rhododendron*-Heiden in ihrer Produktivität noch am ehesten an die des natürlichen Waldes heran. Doch ist *Rhododendron ferrugineum* in vieler Hinsicht empfindlicher als die Bäume. Bei steigender Windgeschwindigkeit schränkt er seine Photosynthese und Transpiration rascher ein (s. Abb. 336). Ohne Schneeschutz vertrocknet er im Winter oder im Frühjahr, wenn er zu rasch ausapert (Abb. 337).

Nach den bisher vorliegenden Daten scheinen unter den nicht gedüngten alpinen und subalpinen Formationen die Zwergstrauchheiden produktiver zu sein als die

Rasen. Nach Messungen von BLISS (1966) am Mt. Washington in den nordwestlichen USA beispielsweise erzeugten sie 283 g/m² an oberirdischer Trockensubstanz pro Jahr, ein Seggenrasen dagegen nur 176 g/m² und eine Polsterpflanzengesellschaft nicht mehr als 67 g/m². Hochalpine und hocharktische Zwergstrauchheiden bleiben mit ihrer

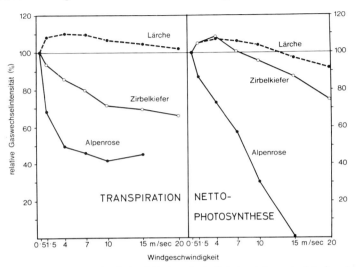

Abb. 336. Beanspruchung durch erhöhte Windgeschwindigkeit wird von der Lärche mit stärkerer Transpiration und (bis 10 m/sec) auch gesteigerter Netto-Photosynthese beantwortet. Arve (Zirbelkiefer, *Pinus cembra*) und Alpenrose *(Rhododendron ferrugineum)* reagieren durch mehr oder minder starken Spaltenschluß und damit durch Einschränkung ihres Gaswechsels. Nach TRANQUILLINI (1970).
An der Ordinate sind Relativwerte abgetragen, bezogen auf die Gaswechsel-Intensität in nahezu ruhender Luft. Die Experimente wurden mit jungen Pflanzen im Windkanal bei im übrigen konstanten, optimalen Bedingungen durchgeführt.

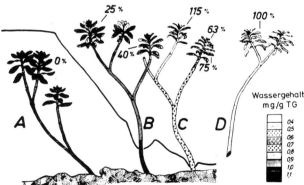

Abb. 337. Wasserverluste der Alpenrose *(Rhododendron ferrugineum)* nach dem Ausapern. Nach Bestimmungen an je 3–4 repräsentativen beblätterten Ästen auf dem Patscherkofel bei Innsbruck. Nach LARCHER (1963), etwas verändert.
A = gänzlich schneebedeckt, im Februar; B = Mitte Februar aus dem Schnee befreit; C = desgl., Mitte März; D = abgeschnitten, mit 10% dürregeschädigten Blättern. Die Prozentzahlen geben an, wieviel von dem bei A vorhandenen Wasser verloren ging. 115% bedeutet, daß dieser Zweig bereits einen Teil des lebenswichtigen Wassers abgegeben hatte; die meisten Blätter waren vertrocknet.

Produktivität allerdings nach WIELGOLASKI (1965) unter 10 g/m²/J, während nieder- bis subalpine und subarktische an guten Standorten bis 1000 g erzeugen. Auch hinsichtlich des Kalorien- und Fettgehaltes (BLISS 1962) stehen Zwergstrauchgesellschaften obenan. Überhaupt speichern die subalpinen und alpinen Pflanzen viel mehr kalorienreiche Reservestoffe als vergleichbare Gewächse in den Tieflagen der gemäßigten Zone oder gar der Tropen. Sie sind deshalb besser gerüstet, ungünstige Perioden, insbesondere die lange Winterzeit, ohne Hungerschäden zu überstehen.

Rhododendron ferrugineum und andere Vertreter der waldgrenznahen Zwergstrauchheiden vermögen übrigens auch in geringer Meereshöhe zu leben. Vereinzelte Vorposten stehen z. B. auf den submontanen Rücken im Schweizer Alpenvorland unter Naturschutz. Ins regenreiche Tessin steigen sie mit großen Beständen bis in die Nachbarschaft der Kastanien hinab. Aus dem Pustertal in Südtirol beschreibt MAYER (1970) Tieflagen-*Rhododendron*-Kiefernwälder, die an schattigen, blockreichen Hängen zwischen 800 und 1600 m ü. M. siedeln; ähnliche lichte Alpenrosen-Wälder findet man im Steiermärker Serpentingebiet. Stets handelt es sich um magere, aber luftfeuchte Standorte mit wenig Konkurrenten.

5 Schneetälchen und verwandte Gesellschaften

a Moosreiche Schneetälchen

So sehr die meisten Rasenpflanzen und Zwergsträucher in der alpinen Stufe im Winter einer schützenden Schneedecke bedürfen, so sehr hemmt der Schnee ihre Entwicklung, wenn er in der wärmeren Jahreszeit allzu lange liegen bleibt (Abb. 324). Spät ausapernde und von Schneewasser stets durchtränkte, muldenförmige „Schneetälchen" haben daher eine artenarme, aber sehr charakteristische Pflanzendecke (vgl. Abschnitt 1 f). Wo die Aperzeit weniger als zwei Monate beträgt, sind kaum noch Phanerogamen existenzfähig (Abb. 338). Da hier aber der Boden ständig durchfeuchtet bleibt, vermögen sich Moose zu entwickeln. Flechten bleiben zurück, weil ihre größere Trockenheitsresistenz keinen Vorteil für sie bedeutet, fehlen aber nach KLEMENT (1955) nicht gänzlich. Sie werden durch besondere Wuchsformen, z. B. durch die Gattung *Solorina*, vertreten.

Am besten sind Moos-Schneetälchen, insbesondere Widertonrasen *(Polytrichetum sexangularis)*, in der oberen alpinen Stufe der hohen Silikatmassive ausgebildet. Auch

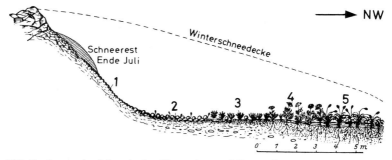

Abb. 338. Zonierung der Schneeboden-Vegetation am Minorjoch, Bernina, 2450 m ü. M. Nach BRAUN-BLANQUET (1951).
1 = Widerton-Schneeboden *(Polytrichetum sexangularis)*, 2 = Typischer Krautweiden-Schneeboden *(Salicetum herbaceae)*, 3 = Ausbildung mit *Gnaphalium supinum*, 4 = desgl. mit *Ligusticum mutellina*, 5 = Krummseggenrasen *(Caricetum curvulae)*.

in den skandinavischen Gebirgen können sie breite Mulden wie dunkle Plüschteppiche überziehen. Ihre Charakterarten sind in Tab. 78 zusammengestellt. Der zwergenhafte *Ranuculus pygmaeus* ist hier ein seltener, aber sehr bezeichnender nordischer Gast.

In kurzlebigen Initialgesellschaften tritt *Kiaeria falcata (= Dicranum falcatum)* hervor. Das braune, durch einen Pilz weißfilzige Lebermoos *Anthelia juratzkana* hält die längste Schneebedeckung aus. Wo der Boden etwas früher ausapert, kommen *Polytrichum sexangulare* oder auch *Pohlia commutata* zur Herrschaft. Alle diese Moose sind in Phanerogamen-Schneetälchen ebenfalls vertreten. Auf Kalkböden fehlen sie jedoch in der Regel, weil diese zu durchlässig sind und nach dem Ausapern rasch abtrocknen.

Wie schon BRAUN (1913) feststellte, enthält der Boden der Moos-Schneetälchen weniger Humus, als man auf den ersten Blick annehmen möchte. Die Stoffproduktion der Moose ist nur gering, und der Schnee liefert zwar viel organischen Staub (s. Abb. 340), doch wirkt dieser düngerähnlich und wird trotz der Kürze der Aperzeit von Insekten und zahlreichen Bakterien verarbeitet und teilweise mineralisiert. An Nährstoffen fehlt es den Schneetälchen-Gesellschaften also nicht. Infolge der lang andauern-

Tab. 78. Übersicht der alpinen Schneeboden-Gesellschaften und ihrer Charakterarten. Nach Angaben von Braun-Blanquet für Graubünden und Oberdorfer für Süddeutschland

Klasse: (nur wenige gemeinsame Arten!)	Schneeboden-Gesellschaften Salicetea herbaceae *Alchemilla fissa* *Cerastium cerastoides* *Sagina saginoides* *Veronica alpina*	
Ordnungen:	**Kalk-Schneeböden** Arabidetalia caeruleae	**Sauerboden-Schneetälchen** Salicetalia herbaceae
einzige Verbände: Ordnungs- und Verbands-Charakterarten	Arabidion caeruleae g *Carex atrata* *Ranunculus alpestris* *Saxifraga androsacea*	Salicion herbaceae *Sedum alpestre* *Sibbaldia procumbens* *Soldanella pusilla*
Pionier-Gesellschaften: Arabidetum lange, Polytrichetum sehr lange schneebedeckt	**Gänsekressenboden** Arabidetum caeruleae *Arabis caerulea* *Gnaphalium hoppeanum* *Hutchinsia alpina* ssp. *brevicaulis* *Potentilla brauneana*	**Widertonmoos-Schneetälchen** Polytrichetum sexangularis D m *Anthelia juratzkana* m *Gymnomitrium varians* m *Moerckia blyttii* m *Pleuroclada albescens* D m *Polytrichum sexangulare* *Ranunculus pygmaeus*
Dauer-Gesellschaften: weniger lange schneebedeckt	**Gletscherweiden-Spalier** Salicetum retusae-reticulatae *Gentiana bavarica* D *Salix reticulata* D *S. retusa*	**Krautweiden-Schneetälchen** Salicetum herbaceae *Alchemilla pentaphylla* *Arenaria biflora* g *Carex foetida* *Gnaphalium norvegicum* *G. supinum* g *Luzula alpino-pilosa* D *Salix herbacea* *Tanacetum alpinum*

D = öfters dominierende Art
m = Moos, g = Grasartige

den Durchfeuchtung bildet sich ein mineralischer Naßboden aus, der trotz seiner Kalkarmut nur schwach sauer reagiert.

b Krautweiden-Schneetälchen

Wo die Schneeböden länger als etwa 8 Wochen aper sind, können sich einige relativ raschwüchsige Phanerogamen breitmachen, namentlich *Salix herbacea,* die Krautweide (Abb. 338 und 339). Wie die meisten Schneetälchen-Spezialisten vermehrt sie sich vor allem vegetativ und rückt mit ihren niederliegenden, sich bewurzelnden Zweigen auch in die Randzone der soeben besprochenen Moos-Schneetälchen vor. Erst wo sie vom Schnee länger als 3 Monate freigegeben wird, vermag sie zu blühen und zu fruchten. Ihre behaarten Samen werden von aufsteigender Warmluft und vor allem von Sturmwinden verschleppt, keimen aber wie bei allen *Salix*-Arten nur dann, wenn sie kurz nach ihrer Reife auf nasses und zugleich sauerstoffreiches Substrat gelangen. Das Sickerwasser des schmelzenden Schnees ist also eine wesentliche Vorbedingung für die Entstehung von Krautweiden-Schneetälchen.

Abb. 339. Krautweiden-Schneeboden *(Salicetum herbaceae)* auf dem Höhepunkt seiner Entwicklung. (Der Ausschnitt ist etwa 50 cm breit.)

In den nordischen Gebirgen, deren weniger stark bestrahlte Oberfläche noch bis in den Frühsommer hinein feucht bleibt, durchsetzt *Salix herbacea* die verschiedensten Pflanzengesellschaften, beschränkt sich hier also nicht auf Mulden oder „Tälchen". Infolge des späten Ausaperns und der dauernden Durchnässung sind alle „Schneeböden" ausgesprochen kühl. Nach DAHL (1951) scheint dies eine notwendige Bedingung für normales Gedeihen von *Salix herbacea* und anderen Hochgebirgspflanzen zu sein. Schon bei Oslo halten sie die hohen Sommertemperaturen nicht aus.

Da sich *Salix herbacea* auf mäßig sauren Böden am besten entwickelt, sind die von ihr gebildeten Gesellschaften vor allem auf kristallinen und anderen kalkarmen Gesteinen zu finden. Wie die Krummseggenrasen, mit denen sie je nach der Länge der Aperzeit durch viele Zwischenstufen verbunden sind, stellen die Krautweiden-Schneetälchen Charakter-Gesellschaften der silikatischen Zentralalpen dar. Am häufigsten begegnet man ihnen in der mittleren und oberen alpinen Stufe.

Neben der herrschenden Weidenart können in den Alpen vor allem *Gnaphalium supinum, Alchemilla pentaphyllea* und *Arenaria biflora* als Charakterarten des *Salicetum herbaceae* gelten. *Soldanella pusilla* (nicht *S. alpina,* die wärmere und nährstoffrei-

Abb. 340. *Soldanella alpina* (etwa 10 cm hoch) durchbricht abschmelzenden Schnee auf der Pastura di Lagalb. Der Staub im Schnee düngt den Boden. Phot. GANZ und RÜBEL.

chere Standorte bevorzugt) und *Sibbaldia procumbens* kommen auch in anderen bodensauren Schneetälchen-Gesellschaften vor und sind deshalb als Verbandscharakterarten des *Salicion herbaceae* zu werten (Tab. 78). Außerdem findet man stets auch schon einige weit verbreitete, nicht nur in Schneetälchen konkurrenzfähige Phanerogamen, z.B. *Poa annua* ssp. *varia*, *Poa alpina*, *Polygonum viviparum* und *Potentilla aurea*.

Alle diese Arten sind niedrig, dünnblättrig, gegen Austrocknung empfindlich und mehr oder weniger acidoklin oder bodenvag. Ihre Blätter und Sprosse, z.B. die violetten Fransenglöckchen von *Soldanella*, durchstoßen oft schon den Schnee, bevor er ganz abgeschmolzen ist (Abb. 340). Bei der starken Sonneneinstrahlung im Juli erwärmen sich alle dunklen Gegenstände, so auch der humose Boden und die Pflanzenteile unter dem Schnee, auf mehrere Grad über Null. Da das Licht nach CURL u. Mitarb. (1972) zur Photosynthese ausreicht, sobald die Schneedecke auf weniger als etwa 11–18 cm Mächtigkeit zusammenschmilzt (s. Abb. 341), ist die Vegetationszeit der Schneetälchenpflanzen um mehrere Wochen länger als die Aperzeit. An und für sich sind sie jedoch sehr lichtbedürftig. *Salix herbacea* erreicht die Lichtsättigung (nach CARTELLIERI 1940) bei 40 000 Lux, verhält sich also ähnlich wie die Rotbuche. *Primula glutinosa*

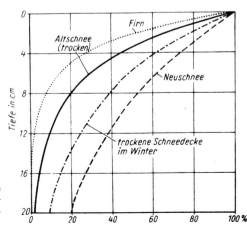

Abb. 341. Abnahme der Strahlung im Firn und Schnee verschiedener Beschaffenheit (in Prozent der Globalstrahlung). Nach SAUBERER und HÄRTEL (1960).

steigert ihren Gaswechsel sogar bis 60 000 Lux. Die Photosynthese solcher Schneebodenbewohner ist so lebhaft, daß sie „höchstens einen schneefreien und nicht zu kalten Monat benötigen, um den Kohlenstoff für ihre oberirdischen Teile zu erarbeiten."

Statt der für das *Polytrichetum sexangularis* typischen Moose kann im Krautweiden-Schneetälchen *Polytrichum juniperinum* zur Herrschaft gelangen, ein sehr genügsames Moos, das zeitweilige Trockenheit ohne Schaden übersteht. Es deutet darauf hin, daß die Bodenoberfläche gegen Ende der Aperzeit nicht selten schon stark austrocknet. Die in dem schmelzwasserdurchtränkten, mehr oder minder schluffig-sandigen Unterboden wurzelnden Kräuter und Weiden haben aber wohl nur ausnahmsweise unter Wassermangel zu leiden.

c Schneetälchen auf Kalkuntergrund

Wie bereits im vorigen Abschnitt betont, sind die Schneetälchen-Gesellschaften auf Silikatgestein in der Regel reiner und reicher ausgebildet als auf Karbonatgestein. Doch gibt es auch in den Kalkalpen Mulden und Hangdellen, in denen der Schnee länger als durchschnittlich liegen bleibt (Abb. 332). Besonders am Fuße der ausgedehnten Schutthalden ist das der Fall. Häufig gehen daher die in Abschnitt 8 a zu besprechenden Schuttfluren in Schneetälchen-Krautfluren über (Abb. 324). Deshalb wurden beide früher systematisch vereinigt. Später stellte BRAUN-BLANQUET die Kalk-Schneetälchen als besondere Ordnung *(Arabidetalia coeruleae)* zur Klasse *Salicetea herbaceae*, obwohl sie nur wenige Kennarten mit den Silikat-Schneetälchen gemeinsam haben (Tab. 78). Stellenweise greifen aber *Salix herbacea* und andere säureholde Arten in die Schneetälchen auf Kalkuntergrund über, weil die Schmelzwässer in den Mulden entkalkte Feinerde zusammenschwemmen. Auch lokale Ansammlungen von saurem Humus, vor allem aber Decken von kristallinem Fremdmaterial, können nach SZAFER (1924) die gleiche Wirkung haben. Echte Kalk-Schneetälchen fand er in der Tatra überhaupt nicht, zumal die Hochlagen dieses Gebirges großenteils aus Silikatgestein bestehen.

Eine dem *Polytrichetum sexangularis* entsprechende moosreiche Schneeboden-Gesellschaft gibt es auf kalkreichem Substrat nicht. Dies dürfte in erster Linie damit zusammenhängen, daß die Oberfläche der Schneemulden in Kalkgebieten meistens steinig ist und rasch abtrocknet, zumal das Schmelzwasser teilweise in Spalten versikkern kann. Sicher spielt aber auch ein geomorphologischer Grund mit: in der oberen und mittleren alpinen Stufe, dem Hauptverbreitungsgebiet der Schneetälchen, herrschen bei Kalk- und Dolomit-Massiven Felsen oder steinige Halden vor, während in den Silikatgebirgen stabilere und sanftere Formen die Regel sind und Schutthalden zu den Ausnahmen gehören. Die bestausgebildeten Kalk-Schneetälchen findet man auf weichen Mergeln, die sich morphologisch ähnlich verhalten wie Silikatgesteine.

Eine Parallele zum *Salicetum herbaceae* stellt der <u>Blaukressen-Schneeboden</u> *(Arabidetum coeruleae)* dar, jedenfalls was die Aperzeit und die Zufuhr organischer und mineralischer Nahrung durch den Schnee anbetrifft. Im Spätsommer dürfte sein Wasserhaushalt aber zeitweilig ungünstiger sein. Selbst dort, wo diese Gesellschaft nur fragmentarisch ausgebildet ist, zeichnet sie sich meistens durch *Ranunculus alpestris* aus, der die Kalk-Schneeböden im Juli dicht an dicht mit seinen weißen Blütensternen schmückt. Die übrigen Charakterarten (s. Tab. 78) blühen ebenso wie diejenigen der Silikat-Schneetälchen recht unscheinbar.

Wo größere Kalksteine in die Schneemulden einbezogen sind, bilden Gletscher- und Netzweide an ihnen Spaliere. Der <u>Spalierweiden-Schneeboden</u> *(Salicetum retusae-reticulatae,* s. Tab. 78) läßt sich nur selten sauber vom *Arabidetum coeruleae* abtrennen.

Er genießt zwar eine längere Aperzeit und mehr Wärme, ist jedoch trockener und deshalb für mesomorphe Kräuter und Moose noch ungünstiger als der Blaukressen-Schneeboden.

6 Subalpin-alpine Niedermoore und Quellfluren

a Braunseggen-Niedermoore und die Verlandung saurer Stillwasser

Obwohl der Boden der Schneetälchen lange Zeit vom Wasser durchtränkt und nicht selten sogar überstaut wird, bildet sich, wie wir sahen, auf ihm keine organische Auflageschicht. Torfe können in der alpinen Stufe nur dort entstehen, wo die Aperzeit zu einer nennenswerten Stoffproduktion ausreicht und wo der Boden während dieser Zeit durchnäßt oder wasserbedeckt bleibt. Solche beständigen Wasseransammlungen findet man hier und dort in abflußlosen Mulden mit feinerdereichem, undurchlässigem Boden, d. h. vor allem auf Grundmoränen und in den Zungenbecken von Endmoränen (Abb. 342 und 353). Da die obersten Moränen in den Zentralalpen etwa 2700 m über dem Meere und in den Randketten ebenfalls oberhalb der Waldgrenze liegen, sind also Flachmoorbildungen in der unteren alpinen Stufe sowohl biologisch als auch geomorphologisch durchaus möglich. Allerdings sind sie hier aus den in Abschnitt 1 d erörterten Gründen viel seltener als in den subarktischen und arktischen Tundren.

Unter den heutigen Klimabedingungen wächst der Torf in der alpinen Stufe außerordentlich langsam. Viele Torflager stammen in ihrer Hauptmasse aus der postglazialen Wärmezeit, sind also als subfossil zu betrachten. Insbesondere gilt dies für hochmoorartige Bildungen, die oberhalb der klimatischen Baumgrenze heute nirgends mehr entstehen.

Da die Feinerde älterer Moränen auch in Kalkgebirgen oberflächlich basenarm geworden ist, sind fast alle stehenden Gewässer in der alpinen und subalpinen Stufe sauer oder doch zumindest mineralarm. Stellenweise werden sie von *Sparganium angustifolium, Callitriche palustris, Eleocharis quinqueflora* und *acicularis, Ranunculus trichophyllus, R. reptans* oder anderen Arten des *Callitricho-Sparganietum* besiedelt (Abb. 342). Diese Gesellschaft oligotropher Klarseen ist als verarmter Vertreter der im Nordwesten Europas verbreiteten Klasse *Litorelletea* anzusehen (vgl. Abschnitt C I 1c).

Meist werden die sauren Stillwasser oberhalb der Waldgrenze von *Eriophorum scheuchzeri* gesäumt. Jedem Alpenwanderer sind die kugeligen Samenhaar-Schöpfe dieses Wollgrasriedes wohlvertraut (Abb. 342). Mit ihrem leuchtenden Weiß heben sie sich schon aus großer Entfernung von dem humusdunklen Wasser ab. Die bald nach der Eisschmelze aufsprießenden dichten Riedgrasbestände tragen mit ihren alljährlich zu Boden sinkenden Resten wesentlich zur Verlandung bei. Braunmoose (z. B. *Drepanocladus exannulatus*) beteiligen sich hier und dort an der Torfbildung. Außer der namengebenden Art enthält das *Eriophoretum scheuchzeri* nur wenige phanerogame

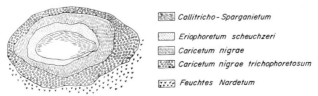

Abb. 342. Verlandungsgürtel um einen kalkarmen und nährstoffarmen Moränensee in der unteren alpinen Stufe (halbschematisch). Nach Braun-Blanquet (1954), etwas verändert.

Arten. Am ehesten trifft man doch *Carex nigra, C. rostrata, Juncus filifomis* und *Eriophorum angustifolium*, also Pflanzen, die auch in Tieflagen auf Flachmooren der Klasse *Scheuchzerio-Caricetea nigrae* verbreitet sind.

Sie leiten zu einem Braunseggenried *(Caricetum nigrae)* über, dessen im alpin-subalpinen Bereich gültige Kennarten in Tab. 79 aufgeführt sind. Es ist der wichtigste aktuelle Torfbildner in der alpinen Stufe (Abb. 42).

Das *Caricetum nigrae* erscheint recht vielgestaltig, weil an manchen Orten *Carex nigra, C. panicea* oder eine andere Seggenart, an deren *Juncus filiformis* oder *J. alpino-articulatus*, aber auch *Eriophorum scheuchzeri* oder *E. angustifolium*, ja sogar *Trichophorum cespitosum* ssp. *austriacum*, in mehr oder minder großer Schar hervortreten. Bei weniger saurem Wasser können sich Arten der Kalk-Flachmoore hinzugesellen. Oft löst sich der Braunseggenrasen in Bulte auf,

Tab. 79. **Subalpin-alpine Nieder- und Quellmoore und ihre Charakterarten.**
Nach Angaben von Braun-Blanquet, Oberdorfer und anderen

Klasse:	**Niedermoore und Quellsümpfe** Scheuchzerio-Caricetea	
(viele Arten reichen vom Tiefland bis über die Waldgrenze)	g *Carex dioica* g *C. flava* g *C. hostiana* g *C. panicea* (?) D g *Eriophorum angustifolium* g *Juncus alpino-articulatus* g *J. triglumis*	D *Menyanthes trifoliata* *Pedicularis palustris* *Swertia perennis* D g *Trichophorum cespitosum* *Triglochin palustre* u.a.
Ordnungen:	**Kalk-Kleinseggenrieder** Tofieldietalia (= Caricetalia davall.)	**Saure Kleinseggenrieder** Caricetalia nigrae
Verbände:	Caricion davallianae	Caricion nigrae
Ordnungs- und Verbands-Charakterarten (V = Verband)	*Bartsia alpina* (?) g *Carex capillaris* var. *typica* g *C. frigida* (V) g *C. oederi* m *Chrysohypnum stellatum* *Dactylorhiza traunsteineri* m *Drepanocladus intermedius* g *Eleocharis quinqueflora* *Epipactis palustris* (V) *Eriophorum latifolium* (V) *Pinguicula vulgaris* g *Primula farinosa* (V) *Selaginella selaginoides* *Tofieldia calyculata* (V)	g *Agrostis canina* (selten) m *Calliergon sarmentosum* m *C. stramineum* *Cardamine pratensis* var. *hayneana* D g *Carex canescens* g *C. echinata* D g *C. nigra* *Calliergon sarmentosum* *C. stramineum* *Ranunculus flammula* g *Trichophorum alpinum* *Viola palustris*
Sumpfrasen, die bis in die alpine Stufe reichen:	meist **Tuff** bildend: **Davallseggenried** Caricetum davallianae D g *Carex davalliana* g *C. tumidicarpa* *Pinguicula leptoceras*	keinen Tuff, aber **Torf** bildend: **Braunseggenried** Caricetum nigrae g *Carex norvegica* (selten) g *C. paupercula* (selten)
Verlandungssaum stehender Gewässer:	(Zeichenerklärung s. Tab. 78)	**Wollgrassaum** (alpin) Eriophoretum scheuchzeri m *Drepanocladus exannulatus* D g *Eriophorum scheuchzeri*

Zwischen den Verbänden bzw. Assoziationen gibt es Übergänge!

die durch den Tritt des zur Tränke gehenden Weideviehes entstanden sind; denn die meisten seiner Gesellschaftspartner haben kriechende Rhizome und damit die Tendenz, ausgedehnte lockere Rasen und keine dichten Horste zu bilden.

Vom Rande her dringen Arten der Krummseggen- und Borstgrasrasen oder anderer Gesellschaften in die Kleinseggen-Flachmoore ein (Abb. 328). Unter ungestörten Verhältnissen ist das aber nur dort der Fall, wo der Mineralboden allmählich ansteigt. Auf dem eigentlichen Flachmoor breiten sich die Pflanzen der trockeneren Standorte erst aus, wenn es entwässert wurde.

Wir dürfen das *Caricetum nigrae* in der alpinen Stufe mithin als Dauergesellschaft ansehen. Aus eigener Kraft würde es sich ebensowenig zu einer der Klimaxgesellschaften entwickeln wie das *Alnetum glutinosae* an den Tieflandseen Mitteleuropas.

b Kalkholde Kleinseggen- und Kleinbinsenrieder

Nur wo frisches, basenreiches Quellwasser immer wieder nachrieselt oder wo Talböden öfters von schlammbringenden Bächen überflutet werden, können sich auch in der alpinen Stufe kalkholde Sumpfpflanzen ansiedeln. An quelligen Stellen tragen sie zur Bildung von Kalktuffen bei. Braunmoose und Blaualgen sind noch aktivere Kalkabscheider und bewirken, daß sich in kalkreichem Wasser nur ausnahmsweise reine Humusablagerungen bilden.

Solche alpinen und subalpinen Kalk-Quellrasen sind die natürlichen Entfaltungszentren des Verbandes *Caricion davallianae,* insbesondere des *Caricetum davallianae* (s. Abschnitt C II 2 a). Sie beherbergen viele sonst seltene Arten und sind gut zu charakterisieren (s. Tab. 79). In den niederschlagsreichen Randalpen greifen allerdings manche ihrer Partner in die Rasen der *Seslerietalia* oder in andere dort vorkommende Gesellschaften über. *Pinguicula vulgaris* und *Tofieldia calyculata* z. B. sind in den nördlichen Kalkalpen durchaus nicht nur an Quellaustritte gebunden, sondern finden sich auch an Hängen, an denen nur gelegentlich einmal kalkbeladenes Regenwasser herabsickert. Ähnlich verhalten sie sich auch in den skandinavischen Gebirgen, soweit dort genügend basenreiche Gesteine anstehen.

Auf die in den Alpen seltenen, dem nordischen *Caricion bicolori-atrofuscae* nahestehenden Gesellschaften des *Caricion incurvae* sei hier nur hingewiesen (s. Tab. 74). Auch sie treten meistens kleinräumig und in mannigfachen Artengemischen auf.

Ökologisch sind die alpinen Gesellschaften der *Caricetalia davallianae* und ihre verschiedenen Ausbildungsformen noch so gut wie gar nicht untersucht worden. Doch hat sie YERLY (1970) in subalpinen und montanen Lagen der Freiburger Randalpen hinsichtlich ihrer Stickstoff-Versorgung und anderer Faktoren mit sonstigen Kleinseggen- und Kleinbinsenriedern verglichen (s. Abb. 253 u. Tab. 56).

c Moosreiche Quellfluren

Auffälliger als die quelligen Kleinseggenrieder sind die moosreichen Quellfluren und die Moosteppiche an den Rändern munterer, eiskalter Gebirgsbäche, die man abseits der ausgetretenen Pfade quert. Diese Gesellschaften sind an rasch fließendes, sauerstoffreiches und klares Wasser gebunden, das sich nur selten über 5° C erwärmt.

Bei flüchtigem Hinsehen erinnern die wasserdurchrieselten Moosdecken an Schneetälchen mit *Polytrichum*- oder *Dicranum*-Rasen. Doch haben die Quellfluren weder floristisch noch ökologisch viel mit den *Salicetea herbaceae* gemein, weil sie im Gegensatz zu diesen erst spät im Jahre von Schnee überdeckt werden, also eine sehr lange Aperzeit genießen. Selbst im kältesten Winter sind die Quellen und manche Bachränder eisfrei. Wo das Wasser aus dem Berginneren heraufdringt, bleibt es aber auch in der warmen Jahreszeit kühl, so daß seine Bewohner und Anrainer sommers wie winters unter fast konstanten Bedingungen leben. *Bryum schleicheri,* eine der Charakterarten

Vegetation oberhalb der alpinen Waldgrenze

der moosreichen Weichwasser-Quellfluren, gehört zu den gegen Austrocknung empfindlichsten Moosen, während andere Arten derselben Gattung sehr trockenheitsresistent sind (Abb. 343).

Die pelzähnlichen Moospolster und -räschen bestehen vorwiegend aus Laubmoosen, namentlich aus *Bryum-, Cratoneuron-* und *Philonotis*-Arten (Tab. 80). Auf diesem Hintergrund kommt die zierlich verästelte, rot überlaufene *Saxifraga stellaris* besonders zur Geltung. *Saxifraga aizoides* fällt durch ihre gelben bis orangebräunlichen Blüten auf. Sie gedeiht hier üppig, ist jedoch häufig auch an anderen Standorten zu

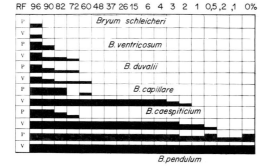

Abb. 343. Austrocknungs-Resistenz verschiedener Birnmoos-Arten bei abgestufter relativer Luftfeuchtigkeit. Nach Versuchen von ABEL (1956), verändert.
P = Primär, d. h. vorher feucht gehalten, V = vorgetrocknet. RF = Relative Feuchtigkeit. Dunkel: Moose lebend. Das in alpinsubalpinen Quellfluren häufige *Bryum schleicheri* ist gegen Trockenheit äußerst empfindlich.

Tab. 80. **Subalpin-alpine Quellfluren mit rasch fließendem Kaltwasser und ihre Charakterarten.** Nach Angaben von Braun-Blanquet, Oberdorfer und anderen

Klasse und Ordnung:	Kaltwasser-Quellfluren Montio-Cardaminetea Montio-Cardaminetalia	
	m *Bryum ventricosum* *Caltha palustris* var. *minor* D m *Cratoneuron decipiens* *Deschampsia cespitosa* var. *alpina*	*Epilobium alsinifolium* m *Mniobryum albicans* D *Saxifraga stellaris* u.a.
Verbände:	Quelltuff-Fluren (kalkreich) Cratoneurion commutatae	Weichwasser-Quellfluren Montio-Cardaminion
	D m *Cratoneuron commutatum* m *C. falcatum* D *Saxifraga aizoides* (?) und Charakterarten der folgenden Assoziation	*Alchemilla coriacea* m *Brachythecium rivulare* *Epilobium nutans* m *Mnium punctatum* (?) *Stellaria alsine*
moosreiche Quellfluren:	Starknervmoos-Quelltufflur Cratoneuro-Arabidetum soyeri	Birnmoos-Quellflur Bryetum schleicheri
	Arabis soyeri m *Philonotis calcarea*	D m *Bryum schleicheri* m *Philonotis sericea*
Krautigmoosige Quellflur:		Bitterschaumkraut-Quellflur Cardaminetum amarae
	D = öfters dominierend m = Moos	D *Cardamine amara* *Montia fontana* ssp. *amporitana*

finden. Niedrige Formen von *Caltha palustris* und *Deschampsia cespitosa* sowie *Cardamine amara* sind oft reichlich vertreten.

Diese Quell- und Bachuferrasen bilden eine Vegetationsklasse, die floristisch sehr isoliert steht und nur eine einzige Ordnung umfaßt. Verarmte Gesellschaften kommen bis ins Tiefland hinein vor. In den Hochgebirgen sind sie aber viel besser entwickelt und leicht in zwei vikariierende Verbände zu scheiden: das kalkholde, stets moosreiche und fast immer Tuff bildende *Cratoneurion commutati* und das im Urgestein häufige *Cardamino-Montion* (das besser *Montio-Cardaminion* heißen sollte).

Die Kalkbäche begleitet als einzige Assoziation des *Cratoneurion* der Kalk-Quellmoosteppich (*Cratoneuro-Arabidetum bellidiflorae*, Tab. 80). Er leitet zu dem soeben besprochenen Kalk-Kleinseggenried *(Caricetum davallianae)* über, indem er reichlich Tuff abscheidet und sich dadurch stellenweise über die Oberfläche des rieselnden Wassers erhebt. Oft durchdringen die beiden Gesellschaften einander mit kleinflächigem, im Laufe der Jahre hin- und herwechselndem Mosaik. An anderen Orten hat man aber den Eindruck, als bliebe die Zonierung vom Bachwasser über den Moosteppich zum Kleinseggenrasen lange Zeit stabil. Zwischen Quellflur und Kalk-Kleinseggenried schaltet sich in der subalpinen und alpinen Stufe nicht selten eine Gesellschaft mit herrschender Eissegge *(Carex frigida)* ein, die nach OBERDORFER (1956) in den Alpen und Pyrenäen, aber auch im Schwarzwald, erstaunlich gleichartig auftritt.

Auf Urgestein lassen sich zwei Assoziationen unterscheiden, die Brunnenkressen-Quellflur (*Cardaminetum amarae*) und der Weichwasser-Quellmoosteppich (*Bryetum schleicheri*, Tab. 80). Letzterer bezeichnet schwächer schüttende, oberflächlich verrieselnde Quellen und ist auf die Zentralalpen und Pyrenäen beschränkt.

7 Hochstaudenfluren und Grünerlengebüsche

a Subalpine und alpine Hochstaudenfluren

Während Quellwasser im Hochgebirge nur sehr wenige Pflanzennährstoffe enthält, ist oberflächlich zusammenrinnendes Niederschlagswasser reicher an diesen, namentlich an Stickstoff- und Phosphorverbindungen. In Mulden und Runsen der subalpinen und

Abb. 344. Hochstaudenflur im Alpengarten auf der Schynigen Platte ob Interlaken. Vorn *Gentiana lutea*. Im Hintergrund die Schneegipfel von Eiger, Mönch und Jungfrau.

der unteren alpinen Stufe werden die mit dem Wasser verschwemmten Nährstoffe stellenweise so konzentriert, daß ungewöhnlich fruchtbare Böden entstehen. Apern diese im Gegensatz zu den Schneetälchen früh aus und bewahren sie trotzdem während der warmen Jahreszeit ihre Feuchtigkeit, so gedeihen auf ihnen die üppigsten Pflanzenbestände, die im Hochgebirge überhaupt möglich sind, die Hochstauden- oder „Karfluren" (Abb. 344). Da so viele günstige Bedingungen zusammentreten müssen, um diese mastiggrünen, großblättrigen Kräuterfluren entstehen zu lassen, begegnet man ihnen oberhalb der Waldgrenze nur selten. Man findet sie in der Regel an Hangfüßen, in Hangmulden oder in steinigen Rinnen (die in Österreich „Kare" genannt werden), also nicht auf Kuppen oder Verebnungen wie die vom Vieh übermäßig gedüngten Lägerfluren (Abschnitt b).

Systematisch werden die Hochstaudenfluren an die Klasse *Betulo-Adenostyletea* angeschlossen, d. h. an eine Einheit, deren Optimum im subalpinen und subarktischen Bereich liegt. Arten wie der blaue Alpenlattich *(Cicerbita alpina)*, der große rote Storchschnabel *(Geranium sylvaticum)* und der weiß-straußige Platanen-Hahnenfuß *(Ranunculus platanifolius)* sind sowohl in der nordischen Birken- und Nadelholz-Region als auch in den mitteleuropäischen Gebirgen vertreten. In den Alpen kommt einzig die Ordnung *Adenostyletalia* vor. Prächtige Blumengestalten gehören zu deren Charakterarten (s. Tab. 81), z.B. *Aconitum-* und *Adenostyles*-Arten, *Veratrum album* und *Carduus personata*.

Viele dieser Großkräuter steigen regelmäßig bis in die subalpinen und hochmonta-

Tab. 81. **Subalpin-alpine Feuchtgebüsche und Hochstaudenfluren und ihre Charakterarten.** Nach Angaben von Braun-Blanquet, Oberdorfer und anderen

Klasse, Ordnung und Verband:	**Hochstaudenfluren und Feuchtgebüsche** Betulo-Adenostyletea, Adenostyletalia, Adenostylion alliariae			
subalpin, bis in die untere alpine Stufe		*Aconitum napellus* (?) *A. vulparia* (?)		*Peucedanum ostruthium*
	D		D	*Ranunculus platanifolius* (K)
	D	*Adenostyles alliariae*	s	*Rosa pendulina* (?)
		Athyrium distentifolium		*Rumex alpestre* (?)
K = Klassen-Charakterart (d.h. auch in Nordeuropa)	D	*Cicerbita alpina* (K)	s	*Salix appendiculata*
		Crepis pyrenaica	s	*S. arbuscula*
		Doronicum austriacum	s	*S. hastata*
		Epilobium alpestre		*Saxifraga rotundifolia*
	D	*Geranium sylvaticum* (? K)		*Senecio nemorensis*
		Milium effusum var. *violaceum* (K)		*Tozzia alpina*
		Myosotis sylvatica (K)		*Viola biflora* (?) u.a.
Assoziationen auf kalkreichem und kalkarmem Boden (hier aber besser entwickelt)		**Hochstaudenflur** (ohne Sträucher) Adenostylo-Circerbitetum (auch alpin)		
	D	*Aconitum napellus* ssp. *vulgare* *Poa hybrida* (?)	D	*Alchemilla vulgaris* (mehrere Kleinarten, ssp. bzw. var.)
		Grünerlengebüsch (mit Hochstauden) Alnetum viridis (vorwiegend subalpin)		
	D s	*Alnus viridis* *Achillea macrophylla*		*Hieracium jurassicum* *Stellaria nemorum* ssp. *montana*

s = Strauch, **D** = öfters dominierend

nen Nadel- oder Laubwälder hinab. *Veratrum* und die *Aconitum*-Arten wurden stellenweise zu Weideunkräutern, weil sie vom Vieh gemieden werden und die volle Besonnung durchaus vertragen. Die meisten in Tab. 81 aufgeführten Arten sind also der Ordnung *Adenostyletalia* keineswegs treu. Zusammengenommen kennzeichnen sie sie aber doch recht gut.

Als Charakterarten dürfen nach BRAUN-BLANQUET in erster Linie einige *Alchemilla*-Kleinarten und das prächtige *Cirsium spinosissimum* gelten, das aber als Weideunkraut weit über seinen natürlichen Standortsbereich hinaus verbreitet wurde (Abb. 345). An sonnseitigen Felsfüßen, von denen der Schnee infolge der Wärmereflexion früh zurückweicht, steigt diese dekorative Distel mit nur wenigen Partnern bis in die obere alpine Stufe hinauf.

Abb. 345. Die Alpenkratzdistel *(Cirsium spinosissimum)* wird vom Vieh gemieden und geht deshalb von der Hochstaudenflur (am Felsfuß im Hintergrund) in den Violettschwingelrasen über.

b Vieh- und Wild-Lägerfluren

Die Weidewirtschaft ist in den mitteleuropäischen Hochgebirgen so verbreitet, daß es hier kaum irgendwo Staudenfluren gibt, die nicht von den Dungstoffen der Viehexkremente beeinflußt würden. Ohne diese Zufuhr wären die Hochstaudengesellschaften in der alpinen Stufe wahrscheinlich noch seltener. Von nahezu natürlichen Hochstaudenbeständen bis zu Lägerfluren (Abb. 346), die ihr Dasein lediglich den Exkrementen des Viehs verdanken, beobachtet man alle Übergänge. Stark gedüngte Orte gibt es hier und dort auch in der Naturlandschaft, und zwar an den Liegeplätzen von Gemsen und anderem Großwild. Deshalb wollen wir die Lägerfluren schon hier besprechen, obwohl es sich vorwiegend um anthropogene Pflanzenkombinationen handelt.

Auf den Viehlägern und Melkplätzen der Hochgebirgsweiden herrscht gewöhnlich der mastige Alpen-Ampfer, der vom Rindvieh gemieden, aber von Ziegen befressen wird und dessen Blätter und Wurzelstöcke früher ein fast unentbehrliches Schweinefutter darstellten (WENDELBERGER 1971). An Charakterpflanzen des *Rumicetum alpini* ist sonst nur *Senecio alpinus* zu erwähnen, der aber in manchen Alpenteilen fehlt.

Durch jahrzehnte- oder jahrhundertelange Kotanreicherung ist der Boden der Lägerfluren so nährstoffreich geworden, daß nach REHDER (1970) bis zu 250 kg N/ha/J mineralisiert und oberirdisch mehr als 5 t/ha/J Trockensubstanz erzeugt werden. Wo man die Ausscheidungen des Viehes nicht mehr ungenutzt vor den Ställen anhäuft, sondern auf die Weiden der Umgebung verteilt, wird den Lägerfluren ihre wichtigste

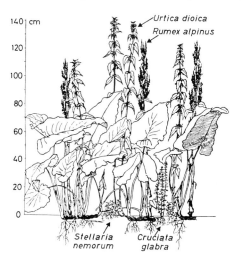

Abb. 346. Querschnitt durch eine *Rumex alpinus*-Lägerflur in der Hohen Tatra. Nach SMARDA (1963), etwas verändert.

Lebensbedingung entzogen. Trotzdem halten sie sich hartnäckig, wenn man sie nicht durch öfteres Abmähen (oder neuerdings durch chemische Mittel) völlig ausrottet. So kann man z. B. im Schweizer Nationalpark beobachten, daß die seit 1913 nicht mehr gedüngten Lägerfluren immer noch ihr ehemaliges Areal einnehmen. Hauptgrund hierfür ist wohl der biologische Stoffkreislauf, der die einmal gesammelten Nährstoffe erhält und immer wieder nutzbar macht. Hinzu kommt die Tatsache, daß sich Hirsche, Murmeltiere und anderes Wild in diesen absoluten Schongebieten so sehr vermehrten, daß sie die Rolle der Kühe übernehmen.

c *Grünerlengebüsche als Ausstrahlungen der subalpinen Stufe*

Wie mit den Lägerfluren, so sind die alpinen Hochstaudenfluren auch mit den subalpinen Grünerlen- oder Legerlengebüschen durch zahlreiche Zwischenstufen verbunden. Aus diesem Grunde haben wir das *Alnetum viridis* nicht gemeinsam mit anderen Krummholz-Gesellschaften (in Abschnitt B IV 5 b), namentlich mit den Bergkiefern-Gebüschen, besprochen, obwohl es eine ähnliche Höhenverbreitung hat wie diese und mit ihnen vikariiert (s. Abb. 348).

Abb. 347. Grünerlengebüsch *(Alnetum viridis)* an Mergelhängen des Fellhorns im Kleinen Walsertal. Die Grünerle ist großenteils an die Stelle des subalpinen Fichtenwaldes getreten, von dem nur ein Rest an steinigem Steilhang verblieb (vorn rechts). Nur auf weniger stark geneigten Flächen lohnt es sich, dies Weideunkraut immer wieder auszureißen.

Die Grünerle ist verhältnismäßig feuchtigkeitsbedürftig und gedeiht deshalb am besten auf undurchlässigen Silikatgesteinen und Tonschiefern (s. L. RICHARD 1969 u. a.). An Schatthängen bildet sie oft ausgedehnte Bestände, zumal sie von hangabwanderndem Schnee viel weniger geschädigt wird als Fichten, Arven, Lärchen und andere Bäume mit emporstrebenden Stämmen. Da sie von allen Vieharten ungern gefressen wird, ist sie gerade auf ertragreichen Almen mit günstigem Wasserhaushalt ein gefürchtetes Weideunkraut, das immer wieder mit Mühe beseitigt werden muß (Abb. 347).

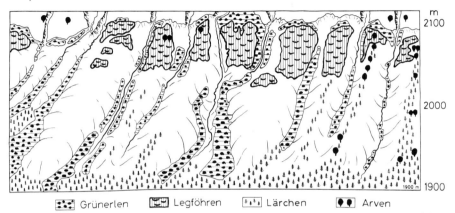

Abb. 348. Grünerle *(Alnus viridis)* und Latsche *(Pinus mugo)* bilden auf dem sehr lawinengefährdeten nordostexponierten Hang des Berninatals ausgedehnte Gebüsche, auch unterhalb der Baumgrenze. Nach einer perspektivischen Skizze von HOLTMEIER (1969), verändert.
Auf dem sauren Gehängeschutt-Boden bevorzugt die Grünerle wasserzügige Standorte und überläßt der Latsche nur die trockneren Rücken und Kuppen. Bäume *(Larix europaea* und *Pinus cembra)* können sich nur auf den Rippen zwischen den Lawinenbahnen halten, wären aber von Natur aus häufiger.

Auf Kalk- und Dolomitgesteinen werden die Grünerlen meistens durch Legföhren ersetzt, weil sich diese auf durchlässigen Böden besser zu entwickeln vermögen. Dadurch entsteht der Eindruck, *Alnus viridis* sei acidophil und *Pinus mugo* basiphil. Wie schon in Abschnitt B IV 5 b betont, sind aber in Wirklichkeit beide Arten gegen den Säuregrad indifferent. Wo Hänge und Rundhöcker aus kalkarmem Gestein trocken sind, z. B. am Grimselpaß, herrscht die Legföhre vor; und wo karbonatreiches Gestein genügend wasserhaltende Kraft besitzt, z. B. im Kleinen Walsertal, wird es gänzlich von der Grünerle überwuchert. Letztere scheint das konkurrenzkräftigere Krummholz zu sein. Sagt ihr der Standort zu, verdrängt sie die in der Jugend langsamer wachsende und lichtbedürftigere Föhre.

Da *Alnus viridis* an ihren Wurzeln stickstoffbindende Symbionten besitzt, ist der von ihr besiedelte Boden ziemlich nitratreich. Nach REHDER (1970) werden bis zu 250 kg Mineralstickstoff pro Jahr im Boden nachgeliefert. Infolgedessen können sich Hochstauden auf ihm ansiedeln, wo immer sie genügend Licht finden, zumal ihnen auch die Wasserführung der Erlenhänge zusagt. Vor allem die Ränder von Legerlengebüschen sind oft dicht besetzt mit üppig blühenden Hochstauden. Ja, es scheint, daß diese hier ihre eigentliche Heimat haben und nur dort eigene Gesellschaften bilden, wohin ihnen die Erle wegen der zu kurzen Vegetationszeit und der größeren Winterkälte oder aus anderen Gründen nicht mehr zu folgen vermag, oder wo der Mensch sie daran hinderte.

Aber nicht alle Legerlengebüsche sind hochstaudenreich. Man darf sie deshalb nicht sämtlich zu den *Adenostyletalia* rechnen. Teilweise handelt es sich um Rasengesellschaften, auf denen *Alnus viridis* als Weideunkraut zur Dominanz kam, also um instabile Artenkombinationen, die man mit den Forstgesellschaften vergleichen könnte (s. Abschn. D III 1). Doch ist die systematische Zugehörigkeit der staudenarmen Grünerlen-Hänge bisher noch nicht abgeklärt worden. Häufig siedelt sich die Grünerle im *Caricetum ferrugineae* an, das ja ebenfalls gut durchfeuchtete Böden liebt. Oft findet man aber auch Kombinationen mit *Rhododendron*-Heiden oder anderen Sauerhumus-Gesellschaften.

Besondere Artenverbindungen geht *Alnus viridis* am Ufer subalpiner und hochmontaner Flüsse ein. Von etwa 1300 bis 1500 m Höhe an aufwärts ersetzt sie *Alnus incana* als Beherrscherin der relativ selten überfluteten Talauen. Offenbar vermag sie viel mehr Kälte zu ertragen als die Grauerle oder gar als die flußbegleitenden Weidenarten des Tieflandes. Wie MOOR (1958) beschreibt, gesellen sich in den Auengebüschen nur wenige andere Holzpflanzen zur Grünerle, am häufigsten *Salix daphnoides*.

d Subalpine Reitgrasrasen

Mit den Hochstaudenfluren in mancher Hinsicht verwandt sind die Reitgrasrasen des Verbandes *Calamagrostion arundinaceae*, die CARBIENER (1969) zumindest teilweise als „primäre Hochgraswiesen", d. h. als Klimaxgesellschaften ansieht. In den höchsten Lagen der Mittelgebirge Zentral- und Westeuropas sowie stellenweise auch in der subalpinen Stufe der Randalpen besiedeln sie ähnliche Standorte wie der Rostseggenrasen (*Caricetum ferrugineae*, Abschnitt 2 d).

Wie CARBIENER in seiner ersten Überschau ausführt, sind diese „Urwiesen" im wörtlichen Sinne äußerst heterogene Gebilde. Florenelemente verschiedenster Herkunft und ökologischer Struktur treffen sich hier, insbesondere Arten der Zwergstrauchheiden, Hochstaudenfluren, subalpinen und montanen Wälder, Waldsäume und Steppenwälder mit Vertretern der Halbtrockenrasen und Düngewiesen, z.B. *Centaurea scabiosa, Carlina vulgaris, Avenochloa pubescens* sowie *Heracleum sphondylium, Pimpinella major, Leucanthemum vulgare* und *Tragopogon pratensis*. Manche „adalpine" (d. h. im Vorland der Alpen, aber nicht in der alpinen Stufe verbreitete) Arten im Sinne von SCHÖNFELDER (1968) kommen hinzu. Gewöhnlich herrscht aber das säureertragende Reitgras *Calamagrostis arundinacea*, das auch in lückigen subalpinen Nadelwäldern eine große Rolle spielt. Optimal sind diese artenreichen Reitgrasrasen an 25–50° steilen Süd- bis Osthängen entwickelt, d.h. in Leelage, in der sich mächtige Wächten aus rutschendem Schnee aufhäufen und die Ansiedlung von Bäumen auch unterhalb der klimatischen Waldgrenze verhindern.

Ob solche Rasenflecken wirklich die natürliche Urheimat unserer Düngewiesen-Gesellschaften sind (wie CARBIENER anzunehmen geneigt ist), oder ob deren Partner erst in jüngerer Zeit und unter dem Einfluß des Menschen, also sekundär, in das *Calamagrostietum* einwanderten (wie ihm „ebenso gut möglich" scheint), muß noch geklärt werden.

8 Besiedlung von Schutthalden und Gletschervorfeldern

a Karbonat- und Silikatschuttfluren und ihre Weiterentwicklung

Mit Ausnahme der Schneetälchen und einiger Rasengesellschaften haben alle bisher besprochenen Vegetationseinheiten ihr Optimum in der unteren alpinen oder gar in der subalpinen Stufe. Nivale Höhen erreichen sie nur in Fragmenten oder überhaupt nicht.

Die Vegetation der Felsen und Schutthalden, der wir uns nun zuwenden, findet dagegen ihre freiesten Entfaltungsmöglichkeiten hoch über der Waldgrenze und über den feinerdereichen Gletscherablagerungen. Es handelt sich großenteils um ausgesprochene Lichtpflanzen, die in dichten Pflanzenbeständen rasch zugrunde gehen oder – wie ZÖTTL (1951a) experimentell zeigte – gar nicht erst aufkommen. SCHRÖTER (1926) bezeichnete die großenteils konkurrenzschwachen Besiedler der Gesteinsfluren treffend als „Flüchtlinge" im Kampf ums Dasein.

Vor allem in den Dolomit- und Kalkmassiven, aber auch bei anderen bis über die Schneegrenze aufragenden Gipfeln, nehmen diluviale und rezente Schutthalden eine gewaltige Ausdehnung an (Abb. 349). Sie erhielten und erhalten ihren Nachschub an Blöcken, Steinplatten und Steinchen aller Größen von den hochragenden Felsen über ihnen. Wenn man sie an Frühsommer- und Herbstvormittagen überschreitet, hört man immer wieder Felsstücke herabkollern, die in der Nacht von gefrierendem Spaltenwasser angehoben und von der Sonne losgelöst wurden. In den Bereich des häufigen Steinschlags wagen sich zwar nur wenige Pflanzenarten vor, doch ist man immer wieder erstaunt, wie viel Leben sich auf diesen instabilen Steilhalden entfaltet.

Der erste Eindruck läßt sie unwirtlicher erscheinen, als sie es in Wirklichkeit für Pflanzen sind. Gräbt man den Stengeln der Schuttbewohner nach, so findet man sie nicht selten in gut durchfeuchteter Feinerde wurzeln, die sich nestartig hier und dort angesammelt hat, und die von den nackten und oft abtrocknenden Steinen nur hand- bis fußhoch überdeckt wird (Abb. 350). Am üpigsten gedeihen die Phanerogamen dort, wo abschmelzende Schneereste den Unterboden noch bis weit in den kurzen Sommer

Abb. 349. Rutschende und ruhende Kalkschutthalden mit verschieden dichtem Bewuchs in der unteren alpinen Stufe der Lechtaler Alpen nahe der Stuttgarter Hütte. Kantige Felsstücke aller Größenklassen überdecken den feinerdereicheren Unterboden. Noch im August liegt Schnee auf schattigen Halden und in einigen Mulden im Hintergrund.

hinein mit Wasser versorgen, und wo der Schnee 7 bis 8 Monate als Kälteschutz liegen bleibt. Sonnseitige, offene Steinschutthalden bilden nach ZÖTTL (1953) aber selbst in großer Meereshöhe bemerkenswert warme Standorte, wenn sie rechtzeitig ausapern.

Viele Schutthalden sind heute ohne nennenswerte Steinzufuhr und unbeweglich, so daß die Vegetation jahrhundertelang Zeit hatte, sie zu erobern. Von diesem Ruhschutt sowie von verkappten Seitenmoränen und anderen feinerdereichen und nur oberflächlich durch Steine verhüllten Bildungen soll hier zunächst nicht die Rede sein.

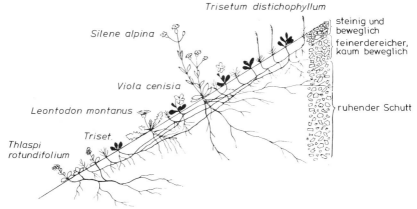

Abb. 350. Wurzelschichtung in einem dichten Bestand der Kalkschuttflur *(Thlaspeetum rotundifolii)* am Glärnisch, 2250 m. Nach JENNY-LIPS, verändert.

Innerhalb der großen Gruppe der Gesteinsschutthalden unterscheiden wir „aktive" (d. h. durch Zufuhr von neuem Material veränderte), „rutschende" (nicht mehr aktive, aber noch instabile), deren Oberschicht durch Fußtritte, Frosthebung, rieselndes Schneewasser und andere kleine Anstöße immer wieder stellenweise in Bewegung gerät, und „ruhende". Letztere haben meist Böschungswinkel von weniger als 37° (bei Grobschutt) bis weniger als 27° (bei Feinschutt), weil sie im Laufe der Zeit zusammengesackt sind. Nach dem Durchmesser der Bestandteile kann man von „Blockschutt" (>25 cm), „Grobschutt" (2–25 cm) und „Feinschutt" (0,2–2 cm) sprechen. Entscheidend für die Besiedelbarkeit einer Schutthalde ist die Menge und Verteilung der noch kleineren Partikel. Am ungünstigsten sind „Blockhalden", wie sie durch Bergstürze, also durch einmalige Ereignisse, entstehen (MAYER 1964 u.a.). Näheres über die mannigfachen Ausbildungsformen der subnivalen, alpinen und subalpinen Schutthalden findet man bei ZÖTTL (1951a), ZOLLITSCH (1966) und anderen, von diesen zitierten Autoren.

Die Vegetation der aktiven, in Bildung begriffenen, und der noch rutschenden Schutthalden läßt sich in eine Gruppe von Kalkschuttfluren *(Thlaspeetalia rotundifolii)* und eine Gruppe von Silikatschuttfluren *(Androsacetalia alpinae,* Tab. 82) sondern. Jede dieser Ordnungen hat viele Charakterpflanzen, während die Zahl der auf allen Gesteinsarten verbreiteten Schuttbewohner (Klassen-Charakterarten der *Thlaspeetea rotundifolii)* relativ gering ist.

Es liegt in der Natur ihres unstabilen und von Ort zu Ort verschieden beschaffenen Wurzelraumes begründet, daß uns die Schuttbesiedler in sehr wechselnden Kombinationen begegnen. Auf Kalk- und Dolomitgeröll der alpinen und nivalen Stufe findet man meistens Vertreter der Täschelkrauthalde *(Thlaspeetum rotundifolii).* Auf feinerem und feuchterem Tonschieferschutt siedelt sich die Berglöwenzahnhalde *(Leontidetum montani)* an. In die subalpine Stufe hinabreichende, mehr oder minder feinerdereiche, feuchte Kalkschutt- und Mergelhänge werden von

Tab. 82. Übersicht der alpinen Gesteinsschutt-Gesellschaften und ihrer Charakterarten.
Nach Angaben von Braun-Blanquet, Oberdorfer und anderen

Klasse:	Gesteinsschuttfluren der Hochgebirge Thlaspietea rotundifolii	
	D *Calamintha nepetoides* *Campanula cespitosa* *C. cochleariifolia* *Galeopsis ladanum* *Gypsophila repens*	D *Hieracium staticifolium* *Linaria alpina* *Rumex scutatus* *Saxifraga biflora* *Scrophularia canina*
Ordnungen:	Karbonat-Schuttfluren Thlaspietalia rotundifolii	Silikat-Schuttfluren Androsacetalia alpinae
	Arabis alpina D *Doronicum grandiflorum* D * *Gymnocarp. robertianum* *Leontodon hisp.* var. *hyoseroid.* D *Saxifraga oppositifolia* (?)	* *Cryptogramma crispa* *Epilobium anagallidifolium* g *Poa laxa* *Ranunculus glacialis*
In den Alpen herrschende Verbände:	Täschelkraut-Schuttfluren Thlaspion rotundifolii (subalpin bis nival)	Alpenmannsschild-Schuttfluren Androsacion alpinae [1]) (alpin bis nival, relativ feucht)
	D *Achillea atrata* *Cerastium latifolium* * *Cystopteris regia* * *Dryopteris villarsii* *Galium helveticum* *Hutchinsia alpina* D *Leucanthemum atratum* g *Poa alpina* var. *minor* * *Polystichum lonchitis* g *Trisetum distichophyllum* *Valeriana supina* *Viola calcarata*	*Cardamine resedifolia* *Cerastium uniflorum* D *Geum reptans* *Saxifraga bryoides* D g *Trisetum spicatum* [1]) Der Verband Senecion leucophyl- lae, der in den trockenen Pyrenäen häufiger ist, wird hier nicht berück- sichtigt.
D = stellenweise häufig * = Farn g = Gras		
bis in die Nivalstufe	Täschelkrauthalde Thlaspetum rotundifolii (alpin bis nival)	Alpenmannsschildhalde Androsacetum alpinae (hochalpin bis nival)
	Moehringia ciliata *Papaver alp.* ssp. *sendtneri* *Saxifraga aphylla* D *Thlaspi rotundifolium* *Viola cenisia*	*Androsace alpina* *Gentiana bavarica* var. *subacaulis* *Saxifraga seguieri*
alpine Assoziationen rel. feuchter Standorte:	Berglöwenzahnhalde Leontodonetum montanei (feinerdereich)	Säuerlings-Steinflur Oxyrietum digynae (humusarm)[2])
	Leontodon montanus *Ranunculus parnassifolius* *Saxifraga biflora* ssp. *macropetala*	*Adenostyles tomentosa* *Cerastium pedunculatum* D *Oxyria digyna*
sonstige Assoziationen (vielleicht besondere Verbände?):	Pestwurzhalde Petasitetum paradoxi (subalpin)	Felsenblümchenhalde Drabetum hoppeanae (alpin, ± kalkreich)
	D ·*Adenostyles glabra* var. *calcarea* g *Poa cenisia* *Valeriana montana*	*Artemisia genipi* *Crepis rhaetica* *Draba fladnicensis* *D. hoppeana* *Pedicularis aspleniifolia*

[2]) Der Braunsimsenrasen (*Luzuletum alpino-pilosae*) humusreicher Böden wurde weggelassen.

verschiedenen Subassoziationen und Varianten der Pestwurzhalde *(Petasitetum paradoxi)* eingenommen.

Grobsteinige und oberflächlich austrocknende Schutthalden, wie sie für Dolomite und Hartkalke charakteristisch sind, gibt es in den Silikatalpen nur ausnahmsweise. Wo sie vorkommen, sind sie nur spärlich bewachsen, und zwar mit Fragmenten des in den Pyrenäen viel besser entwickelten Verbandes *Senecion leucophyllae*.

In der Regel sind die Wachstumsbedingungen auf alpinem Silikatschutt von vornherein günstiger als auf Karbonatschutt, weil er viel reicher an grusig-sandigem Material ist und das Wasser besser hält. Solcher Schutt kommt bald zur Ruhe und wird dann dicht von Gesellschaften des *Androsacion alpinae* besiedelt. Auf andauernde Schuttzufuhr deutet die Subassoziation *nudum* der Alpenmannsschildhalde *(Androsacetum alpinae)* hin. Sie ist als einzige mit dem *Thlaspietum rotundifolii* vergleichbar. Alle übrigen bisher von steinigen Silikatrohböden beschriebenen Gesellschaften bevorzugen stabile Halden (s. Tab. 82 und Abschnitt 3 b).

Auf humusarmem Silikatschutt und standörtlich entsprechenden Jungmoränen siedelt die Säuerlingsflur *(Oxyrietum digynae)*. Länger schneebedeckte und humusreichere Halden sind oft dicht begrünt vom Braunsimsenrasen *(Luzuletum alpino-pilosae)*. Dieser lockere, hygromorphe Rasen leitet meistens über zum Krautweiden-Schneetälchen oder zum feuchten Krummseggenrasen.

Zwischen den Schuttgesellschaften auf Kalk- und auf Silikatgesteinen vermitteln die von ZOLLITSCH (1966) als besondere Einheiten gefaßten Besiedler von Kalkschieferhalden *(Drabetalia hoppeanae)*. Die Sonderstellung dieser neuen, auch von E. PIGNATTI (1970) begrüßten Ordnung haben MERXMÜLLER und ZOLLITSCH (1967) hervorgehoben. Nach Abb. 351 unterscheiden sich die Gesellschaften der Kalkschieferhalden *(Drabion)* und der Kalksteinhalden *(Thlaspion)* hinsichtlich des Bodensäuregrades jedoch nicht voneinander, sondern nur von denen des Verbandes *Androsacion alpinae*. Da die beiden erstgenannten Verbände auch floristisch sehr ähnlich sind und das *Drabion* nach OBERDORFER (1970) kaum eigene Charakterarten besitzt, rechtfertigt sich seine Abtrennung höchstens im Range des Unterverbandes.

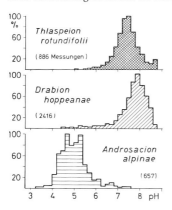

Abb. 351. In der Bodenreaktion unterscheiden sich die Schuttfluren auf Karbonatgesteinen *(Thlaspion)* und Kalkschiefern *(„Drabion")* nicht voneinander. Gemeinsam setzen sie sich von den Silikat-Schuttfluren *(Androsace alpinae)* ab. Nach MERXMÜLLER und ZOLLITSCH (1967), verändert.

Um ihre isolierten und hier und dort neu entstehenden Wuchsorte zu erreichen, müssen alle Pflanzen der Schutthalden und sonstiger Rohböden mit guten Verbreitungsmitteln ausgerüstet sein. ZÖTTL (1951b), SÖYRINKI (1954) und ältere Autoren haben diese gründlich untersucht. Sie fanden übereinstimmend, daß die meisten Arten trotz der kurzen Vegetationsperiode reichlich Samen erzeugen, und daß diese großenteils vom Winde transportiert werden. Manche Fruchtstände verwandeln sich in „Schneeläufer", wenn sie ausapern, z. B. bei *Thlaspi rotundifolium*.

Durch Ansaatversuche erkannte ZÖTTL, daß trotz guter Keimfähigkeit nur wenige Samen zur Entwicklung gelangen, weil sie keine günstigen Bedingungen finden oder schon als zarte Keimlinge wieder zugrunde gehen. Der „Zufall" spielt also bei der Besiedlung von Schutthalden eine große Rolle. Immerhin zeigte sich aber, daß assoziationsfremde Elemente auch bei künstlicher Ansaat völlig versagten. Schon während der

Keimung trifft der rauhe Standort seine Auslese. Hat eine Schuttpflanze erst einmal Fuß gefaßt, so breitet sie sich vegetativ aus, teilweise sogar, indem sie mit abrutschenden Schuttmassen passiv mitwandert (Abb. 350). An Nährstoffen fehlt es ihr nach den Untersuchungen von ZÖTTL (1952) nicht, weil selbst Kalkschutt genügende Mengen davon enthält und weil die „Düngung" durch den im Schnee enthaltenen Schmutz ebenso wie bei anderen dünn besiedelten Rohboden-Standorten eine wesentliche Zufuhr bedeutet. Da auch die Wasserversorgung meistens ausgiebig ist, überwiegen sogar an sonnigen Halden unter den Phanerogamen mesomorphe, oft auffallend zart gebaute Arten mit relativ raschem Zuwachs.

Die zahlreichen von SCHRÖTER (1926), JENNY-LIPS (1930) und anderen Autoren unterschiedenen Wuchsformen dieser Pflanzen kann man in drei große Gruppen zusammenfassen: 1. passiv mitwandernde, 2. Schuttstauer, 3. Schuttüberkriecher. Manche zum Schuttstau befähigten Gewächse verhalten sich zunächst passiv, und manche Schuttüberkriecher helfen schließlich ebenfalls den rutschenden Boden stauen. Nur die Überkriecher bilden Humusdecken und leiten die Bildung von Schuttrendzinen bzw. Schuttrankern ein. Sie können in dieser Rolle schließlich von Rasenpflanzen abgelöst werden.

Eine Sukzession zu den Rasengesellschaften hin ist aber auf Schutthalden nur möglich, wenn der starke Steinschlag aufgehört hat und der Boden im großen und ganzen zur Ruhe gekommen ist. Oft sieht man sie zunächst in langen, den Fallinien folgenden Streifen Fuß fassen, die hinter einem größeren Block, also im „Schatten" der Rutschung und des Steinschlags, beginnen. Namentlich das *Seslerio-Semperviretum* siedelt sich gern auf diese Weise an. Schließlich kann die ganze Halde überwachsen werden, wenn sie nicht durch neue Steinzufuhr aktiviert wird.

Bevor man aus nebeneinander liegenden Streifen mit verschiedener Bewuchsdichte Sukzessionsreihen ableitet, sollte man sich aber stets vergewissern, ob sie alle auf ursprünglich gleichem Substrat leben. Das ist bei den Anfangs- und Endgliedern der bisher in der Literatur beschriebenen Reihen nur selten der Fall. Wie schon BRAUN (1913) betont, muß man in der oberen alpinen wie in der nivalen Stufe die offenen Schuttfluren in der Regel als lokale Schlußgesellschaften (Dauergesellschaften) betrachten. Die Klimaxvegetation der betreffenden Höhenstufe kann sich nur auf von vornherein günstigeren, feinerdereichen Böden einstellen. Da nur wenige exakte Untersuchungen vorliegen, werden wir jedoch hier auf die Sukzessionsfrage nicht eingehen.

Außerhalb der Hochgebirge und höheren Mittelgebirge spielen Steinschuttfluren nur eine sehr untergeordnete Rolle, beispielsweise die Hohlzahnflur (*Galeopsietum angustifoliae*, s. SCHÖNFELDER 1967). Stellenweise hat der Mensch ihren Lebensraum erweitert oder neu geschaffen, z.B. in Thüringen (HILBIG 1971b). Die Schildampferhalde *(Rumicetum scutati)* ist ein Pionier auf trockenem Gesteinschutt im südwestlichen Mitteleuropa (Abb. 381). Feuchtere Kalkschutthalden besiedelt die Rupprechtsfarnflur (*Gymnocarpietum robertiani*, s. Abb. 154 u. 362). Alle drei Gesellschaften gehören nach OBERDORFER (1977) zur Ordnung der Rauhgras-Schuttfluren *(Achnatheretalia calamagrostis),* die nach der in warmen Alpentälern verbreiteten Rauhgrashalde (*Achnatheretum calamagrostis*) benannt wurde.

b Besiedlung junger Moränen in der alpinen und subalpinen Stufe

Nirgends kann man Sukzessionen besser studieren als auf den Vorfeldern großer Gletscher. Ebenso wie in anderen Gebirgen der Erde haben sich auch in den Alpen die meisten Eiszungen seit etwa 100 Jahren mehr und mehr zurückgezogen, weil die Firnzufuhr geringer wurde. Nach ZINGG (1952) büßten sie allein während der Zeit von etwa 1895 bis 1940 in Österreich 28% ihrer Fläche ein, und in Graubünden sogar 30%.

Als Zeichen einer langfristigen Klimaverbesserung, wie sie z.B. in der postglazialen Wärmezeit wirksam war, darf man dieses Abschmelzen aber wohl nicht deuten. Wir leben vielmehr in einer durchschnittlich kühleren Periode, in der Vorstöße und Rückzüge der Alpengletscher miteinander wechseln. Sehr ausgedehnt waren viele Gletscher nach HEUBERGER (1968) in den Zeiträumen 1400–1200 und 900–300 v. Chr. sowie 100–750 n. Chr. Seit etwa 1250 zogen sie sich z.T. stärker zurück als gegenwärtig. Nach KLEBELSBERG (1949) liegen z.B. im Sonnblick- und Glocknergebiet noch heute Bergwerksanlagen aus dem 15. und 16. Jahrhundert unter Gletschern, und alte Bewässerungsgräben im Wallis führen auf manche Gletscher oberhalb ihres heutigen Ausflusses zu. Ein besonders weites Vorrücken verzeichnet HEUBERGER um 1600 beim Rhonegletscher, dessen Bewegungen genau vermessen wurden (s. Abb. 354). Bei anderen Gletschern reichten die Vorstöße von etwa 1820 oder 1850 noch weiter talab. Zu dieser Zeit hatte sich die Grenze des ewigen Schnees um durchschnittlich 100 m

Abb. 352. Der Steingletscher mit seinem Zungenbecken, von der großen Endmoräne aus gesehen. Das Gletschertor ist gerade vom Schatten erreicht worden. Die Seitenmoräne des Höchststandes von vor etwa 100 Jahren ist links deutlich sichtbar. Vorn und rechts erkennt man die kleinen End- und Seitenmoränen, die sich seit 1920 bildeten. Die ausgedehntesten Moränenstaffeln liegen rechts außerhalb des Bildrandes. Weitere Erläuterungen bietet die verallgemeinerte Darstellung in Abb. 353.

gesenkt. Nach vorübergehend starkem Abschmelzen waren neue Schübe um 1890 bis 1900 und 1910 bis 1920 zu beobachten, die wahrscheinlich mit den in rund 30 km Höhe lange Zeit verharrenden Aschenwolken großer Vulkanausbrüche (Krakatau) zusammenhingen.

Das letztgenannte Jahrzehnt war das bisher kühlste in unserem Jahrhundert. Auch einige spätere, kleinere Vorstöße zeichnen sich durch Moränenwälle ab, die sich datieren lassen (Abb. 352). Nur seit etwa 1940 fehlen diese, weil fast alle Gletscher Jahr für Jahr ein neues, je nach den Witterungsbedingungen verschieden großes Stück Moränenboden oder Fels freigaben. Manche Gletscher beginnen in jüngster Zeit wieder vorzurücken; doch liegt vor ihnen noch immer eine Musterkarte verschieden alter Bodenzustände.

Diese Gletschervorfelder stellen für den Vegetations- und Bodenkundler großartige Naturexperimente dar. Schon durch den Vergleich von Aufnahmen verschieden alter Moränen kann er eine recht gute Vorstellung vom Verlauf ihrer Besiedlung gewinnen. Noch exakter ist die Beobachtung von Dauerquadraten, wie sie z.B. LÜDI (1945) am Großen Aletschgletscher und JOCHIMSEN (1963, 1970) in den Tiroler Alpen anlegten.

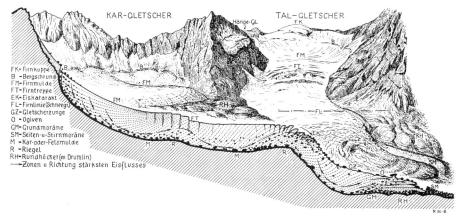

Abb. 353. Halbschematischer Längsschnitt durch einen Gletscher. Nach STREIFF-BECKER (1944), aus ELLENBERG (1963).
Rundhöcker (RH), Seitenmoränen (SM) sowie die Grund- und Endmoränen werden beim Zurückschmelzen des Eises für Pflanzen besiedelbar. Die Firnlinie (FL), d.h. die Grenze, oberhalb derer der Schnee auch im Sommer nicht abschmilzt, liegt etwas tiefer als die klimatische Schneegrenze.

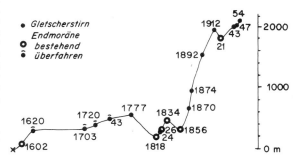

Abb. 354. Der Rhonegletscher, der vor 400 bis 200 Jahren noch das breite Tal ausfüllte, ist seit 100 Jahren mehr und mehr zum Hängegletscher geworden. Nur von 1912 bis 1921 stieß er erneut vor und hinterließ beim weiteren Rückzug eine Endmoräne. Nach Angaben von MERCANTON und RENAUD (1955), aus ELLENBERG (1963).
Abszisse = Zeitmaßstab, Ordinate = Entfernung der Endmoränen bzw. vermessenen Stirnlagen von der Heilquelle in Gletsch (Kreuz links).

Je nach den Klima- und Bodenverhältnissen, der Größe des Gletschers und anderen Umständen verläuft die Vegetations- und Bodenentwicklung verschieden rasch und in ungleicher Weise (Zusammenfassung älterer Untersuchungen bei LÜDI 1958a). Stets beginnt sie aber mit Pionierstadien, die an die Steinschuttfluren erinnern, auch wenn es sich um Moränen handelt, die bis tief in die subalpine Stufe hinabreichen. Fast überall entstehen nach einiger Zeit rasenähnliche Stadien, die teilweise mit alpinen Rasengesellschaften, teilweise mit Schneetälchen oder Quellfluren vergleichbar sind. Das ist auch in tieferen und wärmeren Lagen der Fall, wo sich sehr bald Holzgewächse einfinden und die Entwicklung zu subalpinen Heiden und Wäldern einleiten. Wenn auch fragmentarisch, sind die meisten subalpinen und alpinen Gesellschaften in den Gletschervorfeldern vertreten. Deshalb besprechen wir deren Besiedlung erst jetzt, nachdem wir fast alle natürlichen Vegetationstypen des Hochgebirges kennenlernten.

FRIEDEL beschreibt in mehreren Arbeiten, wie sich aus mehr oder minder zufälligen „Vorgesellschaften" über sogenannte „Halbgesellschaften" die nahezu ausgeglichenen und von scharfer Konkurrenz geprägten „Vollgesellschaften" entwickeln. Schon bei der Entstehung der ersten Pionierstadien wirken aber, ähnlich wie auf den Schutthalden, die Standortsfaktoren und bald auch die Wurzel- und Blattkonkurrenz auslesend auf die von nah und fern herbeigewanderten Neusiedler. Infolgedessen hat jedes Gletschertal seine Besonderheiten, und wir müssen auch bei einer knappen Einführung von bestimmten Beispielen ausgehen.

Als erstes wählen wir den Steingletscher unterhalb der Sustenpaßstraße zwischen Göschenen und Innertkirchen (Abb. 352), weil er leicht erreichbar und als relativ kleiner Gletscher auch gut überschaubar ist und weil er sich für eine erste Exkursion besser eignet als mancher bekanntere

Abb. 355. Säuerlingsflur auf etwa 10jähriger Moräne des Steingletschers, die vorwiegend silikatisch, aber kalkhaltig ist.
Linaria alpina und *Epilobium fleischeri* (links), *Arabis alpina* (Mitte) und *Oxyria digyna* (rechts).

Tab. 83. **Vegetations-Entwicklung im Vorfeld eines alpinen Gletschers, des Hintereisferners** in den Ötztaler Alpen, auf trocknem, sonnexponiertem Moränenschutt. Nach Angaben von Friedel (1938)[1])

		etwa 1890 →									etwa 1890 →					
Entfern.v.Gletscher (10 m) Deckungsgrad (%)		2 +	3 +	4 +	5 1	8 3	10 25 10 40	45 60 90 95	Entfern.v.Gletscher (10 m) Deckungsgrad (%)		2 +	3 +	4 +	5 1	8 3	10 25 10 40	45 60 90 95
Steinschutt- u. Geröllpfl.:									**Rasenpflanzen i.w.S.:**							
Cerastium uniflorum	C	+	+	1	2	1	+ +		g Agrostis rupestris	H			+	1	2 3	1 2
g Poa laxa	H	+	+	1	2	1	+ +		Silene acaulis	C			+	+	2 2	2 1
Cardamine resedifolia	H			+	+	+	+	+ +	g Festuca varia	H			+	+	2 1	1 2
Linaria alpina	H			+	+	1	+ +	+ +	g Poa alpina	H			+	+	1	1 2
Saxifraga bryoides	C			+	+	+	1	1 1	g Deschampsia cespitosa	H			+		+	+ +
Cerast. arv. ssp. strict.	C			+	+	1	+ +	+ +	l Trifolium pallescens	H			+	+	2	4 4
Epilob. anagallidifol.	H			+	+		+	+ +	g Luzula spicata	H				+	+	+ +
Schneebodenpflanzen:									g Festuca rubra	H				+	1 1	1 2
Tanacetum alpinum	H		+	1	1	+	1 1	1 1	g F. halleri	H					+	2 +
Cerastium cerastoides	C			+		+	+ +	+ 1	Campanula scheuchz.	H					1	+ 1
Sagina saginoides	H				+	+	+ 1	+ +	Leontodon hispidus	H					+	+ +
Arenaria biflora	C				+	+		+ +	Senecio abrotanifolius	C					+	+ +
Salix herbacea	Z					+	+ +	1 2	g Nardus stricta	H					1	2 2
m Polytrichum sexangul.						+		+ +	g Anthoxanth. odorat.	H					+	1 1
Sedum alpestre	C					+	1	+ +	Thymus serpyllum	C						2 1
Gnaphalium supinum	H					+	+ +	+ +	l Lotus corniculatus	H						2 1
übrige Moose:									l Trifolium badium	H						1 1
Pohlia spec. (kurzlebig)			+	+	+	+	+ 2		g Phleum alpinum	H						+ +
Funaria hygrometr. (··)			+	+		+			l Trifolium thalii	H						+
Polytrichum juniperinum				+	+	+	2 2	3 3	**Halbparasiten:**							
Rhacomitrium canesc.					+	+	1 2	1 +	Euphrasia minima	T					+	2 1
Polytrichum piliferum						+	+	+ +	Bartsia alpina	G						+ +
schwarze Lebermoose							+ 2	+	g = Grasartige, l = Leguminose, m = Moos. **Lebensform:** C = krautiger Chamaephyt, Z = holziger Chamaephyt, H = Hemikryptophyt, G = Geophyt, T = Therophyt.							
Flechten:																
Stereocaulon alpinum							+ +	+ +								
Cetraria islandica								+ +								
Cladonia pyxidata								+								

[1]) Die Ziffern bedeuten Mengen nach der Braun-Blanquet-Skala; halbfett = für das Stadium kennzeichnende Arten. Probeflächen 50 – 100 m². Chamaephyten, Hemikryptophyten und einige Moose sind Pioniere; Flechten und Ernährungsspezialisten erscheinen verhältnismäßig spät.

Gletscher. Ähnlich wie bei anderen großen Eisströmen tragen mehrere Firnfelder zur Bildung des Steingletschers bei. Die abschmelzende Zunge mündet mit einem nur zeitweilig offenen Gletschertor in einen See, dessen Becken sie um 1920 ausschürfte und mit einem hohen Moränenwall abschloß. Am Ufer erkennt man, daß der See früher etwa 5,5 m höher war. Am 31. Juli 1956 durchbrach er die Moräne und riß mit seinen Wassermassen das breite Bachbett auf, das man oberhalb des Hotels überbrückt hat. Noch in den zwanziger Jahren erwog man, ob man das Hotel nicht verlegen müsse, weil der Gletscher unaufhaltsam vorrückte. Heute hat man eine gute Viertelstunde zu gehen, um ihn zu erreichen.

In der rechten, steil abfallenden Seitenmoräne des Gletschers erkennt man noch Toteisreste. An der linken Seite dagegen hatte der Gletscher Platz, sich auszudehnen und eine lange Staffel von kleinen parallelen Moränenwällen zu bilden (Abb. 352 u. 353).

Das erst vor wenigen Monaten freigegebene, sandig-steinige Bodenmaterial in unmittelbarer Nähe des Eises ist noch gänzlich pflanzenleer. Aber schon auf einjährigen Moränen findet man bei sorgfältigem Suchen die ersten Keimlinge von *Epilobium fleischeri,* einem der häufigsten Pioniere auf genügend feuchten Rohböden. *Oxyria digyna* und andere Arten, deren Samen ebenfalls vom Winde herangetragen wurden, gesellen sich hinzu. In den folgenden zwei bis drei Jahren wird der noch immer moos- und flechtenfreie Boden übertupft von rosarot blühenden Weidenröschen, braunroten Säuerlings-Gruppen und saftiggrünen Horsten der Alpenrispe *(Poa alpina),* die sich als eines der ersten Gräser ansiedelt. Zwischen den Vertretern der Silikatschuttflur *(Oxyrietum)* leuchten an etwas feuchteren Stellen die braungelben Blütensterne von *Saxifraga aizoides.* Nicht selten sieht man auch die blauen Blüten des Alpen-Leinkrautes *(Linaria alpina),* das ähnlich wie *Arabis alpina* (Abb. 355) auf Kalkschuttfluren zu Hause ist und darauf hindeutet, daß die junge Moräne noch bis zur Oberfläche Karbonate enthält. Wo vorwiegend sandige Feinerde abgelagert wurde, bilden nach einigen Jahren Moose und später auch Flechten die ersten Teppiche, vor allem *Rhacomitrium canescens* und *Stereocaulon alpinum*. Schon früh tritt also eine standörtliche Sonderung auf den Moränen ein. Keineswegs ist es der Zufall allein, der über die Besiedlung der eisfrei gewordenen Rohböden bestimmt.

Auf nicht zu steinigen Seitenmoränen beginnt sich nach etwa 10–20 Jahren ein Rasen einzustellen, der immer artenreicher und dichter wird. Gelegentlich auf ihm weidende Rinder säen mit ihrem Kot Kleearten an, die sich bald konzentrisch ausbreiten. In den wenigen abflußlosen, lange wassererfüllten Dellen zwischen den Moränenwällen fassen Arten der Braunseggen-Moore Fuß. Auf weniger nassen Plätzen breiten sich Spalierweiden aus, namentlich *Salix serpyllifolia* und *Salix reticulata*.

Abb. 356. Seitenmoränen des Großen Aletschgletschers unterhalb des Aletschwaldes (links). Phot. LÜDI.
Auf den älteren Moränen (Mitte) haben sich 1944 bereits viele Lärchen und einzelne Arven angesiedelt. Die jüngeren Moränen (rechts) sind noch gehölzfrei.

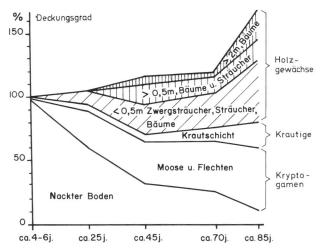

Abb. 357. Deckungsgrade der Vegetationsschichten von Probeflächen auf Seitenmoränen zunehmenden Alters am Gr. Aletschgletscher (vgl. Abb. 356). Nach LÜDI (1945), verändert.
Nach 4–6 Jahren blieben mehr als 95% der Bodenfläche nackt, nach 85 Jahren nur noch etwa 10%. Holzgewächse bedeckten inzwischen zusammen fast 90%. Die Schichten überlagern sich teilweise, so daß die Summe der Deckungsgrade aller Schichten über 100% anwächst.

Mindestens 30 Jahre vergehen jedoch, bis hier und dort einige aufrecht wachsende Holzpflanzen hochkommen. Es ist bezeichnend, daß dies am ehesten *Rhododendron ferrugineum* gelingt, einem vom Vieh geschonten Weideunkraut. Auf den älteren, nicht mehr datierbaren Moränen am Westrande des Gletschertales bildet die Alpenrose dichte Heiden, die mit scharfer unterer Grenze den Beginn des schon lange eisfreien Geländes markieren. Einzelne weiter oben zwischen Blöcken aufragende Bergföhren darf man als Reste eines ehemals ausgedehnteren subalpinen Waldes deuten, der in der Höhe des Gletschervorfeldes, etwa 1800 m ü. M., durchaus gedeihen könnte. Auf den leicht zugänglichen jüngeren Moränen verhinderte das Vieh die Ansiedlung von Wald-

Tab. 84. **Sukzession in der subalpinen Waldstufe auf Seitenmoränen des Aletschgletschers.**
Nach Aufnahmen von J.-L. Richard (1968), Auswahl[1]). Ökologische Bewertung nach Ellenberg (1974)

Laufende Nr.:	1	2	3	4	5		Laufende Nr.:	1	2	3	4	5	T	R	N
Zeit seit Rückgang des Gletschers (Jahre) min.	5	10	30	60	100	Ökologische Bewertung	**Bäume:**[2])								
							Larix decidua	K	+	1	3	X	X	3	
max.	10	30	60	100	?		*Picea abies*	K	+			2	3	X	X
Deckungsgrade (%) Baumschicht	–	–	–	5	10		*Pinus cembra*	· K	+	1	+	2	4	X	
Str.-u.Kr.- "	10	10	60	90	40		*Betula pendula*	K	+				X	X	X
Moosschicht	–	10	10	30	10	T R N	**Sauerhumus-Pflanzen:**								
Kräuter-Pioniergruppe:							Z *Empetr. hermaphrod.*		+	1	·	3	4	?	
Oxyria digyna	1	1				1 3 X	Z *Vaccin. vitis-idaea*		+	·	+	X	2	2	
Cerastium peduncul.	+	1				– – –	*Pyrola minor*		+	·	·	X	3	2	
Linaria alpina	1	1	·			X 8 2	*Orthilia secunda*		+	+	2	X	2	2	
Arabis alpina	+	+	·			2 9 3	Z *Calluna vulgaris*		·	+	·	X	1	1	
Achilla moschata		+				– – –	Z *Rhodod. ferrugineum*		·	2	·	X	2	2	
Weiden-Moos-Pioniergr.:							Z *Vaccin. uliginosum*		·	2	·	X	1	3	
S *Salix appendiculata*	·	+	·	·	·	3 8 5	Z *V. myrtillus*			+	+	X	2	3	
Z *S. reticulata*		+	+	·		3 9 3	*Avenella flexuosa*			+	+	X	2	3	
Z *S. herbacea*		+	·	·		2 3 4	*Luzula s.* ssp. *sieberi*			+	+	3	2	3	
Z *S. retusa*		+	1	1		2 8 4	p *Melamp. sylvaticum*			+	1	X	2	2	
S *S. helvetica*		+	1	+	·	– – –	*Huperzia selago*			+		3	3	5	
S *S. hastata*		+	+	·		3 7 4	**Spätansiedler:**								
S *S. foetida*		·	+	·		– – –	S *Sorbus aucuparia*				+	X	4	X	
Z *S. serpyllifolia*			3	+		2 9 2	S *Salix caprea*				+	X	7	7	
S *S. purpurea*			·	+	+	5 8 X	*Dactylorhiza macul.*				+	X	X	?	
M *Rhacomitr. canesc.*		2	1	2	2	– – –	M *Dicranum scoparium*				1	–	1	–	
Leguminosen-Gruppe:															
Trifolium badium	·	2	2	2	·	3 8 X	[2]) halbfett = in der Baumschicht								
T. pallescens	+		2	2	1	– – –	K = in der Krautschicht								
Lotus cornic. var. *alp.*			1	+	1	X 7 3	+ u. 1 = in der Strauchschicht								

[1]) Es handelt sich um Aufnahmen einzelner Probeflächen; die Ziffern bedeuten also Mengen nach der Skala von Braun-Blanquet. Die ausgewählten Beispiele haben alle etwa die gleiche Exposition (NW bis W) und Hangneigung (50–70% = ca. 25–35°); sie liegen zwischen 1680 und 1970 m ü.M., d.h. in der Stufe des subalpinen Lärchen-Arvenwaldes, von dem sich ein bedeutender Restbestand (der sog. Aletschwald) oberhalb der Seitenmoränen befindet.

· = in den übrigen Aufnahmen des gleichen Stadiums vorhanden. S = Strauch, Z = Zwergstrauch, M = Moos, p = Halbparasit (Ernährungsspezialist).

Nr. 1: **Steinflur**-Pioniervegetation (*Oxyria-Cerastium*-Stadium),
    2: desgl. mit jungen Holzgewächsen (*Oxyria-Cerastium-Salix*-Stadium);

Nr. 3: **Weidengebüsch**-Leguminosen-Stadium (*Salix-Trifolium*-Stadium),
    4: desgl. mit Alpenrosen und Jungbäumen (*Salix-Trifolium-Rhododendron*-Stadium);

Nr. 5: **Lärchen**-Jungwald (*Larix*-Waldstadium).

Im Gegensatz zu Gletschervorfeldern in der alpinen Stufe beteiligen sich viele Holzgewächse an der Sukzession, und Bäume stellen sich schon auf den nackten Boden ein.
    Die meisten Ansiedler stammen aus der subalpinen Stufe (T3) oder sind indifferent (TX). Unter den Pionieren überwiegen kalkbedürftige (R7–9), obwohl im Einzugsgebiet des Gletschers saure Gesteine anstehen. Die geringen Basenvorräte der Moränen werden aber rasch ausgewaschen. Säurezeiger (R1–3) beherrschen daher das Waldstadium. Die Stickstoff-Ernährung ist selbst in den älteren Stadien noch mangelhaft. Genügsame Arten (N1–4) geben daher den Ton an.

bäumen. Nach langem Suchen findet man höchstens einmal eine stark verbissene, winzige Fichte. Durch das Weidevieh wird also die Vegetationsentwicklung teils beschleunigt, teils gestört und aufgehalten, eine Tatsache, mit der man bei fast allen feinerdereichen und deshalb rasch begrünten Gletschervorfeldern in den Alpen rechnen muß.

Viele kleine Gletscher enden bereits in der mittleren oder oberen alpinen Stufe, also weit oberhalb der Waldgrenze. Hier verläuft die Besiedlung weniger rasch, weil das Klima ungünstiger ist, und ähnelt mehr derjenigen der Schutthalden. Im Vorfeld des Hintereisferners beispielsweise, das zwischen 2400 und 2250 m Meereshöhe liegt, nimmt die Zahl der Arten im Laufe der Jahre auf trockenem Moränenmaterial nur langsam zu (Tab. 83). Daneben stellte FRIEDEL (1938 a) Entwicklungsreihen fest, die zu Schneetälchen oder Quellfluren hinführen. In schattiger Lage geht die Entwicklung auf trockenem Moränenschutt etwas andere Wege als an der Sonnenseite des Tales. Allgemein- und Lokalklima sowie Feinerdereichtum und Wasserführung des Neulandes treffen also auch hier eine schon früh erkennbare Auslese.

Auf den linken Seitenmoränen des Großen Aletschgletschers, die ebenfalls viel Feinerde enthalten, weidet heute kein Vieh mehr, so daß man hier den Fortgang der Sukzession besser studieren kann (Abb. 356). Sie wurde von LÜDI (1945 b) und J. L. RICHARD (1968) eingehend beschrieben. Ihre Anfangsstadien sind leider schlecht zu unterscheiden, weil der Riesengletscher in den letzten hundert Jahren etwa 100 m niedriger geworden ist und die Seitenmoränen nur einen übersteilen, immer wieder nachrutschenden Hang bilden. Nur stellenweise blieben sie als verschieden alte Terrassen stehen. Hier finden sich ebenfalls zuerst krautige Phanerogamen ein (Abb. 357 u. Tab. 84). Bald nach den Moosen und Flechten, die einige Jahre später erscheinen, kommen aber bereits Zwergsträucher, Sträucher und Bäume (vor allem Lärchen) hoch. Entsprechend dem subalpinen Klimacharakter steuert die Entwicklung rasch auf den Lärchen-Arvenwald zu, so daß die Gräser und Kräuter nur vorübergehend hohe Deckungsgrade erreichen.

Manche großen Blöcke auf der breiten Mittelmoränen sind schon lange mit Flechten bewachsen, bevor sie auf dem Vorfeld abgelagert werden. Man kann sie dort gut von den glattgeschürften, nackten Geschieben unterscheiden, die das abschmelzende Eis freigibt. Auf den Mittelmoränen des Unteraargletschers gedeihen zahlreiche Phanerogamen, die man auf denen des Aletschgletschers und anderer großer Eisströme nur vereinzelt findet. LÜDI (mdl.) hat sogar Holzgewächse auf solchen instabilen Standorten beobachtet.

Auch der Morteratschgletscher oberhalb Pontresina zog sich sehr rasch zurück, wie einige datierte Blöcke erkennen lassen. Sein Vorfeld ist übersät von großen Geschieben und nur in den älteren Abschnitten stellenweise feinerdereich und tiefgründig. Daher wechseln hier dicht beraste und z. T. schon von Lärchen und Arven besetzte Mulden mit noch immer fast kahlen Blockpackungen und locker bewachsenen, weniger steinigen Moränenbuckeln (s. LÜDI 1958 b, BRAUN-BLANQUET 1951). Hier ist es unbedingt nötig, den Einfluß der Bodenbeschaffenheit und der Besiedlungszeit auseinanderzuhalten. Die landschaftlich eindrucksvollen und oft von Exkursionen besuchten Großgletscher der Schweizer Alpen bieten also schwierigere Bedingungen für vergleichende Sukzessionsstudien als manche kleineren. Das gilt auch für den besonders genau vermessenen Rhonegletscher.

Die meisten bisher genau untersuchten Gletschervorfelder bestehen vorwiegend aus karbonatarmen Gesteinen. Nur der Hüfigletscher (LÜDI 1934) brachte Kalkmaterial, und hier verlief die Vegetationsentwicklung ähnlich wie auf Kalkschutthalden. Leider ist aber der Untergrund des Tales, der seitlich vom Gletscher bloßgeschürft wurde, ausgesprochen kalkarmer Gneis. Die großen Unterschiede im Karbonatgehalt, im p_H-Wert sowie in der Menge und Qualität des Humus, die LÜDI beim Vergleich junger Alluvionen und älterer Rundhöcker feststellte, dürfen deshalb nicht schlechthin als Folgen fortschreitender Bodenbildung gelten. Gerade bei den Rundhöckern und ihrer Feinerdedecke handelt es sich wohl um primär basenarmes Material. Im Vorfeld des Oberen Grindelwaldgletschers, der ebenfalls tief in die Waldstufe hinabreicht, aber recht einheitliches Moränenmaterial hinterließ, fand LÜDI (1945 b) nämlich, daß die Bodenreifung sehr langsam voranschreitet.

Wenn die Bodenversauerung bereits im niederschlagsreichen Berner Oberland und in nur 1250 m Höhe über dem Meere so langsam verläuft, um wieviel weniger rasch kann sie dann 1000 m höher, in der alpinen Stufe, erfolgen, wo alle bodenbildenden Prozesse gehemmt werden (s. Abschnitt 1 f)! Nur die Humusanreicherung macht auf den Gletschervorfeldern verhältnismäßig rasche Fortschritte, vor allem in der montanen und subalpinen Stufe, wo Bäume, Zwergsträucher und Waldmoose dabei mitwirken. Doch auch ohne deren Hilfe sammeln sich auf jungen Moränen organische Stoffe an, sei es aus den Resten der darauf wachsenden Phanerogamen und Kryptogamen, sei es durch den vom Schnee aufgefangenen Staub. Ein guter Wertmesser für diese Anreicherung ist der Gehalt des Oberbodens an gebundenem Stickstoff (Abb. 358). Nach und nach erhöht sich das umlaufende Nährstoffkapital, bis ein Optimalzustand erreicht ist, der je nach Klima und Bodenbeschaffenheit unterschiedlich sein dürfte.

Im Vergleich zu den mitteleuropäischen ist die Vegetations- und Bodenentwicklung in den arktischen Gletschervorfeldern aufschlußreich, die vom Menschen kaum beeinflußt wurden (IVES u. BARRY 1974). Als Beispiele seien einige von VIERECK (1966) mitgeteilte Daten vom kiesigen Vorfeld des Muldrow Glacier in Alaska angeführt. Hier ist schon auf 25- bis 30jährigen Abschnitten kaum noch nackter Boden sichtbar. Nach 200–300 Jahren haben sich alle Arten der Klimaxvegetation eingestellt. Doch sind die ausgeglichenen Stadien derselben mindestens 5000 Jahre alt, und entsprechend lange dauert die Bodenentwicklung.

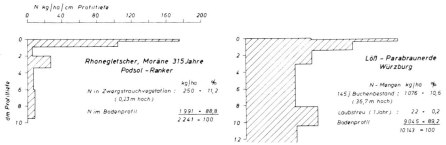

Abb. 358. In jungen Moränenböden ist weniger Stickstoff angesammelt als in den alten, mindestens seit Ausgang des letzten Spätglazials mit geschlossenen Pflanzenbeständen bedeckten Böden Mitteleuropas. Nach ZÖTTL (1965), teilweise nach Angaben von JENNY, etwas verändert.

9 Vegetation der Felsen und Steinblöcke

a Felsspaltenbesiedler

Je höher man im Gebirge steigt, desto mehr bestimmen Felsschroffen das Landschaftsbild. Doch selbst die höchsten Grate und steilsten Abstürze sind in den Alpen und anderen mitteleuropäischen Hochgebirgen nicht ohne Pflanzenleben, vorausgesetzt daß sie zumindest einige Monate lang schneefrei bleiben (Abb. 359). Sie sind das Reich der austrocknungsbeständigen und kälteharten Flechten. Phanerogamen vermögen sich nur vereinzelt in Rinnen und Spalten der Felsen oder auf ihrem Trümmerschutt anzusiedeln und erreichen die höchsten Gipfel nur vereinzelt (s. Abb. 366).

Von der subalpinen bis in die nivale Stufe hinauf findet man aber überraschend zahlreiche Arten, die sich mit der wenigen Feinerde in millimeter- bis zentimeterbreiten Felsspalten begnügen (s. Tab. 85). Sie wachsen durchweg sehr langsam und würden sich auf besseren Böden nicht behaupten können. Einzelne Farne, z.B. *Asplenium trichomanes, A. ruta-muraria* und *A. septentrionale,* sind im Tiefland häufig und haben dort auch von Mauerfugen Besitz ergriffen. Die meisten alpinen Felsspaltenbewohner wagen sich aber kaum bis in die montane Stufe hinunter, selbst wenn dort Felswände zur Verfügung stehen. Auf die Gründe hierfür werden wir zurückkommen.

Im alpinen und nivalen Klima siedeln die Chasmophyten (Felsspaltenbewohner) gern an der Sonnenseite und genießen die Wärmegunst solcher vollbestrahlten Standorte. Schon im Mai wurden an Felsen über der Waldgrenze bis zu 35°C gemessen, und auch in den folgenden Monaten steigen die Temperaturen oft über 20° (Abb. 360). Infolge der großen Wärmekapazität des kompakten Gesteins bleiben sie auch nachts höher als die Temperatur der Luft. An senkrechten Südwänden ist die Einstrahlung im Frühling und Herbst größer als im Hochsommer. An keinem Orte über der Waldgrenze dauert daher die Vegetationsperiode so lange wie hier. Da der Schneeschutz im Winter fehlt, müssen die alpinen Felspflanzen jedoch Fröste von $-20°$ und mehr ertragen. In der nivalen Stufe sind die Spalten schattseitiger Felsen dauernd vereist und aus diesem Grunde für höhere Pflanzen ungeeignet.

Wie schon OETTLI (1904) und WETTER (1918) an vielen gründlich untersuchten Beispielen dargelegt haben, siedelt fast jedes Pflanzen-Individuum an einer Felswand unter besonderen Bedingungen. Doch kann man gewisse Typen des Verhaltens unterscheiden (vgl. Abb. 361a).

Lediglich einige Algen und die meisten Flechten vermögen auf der nackten Gesteinsoberfläche Fuß zu fassen. Die Flechten dringen mit ihren Rhizoiden in kleine Sprünge ein und klammern sich

Abb. 359. Schroffe und rauhe Felsen, vom Eis ausgeschliffene Karböden (rechts), lockere Schutthalden und Moränen (Vordergrund) sind die Formelemente der alpinen Stufe auch in der Hohen Tatra. Phot. OSVETA.
Die dunklen Flecken auf den Moränen sind Latschen. An den Felsen herrschen Flechtenüberzüge; spaltenbewohnende Phanerogamen treten von weitem nicht in Erscheinung. Lomnitzer Spitze (2634 m) und Skalnatého-See (1752 m ü. M.).

damit fest. WETTER stellt sie als „Rhizolithophyten" den „Exolithophyten" gegenüber, d. h. den nur an der Oberfläche haftenden Algen. Manche Algen (vor allem Cyanophyceen) dringen aber mehrere mm tief in Karbonatgesteine ein und leben somit als „Endolithophyten". Nach DIELS (1914), der diese Spezialisten an den Südtiroler Dolomitriffen als erster ökologisch untersuchte, staffeln sich verschiedene Arten gemäß dem Lichtgenuß und müssen teilweise als ausgesprochene Schattenpflanzen gelten. Obwohl oft weniger als 1 cm von ihnen entfernt, fristen die Exolithophy-

Tab. 85. Felsspalten-Gesellschaften Mitteleuropas und ihre Charakterarten.
Nach Angaben von Braun-Blanquet, Oberdorfer und anderen [1])

Klasse: (relativ wenige gemeinsame Arten!)	Felsspaltenfluren der Gebirge Asplenietea rupestria	
	* *Asplenium trichomanes* *Draba dubia* *Hieracium amplexicaule*	*Sedum dasyphyllum* *Valeriana tripteris* *Veronica fruticans*
Ordnungen:	**Karbonat**-Felsspaltenfluren Potentilletalia caulescentis [3])	**Silikat**-Felsspaltenfluren Androsacetalia vandellii
Verbände:	Potentillion caulescentis	Androsacion vandellii [2])
Ordnungs- und Verbands- Charakterarten (V) = Verband	* *Asplenium ruta-muraria* g *Carex mucronata* (V) * *Cystopteris fragilis* (V) s *Daphne alpina* *Draba aizoides* *Erigeron alpinus* ssp. *glabratus* (V) g *Festuca alpina* (V) g *F. pumila* (V) *Hieracium bupleuroides* (V) *Kernera saxatilis* (V) *Minuartia rupestris* (V) *Moehringia muscosa* (V) *Poa glauca* *Potentilla clusiana* (V) *Primula auricula* (V) s *Rhamnus pumila* *Saxifraga paniculata* *Silene saxifraga* *Valeriana saxatilis*	* *Asplenium adiantum-nigr.* (V) * *A. septentrionale* *Epilobium collinum* (V) *Erigeron gaudinii* (V) *Primula hirsuta* (V) * *Woodsia ilvensis* (V) (Felsspalten im Silikatgestein bieten ein weniger günstiges Substrat als Spalten in leichter verwitterndem Karbonatgestein) [2]) Dieser Verband kommt auch in den Pyrenäen vor, die übrigen Verbände sind mitteleuropäisch.
Assoziationen in der **alpinen** Stufe:	**Schweizermannsschild-Felsflur** Androsacetum helveticae *Androsace helvetica* *Draba ladina* *D. tomentosa*	**Vielblütenmannsschild-Felsflur** Androsacetum vandellii *Androsace vandellii* *Artemisia mutellina* *Eritrichium nanum* *Minuartia cherlerioides*
Assoziationen vorwiegend in **Tieflagen**:	**Stengelfingerkraut-Felsflur** Potentillo-Hieracietum humilis (montan bis subalpin) g *Festuca stenantha* *Hieracium humile* *Potentilla caulescens* [3]) [3]) Die namengebende Art steigt nicht in die alpine Stufe!	**Haarprimel-Felsflur** Asplenio-Primuletum hirsutae (insubrisch bis alpin) *Erysimum rhaeticum* *Phyteuma scheuchzeri* *Saxifraga aspera* var. *intermedia* *S. cotyledon*

[1]) Außerhalb der Alpen und anderer hoher Gebirge kommen weitere Gesellschaften vor.
s = Spalierstrauch, * = Farn, g = Gras oder Grasartige

ten – mit Ausnahme der in Abschnitt b erwähnten Tintenstriche – dagegen ihr Dasein als lichtliebende Xerophyten. Auch einige Flechten können in Karbonatgestein eindringen und dort „Innenkrusten" bilden.

Während gewisse Algen und Flechten bei genügender Feuchtigkeit am nackten Fels gedeihen, bedürfen Moose und höhere Pflanzen einer mehr oder minder mächtigen Humus- und Feinerdeschicht, um sich ansiedeln zu können. Sie sind also „Chomophyten" (Detrituspflanzen) i.w. S.

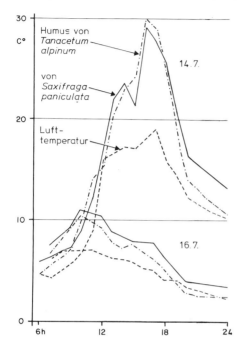

Abb. 360. Temperaturgänge im Humus von Gneis-Felsspalten an einem klaren und einem trüben Julitag im Jahre 1914; nahe der Rotondohütte, 2570 m ü.M. in SSW-Exposition. Nach WETTER (1918), verändert.

Bei Besonnung schwanken die Temperaturen in den Felsspalten außerordentlich stark und erreichen in der oberen alpinen Stufe Grade, die in Waldböden selbst der collinen Stufe selten sind.

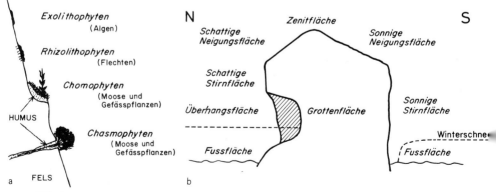

Abb. 361.
a Typen von Felspflanzen (Petrophyten). Nach WETTER (1918), verändert.
b Wichtige Felsstandorte, insbesondere für Flechten. Nach FREY.

Die verschieden stark besonnten und windexponierten Flächen bieten durch hinuntersickerndes Wasser, Vertiefungen, Spalten usw. noch mannigfach abgewandelte Standortsbedingungen, die hier im einzelnen nicht aufgeführt werden können.

Das feine Material kann von Böden stammen, die oberhalb des betreffenden Wuchsortes anstehen, oder es kann sich im Laufe langer Zeiträume aus organischen und anorganischen Staubablagerungen angesammelt haben. Je nachdem, ob die Feinerde auf Vorsprüngen oder in Spalten des Felsens liegt, unterscheidet man Chomophyten i. e. S. und „Chasmophyten" (Spaltenpflanzen).

Bei Studien der Felspflanzen in der Tschechoslowakei kam ČEŘOVSKÝ (1960) zu einer verfeinerten und teilweise abweichenden Lebensformen-Einteilung. Bei den Kryptogamen unterscheidet er:
- Exo- und Endolithophyten,
- Chasmolithophyten (z. B. manche Moose),
- Mikro-Lithophagophyten (d. h. aktiv den kompakten Fels zerstörende Flechten und Moose).

Bei den Phanerogamen (und Gefäßkryptogamen) gibt es:
- Makro-Lithophagophyten,
- Exo- und Endochasmophyten,
- Exo- und Endochomophyten.

Im großen und ganzen steigt in dieser Reihenfolge die verfügbare Humusmenge sowie die Wasser- und Nährstoff-Versorgung.

Sowohl im Kalkfels (OETTLI) als auch im kristallinen Gestein (WETTER) sind die humosen Spaltfüllungen überaus dicht von Detritus fressenden Tieren (z. B. von Insektenlarven, Würmern und Asseln) belebt und stellen deshalb sehr fruchtbare Nährböden dar. Nicht selten geraten hier die Wurzeln verschiedener Chasmophyten in heftigen Wettbewerb und nutzen jeden sich bietenden Winkel aus. Der Augenschein trügt also: auch an Felsen wachsen die Pflanzen nur ausnahmsweise so isoliert, daß die Konkurrenz unter ihnen keine Auslese treffen könnte. Zumindest gilt dies für das alpine Klima und für noch wärmere Lagen, während der Wettbewerb in der nivalen Stufe tatsächlich bedeutungslos sein dürfte.

In ihrer Wuchsform erweisen sich die Felsbewohner durchaus nicht alle als eigens „angepaßt" an ihren exponierten Standort. Fast alle in der Nähe vorkommenden Arten können gelegentlich einmal an Felsen auftreten. Aber nur die genügsamen und unempfindlichen halten sich auf die Dauer. Extremen Temperaturwechsel, verbunden mit zeitweiliger Trockenheit, ertragen dichte Polsterpflanzen wie *Androsace helvetica* (Abb. 366) und viele Moose am besten.

Sie steigen hoch empor, werden aber von Arten begleitet und sogar überboten, die auch ohne solche Baueigentümlichkeiten das gleiche leisten, z. B. von Rosettenpflanzen, wie die *Draba*-Arten oder *Kernera saxatilis*, und von Grasartigen, wie *Poa nemoralis* und *Carex mucronata*. Manche Arten sind halbsukkulent, können also mit gespeichertem Wasser haushalten, beispielsweise *Sedum dasyphyllum, Saxifraga paniculata* und *Primula auricula*. Von letzterer wies WETTER nach, daß sie ohne Wasserzufuhr noch nach mehr als einem Monat nicht ausgetrocknet ist.

Spaliersträucher sind an steilen Felswänden überraschend selten, auch dort, wo diese viele Spalten aufweisen. An den Stein angeschmiegte Zwergsträucher kommen offenbar erst dort zur Geltung, wo der aus abgestorbenen Blättern gebildete Humus liegenbleibt, d. h. an wenig geneigten Wänden und an Steinen, die aus Moränen aufragen. Nur hier gedeihen die bekannten Spalierbildner wie *Salix reticulata, S. serpyllifolia, S. retusa, Dryas* und *Globularia cordifolia* in dichten Beständen.

Was schon für die Besiedler von Schuttfluren festgestellt wurde, gilt auch für die Chasmophyten. Vom Wind verbreitete Arten, deren Anteil nach PIKULA (1963) mit steigender Meereshöhe zunimmt, herrschen vor; und Samenbildung erfolgt besonders in sonnigen Jahren reichlich, wie NOSOVA (1975) im Pamirgebiet nachwies. Einige Felsspalten-Spezialisten werden von Insekten verbreitet, vor allem von Ameisen. Doch spielen diese erst in der subalpinen Stufe und in noch tieferen Lagen eine nennenswerte Rolle.

An Felsen wechseln die Standortsbedingungen schon auf kleinstem Raume. Man hat es daher selten mit einer einzigen Pflanzengesellschaft zu tun, sondern mit Vegetationskomplexen, deren Auflösung und Systematisierung Schwierigkeiten bereitet (STÖCKER 1965 b). Wichtig ist in jedem Falle die chemische Beschaffenheit des Gesteins. Viele der in Tab. 85 aufgeführten Charakterarten der Kalkfelsfluren (*Potentilletalia* und *Potentillion caulescentis,* Abb. 362) sind ausgesprochen kalkhold. Nicht wenige Vertreter der Silikatfelsfluren *(Androsacetalia* und *Androsacion vandellii)* bevorzugen dagegen kalkarmes Gestein. Aus kristallinen und sandigen Steinen aufgeschichtete Mauern tragen meist eine Kalkflora in ihren Fugen, weil sie mit Mörtel errichtet wurden. Nach MEIER und BRAUN-BLANQUET (1934) kann man in beiden Ordnungen zahlreiche Assoziationen unterscheiden. Die floristisch mannigfaltigsten Gesellschaften findet man nicht im alpinen, sondern im submediterranen Raum, wo Relikte aus dem Tertiär die Eiszeiten überdauerten. Das gilt wohl auch schon für die südlichen Alpen, deren Felsspaltenfluren nach SUTTER (1969, s. Abb. 363) besonders reich an endemischen Sippen sind.

J. L. RICHARD (1972) schlägt in Anlehnung an OBERDORFER und Mitarb. (1967) vor, den Verband *Potentillion caulescentis* aufzuteilen und in folgender Weise einzuengen:
1. *Potentillion caulescentis* s. str. (Kalkfelsfluren warmer Lagen) mit dem namengebenden Fingerkraut sowie *Hieracium humile, Asplenium ruta-muraria, Kernera saxatilis* usw.
2. *Cystopteridion* (Kalkfelsfluren schattig-kühler Lagen) mit den Blasenfarnen *Cystopteris fragilis* und *C. regia* sowie mit *Asplenium viride, Phyllitis scolopendrium* und *Carex brachystachys.* Diese ökologisch sehr einleuchtenden Verbände faßt RICHARD zur Ordnung *Asplenietalia rutae-murariae* zusammen.

Am Beispiel der Westkarpaten empfehlen JURKO und PECIAR (1963), die moosreichen Pflanzenüberzüge schattiger Felsen als eine neue Klasse *(Polypodietea)* abzusondern. Doch haben diese so gut wie keine eigenen Arten und werden in erster Linie von Waldpflanzen gebildet, z. B. von *Polypodium vulgare, Oxalis acetosella* und *Calamagrostis arundinacea* sowie von Moosen wie *Hypnum cupressiforme, Dicranum scoparium* und *Polytrichum*-Arten. Es handelt sich im übrigen auch nicht um eigentliche Felsspaltenbewohner (Chasmophyten), sondern um Exochomophyten im Sinne von CEŘOVSKÝ (s. o.), die den Bodenbewohnern nahestehen.

Solange der Fels erhalten bleibt, bilden seine Spaltenbewohner stabile Gesellschaften. Sie durchwurzeln die verfügbare Feinerde bald nach ihrer Ansiedlung restlos und lassen kaum Neuansiedler zu. Wie schon betont, kann sich an steilen Wänden außer-

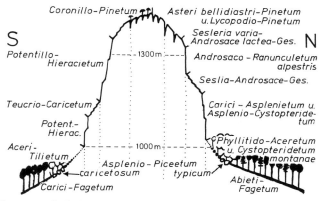

Abb. 362. Pflanzengesellschaften an einem Gipfelkamm des Schweizer Jura mit senkrecht gestellten Hartkalk-Schichten in ihrer Abhängigkeit vom Relief, vom Feinereichtum und von der Exposition (schematisiert). Nach J. L. RICHARD (1972), verändert. (Statt „Seslia" lies *Sesleria*).

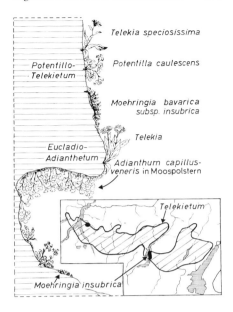

Abb. 363. Beispiele von seltenen Felsspalten-Gesellschaften in den insubrischen Alpen (Val Lori, Valsassina). Nach SUTTER (1969), verändert.
Die Stengelfingerkraut-Telekienflur besiedelt sonnige Felsen und ist für das im Kärtchen schraffierte Gebiet endemisch. Eine ihrer Charakterarten, *Moehringia bavarica* subsp. *insubrica*, hat eine noch engere Verbreitung. Schattige Überhänge besiedelt die örtlich ebenfalls seltene, aber weiter verbreitete Venushaarfarn-Gesellschaft.

halb der relativ kleinen Pflanzenpolster kein Humus ansammeln. Daher unterbleibt jede Weiterentwicklung, unter Umständen jahrtausendelang. Felsspaltenfluren sind also Dauergesellschaften im wahrsten Sinne. Manchmal treten Moose als Vorläufer auf; sonst sind die Phanerogamen ihre eigenen Pioniere; denn die Flechten- oder Algen-Überzüge an der Oberfläche der Felsen besiedeln ganz andere Standorte und behaupten diese ebenfalls auf die Dauer.

Mit der Standhaftigkeit vieler Felspflanzen, aber auch mit ihrer relativ geringen Gefährdung durch raschwüchsige Neubesiedler, hängt es zusammen, daß 35-40% der 350-400 endemischen Gefäßpflanzensippen der Alpen in Felsspalten- und Gesteinsschuttfluren gedeihen (PAWŁOWSKI 1969). Die übrigen verteilen sich auf lückige Kalkrasen (5 Charakterarten des *Caricetum firmae* sind endemisch!) sowie auf alle übrigen Gesellschaften.

Nur wenige alpine Felsspaltenbewohner kommen auch in den Mittelgebirgen vor; in der Schwäbischen Alb z.B. sind es nach WILMANNS und RUPP (1966) nur *Saxifraga paniculata, Draba aizoides, Kernera saxatilis* und *Androsace lactea*. Obwohl diese wenigen an ihren Standorten gut gedeihen und sich vermehren, besiedeln sie „bei weitem nicht alle potentiellen Wuchsorte." Offenbar konnten sie sich zur Zeit der stärksten Waldausdehnung im Postglazial nur in wenigen Gebieten mit relativ hohen Felspartien vor der Beschattung retten, und hier liegen die Häufungszentren zumindest von *Draba* und *Kernera*. Trotz guter Keimfähigkeit ihrer Samen haben solche Felsbewohner – mit Ausnahme von *Saxifraga* – also nur geringe Chancen, auf anderen Felsen Fuß zu fassen.

b Flechtenüberzüge und „Tintenstriche"

Mit Recht sieht GAMS (1927) die an Felsen und Steinblöcken im Hochgebirge fast allgegenwärtigen Flechtenüberzüge, insbesondere die Nabelflechten (*Umbilicaria cylindrica* u.a.) als typischen Ausdruck des alpin-nivalen Klimas an. Der Kälte wie der

Austrocknung sind sie in gleichem Maße gewachsen, wenn sie nur immer wieder genügend befeuchtet werden. Moose, ihre Hauptfeinde, können sich nur stellenweise unter Schnee behaupten und werden durch keinen schattenden Baum begünstigt. Schädliche Gase und Rauche, die unsere Städte und Industriereviere zu Flechtenwüsten machen, gelangen noch nicht in zu hoher Konzentration bis in ihre karge, einsame Welt hinauf. Nirgends in Mitteleuropa sind daher Flechtengesellschaften so reichlich entwickelt wie oberhalb der alpinen Waldgrenze.

Nach FREY (1947, 1969) darf man diese bescheidenen Kryptogamen als die ältesten Bewohner unserer Gebirge bezeichnen. Auch während der maximalen Vereisung ragten Felsen frei empor, und diese waren zweifellos schon damals für Flechten besiedelbar. Da die Krustenflechten im nivalen und hochalpinen Klima außerordentlich langsam wachsen, errechnete FREY, daß manche Individuen jahrtausendealt seien. Sie erlebten vielleicht schon die Eiszeit an ihrem heutigen Wuchsorte!

Trotz ihres ehrwürdigen Alters und trotz ihrer großen Verbreitung im Hochgebirge kennzeichnen aber die meisten Flechtenarten den alpin-nivalen Bereich doch nicht eindeutig. Sie sind ihm weniger treu als viele der in den Tab. 74 bis 85 genannten Phanerogamen und Moose. Sowohl die in Tab. 86 aufgeführten Klassenkennarten als auch die meisten Ordnungs- und Verbandskennarten kommen im mitteleuropäischen Tiefland ebenfalls vor, wenn sie dort nur genügend stabile und konkurrenzfreie Steinoberflächen finden. Eigentliche alpin-arktische Arten gibt es unter den Flechten nur wenige, und diese treten obendrein recht spärlich auf, z. B. *Umbilicaria virginis*, die in den Alpen nie unter 2700 m Meereshöhe gefunden wurde (FREY 1947, s. auch POELT 1963).

Schon von weitem geben die Flechtenüberzüge dem Kenner Auskunft über die Gesteinsarten. Das dunkelgestrichelte Olivgrün der Landkartenflechte *(Rhizocarpon geographicum)*, die mannigfachen Grautöne der Lecideen oder das stumpfe Schwarz der Umbilicarien deuten unfehlbar auf ein kalkarmes Substrat. Orangerot leuchtende Tupfen von *Caloplaca pyracea* inmitten hellgrauer Begleiter melden dagegen Karbonatreichtum.

KLEMENT (1955) faßt die aus Europa beschriebenen Kalkfels-Flechtenüberzüge zur Ordnung *Xeroverrucarietalia* zusammen und stellt ihnen die Silikatfels-Flechtenüberzüge als *Rhizocarpetalia* zur Seite. Wie aus Tab. 86 hervorgeht, sind die in der subalpinen bis nivalen Region vorkommenden Flechtengesellschaften nicht minder reich gegliedert und nicht schlechter charakterisiert als etwa die Felsspaltengesellschaften oder die Schuttfluren und Schneetälchen. Sie sind also auch vom soziologisch-systematischen Standpunkte aus der Beachtung wert. Das wird durch die umfangreiche und gründliche Monographie bekräftigt, die WIRTH (1972) über die „Silikatflechten-Gemeinschaften im außeralpinen Zentraleuropa" vorlegte.

Da nur wenige Leser mit den Speziesnamen eine klare Vorstellung verbinden dürften, sind in Tab. 86 die von KLEMENT unterschiedenen Wuchsformen durch Buchstaben bezeichnet worden. Fast überall herrschen Krustenflechten vor, und zwar sog. „Außenkrusten" (Exolithophyten). Nur in Kalkgestein vermögen einige Arten einzudringen, indem sie es auflösen („Innenkrusten", Endolithophyten). Blattflechten sind auf Kalk sehr selten und nur durch die *„Placodium-*Form" vertreten. Das dürfte in erster Linie mit der größeren Durchlässigkeit und damit Trockenheit des Kalkes zusammenhängen. Doch spielt auch die raschere Korrosion der Gesteinsoberfläche eine Rolle, d. h. die geringere Stabilität des Substrates. Bei ihrem langsamen Wachstum in der alpinen Stufe haben Blattflechten wahrscheinlich kaum Zeit, sich auszubreiten, bevor der Stein zerfällt oder oberflächlich abbröckelt. Zudem sind die meisten Umbili-

Tab. 86. Häufige Gesteinsflechten-Gesellschaften und ihre Charakterarten in der subalpinen bis nivalen Stufe. Nach Angaben von Klement (1955)[1])

	Fels-Flechtenüberzüge Epipetrea (= Rhizocarpetea)	
Klasse: (nur wenige gemeinsame Arten!)	*Candelariella vitellina* *Lecanora atra*	*Physcia caesia* *Placodium saxicolum* u.a.
Ordnungen:	Karbonatfels-Flechtenüberzüge (Xero-) Verrucarietalia	Silikatfels-Flechtenüberzüge Rhizocarpetalia
	Verrucaria negrescens I *V. rupestris* *Lecanora crenulata* *L. campestris* *L. dispersa* *Candellariella cerinella*	*Rhizocarpon badioatrum* *R. geographicum* *Lecanora badia* *L. intricata* *L. polytropa* *Lecidea pantherina* u.a.

Verbände von
Krustenflechten-
Gesellschaften:
 	
(in der
alpinen Stufe
meist nur
fragmentarisch
ausgebildet)
	Karbonatfels-Flechtenkrusten
	Caloplacion pyraceae
	
	  Buellia epipolia
	  Caloplaca pyracea
	  Protoblastenia calvi
	  P. rupestris
	  Rhizocarpon calcareum
	  Sarcogyne pruinosa u.a.
	
	mehrere Assoziationen
	
	[2]) Das *Rhizocarpetum alpicoli*
	(rechts) gedeiht im Bereich der
	winterlichen Schneedecke, die
	vor Austrocknung schützt.
		Silikatfels-Flechtenkrusten
		Rhizocarpion alpicoli
		
		  Biatora kochiana
		  Lecidea armeniaca
		  L. distans
		  L. nigrita
		P *Haematomma ventosum*
		P *Psora aenea* u.a.
		
		mehrere Assoziationen, u.a.
		Schneepegel-Flechtenkruste
		Rhizocarpetum alpicoli[2])
		
		Rhizocarpon alpicolum
		Aspicilia alpina
		A. cinereorufescens u.a.

Verbände von **Blattflechten-** Gesellschaften ohne Zufuhr von Vogelkot: (subalpin bis nival, in tieferen Lagen nur frag- mentarisch)	fehlt[3])	Nabelflechten-Felsüberzüge Umbilicarion cylindricae U *Umbilicaria crustulosa* U *U. decussata* U *U. polyphylla* H *Parmelia alpicola* H *P. encausta* H *P. stygia* C *Cetraria fahlunensis* C *Cornicularia normoerica* B *Parmelia pubescens* u.a.
Assoziationen: (mit je 1 – 2 Charakterarten)	[3]) Da Karbonatfelsen rasch abwit- tern, siedeln sich keine langlebigen Blattflechten an, außer auf Sitz- plätzen von Vögeln, deren nähr- stoffreicher Kot sie begünstigt	Umbilicarietum cylindricae U. cinereo-rufescentis U. microphyllae Parmelietum omphaloidis
Blattflechten- Verbände an **Vogel- sitzplätzen** (koprophil)	Karbonatfels-Vogelsitzplätze Caloplacion decipientis P *Caloplaca cirrhochroa* P *C. decipiens* u.a.	Silikatfels-Vogelsitzplätze Placodion rubini H *Parmelia infumata* P *Placodium rubinum* P *P. malanophtalmum* u.a.

Assoziationen:	Caloplacetum elegantis
	
	P *Caloplaca elegans*
	   Lecania nylanderiana
	   u.a.
		Ramalinetum strepsilis
		
		   Lecidea cyanea
		H *Physcia tribacea*
		H *Ramalina strepsilis* u.a.

[1]) Lebensformen der Flechten (alle Arten ohne Symbol bilden „Außenkrusten"): **Krusten**flechten: I = Innenkrusten (in Karbonatgestein eindringend), **Blatt**flechten: H = *Parmelia-(Hypogymnia-)*Form, P = *Placodium*-F., U = *Umbilicaria*-F., **Strauch**flechten: C = *Cetraria*-F., B = Bartflechten (*Usnea*-F.)

carien, Cetrarien und Ramalinen ausgesprochen acidoklin. Ein Gegenstück zum *Umbilicarion cylindricae* fehlt daher an Kalken und Dolomiten gänzlich.

Bei den Krustenflechten-Gesellschaften gibt es auf Karbonat- und Silikatgesteinen vikariierende Verbände, das *Caloplacion pyraceae* und das *Rhizocarpion alpiculae*. Die Assoziationen des letzteren sind besser entwickelt und zahlreicher. Das *Rhizocarpetum alpiculae* entsteht nur dort, wo der Fels lange vom Schnee verhüllt bleibt. Man kann es als „Schneepegel" verwenden, zumal es als einzige Gesellschaft auf Urgestein hellgrau gefärbt ist, während in den übrigen Gesellschaften dunklere Farbtöne vorherrschen.

Am üppigsten entwickeln sich Flechtenüberzüge auf den Spitzen oder Kuppen von Steinen, die Vögeln als Sitzplätze dienen. Vogelkot begünstigt nitrophile Flechten, die sich wie die *Caloplaca*-Arten teilweise durch lebhafte Farben auszeichnen. Durch die Exkremente werden die Säuren des Urgesteins abgestumpft, so daß sich bei regelmäßiger Zufuhr Kalkflechten einstellen. Doch lassen sich auch bei den koprophilen Gesellschaften vikariierende Verbände unterscheiden, das kalkholde *Caloplacion decipientis* und das auf sauren Gesteinen verbreitete *Lecanorion rubinae* (Tab. 86).

Bei näherem Studium zeigt sich, daß die Flechtengesellschaften nicht nur auf chemische Faktoren, sondern auch auf den Wasserhaushalt, den Besonnungsgrad und andere kleinklimatische Faktoren reagiern. FREY hat 1933 eine einleuchtende Klassifikation der Felsstandorte gegeben (Abb. 361b). Auch ohne den Einfluß von Vogelkot sind die Kulmflächen größerer Steine oft anders bewachsen als die Neigungs- und Stirnflächen. An schattseitigen Felsflächen dominieren Arten, die an den sonnseitigen zurücktreten. Die größten Besonderheiten aber zeigt der Bewuchs von Überhängen (Balmen) und von dunklen Grotten. Hier kommt z. B. das zu einem eigenen Verband *(Crocynion membranaceae)* gehörige *Acarosporetum chlorophanae* vor. Dessen namengebende Art ist mit ihrem hellen Schwefelgelb ein nicht zu übersehender Säurezeiger.

Auf Karbonatgestein wachsen an Überhangsflächen Flechten nur dort, wo diese zeitweilig von Wasser überrieselt werden. Unter solch günstigen Bedingungen entwickeln sich die Gallertflechten-Gesellschaften des *Collemion rupestris* (Tab. 86). Sie leben auch in der Randzone der „Tintenstriche", denen JAAG (1945) eine gründliche Monographie gewidmet hat.

Diese an Karbonatfelsen, vor allem aber an kristallinen Steinwänden schon von weitem auffallenden dunklen Streifen werden durch Blaualgen gebildet. Cyanophyceen bedürfen zu guter Entwicklung dauernder Feuchtigkeit, werden aber von geröllführendem und rasch fließendem Wasser abgeschmirgelt und weggeschwemmt. Günstige Lebensbedingungen finden sie deshalb vor allem dort, wo aus Gesteinsspalten einige Monate oder zumindest mehrere Wochen lang etwas Wasser herausrinnt. Beim Abtrocknen hinterlassen die in aktivem Zustand rötlich bis blaugrün gefärbten Algen jene so auffälligen blauschwarzen Bänder und Striche. Auch diese sonderbaren Kryptogamen-Gesellschaften sind recht artenreich und je nach dem Kalkgehalt ihres Substrates und nach anderen Faktoren verschieden zusammengesetzt. Auf Silikatfelsen dominiert meist *Gloeocapsa ralfsiana*, die auf Kalk nur selten auftritt. Umgekehrt verhält sich *G. sanguinea*. Obwohl diese Luft- und Fels-Blaualgen für den Ökologen besonderen Reiz haben und ihre Gesellschaften zu den im Hochgebirge gut entwickelten Vegetationstypen zählen, müssen wir es uns leider versagen, hier näher auf sie einzugehen.

Wie JAAG (1945) betont, sind im Hochgebirge ausgedehnte Felsoberflächen wirklich nur nackter Stein ohne Algen, Flechten oder andere Autotrophen. Wo sich organischer Staub niederschlägt, siedeln sich aber Bakterien an, denen diese geringen Humusmengen zur Ernährung genügen. So konnte BLÖCHLIGER (1931) von der Oberfläche scheinbar pflanzenfreier Schrattenkalke zahlreiche heterotrophe Formen isolieren. Modifikativ bilden diese eine auffallend dicke Schleimhülle aus, in der sie der häufigen Austrocknung, der Hauptfeindin aller Felsbewohner, länger widerstehen.

VII Pflanzenleben im Bereich des ewigen Schnees
1 Grenze und Gliederung der nivalen Stufe
a Klimatische und orographische Schneegrenze

„Das Pflanzenleben an seinen äußersten Grenzen" (BRAUN 1913, s. auch PISEK 1963), in der nivalen Hochgebirgsstufe, hat schon den Altmeister HEER (1884) und viele Forscher vor und nach ihm (Lit. bei REISIGL u. PITSCHMANN 1958) in seinen Bann gezogen. Mehr als 250 Phanerogamenarten wagen sich in diese auf den ersten Blick pflanzenleere Eis- und Steinwüste hinauf (Abb. 364), von den vielen Flechten an Felsen und Blöcken ganz zu schweigen.

Alle autotrophen Pflanzen sind hier auf ungewöhnlich schneearme oder dauernd schneefrei bleibende Plätze angewiesen, d. h. auf wind- und sonnexponierte Grate, Vorsprünge, Halden oder Felsflächen. Denn die Niederschläge fallen so hoch über dem Meere in großen Mengen und vorwiegend in Form von Schnee (Abb. 315).

Als Grenze zwischen der alpinen und der nivalen Stufe gilt im allgemeinen die klimatische Schneegrenze (s. Abb. 42 und 316), d. h. eine gedachte Linie, oberhalb derer im Durchschnitt vieler Jahre mehr Schnee fällt als abschmilzt. Auf „horizontalen Flächen normaler Exposition" (ZINGG 1954) würde hier – mit Ausnahme sehr warmer oder trockener Jahre – ständig Schnee liegen bleiben. Bei der großen Reliefenergie im Bereich der Hochalpengipfel gibt es solche Flächen freilich so selten, daß es in manchen Gebirgsteilen schwer ist, die klimatische Schneegrenze zu konstruieren.

Abb. 364. Auch in der nivalen Stufe gibt es schneefreie Wuchsplätze, z. B. am Zinal-Rothorn (4221 m ü. M.) in den Walliser Alpen.

In Wirklichkeit ist die Untergrenze des ewigen Schnees, die orographische oder lokale Schneegrenze, eine äußerst wechselvolle Linie, die je nach Expositon, Neigung und Oberflächenform der Hänge bald einige 100 m tiefer, bald mehr als 1000 m höher liegen kann als die theoretische Grenzlinie (Abb. 365). Selbst die höchsten Alpengipfel weisen noch schneefreie Stellen auf. Trotzdem ist es ökologisch berechtigt, von der klimatischen Schneegrenze auszugehen, denn über ihr beginnt der Herrschaftsbereich eines für Mitteleuropa extrem rauhen Allgemeinklimas.

Die an einem bestimmten Tag feststellbare untere Grenze der zusammenhängenden Schneedecke – man kann sie aktuelle Schneegrenze nennen – schwankt in unserer geographischen Breite beträchtlich mit Jahreszeit und Witterung (Abb. 365). Während des Winters sinkt sie zeitweilig unter Meeresniveau. Im Spätwinter und Frühling steigt sie, mit öfteren Rückschlägen, an den Berghängen empor, um im Nachsommer ihre höchste Lage, die orographische Schneegrenze des betreffenden Jahres, zu erreichen. Mit dem Einschneien wandert sie dann wieder pendelnd bergab.

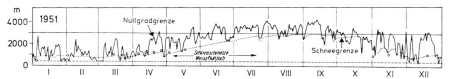

Abb. 365. Höhenschwankungen der temporären Schneegrenze und der Nullgradgrenze (Minimum der Lufttemperatur 0 °C) im Rheingebiet bei Davos (o = Schneegrenze vom Säntis aus gesehen). Nach GASSER aus ELLENBERG (1963), etwas verändert.

Unter den verschiedenen Hilfsmitteln, mit denen man die klimatische Schneegrenze konstruieren kann, bevorzugt man nach KLEBELSBERG (1948) meist die „Firnmethode". Man fragt sich: in welchen Höhen ist das für Schneeansammlung geeignete Gelände verfirnt oder vergletschert, in welchen noch nicht? Für die Alpengipfel kommt man auf diese Weise zu Meereshöhen zwischen 2500 m (am Säntis, 2504 m hoch ist) und 3350 m (am Gran Paradiso, 4061 m). Mit der Massenerhebung und dem Grad der Abschirmung steigt die klimatische Schneegrenze in den Alpen von den Randketten bis ins Gebirgsinnere in ähnlicher Weise an wie die Waldgrenze (vgl. Abb. 4, 6 u. 42). Durchschnittlich haben beide Linien nach den Zusammenstellungen von HERMES (1955, 1964) einen Abstand von 800 bis 900 m (700 bis 1000 m) voneinander. Auf dem von PASCHINGER (1954) entworfenen Profil durch die Ostalpen verlaufen sie erstaunlich genau parallel. Von der Exposition ist die klimatische Schneegrenze viel weniger abhängig als die orographische. An Sonnhängen liegt sie nur etwa 200 bis 400 m höher als an Schatthängen.

ZINNG (1954) zweifelt an der Berechtigung der von Firn- und Gletschereis ausgehenden Methoden, weil die Firnansammlungen teilweise Relikte aus früheren Zeiten darstellen. Durch Extrapolation von 17jährigen Beobachtungen der Schneedecke auf ebenen Flächen in Höhenlagen zwischen 530 und 2540 m kommt er z. B. für die Gegend des Weißfluhjoches oberhalb von Davos auf etwa 3200 statt 2900 m.

Allgemein ist die klimatische Schneegrenze nach ZINGG höher anzunehmen, als dies von den meisten Autoren getan wird. Seine Ergebnisse stehen zumindest für den Zeitraum von 1920 bis 1950 im Einklang mit Feststellungen von BRAUN-BLANQUET (1951, 1957), REISIGL und PITSCHMANN (1959) und anderen Botanikern, die alle in den letzten Jahrzehnten ein Höherwandern der Phanerogamen beobachteten (Tab. 87). Die hochgelegenen Firnfelder reagieren offenbar nicht so rasch und fein auf kurzfristige Schwankungen des allgemeinen Klimacharakters wie die Gletscherzungen (Abschnitt VI 8 b) und die Pflanzenwelt.

Nichts zeigt uns deutlicher als das gegenwärtige Emporrücken der Blütenpflanzen an den Alpengipfeln, welche Faktoren hier ihr Leben begrenzen: Wärme und Vegetationsdauer spielen die entscheidende Rolle. Wie wir noch sehen werden, verwischen sie

Tab. 87. **Anstieg der Nivalflora seit 1911 im Engadin und im Ötztal.**
L = am Piz Linard, nach Braun-Blanquet (1957), S = am Hinteren Seelenkogel, nach Reisigl und Pitschmann (1959)

Ort:	L	S		L	S
Höhe ü.M. von	3350	3460	19	11 47	54
bis	3414	3472	*Cerastium uniflorum*	v v	+
			Draba fladnizensis	v v	+
Beobachtungsjahr: 19	11 47	11 54	*Tanacetum alpinum*	v v	
Artenzahl:	8 11	5 11	*Festuca halleri*	+	
			Cerastium uniflorum	+	
Ranunculus glacialis	v v	v v	*Saxifraga exarata*	+	
Saxifraga oppositifolia	v v	v v	*Luzula spicata*		+
Saxifraga aspera ssp.*bryoides*	v v	v v	*Draba dubia*		+
Androsace alpina	v v	v v	*Potentilla frigida*		+
Gentiana bavarica var. *subacaulis*	v v	v v	*Erigeron uniflorus*		+

v = schon früher vorhandene Arten, + = neu hinzugekommene Arten.

sogar den Einfluß des bodenbildenden Gesteins, der sich in der alpinen Stufe noch allenthalben bemerkbar machte.

b Gliederung und Formationscharakter der Nivalstufe

Wie die montane und alpine Stufe kann man auch die nivale in Abschnitte mit zunehmender Klimaungunst und mehr und mehr verarmtem Vegetationsmosaik unterteilen (s. Abb. 316).

Bereits in der subnivalen Stufe, die früher mit dem unteren Teil der eigentlichen Nivalstufe vereinigt wurde, bilden die Phanerogamen nirgends mehr große, geschlossene Rasenflächen. Aber es gibt hier noch viele mindestens 1 bis 2 m² große Rasenstücke, die das Artengefüge alpiner Krummseggenrasen oder anderer Urwiesen zeigen und als Fragmente dieser Gesellschaften gelten dürfen. REISIGL und PITSCHMANN (1958) und andere sprechen von „Pionierrasen" und „Pionierrasenstufe"; wegen des dynamischen Beiklangs dieser Bezeichnungen sollte man sie jedoch vermeiden. Meistens handelt es sich um stabile Siedlungen, die keine Weiterentwicklung zu größeren Rasen einleiten, weil ihr Wuchsraum begrenzt ist. Auch in ihrem Artengefüge sind sie oft schon seit Jahrhunderten ausgeglichen, zumal sie in der nivalen Stufe nach BRAUN (1913) in der Regel primären Ursprungs sind, also selten aus anderen Gesellschaften hervorgingen. Wie die Flechtenüberzüge und Gesteinsfluren müssen wir die Rasenflecken als Endstadien der Vegetationsentwicklung ansehen.

Im unteren Teil der eigentlichen Nivalstufe trifft man nur noch hier und dort auf solche Rasenflecken. Mit zunehmender Höhe werden Gräser und Grasartige seltener, und Zweikeimblättrige, seien es Hemikryptophyten oder Chamaephyten, beherrschen stellenweise ganz das Bild. Meistens handelt es sich um Arten der Fels- und Schuttfluren, die wir bereits von der alpinen Stufe her kennen. Keine einzige höhere Pflanze lebt ausschließlich im nivalen Bereich.

Wie Abb. 316 halbschematisch zeigt, gesellen sich auf genügend tiefgründigem, aber nicht rutschendem oder abwitterndem Boden polsterförmig wachsende Chamaephyten zu lockeren Teppichen, die von mehr vereinzelt auftretenden Arten, meist Hemikryptophyten, durchsetzt werden. Diese „Dikotylen-Teppiche" sind charakteristisch für die untere nivale Stufe. Sowohl auf anstehendem Gestein als auf Schutt bilden sie Dauergesellschaften, während sie in der alpinen Stufe meist als Pionierstadien auftreten.

Die Polsterform mildert die Temperatur- und Feuchtigkeitsextreme des zwischen starker Ein- und Ausstrahlung wechselnden Sonnhangklimas (Abb. 366). Vor allem aber ermöglicht sie das Ansammeln und Festhalten von Pflanzenresten, die sonst von den heftigen Bergwinden weggeblasen würden. Im Innern der Polster entstehen Inseln von Humusauflagen mit gemäßigtem Bodenklima, in denen zahlreiche Mikroorganismen und Tiere zu leben vermögen. Mit ihren Seiten- und Adventivwurzeln nutzen die Polsterbildner selber die Nährstoff- und Wasservorräte ihrer „Füllmasse" aus. Je nach Wölbung und Ausdehnung der Polster ist ihre Speicherleistung ungleich groß. RAUH (1939) unterscheidet morphologisch verschiedene Typen:

1. Die Rosettenpolster (z. B. *Saxifraga paniculata* und *Sempervivum*-Arten) sind am wenigsten zur Bodenbildung befähigt. Sie bestehen aus dichten Gruppen von Rosetten, deren ältere Blätter absterbend zur Humusbildung beitragen. Nach OETTLI (1904) können sie sich nur auf bereits humusüberzogenen Felsen ansiedeln.

2. Auch die Kriechpolster bleiben flach und sammeln nur dünne Humuslagen (z. B. *Saxifraga oppositifolia* und *S. bryoides*). Ihre Wuchsform begünstigt aber die vegetative Ausbreitung, zumal die randlichen Äste durch Frostbewegungen oder durch Schuttrutschungen von der Mutterpflanze abgelöst werden können.

3. Bei den Rasenpolstern (z. B. bei *Carex firma* und *Saxifraga androsacea*) sterben die Hauptwurzeln und alljährlich auch die älteren Triebe ab, und Adventivwurzeln durchspinnen das in Humus übergehende Innere des mehr oder minder stark gewölbten Polsters.

4. Ähnlich verhalten sich die Radial-Flachpolster (z. B. *Silene acaulis* und *Minuartia sedoides*), nur daß sie ihre Hauptwurzel erst später verlieren und sich mit dieser in Spalten verankern können. Oft gehen die Flachpolster in den nächsten Typ über.

5. Die dichtgedrängten Sprosse der Radial-Halbkugelpolster (die RAUH Vollkugelpolster nennt) wachsen nach oben genau so rasch wie nach allen Seiten. In der Regel halten sie sich mit einer langen und verzweigten, verholzenden Hauptwurzel in Gesteinsspalten fest (z. B. *Androsace helvetica*, Abb. 366). Sie sind die gegen Austrocknung bestgeschützten unter den 5 Typen, aber wie der 1. nur wenig ausbreitungsfähig. Beide sind daher in erster Linie Felsbesiedler, während die Polsterteppiche auf feinerdereichen Böden vorwiegend von Arten des Typs 4, 3 oder 2 gebildet werden.

In der mittleren Nivalstufe finden Blütenpflanzen immer weniger Gelegenheit, sich zu mehreren gruppenweise anzusiedeln. Die eben besprochenen Polsterformen, aber auch weniger speziell angepaßte Arten, treten oft nur vereinzelt auf, und Rasenfragmente fehlen fast ganz. Auf feinerdereichen Plätzen gibt es zwar noch größere Moosra-

Abb. 366. Mannsschild-Polster *(Androsace helvetica)* auf dem Padella-Gipfel; rechts *Carex firma*. Phot. GANZ und RÜBEL.

sen, doch leiden auch diese unter der Solifluktion, die alle zeitweilig aperen Lockerböden ergreift. Besser halten sich Moospolster in breiten Spalten und Absatzwinkeln von Felsen.

Über die Obergrenze der Dikotylen-Polster, in die obere Nivalstufe, steigen nur wenige Phanerogamen empor, und auch diese erreichen hier bald ihre absolute Grenze. Pflanzenleer sind aber selbst die höchsten und feinerdeärmsten Alpengipfel nicht. Sie wurden zum Reich genügsamer Krusten- und Blattflechten, soweit sie nicht dauernd vom Firn verhüllt bleiben. Deshalb kann man die obere nivale Stufe auch als Thallophyten- oder Flechtenstufe bezeichnen.

2 Besonderheiten der nivalen Standorte und Pflanzengesellschaften

a Mehr oder minder bodenvage Rasenfragmente

Die häufigste grasartige Pflanze der subnivalen und nivalen Stufe ist auf Silikatgestein die Krummsegge. Viele ihrer Partner folgen ihr in den kälteren Bereich, ja sind ihr hier besonders treu. Nach BRAUN (1913) enthält das Schneestufen-*Curvuletum* der Schweizer Innenalpen durchschnittlich nicht weniger als 23–26 Arten. Für die Ötztaler Alpen kommen REISIGL und PITSCHMANN (1958) zu ähnlichen Ergebnissen. Mehr noch als in den tieferen Lagen ist hier der Krummseggenrasen während der kalten Jahreszeit auf Schneeschutz angewiesen. Andererseits braucht er aber alljährlich eine mindestens dreimonatige Aperzeit, um sich entwickeln zu können, und diese Bedingung wird in der Nivalstufe nur noch ausnahmsweise erfüllt. Meist findet man die Rasenflecken an sonnseitigen, aber windgeschützten Hängen oder auf flachen Kuppen.

Vom Wind schneefrei gefegte Kanten bleiben auch im nivalen Klima dem Nacktried überlassen. Wie das *Curvuletum* ist das *Elynetum* hier oft noch recht gut ausgebildet. Bis in die untere Nivalstufe hinauf findet man außerdem fragmentarisch Blaugras-Horstseggenhalden. An diesen beteiligt sich als einziges Holzgewächs, das sich in der Schneestufe wohlfühlt, die im Herbst laubwerfende *Salix serpyllifolia*. Sie bildet Teppiche, die ähnlich wie die Kriechpolster Humus sammeln, und kann nach BRAUN mehr als 100 Jahre alt werden.

In vielen subnivalen und nivalen Rasenfragmenten treffen wir auf Gemische von Arten, die uns von der alpinen Stufe her als kalkhold oder säurehold bekannt sind. Mit zunehmender Meereshöhe werden die meisten Phanerogamen bodenvag, wie BRAUN (1913), SCHRÖTER (1926), WENDELBERGER (1953b), FRIEDEL (1956) u. a. übereinstimmend feststellten. Aus allgemeinen Überlegungen über das Verhalten der Pflanzen an ihren Lebensgrenzen heraus hätte man eher das Gegenteil erwartet, nämlich eine engere Bindung an ihre Standorte. Tatsächlich spielt aber der Kalkgehalt und der Säuregrad des Bodens auch in der alpinen Stufe an und für sich keine allein entscheidende Rolle. Wo die Konkurrenz schwächer wird oder ganz wegfällt, weil die Individuen fast isoliert sind und äußerst langsam wachsen, dort ist den meisten Arten jeder Boden recht, wenn er ihnen nur genügend festen Halt bietet.

Die Abnahme der Bodentreue in der nivalen Stufe ist umso auffälliger, als sich hier die ursprünglichen Gesteinsunterschiede kaum durch Bodenbildung ausgleichen und fremdbürtige Feinerdedecken immer seltener werden. Infolge der tiefen Durchschnittstemperaturen, der langen Frostdauer und der großen Reliefenergie kommt die Bodenbildung in der Schneestufe kaum über ihre Anfänge, den physikalischen Gesteinszerfall und eine örtliche Humusanreicherung, hinaus. Sogar die Kalkauswaschung ist hier so gehemmt, daß kein einziger Autor annimmt, sie könne zu einem Ausgleich der Bodeneigenschaften führen (BRAUN-BLANQUET 1958).

b Nivale Gesteinsfluren

Sonnexponierte Felsvorsprünge, -spalten und -füße sowie wenig bewegliche Schutthalden, in denen sich Feinerde sammeln konnte, sind in großer Höhe die einzigen sicheren Siedlungsplätze für Phanerogamen. Fels- und Schuttpflanzen (Tab. 82 und 85) machen daher den größten Teil der Nivalflora aus. Besonders reichlich sind in der unteren und mittleren Schneestufe die zum Polsterwuchs neigenden Dikotylen vertreten. Den vereisten Nordwänden und steilen Schatthängen fehlen höhere Pflanzen überhaupt.

Weitaus die größten pflanzenbesiedelten Flächen stellen die Flechtenüberzüge der Felsen dar (Tab. 86), auf die wir bereits in Abschnitt VI 9b eingegangen sind. Mit zunehmender Höhe werden aber auch diese gegen extreme Trockenheit und Kälte resistenten Gesellschaften artenärmer und fallen z. T. ganz aus.

c Sonstige Vegetationstypen der Nivalstufe

Wegen des schroffen Reliefs und des Fehlens tiefgründiger Lehmböden sind Sumpfpflanzen, Quellfluren und andere Naßboden-Gesellschaften im Gegensatz zur Arktis in der Nivalstufe unserer Hochgebirge kaum zu finden. Auch Schneetälchen sucht man meist vergeblich, weil eine ihrer wichtigsten Lebensbedingungen kaum irgendwo gegeben ist, nämlich rieselndes und gestautes Schneeschmelzwasser im Hochsommer bei genügend langer Aperzeit. Allenfalls trifft man Fragmente von Moos-Schneetälchen im untersten nivalen und im subnivalen Bereich auf erdig verwitternden Schiefern oder ähnlichen Gesteinen. Oft dominiert in diesen *Polytrichum piliferum*, d. h. eine gegen Trockenheit sehr widerstandsfähige, auch im Tiefland verbreitete Moosart.

Wo sich Wildtiere oder weidende Schafe lagern, gibt es sogar noch oberhalb der Schneegrenze genügend Nährstoffe für die Ansiedlung von Hochstauden und Lägerpflanzen, z. B. von *Cirsium spinosissimum* und *Poa alpina*. Ein großer Teil der Arten, die in den letzten Jahrzehnten nachweislich in die Höhe gestiegen sind, gehört zu dieser Gruppe. BRAUN-BLANQUET (1957) hält deshalb vermehrten Weidegang und Wildbesatz neben wärmerer Witterung für wesentliche Ursachen dieses von ihm am Piz Languard und Piz Linard sorgfältig festgehaltenen Florenwandels (s. Tab. 87).

Zu den Lebensgemeinschaften der Nivalstufe zählt schließlich auch die eigenartige „Flora von Schnee und Eis", das Kryoplankton, das HUBER-PESTALOZZI (bei SCHRÖTER 1926) zusammenfassend behandelt hat. Der bestbekannte Organismus dieser Schwebeflora ist *Chlamydomonas nivalis*, der „rote Schnee", der auf der ganzen Erde in Gebieten mit ewigem Schnee auftritt und ihn zeitweilig auf mehr oder minder großen Flächen himbeerrot färbt. Im Gegensatz zu den Phanerogamen und den meisten Kryptogamen der Nivalstufe ist er an diese gebunden, denn er stirbt bereits bei $-4°C$ ab, während er $-36°C$ in Dauerformen ohne Schaden erträgt. Wir wollen hier jedoch auf das Kryoplankton ebensowenig eingehen wie auf das Plankton der Gewässer.

d Höchststeigende Pflanzenarten Mitteleuropas

In den von REISIGL und PITSCHMANN (1958) untersuchten Ötztaler Alpen, in denen die klimatische Schneegrenze nach KLEBELSBERG (1949) zwischen 3000 und 3100 m ü. M. liegt, steigt die folgende Anzahl von Angiospermenarten über 3000 m hinauf:

über 3500 m	3 Arten	über 3200 m	60 Arten
über 3400 m	34 Arten	über 3000 m	102 Arten

Die obersten 3 sind Gräser, nämlich *Poa laxa* (3680 m), *Festuca halleri* (3516 m) und eine Kleinart von *Festuca rubra* (3516 m). In den westlicheren Zentralalpen gibt es viel höhere Rekorde. Mehr als 3800 m über Meeresniveau wachsen auf dem Finsterahorn

(4275 m) und anderen Gipfeln einige der in Tab. 87 genannten Arten. Hier ist die Schneegrenze allerdings durchschnittlich etwas höher anzusetzen als in den Ötztaler Alpen, nämlich bei über 3200 m. Relativ zur klimatischen Schneegrenze sind nach BRAUN (1913) folgende Dikotylen als höchststeigende Blütenpflanzen zu betrachten:

mehr als 640 m höher:	*Ranunculus glacialis*
etwa 610 m höher:	*Androsace alpina*
	Saxifraga bryoides
	Saxifraga exarata
etwa 600 m höher:	*Saxifraga oppositifolia*

Polsterbildner und Gräser erweisen sich mithin als besonders widerstandsfähige Phanerogamen, werden aber von *Ranunculus glacialis* (Abb. 367) noch übertroffen, der sich durch keine offensichtlichen Anpassungsmerkmale auszeichnet. Die Natur erreicht gleiches mit verschiedenen Mitteln, dieser Satz bewahrheitet sich hier aufs neue.

Abb. 367. Gletscher-Hahnenfuß *(Ranunculus glacialis)*, die höchststeigende Blütenpflanze Europas, im Silikatschutt des Ortlergebietes (Ausschnitt etwa 50 cm breit).

Für die Tatra wurden ihrer geringeren Höhe und Massenerhebung entsprechend erheblich niedrigere Maximaldaten festgestellt. Ein Vergleich mit den von PAWŁOWSKI (1931) gesammelten Angaben ist aber recht aufschlußreich. Am 2663 m hohen Garlach steigen hier:

bis 2663 m:
    Minuartia sedoides
    Cerastium uniflorum
    Saxifraga bryoides
    S. carpathica (endemisch)
    S. moschata
    Primula minima
    Gentiana frigida
    Tanacetum alpinum
    Doronicum clusii

    Senecio incanus ssp. *carniolicus*
    Luzula spicata
    Poa laxa
    Festuca ovina ssp. *supina*
    Oreochloa disticha u. a.

bis etwa 2650 m:
    Ranunculus glacialis
    Sedum alpestre
    Campanula alpina
    Poa alpina ssp. *vivipara* u. a.

Wie in den Alpen, so geben sich mithin auch in der Tatra auf den höchsten Gipfeln Polsterpflanzen mit Gräsern und anderen nicht offensichtlich an das Höhenleben angepaßten Arten ein Stelldichein. Alle hier genannten Sippen erreichen in den Alpen, soweit sie dort überhaupt vorkommen, Höhen über 3000 m.

Zu den am höchsten emporsteigenden Kryptogamen gehören *Rhizocarpon-*, *Umbilicaria-*, *Parmelia-* und *Lecidea-*Arten (FREY 1947, 1969). In der subnivalen und nivalen Stufe der Tauern fand er nicht weniger als 151 Flechtensippen, 101 davon auf nur 11 Gipfeln. Auch Moose fehlen den von REISIGL und PITSCHMANN (1958) untersuchten Gipfeln und dem von FRIEDEL (1956) studierten Großglockner nicht gänzlich. Auf dem Weißkugel (3739 m) in den Ötztaler Alpen fanden beispielsweise die erstgenannten Autoren noch:

    Gymnomitrium coralloides
    Polytrichum sexangulare
    P. piliferum

    Rhacomitrium lanuginosum
    Grimmia doniana
    Bryum kunzei

e Verbreitungsmittel der Nivalflora

Wie gelangten die an sonnigen Gipfelplätzen einsam über dem ewigen Schnee siedelnden Blütenpflanzen und Kryptogamen an ihre heutigen Wuchsplätze? Viele von ihnen vermögen anscheinend recht schnell zu wandern, sonst würden sie nicht so deutlich auf die Witterungsgunst der letzten Jahrzehnte reagiert haben. Wie schon BRAUN (1913) feststellte, sind die meisten in der Nivalstufe lebenden Arten anemochor, nämlich alle Kryptogamen und etwa $^2/_3$ der Phanerogamen. Viele von ihnen gelten als „Schneeläufer". Der häufig und stürmisch wehende Wind rollt und schleift ihre Verbreitungseinheiten oft über weite Strecken auf der Schneeoberfläche hinweg. Von den Flechten wandern Thallusbruchstücke, von den höheren Pflanzen Fruchtstände oder Früchte, z.B. von fast allen Gräsern, vielen Seggen (*Carex curvula, C. sempervirens* u.a.) und mehreren Arten der Gattungen *Luzula, Juncus* und *Saxifraga*. Andere Phanerogamen werden von Tieren verschleppt, besonders die schon erwähnten Lägerpflanzen.

Nicht wenige Nivalpflanzen sind auf die Bestäubung durch Insekten angewiesen, die vom Wind in ihre einsame Höhe verschlagen werden und an Sommertagen in Bodennähe ein genügend warmes Mikroklima finden. Erstaunlich ist es außerdem, wie viele Blütenpflanzen noch in der Nivalstufe ihre Früchte ausreifen, zumindest in günstigen Jahren. Hochkeimfähige Samen produzieren nach BRAUN etwa 80 Arten, darunter:

Silene acaulis (w)
Minuartia verna (w)
Arenaria biflora (w)
Thlaspi rotundifolium
Cardamine resedifolia
Draba fladnizensis

Sibbaldia procumbens
Geum reptans
G. montanum
Linaria alpina
Erigeron uniflorus
Anthoxanthum odoratum

Manche davon sind „Wintersteher" (w), deren Fruchtstände bis zum Frühjahr intakt bleiben und deren Samen erst dann ihre volle Keimkraft erreichen. Etwa $^1/_5$ der Nivalpflanzen soll sich so verhalten.

Sogar einjährige Blütenpflanzen kommen oberhalb der Schneegrenze in warmen Sommern bis zur Fruchtreife, ein Beweis für die mikroklimatische Gunst ihrer Standorte. In den Schweizer Alpen sind dies nach BRAUN:

Sagina saginoides
Sedum atratum
Euphrasia minima

Gentianella tenella
G. campestris
Gentiana nivalis

Die genannte *Euphrasia* ist zugleich die höchststeigende annuelle Dikotyle. Sie erreicht am Antener Erzhaupt 3500 m (VACCARI, zit. nach REISIGL u. PITSCHMANN 1958). Mehrjährige Pflanzen sind aber entschieden im Vorteil, weil sie ihren einmal eroberten Platz auch in schlechten Samenjahren behaupten können.

Manche Vertreter der Nivalflora sind auf beständigen Samennachschub aus der alpinen Stufe angewiesen, weil sie oberhalb der Schneegrenze zwar wachsen, aber niemals mit Blüten angetroffen werden, beispielsweise:

Juniperus nana
Aconitum napellus
Trifolium repens
Astragalus frigidus
Vaccinium myrtillus
V. vitis-idaea

Arnica montana
Senecio doronicum
Saussurea alpina

Bis auf die drei Compositen handelt es sich um zoochore Arten, die von Vögeln oder von den Wirbeltieren des Hochgebirges, aber auch von Weidetieren herangetragen werden.

Im wesentlichen ist also die nivale Vegetation für sich allein existenzfähig. Man kann sich gut vorstellen, daß sie auf den Alpengipfeln die Eiszeiten überdauerte. Allerdings ist sie in ihrer Ernährung zumindest teilweise auf Zufuhren aus der Luft angewiesen, sei es in Form von organischem und anorganischem Staub oder von Gasen (z.B. Ammoniak), die sich im tauenden Schnee lösen.

f Photosynthese und Stoffhaushalt einiger Nivalpflanzen

Zwei ökophysiologische Fragen, die sich angesichts der Nivalflora stellen, konnten erst in den letzten Jahren endgültig beantwortet werden, und zwar durch österreichische Beiträge zum Internationalen Biologischen Programm (ELLENBERG 1973): Wie groß ist die Photosyntheseleistung dieser unter so extremen Bedingungen ausharrenden Gewächse, und wie vermögen sie mit den gewonnenen Assimilaten hauszuhalten?

MOSER (1970, 1973) kam in mehreren gründlichen Arbeiten, besonders durch seine kontinuierlichen Meßreihen mit klimatisierten Küvetten auf dem Hohen Nebelkogel (3184 m), zu dem überraschenden Ergebnis, daß Nivalpflanzen etwa gleich hohe Temperaturoptima der Photosynthese zeigen wie Pflanzen des Tieflandes (s. Abb. 368). Dies gilt nicht nur für den Gletscherhahnenfuß *(Ranunculus glacialis)*, an dem besonders zahlreiche Messungen ausgeführt wurden, sondern auch für *Saxifraga bryoides, Tanacetum alpinum* und andere.

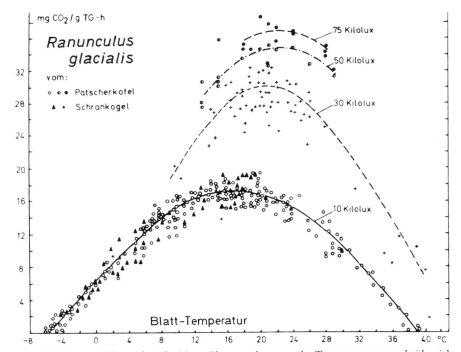

Abb. 368. In der Abhängigkeit der Netto-Photosynthese von der Temperatur unterscheidet sich der Gletscherhahnenfuß nicht von vielen Tieflandspflanzen. Nach MOSER (1970).
Bei geringer Helligkeit (10000 Lux) liegt das Optimum zwischen etwa 12 und 20°C; bei größerer Helligkeit steigt es auf etwa 20–24°C. Messungen im Laboratorium an Pflanzen, die aus 2700–3000 Höhe am Schrankogel entnommen oder bei 2000 m am Patscherkofel kultiviert wurden.

Tatsächlich herrschen in der – oft nur wenige Tage oder Wochen dauernden – Aperzeit bei mittäglicher Sonneneinstrahlung an den Wuchsplätzen solcher Nivalpflanzen Temperaturen, die den bei starker Beleuchtung hohen Optima entsprechen. Sie ermöglichen den bodennahen Blättern einen relativ raschen Stoffgewinn. In günstigen Jahren kann dieser dazu führen, daß zahlreiche neue Blätter gebildet und Blüten angelegt werden. An den meisten Tagen bleibt die Temperatur zwar wesentlich tiefer, ermöglicht aber immerhin eine positive Bilanz. Nicht selten schneien die Pflanzen mitten im Hochsommer wieder ein, und es können manchmal sogar zwei Jahre vergehen, bis die nächste Aperzeit erneut eine ergiebige Photosynthese gestattet.

Daß diese erzwungene Ruhezeit nicht zum Verhungern führt, verdanken die schneebedeckten Pflanzen vor allem den niedrigen, um den Gefrierpunkt schwankenden und zeitweilig noch tiefer fallenden Temperaturen, bei denen kaum Atmungsverluste eintreten. Wie BRZOSKA (1973) am Beispiel von *Ranunculus glacialis* und anderen Nivalpflanzen zeigte, treiben sie außerdem eine bemerkenswerte Stoffökonomie. Wenn einige Zeit nach dem Einschneien nicht erneut eine Wärmeperiode kommt, verlagern sie ihre Assimilate aus den Blättern und Sprossen in die unterirdischen Organe, die weniger vom Frost betroffen werden und so gut wie keine Atmungsverluste erleiden. Die „Vorsorge" geht sogar so weit, daß Knospen, die während der Aperzeit noch kein fortgeschrittenes Entwicklungsstadium erreicht hatten, wieder abgebaut werden. Stärker entwickelte Knospen harren dagegen unverändert der nächsten warmen Tage, an denen sie vielleicht zur Blüte oder gar zum Fruchtansatz gelangen.

Nicht nur die Temperatur, sondern auch das Licht kann für die Stoffproduktion am nivalen Standort zum begrenzenden Faktor werden (s. Abb. 368). Im Hinblick hierauf muß die bei fast allen grünen Pflanzen zu beobachtende Verschiebung des Optimalbereiches der Netto-Photosynthese als für Nivalpflanzen besonders zweckmäßig erscheinen: Bei niedriger Beleuchtungsstärke (wie sie unter dem Schnee oder an trüben und daher kühlen Tagen auch an aperen Stellen herrscht) liegt das Optimum bei ziemlich tiefen Temperaturen. Hoher Lichtgenuß dagegen ist stets auch mit hohen Temperaturoptima gekoppelt, so daß die sommerlichen Strahlungstage sehr effektiv genutzt werden können. An solchen Tagen hält sich die Stoffproduktion der Nivalpflanzen, auf die Blattfläche oder das Trockengewicht bezogen, in derselben Größenordnung wie bei krautigen Pflanzen der planaren bis montanen Stufe.

Zusammenfassend können wir feststellen, daß sich die physiologische Konstitution der nivalen Phanerogamen hinsichtlich ihrer Photosynthese nicht wesentlich von derjenigen anderer krautiger Chamaephyten, Hemikryptophyten oder Therophyten unterscheidet. Auch hinsichtlich ihres morphologisch-anatomischen Baues sowie ihrer Kälteresistenz kann man viele von ihnen mit Tieflandsgewächsen, insbesondere mit den Frühlingspflanzen unserer Laubwälder, vergleichen. Diese vertragen es ebenfalls ohne Schaden, in weit entwickeltem, ja blühendem Zustande wieder eingeschneit zu werden, und sie nutzen sowohl kühle als auch sonnige Tage zum Stoffgewinn.

Nur in einer Hinsicht unterscheiden sich viele Laubwaldpflanzen von ihren hochalpinen Verwandten: Unter ihnen gibt es zahlreiche Geophyten, während diese in der nivalen Stufe auffallend selten sind. Von den in Abschnitt d genannten höchststeigenden Blütenpflanzen ist nur *Linaria alpina* fähig, ihre normalerweise an der Erdoberfläche befindlichen Erneuerungsknospen in tiefere Schichten zu verlagern, und es ist vielleicht kein Zufall, daß gerade dieser fakultative Geophyt als „Alpenschwemmling" oft jahrelang an den Ufern unserer Tieflandsströme auszuharren vermag. Nach meiner Ansicht sollte man die Geophyten nicht in erster Linie als winterfeste, sondern als gegen ungünstige Sommer gerüstete Lebensformen ansehen. Sie vermögen in unseren

Laubwäldern die lichtarmen Monate zu überdauern, und sie sind auch in der Lage, längere Trockenperioden zu überstehen. Das Verbreitungsschwergewicht der geophytischen Lebensweise liegt in sommertockenen Gebieten, z.B. im mediterranen Raum. Nivalpflanzen brauchen weder Trockenzeiten noch extreme Kälteperioden zu überdauern, und ihr Stoffgewinn reicht kaum jemals zum Auffüllen besonderer unterirdischer Speicherorgane. Als Hemikryptophyten oder Chamaephyten sind sie den Bedingungen ihres nivalen Wuchsortes durchaus gewachsen und jederzeit „einsatzbereit".

Ebenso wenig wie die Gefäßpflanzen unterscheiden sich die Flechten der nivalen Stufe von denen des Tieflandes, jedenfalls was ihre Netto-Photosynthese anbetrifft. Als Doppelwesen aus Algen und Pilzen haben sie jedoch im Gegensatz zu den höheren Pflanzen ausgesprochen niedrige Temperaturoptima (s. Abb. 369). Selbst bei Flechten der subtropischen Negevwüste liegen diese nach LANGE (mdl.) unter 10°C, weil die Atmung des Pilzes mit steigender Temperatur viel rascher zunimmt als die Photosynthese der Algen. Dies ist für sie durchaus kein Nachteil, denn die wurzellosen Thalli sind nur frühmorgens aktiv, wenn sie noch kühl und vom nächtlichen Tau befeuchtet sind. Sobald die Sonne sie erwärmt, trocknen sie aus und gehen in einen inaktiven Zustand über, aus dem sie erst bei der nächsten Befeuchtung wieder erwachen. Im trockenen Zustand sind selbst tropische Flechten außerordentlich resistent, und zwar nicht nur gegen Hitze, sondern auch gegen Kälte. Ebenso verhalten sich die nivalen

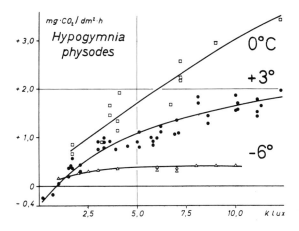

a Die Netto-Photosynthese einer epiphytischen Blattflechte (auf Buche im *Luzulo-Fagetum* des Solling) ist beim Gefrierpunkt größer als bei +3°C oder höheren Temperaturen, bei denen die Atmung des Flechtenpilzes die Photosynthese der Alge immer stärker überwiegt. Noch bei −6°C ist ein Stoffgewinn möglich, der allerdings durch höhere Lichtintensität nicht mehr gesteigert wird. Nach SCHULZE und LANGE (1968), etwas verändert.

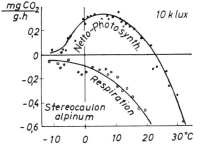

b Die Netto-Photosynthese der alpinen Korallenflechte ist bei einer Lichtstärke von 10 000 Lux am größten zwischen 0 und 10°C. Ihr Temperaturoptimum liegt höher als das der epiphytischen Flechte, die im Buchenwald am meisten Licht im Winter genießt. Nach LANGE, verändert.

Abb. 369. Flechten sind bei niedrigen Temperaturen besonders leistungsfähig.

Gesteinsflechten. Sie müssen jedoch außerdem fähig sein, Temperaturen bis zu −40° C zu überstehen, weil sie an Felswänden zwar häufig durchfeuchtet werden, aber keinen Schneeschutz genießen. Nach KAPPEN und LANGE (1970) bereitet ihnen dies keine Schwierigkeiten, weil die meisten Arten sowohl im feuchten, aktiven als auch im trockenen Zustand weit schärfere Kälte aushalten.

VIII Zur Epiphyten-Vegetation Mitteleuropas

1 Allgemeines

Von Kryptogamen beherrschte Gesellschaften haben uns bei unseren Streifzügen durch die naturnahe Vegetation Mitteleuropas wiederholt beschäftigt, namentlich in den Gewässern und Hochmooren, in den Bereichen oberhalb der alpinen Waldgrenze sowie an Felsen und auf Steinhalden. Diesen Standorten ist gemeinsam, daß sie von Bäumen nicht oder nur in Kümmerformen besiedelt werden können. Doch auch in Wäldern mit hohen und dichten Baumbeständen spielen Algen, Flechten und Moose eine große Rolle, ganz abgesehen von den Pilzen, deren Allgegenwart uns erst bewußt wird, wenn ihre Fruchtkörper aus dem Humus emporschießen (s. TÜXEN 1964). Solche bodenbewohnenden Kryptogamen gelten mit Recht als Bestandteile der Phanerogamen-Gesellschaften, zumal sie sich an deren Stoff- und Energieumsatz wesentlich beteiligen.

Größere Selbständigkeit in floristischer und ökologischer Hinsicht wird dagegen den Epiphyten-Gesellschaften zugesprochen, die die Bäume lediglich als Substrat benutzen und teilweise auch auf das gemäßigte Innenklima des Waldes angewiesen sind. Diese wenig auffälligen und bei Waldaufnahmen meist vernachlässigten Mosaike aus den verschiedensten Rindenbesiedlern sind als frühzeitig und fein reagierende Indikatoren für Luftverschmutzungen während der letzten Jahrzehnte mehr und mehr beachtet worden. Eine reiche Literatur befaßt sich vor allem mit ökophysiologischen Reaktionen einiger Flechten- und Moosarten und mit praktischen Anwendungen ihrer statistisch erwiesenen Zeiger-Eigenschaften (z. B. ARZANI 1974, BARKMAN 1958, BAUER 1973, DE SLOOVER u. LE BLANC 1968, DÜLL 1973, FREY 1958, JÜRGING 1975, KIRSCHBAUM 1972, KLEMENT 1971, KUNZE 1972, 1974, LE BLANC 1969, LÖTSCHERT u. KÖHM 1973, LÖTSCHERT, WANDTNER u. HILLER 1975, MUHLE 1977, NASH u. NASH 1974, SKYE 1968, SØCHTING u. JOHNSON 1974, THIELE 1974 und WILMANNS 1966). Doch liegen auch zahlreiche Untersuchungen über das Artengefüge der mitteleuropäischen Epiphyten-Gesellschaften vor, die von FREY, OCHSNER, MILITZER und älteren Forschern bereits begonnen wurden, als noch niemand den zivilisationsbedingten Rückgang der Kryptogamen-Vegetation voraussehen konnte. Die Monographie von BARKMAN (1958) faßt alle älteren Arbeiten zusammen und gibt einen so ausgezeichneten ökologischen wie pflanzensoziologischen Überblick, daß wir uns hier kurz fassen können. Neuere Arbeiten vertieften und änderten nur Teilaspekte (z. B. BARKMAN 1962, 1968, FABISZEWSKI 1967, 1968 u. MUHLE 1977).

Aus Mitteleuropa beschreibt BARKMAN nicht weniger als 97 Epiphyten-Assoziationen sowie zahlreiche Untereinheiten. Die meisten von diesen Gesellschaften zeichnen sich durch mehrere Charakterarten aus, sind also floristisch eigenständiger als manche Waldgesellschaften. Das ist um so mehr bemerkenswert, als der mitteleuropäischen Epiphytenvegetation die aus den Tropen bekannte Fülle von Orchideen, Bromeliaceen, Araceen, Farnen und anderen Gefäßpflanzen gänzlich fehlt. Solche Kormophyten überleben die langen und kalten Winter nicht, vor allem, weil sie im Kronen- und

Stammraum der Bäume an Sonnentagen mehr Wasser verlieren, als ihnen aus dem begrenzten und oft noch gefrorenen Wurzelraum nachgeliefert werden kann.

Ökologisch gesehen unterscheiden sich Thallophyten-Gesellschaften von Gefäßpflanzen-Gesellschaften vor allem durch folgende Eigenschaften und Verhaltensweisen, die sie für ein epiphytisches Leben prädestinieren:

1. Sie haben keine Wurzeln, sondern allenfalls Rhizoide, die zur Befestigung dienen.
2. Wasser nehmen sie daher vor allem über ihre Gesamtoberfläche auf, z.B. aus feuchter Luft.
3. Ihre Wasserspeicherfähigkeit ist mehr oder minder groß; bei Moosen beträgt sie z.B. 650–1700% des Trockengewichts.
4. Ihr potentieller osmotischer Druck ist meist höher als bei Gefäßpflanzen; er kann bei Flechten 1000 atm, bei epiphytischen Moosen 20–90 atm betragen (bei terrestrischen Moosen nur 5–50).
5. Standorte, die für Gefäßpflanzen zu trocken sind, brauchen also für Kryptogamen nicht zu trocken zu sein; diese poikilohydren Pflanzen verfallen zeitweilig in Trockenschlaf, aus dem sie bei Befeuchtung rasch wieder erwachen.
6. In trockenem Zustand sind sie außerdem poikilotherm und ertragen starke Temperaturschwankungen.
7. Im aktiven Zustand erzielen sie bei niedrigen Temperaturen die größten Photosynthese-Überschüsse (s. Abb. 369).
8. Ihr Wachstum ist langsam, besonders in der Jugend und im hohen Alter; der Jahreszuwachs bei Flechten beträgt meist weniger als 5 mm/Jahr, bei *Alectoria jubata* maximal 14 mm.
9. Für ihre Ernährung sind atmosphärische Quellen wichtig, z.B. Staub, Salze, NH_4 und NO_3 (s. auch Abschnitte C III 1a und 4a). Flechten, deren Symbiosepartner Cyanophyceen sind, vermögen allerdings den Luftstickstoff zu binden (s. DENISON 1973).
10. Ihr Einfluß auf den Standort ist in der Regel gering, wenn man davon absieht, daß Moose einen schwer zersetzbaren Humus ansammeln.

2 Übersicht der Algen-, Flechten- und Moosgesellschaften

Je nachdem, ob Algen, Flechten oder Moose vorherrschen, teilt man die Epiphyten-Vegetation Mitteleuropas in 3 große Gruppen ein. In sauberer Luft besiedeln die Algen vor allem den obersten, zeitweilig recht trockenen Kronenraum (s. Abb. 370). Flechten und Moose spielen dagegen in den unteren, durch Beschattung luftfeuchteren Bereichen eine größere Rolle, wenn sie nicht infolge von giftigen Immissionen verschwinden und durch Algen ersetzt werden. Einige wichtige Ordnungen und Verbände seien als Beispiele genannt und ökologisch kurz gekennzeichnet:

I Algenreiche Epiphyten-Gesellschaften, 3 Ass., darunter:
  der Grünalgen-Überzug *(Pleurococcetum vulgaris)*, der an kaum einem Baume fehlt und gegen Luftverschmutzung so resistent ist, daß er auch in Industrie- und Großstadtgebieten üppig gedeiht.

II Flechtenreiche Epiphyten-Gesellschaften, 54 Ass.:
  1 Krätzflechten-Anflüge *(Leprarietalia)*, die hohe Luftfeuchte, aber auch (diffuses) Licht benötigen und gegen Nässe empfindlich sind; vorwiegend in der montanen Stufe.
  2 Säureliebende Kuchenflechten-Überzüge *(Lecanoretalia variae,* s. Abb. 76), Pioniergesellschaften auf stark saurem, glattem Substrat, besonders totem Holz; in trockener Luft, relativ

unempfindlich gegen Luftverschmutzung; z.B. das *Lecanoretum pityreae*. *Lecanora varia* ist heute der in Mitteleuropa häufigste und am weitesten verbreitete Epiphyt.

3 Mehr oder minder säuremeidende Kuchenflechten-Überzüge *(Arthonietalia radiatae)*, auf glattrindigen Bäumen, in Mitteleuropa früher häufig und weit verbreitet, aber rasch seltener werdend; mit den Verbänden:

3.1 Schriftflechten-Überzüge *(Graphidion scriptae)*, vorwiegend auf *Fagus;* ausgesprochen empfindlich gegen Gifte und gegen Stickstoffzufuhr, deshalb mit zunehmender Industrialisierung mehr und mehr verschwindend (s. Abb. 55).

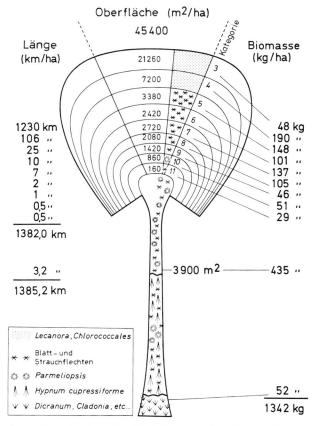

Abb. 370. Epiphyten-Bewuchs eines alten Moderbuchenwaldes *(Luzulo-Fagetum)* in den belgischen Ardennen, d.h. in montanem Klima und bei geringer Luftverunreinigung. Nach DUVIGNEAUD und KESTEMONT (1977), etwas verändert.

Auf den jüngsten Zweigen siedeln sich sehr rasch Grünalgen *(Chlorococcales)* und Krustenflechten (z.B. *Lecanora)* an. An den älteren Ästen breiten sich zahlreiche Blatt- und Strauchflechten-Arten aus, unter anderem auch *Parmeliopsis,* die an den oberen Teilen der Stämme vorherrscht. Deren untere Teile sind mit Moosen behangen *(Hypnum cupressiforme)*. Auf den Wurzelhälsen gedeihen Polstermoose *(Dicranum)* und stellenweise erdbewohnende Strauchflechten *(Cladonia)*. Ähnlichen Bewuchs gab es auch in den montanen Hainsimsen-Buchenwäldern der deutschen Mittelgebirge; er ist hier aber infolge Luftverschmutzung großenteils verschwunden, so daß die wenig empfindlichen Grünalgen auch die Stämme überkrusten konnten.

Die Oberfläche der Baumkronen, auf der sich Epiphyten ansiedeln können, beträgt im untersuchten Falle fast das Fünffache der von ihnen überschirmten Bodenfläche (4,5 ha pro ha). Selbst die Oberfläche der Stämme macht mehr als $^1/_3$ Hektar aus (3900 m²). Stämme, Äste und Zweige ergeben aneinandergereiht eine Strecke von 1385 km pro ha. Kein Wunder, daß die epiphytischen Kryptogamen eine Biomasse von 1,3 t pro ha (Trockensubstanz) erreichen! *(Parmeliopsis = Parmelia = Hypogymnia)*

3.2 Kuchenflechten-Pioniergesellschaften *(Lecanorion carpinae)*, vorwiegend auf *Fraxinus, Acer* u. a. glattrindigen Laubbäumen, aber weniger auf *Fagus* (s. Abb. 106); raschwachsend und weniger empfindlich als 3.1.

4 Schwielenflechten-Borkenbewüchse *(Physcietalia ascendentis)*, auf rauher Borke, mit weiter Amplitude hinsichtlich Beleuchtung und Wind.
4.1 Scheibenflechten-Borkenbewüchse *(Buellion canescentis)*, vorwiegend auf *Ulmus, Tilia* und *Salix,* auch auf *Fagus* u. a., salzliebend, deshalb an der Küste häufig.
4.2 Gelbflechten-Borkenbewüchse *(Xanthorion parietinae)*, ähnlich 4.1, aber weniger salztolerant und weniger trockenheitsresistent. Vorwiegend an der Wetterseite (S- bis NW-Exposition) freistehender Bäume; auf Eichen und anderen rauhborkigen Bäumen, besonders in luftfeuchtem Klima (s. Abb. 8).

5 Schüssel- und Bartflechten-Bewüchse *(Hypogymnetalia physodo-tubulosae)*, stark acidophil und stickstoffmeidend; mäßig bis sehr empfindlich gegen Luftverschmutzung; lichtliebend (s. Abb. 370).
5.1 Schlüsselflechten-Borkenbewüchse *(Parmelion saxatilis)*, relativ stärker lichtliebend und trockenheitsresistent, aber weniger acidophil als die übrigen beiden Verbände. Das hierher gehörige *Parmelietum furfuraceae* ist die als Umweltindikator beststudierte Epiphyten-Gesellschaft; sie bevorzugt den mittleren bis oberen Teil der Stämme und den unteren Kronenraum (s. Abb. 71).
5.2 Atlantische Bartflechten-Behänge *(Usneion florido-ceratinae)* auf Eichen und Hängebirken der küstennahen Bereiche West- bis Mitteleuropas, stark acidophil und empfindlich gegen Luftverschmutzung.
5.3 Subalpin-subarktische Bartflechten-Behänge *(Usneion dasypogae)*, mit 5.2 vikariierend, vorwiegend auf Nadelhölzern und Birken.

III Moosreiche Epiphyten-Gesellschaften, 39 Ass.:
1 Acidophile Lebermoos-Überzüge *(Lophocoletalia heterophyllae)*, auf sauren, feuchten Substraten, insbesondere verrotteten Stümpfen und Stammbasen in Birken-Fichen- und Nadelwäldern (*Quercion robori-petraeae* und *Vaccinio-Piceion,* s. Abb. 132), mit 10 Ass.

2. Acidophile Stammbasen- und Fels-Moosteppiche *(Dicranetalia)*, ohne Charakterarten, acidophil (s. Abb. 370).
2.1 Atlantische Krallenmoos-Bewüchse *(Isothecion myosuroides)*, mit Optimum in Irland (dort mit dem Hautfarn, *Hymenophyllum peltatum*).
2.2 Mittel- und nordeuropäische Krallenmoos-Bewüchse *(Dicrano-Hypnion filiformis)*, in Tieflagen, an Stämmen von *Quercus, Fagus, Betula* und *Nadelbäumen,* verhältnismäßig resistent gegen zeitweilige Lufttrockenheit, daher auch in den kontinentalen Bereichen häufig (s. Abb. 144 u. 370).

3 Schwachacidophile Moos-Rindenüberzüge *(Neckeretalia pumilae)*, Moosbewüchse auf glatten Baumrinden, namentlich von *Fagus;* nur mäßig säureertragend, in atlantischen und montanen Bereichen Europas.
3.1 Anspruchsvolle Pionier-Moosbewüchse *(Ulotion crispae)*, vorwiegend in *Fagetalia*-Gesellschaften als Pioniere des Moosbewuchses auf *Fagus, Abies, Alnus incana, Corylus* u. a.; sehr empfindlich gegen Luftverschmutzung und stärkere Stickstoff-Zufuhr. Im mittel- und südwesteuropäischen Bergland ist das *Ulotetum crispae* noch relativ häufig, aber im Rückgang begriffen (s. Abb. 67).
3.2 Buchenbegleitende Gegenhaarmoos-Bewüchse *(Antitrichion curtipendulae)*, von gleicher Verbreitung wie die Buchenwälder *(Fagion sylvaticae)* in Europa; oft mit 2.2 verbunden, aber weniger säuretolerant. Auf Buchenrinden (pH 5,5–7,1) in montanen Wäldern ist das *Antitrichietum curtipendulae* optimal entwickelt (s. Abb. 57). Es erträgt Lufttrockenheit besser als die Gesellschaften des folgenden Verbandes.
3.3 Lungenflechten-Moosteppiche an Baumstämmen *(Lobarion pulmonariae)*, relativ feuchtigkeitsliebend und in der orealen Wolkennebel-Stufe am besten entwickelt (s. Abb. 70); braucht mehr als 180 Regentage pro Jahr. Häufig an *Fagus, Alnus* und anderen Laubbäumen, aber auch an Nadelbäumen, insbesondere an *Abies* (und an *Picea* in Kalkgebieten).

4 Neutrophile Moosbewüchse auf rauher Borke *(Leucodontetalia)*, überwiegend neutrophil und stärker gift- und stickstoff-tolerant als die übrigen epiphytischen Moosgesellschaften.

Meist im mittleren Bereich der Stämme auf rauher Borke; oft mit Flechten-Gesellschaften der *Physcietalia ascendentis* (II.4) verzahnt.

4.1 Trockenheitsertragende, säurefliehende Bartmoos-Bewüchse *(Tortulion = Syntrichion laevipilae)*, die gegen Trockenheit am wenigsten empfindlichen epiphytischen Moosgesellschaften und deshalb in Mittel- und Südeuropa weit verbreitet; fehlen jedoch auf Bäumen mit saurer Rinde (z. B. auf Nadelhölzern sowie *Fagus, Quercus, Alnus, Betula, Castanea* und *Sorbus aucuparia*), es sei denn, daß sich basenreicher Staub auf diesen abgesetzt hat (s. Abb. 13 u. 34).

4.2 Subkontinentale Trugzahnmoos-Bewüchse *(Anomodontion europaeum)*, typisch für Waldgesellschaften des *Carpinion*-Verbandes, mit entsprechendem Schwergewicht in kontinentaleren Bereichen Mitteleuropas, besonders in Polen, sowie Ungarn, Estland und Schweden (s. Abb. 106).

4.3 Überflutungsresistente Leskemoos-Bewüchse *(Leskion polycarpae)*, auf Steinen und Stammbasen im Überflutungsbereich von Flüssen, d. h. im Sommer austrocknend (Abb. 194, s. auch Abb. 246).

Die genannten Algen- und Flechten-Verbände sowie die anschließend unter Nr. III, 1, 2.1 und 3.3 aufgeführten Moos-Gesellschaften bilden im großen und ganzen eine ökologische Reihe von relativ trockenheitsresistenten bis zu extrem feuchtigkeitsbedürftigen Artenkombinationen. In derselben Reihe steigt auch die Empfindlichkeit gegen Luftverunreinigungen durch SO_2, Fluor und wahrscheinlich auch andere toxische Stoffe mehr oder minder deutlich an. Jede der weit über hundert Assoziationen und sonstigen systematischen Einheiten hat allerdings ihren eigenen ökologischen Bereich. Man darf also ohne Übertreibung feststellen, daß die epiphytischen Pflanzenkombinationen noch stärker auf Standorts-Unterschiede reagieren als die im Boden wurzelnden Waldbestände. Nach den von BARKMAN mitgeteilten Beispielen zu urteilen, gilt dies sowohl im Hinblick auf klein- und kleinsträumige Variationen im Mikroklima und Substrat als auch auf großräumige geographische Differenzierungen.

Unter den für die Umwelt-Überwachung immer wichtiger werdenden Bioindikatoren nehmen daher die natürlichen Epiphyten-Gesellschaften und ihre durch den Menschen unbewußt verursachten Abwandlungen eine Schlüsselstellung ein (s. auch MUHLE 1977). Ihre ökologische Untersuchung, die – von Ausnahmen abgesehen – noch immer in den Anfängen steckt, wird dadurch zu einer der dringendsten Zukunftsaufgaben.

Mit der Epiphyten-Vegetation teilweise verwandt sind die Pflanzengesellschaften auf verschieden alten Strohdächern. Roggen- oder Schilfstroh (Reth) hat anfangs Eigenschaften, die denen glattrindiger Bäume ähneln, und nähert sich beim Altern immer mehr den Humusauflagen saurer Böden. Der mit einer solchen Substratänderung verbundenen Sukzession von Algen- über Flechten- zu Moos-Gesellschaften widmete FRAHM (1972) eine aufschlußreiche Monographie mit zahlreichen Beispielen aus Schleswig-Holstein. Sogar an einem so künstlichen Standort verläuft die Abfolge des Kryptogamen-Bewuchses gesetzmäßig als Funktion von Umweltbedingungen und Zeit.

D Großenteils vom Menschen mitgeschaffene und erhaltene Formationen

I Trocken- und Halbtrockenrasen der collinen bis montanen Stufe

1 Allgemeiner Überblick

a Ökologische und soziologische Übersicht

Während Mitteleuropa in den letzten Jahrtausenden mehr und mehr von seinem natürlichen Waldkleide entblößt wurde (s. Abschnitt A II), wandelte sich das Klima in Bodennähe mit einer für Tiere wie Pflanzen lebensentscheidenden Tendenz: Wenn die Sonneneinstrahlung nicht mehr am Kronendach hoher Bäume, sondern an niedrigen Pflanzen oder an der Bodenoberfläche umgesetzt wird, vergrößern sich die Amplituden der Temperatur, der Luftfeuchte und der Windgeschwindigkeit (s. Abb. 372). Vorher normalfeuchte oder mäßig trockene Böden werden infolgedessen zu zeitweilig recht trockenen Standorten, die im Sommer wärmer, im Winter aber auch wesentlich kälter sein können als im vergleichsweise feuchtkühlen Waldinneren. Das Kleinklima nimmt mit anderen Worten Züge an, die an das Allgemeinklima kontinentaler Steppen, mediterraner Karstfluren und in mancher Hinsicht auch alpiner Höhen erinnern. Zahlreiche Licht und Wärme liebende Pflanzen und Tiere, die zugleich an das Überdauern von Trocken- oder Kälteperioden angepaßt sind, konnten von solchen Randgebieten in das sich öffnende Mitteleuropa ein- oder zurückwandern und unter dem Einfluß des Menschen zu neuen Gemeinschaften zusammenwachsen. Dabei beteiligten sich auch Arten, die an den wenigen offenen Plätzen in der ehemaligen Waldlandschaft ein recht bescheidenes Dasein hatten führen müssen, sei es auf Felsen und Steinhalden, sei es auf noch nicht bewaldeten Dünen, sei es an abbrechenden Ufern und auf

Abb. 371. Subozeanischer Trespen-Trockenrasen *(Xerobrometum)* in verschiedenen Ausbildungsformen an einem teilweise lößüberdecktem Südwesthang bei Limburg am Rande des Kaiserstuhls. Das Gebüsch deutet die Entwicklung zum wärmeliebenden Eichenmischwald an, der den Hang von Natur aus beherrschen würde. Rechts Auenwald der Rheinebene.

Schotterbänken großer Flüsse oder sei es in den zeitweilig trockenfallenden Bereichen baumfreier Moore.

Die „Xerothermrasen" in Mitteleuropa sind also verhältnismäßig jung. Das zeigt sich nicht zuletzt daran, daß es hier „keinerlei sub- oder semispezifische Differenzierungen gibt, die sich auf dieses Gebiet beschränken." Diese von NAGEL (1975) für Käfer *(Coleoptera)* nach gründlichen Studien von Kalk-Trockenrasen im Saar-Mosel-Raum getroffene Feststellung darf sehr wahrscheinlich auch auf andere Tiergruppen sowie auf die meisten Phanerogamen und Kryptogamen übertragen werden. Ausnahmen bilden allenfalls „kritische Sippen" wie die *Thymus*-Arten (s. P. SCHMIDT 1974), die an und für sich zur Formenmannigfaltigkeit neigen. Auch die „Sandtrockenrasen" auf den ehemals recht ausgedehnten Dünen in der Oberrheinischen Tiefebene, z. B. in der von PHILIPPI (1971) studierten Schwetzinger Hardt, sind relativ neue Gebilde. Ihre charakteristischen Arten dürften zwischen der Jungsteinzeit und dem ausgehenden Mittelalter eingewandert sein.

Wo die Dämpfung des Klimas durch den Waldbestand wegfiel, bildeten sich stärker differenzierte Standorte selbst auf kleinstem Raume heraus. Unterschiede in der Mächtigkeit der Feinerde über festem Gestein, in den Korngrößen oder in der chemischen Beschaffenheit des Bodens, die sich unter Wald kaum auf das Artengefüge auswirken, bedingen in einem beweideten oder auch gemähten Rasen ganz verschiedene Pflanzenkombinationen. Eine bestimmte Waldgesellschaft hat daher in der Regel mehrere anthropo-zoogene Ersatzgesellschaften, zumal wenn ihr Boden unterschied-

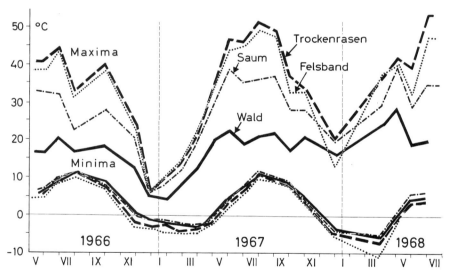

Abb. 372. In den Monatsmitteln der Maximal- und Minimal-Temperaturen an der Bodenoberfläche unterscheiden sich Waldinneres, Waldsaum, Trockenrasen und Felsband zu allen Jahreszeiten. Nach BALLER (1974), verändert.

Sowohl in Jahren mit geringen Temperatur-Extremen (1966) als auch in solchen mit großen Spannen zwischen Minima und Maxima (1968) herrscht im Wald ein relativ ausgeglichenes Bestandesklima. Die nackte Bodenoberfläche im Windschutz eines lockeren Trockenrasens erwärmt sich dagegen oftmals über 40–50 °C, so daß sich sogar Monatsmittel der Maxima von 55° ergeben. (VI 1968). Die Minima in den Morgenstunden liegen in demselben Zeitraum meist unter 10 °C. Das kaum durch Bewuchs geschützte Felsband kühlt nachts am meisten aus. Der Krautsaum des Waldes steht hinsichtlich der mittleren Extremtemperaturen zwischen Freiland und Waldinnerem.

lich stark durch Tritt oder Erosion verändert wurde. Vor allem beim extensiv genutzten Grasland ist die Zahl der aus Mitteleuropa beschriebenen Assoziationen, Subassoziationen und Varianten so groß, daß wir sie noch weniger im einzelnen besprechen können als bei den Alpenmatten oder anderen bisher behandelten Vegetationseinheiten. Wir beschränken uns daher auf die Klassen, Ordnungen und Verbände und werden nur exemplarisch auf Einheiten tieferen Ranges eingehen, zumal in soziologisch-systematischer Hinsicht noch manches ungeklärt ist.

Die steppenähnlichen Rasen und Heiden an mehr oder minder extremen Standorten übten auf die mitteleuropäischen Ökologen seit langem einen so großen Reiz aus, daß auch von deren Seite viele aufschlußreiche Arbeiten vorliegen. Sie behandeln vor allem Arten mit deutlichen Anpassungserscheinungen, also ökophysiologische Fragen. Doch lag es außerdem nahe, Fragen der kausalen Vegetationskunde am Beispiel der Magerrasen zu klären. Beide Problemkreise werden uns im folgenden öfter beschäftigen als pflanzensoziologische Diskussionen, zumal die Artenlisten solcher Gesellschaften viele Namen enthalten, die dem Leser nicht oder nur vage bekannt sein werden. Um einen Überblick über die Fülle der Vegetationseinheiten zu gewinnen, orientieren wir uns an den wesentlichen Standortsgegebenheiten, ohne diese zunächst im einzelnen zu belegen.

Gemeinsam ist allen hier betrachteten Rasen eine gewisse Nährstoffarmut, weil ihnen viele Jahre lang durch Beweidung oder Heumahd Stoffe entzogen, aber nicht durch Düngung ersetzt wurden. Soweit ihre Standorte grundwasser- und überschwemmungsfrei sind, pflegt man solche Magerrasen als „Trockenrasen" (oder „Halbtrockenrasen") zu bezeichnen. Die größten Gegensätze in ihrem Artengefüge bewirkt der Kalkgehalt des Bodens, der meistens auch mit dem Tongehalt gekoppelt ist. Wie bei den alpinen „Urwiesen" unterscheidet man daher eine besonders artenreiche Klasse der Kalkmagerrasen *(Festuco-Brometea)* von einer Klasse der Silikat- und Sandmagerrasen *(Sedo-Sclerathetea).* Mehr oder minder trockene Magerrasen auf „mittleren" Böden, namentlich auf lehmigen Braunerden, gibt es im Tiefland noch weniger als im Hochgebirge, weil diese großenteils beackert oder auf andere Weise intensiv genutzt werden.

In der Untergliederung der Klassen (s. Tab. 88) spiegeln sich vor allem klimatische Verschiedenheiten wider, insbesondere der Grad der Kontinentalität. Dieser hängt noch weniger als bei den Wäldern von der Entfernung zum Meere ab. Er ist vielmehr in erster Linie eine Folge lokaler Klima- und Bodenbedingungen, so daß oft nahe beieinander „subkontinentale" und „subozeanische" Einheiten zu finden sind (s. Abschnitt 2 a). Innerhalb der Klasse *Sedo-Sclerathetea* ist die kontinental getönte Ordnung der Fetthennen-Knäuelrasen *(Sedo-Sclerathetalia)* die bedeutendste. Im ozeanischen Nordwesten treten artenärmere Gesellschaften aus der Ordnung der Schafschwingel-Mauerpfefferrasen *(Festuco-Sedetalia)* an ihre Stelle. Solche küstennahen Sandmagerrasen haben wir bereits im Zusammenhang mit der Vegetationsabfolge auf Dünen gestreift. Auch die in Windanrissen der Graudünen sowie auf kalkarmen Binnendünen kleinräumig auftretenden Silbergrasfluren *(Corynephoretalia)* wurden in Abschnitt C V 2 behandelt. Wegen ihrer floristischen und ökologischen Eigenständigkeit hatten wir sie dort (mit Tüxen) als Klasse *(Corynephoretea)* abgesondert. Oberdorfer (1970) stellt sie als Ordnung *Corynephoretalia* aus süddeutscher Sicht zur Klasse *Sedo-Sclerathetea,* obwohl sie dann kaum durch eigene Charakterarten ausgezeichnet sind.

Weit größere Flächen als von den Silikat- und Sandmagerrasen werden in Mitteleuropa noch heute von den Kalkmagerrasen *(Festuco-Brometea)* eingenommen. Auch in dieser Klasse gibt es eine subkontinentale und eine subozeanische Ordnung (s. Tab. 89). Zu den kontinentalen Steppen vermitteln die Walliserschwingelrasen *(Festucetalia valesiacae)*. An Grasheiden West- und Südeuropas erinnern dagegen die Trespenmagerrasen *(Brometalia)*. Die letztere Ordnung umfaßt viele im weitesten Sinne submediterrane Elemente. Doch hat sie so zahlreiche Arten mit den *Festucetalia valesiacae* gemeinsam, daß die *Festuco-Brometea* zu den bestgekennzeichneten Klassen Mitteleuropas gehören.

In jeder der beiden Ordnungen von Kalkmagerrasen gibt es eine Gruppe von Gesellschaften, die ein relativ großes Wärmebedürfnis haben und zugleich mehr Trockenheit ertragen als die übrigen (Tab. 88). Bei den subozeanischen Trespenrasen prägt sich dieser Gegensatz in einer Fülle von Arten aus, wobei es freilich gleitende Übergänge zwischen den Extremen gibt. Man unterscheidet hier seit langem „echte" Trockenrasen (oder „Volltrockenrasen") von „Halbtrockenrasen", wenn auch der systematische Rang dieser Gruppen mehrfach wechselte. In Tab. 88 sind beide als Verbände eingestuft, nämlich als *Xerobromion* und *Cirsio-Brachypodion*. Trockenrasen erscheinen oberirdisch als lückig, während ihr Wurzelwerk den Boden überall durchzieht (Abb. 371). Halbtrockenrasen bilden dagegen wiesenähnlich dichte Bestände und enthalten zahlreiche verhältnismäßig breitblättrige, eher mesomorphe Pflanzen (Abb. 383, s. Abschnitte 2b und 3b).

Innerhalb der Ordnung der Walliserschwingelrasen entspricht dem *Xerobromion* der Verband der Walliserschwingelrasen *(Festucion valesiacae)* insofern, als auch dieser relativ extreme Standorte besiedelt. Viele der zu ihm gehörigen Assoziationen sind den echten Steppen im südlichen Osteuropa recht ähnlich. Wie diese werden sie

Tab. 88. Standörtliche und systematische Übersicht der Magerrasengesellschaften am Beispiel des mitteldeutschen Trockengebietes. Nach Angaben von Mahn (1965)

Boden	sauer, nährstoffarm	basenreich (Karbonat oder Silikat)
	intermediär	
Klasse Ordnung	*Sedo-Scleranthetea*, bzw.[1]) *Festuco-Sedetalia*	*Festuco-Brometea* *Festucetalia valesiacae*, bzw.[2])
auf **Sand** oder Lockergestein	*Armerion maritimae (= elongatae)* — *Galio-Agrostietum tenuis* Rasse mit *Eryngium campestre*	—
auf **Fels** — sehr flachgr. — flachgründig — skelettreich	(besonderer Verband?) — *Poa badensis-Sedum acre*-Pioniergesellschaften — *Thymo-Festucetum cinereae* — *Cynancho-Festucetum ovinae*	**Seslerio-Festucion** — *Teucrio-Festucetum cinereae* — *Erysimo-Melicetum ciliatae*
auf **Schotter**, feinerdearm	—	**Xerobromion**[2]) — *Teucrio-Melicetum ciliatae*
Feinerdedecke über Fels mittelgründig tiefgründig	**Astragalo-Stipion** — *Geranio-Stipetum capillatae* — *Teucrio-Stipetum capillatae* — *Festuco valesiacae-Stipetum capillatae*	
mittel- bis tiefgründig tiefgründig	**Nardo-Galion** (Nardetalia)[1]) — *Filipendulo-Helictotrichetum*	**Cirsio-Brachypodion** — *Bupleuro-Brachypodietum* — *Festuco rupiculae-Brachypodietum*
Anmerkungen	[1]) Klasse *Nardo-Callunetea*	[2]) Ordnung *Brometalia*

von niedrigen und drahtblättrigen Schafschwingel-Kleinarten beherrscht *(Festuca rupicola, F. valesiaca)*. Den Verband der subkontinentalen Kratzdistel-Zwenkenrasen *(Cirsio-Brachypodion)* kann man dagegen im Hinblick auf seinen weniger angespannten Wasserhaushalt mit dem subozeanischen *Mesobromion* vergleichen (s. Abb. 373).

Abb. 373. Subkontinentaler Fiederzwenken-Halbtrockenrasen bei Lebus an der Oder. Frühlings-Aspekt mit blühender *Adonis vernalis;* im Hintergrund Gebüsch, das auf Wald als potentielle natürliche Vegetation hindeutet. Die Talaue ist großenteils überschwemmt. Photo KRAUSCH.

Die Assoziationen innerhalb der genannten 8 Verbände verdanken ihre floristischen Besonderheiten teils ebenfalls klimatischen, teils edaphischen oder sonstigen Faktoren. Innerhalb jedes Verbandes bewirkt aber die Gründigkeit des Bodens eine charakteristische Abfolge von mehr offenen zu relativ geschlossenen Rasen, etwa in der Weise, wie sie Abb. 374 für das *Mesobromion* in Westdeutschland darstellt (s. Abschnitt 5).

Unter den Faktoren, die zu besonderen Artenkombinationen innerhalb der Magerrasen führen, darf man die Einflüsse des Menschen und seiner Haustiere nicht außer acht lassen (s. Abschnitt 5). Von zahlreichen Gesellschaften gibt es weidebedingte und durch Mähnutzung entstandene Ausbildungsformen. In früheren Zeiten wurden fast alle Rasen auf genügend tiefgründigen Böden außerdem von Zeit zu Zeit beackert. Diese „wilde Feldgraswirtschaft" ist zwar heute schon lange nicht mehr üblich, hinterließ aber ihre Spuren in der floristischen Zusammensetzung, indem sie z.B. nach KRAUSE (1940) die wenig ausbreitungsfähigen Arten ausschloß. Die meisten Partner der Xerothermrasen zeichnen sich durch eine relativ hohe Wandergeschwindigkeit aus und ähneln hierin den ebenfalls aus dem Osten oder Süden stammenden Ackerunkräutern (HARD 1964).

Wie bei jedem raschen Überblick mußte manches schematisiert werden. Die folgenden Abschnitte mögen das Bild genauer zeichnen und, wo nötig, in Einzelheiten

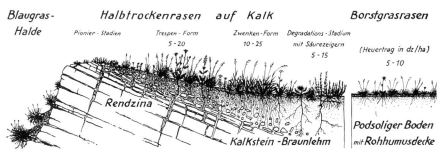

Abb. 374. Von der Gründigkeit des Bodens und vom Relief abhängige Verteilung der Magerrasen-Gesellschaften auf Jurakalken der Schwäbischen Alb, halbschematisch. Nach ELLENBERG (1952).
Bei Düngung wären die tiefgründigen Böden (rechts) die produktivsten, weil sie das Niederschlagswasser besser zu halten vermögen. Die potentielle natürliche Vegetation wäre Frischer Kalkbuchenwald (statt der Trespen-Form des Halbtrockenrasens), reicher und typischer Braunmull-Buchenwald (statt der Zwenken-Form bzw. dem Degradationsstadium) und Moder-Buchenwald (statt des Borstgrasrasens).

korrigieren. Das Schwergewicht wird dabei auf den Trespenmagerrasen *(Brometalia)* liegen, nicht nur, weil sie bisher am gründlichsten untersucht wurden, sondern vor allem auch, weil sie für große Teile Mitteleuropas in ähnlichem Maße charakteristisch sind wie die Rotbuchenwälder *(Fagion)*, aus denen fast alle Gesellschaften des *Mesobromion* hervorgegangen sind.

Bei unserem Überblick sowie in den folgenden Darstellungen hielten und halten wir uns im wesentlichen an die Klassifikation, die der Flora von OBERDORFER (1970) zugrunde liegt. Wie für die Waldgesellschaften, so wurden auch für die Trocken- und Halbtrockenrasen mehrere hiervon und voneinander abweichende Gliederungen vorgeschlagen. Fast durchweg wurden dabei nicht nur die Zahl der Assoziationen und Verbände, sondern auch der übergeordneten Einheiten vermehrt. Da man diese Entwicklung in dem relativ eng begrenzten Mitteleuropa unter europäischem und globalem Blickwinkel nur mit Sorge verfolgen kann, verhalten wir uns hier wiederum bewußt konservativ. Doch sei die umfassende Übersicht über „Vegetationsaufbau und Standortsverhältnisse der kontinental beeinflußten Xerothermrasengesellschaften Mitteldeutschlands" von MAHN (1965, 1966) ausdrücklich empfohlen. Hierbei wurde eine zunächst schwer überschaubare Zahl von „ökologisch-soziologischen Artengruppen" verwendet, die von extremen Trockenheits- und Magerkeitszeigern bis zu Halbschatten- und Steinschuttbewohnern reichen. Eine systematische Darstellung der Sand-Trockenrasen verdanken wir KRAUSCH (1968). Eine Monographie der *Festucetalia valesiacae*-Gesellschaften erarbeitete KOLBEK (1975) am Beispiel des östlichen Böhmischen Mittelgebirges.

b Jahreszeitliche Aspekte der relativ trockenen Magerrasen

Bevor wir das Artengefüge einzelner Gesellschaften analysieren, seien ihre Gemeinsamkeiten in Lebensform und Bautypen sowie in der jahreszeitlichen Aspektfolge hervorgehoben.

In allen Magerrasen an mehr oder minder trockenen Standorten herrschen unter den höheren Pflanzen langsam wachsende Hemikryptophyten und Chamaephyten, d.h. ausdauernde krautige oder schwach verholzte Pflanzen vor. Viele davon sind skleromorph, haben also kleine Blätter mit vielen Spaltöffnungen pro Flächeneinheit, ein geringes Sproß-Wurzelverhältnis und einen hohen Anteil an Leitungs- und Versteifungsgewebe. Nicht wenige behalten daher ihre Form bei, wenn sie oberirdisch absterben. Trotzdem bieten die trockenen Magerrasen – ähnlich wie die natürlichen Steppen des Ostens (s. WALTER 1975) – zu jeder Jahreszeit, ja fast von Woche zu Woche, ein anderes Bild.

Schon im Vorfrühling lockt die auf nackten, vom Winter her feuchten Boden strahlende Sonne die ersten Therophyten hervor, die rasch zur Fruchtreife gelangen und und absterben (Abb. 375). Auf den im Sommer trockensten Standorten ist der Anteil dieser winzigen Kräuter besonders groß, weil der Rasen hier viele Lücken aufweist. Die meisten Seggen und Gräser schossen ebenfalls schon lange, bevor die Laubwälder ergrünen; sogar bei den später blühenden Arten regen sich Wurzeln und Blätter zeitig. Doch wirkt das Grün der Trockenrasen niemals frisch; stets spielt es ein wenig ins Gelbe, Braune oder Graue. Um so bunter sind die vielgestaltigen Blüten der Kräuter, die einander mit leuchtend gelben, blauen, violetten, roten oder weißen Farbtönen bis in den Sommer hinein überbieten und ablösen. Wie sie wechselt die fast unübersehbare Schar der Hummeln und anderen Hautflügler, der Raupen, kleinen Schmetterlinge, Käfer, Geradflügler und Spinnen mit der Jahreszeit. Selbst Schnecken leben in diesen steppenähnlichen Gemeinschaften mit großer Artenzahl; manche von ihnen klettern in der Mittagshitze auf die höchsten Halme, weil es dort kühler und damit feuchter bleibt als am Boden, der sich schon an klaren Frühlingstagen auf mehr als 50°C erwärmen kann.

Im Hochsommer läßt das Blühen nach, und viele Blätter dörren aus. Im „Restgrün" an den Blattbasen der Hemikryptophyten konzentrieren sich die Nährstoffe, namentlich der Stickstoff (WAGNER 1972). Geophyten beginnen die für den Aufbau so wertvollen und vom Boden nur in geringen Mengen gebotenen Stoffe in ihre unterirdischen Organe zu verlagern. Die meisten pflanzenfressenden Kleintiere ziehen sich in Schlupfwinkel zurück oder sterben wie die Frühlingskräuter. Auch die Grillen und andere Musikanten verstummen, die schon vom April ab das Dasein ihrer eigenartigen, an karger Stätte so reichen Lebensgemeinschaften weithin verkündeten. Nur der würzige Duft des Thymians und anderer Kräuter, deren ätherische Öle in der Sonnen-

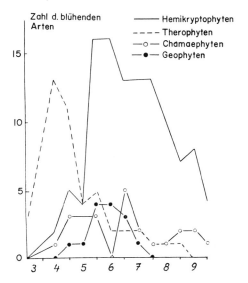

Abb. 375. In den Trockenrasen Böhmens (*Festucetum valesiacae*) blühen im Jahreslaufe zuerst die Therophyten, die wie das Hungerblümchen meist sehr lichtbedürftig und niedrig sind. Später dominieren unter den blühenden Arten die Hemikryptophyten. Geophyten blühen nicht, wie in den Laubwäldern, im Frühjahr, sondern im Sommer am zahlreichsten. Nach PREIS (1939), etwas verändert.

hitze verströmen, bleibt auch jetzt noch an Händen und Kleidern haften. Der Spätsommer ist für die meisten Pflanzen also keine absolute Ruhezeit. Nur bei ungewöhnlicher Trockenheit werden sie zu einer solchen gezwungen.

Im Herbst beginnt vereinzelt ein neues Blühen (Abb. 375). Aber es erstirbt im Winter, der für alle ausdauernden Partner der Rasengemeinschaft hart ist. Die Schneedecke bleibt dünn (Abb. 125) und fehlt oft wochen- oder monatelang ganz, bietet also niemals einen Kälte- und Transpirationsschutz. Nur wenige immergrüne Tiefwurzler wie *Teucrium chamaedrys* und *Artemisia campestris* oder Sukkulenten wie *Sempervivum-* und *Sedum-*Arten sind auch der winterlichen Trockenheit gewachsen. Es ist aber bezeichnend, daß sie in dem relativ milden Submediterran-Klima des Südwestens häufiger auftreten als im kontinentaleren Osten Europas, wo die Gefahr des Erfrierens größer ist.

Außer den Rasenlücken, in denen sich kurzlebige Frühblüher drängen, gibt es nach GRUBB (1976) in Kalk-Halbtrockenrasen noch drei Kleinstandorte, an denen sich ein- bis zweijährige Pflanzen anzusiedeln vermögen, nämlich Ameisenhügel, Ränder von Trampelpfaden und Kaninchenbauten. An den letzten haben *Ajuga chamaepitys, Teucrium botrys* und andere Arten, deren Samen im Boden lange keimfähig bleiben, ihre besondere Chance (s. auch Abschnitt D VIII 1c).

2 Nährstoff- und Basenversorgung der bodentrockenen Magerrasen

a Nährstoffversorgung und Biomassen-Produktion

Wie einleitend betont, ist allen hier zu besprechenden Rasengesellschaften eine durch Stoffentzug bewirkte Nährstoffarmut gemeinsam. Schon das gelbliche Grün des Blattwerks deutet auf Mangel an Stickstoff. Nach GIGON (1968) werden selbst in den relativ gutwüchsigen und dichten Halbtrockenrasen nicht mehr als 20–30 kg N pro Jahr und Hektar nachgeliefert, d. h. weniger als in vielen Waldgesellschaften und in gedüngten Wiesen, bei denen man mit mindestens 50–100 kg rechnen kann. Ähnlich knapp dürften die übrigen wichtigen Nährstoffe, namentlich der Phosphor, bemessen sein.

Das geringe Stickstoff-Angebot ist zweifellos eine Folge der früher regelmäßig ausgeübten Heumahd oder Beweidung, wird aber außerdem durch das häufige Austrocknen des Oberbodens verursacht. Ähnlich wie in den Böden des Seggen-Steilhangbuchenwaldes (s. Abb. 63) wird dadurch die Aktivität der mineralisierenden Mikroorganismen herabgemindert. Die N-Versorgung wäre noch geringer, wenn nicht Leguminosen in fast allen Trocken- und Halbtrockenrasen vertreten wären und den Boden vermöge ihrer Knöllchenbakterien bereicherten. Erst durch diese N-Bindung wurde die ehemals an solchen Standorten verbreitete düngerlose Feldgraswirtschaft ermöglicht. Die auf der Bodenoberfläche lebenden Blaualgen tragen nach VLASSAK und Mitarbeitern (1973) nur wenig (etwa 2 kg/ha·J) zur Stickstoffixierung bei, weil sie an der belichteten Bodenoberfläche haften und hier sehr oft und lange durch Trockenheit gehemmt werden.

Der Stickstoff wird in bodentrockenen Magerrasen vorwiegend als Nitrat angeboten, d.h. in einer Form, die von den meisten Arten besser verwertet werden kann als Ammonium. Nach GIGON und RORISON (1972) besteht beispielsweise bei *Scabiosa columbaria* und *Sesleria,* aber auch bei *Rumex acetosa,* ein Antagonismus zwischen der Aufnahme von K^+ und NH_4^+. Rasenpflanzen stark saurer Böden, z. B. *Avenella flexuosa,* verwerten dagegen NH_4 innerhalb eines weiten pH-Bereiches (4,2–7,2) gleich gut oder besser als NO_3 (s. Abb. 94).

Das mäßige bis geringe Nährstoff-Angebot des Bodens begünstigt indirekt Pflanzen mit Stoffökonomie, d. h. mit ausgeprägtem „pflanzeninternem" Kreislauf (ELLENBERG 1976 b). Die Aufrechte Trespe *(Bromus erectus)* beispielsweise verlagert einen Großteil des Stickstoffs und Phosphors in die Blattbasen und Knospen, bevor die Blattspreiten infolge von Trockenheit oder niedrigen Temperaturen absterben. Dieses von WAGNER (1972) als „Restgrün" bezeichnete Speichergewebe ist wahrscheinlich auch der Anlaß, welhalb *Bromus* von Schafen zu allen Jahreszeiten gern gefressen wird. Die Fiederzwenke *Brachypodium pinnatum* dagegen verlagert ihr Nährstoffkapital nach WAGNER vorwiegend in ihre queckenähnlichen Rhizome, aus denen sie es im Frühjahr zum Wiederaufbau ihres Photosyntheseapparats mobilisiert. Dem „Bromustyp" und dem „Brachypodiumtyp" entsprechen wahrscheinlich zahlreiche weitere Vertreter der Trocken- und Halbtrockenrasen.

Nährstoffmangel und zeitweilige Trockenheit hemmen die pflanzliche Stoffproduktion so sehr, daß die hier behandelten Rasengesellschaften schon immer als ertragsarm galten und in großen Teilen Mitteleuropas heute als „Ödland" angesehen werden. KLAPP (1964) nennt Jahres-Heuerträge zwischen 10 und 30 Doppelzentner pro Hektar, während gute Futterwiesen mindestens 50–70 dz/ha erbringen. GLUCH (1973) bestimmte die oberirdische Netto-Primärproduktion in nicht genutzten Halbtrocken-

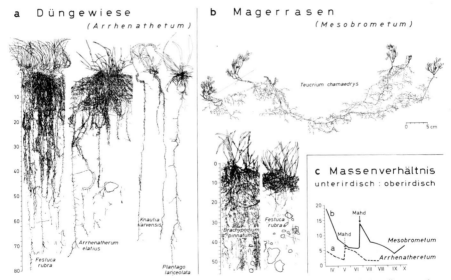

Abb. 376. Die oft kümmerlich entwickelten, mehr oder minder xeromorphen Pflanzen der Magerrasen haben ein sehr ausgedehntes Wurzelwerk, das an Gewicht die oberirdische Phytomasse bei weitem übertrifft. In weniger trockenen und in nährstoffreicheren Böden ist das Verhältnis der unterirdischen zur oberirdischen Masse weniger groß.
a) Wurzelwerk von Rotschwingel, Glatthafer, Wittwenblume und Spitzwegerich in einer mäßig gedüngten Glatthaferwiese *(Arrhenatheretum alchemilletosum)*. Wie (b).
b) Unterirdische Ausläufer des Echten Gamanders in einem Blaugrasrasen auf Muschelkalk. Die Wurzeln sind nur teilweise eingezeichnet. Nach SCHUBERT (1963), etwas verändert.
Rhizome und Wurzeln der Fiederzwenke sowie Wurzeln des Rotschwingels in einem Halbtrockenrasen *(Origano-Brachypodietum)*. Nach KOTANSKA (1970), verändert.
c) Jahreszeitliche Veränderungen im Verhältnis der unterirdischen zur oberirdischen Phytomasse eines Halbtrockenrasens und einer Glatthaferwiese. Nach PILÁT (1969), verändert. Bei sorgfältiger Gewinnung aller Wurzeln ist das Wurzel-Sproß-Verhältnis für den gemähten Halbtrockenrasen sogar beim Hochstand (vor dem ersten Schnitt im Juni) sehr groß (5). Nach der Mahd sowie ausgangs des Winters überschreitet es 15, weil ein großer Teil der oberirdischen Organe verschwunden ist.

rasen des Naturschutzgebietes „Neutratal" bei Jena und kam zu folgenden Werten (in g Trockenmasse pro Zehntel-Quadratmeter, entsprechend dz/ha):

Blaugrashalde *(Epipactis-Seslerietum)*	2,8
Halbtrockenrasen *(Onobrychi-Brometum)*	8,8
Trespen-Glatthaferwiesen *(Arrhenatheretum salvietosum, Bromus erectus*-Variante)	10,8

Der Zuwachs über der Erde gibt aber kein richtiges Bild vom Gesamtzuwachs (der Brutto-Primärproduktion), denn xeromorphe Pflanzen sind unterirdisch stärker entwickelt als oberirdisch. PfLAT (1969) fand beispielsweise bei Prag im Laufe eines Jahres, daß die Biomasse unter der Bodenoberfläche zwischen folgenden Werten schwankte (in derselben Maßeinheit, vgl. auch Abb. 376):

Halbtrockenrasen *(Mesobrometum stipetosum)*	158,2–259,2
Fuchsschwanz-Glatthaferwiese *(Arrhenatheretum alopecuretosum)*	67,7–105,0

Der unterirdische Zuwachs betrug also mindestens die Differenz beider Extreme, d. h.:

Halbtrockenrasen	101,0
Fuchsschwanz-Glatthaferwiese	37,3

WAGNER (s. Tab. 96) kam für *Bromus erectus* zu ähnlichen Größenordnungen. Insbesondere fand er, daß die feinsten Wurzeln, die man beim üblichen Auswaschen des Wurzelwerks mit dem Lehmboden zu einem beträchtlichen Teil wegspült, bei sorgfältigem Auffangen mehr als die Hälfte der gesamten Biomasse der Pflanze ausmachen. Bei *Brachypodium pinnatum* und anderen Arten des Halbtrockenrasens ergab sich in der Größenordnung gleiches. Da die Feinstwurzeln in der Regel kurzlebig sind, muß also die unterirdische Stoffproduktion solcher Pflanzengesellschaften sehr viel höher sein, als bisher angenommen wurde. Wegen des großen Arbeitsaufwandes bei solchen Untersuchungen stehen wir hier noch ganz am Anfang wichtiger Erkenntnisse. Möglicherweise sind die „Magerrasen" kaum weniger produktiv als Düngewiesen oder Wälder an gleichen Standorten. Nur verlagern sie ihre Assimilate größtenteils in den Boden, wo sie weder von den Weidetieren noch von der Sense erreicht werden können.

b Mehr oder minder karbonatreiche Trocken- und Halbtrockenrasen

Stärker noch als in der alpinen Stufe (s. Abschnitt C VI 1f) reagieren bodentrockene Rasengesellschaften in den tieferen Lagen auf den Karbonatgehalt ihres Substrats. Die Klasse der Kalkmagerrasen *(Festuco-Brometea)* ist durch ungewöhnlich viele Charakterarten von der Klasse der Silikat- und Sandmagerrasen *(Sedo-Scleranthetea)* unterschieden und durch verhältnismäßig wenige „Übergänge" mit dieser verbunden. Wie schon in der einleitenden Übersicht angedeutet, liegt das vor allem daran, daß die in chemischer Hinsicht intermediären, d. h. schwach karbonathaltigen und mäßig sauren, Böden meist tiefgründiger sind als die Kalk- oder Dolomit-Rendzinen einerseits und die aus Silikatgesteinen hervorgegangenen Ranker andererseits, und daß tiefgründige Böden in der Regel keine Magerrasen, sondern Äcker, gedüngtes Grünland oder Wälder tragen. Außerdem ist die chemische Differenz zwischen den Kalk- und Silikatböden durch den jahrhundertelangen Stoffentzug vergrößert worden. Dieser dürfte vor allem die Entkalkung und allgemeine Verarmung vieler ursprünglich karbonathaltiger Sand- und Sandsteinböden beschleunigt haben.

Der floristische Gegensatz zwischen Karbonat- und Silikatmagerrasen ist aus dem physiologischen Verhalten der meisten Arten nicht ohne weiteres verständlich. Experimente mit Reinkulturen hatten nämlich im Prinzip das gleiche Ergebnis wie bei den Kalk- und Säurezeigern in alpinen Rasen und Wäldern: Fast alle Gefäßpflanzenarten haben eine sehr weite pH-Amplitude, wenn man ihnen Konkurrenten fernhält. Die meisten Vertreter der bodensauren Rasen lassen sich großenteils auf Kalkböden verpflanzen und gedeihen noch bei p_H-Werten über 7,5 recht gut, beispielsweise *Festuca ovina tenuifolia* (= *capillata*), *Danthonia* (=*Sieglingia*) *decumbens* und *Rumex acetosella* (BOURNERIAS 1959). Umgekehrt wachsen Arten kalkreicher Standorte ebenfalls auf sauren Böden. Allerdings werden manche von ihnen rasch chlorotisch, leiden also unter Eisenmangel und würden deshalb im Wettbewerb mit weniger empfindlichen Arten unterliegen. Dies konnte GRIME (1965) z. B. an dem auf saure Böden beschränkten *Lathyrus linifolius* zeigen, während *L. pratensis*, der auch auf Kalkböden verbreitet ist, keinen Chlorophylldefekt aufwies. Kalkchlorose wird durch Trockenheit gefördert, indem das Eisen in eine schwerer aufnehmbare Form übergeht. Hierin ist wahrscheinlich einer der Hauptgründe dafür zu suchen, daß viele Charakterarten der *Sedo-Scleranthetea* nicht in den Bereich der *Festuco-Brometea* eindringen (s. auch Abschnitt C VI 1f).

Die Rasengesellschaften auf Dolomit, einem an Magnesium reichen Karbonatgestein, sind denen auf Kalk unter sonst vergleichbaren Bedingungen so ähnlich, daß man sie pflanzensoziologisch allenfalls auf der Rangstufe der Assoziation oder der Subassoziation voneinander trennen kann. Da Dolomit jedoch relativ schwer verwittert, werden die Böden weniger tiefgründig, erlangen also geringere wasserhaltende Kraft.

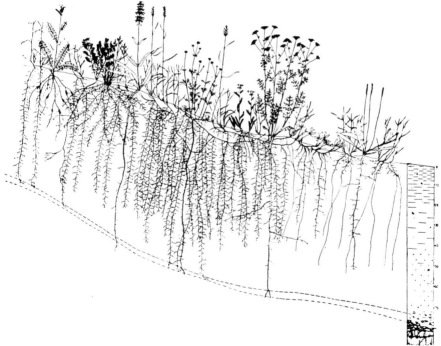

Abb. 377. Querschnitt durch einen Halbtrockenrasen mit *Brachypodium pinnatum* auf tiefgründigem Lehm über Porphyr bei Halle. Nach MAHN (1957).
Der Boden ist zwar kalkarm, hat aber eine relativ große wasserhaltende Kraft. Von links nach rechts: *Brachypodium p.* (steril), *Filipendula hexapetala, B.p., Euphorbia cyparissias, Festuca ovina sulcata, Salvia pratensis, B.p.* (blühend), *Scabiosa canescens, B.p., Achillea millefolium, Centaurea scabiosa, Potentilla alba, B.p., Plantago lanceolata, B.p.*

Infolgedessen sind auf Dolomitrendzinen Volltrockenrasen häufiger als Halbtrockenrasen, vorausgesetzt, daß das Klima nicht ausgesprochen humid ist. Wie die meisten Kalkpflanzen haben auch die „Dolomitpflanzen" in Reinkultur eine sehr weite Amplitude, gedeihen also auch mit Calcium-Karbonat sowie auf recht sauren Substraten. Viele von ihnen keimen nach BOUKHRIS (1967) sogar schlechter auf Dolomit als auf Mg-armem Boden. Umgekehrt gibt es aber einige Vertreter der Kalkmagerrasen, die auf Dolomit fehlen, weil sie hohe Mg-Konzentrationen nicht zu ertragen vermögen. Experimentell wiesen dies COOPER und ETHRINGTON (1974) beispielsweise bei *Lophochloa (= Koeleria) cristata, Plantago media* und anderen „Kalkpflanzen" nach.

Stellenweise macht sich der Einfluß von Schwermetallen wie Zink und Blei auf das Artengefüge von Trocken- oder Halbtrockenrasen bemerkbar. Da hierüber zahlreiche neue Veröffentlichungen vorliegen, wurde diesem Sonderfall ein eigenes Kapitel eingeräumt (D I 7).

Feinerdedecken von mehr als 30–40 cm Mächtigkeit isolieren das unter ihnen anstehende Karbonatgestein und lassen saurere, aber zugleich für den Wasserhaushalt günstigere Böden entstehen. Auf ihnen findet man daher alle Übergänge zu Borstgrasrasen oder Zwergstrauchheiden, wie sie in Abschnitt D II behandelt werden (s. Abb. 374 u. 377).

3 Klimatische Abwandlungen der Kalkmagerrasen

a Auswirkungen des Kontinentalitäts-Gefälles

Wie bereits einleitend angedeutet, unterscheiden sich die Kalkmagerrasen in erster Linie durch den Anteil mehr oder minder kontinentaler bzw. ozeanischer oder submediterraner Elemente. In den Tieflagen sind sowohl die klimatischen als auch die floristischen Gegensätze besonders ausgeprägt. Wir beschränken uns daher in Tab. 89 auf colline Standorte, wählen aber Beispiele aus den verschiedensten Teilen Mitteleuropas, so daß erkennbar wird, wie sehr die Extreme durch Zwischenstufen miteinander verbunden sind. Auch in dieser Hinsicht erinnert die Reihe der Trockenrasen an das Gefälle der wärmeliebenden Laubmischwälder (s. Tab. 32); es ist jedoch wesentlich stärker ausgeprägt.

Die Walliser „Felsensteppe" (Nr. 1) und der Göttinger Halbtrockenrasen (Nr. 9) haben nur noch wenige Klassen-Charakterarten und Begleiter miteinander gemein. Zu den submediterran getönten Trespen-Trockenrasen des Südwestjura (Nr. 7) sind die floristischen Beziehungen des Walliser Beispiels zwar größer, aber doch auch überraschend gering, wenn man bedenkt, wie nahe die Gebiete Nr. 1 und 7 zueinander liegen. Viel stärker verwandt mit dem inneralpinen Trockenrasen (Nr. 1) sind die räumlich sehr weit entfernten Steppenrasen im Böhmischen Mittelgebirge bei Leitmeritz (Nr. 2) sowie die Felsensteppen am Rande des Rheintals westlich von Mainz (Nr. 3). Nur in diesen drei Gesellschaften spielen Federgräser (*Stipa capillata* und *S. pennata* mit ssp. *joannis*) eine nennenswerte Rolle. Auch andere Arten der Ordnung *Festucetalia valesiacae* (Fo in Tab. 89, s. auch Abb. 378) treten nur hier hervor, während die Arten der *Brometalia* (Bo) im rechten Teil der Tabelle an Bedeutung zunehmen.

Diese floristischen Ähnlichkeiten und Unterschiede werden teilweise verständlich, wenn man das Allgemeinklima der betreffenden Gegenden mit einigen Zahlenwerten charakterisiert (Tab. 90). In den Gebieten Nr. 1, 2 und 3 ist das Klima ziemlich „kontinental". Es fallen nur sehr wenige Niederschläge, zumindest während der Vegetationsperiode, auf die es ja in erster Linie ankommt. Die submediterrane Sommerdepression der Regenmengen macht sich in Sion gerade noch so weit bemerkbar, daß sie die mittlere Summe für April bis September auf den Wert von Leitmeritz herabsinken läßt, obwohl die Jahressumme in Sion viel größer ist als dort. Die Temperaturen sind in allen drei Gebieten recht hoch, besonders die Julimittel. Auch im Bereich der Trespen-Trockenrasen (Nr. 5–7) halten sie sich in gleicher Größenordnung. In Südost-England, wo nach SHIMWELL (1971) sowohl *Xero*- als auch *Mesobromion*-Gesellschaften vorkommen, sind die Juli-Temperaturen geringer.

Die submediterran-subatlantischen Trockenrasen genießen also nicht etwa mehr Wärme als die kontinentalen, jedenfalls nicht im Sommer. Sie empfangen nur relativ mehr Niederschläge und leben unter günstigeren allgemeinen Feuchtigkeitsbedingungen. Um diese in einer Zahl auszudrücken, können wir den in Tab. 27 erläuterten Quotienten verwenden. Er ist für alle Gebiete mit vorwiegenden *Brometalia*-Gesellschaften (Nr. 6–9) kleiner als 30, für Gebiete mit *Festucetalia valesiacae*-Gesellschaften dagegen größer (s. Tab. 90).

Die Felsensteppen der inneralpinen Täler stehen trotz ihrer westlicheren und meernäheren Lage unter noch kontinentaleren Bedingungen als die innerböhmischen. Das kommt in unserer Zahlentabelle durch die Jahresschwankung der Lufttemperatur-Monatsmittel zum Ausdruck. Sie beträgt für das Wallis über 20°C, weil öfters scharfe Fröste auftreten, und ist in allen übrigen Gebieten, auch in Böhmen, geringer. Doch nicht aus diesem Grunde allein enthält die Liste Nr. 1 in Tab. 89 so viele eigene Arten. Die Abgeschlossenheit der inneren Alpentäler trägt mit dazu bei. Jedes dieser warm-trockenen Talbecken inmitten der kühleren Bergwelt hat seine floristischen und pflanzensoziologischen Besonderheiten, die BRAUN-BLANQUET (1961) jahrzehntelang gründlich studiert hat. Wie er hervorhebt, ist das Klima in den ostalpinen Tälern weniger kontinental als in den westalpinen. Da sich diese Tatsache auch im Artengefüge der Trockenrasen ausprägt, unterscheidet er zwei parallele Verbände, das östliche *Stipo-Poion xerophilae* und das westliche *St.-P. carniolicae*, für das unsere Liste Nr. 1 das am weitesten nach Nordosten, d. h. bis nach Mitteleuropa, vorgeschobene Beispiel darstellt.

Mit dem Trockenrasen der Würzburger Gegend (Tab. 89, Nr. 5) beginnt in unserer Tabelle die Reihe der submediterran-subatlantischen Gesellschaften. Sowohl aufgrund seines Artengefüges als auch der ihn betreffenden Klimadaten kann man aber zweifeln, ob er nicht besser noch zu der kontinentalen Ordnung *Festucetalia valesiacae* zu stellen wäre. Diese und die vorige Liste veranschaulichen also recht gut, wie die Extreme durch gleitende Übergänge miteinander verbunden sind.

Vergleicht man die Beispiele für die Verbände *Xerobromion* (Nr. 5–7) und *Mesobromion* (Nr. 8 und 9), so fällt auf, daß sämtliche Temperaturdaten bei den Halbtrockenrasen geringer sind als bei den eigentlichen Trockenrasen. In den Niederschlagsmengen scheinen dagegen keine wesentlichen Unterschiede zu bestehen. Ihrem geringeren Wärmegenuß entsprechend sind die Halbtrockenrasen ärmer an wärmeliebenden Arten mediterraner Herkunft. Ihr Reichtum an mesophilen Wiesenpflanzen wie *Dactylis glomerata, Lotus corniculatus, Plantago lanceolata* und *P. media, Daucus carota* usw. dürfte aber außerdem eine Folge ihres ausgeglicheneren Wasserhaushaltes sein. Denn bei den geringeren Temperaturen sinkt die relative Luftfeuchtigkeit niemals so tief wie z.B. an den strahlungsreicheren Hängen des Kaiserstuhls oder gar des schweizerischen und französischen Jura.

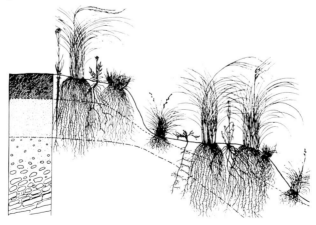

Abb. 378. Querschnitt durch eine „Federgras-Wiesensteppe" auf tiefgründigem Gipsboden am Kyffhäuser. Nach MEUSEL (1939).
Von links nach rechts: *Scorzonera purpurea, Stipa pennata, Scabiosa canescens, Carex humilis, Festuca ovina cinerea, Fumana procumbens, Stipa p., Aster linosyris, Stipa capillata, C.h., Fest.o.c. (Festuca* und *Fumana* treten an offenen Stellen hervor, die durch früheren Viehtritt entstanden sind. Die Treppenstufen entsprechen ehemaligen Viehsteigen (vgl. Abb. 18!).

Tab. 89. Trockenrasen auf basenhaltigen Gesteinen in verschiedenen Gebieten Mitteleuropas.
Nach Tabellen von Braun-Blanquet, Preis, Oberdorfer, Quantin, Bornkamm und anderen[1])

Ordnung.	Festucetalia valesiacae			Brometalia erecti				
Verband od. Unterv.:	St.-P.	Fest. val.			Xero-brom.			Meso-brom.
Assoziation Nr.:	1	2	3	4	5	6	7	8 9
C *Carex liparicarpos*	5							
F *Potentilla pusilla*	5							
P *Poa alp. carniolica*	4							
P *Koeleria vallesiana*	4							
F *Pulsatilla montana*	4							
F *Petrorhagia saxifr.*	4							
P *Asperula aristata*	3							
F *Scabiosa grammuntia*	3							
F *Scorzonera austr.*	3							
F *Festuca valesiaca*	5	5						
Agropyron interm.	1	3						
C *Veronica praecox*	1	3						
C *Astragalus excapus*	·	3						
F *Achillea setacea*	1	2						
F *Centaur. stoebe*		5						
S *Myosotis stricta*		5						
C *Thymus glabresc.*		4						
S *Achillea collina*		3						
F *Pulsat. prat. nigr.*		3						
F *Stipa penn. u. joan.*	3	2	3					
Syntrichia rural. M	2	3	4					
S *Poa bulbosa*	1	3	1					
F *Oxytropis pilosa*	1	2	1					
S *Sedum rupestre*	2	1	1					
K *Melica transsilvan.*		3	1					
F *Carex supina*	·	3	2					
F *Veronica spicata*	2	1	1	1				
F *Erysimum crepidif.*		4	5	2				
S *Festuca cinerea*		2	1	2				
Sesleria varia				5				
Buphthalm. salic.				3				
F *Erysim. odoratum*				2				
K *Thymus praecox*		1	5	1	5			
F *Festuca rupicola*		1	3		5			
F *Thesium linophyll.*			2	3				
F *Stipa capillata*	5	4	5		2	3		
K *Allium sphaeroc.*	4	2	3			3		
F *Potentilla arenaria*		5	5	3	3	3		
K *Galium glaucum*		4	5	3	1	1		
S *Alyssum montan.*		1	5	1	1	2		
F *Seseli hippomaratr.*		3	1			1		
K *Stipa pulcherrima*		1	·	2	2	2		
S *Artemisia campestr.*	5	4	5	3	3	4	1	
K *Stachys recta*	2	3	4	3	2	2	3	
K *Koeleria macrantha*	1	5	3	2	2	·	3	
S *Medicago minima*		2	2	1		2	3	
K *Botriochloa isch.*	2	2			1	3	1	
K *Silene otites*	4	3	1				2	
B *Globularia punct.*					5	4		
K *Lactuca perennis*		1	2	1			2	
S *Melica ciliata*	1						3	
Teucrium cham.	3	3	5	4	4	5	4	1
K *Aster linosyris*	3	4	5	2	5	5		1
K *Carex humilis*	3	4	1	5	5	5	5	4
K *Phleum phleoides*	3	3	4	4		3	4	3
K *Asperula cynanch.*	1	2	5	5	4	4		4
K *Odontites lutea*	4	1	1			1		1
K *Peucedan. oreosel.*	4		2					3
F *Euphorbia seguier.*	4					1		1
K *Euphorbia cypar.*	1	5	5	5	4	5	4	5 1
K *Arenar. serp. lept.*	2	4	5	2		3	2	1
S *Acinos arvensis*	1	2	1	2			4	1
Erophila verna	1	5	1	1			3	1
Hierac. pilosella	1	1	3	3	3	5		4 4
B *Centaur. scabiosa*	3	1		2	4	1	2	5 2
B *Hippocrep. comosa*	2			5	3	3	1	5 1
B *Helianth. ovatum*	5		3	·	·	·	4	5 1
B *Bromus erectus*	4		·	·		5	5	5 3
K *Brachypod. pinnat.*	1	1	·	2	3	·	3	5 5
K *Sanguisorba minor*	1	1	·	2	3	1	·	3 5
B *Anthyllis vulner.*	1			2	4	1	3	5 3
B *Linum tenuifol.*	1	1			5	3	4	1
S *Alyssum alyssoid.*	2	2				1	3	1
K *Eryng. campestre*		5			3	2	3	1
K *Dianthus carthus.*		5	5	5	2	1	3	4
K *Pimpin. saxifraga*	1	·	2		4		2	4 5
S *Sedum album*		2	4	2			3	
S *Sedum acre*		2	5	2			1	
Medicago falcata	2		1		2	1		1 3
Scabiosa canescens	2	1			1	1		1
K *Salvia pratensis*	1	·	3		4	5	3	4 1
B *Avenochloa prat.*	1		1	5			3	1 4
C *Cerastium pumil.*	1	1			1	4		
Galium verum	1		3		1			3 1
Thymus pulegioid.			5	4	1	2	4	4
K *Festuca trachyph.*			5	3	3	4	5	5 2
S *Pulsatilla vulgaris*			1	5	5	1	4	
Potentilla verna			1	5	3	1	4	1
B *Teucrium montan.*			3		3	4	1	1
B *Helianthem. numm.*			5		2	5		5
B *Fumana procumb.*			1		5	1		
Anthericum ramos.			5		1			3
B *Scabiosa columbar.*			4		1	1	3	5 4
B *Arabis hirsuta*			2			1		2 1
K *Prunella grandifl.*					5			2 1
B *Koeleria pyramid.*					3	1		3
M *Ranunculus bulb.*					1		2	5 3
M *Cirsium acaule*					3		1	4
M *Carlina vulgaris*					2		1	1 2
M *Ononis spinosa*					2			2 2
K *Carex caryophyll.*					·	·		5 4
M *Medicago lupulina*							3	5 4
C *Trinia glauca*						5		
C *Onobrychis arenar.*						3		
D *Cladonia furcata* F						4		
D *C. endivaefolia* F						4		
C *Ononis natrix*					1			4
S *Petrorhagia prolif.*	2							4
C *Coronilla minima*								4
C *Micropus erectus*								3
S *Cerast. brachypet.*								3
S *Trifolium scabrum*								3

Tab. 89, Fortsetzung

Assoziation Nr.:	1	2 3 4	5 6 7	8 9	Assoziation Nr.:	1	2 3 4	5 6 7	8 9
Linum catharticum			4	5 4	D Leontodon hispidus				4 3
Trifolium pratense			4	1 3	D Dactylis glomerata				5 2
D Briza media			3	5 4	D Centaurea jacea				4 2
D Plantago media			2	5 4	D Carex flacca				2 3
M Onobrychis viciaef.			1	5 1	D Knautia arvensis				2 3
M Anacamptis pyram.				3	D Poa angustifolia				4
D Potentilla heptaph.				5	D Achillea millefolium				3
D Silene nutans				5	D Agrimonia eupator.				3
D Anthoxanth. odorat.				5	M Gentianella ciliata				2
D Polygala amara				4					
D Leucanth. vulgare				4 1	Einige weitere Moose:				
D Lotus corniculatus				5 5	K Rhytidium rugosum		· 4 5	3 2	5
D Plantago lanceolata				5 4	K Abietinella abiet.		4	2 1	5 1
D Campan. rotundif.				5 3	K Camptothec. lutesc.			2	3 1
D Daucus carota				5 3	K Pleurochaete squar.		2	4	

[1]) Einige weniger stete Arten wurden weggelassen, darunter auch die in Nr. 8 und 9 gelegentlich auftretenden Orchideen *Aceras anthropophorum, Himantoglossum hircinum, Ophrys apifera, holosericea* und *sphegodes, Orchis militaris, morio, simia* und *ustulata*.

C = Charakterart der Gesellschaft, in der sie hohe Stetigkeit erlangt,
D = Differentialart einer Gesellschaft oder eines Verbandes mit wenig Charakterarten,
P = Charakterart des Verbandes *Stipo-Poion xerophilae*
F = Charakterart von *Festucetalia* oder *Festucion valesiacae*,
B = Charakterart von *Brometalia* oder *Bromion*,
M = Charakterart des Unterverbandes der Halbtrockenrasen (*Mesobromion*) bzw. Differentialart gegen den Unterverband der Volltrockenrasen (*Xerobromion*),
K = Klassencharakterart der *Festuco-Brometea*,
S = Charakterart der Klasse (oder dieser nachgeordneter Einheiten) der lockeren Sand- und Felsrasen (*Sedo-Scleranthetea*), die in K übergreifen.

Nr. 1: Inneralpiner **Federgras-Schillergras-Felstrockenrasen** (*Stipo-Koelerietum vallesianum*) im Unteren **Wallis**. Nach Braun-Blanquet (1961).

Nr. 2 – 4: Beispiele von ± kontinentalen **Walliserschwingel-Trockenrasen** (*Festucion valesiacae*):
2: Walliserschwingel-Bleichschöterich-Felstrockenrasen (*Festuco valesiacae-Erysimetum crepidifolii*) im **Böhmischen Mittelgebirge**. Nach Preis (1939),
3: Schöterich-Federgras-Felstrockenrasen (*Erysimo-Stipetum*) im **Nahetal** und in Rheinhessen. Nach Oberdorfer (1957),
4: Schafschwingel-Blaugrashalde (*Seslerio-Festucetum rupicolae*) im **Fränkischen Jura**. Nach Gauckler (1938) aus Oberdorfer (1957). Neigt zu den *Brometalia*!

Nr. 5 – 7: Beispiele von ± subozeanischen **Trespen-Trockenrasen** (*Bromion erecti*, Unterverband *Xerobromion*):
5: Faserschirm-Erdseggen-Kalktrockenrasen (*Trinio-Caricetum humilis*) bei **Würzburg**. Nach Volk (1937) aus Oberdorfer (1957). Neigt zu den *Festucetalia*!
6: Trespen-Kalktrockenrasen („*Xerobrometum rhenanum*") im **Kaiserstuhl**. Nach von Rochow (1951) aus Oberdorfer (1957),
7: Hauhechel-Trespen-Kalktrockenrasen („*Xerobrometum lugdunense*") im **Westjura**. Nach Quantin (1935) aus Braun-Blanquet u. Moor (1938).

Nr. 8 u. 9: Beispiele von subozeanischen Kalk-**Halbtrockenrasen** (*Bromion erecti*, Unterverband *Mesobromion*):
8: Hundswurz-Trespen-Halbtrockenrasen („*Mesobrometum collium*") im **Kraichgau**. Nach Oberdorfer (1957),
9: Enzian-Schillergras-Halbtrockenrasen (*Gentianello-Koelerietum*) in der Umgebung von **Göttingen**. Nach Bornkamm (1960).

Auf warmen, aber nicht zu trockenen Kalkböden des südwestlichen und westlichen Mitteleuropa gedeihen in den Halbtrockenrasen des *Mesobromion* (Nr. 8) zahlreiche seltene Orchideenarten, z. B. *Orchis morio, militaris, ustulata* und *simia, Ophrys holosericea, apifera* und *sphecodes, Herminium monorchis* und *Anacamptis pyramidalis*. Deren Stetigkeit ist freilich so gering, daß sie in Tab. 89 kaum in Erscheinung treten. Den *Mesobromion*-Rasen Nordwestdeutschlands (Nr. 9) fehlen sie bis auf wenige Ausnahmen ganz (s. TÜXEN 1937), vermutlich, weil es vielen von ihnen hier bereits zu kalt ist. Auch andere in südlicheren Teilen Mitteleuropas kaum als bemerkenswert geltende Arten werden im Norden zu viel beachteten Seltenheiten, falls sie sich überhaupt bis dorthin vorwagen.

Soweit Meßhüttenwerte von normalen meteorologischen Stationen überhaupt geeignet sind, das Klima an sonnigen Rasenstandorten zu charakterisieren, stehen die Klimadaten der Tab. 90 mit den floristischen Unterschieden der in Tab. 89 zusammengestellten Gesellschaften im Einklang. Zu entsprechenden Ergebnissen kam LACOSTE (1964) für die französischen Westalpen. Dort verteilen sich *Brometalia*- und *Festucetalia valesiacae*-Gesellschaften großklimatisch etwa in der gleichen Weise wie in Mitteleuropa.

b Lokal- und mikroklimatische Gegensätze in Trespenrasen

Die meisten Trockenrasen siedeln an Hängen oder auf nicht ganz ebenen Plateaus, d. h. an Standorten, deren Ortsklima vom Allgemeinklima der betreffenden Gegend mehr

Tab. 90. **Klimadaten und Faktorenzahlen für die Trockenrasen-Beispiele in Tab. 89.**
Nach Angaben von Maurer u. Mitarb. (1910), Reichsamt f. Wetterdienst (1939) und Quantin (1935), Faktorenzahlen berechnet nach Ellenberg (1974)[2])

Vegetations-Verband Gesellschafts-Nr. (s. Tab. 89) Gebiet, Stationen	m ü.M.	Niederschläge (mm) Jahr	IV-IX	Ord- nung	Temperaturen Mittel (°C) Jahr	Juli	Quotient[1]) Julitemp.: Jahresnied.	mittlere Faktorenzahlen[2]) mT	mK	mF
Stipo-Poion xerophilae										
1. Wallis: Sitten	540	638	318		9,6	20,6	30,5	6,5	4,9	2,2
Siders	532	536	268		9,3	20,8	36			
Festucion valesiacae				<350 Festucetalia			>30			
2. Böhmen: Leitmeritz[3])	177	502	318		8,6	18,6	37	6,5	5,3	2,6
3. Rheinhessen: Mainz	94	512	290		10,0	19,2	37,5	6,2	4,7	2,5
Oberlahnstein	77	590	332		10,3	19,0	32,5			
4. Fränk. Jura: Nürnberg	320	585	356	neigt zu B	8,7	18,3	31,5	5,8	4,6	2,8
Amberg (Opf.)	525	677	399		6,9	16,5	24,5			
Xerobromion										
5. Mainfranken: Würzburg	179	560	318	neigt zu F	9,0	18,3	33,0	6,1	4,7	2,6
6. Kaiserstuhl: Oberrotweil	222	672	422	>9	9,7	18,7	28	6,3	4,3	2,7
7. Westjura: Genf	405	859	480		9,5	19,5	22,5	6,4	4,0	2,6
St. Denis-Laval	398	747	443		10,0	18,5	27			
Mesobromion				>350 Brometalia			<30			
8. Kraichgau: Bretten	214	734	417		8,8	18,1	24,5	5,5	3,9	3,4
Pforzheim	258	728	431	<9	8,6	17,5	24			
9. Umgeb. Gö.: Göttingen	155	607	378		8,5	17,2	28,5	5,5	3,8	3,6
Herzberg a. Harz	242	802	436		7,6	17,3	20,5			

[1]) Quotient aus dem tausendfachen Monatsmittel der Juli-Lufttemperatur und der mittleren Jahressumme der Niederschläge (s. Tab. 27) als Maß für die hygrische Kontinentalität des Klimas.
[2]) Berechnet aus den Zeigerwerten der in Tab. 89 aufgeführten Arten (s. Abschnitt B I 4 und E III); Extremwerte halbfett.
[3]) nach Preis; jetzt Litomerice

oder weniger stark abweicht. Diese lokalen Verhältnisse kann man nur durch Feststellungen in den Rasen selbst erfassen. Schon an Hand von Meßreihen, die in jeder der vier Jahreszeiten nur wenige Tage oder Wochen laufen, gewinnt man einen guten Überblick, wie QUANTIN (1935) in immer noch mustergültiger Weise gezeigt hat (Tab. 91). In Kalkgebirgen wie dem französischen und Schweizer Jura findet man eigentliche Trockenrasen *(Xerobromion)* und Halbtrockenrasen *(Mesobromion)* nahe beieinander auf gleicher geologischer Unterlage, ja sogar auf morphologisch und texturell sehr ähnlichen Böden (Tab. 91, 5). Der echte Trockenrasen besiedelt dort schwach nach Süden bis Südwesten geneigte Hänge, der Halbtrockenrasen dagegen Nord- und Nordosthänge von gleicher Neigung. Erst in größerer Meereshöhe greifen die Mesobrometen auch auf Sonnhänge über.

QUANTIN verglich typische Xero- und Mesobrometen des unteren Südwestjura miteinander und beide mit den übrigen Gesellschaften seines Gebietes, insbesondere mit den Felsheiden der trockensten und wärmsten Standorte *(Anthylli-Teucrietum)*. Auf diese besondere, vor allem durch geringe Krumenmächtigkeit bedingte Ausbildungsform des Trockenrasens werden wir im nächsten Abschnitt zurückkommen. Die in Tab. 91 zusammengestellten Zahlenkolonnen zeigen, wie sehr sich die drei benach-

Tab. 91. **Lebensformen, Kleinklima und Bodenverhältnisse in Magerrasen** an schwach geneigten Hängen des Südwest-Jura. Nach Angaben von Quantin (1935)

Offene Felsflur (Anthylli-Teucrietum, Ordnung Sedo-Scleranthetalia)
Trockenrasen (Xerobrometum, Ordnung Brometalia)
Halbtrockenrasen (Mesobrometum, Ordnung Brometalia)

Pflanzendecke u. Klima (1932)	Anth. Teucr.	Xero- brom.	Meso- brom.	Bodenfaktoren (1932)	Anth. Teucr.	Xero- brom.	Meso- brom.
Lebensformen (%)				**Korngrößen (%)**			
Chamaephyten	42,5	18,6	10,6	Grobskelett	23,6	28,3	24,3
Hemikryptophyten	25,0	49,3	76,3	Feinskelett	30,1	32,6	32,5
Geophyten	2,5	8,7	7,8	Grobsand	19,0	14,0	19,5
Therophyten	37,5	8,7	5,3	Feinsand	19,0	14,6	13,5
Parasiten	–	1,5	–	Schluff und Ton	8,3	10,5	10,3
Mitteltemperaturen (°C)				**Wassergehalt (Vol. %)**			
Frühling (3.–23.4.)	12,8	9,7	7,5	Frühling (25.4.)	17,4	23,5	26,9
Sommer (26.6–16.7.)	23,4	20,3	15,3	(16.5.)	20,2	27,7	33,6
Herbst (18.9.–8.10.)	17,6	16,8	12,0	Sommer (11.6.)	18,6	24,9	27,9
Winter (11.–31.12.)	6,1	5,8	0,7	(19.7.)	10,9	20,2	23,3
Mittelwert, 12 Wochen	15,0	13,1	8,9	(13.8.)	9,3	13,2	14,9
				Herbst (17.9.)	10,6	10,9	16,0
Tägliche Schwankung der Temperatur (°C)				(14.11.)	17,4	26,3	29,6
				Winter (21.12.)	24,8	28,4	32,3
Sommer (26.6–16.7.)	21,5	13,0	9,2	Max. (25.4.32 –	25,8	30,0	33,6
Mittelwert, 12 Wochen	17,6	10,9	8,9	Min. 23.10.33)	8,7	10,9	14,9
Evaporation (cm³, Piche, mittlere Tagessummen)				**Chemische Faktoren**			
				pH-Werte, max.	7,9	7,9	7,3
				min.	7,5	7,1	6,9
Frühling (3.–23.4.)	5,4	3,3	2,6	Karbonatgehalt (%), max.	51,5	67,1	28,2
Sommer (26.6.–16.7.)	8,3	6,5	4,6	min.	12,7	12,0	4,4
Herbst (18.9.–8.10.)	6,5	4,3	2,4	Humusgehalt (%), max.	4,6	17,1	21,4
Winter (11.–31.12.)	4,4	3,2	1,5	min.	1,7	7,1	11,4
Mittelwert, 12 Wochen	6,2	4,3	2,8				

Alle Messungen ca. 15 cm über dem Boden   Alle Messungen in 0–10 cm Bodentiefe

barten Rasengesellschaften in ihrem Lokalklima und anderen damit zusammenhängenden Standortsfaktoren unterscheiden. Zu allen Jahreszeiten sind die Lufttemperaturen (15 cm über dem Boden) im *Mesobrometum* geringer als im *Xerobrometum* oder gar in der Felsheide (Tab. 91, 2). Auch die täglichen, monatlichen und jährlichen Temperaturschwankungen nehmen in dieser Reihe zu, wie bereits die wenigen für die Tab. 91 herausgegriffenen Daten erkennen lassen.

So große- Temperaturdifferenzen müssen sich im Wasserhaushalt der Pflanzen auswirken. Tatsächlich ist die Evaporation über dem Halbtrockenrasen wesentlich geringer als über den *Xerobromion*-Gesellschaften (Tab. 91, 4). Am Wassergehalt des Bodens im Hauptwurzelraum (5–10 cm Tiefe) kann man deutlich ablesen, daß der *Mesobromion*-Rasen die Vorräte weniger beansprucht als das *Xerobrometum* (Tab. 91, 6). Man darf die von Quantin auf das Volumen berechneten Werte miteinander vergleichen, weil die Korngrößenspektra der untersuchten Böden nahezu übereinstimmen.

Die häufigeren Trockenheitsextreme in der flachgründigen Felsheide und im *Xerobrometum* führen dazu, daß kurzlebige Frühlingsannuelle in ihnen viel mehr Raum finden als im *Mesobrometum* und deshalb prozentual hervortreten (Tab. 91, 1). Auch die Chamaephyten haben höhere Anteile am Lebensformspektrum, weil sie von Gräsern, die ja meistens rascher wachsen und dichter beblättert sind als sie, nicht so stark überschattet werden wie im *Mesobrometum*. Im Halbtrockenrasen machen die Hemikryptophyten – hier vor allem Gräser und Grasartige – mehr als ³/₄ der gesamten Artenzahl aus.

Die allgemeinklimatisch bedingten großräumigen Gegensätze der Voll- und Halbtrockenrasen, die wir im vorigen Abschnitt umrissen haben, wiederholen sich mithin innerhalb kleiner Gebiete des südlichen (bis zentralen) Mitteleuropa infolge lokaler Klimaabwandlungen. Am Nordrande Mitteleuropas, in Südschweden, kommen *Mesobromion*-Gesellschaften nur noch an den relativ wärmsten und trockensten Standorten vor, nach Påhlsson (1966) z. B. an den steilen Sonnhängen kiesiger Oser-Rücken.

Wie fein das Artengefüge von Trocken- und Magerrasen auf lokale Klimaunterschiede und selbst auf kleinste Differenzen innerhalb eines und desselben Bestandes reagiert, ist bereits von vielen Autoren und an zahlreichen Pflanzengesellschaften aufgezeigt oder durch Messungen belegt worden. Es sei hier nur an die Arbeiten von G. Kraus

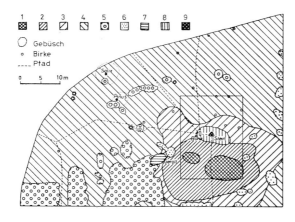

Abb. 379. Vegetationskärtchen der Halbtrockenrasen am „Kartoffelstein", einem Kalkbuckel mit flach- bis tiefgründigen Böden östlich von Göttingen. Nach Bornkamm (1959), etwas verändert.
1 = *Gentiano-Koelerietum,* typische Subass. *Linum-*Variante, 2 = desgl., typische Var., 3 = desgl., *Trisetum*-Var., 4 = G.-K., Subass. von *Prunella vulgaris,* 5 = *Pruno-Carpinetum* (Gebüsch), 6 = einzelne Pioniersträucher, 7 = Schuttgesellschaft, 8 = *Lolio-Cynosuretum luzuletosum,* 9 = *Caloplacetum murorum* (Flechtenüberzüge auf dem Gedenkstein). 1 und 2 an schwachem Südhang, 4 mehr am Schatthang.

(1911) sowie von HEILIG (1931/32), MÜLLER-STOLL (1935/36), BRZOSKA (1936), VOLK (1937), PREIS (1939), DÖRR (1941), ZOLLER (1954), HORÁNSKY (1957) und BORNKAMM (1958 a) erinnert (s. auch Abb. 379).

Richtungsweisend wurde der von KRAUS (1911) gewählte Buchtitel „Boden und Klima auf kleinstem Raume". Am Beispiel der Trockenrasen auf Wellenkalk (einer dünnbankigen Fazies des unteren Muschelkalkes) im warmtrockenen Maintal unterhalb von Würzburg bekräftigte er mit Temperaturmessungen und Bodenuntersuchungen eine Erkenntnis, die für Trockenrasen auf flachgründigen, steinigen Böden mit wechselndem Relief, aber auch für andere Standorte und Pflanzenformationen des Freilandes Allgemeingültigkeit besitzt: Fast jede Einzelpflanze lebt unter besonderen Bedingungen, und ein Nebeneinander von Arten mit verschiedenen Ansprüchen erklärt sich oft aus dem engen Nebeneinander verschieden wasserhaltender, verschieden stark erwärmbarer und verschieden kalk- oder nährstoffreicher Kleinst-Standorte. In manchen Rasen bilden diese ein charakteristisches Mosaik, das den Schichtfugen des Gesteins folgt oder durch andere Ungleichmäßigkeiten bei der Bodenbildung verursacht wurde.

Schon der Schatten einer großen Pflanze kann die Glut der Einstrahlung so sehr mildern, daß hitze- oder trockenheitsempfindliche Organismen hier ein günstiges Plätzchen finden. Auf diese Weise schafft das Mosaik der an der oberen Rasenschicht beteiligten Gewächse ein Mosaik von winzigen Lebensräumen, das physiologisch verschiedenen Organismen ein nachbarliches Dasein ermöglicht. Hierfür nur ein Beispiel: Am Südhang des Badberges im Zentrum des Kaiserstuhls stieg die Temperatur schon am 1. Mai 1950 unmittelbar an der Oberfläche des unbeschatteten Bodens auf 50–60° C an, während nur 20–30 cm nördlich davon in einem dichten Horst von *Bromus erectus* nicht mehr als 15–17° erreicht wurden. Nachts kühlte sich die nackte

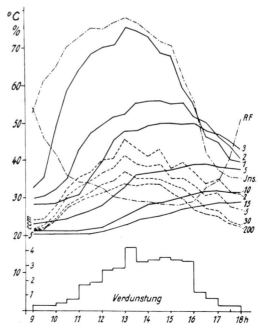

Abb. 380. Tagesverlauf der Sonneneinstrahlung, der Luft- und Bodentemperaturen, der Luftfeuchtigkeit und der Verdunstung in einem *Stipa capillata*-Rasen an einem Südhang oberhalb des Odertals. Nach BRZOSKA (1963), aus ELLENBERG (1963).
Lufttemperaturen gestrichelt (in 2, 5, 30 und 200 cm Höhe), Bodentemperaturen ausgezogen (in 1, 2, 3, 5, 10 und 15 cm Tiefe), relative Luftfeuchtigkeit (RF) strichpunktiert, mit Schwarzkugelthermometer gemessene Insolation (Ins.) strichpunktiert, Verdunstung (Livingstone-Atmometer) unten (12. Juli 1932).

Oberfläche auf unter 5° C ab und war morgens betaut. In den Grashorsten aber sank die Temperatur nicht unter 10°, schwankte also nur etwa $^1/_{10}$ so stark wie unmittelbar nebenan auf dem Wuchsort austrocknungsresistenter Kryptogamen.

Zu den horizontalen Unterschieden kommen stets auch vertikale, wie sie z. B. in den Tagesgängen auf Abb. 380 dargestellt sind. In einem lückigen Federgrasrasen am Rande des Odertals schwankt die Temperatur an einem Hochsommertag nahe der Bodenoberfläche zwischen etwa 30 und fast 70 °C, erreicht aber 5 cm darüber und darunter höchstens 40° und in 15 cm Tiefe nicht einmal 30 °C. Die trockenen Blattreste, mit denen die Hemikryptophyten ihre jüngeren Blätter und ihre Knospen einhüllen, schützen diese empfindlichen Organe also gegen Verbrennungsschäden, die im Kontakt mit dem Boden eintreten könnten.

c Blaugrashalden als dealpine Gesellschaften

An steilen Kalkhängen in mehr oder minder schattiger Lage, d. h. an edaphischen und lokalklimatischen Sonderstandorten, bildeten sich selbst im niedrigen Bergland Blaugrashalden aus, die an die Blaugras-Horstseggenrasen der alpinen Stufe erinnern (s. Abschnitt C VI 2 a und Abb. 374). Ebenso wie in den Alpen tritt das Blaugras hier nirgends als Pionier auf, sondern gelangt erst auf ruhig lagernden Halden oder an treppigen Felsen, aber auch auf durchfeuchteten Kalkböden, zur Herrschaft.

Für Mitteldeutschland gibt W. SCHUBERT (1963) einen klärenden Überblick über alle von *Sesleria varia* beherrschten Gesellschaften. In der collinen Stufe kann man mit abnehmender Trockenheit und Wärme folgende Gesellschaften unterscheiden:

> Zwergsonnenröschen-Blaugrashalde *(Fumano-Seslerietum)*
> Felsenbirnen-Blaugrasheide *(Amelanchier-Seslerietum)*
> Sumpfstendel-Blaugrashalde *(Epipactis atrorubens-Seslerietum)*
> Sumpfherzblatt-Blaugrashalde *(Parnassio-Seslerietum)*

Die erstgenannte besiedelt sonnig-flachgründige, aber zugleich treppig-steile Hänge, die letzte schattig-luftfeuchte und zeitweilig von Wasser durchrieselte Halden oder Wände. In allen ist *Sesleria varia* die herrschende Kleinart, ähnlich wie in den Blaugras-Buchenwäldern der collinen und montanen Sufe sowie in der montanen Blaugrashalde Mitteldeutschlands, dem *Helianthemo-Seslerietum*. Auf ständig durchfeuchteten, mehr oder minder quelligen Böden wird sie von der Kleinart *Sesleria uliginosa* abgelöst, beispielsweise im Blaugras-Stumpfblütenbinsen-Quellried *(Juncetum subnodulosi seslerietosum)* und in anderen Gesellschaften der Kalk-Kleinseggenrasen (s. Abschnitt C II 2 a).

Pflanzengeographisch sind die Blaugrashalden dadurch bemerkenswert, daß sie – wie die Blaugras-Buchenwälder – einige Arten beherbergen, die ihr Verbreitungsschwergewicht in den Alpen haben, z.B. *Carduus defloratus, Thesium alpinum* und *Aster bellidiastrum*. Man darf in diesen „dealpinen" Arten Relikte aus den Eiszeiten sehen, die für die nicht vergletscherten Teile Mitteleuropas zumindest zeitweilig ein der alpinen Stufe ähnliches Klima mit sich brachten. Auch für *Sesleria varia* selbst trifft dies möglicherweise zu. Jedenfalls hat das Blaugras nach W. SCHUBERT eine äußerst geringe Ausbreitungsfähigkeit. Es keimt schlecht, und es greift nicht in aufgelassene Weinberge hinüber, auch wenn diese unmittelbar neben einer Blaugrashalde liegen und ähnliche Bodenverhältnisse aufweisen. Wo wir das Blaugras heute finden, muß ihm also ein langer Zeitraum zur Verfügung gestanden haben, um einzuwandern und sich anzusiedeln.

4 Auswirkungen der Gründigkeit und Körnung des Bodens

a Felsheiden und ihre Pionierstadien

Innerhalb großklimatisch einheitlicher Gebiete ändert sich die Zusammensetzung der Trocken- und Halbtrockenrasen nicht nur mit der Exposition, Neigung und Stabilität der Hänge oder mit der Dichte und Höhe des Pflanzenbestandes, sondern auch mit der Mächtigkeit des Feinbodens. Wie schon in Abschnitt 3 b betont, variiert dieser Faktor oft auf kleinstem Raume; aber auch auf größeren Flächen ist er in charakteristischer Weise verschieden und bedingt dadurch die Ausbildung physiognomisch und floristisch recht ungleicher Gesellschaften. Auf Kalken, Basalten und anderen basenhaltigen Gesteinen trifft man in der Regel drei Standortstypen, die durch Übergänge miteinander verbunden sind (Abb. 374), und zwar:

- fast nackte Gesteinsböden
- skelettreiche Feinerdeböden
- tiefgründige Feinerdeböden

jeweils in verschieden stark sonnexponierter Lage

Im Bereich jedes der in Abschnitt 1 a genannten Verbände werden diese Standortstypen von besonderen Gesellschaften besiedelt.

Nur der fast nackte anstehende Fels ist von Natur aus gänzlich unbewaldet. Meist handelt es sich um schmale Kanten oder Kuppen, also um räumlich engbegrenzte Flächen (Abb. 381, s. auch Abb. 382). Krustenflechten, Blattflechten und Polstermoose überziehen die hervortretenden Steine und sorgen auf diesem Rohboden für die erste Humusbildung (Protorendzina). In Spalten, Rissen und kleinen Vertiefungen kann sich so viel humose, als Staub angewehte mineralische Feinerde sammeln, daß auch von vornherein Gefäßpflanzen Fuß zu fassen vermögen. Nur ist die Gefahr der Austrocknung ihres Wurzelraumes sehr groß. Sukkulenten und Halbsukkulenten, z.B. *Sedum*- und *Sempervivum*-Arten, haben daher die besten Überdauerungschancen. Auch Frühlingsannuelle finden hier gute Entwicklungsmöglichkeiten, wie wir bereits in Abschnitt 1 c sahen. Solche „Mauerpfefferreichen Pionierfluren" hat z.B. SCHUBERT (1974) aus der DDR beschrieben.

Die Felsheiden im engeren Sinne werden oft als Initialstadien einer Sukzession angesehen, die über die Rasen skelettreicher Rendzinen zu solchen auf steinfreien

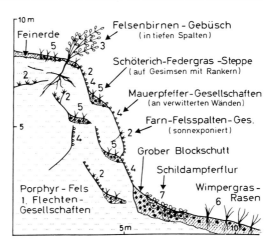

Abb. 381. Bodensaure Trockenrasen und andere Gesellschaften auf einem Porphyrfelsen bei Münster a. Stein (Rotenfels). Nach HAFFNER (1968), verändert.
1. *Aspicilietum linariae* und *Parmelietum molliusculae*, 2. *Asplenietum septentrionalis*, 3. *Cotoneastro-Amelanchieretum*, 4. fragmentarische Gesellschaften der Ordnung *Festuco-Sedetalia*, 5. *Erysimo-Stipetum*, 6. *Teucrio-Melicetum ciliatae*, 7. *Rumicetum scutati*.

Kalkstein-Braunlehmen oder anderen Bodentypen tiefgründiger Lockergesteine führen (z. B. KUBIËNA 1948, s. Abb. 382). Eine solche Entwicklung ist aber noch niemals direkt beobachtet worden, weil sie zu langsam verläuft. Sie wurde immer nur aus dem Nebeneinander der verschiedenen Zustände und ihrer Zwischenstufen erschlossen. Wie WENDELBERGER (1953) und andere nachwiesen, handelt es sich in den meisten Fällen um stabile Zonen, die sich wenig oder gar nicht gegeneinander verschieben (s. Abb. 374). Ja, wo man eine Verschiebung eindeutig erkennt, ist sie meistens rückläufig, weil die Bodenverletzung durch weidendes Vieh die Erosion der Feinerde beschleunigt. Ein solcher Abtrag übertrifft die Neubildung der Feinerde durch Verwitterung bei weitem. Das hier für Kalk-Felsrasen Ausgeführte gilt auch für Rasen auf sauren, aber physikalisch ähnlichen Böden, wie sie z. B. MORAVEC (1967, s. Abb. 382) beschrieben hat.

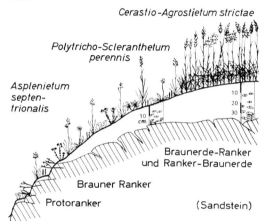

Abb. 382. Vegetations- und Bodenzonierung an einem sonnigen Sandstein-Felsaustritt in Südwest-Böhmen. Nach MORAVEC (1967), etwas verändert.

Infolge ständiger Erosion kommt es an der trockenen Felskante nicht zur Ansammlung von Feinerde. Die Bodenbildung bleibt auf der Stufe des Protorankers und die Vegetationsentwicklung bei der Streifenfarn-Felsspalten-Gesellschaft stehen. Wo sich mehr Feinerde halten kann, gibt ein brauner Ranker der Haarmützenmoos-Knäuel-Ges. Lebensmöglichkeiten. Der dichte Sandstraußgras-Rasen benötigt einen mittelgründigen Boden, d. h. eine mehr oder minder weit entwickelte Sand-Braunerde. Hier könnten Holzgewächse Fuß fassen, die aber durch Schafweide behindert wurden.

b Trocken- und Halbtrockenrasen auf Skelettböden

Nur wo die Feinerde über dem anstehenden Fels mächtig genug ist, um Niederschläge zu speichern, kann sich eine Gesellschaft ausbilden, die von Gräsern und Grasartigen beherrscht wird (Abb. 374 und 382). Hier finden wir die eigentlichen Trocken- oder Halbtrockenrasen. Beispiele aus verschiedenen Gebieten enthält wiederum Tab. 89. Der Bodentyp entspricht auf Karbonatgestein einer Mullrendzina und auf silikatreicherem Material einer Pararendzina, ausnahmsweise auch einem Ranker oder einer eutrophen Braunerde. Nicht selten findet man außerdem Kalkstein-Braunlehme oder fossile Rotlehme der Tertiärzeit, die durch Erosion geköpft bzw. bloßgelegt wurden.

Die natürliche Vegetation auf solchen Standorten ist in Mitteleuropa stets eine Gehölzformation, sei es nun ein Flaumeichenbusch oder sonst ein wärmeliebender Laubmischwald (Abschnitt B III 4) oder aber ein lichter Föhrenwald (Abschnitt B IV 6). Durch starken Feinerdeabtrag nach der Entwaldung kann zwar der Boden so flachgründig werden, daß es den Bäumen auch nach Aufhören jedes menschlichen Einflusses schwerfällt, sich wieder einzustellen. Aber sogar in so trockenen und kontinentalen Gebieten wie dem Böhmischen Mittelgebirge (KLIKA 1933) oder dem mittleren Wallis (BRAUN-BLANQUET 1961) halten sich noch heute einzelne Bäume in der Felsensteppe.

Auch dort, wo keine starke Erosion eintreten konnte, ist der Humusgehalt des

Oberbodens unter Trokenrasen meistens geringer als unter Wäldern auf morphologisch vergleichbaren Böden (QUANTIN 1935 u. a.). Der A-Horizont erscheint heller gefärbt, sei es nun mit gelblichem, bräunlichem oder rötlichem Grundton. Die Felssteppen-Rendzina hat also nichts mit der Schwarzerde der kontinentalen Lößsteppe zu tun, deren Humusgehalt unter Waldbestockung abnimmt, weil er in erster Linie aus Resten der alljährlich absterbenden Graswurzeln stammt. Im Gegensatz dazu haben z. B. die *Stipa capillata*-Bestände in der Walliser Felsensteppe nach Beobachtungen des Verfassers keinen humusreichen Boden erzeugt.

In Mitteleuropa dürfte der Unterschied im Humusgehalt von Wald- und Trockenböden auf durchlässigem, basenhaltigem Gestein vor allem damit zusammenhängen, daß die Regenwürmer ungleiche Lebensbedingungen in ihnen finden. Diese für die Bildung von Ton-Humus-Komplexen so wichtigen Tiere können in flachgründigen Kalkböden nur dann aktiv sein, wenn deren Feuchtigkeit ausreicht (s. ZUCK 1952), und das ist im Waldschatten länger der Fall als unter voll besonntem Rasen.

c   *Sandtrockenrasen verschiedener Standorte*

Die meisten Trocken- und Halbtrockenrasen in Mitteleuropa wurzeln in mehr oder minder steinigen Böden, deren Feinerdekomponente tonreich ist. Auf kalkreichen Dünen und anderen sandigen Standorten gibt es jedoch ebenfalls Magerrasen, die durch Entwaldung und Beweidung entstanden sind, also nicht zu der bereits in Abschnitt C V besprochenen primären Dünenvegetation gehören. Sogar die wegen ihres Reichtums an seltenen Arten berühmten Rasen des „Mainzer Sandes", die in einem relativ regenarmen und warmen Klima liegen, sind sekundär. Seit sie nicht mehr beweidet werden und unter Naturschutz stehen, verbuschen sie zusehends, ähnlich wie dies PHILIPPI (1971) für die vor Heidelberg gelegene Schwetzinger Hardt feststellt (s. Abschnitt 1 a).

Nach der Übersicht von KRAUSCH (1968) sowie von OBERDORFER (1970) ist die Klasse der Sandtrockenrasen *(Sedo-Scleranthetea)* nicht weniger mannigfaltig als die der Kalk-Magerrasen *(Festuco-Brometea)*. Sie reagieren auch in ähnlicher Weise auf das ozeanisch-kontinentale Klimagefälle (s. Tab. 89). Mit der mehr westlich verbreiteten Ordnung der Trespenrasen *(Brometalia)* kann man die Sand bevorzugende Ordnung der Schafschwingel-Mauerpfefferrasen *(Festuco-Sedetalia)* vergleichen. Den östlichen Walliserschwingelrasen *(Festucetalia valesiacae)* entsprechen die Mauerpfeffer-Knäuelrasen *(Sedo-Scleranthetea)*. Weiter läßt sich die Parallele allerdings kaum ziehen, weil die Untergliederung der Ordnungen offenbar verschiedenen Gesetzmäßigkeiten folgt. Wir können uns mit den Sandtrockenrasen nicht so ausführlich befassen wie mit den Kalktrocken- und Halbtrockenrasen, und wollen uns auf einige allgemeine Fragen beschränken.

Die Ursache, warum die Flora der mageren Sandböden von derjenigen mehr oder minder toniger Standorte so sehr abweicht, daß sie verschiedenen Klassen zugeteilt werden muß, ist zweifellos im Kolloidgehalt des Wurzelraumes zu suchen. Chemische Unterschiede können nur eine untergeordnete Rolle spielen, denn die von Gesellschaften der Klasse *Sedo-Scleranthetea* besiedelten Sande sind mehr oder minder kalkreich und nach allem, was man bisher weiß, auch nicht durchweg nährstoffärmer als die Böden der *Festuco-Brometea*-Rasen. Entscheidend dürfte daher die geringere wasserhaltende Kraft der sandigen Böden im Vergleich zu den lehmig-tonigen sein. In der Natur wird dieser Mangel durch die Tiefgründigkeit der meisten Sandböden bis zu einem gewissen Grade ausgeglichen, während die Böden der *Festuco-Brometea*-Rasen mehr oder minder flachgründig sind. Tiefwurzler spielen daher unter den Pflanzen der

Sandtrockenrasen eine große Rolle, wie schon VOLK (1931) feststellte. Ihnen ist selbst in längeren Trockenperioden eine ausreichende Wasserversorgung gewährleistet, zumal im Sand fast alles Wasser pflanzenverfügbar bleibt. Die Flachwurzler, die auf lehmigen bis tonigen Böden überwiegen, leben dagegen in einem abwechselnd feuchten und trockenen Milieu. Ihr Boden kann bei Regenfällen nahezu wasserdurchtränkt, nach niederschlagsfreien Wochen aber bis an das permanente Welkeprozent ausgetrocknet sein. Sorgt man für gleichmäßige Wasserzufuhr, so lassen sich alle Magerrasen-Pflanzen auf Sand- wie auf Lehmböden kultivieren. Erst die in der Natur vorkommenden Extreme und die Konkurrenz zahlreicher Wettbewerber treffen also die Auslese unter den Arten. Vermutlich spielen auch die Keimungsbedingungen eine Rolle, die in der Natur auf Sand und Lehm durchaus verschieden sind. Vergleichende experimentelle Untersuchungen zur Ökologie der beiden großen Gruppen von Magerrasen fehlen aber noch so gut wie ganz.

Es ist kein Zufall, daß die pflanzensoziologische Bearbeitung der Sandtrockenrasen einerseits von der Oberrheinischen Tiefebene, andererseits vom Flachland im östlichen und südöstlichen Mitteleuropa ausging. Außer den bereits zitierten Autoren ist hier vor allem KORNECK (1976) zu nennen, der die Xerothermvegetation in Rheinland-Pfalz und Nachbargebieten monographisch darstellte. In der Sandebene sowie an den steilen Felswänden dieses Raumes sind waldfreie und landwirtschaftlich nicht (oder nicht mehr) genutzte Flächen so häufig und standörtlich so vielseitig, daß KORNECK allein innerhalb der Klasse *Sedo-Scleranthetea* an die 20 Assoziationen beschreiben konnte. Diese verteilen sich auf folgende übergeordneten Einheiten:

1 Bodensaure Dünenrasen *(Corynephoretalia canescentis)*
  a auf Wehsanden *(Corynephorion* im Sinne OBERDORFERS)
  b auf beruhigten Wehsanden *(Thero-Airion)*

2 Kalkreichere Dünenrasen *(Festuco-Sedetalia acris)*
  a auf mäßigsauren Ruhsanden *(Sileno conicae-Cerastion semidecandri)*
  b auf kalkreichen Ruhsanden *(Jurineo-Koelerion glaucae)*

3 Rasen auf Felsköpfen, Felsbändern und Mauerkronen *(Sedo-Scleranthetalia)*
  a auf kalkreichen Köpfen und Kronen *(Alysso alyssoides-Sedion albi)*
  b auf silikatischen Köpfen *(Sedo albi-Veronicion dillenii)*
  c auf silikatischen (und dolomitischen) Felsbändern *(Festucion pallentis,* s. auch Abb. 381)

An den zuletzt genannten Verband wird auch ein Blaugras-Treppenrasen *(Sesleria varia-Festuca pallens*-Ges.) angeschlossen, der die Dolomitfelsen der Kalkeifel bei Gerolstein und Urft besiedelt. VOLK (1931) konzentrierte seine ökologischen Untersuchungen auf die artenreichen Gesellschaften der kalkreichen Sande (Nr. 2b). Diese unterscheiden sich nach WINTERHOFF (1975) auch in ihrer Pilzflora, die bei Sandhausen insgesamt 141 Arten umfaßt. 22 davon sind allerdings nicht in den Dünenrasen zu Hause, sondern von benachbarten Formationen eingewandert, vor allem von den Waldrändern.

5 Wirtschaftsbedingte Verschiebungen im Artengefüge

a Gemähte und beweidete Rasen

In früheren Jahrhunderten wurden alle Trocken- und Magerrasen beweidet. Vor etwa 100–150 Jahren begann man in großen Teilen Süddeutschlands und der Nordschweiz mit der Stallfütterung des Rindviehs, und seit 50–70 Jahren verlor auch die Schafweide mehr und mehr an Bedeutung. Infolgedessen schloß man das zum Mähen geeignete Grünland, d. h. vor allem Frischwiesen (Abschnitt D V 2) und Halbtrockenrasen, von

Abb. 383. Als Mähwiese bewirtschafteter Kalk-Halbtrockenrasen bei Mellingen im Schweizer Mittelland mit viel *Bromus erectus* und *Salvia pratensis*.

der Beweidung aus. Im östlichen Schweizer Jura, im Schweizer Mittelland, im Kaiserstuhl und in anderen Teilen der Oberrheinebene beweidet man heute nicht einmal mehr die Xerobrometen, weil die Schafhaltung vollends unrentabel wurde (Abb. 383).

Die Volltrockenrasen werden hier gewöhnlich nur einmal im Jahre, die Halbtrockenrasen stellenweise zweimal gemäht. Der regelmäßig in großen Abständen wiederholte Schnitt fördert die relativ hochwüchsigen Arten, vorausgesetzt, daß sie genügend regenerationsfähig sind. Als eine solche Art herrscht in den meisten Beständen *Bromus erectus* vor (Abb. 383), und auf diesen bezogene Namen wie „*Brometum*", „Trespenwiese" oder „Burstwiese" sind hier schon seit Jahrzehnten selbstverständlich.

Wo noch heute Schafe oder andere Tiere weiden oder wo sie bis vor kurzem eine Rolle spielten, z.B. stellenweise auf der Schwäbischen und Fränkischen Alb sowie im mittleren und nördlichen Westdeutschland, ist die aufrechte Trespe weit seltener (Abb. 383). In den dort üblichen Assoziations-Namen klingt *Bromus* gar nicht an, beispielsweise im *Gentianello-Koelerietum* oder *Euphorbio-Brachypodietum* des Leinegebietes (BORNKAMM 1960). Nach Aufhören der Beweidung begann aber auch hier *Bromus* zu dominieren.

Hauptursache für das Fehlen von *Bromus erectus* ist die Selektion durch das Weidevieh (s. Abschnitt A II 2). Dieses Gras ist als Futter beliebt (s. Abschnitt 2a) und wird

Abb. 384. Von Schafen beweideter Kalk-Halbtrockenrasen bei Würmlingen im Württemberger Unterland, in dem *Brachypodium pinnatum* und *Carlina acaulis* sich ausbreiten.

immer wieder scharf verbissen, bis es an klimatisch nicht optimalen Standorten ganz ausgerottet ist. Mit dem Nachlassen der Beweidung begann es in der Wesergegend nach LOHMEYER (1953) wieder einzuwandern. Am häufigsten ist es hier an steinigen Plätzen, die das Vieh ungern betritt. Auf der Schwäbischen Alb, wo *Bromus erectus* noch genügend Refugien fand, dauert es nur wenige Jahre, bis er in den nicht mehr beweideten Halbtrockenrasen zur Herrschaft gelangt (KUHN 1937).

Manche anderen in gemähten Rasen häufigen Arten fehlen den beweideten Flächen ebenfalls fast ganz, z.B. die hochwüchsigen Orchideen. Diese werden zwar von Schafen kaum gefressen, aber leicht zertreten, sobald die zarten Blütenschäfte emporsprießen. Ohne Verjüngung aus Samen aber sterben die Orchideen nach und nach aus. Die orchideenreichsten Halbtrockenrasen Nordwestdeutschlands z.B., die unter Naturschutz stehenden Ithwiesen bei Koppenbrügge, wurden früher in ähnlicher Weise durch Mähen genutzt wie die berühmten Orchideenwiesen auf den Randhügeln der Oberrheinischen Tiefebene. Das Mähen ist freilich nur einer der Faktoren, von denen die Entwicklung lichtliebender Rasenorchideen begünstigt wird. Viele Arten bedürfen außerdem einer etwas größeren Feuchtigkeit, als sie in den meisten Trockenrasenböden gegeben ist. Deshalb lassen sie sich als Charakterarten des *Mesobromion* werten (s. Abschnitt E III). Im Frühjahr quelldurchnäßte oder staunasse Mergel sind in den von STUDER (1962) untersuchten Halbtrockenrasen am Irchel (nördlich von Zürich) die bevorzugten Standorte der immer seltener werdenden *Ophrys*-Arten. Auch das von ZOLLER (1954) beschriebene *Colchico-Mesobrometum,* das tiefgründige, aber noch kalkreiche Braunerden besiedelt und häufig in Sumpfwiesen übergeht, zeichnet sich unter allen Rasen-Assoziationen des Schweizer Jura durch größte Stetigkeit und Massenentfaltung von Orchidaceen aus, z.B. von *Orchis mascula, militaris, ustulata* und *pallens, Dactylorhiza maculata, Gymnadenia conopsea, Plantanthera chlorantha* und *Listera ovata.* Eine weitere wichtige Lebensbedingung ist zumindest für submediterrane Gattungen wie *Ophrys* ein ausreichender Wärmegenuß (oder geringe Winterkälte?). Im Schweizer Jura bevorzugen sie z.B. das *Teucrio-Mesobrometum* der Südlagen, namentlich die *Ophrys-Globularia punctata*-Subassoziation, die nicht bis in die hochmontane Stufe emporsteigt. Manche Orchideen werden außerdem durch gelegentliche Düngerzufuhr gefördert, solange diese nicht die hochwüchsigen Konkurrenten zu sehr stärkt. Die Ursachen für dieses Verhalten wie überhaupt für das Auftreten oder Fehlen unserer mitteleuropäischen autotrophen Orchidaceen sind aber noch nicht genügend abgeklärt.

Im Gegensatz zu den wiesenähnlich genutzten Magerrasen machen sich auf den kurzgefressenen Schafweiden niederliegende Arten, Rosettenpflanzen sowie giftige, schlecht schmeckende oder stachelige Unkräuter breit (Abb. 384). Bei der Kuhschelle *(Pulsatilla vulgaris)* führte die Schafweide zur Auslese erblich zwergwüchsiger Formen, beispielsweise im Nördlinger Ries (GOTTHARD 1965). Außer dem Wacholder *(Juniperus communis),* der auf kaum einer Extensivweide fehlt, gehören Disteln (wie *Carlina acaulis, C. vulgaris* und *Cirsium acaule*), Enziane (z.B. *Gentiana verna, Gentianella ciliata* und *germanica*) und Wolfsmilcharten (vor allem *Euphorbia cyparissias*) zu den auffälligsten Gewächsen in den beweideten Halbtrockenrasen. Ein Weideunkraut ist auch das „Spitzgras" *Brachypodium pinnatum,* das die Schafe nur in ganz jungem Zustande annehmen. Es ist gewissermaßen der Gegenspieler von dem gern gefressenen *Bromus erectus,* zumal es sich mit seinen weithin streichenden Rhizomen vegetativ auszubreiten vermag und nicht wie die Trespe darauf angewiesen ist, sich bis zur Fruchtreife zu entwickeln und generativ zu vermehren.

Da die Bewirtschaftung eines und desselben Rasenstückes im Laufe der Zeit wechseln kann, kommen z. B. in der Schwäbischen Alb (KUHN 1937) neben *Brachypodium*-reichen „Weide-Mesobrometen" und *Bromus*-reichen „Mäh-Mesobrometen" auch viele Zwischenstufen vor. Eine systematische Trennung ist hier kaum möglich.

Alle bisher besprochenen Beispiele bezogen sich auf Gesellschaften der Ordnung *Brometalia*. Das ist kein Zufall, denn bei den kontinentalen Trockenrasen spielt die Mähnutzung selbst in heutiger Zeit kaum eine Rolle, weder im Bereich des Verbandes *Festucion valesiacae* noch in dem der inneralpinen Verbände. Sie haben also großenteils „Weidecharakter", insbesondere die Gesellschaften auf flachgründigen Standorten (siehe die beiden mittleren Kolonnen in Tab. 89). Wenn in ihnen überhaupt einmal bestimmte Arten zur Vorherrschaft gelangen, so sind dies die „Schafschwingel" (Kleinarten oder Subspezies von *Festuca ovina*, siehe Abb. 378), die der Beweidung durch ihren dichten Horstwuchs widerstehen, oder Federgräser (*Stipa*-Arten, s. Abb. 378), die wie *Brachypodium* nur in der Jugend verbissen werden. Die Vertreter der Gattungen *Teucrium, Thymus, Artemisia, Helianthemum, Asperula, Allium, Anthericum* und *Sedum* zeigen ebenfalls nur ausnahmsweise oder niemals Verbißspuren.

Zu den Weidekräutern gehört außerdem das schon mehrfach erwähnte Blaugras. *Sesleria* kann ihre Rolle als Steilhalden-Festigerin und Schuttstauerin nicht zuletzt deshalb so gut spielen, weil sie vom Viehverbiß verschont bleibt und nicht Gefahr läuft, von eilig rupfenden Tieren ausgerissen zu werden. Ähnlich verhält es sich mit dem Pfeifengras (insbesondere mit *Molina arundinacea*), das die steilen, wechselfeuchten Mergelhänge der Juraberge zu durchwurzeln vermag. In der Schwäbischen Alb dominiert es in einer *Mesobromion*-Gesellschaft, die KUHN (1937) nach dem hornkleeähnlichen *Tetragonolobus maritimus* als *Tetragonolobo-Mesobrometum* bezeichnete. Dieser Gesellschaft entspricht im Schweizer Jura das von ZOLLER (1954) beschriebene *Tetragonolobo-Molinietum*. Wegen ihrer Futterarmut wurden die Blaugras- und Pfeifengras-Hangrasen nur selten beweidet.

Die meisten Trocken- und Magerrasen Mitteleuropas verdanken also dem Weidevieh sowie dem Feuer und der Sense nicht nur schlechthin ihre Existenz, sondern auch noch manche Eigenheiten in ihrem Artengefüge. Da man diese Standortsfaktoren schwer messen und nur durch jahrelange, mühsame Experimente genau erfassen kann, wissen wir über sie leider noch immer viel zu wenig.

Ein Naturexperiment besonderen Charakters stellt das Überhandnehmen und Zusammenbrechen der Kaninchenpopulation *(Oryctologus cuniculus* L.*)* in den Magerrasen Südenglands und einiger Gegenden Mitteleuropas dar (s. THOMAS 1963, MYERS u. POOLE 1963 u. a.). In einem nordwestdeutschen Enzian-Zwenkenrasen, in dem F. RUNGE (1963) auf Dauerquadraten die Schwankungen im Mengenverhältnis der Arten verfolgte, grasten die Kaninchen mit Vorliebe *Brachypodium pinnatum* ab, verhielten sich also anders als das Weidevieh.

b   Entstehung steppenähnlicher Rasen auf Brachäckern

Vor dem Eingreifen des Menschen bildeten die gehölzfeindlichen Felsheiden und manche Blaugrashalden die letzten Refugien lichtliebender Steppenpflanzen, die sich in der waldarmen Nacheiszeit über weite Teile Europas hatten ausbreiten können (s. FRENZEL 1968). Seit der jüngeren Steinzeit vergrößerte sich ihr Lebensraum wieder beträchtlich. Die sekundären, d. h. aus Wäldern, Gebüschen oder Ackerland entstandenen Trockenrasen weichen von den primären oft durch Vorhandensein oder Fehlen bestimmter Arten ab (KRAUSE 1940, dort weitere Literatur). Doch verwischen sich die Grenzen bei älteren Beständen immer mehr. Man muß also jeden Einzelfall genau untersuchen, um sich über die Geschichte der studierten Rasenflächen klarzuwerden.

Manche Trockenrasenpflanzen können sich erstaunlich rasch in offenem Neuland ausbreiten, sei es auf Felsabstürzen, Straßenrändern, Brandflächen oder Brachäckern. Meistens wirkt aber weidendes Vieh bei solchen sekundären Sukzessionen mit. Es beschleunigt die Ausbreitung von manchen endo- oder epizoochoren Rasenpflanzen, z. B. von *Trifolium repens* und *Plantago media,* sowie von solchen, deren Verbreitungseinheiten im Schmutz von Fellen und Hufen mitwandern. Die Samen anderer Arten, beispielsweise mancher Seggen, werden durch Ameisen verschleppt, von denen viele Spezies mit Vorliebe in Trockenrasen siedeln (KRAUSE 1940). Die meisten Partner der Trockenrasen, vor allem die Pioniere der sekundären Gesellschaften, aber sind Windwanderer, namentlich die Federgräser und viele Compositen. Im *Xerobrometum* des Westjura z.B. stellte QUANTIN (1935) fest, daß 51,2% der Arten zu den Anemochoren gehören, 15,8% als Zoochoren gelten dürfen und der Rest keine speziellen Verbreitungseinrichtungen besitzt. In den flachgründigsten Felsheiden (Tab. 91), die immer nur inselartig vorkommen, machen die Windwanderer sogar 68,3% aus.

Bei der Besiedlung von Neuland kommt es anfänglich zur Bildung von „Mustern" durch die zufällige Ansiedlung und konzentrische Ausbreitung verschiedener Arten, wie sie KERSHAW (1963) beobachtet und mathematisch erfaßt hat. Nach ihren Ursachen unterscheidet er morphologische (durch die spezifische Wuchsweise erzeugte), ökologische (durch kleinräumige Standortsunterschiede bedingte) und soziologische (durch gegenseitige Einwirkung zustandegekommene). Solche Muster findet man vor allem in Pionier-Stadien, während sie in ausgereiften Beständen selten werden. In trocken-warmem Klima werden aufgelassene Weinberge und Ackerfelder schon nach wenigen Jahren großflächig von *Stipa capillata, Stipa pennata, Festuca valesiaca* oder anderen Gräsern besetzt. So steppenähnlich gerade solche Federgrasrasen mit ihren hohen Horsten und ihren im Winde wogenden, in der Sonne hell leuchtenden Früchten aussehen mögen, so wenig natürlich brauchen sie demnach zu sein. Das gilt z.B. auch für die Federgrashänge an dem bei Floristen so berühmten Mont d'Orge unterhalb Sion im Wallis, dessen Name „Gerstenberg" bedeutet. Sogar in den Steppen der südlichen Ukraine ist die Dominanz von *Stipa*-Arten ein Zeichen für ehemalige Beackerung. Die mehr als etwa 25 Jahre alten Rasen im Reservat Askania Nova beispielsweise werden vom Schafschwingel und anderen niedrigen Gräsern beherrscht. Bunt gemischte und relativ artenreiche Rasen sind auch in Mitteleuropa älter als Federgrasbestände, zumal, wenn sich viele langsam wachsende Chamaephyten in ihnen befinden. H. FREY (1934) konnte nachweisen, daß die anfangs recht mächtigen *Stipa*-Horste nach und nach von anderen Pflanzen bedrängt werden, die sich nicht so rasch einstellen konnten. *Sempervivum tectorum* z.B. kann *Stipa capillata* im Laufe der Jahre gänzlich überwuchern. Mehr und mehr Arten wandern ein, bis schließlich jenes wechselvolle Mosaik entsteht, in dem keine einzige Art mehr als Dominante gelten kann.

In der Verbreitungsweise wie in anderen Eigenschaften unterscheiden sich mithin die Partner der Trockenrasen sehr. So verschieden aber die Gründe auch sein mögen, die zu ihrer Ansiedlung führten, sie müssen sich gegen Mitbewerber durchsetzen und sich unter oftmals schweren, mit der Witterung von Jahr zu Jahr wechselnden Bedingungen behaupten (s. Abschnitt 6 a).

c Auswirkungen des Rasenbrennens und chemischer Unkrautbekämpfung

Zur Bildung von Verteilungsmustern der Pflanzenarten kann auch das Brennen beitragen, mit dem früher das trockene Gras zu Beginn der neuen Vegetationsperiode von vielen Magerrasen entfernt wurde – ähnlich wie von den Savannen Afrikas. Zugleich war das Gras- oder Heidebrennen ein Kampfmittel der Schäfer gegen sich ausbreitende holzige Weideunkräuter. Wenn es frühzeitig und auf kleinen Flächen erfolgt, die von Jahr zu Jahr wechseln, schadet es weder der Pflanzen- noch der Tiergemeinschaft, wie oft zu Unrecht befürchtet wird. Zwar werden hier und dort einzelne Tiere oder Gewächse vom Feuer getötet; doch hilft dieses, den Lebensraum der Populationen zu sichern. Licht und Wärme liebenden Arten wurde und wird durch das Brennen ohne großen Aufwand ein Freiraum offengehalten, den sonst der schattige Wald wiedererobern würde.

Die heute mögliche und oft gedankenlos angewendete Unkrautbekämpfung mit chemischen Mitteln bedeutet für die meisten Lebewesen eine Katastrophe, von der sie sich nur langsam erholen. Zur Offenhaltung artenreicher Magerrasen sollte sie auf keinen Fall eingesetzt werden, zumal sie auch im Landschaftsbild häßlicher wirkt als die bald von frischem Grün überwachsenen Brandflächen.

Mit leichtem Wind rasch über den Rasen laufende Feuer erhitzen kaum den Boden, töten also das Leben unter dessen Oberfläche nicht. Ungesteuerte Brände können sich jedoch ähnlich katastrophal auswirken wie chemische Mittel. Dies zeigte sich z. B. in einem Probequadrat, das MAHN (1966b) in einem durch Brand zerstörten Trockenrasen beobachtete (Abb. 385). Die Regeneration setzte nur zögernd ein, weil alle Pflanzen, auch die meisten Samen, vernichtet worden waren. Nach 5 Jahren waren allerdings die meisten ausdauernden Arten des ursprünglichen Rasens wieder vertreten, mit Ausnahme einiger weniger, zu denen *Calluna vulgaris* gehörte. In einem Halbtrockenrasen (*Onobrychi-Brometum*) des Kaiserstuhls beobachtete ZIMMERMANN (1976) stark selektierende Wirkungen von wiederholten Bränden. Arten mit unterirdischen Ausläufern und Rhizomen (z. B. *Brachypodium pinnatum*) wurden im Wettbewerb begünstigt. Auch Stauden und Büsche mit entsprechender Verbreitungsweise stellten sich ein. Artenreiche Kalk-Magerrasen lassen sich auf die Dauer also wohl nur durch regelmäßiges Mähen und nicht durch Flämmen erhalten, während dies bei manchen Zwergstaudenheiden möglich ist (s. Abschnitt D II 3 c).

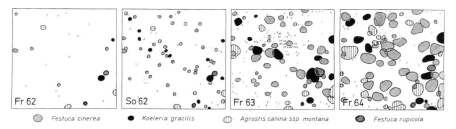

Abb. 385. Sukzession nach starkem Brand in einem mitteldeutschen Sand-Trockenrasen; kartiert in einem 1 × 1-m-Dauerquadrat im Frühjahr und Sommer 1962 sowie in den Frühjahren 1963 und 1964. Nach MAHN (1966), verändert.

d Sukzessionen nach dem Aufhören menschlicher Eingriffe

Die meisten Trocken- und Halbtrockenrasen in Mitteleuropa werden seit mehr oder minder langer Zeit nicht mehr in der einstmals üblichen Weise genutzt, gehören also zur sogenannten „Sozialbrache". Nach dem Aufhören menschlicher Eingriffe setzte keineswegs auf allen sogleich eine Wiederbewaldung ein, wie man theoretisch hätte erwarten können. Rasche Fortschritte machte diese nur auf Flächen, die beim Brachfallen bereits mit zahlreichen Holzgewächsen besetzt waren, seien es Weideunkräuter wie Weißdorn, Schlehen und andere Dorngewächse, oder seien es Gruppen von Waldbäumen, die sich auf der Weide hatten halten können. Gehölzfreie oder lediglich mit Wacholdern besetzte Trocken- oder Halbtrockenrasen blieben dagegen jahrzehntelang offen, ohne daß ein Strauch oder Baum hätte Fuß fassen könne. Beispielsweise lag das *Xerobrometum* oberhalb der Rebberge am Hohentwiel noch genau so da, wie es 1930 BRAUN-BLANQUET und Mitarbeiter aufgenommen hatten (TH. MÜLLER 1966). Aber auch einige Halbtrockenrasen auf tiefgründigem, wenig hängigem Boden bei Göttingen hielten sich schon mehr als 40 Jahre lang baumfrei.

Haupthindernis für das Vordringen von Holzgewächsen dürfte außer der relativ geringen Samenzufuhr die Masse toter Blätter sein, die, vom Schnee zeitweilig zusammengedrückt, den Boden wie ein dichter Filz überdeckt. Holzgewächse brauchen offenen Boden, um keimen zu können. Gelegentliches Abbrennen der toten Pflanzenmasse würde also ihre Ansiedlung erleichtern, und der Tritt von Weidetieren würde den Boden an so vielen Stellen freilegen, daß ihre Chancen noch wesentlich besser wären. Ein mäßiger Einfluß von Mensch und Vieh begünstigt also dieselben Holzpflanzen, die einem starken Weidedruck und häufigem Brennen hatten weichen müssen. Um derartige Sozialbrachen gehölzfrei zu halten, gibt es offenbar kein einfacheres Mittel, als so lange wie möglich nichts zu tun! Für Jahrhunderte freilich gilt diese Empfehlung nicht. Zufälle, wie der Höhlenbau eines Wildtieres oder ein übergreifender Brand, ermöglichen hier und dort die Ansiedlung eines Baumes oder Strauches, und in deren schattigem Bereich können weitere Holzgewächse einwandern.

Besonders wirksam sind in dieser Hinsicht Arten, die sich durch unterirdische Ausläufer vermehren, z.B. Zitterpappeln, Liguster, Schlehen und einige andere *Prunus*-Arten einschließlich der Hauszwetschgen-Wildlinge, sowie der von JAKUCS (1969) gründlich studierte Perückenstrauch *(Cotinus coggygria)*. Solche Sproßkolonien (Polycormone) sind buchstäblich Vorläufer des Waldes (s. Abb. 386), auch an relativ trockenen Standorten. Eindrucksvoll geht dies z.B. aus den Kartierungen hervor, mit denen STEPHAN (1971) die Vegetationsentwicklung im Naturschutzgebiet Stolzenburg verfolgte.

Unter den krautigen Pflanzen sind Arten, die sich unterirdisch ausbreiten können, ebenfalls erfolgreiche Brachlanderoberer. Namentlich gilt das für *Brachypodium pinnatum,* zumal dieses Gras in der Lage ist, Halbschatten zu ertragen. In den Orchideen-Halbtrockenrasen bei Jena bewirkten seine Polycormone nach REICHHOFF (1974) eine Homogenisierung. Die Artenzahl nahm von 16,8 auf 11,7 pro 2500 cm^2 ab, während die oberirdische Pflanzenmasse auf gleicher Fläche von 55,8 auf 76,4 g Trockengewicht stieg und die Masse toter Blätter ungefähr gleich blieb (67,3 bzw. 76,9 g TG). Wie rasch die Beschattung durch emporstrebende Holzgewächse, ja bereits durch hochwüchsige und breitblättrige Gräser wie die Fiederzwenke, zum Rückgang lichtliebender Kräuter führt, geht aus den Beobachtungen von TAMM (1972) im südlichen Schweden hervor. *Primula veris* beispielsweise erreicht an offenen Plätzen eine „Halblebenszeit" von etwa 50 Jahren; unter leichtem Schatten reduziert sich diese auf 6,2 und bei noch stärkerem Lichtmangel auf 2,9 Jahre.

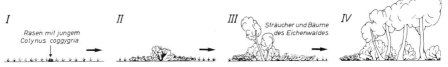

Abb. 386. Vegetative Ausbreitung von Sträuchern leitet oft die Sukzession zum Walde ein, besonders auf ehemals beweideten Rasenflächen. Verändert nach JAKUCS (1969), der diese „Polycormon-Sukzession" im nördlichen Ungarn gründlich studierte.

6 Untersuchungen über den Wasserfaktor in Trocken- und Halbtrockenrasen

a Verhalten der Arten in Trockenperioden

Das Artengefüge der mehr oder minder steppenähnlichen Magerrasen hängt, wie wir sahen, von zahlreichen Faktoren ab, die in mannigfacher Weise zusammenwirken. Bei weitem der wichtigste unter ihnen ist die Wasserversorgung. Nicht zu Unrecht spricht man von Trockenrasen oder doch von Halbtrockenrasen.

Man darf aber diese Bezeichnungen nicht mißverstehen und sich die Standorte als dauernd wasserarm vorstellen. Wenn das zuträfe, würden die meisten höheren Pflanzen nicht auf ihnen gedeihen können. Tatsächlich sind die Böden von Trockenrasen während großer Teile des Jahres so feucht wie normale Wiesenböden, und zwar vor allem im Frühjahr und im Spätherbst, nach tagelangen Niederschlägen aber auch im Laufe des Sommers. Kritisch sind nur die in der warmen Jahreszeit eintretenden regenarmen Perioden, die in Mitteleuropa von einigen Tagen bis zu mehreren Wochen dauern können. In diesen erschöpfen sich die Wasservorräte der flachgründigen und stark besonnten Böden rasch (Abb. 63). Solche Mangelzeiten treten an Trockenrasen-Standorten in vielen Jahren ein, besonders im Bereich der *Festucetalia valesiacae* und des *Xerobromion*. Man braucht gar nicht an ausgesprochene Dürrejahre wie 1911, 1919, 1933, 1947, 1949, 1952, 1959, 1970, 1973, 1975 und 1976, zu denken, die auch für andere Pflanzengesellschaften zu Katastrophen wurden. Wie warm und trocken der Standort eines subkontinentalen Federgrasrasens bereits an einem normalen Sommertage werden kann, hatten wir bereits auf Abb. 380 gesehen. Selbst nach extremen Dürrezeiten regenerieren sich Trocken- und Halbtrockenrasen jedoch verhältnismäßig rasch (Abb. 387). Ihre Partner sind also der wechselnden Wasserversorgung durchaus angepaßt.

Die Gefäßpflanzen in den mitteleuropäischen Trockenrasen nehmen das zum Leben nötige Wasser fast ausschließlich mit ihren Wurzeln auf. Deshalb hängt es in erster Linie von der Ausgestaltung ihrer unterirdischen Organe ab, ob sie regenarme Zeiten zu überdauern vermögen oder nicht. Sehr zweckmäßig erscheint die von KAUSCH

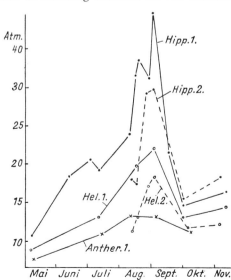

Abb. 387. Jahresgang des potentiellen osmotischen Druckes in Blättern von Trockenrasenpflanzen auf flachgründigem Wellenkalk (1) und tiefgründigem Lößboden (2) im Kraichgau als Ausdruck ihrer wechselnden Wasserversorgung. Nach MÜLLER-STOLL (1935/36) aus WALTER (1962).
Hipp. = *Hippocrepis comosa*, Hel. = *Helianthemum nummularium*, Anther. = *Anthericum ramosum*.

(1955) festgestellte verschiedene Reaktion von Haupt- und Nebenwurzeln dikotyler Xerophyten auf die Saugkraft des umgebenden Mediums. Während sich die Nebenwurzeln am besten bei hoher Feuchtigkeit entwickeln, wachsen die Hauptwurzeln am raschesten bei Saugspannungen von 6–7 atm. Diese Werte werden in Trockenböden sicher oftmals erreicht und künden bereits die Nähe des permanenten Welkungsprozentes an, bei dem die Wasseraufnahme minimal wird. Wahrscheinlich wandert eine Zone beginnender Austrocknung allmählich in die Tiefe und veranlaßt so die Ausbildung eines Wurzelwerks, das auch die fernsten Gesteinsspalten erreicht. Wie intensiv der Boden durch feine und feinste Wurzeln erschlossen ist, wurde bereits in Abschnitt 2a am Beispiel von *Bromus erectus* dargelegt.

Oberirdische Aufnahme von Tau- und Nebelwasser kann die Bilanz von Trockenrasenpflanzen wohl nur in seltenen Fällen so wirksam verbessern, wir dies ARVIDSON (1951) auf der Ostseeinsel Öland beobachtete. Gerade an den am meisten dürregefährdeten Standorten, z.B. an den Sonnhängen der Walliser Felsensteppe, wird der Taupunkt im Sommer so gut wie niemals erreicht. Wasseraufnahme durch Blätter und Stengel dürfte für die Xerophyten der von uns betrachteten Gesellschaften auch schon deshalb bedeutungslos sein, weil sie fast alle eine relativ geringe Oberfläche und eine starke Kutikula ausbilden, die den Wasseraustausch außerhalb der zahlreichen Spaltöffnungen sehr erschwert.

In den Trockenperioden normaler Jahre entscheidet es sich, welche Arten auf den extremen Standorten auszuhalten vermögen, ja konkurrenzfähig bleiben, und welche nicht. Die einzelnen Partner erreichen dies auf verschiedene Weise. Bei den Phanerogamen kann man folgende Verhaltenstypen unterscheiden:

1. Ausdauernde Skleromorphe (Xerophyten i. e. S.) überleben die Trockenperioden aktiv und schränken ihre Transpiration (und damit ihre Photosynthese!) erst spät ein. Ihr Blütenansatz wird aber zuweilen gehemmt, und manchmal verlieren sie auch Blätter und Sproßteile. Solche Skleromorphe herrschen in fast allen *Xerobromion*-Gesellschaften, besonders aber in den steppenähnlicheren Rasen der *Festucetalia valesiacae*. Die Tiefwurzler unter ihnen (z.B. *Stachys recta*) haben in der Regel einen ausgeglicheneren Wasserhaushalt als die Mitteltiefwurzler (z.B. *Globularia cordifolia*). Eigentliche Flachwurzler (z.B. *Hieracium pilosella*) gibt es bei den ausdauernden Xerophyten nur wenige. Da die Skleromorphen einen Großteil ihrer Assimilate für den Ausbau des Wurzelwerks und Leitungsgewebes sowie zur Versteifung der Zellwände verbrauchen, wachsen sie oberirdisch relativ langsam und sind den Arten der folgenden Gruppe auf Standorten mit guter Wasserversorgung unterlegen.

2. Ausdauernde Mesomorphe und schwach Skleromorphe haben einen günstigeren Assimilathaushalt und entwickeln sich in feuchten Jahren rascher als Gruppe 1. In trockenen Sommern dagegen sterben sie oberirdisch teilweise ab. Sie überdauern die schwierigen Zeiten also in einem wenig oder gar nicht aktiven Zustand, sei es in Form von Rhizomen und sonstigen unterirdischen Organen oder von Samen, die in günstigeren Jahren erzeugt wurden. So verhalten sich z.B. viele Charakter- und Differentialarten des *Mesobromion* sowie das in Halbtrockenrasen häufige *Brachypodium pinnatum*. *Bromus erectus* vermittelt zwischen beiden Gruppen, wie überhaupt viele Arten intermediäres Verhalten zeigen und je nach ihrer Wasserversorgung mehr oder minder skleromorphe Struktur annehmen. Ihre Wuchsleistung variiert in entsprechendem Maße (Tab. 92).

3. Frühlings-Ephemere (wie *Erophila verna*) sind ebenfalls mesomorph oder höchstens schwach skleromorph, schließen aber ihre Entwicklung gewöhnlich schon vor Beginn der sommerlichen Trockenperiode ab. Sie weichen also der Dürre aus. In

Tab. 92. **Vitalität von Bromus erectus an Standorten von verschiedener Feuchtigkeit.**
Nach Angaben von Quantin (1960)

Standorts-Feuchtigkeit	Gesellschaft	Halme (cm)	Länge [1]) der Rispen (mm)	Ährchen (mm)
sehr trocken	Felsflur	15– **36**– 47	51– **62**– 72	10–**15**–21
trocken	*Xerobrometum*	42– **68**– 81	83– **90**– 97	17–**21**–24
mäßig trocken	*Mesobrometum*	102–**113**–121	105–**125**–140	20–**23**–23

[1]) Jeweils an mehreren 1000 Exemplaren gemessen. **Halbfett** = Mittelwert.

regenarmen Frühjahren und an sehr trockenen Plätzen kümmern sie, während sie bei besserer Wasserversorgung üppig emporschießen und länger in den Sommer hinein grün bleiben. Die wenigen Sommerephemeren (z. B. der Halbparasit *Odontites lutea*) verhalten sich ähnlich wie Gruppe 2, die seltenen Frühlingsgeophyten wie Gruppe 3.

4. Sukkulente und Halbsukkulente vermögen zwar mit ihrem Speicherwasser lange hauszuhalten, wachsen aber noch langsamer als die meisten Arten der Gruppe 1. Daher treten sie nur dort hervor, wo alle anderen Gesellschaftspartner häufig unter Wassermangel zu leiden haben, d. h. in steinigen Felsheiden (s. Abschnitt 3 a).

Kryptogamen haben als Poikilohydre nur in feuchten Perioden einen Stoffgewinn, d. h. vor allem im zeitigen Frühjahr und im Herbst. Zu den übrigen Jahreszeiten bleibt die Primärproduktion bei Moosen wie *Hypnum purum* gering (KILBERTUS 1970). Auch die übrigen Kryptogamen sind dann nur bei Regen und Taufall aktiv.

Innerhalb jeder der vier Gruppen von Phanerogamen unterscheiden sich die Arten je nach der Ausbildung ihres Wurzel- und Blattwerks und je nachdem, ob die relative Leitfläche groß oder klein ist (letzteres ist nach MÜLLER-STOLL 1936 z. B. bei *Centaurea scabiosa* der Fall) und ob ihr Wasserhaushalt aus anderen Gründen stabil bleibt oder leicht instabil wird. Mit BORNKAMM (1958 a) können wir für die Gruppen 1 und 2 folgende Untergruppen aufstellen:

I. Arten mit hoher maximaler Transpiration (und entsprechend großer CO_2-Assimilation)
   a) mit normalerweise geringer Tagesschwankung des Sättigungsdefizits, also geringer Beanspruchung (z. B. *Bromus erectus*)
   b) mit starker Tagesschwankung und hoher Beanspruchung (z. B. *Brachypodium pinnatum*)

II. Arten mit geringer maximaler Transpiration
   a) bei niedriger Tagesschwankung des Defizits (z. B. *Anthyllis vulneraria*)
   b) bei mittlerer bis großer Tagesschwankung (z. B. *Lotus corniculatus*).

Alle als Beispiele genannten Arten wurzeln ziemlich tief. Bei flacher wurzelnden Pflanzen kommt vermutlich die Untergruppe I a gar nicht vor, und auch die Gruppe II a dürfte bei ihnen selten sein.

Diese Einteilung beruht zwar nur auf Erfahrungen an Halbtrockenrasen, noch dazu aus relativ feuchten Jahren (1953–1957). Sie dürfte aber im Prinzip auch für die Phanerogamen des *Xerobromion* und anderer Trockenrasen-Verbände gelten. Die meisten Arten gehören hier wohl den Untergruppen I a und II a an, weil diese öfter wiederholten Trockenzeiten besser gewachsen sind als die Pflanzen mit stark schwankender Wasserbilanz.

Obwohl fast alle Vertreter der Gruppe I ein tiefreichendes Wurzelwerk haben, steigen die osmotischen Werte ihrer Zellsäfte, die optimal etwa 10 bis 20 atm betragen, im Spätsommer oft über 30 bis 40 atm an (Abb. 387). Die maximalen osmotischen Werte, die in mitteleuropäischen Trockenrasen gemessen wurden, liegen bei 102 atm *(Aster linosyris)*, 81 atm *(Potentilla arenaria)* und 80 atm *(Carex humilis)*. Höhere Werte sind selbst aus Wüsten kaum bekannt geworden. Die meisten Gramineen (nach FLORINETH, 1974, z.B. *Stipa pennata, St. capillata* und *Festuca valesiaca*) schränken ihre Transpiration kaum ein. Ihr Wasserpotential steigt dementsprechend steil an und übertrifft nicht selten das osmotische Potential (LÖSCH u. FRANZ 1974). Nach BARTH (unveröff.) erreichte es sogar in den Halbtrockenrasen bei Göttingen im Trockenjahr 1973 bei *Bromus erectus* Werte über 80 atm. In solchen Trockenperioden leiden die Gräser sehr; sie erholen sich aber wieder (Abb. 388).

Die Wirksamkeit des Transpirationsschutzes eines Blattes im äußersten Notfall, bei Aufhören jeden Wassernachschubes, kann man ungefähr an der Geschwindigkeit ermessen, mit der es nach dem Abschneiden austrocknet. Bei Versuchen von BORNKAMM (1958a, s. Tab. 93) verloren die vorwiegend im *Mesobromion* auftretenden mesomorphen Arten ihr Wasser rascher als die auch im *Xerobromion* häufigen. *Avenochloa pratensis* beispielsweise erreichte das „subletale Defizit" rund achtmal später als *Brachypodium pinnatum*.

Obwohl die meisten der in Trockenrasen lebenden Pflanzen Anpassungen an zeitweiligen Wassermangel zeigen, darf man sie nicht schlechthin als xerophil bezeichnen. Trockenheitsliebend im wörtlichen Sinne ist wohl keine von ihnen, denn um gut zu gedeihen, braucht keine den Wassermangel als solchen. Das geht auch aus den Experimenten von SMETÁNKOVÁ (1959) mit *Carex humilis* (Tab. 94) hervor, einer gegen Trockenheit besonders resistenten Art. Bewässerte Exemplare gediehen besser als

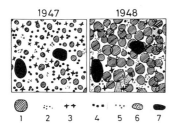

Abb. 388. Auswirkung eines Dürrejahres (1947) und eines feuchten Jahres (1948) auf eine 1 × 1 m große Probefläche eines Halbtrockenrasens *(Mesobrometum salvietosum)*. Nach LÜDI und ZOLLER (1949a), aus ELLENBERG (1963). 1 = horstbildende Gräser, meist *Bromus erectus*, 2 = *Picris hieracioides*, 3 = *Salvia pratensis*, 4 = *Daucus carota*, 5 = *Centaurea jacea*, 6 = *Lotus corniculatus*, 7 = *Medicago sativa*. Kartierungen jeweils im August, bei Villnachern im Kanton Aargau.

Tab. 93. Austrocknungsdauer abgeschnittener Blätter bei Pflanzen eines Halbtrockenrasens *(Gentianello-Koelerietum)* bei Göttingen. Nach Bornkamm (1958)[1])

a Stunden bis zum Verlust der Hälfte des Wassergehaltes der frischen Blätter
b Stunden bis zum Erreichen des subletalen Defizits (d.h. einer Schädigung von etwa 10% der Blattfläche)

Kräuter und Leguminosen	a 50% Verlust	b sublet. Defiz.	Gräser	a 50% Verlust	b sublet. Defiz.
Scabiosa columbaria	11,3	29,5	*Avenochloa pratensis*	7,9	20,8
Anthyllis vulneraria	15,3	20,1	*Festuca valesiaca*	5,2	16,0
Knautia arvensis	8,1	18,9	*Bromus erectus*	4,9	8,5
Hieracium pilosella	4,9	13,6	*Brachypodium pinnatum*	1,6	2,4
Pimpinella saxifraga	5,9	11,4			
Lotus corniculatus	4,6	7,8			

[1]) Mittelwerte von 16 Versuchen, die bei etwa 20 °C und bei 0,09 cm^3/Stunde Piche-Evaporation im Zimmer ausgeführt wurden.

unbewässerte, und leichte Beschattung wirkte sich auf die Stoffproduktion günstig aus, weil sie die Transpiration herabsetzte und eine den Umständen entsprechende maximale Photosynthese ermöglichte. An den trockensten Felsstandorten dagegen war die Stoffproduktion am geringsten und auch der Blütenansatz geringer als auf tiefgründigen Böden. Schon im Juni begannen die Blätter abzusterben (Tab. 94). Die großen Veränderungen im Aussehen und im Bau der Pflanzen, die sich bei den Verpflanzungs- und Topfversuchen zeigten, waren — das ist bemerkenswert — vorwiegend modifikativ, beruhten also nicht auf wechselnden Begünstigungen genetisch verschiedener Individuen.

Tab. 94. Variabilität des Wuchses von Carex humilis mit der Standorts-Feuchtigkeit. Nach Angaben von Smetánková (1959)

Pflanzengesellschaft, Hanglage und Boden	Gesamtlänge[1]) der Triebe (cm) bewäss.	unbew.	Länge der vertrockneten Blattenden	Beginn des Absterbens	blühende Horste (%)	Blütenstände pro Horst
Felsflur ähnlich wie in Tab. 91, 18–20° WSW sehr flachgründig (7,5 cm)	–	–	32%	Juni	70%	6 – 10
Felstrockenrasen ähnlich Nr. 2 in Tab. 89, 36–44° SW Rendzina (13 cm Feinerde)	333	198	24%	Juli	45%	10 – 20
Lichter Trockenwald mit Quercus petraea u. pubescens 24–31° NW (14 cm Feinerde)	353	251	9%	Sept.	2%	2 – 3

[1]) d.h. Summe aller Trieblängen, bei einem Verpflanzungsversuch mit gleicher Zahl von Horsten, bewässert und unbewässert.
Vegetativ wächst die Erdsegge am besten im Wald, generativ in der Felsflur.

Auch die Aufrechte Trespe gedeiht (bei sonst gleichen Bedingungen) um so besser, je besser ihre Wasserversorgung ist. Nach QUANTINS (1960) zahlreichen Messungen (Tab. 92) läßt ihre Halmlänge mit abnehmender Wasserversorgung am stärksten nach, während die Größe und Zahl der reproduktiven Teile weniger reduziert wird. Optimal ist ihre Entwicklung bei ausreichender, aber nicht übermäßiger Befeuchtung.

KRAUSE (1950) konnte durch umfangreiche Ansaatversuche klarstellen, daß sich die Vertreter verschiedener Rasengesellschaften besonders in ihrer Jugendphase ungleich verhalten (vgl. Tab. 95). Wenn man sie im botanischen Garten, nach Arten getrennt, auf gut befeuchteten Beeten ansät, so entwickeln sich sämtliche Charakterarten und steten Begleiter der Halbtrockenrasen rasch und üppig. Schon im ersten Jahre nach der Ansaat gelangten sie zur Blüte. Übrigens ist die Keimfähigkeit ihrer Samen, die KRAUSE zu Beginn der Versuche prüfte, fast durchweg hoch (Tab. 95, 1a). Diese Pflanzen können sich also nach Störungen oder Dürrekatastrophen leicht aus Samen regenerieren.

Die Arten der *Festuca valesiaca-Stipa capillata*-Gesellschaft (vgl. Tab. 89 und Tab. 95, 1b), einem auf ziemlich flachgründigen Böden vorkommenden subkontinentalen Trockenrasen, verhalten sich hinsichtlich der Keimkraft ihrer Samen und der Geschwindigkeit ihrer Entwicklung ähnlich. Sie wachsen aber im Garten zu üppig und werden daher schlaff wie Getreide, das bei übermäßiger Stickstoffversorgung lagert. Der Grad ihrer Skeromorphie hängt also auffällig stark von der Wasser- und Nährstoffversorgung ab, eine Tatsache, die ja schon an den verschiedensten Pflanzen experimentell erwiesen wurde. Im Laufe der Zeit gehen viele zunächst aufgekommene

Tab. 95. **Keimungsprozente und Jugendentwicklung von Trockenrasenpflanzen in Reinkultur** auf Gartenbeeten. Nach Angaben von Krause (1950)[1])

1. Mit **hoher Individuenzahl** keimende Arten, die schnell zu geschlossenen, etwa 50 cm hohen Beständen heranwachsen:

   a) dichte, **dauerhafte** Bestände bildend; überwiegend in der ersten Vegetationsperiode nach dem Ansaatjahr zur Blüte gelangend: Typisches *Mesobrometum*

   Gräser:
   69 *Brachypodium pinnatum*
   54 *Koeleria pyramidata*
   37 *Briza media*
   Leguminosen:
   86 *Lotus corniculatus*
   74 *Ononis spinosa*
   54 *Anthyllis vulneraria*

   Übrige:
   100 *Plantago media*
   90 *Pimpinella saxifraga*
   88 *Arabis hirsuta*
   84 *Asperula cynanchica*
   72 *Carlina vulgaris*
   64 *Sanguisorba minor*
   41 *Agrimonia eupatoria* u.v.a.

   b) dichte, aber schlaffe Bestände bildend, die durch Absterben vieler Individuen zur **Auflockerung** neigen; zu etwa 75% in der ersten Vegetationsperiode nach der Ansaat blühend: *Festuca valesiaca-Stipa capillata*-Ges.

   Gräser:
   75 *Stipa capillata*
   68 *Andropogon ischaemum*
   Leguminosen:
   84 *Astragalus excapus*
   79 *A. danicus*
   4 *Oxytropis pilosa*

   Übrige:
   83 *Seseli hippomarathrum*
   61 *Alyssum montanum*
   57 *Verbascum phoeniceum*
   38 *Scabiosa canescens*
   32 *Aster linosyris*
   2 *Adonis vernalis* u.a.

2. Mit **niedriger Individuenzahl** aufwachsende Arten, die von vornherein offene Bestände bilden[2]):

   a) niedrig bleibend, aber **rasch** in die Breite wachsend; in der ersten Vegetationsperiode nach der Ansaat blühend: *Festuca duvalii-Thymus serpyllum*-Ges.

   Gräser:
   68 *Festuca valesiaca*
   58 *Festuca duvalii*
   9 *Poa badensis*

   Kräuter:
   85 *Veronica spicata*
   71 *Sedum sexangulare*
   26 *Thymus serpyllum* u.a.

   b) nur **langsam** raumfüllend; erst in der zweiten Vegetationsperiode nach der Ansaat oder noch später zum Blühen kommend:

   ∝) *Carex humilis-Pulsatilla vulgaris*-Ges.
   Gräser und Grasartige:
   43 *Stipa joannis*
   20 *Carex humilis*
   Leguminosen:
   72 *Hippocrepis comosa*

   Übrige:
   82 *Odontites lutea*
   65 *Globularia punctata*
   63 *Helianthemum canum*
   60 *Pulsatilla vulgaris* u.v.a.

   β) *Sesleria-Teucrium montanum*-Ges. und *Seslerio-Mesobrometum*
   Gras:
   52 *Sesleria varia*
   Leguminose:
   95 *Coronilla vaginalis*

   Übrige:
   78 *Carlina acaulis*
   33 *Teucrium montanum*
   6 *Anthericum liliago* u.a.

[1]) Die Ziffern vor den Pflanzennamen bedeuten Keimungsprozente, die an dem gleichen Samenmaterial im Laboratorium ermittelt wurden.
[2]) Alle unter 2 genannten Gesellschaften besiedeln in der Natur ziemlich flachgründige, magere Standorte.

Individuen wieder ein, vermutlich, weil ihnen die anderen, kräftiger wachsenden das Licht entziehen.
Von vornherein zur Bildung offener Bestände neigen fast alle Arten, die in Pflanzengesellschaften flachgründiger Kalkböden eine Rolle spielen (Tab. 95, 2). Sie gedeihen auf Gartenerde an und für sich ebenfalls üppiger als im Freiland, aber doch nicht in einem Maße, daß sie dadurch zu sehr erschlaffen und ihre charakteristische Form einbüßen. Am langsamsten entwickeln sich die Arten der *Carex humilis-Pulsatilla vulgaris*-Gesellschaft und der Blaugrashalde. Auf fruchtbaren Standorten sind diese Arten also relativ wenig konkurrenztüchtig. Allgemein darf festgestellt werden, daß keiner der geprüften Trockenrasen-Partner im Garten versagte, weil es ihm zu wenig trocken gewesen wäre.

Letzten Endes ist also das Vorkommen oder Fehlen der Trockenrasen-Pflanzen auf natürlichen Standorten von geringer oder größerer Feuchtigkeit eine reine Konkurrenzfrage. Viele Arten leben in den Trockenrasen zwar unbehelligt durch überlegene Wettbewerber, aber an der Grenze ihrer eigenen Existenzfähigkeit. Mit anderen Worten ausgedrückt, liegt ihr ökologisch-soziologisches Optimum im Bereich ihres physiologischen Minimums. Das konnte man in den Trockenjahren 1947, 1949 und 1952 gut beobachten. Nicht die Kulturwiesen, sondern die steppenähnlichen Trockenrasen wurden in den Dürresommern am meisten geschädigt. *Bromus erectus,* eine ihrer häufigsten Arten in südwestlichen Mitteleuropa, und andere Gramineen starben auf großen Flächen völlig ab. Vor allem auf den mergeligen Keuperböden Württembergs, in denen sie recht flach wurzeln, konnte ich dies im Jahre 1952 beobachten. Tiefwurzler wie *Salvia pratensis* und *Centaurea scabiosa* blieben neben den zu Stroh gebleichten Gräsern völlig grün. Wer aber für die Zukunft große Verschiebungen im Artengleichgewicht erwartet hatte, sah sich schon im feuchten Sommer 1953 enttäuscht. Aus älteren Samen erneuerten sich *Bromus erectus, Koeleria pyramidata* und andere im Vorjahr vertrocknete Arten erstaunlich rasch. Auf weniger kolloidreichen Böden waren die Horste der Aufrechten Trespe meistens nicht ganz abgestorben (Abb. 388). Dort ging die Regeneration noch schneller vor sich.

Schon WILCZEK und Mitarbeiter (1928) kamen aufgrund ihrer Beobachtungen im Rhone-, Rhein- und Po-Gebiet zu dem Schluß, die Aufrechte Trespe sei „eine im wesentlichen lichtliebende" und „verhältnismäßig wärmeliebende" Pflanze. Es sei falsch, sie als „ausgesprochen xerophil" anzusehen, denn in trockenen Gegenden verhalte sie sich „mehr hygrophil". Im Wallis herrscht sie deshalb nur an Schatthängen (BRAUN-BLANQUET 1961) und im submediterranen Gebiet zieht sie sich sogar in den Halbschatten lichter *Buxus*-Gebüsche zurück. Selbst auf der klimatisch viel weniger trockenen Schwäbischen Alb bevorzugt die Aufrechte Trespe nach KUHN (1937) „durchaus nicht die trockensten Standorte".

Trotz dieser und zahlreicher ähnlicher Beobachtungstatsachen und Literaturangaben werden *Bromus erectus* und andere Trockenrasenpflanzen aber noch in jüngsten Veröffentlichungen immer wieder als „xerophil", „trockenheitsliebend", „trockene Sonnhänge bevorzugend" o. dgl. bezeichnet. Es mag deshalb nicht überflüssig sein, auf eine Reihe von Experimenten einzugehen, die uns die Ursachen für das Auftreten solcher Arten in der Natur noch klarer erkennen helfen.

b *Konkurrenzkraft der Aufrechten Trespe unter verschiedenen Bedingungen*

Zu den physiologisch wie ökologisch bestuntersuchten Trockenrasenpflanzen gehört *Bromus erectus*. Schon in den vorigen Abschnitten wurde wiederholt auf sein Verhalten hingewiesen. Ergänzend wollen wir nun auf Kultur- und Regenerationsversuche eingehen, die seine physiologische Amplitude und seine Konkurrenzfähigkeit unter verschiedenen Bedingungen genauer beurteilen helfen und manches Licht auf die Ökologie von Trocken- und Halbtrockenrasen werfen. Im Vergleich zu *Bromus* werden wir auch das Verhalten anderer näher studierter Arten kennenlernen.

Ohne Konkurrenten, also in Einzel- oder Reinkultur, wächst *Bromus* am besten an mäßig feuchten bis feuchten Standorten. In Sandboden beträgt die optimale Grundwassertiefe nach ELLENBERG (1953b, vgl. Abb. 389) 35 cm, vorausgesetzt, daß das Wasser nicht zu kalkarm ist. In dieser Hinsicht verhält sich *Bromus* wie *Arrhenatherum* und *Dactylis glomerata,* also wie ausgesprochen mesophile Wiesengräser. Ähnlich diesen hat er auch eine weite Amplitude nach der nassen Seite hin.

In ständig durchnäßten Böden bildet *Bromus erectus* in seiner Wurzelrinde große Interzellularräume aus, während seine Wurzeln an „normalen" Standorten eher eine skleromorphe Struktur, d. h. ein dickwandiges Rindenparenchym und keine Lakunen, aufweisen (Abb. 390). Er kann sich also wie eine Sumpfpflanze verhalten, und tut dies unter bestimmten Bedingungen auch in der Natur. In der Oberrheinischen Tiefebene und in dem Sumpfgelände westlich des Bodensees z. B. wächst er gemeinsam mit den Arten der Kleinseggen- oder Pfeifengraswiesen auf zeitweilig sehr nassen, kalkreichen Böden. In den südrussischen Steppengebieten hält er sich überhaupt nur an nasse Senken, ist dort also ganz zum Helophyten geworden.

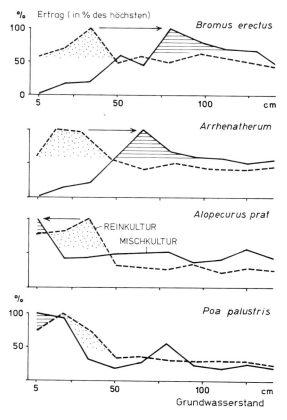

Abb. 389. In Reinkultur haben Trockenheitszeiger (wie die Aufrechte Trespe), „mesophile" Arten (wie der Glatthafer) und Feuchte- bzw. Nässezeiger (wie Wiesen-Fuchsschwanz und Sumpfrispe) ungefähr das gleiche Feuchtigkeits-Optimum, nämlich bei etwa 25–35 cm Grundwasserstand in Sandboden. Durch gegenseitige Konkurrenz in Mischkultur verdrängen sich die vier Grasarten gegenseitig aus diesem Bereich, und zwar in Richtung auf ihr Häufigkeits-Maximum in Wiesen. Nach ELLENBERG (1953), verändert.

Punktiert = physiologischer Optimalbereich, schraffiert = Optimalbereich bei Einwirkung von Konkurrenten. Die Pfeile betonen die Verschiebung der Optima.

Die Ursache für sein verschiedenes Verhalten könnte in einer Aufspaltung in physiologisch ungleiche Kleinrassen liegen. Vielleicht spielt diese in Steppenlandschaften tatsächlich mit. Bei den hier referierten Versuchen jedoch handelte es sich um genetisch recht einheitliches Zuchtmaterial bzw. um Klone. Außerdem zeigte sich in Topfkulturen, daß ein und dasselbe Individuum sofort Rinden-Lakunen auszubilden beginnt, wenn man seinen vorher mäßig feucht gehaltenen Wurzelboden unter Wasser setzt. Die meisten älteren Wurzeln sterben zwar bei dieser plötzlichen Milieuänderung ab. Die jüngeren aber passen sich sofort an das luftärmere Medium an, indem sie große Rinden-Interzellularen bilden. Stichproben ergaben außerdem, daß in gut durchlüftetem Boden senkrecht hinabwachsende *Bromus*-Wurzeln in dem Augenblick lakunenreich werden, in welchem sie den Kapillarsaum des Grundwassers erreichen. Es steht also außer Zweifel, daß die Aufrechte Trespe sich auch ohne genetische Differenzierung sehr plastisch zu entwickeln vermag. Entsprechendes gilt für andere experimentell geprüfte Gräser, z. B. für *Arrhenatherum elatius* und *Dactylis glomerata*.

An trockenen Standorten nimmt *Bromus erectus*, wie schon in Abschnitt a erwähnt, eine skleromorphe Struktur an, auch im Bau der Stengel und Blätter. Seine Zuwachsleistung wird dadurch geringer. Trotzdem setzt er sich gerade auf trockenen Böden gegen hochwüchsige Wiesengräser am besten durch. In Mischsaaten mit *Arrhenatherum, Alopecurus pratensis* und *Poa palustris* wird er in seinem physiologischen Optimalbereich fast ganz unterdrückt und erreicht nur bei Grundwassertiefen von mehr als 75 cm nennenswerte Anteile am Bestande (Abb. 389). Aber auch auf dauernd nassem Boden kann er sich behaupten. Bei Mischkultur auf Lehmboden zeigt er in bezug auf den Wasserfaktor zwei relative Optima, eines in der Nähe seines physiologischen Minimums und eines in der Nähe seines Maximums. Ganz ähnlich verhält er sich in der Natur, vorausgesetzt daß die übrigen Standortsfaktoren für ihn nicht zu ungünstig sind.

Wird die Aufrechte Trespe bei guter Wasserversorgung vom Glatthafer und anderen hohen Gräsern bedrängt, so kann sie ihrerseits beim Fehlen solcher Konkurrenten die Fiederzwenke *(Brachypodium pinnatum)* unterdrücken, deren Blattwerk in der Regel niedriger bleibt. Das zeigen die von BORNKAMM (1961a) bei Göttingen angestellten

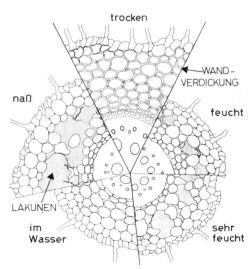

Abb. 390. Querschnitte durch gleichalte Wurzeln von *Bromus erectus* aus Böden von unterschiedlicher, konstant gehaltener Feuchtigkeit. Nach Entwürfen von REHDER aus ELLENBERG 1963.
In dem normalen, relativ trockenen Boden (oberer Sektor) hat das Rindenparenchym stark verdickte Wände und keine Lakunen. In feuchtem, luftarmem Boden (beide Sektoren rechts) bilden alle Wurzeln mehr oder minder große lufterfüllte Hohlräume (punktiert) aus. Bei Überstauung mit Wasser werden die Rindenlakunen im durchnäßten Boden noch größer (links oben), während die im Wasser flutenden Würzelchen fast ohne Interzellularen bleiben (links unten).

Dauerbeobachtungen in einem Halbtrockenrasen *(Gentianello-Koelerietum,* Subass. von *Trisetum,* siehe Abb. 391) auf tiefgründigem, 2° nach SSW geneigtem Kalkboden.

BORNKAMM entfernte im Jahre 1953 aus einer 1 × 2 m großen Fläche alle Arten außer *Bromus* und *Brachypodium* (jeweils links in Abb. 391) und auf einer zweiten sämtlichen Bewuchs (rechts). Schon nach drei Jahren hatten beide Gräser die nackte Fläche fast ebenso dicht besetzt wie die altbewachsene, ein erneuter Beweis, wie rasch sie sich mit ihren Samen bzw. Rhizomen ausbreiten können. Sobald der Bewuchs einigermaßen dicht geworden war, begannen sie miteinander und mit sonstigen inzwischen aufgekommenen Arten, z.B. mit *Ononis spinosa,* zu konkurrieren. Wie aus BORNKAMMS Untersuchungen hervorgeht, stieg der Deckungsgrad von *Bromus* auf Kosten von *Brachypodium,* wenn das Frühjahr, besonders der Mai, feucht und kühl war. In dem relativ feuchtesten Jahre (1958) gewann er am meisten Raum. In Jahren mit trockenerem Frühjahr (1954, 1956, 1957 und besonders 1959) wurde er dagegen so geschwächt, daß sich *Brachypodium* wieder erholen konnte.

Über die Dominanzverhältnisse des jeweiligen Sommers entscheidet offenbar die Witterung im Frühjahr, wenn das Blätterwerk noch zart und das Wasserleitvermögen gering ist. Vor allem dürfte es von Bedeutung sein, wie rasch es *Bromus* gelingt, seine jungen Horste aufzubauen und zu bestocken. Von vielen Zentren aus kann er dadurch die aus ihren Rhizomen mehr vereinzelt emporsprießenden Halme von *Brachypodium* unterdrücken.

Bemerkenswert ist das Versuchsergebnis BORNKAMMS vor allem dadurch, daß die relativ skleromorphe, gegen Trockenheit resistentere Aufrechte Trespe gerade in feuchteren Jahren gegen die mesomorphe Zwenke obsiegte. Wäre *Bromus erectus* wirklich xerophil, so hätten ihn die trockenen und nicht die nassen Jahre begünstigen müssen.

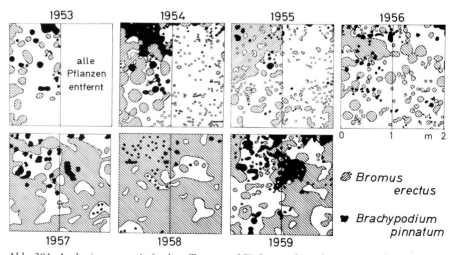

Abb. 391. Ausbreitung von Aufrechter Trespe und Fiederzwenke auf 2 × 2 m großen Probeflächen in einem Kalk-Halbtrockenrasen bei Göttingen. Auf der linken Hälfte wurden 1953 alle Arten außer diesen beiden Gräßern gejätet, auf der rechten Hälfte sämtliche Pflanzen entfernt. Nach BORNKAMM (1961), verändert.

Nach 4 Jahren läßt sich der Eingriff kaum noch erkennen. Auffällig ist dagegen der Wechsel im Dominanz-Verhältnis beider Gräser von Jahr zu Jahr. Nach einem feuchten Frühling (1955, 1958) kommt *Bromus* zur Herrschaft und unterdrückt *Brachypodium.*

Wie wir bereits in Abschnitt 5a sahen, ist der Hauptgrund für das Vorrücken von *Bromus* in dem raschen Rückgang der Schafweide zu suchen, die bisher viele Jahrhunderte lang die Trespe schwächte und die Zwenke als Weideunkraut förderte. Erst heute kann sich die Trespe überall, wo sie überhaupt Fuß zu fassen vermag, ungehindert ausbreiten und eine Umstellung der Artenkombination in den Halbtrockenrasen einleiten, die im südwestlichen Europa schon im vorigen Jahrhundert begann.

Abb. 391 macht die unaufhörliche Dynamik anschaulich, die in manchen unserer Magerrasen (und wohl auch in vielen anderen Rasengesellschaften) herrscht. Von Jahr zu Jahr verschiebt sich das Gleichgewicht der Arten; ihre einmal errungene Position ist nichts Dauerndes. Diese Dynamik hängt teilweise damit zusammen, daß die beobachteten Arten recht kurzlebig sind. Von den im Jahre 1953 registrierten 27 Trespenhorsten waren 1959 nur noch 10 vorhanden und die anderen neu hinzugekommen. Bei der Zwenke lebten von ursprünglich 18 Halmgruppen nur noch 2. Auch bei anderen Wiesenpflanzen, insbesondere bei Horstgräsern, sterben die meisten Individuen nach wenigen Jahren ab. Dafür kommen Jungpflanzen zum Zuge, die in der Nähe des Mutterhorstes aufkeimten. LIETH und ELLENBERG (1958) haben diesen kleinräumigen Wuchsplatzwechsel an vielen Beispielen am Hohenheimer Grundwasserversuch beobachtet. Manche dikotylen Trockenrasenpflanzen harren jedoch jahrzehntelang an ihrem Orte aus und können sehr alt werden, wie z. B. ZOLLER und STÄGER (1949) in der Walliser Felsensteppe feststellen.

Es wäre also verfrüht, wenn man aus der Tatsache des mosaikartigen Ortswechsels auf die Notwendigkeit eines „natürlichen Fruchtwechsels" schließen wollte. Uns mag es genügen, darin zunächst nur einen Ausdruck der Regenerations- und Ausbreitungskraft zu sehen, durch die es den Partnern der Halbtrockenrasen und Trockenrasen erleichtert wird, sich an schwierigen, zeitweilig sehr trockenen Standorten zu behaupten und jedes günstige Jahr zum Vordringen auszunutzen.

Das Verhalten von *Bromus erectus* ist aber noch nicht voll zu begreifen, wenn man nur den Wasserfaktor, den Einfluß der Viehweide und das Regenerationsvermögen im Auge hat. Von mindestens ebenso großer Bedeutung ist sein Verhalten bei verschieden guter Stickstoff-Versorgung. Wie alle bisher untersuchten Gräser und überhaupt fast alle höheren Pflanzen wird er zwar durch steigende Stickstoffgaben bis zu einem hoch über der natürlichen Versorgung liegenden Optimum gefördert. Das Maß dieser Förderung ist aber viel geringer als bei *Arrhenatherum, Dactylis* und anderen „anspruchsvollen" Obergräsern. Auf einem und demselben mittelgründigen Kalkboden, also bei unveränderter Feuchtigkeit, genügt daher eine starke Düngung, um das Gleichgewicht ganz zugunsten des Glatthafers und seiner Trabanten zu verschieben (ELLENBERG 1952a). Auch ZOLLER (1954) beobachtete im Jura, daß *Bromus erectus* infolge zunehmender Düngung mehr und mehr Raum an die Partner von Salbei-Glatthaferwiesen verliert, obwohl *Bromus* an und für sich durch die Stoffzufuhr nicht geschädigt, sondern deutlich gefördert wird. Nur seine Genügsamkeit macht ihn auf mageren Standorten zum überlegenen Wettbewerber.

Flach- und mittelgründige Kalkböden sind in unserem Klima meistens recht arm an Stickstoff, weil in ihrem Wurzelhorizont Ammonifikation und Nitrifikation immer wieder durch Trockenperioden gehemmt werden. Noch geringer freilich ist das Stickstoffangebot in dauernd durchnäßten Böden, zumal durch deren Sauerstoffarmut die Denitrifikation gefördert wird. Bei den von ELLENBERG (1963) dargestellten Grundwasserversuchen kam diese Stickstoffarmut nicht nur durch geringere Stoffproduktion, sondern auch durch auffallend gelbliche Färbung aller Versuchspflanzen zum Ausdruck. Sehr wahrscheinlich ist es ein und derselbe Faktor, nämlich der Stickstoffmangel, der sowohl die Trockenstandorte als auch gewisse Naßböden zu konkurrenzarmen Refugien für die Aufrechte Trespe werden läßt.

Nicht die Trockenheit, sondern die Magerkeit der flachgründigen Kalkböden sowie mancher Standorte von Kalk-Kleinseggenriedern und Pfeifengraswiesen darf mithin als der Hauptgrund dafür gelten, daß *Bromus erectus* hier unbehindert durch mächtigere Konkurrenten zur Herrschaft gelangt. Aus den zuvor erörterten Gründen gilt dies uneingeschränkt nur für gemähtes, nicht für beweidetes Grünland, und nur für das verhältnismäßig luftfeuchte Klima des westlichen Mitteleuropa. Kontinentales Klima bringt öfter Trockenheits-Katastrophen als subatlantisches und sagt *Bromus erectus* daher weniger zu. Auch im eigentlichen Mediterranklima kann er sich nicht entfalten, weil dessen Sommer zu trocken sind. Nur auf grundfeuchten Böden oder im Halbschatten kommt er hier wie dort genügend oft zur Samenreife, um sich auf die Dauer in Rasengesellschaften behaupten zu können.

Mit den Nährstoffen geht *Bromus erectus* sehr sparsam um, indem er einen beträchtlichen Teil von ihnen während der kalten Jahreszeit in den Wurzeln speichert und im Frühjahr wieder daraus mobilisiert. Vor allem gilt das für den Stickstoff (P. WAGNER mdl.) und das Kalium (s. Tab. 96). Wie bei vielen Pflanzen magerer und zeitweilig trockener Standorte ist seine unterirdische Biomasse im Verhältnis zur oberirdischen sehr groß und dauerhaft (Tab. 96 u. Abb. 376). Doch findet auch eine Anreicherung von Nährstoffen in dieser statt; beispielsweise steigt die in den gröberen Wurzeln enthaltene K-Menge von 18,4 auf 23,8 bzw. von 5,3 auf 6,9 kg/ha (in 10–25 cm Tiefe), obwohl die Wurzelmasse etwas abnimmt oder gleichbleibt. Nicht nur die Waldbäume (s. Tab. 22), sondern auch Rasenpflanzen halten offenbar das leicht auswaschbare, aber für die Spaltöffnungs-Regulation wichtige Kalium in möglichst engem Kreislauf. Das gilt wahrscheinlich auch für den Sommer, zumal GERMANN (1976) nachwies, daß selbst gedüngter Grünlandboden mehr Elektrolyte durch Wurzeltätigkeit ausfiltert als ein vergleichbarer Waldboden.

Tab. 96. Phytomasse und Gehalt an P, K und Ca der Aufrechten Trespe über und unter der Erde in einem Halbtrockenrasen bei Göttingen. Nach Wagner (1972) und Gonschorek (1971); in kg/ha

Teile von *Bromus erectus*	Phytomasse (Trockengewicht) Sommer	Winter	Gehalt der Phytomasse an P		K		Ca	
			S	W	S	W	S	W
a grüne Pflanzenteile	4 151	816	5,3	2,3	47,0	11,0	30,0	5,8
b Stengelbasen	1 623	1 459	2,2	2,3	6,2	4,6	14,0	12,6
c abgestorbene Pflanzenteile	1 292	4 650	1,1	2,5	1,9	3,9	10,0	17,9
d Streu	5 605	3 742	4,9	3,2	3,8	3,2	38,7	20,1
e a+b+c+d, **oberirdisch**	12 671	10 667	**13,5**	10,2	58,9	22,7	**93,0**	55,5
f Wurzeln 0–10 cm	7 033	6 884	7,0	5,3	18,4	23,8	64,8	64,3
g „ 10–25 cm	1 937	1 968	1,8	1,5	5,3	6,9	21,3	18,0
h Feinstwurzeln 0–10 cm	4 477	4 451	4,6	3,4	13,5	12,3	50,4	46,4
i „ 10–25 cm	2 464	3 582	2,7	2,7	8,1	12,1	29,2	40,8
k f+g+h+i, **unterirdisch**	15 911	16 886	**16,1**	12,9	45,5	55,1	**165,7**	169,5
Verhältnis e : k	0,80	0,63	0,84	0,79	1,3	0,41	0,56	0,33
Gesamtsubstanz (e + k)	28 582	27 553	29,7	23,1	104,2	77,8	258,7	225,0
Differenz Sommer–Winter	1 029		6,6		26,4		33,7	

Neben den bisher betrachteten Standortsfaktoren spielen für *Bromus erectus* sicher auch noch andere klimatische und edaphische Bedingungen eine Rolle, z. B. die Wärme und die Dauer der Vegetationsperiode. Wo diese für seine Entwicklung nicht ausreichen, fehlt er in Mitteleuropa. Insbesondere steigt er nicht über die obere Montanstufe empor, und von Fennoskandien erreicht er nur die südlichsten Teile. Wie STEEN (1957) zeigte, halten sich auch hier andere Arten der mitteleuropäischen Halbtrockenrasen nur an ausgeprägten Sonnhängen oder auf flachgründigen, leicht erwärmbaren Böden.

Seit langem bekannt ist außerdem die Vorliebe der Aufrechten Trespe für kalkhaltige oder zumindest nicht stark sauer reagierende Böden. Alle oben besprochenen Experimente wurden mit schwach sauren bis neutralen Böden durchgeführt. *Bromus erectus* und *Arrhenatherum elatius,* die beiden wichtigsten Wettbewerber in west-mitteleuropäischen Wiesen, haben annähernd die gleiche p_H-Amplitude. Beide – und wahrscheinlich auch viele ihrer Partner – werden auf kalkarmen, zur Rohhumusbildung neigenden Böden durch Arten bedrängt, deren Amplitude weiter in den sauren Bereich hinübergreift, insbesondere durch Vertreter der Borstgrasrasen und Zwergstrauchheiden.

Die an *Bromus erectus* durchgeführten Versuche bekräftigen, wie groß die Bedeutung der Konkurrenz für das Zustandekommen bestimmter Artenkombinationen ist, und wie vorsichtig wir sein müssen, wenn wir aus dem Vorkommen einer Pflanzenart in der Natur auf ihre „Ansprüche" schließen wollen. Bei experimenteller Prüfung erweist sich die Aufrechte Trespe als ein relativ wärmebedürftiges, mesophiles und nur mäßig durch Stickstoff zu förderndes, hohe Säuregrade meidendes Gras, das als Futter beliebt ist und daher von Weidetieren rasch geschwächt wird. Physiologisch gesehen, ist sie weder xerophil noch stickstoff-fliehend und darf auch nicht als ausgesprochen kalkliebend gelten. Erst durch ihre Wettbewerber wird sie in Mitteleuropa zu einem Indikator für trockene, magere und kalkreiche Böden.

Für ihren Gegenpol auf magerem Weideland, das als acidophil geltende Borstgras *(Nardus stricta),* konnten BRADSHAW, LODGE, JOWETT und CHADWICK(1959) ebenfalls eine sehr große physiologische Amplitude nachweisen. Dieser bekannte Säurezeiger wird durch fast neutrale Reaktion (p_H 6,5) und hohen Kalkgehalt (80 ppm) keineswegs gehemmt, wenn man den p_H-Wert sorgfältig konstant hält und Konkurrenten ausschließt. Nimmt man die Stoffproduktion bei hohem Säuregrad und Kalkmangel als Vergleichsbasis, so werden aber andere Weidegräser, z.B. das Straußgras *(Agrostis tenuis)* und besonders das Kammgras *(Cynosurus cristatus),* durch Kalkgaben und neutrale Reaktion stärker gefördert als das Borstgras. Deshalb kommen diese Gräser auf guten Böden bei intensiver Grünlandpflege zur Dominanz. Extensive Schafweide begünstigt das Borstgras als Weideunkraut so sehr, daß es sich auch unter natürlichen Verhältnissen auf schwach sauren, fruchtbaren Böden auszubreiten vermag. Wie bei *Bromus erectus* und bei vielen anderen Grünlandpflanzen muß man also bei *Nardus stricta* ebenfalls nicht nur die Konkurrenz, sondern auch den Einfluß „nicht meßbarer" biotischer Faktoren berücksichtigen, wenn man ihre Verbreitung und ihre Rolle im Artenmosaik der Pflanzengesellschaften verstehen lernen will.

7 Rasen auf schwermetallreichen Böden

a *Wesen und Entstehung der Schwermetallvegetation*

Zu den ökologisch reizvollsten Pflanzengruppierungen gehören auf der ganzen Erde die inselartig verstreuten Flecken mit sogenannter Schwermetallvegetation. Im dichten Pflanzenmeer Mitteleuropas findet man diese schütter bewachsenen, steinigen Inseln meist im Kontakt mit Silikat- oder auch Kalk-Magerrasen; deshalb seien sie anschließend an diese besprochen. Wir können uns kurz fassen und nur das grundsätzliche oder für Mitteleuropa wichtige betonen, weil die vielseitige Monographie von ERNST (1974, dort weitere Literatur) vorliegt.

Schwermetalle wie Zink und Kupfer (d. h. Metalle mit spezifischem Gewicht über 5) sind für Phanerogamen und für einen Großteil der Kryptogamen als Spurenelemente unentbehrlich. In höherer Konzentration schaden dieselben Elemente jedoch sogar den besonders an sie angepaßten Arten. Ein aus zinkreichen Böden entnommenes Voralpen-Hellerkraut *(Thlaspi alpestre)* beispielsweise gedeiht im Experiment mit 100 mg Zink pro Liter Nährlösung recht üppig, bleibt aber vegetativ. Mit 250 mg wächst und blüht es normal, und auch bei 500 mg verhält es sich so, produziert aber etwas weniger. Bei 1000 mg, d. h. unter Bedingungen, wie sie an Schwermetallstandorten vorkommen können, ist es sichtlich nahe seiner Existenzgrenze. Nicht an Zn angepaßte Pflanzen vermöchten unter solchen Bedingungen überhaupt nicht mehr zu leben und kümmern schon bei den niedrigeren Konzentrationen. Sie bleiben deshalb dem Voralpen-Hellerkraut auf zinkreichen Böden als Konkurrenten fern, während sie dieses lichtliebende, niedrige Kraut auf weniger extremen Böden unterdrücken. Ähnliches gilt für andere Schwermetall-Indikatoren, die wir bei der Besprechung einzelner Gesellschaften (Abschnitt b) kennenlernen wollen (s. auch Abb. 392). Als weiteres Beispiel sei nur das Aufgeblasene Leimkraut genannt, das BAUMEISTER bei abgestuften Zinkkonzentrationen der Nährlösung kultivierte (s. Tab. 97). Die Zinkform von *Silene vulgaris* erreichte bei 50 mg Zn je Liter Nährlösung ihre größte Stoffproduktion. Selbst unter diesen für sie optimalen Bedingungen leistete sie aber weniger als die kaum zinkbedürftige Normalform, obwohl diese bei 50 mg/l Zn bereits relativ geschwächt war. Durch die

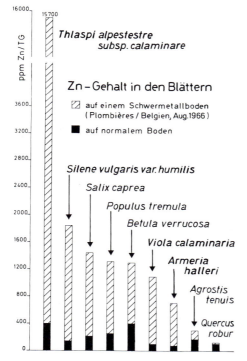

Abb. 392. Aus einem stark zinkhaltigen Boden nehmen fast alle dort wachsenden Pflanzenarten mehr Zn auf (bezogen auf die Trockenmasse der Blätter) als aus einem normalen Boden mit sehr geringem Zn-Gehalt. Nach DENAYER-DE SMET (1970), verändert.

Mit Ausnahme des Zink-Hellerkrauts verhalten sich die Schwermetall-Pflanzen (*Silene*, *Viola* und *Armeria*) in dieser Hinsicht nicht anders als die übrigen Arten, einschließlich mancher Bäume. Doch ertragen sie hohe Zn-Konzentrationen auf die Dauer besser.

Tab. 97. **Einfluß steigender Zinkkonzentration auf die Normalform und die Zinkform** von *Silene vulgaris* in Nährlösung. Nach Baumeister (1967), Werte in g Frischgewicht je Pflanze

mg Zn je Liter Nährlösung	Normalform (Bot. Garten Nantes)			Schwermetallform (Silberberg b. Osnabrück)		
	Sproß	Wurzel	gesamt	Sproß	Wurzel	gesamt
0	4.1	1,2	5.3	1.8	0.4	2.2
10	7.0	1.7	8.7	1.8	0.7	2.5
50	3.2	0.9	4.1	2.6	1.0	3.6
100	tot	tot	tot	1.9	0.4	2.3

doppelte Zinkmenge wurde die Normalform getötet, während die Zinkform noch immer recht gut gedieh. Werden beide Formen in der Natur zu Konkurrenten, so entscheidet der Zn-Gehalt der Bodenlösung darüber, welche von ihnen zur Dominanz gelangt. Beide könnten jedoch auch ohne nennenswerte Zn-Zufuhr gedeihen.

Im Prinzip verhalten sich die Schwermetallpflanzen also wie die (in Abschnitt C IV 1 ausführlicher behandelten) Halophyten, die das Kochsalz nur in geringen Mengen benötigen, in größeren aber besser ertragen als Glykophyten. Ähnlich wie z. B. *Juncus gerardii* entledigen sich viele Schwermetallbewohner übermäßiger Giftmengen dadurch, daß sie in älteren Blättern akkumulieren und diese schließlich abstoßen. Physiologisch ist es nicht ganz berechtigt, von „Schwermetallpflanzen" allgemein zu sprechen, denn in der Regel handelt es sich um Pflanzen, die auf Toleranz gegen diejenigen Metalle selektioniert wurden, die am Standort häufig sind. Doch zeigen gegen große Zn-Mengen resistente Pflanzen oft zugleich auch eine hohe Resistenz gegen Cu oder andere Schwermetalle. Übrigens beruht die Resistenz gegen bestimmte Metalle nicht auf gehemmter Aufnahme derselben. Zn-tolerante Pflanzen bilden relativ viel Oxalat und Malat, Cu-tolerante vor allem phenolische Komponenten. In jedem Falle erfordert das Aufrechterhalten der Toleranz einen so hohen Energieaufwand, daß die Biomassenproduktion und damit die Wuchsleistung niedrig bleibt. Die physiologische Grundlage der Toleranz wird vererbt, aber durch Umwelteinflüsse verstärkt.

Im Gegensatz zu den Salzpflanzen handelt es sich bei den Schwermetallpflanzen durchweg nicht um gut abgrenzbare Arten, sondern um Kleintaxa, die nach ERNST auf normalen Böden und unter vergleichbaren Kulturbedingungen von ihren Stammformen morphologisch nicht unterscheidbar sind. Von Ausnahmen abgesehen, kann man sie nur an ihrer größeren Schwermetall-Resistenz, d. h. ökophysiologisch, erkennen und darf sie lediglich als Ökotypen bezeichnen. Am Schwermetallstandort zeigen sie zwar zwergigen Wuchs, eine auffallend skleromorphe Struktur, hohen Anthocyangehalt, ein ungewöhnlich stark entwickeltes Wurzelwerk (s. Abb. 393) und nicht selten auch manche Anomalien, z.B. verbildete Blütenblätter. Doch verschwinden diese Merkmale auf normalen Böden und erweisen sich als Modifikationen.

Schwermetallreiche Standorte wurden seit dem Mittelalter, ja schon seit der Bronzezeit, durch Erz abbauende Bergleute geschaffen, die das ausgeräumte Gestein anfangs auf kleine und verstreute, später auf große, zusammenhängende Halden aufschütteten. Bei der früheren, noch unvollkommenen Verhüttungstechnik blieb ein beträchtlicher Rest der Metalle in des Schlacken zurück, so daß auch deren Halden Schwermetallstandorte bildeten. In den Tälern des Harzes findet man solche Schlackenhalden stellenweise ohne jeden Zusammenhang mit anstehendem Erz, weil das immer knapper gewordene Brennholz über große Entfernungen herangeholt werden mußte, nach Goslar z.B. aus den mittleren und südlichen Harztälern. Auf dem Rückweg ließ man

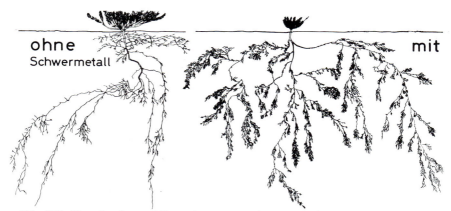

Abb. 393. Wurzelwerk von *Minuartia verna* ssp. *hercynica* auf einer Kupferschlackenhalde (rechts) und einem nicht schwermetallreichen Boden (links). Nach SCHUBERT (1954). Die Schwermetall-Form ist viel stärker xeromorph und ihr Wurzelwerk dementsprechend weitläufiger und dichter.

die Maultiere Erz in das Waldgebiet transportieren, um es dort zu schmelzen, wo noch reichlich Holz zur Verfügung stand. Natürliche Ausbisse von schwermetallreichem Gestein sind in den Tieflagen Mitteleuropas selten, weil hier Sedimentschichten alles ältere Gestein überlagern. Nur in den höheren Gebirgen, namentlich in den Alpen, gibt es Schwermetallvegetation, die ihren Standort nicht dem Menschen verdankt. Wie ERNST für Wales nachweisen konnte, kamen im nordwestlichen Europa Schwermetallpflanzen seit dem 11. Jahrhundert n. Chr. (und wahrscheinlich schon länger) vor. Als Glazialrelikte dürfen nach ihm jedoch nur Ökotypen von *Minuartia verna*, *Thlaspi alpestre* und *Armeria maritima* gelten.

Abraum- und Schlackenhalden bilden hinsichtlich des Nährstoff- und Wasserangebots ähnliche Standorte wie natürliche Steinschutthalden. Wo sie in einem niederschlagsarmen Klima liegen, sind sie zeitweilig sehr trocken. An den feinerdeärmsten Stellen findet man sie deshalb nur von Flechten besiedelt, namentlich von Krustenflechten wie *Acarospora sinapica* und *Diploschistes scruposus*. Wo aber genügend Feinerde vorhanden ist, siedeln sich auch Moose (z. B. *Weisia viridula* und *Homalothecium sericeum*) und höhere Pflanzen an. Unter diesen sind Rohboden- und Steinschuttpioniere, die hohe Schwermetall-Konzentrationen zu ertragen vermögen, besonders begünstigt. Je ärmer der Boden an Schwermetallen ist und je mehr Feinerde zur Verfügung steht, desto mehr ähnelt die Vegetation dem Magerrasen, der in der Umgebung verbreitet ist. Auch Bäume (vor allem Birken, Kiefern und Fichten) können sich an solchen weniger extremen Kleinstandorten ansiedeln und die Sukzession zum Walde einleiten, wenn die betreffende Gegend nicht mehr beweidet wird. Ob die geschilderten Stadien vom nackten Gestein bis zum Rasen und Wald als zeitliche Abfolge aufgefaßt werden dürfen oder lediglich ein stabiles räumliches Nebeneinander darstellen, muß fallweise entschieden werden. Oft handelt es sich keineswegs um Sukzessionen, auch wenn es nahezuliegen scheint, das Vegetationsmosaik in diesem Sinne zu deuten.

b *Soziologische Gliederung der Schwermetallfluren*

Ebenso wie die Pflanzengesellschaften auf Salzböden oder anderen extremen Standorten ist die Vegetation der eigentlichen Schwermetallstandorte sehr artenarm. Allerdings gibt es zunehmend artenreiche Zwischenstadien, die zu den benachbarten Rasengesellschaften überleiten, z.B. zum *Xerobrometum* oder *Mesobrometum*. Deshalb wurde die Schwermetallvegetation früher zur Ordnung *Brometalia* oder zumindest zur Klasse *Festuco-Brometea* gestellt. Nach BRAUN-BLANQUET und TÜXEN (1943) bildet sie aber in Europa und Westsibirien eine eigene Klasse, die den Namen *Violetea calaminariae* erhielt. Wie ERNST betont, ist das Galmei-Veilchen leider keine gute Kennart. Am besten wird die europäische Schwermetallvegetation durch Ökotypen der Frühlings-Miere *(Minuartia verna)* und des Aufgeblasenen Leinkrauts *(Silene vulgaris)* charakterisiert.

Sämtliche west- und mitteleuropäischen Phanerogamen-Gesellschaften auf Schwermetallböden gehören außerdem zur Ordnung *Violetalia calaminariae,* die am besten durch das Fehlen südeuropäischer Arten gekennzeichnet werden kann. Allenfalls darf man Ökotypen des Schafschwingels und des Straußgrases *(Festuca ovina* und *Agrostis tenuis)* als Ordnungscharakterarten ansehen. ERNST unterscheidet drei Verbände:

1. alpine Schwermetallvegetation *(Galio anisophylli-Minuartion vernae)* mit Ökotypen von *Galium anisophyllum, Poa alpina* und *Dianthus sylvestris;*
2. westeuropäische, bis ins westliche Mitteleuropa hereinreichende Einheiten *(Thlaspion calaminaris)* mit *Thlaspi alpestre*;
3. in Mitteleuropa verstreute Einheiten *(Armerion halleri)* mit Ökotypen von *Armeria maritima* und ohne *Thlaspi alpestre* (obwohl dessen Areal bis Polen reicht).

Zu den bestuntersuchten Assoziationen gehören die Galmeiveilchenrasen des Rheinlands *(Violetum calaminariae rhenanicum,* im 2. Verband) und der Schwermetall-Grasnelkenrasen *(Armerietum halleri,* im 3. Verband) des Harzes und nördlichen Harzvorlandes. In beiden Gesellschaften kann man Subassoziationen unterscheiden, die auf die Bodenfeuchtigkeit ansprechen. In der letzteren z.B. ist *Cardaminopsis halleri* (die auch auf schwermetallarmen Böden, z.B. in montanen Wiesen vorkommt) nur bei guter Wasserversorgung zu finden, während *Plantago media* und *lanceolata* zusammen mit anderen Trockenrasenpflanzen in niederschlagsarmen Gegenden hervortreten.

Mit den bisher erwähnten Charakterarten sind zugleich fast alle Gefäßpflanzen genannt, die in Mitteleuropa auf Schwermetallstandorten vorkommen. Im Einzelfalle fehlen manche von ihnen, weil sie den betreffenden Wuchsort noch nicht erreicht haben. *Thlaspi alpestre* var. *calaminare* beispielsweise ist noch in jüngster Zeit beim weiteren Vordringen beobachtet worden. Die sonst gelbblühende *Viola calaminaria* wird in Westfalen durch die blaue Subspecies *westfalica* ersetzt. Isolation und Verbreitungszufälle spielten und spielen mithin für die Artenkombination der Schwermetall-Gesellschaften eine sichtliche Rolle.

c *Auswirkungen von Schwermetall-Immissionen auf die Pflanzendecke*

In jüngster Zeit eröffnet die Luftverschmutzung schwermetallresistenten Pflanzen neue Ausbreitungsmöglichkeiten. Längs verkehrsreicher Straßen sowie in den Großstädten nimmt z.B. der Bleigehalt der Rasen zu, weil Gräser und andere krautige Pflanzen das in Kraftfahrzeug-Abgasen enthaltene Pb akkumulieren. Stellenweise wurde bereits die Ansiedlung von *Cardaminopsis halleri* beobachtet. Dieselbe Wiesenpflanze hat sich in der Nähe von Hüttenwerken eingefunden, z.B. bei dem Bleiwerk Nordenham an der Unterweser, und zwar ebenfalls in Kulturwiesen und -weiden der Ordnung *Arrhenatheretalia* (s. Abschnitt D V VI 1a). Auf die meisten Pflanzenarten wirken aber Schwermetallimmissionen ungünstig, zumal sie über die Blätter und aus dem Boden nahezu ungehemmt aufgenommen werden. Drei Jahre nach Inbetriebnahme einer Zinkhütte beispielsweise zeigten sich starke Schäden, die nicht nur durch Zn, sondern auch durch Cu, Pb und Cd verursacht worden waren (ERNST 1973). Nachhaltig geschädigt werden vor allem die zahlreichen Arten, die keine toleranten Rassen auszubilden vermögen. Hierzu gehört z. B. der Rohrkolben *(Typha latifolia)*, der von Mc NAUGHTON und Mitarbeitern (1974) gründlich untersucht wurde.

Relativ tolerante Arten kann man geradezu als „Akkumulatoren" zur Messung von Schwermetall-Immissionen einsetzen. Das Welsche Weidelgras *(Lolium multiflorum)* eignet sich hierfür besonders gut, wenn man es in genormten Kulturgefäßen mit schwermetallfreiem Boden einige Wochen exponiert (SCHÖNBECK 1974). Von Moosen wie *Polytrichum piliferum* und *juniperinum* oder *Ceratodon purpureum* wird Zn, Cu Pb usw. ebenfalls entsprechend dem Grad der Luftverschmutzung angesammelt. Im Gametophyten von *Atrichum undulatum* ist die Akkumulation 2–3 mal stärker als in Gräsern, im Sporophyten dagegen geringer (s. auch LÖTSCHERT, WANDTNER u. HILLER 1975).

Durch Klärschlamm- oder Müllkompost kann der Gehalt des Acker- und Gartenbodens an Cu, Zn, Pb, Cd und Cr je nach Herkunft des Kompostes oft in kurzer Zeit beträchtlich erhöht werden (HOFER u. JÄGGLI 1975). Selbst „umweltgerechte" Düngemittel können also Schäden verursachen und zur Selektion resistenter Pflanzen beitragen. Ackerfrüchte sind gegen Schwermetalle besonders empfindlich, wie sich durch die sogenannte „Okerkrankheit" zeigte. Als man nach dem Bau der Okertalsperre die Wiesen in der nun ackerfähig gewordenen Flußaue umbrach, vergilbten die Rüben und andere Kulturpflanzen sowie die angepflanzten Pappeln und starben teilweise ab, und zwar nur unterhalb der Blei-Kupfer-Zinkoxid-Hütte (HORN 1974). Bei Überschwemmungen der Oker waren die Böden früher im Laufe von Jahrzehnten entsprechend schwermetallreich geworden.

II Zwergstrauchheiden und Triften auf starksauren Böden

1 Allgemeines über die Heiden des Tief- und Berglandes

a Entstehung und Vernichtung der Heiden

Als Heiden bezeichnet man in Nordwestdeutschland baumlose Zwergstrauchbestände auf armen Sandböden, in Süddeutschland dagegen Kalkmagerrasen im Berg- und Hügelland, und im östlichen Mitteleuropa lichte Kiefernwälder der sandigen Ebenen. In allen Fällen handelt es sich um die frühere „Allmende", d. h. das gemeinsame Weideland, das neben freien Flächen auch Waldreste und vom Vieh durchstreifte Wälder umfaßte. „Heide" war also ursprünglich mehr ein Rechts- als ein Landschaftsbegriff und bedeutete etwa das gleiche wie in anderen Ländern „Steppe", „Garigue" oder „Macchia". Durch Aufforstung mit Kiefern sind große Teile der nordwestdeutschen und jütischen Heiden während der letzten hundert Jahre den ostdeutschen Kiefernheiden ähnlich geworden – zur Enttäuschung weit hergereister Besucher, die sich die „Lüneburger Heide" immer noch als ein unermeßliches, im August rosarotes Zwergstrauchmeer vorstellen.

Von Natur aus waldfreie Zwergstrauchheiden gibt es in Mitteleuropa nur stellenweise im nordwestlichen Moor- und Küstengebiet sowie oberhalb der Waldgrenze im Hochgebirge. Die weiten braunen Heideflächen, die noch vor 50 bis 100 Jahren das Landschaftsbild der „Geest", d. h. der armen Sandgegenden, vom nördlichen Belgien über Niedersachsen bis nach Dänemark bestimmten, wurden durch die extensive Weide- und Holzwirtschaft und die mit dem Ackerbau verbundene Streunutzung geschaffen, die wir bereits in Abschnitt A II kennengelernt haben (Abb. 394 und 395, s. besonders TÜXEN 1967 b). GRAEBNERS noch 1901 ausgesprochene Befürchtung, daß die verheideten Böden zu sauer und nährstoffarm sowie durch Ortsteinbildung zu sehr verdichtet seien, um je wieder Wald tragen zu können, ist inzwischen durch die allerorts gelungenen Aufforstungen widerlegt worden.

Viele Zwergstrauchheiden Mitteleuropas sind schon vor Jahrtausenden entstanden. In der Eifel bespielsweise ist *Calluna* seit 3500 v. Chr. pollenanalytisch nachweisbar, und schon um 3000 v. Chr. hatten Heiden eine große Ausdehnung (STRAKA 1973). Der gleichzeitige Anstieg der Getreidepollen-Kurve deutet auf den rasch zunehmenden

Abb. 394. Aufgestapelte, frisch geplaggte Heidestreu im *Genisto-Callunetum typicum* am Wege von Wilsede nach Niederhaverbeck im Jahre 1951, beim letzten Plaggenhieb, der dort stattfand (vgl. Abb. 20).

Abb. 395. Alter Schafstall unter Birken in der Lüneburger Heide bei Wintermoor. *Calluna* meidet den Baumschatten. Sie blüht gut, weil sie immer wieder befressen wird.

menschlichen Einfluß hin. Ein erneutes Maximum der Heideausdehnung zeigte sich im 4. und 5. Jahrhundert n. Chr. Zuvor und hinterher bewaldeten sich offenbar manche Heiden wieder, besonders aber während des 30jährigen Krieges. Auch im küstennahen Flachland schwankte der Grad der Verheidung mehrfach. Vor etwa 150 Jahren hatte er hier einen Höchststand erreicht, der heute kaum noch vorstellbar ist; denn der endgültige Rückgang der Heiden erfolgte in noch kürzerer Zeit.

In welch gewaltigem Ausmaße die Landschaft nahe der Nordsee durch Heide- und Moorkultivierungen seit etwa 1850 verändert worden ist, mag Abb. 396 vor Augen führen. Sogar die wenigen Heidereste, die auf der Karte von 1974 noch verzeichnet sind, wurden inzwischen fast alle in Forsten oder Kulturland verwandelt. Hauptursache dieser raschen Veränderung waren die künstlichen Düngemittel, die bessere Futter- und Stroherntenermöglichten und somit die auf den Heideflächen durch Abplaggen oder Mähen gewonnene Stallstreu überflüssig machten, und die überdies gestatteten, selbst die nährstoffärmsten Heideböden in Kultur zu nehmen. Gleichzeitig sanken die Wollpreise infolge billiger Einfuhren von Übersee und ließen die Heidschnucken-Wirtschaft zusammenbrechen. In der Lüneburger Heide gab es z.B. noch vor hundert Jahren über $^3/_4$ Millionen dieser genügsamen Schafe; um 1900 waren es nur noch knapp $^1/_4$ Million, und um 1950 weniger als 25 000. So wurden die Zwergstrauchheiden, die in den armen Sandbodengegenden bis ins 19. Jahrhundert hinein Grundlage der Vieh- und Ackerwirtschaft und damit Bestandteile der Kulturlandschaft gewesen waren, innerhalb weniger Menschengenerationen zum Ödland. Die Schöpfer der Heide-Schutzgebiete handelten in letzter Minute, als sie einige Reste dieser anthropo-zoogenen Zwergstrauchformationen vor dem Pfluge der Bauern und vor dem Schatten der allenthalben gepflanzten oder sich spontan ansamenden Bäume retteten (s. Abb. 397).

Im mitteleuropäischen Flachland kommen nur drei Standorte in Frage, auf denen der Waldwuchs durch natürliche Faktoren zurückgehalten wird und zugleich Zwergsträu-

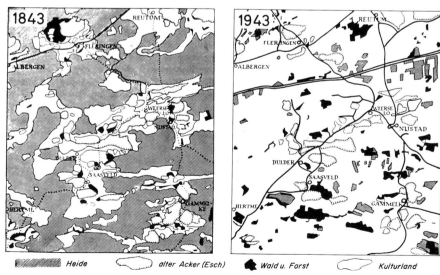

Abb. 396. Rückgang der Heide in den östlichen Niederlanden (bei Amelo, Twente) 1843 bis 1943. Nach Westhoff (1956), aus ELLENBERG (1963). Heute sind auch die letzten Heidereste verschwunden und größere Flächen aufgeforstet.

cher wie *Calluna vulgaris, Erica tetralix* und *Empetrum nigrum* eine verhältnismäßig große Kampfkraft entfalten:
1. entkalkte Flugsanddünen, soweit der Wind deren Bewaldung verhindert (s. Abschnitt 2b),
2. Bulte und Randgehänge der Hochmoore, wie sie im Abschnitt C III besprochen wurden,
3. extrem saure Anmoor- oder Torfböden, auf denen zeitweilig hochanstehendes, sauerstoff-freies Grundwasser keine Bäume hochkommen läßt (Abschnitt 2a).

Nur unter den letztgenannten Bedingungen können eigentliche Heiden entstehen, während die Zwergstrauchbestände auf lebenden Hochmooren von zahlreichen nässeren Dellen unterbrochen werden und Dünenheiden immer nur auf schmale Säume beschränkt bleiben, weil sich trotz häufiger Stürme auch in unmittelbarer Nähe der Küste Wälder zu entwickeln vermögen (s. Abschnitt C V 1 d). Leider wurden die meisten natürlichen Zwergstrauchheiden in der Zeit von etwa 1880 bis 1960 entweder melioriert oder aufgeforstet, so daß es heute schwerfällt, ihre einstige Ausdehnung festzustellen.

Im Hügel- und Bergland waren Zwergstrauchheiden niemals so ausgedehnt wie in den weiten sandigen Ebenen. Doch gab es hier ebenfalls zwergstrauchreiche Gesellschaften. Bis auf wenige Reste sind diese heute verschwunden; sie wurden vor allem mit Fichten aufgeforstet, ebenso wie die Borstgrasheiden (Abschnitt 4a), die auf den

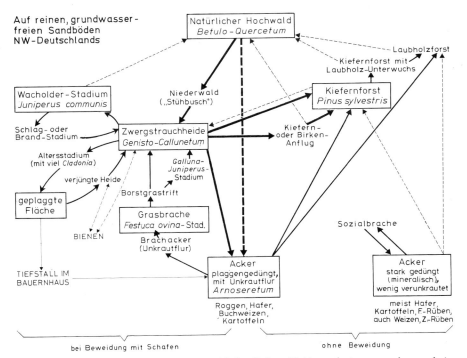

Abb. 397. Vegetations-Sukzessionen im Bereich der *Calluna*-Heiden auf reinen, grundwasserfreien Sandböden Nordwest-Deutschlands; links bei Beweidung mit Schafen, rechts nach Aufhören der Beweidung.

starksauren Böden der montanen Stufe eine größere Rolle spielten als die *Calluna*-Heiden.

Auch die subalpinen *Rhododendron*-Heiden sind großenteils anthropo-zoogen. Wir haben sie bereits im Zusammenhang mit den natürlichen Heiden des Hochgebirges kennengelernt (Abschnitt C VI 4 c).

b   Zur Systematik der Zwergstrauch- und Borstgrasheiden

Die pflanzensoziologische Zuordnung und Gliederung der Heidegesellschaften hat mehrfach gewechselt, ohne daß dadurch die ökologische Gruppierung verändert worden wäre. Die *Calluna*- und *Nardus*-Heiden faßt man heute meist zu einer Klasse der anthropo-zoogenen Heiden zusammen (*Nardo-Callunetea*, s. auch Tab. 98).

Diese hat nur wenige Kennarten, die noch dazu auch in Magerwiesen, Mooren und Wäldern vorkommen, nämlich *Calluna vulgaris, Luzula campestris, Danthonia decumbens* und *Cuscuta epithymum*, allenfalls auch noch *Carex pilulifera* und *Potentilla erecta*. Zahlreiche Arten greifen in die zuvor behandelten bodentrockenen Magerrasen über (Abschnitt D I 1 u. 2), beispielsweise Gräser wie *Agrostis tenuis* und *Briza media*, Compositen wie *Hieracium pilosella, Hypochoeris radicata, Leontodon hispidus, L. saxatilis* und *Scorzonera humilis*. Sowohl ihrer Entstehungsgeschichte als auch ihrem Artengefüge nach bilden also die Klassen *Nardo-Callunetea, Sedo-Scleranthetea* und *Festuco-Brometea* eine Gruppe von verwandten Gesellschaften und stehen nicht selten in unmittelbarem Kontakt zueinander.

Das Bindeglied zu den anspruchsvolleren Rasengesellschaften innerhalb der *Nardo-Callunetea* ist die Ordnung der Borstgrasrasen *(Nardetalia)*, zu deren Charakterarten das namengebende drahtblättrige Gras *Nardus stricta* sowie *Arnica montana* und andere Sauerhumus-Bewohner zählen (s. Tab. 98). Die bereits in Abschnitt C VI 3 c behandelten Borstgrasrasen der Hochgebirge faßt man zum Verband *Nardion* (oder *Eu-Nardion*) zusammen, der sich durch zahlreiche Arten mit subalpinem Schwergewicht auszeichnet. In tieferen Lagen verarmen die Borstgrasrasen, so daß man sie zwar deutlich vom *Nardion* unterscheiden, aber weniger gut positiv charakterisieren kann. Der Name *Violion caninae* für den sie umfassenden Verband ist daher eine Notlösung, zumal das Hundsveilchen diesem nicht sehr treu ist wie *Nardus* hier ebenso treu ist wie im „*Nardion*". Um Mißverständnisse auszuschließen, wären daher Bezeichnungen wie „*Violo-Nardion*" und „*Diphasio-Nardion*" (nach *Diphasium alpinum*) empfehlenswert.

Während die meisten Borstgrasrasen relativ artenreich sind, gehört die Ordnung der bodensauren Zwergstrauchheiden *(Calluno-Ulicetalia)* zu den an Phanerogamen ärmsten Gesellschaftsgruppen, jedenfalls in Mitteleuropa. Ihr Name erinnert daran, daß das Verbreitungs-Schwergewicht der acidophilen Zwergstrauchheiden im atlantischen Nordwesteuropa liegt. Von den *Nardetalia*-Gesellschaften sind sie lediglich durch das Fehlen der für diese charakteristischen Arten unterschieden. Innerhalb der *Calluno-Ulicetalia* gibt es drei Verbände, die für uns von Bedeutung sind:

1. <u>Ginster-Heidestrauchheiden</u> *(Genisto-Callunion)* als weitest verbreitete Gruppe,
2. <u>Besenginsterheiden</u> *(Cytision scoparii)* im Hügel- und Bergland des westlichen Mitteleuropa,
3. <u>Krähenbeerheiden</u> *(Empetrion boreale)*, die aus ihrem skandinavischen Kernraum nach Mitteleuropa hereinstrahlen.

Zu dem an letzter Stelle genannten Verband gehören einige Heiden, die man als natürlich ansprechen darf. Alle übrigen Gesellschaften der Klasse *Nardo-Callunetea* sind vom Menschen mitgeschaffene und erhaltene Gebilde. Überwiegend von Natur aus waldfreie Zwergstrauchheiden umfaßt dagegen die Ordnung der <u>Sumpfheiden</u> oder Torfmoos-Glockenheiden *(Erico-Sphagnetalia)*, die mit den Hochmooren *(Sphagnetalia)* zusammen eine Klasse der Heidemoore und Sumpfheiden *(Oxycocco-Sphagnetea)* darstellen. Diese haben wir bereits in Abschnitt C III ausführlich besprochen, mit Ausnahme der Sumpfheiden, von denen in Abschnitt 2 a die Rede sein wird.

Um den systematischen Überblick zu vervollständigen, sei lediglich in Erinnerung gebracht, daß die <u>Alpenrosenheiden</u> zum Unterverband *Rhododendro-Vaccinion* gestellt, d.h. an die bodensauren Nadelwälder (*Vaccinio-Piceion*, Klasse *Vaccinio-Piceetea*) angeschlossen werden.

Beispiele für die floristische Gliederung der *Calluna-* und *Empetrum*-Heiden im nördlichen Flachland faßt Tab. 98 zusammen. In Schleswig-Holstein waren diese Gesellschaften einst in charakteristischer Weise verteilt (Abb. 402). Bald wird man freilich kaum noch Reste von ihnen finden, weil es nach Aufhören der extensiven Viehwirtschaft kaum noch möglich ist, sie unverändert zu erhalten.

2 Von Natur aus baumarme Zwergstrauchheiden im Nordwesten

a Glockenheide-Sumpfheiden in Meeresnähe

Zweifelsfrei natürliche Zwergstrauchheiden findet man in verschwindenden Resten auf nassen Sandböden des küstennahen Flachlandes, oft in Kontakt mit den dort einst verbreiteten Hochmooren. In solchen oligotrophen Sumpfheiden herrscht die Glockenheide *(Erica tetralix,* Abb. 398) zusammen mit weiteren atlantischen oder subatlantischen Arten, z. B. der Sparrigen Binse *(Juncus squarrosus),* der Ährenlilie *(Narthecium ossifragum)* und der Rasensimse *(Trichophorum germanicum).* Charakeristisch für sie sind außerdem *Sphagnum*-Arten, die nicht zu den Hochmoorbildnern gehören, insbesondere *Sph. compactum* und *Sph. molle,* auf das DIERSSEN (1972) hinwies.

Abb. 398. Glockenheide-Anmoor *(Ericetum tetralicis typicum)* in einem Dünental auf der Insel Sylt. Phot. LÜDI.

Wesentliche Standortsbedingungen für das *Ericetum tetralicis* sind sommerkühles und wintermildes Klima, hochanstehendes, stagnierendes Grundwasser und niedrige pH-Werte (um 4 und darunter). Zumindest die nassen Ausbildungen dieser Heidegesellschaft sind baumfeindlich. MENKE (1963) konnte nachweisen, daß ihre Ausbreitung in der späten Wärmezeit begann, und zwar oft auf Kosten von Bruchwäldern. Andere *Erica*-Heiden entstanden auf vernäßten Sandböden und gaben Anlaß zur Bildung von Torfpodsolen. „Für eine menschlich bedingte Entstehung liegen" (nach MENKE) „keine Anhaltspunkte vor." Damit ist eine bei der Erstauflage dieses Buches noch offene ökologische Frage vegetationsgeschichtlich beantwortet.

Allerdings gilt diese Feststellung nur für die typische Glockenheide-Gesellschaft *(Ericetum tetralicis typicum,* Abb. 399) und für noch bodennassere Subassoziationen, namentlich für die Torfmoos-Glockenheide *(E.-t. sphagnetosum),* die sich durch

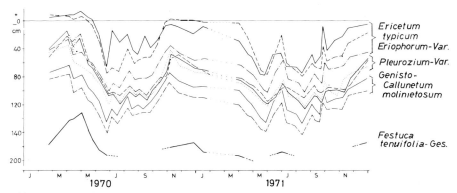

Abb. 399. Grundwasser-Jahresgänge unter *Erica*-Heiden, *Calluna*-Heiden und Sandtrockenrasen (*Festuca*-Ges.) am Südrand des Wümmetals. Nach LACHE (1974), verändert.
Unter der *Eriophorum*-Variante der *Erica*-Heide steht das Grundwasser vom November bis in den Juni hinein nahe oder über der Bodenoberfläche. Eine so häufige und lang dauernde Vernässung schließt Baumwuchs aus. Die Standorte der übrigen *Erica*-Heiden (*Pleurozium*-Variante) sind dagegen waldfähig. Ein Teil des *Ericetum* muß also als anthropo-zoogen gelten.

Sphagnum papillosum, *Andromeda polifolia* und reichlicheres Auftreten von *Narthecium* auszeichnet. Flechtenreiche *Erica*-Heiden leiten dagegen zu den *Calluna*-Heiden über und sind wie diese aus Wäldern hervorgegangen. Durch zeitweiliges Austrocknen der Bodenoberfläche werden genügsame Strauchflechten begünstigt, z.B. *Cladonia uncialis*, *C. gracilis* var. *chordalis* und *C. squamosa*.

Die Glockenheide wird vom Vieh gemieden und war daher bei den Schäfern wenig beliebt. Wegen des von ihr gebildeten torfähnlichen Auflagehumus wurde sie jedoch als Lieferant von Stallstreu geschätzt und in Abständen von etwa 10–20 Jahren „abgeplaggt" (s. Abb. 400). Auf dem entblößten Sumpfboden konnte sich eine Schnabelried-Gesellschaft (*Rhynchosporetum*) ansiedeln, in der außer der namengebenden Art (*Rhynchospora alba*) auch andere Vertreter der Hochmoorschlenken vorübergehend genügend Licht fanden, z.B. *Lycopodiella inundata* und die Alge *Zygogonium ericetorum*, die den Boden mit einer zähen, bei Trockenheit aufreißenden Haut überzieht. Heute ist die wiederholte Abfolge vom *Rhynchosporetum* zum *Ericetum* nirgends mehr zu beobachten, wenn auch die zahlreichen Moosarten und andere Kryptogamen, die in den einzelnen Phasen dieser Sukzession dominierten, noch hier und dort ein kümmerliches Dasein fristen.

Der *Ericetum*-Humus gelangte über den Viehstall als Dünger auf die armen Sandäkker der Heidegegenden. Er wird nicht unwesentlich zu deren Nährstoff-Versorgung

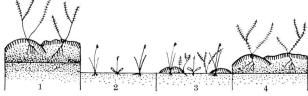

Abb. 400. Entwicklungsphasen der *Erica*-Sumpfheide bei dem früher üblichen Plaggenhieb. Nach VANDEN BERGHEN (1952).
1 = *Ericetum* vor dem Plaggen, 2 = *Rhynchosporetum* auf entblößtem Boden, 3 = Übergangsphase, 4 = *Ericetum*, das nach etwa 10 Jahren wieder typisch ausgebildet ist.

beigetragen haben, denn LACHE (1974) fand überraschend, daß die Böden der *Erica*-Heiden mehr Mineralstickstoff produzieren als die der *Calluna*-Heiden (s. Tab. 99). Eine fast zehnjährige Stickstoffdüngung wirkte sich nach SOUGNEZ (1965) auf die Artenkombination einer *Molinia-Erica*-Heide auf dem Hohen Venn kaum aus. Lediglich Mengen-Verschiebungen traten ein, indem *Molinia* und andere Gräser gefördert wurden und die Sphagnen fast verschwanden. LOACH (1966) stellte dagegen einen beachtlichen Phosphormangel in den Böden englischer *Erica*-Heiden fest, ähnlich wie in Hochmooren und oligotrophen Gewässern. Es ist nicht ausgeschlossen, daß dies der entscheidende Faktor für die Baumfeindlichkeit der Ericeten ist.

Der zeitweise hohe Grundwasserstand scheidet von vornherein als begrenzender Faktor aus, weil er in Birken- und Erlenbruchwäldern keineswegs niedriger ist. Wahrscheinlich sind Faktoren im Spiel, die mit dem Stagnieren des Grundwassers zusammenhängen, das bereits als wesentlicher Standortsfaktor genannt wurde. Sauerstoffmangel herrscht in allen humosen Naßböden (s. Anschnitt B V 2 d), kann also ebenfalls nicht dafür verantwortlich gemacht werden, daß Moorbirken oder andere Sumpfbäume im *Ericetum* fehlen. Doch könnte die Kohlendioxid-Konzentration im Grundwasser von Bedeutung sein, auf die WEBSTER (1962) aufmerksam machte, und zwar bei Experimenten mit dem Pfeifengras *(Molinia caerulea)*, einem häufigen Begleiter der Birkenbruchwälder, der in nassen *Erica*-Heiden weniger kräftig gedeiht. Dies Gras wuchs bei stagnierendem Grundwasser schlecht, bei fließendem (unter sonst gleichen Bedingungen) dagegen sehr gut. Das stagnierende Wasser enthielt 0,7 g CO_2 pro Liter,

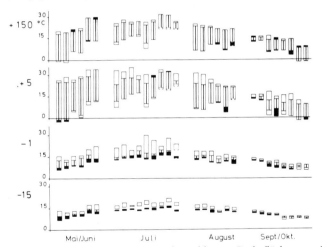

Abb. 401. Vergleich der Extremtemperaturen in benachbarten Probeflächen von Besenheiden und von Krähenbeerheiden an verschiedenen Meßtagen während der Vegetationsperiode im nordwestlichen Mitteleuropa. Nach LACHE (1974), etwas verändert.
Jeder Block bezieht sich auf einen Meßtag und gibt die maximale und minimale Temperatur an, die in der jeweiligen Meßhöhe in der Luft bzw. im Boden festgestellt wurde. Der durch eine Mittellinie gekennzeichnete Bereich des Blocks ist beiden Heidegesellschaften gemeinsam. Der weiß gelassene Abschnitt bezieht sich nur auf die *Calluna*-Heide, der schwarz ausgefüllte nur auf die *Empetrum*-Heide. Mit einem Blick wird dadurch klar, daß der Boden unter *Empetrum*-Heide meistens kühler ist als der unter *Calluna*-Heide.
Oberirdisch unterscheiden sich die beiden Heidegesellschaften weniger deutlich. Für 5 cm und sogar für 150 cm über dem Boden gehen die weißen Blockabschnitte im Sommer häufig über den mit Strich versehenen hinaus; demnach liegen in der *Calluna*-Heide die Temperatur-Maxima höher und die Minima tiefer als in der *Empetrum*-Heide. Bei niedrigem Sonnenstand im Herbst und Frühjahr ist es in den *Empetrum*-Beständen öfters ein wenig kühler, weil die Probeflächen etwas nach Norden oder Osten exponiert sind, während die *Calluna*-Probeflächen größtenteils horizontal liegen.

Tab. 98. Calluna-Heiden an den Küsten und im Innern von Schleswig-Holstein und Jütland.
Nach Angaben von Raabe (1964)

Artengruppen Gesellschaft Nr.:	Binnenheiden 1	2	3	4	5	6	Küstenh. 7	8	9	Zeiger T	K	R
Heide-Artengrundstock:												
K Calluna vulgaris	5	5	5	5	5	5	5	5	5	X	3	1
Dicranum scoparium (M)	3	3	3	3	3	2	5	5	4	–	–	1
Pleurozium schreberi (M)	5	4	4	5	4	5	3	3	3	–	–	1
Hypnum cupressiforme (M)	1	2	2	4	4	3	2	4	3	–	–	X
S Carex arenaria	2	2	5	5	3	2	5	5	5	X	2	2
Campanula rotundifolia	3	2	2	2	2	2	3	1	3	X	X	X
S Hypochoeris radicata	4	2	3	2	2	2	2	3	3	5	3	4
Hieracium umbellatum	1	2	3	1	4	2	3	4	3	X	X	4
Agrostis tenuis	5	3	3	2	1	1	2	2	4	X	3	3
K Luzula campestris	2	2	2	1	1	1	3	3	3	X	3	3
Arten der Binnenheiden:												
Avenella flexuosa	5	5	5	5	4	5	3	1	2	5	4	2
V$_C$ Genista pilosa	3	2	3	3	3	2		1		5	1	4
V$_C$ G. anglica	5	3	4	4	4	2		2	2	4	2	3
K Carex pilulifera	2	3	3	1	2	2	1			4	2	3
Molinia caerulea	1	3	1	2	4	2		1		X	3	X
N Nardus stricta	1	1	2	2	3	1	1	1	1	X	3	2
Quercus robur (jung)	4	3	3	2	1	2				6	X	X
Agrostis canina	3	1	2	1	2	1		1		X	5	3
Sorbus aucuparia		2	2	1	1	2				X	X	4
V$_S$ Cytisus scoparius	1	2	2	1	1			1	1	5	2	3
Arten der „Wärmeheiden":												
S Spergula morisonii	5	1								5	4	X
S Pulsatilla pratensis	3									6	5	7
Carex ericetorum	3	1				1				5	7	X
S Artemisia campestris	2									6	5	5
Vicia cassubica	2									7	4	5
„Südöstliche" Arten:												
Betula pendula	4	2		1		1	1			X	X	X
Rubus fruticosus	2	2	1	1			1			X	X	X
Hypericum perforatum	3	1	1		1					X	5	X
Pinus sylvestris	3	2	2	1		1				X	7	X
„Nordwestliche" Arten:												
N Arnica montana			1	1	4	3	1			4	4	3
Scorzonera humilis		1	1	1	3	2		1	1	6	5	5
Succisa pratensis			1	1	3	1				5	3	X
Nördliche Waldarten:												
Populus tremula	1	1	1	1	2	2				5	5	X
Trientalis europaea			1	1		4				X	7	3
Vaccinium myrtillus	1	1	1	1	1	3				X	5	X
Solidago virgaurea	2	1	1	1	2	3				X	X	X
Jütische Heidearten:												
Vaccinium vitis-idaea		1				4	1			X	5	2
Arctostaphylos uva-ursi		1		1	2	3				3	5	X
Juniperus communis					1	3				X	X	X
Arten der Krähenbeer-Heiden:												
V$_e$ Empetrum nigrum		1	2	5	5	5		5	5	X	3	X
Salix repens			2	2	2	2	1	2	3	5	X	X
Arten der Küstenheiden:												
A Ammophila arenaria[1])	1		3	2	1		2	4	5	6	3	7
S Jasione montana	3	1	3	1	1		1	3	3	5	3	5
Lotus corniculatus	1	1	1	1	1	1	1	3	2	X	3	7
S Festuca rubra arenaria				1	1		1	3	3	X	5	7
Galium verum						1	2	2	3	5	X	7

[1]) z.T. angepflanzt

das fließende nur 0,42 g, also wesentlich weniger, während der O_2-Gehalt in beiden Fällen gleich Null war. Zu den in höherer Konzentration giftigen Stoffen gehört außerdem der Schwefelwasserstoff. Er reichert sich im stagnierenden Wasser des *Ericetum*-Bodens so stark an, daß ein frisch gegrabenes Loch nach „faulen Eiern" riecht. Ob die hohen CO_2- und H_2S-Konzentrationen einzeln oder zusammen bei den im *Ericetum* gegebenen Grundwasserständen baumfeindlich wirken, müßte aber noch experimentell geprüft werden.

In ihrer Stoffproduktion gleichen die *Erica*-Heiden den *Calluna*-Heiden weitgehend, wenn man die Ergebnisse von TYLER u. Mitarb. (1973) aus Südschweden verallgemeinern darf. Sie produzierten dort 3,0 bzw. 3,1 t/ha Trockenmasse im Jahr. Auch ihre Gesamt-Biomasse war annähernd gleich, und zwar 15,4 bzw. 16,3 t/ha; nur das Verhältnis von oberirdischer zu unterirdischer Biomasse war verschieden, nämlich 9,2 : 6,2 bzw. 6,3 : 10.

Die einst recht ausgedehnten *Erica*-Heiden der nordwestlichen Geest sind größenteils entwässert und in Grünlandnutzung genommen worden. Nur in den nassen Tälern einiger Dünenlandschaften kann man sie heute noch recht gut studieren, beispielsweise in den Niederlanden (SMIDT 1966, ZONNEVELD 1965 u.a.), in Niedersachsen (TÜXEN 1967b, LACHE 1974 u.a.) und in Schleswig-Holstein (RAABE 1964 u.a.). Selbst im südlichen Schweden fand MALMER (1965) noch *Ericetum* und *Rhyn-*

Erläuterungen zu Tab. 98

mittlere Zeigerwerte:	mT	mK	mR
Binnenheiden			
1. „Wärmeheiden" im sö. Holstein	5,1	3,5	3,1
2. Typische Heiden in Holstein	4,8	3,4	2,7
3. Heiden auf Binnendünen in Holstein	5,0	3,1	3,0
4. „ „ „ „ Schleswig	4,9	2,9	2,8
5. *Arnica*-Heiden in Schleswig	4,7	3,2	2,9
6. Typische Heiden in Jütland	4,7	3,9	2,6
Küstenheiden			
7. an der Ostsee in Schleswig-Holstein	5,1	3,0	3,1
8. „ „ Nordsee „ „ „	5,1	3,0	3,6
9. in Süd-Jütland	5,0	3,0	3,6

Die Küstenheiden enthalten relativ viele Arten mit ozeanischer Verbreitungstendenz (mK 3,0) sowie etwas höheren Ansprüchen an die Wärme (mT 5,0–5,1) und an die Basenversorgung (mR 3,1–3,6).

Von den Binnenheiden stehen ihnen im Hinblick auf Temperatur und Bodenreaktion die „Wärmeheiden" im südöstlichen Holstein am nächsten; doch gedeihen hier stärker kontinental verbreitete Arten (mK 3,5). Auch in den jütischen Heiden ist das der Fall, deren Temperaturzahlen aber wie bei den anderen Binnenheiden meist unter 5 bleiben. Die „typischen" Heiden sowohl Holsteins als auch Jütlands zeichnen sich durch extrem säureertragende Arten aus, so daß ihre mittleren Reaktionszahlen am niedrigsten sind (2,7 bzw. 2,6).

Neben diesen Unterschieden kommt in den mittleren Zeigerwerten zum Ausdruck, daß die *Calluna*-Heiden nicht nur floristisch, sondern auch ökologisch vieles miteinander verbindet. (Erläuterungen der Berechnungsweise in Tab. 12)

Einige Arten, die in keiner Einheit stet oder häufig auftreten, wurden weggelassen. Flechten fehlen in der Zusammenstellung von Raabe (1964).

K	= Charakterarten der Klasse bodensaurer Heiden *(Nardo-Callunetea)*,
N	= der Ordnung der Borstgrasrasen *(Nardetalia)*,
V_c, V_e, V_s	= der Ordnung der Ginster-*Calluna*-Heiden *(Calluno-Ulicetalia)*,
V_c	= des Verbandes der Ginster-*Calluna*-Heiden *(Calluno-Genistion)*,
V_s	= des Verbandes der Besenginster-Heiden *(Cytision scoparii)*,
V_e	= des Verbandes der Krähenbeer-Heiden *(Empetrion boreale)*,
S	= der Klasse der Sand-Trockenrasen *(Sedo-Scleranthetea)*, die in die Heide übergreifen,
A	= der Klasse der Strandhaferdünen *(Ammophiletea)*.

chosporetum, neben anderen mitteleuropäischen Heidegesellschaften, in guter Ausbildung. Die besten Beispiele trifft man auf manchen Nordseeinseln, wo sich die *Erica-*Sumpfheiden mit den Krähenbeer-Dünenheiden verzahnen, z.B. auf Sylt. An der Ostseeküste klingen die *Erica-*Heiden nach Osten hin aus, obwohl die Glockenheide selbst noch bis an die Kurische Nehrung vorstößt (WOJTERSKI 1964). Auf den weit nach Nordwesten vorgeschobenen Mittelgebirgen, namentlich auf dem Hohen Venn, dringen Ericeten bis in die montane Stufe vor (SCHWICKERATH 1944, SOUGNEZ 1965 u.a.); auch dort blieben sie teilweise von der Entwässerung verschont.

b *Windharte Krähenbeerheiden an der Nordseeküste*

Auf alten Dünen und in Tälern der nord- und ostfriesischen Inseln sowie stellenweise auf der Geest, z.B. südlich von Cuxhaven, kommen windharte Heidegesellschaften vor, die nach TÜXEN (1956b) zu dem in Nordeuropa verbreiteten Verband der Krähenbeerheiden *(Empetrion boreale)* gehören. Insbesondere die auf den Inseldünen wachsende, Trockenheit ertragende Untergesellschaft der Kriechweiden-Krähenbeerheide *(Salici repentis-Empetretum,* Abb. 301) gilt als natürliche Zwergstrauchheide, weil in

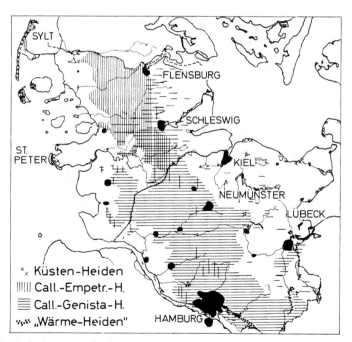

Abb. 402. Verbreitung verschiedener Gruppen von Heidegesellschaften in Schleswig Holstein. Nach RAABE (1964), etwas verändert.

Die Signaturen deuten nur auf die Möglichkeit des Vorkommens, nicht auf heutige flächenhafte Verbreitung hin. Nahezu alle Zwergstrauchheiden sind auch in Schleswig-Holstein aufgeforstet oder kultiviert worden. Bodensaure Heidegesellschaften fehlen den Küstenmarschen im Westen sowie der Jungmoränen-Landschaft im Osten, mit Ausnahme sandiger Flächen.

Die Heiden auf den Küstendünen sind reich an *Empetrum nigrum* und an Dünengräsern (s. Tab. 98). Die Binnenheiden ähneln im nördlichen Schleswig-Holstein bereits den jütischen und skandinavischen Heiden und enthalten ebenfalls viel *Empetrum*. Weiter im Süden sind die Heidegesellschaften durch *Genista anglica* und *pilosa* charakterisiert, ähnlich wie in der Lüneburger Heide. Durch das relativ kontinentale Klima im Südosten Holsteins werden an Sonnhängen Heiden mit wärmeliebenden und anderen anspruchsvollen Arten begünstigt.

ihr Waldpioniere wegen des heftigen Windes schlecht aufkommen. Hier und dort fassen aber Arten des Birken-Stieleichenwaldes Fuß, vor allem die Vogelbeere *(Sorbus aucuparia),* und es ist durchaus möglich, daß ein Teil dieser Heiden ebenfalls erst durch den Menschen und seine Weidetiere geschaffen und waldfrei gehalten wurde.

Die *Empetrum*-Heiden im nördlichen Mitteleuropa enthalten fast alle Arten der *Calluna*-Heiden, außerdem aber noch manche Relikte der Dünenrasen, aus denen sie gewöhnlich hervorgehen. Stets herrscht die Krähenbeere vor, die sich im Gegensatz zu *Calluna* durch einen auch im Alter niedrig bleibenden Wuchs auszeichnet und deshalb durch heftigen Wind weniger geschädigt wird. Außerdem erträgt sie es verhältnismäßig gut, vom Flugsand teilweise überschüttet zu werden, weil sie darin rasch Wurzeln schlägt und weiter emporwächst. In dieser Hinsicht wird sie von *Salix repens* noch übertroffen, die auch in anderen Gesellschaften der Küstendünen gut gedeiht. *Carex arenaria,* ein leistungsfähiger Pionier auf entkalkten Flugsanden, ist in vielen Krähenbeerheiden ebenfalls vertreten.

Neben der schon erwähnten trockenen Subassoziation kann eine feuchte unterschieden werden, die auf die Dünentäler beschränkt ist. Der Oberboden wird unter den Krähenbeerheiden im Gegensatz zu den trockenen *Calluna*-Heiden des Binnenlandes kaum podsoliert und enthält nie Ortstein. Die größere Luftfeuchtigkeit der küstennahen Standorte kommt darin zum Ausdruck, daß Moose (besonders *Hypnum cupressiforme* var. *ericetorum* und *Pleurozium schreberi*) häufiger sind als Strauchflechten, die den *Calluna*-Heiden ihr dürftigeres Gepräge geben.

Weiter im Binnenlande kommt die Krähenbeere zwar noch vor, insbesondere auf Dünen. Sie wird hier aber meist von *Calluna* überwachsen und unterdrückt. Bezeichnenderweise findet man im Wilseder Naturschutzgebiet einzelne in rascher Ausbrei-

Tab. 99. Jährliches Mineralstickstoff-Angebot auf Binnendünen und in Zwergstrauchheiden Niedersachsens. Nach Angaben von Lache (1974), aus Ellenberg (1977); vgl. Tab. 19 und 25

Pflanzengesellschaften und Böden	Netto-Mineralisation (kgN/ha/J.)	Nitrifikationsgrad
1. Magerrasen auf Binnendünen, kalkarm		
a Silbergrasfluren, ± lückig		
Pionierstadium auf Flugsand (*Corynephoretum typicum*)	14 – 21	IV
Ruhestadium mit Flechten (*Corynephoretum cladonietosum*)	13 – 19	I
b Schafschwingelrasen, relativ dicht geschlossen		
Festuca tenuifolia-Rasen auf unbewegtem, trockenen Sand	12 – 19	III
2. Anthropogene Zwergstrauchheiden auf Podsolböden		
Sandheide (*Genisto-Callunetum typicum*), relativ trocken	5 – 17[1])	I
Krähenbeerheide (*Genisto-Callunetum empetretosum*), schattig	11 – 19	I
Feuchte Sandheide (*Genisto-Callunetum molinietosum*), grundwassernah, auf Gleypodsol	21 – 31	I
3. ± natürliche Zwergstrauchheiden auf saurem Anmoor		
Moosreiche Erica-Heide (*Ericetum tetralicis, Pleurozium*-Var.)	21 – 30	III
Wollgras-Erica-Heide (*Ericetum tetralicis, Eriophorum*-Var.) sehr naß, zeitweilig von Wasser überstaut, Muldenlage	29 – 49[2])	I

[1]) Durch jahrhundertelange Streunutzung („Plaggenhieb") und Beweidung besonders stark an Nährstoffen verarmt.
[2]) Niemals streugenutzt. Erhält mit Regen- und Schneeschmelzwasser gelegentliche Nährstoffzufuhr.

tung begriffene *Empetrum*-Horste dort, wo der Heidekäfer große Flächen der *Calluna*-Heiden zum Absterben gebracht hat, also vorübergehend keine Konkurrenz vorhanden ist. Die Samen dieser Krähenbeeren wurden vermutlich durch Vögel (endozoochor!) von der Küste herangetragen. Im Bereich gesunder *Calluna*-Heiden wächst *Empetrum*, wenn überhaupt, nur an Schatthängen oder im Halbschatten von Waldrändern, d. h. an mikroklimatisch relativ kühlen Plätzen, und bildet hier lediglich eine Subassoziation des *Genisto-Callunetum (empetretosum)*.

Wie LACHE (1974, Abb. 401) durch vergleichende Meßreihen nachwies, sind die Bodentemperaturen unter der Krähenbeer-Heide durchschnittlich um 1–3° C niedriger als unter benachbarten *Calluna*-Heiden. Der „nordische" Charakter dieser Gesellschaft kommt also selbst auf kleinem Raume deutlich zum Ausdruck. Da *Empetrum*-Bestände in der Regel offener und niedriger sind als *Calluna*-Bestände, können allerdings im Bereich der Blätter beider Zwergsträucher etwa gleichhohe Temperatur-Maxima auftreten. Im Winter genießt die Krähenbeere besseren und länger dauernden Schneeschutz. Ihr planarer Standort gleicht mithin in mancher Hinsicht auch dem der subalpinen und alpinen Zwergstrauchheiden.

Die Krähenbeerheiden der Mittel- und Hochgebirge Mitteleuropas haben jedoch nur wenige Beziehungen zu den Dünenheiden der Küsten, zumal sie nicht von *Empetrum nigrum*, sondern von der nahe verwandten Kleinart *E. hermaphroditum* beherrscht werden (s. Abschnitt C VI 4 b).

3 Wirtschaftsbedingte Heiden des Flachlandes

a Trockene Sandheiden und ihre Böden

Für die Entstehung und Erhaltung der *Calluna*-Heiden sind Holzschlag, Brand und Verbiß notwendige, aber keine hinreichenden Bedingungen. Die gleichen Einflüsse führten unter weniger ozeanischem Klima und auf nährstoffreicheren Böden nicht zur Bildung von Zwergstrauchheiden, sondern von verschiedenen Rasengesellschaften. Wie die anmoorigen *Erica*-Heiden sind auch die *Calluna*-Heiden nur auf sehr sauren, zur Rohhumusbildung neigenden und durch Streunutzung verarmten Böden und nur in relativ wintermildem und feuchtem Klima zu finden. Längere Trockenperioden übersteht *Calluna* schlecht, wenn sie auch durchaus in der Lage ist, ihre Wasserabgabe einzuschränken.

STOCKER (1923) kam nach sorgfältigen Messungen der Wasserabgabe eingetopfter, aber in ihre natürliche Umgebung gestellter Pflanzen zu dem eindeutigen Ergebnis, „daß die sommergrünen Moor- und Heidepflanzen ..., auf gleiches Wurzelwerk bezogen, durchschnittlich gleich stark transpirieren wie die Pflanzen anderer Standorte, ausgenommen die sehr schwach transpirierenden Sukkulenten, während *Erica*, *Empetrum* und noch mehr *Calluna* eine etwa doppelt bis 3mal so große Transpiration aufweisen." Doch vermag insbesondere *Calluna* ihre Wasserabgabe erheblich einzuschränken, wenn ihr Wurzelboden vorübergehend trocken wird. Die von LÖTSCHERT (1962) in der Wilseder Heide gemessenen mikroklimatischen Unterschiede der Sonn- und Schatthanglagen wirken sich stark auf den Wasserhaushalt von *Calluna* aus. Ihre Transpirations-Regulierung funktioniert so gut, daß BREITSPRECHER (1935) oftmals Schwankungen bis zu 100% innerhalb kurzer Zeiträume feststellen mußte. Sie reagiert also auf die z. B. von LACHE 1974 gemessenen, an Sonnentagen sehr erheblichen Schwankungen der Temperatur und des Sättigungsdefizites der Luft in zweckmäßiger Weise. LEMÉE (1946) kam für Heiden im Elsaß zu entsprechenden Ergebnissen (s. Tab. 100). Bezogen auf das Frischgewicht der beblätterten Sprosse ist die Transpiration von

Calluna etwas geringer als diejenige mancher anderer Pflanzen, weil ihr Stengel verholzt ist und ihre Blätter sehr dickwandige Zellen haben. Immerhin zeigt aber Tab. 100, daß sie nicht wesentlich von den übrigen Arten abweicht, und daß ihre Wasserabgabe bei guter Wasserversorgung beträchtlich sein kann.

Tab. 100. Transpirations-Summen von Heidepflanzen an schönen Sommertagen von Juli bis September im Elsaß. Nach Lemée (1946)

Calluna vulgaris	sonnig, trockener Boden	0,4 4,1	g/g Frischgewicht
	sonnig, feuchter Boden	2,3 -------- 4,5	
	beschattet	1,0–1,5	
Genista pilosa	sonnig, trockener Boden	1,1 7,3	
	beschattet	1,8 ——— 3,7	
Teucrium scorodonia	sonnig, trockener Boden	3,8 7,3	
	beschattet	1,8 ——— 4,0	
Pinus sylvestris	sonnig, trockener Boden	1,7 3,9	
Oxalis acetosella	beschattet	0,9–1,3	

Wie die meisten Zwergstrauchheiden sind die anthropo-zoogenen *Calluna*-Heiden des nordwestlichen Flachlandes ziemlich artenarme Gesellschaften. In der typischen Sandheide (*Genisto-Callunetum typicum*, Abb. 394 und 395) kommen außer *Calluna* nur noch wenige Phanerogamen vor, und keine davon kann als gute Charakterart gelten. Der von Tüxen (1937) gewählte wissenschaftliche Name „*Calluno-Genistetum*" führt insofern irre, als die beiden atlantischen Ginsterarten *Genista anglica* und *G. pilosa* nur ausnahmsweise einmal in der typischen Ausbildung dieser Gesellschaft anzutreffen sind und sich nur in den besser ernährten Subassoziationen derselben häufiger finden. In der typischen Sandheide sind einige niedrige Horstgräser wie *Festuca ovina*, *Avenella flexuosa* und *Danthonia decumbens* die einzigen öfters vertretenen phanerogamen Begleiter von *Calluna*.

Unter diesem kleinblättrigen Zwergstrauch ist der Humusboden mehr oder minder dicht mit Kryptogamen bedeckt. An lichteren Stellen herrschen Strauchflechten, vor allem stark verzweigte graue Formen wie *Cladonia impexa*, *mitis* und *sylvatica*. Daneben kommen weniger verzweigte Arten vor, z.B. *Cladonia uncialis*, *gracilis*, *squamosa* oder *glauca*. Solche mit becherförmigen Apothecien, z.B. *Cladonia chlorophaea*, sind seltener; die braune Strauchflechte *Cetraria aculeata* findet sich höchstens vereinzelt und nur an sehr wasserarmen Kleinstandorten. Moose spielen in den *Calluna*-Heiden auf relativ trockenen Sanden nur eine geringe Rolle. Am häufigsten ist das auch in bodensauren Wäldern verbreitete Rotstengel-Astmoos *(Pleurozium schreberi)*. Außer diesem verdienen nur *Dicranum scoparium*, *Hypnum cupressiforme* var. *ericetorum*, *Ceratodon purpureum* und *Polytrichum juniperinum* genannt zu werden. Auch das Lebermoos *Ptilidium ciliare* var. *ericetorum*, das als Charakterart gilt, ist verhältnismäßig selten.

Eine Liste von höheren Pilzen, die in den *Calluna*-Heiden Belgiens vorkommen und mehr oder minder kennzeichnend für sie sind, hat Heinemann (1956) zusammengestellt. Sie ist umfangreich, aber doch weniger umfassend als diejenige der Waldgesellschaften, aus denen diese Heiden hervorgingen. Wie bei den höheren Pflanzen und Moosen nimmt also auch bei den Pilzen die Zahl der Arten ab, und zwar durch Degradation des Waldes extreme Standortsbedingungen geschaffen werden. Einige höhere Pilze sehen Pirk und Tüxen (1957) als mutmaßliche Charakterarten des *Genisto-Callunetum* oder der diesem übergeordneten Einheiten an, namentlich die ziemlich stetig auftretenden:

Polystictus perennis   *Cortinarius mucosus*
Clavaria argillacea   *Rhyzopogon virens*
Boletus variegatus

Auch einzelne Kennarten des *Quercion robori-petraeae*, der auf dem Standort der Sandheide von Natur aus herrschenden Waldgesellschaft, findet man zuweilen unter den Pilzen, z.B.

Amanita muscaria   *Boletus scaber*
Lactarius rufus   *Paxillus involutus* u.a.

Wie PIRK und TÜXEN betonen, ist die soziologische Eigenart der *Calluna*-Heiden am stärksten in beweideten Flächen ausgeprägt, während nicht beweidete allmählich degenerieren und an Charakterarten verarmen.

Wie mannigfaltig die trockenen *Calluna*-Heiden noch vor einigen Jahrzehnten waren, mag Tab. 98 für Schleswig-Holstein erläutern. Dem Klimagefälle auf dieser Halbinsel entsprechen floristische Variationen, die sich unter anderem in den mittleren Temperatur- und Kontinentalitätszahlen ausdrücken (s. auch Abb. 402).

Einstrahlungen westlicher, nördlicher und östlicher Florenelemente sind nicht die einzigen geographischen Abwandlungen, die das *Genisto-Callunetum* in seinem verhältnismäßig großen Verbreitungsgebiet erfährt. Am augenfälligsten ist die Nordwestgrenze des Wacholders *(Juniperus communis)*, der sich in den bodensauren *Calluna*-Heiden wie in den Kalk-Halbtrockenrasen Mittel- und Süddeutschlands und in den Kiefernheiden des ostmitteleuropäischen Flachlandes als Weideunkraut ausgebreitet hat. Im Naturschutzpark Lüneburger Heide sowie in manchen niederländischen Heidereservaten bildet er dichte und z.T. schon waldartig emporgewachsene Bestände (Abb. 403), fehlt aber in der Fischbecker Heide bei Harburg und anderen nur 20 bis 30 km nördlich von Wilsede gelegenen *Calluna*-Heiden völlig. Warum er in Deutschland die Linie Papenburg–Delmenhorst–Verden–Harburg nicht oder nur ganz vereinzelt überschreitet, aber im östlichen Dänemark und in Schweden wieder reichlich vorkommt, ist noch ungeklärt. Möglicherweise spielen Schädlinge eine Rolle. Das Ausreifen und die Verbreitung der Samen können keine so scharf begrenzenden Faktoren sein, weil die Wacholderbeeren endozoochor durch Vögel, insbesondere durch Birkhühner, Tauben und ähnliche Arten, verbreitet werden. Da der Wacholder durch häufiges Abbrennen der Heide immer wieder vernichtet wird, könnte auch dieser anthropogene Einfluß mitspielen. Doch besteht oder bestand zumindest in Niedersachsen kaum ein Unterschied in der Bewirtschaftung der Heide nördlich und südlich der genannten Grenzlinie.

Abb. 403. Wacholder am Wilseder Berg, die zu stimmungsvollen Gruppen heranwuchsen, seit die Schäfer sie nicht mehr abbrennen. Die hellen Gräser kennzeichnen ehemalige Ackerraine. Vorn links eine stark von Schafen verbissene Fichte.

Die Böden der typischen *Calluna*-Heide sind so charakteristisch für sie und geben so viele Aufschlüsse über ihre Geschichte, daß wir hier etwas näher auf sie eingehen müssen. TÜXEN (1957) sprach geradezu von der „Schrift des Bodens", die in Sandböden besonders gut lesbar ist.

Unter dem Einfluß des von der trockenen Sandheide erzeugten sauren Rohhumus und infolge des oft wiederholten Stoffentzuges durch Beweidung und Plaggenhieb bildete sich im Laufe mehrerer Jahrhunderte ein für sie sehr kennzeichnendes Bodenprofil aus (Abb. 404). Dieser Heidepodsol fällt durch lebhaften Farbgegensatz seiner Horizonte auf und ist scharf gesondert in eine dünne Auflage von braunschwarzem Rohhumus (O), einen stark humosen, aber an gebleichten Quarzkörnern reichen Humusbleichsand (A_{eh}), einen viel humusärmeren, aschgrauen Bleichsand (A_e) und einen Einschwemmhorizont, in dem man mehrere Schichten unterscheiden kann. Die oberste und zugleich relativ härteste, die kaffeebraune „Humusorterde" (B_h), folgt mit ihrer ziemlich scharfen Kante der mittleren Wurzeltiefe der *Calluna*-Heide, beginnt also stets in etwa 20 bis 40 cm Tiefe. Die Orterde kann verhärten, doch sind eigentliche Ortsteinböden weit seltener, als man gewöhnlich annimmt. Hier und dort findet man in der Humusorterde (aber auch zuweilen tiefer oder höher liegend) ein „Steinpflaster", das mit der Bodenbildung nichts zu tun hat (Abb. 406). Es enthält windgeschliffene Geschiebe und bezeichnet die geologische Grenze zwischen der im Altdiluvium oft sehr sandigen und deshalb vom Winde angreifbaren Grundmoräne und dem in der frühen Postglazialzeit darübergewehten „Geschiebedecksand". Nach unten wird die Humusorterde heller und lockerer und geht in die rostigbraune „Eisenorterde" (B_{sh}) über. Endlich wird die Grundfarbe des Sandbodens hell ockergelb, während sich Humusinfiltrationen als schwarze, unregelmäßige Bänder (oder eigentlich Bänke) von 0,5 bis 2 cm Breite bemerkbar machen (B_{s2}). Von etwa 1 m Tiefe ab nehmen die Bänder ockerbraune Färbung an und sind deutlich härter als der dazwischen liegende, fast gelbweiße Sand (B_t). Solche Bänder findet man (von etwa 50 bis 70 cm Tiefe ab) auch unter nicht verheideten Wäldern, vor allem unter dem typischen Birken-Stieleichenwald. Doch fehlen hier die soeben geschilderten Horizonte A_e–B_{s2}. Diese sind also auf den Einfluß der Heide zurückzuführen, während die hellbraunen Bänder als Zeugen ehemaliger Bewaldung gelten dürfen (TÜXEN 1930, 1957, s. Abb. 133). Wie man heute weiß, wird die dünnbankige Auflösung des B-Horizontes in Sandböden primär durch Luftkissen verursacht, die das mit Ton- bzw. Humuskolloiden beladene

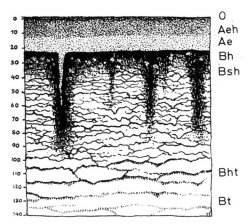

Abb. 404. Podsolboden-Profil unter trockener Calluna-Heide, halbschematisch. Nach ELLENBERG (1937), etwas verändert.
Unter einer dünnen Rohhumusschicht (O) folgt dunkelgrauer Humus-Bleichsand (Aeh) aschgrauer, humusarmer Bleichsand (Ae), dunkelkaffeebraune Humus-Orterde (Bh) und leuchtend rostbraune Eisen-Humus-Orterde (Bsh). Ebenfalls unter dem Einfluß der Heidevegetation entstandene schwarze Humusbänder gehen in sogenannte „Doppelbänder" (d.h. an ihrer Oberkante dunkler gefärbte, hellbraune Bänder) über (Bht). Die hellockerbraunen Bänder (Bt) hatten sich vor der Verheidung unter Wald gebildet und begannen einst bereits in 40–50 cm Tiefe. Der zwischen den B-Horizonten liegende Sand ist weißgelb gefärbt. Als Waldzeugen dürfen auch die bleichsanderfüllten „Zapfen" der Orterde gelten, die sich dort bildeten, wo kräftige Pfahlwurzeln von Bäumen den Boden gelockert hatten.

Sickerwasser zum Stillstand bringen (B. Meyer mdl.). Daß die für die Heidepodsole typischen dunklen Humusbänder später entstanden sind als die Bänder-Parabraunerde, erkennt man deutlich an einigen „Doppelbändern", die im oberen Teil stark humos, im unteren aber humusfrei und daher hell-ockerbraun sind (B_{ht}).

Abb. 405 läßt erkennen, welche chemischen Veränderungen mit der Podsolierung unter grundwasserfreien *Calluna*-Heiden einhergehen. Im Oberboden sinken die

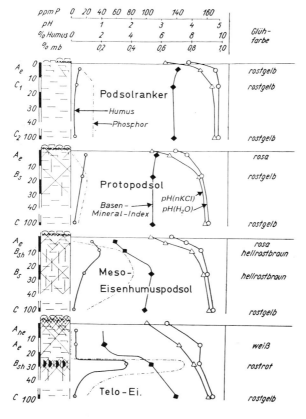

Abb. 405. Chemische Eigenschaften verschieden alter Podsole in schwach silikathaltigem Feinsand unter trockener *Calluna*-Heide. Nach Kundler (1956), etwas verändert.

Je älter der Boden, desto geringer die Basensättigung (mb in % = Basen-Mineral-Index) und der p_H-Wert. Humus- und Phosphorsäure-Gehalt steigen dagegen an und werden im Endstadium aus dem Bleichsand (Ae) in die Orterde (Bsh) verlagert.

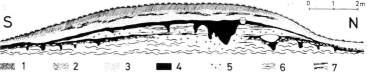

Abb. 406. Schnitt durch einen etwa 3000–4000 Jahre alten Grabhügel bei Groß-Varlingen (Krs. Nienburg-Weser). Nach Zotz (1930), aus Ellenberg (1963).

Die ältere, untere Ortsteinschicht wurde bei Anlage eines Körpergrabes in der Mitte des flachen Hügels gestört. In dem aufgeworfenen hellen Sande bildete sich parallel zur neuen Oberfläche eine obere Orterdeschicht aus, die an der Stelle späterer Brandbestattungen sehr mächtig geworden ist.

1 = jüngste Sandaufwehungen, 2 = sandiger, schwarzgrauer Humus des Heidebodens, 3 = weißgrauer Bleichsand, 4 = Humus- und Eisen-Ortstein, 5 = hellgelber Sand, 6 = braunschwarze Bänder (schematisch eingezeichnet), 7 = Holzeinschlüsse. In der unteren Orterde bezeichnet ein Steinpflaster die Grenze zwischen dem sandigen Geschiebelehm und dem darüber lagernden Geschiebedecksand.

pH-Werte mehr und mehr. Die Basen und schließlich auch der Humus, und mit diesem der Phosphor, werden in den B-Horizont verlagert und stehen den Pflanzenwurzeln kaum noch zur Verfügung.

Heidepodsole brauchen zu ihrer Ausbildung mindestens einige Jahrhunderte (ELLENBERG 1969 u. a.), sind aber oft wesentlich älter. ZOTZ (1930, s. Abb. 406) fand z. B. bei Nienburg/Weser Ortsteinschichten über und unter einem Körpergrab, das an der Wende von der Stein- zur Bronzezeit entstanden war, d. h. vor 3–4000 Jahren. Im lothringischen Tiefland datierte GUILLET (1968) pollenanalytisch einen Eisen-Humuspodsol, der seit der Bronzezeit unter *Calluna* gebildet wurde. Mit Heideplaggen Äcker zu düngen begann man im westlichen Norddeutschland nach MÜCKENHAUSEN u. Mitarb. (1968) vor etwa 800–1200 Jahren.

b Feuchte Sandheiden und Lehmheiden

Zwischen der typischen Sandheide und der typischen Glockenheide-Sumpfheide gibt es eine gleitende Reihe von Übergangsbeständen. An die flechtenreiche Glockenheide-Gesellschaft schließt die feuchte Sandheide *(Genisto-Callunetum molinietosum)* an, die sich von der typischen durch einige Feuchtigkeitszeiger unterscheidet. Auffällig sind vor allem *Molinia caerulea,* deren große Horste in der kühlen Jahreshälfte hellgelb aus der dunkelbraunen Heide hervorleuchten, und *Erica tetralix,* deren große Glocken schon im Juni zu blühen beginnen, während sich die reinen *Calluna*-Flächen erst im August rosa färben. Andere Vertreter der anmoorigen und moorigen Zwergstrauchheiden kommen in der feuchten Sandheide gelegentlich vor, z. B. *Juncus squarrosus* und *Trichophorum germanicum,* so daß die Grenze der feuchten Sandheide gegen die flechtenreiche *Erica*-Heide oft schwer zu ziehen ist.

Alle diese Feuchtigkeitszeiger werden dadurch begünstigt, daß das Grundwasser oder das über undurchlässigen Bodenschichten zeitweilig gestaute Sickerwasser bis in ihren Wurzelraum hineinwirkt. In reinem Sandboden schwankt der Wasserspiegel unter feuchter *Calluna*-Heide in der Regel zwischen etwa 10 bis 50 cm im Frühjahr und etwa 40 bis über 100 cm im Spätsommer. Er kommt also der Bodenoberfläche niemals so nahe wie unter dem *Ericetum,* während das typische *Genisto-Callunetum* vom Grundwasser nur ausnahmsweise oder gar nicht beeinflußt wird (LACHE 1974).

Wenn man im Heidepark von Niederhaverbeck nach Wilsede wandert, so ist man überrascht, *Erica* auch auf den höchstgelegenen Heidekuppen in der *Calluna*-Gesellschaft gedeihen zu sehen, wo es doch kaum besonders feucht sein kann. Eine größere wasserhaltende Kraft des Unterbodens ist die Ursache dafür, daß sich hier *Erica* zu behaupten vermag. Wie aus Tab. 101 hervorgeht, besteht der Boden dieser Lehmheide im Gegensatz zu dem der Sandheide nicht nur aus Grobsand, sondern teilweise auch aus Feinsand, Schluff und Ton. In solchem Ausgangsmaterial bildet sich niemals ein Heidepodsol aus, sondern meistens eine oligotrophe Parabraunerde, deren Oberboden podsolig beeinflußt sein kann und deren Unterboden zuweilen durch Stauwasser etwas gleyartig verändert erscheint. Abgesehen von der Bleichung und dem erhöhten Sauerhumusgehalt des Oberbodens findet man derartige Profile auch unter Eichen-Buchenwäldern (s. Abschnitt B II 4), aus denen die meisten Lehmheiden sehr wahrscheinlich einmal hervorgegangen sind.

Die wasserstauende Wirkung des Lehmheide-Bodens kommt recht gut in einigen Sickerversuchen zum Ausdruck, die HEINEMANN (1956) anstellte. Er setzte Metallzylinder von 10 cm Durchmesser auf die Oberfläche, goß 100 ccm Wasser hinein und maß die Zeit, die diese zum Versickern brauchten. Sofort nach deren Verschwinden im Boden füllte er den Zylinder nochmals mit 100 ccm Wasser und wiederholte dies so

Tab. 101. **Korngrößen-Gefüge der Böden von Sand- und Lehmheiden** (in Gewichts-Prozenten). Zwei typische Beispiele aus Belgien; nach Angaben von Heinemann (1956)

	Grob-sand >0,2 mm	Fein-sand 0,2–0,02	Schluff 0,02–0,002	Ton <0,002	Organische Bestandteile	pH-Wert
Oberboden						
A_h Sandheide[1])	67	26	1,6	2,0	4,2	4,5
A Lehmheide[2])	–	68	25	4,7	2,3	4,7
A_e Sandheide	72	22	2,5	1,7	0,1	5,0
– Lehmheide	–	–	–	–	–	–
Unterboden						
B Sandheide	57	38	1,0	**4,0**	0,5	5,0
(B) Lehmheide	–	67	23	7,5	2,4	4,8
C Sandheide	73	24	2,5	0,7	0,1	6,0
C Lehmheide	–	62	24	13,5	0,3	4,4

In allen Schichten des Sandheidebodens herrscht die Grobsand-Fraktion vor, die unter der Lehmheide fehlt. Der Feinsand- und Tongehalt ist dagegen im Boden der Lehmheide am größten. Im Orterde-Horizont B der Sandheide ist der Ton etwas angereichert, der vermutlich aus dem Bleicherde-Horizont A_e stammt (ein solcher fehlt der Lehmheide). Auch die organischen Bestandteile sind aus dem A_e fast verschwunden. Die pH-Werte sind an getrocknetem Boden bestimmt worden und erscheinen insgesamt als zu hoch. Sie zeigen aber, daß der Boden der Sandheide keineswegs saurer sein muß als derjenige der Lehmheide.

[1]) Sandheide = „*Calluno-Genistetum typicum*, typische Variante".
[2]) Lehmheide = „*Calluno-Danthonietum typicum*" (nach Heinemann).

oft, bis die Versickerungszeit annähernd konstant blieb. Aus seinen Zahlenangaben sind die Kurven in Abb. 407 konstruiert worden, die anschaulich machen, wie viel langsamer das Wasser unter sonst gleichen Bedingungen in den Boden der Lehmheide eindrang als in den der Sandheiden. In den unveränderten Boden der typischen Sandheide sickerte das Wasser zwar zunächst nur zögernd ein; doch erwies er sich später als viel durchlässiger. Die anfängliche Verzögerung rührt daher, daß die Rohhumusdecke im ausgetrockneten Zustand nur wenig benetzbar ist. Entfernt man sie, so dringt das Wasser sofort und rasch in den darunter liegenden humosen Bleichsand ein (s. Abb. 404). Der Rohhumus der feuchten Sandheide dagegen bleibt länger benetzbar, weil er

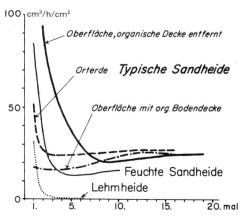

Abb. 407. Durchlässigkeit des Bodens einer typischen und einer feuchten Sandheide und einer Lehmheide in Belgien am 6.9.42 (vgl. Text). Nach Angaben von HEINEMANN (1956), aus ELLENBERG (1963).

auf der feuchteren und weniger durchlässigen Unterlage nicht so rasch trocken wird. Bemerkenswert ist endlich, daß der Orterde-Horizont der typischen Sandheide das Wasser auf die Dauer ebenso rasch durchsickern läßt wie der Oberboden. Hieraus erklärt sich die Tatsache, daß Calluna-Heiden auf Orterdeprofilen Kuppen und Trokkentäler der stark bewegten Endmoränen-Landschaft, z. b. bei Wilsede, überziehen, ohne daß sich in den Mulden Feuchtigkeitszeiger ansiedelten (s. LÖTSCHERT 1962). Ortsteinbänke können das Sickerwasser jedoch so sehr stauen, daß Feuchtheiden entstehen (ZONNEVELD 1965).

Lehmiger Boden ist gewöhnlich fruchtbarer als grobsandiger. Deshalb wachsen manche Arten, die relativ hohe Ansprüche an ihre Nährstoffversorgung stellen, in der Lehmheide zahlreicher als in Sandheiden, namentlich:

> Genista anglica   Polygala serpyllifolia u. vulgaris
> Potentilla erecta   Orchis maculata
> Galium saxatile   Platanthera bifolia
> Arnica montana   Gentiana pneumonanthe

Nur die 5 erstgenannten kommen auf den erwähnten Kuppen im Heidepark vor. Gut ausgebildete Bestände dieser Lehmheiden, deren Boden auch in den Oberschichten tonhaltig ist, sind noch artenreicher und beherbergen außerdem Orchideen, nach denen TÜXEN (1937) diese Untergesellschaft benannte (Subass. von *Orchis maculata*).

Solche Lehmheiden gab es früher viel häufiger, weil auch die lehmigen Grundmoränen und besonders die lößartigen Flottlehmdecken in Nordwestdeutschland, z. B. bei Syke-Neubruchhausen, teilweise verheidet waren. Mit Hilfe von Kalk und Mineraldüngern konnte man diese nur oberflächlich degradierten Böden leicht in ertragreiches Ackerland verwandeln. Man mag heute kaum noch glauben, daß viele fruchtbare Ackerbreiten im nördlichen Niedersachsen bis vor etwa 100 Jahren ein fast ebenso mageres Heideland waren wie die meisten reinen Sandböden.

c Lebensrhythmus und Erhaltungsbedingungen der Sandheiden

Die einst so ausgedehnten *Calluna*-Heiden des nordseenahen Flachlandes kann man heute nur noch in Reservaten, namentlich im „Naturschutzpark Lüneburger Heide" um Wilsede, im niederländischen Nationalpark „Veluwezoom" nordöstlich Arnhem (WESTHOFF 1958b) und auf der „Randbøler Heide" in Mitteldänemark (BÖCHER 1941a) studieren. Aber auch hier werden sie schon nicht mehr so bewirtschaftet wie früher. Man beweidet sie zwar mit Herden von Heidschnucken oder anderen genügsamen und an Zwergstrauchnahrung angepaßten Schafrassen. Doch will sie niemand mehr regelmäßig „plaggen", d. h. an der Bodenoberfläche abhacken (s. Abschnitt A II 2c). Infolgedessen verjüngt sich *Calluna* schlecht, und es siedeln sich trotz des Viehverbisses Bäume an, namentlich Birken, die man von Zeit zu Zeit beseitigen muß (BEYER 1968 u. a.). In den Niederlanden sowie in Schottland hat sich das Abbrennen kleiner Flächen in planmäßigem Wechsel sehr bewährt, das zugleich die Beweidung weitgehend ersetzt (s. Abb. 408).

Eine wiederholte mechanische Beschädigung wird von den Heidesträuchern nicht nur gut ertragen, sondern wirkt geradezu verjüngend auf die Heidebestände. Ohne Störung des Wachstums stirbt die einzelne *Calluna*-Pflanze nach etwa 25–30 Jahren an Überalterung; das bisher festgestellte Höchstalter ist nach GIMMINGHAM (1960) 58 Jahre. Selbst in einer seit 100 Jahren nicht mehr abgebrannten und seit mehreren Jahrzehnten nicht mehr beweideten Heidefläche kann man daher zyklische Phasen beobachten (BARCLAY-ESTRUP 1970). In 2–3 Jahrzenten zerfällt die *Calluna*-Heide fleckenweise, bildet dann eine Pionier- und Aufbauphase, bis sie in der Reifephase die größte Biomasse erreicht, und degeneriert schließlich wieder nach 20–30 Jahren, ähnlich wie ein Urwald im Laufe mehrerer Jahrhunderte (s. Abschnitt B IV 2 d).

Durch Plaggenhieb oder Brand entblößte Heideflächen wirken zunächst wie verwüstet und sind ohne erkennbares Pflanzenleben. Im nächsten Frühsommer jedoch sieht man nach ausgiebigen Regenfällen zahllose winzige Keimlinge von *Calluna* (Abb. 409) oder von *Erica* aufsprießen. Zugleich oder schon vorher treiben die noch lebensfähigen Wurzelhälse alter Zwergstrauch-Individuen sowie einige horstige Gräser aus. Im nächsten Jahre ist die Fläche bereits wieder großenteils begrünt, und nirgends blüht die Heide voller und gleichmäßiger als auf Stellen, die vor 2–5 Jahren mit der Haue oder durch Feuer „mißhandelt" wurden. Läßt man die Heide zu alt werden, so bekommt sie ein struppiges Aussehen und geht schließlich ein. Außerdem wird sie leicht vom Heidekäfer *(Lochmaea)* befallen, der voll lebensfähige *Calluna*-Pflanzen nur selten zum Absterben bringt. Seine Larven fressen an den Spitzen und Rändern junger Blätter, die infolgedessen mehr Wasser verlieren und in Trockenperioden leichter verdorren (BLANCKWAARDT 1968).

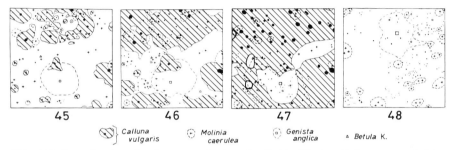

Abb. 408. Bewuchs eines Quadratmeters feuchter Sandheide *(Genisto-Callunetum molinietosum)* nach einem schwachen Brande im Jahre 1944 und nach einem starken im Jahre 1948. Nach HEINEMANN (1956), etwas verändert.

1948 verjüngte sich *Calluna* nur durch Keimlinge, vorher auch durch Stockausschläge. Starke Brände fördern indirekt das Pfeifengras *(Molinia)*, das widerstandsfähige, als Stoffspeicher dienende Stengelbasen besitzt und rasch wieder ausschlägt.

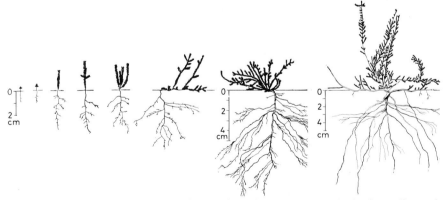

Abb. 409. Entwicklung von *Calluna vulgaris* auf Porphyr-Verwitterungsböden bei Halle. Nach MAHN (1957).

Die Keimlinge und einjährigen Pflanzen wurzeln nur wenige cm tief. Auch in den nächsten Jahren ist die Hauptwurzel noch deutlich erkennbar. Die älteren Pflanzen sind stärker verkleinert, besonders die blühende.

In der *Calluna*-Heide, die Berg und Tal wie ein Pelz überzieht, sind die überalterten und teilweise abgestorbenen („räudigen") Stellen reich an Flechten. Rinden- und Blattflechten, namentlich die graue *Hypogymnia physodes,* bedecken die toten Zweige oft dicht an dicht, und die bereits in Abschnitt 3a genannten grauen Strauch- und Becherflechten überkleiden den schwarzen Humus in großer Zahl. Es wäre aber ein Irrtum, wenn man diesen bescheidenen Kryptogamen die Schuld an dem Absterben der Heide zuschreiben würde. Sie sind nur Nutznießer des reichlichen Lichtes, das sie hier, unbehindert durch konkurrierende Moose, eine Zeitlang genießen können. Fast alle diese Flechten findet man auch in der vollwüchsigen und dichtbeblätterten Heide, nur nehmen sie hier nicht so viel Platz ein und fallen auch nicht so sehr ins Auge. Bruchstücke der Flechten, die bei Trockenheit von dem sperrigen Thallus absplittern, werden vom Wind verschleppt. Daher erobern die Strauchflechten auch frisch abgeplaggte oder abgebrannte Heideflächen schon nach wenigen Jahren wieder zurück. Moose vermögen sich in der Regel weniger rasch als die Flechten anzusiedeln, obwohl ihre staubleichten Sporen weithin verweht werden. Ihre Vorkeime brauchen aber zur normalen Entwicklung größere und gleichmäßigere Feuchtigkeit, und diese ist erst im Schatten älterer Heidesträucher gewährleistet. Am reichlichsten entwickeln sich Moose in Heiden an relativ luftfeuchten Standorten, z. B. an Nord- und Osthängen, oder auf grundfeuchten bzw. staunassen Böden. Das „Bleichmoos" (*Leucobryum glaucum*) ist im *Genisto-Callunetum* nur an solchen Standorten zu finden.

Doch wir müssen noch einmal auf die Probleme zurückkommen, die uns die Verjüngung von *Calluna* aufgibt. Denn mit ihr steht und fällt die ganze Lebensgemeinschaft der Heide, zu der neben den Flechten, Moosen und anderen Kryptogamen sowie den wenigen höheren Begleitpflanzen auch viele Kleintiere und vor allem der Mensch mit seinem Vieh und seinen die Blüten bestäubenden Bienen gehören oder gehörten.

Überalterte Heide hat als Bienenweide nur noch geringen Wert, während die durch Plaggen oder Brennen verjüngte Heide 2–3 Jahre später in voller Blüte steht und einen reichen Honigertrag gibt. Der Verbiß durch die Schafe gibt immer wieder Anlaß zum Austreiben neuer, voll blühender Schößlinge. Außerdem vernichten die über die Heide rasch dahinwandernden Schnuckenherden fast alle Spinnennetze, in denen sich die Bienen verfangen könnten, während die von Schafen nicht begangene Heide oft über und über von solchen Netzen bedeckt ist. Die Bienen ihrerseits sorgen für eine reiche Samenproduktion der Heide, und damit für eine der wesentlichen Voraussetzungen zur Verjüngung und Erhaltung der einst landschaftsbestimmenden Heidegesellschaft. Imkerei, Schafhaltung und Ackerwirtschaft in den Sandgegenden des Nordwestens bedingten einander also gegenseitig, bis die Einführung der künstlichen Düngemittel dieses alte Wirtschaftssystem und mit ihm auch die wichtigste Lebensbedingung der *Calluna*-Heide zerstörte.

Nach BEIJERINCK (1940) bringt *Calluna* pro m^2 bis zu 800 000 Samen hervor. Diese Samen sind so leicht, daß sie durch den Wind über beträchtliche Entfernungen verweht werden können. Auch die ganzen Kapseln mit dem vertrockneten Perianth daran hebt der Sturmwind empor oder treibt sie im Winter über den Schnee. Obwohl die Samen rasch und in großer Zahl keimen, kommt aber auf der Humusdecke selten auch nur ein einziges Pflänzchen zur Entwicklung. So beobachtete HEINEMANN (1956) auf einem Dauerquadrat von 2500 cm^2 in Belgien am 18. 4. 42 175 gekeimte Samen, am 13. 7. 42 deren 125 neue, am 21. 1. 43 200, am 7. 2. 43 sogar 225 und am 7. 5. 44 wiederum 125, ohne je eine größere Jungpflanze zu entdecken. Der Humus hemmt also nicht das Auflaufen der Samen, wohl aber die Weiterentwicklung der Keimlinge. Da bloßgelegter Mineralboden deren Gedeihen fördert, sieht man auf Flächen mit toter Heide jede

Fahrzeugspur, die sich bis in den Sand unter der Humusdecke einschnitt, bald durch Reihen freudig grünender Jungpflanzen nachgezeichnet.

Offenbar ist nicht die chemische Natur des Heide-Rohhumus dafür verantwortlich zu machen, daß sich *Calluna*-Jungpflanzen auf ihm viel schwerer entwickeln als auf dem darunterliegenden Mineralboden. Denn erstens ist auch dieser reich an stark saurem Humus und zweitens sieht man *Calluna* sich auf Rohhumus in feuchten Jahren reichlich verjüngen. Hält man den Humus wie den Mineralboden in Kulturschalen künstlich feucht, so ist überhaupt kein nennenswerter Unterschied in der Verjüngungsrate für beide Bodenarten mehr festzustellen. Zu entsprechenden Ergebnissen kam AUER (1947) bei Keimungsversuchen mit Lärchen auf Lärchenhumus und Mineralboden. Es ist also in erster Linie der Wasserhaushalt der organischen Auflageschicht, der den Keimungserfolg bestimmt. Die Humusdecke trocknet selbst in dem subozeanischen Klima der Lüneburger Heide verhältnismäßig rasch und oft aus. Jeder Heidewanderer weiß ja, daß man sich schon wenige Stunden nach starken Regenfällen wieder auf dem Humusboden lagern kann, ohne daß er sich feucht anfühlt, vorausgesetzt, daß keine wasserhaltenden Moose vorhanden sind. In dem kolloidärmeren und dichter gelagerten Sand unter dieser Humusdecke dagegen bleibt pflanzenaufnehmbares Wasser auch in Trockenperioden noch ziemlich lange erhalten. Da der Same von *Calluna* nur sehr klein und arm an Reservestoffen ist, wächst seine Wurzel außerordentlich langsam (Abb. 409) und gerät darum im Rohhumus wiederholt in die Gefahr auszutrocknen, während sie sich im Sande ungestört entwickeln kann. Hierin ist die entscheidende Ursache für den günstigen Einfluß des Brandes, des Plaggenhiebs und anderer mechanischer Verletzungen der Rohhumusdecke auf die generative Erneuerung der *Calluna*-Heide zu suchen. Das Heidebrennen fördert sogar die Keimung von *Calluna,* wie WHITTAKER und GIMMINGHAM (1962) experimentell nachwiesen. Samen, die 1 Minute lang Temperaturen von 40–80°C ausgesetzt waren, die bei rasch laufenden Feuern selten überschritten werden, liefen besser auf als bei normalen

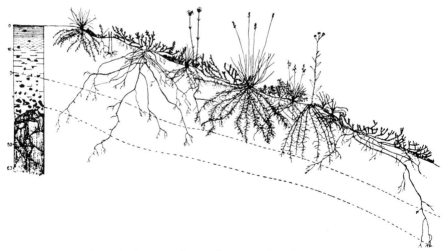

Abb. 410. Querschnitt durch eine *Calluna vulgaris*-Gesellschaft im mitteldeutschen Trockengebiet bei Halle. Nach MAHN (1957).
Von links nach rechts: *Festuca ovina, Polygala vulgaris, Polytrichum formosum, Calluna vulgaris, Dianthus carthusianorum, Genista pilosa, Danthonia decumbens, Helianthemum nummularium, F. o., Hieracium umbellatum, Luzula campestris* usw.

Temperaturen. Den gleichen Effekt hatten 80–120° in einer halben Minute, und erst bei 200° wurden die Samen getötet. Ähnlich wie *Calluna* verhalten sich *Erica tetralix* und *Empetrum*, die nach HANSEN (1964) durch Brand ebenfalls zu starkem Keimen veranlaßt werden. Auch *Nardus* keimt nach Bränden reichlich, wird aber von der gleichzeitig aufgelaufenen *Calluna* rasch unterdrückt (KING 1960).

Ältere Individuen von *Calluna* sind zwar gegen Trockenheit empfindlich (GIMMINGHAM 1960), können aber nach BEIJERINCK (1940) trockene Sommer besser überstehen als plötzliche Fröste im Frühjahr. Extreme Trockenjahre, wie das Jahr 1959 in Nordwestdeutschland, bringen aber auch *Calluna* auf großen Flächen zum Absterben und verhindern die Keimung ihrer Samen ganz. Immerhin gibt es aber sogar im Trockengebiet östlich des Harzes noch stark verarmte Halbtrockenrasen, die von *Calluna* beherrscht werden (Abb. 410). Floristisch stehen diese den borstgrasreichen Bergheiden nahe, auf die wir im nächsten Abschnitt eingehen werden.

Neben dem Wasserhaushalt spielt die Ernährung der jungen Keimpflanze eine wichtige Rolle bei der Entwicklung von *Calluna vulgaris*. In der Natur ist sie meistens auf die Symbiose mit Mykorrhiza-Pilzen angewiesen (s. BURGEFF 1961), deren Hauptbedeutung wohl darin zu suchen ist, daß sie den sauren Humus im Wurzelraum aufschließen und *Calluna* insbesondere den Stickstoff vermitteln. An Mineralstickstoff sind die Heideböden jedenfalls durchweg recht arm (LACHE 1974). Nach KRIEBITZSCH (1976) gehören sie außerdem zu den wenigen starksauren Böden, in denen nur Ammonium und kein Nitrat nachgeliefert wird. Zumindest indirekt ist der Mangel an Stickstoff und anderen Nährstoffen für die Partner der *Calluna*-Heiden ein entscheidender Faktor, weil er anspruchsvollere Wettbewerber ausschließt. Das Plaggenhauen trug wesentlich zu der Verarmung des Bodens bei, in gewisser Hinsicht aber auch das Brennen. Nach MUHLE (1974) ist es in erster Linie der Rauch, der die Nährstoffe entführt, nicht die Auswaschung mineralisierter Substanzen (s. Tab. 102). Diese erfolgt nach den kritischen Experimenten von ALLEN (1964) weniger stark und weniger rasch, als man bisher annahm.

Ein Übermaß an Stickstoffzufuhr kann älteren *Calluna*-Pflanzen gefährlich werden. Das beobachtete GESSNER (1932) auf den Möwen-Nistplätzen der Fährinsel, einem der Insel Hiddensee bei Rügen östlich vorgelagerten kleinen, flachen Eiland. Alljährlich brüten dort 700–800 Paare von Lachmöwen und 100–120 Paare von Sturmmöwen, und zwar immer im hohen, noch lebenden Heidekraut. Unter dem wochenlangen

Tab. 102. **Nährstoffverluste von Zwergstrauchheiden durch normalen und stärkeren Brand.**
a. und b. in % der vor dem Brand in der Trockensubstanz enthaltenen Bioelemente; a. nach normalem Brand (550–650 °C), b. nach intensivem Brand (800–825 °C) einer Sandheide; c. in kg/ha nach normalem Brand einer Torfheide. Nach Angaben von Gimingham (1972) und Muhle (1974)

Bio-elemente	Sandheide Verlust durch Rauch (in %) bei		Torfheide c. Gesamtverlust (in kg/ha) bei	
	a. normalem	b. intens. Brand	normal. Brand	Ursachen
C	60,5	67,5	(viel)	(Rauch)
N	67,8	76,1	45	Rauch
P	0,6	3,5	0,1	Auswaschung
S	50,2	56,5	5	Rauch
K	1,4	4,9	1	Rauch u. Auswaschung
Ca	0,1	2,4	<0,1	Auswaschung
Mg	0,4	2,1	<0,2	Auswaschung

ständigen Regen von Vogelkot stirbt die Heide auf Flächen von etwa 100–150 m Länge und 50 m Breite vollständig ab, und die Möwen suchen im nächsten Jahr andere Nistflächen auf, wo sie die Zwergstrauchbestände dann ebenfalls zum Absterben bringen. Wenige Jahre später regeneriert sich die Heide ähnlich wie nach einem Plaggenhieb, so daß derselbe Platz nach 10–20 Jahren wieder zum Nisten geeignet ist und der Zyklus von neuem beginnen kann. Der Vogeldung enthält vor allem N, P und Ca, so daß der Gehalt des Heidebodens an diesen Stoffen vorübergehend beträchtlich erhöht wird (Tab. 103). Die Erhöhung des Calcium-Gehaltes ist aber doch so gering, daß sie sich kaum im p_H-Wert bemerkbar macht und sicher nicht die Ursache für das Absterben der Heide sein kann. Im Zwillbrocker Venn (Westfalen) nisten Lachmöwen ebenfalls in Heidegesellschaften, aber in bodenfeuchten, die aus entwässertem Hochmoor hervorgegangen sind, und in *Molinia-Erica*-Heiden. Ihre seit 30 Jahren auf 10 000–12 000 angewachsene Zahl hatte hier nach BURRICHTER (1968) eine Guanotrophierung zur Folge, die die Heidevegetation völlig zerstörte. Teilweise sind Bulte von Flatterbinsen *(Juncus effusus)* an ihre Stelle getreten.

Tab. 103. **Nährstoffanreicherung durch Möwen im Boden einer Calluna-Heide.**
I Normal gedeihende Heide auf der Fährinsel bei Hiddensee, II Unter Möwennistplätzen abgestorbene Heide. Nach GESSNER (1932); jeweils 2 Analysen

	Nährstoffe (in mg/10 g Bodentrockengewicht)			pH-Wert
	N (als NH_3)	P (als P_2O_5)	Ca	
I Normale Heide	0,43 u. 0,88	2,27 u. 3,03	139,8 u. 246,1	3,9 u. 5,5
II Überdüngte Heide	13,94 u. 15,04	6,15 u. 7,66	255,2 u. 355,7	3,8 u. 5,9

Eine noch nicht endgültig beantwortete Frage ist es, ob *Calluna* sauren Boden zur Keimung oder zur normalen Entwicklung unbedingt benötigt oder nicht. Nach LÖTSCHERT und HORST (1962) liegen die pH-Werte in Böden der *Calluna*-Heiden um 4, schwanken aber jahreszeitlich stark. Die Pufferung dieser Böden ist so gering, daß Regenfälle, die das in der Luft befindliche Schwefeldioxid als Schwefelsäure niederschlagen, regelmäßig eine noch stärkere Versauerung bewirken. *Calluna* erträgt also extreme Säuregrade; doch schon JONES (1911, s. auch RAYNER 1913) konnte sie in reinem Kreidekalk kultivieren, d. h. in einem neutralen, aber nährstoffarmen Medium. Auch in der Natur kommt *Calluna* mit anderen „kalkmeidenden" Pflanzen auf Kalk vor, ohne daß es sich dabei um besondere Ökotypen handelt (GRIME 1963). RAABE (1960) bestätigte ältere Angaben von EBERLE, daß *Calluna* und der ebenfalls als acidophil geltende Adlerfarn *(Pteridium aquilinum)* an trockenen Hängen oberhalb des Trave-Unterlaufes nördlich Lübeck bei pH-Werten zwischen 3,5 und 8,5 vorkommen. Saure Bodenreaktion ist also für das Gedeihen von *Calluna* nicht notwendig und wohl nur von sekundärer Bedeutung. BÖCHER (1941a) beobachtete, daß *Calluna* in aufgelassene, früher mit Kalk gedüngte („gemergelte") Ackerfelder schon sehr bald eindrang und dort „außerordentlich üppig" gedieh, obwohl die Bodenreaktion anfangs fast neutral (pH 6,8) und kein Rohhumus vorhanden war. Sie ist also an und für sich viel weniger „kalkfeindlich" und „rohhumusliebend", als man gewöhnlich annimmt. Nur wird sie von Böden, die nährstoffreich bleiben, rasch durch anspruchsvolle Wettbewerber verdrängt, die sie überwachsen und in ihrem Schatten verkümmern lassen. Hierin dürfte nach GRIME (1963) der wesentliche Faktor liegen.

Eine rasche Einwanderung von *Calluna* in Brachäcker ist nur unter der Voraussetzung möglich, daß der Verbiß durch Schafe oder Rehe und andere Wildtiere sehr gering ist. Sonst entsteht ein Schafschwingel-Thymian-Rasen (*Festuca ovina-Thymus angustifolius*-Ass.), in dem die Heide nur sehr langsam gegen die Konkurrenz der weidefesteren Gräser Fuß zu fassen vermag. Im Bereich der von BÖCHER untersuchten Randböler Heide gibt es solche vergrasten Äcker, die seit etwa 1870 brach liegen. Zwischen dem Wilseder Berg und dem Dorf Wilsede kann man heute noch fast alle Stadien der Vergrasung beobachten, weil hier in der Zeit von 1910 bis 1957 wiederholt Ackerstücke vom Verein Naturschutzpark aufgekauft wurden, um sie „der Heide zurückzugeben". Der erwartete Erfolg trat jedoch nicht ein, weil sich gerade hier die Schnuckenherden häufig und mit Vorliebe aufhielten und die Heide daran hinderten, sich auszubreiten (Abb. 403). Verhältnismäßig leicht läßt sich eine *Calluna*-Heide durch Ansaat auf frisch gefrästem Boden neu begründen (TROMP 1968). Dies Verfahren empfiehlt sich auch auf Heideflächen, die durch Truppenübungen o. dgl. zerstört wurden.

Um *Calluna*-Heiden zu erhalten und zu fördern, ist es in jedem Falle notwendig, schon den Jungpflanzen genügend Licht zu bieten. GRACE und WOOLHOUSE (1970) nennen aufgrund ihrer Laboratoriumsversuche zur Stoffproduktion von *Calluna* das Licht als den wirksamsten Faktor. An zweiter und dritter Stelle folgen die Temperatur und die Temperatur-Vorgeschichte und erst dann das Alter der Triebe und das Vorhandensein von Blüten – d. h. innere Bedingungen, die den eingangs besprochenen „*Calluna*-Zyklus" auslösen. Die übrigen Faktoren haben nur indirekte Bedeutung, indem sie die Konkurrenten weniger fördern oder stärker schädigen als *Calluna* und die mit ihr vergesellschafteten Arten. Wie MILES (1974) durch Aussaatexperimente feststellte, lassen sich in Heiden viel mehr Arten zur Keimung und Entwicklung bringen, als gewöhnlich darin vorkommen. Die geringe floristische Diversität der *Calluna*-Heiden ist also konkurrenzbedingt, und das Artengefüge ändert sich sehr rasch, wenn der herrschende Zwergstrauch geschwächt wird. Das kann man besonders gut in montanen Heiden beobachten, die mit Rasengesellschaften ein räumlich und zeitlich wechselndes Mosaik bilden.

4 Heiden und Borstgrasrasen im Bergland

a Strauchige Bergheiden und Borstgrasrasen

In den mitteleuropäischen Waldgebirgen haben Zwergstrauchheiden niemals den Landschaftscharakter so sehr bestimmt wie einst in den sandigen Flachlandsgebieten oder wie noch heutzutage in Nordwesteuropa, z. B. im schottischen Hochland. Immerhin gab und gibt es aber auch in manchen zentraleuropäischen Mittelgebirgen Heiden, die mit den *Calluna*-Gesellschaften der Ebene vergleichbar sind. Meistens verzahnen sich die Bergheiden mit Borstgrasrasen (s. Abschnitt 1b). Geplaggt wurden solche Gebirgsheiden niemals oder doch nur ausnahmsweise. Man nutzte sie aber zur Streugewinnung, indem man sie abmähte oder absichelte. Ihre Erhaltung und allmähliche Vergrößerung verdankten sie vor allem der Beweidung durch Schafe, Rinder oder Ziegen sowie der Axt und dem Feuer der Hirten, die das Weideland zu erweitern strebten.

Größere Flächen nahmen *Calluna*-Heiden nur in den aus Sandsteinen oder Tonschiefern aufgebauten Gebirgen ein, deren Böden ähnlich wie die altdiluvialen Quarzsande von vornherein ziemlich basen- und nährstoffarm waren. Beispielsweise gab es im Harzvorland und in der Eifel solche *Calluna*-Heiden, die heute großenteils mit Fichten aufgeforstet sind. Aber auch in Kalkgebirgen konnten *Calluna*- und *Nardus*-Heiden entstehen, wo das basische Gestein von sauren Lehmen überdeckt ist. Einige Reste solcher Heiden sind auf der Hochfläche des Schwäbischen Juras noch recht gut erhalten, z.B. bei Böhmenkirch (Abb. 411). Man glaubt sich dort in die Lüneburger Heide versetzt, so ähnlich ist das Landschaftsbild, wenn man davon absieht, daß wegen der größeren Höhenlage Fichten statt Kiefern für die Aufforstung der an das Schutzgebiet grenzenden, einst viel ausgedehnteren Heideflächen benutzt wurden.

In den Mittelgebirgen wie in der Ebene kommt zu der Säure- und Nährstoffarmut des Bodens als entscheidende Voraussetzung für das Gedeihen von *Calluna*-Heiden ein humides und kühles Klima hinzu. Das Montanklima begünstigt also nicht nur das Wachstum von Hochmooren, sondern auch die Entstehung von *Calluna*-reichen Zwergstrauchheiden weit außerhalb der ozeanischen Küstenregion, die als ihr Verbreitungszentrum anzusehen ist.

Abb. 411. Montane *Calluna*-Heide auf saurem Decklehm („Feuersteinlehm") der Schwäbischen Alb bei Rötenbach. Im Hintergrund Birken und Vogelbeeren an der Straße sowie Fichtenforsten.

Bei starker Beweidung geht die typische Bergheide in eine borstgrasreiche Untergesellschaft über (Abb. 412). Derartige Bestände sind auf den Mittelgebirgen weit häufiger als der zwergstrauchreiche Typus. Im Flachlande, wo ebenfalls borstgrasreiche *Calluna*-Heiden vorkommen, ist es dagegen umgekehrt. Nur auf den häufig betretenen und befressenen Schaftriften, Fußpfaden oder Lagerplätzen wird hier *Calluna* im Konkurrenzkampf so geschwächt, daß sie dem trittfesten und von den Schafen verschmähten Borstgras weichen muß. Unterschiede in den Bodenverhältnissen spielen hierbei keine Rolle, wie aus den Angaben von KRUIJNE (1965) hervorgeht. Auch hinsichtlich der Wasserversorgung hat *Nardus* eine ähnlich weite Amplitude wie *Calluna*. Dementsprechend variiert dieses Gras in seiner Blatt- und Wurzelanatomie beträchtlich (SMARDA u. Mitarb. 1963). Auf den meisten bodensauren Mittelgebirgen waren reine Grasweiden häufiger als mehr oder minder zwergstrauchreiche. Borstgrasrasen aus dem Verband *Violo-Nardion* (s. Abschnitt 1 b) bedeckten noch vor etwa 200 Jahren fast alle Hochlagen des Harzes, der infolge des Bergbaus entwaldet worden war, sowie große Flächen des Sollings, des Sauerlandes, des Hohen Venns und anderer alpenferner Gebirge. Auf den weiter südlich gelegenen und höheren Mittelgebirgen entsprach das Artengefüge der mageren Bergweiden eher dem der Borstgrasrasen in den Alpen (Verband *Eu-Nardion*). Das Imperfekt ist bei diesen Hinweisen insofern angebracht, als fast alle Borstgrasheiden inzwischen entweder mit Fichten aufgeforstet oder in gedüngtes Grünland verwandelt worden sind. Erst in jüngster Zeit lassen der Freiflächenbedarf des Skisports und die Sozialbrache den düngerlosen Bergweidebetrieb wieder aufleben.

Im Hochgebirge steigt *Calluna* nur bis in die untere alpine Stufe und wird bereits in der subalpinen selten, auch wenn die Boden- und Feuchtigkeitsverhältnisse für sie günstig bleiben. In den niederschlagsreichen Randketten der Alpen macht sie schon bei wesentlich geringeren Höhen halt als in den Zentralalpen mit ihrem ausgesprochen kontinentalen Klima. Alle diese Beobachtungen sprechen dafür, daß *Calluna* zu ihrer vollen Entwicklung eine relativ warme oder aber ziemlich langdauernde Vegetationszeit braucht. Nach GRACE und WOOLHOUSE (1973) brechen ihre Knospen erst auf, wenn der Durchschnitt aus dem täglichen Temperaturminimum und -maximum 7,2°C erreicht, und ihre Blätter stellen das Wachstum bei 7,4°C wieder ein. Wie SÖYRINKI (1954) beobachtete, reifen außerdem ihre Samen bei Wärmemangel nicht aus, so daß sie sich nicht mehr generativ vermehren kann. Nur an frühausapernden Hängen können sich deshalb in hochmontanen Lagen noch *Calluna*-reiche Bestände bilden, während diese an länger schneebedeckten Stellen von *Vaccinium*- oder *Rhododendron*-Arten abgelöst werden (Abb. 335).

Abb. 412. Borstgrasheide auf der böhmisch-mährischen Höhe Phot. ILTIS-SCHULZ.
Der rechte Horst von *Nardus stricta* ist hier herausgerissen, um die brettartigen Kurzausläufer und die sparrig abstehenden Blätter zu zeigen. Vorn *Vaccinium vitis-idaea*. Etwa ¹/₅ natürl. Größe.

Bereits am Wilseder Berg im niedersächsischen Heidepark deutet sich diese Tendenz an, indem dort an steilen, kühlen Nord- und Osthängen unter dem Schutze kleiner Schneewächten *Vaccinium myrtillus* zur Vorherrschaft gelangte. Mikroklimatisch nordischere Lagen begünstigen *Vaccinium myrtillus* sowie *Vaccinium uliginosum* in *Calluna*-Heiden des Flachlandes um so mehr, je weiter nördlich liegende Heidegegenden man untersucht. Wie DAMMAN (1957) betont, sind *Vaccinium*-freie *Calluna*-Bestände schon in Südschweden recht selten. Von *Calluna* beherrschte Zwergstrauchheiden bleiben also in ihrer Gesamtverbreitung an ein temperiertes ozeanisches bis schwach kontinentales Klima der planaren bis montanen Stufe gebunden.

Dasselbe gilt auch für die im Schwarzwald und anderen westlichen Mittelgebirgen vorkommenden Besenginsterheiden *(Cytision scoparii)*, die z.B. OBERDORFER (1957) beschrieben hat (Abb. 413). Im Nordwesten findet man sie stellenweise in der Ebene. Ökologisch ist über sie immer noch sehr wenig bekannt. Ihre Gesamtverbreitung entspricht ungefähr derjenigen der Birken-Eichenwälder (s. Abschnitt BIII5), auch hinsichtlich der Südgrenze. Beispielsweise hat HOFER (1967) aus dem Tessin *Cytisus scoparius-Calluna*-Heiden beschrieben, die wie fast alle dort vorkommenden Sauerhumus-Gesellschaften reich an *Molinia arundinacea* sind. Die von ANTONIETTI (1970) beschriebene Bartgras-*Calluna*-Heide *(Gryllo-Callunetum)* gehört ebenfalls in den Verband der Besenginsterheiden.

b Alpenrosenheiden der subalpinen Stufe

An die Stelle von *Calluna*-Heiden treten in der hochmontanen und vor allem in der subalpinen Stufe der Hochgebirge auf rohhumusreichen Extensivweiden *Rhododendron ferrugineum*- oder *Vaccinium uliginosum*-Gesellschaften, die sich trotz mancher Parallelen wesentlich von den Zwergstrauchheiden der tieferen Lagen unterscheiden (s. Abschnitt C VI 1 und D II 1 b).

Die Alpenrosenheiden *(Rhododendro-Vaccinietum)* haben in den obersten Wäldern der Alpen ihre natürlichen Ausbreitungszentren, kommen aber auch in anderen Höhenstufen vor (s. Abschnitt C VI 4 c u. E. PIGNATTI 1970 b). Zwischen der Wald- und der Baumgrenze bilden sie den Unterwuchs der um ihre Existenz ringenden Lärchen-, Arven- oder Fichtengruppen. Werden diese lichten Gehölze abgeschlagen, so ändert sich das Artengefüge der Zwergstrauchschicht kaum. Ihre Artenzusammensetzung und ihre Abhängigkeit von der Schneebedeckung wurde bereits in Abschnitt B IV 4 behandelt.

Im Gegensatz zu *Calluna* und den Vaccinien sind die Alpenrosenarten als Viehfutter wertlos. Sie werden von Schafen und Ziegen wie von Rindern gemieden und können sich auf Kosten besserer Futterpflanzen ausbreiten, wenn man ihnen nicht bewußt Einhalt gebietet. Die Senner hauten sie deshalb von Zeit zu Zeit ab und gewannen bei der Vernichtung des lästigen Weideunkrautes zugleich Brennholz, das ja in der Umgebung von Sennhütten im Laufe der Jahrhunderte immer seltener wurde.

Ähnlich wie durch den Plaggenhieb in den *Calluna*-Heiden des nordwestlichen Flachlandes begünstigte man durch wiederholtes Abschlagen des alten Strauchwerks die Verjüngung der Alpenrosenheiden. Unterhalb der Baumgrenze wurde dadurch zugleich ihre Wiederbewaldung verhindert, denn Jungbäume blieben in der Regel nicht verschont. Wie *Calluna* und *Erica* verjüngen sich die *Rhododendron*-Arten „aus dem Stock", und ebenso wie bei diesen wird ihre Keimung durch Verletzung der Rohhumusdecke begünstigt. SÖYRINKI (1954) konnte in ungestörten Alpenrosenbeständen trotz eifrigen Suchens nirgends Keimlinge und Jungpflanzen entdecken, während diese überall reichlich auftraten, wo der Auflagehumus durch Erosion, Brand oder andere mechanische Einwirkungen bis auf den Mineralboden hinunter verletzt worden war.

Durch allzu häufiges Abschlagen und anschließendes Beweiden werden die *Rhododendron*-Heiden ähnlich wie die *Calluna*-Heiden geschädigt, und zwar so sehr, daß sie grasreichen Gesellschaften Platz machen. Nicht selten sind dies Borstgrasrasen (Verband *Eu-Nardion*), die also auch im Hochgebirge durch Überbeanspruchung von Zwergstrauchheiden entstehen können. Hier sind die Borstgrasheiden aber viel artenreicher als im Flachland und in den Mittelgebirgen und leiten zu den natürlichen Krummseggenrasen der alpinen Stufe über (Abschnitt C VI 3).

Da Rhododendron und Vaccinien weniger trittfest und weniger ausschlagkräftig sind als *Calluna* oder *Erica tetralix,* halten sie sich schließlich nur noch in der Nähe von Felsblöcken, zwischen Steinen und anderen für Vieh und Mensch weniger leicht zugänglichen Stellen. Der Sennereibetrieb, der die Alpenrosenheiden in früheren Jahrhunderten weit über ihr natürliches Areal hinaus in die Waldstufe ausdehnte, führt also in seiner intensiveren Form dazu, daß die schönen Alpenrosenbestände zurückgehen.

Auf Kalkgestein wird die säureertragende Gesellschaft der Rostroten Alpenrose durch die kalkholde Wimper-Alpenrosenheide vertreten, und zwar sowohl in der

Naturlandschaft als auch im Bereich der extensiven Wald- und Weidewirtschaft. Wie *Rhododendron ferrugineum* kommt die Wimper-Alpenrose *(R. hirsutum)* an der Baumgrenze und in Lawinenrinnen als von Natur aus baumfreie Dauergesellschaft vor und gedeiht in ähnlicher Zusammensetzung außerdem unter lockerem Schirm von Nadelbäumen (s. Abschnitt BIV4a). In den Kontaktgebieten beider Rhododendren entsteht häufig ein Bastard *(Rh. intermedium)*, dessen intermediäres Verhalten schon KNOLL (1929/30, s. ELLENBERG 1963) und andere ältere Autoren nachgewiesen haben.

III Naturferne Forsten und Lichtungsfluren

1 „Forstgesellschaften" im Vergleich zu naturnahen Waldgesellschaften

a Vegetationskundliche Gliederung von Kunstforsten

Mehr oder minder naturferne Nadelholzforsten bedecken in Mitteleuropa weitaus größere Flächen als naturnahe Laubwälder. Im diluvialen Tiefland des Nordens, auf dem Harz und den meisten anderen Mittelgebirgen, in der Oberrheinischen Tiefebene, im Nürnberger Raum, im ganzen nördlichen Alpenvorland und im südwestlichen Wiener Becken bestimmen forstliche „Monokulturen" das Landschaftsbild. Reinbestände sind dies jedoch nur im Hinblick auf die Baumschicht. Ihr Unterwuchs an Sträuchern oder Zwergsträuchern, krautigen Arten, Moosen und Pilzen kann sehr artenreich sein, und auch ihr Tierleben über und unter der Erde ist nicht durchweg weniger mannigfaltig als in naturnäher bewirtschafteten Beständen (s. Abschnitt e u. Abb. 413).

Abb. 413. *Calluna*-Kiefernforst auf Dünensanden der Rheinebene südwestlich von Heidelberg. Die Laubhölzer im Unterwuchs deuten darauf hin, daß hier von Natur aus ein bodensaurer Eichenmischwald herrschen würde. Besenginster *(Cytisus scoparius)* breitete sich auf Lichtungen aus. Rechts ist der Kahlschlag umgepflügt, im Hintergrund mit Kiefern aufgeforstet, die sich hier nicht natürlich verjüngen.

Das Artengefüge solcher Pflanzwälder hat sich aber noch nicht stabilisiert. Es umfaßt Relikte aus den Heiden und Rasen oder den Unkrautfluren der Äcker, die aufgeforstet wurden. Manche vom Wind und von Tieren aus der Nachbarschaft hereingetragenen Samen entwickelten sich ebenfalls erfolgreich. Unter Nadelhölzern siedeln sich außerdem recht bald einige von fernher stammende Begleiter an, vor allem Moose, Bärlappe und Farne. *Diphasium complanatum* beispielsweise begann sich schon 15 Jahre nach einer Ackeraufforstung unter den Kiefern auszudehnen (OINONEN 1967). Ähnlich verhalten sich manche nordische oder hochmontane Gefäßpflanzen, z. B. die in Skandinavien verbreitete *Linnaea borealis,* die in den Kiefernforsten der Niederlande und Norddeutschlands heute an vielen Stellen in Ausbreitung begriffen ist, nachdem ihre Früchte von Zugvögeln herübergebracht wurden.

Wo Nadelhölzer in natürlichen Laubholzgebieten angepflanzt wurden, verjüngen sie sich selten spontan. Umso freudiger sieht man Laubbäume und -sträucher unter ihrem Schirm emporwachsen, vor allem auf relativ fruchtbaren oder feuchten Böden. Dieser Unterwuchs deutet an, in welche Richtung die Vegetationsentwicklung schließlich führen wird, wenn der Forstmann nicht eingreift. Meist dauert es jedoch länger als eine Baumgeneration, bis sich Charakterarten der natürlichen Wälder in genügender Zahl einfinden, um den Bestand eindeutig einer bestimmten Waldgesellschaft zuordnen zu können.

Trotz ihres noch instabilen und an Kennarten armen Gefüges kann man auch solche Kunstforsten vegetationskundlich aufnehmen und gliedern. Schon KØIE (1938) unterschied mehrere „Soziationen" (d. h. Typen der Bodenvegetation) in dänischen Nadelholz-Pflanzungen und zeigte, daß diese offenbar keine zufälligen Gebilde sind, sondern die Bodenverhältnisse, z. B. die p_H-Werte, deutlich widerspiegeln. „Bodenvegetationstypen" beschrieben auch HAUFF, SCHLENKER und KRAUSS (1950, s. auch Arbeitsgemeinschaft „Oberschwäbische Fichtenreviere" 1964) und benutzten sie, um die Fichtenforsten des schwäbischen Alpenvorlandes standörtlich zu kartieren. Mit der Bezeichnung „Typ" erinnern sie an die „Waldtypen", die CAJANDER für Zwecke der Forsteinrichtung in den natürlichen Nadelwäldern Finnlands nach den herrschenden Bodenpflanzen aufgestellt hatte.

Etwa gleichzeitig und unabhängig prägte TÜXEN (1950c, s. auch ELLENBERG 1969) im Hinblick auf die nordwestdeutschen Kiefern-, Fichten- und Tannen-Reinbestände den Begriff „Forstgesellschaft". Man versteht darunter eine Ersatzgesellschaft des natürlichen Waldes, die aus der Anpflanzung von „gesellschaftsfremden" Baumarten hervorging, d. h. von Arten, die im Naturwald keine oder eine sehr geringe Rolle spielen würden. In diesem Sinne ist beispielsweise ein auf einer Borstgrasheide gepflanzter Eichenbestand in der Buchenstufe des Solling ebenso als Forstgesellschaft anzusprechen wie ein unter gleichen Bedingungen gepflanzter Fichtenforst. Im Gegensatz zu Heiden, Magerrasen, Wiesen und anderen Ersatzgesellschaften hat die Forstgesellschaft keine Charakterarten, sondern wird nur durch die Kombination von Differentialarten gekennzeichnet. Doch spricht sie kaum weniger fein auf Standortseigenschaften an als die übrigen Ersatzgesellschaften. Das wurde von SCAMONI (1967) aufgrund eines Methodenvergleichs betont und sowohl in den Niederlanden (z. B. ZONNEVELD 1966) als auch in Nordwest- und Nordostdeutschland (ELLENBERG 1969, HOFMANN 1968 u. a.) wiederholt nachgewiesen. Man kann die Forstgesellschaften daher großenteils mit bestimmten Grünland- und Ackerunkrautgesellschaften parallelisieren (RODI 1968 u. a.) und wie diese als Standortsindikatoren benutzen (s. Abb. 414).

Da heute viele Pflanzensoziologen zumindest im nördlichen Mitteleuropa mit dem

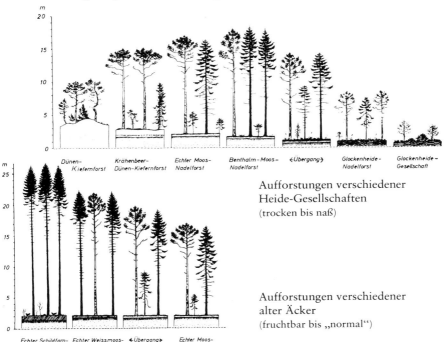

Abb. 414. Gleichzeitig und in gleicher Weise auf verschiedenen Böden begründete Nadelholzforsten entwickeln sich in sehr unterschiedlicher Weise, z.B. im Knyphauser Wald (nördliche Oldenburger Geest). Nach ELLENBERG (1969).

Aus der Fichten-Kiefern-Mischpflanzung gingen auf „normalen" Heiden (*Genisto-Callunetum typicum*) mit Orterdeböden Mischbestände hervor, die nach rund 70 Jahren 17–20 m Höhe erreicht hatten (Echter Moos-Nadelforst). Auf feuchteren Böden (mit *Genisto-Callunetum molinietosum*) gediehen die Fichten besser, duldeten aber Kiefern neben sich (Benthalm-Moos-Nadelforst). Die nasseren Böden der *Erica*-Heiden hemmten dagegen den Baumwuchs (Glockenheide-Nadelforst und Übergang dazu) oder verhinderten ihn nahezu ganz (Glockenheide-Ges.). Auf Dünen und auf übersandeten Heiden (*Genisto-Callunetum empetretosum*) konnte sich nur *Pinus sylvestris* durchsetzen; sie gedeiht hier aber schlechter als auf normalen Heideböden. Mehr oder minder alte Äcker mit „Eschböden" (d.h. mächtigen, aus Heidestreu entstandenen Humusschichten), die in die Aufforstung einbezogen worden waren, machen sich noch heute durch kräftigeren Baumwuchs bemerkbar. Auf den besten Böden hat *Picea abies* die Kiefer völlig unterdrückt (Echter Schildfarn-Fichtenforst). Ein guter Indikator für die etwas größere Bodenfruchtbarkeit ist im Knyphauser Wald das Weißmoos (*Leucobryum glaucum*).

von TÜXEN eingeführten Begriff arbeiten und inzwischen eine große Zahl von Forstgesellschaften beschrieben und kartiert wurde, halten wir uns im folgenden ebenfalls daran. Es sei jedoch ausdrücklich darauf hingewiesen, daß die Abgrenzung von Forstgesellschaften gegen naturnahe Waldgesellschaften im südlichen und östlichen Mitteleuropa teilweise Schwierigkeiten bereitet, weil man noch zu wenig Sicheres über das Baumartenverhältnis in den Naturwäldern weiß. Nur bei Nadelholzforsten in unzweifelhaften Laubwaldgebieten und bei exotischen Baumarten wie Douglasie, Sitkafichte, Roteiche oder Robinie, ist die Anwendung des Begriffs problemlos.

b Kiefernforsten auf Sand- und Kalksteinböden

Wie vielfältig das Artengefüge noch in den eintönigsten Nadelholz-Monokulturen sein kann und wie deutlich es auf die neu geschaffenen Lebensbedingungen anspricht, hat schon MEISEL-JAHN (1955) am Beispiel der Kiefernforsten Nordwestdeutschlands gezeigt (s. Tab. 104 sowie Abb. 414 u. 415).

Zahlreiche Gesellschaften gehören in die große Gruppe der „Moos-Kiefernforsten", in deren Moosschicht

<table>
<tr><td>Hypnum cupressiforme</td><td>Dicranum scoparium</td></tr>
<tr><td>Pleurozium schreberi</td><td></td></tr>
</table>

d. h. in Heiden und Wäldern weit verbreitete acidophile Arten, eine Rolle spielen.

Innerhalb der Moos-Kiefernforsten unterscheidet man mehrere Untergruppen. Der *Cladonia*-Kiefernforst entstand auf den ärmsten Sandböden und erinnert floristisch und physiognomisch an die Flechten-Kiefernwälder des Ostens. Den Lehmheiden entspricht der *Danthonia*-Kiefernforst mit

<table>
<tr><td>Danthonia decumbens</td><td>Agrostis tenuis</td></tr>
<tr><td>Nardus stricta</td><td>Potentilla erecta</td></tr>
<tr><td>Galium harcynicum</td><td>Trientalis europaea</td></tr>
<tr><td>Dryopteris carthusiana</td><td>Lycopodium clavatum</td></tr>
</table>

Zwischen dem *Cladonia*- und dem *Danthonia*-Forst steht der *Dicranum*-Kiefernforst, dem diese relativ anspruchsvollen Differentialarten, aber auch die meisten Flechten fehlen. In küstennahen Dünentälern findet man zuweilen den *Empetrum*-Kiefernforst (s. Abb. 415). Wie in den bodensauren Eichenmischwäldern kann man feuchtere Standorte daran erkennen, daß in ihnen folgende Arten auftreten:

<table>
<tr><td>Molina caerulea</td><td>Betula pubescens</td></tr>
<tr><td>Erica tetralix</td><td></td></tr>
</table>

Beispielsweise gibt es einen *Molinia-Dicranum*- und einen *Molinia-Danthonia*-Kiefernforst. Auf noch nasseren Sauerhumusböden entwickeln sich in Kiefernforsten außerdem die *Sphagnum*-Arten des Birkenbruches.

Alle „reicheren" Standorte sind in Kiefernforsten am Fehlen der genügsamen Moose sowie daran zu erkennen, daß *Oxalis acetosella* und andere mehr oder minder nitrophile Pflanzen hervortreten. Da solche Standorte aber selten mit Kiefern aufgeforstet wurden, wollen wir hier nicht auf ihre floristische Differenzierung eingehen. In Heidegebieten weisen die artenreicheren Forstgesellschaften nicht selten auf ehemalige Äcker hin (s. Abb. 414). Wo man Kiefern und Fichten in Mischung anpflanzte, setzte sich hier die letztere durch.

Für das nordostdeutsche Tiefland kommt HOFMANN (1969) zu einer recht ähnlichen pflanzensoziologischen und ökologischen Gliederung wie MEISEL-JAHN. Er unterscheidet 15 Kiefern-Forstgesellschaften, die hier z.T. neben naturnahen Kiefernwäldern stehen (HOFMANN 1964). Auf guten Standorten bilden stickstoffbedürftige Arten wie Brombeeren (*Rubus* spec.) oder Landschilf *(Calamagrostis epigeios)* oft einen dichten Unterwuchs.

Ebenso wie im nordöstlichen Mitteleuropa machen die Kiefernforsten auf den Sanden der Oberrheinischen Tiefebene einen „naturnäheren" Eindruck als im Nordwesten. Doch täuscht der Augenschein, denn die Kiefer wurde in die mittlere Rheinebene erst gegen Ende des 16. Jahrhun-

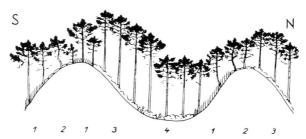

Abb. 415. Vegetationsprofil durch Kiefernforsten in einem Dünengelände Nordwestdeutschlands (schematisch, nach MEISEL-JAHN 1955).

1 = Reiner *Dicranum*-Kiefernforst, *Avenella flexuosa*-Fazies, 2 = Reiner *Cladonien*-Kiefernforst (stark verhagert), 3 = *Empetrum*-Kiefernforst (am Schatthang), 4 = *Empetrum*-Kiefernforst, *Vaccinium*-Ausbildung (in Mulde).

Tab. 104. **Kiefernforstgesellschaften und ihre Entstehungsgrundlagen im nw-deutschen Flachland.**
Nach Angaben von Meisel-Jahn (1955b)

Bei der Aufforstung vorhandene Vegetation[1])	Kiefernforst	Nat. Veg. [2])
I. **Silbergrasflur** *(Corynephoretum)*	Cladonien-KF	
II. **Heidekrautheiden** *(Calluno-Genistetum)*[3])		
1. Subass. von *Cladonia*		
a Typische Variante	Reiner *Dicranum*-KF	III 1a
	Empetrum-Dicranum-KF	
b *Molinia*-Variante	*Molinia-Dicranum*-KF	III 1b
2. Subass. von *Danthonia*		
a Typische Variante	Reiner *Danthonia*-KF	III 2a
b *Molinia*-Variante	*Molinia-Danthonia*-KF	III 2b
III. **Bodensaure Eichenmischwälder**		*Hypnum-* Kiefernforsten
1. Birken-Eichenwald *(Betulo-Quercetum)*		
a Typische Subass.	Reiner *Dryopteris*-KF	
b *Molinia*-Subass.	*Molinia-Dryopteris*-KF	
2. Eichen-Buchenwald *(Fago-Quercetum)*		
a Typische Subass.	Reiner *Rubus*-KF	
b *Molinia*-Subass.	*Molinia-Rubus*-KF	
IV. **Birkenbruch** *(Betuletum pubescentis)*	*Sphagnum*-KF	
V. **Feuchter Eichen-Hainbuchenwald** *(Stellario-Carpinetum* Subass.*)*	*Oxalis*-KF	
VI. **Erlenbruchwald** *(Alnetum glutinosae)*	*Lysimachia*-KF	

[1]) Bei den Gesellschaften III bis VI kann es sich auch um stark durch Beweidung degradierte, mosaikartig mit Heiden oder Magerrasen durchsetzte Bestände gehandelt haben.
[2]) Natürliche Vegetation, soweit nicht schon in der ersten Spalte genannt.
[3]) 1a entspricht dem *C.-G. typicum* im Sinne von Tüxen (1937), 2b dem *C.-G. molinietosum*, 2 der Subass. von *Orchis maculata*.

derts eingeführt und spielte auch in der nördlichen vorher keine große Rolle. Von Natur aus würden nach PHILIPPI (1970) auf kalkarmen Sanden Eichen-Buchenwälder *(Fago-Quercetum),* auf kalkreicheren dagegen Buchenwälder (*Carici-Fagetum* u. a.) herrschen. An ihre Stelle sind Moos-Kiefernforsten, *Teuricum scorodonia*-Kiefernforsten (etwas basenreicher) bzw. „Kalksand-Kiefernforsten" getreten, die an das polnische *Peucedano-Pinetum* erinnern.

Forstgesellschaften können innerhalb eines klimatisch und forstgeschichtlich einheitlichen Gebietes zum Bonitieren der standörtlichen Leistungsfähigkeit benutzt werden. Hierfür gibt Abb. 416 ein Beispiel. Trotz ihrer geringen absoluten Massenproduktion sind es übrigens gerade die ärmsten Kiefernforsten, in denen man wirtschaftlich gezwungen ist, bei der reinen Nadelholzwirtschaft zu bleiben, weil alle anderen Baumarten, einschließlich der Eichen, Birken oder sonstigen Arten des Naturwaldes, hier noch weniger leisten als die anspruchslosen Kiefern (s. KREMSER 1974). Aus diesem Grunde wird es im nördlichen Mitteleuropa noch lange Kiefernforsten geben (Abb. 417).

Bei fruchtbaren Standorten ist es meistens nicht schwer, aus der Artenkombination der Forstgesellschaften auf die natürliche Waldgesellschaft zu schließen, die ihnen entspricht. Bei ärmeren Böden ist man genötigt, die Forstgeschichte oder die Pollenanalyse zu Hilfe zu nehmen. Oft geben auch Kontaktgesellschaften auf gleichem Boden Auskunft. Nicht selten muß man aber versuchen, die Forstgesellschaft auf dem Umweg über Bodenprofile mit einer natürlichen Waldgesellschaft zu parallelisieren. Wie HOFMANN (1957) an Kiefernforsten auf Kalkböden in Südthüringen feststellte, gelingt es trotz aller Hilfsmittel manchmal nur, die Assoziation, also eine recht umfassende Einheit, zu erkennen, in deren Bereich der Forstbestand fällt, nicht aber eine bestimmte Untereinheit anzugeben, der er genau entspricht.

Erschwert wird diese Parallelisierung sowie die Kartierung von Forstgesellschaften vor allem dadurch, daß deren Artenkombination nicht nur vom Standort und von der Vergesellschaftung, sondern auch vom Alter der Aufforstung und von der Zahl der naturfremden Baumgenerationen abhängt. Das Artengefüge der meisten Forstgesellschaften entwickelt sich ja, – zunächst rasch, dann langsamer – auf ein Gleichgewicht hin, das man nicht genau kennt.

Wie MEISEL-JAHN (1955) an nordwestdeutschen Kiefernforsten zeigen konnte, entsprechen die „Phasen" der Entwicklung einer Forstgesellschaft ungefähr der Zahl der Baumgenerationen. Nach Heideaufforstung entwickelt sich z. B. in *Dicranum*-Kiefernforsten zunächst eine *Ptilidium*-Phase, in der noch Kryptogamen der *Calluna*-Heide aushalten, nämlich:

Ptilidium ciliare   *Cladonia impexa*
Dicranum spurium   *C. chlorophaea*
Polytrichum juniperinum *C. tenuis*

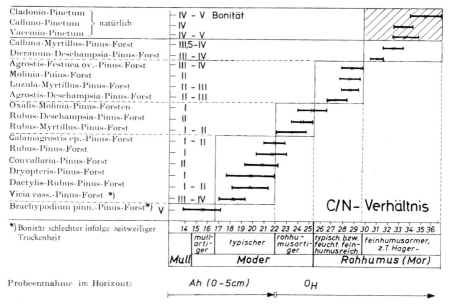

Abb. 416. Natürliche Kiefernwälder und Kiefern-Forstgesellschaften in der DDR, geordnet nach dem Stickstoffreichtum und der Humusform ihres Oberbodens und mit Angabe der Bonitätsstufen des Baumbestandes. Nach G. HOFMANN (1968), verändert.

Die Kreuze geben Stichprobenmittelwerte des C/N-Verhältnisses wieder; die waagerechten Linien veranschaulichen die Konfidenzbereiche für 5% Irrtumswahrscheinlichkeit. Römische Ziffern bedeuten die Höhenbonität von I = sehr gut bis V = sehr schlecht. (Die Untergruppen 1–5 sind, mit einer Ausnahme, nicht angegeben; statt *Deschampsia* lies *Avenella!*).

Von Natur aus herrscht *Pinus sylvestris* nur auf sehr nährstoffarmen und trockenen Böden, wo sie nur langsam und schlecht wächst. Auf besseren Standorten wird sie von Eichen, Buchen und anderen Laubhölzern verdrängt. In Kunstbeständen, die vom Forstmann an die Stelle der natürlichen Laubmischwälder gesetzt wurden, erreicht die Kiefer erheblich bessere Leistungen als im Flechten-, Heide- oder Heidelbeer-Kiefernwald. Nur für Forsten auf kalkreichen und verhältnismäßig trockenen Böden gilt diese Regel nicht, insbesondere für den Fiedenzwenken-Kiefernforst, eine Ersatzgesellschaft des Kalkbuchenwaldes auf flachgründiger Rendzina.

Bleibt man bei der Kiefernwirtschaft, so stellen sich während der zweiten Baumgeneration einzelne Beersträucher ein, deren Samen von Vögeln herbeigeschleppt wurden. Überhaupt spielen nach CHRISTIANSEN (1968) zoochore Arten die größte Rolle unter den neuankommenden Phanerogamen. Spätestens in der dritten Generation geht die „Reine Phase" des *Dicranum*-Kiefernforstes in die ziemlich stabile *Vaccinium*-Phase über, in der

Vaccinium myrtillus M *Hylocomium splendens*
V. vitis-idaea

das Mosaik des Bodenbewuchses bestimmen. Dieser Endphase streben auch Kiefernforsten mit anderer Anfangsphase (z. B. *Cladonia*- oder *Viola*-Phase) zu. Die nordostdeutschen und die oberrheinischen Kiefernforsten brauchen anscheinend weniger lange, um sich zu relativ stabilen und waldähnlichen Gemeinschaften zu entwickeln. Jedenfalls betont dies PHILIPPI (1970) für die von ihm gründlich untersuchte Schwetzinger Hardt.

Wurden nicht Heiden aufgeforstet, sondern <u>Laubwälder auf Nadelholzwirtschaft umgestellt</u> (vgl. Abb. 419), so verläuft die Entwicklung der Bodenflora auf den gleichen

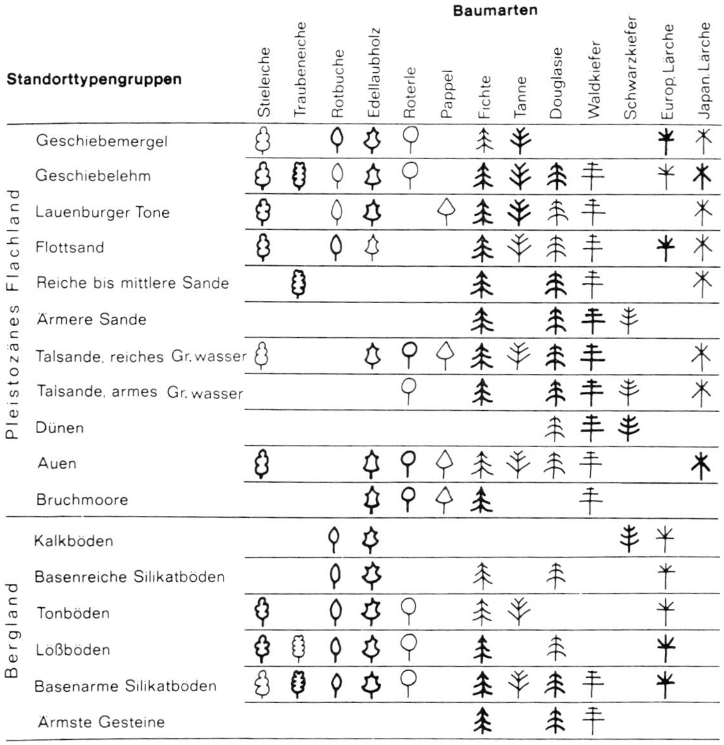

Standorttypengruppen		Stieleiche	Traubeneiche	Rotbuche	Edellaubholz	Roterle	Pappel	Fichte	Tanne	Douglasie	Waldkiefer	Schwarzkiefer	Europ. Lärche	Japan. Lärche
Pleistozänes Flachland	Geschiebemergel	🌳		🌱	🌿	🌱		🌲	🌿				🌿	✳
	Geschiebelehm	🌳	🌳	🌱	🌿	🌱		🌲	🌿	🌲	🌿		🌿	✳
	Lauenburger Tone	🌳			🌿		🌿	🌲	🌿	🌲	🌿			✳
	Flottsand	🌳		🌱	🌿			🌲	🌿	🌲	🌿		🌿	✳
	Reiche bis mittlere Sande	🌳						🌲		🌲	🌿			✳
	Ärmere Sande							🌲		🌲	🌿	🌿		
	Talsande, reiches Gr.wasser	🌳			🌿	🌱	🌿	🌲	🌿	🌲	🌿			✳
	Talsande, armes Gr.wasser					🌱				🌲	🌿	🌿		
	Dünen									🌲	🌿	🌿		
	Auen	🌳			🌿	🌱	🌿	🌲	🌿	🌲	🌿			✳
	Bruchmoore				🌿	🌱	🌿	🌲			🌿			
Bergland	Kalkböden			🌱	🌿							🌿	🌿	
	Basenreiche Silikatböden			🌱	🌿			🌲		🌲			🌿	
	Tonböden			🌱	🌿	🌱		🌲	🌿				🌿	
	Lößböden	🌳	🌳	🌱	🌿	🌱		🌲		🌲			🌿	
	Basenarme Silikatboden	🌳	🌳	🌱	🌿	🌱		🌲	🌿	🌲	🌿		🌿	
	Ärmste Gesteine							🌲		🌲	🌿			

[fett hervorgehoben - vorrangige Baumarten]

Abb. 417. Vorgesehene Beteiligung der Haupt-Baumarten an den Staatsforsten Niedersachsens auf verschiedenen Standorten. Nach KREMSER (1974), etwas verändert.
Laubhölzer sollen mehr berücksichtigt oder jedenfalls nicht weiter zurückgedrängt werden, außer an den ärmsten Standorten, an denen Nadelhölzer noch am ehesten einen gewissen Ertrag bringen. Bemerkenswert ist der auf insgesamt 25% berechnete Anteil der Douglasie *(Pseudotsuga menziesii)*, die man besonders an manchen Flachland-Standorten anstelle der sehr sturmanfälligen und feuergefährdeten Waldkiefer fördern möchte. Bei genügend luftfeuchtem Klima zeigte sie bisher gute Leistungen und wenig Krankheiten. Ihr Einfluß auf den Unterwuchs ähnelt dem der Weißtanne, ist also „laubholzähnlicher" als der von Waldkiefer und Fichte.

Standorten wie den soeben besprochenen von vornherein ganz anders. Selbst wenn diese Wälder durch Weide und übermäßige Nutzung stark degradiert waren, beherbergen sie doch Waldpflanzen, die sich in offenen *Calluna*-Heiden nicht behaupten können.

Infolgedessen bildet sich auf dem Standort des Birken-Eichenwaldes kein *Dicranum*-Kiefernforst, sondern ein <u>*Dryopteris*-Kiefernforst</u> mit folgenden Differentialarten aus:

S *Dryopteris carthusiana*   *Frangula alnus*
S *Trientalis europaea*   *Epilobium angustifolium*
S *Galium harcynicum*   M *Scleropodium purum*

Die mit S bezeichneten Arten sind in Heideaufforstungen selbst nach 3 Baumgenerationen nur auf den relativ nährstoffreichen Standorten des *Danthonia*-Kiefernforstes zu finden.

Auf der Grundlage von Halbtrockenrasen und Trockenrasen bzw. von Buchen- und Eichenmischwald-Gesellschaften kalkreicher und trockener Standorte wirkt sich die Aufforstung von Kiefern naturgemäß ganz anders aus. Das zeigen z. B. die Aufnahmen von HOFMANN (1957, 1969) in Thüringen, auf dessen Gliederung wir hier nur kurz verweisen können.

An die Stelle des Seggen-Hangbuchenwaldes beispielsweise tritt dort der *Veronica chamaedrys*-Kiefernforst oder der *Helianthemum*-Kiefernforst. In beiden herrscht *Brachypodium pinnatum* als Unterwuchs, das als einziger Partner der *Mesobromion*-Gesellschaften stärkere Beschattung verträgt (s. Abb. 418). Solche und andere „Zwenken-Kiefernforsten" sind in Erstaufforstungen von Lichtholzarten auf Kalkböden Mittel- und Süddeutschlands ähnlich weit verbreitet wie die „Moos-Kiefernforsten" auf den sauren Diluvialböden Nordwestdeutschlands, Dänemarks, Hollands und Belgiens (s. Abb. 416).

Abb. 418. Starker Wildverbiß an jungen Buchen in einem Nadelforstgebiet auf Muschelkalk westlich Stuttgart. Die Grasdecke besteht vorwiegend aus *Brachypodium pinnatum*.

c Fichtenforsten und sonstige Nadelholzforsten

In den Mittelgebirgen und in den hoch gelegenen Teilen des Alpenvorlandes wurde bei Aufforstungen die Fichte bevorzugt, die auf reinen Sandböden und in niederschlagsarmen Gegenden schlecht gedeiht. Sie gleicht aber der Kiefer insofern, als auch sie in den meisten Forstgesellschaften weit mehr leistet als in den von ihr beherrschten Waldgesellschaften. Piceeten sind ja in Mitteleuropa von Natur aus auf relativ kalte oder kontinentale Klimate beschränkt. Wo man die Fichte in wärmeren und weniger konti-

Tab. 105. Jährliche Holzmassen-Erzeugung verschiedener Nadel- und Laubbaumarten
I. Ertragsklasse. Nach Trendelenburg und Mayer-Wegelin (1955)

Baumart		Höhe (m)	Mittel- durchm. (cm)	Rinden- anteil (%)	Gesamtwuchsleistung an Derbholz (fm/ha)		Raum- dichte (kg/fm)	Jahresertrag an Derbholz (kg/ha)
					mit Rinde	ohne Rinde		
N Fichte	100 j.	35,5	42,1	10	1570	1413	390	5510[1])
Tanne	,,	31,8	40,9	10	1506	1356	370	5020
Kiefer	,,	30,5	37,3	13	828	721	420	3030
L Buche	,,	32,0	33,7	7	929	864	570	4920
Eiche	,,	26,7	34,9	15	706	600	570	3420
Esche	80 j.	28,0	31,0	10	504	454	600	2720
Erle	,,	27,7	36,0	10	719	647	430	2780
Birke	,,	26,0	32,0	10	389	350	510	2230

[1]) Diese Berechnung bezieht die bei Nadelhölzern relativ größere Wahrscheinlichkeit von Sturmschäden nicht mit ein.

nentalen Lagen anbaut, hat sie einen rascheren und leichter nutzbaren Zuwachs als die Rotbuche und andere Laubhölzer des Naturwaldes auf gleichen Standorten. Deshalb wurde und wird die Fichte nicht nur bei der Aufforstung von Borstgrasrasen und Bergheiden bevorzugt, sondern auch nach Kahlschlägen an die Stelle naturnäherer Wälder gesetzt (s. Tab. 105 u. 6 sowie Abb. 419).

In beiden Fällen prägt die Fichte das Bestandesklima stärker als die lichtere Kiefer, so daß sehr bald Arten der natürlichen Fichtenwälder – oft von weither kommend – in den Forsten Fuß fassen (Abb. 420). Für die Stuttgarter Gegend hat schon SCHLENKER (1940) das Eindringen von *Piceetum*-Charakterarten in Fichten-Kunstforsten belegt. Auf ehemaligen Schafweiden der Schwäbischen Alb, d. h. im Bereich natürlicher *Fagus*-Wälder, haben sich die Fichtenanpflanzungen nach HAUFF (1965) erstaunlich rasch zu Gesellschaften entwickelt, die den natürlichen montanen *Picea*-Wäldern anderer Gebirge nahestehen. So sind *Orthilia secunda, Pyrola minor* und *chlorantha, Moneses uniflora, Corallorhiza trifida, Listera cordata* und *Goodyera repens* sowie *Rhytidiadelphus loreus, Bazzania trilobata* und andere Moose eingewandert, d. h. Arten, die vorher im Gebiet selten waren oder fehlten. SCHLÜTER belegt entsprechendes aus dem Thüringer Wald und weist darauf hin, daß sich auch in Fichtenforsten Schleswig-Holsteins boreale oder boreo-subalpine Arten wie *Huperzia selago, Diphasium alpinum, Listera cordata* und die Pilze *Russula paludosa, R. rhodopoda* und *Boletus elegans* einfanden. Alle solche Beispiele sprechen dafür, daß unter günstigen Umständen sogar seltene Pflanzenarten rasch wandern und geeignete Standorte besiedeln können. Zugleich lassen sie erkennen, wie schwierig es ist, in Fichtenforsten allein aus der Bodenvegetation die natürliche Laubwaldgesellschaft zu erschließen. Hier sind historische Hilfsmittel und Standortsvergleiche unbedingt erforderlich. Für den Thüringer Wald beispielsweise konnte SCHLÜTER (1964) nachweisen, daß er früher großenteils von *Fagus* beherrscht war, und für das Thüringer Schiefergebirge, daß hier auch *Abies alba* eine Rolle spielte. *Picea* gab es in beiden Gebieten ursprünglich nur an Moorrändern.

Ähnlich wie in den Kiefern-Pflanzwäldern kann man auch in den Fichtenbeständen zahlreiche Forstgesellschaften unterscheiden und als Standortszeiger benutzen. SCHLÜTER (1965) gibt dafür sehr detaillierte Beispiele aus dem mittleren Thüringer Wald. Richtungweisend, auch für die Parallelisierung von Wald- und Forstgesellschaften, war die Kartierung des Forstbezirkes Schlitz in Hessen durch SEIBERT (1954). Auf die erfolgreiche Arbeit der Arbeitsgemeinschaft „Oberschwäbische Fichtenreviere" wurde bereits in Abschnitt a hingewiesen. Aus Südschweden, das ja vegetationskundlich noch zum Buchengebiet Mitteleuropas gehört, hat NIHLGÅRD (1970) recht ähnliche Einheiten beschrieben, wie sie auch weiter südlich vorkommen.

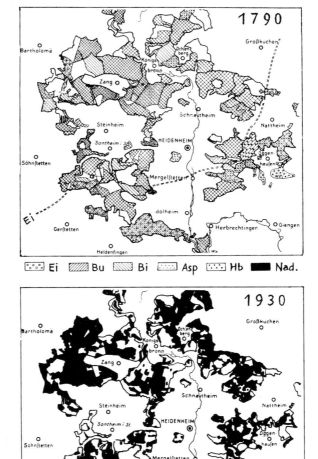

Abb. 419. Zunahme des Nadelholzes im Heidenheimer Forst auf der östlichen Schwäbischen Alb von 1790 bis 1930. Nach KOCH, SCHAIRER und GAISBERG (1939), aus ELLENBERG (1963).
Ei = Eichen, Bu = Rotbuchen, Bi = Birken, Asp = Zitterpappeln, Hb = Hainbuchen, weiß = verschiedene Laubhölzer, Nad. = Nadelhölzer, insbesondere Fichten. 1790 waren die Bestände durch Niederwaldbetrieb stark verlichtet und außerordentlich reich an Birken. Gestrichelte Doppellinie = Nordwestgrenze der Eichen. (Die Albhochfläche steigt nach Nordwesten an.)

Mit zunehmender Bodenfeuchtigkeit und mit zunehmendem Nährstoffreichtum des Bodens ergibt sich eine Reihe von Typen, die NIHLGÅRD nach folgenden Arten benennt:

> Avenella flexuosa
> Moose
> Avenella-Oxalis acetosella
> Sambucus
> Rubus-Oxalis
> Sambucus-Oxalis
> Dryopteris carthusiana-Oxalis

Gut erkennbar sind solche Forstgesellschaften aber nur, wo genügend Licht auf den Boden fällt, d. h. in etwas älteren Beständen.

Kiefern oder Fichten dominieren in den meisten Aufforstungen. Bestände aus anderen Nadelholzarten wurden daher bisher vegetationskundlich selten untersucht, mit Ausnahme der dorfnahen Lärchenhaine in den Zentralalpen (s. Abschnitt B IV 4 b). Die von TÜXEN und ELLENBERG 1947 kartierten Tannenforsten bei Lütetsburg in Ostfriesland sind inzwischen großenteils überaltert und zusammengebrochen. Lohnend wäre das Studium von Douglasienforsten, zumal *Pseudotsuga menziesii* auf vielen bisher mit Kiefern aufgeforsteten Flächen nach den Sturm- und Brandkatastrophen im nördlichen Niedersachsen bevorzugt werden soll und die geplante Großmosaik-Mischung Vergleiche der Vegetationsentwicklung unter verschiedenen Baumarten gestatten wird (KREMSER u. OTTO 1973, s. Abb. 417).

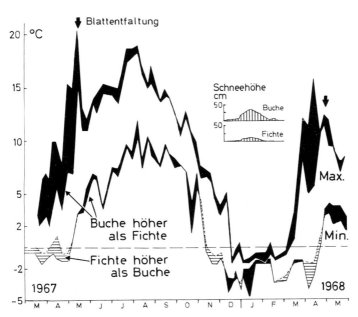

Abb. 420. Im Buchenwald ist die Bodentemperatur in der Regel etwas höher als im Fichtenforst auf gleichem Standort, und zwar sowohl was die Maxima als auch was die Minima anbetrifft. Nach NIHLGÅRD (1969), etwas verändert.
Nur im Frühjahr vor dem Blattaustrieb der Buche liegen die Minima tiefer als im Fichtenbestand, dessen immergrüne Kronen die nächtliche Ausstrahlung behindern. Während der Monate August bis Oktober unterscheiden sich Laub- und Nadelwald am wenigsten.

d Laubholzforsten, Pappelanpflanzungen und Robinienbestände

Laubholzanpflanzungen vegetationskundlich zu erfassen, erschien bisher nur selten notwendig und reizvoll. Eine Ausnahme bilden Aufforstungen von Naßböden, wie sie BUCHWALD (1951) im Forstamt Syke bei Bremen untersucht hat. Erlen-, Eschen-, Birken- oder Eichen-Bestände, die auf Wiesen oder entwässerten Mooren gepflanzt wurden, entwickeln sich im Prinzip ähnlich wie Kiefernaufforstungen von Magerrasen oder Heiden. Sie gleichen sich jedoch rascher an die standortsgemäßen Laubwaldgesellschaften an.

Pappelpflanzungen machen insofern eine Ausnahme, als sie sehr rasch emporwachsen, aber verhältnismäßig licht bleiben. Schattenertragende Arten der vorher vorhandenen Grünlandgesellschaften halten sich deshalb in ihnen am längsten. Als Objekte der Sukzessionsforschung verdienten sie aber wohl mehr Beachtung, als ihnen bisher zuteil wurde. Meistens werden Hybriden kanadischer Pappeln angepflanzt, auch in Flußauen, wo Schwarz- oder Silberpappeln von Natur aus vorkommen (WENDELBERGER-ZELINKA 1952 u. a.).

Einen Sonderfall stellen in verschiedener Hinsicht die Anpflanzungen der Robinie *(Robinia pseudacacia)* an Böschungen und auf Halden dar. Diese aus Nordamerika stammende Leguminose bereichert den Boden zwar nicht durch ihre Knöllchen, wohl aber durch ihre Blattstreu (HOFMANN 1961) so sehr mit Stickstoff, daß sich zahlreiche Ruderalpflanzen unter ihren lichten Kronen ansiedeln (s. Abschnitt D VIII). Auf den Kriegstrümmern der Großstädte, z.B. Berlins, war sie ein spontaner Waldpionier. KOHLER und SUKOPP (1964) unterscheiden hier einen „Straußgrastyp" (mit *Agrostis tenuis*) auf basenarmen und trockenen Böden und einen „Schöllkrauttyp" auf humusreicheren und feuchteren Böden (mit *Chelidonium majus, Galium aparine, Urtica dioica* und *Geranium robertianum*). An warmtrockenen Standorten verbreitete sich die Robinie im südlichen und östlichen Mitteleuropa ohne Hilfe des Menschen, ja ist hier einheimischen Hölzern stellenweise überlegen (KOHLER 1968). JURKO (1963) faßt die Robinienbestände der Tschechoslowakei deshalb nicht als Forstgesellschaften, sondern bereits als Assoziationen auf; er beschrieb z.B. ein *Balloto-Robinietum* auf Flugsand, ein *Solidagino-Robinietum* auf Aueböden und ein *Chelidonio-Robinietum*, das dem „Schöllkrauttyp" entspricht. An den Robinienforsten- bzw. Wäldern erleben wir also heute in Mitteleuropa die Neuentstehung einer Gruppe von Pflanzengesellschaften mit, wie sie sich früher auch im Falle der Glatthaferwiesen oder mancher Ruderalfluren vollzogen haben mag (s. Abb. 499).

e Auswirkungen von Nadelholz-Monokulturen auf Standorte von Laubwäldern

Von der Schweiz abgesehen, wo schon seit Generationen naturnaher Waldbau betrieben wird, nehmen Nadelholz-Monokulturen in Mitteleuropa immer größere Flächen ein und werden dadurch mehr und mehr zu einem Problem der Landschaftspflege. Dieses hat zumindest drei Seiten – eine ästhetische, eine ökonomische und eine ökologische; wir können uns hier nur mit der dritten befassen und auch zu ihr nur kurz Stellung nehmen. Wirken sich künstlich geschaffene Reinbestände nachteilig auf das biologische Gleichgewicht und den Standort aus? Diese Frage ist nicht leicht und jedenfalls nicht allgemein zu beantworten.

Wie bereits in Abschnitt a betont, handelt es sich bei den Forstgesellschaften zwar um Reinbestände bestimmter Baumarten, jedoch in jedem Falle um Lebensgemeinschaften, an denen zahlreiche Arten beteiligt sind. In der Natur haben wir bereits viele artenarme Gemeinschaften kennengelernt, beispielsweise die Pflanzengesellschaften der Gewässer, Moore, Marschen und Dünen, aber auch manche Wälder auf extremen Standorten. Diese bilden oft „natürliche Monokulturen", indem eine einzelne Baumart absolut vorherrscht, sei es *Alnus glutinosa* im Bruchwald, *Pinus sylvestris* an den verschiedensten „randlichen" Standorten der natürlichen Waldlandschaften, aber auch *Picea abies* in der hochmontanen oder *Pinus cembra* in der subalpinen Stufe der Zentralalpen. Die Frage ist also nur, ob Reinbestände, die vom Menschen in einer von Natur aus baumartenreicheren Landschaft angepflanzt wurden, besonders nachteilige Auswirkungen haben, vor allem dort, wo Nadelhölzer anstelle von Laubhölzern vorherrschen.

Bei Stürmen, die vorwiegend im Herbst oder Frühjahr auftreten, sind immergrüne Nadelholzbestände zweifellos stärker gefährdet als die zu dieser Zeit blattlosen Laubholzbestände. Das ließ sich unter vergleichbaren Bedingungen bei der letzten Sturmkatastrophe in Niedersachsen am 13. November 1972 vielerorts beobachten (s. z.B. KREMSER 1974). Unbestreitbar ist auch die relativ große Brandgefahr in Nadelholzbeständen, zumal wenn das tote Holz nicht mehr sorgfältig entfernt wird und die Nadelstreu in einer Trockenperiode ausdörrt. Bei der Brandkatastrophe im August 1975 sind in Niedersachsen 8213 ha Wald verbrannt, und zwar vorwiegend Kiefernforsten. Im langjährigen Durchschnitt entstanden hier 69% aller Waldbrände in Kiefernbeständen bis zu 40 Jahren, weitere 18% in älteren Kiefernforsten. Laubwaldbrände gab es dagegen nur in 5% der Fälle („Unser Wald" 1975, 27). Auch in den übrigen Kiefernforsten der Bundesrepublik brennen im Jahresdurchschnitt mehr als 5 ha pro 10 000 ha ab, z.B. im sandigen Flachland Schleswig-Holsteins, im Nürnberger Becken und in der Oberpfalz. Wie WALTER (1967) betont, sind Kiefern geradezu an Feuer angepaßt und verdanken diesem in Nord- und Osteuropa ihre große Ausbreitung in der Naturlandschaft. Von Zeit zu Zeit erfolgende Waldbrände schaffen solchen Pionierhölzern nicht nur große Freiflächen, sondern fördern sogar die Keimung ihrer Samen. Reine Nadelholzwirtschaft bedeutet also die Vergrößerung eines Faktors, der in borealen und kontinentalen Bereichen Europas wie Nordamerikas als „normal" betrachtet werden muß.

Gegen bestimmte Schädlinge – seien es Insekten, Pilze oder andere Organismen – ist jeder Reinbestand stärker gefährdet als Mischbestände, im Naturwald wie im Forst. Was bei Nadelbeständen in Laubholzgebieten die Schädlingsgefahr erhöht, ist vor allem die Tatsache, daß hier in der Regel ein im Winter milderes und im Sommer feuchteres Klima herrscht als in den natürlichen Nadelholzgebieten. Nach HESMER und SCHROEDER (1963) hat beispielsweise der Jungbäume abtötende Kiefernschüttepilz *(Lophodermium pinastri)* wesentlich dazu beigetragen, daß sich die Kiefer aus Nordwestdeutschland seit der postglazialen Wärmezeit zurückzog und sich nur noch an Moorrändern und anderen konkurrenzarmen Standorten gegen das Andringen der Laubhölzer behauptete. Ein solcher Schädling wird für den Reinanbau von *Pinus sylvestris* immer ein erhöhtes Risiko bedeuten. Die florenfremde Weihmouthskiefer *(Pinus strobus)* wurde von einem Blasenrost weitgehend anbau-unwürdig gemacht. Ähnliches könnte mit anderen Fremdlingen geschehen (vielleicht auch mit der Douglasie!), kaum jedoch mit Arten, die wie *Pinus sylvestris* und *Picea abies* niemals ganz aus dem Gebiet verschwunden waren, also zum einheimischen Artenbestand gehören (s. Abb. 21).

Nimmt man die Risiken der Stürme, Brände und Schädlinge in Kauf, weil sie betriebs- und volkswirtschaftlich durch erleichterte Waldtechnik und höhere Erträge aufgewogen und auf lange Sicht übertroffen werden, so bleibt die Frage, welche Auswirkungen die Nadelholz-Reinbestände auf den ehemaligen Laubholzboden haben. Noch vor 10–20 Jahren befürchtete man ein Nachlassen der Fruchtbarkeit durch Versauerung und Podsolierung, d. h. durch einen Vorgang, der einen langfristigen Wertverlust bedeutet. Diese Befürchtung erschien gut begründet, weil man beispielsweise in der Lüneburger Heide an vielen Stellen beobachten kann, daß Kiefern auf Orterdeböden stocken, während benachbarte Buchen- oder Eichenwälder eine zwar saure, aber kaum podsolierte Parabraunerde besiedeln. Inzwischen hat man erkannt, wie ungerecht dieser Vergleich ist; denn die Kiefern wurden in einer Heide gepflanzt, durch deren Einwirkung schon vor dieser Aufforstung ein Heidepodsol entstanden war (s. Abschnitt D II 3 c), während der Laubwald weniger stark unter der extensiven Wirtschaft früherer Jahrhunderte gelitten hatte. Oft sind beide Bestände durch eine alte Besitzgrenze getrennt (ELLENBERG 1969, s. Abb. 414). Meist fällt noch ein anderer Unterschied für das Laubgehölz ins Gewicht: Sein Boden ist primär etwas tonreicher, d. h. gegen Podsolierung widerstandsfähiger, als in der Umgebung, wo der Naturwald rascher zu Heide degradiert werden konnte. Ein so kleinräumiger Wechsel der Bodenart ist bei glazialen Ablagerungen nichts Ungewöhnliches.

Überall, wo man kritisch an derartige Vergleiche heranging, hat man bisher keine wesentliche Verschlechterung des Bodens unter solchen Nadelholz-Reinbeständen feststellen können, die an die Stelle von Laubhölzern gesetzt wurden. Nach den Untersuchungen von GENSSLER (1959) im Harz und Solling und anderen Mittelgebirgen ist zwar der p_H-Wert von Fichten-Auflagehumus meist etwas niedriger als der von Buchenhumus. Sichtbare Podsolierungs-Erscheinungen traten aber selbst nach 250-jähriger Einwirkung von Fichtenbeständen nicht auf, und ein Nachlassen ihrer Leistung ließ sich ebenfalls nicht nachweisen. Gleiches fanden HOLMSGAARD (1968) und HOLSTENER-JØRGENSEN (1968) im dänischen Jungmoränengebiet, wo sich weder im Höhen- noch im Massenzuwachs der Fichte Unterschiede zwischen erster und zweiter Baumgeneration zeigten und auch die während der ersten Jahrzehnte aufgebaute Humusschicht in ihrer Mächtigkeit und Beschaffenheit gleich blieb. GENSSLER kommt außerdem zu dem zunächst überraschenden Ergebnis, daß die Unterschiede der Böden benachbarter Laub- und Nadelholzbestände auf den primär ärmsten Böden meist am geringsten seien. Dies erklärt er dadurch, daß auf solchen Böden Buchen und selbst Eichen ebenfalls eine Rohhumusdecke bilden. Aber auch für reichere Braunerden konnte man nach FIEDLER (1967, s. auch NIHLGÅRD 1971) einen bodenverschlechternden Einfluß von Fichtenforsten nirgends sicher belegen. Auf diesen Böden bildet sich zwar eine Moderdecke, die unter Laubhölzern fehlt; doch bleibt diese nach einigen Jahrzehnten konstant, weil sich Zufuhr und Abbau organischer Substanz die Waage halten. In einer solchen Moderdecke ist die biologische Aktivität gesteigert. RAWALD und NIEMANN (1967) fanden beispielsweise, daß ihre Atmungsfähigkeit etwa doppelt so groß ist wie die des vergleichbaren Laubholzbodens, und daß auch die Dehydrogenase- und die Polyphenoloxidase-Aktivität höhere Werte erreichen. Nicht selten liefert der Auflagehumus außerdem mehr Mineralstickstoff, was schon SCHÖNHAAR (1955, s. auch FROMENT u. REMACLE 1975) nachwies. Die Anreicherung von Phosphor (KRIEBITZSCH 1976) sowie von Spurenelementen im Humus (DELECOUR 1968) könnte hierbei eine Rolle spielen. Im Traufbereich der Kronen ist die Nährstoffversorgung des Unterwuchses besonders gut. Das läßt sich z. B. an der Stoffproduktion von Moosen ablesen (Abb. 421).

Da die Fichte durchschnittlich flacher wurzelt als die Buche und viele sonstige Laubhölzer, ist es nicht ausgeschlossen, daß sie an etwas vernäßten Standorten den Unterboden zu wenig erschließt und zu dessen Verdichtung beiträgt. Um diese Möglichkeit sorgfältig zu studieren, wählte MIEHLICH (1970) einen primär überall homogenen Pseudogley auf der nördlichen Iller-Lechplatte und verglich dort einen Eichen-Buchen-Altbestand und einen Fichtenbestand in zweiter Generation nach insgesamt 120 Jahren Fichtenanbau. Er fand keinerlei Hinweise, daß der – an und für sich sehr anfällige – Boden verdichtet wurde. Im übrigen konnte er die chemischen Feststellungen der bisher erwähnten Autoren bestätigen. Ebensowenig wie auf die Bodenstruktur scheint sich der Nadelholzanbau auf die Wasserbilanz von Böden eindeutig auszuwirken. Ein ungünstiger Einfluß (der in Gebieten mit Trockenperioden durchaus spürbar ist) ließ sich nach NOIRFALISE (1967) in humidem Klima nicht durchgehend nachwei-

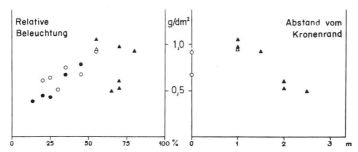

Abb. 421. Die Stoffproduktion der Moosdecke in einem Fichtenforst wächst mit der Beleuchtungsstärke (links), nimmt aber bei mehr als 50% relativer Beleuchtungsstärke mit steigender Entfernung vom Rande der Baumkronen ab. Nach TAMM (1953), etwas verändert.
Die Ursachen dieser Abnahme liegen in der geringeren Nährsalzversorgung durch das vom Kronenrand herabtropfende Wasser. (Die verschiedenen Zeichen beziehen sich auf Untersuchungen zu verschiedenen Terminen.)

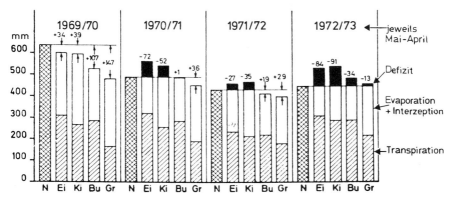

Abb. 422. Wasserbilanzen von Eichen-, Kiefern- und Buchenwäldern sowie einer Graslandfläche (Gr) für vier Jahre mit unterschiedlicher Niederschlagsmenge (N). Mittelwerte aus jungen, mittelalten und alten Beständen in der Umgebung von Frankfurt a. M. Nach BRECHTEL (1975), etwas verändert.
In dem feuchten Wasserwirtschaftsjahr (1. Mai 1969–30. April 1970) war die Gesamtverdunstung von allen Pflanzenbeständen geringer als die Gesamtniederschläge. Der Boden konnte also Wasser speichern bzw. ans Grundwasser abgeben (34 bis 147 mm). In den folgenden, trockeneren Jahren wurde mehr Wasser verbraucht, als durch Niederschläge geliefert wurde; es ergaben sich teilweise beträchtliche Defizite.
Stets verdunsteten die Waldbestände mehr als das öfters gemähte Grasland, und die Lichtholzbestände (Ei, Ki) mehr als Buchenbestände (Bu). die Transpiration (oder „produktive Verdunstung") betrug beim Grasland stets weniger als die „unproduktive Verdunstung" (d.h. der Wasserverlust durch direkte Verdunstung aus dem Boden und durch Interzeption im Pflanzenbestand). Bei Eiche und Kiefer hielten sich beide etwa die Waage; bei der Buche waren Interzeption und Evaporation relativ gering. Mit anderen Worten: Das Ökosystem Buchenwald ging in allen Jahren am rationellsten mit dem Wasser um (s. auch Tab. 23).

sen. NIHLGÅRD (1970b) fand allerdings in Südschweden, daß der Boden unter Fichte stärker austrocknet als unter Buche, weil die Fichte länger stomatär transpiriert und mehr Niederschlag im Kronendach zurückhält. Zu ähnlichen Ergebnissen kam BENEKKE (1972, 1976) für den Solling, in dessen niederschlagsreichem Montanklima die zum Grundwasser hinabsickernde Wassermenge unter Fichtenforst wesentlich geringer ist als unter dem naturnahen Hainsimsen-Buchenwald (s. Tab. 23 u. 106). Nach den Befunden von BRECHTEL (1975) geht die Buche überhaupt sehr rationell mit dem Wasser um (Abb. 422). Sie übertrifft in dieser Hinsicht auch die Eiche, während sich Eiche und Kiefer – zumindest in der Gegend von Frankfurt a. M. – nicht signifikant unterscheiden.

Tab. 106. **Phytomassen-Vorrat und -Produktion sowie chemische Daten im Buchenwald und Fichtenforst** in Südschweden 1968. Nach Angaben von Nihlgård (1972); alles in t/ha Trockengewicht (außer beim Stickstoffgehalt und beim Volumen)

			Vorrat[1])		Produktion[2]) pro Jahr	
		Baumart:	Bu	Fi	Bu	Fi
		Alter:	100	55	100	55
Phytomasse						
oberirdisch:	Stammholz	t/ha	212	240	4,6	8,6
	Stammborke	,,	9	22	0,2	0,8
	Äste mit Borke	,,	103	46	6,2	0,9
	Beblätterte Zweige	,,			3,9	3,3
	Sommerlicher Blattfall	,,			0,2	0,1
	Baumschicht insgesamt	,,	324	308	15,1	13,7
	Krautschicht (Juli 67)	,,	0,2	<0,1	0,3	<0,1
unterirdisch:	Baumwurzeln (berechnet)	,,	49	58		
	zusätzl. Feinwurzeln (geschätzt)	,,	0,5	0,8	2,4	2,6
	Baumschicht insgesamt	,,	50	59		
	Krautschicht-Wurzeln	,,	1,5	<0,1		
lebende Phytomasse insgesamt		,,	375	367	17,8	16,3
Volumen der Baumschicht, oberirdisch						
	Stamm + Äste + Borke	m³/ha	553	802	18,7	26,3
Chemische Zusammensetzung (Juli 67)						
Org. Substanz:	Phytomasse	t/ha	375	367	7,6	6,8
	Streu	,,	2,7	9,1	3,0	2,7
	Boden	,,	207	207	–	–
Wassergehalt:	Phytomasse	,,	284	510	–	–
	Streu	,,	6	19	–	–
	Boden	,,	1920	1400	–	–
Stickstoffgehalt:	Bestand	kg/ha	1121	860	204	67
	Streu	,,	90	250	69	58
	Boden	,,	7800	6900	–	–

[1]) Der 55-jährige Fichtenbestand hat im Laufe seines Lebens fast ebenso viel stehende lebende Masse erzeugt wie der 100 jährige Buchenbestand an gleichem Standort, wenn man die Phytomasse als Trockensubstanz mißt (367 bzw. 375 t/ha TG). Sein Volumen ist aber bereits wesentlich größer (802 gegenüber 553 m³/ha). Dementsprechend hoch ist der Wassergehalt der Phytomasse, aber auch der Wasserentzug aus dem Boden (s. auch Tab. 23).
[2]) Beide Bestände produzieren pro Jahr etwa gleich viel organische Trockensubstanz (Fi 16,3; Bu 17,8 t/ha). Die Fichte liefert jedoch in erster Linie Stammholz (8,6 t/ha/Jahr), die Buche dagegen weniger gut nutzbares Astholz (6,2), in dem sie relativ viel Stickstoff speichert.

Immergrüne Nadelbäume, besonders Schatthölzer, haben in der Regel eine größere Oberfläche als Laubhölzer unter vergleichbaren Bedingungen. Das liegt vor allem daran, daß mehrere Jahrgänge von Nadeln (bis zu 12!) zumindest in den oberen Kronenteilen funktionsfähig bleiben. Nach den minutiösen Bestimmungen von DROSTE zu HÜLSHOFF (1969) im Ebersberger Forst bei München ist die Gesamtoberfläche eines Fichtenbestandes über der Erde 26,2 mal so groß wie die überschirmte Bodenoberfläche (und die der Nadeln allein 21,6 mal, s. Tab. 107). Vollbelaubte Buchenbestände bringen es auf ähnlichen Braunerdeböden höchstens auf das 14- bis 17fache.

Tab. 107. **Vorrat und Zuwachs an Trockenmasse sowie Oberfläche eines Fichtenbestandes** im Ebersberger Forst bei München. Nach Angaben von Droste zu Hülshoff (1969)

	Gesamt	Holz-schäfte	Trieb-achsen	Nadeln	Trocken-äste
Oberirdischer Trockengewichts-Vorrat (to/ha)	322	268	28,3	15,9	10,0
Oberirdischer jährlicher Trockengewichts-Zuwachs (to/ha)	15,5	5,9	3,3	6,3	–
Oberflächen-Index (m^2 pro m^2 Bodenoberfläche)	26,2	1,3	2,8	21,6	0,5

Die Filterwirkung für Luftverunreinigungen ist daher bei Fichtenbeständen entsprechend größer. Nach ULRICH und MAYER (1973) werden vom Buchenbestand im Solling 6–17 kg Schwefel pro Hektar und Jahr aus der Luft ausgekämmt, vom benachbarten Fichtenbestand dagegen 31–50. Da es sich hier um schweflige oder Schwefelsäure handelt, macht sich der Mehrbetrag in einer stärkeren Versauerung des Bodens bemerkbar. Wie KNABE (1975) am Beispiel des Ruhrgebietes darlegt, ist nicht nur die Filterwirkung der Fichte für SO_2, sondern auch ihre Anfälligkeit gegen dieses Schadgas größer als die der Laubhölzer, deren Blätter ja alle Jahre erneuert werden und in der kühleren Jahreszeit den dann gesteigerten Immissionen entgehen. In der Nähe von starken Emittenten und von Industrieballungen empfiehlt sich daher der Anbau von Nadelhölzern nicht, so erwünscht ihre Filterwirkung wäre. Aus dem Kernraum des Ruhrgebiets sind Nadelbäume ohnehin so gut wie ganz verschwunden.

f Auswirkungen der Forstdüngung auf die Bodenvegetation

Zwar haben die Nadelholzforsten die Fruchtbarkeit ihrer Böden nicht oder kaum beeinträchtigt. Trotzdem sind diese Böden großenteils sehr basen- und nährstoffarm, und zwar deshalb, weil sie bereits vor der Aufforstung durch extensive Beweidung und (oder) durch Streunutzung verarmten. Um ihre Leistungsfähigkeit zu heben, wurden und werden sie in manchen Revieren gedüngt. Man sollte hierin nichts Unnatürliches sehen, denn es handelt sich ja um alte Wirtschaftsflächen, denen der Forstmann zurückgibt, was ihnen seine bäuerlichen Vorfahren entzogen haben (s. Abb. 20).

Nach DUCHAUFOUR und TURPIN (1960) kann man die Produktionsleistung von Kiefern und Fichten auf starksauren Rohhumusböden beträchtlich durch Volldüngung mit hohen Anteilen von Ammonsulfat steigern. Der Erfolg ist geringer, wenn man gleichzeitig kalkt, weil dann der Humusabbau beschleunigt wird und Stickstoff-Verluste eintreten. Auch ZÖTTL (1959, 1964) betont, daß es in erster Linie auf die Verbesserung der Stickstoffernährung ankomme. Nach KRIEBITZSCH (1976) gehören jedoch Phosphor und Kalium zu den Schlüsselbedingungen für die Stickstoffmineralisation, so daß auch diese Nährstoffe in genügender Menge verfügbar sein sollten.

Schon eine bloße Kalkung kann sich in einer zumindest vorübergehenden Verbesserung der Stickstoffnachlieferung auswirken. In einem *Dicranum*-Fichtenforst des Thüringer Waldes förderte sie daher nach SCHLÜTER (1966) durchweg gewisse Stickstoffzeiger, namentlich:

Urtica dioica   *Cirsium vulgare*
Rubus idaeus   *Moehringia trinervia*
Senecio fuchsii

aber auch andere „anspruchsvolle" Arten, die in den ungekalkten Parzellen nicht vorkommen, z.B.:

Epilobium montanum   *Oxalis acetosella*
Mycelis muralis   *Athyrium filix-femina*
Luzula pilosa

Schon im ersten Jahr nach der Kalkung traten Verschiebungen ein, und noch nach zehn Jahren waren die floristischen Unterschiede deutlich. Ähnliches kann man bei Düngung mit Stickstoffsalzen oder Ammoniakgas beobachten. Die anhaltende Wirkung selbst einmaliger Düngergaben in Waldbeständen erklärt sich vor allem daraus, daß der Stickstoffgehalt der Nadeln signifikant zunimmt (ZÖTTL u. KEMMEL 1963) und daß diese Nadeln die Streu bereichern. Zugleich verbessern sich die Lebensbedingungen der am Streuabbau beteiligten Bodenorganismen, namentlich der Myriopoden, Isopoden und Lumbriciden (TRAITTEUR-RONDE 1961). Durch Ernten des Holzes wird dem Kreislauf der Stoffe nur wenig entzogen, so daß die Düngung nicht so oft wiederholt zu werden braucht wie bei einer Wiese oder einem Acker (s. auch Abschnitt B II 4e).

2 Vegetation der Waldlichtungen und Waldbrandflächen

a Werden und Vergehen der Waldlichtungs-Vegetation

Mit der Monokultur von Nadelhölzern ist notwendig die künstliche Vorsorge für den Baumnachwuchs verbunden. Meistens bemüht man sich gar nicht um deren häufig mißlingende „Naturverjüngung", sondern begründet jede Baumgeneration erneut durch Pflanzung. Diese gerade in Fichten- und Kiefernforsten weit verbreitete Kahl-

Abb. 423. Weidenröschen-Kahlschlag in einem Fichtenforst auf der böhmisch-mährischen Höhe. *Epilobium angustifolium, Calamagrostis epigejos* und *Juncus conglomeratus* (ein Vernässungszeiger) sind zu erkennen. Phot. ILTIS.

schlagwirtschaft bot einer Gruppe von raschlebigen, stickstoffbedürftigen Waldlichtungs-Bewohnern die Möglichkeit, auf großen Flächen besondere Gesellschaften auszubilden (Abb. 423).

Solche <u>Lichtungsfluren</u> gab es auch in den Naturwäldern, und ihre charakteristischen Arten gehören zu dem ursprünglichen Florenbestand Mitteleuropas (s. Abschnitt A I 2). Sie besiedelten in den mitteleuropäischen Urwäldern aber doch nur relativ kleine Flächen, die hier und dort durch das Absterben oder Niederbrechen überalterter Bäume entstanden (Abschnitt B II 2 a u. B. IV 2 d). Selbst bei katastrophalen Windwürfen, wie sie zuweilen auch in Naturwäldern vorkommen, bleiben immer einige Jungbäume, Sträucher und Kräuter des Unterwuchses erhalten, die sich sogleich den stärkeren Lichteinfall zunutze machen. Außerdem beschatten die liegenden Stämme und Äste einen Teil des Bodens und helfen damit die Bedingungen erhalten, unter denen die eigentlichen Waldpflanzen konkurrenzfähig bleiben. Ähnliche Standortsverhältnisse herrschen vorübergehend in den kleinen Lichtungen, die beim sogenannten Femelschlag entstehen (Abschnitt A II 3 b), wie er z. B. in der kahlschlaglosen Waldwirtschaft der Schweiz schon seit langem üblich ist.

Beim <u>Kahlschlag</u> von Nadelholzforsten dagegen entfernt man den gesamten Baumbestand, und beim Zurichten und Rücken der Stämme zerstört man den Unterwuchs so sehr, daß wenig von ihm übrig bleibt. Plötzlich hat die Sonne überall freien Zutritt und fördert lichtbedürftige Arten, deren Samen alljährlich auf den Waldboden gelangen, sich aber im dichten Wald nicht zu entwickeln vermögen. Sie gedeihen nun um so kräftiger, da die Stickstoffvorräte der Humusdecke infolge der mechanischen Verletzungen und infolge der starken Erwärmung der nicht mehr beschatteten Oberfläche rascher mobilisiert werden (s. Abb. 424). Wenn der Kahlschlag allseitig von Baumbeständen umgeben und dadurch windgeschützt ist, ähnelt sein Lokalklima dem einer Doline: In klaren Nächten sammelt sich die abgekühlte, schwerere Luft am Boden und

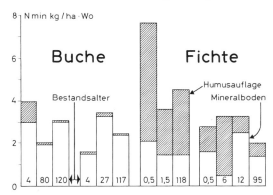

Abb. 424. Die Stickstoff-Mineralisation des humosen und des mineralischen Oberbodens ist in Kahlschlägen keineswegs immer stärker als in benachbarten Wäldern an gleichen Standorten. Nach stichprobenhaften Messungen von CLAUSNITZER (unveröff.)

Das scheint insbesondere für Kalkbuchenwälder (drei Säulen ganz links) und Moderbuchenwälder zu gelten (anschließende drei Säulen), bei denen allerdings keine frischen Kahlschläge in den Vergleich einbezogen werden konnten. Bei Fichtenforsten auf basenreichen Böden wird unmittelbar nach dem Kahlschlag die N-Mineralisation sehr gesteigert, besonders in der Moderdecke, die sich aus Nadelstreu unter dem Vorbestand gebildet hatte (linke Säule der dritten Dreiergruppe). Auf starksauren Böden war ein entsprechender Effekt nicht festzustellen (rechte vier Säulen).

Durch bloßen Vergleich nebeneinander liegender Probeflächen läßt sich die Dynamik der Mineralstickstoff-Mobilisation beim Kahlschlag allerdings nicht klären. Hierfür wären jahrelange Untersuchungen in einer und derselben Probefläche erforderlich.

bewirkt schärfere Fröste als im Wald oder im windoffenen Freiland; während des Tages dagegen kommt es zu überhöhten Temperaturen (BJOR 1972, s. Abb.425, vgl. auch LÜTZKE 1961). Derart nachteilige Wirkungen treten in kleineren Lichtungen, z. B. in den von SCHLÜTER (1966c) untersuchten „Lochhieben", nicht auf, weil die in der Nähe stehenden Bäume die Aus- und Einstrahlung behindern. Oft ist Kahlschlagboden in dem humiden Klima Mitteleuropas etwas feuchter als der benachbarte Forstboden (Abb. 426), weil die „Pumpen" der Bäume zu arbeiten aufgehört haben und die krautigen Besiedler anfangs noch nicht zahlreich genug sind, um die Wasservorräte auszuschöpfen. So kommt es, daß sich eine Kraut- oder Grasflur von ungewöhnlicher Üppigkeit entwickeln kann, und daß darin oft auch Feuchtigkeitszeiger auftreten (Abb. 423). Kahlschlagfluren erinnern nicht selten an die Hochstaudenfluren der subalpinen Stufe; sie enthalten einige ihrer Partner, z.B. *Epilobium angustifolium.*

Dieser günstige Zustand dauert aber nicht lange. Die rasch mobilisierten Nährstoffvorräte sind nach zwei bis drei Jahren aufgebraucht (Abb. 424). Mehrjährige krautige Pflanzen, die teilweise schon im ersten Jahre keimten, verdrängen nach und nach die kurzlebigen. Auch Sträucher und Jungbäume treten in Erscheinung, unter denen zunächst Pionierhölzer wie Holunder, Birken oder Weiden vorherrschen. Mit dem Aufwachsen der Hauptbaumart nimmt das Artengefüge am Boden immer mehr waldähnliche Züge an, bis von der Lichtungsflora nur noch kümmernde Reste verbleiben.

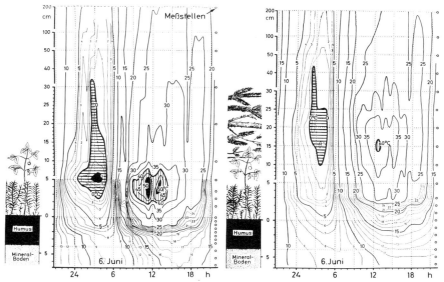

Abb. 425. Wie extrem „kontinental" das Klima auf einem Kahlschlag im Fichtenwald sein kann, zeigen die Isothermen eines klaren Sommertags nach genauen Temperatur-Registrierungen in Süd-Norwegen. Bedeckung mit Fichtenzweigen (rechts) mildert die Temperatur-Extreme und schafft in Bodennähe ein weniger kontinental getöntes und eher waldähnliches Klima, das für den Jungwuchs der Bäume günstiger ist. Nach BJÖR (1972), verändert.
Der Höhenmaßstab ist logarithmisch und umfaßt Meßstellen von 2 m über dem Boden bis 7 cm im Boden. Die Bereiche unter 0 °C sind waagerecht schraffiert, unter − 3 °C geschwärzt. Bereiche über 40° sind durch senkrechte Schraffen, über 50° durch Schwärzung hervorgehoben. Im Laufe eines Tages kann es auf dem Kahlschlag in Bodennähe kurz vor Sonnenaufgang scharf frieren, um die Mittagszeit dagegen wüstenhaft heiß werden. (Derart extreme Schwankungen beobachtet man nur auf großen, windgeschützten Kahlschlägen in ebener Lage. In kleinen Lichtungen, z. B. in „Lochhieben", verhindert die Horizontabschirmung allzustarke Aus- und Einstrahlung.)

In Wirtschaftswäldern kürzt der Forstmann die sich über Jahre hinziehende Sukzession dadurch ab, daß er nach dem Kahlschlag eine neue Generation Nadelhölzer pflanzt und gegen die Konkurrenz der Lichtungspflanzen schützt, indem er diese abmäht oder mit Herbiziden bekämpft, wie dies bei dem Mangel an Arbeitskräften heute immer mehr üblich wird (s. GÜNTHER 1965). Eine rationelle Unkrautbekämpfung ist aber nach PASSARGE (1970) nur möglich, wenn man die natürliche Vegetationsabfolge nach Kahlschlag genau kennt. An nährstoffarmen und trockenen Standorten verläuft diese Sukzession am langsamsten.

Immer wieder ist man überrascht, wie schnell sich die Kräuter der Waldlichtungsfluren selbst auf einem großflächigen Kahlschlag einstellen. Dies liegt nach KARPOV (1960) daran, daß viele Samen schon am Boden des dichten Waldes lagern und nur auf günstige Entwicklungsbedingungen warten. In einem westrussischen Heidelbeer-Fich-

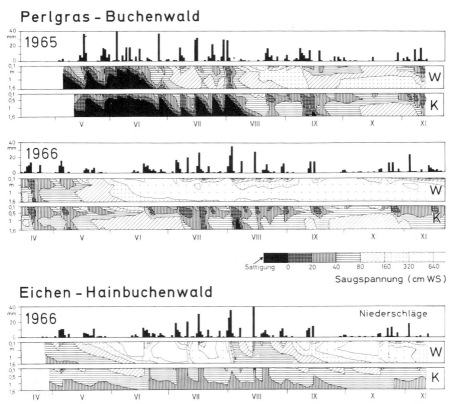

Abb. 426. Laubwälder der collinen Stufe entziehen dem Boden stets mehr Wasser als benachbarte Kahlflächen (K), vor allem aber in einem Sommer, der auf einen trockenen Winter folgt (1966). Ein Buchenwald wirkt sich in dieser Hinsicht stärker aus als ein Eichen-Hainbuchenwald. Nach farbigen Darstellungen von BRÜLHARDT (1966), verändert (s. auch Abb. 422).
Die Probeflächen liegen im nördlichen Zürcher Mittelland und haben tiefgründigen, versauerten Lößboden (Bu) bzw. stärker sandigen Boden mit Schotteruntergrund (EiHb). Als Maß für den Wasserzustand des Bodens dient die mit Tensiometern in gestaffelter Tiefe gemessene Saugspannung (in cm Wassersäule). Der Meßbereich dieser Tensiometer endet bei etwa 800 cm, d. h. bei weniger als 1 atm; die Baumwurzeln standen also allenfalls nur kurzfristig unter Wasserstreß. In den dicht durchwurzelten oberen 10 cm des Bodens, die mit Tensiometern nicht erfaßt werden können, mag die Saugspannung jedoch öfters und längere Zeit über 1 atm angestiegen sein.

tenwald stellte er pro m² 1300 bis 5000 keimfähige Samen fest. Die meisten davon stammten nicht aus der Waldgesellschaft selbst, sondern aus Kahlschlagfluren, z. B. *Epilobium angustifolium, Deschampsia cespitosa* und *Rubus idaeus*. Sie werden alljährlich erneut durch Wind, Vögel, Nagetiere u. dgl. herangebracht und gehen nach der Keimung durch die Wurzelkonkurrenz der Bäume zugrunde. Wie dicht der alljährliche „Samenregen" sein kann, ermaß R. H. WAGNER (1965) in einem strahlungsgeschädigten nordamerikanischen Eichenwald mit Hilfe von Leimfallen. Auf m² umgerechnet fanden sich hier z. B. 91,6 Früchte von *Conyza canadensis* sowie zahlreiche Früchte oder Samen von Gräsern, Compositen und anderen nicht im Walde vorkommenden Arten ein. Sogar völlig standortsfremde und nur in großer Entfernung wachsende Arten waren reichlich vertreten, z. B. *Phragmites australis* mit 21,7 und *Typha latifolia* mit 8,4 Verbreitungseinheiten pro m².

Wichtigste Voraussetzung für eine erfolgreiche Ansiedlung der Waldlichtungs-Kräuter und -Gräser ist zweifellos ein ausreichender Lichtgenuß, während Boden- und Klimafaktoren zunächst eine untergeordnete Rolle spielen. Als gutes Beispiel hierfür mag das von HÖPFNER (1966) gründlich untersuchte Landschilf *(Calamagrostis epigeios)* dienen. Die Konkurrenzkraft dieses Pioniergrases ist unabhängig von Bodeneigenschaften wie Korngrößengefüge, Gehalt an organischer Substanz und an Stickstoff oder mikrobielle Aktivität. Der Säuregrad darf alle in Mitteleuropa möglichen Werte annehmen, von p_H 1,85 bis 8,5 (in n KCl gemessen). Auch die Bodenfeuchte kann beträchtlich variieren, wenn nur im Frühjahr genügend Wasser zur Verfügung steht; und das ist in Mitteleuropa überall der Fall. Nur langdauernde Überflutung und häufiges Abmähen (oder andere Schädigung) vermag das Landschilf nicht zu ertragen, und Beschattung bringt es rasch zum Verschwinden.

Bis zu einem gewissen Grade verhindert die Kahlschlag-Vegetation das Aufkommen von Bäumen, aber nur dort, wo sie dicht geschlossen ist. Sogar niedrige Gräser wie die Drahtschmiele *(Avenella flexuosa)* können Baumkeimlinge hemmen. Hierbei spielen nach JARVIS (1964) Wurzelausscheidungen eine Rolle, die sich zumindest gegen Birken- und Lupinenwurzeln als wirksam erwiesen. Tatsächlich enthält der Humus unter *Avenella* auffallend wenige Mykorrhiza-Wurzeln von Birke und Eiche. Wahrscheinlich muß man die Wurzelkonkurrenz durch Gräser und niedrige Sträucher für das Absterben zahlreicher Baumkeimlinge verantwortlich machen, wobei es sich nicht immer um allelopathische Einflüsse zu handeln braucht. Dichte Bestände von *Nardus stricta* oder *Vaccinium myrtillus,* wie sie auf zeitweilig beweideten Waldlichtungen entstehen, behindern nach den Versuchen von LEIBUNDGUT (1964) die Ansamung von *Pinus sylvestris* und *Larix,* und zwar auch dort, wo keine Rohhumusdecke vorhanden ist.

In kleinen und stärker beschatteten Lichtungen werden die Lichtungsgräser und -kräuter selten so üppig, daß sie die Waldverjüngung verhindern könnten (s. Tab. 108). Auch die Aktivierung der Boden-Mikroflora ist hier weniger beträchtlich und nur in den ersten zwei Jahren spürbar (FAILLE 1975). Typisch ausgebildete Krautfluren, wie sie im nächsten Abschnitt beschrieben werden, findet man daher nicht in kleinen Auflichtungen, sondern nur auf großen Kahlschlägen oder Brandflächen.

Ähnliche Folgen für den Waldboden und die Vegetationsabfolge wie der Kahlschlag haben rasch laufende Brände, insbesondere Kronenfeuer, die wohl den Baumbestand, nicht aber den gesamten Auflagehumus zerstören. Oft stimulieren sie die Keimung der darin enthaltenen Samen von Lichtungspflanzen. Da die organisch gebundenen Nährstoffe durch das Feuer plötzlich mineralisiert werden, ist ihre Konzentration unmittelbar nach dem Brande besonders hoch. Doch werden sie teilweise durch Regenfälle

Tab. 108. **Einflüsse von Konkurrenten auf die Leistung von Jungbuchen** unter gelichtetem Buchen-Altholz. Nach Burschel und Schmaltz (1965)

Buchen-Jungpflanzen[1])	Blattfläche[1]) cm²/m²	Blätter[1]) TG g/m²	Phytomasse[1]) TG g/m²	Zuwachs[2]) TG g/m²
Ohne Konkurrenten	17 405	150	363	208
Altholz-Konkurrenz	15 447	168	362	211
Altholz- u. Unkraut-Konkurrenz[3])	11 750	171	281	169
Unkraut-Konkurrenz[3])	10 464	159	232	139

[1]) nach 2 Jahren   [2]) im Jahre 1963, ober- und unterirdisch
[3]) Gemeint sind Lichtungs-Kräuter und -Gräser. Unter dem Schirm von Altbuchen oder auf kleinen Lichtungen wachsen diese nicht so kräftig, daß sie Verjüngung der Buche unmöglich machen; doch beeinträchtigen sie den Baumjungwuchs bis zu einem gewissen Grade.

ausgewaschen und gehen der krautigen Vegetation verloren. Langsam vordringende Bodenfeuer beseitigen die Humusdecke und töten die meisten der darin lebenden Organismen, die dann aus der Umgebung erneut einwandern müssen. Außerdem beschwören sie die Gefahr der Bodenerosion herauf, wenn es sich um hängige Lagen handelt. Wo durch Brand oder Erosion der Mineralboden freigelegt wurde, keimen die Bäume rascher und zahlreicher als auf den Resten der Humusdecke. Aus diesen laufen dagegen viele Waldlichtungs-Gewächse auf, deren Samen die Hitze überlebten. Beide Beobachtungen machte YLI-VAKKURI (1961) in Finnland; sie lassen sich nach den Großbränden vom August 1975 in Kiefernrevieren der Lüneburger Heide vielfach bestätigen. Allerdings entwickelten sich Weidenröschen *(Epilobium angustifolium)*, Himbeeren *(Rubus idaeus)* und andere eiweißreiche Lichtungskräuter nur dort, wo sie durch Zäune gegen das zurückgekehrte und überall Futter suchende Wild geschützt blieben.

GRABHERR (1936) hat die verschiedenen Auswirkungen von Bränden auf den Boden und die von ihnen ausgelösten Vegetations-Abfolgen am Beispiel der naturnahen Nadelwälder des Karwendels in klassischer Weise dargestellt. Hier lassen sie sich besonders gut studieren, weil trockene Föhnwinde die Ausbreitung von Feuern begünstigen. In der montanen Stufe und in tieferen Lagen treten zunächst Brand-Moosgesellschaften auf. Diesen folgen Weidenröschen- und Brombeerstadien. Durch wiederholte Brände wird auf Mergelböden ein Pfeifengrasrasen geschaffen und erhalten, der bei Beweidung in Trockenrasen übergeht. Wird die Vegetationsentwicklung weniger stark durch Feuer oder Verbiß aufgehalten, so stellen sich Laubholz-Gebüsche und schließlich Waldgesellschaften ein, die sich mehr und mehr dem natürlichen Endstadium der Vegetationsentwicklung angleichen.

b Lichtungs-Krautfluren und -Gebüsche

Je nach den Boden- und Klimaverhältnissen und sonstigen Umständen vollziehen sich die Sukzessionen nach Waldlichtung oder -brand in verschiedener Weise. Das Artengefüge der einander ablösenden Gesellschaften spiegelt diese Umweltbedingungen deutlich wider und läßt Rückschlüsse auf die Zusammensetzung der Wälder zu, die hier von Natur aus gedeihen würden.

Die kurzlebigen Waldlichtungs-Krautfluren faßte TÜXEN (1950b) zur Klasse und Ordnung der Weidenröschen-Gesellschaften (*Epilobietea* und *Epilobietalia angustifolii*, s. Abschn. E III und Abb. 423) zusammen. Diese sind auf sauren Rohhumusböden

Abb. 427. Tollkirsche *(Atropa belladonna)* in der Schlagflur eines Tannen-Kalkbuchenwaldes im Schweizer Jura. Junge Eschen als Waldpioniere; vorn *Stachys sylvatica*.

am besten ausgebildet *(Epilobion angustifolii)*. In dem wärmeren Klima der Tieflagen tritt das Wald-Greiskraut *(Senecio sylvaticus)* hervor, in den höheren Lagen der subozeanischen Gebirge dagegen der Rote Fingerhut *(Digitalis purpurea)*. Artenreicher sind die Kahlschlagfluren auf Mullböden *(Atropion)*. Auf Braunerden herrschen Kahlschlag-Klettenfluren *(Arctietum nemorosi)*, auf kalkreichen Böden, insbesondere auf Rendzinen, dagegen Tollkirschen-Gestrüppe (*Atropetum belladonnae*, Abb. 427).

Stets folgen auf die Krautfluren Waldlichtungs-Gebüsche, die aber weder von den vorangehenden Krautfluren noch von den ihnen folgenden Forst- oder Waldgesellschaften scharf zu unterscheiden sind. Sie wurden daher erst spät als besondere Assoziationen beschrieben, deren Umgrenzung stets mehr oder minder willkürlich bleibt. Auf Rohhumusböden werden die Weidenröschenfluren von Gebüschen abgelöst, in denen Brombeerarten eine große Rolle spielen *(Lonicero-Rubion sylvatici)*. Auf Mullböden dagegen kommen vorübergehend Holunder und Salweide *(Sambuco-Salicion capreae)* oder andere anspruchsvolle Arten zur Herrschaft. Beschreibungen von einzelnen Gesellschaften findet man vor allem bei TÜXEN (1950b), OBERDORFER (1957) und PASSARGE (1957b). Vielfach vermischen sich die Partner der Waldlichtungs-Gebüsche mit denen der Waldmantel-Gebüsche, die wir im nächsten Abschnitt besprechen wollen.

IV Waldmäntel, Gebüsche, Hecken und deren Krautsäume

1 Strauchreiche Formationen unterhalb der subalpinen Stufe

a Entstehung und Wesen der Laubholz-Gesträuche

Nicht alle entwaldeten Flächen Mitteleuropas sind „ausgeräumt", d. h. völlig frei von Bäumen und Sträuchern, die an den einstigen Wald erinnern. Zwar blieben von der beweideten Parklandschaft früherer Jahrhunderte nur verschwindend kleine Reste. Doch gibt es noch in vielen Gegenden Feld- und Ufergehölze, Hecken oder „Knicks" sowie Baumgruppen verschiedenster Art. Landschaftspfleger sind heute eifrig bemüht, diesen „Flurholzanbau" in allen seinen Formen zu erhalten und womöglich auszudehnen, weil er den Wind bremsen hilft, Vögeln und anderem Getier Unterschlupf gewährt und das Landschaftsbild belebt. Erfreulicherweise bedient man sich dabei vorwiegend einheimischer und standortsgemäßer Holzarten (s. EHLERS 1960 sowie Abb. 428 u. 16).

Unsere Flora hält eine Fülle von Bäumen und Sträuchern bereit, die sich an solchen Kleingehölzen beteiligen können, auch wenn wir die natürlichen Weidengebüsche der Flußauen ganz außer Betracht lassen. Je nach Klima, Boden und Bewirtschaftung bilden sich besondere Gesellschaften, die sich in ähnlicher Weise standörtlich und geographisch gliedern lassen wie die Waldgesellschaften. In einigen Punkten unterscheiden sich diese Laubholz-Gesträuche oder strauchreichen Waldfragmente jedoch wesentlich von naturnahen Wäldern wie auch von Kunstforsten:

1. Sie bestehen fast ausschließlich aus Lichtholzarten, die im Schatten natürlicher Hochwälder kümmern oder zugrunde gehen würden. Deshalb können sie sich in der Naturlandschaft nur an Uferabbrüchen, scharfen Geländekanten, flachgründigen Steilhängen oder Felsschultern halten.

2. Da sie niedrig und an ihren Außenrändern bis zur Erde hinab beblättert sind, und da sie sich schon früh im Jahre begrünen, lassen sie nur wenig Licht auf den Boden dringen. Obwohl selber lichthungrig, sind sie also gegen andere Lichtbedürftige unduldsam. Infolgedessen geht Baumjungwuchs in ihrem Schatten oft zugrunde, und Waldkräuter gedeihen in den Gesträuchen schlechter als in vielen Hochwäldern.

3. Es handelt sich somit um fast reine Holzpflanzen-Gesellschaften, eine geradezu an Tropenwälder erinnernde Tatsache. Vegetationsaufnahmen, die sich streng auf das Innere älterer Gebüsche beschränken, enthalten vorwiegend Sträucher und Halbsträucher. Unter diesen befinden sich einige Lianen und Spreizklimmer, die mit dem raschen Höhenwachstum von Bäumen nicht Schritt halten könnten, das Strauchwerk aber leicht überspinnen, z.B. *Clematis vitalba* und *Lonicera periclymenum*.

Abb. 428. Wallhecken („Knicks") im südlichen Holstein. Phot. SCHMIDT.
Das Haselgesträuch vorn ist gerade abgeschlagen worden, das im Mittelgrund wächst nach. Da man kein Brennholz mehr braucht, läßt man heute viele Knicks „durchwachsen", so daß aus dem Gebüsch schließlich Streifen von Eichen (rechts hinten) oder anderen Bäumen entstehen.

4. Wegen ihrer geringen Höhe und wegen des Lichtbedarfs der meisten Partner sind die Gebüsche kaum geschichtet, sondern mehr mosaikartig zusammengesetzt. Nur durch Schonung einzelner gepflanzter oder spontan aufgewachsener Bäume, z. B. Eichen, Ulmen oder Eschen, entstehen mittelwaldähnliche, mehrschichtige Bestände. Diese leiten aber bereits zu Waldgesellschaften über.

5. Die Entwicklung der meisten Gebüsche verlief bei der früher üblichen Bewirtschaftung ausgesprochen rhythmisch, indem sie alle 5–15 Jahre abgeschlagen, also wie Niederwälder genutzt wurden. Doch regenerieren sich nahezu alle Partner sehr rasch durch Stockausschläge, so daß die Lichtphase nur 1–2 Jahre dauert. In dieser Zeit findet man Jungpflanzen von Arten der jeweils benachbarten Gesellschaften, in geringer Zahl auch Kahlschlagbewohner.

6. Nur selten entspricht der von den Gebüsch-Gesellschaften durchwurzelte Boden ganz demjenigen ihrer Umgebung, und ebenso selten hat er das Profil alter Waldböden. Meistens ist er magerer und trockener, weil fast alle älteren Hecken auf Lesesteinhaufen oder künstlichen Erdwällen stocken. Ihr Boden kann aber auch reicher sein, sei es, daß fruchtbarer Lößstaub in das Gebüsch hineingeweht oder daß gedüngte Ackererde hineingeschwemmt wurde. Beides ist vor allem in Gebieten mit mächtiger Lößdecke der Fall, z. B. im östlichen Harzvorland und im Kaiserstuhl.

Diese floristischen, physiognomischen und ökologischen Besonderheiten rechtfertigen es, die Laubholzgebüsche (außerhalb der ohnehin systematisch gesonderten Weichholzauen und Bruchwaldbereiche) von den Wäldern ganz abzutrennen und als eigene Ordnung *(Prunetalia spinosae)* aufzufassen. Durch viele gemeinsame Arten ist diese mit der Klasse der Laubmischwälder *(Querco-Fagetea)* verbunden, so daß es nicht ratsam erscheint, sie als eigene Klasse abzutrennen. Wir behandeln sie trotzdem erst jetzt, weil sie eher Bestandteile der Kultur- als der Naturlandschaft sind und weil sie gewöhnlich im Kontakt mit landwirtschaftlichen Nutzflächen oder mit bewirtschafteten Wäldern stehen, von denen sie einen Teil ihrer Arten beziehen.

Wie GROENMAN-VAN WAATERINGE (1975) nachwies, dienten Hecken stellenweise schon im Neolithikum als natürliche Zäune, um das Vieh von den Ackerfeldern

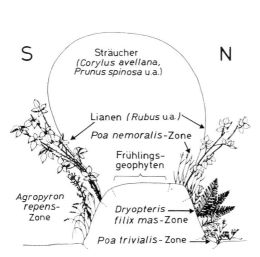

Abb. 429. Vegetations-Zonierung an einer west-östlich verlaufenden Wallhekke im Jungmoränengebiet Schleswig-Holsteins, halbschematisch. Nach WEBER (1967), verändert.

Im Inneren des von Zeit zu Zeit abgeschlagenen Schlehen-Hasel-Gebüsches halten sich Waldpflanzen, insbesondere früh entwickelte Geophyten. An den Rändern hakeln sich Brombeeren empor. Im besonnten Wallhang gedeihen Rhizom-Geophyten wie Quecke und Ackerdistel. Der luftfeuchte Schatthang begünstigt relativ lichtbedürftige Waldpflanzen, z. B. Hain-Rispengras, Hain-Sternmiere und Wurmfarn. Am Fuß desselben finden Rasenpflanzen, wie Gemeines Rispengras und Kriech-Hahnenfuß, bodenfeuchte Plätze, von denen aus sie ihre Ausläufer in Acker oder Weide senden.

An der Südseite des Walles treten (nach Messungen von WEBER am 13. 8. 1965 nahe Segeberg) bei Freiland-Lufttemperaturen um 20 °C Bodentemperaturen von über 25° (bis maximal 58°) auf. An der Nordseite steigt die Bodentemperatur dagegen kaum über 15°. Die Luftfeuchtigkeit verhält sich entsprechend umgekehrt.

auszuschließen. Zugleich lieferten sie dem Menschen mannigfache Nahrung, namentlich Nüsse, Stein- und Beerenobst, deren Erzeuger den dunklen Wald scheuen. Recht alt sind auch die meisten der an Terrassenkanten oder auf Steinwällen zwischen Äckern spontan angesiedelten Hecken, z. B. in der Schweiz (STEINER-HAREMAKER U. STEINER 1961). Viele Gebüschstreifen entstanden aber wesentlich später, beispielsweise die im 17. bis 19. Jahrhundert angelegten Wallhecken Schleswig-Holsteins, deren Vegetation und Flora WEBER (1969) gründlich studiert hat (s. Abb. 429). Ähnliches gilt auch für die meisten Wallhecken in der Westfälischen Bucht, die R. WITTIG (1976) auf ihre Gebüsch- und Saumgesellschaften untersuchte.

b Waldmantel und Waldsaum

Eine saubere Trennung der Hecken, Gebüsche und strauchigen Waldränder von den eigentlichen Wäldern ist vor allem deshalb schwer, weil die Lichtsträucher durch frühere Waldweide-, Mittel- oder Niederwaldwirtschaft weit in die Wälder eingedrungen sind und dort noch immer an vielen Stellen gedeihen. Der Höhepunkt ihrer Ausbreitung war kurz vor Beginn der neuzeitlichen Forstwirtschaft erreicht, d. h. vor etwa 200 Jahren. Problematisch ist die Trennung der Gebüsch- und Waldgesellschaften auch an den Rändern der heutigen Hochwälder. Als „Waldmantel" nimmt das Gebüsch in reiner Form nur einen schmalen Streifen ein (Abb. 430). Aus dem Waldinnern und aus der breiten Übergangszone dringen aber bis an den äußersten Buschrand Waldpflanzen vor, die immer wieder Samennachschub erhalten. Erst seit TÜXEN (1952) ein umfassendes System der mittel- und westeuropäischen Gebüschgesellschaften entworfen und die in der Literatur verstreuten Angaben gesammelt hat, achtet man sorgfältiger auf die Eigenart der Waldmäntel.

Nur ein Teil der Waldgesellschaften Mitteleuropas hat einen solchen „gesellschaftsfremden" Mantel. Schatthölzer, namentlich Fichte und Tanne, aber auch Buche, neigen dazu, sich am Waldrand bis auf den Erdboden hinab zu beasten, und lassen die

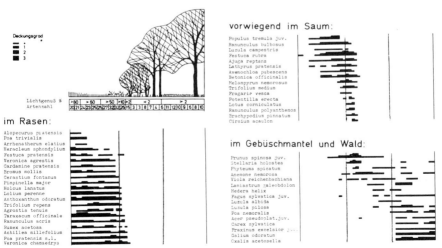

Abb. 430. Beleuchtungs- und Artengefälle in einem SW-NO-Transekt vom Rasen *(Arrhenatheretum)* über einen Krautsaum *(Trifolio-Melampyretum)* und einen Gebüschmantel *(Carpino-Prunetum)* in den Wald *(Melico-Fagetum)* auf gleichmäßig tiefgründigem Boden. Nach DIERSCHKE (1974), verändert.

lichtliebenden Gesträuche gar nicht erst aufkommen. Am reichsten entwickeln sich Waldmäntel bei Eichenmischwäldern, vor allem bei den wärmeliebenden.

Hier kann man auch am besten beobachten, wie sich vor dem Waldmantel noch ein krautiger „Waldsaum" entlangzieht (Abb. 431). Er sondert sich durch höheren Wuchs und größere Blätter, also an Hochstauden erinnernde Gestalten seiner Partner, deutlich von dem niedrigeren Bewuchs der angrenzenden Magerweiden oder Düngewiesen ab. Hier im Waldsaum haben so viele Arten ihr ökologisches Optimum, daß MÜLLER (1962) vorschlug, sie als Charakterarten einer Hierarchie von „Saumgesellschaften" anzusehen. Dieser Herauslösung wurde vor allem von ungarischer Seite widersprochen (JAKUCS 1972 u. a.), weil in Gebieten mit relativ lichten Wäldern keine scharfe Trennung von Wald, Mantelgebüsch und Saum möglich ist. In kühleren und feuchteren Bereichen Mitteleuropas erscheint dies jedoch durchaus gerechtfertigt, zumal die von DIERSCHKE (1974) vorgelegten gründlichen ökologischen Untersuchungen des „Standortgefälles an Waldrändern" dafür sprechen. Seiner Darstellung werden wir in Abschnitt 2 in erster Linie folgen.

c *Pflanzengesellschaften der Gesträuche Mitteleuropas*

Lichtgenuß und mechanische Beanspruchung durch Schlag oder Brand sind so entscheidende Faktoren für das Leben der meisten Hecken- und Gebüschgesellschaften, daß die Boden- und Klimaeinflüsse vor ihnen zurücktreten. Sehr viele Holzarten trifft man daher in fast ganz Mitteleuropa als Gebüschpartner wieder (die Ordnungs- und Klassencharakterarten in Tab. 109). Doch kann man innerhalb der Ordnung *Prunetalia* vier Verbände unterscheiden, die eine voneinander abweichende klimatische Ausbreitungstendenz haben:
1. subatlantische brombeerreiche Gesträuche auf sauren Silikatböden *(Rubion subatlanticum),*
2. eigentlich mitteleuropäische Gesträuche auf Lehmboden *(Prunion spinosae),*
3. wärmeliebende Gesträuche an steinigen Hängen, besonders im Süden des Gebiets *(Berberidion),*
4. kontinentale Lehmboden-Gesträuche *(Prunion fruticosae),* die in Südosteuropa besser entwickelt sind als in Mitteleuropa.

Die westlich verbreiteten Einheiten sind reich an *Rubus*-Arten, doch wäre es irreführend, *Rubion subatlanticum* mit „Brombeerhecken" zu übersetzen; denn oft herrschen auch in ihnen hochwüchsige Sträucher, die die Brombeeren großenteils überschatten. Nur auf ärmeren, sandigen Böden treten die Brombeeren auch physiognomisch hervor, ähnlich wie in den Weidegegenden von England, Irland, Nordfrankreich, Belgien und Holland, wo Hecken des *Rubion subatlanticum* mit mehreren Assoziationen das Landschaftsbild bestimmen (s. WEBER 1967). Natürliche Gebüsche gibt es im mitteleuropäischen Areal des *Rubion subatlanticum* so gut wie nirgends.

Im mittleren und südlichen Mitteleuropa, aber auch auf den fruchtbaren Lehmböden des östlichen Schleswig-Holstein, wird der Verband *Prunion spinosae* durch eine artenreiche Gesellschaft vertreten, die TÜXEN aus systematischen Gründen nach der nur wenig ins Auge fallenden Schlehe und der Hainbuche benannt hat (Tab. 109). Zahlreiche stickstoffliebende Kräuter differenzieren diese Assoziation von anderen, weniger üppig gedeihenden. Hainbuche und sonstige Waldbäume heben sich vor allem in den nicht zu oft geschlagenen Hecken hervor. Je länger die Umtriebszeit, desto waldähnlicher werden die Hecken, besonders dort, wo sie auf tiefgründiger, fruchtbarer Feinerde und nicht auf Wällen stocken. Deshalb kommt z.B. in den Hecken der Aachener Gegend (Ruhrberg-Monschau, s. SCHWICKERATH 1953) von etwa 500 m ü. M. an aufwärts die Rotbuche zur Herrschaft, während die Hecken der tieferen Lagen dort als fragmentarische Eichen-Hainbuchenwälder anzusprechen sind. Die Grenzhecken in Mecklenburg sind nach WOLLERT (1970) ebenfalls nicht auf Wällen und sind waldähnlich, zumal einzelne Bäume seit langem als Überhälter geschont wurden (z. B. das *Milio-Euonymo-Coryletum).* Zwischen den subatlantischen Hecken und den mehr Wärme liebenden und Trockenheit ertragenden *Berberidion*-Gebüschen vermittelt das Schlehen-Ligustergebüsch *(Prunus spinosa-Ligustrum*-Ass.), das in Mittel- und Westdeutschland sowie im Schweizer Mittellande häufigste Gesträuch. Am besten ist es auf Kalkböden ausgebildet, sei es als Feldrain oder Waldmantel.

Im Bereich des *Berberidion*-Verbandes (Tab. 109) kommen einige von Natur aus baumfrei bleibende Gebüsche vor. Das Felsenbirnengebüsch (*Cotoneaster-Amelanchier*-Ass.) z.B. vermittelt zwischen *Xerobromion*-Felsheiden und lichten, wärmeliebenden Eichenwäldern, ist also ein Bestandteil des Steppenheide-Mosaiks. Die größte Verbreitung haben jedoch auch im südlichen Mitteleuropa anthropogene Gebüsche, insbesondere Lesesteinhecken und Dorngestrüppe, die sich auf ungepflegten Viehweiden breit machten. Nach der in solchen Weidegebüschen häufig auftretenden Berberitze *(Berberis vulgaris)* erhielt der Verband seinen Namen. Er wurde zuerst von BRAUN-BLANQUET (1961, dort ältere Literatur) für die inneralpinen Trockentäler aufgestellt, für deren Landschaft die Berberitzengebüsche charakteristisch sind.

Schon im mitteldeutschen Trockengebiet östlich des Harzes haben die Hecken und Waldränder

Tab. 109. **Übersicht des Artengefüges von Gebüsch- und Heckengesellschaften Mitteleuropas.** Im wesentlichen nach Angaben von Tüxen (1952)[1])

In vielen Hecken und Gebüschen vorkommende Arten:

Prunetalia spinosae- Ordnungscharakterarten:	*Querco-Fagetea-* Klassencharakterarten:	Weitverbreitete Begleiter:
Clematis vitalba *Cornus sanguinea* *Crataegus monogyna* *Crataegus laevigata* *Euonymus europaea* N *Humulus lupulus* *Prunus spinosa* *Rhamnus cathartica* *Rosa canina* *Rosa corymbifera* *Rosa pimpinellifolia* *Rosa rubiginosa* *Rosa* div. spec. *Rubus canescens* *Rubus* div. spec. u.a.	*Acer campestre* *Carpinus betulus* *Cornus mas* (südlich) *Corylus avellana* *Fagus sylvatica* *Fraxinus excelsior* *Hedera helix* *Lonicera xylosteum* *Quercus pubescens* (südl.) *Ulmus minor* (südlich und östlich) N *Aegopodium podagraria* N *Geranium robertianum* N *Geum urbanum* *Melica nutans* N *Mercurialis perennis* (Kalk)	*Ilex aquifolium* (subatlantisch) *Juniperus communis* *Quercus petraea* *Quercus robur* *Salix caprea* N *Sambucus nigra* *Sorbus aucuparia* *Brachypodium pinnatum* (Kalk) *Origanum vulgare* *Viola riviniana* u.a.
Subatlantisch (-atlantisch)	Submediterran-mitteleurop.	Südost- und osteuropäisch
Rubion subatlanticum Verbandscharakterarten: *Malus sylvestris* *Rubus affinis* *Rubus vulgaris* N *Rubus* div. spec. ? *Viburnum opulus* u.a.	**Berberidion vulgaris** Verbandscharakterarten: *Amelanchier ovalis* *Berberis vulgaris* *Cotoneaster tomentosa* *Prunus mahaleb* *Rhamnus alpinus* u.a. Differentialarten: *Ligustrum vulgare* *Viburnum lantana* u.a.	**Prunion fruticosae** Verbandscharakterarten: (noch nicht abgeklärt) *Prunus fruticosa* u.a. *Anemone sylvestris* u.a.
Wichtige Assoziation: *Prunus spinosa-Carpinus betulus*-Ass., Differentialarten: N *Chaerophyllum temulum* *Dactylis glomerata* N *Galium aparine* N *Glechoma hederacea* *Poa nemoralis* N *Urtica dioica* u.a.	Wichtige Assoziationen: *Prunus spinosa-Ligustrum-* Ass. (zur links nebenstehenden vermittelnd), *Cotoneaster integerrima-* *Amelanchier ovalis*-Ass. (natürliches Steppenheidegebüsch) u.a.	Anmerkung: Als 4. Verband nennt Tüxen (1952) das *Salicion arenariae* der Küstendünen, das aber nur wenige Arten mit obigen 3 Verbänden gemeinsam hat (vgl. Abschnitt CV). [1]) N = sehr stickstoffbedürftige Pflanzenart.

ein mehr kontinentales Gepräge. Hier spielt die Feldulme *(Ulmus minor)* eine auffällige Rolle, ähnlich wie in manchen submediterranen und südöstlichen Trockenlandschaften, und gelegentlich findet man als sonst seltene Zwergkirsche *(Prunus fruticosa)*. Heckengesellschaften des Verbandes *Prunion fruticosae* sind von Bulgarien bis nach Finnland verbreitet. Ihre westlichsten Vorposten erreichen das rheinhessische Trockengebiet, das ja auch viele andere kontinentale Pflanzengesellschaften beherbergt.

Die im Bereich von Flußauen vorkommenden Gebüsch- und Waldmantelgesellschaften werden systematisch zu den Weichholzauen *(Salicetea, Salicetalia, Salicion purpurea)* gestellt. Sie durchsetzen auch die gelichteten Auenwälder.

Dem eschenreichen Hartauenwald *(Fraxino-Ulmetum)* entspricht nach MOOR (1958) ein Traubenkirschen-Haselgebüsch *(Pado-Coryletum)*, dem Grauerlen-Auwald *(Equiseto-Alnetum)* ein Weiden-Schneeballgesträuch *(Salici-Viburnetum)* und dem Silberweiden-Auwald *(Salicetum albo-fragilis)* der Uferweidenbusch *(Salicetum triandro-viminalis)*. Letzteren kann man als natürlichen Mantel der Weichholz-Auenwälder auffassen. Die an Standorten der Erlenbruchwälder verbreiteten Moorweidengebüsche haben dagegen stärkere floristische Beziehungen zur Klasse *Alnetea glutinosae* und bilden nach OBERDORFER (1970) eine besondere Ordnung *(Salicetalia auritae)* mit dem Verband der Faulbaum-Ohrweidengebüsche *(Frangulo-Salicion auritae)*.

Wie besonders aus den letzten Bemerkungen hervorgeht, kann man die Hecken- und Gebüsch-Gesellschaften als Hinweise auf die potentiellen natürlichen Waldgesellschaften benutzen, an deren Stelle sie sich entwickelt haben (s. z.B. FALIŃSKI u. Mitarb. 1963, JURKO 1964). Vorsicht ist hier allerdings insofern geboten, als ihr Standort oft künstlich verändert wurde und Schattholzarten wie die Rotbuche in schmalen Hecken nicht ihre volle Konkurrenzkraft entfalten können, von den gegen Holzschlag empfindlichen Nadelhölzern ganz zu schweigen.

Diese Andeutungen mögen hier genügen. Wir müssen außerdem darauf verzichten, die lebhaften Diskussionen um die Bedeutung der Hecken für die Klimaverbesserung wiederzugeben und auf die praktischen Fragen der Holzartenwahl bei Neuanlagen einzugehen. Es sei nur auf Veröffentlichungen wie die von TROLL (1951 a u. b), TISCHLER (1951), ELLENBERG (1954 b), STEUBING (1960), TH. MÜLLER (1964), MESTEL (1965) und EHLERS (1960) verwiesen.

2 Krautsäume von Wäldern und Gebüschen

a *Wärmebedürftige, trockenheitsertragende Krautsäume*

Krautsäume an Gebüschen und Wäldern benötigen einerseits den Schutz, den ihnen die Holzgewächse gegen allzustarke Besonnung sowie gegen Viehverbiß oder Wiesenschnitt gewähren. Andererseits meiden sie den tiefen Schatten des dichten Gesträuchs oder Waldes, so daß sie auf schmale, oft weniger als 1 Meter breite Streifen angewiesen sind. Trotzdem treffen sich in ihnen verhältnismäßig viele Arten und bilden zahlreiche verschiedene Gesellschaften. Nach der Exposition der Gehölzränder kann man diese in zwei floristisch und ökologisch gegensätzliche Klassen gruppieren:

1. Wärmebedürftige, trockenheitsertragende Krautsäume (Klasse *Trifolio-Geranietea*, mit der Ordnung *Trifolio-Origanetalia*) an den Sonnseiten, wo die Nährstoffversorgung eher mäßig ist und an die der Halbtrockenrasen erinnert,
2. Nitrat- und luftfeuchtebedürftige Krautsäume (mit Ruderalgesellschaften zur Klasse *Artemisietea vulgaris,* insbesondere zur Ordnung *Galio-Calystegietalia* gehörig) an den Schattseiten, die ein recht gleichmäßiges und gemäßigtes Mikroklima und fruchtbaren Boden bieten.

Die erstgenannte Klasse hat nach DIERSCHKE (1974, dort auch ältere Literatur) ihren Verbreitungsschwerpunkt in Mitteleuropa, läßt sich aber bis nach Südengland, Mittelskandinavien, Westrußland, Österreich, Norditalien und in große Teile Frankreichs hinein verfolgen. Wichtige Kenn- und Trennarten sind *Vincetoxicum hirundinaria, Tanacetum corymbosum, Bupleurum falcatum, Peucedanum cervaria, Anthericum ramosum* und andere mehr oder minder hohe, schwach skleromorphe Stauden (s. Abb. 431). Die meisten von diesen galten früher als Charakterarten der xerothermen Eichenmischwälder *(Quercetalia pubescentis,* s. Abschnitt B III 4b); sie lassen sich zumindest als deren Differentialarten gegen die mesophilen Laubmischwälder *(Fagetalia)* verwenden.

Abb. 431. Wärmeliebender Krautsaum mit Diptam *(Dictamnus albus)* am Rande eines Flaumeichen-Niederwaldes im südwestlichen Kaiserstuhl.

Die Trennung der wärmeliebenden Staudensäume von den Eichenmischwäldern ist in großen Teilen Mitteleuropas heute unschwer möglich, weil Waldweide und ungeregelter Holzschlag aufgehört und die eigentlichen Wälder sich so dicht geschlossen haben, daß lichtliebende Arten kümmern oder verschwunden sind. Nur an Felsen, wie dem Isteiner Klotz in der südlichen Rheinebene oder dem Kohnstein am Werratal, findet man alle Übergangsstadien zwischen lückiger Steinflur, Trockenrasenfragmenten, Krautsäumen, krüppelig-lichten Wäldern und dichtem Hochwald. Das Kleinmosaik dieser Formationen ist an solchen Standorten von der Natur vorgezeichnet, und zwar durch die Mächtigkeit der Feinerdeschicht, aus der sich die Pflanzen in Trockenzeiten mit Wasser versorgen müssen. Die meisten Waldränder in Mitteleuropa sind dagegen zweifellos vom Menschen gewollt und auf mehr oder minder gleichmäßig tiefgründigem Boden gezogen. Hier ist der Standort zwar hinsichtlich der Wasserversorgung und der chemischen Faktoren weniger extrem, das Gefälle der Strahlung (s. Abb. 430) und damit auch der Artenkombinationen aber viel steiler als in dem geschilderten natürlichen Mosaik oder in verhältnismäßig niederschlagsarmen Gebieten, z.B. den Tieflagen Ungarns.

Die natürlichen, ausgesprochenen xerothermen Krautsäume machen den Kern eines eigenen Verbandes aus, der von DIERSCHKE (1974) als *Vincetoxico-Geranion sanguinei* (Schwalbenwurz-Blutstorchschnabelsäume) neu gefaßt wurde. Doch gibt es selbst in diesem Verbande zahlreiche Bestände, die ihre Existenz dem Menschen mitverdanken. Auf flachgründigen Kalkböden in extremer Südexposition bildete sich die Blutstorchschnabel-Hirschwurz-Gesellschaft *(Geranio-Peucedanetum cervariae),* die über das gesamte Verbreitungsgebiet der *Trifolio-Geranietea* verstreut vorkommt. Ihrem ungewöhnlichen Standort entsprechend hat sie einige wirklich treue Charakterarten, nämlich *Libanotis sibirica, Thesium bavarum* und *Coronilla coronata.* Die übrigen Gesellschaften, z.B. das *Geranio-Dictamnetum,* spielen nur eine geringe Rolle (Abb. 431).

Auf mehr oder minder tiefgründigen Böden und ausschließlich an anthropogenen Waldrändern findet man Gesellschaften des mesophilen Verbandes *Trifolion medii* (Mittelkleesäume). Mit *Trifolium medium* und *Agrimonia eupatoria* ist er nur schwach charakterisiert; doch treten in seinen Gesellschaften zahlreiche Wiesenpflanzen auf, die ihn vom *Vincetoxico-Geranion* unterscheiden, namentlich *Dactylis glomerata, Achillea millefolium, Knautia arvensis, Lathyrus pratensis, Veronica chamaedrys* usw. Für die häufigste Assoziation, den Mittelklee-Odermennig-Saum *(Trifolio-Agrimonietum)*, fand Dierschke keine charakteristischen Arten. Einige seltenere Gesellschaften werden nach jeweils 1–2 Charakterarten benannt, z.B. das *Trifolio-Melampyretum nemorosi* (im nordöstlichen Mitteleuropa bis zum Leine-Werra-Bergland, s. Abb. 432), das

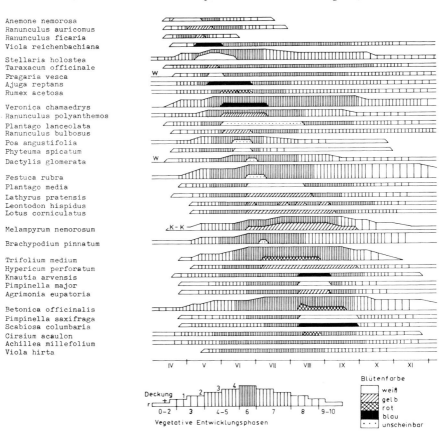

Abb. 432. Phänologisches Diagramm einer Krautsaum-Gesellschaft *(Trifolio-Melampyretum veronicetosum)* an einem vom Menschen geschaffenen Waldrand bei Göttingen im Jahre 1970, aus zwei Beständen ermittelt. Nach Dierschke (1974). Die Ziffern 1–10 bedeuten folgende vegetativen Entwicklungsphasen:

	bei Kräutern		bei Gräsern
0		ohne oberirdische Triebe	
1		Triebe ohne entfaltete Blätter	
2		erstes Blatt entfaltet	
3		2–3 Blätter entfaltet	
4	mehrere Blätter entfaltet		beginnende Halmentwicklung
5	fast alle Blätter entfaltet		Halme teilweise ausgebildet
6		Pflanze voll entwickelt	
7	Stengel und (oder) erste Blätter vergilbend		desgl. Halme usw.
8		Vergilbung bis 50%	
9		Vergilbung über 50%	
10		abgestorben	
	K = Keimling		w = wintergrüne Blätter

Vicio cassubicae-Agrimonietum (im Osten), das *Vicietum sylvaticae-dumetorum* (mehr im Westen) und das *Teucrio-Centauretum nemoralis* (im Südwesten).

In Anbetracht der geringen Zahl wirklich guter Kennarten kann man sich fragen, ob es gerechtfertigt ist, die Sonnseiten-Krautsäume unserer Gehölze überhaupt als besondere Vegetationseinheiten aufzufassen. Außer der Tatsache, daß sie an andere Klassen nur mit Zwang anzuschließen wären, sprechen doch eine Reihe von Gründen dafür, vor allem ökologische. Ihre Eigenständigkeit dürfte in erster Linie eine Folge des besonderen Strahlungsklimas sein, das weder dem des Waldes oder Gebüsches noch dem des gehölzfreien Rasens entspricht. Zeitweilig werden die Stauden im Saum von der Sonne getroffen, plötzlich wird diese durch einen Zweig abgeschirmt, und ebenso plötzlich wird die Oberfläche der Assimilationsorgane wieder voll belichtet und erwärmt, wobei sich auch die Luftfeuchte abrupt ändert (s. Abb. 433). Gewissermaßen schwankt das Mikroklima ständig zwischen Freiland und Wald hin und her, statt intermediär zu sein, wie man dies etwa aus Tages-, Monats- oder Jahresmitteln schließen möchte. Hinsichtlich der Bodenfaktoren konnte DIERSCHKE keine signifikante Sonderstellung der sonnseitigen Krautsäume feststellen. In ihrer Stickstoffversorgung beispielsweise entspricht ihr Standort mehr oder minder dem benachbarten Wald, oder er nähert sich dem der Magerrasen, wenn diese an den Saum anschließen.

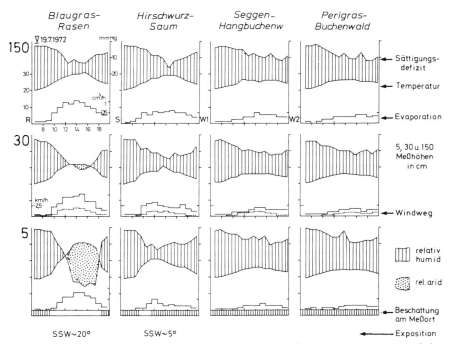

Abb. 433. Tagesgänge der Lufttemperatur, des Sättigungsdefizits, der Evaporation und der Luftbewegung am Sonnhang des Kohnsteins, einer Kalkstufe im Werratal, bei Strahlungswetter im Sommer (9. Juli). Nach DIERSCHKE (1974), etwas verändert.
Über der steinigen Blaugrasrasenhalde *(Teurico-Seslerietum)* wird es tagsüber sehr warm und trocken. Schon im Krautsaum *(Geranio-Peucedanetum)* ist das Mikroklima demgegenüber gemäßigt. In dem angrenzenden krüppeligen Seggen-Buchenwald *(Carici-Fagetum)* nahe der Kante sind die Bedingungen schon fast so ausgeglichen wie im Perlgras-Buchenhochwald *(Melico-Fagetum)* auf lehmüberdecktem Kalk in Plateaulage. Die Blaugrashalde ist von Natur aus wald- und gebüschfrei.

b Nitrat- und luftfeuchtebedürftige Krautsäume

Im Gegensatz zu den sonnseitigen Saumgesellschaften genießen die schattseitigen ein sehr ausgeglichenes Kleinklima und eine bemerkenswert gute Nitratnachlieferung durch den selten stark austrocknenden Boden. Beide Faktoren führen dazu, daß in den Gesellschaften der *Galio-Calystegietalia* großblättrige, mehr oder minder hygromorphe Stauden vorherrschen, während der Aspekt der *Trifolio-Origanetalia* durch eher hartblättrige Arten geprägt wird.

Zu den häufigsten Ordnungskennarten zählen *Galium aparine, Glechoma hederacea* und *Geum urbanum*, die auch in nährstoffreichen und luftfeuchten Auenwäldern zu finden sind. Ähnlich gebaute Ruderalpflanzen wie *Urtica dioica, Galeopsis tetrahit* und *Artemisia vulgaris* treten als Kennarten der Klasse *Artemisietalia* hinzu. Außerdem spielen fast stets einige „Begleiter" eine Rolle, die ihre Heimat in lichten Auenwäldern haben, aber erst in den Düngewiesen (Abschnitt D V) zur vollen Entfaltung kamen, namentlich *Dactylis glomerata, Poa trivialis, Anthriscus sylvestris, Ranunculus repens* und *Vicia sepium*.

In den Flußauen (Abschnitt B V) sind denn auch die natürlichen Standorte solcher Krautsäume zu suchen. Der Verband der Giersch-Halbschattsäume *(Aegopodion)* umfaßt z.B. auch die Pestwurzfluren *(Petasitetum hybridi* (s. Abb. 204), die sich zwischen Auengebüsche und kleine Flüsse oder Bäche einschalten, im nördlichen Mitteleuropa allerdings fehlen. Mit anderen naturnahen Halbschatt-Gesellschaften faßte SISSINGH (1973) diese auffallend großblättrige Gesellschaft zu einem montanen Unterverband zusammen, dem nach der Roten Lichtnelke benannten *Sileno dioicae-Aegopodion*. Hierzu gehören auch hochmontane und subalpine Staudensäume, z. B. eine *Chaerophyllum hirsutum*-Gesellschaft an halbschattigen Bachrändern und das aus der Tatra beschriebene *Rumici alpini-Aegopodietum*.

In Flußauen des planaren bis collinen Bereichs könnte der Knollenkälberkropf-Auensaum *(Carduo crispi-Chaerophylletum aurei)* bereits hier und dort zur Naturlandschaft gehört haben. Die meisten nitrat- und luftfeuchtebedürftigen Krautsäume Mitteleuropas entstanden jedoch im Halbschatten künstlich geschaffener Wald- und Heckenränder. SISSINGH stellt auch diese Gesellschaft zum Unterverband mit Weißer Taubnessel *(Lamio albi-Aegopodion),* der vorwiegend planar bis submontan verbreitet ist. Hierzu gehört die in Mitteleuropa weitaus häufigste Saumgesellschaft, der Brennessel-Giersch-Saum *(Urtico-Aegopodietum)*. Als „Zentral-Assoziation" hat dieser ebenso wenig eigene Charakterarten wie das in Abschnitt a erwähnte *Trifolio-Agrimonietum*. Auf ihn trifft das eingangs skizzierte Bild eines schattseitigen Krautsaums am besten zu. Seiner großen Verbreitung entsprechend, kann man mit TÜXEN (1967) mehrere Subassoziationen unterscheiden.

Etwas mehr Wärme und Licht als das *Urtico-Aegopodietum* brauchen einige von hohen Kälberkropfarten beherrschte Gesellschaften, die im nördlichen Mitteleuropa ausklingen, nämlich das *Chaerophylletum aurei* (subkontinental-submediterran) und das *Chaerophylletum aromatici* (stärker kontinental). Auch das von DIERSCHKE (1974) hinzugefügte *Urtico-Crucianetum* des Leine-Werraberglandes stellt in dieser Hinsicht höhere Ansprüche.

Während die bisher erwähnten Saumgesellschaften sämtlich von ausdauernden Arten gebildet oder doch beherrscht werden, gibt es unter den nitro- und hygrophilen Säumen zahlreiche Assoziationen, in denen kurzlebige Arten die Hauptrolle spielen. SISSINGH (1973) schloß diese stärker „ruderale" und nur in Tieflagen vorkommende Gruppe zu einem besonderen Verband zusammen, den DIERSCHKE (1974) nach dem Rainkohl und dem Stinkstorchschnabel benannte *(Lapsano-Geranion robertiani)*.

Als Kennarten dürfen nur die beiden im Namen verwendeten sowie allenfalls *Alliaria petiolata* gelten. Letztere bildet den an eutrophierten Wald- und Gebüschrändern häufigen Knoblauchshederich-Heckenkälberkropf-Saum *(Alliario-Chaerophylletum temuli)*, in dem das Schöllkraut *(Chelidonium majus)* seinen Verbreitungsschwerpunkt hat.

An etwas kühleren und feuchteren Standorten wird diese eher wärmeliebende Gesellschaft vom Bergweidenröschen-Stinkstorchschnabel-Saum *(Epilobio montani-Geranietum robertiani)* abgelöst. Einige weitere Gesellschaften des *Lapsano-Geranion* sind stärker lichtbedürftig und leiten zu den Lichtungsfluren (Abschnitt D III 2) über, z. B. das *Torilidetum japonicae* und das *Cephalarietum pilosae*. Auf feuchten und stickstoffreichen Böden, z.B. an Standorten des Erlen-Eschenwaldes, bildet der Wasserhanf eine Hochstaudenflur *(Eupatorietum cannabini)*.

V Futterwiesen und Streuewiesen

1 Allgemeiner Überblick über das Kulturgrünland

a Viehweide und Mahd als Standortsfaktoren

Ohne Sense und Weidevieh gäbe es im Waldklima Mitteleuropas keine Wiesen oder Intensivweiden (s. Abschnitt A II 6). Nur die direkten oder indirekten, regelmäßig wiederholten Eingriffe des Menschen halten die Holzgewächse fern, die sonst über kurz oder lang das ihnen abgerungene Grünland zurückerobern würden.

Wie in den Trocken- und Magerrasen, so herrschen auch im Kulturgrünland regenerationsfreudige und lichtliebende Hemikryptophyten. Diese wachsen hier aber so kräftig, daß sie Therophyten kaum aufkommen lassen, zumal sie im Winter teilweise grün bleiben oder im Frühjahr zeitig wieder austreiben. Geophyten und Chamaephyten sind in den meisten Wiesengesellschaften ebenfalls selten.

Von allen Lebensformen breiten sich auf dem Grünland nur solche Vertreter aus, die sich auf irgend eine Weise in den Bewirtschaftungs-Rhythmus einzupassen vermögen. Das Mähen und Beweiden fördert die Grünlandpflanzen aber nur mittelbar und relativ. An und für sich werden alle Arten und fast alle Individuen mehr oder weniger stark geschädigt. Den ihnen zugefügten Schaden überstehen jedoch die Charakterpflanzen der Wiesen und Weiden besser als andere Freilandgewächse. Deshalb befreit sie der mechanische Eingriff von Konkurrenten, die ihnen sonst das Licht wegnehmen würden. Je nach der Bewirtschaftungsweise werden auf dem Grünlande verschiedene Lebensformen und Arten begünstigt (Abb. 435).

Das Mähen bedeutet einen plötzlichen Einschnitt, dem nur die bodennahen Blätter und Stengel entgehen. Alle Pflanzen haben hinterher gleiche „Startbedingungen". Die am raschesten wieder in die Höhe strebenden gewinnen den Wettbewerb. In ein- bis

Abb. 434. Streuewiese mit Heuschobern im östlichen Estland kurz nach der Mahd im Oktober. Die Gebüsche (vorn) und der Wald (im Hintergrund) stocken auf etwas trockeneren, weniger graswüchsigen Stellen, die aber ebenfalls von Natur aus dicht bewaldet wären.

zweischürigen Mähwiesen herrschen daher „Obergräser" und hohe Stauden. Je öfter die Wiese gemäht wird, desto zahlreicher sind niederwüchsige Arten vertreten. Gepflegte Parkrasen werden nur von „Untergräsern", vom kriechenden Weißklee und von einigen Rosettenkräutern gebildet.

Sogenannte Streuewiesen (Abb. 434), die heute nur noch hier und dort im Alpenvorland zu finden sind, mäht man nur einmal, und zwar erst im Herbst, wenn sie strohig geworden sind. In ihnen können die meisten Wiesenpflanzen ungestört bis zur Samenreife gelangen. Ja, sie haben Zeit, Nährstoffe in unterirdischen oder bodennahen Organen zu speichern, sei es in Wurzeln, Rhizomen oder Knospen. Vegetatives Ausbreitungsvermögen bedeutet hier kaum einen Vorteil. So kommen nicht selten Horstpflanzen wie *Molinia caerulea, Bromus erectus* oder *Carex davalliana* zur Dominanz, deren Individuen nur wenige Jahre leben und sich durch Samen erneuern müssen. Das auf mehr oder minder feuchten Waldböden heimische Pfeifengras ist das Streuwiesen-

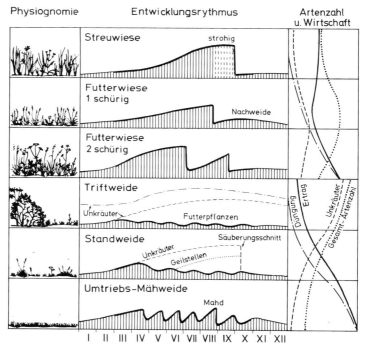

Abb. 435. Die Bewirtschaftungsformen wirken sich auf den Pflanzenbestand des Grünlandes in verschiedener Weise aus (schematische Übersicht).
Die Streuwiese wird so spät geschnitten, daß man mit dem strohig gewordenen Aufwuchs fast nur noch Kohlenhydrate entzieht; ohne Nährstoffzufuhr bleibt ihr Ertrag daher relativ hoch, während man ein- bis mehrschürige Futterwiesen zunehmend düngen muß, um ausreichende Erträge zu erzielen. Die Zahl der Arten pro Flächeneinheit – auch der „Unkräuter" – ist am höchsten in extensiv bewirtschafteten Futterwiesen, die man nur einmal im Jahr mäht.
Das Extrem hinsichtlich Artenzahl, Häufigkeit der „Weideunkräuter", Nährstoffmangel und Ertragsarmut stellt die früher übliche Allmend- oder Triftweide dar. Hohe Erträge bei geringer Artenzahl und Verunkrautung liefern dagegen Rotationsweiden (Umtriebs-Mähweiden), die immer nur wenige Tage mit Vieh besetzt werden und sich dann regenerieren können. Sie erfordern aber auch den größten Dünger- und Arbeitsaufwand, während Standweiden von dem auf ihnen verbleibenden Vieh gedüngt werden. Unkräuter siedeln sich hier vor allem an „Geilstellen" an, d. h. an kotbedeckten Flecken (bei Rindern) oder Teilflächen (bei Pferden), die viele Wochen lang oder dauernd nicht befressen werden.

gras par excellence geworden. Obwohl es spät austreibt und als letztes von allen Gräsern blüht, kann es in den gestauchten Internodien am Grunde seines scheinbar knotenlosen Halmes reichlich Stickstoff, Phosphor und andere Reserven für die nächste Vegetationsperiode ansammeln. Hindert man es daran, indem man es zu früh mäht, oder zertreten Weidetiere seine oberirdischen Speicherknospen, so verliert es rasch an Konkurrenzkraft. Das Ernten der abgestorbenen Teile als Stallstreu bedeutet einen so geringen jährlichen Nährstoffentzug, daß man auf Böden mit günstigem Wasserhaushalt ohne Düngung dauernd hohe Strohertäge erzielt. Das Mähgut besteht größtenteils aus Zellulose und anderen Kohlenhydraten; es enthält kaum noch Eiweiß oder sonstige nährstoffreichen Verbindungen.

Schneidet man die Wiese dagegen bereits im Frühsommer, also in noch grünem Zustand, um ein eiweißreiches Futter zu gewinnen, so verarmen die Bestände bald an Stickstoff und Phosphor, und niedrige, langsam wachsende Hungerpflanzen vermögen sich auszubreiten. <u>Futterwiesen</u> muß man daher von Zeit zu Zeit düngen, auch wenn man sie nur einmal im Jahre mäht. Um so eher gilt dies für zwei-, drei- oder mehrschürige Wiesen. In diesen setzen sich Arten durch, die bei Zufuhr von Dünger, insbesondere von Stickstoff, relativ stark gefördert werden (Abb. 437), und die einen rascheren Entwicklungsrhythmus haben als die Streuwiesenpflanzen (Abb. 435). Als charakteristischen Vertreter kann man *Arrhenatherum elatius* nennen, eines der wertvollsten Heuwiesengräser. Wie *Molinia* ist der Glatthafer ein hochwüchsiges Horstgras, das auf gelegentliche Regeneration aus Samen angewiesen ist. Doch blüht er viel früher, fruchtet rascher und sammelt nur wenig Reservestoffe, auch wenn man ihn strohtrocken werden läßt.

Durch wiederholte Mahd wechseln „Hochstände" der Wiese mit „Tiefständen" ab (Abb. 435). In diese regelmäßige Abfolge von Schatten- und Lichtphasen haben sich die Arten je nach ihrem Lebensrhythmus einzufügen. Frühlingspflanzen wie *Primula acaulis, Leucojum vernum, Crocus albiflorus* (Abb. 436) oder *Narcissus*-Arten (Abb. 450) nutzen nur den ersten Tiefstand. Sie schmücken die Wiesen vor allem dort, wo eine mächtige Schneedecke die Gräser im Winter zu Boden drückt und bis ins Frühjahr liegen bleibt, dann aber rasch vom Föhnwind weggefressen wird. Die Hemikryptophyten brauchen eine Weile, um sich zu erholen, und diese Pause nutzen *Crocus* und andere Geophyten, um ungehindert emporzusprießen. Entscheidend ist für sie also ein phänologischer Vorsprung, der nach DUHME und KAULE (1970) auch die sekundäre Ausbreitung der Gelben Narzisse *(N. pseudonarcissus)* begünstigt. Im schneearmen und winterkalten Tiefland genießen sie diesen Konkurrenzvorteil nicht und können daher keinen Frühlingsaspekt bilden, der unsere Bergwiesen so anziehend macht.

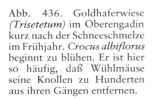

Abb. 436. Goldhaferwiese *(Trisetetum)* im Oberengadin kurz nach der Schneeschmelze im Frühjahr. *Crocus albiflorus* beginnt zu blühen. Er ist hier so häufig, daß Wühlmäuse seine Knollen zu Hunderten aus ihren Gängen entfernen.

Löwenzahn, Gänseblümchen und viele niedrige Leguminosen blühen in jedem Tiefstand, und zwar um so reichlicher, je häufiger sich die Lichtphasen wiederholen. Die Herbstzeitlose *(Colchicum autumnale)* hebt im letzten Tiefstand nur ihre bleichen Blütenkronen über die Erde und streckt ihren beblätterten Fruchtstengel im Frühsommer zwischen den Gräsern empor. Als Beispiel für sog. Saisondimorphismus ist der Augentrost *(Euphrasia rostkoviana)* bekannt geworden. Seine aufstrebende, unverzweigte Form gelangt im ersten Hochstand zur Blüte und Reife, die ebenfalls erblich fixierte, verzweigte, niedrige Form dagegen im späteren Tiefstand. Obergräser und hohe Stauden der Futterwiesen bilden und nutzen die Hochstände entweder sämtlich oder treten nur in einem derselben hervor. Der Wiesenkerbel *(Anthriscus)* z.B. blüht meistens vor dem ersten Schnitt der zweischürigen Futterwiesen (Abb. 437) *Heracleum, Cirsium oleraceum* und andere großblättrige Stauden dagegen erst vor dem zweiten (Abb. 453 u. 454).

In der Reihe: Streuwiese – einschürige Futterwiese – zweischürige Futterwiese – mehrschürige Futterwiese nimmt die Zahl der Arten pro Wiesenbestand zunächst zu, dann aber wieder ab (s. Abb. 435). Infolge des früheren Schnittes finden niederwüchsige Arten in Futterwiesen bessere Lebensbedingungen als in den spät gemähten Streuwiesen. Durch häufig wiederholten Schnitt verarmt jedoch die Wiese mehr und mehr an hochwüchsigen Arten. Auch Gräser und Kräuter, die auf Nährstoffspeicherung und auf Vermehrung durch Samen angewiesen sind, werden von Jahr zu Jahr seltener.

Während die Sense oder Mähmaschine keinen Unterschied zwischen den Pflanzenarten macht, trifft das weidende Vieh eine Auslese. Wie bereits in Abschnitt A II 2 betont, führt die extensive <u>Triftweide</u> schließlich dazu, daß „Weideunkräuter" über-

Abb. 437. Glatthaferwiese *(Arrhenatheretum typicum)* bei Groß-Bieberau in Hessen kurz vor dem 1. Schnitt. *Anthriscus sylvestris* blüht; *Cerastium fontanum holosteoides* (links) und *Trifolium pratense* sind im Unterwuchs erkennbar.

hand nehmen (Abb. 435). Auch bei Standweide werden manche Arten weniger stark geschädigt als andere. Nur die moderne Umtriebsweide nutzt alle Pflanzen eines Bestandes nahezu gleichzeitig und gönnt ihnen dann mehrwöchige Erholung wie auf einer Wiese. Je intensiver der Weidetrieb und die Düngung, desto mehr „Teppichbildner", wie *Trifolium repens, Agrostis stolonifera* oder *Poa trivalis,* überziehen den Boden. Nur raschwüchsige, niedrig bleibende Arten mit gutem Regenerationsvermögen halten die häufige Beanspruchung aus. Sie bedürfen aber häufiger und reichlicher Düngung. Überhaupt muß man dem Grünland um so mehr Stoffe wieder zuführen, je mehr man ihm bei der Nutzung entzieht.

b Übersicht über die Wiesengesellschaften Mitteleuropas

Neben mechanischen Faktoren wie Mahd, Verbiß und Tritt wirken sich in der Zusammensetzung der Grünlandgesellschaften klimatische und edaphische Faktoren aus, vor allem die Wärme und Dauer der Vegetationsperiode sowie die Versorgung mit Wasser und Nährstoffen.

Zunächst seien hier die eigentlichen Wiesen betrachtet, d.h. ausschließlich oder vorwiegend durch Mähen genutzte Grünlandgesellschaften, für die weder die Selektion durch das Weidevieh noch die Bodenverdichtung durch Tritt eine Rolle spielen. Um uns rasch einen Überblick über die standortbedingte Mannigfaltigkeit der Wiesen Mitteleuropas zu verschaffen und sie zu den Waldgesellschaften in Beziehung zu bringen, an deren Stelle sie heute stehen, benutzen wir das gleiche Schema wie in Abschnitt B I (Abb. 438). Dabei gehen wir ebenso wie bei der Besprechung der Wälder von der submontanen Klimastufe aus, in der das Grünland große Flächen einnimmt.

Grundsätzlich müssen wir das ungedüngte Grünland von demjenigen unterscheiden, dessen Stoffverluste durch natürliche oder künstliche Zufuhr wettgemacht werden (Abb. 439). Die nassesten Mähwiesen liegen im Verlandungsbereich von Seen und anderen Stillgewässern. So weit sie von Natur aus waldfrei sind, wurden sie bereits in Abschnitt C I und C II besprochen. Nur die Röhrichte und Großseggenrieder sowie manche Zwischenmoore stellen im geobotanischen Sinne natürliches Grünland dar. Der Landwirt bezeichnet außerdem alle Naß- und Feuchtwiesen, die auf waldfähigen Böden wachsen, aber wegen zu großer Feuchtigkeit nicht beackert werden können, als „natürliches" Grünland. Er meint damit „absolutes", d.h. ohne Entwässerung nicht ackerfähiges Grünland (Abb. 439). Auch auf sehr trockenen und steinigen oder auf rein sandigen, zur Flugsandbildung neigenden Böden ist Ackerbau nicht möglich. Deshalb gelten Trocken- und Halbtrockenrasen bei den Landwirten ebenfalls als Naturgrünland.

An Standorten der Bruchwälder, auf dem höchsten Niveau von Flachmooren und an quelldurchnäßten Hängen entstehen bei extensiver Wiesennutzung Kleinseggensümpfe. Auch diese wurden bereits besprochen, weil sie den natürlichen Sumpfpflanzen-Gesellschaften nahestehen (s. Abschn. C II 2 u. C VI 6 a). An die Stelle der standörtlich entsprechenden Laubmischwälder treten auf feuchten Mineralböden und entwässerten Torfböden verschiedene Pfeifengras-Streuewiesen *(Molinion)* oder feuchte Wiesengesellschaften mit Stoffzufuhr *(Calthion)*. Die Verbände *Molinion* und *Calthion* sind einander floristisch so ähnlich, daß man sie zu einer Ordnung *(Molinietalia)* vereinigt. In ungedüngtem Zustande liefern alle Naß- und Feuchtwiesen ein eiweißarmes, hartes Futter, aber umso bessere Streue. Deshalb werden oder wurden sie noch bis vor wenigen Jahrzehnten fast ausschließlich als Streuewiesen genutzt. Aus demselben Grunde dienten früher nicht selten auch Halbtrockenrasen *(Mesobromion)* zum Gewinnen von Stallstreu.

Auf Standorten mittlerer Beschaffenheit, insbesondere auf allen Böden von mäßiger Feuchtigkeit bis zu mäßiger Trockenheit, gibt es in der heutigen Kulturlandschaft Mitteleuropas kaum noch ein Stückchen ungedüngtes Grünland. Meistens treibt man auf diesen Standorten Acker- oder Waldbau, denn auch für fast alle Feldfrüchte und Waldbäume sind sie besonders günstig. Wo man sie als Grünland nutzt, düngt und pflegt man dieses so intensiv wie möglich. Infolgedessen sind wir heute kaum noch in der Lage, uns das Artengefüge ungedüngter einschüriger Wiesen auf Böden von mittlerer Feuchtigkeit vorzustellen. Sehr wahrscheinlich würde es sich um Gemische aus Arten der feuchten Streuewiesen *(Molinion)* und der Halbtrockenrasen *(Mesobromion)*, teilweise wohl auch der bodensauren Borstgrasrasen *(Nardetalia)*, handeln, wie sie uns hier und dort noch im Alpenvorland auf trockeneren Buckeln im Bereich von Pfeifengras-Streuewiesen begegnen. In jüngster Zeit bleiben zwar manche Futterwiesen unbewirtschaftet liegen, selbst auf besten Böden. Solche „Sozialbrachen" entwickeln sich aber nicht zu Magerwiesen, weil sie ungemäht bleiben, sondern zu Staudendickichten oder Gebüschen (s. Abschn. X 2 a).

Düngt und mäht man Magerwiesen regelmäßig, so gewinnen gerade auf mittelfeuchten Standorten sehr rasch gute Futterpflanzen, insbesondere Arten der Glatthaferwiesen *(Arrhenatherion)*, die Oberhand. Ohne künstliche Nährstoffzufuhr konnten Glatthaferwiesen oder ähnliche Gesellschaften nur im Überschwemmungsbereich von Flüssen entstehen, und zwar auf dem Niveau der Hartholzauen (Abb. 186). Die Weichholzauen wurden durch Kohldistelwiesen oder andere „gedüngte" Feuchtwiesen *(Calthion,* im Osten *Deschampsion cespitosae)* ersetzt. Das zum *Phragmition*-Verband

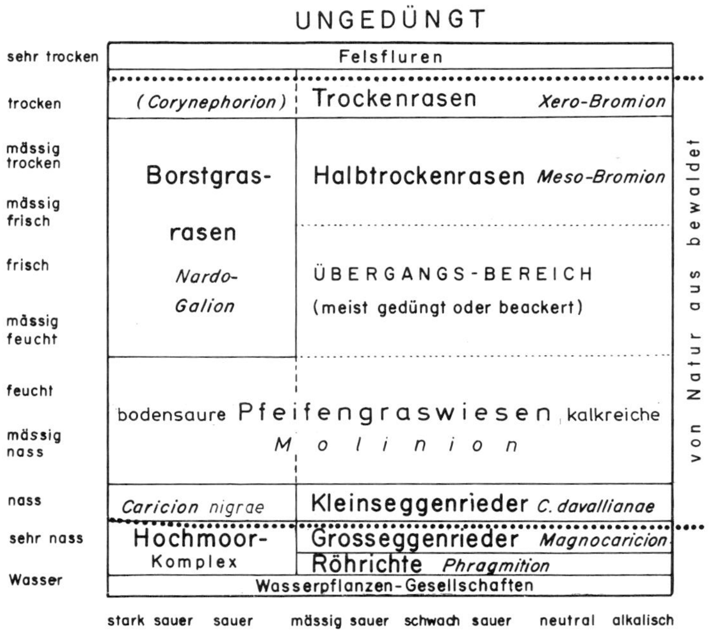

Abb. 438. Ökogramm der Verbände ungedüngter Wiesengesellschaften in der submontanen Stufe Mitteleuropas (vgl. das Ökogramm der entsprechenden Waldgesellschaften in Abb. 53). Auf mittelfeuchten und nicht extrem sauren Böden gibt es so gut wie keine extensiv genutzten Grünlandbestände, weil diese Böden eine intensivere Bewirtschaftung am besten lohnen.

gehörige Rohrglanzgras-Röhricht (s. Abschnitt B V 1 b) nimmt an manchen Flachlandflüssen (z. B. an der Havel) große Flächen ein. Es ist durch viele Zwischenstufen mit Feuchtwiesen und mit nitrophilen Flutrasen (*Agrostion stoloniferae*, s. Abschnitt D VII) verbunden.

Die Charakterarten der in den Abb. 438 und 439 genannten Verbände und der diesen übergeordneten Einheiten sind in Abschnitt E III genannt. Wie man sieht, lassen sich manche Wieseneinheiten floristisch sehr gut kennzeichnen. Namentlich die Glatthaferwiesen enthalten eine stattliche Anzahl von Charakterarten.

Unsere Ökogramme der Wiesengesellschaften gelten uneingeschränkt nur für submontane Lagen Mitteleuropas. Auf die colline und planare Stufe dürfen wir sie übertragen, wenn wir bedenken, daß sich die Feuchtigkeitsstufen in Abb. 438 und 439 auf die Gesamtwirkung von Klima- und Bodenfaktoren beziehen. Ein tiefgründiger Lößboden z. B. kann in niederschlagsarmer, warmer Lage einen Halbtrockenrasen tragen, bei höheren Niederschlägen dagegen eine Frischwiese.

Ähnlich wie bei den Wäldern schränkt das montane und subalpine Klima die Entwicklungsmöglichkeiten so vieler Pflanzenarten ein, daß andere Gesellschaften an die Stelle der submontanen und collinen treten. Felsfluren, Trocken- und Halbtrockenrasen findet man mit zunehmender Höhe mehr und mehr von montanen und subalpinen Elementen durchsetzt und an wärmeliebenden Arten verarmt. Schließlich verlieren die *Brometalia*-Gesellschaften ihren in Abschnitt D I dargestellten Charakter. Borstgrasrasen und Kleinseggenrieder dagegen erreichen erst in der montanen Stufe ihre optimale Ausbildung. Auf gedüngten Flächen herrschen hier statt Glatthaferwiesen

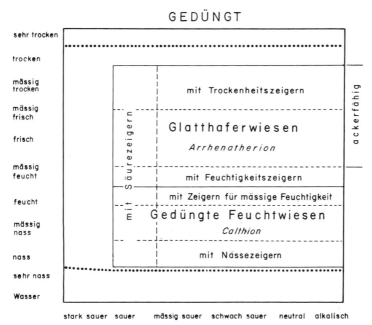

Abb. 439. Durch Düngung oder nährstoffbringende Überflutung werden andere Wiesenverbände an die Stelle der in Abb. 438 dargestellten gesetzt. Düngewiesen fehlen an den trockensten Standorten, weil sich hier die Nährstoffzufuhr zu wenig auswirkt, und auf sehr sauren Böden, weil Düngung zugleich eine Basenzufuhr bedeutet.

Tab. 110. **Glatthaferwiesen und Wassergreiskrautwiesen in Südwest- und Nordwestdeutschland.**
Nach Angaben von Eskuche (1955) und Meisel (1960).

Gebiet: Nr:	A Donau 1 2 3 4	B N.-Rhein 1 2 3 4	Gebiet: Nr:	A Donau 1 2 3 4	B N.-Rhein 1 2 3 4
Arrhenatheretum i. w. S.:			**Feuchtigkeits- u. Nässe-**		
Arrhenatherum elatius	5 5 5 5	5 5 . 1	**zeiger:**		
Trisetum flavescens	5 5 5 5	5 4 . 1	M *Lychnis flos-cuculi*	. . 1 2	1 . 5 5
Galium mollugo	5 5 5 5	3 2 . 2	M *Filipendula ulmaria*	. . 3 5	1 . 4 5
Heracleum sphondylium	4 4 5 5	4 5 . 2	M *Angelica sylvestris*	. . 1 5	. . 1 3
Leucanthemum vulgare	5 5 5 4	3 3 3 1	C *Cirsium oleraceum*	. . 5 5	. . . .
Dactylis glomerata	4 5 5 4	5 5 . 2	M *Geum rivale*	. . 5 5	. . . .
Bellis perennis	2 5 1 2	2 3 . 3	M *Sanguisorba officinalis*	. . 5 4	. . . .
Veronica chamaedrys	5 4 5 2	3 2 . 1	C *Polygonum bistorta*	. . 3 5	. . . .
Achillea millefolium	5 4 3 2	3 2 . .	*Alchemilla vulgaris* coll.	. . 4 2	. . . .
Vicia sepium	3 3 3 2	2 3 . .	*Phalaris arundinacea*	. . 1 4	. . . .
Lolium perenne	1 4 1 1	3 3 . 1	M *Lythrum salicaria*	. . . 4	. . . .
Avenochloa pubescens	4 4 4 4	2 1 . .	*Carex gracilis*	. . . 4	1 . 3 5
Lolium multiflorum	4 4 3 2	. 1 . .	C *Myosotis palustris*	. . . 2	. . 3 3
Knautia arvensis	5 4 5 5	. . . .	C *Bromus racemosus*	. . . .	1 . 4 4
Anthriscus sylvestris	. 3 2 5	2 3 . .	C *Senecio aquaticus*	. . . .	. . 2 4
Pimpinella major	. 1 1 4	2 3 . 1	C *Lotus uliginosus*	. . . .	. . 2 4
Tragopogon pratensis	3 2 1 .	1 1 . .	*Juncus articulatus*	. . . .	. . 2 4
Campanula patula	2 . 1 .	. . . .	C *Caltha palustris*	. . . .	. . 1 3
Crepis biennis	. . . .	2 3 . 1	M *Equisetum palustre*	. . . .	1 . 3 3
Pastinaca sativa	. . . .	2 2 . .	*Carex disticha*	. . . 1	. . 2 3
Geranium pratense	. . 1 1	. . . .	**Verbreitete Wiesenpflanzen:**		
Trockenheitszeiger:			*Festuca rubra* ssp. *rubra*	4 5 4 5	5 5 5 5
Salvia pratensis	5 . . .	. . . .	*Rumex acetosa*	4 4 5 5	4 5 5 5
Thymus pulegioides	5 . 1 .	. . . .	*Ranunculus acris*	4 4 5 5	5 5 5 5
Scabiosa columbaria	5 . 2 .	. . . .	*Holcus lanatus*	4 4 4 5	5 5 5 5
Bromus erectus	4 1 . .	. . . .	*Cerastium fontan. hol.*	5 4 3 4	4 4 4 5
Koeleria pyramidata	4 . . .	. . . .	*Poa pratensis*	5 5 5 4	2 4 3 2
Lotus corniculatus	4 2 . .	. . . .	*Trifolium pratense*	5 5 5 3	3 2 2 3
Festuca ovina coll.	4 . 2 .	. . . .	*Centaurea jacea*	5 4 3 2	4 3 2 2
Luzula campestris	4 2 2 .	1 . . .	*Lathyrus pratensis*	4 3 5 4	4 2 3 4
Ranunculus bulbosus	5 . . .	5 . . .	*Vicia cracca*	5 1 1 1	2 3 3 4
Briza media	3 . . .	2 . 1 1	*Prunella vulgaris*	4 . 2 1	1 1 1 1
Silene vulgaris	4 4 . .	. . . .	*Phleum pratense*	. 2 . .	1 1 1 1
Medicago lupulina	5 5 1 .	. . . .	*Daucus carota*	3 . . .	2 1 . .
Plantago media	4 4 1 1	1 . . .	*Cynosurus cristatus*	. . . 1	2 1 3 4
Campanula rotundifolia	5 4 5 .	1 1 . .	*Trifolium dubium*	3 . . .	3 2 3 .
Feuchtigkeitszeiger:			*Bromus hordeaceus*	. . . 1	2 3 3 .
Glechoma hederacea	1 3 3 4	1 3 2 1	**Begleiter:**		
Ajuga reptans	. 4 4 4	1 1 3 2	*Plantago lanceolata*	5 5 5 5	5 5 5 4
Silene dioica	. 3 5 4	. . . .	*Taraxacum officinale*	4 5 5 5	4 5 . 3
Festuca pratensis	1 1 1 1	4 5 5 5	*Trifolium repens*	3 5 3 2	3 3 4 4
Deschampsia cespitosa	. . 5 5	1 1 2 1	*Anthoxantum odoratum*	3 2 . 2	2 2 5 5
Alopecurus pratensis	. 1 3 4	1 5 3 3	*Agropyron repens*	. 2 2 2	1 2 . .
Poa trivialis	2 2 5 5	2 5 5 5	*Agrostis tenuis*	. . . .	3 3 1 .
Cardamine pratensis	. . 2 4	2 5 5 5	Außerdem kommen vor: Donau Nr. 1: *Carex caryophyllea* (3), *Linum catharticum* (3), *Euphrasia rostkoviana* (3). Arten, die in keiner Einheit mehr als Stetigkeit 2 erreichen, wurden großenteils weggelassen.		
Ranunculus repens	. . 3 5	5 5 5 4			
Rumex crispus	. . 1 2	2 2 1 1			
Lysimachia nummular.	. . . 2	. 1 3 3			

Nr. A 1 – 4 und B 1 u. 2 sind Glatthaferwiesen, gehören also zum Verband *Arrhenatherion* und zur Ordnung *Arrhenatheretalia*. Deren Charakterarten sind mit denen des *Arrhenatheretum* zusammengefaßt. Die Feuchtwiesen Nr. B 3 u. 4 enthalten zwar zahlreiche Feuchte- und Nässezeiger, aber nur wenige Charakterarten des Verbandes *Calthion* (C) und der Ordnung *Molinietalia* (M). Ein Teil von diesen meidet stark saure Böden und fehlt daher den Wassergreiskrautwiesen (s. Abschnitt D V 4 b).

montane Goldhaferwiesen *(Polygono-Trisetion),* die mit bestimmten Untergesellschaften auch auf Feuchtböden übergreifen.

In den folgenden Abschnitten wollen wir nun einzelne Wiesengesellschaften näher kennenlernen und bei den wichtigeren auch auf ihre Untergliederung eingehen. Erst wenn wir ihr Artengefüge im einzelnen kennen, hat es Sinn, zu erörtern, wo die Partner unserer Wiesengesellschaften ihre natürlichen Standorte haben, und aus welchen Gründen sie zu den heute vorgefundenen Artenkombinationen zusammentraten.

2 Glatthaferwiesen von der submontanen Stufe bis ins Flachland

a *Glatthaferwiesen und ihre kleinräumigen Abwandlungen*

Glatthaferwiesen sind zwar die jüngsten Wiesentypen in Mitteleuropa, aber in Südwestdeutschland sowie in den tieferen Lagen des Alpenbereichs bei weitem die häufigsten und zudem die bestuntersuchten. Deshalb seien sie an erster Stelle und ausführlich besprochen.

Wie *Arrhenatherum elatius,* das „französische" Raygras, haben die Glatthaferwiesen eine subozeanisch-submeridionale Verbreitung. Ihr Mannigfaltigkeitszentrum liegt in Südwestdeutschland, wo SCHREIBER (1962, dort ältere Literatur) ihre standörtliche und geographische Variabilität untersuchte, und im angrenzenden Schweizer Mittelland, wo sie schon um 1900 von STEBLER und SCHRÖTER als besonderer Typus erkannt und als „Fromentalwiesen" beschrieben wurden. Den kontinentalen Teilen Mittel- und Osteuropas fehlen typische Glatthaferwiesen, und auch in den trockenwarmen Beckenlandschaften sind sie selten. Wie die Rotbuche gedeihen sie in der submontanen Stufe des subatlantischen Bereiches am besten. Sie sind aber wärmebedürftiger und steigen weder im Gebirge so hoch empor wie dieser Charakterbaum Mitteleuropas, noch reichen sie so weit nach Norden.

Am artenreichsten und am besten charakterisiert sind die Glatthaferwiesen dort, wo sie – wie früher allgemein üblich – zweimal im Jahre geschnitten und vorwiegend mit Stallmist gedüngt werden. Häufigerer Schnitt und stärkere Düngung sowie zeitweilige Beweidung machen sie zwar ertragreicher, aber floristisch ärmer und schließlich „charakterlos". Da heute der intensive Mähweidebetrieb (oder die Sozialbrache) rasch an die Stelle der alten Wirtschaftsweise tritt, gibt es immer weniger „typische" Glatthaferwiesen. Ähnlich wie bei den einst weithin herrschenden *Calluna*-Heiden Nordwestdeutschlands wird man bald auch bei den süddeutsch-nordschweizerischen *Arrhena-*

Erläuterungen zu Tab. 110

A **Donautal** bei Herbertingen (nach Eskuche)
  Nr. 1: Salbei-Glatthaferwiese, „*Arrhenatheretum,* Subass. von *Ranunculus bulbosus*, Variante von *Salvia pratensis*, Subvariante von *Bromus erectus*".
  Nr. 2: Typische Glatthaferwiese, von Eskuche als „Subass. von *Alopecurus pratensis*, Var. von *Deschampsia cespitosa*, Subvar. von *Silene cucubalus*" bezeichnet.
  Nr. 3: Kohldistel-Glatthaferwiese, „Subass. von *Cirsium oleraceum*, typische Var., reine Ausbildung".
  Nr. 4: Seggen-Glatthaferwiese, „Subass. von *Cirsium oleraceum*, Var. von *Carex gracilis*".

B **Niederrhein**gebiet bei Moers (nach Meisel)
  Nr. 1: Zittergras-Glatthaferwiese, „*Arrhenatheretum*, Subass. von *Briza media*, typische Variante, typische Subvar."
  Nr. 2: Fuchsschwanz-Glatthaferwiese, „Subass. von *Alopecurus pratensis*, typische Var., typische Subvar."
  Nr. 3: Gelbklee-Wassergreiskrautwiese, „*Bromus racemosus-Senecio aquaticus*-Ass., Subass. von *Trifolium dubium*" (in der Bodenfeuchtigkeit etwa der Kohldistel-Glatthaferwiese des Donautals entsprechend).
  Nr. 4: Reine Wassergreiskrautwiese, „*Bromus racemosus-Senecio aquaticus*-Ass., typische Subass." (in der Bodenfeuchtigkeit etwa der Seggen-Glatthaferwiese des Donautals entsprechend).

therum-Wiesen die letzten Reste unter Schutz stellen und traditionell bewirtschaften müssen, wenn man sie der Nachwelt überliefern will. Noch gibt es freilich genügend Beispiele gut gepflegter Glatthaferwiesen, und an diese wollen wir uns bei den folgenden Schilderungen halten.

Auf tiefgründigem, frischem und ausreichend gedüngtem Lehmboden bleiben die Glatthaferwiesen in normalen Wintern teilweise grün und beginnen sogleich nach der Schneeschmelze wieder zu wachsen. Während die Gräser noch niedrig sind, breitet das Wiesenschaumkraut mit unzähligen Blütentrauben einen blaßvioletten Schleier über das satte Grün. In der Zeit von etwa von Mitte April bis Anfang Mai sind die Glatthaferwiesen gelb betupft, weil der Löwenzahn seine dicken Körbchen zur Sonne öffnet, dann der Scharfe Hahnenfuß zwischen den emporschossenden Gräsern zu glänzen beginnt und endlich der vorher grasähnliche Bocksbart seine großen, goldgelben Köpfe unter die hochragenden Grasrispen mischt. Wenn im Mai oder Anfang Juni die Margerite ihre weißen Strahlen ausbreitet, Kerbeldolden wie helle Wolken über dem vielgestaltigen Blattwerk schweben und das Hohe Labkraut in vollem Weiß erblüht, beginnt bereits das Knaulgras zu stäuben und der Glatthafer seine vorher schlank geneigten Rispen zu spreizen. Endlich beherrschen Gräser das Bild der Wiese in ihrem eintönigen, stumpf gewordenen Grün, das sie nur mit ihren Blütenspelzen leicht ins Silberne, Goldene oder Violettrote abwandeln.

Plötzlich fällt an einem sonnigen Mai- oder Junimorgen die ganze vielschichtige Pracht den Mähmessern zum Opfer. Von den hohen Obergräsern bleiben kaum beblätterte, fahle Stoppeln übrig. Die Untergräser, Leguminosen und niedrigen Kräuter erholen sich von den Wochen zunehmend dichterer Beschattung, bis sie erneut von den Obergräsern und hohen Kräutern übergipfelt werden. Vor dem zweiten Schnitt kommen Wiesen-Pippau und Bärenklau, stellenweise auch Große Bibernelle und Pastinak zu voller Entfaltung. In manchen Gegenden gesellen sich Wiesen-Glockenblume und Wiesen-Storchschnabel mit ihrem violetten oder reinen Blau hinzu. Bevor aber das Blatt- und Stengelwerk strohig werden kann, sinkt es im Hochsommer erneut dahin, und nur in warmem Klima gelangen die hochwüchsigen Arten ein drittes Mal zur Blüte.

Alle treuen und holden Charakterarten der Glatthaferwiesen im weiteren Sinne (*Arrhenatherion*-Verband) gehören der Ober- und Mittelschicht an, namentlich *Arrhenatherum* selbst, *Dactylis*, *Tragopogon*, *Crepis biennis*, *Campanula patula*, *Galium mollugo*, *Anthriscus*, *Heracleum* und *Geranium pratense* (s. Tab. 110). Auch unter den weniger eng an Glatthaferwiesen gebundenen Partnern herrschen Ober- und Mittelgräser sowie entsprechend hochwüchsige Kräuter und Leguminosen. Der niedrige Weißklee und die nur bodennah beblätterten Gräser, z. B. *Lolium perenne*, werden unterdrückt, soweit sie lichtbedürftig sind. Nur schattenertragenden Arten, wie *Bellis perennis*, *Ajuga reptans* und *Lysimachia nummularia*, genügen die Lichtzeiten der Wiesentiefstände, um durchzuhalten und den für grüne Pflanzen noch verfügbaren Lebensraum voll auszunützen. Auch die Gräser sind in Bodennähe dicht beblättert und nutzen das Licht bis an die gleiche Grenze aus wie die Waldpflanzen auf fruchtbaren Böden (s. Abb. 50 u. 117), d. h. bis hinab auf 1–5% der Freiland-Beleuchtungsstärke (Abb. 440). Die unteren Schichten des Wiesenbestandes tragen daher wesentlich zur Ertragsbildung bei, vor allem im Frühjahr und während der Tiefstände nach den Schnitten, wenn ihnen mehr Licht zur Verfügung steht.

Je nach Stärke und Art der Düngung sind die Glatthaferwiesen verschieden ausgebildet, auch wenn sie als reine, zwei- bis mehrschürige Mähwiesen bewirtschaftet werden (Abb. 441). Ist der Stoffersatz unzureichend, so gedeihen die Obergräser und Hochkräuter schlechter als in dem soeben geschilderten Normalfalle. Mittelgräser, wie

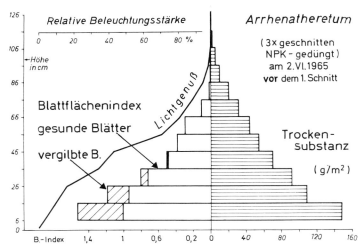

Abb. 440. Die oberirdische Phytomasse einer gut gedüngten Glatthaferwiese wird in erster Linie von den Untergräsern gebildet. Das zeigt sich, wenn man sie in Schichten von je 10 cm Höhe (über der 6 cm hohen Stoppel) aberntet. Nach WENIGER aus KOBLET (1966), verändert.

Die beiden unteren Schichten machen zusammen fast die Hälfte der Phytomasse aus und haben jeweils einen Blattflächenindex von über 1, d.h. die (einseitig gemessenen) Blattflächen ergeben insgesamt mehr als die Bodenfläche der Versuchsparzelle. Ein Teil der Blätter ist allerdings vergilbt, weil der Lichtgenuß nicht mehr zu einer positiven Stoffbilanz ausreichte.

Die bei der ersten Mahd geerntete Trockenmasse aller Schichten beträgt 575 g/m², d.h. rund 5,8 t/ha. Mit 3 Schnitten erntet man mindestens das Doppelte. Zum Vergleich: Die oberirdische Phytomassen-Produktion eines Buchenwaldes auf gleichem Standort dürfte in einer Vegetationsperiode etwa 12–16 t/ha erreichen, d.h. ungefähr gleich viel wie eine gut gedüngte Glatthaferwiese (s. auch Abb. 36). Im Wald tragen aber die bodennahen Pflanzen nur einen verschwindend kleinen Teil zum Zuwachs bei.

Trisetum flavescens oder *Holcus lanatus*, und genügsame Untergräser, wie *Poa pratensis, Festuca rubra* oder gar *Agrostis tenuis*, können sich bei vollem Lichte ausbreiten. In den ärmsten Arrhenathereten herrschen sie zusammen mit *Plantago lanceolata* und anderen niedrigen Kräutern fast allein. Man wäre im Zweifel, zu welcher Assoziation man solche vernachlässigten Wiesen stellen sollte, wenn man nicht hier und dort doch noch vereinzelte kümmernde Exemplare vom Glatthafer oder von anderen Kennarten des *Arrhenatherion* fände. Diese Wiesenrispen-Fazies ist durch alle Zwischenstufen mit der Glatthafer-Fazies verbunden (Abb. 441)

Bei einseitiger Düngung mit Gülle (d.h. in Wasser gelösten Ausscheidungen des Viehs) kommen in zweischürigen Glatthaferwiesen die hohen Doldengewächse, und zwar vor dem ersten Heuschnitt *Anthriscus* und vor dem zweiten *Heracleum*, zur Dominanz, weil sie ihre stark schattenden Blätter rasch emporheben und die Gräser unterdrücken. Solche Doldenblüter-Fazies (Abb. 437 und 441) geben weniger Futter als die grasreichen Wiesen, weil ihre getrockneten Blätter zerbröseln und ihre Stengel holzig werden. Außerdem sind sie weniger eiweißreich, als man annehmen möchte, weil sie das aufgenommene Nitrat im Zellsaft speichern (JANIESCH 1973). Die hohen Umbelliferen kommen nur dort zu völliger Vorherrschaft, wo sie ihre Früchte ausreifen können, d.h. auf regelmäßig ziemlich spät gemähten Flächen. *Anthriscus* und *Heracleum* sind zweijährig und bilden im ersten Jahre lediglich Blattbüschel mit rübenförmiger Speicherwurzel aus, während sie im zweiten Jahre die blühenden Stengel schieben und mit diesen nach der Fruchtreife absterben. Auf den modernen vielschürigen

Mähweiden können sich solche Arten nicht ausbreiten, auch nicht bei bester Nährstoffversorgung, weil sie niemals zur Reife gelangen.

Je besser gedüngt, desto tiefer wurzeln in der Regel die von hochwüchsigen Arten gebildeten Glatthaferwiesen (s. z.B. KOTAŃSKA 1970). Dies hat nach ELLENBERG (1952b) die überraschende Folge, daß sie zugleich in Dürreperioden krisenfester sind als die schlecht gedüngten, von niedrigen Gräsern beherrschten Ausbildungsformen (s. Abb. 441). Der ungleiche Tiefgang des Wurzelwerks dürfte teilweise damit zusammenhängen, daß die Regenwürmer positiv auf Düngung ansprechen. Mit ihren senkrechten Gängen schaffen sie nach GRAFF (1971) auch in größerer Bodentiefe Mikrobereiche erhöhten Nährstoffangebotes und erleichtern zugleich den Wurzeln den Zugang dorthin. Überhaupt gehört die große Aktivität der Bodenorganismen mit zu den Charakte-

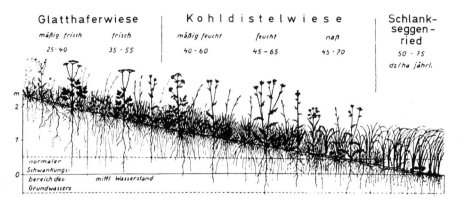

Abb. 441. Oben: *Arrhenatheretum, Polygono-Cirsietum* und *Caricetum gracilis.* Reihe der Futterwiesen-Gesellschaften mit zunehmender Durchfeuchtung von Niedermoorböden im Auetale westlich Braunschweig, bei guter Düngung. Die „mäßig frische" Glatthaferwiese ist die typische. Die „frische" wird in Norddeutschland als Subass. von *Alopecurus pratensis* (Fuchsschwanz-Glatthaferwiese) bezeichnet; sie entspricht der süddeutschen typischen Glatthaferwiese.
Unten: Düngungs- und pflegebedingte Ausbildungsformen einer der oben dargestellten Gesellschaften, der Fuchsschwanz-Glatthaferwiese. Nach ELLENBERG (1952), verändert.
Alle halbschematischen Querschnitte geben die Aspekte vor dem ersten Schnitt wieder. Die Ziffern bedeuten die durchschnittlichen Spannen der Heuerträge in Doppelzentnern pro Hektar. Die düngungsabhängige Ertragsspanne ist größer als die wasserstandsabhängige. Oben vor dem 2., unten vor dem 1. Schnitt.

ristika der Glatthaferwiesen (HÜLSENBERG 1966). Eine Darstellung der gesamten Lebensgemeinschaft ist aber z. Zt. noch ebenso wenig möglich wie bei den Wäldern oder anderen bisher behandelten Pflanzengesellschaften; sie würde den Rahmen dieses Buches ohnehin sprengen.

Das bisher von den Glatthaferwiesen entworfene Bild trifft nur für das südwestliche Mitteleuropa und auch dort nur für die typische Subassoziation des *Arrhenatheretum* zu, d. h. für Bestände mit mittlerem Wasserhaushalt (Tab. 110, A 2). Auf feuchterem Boden mischen sich einige Nässe ertragende Kräuter und Gräser in die normale charakteristische Artenkombination der Glatthaferwiese, z. B.:

  Angelica sylvestris   *Filipendula ulmaria*
  Cirsium oleraceum   *Geum rivale*
  Deschampsia cespitosa   *Sanguisorba officinalis*

Infolge besserer Wasserversorgung (s. Abb. 441) sind diese „Kohldistel-Glatthaferwiesen" (Tab. 110, A 3) bei gleicher Behandlung ertragreicher als die typischen. Da sie großenteils noch aus guten Futterpflanzen bestehen und da sie sich schlecht als Ackerland eignen, dürfen sie als besonders wertvolles Wirtschaftsgrünland gelten.

Auch das feuchte *Arrhenatheretum* trifft man je nach dem Düngungszustand in verschiedenen Ausbildungsformen. Der Glatthafer-Fazies des typischen *Arrhenatheretum* entspricht eine Fuchsschwanz-Fazies, an der sich Glatthafer und Wiesenschwingel beteiligen. Bei geringer Düngung bilden sich *Holcus lanatus*- und *Festuca rubra*-reiche Bestände aus. Umbelliferen-Fazies sind nur selten anzutreffen und eher als Zeichen der Vernachlässigung zu deuten. Meistens herrscht *Angelica silvestris* in ihnen, die auch auf ungedüngten Streuwiesen gedeiht (s. Abb. 454).

In niederschlagsarmen und warmen Gegenden, z. B. in der Oberrheinischen Tiefebene, trifft man bei hohem Grundwasserstande nicht selten Glatthaferwiesen, in denen außer den oben genannten Feuchtigkeitszeigern auch Großseggen und andere ausgesprochene Sumpfpflanzen vorkommen, z. B.:

  Caltha palustris   *Lythrum salicaria*
  Carex acutiformis   *Phalaris arundinacea*
  Carex gracilis

Diese „Seggen-Glatthaferwiesen" (Abb. 441, Tab. 110, A 4) liefern nur geringwertiges Heu, wenn auch meistens in großer Menge. Bei sehr guter Pflege kann in ihnen der Wiesenfuchsschwanz oder das Rohrglanzgras zur Reinherrschaft gebracht werden. Noch nassere Böden werden von der Kohldistelwiese oder anderen Feuchtwiesen eingenommen (Abschnitt 4).

Geht man von der typischen Glatthaferwiese auf zunehmend trockene Standorte über, so sieht man Arten eindringen, deren Verbreitungsschwergewicht in Halbtrockenrasen liegt. In Südwestdeutschland tritt gewöhnlich als erster Trockenheitszeiger der Knollige Hahnenfuß auf, bald aber auch der Wiesen-Salbei. Gut ausgeprägte „Salbei-Glatthaferwiesen" (Tab. 110, A1) enthalten unter anderen folgende Differentialarten:

  Bromus erectus   *Salvia pratensis*
  Ranunculus bulbosus   *Scabiosa columbaria*

Gewöhnlich ist diese Untergesellschaft des *Arrhenatheretum* besonders reich an Charakterarten. Sie enthält eine Fülle auffällig blühender Kräuter und darf mit ihrem bunten Artengemisch und ihren wechselnden Aspekten als eine der schönsten Pflanzengesellschaften Mitteleuropas gelten. Leider ist gerade diese Wiesengesellschaft wegen ihrer geringen Erträge rasch im Schwinden begriffen.

b Geographische Variabilität der Glatthaferwiesen und ihrer Untereinheiten

Nur im Mannigfaltigkeitszentrum der Glatthaferwiesen, im südwestdeutschen Raum und im angrenzenden Schweizer Mittellande, sind Salbei-Glatthaferwiesen und typische Glatthaferwiesen (jeweils mit typischen und wechselfeuchten Varianten) sowie Kohldistel-Glatthaferwiesen und Seggen-Glatthaferwiesen gleichmäßig gut ausgebildet. Auf engem Raume nebeneinander findet man sie vor allem im Vorlande der Schwäbischen Alb und des Schwarzwaldes, soweit das letztere genügend kalkhaltige

738 Futterwiesen und Streuewiesen

Böden aufweist. Dort kann man sämtliche Subassoziationen und Varianten leicht voneinander unterscheiden, ja, die meisten Einheiten noch feiner gliedern (s. ELLENBERG 1952a, ESKUCHE 1955, SCHREIBER 1962 u.a.). Insbesondere bereitet es hier keine Schwierigkeit, die typische Subassoziation der Glatthaferwiese, d.h. ein *Arrhenatheretum* ohne Trockenheits- oder Feuchtigkeitszeiger, auf größeren Flächen zu finden (s. Abb. 442).

In der Oberrheinischen Tiefebene und anderen niederschlagsärmeren Landschaften schrumpft die typische Glatthaferwiese zu einem schmalen Übergangsstreifen zwischen trockneren und feuchteren Untergesellschaften zusammen (OBERDORFER 1952,

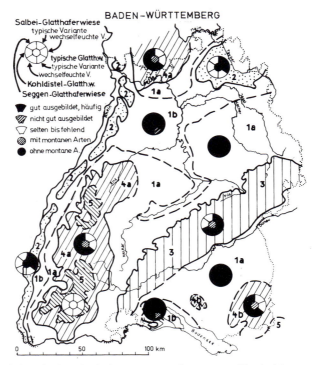

Abb. 442. Wuchsbezirke der Glatthaferwiesen in Südwest-Deutschland, d.h. Bereiche des mehr oder minder vollzähligen Auftretens der durch Feuchtigkeit der Standorte hervorgerufenen 6 Untereinheiten des *Arrhenatheretum* (s. Erläuterung oben links). Nach SCHREIBER (1962), verändert.

Der Standort der typischen Variante der Salbei-Glatthaferwiese ist relativ trocken, derjenige der typischen Variante der typischen Glatthaferwiese mäßig feucht („frisch"). Die wechselfeuchten Varianten besiedeln tonige oder aus anderen Gründen zeitweilig staunasse Böden. Die Kohldistel-Glatthaferwiese zeigt feuchtere, die Seggen-Glatthaferwiese relativ nasse Böden an (vgl. Abb. 441).
In den 6 Sektoren des äußeren Ringes wird angegeben, ob die betr. Untereinheit fehlt (weiß) oder wie gut sie ausgebildet ist (zunehmend dunkler). Der innere Kreis weist auf den Anteil der montanen Arten hin.
Aus der Kombination der 6 Sektoren und des Innenfeldes ergeben sich folgende Wuchsbezirke: 1a = Alle 6 Untereinheiten gut ausgebildet und ohne montane Arten (mittlere Höhenlage mit nicht zu trockenem Klima), 1b = Typische Variante der typ. Glatthaferwiese schlechter ausgebildet (trockeneres Klima); 2 = Außer Salbei-Glatthaferwiesen kaum Futterwiesen vorhanden (relativ trockenes Klima, durchlässige Böden).
3 = Mit montanen Arten treten die ersten 4 Einheiten, nicht aber die feuchteren auf (Schwäbische Alb mit durchlässigen Böden); 4a = Salbei-Glatthaferwiesen fehlen wegen zu feuchten Klimas (Schwarzwald und Odenwald), 4b = desgl., überwiegende Weidewirtschaft drängt Glatthaferwiesen völlig zurück; 5 = Hochlagen ohne Glatthaferwiesen.

1957). Fast alle grundwasserfreien Standorte, auch die tiefgründigen Böden mit waagerechter Oberfläche, tragen hier Salbei-Glatthaferwiesen oder ähnliche „trockene" Arrhenathereten. Auf grundwasserbeeinflußten Böden dagegen setzen sich Feuchtigkeits- oder Nässezeiger durch, die sich bei sandigem Oberboden sogar mit zahlreichen *Mesobromion*-Arten mischen können. Auf schweren Mergeln, deren Wasserführung vom Grundwasser unabhängig ist, findet man die typische Glatthaferwiese bei guter Düngung zwar zuweilen großflächig ausgebildet, aber in einer „wechselfeuchten" Variante, in der vereinzelt Feuchtigkeitszeiger wie *Lychnis flos-cuculi* und *Ajuga reptans* auftreten.

Noch trockenere Gegenden des südwestlichen Mitteleuropa zeichnen sich dadurch aus, daß alles gedüngte Mähe-Grünland von Salbei-Glatthaferwiesen beherrscht wird. Selbst auf tiefgründigsten Lößlehmböden mit großer wasserhaltender Kraft setzen sich Trockenheitszeiger durch, z.B. auf den Gäuflächen des Taubergebietes und in den niederschlagsärmsten und wärmsten Teilen der Oberrheinebene. Typische Glatthaferwiesen fehlen hier überhaupt und feuchte Untereinheiten sind nur sehr kleinflächig vertreten.

Auf der Schwäbischen Alb ist neben der Salbei-Glatthaferwiese auch die typische Subassoziation reichlich anzutreffen, weil hier das Klima etwas feuchter und kühler ist. In den höheren Lagen dieses Tafelgebirges trägt das *Arrhenatheretum* bereits montane Züge (s. Abschnitt 3), ohne daß dadurch seine Untergliederung nach der Bodenfeuchtigkeit verändert oder verwischt würde. Kohldistel- und Seggen-Glatthaferwiesen konnten auf der Jura-Hochfläche wegen des durchlässigen Kalkuntergrundes so gut wie nirgends entstehen.

Den niederschlagsreichsten und zugleich kühlsten Teilen von Südwestdeutschland fehlen Salbei-Glatthaferwiesen und andere trockene Ausbildungsformen des *Arrhenatheretum*, die in den übrigen Gebieten eine so große Rolle spielen. Nur an steilen und kalkreichen Sonnhängen sind sie hier und dort zu finden, während sonst überall typische Arrhenathereten oder feuchte Untergesellschaften herrschen. Auch Seggen-Glatthaferwiesen gibt es hier nicht, weil die Gruppe der Charakterarten anscheinend nicht genügend kampfkräftig ist, um sich auf ständig nassen Böden durchzusetzen. Ähnlich wie im nordwestlichen Mitteleuropa, das wir gleich betrachten wollen, wird hier also die Variationsbreite des *Arrhenatheretum* auf frische und mäßig feuchte Böden eingeengt. In den Glatthaferwiesen der höheren Lagen kommen bereits montane Arten zur Geltung (s. Abschnitt 3). Dem Hochschwarzwald fehlen Glatthaferwiesen überhaupt.

Nicht nur in Südwestdeutschland, sondern auch in anderen Teilen Mitteleuropas ändert sich das Artengefüge sowie die bodenbedingte Untergliederung des *Arrhenatheretum* mit dem Allgemeinklima. Nach den Rändern ihres Gesamtareals hin verarmen die Glatthaferwiesen mehr und mehr. Während man in den wärmeren Lagen des westlichen Mitteleuropa zumindest 3 Subassoziationen und zahlreiche Varianten unterscheiden kann, lassen sich in Nordwestdeutschland und im angrenzenden Holland nur noch 2 Subassoziationen voneinander trennen, die „Zittergras-Glatthaferwiese" und die „Fuchsschwanz-Glatthaferwiese" (Abb. 443 oben). Deren Differentialarten sind zudem so wenig zahlreich, daß man damit in Südwestdeutschland höchstens Varianten ausscheiden würde. Für die relativ trockenere Zittergras-Glatthaferwiese nennt TÜXEN (1937):

        Avenochloa pubescens   *Pimpinella saxifraga*
        Briza media   *Plantago media*
        Luzula campestris

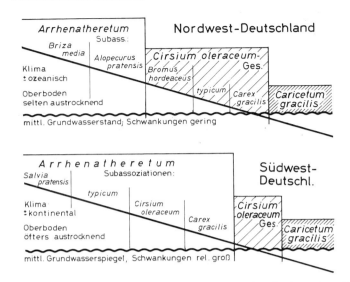

Abb. 443. Gliederung der Glatthaferwiesen und Feuchtwiesen bei abnehmendem Abstand des mittleren Grundwasserspiegels von der Oberfläche durchlässiger Böden in Nordwest- und in Südwestdeutschland. Nach ELLENBERG (1954).

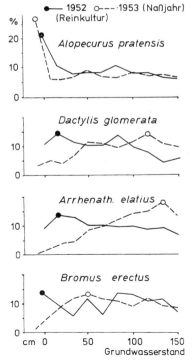

Abb. 444. Trockensubstanzproduktion einiger Wiesengräser in Reinkultur bei abgestuftem, konstant gehaltenem Grundwasserstand in Sandboden im trockenen Sommer 1952 und (nach erneuter Ansaat) im relativ nassen Sommer 1953 (vgl. Abb. 445). Nach ELLENBERG (1954).

Im niederschlagsarmen Jahr 1952 produzierten alle Arten am meisten bei relativ hohem Grundwasserstand, weil der Oberboden oft austrocknete und am Ende der Vegetationsperiode nur wenig Wasser enthielt (s. Abb. 445 unten). Eine entsprechende Situation ist in Südwest-Deutschland relativ häufig und erlaubt den Arten des *Arrhenatheretum*, auch auf grundwassernahen Böden zu siedeln (Abb. 443 unten).

Häufige Durchfeuchtung des Oberbodens, wie sie im Versuchsbecken 1953 eintrat (Abb. 445 oben), hemmt dagegen Glatthafer, Knaulgras und andere tiefwurzelnde Gräser, weil sie den mit ihr verbundenen Luftmangel weniger gut ertragen als der Fuchsschwanz und andere Feuchtboden-Besiedler, deren Wurzelrinden von zusammenhängenden Lufträngen (Aerenchym) durchzogen sind. In dem vergleichsweise humiden Klima Nordwest-Deutschlands tritt dieser Fall so oft ein, daß das *Arrhenatheretum* auf grundwasserferne Böden beschränkt bleibt (Abb. 443 oben).

Die weniger tief wurzelnde Aufrechte Trespe reagierte auf die Nässe überraschend schwach, erwies sich also auch bei diesem Experiment nicht als xerophil (vgl. Abb. 389 u. 390).

Diese Arten sind eher Magerkeits- als Trockenheitszeiger. Die *Briza media*-Subassoziation des nordwestlichen *Arrhenatheretum* entspricht also einer verarmten Ausbildungsform der typischen Glatthaferwiese Südwestdeutschlands, und zwar einer mäßig trockenen Variante derselben. Als *Mesobromion*-Art tritt höchstens einmal *Ranunculus bulbosus* hervor (vgl. in Tab. 110 B 1 mit A 1), aber auch dieser nicht in allen Zittergras-Glatthaferwiesen. Die Fuchsschwanz-Glatthaferwiese Norddeutschlands kann man mit einer mäßig feuchten Variante der typischen Glatthaferwiese vergleichen (vgl. B 2 mit A 2). Zu ihren von Tüxen (1937) genannten Differentialarten

Alopecurus pratensis   *Glechoma hederacea*

kommen nach Meisel (1960 a) im Niederrheingebiet einige weitere schwache Feuchtigkeitszeiger hinzu (s. Tab. 103, B 2).

Auf stärker vom Grundwasser beeinflußten Standorten gibt es im nordwestlichen Mitteleuropa keine Glatthaferwiesen mehr (Abb. 443). Während sich im Donauried noch sämtliche Charakterarten des *Arrhenatheretum* mit zahlreichen Feuchtigkeits- und Nässezeigern treffen (z. B. in den Spalten A 3 und A 4 in Tab. 110), schließen sich diese am Niederrhein gegenseitig aus (B 3 und B 4). Auf einem Boden, der im Südwesten von einer Kohldistel-Glatthaferwiese besiedelt wäre (A 3), stockt im Nordwesten eine Kohldistelwiese oder eine andere Feuchtwiesen-Gesellschaft, z. B. die Wassergreiskrautwiese (B 3). Nur vereinzelt greifen Charakterarten der Glatthaferwiesen in diese über. Nach dem Gelbklee *(Trifolium dubium)* nennt Meisel diese relativ trockene Untergesellschaft Gelbklee-Greiskrautwiese. Eine noch bessere standörtliche Parallele zur Kohldistel-Glatthaferwiese bildet die von Tüxen (1937) aus Nordwestdeutschland beschriebene „trockene" Subassoziation der *Cirsium oleraceum- Angelica sylvestris*-Assoziation (s. Abschnitt 4a u. Abb. 441).

Naßböden, auf denen Großseggen wie *Carex gracilis* gedeihen, sind im Nordwesten für *Arrhenatherion*-Arten unzugänglich. Gegenstücke zur Seggen-Glatthaferwiese (A 4) gibt es hier also nicht. Statt ihrer entwickeln sich reine Feuchtwiesen, z. B. die typische Wassergreiskrautwiese (B 4).

Warum ist die Bodennässe-Amplitude der Tieflagen-Glatthaferwiesen im nördlichen Mitteleuropa so viel enger als im südlichen? Ellenberg (1954c) macht es wahrscheinlich, daß die Austrocknung des Oberbodens dabei eine Rolle spielt. In relativ warmem und kontinentalem Klima werden die Wasservorräte der dicht durchwurzelten oberen Bodenschicht öfter und stärker beansprucht. Infolgedessen bleibt sie auch bei sehr hohem Grundwasserstande nicht dauernd wasserdurchtränkt und luftarm, so daß sich Gräser und Kräuter mit hohem Sauerstoffanspruch der Wurzeln

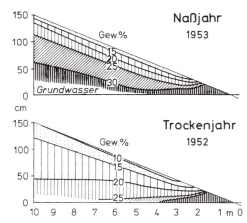

Abb. 445. Wassergehalt (in Gewichtsprozent) des Sandbodens bei den auf Abb. 444 dargestellten Versuchen in einem trockenen und einem feuchten Jahr. Nach Ellenberg (1954).
Ordinate = Grundwasserstand, Abzisse = Abstand von der unteren Kante des Beton-Versuchsbeckens.

ausbreiten können. In dem gleichmäßiger kühlen und feuchten ozeanischen Klimabereich dagegen vermögen sich auf grundwassernahen Böden nur Sumpfpflanzen dauernd zu halten.

Wie sehr die Wasserführung des Oberbodens und das Gedeihen des Glatthafers und anderer Futterwiesengräser bei gleichem Grundwasserstande von der Witterung abhängt, zeigte sich in zwei aufeinanderfolgenden Jahren beim Hohenheimer Grundwasserversuch (s. Abb. 444 u. 445 sowie Abschnitt D I 6b). In dem trockenen Jahre 1952 stellte das Grundwasser eine wesentliche Wasserquelle für die Gräser dar, und ihr Wachstumsoptimum lag in Reinkultur auf Sandboden bei 0–20 cm Grundwassertiefe. Ein Parallelversuch im Jahre 1953 ergab dagegen, daß *Arrhenatherum* und *Dactylis* im trockenen Teil des Versuchsbeckens am besten wuchsen, weil niemals Versorgungsschwierigkeiten auftraten und weil den hoch über dem Kapillarsaum wurzelnden Pflanzen mehr Luft zur Verfügung stand (vgl. Abb. 444 und 445). Optimal gedeihen fast alle unsere Wiesengräser, wenn der Wassergehalt des Bodens etwa 85% seiner Wasserkapazität beträgt (KÄUTER 1933, s. ELLENBERG 1963).

Die Kampfkraft von *Arrhenatherum, Dactylis* und anderen Wiesenpflanzen auf grundwassernahen Böden wird demnach um so größer, je trockener die Witterung ist. Gleichzeitig sinkt aber ihre Wettbewerbsfähigkeit auf grundwasserfreien Böden. Deshalb vermögen sie die genügsameren Vertreter der Trocken- und Halbtrockenrasen nicht fernzuhalten, während sie diesen bei gleichmäßiger Wasserversorgung überlegen wären. Die breiteste Amplitude der Bodenfeuchtigkeit haben *Arrhenatherum* und seine Trabanten dort, wo ihnen die Witterung ein Vordringen auf Naßböden erlaubt, ohne sie ganz von Trockenböden zu vertreiben, d. h. unter den mäßig warm-trockenen Klimabedingungen des Alb- und Schwarzwald-Vorlandes, von dem zu Beginn dieses Abschnittes die Rede war (Wuchsbezirk 1a in Abb. 442).

Da der Glatthafer bei allen Versuchen empfindlicher auf Wassermangel reagierte als die Aufrechte Trespe (s. Abschnitt D I 6), wundern wir uns nicht, wenn wir ihn in Richtung auf das kontinentale Trockenklima Osteuropas noch früher haltmachen sehen als diese. Glatthaferwiesen haben eine ausgesprochen subatlantische Verbreitungstendenz. Im Bereich der Randalpen mit ihrem ozeanisch getönten Klima stoßen sie weit nach Osten vor. In der Steiermark (EGGLER 1958) und in den Karawanken (AICHINGER 1933) z. B. sind sie noch gut entwickelt und reich gegliedert, während sie in inneralpinen Tälern (s. BRAUN-BLANQUET 1961) gänzlich fehlen. Nördlich der Alpen klingen sie bereits in Mitteldeutschland aus.

Im Unstruttal bei Straußfurt kann man mit HUNDT (1957) noch recht gut eine relativ trockene, eine typische und eine feuchtere Subassoziation des *Arrhenatheretum* unterscheiden. Er nennt diese drei Untergesellschaften „Trespen-Glatthaferwiese" (weil *Bromus erectus* stark beteiligt ist), „Reine Glatthaferwiese" (Abb. 446) und „Kohldistel-Glatthaferwiese". Außerdem hat er eine „Labkraut-Glatthaferwiese" kartiert, deren Standort stark wechselfeucht ist und etwa der wechselfeuchten Variante der typischen Glatthaferwiese in Süddeutschland entspricht.

Schon im Gebiet der mittleren Elbe und unteren Mulde sind die Glatthaferwiesen seltener und weniger reichhaltig. Hier trennte HUNDT (1954) nur eine „trockene" Untergesellschaft von einer „frischen". Erstere besiedelt ziemlich sandige Böden und zeichnet sich unter anderen durch folgende Differentialarten aus:

Festuca ovina   *Armeria maritima* ssp. *elongata*
Pimpinella saxifraga   *Cerastium arvense*
Ranunculus bulbosus   *Equisetum arvense*
Thymus serpyllum   *Hieracium pilosella*
                         Sedum acre

Von diesen kommen die in der linken Kolonne aufgeführten Arten auch in den südwest-mitteleuropäischen Salbei-Glatthaferwiesen vor, während man die Sandnelke, das Acker-Hornkraut und die anderen in der rechten Kolonne genannten als Sand- und Hungerzeiger werten muß. *Briza media* tritt nur in einer bodensauren Variante dieser Sandnelken-Glatthaferwiese auf, die man an *Hypochoeris radicata, Crepis capillaris, Rumex acetosella* und anderen Säurezeigern erkennt. Die frischen – oder besser gesagt wechselfeuchten – Glatthaferwiesen des Elbe- und Mulde-Gebietes enthalten ebenfalls zahlreiche Magerkeitszeiger, die jedoch teilweise durch Feuchtigkeit gefördert werden, z.B.

Silaum silaus
Selinum carvifolia
Lychnis flos-cuculi
Deschampsia cespitosa
Glechoma hederacea

Ranunculus auricomus
Veronica serpyllifolia
Leontodon saxatilis
Agrostis stolonifera

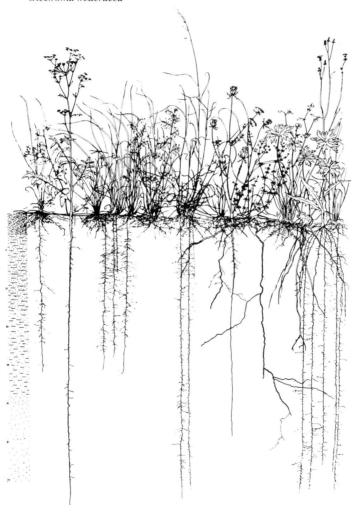

Abb. 446. Schnitt durch eine typische Glatthaferwiese *(Arrhenatheretum,* frische Subass.) im Saaletal oberhalb Wörmlitz. Nach HUNDT (1958).
Von links nach rechts: *Arrhenatherum elatius, Pastinaca sativa, Poa pratensis,* A.e., *Vicia sepium,* A.e. blühend, *P.p., Daucus carota, Galium mollugo, Geranium pratense, Crepis biennis.* Aufschlußtiefe 75 cm.

Die Arten der linken Kolonne sind auch in wechselfeuchten Glatthaferwiesen des Oberrheingebietes häufig anzutreffen, während die rechts stehenden darin selten sind oder ganz fehlen. *Alopecurus pratensis* ist in beiden Subassoziationen häufig, eignet sich also im mittleren Elberaum noch weniger als im südwestlichen Mitteleuropa, um feuchte Glatthaferwiesen von trockeneren zu unterscheiden. Fuchsschwanz-Glatthaferwiesen sind also auch im Flachland auf den westlichen Teil Mitteleuropas konzentriert.

Ein an die nordwestdeutsche Fuchsschwanz-Glatthaferwiese erinnernder Wiesentyp ist nach Ansicht von FREITAG und KÖRTGE (1958) im nördlichen Ostdeutschland auf größere Flußniederungen beschränkt, wo er häufiger überschwemmt wird und deshalb mit den nitrophilen Flutrasen (s. Abschnitt D VI 3) in Kontakt steht. Im unteren Elbetal bei Hamburg wird die Narbe des *Arrhenatheretum* häufig durch Überschwemmungen verletzt. Hier machen sich Arten wie *Agropyron repens* und *Calamagrostis epigeios* in den Fuchsschwanz-Glatthaferwiesen breit (F. H. MEYER 1957), d. h. Rhizomgeophyten, die in offene Stellen des sandigen Bodens unverzüglich wieder vorstoßen können.

Diese Beispiele mögen genügen, um auf die Vielfältigkeit der Glatthaferwiesen hinzuweisen, die sie noch im Elbe- und Havelgebiet erlangen. Flächenmäßig spielen sie aber hier nirgends eine große Rolle. Die meisten ihnen zusagenden Böden werden im norddeutschen Flachland als Dauerweiden oder Äcker genutzt. Reine Mähwiesen gibt es nur dort, wo eine Beweidung unmöglich oder nicht ratsam ist, d. h. an sehr nassen Standorten mit Seggenriedern und Feuchtwiesen oder an Deichen (Hochwasserdämmen), die wegen ihrer Steilheit nicht beweidet werden dürfen. Wenn man im küstennahen Nordwestdeutschland, z. B. bei Hamburg, oder in Holland Arrhenathereten finden will, braucht man deshalb nur die alten Flußdeiche aufzusuchen. Hier trifft man noch fast alle Charakterarten der Glatthaferwiesen, während sonst weit und breit nur Weidelgrasweiden das Dauergrünland beherrschen (s. Abschnitt VI 1 a).

Die östlichen Vorposten des *Arrhenatheretum* stehen im nördlichen Rumänien und in Nordpolen, wo sie nach PASSARGE (1963b) durchaus den weiter westlich gelegenen Glatthaferwiesen entsprechen. In der Sowjetunion, in Fennoskandien, aber auch in der Slowakei treten andere Wiesengesellschaften an ihre Stelle, z. B. von der Rasenschmiele *(Deschampsia cespitosa)* beherrschte. Auf der Balkanhalbinsel findet man die bestausgebildeten Glatthaferwiesen bezeichnenderweise in Kroatien, insbesondere in der Gegend von Zagreb, die im Klima- und Vegetationscharakter am meisten von allen Landschaften an Mitteleuropa erinnert (s. HORVAT, GLAVAČ und ELLENBERG 1974). Während der *Arrhenatherion*-Verband im Osten und Norden kaum die Grenzen Mitteleuropas erreicht, überschreitet er sie nach Westen und Süden sehr weit. Aus den südlichen Cevennen, also aus dem Grenzbereich zur submediterranen Region, wurden Glatthaferwiesen schon 1915 von BRAUN beschrieben. Deren Artenzusammensetzung ist aber von derjenigen des mitteleuropäischen *Arrhenatheretum* so verschieden, daß man sie heute als eine besondere Assoziation auffaßt. Dieses *Gaudinio-Arrhenatheretum* bedarf zu guter Ausbildung regelmäßiger Bewässerung während der trockenen Sommer, die für mittelmeernahe Gebiete charakteristisch sind. In dem Mediterranklima Südfrankreichs gedeihen die letzten noch an das *Arrhenatheretum* erinnernden Wiesen in feuchten Flußniederungen (HUNDT 1960) und sind dort ebenfalls auf zusätzliche Wasserversorgung angewiesen. Am weitesten dringen Glatthaferwiesen im Bereich der montanen Buchenwälder ins Mediterrangebiet vor, z. B. auf dem Apennin (LÜDI 1944).

Im großen und ganzen zeigt somit das *Arrhenatheretum* (bzw. das *Arrhenatherion* im engeren Sinne) ein ähnliches Verbreitungsbild wie die von Rotbuchen beherrschten Waldgesellschaften. Dagegen gibt es in Europa kein einziges natürliches Fichten- oder Kiefernwaldgebiet, in welchem Glatthaferwiesen gut ausgebildet wären. Mit dem *Fagion,* dem *Mesobromion,* dem noch zu besprechenden *Nanocyperion* (Abschnitt VII

1) und einigen anderen Verbänden gehört also auch das *Arrhenatherion* zu den für Mitteleuropa kennzeichnenden Vegetationseinheiten. Nicht zuletzt deshalb haben wir die Glatthaferwiesen und ihre regionalen Abwandlungen so ausführlich besprochen. Bei den übrigen Grünlandgesellschaften müssen wir uns kürzer fassen.

Die Ost- und die Südgrenze der Glatthaferwiesen und verwandter Einheiten dürften teilweise mit der geringen Hitzeresistenz ihrer Partner zusammenhängen. Nach MAIER (1971) kann deren Höchstwert im Hochsommer schon bei weniger als 50 °C erreicht werden (z.B. *Galium mollugo* 50 °C, *Arrhenatherum* und *Taraxacum officinale* 44°, *Poa pratensis* 43°, *Bellis perennis* 42°). Ihre Kälteresistenz ist dagegen beträchtlich und lag beispielsweise bei *Bellis perennis* nach SCHNETTER (1965) im Winter 1961 bei −26° und 1962 bei −20°. Die Empfindlichkeit gegen Hitze wiegt als begrenzender Faktor um so schwerer, als Gräser wie *Arrhenatherum* ihre Spalten sehr stark nach der Luftfeuchte regulieren und in Trockenperioden ganz schließen, so daß weder eine Transpirationskühlung noch eine positive Stoffbilanz möglich wird (STOCKER 1967). Um so besser ist ihr Photosynthese-Apparat an niedrige Temperaturen angepaßt, wie sie in Mitteleuropa nicht nur im Frühjahr und Herbst, sondern während der Morgenstunden oft auch im Sommer herrschen. Schon um 0 °C wird der Kompensationspunkt überschritten, d.h. oft schon beim Abtauen bereifter Blätter. Arten, die in den Wiesen des Berglandes häufiger sind als im Tiefland, z.B. der von RUETZ (1973) gründlich untersuchte Rotschwingel *(Festuca rubra)*, erreichen das Optimum der apparenten Photosynthese oft schon bei weniger als 10°C, andere bei höchstens 25° (KALCKSTEIN 1974).

Hierin unterscheiden sich die Gräser der gemäßigten Zone (die ja sämtlich C 3-Pflanzen sind) grundsätzlich von den Gräsern der Tropenzone, deren Photosynthese-Optimum nach KALCKSTEIN bei etwa 35°C anzusetzen ist. Da diese C 4-Pflanzen mit dem Kohlendioxid viel sparsamer umgehen, erreichen sie die Lichtsättigung unter terrestrischen Bedingungen niemals, während mitteleuropäische Wiesengräser helle Tage nicht besser zu nutzen vermögen als mäßig strahlungsreiche (Lichtkompensation bei etwa 30–40 Klux). Die maximale Photosyntheseleistung von C 3-Gräsern (wie *Festuca rubra*, *Lolium multiflorum* oder *Bromus erectus*) beträgt infolgedessen etwa 90 mg CO_2 pro g Trockengewicht und Stunde, von C 4-Gräsern (z.B. *Echinochloa crus-galli* und *Panicum miliaceum*) dagegen 130–150. Der Wirkungsgrad der Energiefixierung ist nach CARTLEDGE und CONNOR (1973) in Grasbeständen temperierter Gebiete umgekehrt proportional zur Strahlungsintensität, während er in tropischen Grasbeständen bei steigender Strahlung annähernd gleich bleibt. Auch in dieser Hinsicht sind unsere Wiesen an das oftmals wolkenreiche Wetter Mitteleuropas also recht gut angepaßt. Das gilt insbesondere für Bergwiesen, denen wir uns jetzt zuwenden wollen.

3 Glatthafer- und Goldhaferwiesen im Bergland

a Abwandlungen der Glatthaferwiesen mit zunehmender Meereshöhe

Die Mannigfaltigkeit der Glatthaferwiesen in Mittel- und Südeuropa wird noch dadurch vermehrt, daß sie sich auch mit zunehmender Meereshöhe wandeln. Die Verkürzung der Vegetationsperiode, die Abnahme der Sommertemperaturen, das Ansteigen der Niederschläge und damit der Bodenauswaschung, aber auch die Verringerung der Wirtschaftsintensität wirken sich ungünstig auf die Konkurrenzkraft des Glatthafers und seiner Trabanten aus (Abb. 447). Statt ihrer treten genügsamere, im Tiefland von den hochstrebenden Arten bedrängte Arten hervor, namentlich *Trisetum flavescens*, *Holcus lanatus* und andere Mittelgräser sowie *Festuca rubra*, *Agrostis tenuis* und weitere Arten mit bodennahem Blattwerk.

Auf den nach Norden vorgeschobenen Bergen Mitteleuropas, z. B. am Vogelsberg und in der Rhön, kommt zwar der Glatthafer vereinzelt noch bis 600 m ü. M. vor, doch wird die nach ihm benannte Assoziation bereits in 350–400 m Höhe durch Goldhaferwiesen abgelöst (SPEIDEL 1972). Bis etwa 500 m, d. h. wo noch Eichen im Buchenwald vorkommen, herrscht im gedüngten Grasland die Wiesenrispen-Goldhaferwiese *(Poo-Trisetetum)*, in der reinen Buchenstufe die Storchschnabel-Goldhaferwiese (*Geranio-Trisetetum*, s. Tab. 111). In den Alpen dagegen kann der Glatthafer stellenweise noch bis 1200 m ü. M. dominieren, vor allem auf basenreichen Böden, und vereinzelt bis über 1500 m emporsteigen. Da auch andere Charakterarten der Tieflands-Glatthaferwiesen noch gelegentlich in die montane Stufe hinaufreichen, sprechen BAEUMER (1956) und OBERDORFER (1957) hier von Berg-Glatthaferwiesen (*Arrhenatheretum montanum*, s. Abb. 447 u. 448). In den übrigen Gebirgen herrschen intermediäre Verhältnisse, z. B. in den polnischen Westkarpaten. Hier gibt es Arrhenatereten bis etwa 500–600 m ü. M. Weiter oberhalb herrschen arme Bergwiesen mit östlichem Floreneinschlag, die KORNÁS (1967) als *Gladiolo-Agrostietum* bezeichnet (Abb. 456).

Wie bei den Wäldern, so sinkt auch bei den Wiesen die Ertragsleistung mit zunehmender Meereshöhe ab, und zwar trotz intensivster Bewirtschaftung um etwa 6% pro 100 m Höhendifferenz (zwischen 955 und 1555 m im Allgäu, nach SPATZ 1970). Diese Abnahme ist in erster Linie eine Funktion der Länge der Vegetationszeit, denn während derselben herrschen nach SPEIDEL und WEISS (1971, 1974) sowie nach RUETZ (1973)

Arten der Glatthaferwiesen   Goldhaferwiesen

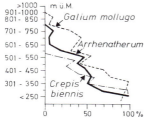 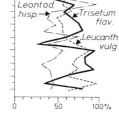 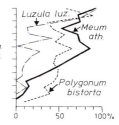

Ähnlich verhalten sich außerdem:

wie links
Anthriscus sylvestris
Avenochloa pubescens
Bellis perennis
Centaurea jacea
Cirsium oleraceum
Colchicum autumnale
Cynosurus cristatus
Festuca pratensis
Geranium pratense
Holcus lanatus
Lotus corniculatus
Lysimachia nummularia
Poa pratensis
P. trivialis
Ranunculus auricomus
Tragopogon pratensis
Trifolium dubium
T. repens u. a.

wie in der Mitte
Achillea millefolium
Alchemilla vulgaris
Alopecurus pratensis
Anthoxanthum odoratum
Briza media
Campanula rotundifolia
Centaurea pseudophrygia
Cirsium palustre
Deschampsia cespitosa
Festuca rubra
Hypericum maculatum
Lathyrus montanus
Leontodon autumnale
Luzula campestris
Lychnis flos-cuculi
Myosotis palustris
Ranunculus acris
Trollius europaeus u. a.

wie rechts
Agrostis tenuis[1]
Arnica montana[1]
Avenella flexuosa[1]
Carex pilulifera[1]
Chaerophyllum hirsutum
Cirsium heterophyllum
Crepis mollis
Galium harcynicum[1]
Geranium sylvaticum
Nardus stricta[1]
Pedicularis sylvatica[1]
Phyteuma spicatum
Potentilla erecta[1]

[1]) In größerer Höhe vor allem deshalb häufiger, weil dort die Böden saurer und ärmer sind.

Abb. 447. Höhenabhängigkeit des Vorkommens von Wiesenpflanzen im Harz und Thüringer Wald (in Prozent aller in der jeweiligen Höhenklasse aufgenommenen Bestände). Nach Daten von HUNDT (1966).

relativ günstige Produktionsbedingungen. Bei dem von diesen Autoren im Solling studierten *Trisetetum* mit viel Rotschwingel lag der Zeitpunkt des kräftigsten täglichen Wachstums um so früher, je stärker die Düngung war. In gut ernährten Beständen lebten die Wurzeln höchstens 13 Monate lang, und 54% wurden weniger als 1 Monat alt. Die langlebigen entstanden in der zweiten Jahreshälfte, gewährleisteten also das Überdauern des Winters und ermöglichten es den grün gebliebenen Blättern, sofort nach der Schneeschmelze aktiv zu werden. Bei schlechter Ernährung leben die Graswurzeln bis zu 3 Jahren, ja bei *Nardus stricta* bis zu 9 Jahren. Der hungernde Pflanzenbestand geht also sparsamer mit den Assimilaten um, liefert den Bodenorganismen aber auch weniger Wurzelreste, so daß deren Aktivität und damit die „natür-

Tab. 111. **Klimadaten für gedüngte Frischwiesen in verschiedener Höhenlage.**
Nach Literaturangaben von Nordpolen bis Belgien und von der CSSR bis zur Schweiz; vereinfacht nach Passarge (1969a)

Gesellschaft	Meereshöhe (m ü.M.)	Niederschlag (mm)	Lufttemperatur-Mittel	
			(Januar)	(Jahr)
Trisetetum				
Rumici-T. (hochmontan)	900 −1500	1240−1720	−6,7 bis −3,4	2,7−5,7
Geranio-T. (montan)	600 −1400	1100−1700	−3,8 ,, −2,0	5,2−6,3
Poo-T.	200[1])− 600	600−1050	−3,0 ,, −0,4	6,3−7,0
Arrhenatheretum				
Alchemillo-A.	100[1])− 800	575− 900	−4,0 ,, +1,7	5,5−8,7
Dauco-A. (planar-collin)	20 − 150	475− 650	−0,8 ,, +0,3	8,6−9,4

[1]) Tiefstwerte in Nordost-Polen; sonst 400 (*Poo-T.*) bzw. 350 (*Alch.-A.*)

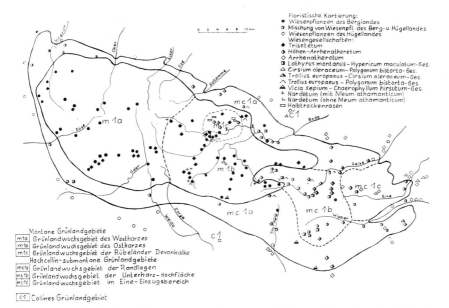

Abb. 448. Grünlandgebiete des Harzes. Nach HUNDT (1962). Zunehmende Meereshöhe bestimmt die Großgliederung, Bodenbeschaffenheit (und sonstige Faktoren) die Unterteilung.

748 Futterwiesen und Streuewiesen

liche" Fruchtbarkeit des Bodens beschleunigt abnimmt. Gerade in Bergwiesen kann man solche Zusammenhänge heute noch gut untersuchen, die im Prinzip wohl auch für Talwiesen gelten.

b Montane und subalpine Goldhaferwiesen

Erst in der oberen montanen Stufe findet man reine und typisch ausgebildete Goldhaferwiesen (Abb. 449 u. 450), wie sie MARSCHALL (1947) aus der Schweiz beschrieben hat. Diese werden von den meisten Autoren einem eigenen Verbande der Ordnung *Arrhenatheretalia*, dem *Polygono-Trisetion*, zugerechnet.

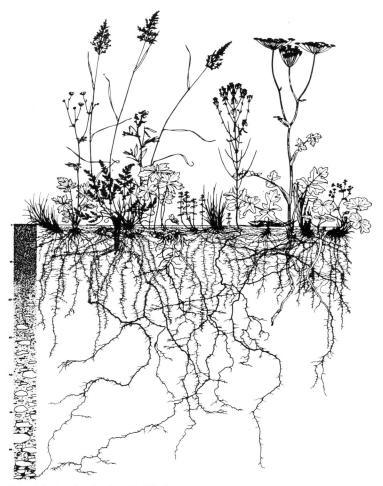

Abb. 449. Schnitt durch eine Goldhaferwiese *(Trisetetum)* im Unterharz, die aus einem Borstgrasrasen hervorging. Nach HUNDT (1962).
Von links nach rechts: *Nardus stricta, Ranunculus acris, Meum athamanticum, Trisetum flavescens* (3 blühende Halme), *Lathyrus linifolius, Trollius europaeus, Hypericum maculatum, Festuca rubra, Hypericum perforatum, Heracleum sphondylium, Alchemilla vulgaris coll.* Boden bis 75 cm Tiefe aufgeschlossen.

Neben Charakterarten wie:

Alchemilla vulgaris coll.　　*Narcissus stellaris*
Centaurea pseudophrygia　　*Pimpinella major* var. *rubra*
Crepis mollis　　　　　　　*Thlaspi alpestre*
Crocus albiflorus　　　　　*Viola tricolor* ssp. *subalpina* u. a.

zeichnet sich dieser durch zahlreiche montane und subalpine Arten aus, die ihn vom *Arrhenatherion* differenzieren, namentlich durch:

Primula elatior (häufig!)　　*Muscari botryoides*
Silene dioica (häufig)　　　*Phyteuma halleri*
Astrantia major　　　　　　*Ph. orbiculare*
Campanula scheuchzeri　　　*Poa chaixii*
Geranium sylvaticum　　　　*Rumex alpestris* u. a.

Der Goldhafer *(Trisetum flavescens)* selbst kann dagegen weder als Charakter- noch als Differentialart gelten, weil er in den Arrhenathereten der tieferen Lagen zu häufig vorkommt (Abb. 447, s. auch BAEUMER 1956). Umstritten bleibt die soziologische Rolle des Schlangen-Knöterichs *(Polygonum bistorta,* s. Abb. 455). Seiner Gesamtverbreitung nach ist er eine boreale und montane Art. In Norddeutschland und in manchen anderen Teilen Mitteleuropas tritt er aber im Tiefland auf und ist dort in gedüngten Feuchtwiesen so regelmäßig zu finden, daß viele Autoren ihn als Charakterart derselben werteten. Selbst auf der Insel Rügen wurde er von HUNDT (1972) festgestellt, gemeinsam mit der Trollblume *(Trollius europaeus),* die ihm im Verhalten ähnelt. Wo *Polygonum bistorta* im Tiefland auftritt, herrschen nicht selten lokalklimatisch „montane" Bedingungen. SCHEEL (1962) fand z. B. nördlich Berlin, daß die Böden mit *Polygonum* um 1–2° kühler waren als vergleichbare Böden ohne ihn. Im Gebirge hält er sich zwar nicht so streng an feuchte Standorte wie in der Ebene, fehlt aber auch hier den trockenen Ausbildungen der Goldhaferwiesen oder greift nur gelegentlich in sie über.

Auch mit anderen Grünlandgesellschaften verzahnen sich die Goldhaferwiesen, zumal in höheren Berglagen das Relief oft sehr kleinräumig wechselt. Bei großer

Abb. 450. Narzissen *(Narcissus stellaris)* im Frühlingsaspekt einer frischen Goldhaferwiese unterhalb des Moléson in den Westschweizer Voralpen. Phot. PERROCHET.

Nährstoffzufuhr gehen die Goldhaferwiesen in Hochstaudenfluren (s. Abschnitt VI 7) über, indem sie krautreicher werden. Ähnlich wie bei den Bärenklau-Glatthaferwiesen unterdrücken die großblättrigen Stauden den Gras-Jungwuchs und die Leguminosen, weil nicht genügend Licht auf den Boden fällt (Abb. 441). In den Silikatgebirgen, z. B.

Abb. 451. Straußgras-Rotschwingelwiesen im Wechsel mit Goldhaferwiesen (beim Gehöft im Mittelgrund rechts), Borstgrasrasen und Heiden am Feldberg im Schwarzwald (vgl. Abb. 452). Vorn *Gentiana lutea* als Weideunkraut.

Abb. 452. Dieselbe Feldberglandschaft wie auf Abb. 451 im Winterschnee; Blick vom Feldberg-Mittelbuck in etwa 1500 m Höhe auf Hinterwald-Kopf und Kandel. Alle Bergwiesen genießen im Winter einen sicheren Kälteschutz und bleiben unter dem Schnee wie die alpinen Rasen größtenteils grün.

im Schwarzwald, findet man dagegen alle denkbaren Übergänge zu den Borstgrasrasen. Je extensiver die Wirtschaft und je seltener die Düngung, desto mehr treten die genügsamen Partner der Narden an die Stelle der höher werdenden, aber auch anspruchsvolleren Arten der Triseteten. Intermediäre Artenkombinationen werden oft vom Roten Straußgras *(Agrostis tenuis)* oder vom Horstigen Rotschwingel *(Festuca nigrescens)* beherrscht. Solche Straußgras-Rotschwingelwiesen bedecken in manchen Berggegenden größere Flächen als die reinen Goldhaferwiesen und Borstgrasrasen zusammen (Abb. 451 u. 452). Im kalkreichen Hochgebirge kommt es nicht selten zu Durchdringungen zwischen Goldhaferwiesen und Blaugrashalden oder verwandten Gesellschaften. Da hier aber das Grünland meistens beweidet wird, sind Übergänge zu den Milchkrautweiden (s. Abschnitt VI 4) noch häufiger.

Gegenüber den alpinen Goldhaferwiesen (z. B. dem *Astrantio-Trisetetum*, s. OBERDORFER 1957) erscheinen diejenigen aller Mittelgebirge verarmt. Das geht besonders gut aus der Literaturübersicht von HUNDT (1964 und 1966) hervor, der die Wiesen des Thüringer Waldes und des Harzes bearbeitete (s. Abb. 448 u. 449).

4 Gedüngte Feuchtwiesen und verwandte Gesellschaften

a Kohldistelwiesen und andere Futterwiesen basenreicher Feuchtböden

Sowohl die Glatthaferwiesen als auch die Goldhaferwiesen sind durch viele Zwischenstufen mit den Feuchtwiesen nährstoffreicher Standorte verbunden. Deshalb wollen wir diese vielgestaltige und schwer zu überblickende Gruppe von Wiesengesellschaften als nächstes betrachten. Sie werden in dem Verbande *Calthion* zusammengefaßt, dessen Bezeichnung nicht befriedigt, weil die Sumpfdotterblume ihm keineswegs treu ist (s. z. B. Abschnitt C I 2 a). Aber auch sonst besitzt der Verband der gut ernährten Feuchtwiesen kaum Charakterarten. Allenfalls kann man die in Tab. 110 genannten als solche ansehen. Am besten läßt sich das *Calthion* negativ kennzeichnen, nämlich durch das Fehlen der *Arrhenatherion-* bzw. *Trisetion*-Arten einerseits und der *Molinion*-Arten (s. Abschnitt 6) andererseits. Viele der zu ihm gestellten Gesellschaften zeichnen sich durch floristische Anklänge an die Klein- oder Großseggenrieder aus, mit denen sie oft ein standortsbedingtes Mosaik bilden.

Gemeinsam mit einem Grundstock von allgemein verbreiteten Wiesenpflanzen (den Klassen-Kennarten, s. Tab. 110) gedeihen in den Feuchtwiesen zahlreiche Helophyten, insbesondere die ebenfalls in Tab. 110 aufgeführten Kennarten der Ordnung *Molinietalia*. Je nach dem Basenreichtum des Bodens und der Wasserführung sowie je nach den Klimabedingungen treten davon verschiedene hervor. Auch die Bewirtschaftungsweise hat einen großen Einfluß auf die Artenkombination.

Im südwestlichen Mitteleuropa weit verbreitet ist der Typus der Kohldistelwiese *(Angelico-Cirsietum*, s. MEISEL 1969b, Abb. 443 u. 453). Sie bevorzugt relativ basenreiche mineralische Naßböden oder entwässerte Torfböden entsprechender Beschaffenheit. Bei zweischüriger Nutzung und gelegentlicher Düngung ist sie ziemlich reich an Gräsern, namentlich an *Alopecurus pratensis, Festuca pratensis, Holcus lanatus* und *Poa trivialis*.

Im Frühlingsaspekt typischer Kohldistelwiesen herrschen zunächst Wiesenschaumkraut und Sumpfdotterblume (s. Abb. 240). Später zeichnen sie sich durch karminrote, braunrote, rosarote und gelbe Farben ab, indem die Blüten von *Lychnis flos-cuculi, Ranunculus acris* oder *Polygonum bistorta* sowie die anthocyanreichen Knospenstände von *Rumex acetosa* und *Holcus lanatus* das zögernd sprießende Blattwerk der Gräser übertönen. Rein weiße und blaue Blüten fehlen fast ganz, auch in dem späteren, von

Gräsern beherrschten Entwicklungszustand. Nach dem ersten Schnitt streckt *Cirsium oleraceum* seine gelbgrünen, weichblättrigen Stengel empor und beginnt zu blühen. Stellenweise bringt *Angelica sylvestris* nun auch das Weiß zur Geltung (Abb. 454). Der zweite Schnitt ist oft ebenso ergiebig wie der erste, weil die Entwicklung im Frühjahr später beginnt als bei der Glatthaferwiese, und weil der Boden nach dem Heuschnitt noch über große Wasserreserven verfügt.

Im Nährstoffhaushalt, insbesondere im Stickstoff-Angebot, stehen die Kohldistelwiesen den Glatthaferwiesen nahe (WILLIAMS 1968). Doch geht ein Teil des im Boden reichlich gebildeten Nitrats durch Denitrifikation verloren, für die nach SCHAEFER

Abb. 453 Schnitt durch eine nasse Kohldistelwiese *(Cirsium oleraceum-Polygonum bistorta-*Ass., Subass. von *Carex acutiformis)* auf Vorschüttsanden südlich des Fläming. Nach HUNDT (1958).
Von links nach rechts: *Cirsium oleraceum, Carex acutiformis, Cirsium palustre, Lotus uliginosus, Holcus lanatus, Galium palustre, Filipendula ulmaria, C.o., H.l., C.a., Geum rivale, Angelica sylvestris, Ranunculus acris, Poa trivialis.* Boden bis 70 cm Tiefe aufgeschlossen.

(1964) günstige Bedingungen herrschen, wenn das Wasser auch die Grobporen zu füllen beginnt. Noch nassere Wiesen, z. B. das Schlankseggenried *(Caricetum gracilis)*, sind daher stets relativ schlecht mit Mineralstickstoff versorgt (KOVÁCS 1964, LEÓN 1968), und die nasseste Ausbildung des *Angelico-Cirsietum,* die Seggen-Kohldistelwiese *(A.-C. caricetosum),* tendiert in diese Richtung. Umgekehrt vermittelt die Knaulgras-Kohldistelwiese *(A.-C. dactyletosum)* zum *Arrhenatheretum.* Die letztgenannte ist auch hinsichtlich der Erträge die wertvollste.

Mit steigender Meereshöhe geht die Kohldistelwiese auf kalkreichen Standorten in die von OBERDORFER (1957) gefaßte Trollblumen-Bachdistelwiese *(Trollio-Cirsietum,* s. auch Abb. 455) über. Auch sie läßt sich in mehrere Untereinheiten gliedern und tritt mit den verschiedensten anderen Grünlandgesellschaften in Kontakt.

Im Osten und Südosten Mitteleuropas spielt die Rasenschmiele *(Deschampsia cespitosa)* in bodenfeuchten Futterwiesen eine so auffallend große Rolle, daß diese auch in den Namen der dort verbreiteten *Calthion*-Gesellschaften anklingt, z. B. *Stellario-Deschampsietum* bei Warschau (nach TRACZYK 1968) und im *Deschampsietum* bzw. *Cirsietum rivularis deschampsietosum* (nach SPÁNIKOVÁ 1971, s. auch Abb. 456). Zumindest teilweise verdankt die Rasenschmiele ihre Vorherrschaft dem Weidevieh, das hier nach dem Schnitt auf die Wiesen getrieben wird und dies harte Gras meidet. Doch müssen auch klimatische Gründe mitspielen, denn nach WINTERHOFF (1971) erreicht *Deschampsia cespitosa* schon in der Schwäbischen Alb die Südwestgrenze ihrer Verbreitung in *Calthion*-Wiesen. TRACZYK (1968) stellte fest, daß in Rasenschmielen-Feuchtwiesen der Anteil toten Pflanzenmaterials am Bestand im Vergleich

Abb. 454. Doldenaspekt einer mäßig gedüngten Kohldistelwiese bei Amelinghausen vor dem zweiten Schnitt. *Angelica sylvestris* herrscht vor; vorn links Blätter von *Filipendula ulmaria.*

754 Futterwiesen und Streuewiesen

zu anderen Wiesen ungewöhnlich groß ist, wozu nicht nur das herrschende Gras, sondern auch Seggen wie *Carex nigra* und *panicea* beitragen. Bei besserer Düngung und mehrmaliger Mahd gehen solche Wiesen auch in Mittel- und Südpolen in Kohldistelwiesen über.

b Futterwiesen basenarmer Naßböden

Gedüngte Wiesen auf basenarmen Standorten gibt es sowohl in den Silikatgebirgen als auch im diluvialen Flachland in so großer Mannigfaltigkeit, daß wir hier nur einige Beispiele nennen können. Die meisten von ihnen sind erst im Laufe der letzten hundert Jahre aus Pfeifengras-Streuewiesen hervorgegangen. Andere entstanden durch Entwässerung von Groß- oder Kleinseggensümpfen. Nur an wenigen, sehr eng begrenzten Orten, z.B. an Quellaustritten, könnten sich vielleicht auch in der Naturlandschaft wiesenartige Kraut- und Sauergrasfluren ausbilden, die diesen Gesellschaften nahestehen (s. Abschnitt C II 2).

Die bodensauren Feuchtwiesen sind meist recht artenarm. Im nördlichen Flachland ist vor allem die Wassergreiskrautwiese (*Bromus racemosus-Senecio aquaticus*-Ass.) ausgebildet. Als deren einzige Charakterart kommt nach TÜXEN und PREISING (1951)

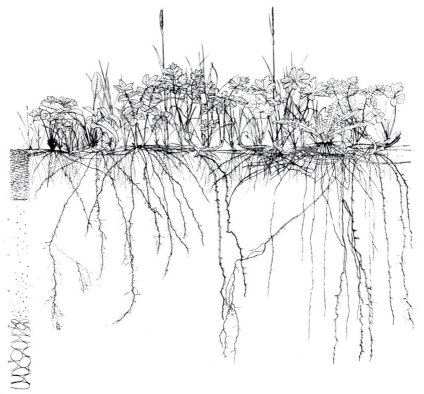

Abb. 455. Schnitt durch eine *Trollius europaeus- Polygonum bistorta*-Wiese im Südostharz, Frühsommeraspekt. Nach HUNDT (1962).
Von links nach rechts: *Trollius, Polygonum, Filipendula ulmaria, Trisetum flavescens, Anthriscus sylvestris, Alchemilla vulgaris* coll., *Cirsium palustre, Heracleum sphondylium*. Boden 70 cm tief aufgeschlossen.

Senecio aquaticus in Frage. Wie MEISEL (1969b) betont, fehlt die unglücklicherweise noch immer im Namen verwendete Traubentrespe den eigentlichen Naßwiesen. Wassergreiskrautwiesen erinnern in mancher Hinsicht an Rasenschmielenwiesen und nehmen wie diese eine schwer abgrenzbare Mittelstellung zwischen Kohldistel- und Pfeifengraswiesen ein. Ihre örtliche Untergliederung in eine relativ trockene, eine „typische" und eine nasse Subassoziation bereitet dagegen keine Schwierigkeit. Wie aus Tab. 110 hervorgeht, unterscheiden sich diese Einheiten auf Böden von gleicher Textur stets in den Abständen des Grundwasser-Spiegels von der Oberfläche. Die Schwankungen der Bodenfeuchtigkeit im Jahreslauf und mit der jeweiligen Jahreswitterung sind bei allen Untergesellschaften beträchtlich.

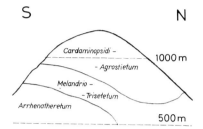

Abb. 456a. Verteilung der Wiesengesellschaften nach Höhenlage und Exposition im böhmischen Bergland. Nach MORAVEC (1965), etwas verändert.
In ähnlicher Weise sind auch im Bergland des westlichen Mitteleuropa Glatthaferwiese, Goldhaferwiese und Rotstraußgraswiese verteilt. Nur liegen hier die Untergrenzen der montanen Wiesen oft höher über dem Meere.

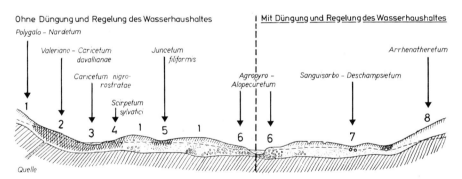

Abb. 456b. Anordnung der Wiesengesellschaften in einer böhmischen Flußaue bei extensiver Beweidung einerseits und bei regelmäßiger Düngung und Mahd nach Entwässerung andererseits, schematisch. Nach MORAVEC (1965), verändert.
Fast alle Gesellschaften kommen oder kamen auch im südwestlichen Mitteleuropa unter ähnlichen Standortsverhältnissen vor. Statt der Rasenschmielen-Wiese *(Sanguisorbo-Deschampsietum)* würde hier eine Kohldistelwiese *(Polygono-Cirsietum)* oder eine bodenfeuchte Glatthaferwiese herrschen.

c Brenndoldenwiesen östlicher Stromtäler

Noch stärkere Wasserstands-Schwankungen als die meisten übrigen Feuchtwiesen müssen die im Osten Mitteleuropas vorkommenden Brenndoldenwiesen (Verband *Cnidion*) ertragen. Im Gegensatz zu den vom Menschen gedüngten *Calthion*-Wiesen handelt es sich um „naturgedüngte" Formationen. Der für sie entscheidende Faktor ist sinkstoffreiches Hochwasser, das ihnen in den großen Stromtälern alljährlich mehrmals Nährstoffe und Feuchtigkeit zuführt. Nach BALÁTOVÁ TULÁČKOVÁ (1969) kommen in Ostdeutschland, Südmähren, Österreich und Nordost-Kroatien verschiedene Assoziationen vor. Als für den Verband charakteristisch nennt sie Arten mit kontinentalen Arealschwerpunkten:

Cnidium dubium   *Juncus atratus*
Allium angulosum   *Leucojum aestivum*
Carex praecox var. suzae *Lythrum virgatum*
Gratiola officinalis   *Oenanthe silaifolia* u. a.

Hinsichtlich der Nährstoff-Versorgung steht das *Cnidion* zweifellos zwischen dem von Düngerzufuhr abhängigen *Calthion* und dem bei Nährstoffzufuhr entartenden *Molinion,* auf das wir nunmehr eingehen wollen. Am meisten Ähnlichkeit, auch was den Wasserhaushalt anbetrifft, hat es mit den Mädesüß-Bachuferfluren (*Filipendulion,* Abschnitt 5 c).

d Binsen- und Simsen-Quellsumpfwiesen

Quellige, dauernd durchfeuchtete Stellen heben sich von den sie umgebenden Feuchtwiesen häufig durch die dunkelgrüne Farbe ihres Pflanzenbestandes ab. Hier herrschen rasenbildende Binsenarten, und zwar bei Kalkreichtum *Juncus subnodulosus* und bei Kalkarmut der im Habitus recht ähnliche *Juncus acutiflorus* (= *sylvaticus*). Die Knotenbinsenwiese und die Spitzblütenbinsenwiese wurden früher an die Kleinseggenrieder angeschlossen und für waldfeindliches Naturgrünland gehalten. OBERDORFER (1957) betont aber mit Recht, daß es sich meistens um Mähwiesen handle, die floristisch den *Molinietalia* nahestehen. Sie degenerieren rasch, wenn sie nicht mehr regelmäßig geschnitten werden. Vorübergehend kommt dann Schilfrohr (*Phragmites*) zur Herrschaft, das die lichtliebenden Binsen erstickt. Doch wird das Schilf seinerseits von Moorbirken, Weiden und anderen Pionieren des Erlen-Eschenwaldes oder des nassen Birken-Eichenwaldes verdrängt, die von Natur aus auf den Standorten der Knotenbinsenwiese oder der Spitzblütenbinsenwiese wachsen würden.

Das *Juncetum subnodulosi* ist auf mergeligen Böden des Alpenvorlandes noch recht häufig. Während hier die Charakterarten der *Molinietalia* nur spärlich und kümmerlich vertreten sind, enthält es stets mehrere Arten der Kalk-Kleinseggenrasen und leitet oft zu Kopfried-Kalkflachmooren über (s. Abschnitt C II 2a). Der Spitzblütenbinsen-Quellsumpfrasen *(Juncetum acutiflori)* bildet bei MEISEL (1969b) und älteren Autoren einen eigenen Verband innerhalb der *Molinietalia*. Heute wird er von OBERDORFER u. Mitarb. (1977) wieder an den Verband der Sauren Braunseggen- und Wollgras-Gesellschaften *(Caricion nigrae)* angeschlossen, dem auch andere vom Menschen mitgeschaffene Naßwiesen-Gesellschaften angehören. Im Gegensatz zum *Juncetum subnodulosi* hat er ein vorwiegend atlantisches Areal.

Systematisch unklar ist auch die Stellung der Waldsimsen-Quellwiesen *(Scirpetum sylvatici),* die im Aussehen an Großseggenrieder erinnern, aber im Artengefüge eher den Sumpfdotterblumenwiesen *(Calthion)* zugehören. Sie deuten auf kalkarmes, aber relativ nährstoffreiches Wasser hin (YERLY 1970).

5 Pfeifengras-Streuewiesen und verwandte Staudenfluren

a Pfeifengraswiesen verschiedener Standorte

Streuewiesen werden in Mitteleuropa von Jahr zu Jahr seltener und sind heute nur noch im Alpenvorland sowie in den randlichen Teilen der Alpen anzutreffen. Aber auch hier nimmt ihr Areal zusehends ab, seit man in den modernen Grünlandbetrieben das Vieh ohne Streu aufstallt. Insbesondere gilt das für die Pfeifengraswiesen (*Molinion,* s. Tab. 112), die auf gleichen Böden wie die Futterwiesen stocken und, wie wir in

Abschnitt 1 a sahen, leicht in diese zu verwandeln sind. Während die Klassiker der Grünlandsoziologie, STEBLER und SCHRÖTER, den Streuewiesen noch umfangreiche Abhandlungen widmeten, und auch W. KOCH (1926) noch große Flächen im Schweizer Alpenvorland, z.B. in der Linthebene, aufnehmen konnte, werden in absehbarer Zukunft nur noch einzelne Reservate als Studienobjekte übrig bleiben. Wenn man diese Restflächen erhalten will, muß man sie in der alten Weise bewirtschaften, d.h. alljährlich oder doch alle zwei Jahre mähen, aber mit diesem Schnitt bis Ende September warten und das Stroh von der Wiese entfernen.

Während die gedüngten Feuchtwiesen im Frühjahr schon längst wieder saftig grün geworden sind und sich mit Blüten schmücken, behalten die Stoppeln der *Molinia*-Wiesen noch lange ihr strohiges Fahlgelb. Im Bergland sind oft Anemonen *(A. nemorosa)* oder Primeln *(P. elatior)*, also eigentlich Waldpflanzen, die Nutznießer dieser Frühlingsruhe. Erst nachdem der Heuschnitt auf den Futterwiesen längst vorüber ist, beginnen die blauknospigen Halme von *Molinia* zu schossen und einzelne der Begleitpflanzen zu blühen. Im Spätsommer bilden die dunkelblauen Glocken von Gentianen, die gelbweißen Dolden von *Silaum silaus*, die karminroten Köpfe von *Serratula tinctoria* und andere bunte Blumen eine prächtige Farbensymphonie. Wenn sich schließlich Halme und Blätter des Pfeifengrases goldgelb und kupferbraun zu verfärben beginnen, heben sich die Streuewiesen leuchtend von den „immergrünen" Futterwiesen ab und wetteifern mit dem Herbstbunt der Laubmischwälder.

So artenreich und farbenfroh sind aber nur die Kalk-Pfeifengraswiesen *(Cirsio tuberosi-Molinietum)*, d.h. die „echten" mitteleuropäischen Molinieten auf basenreichen Feuchtböden (Tab. 112). Die bodensauren Pfeifengraswiesen *(Junco-Molinietum)*, die als Ersatzgesellschaften von Birkenbruch und feuchtem Birken-Eichenwald anzusehen sind, erscheinen diesen gegenüber floristisch verarmt (Abb. 457 u. 458).

Abb. 457. Schematisierter Schnitt durch eine Kalk-Pfeifengraswiese im Schweizer Mittelland. Nach M. MAYER (1939).
Von links nach rechts: *Serratula tinctoria, Carex panicea, Molinia caerulea* (M.), *Selinum carvifolia, Potentilla erecta, Gentiana pneumonanthe,* M., *Thalictrum flavum,* M., *Sanguisorba officinalis, Succisa pratensis, Allium angulosum, Epipactis palustris, Iris sibirica,* M. Dargestellte Bodentiefe etwa 10 cm; die Wurzeln sind nur angedeutet, sie reichen mehrere Dezimeter tief hinab.

Futterwiesen und Streuewiesen

Tab. 112. Kalk- und Sauerboden-Pfeifengraswiesen an nassen bis trockenen Standorten.
Nach Aufnahmen von Philippi (1960) und Passarge (1956)

Gebiet: A = Oberrhein B = Spreewald Nr.	A 1	A 2	A 3	B 1	B 2	B 3	Gebiet: Nr.	A 1	A 2	A 3	B 1	B 2	B 3
O *Silaum silaus*	5	5	5				B? *Viola persicifolia*				5	5	4
O *Sanguisorba officinalis*	5	5	4				O *Galium uliginosum*				4	5	4
Centaurea jacea	5	4	5				O *Luzula multiflora*	1			2	5	5
V *Selinum carvifolia*	4	5	4				B *Ophioglossum vulgatum*				1	4	3
V *Betonica officinalis*	4	4	4				*Rumex acetosa*				1	5	5
A *Galium boreale*	4	4	4				B *Salix repens*				3	2	1
A *Cirsium tuberosum*	4	3	5				*Cardamine pratensis*				4	2	1
V *Serratula tinctoria*	4	3	4				O *Cirsium palustre*				3	2	2
Galium verum	4	2	4				*Potentilla anserina*				2	3	2
Lathyrus pratensis	4	3	3				*Taraxacum officinale*				3	2	1
Lotus corniculatus	3	3	5				B *Inula britannica*				1	1	2
A *Carex tomentosa*	2	3	4				*Leontodon saxatilis*				1	1	2
A *Inula salicina*	2	4	2				O *Lotus uliginosus*				1	4	
A *Tetragonolobus maritimus*	2	1	5				Nässezeiger:[1])						
Dactylis glomerata	2	1	4				*Mentha aquatica*	3			5		
Ononis spinosa	2	1	4				*Caltha palustris*	2			4		
A *Dianthus superbus*	3	1	1				*Lythrum salicaria*	3		1	1	1	
A *Filipendula hexapetala*		1	3				*Phragmites australis*	4	4	3	1		
O *Juncus subnodulosus*	2	3	2				*Carex panicea*	4		1	5	4	5
O *Equisetum palustre*	2	2	2				*Carex acutiformis*	1		1	4		1
Carex flacca	1		3				*Hydrocotyle vulgaris*				3	3	1
Allium angulosum	2	1	1				*Galium palustre*				5		
							Potentilla palustris				4		
V *Molinia caerulea*	5	5	5	5	5	5	*Ranunculus flammula*				4		
V *Succisa pratensis*	5	4	3	5	5	5	*Phalaris arundinacea*				4		
Deschampsia cespitosa	5	3	3	4	5	4	*Iris pseudacorus*				4		
B? *Potentilla erecta*	4	3	4	3	5	5	*Ranunculus repens*				5	3	
Danthonia decumbens	2	3	3	3	4	5							
Poa pratensis	1	3	2	4	5	4	Trockenheits- und Hungerzeiger:[2])						
Anthoxanthum odoratum	1	2	2	1	4	1	*Bromus erectus*			5			
Holcus lanatus	3	3	3		5	5	*Koeleria pyramidata*			5			
Plantago lanceolata	2	2	4		4	5	*Brachypodium pinnatum*			5			
Festuca rubra	3	4		1	4	2	*Plantago media*			3			
Briza media	4	2	5		2	3	*Trifolium montanum*			3			
Agrostis stolonifera	5	2	4	3	2		*Pimpinella saxifraga*			3			
Ranunculus acris	3		5	2	5	3	*Festuca ovina* coll.			4			
Prunella vulgaris	3		3	1	4	2	*Leontodon hispidus*	2		3	4	1	
Nardus stricta											4	5	
O *Filipendula ulmaria*	4	1		3	5	2	*Polygala vulgaris*				3	4	
Linium catharticum	1	2	5	4	2		*Carex pallescens*				2	5	
Vicia cracca	2	1	3		1	2	*Hypochoeris radicata*				3	3	
O? *Lysimachia vulgaris*	5	3	3	1	1		*Campanula patula*				2	3	
O? *Symphytum officinale*	3	3		3		1	*Agrostis tenuis*					5	
Achillea millefolium	2		3			3	*Dianthus deltoides*					5	
O *Achillea ptarmica*	1	1		2	4	5	*Viola canina*					5	
O *Thalictrum flavum*	2	1		4	1		*Calluna vulgaris*					5	
Valeriana dioica	1		1	4	1		*Hypericum perforatum*					5	
V *Gentiana pneumonanthe*	2		1	1			*Carex pilulifera*					3	
Cerastium fontanum holost.			1		2	2	*Armeria maritima*					3	

[1]) in Nr. B 1 außerdem mit *3*: *Juncus effusus, Carex vesicaria, Lycopus europaeus* und *Stellaria palustris*.
[2]) in Nr. A 3 außerdem mit *3*: *Phyteuma tenerum*.
Arten, die in keiner Einheit mehr als Stetigkeit 2 erreichen, wurden großenteils weggelassen.

Bedeutung der Buchstaben vor den Artennamen:
A = Charakterart der Einheit A
B = Charakterart der Einheit B
V = Verbandscharakterart des *Molinion* (Pfeifengraswiesen)
O = Ordnungscharakterart der *Molinietalia* (Feuchtwiesen)

Sowohl bei den kalkreichen als auch bei den kalkarmen Pfeifengraswiesen kann man eine Reihe von Subassoziationen unterscheiden, die den Feuchtigkeitsgrad der Böden widerspiegeln. Die typischen (z.B. A2 und B2 in Tab. 112) haben keine besonderen Differentialarten. In den relativ nassen Untergesellschaften (A1 und B1) zeigen sich auf kalkreichem und kalkarmem Substrat teilweise dieselben Sumpfpflanzen. Wie nicht anders zu erwarten, weichen die trockenen Subassoziationen (A3 und B3) am meisten voneinander ab. Die trockene Kalk-Pfeifengraswiese hat manche Arten mit Kalk-Halbtrockenrasen gemeinsam und ist besonders artenreich. Das *Junco-Molinietum* saurer

Abb. 458. Binsen-Pfeifengraswiese *(Junco-Molinietum)* auf nassem, saurem Boden in Böhmen mit *Succisa pratensis, Juncus effusus, Mentha arvensis* und *Ranunculus repens* (vorn). Phot. ILTIS-SCHULZ.

Erläuterungen zu Tab. 112

A: **Kalk-Pfeifengraswiesen** (*Molinietum medioeuropaeum*) der südlichen Oberrheinebene, nach Philippi (1960, Tab. 1),
Nr. 1: Nasse Variante der typischen Subassoziation,
Nr. 2: Typische Variante der typischen Subassoziation,
Nr. 3: Mäßigtrockene (*Brachypodium-*)Variante der Subassoziation von *Bromus erectus*.

B: **Saure Pfeifengraswiesen** (*Viola persicifolia-Molinia caerulea*-Ass.) des Lübbenauer-Spreewalds, nach Passarge (1956c, Tab. XII),
Nr. 1: Typische Variante der Subass. von *Potentilla palustris* (naß),
Nr. 2: Typische Variante der typischen Subassoziation,
Nr. 3: Mäßigtrockene (*Calluna-*)Variante der Subass. von *Dianthus deltoides*.

Böden dagegen zeigt Anklänge an Borstgraswiesen oder gar an *Calluna*-Heiden, und zwar um so mehr, je höher sich die Bodenoberfläche über das Grundwasser erhebt.

Die in Tab. 112 wiedergegebenen Listen stellen extreme Beispiele von Kalk- und Sauerboden-Pfeifengraswiesen dar. Beide Typen können einander auch durchdringen. Außer ihnen werden noch andere *Molinion*-Gesellschaften unterschieden. Sie bilden ein Musterbeispiel geographischer Differenzierung von Pflanzengesellschaften, wie PHILIPPI (1960) im Oberrheingebiet nachgewiesen hat. Von Ungarn her gesehen gab KOVÁCS (1962a) einen Literatur-Überblick. Wie schon WAGNER (1950b) betonte, kann man die Pfeifengraswiesen nicht in ganz Mitteleuropa in derselben Weise gliedern, wie dies KOCH (1926) in seiner vielbeachteten Arbeit tat. Das zeigt sich besonders bei der monographischen Bearbeitung kleiner Gebiete, wie sie KORNECK (1962/63), RODI (1962), FRITSCH (1962) und viele andere vornahmen.

In den großen Stromtälern kommen besondere *Molinion*-Assoziationen vor, in nassen Mulden der mittleren Oberrheinebene z.B. das *Cnidio-Violetum* mit Charakterarten wie *Viola persicifolia* (= *stagnina*), *Cnidium dubium, Lathyrus palustris* und *Gratiola officinalis* (PHILIPPI 1960). Diese leitet zu den bereits in Abschnitt 4c kurz besprochenen Brenndolden-Feuchtwiesen *(Cnidion)* über.

b Zur Erhaltung der Streuewiesen

Die Erhaltung zumindest einiger großflächiger Komplexe von ungedüngten Streuewiesen ist heute zu einem dringenden Problem des Naturschutzes geworden. Das einfachste Mittel, nämlich sie weiterhin so zu bewirtschaften wie früher, wird in dem Augenblick problematisch, in dem die Bauern ihre Ställe modernisieren und keine Einstreu mehr benötigen. Das regelmäßige Mähen und Wegführen der Streu als bloße Dienstleistung wird dann zu teuer. Beläßt man das Abgeschnittene auf der Wiese oder mäht überhaupt nicht mehr, so stellt sich das Artengefüge um. Insbesondere verschwinden die seltenen Charakterarten, während sich *Filipendula* und andere hohe Kräuter ausbreiten oder die Gräser und Seggen mächtige Lagen von totem Blattwerk bilden. Durch vorsichtiges Abbrennen läßt sich das Mähen bis zu einem gewissen Grade ersetzen, weil dann das brandfeste Pfeifengras die Vorherrschaft behält. Wie MILES (1971) mitteilt, wird es von Hirschen gefressen, wenn es nach dem Brand wieder austreibt. Ein *Molinietum* eignet sich also bis zu einem gewissen Grade zur Wildäsung. Nach langjährigen Versuchen, die im Schweizer Mittelland durchgeführt wurden (unveröff.), ist es jedoch zur Erhaltung seiner Artenkombination immer noch am sichersten, wenn man es mindestens alle zwei Jahre im Spätherbst maschinell mäht und das abgemähte Material entfernt, um es auf einem festgelegten Platz zu verbrennen.

c Mädesüß-Uferfluren und ähnliche Gesellschaften

Manche Partner der Pfeifengraswiesen, namentlich großblättrige und hohe Kräuter wie *Filipendula ulmaria,* ähneln nach GRABHERR (1942b) den nitrophilen Arten der Waldlichtungs-Krautfluren und wachsen bei guter Stickstoffversorgung auffallend üppig. Deshalb findet man sie in den gedüngten Feuchtwiesen *(Calthion)* ebenso häufig oder häufiger als in *Molinion*-Wiesen.

Besonders nährstoffreich sind die Ränder von kleinen Bächen oder Wiesengräben, die durch den schlammigen Aushub beim Reinigen immer wieder, wenn auch unbeabsichtigt, „gedüngt" werden. Hier gelangt *Filipendula* zur Vorherrschaft, vorausgesetzt, daß man solche „Bachuferflur" *(Filipendulo-Geranietum)* nur selten mäht. Ihre Artenkombination verbindet sie mit den Molinieten, doch stellt man sie neuerdings in einen eigenen Verband, das *Filipendulion* (s. MEISEL 1969b). Physiognomisch erinnert sie durch ihren kräftigen Wuchs und ihre Blüten eher an die Hochstaudenfluren des Gebirges (Abb. 459). M. MAYER (1939) hat ihr in der Schweiz eine ökologisch-pflanzensoziologische Monographie gewidmet.

Seine heutige Verbreitung erlangte das *Filipendulo-Geranietum* zwar erst durch die Wiesenwirtschaft früherer Jahrhunderte. Doch kann man sich vorstellen, daß es Mädesüß-Bachuferfluren hier und dort bereits vor dem Eingreifen des Menschen in Mitteleuropa gegeben hat, etwa an Bächen im Bereich von Erlen-Eschenwäldern. Auch im südlichen Fennoskandien beobachtet man ähnliche, teilweise natürlich anmutende Gesellschaften. Im Osten Mitteleuropas wird die Mädesüß-Storchschnabelflur durch eine artenreichere Gesellschaft abgelöst, in der neben *Filipendula* der Langblatt-Ehrenpreis *(Veronica longifolia)* und das Spießblatt-Helmkraut *(Scutellaria hastifolia)* eine Rolle spielen. Dieses *Veronico-Scutellarietum* ist ausgesprochen an Stromtäler gebunden, besiedelt aber nicht nur Flußufer, sondern vor allem Bach- und Grabenränder. Von hier aus dringt es in die Wiesen des ebenfalls östlichen *Cnidion*-Verbandes ein, so wie im westlichen Mitteleuropa das *Filipendulo-Geranietum* in Molinion-Wiesen.

Abb. 459. Schematischer Schnitt durch eine Mädesüß-Uferflur im Schweizer Mittelland. Nach M. MAYER (1939).
Von links nach rechts: *Carex gracilis, Phalaris arundinacea, Carex acutiformis, Geranium palustre, Equisetum palustre, Filipendula ulmaria* mit *Calystegia sepium, Caltha palustris, Galium mollugo, Colchicum autumnale, C. g.* Bodenaufschluß bis 15 cm Tiefe.

Aus brachliegenden Feuchtwiesen entstehen heute in vielen Gegenden großflächige Mädesüß-Bestände, auf die bereits im vorigen Abschnitt hingewiesen wurde. Diese erlangen niemals die charakteristische Artenkombination der *Filipendulion*-Gesellschaften, sondern stellen Übergangsphasen in der Sukzession zum natürlichen Walde dar. Zwar dauert es oft recht lange, bis sich die ersten Weiden, Erlen oder anderen Pioniere in dem schattigen Gekräut einstellen. Doch sorgt ein Brand, ein den Boden aufwühlendes Wildschwein oder eine andere Störung schließlich doch für lichte Freiplätze, an denen Holzgewächse Fuß zu fassen vermögen.

6 Standort und Konkurrenz in ihrer Wirkung auf die Artenkombination

a Ergebnisse von Kultur- und Düngungsversuchen

Da sich Wiesenpflanzen verhältnismäßig leicht kultivieren lassen, und da mit Wiesen viele Düngungsexperimente angestellt wurden, ist die kausale Analyse bei Wiesengesellschaften bereits weiter vorangeschritten als bei anderen Formationen. Abschließend sei daher das experimentell erarbeitete Wissen über das Zustandekommen bestimmter Artenkombinationen zusammengefaßt. Es konzentriert sich auf den Bereich der Ordnungen *Arrhenatheretalia* und *Molinietalia*, insbesondere auf das *Arrhenatheretum* und seine verschiedenen Subassoziationen und Varianten, über die schon in Abschnitt 2a berichtet wurde, sowie auf das *Angelico-Cirsietum*.

Auf Böden mittleren Basengehaltes bilden folgende Gesellschaften eine ökologische Reihe nach zunehmender Feuchtigkeit ihrer Standorte (Abb. 374, 441, 460): *Xerobrometum*, *Mesobrometum*, trockene Subassoziationen des *Arrhenatheretum* mit und ohne *Bromus erectus*, typisches *Arrhenatheretum*, feuchte Untergesellschaften desselben, *Cirsium oleraceum*-reiche Feuchtwiesen in ihrer trockeneren, typischen und nassen Ausbildung sowie schließlich *Caricetum gracilis* und *Phragmitetum*. Auf kleinem Raum und in regelmäßiger Wiederholung kann man eine solche Abfolge in manchen Flußtälern beobachten, z.B. in der von VOLLRATH (1963) kartierten Itzaue, die durch mehrere Mühlenstaue gegliedert ist. In der vollständigen Reihe haben die einzelnen Arten eine ungleiche Reichweite, aber keine einzige ist in der gesamten Feuchtigkeitsspanne vertreten. Das wurde von zahlreichen Autoren aus verschiedenen Teilen Mitteleuropas bestätigt, z.B. von ELLENBERG (1952b, 1974) in der BRD, von BAEUMER (1962) insbesondere in der Wümmeniederung, von HUNDT (1970) und KLEINKE u. Mitarb. (1974) in der DDR, von ZÓLYOMI u. Mitarb. in Ungarn und von ILIJANIĆ in Kroatien.

Wie schon in Abschnitt D I 6b ausgeführt, wäre es falsch, aus dieser Staffelung ohne experimentelle Prüfung zu schließen, Arten wie *Bromus erectus, Avenochloa pratensis* und *Phleum phleoides* seien xerophil, hätten also ihr physiologisches Wachstumsoptimum auf trockenen Standorten. Ebensowenig steht es ohne weiteres fest, daß *Alopecurus pratensis, Poa palustris* oder andere Feuchtigkeits- und Nässezeiger nicht auch auf wesentlich trockeneren Böden gedeihen könnten. Ihre Amplitude in Grünlandgesell-

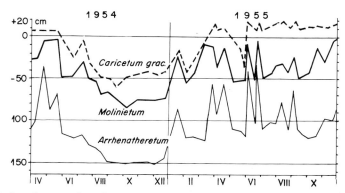

Abb. 460. Grundwasserschwankungen unter einem Großseggenried *(Caricetum gracilis)*, einer Pfeifengraswiese *(Molinietum)* und einer Glatthaferwiese *(Arrhenatheretum)* bei Krakau in einem trockenen und einem feuchten Jahre. Nach ZARZYCKI (1956), verändert, aus ELLENBERG (1963).

schaften hängt von der Gegenwart stärkerer Konkurrenten ab, die sie teilweise weit aus dem Bereich ihres physiologischen Optimums hinausdrängen.

Ähnlich wie in den *Brometalia*-Rasen leiden in den Glatthaferwiesen hochwüchsige Gräser mehr als andere Grünlandpflanzen unter Dürreperioden, wie sie in Mitteleuropa von Zeit zu Zeit auftreten können. Das zeigte sich an den von LÜDI und ZOLLER (1949, s. Abb. 387) aufgenommenen Dauerquadraten. *Arrhenatheretum* wie *Mesobrometum* regenerierten sich aber nach dem extremen Trockenjahre 1947 erstaunlich rasch, weil die meisten Pflanzenindividuen zwar geschädigt worden, aber doch am Leben geblieben waren. In weniger ausgeprägten Trockenjahren bleiben in den Böden der Glatthaferwiesen genügend Wasservorräte für die großenteils tief wurzelnden Partner dieser Gesellschaften (s. Abb. 461 sowie 376 u. 446). Das gleiche trifft in wahrscheinlich noch stärkerem Maße für die Goldhaferwiesen der montanen Stufe zu, wo Trockenperioden seltener sind. Daß trotzdem auch für diese Bergwiesen die Wasserversorgung erschwert ist, geht unter anderem daraus hervor, daß ihre Wurzelaktivität nachläßt (Abb. 462).

Unter sonst gleichen Bedingungen ist die Nitrat-Nachlieferung in einem neutralen bis schwach sauren Boden am stärksten bei mittlerer Feuchtigkeit, d. h. bei ausreichender Sauerstoff- und Wasserversorgung. Sowohl trockenere als auch nassere Standorte sind nitratärmer und damit für genügsame Arten relativ günstiger als für *Arrhenatherum* und andere anspruchsvolle. Führt man einem verhältnismäßig trockenen Wiesenstandort große Düngermengen zu, so kann man aus einem *Mesobrometum*, ja sogar

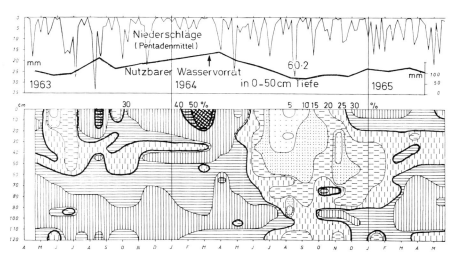

Abb. 461. Selbst in Trockenjahren wie 1964 hält der Boden der Glatthaferwiese (Auelehm, ab 1 m Tiefe Ton) bei Kelbra im Helmetal noch ausreichende Wassermengen für den Bestand verfügbar, wenn man den gesamten Wurzelraum berücksichtigt (vgl. Abb. 376). Nach HUNDT (1970), verändert.

Oben die Fünftagemittel der Niederschläge und der „nutzbare Wasservorrat", berechnet aus dem bis 50 cm Tiefe vorhandenen Wasservolumen abzüglich des permanenten Welkeprozentes (PWP, zwischen 5,4 und 16,6%). Unten Linien gleichen Gehaltes an pflanzenverfügbarem Wasser (in Volumenprozent) bis in 120 cm Tiefe von April 1963 bis Juni 1965.
Während der Vegetationsperiode vermögen selbst starke Gewitterregen (wie im August 1964) den Wasservorrat des Bodens nicht in nennenswertem Maße aufzufüllen. Dies geschieht erst während des Winters, insbesondere bei der Schneeschmelze, die dem Boden die an und für sich geringen Niederschlagsmengen der Vormonate gesammelt zuführt. (Gleiches gilt auch für Waldböden, s. Abb. 426.)

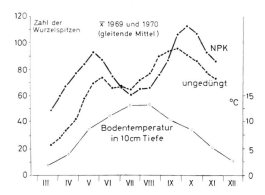

Abb. 462. Die Aktivität der Wurzeln einer Goldhaferwiese im Solling läßt im Sommer nach, und zwar sowohl in gedüngten als auch in ungedüngten Parzellen. Nach SPEIDEL und WEISS (1974), etwas verändert.
Als Maß für die Aktivität diente die Zahl der lebenden Wurzelspitzen, die jeweils an einer 50 × 80 cm großen, etwas überhängenden Glaswand in einer sonst lichtdicht verschlossenen Grube beobachtet wurden. Eine Ursache der verringerten Aktivität ist wahrscheinlich das Abnehmen des Wassergehaltes im Hauptwurzelhorizont.

aus einem *Xerobrometum*, ein *Arrhenatheretum* erzeugen. Schon AICHINGER (1933) wies auf diese Erfahrung hin, und ELLENBERG (1952a, 1963a) teilte ein Beispiel von der Schwäbischen Alb mit, bei dem sich die Umwandlung innerhalb weniger Jahre vollzog. Alle Salbei-Glatthaferwiesen stehen an der Stelle von Kalk-Halbtrockenrasen, aus denen sie erst in jüngerer Zeit durch Düngung hervorgingen.

Bei guter Nährstoffversorgung sind die Standorte der Trocken- und Halbtrockenrasen also gar nicht so trocken, wie es den Anschein hat. „Stickstoff ersetzt Wasser", diese (überspitzt formulierte) Erfahrung der Landwirte ist nicht nur durch das Kräfteverhältnis zwischen den Arten der guten Futterwiesen und denen der Magerrasen begründet, sondern auch durch den niedrigeren Transpirations-Koeffizienten, also die sparsamere Verwendung des Wassers. Bei Lysimeter-Versuchen ergab sich z.B., daß die bestgedüngten Wiesenbestände rund 100 dz/ha (10 t) Heu erzeugten und dabei 190–450 Liter Wasser pro 1 kg Trockensubstanz verbrauchten. Weniger gut gedüngte brachten rund 50 dz/ha und benötigten 350–1000 l pro kg TS, und bei ungedüngten, kaum 10 dz/ha erbringen betrug der Transpirations-Koeffizient sogar 1000–2600 (s. Tab. 113 u. 114).

Nach der feuchten Seite unserer anfangs aufgestellten Gesellschaftsreihe blickend, könnte man den eben zitierten Satz ergänzen durch den zunächst ebenso paradox klingenden: „Stickstoff ersetzt Sauerstoff". Gute Düngung begünstigt die Arten des *Arrhenatheretum* auch auf nassen Standorten, auf denen ihnen Sumpfpflanzen bei normaler Bewirtschaftung überlegen sind. Immer wieder beobachtet man in Feuchtwiesengebieten, daß gut gedüngte Parzellen eine Gesellschaft tragen, die auf trockeneren, besser durchlüfteten Böden verbreitet ist, aber hier als Indikator versagt. Oft findet man zwar den Boden durch Kompost- oder Lehmauftrag erhöht oder wirksamer drainiert. Doch gibt es auch Beispiele, bei denen sich keinerlei Veränderung des Bodens und des Wasserstandes nachweisen läßt und die Düngung der entscheidende Faktor sein muß. Je nach der Stärke der Stickstoffdüngung weitet sich mithin die Feuchtigkeits-Amplitude der *Arrhenatheretalia*-Arten sowohl auf Kosten der *Brometalia* als auch der *Molinietalia* aus.

Wird der Stoffverlust niemals durch Düngung ausgeglichen, so herrschen mehr oder minder hartblättrige Pflanzen auf der ganzen Feuchtigkeitsskala (Abb. 438). Nicht nur die Trockenrasen-Pflanzen, sondern auch die Arten der Pfeifengraswiesen sind vergleichsweise lignin- und kieselsäurereich, aber eiweißarm, und zeigen xeromorphe Merkmale. Bei guter Düngung, insbesondere mit Stickstoff, breiten sich dagegen die mesomorphen, eiweißreichen Futterpflanzen des *Arrhenatheretum* auf Böden mittlerer Feuchtigkeit aus, auf denen die Nährstoffzufuhr am deutlichsten „anschlägt" (s. Abb. 439). Infolgedessen gelten die Glatthaferwiesen meist als mesophil im Gegensatz zu Trockenrasen und Feuchtwiesen. Entscheidend für ihre Verbreitung ist aber ihre Nitrophilie, oder allgemeiner gesagt, ihr hoher Nährstoffbedarf. Wird dieser befriedigt, so können sie im südwestlichen Mitteleuropa die Feuchtigkeitsskala vom *Xerobromion* bis an die Grenze des *Magnocaricion* überdecken.

Tab. 113. **Netto-Primärproduktion und Transpirations-Koeffizient von Wiesen** bei unterschiedlicher Düngung in Lysimetern. Nach Klapp (1971), verändert und ergänzt

Düngung (*normale Düngung)	0	PK	NPK*	PK + 520 kg N/ha
Netto-Primärproduktion (Trockensubstanz in t/ha/Jahr)				
– Mähgut („Ertrag")	3,6	7,2	8,0	16,2
– gesamt (+ Stoppel + Streu + Wurzeln)[1]	14,4	18,0	16,0	24,3
Wasserverbrauch (mm/Jahr)[2]	451	452	497	469
„Transpirations-Koeffizient"[2] (g Wasser pro g erzeugte Trockensubstanz)				
– mit „Ertrag" berechnet	1253	630	621	**290**
– mit Gesamtproduktion berechnet[1]	313	251	311	193

[1]) Berechnet unter der (durch Tab. 114 gestützten) Annahme, daß der oberirdische Jahreszuwachs bei ungedüngten Wiesen (0) höchstens 25% der gesamten Netto-Primärproduktion (d.h. oberird. Ertrag + Stoppel + Streu + Wurzeln) ausmacht, daß er bei normal gedüngten Wiesen etwa 40% (PK) bzw. 50% (NPK) beträgt und bei übermäßig stickstoffversorgten (PK + 520 kg N/ha) etwa 66% darstellt. Stimmt diese Annahme, so liegt der Transpirations-Koeffizient in derselben Größenordnung wie der von Waldbeständen (s. Tab. 24).

[2]) Im Wasserverbrauch (durch Transpiration und Evaporation) unterscheiden sich die Düngungsstufen nur unwesentlich. Der Anteil der direkten Verdunstung aus dem Boden (Evaporation) dürfte gering sein; er ist kaum bestimmbar. Könnte man den Transpirations-Koeffizienten unter Abzug der Evaporation berechnen, so wären alle Ziffern noch etwas niedriger. (1 mm entspricht 10 t Wasser pro ha).

Tab. 114. **Netto-Primärproduktion verschieden ernährter Rotschwingel-Goldhaferwiesen** im Solling, nach fünfjähriger Einwirkung einer Düngung mit erfahrungsgemäß günstigen Nährstoffmengen. Nach Angaben von Runge (1973)

	Düngung:	0	PK	NPK
Netto-Primärproduktion (10^5 Kcal/ha · Jahr)				
Grünmasse (genutzt):		98	204	**306**
Streu + Stoppel (oberirdisch, ungenutzt):		194	220	198
Wurzeln ohne Feinstwurzeln[1])		140	134	110
Summe[1])		432	558	614
Grünmasse im Verhältnis zur Summe	%	22,7	36,6	49,8
Wirkungsgrad der Netto-Primärproduktion				
in % der *Global*strahlung[2]) im Jahr:	%	0,54	0,62	**0,82**
desgl. in der Vegetationsperiode:	%	0,77	0,88	1,14

[1]) Die bei normalem Auswaschen nicht erfaßten Feinstwurzeln machen bei schlechter Ernährung einen wesentlich größeren Prozentsatz der Gesamtproduktion aus als bei guter Ernährung. Die Summe der Netto-Primärproduktion ist daher in allen Düngungsstufen wahrscheinlich ungefähr gleich groß (schätzungsweise 700 – 800 Kcal/ha · J., vgl. Abb. 36).
[2]) in % der photosynthetisch wirksamen Strahlung: etwa doppelt so groß

766 Futterwiesen und Streuewiesen

Freilich bleiben in der Regel einzelne Partner der unterdrückten Artenkombinationen erhalten. Sie dienen uns als Differentialarten der trockenen oder feuchten bis nassen Subassoziationen des *Arrhenatheretum*. Doch kann auch deren Amplitude durch sehr gute Nährstoffversorgung eingeengt werden. Wenn man die Wiesengesellschaften als Feuchtigkeitszeiger benutzen will, muß man also ihren Ernährungszustand berücksichtigen. Bei ausreichender Wasserversorgung staffeln sich die Wiesenpflanzen vor allem nach dem Nährstoffangebot ihrer Böden. Namentlich die Stickstoffversorgung bietet manchen Arten größere Konkurrenzvorteile als anderen (Abb. 463). In Reinbeständen werden sogar „Hungerzeiger" durch N-Düngung gefördert (Abb.

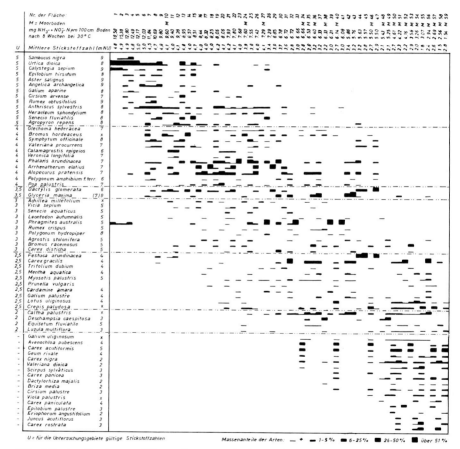

Abb. 463. Amplituden von Wiesenpflanzen und Uferstauden im Gefälle des Mineralstickstoff-Angebots ihrer Böden in der Elbaue oberhalb von Hamburg. Nach F. H. MEYER (1957), verändert und indifferente Arten weggelassen.
Rechts von den Namen die „Stickstoffzahl" nach der 9stufigen Skala von ELLENBERG (1974), links nach der von MEYER im Untersuchungsgebiet (U) vorgenommenen 5stufigen Gruppierung. Oben über dem Strich der mittleren Stickstoffzahlen, berechnet aus den vollständigen Artenlisten der Probeflächen 1–59 nach der MEYERschen Skala. Die Reihenfolge der Probeflächen entspricht der Mineralisationsleistung der Böden, die unter günstigen Laborbedingungen gemessen und auf das Volumen bezogen wurde.
Die Höhe der schwarzen Blöcke bedeutet den Deckungsgrad der Arten.

464). In Mischkulturen dagegen gewinnen hochwüchsige Arten wie das Knaulgras rascher an Raum als z. B. der Rotschwingel oder der Große Sauerampfer. Der Löwenzahn erweist sich als unerwartet indifferent gegen N-Düngung in ohnehin gut ernährten Wiesen. Er spricht in erster Linie auf Kalidüngung an, wie aus dem rechten Teil der Abb. 464 hervorgeht. Leider wissen wir über die Einflüsse von K, P und anderen Nährstoffen auf das Artengefüge noch zu wenig, um deren Bedeutung gegen die des Stickstoffs sowie der Wärme, des Wassers und anderer Standortsfaktoren abwägen zu können.

Die in Hunderten von Wiesendüngungsversuchen bestätigte Bauernerfahrung, daß Leguminosen durch Phosphorsäure- und Kaligaben gegenüber den Gräsern konkurrenzfähiger werden (KLAPP 1965), beruht letzten Endes auch auf einer Stickstoffwirkung. Die Kleearten und sonstigen Schmetterlingsblütler sind ja als einzige Wiesenpflanzen in der Lage, mit Hilfe von Knöllchenbakterien den Stickstoff der Luft zu nutzen. Nach Zerfall der knöllchenbesetzten Leguminosenwurzeln und nach Mineralisation der in ihnen angehäuften Eiweißmengen kommt ein Teil dieses Stickstoffes auch den übrigen Partnern der Wiesengemeinschaft zugute.

Vom Verhalten der Aufrechten Trespe und anderer Gräser ausgehend, kamen wir bereits in Abschnitt D I 6 auf Zusammenhänge, die zur kausalen Analyse von *Arrhenatheretalia-* und *Molinietalia-*Wiesen beitragen. Wir lernten dort den Glatthafer als einen der wichtigsten Gegenspieler von *Bromus erectus* kennen. In allen von BORN-

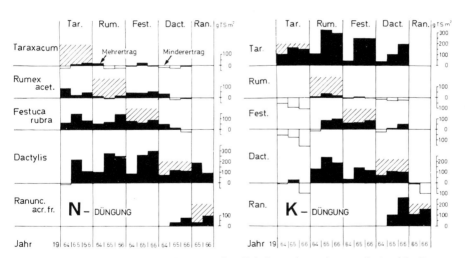

Abb. 464. Wirkung zusätzlicher Gaben an Stickstoff (links) und an Kalium (rechts) auf den Ertrag im übrigen normal mit Nährstoffen versorgter Rein- und Mischbestände von Wiesenpflanzen bei Zürich. Nach HOFER (1970), etwas verändert (Erträge in g Trockensubst. pro m²).

Die Reinbestände sind jeweils durch Schrägschraffur bezeichnet. Sie wurden in den drei Versuchsjahren (1964–1966) sowohl durch Zufuhr von N als auch von K gefördert, und zwar bei allen Arten. Der Löwenzahn und der Scharfe Hahnenfuß *(Ranunculus acris* subsp. *friesianus)* sprachen allerdings auf K wesentlich stärker an als auf N. Der Große Ampfer wurde von beiden Nährstoffen nur wenig, aber gleichmäßig gefördert. Die Gräser hatten mit N wie mit K einen beträchtlich höheren Trockensubstanz-Ertrag.

Durch Hinzutreten jeweils einer konkurrierenden Art änderte sich die Wuchsleistung je nach Wettbewerbsfähigkeit der betrachteten Art. *Dactylis glomerata* als rasch emporschießendes Obergras gewann in den meisten Fällen. Nur Löwenzahn und Hahnenfuß setzten sich bei K-Zufuhr gegen das Knaulgras durch. Der niedrige Rotschwingel wurde mit K nur gegen den Ampfer, mit N gegen diesen und den Löwenzahn gefördert. Auf reichlich gedüngten Wiesen ist der Große Ampfer tatsächlich sehr selten, während er auf vernachlässigten, zusammen mit dem ebenfalls wenig kampffähigen Rotschwingel, hervortritt.

KAMM u. Mitarb. (1975) hergestellten Situationen war er schon nach den ersten 6 Wochen der Aufrechten Trespe überlegen. *Arrhenatherum* erreicht bei guten Wachstumsbedingungen eine größere Höhe und bildet eine dichtere Blattmasse aus als die meisten anderen Gräser der Klasse *Molinio-Arrhenatheretea*. Bei Trockenheit, Nässe oder Stickstoffmangel oder gar bei ungünstigen Kombinationen dieser Faktoren fallen seine Leistungen aber besonders rasch ab. Seine Konkurrenzfähigkeit wechselt also je nach den Standortsbedingungen beträchtlich und kann nicht, wie dies CAPUTA (1948) versuchte, als eine arteigene Größe bestimmt werden.

Die kausale Analyse des Artengefüges von Grünlandgesellschaften wird dadurch erschwert, daß durch Düngung zunächst alle Arten gefördert werden, auch die sogenannten Hungerzeiger (KÜNZLI 1967 u. a.). Sogar das Borstgras und der Schafschwingel (*Nardus stricta* und *Festuca ovina*) steigern ihre Produktion in Reinkulturen mit erhöhten Stickstoffgaben und vertrugen bei Versuchen von VOGEL (unveröff.) Konzentrationen bis zu 3600 kg N pro Jahr und Hektar, d. h. bis zu einem Vielfachen der normalen Wiesendüngung (50–100 kg). Ebenso wie die Arten der Düngewiesen nehmen sie NO_3 in großen Mengen auf und speichern es im Zellsaft. Ihr Chlorophyllgehalt wird größer, ihre Struktur weniger xeromorph und andere von KURKIN (1975) an Kulturgräsern festgestellte Folgewirkungen treten ein. Auch erhöhte Düngung mit Phosphorsäure wird von allen Wiesenpflanzen gut verwertet und ertragen und mindert deren Xeromorphiegrad, wenn auch in geringerem Maße als beim Stickstoff (STEUBING und ALBERDI 1973). Die Trockensubstanz-Produktion des als genügsam geltenden Ruchgrases *(Anthoxanthum odoratum)* beispielsweise fanden DAVIES und SNAYDON (1974) eng mit dem Gehalt des Bodens an aufnehmbarer Phosphorsäure korreliert. Bei GUPTA und RORISON (1975) ergab sich ähnliches für den Wiesen-Sauerampfer *(Rumex acetosa)*, der sich gegen Wettbewerber nur bei schlechter Düngung durchzusetzen vermag. Was für N und P gilt, scheint auch für den dritten Hauptnährstoff, das Kali, zuzutreffen. Gräser wie Leguminosen und Kräuter wurden bei den Kulturversuchen von WILD u. Mitarb. (1971) und HOFER (1970) durch steigende K-Gaben gefördert. Wesentliche Unterschiede im Verhalten der Arten ergeben sich erst, wenn sie untereinander in Wettbewerb treten. Niedrigwüchsige, wie *Ranunculus acris,* vermögen sich nach OSMAN (1971) z. B. gegen das sonst überlegene Knaulgras zu behaupten, weil ihre Wurzeln früher aktiv werden.

Gegen den p_H-Wert des Bodens sind die meisten in Düngewiesen vorkommenden Arten ziemlich indifferent. Bei schlechter Düngung gedeihen aber *Arrhenatherum* und *Bromus erectus* und zahlreiche andere Gräser sowie Leguminosen und Kräuter besser auf neutralem bis kalkreichem Boden als auf saurem. Teilweise dürfte dies mit der Stickstoff-Versorgung zusammenhängen; ist doch die N-Mineralisation in der Regel in stark sauren Böden geringer als unter sonst gleichen Bedingungen in weniger sauren.

Glatthafer und Aufrechte Trespe ähneln einander außerdem darin, daß sie gegen häufigen und regelmäßig sehr frühen Schnitt sowie gegen Beweidung empfindlich sind. Sie kommen dann nicht zur generativen Fortpflanzung und sterben schließlich fast ganz aus. Arten mit kräftiger vegetativer Vermehrung, z. B. *Agrostis tenuis* auf Magerweiden und *Lolium perenne* sowie *Poa trivialis* auf Intensivweiden, sind den Horstgräsern unter solchen Bedingungen überlegen. Wie Versuche von KÖNEKAMP und anderen (s. Abb. 465) lehren, kann man das Kräfteverhältnis beider Gruppen nach Belieben umkehren. Nur die Wiesenrispe *(Poa pratensis)* behauptete sich bei oft wiederholtem wie bei seltenem Schnitt. Sie wurde daher zu einem der häufigsten Grünlandgräser, zumal sie als formenreiche Art hinsichtlich der Nährstoff- und Wasserversorgung über eine weite Amplitude verfügt.

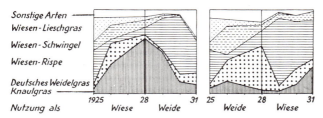

Abb. 465. Einfluß von Mähnutzung und Beweidung auf das Mengenverhältnis wichtiger Gräser in gleichartig angesäten Beständen auf trockenem, mäßig gedüngtem Sandboden. Nach Angaben von KÖNEKAMP u. KÖNIG (1929) und von SCHWARZ (1933) aus ELLENBERG (1963).
Links drei Jahre als mehrschürige Wiese und dann drei Jahre als Schafweide genutzt, rechts umgekehrt. *Dactylis glomerata* und *Festuca pratensis* leiden unter Beweidung und dehnen sich bei Mähnutzung aus, *Lolium perenne* und *Phleum pratense* verhalten sich entgegengesetzt. *Poa pratensis* gewinnt in jedem Falle Raum. Ordinate = prozentualer Grünmassenanteil.

In der Gruppe der Obergräser zeigt der Wiesenfuchsschwanz *(Alopecurus pratensis)* ein in mancher Hinsicht besonderes Verhalten. Zwar reagiert er ähnlich wie *Arrhenatherum* auf Dünger-, insbesondere auf Stickstoffgaben, und hat wie dieser eine sehr weite Feuchtigkeitsamplitude. Innerhalb derselben erreicht er jedoch in Reinkultur zwei Optima, eines in mäßig feuchtem Bereich und eines auf wasserüberstautem Boden (ELLENBERG 1963). Die Ertragsdepression auf dauernd wasserdurchtränktem Boden dürfte, wie bereits in Abschnitt D I 6 ausgeführt, mit dem dort herrschenden Stickstoffmangel zusammenhängen (s. Tab. 56).

Alopecurus pratensis gehört insofern zu den echten Helophyten, als seine Wurzelrinde unter allen Bedingungen, das heißt auch in trockenen und ständig gut durchlüfteten Böden, langgestreckte Interzellularräume ausbildet, die den Gasaustausch sehr begünstigen. Frisch abgeschnittene Wurzelstücke von 10 cm Länge bieten durchgepreßter Luft einen geringeren Widerstand als gleiche Wurzelstücke von *Arrhenatherum,* deren Querschnitt, ebenso wie bei dem auf Abb. 390 dargestellten von *Bromus erectus,* in nassen Böden große Lakunen aufweist. Im Konkurrenzkampfe mit *Arrhenatherum* und anderen Gräsern bleibt *Alopecurus* auf nassen Standorten unbestrittener Sieger. Sein Nebenoptimum wird dagegen unterdrückt, ohne daß er ganz verschwände.

In Reinkultur verhält sich die Sumpfrispe *(Poa palustris)* ähnlich wie *Alopecurus pratensis*. Als niedriges Gras wird sie aber von den Obergräsern in Mischkultur stärker unterdrückt und ganz nach der nassen Seite hin abgedrängt. Schon die Konkurrenz weniger anderer Gräser genügt also, um die physiologische Amplitude der geprüften Arten so einzuengen, daß ihr Verhalten in Modellbeständen ungefähr demjenigen in der Natur entspricht (s. Abb. 389).

Die Rasenschmiele *(Deschampsia cespitosa),* auf deren Rolle für die Feuchtwiesen des Ostens in Abschnitt 4 a hingewiesen wurde, ist auf feuchten bis nassen Böden nicht etwa deshalb so häufig, weil sie hohe Ansprüche an die Wasserversorgung stellt. Nach DAVY und TAYLOR (1974a) vermag sie Trockenheit ohne Schaden zu überleben und zeichnet sich durch eine sehr breite edaphische Toleranz aus. Da ihre Blätter nur mittlere Höhe erreichen, ist sie jedoch der Konkurrenz hoher Obergräser nicht gewachsen und muß mit ausgesprochen wechselfeuchten, schlecht gedüngten und zeitweilig beweideten Standorten vorlieb nehmen. Hierbei kommt ihr zugute, daß sie auch gegen den p_H-Wert des Bodens weitgehend indifferent ist und Stickstoff sowohl in Form von NH_4 als von NO_3 verwerten kann (DAVY und TAYLOR 1974b).

Solche Beispiele ließen sich um viele weitere vermehren. Zusammenfassend dürfen wir festhalten, daß sich im Artengefüge unserer Wiesengesellschaften nicht schlechthin die „Standortsansprüche" der einzelnen Arten widerspiegeln, sondern vor allem ihre Wettbewerbsfähigkeit unter den jeweiligen Bedingungen. Die Konkurrenzkraft einer und derselben Art ist keine konstante Größe, die man einfach in Rechnung setzen könnte (wie dies z.B. GRIME 1973 versucht). Sie wechselt vielmehr je nach den in Wettbewerb tretenden Arten und nach den in Zeit und Raum variierenden Umweltverhältnissen (ELLENBERG 1954c, HOFER 1970 u.a.). Erschwert wird die Beurteilung auch dadurch, daß manche Arten aus zahlreichen physiologischen Rassen bestehen, deren Konkurrenzverhalten verschieden ist. Ein gutes Beispiel für diese erbliche Vielfalt stellt das Ruchgras *(Anthoxanthum odoratum)* dar, das SNAYDON (1970) auf den 40–60 Jahre alten Parzellen des Dauer-Düngungsversuchs von Rothamstedt untersuchte. Aus gekalktem Boden (p_H 7) entnommene Populationen wuchsen am besten auf kalkhaltigem Boden, aus saurem Boden (p_H 4) stammende besser auf saurem, und zwar einerlei, ob die Testkulturen mit Samen oder Ausläufern begründet wurden (weitere Beispiele in Abschnitt D IV 1b). Bei dem heutigen Stand der Kenntnisse müssen wir daher BESSON (1972, S. 371) recht geben, der nach umfangreichen Schnitthäufigkeits-Versuchen mit *Dactylis glomerata, Anthriscus sylvestris, Ranunculus acris, Taraxacum officinale* und *Trifolium pratense* betont: „Die Leistungsergebnisse der Arten in Mischkulturen lassen sich aus den Leistungen der Reinkulturen nicht voraussagen."

Das gilt auch, wenn man allelopathische Einflüsse berücksichtigt, denen immer wieder große Bedeutung für den Wettbewerb der Arten zugesprochen wird (neuerdings z.B. von WHITTAKER und FEENY 1971 und GRODZINSKY 1973). Obwohl phytotoxische Substanzen in manchen Gras- und Kleearten und deren Ausscheidungen vorkommen, werden diese in Wiesenbeständen humider Gebiete nach PORK (1975) nicht wirksam, weil sie bald in den Boden gewaschen und dort von Mikroorganismen ab- oder umgebaut werden. Licht, Wasser, Nährstoffe und andere primäre Standortsfaktoren sowie die Konkurrenz der Partner um diese entscheiden über das Artengefüge. Allelopathie spielt dabei höchstens eine sekundäre Rolle. Diese am Modellbeispiel der Wiesen gewonnenen Erkenntnisse dürften auch für die meisten anderen Phanerogamen-Gesellschaften Mitteleuropas gelten.

b Zur Ökologie der Pfeifengraswiesen

Hartnäckig hält sich die irrige Meinung, die Standorte der *Molinion*-Wiesen seien wechselfeucht, während Kohldistelwiesen und andere gedüngte Feuchtwiesen einen gleichmäßigeren Wasserhaushalt hätten. Diese Annahme erwies sich in beiderlei Hinsicht als unberechtigt. Einerseits sind viele von *Calthion*-Gesellschaften besiedelte Böden wechselfeucht (s. z.B. Abb. 470). Ihr Wassergehalt und ihr Grundwasserspiegel können in gleichem Ausmaße schwanken wie bei Böden von Pfeifengraswiesen. Andererseits gibt es, wie schon ESKUCHE (1962) zeigte, Molinieten auf Böden, deren Feuchtigkeit für mitteleuropäische Verhältnisse außerordentlich wenig wechselt (s. Abb. 466). Ständig wasserdurchtränkter Boden hemmt allerdings die Entwicklung von *Molinia* und anderen Feuchtwiesenpflanzen, ja sogar von Moorgewächsen wie *Eriophorum vaginatum* (GORE und URQUHART 1966). Durch die breit angelegten und mit vielen Messungen unterbauten Studien von KLÖTZLI (1969) über die Grundwasserbeziehungen der Streu- und Moorwiesen im nördlichen Schweizer Mittelland wurden die älteren Erfahrungen bestätigt.

In Süddeutschland grenzen *Molinion*- und *Calthion*-Gesellschaften infolge verschiedener Bewirtschaftung der Parzellen unmittelbar und in willkürlichem Mosaik anein-

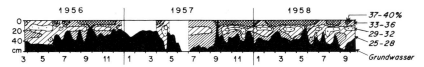

Abb. 466. Nicht jedes *Molinietum* ist wechselfeucht! Nach ESKUCHE (1962), verändert.
Im Boden der Binsen-Pfeifengraswiese *(Junco-Molinietum,* Var. von *Carex nigra)* in der Erftniederung schwankten nutzbare Bodenfeuchte (in Volumprozent) und Grundwasserstand im Laufe der Jahre 1956–1958 erstaunlich wenig (vgl. Abb. 460).

ander. Die entscheidenden Ursachen für ihre floristischen Unterschiede sind daher in der Bewirtschaftung zu suchen, nicht im Wasserhaushalt. Reste der alten Streuewiesenwirtschaft findet man heute allerdings noch am ehesten auf Mergel- oder Tonböden in hängigen Lagen oder im überschwemmungsgefährdeten Uferbereich der Alpenvorlands-Seen, d. h. an Standorten, an denen sich eine düngerintensive Grünlandkultur nicht lohnt. Diese Standorte sind tatsächlich extrem wechselfeucht, d. h. im Frühjahr übermäßig naß und im Spätsommer nicht selten bis an die Grenze des permanenten Welkeprozents ausgeschöpft. Doch darf man von solchen Sonderfällen nicht auf das Verhalten der gesamten *Molinion*-Wiesen schließen.

Andere im Schrifttum verbreitete ökologische Irrtümer wurden bereits von GRABHERR (1942 b) widerlegt. Er bewies durch Topfkulturen bei verschiedenen p_H-Werten, daß die vorwiegend auf sauren Standorten anzutreffende typische Kleinart des Pfeifengrases (*Molinia caerulea*, s. Tab. 115) gegen die Bodenreaktion recht indifferent ist und sich nicht in Rassen mit verschiedenen Säurebereichen gliedert. Das gleiche gilt für die höhere und kräftigere Kleinart *M. arundinacea* (= *litoralis*), die ihren natürlichen Verbreitungsschwerpunkt auf Mergeln hat, aber durchaus auch auf kalkärmeren Böden gedeiht.

Obwohl *Molinia* in unseren Wiesen nur dort vorherrscht, wo jahrelang keine Düngerzufuhr erfolgte, reagieren ihre beiden Unterarten im Topfversuch auf Volldüngung mit Stickstoff, Phosphor und Kali durchaus positiv (Tab. 115). In einer Wiese werden durch die gleiche Düngung aber auch andere Gräser gefördert, und zwar so stark und so früh im Jahre, daß sie das spät und langsam austreibende Pfeifengras unterdrücken. Dieser Vorgang wird noch dadurch beschleunigt, daß man gedüngte Wiesen in der Regel mehr als einmal mäht, und zwar bevor sie strohig geworden sind. Damit ist das Schicksal aller echten Streuewiesenpflanzen besiegelt.

Wie LEÓN (1968) an zahlreichen verschiedenen Untergesellschaften des *Molinietum* in der Schweiz nachgewiesen hat, gehören die Böden der Pfeifengraswiesen tatsächlich

Tab. 115. **Einfluß von Säuregrad und Düngung auf das Wachstum von Pfeifengräsern.**
Nach Grabherr (1942)

Molinia	*caerulea*			*arundinacea*		
pH-Wert (in KCl gemessen)	3,7	5,3	7,0	3,7	5,3	7,0
mittlere Ernte je Pflanze (in g Trockensubstanz) ungedüngt mit Volldüngung[1])	0,68 4,14	**0,77** **3,44**	0,69 2,04	**4,52** 5,50	3,34 **5,94**	2,38 2,07
Ertragsänderung durch Düngung (in %)	609	447	296	121	178	87

[1]) 0,6 g N, 0,6 g K_2O und 0,8 g P_2O_5 sowie starke $CaCO_2$-Gabe je Mitscherlichgefäß

zu den physiologisch stickstoffärmsten Mitteleuropas. Weder Ammonium noch Nitrat wird in ihnen in nennenswertem Maße produziert, offenbar weil die absterbenden Blatt- und Wurzelreste sehr stickstoffarm sind (s. Tab. 116). In dieser Hinsicht gleichen sie den *Calluna*-Heiden Nordwestdeutschlands (s. Abschnitt D II 3), denen ebenfalls früher jahrhundertelang durch Streunutzung Nährstoffe, namentlich Stickstoff und Phosphor, entzogen wurde. Eine dritte, recht aufschlußreiche Parallele bilden die tropischen und subtropischen Savannen, soweit diese durch alljährliches Brennen geschaffen und erhalten wurden (DE RHAM 1970). Hier vernichtet das Feuer die abgestorbenen oberirdischen Teile und hinterläßt wenig zersetzbare Streu, und diese ist ebenfalls mineralstoffarm.

Bei der Pfeifengraswiese wie bei der Savanne bleibt die jährliche Produktion an oberirdischer Pflanzenmasse trotzdem erstaunlich groß. In beiden Fällen wird sie ermöglicht mit Hilfe von Nährstoffen, die vor dem Vergilben der Blätter und Stengel in den basalen Teilen sowie in den unterirdischen Organen der Pflanzen gespeichert und in der neuen Wachstumsperiode wieder mobilisiert werden. Für *Molinia caerulea* hat CHWASTEK (1963) diese Nährstoffökonomie nachgewiesen, und zwar sowohl was den Stickstoff als auch was den Phosphor und andere Nährstoffe anbetrifft. Der „innere" Kreislauf gestattet es dem Pfeifengras, mit demselben Nährstoffkapital wiederholt Kohlenhydrate in großer Menge aufzubauen.

In ihrem internen Nährstoffhaushalt stellt *Molinia* lediglich ein Extrem des für jede ausdauernde grüne Gefäßpflanze normalen Verhaltens dar. Eine gewisse Stoffverlagerung findet in jeder von ihnen statt, bevor Blätter oder andere Teile absterben. Doch verbleibt in der Blattstreu eines Laubbaumes beispielsweise noch immer so viel Eiweiß, daß durch Ammonifikation jener „äußere" Stickstoffkreislauf in Gang kommt, der für Wälder und viele andere Land-Ökosysteme so charakteristisch ist (s. Abschnitt B II 4d). Jede kleine Baumgruppe bringt ihn nach DE RHAM in der Savanne wieder in Gang,

Tab. 116. Jährliches Mineralstickstoff-Angebot in Streuewiesen der Nordschweiz sowie in westafrikanischen Savannen. Nach Angaben von León (1968) und De Rham (1970), aus Ellenberg (1977); vgl. Tab. 99 und 19

Pflanzengesellschaften und Böden	Netto-Mineralisation (kgN/ha/J.)	Nitrifikationsgrad
1. Pfeifengras-Streuewiesen und verwandte Gesellschaften		
a Bodensaure Pfeifengraswiesen		
Binsen-Pfeifengraswiese (*Junco-Molinietum*), rel. trocken	0	
desgl., auf mäßig feuchtem Boden	1	IV
desgl., auf nassem Boden	8	IV
b Kalk-Pfeifengraswiesen		
Artenreiche Pfeifengraswiese (*Molinietum*), relativ trocken	0	
desgl., auf mäßig feuchtem Boden	2 – 15[1])	IV
desgl., auf nassem Boden	5 – 40[1])	IV
Kopfried-Pfeifengraswiese (*Molinietum schoenetosum*), s. naß	0	
2. Tropische Savannen an der Elfenbeinküste (zum Vergleich)		
a Hochgras-Savanne, oft gebrannt		
Brachiara brachylopha-Ass., *Loudetia*-Subass., baumlos	0 – 2	IV
desgl., mit einzelnen Bäumen	0 – 5	IV
b Baumgruppe innerhalb der Savanne	30[2])	IV

[1]) Die höheren Werte beziehen sich auf Bestände, die seit langer Zeit nicht mehr gemäht wurden.
[2]) Durch Bäume kommt der Stickstoffkreislauf über die Zersetzung der Laubstreu wieder in Gang.

so daß eine mehr oder minder große Stickstoff-Nachlieferung im Boden einsetzt. Ähnliches vollzieht sich, wenn eine Pfeifengraswiese brach liegen bleibt, so daß totes Pflanzenmaterial für streufressende Tiere sowie für Pilze und Bakterien zur Verfügung steht. Nach einigen Jahren Brache konnte LEÓN im Boden ehemaliger Pfeifengraswiesen eine beträchtliche Stickstoff-Mineralisation nachweisen. Gleichzeitig mit einer solchen Regeneration des äußeren N-Kreislaufs vollzieht sich jedoch eine Umstellung im Gleichgewicht der Arten. Meistens verschwindet *Molinia* zunehmend rasch, während das Mädesüß *(Filipendula ulmaria)* und andere hohe Stauden oder die Sumpfsegge *(Carex acutiformis)* und sonstige Grasartige die Oberhand gewinnen. Damit verwandelt sich die Pfeifengraswiese ohne weiteres Zutun des Menschen in eine Gesellschaft mit höheren Ansprüchen an die Nährstoff-Versorgung. Oft wird sie der „Mädesüß-Uferflur" ähnlich, die wir in Abschnitt 5 c besprochen haben.

7 Herkunft der Grünlandpflanzen und Entstehung von Wiesengesellschaften

a Die mitteleuropäische Flora als Grundlage der Wiesenbildung

Fast alle Wiesenpflanzen Mitteleuropas sind Altbürger seiner Flora und Bestandteile seiner Naturlandschaft. Sie traten in den Wiesengesellschaften nur zu neuen Kombinationen zusammen und gewannen großenteils erst in ihnen eine Bedeutung für das mitteleuropäische Landschaftsbild.

Insbesondere gilt dies von Partnern der Molinieten und anderer Streuewiesen. Die herrschende Grasart der meisten Pfeifengraswiesen, *Molinia caerulea,* wächst in lichten Wäldern auf wechselfeuchten bis nassen, sauren Böden, sowie auf den Bulten mancher Hochmoore. Wie G. WEISE (1960 a u. b) experimentell nachweisen konnte, ähnelt die in Pfeifengraswiesen *(Junco-Molinietum)* der Umgebung von Dresden verbreitete *Molinia*-Form weitgehend derjenigen, die dort in feuchten Birken-Eichenwäldern vorkommt. Beide Herkünfte zeigen parallele Variabilität in der Gesamtentwicklung, in der Grünmassenproduktion, in der Ausbildung des Blütenstandes, in der Reaktion auf Stickstoffgaben und im Leistungsabfall mit zunehmender Meereshöhe, der sich auch im Gaswechsel widerspiegelt. Ihr modikatives Formbildungsvermögen ist sehr groß. Physiologisch reagiert das Wiesen-Pfeifengras insofern etwas abweichend von dem Wald-Pfeifengras, als es sich rascher entwickelt und auf Moorerde photosynthetisch mehr leistet, während der Gaswechsel der Waldform auf Kalkschotter aktiver ist. Diese Unterschiede sind aber so geringfügig, daß man sie sich durch Auslese aus einer und derselben Population entstanden denken kann.

Wie *Molinia*, so stammen auch andere Arten der Pfeifengraswiesen aus natürlichen Wäldern, z. B. *Serratula tinctoria* und *Galium boreale*, die im Fingerkraut-Eichenmischwald des östlichen Mitteleuropa häufig zu finden sind (s. Abschnitt B III 3).

Die in gedüngten Wiesen verbreiteten Feuchtigkeitszeiger gedeihen von Natur aus teils in Auenwäldern, teils in anderen Waldgesellschaften feuchter bis nasser Standorte, z. B. *Cirsium oleraceum* (s. Abb. 467 a u. b), *Angelica sylvestris, Lysimachia vulgaris, Crepis paludosa, Filipendula ulmaria* und *Deschampsia cespitosa*. Manche Arten findet man außerdem in Röhrichten und Großseggenriedern, vor allem *Phalaris arundinacea, Carex acutiformis* und *Caltha palustris*.

In den Flußauen ist auch die Heimat einiger Partner der Glatthaferwiesen zu suchen, namentlich des Wiesenkerbels, der Bärenklau, des Wiesen-Labkrautes und des Knaulgrases. Die übrigen Charakterarten des *Arrhenatherion* fänden aber in der mitteleuropäischen Naturlandschaft kaum einen zusagenden Standort. *Arrhenatherum* selbst ist auf steinigen Halden und ähnlichen dünn besiedelten Standorten in West- und Süd-

Abb. 467. Die Kohldistel *(Cirsium oleraceum)* an einem naturnahen Waldstandort und in einer Wirtschaftswiese.
a Im Erlen-Eschenwald *(Pruno-Fraxinetum)* des Olsberger Waldes bei Basel. Vorn *Impatiens noli-tangere*.
b In einer Knaulgras-Kohldistelwiese *(Polygono-Cirsietum,* mäßig feuchte Subass. von *Dactylis glomerata)* des Wäggitals. Der weiße Doldenblütler ist Heracleum sphondylium; der kolbenartige Blütenstand vorn links gehört zu *Polygonum bistorta*. Die Kohldistel ist hier weniger hygromorph als im Halbschatten des Waldes.

westeuropa zu Hause. Er wurde zuerst in Südfrankreich gezüchtet und kam als „Französisches Raygras" verhältnismäßig spät in den mitteleuropäischen Wiesen zur Ansaat. Einmal vorhanden, breitete er sich aber sehr rasch auf allen ihm zusagenden Standorten aus. *Tragopogon, Crepis biennis* und *Campanula patula* dürften aus den Wiesensteppen des südlichen Osteuropa zu uns gekommen sein. An der verschiedenen Herkunft der Arten zeigt sich erneut, daß die gedüngten und mehrschürigen Glatthaferwiesen ihr Dasein in noch stärkerem Maße dem Menschen verdanken als die Pfeifengraswiesen und sonstige Feucht- oder Magerwiesen.

Die in fast allen mitteleuropäischen Grünlandgesellschaften verbreiteten Klassenkennarten der *Molinio-Arrhenatheretea* kommen vereinzelt in zahlreichen anderen Formationen vor. *Poa trivialis* z. B. gedeiht in Bruch- und Auenwäldern, *Poa pratensis* in Felsheiden, *Anthoxanthum odoratum* in gewissen Birken-Eichenwäldern und Heiden, *Lathyrus pratensis, Vicia cracca* und *Trifolium pratense* in Gebüsch- oder Waldsäumen.

Wahrscheinlich wurden in der Naturlandschaft hier und dort von Bibern, Hirschen, Rehen oder anderen Pflanzenfressern Lichtungen geschaffen und offen gehalten, an denen die Grünlandpflanzen bessere Lebensbedingungen fanden als in den dicht geschlossenen Wäldern. Biberwiesen, wie man sie heute noch in Nordamerika studieren kann, sind aber stets sehr naß und häufig überschwemmt. An trockeneren Standorten wird es, wenn überhaupt, nur sehr kleine Lichtungen gegeben haben, z. B. in den

Randzonen besonnter Felsen. Man könnte auch an Windwurflücken denken, doch ist es unwahrscheinlich, daß hier bereits wiesenähnliche Bestände ausgebildet waren. Es handelte sich wohl eher um Waldlichtungsfluren, deren Arten ja großenteils zum eigentlichen mitteleuropäischen Florenelement gehören (s. Abschnitte A I 2 u. D III 2) und nicht oder nur ausnahmsweise in Wiesen auftreten.

Von Natur aus waldfreie Landschaftskomplexe größeren Ausmaßes gab es in Mitteleuropa vor dem Eingreifen des Menschen nur in den Hochmooren und manchen Zwischen- und Niedermooren sowie oberhalb der klimatischen Waldgrenze in den Alpen und im Einflußbereich der salzigen Nordsee. In keinem dieser Bereiche konnten Wiesenpflanzen der Ordnung *Arrhenatheretalia* entstehen; denn die Lebensbedingungen sind hier viel zu extrem.

In den Pollenspektren der nacheiszeitlichen Moore treten nicht nur Getreide, sondern auch Wildgräser erst dann stärker hervor, wenn sich größere vom Menschen geschaffene Lichtungen bemerkbar machen. Namentlich *Plantago*- und *Rumex*-Pollen dürfen als Siedlungszeiger gelten. Noch zur Bronzezeit sind aber makroskopische Reste von Wildgräsern auffallend selten. Wiesenheu kann also für die Winterfütterung der Haustiere damals noch keine große Rolle gespielt haben (s. die Ausführungen über Laubheu in Abschnitt A II 2).

Nach den Zusammenstellungen von LÜDI (1955) und anderen konnte man in bronzezeitlichen Funden aus dem Schweizer Mittellande, d. h. aus der submontanen bis collinen Stufe im südwestlichen Mitteleuropa, mehr als 50 heute in Wiesen vorkommende Pflanzenarten makroskopisch nachweisen. In ihren Listen fällt auf, daß nicht nur die meisten Grasarten, sondern auch alle Charakterarten der Glatthaferwiesen fehlen, während Feucht- und Trockenwiesen gut vertreten sind. Wenn es damals schon Wiesengesellschaften in unserem heutigen Sinne gegeben hat, müssen sie also den in Abb. 438 zusammengestellten „ungedüngten" entsprochen haben. Wahrscheinlich wurden die Grünlandflächen aber mehr durch Beweidung als durch Mahd offengehalten und bildeten keine großen zusammenhängenden Flächen, sondern durchsetzen parkartig die infolge der damaligen Extensivwirtschaft aufgelockerten Wälder. Reste typischer hochwüchsiger Wiesenpflanzen fehlen nach WILLERDING (1977) noch aus der Eisenzeit und sind selbst aus dem Mittelalter nur in geringer Zahl belegt.

Das Grünland trockener Böden ist noch bis ins Mittelalter hinein auch im westlichen Mitteleuropa nur als Viehweide und nicht mit Sense oder Sichel genutzt worden. *Bromus erectus*-Wiesen dürften also zu den jüngsten Mähwiesengesellschaften Mitteleuropas zählen, obwohl ihr Artenbestand großenteils aus natürlichen Felsheiden und aus den Weiderasen der Ordnung *Brometalia* stammt, denen man mit Recht ein hohes Alter zubilligt. Manche dieser Trockenrasen-Pflanzen haben sich möglicherweise aus den Steppen und Waldsteppen der Späteiszeit und der frühen Nacheiszeit in das regelmäßig genutzte Grünland hinüberretten können.

Im Gegensatz zu den Ackerunkraut-Gesellschaften (s. Abschnitt D IX 1 a) und den Ruderalfluren (Abschnitt D VIII 1 a) hat sich in den Wiesen ebenso wie in den Wäldern Mitteleuropas keine einzige Pflanzenart ausbreiten können, die aus anderen Florenreichen mit dem Überseeverkehr eingeschleppt wurde. Die Lebensgemeinschaften dieser Gesellschaften sind offenbar so dauerhaft und fest gefügt, daß Neulinge in ihnen keinen Platz finden.

Auf der Südhalbkugel dagegen fehlen in der Flora der gemäßigten Breiten nahezu sämtliche Pflanzen, aus denen sich Wiesen hätten bilden können. Wie KLAPP (1965) hervorhebt, mußte man z. B. in Chile europäische und nordamerikanische Wiesenpflanzen einführen, die sich dort teilweise rasch einbürgerten (OBERDORFER 1960). In der Umgebung von San Carlos de Bariloche (im argentinischen Nationalpark Nahuel Huapí), insbesondere in der *Nothofagus dombeyi*-Stufe, hat ELLENBERG (unveröff.) zahlreiche subspontan entstandene Glatthaferwiesen studiert, die schon fast alle in Mitteleuropa verbreiteten Charakterarten enthalten und außer der Rosacee *Achaena* kaum einen Vertreter der einheimischen Flora aufgenommen haben. Die europäischen Arten können dort erst vor wenigen Jahrzehnten eingeführt worden sein, und zwar wahrscheinlich mit dem Saatgut von *Arrhenatherum, Dactylis, Poa pratensis* und einigen anderen Gräsern, die man dort großflächig ansäte. Sie gedeihen in ihrer neuen Umgebung vortrefflich, zumal diese in klimatischer Hinsicht etwa dem Übergangsgebiet zwischen dem südwestlichen Mitteleuropa und der submediterranen Region entspricht.

Verglichen mit manchen anderen Gebieten auf der Erde ist also die Flora Mitteleuropas geradezu prädestiniert für die Bildung von Wiesengesellschaften. Das überrascht um so mehr, als ja auch hier Wiesenformationen in der Naturlandschaft äußerst selten wären. Gleiches gilt für Nordamerika und besonders für die gemäßigten Klimabereiche Asiens, in denen ebenfalls „echte" Wiesenpflanzen heimisch sind. Wodurch zeichnen sich die Erdgegenden mit eigener Wiesenflora vegetationsökologisch vor anderen aus, in denen sich keine solche entwickeln konnte? Diese Frage befriedigend zu beantworten, hieße zugleich, die Frage zu klären, wo es bei genügend warmem Klima weder zu nasse noch zu trockene Böden mit guter Nährstoffversorgung gibt, auf denen von Natur aus keine Bäume wachsen.

Derartige Standorte bieten sich nach Ansicht des Verfassers nur in den „Lavinaren" der Hochgebirge, d. h. in den alljährlich von Lawinen baumfrei gefegten Rinnen an den Waldhängen der montanen bis submontanen Stufe (s. Abb. 317). Als Einzugsgebiet von Lawinen, die bis in warme Täler hinabsausen, muß eine alpine Stufe vorhanden sein, die so ausgedehnt und schneereich ist und sich im Frühjahr so rasch erwärmt, daß regelmäßig große Schneemassen an einer und derselben Stelle zu Tal fahren. Solche Bedingungen sind nur in den höheren Teilen der Alpen und entsprechender Gebirge in Nordamerika gegeben, vor allem aber in den Hochgebirgen der temperierten Zone Asiens, wo auch schon lange vor den Gebirgsfaltungen der jüngeren Tertiärzeit Hochgebirge ähnlichen Typs vorhanden waren. In tropischen und subtropischen Hochgebirgen sowie in den extrem ozeanischen südlichen Anden fehlt der markante Jahreszeitenwechsel, der die Bildung von Lavinaren begünstigt, und in den borealen bis polaren Gebirgen sind die Sommer zu kurz, um Wiesenpflanzen in den Lawinenrinnen gedeihen zu lassen. Als Evolutionszentren einer mesophilen Wiesenflora und -vegetation kommen also wohl in erster Linie asiatische und europäische, in geringerem Maße auch nordamerikanische Hochgebirge in Frage.

b   Zeitbedarf für die Neubildung von Wiesengesellschaften

Grünlandgemeinschaften können sich sehr rasch auf Neuland konstituieren oder auf veränderte Lebensbedingungen umstellen, wenn ihre Partner in der Nähe vorhanden sind oder wenn einige der standortsgemäßen Grasarten angesät wurden. Dafür brachten bereits die vorhergehenden Abschnitte manche Beispiele. Hier seien weitere angeführt, aus denen hervorgeht, wie viele Jahre nötig sind, bis sich die normale charakteristische Artenkombination bestimmter Wiesengesellschaften herausgebildet hat.

Auf Äckern in Südwestdeutschland und im Schweizer Mittelland genügen nach den Beobachtungen zahlreicher Autoren etwa 3 bis 4 Jahre, um aus einer Reinsaat von *Dactylis glomerata,* einem Luzernefeld, einem Rotkleeacker oder einem Klee-Gras-Gemisch artenreiche Gemeinschaften entstehen zu lassen, die einer Salbei-Glatthaferwiese oder einer typischen Glatthaferwiese ähneln. Voraussetzung ist jedoch, daß der Bestand jährlich zwei- bis dreimal gemäht und hin und wieder gedüngt wird. Die Samen der meisten Partner werden aus benachbarten älteren Wiesenbeständen oder aus wiesenähnlichen Wegrainen vom Winde und von Tieren herangetragen, wenn sie nicht bereits mit dem Stallmist in die Ackerkrume geraten sind. Reinsaaten einer einzigen Grasart sauber zu erhalten, kostet große Mühe, weil sich sehr bald nicht nur Garten- und Ackerunkräuter, sondern auch die verschiedensten Grünlandpflanzen einfinden. Läßt man diese aus vorhandenen Samen gekeimten oder zugewanderten „Unkräuter" gewähren, so führt nach den Beobachtungen von LIETH und ELLENBERG (1958) ihr Wettbewerb untereinander und mit der herrschenden Grasart schon nach 1 bis 2 Jahren dazu, daß sich standortsgemäße Kombinationen ausbilden. Durch häufige Mahd wird diese Auslese noch beschleunigt.

Nach den von ELLENBERG (1952b) ausgewerteten Wiesenkartierungen vor und nach einer großräumigen Grundwasserabsenkung bei Braunschweig genügen 7 Jahre, um aus Seggenriedern mäßig feuchte Kohldistelwiesen oder aus den letzteren Fuchs-

Tab. 117. **Verwandlung eines Schlankseggenrieds in eine Kohldistelwiese durch Entwässerung** von Niedermoortorf im Auetal westl. Braunschweig (1939 bis 1946). Nach Ellenberg (1952 und 1974), verändert[1])

Jahr: 19	39	46	F	N	Jahr: 19	39	46	F	N
Verschwundene Arten:					**Begünstigte** Arten:				
C *Glyceria fluitans*	2		9	5	K *Alopecurus pratensis*	1	4	6	7
C *Equisetum fluviatile*	1		10	6	*Lysimachia nummularia*	+	3	6	X
C *Ranunculus flammula*	1		9	2	K *Rumex acetosa*	+	2	X	5
Juncus articulatus	+		8	2	M *Angelica sylvestris*	+	1	8	X
Epilobium palustre	+		9	3	*Caltha palustris*	+	1	8	X
K *Prunella vulgaris*	1		X	X	M *Lychnis flos-cuculi*	+	1	6	X
K *Ranunculus acris*	+		X	X	K *Cardamine pratensis*	+	1	7	X
Zurückgedrängte Arten:					M *Galium uliginosum*	+	1	8	X
C *Carex gracilis*	3	1	9	4	**Zugewanderte** Arten:				
C *Calliergon cuspidatum*(Moos)	3	+	9	4	*Agrostis stolonifera*		3	6	5
Ranunculus repens	3	2	7	X	M *Cirsium oleraceum*		2	7	5
C *Galium palustre*	2	+	9	4	*Glechoma hederacea*		2	6	7
C *Glyceria maxima*	1	+	10	7	K *Poa pratensis*		2	5	X
K *Anthoxanthum odoratum*	1	+	X	X	M *Filipendula ulmaria*		1	8	4
Mentha aquatica	1	+	9	4	*Deschampsia cespitosa*		1	7	3
Mit unveränderter Menge:					K *Festuca pratensis*		1	6	6
K *Holcus lanatus*	2	2	6	4	K *Cerastium fontanum holost.*		1	5	5
K *Festuca rubra* ssp. *rubra*	1	1	X	X	M *Selinum carvifolia*		1	7	2
Festuca arundinacea	1	1	7	4	*Stellaria palustris*		1	8	2
C *Phalaris arundinacea*	+	+	8	7	K *Bromus hordeaceus*		+	X	X
K *Bellis perennis*	+	+	X	5	*Cirsium vulgare*		+	5	8
M *Juncus effusus*	+	+	7	3	Gesamt-Artenzahl	28	33		

[1]) C = Charakter- und Differentialarten des Schlankseggenrieds (*Caricetum gracilis*), lokal gültig.
   M = Ordnungscharakterarten der Feuchtwiesen (*Molinietalia*) und lokale Charakterarten der Kohldistelwiese (*Cirsium oleraceum-Angelica sylvestris*-Ass.).
   K = Klassencharakterarten der Kulturwiesen (*Molinio-Arrhenatheretea*).

Veränderungen der mittleren Faktorenzahlen (s. Abschnitt B I 4) Jahr 19	mF 39 46	mN 39 46
− nach dem Vorhandensein der Arten berechnet	8,0 7,1	4,5 4,8
− mit Berücksichtigung der Mengen berechnet[2])	8,0 6,8	4,4 5,1

Durch das Verschwinden einiger Nässezeiger wurde die mittlere Feuchtezahl geringer. Die mittlere Stickstoffzahl wuchs durch das Hinzutreten anspruchsvollerer Arten. Beide Veränderungen zeigen sich nach 7 Jahren in den Mengenverhältnissen bereits deutlicher als im Vorhandensein oder Fehlen der Arten.

[2]) d.h. Arten mit Menge 4 wurden viermal, mit 3 dreimal, mit 2 zweimal und die übrigen jeweils einmal in die Durchschnittsrechnung einbezogen.

schwanz-Glatthaferwiesen entstehen zu lassen. Beispielsweise waren von den Sumpfpflanzen einer Schlankseggenwiese nach Senkung des Wasserspiegels um durchschnittlich 60 cm im Jahre 1946 nur noch verschwindende Relikte vorhanden, obwohl die Wiese seit der Grundwassersenkung im Jahre 1939 normal weiter bewirtschaftet worden war, also keinerlei Nachsaat, Narbenumbruch oder dergleichen erfolgte (s. Tab. 117). Entsprechende Feststellungen konnten auch an vielen anderen Grünlandgesellschaften gemacht werden (WALTHER 1950, ELLENBERG 1952b, MEISEL 1960a u. a.). In weniger als zwanzig Jahren hat sich z. B. das sandig-moorige Tal der Ems von einer Naßwiesen-Landschaft mit vorherrschenden bodensauren *Calthion*-Wiesen zu einer Acker- und Viehweide-Landschaft entwickelt (Abb. 468). Selbst um so extreme Umwandlungen im Artengefüge von Wiesen zu bewirken, bedarf es keiner Neueinsaat. Die Grundwassersenkung und die Beweidung beeinflussen das Wettbewerbs-Gleichge-

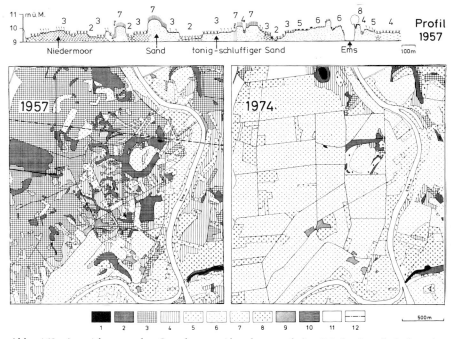

Abb. 468. Auswirkungen der Grundwasser-Absenkung auf die Grünlandgesellschaften des Emstales südlich von Haren (Zustand 1956/57 und 1974). Nach MEISEL und HÜBSCHMANN (1975), verändert.
1. Offenes Stillwasser und Wasserpflanzen-Gesellschaften. 2. Verlandungs-Gesellschaften *(Glycerietum maximae, Caricetum gracilis, Pediculari-Juncetum filiformis)*. 3. Naßwiesen und -weiden *(Rumici-Alopecuretum; Senecioni-Brometum,* Subass. von *Carex nigra* u. von *Potentilla palustris; Lolio-Cynosuretum lotetosum; Junco-Molinietum,* verschiedene Subass.). 4. Feuchtwiesen und -weiden *(Senecioni-Brometum,* übrige Subass.).
5. Frische und reine Weidelgrasweiden *(Lolio-Cynosuretum lotetosum,* typ. Variante; *Luzulo-Cynosuretum typicum,* Var. von *Cardamine pratensis).*
6. Reine Magerweiden und Sandtrockenrasen *(Luz.-Cyn.typ.,* übrige Varianten; *Diantho-Armerietum,* verschiedene Ausbildungen; *Calluno-Genistetum).* 7. Äcker (mit versch. Unkrautges.). 8. Gehölze *(Salicetum)* und Forsten.
9. Haus- u. Hofanlagen u. dgl. 10. durch Bodenauftrag gestörte Fläche. 11. Flußlauf und nicht kartiertes Gelände. 12. Lage des über den Karten vereinfacht wiedergegebenen Profilschnittes.
Heute ist die ehemalige Aue großenteils beackert, und die restlichen Grünlandflächen gehören fast alle Gesellschaften trockenerer Standorte an.

wicht so entschieden, daß fast alle früher vorhandenen Arten neuen weichen, deren Samen teilweise durch die Weidetiere herangetragen werden.

In der Regel verändert sich die Artkombination um so rascher, je besser der Bestand ernährt wird. Durch gute Düngung werden die unter den jeweiligen Bedingungen konkurrenzfähigsten hochwüchsigen Arten so sehr gefördert, daß sie alle anderen unterdrücken, die nicht ebenfalls „standortsgemäß" sind, d.h. bei der gegebenen Faktorenkonstellation neben oder unter den herrschenden Pflanzen leben können. Solche sofortigen Umgruppierungen sind allerdings nur möglich, wenn die neu hervortretenden Arten als Samen oder als kümmernde Individuen schon im Augenblick des standortsändernden Eingriffs vorhanden sind. Auch die eingangs besprochene schnelle Wiesenneubildung auf zeitweilig beackerten Flächen ist wohl teilweise damit zu erklären, daß Samen von Wiesenpflanzen alljährlich erneut in die benachbarten Ackerböden gelangen und dort bereits anwesend sind, wenn man diese in Grünlandnutzung nimmt. Wo weit und breit keine Wiesen von entsprechendem Artengefüge vorkommen, bilden sich vollständige Wiesengesellschaften nur langsam heraus. Doch erscheinen auch hier sehr bald zahlreiche Partner der Kulturwiesen, weil diese erstaunlich wanderungstüchtig sind.

Die Fähigkeit zu generativer Vermehrung und die Kurzlebigkeit selbst der meisten „ausdauernden" Wiesenpflanzen begünstigt sowohl das Neuentstehen als auch die Umstellung von Wiesengesellschaften. Langlebige Grünlandpflanzen mit vorwiegend vegetativer Vermehrung können jedoch ebenfalls schnell auf veränderte Bedingungen reagieren. Das zeigt sich vor allem auf Viehweiden und in stark betretenen Rasen, denen wir uns nun zuwenden wollen.

VI Düngeweiden, Tritt- und Flutrasen

1 Intensivweiden

a Weidelgras-Weißkleeweiden und moderne Umtriebs-Mähweiden

Während in den Tieflagen des südlichen Mitteleuropa das gedüngte Grünland bis etwa 1960 fast ausschließlich durch Mähen genutzt wurde, war im nördlichen und vor allem im nordwestlichen Flachland jahrhundertelang ein reiner Weidebetrieb die Regel. Von dem eintönigen Grün der Intensivweiden heben sich hier nur die Sumpfwiesen und die alten Flußdeiche ab, deren steile Abhänge mit ihren bunten Glatthaferwiesen wie Grüße aus dem Süden anmuten.

Ursache dieses Landschaftswandels von Süd nach Nord (s. Abb. 469) ist der zunehmend ozeanische Klimacharakter, der die Sommertrockenheit mildert und einen inten-

Abb. 469. Standweiden auf *Lolio-Cynosuretum typicum* bei Osterholz-Scharmbeck. Vorn erkennt man zahlreiche Geilstellen, im Mittelgrund Weißdornhecken. Solche Bilder sind im südlichen Mitteleuropa selten.

siven Dauerweidebetrieb ermöglicht. Unter dem wolkenreichen Himmel im Westen Mitteleuropas dehnten sich die Viehweiden auch in das niedrige Hügel- und Bergland hinein aus. Im Osten und Süden dagegen blieb die Weidewirtschaft nur in den höheren Gebirgslagen und am niederschlagsreichen Alpenrand erhalten. Begünstigt wird die Weidewirtschaft in Küstennähe vor allem dadurch, daß hier der Winter relativ kurz und mild ist, also die Weideperiode viel länger dauert. Sie beträgt nach KLAPP (1965) in den wärmsten Lagen Westdeutschlands etwa 200–220 Tage. Temperaturrückschläge, die ja in stärker kontinentalem Klima häufig vorkommen, verzögern den Auftrieb des Viehs beträchtlich (Abb. 470). Erst die moderne Mähumtriebsweide mit längeren Ruhepausen und die künstliche Beregnung ermöglichten auch in niederschlagsarmen Tieflagen einen ertragreichen und durch Trockenperioden nicht gestörten Weidebetrieb. Infolge dieser Umstellungen verwischt sich zunehmend der einst so auffällige Gegensatz im Grünlandcharakter des nordwestlichen und des südlichen bis östlichen Mitteleuropa.

Andere rasche Veränderungen bringt in den letzten Jahren die allgemein abnehmende Rentabilität der Viehwirtschaft mit sich. Ehemals intensiv beweidetes Grünland fällt daher brach, vor allem in den Marschen und Mooren, in denen die Unterhaltung der Entwässerungsanlagen zu kostspielig ist. Die verbliebenen Grünlandbetriebe haben intensiviert. Tieflandsweiden werden daher heute so gut gedüngt und mit so viel Vieh besetzt, daß das Artengefüge ihres Rasens in erster Linie durch diese beiden Faktoren bestimmt wird. Einerlei, ob es sich um Sand-, Lehm- oder Torfboden handelt, herrschen hier Weidelgras-Weißkleeweiden (*Lolio-Cynosuretum,* Tab. 118). Auf diese Bodenunabhängigkeit der Intensivweiden machte vor allen KLAPP (1950) an Hand vieler gründlich untersuchter Beispiele aufmerksam. Sie gilt allerdings nur für Weiden vom Tiefland bis in die untere montane Stufe, während sich mit zunehmender Meereshöhe die Boden- und Klimafaktoren immer deutlicher auf das Artengefüge auswirken (s. Tab. 119).

Nur trittfeste und regenerationskräftige Arten vermögen in solchen Rasen zu leben. Durch das dauernde Betretenwerden ist der Boden von Standweiden nach LIETH (1954, s. Abb. 471) porenärmer als derjenige von Wiesen. Er wird in dieser Hinsicht nur von dem Boden der noch stärker betretenen Wegränder und Sportplätze übertroffen. In der Nähe von Weidetoren, Tränk- und Melkstellen gehen auch die Weiderasen in Trittpflanzen-Gesellschaften über (s. Abb. 472 u. Tab. 120). Manche der in Tab. 118 genannten Differentialarten deuten darauf hin, daß der Boden der Weidelgras-

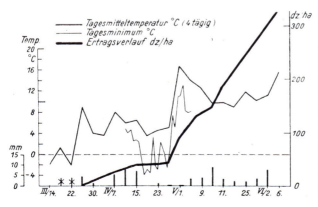

Abb. 470. Ertragsverlauf bei einer intensiv bewirtschafteten Weidelgras-Weißkleeweide in Beziehung zur Temperatur und zu den Niederschlägen (unten). Nach ZILLMANN und KREIL (1957), aus ELLENBERG (1963).

Unter „Ertragsverlauf" verstehen die Autoren die beim jeweiligen Mähtermin vorhandene Grünmasse auf abgesonderten, im Versuchsjahr nicht beweideten Parzellen; 1955 in Jühnsdorf (Kreis Zossen).

Tab. 118. **Standörtliche Gliederung der Weißkleeweiden in Mitteleuropa.**
In Anlehnung an Tüxen und Preising (1951), Meisel (1966), Passarge (1969b), Jurko (1974) u.a.[1])

a In fast **allen** Weißkleeweiden vorkommende Arten (*Cynosurion* i.w.S.):

- G: *Cynosurus cristatus*   L: *Trifolium repens*   *Leontodon hispidus*
- *Festuca rubra*   *T. pratense*   *Plantago lanceolata*
- *Phleum pratense*   K: *Achillea millefolium*   *Prunella vulgaris*
- *Poa pratensis*   *Cerastium fontanum hol.*   *Ranunculus acris*
- *Bromus hordeaceus*   *Leontodon autumnalis*   *Taraxacum officinale*

b In Weidelgras-Weißkleeweiden (*Lolio-Cynosuretum*),
gut gedüngt und vorwiegend in Tieflagen:

- G: *Lolium perenne*   K: *Bellis perennis*   *Plantago major*
- *Poa annua*   *Cirsium arvense*   *Potentilla anserina*
- *P. trivialis*   *C. vulgare*   *P. reptans*
- *Agropyron repens*   *Glechoma hederacea*   *Ranunculus repens*
- *Agrostis stolonifera*   *Lysimachia nummularia*   *Sagina procumbens*
- *Hordeum secalin.* (Küste)   *Odontites rubra*   *Veronica serpyllifolia*

c In Horstrotschwingel-Weißkleeweiden (*Festuco-Cynosuretum*),
schlecht gedüngt und vorwiegend in höheren Lagen:

- G: *Agrostis tenuis*   K: *Alchemilla vulgaris*   *Plantago media*
- *Festuca nigrescens*   *Campanula rotundifolia*   *Polygala vulgaris*
- *Anthoxanthum odoratum*   *Euphrasia rostkowiana*   *Potentilla erecta*
- *Briza media*   *Hieracium pilosella*   *Ranunculus bulbosus*
- *Danthonia decumbens*   *Hypochoeris radicata*   *Stellaria graminea*
- *Luzula campestris*   *Leucanthemum vulgare*   *Thymus serpyllum*
- L: *Lotus corniculatus*   *Pimpinella saxifraga*   u.a.

d In borstgrasreichen Weiden (*F.-C. nardetosum*)
vernachlässigt und stark **bodensauer**; meist in höheren Lagen:

- G: *Nardus stricta*   K: *Antennaria dioica*   *Calluna vulgaris*
- *Avenella flexuosa*   *Hypericum maculatum*   *Vaccinium myrtillus*
- *Carex pilulifera*   *Veronica officinalis*   u.a.

e **Feuchtigkeits**zeiger: f **Sand**zeiger (Küste):   g **Salz**zeiger (Küste):
(..lotetosum uliginosi)   (..armerietosum)   (..juncetosum gerardii)

- G: *Carex leporina*   G: *Festuca rubra arenaria*   G: *Juncus gerardii*
- L: *Lotus uliginosus*   K: *Armeria maritima*   *Festuca rubra litoralis*
- *Juncus effusus*   *Galium verum*   L: *Trifolium fragiferum*
- K: *Cirsium palustre*   *Viola canina*   K: *Glaux maritima*
- *Lychnis flos-cuculi*   u.a.   u.a.

[1]) G = Gräser und Grasartige, L = Leguminosen, K = Kräuter und Zwergsträucher

Weißkleeweiden verhältnismäßig stickstoffreich ist, z.B. *Agropyron repens* und *Poa annua*. Sie stammen aus natürlichen oder halbnatürlichen Flutrasen, auf die wir noch zu sprechen kommen werden.

Obwohl die Bewirtschaftung nivellierend auf den Artenbestand wirkt, prägen sich doch auch manche edaphische und kleinklimatische Besonderheiten der Standorte in ihm aus. In Holland, dem optimalen Entfaltungsraum der Weidelgras-Weißkleeweiden auf dem europäischen Festland, sowie in Nordwestdeutschland kann man dementsprechend zahlreiche Subassoziationen, Varianten und Ausbildungsformen unterscheiden (Tab. 118 u. Abb. 473). Am häufigsten sind die typische (a) und die feuchte (e) Untergesellschaft, während die Standorte der trockeneren (b und c) heute großenteils beackert werden. Die Salzbinsen-Weißkleeweide (d) ist auf schmale Übergangssäume zu den Salzmarsch-Gesellschaften der Nord- und Ostseeküste beschränkt.

Bei Düngermangel wird die Narbe der Viehweiden rasch lückig, so daß sich Hungerzeiger, wie das Kleine Habichtskraut *(Hieracium pilosella)* und das Hasenbrot *(Luzula*

Tab. 119. **Erträge und Besatzstärken von Weidegesellschaften in verschiedener Höhenlage der Bayerischen Randalpen.** Nach Angaben von Spatz (1974); Ertrag als oberirdische gemähte Trockensubstanz (t/ha); mögliche Vieh-Besatzstärke in Prozent der besten Weide[1])

Höhenlage und Pflanzengesellschaft	Ertrag (t/ha)	Besatz (%)	Artenzahl A[2])	G[2])
1400 – 1700 m ü.M.				
Kalk-Magerrasen (*Carlino-Caricetum sempervirentis*)	0,9	5	77	30
Beweideter K.-M. (*Crepido-Caricetum, Thymus*-Ausbildung)	1,3	16	56	13
Subalpiner Borstgrasrasen (*Nardetum alpinum*)				
Ranunculus montanus-Ausbildung	1,7	11	48	11
Enzian-Ausbildung (mit *Gentiana punctata*)	2,2	6	37	12
Arme Kammgrasweide (*Crepido-Cynosuretum*)	1,8	24	44	9
1000 – 1200 m ü.M.				
Kalk-Quellrasen (*Caricetum davallianae*)	3,1	10	57	7
Montaner Borstgrasrasen (*Nardetum*)	3,4	12	55	6
Frauenmantel-Kammgrasweide (*Alchemillo-Cynosuretum*)	4,1	71	43	3
Weidelgras-Kammgrasweide (*Lolio-Cynosuretum*)	6,2	100	32	0

[1]) Aufgrund der Erträge und der Futterqualität errechnet. Die Enzian-Ausbildung des Borstgrasrasens enthält besonders viele ungenießbare oder giftige Pflanzen.
[2]) Als Relativmaße für den Naturschutz-Wert der Gesellschaften sind die durchschnittliche Artenzahl je Einzelbestand (A) und die Gesamtzahl der unter Schutz stehenden Arten (G) beigefügt.

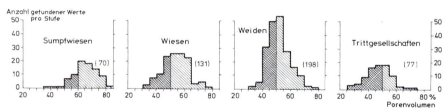

Abb. 471. Beziehungen zwischen dem Porenvolumen des Bodens und der Bewirtschaftung von Dauergrünland-Gesellschaften. (In Klammern: Zahl der Messungen, jeweils im Oberboden bis 10 cm Tiefe.) Nach LIETH (1954), verändert.

campestris), ansiedeln können, und zwar sowohl auf relativ feuchten als auch auf trockenen Böden. Die meisten der in Tab. 118 für die montanen Weiden (2) genannten Differentialarten sind ebenfalls solche Hungerzeiger. Einst müssen diese auch im Flachland auf allen Weiden verbreitet gewesen sein. Infolge der steigenden Zufuhr von Düngern, insbesondere von mineralischen Nährstoffen, sind sie hier aber heute großenteils verschwunden.

Wie rasch sich eine stärkere Düngung und der durch sie mögliche dichtere Viehbesatz auf das Artengefüge einer typischen Weidelgras-Weißkleeweide auswirkt, hat DÖRRIE (1958) an wiederholt aufgenommenen Dauer-Probeflächen gezeigt. Schon im zweiten Jahr verschwanden viele Arten, darunter sogar hartnäckige Unkräuter wie *Cirsium arvense*, die im allgemeinen als Differentialarten der Intensivweiden gelten. Nur wenige kamen neu hinzu, z. B. *Stellaria media* als Stickstoff- und Phosphorzeiger und *Polygonum aviculare* als Trittpflanze. Wie aus den geschätzten Massenanteilen hervorgeht, breiteten sich *Lolium perenne, Phleum pratense* und andere Gräser auf

Intensivweiden 783

Abb. 472. Intensiv genutzte und stark betretene Weidelgras-Weißkleeweide mit *Lolium perenne*, *Poa annua* und *Plantago major*. Etwa ¹/₆ natürl. Größe. Phot. ILTIS-OLBERT.

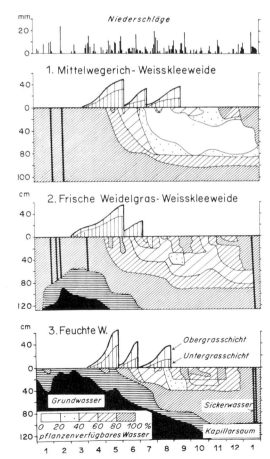

Abb. 473. Wassergehalt des Bodens unter verschiedenen Weidelgras-Weißkleeweiden bei Stolzenau an der Weser. Nach farbigen Darstellungen von A. von MÜLLER (1956) aus ELLENBERG (1963).
1 = *Lolio-Cynusuretum plantaginetosum mediae*, Var. von *Avenochloa pubescens* (relativ trockener Standort), 2 = *L.-C. typicum*, Var. von *Dactylis glomerata*, 3 = *L.-C. lotetosum*, typische Var. Das oberhalb vom permanenten Welkungsprozent (PWP) vorhandene Wasser ist aufgrund von Lysimetermessungen in Volumprozent angegeben. Der Aufwuchs wurde geschnitten, nicht beweidet.

Standörtlich entspricht die Mittelwegerich-Weißkleeweide der Zittergras-Glatthaferwiese, die Frische Weidelgras-Weißkleeweide der Fuchsschwanz-Glatthaferwiese (s. Abschnitt V 2b) und die Feuchte Weidelgras-Weißkleeweide einer Wassergreiskrautwiese (Abschnitt V 4b).

Kosten der Leguminosen so sehr aus, daß sie 1954 fast allein herrschten. Bei Fortsetzung der starken Düngung und der sorgfältig dosierten Mäh-Umtriebsweidewirtschaft würden wahrscheinlich manche der zurückgegangenen Arten ebenfalls ganz verschwinden.

Je intensiver die Bewirtschaftung, desto artenärmer wird also die Weidenarbe, zumal sich Weidelgras und Lieschgras in den Weidepausen immer wieder zu dichten, blattreichen und stark schattenden Beständen zusammenschließen können. Wie RUTHSATZ (1970) bei Göttingen feststellte, begünstigt dauernder Mähweidebetrieb neben *Lolium* vor allem *Poa trivialis* und *Dactylis glomerata*. Während kleinwüchsige Weidepflanzen verschwinden, dringen hochwüchsige Wiesenkräuter und -gräser ein, namentlich *Anthriscus sylvestris, Heracleum sphondylium, Crepis biennis* und *Arrhenatherum*. Pflanzensoziologisch läßt sich daher das ohnehin artenarme Intensivgrünland weder dem *Lolio-Cynosuretum* noch dem *Arrhenatheretum* ohne Zwang zuordnen. Zu ähnlichen Ergebnissen kam VOLLRATH (1970) in Bayern bei Pflanzenbestands-Analysen in Koppeln von Umtriebsweiden. Auch intensiv genutztes Hochmoorgrünland bereitet manche systematischen Schwierigkeiten, von denen SCHWAAR (1973) berichtet. Ökologisch gesehen reagiert jedoch in allen solchen Fällen das Artengefüge auf jede Nuance seiner Umweltbedingungen, zumal Kräfteverschiebungen zwischen den Partnern durch gute Ernährung allgemein beschleunigt werden.

b Experimentelle Untersuchungen in Weidelgras-Weißkleeweiden

Selbst floristisch so „langweilige" Gesellschaften wie die Kulturweiden können für die experimentelle Pflanzensoziologie sowie für die Ökosystemforschung reizvolle Studienobjekte abgeben. Zur Analyse der Mikro-Verteilung und physiologischen Differenzierung von Arten mit weiter Amplitude boten sich die einschichtigen Weißkleeweiden geradezu an. Vor allem *Trifolium repens* eignet sich hierfür, weil er sich vegetativ ausbreitet und erbgleiche Lokalpopulationen bildet. Wie SNAYDON (1962a) sowie SNAYDON und BRADSHAW (1962) fanden, wirken sich kleinräumige Unterschiede im Kali- und Phosphorsäure-Gehalt lehmigen Bodens deutlich in der Verteilung von *Trifolium repens* aus. Klone von phosphatreichem Boden wachsen bei P-Mangel schlechter als Klone von phosphatarmem. Zum Kalkgehalt des Bodens steht der Deckungsgrad des Weißklees in besonders enger Beziehung. Dies erklärt SNAYDON (1962b) durch die geringere Wuchsleistung der physiologischen Kalkrasse, wenn man sie auf saurem Boden kultiviert oder gar mit der Sauerbodenrasse mischt. Die letzte gedeiht dagegen auf kalkreichem Boden ebenso gut wie auf saurem. Die „edaphischen Ökodeme" innerhalb einer Art reagieren also in ähnlicher Weise wie die vorwiegend auf Kalk bzw. Sauerboden verbreiteten Arten (s. Abschnitt C VI 2). Allerdings sind die von SNAYDON mitgeteilten Unterschiede in der Wuchsleistung gering (meist weniger als 10% in 2 Monaten). Doch können sie sich zweifellos auf die Dauer als Konkurrenznachteile auswirken.

Beim Weidelgras fand SCHÄFER (1972), daß sich das Temperaturoptimum der Netto-Photosynthese mit steigender Beleuchtungsstärke verschiebt. In relativ kühlem Klima braucht die Pflanze weniger Licht und kann sich an montane Bedingungen bis zu einem gewissen Grade anpassen. Eine tetraploide Zuchtsorte leistete in dieser Hinsicht mehr als diploide Sorten. Unter den Gräsern wird *Lolium perenne* besonders stark durch Stickstoff- sowie durch Phosphordüngung gefördert. Hinsichtlich der Förderungsraten folgen ihm nach den Kulturversuchen von BRADSHAW u. Mitarb. (1960, 1964) *Agrostis stolonifera, A. tenuis, Cynosurus cristatus, Festuca ovina* und *Nardus stricta*. In ungefähr der gleichen Reihenfolge treten diese Grasarten in abnehmend gut

Tab. 120. **Einfluß des Viehtritts auf das Artengefüge einer gut gedüngten Weidelgrasweide.**
Nach Aufnahmen von Vollrath (1970) auf den Umtriebsweiden des Veitshofs (Oberbayern) in zunehmender Entfernung von den Koppeltoren. Die Ziffern geben die Stetigkeit aufgrund von mehreren Aufnahmen an[1])

	Laufende Nr.:	1	2	3	4	F	N		Laufende Nr.:	1	2	3	4	F	N
	Entfern. v. Koppeltor (bis m)	6	18	63	360				Entfern. v. Koppeltor (bis m)	6	18	63	360		
A	*Echinochloa crus-galli*	4				5	8		*Potentilla anserina*		4		2	6	7
B	*Glyceria plicata*	3				10	8		*Agropyron repens*		3	4	5	5	8
A	*Atriplex patula*	3				5	7		*Poa trivialis*		2	4	5	7	7
T	*Juncus tenuis*	2				6	5		*Phleum pratense*	1	2	2		5	6
A	*Chenopodium glaucum*	3	1			6	9		*Leontodon autumnale*		1		2	5	5
T	*Matricaria discoidea*	5	4			5	8		*Bellis perennis*	1	4	5		X	5
T	*Polygonum aviculare*	5	4		1	X	X		*Deschampsia cespitosa*		4	2		7	3
T	*Poa annua*	5	5	4	2	6	8		*Achillea millefolium*			2	3	4	5
T	*Plantago major*	5	5	5	5	5	6		*Plantago lanceolata*			2	3	X	X
	Agrostis stolonifera	5	4	4	5	6	5		*Trifolium pratense*				5	X	X
	Poa pratensis	5	5	5	5	5	6		*Bromus hordeaceus*				4	X	3
	Trifolium repens	5	5	5	5	X	7		*Alopecurus pratensis*				3	6	7
A	*Rumex obtusifolius*	4	5	4	4	6	9		*Ranunculus acris*				3	X	X
A	*Capsella bursa-pastoris*	4	5	5	5	X	7		*Glechoma hederacea*				3	6	7
	Lolium perenne	4	5	5	5	5	7		*Cerastium fontan. holost.*				2	5	5
	Taraxacum officinale	3	5	5	5	5	7		*Heracleum sphondylium*				2	5	5
A	*Stellaria media*	3	4	5	5	4	8		*Carum carvi*				2	5	6
	Ranunculus repens	3	1	3	5	7	X	W	*Crepis biennis*				2	5	5
	Dactylis glomerata	2	4	5	5	5	6		Mittl. Deckungsgrad (%)	46	91	98	97		
	Festuca pratensis	2	2	5	4	6	6		M. Artenzahl pro Bestand	15	16	17	28		

[1]) A = Ackerunkraut oder Ruderalpflanze (*Chenopodietea, Artemisietea*), B = Bachröhrichtpflanze (*Glycerio-Sparganion*), T = Trittrasenpflanze (*Plantaginetalia*), W = Düngewiesenpflanze (*Arrhenatherion*). Einige Arten mit geringer Stetigkeit wurden weggelassen.

Ökologische Bewertung: mF mN ΣT ΣA[2])

Nr. 1: **Nahe dem Koppeltor**, am stärksten betreten, mehr als 50% nackter
Boden; stellenweise vernäßt (*Glyceria!*);   5,4   7,1   22   21
Nr. 2: **Stark betreten**, Rasen kurz und stellenweise lückig. Der mastige
Stumpfblatt-Ampfer (*Rumex obtusifolius*), ein stickstoffbedürftiges
Weideunkraut, wurde stellenweise häufig;   5,4   7,0   18   15
Nr. 3: „**Normale**" **Weide**, dicht geschlossen und von niedrigen Gräsern
beherrscht; wie Nr. 1 u. 2 relativ artenarm;   5,4   7,0   9   14
Nr. 4: **Wenig vom Vieh beansprucht**, daher „wiesenähnlich", weniger mit
Exkrementen gedüngt (mN relativ niedrig) und wesentlich artenreicher.   5,5   6,3   8   14

[2]) mF = mittlere Feuchtezahl (Die Feuchtigkeit des Bodens ist im großen und ganzen unabhängig vom Weidebetrieb),
mN = mittlere Stickstoffzahl (mit der Entfernung vom Koppeltor werden genügsame Arten häufiger, doch kommen anspruchsvolle noch überall vor),
Σ T = Summe der Stetigkeiten der „Trittpflanzen",
Σ A = Summe der Stetigkeiten der Ackerunkräuter und Ruderalpflanzen (die ebenfalls als Zeiger für mechanische Störungen gelten dürfen).

gedüngten Weiden hervor (s. Tab. 118), obwohl VOGEL (unveröff.) in einem Stickstoff-Steigerungsversuch zeigen konnte, daß selbst *Nardus* relativ hohe N-Konzentrationen zu ertragen vermag. Auch hier ist es also die Konkurrenz, die über die Verteilung der Arten entscheidet.

In einem von Schafen beweideten *Lolio-Cynosuretum* am nördlichen Rand der Karpaten bestimmte PLEWCZYŃSKA-KURRAS (1974) die Biomassen-Entwicklung während des Jahres 1971. Oberirdisch erreichte diese maximal 163 g/m^2 (1630 kg/ha) Trockenmasse, unterirdisch dagegen 805 g/m^2. Da in den beweideten Rasen ständig neue Triebe nachwachsen, wird ein Vielfaches der stehenden Biomasse produziert.

ANDRZEJEWSKA (1974) erntete bei Ausschluß der Beweidung während der Vegetationsperiode in gedüngten Parzellen 471 g/m², in ungedüngten nur 143. Unterirdisch dürfte der Jahreszuwachs noch größer gewesen sein, doch läßt er sich schwer bestimmen. Einen Rückschluß auf die Wurzelproduktion gestatten aber die Regenwürmer, die in erster Linie von abgestorbenen Wurzeln leben. In stark gedüngten Parzellen erzeugten diese nach CZERWIŃSKI u. Mitarb. (1974) 3534 g/m², in ungedüngten immerhin noch 781 g/m² pro Vegetationsperiode. Durch die Aktivität der Würmer und der von ihrem Kot lebenden Bakterien nahm der Humusgehalt des Bodens pro Jahr in gedüngten Parzellen um 145 g/m² zu, in ungedüngten nur um 28 g/m².

Die Schafe fraßen pro Vegetationsperiode etwa 80–90% des Aufwuchses, d.h. nur rund 400 g/m² von den gedüngten und rund 120 g/m² von den ungedüngen Versuchsflächen. Ihr Kot wurde von 16 Käferarten (*Scarabaeidae*, von BREYMEYER 1974 untersucht) in den Boden getragen, und zwar bis zu 216 g/m² Trockengewicht in der Vegetationsperiode. Er diente teilweise den Regenwürmern zur Nahrung und wurde, ebenso wie deren Kot, mit Vorliebe von Mikroorganismen besiedelt. Zersetzungsvorgänge konzentrierten sich daher gerade hier, unter anderem auch die Mineralisation des Stickstoffs, von der die Pflanzengesellschaft stark abhängt (KOJAK 1974). Schon diese wenigen Zahlen und Hinweise lassen ermessen, wie bedeutend die Leistung der heterotrophen Organismen in einer Lebensgemeinschaft sein kann.

Bei dem dynamischen Gleichgewicht, das sich zwischen den Partnern einstellt, spielen nach WHITTAKER und FEENY (1971) auch die sekundären Pflanzenstoffe eine Rolle, die als Abwehrmittel (Allomone) wirken. Ohne diese würden bereits die lebenden Wurzeln und anderen Pflanzenteile in viel stärkerem Maße und von zahlreicheren Tieren gefressen, als das tatsächlich der Fall ist. Spezielle sekundäre Pflanzenstoffe sind häufig auch die Ursache dafür, daß bestimmte Pflanzen von einigen oder allen Weidetieren gemieden werden und dadurch Konkurrenzvorteile genießen. Weideunkräuter brauchen also durchaus nicht zu stechen wie die Disteln oder andere offensichtliche Fraßhemmnisse zu besitzen. Gerade in den artenreichen Bergweiden, denen wir uns jetzt zuwenden wollen, gibt es zahlreiche Beispiele solcher „allochemischer Effekte", die in ihren ökologischen Auswirkungen großenteils noch nicht erforscht wurden.

c Horstrotschwingel-Weißkleeweiden des Berglandes

Mit abnehmender Dauer der Vegetationsperiode lohnen sich hohe Düngungs- und Pflegeaufwendungen für Viehweiden immer weniger. Daher sinkt die Intensität der Weidewirtschaft ebenso wie die der Wiesenwirtschaft im großen und ganzen mit steigender Meereshöhe (und auch mit wachsender geographischer Breite). Weidelgras-Weißkleeweiden werden in beiden Richtungen immer seltener, und Magerweiden, die an die Straußgras-Rotschwingel-Mähwiesen erinnern, herrschen schließlich überall, wo noch Vieh geweidet wird (s. Abb. 451). Man kann sie als Horstrotschwingel-Weißkleeweiden *(Festuco-Cynosuretum)* bezeichnen, weil *Festuca nigrescens* und andere genügsame und niedrige Gräser in ihnen vorherrschen (s. Tab. 118), oder andere Namen wählen, z.B. *Luzulo-Cynosuretum* (nach *L. campestris*, MEISEL 1966) bzw. *Anthoxantho-Agrostietum* (JURKO 1974). In jedem Falle ist die Abgrenzung gegen die besser gedüngten Weidelgras-Weißkleeweiden *(Lolio-Cynosuretum)* schwierig, weil keine Weidegesellschaft gute Charakterarten besitzt und die Übergänge fließend sind. Tab. 118 beschränkt sich dementsprechend auf standörtliche Gruppierungen und nennt einige Untergesellschaften, von denen die borstgrasreiche im Gebirge häufig ist. In den höheren Lagen gehen die Weißkleeweiden in Milchkrautweiden über (Abschnitt d) und enthalten wie diese mehr und mehr montane und subalpine Arten, oder sie erinnern an Kalk-Magerrasen (Tab. 119). Die Ertragsfähigkeit dieser Gebirgsweiden steht im umgekehrten Verhältnis zu ihrer floristischen Mannigfaltigkeit, insbesondere zur Zahl der geschützten Arten.

Mußte man bis vor wenigen Jahren einen Rückgang der Diversität infolge beschleunigter Intensivierung befürchten, so schlägt die wirtschaftliche Entwicklung jetzt in das entgegengesetzte, nicht minder nachteilige Extrem um. Sowohl im Gebirge als auch im Tiefland nimmt neuerdings die Sozialbrache so rasch zu, daß dadurch ernste Probleme für die Landschaftspflege entstehen und noch nicht abzusehende Verschiebungen im Artengefüge beginnen (s. Abschnitt D X 2 u. Abb. 498).

Abb. 474. *Leontodon hispidus* (rechts), *Crepis aurea* (Mitte) und *Trifolium badium* (links) in einer gemähten „Milchkrautweide" im Alpengarten Schynige Platte. Phot. LÜDI.

Abb. 475. Milchkrautweiden unmittelbar oberhalb der Waldgrenze in den Lechtaler Alpen, an den weniger gut gedüngten Hängen in Violettschwingelrasen übergehend. In der Mitte vorn Fragmente einer Lägerflur.

Die Lebensbedingungen und Artenkombinationen der Berglandweiden variieren in großen Teilen Europas in annähernd gleicher Weise. Entsprechende Reihen von Gesellschaften wie z. B. in den Westkarpaten und in den Vogesen findet man sogar noch im nordenglischen Hochland. WILLIAMS und YARLEY (1967) beschreiben von dort ein *Lolio-Cynosuretum,* ein „*Holco-Cynosuretum*", das dem typischen *Festuco-Cynosuretum* nahekommt, und eine *Nardus*-Variante des „*Thymo-Festucetum*", die ähnlich wie das *Festuco-Cynosuretum nardetosum* zu den Borstgrasheiden überleitet. In dieser Reihe nimmt das Angebot an Nährstoffen, insbesondere an Mineralstickstoff, schrittweise ab. Bei den Weidelgras-Weißkleeweiden der tieferen Lagen hat es die gleiche Größenordnung und vergleichbare Schwankungen wie in typischen Glatthaferwiesen (WILLIAMS 1969).

d Milchkrautweiden des Hochgebirges

Im Vergleich zu Mähwiesen einerseits und Magerweiden andererseits sind gedüngte Viehweiden sogar im Hochgebirge nur negativ gekennzeichnet, nämlich durch das Fehlen hochwüchsiger, gegen Beweidung empfindlicher Pflanzen und vieler lichtbedürftiger Arten. Da in gedüngten Almweiden häufig *Leontodon hispidus* hervortritt, der in den Alpen „Milchkraut" genannt wird, sprachen schon SCHRÖTER und andere ältere Pflanzengeographen von Milchkrautweiden (s. Abb. 474). Sie sind die wertvollsten Grünlandgesellschaften der Sennereibetriebe in der subalpinen und untersten alpinen Stufe und dort vor allem auf ebenen, tiefgründigen Böden ausgebildet (s. Abb. 475, vgl. auch Abschnitt C VI 2 d).

Mit MARSCHALL (1947) können wir diese Milchkrautweiden trotz Mangels an Charakterarten als besondere Assoziation auffassen. Ähnlich wie die Horstrotschwingel-Weißkleeweiden verzahnen sie sich mit Borstgrasrasen und außerdem mit alpinen Rasengesellschaften. Aus den letzteren stammen zahlreiche Differentialarten, die es gestatten, die untere Grenze der Milchkrautweiden gegen die Horstrotschwingelweiden verhältnismäßig scharf zu ziehen.

2 Tritt- und Flutrasen

a Vegetation betretener Wege und Plätze

Intensivweiden sind nicht zuletzt deshalb so artenarm, weil nur wenige Pflanzen den mechanischen Verletzungen widerstehen, die ihnen durch den Tritt der Tiere zugefügt werden. BOTHMER (1953) suchte die Trittresistenz der verschiedenen Arten dadurch zu bestimmen, daß er feststellte, wieviel Meter von den kahlgetretenen Weideausgängen entfernt sie erstmals im Rasen von Intensivweiden zu finden waren. Es sind immer wieder dieselben Arten, die sich weit vorwagen, während andere schon früh haltmachen. HAESSLER (1954) hat die Trittresistenz solcher Arten auch experimentell untersucht und kam zu ähnlichen Resultaten. Sie sind von WALTER (1962, S. 557 u. 558) so eingehend besprochen, daß wir uns hier mit einigen Hinweisen begnügen können.

Am stärksten wirkt sich der Trittfaktor auf viel benutzten Fußwegen und auf schlecht gepflegten Fußballplätzen aus, deren Boden lehmig ist. An solchen Standorten trifft man in ganz Mittel- und Westeuropa eine der uniformsten Pflanzengesellschaften der Erde, den Weidelgras-Breitwegerich-Teppich *(Lolio-Plantaginetum majoris).* Stets finden sich darin folgende Arten vereinigt (s. Abb. 476):

Lolium perenne   *Poa annua*
Matricaria discoidea   *Polygonum aviculare*
Plantago major

Abb. 476. Normale Zonierung von Trittpflanzen-Gesellschaften auf lehmigem Boden zwischen einem Weg und einem gedüngten Grasland. Nach OBERDORFER (1971), etwas verändert.
Stärkste Trittbelastung ertragen Therophyten wie die Strahllose Kamille und der Vogelknöterich, die den Boden nur fleckenweise bedecken. Der ausläuferbildende Weißklee gesellt sich ihnen im Übergang zum Weißklee-Breitwegerich-Trittrasen zu, in dem auch schon das Deutsche Weidelgras und andere Arten vorkommen.

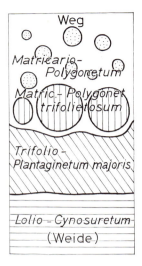

Seltener treten *Coronopus procumbens* und (in wärmeren Gegenden) *Cynodon dactylon* hinzu. Man darf alle diese Arten als holde Charakterarten des Verbandes der Trittpflanzen *(Polygonion avicularis)* werten, obwohl sie in manche sonstige Gesellschaften übergreifen (BERSET 1969, FALIŃSKI 1963, OBERDORFER 1971 u. a.). Andere, mit ihnen meist vergesellschaftete Arten haben dagegen ihr Schwergewicht im Grünland oder in Ackerunkrautfluren, z. B.:

Agrostis tenuis *Taraxacum officinale*
Capsella bursa-pastoris *Trifolium repens*
Leontodon autumnalis

Die Widerstandskraft dieser teils ein- oder zweijährigen, teils ausdauernden Pflanzen gegen häufiges Betretenwerden beruht vor allem auf geringer Größe, bodennaher Verzweigung, Elastizität und Festigkeit der Gewebe, rascher Regeneration und anderen Eigenschaften der vegetativen Organe. An den stärkst betretenen Stellen kommt keine Pflanze zur Ausreifung von Samen. Diese werden aber meistens in genügender Zahl aus der Nachbarschaft herangetragen, zumal die Trittpflanzen großenteils epizoochor sind oder so kleine Samen erzeugen, daß diese in Schmutzkrusten an Schuhen, Hufen oder Rädern kleben bleiben (Tab. 121). Der Weißklee und andere Arten werden außerdem von körnerfressenden Vögeln verbreitet, z. B. von Saatkrähen (KRACH 1959). Eine zunehmend große Rolle für den Samentransport spielen nach CLIFFORD (1959) die Reifen von Motorfahrzeugen.

Doch nicht überall, wo diese Samen hingelangen, vermögen sie sich auch zu entwickeln. Die Keimungsbedingungen können wichtiger sein als die Lebensbedingungen der ausgewachsenen Pflanze (SAGAR u. HARPER 1961). *Plantago major* und *Polygonum aviculare* z. B. sind nach ELLENBERG und SNOY (1957) ausgesprochene Naßkeimer. Der auf verdichtetem Lehmboden eintretende Wasserstau begünstigt sie also. Gräser wie *Poa annua* keimen ebenfalls am besten bei anhaltender Feuchtigkeit. *Trifolium repens* braucht eine genügend feuchte Bodenfläche, damit sich seine oberirdischen Ausläufer bewurzeln können. Auf reinen Sandböden, die oberflächlich rasch austrocknen, kann sich die Weidelgras-Wegerich-Gesellschaft daher niemals typisch ausbilden. Lang andauernde Trockenheit ist wohl auch der Hauptgrund, weshalb das *Lolio-Plantaginetum* im Mediterrangebiet nur selten vorkommt, während das feuchte Küstenklima im nordwestlichen Mitteleuropa als „trittpflanzengünstig" gelten darf. In trocke-

Tab. 121. **Samenauflauf aus stark betretener Erde nahe einer Viehtränke.**
Nach Angaben von Boeker (1959)

Aus etwa 3000 g frischer, im Dezember entnommener Erde kamen folgende Zahlen von Samen bei guter Befeuchtung und nach öfterem Umwenden zum Keimen:

Trittpflanzen i. w. S.[1])		Wiesenpflanzen i. w. S.		Ackerunkräuter i. w. S.	
37	*Poa annua*	10	*Agrostis tenuis*	5	*Stellaria media*
31	*Plantago major*	10	*Poa trivialis*	4	*Juncus bufonius*
15	*Trifolium repens*	6	*Poa pratensis*	1	*Sonchus arvensis*
13	*Matricaria discoidea*	3	*Juncus articulatus*	1	*Sonchus oleraceus*
10	*Sagina procumbens*	2	*Cerastium fontanum hol.*	1	*Urtica urens*
3	*Capsella bursa-pastoris*	1	*Festuca rubra*		
2	*Polygonum aviculare*	1	*Stellaria graminea*		
2	*Veronica serpyllifolia*	1	*Achillea millefolium*		
1	*Taraxacum officinale*				

[1]) *Lolium perenne* fehlt hier und lief bei Parallelproben ebenfalls nicht auf, auch nicht zu anderen Jahreszeiten

neren Gegenden, z. B. in der nördlichen Oberrheinebene, wird der saftgrüne Weidelgras-Wegerich-Teppich von dem im Sommer ausdörrenden Hartgras-Vogelknöterich-Teppich (*Sclerochloo-Polygonetum avicularis*, KORNECK 1969) abgelöst, der hier als Seltenheit nur erwähnt sei.

Wie aus Abb. 477 hervorgeht, wirkt sich der Tritt auf die verschiedensten Standortseigenschaften aus, von denen manche vielleicht für das Gedeihen bestimmter Arten ausschlaggebend sind. Als günstige Nebenwirkung der mechanischen Schäden ist der hohe Lichtgenuß und die Befreiung von Konkurrenten hervorzuheben. Hinzu kommt noch ein wichtiger Faktor, der gar nicht immer mit dem Betretenwerden zusammen-

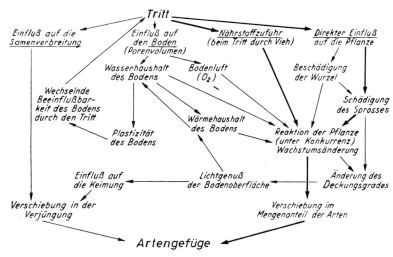

Abb. 477. Der Tritt durch Tiere und Menschen wirkt sich teils direkt, teils indirekt auf die Pflanzendecke aus. Die „Trittpflanzen" werden weniger stark geschädigt als die übrigen Arten und haben daher bei der Ansiedlung und im Wettbewerb relative Vorteile. Nach LIETH (1954), etwas verändert.

hängt, aber am Standort von Trittpflanzen in der Regel wirksam ist: die gute Versorgung mit Nährstoffen, namentlich mit Stickstoff, die durch die Siedlungsnähe gewährleistet wird. Ohne diese würden sich die geschädigten Pflanzen nicht so kräftig regenerieren und die gekeimten nicht so rasch entwickeln können.

Überraschen muß es, daß BOEKER (1959) die häufigste Trittpflanze, *Lolium perenne,* aus der Erde von Wegen, Tränkstellen und Vieh-Ruheplätzen so gut wie niemals zum Keimen bringen konnte, während andere Trittpflanzen reichlich daraus aufliefen (Tab. 121). Offenbar bildet dieses Gras an stark betretenen Orten keine Samen aus und ist darauf angewiesen, vom Rande her in die Trittgesellschaft vorzudringen. Andererseits stellte BOEKER in dem betretenen Boden keimfähige Samen von zahlreichen Wiesenpflanzen und Unkräutern fest. Diese können sich auf dem extremen Standort nicht oder nur ausnahmsweise entwickeln, sei es, weil sie in dem verdichteten Boden nicht auflaufen oder weil sie bald nach der Keimung vernichtet werden.

Außer dem weit verbreiteten Weidelgras-Wegerich-Teppich kommen in Mitteleuropa noch einige seltenere Trittpflanzen-Gesellschaften vor, von denen hier nur wenige Beispiele genannt seien. Auf schattigen Waldwegen gedeiht die von OBERDORFER (1957) und anderen beschriebene Zartbinsen-Trittflur, in der sich der Neophyt *Juncus tenuis* rasch heimisch gemacht hat.

Zwischen Pflastersteinen und auf Schlacken- oder Kieswegen, also an relativ mageren Orten, können sich Moose in den Trittpflanzen-Gesellschaften entwickeln, weil sie zwischen den Steinen kleine Räume finden, in denen sie vor mechanischen Beschädigungen ziemlich sicher sind. Es handelt sich vor allem um das niedrige Polstermoos *Bryum argenteum,* das eine gelegentliche Austrocknung verträgt. Gut sind die Mastkraut-Pflastermoos-Ritzen *(Sagino-Bryetum)* aber nur in ozeanischem Klima entwickelt, vor allem in Holland und im westlichen Norddeutschland.

Alle Trittpflanzen-Gesellschaften Mitteleuropas sind floristisch und ökologisch so nahe miteinander verwandt, daß man sie zu einem und demselben Verbande *(Polygonion avicularis)* zusammenfassen kann. Dieser steht jedoch infolge der extremen Wirkung eines ungewöhnlichen Faktors so isoliert, daß er zugleich als besondere Ordnung und Klasse *(Plantaginetalia* bzw. *Plantaginetea majoris)* gelten muß.

Bei völlig natürlicher Vegetationsentwicklung würden sämtliche Trittpflanzen-Gesellschaften ebenso rasch aus der mitteleuropäischen Landschaft verschwinden wie die meisten Grünland-, Ruderal- und Ackerunkraut-Gesellschaften. Die mechanischen Einwirkungen des Menschen oder seiner Haustiere bewahren sie vor dem dichten Schatten des Waldes, der an ihren Standorten das natürliche Endglied der Vegetationsentwicklung wäre.

Durch den rasch anschwellenden Erholungsverkehr greift die Trittbelastung im Umkreis von Seen und anderen Touristenzentren auch auf bisher rein landwirtschaftlich genutzte Rasengesellschaften über. Hierfür gibt SEIBERT (1974) ein eindrucksvolles Beispiel an Hand von Vegetationsaufnahmen vom Juli 1971 und 1973. Während sich die Zahl der Besucher am Badestrand der Osterseen in Oberbayern fast verzehnfachte (1971 25–50, 1973 250–300 pro Sommertag), sank die Gesamtartenzahl im nahen Halbtrockenrasen von 59 auf 30 und die Zahl der Trockenrasenpflanzen von 27 auf 7. An ihrer Stelle nahmen die für Wirtschaftsgrünland kennzeichnenden Arten von 3 auf 7 zu und erschienen 4 Trittpflanzenarten neu. Zugleich ist dies ein Beispiel dafür, wie rasch Trittpflanzen verschleppt werden. Bereits 1$^{1}/_{2}$ Monate nach Fertigstellung eines Straßenbanketts beobachtete RUNGE (1969) im Mai die ersten Pflänzchen von *Poa annua* und *Lolium perenne.* Im August war das *Lolio-Plantaginetum* vollständig ausgebildet. Außerdem hatten sich Vertreter von Ackerunkraut- und Ruderalfluren sowie von Sandtrockenrasen eingefunden, die sich bei anhaltender Trittwirkung nicht zu halten vermögen. Die Dynamik der Vegetation wird kaum irgendwo leichter sichtbar als am Rande von Wegen – oder von Gewässern, die ebenfalls die Pflanzendecke zugleich stören und bereichern.

b Kriechrasen zeitweilig überfluteter Standorte

An Fluß- und Seeufern sowie an tangreichen Meeresküsten gibt es Stellen, an denen durch Überflutungen, Wellenschlag und stagnierendes Wasser auch in der Naturlandschaft Pflanzenkombinationen begünstigt werden, die an Trittpflanzen-Teppiche erinnern. Solche „Flutrasen" werden in Mitteleuropa nicht selten von Enten und Gänsen, Huftieren oder Menschen betreten und dadurch vielleicht den Trittpflanzen-Gesellschaften ähnlicher gemacht, als das in der Natur der Fall wäre (s. Abb. 478 u. 479).

Abb. 478. „Flutrasen" am Ufer des Wäggitaler Stausees (Schweiz) im Sommer. Vorn Quecke *(Agropyron repens)*, Krauser Ampfer *(Rumex crispus)* und Klappertopf *(Rhinanthus alectorolophus,* helle Blüten).

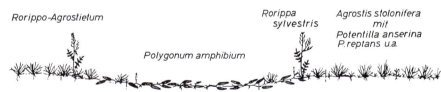

Abb. 479. Im Waldkressen-Flechtstraußgras-Flutrasen tschechoslowakischer Flußauen herrschen gewöhnlich Gräser oder Fingerkräuter. In nasseren Dellen kommt der Land-Wasser-Knöterich zur Dominanz. Nach KRIPPELOVA (1967), etwas verändert.

Küstennahe Flutrasen sind in Nordeuropa besonders gut entwickelt und wurden hier zuerst beschrieben (als *Agropyro-Rumicion crispi* von NORDHAGEN 1940). Seither haben sich auch in Mitteleuropa viele Autoren mit ihnen befaßt, namentlich TÜXEN (1950a) und TH. MÜLLER (1961). Neuerdings trennt man die vorwiegend unter Süßwassereinfluß liegenden, auch im Binnenlande vorkommenden Flutrasen *(Agrostion stoloniferae)* von den Kiesspülsäumen der Meeresküsten ab *(Honckenio-Elymion).* Beide Verbände bilden die Ordnung der Kriechpionierrasen, die nach dem ausläuferbildenden Straußgras benannt wurde *(Agrostietalia stoloniferae).*
  Bezeichnend für die oft gestörten, artenarmen Flutrasen sind neben dem auch in vernäßten Wiesen vorkommenden Straußgras sonstige „Kriechpflanzen", die mit ihren oberirdischen Ausläufern rasch auf nackten Boden übergreifen und dort Wurzeln schlagen, wenn er feucht ist; z.B.:

   Mentha longifolia   *Potentilla reptans*
   Mentha pulegium   *Ranunculus repens*
   Potentilla anserina   *Scirpus radicans* (selten)

Das gleiche erreichen andere Arten mit ihren unterirdischen Rhizomen:

Agropyron repens [1]) *Honkenya peploides*
A. junceum *Rorippa sylvestris*
Carex hirta

Manche von diesen Arten kommen zwar auch in Trittpflanzen- und Ruderalgesellschaften, Unkrautfluren, Weißkleeweiden oder Zwergpflanzenfluren vor, haben ihr Schwergewicht aber doch in den natürlichen Flutrasen. Dasselbe trifft für einige horstig wachsende Hemikryptophyten sowie für den Krausen Ampfer zu:

Festuca arundinacea *Rumex crispus*
Juncus inflexus

Einige von den eben genannten Pflanzen dürfen als Charakterarten besonderer Assoziationen gelten, z.B. *Rorippa sylvestris* (für das *Rorippo-Agrostietum,* Abb. 479, an kiesigen Flußbetten), *Festuca arundinacea* (für den Kriechquecken-Rotschwingel-Rasen auf etwas höher liegenden, aber ebenfalls überfluteten Standorten, der als *Dactyli-Festucetum arundinaceae* bezeichnet wird), *Mentha longifolia* (für das *Junco-Menthetum longifoliae* auf zeitweilig vernäßten Mergeln) und *Mentha pulegium* (für das wärmeliebende *Potentillo-Menthetum*).
Die ökologisch den Flutrasen des Binnenlandes entsprechenden Gesellschaften der Meeresküsten sind schwer von den stärker nitrophilen Spülsäumen (*Honkenio-Salsolion*, s. Abschnitt C V 1 b) und von den Vordünen *(Agropyro-Honkenion)* zu trennen. Sie wurden daher bereits in dem genannten Abschnitt berücksichtigt. Auch in der Nähe von Salzstellen im Binnenland, wie sie in Abschnitt C IV 3 beschrieben wurden, verzahnen sich Flutrasen mit mehr oder minder halophilen Rasen, z.B. in der auf Abb. 480 dargestellten Weise.
Fragmente der Flutrasen durchsetzen stellenweise die Grünland-Gesellschaften unserer lehmigen Flußtäler. In seichten Dellen, in denen sich zuweilen Regenwasser

---

[1]) Subsp. *maritimum;* die subsp. *repens* ist nach Müller und Görs (1969) für halbruderale Trocken- und Halbtrockenrasen *(Agropyretalia intermedii-repentis)* kennzeichnend.

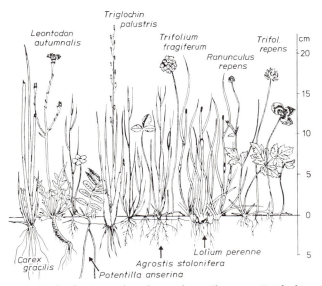

Abb. 480. Querschnitt durch einen schwach versalzten Flutrasen *(Triglochino-Agrostietum stoloniferae)* am Schwielow-See im Potsdamer Havelland. Nach Konczak (1968), etwas verändert.
Außer dem Herbstlöwenzahn und dem Sumpf-Dreizack breiten sich alle Arten rasch vegetativ aus, die Kleearten, das Gänsefingerkraut und der Kriechhahnenfuß durch oberirdische Ausläufer.

sammelt und nach Überschwemmungen das Wasser längere Zeit stehenbleibt, werden die eigentlichen Wiesenpflanzen durch Luftarmut behindert. Manchmal sterben sämtliche dort wachsenden höheren Pflanzen ab. Dann sind es die Partner der Kriechrasen, die als erste den freigewordenen Platz wiedererobern. Je nach der Witterung und der Überflutungsdauer ist deren Anteil am Rasen von Jahr zu Jahr verschieden groß. TÜXEN vergleicht solches Hin und Her daher treffend mit einer Ziehharmonika. Vor allem der Knickfuchsschwanz-Flutrasen *(Rumici-Alopecuretum geniculati)* ist an dieser für das Grünland in Flußauen des Tieflandes charakteristischen, ungleichmäßig vor und zurück gehenden Sukzession beteiligt. Die namengebende Grasart zeichnet sich nicht nur durch vegetatives Ausbreitungsvermögen, sondern vor allem durch hohe Produktion schwimmfähiger Samen aus, die es ihr gestattet, sich überall an geeigneten Plätzen anzusiedeln. Verbreitung von Früchten oder Sproßteilen mit dem Flußhochwasser oder der Meeresbrandung und rasches Fußfassen auf nassen Bodenoberflächen sind wahrscheinlich auch für die übrigen Gesellschaften der *Agrostietalia stoloniferae* entscheidend dafür, daß sie kleine und isoliert voneinander liegende Flächen rasch auszunutzen vermögen.

Agrostis stolonifera ist außerordentlich formenreich und kommt nicht nur in Flutrasen, sondern auch in Kulturweiden, manchen Wiesen, Unkrautfluren und anderen Gesellschaften vor. Dabei handelt es sich nach ASTON und BRADSHAW (1966) um erbverschiedene Populationen, die sich auch unter völlig gleichen Kulturbedingungen morphologisch und physiologisch unterscheiden, z.B. in der Länge ihrer Ausläufer, in der Höhe ihrer blühenden Halme, aber auch in ihrer Trockenheits- und Salztoleranz.

VII Vom Menschen beeinflußte Ufer- und Schlammbodenfluren

1 Kurzlebige Zwergbinsen-Gesellschaften auf wechselnassen Böden

a Areal und Verbreitungsmittel der Teichschlamm-Zwergpflanzen

Ausgedehnte Flächen in den Tieflagen Mitteleuropas werden heute von kurzlebigen Pflanzen besiedelt, die als „Unkräuter" ein vom Menschen nur ungern geduldetes, unstetes Dasein führen. Doch treten auch diese Arten – seien es nun Alt- oder Neubürger unserer Flora – gesetzmäßig zu Gruppierungen zusammen, die man pflanzensoziologisch in zahlreiche Einheiten fassen und hierarchisch ordnen kann.

Recht unscheinbare Vertreter dieser Formationen sind die kurzlebigen Ufer- und Schlammbodenfluren, insbesondere die Zwergbinsen-Gesellschaften *(Nanocyperion)* auf zeitweilig wasserbedeckten, aber oft Monate oder Jahre hindurch trockenliegenden Flächen. Wir wollen sie von allen Unkrautgesellschaften zuerst besprechen, weil sie auch in der Naturlandschaft vorhanden wären, weil sie zu den bestgekennzeichneten Pflanzengesellschaften überhaupt gehören und weil sie in besonderem Maße für Mitteleuropa charakteristisch sind (s. Abb. 481).

Nach MOOR (1936) umfaßt das Areal des *Nanocyperion*-Verbandes ganz Mitteleuropa und einige seiner Randlandschaften. Dieses Verbreitungsbild erinnert an dasjenige der Traubeneiche oder der Buche, zumal sein Schwergewicht ebenfalls mehr im Westen und Süden Europas liegt. Innerhalb ihrer weiten geographischen Grenzen treten aber die Zwergpflanzenfluren des *Nanocyperion* immer nur sporadisch und unbeständig an relativ kleinen Plätzen auf. Als lichthungrige und niedrige, konkurrenzschwache Bestände sind sie auf unbewachsene und zur Keimungszeit feuchte Böden angewiesen, z.B. auf den Schlammgrund abgelassener Teiche, auf die Ränder von Tümpeln, auf die nackten Uferbänke stark schwankender, langsam fließender Gewäs-

Abb. 481. Zwergpflanzen auf Schlammboden eines teilweise noch wassererfüllten Teiches auf der böhmisch-mährischen Höhe. *Gnaphalium uliginosum* und *Juncus bufonius,* im Wasser *Callitriche palustris.* Phot. ILTIS-SCHULZ.

ser, auf seichte Gräben, die im Sommer austrocknen, auf humose Pfützen in Sand- und Kiesgruben oder auf zeitweilig übernasse Ried- und Waldwege, Wildwechsel und Suhlen. Die Kleinlings-Hornmoos-Gesellschaft (*Centunculo-Anthoceretum punctati,* s. Tab. 122) hat sich auf die verdichtete Oberfläche feuchter Getreideäcker spezialisiert und bildet dort Teppiche, wenn die Stoppeln nicht sogleich nach der Ernte geschält werden. Durch die moderne Wirtschaftsweise ist sie äußerst selten geworden, während manche Teichbodenfluren nach starkem Rückgang heute neue Chancen erhalten.

Das *Nanocyperion* ist der einzige mitteleuropäische Verband innerhalb der von PIETSCH (1963) gründlich bearbeiteten Ordnung und Klasse der Zwergbinsen-Naßböden (*Cyperetalia fusci, Isoëto-Nanojuncetea*), die auch viele atlantische und westmediterrane Gesellschaften umfaßt. Manche Assoziationen im südlichen Mitteleuropa, z. B. der Zypergras-Schlammkraut-Flußuferboden (*Cypero fusci-Limoselletum*), stehen diesen wärmeliebenden Artenverbindungen nahe und werden neuerdings von PHILIPPI (1975 mscr.) zum Unterverband der Teichried-Schlammböden (*Elatini-Eleocharition ovatae*) zusammengefaßt. Ihnen steht der mehr nördlich und vor allem auf sauren Böden verbreitete Unterverband der Krötenbinsen-Naßböden (*Juncion bufonii*) gegenüber, zu denen das eben erwähnte *Centunculo-Anthoceretum* gehört.

Obwohl die Wuchsplätze der *Nanocyperion*-Gesellschaften nicht zusammenhängen und je nach Witterung und Bewirtschaftung von Jahr zu Jahr wechseln, sind sie floristisch erstaunlich homogen. Unter gleichen Bedingungen findet man stets wieder dieselben Arten, obgleich sie in der Umgebung sonst äußerst selten auftreten und in den meisten Teilen Mitteleuropas zu den floristischen Kleinodien gezählt werden. Manche ihrer in Tab. 122 genannten Verbands- und Ordnungscharakterarten wird der Leser nur ausnahmsweise, wenn überhaupt jemals, zu Gesicht bekommen haben.

MOOR (1936), der diesen kostbaren und doch so bescheidenen Gesellschaften eine erste Monographie widmete, glaubt die Gleichmäßigkeit ihres Artengefüges auf eine ehemals weitere Verbreitung zurückführen zu müssen. Tatsächlich gingen die für sie verfügbaren Ansiedlungsplätze mit der zunehmenden Kultivierung und „Austrocknung" der mitteleuropäischen Landschaft mehr und mehr zurück. Ihre größte Ausdehnung erreichten sie im Mittelalter, zur Blütezeit der Teichwirtschaft, als Hunderte und Tausende von kleinen, zum Fischfang zeitweilig abgelassenen Weihern die flachen

Tab. 122. **Charakterarten der wechselnassen Zwergpflanzenfluren in Mitteleuropa.**
Nach Moor (1936), Oberdorfer (1957, 1970) und anderen. Einige von diesen sind zugleich für besondere Assoziationen charakteristisch[2])

Klassen- und Ordnungs-Charakterarten der **wechselnassen Zwergpflanzenfluren** (*Isoëto-Nanojuncetea*[1]), *Cyperetalia fusci*):

Centaurium pulchellum	*Gnaphalium uliginosum* (?)	*Lythrum hyssopifolia*
Cyperus fuscus	*Gypsophila muralis*	*Schoenoplectus supinus*
Elatine hexandra	*Juncus bufonius* (?)	
E. hydropiper	*J. tenageia*	M *Riccia*-Arten
Gnaphalium luteo-album	a *Limosella aquatica*	und andere Moose

Charakterarten des **mittel- und westeuropäischen** Verbandes (*Nanocyperion*):

d *Blackstonia perfoliata*	*Illecebrum verticillatum*	*Sagina apetala*
b *Carex bohemica*	f *Isolepis setacea*	*S. nodosa*
h *Centunculus minimus*	c *Lindernia procumbens*	*Scirpus radicans*
g *Cicendia filiformis*	*Marsilea quadrifolia*	*Veronica acinifolia*
e *Cyperus flavescens*	*Montia chondrosperma*	
Elatine alsinastrum	*Peplis portula*	A *Botrydium granulatum*
Eleocharis ovata	*Plantago maj.* ssp. *intermedia*	M *Fossombronia*-Arten
Hypericum humifusum	*Radiola linoides*	M *Riccia glauca* u.a.

[1]) Der Name „*Isoëto*"-*Nanojuncetea* weist auf den mediterranen Verband *Isoëtion* hin, der von Braun-Blanquet (1935, s. Moor 1936) beschrieben wurde. Zu dessen Charakterarten gehören *Isoëtes*-Arten, die in Mitteleuropa nicht vorkommen (*I. duriaei, setaceum* und *adspersum*).
A = Alge, M = Moos
[2]) Die Buchstaben bezeichnen Charakterarten folgender (als Beispiele genannter) Gesellschaften:
a Zypergras-Schlammkraut-Flußuferboden (*Cypero-Limoselletum*),
b Teichriet-Böhmerseggen-Schlammflur (*Eleochari-Caricetum bohemicae*),
c Teichriet-Büchsenkraut-Schlammflur (*Eleochari-Lindernietum*),
d Tausendgüldenkraut-Bitterlings-Naßboden (*Centaurio-Blackstonietum*),
e Zypergras-Sandtrittboden (*Cyperetum flavescentis*),
f Moorbinsen-Quelltrittboden (*Isolepidetum*),
g Fadenenzian-Naßboden (*Cicendietum filiformis*),
h Kleinlings-Hornmoos-Naßboden (*Centunculo-Anthoceretum*).

Talböden füllten, um den Fischbedarf in Fastenzeiten zu decken. Aber auch diese Teichlandschaften bildeten kein über ganz Mitteleuropa zusammenhängendes Netz, das den Austausch der Pflanzenarten hätte erleichtern können.

Das homogene Artengefüge und das fast schlagartige Auftreten dieser winzigen Gesellschaften an jedem sich bietenden zusagenden Plätzchen beruht vielmehr auf ihrer potentiellen Allgegenwart. 90–95% der Arten erzeugen sehr zahlreiche und so kleine Samen, daß diese als „Körnchenflieger" vom Winde transportiert werden können. Viele Samen werden außerdem vom Wasser verfrachtet. Die wirksamste und gewissermaßen „gezielte" Verbreitungsweise ist jedoch der Transport durch Schlamm- und Wasservögel. Wie Kerner von Marilaun schon 1887 nachwies, kleben die Samen mit dem Uferschlamm an den Füßen der Watvögel fest und werden so über mehr oder minder weite Strecken hinweg in ein nächstes Schlammgelände und an andere vorübergehend nasse oder mit seichtem Wasser bedeckte Stellen, also genau dorthin getragen, wo sie gut keimen können. Aus der Schmutzkruste von Schnäbeln und Füßen solcher Vögel konnte Kerner viele Pflanzen zum Keimen bringen, von denen mehr als die Hälfte Charakterarten im *Nanocyperion*-Verbande sind, z. B. *Centaurium pulchellum, Centunculus minimus, Limosella aquatica, Lindernia procumbens, Elatine hydropiper, Isolepis setacea, Juncus bufonius, Cyperus fuscus* und *C. flavescens*.

Mit dem Wegeschmutz haftend, werden wahrscheinlich auch viele Samen auf den Hufen von Wild- und Haustieren und an Wagenrädern verschleppt. Wildwechsel und

Erdwege sind häufige Wuchsorte von *Nanocyperion*-Gesellschaften. Die Verbreitung durch Schlammkrusten erklärt auch, warum die meisten Zwergpflanzenfluren auf kolloidreichen Böden wachsen, ohne jedoch daran gebunden zu sein. BURRICHTER (1960) fand sie z. B. an westfälischen Talsperren in dem ausnahmsweise niederschlagsarmen Jahre 1959 auch auf fast reinem Sand oder Lößlehm gut entwickelt. Das Substrat scheint also für ihren Lebensablauf an und für sich gleichgültig zu sein, wenn es nur die nötige Feuchtigkeit für die Keimung und Jugendentwicklung bietet (s. Abb. 482). Die Samen vieler Arten vermögen keimfähig auf dem Grunde von Teichen jahrelang zu schlummern, um dann plötzlich massenhaft aufzulaufen, wenn er abgelassen wird. Dies kann man heute an Orten beobachten, wo die Teichwirtschaft nicht mehr regelmäßig betrieben wird und die Zwergbinsen-Gesellschaften nicht jedes Jahr Gelegenheit bekommen, sich bis zur Samenreife zu entwickeln.

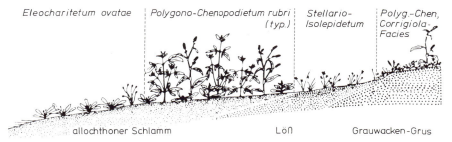

Abb. 482. Vegetationsprofil durch das Südufer des Möhne-Stausees mit Zwergpflanzenfluren und nitrophilen Meldenfluren in dem ungewöhnlich trockenen Sommer 1959. Wassergehalt und Wasserkapazität des Bodens sowie Überflutungsdauer nehmen von links nach rechts ab. Nach BURRICHTER (1960), etwas verändert.
Eleocharetum ovatae (Teichboden-Gesellschaft) und *Stellario-Isolepidetum setacei* (Borstenbinsen-Ges. im Bereich häufigen Wellenschlags) gehören zum *Nanocyperion*. Das *Polygono-Chenopodietum rubri* ist eine *Bidention*-Gesellschaft. Seine (jetzt trockene) *Corrigiola*-Fazies bezeichnet Spülsäume von Jahren mit normalem, höherem Wasserstand.

Die buchstäblich für ihr Dasein entscheidende Anpassung der zwergigen Simsen, Binsen, Zypergräser, Gentianaceen, Caryophyllaceen und sonstigen Kleinkräuter an ihr unstetes Leben in Mitteleuropa liegt also darin, daß sie Wind-, Wasser- und Tierwanderer zugleich sind. Es wäre falsch, sie aufgrund der Kleinheit ihrer Samen lediglich als Anemochoren einzustufen, denn der Wind spielt bei so niedrigen Gewächsen wohl nur ausnahmsweise einmal eine Rolle als Fernverbreiter. Hier wird die Problematik der üblichen, auf die Morphologie der Samen oder Früchte gestützten Einteilung der Pflanzen in Verbreitungstypen deutlich. Besser wäre es, die Wirksamkeit der Verbreitungsmittel durch sorgfältige Beobachtungen im Gelände sowie durch Experimente zu testen.

b *Einzelne Zwergpflanzen-Gesellschaften Mitteleuropas*

Als Typus der wechselnassen Zwergpflanzenfluren im südlichen Mitteleuropa kann die Teichried-Böhmerseggen-Schlammflur *(Eleochari-Caricetum bohemicae)* gelten. KLIKA (1935) bezeichnete sie als die „Gesellschaft des entblößten Teichbodens", denn auf dem schlammigen Grund abgelassener Teiche oder im Sommer trockenfallender Ufer führt sie ihr flüchtiges Dasein. Oft herrscht in ihr die namengebende Simse *(Eleocharis ovata),* oft auch der Schlammling *(Limosella aquatica).* Mit diesen Kennarten zusammen gedeihen die meisten der in Tab. 122 genannten Verbands-, Ordnungs- und Klassencharakterarten. Weitere, allerdings seltene Assoziationskennarten sind:

    Elatine alsinastrum f. *terrestre*   *Lindernia pyxidaria*
    Elatine hexandra f. *terrestre*   *Marsilea quadrifolia*
    Elatine hydropiper f. *terrestre*   *Schoenoplectus supinus*

Die Teichriedflur erscheint, sobald der Boden vom Wasser freigegeben ist. Fast alle Arten sind nach MOOR (1936) ausgesprochene Lichtkeimer, und auch ihre weitere Entwicklung verläuft nur bei vollem Lichtgenuß normal. Welche Rolle die Temperatur bei der Keimung spielt, wurde noch nicht untersucht. Vermutlich sind die meisten Arten recht wärmebedürftig, da sie aus mediterranen Verwandtschaftskreisen stammen.

Selbst unter günstigsten Wachstumsbedingungen bleiben die Zwergpflanzen kleiner als 10 cm und überschreiten oft nicht einmal 5 cm. Sie sind also Mikrophyten im wahren Sinne des Wortes. Aber auch die hier und dort beigemischten gesellschaftsfremden Partner werden in gutentwickelten Zwergpflanzenfluren selten größer, z. B. die Arten der Zweizahnflur (vgl. Abschnitt 2), die häufig in engem Kontakt mit ihnen steht. Dies könnte an der schlechten Stickstoffernährung auf dem lange Zeit durchnäßten, luftarmen Boden liegen, der die Denitrifikation begünstigt (s. Abschnitt D16b). Teichböden und schlickige Ufer bestehen in der Regel aus Feinerdematerial, das bereits längere Zeit der Verwitterung und Bodenbildung ausgesetzt war. Deshalb sind sie kalkarm und reagieren schwach bis mäßig sauer (p_H 5,4–6,8, jedoch selten saurer als p_H 5).

Früh im Jahre aufgelaufene Bestände werden während des Spätsommers oft von der nitrophilen Zweizahnflur überschattet, deren Partner viel höher werden und dicht zusammenschließen, wenn sie gute Lebensbedingungen finden. Diese physiognomisch sehr auffällige Abfolge wurde (z. B. von BURRICHTER 1960) oft als Sukzession aufgefaßt. Wie schon MOOR zu bedenken gab, handelt es sich aber nicht um eine vom *Eleochari-Caricetum* begünstigte Entwicklung, sondern um das Auftreten zweier voneinander unabhängiger Gesellschaften an einem und demselben Orte. Die Zweizahnflur braucht keine Bodenvorbereitung, sondern kann sich an genügend stickstoffreichen und feuchten Plätzen auch als Erstbesiedlerin einfinden. BURRICHTER beobachtete selbst, daß sie sich gleichzeitig mit der Teichriedflur, aber auf etwas höherem Niveau, entwickelte (Abb. 482). Wo eine Zweizahnflur in und nach einer Zwergpflanzen-Gesellschaft auftritt, hat sich inzwischen der Standort gewandelt, indem der Boden trockener und luftreicher wurde und zu nitrifizieren begann. Außerdem brauchen die Partner der Zweizahnfluren mehr Zeit zu ihrer vollen Entwicklung und kommen auch aus diesem Grunde meist erst später zum Zuge als die Gesellschaften des *Nanocyperion*.

Entscheidend für die Entstehung der Zwergpflanzen-Gesellschaften und der ebenfalls von Therophyten gebildeten Zweizahnfluren ist das Vorhandensein feuchten und nackten, von anderen Pflanzen nicht oder nur dünn besiedelten Bodens. Wo Überflutungen oder sonstige Vorgänge wegfallen, die alljährlich wieder alles Pflanzenleben vernichten, dort stellen sich sehr bald Hemikryptophyten ein. Fast gleichzeitig mit ihnen keimen auch Erlen und andere Bäume, die eine Entwicklung zum Bruch- oder Auenwald einleiten. Hier handelt es sich dann wirklich um eine Sukzession, die den Zwergpflanzen bald jede erneute Ansiedlungsmöglichkeit entzieht.

Von den übrigen Gesellschaften des *Nanocyperion* strahlen einige ebenfalls gut charakterisierte Einheiten nur randlich nach Mitteleuropa herein, z. B. die atlantisch-subatlantische Fadenenzianflur *(Cicendietum),* die von DIEMONT, SISSINGH und WESTHOFF (1940) ausführlich beschrieben wurde, und die atlantisch-mediterrane Tausendgüldenkraut-Bitterlingsflur *(Erythraeo-Blackstonietum)*, auf die OBERDORFER (1957) hinweist. Das *Cicendietum* ist an ziemlich nährstoffarme, sandige, moorige oder auch lehmige Substrate im Bereich des Birken-Eichenwaldes gebunden. Wie dieser klingt es nach Osten aus.

Erwähnt sei noch die Zwergzypergrasflur *(Cyperetum flavescentis)* nasser Riedwege, die nur im Südwesten, z. B. im Schweizer Mittelland, beobachtet wurde. Sie besiedelt als einzige *Nanocyperion*-Gesellschaft Mitteleuropas neutralen bis alkalischen Boden (p_H 6,6–7,8).

Am häufigsten ist im westlichen Mitteleuropa die Borstenbinsen-Sumpfmierenflur *(Stellario uliginosae-Isolepidetum setacei)* anzutreffen. Sie lebt auf gelegentlich befahrenen oder begangenen, schattigen Erdwegen in *Fagetalia*-Wäldern, kann aber im ozeanischen Klima des Nordwestens auch unbeschattet wachsen. DIEMONT, SISSINGH und WESTHOFF fanden sie z. B. im Bereich von Viehweiden an Tränken und auf Pfaden, und BURRICHTER (1960) beobachtete sie an westfälischen Talsperren. Nicht Beschattung, sondern Schutz vor Austrocknung ist also die Ursache, weshalb sich diese Gesellschaft im kontinentalen Mitteleuropa auf Waldwege zurückzieht. Gewöhnlich ist die Sumpfmierenflur recht artenarm; gute Kennarten besitzt sie überhaupt nicht. Trotzdem darf man sie als besondere Assoziation auffassen, weil sie von den übrigen *Nanocyperion*-Gesellschaften ökologisch und floristisch abweicht. Ihren natürlichen Standort hat sie wohl auf Wildpfaden, doch konnte sie sich erst auf zeitweilig nassen Holzabfuhrwegen voll entfalten. Wo diese nicht mehr benutzt werden, stellen sich je nach den Lichtverhältnissen Wasserpfeffer *(Polygonum hydropiper)* und andere Vertreter der Zweizahnfluren oder Waldlichtungspflanzen oder aber Waldschattenpflanzen und bald auch Sträucher und Bäume ein. Stets sind in den Sumpfmierenfluren einige Arten aus den benachbarten Wald- oder Grünlandgesellschaften zu finden. Doch darf man diese als fremde Relikte oder Pioniere auffassen, die mit der Therophytenflur an sich nichts zu tun haben.

2 Nitrophile Uferfluren stehender und fließender Gewässer

a Halbruderale Zweizahnfluren

Wo Teiche oder Gräben nährstoffreiche Zuflüsse erhalten, z. B. innerhalb und unterhalb von Dörfern ohne moderne Kanalisation oder im Bereich von oft besuchten Viehtränken, dort gedeihen auf den im Sommer auftauchenden Uferbänken bzw. an den wenig betretenen Rändern üppige annuelle Krautfluren, die Zweizahn-Gesellschaften *(Bidention tripartitae*, s. Abb. 483 u. Tab. 123, linke Spalte).

Wie wir im vorigen Abschnitt sahen, treten diese stark nitrophilen Schlammbewohner oft in engen Kontakt mit den wechselnassen Zwergpflanzenfluren oder durchsetzen diese im Spätsommer. Bei normaler Ausbildung sind sie aber das gerade Gegenteil von den unscheinbaren *Nanocyperion*-Teppichen: Mastigsaftige, bis über kniehohe Knöteriche und Compositen herrschen in ihnen, denen man kaum glauben möchte, daß sie ebenfalls nur einen Sommer leben. Durchstreift man sie aber im Spätherbst nach den ersten Frösten, so sind sie zu dürren Skeletten verdorrt oder als leicht zersetzbare Streu auf den trockenrissigen Schlamm gesunken. In Strümpfen und Kleidern heften sich dann die stiefelknechtähnlichen Früchte der Zweizahnarten fest.

Landbewohner und Tiere tragen viel dazu bei, diese halbruderale, d. h. vom Menschen begünstigte, aber doch auch in der Natur vorkommende Unkrautgesellschaft immer wieder in der Nähe von Siedlungen anzusäen. Unter natürlichen Verhältnissen gibt es so nährsalzreiche und zugleich nasse Standorte, wie sie die Zweizahnfluren bevorzugen, nur sehr selten und nur auf kleinen Flächen, z. B. am Rande von Wildsuhlen und -tränken im Bereich von Auen oder Sumpfwäldern sowie in der Umgebung von Salzaustritten, die von vielen Tieren besucht werden.

Ob natürlich oder künstlich geschaffen, in jedem Falle benötigen die Zweizahnfluren Standorte, die ihnen außer einer guten Nährstoff- und Wasserversorgung viel Licht und immer wieder entblößten Boden als Keimplatz bieten. Sonst wird ihnen der Wuchsort sehr bald von gleichzeitig oder später keimenden ausdauernden Pflanzen streitig gemacht. In dieser Hinsicht verhalten sie sich ebenso wie die Zwergpflanzen-Gesellschaften und die gleichfalls kurzlebigen Ruderalfluren auf trockenen Standorten, die wir in Abschnitt VIII besprechen wollen.

Der *Bidention*-Verband im engeren Sinne umfaßt mehrere Assoziationen, von denen man in Mitteleuropa vor allem zwei antrifft, die Wasserpfeffer-Zweizahnflur (*Polygono-Bidentetum*, Abb. 483) und die Gifthahnenfußflur *(Rumici-Ranunculetum scelerati)*. Beide findet man oft nur fragmentarisch ausgebildet, weil viele ihrer Ansiedlungsplätze unbeständig sind oder nicht ganz ihren Lebensbedingungen entsprechen.

Wasserpfeffer- und Gifthahnenfußflur besiedeln annähernd gleiche Standorte, also vor allem den nährstoffreichen Schlammgrund von Teichen und Tümpeln, die im Sommer trockenfallen, den Aushub von Gräben, durch die häufig Abwässer geleitet werden, oder ähnliches Unland. Auch in der Nähe von Möwen-Nistplätzen wurden sie beobachtet (NIEMI 1967). Doch stellt das *Rumici-Ranunculetum scelerati* offenbar größere Ansprüche an die Nährsalzzufuhr als das

Abb. 483. Nitrophile Wasserpfeffer-Zweizahn-Uferflur an einem Abwassergraben nordwestlich von Brünn. Etwa ¹/₁₀ natürl. Größe. Phot. ILTIS-SCHULZ.
Bidens tripartita (links), *Polygonum hydropiper* (vorn und hinten), *Rumex conglomeratus* (rechts) und *Ranunculus repens* sind zu erkennen.

Polygono-Bidentetum, das seinerseits wiederum anspruchsvoller ist als die *Nanocyperion*-Gesellschaften (s. Abschnitt 1 b). Die Gifthahnenfußflur entwickelt sich z.B. gern auf Rieselfeldern, denen ein für die meisten Pflanzen unzuträgliches Übermaß an Dungstoffen zugeführt wird. *Ranunculus sceleratus* und der seltenere *Rumex maritimus* können auch Brackwasser vertragen (s. Abschnitt C VI 2). Exakte Untersuchungen über die chemischen Faktoren und über die sonstigen Lebensbedingungen dieser Gesellschaften liegen aber noch immer nicht vor.

GROSSE-BRAUCKMANN (1953 b) konnte in der Göttinger Gegend nachweisen, daß die Wasserpfeffer-Zweizahnfluren vor 25 Jahren nur noch in rückständigen Dörfern gut entwickelt waren. Heute sind sie aus fast allen Siedlungen dieses Gebiets verschwunden, weil die Kanalisation ausgebaut wurde. Die zunehmende Verstädterung entzieht ihnen auch in anderen Teilen Mitteleuropas ihre früheren Standorte.

b Mehr oder minder naturnahe Flußmeldenfluren

Während der Lebensraum der Zweizahnfluren in den Siedlungen einschrumpft, verbessert sich die Ernährung der ihnen sehr ähnlichen Flußuferfluren mehr und mehr. Den meisten Bächen und Flüssen Mitteleuropas wird so viel Abwasser zugeführt, daß sich ihre im Frühjahr oder Sommer auftauchenden Uferbänke zu immer nährstoffreicheren Standorten entwickeln.

Die kurzlebigen Uferfluren der Fließwässer faßten POLI und J. TÜXEN (1960) zum Verband der Flußmeldenfluren *(Chenopodion fluviatile)* zusammen. In diesem herrschen die anspruchsvollsten Gänsefußarten unserer Flora zusammen mit besonderen Formen der Spießmelde *(Atriplex hastata)* sowie den Zweizahn- und Knöterich-Arten, die dem *Bidention* und dem *Chenopodion* gemeinsam sind (vgl. Tab. 123).

Tab. 123. Übersicht der sommerannuellen nitrophilen Teich- und Flußuferfluren und ihrer Charakterarten. Nach Poli und J. Tüxen (1960) und Oberdorfer (1970)

Klassen- und Ordnungs-Charakterarten der zeitweilig überfluteten nitrophilen Annuellenfluren (Bidentetea, Bidentetalia)

Alopecurus aequalis (zu 1 neigend)
Bidens radiata
B. tripartita
Polygonum mite

Charakterarten der Verbände:

1. Zweizahnfluren (ruderal) (Bidention tripartitae)	2. Flußmeldenfluren (naturnäher) (Chenopodion rubri)

Bidens cernua
B. connata
Catabrosa aquatica (?)
Leersia orizoides (?)
B *Polygonum hydropiper* (üppig)
B *P. minus*
R *Ranunculus sceleratus*
Rorippa amphibia (?)
R *Rumex maritimus*
	Atriplex hastata (?)
	    (nur in kleiig-mehligen Formen!)
	Bidens frondosa
	Chenopodium glaucum (?)
	Ch. rubrum (?)
	P *Polygonum lapathifolium*
	    ssp. *danubiale*
	X *Xanthium albinum*

Von diesen sind zugleich Charakterarten häufiger Assoziationen:

B Wasserpfeffer-Zweizahnflur *(Polygono-Bidentetum)* auf Teichschlamm, frischem Grabenaushub u.ä., R Gifthahnenfuß-Schlammflur *(Rumici-Ranunculetum scelerati)* an ähnlichen Standorten, aber noch salz- und stickstoffreicher, an Viehtränken.	P Knöterich-Melden-Flußuferflur *(Polygono danubiale-Chenopodietum rubri)*, im westlichen Mitteleuropa, X Spitzkletten-Melden-Uferflur *(Xanthio albini-Chenopodietum)*, mehr östlich verbreitet.

Im westlichen Mitteleuropa, z. B. an der Weser, trifft man die von LOHMEYER (1950) gründlich untersuchte Knöterich-Melden-Flußuferflur *(Polygono danubiale-Chenopodietum rubri*, s. Abb. 482) und einige andere, seltenere Gesellschaften. Schon an der Elbe und an anderen mehr östlich gelegenen Flüssen herrscht statt dieser die Spitzkletten-Melden-Flußuferflur *(Xanthio albini-Chenopodietum)*. Die vorwiegend aus dem Hochgebirge gespeisten Flüsse bieten mit ihren Sommerhochwässern abweichende Bedingungen. Deshalb ist das von MOOR (1958) beschriebene *Polygono-Chenopodietum* nicht identisch mit dem nordwestdeutschen. Diese auf Kiesbänken der rasch fließenden Alpenströme keimende Annuellenflur ist auf den Samennachschub aus Ackerunkraut- und Ruderal-Gesellschaften im Überflutungs- und Zuflußbereich der Flüsse angewiesen; sie hat dementsprechend stärker anthropogenen Charakter.

LOHMEYER (1950) und TÜXEN (1950a) halten die Flußmeldenfluren der gebirgsfernen Tieflagen für Bestandteile der Naturlandschaft. POLI und J. TÜXEN (1960) weisen jedoch darauf hin, daß diese Gesellschaften nur an solchen Wasserläufen gut entwickelt sind, die durch Acker- und Weideland fließen, also bei Überflutungen viel Dünger und wohl auch Unkrautsamen aufnehmen. An der Hunte dagegen, deren Lauf großenteils durch wenig gedüngte Mähwiesen führt, fehlen Flußmeldenfluren auch auf physikalisch geeigneten Standorten nahezu ganz. Wie schon eingangs gesagt, spielt außerdem die Abwasserzufuhr eine große Rolle. Solche raschlebigen und großen Kräuter, wie es die meisten Charakterarten und Begleiter des *Chenopodion fluviatile* sind, brauchen übernormal gute Ernährung, um sich in der kurzen Sommerzeit voll entwickeln zu können. Hinzu kommt, daß die Flüsse erst seit der Besiedlung Mitteleuropas größere Mengen von nährstoffreichem Ton und organischem Schlamm führen (s. Abschnitt B V 1 b), und daß nur die damit überzogenen schlickigen Uferbänke ein gutes Substrat für die Entwicklung der Meldenfluren abgeben.

Obwohl die *Bidentetalia*-Gesellschaften an Fließgewässern auf den ersten Blick sehr naturnah anmuten, muß man sie also doch wohl als „ruderal beeinflußt" ansehen. Die Frage, ob der *Chenopodion fluvitale*-Verband eine der Brutstätten unserer Ruderal- und Ackerunkraut-Gesellschaften war, oder ob er umgekehrt seine meisten Partner von diesen bezog, läßt sich aber heute kaum mehr beantworten (KRAUSE 1956). Wahrscheinlich trifft beides zu, nur für verschiedene Arten. *Polygonum lapathifolium* ssp. *danubiale* ist ein Altbürger unserer Flora und auf Flußufer beschränkt. Auch *Chenopodium glaucum* und *rubrum* sowie *Atriplex hastata* dürften dort auf Spülsäumen, also lokal sehr nährstoffreichen Plätzen, schon lange heimisch sein. *Chenopodium polyspermum* ist ein Archaeophyt, wurde also erst durch den Menschen, wenn auch bereits in prähistorischen Zeiten, nach Mitteleuropa gebracht. *Bidens frondosa* gehört wie die meisten Zweizahnarten zu den Neophyten, die sich die „Wanderwege" an den Stromufern (s. Abschnitt B V 1 j) zunutze machten. *Xanthium albinum*, ein sehr anspruchsvoller Subtropenbürger, ist erst im 19. Jahrhundert zu uns gekommen (s. hierzu Abschnitt VIII 1 a). *Xanthium strumarium* dagegen gilt im Südosten Mitteleuropas als Archaeophyt (KRIPPELOVA 1974). Die ursprünglich begrenzte Zahl von Arten hat sich mithin in den Flußmelden-Gesellschaften (und ebenso in den Zweizahnfluren der stehenden Gewässer) mit Hilfe des Menschen nach und nach vergrößert. Da dieser auch ihre Ernährungsbedingungen verbesserte und ihnen durch Buhnenbauten und durch Vergrößerung der Wasserstandsschwankungen im eingeengten Flußbett mehr Ansiedlungsflächen schuf, sind sie in mehrfacher Hinsicht durch ihn geprägt worden.

VIII Ruderalfluren trockenerer Böden

1 Sommer- und winterannuelle Ruderalfluren

a Entstehung und Entwicklung der Ruderalfluren

Noch stärker vom Menschen abhängig als die nitrophilen Unkrautherden wechselnasser Böden sind die Ruderalfluren auf Bauschutt, Müll, überdüngten Wegrainen oder ähnlichen trockeneren Standorten. Ihr schon den Floristen des vorigen Jahrhunderts geläufiger Name ist von dem Plural des lateinischen Wortes rudus abgeleitet, der Schutt, Ruinen oder Mörtelmassen bezeichnet. Im Gegensatz dazu sprach man von der Segetalflora, wenn man die Unkrautbestände der Äcker und Gärten meinte. KRAUSE (1958a) zieht es vor, sämtliche Unkrautfluren „ruderal" zu nennen, sogar die Flutrasen (s. Abschnitt D VI 2) und Kahlschläge (Abschnitt D III 2). Wir beschränken uns hier auf die ursprüngliche, engere Wortbedeutung.

Die Ruderalfluren i.e.S. kann man in zwei große Gruppen einteilen, kurzlebige (*Sisymbrion*, Tab. 124) und mehr oder minder ausdauernde (*Onopordetalia*, Tab. 124). Beide umfassen zahlreiche Gesellschaften, in denen sich die Klima- und Bodenbedingungen ebenso deutlich widerspiegeln wie in Waldgesellschaften, Heiden, Trockenrasen oder anderen Gesellschaften auf grundwasserfernen Böden.

Bevor man die Ruderalfluren näher untersucht hatte, war man freilich der (noch von RÜBEL 1926 vertretenen) Meinung, es handle sich um Produkte von Verbreitungszufällen, die eines vegetationskundlichen und ökologischen Studiums kaum wert seien. Wie wir aus den Arbeiten von TÜXEN (1937, 1950a u. b) LOHMEYER (1950), OBERDORFER (1957), GROSSE-BRAUCKMANN (1953 a u. b), DÜLL und WERNER (1956), KRAUSE (1956, 1958a), UBRIZSY (1956) OBERDORFER u. Mitarb. (1967), TILLICH (1969) und vielen anderen heute wissen, spricht jedoch ihr Artengefüge ebenso fein auf Standortsunterschiede an wie dasjenige natürlicher Gesellschaften.

Nicht einmal die Adventivpflanzen, von denen fast alljährlich neue in Mitteleuropa Fuß fassen, breiten sich wahllos aus. Erst nach Auslese durch Standortsfaktoren und Konkurrenten fügen sie sich in den Rahmen der Ruderalgesellschaften ein. Viele gehen wieder zugrunde, während andere für mehr oder minder große Einheiten zu Charakterarten werden. SCHOLZ (1960) hat diese florengeschichtlichen Veränderungen am Beispiel des Stadtgebietes von Berlin übersichtlich geschildert. Er unterscheidet:

1. heimische Ruderalpflanzen, die schon vor dem Eingreifen des Menschen zur Flora von Mitteleuropa gehörten. Meist sind dies Arten der ausdauernden oder winterannuellen Gesellschaften sowie der Zweizahnfluren. Als Beispiele seien (in sippensystematischer Reihenfolge) genannt: *Urtica dioica, Rumex obtusifolius, Chenopodium glaucum* und *album, Stellaria media, Silene alba, Chelidonium majus, Cynoglossum officinale, Galeopsis tetrahit, Verbascum thapsus, Tanacetum vulgare, Artemisia vulgaris, Cardus nutans, Cirsium arvense* und *Lapsana communis*.

2. archaeophytische Ruderalpflanzen, die zwar bereits vor Beginn der Neuzeit, aber doch mit Hilfe des Menschen, neu hinzukamen. Auch in dieser Gruppe überwiegen die Partner der mehr oder minder beständigen Ruderalfluren, wenn es sich auch vorwiegend um Therophyten handelt, z.B. *Bromus sterilis* und *tectorum, Hordeum murinum, Urtica urens, Fallopia convolvulus, Chenopodium polyspermum, Echium vulgare, Sisymbrium officinale, Descurainia sophia, Melilotus albus* und *officinalis, Malva neglecta, Verbena officinalis, Ballota nigra, Onopordum acanthium* und *Arctium lappa*.

3. neophytische Ruderalpflanzen, die erst durch die neuzeitlichen Verkehrserleichterungen bei uns Eingang fanden. In der Mehrzahl sind dies Arten, denen wir in kurzlebigen Ruderalfluren (Tab. 124) begegnen. Für Berlin unterscheidet SCHOLZ nach Herbarbelegen und Literaturnotizen drei Untergruppen, die das andauernde Neuankommen verdeutlichen:

a) 1500–1787: *Atriplex hortensis, Armoracia rusticana, Oenothera biennis, Leonurus cardiaca, Lactuca serriola* u.v.a.

Tab. 124. Kurz- und langlebige Ruderalfluren stickstoffarmer bis -reicher Böden an relativ trockenen Standorten Mitteleuropas und ihre Charakterarten. Nach Angaben von Lohmeyer, Tüxen, Oberdorfer, F. Runge u.a. Die Namen häufiger Gesellschaften sind halbfett gedruckt. Eine Übersicht der Verbände (und Ordnungen) sowie ihrer Charakterarten befindet sich auf der folgenden Seite

schwach nitrophil	mäßig nitrophil	stark nitrophil
A Kurzlebige Pioniergesellschaften		
—	1 **Gänsefuß-Pionierflur** Chenopodietum ruderale (Rohböden, in Städten)	2 **Gänsemalven-Rein** Urtico-Malvetum (Rohböden, in Dörfern)
(Auf Bauschutt, Müll u. dgl. sowie an Wegrainen, Straßen- und Bahnböschungen finden die Erstbesiedler immer reichlich Nährstoffe)	*Amaranthus albus* *A. hybridus* *Chenopodium strictum* *Ch. opulifolium* *Nicandra physaloides* *Xanthium strumarium*	*Chenopodium murale* *Ch. vulvaria* *Malva neglecta* *Urtica urens* (?) (geht oft in 14 über)
B Beständigere Annuellen-Gesellschaften		
3 **Kompaßlattichflur** Conyzo-Lactucetum (oft auf 1 folgend)	5 **Rauken-Meldenflur** Sisymbrio-Atriplicetum (kontinental, sonst wie 3)	7 Scharfkraut-Balmenflur Sisymbrio-Asperuginetum (vor Kalkhöhlen-Eingängen)
Diplotaxis tenuifolia *Lactuca serriola* (opt.) *Lepidium densiflorum*	*Atriplex acuminata* *A. oblongifolia* u.a.	*Asperugo probumbens* *Sisymbrium austriacum*
4 **Mäusegerstenflur** Bromo-Hordeetum (Bauplätze, sand. Brachen)	6 Submedit. Raukenflur Descurainietum (wärmeliebend)	8 Igelsamen-Balmenflur Lappulo-Asperuginetum (wie 7, subalpin)
Bromus sterilis *Cnicus benedictus* *Hordeum murinum* *Lepidium graminifolium*	*Descurainia sophia* (?) *Sisymbrium loeselii* *S. altissimum* u.a.	lok. *Asperugo procumbens* *Lappula deflexa* (7 u. 8 sind sehr selten)
C Ausdauernde Hemikryptophyten-Gesellschaften		
9 Wolldistelflur Cirsietum eriophori (an Kalk-Wegrainen)	10 **Eselsdistelflur** Onopordetum (in Dörfern, ± warm-kontin.)	15 **Alpenampfer-Lägerflur** Rumicetum alpini (Viehläger, subalpin)
Cirsium eriophorum	*Anchusa officinalis* *Carduus acanthoides* *Echinops sphaerostachya* *Hyoscyamus niger* *Onopordum acanthium* *Verbascum densiflorum*	*Rumex alpinus* (opt.) *Senecio alpinus*
11 **Graukressenflur** Berteroetum incanae (Raine, Böschungen u.ä.)		16 Subalpin. Guteheinrichsfl. Chenopodiet. subalpinum lok. *Chenop. bonus-henr.*
Berteroa incana		
12 **Natterkopfflur** Echio-Melilotetum (auf Kalkschotter u.ä.)	13 **Rainfarn-Beifußflur** Tanaceto-Artemisietum (Böschungen, Raine u.ä.)	14 **Guteheinrichsflur** Balloto-Chenopodietum (Dorfstraßenränder)
Echium vulgare (opt.) *Melilotus albus* *M. officinalis* *Oenothera biennis* (?)	*Artemisia vulgaris* (opt.) *Linaria vulgaris* (?) *Tanacetum vulgare*	*Ballota nigra* (opt.) *Chenopodium bonus-henricus*

Tab. 124, Fortsetzung

Verbände und Ordnungen sowie deren Charakterarten[1])

A u. B, 1 – 8 **Raukenfluren** i. w. S: Sisymbrion, *Sisymbrietalia* (Klasse *Chenopodietea*)

Anthemis austriaca	*Cardaria draba*	*Lepidium virginicum*
A. cotula	*Conyza canadensis*	*Malva sylvestris*
Barbarea verna	*Crepis tectorum* (?)	*Plantago indica*
Bromus arvensis	*Kochia laniflora*	*Sisymbrium irio*
B. tectorum (?)	*Lappula squarrosa*	u.a.

C 9 u. 10 **Eselsdistelfluren** i. w. S.: Onopordion, *Onopordetalia* (Klasse *Artemisietea*)

Artemisia absinthium	*Cynoglossum officinale*	*Reseda luteola*
Asperula arvensis	*Marrubium vulgare*	*Stachys germanica*
Carduus nutans	*Potentilla intermedia*	*Verbascum blattarioides*

C 11 u. 12 **Honigkleefluren**: Dauco-Melilotion, *Onopordietalia*

Avena nuda	*Daucus carota* (?)	*Picris hieracioides*
Cichorium intybus	*Pastinaca sativa* (?)	*Rumex thyrsiflorus*

C 13 u. 14 **Klettenfluren**: Arction, *Artemisietalia* (Klasse *Artemisietea*)

Arctium lappa	*Conium maculatum*	*Malva alcea*
A. minus	*Cruciata glabra*	*Parietaria officinalis*
A. tomentosa	*Dipsacus fullonum*	*Silene alba*
Armoracia rusticana	*Geranium pyrenaicum*	*Solidago canadensis*
Carduus crispus	*Lamium album*	*S. gigantea*
Chelidonium majus (?)	*Leonurus cardiaca*	u.a.

C 15 u. 16 **Alpenampferfluren** i. w. S.: Rumicion alpini, *Artemisietalia*

Cerinthe glabra	*Cirsium spinosissimum*

[1]) Die Zuordnung zu den Klassen ist noch nicht befriedigend geklärt; deshalb werden hier deren Charakterarten nicht aufgeführt. Jede der auf der vorigen Seite genannten Assoziationen Nr. 1 – 16 enthält außer ihren Charakterarten auch einige der hier zusammengestellten Arten sowie mehrere gesellschaftsvage „Begleiter", z.B. *Poa*-Arten, *Dactylis glomerata*, *Urtica dioica* oder *Chenopodium album*.

b) 1787–1884: *Atriplex tatarica, Chenopodium opulifolium, Sisymbrium altissimum, irio* und *loeselii, Reseda lutea, Matricaria discoidea* u.v.a.
c) 1884–1959: *Atriplex acuminata, Chenopodium botrys, Amaranthus albus* und *blitoides, Lepidium densiflorum, Solidago canadensis, Carduus acanthoides* u.v.a.

Wie schon aus den wenigen Beispielen hervorgeht, sind Polygonaceen, Chenopodiaceen, Brassicaceen, Lamiaceen und Asteraceen in fast allen Gruppen vertreten. Auch Malvaceen, Onagraceen und Scrophulariaceen spielen als Ruderalpflanzen eine auffällige Rolle, während manche sonst in Mitteleuropa weit verbreitete Familien überraschend spärlich oder gar nicht erscheinen. So nennt SCHOLZ z.B. keine Cyperacee (außer *Carex hirta*, die aber in eigentlichen Ruderalfluren fehlt), Juncacee, Liliacee, Orchidacee, Ranunculacee oder Gentianacee, weil in diesen Familien nur wenige oder keine raschwüchsigen Nitrophilen vorkommen. Genügsame Ernährungsspezialisten wie die Ericaceen und Pyrolaceen oder langsam wachsende Sukkulenten wie die Crassulaceen (außer *Sedum telephium*) fehlen erwartungsgemäß gänzlich.

Die Herkunft der Zuwanderer ist recht verschieden, doch stammen die Archaeophyten und Neophyten vorwiegend aus Landschaften, deren Klima wärmer und trockener ist als das Mitteleuropas. Unter den heimischen Ruderalpflanzen dagegen sind solche mit weit nach Norden ausgreifenden Arealen nicht selten (Tab. 124). An den skandinavischen Küsten z. B. gibt es ausgedehnte Tangwälle, die nach NORDHAGEN (1940) eine natürliche Heimstätte vieler Ruderalpflanzen und Ackerunkräuter sind.

b   Kurzlebige Ruderalfluren auf Trümmern und Schuttplätzen der Städte

Kurzlebige Ruderalpflanzen fanden in Mitteleuropa niemals so ausgedehnte Flächen des von ihnen bevorzugten frischen Häuserschuttes vor wie in den Jahren 1943 bis 1945. Erstaunlich rasch begannen sich diese Trümmerstätten zu begrünen. Obwohl zunächst völlig leer von Pflanzen und Samen, erschienen auf den lockeren, humusfreien Ziegel- und Verputzmassen sowie auf den verkohlten Holzresten schon nach wenigen Monaten die ersten Keimlinge höherer Pflanzen.

Meistens handelte es sich um Korbblütler und andere anemochore Pflanzen aus dem Verbande *Sisymbrion* oder um Waldlichtungspflanzen wie *Epilobium angustifolium*, das sich vor allem auf Holzaschen üppig entwickelte. Trümmer ohne organische Beimengungen boten ungünstigere Substrate, waren aber anfangs doch auch nährstoffreich genug, um den pflanzlichen Pionieren ein rasches Wachstum zu ermöglichen. Mit dem Feineranteil und dem Grade der Wasserdurchlässigkeit des Schuttes, mit seiner Neigung und Exposition sowie mit dem allgemeinen Klimacharakter wechselte die Standortsbeschaffenheit ebenfalls von vornherein. Daher verlief die spontane Begrünung der Trümmer in den verschiedenen zerstörten Städten durchaus nicht gleichartig.

Wie DÜLL und WERNER (1956) feststellten, hatte die Sukzession der Pflanzengesellschaften in Berlin einen ausgesprochenen kontinentalen Charakter. Offene Vegetationstypen blieben jahrelang vorherrschend. Mesophile Wiesenpflanzen und Moose siedelten sich zögernd und lediglich an lokalklimatisch feuchten Stellen an. Anspruchsvolle „Gartenflüchtlinge" breiteten sich nur langsam oder gar nicht auf den Trümmern aus, ebenso wenig wie Garten- und Ackerunkräuter, die im Stadtinnern schon seit Jahrzehnten selten waren. Die „Bewaldung" der Trümmer hatte noch kaum Fortschritte gemacht, als die Aufräumungsarbeiten die spontane Pflanzenzuwanderung abbrachen.

In der viel meernäher gelegenen Stadt Münster i. Westf. dagegen siedelten sich nach ENGEL (1949) von vornherein mehr Bäume und Sträucher an. Zahlreiche feuchtigkeitsbedürftige Ruderalpflanzen, die in Berlin fast ganz fehlten, gaben hier zunächst den Ton an. Vertreter des Kulturgrünlandes *(Arrhenatheretalia)* begannen aber bald, sie abzulösen. Moose überzogen sogar die voll besonnten Plätze. Unter den Holzarten, die das natürliche Recht des Waldes demonstrierten, waren Vorwaldpflanzen und Gartenflüchtlinge reichlich vertreten, insbesondere beerenfrüchtige Ornithochoren sowie Anemochoren, z. B. *Betula pubescens* und *pendula*, *Populus tremula* und *Alnus glutinosa*.

Braunschweig, Dresden und Stuttgart standen hinsichtlich ihrer Trümmervegetation zwischen diesen beiden Extremen, wie aus den Vergleichen von DÜLL und WERNER (1956, dort auch Literatur) hervorgeht. Stets aber begann die Besiedlung mit kurzlebigen Ruderalgesellschaften, wie wir sie hier besprechen wollen.

Eine Erstbesiedlerin trockener Schuttplätze in Städten des Oberrheingebietes ist nach OBERDORFER (1957) die Gänsefuß-Pionierflur *(Chenopodietum ruderale)*, zu deren Charakterarten wärmeliebende *Amaranthus*- und *Chenopodium*-Arten gehören (s. Tab. 124). Ihre sommereinjährigen Partner werden bald von wintereinjährigen, d. h. im Herbst keimenden und den Winter über grün bleibenden Arten, abgelöst, z. B. von *Lactuca serriola* und anderen Charakterpflanzen der Kompaßlattichflur *(Erigerono-Lactucetum)*. In Stuttgart tritt daneben die mehr submediterran getönte Raukenflur *(Sisymbrietum sophiae)* hervor. Von Berlin haben DÜLL und WERNER eine ähnliche

Raukenflur als häufigste Pioniergesellschaft der trockenen Trümmerberge beschrieben. Möglicherweise bleiben dort die Gänsefuß-Arten wegen Nährstoffmangels zurück. In Halle/Saale spielt *Atriplex acuminata* eine auffallend große Rolle; OBERDORFER (1957) nennt diese Melde als Charakterart einer Rauken-Meldeflur (*Sisymbrio-Atriplicetum*, s. Tab. 124) mit ausgesprochen östlicher Verbreitung.

c *Kurzlebige Ruderalfluren in Dörfern und vor Kalksteinhöhlen*

Alle bisher genannten Ruderalgesellschaften bestehen aus zahlreichen Neophyten (vgl. Tab. 124), nur wenigen Archaeophyten und so gut wie gar keinen in Mitteleuropa einheimischen Arten. Offenbar sind also die Besiedler lockerer, steiniger Häuser- und Straßentrümmer relativ junge Elemente in unserer Flora und Vegetation, so wie ja auch die vorwiegend aus Steinen erbauten Städte für Mitteleuropa eine Errungenschaft der Neuzeit sind. In Dörfern dagegen werden entsprechende Standorte von Archaeophyten besiedelt.

Die Partner der dörflichen Gänsemalven-Raine (*Urtico-Malvetum neglectae*, s. Tab. 124) sind jedoch nicht nur länger eingebürgert, sondern auch stärker nitrophil als die sommer- und wintereinjährigen Ruderalpflanzen der Städte. Vor allem aus diesem Grunde dürften sie den größeren Städten fehlen. Die Schuttplätze, Hofecken, Mauerfüße und ähnlichen Standorte erhalten in Dörfern mehr Zufuhr von Exkrementen und anderen Dungstoffen als in Stadtsiedlungen, in denen das Vieh nicht mehr frei umherläuft. Außerdem sind die Trümmer älterer dörflicher Bauten reicher an Feinerde, weil diese früher mit Lehm statt mit Mörtel verputzt wurden und großenteils ganz ohne Steine gebaut waren. Ihre Reste ergaben einen fruchtbareren, stärker wasserhaltenden und nährsalzreicheren Boden.

Noch älter als die Malven-Brennesselflur unserer Dörfer sind möglicherweise die eigenartigen Scharfkrautbestände am Eingange von Kalksteinhöhlen und Balmen (Felsüberhängen) des südlichen Schichtstufenlandes und der Alpen. OBERDORFER unterscheidet (1957) ein collin-montanes *Sisymbrio-Asperuginetum* und ein subalpines *Lappulo-Asperuginetum*.

Sowohl die Scharfkraut-Bestände als auch die Malven-Brennesselfluren, Gänsefuß- und Rauken-Gesellschaften sind auf offenen, von Pflanzen nahezu oder ganz entblößten Boden angewiesen. Wo der Pflanzenbestand nicht immer wieder zerstört wird, nehmen ihnen ausdauernde Arten mehr und mehr Platz weg, so daß sie schließlich ganz verschwinden und von beständigeren Ruderalgesellschaften, Rasen oder Gebüschen abgelöst werden.

Eine Mittelstellung zwischen den kurzlebigen und den länger ausdauernden Ruderalfluren nehmen die Mäusegerstenrasen (*Bromo-Hordeetum*, Tab. 124) ein. Sie kommen sowohl in Dörfern als auch in Städten vor, stets aber nur auf ebenen oder wenig geneigten, mehr oder minder sandigen Flächen, z.B. auf Ackerland, das zu Bauzwecken liegen bleibt, an Straßen- und Wegrainen, die nur wenig begangen werden, oder auf planierten Trümmerstätten größerer zerstörter Stadtviertel. Diese schon im Spätsommer durch ihre Strohfarbe von den anderen, meist noch saftiggrünen Unkrautbeständen abstechende Gesellschaft ist eine der wenigen grasreichen Ruderalfluren. Namentlich die Dachtrespe, die Taube Trespe und die Mäusegerste können hier einen recht dichten Rasen bilden. Dieser hält sich an seinem relativ mageren Standort einige Jahre lang, obwohl er sich in jeder Vegetationsperiode neu aus Samen bilden muß. Doch geht er schließlich wie die übrigen Gesellschaften des *Sisymbrion* in Grünlandgesellschaften oder Trittrasen oder aber in Ruderalfluren über, in denen zwei- bis mehrjährige Arten vorherrschen.

2 Ausdauernde Ruderalfluren

a Wärmeliebende Distel- und Natterkopffluren

Die mehr oder minder ausdauernden Ruderalgesellschaften sind noch vielgestaltiger als die kurzlebigen. Nach ihren Klimaansprüchen kann man sie in drei Verbände gliedern (s. Tab. 124), die wärmeliebenden und gegen Trockenheit relativ wenig empfindlichen Eselsdistelfluren *(Onopordion acanthii)*, die mehr mesophilen Klettenfluren *(Arction)* und die den Hochstaudenfluren verwandten Läger- und Ruderalfluren des Hochgebirges *(Chenopodion subalpinum)*. Diesen drei Gruppen sind so viele Arten gemeinsam, daß man sie zu einer Ordnung (*Onopordetalia*, Tab. 124, oben) zusammenfassen muß.

Den soeben besprochenen *Sisymbrion*-Gesellschaften stehen die *Onopordion*-Fluren am nächsten. Auch sie besiedeln durchlässige und zweitweilig austrocknende Substrate, auf denen sie von zudringlichen Waldpflanzen lange verschont bleiben. TILLICH (1969) fand sie bei Potsdam auch auf grundwasser-durchfeuchteten Müll. Häufig entwickeln sich die *Onopordion*-Gesellschaften aus Pionierstadien, die dem *Sisymbrion* angehören.

Als Folgegesellschaft der Raukenfluren hatte sich in Berlin nach DÜLL und WERNER auf großen Flächen die Natterkopfflur (*Echio-Melilotetum*, Tab. 124 u. Abb. 484) eingestellt. Sie war bis vor kurzem die häufigste *Onopordion*-Gesellschaft Mitteleuropas, besiedelt sie doch gern die Schotteraufschüttungen von Eisenbahndämmen und Lagerplätzen, vorausgesetzt, daß diese kalkhaltig sind und daß keine chemische Un-

Abb. 484. Natterkopfflur an einem trockenen Wegrain nördlich Brünn. *Echium vulgare* (vorn), *Pimpinella saxifraga* (rechts) u.a. Etwa ¹/₆ natürl. Größe. Phot. ILTIS-SCHULZ.

krautbekämpfung durchgeführt wird. Auch in Kalksteinbrüchen ist sie zu finden, wenn dort lockerer, trockener Schutt anfällt und nicht nur vernäßte, mergelige Sohlen entstehen. Ihr natürlicher Standort ist vermutlich der Kalkschotter alpennaher Flüsse, soweit dieser ungewöhnlich hoch über dem Wasserspiegel liegt. Auch im Gesteinsschutt unterhalb von Kalkfelsen in der collinen und submontanen Stufe faßt sie vorübergehend Fuß, bevor dieser von Rasen und Büschen besiedelt wird. Beide Naturstandorte sind aber äußerst selten. Zudem sind viele Partner der Natterkopfflur in Mitteleuropa nicht einheimisch, so daß diese kaum als Bestandteil seiner Naturlandschaft gelten darf.

Von allen Ruderalgesellschaften ist die Natterkopfflur eine der farben- und formenprächtigsten. Unter den hoch und locker emporstrebenden zarten Trauben des weißen und gelben Honigklees leuchtet im Sommer das intensive Violettblau der Natterkopfsträuße. Grüngoldene Reseden, blaßgelbe Nachtkerzen, die sich abends duftend öffnen, karminrote Nickende Disteln und andere schönblütige oder bizarre Gewächse kommen, ebenfalls locker gruppiert, daneben zur Geltung. Die Kleinblättrigkeit vieler Partner, das blasse Grün ihrer Blätter und das für Ruderalfluren ungewöhnliche Hervortreten von Leguminosen läßt vermuten, daß ihnen nur wenig Bodenstickstoff zur Verfügung steht; KRONISCH (1975) konnte dies bestätigen.

Üppiger gedeiht die Eselsdistelflur (*Onopordetum,* Abb. 485 und Tab. 124), der Typus des *Onopordion*-Verbandes. Sie ist auf tiefgründigen, fruchtbaren Schwarzerden Ost- und Südosteuropas und auf ähnlichen Standorten im zentralen und östlichen Mitteleuropa am besten entwickelt. Hohe und kräftige Disteln wie *Onopordon* selbst, *Carduus*- und *Cirsium*-Arten oder gar der seltene *Echinops* bestimmen das Bild dieser für die Hofplätze und Dorfanger kontinentaler Lößdörfer so kennzeichnenden Gesell-

Abb. 485. Eselsdistelflur an einer Gartenmauer in Gurdau (Mähren). *Onopordon acanthium* (rechts), *Leonurus cardiaca* (links), *Arctium minus* (breite Blätter) u.a., dahinter *Sambucus nigra*. Phot. ILTIS.

schaft. Auf den einmal besetzten Flächen hält sie sich hartnäckig, doch fällt es ihr überraschend schwer, sich anzusiedeln, weil nach den Ansaatversuchen von KRAUSE (1950) die meisten Partner schlecht keimen oder nach der Keimung bald wieder zugrunde gehen. KRAUSE bringt dies mit einer von ihm beobachteten Verpilzung der Jungpflanzen in Zusammenhang. Möglicherweise ist aber solche Gefahr an den trockenen und warmen Standorten des *Onopordetum* weniger groß als in dem gemäßigten Klima des botanischen Gartens, in welchem die Keimungsversuche stattfanden.

Die Wolldistelflur (*Cirsietum eriophori,* Tab. 124), eine erst wenig untersuchte Gesellschaft der mit Schafen beweideten Kalkgebiete, gehört wohl ebenfalls zum *Onopordion*. Mit ihren ornamentalen Fiederschnittblättern und ihren langhaarigen Pappusschöpfen sieht auch die Wolldistel eher einer Zierpflanze ähnlich als einem Unkraut. Wie fast alle Vertreter des *Onopordion* und überhaupt die meisten Ruderalpflanzen wird sie vom Weidevieh gemieden. Nicht zuletzt aus diesem Grunde sind gerade die Dörfer, in denen die Viehwirtschaft noch extensiv betrieben wird, reich an *Onopordion*-Gesellschaften.

b Beifußgestrüppe und andere Klettenfluren

An die Stelle der Eselsdistelfluren treten in feuchterem und kühlerem Klima oder auf weniger durchlässigen Böden die Klettenfluren (*Arction,* Tab. 124 u. Abb. 485). Nur die Kleine Klette *(Arctium minus)* gedeiht auch auf warmtrockenen Standorten, während ihre großblättrigen Verwandten *(Arctium lappa* und *tomentosum)* dort selten vorkommen. Einen ähnlich mesophilen Eindruck machen das zartblättrige Schöllkraut, der schattenertragende Rainkohl, der Gefleckte Schierling, der Meerrettich mit seinen langen Blättern sowie die Brennesseln, Taubnesseln und sonstigen Partner der *Arction*-Gesellschaften (s. Abb. 486).

Wie die Untersuchungen von GROSSE-BRAUCKMANN (1953a) erwiesen haben, gleichen diese Arten jedoch in ihrer Spaltöffnungszahl pro Blattoberfläche und in ihrem Transpirationsverhalten eher den Xerophyten als den Mesophyten. Namentlich gilt dies für *Artemisia vulgaris, Ballota nigra, Chenopodium bonus-henricus, Lamium album, Urtica dioica* und *Verbena officinalis,* aber auch für *Malva neglecta* und *Urtica urens,* die zum *Sisymbrion* gehören. Den Standort dieser Ruderalpflanzen charakteri-

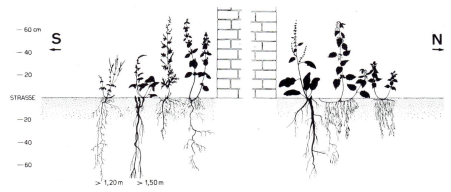

Abb. 486. Blatt- und Wurzelwerk bei einigen Ruderalpflanzen am Dorfstraßenrand. Nach GROSSE-BRAUCKMANN (1953), verändert.
Links (in Südexposition): *Verbena officinalis, Chenopodium bonus-henricus, Artemisia vulgaris, Ballota nigra*.
Rechts (stärker beschattet): *Rumex obtusifolius, Urtica dioica* und *Lamium album*.

siert GROSSE-BRAUCKMANN als „typischen mitteleuropäischen Xerophytenstandort", zumal die Luftfeuchtigkeit infolge der Wärmerückstrahlung von Hauswänden häufig auf geringe Werte absinkt. Im Hinblick auf die eigentliche Trockenvegetation Mitteleuropas (*Xerobromion-, Festucion valesiacae-* und *Onopordion*-Gesellschaften) und deren Standorte wäre es aber besser, nur von „Sonnenpflanzen" zu reden. Sogar die trockensten Probeflächen an Dorfstraßen in der Umgebung Göttingens, wo GROSSE-BRAUCKMANN seine Untersuchungen durchführte, entsprechen höchstens der *Prunella*-Subassoziation des *Koelerio-Gentianetum* (s. Abschnitt D 1 2b), also einer Gesellschaft des *Mesobromion* und nicht des *Xerobromion*.

Trotzdem bleibt die Tatsache festzuhalten, daß diese mesophil erscheinenden Ruderalpflanzen auf relativ trockenen Standorten leben und xerophytenähnlich transpirieren. Nur die Oberflächenentwicklung ihrer Blätter steht in völligem Widerspruch dazu. Das Verhältnis der Oberfläche zum Gewicht gleicht dem der Schattenpflanzen. Wie GROSSE-BRAUCKMANN mit Recht vermutet, kann dieser zarte Blattbau nur eine Folge der guten Stickstoffernährung sein. Die Ruderalpflanzen bilden also ein interessantes Gegenstück zu den Hochmoorpflanzen, die aus Stickstoffmangel xeromorphe Baumerkmale zeigen, obwohl sie auf nassen Böden leben (s. Abschnitt C III 4 a).

Die häufigste Gesellschaft des *Arction*-Verbandes ist das Beifußgestrüpp *(Tanaceto-Artemisietum)*, das sich auf Müll und Bauschutt sowie an Straßenböschungen jahrelang halten kann. Meistens folgt es auf *Sisymbrion*-Gesellschaften, insbesondere auf die Mäusegerstenflur (Tab. 124). An stärker gedüngten Dorfstraßen und Mauerfüßen wird es von der Gesellschaft des Guten Heinrich *(Balloto-Chenopodietum)* ersetzt, dem der Gänsemalven-Rain *(Urtico-Malvetum neglectae)* vorausgeht. Das *Balloto-Chenopodietum* ist vorwiegend im westlichen und nördlichen Mitteleuropa verbreitet. In Gegenden mit kontinentalerem Klima tritt die Löwenschwanz-Filzklettenflur *(Leonuro-Arctietum tomentosi)* an seine Stelle. Als Charakterarten dieser Gesellschaft gelten *Leonurus cardiaca, Conium maculatum* und *Arctium tomentosum*. Auffällig ist sie vor allem durch die grauen, nach Absinth duftenden Blätter des echten Wermuts *(Artemisia absinthium)*, der aus Kulturen verwilderte und in ihr eine Heimstätte fand. Sehr schön hat sich diese kontinentale Gesellschaft im Wallis entwickelt (s. BRAUN-BLANQUET 1961).

Die meisten Ruderalstandorte sind nicht nur reich an aufnehmbaren Stickstoffverbindungen, sondern auch an Phosphor und Kali und anderen Nährsalzen, die ja ebenfalls mit Exkrementen, Müll oder manchen sonstigen Abfällen angesammelt werden. Ob von diesen übrigen Stoffen ebenfalls große Mengen für das Gedeihen der Ruderalpflanzen nötig sind, ist noch nicht restlos geklärt. Für die Große Brennessel *(Urtica dioica)* scheint P sogar wichtiger zu sein als N. Durch Versuche von MAYSER (1954, mitgeteilt von WALTER 1963) und anderen konnte dagegen geklärt werden, daß die Form, in welcher den Pflanzen der Stickstoff angeboten wird, gleichgültig ist. Bei Versorgung mit Nitraten gedeihen Ruderalpflanzen und Ackerunkräuter ebensogut wie bei entsprechenden N-Konzentrationen, die als Ammonium gegeben werden.

c Subalpin-alpine Ruderalfluren

Die im vorigen Abschnitt erwähnte Ruderalflur des Guten Heinrich ist durch alle Vegetationsstufen bis zu den höchstgelegenen Siedlungen der Alpen hinauf verbreitet. Mit zunehmender Höhe wechseln die Gefährten von *Chenopodium bonus-henricus,* so daß man nach OBERDORFER (1957) von verschiedenen Assoziationen sprechen muß. Die subalpine Gute Heinrichs-Gesellschaft *(Chenopodietum subalpinum)* steht den bereits in Abschnitt C VI 7 b besprochenen Lägerfluren näher als den Klettenfluren tieferer Lagen. Sie wird deshalb wie das *Rumicetum alpini* einem subalpin-alpinen Verbande, dem *Chenopodion subalpinum,* zugewiesen (s. Tab. 124).

Diese subalpinen Gesellschaften erscheinen noch stärker mesophil als die Klettenfluren. Doch ist weder ihr Wasser- noch ihr Nährstoffhaushalt vergleichend studiert worden.

IX Unkrautfluren der Äcker, Gärten und Weinberge

1 Allgemeines über die Unkräuter auf bearbeiteten Böden

a Herkunft und Wuchsformen der Unkräuter

Weite Flächen Mitteleuropas sind heute Acker- oder Gartenland. Wie im Abschnitt A II 5 ausgeführt, werden diese teilweise schon seit prähistorischen Zeiten bearbeitet. Ebenso alt sind die Unkrautgemeinschaften, die sich zum Leidwesen der Bauern unter den angebauten Feldfrüchten einstellen und teilweise selbst den modernen Bekämpfungsmethoden trotzen. Früher wie heute vermochten die vom Menschen angebauten

Tab. 125. Schon für prähistorische Zeiten in der Nordschweiz nachgewiesene Unkrautarten. Nach Angaben von Rytz (1949) und Lüdi (1955); geordnet nach ihren heutigen soziologischen Verbreitungsschwergewichten

J = schon für die Jungsteinzeit belegt; die übrigen für die Bronzezeit

a im Wintergetreide	b in Hackfrüchten und Gärten	c sonstige Unkräuter (in a und b)
1. Früher kultivierte Arten:		
S *Avena fatua*[1])	*Aethusa cynapium*	*Agropyron repens*
S *A. nuda*	*Chenopodium album* (→3)	*Fallopia convolvulus* J
Matricaria chamomilla J[1])	*Panicum miliaceum*	
Valerianella locusta	*Setaria italica* J	
	S. viridis	
2. Nur in Unkrautfluren vorkommende:		
S *Agrostemma githago* J	*Euphorbia helioscopia*	*Anagallis arvensis*
S *Bromus secalinus* J	*Fumaria officinalis* J	*Atriplex patula*
S *Centaurea cyanus* J	*Geranium pusillum*	*Myosotis arvensis*
S *Lolium temulentum*	*Lamium purpureum*	*Raphanus raphanistrum*
(in Leinfeldern)	*Senecio vulgaris*	*Sinapis arvensis*
Galium spurium J	*Sonchus asper*	*Thlaspi arvense* J
Vaccaria hispanica	*S. oleraceus*	*Viola tricolor* ssp. *tric.*
Valerianella dentata J	*Stachys arvensis*	
V. rimosa	*Vicia hirsuta*	
	V. tetrasperma	
3. Auch in natürlichen Pflanzengesellschaften vorkommende:		
(keine)	*Chenopodium polysperm.* J	*Arenaria serpyllifolia*
	Polygonum lapathifolium	*Cirsium arvense* J
	P. persicaria J	*Galeopsis tetrahit* J
	Stellaria media J	*Galium aparine*
		Lapsana communis J
4. Feuchtigkeitszeiger in Getreide und Hackfrüchten, die auch in natürlichen Pflanzenges. vorkommen:		*Polygonum aviculare* J
	Mentha arvensis	*Rumex acetosella*
	Polygonum hydropiper	*R. conglomeratus*
	Ranunculus repens	*R. crispus*
	Stachys palustris	*Taraxacum officinale*

[1]) Wird heute wieder häufiger. Alle übrigen Getreideunkräuter sind sehr selten geworden oder ausgestorben, insbesondere die „Saatunkräuter" (S).

Kulturpflanzen ihren Lebensraum nicht restlos auszufüllen und alle übrigen Arten daraus zu verdrängen. In neolithischen und bronzezeitlichen Siedlungen fand man die Samen zahlreicher Unkrautarten, die auch heute noch unsere Kulturpflanzen begleiten (Tab. 125).

Viele dieser Unkräuter sind Altbürger der mitteleuropäischen Flora, wenn sie in der waldreichen Naturlandschaft auch nur eine ganz bescheidene Rolle spielen. Wir lernten sie bereits in den kurzlebigen Kräuterfluren sommertrockener Flußbetten, Teichböden und Spülsäume, auf Strandwällen sowie auf Brandflächen und Sturmlücken im Walde kennen. Auch an abbrechenden Steilufern von Flüssen, größeren Seen und Meeren sowie auf feinerdereichen Schutthalden und Schlammströmen (Murgängen) des Hochgebirges, die bis in die untere montane Stufe hinabreichen, gibt es zeitweilig offene Plätze. Nach KRAUSE (1956) dürften außerdem Tierbauten und Wildwechsel bereits vor dem Eingreifen des Menschen zur Erhaltung und Ausbreitung von Pflanzenarten beigetragen haben, die in Wäldern, Sumpfwiesen und anderen ausdauernden und dicht geschlossenen Pflanzenformationen nicht zu gedeihen vermöchten.

Nirgends aber bietet bzw. bot die Naturlandschaft Mitteleuropas Standorte und Pflanzenkombinationen, die denen unserer Äcker gleichen. Wie bei den Wiesen und Düngeweiden handelt es sich also auch bei den Feldunkraut-Gesellschaften um neu geschaffene Formationen. Ja, diese sind noch naturferner als jene, indem sie zahlreiche Arten beherbergen, die unserer Flora ohne Zutun des Menschen sicher fehlen würden (s. WEINERT 1973).

Manche Getreideunkräuter stammen, wie die Wildformen unserer Getreidearten

Abb. 487. Unkrautflur einer Roggenstoppel auf saurem lehmigem Sand der böhmisch-mährischen Höhe mit *Aphanes arvensis* (ganz vorn), *Rumex acetosella* (Rosette), *Anthemis arvensis* (rechts u. ganz links), *Sagina procumbens* (links) und *Cerastium fontanum* (Mitte). Der Ausschnitt ist etwa 40 cm breit. Phot. ILTIS-SCHULZ.

und der Getreideanbau überhaupt, aus den Steppen, Gebirgssteppen und Halbwüsten Vorderasiens. Andere sind im Mittelmeergebiet beheimatet und würden sich bei uns ebensowenig halten können, wenn ihnen der Bauer nicht die nötigen Freiplätze verschaffte. Mit dem neuzeitlichen Weltverkehr kamen Arten aus überseeischen Ländern hinzu, insbesondere aus Nord- und Mittelamerika. Die Zuwanderung florenfremder Elemente in unsere Feld- und Gartenunkrautfluren ist heute noch nicht abgeschlossen. Erst nach 1950 begann z. B. eine etwa hundert Jahre vorher eingeschleppte Knopfkrautart *(Galinsoga ciliata),* sich im westlichen Mitteleuropa auszubreiten; heute ist sie in großen Teilen eingebürgert. Solche Neulinge können auf dem Acker- und Gartenlande besonders deshalb Fuß fassen, weil sie dort immer wieder offene Plätze finden und vor der Konkurrenz der meisten mehrjährigen Arten unserer heimischen Flora geschützt bleiben. Um sich in Mitteleuropa auf die Dauer als Acker- oder Gartenunkraut, d. h. als ein vom Menschen an ihrem Wuchsort unerwünschtes Gewächs, halten zu können, muß eine Pflanze folgende Eigenschaften besitzen:

1. Ist sie ein kurzlebiger Therophyt, so muß sie sich von der Keimung bis zur Fruchtreife rasch zu entwickeln vermögen.
2. Wenn sie nicht jederzeit zu keimen oder auszutreiben vermag, muß sich ihr Entwicklungsrhythmus in den Bearbeitungsrhythmus des Ackers bzw. Gartens und zugleich in den Klimarhythmus der betreffenden Gegend einfügen.
3. Außerdem muß sie in der Lage sein, eine zeitweilige Beschattung zu ertragen, oder ihr – wie Ackerwinde, Wicken und Platterbsen – durch Emporklettern rechtzeitig zu entgehen (s. Abb. 488–490).
4. Ob annuell oder ausdauernd, muß sie sich nach mechanischer Beschädigung oder nach dem Umwenden der Erdschollen leicht regenerieren können.
5. Heute muß sie darüber hinaus fähig sein, die seit 20 Jahren steigende Anwendung von Herbiziden (chemischen Bekämpfungsmitteln) wenigstens mit einigen spät keimenden oder wieder austreibenden Individuen zu umgehen.

Sowohl die Therophyten als auch die Hemikryptophyten und Geophyten unter den Unkräutern kann man mit ELLENBERG (1950) nach dem Zeitraum, in welchem assimilationsfähige Blätter vorhanden sind, in folgende vier Gruppen einteilen:

f Frühjahrspflanzen, deren Blätter und Blüten sich nur im zeitigen Frühling entwickeln und im Sommer bereits verdorrt sind (z.B. der Therophyt *Veronica triphyllos* sowie *Ornithogalum umbellatum, Tulipa silvestris* und andere seltene Geophyten mediterraner Herkunft);

v Vom Vorfrühling ab grüne, also früh keimende oder austreibende und bis in den Winter hinein assimilierende Arten, deren Blätter aber scharfen Frösten nicht standhalten (wie *Chenopodium album* und *Agropyron repens);*

s Sommergrüne, d. h. Therophyten, die im Spätfrühling oder Frühsommer keimen und den nächsten Winter nur als Samen überdauern (*Setaria* und *Panicum*-Arten, *Solanum nigrum* u. a.) sowie spät austreibende Geophyten (wie *Convolvulus arvensis);*

w Überwinternde, d. h. einjährige Arten, die in Sommertracht überwintern (*Stellaria media, Capsella bursa-pastoris, Senecio vulgaris* u. a.) sowie manche Ausdauernde (z. B. *Ranunculus repens*).

Je nach Fruchtfolge und Wirtschaftsintensität sind die Therophyten, Geophyten und Hemikryptophyten mit ihren verschiedenen Untergruppen ungleich stark am Aufbau der Unkrautgesellschaften beteiligt. In ausdauernden Kulturen, z. B. in Klee und Luzerne, überwiegen die Hemikryptophyten, in oft gehackten Gärten die Therophyten und Geophyten.

Da die Therophyten durch Herbizide sowie durch das Eggen, Hacken oder Ernten

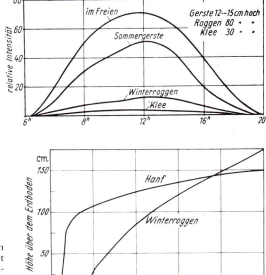

Abb. 488. Tagesgänge der Beleuchtungsstärke am Boden von Beständen verschiedener Kulturpflanzen. Nach TRANQUILLINI (1960), etwas verändert.

Abb. 489. Vertikale Lichtabnahme in Beständen von Winterroggen (mit großenteils nicht horizontal stehenden, schmalen Blättern) und Hanf (mit einer Schicht von breiten Blättern). Nach RADEMACHER, aus TRANQUILLINI (1960).

häufig schon vor Erreichen der Samenreife vernichtet werden, ist es für sie von Vorteil, wenn ihre Samen nicht alle gleichzeitig keimen und die nicht aufgelaufenen ihre Keimfähigkeit möglichst lange bewahren. Arten mit ungleichmäßigem Keimverzug herrschen daher unter den Ackerunkräutern vor. Bei einigen hochwüchsigen Unkrautarten, die früher mit dem Getreide oder dem Flachs zusammen abgeerntet wurden, hat der Mensch jedoch im Laufe der Jahrtausende unbewußt geradezu entgegengesetzte Eigenschaften herangezüchtet. Als solche „Kulturpflanzen-Eigenschaften" sind nach THELLUNG (1925) und anderen Autoren vor allem zu nennen:

1. Geringer Keimverzug, d. h. rasches und vollzähliges Auskeimen nach der Aussaat (beispielsweise bei *Agrostemma githago* und *Bromus secalinus*).
2. Verlust der Keimfähigkeit nach weniger als einem Jahre auch bei trockener Lagerung (ebenfalls bei den unter 1 genannten Arten).
3. Fehlen natürlicher Ausstreu- und Verbreitungseinrichtungen (z. B. bei dem Flachs-Unkraut *Camelina alyssum*, dessen Früchte sich nur durch Druck öffnen, bei *Agrostemma*, deren Samen schlecht aus der Kapsel herausfallen, und bei *Avena nuda*, deren Früchte sich nicht spontan loslösen).
4. Große Samen oder andere Verbreitungseinheiten ähnlicher Gestalt, die schlecht von denen der Kulturpflanze zu trennen sind (z. B. Früchte von *Camelina alyssum*, Schotenglieder von *Raphanus raphanistrum*).

Agrostemma githago, *Bromus secalinus* und andere Arten, deren Samen ihre Keimfähigkeit im Erdboden bereits nach einigen Monaten verlieren, sind darauf angewiesen, daß sie alljährlich mit dem Getreide zusammen ausgesät werden. Seit das Saatgut in den letzten Jahrzehnten durch immer vollkommenere Maschinen gereinigt wird, sind diese einst fast allgegenwärtigen Getreideunkräuter aus Mitteleuropa fast verschwunden. Solchen „Saatunkräutern" im engeren Sinne stehen Arten wie *Centaurea cyanus* nahe, deren Samen zwar etwas länger keimfähig bleiben, aber ebenfalls größenteils der Saatgutreinigung zum Opfer fallen. Die früher als unausrottbar geltende blaue Kornblume ist daher ebenfalls zur botanischen Seltenheit geworden, zumal sie auch durch Herbizide leicht zu bekämpfen ist.

Überhaupt hat sich der Unkrautbestand der Äcker im Laufe der Jahrhunderte stärker gewandelt, als man sich heute gewöhnlich bewußt ist. Wie bereits in Abschnitt A II 4 angedeutet, müssen die Gesellschaften in prähistorischen Zeiten und noch zur Zeit der mittelalterlichen Dreifelderwirtschaft „grünlandähnlich" gewesen sein. Zwar gab es schon im 10. Jahrhundert „Getreideunkräuter", wie *Agrostemma, Anthemis arvensis, Centaurea cyanus* und *Neslia paniculata*, sowie manche „Hackfruchtunkräuter", z. B. *Aethusa cynapium, Euphorbia helioscopia* und *Solanum nigrum* (WILLERDING 1973). Alljährlich blieb aber ein Teil der Feldflur unbebaut liegen und wurde beweidet. Außerdem vermochte man mit den primitiven Pflügen, besonders mit dem hölzernen Hakenpflug, den Boden wohl zu lockern, aber nicht zu wenden. Nur in der Feldgraswirtschaft, z. B. im südlichen Schwarzwald oder in Schleswig-Holstein, sowie in Kleegras-Fruchtfolgen waren bis in jüngste Zeit hinein noch Wiesenpflanzen regelmäßig als Ackerunkräuter anzutreffen. Häufiges Umwenden der Krume und mehrfaches Hacken vertragen aber die meisten von ihnen nicht. Immer größer wurde daher während der letzten Jahrzehnte der Anteil kurzlebiger Arten an den Ackerunkraut-Gemeinschaften, besonders solcher, die wie *Thlaspi arvense* und *Capsella bursa-pastoris* zu jeder Jahreszeit zu keimen vermögen (SALZMANN 1939).

Erneute, noch nicht absehbare Umstellungen im Artengefüge der Feldgemeinschaften bewirken die modernen chemischen Bekämpfungsmittel und Erntemaschinen. Da man das Getreide für den Mähdrusch länger auf dem Halm stehen lassen muß, können sich manche Unkräuter reichlicher aussamen als früher. Der schon fast ausgerottete Flughafer *(Avena fatua)* beispielsweise ist dadurch erneut zu einem lästigen Unkraut geworden, ja hat sich in Gegenden ausgebreitet, in denen er früher nahezu unbekannt war. Im allgemeinen ist aber der Existenzkampf der Unkräuter heute härter geworden. Die von ihnen gebildeten Gemeinschaften werden immer ärmer an Individuen und auch an Arten, namentlich an floristischen Seltenheiten (s. Abschnitt 2 e). Das Minimumareal der meisten Unkrautgesellschaften ist von ehemals etwa 25–50 m^2 auf 200–500 m^2 angewachsen. Trotz ihrer zunehmenden Uniformierung lassen sie sich aber auch heute noch als Zeiger ihrer Standortsbedingungen verwenden.

b *Unkrautgemeinschaften als gesetzmäßig entstandene Artenkombinationen*

Im Gegensatz zu Wäldern, Mooren, Trockenrasen und anderen natürlichen oder halbnatürlichen Formationen galten die Ackerunkrautbestände ebenso wie die Ruderalpflanzen-Gesellschaften lange Zeit als ziemlich zufällige Gebilde, deren nähere Untersuchung sich wissenschaftlich nicht recht lohne. Seit den Arbeiten von VOLKART (1933), EICHINGER (1937), BUCHLI (1936), SALZMANN (1939), TÜXEN (1937, 1950a), ELLENBERG (1950), SISSINGH (1950) und vielen anderen besteht jedoch kein Zweifel mehr daran, daß die Ackerunkraut-Gemeinschaften gesetzmäßig von ihrer Umwelt geprägt werden und trotz ihres scheinbar kurzen Daseins und der ständigen Bekämpfungsmaßnahmen dauerhafte Gebilde sind. Sie lassen sich ebensogut zu Typenbegriffen zusammenfassen wie die Wiesen, Weiden, Forstgesellschaften und sonstigen durch Mithilfe des Menschen zustandegekommenen Artenkombinationen, und sie sind kaum schlechter zu charakterisieren als viele natürliche Pflanzengesellschaften.

Wenn die Erde umgebrochen oder das Saatbett einer Kulturpflanze frisch bereitet ist, hat es zwar den Anschein, als sei der Acker unbelebt und als entstünde die Unkrautgemeinschaft später ganz von neuem. In Wirklichkeit ist sie aber immer vorhanden, wenn auch zeitweilig nur latent in Form von Samen oder von regenerationsfähigen unterirdischen Organen. Auch hierin besteht kein grundsätzlicher Unterschied zu natürlichen Pflanzenformationen, z. B. zu den Krautfluren trocken fallender Flußbetten oder mancher Halbwüsten. Sogar der Boden vieler Laubwälder erscheint ja im Winter wie tot. Trotzdem sind die Kräuter und Gräser gegenwärtig, mit denen er sich im Frühjahr erneut schmückt. Je nach der angebauten Kulturpflanzenart und nach den Bearbeitungs- und Bekämpfungsmaßnahmen wird allerdings aus dem latenten Pflanzenvorrat der Ackerkrume Jahr für Jahr eine etwas andere Artenkombination herausentwickelt.

Der Vorrat an Samen oder anderen Keimen, aus denen sich die Unkrautgemeinschaften rekrutieren, war und ist nach den Angaben von KORSMO (1930), WEHSARG (1954), v. BORSTEL (1974) und anderen erstaunlich groß. Pro m^2 wurden in der Regel mehrere 100, in einzelnen Fällen über 5000, gezählt (s. Tab. 126). Viele dieser Samen bewahren

Tab. 126. **Bewuchs und Samenvorrat einer dreijährigen Sozialbrache** auf saurer Ranker-Braunerde im Dillgebiet, 380 m ü.M. Nach Angaben von Borstel (1974)

Arten mit Schwerpunkten	B	S	Arten mit Schwerpunkten	B	S
in **Unkrautfluren**:			im **Grünland**:		
z *Centaurea cyanus*	2		*Dactylis glomerata*	+	
z *Bromus secalinus*	+		*Phleum pratense*	+	
Sonchus asper	+		v *Alopecurus pratensis*	+	
Apera spica-venti	3	2	*Anthoxanthum odoratum*	+	
Tripleurospermum inodorum	2	64	v *Leucanthemum vulgare*	+	
Myosotis arvensis	+	105	*Ranunculus acris*	+	
Viola tricolor	+	104	*Alchemilla vulgaris*	+	
Chenopodium album	+	35	*Cirsium palustre*	+	
Vicia hirsuta	+	3	*Trifolium pratense*	+	
Galeopsis tetrahit	+	2	*Trifolium hybridum*	+	
Raphanus raphanistrum	+	2	v *Trifolium repens*	+	5
Scleranthus annuus	+	2	v *Agrostis tenuis*	3	590
z *Veronica persica*		66	v *Poa trivialis*	3	370
z *Arabidopsis thaliana*		49	*Holcus lanatus*	2	104
z *Gnaphalium uliginosum*		40	v *Festuca rubra*	+	4
Capsella bursa-pastoris		6	v *Galium mollugo*		2
Spergula arvensis		5	v *Poa pratensis*		25
Thlaspi arvense		1	*Hypericum perforatum*		6
Lamium purpureum		1	*Hypericum maculatum*		1
			Veronica serpyllifolia		1
in **verschiedenen** Formationen:					
v *Agropyron repens*	1				
Galium aparine	1				
v *Linaria vulgaris*	+				
Verbascum nigrum	+		B = Derzeitiger Bewuchs von 100 m^2 nach dreijährigem Brachliegen des ehemaligen Ackerfeldes. Die Ziffern bedeuten Mengen nach Braun-Blanquet.		
Plantago major	+				
Poa annua	+	12			
v *Cirsium arvense*	1	8			
Rumex obtusifolius	+	2			
Polygonum aviculare	+	1	S = Zahl der Samen, die aus Bodenproben von 10 cm Mächtigkeit und insgesamt 800 cm^2 Fläche zum Keimen gebracht wurden (1 = 12,5 pro m^2).		
Fallopia convolvulus	+	1			
Rumex crispus		11			
v *Rumex acetosella*		2			
Veronica hederifolia		2	v = Arten mit starker vegetativer Vermehrung.		
in **Waldlichtungen**:					
Epilobium montanum		37	z = Rasch zurückgehende Saatunkräuter und andere Annuelle.		
Epilobium tetrag. ssp. *lamyi*		28			
Gnaphalium sylvaticum		4	**Holzgewächse fehlen noch!**		

ihre Keimfähigkeit über mehrere Jahre, wie aus den Untersuchungen von KOZMA (1922), KORSMO (1939), SALZMANN (1939) und anderen hervorgeht. Manche überdauern sogar eine jahrzehntelange Zwischennutzung durch Grünland oder Wald oder eine entsprechend lange Zeit chemischer Bekämpfung und erscheinen dann überraschend wieder. Nur wenn sie zu tief vergraben werden – nach KOZMA z. B. 50 cm tief –, sterben auch die Samen dauerhafter Arten in kurzer Zeit an Sauerstoffmangel.

Wird ein alter Waldboden, ein entwässertes Moor oder ein anderes, bisher niemals beackertes Geländestück in Kultur genommen, so ist das Neuland zunächst fast frei von echten Ackerunkräutern. Wenn in der Nähe keine Unkrautfluren vorhanden sind, dauert es lange, bis sich eine standortsgemäße und artenreiche Gemeinschaft herausbildet. Zuerst siedeln sich Gattungen wie *Cirsium, Sonchus, Senecio* oder *Taraxacum* an, deren Samen durch den Wind herangetragen werden. Mit dem Stallmist gelangen Unkräuter auf den Acker, deren Samen widerstandsfähig gegen Fäulnisbakterien sind, nach WEHSARG z. B. *Chenopodium album, Stellaria media* und manche Leguminosen. Wieder andere werden an den Hufen von Wild- und Haustieren oder an Wagenrädern klebend herangeschleppt oder bei unvollständiger Reinigung mit dem Saatgut angesät. Aber noch nach Jahrzehnten sieht man nach J. TÜXEN (1958) an der Artenkombination, daß es sich um einen Neuumbruch handelt.

Mag die Kombination der Unkräuter auf einem Neulande anfangs ganz „zufällig" sein, so trifft doch der Standort bald eine Auslese. Von den über 300 Ackerunkrautarten Mitteleuropas sind es immer nur etwa 15–40, die sich an einem bestimmten Ort zu einer Gemeinschaft zusammenfinden. Diese Auslese ist vor allem eine Folge der Konkurrenz. Kurz nach dem Auflaufen schon bedrängen sich die Keimlinge, und selten bleibt eine Einzelpflanze allein von den Herbiziden oder Bearbeitungsgeräten ver-

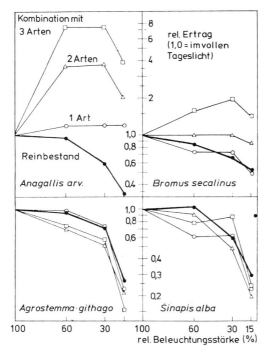

Abb. 490. Auswirkungen verschiedener Beleuchtungsstärke auf die Trokkensubstanz-Produktion von vier Ackerunkraut-Arten jeweils im Reinbestand und im Mischbestand mit einer anderen Art, mit 2 und mit 3 anderen Arten. Nach BORNKAMM (1961), verändert. Alle Arten gedeihen in Reinkultur bei vollem Tageslicht am besten und bei stärkster Abdunklung am schlechtesten.

Im Wettbewerb mit anderen Arten bleibt die hochwüchsige Kornrade *(Agrostemma githago)* überlegen und behält etwa gleiche Produktionsraten bei wie im Reinbestand. Das andere Extrem des Verhaltens im Mischbestand zeigt der niedrige Acker-Gauchheil *(Anagallis arvensis)*. Er wird bei vollem Tageslicht von jeder der übrigen Arten und besonders von allen dreien gemeinsam stark unterdrückt. Bezogen auf diese Situation geht es ihm um so besser, je weniger Licht den Mischbeständen zur Verfügung steht, weil die hochwüchsigen Arten sich weniger kräftig entwickeln können. (Er erträgt den Schatten also besser als die übrigen, ist aber keineswegs „schattenliebend".) Die Roggentrespe und der Weiße Senf verhalten sich intermediär.

schont, so daß der Wettkampf unter eng benachbarten Individuen weitergeht. Der schärfste Konkurrent aber bleibt für alle Unkräuter die vom Menschen begünstigte Kulturpflanze (s. Abb. 488, 489). Sie bestimmt daher wesentlich mit, welche Unkrautarten zum Zuge kommen.

Ähnlich wie in unseren Laubwäldern nimmt die Helligkeit unter den emporstrebenden Getreiden und Hackfrüchten im Laufe des Sommers mehr oder minder rasch ab. Auch die Verteilung des Lichtes am Boden erinnert an diejenige im Walde (s. Abb. 488). Wie die Baumschicht entzieht die Kulturpflanzenschicht den unter ihr lebenden Kräutern außerdem Wasser und Nährstoffe. Deren Entwicklung wird um so mehr beeinträchtigt, je rascher sich der Nutzpflanzenbestand schließt, je höher er wird und je dichter sich sein Blattmosaik zusammenfügt. Sommergerste z. B. unterdrückt die Unkräuter weniger als Roggen (Abb. 488), und dieser wird von Dikotylen wie Rotklee und Hanf übertroffen (Abb. 489).

Am Beispiel der Beleuchtungsstärke, des Säuregrades und anderer Faktoren läßt sich auch für Ackerunkräuter zeigen, daß viele von ihnen durch Konkurrenten auf unteroptimale Standorte verdrängt werden (s. Abb. 490). Alle von BORNKAMM (1961) experimentell geprüften Arten gedeihen bei vollem Tageslicht am besten. In Mischkultur unterdrücken aber hochwüchsige Arten wie Kornrade und Senf die niederwüchsigen, so daß diese unter dem vereinten Wettbewerbsdruck von Nutzpflanzen und überlegenen Unkräutern mit relativ dunklen Plätzen vorlieb nehmen müssen.

Sei es unmittelbar oder sei es durch den Druck von Konkurrenten, wirken zahlreiche anorganische Standortsfaktoren auf das Artengefüge der Unkrautgemeinschaften ein. Namentlich die Feuchtigkeit des Bodens und der Kalkgehalt, aber auch die Stickstoffversorgung und andere chemische Faktoren zeichnen sich mehr oder minder scharf in ihm ab. Außerdem prägen sich Klimaeigenschaften in ihm aus, insbesondere die Wärme.

Da viele Arten kurzlebig sind, reagieren die Ackerunkraut-Gemeinschaften deutlicher als die meisten anderen Pflanzengesellschaften Mitteleuropas auf den von Jahr zu Jahr eintretenden Wechsel der Standortsfaktoren. Ein nasses Frühjahr z. B. begünstigt

Tab. 127. Wirkungen der ungewöhnlich trockenen Witterung im Jahre 1952 auf Ackerunkräuter in Dauerdüngungsversuchen. Nach F. Koch (1955), verändert[1])

stark beeinträchtigt (1952 < 70% von 1951)	**mäßig** beeinträchtigt (1952 70–90% von 1951)	**kaum** beeinträchtigt (1952 > 90% von 1951)
Anthemis arvensis	A Agropyron repens	Anagallis arvensis
Aphanes arvensis	Capsella bursa-pastoris	B Arenaria serpyllifolia
Arabidopsis thaliana	A Equisetum arvense	Chenopodium album
Conyza canadensis	Galeopsis tetrahit	A Cirsium arvense
Euphorbia exigua	Galinsoga parviflora	A Convolvulus arvensis
Geranium dissectum	Galium aparine	Fallopia convolvus
Gnaphalium uliginosum	Polygonum persicaria	A Mentha arvensis
Lamium amplexicaule	Senecio vulgaris	Papaver rhoeas
Lamium purpureum	A Sonchus arvensis	B Plantago major
Matricaria chamomilla	Stellaria media	B Taraxacum officinale
Myosotis arvensis	Thlaspi arvense	Viola arvensis
Poa annua	Veronica persica	
Raphanus raphanistrum		
Sinapis arvensis	[1]) Herbizide wurden 1951/52 noch nicht eingesetzt	
Sonchus oleraceus		
Veronica hederifolia	A = Ausdauernde Arten	
Vicia angustifolia	B = Biannuelle oder bedingt ausdauernde Arten	
Vicia hirsuta	(alle übrigen sind kurzlebige Sommer- oder Winterannuelle)	

Feuchtigkeitskeimer, ein dürrer Sommer dagegen ausdauernde Unkräuter, weil die Annuellen weniger Samen ausreifen können als in Normaljahren (F. KOCH 1955, s. Tab. 127). Bei reichlicher Düngung machen sich anspruchsvolle Arten breit, die sonst kümmernd zurücktreten. Vor allem aber wirkt sich der jährliche Wechsel der Deckfrucht sowie der Bearbeitungsabfolge und der Bekämpfungsmittel auf die Unkrautbestände aus. Um mit RADEMACHER (1948) zu sprechen, entstehen dadurch verschiedene „Aspekte" der in Form von Samen und unterirdischen Organen dauernd latent gegenwärtigen Unkrautgemeinschaften. Trotz gleitender Übergänge werden diese in der pflanzensoziologischen Systematik scharf unterschieden; sie erfordern daher eine eingehende Darstellung.

2 Ackerunkraut-Gesellschaften und ihre Standorte

a) Unkrautfluren der Winter- und Sommerfrüchte

Die systematische Gliederung der Acker- und Gartenunkraut-Gesellschaften hat sich im Laufe der letzten 40 Jahre mehrfach gewandelt. Nur in einem Punkte sind sich die meisten Pflanzensoziologen einig geblieben: sie trennen die Unkrautgesellschaften der Hack- und Halmfrüchte bzw. der Sommer- und Winterfrüchte voneinander, und zwar auf der höchsten Stufe der systematischen Hierarchie. Noch OBERDORFER (1970) unterscheidet die Klassen:

1. Getreideunkrautfluren *(Secalietea)* mit den Ordnungen
   Bodensaure G. *(Aperetalia)*
   Kalk-G. *(Secalietalia)*
2. Hackunkraut- und Ruderalfluren *(Chenopodietea)* mit
   Hackunkrautfluren *(Polygono-Chenopodietalia)*[1]
   Kurzlebige Ruderalfluren *(Sisymbrietalia)*
   Ausdauernde Ruderalfluren *(Onopordetalia)*

Er bringt also die bereits im Abschnitt VIII behandelten Ruderalfluren relativ trockener Böden in engere Verbindung mit dem Unkrautbestand beispielsweise eines Rübenfeldes als mit der Unkrautgesellschaft, die sich ein Jahr später auf demselben Feld unter Winterweizen einfindet. Das Gemeinsame mit den Ruderalfluren liegt vor allem darin, daß sich zahlreiche Stickstoffzeiger auch unter Hackfrüchten und in Gärten wohlfühlen, weil diese in der Regel stärker gedüngt werden als Getreidebestände. Zu den Klassenkennarten *(Chenopodietea)* gehören beispielsweise:

Aethusa cynapium
Amaranthus albus
  und andere A.-Arten
Echinochloa crus-galli
Portulaca oleracea
Senecio vernalis
Solanum nigrum
Urtica urens u. a.

Chenopodium album
  und andere Ch.-Arten
Capsella bursa-pastoris
Senecio vulgaris
Sonchus oleraceus
Stellaria media
Tripleurospermum inodorum
  u. a.

Für die Hackunkrautfluren *(Polygono-Chenopodietalia)* gelten weitere anspruchsvolle Arten als charakteristisch, namentlich:

Chenopodium polyspermum
Euphorbia peplus
Galinsoga ciliata
Mercurialis annua
Oxalis corniculata
Setaria glauca
S. verticillata
S. viridis
Veronica agrestis u. a.

Anagallis arvensis
Euphorbia helioscopia
Galinsoga parviflora
Geranium dissectum
Lamium amplexicaule
L. purpureum
Sonchus arvensis u. asper
Spergula arvensis
Veronica persica u. a.

---

[1] in gemäßigtem Klima. Die Hackunkrautfluren des warm-trockenen Klimas *(Eragrostietalia)* sind selbst in der warmen Oberrheinebene kaum vertreten.

Die in den jeweils rechten Kolonnen beider Listen genannten Arten sind aber den Hackfrüchten keineswegs treu, sondern finden sich fast ebenso oft im Getreide, wenn auch zuweilen mit geringerer Vitalität. Das Umgekehrte gilt für die Arten, die von OBERDORFER (1970) als Klassen-Kennarten der Wintergetreideäcker *(Secalietea)* genannt werden:

    Alopecurus myosuroides   Anthemis arvensis
    Buglossoides arvensis   Papaver rhoeas
    Galium spurium   Sherardia arvensis
    G. tricornutum   Sinapis arvensis
    Ranunculus arvensis   Valerianella locusta
       u. a.   V. rimosa
                                      Vicia sativa angustifolia
                                      Viola tricolor arvensis u. a.

Hier ist die rechte Kolonne sogar länger als die linke, und auch die darin genannten Arten sind den Wintergetreiden keineswegs alle treu. Gut charakterisiert sind dagegen die Kalk-Getreideunkrautfluren – oder besser gesagt, sie waren es; denn die meisten der (in Abschnitt 2 b aufgeführten) Kennarten sind infolge intensiverer Wirtschaft selten geworden. Das gleiche gilt für die Kennarten der bodensauren Getreideunkrautfluren, für die ebenfalls auf Abschnitt 2 b verwiesen sei. Neben den als charakteristisch für bestimmte Vegetationseinheiten eingestuften Arten gibt es zahlreiche „Begleiter", die ohnehin den Halm- und Hackfrucht-Gesellschaften gemeinsam sind, z. B. *Agropyron repens, Galium aparine, Fallopia convolvulus, Poa annua, Tussilago farfara* und *Vicia hirsuta*.

Wie ELLENBERG (1950, 1963), RADEMACHER (1958) und viele von SCHUBERT und MAHN (1968) zitierte Autoren betonen, und wie OBERDORFER schon 1957 einräumte, gibt es also zahlreiche Querverbindungen zwischen Halm- und Hackfrucht-Unkrautfluren. Man sollte die Konsequenz daraus ziehen und sie systematisch vereinigen oder doch einander näherrücken, zumal die intensivere Wirtschaft heute auch in ökologischer Hinsicht eine Annäherung bewirkt (s. Abschnitt 2 e). Den ersten Schritt in dieser Richtung taten kürzlich GÉHU, RICHARD und TÜXEN (1973), indem sie alle Ackerunkraut-Gesellschaften wieder in eine Klasse zusammenfaßten *(Stellarietea mediae)*.

Da weitere Änderungen des Systems zu erwarten sind und der Wandel der Unkrautfluren unter dem Druck der modernen Bekämpfungsmittel noch in vollem Gange ist, wollen wir in diesem Buche davon absehen, einzelne Einheiten näher zu schildern. Wir werden uns auf einige große Gruppen von Gesellschaften beschränken und vor allem ökologische Fragen behandeln. Doch sei vorweg darauf hingewiesen, daß auch in jüngster Zeit immer wieder Arbeiten über Ackerunkrautfluren erschienen sind, und zwar aus allen Teilen Mitteleuropas, wenn auch im Osten ein Schwergewicht liegt. Als Beispiele seien unter anderen genannt: BURRICHTER (1963), BRUN-HOOL (1963), HILBIG (1962, 1966, 1967 a), HILBIG und MAHN (1970), HOFMEISTER (1970), HOLZNER (1970, 1971), KUTSCHERA (1966), MAHN und SCHUBERT (1962), MEISEL (1966 a, 1967, 1969 a u. c), NEZADAL (1972), PASSARGE und JURKO (1975), RODI (1966), SCHUBERT und KÖHLER (1964), SCHUBERT und MAHN (1968), TILLICH (1969 a), WEDECK (1972) und WIEDENROTH und MÖRCHEN (1964).

b   Ursachen des Aspektwechsels zwischen Halm- und Hackunkrautfluren

Das mehr oder minder zahlreiche Auftreten von sog. Hackfrucht- und Halmfrucht-Unkräutern auf einem und demselben Acker hängt zweifellos damit zusammen, daß je nach der angebauten Kulturpflanze bald die eine und bald die andere Gruppe stärker begünstigt wird. Welche Faktoren bewirken diesen Aspektwechsel?
    Offenbar spielt die Natur der Deckfrucht als solche nur eine untergeordnete Rolle. Denn Sommerweizen, Hafer und Mais sind zwar Getreide, beherbergen aber untypische oder „hackfruchtnahe" Unkrautbestände. Auf ausnahmsweise nicht bestellten Äckern sieht man zuweilen recht gut charakterisierte Hackfrucht- oder Getreide-Un-

krautfluren, obwohl überhaupt keine Kulturpflanze darauf wächst. Das zeigte sich auch im Göttinger Sukzessionsversuch, auf den wir in Abschnitt X 1 b zurückkommen werden.

Wichtiger als die Deckfrucht ist neben der Nährstoff-Versorgung die Art und Weise, wie der Boden bearbeitet wurde. Doch besteht zwischen den mechanischen Maßnahmen und der Artenkombination der Unkräuter kein direkter Zusammenhang. „Hackfrucht-Unkräuter" erwiesen sich keineswegs als resistenter gegen öfteres Hacken als die meisten „Getreide-Unkräuter". Eher ist das Gegenteil der Fall, wie ein auf dem Gute Monrepos nördlich Stuttgart ausgeführter (nicht veröffentlichter) Versuch mit 1- bis 16fachem Hacken ergab. Ausschlaggebend ist vielmehr der Zeitpunkt, zu dem das letzte (oder einzige) Hacken oder sonstige radikale Bearbeiten erfolgte. Liegt dieser im Spätherbst oder im Vorfrühling, so entsteht eine mehr oder minder typische „Getreide-Unkrautgesellschaft", einerlei, ob Getreide angebaut wurde oder nicht. Wird erst im Mai oder Juni oder gar noch später gehackt, oder wird vor diesem Zeitpunkt alles Unkraut chemisch bekämpft, so bildet sich dagegen auf demselben Acker eine „Hackunkraut-Gesellschaft" aus, vorausgesetzt, daß es sich um einen zuvor jahrzehntelang abwechselnd mit Hack- und Halmfrüchten bebauten Acker handelt und daß dieser in der planaren, collinen oder submontanen Stufe liegt (s. auch Abschnitt X 1 b).

Während der kühlen Jahreszeit keimen die meisten Hackfruchtunkräuter nicht, wie schon SALZMANN (1939, s. auch ELLENBERG 1963) an Beispielen zeigen konnte. Bei den von LAUER (1953) in Reihen-Thermostaten untersuchten Arten liegt das Keimungsoptimum über 20°C und z. T. sogar das Keimungsminimum über 15°C (Abb.

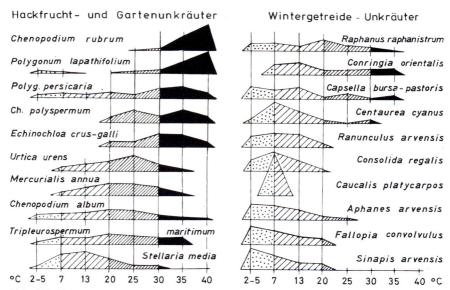

Abb. 491. Keimungsraten einiger vorwiegend in Sommerfrüchten und Gärten (links) und einiger vorwiegend in Wintergetreide auftretender Ackerunkräuter (rechts) bei konstant gehaltenen Temperaturstufen. Nach Angaben von LAUER aus ELLENBERG (1963), verändert.
Die Kurven geben die prozentuale Verteilung aller gekeimten Samen auf die an der Abszisse abgetragenen Konstant-Temperaturen an. Wärmekeimer laufen bevorzugt zwischen 20 und 30°C (eng schraffiert) oder sogar über 30° auf (schwarz). Kältekeimer werden durch Temperaturen unter 20° (weit schraffiert), z. T. sogar unter 7° (punktiert) begünstigt.

491). Die von ihr geprüften Getreideunkräuter dagegen erwiesen sich als Kaltkeimer mit optimalen Keimprozenten bei Temperaturen unter 10°C. Haben diese und die indifferenten Arten den Acker bereits besetzt, wenn die Bodentemperaturen im Spätfrühling den Warmkeimern zuzusagen beginnen, so können sich letztere aus Lichtmangel kaum noch entwickeln. Erst nach der Getreideernte fällt genügend Licht auf den Boden, um sie emporkommen zu lassen. Findet die letzte Bearbeitung des Feldes in der warmen Jahreszeit statt, so haben die Warmkeimer dagegen von vornherein einen guten Start. Da sie sich nach LAUER großenteils sehr rasch entfalten, gewinnen sie die Oberhand. LAUERS Ergebnisse wurden von W. KOCH (1970) bestätigt und ergänzt.

Die Keimungstemperaturen sind also wesentlich mitbestimmend für den jeweiligen Aspekt der Ackerunkraut-Gesellschaft. Sie machen es auch verständlich, warum die Hackfruchtunkräuter in Gegenden mit warmen Sommern allgemein eine größere Rolle spielen als in relativ kühlen Gebieten. Im ozeanischen Klima Irlands z. B. fehlen alle bei LAUER aufgeführten Wärmekeimer so gut wie ganz oder sind nur als unbeständige Adventivpflanzen bekannt. Im relativ kontinentalen Havelland dagegen besiedeln *Setaria*-Arten und andere „Hackunkräuter" nach PASSARGE (1959) regelmäßig auch die Getreideäcker, und nicht nur die Hackfruchtfelder. Das gleiche fand BRUN-HOOL (1963) in der warmen Oberrheinischen Tiefebene. Je nach den Umweltbedingungen gedeihen also Hackfruchtunkraut-Gesellschaften sehr oft auch im Getreide, während das Umgekehrte seltener zu beobachten ist.

Aufschlußreich war ein Naturexperiment, das SEIBERT (1965) auswertete, nämlich ein langdauerndes Juni-Hochwasser im Bereich der Donau. Unmittelbar danach entwickelten sich auf den Äckern Wiesenpflanzen sowie Vertreter von Gesellschaften

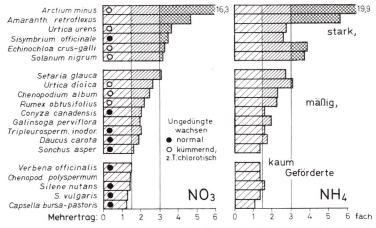

Abb. 492. Auswirkung gesteigerter Nitrat- und Ammonium-Düngung auf Reinbestände von Unkraut- und Ruderalpflanzen in Topfkulturen. Nach Daten von MAYSER bei WALTER (1963), verändert.

Die Gefäßversuche wurden mit einem Lehm-Sand-Gemisch bei gleichmäßiger Wasserversorgung (60% der Wasserkap.) und PK-Grunddüngung durchgeführt, und zwar entweder mit keinem zusätzlichen Stickstoff (N0) oder mit einer hohen Stickstoffgabe in Form von NO₃ bzw. NH₄. Die Blockdiagramme geben den Mehrertrag in Vielfachen von N0 an (oberirdisches Trockengewicht).
Außer bei *Urtica urens* und *Sisymbrium* wirken beide Stickstoff-Formen annähernd in gleicher Weise ertragssteigernd. Ruderalpflanzen *(Lappa, Amaranthus* und *Sisymbrium)* werden am stärksten gefördert, Garten- und Hackfrucht-Unkräuter *(Urtica urens, Echinochloa, Setaria)* ebenfalls stark, wenn auch nicht alle *(Chenopodium polysperum)*. Am wenigsten sprechen *Silene nutans* und *vulgaris* auf Düngung an, d. h. zwei Arten, die in mageren Rasen vorkommen. *Capsella bursa-pastoris* hat in der Natur eine weite Amplitude.

feuchter und nasser Standorte. Außerdem wurden aber die Arten der Hackfruchtäcker und Gärten, d. h. vor allem Wärmekeimer, auch im Getreide häufiger, so daß sich Halm- und Hackfrucht-Unkrautfluren kaum noch unterscheiden ließen.

Nicht alle Unkräuter, die als Charakterarten der Ordnung *Polygono-Chenopodietalia* gelten, sind Wärmekeimer. Gerade für die häufigsten unter ihnen, z. B. *Chenopodium album* und *Stellaria media* (s. Abb. 491), trifft dies nicht zu. Solche Arten mit weiter Amplitude der Keimungstemperatur sind regelmäßig auch in Getreideäckern zu finden, gedeihen dort aber weniger üppig als in Hackfrüchten. Es handelt sich um Pflanzen, die hohe Ansprüche an ihre Ernährung stellen; und Hackfrüchte erhalten ja in der Regel mehr Dünger als Wintergetreide. Wie MAYSER (1954, s. WALTER 1969 u. Abb. 492/3) experimentell zeigte, werden Ruderalpflanzen und Hackfruchtunkräuter (z. B. *Amaranthus retroflexus, A. lividus, Solanum nigrum, Setaria verticillata, S. glauca* und *Chenopodium polyspermum*) sowohl bei der Keimung als auch im Wachstum durch Stickstoffgaben stärker gefördert als Getreideunkräuter und gegen die Kulturart indifferente Unkräuter (z. B. *Ranunculus arvensis, Bupleurum rotundifolium, Sherardia arvensis* und *Sonchus arvensis*). Die letztgenannten können sich daher auf stickstoffreichen Standorten kaum gegen die mastig wachsenden Chenopodiaceen und sonstigen großblättrigen Hackfrucht- und Garten-Unkräuter durchsetzen.

Während die Wärmekeimer unter den *Polygono-Chenopodietalia*-Arten nicht ins Gebirge emporsteigen, sind die temperaturindifferenten Stickstoffzeiger auf den Äckern der montanen Stufe besonders zahlreich vertreten. Wo wegen zu hoher und zu lange andauernder Schneebedeckung oder aus anderen Gründen kein Wintergetreide mehr gebaut wird, fehlen auch viele typische Getreideunkräuter. Mehr und mehr an Arten verarmend, stiegen Gesellschaften der *Polygono-Chenopodietalia* einst bis an die oberen Grenzen des Ackerbaues in den Alpen empor. Gesellschaften der *Secalietea*

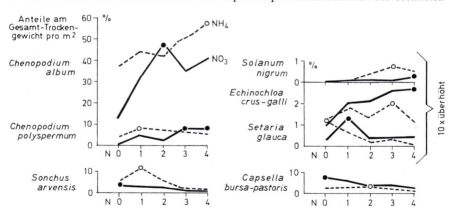

Abb. 493. Auswirkungen gesteigerter Ammonium- und Nitrat-Düngung auf einen Mischbestand von Ackerunkrautarten. Nach Daten von MAYSER bei WALTER (1963), verändert.

Die Mischkulturen wurden auf je 1 m² Gartenboden mit gleichen Individuenzahlen der beteiligten Arten bepflanzt und nicht (N 0) bzw. mit steigenden N-Mengen in Form von NH_4 oder von NO_3 gedüngt. Die Anteile am oberirdisch geernteten Gesamtbestand sind in % ausgedrückt.

Sowohl auf nicht zusätzlich gedüngtem Boden als auch bei NH_4- bzw. NO_3-Düngung ist der Weiße Gänsefuß *(Chenopodium album)* die dominierende Art, deren Wuchsleistung bei zunehmender N-Versorgung auch am stärksten gesteigert wird. Der Vielsamige Gänsefuß vermag mitzuhalten; der Schwarze Nachtschatten und die Hühnerhirse gewinnen sogar mit besserer N-Versorgung etwas an Raum. Die übrigen Arten werden aber zunehmend unterdrückt, obwohl sie ohne Konkurrenten sämtlich durch erhöhte N-Gaben gefördert werden. Beim Vergleich mit Abb. 492 fällt außerdem auf, daß *Chenopodium album* in Reinkultur weniger stark auf N-Düngung anspricht als *Echinochloa* und *Solanum nigrum*.

fand man dagegen nur bis etwa 1200 m Meereshöhe. Heute wird der Ackerbau in den Hochgebirgstälern völlig unrentabel und verschwindet zusehends, wo er nicht schon längst erloschen ist.

c Unkrautfluren und Bodenreaktion

Ähnlich wie bei den Rotbuchenwäldern und Eichen-Hainbuchenwäldern, bei den Magerrasen und manchen anderen Gesellschaften Mitteleuropas prägt sich auch bei den Ackerunkrautfluren der Kalkgehalt bzw. die Reaktion des Bodens im Artengefüge aus. Insbesondere gilt dies für die Unkrautbestände der Wintergetreideäcker, die heute von den meisten Autoren in zwei Gruppen eingeteilt werden, die bodensauren Windhalmfluren und die kalkholden Haftdoldenfluren. Die erstere Gruppe wird von OBERDORFER (1970) als besondere Ordnung betrachtet, hat aber nur wenige Charakterarten, die ihr obendrein nicht sehr treu sind, nämlich:

| *Apera spica-venti* | *Aphanes arvensis* |
| *Scleranthus annuus* | |

Doch kann man zahlreiche weitere Säurezeiger als Differentialarten verwenden. Außerdem sind die Windhalmfluren recht gut negativ zu kennzeichnen, und zwar durch das Fehlen der Charakterarten der Ordnung *Secalietalia* (bzw. des Verbandes *Caucalion*), von denen es eine recht große Zahl gibt:

Häufigere Arten:
Anagallis foemina
Consolida regalis
Euphorbia exigua

Seltene Arten:
Adonis aestivalis
Caucalis platycarpos
Lathyrus tuberosus
Legousia speculum-veneris
Melampyrum arvense
Scandix pecten-veneris

Fast verschwundene Arten:
Adonis flammea
Asperula arvensis
Bifora radians
Bupleurum longifolium
Conringia orientalis
Legousia hybrida
Turgenia latifolia
Vaccaria hispanica
u. a.

Manche von diesen „Kalkzeigern" greifen auch auf saure Äcker über, z. B. *Euphorbia exigua*, während umgekehrt *Scleranthus annuus* und andere „Säurezeiger" durch eine Aufkalkung eher gefördert als gehemmt werden. Ihre physiologische Amplitude ist also ebenfalls größer, als dies nach ihrem normalen ökologischen Verhalten erscheinen mag. Erst in jahrelangem Konkurrenzkampf fällt die Entscheidung zwischen den Arten. Dabei mögen oft andere Faktoren als der p_H-Wert des Bodens die eigentlich ausschlaggebenden sein. Innerhalb der Windhalm-Äcker kann man zwei Gruppen von Gesellschaften unterscheiden:

Lammkraut-Ackerfluren (Verband *Arnoseridion*) der extrem nährstoffarmen und sauren Sandäcker im ozeanisch getönten Klima, die als Ersatzgesellschaften von Birken-Eichenwäldern gelten dürfen (s. Abb. 494 u. 495).

Frauenmantel-Ackerfluren (Verband *Aphanion*) der etwas kolloid- und nährstoffreicheren, wenn auch ebenfalls mehr oder weniger sauren Braunerden.

Tab. 128 bringt einige Beispiele aus Südwestdeutschland, die hinsichtlich des Bodensäuregrades eine gleitende Reihe bilden. Die Kartenserien von HILBIG, MAHN und MÜLLER (1969) aus dem südlichen Thüringen ergeben eine ähnliche Abfolge. In Finnland verhalten sich dieselben Arten nach BORG (1964) jedoch teilweise anders. Unkrautgesellschaften auf sauren Sandäckern gibt es von Portugal bis nach Estland. Sie lassen das Ozeanitätsgefälle des Klimas ebenso deutlich erkennen wie die viel naturnäheren Waldgesellschaften (MALATO-BELITZ, J. TÜXEN und R. TÜXEN 1960).

Unkrautfluren der Äcker, Gärten und Weinberge

Tab. 128. **Säuregrad-Amplitude einiger Ackerunkräuter in Südwest-Deutschland.**
Nach Ellenberg (1950), etwas verändert. Die pH-Werte sind Durchschnitte aus zahlreichen Bestimmungen während des Jahres 1948 auf jeweils einer Dauerprobefläche. Die Ziffern in den Spalten 1 – 25 bedeuten die höchste Menge, die im Laufe des Jahres erreicht wurde.

Laufende Nr.:		1 2 3 4	5 6 7 8 9 10	11 12 13 14 15 16 17 18	19 20 21 22 23 24 25	Bewertung	
pH-Mittelwerte des Jahres 1948	Einer Zehntel	4, 5 6 6 8	5, 1 2 3 5 7 8	6, 1 3 4 4 5 5 7 9	7, 0 2 2 2 2 3 3	1950 R1-5	1974 R1-9
Ausgeprägte Säurezeiger:							
Rumex acetosella		1 1				1	2
Scleranthus annuus		1 2 +	1 2			1	2
Spergula arvensis		2 +	1 2			1	2
Säurezeiger i. weit. Sinn:							
Aphanes arvensis		2 +	+	+		2	4
Raphanus raphanistrum		2 2	2 2 1	3 + 2		2	4
Apera spica-venti		1 2 2 2	2 + 2 + 1	+ 3 + + + 1		3	4
In der Mitte stehende:							
Matricaria chamomilla			2 2	+ 2 2 2 1		3	5
Poa annua		1 1 + +	3 2 2 1 1 2	1 1 + 1	+	3	X[1])
± Kalk bevorzugende:							
Sinapis arvensis			1 2 1	2 1 2 2 1 2 1	2 1 3 1 1 2 1	4	8[2])
Fumaria officinalis			1	1 1 2	1 1 +	4	6
Papaver rhoeas			+	+ + + 3 + 2	3 + 1 2 + +	4	7
Sonchus oleraceus				+ 1 + +	1 + + 1 1	4	8[2])
Kalkzeiger:							
Consolida regalis					1 3 3 1 + 1	5	8
Galium tricornutum					2 + 2 1	5	8
Caucalis platycarpos					1 3 3 1	5	9
Anagallis foemina					+ 1 1 1	5	9

[1]) Ist als indifferent einzustufen, weil sie oft auch auf kalkreichen Böden vorkommt, wenn diese besser gedüngt sind.
[2]) Müßte aufgrund der vorliegenden Liste eher als R 7 eingestuft werden, hat aber allgemein ein Schwergewicht auf basenreichen Böden.

Abb. 494. Unkrautflur eines sandigen Roggenackers der böhmisch-mährischen Höhe mit *Trifolium arvense* und *repens*, *Spergula arvensis* (links), *Scleranthus annuus* (vorn links) und *Ranunculus repens* (rechts). Etwa ⅓ natürl. Größe. Phot. ILTIS-SCHULZ.

Abb. 495. Die Ackerunkraut-Gesellschaften in der Umgebung des Wiehengebirges sind mehr oder minder eng an bestimmte Naturräumliche Einheiten (I–VII) gebunden. Nach MEISEL (1965), etwas verändert.
Das *Teesdalio-Arnoseretum* weist auf arme Sandböden hin, das *Matricarietum* und die *Aphanes*-Ges. auf Lehmböden; die Gesellschaften der Ordnung *Aperetalia* stehen zwischen ihnen.

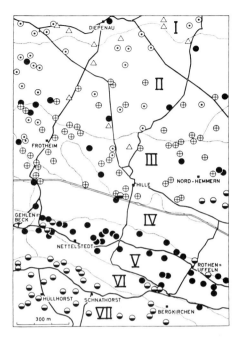

△ Teesdalio-Arnoseridetum minimi
⊙ Aperetalia-Ges., Typ. Ausb.
⊕ Aperetalia-Ges., Ausb. v. Tripleurospermum inodorum
◐ Aphanes-Ges.   I–VII Naturräumliche Einheiten
● Matricarietum chamomillae

d *Einflüsse der Durchlüftung des Bodens auf die Artenkombination*

Da ein lohnender Ackerbau weder auf nassen noch auf sehr wasserarmen Böden möglich ist, gedeihen die meisten Unkrautgesellschaften unter mittelmäßigen, für viele Pflanzenarten günstigen Feuchtigkeitsbedingungen. Abweichungen von diesen prägen sich, systematisch gesehen, nur als Subassoziationen, Varianten oder Subvarianten von Gesellschaften aus, deren Gefüge in erster Linie durch andere Faktoren bestimmt wurde. Trotzdem kann man Ackerunkraut-Gesellschaften ebenso gut wie Grünland- oder Waldgesellschaften benutzen, um das Gelände in „Wasserstufen" einzuteilen und zu kartieren (MEISEL u. WATTENDORF 1962).

Auf zeitweilig staunassen und luftarmen Böden werden Pflanzenarten konkurrenzfähig, die sonst in Äckern und Gärten nur eine geringe Rolle spielen. Nach ihrem Verhalten und ihrer Wuchsform kann man drei Gruppen unterscheiden, deren Vertreter als Differentialarten von Untereinheiten oft miteinander vermischt, stellenweise aber auch gesondert auftreten:

1) Tiefwurzelnde ausdauernde Arten, die meistens auf zeitweilige Nässe im Unterboden hindeuten (s. Abb. 496):

   Equisetum arvense   *Polygonum amphibium*
   Tussilago farfara   var. *terrestre*

2a) Vorwiegend in der Ackerkrume wurzelnde ausdauernde Arten, die auf Staunässe ansprechen (s. Abb. 479):

   Agrostis stolonifera   *Potentilla anserina*
   Equisetum sylvaticum   *Ranunculus repens*
   Mentha arvensis   *Rorippa sylvestris*
   Poa trivialis   *Stachys palustris*

2b) Ähnlich wie diese Arten verhalten sich auch die folgenden, nur daß sie weniger streng auf staunasse Böden beschränkt sind:

Aphanes arvensis *Sonchus arvensis*
Alopecurus myosuroides *Sonchus asper*
Apera spica-venti *Ranunculus arvensis*
Matricaria chamomilla *Tripleurospermum inodorum*
Poa annua u. a.

3) Flachwurzelnde, kurzlebige Nässekeimer, die sich nur bei ausreichender Feuchtigkeit der Krume entwickeln, aber keine sicheren Staunässezeiger sind:

Gnaphalium uliginosum *Polygonum hydropiper*
Juncus bufonius *Sagina apetala*
Plantago major ssp. *intermedia* *Sagina procumbens*
 u. a.

ELLENBERG und SNOY (1957) haben das physiologische Verhalten von mehreren der genannten Arten sowie von einigen „Trockenheitszeigern" bei der Keimung, während des Jugendwachstums und während der weiteren Entwicklung experimentell geprüft. Sie kamen zu dem überraschenden Ergebnis, daß sich die Feuchtigkeitsansprüche vieler der untersuchten Pflanzen im Laufe ihres Lebens ändern, ja ins Gegenteil verkehren (s. Abb. 497).

Gnaphalium uliginosum z.B., der häufigste Vertreter der Gruppe 3, ist zwar ein ausgesprochener Naßkeimer und läuft am besten auf dauernd bis zur Oberfläche wasserdurchtränkten Böden auf. Je älter die Pflanze wird, desto mehr leidet sie aber unter dem in solchen Böden herrschenden Luftmangel. Bleibt dieser ungünstige Bodenzustand längere Zeit bestehen, so bildet sie nur ein ganz flach streichendes Wurzelwerk aus und fällt leicht Pilzen zum Opfer, die sie nicht zum Fruchten kommen lassen.

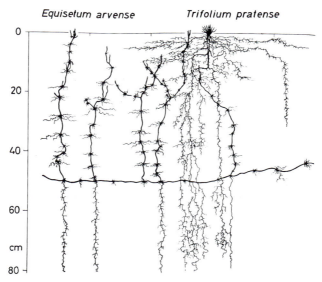

Abb. 496. Der Acker-Schachtelhalm hat tiefliegende, lufterfüllte Rhizome, mit denen er auch in wasserdurchtränktem Boden auszuhalten vermag, z. B. über einer stauenden Bodenschicht oder in einem verfallenen Drainagerohr. Von dort sendet er immer wieder neue Triebe nach oben. Auch viele andere Unkrautarten und die Kulturpflanzen (z. B. Rotklee) wurzeln tief. Nach KUTSCHERA (1966), etwas verändert.

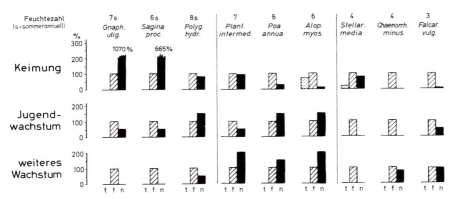

Abb. 497. Keimung, Jugendwachstum und weiteres vegetatives Wachstum werden von der Bodenfeuchtigkeit in verschiedener Weise beeinflußt, auch bei einer und derselben Pflanzenart. Das gilt sowohl für Feuchtigkeitszeiger (Feuchtezahl 7 und 8) als auch für Trockenheitszeiger (F 4 und 3) und für Arten, die vorwiegend auf mittleren Böden vorkommen. Nach Angaben von SNOY (s. ELLENBERG u. SNOY 1957).

Die Topfversuche wurden in drei Serien durchgeführt: In der trockenen(t) blieb die Saugspannung um 10 atm; in der nassen (n) stand der Wasserspiegel stets nahe der Bodenoberfläche. Die feuchte (f) wurde täglich gut, aber nicht übermäßig begossen; sie diente als Bezugsgröße (= 100%).
Gnaphalium uliginosum und *Sagina procumbens* sind Nässekeimer (Keimungsrate in n ein Vielfaches von f). Schon in der Phase des Keimlingswachstums werden sie aber durch Nässe geschädigt (durchschnittliche Trockensubstanz-Produktion pro Topf in n höchstens 50% von f). Später leiden sie so sehr, daß sie absterben. *Polygonum hydropiper*, vor allem aber *Plantago intermedia*, *Poa annua* und *Alopecurus myosuroides*, verhalten sich eher umgekehrt. *Chaenarrhinum minus* und *Falcaria vulgaris*, die vorwiegend auf durchlässigen Böden zu finden sind, keimen nur bei normaler Feuchtigkeit. *Falcaria* kann später Nässe vertragen, nutzt diese Fähigkeit aber in der Natur nicht aus.

Ähnlich verhalten sich *Juncus bufonius* und *Polygonum hydropiper*. Tatsächlich kommen diese Arten nie auf dauernd vernäßten Böden vor. Sie gedeihen am kräftigsten auf tiefgründigen, gut durchlüfteten, aber immer gut durchfeuchteten Böden. Es ist also falsch, sie schlechthin als Staunässezeiger zu bezeichnen, wie das immer noch aufgrund bloßen Dafürhaltens geschieht. Richtiger wäre es, von „Krumenfeuchtigkeitszeigern" zu sprechen, zumal diese Arten in feuchten Jahren auf sicher nicht staunasse Böden übergreifen.

Unempfindlich gegen den mit ständiger Vernässung verbundenen Luftmangel sind dagegen die ausdauernden Arten der Gruppen 1 und 2a, namentlich *Ranunculus repens* und *Equisetum arvense*. Wie bei Sumpfpflanzen weisen ihre Wurzelrinden oder Rhizome große lufterfüllte Hohlräume auf. Diese ermöglichen es ihnen, mehr oder minder tief in völlig vernäßten Böden einzudringen, während die Wurzeln vieler anderer Unkrautarten und der meisten Kulturpflanzen flacher streichen. Infolgedessen werden die Staunässezeiger relativ begünstigt und verdienen ihren Namen zu Recht.

Wie ELLENBERG und SNOY zeigen konnten, ist *Ranunculus repens* (und in schwächerem Maße auch *Agrostis stolonifera*) außerdem in der Lage, eine mehrwöchige Austrocknung des Wurzelraumes zu überleben. Da die meisten Pflanzen auf staunassen Böden flach wurzeln, werden deren Wasservorräte in Trockenperioden rascher ausgeschöpft als diejenigen normal durchlüfteter, physiologisch tiefgründiger Böden. Die Fähigkeit, extreme Feuchtigkeitswechsel zu überstehen und sich auch nach öfterer Wiederholung desselben wieder vegetativ auszubreiten, macht Arten wie *Ranunculus repens* auf zeitweilig staunassen Standorten konkurrenzfähig. Deshalb spielen sie auch in den Flutrasen eine so große Rolle, die bereits in Abschnitt VI 2 b besprochen wurden.

Wasserstau ist eine typische Eigenschaft der Pseudogleye und ähnlicher Bodentypen. Durch Pflügen bei zu nasser Witterung kann aber auch in Parabraunerden eine relativ schwer durchlässige Schicht, eine „Pflugsohle", entstehen. Sowohl die Stauwirkung der Sohle als auch der Erfolg ihrer Lockerung kommt in der Regel deutlich durch das Hervor- oder Zurücktreten von Staunässezeigern zum Ausdruck (ELLENBERG 1950). Die Auswirkungen der Pflugsohlenlockerung auf den Unkrautbestand dürfen mithin als experimentelle Beweise dafür gelten, daß die oben genannten Arten tatsächlich durch den Wasserstau oder den damit verbundenen, von KILBINGER nachgewiesenen stärkeren Feuchtigkeitswechsel begünstigt werden.

Die meisten Ackerunkräuter vermögen in nassem Boden nicht zu keimen, weil er zu sauerstoffarm ist. MÜLLVERSTEDT (1963a) fand z.B., daß *Avena fatua, Chenopodium album, Galium aparine, Sonchus asper* und *Stellaria media* nur bei hohem O_2-Partialdruck auflaufen. Manche auf schweren, zur Staunässe neigenden Böden relativ häufige Arten kommen dagegen mit geringerem O_2-Partialdruck aus, namentlich:

Alopecurus myosuroides   *Poa annua*
Apera spica-venti   *Rumex obtusifolius*
Matricaria chamomilla   *Veronica persica*

Bei völligem O_2-Mangel sterben sämtliche Samen ab. Bessere O_2-Versorgung ist der Hauptgrund, warum nach mechanischer Bodenbearbeitung plötzlich so viele Unkräuter erscheinen. Licht und Verlagerung der Samen in andere Bodentiefen spielen hierbei nach MÜLLVERSTEDT (1963b) keine Rolle.

Über das Verhalten von Trockenheitszeigern auf dem Ackerlande wissen wir noch wenig. Sicher handelt es sich nicht um trockenheitsliebende (xerophile) Arten im wörtlichen Sinne, sondern um Pflanzen, die besser als andere imstande sind, Trockenperioden zu überstehen. Die Sichelmöhre *(Falcaria vulgaris)* erwies sich im Experiment nach ELLENBERG und SNOY sogar als auffallend feuchtigkeitsbedürftig, nicht nur bei der Keimung (s. Abb. 497). Wenn sie trotzdem fast ausschließlich auf trockenen und ertragsarmen Kalk- und Lößäckern zu finden ist, so liegt dies wohl in erster Linie an ihrem großen Lichtbedürfnis sowie in ihrer Fähigkeit, sich durch ihre rasch in den ständig wasserhaltigen Unterboden hinabdringende Hauptwurzel auf stark besonnten und oberflächlich austrocknenden Böden zu behaupten.

e Auswirkungen der Stickstoffzufuhr und anderer Düngungsmaßnahmen

Während sich die Feuchtigkeit und die Reaktion des Bodens neben der Bewirtschaftungsweise deutlich im Artengefüge der Unkrautgesellschaften ausprägen, ist das bei den Hauptnährstoffen nur ausnahmsweise der Fall, zumal die verfügbaren Mengen derselben je nach Düngergaben von Jahr zu Jahr schwanken. In der Regel scheinen sich diese Faktoren auf die Vitalität sämtlicher Partner der Unkrautgemeinschaft gleichmäßig auszuwirken. Bei guter Stickstoffversorgung beispielsweise gedeihen alle Unkrautarten, die noch genügend Licht empfangen, üppiger als bei schlechter. In Garten- und Feldgemüseböden, die häufig gut gedüngt werden, reichern sich aber schließlich so viele Nährstoffe an, daß sie dauernd bessere Lebensbedingungen bieten. Hier kommen anspruchsvolle Arten zur Dominanz, ohne allerdings die genügsamen ganz zu verdrängen.

Aufgrund von vergleichenden Beobachtungen hat ELLENBERG (1950, 1974) die Unkrautarten nach ihrem ökologischen Verhalten gegenüber der Stickstoffversorgung in 6 und später (1974) in 10 Gruppen eingeteilt. Diese Gruppierung konnte bisher nicht experimentell nachgeprüft werden, weil es sehr schwer ist, die Stickstoffversorgung von Ackerböden aufgrund von chemischen Bodenanalysen zu beurteilen. Messungen der Nitrat-Akkumulation durch Bebrütung unter Feldbedingungen, wie sie neuerdings üblich wurden, liegen für Unkrautfluren noch kaum vor. Überhaupt hat die ökologische Untersuchung dieser Gesellschaften relativ wenige Fortschritte gemacht, seit sie durch Herbizide zunehmend gestört wurden.

f Auswirkungen der modernen Unkrautbekämpfung auf das Artengefüge

Wer heute in großen Teilen Mitteleuropas die sauberen Äcker betrachtet, neigt zu der Ansicht, alles in den vorhergehenden Abschnitten über Unkrautgesellschaften Gesagte sei veraltet. Von Unkraut-„Fluren" dürfe kaum mehr die Rede sein, weil die modernen Bekämpfungsmethoden nur noch vereinzelte, durch Wuchsstoffe mißgestaltete Kräuter und wenige Gräser übrig ließen. Wer sich jedoch die Zeit nimmt, größere Flächen abzusuchen, wird erstaunt sein, wieviele Arten er immer noch findet, selbst wenn er die weniger gepflegten und heller beleuchteten Randzonen nicht in die Aufnahme einbezieht. „Trotz intensiver Unkrautbekämpfung" ist es nach MEISEL (1967) in Nordwest- und Westdeutschland durchaus „möglich, auch in floristisch verarmten Beständen nicht nur kleinräumige Unterschiede des Standorts, sondern auch klimatisch bedingte Abweichungen an den Artenverbindungen zu erkennen." TILLICH (1969a) fand bei Potsdam sogar, daß mit Herbiziden behandelte Sommergetreide-Äcker nicht artenärmer wurden, weil zwar einige Arten verschwanden, dafür aber andere eindrangen. Forschungsthemen wie „Niederösterreichs Ackervegetation als Umweltzeiger" (HOLZNER 1971) oder „Die Bedeutung der Ackerunkrautgesellschaften für die pflanzengeographische Gliederung Thüringens" (HILBIG 1966) sind immer noch aktuell.

Überraschend ist die Tatsache, daß „Nullparzellen", d. h. bei Herbizid-Versuchen nicht behandelte Teilstücke, schon nach wenigen Monaten üppige Unkrautbestände aus vielen Arten aufweisen, die vorher fast verschwunden schienen. Das gilt nach GRUBE (1971) sogar für Äcker, die mehr als ein Jahrzehnt hindurch mit wirksamen Vertilgungsmitteln behandelt und sorgfältig bearbeitet worden waren. Noch immer ist also in der Ackerkrume ein beträchtlicher Vorrat an keimfähigen Samen verfügbar, der genügend oft durch die wenigen zur Fruchtreife gelangten Einzelpflänzchen ergänzt wird. Solche Überlebenden erzeugen nach MÜLLVERSTEDT (1966) besonders viele Samen, weil sie sich ungehemmt entfalten können. KOPÁC (1966) fand z. B. bei Prag 8–10 mal mehr Unkrautsamen pro Hektar, als die Aussaatmenge des Weizens beträgt; von diesen gehörten 93–98,5% zu annuellen Arten. Wie MAHN (1969) betont, gehen daher die Wirkungen der Herbizide auf das Artengefüge über das Einsatzjahr kaum hinaus. Das ist um so weniger zu erwarten, als Herbizide selbst nach zehnjähriger Daueranwendung die Zahl der Bodenorganismen höchstens um 5% herabmindern (RADEMACHER 1967).

Die Zeit ist jedoch nicht spurlos an den Unkrautfluren vorübergegangen. Neben den zunächst ins Auge fallenden quantitativen Veränderungen sind seit der Mitte unseres Jahrhunderts auch qualitative eingetreten. Die in Abschnitt 1a erwähnten „Saatunkräuter", namentlich *Agrostemma githago* und *Centaurea cyanus* sind weithin ausgestorben. Auf Kalkböden fehlen die ehemaligen farbenprächtigen Charakterarten nahezu ganz (s. Abschnitt 2b), wahrscheinlich, weil sie zu lichtbedürftig sind und die besser gedüngten Getreidebestände heute dichter schließen als noch vor einigen Jahrzehnten. Das gleiche gilt für manche Kennarten der Lammkrautfluren auf den früher extrem sauren und nährstoffarmen Sandäckern. Diese wurden aufgekalkt und mit chemischen Düngemitteln zuckerrübenfähig gemacht, und es entstanden „assoziations-kennartenlose" *Aperetalia*-Gesellschaften, die MEISEL (1969a) sämtlich zu einer Assoziation *(Anthoxantho-Arnoseridetum)* zusammenfaßt (s. auch Tab. 129).

Was sich in Äckern und Gärten trotz aller Gegenwirkungen immer noch hält, sind Zeiger für den Wasserzustand des Bodens und vor allem stickstoffliebende „Allerweltsunkräuter", wie *Thlaspi arvense, Capsella bursa-pastoris, Euphorbia helioscopia, Stellaria media* und *Chenopodium album*. Das letztgenannte kann sich nach WILLIAMS (1964) auch unter ungünstigsten Umständen behaupten und zahlreiche Samen ausreifen. Allgemein darf man feststellen, daß sich der Unkrautbesatz von Halm- und Hackfruchtäckern floristisch immer weniger unterscheidet, nicht zuletzt deshalb, weil auch im Getreide die Nährstoffversorgung besser wurde und weil zugleich die Individuendichte und damit die Konkurrenz der Unkräuter untereinander abnahm. Die zu Beginn des Abschnittes 2a diskutierte systematische Sonderung erscheint also immer weniger gerechtfertigt.

Tab. 129. **Stetigkeits-Änderungen bei Wintergetreide-Unkräutern von 1937 bis 1975** auf Sandböden des nw-deutschen Flachlandes. Nach Meisel und Hübschmann (1976)

	R	N		R	N
Starke Abnahme 1937–75			Zunahme 1937–75		
Achillea millefolium	X	5	*Cirsium arvense*	X	7
Aphanes microcarpa	4	4	*Galeopsis tetrahit*	X	7
Anthoxanthum puëlii	2	3	*Galium aparine*	6	8
Arnoseris minima	3	4	*Myosotis arvensis*	X	6
Teesdalea nudicaulis	1	1	*Poa annua*	X	8
u.a.			*Polygonum aviculare*	4	8
			P. hydropiper	4	8
Abnahme 1937–75			*Stellaria media*	7	8
Centaurea cyanus	X	X	u.a.		
Rumex acetosella	2	2			
Scleranthus annuus	2	4	Starke Zunahme		
u.a.			*Polygonum persicaria*	X	7
			Tripleurospermum inodorum	6	6
			Vicia hirsuta	X	X

R = Reaktionszahl, N = Stickstoffzahl (siehe Abschnitt E III)
Säure- und Stickstoffmangel-Zeiger sind Anspruchsvolleren oder Indifferenten gewichen.

Während die meisten Unkrautarten quantitative Einbußen erlitten und manche verschwanden, wurden einige durch die moderne Wirtschaft gefördert. Auf die erneute Ausbreitung und Begünstigung des Flughafers durch das Mähdruschverfahren wurde bereits in Abschnitt 1b hingedeutet. Auch der Windhalm *(Apera spica-venti)* kann nach PETZOLD (1959) bei zu spätem Mähdrusch seine Samen besser ausstreuen. Überhaupt sind Gräser im Getreide schwer zu bekämpfen, zumal Herbizide mit Wuchsstoffwirkung in erster Linie breitblättrige Dikotyle schädigen. Häufiger Nutznießer dieses Umstandes ist die Quecke *(Agropyron repens)*; weitere Arten nennt RADEMACHER (1962). Ausdauernde Kräuter mit tiefstreichenden Wurzelsträngen, wie der Huflattich und die Ackerdistel, haben stellenweise ebenfalls zugenommen, weil sie nach Schädigung der oberirdischen Organe immer wieder auszutreiben vermögen.

So sind in fast allen Gesellschaften Änderungen zu verzeichnen, die eine Überprüfung der bisherigen Gliederung notwendig machen. Noch sind die Wandlungen nicht zu Ende oder haben gerade erst begonnen. Aus praktischen wie aus wissenschaftlichen Gründen erscheint es ratsam, in klimatisch verschiedenen Gegenden und auf unterschiedlichen Böden möglichst viele Dauer-Probeflächen einzurichten, auf denen man das weitere Schicksal der Unkrautgesellschaften genauer verfolgen und dokumentieren könnte als bisher.

g Unkrautgesellschaften der Gärten und Weinberge

Die Unkrautgesellschaften ausdauernder Sonderkulturen, namentlich der Weinberge, ähneln denen der Gärten, weil sie wie diese stets gut gedüngt und öfters gehackt werden. Auf den warm-trockenen Standorten der Rebberge gediehen früher jedoch manche Arten, die man in Gärten nicht zu finden gewohnt war. Einen besonderen Schmuck bildeten Frühlingsgeophyten mediterraner Abkunft, z.B.:

Allium vineale	*Muscari racemosum*
Gagea villosa	*Ornithogalum umbellatum*
Muscari comosum	*Tulipa sylvestris*

Heute sind diese schönblühenden Fremdlinge aus fast allen Weinbergen Mitteleuropas verschwunden, weil sie der modernen Unkrautbekämpfung zum Opfer fielen. Mit *Geranium rotundifolium* zusammen findet man einige von ihnen noch auf den Lößböden des Kaiserstuhls in dem von WILMANNS (1975) studierten *Geranio-Allietum,* das seit 1942 allerdings artenärmer wurde. In den mitteldeutschen Weinbergen lohnt es sich nach HILBIG (1967a) ebenfalls, den Unkrautgesellschaften nachzusteigen. In manchen Gegenden blieben aber von den einst sehr reichen Weinbergs-Unkrautgesellschaften nur die Hühnermiere *(Stellaria media)* und einige andere raschwüchsige Immerblüher übrig. Diese haben noch am ehesten Chancen, in den kurzen Bearbeitungspausen ihre Samen auszureifen. Man duldet sie in einigen Weingütern neuerdings sogar bewußt, weil sie den Boden beschatten und seine „Gare" erhalten helfen und ihn gegen Erosion schützen, ohne mit ihren flachstreichenden Wurzeln zu Konkurrenten des Weins zu werden.

Es ist überhaupt die Frage, ob völlige Unkrautfreiheit den Kulturen auf die Dauer nicht schaden würde, indem das Bodenleben mehr und mehr verarmte. So bequem die Ausschaltung aller Mitzehrer für den Bauern wäre und so sehr sie im Bereich unserer chemischen und technischen Möglichkeiten läge, dürfte sie doch nicht ohne ausreichende Vorversuche angestrebt werden. Vielleicht kommt einmal die Zeit, in der an unseren Weinhängen, in unseren Gärten, ja auch auf den Äckern wirkliche Monokulturen wachsen. Gegenwärtig behauptet aber die Natur noch überall ihr Recht, Lebensgemeinschaften auszubilden.

X Vegetationsentwicklung auf Brachland

1 Sukzessionen auf Ackerbrachen

a Sozialbrache als Problem der Landschaftspflege und Vegetationskunde

Während günstig gelegene und großflächige Äcker in den letzten Jahrzehnten immer intensiver bewirtschaftet wurden, blieben in Großstadtnähe und an „Grenzertrags-Standorten" mehr und mehr Ackerfelder brach liegen. Solche „Sozialbrache" – teils durch Rationalisierung, teils durch Landflucht veranlaßt – erfaßte auch Wiesen- und Weideflächen, vor allem in abgelegenen Tälern und unter rauhem Gebirgsklima, aber auch in den Mooren und Marschen des Flachlandes, wo das Instandhalten der Entwässerungsanlagen zu kostspielig wurde. In manchen Teilen Mitteleuropas hat brachgefallenes Kulturland heute so große Ausmaße angenommen, daß es zu einem ernsten Problem der Landschaftspflege wurde. In einigen Bezirken Nordhessens, am Untermain, an der Mosel, in der Pfalz und im Saarland beispielsweise macht es nach der Karte von MEISEL und MELZER (1972) mehr als 30% der landwirtschaftlichen Nutzfläche aus, besonders dort, wo kleinbäuerliche Betriebe in der Nähe von Industrieballungen liegen.

Darf man diese Brachflächen sich selbst überlassen? Bilden sie eine Gefahr für den Boden oder für das angrenzende, noch genutzte Kulturland? Wie lange wird es dauern, bis sie sich von selbst bewalden? Wie kann man sie in Erholungsgebieten gehölzfrei erhalten, um den reizvollen Wechsel zwischen Wald und Freiland nicht verschwinden zu lassen? Solche und andere Fragen zu beantworten, reichen die Erfahrungen der Vegetationskundler und Ökologen nicht aus; denn es zeigte sich bald, daß die bisherigen Vorstellungen über Sukzessionen auf Brachland viel zu theoretisch und schematisch waren. Je nach den Umweltgegebenheiten und nach dem Zustand der Fläche bei Beginn der Brache verläuft die Sukzession verschieden. In fast allen Fällen jedoch stellen sich Holzgewächse später ein, als man bei dem Waldklima Mitteleuropas erwarten würde. Inzwischen sind Experimente, Dauerbeobachtungen und Vergleiche verschieden alter Brachen durchgeführt worden, die manchen Aufschluß geben.

b Sukzessionsphasen auf brachliegendem Pflugland

Als Beispiel möge ein vielgliedriger Versuch dienen, der 1966/67 im Neuen Botanischen Garten der Universität Göttingen auf tiefgründigem Schwemmlöß von neutraler Reaktion angelegt wurde (s. Tab. 130). Wo der ehemalige Getreideacker nach dem Umpflügen einfach liegen blieb, stellten sich schon nach kurzer Zeit zahlreiche Therophyten ein, deren Samen trotz jahrelanger intensiver Unkrautbekämpfung lebensfähig geblieben waren. Gleichzeitig liefen mehrjährige Arten auf, traten aber in den ersten beiden Brachjahren noch nicht hervor. Nur einige tiefwurzelnde Ackerunkräuter, namentlich Ackerdistel und Huflattich (*Cirsium arvense* und *Tussilago farfara*) dehnten sich sogleich ungehindert aus. Für die Anfangsphasen der Sukzession erwies es sich als nicht gleichgültig, wann der Acker zuletzt umgebrochen worden war. Geschah dies im Mai – wie auf einigen Parzellen des Göttinger Versuchs –, so entsprach die aus dem Samenvorrat der Krume auflaufende Unkrautflur eher einer Hackfrucht-Gesellschaft. Geschah es im Spätsommer, so ähnelte der Bestand mehr einer Wintergetreide-Gesellschaft, ohne allerdings scharf von der ersten unterschieden zu sein. Durch alljährliches Umpflügen oder Fräsen kann man diese Differenzierung bis zu einem gewissen Grade aufrecht erhalten.

Auf den ungestörten Brachparzellen herrschten schon nach 3 Jahren hochwüchsige Hemikryptophyten, insbesondere Ruderal- und Grünlandpflanzen (*Artemisietalia* und *Molinio-Arrhenatheretea*). Sie ließen die kurzlebigen Arten bald in eine untergeordnete Rolle zurückfallen. Vom 4. Jahre ab war die kräftige, vegetativ Herden bildende Goldrute *(Solidago canadensis)* die an Biomasse bedeutendste Pflanze, und sie blieb es bis heute, d. h. etwa 10 Jahre nach Beginn des Versuchs. Ein grasreiches, wiesenähnliches Stadium entwickelte sich also nicht. Die meisten der nach 4–5 Jahren anwesenden Arten hatte es in dem ehemaligen Ackerfeld nicht gegeben.

Unter den Neuankömmlingen befanden sich auch einige Holzgewächse, und zwar vom ersten Jahre an. Namentlich Eschen keimten sehr bald und erhielten mehrfach Samennachschub von einer nahegelegenen Allee. Auch Pionierhölzer wie die Salweide und die Hängebirke sind schon in den ersten Bestandsaufnahmen enthalten. Viele später gekeimte Bäume kamen jedoch nicht über das Jugendstadium hinaus, weil sie von den rascher emporschießenden Kräutern überschattet wurden. Nur einzelne Weiden, Birken und Eschen haben sich durchgesetzt und nach 10 Jahren teilweise über 2 m Höhe erreicht. In ihrem Schatten wird die Bewaldung wahrscheinlich schneller voranschreiten. Das darf aus der Besiedlung einer von vornherein mit einem dichten Lattenrost beschatteten Versuchsfläche geschlossen werden. Hier gewannen die Holzgewächse vom ersten Jahre an die Oberhand. Die höhere Luftfeuchte unter dem Schat-

Tab. 130. **Brachland-Sukzession auf einem 1968 hitzesterilisierten Ackerboden bis 1977.**
Nach Aufnahmen von W. Schmidt (1976 u. unveröff.) im Neuen Botanischen Garten Göttingen[1])

Laufende Nr.:	1	2	3	4	5	6	7	8	9	10				
Jahr 19	68	69	70	71	72	73	74	75	76	77				
Strauchschicht, Deckung (%)	−	−	−	−	−	2	6	12	17	28				
Krautschicht ,,	1	5	43	58	80	83	87	89	86	81	Ökologische und			
Moosschicht ,,	+	8	35	78	53	9	1	1	3	15	soziologische Angaben			
Artenzahl (ohne Moose)	24	36	40	43	51	56	60	57	53	57	R	N	Ges.	Verbr.
Flohknöterich-Gruppe														
T *Polygonum persicaria*	+	X									X	7	Ah	WT
T *Fallopia convolvulus*	+	X	X								X	X	Ag	Ta
T *Anagallis arvensis*		X		+	+						X	6	Ah	W
Berufkraut-Gruppe														
T *Chaenarrhinum minus*	+	X	1								8	4	Ah	W
T *Stellaria media*	X	X	1		+						7	8	Ah	W
T *Senecio vulgaris*	X	X	1	1							X	8	Ah	W
T *Sonchus asper*	X	X	2	1		+					7	7	Ah	W
T *Capsella bursa-pastoris*	+	1	1	X	+						X	7	Ah	WT
T *Papaver rhoeas*	+	+	1	X	+						7	6	Ag	W
T *Atriplex patula*		X	1	+							7	7	Ah	W
T *Matricaria discoidea*		X	1		+						7	8	Rt	Tk
T *Conyza canadensis*		+	15	2	2						X	4	Rk	W
Kompaßlattich-Gruppe														
T *Sonchus oleraceus*	+	X	1	1							8	8	Ah	W
T *Viola tricolor arvensis*	X	X	1	1	X	+	+				X	X	Ag	S
H *Epilob. tetragonum*	X	X	1	7	7	X	1	1	+	X	5	5	A+R	W
G *Equisetum arvense*	+	+	X	+		X	+	+	X	X	X	5	A+R	W
T *Arenaria serpyllifolia*		X	1	1	X	+					X	X	A+R	W
T *Poa annua*		X	1	1	1	1	X				X	8	Rt	W
H *Lactuca serriola*			1	3	1						X	4	Rl	W
T *Tripleurosp. inodorum*			+	1	1	X	X		+		6	6	Ah	W
Weidenröschen-Gruppe														
G *Cirsium arvense*	+	X	1	1	4	1	1	1	X	X	X	7	A+R	W
H *Myosotis arvensis*	+	+	X	+	2	+	X	+			X	6	Ag	Tk
T *Galium aparine*		X	+		2	+	X	+			6	8	Rs	Tk
H *Epilobium parviflorum*		X	1	5	7	2	1	+			8	5	Röhr	W
H *E. adenocaulon*			+	2	4	5	1	X	+	X	−	−	A+R	W
H *E. angustifolium*			X	3	5	5	3	3	4	2	3	8	Li	W
H *E. hirsutum*				X	1	X		+		+	8	8	Wies	W
H *Cirsium vulgare*				1	2	X	1	1	1	+	X	8	Rs	W
C *Cerastium font. holost.*					1	X	+	+	+	X	X	5	Wies	W
Löwenzahn-Gruppe														
H *Taraxacum officinale*	+	X	2	7	11	19	18	13	10	7	X	7	Wies	W
H *Plantago major*		+	+	+	+	X	+		+	+	X	6	Rt	Tk
Huflattich-Gruppe														
G *Tussilago farfara*	+	X	1	3	6	10	12	10	11	7	8	6	A+R	W
H *Poa trivialis*		+	X	3	5	10	13	10	4	4	X	7	Wies	W
Bitterkraut-Gruppe														
H *Picris hieracioides*			+	+	3	4	12	15	21	21	16	8	4	Rl	W
H *Senecio jacobaea*						+	X	X	+	X	7	5	Wies	W
H *Torilis japonica*								X			8	8	Li	Tk
Karotten-Gruppe														
H *Daucus carota*				+	+	+	1	1	2	1	X	4	Rl	Tk
H *Phleum pratense*					X	X	X	1	1	1	X	6	Wies	WT
H *Solidago gigantea*						+	X	X			X	6	Rs	W
H *Arrhenatherum elatius*						+	X	X	1	1	7	7	Wies	W

[1]) Die Ziffern in den Spalten 1 − 10 bedeuten abgerundete Mittelwerte der **Deckungsgrade** von 4 − 6 Vegetations-Aufnahmen pro Jahr. Diese Deckungsgrade wurden in Prozent der Probefläche geschätzt: + = weniger als 0,1%, X = 0,1 − 0,4%, S = in der Strauchschicht (0,5 − 5 m hoch), K = in der Krautschicht.

Tab. 130, Fortsetzung

Laufende Nr.:		1	2	3	4	5	6	7	8	9	10	R	N	Ges.	Verbr.
Goldruten-Gruppe															
H *Solidago canadensis*		X	3	3	7		11	14	20	22	24	X	6	Rs	W
H *Crepis biennis*		+	+	+			1	1	X	X	1	6	5	Wies	W
H *Geum urbanum*		+	+	+			X	+	X	X	1	X	7	R+W	Tk
H *Crepis capillaris*				+	X		1	1	X	+	1	5	3	Wies	W
H *Fragraria vesca*				+	X		X	X	1	2	2	X	6	Li	Tv
H *Dactylis glomerata*				+	+		+	X	2	2	4	X	6	W+W	W
H *Epilobium montanum*					+		X	+	X	+	X	6	6	Wald	WT
T *Trifolium dubium*					+		+	X	X	X	X	5	4	Wies	W
H *Agrostis stolonifera*					+		+	+	+	+	X	X	5	Rt	W
H *Poa palustris*							X	+	X	X	X	8	7	Röhr	W
H *P. pratensis*							+	X	+	1	1	X	6	Wies	W
H *Festuca rubra*							+	X	+	X	1	X	X	Wies	W
H *Prunella vulgaris*							+	+	+	X	1	4	X	Wies	Tm
H *Deschampsia cespitosa*							+	+	+	+	X	X	3	W+W	W
H *Luzula luzuloides*							+	+	+	+	X	3	4	Wald	Ta
H *Hieracium sylvaticum*								+	+		X	5	4	Wald	W
T *Trifolium campestre*											X	X	3	Ras	WT
Holzgewächse															
P *Fraxinus excelsior*	S							X	X	1	1				
,, ,,	K	X	X	X	1		1	2	2	3	2	7	7	Wald	W
P *Betula pendula*	S						1	2	4	6	9				
,, ,,	K	X	X	1	1		1	X	X	+	+	X	X	Wald	W
N *Salix caprea*	S						1	4	6	10	15				
,, ,,	K	X	X	1	1		1	X	X	+	X	7	7	Li	W
P *Acer platanoides*	S										+				
,, ,,	K		+	+	+		+	+	+	+	X	X	X	Wald	W
L *Clematis vitalba*	S						X	X			1				
,, ,,	K			+	X		X	1	X	X	1	7	7	Str	Tv
N *Cornus sanguinea*	S									+	1				
,, ,,	K				+		+	X	X	1	X	8	X	Str	Tv
N *Rosa* cf. *canina*	S									+	1				
,, ,,	K				+		+	+	+	X	X	X	X	Str	Tv
P *Sorbus aucuparia*	S										+				
,, ,,	K				+		+	+	+	+	X	4	X	Wald	Tv
N *Crataegus monogyna*	S										1				
,, ,,	K						+	+		+	+	8	3	Str	Tv
Zahl der übrigen Arten		7	5	2	4	5	8	11	11	11	13	(je nur mit +)			

Die ökologische Bewertung (nach Ellenberg 1974) bezieht sich auf Bodenreaktion (R) und Stickstoffversorgung (N, s. Abschnitt B I 4); die soziologische auf die normale **Gesellschafts-Zugehörigkeit** in der vergröberten Einteilung:

Ah = Ackerunkraut, vorw. in Hackfrüchten
Ag = ,, ,, in Getreide
Rk = Ruderalpflanze, in kurzlebigen Ges.
Rl = ,, in länger ausdauernden Ges.
Rs = ,, in staudenreichen, beständig. G.
Rt = ,, in Trittpflanzen-Ges.
A+R = in Ackerunkraut u. Ruderalfluren

Li = Waldlichtungs- u. Kahlschlagpflanze
Röhr = Röhrichtpflanze
Wies = Wiesenpflanze
W+W = in Wiesen und Wäldern
Ras = in Sand-Trockenrasen
Str = Strauch in Gebüschen oder Waldmänteln
Wald = Waldpflanze

Die letzte Spalte enthält Angaben über die **Verbreitungsweise** (nach W. Schmidt 1976):

S = Selbstausstreuend (autochor)
T = Tiergetragen (zoochor)
WT = Wind- und tiergetragen
W = Windgetragen (anemochor)

Ta = Ameisengetragen (myrmekochor)
Tm = Menschengetragen (anthropochor)
Tk = Klettfrüchtig (epizoochor)
Tv = Verzehrt u. ausgeschieden (endozoochor)

Die Buchstaben vor den Pflanzennamen bedeuten **Lebensformen** (s. Abschnitt A I 3 a):
T = Therophyt, H = Hemikryptophyt, G = Geophyt, C = krautiger Chamaephyt, N = Nanophanerophyt, P = Phanerophyt, L = Liane.

tengestell ermöglichte es außerdem Farnen und anderen Waldpflanzen, sich bald anzusiedeln und zu behaupten. Bis der anfangs unbeschattete Brachacker von einem Pionierwald bedeckt sein wird, müssen aber noch Jahrzehnte vergehen, weil der hohe Staudenbestand es Baumkeimlingen noch immer erschwert, sich durchzusetzen. Die erfolgreichen Baumindividuen gehören großenteils zu den Erstansiedlern, denen die niedrigen Ackerunkräuter weniger anzuhaben vermochten.

Von Anfang an größere Chancen hatten Holzgewächse auf einigen Parzellen, deren Boden vor Beginn des Versuchs sterilisiert worden war, sei es durch Erhitzung auf etwa 100°C oder durch chemische Radikalmittel. Das bis zu 30 cm Tiefe hitzesterilisierte und darunter gegen Tiefwurzler chemisch behandelte Feld war bar jedes Pflanzenlebens, enthielt also auch keine keimfähigen Samen. Doch handelte es sich nicht um einen Rohboden, sondern um eine humos und nährstoffreich gebliebene Ackererde. In dieser keimten sehr bald Bäume neben den zunächst nur vereinzelten krautigen Ansiedlern, sie hatten also zunächst weniger unter Konkurrenten zu leiden. Nach etwa 3 Jahren verlief zwar die Sukzession der Therophyten, Hemikryptophyten und Geophyten sehr ähnlich wie auf den nicht sterilisierten Versuchsparzellen. Doch konnten die Holzgewächse ihren Vorsprung ausbauen und Gruppen bilden, die heute etwa 30% der Fläche überdecken und mehr als 3 m hoch sind. Auf dem zuerst geschilderten „normalen" Brachacker bedecken sie nur rund 10%, werden also länger brauchen, um ihn ganz zu erobern.

Wie W. SCHMIDT (1976) feststellte, haben sich bisher 226 Arten an der Sukzession beteiligt, d.h. etwa 63% der Gefäßpflanzenarten, die in 1 km Umkreis um das Versuchsgelände anzutreffen sind, und 25% der Flora des Göttinger Raumes. Mindestens 160 Arten müssen von außen her zugewandert sein, weil sie nicht zu der ursprünglich vorhandenen Ackerunkraut-Gesellschaft gehören. Die Beweglichkeit der Pflanzenarten ist also erstaunlich groß, auch wenn man bedenkt, daß es in der Nähe genügend Samenlieferer gibt. Schon in 1 km Umkreis findet man fast alle Formationen, die in der Göttinger Gegend auf Muschelkalk- und Lößböden vorkommen, namentlich Buchen- und Eichen-Hainbuchenwälder, Eschen- und Erlenbestände am Bach, Waldlichtungsfluren, Gebüsche, Saumgesellschaften, Halbtrockenrasen, Kulturweiden und Wiesen, Ruderalfluren, Acker- und Gartenland sowie ehemalige Felder, die seit unterschiedlicher Zeit brachliegen und teilweise von Goldruten überzogen sind. Rund 42% der im

Erläuterungen zu Tab. 130, Fortsetzung

Auf dem anfangs völlig pflanzenleeren, durch Hitzsterilisation auch von Samen und anderen Keimen befreiten ehemaligen Acker breiten sich zunächst kurzlebige Kräuter (T) und vom 4. Jahre ab langlebige (H, G) aus. Erst nach 9 – 10 Jahren gewinnen Holzgewächse (P, N) größere Anteile an dem zunehmend dichten Pflanzenbestand, obwohl sie teilweise schon im 2. Jahr gekeimt waren. Gerade die früh gekeimten konnten sich gut entwickeln, weil sie in den ersten Jahren wenig Konkurrenten hatten (Deckungsgrade der Krautschicht unter 50%!). Moose (die in der Tab. nicht genannt sind) überzogen den nackten Boden rasch, verschwanden dann aber aus Lichtmangel. Waldmoose bildeten vom 9. Jahre ab wieder eine Moosschicht.

Während der Sukzession wurde aus dem Oberboden Kalk ausgewaschen, so daß die pH-Werte von 7,8 (1969) auf 7,3 (1974) sanken. Auch die nach der Sterilisation in den ersten Jahren recht intensive Stickstoff-Mineralisation ließ im Laufe der Jahre nach. Sie betrug 1970 67 kg N/ha/30 Wochen und 1974 nur noch 32 (gesicherte Stichproben von W. Schmidt). Diesen **Bodenveränderungen** entsprechen eine Abnahme anspruchsvoller und eine Zunahme genügsamer Pflanzenarten, die sich in den mittleren Reaktions- und Stickstoffzahlen deutlich bemerkbar machen. (Diese Ziffern ändern sich nicht oder kaum, wenn man die „übrigen Arten" mitberücksichtigt):

Laufende Nr.:	1	2	3	4	5	6	7	8	9	10
mittlere **R**-Zahl:	7,1	6,9	6,8	6,7	6,3	6,2	6,1	6,1	6,1	6,1
mittlere **N**-Zahl:	6,5	6,6	6,5	6,2	6,3	6,0	5,8	5,7	5,7	5,6

Sukzessionsversuch neu angesiedelten Gefäßpflanzenarten werden vorwiegend durch den Wind verbreitet, etwa 41% durch Tiere; der Rest hat keine erkennbaren Einrichtungen für die Fernverfrachtung. Bemerkenswert ist jedoch, daß Arten der dritten Gruppe von Anfang an auf den vorher sterilisierten Parzellen auftreten, aus deren Krume sie ja nicht stammen konnten. Da W. SCHMIDT auf dem damals noch nicht eingezäunten Versuchsfeld Rehe und Hasen feststellte, liegt es nahe, deren Füße als Verbreitungsmittel anzusehen, ähnlich wie bei Schafen und Watvögeln, von denen in den Abschnitten D I 5 und D VII 1 die Rede war.

Zu grundsätzlich ähnlichen Ergebnissen wie der von W. SCHMIDT ausgewertete Sukzessionsversuch führten die vergleichenden Beobachtungen von F. RUNGE (1968), HARD (1972), BORSTEL (1974), SURBER, AMIET und KOBERT (1975?) u. a. auf verschieden alten, aber standörtlich vergleichbaren Brachäckern. HARD faßt seine Beobachtungen über das Vorrücken des Waldes auf Flächen junger Sozialbrache folgendermaßen zusammen: „Werden größere Flächen ‚schlagartig' aufgelassen, dann rücken die anemochoren Lichthölzer und Rohbodenkeimer, falls vorhanden, ... während nur sehr weniger (2–4) Jahre und sehr mäßig (um 100 m) weit vor", und auch dies nur „auf anfangs gepflügtem (offenem) Land. Alles weitere Vordringen des Waldes geht dann mit äußerster Langsamkeit vor sich". Auf nackten Bergwerkshalden (RICHTER 1965) entstehen Pioniergehölze ebenfalls rasch, soweit der Boden überhaupt dafür geeignet ist; nach Begrasung können sie weniger leicht hochkommen.

Will man die Ansiedlung von Holzgewächsen möglichst lange vermeiden, so muß man also dafür sorgen, daß auf brachfallenden Äckern von vornherein eine dichte und konkurrenzstarke Pflanzendecke vorhanden ist oder rasch entsteht. Grünlandbrache ist in dieser Hinsicht günstiger als Schwarzbrache, wie wir im folgenden Abschnitt sehen werden.

2 Sukzessionen auf Grünlandbrachen

a Vegetationsabfolge auf ungenutzten Wiesen

Nicht mehr gemähte Wiesen sind gewöhnlich so dicht geschlossen, daß sie für lange Zeit baumfeindlich bleiben (BORSTEL 1974, SURBER u. Mitarb. u.a.). Vom Winterschnee zu Boden gedrückt, verfilzen sich die abgestorbenen Grasblätter zu einer lichtundurchlässigen Matte. Die Gräser selbst vermögen diesen Filz zu übersteigen, weil sie neue Adventivsprosse treiben. Viele der anwesenden Kräuter vermehren sich ebenfalls vegetativ und durchstoßen oder überlagern die Streudecke. Bäume und Sträucher jedoch treffen auf dieses Hindernis in ihren empfindlichsten Entwicklungsphasen, während der Keimung und des langsamen Jugendwachstums. Auf wenig tätigen Böden, auf denen die Streu besonders lange liegen bleibt, ist ihre Ansiedlungschance daher äußerst gering.

Das kann man recht gut an ehemals gemähten Halbtrockenrasen oder Streuewiesen beobachten, die jahrzehntelang gehölzfrei blieben, wenn nicht Sträucher oder Bäume mit Wurzelausläufern (z. B. *Prunus spinosa* und *Populus tremula*) in der Nähe stehen. Pfeifengras-Streuwiesen gehen nach einiger Zeit in Mädesüß-Staudenfluren über, deren Weiterentwicklung in Abschnitt D V 5 b behandelt wurde. Auch in ehemaligen Kohldistelwiesen und anderen früher gedüngten Feuchtwiesen kommt gewöhnlich das Mädesüß zum Zuge, wenn nicht Disteln oder Binsen zeitweilig die Oberhand gewinnen. In vielen Fällen entsteht aber ein Seggen-Stadium, in dem sich je nach dem Nässegrad des Bodens *Carex nigra, elata, paniculata* oder andere Arten mit ihrer harten Streu als besonders unduldsam gegen Holzgewächse erweisen. Ein erfolgreicher

Besiedler nasser Brachwiesen ist zuweilen die Ohrweide *(Salix aurita)*, die sich mit ihren niedergebogenen Zweigen konzentrisch ausdehnt, wo sie erst einmal Fuß gefaßt hat. Als kräftigster Eroberer von Naßwiesen erweist sich aber allenthalben das Schilf *(Phragmites australis)*, seit es durch alljährliche Mahd nicht mehr kurzgehalten wird. Es streicht mit seinen durchlüfteten Rhizomen weithin und durchstößt mit seinen spitzen Junghalmen den Blätterfilz, wo er nicht zu mächtig geworden ist.

Die jeweils höchstwüchsige Gras-, Seggen- oder Staudenart bildet auf den Brachwiesen schließlich ein Stadium, das sich jahrzehntelang selbst zu erhalten vermag. In einem solchen Langzeitstadium leben noch Arten der ehemals vorhandenen Wiesengesellschaft. Viele niedrige und lichtbedürftige Partner, die durch die Mahd indirekt begünstigt wurden, verschwinden jedoch, so daß Brachwiesen in der Regel floristisch verarmen, auch wenn einige neue Arten hinzutreten.

Als weitere Regel darf gelten, daß feuchte- und nässebedürftige Arten relativ häufiger werden als in bewirtschafteten Wiesen. Eine Ursache hierfür ist der Blätterfilz, der zwar den Niederschlag durchläßt, aber Wind und Sonne vom Boden fernhält. Der Boden vernäßt infolgedessen oberflächlich, besonders dort, wo er tonig ist und ohnehin zur Staunässe neigt. Eine weitere Ursache ist darin zu suchen, daß das grüne Blattwerk in ungemähten Wiesen weniger dicht wird und früher vergilbt, als wenn es durch Schnitte immer wieder zum Neutreiben veranlaßt wird. Es transpiriert infolgedessen weniger stark und weniger lange, schöpft also den Boden viel weniger aus als das genutzte Grünland oder gar der Wald. Vom Standpunkt des Landschaftsschutzes aus kann die Vernässung in vielen Fällen begrüßt werden, zumal unsere Landschaft durch Entwässerungsmaßnahmen jahrzehntelang verarmte. Die meisten seltenen Pflanzen- und Tierarten kehren allerdings aus Lichtmangel nicht in die höher gewordenen Bestände zurück.

Will man die Ansammlung von Blattstreu in Brachwiesen verhindern, so erscheint gesteuertes Abbrennen als das einfachste Mittel (RIESS 1976). Man sollte aber bedenken, daß man dadurch die Ansiedlung von Bäumen eher begünstigt als zurückhält. Sie finden ja nach dem Brand mehr offenen Boden und weniger Konkurrenten als vorher. Nach dem heutigen Stand der Kenntnisse gilt also der Satz: Wer Brachgrasland als Freifläche erhalten will, sollte es möglichst unangetastet lassen.

b Sukzessionen auf ehemaligen Weiden

Der am Schluß des vorigen Abschnitts ausgesprochene Satz gilt auch für ehemalige Viehweiden. Werden Weißkleeweiden nicht mehr mit Vieh beschickt, so dehnen sich die gerade vorhandenen Distel- und Binsenarten sowie die Große Brennessel rasch aus. Auch Ampferarten (*Rumex crispus* und *obtusifolius*) können um sich greifen. Doch bilden die verbleibenden Gräser auch hier eine filzige Streudecke. Vorübergehend wächst sich die Quecke *(Agropyron repens)* zu großen Herden aus, die fast alle anderen Arten unterdrücken. Mit den Jahren nähert sich der Sukzessionsverlauf auf frischen bis feuchten Böden immer mehr dem für Wiesen geschilderten.

An steilen Hängen im Gebirge bedeutet das Brachfallen von Viehweiden eine Gefahr, weil der Schnee von dem glatten Pelz toter Grasblätter leichter abrutscht und Lawinen auslöst oder Erosionsschäden bewirkt (Abb. 498). Auch hier nimmt die Zahl der Arten in der Regel ab, weil lichtliebende unterdrückt werden.

Auf trockenen Böden, d.h. in Halbtrockenrasen, befinden sich oft schon vor dem Brachfallen einzelne Holzgewächse, namentlich Weißdorn, Schlehen, Rosen, Wacholder und andere Weideunkräuter. Von diesen ausgehend, führt die Sukzession bei nicht zu ungünstigen Standortsbedingungen oft schon in 3–4 Jahrzehnten zu einem Gehölz,

Vegetationsentwicklung auf Brachland

Abb. 498. Neue Erosionsschäden auf einem nicht mehr beweideten subalpinen Rasen in den Bayerischen Randalpen (1500 m ü. M.). Die überjährigen Stengel und Blätter der Horstsegge *(Carex sempervirens)* bildeten strohdachartige Gleitbahnen für den Winterschnee. Dieser riß junge Fichten und große Steine mit, die den Boden aufschürften. Phot. SPATZ.

das schließlich von Eschen, Buchen und anderen Schatthölzern unterwandert wird. Die einzelnen Arten entwickeln hierbei eine ganz verschiedene Strategie, wie LLOYD (1975) in Südengland beobachtete. *Crataegus* z. B. erneuert sich nur durch Samen und hat feinverzweigte Wurzeln, die mit Graswurzeln zu konkurrieren vermögen. *Cornus sanguinea* dagegen hat eine tiefgehende Hauptwurzel und ein extensives Nebenwurzelwerk, vermag aber Wurzelbrut zu bilden und mit dieser schrittweise vorzurücken.

Um brachfallendes Grünland als Rasen zu erhalten, aber das Mähen zu sparen, setzt man hier und dort wieder Schafherden ein. Nach dem heutigen Stand der Kenntnisse muß es zweifelhaft erscheinen, ob dies die richtige Maßnahme ist. Weidetiere lesen aus, wenn man sie frei gewähren läßt. Sie rühren Gruppen von Brennesseln, Binsen, harten Gräsern, Disteln und manchen anderen ihnen nicht zusagenden Pflanzen kaum an, d. h. sie schonen vor allem die Gewächse, die sich auf Brachgrünland auszubreiten pflegen. Sie verhindern auch keineswegs die Ansiedlung von Dornsträuchern und anderen holzigen Weideunkräutern. Wenn man diese nicht rechtzeitig bekämpft – wie das früher die Schäfer mit Axt und Feuer taten –, so verbuscht das Brachland schneller, als wenn man es sich selbst überlassen hätte. An Hängen wird dieser Vorgang noch dadurch beschleunigt, daß der Tritt der Weidetiere den Boden verletzt, also Keimstätten für Holzgewächse schafft. Ohne Mithilfe des Menschen wird das beweidete Brachland also nicht gehölzfrei bleiben. Zwar haben Viehherden in früheren Zeiten wesentlich dazu beigetragen, den Naturwald Mitteleuropas zu lichten und zurückzudrängen. Doch schon damals wirkte der Mensch mit, indem er Holz schlug, Bäume ringelte und Gehölzgruppen niederbrannte.

Unter den Gehölzen, die an ungepflegten Böschungen, auf Brachflächen und auf

Abb. 499. Die aus Nordamerika stammende „falsche Akazie" *(Robinia pseudacacia)* ist einer der wenigen exotischen Bäume, die sich in Mittel- und Südosteuropa stellenweise eingebürgert haben. Aus künstlichen Anpflanzungen verbreitete sich die Robinie spontan auch auf den Trümmern der Städte nach dem letzten Weltkrieg, aber nur in Gebieten mit relativ kontinentalem und sommerwarmem Klima. Nach KOHLER und SUKOPP (1964), etwas verändert.
„Subsarmatischer" Klimabezirk nach WERTH, B = Böhmisches Binnenlandklima, P = Randbereich des pannonischen Klimas. Stuttgart liegt in einem warmen Talkessel.

sonstigen Ödland Fuß fassen, spielt die Robinie (*Robinia pseudacacia,* s. Abb. 499 u. Abschnitt D III 1d) insofern eine besondere Rolle, als sie sich unter den ihr zusagenden Klimabedingungen im Süden und Osten Mitteleuropas mehr und mehr einbürgert. Auch andere Neophyten, z.B. die ebenfalls amerikanischen Goldruten (*Solidago canadensis* u.a.), nutzen die Chance, die ihnen heute durch mangelnde Pflege vieler Brachflächen geboten wird. Wo man der Sukzession freien Lauf ließe, würden sie jedoch schließlich den in Mitteleuropa einheimischen Baumarten und ihren Gesellschaften weichen müssen, die wir eingangs gründlicher kennengelernt haben.

E Übersichten und Register

I Schriftenverzeichnis

Dieses Verzeichnis enthält nur die zitierten und sonst benutzten Veröffentlichungen. Einige nach 1975 erschienene Arbeiten konnten im Text nicht mehr berücksichtigt werden. Auf Bibliographien und zusammenfassende Übersichten mit umfangreichem Literaturverzeichnis weisen Sternchen (*) vor den Autorennamen hin.

Neu erscheinende Arbeiten auf den Gebieten der Vegetationskunde und Ökologie werden alljährlich in „Progress in Botany" (früher Fortschritte der Botanik; Springer-Verlag, Berlin, Heidelberg, New York) referiert. Neue und ergänzende Bibliographien sind in den „Excerpta botanica, Sectio B sociologica" (Gustav Fischer Verlag, Stuttgart) zu erwarten.

Die Umlaute ä, ö, ü sind in den folgenden Verzeichnissen wie die Vokale a, o, u und alle Buchstaben mit Akzenten wie die entsprechenden ohne Akzente eingeordnet. Die Bezeichnung „ebenda" bezieht sich nur auf vorher genannte Zeitschriften, in denen *derselbe* Autor (oder dieselben Autoren) veröffentlichten.

ABEL, W.O., 1956: Die Austrocknungsresistenz der Laubmoose. Sitz. ber. Österr. Akad. Wiss., Math.-nat. Kl., Abt. I 165: 619–707.

ADAMS, D.A., 1963: Factors influencing vascular plant zonation in North Carolina salt marshes. Ecology 44: 445–456.

*ADRIANI, M.J., 1958: Halophyten. Handb. Pflanzenphysiol. 4: 709–736.

AHTI, T., HÄMET-AHTI, L., JALAS, J., 1968: Vegetation zones and their sections in Northwestern Europe. Ann. Botan. Fenn. 5: 169–211.

AICHINGER, E., 1933: Vegetationskunde der Karawanken. Pflanzensoziol. (Jena) 2: 329 S.

– 1951: Lehrwanderungen in das Bergsturzgebiet der Schütt am Südfuß der Villacher Alpe. Angew. Pflanzensoziol. (Wien) 4: 67–118.

– 1957: Die Zwergstrauchheiden als Vegetationsentwicklungstypen. Ebenda 12: 124 S., 13: 84 S., u. 14: 171 S.

–, GAMS, H., WAGNER, H., WENDELBERGER, G., u.a., 1956: Exkursionsführer für die XI. Internationale Pflanzengeographische Exkursion durch die Ostalpen 1956. Ebenda 16: 151 S.

ALETSEE, L., 1967: Begriffliche und floristische Grundlagen zu einer pflanzengeographischen Analyse der europäischen Regenwassermoorstandorte. Beitr. Biol. Pflanzen 43: 117–160.

ALLEN, S.E., 1964: Chemical aspects of heather burning. J. Appl. Ecol. 1: 347–367.

ALTEHAGE, C., ROSSMANN, B., 1940: Vegetationskundliche Untersuchungen der Halophytenflora binnenländischer Salzstellen im Trockengebiet Mitteldeutschlands. Beih. Botan. Cbl. 60, Abt. B: 135–180.

AMBROS, W., KNEITZ, G., 1961: Die Regenwürmer und ihre waldhygienische Bedeutung. Waldhygiene (Würzburg) 4: 34–53.

AMBROŽ, Z., BALÁTOVÁ-TULÁČKOVÁ, E., 1968: Zur Kenntnis der biologischen Aktivität und des Humus-Anteils in Böden der Magnocaricetalia- und Molinietalia-Gesellschaften im Gebiet der SW-Slowakei (Záhorie). Preslia (Praha) 40: 80–93.

ANAGNOSTIDIS, K., SCHWABE, G.H., 1966: Über artenreiche Bestände von Cyanophyceen und Bacteriophyten in einem Farbstreifenwatt usw. Nova Hedwigia 11: 417–441.

ANDERSON, F., 1070: Ecological studies in a Scanian woodland and meadow area, Southern Sweden. I. Vegetational and environmental structure. Opera Botan. (Lund) 27: 190 S. II. Plant biomass, primary production and turnover of organic matter. Botan. Not. 123: 8–51.

ANDERSON, J.M., 1973 a: The breakdown and decomposition of sweet chestnut (Castanea sativa Mill.) and beech (Fagus silvatica L.) leaf litter in two deciduous woodland soils. Oecologia (Berl.) 12: 251–274.

–, 1973 b: Carbon dioxide evolution from two temperate, deciduous woodland soils. J. Appl. Ecol. 10: 361–378.

ANDERSON, R.C., LOUCKS, O.L., 1973: Aspects of the biology of Trientalis borealis Raf. Ecol. 54: 798–808.

ANDRZEJEWSKA, L., 1974: Analysis of a sheep pasture ecosystem in the Pienine mountains (the Carpathians) V. Herbivores and their effect on plant production. Ekol. Pol. 22: 527–534.

ANT, H., DIEKJOBST, H., 1967: Zum räumlichen und zeitlichen Gefüge der Vegetation trockengefallener Talsperrenböden. Arch. Hydrobiol. 62: 439–452.

ANTONIETTI, A., 1968: Le associazioni forestali dell'orizzonte submontano del Cantone Ticino su substrati pedogenetici ricchi di carbonati. Mem. Ist. Svizz. Ric. Forest. 44: 85–225.

–, 1970: Su un'associazione di brughiera del piede meridionali delle Alpi. Ber. Geobot. Inst. ETH, Stiftg. Rübel, Zürich 40: 9–27.

APINIS, A., 1940: Untersuchungen über die Ökologie der Trapa L. Acta Horti Bot. Univ. Latviens. 13: 7–145.

ARBEITSGEMEINSCHAFT „OBERSCHWÄBISCHE FICHTENREVIERE" (Hrsg.), 1964: Standort, Wald und Waldwirtschaft in Oberschwaben. Stuttgart: 323 S.

ARMSTRONG, W., 1975: The wetland condition and the internal aeration of plants. XII. Internat. Botan. Congr. (Leningrad) Abstr. II, 347.

–, Boatman, D.J., 1967: Some field observations

relating the growth of bog plants to conditions of soil aeration. J. Ecol. 55: 101–110.
ARVIDSSON, J., 1951: Austrocknungs- und Dürreresistenzverhältnisse einiger Repräsentanten öländischer Pflanzenvereine nebst Bemerkungen über Wasserabsorption durch oberirdische Organe. Oikos, Suppl. 1: 181 S.
ARZANI, GH., 1974: Ökophysiologische Untersuchungen über die SO_2-, HCl- und HF-Empfindlichkeit verschiedener Flechtenarten. Diss. Univ. Gießen: 136 S.
ASTON, J. L., BRADSHAW, A. D., 1966: Evolution in closely adjacent plant populations. II. Agrostis stolonifera in maritime habitats. Heredity 21: 649–664.
ATKINSON, D., 1973: Observations on the phosphorus nutrition of two sand dune communities at Ross Linhs. J. Ecol. 61: 117–133.
ATTENBERGER, J., 1963: Düngerwirkung an Fichten auf Hochmoor. Die Phosphorsäure 23: 206–214.
AUER, C., 1947: Untersuchungen über die natürliche Verjüngung der Lärche im Arven-Lärchenwald des Oberengadins. Mitt. Schweiz. Anst. Forstl. Versuchsw. 25: 3–140.
AULITZKI, H., 1961: Die Bodentemperaturen in der Kampfzone oberhalb der Waldgrenze und im subalpinen Zirben-Lärchenwald. Mitt. Forstl. Bundes-Versuchsanst. Mariabrunn 59: 153–208.
–, 1961: Die Bodentemperaturverhältnisse an einer zentralalpinen Hanglage beiderseits der Waldgrenze. I. Die Bodentemperatur oberhalb der zentralalpinen Waldgrenze. Arch. Meteorol., Geophys. u. Bioklimatol. B 10: 445–532.
–, 1962: Welche bioklimatischen Hinweise stehen der Hochlagenaufforstung heute zur Verfügung? Wetter u. Leben 14: 95–117.
–, 1963: Bioklima und Hochlagenaufforstung in der subalpinen Stufe der Inneralpen. Schweiz. Z. Forstwes. 114: 1–25.
–, 1963: Grundlagen und Anwendung des vorläufigen Wind-Schnee-Ökogrammes. Mitt. Forstl. Bundes-Versuchsanst. Mariabrunn 60: 765–834.
–, 1965: Waldbau auf bioklimatischer Grundlage in der subalpinen Stufe der Innenalpen. Cbl. Gesamte Forstwes. 82: 217–245.
AVERDIECK, F.-R., 1971: Zur postglazialen Geschichte der Eibe (Taxus baccata L.) in Nordwestdeutschland. Flora 160: 28–42.

BACH, R., 1950: Die Standorte jurassischer Buchenwaldgesellschaften mit besonderer Berücksichtigung der Böden (Humuskarbonatböden und Rendzinen). Ber. Schweiz. Botan. Ges. 60: 51–152.
BACKHUYS, W., 1968: Der Elevations-Effekt bei einigen Alpenpflanzen der Schweiz. Blumea 16: 273–320.
BACKMUND, F., 1941: Der Wandel des Waldes im Alpenvorland. Eine forstgeschichtliche Untersuchung. Schriftenr. Akad. Dtsch. Forstwiss. 4: 126 S.
BAER, J.-G., 1962: Un demi-siècle d'activité scientifique dans le Parc national. Act. Soc. Helvét. Sci. Nat., Scuol: 50–62.
BAEUMER, K., 1956: Verbreitung und Vergesellschaftung des Glatthafers (Arrhenatherum elatius) und des Goldhafers (Trisetum flavescens) im nördlichen Rheinland. Decheniana Beih. 3: 1–77.
–, 1962: Die Wasserstufen-Karte der Wümme-Niederung. Abh. Naturw. Ver. Bremen 36: 118–168.
BAIG, M. N., TRANQUILLINI, W., 1976: Studies on upper timberline: morphology and anatomy of Norway spruce (Picea abies) and stone pine (Pinus cembra) needles from various habitat conditions. Canad. J. Botany 54: 1622–1632.
BALÁTOVÁ-TULÁČKOVÁ, E., 1957: Wiesengesellschaften mit Bezug auf die Bodenfeuchtigkeit. Eine Studie aus den Wiesen der Umgebung von Brünn. Sborn. Českosl. Akad. Zeměd. Věd, Rostl. Výr. 30: 529-557.
–, 1963: Zur Systematik der europäischen Phragmitetea. Preslia 35: 118–122.
–, 1969: Beitrag zur Kenntnis der tschechoslowakischen Cnidion venosi-Wiesen. Vegetatio 17: 200–207.
–, 1972: Flachmoorwiesen im mittleren und unteren Opava-Tal (Schlesien). Vegetace ČSSR. A 4: 201 S.
–, 1976: Rieder- und Sumpfwiesen der Ordnung Magnocaricetalia in der Záhorie-Tiefebene und dem nördlich angrenzenden Gebiete. Vegetácia ČSSR B 3: 258 S.
BALLER, A., 1974: Ökologische Untersuchungen im xerothermen Vegetationsmosaik des NSG »Hohe Lehden« bei Jena. Mitt. Sekt. Geobot. u. Phytotax. Biol. Ges. DDR 1974: 93–108.
BALTENSWEILER, W., 1975: Zur Bedeutung des Grauen Lärchenwicklers (Zeiraphera diniana Gn.) für die Lebensgemeinschaft des Lärchen-Arven-Waldes. Mitt. Schweiz. Entomol. Ges. 48: 5–12.
BARADZIEJ, E., 1974: Net primary production of two marsh communities near Ispina in the Niepotomice Forest (Southern Poland). Ekol. Pol. 22: 145–172.
BARCLAY-ESTRUP, P., 1970: The description and interpretation of cyclical processes in a heath community II. Changes in biomass and shoot production during the Calluna cycle. J. Ecol. 58: 243–249.
*BARKMAN, J. J., 1958: Phytosociology and ecology of cryptogamic epiphytes. Van Gorcum u. Comp., Assen (Niederlande): 628 S.
*–, 1962: Bibliographia phytosociologica cryptogamica. Pars I. Epiphyta. Excerpta Botan., Sect. B, 4: 59–86.
–, 1968: Das systematische Problem der Mikrogesellschaften innerhalb der Biozönosen. In: R. TÜXEN (Hrsg.) Pflanzensoziologische Systematik. Ber. über d. internat. Symp. in Stolzenau/Weser 1964. Den Haag, Verl. Dr. W. Junk, 1968: 21–48.
BARTKOWIAK, S., 1970: Ornitochoria of trees and shrubs. In: Arbor Korneckie (Warszawa u. Poznan) 15: 237–261.

BARTSCH, J. u. M., 1940: Vegetationskunde des Schwarzwaldes. Pflanzensoziol. (Jena) 4: 229 S.
*– u. –, 1952: Der Schluchtwald und der Bach-Eschenwald. Angew. Pflanzensoziol. (Wien) 8: 109 S.
BAUCH, E., 1970: Die Buchenwälder im Elm und ihre Standorte. Diss. T. U. Braunschweig 1970: 167 S.
BAUER, E., 1973: Zur ökologisch-physiologischen Indikation von Immissionsschäden im Stadtgebiet von Eßlingen. Diss. Hohenheim: 106 S.
*BAUMGARTNER, A., 1967: Entwicklungslinien der forstlichen Meteorologie. Forstwiss. Cbl. 86: 156–175.
–, 1967: Energie- und Stoffhaushalt im Walde. Wiss. Z. T. U. Dresden 16: 557–561.
*–, 1969: Forstliche Meteorologie, Klimatologie und Hydrologie. In: K. MANTEL: Stand und Ergebnisse der forstlichen Forschung 1965–1968. Freiburg i. Br., Forschungsrat f. Ernährung, Landw. u. Forsten 1969: 93–125.
BAUMGARTNER, A., KLEMMER, L., RASCHKE, E., WALDMANN, G., 1967: Waldbrände in Bayern 1950–1959. Allg. Forstz. 1967: Nr. 13.
BECHER, R., 1964: Experimentelle Untersuchungen über die Bedeutung der Licht-Intensität und der Wurzel-Konkurrenz für Lebensmöglichkeiten von Sauerklee (Oxalis acetosella) in Wald-Beständen. Ber. Oberhess. Ges. Natur- u. Heilkunde Gießen, N. F., Naturw. Abt. 33: 145–148.
BEEFTINK, W. G., 1965: De zoutvegetatie van ZW-Nederland beschouwd in europees verband. Hydrobiol. Inst. Afd. Delta-Onderz., Yerseke, Nederl. 30: 167 S.
–, 1968: Die Systematik der europäischen Salzpflanzengesellschaften. In: TÜXEN, R. (Hrsg.), Pflanzensoziologische Systematik. Den Haag, Verl. Dr. W. Junk: 239–272.
–, DAANE, M. C., DE MUNCK, W., 1971: Tien jaar botanisch-oecologische verkenningen langs het Veerse Meer. Natuur en Landschap 25: 50–65.
BEEKMAN, A. A., 1932: Nederland als Polderland. 3. Aufl., Zutphen: 510 S.
BEHRE, K., 1956: Die Algenbesiedlung einiger Seen um Bremen und Bremerhaven. Veröff. Inst. Meeresforsch. Bremerhaven 4: 221–383.
–, 1966: Zur Algensoziologie des Süßwassers (unter besonderer Berücksichtigung der Litoralalgen). Arch. Hydrobiol. 62: 125–164.
BEHRE, K. E., 1970: Die Entwicklungsgeschichte der natürlichen Vegetation im Gebiet der unteren Ems und ihre Abhängigkeit von den Bewegungen des Meeresspiegels. Habil. Schr. Math.-Nat. Fakult. Univ. Göttingen, Hildesheim: 47 S.
*BEIJERINCK, W., 1940: Calluna. A monograph on the Scotch heather. Verh. Kon. Nederl. Akad. Wetensch., Afd. Natuurk., 2. Sect. 38: 4, 180 S.
*BELDIE, A., 1967: Flora si vegetatia muntilor Bucegi. Ed. Acad. R. S. Romania, Bukarest: 578 S.
BELL, J. N. B., TALLIS, J. H., 1974: The response of Empetrum nigrum L. to different mire water regimes, with special reference to Wybunbury moss, Cheshire and Featherbed moss, Derbyshire. J. Ecol. 62: 75–93.

BELLOT RODRÍGUEZ, F., 1964: Sobre Phragmitetea en Galicia. Ann. Inst. Bot. A. J. Cavanilles (Madrid) 22: 61–80.
BENECKE, P., 1976: Der Wasserhaushalt von Buchen- und Fichtenbeständen. Vortragsreferat, Ges. f. Ökologie, Göttingen, 20.-24. 9. 76.
BENNERT, W., 1973: Chemisch-ökologische Untersuchungen an Arten der Krautschicht eines montanen Hainsimsen-Buchenwaldes (Luzulo-Fagetum). Diss. F. U. Berlin: 216 S.
BERGER-LANDEFELDT, U., 1964: Über den Strahlungshaushalt verschiedener Pflanzenbestände. Ber. Deut. Botan. Ges. 77: 27–48.
– u. SUKOPP, H., 1965: Zur Synökologie der Sandtrockenrasen, insbesondere der Silbergrasflur. Verh. Botan. Ver. Prov. Brandenburg 102: 41–98.
BERSET, J., 1969: Pâturages, prairies et marais montagnards et subalpins des Préalpes Fribourgeoises. Fribourg/Schweiz: Ed. Univ., ca. 1969: 55 S.
BERTOLDI, R., 1970: Frühe postglaziale Besiedlung von Ostrya in hohen Tälern der Dolomiten. Mitt. Ostalpin-dinar. Pflanzensoz. Arb. gem. (Wien) 10: 2–4.
BERTSCH, K., 1925: Das Brunnenholzried. Veröff. Staatl. Stelle f. Naturschutz b. Württemb. Landesamt f. Denkmalspflege 2: 67–172.
–, 1955: Flechtenflora von Südwestdeutschland. Stuttgart: 256 S.
–, 1959: Moosflora von Südwestdeutschland. 2. Aufl. Stuttgart: 234 S.
BESSON, J.-M., 1972: Nature et manifestations des relations sociales entre quelques espèces végétales herbacées. Ber. Schweiz. Botan. Ges. 81: 319–397.
BEUG, H.-J., 1965: Pollenanalytische Untersuchungen zur nacheiszeitlichen Geschichte der mediterranen Arten im Gardasee-Gebiet. Ber. Deut. Botan. Ges. 78: 28–30.
–, 1967: Probleme der Vegetationsgeschichte in Südeuropa. Ebenda 80: 682–689.
–, 1977: Waldgrenzen und Waldbestand in Europa während des Eiszeitalters. Göttinger Rektoratsreden 61: 23 S.
BEYER, H., 1968: Versuche zur Erhaltung von Heideflächen durch Heidschnucken im Naturschutzgebiet „Heiliges Meer". Natur u. Heimat 28: 145–148.
BITTMANN, E., 1953: Das Schilf (Phragmites communis Trin.) und seine Verwendung im Wasserbau. Angew. Pflanzensoziol. (Stolzenau/Weser) 7: 44 S.
BJOR, K., 1972: Micro-temperature profiles in the vegetation and soil surface layers on uncovered and twig covered plots. Medd. Norske Skogforsøksvesen 30: 203–218.
BLANKWAARDT, H. F. H., 1968: De heidekever. Tijdschr. Kon. Nederl. Heidemaatschappij 1968: 30–35.
BLASER, P., 1973: Die Bodenbildung auf Silikatgestein im südlichen Tessin. Schweiz. Anst. Forstl. Versuchswes., Mitt. 49: 253–340.
BLISS, L. C., 1962: Coloric and lipid content in alpine tundra plants. Ecology 43: 753–757.

–, 1966: Plant productivity in alpine microenvironments on Mt. Washington, New Hampshire. Ecol. Monogr. 36: 125–155.
BLÖCHLIGER, G., 1931: Mikrobiologische Untersuchungen an verwitternden Schrattenkalkfelsen. Diss. ETH Zürich: 102 S.
BLUME, H.-P., FRIEDRICH, F., NEUMANN, F., SCHWIEBERT, H., 1975: Dynamik eines Düne-Mr-Biotops in ihrer Bedeutung für die Biozönose. Verh. Ges. Ökol., Erlangen 1974: 89–101.
BOATMAN, D. J., 1962: The growth of Schoenus nigricans on blanket bog peats. I. The response to pH and the level of Potassium and Magnesium. J. Ecol. 50: 823–832.
BÖCHER, T. W., 1941: Die Vegetation der Randböler Heide mit besonderer Berücksichtigung des Naturschutzgebietes. Kong. Danske Videns. Selsk., Biol. Skrift, 1: 3, 234 S.
BODENMANN, A., EIBERLE, K., 1967: Über die Auswirkungen des Verbisses der Gemse im Aletschwald. Schweiz. Z. Forstwes. 118.
*BODEUX, A., 1955: Alnetum glutinosae. Mitt. Florist.-Soziol. Arb. gem. N. F. 5: 24 S.
BOEKER, P., 1959: Samenauflauf aus Mist und Erde von Triebwegen und Ruheplätzen. Z. Akker- u. Pflanzenbau 108: 77–92.
BOGNER, W., 1966: Experimentelle Prüfung von Waldbodenpflanzen auf ihre Ansprüche an die Form der Stickstoffernährung. Diss. Hohenheim 131 S., und: Mitt. Ver. Forstl. Standortskunde u. Forstpflanzenzüchtung 18: 3.
BÖHM, H., 1966: Die geländeklimatische Bedeutung des Bergschattens und der Exposition für das Gefüge der Natur- und Kulturlandschaft. Erdkunde 20: 81–93.
BOHUS, G., BABOS, M., 1967: Mycocoenological investigation of acidiphilous deciduous forests in Hungary. Botan. Jb. 87: 304–360.
BOLLETER, R., 1920: Vegetationsstudien aus dem Weißwassertal. Jahrb. St. Gallisch. Naturw. Ges. 57, Beilage: 141 S.
BORG, P., 1964: Über die Beziehungen der Ackerunkräuter zu einigen bodenökologischen Faktoren in der Landgemeinde Helsinki. Ann. Botan. 1: 146–160.
BORHIDI, A., 1970: Ökologie, Wettbewerb und Zönologie des Schilfrohrs (Phragmites communis L.) und die Systematik der Brackröhrichte. Acta Botan. Acad. Sci. Hung. 16: 1–12.
BORNKAMM, R., 1958 a: Standortsbedingungen und Wasserhaushalt von Trespen-Halbtrockenrasen (Mesobromion) im oberen Leinegebiet. Flora 146: 23–67.
–, 1960: Die Trespen-Halbtrockenrasen im oberen Leinegebiet. Mitt. Florist.-Soziol. Arb. gem. N. F. 8: 181–208.
–, 1961 a: Zur Konkurrenzkraft von Bromus erectus. Ein sechsjähriger Dauerversuch. Botan. Jb. 80: 466–479.
–, 1961 b: Zur Lichtkonkurrenz von Ackerunkräutern. Flora 151: 126–143.
–, 1974: Die Unkrautvegetation im Bereich der Stadt Köln I. Die Pflanzengesellschaften. II. Der Zeigerwert der Arten. Dechemiana 126, 267–306 u. 307–332.

–, EBER, W., 1967: Die Pflanzengesellschaften der Keuperhügel bei Friedland (Kr. Göttingen). Schriftenreihe f. Vegetationskunde (Bonn) 2: 135–160.
–, SALINGER, S., STREHLOW, H., 1975: Substanzproduktion und Inhaltsstoffe zweier Gräser in Rein- und Mischkultur. Flora 164: 437–448.
BORSTEL, U.-O., VON, 1974: Untersuchungen zur Vegetationsentwicklung auf ökologisch verschiedenen Grünland- und Ackerbrachen hessischer Mittelgebirge (Westerwald, Rhön, Vogelsberg). Diss. Univ. Gießen: 159 S.
BORZA, A., 1963: Pflanzengesellschaften der rumänischen Karpaten. Biológia (Bratislava) 18: 856–864.
BOTHMER, H. J., 1953: Der Einfluß der Bewirtschaftung auf die Ausbildung der Pflanzengesellschaften niederrheinischer Dauerweiden. Z. Acker- u. Pflanzenbau 96: 4, 457–476.
BOUKHRIS, M., 1967: Sur l'écologie et la nutrition des végétaux croissant sur dolomie dans le sud de la France. Centre Nation. Rech. Sci., Centre d'Études Phytosociol. et Ecol., Doc. 40: 104 S.
BOURNÉRIAS, M., 1959: Bull. Soc. Botan. France 106, Mém.: 3 ff.
BRACKER, H. H., 1960: Zweijährige Gefäßversuche über den Einfluß unterschiedlicher Wasserversorgung auf das Wachstum und die Ertragsleistung von 14 Kulturgräsern. Der Kulturtechn. 47: 60–72.
BRADSHAW, A. D., ANTONOVICS, J., KHAN, M. S., WALLEY, K., 1969: The importance of extreme selection pressures in evolution. XIth Internat. Botan. Congr. Seattle, Abstr.: 21.
–, CHADWICK, M. J., JOWETT, D., LODGE, R. W., SNAYDON, R. W., 1960: Experimental investigations into the mineral nutrition of several grass species. III. Phosphate level. J. Ecol. 48: 631–637.
–, CHADWICK, M. J., JOWETT, D., SNAYDON, R. W., 1964: Experimental investigations into the mineral nutrition of several grass species. IV. Nitrogen level. J. Ecol. 52: 665–676.
BRAUN, J., 1913: Die Vegetationsverhältnisse der Schneestufe in den Rätisch-Lepontinischen Alpen. Ein Bild des Pflanzenlebens an seinen äußersten Grenzen. Neue Denkschr. Schweiz. Naturf. Ges. 48: 347 S.
–, 1915: Les Cévennes méridionales (Massif de l'Aigoual). Arch. Sci. Phys. et Nat. Genève, 4. Sér. 39/40: 207 S.

BRAUN-BLANQUET, J., 1932: Zur Kenntnis nordschweizerischer Waldgesellschaften. Beih. Botan. Cbl. 49: 7–42.
–, 1948/50: Übersicht der Pflanzengesellschaften Rätiens. Vegetatio 1: 29–41, 129–146, 285–316; 2: 20–37, 214–238, 341–360.
–, 1957: Ein Jahrhundert Florenwandel am Piz Linard. Bull. Jard. Botan., Bruxelles, Vol. Jubil. W. Robyns, 221–232.
–, 1958: Über die obersten Grenzen pflanzlichen Lebens im Gipfelbereich des schweizerischen Nationalparks. Ergebn. Wiss. Unters. Schweiz. Nationalpark N. F. 6: 119–142.

*−, 1961: Die inneralpine Trockenvegetation. Geobotanica selecta 1: 273 S.
*−, 1964: Pflanzensoziologie. Wien 1928, 2. Aufl. Wien 1951: 631 S.; 3. Aufl. 1964: 865 S.
−, 1969: Die Pflanzengesellschaften der rätischen Alpen im Rahmen ihrer Gesamtverbreitung. I. Teil. Chur: Bischofberg u. Co., 1969: 100 S.
−, JENNY, H., 1926: Vegetationsentwicklung und Bodenbildung in der alpinen Stufe der Zentralalpen (Klimaxgebiet des Caricion curvulae). Denkschr. Schweiz. Naturf. Ges. 63: 183−349.
−, DE LEEUW, W. C., 1936: Vegetationsskizze von Ameland. Nederl. Kruidk. Arch. 46: 359−393.
−, PALLMANN, H., BACH, R., 1954: Pflanzensoziologische und bodenkundliche Untersuchungen im schweizerischen Nationalpark und seinen Nachbargebieten. II. Vegetation und Böden der Wald- und Zwergstrauchgesellschaften (Vaccinio-Piceetalia). Ergebn. Wiss. Unters. Schweiz. Nationalpark N. F. 4: 200 S.
−, ROUSSINE, N., NÈGRE, R., 1951: Les groupements végétaux de la France méditerranéenne. Centre Nation. Rech. Sci., Serv. Carte des Groupements Végétaux: 297 S.
− u. G., TREPP, M., BACH, R., RICHARD, F., 1964: Pflanzensoziologische und bodenkundliche Beobachtungen im Samnaun. Jahresber. Naturf. Ges. Graubündens 90: 3−50.
*BRAY, J. R., GORHAM, E., 1964: Litter production in forests of the world. Adv. Ecol. Res. 2, 101−157.
BRECHTEL, H. M., 1969: Gravimetrische Schneemessungen mit der Schneesonde „Vogelsberg". Die Wasserwirtschaft 59: 323−327.
−, BALÁZS, Á., 1975: Auf- und Abbau der Schneedecke im westlichen Vogelsberg in Abhängigkeit von Höhenlage, Exposition und Vegetation. Beitr. Hydrol. (Freiburg i. Br.) 3, 35−107.
BREHM, K., 1968: Die Bedeutung des Kationenaustausches für den Kationengehalt lebender Sphagnen. Planta (Berlin) 79: 324−345.
−, 1971: Ein Sphagnum-Bult als Beispiel einer natürlichen Ionenaustauschersäule. Beitr. Biol. Pflanzen 47: 287−312.
BREITSPRECHER, G., 1935: Vergleichende Transpirationsmessungen an Pflanzen der Hiddenseer Dünenheide. Mitt. Naturw. Ver. Neuvorpommern u. Rügen 62: 5−91.
BREYMEYER, A., 1974: Analysis of a sheep pasture ecosystem in the Pieniny mountains (the Carpathians) XI. The role of coprophagous beatles (Coleoptera, Scarabaeidae) in the utilization of sheep dung. Ekol. Pol. 22: 617−634.
BROCKMANN, C., 1935: Diatomeen und Schlick im Jadegebiet. Abh. Senckenberg. Naturf. Ges. 430: 1−64.
BROCKMANN-JEROSCH, H., 1907: Die Flora des Puschlav (Bezirk Bernina, Kanton Graubünden). Diss. Univ. Zürich: 236 S.
−, 1913: Der Einfluß des Klimacharakters auf die Verbreitung der Pflanzen und Pflanzengesellschaften. Botan. Jb. 49, Beibl. 109: 19−43.
−, 1936: Futterlaubbäume und Speiselaubbäume. Ber. Schweiz. Botan. Ges. 46, Festbd. Rübel: 594−613.

BROUILLARD, CH., 1911: Le traitement du bois en France. 3. Aufl. Paris u. Nancy: 685 S.
BROWN, R. T., MIKOLA, P., 1975: Influence of reindeer lichens on growth of mycorrhizae and seedling growth of trees. Abstr. XIVth Internat. Botan. Congr. Leningrad 1975, 1: 139.
BRÜLHARDT, A., 1969: Jahreszeitliche Veränderungen der Feuchtigkeit im Boden. Mitt. Schweiz. Anst. Forstl. Versuchswes. 45: 127−232.
BRUN-HOOL, J., 1963: Ackerunkrautgesellschaften der Nordwestschweiz. Beitr. Geobot. Landesaufn. Schweiz 43.
BRZOSKA, W., 1973: Stoffproduktion und Energiehaushalt von Nivalpflanzen. In: ELLENBERG (Hrsg.): Ökosystemforschung. Springer-Verlag Heidelberg, Berlin, New York: 225−234.
BUBLINEC, E., 1974: Bodenpodsolierung unter Kiefernbeständen. Pedologica (Bratislava) 8: 119 S.
BUCHWALD, K., 1951: Wald- und Forstgesellschaften der Revierförsterei Diensthoop, Forstamt Syke b. Bremen. Angew. Pflanzensoziol. (Stolzenau/Weser) 1: 72 S.
BÜCKING, W., 1970: Nitrifikation als Standortfaktor von Waldgesellschaften. Diss. Freiburg i. Br., 1970: 84 S.
−, 1972: Zur Stickstoffversorgung von südwestdeutschen Waldgesellschaften. Flora 161: 384−400.
−, 1975: Nährstoffgehalte in Gewässern aus standörtlich verschiedenen Waldgebieten Baden-Württembergs. Mitt. Ver. Forstl. Standortskunde u. Forstpflanzenzücht. 24: 47−67.
BURCKHARDT, H., BURGSDORF, H. L., 1962: Floristische und pflanzensoziologische Betrachtung des Naturschutzgebietes „Schwarzes Wasser" bei Wesel. Gewässer u. Abwässer 1962, 36−98.
*BURGEFF, H., 1961: Mikrobiologie des Hochmoores mit besonderer Berücksichtigung der Erikazeen-Pilz-Symbiose, Stuttgart: 197 S.
*BURGER, K., u. Mitarb., 1974: Auswertung von Untersuchungen und Forschungsergebnissen zur Belastung der Landschaft im Naturhaushaltes. Schr. R. Landschaftspflege u. Naturschutz (Bonn-Bad Godesberg) 10: 119 S.
BÜRING, W., 1970: Sozialbrache auf Äckern und Wiesen in pflanzensoziologischer und ökologischer Sicht. Diss. Univ. Gießen: 81 S.
BURNAND, J., 1976: Quercus pubescens-Wälder und ihre ökologischen Grenzen im Wallis (Zentralalpen). Veröff. Geobot. Inst. ETH, Stiftg. Rübel, Zürich 59, 158 S.
BURRICHTER, E., 1960: Die Therophyten-Vegetation an nordrhein-westfälischen Talsperren im Trockenjahr 1959. Ber. Deut. Botan. Ges. 73: 24−37.
−, 1963: Das Linarietum spuriae Krusem. et Vlieger 1939 in der Westfälischen Bucht. Florist.-Soziol. Arb. gem. N. F. 10: 109−115.
−, 1968: Überblick über die Vegetation des Zwillbrocker Venns. Mitt. Flor.-Soz. Arb. gem. N. F. 13: 275−279.
−, 1969: Das Zwillbrocker Venn, Westmünsterland, in moor- und vegetationskundlicher Sicht.

Abh. Landesmus. Naturk. Münster in Westf. **31**, 1: 60 S.

–, 1973: Die potentielle natürliche Vegetation in der Westfälischen Bucht. Erläuterungen zur Übersichtskarte 1:200000. Landeskundl. Karten u. H. Geogr. Kommiss. Westf., R. Siedlung u. Landsch. Westf. **8**: 58 S.

–, 1976: Vegetationsräumliche und siedlungsgeschichtliche Beziehungen in der Westfälischen Bucht. Abh. Landesmus. Naturk. Münster i. W. **38**: 3–14.

BURSCHEL, P., 1966 a: Untersuchungen in Buchen-Mastjahren. Forstwiss. Cbl. **85**: 193–256.

–, 1966 b: Untersuchungen über die Düngung von Buchen- und Eichen-Verjüngungen, Teil 2. Allg. Forst- u. Jagdztg. **137**: 221–236.

–, HUSS, J., KALBHENN, R., 1964: Die natürliche Verjüngung der Buche. Schr. R. Forstl. Fak. Univ. Göttingen **34**: 186 S.

–, SCHMALTZ, J., 1965: Untersuchungen über die Bedeutung von Unkraut- und Altholzkonkurrenz für junge Buchen. Forstwiss. Cbl. **84**: 201–264.

CALDWELL, M. M., 1970: The wind regime at the surface of the vegetation layer above timberline in the Central Alps. Cbl. Ges. Forstwes. **87**: 65–74.

CAMPELL, E., TREPP, W., 1968: Vegetationskarte des schweizerischen Nationalparks. W. TREPP Beschreibung der Pflanzengesellschaften. Ergebn. Wiss. Unters. Schweiz. Nationalpark **11**: 19–42.

CAPUTA, J., 1948: Untersuchungen über die Entwicklung einiger Gräser und Kleearten in Reinsaat und Mischung. Diss. ETH Zürich: 127 S.

CARBIENER, R., 1963: Les sols du massif du Hohneck. Aspects physiques, biologiques et humains. Edit. Ass. Philomat. Alsace et Lorraine, Straßburg **1963**: 103–154.

–, 1964: La détermination de la limite naturelle de la forêt par des critères pédologiques et géomorphologiques dans les hautes Vosges et dans le Massif Central. Compt. Rend. Acad. Sc. Paris **258**: 4136–4138.

–, 1969: Subalpine primäre Hochgrasprärien im herzynischen Gebirgsraum Europas, mit besonderer Berücksichtigung der Vogesen und des Massif Central. Mitt. Florist.-Soziol. Arb. gem. N. F. **14**: 322–345.

–, 1970 a: Un exemple de type forestier exceptionel pour l'Europe occidentale: La forêt du lit majeur du Rhin au niveau du fossé Rhénan (Fraxino-Ulmetum Oberd. 53). Vegetatio **20**: 97–148.

–, 1970 b: Frostmusterboden, Solifluktion, Pflanzengesellschafts-Mosaik und -Struktur, erläutert am Beispiel der Hochvogesen. In: Gesellschaftsmorphologie (Strukturforschung). Den Haag: Verl. Dr. W. Junk, **1970**: 187–217.

–, 1975: Die linksrheinischen Naturräume und Waldungen der Schutzgebiete von Rhinau und Daubensand (Frankreich), eine pflanzensoziologische und landschaftsökologische Studie. In: Das Taubergießengebiet. Die Natur- und Landschaftsschutzgebiete Baden-Württembergs **7**: 438–535.

–, OURISSON, N., BERNARD, A., 1975: Erfahrungen über die Beziehungen zwischen Großpilzen und Pflanzengesellschaften in der Rheinebene und den Vogesen. Beitr. Naturk. Forsch. Südw. Deut. **34**: 37–56.

CARTELLIERI, E., 1940: Über Transpiration und Kohlensäureassimilation an einem hochalpinen Standort. Sitz. ber. Akad. Wiss. Wien, Math.-Nat. Kl., I **149**: 95–154.

CARTLEDGE, O., COMOR, D. J., 1973: Photosynthetic efficiency of tropical and temperate grass canopies. Phytosynthetica **7**: 109–113.

CASPARIE, W. A., 1969: Bult- und Schlenkenbildung in Hochmoortorf. Vegetatio **19**: 146–180.

CASPERS, H., 1975: Pollution in coastal waters. DFG Research Rep., Boppard (Harald Boldt Verl.), 142 S.

CATE, C. L. TEN, 1972: Wan god mast gift ... Bilder aus der Geschichte der Schweinezucht im Walde. Wageningen: Centre for Agricultural Publishing and Documentation **1972**: 300 S.

CELIŃSKI, F., FILIPEK, M., 1958: The flora and plant communities in the forest-steppe reserve in Bielinek on the Oder. Badan. Fizjogr. Pol. Zach. **4**: 198 S.

–, KRASKA, M., 1969: L'influence des vents dominants et des expositions des pentes sur la formation des habitats forestiers de la grande forêt de hêtre près de Szczecin. Ebenda **22**: 53–67.

CERNUSCA, A. (Hrsg.), 1977: Alpine Grasheide Hohe Tauern. Ergebnisse der Ökosystemstudie 1976. Univ. Verlag Wagner, Innsbruck: 175 S.

ČEŘOVSKÝ, J., 1960: Über die Felsenpflanzen (Petrophyten). Ochrana Přírody (Prag) **15**: 97–114.

CHALON, M.-P., DEVILLEZ, F., DUMONT, J. M., 1977: Recherches sur les variations de la teneur en eau chez Leucobryum glaucum (Hedw.) Schimp. In: DUVIGNEAUD u. KESTEMONT 1977: 69–72.

CHALUPA, V., 1961: Beitrag zur Erkenntnis der Blattproduktion der Buchen- und Eichenbestände. Arb. Forstl. Forsch. anst. ČSSR **23**: 35–62.

CHAPMAN, V. J., 1975: The salinity problem in general, its importance, and distribution with special reference to natural halophytes. Ecol. Studies **15**: 7–24.

CHRISTIANSEN, W., 1955: Salicornietum. Mitt. Florist.-Soziol. Arb. gem. N. F. **5**: 64–65.

–, 1960: Vegetationsstudien auf Helgoland. Schr. Naturw. Ver. Schlesw.-Holst. **31**: 3–24.

CHWASTEK, M., 1963: The influence of nutritional soil resources, especially phosphorus content, on the dominance of Molinia coerulea (L.) Moench in the meadow sward. Poznán Soc. Friends of Sci., Sect. Agric. and Sylvicult. Sci. **14**: 277–356.

CLATWORTHY, J. N., HARPER, J. L., 1962: The comparative biology of closely related species living in the same area. V. Inter- and intraspecific interference within cultures of Lemna ssp. and

Salvinia natans. J. Exper. Botan. **13**, No. 38: 307–324.
CLAUSNITZER, I., 1976: Stickstoffmineralisation in verschiedenen Entwicklungsphasen von Buchenwäldern und Fichtenforsten. Diplomarb. Göttingen: 58 S.
CLIFFORD, H.T., 1959: Seed dispersal by motor vehicles. J. Ecol. **47**: 311–315.
CLYMO, R.S., 1964: The origin of acidity in Sphagnum bogs. The Bryol. **67**: 427–431.
–, 1973: The growth of Sphagnum: Somme effects of environment. J. Ecol. **61**: 849–869.
–, REDDAWAY, E.J.F., 1974: Growth rate of Sphagnum rubellum Wils. on pennine blanket bog. J. Ecol. **62**: 191–196.
COLTERMAN, H.L., 1975: Physiological Limnology. An approach to the physiology of lake ecosystems. Elsevier Sci. Publ. Comp. Amsterdam u. New York: 490 S.
CONVAY, V.M., 1937: Studies in the autecology of Cladium mariscus R. Br. III. The aeration of the subterranean parts of the plant. New Phytol. **36**: 64–96 (1937), siehe auch **35**: 177–204, 359–380 (1936) und **36**: 312–328.
COOPER, A., ETHERINGTON, J.R., 1974: The vegetation of carboniferous limestone soils in South Wales. I. Dolomitization, soil magnesium status and plant growth. J. Ecol. **62**: 179–190.
COULON, M. DE: 1959: Résineux et feuillus. La Forêt **13**: 2–10.
COULT, D.A., 1964: Observations on gas movement in the rhizome of Menyanthes trifoliata L., with comments on the role of the endodermis. J. Exper. Botan. **15**: 205–218.
CSAPODY, I., 1964: Die Waldgesellschaften des Soproner Berglandes. Acta Bot. Acad. Sci. Hung. **10**: 43–85.
CSÜRÖS, S., 1963: Kurze allgemeine Kennzeichnung der Pflanzendecke Siebenbürgens. Acta Botan. Horti Bucurest. **1961/62**, Fasc. II: 825–854 (1963).
CURL, H., HARDY, J.T., ELLERMEIER, R., 1972: Spectral absorption of solar radiation in alpine snowfields. Ecology **53**: 1189–1194.
CZERWIŃSKI, Z., JAKUBCZYK, H., NOWAK, E., 1974: Analysis of a sheep pasture ecosystem in the Pieniny mountains (the Carpathians) XII. The effect of earthworms on the pasture soil. Ekol. Pol. **22**: 635–650.

DAFIS, S.A., 1962: Struktur- und Zwischenanalysen von natürlichen Föhrenwäldern. Beitr. Geobot. Landesaufn. Schweiz **41**: 86 S.
DAHL, E., 1951: On the relation between summer temperature and the distribution of alpine vascular plants in the lowlands of Fennoscandia. Oikos **3**: 22–52.
DAMMAN, A.W.H., 1957: The South-Swedish Calluna-heath and its relation to the Calluneto-Genistetum. Botan. Not. (Lund) **110**: 363–398.
DÄSSLER, H.-G., RANFT, H., REHN, K.-H., 1972: Zur Widerstandsfähigkeit von Gehölzen gegenüber Fluorverbindungen und Schwefeldioxid. Flora **161**: 289–302.
DAVIES, M.S., SNAYDON, R.W., 1974: Physiological differences among populations of Anthoxanthum odoratum L. collected from the park grass experiment, Rothamsted. III. Response to phosphate. J. Appl. Ecol. **11**: 699–707.
DAVY, A.J., TAYLOR, K., 1974 a: Water characteristics of contrasting soils in the Chiltern Hills and their significance for Deschampsia caespitosa (L.) Beauv. J. Ecol. **62**: 367–378.
–, –, 1974 b: Seasonal patterns of nitrogen availability in contrasting soils in the Chiltern Hills. J. Ecol. **62**: 793–807.
DELECOUR, F., 1968: Distribution des oligo-éléments cuivre, zinc et molybdène dans les sols forestiers de l'Ardenne belge. Pédologie (Gand) **18**: 43–62 u. 156–175.
DENAEYER-DE SMET, S., 1966: Bilan annuel des apports d'éléments minéraux par les eaux de précipitation sous couvert forestier dans la forêt mélangée caducifoliée de Blaimont (Virelles-Chimay). Bull. Soc. Roy. Botan. Belg. **99**: 345–375.
DENAEYER-DE SMET, S., DUVIGNEAUD, P., 1972: Comparaison du cycle des polyéléments biogènes dans une hêtraie (Fagetum) et une pessière (Piceetum) établies sur même roche-mère, à Mirwart (Ardenne Luxembourgeoise). Bull. Soc. Roy. Botan. Belg. **105**: 197–205.
DENAEYER, S., LEJOLY, J., DUVIGNEAUD, P., 1968: Note sur la spécifité biogéochimique des halophytes du littoral belge. Bull. Soc. Roy. Botan. Belg. **101**: 293–301.
DENGLER, A., 1904/1912: Untersuchungen über die natürlichen und künstlichen Verbreitungsgebiete einiger forstlich und pflanzengeographisch wichtigter Holzarten in Nord- und Mitteldeutschland. I. Die Horizontalverbreitung der Kiefer (Pinus silvestris L.). Mitt. Forstl. Versuchsw. Preußens **1904**. II. Die Horizontalverbreitung der Fichte (Picea excelsa Lk). III. Die Horizontalverbreitung der Weißtanne (Abies pectinata DC). Ebenda **1912**.
–, 1930: Waldbau auf ökologischer Grundlage. Berlin: 560 S.
DENISIUK, Z., 1963: Vegetation of deciduous forests in the regions of Leśna Podlaska. Poznań Soc. Friends of Sci., Dep. Math. Nat. Sci., Sect. Biol. **17**, 2: 132 S.
DENISON, W.C., 1973: Life in tall trees. Scientific American, Juni **1973**: 75–80.
DE RHAM, P., 1970: L'azote dans quelques forêts, savanes et terrains de culture d'Afrique tropicale humide (Côte-d'Ivoire). Veröff. Geobot. Inst. ETH, Stiftg. Rübel, Zürich **45**: 124 S.
DETHIOUX, M., 1969: La hêtraie à mélique et aspérule des districts mosan et ardennais. Bull. Rech. Agron. Gembloux, N. S. **4**: 471–481.
DIELS, L., 1914: Die Algen-Vegetation der Südtiroler Dolomitriffe. Ein Beitrag zur Ökologie der Lithophyten. Ber. Deut. Botan. Ges. **32**: 507–531.
–, 1918: Das Verhältnis von Rhythmik und Verbreitung bei den Perennen des europäischen Sommerwaldes. Ebenda **36**: 337–351.
DIEMONT, W.H., 1938: Zur Soziologie und Synökologie der Buchen- und Buchenmischwälder

der nordwestdeutschen Mittelgebirge. Mitt. Florist.-Soziol. Arb. gem. Niedersachsen **4**: 5–182.
–, SISSINGH, G., WESTHOFF, V., 1940: Het dwergbiezen-verbond (Nanocyperion flavescentis) in Nederland. Nederl. Kruidk. Arch. **50**: 215–284.
DIEREN, J.W. VAN, 1934: Organogene Dünenbildung. Den Haag: 304 S.
*DIERSCHKE, H., 1967: Excerpta Botanica B. Sociologica, eine weltumfassende Bibliographie der Vegetationskunde. Mitt. Florist.-Soziol. Arb. gem. **11/12**: 251–254.
–, 1969: Vegetationskundliche Beobachtungen im Fimbertal (Silvretta-Unterengadin). In: Bericht über die Alpenexkursion des Systematisch-Geobotanischen Institutes in das Fimbertal, 17.-31.7.1969. Göttingen 1969.
–, 1971: Stand und Aufgaben der Pflanzensoziologischen Systematik in Europa. Vegetatio **22**: 255–264.
*–, 1974 a: Saumgesellschaften im Klimagefälle an Waldrändern. Scripta Geobot. (Göttingen) **6**: 246 S.
–, 1974 b: Zur Syntaxonomie der Klasse TrifolioGeranietea. Mitt. Florist.-Soziol. Arb. gem. N. F. **17**: 27–38.
–, 1974 c: Zur Abgrenzung von Einheiten der heutigen potentiell natürlichen Vegetation in waldarmen Gebieten Nordwestdeutschlands. In: TÜXEN, R. (Hrsg.): Tatsachen und Probleme der Grenzen in der Vegetation. Verlag J.Cramer, Lehre: 305–325.
–, TÜXEN, R., 1975: Die Vegetation des Langholter- und Rhauder Meeres und seiner Randgebiete. Mitt. Florist.-Soziol. Arb. gem. N. F. **18**: 157–202.
DIERSSEN, K., 1972: Sphagnum molle Sull., übersehene Kennart des Ericetum tetralicis. Ber. Naturhist. Ges. Hannover **116**: 143–150.
–, 1973: Die Vegetation des Gildehauser Venns (Kreis Grafschaft Bentheim). Beih. Ber. Naturhist. Ges. Hannover **8**: 120 S.
*–, 1975: Littorelletea uniflorae Br.-Bl. et Tx. 1943. Prodromus der europäischen Pflanzengesellschaften. Vaduz (J.Cramer): 149 S.
DIETERICH, H., MÜLLER, S., SCHLENKER, G., 1970: Urwald vor morgen. Bannwaldgebiete der Landesforstverwaltung Baden-Württemberg. Stuttgart: Verl. Eugen Ulmer, 174 S.
DIETL, W., 1972: Die Vegetationskartierung als Grundlage für die Planung einer umfassenden Alpverbesserung im Raume von Glaubenbüelen (Obwalden). In: Alpwirtschaft u. Landschaftspflege im Gebiet Glaubenbüelen/OW, herausgegeben vom Oberforstamt Obwalden, 6060 Sarnen (Schweiz): 115 S.
DIETRICH, H., 1958: Untersuchungen zur Morphologie und Genese grundwasserbeeinflußter Sandböden im Gebiet des nordostdeutschen Diluviums. Arch. Forstwes. **7**: 577–640.
DOBAT, K., 1966: Die Kryptogamenvegetation der Höhlen und Halbhöhlen im Bereich der Schwäbischen Alb. Abh. Karst- u. Höhlenkunde, Reihe E, **3**: 153 S.

DÖRRIE, A., 1958: Das Leistungsvermögen einer Marschweide bei intensiver Bewirtschaftung. Landwirtsch.-Angew. Wiss. **88**: 78 S.
DOXTADER, K.G., ALEXANDER, M., 1966: Nitrification by heterogrophic soil microorganisms. Soil Sci. Soc. Am. Proc. **30**: 351–355.
DREYLING, G., 1973: Spezifische und infraspezifische Mannigfaltigkeit der Gattung Puccinellia Parlatore (Poaceae) von der deutschen Nordseeküste. Diss. Hamburg: 150 S.
DROSTE ZU HÜLSHOFF, B. VON, 1969: Struktur und Biomasse eines Fichtenbestandes auf Grund einer Dimensionsanalyse an oberirdischen Baumorganen. Diss. Univ. München: 209 S.
DE SLOOVER, J., LE BLANC, F., 1968: Mapping of atmosphere pollution on the basis of lichen sensivity. Proc. Sympos. Recent Advances Trop. Ecol. **1968**: 42–56.
DUCHAUFOUR, PH., BALANDREAN, J., QUELEN, D., 1971: Minéralisation de l'azote dans deux types de sols bruns acides vosgiens. Bull. École Nation. Sup. Agron. Nancy **13**: 3–6.
–, TURPIN, P., 1960: Essais de fertilisation sur humus brût et contrôlés par l'analyse foliaire sur pin sylvestre et épicéa. Ann. École Nation. Eaux et Forêts et Stat. Rech. et Expér. **17**: 209–233.
DUHME, F., KAULE, G., 1970: Zur Verbreitung der gelben Narzisse (Narcissus pseudonarcissus L.) auf Primär- und Sekundärstandorten in Mittel- und Nordwesteuropa. Ber. Deut. Botan. Ges. **83**: 647–659.
DÜLL, R., o. J. (1973?): Neuere Untersuchungen über Moose als abgestufte ökologische Indikatoren für die SO_2-Immissionen im Industriegebiet zwischen Rhein und Ruhr bei Duisburg. VDI-Kommission Reinhaltung der Luft, o. J.
DU RIETZ, G.E., 1954: Die Mineralbodenwasserzeigergrenze als Grundlage einer natürlichen Zweigliederung der nord- und mitteleuropäischen Moore. Vegetatio **5/6**: 571–585.
DUVIGNEAUD, J., 1967: Flore et végétation halophiles de la Lorraine orientale (Dép. Moselle, France). Mém. Soc. Roy. Botan. Belg. **3**: 122 S.
–, MULLENDERS, W., 1961: La végétation forestière des Cotes lorraines: La forêt du Mont-Dieu (Département des Ardennes, France). Bull. Soc. Roy. Botan. Belg. **94**: 91–130.
DUVIGNEAUD, P., 1946: La variabilité des associations végétales. Bull. Soc. Roy. Botan. Belg. **78**: 107–134.
–, DENAEYER-DE SMET, S., 1962: Distributions de certains éléments minéraux (K, Ca et N) dans les tapis végétaux naturels. Bull. Soc. Franç. Physiol. Végét. **8**: 1–8.
–, –, 1964: Le cycle des éléments biogènes dans l'écosystème forêt. Lejeunia, N. S. **28**: 147 S.
–, –, 1967: Biomass, productivity and mineral cycling in deciduous mixed forests in Belgium. In: Symposium on Productivity and Mineral Cycling in Natural Ecosystems. Univ. of Maine (USA) **1967**: 167–186.
–, –, 1970 a: Biomasse, productivité et phytogéochimie de la végétation riveraine d'un ruisseau Ardennais. Bull. Soc. Roy. Botan. Belg. **103**: 355–396.

–, –, 1970 b: Phytochimie des groupes écosociologiques forestiers de Haute-Belgique. I. Essai de classification phytochimique des espèces herbacées. Oec. Plant. 5: 1–32.

–, –, 1971: Cycle des éléments biogènes dans les écosystèmes forestiers d'Europe (principalement forêts caducifoliées). Ecol. and Conserv. 4: 527–542.

–, Froment, A., 1969: Recherches sur l'écosystème forêt. Série E: Forêts de haute Belgique. Contributions No. 5. Bull. Inst. Roy. Sci. Nat. Belg. 45, No. 25: 48 S.

–, Kestemont, P. (Éd.), 1977: Productivité biologique en Belgique. SCOPE, Trav. Sect. Belge Progr. Biol. Internat. (Paris-Gembloux): 617 S.

Dykyjová, D., 1971: Ecomorphoses and ecotypes of Phragmites communis Trin. Preslia (Praha) 43: 120–138.

–, Hradecká, D., 1976: Production ecology of Phragmites communis 1. Relations of two ecotypes to the microclimate and nutrient conditions of habitat. Folia Geobot. Phytotax. Praha 11: 23–61.

–, Ondok, J. P. 1973: Biometry and the productive stand structure of coenoses of Sparganium erectum L. Preslia, Praha 45: 19–30.

–, Ondok, P. J., Hradecká, D., 1972: Growth rate and development of the root/shoot ratio in reedswamp macrophytes grown in winter hydroponic cultures. Folia Geobot. Phytotax., Praha 7: 259–268.

–, Véber, K., Pribáň, K., 1971: Productivity and root/shoot ratio of reedswamp species growing in outdoor hydroponic cultures. Folia Geobot. Phytotax. (Praha) 6: 233–254.

Džatko, M., 1972: Synökologische Charakteristik der Waldgesellschaften im nördlichen Teil des Donauflachlandes. Biol. Práce 18: 4, 95 S.

–, 1974: Ecological aspects of the differences between chierniczas and chernozems. Ved. Práce Výskum. Úst. Pôdozn. (Bratislava) 1974: 31–39.

Eber, W., 1972: Über das Lichtklima von Wäldern bei Göttingen und seinen Einfluß auf die Bodenvegetation. Scripta Geobot. 3: 150 S.

Eggelsmann, R., 1967: Oberflächengefälle und Abflußregime der Hochmoore. Wasser u. Boden 19: 247–252.

Eggers, Th., 1969: Über die Vegetation im Gotteskoog (Nordfriesland) nach der Melioration. Mitt. Arb. gem. Floristik Schlesw.-Holst. u. Hamburg 17: 95 S.

Eggler, J., 1955: Beitrag zur Serpentinvegetation in der Gulsen bei Kraubath in Obersteiermark. Mitt. Naturw. Ver. Steiermark 85: 27–72.

–, 1958: Wiesen und Wälder des Saßtales in der Steiermark. Ebenda 88: 23–50.

Ehlers, M., 1960: Baum und Strauch in der Gestaltung der deutschen Landschaft. Berlin u. Hamburg: 279 S.

Ehrendorfer, F. (Hrsg.), 1973: Liste der Gefäßpflanzen Mitteleuropas. 2. Aufl. Gustav Fischer-Verlag, Stuttgart: 318 S.

Erhardt, F., 1960: Stickstoffnachlieferung aus Waldhumus in verschiedener Höhenlage der Tiroler Alpen. Mitt. Staatsforstverwaltg. Bayerns 31: 52–58.

–, 1961: Untersuchungen über den Einfluß des Klimas auf die Stickstoff-Nachlieferung von Waldhumus in verschiedenen Höhenlagen der Tiroler Alpen. Forstwiss. Cbl. 80: 193–215.

Ehwald, E., 1957: Über den Nährstoffkreislauf des Waldes. Sitz. ber. Deut. Akad. Landwirtsch. wiss. Berlin 6: 56 S.

Eichrodt, R., 1969: Über die Bedeutung von Moderholz für die natürliche Verjüngung im subalpinen Fichtenwald. Diss. E. T. H. Zürich: 122 S.

El-Ayouty, E. Y. M., 1966: Systematik und Stickstoffbindung einiger Blaualgen in Lehmböden aus einem humiden und einem semiariden Gebiet. Diss. Gießen: 143 S.

Ellenberg, H., 1937: Über die bäuerliche Wohn- und Siedlungsweise in NW-Deutschland in ihrer Beziehung zur Landschaft, insbesondere zur Pflanzendecke. Mitt. Florist. Soziol. Arb. gem. Niedersachsen 3: 204–235.

–, 1939: Über Zusammensetzung, Standort und Stoffproduktion bodenfeuchter Eichen- und Buchen-Mischwaldgesellschaften Nordwestdeutschlands. Ebenda 5: 3–135.

–, 1950: Unkrautgemeinschaften als Zeiger für Klima und Boden. Landwirtschaftliche Pflanzensoziologie I, Verlag Eugen Ulmer, Stuttgart: 141 S.

–, 1952 a: Wiesen und Weiden und ihre standörtliche Bewertung. Ebenda II, Stuttgart, 143 S.

–, 1952 b: Auswirkungen der Grundwassersenkung auf die Wiesengesellschaften am Seitenkanal westlich Braunschweig. Angew. Pflanzensoziol. (Stolzenau/Weser) 6: 46 S.

–, 1953 a: Führt die alpine Vegetations- und Bodenentwicklung auch auf reinen Karbonatgesteinen zum Krummseggenrasen (Caricetum curvulae)? Ber. Deut. Botan. Ges. 66: 241–246.

–, 1953 b: Physiologisches und ökologisches Verhalten derselben Pflanzenarten. Ebenda 65: 351–362.

–, 1954 a: Naturgemäße Anbauplanung, Melioration und Landespflege. Landwirtschaftliche Pflanzensoziologie III, Stuttgart: 109 S.

–, 1954 b: Über einige Fortschritte der kausalen Vegetationskunde. Vegetatio 5/6: 199–211.

–, 1956: Aufgaben und Methoden der Vegetationskunde. Eugen Ulmer Verl., Stuttgart: 156 S.

*–, 1958: Bodenreaktion (einschließlich Kalkfrage). Handb. Pflanzenphysiol. 4: 638–708.

–, 1959: Typen tropischer Urwälder in Peru. Schweiz. Z. Forstwes. 110: 169–187.

*–, 1963: Vegetation Mitteleuropas mit den Alpen (1. Auflage dieses Buches). Verlag Eugen Ulmer, Stuttgart: 943 S.

–, 1964: Stickstoff als Standortsfaktor. Ber. Deut. Botan. Ges. 77: 82–92.

–, 1967 a: Internationales Biologisches Programm. Beiträge der Bundesrepublik Deutschland. Bad Godesberg (DFG): 28 S.

–, (Hrsg.), 1967 b: Vegetations- und bodenkundliche Methoden der forstlichen Standortskartie-

rung. Veröff. Geobot. Inst. ETH, Stiftung Rübel, Zürich 39: 296 S.
—, 1968: Wege der Geobotanik zum Verständnis der Pflanzendecke. Naturwissenschaften 55: 462–470.
—, 1969: Wald- und Feldbau im Knyphauser Wald, einer Heideaufforstung in Ostfriesland. Ber. Naturhist. Ges. Hannover 112: 17–90.
—, (Ed.), 1971: Integrated experimental ecology. Ecol. Stud. 2: 214 S.
—, 1973 a: Folgen der Belastung von Ökosystemen. DFG-Mitteilungen 73, 2: 11–17.
—, (Hrsg.), 1973 b: Ökosystemforschung. Springer-Verlag, Heidelberg, Berlin, New York: 280 S.
—, 1974: Zeigerwerte der Gefäßpflanzen Mitteleuropas. Scripta Geobot. (Göttingen) 9: 97 S.
—, 1976: Zur Rolle der Pflanzen in natürlichen und bewirtschafteten Ökosystemen. Bayer. Landw. Jb. 53: 51–59.
—, 1977: Stickstoff als Standortsfaktor, insbesondere für mitteleuropäische Pflanzengesellschaften. Oecol. Plant. 12: 1–22.
—, KLÖTZLI, F., 1967: Vegetation und Bewirtschaftung des Vogelreservates Neeracher Riet. Ber. Geobot. Inst. ETH, Stiftg. Rübel, Zürich 37: 88–103.
—, —, 1972: Waldgesellschaften und Waldstandorte der Schweiz. Mitt. Schweiz. Anst. Forstl. Versuchswes. 48: 388–930.
—, MUELLER-DOMBOIS, D., 1967 a: A key to Raunkiaer plant life forms with revised subdivisions. Ber. Geobot. Inst. ETH, Stiftg. Rübel, Zürich 37:
—, 1967 b: Tentative physiognomic-ecological classification of plant formations of the earth. Ebenda 37: 21–55.
—, REHDER, H., 1962: Natürliche Waldgesellschaften der aufzuforstenden Kastanienflächen im Tessin. Schweiz. Z. Forstwes. 113: 128–142.
—, SNOY, M.-L., 1957: Physiologisches und ökologisches Verhalten von Ackerunkräutern gegenüber der Bodenfeuchtigkeit. Mitt. Staatsinst. Allg. Botan. Hamburg 11: 47–87.
ELSTER, H.-J., 1963: Die Stoffwechseldynamik der Binnengewässer. Verh. Deut. Zool. Ges. (München) 1963: 335–387.
—, 1974: Das Ökosystem Bodensee in Vergangenheit, Gegenwart und Zukunft. Schr. Ver. Geschichte Bodensees u. seiner Umgebung 92: 233–250.
—, 1977: Der Bodensee – Bedrohung und Sanierungsmöglichkeiten eines Ökosystems. Naturwissenschaften 64: 207–215.
EMANUELSSON, A., ERIKSSON, E., EGNÉR, H., 1954: Composition of atmosphere precipitation in Sweden. Tellus 6: 261–267.
EMBERGER, S., 1965: Die Stickstoffvorräte bayerischer Waldböden. Forstwiss. Cbl. 84: 156–193.
ENGEL, H., 1949: Trümmerpflanzen von Münster. Natur u. Heimat 9: 2.
ENNIK, G. C., 1976: De invloed van stikstofbemesting en oogstfrequentie op de bevorteling van gras. De Buffer (Wageningen) 22, 0–4.
ERNST, W., 1965: Ökologisch-soziologische Untersuchungen der Schwermetall-Pflanzengesellschaften Mitteleuropas unter Einschluß der Alpen. Abh. Landesmus. Naturkunde Münster i. Westf. 27: 3–54.
—, 1969: Beitrag zur Kenntnis der Ökologie europäischer Spülsaumgesellschaften. I. Mitt.: Sand- und Kiesstrände. Mitt. Florist.-Soziol. Arb. gem. N. F. 14: 86–94.
—, 1973: Zink- und Cadmium-Immissionen auf Böden und Pflanzen in der Umgebung einer Zinkhütte. Ber. Deut. Botan. Ges. 85: 295–300.
*—, 1974: Schwermetallvegetation der Erde. Gustav Fischer Verlag, Stuttgart: 194 S.
—, MATHYS, W., SALASKE, J., JANIESCH, P., 1974: Aspekte von Schwermetallbelastungen in Westfalen. Abh. Landesmus. Naturk. Münster in Westf. 36: 3–30.
ESKUCHE, U., 1955: Vergleichende Standortsuntersuchungen an Wiesen im Donauried bei Herbertingen. Jber. Ver. Vaterl. Naturk. Württemb. 109: 33–135.
—, 1962: Herkunft, Bewegung und Verbleib des Wassers in den Böden verschiedener Pflanzengesellschaften des Erfttales. Arb. Bundesanst. Vegetationskartierung Stolzenau/Weser 1962: 72 S.
ETTER, H., 1943: Pflanzensoziologische und bodenkundliche Studien an schweizerischen Laubwäldern. Mitt. Schweiz. Anst. Forstl. Versuchsw. 23: 5–132.
—, 1947: Über die Waldvegetation am Südostrand des schweizerischen Mittellandes. Ebenda 25: 141–210.
—, 1949: Über die Ertragsfähigkeit verschiedener Standortstypen. Ebenda 26: 91–152.
EUROLA, S., 1962: Über die regionale Einteilung der südfinnischen Moore. Ann. Botan. Soc. „Vanamo" 33: 243 S.
—, 1965: Beobachtungen über die Flora und Vegetation am südlichen Ufersaum des Saimaa-Sees in Südostfinnland. Aquilo (Oulu), Ser. Botan. 2: 1–56.
—, 1968: Über die Ökologie der nordfinnischen Moorvegetation im Herbst, Winter und Frühling. Ann. Botan. Fenn. 5: 83–97.
—, RUUHIJÄRVI, R., 1961: Über die regionale Einteilung der finnischen Moore. Arch. Soc. „Vanamo" 16 Suppl.: 49–63.
EVERS, F. H., 1964: Die Bedeutung der Stickstoff-Form für Wachstum und Ernährung der Pflanzen, insbesondere der Waldbäume. Mitt. Ver. Forstl. Standortskunde u. Forstpflanzenzüchtg. 14: 19–37.
—, SCHÖPFER, W., MIKLOSS, J., 1968: Die Zusammenhänge zwischen Stickstoff-, Phosphor- und Kalium-Mengen (in kg/ha) und den C/N-, C/P- und C/K-Verhältnissen der Oberböden von Waldstandorten. Mitt. Ver. Forstl. Standortskunde u. Forstpflanzenzüchtung 18: 59–71.

FABIJANOWSKI, J., 1950: Untersuchungen über Zusammenhänge zwischen Exposition, Relief, Mikroklima und Vegetation in der Fallätsche bei Zürich. Beitr. Geobot. Landesaufn. Schweiz 29: 104 S.

FABISZEWSKI, J., 1967: Associations de lichens arboricoles dans les forêts des Sudètes orientales. Vegetatio 15: 137–165.
–, 1968: Les lichens du Massif Śnieżnik et des Montagnes Białskie dans les Sudètes orientales. Monogr. Botan. (Warszawa) 26: 115 S.
–, 1975: Stagnant stages of peat bogs in Central Europe and Canada. XII. Internat. Botan. Congr. (Leningrad) Abstr. 1: 143.
FAILLE, A., 1975: Recherches sur les écosystèmes des réserves biologiques de la forêt de Fontainebleau V. Evolution à court terme des humus à la suite de l'ouverture de clairières. Oecol. Plant. 10: 43–62.
FALIŃSKI, J. B., 1961: Végétation des chemins forestiers du Parc National de Białowieza (Pologne). Acta Soc. Bot. Polon. 30: 163–185.
–, 1963: Groupements piétinés des parties occidentales du terrain bas Grande Pologne-Cuiavie. Ebenda 32: 81–99.
–, 1968: Park Narodowy uv Puszczy Białowieskiej. Warszawa.
–, HRYNKIEVICZ-SUDNIK, J., FABISZEWSKI, J., 1963: Broussailles champêtres (ordre Prunetalia) de la plaine de Kutno comme indicateur de la végétation potentielle de cette région. Acta Soc. Bot. Polon. 32: 693–714.
FEKATE, G., 1974: Relative light intensity and distribution of herb layer species in oakwoods. Studia Bot. Hung. 9: 87–96.
*FETH, J. H., 1966: Nitrogen compounds in natural water – a review. Water Resources Research, Washington 2: 41.
FETZMANN, E. L., 1956: Beiträge zur Algensoziologie. Sitz. ber. Österr. Akad. Wiss., Math.-Nat. Kl., Abt. I, 165: 709–783.
–, 1961: Ein Beitrag zur Algenvegetation des Filzmooses bei Tarsdorf (Oberösterreich). Österr. Botan. Z. 108: 217–227.
FIEDLER, H.-J., 1967: Zur Systematik der Braunerden im Mittelgebirgsbereich. Wiss. Z. T. U. Dresden 16: 1591–1602.
–, NEBE, W., 1969: Über Ernährung und Höhenwachstum von Fichtenbeständen in den oberen Berg- und Kammlagen des Osterzgebirges. Arch. Forstwes. 18: 747–756.
FILZER, P., 1951: Die natürlichen Grundlagen des Pflanzenertrages in Mitteleuropa. Gustav Fischer Verlag, Stuttgart: 198 S.
FIRBAS, F., 1931: Untersuchungen über den Wasserhaushalt der Hochmoorpflanzen. Jb. Wiss. Botan. 74: 457–696.
–, 1935: Über die Wirksamkeit der natürlichen Verbreitungsmittel der Waldbäume. Natur u. Heimat 6: H. 3.
*–, 1949 u. 1952: Spät- und nacheiszeitliche Waldgeschichte von Mitteleuropa nördlich der Alpen, 1. Bd.: Allgemeine Waldgeschichte. Gustav Fischer, Jena: 480 S.; 2. Bd.: Waldgeschichte der einzelnen Landschaften. Jena: 256 S.
–, WILLERDING, U., 1965: Zur jüngeren Vegetationsgeschichte des Leinetals. Veröff. Max Planck-Inst. Geschichte 11, 2: 78–82.
FISCHER, W., 1962: Die Quellflurgesellschaften der Ruppiner Schweiz (Nord-Brandenburg). Limnologica (Berlin) 1: 255–262.
FLACH, E., 1963: Grundzüge einer spezifischen Bewölkungsklimatologie. Arch. Meteorol., Geophys. u. Bioklimatol., Ser. B, 12: 357–403.
–, 1967: Zur klimatologischen Charakteristik des Hochgebirges. Arch. Physikal. Therapie 19: 277–290.
FLOHN, H., 1954: Witterung und Klima in Mitteleuropa. 2. Aufl., Forsch. Deut. Landeskunde 78: 214 S.
FLORINETH, F., 1974: Wasserhaushalt von Stipa pennata ssp. eriocaulis, Stipa capillata und Festuca vallesiaca im Steppengebiet des oberen Vinschgaus. Oecol. Plant 9: 295–314.
FONDA, R. W., BLISS, L. C., 1969: Forest vegetation of the montane and subalpine zones, Olympic Mountains, Washington. Ecol. Monogr. 39: 271–301.
FÖRSTER, M., 1968 a: Über xerotherme Eichenmischwälder des deutschen Mittelgebirgsraumes. Diss. Hann.-Münden/Göttingen: 424 S.
–, 1968 b: Neufund von Quercus pubescens Willd. in Hessen. Hess. Florist. Rundbr. 17: 43–44.
–, 1975: Kennarten der Staudensäume oder der xerothermen Eichenwälder? Mitt. Florist.-Soziol. Arb. gem. N. F. 18: 258–264.
*FÖRSTNER, U., MÜLLER, G., 1974: Schwermetalle in Flüssen und Seen als Ausdruck der Umweltverschmutzung. Springer-Verlag, Berlin-Heidelberg, New York: 225 S.
FRAHM, J.-P., 1972: Die Vegetation auf Rethdächern. Diss. Univ. Kiel: 212 S.
FRANZ, H., 1960: Feldbodenkunde als Grundlage der Standortsbeurteilung und Bodenwirtschaft. Wien u. München: 583 S.
FREHNER, H. K., 1963: Waldgesellschaften im westlichen Aargauer Mittelland. Beitr. Geobot. Landesaufn. Schweiz 44: 96 S.
FREITAG, H., KÖRTGE, U., 1958: Die Pflanzengesellschaften des Zarth bei Treuenbrietzen. Wiss. Z. Pädagog. Hochsch. Potsdam, Mat.-Nat. 4: 29–53.
FRENZEL, B., 1964: Über die offene Vegetation der letzten Eiszeit am Ostrande der Alpen. Verh. Zool.-Botan. Ges. Wien 103/104: 110–137.
*–, 1968: Grundzüge der pleistozänen Vegetationsgeschichte Nord-Eurasiens. Franz Steiner-Verlag, Wiesbaden: 326 S.
FREY, E., 1933: Die Flechtengesellschaften der Alpen. Ber. Geobot. Forsch. Inst. Rübel, Zürich 1932: 36–51.
–, 1947: Älteste Gipfelbewohner. Flechten als Pioniere der alpinen Vegetation. Die Alpen 23: 345–354.
–, 1958: Die anthropogenen Einflüsse auf die Flechtenflora in verschiedenen Gebieten der Schweiz. Veröff. Geobot. Inst. Rübel, Zürich 33: 91–107.
–, 1969: Alpin-nivale Flechten der Tauernketten. Verh. Zool.-Botan. Ges. Wien 108/9: 75–98.
FREY, H., 1934: Die Walliser Felsensteppe. Diss. Univ. Zürich: 218 S.
FREY-WYSSLING, A., 1941: Die Guttation als allge-

meine Erscheinung. Ber. Schweiz. Botan. Ges. **51**: 321–325.
FRIEDEL, H., 1938 a: Die Pflanzenbesiedlung im Vorfeld des Hintereisferners. Z. Gletscherkunde **26**: 215–239.
–, 1938 b: Boden- und Vegetations-Entwicklung im Vorfelde des Rhonegletschers. Ber. Geobot. Forsch. inst. Rübel, Zürich **1937**: 65–76.
–, 1956: Die alpine Vegetation des obersten Mölltales (Hohe Tauern). Erläuterung zur Vegetationskarte der Umgebung der Pasterze (Großglockner). Wiss. Alpenvereinshefte **16**: 153 S.
–, 1967: Verlauf der alpinen Waldgrenze im Rahmen anliegender Gebirgsgelände. Mitt. Forstl. Bundesversuchsanst. Wien **75**: 81–172.
FRITSCH, H., 1962: Die Pfeifengraswiesen und andere Grünlandgesellschaften des Teufelsbruches bei Henningsdorf. Wiss. Z. Pädagog. Hochsch. Potsdam **7**: 151–166.
FRITZ, A., 1970: Die pleistozäne Pflanzenwelt Kärntens. (Mit einem Beitrag zur pleistozänen Verbreitungsgeschichte der Rotbuche, Fagus sylvatica L., in Europa). Naturwiss. Beitr. Heimatkunde Kärntens **29** (Sdh. Carinthia II, Klagenfurt).
FRÖDE, E. T., 1950: Die Pflanzengesellschaften der Insel Hiddensee. Diss. Univ. Greifswald (unveröff., zit. nach VODERBERG 1968).
FROMENT, A., 1970: Étude expérimentale de la minéralisation de l'azote organique dans les différents types d'humus. Bull. Soc. Roy. Belg. **103**: Contrib. **19**: 311–319.
–, REMACLE, J., 1975: Évolution de l'azote minéral et de la microflore dans le sol d'une pessière (Piceetum) à Mirwart. Bull. Soc. Roy. Botan. Belg. **108**: 53–64.
FUKAREK, F., 1961: Die Vegetation des Darß und ihre Geschichte. Pflanzensoziol. (Jena) **12**: 321 S.
FUKAREK, P., 1964: Die Tannen und Tannenmischwälder der Balkanhalbinsel. Schweiz. Z. Forstwes. **115**: 518–533.
FÜLLEKRUG, E., 1971: Über den Jahresgang der Bodenfeuchtigkeit in verschiedenen Buchenwaldgesellschaften der Umgebung Bad Gandersheims. Diss. Botan. **13**: 136 S.
FUNK, S., 1927: Die Waldsteppenlandschaften, ihr Wesen und ihre Verbreitung. Veröff. Geogr. Inst. Univ. Königsberg **8**: 65 S.
FUNKE, W., 1972: Energieumsatz von Tierpopulationen in Land-Ökosystemen. Verh. Deut. Zool. Ges., **65**: 95–104.
FURRER, E., 1923: Kleine Pflanzengeographie der Schweiz. Zürich, 331 S. (2. Aufl. 1942, 127 S.)
–, 1955: Probleme um den Rückgang der Arve (Pinus cembra) in den Schweizer Alpen. Mitt. Schweiz. Anst. Forstl. Versuchsw. **31**: 669–705.
–, 1966: Kümmerfichtenbestände und Kaltluftströme in den Alpen der Ost- und Innerschweiz. Schweiz. Z. Forstwes. **1966**: 720–733.

GADOW, A. VON, 1975: Ökologische Untersuchungen an Ahorn-Eschenwäldern. Diss. Univ. Göttingen: 76 S.
GALOUX, A., 1966: La variabilité génécologique du Hêtre commun (Fagus silvatica L.) en Belgique. Trav. Stat. Rech. Eaux et Forêts Belg., Sér. A, **11**: 121 S.
GAMS, H., 1927: Von den Follatères zur Dent de Morcles. Beitr. Geobot. Landesaufn. Schweiz **15**: 760 S.
–, 1930: Über Reliktföhrenwälder und das Dolomitphänomen. Veröff. Geobot. Forsch.-inst. Rübel, Zürich **6**: 32–80.
GAUCKLER, K., 1938: Steppenheide und Steppenheidewald der Fränkischen Alb in pflanzensoziologischer, ökologischer und geographischer Betrachtung. Ber. Bayer. Botan. Ges. **23**: 3–134.
–, 1954: Serpentinvegetation in Nordbayern. Ebenda **30**: 19–26.
GEERING, J., 1943: Ergebnisse der Oerlikoner Lysimeterversuche. Ber. Schweiz. Botan. Ges. **53 A**: 221–245.
GÉHU, J. M., CHESTEM, A., 1965: La minéralisation expérimentale de l'azote organique de deux systèmes pédologiques littoraux naturels (dunes et prés salés). Ann. Inst. Pasteur **109**, Suppl.: 136–152.
–, RICHARD, J.-L., TÜXEN, R., 1973: Compte-rendu de l'excursion de l'Association Internationale de Phytosociologie dans le Jura en Juin 1967. Documents Phytosociologiques. Fasc. **2**: 1–44 (Lille).
GEIGER, R., 1950: Die meteorologischen Voraussetzungen der Sturmgefährdung. Forstwiss. Cbl. **69**: 71–81.
*–, 1969: Das Klima der bodennahen Luftschicht. Die Wissenschaft **78**, 4. Aufl. Braunschweig: 646 S.
GEISTER, H., 1975: Stickstoffzufuhr durch die Luft an Orten verschiedener geographischer Lage in Europa. Hausarbeit f. d. Lehramt an Realschulen, Göttingen: 54 S. (unveröff.)
GENSAC, P., 1967: Les forêts d'épicéa de Tarentaise. Rev. Génér. Botan. **74**: 425–528.
–, 1968: Les groupements forestiers de l'étage collinéen en Tarentaise moyenne et supérieure. Ann. Centre d'Enseignem. Sup., Sect. Sci. **6**: 103–122.
–, 1968: La végétation des entonnoirs du gypse: cas de la Haute Tarentaise. Bull. Soc. Botan. France **115**: 91–99.
–, 1970: Les pessières de Tarentaise comparées aux autres pessières alpestres. Veröff. Geobot. Inst. ETH, Stiftg. Rübel, Zürich **43**: 104–139.
GENSSLER, H., 1959: Veränderungen von Boden und Vegetation nach generationsweisem Fichtenanbau. Diss. Hann. Münden: 191 S. u. Tab.-Anhang.
GEORGII, H.-W., 1965: Untersuchungen über Ausregnen und Auswaschen atmosphärischer Spurenstoffe durch Wolken und Niederschlag. Ber. Deut. Wetterdienstes **100**: 23 S.
GERLACH, A., 1973: Methodische Untersuchungen zur Bestimmung der Stickstoffnettomineralisation. Scripta Geobot. (Göttingen) **5**: 115 S.
–, 1978: Zur Bestimmung der Stickstoff-Nettomineralisation in mehr oder minder nassen Böden. Oecol. Plant (im Druck).
GERMANN, P., 1976: Wasserhaushalt und Elektro-

lytverlagerung in einem Wald und einem mit Wiese bestockten Boden in ebener Lage. Mitt. Schweiz. Anst. Forstl. Versuchsw. **52**: 163–309.

GESSNER, F., 1932: Die Entstehung und Vernichtung von Pflanzengesellschaften an Vogelnistplätzen. Beih. Botan. Cbl. **49**, Erg.-Bd.: 113–128.

–, 1939: Die Phosphorarmut der Gewässer und ihre Beziehung zum Kalkgehalt. Int. Rev. Ges. Hydrobiol. u. Hydrograph. **38**: 203–211.

–, 1951: Untersuchungen über den Wasserhaushalt der Nymphaeaceen. Biol. General, **19**: 247–280.

*–, 1956: Die Binnengewässer. Handb. Pflanzenphysiol. **4**: 179–232.

*–, 1957: Meer und Strand, 2. Aufl. Berlin: 426 S.

–, 1933: Nährstoffgehalt und Planktonproduktion in Hochmoorblänken. Arch. Hydrobiol. **25**: 394–406.

GEYGER, E., 1964: Methodische Untersuchungen zur Erfassung der assimilierenden Gesamtoberflächen von Wiesen. Ber. Geobot. Inst. ETH, Stiftg. Rübel, Zürich **35**: 41–112.

GIACOMINI, V., PIROLA, A., WIKUS, E., 1964: I pascoli di altitudine dello Spluga (con carta della vegetazione all'1 : 12 500). Delpinon (Napoli) N. S. **4**: 233–317.

GIES, T., LÖTSCHERT, W., 1973: Untersuchungen über den Kationengehalt im Hochmoor. II. Jahreszeitliche Veränderungen und Einfluß der Sphagnen-Vegetation. Flora **162**: 244–268.

GIGON, A., 1968: Stickstoff- und Wasserversorgung von Trespen-Halbtrockenrasen (Mesobromion) im Jura bei Basel. Ber. Geobot. Inst. ETH, Stiftg. Rübel, Zürich **38**: 28–85.

–, 1971: Vergleich alpiner Rasen auf Silikat- und auf Karbonatboden. Veröff. Geobot. Inst. ETH, Stiftung Rübel **48**: 164 S.

–, RORISON, I. H., 1972: The response of some ecologically distinct plant species to nitrate- and to ammonium-nitrogen. J. Ecol. **60**: 93–102.

GILLHAM, M. E., 1970: Seed dispersal by birds. In: F. PERRINGS (Ed.), The flora of a changing Britain. Hampton, Middlesex: E. W. Classey, Ltd.: 90–98.

GILLNER, V., 1960: Vegetations- und Standortsuntersuchungen in den Strandwiesen der schwedischen Westküste. Acta Phytogeogr. Suecica **43**: 198 S.

GILOMEN, H., 1938: Carex curvula All. ssp. nov. rosae Gilom. (Kalk-Krummsegge). Ber. Geobot. Forsch. Inst. Rübel, Zürich **1937**: 77–104.

GIMMINGHAM, C. H., 1960: Biological flora of the British Isles. Calluna Salisb. A monotypic genus. J. Ecol. **48**: 455–483.

GLAHN, H. VON, TÜXEN, J., 1963: Salzpflanzen-Gesellschaften und ihre Böden im Lüneburger Kalkbruch vor dem Bardowicker Tore. Naturw. Ver. Fürstentum Lüneburg **28**: 1–32.

GLÄSSER, E., 1969: Zur Frage der anthropogen bedingten Vegetation, vor allem in Mitteleuropa. Die Erde **100**: 37–45.

GLAVAČ, V., BOHN, U., 1971: Quantitative vegetationskundliche Untersuchungen zur Höhengliederung der Buchenwälder im Vogelsberg. Schriftenr. Vegetationskunde (Bonn) **5**: 135–186.

–, KRAUSE, A., 1969: Über bodensaure Wald- und Gebüschgesellschaften trockenwarmer Standorte im Mittelrheingebiet. Schriftenr. Vegetationskunde (Bonn) **4**: 85–102.

–, –, WOLFF-STRAUB, R., 1971: Über die Verteilung der Hainsimse (Luzula luzuloides) im Stammabflußbereich der Buche im Siebengebirge bei Bonn. Schriftenr. Vegetationskunde (Bonn) **5**: 187–192.

GLUCH, W., 1973: Die oberirdische Netto-Primärproduktion in drei Halbtrockenrasengesellschaften des Naturschutzgebietes „Leutratal" bei Jena. Arch. Naturschutz u. Landschaftsforsch. **13**: 21–42.

GLÜCK, H., 1934: Wasserpflanzen. Handwörterb. Naturw., 2. Aufl., **10**: 575–590.

GOAS, M., GOAS, G., LARCHER, F., 1975: Some aspects of nitrogen metabolism in halophytes. XII. Internat. Botan. Congr. (Leningrad) Abstr. **2**: 471.

GOETTLING, H., 1968: Die Waldbestockung der bayerischen Innauen. Forstwiss. Forsch. (Hamburg) **29**: 64 S.

GÖKÇEOĞLU, M., 1975: Untersuchungen über Produktion und Nährstoffumsatz in Rasengesellschaften von Carex sempervirens und Carex ferruginea. Diss. T. U. München: 108 S.

GOLDSMITH, F. B., 1973: The vegetation of exposed sea cliffs at South Stack, Anglesey. II. Experimental studies. J. Ecol. **61**: 819–829.

GOLUBIĆ, S., 1967: Algenvegetation der Felsen. Eine ökologische Algenstudie im dinarischen Karst. Die Binnengewäss. (Stuttgart) **23**: 183 S.

GONSCHOREK, L., 1971: Untersuchungen über den P-, K- und Ca-Umsatz in einem Halbtrockenrasen. Staatsexamensarbeit Göttingen Nr. 6595: 22 S.

GOODMAN, G. T., PERKINS, D. F., 1959: Mineral uptake and retention in cotton grass (Eriophorum vaginatum L.). Nature (London) **184**: 467–468.

GOODMAN, P. J., 1960: Investigations into „dieback" in Spartina townsendii agg. II. The morphological structure and composition of the Lymington sward. J. Ecol. **48**: 711–724.

GORE, A. J. P., URQUHART, J., 1966: The effects of waterlogging on the growth of Molinia caerulea and Eriphorum vaginatum. J. Ecol. **54**: 617–633.

GORHAM, E., 1974: The relationship between standing crop in sedge meadows and summer temperature. J. Ecol. **62**: 487–491.

GÖRS, S., 1960: Das Pfrunger Ried. Die Pflanzengesellschaften eines oberschwäbischen Moorgebietes. Veröff. Württ. Landesst. Naturschutz u. Landschaftspflege Baden-Württemb. **27/28**: 5–45.

–, 1963: Beiträge zur Kenntnis basiphiler Flachmoorgesellschaften (Tofieldietalia Preisg. apud Oberd. 49). I. Teil. Das Davallseggen-Quellmoor (Caricetum davallianae W. Koch 28). Ebenda **31**: 7–30.

—, 1964: Beiträge zur Kenntnis basiphiler Flachmoorgesellschaften. 2. Teil: Das Mehlprimel-Kopfbinsenmoor. Veröff. Landesstelle Naturschutz Baden-Württ. **32**: 7–42.
*—, 1967: Der Wandel der Vegetation im Naturschutzgebiet Schwenninger Moos unter dem Einfluß des Menschen in zwei Jahrhunderten. In: „Das Schwenninger Moos". Die Natur- u. Landschaftsschutzgebiete Baden-Württ. **5**: 190–284.
—, 1975: Das Cladietum marisci All. 1922 in Süddeutschland. Beitr. Naturk. Forsch. Südw.-Deut. **34**: 103–123.
—, MÜLLER, TH., 1969: Beitrag zur Kenntnis der nitrophilen Saumgesellschaften Südwestdeutschlands. Mitt. Flor.-Soz. Arb. gem. N. F. **14**: 153–168.
GORSHINA, T. K., 1975: Ecological studies of herbaceous cover in foreststeppe oakwood. XII. Internat. Botan. Congr. (Leningrad) Abstr. **1**: 147.
GOSZ, J. R., LIKENS, G. E., BORMANN, H. F., 1972: Nutrient content of litter fall on the Hubbard Brook Experimental Forest, New Hampshire. Ecology **53**: 769–784.
GOTTHARD, W., 1965: Die Küchenschelle (Pulsatilla vulgaris Mill.) im Ries. Botan. Jb. **84**: 1–50.
GÖTTSCHE, D., 1972: Verteilung von Feinwurzeln und Mykorrhizen im Bodenprofil eines Buchen- und Fichtenbestandes im Solling. Diss. Univ. Hamburg: 102 S.
GRABHERR, W., 1934: Der Einfluß des Feuers auf die Wälder Tirols in Vergangenheit und Gegenwart. Cbl. Ges. Forstwes. **60**: 260–273 u. 289–302.
—, 1936: Die Dynamik der Brandflächenvegetation auf Kalk- und Dolomitböden des Karwendels. Beih. Botan. Cbl. **55** B: 1–94.
—, 1942 a: Bodenkundlich-nährstoffökologische und pflanzensoziologische Beiträge zur Frage der Waldbodendüngung. Mitt. Forstwirtsch. u. Forstwiss. **1942**: 248–278.
—, 1942 b: Über die Nährstoffökologie und das Formbildungsvermögen der Gräsergattung Molinia (Schrank) in Abhängigkeit von Nährstoffgehalt und Reaktion des Bodens. Ebenda 1942: 172–196.
*GRABLE, A. R., 1966: Soil aeration and plant growth. Advanc. Agron. **18**: 57–106.
GRACE, J., WOOLHOUSE, H. W., 1970: A physiological and mathematical study of the growth and productivity of a Calluna-Sphagnum community. I. Net photosynthesis of Calluna vulgaris L. Hull. J. Appl. Ecol. **7**: 363–378.
—, —, 1973: A physiological and mathematical study of the growth and productivity of a Calluna-Sphagnum community. II. Distribution of photosynthesis in Calluna vulgaris L. Hull. Ebenda **10**, 77–91.
GRADMANN, R., 1932: Unsere Flußtäler im Urzustand. Z. Ges. f. Erdk. Berlin **1932**: 1–17.
—, 1950: Das Pflanzenleben der Schwäbischen Alb. 1. Aufl. 1898, 4. Aufl. Stuttgart 1950, 2 Bde.: 407 u. 449 S.
GRAEBNER, P., 1901: Die Heide Norddeutschlands und die sich anschließenden Formationen in biologischer Betrachtung. Die Vegetation der Erde **5**: 320 S.
GRAFF, O., 1971: Beeinflussen Regenwurmröhren die Pflanzenernährung? Landbauforschung Völkenrode **21**: 103–108.
GRIME, J. P., 1963: Factors determining the occurence of calcifuge species on shallow soils over calcareous substrata. J. Ecol. **51**: 375–390.
—, 1963: The ecological significance of lime-chlorosis. An experiment with two species of Lathyrus. New Phytol. **64**: 477–487.
—, 1973: Competitive exclusion in herbaceous vegetation. Nature (London) **242**, No. 5396: 344–347.
GRIMME, K., 1975: Wasser- und Nährstoffversorgung von Hangbuchenwäldern auf Kalk in der weiteren Umgebung von Göttingen. Diss. Univ. Göttingen, 190 S. (Scripta Geobot. Göttingen **12**)
GRISEBACH, A., 1846: Über die Bildung des Torfs in den Emsmooren aus deren unveränderter Pflanzendecke. Göttinger Studien **1845**: 118 S.
GRODZIŃSKA, K., 1971: Acidification of tree bark as a measure of air pollution in Southern Poland. Bull. Acad. Polon. Sci., Sér. Biol. Cl. II, **19**: 189–195.
—, PANCER-KOTEJOWA, E., 1965: Forest communities in the Bukowica Range (Low Beskids, Polish Western Carpathians). Fragm. Florist. Geobot. **11**, 4: 563–599.
GRODZINSKY, A. M., 1973: Fundamentals of chemical interactions of plants. Kiev: 206 S.
GROENMAN-VAN WAATERINGE, W., 1975: Prunetalia scrub: early neolothic field enclosures in Europe. XII. Internat. Botan. Congr. (Leningrad) Abstr. **1**: 113.
GRONWALD, W., 1953: Welche Erkenntnisse zur Frage der vermuteten neuzeitlichen Nordseeküstensenkung hat die Wiederholung des Deutschen Nordseeküsten-Nivellements gebracht? Die Küste (Heide i. Holst.) **1953**: 66–82.
GROSS, H., 1935: Der Döhlauer Wald in Ostpreußen. Eine bestandesgeschichtliche Untersuchung. Beih. Botan. Cbl. **53** B: 405–431.
*GROSSE-BRAUCKMANN, G., 1953 a: Untersuchungen über die Ökologie, besonders den Wasserhaushalt von Ruderalgesellschaften. Vegetatio **4**: 245–283.
—, 1953 b: Über die Verbreitung ruderaler Dorfpflanzen innerhalb eines kleinen Gebietes. Mitt. Florist.-Soziol. Arb. gem. N. F. **4**: 5–10.
—, 1962: Moorstratigraphische Untersuchungen im Niederwesergebiet (Übergangs-Moorbildungen am Geestrand und ihre Torfe). Veröff. Geobot. Inst. ETH, Stiftg. Rübel, Zürich **37**: 100–116.
—, 1965: Vom Hochmoor und seiner Pflanzenwelt. Materia Medica Nordmark, 4. Sonderh. 1965: 26 S.
—, 1968: Einige Ergebnisse einer vegetationskundlichen Auswertung botanischer Torfuntersuchungen, besonders im Hinblick auf Sukzessionsfragen. Acta Botan. Neerl. **17**: 59–69.
—, PUFFE, D., 1967: Über Zersetzungsprozesse und

Stoffbilanz im wachsenden Moor. 8th Internat. Congr. Soil Sci. Buckarest, Romania 1964, 5: 635–649.

GROSSER, K. H., 1964: Die Wälder am Jagdschloß Weißwasser (OL). Abh. u. Ber. Naturk. mus. Görlitz 39, Nr. 2: 102 S.

–, 1966: Altteicher Moor und Große Jeseritzen. Brandenburg. Naturschutzgebiete (Potsdam) 1: 31 S.

GROSSMANN, H., 1927: Die Waldweide in der Schweiz. Diss. ETH Zürich: 123 S.

–, 1934: Der Einfluß der alten Glashütten auf den schweizerischen Wald. Ber. Geobot. Forsch. Inst. Rübel, Zürich 1933: 15–32.

GRUBB, P. J., 1976: A theoretical background to the conservation of ecologically distinct groups of annuals and biennials in the chalk grassland ecosystem. Biol. Conserv. 10: 53–76.

GRUBE, H.-J., 1975: Die Makrophytenvegetation der Fließgewässer in Süd-Niedersachsen und ihre Beziehungen zur Gewässerverschmutzung. Arch. Hydrobiol. Suppl. 45: 376–456.

GRUBER, P., 1973: Zusammenhänge zwischen Klimaunterschieden, Bodenchemismus und Bodenwassergehalt auf Lockersedimentböden des Wiener Raumes. Mitt. Österr. Bodenk. Ges. 17: 123 S.

GRULOIS, J., 1968 a: Recherches sur l'écosystème forêt. Contrib. No. 20. Réflexion, interception et transmission du rayonnement de courtes longueurs d'onde: Varitation au cours d'une année. Bull. Soc. Roy. Botan. Belg. 102: 13–26.

–, 1968 b: Contrib. no. 21. Flux thermiques et évaporation au cours d'une journée serreine. Ebenda 102, 27–41.

GUDERIAN, R., 1970: Untersuchungen über quantitative Beziehungen zwischen dem Schwefelgehalt von Pflanzen und dem Schwefeldioxidgehalt der Luft. 1. Teil. Z. Pflanzenkrankh. Pflanzenschutz 77: 200–399.

–, STRATMANN, H., 1968: Freilandversuche zur Ermittlung von Schwefeldioxidwirkungen auf die Vegetation. III. Teil: Grenzwerte schädlicher SO$_2$-Immissionen für Obst- und Forstkulturen sowie für landwirtschaftliche und gärtnerische Pflanzenarten. Forsch. ber. Landes Nordrhein-Westfalen Köln u. Opladen 1: 113 S.

GUILLET, B., 1968: Essai de détermination de l'âge de deux podsols Vosgiens par la palynologie. Oecol. Plant. 3: 101–119.

GÜNTHER, G., 1965: Die chemische Unkrautbekämpfung in der Forstwirtschaft bei Bestandesbegründung und Bestandespflege. Diss. Landw. Hochsch. Hohenheim: 104 S.

GUPTA, P. L., RORISON, I. H., 1975: Seasonal differences in the availability of nutrients down a podzolic profile. J. Ecol. 63: 521–534.

GUYAN, W. U., 1955: das jungsteinzeitliche Moordorf von Thayngen-Weier. Monogr. Ur- und Frühgesch. Schweiz 11: 223–272.

HABER, W., 1965: Zusammenhänge zwischen Bakterienbesatz des Bodens und Vegetation. In: Biosoziologie. Verl. Dr. W. Junk, Den Haag: 1965: 284–289.

–, 1966: Über die ursprüngliche Vegetation auf den höchsten Erhebungen des Sauerlandes. Naturkunde in Westfalen 66: 11–17.

HADAČ, E., 1962: Übersicht der höheren Vegetationseinheiten des Tatragebirges. Vegetatio 11: 46–54.

–, VÁŇA, J., 1967: Plant communities of mires in the western part of the Krkonoše mountains. Folia Geobot. Phytotax. (Praha) 2: 213–254.

HAEFNER, H., 1963: Vegetation und Wirtschaft der oberen subalpinen und alpinen Stufe im Luftbild, dargestellt am Beispiel des Dischmatales und weiteren Teilen der Landschaft Davos, Schweiz. Landeskundl. Luftbildauswertung im mitteleurop. Raum (Bad Godesberg) 6: 117 S.

HAEUPLER, A., 1974: Statistische Auswertung von Punktrasterkarten der Gefäßpflanzen Süd-Niedersachsens. Scripta Geobotan. (Göttingen) 8: 141 S.

–, SCHÖNFELDER, P., 1975: 2. Bericht über die Arbeiten zur floristischen Kartierung Mitteleuropas in der Bundesrepublik Deutschland. Mitt. Florist.-Soziol. Arb. gem. N. F. 18: 5–22.

HAESSLER, K., 1954: Zur Ökologie der Trittpflanzen. Diss. Landw. Hochsch. Stuttgart (unveröff., s. WALTER 1962).

HAFSTEN, U., 1965: The norwegian Cladium mariscus communities and their post-glacial history. Acta Univ. Bergen, Ser. Math.-Nat. 1965, No. 4: 55 S.

HAGEDORN, J., 1969: Beiträge zur Quartärmorphologie griechischer Hochgebirge. Göttinger Geogr. Abh. 50: 135 S.

HAGEL, H., 1966: Gesteinsmoosgesellschaften im westlichen Wienerwald. Verh. Zool.-Botan. Ges. Wien 105/6: 137–167.

HAKULINEN, R., 1966: Über die Wachstumsgeschwindigkeit einiger Laubflechten. Ann. Botan. Fenn. 3: 167–179.

HAMPEL, R. (Hrsg.), 1963: Ökologische Untersuchungen an der subalpinen Stufe zum Zwecke der Hochlagenaufforstung. Teil II. Mitt. Forstl. Bundes-Versuchsanst. Mariabrunn 60: 433–887.

HANSEN, B., 1966: The raised bog Draved Kongsmose. Botan. Tidsskr. 62: 146–185.

HANSEN, K., 1964: Studies on the regeneration of heath vegetation after burning-off. Botan. Tidsskr. 60: 1–41.

HARD, G., 1964: Kalktriften zwischen Westrich und Metzer Land. Ann. Univ. Sarav. (Heidelberg), R. Philos, Fak. 2: 176 S.

–, 1972: Wald gegen Driesch. Das Vorrücken des Waldes auf Flächen junger „Sozialbrache". Ber. Deut. Landeskunde 46: 49–80.

HARLEY, J. L., 1939: Beech mycorrhiza: re-isolation and the effect of root extracts upon Mycelium radicis Fagi (Chan). New Phytol. 38: 352–363.

–, McCREADY, C. C., 1950: The uptake of phosphate by excised mycorrhizal roots of the beech. New Phytol. 49: 388–397.

*HARMSEN, G. W., VAN SCHREVEN, D. A., 1955: Mineralization of organic nitrogen in soil. Advanc. Agron. 7: 299–318.

HARPER, J. L., 1961: Approaches to the study of plant competition. Symposia Soc. Exper. Biol. (Cambridge) **15**: 1–39.
HARRISON, A. F., 1971: The inhibitory effect of oak leaf litter tannins on the growth of fungi, in relation to litter decomposition. Soil Biol. Biochem. **3**: 167–172.
HARTL, H., 1963: Die Vegetation des Eisenhutes im Kärntner Nockgebiet. Carinthia II (Klagenfurt) **73**: 294–336.
–, 1967: Die Soziologie der Urwälder Scatlé und Derborence. Schweiz. Z. Forstwes. **1967**: 737–743.
HARTMANN, F. K., 1933: Zur soziologisch-ökologischen Charakteristik der Waldbestände Norddeutschlands. Forstl. Wochenschr. Silva **21**: 161–168, 241–147 u. 249–318.
–, 1941: Über den waldbaulichen Wert des Grundwassers. I. Mitt. Forstwirtsch. u. Forstwiss. **1930**: 385–457; II. Ebenda **1941**: 91–218.
–, VAN EIMERN, JAHN, G., 1959: Untersuchungen reliefbedingter kleinklimatischer Fragen in Geländequerschnitten der hochmontanen und montanen Stufe des Mittel- und Südwestharzes. Ber. Deut. Wetterdienst 7, **50**: 39 S.
*–, JAHN, G., 1967: Waldgesellschaften des mitteleuropäischen Gebirgsraumes nördlich der Alpen. Gustav Fischer Verlag, Stuttgart: 635 S. u. Tabellenteil.
HARTOG, C. DEN, SEGAL, S., 1964: A new classification of water plant communities. Acta Botan. Neerl. **13**:
HASLAM, S. M., 1975: Plant populations of wetlands and streams. XII. Internat. Botan. Congr. (Leningrad) Abstr. **1**: 148.
HAUCH, R. D., BREMNER, J. M., 1969: Significance of the nitrification reaction in nitrogen balances. Nation. Acad. Sci. Proc. of a Conference „Biology and Ecology of Nitrogen" (Washington D. C.): 31–39.
HAUFF, R., 1937: Die Buchenwälder auf den kalkarmen Lehmböden der Ostalb und die nacheiszeitliche Waldentwicklung auf diesen Böden. Jb. Ver. Vaterl. Naturk. Württemb. **1937**: 51–97.
–, 1964: Erläuterungen zur vegetationskundlichen Karte 1:25 000 Blatt 8123 Weingarten. Stuttgart (Landesvermess. amt Baden-Württ.): 47 S. (m. farb. Karte).
–, 1965: Die Bodenvegetation älterer Fichtenbestände auf aufgeforsteten Schafweiden der Mittleren Alb. Mitt. Ver. Forstl. Standortskunde u. Forstpflanzenzücht. **15**: 39–43.
–, SCHLENKER, G., KRAUSS, G. A., 1950: Zur Standortsgliederung im nördlichen Oberschwaben. Allg. Forst- u. Jagdztg. **122**: 27 S.
HAUSRATH, H., 1907: Der deutsche Wald. Aus Natur und Geisteswelt **153**: 130 S.
HAVAS, P. J., 1965: Pflanzenökologische Untersuchungen im Winter. I. Zur Bedeutung der Schneedecke für das Überwintern von Heidel- und Preisselbeere. Aquilo (Oulu, Finnland), Ser. Botan. **4**: 1–36.
–, 1971: The water economy of the bilberry (Vaccinium myrtillus) under winter conditions. Rep. Kevo Subarctic Res. Stat. **8**: 41–52.
HAVILL, D. C., LEE, J. A., STEWART, G. R., 1974: Nitrate utilization by species from acidic and calcareous soils. New Phytol. **73**: 1221–1231.
HAVINGA, A. J., 1972: A palynological investigation in the Pannonian climate region of Lower Austria. Rev. Palaeobot. Palynol. **14**: 319–352.
HAVRANEK, W., 1972: Über die Bedeutung der Bodentemperatur für die Photosynthese und Transpiration junger Forstpflanzen und für die Stoffproduktion an der Waldgrenze. Angew. Botan. **46**: 101–116.
HEER, O., 1884: Über die nivale Flora der Schweiz. Denkschr. Schweiz. Ges. f. d. Gesamten Naturwiss. **29**: 4–144.
HEERDT, P. F. VAN, MÖRZER BRUIJNS, M. F., 1960: A biocenological investigation in the yellow dune region of Terschelling. Tijdschr. Entomol. **103**: 225–275.
HEGG, O., 1965: Untersuchungen zur Pflanzensoziologie und Ökologie im Naturschutzgebiet Hohgant (Berner Voralpen). Beitr. Geobot. Landesaufn. Schweiz **46**: 188 S.
*HEGI, G., 1908 ff.: Flora von Mitteleuropa. 7 Bde., München, teilweise mit Neuauflagen bis 1976.
HEIKURAINEN, L., SEPPÄLÄ, K., 1964: The effect of drainage degree on temperature conditions of peat. Acta Forest. Fenn. **76**, 4: 33 S.
HEILIG, H., 1930/31: Untersuchungen über Klima, Boden und Pflanzenleben des Zentralkaiserstuhls. Z. Botan. **24**: 225–279.
HEINEMANN, P., 1956: Les landes à Calluna du district picardo-brabançon de Belgique. Vegetatio **7**: 99–147.
HEINRICH, W., HILBIG, W., NIEMANN, E., 1972: Zur Verbreitung, Ökologie und Soziologie der Roten Pestwurz, Petasites hybridus (L.) Gaertn., Meyer et Scherb. Wiss. Z. Univ. Jena, Math.-Nat. R. **21**: 1099–1124.
HEJNÝ, S., 1960: Ökologische Charakteristik der Wasser- und Sumpfpflanzen in den slowakischen Tiefebenen (Donau- und Theißgebiet). Bratislava: 487 S.
–, 1962: Über die Bedeutung der Schwankungen des Wasserspiegels für die Charakteristik der Makrophytengesellschaften in mitteleuropäischen Gewässern. Preslia (Praha) **34**, 359–367.
HELLER, H., 1963: Struktur und Dynamik von Auenwäldern. Beitr. Geobot. Landesaufn. Schweiz **42**: 75 S.
–, 1969: Lebensbedingungen und Abfolge der Flußauenvegetation in der Schweiz. Mitt. Schweiz. Anst. Forstl. Versuchswes. **43**: 123 S.
HERLITZIUS, R., 1975: Streuabbau in Laubwäldern. Untersuchungen in Kalk- und Sauerhumusbuchenwäldern. Dipl. arb. Math.-Nat. Fak. Univ. Göttingen, 59 S.
*HERMES, K., 1955: Die Lage der oberen Waldgrenze in den Gebirgen der Erde und ihr Abstand zur Schneegrenze. Kölner Geogr. Arb. **5**: 277 S.
–, 1964: Der Verlauf der Schneegrenze. Geogr. Taschenb. **1964/65**: 38–71.

HERZ, K., 1962: Zustand und Leistungsfähigkeit der Agrarflächen Mittelsachsens im 18./19. Jahrhundert. Wiss. Veröff. Deut. Inst. Länderkunde N. F. 19/20: 233–242.

HERZOG, T., 1943: Moosgesellschaften des höheren Schwarzwaldes. Flora, N. F. 36: 263–308.

HESMER, H., 1932: Waldentwicklung im nordwestdeutschen Flachland. Z. Forst- u. Jagdwes. 64: 577–607.

–, 1936: Die Bewaldung Deutschlands. Dargestellt an Hand von Karten der einzelnen Holz- und Betriebsarten. VI. Die Buche. Forstl. Wochenschr. Silva 24: 169–176; VII. Die Eiche. Ebenda 24: 409–424.

*–, SCHROEDER, F.-G., 1963: Waldzusammensetzung und Waldbehandlung im Niedersächsischen Tiefland westlich der Weser und in der Münsterschen Bucht bis zum Ende des 18. Jahrhunderts. Dechenaia (Bonn), Beih. 11: 304 S.

HESS, E., 1942: Études sur la répartition du mélèze en Suisse. Z. Schweiz. Forstwes., Beih. 20: 1–80.

HESSELMAN, H., 1910: Über den Sauerstoffgehalt des Bodenwassers und dessen Einwirkung auf die Versumpfung des Bodens und das Wachstum des Waldes. Medd. Stat. Skogsförs. Anst. 7: 91–130.

–, 1917: On the effect of our regeneration measures on the formation of salpetre in the ground and its importance in the regeneration of coniferous forests. Ebenda 13/14: 925–1076.

HEUBERGER, H., 1968: Die Alpengletscher im Spät- und Postglazial. Eiszeitalter u. Gegenwart 19: 270–275.

HEYNERT, H., 1964: Das Pflanzenleben des hohen Westerzgebirges. Th. Steinkopff, Dresden u. Leipzig: 141 S.

HILBIG, W., 1962: Vegetationskundliche Untersuchungen in der mitteldeutschen Ackerlandschaft. VII. Die Pflanzengesellschaften der Umgebung von Dehlitz (Saale), Kr. Weißenfels. Wiss. Z. Univ. Halle, Math.-Nat. 11: 817–866.

–, 1966: Die Bedeutung der Ackerunkrautgesellschaften für die pflanzengeographische Gliederung Thüringens. Feddes Repert. 73: 108–140.

–, 1967 a: Die Unkrautbestände der mitteldeutschen Weinberge. Hercynia N. F. 4: 325–338.

–, 1967 b: Die Ackerunkrautgesellschaften Thüringens. Feddes Repert. 76: 83–191.

–, 1971 a: Übersicht über die Pflanzengesellschaften des südlichen Teiles der DDR. I. Die Wasserpflanzengesellschaften. II. Die Röhrichtgesellschaften. Hercynia N. F. 8: 4–33.

–, 1971 b: Kalkschuttgesellschaften in Thüringen. Hercynia N. F. 8: 85–95.

–, 1972: Beitrag zur Kenntnis einiger wenig beachteter Pflanzengesellschaften Mitteldeutschlands. Wiss. Z. Univ. Halle 21: 83–98.

–, MAHN, E. G., 1974: Zur Verbreitung von Ackerunkräutern im südlichen Teil der DDR. Wiss. Z. Univ. Halle-Wittenberg, Math.-Nat. R. 23: 5–57.

–, –, MÜLLER, G., 1969: Zur Verbreitung von Ackerunkräutern im südlichen Teil der DDR. Wiss. Z. Univ. Halle 18: 211–270.

HILD, J., REHNELT, K., 1971: Öko-soziologische Untersuchungen an einigen niederrheinischen Meeren. Ber. Deut. Botan. Ges. 84: 19–39.

HILLGARTER, F., 1971: Waldbauliche und ertragskundliche Untersuchungen im subalpinen Fichtenwald Scatlé/Brigels. Diss. ETH Zürich: 80 S.

HOFER, H., 1970: Über die Zusammenhänge zwischen der Düngung und der Konkurrenzfähigkeit ausgewählter Naturwiesenpflanzen. Diss. E. T. H. Zürich: 70 S.

–, JÄGGLI, F., 1975: Probleme bei der umweltgerechten Anwendung von Düngemitteln. Mitt. Schweiz. Landwirtsch. 23: 89–111.

HOFER, H. R., 1967., Die wärmeliebenden Felsheiden Insubriens. Botan. Jb. 87: 176–251.

HÖFLER, K., 1951: Zur Kälteresistenz einiger Hochmooralgen. Verh. Zool.-Botan. Ges. Wien 92: 234–242.

HOFMANN, E., 1962: Restwaldbestände an der oberen Freiberger Mulde. Ber. Arb. gem. Sächs. Botan., N. F. 4: 7–26.

HOFMANN, G., 1957: Zur Soziologie einiger Kiefernforsten im Bereich der Kalk-Trockenlaubwälder Südthüringens. Arch. Forstwes. 6: 233–249.

–, 1958 a: Die eibenreichen Waldgesellschaften Mitteldeutschlands. Ebenda 7: 502–558.

–, 1958 b: Vegetationskundliche Untersuchungen an wärmeliebenden Gebüschen des Meininger Muschelkalkgebietes. Ebenda 7: 369–387.

–, 1959: Die Wälder des Meininger Muschelkalkgebietes. Feddes Repert. Beih. 138: 56–140.

–, 1961: Die Stickstoffbindung der Robinie (Robinia pseudoacacia L.). Arch. Forstwes. 10: 627–631.

–, 1962: Synökologische Untersuchungen im Waldschutzgebiet Gellmersdorfer Forst/Oder. Arch. Naturschutz u. Landschaftsforsch. 2: 3–139.

–, 1963: Der Hainbuchen-Buchenwald in den Muschelkalkgebieten Thüringens. Arch. Forstwes. 12: 706–716.

–, 1964 a: Kiefernforstgesellschaften und natürliche Kiefernwälder im östlichen Brandenburg. I. Kiefernforstgesellschaften. II. Natürliche Kiefernwälder und -gehölze. Arch. Forstwes. 13: 641–664 u. 717–732.

–, 1964 b: Die Höhenstufengliederung des nordöstlichen Rhöngebirges. Archiv Naturschutz 4: 191–206.

–, 1965: Die Vegetation im Waldschutzgebiet „Hainich" (Westthüringen). Landschaftspflege u. Naturschutz Thüring. 2: 1–12.

–, 1968: Über die Beziehungen zwischen Vegetationszeit, Humusform, C/N-Verhältnis und pH-Wert des Oberbodens in Kiefernbeständen des nordostdeutschen Tieflandes. Arch. Forstwes. 17: 845–855.

–, 1969: Zur pflanzensoziologischen Gliederung der Kiefernforsten des nordostdeutschen Tieflandes. Feddes Repert. 80: 401–412.

HOFMANN, W., 1966: Laubwaldgesellschaften der Fränkischen Platte. Würzburg (Selbstverlag Naturw. Ver. Würzburg): 194 S.

–, 1968: Vitalität der Rotbuche und Klima in Mainfranken. Feddes Repert. 78: 135–137.
HOFMEISTER, H., 1970: Pflanzengesellschaften der Weserniederung oberhalb Bremens. Diss. Botan. 10: 116 S.
–, 1974: Zum Vorkommen von Galium odoratum im Siekholz (Harpstedter Geest). Abh. Naturw. Ver. Bremen 38: 85–95.
HOLLMANN, H., 1972: Verbreitung und Soziologie der Schachblume Fritillaria meleagris L. Abh. u. Verh. Naturw. Ver. Hamburg N.F. 15 Suppl.: 82 S.
HOLMSGAARD, E., 1968: Ertragskundliche Untersuchungen in Fichtenbeständen erster und zweiter Generation im dänischen Jungmoränengebiet. Tagungsber. Deut. Akad. Landwirtschaftswiss. Berlin 84: 25–35.
HOLSTENER-JØRGENSEN, H., 1968: Bodenkundliche Untersuchungen in Fichtenbeständen erster und zweiter Generation im dänischen Jungmoränengebiet. Tagungsber. Deut. Akad. Landwirtschaftswiss. Berlin 84: 37–45.
–, 1970: Fertilizing experiments in six Norway spruce plantations in Jutland. Det Forstl. Forsøgsv. Danmark 32: 297–311.
–, 1971: A nitrogen-dose experiment on single tree plots of 68–75 year-old beech in the Rude Skov. Ebenda 32: 369–378.
HOLTMEIER, F.-K., 1967: Die Waldgrenze im Oberengadin in ihrer physiognomischen und ökologischen Differenzierung. Diss. Univ. Bonn: 163 S.
–, 1968: Entgegnung zu: „Über Schneeschliff in den Alpen" von Hans Turner. Wetter u. Leben 20: 201–205.
–, 1971: Der Einfluß der orographischen Situation auf die Windverhältnisse im Spiegel der Vegetation. Erdkunde 25: 178–195.
HOLUB, J., HEJNÝ, S., MORAVEC, J., NEUHÄUSL, R., 1967: Übersicht der höheren Vegetationseinheiten der Tschechoslowakei. Rozpr. Českosl. Akad. Věd, Rada Mat. Přirodn. Věd 77: 75 S.
HOLZNER, W., 1970: Die Ackerunkrautvegetation des nördlichen Burgenlandes. Wiss. Arb. Burgenland 44: 196–243.
–, 1971: Niederösterreichs Ackervegetation als Umweltzeiger. Die Bodenkultur (Wien) 22: 397–414.
–, HÜBL, E., 1977: Zur Vegetation der Kalkalpengipfel des Westlichen Niederösterreich. Jahrb. Ver. Schutze Bergwelt 42: 247–270.
HOPE-SIMPSON, J.F., JEFFRIES, R.L., 1966: Observations relating to vigour and debility in marram grass (Ammophila arenaria [L.] Link). J. Ecol. 54: 271–274.
HÖPFNER, B., 1966: Ökophysiologische Untersuchungen in einem extrem sauren Calamagrostidetum epigeios. Diss. Univ. Gießen: 243 S.
HOPPE, I.M., 1972: Untersuchungen über den Stickstoff- und Phosphorgehalt in Strandwällen verschiedenen Alters bei Heiligenhafen/Ostsee. Dipl.-Arb. Math.-Nat. Fak. Göttingen: 30 S. (unveröff.)
HORAK, E., 1963: Pilzökologische Untersuchungen in der subalpinen Stufe (Piceetum subalpinum und Rhodoreto-Vaccinietum) der Rätischen Alpen (Dischmatal, Graubünden). Mitt. Schweiz. Anst. Forstl. Versuchsw. 39, 1: 112 S.
HORAK, J., 1971: Westliche Tatra-Geobiozönosen der oberen Wald- und Krummholzgrenze. Acta Sc. Nat. Acad. Sc. Bohemosl. Brno NS 5: 47 S.
HORIKAWA, Y., SUZUKI, H., YOKOGAWA, H., MATSUMURA, T., 1959: Moorland vegetation in the Yawata Highland, in the northwestern part of Hiroshima Prefecture, SW Japan. Sci. Res. Sandankyo Gorge and Yawata Highland (Hiroshima, Jap.) 1959: 121–152.
HORN, H.-H. VON, 1974: Die Oker- oder Steinfeldkrankheit. Diss. Univ. Göttingen: 144 S.
HORNSBERGER, H., 1905: Streu und Stickstoff. Z. Forst- u. Jagdwes. 37: 71–82.
HORVÁT, A.C., 1972: Die Vegetation des Mecsek-Gebirges und seiner Umgebung. Budapest (Verl. Ungar. Akad. Wiss.): 360 S.
*HORVAT, I., GLAVAČ, V., ELLENBERG, H., 1974: Vegetation Südosteuropas. Stuttgart, Gustav Fischer-Verlag: 752 S.
HÜBL, E., 1959: Die Wälder des Leithagebirges. Verh. Zool.-Botan. Ges. Wien 98/99: 96–167.
HÜBSCHMANN, A. VON, 1967: Über die Moosgesellschaften aus das Vorkommen der Moose in den übrigen Pflanzengesellschaften des Moseltales. Schriftenr. Vegetationskunde (Bonn) 2: 63–121.
*–, TÜXEN, R., 1964: Bibliographia phytosociologica cryptogamica, Pars III: Musci (sine Epiphyta). Excerpta Botan., Sect. B 6: 179–207.
HUECK, K., 1928: Die Vegetations- und Oberflächengestaltung der Oberharzer Hochmoore. Beitr. Naturdenkmalpflege 12: 153–214.
–, 1932: Erläuterung zur vegetationskundlichen Karte der Lebanehrung (Ostpommern). Beitr. Naturdenkmalpflege 15: 99–133.
–, 1934: Erläuterung zur vegetationskundlichen Karte des Memeldeltas (südlicher Teil). Ebenda 16: 161–224.
–, 1939: Botanische Wanderungen im Riesengebirge. Pflanzensoziol. (Jena) 3: 116 S.
–, 1942: Die Pflanzenwelt des Naturschutzgebietes Krumme Lanke bei Rahnsdorf. Arb. Berliner Provinzstelle f. Naturschutz 3: 3–87.
HÜGIN, G., 1962: Wesen und Wandlung der Landschaft am Oberrhein. Beitr. Landespflege 1, Festschr. Prof. Wiepking: 186–250.
HÜLSENBERG, C., 1966: Bodenökologische Untersuchungen in einem Arrhenatheretum elatioris. Diss. Univ. Gießen: 163 S.
HUNDT, R., 1954: Grünlandgesellschaften an der unteren Mulde und mittleren Elbe. Wiss. Z. Univ. Halle, Math.-Nat. 3: 883–928.
–, 1957: Pflanzensoziologie im Dienste der Grünlandwirtschaft. Die Deut. Landwirtsch. 1957, Nr. 6, 7 u. 11.
–, 1958: Beiträge zur Wiesenvegetation Mitteleuropas. I. Die Auewiesen an der Elbe, Saale und Mulde. Nova Acta Leopoldina N.F. 20, 135: 206 S.
–, 1960: Einige Beobachtungen über die Höhenstufen-Differenzierung der Mähwiesen in der mediterranen Quercus-ilex-Stufe von Montpel-

lier. Wiss. Z. Univ. Halle, Math.-Nat. **9**: 251–258.
–, 1963: Die Entwicklung der Grünlandwirtschaft und der Naturschutz. Ebenda **3**: 37–58.
*–, 1964: Die Bergwiesen des Harzes, Thüringer Waldes und Erzgebirges. Pflanzensoziol. (Jena) **14**: 264 S.
–, 1966: Ökologisch-geobotanische Untersuchungen an Pflanzen der mitteleuropäischen Wiesenvegetation. Botan. Studien **16**: 176 S.
–, 1970: Untersuchungen zum Wasserfaktor im Arrhenatheretum elatioris. Arch. Naturschutz u. Landschaftsforsch. **10**: 241–267.
–, 1972: Die Trollius europaeus-Polygonum bistorta-Ges. am Ossen auf der Insel Rügen. Natur u. Naturschutz Mecklenburg **10**: 25–33.
–, 1974: Les relations phytogéographiques entre les associations de pelouses du sud de l'Angleterre et celles de l'Europe Centrale. Documents Phytosoc. (Lille) **7–8**: 65–93.
–, 1975: Zur anthropogenen Verbreitung und Vergesellschaftung von Geranium pratense L. Vegetatio **31**: 23–32.
HÜRLIMANN, H., 1951: Zur Lebensgeschichte des Schilfs an den Ufern der Schweizer Seen. Beitr. Geobot. Landesaufn. Schweiz **30**: 232 S.
ILIJANIĆ, L., 1962: Beitrag zur Kenntnis der Ökologie einiger Niederungswiesentypen Kroatiens. Acta Botan. Croat. **20/21**: 95–167.
ILOMETS, M. A., 1975: Productivity of Sphagnum carpet in different geographic sites. XII. Internat. Botan. Congr. (Leningrad) **1**: 149.
INGESTAD, T., 1979: Mineral nutrient requirements of Vaccinium vitis-idaea and V. myrtillus. Physiol. Plant. **29**: 239–246.
ISSLER, E., 1937: Les associations végétales des Vosges méridionales et de la plaine rhénane avoisinante. Les tourbières. Bull. Soc. Hist. Nat. Colmar **43**: 5–53.
–, 1942: Vegetationskunde der Vogesen. Pflanzensoziol. (Jena) **5**: 192 S.
ITEM, H., 1974: Ein Modell für den Wasserhaushalt eines Laubwaldes. Mitt. Eidg. Anst. Forstl. Versuchsw. **51**: 331 S.
IVERSEN, J., 1936: Biologische Pflanzentypen als Hilfsmittel in der Vegetationsforschung. Kopenhagen: 224 S.
–, 1953: The zonation of the salt marsh vegetation of Skallingen in 1931-34 and in 1952. Geogr. Tidskr. **52**: 113–118.
–, 1958: Pollenanalytischer Nachweis des Reliktcharakters eines jütischen Lindenmischwaldes. Veröff. Geobot. Inst. Rübel, Zürich **33**: 137–144.
*IVES, J. D., BARRY, R. G. (Ed.)., 1974: Arctic and alpine environments. London (Methuen and Co. Ltd.): 999 S.
IZDEBSKA, M., SZYNAL, T., 1961: Geobotanical investigations in the forest reserve of Obrocz in Central Roztocze. Ann. Univ. Lublin-Polonia **26**: 351–386.
*JAAG, O., 1945: Untersuchungen über die Vegetation und Biologie der Algen des nackten Ge-
steins in den Alpen, im Jura und im schweizerischen Mittelland. Beitr. Kryptogamenflora d. Schweiz **9**, 3: 560 S.
JÄGER, E., 1968: Die pflanzengeographische Ozeanitätsgliederung der Holarktis und die Ozeanitätsbindung der Pflanzenareale. Feddes Repert. **79**: 157–335.
–, 1976: Areal- und Florenkunde (Floristische Geobotanik). Fortschr. Botan. **38**: 314–330.
JÄGER, K.-D., 1967: Eine pliozäne Vegetationsgemeinschaft und ihre Fortentwicklung bis zur Gegenwart. Abh. Zentr. Geol. Inst. Berlin **10**: 99–112.
–, 1970: Beiträge zur Bodensystematik unter besonderer Berücksichtigung reliktischer und rezenter Merkmale. Tag. Ber. Deut. Akad. Landwirtschaftswiss. Berlin **102**: 109–122.
JAHN, G., 1975: Die Waldgesellschaften im nordwestdeutschen Pleistozän. Vortr. u. Tagungen Arb. gem. Forstl. Vegetationskunde **5**: 58–69.
JAHN, S., 1952: Die Wald- und Forstgesellschaften des Hils-Berglandes (Forstamtsbezirk Wenzen). Angew. Pflanzensoziol. (Stolzenau/Weser) **5**: 77 S.
JAHNS, W., 1962: Zur Kenntnis der Pflanzengesellschaften des Großen und Weißen Moores bei Kirchwalsede (Krs. Rotenburg/Hann.). Mitt. Florist.-Soziol. Arb. gem., N. F. **9**: 88–94.
–, 1969: Torfmoos-Gesellschaften der Esterweger Dose. Schriftenr. Vegetationskunde (Bonn) **4**: 49–74.
JAKUCS, P., 1961 a: Die Flaumeichenwälder in der Tschechoslowakei. Veröff. Geobot. Inst. ETH, Stiftg. Rübel, Zürich **36**: 91–118.
*–, 1961 b: Die phytozönologischen Verhältnisse der Flaumeichen-Buschwälder Südostmitteleuropas. Monographie der Flaumeichen-Buschwälder I. Budapest: 314 S.
–, 1968: Comparative and statistical investigations on some microclimatic elements of the biospaces of forests, shrub stands, woodland margins and open swards. Acta Botan. Acad. Sci. Hung. **14**: 281–314.
–, 1969: Die Sproßkolonien und ihre Bedeutung in der dynamischen Vegetationsentwicklung (Polycormonsukzession). Acta Botan. Croat. (Zagreb) **28**: 161–170.
–, 1970: Bemerkungen zur Saum-Mantel-Frage. Vegetatio **21**: 29–47.
–, 1972: Dynamische Verbindung der Wälder und Rasen. (Quantitative und qualitative Untersuchungen über die synökologischen, phytozönologischen und strukturellen Verhältnisse der Waldsäume). Budapest.
–, JURKO, A., 1967: Querco petraeae-Carpinetum waldsteinietosum, eine neue Subassoziation aus dem slowakischen und ungarischen Karstgebiet. Biológia (Bratislava) **22**: 321–335.
–, KOVÁCS, M., PRÉCSÉNYI, I., 1970: Complex investigations on some soil characteristics of the bio-units sward–woodland margin–shrub–forest. Acta Botan. Acad. Sci. Hung. **16**: 111–116.
JAMNICKÝ, J., 1964: Beitrag zur Kenntnis des Höchstalters und der höchsten Wachstumsdi-

mensionen der Arve (Pinus cembra L.). Tanap (Samml. Stud. Tatra-Nationalpark) 7: 50–60.
JANIESCH, P., 1973: Beitrag zur Physiologie der Nitrophyten: Nitratspeicherung und Nitratassimilation bei Anthriscus sylvestris. Flora 162: 479–491.
–, 1973 b: Ökophysiologische Untersuchungen an Umbelliferen nitrophiler Säume. Oecol. Plant. 8: 335–352.
*JANKUHN, H., 1969: Vor- und Frühgeschichte vom Neolithikum bis zur Völkerwanderungszeit. Verlag Eugen Ulmer, Stuttgart: 300 S.
JANNSON, S. L., 1958: Tracer studies on nitrogen transformations in soil with special attention to mineralisation-immobilisation relationships. Kgl. Lantbrukshögskol. Ann. 24: 101–361.
JÁRAI-KOMLÓDI, M., 1960: Beiträge zur Kenntnis der Vegetation des Moorgebietes Hansag. Ann. Univ. Sci. Budapest, Sect. Biol. 3: 229–234.
JARVIS, P. G., 1964: Interference by Deschampsia flexuosa (L.) Trin. Oikos 15: 56–78.
JENÍK, J., 1958: Geobotanische Untersuchungen einer Lawinenbahn im Tale Blaugrund im Riesengebirge. Acta Univ. Carol. Pragae, Biol. 5: 47–91.
–, LOKVENC, T., 1962: Die alpine Waldgrenze im Krkonoše Gebirge. Rozpr. Českoslov. Akad. Věd, Řada Mat. Přírodn. Věd 72: 65 S.
JENNY-LIPS, H., 1930: Vegetationsbedingungen und Pflanzengesellschaften auf Felsschutt. Beih. Botan. Cbl. 46: 119–296.
JENSEN, H. L., 1950: A survey of biological nitrogen fixation in relation to the wold supply of nitrogen. 4th Internat. Congr. Soil Sci. Trans. 1: 165–173.
JENSEN, U., 1961: Die Vegetation des Sonnenberger Moores im Oberharz und ihre ökologischen Bedingungen. Naturschutz u. Landschaftspflege in Niedersachsen 1: 85 S.
JESCHKE, L., 1961: Die Vegetation des Naturschutzgebietes „Mümmelken-Moor" auf der Insel Usedom. Arch. Naturschutz in Landschaftsforsch. 1: 54–84.
–, 1962: Vegetationskundliche Beobachtungen in Listland (Insel Sylt). Beitr. Naturkundemus. Stralsund 1: 67–84.
–, 1963: Die Wasser- und Sumpfvegetation im Naturschutzgebiet „Ostufer der Müritz". Limnologica (Berlin) 1: 475–545.
–, 1964: Die Vegetation der Stubnitz (Naturschutzgebiet Jasmund auf der Insel Rügen). Natur u. Naturschutz Mecklenb. 2: 154 S.
JOCHIMSEN, M., 1963: Vegetationsentwicklung im hochalpinen Neuland. Ber. Naturw.-Mediz. Ver-Innsbruck 53: 109–123.
–, 1970: Die Vegetationsentwicklung auf Moränenböden in Abhängigkeit von einigen Umweltfaktoren. Veröff. Univ. Innsbruck 46: 5–20.
JONES, K., 1974: Nitrogen fixation in a salt marsh. J. Ecol. 62: 553–565.
JURASZEK, H., 1928: Pflanzensoziologische Studien über die Dünen bei Warschau. Bull. Acad. polon. Sci. et Lettr., Cl. Sci. Mat. Nat., Sér. B 1927: 565–610.
JÜRGING, P., 1975: Epiphytische Flechten als Bioindikatoren der Luftverunreinigung. Bibliotheca Lichenol. 4: 164 S.
JURKO, A., 1958: Bodenökologische Verhältnisse und Waldgesellschaften der Donautiefebene. Slov. Akad. Vied: 264 S.
–, 1963: Die Veränderung der ursprünglichen Waldphytozönosen durch die Introduktion der Robinie. Českosl. Ochrana Príody 1: 56–75.
–, 1964: Feldheckengesellschaften und Uferweidengebüsche des Westkarpatengebietes. Biol. Práce (Bratislava) 10, H. 6: 100 S.
–, 1974: Prodromus der Cynosurion-Gesellschaften in den Westkarpaten. Folia Geobot. Phytotax. Praha 9: 1–44.
–, DUDA, M., 1970: Research project Báb (IBP). Progress report 1. Botan. Inst. Slovak Acad. Sci., Bratislava 1970: 240 S.
–, PECIAR, V., 1963: Pflanzengesellschaften an schattigen Felsen in den Westkarpaten. Vegetatio 11: 199–209.
KADLUS, Z., 1967: Gipfelphänomen im Gebirge Orlické hory (Adlergebirge). Opera Corcontica 4: 55–77.
KALB, K., 1970: Flechtengesellschaften der vorderen Ötztaler Alpen. Diss. Botan. 9: 118 S.
KALCKSTEIN, B., 1974: Gaswechsel, Produktivität und Herbizidempfindlichkeit bei verschiedenen tropischen, subtropischen und europäischen Gramineen. Diss. Univ. Wien (mscr.).
KALELA, A., 1937: Zur Synthese der experimentellen Untersuchungen über Klimarassen der Holzarten. Comm. Inst. Forest. Fenn. 26: 445 S.
KAMBACH, H. H., WILMANNS, O., 1969: Moose als Strukturelemente von Quellfluren und Flachmooren am Feldberg im Schwarzwald. Veröff. Landesinst. Naturschutz u. Landschaftspflege Baden-Württemb. 37: 62–80.
KAPPEN, L., 1975: The lichen symbiosis, a special adaptation to the ecological conditions of extreme environments. XII. Internat. Botan. Congr. (Leningrad) Abstr. 1. 151.
–, LANGE, O. L., 1970: Kälteresistenz von Flechten aus verschiedenen Klimagebieten. Deut. Botan. Ges. N. F. 4: 61–65.
–, ULLRICH, W. R., 1970: Verteilung von Chlorid und Zuckern in Blattzellen halophiler Pflanzen bei verschieden hoher Frostresistenz. Ber. Deut. Botan. Ges. 83: 265–275.
KÁRPÁTI, I. u. V., 1971 a: Die Hochwassertoleranz der ungarischen Donauauen-Vegetation. Schriftenr. Raumforsch. u. Raumplanung (Klagenfurt) 11: 146–148.
–, 1971 b: Methodological problems of the research on the production of the primary phytobiomass of lake Balaton. Hydrobiologia 12: 155–158.
–, 1972: Die Anwendung der TWR-Indikatorkonzeption auf Wasser und Auen-Ökosysteme. Soc. Internat. Limnol., Donauforschungsstation d. Ungar. Akad. Wiss., Göd, 1972: 12 S.
–, V., 1963: Die zönologischen und ökologischen Verhältnisse der Wasservegetation des Donau-Überschwemmungsraums in Ungarn. Acta Bot. Acad. Sci. Hung. 9: 323–385.

–, V. u. I., 1961: Winter dormancy of hungarian trees and shrubs. I. Trees and shrubs of natural groves. Acta Biol. Acad. Sci. Hung. 11: 359–385.
KARPOV, V. G., 1960: On the quantity and species composition of the viable seeds in the soil of spruce forests of Piceetum mytrillosum type. Transact. Moscov Soc. Naturalists 3: 131–140.
–, 1975: Competition for nutrients in plant communities. XII. Internat. Botan. Congr. (Leningrad) Abstr. 1, 151.
KÄSTNER, M., 1941: Über einige Waldsumpfgesellschaften, ihre Herauslösung aus den Waldgesellschaften und ihre Neueinordnung. Beih. Botan. Cbl. 61 B: 137–207.
KAULE, G., 1969: Vegetationskundliche und landschaftsökologische Untersuchungen zwischen Inn und Chiemsee. (Manuskriptdruck). Freising-Weihenstephan: Inst. f. Landschaftspflege der TH München, 1969: 153 S.
–, PFADENHAUER, J., (1973): Vegetation und Ökologie eines Hochmoorrandbereichs im Naturschutzgebiet Eggstätt-Hemhofer Seenplatte. Ber. Bayer. Botan. Ges. 44: 201–210.
KAUSCH, W., 1955: Saugkraft und Wassernachleitung im Boden als physiologische Faktoren. Planta (Berlin) 45: 217–263.
KAZMIERCZAKOWA, R., 1971: Ecology and production of Potentillo albae-Quercetum and Tilio-Carpinetum ground flora in two forest reserves on the Matopolska upland. Zakt. Ochrony Przyr. Pol. Nauk 5: 104 S.
KELLER, HS. M., 1968: Der heutige Stand der Forschung über den Einfluß des Waldes auf den Wasserhaushalt. Schweiz. Z. Forstwes. 119: 364–379.
KELLER, M., 1972: Kleinräumige Verbreitung von Pflanzenarten im Luzerner Seetal im Vergleich zu Gesamtverbreitung und Umwelt. Mitt. Naturforsch. Ges. Luzern 23: 189 S.
KELLER, TH., 1968: Der Einfluß der Luftverunreinigungen auf den Wald im Lichte der neuesten Literatur. Schweiz. Z. Forstwes. 119: 353–363.
–, 1968 b: Nettoassimilation, Sproß- und Wurzelatmung junger Pappeln bei unterschiedlicher Ernährung. In: Deut. Akad, Landwirtschaftswiss. Berlin, Tagungsber. 100: 233–243.
–, Über die Assimilation einer jungen Arve im Winterhalbjahr. Bündnerwald (Chur) 23: 49–54.
–, 1971: Der Einfluß der Stickstoffernährung auf den Gaswechsel der Fichte. Allg. Forst- u. Jagdztg. 142: 89–93.
KELLER, W., 1974: Der Lindenmischwald des Schaffhauser Randens. Ber. Schweiz. Botan. Ges. 84: 105–120.
KEPCZYŃSKI, K., 1965: Die Pflanzenwelt des Diluvialplateaus von Dobrzyń. Univ. Toruń: 821 S.
*KERFOOT, O., 1968: Mist precipitation and vegetation. Forestry Abstr. 29: 8–20.
KERN, K. G., 1970: Ertragskundlich-ökologische Untersuchungen an Pappeln im Überschwemmungsbereich des Rheins. Allg. Forst- u. Jagdztg. 141: 83–86.

KERNER VON MARILAUN, A., 1863: Das Pflanzenleben der Donauländer. Innsbruck, 350 S.
KERSHAW, K. A., 1963: Pattern in vegetation and its causality. Ecology 44: 377–388.
KICKUTH, R., 1970: Ökochemische Leistungen höherer Pflanzen. Naturwissenschaften 57: 55–61.
KIESE, O., 1972: Bestandsmeteorologische Untersuchungen zur Bestimmung des Wärmehaushalts eines Buchenwaldes. Ber. Inst. Meteor. Klimatol. TU Hannover 6: 132 S.
–, 1975: Zur Frage der Verdunstungsleistung von Wäldern. Ebenda 10: 125–137.
KINZEL, H., 1971: Biochemische Ökologie – Ergebnisse und Aufgaben. Ber. Deut. Botan. Ges. 84: 381–403.
KILBERTUS, G., 1970: La production primaire et la décomposition des mousses (Eubrya) comparés à celles d'autres végétaux. Bull. Acad. et Soc. Lorraines Sci. 9: 136–145.
KING, B., 1960: Observation on the seedling establishment and growth of Nardus stricta in burned Callunetum. J. Ecol. 48: 667–677.
KIRA, T., SHIDEI, T., 1967: Primary production and turnover of organic matter in different forest ecosystems of the western Pacific. Jap. J. Ecol. 17: 70–87.
KIRSCHBAUM, U., 1972: Kartierung des natürlichen Flechtenvorkommens. Regionale Planungsgemeinschaft Untermain, Frankfurt a. M., 4. Arbeitsber.: 76–80.
KISSER, J., 1966: Forstliche Rauchschäden aus der Sicht des Biologen. Mitt. Forstl. Bundesversuchsanst. Mariabrunn 73: 7–46.
KLAPP, E., 1950: Dauerweiden West- und Süddeutschlands. Z. Acker- u. Pflanzenbau 91: 265–305.
–, 1965: Grünlandvegetation und Standort. Verl. Paul Parey, Berlin-Hamburg: 384 S.
–, 1971: Wiesen und Weiden. 4. Aufl. Verl. Paul Parey, Berlin-Hamburg: (3. Aufl. 1956), 519 S.
*KLAUSING, O., LOHMEYER, W., WALTHER, K., 1963: Bibliographie zum Thema Produktionspotentiale von Pflanzengesellschaften. Excerpta Bot., Sect. B, 5: 161–202.
*KLEBELSBERG, R. V., 1948 u. 1949: Handbuch der Gletscherkunde und Glazialgeologie. Bd. I. Allgemeiner Teil: 403 S. Wien 1948. Bd. II. Historisch-regionaler Teil: 625 S. Wien 1949.
KLEINKE, J., SUCCOW, M., VOIGTLÄNDER, U., 1974: Der Wasserstufenzeigerwert von Grünlandpflanzen im nördlichen Teil der DDR. Arch. Naturschutz u. Landschaftsforsch. 14: 139–146.
KLEMENT, O., 1953: Die Vegetation der Nordseeinsel Wangerooge. Veröff. Inst. Meeresforsch. Bremerhaven 2: 279–379.
–, 1955: Prodromus der mitteleuropäischen Flechtengesellschaften. Feddes Repert. Beih. 135: 5–194.
–, 1971: Über Flechten der Eilenriede. Beih. Ber. Naturhist. Ges. Hannover 7: 130–142.
KLEMM, G., 1969/70: Die Pflanzengesellschaften des nordöstlichen Unterspreewald-Randgebie-

tes. Verh. Botan. Ver. Prov. Brandenburg **106**: 24–62 u. **107**: 3–28.
KLIKA, J., 1933: Studien über die xerotherme Vegetation Mitteleuropas. II. Xerotherme Gesellschaften in Böhmen. Beih. Botan. Cbl. **50 B**: 707–773.
–, 1935: Die Pflanzengesellschaften des entblößten Teichbodens in Mitteleuropa. Ebenda **53 B**: 286–310.
–, u. Mitarb., 1943: Die Durchforschung des Naturschutzgebietes Velká hora bei Karlštein. Sborn. Čes. Akad. Techn. **16**: 497–520, 560–610 u. 644–658.
KLIX, W., KRAUSCH, H.-D., 1958: Das natürliche Vorkommen der Rotbuche in der Niederlausitz. Wiss. Z. Pädagog. Hochsch. Potsdam, Math. Nat. **4**: 5–27.
KLOSE, H., 1963: Zur Limnologie von Lemna-Gewässern. Wiss. Z. Univers. Leipzig **12**, Math.-Nat. R. **1**: 233–259.
KLOSS, K., 1965: Schoenetum, Juncetum subnodulosi und Betula pubescens-Gesellschaften der kalkreichen Moorniederungen Nordost-Mecklenburgs. Feddes Repert. Beih. **142**: 65–117.
KLÖTZLI, F., 1965: Qualität und Quantität der Rehäsung in Wald- und Grünland-Gesellschaften des nördlichen Schweizer Mittellandes. Diss. E.T.H. Zürich 1965: 186 S.
–, 1968 a: Über die soziologische und ökologische Abgrenzung schweizerischer Carpinion- von den Fagion-Wäldern. Feddes Repert. **78**: 15–37.
*–, 1968 b: Wald und Umwelt. Schweiz. Z. Forstwes. **1968**: 264–334.
*–, 1969 a: Zur Ökologie schweizerischer Bruchwälder unter besonderer Berücksichtigung des Waldreservates Moos bei Birmensdorf und des Katzensees. Ber. Geobot. Inst. ETH, Stiftg. Rübel, Zürich **39**: 56–123.
–, 1969 b: Die Grundwasserbeziehungen der Streu- und Moorwiesen im nördlichen Schweizer Mittelland. Beitr. Geobot. Landesaufn. Schweiz **52**: 1–296.
–, 1971: Biogenous influence on aquatic macrophytes, especially Phragmites communis. Hidrobiologia (București) **12**: 107–111.
–, 1973: Waldfreie Naßstandorte der Schweiz. Ber. Geobot. Inst. ETH, Stiftung Rübel, Zürich **51**: 15–39.
–, 1975: Zum Standort von Edellaubwäldern im Bereich des südlichen borealen Nadelwaldes. Mitt. Eidg. Anst. Forstl. Versuchsw. **51**: 49–64.
–, 1975: Ökologische Besonderheiten Pinus-reicher Waldgesellschaften. Schweiz. Z. Forstwes. **126**: 672–710.
–, MEYER, M., ZÜST, S., 1973: Exkursionsführer. Ber. Geobot. Inst. ETH, Stiftung Rübel, Zürich **51**: 40–95.
–, ZÜST, S., 1973: a) Nitrogen regime in reed-beds. Polsk. Arch. Hydrobiol. **20**: 131–136. b) Conservation of reed-beds in Switzerland. Ebenda **20**: 229–235.
KNABE, W., 1975: Luftverunreinigungen und Forstwirtschaft. Forstarchiv **46**: 59–62.
KNAPP, R., 1942: Zur Systematik der Wälder, Zwergstrauchheiden und Trockenrasen des eurosibirischen Vegetationskreises. Arb. Zentralst. Veget. kartierung d. Reiches, Beil. z. 12. Rundbrief (als Manuskr. gedr.).
–, 1958: Pflanzengesellschaften des Vogelsberges unter besonderer Berücksichtigung des „Naturschutzparkes Hoher Vogelsberg". Schriftenr. Naturschutzstelle Darmstadt **4**: 161–220.
–, 1960: Die Bedeutung der Dauer der Schneebedeckung für die Vegetation in subalpinen Lagen. Ber. Bayer. Botan. Ges. **33**: 89–93.
–, 1967: Die Vegetation des Landes Hessen. Gießen u. Göttingen (Syst.-Geobot. Inst.): 148 S.
–, STOFFERS, A.L., 1962: Über die Vegetation von Gewässern und Ufern im mittleren Hessen und Untersuchungen über den Einfluß von Pflanzen auf Sauerstoffgehalt, Wasserstoff-Ionenkonzentration und die Lebensmöglichkeit anderer Gewächse. Ber. Oberhess. Ges. Natur- u. Heilkunde Gießen, Naturw. Abt. **32**: 90–141.
KNORRE, D., VON, 1974: Ökosystembindung von Asseln und Mollusken. Mitt. Sekt. Geobot. Phytotax. Biol. Ges. DDR **1974**: 137–149.
KNUCHEL, H., 1914: Spektrophotometrische Untersuchungen im Walde. Mitt. Schweiz. Centralanst. Forstl. Versuchsw. **11**: 1–94.
KOCH, F., 1955: Die Auswirkungen der anormalen Trockenheit des Sommers 1952 auf die Ackerunkrautgemeinschaften deutscher Dauerdüngungsversuche. Z. Pflanzenbau u. Pflanzenschutz **1955**: 32–40.
KOCH, H.G., 1958: Der Holzzuwachs der Waldbäume in verschiedenen Höhenlagen Thüringens in Abhängigkeit von Niederschlag und Temperatur. Arch. Forstwes. **7**: 27–49.
KOCH, WALO, 1926: Die Vegetationseinheiten der Linthebene, unter Berücksichtigung der Verhältnisse in der Nordostschweiz. Jb. Naturw. Ges. St. Gallen **61**: 144 S.
–, 1970: Temperaturansprüche von Unkräutern bei der Keimung. Saatgutwirtschaft (Hohenheim) **22**: 85–86.
–, KÖCHER, H., 1968: Zur Bedeutung des Nährstoffaktors bei der Konkurrenz zwischen Kulturpflanzen und Unkräutern. Z. Pflanzenkrankheiten (Pflanzenpathologie) u. Pflanzenschutz **1968**: 79–87.
KOHL, F. (Red.), 1971: Kartieranleitung, Anleitung und Richtlinien zur Herstellung der Bodenkarte 1:25000. Arb.-Gem. Bodenkunde (Hannover): 169 S.
KOHLER, A., 1968: Zum ökologischen und soziologischen Verhalten der Robinie (Robinia pseudoacacia) in Deutschland. In: R. TÜXEN (Hrsg.) Pflanzensoziologie und Landschaftsökologie. Den Haag **1968**: 402–411.
–, 1976: Makrophytische Wasserpflanzen als Bioindikatoren für Belastungen von Fließwasser-Ökosystemen. Verh. Ges. Ökol. Wien **1975**: 255–276.
–, BRINKMEIER, R., VOLLRATH, H., 1974: Verbreitung und Indikatorwert der submersen Makrophyten in den Fließgewässern der Friedberger Au. Ber. Bayer. Botan. Ges. **45**: 5–36.
–, SUKOPP, H., 1964 a: Über die soziologische

Struktur einiger Robinienbestände im Stadtgebiet von Berlin. Sitz. ber. Ges. Naturforsch. Freunde Berlin N. F. 4: 74–88.
–, –, 1964 b: Über die Gehölzentwicklung auf Berliner Trümmerstandorten. Ber. Deut. Botan. Ges. 76: 389–406.
–, ZELTNER, G., BUSSE, M., 1972: Wasserpflanzen und Bakterien als Verschmutzungsanzeiger von Fließgewässern. Umschau 72: 158–159.
KÖHLERMANN, L., 1950: Untersuchungen über die Windverbreitung der Früchte und Samen mitteleuropäischer Waldbäume. Forstwiss. Cbl. 69: 606–624.
KOHLMEYER, J., 1966: Ecological observations on arenicolous marine fungi. Z. Allg. Mikrobiol. 6: 95–106.
KØIE, M., 1938: The soil vegetation of the Danish conifer plantations and its ecology. Kong. Danske Vidensk. Selsk. Skr., Naturw. Math. Afd., 9. R. 7, 2: 85 S.
KOJAK, A., 1974: Analysis of a sheep pasture ecosystem in the Pieniny mountains (the Carpathians). XVII. Analysis of the transfer of carbon. Ecol. Pol. 22: 711–732.
KOLBEK, J., 1975: Die Festucetalia valesiacae-Gesellschaften im Ostteil des Gebirges České středohoří (Böhmisches Mittelgebirge). 1. Die Pflanzengesellschaften. Folia Geobot. Phytotax. (Praha) 10: 1–57.
KOLUMBE, E., 1931: Spartina townsendii-Anpflanzungen im schleswig-holsteinischen Wattenmeer. Wiss. Meeresunters., Abt. Kiel 21: 67–71.
KÖNIG, D., 1972: Diatom investigations at the West coast of Schleswig-Holstein. Beih. Nova Hedwigia 39: 127–137.
KOPECKÝ, K., 1960: Phytocoenologische Studie der Kalk-Flachmoorwiesen in Nordostböhmen. Rozpr. Českoslov. Akad. Věd, Mat. Přírodn. Věd, 70, 4: 64 S.
–, 1961: Phytoökologische und phytocoenologische Analyse der Bestände von Rohr-Glanzgras (Phalaris arundinacea) auf Fluß-Alluvionen der Berounka. (Ein Beitrag zur Erforschung der Ufervegetation auf die Ablagerungsfähigkeit der Wasserläufe). Rozpr. Českoslov. Akad. Věd, Řada Mat. Přírodn. Věd, 71, 6: 105 S.
–, 1966: Ökologische Hauptunterschiede zwischen Röhrichtgesellschaften fließender und stehender Binnengewässer Mitteleuropas. Folia Geobot. Phytotaxon. Bohemoslov. 1: 193–242.
–, 1967 a: Die flußbegleitende Neophytengesellschaft Impatienti-Solidaginetum in Mittelmähren. Preslia (Praha) 39: 151–166.
–, 1967 b: Mitteleuropäische Flußröhrichtgesellschaften des Phalaridion arundinaceae-Verbandes. Limnologica (Berlin) 5: 39–79.
–, 1969: Klassifikationsvorschlag der Vegetationsstandorte an den Ufern der tschechoslowakischen Wasserläufe unter hydrologischen Gesichtspunkten. Arch. Hydrobiol. 66: 326–347.
–, HEJNÝ, S., 1971: Nitrophile Saumgesellschaften mehrjähriger Pflanzen Nordost- und Mittelböhmens. Rozpr. Českosl. Akad. Věd, Řada Mat. Přírodn. Věd 71: 125 S.
–, –, 1965: Allgemeine Charakteristik der Pflanzengesellschaften des Phalaridion arundinaceae-Verbandes. Preslia (Praha) 37: 53–78.
KOPPE, F., 1969: Moosvegetation und Moosflora der Insel Borkum. Natur u. Heimat 29: 41–84.
KÖRBER-GROHNE, U., 1967: Geobotanische Untersuchungen auf Feddersen Wierde. Steiner-Verlag, Wiesbaden: 357 S.
KORNAŚ, J., 1955: Caractéristique géobotanique des Gorces (Karpates Occidentales Polonaises). Monogr. Botan. 3: 216 S.
–, 1957: Les associations végétales du Jura Cracovien. III. Acta Soc. Botan. Polon.
–, 1967: Montane hay-meadow Gladiolo-Agrostietum in the Polish Western Carpathians. Contrib. Botan. (Cluj) 1967: 167–176.
–, 1968: Der Linden-Eichen-Hainbuchenwald (Tilio-Carpinetum) in den polnischen Karpaten. Feddes Repert. 77: 143–153.
–, PANCER, E., BRZYKI, B., 1960: Studies on seabottom vegetation in the bay of Gdańsk off Rewa. Fragm. Flor. Geobot. 6: 1–92.
KORNECK, D., 1962/63: Die Pfeifengraswiesen und ihre wichtigsten Kontaktgesellschaften in der nördlichen Oberrheinebene und im Schweinfurter Trockengebiet. II. Die Molinieten feuchter Standorte. Beitr. Naturk. Forsch. Südw.-Deut. 21: 83–86 u. 22: 19–44.
–, 1969: Das Sclerochloo-Polygonetum avicularis, eine seltene Trittgesellschaft in Trockengebieten Mitteleuropas. Mitt. Florist.-Soziol. Arb. gem. N. F. 14: 193–210.
–, 1974: Xerothermvegetation in Rheinland-Pfalz und Nachbargebieten. Schr. Reihe Vegetationskunde 7: 196 S.
–, 1975: Beitrag zur Kenntnis mitteleuropäischer Felsgras-Gesellschaften (Sedo-Scleranthetea). Mitt. Florist.-Soziol. Arb. gem. N. F. 18: 45–102.
KORSMO, E., 1930: Unkräuter im Ackerbau der Neuzeit. Berlin: 580 S.
KÖSTLER, J. N., BRÜCKNER, E., BIBELRIETHER, H., 1968: Die Wurzeln der Waldbäume. Verlag Paul Parey, Hamburg-Berlin: 284 S.
–, Mayer, H., 1970: Waldgrenzen im Berchtesgadener Land. Jahrb. Ver. Schutze Alpenpflanzen u. -Tiere 35: 1–35.
KOTAŃSKA, M., 1970: Morphology and biomass of the underground organs of plants in grassland communities of the Ojców National Park. Zakł. Ochrony Przyr. Polsk. Akad. Nauk 4: 167 S.
KÖTTER, F., 1961: Die Pflanzengesellschaften im Tidegebiet der Unterelbe. Arch. Hydrobiol. Suppl. 26: 106–185.
*KOVÁCS, M., 1962: Die Moorwiesen Ungarns. Die Vegetation ungarischer Landschaften 3, Budapest: 214 S.
–, 1964: Ökologische Untersuchungen von Sumpf- und Mähwiesen in der Umgebung von Galgamácsa. Acta Agron. Acad. Sci. Hung. 13: 61–91.
–, 1968 a: Die Acerion pseudoplatani-Wälder (Mercuriali-Tilietum und Phyllitido-Aceretum) des Matra-Gebirges. Ebenda 14: 331–350.
–, 1968 b: Die Vegetation im Überschwemmungsgebiet des Ipoly (Eipel)-Flusses. II. Die ökologi-

schen Verhältnisse der Pflanzengesellschaften. Ebenda **14**: 77–112.

–, 1969: Pflanzenarten und Pflanzengesellschaften als Anzeiger des Bodenstickstoffs. Ebenda **15**: 101–118.

–, 1975: Beziehung zwischen Vegetation und Boden. Die Bodenverhältnisse der Waldgesellschaften des Mátragebirges. Die Vegetation Ungarischer Landschaften **6**: 365 S.

KOZMA, D., 1922: Über das Verhalten der Unkrautsamen im Ackerboden. Kisérl. Közlem. **25**: 1–79.

KRACH, K. E., 1959: Untersuchungen über die Ausscheidung unverdauter Klee-, Gras- und Unkrautsamen durch Vögel und die Beeinflussung ihrer Keimwerte durch die Magen- und Darmpassage. Z. Acker- u. Pflanzenbau **107**: 405–434.

KRAL, F., 1967: Untersuchungen zur Physiologie und Ökologie des Wasserhaushalts von Lärchenrassen. Ber. Deut. Botan. Ges. **80**.

–, MAYER, H., ZUKRIGL, K., 1975: Die geographischen Rassen der Waldgesellschaften in vegetationskundlicher, waldgeschichtlicher und waldbaulicher Sicht. Beitr. Naturk. Forsch. Südw.-Deut. **34**: 167–185.

KRAUKLIS, A. A., 1975: Self-regulation, stability and productivity of boreal forest ecosystems. Vortrag XII. Internat. Botan. Congr. (Leningrad) Abstr. **1**, 154.

KRAUSCH, H. D., 1960: Die Pflanzenwelt des Spreewaldes. Wittenberg: 124 S.

–, 1964–1970: Die Pflanzengesellschaften des Stechlinsee-Gebietes. Limnologica (Berlin) **2**: 423–482, **5**: 331–366, **6**: 321–380, **7**: 397–454.

–, 1965 a: Zur Gliederung des Scirpo-Phragmitetum medioeuropaeum W. Koch 1926. Limnologica (Berlin) **3**: 17–22.

–, 1965 b: Vegetationskundliche Beobachtungen im Donaudelta. Ebenda **3**: 271–313.

–, 1965 c: Zur Gliederung des Scirpo-Phragmitetum medioeuropaeum W. Koch 1926. Ebenda **3**: 17–22.

–, 1968: Die Sandtrockenrasen (Sedo-Scleranthetea) in Brandenburg. Mitt. Florist.-Soziol. Arb. gem. N. F. **13**: 71–200.

–, 1969: Geobotanische Exkursionen in die Niederlausitz, das Odertal, zum Plagefenn bei Chorin und in andere brandenburgische Landschaften. Potsdam: Fernstudium der Lehrer, Biologie, **1969**: 142 S.

KRAUSE, W., 1940: Untersuchungen über die Ausbreitungsfähigkeit der niedrigen Segge (Carex humilis Leyss.) in Mitteldeutschland. Planta (Berlin) **31**: 91–168.

–, 1950: Über Keimung und Jugendwachstum im Hinblick auf die Entwicklung der Pflanzendecke. Ebenda **38**: 132–156.

–, 1956: Über die Herkunft der Unkräuter. Natur u. Volk **86**: 109–119.

*–, 1958 a: Ruderalpflanzen. Handb. Pflanzenphysiol. **4**: 737–754.

–, 1963: Eine Grünland-Vegetationskarte der südbadischen Rheinebene und ihre landschaftsökologische Aussage. Untersuchung über den Wasserhaushalt der Ebene und seine Empfindlichkeit gegen Eingriffe. Arb. Rhein. Landeskunde (Bonn) **20**: 77 S.

–, 1969: Zur Characeenvegetation der Oberrheinebene. Arch. Hydrobiol; Suppl. **35**: 202–253.

KRAUSS, G., 1962: Pflanzengesellschaften der Äkker, Wiesen und des Waldes um Harzgerode. Dipl. Arb. Univ. Halle/Saale (unveröff.): 122 S.

KREEB, K., 1965: Die ökologische Bedeutung der Bodenversalzung. Angew. Botan. **39**: 1–15.

KREMSER, W., 1974: Säen und Pflanzen. Das langfristige regionale Waldbauprogramm der Niedersächsischen Landesforstverwaltung und ihre Walderneuerungspläne nach der Sturmkatastrophe vom 13. November 1972. Neues Arch. Niedersachs. **23**: 256–286.

–, OTTO, H.-J., 1973: Grundlagen für die langfristige, regionale waldbauliche Planung in den niedersächsischen Forsten. Aus dem Walde; Mitt. Niedersächs. Landesforstverw. **20**: 496 S.

KRIEGER, H., 1937: Die flechtenreichen Pflanzengesellschaften der Mark Brandenburg. Beih. Botan. Cbl. **57**, B: 1–76.

KRIPPELOVÁ, T., 1967: Vegetation des Žitny Ostrov (Schüttinsel). Biol. Práce **13**: 108 S.

–, (ed.), 1974: Synanthropic flora and vegetation. Acta Inst. Bot. Acad. Sci. Slov. Ser. A **1**: 1–306.

KRISCH, H., 1968: Die Grünland- und Salzpflanzengesellschaften der Werraaue bei Bad Salzungen. Teil II: Die salzbeeinflußten Pflanzengesellschaften. Hercynia **5**: 49–95.

KROLIKOWSKA, J., 1975: Water budget of helophytes. XII. Internat. Botan. Congr. (Leningrad) Abstr. **1**: 154.

KRONFUSS, H., 1972: Kleinklimatische Vergleichsmessungen an zwei subalpinen Standorten. Mitt. Forstl. Bundes-Versuchsanst. Wien **96**: 159–176.

KRONISCH, R., 1975: Zur Stickstoff-Versorgung von Ruderalpflanzen-Gesellschaften in Göttingen. Schriftl. Hausarbeit f. d. Lehramt an Gymnasien, Göttingen (unveröff.): 75 S.

KROPÁČ, Z., 1966: Estimation of weed seeds in arable soil. Pedobiologia **6**: 105–128.

KRUIJNE, A. A., 1965: Nardus stricta L. as a grassland species in the Netherlands. Netherl. J. Agric. Sci. **13**, 2: 171–177.

KRZYMOWSKI, R., 1939: Geschichte der deutschen Landwirtschaft. Stuttgart: 309 S.

KUBIËNA, W. L., 1948: Entwicklungslehre des Bodens. Wien: 215 S.

–, 1953: Bestimmungsbuch und Systematik der Böden Europas. Stuttgart: 392 S.

*KÜCHLER, A. W. (Hrsg.), 1966: International bibliography of vegetation maps. 2. Europe. Univ. Kansas Publ., Libr. Ser. **26**: 584 S.

KUHN, K., 1937: Die Pflanzengesellschaften der Schwäbischen Alb. Öhringen: 340 S.

KUHN, N., 1967: Natürliche Waldgesellschaften und Waldstandorte der Umgebung von Zürich. Veröff. Geobot. Inst. ETH, Stiftg. Rübel, Zürich **40**: 84 S.

KUJALA, V., 1926: Untersuchungen über den Einfluß von Waldbränden auf die Waldvegetation

in Nord-Finnland. Comm. Inst. Quaest. Forest. Finland 10: 41 S.
KULCZYNSKI, S., 1949: Peat bogs of Polesie. Mem. Acad. Sci. Cracovie, Ser. B 1949: 356 S.
KÜMMEL, K., 1950: Das mittlere Ahrtal. Eine pflanzengeographisch-vegetationskundliche Studie. Pflanzensoziol. (Jena) 7: 192 S.
KUNDLER, P., 1956: Beurteilung forstlich genutzter Sandböden im nordostdeutschen Tiefland. Arch. Forstwes. 5: 585–672.
KUNICK, W., 1974: Veränderungen von Flora und Vegetation einer Großstadt, dargestellt am Beispiel von Berlin (West). Diss. T.U. Berlin.
KUNKELE, TH., 1964: Die ökologischen Eigenschaften der Waldbäume, eine Grundlage der Waldentwicklung. Angew. Pflanzensoziol. (Wien) 18: 1–8.
KÜNNE, H., 1969: Laubwaldgesellschaften der Frankenalb. Diss. Botan. 2: 177 S.
KUNZE, M., 1972: Emittentenbezogene Flechtenkartierung aufgrund von Frequenzuntersuchungen. Oecologia (Berlin) 9: 123–133.
–, 1974: Mathematischer Zusammenhang zwischen der Frequenz epiphytischer Flechten und der Fluor-Immissionsrate am Beispiel der Aluminiumhütte Rheinfelden. Beih. Veröff. Landesstelle Naturschutz u. Landschaftspflege Baden-Württ. 5: 5–13.
KÜNZLI, W., 1967: Über die Wirkung von Hof- und Handelsdüngern auf Pflanzenbestand, Ertrag und Futterqualität der Fromentalwiese. Schweiz. Landw. Forsch. 6: 34–130.
KUOCH, R., 1954: Wälder der Schweizer Alpen im Verbreitungsgebiet der Weißtanne. Mitt. Schweiz. Anst. Forstl. Versuchswes. 30: 133–260.
–, 1970: Die Vegetation auf Stillberg (Dischmatal, Kt. Graubünden). Ebenda 46: 329–342.
–, AMIET, R., 1970: Die Verjüngung im Bereich der oberen Waldgrenze der Alpen mit Berücksichtigung von Vegetation und Ablegerbildung. Ebenda. 46: 159–328.
KURKIN, K.A., 1975: Approach to studies of nitrate regime in grassland biogeocenoses. XII. Internat. Botan. Congr. (Leningrad) Abstr. 1: 155.
KURTH, A., WEIDMANN, A., THOMMEN, F., 1960: Beitrag zur Kenntnis der Waldverhältnisse im schweizerischen Nationalpark. Mitt. Schweiz. Anst. Forstl. Versuchswes. 36: 221–514.
KUTSCHERA, L., 1966: Ackergesellschaften Kärntens als Grundlage standortsgemäßer Acker- und Grünlandwirtschaft. Verlag BVA Gumpenstein, Irdning (Österreich): 194 S.
KVĚT, J., 1975: Production characteristics of woodland herbaceous vegetation. XII. Internat. Botan. Congr. (Leningrad) Abst. 1: 155.

LAATSCH, W., GROTTENTHALER, W., 1973: Stabilität und Sanierung der Hänge in der Alpenregion des Landkreises Miesbach. (Zit. nach SPATZ 1974).
LABRONE, L., LASCOMBES, G., 1971: Minéralisation de l'azote organique dans les sols alpins du Pic du Midi de Bigorre. Oecol. Plant. 6: 247–270.
LACHE, D.-W., 1974: Wasser- und Stickstoff-Versorgung sowie Mikroklima von Heide- und Binnendünen-Gesellschaften NW-Deutschlands. Diss. Univ. Göttingen: 64 S. (Scripta Geobot., Göttingen 11: 96 S., 1976).
LACOSTE, A., 1964: Premières observations sur les associations subalpines des Alpes maritimes: étude phytosociologique des pelouses sèches basophiles. Bull. Soc. Botan. France 111: 61–69.
LAHMANN, E., PRESCHER, K.-E., 1968: Kohlendioxidkonzentrationen in der Luft einer verkehrsreichen Straße. Bundesgesundheitsblatt 1968, 14: 204–205.
*LANDESSTELLE FÜR NATURSCHUTZ UND LANDESPFLEGE BADEN-WÜRTTEMBERG, 1966: Der Spitzberg bei Tübingen. Ludwigsburg: 1140 S.
LANG, G., 1967 a: Über die Geschichte von Pflanzengesellschaften auf Grund quartärbotanischer Untersuchungen. In: R. TÜXEN. Pflanzensoziologie und Palynologie. Ber. üb. d. Internat. Sympos. in Stolzenau/Weser 1962: 24–37.
*–, 1967 b: Die Ufervegetation des westlichen Bodensees. Arch. Hydrobiol. Suppl. 32: 437–574.
–, 1968: Vegetationsänderungen am Bodenseeufer in den letzten hundert Jahren. Schr. Ver. Gesch. Bodensees u. seiner Umgebung 86: 295–319.
*–, 1973: Die Vegetation des westlichen Bodenseegebiets. Pflanzensoziologie (Stuttgart) 17: 451 S.
–, OBERDORFER, E., 1960: Vegetationskundliche Karte des oberen Wutachgebietes (Ostschwarzwald-Baar). Karlsruhe.
LANGE, E., 1971: Botanische Beiträge zur mitteleuropäischen Siedlungsgeschichte. Ergebnisse zur Wirtschaft und Kulturlandschaft in frühgeschichtlicher Zeit. Deut. Akad. Wiss. Berlin, Schr. Ur- u. Frühgesch. 27: 142 S.
–, SCHLÜTER, H., 1972: Zur Entwicklung eines montanen Quellmoores im Thüringer Wald und des Vegetationsmosaiks seiner Umgebung. Flora 161: 562–585.
LANGE, O.L., 1966: Der CO_2-Gaswechsel von Flechten nach Erwärmung im feuchten Zustand. Ber. Deut. Botan. Ges. 78: 441–454.
–, 1969: CO_2-Gaswechsel von Moosen nach Wasserdampfaufnahme aus dem Luftraum. Planta (Berlin) 89: 90–94.
–, KANZOW, H., 1965: Wachstumshemmung an höheren Pflanzen durch abgetötete Blätter und Zwiebeln von Allium ursinum. Flora, Abt. B, 156: 94–101.
–, SCHULZE, E.-D., 1966: Untersuchungen über die Dickenentwicklung der kutikularen Zellwandschichten bei der Fichtennadel. Forstw. Cbl. 85: 27–38.
–, SCHULZE, E.-D., KOCH, W., 1970: Experimentell-ökologische Untersuchungen an Flechten der Negev-Wüste. II. CO_2-Gaswechsel und Wasserhaushalt von Ramalina maciformis (Del.) Bory am natürlichen Standort während der sommerlichen Trockenperiode. Flora 159: 38–62.
LARCHER, W., 1953: Frostschäden und Frostschutz

bei Pflanzen. „Pyramide" (Innsbruck) 1953, 10: 4 S.
—, 1957: Frosttrocknis an der Waldgrenze und in der alpinen Zwergstrauchheide auf dem Patscherkofel bei Innsbruck. Veröff. Ferdinandeum Innsbruck 37: 49–81.
—, 1963 a: Zur spätwinterlichen Erschwerung der Wasserbilanz von Holzpflanzen an der Waldgrenze. Ber. Naturw.-Mediz. Ver. Innsbruck 53: 125–137.
—, 1963 b: Zur Frage des Zusammenhanges zwischen Austrocknungsresistenz und Frosthärte bei Immergrünen. Protoplasma 57: 569–587.
—, MAIR, B., 1968: Das Kälteresistenzverhalten von Quercus pubescens, Ostrya carpinifolia und Fraxinus ornus auf drei thermisch unterschiedlichen Standorten. Oecol. Plant. 3: 225–270.
—, SCHMIDT, L., TSCHAGER, A., 1973: Starke Fettspeicherung und hoher Kaloriengehalt bei Loiseleuria procumbens (L.) Desv. Oecol. Plant 8: 377–383.
LAUER, E., 1953: Über die Keimtemperaturen von Ackerunkräutern und deren Einfluß auf die Zusammensetzung von Unkrautgesellschaften. Flora 140: 551–595.
LEBLANC, F., 1969: Epiphytes and air pollution. Air Pollution. Proc. First Eur. Congr. Influence of Air Pollution on Plants and Animals, Wageningen 1968 (Pudoc): 211–221.
LEE, J. A., STEWART, G. R., HARVILL, D. C., 1975: Nitrate utilization and succession. XII. Internat. Botan. Congr. (Leningrad) Abstr. 1: 156.
LEH, H.-O., 1973: Untersuchungen über die Auswirkungen der Anwendung von Natriumchlorid als Auftaumittel auf die Straßenbäume in Berlin. Nachrichtenbl. Deut. Pflanzenschutzdienst 25: 163–170.
LEIBUNDGUT, H., 1959: Über Zweck und Methodik der Struktur- und Zuwachsanalyse von Urwäldern. Schweiz. Z. Forstwes. 110: 111–124.
—, 1964: Einfluß von Borstgras und Heidelbeere auf die Ansamung von Föhre und Lärche. Ebenda: 331–336.
LEMÉE, M. G., 1946: Recherches sur l'économie de l'eau chez les sousarbrisseaux Xéromorphes de landes. Ann. Sci. Nat., Botan. 11, VII: 53–64.
—, 1968: Investigations sur la minéralisation de l'azote et son évolution annuelle dans les humus forestiers in situ. Oecol. Plant. 2: 285–324.
—, 1974: Recherches sur les écosystèmes des réserves biologiques de la forêt de Fontainebleau. IV. Entrées d'éléments minéraux par les précipitations et transport au sol par le pluviolessivage. Oecol. Plant. 9: 187–200.
—, 1975: Recherches sur les écosystèmes des réserves biologiques de la Forêt de Fontainebleau. III. Influence du peuplement graminéen sur les caractères et l'activité biologique du mull acide. Rev. Écol. Biol. 12: 157–167.
—, BICHAUT, N., 1973: Recherches sur les écosystèmes des réserves biologiques de la forêt de Fontainebleau. II. Décomposition de la litière de feuilles des arbres et libération des bioéléments. Oecol. Plant 8: 153–174.

LENZ, O., 1967: Action de la neige et du gel sur les arbres de montagne, en particulier sur leur forme et l'anatomie de la tige. Mitt. Schweiz. Anst. Forstl. Versuchswes. 43: 293–316.
LEÓN, R., 1968: Balance d'eau et d'azote dans les prairies à litière des alentours de Zurich. Veröff. Geobot. Inst. ETH, Stiftg. Rübel, Zürich 41: 2–68.
LERCHE, H., BRECKLE, S. W., 1974: Untersuchungen zum Bleigehalt von Baumblättern im Bonner Raum. Angew. Botan. 48: 309–330.
LIENENBECKER, H., 1971: Die Pflanzengesellschaften im Raum Bielefeld-Halle. Ber. Naturw. Ver. Bielefeld 20: 67–170.
LIENERT, L.: Standortskunde als Grundlage von Meliorationen. Mitt. Eidg. Anst. Forstl. Versuchswes. 51: 65–76.
LIETH, H., 1954: Die Porenvolumina der Grünlandböden und ihre Beziehungen zur Bewirtschaftung und zum Pflanzenbestand. Z. Acker- u. Pflanzenbau 98: 453–460.
—, (Hrsg.), 1962: Die Stoffproduktion der Pflanzendecke. Gustav Fischer Verlag, Stuttgart: 156 S.
—, ELLENBERG, H., 1958: Konkurrenz und Zuwanderung von Wiesenpflanzen. Z. Acker- u. Pflanzenbau 106: 205–223.
LILLIEROTH, S., 1950: Über Folgen kulturbedingter Wassersenkungen für Makrophyten- und Planktongemeinschaften in seichten Seen des südschwedischen Oligotrophiegebietes. Acta Limnol. 3: 288 S.
LINDNER, A., 1974: Die Makrophytenvegetation im Ökosystem des Brackwassers. Mitt. Sekt. Geobot. Phytotax. Biol. Ges. DDR 1974: 31–35.
LINDQUIST, B., 1931: Den skandinaviska bokskogens biologi. Svenska Skogsvardsför. Tidskr. 3: 117–532.
LINHARD, H., 1964: Die natürliche Vegetation im Mündungsgebiet der Isar und ihre Standortsverhältnisse. Ber. Naturw. Ver. Landshut 24: 3–70.
LINKE, O., 1939: Die Biota des Jadebusenwattes. Helgoländ. Wiss. Meeresunters. 1: 201–348.
LIPPERT, W., 1966: Die Pflanzengesellschaften des Naturschutzgebietes Berchtesgaden. Ber. Bayer. Botan. Ges. 39: 67–122 u. Anhang 1–70.
LLOYD, P. S., 1975: An experimental study of scrub development. XII. Internat. Bot. Congr. (Leningrad) Abstr. 1: 156.
LOHAMMAR, G., 1938: Wasserchemie und höhere Vegetation schwedischer Seen. Symb. Botan. Upsal. 3, 1: 252 S.
LOHMEYER, W., 1950: Das Polygoneto brittingeri-Chenopodietum rubri und das Xanthieto riparii-Chenopodietum rubri, zwei flußbegleitende Bidention-Gesellschaften. Mitt. Florist.-Soziol. Arb. gem. N. F. 2: 12–19.
—, 1951: Die Pflanzengesellschaften der Eilenriede bei Hannover. Angew. Pflanzensoziol. (Stolzenau/Weser) 3: 72 S.
—, 1953: Beitrag zur Kenntnis der Pflanzengesellschaften in der Umgebung von Höxter a. d. Weser. Ebenda 4: 59–76.

–, 1962: Zur Gliederung der Zwiebelzahnwurz (Cardamine bulbifera)-Buchenwälder im nördl. Rheinischen Schiefergebirge. Mitt. Florist.-Soziol. Arbeitsgem., N.F. **9**: 187–193.

–, 1967: Über den Stieleichen-Hainbuchenwald des Kern-Münsterlandes und einige seiner Gehölz-Kontaktgesellschaften. Schriftenr. Vegetationskunde (Bad Godesberg) **2**: 161–180.

–, 1970: Über einige Vorkommen naturnaher Restbestände des Stellario-Carpinetum und des Stellario-Alnetum glutinosae im westlichen Randgebiet des Bergischen Landes. Schriftenreihe Vegetationskunde (Bonn) **5**: 67–74.

–, 1971: Über das Polygono-Chenopodietum in Westdeutschland unter besonderer Berücksichtigung seiner Vorkommen am Rhein und im Mündungsgebiet der Ahr. Ebenda **5**: 7–28.

–, BOHN, U., 1973: Wildsträucher-Sproßkolonien (Polycormone) und ihre Bedeutung für die Vegetationsentwicklung auf brachgefallenem Grünland. Natur u. Landschaft **48**: 75–79.

–, KRAUSE, A., 1974: Über den Gehölzbewuchs an kleinen Fließgewässern Nordwestdeutschlands und seine Bedeutung für den Uferschutz. Natur u. Landschaft **49**: 323–

–, RABELER, W., 1965: Aufbau und Gliederung der mesophilen Laubmischwälder im mittleren und oberen Wesergebiet und ihre Tiergesellschaften. In: TÜXEN, R. (Hrsg.): Biosoziologie. Dr. W. Junk, Den Haag: 238–257.

LÖSCH, R., FRANZ, N., 1974: Tagesverlauf von Wasserpotential und Wasserbilanz bei Pflanzen verschiedener Standorte des fränkischen Wellenkalks. Flora **163**: 466–479.

LÖTSCHERT, W., 1952: Vegetation und pH-Faktor auf kleinstem Raum in Kiefern- und Buchenwäldern auf Kalksand, Löß und Granit. Biol. Zbl. **71**: 327–348.

–, 1962: Beiträge zur Ökologie der subatlantischen Zwergstrauchheide NW-Deutschlands. I. Vegetation und Bodenfaktoren. II. Mikroklima und Transpiration. Beitr. Biol. Pflanzen **37**: 331–410.

–, 1963: Keimzahlgehalt, CO_2-Gehalt der Bodenluft und CO_2-Abgabe des Bodens in verschiedenen Ausbildungsformen des baltischen Perlgras-Buchenwaldes. Mitt. Florist.-Soziol. Arb. gem. N.F. **10**: 188–200.

–, 1964: Vegetation, Trophiegrad und pflanzengeographische Stellung des Salemer Moores. Beitr. Biol. Pflanzen **40**: 65–111.

–, 1968: Krähenbeerheiden und Dünenbildung durch die Krähenbeere (Empetrum nigrun L.). Natur u. Museum **98**: 425–429.

–, GIES, T., 1973: Untersuchungen über den Kationengehalt im Hochmoor. I. Abstufungen in den Vegetationskomplexen.

–, HORST, K., 1962: Zur Frage jahreszeitlicher pH-Schwankungen. II. Untersuchungen an Heide- und Waldstandorten. Flora **152**: 689–701.

–, KÖHM, H.-J., 1973: pH-Wert und S-Gehalt der Baumborke in Immissionsgebieten. Oecol. Plant. **8**: 199–209.

–, ULLRICH, C.: Zur Frage jahreszeitlicher pH-Schwankungen an natürlichen Standorten. Flora **150**: 657–674.

–, WANDTNER, R., HILLER, H., 1975: Schwermetallanreicherung bei Bodenmoosen in Immissionsgebieten. Ber. Deut. Botan. Ges. **88**: 419–431.

LOACH, K., 1966: Relations between soil nutrients and vegetation in wetheaths. 1. Soil nutrient content and moisture conditions. J. Ecol. **54**: 597–608.

LOUB, W., URL, W., KIERMAYER, O., DISKUS, A., HILMBAUER, K., 1954: Die Algenzonierung in Mooren des österreichischen Alpengebietes. Sitz. ber. Österr. Akad. Wiss., Math.-Nat. Kl., Abt. 1, **163**: 447–494.

LÜDI, W., 1921: Die Pflanzengesellschaften des Lauterbrunnentales und ihre Sukzession. Beitr. Geobot. Landesaufn. Schweiz **9**: 350 S.

–, 1934: Beitrag zur Kenntnis der Beziehungen zwischen Vegetation und Boden im östlichen Aarmassiv. Ber. Geobot. Forsch. Inst. Rübel, Zürich **1933**: 41–54.

–, 1936: Experimentelle Untersuchungen an alpiner Vegetation. Ber. Schweiz. Botan. Ges. **46**: 632–681.

–, 1944: Die Gliederung der Vegetation auf der Apenninhalbinsel, insbesondere der montanen und alpinen Höhenstufen. In: RIKLI, M., Das Pflanzenkleid der Mittelmeerländer, Bern: 573–596.

–, 1945: Besiedlung und Vegetationsentwicklung auf den jungen Seitenmoränen des großen Aletschgletschers. Ber. Geobot. Forsch. Inst. Rübel, Zürich **1944**: 35–112.

–, 1948: Die Pflanzengesellschaften der Schinigeplatte bei Interlaken und ihre Beziehungen zur Umwelt. Veröff. Geobot. Inst. Rübel, Zürich **23**: 400 S.

–, 1955: Beitrag zur Kenntnis der Vegetationsverhältnisse im Schweizer Alpenvorland während der Bronzezeit. In: W.U. GUYAN u.a., Das Pfahlbauproblem. Monogr. Ur- u. Frühgesch. Schweiz **11**: 91–109.

–, 1958 a: Beobachtungen über die Besiedlung von Gletschervorfeldern in den Schweizeralpen. Flora **146**: 386–407.

–, 1958 b: Bericht über den 11. Kurs in Alpenbotanik. Ber. Geobot. Forsch. Inst. Rübel, Zürich **1957**: 15–32.

–, (Hrsg.), 1961: Die Pflanzenwelt der Tschechoslowakei. Ergebnisse der 12. internationalen pflanzengeographischen Exkursion (IPE) durch die Tschechoslowakei 1958. Veröff. Geobot. Inst. ETH, Stiftg. Rübel, Zürich **36**: 170 S.

–, ZOLLER, H., 1949 a: Einige Beobachtungen über die Dürreschäden des Sommers 1947 in der Nordschweiz. Ber. Geobot. Forsch. Inst. Rübel, Zürich **1948**: 69–85.

LUMIALA, O.V., 1945: Über die Standortsfaktoren bei den Wasser- und Moorpflanzen sowie deren Untersuchung. Ann. Acad. Sci. Fenn. Ser. A IV Biol. **6**: 47 S.

LUTHER, H., 1950: Beobachtungen über die fruktikative Vermehrung von Phragmites communis Trin. Acta Botan. Fenn. **46**: 3–18.

LUTZ, J. L., 1956: Spirkenmoore in Bayern. Ber. Bayer. Botan. Ges. 31: 58–69.
–, u. Mitarb., 1957: Zur Charakterisierung von Biocoenose und Biotop des Übergangs-Moorwaldes. Forstwiss. Cbl. 76: 257–275.
LÜTZKE, R., 1961: Das Temperaturklima von Waldbeständen und -lichtungen im Vergleich zur offenen Feldflur. Arch. Forstwes. 10: 17–83.
LUX, H., 1964: Die biologischen Grundlagen der Strandhaferpflanzung und Silbergrasansaat im Dünenbau. Angew. Pflanzensoziol. (Stolzenau/Weser) 20: 6–53.

MAAS, F. M., 1959: Bronnen, bronbeken en bronbossen van Nederland, in het bijzonder die van de Veluwezoom. Meded. Landbouwhogesch. Wageningen 59: 1–166.
MACK, A. R., 1963: Biological activity and mineralisation of N in three soils as induced by freezing and drying. Canad. J. Soil Sci. 163: 316–324.
MACKO, S., 1960: The National Park in the Karkonosze mountains and its vegetation. Ann. Silesiae 1: 331–376.
MÄGDEFRAU, K., 1969: Die Lebensformen der Laubmoose. Vegetatio 16:
–, WUTZ, A., 1951: Die Wasserkapazität der Moos- und Flechtendecke des Waldes. Forstwiss. Cbl. 70: 103–117.
MAGER, F., 1961: Der Wald in Altpreußen als Wirtschaftsraum Ostmitteleuropas in Vergangenheit und Gegenwart. Bd. I: 391 S., Bd. II: 328 S. Verlag Böhlau, Köln.
MAGIC, D., 1968: Waldgesellschaften der Eichen-Hainbuchen- und Buchenwälder mit Festuca drymeja Mert. et Koch im Slowakischen Erzgebirge. Biol. Práce (Bratislava) 14: 71–107.
MAHN, E.-G., 1965: Vegetationsaufbau und Standortsverhältnisse der kontinental beeinflußten Xerothermrasengesellschaften Mitteldeutschlands. Abh. Sächs. Akad. Wiss. Leipzig, Math. Nat. Kl. 49, 1: 138 S.
–, 1966 a: Die ökologisch-soziologischen Artengruppen der Xerothermrasen Mitteldeutschlands. Botan. Jb. 85: 1–44.
–, 1966 b: Beobachtungen über die Vegetations- und Bodenentwicklung eines durch Brand gestörten Silikattrockenrasenstandortes. Arch. Naturschutz u. Landschaftsforsch. 6: 61–90.
–, 1969: Untersuchungen zur Bestandsdynamik einiger charakteristischer Segeltalgesellschaften unter Berücksichtigung des Einsatzes von Herbiziden. Ebenda 9: 3–42.
–, 1973: Zum Einfluß von Herbiziden auf Agro-Ökosysteme. In: SCHUBERT, HILBIG u. MAHN: Probleme der Agrogeobotanik. Wiss. Beitr. Univ. Halle-Wittenberg 1973, 11 (P 2): 131–138.
–, SCHUBERT, R., 1962: Vegetationskundliche Untersuchungen in der mitteldeutschen Ackerlandschaft. VI. Die Pflanzengesellschaften nördlich von Walzleben (Magdeburger Börde). Wiss. Z. Univ. Halle, Math.-Nat. R. 11: 765–816.
MAHN, G., 1957: Über die Vegetations- und Standortsverhältnisse einiger Porphyrkuppen bei Halle. Wiss. Z. Univ. Halle, Math.-Nat. R. 6: 177–208.
MAIER, R., 1971: Einfluß von Photoperiode und Einstrahlungsstärke auf die Temperaturresistenz einiger Samenpflanzen. Österr. Botan. Z. 119: 306–322.
–, 1973: Produktions- und Pigmentanalysen an Utricularia vulgaris L. In: H. ELLENBERG (Hrsg.), Ökosystemforschung. Springer-Verlag, Berlin-Heidelberg-New York: 87–102.
MAIR, N., 1967: Zuwachs- und Ertragsleistung subalpiner Wälder. Mitt. Forstl. Bundesversuchsanst. Wien 75: 385–424.
MALATO-BELIZ, J., TÜXEN, J., TÜXEN, R., 1960: Zur Systematik der Unkrautgesellschaften der west- und mitteleuropäischen Wintergetreide-Felder. Mitt. Florist.-Soziol. Arb. gem. N. F. 8: 145–147.
MÁLEK, J., 1961: Zur Frage des ursprünglichen Fichtenareals in den böhmischen Ländern. Sborn. Českosl. Akad. Zeměd. Věd, Lesn. 34: 35–54.
MÄLKÖNEN, E., 1074: Annual primary production and nutrient cycle in some scotch pine stands. Comm. Inst. Forest. Fennicae 84: 1–87.
MALMER, N., 1960: Some ecologic studies on lakes and brooks in the South Swedisch Uplands. Botan. Not. (Lund) 113: 87–116.
–, 1961: Ecologic studies on the water chemistry of lakes in South Sweden. Ebenda 114: 121 » 144.
–, 1962 a u. b: Studies on mire vegetation in the archean area of southwestern Gotaland (South Sweden). I. Vegetation and habitat conditions on the Akhult mire. Opera Botan. Soc. Botan. Lund 7, 1: 322 S. II. Distribution and seasonal variation in elementary constituents on some mire sites. Ebenda 7, 2: 67 S.
–, 1965: The south-western dwarf shrub heaths. Acta Phytogeogr. Suecica 50: 123–130.
–, 1968: Über die Gliederung der Oxycocco-Sphagnetea und Scheuchzerio-Caricetea fuscae. In: Pflanzensoziologische Systematik. Dr. W. Junk, Den Haag: 293–305.
–, 1974: On the effects on water, soil and vegetation of an increasing atmospheric supply of sulphur. National Swed. Environm. Protection Board (Stockholm): 98 S.
MANIL, J., 1963: Niveaux d'écosystèmes et hierarchie de facteurs écologiques. Un exemple d'analyse dans les hêtraies ardennaises de Belgique. Bull. Cl. Sci. Acad. Roy. Belg. 49: 603–623.
–, DELECOUR, F., FOUGET, G., EL ATTAR, A., 1963: L'humus, facteur de station dans les hêtraies acidophiles de Belgique. Bull. Inst. Agron. et Stat. Rech. Gembloux 31: 1–114.
MARCET, E., 1971: Versuche zur Dürreresistenz inneralpiner „Trockentannen" (Albies alba Mill.). Schweiz. Z. Forstwes. 122: 117–134.
MARGL, H., 1971: Über die Ökologie der Donauauen und ihre naturnahen Waldgesellschaften. In: Naturgeschichte Wiens, Verlag Jugend und Volk, Wien-München: Bd. 2: S. 1–42.
MARKGRAF, F., 1931: Aus den südosteuropäischen

Urwäldern. I. Die Wälder Albaniens. Z. Forst- u. Jagdwes. 63: 1–32.
–, 1932: Der deutsche Buchenwald. Veröff. Geobot. Inst. Rübel, Zürich 8: 15–62.
Marschall, F., 1947: Die Goldhaferwiese (Trisetetum flavescentis) der Schweiz. Beitr. Geobot. Landesaufn. Schweiz 26: 168 S.
Martin, W. E., 1959: The vegetation of Island Beach State Park, New Jersey. Ecol. Monogr. 29: 1–46.
Masing, V., 1963: Zur Klassifikation der Hochmoorgewässer. Tartu Riikliku Ülikooli Toimet. 145: 253–257.
Mason, C. F., Bryant, R. J., 1975: Production, nutrient content and decomposition of Phragmites communis Trin. and Typha latifolia L. J. Ecol. 63: 71–95.
Mathey, A., 1900: Pâturage en forêt. Besançon: 172 S.
Mathey, W., 1964: Observations écologiques dans la tourbière du Cachot. Bull. Soc. Neuchâtel. Sci. Nat. 87, 3e Sér.: 103–135.
Matuszkiewicz, A., 1958: Zur Systematik der Fagion-Gesellschaften in Polen. Acta Soc. Botan. Polon. 27: 675–725.
– u. W., 1954: Die Verbreitung der Waldassoziationen des Nationalparks von Białowieża. Polska Akad. Nauk, Kom. Ekol. 2: 33–60.
Matuszkiewicz, W., 1962: Zur Systematik der natürlichen Kiefernwälder des mittel- und osteuropäischen Flachlandes. Mitt. Florist.-Soziol. Arb. gem. N. F. 9: 145–186.
–, 1963: Zur systematischen Auffassung der oligotrophen Bruchwaldgesellschaften im Osten der Pommerschen Seenplatte. Ebenda 10: 149–155.
– u. A.: 1956 a: Pflanzensoziologische Untersuchungen im Forstrevier „Ruda" bei Puławy (Polen). Acta Soc. Botan. Polon. 25: 331–400.
– u. A.: 1956 b: Zur Systematik der Quercetalia pubescentis-Gesellschaften in Polen. Ebenda 25: 27–72.
– u. A.: 1973: Pflanzensoziologische Übersicht der Waldgesellschaften in Polen. Teil 1. Die Buchenwälder. Phytocoenosis (Białowieża) 2: 143–202.
–, Borowik, M., 1957: Zur Systematik der Auenwälder in Polen. Acta Soc. Botan. Polon. 26: 719–756.
–, u. Mitarb., 1963: Internationale pflanzensoziologische Exkursion durch NO-Polen. Mater. Zakł. Fitosocjol. Stosow. (Warszawa-Białowieża) 2: 90 S.
–, A., Traczyk, T., 1958: Zur Systematik der Bruchwaldgesellschaften (Alnetalia glutinosae) in Polen. Acta Soc. Botan. Polon. 27: 21–44.
Maurer, W., 1966: Flora und Vegetation des Serpentingebietes bei Kirchdorf in Steiermark. Mitt. Abt. Zool. u. Botan. Landesmus. Graz 25: 15–76.
Mayer, H., 1957: An der Kontaktzone des Lärchen- und Fichtenwaldes in einem Urwaldrest der Berchtesgadener Kalkalpen. Jb. Ver. z. Schutze Alpenpflanzen u.-Tiere 22.
–, 1959: Waldgesellschaften der Berchtesgadener Kalkalpen. Mitt. Staatsforstverw. Bayerns 30: 163–215.
–, 1960: Bodenvegetation und Naturverjüngung von Tanne und Fichte in einem Allgäuer Plenterbestand. Ber. Beobot. Inst. ETH, Stiftg. Rübel, Zürich 31: 19–42.
–, 1964: Bergsturzbesiedlungen in den Alpen. Mitt. Staatsforstverw. Bayerns 34: 191–203.
–, 1966: Analyse eines urwaldnahen, subalpinen Lärchen-Fichtenwaldes (Piceetum subalpinum) im Lungau. Cbl. Ges. Forstwes. 83: 129–151.
–, 1969: Aufbau und waldbauliche Beurteilung des Naturwaldreservates Freyensteiner Donauwald. Ebenda 86: 3–59.
–, 1970: Zum Reliktvorkommen von Alnus viridis und Rhododendron ferrugineum in Tieflagen der Ostalpen. Mitt. Ostalpen-Dinar. Sekt., Internat. Ver. Vegetationskunde (Wien) 10: 59–63.
–, 1971: Das Buchen-Naturwaldreservat Dobra Kampleiten im niederösterreichischen Waldviertel. Schweiz. Z. Forstwes. 122: 45–66.
*–, 1974: Wälder des Ostalpenraumes. Gustav Fischer Verlag, Stuttgart: 344 S.
*–, 1976: Gebirgswaldbau-Schutzwaldpflege. Gustav Fischer-Verlag, Stuttgart: 436 S.
–, Schlesinger, B., Thiele, K., 1967: Dynamik der Waldentstehung und Waldzerstörung auf den Dolomit-Schuttflächen im Wimbachgries (Berchtesgadener Kalkalpen). Jahrb. Ver. Schutze Alpenpflanzen u.-Tiere 32: 1–29.
Mayer, M., 1939: Ökologisch-pflanzensoziologische Studien über die Filipendula ulmaria-Geranium palustre-Assoziation. Beitr. Geobot. Landesaufn. Schweiz 23: 64 S.
Mayer, R., 1971: Bioelement-Transport im Niederschlagswasser und in der Bodenlösung eines Wald-Ökosystems. Göttinger Bodenkdl. Ber. 19: 1–119.
McVean, D. N., 1959: Ecology of Alnus glutinosa (L.) Gaertn. VII. Establishment of alder by direct seeding of shallow blanket bog. J. Ecol. 47: 615–618.
McNaughton, S. J., 1968: Autotoxic feedback in relation to germination and seedling growth in Typha latifolia. Ecology 49: 367–369.
Medwecka-Kornaś, A., 1952: Les associations forestières du Jura Cracovien. Ochr. Przyrody 20: 133–236.
–, 1960: Poland's steppe vegetation and its conservation. State Council f. Conserv. of Nature, Publ. (Krakow) 6: 30 S.
–, 1962: Jak powstała mapa roślinności Ojcowskiego Parku Narodowego i co z niej można odczytać. Chrońmy Przyr. Ojczysta N. S. 28, 4: 3–12.
–, (Ed.), 1967: Ecosystem studies in a beech forest and meadow in the Ojców National Park. Studia Naturae, Ser. A (Kraków): 213 S.
–, Kornaś, J., 1964: Plant communities in the Jaszcze and Jamne valleys. Zakł. Ochron. Przyrody Polsk. Akad. Nauk, Studia Nat. Ser. A, 2: 49–91.
Meier, H., Braun-Blanquet, J., 1934: Classe des

Asplenietales rupestres, groupements rupicoles. Prodromus d. Pflanzengesellschaften 2: 47 S.

MEISEL, K., 1960 a: Die Auswirkung der Grundwasserabsenkung auf die Pflanzengesellschaften im Gebiete um Moers (Niederrhein). Arb. Bundesanst. Vegetationskartierung (Stolzenau/Weser) 1960: 105 S.

–, 1966 a: Ergebnisse von Daueruntersuchungen in nordwestdeutschen Ackerunkrautgesellschaften. In: R. TÜXEN (Hrsg.): Anthropogene Vegetation. Dr. W. Junk, Den Haag: 1966: 86–96.

–, 1966 b: Zur Systematik und Verbreitung der Festuco-Cynosureten. Ebenda: 202–211.

–, 1967: Über die Artenverbindungen des Aphanion arvensis J. et R. Tx. 1960 im west- und nordwestdeutschen Flachland. Schriftenr. Vegetationskunde (Bad Godesberg) 2: 123–133.

–, 1969 a: Verbreitung und Gliederung der Winterfrucht-Unkrautbestände auf Sandböden des nordwestdeutschen Flachlandes. Ebenda 4: 7–22.

–, 1969 b: Zur Gliederung und Ökologie der Wiesen im nordwestdeutschen Flachland. Ebenda 4: 23–48.

MEISEL, K., HÜBSCHMANN, A. VON, 1975: Zum Rückgang von Naß- und Feuchtbiotopen im Emstal. Natur u. Landschaft 50: 33–38.

–, –, 1976: Veränderungen der Acker- und Grünlandvegetation im nordwestdeutschen Flachland in jüngerer Zeit. Schriftenr. Vegetationskunde (Bonn) 10, 109–124.

–, MELZER, W., 1972: Nicht mehr landwirtschaftlich genutzte Fläche (Sozialbrache) in v. H. der landwirtschaftlichen Nutzfläche (LN) in der BRD (Karte 1 : 1 000 000). Bundesanstalt f. Vegetationskunde, Naturschutz- u. Landschaftspflege, Bonn.

–, WATTENDORFF, J., 1962: Über eine von der Wirtschaftsart unabhängige Wasserstufenkarte. Mitt. Florist.-Soziol. Arb. gem. N.F. 9: 230–238.

MEISEL, S., 1969: Ackernutzung und Unkrautgesellschaften der Naturräume in der Umgebung des Wiehengebirges. Vegetatio 18: 246–256.

MEISEL-JAHN, S., 1955 a: Die pflanzensoziologische Stellung der Hauberge des Siegerlandes. Mitt. Florist.-Soziol. Arb. gem. N.F. 5: 145–150.

–, 1955 b: Die Kiefern-Forstgesellschaften des norddeutschen Flachlandes. Angew. Pflanzensoziol. (Stolzenau/Weser) 11: 128 S.

MENKE, B., 1963: Beiträge zur Geschichte der Erica-Heiden Nordwestdeutschlands. Flora 153: 521–548.

MERXMÜLLER, H., POELT, J., 1954: Beiträge zur Florengeschichte der Alpen. Ber. Bayer. Botan. Ges. 30: 91–101.

–, ZOLLITSCH, B., 1967: Über die Sonderstellung der Vegetation auf Kalkschieferschutt. Aquilo (Oulu, Finnland) Ser. Botan. 6: 228–240.

MESTEL, E., 1965: Windschutz im schleswig-holsteinischen Küstengebiet. Die Holzzucht 19: 15–19.

MEUSEL, H., 1935: Die Waldtypen des Grabfeldes und ihre Stellung innerhalb der Wälder zwischen Main und Werra. Beih. Botan. Cbl. 53: 175–251.

–, 1939: Die Vegetationsverhältnisse der Gipsberge am Kyffhäuser und im südlichen Harzvorland. Hercynia 2: 372 S.

–, 1940: Die Grasheiden Mitteleuropas. Versuch einer vergleichend-pflanzengeographischen Gliederung. Botan. Arch. 41: 357–519.

–, 1942: Der Buchenwald als Vegetationstyp. Ebenda 43: 305–321.

–, 1951: Über Pflanzengemeinschaften: Probleme der Vegetationskunde, behandelt an einigen Pflanzenvereinen der Heimat. Urania 41: 95–106.

–, 1952 a: Vegetationskundliche Studien über mitteleuropäische Waldgesellschaften 3. Über einige Waldgesellschaften der Insel Rügen. Ber. Deut. Botan. Ges. 64: 223–241.

–, 1952 b: Über die Elyneten der Allgäuer Alpen. Ber. Bayer. Botan. Ges. 29: 47–55.

–, 1952 c: Die Eichen-Mischwälder des mitteldeutschen Trockengebietes. Wiss. Z. Univ. Halle, Math.-Nat. 1: 49–72.

–, 1954: Vegetationskundliche Studien über mitteleuropäische Waldgesellschaften. 4. Die Laubwaldgesellschaften des Harzgebietes. Angew. Pflanzensoziol. (Wien), Festschr. Aichinger 1: 437–472.

–, 1955: Die Laubwaldgesellschaften des Harzgebietes. Wiss. Z. Univ. Halle, Math.-Nat. 4: 901–908.

MEYER, F.H., 1957: Über Wasser- und Stickstoffhaushalt der Röhrichte und Wiesen im Elballuvium bei Hamburg. Mitt. Staatsinst. Allg. Botan. Hamburg 11: 137–203.

–, 1959: Untersuchungen über die Aktivität der Mikroorganismen in Mull, Moder und Rohhumus. Arch. Mikrobiol. 33: 149–169.

–, 1961: Die Entwicklung von Buchenjungpflanzen in unterschiedlichem Bodenmilieu. Ber. Deut. Botan. Ges. 74: 292–299.

–, 1974: Physiology of mycorrhiza. Ann. Rev. Plant Physiol. 25: 567–586.

MEZERA, A., 1956/1958: Mitteleuropäische Tieflandauen und die Bewirtschaftung von Auenwäldern. Teil I, Prag 1956: 301 S.; Teil II 1958: 364 S.

MICHAEL, G., 1966: Untersuchungen über die winterliche Dürreresistenz einiger immergrüner Gehölze im Hinblick auf eine Frosttrocknisgefahr. Flora, Abt. B, 156: 350–372.

MICHAELIS, G. u. P., 1934: Ökologische Studien an der alpinen Baumgrenze. III. Über die winterlichen Temperaturen der pflanzlichen Organe, insbesondere der Fichte. Beih. Botan. Cbl. 52 B: 333–377.

MICHAELIS, P., 1932: Ökologische Studien an der alpinen Baumgrenze. Das Klima und die Temperaturverhältnisse der Vegetationsorgane im Hochwinter. Ber. Deut. Botan. Ges. 50: 31–42.

–, 1934 a: Ökologische Studien an der alpinen Baumgrenze. IV. Kenntnis des winterlichen Wasserhaushaltes. Jb. Wiss. Botan. 80: 169–247.

–, 1934 b: Ökologische Studien an der alpinen Baumgrenze. V. Osmotischer Wert und Wassergehalt während des Winters in den verschiedenen Höhenlagen. Ebenda 80: 337–362.
MICHALKO, J., DZATKO, M., 1965: Phytocoenologische und oekologische Charakteristik der Pflanzengesellschaften des Waldkomplexes Dubník bei der Gemeinde Sered. Biol. Práce (Bratislava) 11: 47–113.
*MIEHLICH, G., 1970: Veränderung eines Lößlehm-Pseudogleys durch Fichtenreinanbau. Diss. Univ. Hamburg 1970: 231 S.
MIKYŠKA, R., 1956: Eine phytosoziologische Studie der Terassenwälder in den unteren Flußgebieten der Orlice und Loucna. Sborn. Českosl. Akad. Zeměd. Věd. Leśn. 29: 313–370.
–, 1963: Die Wälder der ostböhmischen Tiefebene. Rozpr. Českoslov. Akad. Věd, Řada Mat. Přírodn. Věd. 73, Heft 15: 91 S.
–, 1964: Naturschutzgebiet „Na bahně" bei Hradec Králové (Königgrätz) nach 38 Jahren. Preslia (Praha) 36: 28–37.
–, 1964 a: Beitrag zur Phytosoziologie der Reliktkiefernwälder des Böhmerwaldes. Časopis Národn. Muz. Přírodn. 133: 185–195.
–, 1967: Vegetations-Rekonstruktionen der Wälder im Gebiete Zálabí (Elbegebiet) der Ostböhmischen Tiefebene. Preslia (Praha) 39: 312–318 u. 420.
–, 1968: Wälder am Rande der ostböhmischen Tiefebene. Eine pflanzensoziologische Studie. Rozpr. Českoslov. Akad. Věd, Řada Mat. Přírodn. Věd. 78: 3–122.
–, 1970: Notizen zu einigen Kiefernwäldern in Böhmen und im Glatzer Gebiet. Preslia (Praha) 42: 130–135.
–, 1972: Die Wälder der böhmischen mittleren Sudeten und ihrer Vorberge. Rozpr. Českoslov. Akad. Věd, Řada Mat. Přírodn. 82: 162 S.
MILES, J., 1971: Burning Molinia-dominant vegetation for grazing by red deer. J. Brit. Grassland Soc. 26: 247–250.
–, 1974: Experimental establishment of new species from seed in Callunetum in North-east Scotland. J. Ecol. 62: 527–551.
MILTHORPE, F. L., 1975: Competition for water in plant communities. XII. Internat. Botan. Congr. (Leningrad) Abstr. 1: 159.
MITSCHERLICH, G., 1955: Untersuchungen über das Wachstum der Kiefer in Baden. 2. Teil: Die Streunutzungs- und Düngungsversuche. Allg. Forst- u. Jagdztg. 126: 193–204.
–, 1975: Wald, Wachstum und Umwelt, 3. Bd. Boden, Luft und Produktion. J. D. Sauerländers Verlag, Frankfurt a. M.: 352 S.
MIYAWAKI, A., OHBA, T., 1965: Studien über Strand-Salzwiesengesellschaften auf Ost-Hokkaido (Japan). Sci. Rep. Yokohama Nation. Univ., Sect. II, 12: 25 S.
MOLL, W., 1959: Bodentypen im Kreis Freiburg i. Br. Ber. Naturf. Ges. Freiburg i. Br. 49: 5–58.
MÖLLER, H., 1970: Soziologisch-ökologische Untersuchungen in Erlenwäldern Holsteins. Mitt. Arb. gem. Floristik Schlesw.-Holst. u. Hamburg 19: 109 S.

MONDINO, G. P., 1963: Boschi planiziari a Pinus silvestris ed Alnus incana nelle alluvioni del torrente Bardonecchia (Piemonte). Allionia (Torino) 9: 43–64.
MONTFORT, G., BRANDRUP, W., 1927: Physiologische und pflanzengeographische Seesalzwirkungen. II. Ökologische Studien über die Keimung und erste Entwicklung bei Halophyten. Jb. Wiss. Botan. 66: 902–946.
III. Die Salzwachstumsreaktion der Wurzeln. Ebenda 67: 105–173.
MOOR, M., 1936: Zur Soziologie der Isoëtetalia. Beitr. Geobot. Landesaufn. Schweiz 20: 148 S.
–, 1952: Die Fagion-Gesellschaften des Schweizer Jura. Ebenda 31: 201 S.
–, 1958: Pflanzengesellschaften schweizerischer Flußauen. Mitt. Schweiz. Anst. Forstl. Versuchswes. 34: 221–360.
–, 1960: Zur Systematik der Querco-Fagetea. Mitt. Florist.-Soziol. Arb. gem. N. F. 8: 263–293.
–, 1968: Der Linden-Buchenwald. Vegetatio 16: 159–191.
–, 1970: Adenostylo-Fagetum, Höhenvikariant des Linden-Buchenwaldes. Bauhinia (Basel) 4: 161–185.
–, 1972: Versuch einer soziologisch-systematischen Gliederung des Carici-Fagetum. Vegetatio 24: 31–69.
–, 1973: Das Corydalido-Aceretum, ein Beitrag zur Systematik der Ahornwälder. Ber. Schweiz. Botan. Ges. 83: 106–132.
–, 1975 a: Die soziologisch-systematische Gliederung des Hirschzungen-Ahornwaldes. Beitr. Naturk. Forsch. Südw.-Deut. 34: 215–223.
–, 1975 b: Der Ulmen-Ahornwald (Ulmo-Aceretum Issler 1926). Ber. Schweiz. Botan. Ges. 85: 187–203.
–, 1975 c: Ahornwälder im Jura und in den Alpen. Phytocoenologia 2: 244–260.
–, 1976: Gedanken zur Systematik mitteleuropäischer Laubwälder. Schweiz. Z. Forstwes. 127: 327–340.
MORAVCOVÁ-HUSOVÁ, M., 1964: Beitrag zur Ökologie der Laubwälder im südlichen Teil des mittelböhmischen Granit-Hügellandes. Preslia 36: 55–63.
MORAVEC, J., 1966: Zur Syntaxonomie der Carex davalliana-Gesellschaften. Folia Geobot. Phytotaxon. Bohemoslov. 1: 3–25.
–, 1967: Zu den azidophilen Trockenrasengesellschaften Südwestböhmens und Bemerkungen zur Syntaxonomie der Klasse Sedo-Scleranthetea. Ebenda 2: 137–178.
–, RYBNÍČKOVÁ, E., 1964: Die Carex davalliana-Bestände im Böhmerwaldvorgebirge, ihre Zusammensetzung, Ökologie und Historie. Preslia (Praha) 36: 376–391.
MORRISON, M. E. S., 1959: The ecology of a raised bog in Co. Tyrone, Northern Ireland. Proc. Roy. Irish Acad. 60, Sect. B: 291–308.
MOSER, M., 1967: Die ektotrophe Ernährungsweise an der Waldgrenze. Mitt. Forstl. Bundesversuchsanst. Wien 75: 357–373.
MOSER, W., 1967: Einblicke in das Leben von

Nivalpflanzen. Jahrb. Ver. Schutze Alpenpflanzen u.-Tiere **32**: 11 S.
—, 1970: Ökophysiologische Untersuchungen an Nivalpflanzen. Mitt. Ostalp.-Dinar. Ges. Vegetationskunde **11**: 121–134.
—, 1973: Licht, Temperatur und Photosynthese an der Station „Hoher Nebelkogel" (3184m). In: ELLENBERG (Hrsg.): Ökosystemforschung. Springer-Verlag Heidelberg, Berlin, New York: 203–224.
MRÁZ, K., 1958: Beitrag zur Kenntnis der Stellung des Potentillo-Quercetum. Arch. Forstwes. **7**: 703–728.
—, ŠIKA, A., 1965: Böden und Vegetation der Auewaldstandorte. Feddes Repertorium, Beih. **142**: 5–64.
MÜCKENHAUSEN, E., 1977: Entstehung, Eigenschaften und Systematik der Böden der Bundesrepublik Deutschland. DLG-Verlag, Frankfurt a. M., 3. Aufl.: 300 S., 60 Farbtaf.
—, 1970: Fortschritte in der Systematik der Böden der Bundesrepublik Deutschland. Mitt. Deut. Bodenkundl. Ges. **10**: 246–279.
—, SCHARPENSEEL, H. W., PIETIG, F., 1968: Zum Alter der Plaggeneschs. Eiszeitalter u. Gegenwart **19**: 190–196.
* MUELLER-DOMBOIS, D., ELLENBERG, H., 1974: Aims and methods of vegetation ecology. John Wiley and Sons, New York: 547 S.
MUHLE, H., 1977: Ein Epiphytenkataster niedersächsischer Natuwaldreservate. Mitt. Forist.-Soziol. Arb.gem. NF **19/20**: 47–62.
*MUHLE, O., 1974: Zur Ökologie und Erhaltung von Heidegesellschaften. Allg. Forst- u. Jagdztg. **145**: 232–339.
MÜLLER, A. VON, 1956: Über die Bodenwasser-Bewegung unter einigen Grünland-Gesellschaften des mittleren Wesertales und seiner Randgebiete. Angew. Pflanzensoziol. (Stolzenau/Weser) **12**: 85 S.
MÜLLER, G., 1964: Die Bedeutung der Ackerunkrautgesellschaften für die pflanzengeographische Gliederung West- und Mittelsachsens. Hercynia **1**: 82–313.
MÜLLER, K., 1965: Zur Flora und Vegetation der Hochmoore des nordwestdeutschen Flachlandes. Schr. Naturw. Ver. Schlesw.-Holst. **36**: 30–77.
—, 1968: Ökologisch-vegetationskundliche Untersuchungen in ostfriesischen Hochmooren. Ber. Deut. Botan. Ges. **81**: 221–237.
—, 1973: Ökologische und vegetationsgeschichtliche Untersuchungen an Niedermoorpflanzen-Standorten des ombrotrophen Moores unter besonderer Berücksichtigung seiner Kolke und Seen in NW-Deutschland. Beitr. Biol. Pflanzen **49**: 147–235.
*MÜLLER, K. (Hrsg.), 1948: Der Feldberg im Schwarzwald. Naturwissenschaftliche, landwirtschaftliche, forstwirtschaftliche, geschichtliche und siedlungsgeschichtliche Studien. Freiburg i. Br.: 586 S.
MÜLLER, K. M., 1929: Aufbau, Wuchs und Verjüngung der südosteuropäischen Urwälder. Hannover: 323 S.

MÜLLER, P., 1955: Verbreitungsbiologie der Blütenpflanzen. Veröff. Geobot. Inst. Rübel, Zürich **30**: 152 S.
MÜLLER, TH., 1961: Einige für Süddeutschland neue Pflanzengesellschaften. Beitr. Naturk. Forsch. Südw.-Deut. **20**: 15–21.
—, 1964: Ergebnisse von Windschutzversuchen in Baden-Württemberg, Veröff. Landesstelle Naturschutz Baden-Württemb. **32**: 71–126.
—, 1966: Vegetationskundliche Beobachtungen im Naturschutzgebiet Hohentwiel. Veröff. Landesstelle Naturschutz u. Landschaftspflege Baden-Württemb. **34**: 14–62.
—, 1967: Die geographische Gliederung des Galio-Carpinetum und des Stellario-Carpinetum in Südwestdeutschland. Beitr. Naturk. Forsch. Südw.-Deut. **26**: 47–65.
—, 1968: Die südwestdeutschen Carpinion-Gesellschaften. Feddes Repert. **77**: 113–116.
—, 1975: Natürliche Fichtengesellschaften der Schwäbischen Alb. Beitr. Naturk. Forsch. Südw.-Deut. **34**: 233–249.
—, GÖRS, S., 1958: Zur Kenntnis einiger Auenwaldgesellschaften im württembergischen Oberland. Beitr. Naturk. Forsch. Südw.-Deut. **17**: 88–165.
—, —, 1960: Pflanzengesellschaften stehender Gewässer in Baden-Württemberg. Ebenda **19**: 60–100.
—, —, 1969: Halbruderale Trocken- und Halbtrockenrasen. Vegetatio **18**: 203–215.
—, OBERDORFER, E., 1974: Die potentielle natürliche Vegetation von Baden-Württemberg. Beih. Veröff. Landesstelle Naturschutz u. Landschaftspflege Baden-Württemb. **6**: 46 S.

MÜLLER-STOLL, W. R., 1936: Ökologische Untersuchungen an Xerothermpflanzen des Kraichgaus. Z. Botan. **29**: 161–153.
—, 1947: Der Einfluß der Ernährung auf die Xeromorphie der Hochmoorpflanzen. Planta (Berlin) **35**: 225–251.
—, GRUHL, K., 1959: Das Moosfenn bei Potsdam, Vegetationsgeographie eines märkischen Naturschutzgebietes. Wiss. Z. Pädagog. Hochsch. Potsdam, Math.-Nat. **4**: 151–180.
—, KRAUSCH, H.-D., 1968: Der azidophile Kiefern-Traubeneichenwald und seine Kontaktgesellschaften in Mittel-Brandenburg. Mitt. Florist.-Soziol. Arb. gem. N.F. **13**: 101–121.
MÜLLER-SUUR, A., 1972: Vegetations- und Standortsuntersuchungen im Rantum-Becken auf Sylt. Diss. Univ. Göttingen 1972: 116 S.
MÜLLVERSTEDT, R., 1963 a: Untersuchungen über die Keimung von Unkrautsamen in abhängigkeit vom Sauerstoffpartialdruck. Weed Res. **3**: 154–163.
—, 1963 b: Untersuchungen über die Ursachen des vermehrten Auflaufens von Unkräutern nach mechanischen Unkrautbekämpfungs-Maßnahmen (Nachauflauf). Weed Res. **3**: 298–303.
—, 1966: Vergleich der Auswirkungen mechanischer und chemischer Unkrautbekämpfung auf Massenwachstum und Samenproduktion der

verbliebenen Unkräuter. Z. Pflanzenkrankheiten u. Pflanzenschutz 73: 598–603.

MYCZKOWSKI, S., 1973: Ecology of spruce (Picea abies Karst.) near the timber line in the forest association Piecetum tatricum in the Polish Tatra National Park. In: Internat. Sympos. Biol. Woody Plants, Bratislava: 511–526.

MYERS, K., POOLE, W.E., 1963: A study of the biology of the wild rabbit, Oryctolagus cuniculus (L), in confined populations. IV. The effects of rabbit grazing on sown pastures. J. Ecol. 51: 435–451.

*NAGEL, P., 1975: Studien zur Ökologie und Chorologie der Coleopteren (Insecta) xerothermer Standorte des Saar-Mosel-Raumes mit besonderer Berücksichtigung der die Bodenoberfläche besiedelnden Arten. Diss. Univ. Saarbrücken: 225 S.

NÄGELI, W., 1969: Waldgrenze und Kampfzone in den Alpen. Hespa Mitt. (Luzern) 19, 1: 44 S.

NANSON, A., 1962: Quelques éléments concernant le bilan d'assimilation photosynthétique en hêtraie ardennaise. Bull. Inst. Agron. et Stat. Rech. Gembloux 30: 320–331.

NASH, T.H., NASH, E.H., 1974: Sensitivity of mosses to sulfur dioxide. Oecologia 17: 257–263.

NAUMANN, E., 1927: Ziel und Hauptprobleme der regionalen Limnologie. Botan. Not. (Lund) 1927: 81–103.

NEES, J.C., DUGDALE, R.C., GOERING, J.J., DUGDALE, V.A., 1963: Use of nitrogen-15 for measuremtent of rates in the nitrogen cycle. In: Radioecology (Ed. V. SCHULTZ and A.W. KLEMENT), New York and Washington D.C.: 481–484.

NEUHÄUSL, R., 1972: Subkontinentale Hochmoore und ihre Vegetation. Stud. Čs. Akad. Věd, Praha 13: 1–121.

–, 1975: Hochmoore am Teich Velké Dářko. Vegetace ČSSR A 9, Prag: 267 S.

–, NEUHÄUSLOVÁ-NOVOTNÁ, Z., 1964: Vegetationsverhältnisse am Südrand des Schemnitzer Gebirges. Biol. Práce (Bratislava) 10, 4: 5–77.

–, –, 1967: Syntaxonomische Revision der azidophilen Eichen- und Eichenmischwälder im westlichen Teile der Tschechoslowakei. Folia Geobot. Phytotax. (Praha) 2: 1–42.

–, –, 1968 a: Mesophile Waldgesellschaften in Südmähren. Rozpr. Českosl. Akad. Věd, Řada Mat. Přírodn. Věd 78, 11: 83 S.

–, –, 1968 b: Übersicht der Carpinion-Gesellschaften der Tschechoslowakei. Feddes Repert. 78: 39–56.

–, –, 1969: Die Laubwaldgesellschaften des östlichen Teiles der Elbeebene, Tschechoslowakei. Folia Geobot. Phytotax. (Praha) 4: 261–301.

NEUHÄUSLOVÁ-NOVOTNÁ, Z., NEUHÄUSL, R., 1971: Beitrag zur Kenntnis der Carpinion-Gesellschaften im subkontinentalen Teil Europas. Preslia (Praha) 43: 154–167.

NEUWINGER, I., 1967: Zum Nährstoffhaushalt in Vegetationseinheiten der subalpinen Entwaldungszone. Mitt. Forstl. Bundesversuchsanst. Wien 75: 269–303.

NEUWOHNER, W., 1938: Der tägliche Verlauf von Assimilation und Atmung bei einigen Halophyten. Planta (Berlin) 28: 644–677.

NEZADAHL, W., 1972: Getreideunkrautgesellschaften des Fränkischen Stufenlandes in der Umgebung Erlangens. Denkschr. Regensburg. Botan. Ges. 30: 21–71.

NIEMANN, E., 1964: Beiträge zur Vegetations- und Standortsgeographie in einem Gebirgsquerschnitt über den mittleren Thüringer Wald. Arch. Naturschutz u. Landschaftsforsch. 4: 3–50.

–, 1965: Submontane und montane flußbegleitende Glanzgras-Röhrichte in Thüringen und ihre Beziehungen zu den hydrologischen Verhältnissen. Limnologica (Berlin) 3: 399–438.

NIEMI, A., 1967: Hemerophilous plants on gull skerries in the archipelago SW of Helsingfors. Mem. Soc. Fauna et Flora Fenn. 43: 8–16.

NIETSCH, H., 1939: Wald und Siedlung im vorgeschichtlichen Mitteleuropa. Mannus-Bücherei 64: 254. S.

NIHLGÅRD, B., 1969: The microclimate in a beech and a spruce forest – a comparative study from Kongalund, Scania, Sweden. Botan. Not. (Lund) 122: 333–352.

–, 1970 a: Vegetation types of planted spruce forest in Scania, Southern Sweden. Ebenda 123: 310–337.

–, 1970 b: Precipitation, its chemical composition and effect on soil water in a beech and a spruce forest in South Sweden. Oikos 21: 208–217.

–, 1971: Pedological influence of spruce planted on former beech forest soils in Scania, South Sweden. Oikos 22: 302–314.

–, 1972: Plant biomass, primary production and distribution of chemical elements in a beech and a planted spruce forest in South Sweden. Oikos 23: 69–81.

NIKLFELD, H., 1964: Zur xerothermen Vegetation im Osten Niederösterreichs. Verh. Zool.-Botan. Ges. Wien 103/104: 152–181.

–, 1971: Bericht über die Kartierung der Flora Mitteleuropas. Taxon 20: 545–571.

NOIRFALISE, A., 1952: La frênaie à Carex. Verh. Kön. Belg. Inst. Naturw. 122.

–, 1956: La hêtraie ardennaise. Bull. Inst. Agron. et Stat. Rech. Gembloux 24: 208–240.

–, 1967: Conséquences écologiques de la monoculture des conifères dans la zone des feuillus de l'Europe tempérée. Publ. UICN N.S. 9: 61–71.

–, 1968: La Carpinion dans l'Quest de l'Europe. Feddes Repert. 79: 69–85.

–, 1969: La chênaie mélangée à jacinthe du domaine atlantique de'Europe (Endymio-Carpinetum). Vegetatio 17: 131–150.

–, SOUGNEZ, N., 1956: Les chênaies de l'Ardenne verviétoise. Pédologie (Gand) 6, 119–143.

NORDHAGEN, R., 1940: Studien über die maritime Vegetation Norwegens I. Bergens Mus. Aarb. 7, Naturw. R 2: 123 S.

Nosova, L. I., 1975: Seed productivity of the high montain Pamirs plants. XII. Internat. Botan. Congr. (Leningrad) Abstr. 1: 160.

Oberdorfer, E., 1950: Beitrag zur Vegetationskunde des Allgäu. Beitr. naturk. Forsch. Südw.-Deut. 9: 29–98.
–, 1952: Die Wiesen des Oberrheingebietes. Ebenda 11: 75–88.
–, 1956: Die Vergesellschaftung der Eissegge (Carex frigida All.) in alpinen Rieselfluren des Schwarzwaldes, der Alpen und der Pyrenäen. Veröff. Landesstelle Naturschutz u. Landschaftspflege Baden-Württemb. 24: 452–465.
–, 1957 a: Süddeutsche Pflanzengesellschaften. Pflanzensoziol. (Jena) 10: 564 S.
–, 1959: Borstgras- und Krummseggenrasen in den Alpen. Beitr. Naturk. Forsch. Südw.-Deut. 18: 117–143.
–, 1960: Pflanzensoziologische Studien in Chile. Ein Vergleich mit Europa. Flora et Vegetation Mundi 2: 208 S.
–, 1964: Der insubrische Vegetationskomplex, seine Struktur und Abgrenzung gegen die submediterrane Vegetation in Oberitalien und in der Südschweiz. Beitr. Naturk. Forsch. Südw.-Deut. 23: 141–187.
–, 1964: Das Strauchbirkenmoor (Betulo-Salicetum repentis) in Osteuropa und im Alpenvorland. – Zur Soziologie der Betula humilis Schrank. In: Kreeb, K. (Hrsg.): Beiträge zur Phytologie. Verlag Eugen Ulmer, Stuttgart: 190–210.
–, 1968: Studien in den Wäldern des Carpinion-Verbandes im Apennin an der Südwestgrenze des Vorkommens von Carpinus betulus. Feddes Repert. 77: 65–74.
–, 1970: Pflanzensoziologische Exkursionsflora für Süddeutschland. 3. Aufl. Verlag Eugen Ulmer, Stuttgart: 987 S.
–, 1971: Zur Syntaxonomie der Trittpflanzen-Gesellschaften. Beitr. Naturk. Forsch. Südw.-Deut. 30: 95–111.
–, (Hrsg.), 1977: Süddeutsche Pflanzengesellschaften. Teil I. Gustav Fischer Verlag, Stuttgart: 311 S.
–, Lang, G., 1957: Vegetationskundliche Karte des Schwarzwaldes bei Freiburg i. Br. Beilage zu: Ber. Naturf. Ges. Freiburg i. Br. 47.
–, u. Mitarb., 1967: Systematische Übersicht der westdeutschen Phanerogamen- und Gefäßkryptogamen-Gesellschaften. Schriftenreihe Vegetationskunde (Bad Godesberg) 2: 7–62.
–, Müller, Th., 1974: Vegetation. In: Das Land Baden-Württemberg, Bd. I. Verlag W. Kohlhammer, Stuttgart, S. 74–93.

Oechel, W. C., Sveinbjörnsson, B., 1975: Primary production processes in arctic mosses at Barrow, Alaska. XII. Internat. Botan. Congr. (Leningrad) Abstr. 1: 160.

Oelkers, K. H., 1970: Die Böden des Leinetales, ihre Eigenschaften, Verbreitung, Entstehung und Gliederung, ein Beispiel für die Talböden im Mittelgebirge und dessen Vorland. Beih. Geol. Jahrb., Bodenkundl. Beitr. 99: 71–152.

Oettli, M., 1904: Beiträge zur Ökologie der Felsflora. Jb. St. Gall. Naturw. Ges. 1903: 1–171.

Ogasahara, K., 1964: Snow survey of Mt. Tateyama and Mt. Tsurugi of the Japanese North Alps. An essey on the relation of the topographic distribution of snowfall with vegetation. Synthetic Sci. Res. Org. Toyama Univ., Japan 1964: 1–32.

Ohba, T., 1974: Vergleichende Studien über die alpine Vegetation Japans. 1. Carici rupestris-Kobresietea bellardii. Phytocoenologia 1, 339–401.

Oinonen, E., 1967: Sporal regeneration of ground pine (Lycopodium complanatum L.) in southern Finland in the light of the dimensions and the age of its clones. Acta Forest. Fenn. 83: 85 S.

Olsen, S., 1964: Changes in the vegetation of Lake Lyngby Sø. A contribution to the knowledge of the influences of civilization on aquatic and swamp vegetation. Botan. Tidsskr. 59: 273–300.

Önal, M., 1971: Der Einfluß steigender Natriumchlorid-Konzentrationen auf den Transpirationskoeffizient einiger Halophyten. Rev. Fac. Sci. Univ. Istanbul, Sér. B 36: 1–8.

Ondok, J. P., 1970: The horizontal structure of reed stands (Phragmites communis) and its relation to productivity. Preslia (Praha) 42: 256–261.

Onno, M., 1969: Laubstreunutzungs-Versuche in Waldgesellschaften des Wienerwaldes. In: R. Tüxen (Hrsg.): Experimentelle Pflanzensoziologie. Dr. W. Junk, Den Haag: 206–212.

Osman, A. Z., 1971: Seasonal pattern of root activity of Dactylis glomerata L. and Ranunculus frieseanus Jor. grown in mono- and mixed culture, measured by using P 32. Diss. E. T. H. Zürich 1971: 89 S.

Osvald, H., 1925: Die Hochmoortypen Europas. Veröff. Geobot. Inst. Rübel, Zürich 3: 707–723.

Ottar, S., 1972: Saure Niederschläge in Nordeuropa. Naturw. Rundschau 25 (11): 449.

*Overbeck, F., 1950: Die Moore Niedersachsens. 2. Aufl., Schr. Naturw. Ges. z. Studium Niedersachsens N. F. 3: 112 S.
–, 1961: Die Zeitstellung des „Grenzhorizontes" norddeutscher Hochmoore und ihre Bedeutung für die Vorgeschichte. Ber. V. Internat. Kongr. Vor- u. Frühgesch., Hamburg 1958. Berlin: 631–635.
–, 1963: Aufgaben botanisch-geologischer Moorforschung in Nordwestdeutschland. Ber. Deut. Botan. Ges. 76, 1. Generalvers. h.: 12 S.
*–, 1975: Botanisch-geologische Moorkunde unter besonderer Berücksichtigung Nordwestdeutschlands usw. Karl Wachholtz Verlag, Neumünster: 719 S.
–, Happach, H., 1957: Über das Wachstum und den Wasserhaushalt einiger Hochmoorsphagnen. Flora 144: 335–402.

Overbeck, J., 1965: Die Meeresalgen und ihre Gesellschaften an den Küsten der Insel Hiddensee (Ostsee).

–, 1970: Distribution pattern of phytoplankton and bacteria, microbial decomposition of organic matter and bacterial production in eutrophic, stratified lake. In: Productivity Problems of Freshwaters. Warszawa-Kraków 1972: 229–237.
–, 1972: Zur Struktur und Funktion des aquatischen Ökosystems. Ber. Deut. Botan. Ges. 85: 553–577.
OVINGTON, J. D., 1963: Flower and seed production. Oikos 14: 148–153.

PAAVILAINEN, E., 1974: Die Einwirkung der Düngung auf die Wurzelverhältnisse der Kiefer auf Moorböden. In: II. Internat. Sympos. Potsdam, Sept. 1971: 255–261.
PACKHAM, J. R., WILLIS A. J., POEL, L. W., 1966: Seasonal variation of some soil features and the ecology of Kennel Field, Warwickshire. J. Ecol. 54: 383–401.
PÅHLSSON, L., 1966: Vegetation and microclimate along a belt transect from the esker Knivsas. Botan. Not. (Lund) 119: 401–418.
PALLMANN, H., HAFFTER, P., 1933: Pflanzensoziologische und bodenkundliche Untersuchungen im Oberengadin mit besonderer Berücksichtigung der Zwergstrauchgesellschaften der Ordnung Rhodoreto-Vaccinietalia. Ber. Schweiz. Botan. Ges. 42: 357–466.
PANCER-KOTEJOWA, E., 1965: Forest communities of the Gubałowka Elevation (West Carpathian Mts.). Fragm. Flor. Geobot. 11: 239–304.
PASCHINGER, V., 1954: Zur Statik und Dynamik der Höhengrenzen in den Ostalpen. Angew. Pflanzensoziol. (Wien), Festschr. Aichinger 2: 785–801.
PASSARGE, H., 1953 a: Waldgesellschaften des mitteldeutschen Trockengebietes. Arch. Forstwes. 2: 1–58, 182–208, 340–383 u. 532–551.
–, 1953 b: Schädlingsbefall und Standort. Ebenda 2: 245–254.
–, 1956: Vegetationskundliche Untersuchungen in Wäldern und Gehölzen der Elbaue. Ebenda 5: 339–358.
–, 1957 a: Vegetationskundliche Untersuchungen in der Wiesenlandschaft des nördlichen Havellandes. Feddes Repert. Beih. 137: 5–55.
–, 1957 b: Über Kahlschlaggesellschaften im baltischen Buchenwald von Dargun (Ost-Mecklenburg). Phyton 7: 142–151.
–, 1957 c: Waldgesellschaften des nördlichen Havellandes. Wiss. Abh. Deut. Akad. Landwirtsch. wiss. Berlin 26: 139 S.
–, 1959 a: Vegetationskundliche Untersuchungen in den Wäldern der Jungmoränenlandschaft um Dargun/Ostmecklenburg. Arch. Forstwes. 8: 1–74.
–, 1959 b: Gliederung der Polygono-Chenopodion-Gesellschaften im nordostdeutschen Flachland. Phyton 8: 10–34.
–, 1960: Pflanzengesellschaften der Elbauwiesen unterhalb Magdeburg zwischen Schartau und Schönhausen. Abh. u. Ber. Naturk. u. Vorgesch. Magdeburg 11: 19–33.
–, 1962: Waldgesellschaften des Eichenwaldgebietes von SW-Mecklenburg und der Altmark. Arch. Forstwes. 11: 199–241.
–, 1963 a: Zur soziologischen Gliederung von Kiefernwäldern im nordöstlichen Mitteleuropa. Ebenda 12: 1159–1176.
–, 1963 b: Beobachtungen über Pflanzengesellschaften landwirtschaftlicher Nutzflächen im nördlichen Polen. Feddes Repert. 140: 27–69.
–, 1964 a: Pflanzengesellschaften des nordostdeutschen Flachlandes I. Pflanzensoziol. (Jena) 13: 324 S.
–, 1964 b: Beobachtungen zur soziologischen Gliederung masurischer Hainbuchenwälder. Arch. Forstwes. 13: 667–689.
–, 1964 c: Über Pflanzengesellschaften der Moore im Lieberoser Endmoränengebiet. Abh. u. Ber. Naturkundemus. Görlitz 39, Nr. 1: 26 S.
–, 1965: Beobachtungen über die soziologische Gliederung baltischer Buchenwälder in S-Schweden. Arch. Forstwes. 14: 1133–1148.
–, 1968: Neue Vorschläge zur Systematik nordmitteleuropäischer Waldgesellschaften. Feddes Repert. 77: 75–103.
–, 1969 a: Zur soziologischen Gliederung mitteleuropäischer Frischwiesen. Ebenda 80: 357–372.
–, 1969 b: Zur soziologischen Gliederung mitteleuropäischer Weißklee-Weiden. Ebenda 80: 413–435.
–, 1969 c: Zur soziologischen Gliederung wichtiger Wald- und Forstgesellschaften im Lausitzer Flachland. Abh. u. Ber. Naturkundemus. Görlitz 44, 10: 36 S.
–, 1970: Zur Kenntnis der Vegetationsabfolge nach Kahlschlag, eine Voraussetzung für die rationelle Unkrautbekämpfung. Arch. Forstwes. 19: 269–276.
–, 1971: Zur soziologischen Gliederung mitteleuropäischer Fichtenwälder. Feddes Repert. 81: 577–604.
–, 1975: Über Wiesensaumgesellschaften. Ebenda 86: 599–617.
–, HOFMANN, G., 1964: Soziologische Artengruppen mitteleuropäischer Wälder. Arch. Forstwes. 13: 913–937.
–, –, 1968: Zur soziologischen Gliederung nordmitteleuropäischer Hainbuchenwälder. Feddes Repert. 78: 1–13.
–, JURKO, A., 1975: Über Ackerunkrautgesellschaften im nordslowakischen Bergland. Folia Geobot. Phytotax. (Praha) 10: 225–264.
PAUL, H., LUTZ, J., 1941: Zur soziologischen Charakterisierung von Zwischenmooren. Ber. Bayer. Botan. Ges. 25: 1–28.
PAUL, K. H., 1944 u. 1953: Morphologie und Vegetation der Kurischen Nehrung I. Gestaltung der Bodenformen in ihrer Abhängigkeit von der Pflanzendecke. Nova Acta Leopoldina N. F. 13: 215–378 (1944). II. Entwicklung der Pflanzendecke von der Besiedlung des Flugsandes bis zum Wald. Ebenda 16: 261–378.
PAUL, PH., RICHARD, Y., 1968: Études expérimentales sur le déterminisme de la composition floristique des pelouses xérophiles. Oecol. Plant. 3: 29–48.

PAWŁOWSKI, B., 1931: Altitudes maxima de plusieurs plantes vasculaires dans les monts Tatra. Spraw. Kom. Fizjogr. Polsk. Akad. Umiej. 65: 153–158.
—, 1935: Über die Klimaxassoziation in der alpinen Stufe der Tatra. Bull. Acad. Polon. Sci. Lettr., Cl. Sci. Math.-nat., Sér. B 1935: 115–146.
—, 1959: Szata róslinna gór polskich. In: W. SZAFER u. Mitarb.: Szata róslinna polski II: 189–253. Warszawa.
—, 1969: Der Endemismus in der Flora der Alpen, der Karpaten und der balkanischen Gebirge im Verhältnis zu den Pflanzengesellschaften. Mitt. Ostalp.-Dinar. Pflanzensoz. Arb. gem. (Camerino) 9: 167–178.
—, PAWŁOWSKA, S., ZARZYCKI, K., 1960: Les associations végétales des prairies fauchables de la partie septentrionale des Tatras et de la Région subtatrique. Fragm. Florist. Geobot. (Kraków) 6: 95–222.
—, SOKOŁOWSKI, M., WALLISCH, K., 1929: Die Pflanzenassoziationen des Tatra-Gebirges. VII. Die Pflanzenassoziationen und die Flora des Morskie Oko-Tales. Bull. Acad. polon. Sci. et Lettr., Cl. Sci. Math.-Nat., Sér. B, 1928: 205–272.
PEARSON, M.C., ROGERS, J.A., 1962: Hippophaë rhamnoides. J. Ecol. 50: 501–513.
PEGTEL, D.M., 1976: On the ecology of two varieties of Sonchus arvensis L. Proefschr. Rijksuniv. Groningen: 148 S.
PEMADASA, M.A., LOWELL, P.H., 1974: The mineral nutrition of some dune annuals. J. Ecol. 62: 403–416, 647–657, 869–880.
PETERMANN, R., 1970: Montane Buchenwälder im westbayerischen Alpenvorland zwischen Iller und Ammersee. Diss. Botan. 8: 227 S.
PETZOLD, K., 1959: Wirkung des Mähdruschverfahrens auf die Verunkrautung. Z. Acker- u. Pflanzenbau 109: 49–78.
PFADENHAUER, J., 1969: Edellaubholzreiche Wälder im Jungmoränengebiet des bayerischen Alpenvorlandes und in den bayerischen Alpen. Diss. Botan. 3: 212 S.
—, 1971: Vergleichend ökologische Untersuchungen an Plateau-Tannenwäldern im westlichen Aargauer Mittelland. Veröff. Geobot. Inst. ETH, Stiftung Rübel, Zürich 47: 74 S.
—, 1973: Versuch einer vergleichend-ökologischen Analyse der Buchen-Tannen-Wälder des Schweizer Jura (Weissenstein und Chasseral). Ebenda 50: 60 S.
—, 1975: Beziehungen zwischen Standortseinheiten, Klima, Stickstoff-Ernährung und potentieller Wuchsleistung der Fichte im bayerischen Flyschgebiet, dargestellt am Beispiel des Teisenbergs. Habilitationsschr. TU München: 239 S.
—, KAULE, G., 1972: Vegetation und Ökologie eines Waldquellenkomplexes im bayerischen Inn-Chiemsee-Vorland. Ber. Geobot. Inst. ETH, Stiftung Rübel, Zürich 41: 74–87.
PHILIPPI, G., 1960: Zur Gliederung der Pfeifengraswiesen im südlichen und mittleren Oberrheingebiet. Beitr. Naturk. Forsch. Südw.-Deut. 19: 138–187.
—, 1963 a: Zur Kenntnis der Moosgesellschaften saurer Erdraine des Weserberglandes, des Harzes und der Rhön. Mitt. Florist.-Soziol. Arb. gem. N.F. 10: 92–108.
—, 1963 b: Zur Gliederung der Flachmoorgesellschaften des Südschwarzwaldes und der Hochvogesen. Beitr. Naturk. Forsch. Südw.-Deut. 22: 113–135.
—, 1963 c: Zur Soziologie von Anagallis tenella, Scutellaria minor und Wahlenbergia hederacea im südlichen und mittleren Schwarzwald. Mitt. Bad. Landesver. Naturkunde u. Naturschutz N.F. 8: 477–484.
—, 1965 a: Moosgesellschaften des morschen Holzes und des Rohhumus im Schwarzwald, in der Rhön, im Weserbergland und im Harz. Nova Hedwigia (Weinheim) 9: 185–232.
—, 1965 b: Die Moosgesellschaften der Wutachschlucht. Mitt. Bad. Landesver. Naturkunde u. Naturschutz, N.F. 8: 625–668.
—, 1966: Sporenkeimung und Protonemawachstum von Moosen verschiedener Standorte in Abhängigkeit vom pH-Wert. Flora, Abt. B 156: 319–349.
—, 1969 a: Laichkraut- und Wasserlinsengesellschaften des Oberrheingebietes zwischen Straßburg und Mannheim. Veröff. Landesstelle Naturschutz u. Landschaftspflege Baden-Württemb. 37: 102–172.
—, 1969 b: Zur Verbreitung und Soziologie einiger Arten von Zwergbinsen- und Strandlingsgesellschaften im badischen Oberrheingebiet. Mitt. Bad. Landesver. Naturkde. u. Naturschutz N.F. 10: 139–172.
—, 1970: Die Kiefernwälder der Schwetzinger Hardt (nordbadische Oberrheinebene). Veröff. Landesstelle Naturschutz u. Landschaftspflege Baden-Württemb. 38: 46–92.
—, 1971: Sandfluren, Steppenrasen und Saumgesellschaften der Schwetzinger Hardt (nordbadische Rheinebene). Ebenda 39: 67–130.
—, 1975: Quellflurgesellschaften der Allgäuer Alpen. Beitr. Naturk. Forsch. Südw.-Deut. 34: 259–287.
PHILLIPSON, J., PUTMAN, R.J., STEEL, J., WOODELL, S.R.J., 1975: Litter input, litter decomposition and the evolution of carbon dioxide in a beech woodland – Wytham Woods, Oxford. Oecologia 20: 203–217.
PIETSCH, W., 1965: Die Erstbesiedlungsvegetation eines Tagebau-Sees. Synökologische Untersuchungen im Lausitzer Braunkohlen-Revier. Limnologica (Berlin) 3: 177–222.
—, 1963: Vegetationskundliche Studien über die Zwergbinsen- und Strandlingsgesellschaften in der Nieder- und Oberlausitz. Abh. u. Ber. Naturkundemus. Görlitz 38, Nr. 2: 80 S.
—, 1974: Ökologische Untersuchung und Bewertung von Fließgewässern mit Hilfe höherer Wasserpflanzen – ein Beitrag zur Belastung aquatischer Ökosysteme. Mitt. Sekt. Geobot. u. Phytotax. Biol. Ges. DDR 1974: 13–29.
—, 1976: Vegetationsentwicklung und wasserche-

mische Faktoren in Moorgewässern verschiedener Naturschutzgebiete der DDR. Arch. Naturschutz u. Landschaftsforsch. Berlin 16: 1–43.

–, MÜLLER-STOLL, W. R., 1968: Die Zwergbinsen-Gesellschaft der nackten Teichböden im östlichen Mitteleuropa, Eleocharito-Caricetum bohemicae. Mitt. Florist.-Soziol. Arb. gem. N.F. 13: 14–47.

PIGNATTI, E., 1970 a: Über die subnivale Vegetationsstufe in Osttirol. Mitt. Ostalp.-Dinar. Ges. f. Vegetationskunde 11: 167–174.

–, 1970 b: Le brughiere subalpine a Rhododendron ferrugineum nel versante meridionale delle Alpi Orientali. Atti Istit. Veneto Sci., Lett. Arti 128: 195–212.

PIGNATTI, S., 1970: Die Fichtenwälder Norditaliens. Mitt. Ostalpin-Dinar. Arbeitsgem. 6 (Wien) 1970.

PIGNATTI-WIKUS, E., 1959: Pflanzensoziologische Studien im Dachsteingebiet. Boll. Soc. Adriat. Sci. Nat. Trieste 50: 89–168.

PIGOTT, C. D., 1975: Natural regeneration of Tilia cordata in relation to forest-structure in the forest of Białowieża, Poland. Philos. Transact. Roy. Soc. London, B. Biol. Sci. 270: 151–179.

–, TAYLOR, K., 1964: The distribution of some woodland herbs in relation to the supply of nitrogen and phosphorus in the soil. J. Ecol. 52 (Suppl.): 175–185.

PIJL, l. VAN DER, 1969: Principles of dispersal in higher plants. Springer-Verlag, Berlin-Heidelberg-New York: 154 S.

PIKULA, J., 1963: Die Disseminationsweisen in den Pflanzengesellschaften der Belaer Tatra. Sborník Prác Tatransk. Národn. Parku 6: 27–42.

PÍLÁT, A., 1969: Underground dry weight in the grassland communities of Arrhenatheretum elatioris alopecuretosum Vicherek 1960. Folia Geobot. Phytotax. (Praha) 4: 225–234.

PINEAU, M., 1968: Observations phénologiques et morphologiques sur le comportement de quelques essences forestieres soumises à l'action d'engrais N, P et K. Diss. ETH Zürich: 136 S.

PIOTROWSKA, H., 1955: Les associations forestières de l'Ile de Wolin. Poznánsk. Towar. Przyj. Nauk, Wydz. Math.-Przyr., Práce Kom. Biol. 16, 5: 168 S.

PIRK, W., TÜXEN, R., 1957: Höhere Pilze in nw-deutschen Calluna-Heiden (Calluneto-Genistetum typicum). Mitt. Florist.-Soziol. Arb. gem. N.F. 6/7: 127–129.

PISEK, A., 1963: An den Grenzen des Pflanzenlebens im Hochgebirge. Jb. Ver. Schutze Alpenpflanzen u.-Tiere 28: 112–129.

–, BERGER, E., 1938: Kutikuläre Transpiration und Trockenresistenz isolierter Blätter und Sprosse. Planta (Berlin) 28: 124–155.

PITSCHMANN, H., REISIGL, H., SCHIECHTL, H., 1959: Bilderflora der Südalpen. Vom Gardasee zum Comersee. Stuttgart: 278 S.

PLEWCZYŃSKA-KURRAŚ, U., 1974: Analysis of a sheep pasture ecosystem in the Pieniny mountains (the Carpathians) IV. Biomass of the upper and underground parts and of organic detritus. Ekol. Pol. 22: 517–526.

POELT, J., 1963: Flechtenflora und Eiszeit in Europa. Phyton 10: 206–215.

*POHL, D., 1975: Bibliographie der niedersächsischen Naturschutzgebiete. Naturschutz u. Landschaftspflege Niedersachs. 4: 290 S.

POLDINI, L., 1969: Le pinete di pino austriaco nelle Alpi Carniche. Boll. Soc. Adriat. Sci., Trieste 57: 3–65.

POLI, E., TÜXEN, J., 1960: Über Bidentetalia-Gesellschaften Europas. Mitt. Florist.-Soziol. Arb. gem. N.F. 8: 136–144.

PONNAMPERUMA, F. N., 1972: The chemistry of submerged soils. Advanc. Agron. 24: 29–96.

POP, E., 1964: Über die Herkunft der ombrogenen Moore und ihrer Flora. Ber. Geobot. Inst. ETH, Stiftg. Rübel, Zürich 35: 113–118.

–, u. Mitarb., 1964: Effects of atmospheric precipitations on the pollen and spores concentration from the aeroplankton. Rev. Roum. Biol., Sér. Bot. 9: 329–334.

PORK, K., 1975: Allelopathie relations between species in meadow plant communities. In: LAASIMER, L. (Ed.): Some aspects of botanical research in the Estonian SSR. Tartu: 137–157.

PORTMANN, A., ANTONIETTI, A., KLÖTZLI, F., u.a., 1964: Le Bolle di Magadino. Quaderu Ticinesi (Locarno) 7: 39 S.

PRAAG, H., VAN, MANIL, G., 1965: Observations in situ sur les variations des teneurs en azote minéral dans les sols bruns acides. Ann. Inst. Pasteur 109 Suppl. 3: 256–271.

–, WEISSEN, F., 1973: Elements of a functional definition of oligotroph humus based on the nitrogen nutrition of forest stands. J. Appl. Ecol. 10: 569–583.

–, –, BRIGODE, N., DUFOUR, J., 1973: Évaluation de la quantité d'azote mineralisée par an dans un sol de hêtraie ardennaise. Bull. Soc. Roy. Botan. Belg. 106: 137–146.

PREISING, E., 1950: Nordwestdeutsche Borstgras-Gesellschaften. Mitt. Florist.-Soziol. Arb. gem. N.F. 2: 33–41.

–, 1953: Süddeutsche Borstgras- und Zwergstrauch-Heiden (Nardo-Callunetea). Ebenda 4: 112–123.

PUTZER, J., 1967: Pflanzengesellschaften im Raum von Brixen unter besonderer Berücksichtigung der Trockenvegetation. Diss. Univ. Innsbruck.

QUANTIN, A., 1935: L'évolution de la végétation à l'étage de la chênaie dans le Jura méridional. Thèse Paris, Comm. SIGMA (Montpellier) 37: 382 S.

–, 1960: in: G. VIENNOT-BOURGIN. Rapports du sol et de la végétation. Paris: 110–113.

RAABE, E.-W., 1954: Sukzessionsstudien am Sandkatener Moor. Arch. Hydrobiol. 49: 349–375.

–, 1960: Über die Vegetationstypen am Dummerdorfer Ufer, dem linken Ufer der Untertrave. Ber. Ver. „Natur u. Heimat" u. Naturhist. Mus. Lübeck 2: 5–78.

–, 1964: Die Heidetypen Schleswig-Holsteins. „Die Heimat" (Neumünster) 71: 169–175.

–, 1965: Salzwiesen in der Treene-Niederung bei Sollbrück. Jb. Schleswigsche Geest **13**: 1–10.
–, 1972: Über den Stand der Vegetationskartierung in Schleswig-Holstein 1971. Schr. Naturw. Ver. Schlesw.-Holst. **42**: 70–85.
RABELER, W., 1962: Die Tiergesellschaften von Laubwäldern (Querco-Fagetea) im oberen und mittleren Wesergebiet. Mitt. Florist.-Soziol. Arb. gem. N. F. **9**: 200–229.
RABOTNOV. T. A., 1969: Plant regeneration from seed in meadows of the USSR. Herbage Abstracts **39**, No. 4: 269–277.
RÄDEL, J., 1962: Die Reste naturnaher Waldgesellschaften im Landschaftsschutzgebiet Kriebstein/Sa. Ber. Arb. gem. Sächs. Botan., N. F. 149–186.
RADEMACHER, B., 1948: Gedanken über Begriff und Wesen des „Unkrauts". Z. Pflanzenkrankh. (Pflanzenpathol.) u. Pflanzenschutz **55**: 1–10.
–, 1962: Grasartige Unkräuter und ihre Behauptung. Arb. D. L. G. **86**: 5–21.
–, 1967: Beobachtungen in Dauerversuchen mit Unkräutern und Herbiziden. Mitt. Biol. Bundesanst. Land- u. Forstwirtsch. **1967**: 177–185.
RAMAUT, J.-L., CORVISIER, M., 1975: Effects inhibiteurs des extraits de Cladonia impexa Harm., C. gracilis (L.) Willd. et Cornicularia muricata (Ach.) Ach. sur la germination des graines de Pinus sylvestris L. Oecol. Plant. **10**, 295–299.
RANWELL, D. S., 1972: Ecology of Salt Marshes and Sand Dunes. Chapman and Hall, London: 258 S.
–, 1974: The salt marsh to tidal woodland transition. Hydrobiol. Bull. (Amsterdam) **8**: 139–151.
RAUH, W., 1939: Über polsterförmigen Wuchs. Nova Acta Leopoldina N. F. 7, **49**: 267–508.
RAWALD, W., NIEMANN, E., 1967: Über bodenmikrobiologische und vegetationskundliche Untersuchungen im Naturschutzgebiet „Prinzenschneise" bei Weimar. Arch. Naturschutz u. Landschaftsforsch. **7**: 191–246.
RAYNER, M. C., 1913: The ecology of Calluna vulgaris. New Phytol. **12**: 59–77.
REDINGER, K., 1934: Studien zur Oekologie der Moorschlenken. Beih. Bot. Cbl. 52 B: 231–309.
REHDER, H., 1960: Saugkraftmessungen an Stachys silvatica im frischen und welken Zustand. Ber. Deut. Botan. Ges. 73–82.
–, 1962: Der Girstel – ein natürlicher Föhrenwaldkomplex am Albis bei Zürich. Ber. Geobot. Inst. ETH, Stiftg. Rübel, Zürich **33**: 17–64.
–, 1965: Die Klimatypen der Alpenkarte im Klimadiagramm-Weltatlas (WALTER u. LIETH) und ihre Beziehungen zur Vegetation. Flora, Abt. B **156**: 78–93.
–, 1970: Zur Ökologie, insbesondere Stickstoffversorgung subalpiner und alpiner Pflanzengesellschaften im Naturschutzgebiet Schachen (Wettersteingebirge). Diss. Botan. **6**: 90 S.
–, 1975: Phytomasse- und Nährstoffverhältnisse einer alpinen Rasengesellschaft (Caricetum firmae). Verh. Ges. Ökol., Wien 1975: 93–99.
–, 1976: Nutrient turnover studies in Alpine ecosystems. II. Phytomass and nutrient relations in the Caricetum firmae. Oecologia (Berlin) **23**: 49–62.
REHFUESS, K. E., 1968: Beziehungen zwischen dem Ernährungszustand und der Wuchsleistung südwestdeutscher Tannenbestände. Forstwiss. Cbl. **87**: 36–58.
REICHELT, G., 1966: Anthropogene Veränderungen der Pflanzendecke und ihre Folgen an Beispielen aus Mitteleuropa. Der Math.-naturwiss. Unterricht (Frankfurt/M.) **19**: 61–71.
REICHHOFF, L., 1974: Untersuchungen über den Aufbau und die Dynamik des Orchideen-Halbtrockenrasens im Naturschutzgebiet „Leutratal" bei Jena/Thüringen. Mitt. Sekt. Geobot. Phytotax. Biol. Ges. DDR 1974: 115–125.
REISIGL, H., PITSCHMANN, H., 1958: Obere Grenzen von Flora und Vegetation in der Nivalstufe der zentralen Ötztaler Alpen (Tirol). Vegetatio **8**: 93–128.
–, –, 1959: Zur Abgrenzung der Nivalstufe. Phyton **8**: 219–224.
–, SCHIECHTL, H. M., STERN, H., 1970/71: Karte der aktuellen Vegetation von Tirol 1 : 100 000. 1. Teil: Blatt 6, Innsbruck-Stubaier Alpen. Documents Carte Végét. Alpes 8, Saint Martin d'Héres/Grenoble 1970. 2. Teil: Blatt 7, Zillertaler Alpen. Ebenda 9: 1971.
REJMENT-CROCHOWSKA, I.: Concentration of heavy metals in mosses. XII. Internat. Botan. Congr. (Leningrad) Abstr. **1**: 86.
REMACLE, J., 1975: Microbial N-transformation in forest soils. Comité Nation. Belge P.B.I., Sect. PT-PF, Projet Mirwart, Contrib. **28**: 12 pp.
–, FROMENT, A., 1972: Teneurs en azote minéral et numérations microbiologiques dans la chênaie calcicole de Virelles (Belgique). Oecol. Plant. **7**: 69–78.
*RICE, E. L., 1974: Allelopathy. Academic Press, New York-San Francisco-London: 353 S.
RICHARD, J. L., 1968 a: Quelques groupements végétaux à la limite supérieure de la forêt dans les hautes chaînes du Jura. Vegetatio **16**: 205–219.
–, 1968 b: Les groupements végétaux de la réserve d'Aletsch. Beitr. Geobot. Landesaufn. Schweiz **51**: 30 S.
–, 1972: La végétation des crêtes rocheuses du Jura. Ber. Schweiz. Botan. Ges. **82**: 68–112.
–, 1973: Dynamique de la végétation au bord du grand glacier d'Aletsch (Alpes suisses). Ebenda **83**: 159–174.
–, 1975: Les groupements végétaux du clos du Doubs (Jura suisse). Beitr. Geobot. Landesaufn. Schweiz **57**, 71 S.
RICHARD, L., 1969: Une interprétation éco-physiologique de la répartition de l'aune vert (Alnus viridis Chaix). Docum. Carte Végét. Alpes **7** (Saint Martin d'Héres, Grenoble).
RICHTER, W., 1965: Die natürliche Begrünung der erzgebirgischen Bergwerkshalden. Hercynia (Leipzig) **3**: 114–146.
RIED, A., 1960: Stoffwechsel und Verbreitungsgrenzen von Flechten. I. Flechtenzonierungen an Bachufern und ihre Beziehungen zur jährli-

chen Überflutungsdauer und zum Mikroklima. Flora 148: 616–638.
RIEDE, U., 1973: Die Bestimmung der maximalen Biomasse und deren Gehalt an Gesamtstickstoff verschiedener Pflanzengesellschaften des Graswarders vor Heiligenhafen/Ostsee. Dipl. Arb. Math.-Nat. Fak. Göttingen 1973 (unveröff.): 44 S.
RIVAS MARTINEZ, S., 1964: Esquema de la vegetación potenciál y su correspondencia con los suelos en la España peninsular. An. Inst. Botan. A. J. Cavanillas (Madrid) 22: 343–405.
ROCHOW, M. VON, 1951: Die Pflanzengesellschaften des Kaiserstuhls. Pflanzensoziol. (Jena) 8: 140 S.
RODI, D., 1960: Die Vegetations- und Standortsgliederung im Einzugsgebiet der Lein (Kreis Schwäbisch Gmünd). Veröff. Württ. Landesst. Naturschutz u. Landschaftspflege 27/28: 76–167.
–, 1963: Die Streuwiesen- und Verlandungsgesellschaften des Welzheimer Waldes Veröff. Landesstelle f. Naturschutz u. Landschaftspflege Baden-Württemb. 31: 31–67.
–, 1966: Ackerunkrautgesellschaften und Böden des westlichen Tertiär-Hügellandes mit besonderer Berücksichtigung des Kreises Schrobenhausen. Denkschr. Regensburger Botan. Ges. 26: 161–198.
–, 1968: Die Pflanzendecke. In: Erläuterungen zur Bodenkarte von Bayern 1:25000, Blatt Nr. 7433 Schrobenhausen 1968: 36–56.
–, 1974: Trockenrasengesellschaften des nordwestlichen Tertiärhügellandes. Ber. Bayer. Botan. Ges. 45: 151–172.
*RODIN, L. E., BAZILEVIČ, N. I., 1966: The biological productivity of the main vegetation types in the northern hemisphere of the old world. Forestry Abstr. 27: 357–372.
*RÖHRIG, E., 1964: Über die gegenseitige Beeinflussung der höheren Pflanzen Forstarch. 35: 25–39.
ROISIN, P., 1961: Reconnaissances phytosociologiques dans les hêtraies atlantiques. Bull. Inst. Agron. et Stat. Rech. Gembloux 29: 356–385.
ROLL, H., 1938: Die Pflanzengesellschaften ostholsteinischer Fließgewässer. Arch. Hydrobiol. 34: 159–305.
–, 1939: Isoëtes, Lobelia und Litorella in kalkarmem und kalkreichem Wasser. Beih. Botan. Cbl. 59: 345–358.
ROLLER, M., 1963: Kleinklimatische Untersuchungen in einem alpinen Urwaldbestand. Geofis. Meteorol. (Genova) 11: 20 S.
ROMELL, L. G., 1967: Die Reutbetriebe und ihr Geheimnis. Studium Generale 20: 362–369.
ROMPEL, J., 1928: Beobachtungen über die bis zum Aufblühen alpiner Arten verstreichende Aperzeit. Österr. Botan. Z. 77: 178–194.
RÖNICKE, G., KLOCKOW, D., 1974: Der Grundpegel der Schwefelkonzentration der Luft in der Bundesrepublik Deutschland 1967–1972. DFG-Kommission Erforsch. Luftverunreinigung, Mitt. 12: 38 S.

RONNIGER, K., 1968: Aus der Pflanzenwelt Korsikas. Verh. Zool.-Botan. Ges. Wien 1918: 210–236.
ROTHE, E., 1963: Beiträge zur Kenntnis der Färbungen und Farbstoffe bei Torfmooren (Sphagnum). Beitr. Biol. Pflanzen 38: 331–381.
ROTHMALER, W., MEUSEL, H., SCHUBERT, R., 1972: Exkursionsflora für die Gebiete der DDR und der BRD, Gefäßpflanzen. Berlin: Volk u. Wissen VEV 1972: 612 S.
ROTTENBURG, W., KOEPPNER, T., 1972: Die Wirkung der Faktoren Licht und Wasser auf den Spaltöffnungszustand bei Koniferen. Ber. Deut. Botan. Ges. 85: 353–362.
ROUSSEAU, L. Z., 1960: De l'influence du type d'humus sur le développement des plantules de sapin dans les Vosges. Ann. École Nation. Eaux et Forêts et Stat. Rech. et Expér. Nancy 17: 15–118.
RÜBEL, E., 1912: Pflanzengeographische Monographie des Berninagebietes. Leipzig: 615 S.
–, 1922: Curvuletum. Mitt. Geobot. Inst. Rübel, Zürich 1922: 1–15.
RÜDENAUER, B., RÜDENAUER, K., SEYBOLD, S., 1974: Über die Ausbreitung von Helianthus- und Solidago-Arten in Württemberg. Jb. Ges. Naturkde. Württemb. 129: 65–77.
RUDOLPH, H., 1963: Die Kultur von Hochmoor-Sphagnen unter definierten Bedingungen. Beitr. Biol. Pflanzen 39: 153–177.
–, BREHM, K., 1966: Kationenaufnahme durch Ionenaustausch? Neue Gesichtspunkte zur Frage der Ernährungsphysiologie der Sphagnen. Ber. Deut. Botan. Ges. 78: 484–491.
RUETZ, W. F., 1973: The seasonal pattern of CO_2 exchange of Festuca rubra L. in a montane meadow community in Northern Germany. Oecologia (Berlin) 13: 247–269.
RÜHL, A., 1954: Das südliche Leinebergland. Pflanzensoziol. (Jena) 9: 155 S.
–, 1960: Über die Waldvegetation der Kalkgebiete nordwestdeutscher Mittelgebirge. Decheniana 111, Beih. 8: 1–50.
–, 1964: Vegetationskundliche Untersuchungen über die Bachauenwälder des Nordwestdeutschen Berglandes. Decheniana 116: 29–44.
–, 1973: Waldvegetationsgeographie der Weser-Leineberglandes. Veröff. Nieders. Inst. Landeskunde u. Landesentwickl. Göttingen, R. A. 101: 95 S.

RUNGE, F., 1950: Vergleichend pflanzensoziologische und bodenkundliche Untersuchungen von bodensauren Laubwäldern im Sauerland. Abh. Landesmus. Naturk. Prov. Westfalen 13: 3–48.
–, 1962: Vegetationsänderungen in den Bockholter Bergen bei Münster. Natur u. Heimat 22: 60–64.
–, 1963: Die Artmächtigkeitsschwankungen in einem nordwestdeutschen Enzian-Zwenkenrasen. Vegetatio 11: 237–240.
–, 1968 a: Vegetationsänderungen nach Auflassung eines Ackers. Natur u. Heimat (Münster i. Westf.) 28: 111–125.
–, 1968 b: Schwankungen der Vegetation sauer-

ländischer Talsperren. Arch. Hydrobiol. 65: 223–239.
—, 1969 a: Die Verlandungsvegetation in den Gewässern des Naturschutzgebietes „Heiliges Meer". Naturkunde in Westf. 5: 89–95.
—, 1969 b: Vegetationsschwankungen in einem Melico-Fagetum. Vegetatio 17: 151–156.
—, 1969 c: Die Pflanzengesellschaften Deutschlands unter besonderer Berücksichtigung der Pflanzengesellschaften der Bundesrepublik. 3. Aufl. Aschendorffsch, Münster/Westf.: 232 S. (1. Aufl. 1961: Die Pflanzengesellschaften Westfalens)
—, 1970: Die pflanzliche Besiedlung eines Straßenbanketts. Natur u. Heimat 30: 54–56.
Runge, M., 1965: Untersuchungen über die Mineralstickstoff-Nachlieferung an nordwestdeutschen Waldstandorten. Flora 155: 353–386.
—, 1970: Untersuchungen zur Bestimmung der Mineralstickstoff-Nachlieferung am Standort. Flora, Abt. B 159: 233–257.
—, 1973 a: Der biologische Energieumsatz in Land-Ökosystemen unter Einfluß des Menschen. In: Ellenberg 1973 b: 123–141.
—, 1973 b: Energieumsätze in den Biozönosen terrestrischer Ökosysteme. Scripta Geobot. 4 (Göttingen): 78 S.
—, 1974: Die Stickstoff-Mineralisation im Boden eines Sauerhumus-Buchenwaldes I. Mineralstickstoff-Gehalt und Netto-Mineralisation. II. Die Nitratproduktion. Oecol. Plant. 9: 201–218 u. 219–230.
Ruthsatz, B., 1970: Die Grünlandgesellschaften um Göttingen. Scripta Geobot. (Göttingen) 2: 31 S.
Ruttner, F., 1962: Grundriß der Limnologie. Hydrobiologie des Süßwassers. 3. Aufl. Berlin: 332 S.
Ruuhijärvi, R., 1962: Über die Palsamoore und deren Morphologie im Lichte der Pollenanalyse. „Terrasta" (Helsinki) 2: 58–68.
—, 1963: Zur Entwicklungsgeschichte der nordfinnischen Hochmoore. Ann. Botan. Soc. „Vanamo" 34, No. 2: 40 S.
Ružička, M., 1961: Flechten-Kiefernwald auf den Flugsanden der Tiefebene Záhorská Nížina (Cladonio-Pinetum zahoricum). Biológia (Bratislava) 16: 881–894.
—, 1964: Geobotanische Verhältnisse der Wälder im Sandgebiete der Tiefebene Záhorská Nížina (Südwestslowakei). Biol. Práce (Bratislava) 10, 1: 119 S.
Rybniček, K., 1970: Rhynchospora alba (L) Vahl, its distribution, communities and habitat conditions in Czechoslovakia, Part 2. Folia Geobot. Phytotax. (Praha) 5: 221–263.
—, 1964: Die Braunmoosgesellschaften der Böhmisch-mährischen Höhe (Tschechoslowakei) und die Problematik ihrer Klassifikation. Preslia (Praha) 36: 403–415.
—, 1974: Die Vegetationsverhältnisse der Moore im südlichen Teil der Böhmisch-Mährischen Höhe. Veget. ČSSR Ser. A 6: 243 S.

Sagar, G. R., Harper, J. L., 1961: Controlled interference with natural populations of Plantago lanceolata, P. major and P. media. Weed Res. 1: 163–176.
Salisbury, E. J., 1922: The soils of Blakeney Point: A study of soil reaction and succession in relation to the plant covering. Ann. Botan. 36: 391–431.
Salisbury, F. B., 1975: The active growth of plants under snow. XII. Invernat. Botan. Congr. (Leningrad) Abstr. 1: 166.
Salzmann, R., 1939: Die Anthropochoren der schweizerischen Kleegraswirtschaft; die Abhängigkeit ihrer Verbreitung von der Wasserstoffionen-Konzentration und der Dispersität des Bodens mit Beiträgen zu ihrer Keimungsbiologie. Diss. ETH Zürich: 82 S.
*Sauberer, F., Härtel, O., 1959: Pflanze und Strahlung. Leipzig: 268 S.
Scamoni, A., 1957: Vegetationsstudien im Wildschutzgebiet „Fauler Ort" und in den angrenzenden Waldungen. Feddes Repert. Beih. 137: 55–109.
—, 1960: Waldgesellschaften und Waldstandorte, dargestellt am Gebiet des Diluviums der Deutschen Demokratischen Republik. Berlin: 326 S.
—, (Hrsg.), 1964: Vegetationskarte der Deutschen Demokratischen Republik (1 : 500 000) mit Erläuterungen. Berlin: Akademie-Verlag: 106 S.
—, 1965: Vegetationskundliche und standortskundliche Untersuchungen in mecklenburgischen Waldschutzgebieten. Natur Meckl. (Stralsund-Greifswald) 3: 15–142.
—, 1967: Vegetation–Standort. Methodenvergleich in der Oberförsterei Chorin bei Eberswalde. Arch. Natuschutz u. Landschaftsforsch. 6: 167–206.
—, 1967 b: Der Waldmeister-Buchenwald (Asperulo-Fagetum). Botan. Jb. 86: 494–521.
—, Passarge, H., 1959: Gedanken zu einer natürlichen Ordnung der Waldgesellschaften. Arch. Forstwes. 8: 386–426.
—, Grosser, K. H., Gürtler, Ch., Hofmann, G., Hurttig, H., Passarge, H., Siefke, A., Weber, H., 1963: Natur, Entwicklung und Wirtschaft einer jungpleistozänen Landschaft, dargestellt am Gebiet des Meßtischblattes Thurow (Kreis Neustrelitz). Wiss. Abh. Deut. Akad. Landwirtschaftswiss. Berlin 56: 340 S., 2 farb. Karten.
Schaefer, R., 1964: Influence du régime thermique d'incubation, en particulier d'un gel répété, sur la réduction dissimilative des nitrates dans un mull et un hydromull calciques. Ann. Inst. Pasteur 107: 534–549, u. 1964, Suppl. au No. de Sept.: 282–292.
Schaeftlein, H., 1962: Ein eigenartiges Hochmoor in den Schladminger Tauern. Mitt. Naturw. Ver. Steiermark 92: 104–119.
*Schäfer, A., 1975: Die Bedeutung der Saarbelastung für die Arealdynamik und Struktur von Molluskenpopulationen. Diss. Univ. Saarbrükken: 309 S.
Schäfer, H., Wittmann, O. (Hrsg.), 1966: Der Isteiner Klotz. Zur Naturgeschichte einer Land-

schaft am Oberrhein. Verlag Rombach, Freiburg i. Br.: 445 S.
SCHÄFER, K., 1972: Temperaturkurven der Nettoassimilation und Dunkelatmung einiger Sorten von Lolium perenne L. Landwirtsch. Forsch. 25: 191–202.
—, 1975: Über die Entwicklung der Pflanzenbestände von ehemaligem Grünland auf grundwassernahen und grundwasserfernen Standorten. In: SCHMIDT, W. (Hrsg.): Sukzessionsforschung. J. Cramer, Vaduz: 527–533.
SCHARFETTER, R., 1938: Das Pflanzenleben der Ostalpen. Wien: 419 S.
SCHEEL, H., 1962: Moor- und Grünlandgesellschaften im oberen Briesetal nördlich von Berlin. Wiss. Z. Pädag. Hochsch. Potsdam 7: 201–230.
SCHEFFER, F., ULRICH, B., 1960: Lehrbuch der Agrikulturchemie und Bodenkunde III. Humus und Humusdüngung. Bd. 1. Morphologie, Biologie, Chemie und Dynamik des Humus. 2. Aufl., Stuttgart: 266 S.
SCHIECHTL, H.M., 1958: Grundlagen der Grünverbauung. Mitt. Forstl. Versuchsanst. Mariabrunn 55: 273 S.
—, 1970: Die Ermittlung der potentiellen Zirben-Waldfläche im Ötztal. Mitt. Ostalpin.-Dinar. Ges. Vegetationskunde 11 (Innsbruck): 1970.
SCHLENKER, G., 1940: Erläuterungen zum pflanzensoziologischen Kartenblatt Bietigheim. Tübingen.
SCHLÜTER, H., 1955: Das Naturschutzgebiet Strausberg. Feddes Repert. Beih. 135: 260–350.
—, 1959: Waldgesellschaften und Wuchsbezirksgliederung im Grenzbereich der Eichen-Buchenzur Buchenstufe am Nordwestabfall des Thüringer Waldes. Arch. Forstwes. 8: 427–493.
—, 1962: Über das soziologische Verhalten von Rosa arvensis Huds. in Thüringen. Mitt. Florist.-Soziol. Arb. gem. N.F. 9: 26–42.
—, 1964: Zur Waldentwicklung im Thüringer Gebirge, hergeleitet aus Pollendiagrammen, Archivquellen und Vegetationsuntersuchungen. Arch. Forstwes. 13: 283–305.
—, 1965: Vegetationskundliche Untersuchungen an Fichtenforsten im Mittleren Thüringer Wald. Die Kulturpflanze (Berlin) 13: 55–99.
—, 1966 a: Abgrenzung der natürlichen Fichtenwälder gegen anthropogene Fichtenforste und die Ausweitung des Fichtenwaldareals in Zusammenhang mit dem Tannenrückgang im Thüringer Wald. In: R.TÜXEN: Anthropogene Vegetation. Dr. W. Junk, Den Haag: 263–274.
—, 1966 b: Untersuchungen über die Auswirkung von Bestandskalkungen auf die Bodenvegetation in Fichtenforsten. Die Kulturpflanze (Berlin) 14: 47–60.
—, 1966 c: Licht- und Temperaturmessungen an den Vegetationszonen einer Lichtung („Lochhieb") im Fichtenforst. Flora, Abt. B 156: 133–154.
—, 1967: Buntlaubhölzer in kollinen Waldgesellschaften Mittelthüringens. Die Kulturpflanze (Berlin) 15: 115–138.
—, 1968: Zur systematischen und räumlichen Gliederung des Carpinion in Mittelthüringen. Feddes Repert. 77: 117–141.
—, 1970: Vegetationskundlich-synökologische Untersuchungen zum Wasserhaushalt eines hochmontanen Quellgebietes. Wiss. Veröff. Geogr. Inst. Deut. Akad. Wiss. N.F. 27/28: 23–144.
SCHMEIDL, H., 1962: Kleinklimatische Vergleiche in Moorgebieten. Wetter u. Leben (Wien) 14: 77–82.
—, 1964: Bodentemperaturen in Hochmoorböden. Bayer. Landw. Jb. 41: 115–122.
—, SCHUCH, M., WANKE, R., 1970: Wasserhaushalt und Klima einer kultivierten und unberührten Hochmoorfläche am Alpenrand. Schriftenr. Kurator. f. Kulturbauwesen 19: 174 S.
SCHMEISKY, H., 1974: Vegetationskundliche und ökologische Untersuchungen in Strandrasen des Graswarders vor Heiligenhafen/Ostsee. Diss. Univ. Göttingen: 103 S.
SCHMID, E., 1936: Die Reliktföhrenwälder der Alpen. Beitr. Geobot. Landesaufn. Schweiz 21: 190 S.
—, 1961: Erläuterungen zur Vegetationskarte der Schweiz. Beitr. Geobot. Landesaufn. Schweiz 39: 52 S.
SCHMID, H., ZEIDLER, H., 1953: Beobachtungen und Gedanken zum Rückgang der Tanne. Forstwiss. Cbl. 72: 101–110.
SCHMID, J., 1955: Der Bodenfrost als morphologischer Faktor. Heidelberg: 144 S.
SCHMIDT, K.W., 1957: Studien über das Verhalten von 14 kalkmeidenden Pflanzen der Bauernwälder auf dem Kalkwildboden eines Berghanges. Botan. Jb. 77: 158–192.
SCHMIDT, P., 1974: Das soziologische Verhalten der mitteleuropäischen Thymus-Arten als Beispiel für die Bedeutung „kritischer Sippen" in der Geobotanik. Mitt. Sekt. Geobot. Phytotax. Biol. Ges. DDR 1974: 49–59.
SCHMIDT, W., 1970: Untersuchungen über die Phosphorversorgung niedersächsischer Buchenwaldgesellschaften. Scripta Geobot. (Göttingen) 1: 120 S.
—, 1976: Ungestörte und gelenkte Sukzession auf Brachäckern. Habil. Schr. Math.-Nat. Fakult. Univ. Göttingen: 276 S. (Scripta Geobot., im Druck).
SCHMITHÜSEN, J., 1934: Der Niederwald des linksrheinischen Schiefergebirges. Beitr. Landeskunde Rheinlande 4: 106 S.
—, 1948: Wirkungen des trockenen Sommers 1947 als Forschungsaufgabe. Ber. Deut. Landeskunde 5: 37–52.
—, 1950: Die Dürreempfindlichkeit der mitteleuropäischen Wirtschaftslandschaft in Vergangenheit und Gegenwart. Deutscher Geographentag München 1948, 27: 129–145.
*—, 1959: Allgemeine Vegetationsgeographie. Berlin, 261 S., 3. Aufl. 1968.
—, 1976: Atlas zur Biogeographie. Bibliographisches Institut, Mannheim/Zürich: 80 S.
SCHMITT, R., 1936: Die waldbauliche und bodenkundliche Bedeutung der Bodenflora des Buchenwaldes im Hoch-Spessart. Würzburg: 74 S.

SCHMUCKER, T., DRUDE, G., 1934: Verbreitungsgesetze bei Pflanzen, besonders Allium ursinum. Beih. Botan. Cbl. **52 A**: 240–565.

SCHNETTER, M.-L., 1965: Frostresistenzuntersuchungen an Bellis perennis, Plantago media und Helleborus niger im Jahreslauf. Biol. Zbl. **84**: 469–487.

SCHNOCK, G., 1967 a: Recherches sur l'écosystème forêt. Contrib. No. 11 Bull. Inst. Roy. Sci. Nat. Belg. **43**, No. 35: 15 S.

–, 1967 b: Contrib. No. 12. Thermisme comparé de l'habitat, dans la forêt et la prairie permanente (1). Ebenda **43**, 36: 17 S.

–, 1972: Interception des précipitations par les colonies de Mercurialis perennis L. Bull. Soc. Roy. Botan. Belg. **105**: 151–156.

–, GALOUX, A., 1967: Recherches sur l'écosystème forêt, Série B: La chênaie melangée calcicole de Virelles-Blaimont. Contrib. No. 8. Bull. Inst. Roy. Sci. Nat. Belg. **43**, No. 33: 30 S.

SCHÖNBECK, H., 1974: Nachweis schwermetallhaltiger Immissionen durch ausgewählte pflanzliche Indikatoren. VDI-Ber. **203**: 75–87.

SCHÖNFELDER, P., 1967: Das Galeopsietum angustifoliae Büker 1942 – eine Kalkschuttpioniergesellschaft Nordbayerns. Mitt. Florist.-Soziol. Arb. gem. N. F. **11/12**: 5–10.

–, 1968: Adalpin – dealpin, ein historisch-chorologisches Begriffspaar. Ebenda **13**, 5–9.

–, 1970: Die Blaugras-Horstseggenhalde und ihre arealgeographische Gliederung in den Ostalpen. Jahrb. Ver. Schutze Alpenpflanzen u. -Tiere **35**: 10 S.

–, 1972: Systematisch-arealkundliche Gesichtspunkte bei der Erfassung historisch-geographischer Kausalitäten der Vegetation, erläutert am Beispiel des Seslerio-Caricetum sempervirentis in den Ostalpen. In: TÜXEN, R. (Hrsg.): Grundfragen und Methoden der Pflanzensoziologie. Dr. W. Junk, Den Haag: 279–290.

–, 1976: Vegetationsverhältnisse auf Gips im südwestlichen Harzvorland. Naturschutz u. Landschaftspflege Niedersachsen, 149 S. (im Druck).

SCHÖNHAR, S., 1952: Untersuchungen über die Korrelation zwischen der floristischen Zusammensetzung der Bodenvegetation und der Bodenazidität sowie anderen chemischen Bodenfaktoren. Mitt. Ver. Forst. Standortskartierung **2**: 1–23.

–, 1953: Die ökologischen Artengruppen. Ebenda **3**: 26–28.

–, 1954: Die Bodenvegetation als Standortsweiser. Allg. Forst- u. Jagdztg. **125**: 259–265.

SCHÖNNAMSGRUBER, H., 1959: Mineralstoffuntersuchungen an Waldgesellschaften Baden-Württembergs. Ber. Deut. Botan. Ges. **72**: 220–229.

SCHREIBER, K. F., 1962: Über die standortsbedingte und geographische Variabilität der Glatthaferwiesen in Südwest-Deutschland. Ber. Geobot. Inst. ETH, Stiftg. Rübel, Zürich **33**: 65–128.

SCHREITLING, K.-T., 1959: Beiträge zur Erklärung der Salzvegetation in den nordfriesischen Kögen. Mitt. Arb. gem. Floristik Schlesw.-Holst. u. Hamburg **8**: 98 S.

SCHRETZENMAYR, M., 1957: Die Wald- und Forstgesellschaften im westthüringischen Buntsandsteinbezirk. Arch. Forstwes. **6**: 481–573.

SCHROEDER, F.-G., 1963: Der Waldzustand im Teutoburger Wald bei Halle (Westf.) im 16. Jahrhundert. Natur u. Heimat **23**: 9–15.

–, 1973: Westerhof, ein natürliches Fichtenvorkommen westlich des Harzes. Mitt. Deut. Dendrol. Ges. **66**: 9–38.

–, 1974: Waldvegetation und Gehölzflora in den Südappalachen (USA). Ebenda **67**: 128–163.

SCHRÖTER, C., 1926: Das Pflanzenleben der Alpen. 1. Aufl. 1912, 2. Aufl. Zürich: 1288 S.

SCHROTT, R., 1974: Verlandungsgesellschaften der Weiher um Eschenbach und Tirschenreuth und Vergleich der Verlandungszonen. Hoppea, Denkschr. Regensburg. Botan. Ges. **33**: 247–310.

SCHUBERT, R., 1954: Die Schwermetallpflanzengesellschaften des östlichen Harzvorlandes. Wiss. Z. Univ. Halle, Math.-Nat. **3**: 52–70.

–, 1960: Die Zwergstrauchreichen azidiphilen Pflanzengesellschaften Mitteldeutschlands. Pflanzensoziol. (Jena) **11**: 235 S.

–, 1969: Die Pflanzengesellschaften der Elster-Luppe-Aue und ihre voraussichtliche Strukturänderung durch Grundwasserabsenkung. Wiss. Z. Univ. Halle **18**: 125–162.

–, 1972: Übersicht über die Pflanzengesellschaften des südlichen Teiles der DDR. III. Wälder, Teil 3. Hercynia N.F. **9**: 197–228.

–, 1974: Übersicht über die Pflanzengesellschaften des südlichen Teiles der DDR. IX. Mauerpfefferreiche Pionierfluren. Hercynia N.F. **11**: 201–214.

–, HILBIG, W., MAHN, E.-G. (Hrsg.), 1973: Probleme der Agrogeobotanik. Wiss. Beitr. Univ. Halle-Wittenberg 1973/11 (P 2): 213 S.

–, KLEMENT, O., 1961: Die Flechtenvegetation des Brocken-Blockmeeres. Arch. Naturschutz u. Landschaftsforsch. **1**: 18–38.

–, KÖHLER, H., 1964: Vegetationskundliche Untersuchungen in der mitteldeutschen Ackerlandschaft. Die Pflanzengesellschaften im Einzugsgebiet der Luhne im Bereich des oberen Unstruttales. Wiss. Z. Univ. Halle **13**, Sonderb. Botan.: 3–51.

–, MAHN, E.-G., 1968: Übersicht über die Ackerunkrautgesellschaften Mitteldeutschlands. Feddes Repert. **80**: 133–304.

–, u. Mitarb., 1961: Botanische Exkursionen im Ostharz und im nördlichen Thüringen. Akademischer Verlag, Halle (Saale): 109 S.

SCHUBERT, W., 1963: Die Sesleria varia-reichen Pflanzengesellschaften in Mitteldeutschland. Feddes Repert. Beih. **140**: 71–199.

SCHÜTTE, K., 1939: Sinkendes Land an der Nordsee? Öhringen: 144 S.

SCHULZE, E.-D., 1970: Der CO_2-Gaswechsel der Buche (Fagus silvatica L.) in Abhängigkeit von den Klimafaktoren im Freiland. Flora **159**: 177–232.

–, LANGE, O.L., 1968: CO_2-Gaswechsel der Flechte Hypogymnia physodes bei tiefen Temperaturen im Freiland. Flora B **158**: 180–184.

SCHWAAR, J., 1973: Hochmoorgrünland, seine pflanzensoziologische und ökologische Zuordnung. Z. Kulturtechnik u. Flurbereinigung 14: 197–203.

SCHWABE, A., 1975: Dauerquadrat-Beobachtungen in den Salzwiesen der Nordseeinsel Frischen. Mitt. Florist.-Soziol. Arb. gem. N.F. 18: 111–128.

SCHWARZ, W., 1968: Der Einfluß der Temperatur und Tageslänge auf die Frosthärte der Zirbe. Deut. Akad. Landwirtschaftswiss. Berlin, Tagungsber. 100: 55–63.

–, 1970: Der Einfluß der Photoperiode auf das Austreiben, die Frosthärte und die Hitzeresistenz von Zirben und Alpenrosen. Flora 159: 258–285.

SCHWEINGRUBER, F., 1972: Die subalpinen Zwergstrauchgesellschaften im Einzugsgebiet der Aare (schweizerische nordwestliche Randalpen). Mitt. Schweiz. Anst. Forstl. Versuchswes. 48, 2: 200–504.

SCHWEINGRUBER, F.H., 1974: Föhrenwälder im Berner Oberland und am Vierwaldstättersee. Ber. Schweiz. Botan. Ges. 83: 175–204.

SCHWENKE, H., 1964: Vegetation und Vegetationsbedingungen in der Kieler Ostsee (Kieler Bucht). Kieler Meeresforsch. 20: 157–168.

–, 1969: Meeresbotanische Untersuchungen in der westlichen Ostsee als Beitrag zu einer marinen Vegetationskunde. Internat. Rev. Ges. Hydrobiol. 54: 35–94.

*SCHWERDTFEGER, F., 1975: Ökologie der Tiere, Bd. III. Synökologie. Verlag Paul Paray, Hamburg-Berlin: 451 S.

SCHWICKERATH, M., 1942: Bedeutung und Gliederung des Differentialartenbegriffs in der Pflanzensoziologie. Beih. Botan. Cbl. 61 B: 351–383.

–, 1944: Das Hohe Venn und seine Randgebiete. Pflanzensoziol. (Jena) 6: 278 S.

–, 1951: Letzte Hartauenwälder der Erfttrockenmulde. Naturschutz u. Landschaftspflege Nordrhein-Westf. 1951: 1–32.

–, 1953: Die Studienfahrt zum Kermeter und Schülerbeiträge zu dem Thema „Westdeutsche Hecken und Heckenlandschaften". In: Wasser u. Boden in der Landschaftspflege. Ratingen: 60–103.

–, 1954: Die Landschaft und ihre Wandlung, auf geobotanischer und geographischer Grundlage entwickelt und erläutert im Bereich des Meßtischblattes Stolberg. Aachen: 118 S.

–, 1958: Die wärmeliebenden Eichenwälder des Rheinstromgebietes und ihre Beziehungen zu den verwandten Wäldern Österreichs. Schr. Ver. Verbreitung Naturw. Kenntnisse Wien 98: 85–112.

–, GALLHOFF, E., RADKE, G.J., 1969: Die florengeographische und vegetationskundliche Gliederung des Naturschutzgebietes „Wollerscheider Venn", Kreis Monschau. Schr.reihe Landesstelle Naturschutz u. Landschaftspflege Nordrhein-Westfalen 6: 39–68.

SEBALD, O., 1956: Über Wachstum und Mineralstoffgehalt von Waldpflanzen in Wasser- und Sandkulturen bei abgestufter Azidität. Mitt. Württemb. Forstl. Vers. Anst. 13: 3–83.

–, 1964: Zur Ökologie und Soziologie der Simsenlilie (Tofieldia calyculata L. Wahl) im Muschelkalkgebiet des oberen Neckarlandes. Jh. Ver. Vaterl. Naturk. Württemb. 118/119: 287–292.

–, 1975: Zur Kenntnis der Quellfluren und Waldsümpfe des Schwäbisch-Fränkischen Waldes. Beitr. Naturk. Forsch. Südw.-Deut. 34: 295–327.

SEIBERT, P., 1954: Die Wald- und Forstgesellschaften im Graf Görtzischen Forstbezirk Schlitz. Angew. Pflanzensoziol. (Stolzenau/Weser) 9: 63 S.

–, 1958: Die Pflanzengesellschaften im Naturschutzgebiet „Pupplinger Au". Landschaftspflege u. Vegetationskunde (München) 1: 79 S.

–, 1965: Die Auswirkung des Donau-Hochwassers 1965 auf Ackerunkrautgesellschaften. Mitt. Florist.-Soziol. Arb. gem. N.F. 14: 121–135.

–, 1966: Der Einfluß der Niederwaldwirtschaft auf die Vegetation. In: R. TÜXEN (Hrsg.) Anthropogene Vegetation. Dr. W. Junk, Den Haag: 336–346.

–, 1968: Vegetation und Landschaft in Bayern. Erläuterungen zur Übersichtskarte der natürlichen Vegetationsgebiete von Bayern. Erdkunde 22: 294–313.

–, 1969: Über das Aceri-Fraxinetum als vikariierende Gesellschaft des Galio-Carpinetum am Rande der bayerischen Alpen. Vegetatio 17: 165–175.

–, 1971: Neue Gefahren für Pupplinger und Ascholdinger Au. Jb. Ver. Schutze Alpenpflanzen u. -Tiere 36: 1–19.

–, 1973: Waldgesellschaften nasser Standorte am bayerischen Alpenrand. Ber. Geobot. Inst. ETH, Stiftg. Rübel, Zürich 51: 122–126.

–, 1974: Die Belastung der Pflanzendecke durch den Erholungsverkehr. Forstwiss. Cbl. 93: 35–43.

–, 1975: Veränderung der Auenvegetation nach Anhebung des Grundwasserspiegels in den Donauauen bei Offingen. Beitr. Naturk. Forsch. Südw.-Deut. 34: 329–343.

–, HAGEN, J., 1974: Zur Auswahl von Waldreservaten in Bayern. Forstw. Cbl. 93: 274–284.

SEIDEL, K., 1966: Reinigung von Gewässern durch höhere Pflanzen. Naturwissenschaften 53: 289–297.

–, KICKUTH, R., 1965: Exkretion von Phenol in der Phyllosphäre von Scirpus lacustris L. Naturwissenschaften 52: 517.

SEIFERT, J., 1962: The effects of winter on the number of bacteria and nitrification power of soils. II. Acta Univ. Carol. Biol. Suppl. 1962: 41–49.

SENDTNER, O., 1860: Die Vegetations-Verhältnisse Südbayerns. München.

ŠERCELJ, A., 1970: Das Refugialproblem und die spätglaziale Vegetationsentwicklung im Vorfeld des Südostalpenraumes. Mitt. Ostalp.-Dinar. Pflanzensoz. Arbeitsgem. 10: 76–78.

SHIMWELL, D.W., 1971: Festuco-Brometea.

Br.-Bl. et R. Tx. 1943 in the British Isles: The phytogeography and phytosociology of limestone grasslands. Vegetatio 23: 1–60.
SIEGHARDT, H., 1973: Strahlungsnutzung von Phragmites communis. In: H. ELLENBERG (Hrsg.): Ökosystemforschung. Springer-Verl. Berlin-Heidelberg-New York: 79–86.
SIEGRIST, R., 1913: Die Auenwälder der Aare mit besonderer Berücksichtigung ihres genetischen Zusammenhanges mit anderen flußbegleitenden Pflanzengesellschaften. Jb. Aargauisch. Naturf. Ges. 1913: 182 S.
SIMON, T., 1957: Die Wälder des nördlichen Alföld. Die Vegetation ungarischer Landschaften (Budapest) 1: 172 S.
SIMONIS, W., 1948: CO_2-Assimilation und Xeromorphie von Hochmoorpflanzen in Abhängigkeit vom Wasser- und Stickstoffhaushalt des Bodens. Biol. Zbl. 67: 77–83.
SISSINGH, G., 1970: Dänische Buchenwälder. Vegetatio 21: 245–254.
SJÖGREN, E., 1964: Epilithische und epigäische Moosvegetation in Laubwäldern der Insel Öland (Schweden). Acta Phytogeogr. Suecica 48: 184 S.
SJÖRS, H., 1954: Meadows in Grangärde Finnmark, SW Dalarna, Sweden. Acta Phytogeogr. Suecica 34: 135 S.
SKYKE, E., 1968: Lichens and air pollution. A study of cryptogamic epiphytes and environment in the Stockholm region. Acta Phytogeogr. Suecica 52: 123 S.
SLAVÍK, B., LHOTSKÁ, M., 1967: Chorologie und Verbreitungsbiologie von Echinocystis lobata (Michx) Torr. et Gray mit besonderer Berücksichtigung ihres Vorkommens in der Tschechoslowakei. Folia Geobot. Phytotax. (Praha) 2: 255–282.
SLAVÍKOVÁ, J., 1958: Einfluß der Buche (Fagus silvatica L.) als Edifikator auf die Entwicklung der Krautschicht in Buchenphytozönosen. Preslia 30: 19–42.
SMALL, E., 1972 a: Ecological significance of four critical elements in plants of raised Sphagnum peat bogs. Ecology 53: 498–503.
–, 1972 b: Water relations of plants in raised Sphagnum peat bogs. Ebenda 53: 726–728.
ŠMARDA, J., u. Mitarb., 1963: Sekundäre Pflanzengesellschaften im Schutzgebiet der Hohen Tatra. Bibloth. Samml. Studien Tatra-Nationalpark 4: 219 S.
SMETÁNKOVÁ, M., 1959: Dry matter production and growth in length of overground parts of Carex humilis Leyss. Biol. Plant. (Praha) 1: 235–247.
SMIDT, J. T. DE, 1966: The inland-heath communities of the Netherlands. Wentia 15: 142–162.
SNAYDON, R. W., 1962 a: Micro-distribution of Trifolium repens L. and its relation to soil factors. J. Ecol. 50: 133–143.
–, 1962 b: The growth and competitive ability of contrasting natural populations of Trifolium repens L. on calcareous and acid soils. J. Ecol. 50: 439–447.
–, 1970: Rapid population differentiation in a mosaic environment. I. The response of Anthoxanthum odoratum populations to soils. Evolution 24: 257–269.
–, BRADSHAW, A. D., 1962: Differences between natural populations of Trifolium repens L. in response to mineral nutrients. J. Exper. Botan. 13: 422–434.
SØCHTING, U., JOHNSON, I., 1974: Changes in the distribution of epiphytic lichens in the Copenhagen area from 1936 to 1972. Botan. Tidskr. 69: 60–63.
SOKOŁOWSKI, A. W., 1962: L'épaisseur de la couverture de neige et la profondeur de la congélation du sol dans les associations forestières du parc national de Białowieża. Ochrony Przyrody 28: 111–135.
–, 1963: Waldgesellschaften des südöstlichen Teiles des Masowien-Tieflandes. Monogr. Botan. 16: 176 S.
–, 1965: Forest associations of the Laska Forestry District in Bory Tucholskie (Tuchola Forest). Fragm. Florist. et Geobot. (Kraków) 11: 97–119.
–, 1966 a: Vegetation in the forest reserve „Debowo" on the territory of the forest district Sadłowo, Olsztyn Voivodship. Prace Inst. Badaw. Leśn. (Warszawa) 303: 2–44.
–, 1966 b: Phytosociological characteristic of coniferous woods of Dicrano-Pinion alliance of Białowieża forest. Ebenda 305: 72–105.
–, 1966 c: Phytosociological character of spruce woods of Białowieża forest. Ebenda 304: 46–69.
–, 1968 a: Forest associations at the territory of head-forestry Zwierzyniec in Białowieża forest. Ebenda 354: 130 S.
–, 1968 b: Mixed pine-spruce forests (association Calamagrosti arundinaceae-Picetum) in Northeast Poland. Ebenda 350: 216–231.
–, 1970: Phytosociological characteristics of Cladonia-pine woods in Poland and their position in systematics. Ebenda 368: 3–13.
SOMMER, W.-H., 1970: Das „cladonietosum-Problem" in Silikattrockenrasen. Herzogia 2: 116–122.
–, 1971: Wald- und Ersatzgesellschaften im östlichen Niedersachsen. Diss. Botan. 12: 101 S.
Soó, R., 1930: Vergleichende Vegetationsstudien – Zentralalpen-Karpathen-Ungarn – nebst kritischen Bemerkungen zur Flora der Westkarpathen. Veröff. Geobot. Inst. Rübel, Zürich 6: 237–322.
–, 1960: Übersicht der Waldgesellschaften und Waldtypen Ungarns. Különlenyomat Az Erdö (Budapest) 1960: 321–340.
–, 1962, 1963: Systematische Übersicht der pamonischen Pflanzengesellschaften V. u. VI. Die Gebirgswälder. Acta Bot. Acad. Sci. Hung. 8: 335–366, u. 9, 123–150.
–, 1964 a: Synopsis systematico-geobotanica florae vegetationisque Hungariae I. Akadémiai Kiadó, Budapest: 589 S.
*–, 1964 b: Die regionalen Fagion-Verbände und Gesellschaften Südosteuropas. Studia Biol. Hung. (Budapest) 1: 104 S.

*–, 1974: Die Pflanzengesellschaften der mitteleuropäischen Buchenwälder in Ungarn. Acta Botan. Acad. Sci. Hung. 20: 335–377.
SOUGNEZ, N., 1965: Réactions floristiques d'une lande humide aux fumures minérales. Oecol. Plant. 1: 219–234.
SÖYRINKI, N., 1954: Vermehrungsökologische Studien in der Pflanzenwelt der Bayerischen Alpen I. Ann. Botan. Soc. Vanamo 27, 1: 232 S.
ŠPÁNIKOVÁ, A., 1971: Phytozönologische Studie der Wiesen des südwestlichen Teils des Talkessels Košická Kotlina. Biol. Práce (Bratislava) 17, 2: 103 S.
SPARLING, J. H., 1967: The occurence of Schoenus nigricans L. in blanket bogs. I. Environmental conditions affecting the growth of S. nigricans in blanket bog. II. Experiments on the growth of S. nigricans under controlled conditions. J. Ecol. 55: 1–14 u. 15–32.
SPATZ, G., 1970: Pflanzengesellschaften, Leistungen und Leistungspotential von Allgäuer Alpweiden in Abhängigkeit von Standort und Bewirtschaftung. Diss. T. H. München 1970: 155 S.
–, 1974: Die wirtschaftliche und ökologische Bedeutung der Almweiden. Antrittsvorlesung Weihenstephan (unveröff.): 13 S.
–, 1975 a: Die Almen in ihrer Bedeutung als bewirtschaftete Ökosysteme. „Das wirtschaftseigene Futter", DLG-Verlag, 21: 264–273.
–, 1975 b: Die direkte Gradienten-Analyse in der Vegetationskunde. Angew. Botan. 49: 209–221.
–, PLETL, L., MANGSTL, A., 1978: Programm OEKSYN zur ökologischen und synsystematischen Auswertung von Pflanzenbestandsaufnahmen. Scripta Geobot., Göttingen 9, 2. Aufl. (im Druck).
SPEIDEL, B., 1963: Das Grünland, die Grundlage der bäuerlichen Betriebe auf dem Vogelsberg. Schr. R. Bodenverbandes Vogelsberg (Lauterbach in Hessen) 3: 67 S.
–, 1972: Das Wirtschaftsgrünland der Rhön. Vegetation, Ökologie und landwirtschaflicher Wert (mit einer Vegetationskarte). Ber. Naturwiss. Ges. Bayreuth 14: 201–240.
–, WEISS, A., 1971: Zur ober- und unterirdischen Stoffproduktion einer Goldhaferwiese bei verschiedener Düngung. Angew. Botan. 46: 75–93.
–, –, 1974: Untersuchungen zur Wurzelaktivität unter einer Goldhaferwiese. Ebenda 48: 137–154.
STÄHLIN, A., BOMMER, D., 1958: Grünlandwirtschaftliche Untersuchungen an binnendeutschen Salzstandorten. Z. Acker- u. Pflanzenbau 106: 321–336.
–, STÄHLIN, L., SCHÄFER, K., 1972: Über den Einfluß des Alters der Sozialbrache auf Pflanzenbestand, Boden und Landschaft. Z. Acker- u. Pflanzenbau 136: 177–199.
STAMM, E., 1938: Die Eichen-Hainbuchenwälder der Nordschweiz. Beitr. Geobot. Landesaufn. Schweiz. 22: 163 S.
STEEN, E., 1957: The influence of exposure and slope upon vegetation and soil in a natural pasture. Stat. Jordbruksförs. Medd. 86: 54 S.
STEFFEN, H., 1931: Vegetationskunde von Ostpreußen. Pflanzensoziol. (Jena) 1: 406 S.
–, 1936: Ostpreußens Eichenwälder. Beih. Botan. Cbl. 55 B: 182–250.
STEINER-HAREMAKER, I., STEINER, D., 1961: Zur Verbreitung und geographischen Bedeutung der Grünhecken in der Schweiz. Geographica Helvet. 1961: 61–76.
STEINFÜHRER, A., 1945: Die Salzgesellschaften der Schleiufer und ihre Beziehungen zum Salzgehalt des Bodens. Diss. Univ. Kiel.
STEINHARDT, U., 1973: Input of chemical elements from the atmosphere. A tabular review of literature. Göttinger Bodenkundl. Ber. 29: 93–132.
STEPHAN, B. u. S., 1971: Die Vegetationsentwicklung im Naturschutzgebiet Stolzenburg und ihre Bedeutung für die Schutzmaßnahmen. Dechenia 123: 281–305.
STERN, R., 1965: Anlage und Ergebnisse von Versuchspflanzungen in der subalpinen Entwaldungszone Nordtirols. Mitt. Forstl. Bundes-Versuchsanst. Mariabrunn 66: 215–239.
STEUBING, L., 1949: Beiträge zur Ökologie der Wurzelsysteme von Pflanzen des flachen Sandstrandes. Z. Naturforsch. 4 b: 114–123.
–, ALBERDI, M., 1973: The influence of phosphorus deficiency on the sclerophylly. Oecol. Plant. 8: 211–218.
–, DAPPER, H., 1964: Der Kreislauf des Chlorids im Meso-Ökosystem einer binnenländischen Salzwiese. Ber. Deut. Botan. Ges. 77: 71–74.
–, WESTHOFF, V., 1966: Kationenaustauschkapazität der Wurzeln und Nährstoffpotential des Bodens in psammophilen und halophilen Pflanzengesellschaften der niederländischen Meeresküste. Vegetatio 13: 293–301.
*STEWART, W. D. P., 1970: Algal fixation of atmospheric nitrogen. Plant and Soil 32: 555–588.
STÖCKER, G., 1962: Vorarbeit zu einer Vegetationsmonographie des Naturschutzgebietes Bodetal. Wiss. Z. Univ. Halle, Math. Nat. 11: 897–916.
–, 1965 a: Eine neue Zwergstrauch-Gesellschaft aus dem Naturschutzgebiet „Oberharz". Arch. Naturschutz 5: 111–115.
–, 1965 b: Vegetationskomplexe auf Felsstandorten, ihre Auflösung und Systematisierung der Komponenten. Feddes Repert. 142: 222–236.
–, 1967: Der Karpatenbirken-Fichtenwald des Hochharzes. Eine vegetationskundlich-ökologische Studie. Pflanzensoziol. (Jena) 15: 123 S.
–, 1968: Konzentration löslichen NH_4-N in organischen Horizonten naturnaher Berg-Fichtenwälder. Flora B 158: 41–59.
–, BERGMANN, A., 1975: Ergebnisse eines Modellversuchs zur quantitativen Erfassung von Umweltänderungen I. Versuchsobjekt, Methodik, univariate Analyse. Flora 164: 145–167.
STOCKER, O., 1923: Die Transpiration und Wasserökologie nordwestdeutscher Heide- und Moorpflanzen am Standort. Z. Botan. 15: 1–41.
–, 1925: Beiträge zum Halophytenproblem II.

Standort und Transpiration der Nordsee-Halophyten. Z. Botan. **17**: 1–24.
–, 1928: Das Halophytenproblem. Ergebn. Biol. **3**: 265–353.
–, 1967: Der Wasser- und Photosynthese-Haushalt mitteleuropäischer Gräser, ein Beitrag zum allgemeinen Konstitutionsproblem des Grastypus. Flora, Abt. B **157**: 56–96.
–, 1970: Transpiration und Wasserhaushalt in verschiedenen Klimazonen. IV. Untersuchungen an Sandpflanzen der Ostseeküste. Flora **159**: 367–409.
–, 1975: Prinzipien der Flechtensymbiose. Flora **164**: 359–376.
STOFFLER, H.-D., 1975: Zur Kenntnis der Tannen-Mischwälder auf Tonböden zwischen Wutach und Eyach (Pryrolo-Abietetum Oberd. 1957). Beitr. Naturk. Forsch. Südw.-Deut. **34**: 357–370.
STRAKA, H., 1963: Über die Veränderungen der Vegetation im nördlichen Teil der Insel Sylt in den letzten Jahrzehnten. Schr. Naturw. Ver. Schlesw.-Holst. **34**: 19–43.
–, 1973: La végétation des landes d'Europe occidentale (Nardo-Callunetea). In: GÉHU, J.-M. (Ed.). Coloque de l'Amicale Phytosociologique, 1–3 Octobre 1973, Lille: 243–245.
STRAŠKRABA, M., 1963: Share of the littoral region in the productivity of two fishponds in Southern Bohemia. Rozpr. Českosl. Akad. Věd, Řada Mat. Přír. Věd 73, No. 13: 64 S.
STRAUTZ, W., 1959: Früheisenzeitliche Siedlungsspuren in einem älteren Auelehm des Wesertales bei Wellie (Kreis Nienburg). „Die Kunde" (Hildesheim), N. F. **10**: 69–86.
–, 1962: Auelehmbildung und -gliederung im Weser- und Leinetal mit vergleichenden Zeitbestimmungen aus dem Flußgebiet der Elbe. Beitr. Landschaftspflege (Stuttgart) **1**: 273–314.
STREBEL, O., 1960: Mineralstoffernährung und Wuchsleistung von Fichtenbeständen (Picea abies) in Bayern. Forstw. Cbl. 79: 17–42.
STREITZ, H., 1967: Bestockungswandel in Laubwaldgesellschaften des Rhein-Main-Tieflandes und der Hessischen Rheinebene. Diss. Hann. Münden 1967: 304 S.
–, 1968: Verbreitung, Standortansprüche und soziologisches Verhalten der Wimpersegge (Carex pilosa Scop.) in Oberhessen. Hess. Florist. Briefe **17**: 11–18.
STUDER, P., 1962: Grünlandgesellschaften bei Dättlikon am Irchel und ihr Schutz. Manuskr. Geobot. Inst. ETH Zürich (unveröff.).
SUCCOW, M., 1967: Pflanzengesellschaften der Zieseniederung (Ostmecklenburg). Natur u. Naturschutz Meckl. **5**: 79–108.
SUCHODOLLER, A., 1967: Untersuchungen über den Bleigehalt von Pflanzen in der Nähe von Straßen und über die Aufnahme und Translokation von Blei durch Pflanzen. Ber. Schweiz. Botan. Ges. **77**: 266–308.
SUKOPP, H., 1959: Vergleichende Untersuchungen der Vegetation Berliner Moore unter besonderer Berücksichtigung der anthropogenen Veränderungen. Botan. Jb. **79**: 36–126.

–, 1962: Das Naturschutzgebiet Teufelsbruch in Berlin-Spandau. Sitzber. Ges. Naturforsch. Freunde Berlin, N. F. **2**: 38–49.
–, 1969: Der Einfluß des Menschen auf die Vegetation. Vegetatio **17**: 360–371.
–, 1972: Wandel von Flora und Vegetation in Mitteleuropa unter dem Einfluß des Menschen. Ber. Landwirtsch. **50**: 112–139.
–, KUNICK, W., 1969: Veränderungen des Röhrichtbestandes der Berliner Havel 1962–1967. Berliner Naturschutzblätter **13**: 303–313 u. 332–344.
–, KUNICK, W., RUNGE, M., ZACHARIAS, F., 1973: Ökologische Charakteristik von Großstädten. Dargestellt am Beispiel Berlins. Verh. Ges. Ökol. Saarbrücken 1973: 383–403.
–, MARKSTEIN, B., TREPL, L., 1975: Röhrichte unter intensivem Großstadteinfluß. Beitr. Naturk. Forsch. Südw.-Deut. **34**: 371–385.
–, TRAUTMANN, W., 1976: Veränderungen der Flora und Fauna in der Bundesrepublik Deutschland. Schr. Reihe Vegetationskunde **10**: 409 S.
SUMMERFIELD, R. J., RILEY, J. O., 1974: Growth of Narthecium ossifragum in relation to the dissolved oxygen concentration of the rooting substrate. Plant and Soil **41**: 701–705.
SULMA, T., WALES, J., 1963: État actuel des réserves de la végétation xérothermique dans la région la basse Vistule. Ochrona Przyrody (Kraków) **29**: 267–329.
SUOMINEN, J., 1968: Changes in the aquatic macroflora of the polluted Lake Rautavesi, SW Finnland. Ann. Botan. Fenn. **5**: 65–81.
SURBER, E., AMIET, R., KOBERT, H., ca. 1975: Das Brachenproblem in der Schweiz. Eidg. Anst. Forstl. Versuchswes., Ber. 112.
SUTTER, R., 1962: Das Caricion austroalpinae. Ein neuer insubrisch-südalpiner Seslerietalia-Verband.
–, 1969: Ein Beitrag zur Kenntnis der soziologischen Bindung südsüdostalpiner Reliktendemismen. Acta Botan. Croat. **28**: 349–366.
SYKES, J. M., BUNCE, R. G. H., 1970: Fluctuations in litter-fall in a mixed diciduous woodland over a three-year period 1966–68. Oikos **21**: 326–329.
SZAFER, W., 1924: Zur soziologischen Auffassung der Schneetälchenassoziationen. Veröff. Geobot. Inst. Rübel, Zürich **1**: 300–310.
*–, (Edit.), 1966: The vegetation of Poland. Warszawa (PWN) 1966: 738 S.
*–, u. Mitarb., 1962: Tatrzánski Park Narodowy. Polska Akad. Nauk, Wydawn. Popularn. **21**, Kraków 1962: 675 S.
*–, ZARZYCKI, K. (Hrsg.) 1972: Szata roślinna Polski. 2 BDE. Warszawa, Państwowe Wydawnictwo Naukowe: 615 u. 347 S.
SZCZEPÁNSKI, A., 1971: Allelopathy and other factors controlling the macrophytes production. Hydrobiologia **12**: 193–197.

TACKE, B., 1927: Über die Ausnutzung des Stickstoffs verschiedener Hochmoorböden durch die Pflanzen. Landw. Jb. **65**, Erg. Bd. I: 59–65.

TAMM, C. O., 1953: Growth, yield and nutrition in carpets of a forest moss (Hylocomium spendens). Medd. Stat. Skogsf. Inst. 43, 1: 140 S.
–, 1965: Some experiences from forest fertilization trials in Sweden. Silva Fenn. 117: 24 S.
–, 1972: Survival and flowering of perennial herbs III. The behaviour of Primula veris on permanent plots. Oikos 23: 159–166.
–, 1974: Experiments to analize the behaviour of young spruce forest at different nutrient levels. 1st Internat. Congr. Ecology, The Hague, Sept. 1974: 7 S.
–, 1975: The behaviour of young spruce and pine forest kept at different nitrogen regimes. XII. Internat. Botan. Congr. (Leningrad) Abstr. 1: 170.
–, HOLMAN, H., 1967: Some remarks on soil organic matter turn-over in Swedish podzol profiles. Medd. Norske Skogsforsøkswes. 85: 69–88.
TANGHE, M., 1970: La végétation forestière de la vallée de la Semois ardennaise, 2me et 3me partie. Bull. Inst. Roy. Sci. Nat. Belg. 46/16: 60 S., u. 46/30: 76 S.
–, 1971: Étude d'un transect topo-lithologique de la région d'Éprave-Rochefort (vallée de la Lomme) pour la délimitation des groupes écologiques forestiers de la Calestienne. Bull. Soc. Roy Belg. 104: 333–371.
TANSLEY, A. G., 1939: The British Islands and their vegetation. Cambridge: 930 S.
THELLUNG, A., 1925: Kulturpflanzen-Eigenschaften bei Unkräutern. Veröff. Geobot. Inst. Rübel, Zürich 3: 745–762.
THIAGALINGAM, K., KANEHIRO, Y., 1973: Effect of temperature on nitrogen transformation in Hawaiian soils. Plant and Soil 38: 177–189.
THIELE, A., 1974: Luftverunreinigungen und Stadtklima im Großraum München, insbesondere in ihrer Auswirkung auf epixyle Testflechten. Bonner Geogr. Abh. 49: 175 S.
THIENEMANN, A., 1922: Hydrobiologische Untersuchungen an Quellen. Arch. Hydrobiol. 14, 1.
*–, 1925: Die Binnengewässer Mitteleuropas. Die Binnengewässer 1: 225 S.
–, 1950: Verbreitungsgeschichte der Süßwassertierwelt Europas. Die Binnengewässer XVIII: 142–165.
–, 1956: Leben und Umwelt. Vom Gesamthaushalt der Natur. Rowohlts Deutsche Enzyklopädie. Hamburg: 153 S.
THILL, A., 1964: La flore et la végétation du Parc National de Lesse et Lomme. Publ. A. S. B. L. „Ardenne et Gaume", Monogr. 5: 51 S.
TILLICH, H.-J., 1969 a: Die Ackerunkrautgesellschaften in der Umgebung von Potsdam. Wiss. Z. Pädag. Hochsch. Potsdam 13: 273–320.
–, 1969 b: Über einige interessante Onopordion-Gesellschaften in der Umgebung von Potsdam. Ebenda 13: 321–329.
THOMAS, A. S., 1963: Further changes in vegetation since the advent of myxomatosis. J. Ecol. 51: 151–183.
THOMASER, J., 1967: Die Vegetation des Peitlerkofels in Südtirol. Veröff. Mus. Ferdinandeum (Innsbruck) 47: 67–119.

THORN, K., 1958: Die dealpinen Felsheiden der Frankenalb. Sitz. ber. Phys.-Med. Soz. Erlangen 78: 128–199.
THUM, J., FIEDLER, H. J., 1969: Vegetationskundliche Auswertung eines Meliorationsversuches auf Unterem Buntsandstein im Revier Schwarza, StFB Schmalkalden. Arch. Forstwes. 18: 259–281.
TILL, O., 1956: Über die Frosthärte von Pflanzen sommergrüner Laubwälder. Flora 143: 499–542.
TIMM, R., 1930: Die Frostschäden des Winters 1928/29 in Nordwestdeutschland. Mitt. Florist.-Soziol. Arb. gem. Niedersachsen 2: 116–145.
TISCHLER, W., 1951: Die Hecke als Lebensraum für Pflanzen und Tiere, unter besonderer Berücksichtigung ihrer Schädlinge. Erdkunde 5.
TOLONEN, K., 1966: Stratigraphic and rhizopod analysis on an old raised bog, Varrassuo, in Hollola, South Finland. Ann. Botan. Fenn. 3: 147–166.
TRACZYK, T., 1968: Studies on the primary production in meadow communities. Ekol. Polska, Ser. A 16: 59–100.
TRACZYK, H. u. T., 1965: Phytosociological characteristics of the research areas of the Institute of Ecology, Polish Academy of Sciences, at Dziekanów Leśny (Kampinos Forest near Warsaw). Fragm. Florist. Geobot. (Kraków) 11: 547–562.
TRAITTEUR-RONDE, G., 1961: Bodenzoologische Untersuchungen von Stickstoff-Formen-Vergleichsversuchen in Baden-Württemberg. Allg. Forst- u. Jagdztg. 132: 303–311.
TRANQUILLINI, W., 1957: Standortsklima, Wasserbilanz und CO_2-Gaswechsel junger Zirben (Pinus cembra L.) an der alpinen Waldgrenze. Planta (Berlin) 49: 612–661.
–, 1960: Das Lichtklima wichtiger Pflanzengesellschaften. Handb. Pflanzenphysiol. 5, 2: 304–338.
–, 1963: Beitrag zur Kausalanalyse des Wettbewerbs ökologisch verschiedener Holzarten. Ber. Deut. Botan. Ges. 75: 353–364.
–, 1967: Über die physiologischen Ursachen der Wald- und Baumgrenze. Mitt. Forstl. Bundesversuchsanst. Wien 75: 457–487.
–, 1968: Dürreresistenz und Anpflanzungserfolg von Junglärchen verschiedenen Entwicklungszustands. In: Deut. Akad. Landwirtschaftswiss. Berlin, Tagungsber. 100: 123–129.
–, 1970: Einfluß des Windes auf den Gaswechsel der Pflanzen. Umschau 1970: 860–861.
–, 1974: Der Einfluß von Seehöhe und Länge der Vegetationszeit auf das cuticuläre Transpirationsvermögen von Fichtensämlingen im Winter. Ber. Deut. Botan. Ges. 87: 175–184.
–, MACHL-EBNER, I., 1971: Über den Einfluß von Wärme auf das Photosynthesevermögen der Zirbe (Pinus cembra L.) und der Alpenrose (Rhododendron ferrugineum L.) im Winter. Rep. Kevo Subarctic Res. Stat. 8: 158–166.
TRASS, H., (Hrsg.), 1963: Reports of the talks on

the vegetation of peatlands. (russ.) Tartu Riikliku Ülikooli Toimet. **145**: 351 S.
TRAUTMANN, W., 1963: Methoden und Erfahrungen bei der Vegetationskartierung der Wälder und Forsten. In: R. TÜXEN. Ber. Internat. Sympos. Vegetat. Kartierg. 23.-26. 3. 1959, Stolzenau/Weser. Weinheim: 119–127.
–, 1966: Erläuterungen zur Karte der potentiellen natürlichen Vegetation der Bundesrepublik Deutschland, Blatt 85 Minden. Schriftenr. Vegetationskunde (Hiltrup i.W.) **1**: 138 S.
–, 1976: Stand der Auswahl und Einrichtung von Naturwaldreservaten in der Bundesrepublik Deutschland. Natur u. Landschaft **51**, 67–72.
–, LOHMEYER, W., 1960: Gehölzgesellschaften in der Fluß-Aue der mittleren Ems. Mitt. Florist.-Soziol. Arb. gem., N.F. **8**: 227–247.
TREGUBOV, S.S., 1941: Les forêts vierges montagnardes des Alpes Dinariques. Comm. SIGMA (Montpellier) **78**: 116 S.
TREPP, W., 1947: Der Lindenmischwald (Tilieto-Asperuletum taurinae). Beitr. Geobot. Landesaufn. Schweiz **27**: 128 S.
–, 1950: Ein Beitrag zur Bonitierungsmethode von Alpweiden. Schweiz. Landwirtsch. Monatsh. **28**: 366–371.
TRESKIN, P.P., ABRAZHO, V.I., KARPOV, V.G., 1975: An attempt of causal analysis of spruce forests ecosystems. XII. Internat. Botan. Congr. (Leningrad) Abstr. **1**: 171.
TROELS-SMITH, J., 1955: Pollenanalytische Untersuchungen zu einigen schweizerischen Pfahlbauproblemen. Monogr. Ur- u. Frühgesch. Schweiz **11**: 40–58.
TROLL, C., 1951 a: Die Problematik der Heckenlandschaft. Ihr geographisches Wesen und ihre Bedeutung für die Landeskultur. Erdkunde **5**: 105.
–, 1951 b: Heckenlandschaften im maritimen Grünlandgürtel und im Gäuland Mitteleuropas. Ebenda **5**: 152.
TROMP, P.H.M., 1968: Aanleg, regeneratie en onderhoud van heidevelden en -tuinen. Tijdschr. Kon. Nederl. Heidemaatschappij **1968**: 5–23.
TSCHERMAK, L., 1935 a: Die natürliche Verbreitung der Lärche in den Ostalpen. Mitt. Forstl. Versuchswes. Österr. **43**: 361 S.
–, 1935 b: Die wichtigsten natürlichen Waldformen der Ostalpen und des heutigen Österreich. Forstl. Wochenschr. Silva **23**: 293–298 u. 401–407.
TSUTSUMI, T., IWATSUBO, G., KAWAHARO, T., 1975: Mineral cycling and budget of nutrient elements in forests in Japan. XII. Internat. Botan. Congr. (Leningrad) Abstr. **1**: 171.
TÜRK, R., WIRTH, V., LANGE, O.L., 1974: CO_2-Resistenz von 12 Flechtenarten. Oecologia **15**: 33–64.
TURNER, H., 1958: Über das Licht- und Strahlungsklima einer Hanglage der Ötztaler Alpen bei Obergurgl und seine Auswirkung auf das Mikroklima und auf die Vegetation. Arch. Meteorol. Geophys. u. Bioklimatol., Ser. B **8**: 273–325.
–, 1970: Grundzüge der Hochgebirgsklimatologie. In: „Die Welt der Alpen"; Umschau Verlag, Frankfurt a.M.: 170–182.
–, ROCHAT, P., STREULE, A., 1975: Thermische Charakteristik von Hauptstandortstypen im Bereich der oberen Waldgrenze (Stillberg, Dischmatal bei Davos). Mitt. Eidg. Anst. Forstl. Versuchsw. **51**: 95–119.
–, TRANQUILLINI, W., 1961: Die Strahlungsverhältnisse und ihr Einfluß auf die Photosynthese der Pflanzen. Mitt. Forstl. Bundes-Versuchsanst. Mariabrunn **59**: 59–103.
TÜXEN, J., 1958: Stufen, Standorte und Entwicklung von Hackfrucht- und Garten-Unkrautgesellschaften und deren Bedeutung für Ur- und Siedlungsgeschichte. Angew. Pflanzensoziol. (Stolzenau/Weser) **16**: 164 S.

TÜXEN, R., 1928: Über die Vegetation der nordwestdeutschen Binnendünen. Jber. Geogr. Ges. Hannover 1928: 71.
–, 1930: Über einige nordwestdeutsche Waldassoziationen von regionaler Verbreitung. Ebenda **1929**: 3–64.
–, 1933: Klimaxprobleme des nw-europäischen Festlandes. Nederl. Kruidk. Arch. **43**: 293–309.
–, 1937: Die Pflanzengesellschaften Nordwestdeutschlands. Mitt. Florist.-Soziol. Arb. gem. Niedersachsen **3**: 170 S.
*–, 1950 a: Grundriß einer Systematik der nitrophilen Unkrautgesellschaften in der Eurosibirischen Region Europas. Mitt. Florist.-Soziol. Arb. gem., N.F. **2**: 94–175.
–, 1950 b: Wanderwege der Flora in Stromtälern. Ebenda **2**: 52–53.
–, 1950 c: Neue Methoden der Wald- und Forstkartierung. Ebenda **2**: 217–219.
–, 1952: Hecken und Gebüsche. Mitt. Geogr. Ges. Hamburg **50**: 85–117.
–, 1954: Über die räumliche, durch Relief und Gestein bedingte Ordnung der natürlichen Waldgesellschaften am nördlichen Rande des Harzes. Vegetatio **5/6**: 454–477.
–, 1955: Das System der nordwestdeutschen Pflanzengesellschaften. Mitt. Florist.-Soziol. Arb. gem., N.F. **5**: 155–176.
–, 1956 a: Die heutige potentielle natürliche Vegetation als Gegenstand der Vegetationskartierung. Angew. Pflanzensoziol. (Stolzenau/Weser) **13**: 5–42.
–, 1956 b: Die Pflanzengesellschaften Nordwestdeutschlands. Bremen (Gartenbauamt): 119 S.
–, 1956 c: Vegetationskarte der Ostfriesischen Inseln: Baltrum. Bundesanst. f. Vegetationskartierung, Stolzenau (Weser).
–, 1957: Die Schrift des Bodens. Angew. Pflanzensoziol. (Stolzenau/Weser) **14**: 41 S.
–, 1958: Pflanzengesellschaften oligotropher Heidetümpel Nordwestdeutschlands. Veröff. Geobot. Inst. Rübel, Zürich **33**: 207–231.
*–, 1964: Bibliographia phytosociologica cryptogamica, Pars IV: Lichenes (sine Epiphyta). Excerpta Botan., Sect. B. **6**: 208–244.
–, 1967: Die potentielle natürliche Vegetation der Dorumer Geest. In: KÖRBER-GROHNE, U., 1967: 331–334.

–, 1967 b: Die Lüneburger Heide. Rothenburger Schriften (Rotenburg/Wümme) **26**: 3–32.
–, 1967 c: Ausdauernde nitrophile Saumgesellschaften Mitteleuropas. Contrib. Botan. (Cluj) 1967: 431–453.
–, 1974 a: Die Haselünner Kuhweide. Die Pflanzengesellschaften einer mittelalterlichen Gemeindeweide. Mitt. Florist. Soziol. Arb. gem. N.F. **17**: 69–102.
*–, 1974 b: Die Pflanzengesellschaften Nordwestdeutschlands. 2., völlig neu bearb. Aufl., Lief. 1. Lehre (Verl. J. Cramer): 207 S.
–, BÖCKELMANN, W., 1957: Scharhörn. Die Vegetation einer jungen ostfriesischen Vogelinsel. Mitt. Florist.-Soziol. Arb. gem. N.F. **6/7**: 183–204.
–, DIEMONT, H., 1937: Klimaxgruppe und Klimaxschwarm. Jber. Naturhist. Ges. Hannover **88/89**: 73–87.
–, HÜBSCHMANN VON, A., PIRK, W., 1957: Kryptogamen- und Phanerogamen-Gesellschaften. Mitt. Florist.-Soziol. Arb. gem. N.F. **6/7**: 114–118.
–, HÜLBUSCH, K.-H., 1971: Bolboschoenetea maritimi. Fragm. Florist. Geobot. **17**: 391–407.
–, u. Mitarb., 1957: Die Pflanzengesellschaften des Außendeichslandes von Neuwerk. Mitt. Florist.-Soziol. Arb. gem., N.F. **6/7**: 205–234.
–, OBERDORFER, E., 1958: Eurosibirische Phanerogamen-Gesellschaften Spaniens, mit Ausblicken auf die alpine und die Mediterranregion dieses Landes. Veröff. Geobot. Inst. Rübel, Zürich **32**: 328 S.
–, OHBA, T., 1975: Zur Kenntnis von Bach- und Quell-Erlenwäldern (Stellario nemori-Alnetum glutinosae und Ribo sylvestris-Alnetum glutinosae). Beitr. Naturk. Forsch. Südw.-Deut. **34**: 387–401.
–, PREISING, E., 1951: Erfahrungsgrundlagen für die pflanzensoziologische Kartierung des westdeutschen Grünlandes. Angew. Pflanzensoziol. (Stolzenau/Weser) **4**: 28 S.
–, WESTHOFF, V., 1963: Saginetea maritimae, eine Gesellschaftsgruppe im wechselhalinen Grenzbereich der europäischen Meeresküsten. Mitt. Florist.-Soziol. Arb. gem., N.F. **10**: 116–129.
TYLER, G., GULLSTRAND, CH., HOLMQUIST, K.-A., KJELLSTRAND, A.-M., 1973: Primary production and distribution of organic matter and metal elements in two heath ecosystems. J. Ecol. **61**: 251–268.

UBRIZSY, G., 1956: Die ruderalen Unkrautgesellschaften Ungarns. II. Studien über Ökologie und Sukzession. Acta Agron. (Budapest) **5**: 393–418.
*ULBRICHT, H., BÜTTNER, R., FUNKE, H., GUTTE, P., HEMPEL, W., MÜLLER, G., SCHRETZENMAYR, M., WEISE, G., 1965: Die Pflanzenwelt Sachsens. Ber. Arb. gem. Sächs. Bot. N.F. 5/6, H. 2: 472 S.
ULMER, W., 1937: Über den Jahresgang der Frosthärte einiger immergrüner Arten der alpinen Stufe, sowie der Zirbe und Fichte. Jb. Wiss. Botan. **84**: 553–592.

ULRICH, B., MAYER, R., 1973: Systemanalyse des Bioelement-Haushaltes von Wald-Ökosystemen. In: ELLENBERG, H. (Hrsg.), Ökosystemforschung: 165–174.
UMEZU, Y., 1964: Über die Salzwasserpflanzengesellschaften in der Nähe von Yukuhasi, Nordkûsyû, Japan. Jap. J. Ecol. **14**: 153–160.
UNGAR, I.A., 1962: Influence of salinity on seed germination in succulent halophytes. Ecology **43**: 763–764.
UNGER, F., 1836: Über den Einfluß des Bodens auf die Verteilung der Gewächse, nachgewiesen in der Vegetation des nordöstlichen Tirol's. Rohrmann u. Schweigerd, Wien: 367 S.

VAARAMA, A., 1941: Die Winterschäden im botanischen Garten der Universität Helsinki im Frostwinter 1939–40. Ann. Botan. Soc. Vanamo **16**, 4: 48 S.
VALERA, C.L., ALEXANDER, M., 1961: Nutrition and physiology of denitrifying bacteria. Plant and Soil **15**: 268–280.
VALK, Van der, A.G., 1974: Mineral cycling in coastal foredune plant communities in Cape Hattras National Seashore. Ecology **55**: 1349–1358.
VANDEN BERGHEN, C., 1951: Landes tourbeuses et tourbières à sphaignes de Belgique (Ericeto-Sphagnetalia Schwickerath 1940). Bull. Soc. Roy. Botan. Belg. **84**: 157–226.
–, 1952: Contribution à l'étude des bas-marais de Belgique (Caricetalia fuscae W. Koch 1926). Bull. Jard. Botan. de l'État, Bruxelles **22**: 1–64.
–, 1953: Contribution à l'étude des groupements végétaux notés dans la vallée de l'Ourthe en amont de Laroche-en-Ardenne. Bull. Soc. Roy. Botan. Belg. **85**: 195–277.
VANSÉVEREN, J.P., 1973: Évolution saisonnière de la masse foliaire de la quantité de chlorophylles et de l'index foliaire. Bull. Soc. Roy. Botan. Belg. **106**: 279–304.
–, AMBROES, P., 1971: Note sur l'index foliaire et les quantités de chlorophylles à l'hectare. Ebenda **104**: 291–300.
VICHEREK, J., 1962: Typen von Phytozönosen der alluvialen Aue des unteren Thaya-Gebietes mit besonderer Berücksichtigung der Wiesenpflanzengesellschaften. Folia Přírodn. Fakult. Univ. Brno **3**, 113 S.
–, 1964: Phytozönologische Charakteristik der subhalophytischen Wiesenpflanzengesellschaften des pannonischen Gebietes der ČSSR. Publ. Fac. Sci. Univ. Brno **463**: 233–248.
VIERECK, L.A., 1966: Plant succession and soil development on gravel outwash of the Muldrow Glacier, Alaska. Ecol. Monogr. **36**: 181–199.
VILMOS, M., 1965: Einige ökologische Beziehungen der Periodizität des Samenertrags bei Eiche und Buche. Erdészeti Kutatások (Budapest) **1965**: 99–121.
VINŠ, B., 1964: Einfluß von waldbaulichen Eingriffen auf die Tannenverjüngung. Práce Vyzkum. Ústavu Lesn. ČSSR **28**: 223–279.
VIRZO DE SANTO, A., ALFANI, A., 1975: Seasonal

variations of microflora and soil metabolism in two stands of a beech forest of Monte Taburno (Campania Apennines) in relation to moisture and temperature conditions. XII. Internat. Botan. Congr. (Leningrad) Abstr. 1: 173.

Vischer, W., 1946: Naturschutz in der Schweiz. Schweiz. Naturschutzbücherei 3: 380 S.

Vlassak, K., Paul, E. A., Harris, R. E., 1973: Assessment of biological nitrogen fixation in grassland and associated sites. Plant and Soil 38: 637–650.

Voderberg, K., 1955: Die Vegetation der neugeschaffenen Insel Bock. Feddes Repert. Beih. 135: 232–260.

–, Fröde, E., 1958: Die Vegetationsentwicklung auf der Insel Bock. Ebenda 138: 214–229.

–, –, 1967: Abschließende Betrachtung der Vegetationsentwicklung auf der Insel Bock in den Jahren 1946–1966. Feddes Repert. 74: 171–176.

Volger, C., 1958: Waldwirtschaft vergangener Zeiten im Reinhardswald. Allg. Forsztg. 13: 781–784.

Volk, O. H., 1931: Beiträge zur Ökologie der Sandvegetation der oberrheinischen Tiefebene. Z. Botan. 24: 81–185.

Vollrath, H., 1963: Die Morphologie der Itzaue. Ausdruck hydro- und sedimentologischen Geschehens. Mitt. Fränk. Geogr. Ges. 10: 297–309.

–, 1970: Unterschiede im Pflanzenbestand innerhalb der Koppeln von Umtriebsweiden. Bayer. Landw. Jb. 47: 160–173.

Wachter, H., 1964: Über die Beziehungen zwischen Witterung und Buchenmastjahren. Forstarch. 35: 69–78.

Wagner, H., 1950 a: Die Vegetationsverhältnisse der Donauniederung des Marchlandes. Bundesvers. Inst. Kulturtechn. u. Techn. Bodenk. Petzenkirchen, Nieder-Österr., Mitt. 5: 32 S.

–, 1950 b: Das Molinietum coeruleae (Pfeifengraswiese) im Wiener Becken. Vegetatio 2: 128–165.

–, 1958: Regionale Einheiten der Waldgesellschaften in Niederösterreich 1:500000. Atlas von Niederösterreich. Wien. 2. Aufl. 1972.

–, 1965: Die Pflanzendecke der Komperdellalm in Tirol. Docum. Carte Végét. Alpes (Grenoble) 3: 7–59.

–, 1966: Ost- und Westalpen, ein pflanzengeographischer Vergleich. Angew. Pflanzensoz. (Wien) 18/19: 265–278.

–, 1970: Zur Abgrenzung der subalpinen gegen die alpine Stufe. Mitt. Ostalp.-Dinar. Ges. Vegetationskunde 11: 225–234.

Wagner, P., 1972: Untersuchungen über Biomasse und Stickstoffhaushalt eines Halbtrockenrasens. Dipl.-Arb. Math.-Nat. Fak. (unveröff.): 54 S.

Wagner, R. H., 1965: The annual seed rain of adventive herbs in a radiation damaged forest. Ecology 46: 517–520.

Wahlenberg, G., 1813: De vegetacione et climate in Helvetia septentrionali. Zürich.

Walas, J., 1938: Wanderungen der Gebirgspflanzen längs der Tatra-Flüsse. Bull. Acad. Polon. Cl. Sci. Math.-Nat. Sér. B 1938: 59–80.

Walker, D., 1961: Peat stratigraphy and bog regeneration. Proceed. Linn. Soc. London 172 (zit. nach Hansen, B., 1966).

Wallentinus, H.-G., 1973: Above-ground primary production of a Juncetum gerardii on a Baltic sea-shore meadow. Oikos 24: 200–219.

Walter, H., 1954/1962: Einführung in die Phytologie Bd. I: Grundlagen des Pflanzenlebens. 4. Aufl. Stuttgart 1962: 494 S. – Bd. III: Grundlagen der Pflanzenverbreitung, Teil 1: Standortslehre. 2. Aufl. Verlag Eugen Ulmer, Stuttgart 1962: 525 S.

–, 1963: Über die Stickstoffansprüche (die Nitrophilie) der Ruderalpflanzen. Mitt. Florist.-Soziol. Arb. gem. N. F. 10: 56–69.

–, 1967: Das Feuer als natürlicher klimatischer Faktor. Aquilo (Oulu, Finnland), Ser. Botan. 6: 113–119.

–, 1968: Die Vegetation der Erde in ökophysiologischer Betrachtung. Bd. II: Die gemäßigten und arktischen Zonen. VEB Gustav Fischer Verlag Jena: 1001 S.

–, 1971: Vegetationszonen und Klima. Verlag Eugen Ulmer, Stuttgart: 244 S., 3. Aufl. 1977.

–, 1974: Die Vegetation Osteuropas, Nord- und Zentralasiens. Gustav Fischer Verlag, Stuttgart: 452 S.

–, 1975: Besonderheiten des Stoffkreislaufs einiger terrestrischer Ökosysteme. Flora 164: 169–183.

– u. E., 1953: Das Gesetz der relativen Standortskonstanz, das Wesen der Pflanzengesellschaften. Ber. Deut. Botan. Ges. 66: 227–235.

–, Lieth, H., 1960 usw.: Klimadiagramm-Weltatlas. 1. Lieferg., 11 Karten. VEV Gustav Fischer, Jena und spätere Lieferungen.

–, Straka, H., 1970: Arealkunde. Floristisch-historische Geobotanik. 2. Aufl. Verlag Eugen Ulmer, Stuttgart: 478 S.

Walther, K., 1977: Die Vegetation des Elbetales. Die Flußniederung von Elbe und Seege bei Gartow (Kr. Lüchow-Dannenberg). Abh. Verh. Naturw. Ver. Hamburg N. F. 20 (Suppl.): 123 S.

Warming, E., 1906: Dansk plantevaekst. 1. Strandvegetation. Kopenhagen u. Oslo: 325 S.

–, 1907: Dansk plantevaekst. 2. klitterne. Kopenhagen: 376 S.

Wassén, G., 1965: Lost and living lakes in the upper Ume Valley. In: The plant cover of Sweden. Acta Phytogeogr. Succica 50: 233–239.

Watt, A. S.: 1932: On the ecology of British beechwoods with special reference to their regeneration. J. Ecol. 11: 1–48.

–, 1934: The vegetation of the Chiltern Hills, with special reference to the beechwoods and their seral relationships. 22: 230–270.

–, Fraser, G. K., 1933: Tree roots and the field layer. Ebenda 21: 404–414.

Wattendorff, J., 1964: Über Hartholz-Auenwälder im nordwestlichen Münsterland (Kreis Steinfurt/Westfalen). Abh. Landesmus. Naturk. Münster Westf. 26: 2–33.

WAUGHMAN, G. J., BELLAMY, D. J., 1972: Acetylene reduction in surface peat. Oikos 23: 353–358.
WEBER, D. F., GAINEY, P. L., 1962: Relative sensitivity of nitrifying organisms to hydrogen ions in soils and in solutions. Soil Sci. 94: 138–145.
WEBER, H. E., 1967: Über die Vegetation der Knicks in Schleswig-Holstein. Mitt. Arb. gem. Floristik Schlesw.-Holst. u. Hamburg 15: 196 S.
–, 1976: Die Vegetation der Hase von der Quelle bis Quakenbrück. Osnabrücker Naturwiss. Mitt. 4: 131–190.
WEBER-OLDECOP, D. W., 1969: Wasserpflanzengesellschaften im östlichen Niedersachsen. Diss. T. H. Hannover 1969: 171 S.
–, 1977: Fließwassertypologie in Niedersachsen auf floristisch-soziologischer Grundlage. Göttinger Florist. Rundbr. 10: 73–80.
WEBSTER, J. R. (1), 1962: The composition of wet-heath vegetation in relation to aeration of the ground-water and soil. I. Field studies of ground-water and soil aeration in several communities. Ecol 50: 619–637.
WEDECK, H., 1972: Unkrautgesellschaften der Hackfruchtkulturen in Osthessen. Philippia (Kassel) 1, 4: 194–212.
WEIHE, K. VON, DREYLING, G., 1970: Kulturverfahren zur Bestimmung der Salz- und Überflutungsverträglichkeit von Puccinellia spp. (Gramineae). Helgoländer Wiss. Meeresunters. 20: 157–171.
–, REESE, G., 1968: Deschampsia wibeliana (Sonder) Parlatore. Beiträge zur Monographie einer Art des Tidegebietes. Botan. Jb. 88: 1–48.
WEINERT, E., 1973: Herkunft und Areal einiger mitteleuropäischer Segetalpflanzen. Arch. Naturschutz u. Landschaftsforsch. 13: 123–139.
WEINITSCHKE, H., 1963: Beiträge zur Beschreibung der Waldvegetation im nordthüringer Muschelkalk. Hercynia 2: 1–58.
WEISE, G., 1960 a: Experimentelle Untersuchungen zur Kenntnis des Verhaltens von Molinia coerulea Moench in Reinkultur und in Vergesellschaftung. Biol. Zbl. 79: 285–311.
–, 1960 b: Experimentelle Beiträge zur Frage der Ökotypenbildung von Molinia coerulea Moench. Ebenda 79: 427–454.
WEISSENBÖCK, G., 1969: Einfluß des Bodensalzgehaltes auf Morphologie und Ionenspeicherung von Halophyten. Flora Abt. B 158: 369–389.
WEISSER, P., 1970: Die Vegetationsverhältnisse des Neusiedlersees. Wiss. Arb. Burgenland 45: 83 S.
WENDELBERGER, G., 1950: Zur Soziologie der kontinentalen Halophytenvegetation Mitteleuropas unter besonderer Berücksichtigung der Salzpflanzengesellschaften am Neusiedler See. Österr. Akad. Wiss., Math.-Nat. Kl., Denkschr. 108, 5: 180 S.
–, 1953 a: Die Trockenrasen im Naturschutzgebiet auf der Perchtoldsdorfer Heide bei Wien. Angew. Pflanzensoziol. (Wien) 9: 51 S.
–, 1953 b: Über einige hochalpine Pioniergesellschaften aus der Glockner- und Muntanitzgruppe in den Hohen Tauern. Verh. Zool.-Botan. Ges. Wien 93: 100–109.
–, 1954: Steppen, Trockenrasen und Wälder des pannonischen Raumes. Angew. Pflanzensoziol. (Wien), Festschr. Aichinger 1: 573–634.
–, 1962: Die Pflanzengesellschaften des Dachstein-Plateaus (einschließlich des Grimming-Stockes). Mitt. Naturw. Ver. Steiermark 92: 120–178.
–, 1963 a: Die Relikt-Schwarzföhrenwälder des Alpenostrandes. Vegetatio 11: 265–287.
–, 1963 b: Standorte und Pflanzengesellschaften am Beispiel der Rätischen Gebirge. Ebenda 11: 235–236.
–, 1964: Sand- und Alkalisteppen im Marchfeld. Jb. Landeskunde Niederösterreich 36: 942–964.
–, 1971: Die Pflanzengesellschaften des Rax-Plateaus. Mitt. Naturw. Ver. Steiermark 100: 197–239.
WENDELBERGER-ZELINKA, E., 1952: Die Vegetation der Donauauen bei Wallsee. Schr. Oberösterr. Landesbaudirektion 11: 196 S.
WESTHOFF, V., 1950: Gezelschappen met houtige gewassen in de duinen en langs de binnenduinrand. (Sonderdruck ohne Herkunftsangaben) 9–49.
–, 1958: De plantengroei van het Nationale Park Veluwezoom. Kon. Nederl. Natuurhist. Ver., Wetensch. Med. 26: 1–40.
WESTLAKE, D. F., 1966: The biomass and productivity of Glyceria maxima I. Seasonal changes in biomass. J. Ecol. 54: 745–753.
–, 1975: Storage organs growth and productivity of some aquatic macrophytes. XII. Internat. Botan. Congr. (Leningrad) Abstr. 1: 174.
WETSCHAAR, R., 1968: Soil organic nitrogen mineralization as affected by low soil water potentials. Plant and Soil 29: 9–17.
WETTER, E., 1918: Ökologie der Felsflora kalkarmer Gesteine. Diss. ETH Zürich: 176 S.
WHITE, E. J., TURNER, F., 1970: A method of estimating income of nutrients in a catch of airborne particles by a woodland canopy. J. Appl. Ecol. 7: 441–461.
WHITTACKER, R. H., FEENY, P. P., 1971: Allochemics: Chemical interactions between species. Science 171: 757–770.
WHITTAKER, E., GINNINGHAM, C. H., 1962: The effects of fire on regeneration of Calluna vulgaris (L) Hull. from seed. J. Ecol. 50: 815–822.
WIEDENROTH, E.-M., MÖRCHEN, G., 1964: Wurzeluntersuchungen im Aphano-Matricarietum Tx. 37 im Parthegebiet (Bezirk Leipzig). Wiss. Z. Humboldt-Univ. Berlin, Math.-Nat. R. 13: 645–651.
WIEGLEB, G., 1976: Untersuchungen über den Zusammenhang zwischen Chemismus und Makrophytenvegetation stehender Gewässer in Niedersachsen. Diss. Univ. Göttingen: 113 S.
–, 1977: Vorläufige Übersicht über die Pflanzengesellschaften der niedersächsichen Fließgewässer. Gutachten Nieders. Landesverwaltungsamt, Hannover (unveröff.): 41 S.

WIELGOLASKI, P. E., 1975: Productivity of tundra and forest tundra. XII. Internat. Botan. Congr. (Leningrad) Abstr. 1: 174.
WIEMANN, P., DOMKE, W., 1967: Pflanzengesellschaften der Ostfriesischen Insel Spiekeroog. 1. Teil Dünen. Mitt. Staatsinst. Allg. Botan. Hamburg 12: 191–353.
WIKUS, E., 1960: Die Vegetation der Lienzer Dolomiten (Osttirol). Arch. Botan. e Biogeogr. Ital. 34–37 (1956–60): 189 S.
WILD, A., SKARLOU, V., CLEMENT, C. R., SNAYDON, R. W., 1974: Comparison of potassium uptake by four plant species grown in sand and in flowing solution culture. J. Appl. Ecol. 11: 801–812.
WILLERDING, U., 1960: Beiträge zur jüngeren Geschichte der Flora und Vegetation der Flußauen. Flora 149: 435–476.
–, 1968: Beiträge zur Geschichte der Eibe (Taxus baccata L.). Plesse-Archiv (Göttingen) 3: 96–155.
–, 1973: Frühmittelalterliche Pflanzenreste aus Braunschweig. Nachr. Niedersachs. Urgesch. 42: 358–359.
–, 1977: Das Dorf der Eisenzeit und des frühen Mittelalters. Abh. Akad. Wiss. Göttingen, Phil.-Hist. Kl., Dritte Folge 101: 357–405.
WILLIAMS, J. T., 1964: A study of the competitive ability of Chenopodium album. I. Interference between Kale and C. album grown in pure stands and in mixtures. Weed Res. 4: 285–295.
–, 1968: The nitrogen relations and other ecological investigations on wet fertilized meadows. Veröff. Geobot. Inst. ETH, Stiftg. Rübel, Zürich 41: 69–193.
–, 1969: Mineral nitrogen in British grassland soils. I. Seasonal patterns in simple models. Oecol. Plant. 4: 307–370.
–, YARLEY, Y. W., 1967: Phytosociological studies of some British grasslands. I. Upland pastures in northern England. Vegetatio 15: 169–189.
WILLIAMS, W. T., BARBER, D. A., 1961: The functional significance of aerenchyma in plants. Symposia Soc. Exper. Biol. (Cambridge) 15: 132–144.
WILLIS, A. J., 1963: Braunton Burrows: The effects on the vegetation of the addition of mineral nutrients to the dune soils. J. Ecol. 51: 353–374.

WILMANNS, O., 1956: Pflanzengesellschaften und Standorte des Naturschutzgebietes „Greuthau" und seiner Umgebung (Reutlinger Alb). Veröff. Landesstelle Naturschutz u. Landschaftspflege Baden-Württemb. 1956: 317–451.
–, 1958: Zur standörtlichen Parallelisierung von Epiphyten- und Waldgesellschaften. Beitr. Naturk. Forsch. Südw.-Deut. 17: 11–19.
–, 1966: Anthropogener Wandel der Kryptogamen-Vegetation in Südwestdeutschland. Ber. Geobot. Inst. ETH, Stiftung Rübel, Zürich 37: 74–87.
–, 1971: Verwandte Züge in der Pflanzen- und Tierwelt von Alpen und Südschwarzwald. Jb. Ver. Schutze Alpenpflanzen u.-Tiere 36: 36–50.
–, 1973: Ökologische Pflanzensoziologie. UTB 269, Heidelberg: 288 S.
–, 1975: Wandlungen des Geranio-Allietum in den Kaiserstühler Weinbergen? Pflanzensoziologische Tabellen als Dokumente. Beitr. Naturk. Forsch. Südw.-Deut. 34: 429–443.
–, BAUMERT, J., 1965: Zur Besiedlung der Freiburger Trümmerflächen – eine Bilanz nach zwanzig Jahren. Ber. Naturf. Ges. Freiburg i. Br. 55: 399–411.
–, RUPP, S., 1966: Welche Faktoren bestimmen die Verbreitung alpiner Felsspaltenpflanzen auf der Schwäbischen Alb? Veröff. Landesstelle Naturschutz u. Landschaftspflege Baden-Württemb. 34: 62–86.
WILMERS, F., 1968: Kleinklimatische Untersuchungen an Laubwaldrändern bei Hannover. Ber. Inst. Meteorol. u. Klimatol. T. H. Hannover 1: 162 S.
WILSON, A. T., 1959: Surface of the ocean as a source of air-borne nitrogenous material and other plant nutrients. Nature 184: 99–101.
WILZEK, 1934: Die Pflanzengesellschaften des mittelschlesischen Odertales. Beitr. Biol. Pflanzen 23: 1–96.
WINKLER, E., 1963: Beiträge zur Klimatologie hochalpiner Lagen der Zentralalpen. Ber. Naturw.-Mediz. Ver. Innsbruck 53: 209–223.
WINKLER, O., 1933: Forstgeschichtlich bedingte Wandlungen in den Gebirgswäldern des St. Galler Oberlandes. Schweiz. Z. Forstwes. 84: 109–120.
–, 1943: Waldbrände, ihre Ursachen, Verhütung und Bekämpfung. In: „Mein Einsatz – Deine Sicherheit", Zürich: 5 S.
WINTELER, R., 1927: Studien über Soziologie und Verbreitung der Wälder, Sträucher und Zwergsträucher des Sernftales. Vierteljahresschr. Naturf. Ges. Zürich 72: 1–185.
WINTERHOFF, W., 1963: Vegetationskundliche Untersuchungen im Göttinger Wald. Nachr. Akad. Wiss. Göttingen II. Math.-Phys. Kl. 1962: 21–79.
–, 1965: Die Vegetation der Muschelkalkfelshänge im hessischen Werrabergland. Veröff. Württemb. Landesstelle Naturschutz u. Landschaftspflege 33: 146–197.
–, 1971: Zur Verbreitung und Soziologie von Carex cespitosa L. auf der Schwäbischen Alb. Jb. Ges. Naturk. Württemb. 126: 270–279.
–, 1975: Die Pilzvegetation der Dünenrasen bei Sandhausen (nördlich Oberrheinebene). Beitr. Naturk. Forsch. Südw.-Deut. 34: 445–462.
–, HÖLLERMANN, P., 1968: Morphologie, Flora und Vegetation des Bergsturzes am Schickeberg (Nordhessen). Nachr. Akad. Wiss. Göttingen, II. Math.-Phys. Kl. 1968, 7: 110–170.
WIRTH, V., 1972: Silikatflechten-Gemeinschaften im außeralpinen Zentraleuropa. Diss. Botan. 17: 326 S.
–, 1975: Die Vegetation des Naturschutzgebietes Utzenfluh (Südschwarzwald), besonders in lichenologischer Sicht. Beitr. Naturk. Forsch. Südw.-Deut. 34: 463–476.
WITTICH, W., 1951: Der Einfluß der Streunutzung

auf den Boden (Untersuchungen an diluvialen Sandböden). Forstwiss. Cbl. 70: 65–92.

–, 1954: Die Melioration streugenutzter Böden. Ebenda. 73: 211–232.

–, 1963: Bedeutung einer leistungsfähigen Regenwurmfauna unter Nadelwald für Streuzersetzung, Humusbildung und allgemeine Bodendynamik. Schr. reihe Forstl. Fak. Univ. Göttingen 30: 3–60.

WITTIG, R., 1976: Die Gebüsch- und Saumgesellschaften der Wallhecken in der Westfälischen Bucht. Abh. Landesmus. Naturkunde Münster i.W. 38: 78 S.

WITTWER, S. H., BUKOVAC, M. J., 1969: The uptake of nutrients through leaf surfaces. In: H. LINSER (Hrsg.). Handbuch der Pflanzenernährung und Düngung, Bd. 1: 235–300.

WŁODEK, J., STRZEMIENSKI, K., RALSKI, E., 1931: Untersuchungen über die Böden der Mischassoziationen im Gebiete der Czerwone Wierchy und Bielskie Zstry (Tatra-Gebirge). Bull. Acad. Polon. Sci. et Lettr. Sér. B: Sci. Nat. 1930.

WLOTZKA, F., 1961: Untersuchungen zur Geochemie des Stickstoffs. Geochimica et Cosmochimica Acta 24: 106–154.

WOHLENBERG, E., 1931: Die Grüne Insel in der Eidermündung. Eine entwicklungsphysiologische Untersuchung. Arch. Deut. Seewarte 50: 3–34.

–, 1937: Die Wattenmeer-Lebensgemeinschaften im Königshafen von Sylt. Helgoländer Wiss. Meeresunters. 1: 1–92

–, 1961: Sediment und Boden. Das Problem der „Deichreife" im Rahmen der Landgewinnung in Schleswig-Holstein. Ber. Deut. Landeskunde 27: 220–228.

–, 1963: Der Deichbruch des Ülvesbüller Kooges in der Februar-Sturmflut 1962. Versalzung – Übersandung – Rekultivierung. „Die Küste" (Heide i. H.) 11: 52–89.

–, 1965: Deichbau und Deichpflege auf biologischer Grundlage. Ebenda 13: 73–103.

WOJTERSKI, T., 1963: Wet pine-woods in the West Kashubian coastal region. Badan. Fizjograf. Polska Zachodnia 12: 139–191.

–, 1964 a: Pine forests on sand dunes at the polish Baltic coast. Poznań Soc. Friends of Sci., Dep. Math. Nat. Sci., Sect. Biol. 28, No. 2: 217 S.

–, 1964 b: Schemata of the zonal vegetation system on the southern coast of Baltic Sea. Badan. Fizjograf. Polska Zachodnia 14: 87–105.

–, LESZCZYNSKA, M., PIASZYK, M., 1973: Potential nutural vegetation of the lakeland of Lubusz. Rad. Fizjograf. Polska Zachodn. 26, Ser. B.-Biol.: 107–142.

WOLEK, J., 1974: A preliminary investigation on interactions (competition, allelopathy) between some species of Lemna, Spirodela, and Wolffia. Ber. Geobot. Inst. ETH, Stiftg. Rübel, Zürich 42: 140–162.

WOLLERT, H., 1967: Die Pflanzengesellschaften der Oser Mittelmecklenburgs unter besonderer Berücksichtigung der Trockenrasengesellschaften. Wiss. Z. Univ. Rostock, Math.-Nat. R. 16: 43–95.

–, 1970: Zur soziologischen Gliederung und Stellung der Grenzhecken Mittelmecklenburgs und deren Säume. Naturschutzarbeit in Mecklenburg 13: 92–100.

WOLTER, M., DIERSCHKE, H., 1975: Laubwald-Gesellschaften der nördlichen Wesermünder Geest. Mitt. Florist.-Soziolog. Arb. gem. N. F. 18: 203–217.

WRABER, M., 1952: Sur l'importance, pour la sylviculture et l'économie forestière, des surfaces réservées à l'étude de la forêt vierge. Ponatis Biol. Vestn. 1: 38–66.

–, 1963: Die Waldgesellschaft der Fichte und der Waldhainsimse in den slowenischen Ostalpen (Luzulo silvaticae-Piceetum Wraber 1953). Acad. Sci. Art. Sloven., Diss. 7: 75–176.

YERLY, M., 1970: Écologie comparée des prairies marécageuses dans les préalpes de la Suisse occidentale. Veröff. Geobot. Inst. ETH, Stiftg. Rübel, Zürich 44: 119 S.

YLI-VAKKURI, P., 1961: Emergence and initial development of tree seedlings on burnt-over forest land. Acta Forest. Fenn. 74: 5–51.

ZACHARIAE, G., 1965: Spuren tierischer Tätigkeit im Boden des Buchenwaldes. Forstwiss. Forsch. 20: 68 S.

–, 1967: Die Streuzersetzung im Köhlgartengebiet. In: GRAFF, O. and SATCHELL, J. E. (Ed.), Progress in soil biology. Vieweg u. Sohn, Braunschweig: 490–506.

ZARZYCKI, K., 1963: The forests of the western Bieszczady Mts. (Polish eastern Carpathians). Acta Agr. et Silv., Ser. Leśna 3: 3–132.

–, 1964: Biological and ecological studies in Carpathian beechwood. Bull. Acad. Polon. Sci., Cl. II, 12: 15–21.

–, 1968: Experimental investigation of competition between forest herbs. Acta Soc. Botan. Polon. 37: 393–411.

–, GUZIK, J., 1975: The crowberry Empetrum nigrum L. and E. hermaphroditum (Lange) Hagerup in Poland. Fragm. Florist. Geobot. (Kraków) 21: 423–431.

ZEIDLER, H., 1953: Waldgesellschaften des Frankenwaldes. Mitt. Florist.-Soziol. Arb. gem. N. F. 4: 88–109.

–, 1970: Edaphisch und anthropogen bedingtes Vegetationsmosaik in Wäldern. In: R. TÜXEN (Hrsg.) Gesellschaftsmorphologie (Strukturforschung). Dr. W. Junk, Den Haag: 322–333.

–, STRAUB, R., 1967: Waldgesellschaften mit Kiefer in der heutigen potentiellen natürlichen Vegetation des mittleren Maingebietes. Mitt. Florist.-Soziol. Arb. gem. N. F. 11/12: 88–126.

ZELLER, W., ZUBER, E., KLÖTZLI, F., 1968: Das Schutzgebiet Mettmenhaslisee, Niederhasli. Vierteljahresschr. Naturf. Ges. Zürich 113: 373–405.

ZELNIKER, J. L., 1968: Dürreresistenz von Baumarten unter Steppenbedingungen. In: Deut. Akad. Landwirtschaftswiss. Berlin, Tagungsber. 100. (Vorträge u. Diskussionen

des ersten Baumphysiologen-Symposiums): 131–140.
ZIMMEK, G.-E., 1975: Die Mineralstickstoff-Versorgung einiger Salzrasen-Gesellschaften des Graswarders vor Heiligenhafen/Ostsee. Diss. Univ. Göttingen: 66 S.
*ZIMMERMANN, W. (Hrsg.), 1961: Der Federsee. Die Natur- und Landschaftsschutzgebiete Baden-Württembergs 2. Stuttgart: 411 S.
ZIMMERMANN, R., 1976: Feuer als Pflegemaßnahme in Halbtrockenrasen des Kaiserstuhls. Vortragsreferat, Ges. f. Ökologie, Göttingen, 20.–24. 9. 76.
ZINGG, T., 1952: Gletscherbewegungen in den letzten 50 Jahren in Graubünden. Wasser- u. Energiewirtsch. (Zürich) 1952: H. 5–7.
–, 1954: Die Bestimmung der klimatischen Schneegrenze auf klimatologischer Grundlage. Angew. Pflanzensoziol. (Wien), Festschr. Aichinger 2: 848–854.
ZIOBROWSKI, S., 1933: Über den Einfluß des harten Winters 1928/29 auf die Holzgewächse im Rabaflußtale. Acta Soc. Botan. Polon. 10: 49–111.
ZLATNÍK, A., 1928: Études écologiques et sociologiques sur la Sesleria coerulea et le Seslerion calcariae en Tchécoslovaquie. Trav. Soc. Roy. Sci. Bohême, Cl. Sci., N. S. 8: 116 S.
–, 1935: Entwicklung und Zusammensetzung der Naturwälder in Podkarpatská Rus und ihre Beziehung zum Standort. Rec. Trav. Inst. Rech. Agron. Répúbl. Tchécosl. 127: 205 S.
–, 1958: Waldtypengruppen der Slowakei. Schr. Wiss. Labor. Biogeozönol. u. Typol. d. Waldes, Forstw. Fak. Landw. Hochsch. Brno 4: 195 S.
–, 1961: Großgliederung der slowakischen Wälder in waldtypologischer und pflanzensoziologischer Auffassung. Veröff. Geobot. Inst. ETH, Stiftg. Rübel, Zürich 36: 52–90.
ZOLLER, H., 1951: Das Pflanzenkleid der Mergelsteilhänge im Weißensteingebiet. Ber. Geobot. Forsch.inst. Rübel, Zürich 1950: 67–95.
–, 1954: Die Typen der Bromus erectus-Wiesen des Schweizer Jura. Beitr. Geobot. Landesaufn. Schweiz 33: 309 S.
–, 1958: Die Vegetation und Flora des Schaffhauser Randens. Mitt. Naturf. Ges. Schaffhausen 26: 1–36.
–, 1960: Pollenanalytische Untersuchungen zur Vegetationsgeschichte der Schweiz. Denkschr. Schweiz. Naturf. Ges. 83, Abh. 2: 45–157.
–, 1961: Die kulturbedingte Entwicklung der insubrischen Kastanienregion seit den Anfängen des Ackerbaues im Neolithikum. Ber. Geobot. Inst. ETH, Stiftg. Rübel, Zürich 32: 263–279.
–, 1964: Flora des schweizerischen Nationalparks und seiner Umgebung. Ergebn. Wiss. Unters. Schweiz. Nationalpark 9, 51: 408 S.
–, 1974: Flora und Vegetation der Innalluvionen zwischen Scuol und Martina (Unterengadin). Ebenda 12: 209 S.
–, KLEIBER, H., 1971: Vegetationsgeschichtliche Untersuchungen in der montanen und subalpinen Stufe der Tessintäler. Verhandl. Naturf. Ges. Basel 81: 90–154.

–, STÄGER, R., 1949: Beitrag zur Altersbestimmung von Pflanzen aus der Walliser Felsensteppe. Ber. Geobot. Forsch. Inst. Rübel, Zürich 1948: 61–68.
ZOLLITSCH, B., 1966: Soziologische und ökologische Untersuchungen auf Kalkschiefern in hochalpinen Gebieten. Teil I. Die Steinschuttgesellschaften der Alpen. Ber. Bayer. Botan. Ges. 40: 38 S.
ZÓLYONI, B., 1953: Die Entwicklungsgeschichte der Vegetation Ungarns seit dem letzten Interglazial. Acta Biol. Acad. Sci. Hung. 4: 367–413.
–, u. Mitarb., 1967: Einreihung von 1400 Arten der ungarischen Flora in ökologische Gruppen nach TWR-Zahlen. Fragmenta Botan. Mus. Hist.-Nat. Hung. 4: 101–142.
–, PRÉCSÉNYI, I., 1964: Methode zur ökologischen Charakterisierung der Vegetationseinheiten und zum Vergleich der Standorte. Acta Botan. Acad. Sci. Hung. 10: 377–416.
ZONNEVELD, I. S., 1960: De Brabantse Biesbosch. A study of soil and vegetation of a freshwater tidal delta. Meded. Stichting Bodenkartiering, Bodenk. Stud. 4: 210 S. (mit 2 Bänden als Anlage).
–, 1965: Studies van landshap, bodem en vegetatie in het westelijke deel van de Kalmthoutse Heide. Boor en Spade 14: 216–238.
–, 1966: Zusammenhänge Forstgesellschaft – Boden – Hydrologie und Baumwuchs in einigen niederländischen Pinus-Forsten auf Flugsand und auf Podsolen. In: TÜXEN, R., (Hrsg.), Anthropogene Vegetation. Dr. W. Junk, Den Haag: 312–335.
ZÖTTL, H., 1951 a: Die Vegetationsentwicklung auf Felsschutt in der alpinen und subalpinen Stufe des Wettersteingebirges. Jb. Ver. Schutze Alpenpflanzen u.-tiere 16: 10–74.
–, 1951 b: Experimentelle Untersuchungen über die Ausbreitungsfähigkeit alpiner Pflanzen. Phyton 3: 121–125.
–, 1952 a: Beitrag zur Ökologie alpiner Kalkschuttstandorte. Phyton 4: 160–175.
–, 1952 b: Zur Verbreitung des Schneeheide-Kiefernwaldes im bayerischen Alpenvorland. Ber. Bayer. Botan. Ges. 29: 92–95.
–, 1953: Untersuchungen über das Mikroklima subalpiner Pflanzengesellschaften. Ber. Geobot. Forsch. Inst. Rübel, Zürich 1952: 79–103.
–, 1959: Voraussetzungen für eine wirkungsvolle Verbesserung der Stickstoffversorgung von Nadelholzbeständen. Z. Pflanzenernähr., Düng., Bodenkunde 48: 116–122.
–, 1960: Dynamik der Stickstoffmineralisation im organischen Waldbodenmaterial. I–III. Plant and Soil 13: 166–223.
–, 1964: Wirksamkeit der Forstdüngung in Süddeutschland. 8th Internat. Congr. Soil Sci. Bukarest, Romania. Forest soils 2: 1009–1017.
–, 1966: Kalkböden der Alpen. Jb. Ver. Schutze Alpenpflanzen u.-Tiere 31: 5 S.
–, KEMEL, R., 1963: Ernährungszustand und Wachstum von Fichten-Altbeständen nach Ammoniakgas- und Stickstoffsalzdüngung. Forstwiss. Cbl. 82: 76–100.

ZUBER, E., 1968: Pflanzensoziologische und ökologische Untersuchungen an Strukturrasen (besonders Girlandenrasen) im Schweizerischen Nationalpark. Ergebn. Wiss. Unters. Schweiz. Nationalparks 60: 79–157.

ZUCK, W., 1952: Untersuchungen über das Vorkommen und die Biotope einheimischer Lumbriciden. Jahresh. Ver. Vaterl. Naturk. Württemb. 107: 95–132.

ZUKRIGL, K., 1973: Montane und subalpine Waldgesellschaften unter mitteleuropäischem, pannonischem und illyrischem Einfluß. Mitt. Forstl. Bundesversuchsanst.Wien 101: 386 S.

–, ECKHARDT, G., NATHER, J., 1963: Standortskundliche und waldbauliche Untersuchungen in Urwaldresten der niederösterreichischen Kalkalpen. Mitt. Forstl. Bundesversuchsanst. Mariabrunn 62: 244 S.

ZWÖLFER, H., 1974: Das Goldrutenproblem: Möglichkeiten für ein biologisches Unkrautbekämpfungsprojekt in Europa. Memorandum Ludwigsburg (unveröff.), 13 S.

II Hinweise auf Vegetationsdarstellungen interessanter Gebiete

Da das vorliegende Buch nach vegetations-ökologischen Gesichtspunkten gegliedert ist, wird der räumliche Zusammenhang der behandelten Gesellschaften nicht überall genügend sichtbar. Um dem Leser wenigstens die Möglichkeit zu bieten, sich diesen selbst anhand der zitierten Literatur zu erarbeiten, sei eine stichwortartige Übersicht angefügt, die auch bei der Vorbereitung von Exkursionen nützlich sein dürfte. Freilich ist hierbei weder Vollständigkeit noch gerechte Auswahl erreichbar. Die Nennung einer Arbeit bedeutet also keine Wertung, und ihr Fehlen auf keinen Fall eine Abwertung.

Die Übersicht ist in grober Weise geographisch gegliedert, und zwar von Norden nach Süden in sechs Zonen und von West nach Ost in Gruppen, die mit Spitzmarken bezeichnet und z. T. durch Gedankenstriche gegliedert sind.

Aus Raummangel bleiben auch die Zitate auf ein Minimum beschränkt: Autor, gekürzte Jahreszahl und Andeutung der vorwiegend behandelten Vegetationsformationen durch Buchstaben und römische Ziffern, die den Hauptabschnitten dieses Buches entsprechen. An ihrer Stelle können folgende Abkürzungen stehen: Mon. = Vegetations-Monographie, Exk. = vegetationskundlicher Exkursionsführer, Kart. = Vegetationskarte. Einige für größere Gebiete gültige Werke werden vorweg genannt.

Küstenland

Nordseeinseln: BRAUN-BLANQUET u. DE LEEUW 36 C IV, V, TÜXEN 56 C IV, V Kart., T. u. BÖKELMANN 57 C IV u. a., A. SCHWABE 75 C IV, WIEMANN u. DOMKE 67 C V u. a., KLEMENT 53 C IV, V u. a., KOPPE 37 C IV u. a., WOHLENBERG 37 C IV u. a., STRAKA 63 C IV, V D II u. a., JESCHKE 62 C V, IV, D II u. a. – CHRISTIANSEN 60 C V, D VIII u. a.

Ästuare und Festlandküste: ZONNEVELD 60 C I, IV u. a., DIEREN 34 C V, BEEFTING u. Mitarb. 71 C I, IV u. a. – LINKE 39 C IV, KÖRBER-GROHNE 35 C II, IV, D V u. a., KÖTTER 61 C I, B V u. a. – IVERSEN 53 C IV, EGGERS 69 C I, IV, D V u. a.

Ostseeküste: SCHMEISKY 74 C IV, D IV u. a., SCHWENKE 64 (Seeboden). – FUKAREK 61 C V u. a., VODERBERG u. FRÖDE 58, 67 C IV u. a. (Insel). – PIOTROWSKA 55 Mon. (Insel), WOJTERSKI 64a, b B IV, C V, HUECK 32 Mon., PAUL 44, 53 C V, KORNAŚ, PANCER u. BRZYKI 60 (Seeboden).

Nördliches Flach- und Hügelland

Allgemein: F. RUNGE 69c, SCAMONI 64 Kart., SZAFER u. ZARZYCKI 72 Mon., F. OVERBECK 75 C II, III.

Westl. Flachland: ZONNEVELD 65 D II u. a., WESTHOFF 58 D II u. a., SMIDT 66 D II. – DIERSSEN 73 C III u. a., BURRICHTER 68, 69 C III u. a., JAHNS 69 C III, BURCKHARDT u. BURGSDORF 62 C I u. a., TRAUTMANN u. LOHMEYER 60 B V, H.E. WEBER 76 B V, C I u. a., WATTENDORF 64 B V, F. RUNGE 69a C I, II, DIERSCHKE u. TÜXEN 75 C I, II, B V, ELLENBERG 69 D III u. a.

Zwischen Weser und Elbe: DIERSCHKE 74c B II, III, V, D V u. a., JAHNS 62 C III, WOLTER u. DIERSCHKE 75 B III, II, V, HOFMEISTER 70 D VI u. a., WALTHER 77 B V, D IV, V, IX u. a. – TÜXEN 67b D II u. a., LÖTSCHERT 62 D II, LÖTSCHERT u. HORST 62 D II.

Im südl. Nordwest-Deutschland: BURRICHTER 73, 76 Mon., Kart., TRAUTMANN 66 Mon. Kart., LOHMEYER 51 B II, III, Kart., ELLENBERG 52b D V u. a.

Jütische Halbinsel: RAABE 72 Kart., R. 60 Mon., LÖTSCHERT 64 C II, III u. a., H. E. WEBER 67 D IV. – SISSINGH 70 B II, BÖCHER 41 D II, C II u. a.

Jungmoränen-Hügelland usw. in der DDR: JESCHKE 64 B II, MEUSEL 52a B II, III, JESCHKE 61C I–III. – SCAMONI u. Mitarb. 63 Mon., SCAMONI 65 B II–V, PASSARGE 59 B II, III, P. 62 B III, WOLLERT 67 B II, D I u. a., SUCCOW 67 C IV, B V, JESCHKE 63 C I–III u. a.

Brandenburg, Berlin usw.: SCAMONI 57 B II, III, V u. a., S. 67a Mon., SCHLÜTER 55 Mon., PASSARGE 57a, c B V, D V u. a., SCHEEL 62 C II, D V u. a., GROSSER 66 C I–III, B V u. a., KRAUSCH 64–70 Mon., SUKOPP 59 C II, III, B V, MÜLLER-STOLL u. GRUHL 59 C II, III, FREITAG u. KÖRTGE 58 Mon.

Lausitz, Spreewald u. a.: KRAUSCH 69 Exk., PASSARGE 64 C II, III u. a., GROSSER 64 B IV, KRAUSCH 60 B V, C II u. a. – KLEMM 69/70 Mon., PASSARGE 56 Mon., SCHUBERT 69 B V, D V u. a.

Jungmoränenland in Polen: MATUSZKIEWICZ u. Mitarb. 63 Exk., SULMA u. WALAS 63 D I, B III u. a., WOJTERSKI u. Mitarb. 73 Mon., KEPSCYŃSKI 65 C I, II u. a., SOKOŁOWSKI 65 B II–IV, S. 66 B II–V, C III, S. 63 B III–V, PASSARGE 64b B III, CELIŃSKI u. FILIPEK 58 D I, B III.

Flachland südlich davon: FALIŃSKI 61 B III, IV u. a., A. u. W. MATUSZKIEWICZ 54 B III, IV u. a., SOKOŁOWSKI 68 B III–V, W. u. A. MATUSZKIEWICZ 56a B III, IV, DENISIUK 63 B III. – JURASZEK 28 C V, H. u. T. TRACZYK 65 B III, IV u. a.

Warmtrockene Tieflagen (im Bergland u. südlich davon)

Allgemein: BRAUN-BLANQUET 61 Mon., OBERDORFER 57 Mon., O. u. Mitarb. 77 ff. Mon., H. WAGNER 72 Kart., AICHINGER u. Mitarb. 56 Exk., LÜDI 61 Exk., HOLUB u. Mitarb. 67 Mon., SCAMONI 64 Kart.

Rheingebiet i. w. S.: KORNECK 74 D I, B III u. a., PHILIPPI 70/71 B IV, II, D I u. a., HÜGIN 62 Mon., KRAUSE 63 Kart., K. 69 C I, ROCHOW 51 Mon., SCHÄFER u. WITTMANN 66 B III, D I u. a. Mon. – W. HOFMANN 66 B III, II.

Mitteldeutsches Trockengebiet: MEUSEL 39 B III, D I u. a., PASSARGE 53a B III, II u. a., BALLER 74 D I u. a., REICHHOFF 74 D I, IV u. a., MAHN 57 D I u. a., SCHUBERT 54 D I, ALTEHAGE u. ROSSMANN 40 C IV, HILBIG 67b D IX, H. 62 Mon., RADEL 62 B III u. a.

Südost-Polen: MEDWECKA-KORNAŚ 60 D I u. a.

Böhmisches Becken: KLIKA 33 B III, D I u. a., K. u. Mitarb. 43 Mon., MIKYŠKA 56 B III–V u. a., NEUHÄUSL 69 B V u. a.

Theiß-Donau-Niederung: RUŽIČKA 64 B III–V, MICHALKO u. DZATKO 65 B III u. a., HEJNY 60 C I, II u. a., JURKO 58 B V, KRIPPELOVÁ 67 B V Mon., VICHEREK 62 D V u. a., BALÁTOVÁ-TULÁČKOVÁ 76 C I, II u. a., JÁRAI-KOMLÓDI 60 C II u. a. – MARGL 71 B V, WENDELBERGER 64 D I, C IV u. a.

Neusiedler See u. weitere Umgebung: WEISSER 70 Mon., WENDELBERGER 50 C IV u. a., ELLENBERG 73 C I u. a. – HÜBL 59 B III, NIKLFELD 64 B III, D I u. a., HOLZNER 70 D IX. – CSAPODY 64 B II, III, SIMON 57 B III, V u. a.

Bergland nördlich der Alpen

Allgemein: HARTMANN u. JAHN 67 B II–IV, OBERDORFER 57 Mon., O. u. Mitarb. 77 ff. Mon., O. u. TH. MÜLLER 74 Mon., TH. MÜLLER u. OBERDORFER 74 Kart., SCHUBERT 72 B II–V, HILBIG 71a C I u. a., LÜDI 61 Exk., HOLUB u. Mitarb. 67 Mon., SZAFER u. ZARZYCKI 72 Mon.

Ardennen: NOIRFALISE 56 B II u. a., N. u. SOUGNEZ 56 B III, TANGHE 70, 71 B II, III, V u. a., THILL 64 Mon., J. DUVIGNEAUD u. MULLENDERS 61 B II, III u. a., VANDEN BERGHEN 53 Mon., V, B, 51, 52 C II, III.

Hohes Venn, Rh. Schiefergeb. u. a.: SCHWICKERATH 44 Mon., SCH., GALLHOFF u. RADKE 69 Mon., SCH. 54 Kart. Mon. – SCHMITHÜSEN 34 B III u. a., LOHMEYER 62 B II. – KÜMMEL 50 Mon., STEPHAN 71 D I, IV.

Weser- und Leinebergland i. w. S.: LIENENBECKER 71 Mon., DIEMONT 38 B II, III, RÜHL 54, 73 B II, III, LOHMEYER 53 Mon., WINTERHOFF 63 B III u. a., W. u. HÖLLERMANN 68 B II, III, D IV u. a., BORNKAMM u. EBER 67 B III, II u. a., DIERSCHKE 74a D IV, B II u. a., RUTZSATZ 70 D V, VI.

Harz u. Vorberge: MEUSEL 54, 55 B II, III u. a., M. 39 D I, B III u. a. Mon., SCHUBERT u. Mitarb. 61 Exk., SCHÖNFELDER 76 B II, III u. a., TÜXEN 54 B II, III, STÖCKER 62–67 Mon. u. a., JENSEN 61 C II, III, HUECK 28 C II, III u. a., HUNDT 64 D V, II, SCHROEDER 73 B II, IV.

Rhön, Vogelsberg, Frankenwald u. a.: G. HOFMANN 64b B II, III, SPEIDEL 72 D V Kart., LÖTSCHERT u. GIES 73 C III u. a. – SPEIDEL 63 Kart., KNAPP 58 Mon., K. 67 Mon. – ZEIDLER 53 B II, III, MEUSEL 35 Mon.

Schwarzwald u.a., Vogesen: J. u. M. BARTSCH 40 Mon., OBERDORFER u. LANG 57 Kart., K. MÜLLER 48 Mon., WILMANNS 71 Mon., WIRTH 75 C VI. – LANG u. OBERDORFER 60 Kart., STOFFLER 75 B IV. – ISSLER 42 Mon., CARBIENER 69, 70 b D II, C VI u.a.
Schweiz. u. franz. Jura u.a.: MOOR 52, 68–75 B II, III, J.-L. RICHARD 61, 68 a, 72 B II, III, C VI u.a., J.-L. R. 75 B V, III u.a., GÉHU, J.-L. RICHARD u. TÜXEN 73 Exk., PFADENHAUER 73 B II, ZOLLER 54 D I. – ZOLLER 58 Mon.
Schwäb. u. fränk. Alb: GRADMANN 50 Mon., K. KUHN 37 Mon., HAUFF 37 B II, H. 65 D III, RODI 60 Mon., WILMANNS 56 Mon., W. u. RUPP 66 C VT u.a., TH. MÜLLER 75 B IV; LANDESSTELLE BAD.-WÜRTT. 66 Mon. – GAUCKLER 38 B III, D I u.a., KÜNNE 69 B II, III u.a.
Thüring.-sächs. Bergland: SCHLÜTER 59, 65–70 B II–IV, D III u.a., HUNDT 64 D V, II, NIEMANN 64 Mon., SCHRETZENMAYR 57 B II–IV, G. HOFMANN 65 B II, III u.a. – WEINITSCHKE 63 B II, III – HEYNERT 64 Mon. – E. HOFMANN 62 B II, ULBRICHT u. Mitarb. 65 Mon.
Böhmisches Bergland, Sudeten u.a.: MÍKYŠKA 67, 68 B III–V, NEUHÄUSL u. NEUHÄUSLOVÁ-NOVOTNÁ 64 Mon., NEUHÄUSL 75 C I–III. – MÍKYŠKA 72 C II–IV, MACKO 60 Mon., HUECK 39 Mon., JENÍK 58 B IV, D II u.a., HADAČ u. VÁŇA 67 C II, III. – BALÁTOVÁ-TULÁČKOVÁ 72 C II, D V u.a.
Polnisches Bergland u.a.: IZDEBSKA u. SZYNAL 61 B II–IV. – MEDWECKA-KORNAŚ 52 B II, III u.a., KORNAŚ 57 D I u.a., M.-K. 62, 67 B II, D I u.a., M.-K. u. K. 64 Mon. – GRODZIŃSKA u. PANCER-KOTEJOVA 65 B II, III u.a.
Tatra u. Karpaten: SZAFER u. Mitarb. 62 Mon., LÜDI 61 Exk., HADAČ 62 Mon., PAWŁOWSKI u. ZARZYCKI 60 D V u.a., SMARDA u. Mitarb. 63 D V u.a. – KORNAŚ 55 Mon., PANCER-KOTEJOVA 65 B II–IV, ZARZYCKI 63 B II–IV u.a.

Alpenvorland (ohne die trockenwarmen Tieflagen)

Allgemein: E. SCHMID 61 Kart., ELLENBERG u. KLÖTZLI 72 Mon., OBERDORFER u. TH. MÜLLER 74 Mon., TH. M. u. O. 74 Kart., OBERDORFER 57 Mon., O. u. Mitarb. 77 ff. Mon., SEIBERT 68 Mon. Kart., H. WAGNER 72 Kart.
Schweiz. Mittelland: FREHNER 63 B II–IV, ELLENBERG 67 b II–IV Kart., N. KUHN 67 B II–IV, ETTER 43, 47 B III, REHDER 52 B IV, II, M. KELLER 72 B II, III, D I, V u.a., MOOR 58 B V, KLÖTZLI 69 a B V, K., MEYER u. ZÜST 73 C II, III Exk., K. 73, C II, III, ZELLER, ZUBER, KLÖTZLI 68 B V u.a., WALO KOCH 26 C I, II, D V u.a., ELLENBERG u. KLÖTZLI 67 C I, II, D V u.a.
Württemb. Oberland: LANG 73 Mon., L. 67 b C I, II usw., ZIMMERMANN 61 C I, II u.a., HAUFF 64 Kart., BERTSCH 25 B V, C II, III, GÖRS 67 B V, C II, III u.a., G. 60 C I–III u.a., TH. MÜLLER 66 B III, D I u.a.
Oberbayern, Niederösterreich: PFADENHAUER 75 B II–IV u.a., PETERMANN 70 B II u.a., RODI 68 Mon., R. 74 B II, D V u.a., KAULE 69 B III, V, C I–III, D III, K. u. PFADENHAUER 73 C II, III, B V, SEIBERT 58 B V, D I, V u.a., GOETTLING 68 B V. – MAYER 71 B II, III, M. 69 B III, V, WENDELBERGER-ZELINKA 52 B V, MARGL 71 B V.

Alpen und Randgebirge

Allgemein: Wie Alpenvorland, dazu AICHINGER u. Mitarb. 56 Exk., MAYER 74 B II–V
Schweiz. nördl. Randalpen: KUOCH 54 B IV u.a., LÜDI 21 Mon., HEGG 65 Mon., SCHWEINGRUBER 72 C VI, D II u.a., SCH. 74 B IV. (s. auch Schweiz. Mittelland).
Schweiz. Zentralalpen (außer Nat.park): BRAUN-BLANQUET 48/50, 69 Mon., B.-B. 61 Mon., BRAUN 13 C VII, DIETL 72 C II, VI, D V u.a. Kart., KUOCH 70 C VI u.a. Kart., HAFFNER 63 Kart., HARTL 67 B IV, HILLGARTNER 71 B IV, J.-L. RICHARD 68 b B IV, C VI u.a., LÜDI 45 C VI u.a., L. 48 C VI, FRIEDEL 38 b C VI, BRAUN-BLANQUET u. Mitarb. 64 B IV, C VI u.a., MOOR 58 B V.
Schweiz. Nationalpark: BAER, J.-G. 62 Lit., CAMPELL u. TREPP 68 Kart., BRAUN-BLANQUET, PALLMANN u. BACH 54 Mon., B.-B. 58 C VI, VII, ZOLLER 64 Mon., Z. 74 B V, IV u.a., ZUBER 68 C VI.
Insubrien u.a.: OBERDORFER 64 B III u.a., ZOLLER 61 B III u.a., ELLENBERG u. REHDER 62 B III, ANTONIETTI 68 B III u.a., H.R. HOFER 67 D I, II, PORMANN, ANTONIETTI u. KLÖTZLI 64 B V, C I u.a.
Nördl. Kalkalpen in BRD u. Österr.: OBERDORFER 50 Mon., ZÖTTL 51 a C VI u.a., DIERSCHKE 69 C VI, D VI u.a., SPATZ 70 D V, VI, C VI, MAYER 59 B II–IV, LIPPERT 66 Mon. Kart., MAYER 57 B IV, M. 66 B IV, M., SCHLESINGER u. THIELE 67 B IV, V u.a., PIGNATTI-WIKUS 59 Mon., WENDELBERGER 62 Mon., ZUKRIGL, ECKHARDT u. NATHER 63 B II, IV, HOLZNER u. HÜBL 77 C VI.

Östliche Zentralalpen: Reisigl, Schiechtl u. Stern 70/71 Kart., Reisigl u. Pitschmann 58 C VII u. a., H. Wagner 65 C VI u. a. Kart., Friedel 38 a C VI, F. 56 C VI, Jochimsen 63, 70 C VI, Thomaser 67 CVI u. a. – Eggler 58 B III, IV, D V u. a., E. 55 D I, B IV u. a., Maurer 66 Mon. – Giacomini, Pirola u. Wikus 64 C VI u. a.
Östl. u. südl. Randalpen: Wikus 60 Mon., Putzer 67 Mon. – Wendelberger 71 Mon., Aichinger 51 B IV u. a., Hartl 63 C VI, B IV, Wendelberger 63 a B IV u. a.
Karawanken u. slowen. Alpen: Aichinger 33 Mon., Wraber 63 B IV u. a., Horvat, Glavač u. Ellenberg 74 Mon.

III Übersicht der Vegetationseinheiten und Arten

1 System der Pflanzengesellschaften mit Charakterarten

Diese Übersicht versucht, dem Stand vom Frühjahr 1978 gerecht zu werden, und weicht hier und dort vom vorher beendeten Text ab. Die Reihenfolge der acht großen Gruppen sowie der Klassen innerhalb jeder Gruppe entspricht der „soziologischen Progression". Auf Autorennamen wurde verzichtet; sie finden sich z. B. in den Floren von Oberdorfer und von Rothmaler.

Die Endung -etea bezeichnet eine Klasse, -etalia eine Ordnung, ion einen Verband. UV heißt Unterverband.

1 SÜSSWASSER- UND MOORVEGETATION

1.1 **Lemnetea, Lemnetalia,** Freischwimmende Stillwasser-Gesellschaften: *Lemna minor, Wolffia arrhiza.* S. 400.

    1.111 Lemnion gibbae, Buckellinsen-Decken: *Lemna gibba, Salvinia natans, Spirodela polyrrhiza.*

    1.112 Lemnion trisulcae, Dreifurchenlinsen-Decken: *Lemna trisulca, Riccia fluitans, Ricciocarpus natans.*

    1.113 Hydrocharition, Froschbiß-Krebsscheren-Ges.: *Hydrocharis morsus-ranae, Stratiotes aloides, Utricularia vulgaris.*

    1.114 Sphagno-Utricularion, Torfmoos-Wasserschlauch-Moortümpel: *Sparganium minimum, Utricularia intermedia, U. minor, U. ochroleuca.*

1.2 **Potamogetonetea, Potamogetonetalia,** Festwurzelnde Wasserpflanzen-Ges.: *Elodea canadensis, Myriophyllum spicatum, Potamogeton angustifolius, P. friesii, Ranunculus trichophyllus.* S. 396.

    1.211 Potamogetonion, Laichkraut-, Nixkraut- und Teichfaden-Unterwasserwiesen:
    – vorwiegend in Laichkraut-Ges.: *Potamogeton alpinus, P. coloratus, P. gramineus, P. filiformis, P. lucens, P. natans, P. nitens, P. obtusifolius, P. pectinatus, P. perfoliatus, P. praelongus, P. pusillus;*
    – vorw. in Nixkraut-Ges.: *Najas marina, N. minor;*
    – vorw. in Teichfaden-Ges.: *Zannichellia palustris.*

    1.212 Nymphaeion, Wurzelnde Schwimmblattdecken:
    – vorwiegend in See- und Teichrosen-Ges.: *Myriophyllum verticillatum, Nuphar lutea, N. pumila, Nymphaea alba, N. candida, Ranunculus peltatus, Utricularia australis;*
    – vorw. in Wassernuß- u. Seekannen-Ges.: *Trapa natans, Nymphoides peltata;*
    – vorw. in der Hahnenfuß-Wasserfeder-Ges.: *Hottonia palustris, Ranunculus aquatilis.*

    1.213 Ranunculion fluitantis, Fluthahnenfuß-Fließwasserrasen: *Butomus umbellatus* f. *vallisneriifolius, Groenlandia densa, Potamogeton helveticus, Ranunculus fluitans.*

1.3 **Littorelletea, Littorelletalia,** Strandlings-Flachwasserrasen und verwandte Ges.: *Ceratophyllum demersum, C. submersum, Deschampsia setacea, Isoëtes lacustris, Juncus bulbosus, Littorella uniflora, Veronica scutellata.* S. 393.

1.311 Deschampsion litoralis, Strandschmielen-Bodenseeufer-Rasen: *Deschampsia litoralis, Ranunculus reptans.*

1.312 Hypericion elodis, Atlantische Teichrand- und Schlenkenrasen: *Hypericum elodes, Potamogeton polygonifolius.*

1.313 Isoëtion, Brachsenkraut-Klarwasserrasen: *Isoëtes echinosporum, Lobelia dortmanna, Sparganium angustifolium.*

1.314 Eleocharition acicularis, Nadelsumpfried-Flachwasserrasen: *Apium inundatum, Eleocharis acicularis, Luronium natans, Myriophyllum alternifolium.*

1.315 Hydrocotylo-Baldellion, Wassernabel-Igelschlauch-Flachwasserrasen: *Baldellia ranunculoides, Pilularia globulifera.*

1.4 **Phragmitetea, Phragmitetalia,** Röhrichte und Großseggen-Sümpfe: *Acorus calamus, Alisma plantago-aquatica, Equisetum fluviatile, Iris pseudacorus, Phragmites australis, Poa palustris, Sagittaria sagittifolia, Schoenoplectus mucronatus.* S. 402 u. 411.

1.411 Phragmition, Röhrichte wenig bewegter Gewässer:
– vorwiegend in Binsen- und Rohrkolben-Röhrichten: *Schoenoplectus lacustris, S. americanus, S. tabernaemontani, Typha angustifolia, T. latifolia;*
– vorw. in Großgras-Röhrichten: *Glyceria maxima;*
– vorw. in Igelkolben-Röhrichten: *Sparganium erectum;*
– im Schwertried-Röhricht: *Cladium mariscus;*
– vorw. in seggenriednahen Kleinröhrichten: *Carex pseudocyperus, Cicuta virosa, Eleocharis palustris;*
– vorw. in Blumenbinsen- und Wasserfenchel-Kleinröhrichten: *Butomus umbellatus, Rorippa amphibia, Oenanthe aquatica, Sparganium emersum;*
– vorw. in Flußröhrichten: *Phalaris arundinacea;*
– in zahlreichen Ges. des Verbandes: *Eleocharis palustris, Hippuris vulgaris, Ranunculus lingua, Rumex aquaticus, R. hydrolapathum, Sium latifolium.*

1.412 Glycerio-Sparganion, Bachröhrichte: *Apium nodiflorum, Berula erecta, Epilobium parviflorum, E. roseum, Glyceria fluitans, G. plicata, Nasturtium officinale, Scrophularia umbrosa, Veronica anagallis-aquatica, V. beccabunga.*

1.413 Magnocaricion, Großseggen-Sümpfe: *Carex disticha, C. riparia, Cyperus longus, Eleocharis uniglumis, Galium palustre, Oenanthe fistulosa, Peucedanum palustre, Rorippa anceps, Scutellaria galericulata, Teucrium scordium.* S. 406.

1.413.1 UV Caricion rostratae, Großseggen-Moore:
– vorw. in Großhorstseggen-Mooren: *Carex appropinquata, C. elata, C. paniculata, Lysimachia thyrsiflora, Senecio paludosus;*
– vorw. in rasigen Großseggen-Mooren: *Carex rostrata;*

1.413.2 UV Caricion gracilis, Torfarme Großseggenrieder: *Carex gracilis, C. vesicaria, C. vulpina.*

1.5 **Montio-Cardaminetea, Montio-Cardaminetalia,** Quellfluren: *Deschampsia media, Epilobium alsinifolium, Saxifraga stellaris.* S. 420 u. 569.

1.511 Montio-Cardaminion, Weichwasser-Quellfluren: *Epilobium nutans, Stellaria alsine.*

1.511.1 UV Montion, Unbeschattete Weichwasser-Quellfluren: *Montia fontana* ssp. *amporitana, Philonotis fontana* (M), *Ph. sericea* (M), *Bryum schleicheri* (M), *Scapania paludosa* (M);

1.511.2 UV Cardaminion, Beschattete W.-Q.: *Cardamine amara, C. flexuosa, Chrysosplenium oppositifolium.*

1.512 Cratoneurion, Quelltuff-Fluren: *Arabis soyeri, Cratoneuron commutatum* (M), *C. filicinum* (M), *Saxifraga aizoides.*

1.6 **Scheuchzerio-Caricetea nigrae,** Kleinseggen-Zwischenmoore und -Sumpfrasen: *Carex dioica, C. oederi, C. hostiana, C. panicea, C. pulicaris, Dactylorhiza traunsteineri, Eriophorum angustifolium, Juncus alpino-articulatus, J. triglumis, Menyanthes trifoliata, Parnassia palustris, Pedicularis palustris, P. sceptrum-carolinum, Potentilla palustris, Swertia perennis.* S. 427, 447 u. 567.

   1.61 **Scheuchzerietalia,** Zwischenmoore und Schlenken: *Calamagrostis stricta, Drosera anglica, Hydrocotyle vulgaris, Trichophorum alpinum.*

      1.611 Rhynchosporion albae, Schnabelriedschlenken und verwandte Ges.: *Carex limosa, Drosera intermedia, Lycopodiella inundata, Rhynchospora alba, R. fusca, Scheuchzeria palustris.*

      1.612 Caricion nigrae, Saure Kleinseggenwiesen: *Agrostis canina, Cardamine matthioli, Carex paupercula, Hierochloë odorata, Ranunculus flammula.*

      1.613 Eriophorion gracilis, Zwischenmoor-Seggenrasen: *Carex diandra, C. lasiocarpa, Eriophorum gracile.*

   1.62 **Tofieldietalia,** Kalk-Kleinseggenrieder und verwandte Ges.: *Bartsia alpina, Carex flava, Eleocharis quinqueflora, Pinguicula vulgaris, Selaginella selaginoides, Triglochin palustre.*

      1.621 Caricion davallianae, Kalk-Flachmoore und Kleinseggenwiesen: *Carex frigida, Epipactis palustris, Eriophorum latifolium, Liparis loeselii, Pinguicula leptoceras, Primula farinosa, Taraxacum palustre, Tofieldia calyculata, Typha minima;*
– vorwiegend in Kopfried-Kalkniedermooren: *Schoenus ferrugineus, S. nigricans;*
– vorw. in Davallseggen-Sumpfwiesen: *Carex davalliana.*

      1.622 Caricion juncifoliae, Alpine Binsenseggen-Kalksumpfrasen: *Carex juncifolia, C. tumidicarpa* u. a. seltene Arten.

1.7 **Oxycocco-Sphagnetea,** Hochmoore und Moorheiden: *Aulacomnium palustre* (M), *Drosera rotundifolia, Sphagnum tenellum* (M), *Vaccinium oxycoccus.* S. 449.

   1.71 **Sphagnetalia magellanici,** Sphagnion magellanici, Hochmoorbulte und verwandte Ges.: *Andromeda polifolia, Calypogeia sphagnicola* (M), *Carex pauciflora, Cephaloziella connivens* (M), *Eriophorum vaginatum, Mylia anomala* (M), *Pohlia nutans var. sphagnetorum* (M), *Polytrichum strictum* (M), *Rubus chamaemorus, Sphagnum angustifolium* (M), *S. fuscum* (M), *S. magellanicum* (M), *S. rubellum* (M).

   1.72 **Sphagno-Ericetalia,** Ericion tetralicis, Moorheiden: *Erica tetralix, Juncus balticus, Narthecium ossifragum, Sphagnum compactum* (M), *S. molle* (M), *Trichophorum germanicum.*

2 SALZWASSER- UND MEERSTRAND-VEGETATION

2.1 **Zosteretea, Zosteretalia,** Zosterion marinae, Seegras-Meergrundrasen: *Zostera marina, Z. noltii.* S. 470.

2.2 **Ruppietea, Ruppietalia,** Ruppion maritimae, Meersalden-Ges.: *Ruppia maritima.*

2.3 **Spartinetea, Spartinetalia,** Spartinion, Schlickgras-Pionierges.: *Spartina townsendii.*

2.4 **Salicornietea, Salicornietalia,** Kurzlebige Annuellen-Wattfluren: *Salicornia europaea.* S. 472.

      2.411 Salicornion dolichostachyae, Queller-Wattfluren: *Salicornia dolichostachya.*

      2.412 Suaedion maritimae, Strandsoden-Ges.: *Bassia hirsuta, Suaeda maritima.*

2.5 **Saginetea, Saginetalia,** Saginion maritimae, Strandmastkraut-Fluren: *Sagina maritima.*

2.6 **Asteretea, Asteretalia tripolii,** Salzmarsch-Rasen: *Aster tripolium, Carex secalina, Cochlearia anglica, Glaux maritima, Plantago maritima, Spergularia media, Triglochin maritimum.* S. 472, 480, 485 u. 487.

      2.611 Puccinellion, Andelrasen: *Puccinellia distans, P. maritima, Spergularia marina.*

      2.612 Armerion maritimae: Strandnelkenrasen und verwandte Ges.: *Armeria ma-*

ritima, Artemisia maritima, Blysmus rufus, Carex extensa, Halimione portulacoides, Juncus gerardii, Limonium vulgare, Lotus tenuis, Parapholis strigosa, Plantago coronopus.

2.7 **Bolboschoenetea, Bolboschoenetalia,** Bolboschoenion, Brackwasser-Röhrichte: *Bolboschoenus maritimus* (könnte auch an die Phragmitetalia angeschlossen werden). S. 411.

2.8 **Cakiletea, Cakiletalia,** Meeres-Spülsäume: *Tripleurospermum maritimum.* S. 495.

 2.811 Salsolion, Salzkraut-Spülsäume: *Cakile maritima, Salsola kali.*

 2.812 Atriplicion litoralis, Strandmelden-Spülsäume: *Atriplex litoralis, Crambe maritima.*

2.9 **Ammophiletea,** Strandhafer-Dünen: *Ammophila baltica.* S. 495.

 2.91 **Ammophiletalia,** Strandroggen-Strandhafer-Dünen: *Agropyron junceum, Elymus arenarius, Oenothera parviflora.*

  2.911 Ammophilion, Strandhafer-Weißdünen: *Ammophila arenaria, Eryngium maritimum, Lathyrus maritimus.*

  2.912 Agropyro-Honkenion, Strandquecken-Vordünen: *Honkenia peploides.*

3 KRAUTIGE VEGETATION OFT GESTÖRTER PLÄTZE

3.1 **Isoëto-Nanojuncetea, Cyperetalia fusci,** Wechselnasse Zwergpflanzenfluren: *Cyperus fuscus, Gnaphalium luteo-album, Juncus tenageia, Lythrum hyssopifolia, Riccia*-Arten (M), *Schoenoplectus supinus.* S. 794.

 3.111 Nanocyperion, Mittel- und westeuropäische Zwergpflanzenfluren: *Blackstonia perfoliata, Carex bohemica, Cyperus flavescens, Hypericum humifusum, Illecebrum verticillatum, Isolepis setacea, Marsilea quadrifolia, Montia chondrosperma, Peplis portula, Plantago major* ssp. *intermedia, Radiola linoides, Sagina nodosa, Scirpus radicans, Veronica acinifolia* u. a.

  3.111.1 UV Juncion bufonii, Krötenbinsenreiche Z.: *Anthoceros punctatus* (M), *Centaurium pulchellum, Centunculus minimus, Cicendia filiformis, Gypsophila muralis, Juncus bufonius, Sagina apetala* u. a.

  3.111.2 UV Elatini-Eleochariton ovatae, Sumpfsimsenreiche und verwandte Z.: *Elatine hexandra* u. a. *E.-Arten, Eleocharis ovata, Limosella aquatica, Lindernia procumbens* u. a.

3.2 **Bidentetea, Bidentetalia tripartitae,** Zweizahn-Schlammuferges.: *Alopecurus aequalis, Bidens radiata, B. tripartita, Polygonum mite.* S. 799.

 3.211 Bidention tripartitae, Zweizahnfluren i. e. S.: *Bidens cernua, B. connata, Catabrosa aquatica, Leersia oryzoides, Polygonum hydropiper, P. minus, Ranunculus sceleratus, Rumex maritimus.*

 3.212 Chenopodion rubri, Flußmeldenfluren: *Bidens frondosa, Chenopodium rubrum, Polygonum lapathifolium* ssp. *danubiale, Xanthium albinum.*

3.3 **Chenopodietea,** Ruderalges. u. verwandte Acker- und Gartenunkraut-Ges.: *Aethusa cynapium, Amaranthus albus, A. blitoides, A. hybridus, A. retroflexus, Atriplex hortensis, A. tatarica, Capsella bursa-pastoris, Chenopodium album, Ch. bonus-henricus, Ch. botrys, Ch. ficifolium, Ch. murale, Ch. vulvaria, Corrigiola litoralis, Datura stramonium, Diplotaxis muralis, Echinochloa crus-galli, Eragrostis minor, Geranium rotundifolium, Linaria vulgaris, Phleum paniculatum, Portulaca oleracea, Senecio vernalis, S. vulgaris, Solanum nigrum, Sonchus oleraceus, Stellaria media, Tripleurospermum inodorum, Urtica urens.* S. 803 u. 820.

 3.31 **Sisymbrietalia,** Sisymbrion, Kurzlebige Ruderalges.: *Anthemis austriaca, A. cotula, Asperugo procumbens, Atriplex acuminata, A. oblongifolia, Barbarea verna, Brassica oleracea, Bromus arvensis, B. sterilis, B. tectorum, Cardaria draba, Chenopodium opulifolium, Ch. strictum, Cnicus benedictus, Conyza canadensis, Crepis tectorum, Diplotaxis tenuifolia, Hordeum murinum, Kochia laniflora, Lappula deflexa, L. squarrosa, Lepidium densiflorum, L. graminifolium, L. virginicum, Malva neglecta, M. sylvestris, Nicandra physalodes, Plantago indica, Sisymbrium altissimum, S. austriacum, S. irio, S. loeselii, S. officinale, Xanthium strumarium.*

904   Übersicht der Vegetationseinheiten und Arten

    3.32 **Onopordetalia**, Ausdauernde Ruderalges.: *Artemisia absinthium, Asperula arvensis, Cirsium eriophorum, Echium vulgare, Marrubium vulgare, Potentilla intermedia, Reseda luteola, Verbascum blattaria.*

        3.321 Onopordion, Eselsdistelfluren: *Anchusa officinalis, Carduus acanthoides, Cynoglossum officinale, Echinops sphaerocephalus, Hyoscyamus niger, Onopordum acanthium, Verbascum densiflorum.*

        3.322 Dauco-Melilotion, Honigkleefluren: *Avena nuda, Berteroa incana, Cichorium intybus, Daucus carota, Melilotus alba, M. officinalis, Pastinaca sativa, Picris hieracioides, Oenothera biennis, Rumex thyrsiflorus.*

    3.33 **Polygono-Chenopodietalia**, Nährstoffreiche Acker- und Gartenunkrautfluren: *Anagallis arvensis, Chenopodium polyspermum, Euphorbia helioscopia, E. peplus, Gagea villosa, Galinsoga ciliata, G. parviflora, Geranium dissectum, Lamium amplexicaule, L. purpureum, Mercurialis annua, Misopates orontium, Polygonum persicaria, Oxalis corniculata, Setaria glauca, S. verticillata, S. viridis, Sonchus asper, Spergula arvensis, Thlaspi arvense, Veronica agrestis, V. persica.*

        3.331 Fumario-Euphorbion, auf basenreichen Böden: *Allium vineale, Amaranthus lividus, Atriplex patula, Calendula arvensis, Erucastrum gallicum, Fumaria officinalis, Muscari racemosum, Tulipa sylvestris, Veronica opaca.*

        3.332 Spergulo-Oxalidion, auf sauren Böden: *Anchusa arvensis, Chrysanthemum segetum, Digitaria ischaemum, D. sanguinalis, Oxalis fontana, Stachys arvensis.*

3.4 **Secalietea**, Getreideunkrautfluren: *Alopecurus myosuroides, Anthemis arvensis, Buglossoides arvensis, Galium spurium, G. tricornutum, Lathyrus hirsutus, Lolium temulentum, Papaver rhoeas, Ranunculus arvensis, Sherardia arvensis, Sinapis arvensis, Valerianella locusta, V. rimosa, Vicia angustifolia, V. tenuissima, Viola arvensis.* S. 820.

    3.41 **Secalietalia**, Caucalion, Kalk-Getreideunkrautfluren: *Adonis aestivalis, A. flammea, Ajuga chamaepytis, Anagallis foemina, Bifora radians, Bupleurum rotundifolium, Caucalis platycarpos, Conringia orientalis, Consolida regalis, Euphorbia exigua, Fumaria vaillantii, Kicksia elatine, K. spuria, Lathyrus aphaca, L. tuberosus, Legousia hybrida, L. speculum-veneris, Melampyrum arvense, Neslia paniculata, Nigella arvensis, Orlaya grandiflora, Papaver argemone, Scandix pecten-veneris, Silene noctiflora, Stachys annua, Torilis arvensis, Turgenia latifolia, Vaccaria hispanica.*

    3.42 **Aperetalia**, Kalkärmere Getreideunkrautfluren: *Apera spica-venti, Bromus secalinus, Camelina alyssum, C. microcarpa, Raphanus raphanistrum, Scleranthus annuus, Vicia tetrasperma.*

        3.421 Aphanion, Ackerfrauenmantel-Fluren: *Aphanes arvensis, Malva moschata, Matricaria chamomilla, Papaver dubium, Veronica triphyllos, Vicia villosa.*

        3.422 Arnoserion, Lämmersalat-Fluren: *Anthoxanthum puellii, Aphanes microcarpa, Arnoseris minima.*

3.5 **Artemisietea**, Ausdauernde Stickstoff-Krautfluren: *Aster laevis, A. lanceolatus, A. novae-angliae, Cirsium vulgare, Cruciata glabra, Reseda lutea, Solidago gigantea.* S. 808.

    3.51 **Artemisietalia**, Beifuß- und Klettenfluren: *Artemisia vulgaris, Carduus crispus, Dipsacus fullonum, Parietaria officinalis, Rumex obtusifolius, Solidago canadensis, Urtica dioica.*

        3.511 Arction, Klettenfluren: *Arctium lappa, A. minus, A. tomentosum, Armoracia rusticana, Ballota nigra, Chelidonium majus, Conium maculatum, Fallopia dumetorum, Geranium pyrenaicum, Lamium album, Leonurus cardiaca, Malva alcea, Silene alba, Tanacetum vulgare.*

        3.512 Rumicion alpini, Alpenampferfluren: *Cerinthe glabra, Cirsium spinosissimum, Rumex alpinus, Senecio alpinus.*

    3.52 **Calystegio-Alliarietalia**, Schleierges. und Halbschatten-Krautsäume: *Aster tradescantii, Calystegia sepium, Cruciata laevipes, Galium aparine, Lamium maculatum.*

        3.521 Calystegion, Schleierges. und Flußspülsaum-Fluren: *Angelica archangelica, Aster salignus, Barbarea vulgaris, Carduus personata, Chaerophyllum bul-*

bosum, Cucubalus baccifer, Cuscuta europaea, Eupatorium cannabinum, Helianthus tuberosus, Impatiens glandulifera, Melilotus altissima, Myosoton aquaticum, Reynoutria japonica, Rubus caesius, Saponaria officinalis, Scutellaria hastifolia, Senecio fluviatilis, Sisymbrium strictissimum, Solidago graminifolia. S. 332.

    3.522 Geo-Alliarion, Knoblauchshederich-Fluren und verwandte Ges.: *Alliaria petiolata, Anthriscus cerefolium, Cardamine hirsuta, Chaerophyllum aureum, Ch. temulum, Dipsacus pilosus, Galeopsis pubescens, Geum urbanum, Impatiens parviflora, Lapsana communis, Mycelis muralis, Sambucus ebulus, Viola alba, V. odorata.* S. 724.

3.6 **Agropyretea, Agropyretalia,** Convolvulo-Agropyrion, Quecken-Trockenpionierges.: *Agropyron intermedium, Anthemis tinctoria, Bromus inermis, Cerastium arvense, Chondrilla juncea, Convolvulus arvensis, Falcaria vulgaris, Poa compressa.*

3.7 **Plantaginetea,** Tritt- und Flutrasen: *Plantago major, Poa annua, Potentilla anserina, Rumex crispus.* S. 788.

    3.71 **Plantaginetalia,** Polygonion avicularis, Trittrasen: *Blysmus compressus, Coronopus squamatus, Juncus tenuis, Lepidium ruderale, Matricaria discoidea, Malva pusilla, Sagina procumbens, Sclerochloa dura.*

    3.72 **Agrostietalia,** Agrostion stoloniferae, Flut- und Feuchtpionierrasen: *Agropyron pungens, Agrostis stolonifera, Alopecurus geniculatus, Carex hirta, C. hordeistichos, Inula britannica, Juncus compressus, J. inflexus, Mentha longifolia, M. pulegium, Mimulus guttatus, Myosurus minimus, Potentilla reptans, Pulicaria dysenterica, Rorippa sylvestris, Spergularia rubra, Trifolium fragiferum, T. hybridum, T. resupinatum.*

4 STEINFLUREN UND ALPINE RASEN

4.1 **Parietarietea judaicae, Parietarietalia muralis,** Centrantho-Parietarion: Wärmeliebende Mauerfugen-Ges.: *Corydalis lutea, Cymbalaria muralis, Parietaria judaica,* sowie *Antirrhinum majus* u. a. verwilderte Gartenpflanzen.

4.2 **Asplenietea rupestria,** Felsspalten- und Mauerfugen-Ges.: *Asplenium septentrionale, A. trichomanes, Ceterach officinarum, Draba dubia, Hieracium amplexicaule, Saxifraga decipiens, Sedum dasyphyllum, Valeriana tripteris, Veronica fruticans.* S. 589.

    4.21 **Potentilletalia caulescentis,** Kalk-Felsspalten- und Mauerges.: *Androsace lactea, Artemisia mutellina, Asplenium ruta-muraria, Campanula cochleariifolia, Daphne alpina, Draba aizoides, D. ladina, D. tomentosa, Festuca alpina, F. pumila, F. stenantha, Minuartia rupestris, Poa glauca, Potentilla clusiana, Rhamnus pumila, Saxifraga cotyledon, S. paniculata, Silene saxifraga, Valeriana saxatilis.*

        4.211 Potentillion caulescentis, Sonnige Kalk-F. u. M.: *Androsace helvetica, Biscutella laevigata, Carex mucronata, Hieracium bupleurioides, H. humile, Kernera saxatilis, Potentilla caulescens, Primula auricula.*

        4.212 Cystopteridion, Schattige Kalk-F. u. M.: *Arabis alpina, Asplenium viride, Aster bellidiastrum, Cystopteris regia, Moehringia muscosa.*

    4.22 **Androsacetalia vandellii,** Silikat- und Serpentin-Felsspaltenges.: *Androsace vandellii, Asplenium alternifolium, Eritrichium nanum, Erysimum rhaeticum, Phyteuma scheuchzeri, Primula glutinosa.*

        4.221 Androsacion vandellii, Sonnige Silikat-Felsspaltenges.: *Asplenium adiantum-nigrum, Erigeron gaudinii, Minuartia cherlerioides, Woodsia ilvensis.*

        4.222 Anarrhinion bellidifolii, Schattige Silikat-F.: *Anarrhinum bellidifolium, Asplenium billotii.*

        4.223 Asplenion serpentini, Serpentin-F.: *Asplenium serpentini.*

4.3 **Violetea calaminariae, Violetalia calaminariae,** Schwermetall-Steinfluren: Ökotypen von *Agrostis tenuis, Festuca ovina, Minuartia verna* und *Silene vulgaris.* S. 657.

        4.311 Thlaspion calaminariae, Vorwiegend westeuropäische Schwermetallfluren: *Thlaspi alpestre.*

        4.312 Armerion halleri, Mitteleuropäische Schwermetallfluren: *Armeria halleri.*

4.313 Galio anisophyllo-Minuartion vernae, Alpine Schwermetallfluren: Ökotypen von *Dianthus sylvestris, Galium anisophyllum* u. *Poa alpina.*

4.4 **Thlaspietea rotundifolii**, Steinschutt- und Geröllfluren: *Arabis alpina, Campanula cespitosa, Chaenarrhinum minus, Galeopsis ladanum, Gymnocarpium robertianum, Gypsophila repens, Hieracium staticifolium, Linaria alpina, Rumex scutatus, Salix serpyllifolia, Saxifraga biflora.* S. 576.

4.41 **Thlaspietalia rotundifolii**, Karbonat-Steinschuttfluren: *Achillea atrata, Doronicum grandiflorum, Hutchinsia alpina, Poa cenisia, P. minor, Ranunculus montanus.*

4.411 Thlaspion rotundifolii, Täschelkraut-Kalkschuttfluren: *Cerastium latifolium, Crepis terglouensis, Galium anisophyllum, G. helveticum, Leontodon montanus, Leucanthemum atratum, Moehringia ciliata, Papaver alpinum* ssp. *sendtneri, Ranunculus parnassifolius, Saxifraga aphylla, Thlaspi rotundifolium, Trisetum distichophyllum, Valeriana supina, Viola calcarata, V. cenisia.*

4.412 Petasition paradoxi, Pestwurzfluren feuchterer Kalkschutthalden: *Adenostyles glabra, Athamantha cretensis, Dryopteris villarii, Petasites paradoxus, Polystichum lonchitis, Valeriana montana.*

4.42 **Drabetalia hoppeanae**, Drabion hoppeanae, Felsenblümchen-Kalkschieferhalden: *Achillea nana, Artemisia genipi, Campanula cenisia, Crepis rhaetica, Dorycnium glaciale, Draba fladnicensis, D. hoppeana, Gentiana orbicularis, Pedicularis aspleniifolia, Trisetum spicatum.* (Die Abtrennung dieser Ordnung ist somit gerechtfertigt!)

4.43 **Androsacetalia alpinae**, Androsacion alpinae, Silikat-Steinschuttfluren: *Androsace alpina, A. leucophylla, Cardamine resedifolia, Cerastium pedunculatum, C. uniflorum, Cryptogramma crispa, Geum reptans, Oxyria digyna, Poa laxa, Ranunculus glacialis, Saxifraga bryoides, S. seguieri.*

4.44 **Epilobietalia fleischeri**, Epilobion fleischeri, Flußkies- und Feuchtschuttfluren des Gebirges: *Calamagrostis pseudophragmites, Chondrilla chondrilloides, Epilobium fleischeri, Equisetum variegatum, Hieracium piloselloides, Myricaria germanica, Scrophularia canina.*

4.45 **Achnatheretalia**, Achnatherion, Sommerwarme Rauhgras-Kalkschutthalden: *Achnatherum calamagrostis, Calamintha nepetoides, Galeopsis angustifolia.*

4.46 **Galeopsietalia segetum**, Galeopsion segetum, Sommerwarme Hohlzahn-Silikatschutthalden: *Epilobium collinum, E. lanceolatum, Galeopsis segetum, Senecio viscosus.*

4.5 **Salicetea herbaceae**, Schneeboden-Ges.: *Alchemilla fissa, Cardamine alpina, Cerastium cerastoides, Epilobium anagallidifolium, Plantago atrata, Soldanella pusilla, Taraxacum alpinum, Veronica alpina.* S. 562.

4.51 **Salicetalia herbaceae**, Salicion herbaceae, Saure Schneeboden-Ges.: *Alchemilla pentaphyllea, Arenaria biflora, Carex foetida, Gnaphalium supinum, Kiaeria starkei* (M), *Luzula alpino-pilosa, L. desvauxii, Orthotrichum incurvum* (M), *Pohlia drummondii* (M), *Polytrichum sexangulare* (M), *Ranunculus pygmaeus, Salix herbacea, Sedum alpestre, Sibbaldia procumbens, Tanacetum alpinum.*

4.52 **Arabidetalia caeruleae**, Arabidion caeruleae, Kalk-Schneeboden-Ges.: *Arabis caerulea, Carex parviflora, Gentiana bavarica, Gnaphalium hoppeanum, Potentilla brauneana, Ranunculus alpestris, Rumex nivalis, Salix reticulata, S. retusa, Saxifraga androsacea.*

4.6 **Caricetea curvulae, Caricetalia**, Caricion curvulae, Alpine Sauerbodenrasen: *Achillea erba-rotta, Agrostis rupestris, Androsace obtusifolia, Armeria alpina, Avenochloa versicolor, Bupleurum stellatum, Carex curvula, Euphrasia minima, Festuca halleri, Hieracium glanduliferum, Juncus jacquinii, Koeleria hirsuta, Laserpitium halleri, Luzula spicata, Minuartia sedoides, M. recurva, Oreochloa disticha, Phyteuma hemisphaericum, Poa violacea, Potentilla frigida, P. grandiflora, Primula hirsuta, P. integrifolia, P. minima, Ranunculus pyrenaicus, Senecio incanus, Silene excapa, Trifolium alpinum, T. pallescens, Veronica bellidioides.* S. 551.

4.7 **Elyno-Seslerietea**, Alpine Kalkrasen: *Astragalus alpinus, A. australis, Carex rupestris, C. sempervirens, Gentiana nivalis, Oxytropis montana, Veronica aphylla.* S. 545.

4.71 **Seslerietalia**, Alpin-subalpine Blaugras- und Rostseggenrasen: *Acinos alpinus, Alchemilla hoppeana, Anemone narcissiflora, Anthyllis alpestris, Arabis ciliata, Astragalus frigidus, Bupleurum ranunculoides, Euphrasia salisburgensis, Gentiana verna, Globularia cordifolia, Helianthemum grandiflorum, Hieracium bifidum, Leucanthemum maximum, Nigritella nigra, Pedicularis rostrato-capitata, P. verticillata, Phyteuma orbiculare, Polygala alpestris, Potentilla crantzii, Pulsatilla alpina, Saxifraga moschata, Scabiosa lucida, Senecio doronicum.*

    4.711 Seslerion, Blaugrasrasen und verwandte Ges.: *Aster alpinus, Carex firma, Chamorchis alpina, Crepis kerneri, Gentiana clusii, Globularia nudicaulis, Hedysarum hedysaroides, Helianthemum alpestre, Leontopodium alpinum, Ranunculus thora, Saxifraga caesia, Sedum atratum, Silene acaulis.*

    4.712 Caricion ferrugineae, Rostseggenrasen: *Carex capillaris, C. ferruginea, Lathyrus laevigatus, Pedicularis foliosa, Phleum hirsutum, Traunsteinera globosa.*

4.72 **Elynetalia**, Elynion, Nacktried-Windecken: *Antennaria carpatica, Carex atrata, Cerastium alpinum, Draba siliquosa, Elyna myosuroides, Erigeron uniflorus, Gentianella tenella, Ligusticum mutellinoides, Saussurea alpina.*

5 **ANTHROPO-ZOOGENE HEIDEN UND RASEN**

5.1 **Nardo-Callunetea**, Borstgras- und Zwergstrauchheiden: *Calluna vulgaris, Carex pilulifera, Cuscuta epithymum, Danthonia decumbens, Luzula campestris, Potentilla erecta, Rumex acetosella.* S. 662.

    5.11 **Nardetalia**, Borstgras-Magerrasen: *Arnica montana, Botrychium lunaria, Carex leporina, C. pallescens, Coeloglossum viride, Festuca nigrescens, Nardus stricta, Polygala serpyllifolia, Thesium pyrenaicum.*

        5.111 Eu-Nardion, Gebirgs-Borstgrasrasen: *Ajuga pyramidalis, Alchemilla alpina, Campanula alpina, C. barbata, Diphasium alpinum, Festuca supina, Gentiana acaulis, G. pannonica, G. punctata, G. purpurea, Geum montanum, Gnaphalium norvegicum, Hieracium alpinum, H. aurantiacum, H. hoppeanum, Hypochoeris uniflora, Leontodon helveticus, Plantago alpina, Potentilla aurea, Pulsatilla apiifolia.*

        5.112 Violo-Nardion, Borstgrasrasen tieferer Lagen: *Antennaria dioica, Centaurea nigra, Chamaespartium sagittale, Dianthus deltoides, Festuca tenuifolia, Galium pumilum, Gentianella campestris, Hieracium lactucella, Hypericum maculatum, Meum athamanticum, Narcissus pseudo-narcissus, Pedicularis sylvatica, Polygala vulgaris, Viola canina.*

    5.12 **Calluno-Ulicetalia**, Atlantische Zwergstrauchheiden: *Erica cinerea.*

        5.121 Genisto-Callunion, Ginster-Heidestrauch-Heiden: *Chamaecytisus supinus, Genista anglica, G. germanica, G. pilosa, Lycopodium clavatum.*

        5.122 Empetrion boreale, Nordische Krähenbeerheiden: *Empetrum nigrum.*

        5.123 Cytision scoparii, Besenginster-Heiden: *Cytisus scoparius.*

5.2 **Sedo-Scleranthetea**, Lockere Sand- und Felsrasen: *Acinos arvensis, Agrostis stricta, Alyssum montanum, Cerastium arvense* ssp. *strictum, C. semidecandrum, Erodium cicutarium, Holosteum umbellatum, Potentilla argentea, Scleranthus perennis, Sedum album, Sempervivum tectorum, Taraxacum laevigatum, Trifolium arvense, Valerianella carinata, V. dentata, Veronica praecox, V. verna.* S. 615 u. 637.

    5.21 **Sedo-Scleranthetalia**, Bodensaure Felsrasen: *Achillea nobilis, Festuca cinerea, Medicago minima, Sempervivum montanum, Silene rupestris.*

        5.211 Sedo-Scleranthion, Gebirgs-Fetthennen- und Hauswurz-Ges.: *Alyssum alyssoides, Pulsatilla pratensis, Sedum annuum, Sempervivum arachnoideum.*

        5.212 Alysso-Sedion, Fetthennen-Ges. tieferer Lagen: *Arabidopsis thaliana, Cerastium brachypetalum, C. pumilum, Draba muralis, Hornungia petraea, Micropus erectus, Poa bulbosa, Saxifraga tridactylites, Teucrium botrys, Thlaspi perfoliatum, Trifolium scabrum.*

        5.213 Festucion pallentis, Blauschwingel-Ges.: *Achillea pannonica, Carex praecox, Festuca pallens, Melica ciliata.*

908   Übersicht der Vegetationseinheiten und Arten

5.22 **Corynephoretalia,** Silbergrasreiche lockere Sandrasen: *Corynephorus canescens, Myosotis discolor.*

   5.221   Corynephorion, Silbergras-Pionierrasen: *Carex arenaria, Spergula morisonii, Teesdalea nudicaulis* (kann als eigene Klasse gelten).

   5.222   Thero-Airion, Kleinschmielenrasen: *Aira caryophyllea, A. praecox, Filago minima, F. vulgaris, Hypochoeris glabra, Ornithopus perpusillus.*

   5.223   Koelerion arenariae, Küsten-Schillergrasrasen: *Festuca rubra* ssp. *arenaria, Koeleria arenaria, Viola tricolor* ssp. *curtisii.*

5.23 **Festuco-Sedetalia,** Schafschwingel-Mauerpfeffer-Sandrasen: *Achillea collina, Allium schoenoprasum, Artemisia campestris, Festuca trachyphylla, Helichrysum arenarium, Jasione montana, Myosotis ramosissima, M. stricta, Petrorhagia prolifera, Phleum arenarium, Rumex tenuifolius, Sedum acre, S. rupestre, S. sexangulare, Silene conica, Thymus serpyllum, Trifolium aureum, T. campestre, T. striatum.*

   5.231   Koelerion glaucae, Blauschillergras-Kalksandrasen: *Gypsophila fastigiata, Hieracium echioides, Jurinea cyanoides, Koeleria glauca, Onosma arenarium.*

   5.232   Armerion maritimae, Strandnelken-Sandrasen: *Festuca rubra* ssp. *litoralis, Herniaria glabra, Vicia lathyroides.*

5.3 **Festuco-Brometea,** Kalk-Magerrasen: *Allium montanum, A. oleraceum, A. sphaerocephalum, Asparagus officinalis, Asperula aristata, A. cynanchica, Aster linosyris, Astragalus danicus, Botriochloa ischaemon, Campanula glomerata, Carex caryophyllea, C. humilis, Dianthus carthusianorum, Eryngium campestre, Euphorbia cyparissias, Filipendula vulgaris, Galium glaucum, Koeleria macrantha, Lactuca perennis, Lophochloa cristata, Melica transsylvanica, Odontites lutea, Onobrychis arenaria, Orobanche caryophyllacea, Phleum phleoides, Pimpinella saxifraga, Plantago media, Poa angustifolia, Polygala comosa, Prunella grandiflora, Sanguisorba minor, Silene otites, Stipa pulcherrima, Thesium linophyllon, Thymus praecox, Trifolium montanum, Verbascum phoeniceum, Veronica prostrata, V. spicata.* S. 615 u. 624.

   5.31 **Festucetalia valesiacae,** Kontinentale Trocken- und Halbtrockenrasen: *Adonis vernalis, Astragalus excapus, A. onobrychis, Centaurea stoebe, Minuartia setacea, Oxytropis pilosa, Petrorhagia saxifraga, Potentilla arenaria, P. pusilla, Scorzonera austriaca, S. purpurea, Stipa capillata, St. joannis.*

   5.311 Festucion valesiacae, Kontinentale Trockenrasen: *Achillea setacea, Carex supina, Erysimum crepidifolium, E. odoratum, Festuca trachyphylla, F. rupicola, F. valesiaca, Poa badensis, Seseli hippomarathrum.*

   5.312 Cirsio-Brachypodion, Kontinentale Halbtrockenrasen: *Inula spiraeifolia, Scabiosa ochroleuca, Scorzonera hispanica, Seseli annuum, Stipa tirsa.*

   5.32 **Brometalia erecti,** Subozeanische Trocken- und Halbtrockenrasen: *Avenochloa pratensis, Bromus erectus, Centaurea scabiosa, Euphorbia stricta, Gentiana cruciata, Helianthemum apenninum, H. nummularium, H. ovatum, Hippocrepis comosa, Koeleria pyramidata, Linum tenuifolium, L. viscosum, Ononis natrix, Pulsatilla vulgaris, Scabiosa columbaria, Teucrium montanum, Trifolium ochroleucon.*

   5.321 Xerobromion, Suboz. Trockenrasen: *Dorycnium germanicum, Fumana procumbens, Globularia punctata, Koeleria vallesiana, Minuartia verna, Orobanche teucrii, Phyteuma tenerum, Trinia glauca.*

   5.322 Mesobromion, Suboz. Halbtrockenrasen: *Aceras anthropophorum, Carlina acaulis, C. vulgaris, Cirsium acaule, Erigeron acris, Gentianella ciliata, G. germanica, Herminium monorchis, Himantoglossum hircinum, Onobrychis viciaefolia, Ononis spinosa, O. repens, Ophrys apifera, O. holosericea, O. insectifera, O. sphecodes, Orchis militaris, O. simia, O. ustulata, Primula veris, Ranunculus bulbosus, Spiranthes spiralis.*

5.4 **Molinio-Arrhenatheretea,** Grünland-Ges.: *Agrostis gigantea, Alopecurus pratensis, Cerastium holosteoides, Colchicum autumnale, Dactylis glomerata, Dactylorhiza incarnata, Euphrasia rostkoviana, Festuca pratensis, F. rubra* ssp. *rubra, Holcus lanatus,*

Lathyrus pratensis, Poa pratensis, P. trivialis, Prunella vulgaris, Ranunculus acris, Rhinanthus minor, Rumex acetosa, Vicia cracca.

5.41 **Molinietalia**, Feuchtwiesen: *Achillea ptarmica, Angelica sylvestris, Chaerophyllum hirsutum, Cirsium palustre, Dactylorhiza maculata, D. majalis, Equisetum palustre, Filipendula ulmaria, Gymnadenia conopsea, Juncus conglomeratus, J. effusus, Lathyrus palustris, Lychnis flos-cuculi, Lysimachia vulgaris, Platanthera chlorantha, Sanguisorba officinalis, Silaum silaus, Thalictrum flavum, Trifolium spadiceum, Trollius europaeus, Valeriana dioica.* S. 751 u. 756.

    5.411 Molinion, Pfeifengras-Streuewiesen: *Allium angulosum, A. suaveolens, Betonica officinalis, Carex tomentosa, Cirsium dissectum, C. tuberosum, Dianthus superbus, Galium boreale, Genista tinctoria, Gentiana asclepiadea, G. pneumonanthe, Gladiolus palustris, Inula salicina, Iris sibirica, Laserpitium prutenicum, Selinum carvifolium, Serratula tinctoria, Succisa pratensis, Tetragonolobus maritimus, Viola elatior.*

    5.412 Filipendulion ulmariae, Mädesüß-Uferfluren: *Epilobium hirsutum, Geranium palustre, Hypericum tetrapterum, Lythrum salicaria, Petasites hybridus, Stachys palustris, Telekia speciosa, Sonchus palustris, Stellaria palustris, Valeriana procurrens, Veronica longifolia.*

    5.413 Cnidion, Subkontinentale Brenndoldenwiesen: *Cnidium dubium, Gratiola officinalis, Juncus atratus, Oenanthe silaifolia, Viola persicifolia.*

    5.414 Juncion acutiflori, Subatlantische Binsenwiesen: *Juncus acutiflorus.*

    5.415 Calthion, Gedüngte Feuchtwiesen: *Bromus racemosus, Caltha palustris, Cirsium canum, C. oleraceum, C. rivulare, Fritillaria meleagris, Juncus filiformis, J. subnodulosus, Scirpus sylvaticus, Senecio aquaticus.*

5.42 **Arrhenatheretalia**, Gedüngte Frischwiesen und -weiden: *Achillea millefolium, Anthriscus sylvestris, Bellis perennis, Carum carvi, Crepis capillaris, Heracleum sphondylium, Leucanthemum vulgare, Ornithogalum umbellatum, Rhinanthus alectorolophus, Saxifraga granulata, Stellaria graminea, Tragopogon pratensis, T. orientalis, Trisetum flavescens.* S. 745 u. 779.

    5.421 Arrhenatherion, Glatthaferwiesen: *Arrhenatherum elatius, Campanula patula, Crepis biennis, Galium mollugo, Geranium pratense, Knautia arvensis, Trifolium dubium.*

    5.422 Polygono-Trisetion, Goldhafer-Bergwiesen: *Alchemilla vulgaris, Campanula rhomboidalis, Cardaminopsis halleri, Centaurea pseudophyrygia, Crepis mollis, Crocus albiflorus, Narcissus poeticus, Phyteuma nigrum, Ph. ovatum, Pimpinella major, Viola tricolor* ssp. *subalpina* u. ssp. *tricolor.*

    5.423 Cynosurion, Weidelgras-Kammgrasweiden: *Cynosurus cristatus, Hordeum secalinum, Leontodon autumnalis, Lolium perenne, Odontites rubra, Phleum bertolonii, Ph. pratense, Trifolium repens, Veronica filiformis, V. serpyllifolia.*

    5.424 Poion alpinae, Subalpine Milchkrautweiden: *Agrostis alpina, Cerastium fontanum, Crepis aurea, Phleum alpinum, Poa alpina, Trifolium badium, T. thalii.*

6 **WALDNAHE STAUDENFLUREN UND GEBÜSCHE**

  6.1 **Trifolio-Geranietea, Trifolio-Origanetalia,** Staudensäume an Gehölzen: *Arabis glabra, Astragalus glycyphyllos, Clinopodium vulgare, Coronilla varia, Dorycnium herbaceum, Galium verum, Inula conyza, Lactuca viminea, Laserpitium latifolium, Lathyrus latifolius, L. sylvestris, Lithospermum officinale, Origanum vulgare, Pleurospermum austriacum, Silene armeria, S. nutans, Verbascum lychnites, Vicia cassubica, V. pisiformis, Viola hirta.* S. 714.

    6.111 Trifolion medii, Mittelklee-Krautsäume: *Agrimonia eupatoria, A. procera, Trifolium medium, Vicia dumetorum, V. sylvatica.*

    6.112 Geranion sanguinei, Trockenheitsertragende Blutstorchschnabel-Staudensäume: *Anemone sylvestris, Anthericum ramosum, Aster amellus, Bupleurum falcatum, Campanula bononiensis, C. rapunculoides, Clematis* recta, Crepis praemorsa, Dictamnus albus, Fragaria viridis, Galium lucidum, Geranium sanguineum, Inula hirta, Lathyrus heterophyllus, Medicago falcata, Melampyrum cristatum, Peucedanum cervaria, P. oreoselinum, Polygonatum odoratum, Rosa pimpinellifolia, Scabiosa canescens, Seseli libanotis, Thalictrum minus, Thesium bavarum, Trifolium alpestre, T. rubens, Veronica teucrium, Vicia tenuifolia, Viola collina.

6.2 **Epilobietea, Epilobietalia angustifoliae,** Waldlichtungs-Fluren und -Gebüsche: *Centaurium erythraea, Epilobium angustifolium, Fragaria vesca, Rubus sulcatus, Torilis japonica.* S. 691.

    6.211 Epilobion angustifoliae, Weidenröschen-Waldlichtungsfluren: *Calamagrostis epigeios, Corydalis claviculata, Digitalis grandiflora, D. lutea, D. purpurea, Gnaphalium sylvaticum, Hypericum hirsutum, Senecio sylvaticus, Verbascum nigrum.*

    6.212 Atropion, Tollkirschen-Waldlichtungsfluren: *Arctium nemorosum, Atropa bella-donna, Bromus ramosus.*

    6.213 Sambuco-Salicion, Waldlichtungs-Gebüsche: *Rubus affinis, R. rudis, R. serpens, R. sprengelii, R. sylvaticus, Salix caprea, Sambucus nigra, S. racemosa.*

6.3 **Betulo-Adenostyletea, Adenostyletalia,** Hochstauden-Fluren und -Gebüsche: *Adenostyles alliariae, Athyrium distentifolium, Cicerbita alpina, Crepis pyrenaica, Epilobium alpestre, Geranium sylvaticum, Myosotis sylvatica, Ranunculus platanifolius, Rosa pendulina, Rumex alpestris, Salix foetida, S. hastata, Saxifraga rotundifolia, Senecio nemorensis, Tozzia alpina, Viola biflora.* S. 571.

    6.311 Adenostylion alliariae, Subalpine Hochstauden-Fluren und -Gebüsche: *Achillea macrophylla, Aconitum napellus* ssp. *vulgare, Alnus viridis, Doronicum austriacum, Hieracium jurassicum, Peucedanum ostruthium, Poa hybrida, Salix appendiculata, S. arbuscula.*

7 **NADELWÄLDER UND VERWANDTE GES.**

7.1 **Erico-Pinetea, Erico-Pinetalia,** Erico-Pinion, Kalk-Kiefernwälder: *Aquilegia atrata, Calamagrostis varia, Carduus crassifolius, Carex ericetorum, Chamaecytisus ratisbonensis, Cirsium erisithales, Coronilla vaginalis, Crepis alpestris, Daphne cneorum, D. striata, Epipactis atrorubens, Erica herbacea, Festuca amethystina, Gymnadenia odoratissima, Helianthemum canum, Pinus nigra, Polygala chamaebuxus, Rhamnus saxatilis, Rhododendron hirsutum, Rhodothamnus chamaecistus, Saponaria ocymoides, Thesium rostratum, Thlaspi montanum.* S. 311 u. 316.

7.2 **Vaccinio-Piceetea, Vaccinio-Piceetalia,** Saure Nadelwälder und verwandte Ges.: *Arctostaphylos uva-ursi, Corallorhiza trifida, Diphasium tristachyum, Epipogium aphyllum, Homogyne alpina, Huperzia selago, Juniperus communis* ssp. *alpina, Linnaea borealis, Listera cordata, Lonicera caerulea, Lycopodium annotinum, Melampyrum sylvaticum, Moneses uniflora, Monotropa hypopitys, Orthilia secunda, Pyrola media, P. minor, P. rotundifolia, Trientalis europaea, Vaccinium uliginosum, V. vitis-idaea.*

    7.211 Dicrano-Pinion, Saure Kiefernwälder: *Chimaphila umbellata, Diphasium complanatum, Goodyera repens, Pyrola chlorantha, Viola rupestris, Viscum laxum.* S. 325.

    7.212 Vaccinio-Piceion, Fichtenwälder und verwandte Ges.: *Arctostaphylos alpina, Blechnum spicant, Calamagrostis villosa, Larix decidua, Luzula luzulina, L. sieberi, Picea abies, Pinus mugo, Soldanella montana.* S. 285.

        7.212.1 UV Piceion, Fichtenwälder.

        7.212.2 UV Ledo-Pinion, Kiefern-Bruch- und Hochmoorwälder: *Chamaedaphne calyculata, Ledum palustre.*

        7.212.3 UV Betulion pubescentis, Birken- und Kiefern-Birken-Bruchwälder: *Betula pubescens.*

        7.212.4 UV Rhododendro-Vaccinion, Arvenwälder und Gebirgs-Zwergstrauchheiden: *Clematis alpina, Empetrum hermaphroditum, Juniperus alpina, Loiseleuria procumbens, Pinus cembra, Rhododendron ferrugineum, R. intermedium.*

8 LAUBWÄLDER UND VERWANDTE GES.

8.1 **Salicetea purpureae,** Salicetalia purpureae, Weiden-Auengehölze: *Salix purpurea.* S. 351.

    8.111 Salicion eleagni, Gebirgs-Weidenauen: *Salix daphnoides, S. eleagnos, S. nigricans.*

    8.112 Salicion albae, Weidenauen tieferer Lagen: *Populus nigra, Salix alba, S. fragilis, S. rubens, S. triandra, S. viminalis.*

8.2 **Alnetea glutinosae,** Erlenbrücher und Moorweidengebüsche: *Calamagrostis canescens, Dryopteris cristata, Galium elongatum, Salix cinerea, S. pentandra.* S. 375.

    8.21 **Alnetalia,** Alnion glutinosae, Erlenbruchwälder: *Alnus glutinosa, Carex elongata, C. laevigata, Osmunda regalis, Ribes nigrum, Thelypteris palustris.*

    8.22 **Salicetalia auritae,** Frangulo-Salicion auritae, Moorweidengebüsche: *Frangula alnus, Myrica gale, Salix aurita, S. repens.*

8.3 **Quercetea robori-petraeae,** Quercetalia, Quercion robori-petraeae, Saure Eichenmischwälder: *Hieracium glaucinum, H. lachenalii, H. laevigatum, H. sabaudum, H. umbellatum, Holcus mollis, Hypericum pulchrum, Lathyrus linifolius, Lonicera periclymenum.* S. 251.

8.4 **Querco-Fagetea,** Reichere Laubwälder und Gebüsche: *Acer campestre, Aegopodium podagraria, Amelanchier ovalis, Anemone nemorosa, A. ranunculoides, Aquilegia vulgaris, Aremonia agrimonoides, Brachypodium sylvaticum, Buglossoides purpurocaerulea, Buxus sempervirens, Campanula trachelium, Carex digitata, C. montana, Cephalanthera longifolia, C. rubra, Convallaria majalis, Coronilla emerus, Corylus avellana, Crataegus laevigata, Cypripedium calceolus, Daphne laureola, Galanthus nivalis, Hepatica nobilis, Hypericum montanum, Lathraea squamaria, Lonicera xylosteum, Malus sylvestris, Melica picta, M. nutans, Moehringia trinervia, Ribes alpinum. Scilla bifolia, Ulmus minor, Viburnum opulus, Vinca minor, Viola mirabilis.*

    8.41 **Prunetalia,** Waldmantel-Gebüsche und Hecken: *Clematis vitalba, Cornus sanguinea, Crataegus monogyna, Euonymus europaea, Mespilus germanica, Prunus spinosa, Rhamnus catharticus, Rosa canina, R. corymbifera, Rubus canescens, R. radula.* S. 714.

        8.411 Prunion spinosae, Schlehen-Gebüsche: *Rubus vulgaris.*

        8.412 Berberidion, Berberitzen-Gebüsche: *Berberis vulgaris, Cotinus coggygria, Cotoneaster integerrima, C. tomentosa, Hippophaë rhamnoides, Ligustrum vulgare, Rosa coriifolia, R. obtusifolia, R. rubiginosa, R. villosa, Staphylea pinnata, Tamus communis, Viburnum lantana.*

        8.413 Prunion fruticosae, Steppenkirschen-Gebüsche: *Prunus fruticosa.*

    8.42 **Quercetalia pubescenti-petraeae,** Trockenheitsertragende Eichenmischwälder: *Acer monspessulanum, Arabis pauciflora, A. turrita, Campanula persicifolia, Cornus mas, Lactuca quercina. Lathyrus niger, Limodorum abortivum, Melica ovata, Melittis melissophyllum, Orchis purpurea, Potentilla micrantha, Quercus cerris, Q. pubescens, Sorbus domestica, S. torminalis, Tanacetum corymbosum.* S. 240.

        8.421 Quercion pubescenti-petraeae, Mitteleuropäische T. E.: *Acer opalus, Colutea arborescens, Coronilla coronata, Helleborus foetidus, Potentilla alba, Prunus mahaleb, Pulmonaria angustifolia.*

    8.43 **Fagetalia,** Edellaub-Mischwälder und verwandte Ges.: *Acer platanoides, A. pseudoplatanus, Aconitum variegatum, Actaea spicata, Adoxa moschatellina, Allium ursinum, Aposeris foetida, Arum maculatum, Asarum europaeum, Asperula taurina, Bromus benekeni, Bupleurum longifolium, Campanula latifolia, Cardamine impatiens, Carex brizoides, C. pendula, C. pilosa, C. remota, C. sylvatica, Circaea alpina, C. lutetiana, Corydalis cava, C. intermedia, C. solida, Daphne mezereum, Dryopteris filix-mas, D. pseudo-mas, Epilobium montanum, Epipactis helleborine, E. microphylla, E. purpurata, Euphorbia amygdaloides, Festuca gigantea, Fraxinus excelsior, Gagea spathacea, Galium odoratum, Impatiens noli-tangere, Lamiastrum galeobdolon, Lathyrus vernus, Lencojum vernum, Lilium martagon, Lonicera alpigena, Melica uniflora, Mercurialis perennis, Milium effusum, Neottia nidus-avis, Paris quadrifolia, Phyteuma spicatum, Polygonatum multiflorum, Primula vulgaris, Prunus avium, Pulmonaria obscura, P. officinalis, Ranunculus lanu-*

912　Übersicht der Vegetationseinheiten und Arten

ginosus, *Salvia glutinosa, Sanicula europaea, Scrophularia nodosa, Stachys sylvatica, Streptopus amplexifolius, Symphytum tuberosum, Tilia platyphyllos, Viola reichenbachiana*. S. 110.

8.431　Fagion sylvaticae, Rotbuchenwälder: *Cardamine trifolia, Cyclamen purpurascens, Dentaria enneaphyllos, D. heptaphylla, D. pentaphyllos, Euonymus latifolia, Euphorbia dulcis, Fagus sylvatica, Festuca altissima, Helleborus niger, H. viridis, Hordelymus europaeus, Omphalodes verna, Orchis pallens, Petasites albus, Rubus hirtus, R. tereticaulis, Taxus baccata, Veronica urticifolia*. S. 112, 197 u. 272.

8.431.1　UV Luzulo-Fagion, Hainsimsen-Buchenwälder: *Calamagrostis arundinacea, Luzula luzuloides;*

8.431.2　UV Galio odorati- Fagion (Eu-Fagion), Waldmeister-Buchenwälder;

8.431.3　UV Cephalanthero-Fagion, Seggen-Hangbuchenwälder: *Cephalanthera damosonium;*

8.431.4　UV Aceri-Fagion, Ahornmischwälder und Ahorn-Buchenwälder: *Aconitum paniculatum, Aruncus dioicus, Lunaria rediviva, Polystichum aculeatum, P. braunii, Ranunculus serpens, Ulmus glabra;*

8.431.5　UV Galio rotundifolii-Abietion, Tannenmischwälder: *Abies alba, Galium rotundifolium.*

8.432　Carpinion betuli, Hainbuchen-Mischwälder: *Carex fritschii, C. umbrosa, Carpinus betulus, Dactylis polygama, Festuca heterophylla, Galium schultesii, Melampyrum nemorosum, Potentilla sterilis, Rosa arvensis, Scilla non-scripta, Stellaria holostea, Tilia cordata*. S. 207.

8.433　Alno-Ulmion, Erlen- und Edellaub-Auenwälder: *Agropyron caninum, Allium scorodoprasum, Alnus incana, Anthriscus nitida, Carex otrubae, C. strigosa, Chrysosplenium alternifolium, Circaea intermedia, Equisetum hyemale, E. pratense, E. telmateia, Gagea lutea, Matteucia struthiopteris, Omphalodes scorpioides, Polemonium caeruleum, Populus alba, Prunus padus, Ribes spicatum, R. rubrum, Rumex sanguineus, Stellaria nemorum, Thalictrum aquilegiifolium, Ulmus laevis, Veronica montana, Vitis vinifera* ssp. *sylvestris*. S. 354.

2　Verzeichnis der erwähnten Arten, ihrer Zeigerwerte und Lebensformen

a　Erläuterungen

Für jede Art finden sich (möglichst) folgende Angaben:

Wissenschaftlicher Name und Autor
Deutscher Name
Nr. der Tabellen, in denen die Art genannt wird
S. = Seiten der Erwähnung im Text und in Abbildungen

(Dezimalziffer in Klammern = Gesellschaft, in der die betr. Art als Charakterart gilt; s. Abschnitt E III 1)

Außerdem bei den meisten Gefäßpflanzen ökologische Zeigerwerte, u. zwar:
– Licht-, Temperatur-, Kontinentalitäts-Zahl – Feuchte-, Reaktions-, Stickstoff-Zahl –

Lebensform: P Phanero-, N Nanophanero-, Z holziger Chamae-, C krautiger Chamaephyt,
　H Hemikrypto-, G Geo-, T Thero-, A Hydrophyt, li Liane, p Parasit, hp Halbparasit,
　E Epiphyt

Erläuterung der Zeigerwerte:

× 　indifferentes Verhalten, d. h. weite Amplitude oder ungleiches Verhalten in verschiedenen Gegenden.

?　ungeklärtes Verhalten, über das selbst Mutmaßungen noch nicht möglich sind.

L = **Lichtzahl** (erste Ziffer der ersten Dreiergruppe)
(Vorkommen in Beziehung zur relativen Beleuchtungsstärke = r.B.)
Maßgebend ist für alle Arten die rel. Beleuchtungsstärke, die an ihrem Wuchsort zur Zeit der vollen Belaubung der sommergrünen Pflanzen (also etwa Mitte Juni bis Mitte Oktober) herrscht.
1 Tiefschattenpflanze, noch bei weniger als 1%, selten bei mehr als 30% r.B. vorkommend
2 zwischen 1 und 3 stehend
3 Schattenpflanze, meist bei weniger als 5% r.B., doch auch an helleren Stellen
4 zwischen 2 und 4 stehend
5 Halbschattenpflanze, nur selten im vollen Licht, meist aber bei mehr als 10% r.B.
6 zwischen 5 und 7 stehend
7 Halblichtpflanze, meist bei vollem Licht, aber auch im Schatten
8 Lichtpflanze, nur ausnahmsweise bei weniger als 40% r.B.
9 Vollichtpflanze, nur an voll bestrahlten Plätzen, selten bei weniger als 50% r.B.

T = **Temperaturzahl** (zweite Ziffer der ersten Dreiergruppe)
(Vorkommen im Wärmegefälle von der mediterranen zur arktischen Zone bzw. von Tieflagen zur alpinen Stufe)
1 Kältezeiger, nur in hohen Gebirgslagen oder im boreal-arktischen Bereich
2 zwischen 1 und 3 stehend (viele alpine Arten)
3 Kühlezeiger, vorwiegend im hochmontan-subalpinen Lagen, oder temperat-boreal
4 zwischen 3 und 5 stehend (insbesondere montane Arten)
5 Mäßigwärmezeiger, von tiefen bis in hochmontane Lagen, Schwergewicht in submontan-temperaten Bereichen
6 zwischen 5 und 7 stehend
7 Wärmezeiger, im nördlichen Mitteleuropa nur in Tieflagen
8 zwischen 7 und 9 stehend, meist mit submediterranem Schwergewicht
9 extremer Wärmezeiger, vom Mediterrangebiet nur auf wärmste Plätze Mitteleuropas übergreifend

K = **Kontinentalitätszahl** (dritte Ziffer der ersten Dreiergruppe)
(Vorkommen im Kontinentalitätsgefälle von der Atlantikküste bis ins Innere Eurasiens, besonders im Hinblick auf die Temperaturschwankungen)
1 euozeanisch, in Mitteleuropa nur mit wenigen Vorposten
2 ozeanisch, mit Schwergewicht im Westen einschließlich des westl. Mitteleuropa
3 zwischen 2 und 4 stehend (d.h. in großen Teilen Mitteleuropas)
4 subozeanisch, mit Schwergewicht in Mitteleuropa, nach Osten ausgreifend
5 intermediär, schwach subozeanisch bis schwach subkontinental
6 subkontinental, mit Schwergewicht im östlichen Mittel- und angrenzenden Osteuropa
7 zwischen 6 und 8 stehend
8 kontinental, nur an Sonderstandorten von Osten nach Mitteleuropa übergreifend
9 eukontinental (im eigentlichen Mitteleuropa fehlend)

F = **Feuchtezahl** (erste Ziffer der zweiten Dreiergruppe)
(Vorkommen im Gefälle der Bodenfeuchtigkeit vom flachgründig-trockenen Felshang bis zum Sumpfboden sowie vom flachen bis zum tiefen Wasser)

1 Starktrockniszeiger, an oftmals austrocknenden Stellen lebensfähig und auf trockene Böden beschränkt
2 zwischen 1 und 3 stehend
3 Trockniszeiger, auf trockenen Böden häufiger vorkommend als auf frischen; auf feuchten Böden fehlend
4 zwischen 3 und 5 stehend
5 Frischezeiger, Schwergewicht auf mittelfeuchten Böden, auf nassen sowie auf öfters austrocknenden Böden fehlend
6 zwischen 5 und 7 stehend
7 Feuchtezeiger, Schwergewicht auf gut durchgefeuchteten, aber nicht nassen Böden
8 zwischen 7 und 9 stehend
9 Nässezeiger, Schwergewicht auf oft durchnäßten (luftarmen) Böden
10 Wechselwasserzeiger, Wasserpflanze, die längere Zeiten ohne Wasserbedeckung erträgt
11 Wasserpflanze, die unter Wasser wurzelt, aber zumindest zeitweilig über dessen Oberfläche aufragt, oder Schwimmpflanze, die an der Wasseroberfläche flottiert
12 Unterwasserpflanze, ständig oder fast dauernd untergetaucht

R = **Reaktionszahl** (zweite Ziffer der zweiten Dreiergruppe)
(Vorkommen im Gefälle der Bodenreaktion und des Kalkgehaltes)
1 Starksäurezeiger, niemals auf schwachsauren bis alkalischen Böden vorkommend
2 zwischen 1 und 3 stehend
3 Säurezeiger, Schwergewicht auf sauren Böden, aber bis in den neutralen Bereich
4 zwischen 3 und 5 stehend
5 Mäßigsäurezeiger, auf stark sauren wie auf neutralen bis alkalischen Böden selten
6 zwischen 5 und 7 stehend
7 Schwachsäure- bis Schwachbasenzeiger, niemals auf stark sauren Böden
8 zwischen 7 und 9 stehend, d. h. meist auf Kalk weisend
9 Basen- und Kalkzeiger, stets auf kalkreichen Böden

N = **Stickstoffzahl** (dritte Ziffer der zweiten Dreiergruppe)
(Vorkommen im Gefälle der Mineralstickstoff-Versorgung während der Vegetationszeit)
1 Stickstoffärmste Standorte anzeigend
2 zwischen 1 und 3 stehend
3 auf stickstoffarmen Standorten häufiger als auf mittelmäßigen bis reichen
4 zwischen 3 und 5 stehend
5 mäßig stickstoffreiche Standorte anzeigend, an armen und reichen seltener
6 zwischen 5 und 7 stehend
7 an stickstoffreichen Standorten häufiger als an armen und mittelmäßigen
8 ausgesprochener Stickstoffzeiger
9 an übermäßig stickstoffreichen Standorten konzentriert (Viehlägerpflanze, Verschmutzungszeiger)

S = **Salzzahl** (römische Ziffer)
Keine Angabe = Glykophyt
I gelegentlich auf salzhaltigen Böden
II meist auf Salzböden
III stets auf Salzböden (eigentlicher Halophyt)

B = Schwermetall-Toleranz.

b Artenregister

Abies alba Mill. = Weißtanne Tab. 8, 9, 11, 13, 14, 26, 34, 35, 37; S. 26, *80*, 92, *108*, 111, 141, *265*, 266, 269, 272ff., 281ff., *282, 284*, 699 (8.431.5) – 354-×××-P
Abietinella abietina (Hedw.) Fleisch. = Tännchen-Moos Tab. 89
Acarospora sinopica (Wahlenb.) Koerb. S. 660
Acer campestre L. = Feld-Ahorn, Tab. 2, 9, 12, 14, 26, 32, 45, 109; S. *91, 95*, 361 (8.4) – 574-576-P
– *monspessulanum* L. = Felsen -A (8.42) – 684-384-P
– *opalus* Mill. = Schneeballblättriger A. Tab. 32 (8.421) – 584-486-P
– *platanoides* L. = Spitz-A. Tab. 2, 9, 11, 14, 26, 33, 130; S. *108*, 197, 204, 209 (8.43) – 464-×××-P
– *pseudoplatanus* L. = Berg-A. Tab. 2, 6, 9, 11, 12, 13, 14, 17, 20, 26, 35, 42, 46; S. *80, 83, 91, 93, 108, 145, 175*, 193f., *356*, 361, *717* (8.43) – 4×4-6×7-P
Aceras anthropophorum (L.) Ait. = Fratzenorchis Tab. 89 (5.322) – 882-483-G
Achillea atrata L. = Schwarze Schafgarbe Tab. 82 (4.41) – 914-583-H
– *collina* J. Becker ex Rchb. = Hügel-S. (5.23) – 966-272-H
– *macrophylla* L. = Großblättrige S. Tab. 81 (6.311) – 624-678-H
– *millefolium* L. = Gemeine S. Tab. 32, 89, 110, 112, 118, 120, 121, 129; S. 502, *625, 717*, 722, 722, 746, 766 (5.42) – 8××-4×5-H
– *moschata* Wulf. = Moschus-S. Tab. 75, 84 (4.6) – 924-632-H
– *nana* L. = Zwerg-S. Tab. 72 (4.42) – H
– *nobilis* L. = Edel-S. (5.21) – 877-481-H
– *pannonica* Scheele = Ungarische S. (5.213) – 776-362-H
– *ptarmica* L. = Sumpf-S. Tab. 112 (5.41) – 8×3-842-H
– *setacea* W. et K. = Schmalblättrige S. (5.311) – 978-271-H
Achnatherum calamagrotis (L.) P.B. = Rauhgras (4.45) – 974-382-H
Acinos alpinus (L.) Moench = Alpen-Steinquendel Tab. 75 (4.71) – 9×3-592-H
– *arvensis* (Lam.) Dandy = Gemeiner St. Tab. 89 (5.2) – 9×3-271-H
Aconitum napellus L. = Blauer Eisenhut Tab. 13, 81; S. 606 – 732-778-H
– – ssp. *vulgare* Rouy et Fouc. Tab. 81 (6.311)
– *paniculatum* Lamk. = Rispen-E. (8.431.4) – 624-677-H
– *rariegatum* L. = Bunter E. (8.43) – 544-787-H

– *vulparia* Rchb. = Gelber E. Tab. 81 – 344-778-H
Acorus calamus L. = Kalmus Tab. 46, 51 (1.4) – 865-1077-H
Acrocladium cuspidatum (L.) Lindb. = Spießmoos Tab. 10; S. 503 = *Calliergon c.* Tab. 117
Actaea spicata L. = Ähriges Christophskraut Tab. 2, 10; S. 199 (8.43) – 254-567-H, G
Adenostyles alliariae (Gouan) Kern = Grauer Alpendost Tab. 10, 13, 81; S. *108*, 138, *145*, 146 (6.3) – 632-6×8-H
– *glabra* (Mill.) D.C. = Kahler A. Tab. 13, 35, 82; S. 108, 146, (4.412) – 624-784-H
– *tomentosa* Sch. et Thell. = Filziger A. Tab. 82
Adianthum capillus-veneris = Venushaarfarn S. *595*.
Adonis aestivalis L. = Sommer-Teufelsauge S. 57, 825 (3.41) – 667-383-T
– *flammea* Jacq. = Brennendes T. S. 825 (3.41) – 666-392-T
– *vernalis* L. = Frühlings-Adonisröschen S. 619 (5.31) – 767-371-H
Adoxa moschatellina L. = Moschuskraut Tab. 10, 26, 45; S. *91* (8.43) – 5×5-678-G
Aegopodium podagraria L. = Geißfuß Tab. 6, 10, 14, 26, 45, 109; S. *91*, 198, *230, 234*, 354, *357* (8.4) – 5×3-678-GH
Aethusa cynapium L. = Hundpetersilie Tab. 2, 125; S. 816, 820 (3.3) – 653-587-T
Agrimonia eupatoria L. = Kleiner Odermennig Tab. 89; S. 721, 722 (6.111) – 764-484-H
– *procera* Wallr. = Großer O. Tab. 2 (6.111) – 5×3-57?-H
Agropyron caninum (L.) P.B. = Hunds-Quecke Tab. 10, 45; S. 354 (8.433) – 5×3-678-H
– *intermedium* (Host.) P.B. = Graugrüne Q. Tab. 89 (3.6) – 776-38?-G, H
– *junceum* (L.) P.B. = Binsen-Q. Tab. 68 S. 495, 496, 498, 793 (2.91) – 963-777 II-G
– *pungens* auct. = Dünen-Q. (3.72) – G
– *repens* (L.) P.B. = Gemeine Q. Tab. 65, 110, 118, 120, 125, 126, 127; S. *480,* 744, 766, 789, 792, 793, 814, 821, 832, 839 – 7×7-5×8 I-G
Agrostemma githago L. = Kornrade Tab. 125; S. 815, *818,* 831 – 7××-×××-T
Agrostis alpina Scop. = Alpen-Straussgras (5.424) – 812-566-H
– *canina* L. = Hunds-S. Tab. 71, 79, 98; S. 513, *643,* (1.612) – 9×5-931-H
– *gigantea* Roth = Riesen-S. (5.4) – 7×3-876-H
– *maritima* (= *stolonifera* var.?) = Meerstrands-S. Tab. 62 – H
– *rupestris* All. = Felsen-S. Tab. 75, 83 (4.6) – 812-421-H

- *stolonifera* L. = Weißes S. Tab. 65, 112, 117, 118, 120, 130; S. *337, 338, 339, 392, 480,* 481, 729, 743, *766,* 784, *792, 794,* 827, 829 (3.72) – 8××-6×5-H
- *stricta* Curtis = Schmalrispiges S. (5.2) – 9×3-231-H
- *tenuis* Sibth. = Rotes S. Tab. 20, 33, 98, 110, 112, 118, 121, 126; S. 657, *658,* 661, 666, 694, 702, *717,* 735, 745, *746,* 751, 768, 784, 789 – 7×3-×33-H

Aira caryophyllea L. = Nelkenhafer S. 503 (5.222) – 9×2-331-T
- *praecox* L. = Früher Schmielenhafer Tab. 68; S. 503 (5.222) – 972-321-T

Ajuga chamaepitys (L.) Schreber = Gelber Günsel S. 622 (3.41) – 782-492-H, T
- *pyramidalis* L. = Pyramiden-G. (5.111) – 732-511-H
- *reptans* L. = Kriechender G. Tab. 2, 10, 11, 14, 26, 35, 37, 45, 110; S. 153, *717,* 722, 734, 739 – 6×2-6×6-H

Alchemilla alpina L. = Alpen-Frauenmantel (5.111) – 922-522-H
- *coriacea* Bus. = Ledriger Frauenmantel Tab. 80 – 733-842-H
- *fissa* Günth. et Schumm = Spaltblatt-F. Tab. 78 (4.5) – 814-623-H
- *hoppeana* = Hoppes F., Felsenblümchen (4.71) – 924-592-H
- *pentaphyllea* L. = Fünfblättriger F. Tab. 78; S. 564 (4.51) – 722-734-G
- *vulgaris* L. coll. = Gemeiner F. Tab. 81, 110, 118, 126; S. *746, 748*f., 754 (5.422) – 643-6×6-H

Alectoria nigricans Ach. = Schwarze Mähnenflechte Tab. 75; S. 558
- *ochroleuca* (Ehrh.) Nyl. = Gelbweiße M. Tab. 75, 77; S. 553, 556, 558

Alisma plantago-aquatica L. = Gemeiner Froschlöffel Tab. 45, 49, 51 (1.4) – 7××-10×8-A

Alliaria petiolata (MB.) Cavara et Grande Tab. 2, 10, 45; S. 724 (3.522) – 563-579-H

Allium angulosum L. = Kanten-Lauch Tab. 112; S. *756, 757* (5.411) – 867-882-G
- *montanum* F.W. Schmidt = Berg-L. (5.3) – 965-272-G
- *oleraceum* L. = Gemüse-L. Tab. 2 (5.3) – 7×4-374-G
- *schoenoprasum* L. = Schnittlauch S. 392 (5.23) – 7×7-×72-G
- *scorodoprasum* L. = Gras-L., Wilder Porree Tab. 2, 45 (8.433) – 665-777-G
- *sphaerocephalum* L. = Kugel-L. Tab. 89 (5.3)
- *suaveolens* Jacq. = Duft-L. (5.411) – 765-892-G
- *Allium ursinum* L. = Bären-L. Tab. 2, 10, 11, 14; S. *91, 118,* 125ff., *126,* 151, 201, 355, *363,* (8.43) – 2×2-678-G
- *vineale* L. = Weinbergs-L. Tab. 2; S. 833 (3.331) – 573-4×7-G

Alnus glutinosa (L.) Gaertn. = Schwarz-Erle Tab. 2, 9, 45, 46, 50; S. *80, 83, 91, 93, 218,* 262, 263, 356, 356ff., 361, *364,* 365 372, 374ff., *384,* 703, 806 (8.21) – 553-96× I-P
- *incana* (L.) Moench. = Grau-E. Tab. 9; S. 41, 342, *343, 351,* 354f. (8.433) – 645-78×-P
- *viridis* (Chaix) Lam. et D.C. = Grün-E. S. *575, 575*f. (6.311) – 734-65×-N

Alopecurus aequalis Sobol. = Gelbroter Fuchsschwanz (Gras) Tab. 123 (3.2) – 9×5-9×9-T, H
- *geniculatus* L. = Knick-F. Tab. 50 (3.72) – 9×3-977 I-H
- *myosuroides* Huds. = Acker-F. S. 821, 828, *829,* 830 (3.4) – 663-677-T
- *pratensis* L. = Wiesen-F. Tab. 45, 110, 117, 120, 126; S. 652, 653, *717,* 740f., 744, *746,* 751, 762, 766, 769 (5.4) – 6×5-667-H

Alyssum alyssoides L. = Kelch-Steinkraut Tab. 89 (5.211) – 964-381-T, H
- *montanum* L. = Berg-S. Tab. 89 (5.2) – 964-271-C

Amanita muscaria L. = Fliegenpilz S. 675

Amaranthus albus L. = Weißer Fuchsschwanz Tab. 124; S. 805, 820 (3.3) – 996-3×7 I-T
- *blitoides* S. Wats. = Grünlicher F. S. 805 (3.3) – 977-3×9-T
- *hybridus* L. = Bastard-F. Tab. 124 (3.3) – 997-4×7 I-T
- *lividus* L. = Grüner F. S. 824 (3.331) – 883-4×8-T
- *retroflexus* L. = Zurückgekrümmter F. S. 823, 824 (3.3) – 997-4×9 I-T

Amelanchier ovalis Med. = Gemeine Felsenbirne Tab. 35, 42, 109; S. *95,* 138 (8.4) – 774-3×3-N

Ammophila arenaria (L.) Lk. = Strandhafer Tab. 68, 98; S. 491f., 496f., 502, 507 (2.911) – 963-475 I-G
- *baltica* Lk. = Baltischer S. Tab. 68; S. 497, *500* (2.9) – 8×?-4×4-G

Anacamptis pyramidalis (L.) Rich. = Hundswurz Tab. 89; S. 630 – 872-392-G

Anagallis arvensis L. = Acker-Gauchheil Tab. 125, 127, 130; S. *818,* 820 (3.33) – 663-5×6-T
- *foemina* Mill. = Blauer Acker-G. Tab. 128; S. 825 (3.41) – 875-495-T

Anarrhinum bellidifolium (L.) Desf. = Gänseblümchen-Lochschlund (4.222) – 782-452-?

Anchusa arvensis (L.) M. Bieb. = Acker-Ochsenzunge (3.332) – 766-4×4-T, H
- *officinalis* L. = gebräuchliche O. (3.321) – 985-375-H

Andromeda polifolia L. = Rosmarinheide Tab. 10, 57, 58; S. 378, *446*, 450, *451*, 461, 464, 668 (1.71) – 945-911-Z
Androsace alpina (L.) Lam. = Alpen-Mannsschild Tab. 82, 87; S. 605 (4.43) – 91?-624-C
– *helvetica* (L.) Gaud. = Schweizer M. S. 593, 602, *602* (4.211) – 914-×8?-C
– *lactea* L. = Milchweißer M. S. 595 (4.21) – 834-493-H
– *leucophylla* L.? = Weißblättriger M. (4.43)
– *obtusifolia* All. = Stumpfblättriger M. Tab. 75 (4.6) – 814-511-C
– *vandellii* Chiov. = Vielblütiger M. Tab. 85 (4.22) – 924-442-C
Anemone narcissiflora L. = Narzissenblütiges Windröschen S. 550 (4.71) – 827-574-G
– *nemorosa* L. = Busch-W. Tab. 2, 6, 10, 11, 12, 14, 17, 26, 45, 45, 46; S. 32, *91*, 113, 121, 151, 162, *219*, *222*, 223, 717, *722*, *757* (8.4) – ××3-×××-G
– *ranunculoides* L. = Gelbes W. Tab. 2, 10, 14, 45; S. *91* (8.4) – 364-688-G
– *sylvestris* L. = Großes W. Tab. 109 (6.112) – 767-373-H
Angelica archangelica L. = Erz-Engelwurz S. 480, 766 (3.521) – 745-9×91-H
– *sylvestris* L. = Wald-E. Tab. 10, 12, 45, 46, 110, 117; S. 737, 751, *751*, *753*, 773 (5.41) – 7×5-8××-H
Anomodon attenuatus (Schr.) Hüb. = Trugzahnmoos Tab. 10
Antennaria carpatica (Wahl.) Bluff et Fing. = Karpaten-Katzenpfötchen Tab. 75 (4.72) – 81×-562-H
– *dioica* (L.) Gaertn. = Gemeines K. Tab. 75, 77, 118 (5.112) – 7××-433-C
Anthelia juratzkana (Limpr.) Trevisan = Filzmoos Tab. 78; S. 563
Anthemis arvensis L. = Acker-Hundskamille Tab. 127; S. *813*, 816, 821 (3.4) – 765-436-T
– *austriaca* Jacq. = Österreichische H. Tab. 124 (3.31) – 876-395-T
– *cotula* L. = Stinkende H. Tab. 124 (3.31) – 773-4×5-T
– *tinctoria* L. = Färber-H. (3.6) – 865-264-H
Anthericum liliago L. = Astlose Graslilie S. 99 – 754-352-H
– *ramosum* L. = Ästige G. Tab. 2, 32, 33, 42, 89; S. 138, *644*, 721 (6.112) – 754-474-H
Anthoceros punctatus = Hornmoos (3.111.1)
Anthoxanthum odoratum L. = Wohlriechendes Ruchgras Tab. 10, 32, 33, 41, 83, 89, 110, 112, 117, 118, 126; S. 606, *717*, *746*, 768, 770, 774 – ××3-×5×-T, H

– *puëlii* Lecoq et Lamotte = Begranntes R. (3.422) – 772-×23-T
Anthriscus cerefolium (L.) Hoffm. = Garten-Kerbel (3.522) – 676-5×9-T
– *nitida* (Wahlenb.) Hazslinszky = Glanz-K. (8.433) – 444-688-H
– *sylvestris* (L.) Hoffm. = Wiesen-K. Tab. 10, 45, 46, 110; S. 146, 724, 728, *728*, 734, *746*, *754*, 766, 770, 784 (5.42) – 7×5-5×8-H
Anthyllis vulneraria L. = Wundklee Tab. 2, 89, 92; S. 647 – 853-383-H
– – ssp. *alpestris* (Kit.) Aschers. et Gr. = Alpen-W. Tab. 75; S. 546 (4.71) – 8×?-483-H
Antirrhinum majus L. = Garten-Löwenmaul (4.1) – C
Apera spica-venti (L.) P.B. = Gemeiner Windhalm Tab. 126, 128; S. *337*, 825, 828, 830, 832 (3.42) – 6×4-64×-T
Aphanes arvensis L. = Gemeiner Ackerfrauenmantel Tab. 127, 128; S. *813*, *822*, 825, 828 (3.421) – 652-645-T
– *microcarpa* (Boiss. et Reut.) Rothm. = Kleinfrüchtiger A. Tab. 129 (3.422) – 772-544-T
Apium inundatum (L.) Rchb. = Flutender Sellerie S. 393 (1.314) – 771-9×2-H, A
– *nodiflorum* (L.) Lag. = Knotenblütiger S. Tab. 51 (1.412) – 783-10×6 I-H, A
Aposeris foetida (L.) Less. = Stinkkohl S. 293 (8.43) – 444-565-H
Aquilegia atrata Koch = Dunkle Akelei Tab. 37 (7.1) – 664-483-H
– *vulgaris* L. = Gemeine A. Tab. 2 (8.4) – 664-474-H
Arabidopsis thaliana (L.) Heynh. = Schmalwand Tab. 126, 127 (5.212) – 6×3-444-T
Arabis alpina L. = Alpen-Gänsekresse Tab. 82, 84; S. 369, *584*, (4.212) – 723-693-C
– *caerulea* All. = Blaue G. Tab. 78 (4.52) – 814-894-C
– *ciliata* Clairv. = Bewimperte G. Tab. 13, 75 (4.71) – 924-593-C
– *glabra* (L.) Bernh. = Kahle G. (6.1) – 6×2-385-H
– *hirsuta* (L.) Scop. = Behaarte G. Tab. 32, 89 – 753-48×-H, T
– *pauciflora* (Grimm) Garcke = Armblütige G. Tab. 32 (8.42) – 474-383-H
– *soyeri* Reut. et Huet. = Soyers G. Tab. 80 (1.512) – 924-1092-C, H
– *turrita* L. = Turm-G. (8.42) – 674-373-H
Arctium lappa L. = Große Klette Tab. 124; S. 803, 810 (3.511) – 954-579-H
– *minus* (Hill.) Bernh. = Kleine K. Tab. 2, 124; S. *809*, 810, *823* (3.511) – 953-589-H
– *tomentosum* Mill. = Filzige K. Tab. 124; S. 810, 811 (3.511) – 8×7-599-H

– *nemorosum* Lej. et Court = Hain-K. Tab. 2 (6.212) – 552-7×9-H
Arctostaphylus alpina (L.) Spreng. = Alpen-Bärentraube Tab. 42; S. (7.212) – 715-5×2-Z
– *uva-ursi* (L.) Spreng. = Immergrüne B. Tab. 42, 98; S. *236, 556* (7.2) – 635-3×2-Z
Aremonia agrimonoides (L.) D. C. = Aremonie S. 293 (8.4) – 474-595-H
Arenaria biflora L. = Zweiblütiges Sandkraut Tab. 78, 83; S. 564, 606 (4.51) – 814-733-C
– *serpyllifolia* L. = Quendelblättriges S. Tab. 125, 127, 130 – 85×-4××-T, C
Armeria alpina Willd. = Alpen-Grasnelke (4.6) – 91?-421-H
– *halleri* = Hallers G. S. *658* (4.312) – 9×2-361 B-H
– *maritima* (Mill.) Willd. = Gemeine G. Tab. 50, 112, 118; S. 478, 480, 481, 660, 661, 742 (2.612) – 8×2-453 I-H
Armoracia rusticana G., M. et Sch. = Meerrettich Tab. 124; S. 803 (3.511) – 863-5×9-G
Arnica montana L. = Berg-Wohlverleih Tab. 41, 75, 98; S. 553, 606, 666, 681, *746* (5.11) – 944-532-H
Arnoseris minima (L.) Schweigg. et Koerte = Lämmersalat Tab. 129 (3.422) – 762-434-T
Arrhenatherum elatius (L.) J. et C. Presl. = Glatthafer Tab. 2, 110, 130; S. *623, 652, 652, 653, 657, 717, 727, 733* ff., *740, 742, 743,* 745, *746, 766,* 768 ff., 776, 784 (5.421) – 853-577-H
Artemisia absinthium L. = Wermut Tab. 124; S. 811 (3.32) – 967-4×8-C
– *campestris* L. = Feld-Beifuß Tab. 89, 98; S. 622 (5.23) – 965-352-C
– *genipi* Web. = Schwarze Edelraute Tab. 82 (4.42) – 82?-68?-C
– *maritima* L. = Strand-Beifuß Tab. 62, 64, 66; S. 481, 484, 490 (2.612) – 978-4×5 I-C, H
– *mutellina* Vill. = Edelraute Tab. 85 (4.21) – 926-351-C
– *vulgaris* L. = Gemeiner Beifuß Tab. 124; S. *337,* 724, 803, 810, *810* (3.51) – 7××-6×8-C, H
Arum maculatum L. = Aronstab Tab. 2, 10, 11, 14; S. *91,* 121, 151, 355, *363* (8.43) – 362-778-G
Aruncus dioicus = *A. sylvestris* Kost. = Wald-Geißbart Tab. 10 (8.431.4) – 454-6×8-H
Asarum europaeum L. = Haselwurz Tab. 2, 10, 11, 14, 26; S. 123, *236* (8.43) – 355-686-H, G
Asparagus officinalis L. = Spargel (verwildert) (5.3) – 667-3×4-G

Asperugo procumbens L. = Scharfkraut Tab. 124 (3.31) – 766-489-T
Asperula aristata L. = Grannen-Meister Tab. 89 (5.3) – 78?-292-H
– *arvensis* L. = Acker-M. Tab. 124; S. 825 (3.32) – 773-494-T
– *cynanchica* L. = Hügel-M. Tab. 89 (5.3) – 775-383-H
– *taurina* L. = Turiner M. S. 204 (8.43) – 6×?-584-H
Aspicilia alpina (Smft.) Arn. = Alpen-Hohlschildflechte Tab. 86
– *cinereorufescens* Kbr. Tab. 86
Asplenium adiantum-nigrum L. = Schwarzer Strichfarn Tab. 85 (4.221) – 672-423-H
– *alternifolium* Wulfen = Deutscher S. (4.22) – 744-432-H
– *billotii* F. W. Schultz = Lanzett-Streifenfarn (4.222) – 571-53?-H
– *ruta muraria* L. = Mauerraute Tab. 85; S. 589, 594 (4.21) – 8×3-382-H
– *septentrionale* (L.) Hoffm. = Nördlicher Streifenfarn Tab. 85; S. 589 (4.2) – 8×4-322-H
– *serpentini* = Serpentin-S. (4.223)
– *trichomanes* L. = Brauner S. Tab. 85; S. 589 (4.2) – 5×3-5×4-H
– *viride* Huds. = Grüner S. Tab. 13; S. 594 (4.212) – 433-68?-H
Aster alpinus L. = Alpen-Aster (4.711) – 925-572-H
– *amellus* L. = Berg-A. (6.112) – 856-493-H
– *bellidiastrum* (L.) Scop. = Alpenmaßliebchen Tab. 10, 13, 35; S. *108,* 138, 634 (4.212) – 734-782-H
– *laevis* L. = Glatte Aster (3.5) – 876-689-H
– *lanceolatus* Willd. = Lanzett-A. (3.5) – 776-6×8-H
– *linosyris* (L.) Bernh. = Gold-Aster Tab. 89; S. *627,* 648 (5.3) – 875-382-H
– *novae-angliae* L. = Neu-England-A. (3.5) – 7×5-7×9-H
– *salignus* Willd. = Weidenblatt-A. S. *766,* (3.521) – 765-689-H
– *tradescantii* L. = Kleinköpfige A. (3.52) – 762-789-H
– *tripolium* L. = Strand-A. Tab. 62, 64, 66; S. 475, *476,* 478 f., *480,* 490 (2.6) – 8××-9×7 II-H, T
Astragalus alpinus L. = Alpen-Tragant Tab. 75; S. 550 (4.7) – 917-45?-H
– *australis* (L.) Lamk. = Südlicher T. (4.7) – 918-592-H
– *danicus* Retz = Dänischer T. (5.3) – 867-392-H
– *excapus* L. = Stengelloser T. Tab. 89 (5.31) – 966-39?-H
– *frigidus* (L.) A. Gray = Gletscher-T. Tab. 75; S. 550, 606 (4.71) – 817-492-G
– *glycyphyllus* L. = Süße Bärenschote Tab. 10 (6.1) – 664-474-H

Verzeichnis der erwähnten Arten 919

– *onobrychis* L. = Esparsetten-T. (5.31) – 976-29?-H
Astrantia major L. = Große Sterndolde Tab. 10, 13, 75; S. 367, 550, 749 – 644-685-H
Athamantha cretensis L. = Augenwurz (4.412) – 9×4-392-H
Athyrium filix-femina (L.) Roth = Wald-Frauenfarn Tab. 10, 11, 13, 14, 17, 20, 26, 35, 37; S. 91, 108, 145, 148, 151, 155, 155, 157, 230, 234, 237, 357, 708 – 4×3-7×6-H
– *distentifolium* Tausch ex Opiz = Gebirgs-F. S. 158 (6.3) – 523-657-H
Atrichum undulatum = Katharinenmoos Tab. 10, 14, 20, 46; S. 162, 172, 662
Atriplex acuminata W. et K. = Glanz-Melde Tab. 124; S. 805, 807 (3.31) – 977-××9-T
– *hortensis* L. = Garten-M. S. 803 (3.3) – 7××-578-T
– *latifolia* Wahlenb. (und *hastata* L.) = Spießblättrige M. Tab. 62, 65, 123; S. 480, 495, 801 f. (3.31?) – 8××-6×9 I-T
– *littoralis* L. = Strand-M. S. 495, 495 (2.812) – 9×8-××9 II-T
– *oblongifolia* W. et K. = Langblättrige M. Tab. 124 (3.31) – 976-4?6 I-T
– *patula* L. = Gemeine Melde Tab. 50, 120, 125, 130; S. 805 (3.331) – 65×-577-T
– *tatarica* L. = Tatarische M. (3.3) – 978-3×6-T
Atropa belladonna L. = Tollkirsche Tab. 2, 6; S. 714 (6.212) – 662-588-H
Aulacomnium androgynum (L.) Schw. = Zwittriges Streifensternmoos Tab. 33; S. 258
– *palustre* (Hedw.) Schwägr. = Sumpf-S. Tab. 10, 57, 58; S. 378, 450 (1.7)
Avena fatua L. = Wind-Hafer Tab. 125; S. 816, 830 – 6×6-67×-T
– *nuda* L. = Sand-H. Tab. 124, 125 (3.322) – 7××-555-T
Avenella flexuosa (L.) Parl. = Drahtschmiele Tab. 10, 17, 20, 33, 35, 37, 41, 77, 84, 98, 118; S. 97, 97, 113, 161, 162, 182, 184, 187, 252, 260, 261, 327, 327, 622, 675, 712, 746 – 6×2-×23-H
Avenochloa pratensis (L.) Holub. = Echter Wiesenhafer Tab. 89, 92; S. 648, 762, (5.32) – 75×3-×2-H
– *pubescens* (Huds.) Holub = Flammiger W. Tab. 110; S. 576, 717, 739, 746, 766 – 5×3-××4-H
– *versicolor* (Vill.) Holub = Bunter W. Tab. 41 (4.6) – 913-532-H
Azolla filiculoides Lam. = Schwimmfarn Tab. 49; S. 400 – 693-11×8-A

Baldellia ranunculoides (L.) Parl. = Igelschlauch (1.315) – 861-11×?-I-A
Ballota nigra L. = Stink-Andorn Tab. 124; S. 803, 810, 810 (3.511) – 865-5×8-C, H

Barbarea verna (Mill.) Asch. = Frühlings-Barbenkraut Tab. 124 (3.31) – 862-5×6-H
– *vulgaris* R. BR. = Echte Winterkresse S. 339 (3.521) – 8×3-7×6-H
Bartsia alpina L. = Alpenhelm Tab. 79, 83 (1.62) – 823-773-G, Hhp
Bassia hirsuta (L.) Aschers. = Dornmelde (2.412) – 966-8×8- II-T
Bazzania trilobata (L.) Cray. = Peitschenmoos Tab. 35; S. 166, 278, 699
Bellis perennis L. Gänseblümchen Tab. 110, 117, 118, 120; S. 734, 745, 746 (5.42) – 852-××5-H
Berberis vulgaris L. = Berberitze Tab. 12, 26, 32, 33, 37, 42, 109; S. 95, 365, 719 (8.412) – ×64-483-N
Berteroa incana D.C. = Graukresse Tab. 124 (3.322) – 967-3×?4-T, H
Berula erecta (Huds.) Coville = Berle Tab. 51, 53; S. 417, 419 (1.412) – 863-10×7-H, A
Betonica officinalis L. = Gemeine Betonie Tab. 2, 10, 32, 112; S. 717, 722 (5.411) – 765-4×3-H
Betula carpatica W. et K. ex Willd. = Karpaten-Birke S. 291 – P
– *nana* L. = Zwerg-B. Tab. 34; S. 452 – 826-912-Z
– *pendula* Roth = Warzen-B. Tab. 6, 9, 14, 32, 35, 50, 84, 98, 130; S. 80, 83, 93, 175, 236, 269, 343, 658, 806 – 7××-×××-P
– *pubescens* Ehrh. = Moor-B. Tab. 9; S. 80, 83, 258, 262, 377 f., 452, 694, 806 (7.212.3) – 7××-×33-P
– *tortuosa* Ledeb. = Krummholz-B. S. 143
Biatora kochiana Fw. = Wachsnapfflechte Tab. 86
Bidens cernua L. = Nickender Zweizahn Tab. 123 (3.211) – 8×5-9×9-T
– *connata* Mühlenb. = Täuschender Z. Tab. 123 (3.211) – 8×5-9×9-T
– *frondosa* L. = Schwarzfrüchtiger Z. Tab. 123; S. 802 (3.212) – 7××-9×8-T
– *radiata* Thuill. = Strahlen-Z. Tab. 123 (3.2) – 9×5-9×8-T
– *tripartita* L. = Dreiteiliger Z. Tab. 45, 46; S. 800 (3.2) – 8××-8×8-T
Bifora radicans Bieb. = Hohlsame S. 825 (3.41) – 774-39?-T
Biscutella laevigata L. = Brillenschötchen Tab. 42 (4.211) – 8×4-×72-H
Blackstonia perfoliata (L.) Huds. = Bitterenzian Tab. 122 (3.111) – 873-×94-T
Blechnum spicant (L.) Roth = Rippenfarn Tab. 10, 13, 35; S. 108, 275 (7.212) – 332-623-H
Blysmus compressus (L.) Panzer ex Link = Flaches Quellried S. 484 (3.71) – 855-883 I-G
– *rufus* (Huds.) Link = Rotbraunes Q. (2.612) – 8×8-7×4 II-G

Bolboschoenus maritimus (L.) Palla = Meerstrandsbinse Tab. 50, 51; S. *412, 415, 480* (2.7) – 8×7-1085 II-A, G
Boletus elegans Schum. = Gold-Röhrling S. 94, 699
– *scaber* Bull. = Birken-R. S. 94, 675
– *variegatus* Sw. = Sand-R. S. 675
Botriochloa ischaemum (L.) Keng = Bartgras Tab. 89 (5.3) – 976-383-H
Botrychium lunaria (L.) Sw. = Echte Mondraute Tab. 75 (5.11) – 733-4×2-G
Botrydium granulatum (L.) Grev. = Weintraubenalge Tab. 122
Brachypodium pinnatum (L.) P.B. = Fieder-Zwenke Tab. 10, 32, 42, 89, 92, 109, 112; S. *108, 367, 622, 623f., 625, 639,* 640f., 643f., 646ff., 653f., *654, 698, 722* – 655-474-G, H
– *sylvaticum* (Huds.) P.B. = Wald-Z. Tab. 6, 10, 12, 14, 26, 32, 37, 45, 46; S. *91, 96, 129,* 151, *230* (8.4) – 453-566-H
Brachythecium albicans (Neck.) Br.eur. = Kurzbüchsenmoos Tab. 68
– *rivulare* Br. eur. Tab. 80; S. *416*
– *rutabulum* (L.) Br. eur. Tab. 10
– *starkei* Br. eur. Tab. 41
– *velutinum* (L.) Br. eur. Tab. 10, 14
Briza media K. = Zittergras Tab. 2, 89, 110, 112, 118; S. *666, 739, 743, 746, 766* – 8×3-×× 2-H
Bromus arvensis L. = Acker-Trespe Tab. 124 (3.31) – 6×4-484-T
– *benekenii* (Lange) Trimen = Benekens Wald-T. Tab. 11, 12, 14 (8.43) – 554-585-H
– *erectus* Huds. = Aufrechte T. Tab. 89, 92, 96, 110, 112; S. 33, *367,* 622f., *639,* 639ff., 646ff., *648,* 651f., *652, 653f., 654ff.,* 726, 737, 740, 745, 762, 768f. (5.32) – 752-383-H
– *hordeaceus* L. = Weiche T. Tab. 110, 117, 118, 120; S. *717, 766* – 763-××3-T
– *inermis* Leyser = Unbegrannte T. (3.6) – 8×7-485-H, G
– *racemosus* L. = Trauben-T. Tab. 14; S. *766* (5.415) – 662-855-T
– *ramosus* Huds. = Wald-T. Tab. 10, 110 (6.212) – 652-686-H
– *secalinus* L. = Roggen-T. Tab. 125, 126; S. 815, *818,* (3.42) – 6×3-×××-T
– *sterilis* L. = Taube T. Tab. 50, 124; S. 803 (3.31) – 774-4×5-T
– *tectorum* L. = Dach-T. Tab. 124; S. 803 (3.31) – 867-384-T
Bryum argenteum L. = Birnmoos S. 791
– *erythrocarpum* Schw. Tab. 10
– *kunzei* (Hornsch.) Schpr. S. 605
– *schleicheri* Schw. Tab. 80; S. 569, *570* (1.511)
– *ventricosum* Dicks. Tab. 80; S. *570*
Buellia epipolia Ach. = Scheibenflechte Tab. 86

Buglossoides arvensis (L.) I. M. Johnst. = Acker-Steinsame S. 821 (3.4) – 5×5-×75-T
– *purpurocaerulea* (L.) I. M. Johnst. = Purpurblauer S. Tab. 10, 32 (8.4) – 574-484-C, H
Buphthalmum salicifolium L. = Gemeines Ochsenauge Tab. 42, 89 – 854-×93-H
Bupleurum falcatum L. = Sichelblättriges Hasenohr Tab. 32; S. 721 (6.112) – 666-393-H
– *longifolium* = Langblättriges H. S. 825 (8.43) – 556-495-H
– *ranunculoides* L. = Hahnenfuß-H. Tab. 75 (4.71) – 915-593-H
– *rotundifolium* L. = Acker-H. S. 824 (3.41) – 874-394-T
– *stellatum* L. = Sterndolden-H. Tab. 75 (4.6) – 835-433-H
Butomus umbellatus L. = Schwanenblume Tab. 49, 51; S. *339* (1.411) – 6×5-10×8-A
– – var. *vallisneriifolius* S. 417 (1.213) – 6×5-1177-A
Buxus sempervirens L. = Buchsbaum Tab. 32; S. 95, 248 (8.4) – 582-484-N

Cakile maritima Scop. = Meersenf S. 495, *495* (2.811) – 9××-6×8 II-T
Calamagrostis arundinacea (L.) Roth. = Rohr-Reitgras Tab. 17, 32, 33; S. 162, 167, 219, 576, 594 (8.431.1) – 654-545-H
– *canescens* (Web.) Roth = Lanzettliches R. Tab. 10, 46; S. 99, 375 (8.2) – 645-955-H
– *epigejos* (L.) Roth. = Sand-R. Tab. 20; S. 499, *500,* 694, *708,* 712, 744, 766 (6.211) – 757-××6-G, H
– *pseudophragmites* (Haller fil.) Koeler = Ufer-R. – H (4.44) – 778-89?-H, G
– *stricta* (Timm) Koeler = Moor-R. (1.61) – 94×-9×2-H
– *varia* (Schrad.) Host. = Berg-R. Tab. 10, 13, 35, 42; S. *108, 323, 367* (7.1) – 734-583-H
– *villosa* (Chaix) Gmel. = Wolliges R. Tab. 35, 37, 41, 42; S. 291, 292, 310, *556* (7.121) – 644-722-H, G
Calamintha nepetoides Jord. = Bergminze Tab. 82 (4.45) – 873-393-H
Calendula arvensis L. = Acker-Ringelblume (3.331) – 783-385-T
Calliergon sarmentosum (Wahlenb.) Kindb. Tab. 79
– *stramineum* (Dicks.) Kindb. Tab. 57, 79
Callitriche hamulata Kütz. et Koch = Haken-Wasserstern Tab. 49; S. 393
– *obtusangula* (*pal.*-agg) Le Gall = Nußfrüchtiger W. Tab. 53
– *palustris* L. = Sumpf-W. S. 567, *795* – 7××-11×6-A, T

– *platycarpa* Kütz. = Flachfrüchtiger W. Tab. 49
Calluna vulgaris (L.) Hull. = Besenheide Tab. 10, 17, 33, 57, 58, 71, 84, 98, 100, 112, 118; S. 31, 168, 181, *182*, 184, 252, *327*, 378, 442, *450*, 451, *451*, *453*, 456, 502, 643, 663, 665 ff., 675, 682, 682 ff., *684* (5.1) – 8×3-×11-Z
Caloplaca cirrhochroa (Ach.) = Schönflechte Tab. 86
– *decipiens* Arn. Tab. 86
– *elegans* (Link) T. Fr. Tab. 86
– *pyracea* (Ach.) T. Fr. Tab. 86; S. 596
Caltha palustris L. = Sumpf-Dotterblume Tab. 10, 45, 46, 80, 110, 112, 117; S. *236*, *413*, *415*, 571, 737, *761*, *766*, 773 (5.415) – 7××-8××-H
Calypogeia fissa (L.) Raddi = Bartkelchmoos Tab. 14
– *muelleriana* (Schiffn.) K. Müll. Tab. 58; S. 172
– *neesiana* (Massal. et Carestia) K. Müll. Tab. 58; S. 172
– *sphagnicola* (Arn. et Perss.) Warnst. et Loeske Tab. 58 (1.71)
Calystegia sepium (L.) R. Br. = Zaunwinde Tab. 46; S. *339*, *412*, *761*, *766* (3.52) – 865-679-G, Hli
Camelina alyssum (Mill.) Thell. = Gezähnter Leindotter (3.42) – 756-554-T
– *microcarpa* Andrz. ex DC. = Kleinfrüchtiger L. (3.42) – 767-383-H, T
Campanula alpina Jacq. = Alpen-Glockenblume S. 605 (5.111) – 724-542-H
– *barbata* L. = Bärtige G. S. 553 (5.111) – 724-512-H
– *bononiensis* L. = Bologneser G. (6.112) – 766-382-H
– *cespitosa* Scop. = Rasen-G. Tab. 35, 42, 82 (4.4) – 925-583-H
– *cenisia* L. = Mont-Cenis-G. Tab. 72 (4.42) – 817-583-C
– *cochleariifolia* Lam. = Kleine G. Tab. 35, 42, 82; S. 369 (4.21) – 7×4-7×?-H
– *glomerata* L. = Knäuel-G. (5.3) – 7×7-47×-H
– *latifolia* L. = Breitblättrige G. Tab. 2; S. *91* (8.43) – 455-688-H
– *patula* L. = Wiesen-G. Tab. 2, 110, 112; S. 734, 774 (5.421) – 854-574-H
– *persicifolia* L. = Pfirsichblättrige G. Tab. 10, 32 (8.42) – 554-483-H
– *rapunculoides* L. = Acker-G. Tab. 42 (6.112) – 664-484-H
– *rhomboidalis* L. = Rautenblättrige G. S. 146 (5.422) – 634-5×8-H
– *rotundifolia* L. = Rundblättrige G. Tab. 37, 42, 89, 98, 110, 118; S. 746 – 7××-4×2-H
– *scheuchzeri* Vill. = Scheuchzers G. Tab. 13, 41, 75, 83; S. 749 – 824-5×?-H
– *trachelium* L. = Nesselblättrige G. Tab. 10, 14, 26, 32, 45; S. *91*, *182*, 184 (8.4) – 453-588-H
Camptothecium lutescens (Hedw.) B. S. G. = Goldmoos Tab. 10, 89
Campylopus flexuosus (Hedw.) Brid. = Krummstielmoos Tab. 10
– *piriformis* (Schultz) Brid. Tab. 58; S. 449
Candelariella cerinella Flk. = Kleinleuchterflechte Tab. 86
– *vitellina* (Ehrh.) Müll. Tab. 86
Capsella bursa-pastoris (L.) Med. = Hirtentäschelkraut Tab. 120, 121, 126, 127, 130; S. 789, 814, 816, 820, *822*, *823*, *824*, 832 (3.3) – 7××-××5-T
Cardamine alpina Willd. = Alpen-Schaumkraut (4.5)
– *amara* L. = Bitteres S. Tab. 2, 80; S. 571, 766 (1.511.2) – 7×4-9×4-H
– *flexuosa* With. = Wald-S. (1.511.2) – 652-8×5-H, T
– *hirsuta* L. = Viermänniges S. (3.522) – 553-557-T, H
– *impatiens* L. = Spring-S. (8.43) – 554-678-H, T
– *pratensis* L. = Wiesen-S. Tab. 10, 79, 110, 112, 117; S. *392*, *717* – 4××-7××-H
– *matthioli* L. (1.612) – 7??-932-H
– *resedifolia* L. Resedablättriges S. Tab. 41, 82, 83; S. 606 (4.43) – 812-5×?-G, H
– *trifoliata* L. = Klee-S. Tab. 13; S. 293 (8.431) – 344-587-G
Cardaminopsis arenosa (L.) Hayek = Sand-Schaumkresse Tab. 2 – 9×4-483-H, C
– *halleri* (L.) Hayek = Hallers S. S. 661 (5.422) – 844-63× B-Z
Cardaria draba (L.) Desv. = Pfeilkresse Tab. 124 (3.31) – 877-384-H, G
Carduus acanthoides L. = Weg-Distel S. 805 (3.321) – 956-3×8-H
– *crassifolius* ssp. *glaucus* (Baumg.) Kazmi = Fettblatt-D. Tab. 42 (7.1) – 756-494-H
– *crispus* L. = Krause D. Tab. 124; S. 354 (3.51) – 75×-5×9-H
– *defloratus* L. = Alpen-D. Tab. 10, 13, 42, 75; S. 138, 546, 634 – 7×4-485-H
– *nutans* L. = Nickende D. Tab. 124; S. 803 – 8×5-386-H
– *personata* (L.) Jacq. = Berg-D. S. 572 (3.521) – 742-888-H
Carex acutiformis Ehrh. = Schlanke Segge Tab. 10, 46, 112; S. 737, *751*, *761*, *766*, 773 – 753-975-G, A
– *alba* Scop. = Weiße S. Tab. 10, 12, 35, 37, 42; S. *97*, *108*, 130, *182*, 184 – 557-×82-G, H
– *appropinquata* Schum. = Schwarzschopf-S. Tab. 51 (1.413.1) – 855-993-H
– *arenaria* L. Sand-S. Tab. 10, 68, 71, 98; S. *327*, *412*, *500*, *508*, 511, 673 (5.221) – 7×2-422-C, G

- *atrata* L. = Schwarze S. Tab. 75, 78; S. 549 (4.72) – 923-56?-H
- *bohemica* Schreb. = Böhmische S. Tab. 122 (3.111) – 9×5-866-H
- *brachystachys* Schrank = Kurzährige S. S. 594
- *brizoides* Jusl. = Zittergras-S. Tab. 10, 14, 26, 45; S. *108*, 151, *154*, 154f., *274* (8.43) – 654-643-H, G
- *canescens* L. = Graue S. Tab. 79 – 7××-932-H
- *capillaris* L. = Haarstielige Segge Tab. 75, 79 (4.712) – 81×-582-H
- *caryophyllea* Latourr. = Frühlings-S. Tab. 89 (5.3) – 853-4×2-G, H
- *curvula* All. = Krumm-S. Tab. 75; S. 552f., 606 (4.6) – 915-421-H
- *davalliana* Sm. = Torf-S. Tab. 79; S. 726 (1.621) – 944-982-H
- *diandra* Schrank = Draht-S. S. 432 (1.613) – 847-963-G, H
- *digitata* L. = Finger-S. Tab. 10, 11, 12, 13, 14, 26, 33, 35, 37; S. 121, 130, 328, 331 (8.4) – 354-4×3-H
- *dioica* L. = Zweihäusige-S. Tab. 79; S. (1.6) – 93×-9×2-G
- *distans* L. = Entferntährige Sumpf-S. Tab. 51 – 963-78× II-H
- *disticha* Huds. = Zweizeilige S. Tab. 110; S. 766 (1.413) – 85×-975-G
- *divulsa* Stokes = Unterbrochenährige S. Tab. 2 – 753-5×6-H
- *echinata* at. = Igel-S. Tab. 79 – 8×3-832-H
- *elata* All. = Steife S. Tab. 46, 51; S. 389, 838 (1.413.1) – 852-10×4-H, A
- *elongata* L. = Verlängerte S. Tab. 10, 46; S. 99, 376 (8.21) – 443-976-H
- *ericetorum* Poll. = Heide-S. Tab. 33, 98 (7.1) – 557-4×2-G
- *extensa* Good. = Strand-S. (2.612) – 953-7×4 II-H
- *ferruginea* Scop. = Rostrote S. Tab. 13, 75; S. 310, 550 (4.712) – 824-584-G
- *firma* Host. = Polster-S. S. 310, 548, 602 (4.711) – 9×4-392-H
- *flacca* Schreb. = Blaugrüne S. Tab. 10, 11, 12, 14, 26, 42, 89, 112; S. 130 – 753-68× I-G
- *flava* L. = Gelbe S. Tab. 79 (1.62) – 842-882-H
- *foetida* All. = Stink-S. Tab. 78 (4.51) 824-645-H
- *frigida* All. = Kälteliebende S. Tab. 79; S. 571 (1.621) – 922-88?-G, H
- *fritschii* Waisbecker = Fritschs S. (8.432) – 674-454-H
- *gracilis* Curt. = Scharfe S. Tab. 45, 51, 110, 117; S. 389, *409*, 737, *761*, 766 (1.413.2) – 747-964-G, A
- *hirta* L. = Behaarte S. Tab. 2, 50; S. 793, 805 (3.72) – 763-6×5-G
- *hordeistichos* Vill. = Gersten-S. (3.72)
- *hostiana* D.C. = Saum-S. Tab. 79 (1.6) – 8×2-962-H
- *humilis* Leyss. = Erd-S. Tab. 10, 32, 42, 89, 94; S. 99, 314, 322, 547, *627*, 648 (5.3) – 755-383-H
- *juncifolia* All. = *C. maritima* Gum. non. al. – Binsenblättrige S. (1.622) – 91?-9×?-H
- *laevigata* Sm. = Glatte S. Tab. 10; S. 99, 376 (8.21) – 451-95?-H
- *lasiocarpa* Ehrh. = Faden-S. S. 409 (1.613) – 94×-943-H, A
- *leporina* L. = Hasenfuß-S. Tab. 10, 20, 118 (5.11) – 743-734-H
- *limosa* L. = Schlamm-S. Tab. 58; S. *446*, 447, *450*, *451* (1.611) – 93×-922-G, H
- *liparocarpos* Gaud. = Glanz-S. Tab. 87, 89 – 855-243-G
- *montana* L. = Berg-S. Tab. 2, 10, 12, 26, 32; S. 99, *129*, 130, 214 (8.4) – 554-453-H
- *mucronata* All. = Stachelspitzige S. Tab. 85; S. 548, 593 (4.211) – 934-39?-H
- *nigra* All. = Braune S. Tab. 10, 79; S. *480*, 568, 754, 766, 838 – 8×3-832-G
- *norvegica* Retz. = Norwegische S. Tab. 79 – 844-942-H
- *oederi* Retz. = Oeders Gelb-S. Tab. 79; S. 392 (1.6) – 8×3-8×2-H
- *ornithopoda* Willd. = Vogelfuß-S. Tab. 10, 13, 26, 37, 42, 75; S. 323 – 6×4-393-H
- *otrubae* Podp. = Falsche Fuchs-S. (8.433) – 662-876-H, G
- *pallescens* L. = Bleiche S. Tab. 20, 112 (5.11) – 743-644-H
- *panicea* L. = Hirsen-S. Tab. 79, 112; S. *392*, 568, 754, *757*, 766 (1.6) – 843-7×3-G, H
- *paniculata* Jusl. = Rispen-S. Tab. 51; S. 409, 766, 838 (1.413.1) – 753-994-H
- *parviflora* Host. = Kleinblütige S. (4.52)
- *pauciflora* Lightf. = Wenigblütige S. (1.71) – 945-911-G
- *paupercula* Michx. = Alpen-Schlamm-S. Tab. 79 (1.612) – 93×-932-H
- *pendula* Huds. = Hängende S. Tab. 10, 14; S. *202*, 203 (8.43) – 552-865-H
- *pilosa* Scop. = Wimper-S. Tab. 10, 14, 26; S. *97*, 97, 130, 152, *224* (8.43) – 465-555-H, G
- *pilulifera* L. = Pillen-S. Tab. 10, 14, 17, 33, 35, 98, 112, 118; S. 152, 162, 666, 746 (5.1) – 462-535-H
- *praecox* Schreb. = Frühe S. S. 756 (5.213) – 966-3×?-G, H
- *pseudocyperus* L. = Zypergrasähnliche S. Tab. 51 (1.41.1) – 763-1065-A, H
- *remota* Grufb. = Entferntährige Wald-S. Tab. 10, 20, 26, 35; S. *91*, 153, 203, 222, *234*, 237 (8.43) – 353-8××-H

Verzeichnis der erwähnten Arten 923

- *riparia* Curt. = Ufer-S. Tab. 45, 46, 51 (1.413) – 773-974-A, H
- *rostrata* Stok. = Flaschen-S. Tab. 10, 51; S. 408, 409, *445,* 447, *450,* 568, 766 (1.413.1) – 94×-1033-A, H
- *rupestris* All. = Felsen-S. Tab. 75 (4.7)
- *secalina* Wahlenb. = Roggen-S. (2.6) – 927-482-H
- *sempervirens* Vill. = Immergrüne S. Tab. 75; S. 325, *534,* 546, 554, 606, *840* (4.7) – 7×2-47×-H
- *strigosa* Huds. = Dünnährige S. Tab. 10; S. 203 (8.433) – 351-756-H
- *supina* Wahl. = Niedrige S. Tab. 89 (5.311) – 757-272-G
- *sylvatica* Huds. = Wald-S. Tab. 6, 10, 11, 13, 14, 17, 20, 26, 35, 37; S. *91,* 121, 151, 230, *234,* 277, *717* (8.43) – 253-575-H
- *tenella* Schk. = Zarte S. S. 376
- *tomentosa* L. = Filzige S. Tab. 112 (5.411) – 755-79×-G, H
- *tumidicarpa* Anderss. = Aufsteigende Gelb-S. Tab. 79 (1.622) – 8×1-9×?-H
- *umbrosa* Host. = Schatten-S. Tab. 10; S. 214 (8.432) – 454-55×-H
- *vesicaria* L. Blasen-S. Tab. 46, 51, 112; S. 376 (1.413.2) – 74×-965-A, H
- *vulpina* L. = Fuchs-S. (1.413.2) – 955-9×5-H, G
Carlina acaulis L. = Silberdistel Tab. 42; S. *639,* 640 (5.322) – 7×4-4×2-H
- *vulgaris* L. = Gemeine Eberwurz Tab. 2, 89; S. 576, 640 (5.322) – 763-4×3-H, T
Carpinus betulus L. = Hainbuche Tab. 2, 6, 9, 14, 26, 32, 33, 45, 109; S. *80, 83, 91, 93, 108,* 206f., *209,* 213f., 217, *218ff., 224,* 231 (8.432) – 464-×××-P
- *orientalis* Mill. = Orient-H. S. 21
Carum carvi L. = Echter Kümmel Tab. 120 (5.42) – 845-5×6-H
Castanea sativa Mill. = Edelkastanie Tab. 9; S. 26, *93, 108,* 261f. – 582-×4×-P
Catabrosa aquatica (L.) P.B. = Quellgras Tab. 123 (3.211) – 845-9?8-H
Caucalis platycarpos L. = Acker-Haftdolde Tab. 128; S. 57, *822,* 825 (3.41) – 665-494-T
Centaurea cyanus L. = Kornblume Tab. 125, 126, 129; S. 816, *822,* 831 – 7×5-×××-T
- *jacea* L. = Gemeine Flockenblume Tab. 2, 89, 110, 112; S. *648,* 746 – 7×5-×××-H
- *montana* L. = Berg-F. S. 550 – 644-566-H
- *nigra* L. = Schwarze F. (5.112) – 8×2-53?-H
- *pseudophrygia* (C.A. Mey.) Gugler = Perücken-F. S. *746,* 749 (5.422) – 745-554-H
- *scabiosa* L. = Skabiosen-F. Tab. 42, 89; S. 576, *625,* 647, 651 (5.32) – 7×3-383-H
- *stoebe* L. = Gefleckte F. Tab. 89 (5.31) – 876-283-H

Centaurium erythraea Rafn. = Echtes Tausendgüldenkraut Tab. 2 (6.2) – 865-56× I-T, H
- *pulchellum* (Sw.) Druce = Ästiges T. Tab. 62, 122; S. 796 (3.111.1) – 967-79? I-T
Centunculus minimus L. = Kleinling Tab. 122; S. 796 (3.111.1) – 863-743-T
Cephalanthera damasonium (Mill.) Druce = Weißes Waldvögelein Tab. 2, 10, 11, 12, 14; S. 132, 134 (8.431.3) – 252-474-G
- *longifolia* (Huds.) Fritsch = Schwertblättriges W. Tab. 2; S. 132 (8.4) – 453-383-G
- *rubra* (L.) Rich. = Rotes W. Tab. 2, 10, 12; S. 132 (8.4) – 354-483-G
Cephalozia bicuspidata (L.) Dum. = Kopfsproßmoos Tab. 14; S. 172
- *connivens* (Dicks.) Spruce Tab. 58 (1.71)
- *fluitans* (Nees) Spruce Tab. 58; S. 447
- *lammersiana* (Hüb.) Spruce Tab. 58; S.
Cephaloziella elachista (Jack) Schiffn. = Kleinkopfsproßmoos Tab. 58
Cerastium alpinum L. = Alpen-Hornkraut Tab. 75 (4.72) – 912-45?-C
- *arvense* L. = Acker-H. S. 742 (3.6) – 8×5-464-C
- – ssp. *strictum* Gaud. Tab. 83 (5.2) – 9×6-3×2-C
- *brachypetalum* Desp. = Bärtiges H. Tab. 89 (5.212) – 974-372-T
- *cerastoides* (L.) Britt. = Dreigriffeliges H. Tab. 78, 83 (4.5) – 81×-847-C
- *fontanum* Baumg. i. e. S. = Quellen-H. (5.424) – 634-536-C
- *fontanum* agg. *holosteoides* Fries emend. Hyl. = Rasen-H. Tab. 110, 112, 117, 118, 120, 121, 130; S. *717, 728,* 813 (5.4) – 6××-5×5-C, H
- *latifolium* L. = Breitblättriges H. Tab. 82 (4.411) – 914-59?-C
- *pedunculatum* Gaud. = Gestieltes H. (4.43) – 924-533-C
- *pumilum* Curt. = Niedriges H. Tab. 89 (5.212) – 874-28?-T
- *semidecandrum* L. = Sand-H. Tab. 2, 68 (5.2) – 873-4××-T, H
- *uniflorum* Clairv. = Einblütiges H. Tab. 82, 83, 87; S. 605 (4.43) – 914-5×?-C
Ceratodon purpureum (L.) Brid. = Hornzahnmoos Tab. 662, 675
Ceratophyllum demersum L. = Gemeines Hornblatt Tab. 49, 50; S. *398,* 400 (1.3) – 67×-1288-A
- *submersum* L. = Zartes H. (1.3) – 585-1287-A
Cerinthe glabra Mill. = Alpen-Wachsblume Tab. 124 (3.512) – 7×4-589-H
Ceterach officinarum DC. = Milzfarn (4.2) – 893-282-H
Cetratia aculeata (Schreb.) Th. Fr. = Moosflechte Tab. 68, 71; S. 514, 675
- *crispa* Ach. Tab. 75

- *cucullata* (Bel.) Ach. Tab. 75; S. 553, 558
- *hiascens* (Fr.) Th. Fr. S. 558
- *islandica* (L.) Ach. = Islandflechte Tab. 37, 41, 42, 77, 83; S. 553
- *nivalis* (L.) Ach. Tab. 75; S. 558

Chaenarrhinum minus (L.) Lange = Klaffmund Tab. 130; S. 829 (4.4) – 863-484-T

Chaerophyllum aureum L. = Gelbfrüchtiger Kälberkropf (3.522) – 654-599-H
- *bulbosum* L. = Rüben-K. (3.521) – 765-788-T, G
- *hirsutum* L. = Behaarter K. Tab. 10, 35; S. 746 (5.41) – 634-8×7-H
- *temulum* L. = Hecken-K. Tab. 2, 10, 109; S. 91 (3.522) – 563-5×8-T, H

Chamaecytisus ratisboniensis (Schaeff.) Rothm. = Regensburger Zwergginster Tab. 33; S. 95 (7.1) – 676-4×?-Z
- *supinus* (L.) Link = Kopf-Z. (5.121) – 764-37?-Z, N

Chamaedaphne calyculata (L.) Moench = Torfgränke S. 378, 455, 464 (7.212.2) – 737-832-Z

Chamaespartium sagittale (L.) Gibbs = Flügelginster S. 262 (5.112) – 854-442-Z, H

Chamorchis alpina (L.) Rich. = Zwergstendel Tab. 72; S. 548 (4.711) – 912-49?-G

Chara aspera (Dethard) Willd. = Armleuchteralge Tab. 53; S. 418

Chelidonium majus L. = Schöllkraut Tab. 10, 26, 124; S. 702, 803 (3.511) – 66×-5×8-H

Chenopodium album L. = Weißer Gänsefuß Tab. 50, 124, 125, 126, 127; S. 57, 803, 814, 818, 820, 822, 823, 824, 824, 830, 832, (3.3) – ×××-4×7-T
- *bonus-henricus* L. = Guter Heinrich Tab. 124; S. 810, 810, 811 (3.3) – 8×2-5×9-T, G
- *botrys* L. = Klebriger Gänsefuß S. 805 (3.3) – 892-3×6-T
- *ficifolium* Sm. = Feigenblättriger G. (3.3) – 777-6×7-T
- *glaucum* L. = Graugrüner G. Tab. 120, 123; S. 495, 802, 803 – 867-6×9 I-T
- *murale* L. = Mauer-G. Tab. 124 (3.3) – 876-4×9-T
- *opulifolium* Schrad. = Schneeballblättriger G. Tab. 124; S. 805 (3.31) – 873-3×6-T
- *polyspermum* L. = Vielsamiger G. Tab. 125 S. 337, 802, 803, 820, 822, 823, 824, 824 (3.33) – 654-6×8-T
- *rubrum* L. = Roter G. Tab. 123; S. 339, 802, 822 (3.212) – 8××-6×9 I-T
- *strictum* Roth. = Gestreifter G. Tab. 124 (3.31) – 977-3×6-T
- *vulvaria* L. = Stinkender G. Tab. 124 (3.3) – 774-4×9-T

Chimaphila umbellata (L.) Nutt. = Winterlieb Tab. 33; S. 327 (7.211) – 4×6-453-Z

Chlamydomonas nivalis Wille = Rote Schneealge S. 604

Chondrilla chondrilloides (Ard.) Karsten = Alpen-Knorpellattich (4.44) – 944-59×-H
- *juncea* L. = Großer K. (3.6) – 875-38×-H

Chrysanthemum segetum L. = Saat-Wucherblume (3.332) – 762-555-T

Chrysohypnum stellatum (Schreb.) Loeske = Goldschlafmoos Tab. 10, 79

Chrysosplenium alternifolium L. = Wechselblättriges Milzkraut Tab. 10; S. 203 (8.433) – 44×-774-H
- *oppositifolium* L. = Gegenblättriges M. Tab. 10, (1.511.2) – 652-954-H

Cicendia filiformis (L.) Delarbre = Zindelkraut Tab. 122 (3.111.1) – 972-93? I-T

Cicerbita alpina (L.) Wallr. = Alpen-Milchlattich Tab. 10, 13, 81; S. 145, 146, 572 (6.3) – 632-6×8-H

Cichorium intybus L. = Wegwarte Tab. 124 (3.322) – 965-485-H

Cicuta virosa L. = Wasserschierling Tab. 51 (1.411) – 7×7-955-H

Circaea alpina L. = Alpen-Hexenkraut Tab. 10, 37 (8.43) – 444-755-G
- *intermedia* Ehrh. = Mittleres H. Tab. 2, 10 (8.433) – 452-676-G
- *lutetiana* L. = Gemeines H. Tab. 10, 14, 20, 26, 45, 46; S. 91, 108, 128, 153, 230, 234, 354 (8.43) – 453-677-G

Cirriphyllum piliferum (Schreb.) Grout. = Spitzblattmoos Tab. 10

Cirsium acaule (L.) Scop. = Stengellose Kratzdistel Tab. 6, 89; S. 640, 717, 722 (5.322) – 954-382-H
- *arvense* (L.) Scop. = Acker-K. Tab. 118, 125, 126, 127, 129, 130; S. 766, 782, 803, 834 – 8××-××7 I-G
- *canum* (L.) All. = Graue K. (5.415) – 876-87?-H
- *dissectum* (L.) Hill = Englische K. (5.411) – 771-832-H
- *eriophorum* (L.) Scop. = Wollige K. Tab. 124 (3.32) – 8×3-495-H
- *erisithales* (Jacq.) Scop. = Klebrige K. Tab. 13 (7.1) – 655-582-H
- *heterophyllum* = *helenioides* (L.) Hill. = Alantdistel S. 746 – 754-856-H
- *oleraceum* (L.) Scop. = Kohl-K. Tab. 2, 10, 46, 110, 117; S. 357, 728, 737, 746, 751, 751, 773, 774 (5.415) – 653-785-H
- *palustre* (L.) Scop. = Sumpf-K. Tab. 10, 46, 50, 112, 118, 126; S. 746, 751, 754, 766 (5.41) – 753-843-H
- *rivulare* (Jacq.) All. = Bach-K. (5.415) – 954-88?-H
- *spinosissimum* (L.) Scop. = Stachelige K. Tab. 124; S. 573, 573, 604 (3.512) – 725-6×8-H
- *tuberosum* (L.) All. = Knollige K. Tab. 112 (5.411) – 772-683-H, G

- *vulgare* (Savi) Ten. = Gemeine K. Tab. 117, 118, 130; S. 708 (3.5) – 853-5×8-H
Cladium mariscus (L.) Pohl = Schwertried (1.411) – 9×3-1093-G, A
Cladonia alpestris (L.) Rbh. = Strauchflechte S. 558
- *arbuscula* (Wallr.) Rabenh. S. 514
- *bacillaris* Nyl. Tab. 58
- *bellidiflora* (Ach.) Sch. S. 558
- *chlorophaea* (Flk.) Zopf. Tab. 58, 71 S. 514, 675, 696
- *coccifera* (L.) Willd. Tab. 58
- *coniocraea* (Flk.) Vain. S. 514
- *degenerans* (Flk.) Spr. Tab. 58; S. 514
- *destricta* Nyl. Tab. 71
- *ecmocyna* Nyl. S. 558
- *elongata* (Jacq.) Hff. S. 558
- *endivaefolia* Fr. Tab. 89
- *fimbriata* (L.) Sandst. Tab. 58, 68, 71
- *floerkeana* (Fr.) Som. Tab. 58, 71; S. 514
- *foliacea* S. 510
- *furcata* (hds.) Schr. Tab. 37, 68, 71, 89; S. 514
- *glauca* Flk. Tab. 58, 71; S. 675
- *gracilis* (L.) Willd. Tab. 41, 58, 71 S. 514, 668, 675
- *impexa* Harm. Tab. 58, 71; S. 450, 514, 675, 696
- *incrassata* Flk. Tab. 58
- *macilenta* Hoffm. Tab. 58, S. 514
- *mitis* Sandst. Tab. 58, 71; S. 514, 675
- *pityrea* Flk. Tab. 58
- *pyxidata* (L.) Fr. Tab. 37, 41, 83
- *rangiferina* (L.) Hff. Tab. 58; S. 514
- *squamosa* (Scop.) Hff. Tab. 20, 58, 71; S. 514, 668, 675
- *sylvatica* (L.) Hff. Tab. 41, 58; S. 510, 675
- *subulata* (L.) Wigg. = cornutoradiata (Coem.) Zopf Tab. 58; S. 514
- *tenuis* Sandst. Tab. 58; S. 696
- *uncialis* (L.) Hff. Tab. 58, 71; S. 514, 668, 675
- *verticillata* (Hoffm.) Schaer. Tab. 58; S. 514
Cladophora glomerata Kütz. S. 417
Cladipodiella fluitans = *Cephaloziella* f.
Clavaria argillacea Pers. S. 675
Claviceps microcephala = Mutterkorn S. 404
Clematis alpina (L.) Mill. = Alpen-Waldrebe Tab. 37; S. 218 (7.212.4) – 437-53?-N li
- *recta* L. = Aufrechte W. S. 95 (6.112) – 675-383-H
- *vitalba* L. = Gemeine W. Tab. 2, 12, 14, 32, 109, 130; S. 95, 218, 715 (8.41) – 773-577 N, P li
Climacium dendroides (L.) Web. et Mohr = Leitermoos Tab. 10
Clinopodium vulgare L. = Wirbeldost Tab. 32 (6.1) – 753-473-H

Cnicus benedictus L. = Benediktenkraut (3.31) – 883-476-T
Cnidium dubium (Schkuhr) Thell. = Brenndolde S. 756, 760 (5.413) – 776-86?-H
Cochlearia anglica L. = Englisches Löffelkraut S. 481 (2.6) – 851-7×? II-H
Coenoglossum viride (L.) Hartman = Hohlzunge (5.11) – 8××-45?-G
Colchicum autumnale L. = Herbst-Zeitlose S. 728, 746, 761 (5.4) – 552-67×-G
Colutea arborescens L. = Gemeiner Blasenstrauch S. 95 (8.421) – 853-382-N
Conium maculatum L. = Schierling Tab. 124; S. 811 (3.511) – 865-6×8-H, T
Conringia orientalis (L.) Dum. = Weißer Akkerkohl S. 57, 822, 825 (3.41) – 765-394-T
Consolida regalis S.F. Gray = Feld-Rittersporn Tab. 128; S. 822, 825 (3.41) – 676-485-T
Convallaria majalis L. = Maiblume Tab. 10, 12, 26, 32, 33; S. 130, 214, 216, 219, 230, 257 (8.4) – 5×3-4×4-G
Convolvulus arvensis L. = Acker-Winde Tab. 127; S. 236, 814 (3.6) – 76×-47×-G, H li
Conyza canadensis (L.) Cronq. = Kanadisches Berufkraut Tab. 124, 127, 130; S. 712, 823 (3.31) – 8××-4×4-T, H
Corallorhiza trifida Chât. = Korallenwurz Tab. 37; S. 699 (7.2) – 2×7-53×-Gs
Cornicularia aculeata (Schreb) Th. Fr. = *Cetraria a*. Tab. 71
- *nomoerica* (Gunn.) DR. = *Cetraria n*. Tab. 86
Cornus mas L. = Kornelkirsche Tab. 109; S. 95 (8.42) – 674-×84-N, P
- *sanguinea* L. = Roter Hartriegel Tab. 2, 6, 12, 14, 26, 32, 45, 109, 130; S. 91, 95, 215, 840 (8.41) – 754-×8×-N
Coronilla coronata L. = Berg-Kronwicke Tab. 32; S. 721 (8.421) – 764-393-C, H
- *emerus* L. = Strauchige K. Tab. 10, 12, 32; S. 95, 99 (8.4) – 764-392-N
- *minima* L. = Kleine K. Tab. 89 – 68?-282-Z
- *vaginalis* L. = Umscheidete K. Tab. 42 (7.1) – 654-392-C
- *varia* L. = Bunte K. S. 236 (6.1) – 755-493-H
Coronopus squamatus (Forskål) Aschers. = Gemeiner Krähenfuß S. 789 (3.71) – 873-776 I-T
Corrigiola litoralis L. = Hirschsprung (3.3) – 862-755-T
Cortinarius muscosus Bull. (Pilz) S. 675
Corydalis cava (L.) Schw.et K. = Hohler Lerchensporn Tab. 2, 10, 45; S. 91, 99, 129, 151, 363 (8.43) – 364-688-G
- *claviculata* (L.) Lam.et D.C. = Rankender L. Tab. 33; S. 258 (6.211) – 561-53?-T li

- *intermedia* Lk. non Mér. = Mittlerer L. Tab. 2 (8.43) – 354-577-G
- *lutea* (L.) DC. = Gelber L. (4.1) – 774-59?-H
- *solida* (L.) Sw. = Gefingerter L. Tab. 10; S. 129 (8.43) – 365-577-G

Corylus avellana L. = Hasel Tab. 2, 6, 1, 12, 14, 26, 32, 33, 35, 42, 109; S. *91, 95, 218, 229,* 231, *236,* 328 (8.4) – 653-×××-N

Corynephorus canescens (L.) P.B. = Silbergras Tab. 2, 68, 70, 71; S. 509f., *510,* 511 (5.22) – 865-332-H

Cotinus coggygria Scop. = Perückenstrauch S. 644 (8.412) – 784-37?-N

Cotoneaster integerrima Med. = Gemeine Zwergmispel S. *95* (8.412) – 8×4-372-N
- *tomentosa* (Ait.) Ldl. = Filzige Z. Tab. 42, 109 (8.412) – 754-392-N

Crambe maritima L. = Meerkohl (2.812) – 95×-578 II-H

Crataegus laevigata (Poir.) DC. = Zweigriffliger Weißdorn Tab. 2, 109 (8.4) – 654-57×-N, P
- *monogyna* L. Eingriffliger W. Tab. 12, 50, 109, 130 (8.41) – 753-483-N, P
- *div. spec.* (verschiedene Arten) Tab. 6, 14, 26, 32, 45; S. *91, 95,* 215, 840

Cratoneuron commutatum (Hedw.) Roth = Starknervmoos (1.512)
- *decipiens* (de Not.) Loeske Tab. 80
- *filicinum* (1.512)

Crepis alpestris (Jacq.) Tausch = Voralpen-Pippau Tab. 42 (7.1) – 7×4-482-H
- *aurea* (L.) Cass. = Gold-P. Tab. 75; S. 787(5.424) – 924-557-H
- *biennis* L. = Wiesen-P. Tab. 110, 120, 130; S. 734, *743,* 746, 774, 784 (5.421) – 653-565-H
- *capillaris* (L.) Wallr. = Kleinköpfriger P. S. 743 (5.42) – 762-453-T, H
- *kerneri* Rech. f. = Kerners P. S. 548 (4.711) – 924-59?-H
- *mollis* Jacq. Asch. = Weicher P. S. *746,* 749 (5.422) – 845-555-H
- *paludosa* (L.) Moench = Sumpf-P. Tab. 10; S. *91,* 355, 766, 773 – 7×3-88×-H
- *praemorsa* (L.) Tausch = Abbiss-P. (6.112) – 666-393-H
- *pyrenaica* (L.) Greut. = Pyrenäen-P. Tab. 81 (6.3) – 734-576-H
- *rhaetica* Heg. = Rhätischer P. Tab. 82 (4.42) – 913-783-H
- *tectorum* L. = Dach-P. Tab. 124 (3.31) – 7×7-3×6-T, H
- *terglouensis* (Jacq.) Kerner = Triglav-P. (4.411)

Crocus albiflorus Kit. = Weißer Krokus S. 532, 727, *727,* 749 (5.422) – 7×4-57×-G

Cruciata glabra (L.) Ehrend. = Kahles Kreuzlabkraut Tab. 124; S. *574* (3.5) – 764-566-H

- *laevipes* Opiz = Gewimpertes K. (3.52) – 755-657-H

Cryptogramma crispa (L.) R.Br. = Rollfarn Tab. 82 (4.43) – 823-43?-H

Ctenidium molluscum (Hedw.) Mitt. = Kamm-Moos Tab. 10, 14, 42; S. 172

Cucubalus baccifer L. = Taubenkropf (3.521) – 664-887-H

Cuscuta epithymum (L.) Murr. = Quendel-Seide. 666 (5.1) – ×55-××2-Tvp
- *europaea* L. = Hopfen-S. (3.521) – ××5-7×7-T vp

Cyclamen purpurascens Mill. = C. *europaeum* L. = Alpenveilchen Tab. 42; S. 287 (8.431) – 464-595-G

Cymbalaria muralis G. M. Sch. = Mauer-Zimbelkraut (4.1) – 774-583-C, H

Cynodon dactylon (L.) Pers. = Hundszahngras S. 789 – 873-3×5-G, H

Cynoglossum officinale L. = Gemeine Hundszunge Tab. 124; S. 803 (3.321) – 8×5-378-H

Cynosurus cristatus L. = Kammgras Tab. 2, 110, 118; S. 657, 746, 784 (5.423) – 853-5×4-H

Cyperus flavescens L. = Gelbliches Zypergras Tab. 122; S. 796 (3.111) – 964-7×6-T
- *fuscus* L. = Braunes Z. Tab. 122; S. 796 (3.1) – 964-9×6-T
- *longus* L. = Langes Z. Tab. 51 (1.413) – 883-10×?-H, A

Cypripedium calceolus L. = Frauenschuh Tab. 10; S. *367* (8.4) – 5×5-48?-G

Cystopteris fragilis (L.) Borb. = Zerbrechlicher Blasenfarn Tab. 82; S. 594 – 5×3-785-H
- *regia* auct. = Alpen-B. S. 594 (4.212) – 633-78?-H

Cytisus scoparius (L.) Lk. = Besenginster Tab. 10, 33, 98; S. *95,* 167, 258, 327, *691* (5.123) – 852-433-N

Dactylis glomerata L. = Wiesen-Knaulgras Tab. 6, 20, 26, 32, 45, 89, 109, 110, 112, 120, 124, 126, 130; S. *91,* 216, 550, 627, 651, 653, 655, 722, 722, 724, 734, *740,* 742, 766, *767, 769f.,* 776, 784 (5.4) – 7×3-5×6-H
- *polygama* Horvátovszky = Wald-K. S. 124 (8.432) – 554-555-H

Dactylorhiza incarnata (L.) Soó = Steifblättriges Knabenkraut (5.4) – 8×3-872-G
- *maculata* (L.) Soó = Orchis m. L. = Geflecktes K. Tab. 35, 58, 84; S. 640, 681 (5.41) – 7×2-××?-G
- *majalis* (Rehb.) Hunt et Summerhayes = Breitblättriges K. S. 766 (5.41) – 853-872-G
- *traunsteineri* (Saut. et Rehb.) Soó =

Traunsteiners K. Tab. 79 (1.6) – 8×4-94?-G
Danthonia decumbens (L.) DC. = Dreizahngras Tab. 33, 112, 118; S. 625, 666, 675, 684, 694, (5.1) – 8×2-×32-H
Daphne alpina L. = Alpen-Seidelbast Tab. 85 (4.21) – 845-483-N, Z
– *cneorum* L. = Rosmarin-S. (7.1) – 664-482-Z
– *laureola* L. = Lorbeer-S. Tab. 11; S. 124 (8.4) – 462-483-N
– *mezereum* L. = Gemeiner S. Tab. 11, 12, 13, 14, 26; S. 94, 95, 121, 365 (8.43) – 4×4-575-N, Z
– *striata* Tratt. = Steinröschen Tab. 42; S. 367 (7.1) – 734-482-Z
Datura stramonium L. = Weißer Stechapfel (3.3) – 87×-4×8 I-T
Daucus carota L. = Möhre Tab. 89, 110, 124, 130; S. 627, 648, 743, 823 (3.322) – 865-4×4-H
Dentaria bulbifera L. = Zwiebel-Zahnwurz Tab. 2, 14, 26; S. 213 – 354-576-G
– *enneaphyllos* L. = Weiße Z. (8.431) – 444-577-G
– *heptaphylla* Vill. = Fieder-Z. Tab. 11 (8.431) – 352-586-G
– *pentaphyllos* L. = *digitata* Lam. = Finger-Z. Tab. 11; S. 118 (8.431) – 352-576-G
Deschampsia cespitosa (L.) P.B. = Rasen-Schmiele Tab. 10, 13, 14, 20, 26, 37, 45, 46, 80, 83, 110, 112, 117, 120, 130; S. 91, 216, 412, 571, 712, 737, 743, 744, 746, 753, 766, 769, 773 – 6××-7×3-H
– *litoralis* (Gaudin) Reuter = Ufer-S. S. 392 (1.311) – 864-1072-H, A
– *media* (Gouan) R. et Sch. = Binsen-S. (1.5) – 872-872-H
– *setacea* (Huds.) Richt. = Borsten-S. (1.3) – 851-921-H
– *wibeliana* (Sonder.) Parl. = Wibels S. S. 412 – 862-884 II-H
Descurainia sophia (L.) Webb. et Prantl = Besenrauke Tab. 124; S. 803 – 867-4×6-T
Dianthus armeria L. = Rauhe Nelke Tab. 2 – 663-533-T, H
– *carthusianorum* L. = Karthäuser-N. Tab. 89; S. 684 (5.3) – 854-372-C
– *deltoides* L. = Heide-N. Tab. 112 (5.112) – 8×4-432-C, H
– *glacialis* Haenke = Gletscher-N. S. 549
– *superbus* L. = Pracht-N. Tab. 112 (5.411) – 7×7-882-H
– *sylvestris* Wulf. = Stein-N. S. 661
Dicranella heteromalla (L.) Schpr. = Kleingabelzahnmoos Tab. 10, 14, 17, 20; S. 162, 172
Dicranum bergeri Bland. = *D. undulatum* Brid. = Gabelzahnmoos Tab. 58
– *bonjeani* De Not. Tab. 58
– *mühlenbeckii* Br. Tab. 41

– *scoparium* (L.) Hedw. Tab. 10, 14, 17, 20, 33, 37, 41, 42, 58, 71, 84, 98; S. 137, 140, 169, 504, 594, 675, 694
– *spurium* Hedw, Tab. 10; S. 696
– *undulatum* Brid. Tab. 10, 33, 58;
Dictamnus albus L. = Diptam Tab. 10; S. 99, 108, 721 (6.112) – 784-282-H
Digitalis grandiflora Mill. = Großblütiger Fingerhut (6.211) – 754-555-H
– *lutea* L. = gelber F. (6.211) – 762-575-H
– *purpurea* L. = Roter F. Tab. 20; S. 188, 714 (6.211) – 752-536-H
Digitaria ischaemum (Schreber) Mühlenb. = Fadenhirse (3.332) – 764-523-T
– *sanguinalis* (L.) Scop. = Bluthirse (3.332) – 773-354-T
Diphasium alpinum (L.) Rothm. = Alpen-Flachbärlapp Tab. 41; S. 666, 699 (5.111) – 823-522-C
– *complanatum* (L.) Rothm. = Gemeiner F. S. 692 (7.211) – 647-412-C
– *tristachyum* Dreiähriger F. (7.2) – 875-511-C
Diphyscium foliosum (Hedw.) Mohr = Blasenmoos Tab. 14
Diplotaxis muralis (L.) D.C. = Mauer-Doppelsame (3.3) – 883-485-T
– *tenuifolia* (Jusl.) D.C. = Schmalblättriger D. Tab. 124 (3.31) – 873-3×4-C, H
Dipsacus fullonum L. = Weber-Karde Tab. 2, 124 (3.51) – 963-685-H
– *pilosus* L. = Behaarte K. Tab. 2 (3.522) – 755-776-H
Ditrichum pallidum (Schr.) Hampe = Doppelhaarmoos Tab. 10
Doronicum austriacum Jacq. = Österreichische Gemswurz Tab. 81 (6.311) – 534-677-H
– *clusii* (All.) Tausch = Zottige G. S. 605 – 814-68?-H
– *grandiflorum* Lam. = Großblütige G. Tab. 82 (4.41) – 824-693-H
Dorycnium germanicum (Gremli) Rikli = Seidiger Backenklee S. 367 (5.321) – 764-291-Z
Draba aizoides L. = Immergrünes Felsenblümchen Tab. 85; S. 595 (4.21) – 8×4-39?-C
– *dubia* Suter = Kälteliebendes F. (4.2) – 815-3×2-C
– *fladnizensis* Wulf = Fladnizer F. Tab. 82, 87; S. 549, 606 (4.42) – 917-55?-C, H
– *hoppeana* Rchb. = Hoppe's F. Tab. 82 (4.42) – 81?-472-C
– *ladina* Ladinisches F. (4.21) – 827-493-C
– *muralis* L. = Mauer-F. (5.212) – 762-482-T, H
– *siliquosa* MB. = Kärntner F. Tab. 75 (4.72) – 824-562-C
Drepanocladus aduncus = Sichelmoos S. 393

- *exannulatus* (Güm.) Warnst. Tab. 79; S. 567
- *intermedius* Tab. 79

Drosera anglica Hudson = Langblättriger Sonnentau Tab. 58 (1.61) – 743-932-H
- *intermedia* Hayne = Mittlerer S. Tab. 58; S. 449 (1.611) – 952-922-H
- *rotundifolia* L. = Rundblättriger S. Tab. 57, 58; S. *446,* 449, 450, *451* (1.7) – 843-911-H

Dryas octopetala L. = Silberwurz Tab. 42, 75; S. 367, 529, *534,* 549, 555, 560, 593 – 9×7-484-Z

Dryopteris carthusiana (Vill.) H. P. Fuchs = Dornfarn Tab. 10, 13, 14, 17, 20, 26, 33, 35, 37, 41, 46; S. 162, 213, *274,* 378, 694, 698 – 5×3-×43-H
- *dilatata* Hoffm. = Breitblättriger D. Tab. 10, 35, 37; S. *91,* 155, *155* – 4×3-6×7-H
- *cristata* (L.) A. Gray = Kammfarn S. 376 (8.2) – 445-95×-H
- *filix-mas* (L.) Schott = Gemeiner Wurmfarn Tab. 6, 10, 11, 13, 14, 26, 35, 37; S. *91,* 151, 155, *274,* 294 (8.43) – 3×3-556-H
- *pseudo-mas* Holub et Ponzar = Spreuschuppiger W. (8.43) – 352-656-H
- *villarii* (Bell.) Woyn. = Starrer W. Tab. 82 (4.412) – 922-59?-H

Dufourea madreporiformis (Schleich.) Ach. = Erd-Strauchflechte S. 558

Echinochloa crus-galli (L.) PB. = Hühnerhirse Tab. 120; S. 745, 820, *822, 823, 824,* (3.3) – 675-5×8-T

Echinocystis lobata (Michx.) Torr. et Gray = Stachelgurke S. 371

Echinops sphaerocephalus L. = Große Kugeldistel (3.321) – 886-487-H

Echium vulgare L. = Natternkopf Tab. 124; S. 803, *808* (3.32) – 973-3×4-H

Elatine alsinastrum L. = Quirl-Tännel Tab. 122; S. 798 – 875-955-T, A
- *hexandra* (Lapierre) D.C. = Sechsmänniger T. Tab. 122; S. 798 (3.111.2) – 872-932-T, A
- *hydropiper* L. = Wasserpfeffer-T. Tab. 122; S. 796, 798 – 8×4-923-T, A

Eleocharis acicularis (L.) R. et Sch. = Nadel-Sumpfried S. 567 (1.314) – 7×3-10×2-A, H
- *ovata* Schult. = Ei-S. Tab. 122; S. 797 (3.111.2) – 874-8×5-T
- *palustris* (L.) R. et Sch. = Gemeines S. Tab. 50, 51; S. *393, 408* (1.411) – 8××-10×?-A
- *quinqueflora* (F. X. Hartm.) O. Schwarz = Wenigblütiges S. Tab. 79; S. *484,* 567 (1.62) – 8×3-992 I-H, A
- *uniglumis* (Lk.) Schult. = Einspelziges S. Tab. 51 (1.413) – 7×7-975 I-A

Elodea canadensis Rich. et Rchb. = Kanadische Wasserpest Tab. 49, 53; S. 398, 417 (1.2) – 765-12×7-A

Elymus arenarius L. = Strandroggen Tab. 68; S. 496 f., *498 f.,* 507 (2.91) – 9××-676 I-G

Elyna myosuroides (Vill.) Fritsch = Nacktried Tab. 75; S. 549, 553 (4.72) – 917-451-H

Empetrum nigrum L. = Gemeine Krähenbeere Tab. 57, 58, 98; S. *450,* 451, 502, 505, 665, *672,* 674, 685 (5.122) – 7×3-6×2-Z
- *hermaphroditum* (Lange) Hagerup = Zwittrige K. Tab. 41, 84; S. 453, 558 f., 674 (7.212.4) – 83×-64?-Z

Encalypta contorta (Wulf.) Lindb. = Glokkenhutmoos Tab. 10

Endothia parasitica (Murr.) And. = Kastanienkrebs S. 263

Epilobium adenocaulon Hauskn. = Drüsiges Weidenröschen Tab. 130
- *alpestre* (Jacq.) Krock = Voralpen-W. Tab. 81 (6.3) – 734-678-H
- *alsinifolium* Vill. = Mierenblättriges W. Tab. 80 (1.5) – 822-9×?-H
- *anagallidifolium* Lam. = Gauchheil-W. Tab. 82, 83 (4.5) – 823-7×?-H
- *angustifolium* L. = Schmalblättriges W. Tab. 17, 20, 130; S. 188, 698, *708,* 710, 712, 713, 806 (6.2) – 8×5-538-H
- *collinum* C. G. Gmel. = Hügel-W. Tab. 85 (4.46) – 845-522-H
- *fleischeri* Hochst. = Kies-W. S. 350, *584 f.* (4.44) – 9×5-4××-C
- *hirsutum* L. Zottiges W. Tab. 130; S. *415,* 766 (5.412) – 755-888-H
- *lanceolatum* Jeb. et Mauri = Lanzett-W. (4.46)
- *montanum* L. = Berg–W. Tab. 10, 11, 13, 14, 20, 35, 126, 130; S. 708 (8.43) – 4×3-566-H, C
- *nutans* Schmidt = Nickendes W. Tab. 80 (1.511) – 934-93?-H
- *palustre* L. = Sumpf-W. Tab. 117; S. 766 – 7××-933-H
- *parviflorum* Schreb. = Kleinblütiges W. Tab. 51, 130 (1.412) – 753-985-H, C
- *roseum* Schreb. = Rosenrotes W. Tab. 51 (1.412) – 754-888-H
- *tetragonum* L. = Vierkantiges W. Tab. 130 – 774-555-H, C
- – ssp. *lamyi* (F. W. Schultz) Nyman Tab. 2, 126 – 762-××6-H, C

Epipactis atrorubens (Hoffm) Schult. = Braune Sumpfwurz Tab. 35, 42 (7.1) – 6×3-382-G
- *helleborine* (L.) Cr. = Breitblättrige S. Tab. 10, 11, 12, 14, 35; S. 132 (8.43) – 353-575-G
- *microphylla* (Ehrh.) Sw. = Kleinblättrige S. (8.43) – 264-584-G

- *purpurata* Sm. = Violette S. (8.43) – 364-686-G
- *palustris* (Mill.) Cr. = Echte S. Tab. 79; S. 367, 757 (1.621) – 853-882-G

Epipogium aphyllum Sw. = Blattloser Widerbart (7.2) – 246-55?-Gs

Equisetum arvense L. = Acker-Schachtelhalm Tab. 127, 130; S. 742, 827, *828, 829* – 6××-6×3-G
- *fluviatile* L. = Teich-S. Tab. 10, 51, 117; S. 389, *432, 766* (1.4) – 84×-10×5-A, G
- *hyemale* L. = Winter-S. (8.433) – 545-676-C
- *palustre* L. = Sumpf-S. Tab. 110, 112; S. *761,* (5.41) – 7×5-7×3-G
- *pratense* Ehrh. = Wiesen-S. Tab. 26 (8.433) – 547-672-G
- *sylvaticum* L. = Wald-S. Tab. 10, 35; S. *295, 367, 827* – 34×-734-G
- *telmateia* Ehrh. = *maximum* Lam. = Riesen S. Tab. 10; S. 203 (8.433) – 572-885-G
- *variegatum* Schleicher = Bunter S. (4.44) – 837-782-C

Eragrostis minor Host = Kleines Liebesgras (3.3) – 875-3×4-T

Erica cinerea L. = Graue Heide S. 258 (5.12) – 7×1-521-Z
- *herbacea* L. = *E. carnea* L. = Schneeheide Tab. 13, 37, 42; S. *108,* 314, 320, 323 f., *367, 534,* 547 (7.1) – 7×?-3×2-Z
- *tetralix* L. = Glockenheide Tab. 10, 58; S. 31, 258, *450, 451, 453,* 464, 505, 665 ff., 679, 685, 690, 694 (1.72) – 8×1-812-Z

Erigeron acris L. = Scharfes Berufkraut (5.322) – 957-48?-T, H
- *alpinus* L. = Alpen-B. Tab. 85 – 815-5×3-H
- *gaudinii* Brügg. = Gaudins B. Tab. 85 (4.221) – 724-43?-H
- *uniflorus* L. = Einblütiges B. Tab. 87 S. 549, 606 (4.72) – 916-552-H

Eriophorum angustifolium Honck. = Schmalblättriges Wollgras Tab. 10, 57, 58, 79; S. *393, 434, 445,* 447, 449, *450, 451,* 568, 766 (1.6) – 8××-942-G, A
- *gracile* Koch = Zierliches W. (1.613) – 845-952-G, A
- *latifolium* Hoppe = Breitblättriges W. Tab. 79; S. *429* (1.621) – 8×3-982-H
- *scheuchzeri* Hoppe = Scheuchzer's W. Tab. 79; S. 567, 568 – 92×-942-H, A
- *vaginatum* L. Scheiden-W. Tab. 10, 57, 58; S. 99, 378, *438, 450, 451, 453,* 770 (1,71) – 7××-821-H

Eritrichium nanum (Allioni) Schrad. = Himmelsherold Tab. 72, 85 (4.22) – 825-422-C

Erodium cicutarium (L.) L'Hér. = Gemeiner Reiherschnabel (5.2) – 8×5-3××-T, H

Erophila verna (L.) Chevall. = Frühlings-Hungerblümchen Tab. 68, 89; S. 503, 646 – 863-4×2-T

Erucastrum gallicum (Willd.) O. E. Schulz = Französische Hundsrauke (3.331) – 864-484-T, H

Eryngium campestre L. = Feld-Mannstreu Tab. 89 (5.3) – 975-383-H
- *maritimum* L. = Strand-M. Tab. 68; S. 499 (2.911) – 963-47× I-H

Erysimum crepidifolium Rchb. = Bleicher Schöterich Tab. 89 (5.311) – 975-171-H
- *odoratum* Ehrh. s.str. = Wohlriechender S. Tab. 89 (5.311) – 975-282-H
- *rhaeticum* (Schleich. ex Hornem.) = Rhätischer S. (4.22) – 945-44?-H

Euonymus europaea L. = Pfaffenhütchen Tab. 2, 14, 26, 45, 46, 109; S. *91, 95,* 354 (8.41) – 653-585-N
- *latifolia* (L.) Mill. = Breitblättriges P. S. 204 (8.431) – 454-584-N
- *verrucosa* Scop. = Warzen-Spindelstrauch Tab. 26, 33 – 568-473-N

Eupatorium cannabinum L. = Wasserhanf Tab. 2; (3.521) – 753-778-H

Euphorbia amygdaloides L. = Mandel-Wolfsmilch Tab. 10, 11, 12, 13, 14, 26; S. 365 (8.43) – 452-575-C
- *cyparissias* L. = Zypressen-W. Tab. 2, 6, 32, 42, 89; S. *625,* 640 (5.3) – 8×4-3×3-H, G
- *dulcis* L. = Süße W. Tab. 13, 14, 32 (8.431) – 452-585-G, H
- *exigua* L. = Kleine W. Tab. 127; S. 825 (3.41) – 662-484-T
- *helioscopia* L. = Sonnen-W. Tab. 125; S. 816, 820, 832 (3.33) – 6×3-577-T
- *palustris* L. = Sumpf-W. S. *480* – 886-88×-I-H
- *peplus* L. = Garten-W. S. 820 (3.33) – 663-4×8-T
- *seguieriana* Neck. = Steppen-W. Tab. 89 – 976-281-H
- *stricta* L. = *E. serrulata* Thuill. = Steife W. (5.32) – 564-687-T

Euphrasia alpina Baumg. = Alpen-Augentrost Tab. 75
- *minima* Jacq. = Zwerg-A. Tab. 75, 83; S. 553, 606 (4.6) – 72×-523-Thp
- *pulchella* Kern. = Niedlicher A. Tab. 75
- *rostkoviana* Hayne = Gemeiner A. Tab. 118; S. 728 (5.4) – 6×3-5×3-Thp
- *salisburgensis* Funck = Salzburger A. Tab. 42 (4.71) – 7×2-584-Thp
- *viscosa* L. = Klebriger A. S. 322

Eurhynchium striatum (Schr.) Schpr. = Schönschnabelmoos Tab. 10, 14, 35, 37; S. 278
- *swartzii* (Turn.) Hobk. Tab. 10, 14

Fagus sylvatica L. = Rotbuche Tab. 2, 6, 8, 9, 11, 12, 13, 14, 17, 20, 26, 32, 33, 34,

35, 42, 109; S. 21, 26, 76, *80, 83, 84, 91, 92, 93, 108,* 111 ff., *145,* 161, *175,* 178, 213, 217 f., *218,* 218 ff., *224,* 229, 231, *236, 256,* 268, *269,* 281, *284,* 311, 327, *364,* 365, *699, 717* (8.431) – 352-5××-P
Falcaria vulgaris Bernh. = Sichelmöhre S. 57, *829,* 830 (3.6) – 776-393-H
Fallopia convolvulus (L.) A. Löve = Winden-Knöterich Tab. 125, 126, 127, 130; S. 803, 821, *822* – 7××-×××-T li
– *dumentorum* (L.) Holub = Hecken-K. Tab. 26, 32, 46 (3.511) – 654-5×6-T li
Festuca alpina Sut. = Alpen-Schwingel Tab. 85 (4.21) – 812-391-H
– *altissima* All. = Wald-S. Tab. 10, 11, 20, 26; S. *97,* 121, 137, *140,* 158 f. (8.431) – 353-536-H
– *amethystina* L. = Amethyst-S. S. *367* (7.1) – 654-382-H
– *arundinacea* Schreb. = Rohr-S. Tab. 117; S. *766, 793* – 85×-774 I-H
– *cinerea* Vill. = Blauer Schaf-S. Tab. 89; S. 643 (5.21) – 974-281-H
– *gigantea* (L.) Vill. = Riesen-S. Tab. 10, 14, 20, 26, 45, 46; S. *91,* 153, *182,* 222, *234, 237, 341,* 354 (8.43) – 453-766-H
– *halleri* All. = Felsen-S. Tab. 83, 87; S. 604 (4.6) – 91?-421-H
– *heterophylla* Lam. = Verschiedenblättriger S. Tab. 2, 32; S. 214 (8.432) – 554-454-H
– *nigrescens* Lam. = Horstiger Rot-S. Tab. 118; S. 555, 751 (5.11) – 7×4-×32-H
– *ovina* L. = Schaf-S. Tab. 6, 10, 32, 33, 71, 110, 112; S. *331,* 513, *625, 625,* 627, 641, 661, 675, *684,* 742, 768, 784 – 7××-33×-H
– *pallens* Host = Bleicher Schaf-S. (5.213) – 974-281-H
– *pratensis* Huds. = Wiesen-S. Tab. 110, 117, 120; S. *408, 717, 746, 751,* 769 (5.4) – 8×3-6×6-H
– *pumila* Vill. = Niedriger S. Tab. 85; S. *534,* 547 (4.21) – 813-566-H
– *rubra*. L. = Roter S. Tab. 83, 110, 112, 117, 118, 121, 126, 130; S. 195, 310, *480, 486,* 604, *623, 717, 722,* 735, 745, *746, 748* (5.4) – ××5-×××-H
– – ssp. *arenaria* Tab. 68, 98, 118; S. 500, *500,* 502 (5.223) – 8×5-473-H
– – ssp. *litoralis* (G. F. W. Mey.) Auq. Tab. 62, 118; S. 480 (5.232) – 8×4-576 I-H
– *rupicola* Heuff. = Furchen-Schaf-S. Tab. 89; S. 619, *643* (5.311) – 977-382-H
– *supina* Schur. = Sudeten-Schaf-S. (5.111) – 82?-421-H
– *stenantha* (Hack.) Richter = Kurzblütiger S. Tab. 85 (4.21) – 847-291-H
– *tenuifolia* Sibth. = Haar-S. (5.112) – 762-422-H

– *trachyphylla* (Hackel) Kraj. = Rauhblatt-Schaf-S. Tab. 89 (5.23) – 866-322-H
– *valesiaca* Schleich = Walliser Schaf-S. Tab. 89, 92; S. 619, 642, 648 (5.311) – 877-272-H
– *varia* Haenke = Bunter S. Tab. 75, 83; S. 554 – 934-332-H
Filago minima (Sm.) Pers. = Zwerg-Fadenkraut Tab. 71 (5.222) – 953-241-T
– *vulgaris* Lamk. = Deutsches F. (5.222) – 873-3×2-T
Filipendula ulmaria (L.) Maxim. = Echtes Mädesüß Tab. 10, 45, 46, 110, 112, 117; S. *91, 737, 751, 753, 754, 761, 773* (5.41) – 7××-8×4-H
– *vulgaris* Moench = *F. hexapetala* Gil. = Knolliges M. Tab. 112; S. *625* (5.3) – 755-482-H
Fissidens bryoides (L.) Hedw. = Spaltzahnmoos Tab. 10
– *taxifolius* (L.) Hedw. Tab. 10; S. 140
Fontinalis antipyretica L. = Brunnenmoos Tab. 53; S. 416
Fossombronia Raddi div. spec. = Zipfelmoos Tab. 122
Fragaria vesca L. = Wald-Erdbeere Tab. 11, 12, 13, 14, 26, 32, 33, 35, 37, 130; S. 216, *717, 722,* (6.2) – 7×5-5×6-H
– *viridis* Duch. = Knackelbeere Tab. 32 (6.112) – 755-383-H
Frangula alnus Mill. = Faulbaum Tab. 20, 32, 33, 46; S. *95,* 167, 252, *253,* 253, 377 ff., 698 (8.22) – 6×5-72×-N
Fraxinus excelsior L. = Gewöhnliche Esche Tab. 2, 6, 9, 11, 12, 14, 20, 26, 32, 45, 46, 109, 130; S. *40, 80, 83, 91, 93, 108, 175,* 197 f., *343,* 354, 356, *356,* 361, *364,* 381, *717* (8.43) – 453-×77-P
– *ornus* L. = Manna-E. S. 21, 264 – 584-383-P
– *parvifolia* = Schmalblatt-E. S. 361
Fritillaria meleagris L. = Schachblume (5.415) – 874-87?-G
Fumana procumbens Gren. et Godr. = Niedriges Heideröschen Tab. 89; S. *627* (5.321) – 983-291-Z
Fumaria officinalis L. = Gemeiner Erdrauch Tab. 125, 128 (3.331) – 6×3-567-T
– *vaillantii* Loisel. = Vaillants E. (3.41) – 665-485-T
Funaria hygrometrica Tab. 83

Gagea lutea (L.) Ker-G. = Wald-Gelbstern Tab. 10, 45; S. *91, 363* (8.433) – 4×4-677-G
– *spathacea* (Hayne) Salisb. = Scheiden-G. Tab. 10 (8.43) – 264-677-G
– *villosa* (MB.) Duby = Acker-G. S. 833 (3.33) – 675-4×?-G
Galanthus nivalis L. = Kleines Schneeglöckchen (8.4) – 574-×77-G

Galeopsis angustifolia (Ehrh.) Hoffm. = Schmalblättriger Hohlzahn (4.45) – 874-284-T
– *ladanum* L. = Acker-H. Tab. 82 (4.4) – 8×5-383-T
– *pubescens* Bess. = Weichhaariger H. Tab. 26; S. 134 (3.522) – 754-4×5-T
– *segetum* Necker = Saat-H. (4.46) – 762-433-T
– *tetrahit* L. = Stechender H. Tab. 10, 14, 20, 26, 45, 46, 125, 126, 127, 129; S. 354, 724, 803 – 7×3-5×7-T
Galinsoga ciliata (Rafin.) Blake = Zottiges Franzosenkraut S. 814, 820 (3.33) – 774-457-T
– *parviflora* Cav. = Kleinblütiges F. Tab. 127; S. 820, *823* (3.33) – 763-558-T
Galium anisophyllum Vill. = Ungleichblättriges Labkraut S. 661 (4.411)
– *aparine* L. = Kletten-L. Tab. 10, 20, 26, 45, 46, 50, 109, 125, 126, 127, 129, 130; S. 91, 216, *363*, 702, 724, 766, 821, 830 (3.52) – 753-×68-T li
– *austriacum* Jacq. = Österreichisches L. Tab. 13, 42
– *boreale* L. = Nordisches L. Tab. 112; S. 773 (5.411) – 6×7-×82-H
– *elongatum* = Verlängertes Sumpf-L. (8.2) – 6×3-9××-H
– *glaucum* L. = Blaugrünes L. Tab. 89 (5.3) – 876-29?-H
– *harcynicum* Weigel = Harz-L. Tab. 10, 20, 33; S. 167, *255*, 258, 681, 694, 698, 746 – 752-523-C, H
– *helveticum* Weigel = Schweizer L. Tab. 82 (4.411) – 8×4-69?-C, H
– *lucidum* All. = Glanz-L. Tab. 42 (6.112) – 7?4-382-H
– *mollugo* L. s. str. = Wiesen-L. Tab. 2, 68, 110, 126; S. 734, *743*, 745, 746, *761*, (5.421) – 7×3-5××-H
– *odoratum* (L.) Scop. = Waldmeister Tab. 6, 10, 11, 13, 14, 20, 26, 35; S. 91, 96, 113, *118*, 121, 123, *126*, 134, *148*, 151, 162, *182*, 219, 223, *230*, *233*, 250, 365, 717 (8.43) – 252-5×5-H
– *palustre* L. = Sumpf-L. Tab. 10, 46, 50, 51, 112, 117; S. 407, *408*, *751*, 766 (1.413) – 6×3-9×4-H
– *pumilum* Murray = Heide-L. Tab. 41 (5.112) – 752-442-H
– *rotundifolium* L. = Rundblättriges Labkraut Tab. 14, 35, 37; S. 278 (8.431.5) – 252-554-C
– *schultesii* Vest. = Glattes L. Tab. 26 (8.432) – 555-474-G
– *spurium* L. = Kleinfrüchtiges L. Tab. 125; S. 821 (3.4) – 7×5-585-T li
– *sylvaticum* L. = Wald-L. Tab. 2, 10, 12, 13, 14, 26, 32; S. *91*, *108*, 215, 365 – 554-475-G

– *tricornutum* Dandy = Dreihörniges L. Tab. 128; S. 821 (3.4) – 773-383-T li
– *uliginosum* L. = Moor-L. Tab. 45, 112, 117; S. 766 – 6××-8××-H
– *verum* L. = Echtes L. Tab. 42, 68, 89, 98, 112, 118; S. *480*, *500* (6.1) – 75×-473-H
Genista anglica L. = Englischer Ginster Tab. 98; S. 43, *672*, *675*, 681, *682* (5.121) – 751-542-Z
– *germanica* L. = Deutscher G. Tab. 2; S. 43, 262 (5.121) – 654-423-Z
– *pilosa* L. = Haar-G. Tab. 33, 42, 98, 100; S. 327, *672*, 675, *684* (5.121) – 754-×21-Z
– *tinctoria* L. = Färber-G. Tab. 2, 33 (5.411) – 853-542-Z
Gentiana acaulis L. s. str. = Stengelloser Enzian Tab. 75; S. 548, 551 (5.111) – 824-522-H
– *asclepiadea* L. = Schwalbenwurz-E. (5.411) – 6×4-67×-H
– *bavarica* L. = Bayerischer Enzian Tab. 78, 82, 87 (4.52) – 814-783-H, C
– *cruciata* L. = Kreuz-E. (5.32) – 754-383-H
– *frigida* Haenke = Eis-E. S. 605
– *lutea* L. = Gelber E. S. *571*, *750* – 734-5×2-H
– *nivalis* L. = Schnee-E. Tab. 75; S. 606 (4.7) – 812-575-T
– *orbicularis* Schur. = Rundblättriger E. Tab. 75 (4.42)
– *pannonica* Scop. = Ungarn-E. S. 520 (5.111) – 734-512-H
– *pneumonanthe* L. = Lungen-E. Tab. 112; S. 681, 757 (5.411) – 853-7×2-H
– *punctata* L. = Tüpfel-E. (5.111) – 824-522-H
– *purpurea* L. = Purpur-E. S. 520 (5.111) – 734-542-H
– *verna* L. = Frühlings-E. Tab. 75; S. 640 (4.71) – 8×4-472-C, H
Gentianella campestris (L.) Börner = Feld-Enzian S. 606 (5.112) – 8×2-5×?-H, T
– *ciliata* (L.) Borkh. = Fransen-E. Tab. 89; S. 640 (5.322) – 7×4-382-H
– *germanica* (Willd.) Börner = Deutscher E. S. 640 (5.322) – 754-483-H
– *tenella* (Rottb.) Börner = Zarter E. Tab. 75; S. 606 (4.72) – 817-57?-T
Geranium dissectum L. = Schlitzblättriger Storchschnabel Tab. 127; S. 820 (3.33) – 663-5×5-T
– *palustre* L. = Sumpf-S. S. 761 (5.412) – 854-788-H
– *pratense* L. = Wiesen-S. Tab. 110; S. 734, *743*, 746 (5.421) – 855-587-H
– *pusillum* Burm. f. = Zwerg-S. Tab. 125 – 755–3×7-T
– *pyrenaicum* Burm. f. = Pyrenäen-S. Tab. 124 (3.511) – 854-5×6-T, H

- *robertianum* L. = Stinkender S. Tab. 10, 11, 13, 14, 26, 35, 37, 46, 109; S. *91*, 121, 153, 354, 702 – 4×3-××7-T, H
- *rotundifolium* L. = Rundblättriger S. S. 833 (3.3) – 765-4×4-T
- *sanguineum* L. = Blut-S. Tab. 10, 32; S. 99, *108* (6.112) – 754-383-H
- *sylvaticum* L. = Wald-S. Tab. 37, 81; S. 355, 572, *746,* 749 (6.3) – 644-667-H

Geum montanum L. = Berg-Nelkwurz S. 551, 606 (5.111) – 722-422-H
- *reptans* L. = Kriechende N. Tab. 72, 82; S. 269, 606 (4.43) – 914-52?-H
- *rivale* L. = Bach-N. Tab. 10, 110; S. 376, 737, *751,* 766 – 6×5-8×4-H
- *urbanum* L. = Echte N. Tab. 10, 14, 20, 26, 45, 46, 109; S. *91, 234,* 724 (3.522) – 455-5×7-H

Gladiolus palustris Gaudin = Sumpf-Siegwurz (5.411) – 864-68?-G

Glaux maritima L. = Strand-Milchkraut Tab. 62, 118; S. 479, *480, 484,* 489 (2.6) – 6×7-7×5 II-H

Glechoma hederacea L. = Gundermann Tab. 10, 14, 26, 45, 46, 109, 110, 117, 118, 120; S. *91,* 724, 741, 743, 766 – 653-6×7-G, H

Globularia cordifolia L. = Herzblättrige Kugelblume Tab. 42; S. 593, 646 (4. 71) – 9×4-39?-C
- *nudicaulis* L. = Nacktstengel-K. Tab. 75 (4.711) – 722-482-H
- *punctata* Lapeyr. = Gepunktete K. Tab. 89 (5.321) – 865-291-H

Gloeocapsa ralfsiana (Harvey) Lemm. = Gallertkugelalge S. 598
- *sanguinea* (Agardh) Kütz. S. 598

Glyceria fluitans (L.) R.Br. = Manna-Schwaden Tab. 49, 50, 51, 117; S. *416,* 417 (1.412) – 7×3-9×7-A, H
- *maxima* (Hartm.) Holmb. = Großer S. Tab. 45, 46, 51, 117; S. *384,* 406, *415,* 417, 766 (1.411) – 95×-1089-A, H
- *plicata* Fr. = Falten-S. Tab. 51, 120 (1.412) – 853-1088-A, H

Gnaphalium hoppeanum Koch = Hoppes Ruhrkraut (4.52) – 724-784-H
- *luteo-album* L. = Alpen-R. Tab. 122 (3.1) – 765-753-T
- *norvegicum* Gunn. = Norwegisches R. Tab. 78 (5.111) – 723-52?-H
- *supinum* L. =Zwerg-R. Tab. 78, 83; S. 553, *562, 564* (4.51) – 713-733-H, C
- *sylvaticum* L. = Wald-R. Tab. 126 (6.211) – 6×3-526-H
- *uliginosum* L. = Sumpf-R. Tab. 127; S. 795, 828, 829 – 7××-744-T

Goodyera repens (L.) R. Br. = Netzblatt Tab. 33, 35, 37, 42; S. *327,* 699 (7.211) – 5×7-4×2-H, G

Gratiola officinalis L. = Gottes-Gnadenkraut S. 756, 760 (5.413) – 775-9×?-H

Grimmia doniana Sm. = Kissenmoos S. 605

Groen'andia densa (L.) Fourr. = Dichtes Fischkraut Tab. 53; S. *398,* 418, *419* (1.213) – 852-12×4-A

Gymnadenia conopsea (L.) R. Br. = Mücken-Händelwurz Tab. 42 S. *367,* 640 (5.41) – ××2-78?-G
- *odoratissima* (L.) Rich. = Wohlriechende H. Tab. 42 (7.1) – 7×4-492-G

Gymnocarpium dryopteris (L.) Newm. = Eichenfarn Tab. 10, 13, 17, 26, 35, 37; S. *91,155, 155,* 157, 213 – 335-645-G
- *robertianum* (Hoffm.) Newm. = Ruprechtsfarn Tab. 10, 13, 82; S. 199 (4.4) – 545-58×-G

Gymnomitrium corallioides Schffn. = Nacktmützenmoos S. 605
- *varians* (Lind.) Schffn. Tab. 78

Gypsophila fastgiata L. = Büscheliges Gipskraut (5.231) – 7×5-281-C
- *muralis* L. = Mauer-G. Tab. 122 (3.111.1) – 865-732-T
- *repens* L. = Kriechendes G. Tab. 82; S. 350, 369 (4.4) – 9×4-69?-C

Haematomma ventosum (L.) Mass. = Blutaugenflechte Tab. 86

Halimione portulacoides (L.) Aellen = Strand-Salzmelde Tab. 64; S. 481 (2.612) – 96×-7×7 III-C

Hedera helix L. = Efeu Tab. 2, 10, 11, 12, 14, 26, 32, 109; S. *91,* 121, 151, 215, *236,* 331, 717 – 452-5××-Z, P li

Hedysarum hedysaroides (L.) Sch. et Th. = Süßklee Tab. 75; S. 550 (4.711) – 827-582-G

Helianthemum alpestre (Jacq.) DC. = Alpen-Sonnenröschen Tab. 75; S. *534,* 546 (4.711) – 924-492-Z
- *apenninum* (L.) Mill. = Apenninen-S. (5.32) – 872-371-Z
- *canum* (L.) Baumg. = Graues S. (7.1) – 874-39?-Z
- *nummularium* (L.) Mill. = Gemeines S. Tab. 2, 89; S. *644,* 684 (5.32) – 754-371-Z
- *grandiflorum* Scop. = Großblütiges S. Tab. 75; S. 546 (4.71) – 734-48?-Z
- *ovatum* Viv. = Eiblättriges S. Tab. 89 (5.32) – 854-291-Z

Helianthus tuberosus L. = Topinambur S. 371 (3.521) – 97?-676-G

Helichrysum arenarium (L.) Moench = Sand-Strohblume (5.23) – 867-351-H

Helleborus foetidus L. = Stinkende Nieswurz Tab. 10, 13, 32; S. 138 (8.421) – 562-483-C
- *niger* L. = Christrose S. 293 (8.431) – 354-484-H

- *viridis* L. = Grüne Nieswurz (8.431) – 362-585-H
Hepatica nobilis Schreb. = Leberblümchen Tab. 2, 10, 14, 26, 32, 35, 37; S. *91*, 331 (8.4) – 464-474-H
Heracleum sphondylium L. = Wiesen-Bärenklau S. 576, *717, 728, 734, 748, 754, 766, 774, 784* (5.42) – 752-5×8-H
Herminium monorchis (L.) R. BR. = Einknollige Honigorchis S. 630 (5.322) – 757-×8?-G
Herniaria glabra L. = Kahles Bruchkraut (5.232) – 765-454-H, T
Herpotrichia nigra Hartung = Schneeschimmel S. 144
Hieracium alpinum L. ssp. *halleri* (Vill.) = Alpen-Habichtskraut Tab. 41 (5.111) – 833-511-H
- *amplexicaule* L. = Stengelumfassendes H. Tab. 85 (4.2) – 842-3×?-H
- *aurantiacum* L. = Orangerotes H. (5.111) – 835-542-H
- *bifidum* Kit. = Zweigabliges H. Tab. 42 (4.71) – 8×3-482-H
- *bupleuroides* Gmel. = Hasenohr-H. Tab. 42, 85 (4.211) – 9×4-49?-H
- *echioides* Lumnitzer = Natterkopf-H. (5.231) – 856-271-H
- *glanduliferum* Hoppe = Haartragendes H. S. 553 (4.6) – 914-511-H
- *glaucinum* = Bläuliches H. (8.3) – 573-432-H
- *hoppeanum* Schult. = Hoppes H. (5.111) – 8×4-532-H
- *humile* Jacq. = Niedriges H. Tab. 85; S. 594 (4.211) – 7×4-×71-H
- *jurassicum* Fr. = Jura-H. Tab. 81 (6.311) – 525-65×-H
- *lachenalii* C. C. Gmel. = Gemeines H. Tab. 33, 37 (8.3) – 5××-542-H
- *lactucella* Wallr. = Lattich-H. (5.112) – 8×3-×42-H
- *laevigatum* Willd. = Glattes H. Tab. 20; S. 255 (8.3) – 753-522-H
- *pilosella* L. = Kleines H. Tab. 2, 6, 20, 33, 71, 89, 92, 112, 118; S. 513, 646, 666, 742, 781 – 7×3-4×2-H
- *piloselloides* Vill. = Florentiner H. Tab. 2 (4.44) – 764-482-H
- *sabaudum* L. = Savoyer H. S. 255 (8.3) – 563-44?-H
- *staticifolium* All. = Grasnelkenblättriges H. Tab. 82 (4.4) – 9×4-48?-H
- *sylvaticum* (L.) Grufb. = Wald-H. Tab. 10, 11, 13, 14, 26, 32, 35, 37, 41, 42, 130; S. 262 – 4×3-554-H
- *umbellatum* L. = Dolden-H. Tab. 10, 33, 68, 98; S. *500, 504, 684* (8.3) – 6××-442-H
Hierochloë odorata (L.) P.B. = Duft-Mariengras (1.612) – 6×7-94?-G, H

Hildenbrandia rivularis (Lieben) Agardh = Krusten-Rotalge S. 417
Himantoglossum hircinum (L.) Koch = Zungenorchis Tab. 89 (5.322) – 772-392-G
Hippocrepis comosa L. = Hufeisenklee Tab. 42, 89; S. *645* (5.32) – 752-372-H, C
Hippophaë rhamnoides L. = Sanddorn S. 95, *351, 354*, 503 (8.412) – 956-482-N
Hippuris vulgaris L. = Tannenwedel Tab. 50, 51, 53 (1.411) – 7××-1185-A
Holcus lanatus L. = Wolliges Honiggras Tab. 50, 110, 112, 117, 126; S. *717*, 735, *745, 746, 751* (5.4) – 753-6×4-H
- *mollis* L. = Weiches H. Tab. 10, 20, 33; S. 96, 97, *182*, 252, 260, *261*, 327 (8.3) – 652-523-G, H
Holosteum umbellatum L. = Dolden-Spurre (5.2) – 865-3×?-T
Homalothecium sericeum (Hedw.) B.S.G. = Krummbüchsenmoos S. 660
Homogyne alpina (L.) Cass. = Gemeiner Alpenlattich Tab. 13, 35, 37, 41, 42; S. *108* (7.2) – 642-64×-H
Honkenya peploides L. = Salzmiere Tab. 68; S. 496, *496, 793* (2.912) – 9××-677 II-G, H
Hordelymus europaeus (L.) Harz = Waldgerste Tab. 2, 6, 10, 11, 14; S. *91, 230* (8.431) – 354-576-H
Hordeum distichon L. = Zweizeilige Gerste Tab. 50
- *murinum* L. = Mäuse-G. Tab. 124; S. 803 (3.31) – 87×-4×5-T
- *secalinum* Schreb. = Roggen-G. Tab. 118 (5.423) – 862-6×5 II-H
Hornungia petraea (L.) Rchb. = Zwerg-Steppenkresse (5.121) – 872-291-T
Hottonia palustris L. = Wasserfeder Tab. 49 (1.212) – 765-1154-A
Humulus lupulus L. = Hopfen Tab. 45, 46, 109; S. *91, 95* – 763-868-H li
Huperzia selago (L.) Bernh. ex Schrank et Mart. = Tannen-Teufelsklaue Tab. 10, 13, 37, 41, 84; S. 558, 699 (7.2) – 433-635-C
Hutschinsia alpina (Torn.) R. Br. = Alpen-Gemskresse Tab. 78, 82; S. 350 (4.41) – 8×2-69?-C
Hydrocharis morsus-ranae L. = Froschbiß Tab. 49; S. *384*, 398, 402, *402* (1.113) – 764-1165-A
Hydrocotyle vulgaris L. = Wassernabel Tab. 2, 10, 112; S. 503 (1.61) – 762-922-H
Hygramblystegium irriguum (Wils.) Loeske = Wasser-Stumpfdeckelmoos S. 417
Hylocomium splendens (Hedw.) Br. eur. = Hainmoos Tab. 10, 14, 33, 35, 37; S. 137, 140, 169, *278*, 291, 504, 697
- *umbratum* (Ehrh.) Br. eur. Tab. 35; S. 278
Hyoscyamus niger L. = Schwarzes Bilsenkraut (3.321) – 86×-479-T, H

Hypericum elodes L. = Sumpf-Johanniskraut (1.312) – 861-92?-H
- *hirsutum* L. = Behaartes J. Tab. 45 (6.211) – 754-587-H
- *humifusum* L. = Liegendes J. Tab. 122 (3.111) – 7×2-733-C, T
- *maculatum* Cr. = Geflecktes J. Tab. 118, 126; S. 746, 748 (5.112) – 8×3-632-H ↘
- *montanum* L. = Berg-J. Tab. 2, 10, 32 (8.4) – 564-463-H
- *perforatum* L. = Tüpfel-J. Tab. 98, 112, 126; S. 722, 748 – 7×5-4××
- *pulchrum* L. = Schönes J. Tab. 33; S. 167 (8.3) – 462-532-H
- *tetrapterum* Fries = Flügel-J. (5.412) – 752-875-H

Hypnum cupressiforme L. = Schlafmoos Tab. 10, 14, 33, 35, 37, 98; S. 255, *273*, 274, 504, 594, 612, 673, 694
- *ericetorum* Tab. 58; S. *450*, 675

Hypochoeris glabra L. = Kahles Ferkelkraut Tab. 71; S. 512 (5.222) – 972-321-T
- *radicata* L. = Gemeines F. Tab. 2, 68, 71, 98, 112, 118; S. 513, 666, 743 – 853-543-H
- *uniflora* Vill. = Einköpfiges F. (5.111) – 834-452-H

Hypogymnia physodes (L.) Nyl. (= *Parmelia*) = Schüsselflechte Tab. 58; S. 609, 683

Ilex aquifolium L. = Stechpalme Tab. 14, 26, Ü3, 35, 109; S. *91*, *95*, 113, 252, 258–452 – 545-P

Illecebrum verticillatum L. = Knorpelblume Tab. 122 (3.111) – 872-722-T

Impatiens glandulifera Royle = Drüsiges Springkraut S. 371 (3.521) – 572-877-T
- *noli-tangere* L. = Großes S. Tab. 10, 26, 45, 46; S. *91*, *96*, *128*, 153 f., *153*, 198, 203, *230*, 234, *235*, *236*, *237*, 354, *363*, 774 (8.43) – 455-776-T
- *parviflora* D.C. = Kleinblütiges S. Tab. 10, 45 (3.522) – 465-5×6-T

Inula britannica L. = Wiesen-Alant Tab. 112 (3.72) – 865-785 I-H
- *conyza* D. C. = Dürrwurz Tab. 32 (6.1) – 662-473-H
- *hirta* L. = Rauhhaariger Atlant (6.112) – 666-383-H
- *salicina* L. = Weidenblättriger A. Tab. 112 (5.411) – 755-×92-H
- *spiraeifolia* = Spiräenblättriger A. (5.312) – 876-39?-H

Iris pseudacorus L. = Sumpf-Schwertlilie Tab. 10, 45, 46, 51, 112; S. 408 (1.4) – 7×3-10×7-A, G
- *sibirica* L. = Sibirische S. S. 757 (5.411) – 865-882-G

Isoëtes echinospora Durieu = Stachelspóriges Brachsenkraut S. 396 (1.313) –733-1231-A
- *lacustris* L. = Sumpf-B. S. 396 (1.3) – 742-1231-A

Isolepis setacea (L.) R. Br. = Borstige Schuppensimse Tab. 122; S. 796 (3.111) – 652-853-T, H

Isopterggium elegans (Brid.) Lindb. = Mausschwanzmoos Tab. 14

Isothecium viviparum (N.) Lindb. = Gleichbüchsenmoos Tab. 10

Jasione montana L. = Berg-Sandglöckchen Tab. 68, 71, 98; S. 513 (5.23) – 753-332-H

Juncus acutiflorus Ehrh. ex Hoffm. = Spitzblütige Binse S. 756, 766 (5.414) – 952-853-G, H
- *alpino-articulatus* Chaix = Alpen-B. Tab. 79; S. 392, 586 (1.6) – 8×6-982-H
- *articulatus* L. = Glanzfrüchtige Binse Tab. 110, 117, 121; S. *339*, *392*, *484* – 8×3-8×2-H
- *atratus* Krock. = Schwarzblütige B. S. 756 (5.413) – 868-985-H
- *balticus* Willd. = Baltische B. S. 504 (1.72) – 842-821-G
- *bufonius* L. = Kröten-B. Tab. 121, 122; S. 795, 796, 828, 829 (3.111.1) – 7××-73×-T
- *bulbosus* L. = Zwiebel-B. *393* (1.3)
- *compressus* Jacq. = Platthalm-B. (3.72) – 853-775 I-G
- *conglomeratus* L. = Knäuel-B.: S. 708 (5.41) – 853-74×-H
- *effusus* L. = Flatter-B. Tab. 10, 20, 46, 112, 117, 118; S. 686, 759 (5.41) – 853-734-H
- *filiformis* L. = Faden-B. S. 568 (5.415) – 745-843-G, H
- *gerardii* Lois. = Salz-B. Tab. 62, 118; S. 480, 488, 659 (2.612) – 8×7-7×5 II-G
- *inflexus* L. = Graugrüne B. Tab. 50, S. 793 (3.72) – 853-784 I-H
- *jacquinii* L. = Jacquin's B. Tab. 75 (4.6) – 824-52?-H
- *squarrosus* L. = Sparrige B. S. 667, 679 – 8×2-811-H
- *subnodulosus* Schr. = Stumpfblütige B. Tab. 112; S. 756 (5.415) – 862-89× I-G
- *tenageia* Ehrh. = Sand-B. Tab. 112 (3.1) – 872-734-T
- *tenuis* Willd. = Zarte B. Tab. 120; S. 791 (3.71) – 653-655-H
- *trifidus* L. = Dreispaltige B. Tab. 41, 75; S. 552 – 823-431-H
- *triglumis* L. Dreiblütige B. Tab. 79 (1.6) – 827-982-H

Juniperus communis L. = Wacholder Tab. 6, 32, 33, 42, 98, 109; S. 41, 43, 94, 95, *331*, 640, 676 – 8×× -4×× -N
– – ssp. *alpina* (Neilr.) Čelak. = *J. nana*

Verzeichnis der erwähnten Arten 935

Willd. = Zwerg-W. Tab. 41, 42; S. 555f., 606 (7.212.4) – 927-472-Z
Jurinea cyanoides (L.) Rchb. = Sand-Silberscharte (5.231) – 776-272-H

Kernera saxatilis (l.) Rchb. = Kugelschötchen Tab. 85; S. 593, 594, 595 (4.211) – 9×2-392-C
Kiaeria falcata (Hedw.) Hagen = Gabelzahnmoos S. 563
– *starkei* (W. et M.) Hagen (4.51)
Kickxia elatine (L.) Dum. = Echtes Tännelkraut (3.41) – 762-473-T
– *spuria* (L.) Dum. = Unechtes T. (3.41) – 772-473-T
Knautia arvensis (L.) Coult. = Acker-Witwenblume Tab. 2, 89, 92, 110; S. *623*, 722, 722 (5.421) – 753-4×3-H
– *dipsacifolia* Kreutz. = Wald-W. Tab. 13, 35, 37, 42 – ×34-6×6-H
Kochia laniflora (S.G. Gmel.) Borb. = Sand-Radmelde Tab. 124 (3.31) – 987-283-T
Koeleria arenaria Dum. = Sand-Schillergras (5.223) – 941-473-H
– *glauca* (Schk.) D.C. = Blaugrünes S. Tab. 68 (5.231) – 777-372-H
– *hirsuta* (D.C.) Gaud. = Behaartes S. Tab. 75 (4.6) – 937-432-H
– *macrantha* (Ledeb.) Spreng. = *K. gracilis* Pers. = Zierliches S. Tab. 89; S. *643* (5.3) – 767-382-H
– *pyramidata* (Lamk.) P.B. = Großes S. Tab. 89, 110, 112; S. 651 (5.32) – 664-472-H
– *vallesiana* (All.) Bertol. = Walliser S. Tab. 89 (5.321) – 985-19?-H

Lactarius rufus Scop. = Rotbrauner Milchling S. 675
Lactuca perennis L. = Blauer Lattich Tab. 89 (5.3) – 964-282-H
– *quercina* L. = Eichen-L. (8.42) – 575-483-H
– *serriola* Torn. = Kompaß-L. Tab. 124, 130; S. 803-977-4×4-H, T
– *viminea* (L.) J. et C. Presl. = Ruten-L. (6.1) – 675-37?-H
Lamiastrum galeobdolon (L.) Ehrend. u. Polatschek s.str. = Goldnessel Tab. 2, 6, 10, 11, 13, 14, 17, 26, 35; S. *91*, 99, *108*, 121, 148, 151, 277, 717 (8.43) – 354-575-C
Lamium album L. = Weiße Taubnessel Tab. 124; S. 810, *810* (3.511) – 7×3-5×9-H
– *amplexicaule* L. = Stengelumfassende T. Tab. 127; S. 820 (3.29) – 665-477-T
– *maculatum* L. = Geflecktes T. Tab. 10, 45, 46; S. *91*, *234* (3.52) – 4×4-678-H
– *purpureum* L. = Rote T. Tab. 125, 126, 127; S. 820 (3.33) – 7×3-57×-T, H
Lappula deflexa (Wahl.) Garcke = Herabgebogener Igelsame Tab. 124 (3.31) – 837-4×8-H, T
– *squarrosa* (Retz.) Dum. = Sparriger I. Tab. 124 (3.31) – 8×6-476-H, T
Lapsana communis L. = Rainkohl Tab. 20, 26, 125; S. 803 (3.522) – 5×3-5×7-H, T
Larix decidua Mill. = *L. europaea* Lam et D.C. = Europäische Lärche Tab. 8, 9, 14, 20, 35, 37, 41, 42, 84; S. *93*, *108*, 266, 269, 299, 304f., *575*, 712 (7.212) – 8×6-4×3-P
Laserpitium halleri Crtz. = Hallers Laserkraut Tab. 75 (4.6) – 837-432-H
– *krapfii* ssp. *gaudinii* (Moretti) Thell. = Krapfs L. Tab. 42 – 637-452-H
– *latifolium* L. = Breitblättriges L. S. 367 (6.1) – 7×2-×74-H
– *prutenicum* L. = Preussisches L. (5.411) – 765-772-H
Lathraea squamaria L. = Schuppenwurz Tab. 2 (8.4) – 353-676-G vp
Lathyrus aphaca L. = Ranken-Platterbse (3.41) – 663-3××-T li
– *heterophyllus* L. = Verschiedenblättrige P. (6.112) – 774-482-H
– *hirsutus* L. = Rauhhaarige P. (3.4) – 764-47×-T li
– *laevigatus* (W. u. K.) Gren = Gelbe P. S. 550 (4.712) – 834-584-G li
– *latifolius* L. = Breitblättrige Platterbse Tab. 32 (6.1) – 784-393-H li
– *linifolius* (Reichard) Bässl. = *L. montanus* Bernh. = Berg-P. Tab. 2, 10; S. 167, 257, 625, *746*, 748 (8.3) – 784-393-H li
– *maritimus* (L.) Big. = Strand-P. Tab. 68; S. 497, 499 (2.911) – 8×4-47× I-H li
– *niger* (L.) Bernh. = Schwarzwerdende P. Tab. 32 (8.42) – 564-3×3-G, H
– *palustris* L. = Sumpf-P. S. 760 (5.41) – 8××-883-H li
– *pratensis* L. = Wiesen-P. Tab. 42, 45, 110, 112; S. 625, *717*, 722, 722, 774 (5.4) – 75×-676-H li
– *sylvestris* L. = Wald-P. (6.1) – 764-482-H
– *tuberosus* L. = Knollen-P. S. 825 (3.41) – 766-484-G, H li
– *vernus* (L.) Bernh. = Frühlings-P. Tab. 2, 10, 11, 14, 26, 32, 45; S. 121, 365 (8.43) – 4×4-47×-G, H
Lecania nylanderiana Mass. = Beckenflechte Tab. 86
Lecanora atra (Huds.) Ach. = Kuchenflechte Tab. 86
– *badia* (Pers.) Ach. Tab. 86
– *campestris* (Schaer) Hue. Tab. 86
– *dispersa* (Pers.) Flk. Tab. 86
– *intricata* (Schrad.) Ach. Tab. 86
– *polytropa* Ehrb. Tab. 86
– *varia* auct. S. 611, *612*
Lecidea armeniaca (D.C.) Fr. = Schwarznapfflechte Tab. 86

- *cyanea* (Ach.) Frl. Tab. 86
- *distans* Krmplh. Tab. 86
- *nigrita* Schaer Tab. 86
- *pantherina* (Ach.) T. Fr. Tab. 86
- *soredizoides* S. 417

Ledum palustre L. = Porst Tab. 10, 58; S. 378, 452, 455, 456, 464, (7.212.2) – 5×7-922-Z

Leersia oryzoides(L.) Sw. = Reisquecke Tab. 123 (3.211) – 853-10×8-A, H

Legousia hybrida (L.) Del. = Kleiner Frauenspiegel S. 825 (3.41) – 782-4×?-T
- *speculum-veneris* (L.) Fisch. = Gemeiner F. S. 825 (3.41) – 774-483-T

Lembotropis nigricans (L.) Griseb. = Schwärzender Geissklee S. 95 – 665-4×?-N

Lemna gibba L. = Büschel-Wasserlinse Tab. 49 S. 401, *401*, 420 (1.111) – 763 -1178-A
- *minor* L. = Kleine W. Tab. 49; S. *339*, 400, 401, *401, 402*, 420 – 7×3-11××-A
- *trisulca* L. = Dreifurchige W. Tab. 49; S. 402 (1.112) – 8×3-1276-A

Leontodon autumnalis L. = Herbst-Löwenzahn Tab. 118, 120; S. *480, 486*, 746, 766, 789, 793 (5.423) – 7×3-5×5 I-H
- *helveticus* Mér. = Pyrenaeen-L. Tab. 75; S. 551, 553 (5.111) – 824-533-H
- *hispidus* L. = Rauher L. Tab. 42, 82f., 89, 112, 118; S. 514, *555*, 666, 722, 746, 787, 788 – 8×3-4×3-H
- *incanus* (L.) Schr. = Grauer L. Tab. 42; S. 367 – 8×4-29?-H
- *montanus* Lam. = Alpen-L. Tab. 82; S. 576 (4.411) – 814-593-H
- *saxatilis* Lam. = Stein-L. Tab. 112 S. 501, 666, 743 – 872-6×? I-H

Leontopodium alpinum Cass. = Edelweiß Tab. 75 S. 518, 546 (4.711) – 825-483-H

Leonurus cardiaca L. = Löwenschwanz Tab. 124; S. 803, *809*, 811 (3.511) – 886-589-H

Lepidium crassifolium W. u. K. = Fettblättrige Kresse Tab. 66; S. 490
- *densiflorum* Schrad. = Dichtblütige K. Tab. 124 S. 805 (3.31) – 8×7-3×4-T, H
- *graminifolium* L. = Grasblättrige K. Tab. 124 (3.31) – 883-3×3-H
- *ruderale* L. = Schutt-Kresse (3.71) – 9×7-4×6-T, H
- *virginicum* L. = Virginische K. Tab. 124 (3.31) – 66×-4×?-T, H

Lepidozia reptans = Schuppenzweigmoos Tab. 14

Leucanthemum atratum (Jacq.) D.C. = Schwarzrand-Margerite Tab. 82 (4.411) – 824-592-H
- *maximum* (Ramond) D.C. = Große M. Tab. 13, 42 (4.71) – 9×3-3×3-H
- *vulgare* Lam. = Wiesen-M. Tab. 89, 110, 118, 126; S. 576, 746 (5.42) – 7×3-4×3-H

Leucobryum glaucum (L.) Schpr. = Weißmoos Tab. 10, 17, 20, 33, 58; S. 169, 173, 450, 451, 460, 683, *693*

Leucojum aestivum L. = Sommer-Knotenblume S. 756
- *vernum* L. = Märzenbecher Tab. 10; S. 91, 269, 727 (8.43) – 654-778-G

Libanotis pyrenaica (L.) Bourgeain = Berg-Heilwurz (6.112)
- *sibirica* auct. = Sibirische H. S. 721

Ligusticum mutellina (L.) Cr. = Alpen-Mutterwurz Tab. 41, 354; S. 551, *562* – 724-65×-H
- *mutellinoides* (Cr.) Vill. = Zwerg.-M. S. 553 (4.72) – 816-54?-H

Ligustrum vulgare L. = Liguster Tab. 12, 14, 26, 32; S. *95*, 130, 214f. (8.412) – 763-×8×-N

Lilium martagon L. = Türkenbund-Lilie Tab. 10, 11, 13, 14, 26; S. 127 (8.43) – 5×5-475-G

Limodorum abortivum (L.) Sw. = Dingel (8.42) – ×73-48?-G s

Limonium vulgare Mill. = Gemeiner Strandflieder 481 (2.612) – 973-675 III-H

Limosella aquatica L. = Schlammkraut Tab. 122 S. 796, 797 (3.111.2) – 753-8×?-T

Linaria alpina (L.) Mill. = Alpen-Leinkraut Tab. 82, 83, 84; S. 350, 518, *584, 585*, 606f. (4.4) – 9×4-482-G, H
- *vulgaris* Mill. = Gemeines L. Tab. 124, 126; S. *480* (3.3) – 855-373-G, H

Lindernia procumbens (Krocker) Borbás = Liegendes Büchsenkraut S. 796, 798 (3.111.2) – 975-8×7-T

Linnaea borealis L. = Erdglöckchen Tab. 37, 41; S. 322, 692 (7.2) – 5×5-522-Z

Linum catharticum L. = Purgier-Lein Tab. 89, 112 – 7×3-××1-T
- *tenuifolium* L. = Schmalblättriger L. Tab. 89 (5.32) – 984-392-H, C
- *viscosum* L. = Klebriger L. S. 367 (5.32) – 7×4-48?-H

Liparis loeselii (L.) L. C. Richard = Sumpf-Glanzkraut (1.621) – 764-992-G, H

Listera cordata (L.) R. Br. = Kleines Zweiblatt Tab. 35, 37; S. 699 (7.2) – 3×3-722-G
- *ovata* (L.) R. Br. = Großes Z. Tab. 10, 26; S. 640 – ××3-677-G

Littorella uniflora (L.) Asch. = *L. lacustris* L. = Strandling S. 392, *393*, 396 (1.3) – 7×2-10×2 I-A, H

Lobelia dortmanna L. = Lobelie S. 396 (1.313) – 742-1021-A

Loiseleuria procumbens (L.) Desv. = Alpenheide Tab. 41, 72, 75, 77, S. *552*, 555 ff., *556*, 559 (7.212.4) – 923-521-Z

Lolium multiflorum Lam. = Italienisches

Raygras Tab. 50, 110; S. 195, 662, 745 – 773-4××-H, T
– *perenne* L. = Weidelgras, Englisches R. Tab. 110, 118, 120; S. 717, 734, 768, 769, 782, 783 *ff*., 788, 791 (5.423) – 853-5×7-H
– *temulentum* L. = Taumel-Lolch Tab. 125 (3.4) – 773-48×-T
Lonicera alpigena L. = Alpen-Heckenkirsche Tab. 13, 35; S. 124, 145 (8.43) – 344-687-N
– *caerulea* L. = Blaue H. Tab. 37, 41 (7.2) – 5×7-822-N
– *etrusca* Santi = Etrurische H. S. 248 – 79?-3×?-N
– *nigra* L. = Schwarze H. Tab. 13, 35, 37, 41; S. 124, 145 – 334-55×-N
– *periclymenum* L. = Wald-H. Tab. 14, 26, 33; S. 95, 167, 215, 258, 364, 715 (8.3) – 652×34-N li
– *xylosteum* L. = Rote H. Tab. 6, 11, 12, 14, 26, 32, 35, 37, 109; S. 91, 94, 95, 121, 215 (8.4) – 554-57×-N
Lophochloa cristata (L.) Hyl. = Kamm-Schillergras (5.3) – 754-382-H
Lophocolea heterophylla (Lebermoos) S. 172
Lophodermium pinastri = Kiefernschüttepilz S. 703
Lophozia (= *Barbilophozia*) *cristata* = Bartspitzmoos S. 626
– *incisa* S. 172
– *lycopodioides* (Wallr.) Loeske Tab. 37, 41
– *ventricosa* Tab. 58
Lotus corniculatus L. = Gemeiner Hornklee Tab. 42, 62, 83f., 89, 92, 98, 110, 112, 118; S. 480, 627, 647, 648, 717, 722, 746 – 7×3-473 I-H
– *tenuis* W. et K. = Schmalblatt-H. (2.612) – 763-782 II-H
– *uliginosus* Schk. = Sumpf-H. Tab. 110, 112, 118; S. 751, 766 – 752-844-H
Lunaria rediviva L. = Silberblatt Tab. 2, 10; S. 199f. (8.431.4) – 454-678-H
Luronium natans (L.) Rafin = Schwimmendes Froschkraut (1.314) – 861-1053-A
Luzula alpino-pilosa (Chaix) Breistr. = *L. spadicea* (All.) D.C. = Braunblütige Hainsimse Tab. 75, 78; S. 553 (4.51) – 72×-743-H
– *campestris* (L.) D.C. = Feld-H. Tab. 68, 98, 110, 118; S. 666, 684, 717, 739, 746, 781 (5.1) – 7×3-432-H
– *desvauxii* Kunth = Desvaux-H. (4.51) – 744-64?-H
– *forsteri* (Sm.) D.C. = Forsters H. S. 258 – 462-4×?-H
– *luzulina* (Vill.) D.T. = Gelbliche H. Tab. 13, 37, 41; S. 279, 310 (7.212) – 334-4×2-H
– *luzuloides* (Lam.) Dandy u. Wilm. = Schmalblättrige H. Tab. 2, 10, 14, 17, 20, 37, 130; S. 97, 97, 108, 113, 152, 160, 162, 163, 167, 167, 172, 182, 187, 219, 257, 357, 746 (8.431.1) – 4×4-×34-H
– *multiflora* (Ehrh. u. Retz) Lej. = Vielblütige H. Tab. 33, 112; S. 766 – 7××-653-H
– *nivea* (L.) D.C. = Schneeweiße H. Tab. 35, 37; S. 167, 257 – 454-433-H
– *pilosa* (L.) Willd. = Behaarte H. Tab. 10, 14, 26, 33, 35, 37, 32; S. 91, 151, 162, 330, 331, 357, 708, 717 – 2×3-×54-H
– *spicata* (L.) Lam. et D.C. = Ähren-H. Tab. 83, 87; S. 605 (4.6) – 823-441-H
– *sylvatica* (Huds.) Gaud. = Wald-H. Tab. 2, 10, 13, 14, 17, 35; S. 137, 167, 277, 310 – 442-625-H
– – ssp. *sieberi* (Tausch) Buch. = Siebers H. Tab. 37, 41, 42, 84 (7.212) – 332-523-H
Lychnis flos-cuculi L. = Kuckucks-Lichtnelke Tab. 110, 117, 118; S. 739, 743, 746, 751 (5.41) – 753-6××-H
Lycopodiella inundata (L.) Holub = Moorbärlapp S. 449, 668 (1.611) – 842-932-C
Lycopodium annotinum L. = Sprossender Bärlapp Tab. 10, 13, 35, 37, 41; S. 310, 378 (7.2) – 343-633-C
– *clavatum* L. = Kolben-B. Tab. 33; S. 694 (5.121) – ×43-422-C
Lycopus europaeus L. = Gemeiner Wolfstrapp Tab. 10, 45, 46, 112; S. 375, 415 – 765-9×7-H, A
Lysimachia nemorum L. = Wald-Gilbweiderich Tab. 2, 10, 13, 14, 35, 37; S. 151, 153 – 252-777-C
– *nummularia* L. = Pfennigkraut Tab. 2, 26, 45, 110, 117, 118; S. 417, 734, 746 – 464-6××-C
– *thyrsiflora* L. = Straußblütiger Gilbweiderich Tab. 46, 51 (1.413.1) – 7×7-9×3-H, A
– *vulgaris* L. = Gemeiner G. Tab. 10, 45, 46, 112; S. 773 (5.41) – 6××-8××-H
Lythrum hyssopifolia L. = Ysopblättriger Weiderich Tab. 122 (3.1) – 875-733 I-T
– *salicaria* L. = Blut-W. Tab. 10, 45, 46, 110, 112; S. 415, 737 (5.412) – 755-87×-H

Majanthemum bifolium (L.) F.W. Schm. = Schattenblume Tab. 14, 20, 26, 33, 35, 37; S. 155, 277, 331, 357 – 3×6-×33-G
Malus sylvestris Mill. = Holzapfel Tab. 9, 32, 109; S. 361 (8.4) – 753-575-P
Malva alcea L. = Sigmarskraut Tab. 124 (3.511) – 864-588-H
– *moschata* L. = Moschus-Malve (3.421) – 763-47×-H
– *neglecta* Wallr. = Weg-M. Tab. 124; S. 803, 810 (3.31) – 767-5×9-T, H
– *pusilla* Sm. = Kleinblütige M. (3.71) – 887-4×5 I-T, H

- *sylvestris* L. = Wilde M. Tab. 124 (3.31) – 683-4×8-H
- *Marrubium vulgare* L. = Gemeiner Andorn Tab. 124 (3.32) – 985-388-C, H
- *Marsilea quadrifolia* L. = Kleefarn Tab. 122; S. 798 (3.111) – 785-10×7-A
- *Matricaria chamomilla* L. = Echte Kamille Tab. 125, 127, 128; S. 337, 828, 830 (3.421) – 755-655-T
- – *discoidea* L. = Strahlenlose K. Tab. 120, 121, 130; S. 788, 805 (3.71) – 853-578-T
- *Matteuccia struthiopteris* (L.) Tod = Straußenfarn (8.433) – 554-777-H
- *Medicago falcata* L. = Sichelklee Tab. 89 (6.112) – 857-393-H
- – *lupulina* L. = Hopfenklee Tab. 50, 89, 110 – 75×-48×-T, H
- – *minima* (L.) Grufb. = Zwerg-Schneckenklee Tab. 89 (5.21) – 973-381-T
- – *sativa* L. = Saat-Luzerne S. 648
- *Melampyrum arvense* L. = Acker-Wachtelweizen S. 825 (3.41) – 765-383-Thp
- – *cristatum* L. = Kamm-W. (6.112) – 675-×83-Thp
- – *nemorosum* L. = Hain-W. Tab. 10, 45; S. 717, 722 (8.432) – 564-464-Thp
- – *pratense* L. = Wiesen-W. Tab. 10, 17, 32, 33, 37, 42; S. 167, 249, 255, 260 – ××3-×33-Thp
- – *sylvaticum* L. = Wald-W. Tab. 13, 35, 37, 41, 42, 84; S. 278, 279 (7.2) – 4×5-522-Thp
- *Melica ciliata* L. = Wimper-Perlgras Tab. 89 (5.213) – 874-272-H
- – *nutans* L. = Nickendes P. Tab. 10, 11, 12, 13, 14, 26, 32, 33, 35, 37, 109; S. 121, 291, 328 (8.4) – 4×3-473-G, H
- – *ovata* L. = Eiförmiges P. (8.42) – 574-475-H, C
- – *picta* C. Koch = Buntes P. (8.4)
- – *transsilvanica* Schur = Siebenbürgisches P. Tab. 89 (5.3) – 884-261-H
- – *uniflora* Retz. = Einblütiges P. Tab. 2, 10, 14, 20, 26, 32; S. 91, 96, 97, 117, 124, 151, 215, 223, *230*, (8.43) – 352-56×-G, H
- *Melilotus alba* Med. = Weißer Steinklee Tab. 124; S. 803 (3.322) – 966-373-H, T
- – *altissima* Thuill. = Hoher S. (3.521) – 865-77× I-H, T
- – *officinalis* (L.) Lam.em. Thuill. = Echter S. Tab. 124; S. *337*, 803 (3.322) – 856-38×-H
- *Melittis melissophyllum* L. = Immenblatt Tab. 2, 10, 14, 32 (8.42) – 562-473-H
- *Mentha aquatica* L. = Wasser-Minze Tab. 45, 46, 53 f. *submersa*, 112, 117; S. 766 – 753-974-H, A
- – *arvensis* L. = Acker-M. Tab. 125, 127; S. 759, 827 – ×××-8××-G, H
- – *longifolia* (L.) Huds. = Ross-M. S. 792, 793 (3.72) – 754-888-H
- – *pulegium* L. = Polei-M. S. 792, 793 (3.72) – 873-7×× I-H
- *Menyanthes trifoliata* L. = Fieberklee Tab. 79; S. 409, *432*, 447 (1.6) – 8××-9×2-A, G
- *Mercurialis annua* L. = Einjähriges Bingelkraut S. 820, *822* (3.33) – 773-478-T
- – *perennis* L. = Wald-B. Tab. 2, 6, 10, 11, 13, 14, 26, 109; S. 32, *91*, 97, *97*, 117, *118*, 121, 123, 151, *182*, 184, *200*, *219*, 230, 365 (8.43) – 253-×77-G, H
- *Mespilus germanica* L. = Deutsche Mispel (8.41) – 586-4××-P
- *Meum athamanticum* Jacq. = Bärwurz S. *746*, *748* (5.112) – 842-433-H
- *Micropus erectus* L. = Aufrechte Falzblume Tab. 89 (5.212) – 99?-19?-T
- *Milium effusum* L. = Flattergras (Waldhirse) Tab. 10, 14, 17, 20, 26, 45, 81, 96; S. *91*, *96*, *148*, 151, *161*, 162, *182*, 230, 363 (8.43) – 4×3-555-H
- *Mimulus guttatus* Fisch. ex DC. = Gelbe Gauklerblume (3.72) – 7×3-9×7-H, A
- *Minuartia cherlerioides* (Hoppe) Becherer = Polster-Miere Tab. 85 (4.221) – 814-382-C
- – *recurva* (All.) Sch. et Th. = Krummblättrige M. Tab. 75 (4.6) – 817-431-C
- – *rupestris* (Scop.) Sch. et Th. = Felsen-M. Tab. 85 (4.21) – 814-282-C
- – *sedoides* (L.) Hiern = Zwerg-M. Tab. 75; S. 602, 605 (4.6) – 912-4×1-C
- – *setacea* (Thuill.) Hayek = Borsten-M. (5.31) – 976-27?-C
- – *verna* (L.) Hiern = Frühlings-M.; S. 606, *660*, 660f. (5.321) – 965-2×1 B-C
- *Misopates orontium* (L.) Rafin = Feldlöwenmaul (3.33) – 773-555-T
- *Mnium affine* Bland. = Sternmoos Tab. 10, 35
- – *hornum* L. Tab. 14
- – *punctatum* Hedw. Tab. 14, 80
- – *undulatum* (L.) Hedw. Tab. 46; S. 198
- – *rostratum* Schrad. Tab. 10, 33
- – *spinosum* (Voit) Schw. Tab. 35, 37
- – *undulatum* (L.) Hedw. Tab. 10, 14
- *Moehringia ciliata* (Scop.) D.T. = Gewimperte Nabelmiere Tab. 82 (4.411) – 9×4-572-H
- – *muscosa* L. = Moos-N. Tab. 13, 85 (4.212) – 532-792-H
- – *trinervia* (L.) Clairv. = Dreinervige N. Tab. 10, 14, 17, 20, 26, 45, 46; S. 162, 331, 708 (8.4) – 453-567-H, N
- *Moerckia blyttii* (Moerch) Brock. Tab. 78
- *Molinia arundinacea* = Hohes Pfeifgras S. 261, 325, 365, *367*, 641, 690, 771 – 753-××Δ-H
- – *caerulea* (L.) Moench = Gemeines P. Tab. 10, 33, 57, 98, 112, 115; S. *96*, *108*, *253*, 258, *262*, 328, 330, *330*, 383, *434*, 449,

450, 459, 669, 679, 682, 694, 726, 757, 770f. – 7×3-7×2-H
Moneses uniflora (L.) A. Gray = Moosauge Tab. 37, 42; S. 327, 699f. (7.2) – 4×5-542-C, G
Monotropa hypopytis L. = Fichtenspargel Tab. 33; S. 327 (7.2) – 2×5-44?-Gs
Montia fontana L. = Bach-Quellkraut Tab. 49
– – ssp. *amporitana* Sennen Tab. 80 (1.511.1) – 842-954-T, G
– – ssp. *chondrosperma* (Fenzl) Walters Tab. 122 (3.111) – 762-834-T, A
Muscari botryoides (L.) Mill. = Kleine Träubelhyazinthe S. 749 – 754-5××-G
– *comosum* (L.) Mill. = Schopfige T. S. 833 – 783-37?-G
– *racemosum* (L.) Mill. = Weinbergs-T. S. 833 (3.331) – 773-382-G
Mycelis muralis (L.) Dum. = Mauerlattich Tab. 2, 10, 13, 14, 17, 20, 35, 37; S. 134, 278, 708 (3.522) – 452-5×6-H
Mylia anomala (Lebermoss) Tab. 58; S. 449 (1.71)
Myosotis arvensis (L.) Hill = Acker-Vergißmeinnicht Tab. 125, 126, 127, 129, 130 – 655-5×6-T, H
– *discolor* Pers. = Buntes V. (5.22) – 772-332-T
– *palustris* (L.) Nath. = Sumpf-V. Tab. 45, 110; S. 746, 766 – 7×5-8×5-H
– *ramosissima* Rochel = Rauhes V. (5.23) – 965-2×?-T
– *rehsteineri* Wartmann = Bodensee-V. S. 392 – 964-1092-H, A
– *sylvatica* (Erh.) Hoffm. = Wald-V. Tab. 81; S. 108 (6.3) – 5×3-6×7-H
– *stricta* Lk. ex Roem. u. Schult. = Sand-V. Tab. 68, 89 (5.23) – 8×5-342-T
Myosoton aquaticum (L.) Moench = Wasserdarm Tab. 46 (3.521) – 753-8×8-G, H
Myosurus minimus L. = Mäuseschwänzchen (3.72) – 875-733-T
Myrica gale L. = Gagel; S. 95, 378, 451, 452, 464, 505 (8.22) – 852-932-Z, N
Myricaria germanica (L.) Desv. = Tamariske S. 95, 339, 350, 351 (4.44) – 8×7-883-N
Myriophyllum spec. = Tausendblatt Tab. 50; S. 416
– *alternifolium* D.C. = Wechselblütiges T. Tab. 49 (1.314) – 7×2-1233-A
– *spicatum* L. = Ähriges T. Tab. 49 S. 398 (1.2) – 5××-128× I-A
– *verticillatum* L. = Quirlblättriges T. Tab. 49; S. 398 (1.212) – 565-1267-A

Najas flexilis (Willd.) Rostk. et W. L. E. Schmidt = Biegsames Nixkraut S. 398
– *marina* L. = Grosses N. S. 398 (1.211) – 584-1276 I-A, T

– *minor* All. = Kleines N. (1.211) – 684-1284-A, T
Narcissus pseudo-narcissus L. = Gelbe Narzisse S. 727 (5.112) – 742-644-G
– *stellaris* Haw. = Stern-N. (= *N. exsertus* Haw. = Westalpen-N.) S. 749, 749
Nardus stricta L. = Borstgras Tab. 10, 83, 98, 112, 118; S. 44, 108, 182, 393, 543f., 554f., 657, 666, 689, 694, 712, 746, 747, 748, 768, 784 (5.11) – 8×3-×22-H
Narthecium ossifragum (L.) Huds. = Beinbrech Tab. 58; S. 451, 453, 464, 667, 668 (1.72) – 841-921-H
Nasturtium officinale R. Br. = Gemeine Brunnenkresse Tab. 49, 51, 53 (1.412) – 743-1177-A
Neottia nidus-avis (L.) Rich. = Nestwurz Tab. 2, 10, 11, 12, 14, 35, 37; S. 132 (8.43) – 253-575-Cs
Neslia paniculata (L.) Desv. = Finkensame S. 816 (3.41) – 655-484-T
Nicandra physalodes Gaertn. = Giftbeere Tab. 124 (3.31) – 88?-4×7-T
Nigella arrensis L. = Acker-Schwarzkümmel (3.41) – 875-393-T
Nigritella nigra (L.) Rchb. fil. = Schwarzes Kohlröschen (4.71) – 824-472-G
Nuphar lutea (L.) Sibth. u. Sm. = Gelbe Teichrose Tab. 49; S. 384, 396, 398 (1.212) – 8×4-116×-A
– *pumila* (Timm) D.C. = Zwerg-T. (1.212) – 837-1122-A
Nymphaea alba L. = Weiße Seerose Tab. 49 S. 393, 398 (1.212) – 8×3-1177-A
– *candida* J. et C. Presl. = Kleine S. (1.212) – 8×6-1145-A
Nymphoides peltata (S. G. Gmelin) O. Kunze = Seekanne (1.212) – 885-1177-A

Odontites lutea (L.) Rchb. = Gelber Zahntrost Tab. 89; S. 647 (5.3) – 775-29?-Thp
– *litoralis* (Fries) Fries = Strand-Z. Tab. 62
– *rubra* Gil. = Roter Z. Tab. 118 (5.423) – 6×3-5××-Thp
Odontoschisma sphagni (Dicks.) Dum. = Spaltzahnmoos Tab. 58; S. 449
Oenanthe aquatica (L.) Poir. = Wasserfenchel Tab. 49, 51; S. 339 (1.411) – 765-1076-A, H
– *fistulosa* L. = Röhren-Rebendolde Tab. 51 (1.413) – 772-975-H, A
– *silaifolia* MB. = Silau-R. S. 756 (5.413) – 865-875 I-H
Oenothera ammophila Focke = Sand-Nachtkerze S. 499
– *biennis* L. = Gemeine N. Tab. 124; S. 803 (3.322) – 973-3×4-H
– *parviflora* L. = Kleinblütige N. Tab. 68 (2.91) – 862-3×3 I-H, T
Olea europaea L. = Ölbaum Tab. 34; S. 269
Omphalodes scorpioides (Haenke) Schrank

940 Übersicht der Vegetationseinheiten und Arten

= Wald-Gedenkemein Tab. 45 (8.433) – 364-688-H, T
– *verna* Moench = Frühlings-G. S. 124 (8.431) – 464-57?-H
Onobrychis arenaria (Kit.) Ser. = Sand-Esparsette Tab. 89 (5.3) – 777-29?-H
– *viciaefolia* Scop. = Futter-E. Tab. 89 (5.322) – 876-383-H
Ononis natrix L. = Gelbe Hauhechel Tab. 89 (5.32) – 883-382-Z, H
– *repens* L. = Kriechende H. Tab. 2 (5.322) – 852-472-Z, H
– *spinosa* L. = Dornige H. Tab. 89, 112; S. 43, 654 (5.322) – 865-×73-Z, H
Onopordum acanthium L. = Eselsdistel S. 803, 809, 809 (3.321) – 976-478-H
Onosma arenarium W. et K. = Sand-Lotwurz (5.231) – 786-38?-H
Ophioglossum vulgatum L. = Natternzunge Tab. 112; S. 480 – 553-7×× I-G
Ophrys apifera Huds. = Bienen-Ragwurz Tab. 89; S. 630 (5.322) – 762-492-G
– *holosericea* (Burm. f.) Greut. = Hummel-R. Tab. 89; S. 630 (5.322) – 8 74-492-G
– *insectifera* L. em. L. = Fliegen-R. (5.322) – 664-493-G
– *sphecodes* Mill. = Spinnen-R. Tab. 89; S. 630 (5.322) – 884-493-G
Orchis mascula L. = Männliches Knabenkraut Tab. 2, 37; S. 640 – 7×3-483-G
– *militaris* L. = Helm-K. Tab. 89; S. 630, 640 (5.322) – 765-392-G
– *morio* L. = Kleines K. Tab. 2, 89; S. 630 – 753-473-G
– *pallens* L. = Bleiches K. S. 640 (8.431) – 454-584-G
– *purpurea* Huds. = Purpur-K.(8.42) – 574-48×-G
– *simia* Lam. = Affen-K. Tab. 89; S. 630 (5.322) – 882-38?-G
– *ustulata* L. = Brand-K. Tab. 2, 89; S. 630, 640 (5.322) – 755-4×3-G
Oreochloa disticha (Wulf.) Lk. = Zweizeiliges Kopfgras S. 552, 553, 605 (4.6) – 914-521-H
Orlaya grandiflora (L.) Hoffm. = Strahlen-Breitsame (3.41) – 762-37?-T
Origanum vulgare L. = Dost Tab. 32, 109; S. 138 (6.1) – 7×3-3×3-H, C
Ornithogalum umbellatum L. = Dolden-Milchstern Tab. 45; S. 814, 833 (5.42) – 564-575-G
Ornithopus perpusillus L. = Vogelfuß (5.222) – 752-223-T
Orobranche caryophyllacea Sm. = Nelken-Sommerwurz Tab. 2 (5.3) – 865-39?-Gvp
– *teucrii* Hollandre = Gamander-S. (5.321) – 862-29?-Gvp
Orthilia secunda (L.) House = Birngrün Tab. 33, 35, 37, 42, 84; S. 137, 376, 699 (7.2) – 4×3-5×2-C

Orthotrichum incurvum (4.51)
Osmunda regalis L. = Königsfarn Tab. 10; S. 99, 376 (8.21) – 562-855-H, G
Ostrya carpinifolia Scop. = Gemeine Hopfenbuche Tab. 9; S. 26, 264-483-4×5-P
Oxalis acetosella L. = Wald-Sauerklee Tab. 10, 11, 13, 14, 17, 20, 26, 33, 35, 37, 41, 100; S. *91, 96, 108,* 121, *160,* 162, *230, 236,* 257, 274, 291, 378, 594, 694, 708, 717 – 1×3-647-G, H
– *corniculata* L. = Horn-S. S. 820 (3.33) – 77?-4×6-T
– *fontana* Bunge = Europäischer S. (3.332) – 66×-557-G, T
Oxyria digyna (L.) Hill. = Säuerling Tab. 82, 84; S. *269, 584,* 585 (4.43) – 81×-53×-H
Oxytropis montana (L.) D. C. = Berg-Spitzkiel S. 546, 549 (4.7) – 8×4-492-H
– *pilosa* (L.) D. C. = Zottiger S. Tab. 89; S. *236* (5.31) – 977-171-H

Panicum miliaceum L. = Echte Hirse Tab. 125; S. 745
Papaver alpinum L. ssp. *sendtneri* (Kern.) Fedde = Pyrenäen-Mohn Tab. 82; (4.411) – 914-593-H
– *argemone* L. = Sand-M. S. *337* (3.41) – 572-455-T
– *dubium* L. = Saat-M. (3.421) – 663-455-T
– *rhoeas* L. = Klatsch-M. Tab. 127, 128, 130; S. *337, 821* (3.4) – 663-576-T
Parapholis strigosa (Dum.) C. E. Hubb. = Gekrümmter Dünnschwanz Tab. 62 (2.612) – 862-774 II-T
Parietaria officinalis L. = Aufrechtes Glaskraut Tab. 124 (3.51) – 484-577-H
– *judaica* L. = Ausgebreitetes G. (4.1) 572-7×7-H
Paris quadrifolia L. = Einbeere Tab. 10, 11, 13, 14, 26, 35, 45; S. *91* (8.43) – 3××-677-G
Parmelia alpicola Th. Fr. = Schüsselflechte Tab. 86
– *encausta* (Sm.) Nyl. Tab. 86
– *infumata* Nyl. Tab. 86
– *pubescens* (L.) Wain. Tab. 86
– *saxatilis* S. 417
– *stygia* (L.) Ach. Tab. 86
Parnassia palustris L. = Sumpf-Herzblatt (1.6) – 8××-872-H
Pastinaca sativa L. = Pastinak Tab. 110, 124; S. *743* (3.322) – 865-485-H
Paxillus involutus Pers. = Empfindlicher Krempling S. 675
Pedicularis aspleniifolia Floerke = Farnblättriges Läusekraut Tab. 82 (4.42) – 815-683-Hhp
– *foliosa* L. = Durchblättertes L. Tab. 75 (4.712) – 732-×82-Hhp

- *palustris* L. = Sumpf-L. Tab. 79 (1.6) – 7××-9×2-Hhp
- *rostrato-capitata* Crantz = Kopfiges L. S. 546 (4.71) – 824-593-Hhp
- *sceptrum-carolinum* L. = Karlszepter (1.6) – 847-88×-Hhp
- *sylvatica* L. = Wald-L. S. 746 (5.112) – 752-812-Hhp
- *verticillata* L. = Quirlblättriges L. Tab. 75 S. 546 (4.71) – 837-×8×-Hhp

Pellia fabbroniana S. 172

Peltigera aphthosa (L.) Willd. = Schildflechte Tab. 37, 41
- *canina* (L.) Willd. Tab. 37
- *rufescens* (Weis.) Humb. Tab. 68

Peplis portula L. = Sumpfquendel Tab. 122 (3.111) – 853-73?-T

Petasites albus (L.) Gaertn. = Weiße Pestwurz Tab. 2, 10, 35; S. *108*, 139, 146 (8.431) – 4×4-6××-G
- *hybridus* (L.) G., M. u. Sch. = P. officinalis Moench = Gemeine P. Tab. 2; S. *339*, 357 (5.412) – 752-878- G, H
- *paradoxus* (Retz.) Baumg. = Alpen-P. S. *357* (4.412) – 8×4-783-G, H

Petrorhagia prolifera (L.) Ball. u. Heyw. = Sprossendes Nelkenköpfchen (5.23) – 853-2×2-T
- *saxifraga* (L.) Lk. = Felsennelke (5.31) – 984-28?-C

Peucedanum cervaria (L.) Lap. = Hirschwurz Tab. 10, 32; S. 99, *236*, 721 (6.112) – 764-373-H
- *oreoselinum* (L.) Moench = Berg-H. Tab. 33, 89 (6.112) – 664-3×2-H
- *ostruthium* (L.) Koch = Meisterwurz Tab. 41, 81 (6.311) – 632-5×7-H
- *palustre* (L.) Moench = Sumpf-Haarstrang Tab. 16, 46, 51; S. 376, 409 (1.413) – 756-9×4-H
- *parisiense* D. C. = Pariser Hirschwurz S. 258

Phalaris arundinacea L. = Rohr-Glanzgras Tab. 10, 45, 46, 50, 51, 53, 110, 112, 117; S. *340, 392, 412, 413, 414, 415*, 417, 737, 761, 766, 773 (1.411) – 7××-877-G, H

Philonotis calcarea Schpr. = Quellmoos Tab. 80
- *fontana* (1.511.1)
- *sericea* Tab. 80 (1.511.1)

Phleum alpinum L. = Alpen-Lieschgras Tab. 83; S. 555 (5.424) – 833-5×7-H
- *arenarium* L. = Sand-L. Tab. 68 (5.23) – 863-273-T
- *bertolonii* = Bertolonis L. (5.423) – 765-4×4-H
- *hirsutum* Honck. = Rauhaariges L. Tab. 13, 75 (4.712) – 834-575-H
- *paniculatum* Huds. = Rispen-L. (3.3) – 764-484-H, T

- *phleoides* (L.) Karst. = Glanz-L. Tab. 89; S. 762 (5.3) – 857-28×-H
- *pratense* L. = Wiesen-L. Tab. 50, 110, 118, 120, 126, 130; S. 769, 782 (5.423) – 7×5-5×6-H

Phragmites australis (Cav.) Trin. u. Steud. = Schilfrohr Tab. 46, 50, 51, 112; S. 340, *384*, 402ff., 411, *412, 414, 415*, 421, 712, 766, 839 (1.4) – 75×-1075 I-G, H

Phyllitis scolopendrium (L.) Newm. = Hirschzunge Tab. 10; S. 199, 594 – 462-586-H

Physcia caesia (Hoff.) Nyl. = Schwielenflechte Tab. 86
- *tribacia* (Ach.) Lind. Tab. 86

Phyteuma betonicifolium Vill. = Betonien-Teufelskralle S. 261 – 834-521-H
- *halleri* All. = P. *ovatum* Honck. = Hallers T. S. 749
- *hemisphaericum* L. = Halbkugelige T. Tab. 41, 75 (4.6) – 824-53?-H
- *nigrum* F. W. Schmidt = Schwarze T. (5.422) – 744-654-H
- *orbiculare* L. = Kugelige T. Tab. 42, 75; S. 546, 749 (4.71) – 834-×82-H
- *ovatum* Honck. = Hallers T. (5.422) – 734-676-H
- *scheuchzeri* All. = Horn-Teufelskralle Tab. 85 (4.22) – 846-442-H
- *sieberi* Spr. = Dolomiten-T. S. 520
- *spicatum* L. = Ährige T. Tab. 2, 10, 11, 13, 14, 20, 26, 35; S. *91*, 151, *162*, 717, 722, 746 (8.43) – ××4-5×5-H
- *tenerum* R. Schulz = Zarte T. Tab. 112 (5.321) – 854-38?-H

Picea abies (L.) Karst = P. *excelsa* Lk. = Fichte Tab. 6, 8, 9, 13, 14, 17, 10, 26, 33, 34, 35, 37, 84; S. 21, 26, *80, 93, 108, 209*, 209, 213, *236, 265*, 266f., *269, 284, 292*, 294, 299, 305, 311, *328*, 367, 376, 379, 452, *693*, 703 (7.212) – 536-×××-P

Picris hieracioides L. = Gemeines Bitterkraut Tab. 124, 130; S. *648* (3.322) – 8×5-484-H

Pilularia globifera L. = Pillenfarn (1.315) – 862-1022-A

Pimpinella major (L.) Huds. = Große Bibernelle Tab. 2, 110; S. 550, 576, *717*, 722, 749 (5.422) – 7×2-677-H
- *saxifraga* L. = Kleine B. Tab. 32, 89, 92, 112, 118; S. *722*, 739, 742, 808 (5.3) – 7×5-3×2-H

Pinguicula leptoceras Rchtb. = Dünnsporniges Fettkraut Tab. 79 (1.621) – 825-981-H
- *vulgaris* L. = Gemeines F. Tab. 79; S. 569 (1.62) – 8×3-872-H

Pinus cembra L. = Arve, Zirbe Tab. 8, 9, 34, 37, 41, 42, 73, 84; S. 26, 266, 268, *269*, 299, 300f., *301, 302, 303*, 306f., *556*, *561, 575*, 703 (7.212.4) – 527-54?-P

- *mugo* Turra = Berg-Kiefer Tab. 8, 9, 42; S. *87, 95, 139,* 266, 311 ff., *311,* 313, 452, 456, *575, 575* (7.212) – 833-×× 3-P, N
- *nigra* Arnold = Schwarz-K. Tab. 8, 9, 42; S. 77, 87, *108,* 324 (7.1) – 774-292-P
- *strobus* L. = Weymouths-K. S. 263, 703
- *sylvestris* L. = Wald-K. Tab. 6, 8, 9, 14, 20, (26), 32, 33, 34, 35, 37, 42, 58, 98, 100; S. 21, 26, 77, *80, 87,* 92, *93, 108, 139, 236,* 257, *265, 266* f., 305, *311,* 316 ff., *320 f.,* 324, *328,* 330, 377, 378, 452, *455,* 456, 504, 513, 696, 703, 712- 7×7-×××-P
- – ssp. *engadinensis* Heer Tab. 37, 42; S. 291

Placodium melanophthalmum (Ram.) A. Z. = Plattenflechte Tab. 86
- *rubinum* (Vill.) Müll. Arg. Tab. 86
- *saxicolum* Kbr. Tab. 86

Plagiochila asplenioides Dum. = Schiefmundmoos Tab. 14, 35, 37

Plagiothecium denticulatum (L.) Br. eur. = Schiefbüchsenmoos Tab. 10; S. 166
- *undulatum* (L.) Br. eur. Tab. 10, 35; S. 166

Plantago alpina L. = Alpen-Wegerich Tab. 75, S. 520 (5.111) – 832-53×-H
- *atrata* Hoppe = Berg-W. (4.5)
- *coronopus* L. = Krähenfuß-W. (2.612) – 873-774 I-H
- *indica* L. = Sand-W. Tab. 124 (3.31) – 875-374-T
- *lanceolata* L. = Spitz-W. Tab. 2, 89, 110, 118, 120; S. *623, 625,* 627, 661, *722, 735* (5.4) – 6×3-×××-H
- *major* L. = Großer W. Tab. 118, 120, 121, 126, 127, 130; S. *782,* 788, 789, (3.7) – 8××-5×6 I-H
- – ssp. *intermedia* Gil. Tab. 122; S. 828, 829 (3.111) – 6××-754-H, T
- *maritima* L. = Strand-W. Tab. 62, 66; S. 478, 479, 480, 481, *486,* 490 (2.6) – 8×7-78× II-H
- *media* L. = Mittlerer W. Tab. 89, 110, 112, 118; S. 626, 627, 642, 661, *722, 739* (5.3) – 7×7-483-H

Plathanthera bifolia (L.) L. C. Richard = Zweiblatt S. 681 – 6×3-57×-G
- *chlorantha* (Cust.) Rehb. = Berg-Kukkucksblume Tab. 2; S. 640 (5.41) – 6×3-77×-G

Pleospora elynae (Rabh.) Cesati et de Notaris = Nacktried-Rost S. 552

Pleurochaete squarrosa Lindb. = Seitenfruchtmoos Tab. 89

Pleuroclada albescens (Hooker) Spr. Tab. 78

Pleurospermum austriacum (L.) Hoffm. = Österreichischer Rippensame S. 367 (6.1) – 545-684-H

Pleurozium schreberi (Willd.) Mitt. = Rotstengelmoos Tab. 10, 17, 32, 33, 35, 37, 41, 42, 58, 77, 98; S. 169, 255, 673, 675, 694

Poa alpina L. = Alpen-Rispengras Tab. 13, 75, 82 f.; S. 369, 555, 565, 585, 605, 661, (5.424) – 7×5-5×6-H
- *angustifolia* (L.) Gaud. = Schmalblättriges R. Tab. 89; S. 722 (5.3) – 75×-3×3-H
- *annua* L. = Einjähriges R. Tab. 20, 118, 120, 121, 126, 127, 128, 129, 130; S. 57, 565, *783,* 781, 788, 789, 791, 821, 828, 829, 830 (3.7) – 7×5-5×8-T, H
- *bulbosa* L. = Knolliges R. Tab. 89 (5.212) – 887-241-H
- *cenisia* All. = Mont Cenis-R. Tab. 82 (4.41) – 822-684-H, G
- *chaixii* Vill. = Wald-R. Tab. 17; S. 167, 749 – 654-534-H
- *compressa* L. = Platthalm-R. (3.6) – 9×4-292-H
- *glauca* Vahl = Blaugrünes R. Tab. 85 (4.21) – 826-482-H
- *hybrida* Gaud. = Bastard-R. Tab. 81 (6.311) – 634-6××-H
- *laxa* Haenke = Schlaffes R. Tab. 82, 83; S. 604 (4.43) – 812-53?-H
- *minor* Gaudin = Kleines R. (4.41)
- *nemoralis* L. = Hain-R. Tab. 10, 13, 14, 20, 26, 32, 45, 109; S. *91,* 216, 593, *717,* – 5×5-553-H
- *palustris* L. = Sumpf-R. Tab. 45, 51, 130; S. 407, *652,* 653, 762, 766, 769 (1.4) – 7×5-987-H
- *pratensis* L. = Wiesen-R. Tab. 110, 112, 117, 118, 120, 121, 126, 130; S. *480,* 502, *717,* 735, *743* 745, *746,* 768, *769,* 774, 776 (5.4) – 6×× -5×6-H
- *trivialis* L. = Gemeines R. Tab. 10, 45, 46, 50, 110, 118, 120, 121, 126, 130; S. *717,* 724, 729, *746,* 751, 768, 774, 784, 827 (5.4) – 6×3-7×7-H, C
- *violacea* Bell. = Violettes R. Tab. 75 (4.6) – 826-443-H

Pohlia commutata (Schpr.) Lindb. = Pohlmoos S. 563
- *drummondii* (4.51)
- *nutans* (Schr.) Lindb. Tab. 14, 17, 58 (1.71)

Polemonium caeruleum L. = Blaue Himmelsleiter (8.433) – 645-786-H

Polygala alpestris Rchb. = Alpen-Kreuzblume Tab. 75 (4.71) – 824-47?-H
- *amara* L. = Bittere K. Tab. 89 – 834-×82-H, C
- *chamaebuxus* L. = Buchsblättrige K. Tab. 35, 37, 42; S. 314, 323, 324, 547 (7.1) – 6×4-383-Z
- *comosa* Schkuhr = Schopf-K. (5.3) – 866-382-H
- *serpyllifolia* Hose = Quendel-K. S. 281 (5.11) – 842-622-H, C

– *vulgaris* L. = Gemeine K. Tab. 112, 118, S. 681, *684* (5.112) – 7×3-532-H, C
Polygonatum multiflorum (L.) All. = Vielblütiger Salomonssiegel Tab. 10, 11, 14, 26; S. *91, 151, 219, 357* (8.43) – 255-564-G
– *odoratum* (Mill.) Druce = Echter S. Tab. 10, 32, 33; S. 138, *219* (6.112) – 755-373-G
– *verticillatum* (L.) All. = Quirliger S. Tab. 13, 14, 17, 35; S. *219* – 442-545-G
Polygonum amphibium (L.) = Wasser-Knöterich Tab. 45, 49, 50; S. 389, 766, 792, 827 – 7××-11×7-A, G
– *aviculare* L.= Vogel-K. Tab. 120, 121, 125, 126, 129; S. 495, 782, 788, 789 – 7××-×××-T
– *bistorta* L. = Schlangen-K. Tab. 110; S. 746, 749, 751, *754*, 774 – 747-755-G, H
– *hydropiper* L. = Wasserpfeffer Tab. 45, 50, 123, 125, 129; S. 766, 799, *800*, 828, *829,* 829 (3.211) – 75×-848-T
– *lapathifolium* L. = Ampfer-K. Tab. 125; S. *337, 338, 339*, 802, *822* (3.212) – 664-7×8-T
– – ssp. *danubiale* Tab. 123; S. *337, 339* (3.212) – 865-7×5-T
– *minus* Huds. = Kleiner K. Tab. 123 (3.211) – 763-848-T
– *mite* Schr. = Milder K. Tab. 123 (3.2) – 763-8×6-T
– *nodosum* Pers. = Fluß-K. Tab. 50
– *persicaria* L. = Floh-K. Tab. 125, 127, 129, 130; S. 822 (3.33) – 653-3×7-T
– *viviparum* L. = Knöllchen-K. Tab. 75; S. 553, 565 – 72×-33×-H
Polypodium vulgare L. = Tüpfelfarn Tab. 13, 33, 35; S. 504, 594 – 5×3-×2×-H
Polystichum aculeatum (L.) Roth = *P. lobatum* (Huds.) Chevall. = Gelappter Schildfarn Tab. 10, 11, 13, 121, 155, 199 (8.431.4) – 362-667-H
– *braunii* (Spenner) Feé = Brauns S. (8.431.4) – 342-657-H
– *lonchitis* (L.) Roth = Lanzen-S. Tab. 13, 41 (4.412) – 623-58?-H
Polystictus perennis L. = Dauer-Porling Tab. 82; S. 675
Polytrichum alpinum L. = Haarmützenmoos Tab. 41
– *commune* L. Tab. 10, 57; S. 378
– *formosum* Hedw. Tab. 10, 14, 17, 20, 33, 35, 37, 41; S. 152, 162, *255*, *684*
– *juniperinum* Willd. Tab. 10, 17, 41, 83; S. 566, 662, 675, 696
– *piliferum* Schr. Tab. 71, 83; S. *510, 514*, 604, 605, 662
– *sexangulare* Floerke Tab. 71, 78, 83; S. 563, 605 (4.51)
– *strictum* Banks. Tab. 10, 57, 58, 83; S. *450, 451* (1.71)

Populus alba L. = Silber-Pappel Tab. 9; S. 342, 352, 355, 361 (8.433) – 587-586-P
– „*americana*" = Bastard-P. Tab. 45
– *nigra* L. = Schwarz-P. Tab. 9, 34, 45; S. 342, *343,* 352 f. (8.112) – 576-877-P
– *tremula* L. = Zitter-P. Tab. 9, 33, 42, 98; S. *93*, 252, *658, 717*, 806, 838 – 655-5××-P
Portulaca oleracea L. = Portulak S. 820 (3.3) – 783-477-T
Potamogeton alpinus Balb. = Alpen-Laichkraut Tab. 49 (1.211)
– *angustifolius* Schmalblättriges L. S. *398* (1.2) – 764-1277-A
– *coloratus* Hornem. = Gefärbtes L. Tab. 53; S. 418, 419 (1.211) – 863-1281-A
– *crispus* L. = Krauses L. Tab. 49, 53; S. *398, 417* (1.211) – 653-1276-A
– *densus* = *Groenlandia densa*
– *filiformis* Pers. = Faden-L. (1.211)
– *friesii* Rupr. = Stachelspitziges L. Tab. 49; S. *398* (1.2) – 5×5-1166-A
– *gramineus* L. = Gras-L. S. *398*
– *helveticus* = Schweizer L. S. *398* (1.213) – 7×5-1287-A
– *lucens* L. = Glänzendes L. Tab. 49; S. *398, 417* (1.211) – 6××-1278-A
– *natans* L. = Schwimmendes L. Tab. 49, 53; S. *339*, 389, 400 (1.211) – 645-1276-A
– *nitens* Web. = Glanz-L. S. 417 (1.211) – 752-1275-A
– *nodosus* Poiret = Knoten-L. S. *398, 417* (1.211) – 665-1276-A
– *obtusifolius* Mert. u. Koch = Stumpfblättriges L. Tab. 49; S. 398 (1.211) – 653-1264-A
– *pectinatus* L. = Kamm-L. Tab. 49, 53; S. *398* (1.211) – 6×5-1277 I-A
– *perfoliatus* L. = Durchwachsenes L. S. *398, 417* (1.211) – 6××-1274 I-A
– *polygonifolius* Pourr. = Knöterich-L. (1.312) – 762-1132-A
– *praelongus* Wulfen = Gestrecktes L. (1.211) – 845-1284-A
– *pusillus* L. = Kleines L. Tab. 49; S. *398* (1.211) – 655-1278-A
Potentilla alba L. = Weißes Fingerkraut Tab. 32; S. 248, *249, 625* (8.421) – 665-455-H
– *anserina* L. = Gänse-F. Tab. 112, 118, 120; S. 480, 792, 792, 827 (3.7) – 75×-6×7 I-H
– *arenaria* Borkh. = Sand-F. Tab. 89; S. 648 (5.31) – 766-181-H
– *argentea* L. = Silber-F. (5.2) – 9×3-231-H
– *aurea* Torn. = Gold-F. Tab. 41; S. 551, 553, 565 (5.111) – 824-×32-H
– *brauneana* Hoppe = Zwerg-F. Tab. 78 (4.52) – 722-795-H
– *caulescens* Torn. = Stengel-F. Tab. 85; S. 495 (4.211) – 8×4-383-H

- *clusiana* Jacq. = Tauern-F. Tab. 85 S. 520 (4.21) – 824-38?-H
- *crantzii* (Crantz) G. Beck ex Fritsch = Zottiges F. (4.71) – 923-58?-H
- *erecta* (L.) Raeusch = Aufrechtes F. Tab. 10, 33, 35, 42, 112, 118; S. 278, 666, 681, 694, 717, *746, 757* (5.1) – 6×3-××2-H
- *frigida* Vill. = Hochgebirgs-F. Tab. 87; S. 553 (4.6) – 926-421-H
- *grandiflora* L. = Großblütiges F. Tab. 75; S. 520 (4.6) – 835-342-H
- *heptaphylla* Jusl. = Dunkles Frühlings-F. Tab. 89 – 754-392-H
- *intermedia* L. = Mittleres F. Tab. 124 (3.32) – 756-375-H
- *micrantha* Ramond = Rheinisches F. (8.42) – 564-484-H
- *nivea* L. = Schnee-F. S. 549
- *palustris* (L.) Scop. = Sumpf-F., Blutauge Tab. 10, 112; S. 409, *432* (1.6) – 7××-1032-C, A
- *pusilla* Host. = Kleines F. Tab. 89 (5.31) – 864-281-H
- *reptans* L. = Kriechendes F. Tab. 118; S. *792, 792* (3.72) – 663-675-H
- *sterilis* (L.) Garcke = Erdbeer-F. Tab. 10, 11, 14, 26; S. *91,* 214, 262 (8.432) – 552-566-H
- *verna* L. = Frühlings-F. Tab. 89 – 754-272-H

Prenanthes purpurea L. = Hasenlattich Tab. 10, 11, 13, 14, 35, 37; S. *108,* 121, *155,* 236 – 444-5×5-H

Primula auricula L. = Aurikel Tab. 85; S. 593 (4.211) – 8×4-582-H
- *elatior* (L.) Grufb. = Hohe Schlüsselblume Tab. 10, 13, 14, 26, 35; S. *91, 357, 749, 757* – 6×4-677-H
- *farinosa* L. = Mehl-Primel Tab. 79 (1.621) – 8×4-892-H
- *glutinosa* Wulf. = Dunkle P. S. 565 (4.22) – 817-421-H
- *hirsuta* All. = Behaarte Schlüsselblume Tab. 85 (4.6)
- *integrifolia* L. = Ganzblättrige S. Tab. 75 (4.6) – 825-432-H
- *minima* L. = Zwerg-S. Tab. 77; S. 605 (4.6) – 824-52?-H
- *veris* L. = Duftende S. Tab. 10, 32; S. 644 (5.322) – 7×3-483-H
- *vulgaris* Huds. = Schaftlose P. S. 727 (8.43) – 652-575-H
- *rupestris* (Scop.) A. Z. = Felsen-P. Tab. 86

Protoblastenia calvi Dicks. = Triebflechte Tab. 86

Prunella grandiflora (L.) Jacq. = Großblütige Braunelle Tab. 2, 42, 89 (5.3) – 7×5-383-H
- *vulgaris* L. = Gemeine B. Tab. 110, 112, 117, 118, 130; S. 766 (5.4) – 7×3-×4×-H

Prunus avium L. = Süß-Kirsche Tab. 2, 6, 9, 12, 14, 26; S. *91,* 214 (8.43) – 454-575-P
- *fruticosa* Pall. = Zwerg-K. Tab. 109; S. 720 (8.413) – 878-38×-N
- *mahaleb* L. = Weichsel-K. Tab. 32, 109; S. *95* (8.421) – 754-382-N
- *padus* L. = Trauben-K. Tab. 9, 26, 45, 46; S. *80, 91, 93, 343,* 354 (8.433) – 5×3-876-P, N
- *spinosa* L. = Schlehe Tab. 6, 14, 32, 109; S. 43, *95,* 717, 838 (8.41) – 755-×××-N

Pseudotsuga menziesii (Mirb.) Franco = Douglasie S. *93,* 697, 701

Psora aenea Kbr. = Krätzflechte Tab. 86

Pteridium aquilinum (L.) Kuhn = Adlerfarn Tab. 10, 14, 32, 33, 42; S. 44, *96,* 162, *252, 253, 262,* 686 – 653-633-G

Ptilidium ciliare (L.) Hampe = Federchenmoos Tab. 10; S. 675, 696
- *pulcherrimum* S. 172

Ptilium crista-castrensis (L.) Not. = Straußenfedermoos Tab. 10, 33, 35, 37

Puccinellia distans (Jacq.) Parl. = Abstehender Salzschwaden Tab. 64 (2.611) – 8×6-677 II-H
- *maritima* (Huds.) Parl. = Andel Tab. 62; S. 466, 474 f., *474,* 478, *479, 480,* 495, (2.611) – 9×3-878 III-H

Pulicaria dysenterica (L.) Bernh. = Großes Flohkraut (3.72) – 863-7×5-H

Pulmonaria angustifolia L. = Schmalblättriges Lungenkraut Tab. 32 (8.421) – 564-563-H
- *obscura* Dum. = Dunkles L. Tab. 12, 14, 26; S. *234* (8.43) – 453-687-H
- *officinalis* L. = Gemeines L. Tab. 2, 10, 11, 14, 26, 45; S. 91, 151, *236* (8.43) – 565-586-H

Pulsatilla alpina (L.) Delarbre = Alpen-Küchenschelle Tab. 75 (4.71) – 872-583-H
- *apiifolia* (Scop.) Schult. = Sellerieblättrige K. Tab. 75 (5.111) – 922-53?-H
- *montana* Hoppe = Berg-K. Tab. 89 – 835-281-H
- *pratensis* (L.) Mill. = Wiesen-K. Tab. 98 (5.211) – 765-272-H
- *nigricans* (Störck) Zam. = Schwarzwerdende K. Tab. 89
- *vernalis* (L.) Mill. = Frühlings-K. Tab. 75 – 7×5-432-H
- *vulgaris* Mill. = Gemeine K. Tab. 89; S. 640 (5.32) – 765-262-H

Pyrola chlorantha Sw. = Grünblütiges Wintergrün Tab. 33, 42; S. *327,* 699 (7.211) – 555-452-H
- *media* Sw. = Mittleres W. (7.2) – 4×4-452-H
- *minor* L. = Kleines W. Tab. 84; S. 699 (7.2) – 6××-532-H, C
- *rotundifolia* L. = Rundblättriges W. Tab. 42; S. 504 (7.2) – 4×5-653-H

Pyrus communis L. = Birnbaum Tab. 9, 32 – 565-×8?-P

Quercus cerris L. = Zerreiche S. 21, 87 (8.42) – 684-4××-P
- *ilex* L. = Steineiche Tab. 9, 34; S. 21, 26, 87, 268, 269 – 492-3××-P
- *petraea* (Matt.) Liebl. = Trauben-Eiche Tab. 2, 8, 9, 12, 14, 17, 20, 26, 32, 33, 34, (50), 109; S. 26, *80, 83, 108, 175,* 207, 209, 209, *218, 253, 256,* 257 – 662-5××-P
- *pubescens* Willd. = Flaum-E. Tab. 9, 32, 34, 109; S. 21, 26, *83,* 207, 240, 245f., *245,* 248, 261, 268, 269 (8.42) – 784-37×-P
- *robur* L. = Stiel-E. Tab. 2, 6, 8, 9, 14, 26, 32, 33, 45, 46, (50), 98, 109; S. 21, 26, *80, 83, 91, 93, 108, 175,* 207, 209, 209, 213, *218, 224,* 231, *236, 284,* 327, *343, 381, 658* – 76×-×××-P

Radiola linoides Roth = Zwergflachs Tab. 122 (3.111) – 863-732-T
Ramalina strepsilis (Ach.) A. Z. = Astflechte Tab. 86
Ranunculus aconitifolius L. = Eisenhutblättriger Hahnenfuß Tab. 35; S. 138, 146, 355 – 632-857-H
- *acris* L. = Scharfer H. Tab. 20, 110, 112, 117, 118, 120, 126; S. *717, 746, 748, 751, 767, 768,* 770 (5.4) – 7×3-×××-H
- *alpestris* L. = Alpen-H. Tab. 78; S. 566 (4.52) – 91×-784-H
- *aquatilis* L. = Wasser-H. Tab. 50; S. *416* (1.212) – 752-1156-A
- *arvensis* L. = Acker-H. S. 820, 822, 824, 828 (3.4) – 663-48×-T
- *auricomus* L. coll. = Gold-H. Tab. 10, 14; S. *91, 214, 722, 743, 746* – 553-687-H
- *bulbosus* L. = Knolliger H. Tab. 2, 89, 110, 118; S. *717, 722, 737,* 742 (5.322) – 863-373-G, H
- *ficaria* L. = *Ficaria verna* Huds. = Scharbokskraut Tab. 2, 10, 14, 26, 45, 46; S. *91, 219, 355, 363, 412, 722* – 453-777-G
- *flammula* L. = Brennender H. Tab. 79, 112, 117; S. *393, 408* (1.612) – 7×3-932-H
- *fluitans* Lam. = Flutender H. Tab. 53; S. 419 (1.213) – 862-11×8-A
- *glacialis* L. = Gletscher-H. Tab. 72, 82, 87; S. 268, 269, 605, *605,* 607f., *607* (4.43) – 814-632-H
- *lanuginosus* L. = Wolliger H. Tab. 2, 26, 35; S. *91,* 146, (8.43) – 3×4-678-H
- *lingua* L. = Zungen-H. Tab. 46, 51 (1.411) – 7××-1067-H, A
- *montanus* Willd. = Berg-H. Tab. 13 (4.41) – 634-686-H
- *nemorosus* D. C. = Hain-H. Tab. 13, 35, 37 – 6×4-56×-H
- *parnassifolius* L. = Herzblättriger H. Tab. 82 (4.411) – 823-593-H

- *peltatus* Schrank = Untergetauchter H. Tab. 49 (1.212) – 663-1244-A
- *platanifolius* L. = Platanen-H. Tab. 81; S. 572 (6.3) – 544-6×7-H
- *polyanthemus* L. = Vielblütiger H. Tab. 32; S. *717, 722* – 6?5-4×?-H
- *pygmaeus* Wahlenb. = Zwerg-H. Tab. 78; S. 563 (4.51) – 813-732-H
- *pyrenaicus* L. = Pyrenäen-H. Tab. 75 (4.6) – 814-542-H
- *repens* L. = Kriechender H. Tab. 50, 110, 112, 117, 118, 120, 125; S. *724, 759, 792, 793, 800,* 814, *826, 827, 829* – 6××-7××-H
- *reptans* L. = Ufer-H. S. *392, 567* (1.311) – 83×-10×2-H, A
- *sceleratus* L. = Gift-H. Tab. 10, 45, 123; S. 801 (3.211) – 9××-979 I-T
- *serpens* L. Schlängelnder H. (8.431.4) – 433-5×7-H
- *thora* L. = Schildblättriger H. Tab. 75 (4.711) – 936-482-H
- *trichophyllus* Chaix = Haarblättriger H. Tab. 53; S. 417, 567 (1.2) – 7××-11×7-A
Raphanus raphanistrum L. = Hederich Tab. 125, 126, 127, 128; S. 822 (3.42) – 653-×45-T
Reseda lutea L. = Gelber Wau Tab. 124; S. 805 (3.5) – 763-384-H
- *luteola* L. = Färber-W. (3.32) – 873-393-H
Reynoutria japonica Houtt. = Japanischer Staudenknöterich S. 371 (3.521) – 872-856-G
Rhacomitrium canescens (Timm.) Brid. = Zackenmützenmoos Tab. 83, 84; S. 502, 585
- *lanuginosum* (Ehrh.) Brid. S. 605
Rhamnus alpinus L. = Alpen-Kreuzdorn Tab. 109 – 645-483-N
- *catharticus* L. = Echter K. Tab. 109; S. *95* (8.41) – 755-48×-N
- *pumilus* Turra = Zwerg-K. Tab. 85 (4.21) – 934-292-Z, N
- *saxatilis* Jacq. = Felsen-K. S. 95 (7.1) – 754-392-N
Rhinanthus alectorolophus (Scop.) Pollich = Zottiger Klappertopf S. 792 (5.42) – 8×2-473-Thp
Rhizocarpon alpicolum Rabh. = Tintenflechte Tab. 86
- *badioatrum* (Flk.) T. Fr. Tab. 86
- *calcareum* (Weis.) Zahlbr. Tab. 86
- *geographicum* (L.) D. C. = Landkartenflechte Tab. 86; S. 596
Rhododendron ferrugineum L. = Rostblättrige Alpenrose Tab. 41, 84; S. *236, 300f.,* 307f., 532, 556, 560f., *561,* 586, 691, (7.212.4) – 7×4-622-Z, N
- *hirsutum* L. = Behaarte A. Tab. 42; S. 691 (7.1) – 7×4-473-Z

- *intermedium* Tausch = Mittlere A. Tab. 42; S. 691 (7.212.4) – 7×4-562-Z, N
- *Rhodothamnus chamaecistus* (L.) Rchb. = Zwerg-Alpenrose S. 520 (7.1) – 634-582-Z
- *Rhynchospora alba* (L.) Vahl = Weißes Schnabelried Tab. 58; S. 447, 449, *450, 451, 453,* 464, 668 (1.611) – 8×3-932-H
- *fusca* (L.) Ait. = Braunes S. Tab. 58; S. 449 (1.611) – 8×2-912-H, G
- *Rhynchostegium rusciforme* S. 417
- *Rhytidiadelphus loreus* (L.) Warnst. = Kranzmoos Tab. 10, 35; S. 699
- *triquetrus* (L.) Warnst. = Rossfarn. Tab. 10, 35, 37, 41, 42; S. 137, 140, 376
- *Rhytidium rugosum* (Ehrh.) Kindb. = Runzelmoos Tab. 10, 42
- *Rhyzopogon virens* Fr. = Grünliche Wurzeltrüffel; S. 675
- *Ribes alpinum* L. = Alpen-Johannisbeere Tab. 32; S. 94, *95* (8.4) – 544-×8×-N
- *nigrum* L. = Schwarze J. Tab. 46; S. *95,* 375 (8.21) – 4×7-955-N
- *rubrum* L. = Rote J. Tab. 46; S. 357 (8.433) – 4×7-866-N
- *spicatum* Robs. = Rote J. S. 375 (8.433) – 4×7-877-N
- *uva-crispa* L. = R. *grossularia* L. = Stachelbeere Tab. 20; S. *91,* 94, *95* – 452-××6-N
- *Riccardia palmata* S. 172
- *pinguis* S. 172
- *Riccia fluitans* L. Tab. 49 (1.112)
- *glauca* L. Tab. 122 (3.1)
- *Ricciocarpus natans* (L.) Corda 390 Tab. 49 (1.112)
- *Robinia pseudacacia* L. = Gemeine Robinie, Falsche Akazie Tab. 26; S. *93,* 702, *841,* 841 – 574-4×8-P
- *Rorippa amphibia* (L.) Bess. = Wasser-Sumpfkresse Tab. 51, 123 (1.411) – 757-1078-A, H
- *anceps* (Wahlenb.) Rehb. = Niederliegende S. (1.413) – 764-999-H, A
- *sylvestris* (L.) Bess. = Wald-S. Tab. 2; S. *792, 793,* 827 (3.72) – 863-886-G, H
- *Rosa arvensis* Huds. = Feld-Rose Tab. 12, 14, 50; S. 130, 214 (8.432) – 552-575-N
- *canina* L. = Hunds-R. Tab. 2, 32, 109, 130; S. *95* (8.41) – 853-4××-N
- *coriifolia* Fries = Lederblättrige R. Tab. 2 (8.412) – 863-383-N
- *corymbifera* Borsch. = Hecken-R. Tab. 2, 109 (8.41) – 864-47×-N
- *obtusifolia* Desv. = Stumpfblättrige R. Tab. 2 (8.412) – 764-484-N
- *pendulina* L. = Alpen-R. Tab. 13, 35, 37, 41, 81, *145* (6.3) – 642-575-N
- *pimpinellifolia* L. = Pimpinell-R. Tab. 109 (6.112) – 855-482-N, Z
- *rubiginosa* L. = Wein-R. Tab. 2 (8.412) – 762-383-N
- *villosa* L. = Apfel-R. Tab. 2 (8.412) – 7×2-372-N
- *Rubia peregrina* L. = Färberröte Tab. 32 – 691-4×3-C
- *Rubus affinis* Weihe et Nees = Aufrechte Brombeere Tab. 109 (6.213) – 742-525-N
- *caesius* L. = Kratzbeere Tab. 10, 45, 68; S. *91, 94, 95,* 354 (3.521) – 753-779-Z, N
- *chamaemorus* L. = Moltebeere Tab. 58; S. *442,* 453 (1.71) – 837-821-Z
- *canescens* D. C. = Filz-Brombeere Tab. 109; S. 95 (8.41) – 775-4×5-N
- *fruticosus* L. = Echte B. (Sammelart) Tab. 35, 46, 98
- *hirtus* W. et K. s. lat. = Rauhhaar-B. Tab. 2, 13 (8.431) – 564-557-N
- *idaeus* L. = Himbeere Tab. 14, 17, 20, 26, 35, 46, (50); S. *91, 95,* 376, 708, 712, 713 – 7××-5×8-N, Z
- *radula* Weihe = Raspel-Brombeere. (8.41) – 762-574-N
- *rudis* Weihe et Nees = Rohe B. (6.213) – 662-567-N
- *saxatilis* L. = Steinbeere Tab. 13, 33, 37; S. 213, 376 – 4×7-5×4-Z
- *serpens* Weihe = Kriechende Brombeere S. 95 (6.213) – 642-436-Z, N
- *sprengelii* Weihe = Sprengels B. (6.213) – 752-536-N
- *sulcatus* Vest. s. lat. = Furchen-B. Tab. 2 (6.2) – 754-647-N
- *sylvaticus* Weihe et Ness = Wilde B. (6.213) – 751-536-N
- *tereticaulis* P. J. Müll. = Wald-B. Tab. 14 (8.431) – 462-556-Z, N
- *ulmifolius* Schott = Ulmenblättrige B. S. 95 – 882-587-N
- *vulgaris* Weihe et Ness = Kreuzblättrige B. Tab. 109 (8.411) – 553-536-N
- *Rumex acetosa* L. = Großer Ampfer Tab. 110, 112, 117; S. 622, *717, 722,* 751, 768 (5.4) – 8××-××5-H
- *acetosella* L. = Kleiner A. Tab. 20, 33, 68, 71, 125, 126, 128, 129; S. 502, 511, 625, 743, *813* (5.1) – 853-522-G, H
- *alpestris* Jacq. = Berg-A. Tab. 10, 81; S. 146, 749 (6.3) – 735-6×6-H
- *alpinus* L. = Alpen-A. S. *574* (3.512) – 834-679-H
- *aquaticus* L. = Wasser-A. Tab. 51 (1.411) – 7×7-878-H
- *conglomeratus* Murr. = Knäuelblütiger A. Tab. 50, 125; S. *800* – 873-7×8-H
- *crispus* L. = Krauser A. Tab. 110, 125, 126; S. *766, 792, 793,* 839 (3.7) – 753-6×5 I-H
- *hydrolapathum* Huds. = Fluß-A. Tab. 46, 51 (1.411) – 773-1077-A, H
- *maritimus* L. = Strand-Ampfer Tab. 123; S. 801 (3.211) – 877-989 I-T
- *nivalis* Hegetschw. = Schnee-A. (4.52)

- *obtusifolius* L. = Stumpfblättriger A. Tab. 2, 45, 120, 126; S. 766, 803, *810, 823,* 830, 839 (3.51)
- *sanguineus* L. = Hain-A. Tab. 2, 20, 45, 46 (8.433) – 452-877-H
- *scutatus* L. = Schild-A. Tab. 82; S. 350 (4.4) – 8×2-473-H
- *tenuifolius* = Zartblättriger A. (5.23) – 955-321-G, H
- *thyrsiflorus* Fingerh. = Rispen-A. Tab. 124 (3.322) – 8×7-375-H

Ruppia maritima L. = Salde Tab. 50 (2.2) – ×58-12?? III-A

Ruscus aculeatus L. = Stechender Mäusedorn S. 258

Russula paludosa = Sumpf-Täubling S. 699
- *rhodopoda* S. 699

Sagina apetala Ard. = Kronblattloses Mastkraut Tab. 122; S. 828 (3.111.1) – 872-645-T
- *maritima* G. Don = Strand-M. S. 481 (2.5) – 8××-7×? II-T
- *nodosa* (L.) Fenzl. = Knotiges M. Tab. 122 (3.111) – 8×3-885 I-H, C
- *procumbens* L. = Niederliegendes M. Tab. 118, 121; S. 813, 828, *829* (3.71) – 6×3-676 I-C, H
- *saginoides* (L.) D. T. = Alpen-M. Tab. 78, 83; S. 606 – 7×3-634-H, C

Sagittaria sagittifolia L. = Pfeilkraut Tab. 51; S. *415,* 416 (1.4)- – 7×4-1076-A

Salicornia dolichostachya Moos = Steifer Queller Tab. 62; S. *471,* 472 f., *472* (2.411) – 9××-977 III-T
- *europaea* L. = Gemeiner Q. Tab. (50), 63, 64; S. 466, *466,* 472, 474, 476 f., *477,* 487, 495 (2.4) – 9××-887 III-T

Salix alba L. = Silber-Weide Tab. 9, 45; S. 340, *341,* 342, 345, 352, 355, 381, *412* (8.112) – 566-887-P
- *alba* L. × *fragilis* L. = *S. rubens* S. *341,* 342, 345, 352 (8.112) –56?-866-P
- *appendiculata* Vill. = Großblättrige Weide Tab. 85, 81, 84; S. 278 (6.311) – 834-685-N, P
- *arbuscula* L. (= *waldsteiniana* Willd.) = Bäumchen-W. Tab. 81 (6.311) – 734-684-N, Z
- *aurita* L. = Ohr-W. S. *95,* 375, 839 (8.22) – 7×3-833-N
- *caprea* L. = Sal-W. Tab. 6, 20, 42, 84, 109, 130; S. *658* (6.213) – 7×3-677-N, P
- *cinerea* L. = Graue W. Tab. 46; S. *95,* 375 (8.2) – 7×5-954-N
- *daphnoides* Vill. = Reif-W.; S. 350, 576 (8.111) – 644-884-P, N
- *eleagnos* Scop. = Lavendel-W. S. 95, *343, 351* (8.111) – 752-784-N, P
- *foetida* Schleich. ex D.C. = Stinkende W. Tab. 84 (6.3) – 832-735-N
- *fragilis* L. = Bruch-W. Tab. 2, 9; S. 352, 355 (8.112) – 553-856-P
- *hastata* L. = Spieß-W. Tab. 81, 84 (6.3) – 737-674-N, Z
- *herbacea* L. = Kraut-W. Tab. 78, 83, 84; S. 553, 564 f. (4.51) – 723-734-Z
- *helvetica* Vill. = Schweizer W. Tab. 84 – 833-843-N
- *nigricans* Sm. = *myrsinifolia* Salisb. = Schwarz-W. (8.111) – 746-786-N
- *pentandra* L. = Lorbeer-W. Tab. 46; S. 375 (8.2) – ××2-864-N, P
- *purpurea* L. = Purpur-W. Tab. 84; S. *95,* 341, *343,* 350, *351,* 354 (8.1) – 854-×8×-N
- *repens* L. = Kriech-W. Tab. 112; S. 503, 673 (8.22) – 85×-×××-N, Z
- *reticulata* L. = Netz-W. Tab. 72, 78, 84; S. 585, 593 (4.52) – 83×-693-Z
- *retusa* L. = Stumpfblättrige W. Tab. 78, 84; S. 529, 560, 593 (4.52) – 724-684-Z
- *rubens* s. *S. alba* × *fragilis*
- *serpyllifolia* (Scop.) A. et Gr. = Quendelblättrige W. Tab. 84; S. 585, 593, 603 (4.4) – 824-492-Z
- *triandra* L. = Mandel-W. S. 341, 342, 352 (8.112) – 855-885-N
- *viminalis* L. = Korb-W. S. 95, *343* (8.112) – 867-88×-N, P

Salsola kali L. = Salzkraut Tab. 63; S. 477, *495* (2.811) – 978-×78 II-T

Salvia glutinosa L. = Kleb-Salbei (8.43) – 454-677-H
- *pratensis* L. = Wiesen-S. Tab. 2, 89, 110; S. *625,* 639, 648, 651, 737 – 844-484-H

Salvinia natans (L.) All. = Schwimmfarn Tab. 49, S. 400 (1.111) – 785-1177-A

Sambucus ebulus L. = Zwerg-Holunder (3.522) – 863-587-H
- *nigra* L. = Schwarzer H. Tab. 2, 14, 26, 45, 46, 50, 109; S. *91,* 95, 198, 354, 766, 809 (6.213) – 753-5×9-N
- *racemosa* L. = Trauben-H. Tab. 6, 14, 20, 35; S. *95, 198, 278* (6.213) – 644-558-N

Sanguisorba minor Scop. = Kleiner Wiesenknopf Tab. 78, 83, 89 (5.3) – 765-382-H
- *officinalis* L. = Großer W. Tab. 110, 112; S. 737, 755 (5.41) – 757-7×3-H

Sanicula europaea L. = Sanikel Tab. 10, 12, 13, 14, 26, 35, 37; S. *91,* 113, 151, 277 (8.43) – 453-587-H

Saponaria ocymoides L. = Rotes Seifenkraut Tab. 42 (7.1) – 742-392-H
- *officinalis* L. = Echtes S. (3.521) – 763-575-H

Sarcogyne pruinosa (Sm.) Kbr. = Weichfruchtflechte Tab. 86

Saussurea alpina (L.) D.C. = Echte Alpenscharte Tab. 75 S. 549, 606 (4.72) – 917-554-H, C

Saxifraga adscendens L. = Aufsteigender Steinbrech Tab. 75 – 82?-4×6-T, H
- *aizoides* L. = Fetthennen-S. S. 369, 518, 585 (1.512) – 8×3-883-C
- *androsacea* L. = Mannsschild-S. Tab. 78, S. 602 (4.52) – 715-784-C
- *aphylla* Sternbg. = Blattloser S. Tab. 82 (4.411) – 914-49?-C
- *biflora* All. = Zweiblütiger S. Tab. 72, 82 (4.4) – 914-63?-C
- *bryoides* L. = Rauher S. Tab. 82, 83, 85, 87; S. 602, 604, 605, 607 (4.43) – 914-532-C
- *caesia* L. = Blaugrüner S. S. 548 (4.711) – 814-392-C
- *carpatica* Rchb. = Karpaten-S. S. 605
- *cotyledon* L. = Fettblatt-S. Tab. 85 (4.21) – 824-532-C
- *cuneifolia* L. = Keilblättriger S. Tab. 35; S. 279 – 445-632-C
- decipiens Ehrh. = Rasen-S. (4.2)
- *exarata* Vill. = Furchen-S. Tab. 87; S. 604
- *granulata* L. = Knöllchen-S. Tab. 2 (5.42)
- *moschata* Wulf. = Moschus-S. S. 605 (4.71) – 815-482-C
- *oppositifolia* L. = Roter S. Tab. 82, 87; S. 392, 602, 604
- *paniculata* Mill. = Trauben-S. Tab. 85; S. 350, 592, 593, 595, 602 (4.21) – 723-28?-C
- *rotundifolia* L. = Rundblättriger S. Tab. 13, 81 (6,3) – 5×4-686-H
- *seguieri* Spr. = Seguiers S. Tab. 82 (4.43) – 823-632-C
- *stellaris* L. = Sternblütiger S. Tab. 80 (1.5) – 822-95?-C, H
- *tombaeensis* Boiss. = Tombeaner S. 520
- *tridactylites* L. = Dreifinger-S. Tab. 68 (5.212) – 862-271-T

Scabiosa canescens W. et K. = Graue Skabiose Tab. 89; S. 625, 627 (6.112) – 776-383-H
- *columbaria* L. = Tauben-S. Tab. 42, 89, 92, 110; S. 622, 722, 737 (5.32) – 852-483-H
- *gramuntia* (L.) Hayek = Graubündener S. Tab. 89 – 875-252-H
- *lucida* Vill. = Glänzende S. Tab. 42, 75 (4.71) – 934-482-H
- *ochroleuca* L. = Gelbe S. (5.312) – 876-383-H

Scandix pecten-veneris L. = Nadelkerbel S. 825 (3.41) – 773-384-T

Scapania umbrosa S. 172
- paludosa (1.511.1)

Scheuchzeria palustris L. = Blumenbinse Tab. 58; S. 447, 464 (1.611) – 955-932-G

Schoenoplectus americanus (Pers.) Volkart = Amerikanische Teichsimse Tab. 51 (1.411) – 864-1077 I-G, A
- *lacustris* (L.) Palla = Gemeine T. Tab. 50, 51, 53; S. 384, 389, 402 f. 415 (1.411) – 853-1175-A, G
- *mucronatus* (L.) Palla = Stachelspitzige T. Tab. 51 (1.4) – 884-1078-H, A
- *supinus* (L.) Palla = Liegende T. Tab. 122; S. 798 (3.1) – 87×-97×-T
- *tabernaemontani* (C.C. Gmel.) Palla = Salz-T. Tab. 51; S. 412, 414 (1.411) – 876-108× I-G, A
- *triqueter* (L.) Palla = Dreikant-T. Tab. 51; S. 415 – 875-1077 I-A, G

Schoenus ferrugineus L. = Rostrotes Kopfried (1.621) – 944-872-H
- *nigricans* L. = Schwarzes K. (1.621) – 973-992-H

Scilla bifolia L. = Zweiblättriger Blaustern Tab. 10 (8.4) – 565-676-G
- *non-scripta* (L.) Hoffmgg. et Lk. = Hasenglöckchen S. 258 (8.432) – 551-576-G

Scirpus radicans Schk. = Wurzelnde Simse Tab. 122, S. 792 (3.111) – 766-876-G
- *sylvaticus* L. = Wald-S. Tab. 10; S. 766 (5.415) – 654-943-G

Scleranthus annuus L. = Einjähriger Knäuel Tab. 126, 128, 129; S. 825, 826 (3.42) – 654-×24-T
- *perennis* L. = Ausdauernder K. (5.2) – 864-241-C, H

Sclerochloa dura (L.) P.B. = Hartgras (3.71) – 978-485 II-T

Scleropodium purum (L.) Limpr. = Grünstengelmoos Tab. 33, 42; S. 255, 647, 698

Scorzonera austriaca Willd. = Österreichische Schwarzwurzel Tab. 89 (5.31) – 777-382-H
- *hispanica* L. = Garten-S. (5.312) – 776-483-H
- *humilis* L. = Niedrige S. Tab. 33, 98; S. 666 – 765-652-H
- *purpurea* L. = Violette S. S. 627 (5.31) – 776-28?-H

Scrophularia canina L. = Hunds-Braunwurz Tab. 82 (4.44) – 882-383-H
- *nodosa* L. = Knotige B. Tab. 10, 14, 20, 26, 45; S. 91, 234, 354 (8.43) – 453-667-H
- *umbrosa* Dum. = Flügel-B. Tab. 51 (1.412) – 765-1087-H, A

Scutellaria galericulata L. = Kappen-Helmkraut Tab. 10, 45, 46, 51 (1.413) – 755-976-H
- *hastifolia* L. = Spießblättriges H. S. 761 (3.521) – 676-878-H
- *minor* Huds. = Kleines H. S. 376

Sedum acre L. = Scharfer Mauerpfeffer Tab. 68, 89; S. 742 (5.23) – 853-2×1-C
- *album* L. = Weiße Fetthenne Tab. 89 S. 236 (5.2) – 9×2-2×1 I-C
- *alpestre* Vill. = Alpen-F. Tab. 78, 83; S. 605 (4.51) – 822-542-C

- *annuum* L. = Einjährige F. (5.211) – 933-341-T
- *atratum* L. = Schwärzliche F.; S. 606 (4.711) – 922-58?-T, H
- *dasphyllum* L. = Buckel-F. Tab. 85; S. 593 (4.2) – 7×2-3×?-C
- *rupestre* L. = Felsen-F. Tab. 89 (5.23) – 754-241-C
- *sexangulare* L. emend. Grimm = Milder Mauerpfeffer Tab. 2 (5.23) – 754-781-C
- *telephium* L.s.str. = Purpur-F. S. 236, 805 – 864-334-H

Selaginella selaginoides (L.) Lk. = Gezähnter Moosfarn Tab. 75, 79 (1.62) – 713-773-C

Selinum carvifolia L. = Kümmelblättrige Silge Tab. 2, 112, 117; S. 743, 757 (5.411)

Sempervivum arachnoideum L. = Spinnweben-Hauswurz (5.211) – 934-221-C
- *montanum* L. = Berg-H. (5.21) – 822-321-C
- *tectorum* L. = Echte H. S. 642 (5.2) – 852-24×-C

Senecio abrotanifolius L. = Edelrautenblättriges Kreuzkraut Tab. 13, 83 – 734-47?-C, Z
- *alpinus* (L.) Scop. = Alpen-K. S. 573 (3.512) – 7×4-689-H
- *aquaticus* Huds. = Wasser-K. Tab. 110; S. 755, 766 (5.415) – 762-845-H
- *doronicum* L. = Gemswurz-K. S. 606 (4.71) – 824-583-H
- *fluviatilis* Wallr. = Fluß-K. S. 370, 766 (3.521) – 775-978-H
- *fuchsii* (Gmel.) Durand = Fuchs-K. Tab. 11, 13, 20; S. 708 – 7×4-5×8-H
- *incanus* L. ssp. *carniolicus* (Willd.) Br.-Bl. = Kärntner K. S. 520, 553, 605 (4.6) – 825-511-H
- *jacobaea* L. = Jakobs-K. Tab. 130 – 853-475-H
- *nemorensis* L. = Hain-K. Tab. 81 (6.3) – 737-6×8-H
- *paludosus* L. = Sumpf-K. Tab. 51; S. 415 (1.413.1) – 764-9×6-H
- *sylvaticus* L. = Wald-K. Tab. 2, 20; S. 188, 714 (6.211) – 853-538-T
- *vernalis* W. et K. = Frühlings-K. S. 820 (3.3) – 776-475 I-T, H
- *viscosus* L. = Klebriges K. (4.46) – 864-345-T
- *vulgaris* L. = Gemeines K. Tab. 125, 127, 130; S. 495, 814, 820 (3.3) – 7××-5×8-T, H

Serratula tinctoria L. = Färber-Scharte Tab. 2, 32, 112; S. 757, 757, 773 (5.411) – 765-×85-G, H

Seseli annuum L. = Steppen-Sesel (5.312) – 865-392-H
- *hippomarathrum* Jacq. = Pferde-S. Tab. 89 (5.311) – 976-291-H
- *libanotis* = Libanotis pyrenaica (L.) Bourgeau = Berg-Heilwurz (6.112) – 7×5-372-H

Sesleria varia (Jacq.) Wettst. = Blaugras Tab. 10, 42, 75, 89; S. *108*, 136 ff., *137*, 310, 314, 320, 323, *534*, 543 f., 546, 554, 560, 634 – 7×2-482-H

Setaria glauca (L.) P.B. = Niedrige Borstenhirse S. 820, *823*, 824, *824* (3.33) – 774-456-T
- *italica* (L.) P.B. = Kolben-B. Tab. 125 – 88?-478-T
- *verticillata* (L.) P.B. = Wirtel-B. S. 820, 824 (3.33) – 784-4×8-T
- *viridis* (L.) P.B. = Grüne B. Tab. 125; S. 820 (3.33) – 76×-4×7-T

Sherardia arvensis L. = Ackerröte S. 821, 824 (3.4) – 663-585-T

Sibbaldia procumbens L. = Alpen-Gelbling Tab. 78; S. 565, 606 (4.51) – 713-72?-H

Silaum silaus (L.) Sch. et Th. = Wiesensilge Tab. 112; S. 743, *757* (5.41) – 765-772-H

Silene acaulis (L.) Jacq. = Stengelloses Leimkraut Tab. 83 S. 547, 602, 606 (4.711) – 913-481-C
- *alba* (Mill.) E.H.L. Krause = Weiße Lichtnelke Tab. 124; S. 803 (3.511) – 8××-4×7-H
- *armeria* L. = Nelken-L. (6.1) – 774-452-T
- *conica* L. = Kegel-L. (5.23) – 974-252-T
- *dioica* (L.) Clairv. = Rote L. Tab. 2, 10, 45, 110; S. *91*, 198, 749 – ××4-678-H
- *excapa* All. = Polsternelke Tab. 75 (4.6)
- *noctiflora* L. = Acker-Leimkraut (3.41) – 754-385-T
- *nutans* L. = Nickendes L. Tab. 10, 32, 89; S. *823* (6.1) – 755-373-H
- *otites* (L.) Wib. = Ohrlöffel-L. Tab. 68, 89 (5.3) – 877-272-H
- *rupestris* L. = Felsen-L. (5.21) – 922-231-H
- *saxifraga* L. ≟ Stein-L. Tab. 85 (4.21) – 866-483-H
- *vulgaris* (Moench) Garcke = Taubenkropf Tab. 97, 110; S. 658, *658*, 661, *823* – 8××-472-H, C

Sinapis alba L. = Weißer Senf S. 818
- *arvensis* L. = Acker-S. Tab. 125, 127, 128; S. 821, 822 (3.4) – 753-×86-T

Sisymbrium altissimum L. = Ungarische Rauke Tab. 124 S. 805 (3.31) – 867-3××-T, H
- *austriacum* Jacq. = Österreichische R. Tab. 124 (3.31) – 754-487-H, T
- *irio* L. = Schlaffe R. Tab. 124 S. 805 (3.31) – 883-375-T
- *loeselii* Jusl. = Loesel's R. Tab. 124 S. 805 (3.31) – 777-375-H, T
- *officinale* (L.) Scop. = Wege-R. S. 803, *823* (3.31) – 865-4×7-T, H
- *strictissimum* L. = Steife R. (3.521) – 774-687-H

Sium latifolium L. = Hoher Merk Tab. 49, 51 (1.411) – 7×4-1078-A, H
Solanum dulcamara L. = Bittersüß Tab. 10, 45, 46; S. 354, 375 – 75×-8×8-Nli
– *nigrum* L. = Schwarzer Nachtschatten S. 814, 816, 820, *823*, 824, *824* (3.3) – 763-578-T
Soldanella alpina L. = Alpen-Troddelblume Tab. 75; S. 564, *565* – 724-78×-H
– *montana* Willd. = Berg-T. (7.212) – 544-622-H
– *pusilla* Baumg. = Kleine T. Tab. 72, 78; S. 564 (4.5) – 714-722-H
Solidago canadensis L. = Kanadische Goldrute Tab. 124, 130; S. 371, 805, 834, 841 (3.51) – 875-××6-H, G
– *gigantea* Ait. = Riesen-G. Tab. 124, 130; S. 371 (3.5) – 875-6×6-H, G
– *graminifolia* (L.) Ell. = Grasblättrige G. S. 371 (3.521) – 8××-777-H, G
– *virgaurea* L. = Gemeine G. Tab. 10, 11, 12, 13, 14, 26, 32, 33, 35, 37, 41, 98; S. 162, 257 – 5××-5×5-H
Solenostoma crenulatum S. 172
Sonchus arvensis L. = Acker-Gänsedistel Tab. 68, 121, 127; S. 820, 824, *824*, 828 – 75×-57× I-G, H
– *asper* (L.) Hill. = Rauhe G. Tab. 125, 126, 130; S. 820, *823*, 828, 830 (3.33) – 75×-677-T
– *oleraceus* L. = Kohl-G. Tab. 121, 125, 127, 128, 130; S. 820 (3.3) – 75×-488-T, H
– *palustris* L. = Sumpf-G. (5.412) – 766-877 I-H
Sorbus aria (L.) Cr. = Mehlbeere Tab. 9, 11, 12, 26, 32, 35, 42; S. *95*, 130 – 652-473-P, N
– *aucuparia* L. = Vogelbeere Tab. 9, 13, 14, 17, 20, 26, 32, 33, 35, 37, 84, 98, 109, 130; S. 94, 95, 252, 355, 377, 673 – 6××-×××-P, N
– *chamae-mespilus* (L.) Cr. = Zwergmispel Tab. 42 – 734-483-N
– *domestica* L. = Speierling Tab. 9, 32; S. 214 (8.42) – 474-383-P
– *torminalis* (L.) Cr. = Elsbeere Tab. 26, 9, 12, 32; S. *95*, 214 (8.42) – 464-474-P, N
Sparganium angustifolium Michx. = Schmalblättriger Igelkolben Tab. 50; S. 567 (1.313) – 843-1131-A
– *emersum* Rehm = Einfacher I. Tab. 51, 53 (1.411) – 753-11×5-A
– *erectum* L. = Ästiger I. Tab. 51, 53; S. 406, *408*, *415*, 417 (1.411) – 765-10×5-A
– *minimum* Wallr. = Zwerg-I. (1.114) – 755-1153-A
Spartina townsendii Grov. = Schlickgras Tab. 62; S. 473, *473f*. (2.3) – 852-977 III-H, G
Spergula arvensis L. = Feld-Spark Tab. 125, 128; S. 820, 826 (3.33) – 6×3-526-T

– *morisonii* Boreau = Frühlings-S. Tab. 71, 98; S. 511 (5.221) – 954-2×2-T
Spergularia marina (L.) Griseb. = *S. salina* Presl. Meerstrands-Schuppenmiere Tab. 63, 65 (2.611) – 7×8-6×? III-H
– *media* (L.) K. Presl. = *S. marginata* (D.C.) Kittel = Flügelsamige S. Tab. 62, 64; S. 480 (2.6) – 7×8-7×5 II-H, C
– *rubra* (L.) J. et C. Presl = Rote S. (3.72) – 7××-634-T, H
Sphaerophorus bulbosus = Kugelträgerflechte S. 558
Sphagnum acutifolium Ehrh. = Bleichmoos, Torfmoos Tab. 10, 35, 58, 59
– *angustifolium* Jens (1.71)
– *apiculatum* Lindb. f. Tab. 57, 58, 59; S. 450
– *balticum* Russ. Tab. 58, 59
– *compactum* Ehrh. Tab. 58; S. 438, 455, 667 (1.72)
– *cuspidatum* Ehrh. Tab. 10, 58, 59; S. 437, 445, 447, 449f., *450*, *451f*.
– *cymbifolium* Ehrh. Tab. 10
– *dusenii* Jens. S. 447
– *fuscum* Klinggr. Tab. 10, 58, 59; S. 437f., 446, 450, 451ff., *454* (1.71)
– *girgensohnii* Russ. S. 278, 438
– *imbricatum* Hornsch. Tab. 58, 59; S. *454*
– *magellanicum* Brid. Tab. 57, 58, 59; S. 437f., 446, 449, *450*, *451f*., *454*, *460*, *461*, *464* (1.71)
– *molle* Sull. Tab. 58; S. 667
– *palustre* = *S. cymbifolium* Ehrh. S. 438
– *papillosum* Lindb. Tab. 58, 59; S. *450*, *451*, *453*, *454*, 668
– *parvifolium* (Sendtn.) Wtf. Tab. 57, 58
– *plumulosum* Röll. Tab. 58
– *pulchrum* Warnst. Tab. 58, 59; S. 450, *450*, *451*
– *quinquefarium* (Lindb.) Warnst. S. 166
– *recurvum* P. Beauv. Tab. 10; S. 437, 447, *460*, *461*
– *riparium* Aongstr. S. *461*
– *rubellum* Wils. Tab. 57, 58, 59; S. 437, *446*, 449, *451ff*., *453*, *454*, *460*, *461* (1.71)
– *squarrosum* Cr. Tab. 10; S. 375, 438
– *subsecundum* Nees S. 449
– *tenellum* Lindb. Tab. 58, 59; S. *450f*. (1.7)
Spiranthes spiralis (L.) Chevall. = Herbst-Wendelorchis (5.322) – 862-3×2-G, H
Spirodela polyrhiza (L.) Schleid. = Teichlinse Tab. 49; S. 401, *401*, *402* (1.111) – 765-11×7-A
Stachys annua (L.) L. = Einjähriger Ziest (3.41) – 764-384-T
– *arvensis* L. = Acker-Z. Tab. 125 (3.332) – 762-536-T
– *germanica* L. = Deutscher Z. Tab. 124 – 764-38×-H
– *palustris* L. = Sumpf-Z. Tab. 45, 46, 125; S. 827 (5.412) – 75×-777-G
– *recta* L. = Aufrechter Z. Tab. 89; S. *236*, 646 – 764-382-H

Verzeichnis der erwähnten Arten   951

- *sylvatica* L. = Wald-Z. Tab. 2, 10, 14, 20, 26, 45, 46; S. 91, 128, 151, 153, *153*, *222*, *230*, *234*, *235*, 354, *357*, *363*, *714* (8.43) – 4×3-777-H
Staphylea pinnata L. = Pimpernuß S. 204 (8.412) – 764-585-N
Stellaria alsine Grimm = Quell-Sternmiere Tab. 80 (1.511) – 543-844-H
- *graminea* L. = Gras-S. Tab. 118, 121 (5.42) – 6××-44×-H
- *holostea* L. = Große S. Tab. 2, 6, 10, 14, 20, 26, 32, 45; S. 91, 96, *96*, 214, *219*, *230*, 250, *357*, *717*, *722* (8.432) – 563-565-C
- *media* (L.) Vill. = Vogel-S. Tab. 20, 26, 120, 121, 125, 127, 129, 130; S. 57, 188, 782, 803, 814, 818, 820, 822, 824, *829*, 830, 832, 833 (3.3) – 6××-478-T
- *nemorum* L. = Hain-S. Tab. 2, 10, 16, 20, 45, 81; S. 91, 153, 188, *236*, 356, *357*, *574* (8.433) – 444-757-H
- *palustris* Retz = Sumpf-S. Tab. 112, 117 (5.412) – 557-842-H
Stereocaulon alpinum Laur. = Strunkflechte Tab. 83; S. 585, 609
- *paschale* (L.) Fr. S. 558
Stipa capillata L. = Haar-Federgras Tab. 89; S. 626 f., *627*, *642*, *648* (5.31) – 878-282-H
- *joannis* Cel. = Breitblättriges F. Tab. 89 (5.31) – 878-272-H
- *pennata* L. = Echtes F. S. 626 f., *627*, *642*, *648* (meist *joannis*!)
- *pulcherrima* K. Koch = Schönes F. Tab. 89 (5.3) – 987-181-H
- *tirsa* Stev. emend. Cel. (5.312) – 878-362-H
Stratiotes aloides L. = Krebsschere Tab. 49 S. 402, *402* (1.113) – 775-1276-A
Streptopus amplexifolius (L.) D.C. = Knotenfuß Tab. 10 (8.43) – 544-565-G
Suaeda maritima (L.) Dum. = Strand-Sode Tab. 50, 62, 63, 64; S. *466*, *476*, *479*, *487* (2.412) – 868-877 III-T
Succisa pratensis Moench = Gemeiner Teufelsabbiß Tab. 42, 98, 112; S. 325, *757*, *759* (5.411) – 753-7×2-H
Swertia perennis L. = Sumpfenzian Tab. 79 (1.6) – 757-9×?-H
Symphytum officinale L. = Gemeiner Beinwell Tab. 2, 10, 45, 46, 112; S. 766 – 763-8×8-H, G
- *tuberosum* L. = Knoten-B. (8.43) – 454-675-G
Syntrichia ruralis (L.) Brid. = Bartmoos Tab. 68, 89; S. 502, 514

Tamus communis L. = Schmerwurz Tab. 12, 141 (8.412) – 572-586-Gli
Tanacetum alpinum (L.) C.H. Schultz = Alpen-Margerite Tab. 72, 78, 83, 87; S. *592*, 605, 607 (4.51) – 814-722-H

- *corymbosum* (L.) C.H. Schultz = Doldige Wucherblume Tab. 32; S. 721 (8.42) – 765-384-H
- *vulgare* L. = Rainfarn Tab. 124; S. *337*, 803 (3.511) – 8××-5×5-H
Taraxacum alpinum Hegetschr. et Heer = Alpen-Kuhblume (4.5) – 814-722-H
- *laevigatum* (Willd.) DC. = Schwielen-K. (5.2) – 875-38×-H
- *officinale* Web. = Löwenzahn Tab. 20, 45, 110, 112, 118, 120, 121, 125, 127, 130; S. 514, *717*, *722*, *745*, *770*, *789* – 7××-5×7 I-H
- *palustre* (Lyons) Symons = Sumpf-Kuhblume Tab. 50 (1.621) – 8×2-88? I-H
Taxus baccata L. = Eibe Tab. 2, 9, 34; S. 80, 92, *135*, 135 f., 266, *269* (8.431) – 462-57×-P
Teesdalia nudicaulis (L.) R. Br. = Bauernsenf Tab. 71, 129; S. 511 (5.221) – 862-311-T, H
Telaranea setacea Tab. 58
- *trichocladus* S. *172*
Telekia speciosa (Schreber) Baumg. = Telekie S. 495 (5.412) – 764-777-H
Tetragonolobus maritimus (L.) Roth Tab. 112; S. 641 (5.411) – 864-×9× I-H
Teucrium botrys L. = Trauben-Gamander S. 622 (5.212) – 964-28?-T, H
- *chamaedrys* L. = Echter G. Tab. 32, 42, 89; S. 322, 622, *623* – 764-281-Z
- *scordium* L. = Lauch-G. Tab. 51 (1.413) – 775-88? I-H
- *montanum* L. = Berg-G. Tab. 42, 89 (5.32) – 874-192-Z
- *scorodonia* L. = Salbei-G. Tab. 10, 20, 33, 100; S. 257 – 652-423-H
Thalictrum aquilegifolium L. = Akeleiblättrige Wiesenraute Tab. 2; S. 146 (8.433) – 5×4-878-H
- *flavum* L. = Gelbe W. Tab. 112; S. *757* (5.41) – 7×5-882-H
- *minus* L. = Kleine W. (6.112) – 6×7-383-H
Thamnolia vermicularis (Sw.) Ach. = Wurmflechte Tab. 77; S. 553, 558
Thelypteris limbosperma (All.) H.P. Fuchs = Bergfarn Tab. 10, 35; S. 155, 158 – 442-635-H
- *palustris* Schott = Sumpffarn Tab. 10, 46; S. 99, 376 (8.21) – 5××-856-G
- *phegopteris* (L.) Slosson = Buchenfarn Tab. 10/3 – 243-646-G
Thesium alpinum L. = Alpen-Leinblatt Tab. 10, 42; S. 138, 634 – 834-4××-Hhp
- *bavarum* Schrank = Berg-L. Tab. 32; S. 721 (6.112) – 764-382-Ghp
- *linophyllon* L. = Mittleres L. Tab. 89 (5.3) – 865-281-Ghp
- *pyrenaicum* Pourr. = Pyrenäen-L. (5.11) – 844-442-Hhp

- *rostratum* Mert. et Koch = Schnabelfrüchtiges L. Tab. 42; S. *367* (7.1) – 665-392-Ghp
Thlaspi alpestre L. = Voralpen-Hellerkraut S. 520, 658, *658*, 660f., 749 (4.311) 842-554-H, C
- *arvense* L. = Acker-H. Tab. 125, 126, 127; S. 816, 832 (3.33) – 65×-576-T
- *montanum* L. = Berg-H. (7.1) – 654-482-C
- *perfoliatum* L. = Durchwachsenblättriges H. (5.212) – 865-482-T
- *rotundifolium* (L.) Gaud. = Rundblättriges H. Tab. 82; S. *576*, 580, 606 (4.411) – 924-593-C
Thuidium abietinum (L.) Br. eur. = *Abietinella abietina* (L. ap. Hedw.) C. Müller = Thujamoos Tab. 10
- *tamariscifolium* (Neck.) Lind. Tab. 14, 35
Thymus glabrescens (Willd.) Lyka = Kahler Thymian Tab. 89
- *praecox* Opiz = Früher T. Tab. 89 (5.3) – 865-281-C
- *pulegioides* L. = Arznei-T. Tab. 2, 89, 110 – 8×4-4×1-C
- *serpyllum* L. = Sand-T. Tab. 42, 83, 118; S. 742 (5.23) – 7×5-251-C, Z
Tilia cordata Mill. = Winter-Linde Tab. 2, 6, 9, 12, 14, 26, 33, 45, 46; S. *80*, *83*, *91*, *93*, *175*, 203f., 206f., 209, 213, *218*, 328, *343* (8.432) – 554-××5-P
- *platyphyllos* Scop. = Sommer-L. Tab. 2, 9, 32; S. *80*, *108*, 197, 204, 207, *219* (8.43) – 452-5×7-P
Tofieldia calyculata (L.) Wahl. = Kelch-Simsenlilie Tab. 79; S. 569 (1.621) – 8×4-883-H
Torilis arvensis (Huds.) Link = Feld-Klettenkerbel (3.41) – 763-494-T
- *japonica* (Houtt.) D.C. = Gemeiner K. Tab. 130 (6.2) – 663-588-T, H
Tortella tortuosa (L.) Limpr. = Spiralzahnmoos Tab. 10, 42
Tozzia alpina L. = Alpenrachen Tab. 81 (6.3) – 534-687-G
Tragopogon pratensis L. = Wiesen-Bocksbart Tab. 110; S. 576, 734, *746*, 774 (5.42) – 753-476-H
- *orientalis* L. = Orientalischer B. (5.42) – 7×5-476-H
Trapa natans L. = Wassernuß S. 399 (1.212) – 875-1168-A
Traunsteinera globosa (L.) Rchb. = Kugelorchis (4.712) – 734-58×-G
Trichocolea tomentella Nees. = Haarkelchmoos Tab. 10; S. 375
Trichophorum alpinum (L.) Pers. = Alpen-Haarsimse Tab. 79 (1.61) – 844-1022-G
- *cespitosum* (L.) Hartman = Rasige K. Tab. 10, 57, 58, 79; S. 454, 455, 464, 568 – 843-911-H

- *germanicum* Palla = Deutsche H. S. 667, 679 (1.72) – 852-911-H
Trientalis europaea L. = Siebenstern Tab. 10, 33, 57, 98; S. 213, 255, 298, 378, 694, 698 (7.2) – 5×7-×32-G
Trifolium alpestre L. = Hügel-Klee Tab. 32 (6.112) – 754-363-H
- *alpinum* L. = Alpen-K. Tab. 75 S. 520 (4.6) – 824-422-H
- *arvense* L. = Hasen-K. Tab. 68; S. 502, 826 (5.2) – 853-221-T
- *aureum* Pollich = Gold-K. (5.23) – 754-3×2-T, H
- *badium* Schreb. = Braun-K. Tab. 83, 84; S. 787 (5.424) – 834-68×-H
- *campestre* Schreb. = Gelber Acker-K. Tab. 130 (5.23) – 853-4×3-T
- *dubium* Sibth. = Kleiner K. Tab. 110, 130; S. 741, *746*, 766 (5.421) – 663-554-T
- *fragiferum* L. = Erdbeer-K. Tab. 118; S. 793 (3.72) – 865-787 II-H
- *hybridum* L. = Bastard-K. Tab. 126 (3.72) – 755-675-H
- *medium* L. = Mittlerer K. Tab. 32; S. *717*, 721, 722 (6.111) – 754-4×3-H
- *montanum* (L.) = Berg-K. Tab. 42, 112 (5.3) – 7×4-382-H
- *ochroleucon* Huds. = Gelblichweißer K. Tab. 2 (5.32) – 754-482-H
- *pallescens* = Bleicher K. Tab. 83, 84 (4.6) – 814-532-H
- *pratense* L. = Wiesen-K. Tab. 89, 110, 118, 120, 126; S. 555, *728*, 770, 774, *828* – 7×3-×××-H
- *repens* L. = Weiß-K. Tab. 110, 118, 120, 121, 126; S. 606, 642, *717*, 729, *746*, 784, 789, 793, *826* (5.423) – 8××-××7 I-C, H
- *resupinatum* L. = Persischer K. (3.72) – 883-5×5 I-T, H
- *rubens* L. = Purpur-K. Tab. 32 (6.112) – 764-382-H
- *scabrum* L. = Rauhblättriger K. Tab. 89 (5.212) – 983-291-T
- *spadiceum* L. = Moor-K. (5.41) – 7?4-833-T, H
- *striatum* L. = Streifen-K. (5.23) – 883-32? I-T, H
- *thalii* Vill. = Rasiger K. Tab. 83 S. 520 (5.424) – 722-58×-H
Triglochin maritimum L. = Strand-Dreizack Tab. 62, 65; S. *466*, *480*, 488 (2.6) – 8×7-7×? H
- *palustre* L. = Sumpf-D. Tab. 79 S. *484*, 793 (1.62) – 8××-9×1 I-H
Trinia glauca (L.) Dum. = Blaugrüner Faserschirm Tab. 89 (5.321) – 985-181-H
Tripleurospermum inodorum (L.) C.H. Schultz = Geruchlose Kamille Tab. 126, 129, 130; S. 820, *823*, 828 (3.3) – 7×3-×66-T

- *maritimum* (L.) Koch = Meerstrands-K. S. 495, 822 (2.8) – 9×3-678 II-T
- *Trisetum distichophyllum* (Vill.) P.B. = Zweizeiliger Goldhafer Tab. 82; S. *578* (4.411) – 824-59?-G, H
- *flavescens* (L.) P.B. = Wiesen-G. Tab. 110; S. 735, 745, *746*, 748, 749, *754* (5.42) – 7×5-×*×*5-H
- *spicatum* (L.) Richt. = Ähren-G. Tab. 72, 82 (4.42) – 91×-551-H
- *Triticum aestivum* L. = Weizen Tab. 50
- *Trollius europaeus* L. = Trollblume S. *746, 748*, 749, *754* (5.41) – 935-776-H
- *Tulipa sylvestris* L. = Wald-Tulpe S. 814, 833 (3.331) – 774-×75-G
- *Turgenia latifolia* (L.) Hoffm. = Turgenie S. 825 (3.41) – 885-392-T
- *Tussilago farfara* L. = Huflattich Tab. 130; S. 821, 827, 834 – 8×8-686-G
- *Typha angustifolia* L. = Schmalblättriger Rohrkolben Tab. 51; S. 412, *413, 415* (1.411) – 875-10×7 I-A, H
- *latifolia* L. = Breitblättriger R. Tab. 51 S. 402 ff., *415*, 662, 712 (1.411) – 865-10×8-A, H
- *minima* Hoppe = Zwerg-R. (1.621) – 8×7-982-H, A

- *Ulmus glabra* Huds. = Berg-Ulme Tab. 2, 6, 9, 11, 13, 14, 26; S. *83, 93*, 197f., 342 (8.431.4) – 453-7×7-P
- *laevis* Pall. = Flatter-U. Tab. 9, 46; S. 342, 356, 361 (8.433) – 465-877-P
- *minor* Mill. = Feld-U. Tab. 9, 45, 109; S. 343, 356, 720 (8.4) – 575-×8×-P
- *Umbilicaria crustulosa* Frey = Nabelflechte Tab. 86
- *cylindrica* Del. S. 595
- *decussata* A. Z. Tab. 86
- *polyphylla* Hoffm. Tab. 86
- *virginis* (s. Frey 1974) S. 596
- *Urtica dioica* L. = Große Brennessel Tab. 10, 20, 26, 45, 46, 109, 124; S. *91*, *96*, 128, 153, 188, 199, *234*, 234, *237, 337, 341*, 354, 370, *574*, 702, 708, 724, 766, 803, 810, 811, 823 (3.51) – ×××-668-H
- *urens* L. = Kleine B. Tab. 121, 124; S. 803, 810, 820, *822*, 823 (3.3) – 76×-5×8-T
- *Utricularia australis* R. Br. = Übersehener Wasserschlauch Tab. 49, S. 400 (1.212) – 962-1254-A
- *intermedia* Hayne = Mittlerer W. (1.114) – 8×× -1081-A
- *minor* L. = Kleiner W. (1.114) – 8××-1074-A
- *ochroleuca* R. Hartmann = Ockergelber W. (1.114)
- *vulgaris* L. = Gemeiner W. Tab. 49; S. 405 (1.113) – 7××-1266-A
- *Vaccaria hispanica* (Mill.) Rauschert = Saat-Kuhnelke Tab. 125; S. 825 (3.41) – 767-29?-T
- *Vaccinium myrtillus* L. = Heidelbeere Tab. 10, 13, 14, 17, 20, 33, 35, 37, 41, 42, 84, 98, 118; S. *96, 108*, 137, 162, 181, *182*, 184, *253, 256, 262, 277, 279*, 291, *292, 295, 298*, 307, 310, *328*, 378, 452, *556*, 558, 606, 689, 697, 712 – 5×5-×23-Z
- *oxycoccus* L. = Moosbeere Tab. 10, 57, 58; S. *438*, 449, *451*, 462 (1.7) – 7×3-9×1-Z
- *uliginosum* L. = Rauschbeere Tab. 10, 41, 42, 57, 84; S. 378, *434*, 452, *552, 556, 556, 558* ff., 689 (7.2) – 6×5-×13-Z
- *vitis-idaea* L. = Preißelbeere Tab. 10, 13, 33, 35, 37, 41, 42, 84, 98; S. *108*, 252, 291, 292, 310, 378, 452, 558, 606, *689*, 697 (7.2) – 5×5-422-Z
- *Valeriana dioica* L. = Kleiner Baldrian Tab. 10, 112; S. 766 (5.41) – 752-8×2-H
- *montana* L. = Berg-B. Tab. 13, 42, 82 (4.412) – 8×2-592-H
- *officinalis* L. = Gemeiner B. Tab. 10, 26, 46 – 7×5-875-H
- *procurrens* Wallr. = *sambucifolia* Mikan = Holunderblättriger B. S. 376, 766 (5.412) – 7×4-867-H
- *saxatilis* L. = Felsen-B. Tab. 85 (4.21) – 834-492-H
- *supina* Ard. = Zwerg-B. (4.411) – 814-59?-H
- *tripteris* L. = Dreischnittiger B. Tab. 13, 35, 42, 85 (4.2) – 7×2-582-H
- *Valerianella carinata* Loisel. = Gekielter Feldsalat (5.2) – 783-48×-T
- *dentata* Poll. = Gezähnter Feldsalat Tab. 125 (5.2) – 752-476-T
- *locusta* (L.) Laterrade = Gemeiner F. Tab. 125; S. 821 (3.4) – 753-57×-T
- *rimosa* Bast. = Geöhrter F. Tab. 125; S. 821 (3.4) – 672-47×-T
- *Veratrum album* L. = Weißer Germer S. 146, 572 – 7×4-××6-H
- *Verbascum blattaria* L. = Motten-Königskerze Tab. 124 (3.32) – 867-376 I-H
- *densiflorum* Bertol. = Großblütige K. (3.321) – 865-485-H
- *lychnites* L. = Mehlige K. (6.1) – 755-378-H
- *nigrum* L. = Schwarze K. Tab. 126 (6.211) – 755-577-H
- *phoeniceum* L. = Purpur-K. (5.3) – 776-372-H
- *thapsus* L. = Kleinblütige K. S. 803 – 8×3-477-H
- *Verbena officinalis* L. = Echtes Eisenkraut S. 803, 810, *810*, 823 – 953-4×6-H
- *Veronica acinifolia* L. = Thymianblättriger Ehrenpreis Tab. 122 (3.111) – 782-743-T
- *agrestis* L. = Acker-E. S. 717, 820 (3.33) – 542-677-T

954 Übersicht der Vegetationseinheiten und Arten

- *alpina* L. = Alpen-E. Tab. 78 (4.5) – 712-6×3-G, H
- *anagallis-aquatica* L. = Wasser-E. Tab. 51, 53 (1.412) – 7×3-9×6-H
- *aphylla* L. = Blattloser. (4.7) – 824-582-H
- *beccabunga* L. = Bachbungen-E. Tab. 51; S. 236 (1.412) – 7×3-1076-A, H
- *bellidioides* L. = Maßliebchen-E. Tab. 75; S. 553 (4.6) – 824-411-G, H
- *chamaedrys* L. = Gamander-E. Tab. 13, 20, 26, 32, 45, 110; S. 216, 717, 722, 722 – 6×3-4××-C
- *filiformis* Sm. = Faden-E. (5.423) – 664-55×-C, H
- *fruticans* Jacq. = Felsen-E. Tab. 85 (4.2) – 822-4×?-Z
- *hederifolia* L. = Efeublättriger E. Tab. 10, 45, 126, 127; S. 91, 363 – 663-577-T
- *longifolia* L. = Langblättriger E. S. 761, 766 (5.412) – 7×7-877-H
- *lutea* (Scop.) Wettstr. = Gelber E. S. 520
- *montana* Jusl. = Berg-E. Tab. 2, 10, 20; S. 91, 153, 237 (8.433) – 452-756-C
- *officinalis* L. = Wald-E. Tab. 10, 13, 14, 17, 32, 33, 35, 37, 118; S. 162, 278, 504 – 5×3-424-C
- *opaca* Fries = Glanzloser E. (3.331) – 554-486-T
- *persica* Poir. = Persischer E. Tab. 126, 127; S. 820, 830 (3.33) – 6×3-577-T
- *praecox* All. = Früher E. Tab. 89 (5.2) – 883-487-T
- *prostrata* L. = Liegender E. (5.3) – 876-281-C
- *scutellata* L. = Schild-E. (1.3) – 843-933-H
- *serpyllifolia* L. = Quendelblättriger E. Tab. 118, 121, 126; S. 743 (5.423) – ××3-35×-H
- *spicata* L. = Ähriger E. Tab. 89 (5.3) – 776-252-H, C
- *teucrium* L. = Großer E. Tab. 2 (6.112) – 765-382-C
- *triphyllos* L. = Dreiblättriger E. S. 814 (3.421) – 673-3×4-T
- *urticifolia* Jacq. = Nesselblättriger E. Tab. 35, 37; S. 124 (8.431) – 344-577-C, H
- *verna* L. = Frühlings-E. (5.2) – 875-141-T

Verrucaria aquatilis S. 417
- *elaeomelaena* S. 417
- *nigrescens* Pers. = Tab. 86
- *rupestris* Schrad. Tab. 86

Viburnum lantana L. = Wolliger Schneeball Tab. 11, 12, 14, 26, 32, 42, 109; S. 95, 130, 215, 365 (8.412) – 752-485-N
- *opulus* L. = Gemeiner S. Tab. 11, 12, 14, 26, 46, 109; S. 94, 95, 354 (8.4) – 653-×76-N

Vicia angustifolia L. = Schmalblättrige Wikke Tab. 127; S. 821 (3.4) – 553-×××-Tli
- *cassubica* L. = Kassuben-W. Tab. 32, 98 (6.1) – 764-353-Hli
- *cracca* L. = Vogel-W. Tab. 42, 110, 112; S. 480, 774 (5.4) – 7××-5××-Hli
- *dumetorum* L. = Hecken-W. (6.111) – 654-584-Hli
- *hirsuta* (L.) S. F. Gray = Rauhhaarige W. Tab. 125, 126, 127, 129; S. 821 – 755-×××-Tli
- *lathyroides* L. = Platterbsen-W. Tab. 68 (5.232) – 874-232-T, H
- *pisiformis* L. = Erbsen-W. (6.1) – 754-383-Hli
- *sepium* L. = Zaun-W. Tab. 10, 11, 12, 14, 20, 26, 110; S. 91, 724, 743, 766 – ××5-575-Hli
- *sylvatica* L. = Wald-W. (6.111) – 7×4-×83-Hli
- *tenuifolia* Roth = Schmalblättrige Vogel-W. (6.112) – 866-382-G, Hli
- *tenuissima* (M. Bieb.) Sch. et Thell. = Zarte W. (3.4) – 782-444-Tli
- *tetrasperma* (L.) Schreb. = Viersamige W. Tab. 125 (3.42) – 655-534-Tli
- *villosa* Roth. = Zottel-W. (3.421) – 765-445-T, Hli

Vinca minor L. = Immergrün Tab. 2, 6, 10, 26; S. 357 (8.4) – 462-5×6-C

Vincetoxicum hirundinaria Med. = Schwalbenwurz Tab. 10, 12, 32; S. 133, 721 – 655-373-H

Viola alba Besser = Weißes Veilchen (3.522) – 584-576-H
- *biflora* L. = Zweiblütiges V. Tab. 13, 41, 81; S. 355 (6.3) – 434-676-H
- *calaminaria* (D. C.) Lej. ssp. *westfalica* Lejeune = Zink-V. S. 658, 661
- *calcarata* L. = Kalk-V. Tab. 82 (4.411) – 714-7×2-H
- *canina* L. = Hunds-V. Tab. 33, 68, 112, 118; S. 480 (5.112) – 753-432-H
- *cenisia* L. = Mont-Cenis-V. Tab. 82; S. 578 (4.411) – 915-591-C
- *collina* Besser = Hügel-V. (6.112) – 657-282-H
- *elatior* Fries. = Hohes V. (5.411) – 776-882-H
- *hirta* L. = Rauhes V. Tab. 10, 32; S. 722 (6.1) – 655-382-H
- *mirabilis* L. = Wunder-V. Tab. 26, 32 (8.4) – 454-48×-H
- *odorata* L. = März-V. Tab. 10 (3.522) – 563-5×8-H
- *palustris* L. = Sumpf-V. Tab. 10, 79; S. 766 – 6×3-925-H
- *persicifolia* Schreb. = Graben-V. Tab. 112; S. 760 (5.413) – 675-86?-H
- *reichenbachiana* Jord. ex Boreau = Wald-V. Tab. 2, 10, 11, 12, 13, 14, 20, 26, 35, 37, 45; S. 91, 108, 151, 717, 722 (8.43) – 454-576-H

– *riviniana* Rchb. = Hain-V. Tab. 2, 14, 26, 109
– *rupestris* F. W. Schmidt = Sand-V. (7.211) – 657-382-H
– *tricolor* L. = Wildes Stiefmütterchen Tab. 125, 126
– – ssp. *arvensis* (Murr.) Gaud. = Feld-S. Tab. 127, 130; S. 821 (3.4) – 553-×××-T
– – ssp. *curtisii* (Forst.) Syme Tab. 68; S. 500 (5.223) – 7×2-352-T
– – ssp. *subalpina* Gaud. S. 749 (5.422) – 642-554-H
– – ssp. *tricolor* (5.422) – 7×2-5×6-T
Viscum album L. ssp. *microphyllum* = *V. laxum* Boiss. et R. = Kiefern-Mistel Tab. 33 (7.211)
Vitis vinifera L. ssp. *sylvestris* = Wilder Wein S. *95* (8.433) – 684-686-P, Nli

Weisia viridula S. 660
Wolffia arrhiza (L.) Horkel ex Wimm. = Zwergwasserlinse S. 401, *401* (1.111) – 783-1178-A
Woodsia ilvensis (L.) R. Br. = Wimperfarn Tab. 85 (4.221) – 715-232-H

Xanthium albinum (Widder) H. Scholz = Elb-Spitzklette Tab. 123; S. 802 (3.212) – 864-8×6-T
– *strumarium* L. = Gemeine S. Tab. 124; S. 802 (3.31) – 875-5×6 I-T

Zannichellia palustris L. = Sumpf-Teichfaden Tab. 49, 53; S. 398 (1.211) – 6×5-1276 II-A
Zostera marina L. = Echtes Seegras S. 470f. (2.1) – ××2-1276 III-A
– *noltii* Hornem. = Zwerg-S. S. 471, *471* (2.1) – 762-1275 III-A
Zygogonium ericetorum Kütz. = Heide-Jochalge S. 449, 668

IV Sachregister

* = geographische Namen, *kursiv* = lateinische Gesellschaftsnamen. Gerade Ziffern = Seitenzahlen im Text, *kursive Ziffern* = Seitenzahlen mit Abbildungen, Ziffern mit hochstehendem Punkt davor = eingehende Behandlung. Die Umlaute ä, ö, ü sind wie a, o, u eingeordnet

Register der wissenschaftlichen und deutschen Pflanzennamen in Abschnitt III 2 b

Auf das System der Pflanzengesellschaften (mit Charakterarten, s. Abschnitt III 1) wird hier nicht verwiesen

Aapamoor 440
Abflußregime 336
Abietetum (albae) 144, 277
Abieti-Fagetum 48, 139 f, *144*, 297
– *-Piceetum* 288
Abwasser s. Eutrophierung, Gewässer-Verschmutzung
Aceretum 144
Aceri-Fagetum *108, 141,* 145 f
– *-Fagion* 113
– *-Fraxinetum* 141, 197 f, 200 f, *201*, 203
– *-Tilietum* 206, *594*
Acerion 198
Ackerunkraut-Ges. 619, *665*, 692, 775, 785, 789, •812 ff, 813, 815, 818, 822 f, 826, 828 f, 833 ff
Ackerwirtschaft 36 f, 50, 52, 55 f, 56, 812 ff
adalpine Arten 576
Adenostyletalia 572 f
Adenostylion alliariae 572
Adenostylo-Abietetum 278 f
– *-Cicerbitetum* 572
– *-Fagetum* 147
– *glabrae-Piceetum montanum* 293
Adoxo-Aceretum 202

Aegopodio-Petasitetum 357
Aegopodion 724
Aerenchym 33, 381, 383, •397, 406, •478, •528 ff, 652, 653, 740, 769
Agropyretalia intermedii-repentis 793
Agropyretum juncei s. *Elymo-A.*
Agropyro-Alopecuretum 755
– *-Honkenion* 793
– *-Rumicion crispi* 792
Agrostietalia stoloniferae 792, 794
Agrostietum 390
Agrostion stoloniferae 731, 792
Ahorn-Buchenwald s. *Aceri-Fagetum*
– -Eschenwald (s. auch *Aceri-Fraxinetum*) 127, •197 ff, 332
– -Linden-Mischwald (s. auch *Aceri-Tilietum*) 111
Alchemillo-Cynosuretum 782
*Aletsch 300, 307, 583, 586 f
Algen (s. auch Characeen) *384*, 386, 387, 412, 447, 449, •469 ff, 610 f
Alkalinität s. Härte
Allelopathie 401, 405, 712, 770
Allario-Chaerophylletum temuli 724
Allmende 38 ff, 43, 58

956   Sachregister

Allomone (u. a. allochemische Effekte) 786
Alnetalia glutinosae 375
Alnetea glutinosae 106, 720
Alnetum glutinosae (s. auch Carici elongatae-A.) 180, 376, 382, 423, 695
- incanae 141, 345, 354, 357
- viridis 572, 574, 574
Alnion glutinosae 106, 141, 356, 372, 375, 391
Alno-Fraxinetum 180, 359, 361
- -Ulmion 106, 111, 222, 264, 356
*Alpen 22 ff, 23 ff, 140 f, 214, 242, 275, 288, 291 f, 334, 521, 559, 660 f, 688, 746
*- -Vorland 22 ff, 23 ff, 151, 204, 316, 334, 335, 387, 399, 418, 424 f, 429, 431, 438, 455 ff, 691, 756 f
- -Schwemmlinge 350, 519, 608
Alpenampfer-Lägerflur 804
Alpenazaleen-Windheide (s. auch Loiseleurietum) 531, 553, *555 ff
Alpenmannsschildhalde 579 f
Alpenrosen-Heide (s. auch Rhododendro-Vaccinietum) 300, 301, *308, 316, 523, 531, 556, *560 ff, 561, 576, 586, 666, 690 f
- -Kiefernwald 562
- -Tannenwald 279
alpin, alpine Stufe 22, 23 ff, 369, 420, *517, *528 ff, 530 f, 689, 776, 788
- -nival 518 ff
alpine Rasen, Alpenmatten *539 ff, 584
Alter s. Lebensdauer
älterer Moostorf s. Schwarztorf
Altersphase s. Terminalphase
Altlauf, Altwasser 334, 338
Alysso-Sedion albi 638
Ammoniak, Ammonium, A.pflanzen 133, 175, 177, 180, 181 ff, 182, *184, 201, 298, 383, 418 ff, 462, 463, 486, 544, 611, 622, 685, 708, 769, 811, 823 f
Ammophiletalia 497
Ammophiletea 671
amphibischer Uferbezirk s. Überflutungen
anatomisch-morphologischer Bau *33 f, 461 ff, 462, 465, 489, 525, 556 f, 608, *646 f, 653, 659, 660, 764, 789, 794, 810 f, 814
Andelrasen (s. auch Puccinellietum maritimae) 465, 474 ff, 474, 476, 478, 479 f, 483 f, 486
Androsacetalia alpinae 539, 579, 594
- vandellii 539, 591
Androsacetum alpinae 579 f
- helveticae 591
- vandellii 591
Androsacion alpinae 579 f, 580
- vandellii 591, 594
Androsaco-Ranunculetum alpestris 594
Angelico-Cirsietum 751, 753
Anlandung s. Verlandung, Landgewinnung
Anmoor 180, 235, 553, 665, 673

Annuelle s. Therophyten
Anomodontion europaeum 613
Ansprüche an den Standort s. physiologisches Verhalten
Anstieg der Nivalflora 600 f, 604
Antherico-Pinetum 323
Anthocyanbildung 464, 530
Anthoxantho-Agrostietum 786
- -Arnoseridetum 831
anthropo-zoogen s. Mensch, Einfluß auf Vegetation
Anthylli-Teucrietum 631
Antitrichion curtipendulae 613
Aperetalia 820, 827, 831
Aperzeit, Ausaperung *530 f, 540, 547 f, 559, 561, 563, 567, 572, 578, 603, 608, 689
Aphanion 825
Arabidetalia caeruleae 539, 563
Arabidetum caeruleae 563
Arabidion caeruleae 563
Arctietum nemorosi 714
Arction 805, 808, 810
*Ardennen 159, 166, 168, 195, 197, 416, 453
Areal (u. A.grenzen) von Arten (u. Ges.) 28 ff, 110, 167, 216 ff, 245, 249, 265, 272, 281, 304, 794 f
A.-Spektrum 144
Armerietum halleri 661
- maritimae 481, 618
Armerion halleri 661
Arnoseretum 665
Arnoseridion 825
Arrhenatheretalia 661, 732, 748, 762 f, 767, 775, 806
Arrhenatheretum (elatioris) 356, 623, 717, 732, 735 f, 740, 743, 753, 755, 762 ff, 784
- alopecuretosum 624, 737
- montanum 746
- salvietosum 624, 737
- typicum 728, 737 ff, 762
Arrhenatherion 730, 731, 732, 734 ff, 741, 744 f, 751, 773, 785
Artemisietalia 724, 805, 834
Artemisietea (vulgaris) 720, 785, 805
Artemisietum maritimae 481
Artenzahl (s. auch Diversität) 720, 782, 833, 837, 839
Arthonietalia radiatae 611
Arve = Zirbe (Pinus cembra, s. auch Lärchen-Arvenwald) 300 ff, 303, 703
Aspekte (s. auch Phänologie) 821 ff
Asperulo-Fagetum, (A.-Fagion) s. Galio odorati-F. 141, 151, (112 f)
- odorati-Tilietum s. Galio odorati-T. 206
Asperulo taurinae-Aceretum 201
- - -Tilietum (Tilio-Asperuletum taurinae) 204, 206
Aspleniatalia rutae-murariae 594
Asplenietea rupestria 591

Sachregister

Asplenio-Cystopteridetum 594
— *-Piceetum* 288, 297, *594*
— *-Primuletum hirsutae* 591
Assoziationsbegriff s. System, pflanzensoziol.
Aster bellidiastri-Pinetum 594
Astragalo-Pinetum 323
— *-Stipion* 618
Ästuar (Trichtermündung) 334, 338, 412 ff, 467
Äsungszentrum des Rehwildes •127, 136, 173, 185
atlantisch (s. auch ozeanisch) 258, 400, *453*, 511 f, 613, 666, 791, 798 f, 806, 823
Atriplicetum litoralis 495
Atropetum belladonnae 714
Atropion 714
Auelehm, brauner Aueboden *64 f, 75, 335 f,* 346, *347,* 363
Auenwald (allgemein) 23, *64 f,* 203, 222, 229, 360, 375, 576, *615,* 724, 773 f
Auflagehumus s. Moder, Rohhumus, Tangel u. ä.
Ausbildungsformen 168, *736*
Ausdauernde Ruderalfluren (s. auch *Onopordietalia*) 803 ff, •808 ff
Aushagerung s. Verhagerung
Ausreifen der Nadeln u. Knospen 525 f
Außendeichsland s. Marsch u. Watt
Außen-Krusten (Flechten) •596 f
— -Küste, -Strand 467, 490
Austrocknungsdauer (abgeschnittene Pflanzenteile) 648
Auswaschung des Bodens (s. auch Bodenbildung, Podsol u. ä.) •685, 713
autogene (u. allogene) Sukzession 346 f
Avenello-Fagetum 255
Aveno-Nardetum 555
azidophil s. Säurezeiger, pH
azonale Vegetation (s. auch Dauerges.) 22, 23, •73, 75, *335,* 376

Bach-Erlen-Eschenwald •355 ff, 356 f
Bachrinnen-Eschenwald (s. auch *Carici remotae-Fraxinetum*) 198, 202, •203, 373
Bakterien *178, 381,* 385, *438,* 563, 598 f, 602
*Balkanländer (bes. Kroatien) 124, 240, 242, 275, 280, 487, 489, 744, 753, 755, 762, 774
Balloto-Chenopodietum 804, 811
— *-Robinietum* 702
Bärlauch-Buchenwälder •125 ff, *126,* 147, •149 f, 153, 183, 197, 238 f
*Basel (Umgeb.) *160,* 214, *336, 774*
Basengehalt s. Calcium, pH, Härte
Basensättigung 501, *678*
Baumgrenze (s. auch Waldgrenze) *86 f, 139,* 143, 299, *313,* 315, •520 ff, *522,* 525 f, 537, 556, 575
Baumgruppengrenze 528

Bautypen s. anatom.-morphol. Bau
Bazzanio-Piceetum 277, 288
Beifußgestrüpp 804, 811
Beleuchtungsstärke, Lichtgenuß *60,* 88, 90 f, 96, 98, *118, 134 ff, 146, 155 f, 161, 194,* 205, 215 f, •229 ff, *229 ff, 232 f,* 252, •267 f, 272, 282, 297, *303, 330,* 331, 337 f, 514, 532 f, 565 f, 592, *607,* 608, *609,* 644, 683, *705,* 712, 715, *717,* 718, 734, *735,* 750, 784, *790,* 799, 814, *815, 818,* 819, 831, 834, 839
*Belgien 128, *190,* 202, *228,* 232 f, 256, 470, *658,* 662, 675, *680,* 717
Berberidion, Berberitzengebüsch 718 f
*Berchtesgaden *139,* 293, *348,* 537
Bergahorn-Buchenwald (s. auch *Aceri-Fagetum*) •143 ff, 527
Bergkiefern-Ges. 27, 75, *139,* 286, 299, 309, •311 ff, *311, 313,* •315 ff, *315,* 527, *531,* 574, 575
Berglöwenzahnhalde 579
Bergschatten 529
*Berlin (u. Umgeb.) *372,* 749, *793,* 803, 805 f, 808, 831
*Bern (Umgeb.) *56,* 214, 324
*Berner Oberland (s. auch Schynige Platte) 550, 560, 588
Berteroetum incanae 804
Beschattung s. Beleuchtungsstärke
Besenginsterheiden *(Cytision scoparii)* 666, 689 f, 691
Bestandes-Klima (s. auch Lokalklima, Beleuchtungsstärke u. ä.) 95, *96,* 199, 325, 496, 528 f, 533, 549, 556, 559, 606, 611 ff, *612,* 615, 631 f, 633, 699, *723*
— -Niederschlag s. Interzeption
Betuletum pubescentis 378, 423, *695*
Betulion pubescentis 106, 107
Betulo-Adenostyletea 572
Betulo-Quercetum (boreo-atlanticum) *96,* 168, *180,* 225, 252, 262, 304, *665, 695*
— — *alnetosum* 257
— — „*helveticum"* 256
— — *insubricum* 257
— — *molinietosum* 162, 227, 253, 257 f
— — *pinetosum* 257
— — *typicum* 205, 254, 259, 260
— — *vaccinietosum* 205
Bewirtschaftung s. Mähen, Weidevieh u. ä.
*Białowieża *68, 209,* •210 ff, 222 f, 249, 255, 285, 328, 379
Bidentetalia, Bidentetea 801
Bidentetum tripartitae 412
Bidention tripartitae 797, 799 f
Binnen-Dünen 29, 501, •508 ff, 637, 673, 691, 693 f
— -Heiden (s. auch *Calluna*-H.) 670 f, *672*
Binsen-Pfeifengraswiese (s. auch *Junco-Molinietum*) 759, 759 f, 771
Bioelement-Flüsse, B.-Verlagerung 188 ff, 405

958   Sachregister

biologische Aktivität d. Bodens (s. auch Bakterien, Tiere u. ä.) *177, 199, 226, 298,* 381 f, 704, 736, 786
Biomasse s. Phytomasse
Birken-Bruchwald, Kiefern-B.-B. *50, 75,* 107, *273,* •377 f, 381, 382, 392, 423, 434, 435, 440, 505, 559, 695, 757
– -Eichenwald (s. auch *Betulo-Quercetum*) *50,* 164, *168,* 205, •252 ff, *253, 256, 258* ff, *259 f, 326,* 329 ff, 347, 373, *382,* 388, 396, 504, 513, 553, 689, 695, 756 f, 773 f, 799
Birnmoos-Quellflur 570
Bitterschaumkraut-Quellflur 570
Blänke, Hochmoor-B., s. H.-Kolk
Blattflächen-Index (s. auch Gesamt-Oberfläche) 228 f, *735*
Blatt-Temperatur *464, 524, 607*
Blaualgen s. Cyanophyceen
Blaugras-Buchenwald (s. auch *Seslerio-Fagetum*) •136 ff, 238 f
– -Halde (dealpin, s. auch *Sesleria*-Ges.) *137, 321, 620, 623,* 624, •634, 638, 641
– -Horstseggenhalde (s. auch *Seslerio-Sempervirretum*) 540, •545 ff, *546, 548,* 550 ff, 554, 559, 603, 634, 751, *840*
Bleichsand s. Podsol
Bleigehalt von Boden u. Pflanzen 661 f
Blitzschlag 318
Block-Fichtenwald *288,* 296
Blockhalde (s. auch Schutthalde) 578
Boddenbinsenrasen (s. auch *Juncetum gerardii*) *480*
Boden-Atmung 158
– -Entwicklung *493,* 501, •525 ff, 589, 603
– -Erosion *43,* 45 f, *45,* 49, *64,* 325, 337, 346 f, 363, 367, 370, 438, 444, 470, 547, 551, 617, 636, 690, 713, 883, 839, *840*
– -Feuchte s. Wassergehalt, Saugspannung u. ä.
– -Fließen s. Solifluktion
– -Organismen s. biologische Aktivität, Bakterien, Pilze, Regenwürmer, Tiere
– -Profile (s. auch Wurzelbilder) 152, *178 ff,* 258 ff, *259 f, 292,* 328, *336, 343, 347, 355,* 438, 444, 578, 589, 695
– -Reaktion s. pH
– -Temperatur 89, *133,* 146 f, 223, *270,* 297, *298,* 512, 516, *524,* 529, 578, 589, *592,* 616, 621, *633,* 633 f, 669, 674, *701, 710,* 764, 822 f
bodensauer s. sauer
*Bodensee, B.-Gebiet *224, 385, 388, 390 ff, 398,* 429, 644, 652
Bodenvegetationstyp 692
*Böhmen *243, 295, 339,* 620, *621, 626,* 628 ff, *636, 689,* 708, *755, 759, 795, 813, 826, 841*
*Böhmisch-Bayerischer Wald *27,* 140, 146, 520

Bolboschoenetum maritimi 412, *412, 414,* 483
Bonitätsstufen (s. auch Stoffproduktion, Höhe v. Bäumen) *48,* 696
boreal, nordisch 209, 378, 420, 453, 483, 559, 563, 569, 572, 699, 703, 749
Borstenbinsen-Sumpfmierenflur 797, 799
Borstgras-Heide, B.-Rasen *533,* 541, •554 f, 559, 569, *620,* 626, 657, 666, 685, •687 f, *689,* 699, 730, *748, 750, 782,* 788
Brache (s. auch Sozialbrache) 57, 641 f, *665, 676,* 761, 780, •833 ff, 837 ff
Brachsenkraut-Lobelien-Tümpel 396
Brackwasser 388, 482 ff, *732,* 801
– -Röhricht 483, 488
Brand, Brennen s. Feuer
Braundüne *393, 492, 493,* 501, 665
Braunerde *51, 75,* 111, 147, 152, 158 ff, 175, *178 ff,* 192 f, 205, 221, 223, 236, 244, 258, 275, 551, *636,* 707, 817
Braunmull-Buchenwald (s. auch *Melico-Fagetum, Galio odorati-F.*) •112, 125, •147 ff, *148,* 159, *163,* 175 ff, *175,* 201, 202, 224 f, 238 f, 259, *364,* 551, *620*
Braunmoos-Ges. (*Calliergon, Drepanocladus* u. ä. Astmoose) 423
*Braunschweig (u. Umgeb.) 124, *736, 777,* 806
Braunseggensumpf(-ried) 428, *430, 533,* 568 f, 584, 756
Braunsimsenrasen 579 f
*BRD 79, *762*
*Bremen (Umgeb.) 387, *702,* 779
Brenndoldenwiesen (s. auch *Cnidion*) 755 f, 760
Brennessel-Giersch-Saum (s. auch *Urtico-Aegopodion*) 724
Brombeer-Gesträuche 718 f
Brometalia 500, 618, *620,* 631, 637, 641, 661, 731, 763 f, 775
Bromo-Hordeetum 804, 806
Bromus racemosus-Senecio aquaticus -Ass. 754
Bruchwald-Fen, B.-Torf (s. auch Birken-B., Erlen-B. u. ä.) *75,* 78, 373 f, *403, 439*
*Brünn (Umgeb.) 416, *808*
Brunnenkressen-Quellflur (Bitterschaumkraut-Q.) 571 f
Bryetum schleicheri 570 f
Buchen-Eichen-Hainbuchenwald •224 f
Buchen-Tannen-Fichtenwälder 382
Buchenmischwald, frischer bzw. feuchter, •152 ff, *153,* 157, *168, 221, 230, 233,* 238 f, *260, 326,* 364
Buchenwald (allg.) 19, 22, 23, 26 f, 71, 75, 78, 97, 110 ff, *701, 705,* 706 f, 733, 744, 794, 837
Buchsbaum-Flaumeichen-Buschwald s. *Buxo-Quercetum*
Buckellinsendecken s. *Lemnion gibbae*
Buellion canescentis 612

Sachregister

Buglossoido-Quercetum (= *Lithospermo-Q.*) 239, 245, 247 f, 250
Bult (Hochmoor-B.) 423, 428, 436, 442 ff, *448 ff, 450 f, 459, 460
bunte Torfmoos-Ges. s. *Sphagnetum magellanici*
Buntschwingelhalde (s. auch *Festucetum variae*) 550, *554
Bupleuro-Brachypodietum 618
Buschdüne 492, 493, *503 f
Buxo-Quercetum 245, 247 f

C_3- u. C_4-Pflanzen 192, 478, 745
Cakiletalia, Cakiletea maritimae 495
Calamagrostietum pseudophragmites 339
Calmagrosti-Alnetum (incanae) 350, 355
Calamagrosti (villosae)-Piceetum 292, 293
Calcium, Kalk, 175, 187, *189, 190, 228, 426, 432, 463, 469, 493, 498, 508 ff, *539 ff, 542 ff, 603, 618, 624 ff, 631, 637, 656, 685, 708, 771, 784, 808
Callitricho-Sparganietum 567, 567
Calluna-Heide 46 f, 58, 332, 410, 668, *670 ff, 673, *674 ff, 676, 680, 684, 685 f, 693, 695, 733
– –, montan 687 f, 688
Calluno-Danthonietum 680
– -Genistetum (= *Genisto-Callunetum*, s. auch dort) 675, 695
– – molinietosum 695
– – typicum 680, 695, 778
– -Genistion 671
– -Pinetum 696
– -Ulicetalia 666, 671
Caloplacion decipientis 597
– pyraceae 597
Calthion 729, 730, 731, 732, 751, 753, 755 f, 760, 770, 778
Calystegion 371
Candelarietum 130
Cardaminetum amarae 570 f
Cardamino bulbiferae-Fagetum 125
Cardamino-Montion 421, 571
Cardaminopsi-Agrostietum 755
Carduo crispi-Chaerophylletum aurei 724
Caricetalia, Caricetea curvulae 539 f, 555
– davallianae 539, 568
– nigrae 421, 427, 539, 568
Caricetum appropinquatae 410
– buekii 339
– canescenti-nigrae 423
– curvulae (s. auch *Curvuletum*) 540, 553
– davallianae 423, 430, 568, 571, 782
– davalliano-tumidicarpae 430
– diandrae 410 f
– distichae 410 f
– elatae 390, 407, 407, 408, 410 f, 423
– ferrugineae 540, 546
– firmae 540, 546, 549
– gracilis 339, 408, 409, 410, 423, 736, 740, 753, 762, 762, 777, 778

– lasiocarpae 423, 432
– nigrae 430, 567, 568
– nigro-rostratae 755
– paniculatae 410
– remotae 203
– ripariae 410 f.
– rostratae 410 f, 423
– vesicariae 410 f
– vulpinae 410 f
Carici-Asplenietum 594
– brizoidis-Fagetum 150, 151, 154
– elongatae-Alnetum (glutinosae) 360, 372 f, 375 f, 376
– -Fagetum 108, 129, 132 f, 136, 183, 239, 321, 325, 594, 695, 723
– humilis-Pinetum 323
– laevigatae-Alnetum (glutinosae) 375, 376
– pilosae-Carpinetum 213
– -Pinetum engadinensis 313 f
– (remotae-)Fraxinetum 198, 202 f, 203
Caricion australpinae 546
– canescenti-nigrae 421
– curvulae 539 f
– davallianae 421, 568, 730
– elatae (U.V.) 409 f
– ferrugineae 539 f
– gracilis (U.V.) 409 f
– nigrae (s. auch *canescenti-n.*) 568, 730, 756
Carlino-Caricetum sempervirentis 782
Carpinion (betuli) 106, 111, 205, 208, 221, 263 f, 264, 613
Carpino betuli-Ostryetum 212
– -Prunetum 717
Carr 75, 433
Centaureo-Blackstonietum 796
Centunculo-Anthoceretum punctati 795 f
Cephalanthero-Fagetum 129, 132
– -Fagion 106, 112 f, 129 f, 280
Cephalarietum pilosae 724
Ceratophylletum demersi 395, 420
Cetrario-Cladonietum 511
– -Festucetum supinae 560
– -Loiseleurietum 541
Chaerophylletum aromatici 724
– aurei 724
Chaerophyllo-Alnetum glutinosae 357
Chamaebuxo-Pinetum nigrae 313
Chamaephyten *30 f, 121, 585, 601, 608 f, 620, 621, 631 f, 642, 725
Characeen-Rasen 390 f, 391, 396, 414
Charetum asperae 390, 391
Charion asperae 391
Chasmophyten (s. auch Felsspaltenflur) 589, 592
Chelidonio-Robinietum 702
Chenopodietea 785, 805, 820
Chenopodietum ruderale 804, 806
– subalpinum 804
Chenopodion fluviatile 801 f
– rubri 801

960   Sachregister

Chlorophyllmenge 301, 768
Chlorose, chlorotisch 543, 625
Chondrilletum (chondrilloidis) 348, 350, *350*
Chrysohypno-Trichophoretum 432
Cicendietum 796, 798 f
Cinclidotetum fontinaloides 417
Cinclidoto-Dialytrichetum 417
Cirsietum eriophori 804, 810
– *rivularis* 753
Cirsio-Brachypodion 618 f
– *tuberosi-Molinietum* 757
Cirsium oleraceum-Angelica sylvestris-Ass., C.o.-*Polygonum bistorta*-Ass. 740, 741, 752, 777
Cladietum marisci 406, 423
Cladonio-Pinetum 696
Cnidio-Violetum 760
Cnidion 755 f, 760
C/N-Verhältnis 93, 158 f, 174, 296, 696
Colchico-Mesobrometum 640
colline Stufe 22, 23 ff, 75, *76, 86 ff, 165, 178, 322 ff, 335, 354, 537, 592, 626, 634, 711, 731, 747, 775, 809
Conyzo-Lactucetum 804
Coronillo-Pinetum 594
Corydali-Aceretum 197
Corynephoretalia (canescentis) 617, 638
Corynephoretum (canescentis) 497, 673, 695
– *maritimum* 497
Corynephorion (canescentis) 106, 320, 501, 638, 730
Cotoneaster-Amelanchier-Ass.
Cotyno-Quercetum 323
Cratoneurion commutati 421, 539, 570 f
Cratoneuro-Arabidetum bellidiflorae 571
– – *soyeri* 570
Crepido-Caricetum 782
– -*Cynosuretum* 782
Curvuletum (= *Caricetum curvulae*) 553, 555, 603
Curvulo-Nardetum 555
Cuscuto-Calystegietum 371
Cuspidato-Scheuchzerietum 450
Cynancho-Festucetum ovinae 618
– *Tilietum* 206
Cynosurion 781
Cyperetalia fusci 795 f
Cyperetum flavescentis 796, 799
Cypero fusci-Limoselletum 795 f
Cystopteridetum montanae 594
Cystopteridion 594
Cytision scoparii 666, 671, 689
Cytiso-Pinetum 247

Dactyli-Festucetum arundinaceae 793
Dampfdruck (s. auch Luft-Feuchtigkeit) 157, 512
*Dänemark 151, 167, 207, 393, 469, 483, 493, 662, 670 f, 672, 676, 681, 704

*Darß (Halbinsel) 484, 485, 493, *500*, *510*, 732 f, 823 f
Dauco-Melilotion 805
Dauerfrostboden 535
Dauergesellschaft (s. auch azonale Vegetation) 73, 129, 132, 240, 310, 563, 581, 594, 601
Dauerquadrate (s. auch Sukzession) 583, 586, 641, *643, 648, 654, 682*, 683, 763, 832, 834
Davallseggen-Quellsumpf (s. auch *Caricetum davall*.) *428 ff, *429 f*, 568 f
dealpine Arten *138, 324, 546, *634
*DDR 79, 151, 214, 696, 762
Deich, Eindeichung 63, *64*, 465, 482 f, 744
Denitrifikation 403, 655, 752
Dentario-Abietetum 280
– -*Fagetum* 119
Deschampsietum 391, 753
Deschampsion cespitosae 730
Descurainietum 804
Diantho-Armerietum 778
Diatomeen-Überzug (Watt) 470 f
Dicranellion heteromallae 171
Dicranetalia 613
Dicrano-Hypnion filiformis 613
– -*Pinetum* 254 f, *317*, 320
– -*Pinion* 320, 324 f, 328
Dikotylen-Polster, D.-Teppich 517, 601 f
Diphasio-Nardion 666
Diversität 68, 69, 687, 787
Doldenblütler in Düngewiesen 735, *736*, 753
Dolomit 75, 293, 314, 323, *542, 545*, 566, 598, *624 ff, 638
*Donau(tal) 336, 343, 353, 355, 362, *500*, *510*, 732 f, 823 f
*Donaudelta 403, *405
Dorycnio-Pinetum 365 f, 366
Dotterblumen-Schilfröhricht *412 f*
Douglasienfrost 697, 701
Drabetalia, Drabion hoppeanae 580, *580*
Drabetum hoppeanae 579
Drahtschmielen-Buchenwald (s. auch *Avenello-Fagetum*) 161
Dreifurchenlinsen-Decken s. *Lemnion trisulcae*
Dryopteri cristatae-Alnetum 375
Dünen-Bildung, D.-Entwicklung 490 ff, *491 ff, 494
– -Eichenmischwald, D.-Birken-Eichenwald 22, *23*, 326, 504
– -Kiefernwald 320, *326*, *504 f*
– -Rasen s. Silbergrasfluren, Sand-Trockenrasen u. ä.
– -Sand 75, 481
Düngung 57 f, 59 f, 71, *185 ff, 458, 510, 573, 576, 624, 640, 655, 662, 669, 679, 707 f, 726, 729 f, *731*, 734 f, *736*, *751 f, 755, 760, *764*, *765*, 767, 771, 781, *823 f, 830 f

Durchlässigkeit (von Böden) s. Versickerungszeit
Durchlüftung s. Sauerstoffgehalt
Durchwurzlungs-Intensität (s. auch Wurzel-Int.) *180*
Dürre, D.-Empfindlichkeit (s. auch Trocken-Perioden, T.-Resistenz) 65, 82, 199, 645
Dy, Dygyttja 386, 400
Dynamik (s. auch Entwicklungs-Phasen, Sukzession) 655, 791
dystroph •386f, 388, •392f, *393*, 408, 423, 431, *445, 450, 455*

Ebbe s. Tide
Echio-Melilotetum 804
echtes Hochmoor s. Plateau-H.
edaphische Waldgrenze 521
Edellaubwälder (s. auch *Fagetalia*) •110ff, 263f, 356
Effektivität der Photosynthese s. Energieausnutzung
Eiben-Steilhangbuchenwald •134ff, *135*
Eichen-(Ulmen-)Auenwald •358f, 360f, •*362ff*
— -Birkenwald s. Birken-Eichenw.
— -Buchenwald (s. auch *Fago-Quercetum*) 19, *26f*, *86ff*, 165ff, 170, *176*, *259*, *282*, 679, 695
— -Eschenwald 460
— -Hainbuchenwald (s. auch *Querco-Carpinetum, Tilio-C.* u. feuchter E.-H.) 22, 23, 48, *50ff*, *68, 75, 86f*, 91, 111, 168, 198, 202, •212ff, 250, 257, 322, 326, 332, *357, 382*, 711, 837
— -Kiefernwald (s. auch *Pino-Quercetum, Potentillo-Q.* u. ä.) •255ff, 260, *282,* 312, 326f
Eichenmischwald, allg. 19, *75, 78, 82, 96,* •207ff, 287, *705*
—, wärmeliebender (trockenheitsertragender, s. auch *Quercetalia pubescenti-petraeae* u. ä) 22, *23, 75, 78, 86ff,* 107, *125*, 130, 134, *172,* 205, 238f, •240ff, *241,* •245ff, *615,* 626, 649, 718, *721*
*Eichsfeld 54, *123*
*Eifel 124, *357*
Eisen, E.-mangel •189, 543, 555, 625
Eisgebläse 299
Eiskeller (Blockhalde) 288, •297f
Eiszeit, Glazial 24, 124, 240, 252, *329,* 344, 346, 519f, *522,* 596
Elatini-Eleocharition ovatae 795
*Elbetal 374, 508, 742, 766
Eleochari-Cariceetum bohemicae 796ff
— -*Lindernietum* 796
Eleocharitetum ovatae 797
Elevationseffekt •519
*Elsaß s. Frankreich, Vogesen u. ä.
Elsbeeren-Eichenmischwald s. *Buglossoido-Quercetum* u. ä.
Elymo-Agropyretum 497

— -*Ammophiletum* 499f
— — *festucetosum arenariae* 497, 499ff, 500, 505
— — *honkenietosum* 505
— — *typicum* 497
Elynetum (alpinum) 541, 549, 603
Elyno-Seslerietea 539f, 545
Empetrion boreale 666, 671f
Empetro-Callunetum 501
— -*Pinetum* 505
— -*Vaccinietum* 539, 559f
*Ems, Emsland 362, *364,* 513, 778
Endemiten, endemisch 520, •594f
Endymio-Carpinetum 209
Energie-Ausbeute, -Aufwand, -Gehalt *70f,* •195, 232f, *512, 557, 562, 659, 745,* 765
*Engadin, Ober-, Unter-E. 286, 291, 303, 308f, 312f, *320, 322, 342, 368, 515,* 523, 528, *529, 543, 556, 559,* 727
*England (bes. Südost-E.) *125,* 203, 212, 258, 455, 474, 626, 641, 660, 720, 788, 840
Entwaldung 38ff, *43, 50, 52, 56, 64*
Entwässerung 62ff, *64ff,* 435, 446, •457ff, *458ff,* 464f, 671, 780, 833, 839
Entwicklungs-Phasen (s. auch Sukzession, Urwald, Wachstum v. Mooren) 681f, *682,* 686, 696f, 716, 726, 727, 814
Epilobietalia, Epilobietea angustifolii 713
Epilobietum fleischeri 350
Epilobio montani- Geranietum robertiani 724
Epilobion angustifolii 714
Epipactis (atrorubens)-Seslerietum 624
Epipetrea 539, 597
Epiphyten 32, 66, *114,* 121, *145, 232, 273f,* 609, •610ff, 611
Equiseto-Abietetum 278
— -*Alnetum* 355, 720
Erdseggen-Föhrenwald (s. auch *Carici-Pinetum*) •312ff, 322
— -Schneeheide-Kiefernwald s. *Dorycnio-Pinetum* u. *Erico-P.*
Erica-Heide s. *Ericetum tetralicis*
Ericetalia tetralicis (= *Sphagno-E.*) 455
Ericetum tetralicis 393, 423, *667f,* •667ff, 671, 673, 679, 693
Erico-Mugetum, E.-Pinetum mugi 313f, 560
— -*Pinetalia, E.-Pinetea* 271, 277, 291, 313, 324
— -*Pinetum (sylvestris)* 22, 23, *141,* 313, *320,* 323
— -*Pinion* 142, 313, 319, 324f, 366
— -*Sphagnetalia* 427, 455, 666
Erigerono-Lactucetum 806
Eriophoretum scheuchzeri 567, 568
Erisithalo-Ulmetum 205
Erlen-Bruch(wald) (s. auch *Carici-elongatae-Alnetum glutinosae* u. ä.) 50, 64, *75, 78,* 359f, *364, 372f,* •372ff, •375ff, *376f,*

962 Sachregister

379, 381f, 384, 391f, 403, 408, 415, 423, 425, 435, 506, 695, 703, 774, 798
– -Eschenwald (s. auch *Alno-Fraxinetum*) 34, 78, 263, 264, 355ff, •359ff, 382, 403 756, 761, 774, 798, 837
– -Grauweidengebüsch 78, 360
Ernährung s. Nährstoff- ...
Erosion s. Boden-E.
Erosionskomplex (Hochmoor) 444
Ersatzgesellschaft 72f, 560, 616, 692, 757
Ertrag (s. auch Stoffproduktion) 175, 261, 620, 623, 699, 726, 727, 736, 746, 767, 771, 780, 782
Erysimo-Melicetum ciliatae 618
Erythraeo-Blackstonietum 799
Erythronio-Carpinetum 212
Esch, Eschboden 50, 693
Eschen-Ahorn-Schatthangwald (s. auch *Phyllitido-Aceretum*) 197ff
– -Auenwald 75, 415
Eselsdistelflur (s. auch *Onopordetum*) 804, 809, 809f
*Estland, Estische SSR, 294, 377f, 436f, 446, 614, 725, 825
Eu-Fagion (= Asperulo-F., Galio odorati-F.) 106, 112f, 147f
Eu-Nardion (= *Nardion* i. e. S.) 666, 688, 690
Eupatorietum cannabini 724
Euphorbio-Brachypodietum 639
– *saxatilis-Pinetum nigrae* 141
eutroph 75, 78, •386f, 388, 390f, 394, 402, 423
Eutrophierung 382, •384ff, 406, 440
Evapo-Transpiration •192f, 196
Evaporation, Piche-E. 199, 233, 460, 465, 501, 512, 549, 631f, 623, 648, 705, 723
ewiger Schnee s. Nivalstufe
Existenz-Optimum (s. auch ökologisches O.) 80
Exposition s. Lokalklima, Boden-Temperatur, Luft-T. u. ä.
extrazonale Vegetation •73, 75, 240

Fadenseggenried(-sumpf, s. auch *Caricetum lasiocarpae*) 423, •431f
Fagetalia 107, 110, 142f, 197, 204, 208, 247, 250f, 258, 263, 271, 274, 277, 288f, 291, 354, 355, 721, 799
Fagetum caricetosum digitatae 130
– *carpaticum* 125
– *nudum* 134, 218
– „*sylvaticae*" 115
– *typicum* 125
Fagion 106, 111f, 142, 264, 271, 274, 291, 613, 620, 744
Fago-Quercetum 166, 168, 255, 258f, 259, 695
Farn-Buchen(misch)wald 155ff, 155, 157, 168, 238f

Faulbaum-Ohrweidengebüsch (s. auch *Frangulo-Salicion auritae*) 720
Federgras-Rasen, F.-Steppe 627, 635, 642, 645
Feinstwurzeln (s. auch Wurzel-Profile, Sproß-Wurzel-Verhältnis) 624, •656
Feldgehölze 714ff
Fels-Flechtenüberzug 539, 590, 592, •595ff, 601, 604
Felsbirnengebüsch 635, 719
Felsenblümchenhalde (s. auch *Drabetum hoppeanae*) 579f, 580
Felsrasen, Felsensteppe 616, •626ff, 631f, 635f, 638, 647, 649, 655, 730
Felsspaltenflur 539, •589ff, 592, 594f, 604, 635
Femelschlag 54, 275, 309, 709
Fen (s. auch Bruchwald-Torf, Niedermoor-T.) 75, 433
Festucetalia valesiacae 618, 627, 637, 645f
Festucetum valesiacae 621
– *halleri* 540
– *variae* 540
Festucion pallentis 638
– *valesiacae* 618, 641, 811
– *variae* 539
Festuco-Brachypodietum 618
– -*Brometalia* 661
– -*Brometea* 318, 500, 617f, 624f, 637, 666
– *Cynosuretum* 781, 786, 788
– -*Fagetum* 158, 198
– *rupicolae-Brachypodietum* 618
– -*Sedetalia* 497, 500, 617f, 637f
– -*Trifolietum thalii* 540
– *valesiacae-Stipetum capillatae* 618
Fetthennen-Knäuelrasen (s. auch *Sedo-Scleranthetalia*) 617
Fettwiese (s. auch Düngewiese, Glatthaferwiese) 59f
feuchte Sandheide (*Calluna*-Heide) 668, 673, •679ff, 680, 682, 693
feuchter Buchenmischwald s. B.
– Birken-Eichenwald s. *Betulo-Quercetum molinietosum*
– Eichen-Hainbuchenwald 91, 202, •220ff, 222, 224, 230, 238f, 330, 354, 357, 359, 373, 382, 403, 695
Feuchtezahl, mittlere F. •99, •104, 116, 131, 170f, 187, 276, 359ff, 409ff, 475, 497, 511, 630, 777, 785, 829
Feuchtigkeitszeiger 99ff, 222, •234ff, 234, 237, 262, 354, 359, 679, 709, 710, 731, 764, 781, 806, 812, 820, 828ff, 829
Feuer, Brand, Einfluß auf Vegetation 36, 49, 242, 252, 284, 300, 309, 314, •317f, 319, 457, 459, 521, •642f, 643, 644, 665, 676, 681, 682, 683ff, 690, 697, 703, •712f, 760, 839
Fichte in Laubmischwäldern 19, 138f, 212f, •289
Fichten-„Auenwald" •367, 368

– -Bruch(wald), F.-Sumpf 75, 379, 380, 392, 423, *425*, 445, 459
– -Eichen-Kiefernwald 35, 212, 328
– Tannenwald, F.-Tannen-Buchenwald 22, 23, *139*, 280
Fichtenforst 52, 53, *54*, 71, 92, 160, •192f, 196, 688, 693, 698, *701*, 705, 706ff, 709f
Fichtenwald, allg. 22, 23, 26f, 75, 86ff, *139*, 282, •285ff, 294ff, 323, *515*, *522*, 527, *554*, 703
–, subalpiner 26, *286*, •291ff, 299
Filipendulion 756, 761
Filipendulo-Geranietum 760f
– -*Helictotrichetum* 618
Filterwirkung von Pflanzenbeständen 189, 196, 707
Fingerkraut-Eichenmischwald s. *Potentillo-Quercetum*
*Finnland 377, 403, 436, 438, *439*, 442, 825
Firmetum s. *Caricetum firmae*
Flach-Hochmoor 424f, 442
Flachmoor s. Niedermoor
Flark, F.-Komplex (s. auch Kermi-Hochmoor) 442, 445ff, 446
Flatterhirsen-Buchenwald s. *Milio-Fagetum*
Flaumeichenwald s. Eichenmischw., wärmelieb.
Flechten-Ges. (s. auch Fels-F., Epiphyten) 417, •509ff, 535, 558, 609ff, 635
– -Kiefernwald (s. auch *Cladonio-Pinetum*) 508
– -Windheide s. *Cetrario-Loiseleurietum*
Fließgewässer (s. auch Flußaue u.ä.) 334ff, 380, •411ff, 418ff
Fließsand s. Triebsand
Florengeschichte •24ff, 465f, 518ff, 773f, 802f, 805, 812f
Flottlehm, F.sand 509, 681
Flurholzanbau (s. auch Pappelforst, Sträucher u.ä.) 715f
Fluß-Aue 23, 63ff, *64ff*, •332f, 335
– -Bett 334ff, 338, •340, 350, 813, 817
– -Röhricht 334, *335*, 338f, •340, *340*, 357, 414
Flußmeldenfluren (s. auch *Chenopodion fluviatile*) 797, 800f
Flut s. Tide
Flutrasen (s. auch *Agropyro-Rumicion*) *335*, 781, •792ff, 792f, 803, 829
Föhn 203f, •*204*, 206, 208, 324, 528f, 727
Föhre, Forche, Fuhre s. Kiefer
Föhrentäler s. Trockentäler, inneralpine
Formation, Vegetations-F. *538*, 539ff
Forstgesellschaften (s. auch Fichtenforst, Kiefern-F. u.ä.) 52, 53, *54*, 361, 576, •691ff
Frangulo-Salicetum (auritae) 423
– -*Salicion auritae* 720
Fraxino-Aceretum 288
– -*Fagetum (balticum)* 152, 154

– -*Populetum* 361
– -*Ulmetum* 361, *362*, 720
*Fränkische Alb (Jura) 137, 173, 242, 280, 628ff, 639
*Frankreich (bes. Ost-F.) 125, *177*, 203, 240, 242, 247f, 258, 674f, 720, 744, 774
freischwimmende Wasserpflanzenges. s. *Lemnetea* u.ä.
frischer Buchenmischwald s. B.
– Kalkbuchenwald s. Kalkb.
Froschbiß-Krebsscheren-Ges. 402
Frost-Bewegung d. Bodens s. Solifluktion
– -Härte (s. auch Winterfrost u. Spätfrost) •218f, 248, 300f, *302*, 405, 467, 526, 530, 556, 595, 603, 609ff, 685, 745, 799
– -Trocknis 287, *525f*, 532, 557
– -Wechsel (s. auch Solifluktion) 465, 530, 547, 558, 577, 610
Fruchtbarkeit d. Bodens s. Nährstoff-Versorgung, Wasser-V., biolog. Aktivität
Frühlings-Ephemere, F.-Annuelle 621, 622, 635, •646f, 814
– -Geophyten 121, *126*, 127f, *222*, 608, 631, *716*, 814, 833
Fuchsschwanz-Glatthaferwiese (s. auch *Arrhenatheretum alopecuretosum*) 624, 732f, •741, 744, 777f, *783*
Futterwert (s. auch Weide-Unkraut) 552
Futterwiese (s. auch Kulturgrünland) 725ff

Galeopsietum angustifoliae 581
Galio-Abietion 274
– -*Abietetum* 290, 293
– -*Agrostietum tenuis* 618
– -*anisophylli-Minuartion vernae* 661
– -*Calystegietalia* 720, 724
– -*Carpinetum* 202, 209, 211, 214ff, 221, 250
– -*odorati-Fagetum* 108, *141*, 151, 175
– – -*Fagion* (= *Eu-Fagion*) 112f, 148
– – -*Tilietum* 206
– -*Piceetum* 146
Gamsheide-Teppich (s. auch Alpenazaleen-Heide) 541
Gänsefuß-Pionierflur 804, 806
Gänsekressenboden, Blaukressen-Schneeboden, 563, 566
Gänsemalven-Rain 804, 807, 811
Gartenunkraut 820, *822*, 833, 837
Gaudinio-Arrhenatheretum 744
Gebirgs-Schwemmlinge (s. auch Alpen-S.) •369f, *370*
– -Heiden s. *Calluna*-H., montan, Alpenrosen-H. u.ä.
– -Hochmoor s. montan, subalpin u. H.
Gebüsch s. Sträucher
gedüngte Feuchtwiese (s. auch *Calthion*) *431*, •751ff, 773, 838
– Frischwiese s. *Arrhenatherion*, Glatthaferwiese u.ä.
Gegenwall 507f

Geilstellen in Weiden 726, 779
generative Vermehrung s. Samen ...
Genisto-Callunetum 679, 683
– – *empetretosum* 665, 673 f, 693
– – *molinietosum* 667, 673, 679, 682, 693
– – *typicum* 663, 673, 675 f, 693
– -*Callunion* 666
Gentianello-Koelerietum 639, 648, 654
Geranio-Allietum 833
– -*Dictamnetum* 721
– -*Peucedanetum cervariae* 721, 723
– -*Stipetum capillatae* 618
– -*Trisetetum* 746
Geophyten •30 f, 116, 121, 127, 236, 356, 501, 516, 585, 608, *621*, 725, 727, 814
Gesamt-Oberfläche des Pflanzenbestandes 196, *612*, 707
– -Stickstoff 174, 187
Gesteinsfluren s. Felsspaltenflur u. Schutthaldenf.
Gesträuch s. Sträucher
Getreideunkraut 795, •820 ff, 832, 834
Gewässer-Verschmutzung (s. auch Eutrophierung) 385, •417 ff, 417 f, 469 f, 802
Gezeiten s. Tide u. Watt
– -Delta, Süßwasser-, *413, 415*
Gifthahnenfuß-Schlammflur 800 f
Giftstoffe (s. auch Allelopathie, Schwermetalle u. ä.) 405, 514, 614, 658
Ginster-Heidestrauchheiden (s. auch *Genisto-Callunetum*) 666, 672
Gladiolo-Agrostietum 746
Glatthaferwiese (s. auch *Arrhenatheretum*) *623, 728, 731*, •732 ff, 735 f, 743, 745 f, *746 f, 755, 762 f*, 776, 779, 788
Glazial-Relikt s. R.
Gletscher-Bewegung •582 ff, *583*
– -Regime (Abfluß) *336, 349*
– -Vorfeld 306, •581 ff
Gletscherweiden-Spalier 563, 566 f
Gley •*221, 259* f, 260
– -Podsol 259, *260*, 673
Globalstrahlung (s. auch Strahlung) 195, 196, 270
Glockenheide-Anmoor (s. auch *Ericetum tetralicis*) 667 f
Glycerietum maximae 339, 390 f, 406, *478*
Glycerio-Sparganion 785
Glykophyten 477, 478 f, 485, 659
Goldhaferwiese (s. auch *Trisetetum*) 515, 733, •*746* ff, *746 ff, 749 f, 755, 764,* 765
*Göttingen (Umgeb.) 127, 154, *174*, 183, 202, 206, 214, 626, 628 ff, *632*, 644, *654*, 656, 722, 784, 801, 834 ff, 837
Graphidetum 130
Graphidion scriptae 611
*Graubünden 299, 312 f, 323, 538, 563, 582
Graudüne 492, *493, 497, 499* ff, *500, 505,* 507 f, 511, 617
Grauerlen(au)wald (s. auch *Alnetum incanae*) *342 f, 345,* 348, • 354 f, 365, 370, 576

Graukressenflur 804
Grauweiden-Sanddornbusch (*Hippophaë-Salicetum arenariae*) •351
*Grindelwald-Gletscher, Oberer 588
Großseggenrieder (s. auch *Magnocaricion*) 78, *390 ff,* 400, *403*, 404, •406 ff, *407 ff,* 427, 729, 730, 751, 754, 756, 762
Grundwasser, G.-Spiegel 62 ff, *64 ff,* 221, 227, 236, *249*, 260, 329, 333, *343, 345,* 346 f, *357,* 366, *372 ff, 375,* •*379 ff, 413, 422 ff, 432, 434, 452, 458 f, 482,* 490, *493, 496, 503 f, 652, 668, 669, 671, 679,* 736, 739, *740 f, 755, 762, 770, 777 f, 778, 783*
Grundwasserstands-Dauerlinien •*221, 373*
Grünerlengebüsch 309, 527, 541, 572, •*574 ff, 574 f*
Gryllo-Callunetum 690
Guanotrophierung (s. auch Vogelnistplatz, koprophile Ges.) 685 f
Gute-Heinrichs-Flur 804, 811
Gymnocarpietum robertiani 288, 581
Gyttja *78*, 374, 386, 396, *403, 439, 440*

Haarprimel-Felsflur 591
Hackfruchtunkraut 812, •*820 ff, 822*, 832, 834
Haftdoldenacker 825
Hainbuchenwälder s. Eichen-H., Linden-H.
Hainsimsen-Buchenwald (s. auch *Luzulo-Fagetum* u. Moder-B.) 92, 160, *172*, 185 ff, •189 ff, *191*, 192 ff, *194*, 357, 706
Halbtrockenrasen 44, *366,* 500, 576, 615 ff, •*618, 620, 623, 624, 625,* 626 ff, 630 ff, *639,* 644 ff, 648, *648*, 654, 656, 684, 685, 698, 729, 730, 764, 791, 811, 837 ff
Halbwüste 466
Haldendüne 492
Hallers Schwingelrasen 540
Hallig *465*, 466, 480, 482
Halmfrucht s. Getreide
Halophilie-Grade (s. auch Salz-Resistenz) 476 ff, *477, 489 f*
Halophyten 399, 414, 465 ff, 487 ff, 659, 781
*Hamburg (Umgeb.) 39, 338, *409, 412 ff,* 676, 744, 766
Hang-Moor *434, 439*
– -Tannenwald *273*, 276 f
Hangfußlage 168, *197* f, *200*
*Hannover (Umgeb.) 210 f, 222 f, *253*
Härte des Grundwassers •226 f, 379 f •*382,* 432
– des Oberflächenwassers •*394 ff,* 410, 420 f
Hartholzaue 324 ff, *325 ff,* 334 ff, *335 ff,* 338, •*342,* 346 f, 353, 361
Hartwasserquellen 421
*Harz *27, 88, 157,* 168 f, 171, *200*, 206, 214, 219, 242, 292, 433, *434,* 436, *439,*

455, 463, 527, 559, 630, 659, 661, 704, 764ff, 751, 754
*— -Vorland (s. auch mitteldeutsches Trokkengebiet) 294, 363, 422, 661
Hecken (s. auch Sträucher) •714ff, 715f
Heide (s. auch Calluna-H. u. Steppen-H.) 662
— -Düne s. Braundüne
— -Moor 423, 427f
— -Podsol s. P.
Heidekäfer 674, •682
Heidekraut-Heide s. Calluna-H., Genisto-Callunetum
Heidestadium entwässerten Hochmoors 458
Helleboro-(Abieti-)Fagetum 141
— -Fraxinetum 205
Helokrene 421, 427f
Helophyten, helomorph •33, 383, 389, 397, 399, 769
Hemikryptophyten •30f, 116, 121, 222, 501, 516, 585, 601, 608f, 620, 621, 631f, 725, 727, 793, 798, 804, 814
Herbizide 816, 818, 831, 837
*Hessen 35, 151, 200, 488, 630, 699, 728, 817, 833
*Hiddensee 484f, 496, 686
*Hils 154, 168
*Hintereisferner 585f
Hitze-Resistenz, H.-Schäden 529, 609, 611, 634, 684f, 795
Hochlagen-Buchenwald (s. auch Aceri-Fagion) 113
hochmontan (s. auch montan) 438, 454f, •517, 555, 689f, 747f
Hochmoor, allg. 22, 23, 50, 63, 75, 267, 294, 314, 316, 374, 378f, 380, 382, 386f, 392, •423ff, 424ff, 427f, 433ff, 434ff, •436ff, 567, 665, 669, 775
— -Bult s. B.
— -Kolk s. K.
— -Kultur 458f
— -Randwald 322, 373, 423, 424, 451f, 559
— -Schlenke s. Sch.
Hochstaudenflur 113, 142, 145, •146, 309, 369, 371, 412, 541, 550, 571, 571ff, 575f, 604, 710, 724, 750, 808
höchststeigende Kryptogamen 605
— Phanerogamen 604f, 605
Hochwald 52, •53ff, 75, •86ff
Hochwasser s. Überflutung u. Tide
Höhe von Bäumen 119, 145f, 154, 201, 282, 302f, 319, 351, 351, 359, 693f, 699
— von Kräutern u. a. s. Vegetations-Schnitte u. ä.
Höhengrenzen von Baumarten 139
Höhenstufung (s. auch colline, montane, subalpine, alpine, nivale Stufe) 22, 23ff, 88, •515ff, 746f, 755
*Hohes Venn 436, 453ff, 688
Hohlzahn-Schuttflur 581
Holco-Cynosuretum 788

*Holland s. Niederlande
Honigkleefluren (s auch Dauco-Melilotion) 805
Honkenio-Elymion 792
— -Salsolion 793
Horstrotschwingel-Weißkleeweide 781, 786ff
Hottonietum 395, 420
Hudewald s. Waldweide, Weidevieh
*Hüfigletscher 588
Humus s. Moder, Mor, Mull, Rohhumus, Tangel
Hundsstraußgras-Silbergrasflur 513
Hungerzeiger s. Magerrasen, Heiden u. ä., Nährstoff-Versorgung, oligotroph
Hydrochari-Stratiotetum 402
Hydrocharitetum morsus-ranae 395, 402
Hydrocharition 395
Hydrophyten, hydromorph •34, 30, 389, •397, 398, 399
hygromorph 33
Hypogymnetalia physodo-tubulosae 613

Impatienti-Solidaginetum 371
*Innen-Alpen s. Zentral-A. u. Trockentäler, inneralpine
— -Krusten (Flechten) 592f, •596f
— -Küste, -Strand 467f, 490
inneralpisch (Areal) 24ff, 322
innere Rhythmik 32
*Innsbruck (Umgeb., s. auch Patscherkofel) 524
insubrisch, Insubrien 24ff, 86, 88, 166, 167, 201, 205, 247f, 257, •261ff, 264, 520, 591, 595
Interzellularen s. Aerenchym u. Helophyten, Hydrophyten
Interzeption 88, 91, •192, 705
*Irland 455, 823
Isoëtion 392, 796
Isoëto-Nanojuncetea 795f
— -Lobelietum 396
Isolepidetum 796
Isothecion myosuroides 613

jahreszeitlicher Aspekt s. Phänologie
Jahrringbreite 302f, 303
Jugendentwicklung (s. auch Keimung, Verjüngung) 649f, 682, 683
*Jugoslawien (s. auch Balkanländer) 212, 280, 282f, 288
Juncetalia maritimi 481
Juncetum acutiflori 756
— filiformis 755
— gerardii 483f
— maritimi 483
— subnodulosi 756
Juncion bufonii 795
— maritimi 481
Junco-Menthetum longifoliae 793
— -Molinietum 757f, 758, 772f, 778;

jüngerer Moostorf s. Weißtorf
Junipero-Arctostaphyletum 560
Jurineo-Koelerion glaucae 638
*Jütland s. Dänemark

Kahlschlag 54 f, 185, *330, 708 ff,* 708 f, *711*
*Kaiserstuhl •130 f, *615,* 627 ff, *639, 721*
Kali, Kalium 48, 187, 189 ff, •*190 f,* 361, *426,* 489, 503, 510 f, 622, •*656,* 685, 707, *767,* 768, 771, 784, 811
Kalk-Boden (s. auch Calcium, Rendzina u. a.) *52,* 53, *75,* 271, 324, *336*
 — -Buchenwald *52,* 53, •114 ff, *114,* 126, 160, 174, *175 f,* 183, 190, 224, *230,* 238 f, 620, 709
 — -Eichen-Hainbuchenwald •224 f, *228, 232,* 233
 — -Fichtenwald *287,* •289 ff
 — -Kleinseggenried 423, •427 ff, *429 ff,* 568 f, 656
 — -Lärchen-Arvenwald 309 f
 — -Magerrasen s. *Festuco-Brometea*
 — -Pfeifengraswiese 656, *757,* •757 ff, 772
 — -Schneeboden 563, •566 f
 — -Tannenwald 280 f
 — -Zeiger (s. auch obige Ges., Karbonat-Ges. sowie pH u. ä.) 97, 99 ff, *172,* 276, •543 ff, *544,* 825 f
kalkarme Quellflur = Weichwasser-Q.
Kalkgehalt s. Calcium
Kalkmoder (s. auch Tangel-Rendzina) 132
Kalksand-Trockenrasen s. *Koelerion glaucae*
Kalkschieferhalden (s. auch *Drabion hoppeanae*) 580, *580*
Kalksteinbraunlehm 132, *620,* 636
Kalorien s. Energiegehalt
Kälte-Resistenz s. Frosthärte
Kaltkeimer *822,* 823
Kaltluft (s. auch Eiskeller, Spätfrost) *288,* 315, 528, 535, 709, *710*
Kamm-Moor *439*
Kapillarsaum (s. auch Grundwasser) 490, 494, *783*
Karbonat-(Kalk-)Alpenmatten (s. auch *Elyno-Seslerietea*) 539 ff
 — -Felsspaltenflur (s. auch *Potentilletalia caulescentis*) 591 ff
 — -Flechtenüberzüge 596 ff
*Karpaten (s. auch Tatra) 280, 309, 545, 547, 594, 746, 785, 788
Kastanien-Eichenwald *86,* •261 ff, *262, 282*
 — -Krebs 263
Keimung 128, 304 f, *340,* 341, 355, 361, 399, 404 f, *473, 477,* 479, 483, 485, 495 f, 509 f, 514, 580 f, 626, 634, 644, •649 f, *682,* 683 ff, 686 f, 690, 711 f, 789 ff, 794, 797 f, 810, 818, *822,* 822 ff, 828, *829,* 830
Keimverzug 815
Kermi-Hochmoor 424, 438, 441, *442,* •446
Kiefern-Bruchwald, Birken-K.-B. *50,* 75, 320, *373,* 377 f, *378,* 392, 434, *435,* 456

 — -Eichenwald (s. auch Eichen-Kiefernwald, *Pino-Quercetum*) 326
Kiefernforst *48,* 258 f, 318, 663 f, *664 f,* 691, *693 f,* •693 ff, *696, 705,* 708
Kiefernwald, allg. *19, 23, 26 f,* 50, *75, 86 ff, 139,* 212, 257 ff, 312 f, •316 ff, 347, *696*
Kies-(u. Sand-)Boden 63, *64 f,* 335, *337 ff,* 342, 348, 350, 366 f, 808
Klarwassersee s. oligotroph
Klassifikation s. System, pflanzensoziol.
Kleingras-Düne s. Grau-D.
Kleinklima s. Bestandesk. u. Lokalk.
Kleinseggenried (s. auch *Scheuchzerio-Caricetea nigrae*) 392, *403,* 423, •427 ff, 555, 652, 729, *730,* 751, 754, 756
Klima (Allgemeink.) *24 ff,* •*214, 516,* 521, 528 ff, 600, 626 ff, 630, 632, *738,* 747
Klimadiagramm *25*
klimatische Schneegrenze s. S., k. Waldgrenze s. W.
Klimax, K.-Hypothese (s. auch zonale Vegetation) •73 f, 130 f, 261, 314, 535 ff, 553, 555, 585, 589
 — -Gruppe 74
 — -Schwarm •77, 167 f, *168*
Klone 653, 784
Knick (Hecke) 56, 714, *715 f*
Knickfuchsschwanz-Flutrasen 794
Kniehoz s. Krummholz, Bergkiefer u. ä.
Knotenbinsen-Quellsumpfwiese 756
Knöterich-Melden-Flußuferflur *797,* 801 f
Koelerio-Gentianetum 811
Koelerion glaucae 320, 497, 500
Kohldistel-Glatthaferwiese 732 f, •*737, 738,* 741 f
Kohldistelwiese 736, •751 ff, *752 f,* 774, 777, 838
Kohlendioxidgehalt d. Grundwassers 669, 671
Kolk (Hochmoor) *445,* 447, *450* (Watt) 472, 474
kollin s. collin
kolluvial (s. auch Hangfuß) 536 f
Kompaßlattichflur 804, 806
Komplex v. Pflanzenges. u. Standorten (s. auch Mosaik) *434,* •441 ff
Konkurrenz 21, 35, 80 ff, *80, 82 f,* 95 f, 97, 103, 120, 134 ff, 144, 151, 165, *182,* 195, 197, 205, 208, 219 f, 223, 229, 252, *261,* •266 ff, 269, 274, 281, 284 f, 287, 297, 304 f, 310 f, 317, 321 f, 339 ff, 354 ff, 361, 368, 370 f, 378, 390, 393, 396, *401,* 416, 427, 440, 467, 471, 476, 478 ff, 484 f, 498, 500, 510, 512, 514, 518 f, *524,* •*544,* 550, 554, 557, 565, 575, 577, 584, 593, 596, 603, 624 f, 638, 640, 646, •651 ff, *652 f,* 657 f, 683, 685 ff, 703, 709, •711 ff, 720, 725, 745, •762 ff, 766 ff, *767, 769,* 770, 777 ff, 784 ff, 790, 794, 803, 807, 816, 818 f, *818,* 825, 832 f, 837

Konsumenten (s. auch Ökosystem, Tiere, Weide u. ä.) *418*
Kontaktges. (s. auch Komplex, Mosaik) 316, 695
kontinental 20, 24, 75, *86 ff,* 144, 206, 242, 247, 266 f, 272, 287, 289 ff, 317, 322, 361, 378, 424, *455,* 464, 487, 490, 506, 509, 532, 549, 613, 615, 617, 641, 703, *710,* 718, 742, 799, 806, 809, 811, 823, *840*
Kontinentalitäts-Gefälle *20,* 287, *292, 326, 330,* 617, 626, 637, 779 f, 825
– -Zahl, mittlere K.-Z., •99, 246 f, 254, 409 ff, 630, 670 f, 676
Kopfbinsenried 423, •428 f, 431, 676
koprophile Ges. 597 f
Korbweidenbusch *335,* •352, *364*
Korngrößen (Boden) 469, 631, 679 ff
Krähenbeer-Heide (s. auch *Empetrion boreale*) 502, 666, 669, *672,* •672 ff
– -Rauschbeerheide (Alpen) 559 f
Kratzdistel-Zwenkenrasen (s. auch *Cirsio-Brachypodion*) 619
krautschichtfreier Buchenwald s. *Fagetum nudum*
Krautsäume •720 ff
–, wärmeliebende *(Trifolio-Origanetalia) 720, 721 ff*
–, nitrat- u. luftfeuchtebedürftige *(Galio-Calystegietalia)* 720, 724 f
Krautweidenboden (s. auch *Salicion herbaceae*) *562,* •563 ff, *564*
Krebsscheren-Froschbiß-Ges. 402
Kriechrasen *335, 338 f,* 792 f
Kriechweidengebüsch 503
Kronen-Auswaschung •189 f, *190*
Krötenbinsen-Naßböden (s. auch *Juncion bufonii)* 795
Krummholz (s. auch Bergkiefern u. ä.) *517,* 526, 574 f
Krummseggenrasen (s. auch *Caricetum curvulae* u. ä.) *536, 540,* •551 ff, *552, 559, 564,* 569, 601, 603
Krüppelfichten-Ges. *296, 297*
Kryoplankton 604
kryoturbate Böden (s. auch Solifluktion) 521
Kryptogamen-Ges. s. Algen-, Flechten-, Moos-Ges.
Krypto-Humuspodsol 262
Kulturgrünland 725 ff, *782,* 834 ff, 837
Kulturlandschaft 34 ff
Kulturpflanzen-Eigenschaften *815,* 815 f
Kunstforst s. Forst, Monokultur
*Kurische Nehrung 504, *505,* •506 ff
kurzlebige Ruderalfluren (s. auch *Sisymbrion)* 803 ff, 806 ff
Küsten-Dünen s. Primär-, Weiß-, Grau- u. Braundünen
– -Heiden 670 f, *672*
– -Senkung 482
*Kyffhäuser *45,* 137, 242, 627

Lägerflur 48, •572 ff, *574,* 604, 811
Lagg (Hochmoor-Randsumpf) 380, *424 f,* 441
Laichkraut-Ges. s. *Potamogetonion*
Lamio albi-Aegopodion 724
Lammkraut-Acker 825, 831
Landgewinnung *415,* 472 ff, *474*
Lappulo-Asperuginetum 804, 806
Lapsano-Geranion robertianii 724
Lärchen-Arvenwald *26 f, 86, 88, 139,* 279, *282,* •299 ff, *300,* •307 ff, 316, 323, *522, 527, 531, 561, 575, 586,* 587, 684, 690
– -Fichtenwald *86, 88*
Lärchenforst 310, 701
Lärchenwickler *306,* 307
Laricetum 310
Larici-Cembretum 308 f
– *-Pinetum cembrae* 308
Laserpitio-Seslerietum 288
Lathyro-Fagetum 108, 109, 175, 183, 288
Latsche s. Bergkiefer
Laubbäume Mitteleuropas 27 f, 79, *80, 83*
Laubheu 40 f
laubholzfördernde Faktoren 51 f
Laubholzforsten 692, *697,* •702
Laubstreu s. Streu
Laubwald im Vergleich zum Nadelwald 51 f, *86 f, 89,* 90 ff, 266 ff
Laubwiese *52,* 59, 60
Lavinar, Lawinenrinne *314, 515, 517 f,* 523, *575,* •776
Lawinen 309, *314 f,* 534, 551, 554, 839, *840*
Łeba-Nehrung *505 f,* 508
Lebensdauer 82, 135, 302 f, 596, 644, 655, 681 f, 726, 747, 779
Lebensformen (s. auch Wuchsformen) •30 ff, *398,* 621, 631, 715, 835 f
Lebensgemeinschaft s. Tiere, Ökosystem, Äsungszentrum u. ä.
Lecanoretalia variae 611
Lecanoretum pityreae 611
Lecanorion carpinae 612
Ledo-Pinetum 378, 423
Legföhre s. Bergkiefer
Lehmheide •679 ff, *680,* 695
Lemnetalia, Lemnetea 400
Lemnetum gibbae 395, 420
– *minoris* 395, 400
– *trisulcae* 400
Lemnion 391, 395
– *trisulcae* 400
Lemno-Azolletum 395
– *-Spirodeletum* 395
Leontodonetum montanei 579
Leonuro-Arctietum tomentosi 811
Leprarietalia 611
Lerchensporn-reiche Wälder (s. auch Bärlauch-Buchenwald) 197, *198*
Leskion polycarpae 614
Leucodontetalia 613
Licht-Ausnutzung s. Energie-A.

968 Sachregister

- -Genuß s. Beleuchtungsstärke
- -Hölzer *81ff, 82, 93f, 139, 208, 219, 267f, 304, 311, 321f, 354, 698, 715, 838
- -Karten 60, 230
- -Pflanzen (s. auch Lichthölzer) 164, 173, 216, 219, 222, 236, 391, 467, 514, 516, 559, 565, 577, 643, 663, 687, 709, 716, 794, 800, 811, 830
- -Sättigung 194, 565 f, 745

Lichtungsfluren (s. auch Wald-L., Kahlschlag) 28, 119, 120, 142f, 691, *709ff, 775
Lichtzahl, mittlere L., *98, 142f, 308
Limnokrene 421
Linden-Blockhaldenwald (s. auch Asperulo-Tilietum) 206, *203ff
- -Buchenwald s. Tilio-Fagetum
- -Hainbuchenwald (s. auch Tilio-Carpinetum) 68, 209,* 209ff
Lithospermo-Quercetum (= Buglossoido-Q.) 245, 247f
Litoral, Eu-L. 390
Littorelletea, Littorellion 395, 567
Littorello-Eleocharitetum 390
Lobarion pulmonariae 613
Lochhieb 55, 710
Loiseleurietum s. Cetrario-L.
Loiseleurio-Vaccinion 539, 541
Lokalklima, Mesoklima 75, 143, *463ff, 517, 521, 528, 575, 592, 594, 599f, *630ff, 634f, 649, 669, 674, 709f, 720ff
lokalklimatische Waldgrenze 521
Lolio-Cynosuretum 778f, 780f, 782, 783, 784f, 788, 789
- -Plantaginetum (majoris) 788f, 791
Lonicero-Rubion sylvatici 714
Lophocoleetalia heterophyllae 613
Löß, L.-Lehm, L.-Gebiete 36, *37, 64, 75, 122, 124, 130, 173, 179, 225, 244, 259, 386, 498, 509, 589, 645, 711, 809, 830
Löwenschwanz-Filzklettenflur 811
Luft-Feuchtigkeit 88, 155, 157, 194, 199f, 205, 305f, 377, 438f, 454, 499, 525, 594, 611, 615, 627, 633, 656, 673, 723, 834
- -Temperatur 25f, 89, 110, 117, 157, 177, 194, *214ff, 223, 265, 268f, 269f, 281, 282, 297, 298, 299f, 303, 438f, 463f, 499, 512, 515, 523f, 528, 529, 530, 533, 573, 590, 592, 594, 600, 608f, 609, 615, 617, 620ff, 633, 640, 669, 710, 716, 723, 739, 747, 780
- -Verschmutzung (s. auch Schwefeldioxid) 463, 610ff, 612, 661f, 707
Lunario-Aceretum 198
*Lüneburger Heide (s. auch Wilsede) 662, 663, 676, 704, 713
Luzuletum alpino-pilosae 580
Luzulo-Abietetum 141, 279
- -(Abieti-)Fagetum 141
- -Cynosuretum 778, 786
- -Fagetum 108f, 150, 164ff, 171, 175, 180, 183, 186, 194, 219, 239, 240, 256, 357, 609, 612
- -Fagion 106, 112f, 151, 159, 165, 167, 178, 271
- niveae-Fagetum 166
- -Quercetum 250, 262
- sylvaticae-Fagetum 166
- - -Piceetum 293
Lycopodio-Betuletum 373
- -Mugetum 297
- -Pinetum 594

Mädesüß-Uferflur (s. auch Filipendulion) 756, *760f, 761, 773, 838
Magerrasen (s. auch Halbtrockenr., Trokkenr., Urwiesen u. ä.) 29, 52, 660
Magnesium *189f, 685
Magnocaricion 106, 391f, 406, 730, 765
Mähen, Mahd, Schnitt 59ff, 638ff, 639, 712, 725ff, 726, 756, 760, 769
Mähweide s. Umtriebs-M.
*Mainz (Umgeb.) 214, *215, 509, 630, 637
Mangan *189, 285
Mangelzeiger (s. auch Magerrasen, Heiden, Nährstoff-Versorgung u. ä.) 766, 781
Mangrove 467, 478
Mannaeschen-Mischwald (s. auch Orno-Quercetum) 248
Mantel s. Wald-M.
*March(feld) 336, 509
Marsch 63ff, 415, 465, 494, 780
Massen-Erhebung 27, 86
Mast (Schweine-), Mastjahre 41, 83, 120
Mastkraut-Pflastermoos-Ritzen 791
*Masuren 213, 317
Matricarietum chamomillae 827
Matricario-Polygonetum 789
Mauerfugen- (u. Felsspalten-) Ges. 589, 594
Mauerpfeffer-Pionierfluren 625
Mäusegerstenflur 804, 807, 811
*Mecklenburg 27, 161, 202, 331
mediterran 21, 24f, 87f, 212, 241, 322, 336, 466, 609, 789, 814
Meersaldenwiese 472
Melampyro-Fagetum 165, 171
Melandrio-Trisetetum 755
Melico-Fagetum 51, 148, 150, 152, 171, 180, 183, 185, 239, 259, 717, 723
- - allietosum 239
- - athyrietosum 152
- - dryopteridetosum 239
- - circaeetosum 152
- - hordelymetosum = elymetosum 150, 239
- - luzuletosum 152, 163
- - pulmonarietosum 151
- - typicum 150, 239
- -Piceetum 291, 293
Mensch, Einfluß auf Vegetation *34ff, 37, 39ff, 50ff, 68, 70, 164f, 167, 205, 211f, 219f, 225, 249, 255, 304, 307ff, 314f,

Sachregister 969

322, 332, 348, 385, 402, *403,* 405 f, 414, *415, 422, 426,* 456 f, 462 f, •481 f, 483, 493, 498, 502, 506 f, 517, 521, *522, 526,* 537, 542, 546, 576, 615 ff, 619, 638 ff, 644, 663 ff, 673 ff, 690, *693, 731,* 751, 774, 791, •802 ff, 812 ff, 840
Mergel 542, 552, 566, *574,* 641, 651, 756, 771
Mesobrometum 623, 624, 646 f, *648,* 650, 661, 763
Mesobromion 60, 619 f, 627, 631, 640 f, 646 f, 729 f, *730,* 739, 741, 744, 811
mesomorph, Mesomorphie •33, 462, 535, 550, 581, 618, 646 ff, 764, 810, 812
mesotroph *75,* •386, *390,* 394
Milchkrautweide 551, 555, 751, 786, *787,* •788
Mikroklima s. Bestandesklima
Mikroorganismen s. Bakterien, Pilze
Milio-Fagetum 151
Mineralbodenwasser-Zufuhr 425, 433, *434,* 437, *439,* 440 f, 462
Mineralstickstoff s. Stickstoff
Mineralstoff-Gehalt 423, *426,* •440, 463, 567, 772
Mischkultur *401,* 543, *544,* 652, *767,* 770, *818,* 824
*mitteldeutsches Trockengebiet *206,* 210 f, 213 f, 363, 422, 488, •618, *625, 684*
Mitteleuropa, Definition 19; Flora 28 ff
Mittelhochwasser (s. auch Tide, Überflutung) *466 ff, 471 f,* 475, 478, 482, 490
Mittellauf (Fluß) 334, •338
Mittelwald 51 ff, *52,* 53, *54,* 208, 219, *224, 228,* 294
Moder *75,* •76, 92, *93,* 159 ff, 177 f, 207, 285, 293, 298, 310, 536, 696, 704
- -Buchenwald (s. auch Hainsimsen-B., *Luzulo-Fagion* u. ä.) •112, 147, 151, •159 ff, *166,* •173 ff, *175,* 175 ff, *180,* 183, 186 f, 196, 224, 238 f, *256 ff,* 388, *612, 620,* 709
- -Eichen-Hainbuchenwald 224 f
- -Gley 259 f, *260*
Molinietalia 318, 325, 729, 732, 751, 756, 758, 762, 764, 767, 777
Molinietum 760, *762,* 771, 772
Molinio-Arrhenatheretea 313, 768, 774, 777, 834
- -*Pinetum*
Molinion 313, 321, 729 f, *730,* 751, 756, 758 f, 760, 770 f
Monoklimax 74
Monokultur 405, 691, 693, •702 ff, 833
montane Stufe 22, *23 ff,* 75, •76, 86 ff, 138 ff, *141,* 165 f, 193, 219, 257, 274, 281, 289 ff, *301,* •*320,* 322 ff, 334, *335,* 342, *348,* 354, 357, 425, 429, 431, *434,* 438, *459, 517,* 532, 537, 581, 591, 608, 611 f, 634, 731, 745 ff, 776, 781 f
Montio-Cardaminetalia 570

- -*Cardaminetea* 539, 570
- -*Cardaminion* 539, 570 f
Moor (s. auch Hochmoor, Niedermoor) 62 f, 63, •421 ff, 469, 780
- -Kultivierung *63,* 422, 664
- -Typen •422 ff, *439,* 452 ff
mooreigener Wasserspiegel 421, 437, 452, 458 ff
Moos-Ges. 171, *172,* 417, 502, 535, *612,* 613 f
- -Kiefernforsten 693 f, 694 ff
Moose im Laubwald 91, 120 f, 255
- im Nadelwald 92, 142, *705*
Mor, Mør, Mör (s. auch Rohhumus) *75,* •76, 163, 177 f, 696
Moränenschleier (über Kalkgestein) 173, •536
morphologischer Bau s. anatomisch-m. Bau, Lebensform, Wuchsform
*Morteratsch-Gletscher 306, 588
Mosaik *292,* 447 ff, *450 f,* 485, 488, 494, •526 ff, *530 f,* 537 f, *538,* 559, 594, 601, 633, 655, 687, 721, 751, 784
Mudde (s. auch Gyttja) *435*
Mull *75,* •76, *93, 123,* 162 f, *177 ff,* 285, 293, 696
- -Buchenwald (s. auch *Eu-Fagion, Galio odorati-F.*) •112, 151, 183, 185, 213, 238 f
- -Gley *180,* 203, *221,* 224, *259,* 260
*München (Umgeb.) *333,* 345, *365,* 367
Mündungslauf s. Ästuar
*Münster i. Westf. (u. Umgeb.) 214, 365, 806
Mykorrhiza (s. auch Pilze, Symbiose) 94, 163, •178, 260, 299, 456, *514,* 526, 685, 712
Myriophyllo-Nupharetum 395 f, 398, 400, 402
Myrmekochore 116 f, 185
Myrtillo-Abietetum 277
- -*Pinetum* 254

N s. Stickstoff
Nacktried-Windecke (s. auch *Elynetum*) 536, 541, 548, •549 ff, *559,* 603
Nadelbäume allg. 27, 79, *80,* •86 f, 265 ff, 365 ff
Nadelholz, begünstigende Faktoren 85, •266 ff
- -Forsten *693, 700,* 702 ff, 707
Nährstoff-Gehalt, N.-Versorgung (s. auch Kalium, Phosphor, Stickstoff) •174 ff, *175,* •187, 222, 330, 333 ff, 369, 377, •384 f, 397, 400, 409, 414, 437, 450, 469 f, 494, 535 f, 542, 550, 563, 566, 571 ff, 593, •622 ff, 668 f, 685, 701, 704, *705,* 712, 776, 747, 756, 776, *790,* 799 f, 824
- -Kreislauf (Bioelement-K.) 47 f, 72, 89, 163, 169, 183, 185, 196, 227, *228,* 385, 462, 470, 574, 623, 556, 772

Nahrungskette, N.netz s. Ökosystem
Najadetum marinae 390, *391*
Nanocyperion 744, 794 ff
Nardetalia 555, 618, 666, 671, 730
Nardetum alpigenum, N. *alpinum* 539, 555, 782
Nardion 430, 541, 555, 666
Nardo-Callunetea 555, 618, 666, 671
– *-Galion* 618, *730*
Nässegrenze des Waldes 77, *78*, *80*
Nässezeiger (s. auch Moore, -rieder u. ä.) 99, 101 f, 337, *731*, 741, 777, 827 f, *828*
Naßjahr *740 f*
Natrium, N.chlorid (s. auch Salz ...) 189, *190*, 489
Natterkopfflur 804, 808 f, *808*
Naturlandschaft 19 ff, *50*, 344, 368, 703, 773, 802, 809, 812 f
naturnahe Vegetation (s. auch potentielle natürliche V.) *19*, *50*, 53, •73 ff, 95, *343*, 344, *403*, *425*, 427, 467, 505, 619, *665*, 713, 761, *774*, 840
Nebel 557, 613, 646
Neckeretalia pumilae 613
Neophyten 371, 803, 805, 807, 814, 841
Netto-Primärproduktion, N.-Photosynthese 70, •166, •193 f, 406, *561*, *607*, 607 ff, *609*, 611, 765, 784
Neulandbesiedlung (s. auch Gletscher-Vorfeld, Flußauen, Schutthalden u. ä.) 337 ff, •345 ff, *345*, 366, 642
NH₄ s. Ammonium
*Niederlande 63, 79, 226, 254 ff, 325 f, *326*, 331, *413*, *415*, 436, 438, *443*, 457, 470, 493, *499*, 504, *664*, 676, 681, 692, 744, 791
Niedermoor 22, *23*, *75*, 111, 374, 421 ff, 425 ff, 433, *434 f*, 441, 539, •567 ff, *567*, 729, 775, 777, *778*, 780
*Niederösterreich s. Ö.
*Niedersachsen s. Nordwest-Deutschland
Niederschläge *25 f*, 110, *177*, •213 f, 270, 314, *320*, 323, 326, *349*, 424, 438 f, 441, 454, 462 f, *486*, *515*, *523*, 535, 550, 627, 630, 645, *705*, *711*, 745, 747, *763*, 780, *783*
Niederwald •49 ff, *51 f*, 53, 189 ff, 190 f, 192 ff, 205, 219, 255, *256*, *262*, 294, 304, 665
Niedrigwasser s. Überflutung, Tide
Nipptide •467, *468*
Nitrat- (u. Ammoniak-) Akkumulation s. Stickstoff-Netto-Mineralisation
– -Bildung, Nitrifikation 123, 127, *133*, *175*, *177*, *180*, •181 ff, *182*, 185, 200, 544, 611, 622, 769, 811, *823 f*
– -Gehalt, Mineralstickstoff-G. •*133*, *164*, 418
– -Zeiger, nitrophil, 146, 222, 336, 354, 359, 370, 481, 705, 782
Nitrifikationsgrad 123, 127, *133*, *175*, *177*, *180*, •181 ff, *182*, 185, 200, 431, *544*, 611, 622, 769, 811, *823 f*
nivale Stufe *86 ff*, *515*, •599 ff, *599*
nivales Abfluß-Regime (s. auch Gletscher-R.) *339*
NO₃ s. Nitrat, Nitrat-Bildung
*Nord-Alpen, Randalpen *23 ff*, 27, *86 ff*, 123, 138 f, 146, 167, 214, 271, *273*, 278, *320*, 431, 438, *521 f*, 523, *542*, 545 ff, *546*, 549 f, *577*, 689, 742, *749*, 782, *787*, *840*
*– -Europa 315 f, 399, 453, 538, 612, 703, 720, 744, 759, 762, *766*, 785, 788, 792
*– -Friesland s. Schleswig-Holstein
*– -Italien (s. auch Insubrien) 720
*Nordost-Mitteleuropa 149 f, 166, 214, 254 f, *260*, 287, 319, 325 ff, *326*, *329*, 331, 377 ff, 398, 438, 440, 446, 451, 453, 455, *509*, 513, 638, 691, 697, 742, 749, *752*, *755*, *780*, 802, *823*
*Nordsee-Inseln *465*, 466, 474 f, 480 f, 483, *494*, 497, *499*, 504 f
*– -Küste 63, *465*, •465 ff, *468*, 484, 781
*Nordwest-Deutschland 63, *69*, 124, 128, 149 f, 207, 214, 226, 247 f, •254 ff, •258 ff, *259*, 318, 325 ff, 331 ff, 353, 377, 379, 387, 394 ff, 417, 427, 430, *434 f*, 436, 438, *439*, 448, *450 f*, 451 f, *453 f*, 463 f, *509*, 511 ff, 630, 639, 661 f, 667 ff, *669*, 675, 681, 686, 691 ff, *693 f*, 703, 717, 739 ff, *740*, 749, *753*, 762, 781, 791, 797, 799, 802, 827, 831 f
*Norwegen 167, 446, 483, 564, *710*
Nymphaeetum minoris 399
Nymphaeion 391 f, 395 f

*Oberbayern 202, *333*, *345*, 367, *379*, *382*, *419*, *424 f*, 434, 456, 762, 784 f, 791
Oberfläche s. Blattfläche, Gesamt-O.
Oberlauf (Fluß) *64*, 334, •338, 347, *419*
*Oberrheinebene *48*, 63, *65*, 210 ff, 213 f, 221, 243, 247, 322, 324, 332, 362, 396, 398 ff, *509*, 615 f, 628 f, 637 ff, *691*, 694, 697, 721, 738, 744, 758 ff, 790, 820, 823
*Oder(tal) 248, 482, 508, *619*, *633*
Ödland (s. auch Brache, Sozialbrache) 58, *63*
Ökogramm *80*, *83*, *95*, *103*, *106*, *141*, *730 f*
ökologische Amplitude, ö. Optimum *80*, *97*, *98*, *127*, 207, 331, 402, 546, 651 ff, 718, 764, *766*, 830
– Gruppe 99 ff, 109 f, *172*, *175*, *514*
– Reihe (s. auch Zonierung u. ä.) 447, 488, 614, *693*, *701*, 736
Ökosystem •69 ff, *70*, *191*, 237 ff, 251 f, 385, 487, *705*, *772*, 786
Ökotypen (s. auch Rassen) 519, 659, 661, 686, *794*
oligotroph *75*, •386 f, *388*, •390 ff, 394, 402, 406, 423, 431, 445, 447, *509*, 515, *567*, 669
– -kalkarm •386, *393*, 408, 423

− -kalkreich •386, 390ff, 423
ombrogen (Hochmoor) 425, *434*
Omphalodo-Ulmetum 359
Onobrychi(do)-Brometum 624, 643
Ononido-Pinetum 323
Onopordetalia 803, 805, 808, 820
Onopordetum 804, 809f
Onopordion (acanthii) 805, 808f, 810f
Optimalphase •119, *282f,* 284, 304, *319*
Optimum, Optimalbereich, s. ökolog. O., physiolog. O., Potenz-O.
Orchideen-Buchenwald (s. auch *Cephalanthero-Fagion* u. Seggen-B.) •129ff
− in Halbtrockenrasen 630, •640
Orealstufe, oreal (s. auch hochmontan) 24ff, •77, *88*
organische Substanz (s. auch dystroph, Dy) 400, *418*, 469f
Origano-Brachypodietum 623
Orno-Ostryon 205, 245, 324
Orterde, Ortstein s. Podsol
osmotischer Wert 300, 489, 525, 611, *645*, 647f
*Ost-Alpen 23, *87f,* 136, *141, 144,* 272, •279, 308, 310ff, *320,* 324, 520, 523, 545, 627
*− -Europa 211, 243, 292f, 375f, *376*, 538, 618, 622, 703, 753, 761, 809
*Ostpreußen (ehemaliges, s. auch Polen, Sowjetunion) 149ff, 203, 213, 217, 281, 332
*Österreich 23, 79, *87f,* 141, 243f, 280, 323, *343,* 489, 582, 720, 755, 831
*Ostsee-Küste (s. auch Kurische Nehrung, Darß) 438, 481ff, *491, 494, 498,* 504ff, 781
Oxali-Abietetum 279
− *-Pinetum* 293
Oxycocco-Sphagnetea 427, 666
Oxyrietum digynae 579f
Oxytropi-Elynion 539, 541
ozeanisches Klima (s. auch atlant. K., Kontinentalität) *20, 86ff,* 126, 144, 167, 201, 209, 285, 317, 424, *505,* 515, *524,* 532, 550, 617

Pado-Coryletum 720
Palina (Kastanien-Niederwald) 261, *262*
Palve (Wanderdünen-Bahn) 506f
pannonisch 243, *841*
Pappel-Auenwald, P.-Weiden-A. *343,* •352ff, *353,* •358ff
− -Forst 352f, 662, 702
Parabelduüne 492, *493,* 508
Para-Braunerde (s. auch Braunerde) *75,* 147, 175, 258f, *589,* 679, 704
− -Rendzina 111, 132, 243, 551, 553
Parasiten (s. auch Schädlinge, Pilze u.ä.) *70,* 306, 307, 552, 631
Parmelietum furfuraceae 613
Parmelion saxatilis 613
Parnassio-Caricetum pulicaris 430

− *-Seslerietum*
Paternia *75,* 355
*Patscherkofel *302, 524,* 557, *561, 607*
Pediculari-Juncetum filiformis 778
Pegelstand s. Überflutung, Tide, Grundwasser
peinomorph •461ff, *462,* 490
Periclymeno-Fagetum 166, 259
Perlgras-Buchenwald (s. auch *Melico-Fagetum*) 157, *711*
− -Fichtenwald 290f
permanenter Welkepunkt, PWP, s. Welkeprozent
Pestwurz-Halde 579f, 580
− -Uferflur *339, 357,* 724
Petasitetum hybridi 724
− *paradoxi* 579f
Peucedano-Pinetum 695
Pfeifengras-Birken-Eichenwald (s. auch *Betulo-Quercetum molinietosum*) 326
− -Föhrenwald (s. auch *Molinio-Pinetum*) •312f, 319, *321,* •324ff, *366f*
Pfeifengraswiese (s. auch *Molinietum*) 403, *434,* 726f, 729, *730,* 754, •756ff, 762, •770ff
Pflanzenanalysen •188f, 359
Pflugsohle 830
pH-Profile 156, 159, •162
− -Schwankung, jahreszeitliche *133,* 156, 159, *176,* •225, 226, 260
− -Werte, Ackerboden 819, 825f, 834, 837
− −, Baumborke 68
− −, Heideboden 501, 559, *678,* 680, 686, 690f
− −, Rasenboden u.ä. 500f, 509, 512f, 536, 542ff, 545, 553, 622, 624f, 631, 657, 712, 768ff, 771
− −, Regenwasser 67, *163,* 226
− −, Rohböden 580, 588
− −, Torf u. Schlamm 382, 423, *426,* 458, 798f
− − und Wachstum *162, 165, 172, 182, 261*
− −, Wald- u. Gebüschboden 67, *93, 96,* 124, 129, 132, 137f, 140, •156, 158f, *162f, 165, 172, 174ff,* 181f, 187, 201, 205, •225, 227, 250, 267, 329, *336,* 355, 374, 382, 575
− −, Wasser 67, •386, *387,* 396, 399f, 402, 410, 420
Phalaridetum 336, 340, *340,* 410f
phänologische Entwicklung, ph. Spektrum *91, 232,* 398, 620ff, *621, 722,* 727f, 734, 751f, 757
Phasen s. Entwicklungs-Ph.
Phosphor(säure) 48, *175,* •187ff, 228, 382, •385f, 388, 397, *419,* 420, *426,* 462f, 469, 498, *503,* 510f, *513,* 571, 656, 669, *678, 685f,* 707, 768, 771f, 782, 784, 811
− -Zeiger •394f
Photoperiode s. Tageslänge

Photosynthese (s. auch Netto-Primärproduktion) 192 ff, *194*, 267 ff, *269 f,* 301, *303,* 524 ff, 530 ff, 566, 607 ff, 446 f, 745
Phragmitetalia 403, 406, 427
Phragmitetea 406, 427
Phragmitetum *390 f, 412,* 423, 762
Phragmition 391 f, 406, *730,* 730
Phyllitido-Aceretum 197, 200 f, *594*
Physcietalia ascendentis 612 f
physiologische Amplitude, ph.s. Optimum *80, 97, 172, 261, 265,* 268, 269, 317, 477, 478, 607, •651 ff, 657, 762, 769 f
Phytomasse (pflanzl. Biomasse) 557, *612, 623,* 624, 644, •656, 682, 706 f, *725,* 785 f, 834
Phytophage (s. auch Weidevieh u. ä.) 70
Piceetalia (s. Vaccinio-P.) 274
Piceetum montanum 289, 291
– subalpinum 277, *286,* 291, 293, 295
Piceo-Abietetum 280
Pilze (s. auch Mykorrhiza, Schädlinge u. ä.) 92, 177 ff, *178 f,* 227, 263, *438,* 441, 525, 563, 602, 609 f, 638, 675, 703, 810, 828
Pino-Cytisetum 247
– -Quercetum 254 f, 257, 327
– -Vaccinietum myrtilli 255
Pionier-Fluren (s. auch Gletscher-Vorfeld u. ä.) *337,* 548, 560, 563, 584, 601
– -Hölzer (s. auch Lichtungs-Gebüsch) 252, 304, 341, 834, 836 ff
Placodion rubini 597
Plaggenhieb (s. auch Streugewinnung) *47,* 438, *663, 665,* 668, 673, 677, 681 f
planare Stufe 75, •76, 334, *335,* 354, 537, 608, 674
Plantaginetalia, Plantaginetea majoris 785, 791
Plateau-Hochmoor 424, 438, *439,* 441 f, 446, 455
– -Tannenwald *274 f,* 275 ff, *278*
Plenterwald 54, *273,* 275, 309
Plenterphase *282,* 284
Pleurococcetum vulgaris 611
Podsol, Podsolierung 46, *75,* 175, 184, *259 f, 292,* 553, *677 f,* •677 ff, 704
podsoliger Boden 275, *620*
poikilohydre Pflanzen (s. auch Flechten, Moose, Algen) 611, 647
*Polen *68, 79,* 125, 138, 149 f, 210 f, 213 f, 244, 247, 254 f, 280 f, 325 ff, *326, 328, 331,* 440, 446, 455 f, 487, *505 f,* 614, 744, 747, 754, 762
Polsterseggen-Pionierrasen (s. auch Caricetum firmae) 536, 540, *546,* 548 ff, *548,* 552
Polsterwuchs •602 f, *602,* 605
Polygalo-Nardetum 755
Polygonion avicularis 789, 791
Polygono-Cirsietum 736, 755, 724
– -Bidentetum 800 f
– -Chenopodietalia 820, 824
– -Chenopodietum *(rubri) 339,* 797, 801 f
– -Trisetion 733, 748
Polypodietea 594
Polypodio-Empetretum 501
– -Salicetum arenariae 504
Polytrichetum sexangularis 563
Poo styriacae-(Abieti-)Fagetum 141
– -Trisetetum 746
Populion albae 353
Populo-Salicetum 336
Potametum (= Potamogetonetum) graminei *390 f*
– lucentis *390 f*
Potamogetonion 391
potentielle natürliche Vegetation 22, *23,* 26 f, •73, 120, *264, 326, 620,* 636, 695 f, 720
Potentilletalia caulescentis 539, 591, 594
Potentillion caulescentis 591, 594
Potentillo(albae)-Quercetum 206, 247, *249,* 250, 773
– -Hieracietum humilis 591, 594
– -Menthetum rotundifoliae 793
Potenzbereich, P. optimum (s. auch physiolog. Amplitude) •80
Priel *465,* 468 f, 481
Primärdüne 492, *493,* •496 f, *497,* 500 f, 505
Primärproduktion, P.produzenten (s. auch Netto-P.) •70, 387, 405, 418
Primulo veris-Carpinetum 212
Produktivität s. Stoffproduktion
Proto-Pararendzina 547
– -Ranker 536, *636*
– -Rendzina 536, 547, 635
Prunetalia (spinosae) 247, 504, 716, 718 f
Prunion fruticosae 718 f
– spinosae 718
Pruno-Fraxinetum 359, 360, 774
Pseudogley (s. auch Gley) 705, 830
Puccinellietum maritimae 476, 483 f
Puccinellion maritimae
Pulmonario-Fagetum 150, 152
Pulsatillo-Pinetea 319
– -Vaccinietum 534
Purpurweiden-Gebüsch s. Salicetum purpureae
*Pyrenäen 203, 520
Pyrolo-Abietetum 280

Quell-f (Fluß) 337
Quellerwatt (s. auch Salicornietum) *472 ff,* 472 ff
Quellflur, Q.-sumpf 369, 380, 383, •420 f, 539, 569 ff, 584, 756, 782
Quelltuff-Fluren (s. auch Kalk-Quellfluren) 570 f, 782
Quercetalia pubescenti-petraeae 107, 204, 208, 240, 245, 247, 250 f, 721
–, Quercetea robori-petraeae 106 f, *106,* 206, 208, 271, 328

Quercetum atlanticum 504
- *medioeuropaeum* 164, *256f*, 262
Quercion pubescenti-petraeae 106, 245, 247, 319, 324
- *robori-petraeae* 164, 166f, 258, 260, 263f, *264*, 504, 613, 675
Querco-Abietetum 275 f
- -*Betuletum* (= *Betulo-Quercetum*) 256
- -*Buxetum* (= *Buxo-Quercetum*) 247
- -*Carpinetum* (s. auch *Galio-C.*, *Stellario-C.*, *Tilio-C.*) 48, *96*, 152, 185, 212, 225, 227, 235, 357
- -*Fagetea* 93, 106f, 197, 206, 239, 247, 251, 291, 313, 324, 716, 719
- -*Fagetum* 180, 258
- -*Fraxinetum* 205
- -*Lithospermetum* (= *Buglossoido-Quercetum*) 239, 248
- -*Pinetum* 254
- -*Potentilletum albae* (= *Potentillo-Quercetum*) 247
- -*Ulmetum* 336
Quotient 1000 · Julitemperatur: Jahresniederschlag •214, *215*, •216, 630

Rainfarn-Beifußflur 804
Rambla, Kalk-Rohauboden 351
Rand-Gehänge (s. auch Hochmoor-Randwald) 423, *424*, •444
- -Vermoorung von Flußtälern 334, 343, 375
Ranker 75, 553, 624
Ranunculetum fluitantis 418
- *peltati* 395
Rasen-Fragmente (s. auch Dikotylen-Polster) 603
- -Girlanden (s. auch Solifluktion) 533, *534*, 547
Rasenschmielenwiesen (s. auch *Deschampsietum*) 753 f, *755*
Rasensimsenmoor (s. auch *Trichophoretum*) 423, 431 f, *432*, *453*, 454 f
Rassen von Pflanzenarten 289, 317, 519, 527, 653
- von Pflanzenges. 114, 125
Rauch, Nährstoffverlust durch, 685
Rauhgras-Schuttfluren (s. auch *Achnatherion*) 685
Rauhreif 292, 526 f
Rauken-Meldenflur 804, 806 f
Rauschbeerheide (= Krähenbeer-R.) *531*
Reaktion des Bodens s. pH
Reaktionszahl, mittlere R., •99, •116, 131, 142f, 170f, 174, *176*, 187, 226, 254, 276, 312f, 394f, 409ff, 497, 511, 587, 670f, 826, 832, 835 ff
Recycling (s. auch Nährstoff-Kreislauf) 70, 183
Regenerations-Vermögen 655, 726 f, 729, 780, 789, 814, 832
- -Komplex (Hochmoor) 441 f

Regenwürmer 176, 298, 346, *382*, 412, *413*, 637, 786
Reinkultur *97*, *182*, *401*, *477*, 478, *479*, 510, 543, *544*, 650, *652*, 740, 767, 769f, *818*, *823*
Reitgras-Fichtenwald (s. auch *Calamagrostio-Piceetum*) 292, 293
- -Lärchen-Arvenwald 308 f
- -Rasen 576
relative Luftfeuchtigkeit s. L.
Relikt, Eiszeit-R., 240ff, 325, 393, 406, 520, 634, 660
- -Kiefernwald *50*, •321 f
Rendzina *24*, *75*, 111, 122f, *123*, 132, 141, 151, 175, 205, 207, 223, 243, 275, 551, 620, 624, 637, 649
- -Moder s. Tangel-M.
Restgrün (Blattbasen) 621, •623
*Rheinland *336*, *362*, 661, 732 f
*Rhein-Mündungsdelta *413*, 414, *415*
Rheokrene 420
Rhizocarpetalia 539, 597
Rhizocarpetum alpicoli 597
Rhizocarpion alpicoli 597
Rhododendron hirsuti-Mugetum 313, 560 (= *Rh.h.-Pinetum mugi*) 314
- -*Vaccinietum* 308, 539, 560, 690 (= *Rhodoreto-V.*) 307 f
- -*Vaccinion* 666
*Rhön *27*, 146, 436, 746
*Rhonegletscher *583*, 589
Rhynchosporetum (*albae*) 423, 432, 449 f, 667, 668, 671
Rhynchosporion (*albae*) 392
Rhytmen, innere 32, 300
Ribo-Alnetum 357
Riccietum (*fluitantis*) 395, 400
Ricciocarpetum 400
*Riesengebirge (Krkonoše) *27*, 436, 520
Robinien-Bestände 702, *841*
Rohhumus (s. auch Mor) 92, 164f, 169, *172*, 271, 293, 295f, 387, 502, 536, 553, 559, *620*, 674, 677, *680*, 684, 690, 696, 704, 707
Rohrglanzgras-Röhricht s. Fluß-R.
Röhricht (s. auch Fluß-, Schilf-R.) 338, *384*, 390ff, 399f, •402ff, *403*, 427, 712, 729, 730
Rorippo-Agrostietum 792, 793
- -*Phalaridetum* 339
Rost-Alpenrose s. A.
Rostseggenrasen (s. auch *Caricetum ferrugineae*) 540, 546, *547*, •550 f
Rotationsweide s. Umtriebs-Mähweide
Rotbuchenwald s. Buchenw.
Rotschwingelweide s. *Festuco-Cynosuretum*
Rubion subatlanticum 718 f
Ruderalpflanzen, R.fluren 399, *412*, 702, 775, 785, •803 ff, *809 ff*, 820, *823 f*, 834 ff, 837
*Rügen 138, *327*, 749

Rülle (im Hochmoor) 445
Rumicetum alpini 573, 804, 811
− *scutati* 581
Rumici alpini-Aegopodietum 724
Rumici-Alopecuretum geniculati 778, 794
− *-Ranunculetum scelerati* 800 f
Rumicion alpini 805
Ruppietum maritimae 472
Ruppion 472
Rupprechtsfarnhalde 581

Saatunkraut, Saatgutreinigung 815 f, 831
Sackung (Marsch) 415, 482 (Moor) 458
Sagino-Bryetum 791
Salbei-Glatthaferwiese 655, 732 f, 737, 738, 742, 764, 776
Salicetalia auritae 720
− *herbaceae* 539, 563
Salicetea herbaceae 539, 563
− *purpureae* 107, 720
Salicetum albae 352, *S.albo-fragilis* 353, 720
− *elaeagno-daphnoidis* 348, 350, 351
− *herbaceae* 553
− *purpureae* 340
− *retuso-reticulatae* 563
− *triandro-viminalis* 352, 720
Salici-Betuletum 373
− *-Myricarietum* 350, 350
− *-Populetum* 353, 359
− *repentis-Empetretum* 672
− *Viburnetum* 720
Salicion arenariae 719
− *herbaceae* 563
− *purpureae* 720
Salicornietum dolichostachyae 473 f, 483 f
Salz-Gehalt bzw. Chlorid-G. 388, 476 ff, 477, 486, 488 ff, 493, 495 ff
− -Quellen 487 f
− -Resistenz •476 ff, 477, 479 f
− -Stellen (im Binnenland) •487 ff, 612
− -Versprühung 498, 505
− -Zahl, mittlere S. •475
Sambuco-Populetum 359
− *Salicion capreae* 714
Samen (u. Sporen-)Erzeugung 83 f, 84, 127, 154, 252, 352, 403 f, 559, 593, 606, 656, 683, 791, 832 f, 834
− -Verbreitung 57, 127, 173, 185, 252, 304 f, 317, 355, 368 ff, 397, 467, 473, 485, 495 f, 508 f, 511, 519, 564, 580, 593, 606, 619, 634, 642, 644, 654, 674, 676, 683, 692, 697, 699, 711 f, 717, 776 f, 779, 789, 791, 794, 796 f, 799, 806, 815, 818, •835 ff, 838
− -Vorrat im Boden 711 f, •817 f, 834
Sand, Sandstein 75, 252, 258 ff, 267, 316, 326, 329
− -Dünen s. Binnen-D., Küsten-D.
− -Heide s. *Calluna*-H.
− -Kiefernwald 317, 319, 322, •325 ff
− -Magerrasen s. *Sedo-Scleranthetea*

− -Trockenrasen 481, 616, •637 f, 643, 668
− -Watt 469
Sanddorn-Ges. 350
− -Kiefernwald 22, 23
Sandwurm 471
Sanguisorbo-Deschampsietum 755
Saprobiensystem 418
Sapropel 386
Saprophage 70, 418
Saprophyten (s. auch Bakterien, Pilze) 418
Sattelmoor 439
Sättigungsdefizit 88, 647, 674, 723
Sauerboden-Pflanzen s. Säurezeiger u. ä.
Sauerboden-Alpenmatten (s. auch *Caricetea curvulae*) 539 ff
− -Schneetälchen (s. auch *Salicetalia herbaceae*) 562, •563 ff
Sauerhumus-Buchenwald s. Moder-B.
Säuerlings-Steinflur •579 f, 584
Sauerstoff-Gehalt •379 ff, 388, 412, 413, 414, 421, 437, 438, 564, 569, 655, 665, 671, 741, 764, 790, 794, 827 f
− -Versorgung s. Aerenchym
Saugspannung 234, 234 f, •237, 646, 711
saure Pfeifengraswiese 758 ff, 759, 772
Säuregrad s. pH-Werte
säureliebende, säuremeidende Epiphyten-Ges. 611 ff
Säurezeiger (s. auch Sauerboden-Ges., Silikat-Ges. u. ä.) 97, •99 ff, 152, 161 ff, 172, 185, 250, 276, •543 ff, 544, 598, 825 f
saures Kleinseggenried 423, 427 ff, •430 f, 430, •568 f
Schachtelhalm-Fichtenwald 295
− -Tannenwald 278
Schädlinge (s. auch Pilze u. a.) 284, 286, 306, 307, 371, 676, 703
Schafschwingel-Mauerpfefferrasen (s. auch *Festuco-Sedetalia*) 508, 617, •637 f, 673, 687
Schafweide s. Weidevieh
Scharfkrautfluren 804, 807
Schatten-Krone 117, 194
− -Pflanzen (s. auch Beleuchtungsstärke) 592, 811
Schatthölzer 81 ff, 82, 240, •267 f, 284, 707, 717, 840
Scheuchzerietalia 427
Scheuchzerietum 423, 449
Scheuchzerio-Caricetea (nigrae) 427, 539, 568
Schild-Hochmoor s. Kermi-H.
Schildampferhalde 581, 635
Schilf-Röhricht 22, 23, 78, 339, 384, 390 f, •403 ff, 839
− -Sterben 405 f
− -Torf 78, 374, 403, 415, 435
Schillergrasrasen s. *Koelerion glaucae*
Schlammbodenfluren s. Zwergpflanzen-Ges.
Schlankseggenried (s. auch *Caricetum gracilis*) •408 ff, 409, 423, 736, 753, 777

Schlehen-Liguster-Gebüsch 718 f
Schleier-Ges. *339,* •371
Schlenke (Hochmoor) 423, 427 f, 431, *436,* 441 ff, •447 ff, *450 f, 460*
*Schleswig-Holstein 167, 357, 398, 455, *464 f, 474, 479,* 482 ff, 488, 614, 670 f, *672, 676, 715 f,* 717
Schlickgras-Ges. (s. auch *Spartina,* Abschn. E III 3) 473 f, *473*
Schluchtwald (s. auch Eschen-Ahorn-Schatthangw.) 197, •199 f
Schnabelried-Ges. 668
Schnabelseggenried (s. auch *Caricetum rostratae*) 408, 410, 423
Schnee-Boden s. S.-Tälchen
— -Brett (s. auch Lawinen) *314,* 534
— -Decke, -Mächtigkeit, -Schutzwirkung 117, 145, *298,* 301, *302,* 315, *516,* 527, 530, *531,* 549 f, *556,* 560, *565,* 599 f, 622, 674, *701, 750,* 824
— -Druck 145, *284, 292,* 440, 526
— -Falltage *516*
— -Grenze 27, *86, 517,* 520, 577, *583,* 599 f, 600, 604 f
— -Kriechen, -Rutschen 145, 534, 551, 839
— -Pegel (Flechten) 597 f
— -Schliff 534, *556*
— -Schmelze (s. auch Aperzeit) 332, *326, 339,* 355, *436,* 440, 532, 547, 557, 562, 564, 566, 577, 604, 673, 727
— -Tälchen 537, 539, 553, 557, •562 ff, *562,* 584, 596, 604
— -Verwehung (s. auch -Decke) 526
Schneeheide-Bergföhren-Ges. •312 ff, 560
— -Föhrenwald (s. auch *Erico-Pinetum*) 319, 320, •322 ff, 332, 344 f, *345,* 366
Schneeschimmel •144, 528, *556*
Schneiteln, Laubheugewinnung 40, 294
Schnitt s. Mähen
Schoenetum nigricantis 423
Schotter-Boden s. Kies
— -Terrassen •334, *347,* 366 f
*Schottland 455, 681
Schutt von Gebäuden u. dgl. s. Ruderalfluren
— -Halde, Gesteinsschuttflur 421, 536, *542, 543,* 566, •576 ff, *577 f, 580, 596,* 596, 601, *635,* 660, 809, 813
Schwäbische Alb (Jura), u. Baar, 27, 48, 58 f, 60, 124, 137, 140, 173 f, 201, 214, 242, 244, 280, *288,* 620, 639 ff, 651, 687 f, *688,* 699, *700,* 739, 753, 764
Schwarzerde 243, 637, 809
Schwarzerle s. Erlen-Bruchwald, Eschen-Erlenw.
Schwarzkiefern-Forst 324
— -Wald 23, 87, •312 f
Schwarztorf, älterer Moostorf *434 f,* 457
Schwarzwald 27, 58, 67, 140, 146, 167, 214, *288,* 356, *388, 430,* 356, *445,* 520, 530, 739, *750*
*Schweden s. Südschweden

Schwefel •189 ff, 685, 707
— -Dioxid, -Immission *67 f, 114,* 596
— -Wasserstoff *438,* 440, 671
*Schweiz 79, 203 ff, 212, 279, 281, 519, 638, 709, 717, 747 f, 771, 792
*Schweizer Alpen s. A., Nationalpark, Nord-A.
*— Jura (u. angrenzender Französ. J.) *86, 114,* 123 f, 137 f, *140,* 144 f, *145,* 199, 207, 248, 280, *284, 296,* 297, 325, 520, *523,* 527, 550, *594,* 627 ff, 631, 639 ff, 655
*— Mittelland 151 f, *154,* 164, 168, 203, 214, *221,* 247, 281, 285, 325, 345, *373, 384,* 398, 418, 431, *639, 648, 737, 757, 760, 761,* 775 f, 799
*— Nationalpark •313 f, 322, *534, 545,* 547, 559, 574
Schweizermannsschild-Felsflur 591
Schwemmlinge s. Gebirgs-S.
Schwermetall-Akkumulation 662
— -Boden u. -Vegetation 626, •657 ff, *658*
— -Form (-Wuchsform) 659, *660*
Schwertried-Röhricht (s. auch *Cladietum marisci*) 406, 423
Schwimm(blatt)pflanzen *384,* •389 ff, *402,* 414
Schwimmfarn-Ges. •394 f, 400 f
Schwingrasen 386, 428, *432, 445 f,* •447 f
*Schynige Platte 550, 556, *571,* 787
Scirpetum sylvatici 755, 756
Sclerochloo-Polygonetum avicularis 790
Scorpidio-Utricularietum 432
Secalietalia, Secalietea 820 f, 824 f
Sedimentation 334, *343,* 346, 350, *415,* •470 ff, •474 ff, 485, 755
Sedo (albi)-Veronicion dillenii 638
— -*Scleranthetalia* 617, 631, 638
— -*Scleranthetea* 617 f, 624 f, 637 f, 666, 671
See s. Stillwasser
Seegras-(Unterwasser-)Wiese 469 f, •471 f
— -Buchenwald (s. auch *Carici brizoidi-Fagetum*) *154,* 155
Seekreide 386
Seerosen-Ges. *339, 384,* •394 ff, *403*
Seesalz-Konzentration s. Salzgehalt
Seggen-Glatthaferwiese 732 f, •737, 738
— -Kohldistelwiese 752
— -(Steil)hangbuchenwald s. Trockenh.
— -Torf 78, 374, *403, 415, 435*
— -Trockenhangbuchenwald (s. auch *Carici-Fagetum*) •113, •129 ff, *129,* 133, 172, 238 f, 280, 325, 622
Selektion durch Weidevieh s. W.
Selva (Kastanien-Fruchthain) *263*
Sekundärproduktion (s. auch Saprophyten, Tiere u. ä.) •70
Senecion leucophyllae 580
Senecioni-Brometum 778
Serpentin 323 f, 562
Sesleria varia- Carex sempervirens-Ass. s. *Seslerio-Sempervietum*

Seslerietalia (variae) 539 f, 546
Seslerio-Fagetum 134, 136 f
— -*Festucion* 618
— -*Mesobrometum* 650
— -*Piceetum* 141
— -*Semperviretum* 534, 545 ff, 546, 581
Seslerion bielzii 546
— *variae* 539 f, 546
Silbergrasflur (s. auch *Corynephoretum*) •497, 501, *504*, 507 f, •509 ff, *510*, *512*, 617, 638, 673, *695*
Silberpappel in Flußauen •353 f
Silberweiden(au)wald *335*, *341*, *343*, •352 ff, *415*
Sileno conicae-Cerastion semidecandri 638
— *dioicae-Aegopodion* 724
Silikat-Felsflur 591, 594, -Fels-Flechtenüberzug 596 ff
— -Gehalt v. Sand *329*
— -Gestein *75*
— -Magerrasen (s. auch *Sedo-Sclerantbetea*) 617, 624
— -Schuttflur (s. auch *Androsacetalia alpinae*) •579 f, *580*, 585
Sisymbrietalia 805, 820
Sisymbrietum sophiae (= *Descurainietum*) 806
Sisymbrio-Asperuginetum 804, 806
— -*Atriplicetum 804, 806*
Sisymbrion 803, 805 f, 811
Skelettboden s. Ranker, Rendzina u. ä.
skleromorpher Bau (s. auch xeromorph, peinomorph) 620 f, •646, 649, 652, *653*, 654, 721
*Slowakei s. Tschechosl.
Soden-Queller-Ges. 484 f
Solidagino-Robinietum 702
Solifluktion, kryoturbate Formung *292*, 440, 447, *453*, *533*, *533 f*, 547 ff
soligen (Moor) 425, *434*
Sollingprojekt, *Solling •*71*, *90*, *92*, 159, *164*, 178 ff, *180*, •*189*, *191*, •*192* ff, *194*, *196*, 240, 463, 688, 692, 702, 706 f, *764*, 765
Sonnen-Einstrahlung s. Strahlung
— -Flecken am Waldboden *118*, *233*
— -Krone *194*
— -Pflanzen s. Lichtpflanzen
Sorbo-Aceretum 201
Sozialbrache *52*, 371, 643 f, *665*, 689, 733, 817, •833 ff
soziologische Amplitude s. ökolog. A.
— Gruppe, soz.-ökolog. G. 107 f, *108*, •109, 620
— Progression 107
*Sowjetunion 446, 453, *455*, 652, 744
*Spanien *212*, 403
Spalierpflanzen 557, 563, 566 f, 584, 593
Spätfrost, Sp.-Empfindlichkeit •*82*, 85 f, •*217*, 267, 280, 300, 463 f
Spergulo-Corynephoretum 511

*Spessart 164, *215*
Sphagnetalia (fusci) 427, 455, 666
Sphagnetum cuspidato-obesi 450
— *fusci* 423, 450
— *magellanici 393*, 423, 449 ff
— *papillosi* 423, 450
Sphagnion fusci 320, 392, 434
Sphagno (girgensohnii)-Piceetum 141, 292, 379
— -*Mugetum* 141
— -*Pinetum 373*
— -*Utricularion* 392
Spirke s. (aufrechte) Bergkiefer
Spirodeletum 400
Spirodelo-Salvinietum 395
Spitzbinsen-Quellsumpfwiese 756
Spitzkletten-Melden-Flußuferflur 801 f
*Spreewald 398, 758 f
Springkraut-Buchenmischwald s. B.
Springtide •*467*, *468*
Sproß-Wurzel-Verhältnis, W.-Sp.-V., *71*, 620, *623*, •*656*, 671, 765
Spülsaum, Sp.flur 335, 370, 404, *412*, 414, 476, 478, 481, 492, •*495*, 496, 802, 806, 813
Stagnogley (s. auch Gley) 153
standörtliche Sonderung (s. auch Mosaik) 585 ff, 590, *592*, *594*, 598, 622, *632*, *633*, 704
Standorts-Konstanz, relative 124
— -Überlagerung 347
Standweide *61*, *726*, *729*, *779*, 780
Staub, düngende Wirkung 535, *565*, 581, 598, 611
Starknervmoos-Quelltufflur 570 f
staunasser Boden *274*, 274, *294*, 535, 679, 792, 827 f, 839
Steifseggenried (s. auch *Caricetum elatae*) 403, 404, •*407*, 407 ff, 423
Steineichenwald (mediterran) 26, *87 f*
*Steingletscher (Sustenpaß) 582, 584 f, *584*
Steinrosen-Bergföhrenwald (s. auch Wimperalpenrosen-B.) 314, 316
Steinschutt-Halde s. Schutt-H.
Stellarietea mediae 821
Stellario-Alnetum glutinosae 356, *356 f*
— -*Carpinetum* 52, *162*, *239*, *357*, *695*
— — *asperuletosum* (= *galietosum odorati*) *211*, *239*
— — *athyrietosum 239*
— — *corydaletosum* 227, *229*
— — *luzuletosum*
— — *stachyetosum* 211, 222, 227, 236
— — *typicum 51*, 209, 214 f, 225
— -*Deschampsietum* 733
— -*Isolepidetum 797*, 799
Stengelfingerkraut-Felsflur (s. auch *Potentillion caulescentis*) 591
Steppe, Steppenpflanzen 57, 242 ff, *249*, 466, 532, 549, 618, 621, 637, 641 f, 652 f, 662

Sachregister 977

Steppen(heide)-Föhrenwald 319, •322 ff, 323
- -Heide 21, *241,* •242 ff, 549
- -Wald 20, *23,* •242, 576
Sternmieren-Eichen-Hainbuchenwald s. *Stellario-Carpinetum*
Stetigkeits-Summen 246, 254, 276 f, 785
Stickstoff, St.-Versorgung 47 f, *96,* 127, 163 f, *174 f,* •181 ff, 189 ff, 205, *228,* 297 f, 383, 386, 388, 405, 412, 420, 423, 461 ff, *462,* 469, 486 f, 498, 503, 510 f, 544, 569, 571, *589,* 611, 649, 655, 685 f, 706 ff, 760, *767,* 771, 791, 809, 811, 830 f
- -Bindung 158, 351, 354, 388, *575,* 611, 622, 702, 767
- -Netto-Mineralisation *133,* •*164, 177, 180,* •*181 ff,* 205 f, *426,* 431, 486, 495, 535, 550 f, 573, 622, 669, 673, 685, 704, 707, *709,* 720, 752 f, 763, *766,* 772, 788, 831
- -Zahl, mittlere St.-Z. •99, 131, 170 f, 174, 187, 360 f, 394 f, 409 ff, 511, 587, *766,* 777, 785, 830, 832, 835 ff
Stillstandskomplex (Hochmoor) 444
Stillwasser, stehendes Gewässer 334, *339,* •384 ff, 420, 567 f
Stipetalia calamagrostis (= *Achnatheretalia c.*) 581
Stipetum calamagrostis (= *Achnatheretum c.*) 581
Stipo-Poion carneolicae 627
- - *xerophilae* 627
Stoff-Kreislauf s. Nährstoff-K.
Stoffproduktion (s. auch Ertrag, Netto-Primärpr.) 71, 193, 196, 248, 250, 285 f, 298, 385 f, *401,* 403, 405, 408, 470, 476, 478 f, 510, 528, 532, 536, 557 f, 562 f, 567, 572 f, 581, 608, 647, 649, 655, 657 ff, 671, 695 f, *696, 705,* •706 ff, 764 f, 768, 784 ff, 818
Strahlung, Global-St. *512, 524, 529,* 533 f, *565,* 608, 615, *633*
Strahlungsbilanz 195 f, •*196,* 232 f, *232*
Strandwall 485 f, *486*
Strandbinsen-Weide (s. auch Boddenbinsen-W., *Juncetum gerardii*) •463 ff, *484, 486,* 488
Strandhafer-Düne s. Weiß-D.
Strandlings-Ges. •395 f
Strandnelkenrasen 465, •480 f, *480*
Strang (= Kermi) 440, *442,* •*446,* 451 f
Stratiotetum 420
Strauch-Buchenwald s. Seggen-Hangbuchenwald
Sträucher, Gebüsch u. ä. 28 ff, 94 ff, •714 ff, •718 f, 837
Strauchflechtendecke 509, •513 ff
Straußgras-Rotschwingelwiese *750,* 751, *755,* 786
Streu-Abbau, -Zersetzung 93, •178 ff, 199, 227 f, *228,* •251 f, 285, 297 f, 702, 772 f

- -Decke, -Fall 89, 91 f, *92,* 120, 158, 163, *168,* 838 f
- -Nutzung (s. auch Plaggenhieb) *47 f,* 662, 668, 707, 772
- -Produktion 71, *403,* 408
Streuewiese 59, 374, *403,* 407 ff, 429, 725 f, •756 ff, 773, 838
Strohdach-Bewuchs 614
Strömung, St.geschwindigkeit •414 ff, 417, *430, 470, 472, 473,* 569
Sturm s. Wind
- -Flut *412, 465,* 467, 480 f, 490 f, 495
Sturzquelle 420
*Stuttgart (u. Umgeb.) 214, 243, 806, *811*
subalpin, s.e Stufe 22, *23, 24 ff, 75,* •*77, 86 ff,* 142 f, 158, 201, 266, 274, 276 f, 279, *286,* 287, •290 ff, 301 ff, 323, 369 f, 420, 425, 429, 431, 454, •*517 f,* 522, •526 ff, 550, 555, 567 ff, 576, 584 ff, 591, 674, 689 ff, 731, 748 f, 782, 788, 811 f, 840
subatlantisch, subozeanisch *75, 83,* 245, 256, 258, 378, *453,* 511 f, 627, 718, 733
subkontinental 87, 209, 247, 274, 319, 453, 455 f, 515
submediterran *24 ff, 87 f,* 205, 208, 216, 240 ff, 245, 249 f, 319, 353, 400, 420, 511, 594, 618, 622, 627, 640, 651, 744, 776, 806
submontan, s.e Stufe 22, *23 ff, 75,* •*76, 83, 86 ff,* 130, 166, 174, 322 ff, *335,* 354, 357, 546, *730 f,* 733, 775 f, 809
subnivale Stufe *88,* •517
*Süd-Alpen (s. auch Insubrien) 23 ff, *27, 86, 88,* 247 f, 279, *320, 523,* 547
*- -Deutschland 148, 280, 398, 428, 563, 658
*- -Schweden, Sch., 125, *165,* 167, 212, 217, 393, 398, *425,* 436, 438, 446, *480,* 482 f, 614, 632, 644, 646, 671 f, 676, 689, 692, 700, *701,* 706
*Südwest-Deutschland *34,* 149 f, 214, 294, *407, 429,* 628 f, *630, 639, 645,* 700, 737 ff, *738, 740,* 776, *825 f*
Sukkulente, Blatt-S. 33, •*478,* 480, 489, 635, 647
Sukzession 38, *43,* 293, 321, 325, •344 ff, 368, 374, 382, *415,* 422, 426, 434 f, 472 f, •*475,* 484 ff, 492 ff, *493,* 500, 502 ff, 507 f, 513, 535 ff, 545, 578, •581 ff, *586,* 635, *643 f,* 644, 665, 668, 692, 710 ff, 761, 776 ff, 782, 798, 806, 833 ff, 838 ff
Sumpf-Heide (s. auch *Ericetum* u. ä.) •666 ff, 685
- -Pflanzen s. Helophyten
- -Quelle s. Helokrene
Süßwasser, S.-See •384 ff
*Sylt *393,* 494, 508, 667
Symbiose (s. auch Flechten, Mykorrhiza, Stickstoff-Bindung u. ä.) 441, 444, 609

System, pflanzensoziologisches, •105ff, 115, 257, 270f, 324, 376, 393, 399, 428, •537ff, 558, 620, 661, 692f, 723, 784, 786, 788, 816, 821, 831f

Tageslänge, Einfluß auf Frosthärte, 301, *302*
Tamariskenbusch 349f
Tanaceto-Artemisietum 804, 811
Tangel-Moder, T.-Humus 134, 138, 295, •536
Tannenwald allg. •272ff, *282*, 382
Tannen-Buchenwald allg. 22, *23*, *26f*, *34*, *75*, *141*, *282*, 297, *522*, *714*
– -Fichtenwald allg. 22, *23*
– -Kiefernmischwald 331
Tannenforst *54*, 701
Täschelkrauthalde *578*, 579f
*Tatra, Hohe, *27*, 280, 291, 299, 309, *339*, *370*, 520f, 527, 536f, 545, 566, *574*, 605
Tau 514, 549, 557, 609, 646f
Tausendblatt-Teichrosen-Ges. *384*, •395ff
Taxo-Fagetum 134f
Teesdalio-Arnoseretum minimi 827
Teichbinsen-Herde *384*, 402
Teichried-Böhmerseggen-Schlammflur 797f
Temperatur s. Boden-, Luft-, Wasser-T.
– -Optimum 399, 404f, *607*, *609*, 822
– -Zahl, mittlere T.-Z. •99, 142f, 246f, 277f, 312f, 394f, 409ff, 587, 630, 670f, 676
Terminalphase 119f, *119*, 319
terrainbedeckendes Hochmoor 424, 455
*Tessin 86, •205, 248, 262ff, 523
Tetragonolobo-Mesobrometum 641
– -*Molinietum* 641
Teucrio-Caricetum 594
– -*Festucetum cinereae* 618
– -*Melicetum ciliatae* 618
– -*Mesobrometum* 640
– -*Seslerietum* 723
– -*Stipetum capillatae* 618
Thero-Airion 638
– -Salicornietalia, -Salicornietea, -Salicornion 479
Therophyten 30, •32, *237*, 340, 466, 585, 608, *621*, 631f, 725, 789, 798, 804, 814, 834ff
Thlaspietalia, Thlaspietea rotundifolii 350, 539, 579
Thlaspietum rotundifolii 579f
Thlaspion rotundifolii 539, 579f, *580*
– *calaminaris* 661
*Thüringen 124, 624, 695, 698, *763*, 825, 831
Thymo-Festucetum cinereae 618, 788
*Thüringer Wald *27*, 168, •169ff, *198*, 285, *459*, 699, 746, 751
Tide, Tidehub 338, 411ff, 412ff, •467ff, 468, 474, 479, 482, 485
– -Röhricht •411ff, *412ff*, 415
Tiefgründigkeit d. Bodens (s. auch Wurzel-Profile) 126, 128, 183, 205, 267, 314, 540, 616, *620*, 631f, •635ff, *636*, 655, 717, 788
Tier-Gänge im Boden 470, 622, 641, 644, 813
– -Soziologie 238ff
Tiere in Lebensgemeinschaft mit Pflanzen (s. auch Regenwürmer, Streu-Abbau u. ä.) •69ff, *70*, 92, 132, 178f, *179*, •237ff, 251f, 385, *407*, •469ff, 487, 514, 526, 532, 574, 593, 604, 606, 616, 621f, 641, 643, 683, 685, 715, 727, 786, 831, 838f
Tilio-Acerion 111, 198, 204, 206f
– -*Carpinetum* 206, *209*, *209*, 211f, 215, 250
– -*Fagetum* 207
Tintenstriche am Fels 598f
*Tirol 523, 528, *529*, *531*, 562
Tofieldietalia 421, 427, 568
topogen (Moor) 425
Torf (s. Birken-, Erlen-, Kiefern-, Fichten-Bruchwald, Niedermoor, Hochmoor) 421
– -Stich *407*, *457*
Torilidetum japonicae 724
Tortulion = Syntrichion laevipilae 613
Tortulo-Phleetum 501
Tourismus, Einfluß auf Vegetation, 405f, 689, •791, 834
Transpiration •192ff, *194*, *223*, *236*, 301, 397, 459f, *460*, 477, *512*, 526f, *561*, 646f, 674f, *705*, 745, 792, 839
Transpirations-Koeffizient •192f, 477f, 764f
Traubeneichen-Birkenwald s. Birken-Eichenw.
Treibeis 333, 352
Trespen-Glatthaferwiese 624
– -Magerrasen, T.-Trockenrasen (s. auch Brometalia) *615*, 618, •628ff
Trichophoretum cespitosi 455
Triebsand, Fließsand 503f
Trifolio-Agrimonietum 722, 724
– -*Geranietea* 247, 720f
– -*Melampyretum nemorosi* 717, 722
– -*Origanetalia* 720, 724
– -*Plantaginetum majoris* 789
Trifolion medii 721
Triftweide 38ff, *43ff*, *52*, *53*, *61*, 726, 728
Triglochino-Agrostietum stoloniferae 793
Trisetetum (flavescentis) 727, 747, 748
Trisetion 751
Tritt, Trampelpfade u. ä. 514, 569, 617, 622, 627, 688, 729, 780, 785
– -Rasen, T.-Pflanzen 780, 785, •788ff, *789f*, 807
Trocken-Gebiete (s. auch *mitteldeutsches T., Trockentäler) 216, 218f, 287, 466, 702
– -Grenze des Waldes (s. auch Ökogramme) 77f, *78*
– -Jahr (s. auch Dürre) 133, 287, 318, *459*, 645, *648*, 651, 685, *740*, *763*

Sachregister 979

- -Liegezeit (im Watt) 467 ff, 470 f, 478
- -Perioden 218, 242, 248, 251, 267, 325, 333, 439, 456, 470, 486, 490, 514, 554, 556, 609, 611, 615, 622, *645 ff, 656, 674, 684, 705, 763
- -Täler, inneralpine, 247, 266, 289 ff, 319, 515, 547, 626 f, 742, 811, 819

Trockenheits-Resistenz 497, 547 f, 562, 566, 570, 593, 596, 599, 603, 614, *646 ff, 651, 685, 720, 742, 769, 789, 799, 819

- -Zeiger (s. auch Trockenrasen, Halbtrockenrasen u. ä.) 99 f, 173, 828, 829

trockenheitsliebend, xerophil 548, 648, 651, 654, 762

Trockenrasen allg. 45, 242, 318, 325, 500, 515, 615 ff, 615 f, *618, 627 ff, 631 ff, 639 f, 644, 645, 661, 698, 729, 730

Trollblumen-Bachdistelwiese 753, 754
Trollio-Cirsietum 753
Trophiegrade 75, *386 ff, 389, 394 f
Trümmerstätten (s. auch Ruderalfluren) 806 ff, 841
*Tschechoslowakei 79, 138, 206, 211 f, 213, 243, 250, 262, 280, 292, 294, 299, 353, 358 f 409 ff, 455, 489, 702, 747, 755, 809
Tuffbildung 568, 570 f
Tundra 316, 534 f, 545, 549, 559
Tüpfelfarn-Dünenweiden-Gestrüpp 504
Turionen 398

Überflutung, Überschwemmung 332 ff, 333, 335 f, 339 ff, 342, 345, 349, 353, 357, 360 f, 364, 365, 369, 373, 406 ff, 407, 412 f, 479 f, 576, 614, 619, 667, 673, 755, 792, 794, 794, 798
Übergangs-Waldmoor (s. auch Birken-, Fichten-, Kiefern-Bruchwald) *433 f
Überhänge v. Felsen, Bahnen, 592, 595, 598
Uferschutz 354, 356, 359
Uferweidenbusch (s. auch Salicetum triandro-viminalis u. ä.) 720
Ulmen-Auenwald 65, *358 f, 262 f
Ulmo-Fraxinetum 361
- -Quercetum 359, 361
Ulotetum crispae 613
Ulotion crispae 613
Ultraviolett 532, 534
Umbilicarion cylindricae 597
Umtriebs-Weide, U.-Mähweide 61, 62, 726, 729, 733, 736, 780, *784
Umwelt, abiotische 70
- -Belastung (s. auch Gewässer-Verschmutzung, Luft-V., Tourismus u. ä.) *65 ff
*Ungarn 138, 200, 212, 249, 309, 316, 399, 432, 614, 644, 718, 721, 760, 762
Unkraut s. Acker-U., Weide-U. u. ä.
- -Bekämpfung 371, 643, 808 f, 814, 821, *831 f
Unterlauf (Fluß) 64, 334, 338, 355
Unterwasser-Rasen (s. auch Seegras-R.) 390 ff, *391 ff

Urtico-Aegopodietum 724
- -Crucianetum 724
- -Malvetum neglectae 804, 806, 811
Urwald 34, 35, 42, 52, 68, 119, 141 ff, 209, 210 ff, 223, 282 f, 284 f, 293, 318 f, 319, 341, 405, 709
Urwiese (s. auch alpine Rasen) 421, 545, 550, 576, 601
Usneion dasypogae 613
- florido-certinae 613
Vaccinio (myrtilli)-Pinetum 141, 323, 379, 379, 696
- -Piceetalia, 143, 271, 277, 288, 291, 308, 313, 316
- -Piceetea 107, 271, 273, 324, 329, 539, 541, 666
- -Piceion 106 f, 142 f, 291, 308, 613, 666
- uliginosi-Pinetum 378, 505
Valeriano-Caricetum davallianae 430, 755
Vaucherietum 412
Vega s. Aueboden, brauner
Vegetations-Abfolge s. Zonierung, Sukzession, Mosaik
- -Entwicklung s. Sukzession, Entwicklungsphasen
- -Geschichte (s. auch Abschnitt A) 19, 36, 37, 434 f, 440, 494, 522, 595, 662 ff, 664, 678, 679, 716 ff, 775, 812, 816
- -Periode 267, 438, 523, 524, 528, 532, 590, 657, 746, 780, 786
- -Stufen s. Höhenstufen, collin, planar, submontan, montan, subalpin, alpin, nival
vegetative Vermehrung 398, 403, 511, 514, 528, 559, 569, 643 f, 644, 654, 726, 779, 784, 792 ff, 832, 839
Verbreitung s. Samen-V. sowie Areal
Verdichtung d. Bodens (s. auch Tritt) 704 f, 729, 795
Verdunstung s. Evaporation, Interzeption u. Transpiration
Verhagerung, Verlustlage 161, 168, *168 ff, 198
Verjüngung von Bäumen 41, 114, 115 ff, 118, *165, 213, 218, 220, 273 f, 278, 282, *305 f, 319, 340 f, 355, 364, 528, 708, 712, 836 ff
Verjüngungsphase 119, 120, 282 f, 284, 319
Verlandung 374, 386, 393, 422, 447, 567
Verlandungs-Hochmoor 435, *440, 445
Veronico-Scutellarietum 761
- urticifoliae-Piceetum 291
Versalzung 482, 486, 488
Verschmutzung s. Gewässer-V., Luft-V.
Versickerungszeit 679 f, 680
Versumpfungs-Hochmoor 435, 437, *440 f, 445
Vicietum sylvaticae-dumetorum 723
Vicio cassubicae-Agrimonietum 723
Vieh s. Weide-V.
- -Besatzstärke 782
Vielblütenmannsschild-Felsflur 591

Vincetoxico-Geranion sanguinei 721
Violetalia, Violetea calaminariae 661
Violettschwingelrasen 540, •551, 787
Violetum calaminariae rhenanicum 661
Violion caninae 666
Violo-Corynephoretum maritimum 501
- -*Nardion* 666, 688
*Vogelsberg 138, *179*, 746
Vogelsitzplatz, Nistplatz 597 f, 685 f
*Vogesen *27*, *88*, 143, 147, 167, 214, 267, 454, 520 f, 533, *534*
*Voralpen s. Nord-A.
Vordüne (s. auch Primärdüne) *505*, 507

Wacholder-Kiefernwald •331 f, *331*
Wachstum von Mooren *435*, *438 f*, 442 ff, *442 f*, 456, 460
Wachstumskomplex (s. auch Regenerationskomplex) 449, *450 f*, 456
Wald-Brand s. Feuer
- -Grenze (s. auch Baumgrenze) 23, 25 ff, 172, *288*, *301*, 515 f, •520 ff, *531*, *556*, 560, 576 f, 596, 600, 690, 787
- -Hochmoor 378, 423 ff, •455 ff, *455*
- -Innenklima (s. auch Bestandes-K.) 88 ff, *89 f*, *157*, 205
- -Lichtungsflur (s. auch Kahlschlag) •708 ff, *714*, 774, 813, 837
- -Lichtungsgebüsch (s. auch Pionierhölzer) 714
- -Mantel (s. auch Sträucher) •*78*, 352, •717 ff, *717*
- -Saum (s. auch Krautsaum) 29, *78*, 576, 616, *717*, 837
- -Steppe 23, 38 ff, •242 f, 249, 506 f, 513
- -Verwüstung (s. auch Mensch, Weidevieh u. ä.) •38 ff, *43*, *795*, 799
- -Weide 34 ff, *35*, *37*, *39*, *42 f*, *52*, 242, 282, *300*, 307, 309 f, *314*, *317*, 367
Waldlabkraut-Eichen-Hainbuchenwald s. *Galio-Carpinetum*
Waldschwingel-Buchenwald •158 ff, *168*, *198*
Waldsimsen-Quellwiese 756
Wallhecke s. Knick, Hecke
*Wallis, Rhonetal 242, 277, 284, 289, 291, 322, *336*, 582, 628 f, 630, 636, 646, 651, 655, 811
Walliserschwingelrasen (s. auch *Festucetalia valesiacae*) 618
*Walsertal, Kleines, *39*, *286 f*, *313*, *357*, *542*, *546*, *548*, *574*, *575*
Wanderdüne 490, 493, *505 f*, •506 ff
Warft, Wurt *465*, 482
Wärme, fühlbare (s. auch Luft-Temperatur) 195 f, *196*
wärmeliebender Eichenmischwald s. E., w.
Warmkeimer *822*, *823 f*
*Warschau (Umgeb.) 281, 331, 508 f
Wasser-Gehalt *133*, *244*, *516*, *525*, *561*, 611, 625, 631 f, 684, 701, 706, *741*, *763*, *783*, 838 f

- -Haushalt 62 ff, 88, *157*, 161, 172, •192 ff, 466, 513 f, 525, 536, 632, 647 f, 684, 705, *705*, *755*, *756*, *790*
- -Potential s. Saugspannung
- -Regime (Fluß) •336, 347 ff, *349*
- -Stand s. Überflutung, Tide, Grundwasser
- -Temperatur *349*, *395*, *398*, *420*, *509*, 694, •754 f, *783*
- -Versorgung (s. auch Grundwasser, Saugspannung) 132, *175*, 184, 199, 234 ff, 243 f, 249 f, 291, 330, 369, 437, 450, 480, 501, 532, 535, 542, 550 f, 560, 593, 614, 626, 634, 638, 640, *645*, •645 ff, 679, 654, 688, *693 f*, 712, 742, *763*, 765, 769, 827 ff
Wassergreiskrautwiese 732 f, 741, •754 f, *783*
Wasserhahnenfuß-Ges. *410*
Wasserlinsendecke *339*, •394 f, •400, *401*, *420*
Wasserpfeffer-Zweizahnflur *800*, 800 f
Wasserpflanzen s. Hydrophyten
Wasserscheiden-Moor *437*, *439*, 441
Wasserschwaden-Röhricht (s. auch *Glycerietum maximae*) •406
Watt 465 ff, •468 ff, 483 ff, 490
- -Boden *469 ff*
wechsel-feucht 325, 360 f, 739, 743, 770, 771
- -naß 794, 796, 799
Weichholzaue 334 ff, *335 ff*, 338, •*341 ff*, 346, 353, 361
*Weichseltal 482, 508
Weichwasser-Quellflur 421, 569 f
Weide-Unkraut 41, 43 ff, *44*, 512, 555, *573 f*, 573 f, 576, 585, 640, 643 f, 655, 657, 690, 728, 750, 753, 810, 839 f
- -Vieh, Einfluß auf Vegetation, 34 ff, *35 ff*, •38 ff, *43 ff*, 502, 509, 513, 521, 522, 526, *533*, *534*, 558, 586, 604, 638 ff, *639*, 655, *665*, 674, 676, *676*, 687, 721, 725, 726, 768, 769
Weidelgras-Breitwegerich-Teppich 788 f, *789*
- -Weißkleeweide *465*, •779 ff, *779 f*, *783*, •784 ff, 839
Weiden-Aue, hohe, tiefe u. nasse 75, *340 f*, •358 f, *364*, 370, 414
- -Tamariskenbusch (s. auch *Salici-Myricarietum*) 350
Weidenröschen-Lichtungsflur *708*, •713 f
Weiher, zeitweise abgelassener Teich *795*, 795 ff
Weinbergs-Unkraut 833
Weißdüne *491 ff*, 493, •497 f, 501, *505*, 508
Weißtannenwald s. Tannenw.
Weißtorf, jüngerer Moostorf 434 f, 454, 457
Welkeprozent, permanentes (PWP) 132 f, *133*, *244*, 638, 771
*Weser-Bergland 124, 135, 137, 159, 173, 185 ff, 640

*– -Tal 63, *64, 347*, 363, 488, 508, 661, 678, 721, *723, 783*
*West-Deutschland (s. auch NW- u. SW-D.) 214, 639, 833
*– -Europa 128, 209, 328, 375f, 453, 538, 613, 661, 794
*Westfalen s. Nordwest-D.
Wettbewerb s. Konkurrenz
Widerton-Schneeboden 562, •562f
*Wien (Umgeb.) 23, 18, 243, *244, 336, 343*, 489
Wildverbiß (s. auch Äsungszentrum) 83, 96, 136, 282, 314, 713. 760, 774
*Wilsede, W.r Heide *46*, 509, *663*, 673f., 676, 679, 681, 687, 689
Wimperalpenrosen-Bergföhren-Ges. •312f, 560
Wimperseggen-Buchenwald (s. auch *Carex pilosa*, Abschnitt E III) 151f
Wind, Sturm (s. auch Föhn) 90, 169, 200f, 284f, *292*, 314, 353, 440, 470, 490ff, 502, 509, 527, 532, 534, 553, *556*, 606, 643, 665, 672f, 683, 697, 703, 709, *723*, 838
– -Ecke, -Kante (s. auch *Elynetum* u. *Loiseleurietum*) 535, 539, 541, 549, 556
– -Geschwindigkeit 491, 534, *556, 561*, 615
– -Schutz 497, 506, 558f, 715
– -Wurf 141, 309
Windhalm-Acker 825
Winterfrost, W.-Empfindlichkeit •82, 86, 217f, 267, 287, 331, 355, 466, 556
Wintergetreide-Unkraut 812, 820ff, 832, 834
Wolldistelflur 804, 810
Wuchsbezirke *738*, 742
Wuchsform an Sonderstandorten 389f, 423, 518f, 581, 591ff, *592*, 596f, 602, 640, 792f, 840
Wuchsleistung s. Stoffproduktion, Ertrag
Wuchsweise s. Lebensform
*Würzburg (Umgeb.) 213f, *215*, 589, 627ff, 630, 633
Wurzel-Aktivität 763, *764*
– -Profile von Pflanzenges. *123*, 137, 166, 206, 327, 363, 367, 402f, 432, 438, 466, 484, 495f, 500, 510, 578, 620, *623*, 625, 660, 682, 684, 736, 743, 748, 752, 754, 761
– -Sproß-Verhältnis s. Sp.-W.-V.
– -Tiefgang (s. auch W.-Profile) 162, •226, 235, 350, *351*, 646, 677, 736

Xanthio albini-Chenopodietum 801f
Xanthorion parietinae 612
Xero-Verrucarietalia 539, 597

Xerobrometum 642, 644f, 647, 661, 764
Xerobromion 106, 618, 627, 631, 647f, 730, 765, 811
Xeromorphie (s. auch skleromorph, peinomorph) 461f, 499, 513, 535, 554, 764, 768

Zannichellietum palustris 390f, 420
*Zentral-Alpen, Innenalpen 23ff, 27, *86ff*, 167, 195, 204, 214, 271, 289ff, 293, 309f, 316, *320f*, 323f, 336, 349, 428, 515, *523f*, 528, *531*, 545, 550, *552, 562, 565, 575, 578*, 584ff, *592*, 600ff, 604ff, 628f, 689, 713
Zentrum d. Hochmoors (s. auch Regenerations-Komplex) 441ff
Zerfallsphase *118*, •119, *282f*, 319
Zersetzer (s. auch Streu-Abbau) •70, 93, 437, 440, 536, 611
Zersetzungsgrad (s. auch Weiß- u. Schwarz-Torf) 437f, 440, *443*
Zirbe = Arve
Zittergras-Glatthaferwiese 732f, •739ff, *783*
zonale Vegetation (s. auch Klimax) 22, 23, •73, 75, 249, 287, 310, *335*, 343f, 505
– Vegetations-Gruppe (s. auch Klimax-G.) •74, 75
Zink-Gehalt *658*, 658f, 661f
Zonierung 334, •344ff, *384*, 389ff, *390ff*, *403*, 412, 417, 419, 466, 480, 492ff, 536f, *556*, 562, 620, 632, 636, 716, 736
Zosteretum marinae 472
Zufuhrlage (s. auch Hangfuß, Staub u.ä.) 168, •169f
*Zürich (Umgeb.) 129, *135*, 148, *162, 175, 200, 202, 204*, 214, 218, *233, 256*, 325, 407, 529, 543, 640, 711
Zuwachs (s. auch Stoffproduktion) *284*, 302, 460, *461*, 611, 829
Zweizahnflur •798ff
Zwenken-Kiefernforst 698
Zwergkirschen-Gebüsch 719f
Zwergpflanzen-Schlammflur •794ff, *795*, 797
Zwergseerosen-Ges. 399f
Zwergstrauch-Heide allg. (s. auch *Calluna*-H., Alpenrosen-H. u.ä.) *539*, 557, 560, 576, 656, 657, •662ff, *663ff*, 666ff, 673
Zwergwacholder-Heide 560
Zwergzypergrasflur 799
*Zwischenalpen 124, *139*, 271, 277, 279, 289, 516, 530
Zwischenmoor 421ff, *426*, 427f, •431ff, *432, 434*, 441, 775

Einige Stichworte der 1. Aufl. wurden nicht wieder aufgenommen, weil sie sich auf große Teile des Buches beziehen, z. B. Naturschutz, Umwelt, Standortsfaktoren (Die entscheidenden Faktoren herauszuarbeiten ist Anliegen der meisten Abschnitte).

Korrekturnachtrag

Abb. 63. Statt Trockenhang-Buchenwald *(Carici-Fagetum elymetosum)* lies: relativ trockenem Perlgras-Buchenwald *(Melico-Fagetum elymetosum)*. Im *Carici-Fagetum* sind die jahreszeitlichen Schwankungen gleich, die absoluten Beträge der Stickstoff-Nettomineralisation jedoch geringer.

Abb. 81. Statt: pro 100 m² lies: pro m².

Abb. 112. Punkt vor: Frühlingsgeophyten.

Abb. 328. Statt: Tab. 94 lies: 74.

Abb. 351. Statt: *Androsace* lies: *Androsacion*.

Abb. 414. Statt: verschiedener lies: verschieden alter Äcker.

Abb. 441. In der drittletzten Zeile streichen: ersten.

Seite 804–810. In der Kopfleiste lies: trockenerer.

Bedauerlicherweise sind folgende Abb. seitenverkehrt montiert: Nr. 56, 61, 143, 206, 211, 236, 270, 284, 289, 292, 309, 314, 329, 344, 356, 359, 364, 398, 423, 458, 472, 474, 483 und 484. Dieser Fehler war erst nach dem Druck zu erkennen und hätte nur durch Neudruck der betroffenen Bogen behoben werden können.

Reihe Phytologie – Klassische und moderne Botanik in Einzeldarstellungen
Mit dem vorliegenden Band wird die Buchreihe „Phytologie – klassische und moderne Botanik in Einzeldarstellungen" fortgeführt. Es erscheinen vorwiegend Monographien und Speziallehrbücher. Thematische Schwerpunkte sind die aktuellen Forschungsbereiche. Die Reihe ist in drei Felder gegliedert: Biochemie und Physiologie, Ökologie und Geobotanik, Systematik und Morphologie. Der Verlag wird bei der Herausgabe der Reihe beraten von den Herren Professor Dr. Dieter Heß, Stuttgart, Professor Dr. Walter Larcher, Innsbruck, und Professor Dr. Hermann Merxmüller, München.

Chromosomale Proteine
Funktion und Bedeutung bei höheren Organismen
Von Prof. Dr. G. FELLENBERG, Braunschweig. 159 Seiten mit 24 Abbildungen und 15 Tabellen. Ln. mit Schutzumschlag DM 52,–

Zellkern und Zellzyklen
Molekularbiologie, Organisation und Entwicklungsphysiologie der Desoxyribonucleinsäure und des Chromatins
Von Prof. Dr. W. NAGL, Kaiserslautern. 486 Seiten mit 122 Abbildungen und 35 Tabellen. Ln. mit Schutzumschlag DM 120,–

Sexualität bei Pflanzen
Von Dr. R. BERGFELD, Freiburg. 128 Seiten mit 29 Abbildungen. Ln. mit Schutzumschlag DM 42,–

Pflanzentumoren
Ein Problem der pflanzlichen Entwicklung
Von Prof. Dr. R. BEIDERBECK, Heidelberg. 216 Seiten mit 39 Abbildungen und 14 Tabellen. Ln. mit Schutzumschlag DM 48,–

Ökologie der Hochgebirge
Von Prof. Dr. Dipl.-Ing. H. FRANZ, Wien. Etwa 480 Seiten mit 120 Abbildungen. Ln. mit Schutzumschlag ca. DM 98,–

Arealkunde
Floristisch-historische Geobotanik
Von Prof. Dr. H. STRAKA, Kiel. Neubearbeitete 2. Auflage. 478 Seiten mit 366 Abbildungen, 2 Tafeln und 20 Tabellen. Ln. DM 78,–

Zu beziehen durch jede Buchhandlung. Prospekte und Verlagsverzeichnis kostenlos

Verlag Eugen Ulmer   Postfach 1032   7000 Stuttgart 1

Einführung in die Pflanzensoziologie
Von Prof. Dr. R. KNAPP, Gießen. Völlig neubearbeitete 3. Auflage. 388 Seiten mit 252 Abbildungen und 41 Tabellen. Ln. DM 48,–

Experimentelle Soziologie und gegenseitige Beeinflussung der Pflanzen
Verhalten höherer Pflanzen in Beständen auf Äckern und in Gärten, in Wäldern, Rasen und weiteren Gesellschaften. Wettbewerb (Competition), Allelopathie, Parasitismus und andere Wirkungen
Von Prof. Dr. R. KNAPP, Gießen. Völlig neubearbeitete und erweiterte 2. Auflage. 266 Seiten mit 151 Abbildungen und 62 Tabellen. Ln. DM 42,–

Allgemeine Geobotanik
Eine kurze Einführung
Von Prof. Dr. H. WALTER, Stuttgart. 256 Seiten mit 135 Abbildungen und 22 Tabellen. Kst. DM 17,80 (UTB 284)

Pflanzensystematik
Von Prof. Dr. F. WEBERLING, und Prof. Dr. H. O. SCHWANTES, Gießen. Verbesserte 2. Auflage. 389 Seiten mit 106 Abbildungen. Kst. DM 19,80 (UTB 62)

Vegetationszonen und Klima
Die ökologische Gliederung der Biogeosphäre
Von Prof. em Dr. H. WALTER, S-Hohenheim. Umgearbeitete 3. Auflage. 309 Seiten mit 124 Abbildungen. Kst. DM 19,80 (UTB 14)

Ökologie der Pflanzen
Von Prof. Dr. W. LARCHER, Innsbruck. Verbesserte 2. Auflage. 320 Seiten mit 150 Abbildungen und 40 Tabellen. Kst. DM 19,80 (UTB 232)

Landschaftsökologie
Von Prof. Dr. H. LESER, Basel. 432 Seiten mit 49 Abbildungen und 20 Tabellen. Kst. DM 23,80 (UTB 521)

Pflanzensoziologische Exkursionsflora
für Südwestdeutschland und die angrenzenden Gebiete
Von Prof. Dr. E. OBERDORFER, Karlsruhe. Neubearbeitete und erweiterte 4. Auflage. Etwa 1000 Seiten mit 60 Abbildungen. Ln. ca. DM 38,–

Zu beziehen durch jede Buchhandlung. Prospekte und Verlagsverzeichnis kostenlos

Verlag Eugen Ulmer   Postfach 1032   7000 Stuttgart 1